Wojciech Micka, SINC-Autorenteam

Microsoft SharePoint 2013 für Administratoren – Das Handbuch

Liebe Leserin, lieber Leser,

mit dem Kauf dieses Buchs haben Sie nicht nur ein gedrucktes Werk erworben, sondern auch ein E-Book in drei verschiedenen Formaten. Damit möchten wir Ihnen ein Leseerlebnis ermöglichen, das ganz auf Ihre Situation zugeschnitten ist – mobil auf dem Smartphone oder Tablet, auf dem PC oder mit dem Buch in der Hand. Auch die Wahl der besten Lesesoftware oder -hardware wollen wir Ihnen überlassen und stellen Ihnen das E-Book in den am weitesten verbreiteten Formaten zur Verfügung:

- **PDF-Datei** Die seitengetreue Darstellung des gedruckten Buchs mit aktivem Inhaltsverzeichnis. Ideal für die Darstellung auf dem PC oder einem größeren Laptop.
- **EPUB-Datei** Das am weitesten verbreitete Format zur Darstellung von E-Books. Es passt sich der Bildschirmgröße an und ist deswegen am besten für kleinere Laptops, Smartphones und die meisten Hardware-E-Reader geeignet.
- **MOBI-Datei** Für alle, die einen Kindle von Amazon besitzen.

Alle E-Book-Formate von Microsoft Press sind ohne Kopierschutz (DRM-frei), um Ihnen den Umgang mit den Dateien möglichst einfach zu machen.

Das E-Book zu diesem Titel können Sie nach einem kurzen Registrierungsvorgang unter folgendem Link herunterladen:

www.microsoft-press.de/ebook-anfordern

Wir wünschen Ihnen viel Spaß beim Lesen dieses Buchs, ob in gedruckter oder elektronischer Form.

Ihr Microsoft Press-Team

Wojciech Micka, SINC-Autorenteam

Microsoft SharePoint 2013 für Administratoren – Das Handbuch

Microsoft Press

Kommentare und Fragen können Sie gerne an uns richten:

Microsoft Press Deutschland
Konrad-Zuse-Straße 1
85716 Unterschleißheim
E-Mail: *mspressde@oreilly.de*

15 14 13 12 11 10 9 8 7 6 5 4 3 2 1
16 15 14

Druck-ISBN 978-3-86645-156-8
PDF-ISBN 978-3-8483-3044-7
EPUB-ISBN 978-3-8483-0179-9
MOBI-ISBN 978-3-8483-1180-4

Fachlektorat: Georg Weiherer, Münzenberg
Korrektorat: Anja Pabst, Dorothee Klein, Karin Baeyens, Dirk Helmes, Siegen
Lektorat: Florian Helmchen, florian@oreilly.de
Layout und Satz: Gerhard Alfes, mediaService, Siegen (www.mediaservice.tv)
Umschlaggestaltung: Hommer Design GmbH, Haar (www.HommerDesign.com)
Gesamtherstellung: Kösel, Krugzell (www.KoeselBuch.de)

Übersicht

Vorwort ... 27

Teil A
Einführung ... 29
1 Microsoft SharePoint Server 2013 – Der Einstieg ... 31
2 Neuerungen in SharePoint 2013 ... 45

Teil B
Planung ... 63
3 Planung einer SharePoint-Umgebung ... 65

Teil C
Bereitstellung ... 243
4 SharePoint-Basisinfrastruktur bereitstellen ... 245
5 Bereitstellen der erweiterten Dienste ... 291
6 Finalisierung der Farminstallation ... 415

Teil D
Betrieb und Hintergrundinformationen ... 469
7 SharePoint-Betrieb ... 471
8 Hintergrundinformationen zu SharePoint ... 575
9 SharePoint verwalten ... 633

Teil E
Clientszenarien ... 811
10 SharePoint aus der Clientperspektive ... 813

Teil F
Vertiefung von SharePoint-Technologien 867
11 SharePoint-Unternehmenssuche 869
12 Authentifizierung 937
13 Sicherheitstechnologien 999

Teil G
Migration 1103
14 SharePoint-Migration 1105

Teil H
Erweiterungen 1167
15 Sicherung und Wiederherstellung 1169

Teil I
Wiederherstellung, Automation und Fehlerbehebung 1221
16 SharePoint-Erweiterungen 1223
17 Einführung in PowerShell 1339
18 Fehlerbehebung 1357

Teil J
Workflowintegration 1409
19 Workflows 1411

Stichwortverzeichnis 1453

Die Autoren 1507

Inhaltsverzeichnis

Vorwort ... 27

Die Begleitdateien zum Buch ... 28

Teil A
Einführung ... 29

1 Microsoft SharePoint Server 2013 – Der Einstieg ... 31

SharePoint-Historie ... 32

Frühe Ursachen für die Entstehung von SharePoint v1 ... 32

SharePoint v1 ... 33

SharePoint v2 ... 34

SharePoint v3 ... 35

SharePoint v4 ... 36

SharePoint 2013 (SharePoint v5) ... 39

Ein Ausblick ... 42

Zusammenfassung ... 43

2 Neuerungen in SharePoint 2013 ... 45

Clientzugriffe ... 46

Kollaboration ... 46

Gestenbasierte Steuerung ... 46

iOS-basierte Geräte ... 46

Mobiler Zugriff ... 46

Infrastrukturelle Aspekte ... 47

Dienstanwendungen ... 47

Migration ... 48

Skalierbarkeit ... 49

Soziale Netze ... 50

Communitys und Communityportal ... 50

SharePoint-Newsfeed-App ... 51

Suche ... 52

Suchcenter ... 52

Abfrageregeln und Ergebnisquellen ... 52

Kontinuierliche Durchforstung ... 53

Sonstige Optimierungen der Suche ... 53

ECM & WCM ... 53

Websitesammlungsübergreifende Veröffentlichung ... 53

Verwaltete Navigation ... 54

CMIS ... 54
Dokumentenmappen ... 54
Business Intelligence ... 54
Power View ... 54
Sonstiges ... 54
Entwicklung ... 55
Entwicklungswerkzeuge ... 55
Layoutanpassung ... 55
Workflows ... 55
Sicherheit ... 56
Anforderungs-Manager ... 56
Erweiterte Informationsrechteverwaltung (IRM) ... 56
Einfache Berechtigungsdelegierung ... 57
Compliance ... 57
Server-zu-Server-Authentifizierung ... 59
Integration mit E-Mail und Exchange Server ... 59
Aufgabensynchronisierung mit Exchange ... 59
Websitepostfächer ... 59
Sonstiges ... 59
SharePoint Online ... 59
Apps ... 60
Videointegration ... 60
Geodatenintegration mit Bing Maps ... 61
Word Automation Services ... 62
Lizenzforcierung ... 62
Zusammenfassung ... 62

Teil B
Planung ... 63

3 Planung einer SharePoint-Umgebung ... 65
SharePoint-Edition ... 66
Übersicht der lokalen (on-premises) SharePoint-Editionen ... 66
Detailvergleich der lokalen Editionen ... 67
Globale SharePoint-Planung ... 69
Wahl des Farmmodells ... 69
WAN-Planung ... 78
Ausgedehnte SharePoint-Farmen (stretched farms) ... 85
Begrenzungen ... 85
Cloudintegrationsplanung (Hybrid) ... 88
Hybridumgebungen ... 88
Azure-basierende Infrastruktur ... 92
Voraussetzungen für die Installation ... 93
Allgemeine Rahmenbedingungen für die SharePoint-Bereitstellung ... 93
Softwarevoraussetzungen ... 94
Hardwarevoraussetzungen ... 99

Logische Architektur ... 114
- Serverfarmen ... 115
- Dienstanwendungen ... 116
- Anwendungspools ... 118
- Webanwendungen ... 119
- Inhaltsdatenbanken ... 120
- Websitesammlungen ... 122
- Websites ... 127

Skalierung und Optimierung ... 127
- Grundlagen ... 127
- SQL Server ... 128
- Zwischenspeicherung ... 129
- Remote-BLOB-Speicher (RBS) ... 132
- Lasttests ... 135

SharePoint-Client ... 136
- Browserwahl ... 137
- Mobiler Zugriff ... 139
- Office-Client ... 140

Serverrollen und Dienstpositionierung ... 143
- Grundlagen ... 143
- Positionierung der Komponenten ... 144
- Weitere Aspekte für Umgebungen mit maximaler Skalierung ... 155

Suche ... 155
- Schlüsselfaktoren identifizieren ... 156
- Verteilte Standorte ... 158
- Topologieableitung ... 159

Sicherheit ... 160
- Berechtigungen ... 160
- Dienstkonten ... 166
- Authentifizierung ... 168
- Zonenzuordnungen ... 173
- Internetanbindung der Farm ... 174
- Verschlüsselung der Kommunikation ... 174
- Virenschutz ... 175
- Datenschutz ... 179

Hochverfügbarkeit ... 181
- Web-Front-End-Ebene ... 181
- Anwendungsebene ... 185
- Datenbankebene ... 185

Kommunikation ... 194
- Netzwerkkonnektivität ... 194
- IP-Unterstützung ... 195
- E-Mail ... 196
- Alternative Zugriffszuordnungen ... 199

Website- und Lösungsplanung ... 200
- Navigation ... 200
- Dokumentverwaltung ... 204
- Veröffentlichen von Inhalten ... 207

Sonstiges 215
Lizenzierung 215
Apps 217
Produktintegrationsplanung 218
eDiscovery 220
Mehrsprachigkeit und Variationen 224
Überwachung der Serverfarm 228
Sicherung und Wiederherstellung 231
Hosting 238
Barrierefreiheit 240
Corporate Design und Layouts 241
Best Practices 242
Zusammenfassung 242

Teil C
Bereitstellung 243

4 SharePoint-Basisinfrastruktur bereitstellen 245
SQL Server 2012 bereitstellen 247
SQL Server-Installation 248
SQL Server-Firewalleinstellungen 253
Bereitstellung von SharePoint Foundation 2013 und SharePoint Server 2013 254
SharePoint-System vorbereiten 255
Eigenständigen Server bereitstellen 259
Serverfarm bereitstellen 261
Basiskonfiguration der Farm 270
Vorbereitung der Browser-basierten Verwaltung 271
Assistent für die Farmkonfiguration 271
Verwaltete Konten registrieren 274
Portal-Webanwendung erstellen 276
Oberste Websitesammlung erstellen 281
Ausgehende E-Mail 283
DNS-Einträge 288
Best Practices 289
Zusammenfassung 290

5 Bereitstellen der erweiterten Dienste 291
Abonnementeinstellungendienst 294
Abonnementeinstellungendienst starten 295
Abonnementeinstellungendienst-Anwendung erstellen 295
Statusdienst 296
Verwalteter Metadatendienst 297
Verwalteter Metadatendienst starten 299
Erstellen einer Websitesammlung für den Inhaltstyphub 299
Verwalteter Metadatendienst-Dienstanwendung erstellen 300

Delegieren der Zugriffsberechtigungen auf den verwalteten Metadatendienst ... 301
Aktivieren der spaltenspezifischen Ausdruckssätze ... 302
Validieren der Bereitschaft der verwalteten Metadatendienstanwendung ... 303
Suche ... 304
SharePoint Foundation 2013-Suche ... 304
SharePoint Server 2013-Suche ... 306
Secure Store Service ... 315
Secure Store Service starten ... 316
Secure Store Service-Anwendung erstellen ... 316
Schlüssel generieren ... 317
Forderungen an den Windows-Tokendienst (C2WTS) ... 319
Delegierung lokaler Administratorrechte ... 320
Delegierung von lokalen Sicherheitsprivilegien ... 320
Konfiguration des Diensts ... 321
Konfiguration der eingeschränkten Kerberos-Delegierung ... 322
Verteilter Cache (Distributed Cache) ... 322
Validierung des Dienststatus ... 324
Änderung des Dienstkontos und weitere Konfigurationsanpassungen ... 324
Meine Website/Benutzerprofildienst ... 324
Übersicht des Provisionierungsprozesses ... 326
Allgemeine Voraussetzungen und Vorarbeiten ... 327
Berechtigungen für den Benutzerprofildienst Vorarbeiten ... 329
Meine Website einrichten ... 333
Self-Service Site Provisioning konfigurieren ... 335
Benutzerprofildienst-Synchronisierungsverbindung einrichten ... 336
Konfiguration der Benutzerprofildienstintegration mit anderen Farmkomponenten ... 340
Newsfeed bereitstellen ... 341
Aktivitätsfeedauftrag starten ... 342
Verifizieren der Einrichtung ... 342
App-Verwaltungsdienst ... 344
Einrichtung einer DNS-Zone für Apps ... 345
Bereitstellung eines SSL-Platzhalterzertifikats (optional) ... 346
Aktivierung des App-Verwaltungsdiensts ... 346
Erstellen der App-Verwaltungsdienst-Dienstanwendung ... 346
Konfiguration der App-URLs ... 347
Konfigurieren des Features für Internet-Endpunkte (optional) ... 348
Maschineller Übersetzungsdienst ... 348
Maschinellen Übersetzungsdienst starten ... 349
Maschinelle Übersetzungsdienstanwendung erstellen ... 350
Konfiguration der maschinellen Übersetzungsdienstanwendung und Dienstanwendungsberechtigungen ... 351
Arbeitsverwaltungsdienst ... 352
Arbeitsverwaltungsdienst starten ... 353
Arbeitsverwaltungsdienstanwendung erstellen ... 353
Delegieren der Dienstkonto-Zugriffsberechtigungen ... 354
Verifizieren der Dienstanwendungsbereitstellung ... 354
Anforderungs-Manager ... 355
Starten der Anforderungsverwaltungs-Dienstinstanz ... 356

Konfiguration des Anforderungs-Routings ... 357
Business Data Connectivity-Dienst (BDC) ... 357
Business Data Connectivity-Dienst starten ... 358
Business Data Connectivity-Dienstanwendung erstellen ... 359
Erstellen einer Profilseitenhost-Site ... 359
Konfiguration des Profilseitenhosts ... 360
Excel Services ... 361
Excel Services-Dienst starten ... 361
Excel Services-Dienstanwendung erstellen ... 362
Delegieren von Zugriffsberechtigungen ... 363
Vertrauenswürdige Speicherorte definieren (optional) ... 363
Unbeaufsichtigtes Dienstkonto konfigurieren (optional) ... 364
PerformancePoint ... 366
Bereitstellung von ADOMD.NET V11 ... 367
Delegierung von Berechtigungen für PerformancePoint ... 367
PerformancePoint-Dienst starten ... 368
PerformancePoint-Dienstanwendung erstellen ... 368
Unbeaufsichtigtes Dienstkonto zuordnen ... 370
PerformancePoint-Identitätsdelegierung ... 371
Websitesammlung auf Basis der Vorlage Business Intelligence Center erstellen (optional) ... 372
Access Services ... 373
Voraussetzungen für die Dienstanwendung umsetzen ... 375
Access-Datenbankdienst starten ... 379
Access Services-Dienstanwendung erstellen ... 380
Anwendungspool-Konfiguration ... 382
Access Services 2010 ... 383
Access-Datenbankdienst 2010 starten ... 384
Access-Dienstanwendung erstellen ... 384
PowerPoint-Konvertierungsdienstanwendung ... 385
PowerPoint-Konvertierungsdienst starten ... 385
PowerPoint-Konvertierungsdienstanwendung erstellen ... 386
Visio-Grafikdienst ... 386
Visio-Grafikdienst starten ... 387
Visio-Dienstanwendung erstellen ... 388
Unbeaufsichtigtes Dienstkonto konfigurieren (optional) ... 389
Word Automation Services ... 390
Word Automation Services-Dienstinstanz starten ... 391
Word Automation Services-Dienstanwendung erstellen ... 391
Dokumentkonvertierung ... 393
Dokumentkonvertierungsdienste starten ... 394
Dokumentkonvertierung konfigurieren ... 395
Feature zur SharePoint Server-Veröffentlichung aktivieren ... 396
Sandkasten-Codedienst ... 397
Sandkasten-Codedienst starten ... 398
Lastenausgleichsverhalten definieren (optional) ... 399
Eingehende E-Mail ... 399
SMTP-Server installieren ... 401
Empfangsdomäne für E-Mail-Nachrichten einrichten ... 402

Einrichten von Mail Exchanger (MX)-Datensätzen ... 402
Sendeconnector anlegen ... 403
SharePoint-E-Mail-Dienst steuern ... 406
Delegierung in Active Directory einrichten (optional) ... 407
SharePoint-Verzeichnisverwaltungsdienst konfigurieren (optional) ... 408
Berechtigungen für den Drop-Ordner einrichten ... 410
Dokumentbibliothek für eingehende E-Mail aktivieren ... 410
Best Practices ... 412
Zusammenfassung ... 413

6 Finalisierung der Farminstallation ... 415
Alternative Zugriffszuordnungen einrichten ... 417
Mobilen Zugriff konfigurieren ... 420
Mobiles Konto konfigurieren ... 420
Firewallübergreifende Zugriffszone konfigurieren ... 422
Geografische Daten für mobile Anwendungen nutzbar machen ... 423
Lösungen bereitstellen ... 424
Features bereitstellen ... 426
Mindestsicherheit etablieren ... 426
Authentifizierungsanbieter auswählen ... 426
SSL einrichten ... 427
Prozessisolation für privilegierte Konten etablieren ... 433
Installation optimieren ... 434
BLOB-Cache aktivieren ... 434
SQL Server optimieren ... 435
Bitratendrosselung aktivieren ... 437
Maximale Uploaddateigröße bestimmen ... 439
Warm-up einrichten ... 441
Überwachung einrichten ... 446
Allgemeines Verschieben von Protokolldaten auf eine Anwendungspartition ... 446
Verwendungs- und Integritätsdatenerfassung konfigurieren ... 449
Diagnoseprotokollierung anpassen ... 452
Berichte zur Verwendung der Informationsverwaltungsrichtlinie einrichten ... 454
Standardfehler beseitigen ... 457
Keine DCOM-Aktivierungsberechtigungen (Ereignis 10016) ... 457
Best Practices ... 460
Konto für den Veröffentlichungscache konfigurieren ... 460
Einstellungen für die IIS-Anwendungspools ... 464
Deaktivierung des Microsoft SharePoint Foundation-Webanwendungsdiensts ... 466
DisableLoopbackCheck/BackConnectionHostNames setzen ... 466
Weitere Best Practices ... 467
Zusammenfassung ... 468

Teil D
Betrieb und Hintergrundinformationen 469

7 SharePoint-Betrieb 471
Berichte und Protokolle 472
Integritätsberichte anzeigen 473
Suchdienstprotokolle 473
Zeitgeberauftragsstatusprotokolle 478
Integritätsanalyse 481
Informationsverwaltungsrichtlinien und Überwachungsprotokolle 486
Ereignisprotokolle für SharePoint 487
Diagnoseprotokolle einsehen 488
Sonstige Protokolle 490
Analyse und Fehlerbehebung 490
Analysemethoden 490
SharePoint-Fehlermeldungen behandeln 505
System Center Operations Manager 2012 R2 511
Lastsimulation 521
SharePoint aktualisieren 530
Übersicht über den Aktualisierungsprozess 531
Planung von Aktualisierungen 533
Aktualisierungen einspielen 544
Verfahren der Aktualisierung 550
Datenbankwartungs- und Optimierungsaufgaben 559
Positionierung der TempDB 559
Optimieren diverser Datenbankserver und Datenbankparameter 560
Datenbankdatei verkleinern 562
Transaktionsprotokollspeicher freigeben 562
Datenbankspeicher von Protokolldatendanken wieder freigeben 564
Konsistenzprüfung 564
Adressieren von Indexfragmentierung 565
Verwaltungs-Data Warehouse 568
Best Practices 571
Zusammenfassung 573

8 Hintergrundinformationen zu SharePoint 575
Dienste 576
Übersicht der Dienstanwendungen 576
Übersicht der SharePoint-Windows-Dienste 577
Dienstarchitektur 578
Weiterführende Dienstinformationen 580
Protokolle und Prozesse 600
File Synchronization Service via SOAP über HTTP-Protokoll 600
Open Data-Protokoll (OData) 600
Liste der Kernprozesse 601

SharePoint-Elemente ... 602
Lokale Gruppen ... 602
Webanwendungen ... 603
Anwendungspools ... 603
Workflows ... 604
Sicherheit ... 604
Kryptografieunterstützung ... 604
Berechtigungsstufen ... 605
SQL Server und SharePoint-Datenbanken ... 607
Übersicht der SharePoint-Datenbanken ... 607
Benutzererfahrung bei schreibgeschützten Datenbanken ... 612
Weitere Komponenten/Aspekte ... 614
SharePoint-Aktualisierungen ... 614
BLOB-Cache ... 615
Bitratendrosselung ... 617
Minimale Downloadstrategie ... 618
Ressourcensteuerung ... 618
eDiscovery ... 620
Informationsverwaltungsrichtlinien ... 622
Videoformate ... 624
Office Web Apps ... 625
In SharePoint 2013 entfernte Funktionen und Schnittstellen ... 626
Features und Lösungen ... 627
Vorlagen ... 631
Zusammenfassung ... 631

9 SharePoint verwalten ... 633
Dienste und Dienstanwendungen verwalten ... 634
Allgemeine Dienstanwendungsoperationen ... 634
Access Services ... 637
Anforderungs-Manager ... 639
App-Verwaltungsdienst ... 645
Arbeitsverwaltungsdienst ... 654
Benutzerprofildienst ... 655
Business Data Connectivity-Dienstanwendung ... 675
Secure Store ... 685
InfoPath Forms Services ... 689
Maschineller Übersetzungsdienst ... 698
Statusdienst ... 699
Verteilter Cache (Distributed Cache) ... 700
Verwalteter Metadatendienst ... 704
Visio-Grafikdienst ... 710
Word Automation Services ... 711
Farmübergreifende Dienste einrichten ... 713
Übersicht ... 713
Vertrauenswürdige Zertifikate zwischen den Serverfarmen austauschen ... 713
Farmübergreifenden Dienst veröffentlichen ... 717

Berechtigungen setzen ... 718
Verbindung zum farmübergreifenden Dienst herstellen ... 720
Server-to-Server-Authentifizierung einrichten ... 723
Webanwendungen verwalten ... 725
Allgemeine Webanwendungseinstellungen ... 725
Websitesammlungen ... 729
Authentifizierungsanbieter ... 740
Ressourcensteuerung ... 741
Cache verwalten ... 746
Verwaltete Pfade verwalten ... 751
Webanwendungspoolzuordnung konfigurieren ... 752
Infrastrukturkonfiguration ... 753
Alternative Zugriffszuordnungen (AAM) ... 753
Webanwendungen erweitern ... 759
Inhaltsbereitstellung ... 761
SharePoint-Installationen blockieren ... 770
SharePoint-Installationen nachverfolgen ... 770
Datenbankverwaltung ... 773
Site- und Lösungsverwaltung ... 778
Zusammenarbeit verwalten ... 778
Websites verwalten ... 782
Personenauswahl ... 783
Webparts ... 788
Lösungen ... 790
Features verwalten ... 790
Mandanten verwalten ... 800
Mandantenadministrationssites anlegen ... 800
Mandanten verwalten ... 801
Mandantenwebsitesammlungen anlegen ... 802
Partitionierte Dienstanwendungen einrichten ... 802
Feature Packs für Mandanten verwalten ... 803
Isolation von Benutzerkonten ... 803
Informationsrechteverwaltung für Mandanten ... 804
Sonstiges ... 805
BranchCache ... 805
Lizenzforcierung ... 806
SharePoint-Vertrauensstellung einrichten ... 808
Zusammenfassung ... 810

Teil E
Clientszenarien ... 811

10 SharePoint aus der Clientperspektive ... 813
Allgemeine Neuerungen ... 814
Aufgabensynchronisierung in SharePoint ... 815
Meine Vorgänge in SharePoint 2013 ... 815

Aufgabensynchronisierung mit Outlook ... 816
Websitepostfach (Site Mailbox) ... 817
Rahmenbedingungen ... 818
Anlegen eines Websitepostfachs ... 818
Arbeiten mit einem Websitepostfach ... 819
eDiscovery anwenden und Falldaten exportieren ... 824
Erstellen eines eDiscovery-Falls ... 825
Delegierung von Fallberechtigungen ... 826
Anlegen von eDiscovery-Sätzen ... 827
Erstellen von eDiscovery-Abfragen ... 829
Exportieren von eDiscovery-Falldaten ... 829
Schließen eines eDiscovery-Falls ... 832
SkyDrive Pro in SharePoint Server 2013 ... 833
SkyDrive und SkyDrive Pro ... 833
SkyDrive Pro-Architektur ... 834
Arbeiten mit SkyDrive Pro ... 834
Office-Hub – SkyDrive-Alternative zu Windows Phone ... 836
Apps ... 837
SharePoint Store ... 837
Apps erwerben ... 837
App-Berechtigungen ... 840
Apps und Business Connectivity Services ... 840
Arbeiten mit verwalteten Metadaten ... 840
Grundlagen und Definitionen ... 840
Organisieren von Ausdrücken und Ausdruckssätzen ... 843
Verwendung von Ausdruckssätzen und Ausdrücken ... 843
Verwaltete Navigation ... 844
Metadatennavigation für Dokumentbibliotheken ... 847
Anpassen von Seitenlayouts ... 848
Wissenswertes und Neuheiten ... 848
Website-Design ... 848
Mehrsprachigkeit ... 849
Maschineller Übersetzungsdienst (Microsoft Translator) ... 850
Variationen ... 851
Soziales Netzwerk ... 853
Communities in Unternehmen ... 853
Websitehub und heraufgestufte Sites ... 857
Meine Website verwenden ... 859
Office Web Apps 2013 ... 860
Erweiterungen von Office Web Apps mit SharePoint 2013 ... 861
Umgang mit Office Web Apps ... 861
Office Web Apps auf mobilen Geräten ... 862
Geodatenintegration mit Bing Maps ... 862
Generelle Aktivierung auf Websitesammlungsebene ... 863
Einbinden des Geolokationsfelds in eine SharePoint-Liste ... 863
Zusammenfassung ... 866

Teil F
Vertiefung von SharePoint-Technologien

Vertiefung von SharePoint-Technologien 867

11 SharePoint-Unternehmenssuche 869
Neuerungen in der Suche 871
Basisänderungen 871
Benutzeroberfläche 872
Neues bei Suchabfragen 874
Sonstige Neuerungen 875
Zurückgezogene Suchfunktionen 875
Architektur der Suche 876
Durchforstungskomponente 877
Inhaltsverarbeitungskomponente 879
Analysekomponente 879
Indexkomponente 879
Abfrageverarbeitungskomponente 880
Verwaltungskomponente 880
Verwaltung der Suche 880
Verwaltungsübersicht der SharePoint-Suche 880
Allgemeine Eigenschaften der Suche 881
Anpassungen an der Suchtopologie 885
Inhaltsquellen 890
Suchschema 894
Ergebnistypen und Anzeigevorlagen 897
Ergebnisquelle 905
Abfrageregeln 910
Abfragevorschläge 915
Sonstiges 917
Arbeiten mit dem Suchcenter 922
Erstellen eines Suchcenters 923
Suchcenter verwalten 923
Suchvertikale – Navigation von Suchbereichen 924
Standard-Webparts 926
Best Practices 935
Zusammenfassung 935

12 Authentifizierung 937
Anspruchsbasierte Authentifizierung 938
Windows-Authentifizierungsansprüche 939
Formularbasierte Authentifizierungsansprüche 940
SAML-basierte Authentifizierungsansprüche 954
Migrieren von der klassischen zur forderungsbasierten Authentifizierung 962
Anspruchskodierung 962
Windows-Authentifizierung 964
Kerberos 964
NTLM 982
Basisauthentifizierung 984

Digestauthentifizierung 984
Zertifikatbasierte Authentifizierung 986
Anonyme Benutzer 989
Einrichten unterschiedlicher Authentifizierungsanbieter für unterschiedliche Zonen 992
Server-zu-Server-Authentifizierung 993
Übersicht 993
OAuth 994
Planung 995
Best Practices 996
Zusammenfassung 997

13 Sicherheitstechnologien 999
Einleitung 1000
Akzessorisches Sicherheitsmodell 1001
Reduktion der Angriffsfläche 1002
Aktive Schutzmaßnahmen 1002
Analyseverfahren etablieren 1003
Lebendige Sicherheitsprozesse 1004
SSL-Kommunikation verwalten 1005
Allgemeine SSL-Planung bei SSL-Terminierung an der Farm 1005
SSL-Offloading 1006
Serverzertifikate erstellen 1006
SSL-geschützte Zugriffe erzwingen 1012
Verwendung von Server Name Indication (SNI) 1015
Zentraler Zertifikatspeicher (Central Certificate Store, CCS) 1018
SharePoint-Härtung 1024
Restriktive Dienstauswahl 1025
Firewallschutz 1026
SSL-Härtung 1027
Weitere Detailanpassungen 1029
SQL Server-Härtung 1031
Apps absichern 1032
Wiederholungserkennung in der Windows Identity Foundation (WIF) 1033
Veröffentlichung von SharePoint im Internet 1034
Allgemeiner Überblick zur Lösungslandschaft 1034
Windows Server 2012 R2-Web Application Proxy (WAP) 1037
F5 Big IP 1039
Unified Access Gateway (UAG) 1050
Microsoft Forefront Threat Management Gateway 2010 (TMG) 1056
Verwaltung von Informationsrechten 1063
IRM-Neuerungen in SharePoint 2013 1064
Welche Daten können mit der Verwaltung von Informationsrechten (IRM) geschützt werden? ... 1065
IRM-SharePoint 2013-Integration 1066
Funktionsweise der Windows-Rechteverwaltung 1067
Planungsvorarbeiten zur Bereitstellung der Windows-Rechteverwaltungsdienste 1069
Nutzung in Extranet-Szenarien 1070
SharePoint-Informationsrechteverwaltung einrichten 1072

Dokumentbibliothek für IRM konfigurieren ... 1073
IRM-Funktionalität testen ... 1074
Sicherheitskonfiguration ... 1075
Berechtigungen verwalten ... 1075
Gesperrte Dateitypen ... 1092
Dienstkonten konfigurieren ... 1092
Webpart-Sicherheit verwalten ... 1093
Vertrauensstellungen verwalten ... 1094
Virenscanner ... 1094
Datenschutz ... 1098
Meine Website-Konfiguration ... 1098
Allgemeiner Datenschutz ... 1100
Best Practices ... 1101
Zusammenfassung ... 1102

Teil G
Migration ... 1103

14 SharePoint-Migration ... 1105
Einleitung ... 1106
SharePoint 2001-2003-Migration ... 1106
SharePoint 2007 (MOSS)-Migration ... 1107
SharePoint 2010-Migration ... 1107
Programmatische Änderungen ... 1108
Übersicht der Migrationstopologien ... 1108
Übersicht der Migrationsmodelle ... 1109
Einschränkungen einer Migration ... 1113
Vorbereitende Maßnahmen ... 1113
Umsetzung der Migration ... 1118
Sonderfälle ... 1146
Generelle Verfahren ... 1152
Häufig auftretende Migrationsprobleme ... 1153
Migrationen innerhalb von SharePoint 2013 ... 1155
Übersicht ... 1156
Migration von SharePoint Foundation 2013 nach SharePoint Server 2013 ... 1157
Anfügen der Datenbank in der Zielserverfarm ... 1158
Migration von pfadbasierten zu hostbenannten Websitesammlungen ... 1159
Project Server 2010 ... 1159
Änderung des Project Server-Migrationsverfahrens ... 1159
Übersicht des Migrationsverfahrens ... 1160
Migrationswerkzeuge ... 1160
Migrationswerkzeuge von Drittanbietern ... 1160
Öffentliche Ordner von Exchange Server ... 1163
Dateiserverdaten migrieren ... 1164
Sonstiges ... 1164
Best Practices ... 1165
Zusammenfassung ... 1165

Teil H
Erweiterungen

Erweiterungen 1167

15 Sicherung und Wiederherstellung 1169
Übersicht der Sicherungsmethoden 1170
Integrierte Sicherung 1171
Wichtige Anmerkungen und Einschränkungen bei der Sicherung einer SharePoint-Farm 1172
Sicherung einer Serverfarm 1173
Sicherung einer Serverfarmkonfiguration 1177
Sicherung einer Webanwendung 1178
Sicherung einer Dienstanwendung 1179
Sicherung der Inhaltsdatenbank 1180
Sicherung einer Websitesammlung 1181
Sicherung einer einzelnen Website, Dokumentbibliothek oder Liste 1182
Sichern von Anpassungen 1184
Verwaltung von SharePoint-Sicherungen 1186
SQL Server-basierte Sicherungen 1187
Sicherung der SharePoint-Datenbanken 1187
Sicherung einer Inhaltsdatenbank in einer Momentaufnahme 1188
Data Protection Manager 2012 R2-basierte Sicherungen 1189
Neuheiten gegenüber DPM 2010 1190
Einrichtung der SharePoint-Farm für die DPM-Sicherung 1190
Manuelle Sicherung einer Serverfarm mit DPM 1196
DPM-Verwaltungsoperationen 1197
Übersicht der Wiederherstellungsmethoden 1199
SharePoint-basierte Wiederherstellungen 1199
Wiederherstellung einer Serverfarm 1199
Wiederherstellung einer Serverfarmkonfiguration 1202
Wiederherstellung einer Webanwendung 1203
Wiederherstellung einer Dienstanwendung 1204
Wiederherstellung einer Inhaltsdatenbank 1204
Wiederherstellung von Anpassungen 1205
Wiederherstellung einer Websitesammlung 1205
Wiederherstellung einer einzelnen Website, Dokumentbibliothek oder Liste 1206
SQL Server-basierte Wiederherstellungen 1207
Wiederherstellung aus einer Momentaufnahme 1207
Wiederherstellung mithilfe einer nicht angefügten Datenbank 1208
Data Protection Manager 2012 R2-basierte Wiederherstellung 1210
Wiederherstellung einer Serverfarm 1211
Wiederherstellung einer Webanwendung 1213
Wiederherstellung einer Inhaltsdatenbank 1213
Wiederherstellung einer Websitesammlung 1215
Wiederherstellung einzelner Elemente 1217
Einrichten einer Wiederherstellungsfarm 1218
Best Practices 1219
Zusammenfassung 1220

Teil I
Wiederherstellung, Automation und Fehlerbehebung ... 1221

16 SharePoint-Erweiterungen ... 1223
Office Web Apps ... 1224
Übersicht ... 1224
Voraussetzungen und Planung ... 1233
Bereitstellung ... 1239
Administration ... 1246
Hochverfügbarkeit für SharePoint ... 1250
Netzwerklastenausgleich ... 1251
AlwaysOn-Cluster ... 1255
Remote-BLOB-Speicher (RBS) ... 1270
Voraussetzungen von RBS ... 1270
Bereitstellung von RBS ... 1270
PowerPivot für SharePoint ... 1275
Voraussetzungen ... 1276
Installation ... 1277
Power View ... 1283
Power View planen ... 1284
Power View einrichten ... 1285
Reporting Services für SharePoint (SSRS) ... 1285
Neuerungen in Reporting Services ... 1285
Voraussetzungen für Reporting Services ... 1286
SSRS-Bereitstellung ... 1287
Exchange Server 2013-Integration ... 1290
Übersicht ... 1290
Websitepostfach (Site Mailbox) ... 1290
Aufgabensynchronisierung mit Exchange Server ... 1299
eDiscovery über Exchange Server-Inhalte ... 1302
Project Server 2013 ... 1307
Architekturänderungen ... 1307
Allgemeine Änderungen ... 1308
Voraussetzungen für die Installation ... 1311
Benötigte Konten ... 1312
Installation und Konfiguration von Project Server 2013 ... 1312
Konfiguration der Berichterstattung für Project Web App ... 1324
Konfiguration der Excel Services ... 1325
Microsoft CRM 2011 ... 1326
Übersicht der CRM 2011-SharePoint-Integration ... 1326
Planung ... 1327
Konfiguration von SharePoint für die Verwendung mit Microsoft CRM 2011 ... 1327
Verifizieren der CRM-Funktionalität ... 1329
SharePoint und SAP ... 1329
Duet Enterprise 1.0 ... 1329
Duet Enterprise 2.0 ... 1331
Alternativen zu Duet Enterprise ... 1332

Sonstige Erweiterungen 1335
Visio Services-Erweiterungen 1335
Audit and Control Management Server (ACM) 1337
Zusammenfassung 1338

17 Einführung in PowerShell 1339
Windows PowerShell-Grundlagen 1340
SharePoint-Cmdlets verwenden 1340
Alias verwenden 1341
Show-Command 1341
PowerShell-Module 1342
PowerShell-Skripts ausführen 1343
Eingabeaufforderungen unterdrücken 1343
Arbeiten mit umfangreichen Ausgaben 1343
Piping 1344
Sortieren und Filtern von Ausgaben 1344
Remoting 1345
PowerShell Web Access (PSWA) 1346
Simulation von bevorstehenden Aktionen 1349
Arbeiten mit Objekten 1350
Arbeiten mit Anmeldeinformationen 1350
Double Hop-Problematik 1351
ForEach-Object 1351
PowerShell-Skripts signieren 1352
SharePoint-Installation via PowerShell 1354
Gängige Aufgabenstellungen 1354
SharePoint-PowerShell delegieren 1355
Eigenschaften übergreifend auslesen 1355
Eigenschaften übergreifend modifizieren 1355
Anlegen von Websitesammlungen via CSV-Import 1356
Zusammenfassung 1356

18 Fehlerbehebung 1357
Installation und Aktualisierung 1358
Fehler bei der SQL Server-Installation der NetFx3-Komponente 1358
Fehler bei der Ausführung des Vorbereitungstools während der Konfiguration der Webserverrolle 1359
Keine Zulassung von lokalen Konten als Dienstkonten 1360
Unerwünschter Name für die Datenbank der Zentraladministration 1361
Fehler bei der Übergabe der Datenbankinformationen 1361
Extrem langwierige Aktualisierungssequenz 1361
Fehlerhafte Aktualisierungserkennung verhindert Abschluss der Aktualisierung 1363
Konflikt verhindert die Fortsetzung des Konfigurations-Assistenten im Rahmen einer Aktualisierung 1363
Administration 1364
Zentrale Funktionen wie das Einspielen von Lösungen oder die Erstellung von Webanwendungen schlägt fehl 1364

Genereller Fehler beim Ausführen von PSConfig und/oder Zeitgeberauftragsdefinitionen 1364
Reduziertes Befehlsspektrum in der Zentraladministration 1365
Zentraladministration öffnet sich nicht lokal, sondern remote 1366
Verlust der Farmpassphrase 1366
Ereignis 7043-Fehler beim Laden der Steuerelementdatei 1366
Allgemeiner Fehler beim Zugriff auf Integritätsberichte 1367
ULS beim Zugriff auf Integritätsberichte 1368
Fehler beim programmatischen Zugriff »Could not establish trust relationship for the SSL/TLS secure channel« 1369
SharePoint-Sitezugriff 1369
WebDAV-Probleme (Explorer-Ansicht) 1369
Dropdownmenü funktioniert nicht (Ladevorgang wird ausgeführt) 1371
Website zeigt keine Inhalte an (leerer Bildschirm) 1371
Dateien können nicht direkt geöffnet werden 1372
Zugriff verweigert-Fehler beim Zugriff auf Veröffentlichungssites 1372
Fehler beim Öffnen von Office-Dokumenten in der Clientanwendung 1372
Personenauswahl reagiert nicht zeitnah 1373
Diverse Basisfunktionen terminieren mit Fehlermeldung 1373
Anmelden als anderer Benutzer ist nicht mehr verfügbar 1374
Soziale Netzwerkfunktionen 1374
Clienttools 1376
Authentifizierung 1377
Anmeldungsdauerschleife 1377
Kerberos-Fehlerbehandlung 1378
Nach mehrfacher lokaler Anmeldung erscheint ein leerer Bildschirm 1379
Anmeldefenster erscheint auf einigen Rechnern nicht 1380
Server-zu-Server-Konfiguration schlägt fehl 1381
Dienste und Zusatzkomponenten 1381
Benutzerprofildienst 1381
Suche 1388
Verteilter Cache (Distributed Cache) 1391
Verwalteter Metadatendienst 1391
Sonstige Dienstanwendungen und Komponenten 1393
SharePoint-Erweiterungen 1396
Sonstige SharePoint-Bereiche 1405
Migration 1406
Umleitung zum Benutzerprofil ist nicht funktional 1406
Nach der Migration scheitert der administrative Zugriff auf den Terminologiespeicher 1407
Visio Prozess Repository-Dokumentvorlagen stehen nicht zur Verfügung 1407
Forderungen an den Windows-Tokendienst hinterlässt Ereignisse mit der ID 7000 und 7009 im Ereignisprotokoll 1408
Zusammenfassung 1408

Teil J
Workflowintegration ... 1409

19 Workflows ... 1411
Vorteile von Workflows ... 1412
Neuerungen von Workflows in SharePoint Server 2013 ... 1412
Änderungen der Architektur in SharePoint Workflow ... 1413
Änderungen im SharePoint Designer ... 1414
Windows Workflow Foundation ... 1415
Workflow-Manager 1.0 ... 1416
Installation von Workflow-Manager 1.0 ... 1416
Workflow-Manager-Farm mit drei Servern ... 1423
Deinstallation von Workflow-Manager ... 1425
Standardworkflows ... 1425
Grundlagen zu Workflows ... 1426
Workflows planen ... 1427
Workflow erstellen und zuordnen ... 1427
Workflow starten ... 1428
Workflow überwachen, überprüfen und ändern ... 1429
Werkzeuge zum Erstellen von Workflows ... 1429
Webbrowser ... 1429
Microsoft SharePoint Designer 2013 ... 1432
Visio 2013 ... 1440
InfoPath 2013 ... 1442
Workflows verwalten ... 1443
Workflow als Workflowvorlage bereitstellen ... 1443
Workflowzuordnung ... 1443
Workflowinstanz abbrechen oder beenden ... 1448
SharePoint Designer-Workflow löschen ... 1449
Globale Workfloweinstellungen konfigurieren ... 1449
Deklarativen Workflow aktivieren oder deaktivieren ... 1449
Workflowverlauf deaktivieren oder löschen ... 1450
Best Practices ... 1451
Zusammenfassung ... 1451

Stichwortverzeichnis ... 1453

Die Autoren ... 1507
Firmendarstellung SINC GmbH ... 1508

Vorwort

Endlich ist es soweit und ich kann als eine meiner letzten Amtshandlungen diese verbleibenden Zeilen schreiben. Es bleiben noch so viele Gedanken und Aspekte, die sich in meinem Kopf drängen und ihren Platz in diesem Buch einfordern. Jedoch ist der Zeitpunkt gekommen, diese zu verdrängen und unser SharePoint 2013-Boot zu Wasser zu lassen. Nach einer kleinen Verschnaufpause werden wir damit beginnen, ausstehende Aspekte und sicherlich im Nachgang identifizierte Diskrepanzen in unserem Blog unter *http://sharepointbuch.sinc.de* zu posten.

In der Vergangenheit wurde ich wiederholt mit Erstaunen befragt, wann ich mich denn endlich aus dem klassischen Geschäft zurückzuziehen gedenke, um mich an den Früchten des einträglichen Autorendaseins zu laben. Dies möchte ich zum Anlass für eine kleine Richtigstellung nehmen: Trotz der hoffentlich erneut großen Verbreitung dieses Handbuchs würde dessen wirtschaftliche Betrachtung selbst die untersten tariflich festgelegten Löhne beliebiger Beschäftigungsfelder unterbieten. Dieses Handbuch ist unser Tribut an die unglaublich große SharePoint-Community, in der unzählige Blogger und unentgeltlich Vortragende ihren Beitrag zu einem besseren Verständnis der SharePoint-Plattform leisten.

Gleichzeitig ist dieses Buch leider eines der letzten Bücher, die beim Verlag Microsoft Press publiziert werden, was ich speziell in Hinsicht auf meinen langjährigen und geschätzten Hauptansprechpartner, Florian Helmchen, sehr bedauere.

Anstelle von SharePoint werden nun wieder meine schändlich vernachlässigte Frau und meine nicht minder vermissten Töchter endlich wieder meine ungeteilte Aufmerksamkeit bekommen können. Was für himmlische Aussichten!

Ich möchte mich noch abschließend bei den Mitgliedern meines Teams und Freunden bedanken, die zwar nicht explizit als Co-Autoren aktiv waren, jedoch ebenfalls verschiedene, für mich sehr wertvolle Beiträge zu diesem Buch geleistet haben, wie Bea Große-Venhaus oder Helge Frank.

So wünsche ich Ihnen erneut romantische Stunden bei der Lektüre dieses Handbuchs im Kerzenschein einer möglichst an Umfang reichen Kerze.

Herzlichst Ihr

Wojciech Micka

Die Begleitdateien zum Buch

In einigen Kapiteln in diesem Buch werden Sie Verweise auf Begleitdateien vorfinden. In der Regel handelt es sich dabei um umfangreiche PowerShell-Skripts. Diese Beispieldateien stehen Ihnen über die weiter unten genannten Internetadressen zum Download zur Verfügung.

Im Buch wird an verschiedenen Stellen auf Informationsquellen im Internet verwiesen. Die entsprechende Internetadresse (URL) ist jeweils direkt im Text mit angegeben. Damit diese zum Teil recht langen und kryptischen Zeichenfolgen nicht manuell abgetippt werden müssen, finden Sie auf der Supportseite zu diesem Buch eine ausführliche Linkliste (Dateiname *Linkliste Ms5-156.zip*), die Sie auf Ihren Rechner herunterladen können. In dieser Liste sind sämtliche Links aufgeführt, die in diesem Buch angeben sind, und Sie können so einfach per Klick die Software bzw. jeweiligen Informationen herunterladen.

All diese Begleitdateien finden Sie unter

www.microsoft-press.de/support/9783866451568

und

msp.oreilly.de/support/2281/877

Teil A

Einführung

Kapitel 1	Microsoft SharePoint Server 2013 – Der Einstieg	31
Kapitel 2	Neuerungen in SharePoint 2013	45

Kapitel 1

Microsoft SharePoint Server 2013 – Der Einstieg

In diesem Kapitel:

SharePoint-Historie	32
SharePoint 2013 (SharePoint v5)	39
Ein Ausblick	42
Zusammenfassung	43

Dieses Handbuch beschreibt die Planung, Implementierung und die Verwaltung von SharePoint 2013, wobei der Fokus auf der mächtigeren SharePoint Server-Edition liegt. Unabhängig, ob SharePoint-Experte oder -Neuling, sollte zunächst die Frage nach dem Was und Warum beantwortet werden. Was ist SharePoint in der vorliegenden Version überhaupt und warum ist es so, wie es ist? Die Antworten auf diese Fragen werden Ihnen dabei helfen, einige der zahllosen Besonderheiten und vermeintlichen Skurrilitäten der Plattform, die Ihnen zwangsläufig begegnen werden, besser einschätzen zu lernen.

Anstelle einer allgemeinen Positionsbestimmung, für die es mittlerweile erschöpfende Interpretationen gibt, ist (wie ihm realen Leben) die Herkunft und der Weg zur aktuellen Position aufschlussreicher. SharePoint 2013 ist das aktuelle Produkt vieler vorausgegangener SharePoint-Produktzyklen, in die sukzessiv wichtige verwandte Produkte und Technologien integriert wurden, die durch die Produktstrategie mehr oder minder entscheidenden Einfluss auf die Produktausrichtung gehabt haben.

SharePoint-Historie

In Abbildung 1.1 wird eine vereinfachte Übersicht der Produktzyklen und deren Verknüpfungen zu anderen Produktlinien, die für SharePoint von Wichtigkeit waren und sind, dargestellt.

Abbildg. 1.1 Vereinfachte SharePoint 2013-Produktevolution und Lösungsmodulübersicht

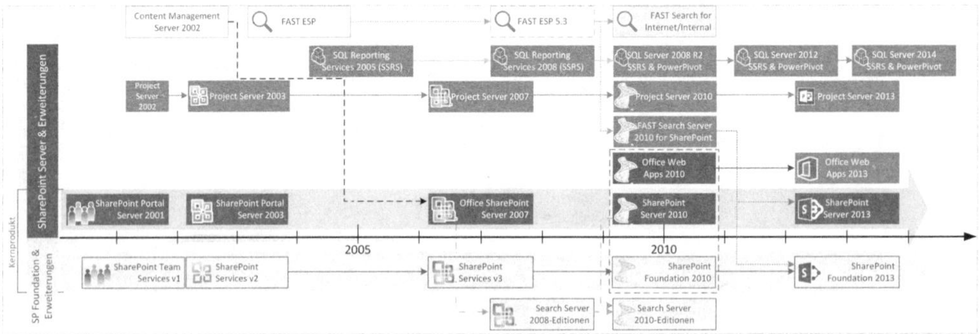

Neben diesen ausgewählten Produktlinien haben natürlich noch weitere Produkte einen wichtigen Einfluss, wie Exchange Server oder mittlerweile SharePoint Online. Jedoch sind diese für die aktuelle Betrachtung zunächst von nachrangiger Bedeutung.

Frühe Ursachen für die Entstehung von SharePoint v1

Der Grund für die Entstehung von SharePoint 2001 waren die sich abzeichnenden Probleme mit den damals primären Datenablage- und E-Mail-Kommunikationssystemen. Auf einem Dateiserver wurden Dokumente in Dateifreigaben abgelegt, mit NTFS-Berechtigungen versehen und zur Bearbeitung im Zweifel als Kopie lokal auf einem Client abgelegt. An eine perspektivisch gute Basis für ein gemeinsames oder strukturiertes Bearbeiten und Zusammenführen von Informationen war so nicht zu denken. Der Blick auf die Fertigkeiten in der Exchange-Welt, die sich damals gerade im Umbruch vom eigenen Exchange-Verzeichnisdienst unter 5.5 nach Exchange Server 2000 mit einer Integration in das neue Active Directory befand, offenbarte ebenfalls kaum bessere Alternativen.

Die damals breit etablierten öffentlichen Ordner boten zwar einige Gimmicks für den Zugriff und die Inhaltssynchronisierung, die im Fall einer standortübergreifenden Bereitstellung von Daten hilfreich waren. Allerdings stand schon damals fest, dass diese öffentlichen Ordner nicht der Weisheit letzter Schluss sein konnten. Sie hatten nicht wirklich viel mehr zu bieten als simple Dateiserver. Dafür waren sie umständlich zu bedienen, geschweige denn komfortabel zu administrieren. Und die Letzten, die in dieser proprietären Welt Spaß hatten, waren die Anwender, die mithilfe von Outlook und Outlook Web Access ein in Abhängigkeit von der Exchange-Version mehr oder minder limitiertes Dasein für den Zugriff auf die öffentlichen Ordner fristeten. An eine echte Zusammenarbeit war nicht zu denken. Auch der Aspekt der Skalierung war in keiner der beiden Lösungen hinreichend berücksichtigt.

Zu dieser Zeit nahmen die neuen Webdienste Gestalt an, und es zeichnete sich längst am Horizont ab, dass die dort zur Verfügung stehenden Standards massiv an Bedeutung in der neuen Kommunikationswelt gewinnen würden. Die Idee einer webbasierten Architektur für eine Zusammenarbeitsplattform war geboren.

SharePoint v1

Mit der Einführung von SharePoint Portal Server 2001 und der kurz darauf erscheinenden SharePoint Team Services v1-Version, die das Pendant zur heutigen SharePoint Foundation-Edition darstellt, wurden erstaunlich viele der bis in die Gegenwart reichenden Konstanten eingeführt. Hier ein kleiner Auszug:

- Webbasierte Dokumentenbibliotheken
- Metadaten für Dokumente
- WebDAV-basierter Zugriff auf Dokumente aus Office oder dem Windows-Explorer heraus
- SharePoint-übergreifende Suche innerhalb der öffentlichen Ordner von Exchange, Dateifreigaben und sogar Lotus Notes- und R5-Datenbanken
- Veröffentlichungslogik
- Workflows

Der Einsatzrahmen der ersten SharePoint-Generation kann somit auf folgende Zielszenarien reduziert werden:

- Webbasierte Zusammenarbeit an Dokumenten inklusive Versionierung und Metadaten
- Webportal
- Suchportal für Firmendaten

Wenngleich die Liste an dieser Stelle bewusst kurz gehalten wurde, ist die Ursache für dieses möglicherweise verblüffende Feuerwerk an Funktionalität ganz einfach: SharePoint Portal Server 2001 beruhte auf dem Microsoft Site Server 3.0, der sich seines Zeichens bereits den Aspekten Metadaten, Zusammenarbeit, Suche und anderer verwandter Aspekte im Kontext eines Site Server-basierten Intranets angenommen hatte. Diese Produktlinie trieb zwischen 1996 und 1998 ihr Unwesen und trug speziell im frühen eCommerce-Bereich Früchte. Die Erkenntnisse der Produktlinie wurden im

Microsoft Commerce Server und SharePoint Portal Server 2001 wiederverwertet. Ironischerweise war es der Site Server, der den Hauptautor dieses Buchs damals parallel zu seinem Studium fast in den Wahnsinn trieb und dessen Schrecken bis in die Gegenwart die Liste seiner glücklicherweise begrenzten Negativerfahrungen anführt. Es musste also ein in Form eines neuen Produktnamens ersichtlicher Neustart einer Webplattform unter Microsoft-Fahne her.

Die technologische Basis der heutigen SharePoint-Plattform stand um die Jahrtausendwende noch nicht zur Verfügung und es kamen eine Reihe recht proprietärer Ansätze zur Anwendung. Das Datenbankmodell beruhte primär auf dem Exchange Server-Datenbankmodell inklusive der aus Exchange bekannten Streamingdatenbank (STM). Auch .NET Framework war noch nicht existent, was in der Verwendung von ASP-Seiten mit dem berüchtigten Scripting-Host im Hintergrund mündete. Webparts existierten bereits, jedoch auf alternativer Basis. So kam für das Client-Web-Front-End HTML 3.2 in Kombination mit XML und Microsoft JScript zum Einsatz.

SharePoint v2

Die in SharePoint 2001 immer noch breiten technologischen Missstände mussten nun schleunigst in Angriff genommen werden. In der zweiten SharePoint 2003-Version wurden glücklicherweise die Weichen in die richtige Richtung für eine zukunftsträchtige Plattform gestellt:

- Die Abkehr von der auf Exchange Server basierenden Datenbankstruktur und die Unterstützung von einem auf SQL Server basierenden Datenbankspeicher, der beispielsweise die Mehrzahl der noch lose auf dem Dateisystem gespeicherten Konfigurationsdaten aufnimmt
- Die Umstellung auf das neue in 2002 in erster Version fertiggestellte .NET Framework und die dortigen ASP.NET 1.1-Webparts und Webpartseiten
- Die Umstellung auf eine Shared Services-Architektur, die über zwei Generationen Bestand haben sollte. Hierdurch können mehrere Server und Webanwendungen auf die zentralen Dienste einer Shared Services-Dienstanwendung zugreifen.

Neben diesen wichtigsten architektonischen Änderungen wurden auch wichtige neue funktionale Impulse gesetzt:

- Einführung von *Meine Websites* und somit die Möglichkeit der Zielgruppenadressierung
- Abonnements und Benachrichtigungen
- Active Directory-Integration für die Benutzerprofile von *Meine Websites*
- Erste Mehrsprachigkeitsansätze, wenngleich die Sprache noch fest beim Erstellen der Websitesammlung eingebunden wurde
- Breite Einführung der Office-Komponenten für SharePoint, die basierend auf ActiveX-Steuerelementen die Clientinteraktion mit dem Browser deutlich erweiterten

Neben diesen Änderungen wurden der Plattform zahlreiche weitere Bausteine hinzugefügt wie Single Sign-On-Fertigkeiten, breite Listenunterstützung und Präsenzintegration. Eine leicht verzögerte Erweiterung der SharePoint-Fertigkeiten erhält nun auf Basis der Integration von SQL Reporting Services 2005 mithilfe der neuen Reporting Services-Webparts Einzug. Letztlich sind die Berichtfunktionalitäten bereits in den SQL Server 2000-Reporting Services verfügbar, jedoch lediglich für die SharePoint 2003-Basisarchitektur. Gleichzeitig wurden die Funktionen der kostengünstigen SharePoint Services um die wichtigsten Basiselemente der Zusammenarbeit erweitert, wie das Aus- und Einchecken von Inhalten. SharePoint fing an, rund zu werden, allerdings war die Begeisterung auf Kundenseite noch vergleichsweise verhalten, was beispielsweise der immer noch zu eingeschränkten Browseroberfläche geschuldet war. Das System war für Kunden zumeist noch zu unflexibel und fehlerintensiv. Einfache Kollaborationsszenarien und Webportale waren somit jedoch auf Basis von SharePoint 2003 möglich, besser skalier- und vergleichsweise einfach abbildbar. Durch die Einführung von Elementen wie dem Site Directory wurden wichtige Basisbausteine geliefert, um in Unternehmensportalen eine verbesserte, websitesammlungsübergreifende Navigationsbasis zu erschaffen, ohne zu viele Federn bei unternehmensspezifischen Anpassungen lassen zu müssen.

SharePoint v3

Mit SharePoint 2007 wurden die primären Hindernisse für die erwünschte Kundenzufriedenheit in Angriff genommen, und das sehr erfolgreich. Mit dieser Version ist Microsoft ein Durchbruch gelungen. Die wichtigsten Faktoren für diese Entwicklung sind:

- Umstellung der Basisplattform von .NET Framework 1.1 auf 2.0
- Breites Ersetzen der ASP.NET-basierten Webparts auf eigene angepasste und optimierte Webparts
- Breite Integration von Office-Steuerelementen in die Browseroberfläche, um die Benutzererfahrung drastisch zu optimieren
- Die Einführung der immens wichtigen Datenschnittstelle für externe Daten in Form des Business Data Catalogs
- Web Content Management für SharePoint in Form von vereinfachtem Site Branding, Inhaltsveröffentlichungsfunktionen und einer Verbesserung der Mehrsprachigkeit, wenngleich für Teamsites nach wie vor die Sprache bei der Erstellung zementiert bleibt
- Die Einführung der InfoPath Form Services für die Bereitstellung von browserbasierten Formularen

Die Basisfunktionalität/Benutzeroberfläche, die einfache Anpassbarkeit und die Integration externer Daten war derart gravierend, dass die Plattform schlagartig ihr Schattendasein beendet hat. Die für eine optimale Nutzung der Plattform erforderliche Infrastruktur auf Basis von Active Directory, Windows-Clients und Office war bereits in den Vorgängerversionen mehrheitlich gegeben, erstmalig existierte jedoch nicht mehr nur eine weitestgehend alleinstehende Plattform mit Zusammenarbeitsfunktionen, sondern es wurde eine ganze Gruppe von Lösungen ins Leben gerufen, die sich weiterstgehend nahtlos in die SharePoint-Lösungswelt einreihten. Neben der auf dem Data Protection Manager basierenden Backupplattform existierten nun auch funktionale Veröffentlichungsszenarien mit dem Microsoft ISA Server 2006 und anderen Drittanbietern und zahlreiche andere wichtige Erweiterungen, die den Eindruck einer mittlerweile zur Nutzung reifen Webplattform stärken.

Mittlerweile wurde auch der Stellenwert der Suche in einem Webportal erkannt und für so wichtig erklärt, dass selbst der kostengünstigen SharePoint Services-Suchvariante, die bislang lediglich dazu in der Lage war, die eigenen Websitesammlungsinhalte mit einem sehr simplen Suchmodell abzufragen, um ein optionales Modul zu erweitern: den Search Server 2008. Der Search Server ist in verschiedenen Editionen verfügbar, welche in Abhängigkeit von der Skalierung und Redundanz entweder kostenfrei (Express-Edition) oder kostenpflichtig sind. Funktional bildet der Search Server dabei weitestgehend die Suchfunktionen von SharePoint Server ab. Um den Leidensdruck für den Umstieg von der kostengünstigen SharePoint Services-Version in Richtung SharePoint Server zu erhöhen, ist diese Komponente nicht standardmäßig in den SharePoint Services enthalten. Um zu verdeutlichen, wozu der Einsatz einer auf SharePoint Services basierenden Suche führt, lässt sich am Beispiel einer großen deutschen Automobiltochter veranschaulichen: Trotz der Größe des Unternehmens wurden dort innerhalb eines Jahres nur wenige Dutzend Abfragen an die Suche gerichtet. Der Wert dieser Art von Suche tendiert in umfangreicheren Datensammlungen gegen 0.

Auch im Governance- und Berichtsbereich wurden nun immer rundere Lösungen verfügbar. Letztlich wurde SharePoint nun selbst mit der teuren und komplexen Konkurrenz wie dem IBM Websphere-Portal oder SAP Netweaver Enterprise-Portal verglichen und hielt bereits in der Betaversion 2 einem Vergleich mehr als Stand (siehe *http://www.cowo.de/a/1217137* [Ms156-K01-01]) SharePoint 2007 ist nun eine verbreitete und ernst genommene Webplattform, die geradezu rasenden Zulauf erhält und von Drittanbietern in Ihre Lösungen integriert wird. Seit diesem Zeitpunkt wurde nun auch das SharePoint-IT-Pro-Personal knapp, das bis dato, je nach Betrachtungsperspektive, ein vergleichsweise ruhiges Dasein fristen konnte.

Die parallel existente und mit SharePoint verknüpfte Project Server-Plattform setzt bislang für die Präsentationsschicht primär auf die SharePoint Services (WSS) auf und der Office SharePoint Server 2007 wird bislang lediglich als optionale Erweiterung angesehen. In dieser Version hält jedoch die wichtige Änderung Einzug, wonach vom Client nicht mehr über ODBC, sondern SOAP-basiert mit dem Server kommuniziert wird, was erstmalig auch für Project Server zu einer breiten Nutzbarkeit auch in WAN- und Internet-Szenarien führt.

Einige der ersten WCM-Systeme aus dem Hause Microsoft waren der Content Management Server in den Versionen 2001 und 2002. Beide dienten primär der Erstellung und Veröffentlichung von Websites. Microsoft selbst hat zu Beginn des Jahrtausends basierend auf diesen Lösungen unter anderem einen Teil seiner öffentlichen Sites entworfen. Aufgrund der zu großen funktionalen Überschneidungen mit den Fertigkeiten in SharePoint und dem Fehlen einiger zentraler Komponenten wie Workflows und der integrierten Suche wurde das Produkt eingestellt und der WCM-Fokus auf SharePoint 2007 gesetzt.

SharePoint v4

Nachdem nun der Run auf SharePoint eröffnet ist, kamen neue Aspekte hinzu, die bislang, wohl auch der Verbreitung geschuldet, nur in vereinzelten Implementierungen zum Problem wurden: die maximale Skalierung der Plattform im Zeitalter des anbrechenden Hostings und die sichere Ausführung der zahlreichen Erweiterungen.

Eine der von den Beratern häufig von Anbeginn gepredigten Dogmen der Plattform bestand in der Anreicherung von bislang auf Dateiservern gespeicherten Dokumenten um Metadaten bei einer Ablage in SharePoint. Was passiert nun, wenn tatsächlich schlagartig durch eine Migration von Dateiserverdaten oder sukzessive mit der Zeit umfangreiche Daten in SharePoint gespeichert werden? Glücklicherweise wurden gerade noch rechtzeitig die Antworten auf die hiermit einhergehenden vielfältigen Problematiken geliefert:

- Die damaligen Wartungsmechanismen wurden nicht mit einer immensen Datenmenge fertig. Auch Sicherungs- und Wiederherstellungswerkzeuge von Drittanbietern haben sich häufig in ihren ersten Versionen die Finger an umfangreichen Inhaltsdatenbanken verbrannt. Durch die konsequente Verwendung der Schattenkopie-API für Sicherungen konnte dem entgegengewirkt werden.
- Der teure Datenspeicherbereich im SAN wurde mithilfe des direkt integrierten FILESTREAM-Providers stark verkleinert

- Die Verwaltbarkeit von umfangreichen SharePoint-Unternehmensportalen ist nicht mehr sinnvoll mithilfe der integrierten Batchbefehlszeilen-Schnittstelle STSADM verwaltbar und die erweiterten Verwaltungsparameter sind zu vielfältig und häufig in der API versteckt. Die in SharePoint 2010 eingeführte PowerShell-integrierte Verwaltung brachte hier eine massive Linderung.
- Die Skalierungsgrenzen für die Dienste wurden zu häufig erreicht und das Shared Services-Modell durch das neue Dienstanwendungsmodell ersetzt, welches nicht nur eine farmübergreifende Nutzung von Diensten ermöglicht, sondern die mittlerweile zahlreichen neuen verfügbaren Dienstanwendungen auch deutlich granularer bereitstellt. In sehr umfangreichen Umgebungen konnten die Farmarchitekturen nun bequem um Dienstanwendungsfarmen ausgedehnt werden. Somit konnte ebenfalls erreicht werden, dass nicht zu viele Komponenten, wie die der BI-Welt, parallel in einer Farm bereitgestellt werden mussten und dadurch im Zweifel die Wartbarkeit durch eine zu hohe Komplexität beeinträchtigt wurde.
- Um Hostingszenarien überhaupt vernünftig realisieren zu können, wurde das Mandantenmodell eingeführt, das eine Gruppierung von Websitesammlungen bei einer parallelen sicheren Partitionierung der konsumierten Dienstanwendungen ermöglicht hat. Dieses Basismodell besteht auch in SharePoint 2013 fort.

Die hier auszugsweise angeführten Probleme in der neuen SharePoint-Realität mit umfassenden Unternehmensdaten zeigen, dass viele Entwicklungen gerade noch rechtzeitig erkannt und in der jeweiligen neuen Version umgesetzt wurden. Ein schleichendes Problem, dessen sich viele Dogmen-Konsumenten nicht bewusst waren, wog da schwerer und essentieller: Liegen einmal viele Inhaltsdaten in dem mittlerweile recht komplexen und hoch skalierbaren Suchmodell von SharePoint vor, muss man sich die Frage gefallen lassen, welchen Wert diese Daten bei einem stark wachsenden Datenkorpus hinsichtlich der vorliegenden Suchfunktionen haben. Die Antwort auf diese Frage hat Microsoft in SharePoint 2010 versucht, mit Funktionen wie den neuen Verfeinerungen der Suchergebnisseite sowie besten Suchergebnissen zu adressieren. Aufgrund des starren Relevanzbildungsschemas und der willkürlichen Bildung der Verfeinerungen über nur 100 Elemente kommt es hierbei erneut in großen Datensammlungen zu einer nur sehr begrenzt nutzbaren Ergebnisliste, die auf der Anwenderseite den Mut zur Suche in den Suchergebnissen erfordert. Wichtiges von Unwichtigem im Index zu identifizieren, gelingt auch in der bis zu 100 Millionen Elemente fassenden SharePoint-Suche nicht wirklich.

Vor diesem etwas überzeichneten Hintergrund erscheint nun die von Microsoft in 2008 getätigte Akquisition der norwegischen Firma Fast Search & Transfer unter einem völlig neuen Licht. Deren professionelle wie auch kostenintensive Suchengine FAST ESP ist bislang in nur vergleichsweise wenigen, dafür überwiegend großen Unternehmen etabliert, adressiert jedoch genau diese nur unter massivem Aufwand behebbaren Schwächen der von Microsoft eingebauten Suchfunktionalität.

Zwei Jahre darauf wird FAST ESP 5.3 rudimentär in die Microsoft-Produktpalette integriert, indem es zunächst in drei Lösungen aufgesplittet wird: FAST Search Server 2010 for Internet Sites, FAST Search Server 2010 for Internal Applications und FAST Search Server 2010 for SharePoint. Letzteres Modul ist ein für Microsoft-Verhältnisse teures Add-On für eine SharePoint-Farm und dockt die FAST-Suche mithilfe zweier Dienstanwendungen bzw. Proxys an die SharePoint-Farm an. Während das Marketing versucht, FAST primär mithilfe der begrenzt sinnvoll integrierten Ergebnisdokumentvorschau, die technisch gar nichts mit FAST zu tun hat, zu promoten, entgeht der Mehrzahl möglicher FAST-Aspiranten der eigentliche Mehrwert dieser wertvollen Plattform: das intelligente und optimierte Auffinden von den relevanten Dokumenten, gepaart mit einer sinnvoll umfassenden Verfeinerung und dem Etablieren von echten Unternehmenssuchanwendungen.

Durch die in SharePoint 2007 ausgelöste Drittanbietereuphorie wurden nun erstmalig zahlreiche benutzerdefinierte SharePoint-Lösungen verfügbar, die ein neues Problem in den Vordergrund drängten: die Bedrohung der Stabilität der Plattform durch nicht ausgereifte Anpassungen. Die Mehrzahl der Entwickler auf der SharePoint 2007-Plattform waren gleichzeitig SharePoint-Einsteiger, die häufig nicht den empfohlenen Weg für Anpassungen wählten. Dieser bis in die Gegenwart relevante Aspekt führte zu teilweise abenteuerlichen Interpretationen von Anpassungen an der SharePoint-Plattform, die selbst auf SharePoint-Konferenzen in Europa vorgetragen, zumindest keine offene Skepsis auslösten. Durch die in der Regel in Form von Full Trust-Lösungen vorgenommenen – teilweise mangelhaften – Anpassungen lief SharePoint Gefahr, einen Reputationsverlust zu erleiden. Anwender können nicht beurteilen, aus welchen Gründen Instabilitäten der Plattform entstehen. Eine mangelhafte Full Trust-Lösung kann jedoch die gesamte Webanwendung zu Fall bringen. Microsoft führt in Kenntnis um die Problematik in SharePoint 2010 erstmalig die Sandkastenlösungen ein, die eine sichere Ausführungsumgebung für die Mehrzahl der benutzerdefinierten Lösungen bieten soll. Dies ändert jedoch nichts daran, dass fast alle benutzerdefinierten Lösungen zu diesem Zeitpunkt in erster Version unter SharePoint 2010 weiterhin als Full Trust-Lösung vorliegen.

Bislang wurde die verteilte Authentifizierungsproblematik recht stiefmütterlich behandelt und im Zweifel auf die Kerberos-eingeschränkte Delegierung oder das Verwenden einer im Secure Store hinterlegten Identität verwiesen. Es ist jedoch absehbar, dass dieses Modell nicht universell für eine verteilte Architektur und den einfachen Zugriff auf Ressourcen anderer Anwendungen geeignet ist. Vor diesem Hintergrund wird die forderungsbasierte Authentifizierung ins Leben gerufen, die anspruchsbasiert eine Delegierung der Identität von Benutzern ermöglicht und in SharePoint 2010 bereits built-in für die farminterne Kommunikation herangezogen wird. Ein primärer Nachteil zu diesem ist, dass die forderungsbasierte Authentifizierung außerhalb der farminternen Verwendung noch mit zu drastischen funktionalen Einschränkungen einhergeht.

Neben diesen Handlungszwängen führt Microsoft eine Gruppe von neuen Standards ein, die SharePoint dabei helfen sollen, sich endgültig als primäre zentrale Unternehmensplattform zu etablieren. Die nachfolgende Liste ist lediglich ein kleiner Auszug, da es in dieser Version regelrecht zu einer Explosion an Funktionalität gekommen ist:

- Verwaltete Metadaten für die Abbildung einer zentralen Taxonomie und von zentralen Inhaltstypen
- Erstmalig echte Social-Funktionalität zum Nachverfolgen wichtiger Änderungen in Ihrem Umfeld
- Starke Erweiterung der ECM- und WCM-Funktionalität, wie eine mehrsprachige, erstmalig dynamisch änderbare Oberfläche, oder eine erweiterte Datensatzverwaltung, um den Lebenszyklus von Inhalten besser zentral und dezentral steuern zu können
- Erstmalig eine Zusammenarbeit in Echtzeit für einige der Office-Kernanwendungen und eine Browserintegration von einigen Office-Inhalten auf Basis von Office Web Apps

Aufgrund der BI-Integration wird im Project Server-Bereich dieser erstmalig endgültig zu einer Erweiterung von SharePoint Server 2010 und nicht mehr der SharePoint Services bzw. der mittlerweile neu benannten SharePoint Foundation.

SharePoint 2013 (SharePoint v5)

Woraus ergeben sich nun die aktuellen Änderungen, die in SharePoint 2013 mündeten? Die wichtigsten Änderungen an der Plattform lassen sich vereinfacht auf folgende Bereiche reduzieren:

- Maximierung der Social-Funktionalitäten
- Cloudintegration und Hostingoptimierung der Plattform
- Echter plattformübergreifender Zugriff auf SharePoint-Inhalte von allen verbreiteten Geräteklassen
- Die grafischen Fertigkeiten der Plattform setzen nun auf eine breite HTML5-Funktionalität auf und ermöglichen eine deutlich bessere Anpassung für IT-Profis und die Verwendung von etablierten, SharePoint-fremden Werkzeugen zum Websiteentwurf
- Erste angewandte Lösung der plattformübergreifenden Ressourcenzugriffsproblematik
- Integration und Optimierung der FAST-Suchtechnologie auf breiter Front
- Verlagerung der benutzerdefinierten Lösungen hin zu den neuen SharePoint-Apps
- Neuausrichtung der WCM-Funktionalitäten auf die verwalteten Metadaten
- Anwendung der neuen übergreifenden Ressourcenzugriffsinfrastruktur

Einer der wichtigsten Aspekte in der neuen SharePoint-Welt ist die Komponente des sozialen Netzwerks, die entsprechend eine eingehendere Erläuterung erfordert. Microsoft ist davon überzeugt, dass die Einbindung der informellen Kommunikation eine zentrale Rolle in der Kommunikation in Unternehmen einnehmen und somit eine wichtige Grundlage einer verbesserten Kollaboration und höheren Produktivität bilden wird. Das beste Zeugnis dieser Überzeugung ist die kurz vor dem Erscheinen von SharePoint 2013 erfolgte Akquisition von Yammer, einem führenden Unternehmen für die Abbildung und Integration von sozialen Netzwerken und der zugehörigen Kommunikationsinfrastruktur für Unternehmensnetzwerke. Yammer ist mit 200.000 Kunden und mit einem Anteil an 85 % der Fortune 500-Unternehmen ein Schwergewicht der Szene und wurde Mitte 2012 für den astronomischen Betrag von 1,2 Mrd. $ übernommen. In Deutschland selbst hat Yammer indes noch keine breite Klientel gefunden. Noch ist der lokalen SharePoint 2013-Plattform aus dieser Übernahme kein relevanter Mehrwert entsprungen. So ist es mittlerweile zwar möglich, den SharePoint 2013-Newsfeed unter Verwendung von Single Sign-On-Mechanismen durch die Yammer-Inhalte zu ersetzen, mit einer Symbiose beider Produkte ist jedoch erst in SharePoint v6 zu rechnen.

Ein hieraus resultierende und berechtigte Frage betrifft die Wahl zwischen beiden Lösungen: Ist es aktuell sinnvoll, anstelle von SharePoint 2013-Newsfeeds auf Yammer zu setzen? Eine sinnvolle Antwort kann die Empfehlung beinhalten, bestehenden Yammer-Kunden die Integrationsfunktion von SharePoint-Yammer anzutragen, die mithilfe der Yammer-App zur Verfügung steht, und Kunden ohne Yammer vorerst die Verwendung der entsprechenden SharePoint 2013-Funktionen nahe zu legen. Hintergrund für die Empfehlung ist, dass Yammer keinesfalls über wirklich mehr Funktionen und eine tiefere Integration der sozialen Netzwerkfunktionalität verfügt. Beide Produkte haben einen unterschiedlichen Fokus mit einer im Detail abweichenden Funktionalität. Die SharePoint 2013-Social-Funktionen sind daher (pauschal formuliert) etwas besser in der eigenen Plattform integriert. Yammer ist indes nicht wirklich schlechter und bietet auch eine Suchintegration in SharePoint für die Yammer-Feeds.

HINWEIS Eine Anleitung zum Ersetzen der SharePoint 2013-Social-Funktionen durch Yammer finden Sie unter *http://www.microsoft.com/download/details.aspx?id=39357* [Ms156-K01-02].

Schon in der nächsten Dekade, so die Auffassung von Microsoft, wird die soziale Netzwerkskommunikation einen selbstverständlichen und hohen Stellenwert eingenommen haben, vergleichbar mit dem heutigen Medium der E-Mail. Schon in 2016 soll laut Prognosen die Hälfte aller Unternehmen ein Facebook-ähnliches soziales Unternehmensnetzwerk aufweisen. An dieser Stelle kommt es zu einem Vorteil der Office 365-Plattformkunden. Nicht nur, dass dort ebenfalls bereits eine Yammer-Integration verfügbar ist, sondern Microsoft plant, die dortigen sozialen Netzwerksfunktionen im stolzen 90-Tagesintervall als Frucht der Symbiose zu erweitern. Dieser rasche Ausbau ist zumindest zu diesem Zeitpunkt noch nicht für die lokale Variante in Sicht, was gleichzeitig auf Seiten von Gartner Inc., einem wichtigen Anbieter für Marktforschung und Analyse, der Herausgeber der anerkannten magischen Quadranten für den Technologiesektor ist, bemängelt wird, da die Strategie auf diesem Sektor für Kunden noch zu intransparent ist.

Ein Beleg dieser Theorien ist neben dem Erwerb von Yammer die jüngst in Microsoft CRM 2013 eingeführte, auf Yammer basierende Social-Komponente, die diese informelle Kommunikation nun auch in CRM 2013 integriert.

Ein zentraler Aspekt bei der Weiterentwicklung von SharePoint ist neben den sozialen Netzwerken die Cloud- und Hostingintegration. Microsoft hat somit neben einigen neuen, hostingspezifischen Komponenten, wie dem Anforderungsmanagement, erstmalig Szenarien geschaffen, die einen fast nahtlosen Übergang für lokale Unternehmensplattformen auf die Cloudplattform Office 365 bzw. SharePoint Online ermöglichen. Auch wenn für viele Unternehmen die Cloud zu diesem Zeitpunkt noch indiskutabel sein mag und speziell im deutschen Unternehmenskontext noch wichtige Fragen wie die RZ-Positionierung noch nicht ideal beantwortet werden, ist recht unstrittig, dass dieses Lösungssegment immer wichtiger wird. Letztlich können nicht nur kleinere Unternehmen durch diese Verlagerung drastisch Kosten einsparen. Durch die Verfügbarkeit von Single Sign-On-Funktionalität für den Zugriff auf die Microsoft-Cloudplattformen und eine mittlerweile gute Möglichkeit einer flexiblen Anbindung der Unternehmensnetzwerke an die Cloud, ist die Attraktivität dieser Plattform bereits zu diesem Zeitpunkt grundsätzlich gegeben.

Für die Erschaffung einer breiten Akzeptanz von SharePoint konnte sich Microsoft der lange fortschreitenden Entwicklung auf dem Gerätesektor nicht länger entziehen: Android- und iOS-basierte Geräte sind längst kein Einzelfall mehr in Unternehmen. Durch das Aufsetzen auf HTML5 anstelle von den in SharePoint 2010 breit verwendeten Silverlight-Steuerelementen zur Optimierung der Darstellung auf dem Client, beispielsweise in Form von modalen Dialogfeldern, sind somit die Mindestanforderungen für eine übergreifende Nutzung von SharePoint auf unterschiedlichsten Geräten deutlich gesunken. Die Optimierungen auf diesem Sektor von gerätespezifischen Kanälen über eine vollwertige Installation von Office Web Apps 2013 sind nicht zu verachten. Weiterhin existieren einige Silverlight- und ActiveX-Steuerelement-Inseln, die nach wie vor für Office auf Windows-Rechnern das Leben in der SharePoint-Welt am komfortabelsten machen. Jedoch konnten so nun selbst Ziehen/Ablegen-Funktionen ohne die Office-Komponenten für SharePoint für andere Browser als den Internet Explorer angeboten werden.

Das in SharePoint 2010 noch neu eingeführte Modell der anspruchsbasierten Authentifizierung mündet in SharePoint 2013 in einer funktionalen Standardfunktion, die in Kombination mit der Server-zu-Server-Authentifizierung endlich die Ressourcenzugriffsproblematik außerhalb von SharePoint und in der Cloud löst. Somit sind neben ersten nutzbaren Anwendungsfällen (siehe

Exchange Server- und Lync Server-Integration in Kapitel 3) die Tore für die Pläne der nächsten SharePoint-Generation weit aufgestoßen.

Wie bereits im vorherigen Abschnitt erläutert, wurde die Suchtechnologie in der Vergangenheit häufig in ihrem Wirkungsgrad für die Gesamtplattform unterschätzt und das erste Integrationsszenario von FAST Search Server 2010 for SharePoint war bislang nicht optimal gelungen, wenngleich die ersten Früchte dieser neuen Symbiose für Euphorie sorgten. Endlich wurde in SharePoint 2013 aus der Not des Dauerkompromisses bei der Suchtechnologie eine FAST-basierte Tugend: Für die neuen anstehenden Änderungen an der Architektur wurden neue Fertigkeiten erforderlich, die entweder einschneidende Änderungen an der SharePoint-Suche erforderten oder aber eine endgültige Abkehr von dieser. Die Lösung ist glücklicherweise im Wesentlichen eine Symbiose von beiden Technologien mit einer umfassend verbesserten Standardintegration in der gesamten SharePoint 2013-Plattform bis hin zur kostengünstigen Foundation-Edition. Dieser Schritt war mit Sicherheit die richtige Entscheidung, selbst wenn FAST-Neulinge möglicherweise noch etwas irritiert von der neuen Provisionierungslogik der Suchtopologie sein mögen.

Eine der verbleibenden, elementaren Architekturänderungen besteht in der erneuten Zuwendung der Lösung der Anpassungsproblematik an SharePoint. Mit den in SharePoint 2010 eingeführten Sandkastenlösungen wurde ein grundsätzlich solider Ansatz für die Isolation von Anpassungen innerhalb einer SharePoint-Farm bzw. – besser gesagt – von Anpassungen für eine Websitesammlung geliefert. In der Praxis wurde dieser Ansatz jedoch weitestgehend ignoriert. Der Anreiz für Entwickler, ihre Anwendung Einschränkungen zu unterwerfen, um die Plattform der Kunden stabiler zu machen und gleichzeitig einen Kontrollmechanismus einzusetzen, der nicht valide Anwendungen mit temporärer Deaktivierung abstraft, sobald diese auf verschiedene Arten auffällig wurden, war erwartungsgemäß mehr als bescheiden. Durch das neue App-Modell existiert nun wieder ein Anreiz, Anpassungen einem neuen Ausführungsmodell zu unterwerfen. Auch wenn die SharePoint-Apps offenbar in ihrer Zahl bis zum heutigen Tage relevant verfügbar sind, sind die wirklich interessanten Apps noch überschaubar. Es bleibt abzuwarten, ob diese neue, wenngleich mit deutlich besseren Vorzeichen startende Lösung für Anpassungen sich wie erhofft durchsetzt. An Flexibilität mangelt es ihr für die erste Version zumindest nicht wirklich, da Unternehmen beispielsweise neben einem zentralen App-Store auch ihren eigenen App-Katalog isoliert bereitstellen können.

Neben diesen zentralen Änderungen an der Architektur wurde das funktionale Feuerwerk in einem zu SharePoint 2010 vergleichbaren Umfang aufrecht gehalten, wodurch sich eine ganze Reihe von neuen und deutlich verbesserten Anwendungsszenarien ergeben.

Allen Freuden zum Trotz gab es leider auch einige SharePoint-verwandte Rückschläge wie den Wegfall der fast gesamten integrierten Reverseproxylinie von Microsoft, die aufgrund ihrer guten Integration nicht selten für SharePoint-Veröffentlichung zum Einsatz kam. Der in diesem Kontext jüngst mit dem Windows Server 2012 R2 Web Application Proxy gebotene Ersatz weiß indes noch keinesfalls zu überzeugen. Neben der Reverseproxylinie ist auch die vergleichsweise junge, zugekaufte Virenschutzlinie mit Forefront Protection for SharePoint weggebrochen. Auf anderen Gebieten wie dem Monitoring oder dem Backup ist eine relative Stagnation zu beobachten. Auch wenn es für diese Szenarien häufig noch bessere, dafür zumeist teurere Alternativen gibt, stimmt diese Entwicklung nicht sonderlich positiv.

Ein Ausblick

Die Frage nach der grundlegenden Weiterentwicklung in SharePoint bleibt unverändert. Eine einfache Prognose besteht in einem deutlichen weiteren Ausbau der Microsoft-Cloudstrategie und der besseren Integration in die lokale Plattform, um Unternehmen sukzessive die Cloudintegration weiter schmackhaft zu machen und weiter Vertrauen durch Konstanz zu gewinnen. Problematisch an dieser Stelle ist weiterhin, bei einer recht geringen Wahrscheinlichkeit an einer diesbezüglichen Lösung in der nächsten Version, die Isolationsmöglichkeit für Cloudinhalte. Trotz der Partitionierung von Unternehmensdaten in den Dienstanwendungen werden diese weiterhin unterhalb einer Webanwendung in einem privilegierten Webanwendungsprozess bedient. Durch die Limitierung der Architektur auf eine sehr überschaubare Anzahl an Webanwendung ist hier keine schnelle Abhilfe in Sicht. Wichtig bleibt in diesem Kontext auch das Vertrauen gegenüber der für die Cloud so wichtigen OAuth 2.0-Authentifizierung, welche bereits von einem der Verfasser hinsichtlich ihrer maximal auf SSL ausgerichteten Sicherheit massiv kritisiert wurde (siehe Kapitel 12).

Die bessere Integration der plattformübergreifenden sozialen Netzwerkskommunikation ist ein ebenfalls zentraler Aspekt für eine erfolgreichere Verbreitung dieser Methodik. Erste Ansätze, wie die bereits vor fast einem halben Jahrzehnt in Outlook-E-Mails angezeigten Kontext-SharePoint-Feeds, sind zwar wichtige erste Schritte. Noch sind diese jedoch außerhalb von SharePoint zu passiv, als dass man von einer echten grenzüberschreitenden sozialen Netzwerkkommunikation sprechen könnte, selbst innerhalb eines Unternehmens. An dieser Stelle kommt ein weiterer Aspekt zum Tragen, der mit den Yammer-Erfahrungen besser adressiert wird: die firmenübergreifende Abbildung der informellen Kommunikation. Noch endet das soziale Netzwerk an den Grenzen des Firmennetzwerks. Und eine Öffnung dieser Grenzen ist mit den aktuellen Technologien nur mit größten Schmerzen verbunden, nicht zuletzt, da SharePoint mittlerweile die Kronjuwelen der Unternehmensinformationen im Herzen des Unternehmensnetzwerks bereitstellt. Die sichere Abbildung dieser Prozesse stellt daher eine echte Herausforderung dar. Microsoft ist jedoch verstärkt dabei, einige der wichtigen Bausteine dieser Lösung wie beispielsweise Active Directory-Verbunddienste (Active Directory Federation Services, AD FS) aus ihrem langjährigen Schattendasein zu befreien und schrittweise als Standarddienst in Unternehmen zu etablieren, wodurch eine Anwendung dieser Szenarien nicht mehr undenkbar ist.

Es ist nicht unwahrscheinlich, dass es bereits in der nächsten Generationen für Unternehmen, nicht zuletzt aus Kostengründen, selbstverständlich ist, ihre SharePoint-Test und -Pilotumgebungen unter Windows Azure bereitzustellen.

Im Zuge der anhaltenden Hostingorientierung wird sich Microsoft immer weiter vom SSOM (Server Side Object-Modell) für Anpassungen in SharePoint verabschieden, was bereits in dieser Version klar mit dem Ausbau von CSOM und den Apps ersichtlich wird.

Eine speziell für Farmadministratoren immer größer werdende Hoffnung sollte möglichst weit verdrängt werden: der Glaube an eine Vereinfachung der SharePoint-Steuerung. Selbst wenn einzelne Funktionen zu einer Erleichterung beitragen, hält die immer komplexer werdende Entwicklung bei der Steuerung aller Funktionalitäten konstant an. Die Ursache für diese für viele als Missstand empfundene Entwicklung ist aus Microsoft-Perspektive einfach benannt: to the cloud, baby! Dort hält sich die administrative Komplexität aufgrund des Wegfalls der eigentlichen Farmsteuerung für den Kunden in Grenzen …

Zusammenfassung

Mit diesem kleinen Überblick über den Werdegang der SharePoint-Plattform sind Sie bereit für den Einstieg in die Details der neuen SharePoint-Plattform. Bevor in Kapitel 3 mit der intensiven Planung und Architektur der Plattform begonnen wird, erhalten Sie im nachfolgenden Kapitel den letzten seichten Einstieg in die Neuerungen der SharePoint-Plattform in der Übersicht.

Selbst wenn Ihnen die letzten kritischen Zeilen zu SharePoint 2013 noch im Gedächtnis liegen, soll nicht verborgen bleiben, dass unser eigener Eindruck nach der endlosen Beschäftigung mit SharePoint 2013 in Summe äußerst positiv ist. Die Plattform ist es zweifelsohne wert, sich eingehend mit ihr zu befassen, und hält in der Regel, was viele vollmundige Marketingaussagen versprechen.

Von unabhängigen Instanzen – wie dem bereits zitierten Institut Gartner Inc. – wird SharePoint als Plattform für zahlreiche technologische Sparten von BI, ECM, WCM, Suche, Social und mehr mittlerweile jeweils als eines der weltweit führenden Systeme mit weiterem Potenzial angesehen. In den nachfolgenden Kapiteln wird jeweils auf eine relative Positionierung von SharePoint im Markt verwiesen, um Ihnen eine bessere Sicht auf die Möglichkeiten im jeweiligen Kontext zu ermöglichen.

Kapitel 2

Neuerungen in SharePoint 2013

In diesem Kapitel:

Clientzugriffe	46
Infrastrukturelle Aspekte	47
Soziale Netze	50
Suche	52
ECM & WCM	53
Business Intelligence	54
Entwicklung	55
Sicherheit	56
Integration mit E-Mail und Exchange Server	59
Sonstiges	59
Zusammenfassung	62

Dieses Kapitel enthält eine Übersicht der wichtigsten Neuerungen in SharePoint 2013. Die zahlreichen weiteren Neuerungen werden sukzessive in den nachfolgenden Kapiteln behandelt. Eine Übersicht zu den in SharePoint 2013 gegenüber früheren SharePoint-Versionen zurückgezogenen Funktionen finden Sie in Kapitel 8.

Clientzugriffe

Für den Zugriff auf SharePoint wurde eine Reihe von Verbesserungen vorgenommen, die neben der sozialen Netzwerkkommunikation speziell die Nutzbarkeit von SharePoint außerhalb von Windows-Clients deutlich verbessern.

Kollaboration

In Kombination mit Office 2013 wird ein neues Dateiformat für die gemeinsame Zusammenarbeit (Co-Authoring) unterstützt. So ist das Co-Authoring nun erstmalig für Visio-Diagramme verfügbar. Neben Visio können nun auch PowerPoint-Inhalte über Office Web Apps gemeinsam bearbeitet werden.

HINWEIS Die SharePoint-gestützte Co-Authoring-Funktionalität steht für Visio 2013-Diagramme auch in Kombination mit SharePoint 2010 zur Verfügung, da die im Hintergrund verwendete Office-Protokollerweiterung hier ebenfalls zur Verfügung steht.

Gestenbasierte Steuerung

Die Oberfläche von SharePoint 2013 wurde parallel zu den Office 2013-Produkten für die Steuerung mithilfe von Gesten optimiert. So finden Sie beispielsweise sowohl in Videos als auch im Visio Grafikdienst Elemente zur gestenoptimierten Steuerung vor.

iOS-basierte Geräte

Es wurde eine Reihe an Optimierungen vorgenommen, um die Nutzung von SharePoint 2013-Inhalten auch vom iPhone oder dem iPad zu ermöglichen. Ein Auszug der neuen Einsatzszenarien für diese Geräte lautet wie folgt:

- Zugriff auf PerformancePoint-Inhalte und Dashboards für iPads/Safari-Browser
- Zugriff auf Videos von fast beliebigen Geräten

Mobiler Zugriff

Der mobile Zugriff auf SharePoint-Inhalte wurde drastisch optimiert und erweitert. Somit ist selbst die Nutzung von Office Web Apps auf Smartphones vergleichsweise komfortabel möglich. Das Layout ist dabei erkennbar an das SharePoint 2013-Design angelehnt, wohingegen die früheren mobilen Ansichten äußerst spartanisch anmuteten.

Um die Ansicht für ein spezifisches Gerät weiter zu optimieren, stehen Ihnen nun Gerätekanäle zur Verfügung. Für Windows Phones stehen Pushbenachrichtigungen zur Verfügung, um Kachel- oder Popupbenachrichtigungen an ein Windows Phone zu senden.

Infrastrukturelle Aspekte

Im Kontext der SharePoint-Infrastruktur und deren Planung haben sich folgende primäre Änderungen ergeben.

Dienstanwendungen

Die folgenden Dienstanwendungen sind neu in SharePoint 2013 bzw. wurden wichtigen Änderungen unterzogen.

App-Verwaltungsdienst

Der App-Verwaltungsdienst bietet Ihnen die Möglichkeit, sowohl Ihre SharePoint-Apps als auch die Apps aus dem Microsoft Marktplatz an einem zentralen Ort bereitzustellen. Hierdurch haben Sie eine deutlich höhere Flexibilität bei der App-Bereitstellung und -Verwaltung, da Sie in Ihrem App-Verwaltungsdienst alle App-Lizenzen, -Prinzipale, -Benutzer, -Registrierungen usw. speichern und somit eine hohe Kontrolle über die Apps ausüben können. Die SharePoint-Apps sind als Ablösung der erst in SharePoint 2010 eingeführten Sandkastenlösungen zu sehen.

Aufgabenverwaltungsdienst

Der Aufgabenverwaltungsdienst ermöglicht es Ihnen, Aufgaben nicht wie bislang dezentral in vielen Inseln und Systemen zu pflegen, sondern sie nun vielmehr über die Servergrenzen hinaus zu aggregieren. Somit haben Sie erstmalig die Möglichkeit, die Aufgaben aus Exchange Server, Project Server, Lync Server und SharePoint Server zu synchronisieren. Die Synchronisierungsfunktionen basieren auf dem in der aktuellen Serverproduktlinie eingesetzten Server-zu-Server-Authentifizierungsprotokoll.

Maschineller Übersetzungsdienst

Mithilfe des Diensts für maschinelle Übersetzungen in SharePoint 2013 können Benutzer Dokumente automatisch übersetzen lassen. Dieser Dienst ermöglicht nicht nur die Übersetzung von Sites, sondern auch deren Inhalt. Zudem bietet die Dienstanwendung eine Unterstützung für einen umfassenden Satz an APIs (Application Programming Interface), REST (Representational State Transfer) und CSOM (Client Side Object-Modell), wodurch die Übersetzung sowohl proaktiv oder auch beim Zugriff erfolgen kann (synchron, asynchron oder streamen).

PowerPoint Automation Services

Ähnlich wie die Word Automation Services bieten Ihnen die PowerPoint Automation Services eine Konvertierung von PowerPoint-Inhalten in die gängigen Zielformate wie Office-Dokumente, Webseiten oder PDF an.

Office Web Apps

Office Web Apps sind an sich keine neuen Dienstanwendungen. Vielmehr wurden die Office Web Apps nun aus dem SharePoint-Server in einen eigenständigen Server ausgelagert und dabei gleichzeitig die Funktionen deutlich erweitert. Weiterhin dienen die Office Web Apps zum Anzeigen von Office-Inhalten wie Excel, PowerPoint und Word. Zusätzlich können die Office Web Apps nun auch genutzt werden, um nicht nur von unterschiedlichen SharePoint-Farmen genutzt zu werden, sondern können nun auch von anderen Servern wie Exchange Server oder Lync Server zur Darstellung genutzt werden.

Drittanbieter wie EMC Documentum, IBM FileNet, OpenText oder Oracle können ebenfalls auf die Funktionen von Office Web Apps zugreifen, um die jeweils enthaltenen Inhalte zu visualisieren.

In Office Web Apps 2013 wurde die Konstruktion der Links deutlich vereinfacht. In der Vergangenheit führten die äußerst komplexen Office Web Apps-URLs nicht nur zu Irritationen, sondern auch zu funktionalen Problemen.

Verwaltete Metadatendienstanwendung

Für den Terminologiespeicher wurde ein neuer Ausdruckstyp eingeführt: der sogenannte PIN-Ausdruck. PIN-Ausdrücke sind vergleichbar mit dem erneuten Verwenden eines Ausdrucks bzw. Ausdruckssatzes, wobei verknüpfte PIN-Ausdrücke schreibgeschützt sind und die Verknüpfung somit nicht inhaltlich geändert werden kann.

Für mehrsprachige Ausdruckssätze können die Inhalte mithilfe des maschinellen Übersetzungsdiensts in die Sprachen der Sprachpakete übersetzt werden.

Ausdruckssätze können nun erstmalig für das Tagging oder aber die Websitenavigation herangezogen werden. Um diese Logik wurde ein vollständig neues Veröffentlichungsmodell der websitesammlungsübergreifenden Veröffentlichung eingeführt.

Migration

Die Migration unter SharePoint 2013 wurde weiter vereinfacht. Zwar stehen Ihnen nun weniger, dafür aber besser unterstützte Migrationsszenarien zur Verfügung.

Integrationsprüfungen

SharePoint 2013 besitzt eine Reihe von erweiterbaren Regeln, die Sie für eine Websitesammlung ausführen können, um sicherzustellen, dass sich diese im Rahmen der Migration erwartungsgemäß verhält. Diese Regeln sind Teil der sogenannten Websitesammlungs-Integritätsprüfungen und helfen Ihnen, bestimmte Probleme im Rahmen der auf dieser Basis zu erstellenden Berichte einfach zu identifizieren.

Upgradeevaluierungs-Websitesammlungen

Als Websitesammlungsadministrator können Sie eine Vorschau auf eine zu migrierende Websitesammlung anfordern. Hierdurch können Sie eine separate Kopie der aktuellen Website einsehen, die unter SharePoint 2013 ausgeführt wird, um so effektiv vor der eigentlichen Umstellungen das Ergebnis der Umstellung im Vorweg zu überprüfen. Anders als beim visuellen Upgrade unter SharePoint Server 2010 wird hierdurch eine vollständige Kopie der Websitesammlung, die getrennt vom Original existiert, erzeugt. Hierdurch gibt es keinerlei Querauswirkungen zur Originalwebsite und eine gute weitere Möglichkeit, sukzessive Teilbereiche eines umfangreichen Portals zu migrieren.

Zurückgestelltes Websitesammlungsupgrade

Die in SharePoint 2010 eingeführte Funktion des visuellen Upgrades wurde durch das zurückgestellte Websitesammlungsupgrade ersetzt. Hierdurch wird es erstmals möglich, die Inhalte der Vorgängerversion stabil darzustellen, ohne die binären Ressourcen der Vorgängerplattform bereitstellen zu müssen. Somit wird das Zeitfenster für eine spätere Migration der jeweiligen Websitesammlung auf SharePoint 2013 größer. Zudem können nun auch Websitesammlungsbesitzer bzw. Websitesammlungsadministratoren den Prozess der Umstellung unabhängig von der Farmadministration planen und durchführen.

Selektive Provisionierung

Um die Auswirkungen auf die Benutzer im Rahmen der Migration so gering wie möglich zu halten, können Sie dafür sorgen, dass zu provisionierende neue Websitesammlungen weiterhin unter SharePoint 2010 angelegt werden oder diese Entscheidung optional den Benutzern bei der Provisionierung überlassen. Hierdurch haben Sie eine höhere Flexibilität bei der Zeitplanung und Umstellung komplexer Umgebungen auf SharePoint 2013.

Skalierbarkeit

In SharePoint 2013 wurden elementare Änderungen umgesetzt, die zu einer höheren Skalierbarkeit der Plattform führen, wenngleich es bei der Gesamtsumme einzelner unterstützter Entitäten auch Rückschritte gibt. Hierbei sind die nachfolgend aufgeführten Elemente besonders erwähnenswert.

Disk-E/A-Anforderungen

Verglichen mit SharePoint 2010 und den Anforderungen von FAST Search Server 2010 for SharePoint sind die IOPS-Anforderungen von SharePoint 2013 deutlich gesunken und ermöglichen so mehr Spielraum bei der Wahl eines kostengünstigen Disksubsystems, ohne dabei drastische Leistungseinbußen zu verzeichnen. Gleichzeitig ist jedoch die Index- und Abfragekomponente im Vergleich zu SharePoint 2010 stärker in Hinsicht auf deren E/A-Leistung gefragt.

Speicheranforderungen

Die in SharePoint 2013 verwendeten neuen Technologien ermöglichen eine deutliche Reduktion beim erforderlichen Speicherbereich. Zwei der wesentlichsten Faktoren in der Vergangenheit stellen die Versionierung und der Suchindex dar.

Bei aktivierter Versionierung musste bislang für jede neue abgelegte Version eines Dokuments eine vollständig neue Kopie angelegt werden. In der aktuellen Version werden lediglich die binären Deltas der Version abgelegt. Dies wird durch den sogenannten geschredderten Speicher ermöglicht.

Der Suchindex kann bei einem Suchkorpus von etlichen Terabyte extreme Datenmengen annehmen. Dieser Speicherbereich wurde drastisch reduziert.

Verteilter Cache (Distributed Cache)

Der auf dem Windows AppFabric Caching-basierende verteilte Cache speichert Daten diverser SharePoint-Komponenten mithilfe eines In-Memory-Ansatzes, um so einen beschleunigten Zugriff auf die entsprechenden Daten zu erlauben. Dabei werden Daten aus den folgenden Bereichen im verteilten Cache gespeichert:

- Authentifizierung
- Newsfeed
- OneNote-Clientzugriff
- Security Trimmer
- Seitenladenleistung

Durch den verteilten Cache werden speziell zahlreiche Social-Funktionen ermöglicht.

SharePoint Active Directory-Import

Alternativ zum bisherigen Forefront Identity Manager-basierten Verfahren der Benutzerprofilsynchronisierung steht nun der deutlich einfachere SharePoint Active Directory-Import zur Verfügung. In Umgebungen mit fünf- bis sechsstelligen Benutzerzahlen stellt dies eine wichtige Alternative dar, die teilweise überhaupt erst eine sinnvolle Synchronisierung ermöglicht.

WAN-Optimierung

Beim Zugriff in Umgebungen mit mehreren Standorten und begrenzten WAN-Kapazitäten profitieren Sie durch die drastische Verbesserung bei der Komprimierung von Inhalten wie Grafiken (Komprimierung auf ca. ein Viertel der Größe) vor der Übertragung an den Client.

Mithilfe einer Download-Manager-Schnittstelle zwischen den Steuerelementen und den Inhaltsplatzhaltern wird dafür gesorgt, dass beim Laden von Seiten lediglich die fehlenden Deltas übertragen werden (minimale Downloadstrategie), um so die für die Darstellung erforderliche Bandbreite auf ein Minimum zu reduzieren. Entwickler können Steuerelemente und Masterpages erstellen, die dieses Framework unterstützen.

Umfangreiche grafische Seiten profitieren stark von der erheblich optimierten Komprimierung bei der Übertragung von multimedialen Inhalten.

Soziale Netze

Die in SharePoint 2013 enthaltenen Neuerungen rund um die sozialen Netze stellen den zentralen Kern der elementaren Neuerungen dar. Die wichtigsten Details dieser Neuerungen werden in Kapitel 10 anhand von Beispielen aus der Clientperspektive veranschaulicht.

Communitys und Communityportal

SharePoint bietet endlich separate Sitevorlagen mit dedizierter Communityfunktionalität, die das Abbilden echter Foren auch ohne Drittanbietererweiterungen ermöglicht. Dabei profitiert dieser Bereich in besonderem Maß von den Änderungen an der Infrastrukturarchitektur. Das websitesammlungsübergreifende Aggregieren von Inhalten mithilfe des Communityportals bietet so beispielsweise eine aktuelle Übersicht der gesamten Forumaktivität der Farm bzw. Proxygruppe.

Abbildg. 2.1 SharePoint 2013-Community unter Verwendung der Standardfunktionen

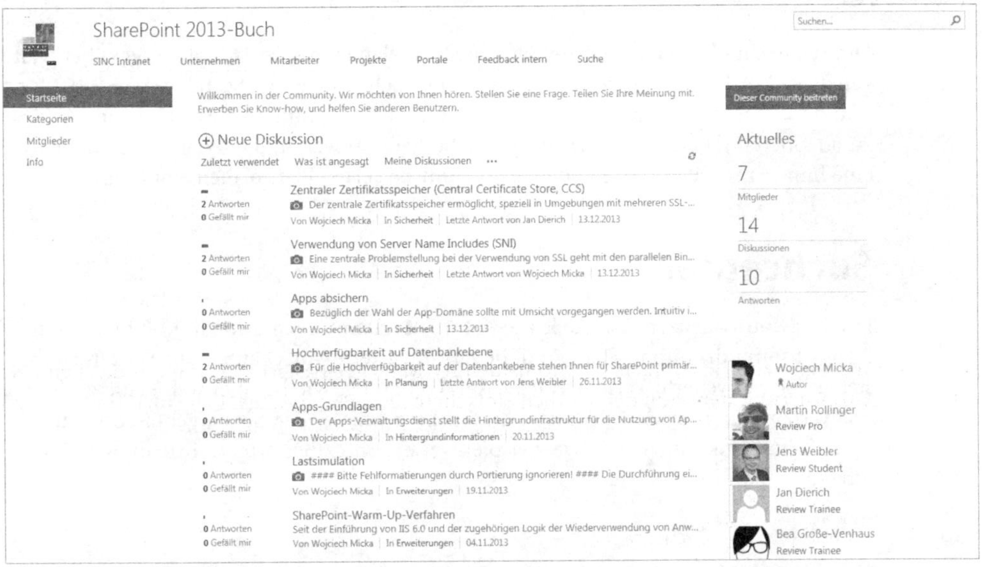

SharePoint-Newsfeed-App

Microsoft stellt für SharePoint für verschiedene Plattformen wie iPad, iPhone, Windows Phone und Windows bereit. So können Sie einfach über Ihre für das Folgen konfigurierten Inhalte und Personen auf dem Laufenden bleiben. Neben den Textinhalten werden in der App auch Bilder integriert visualisiert.

Abbildg. 2.2 SharePoint-Newsfeed-App für Windows Phone

Suche

Die Suchtechnologie unter SharePoint 2013 hat elementare Fortschritte gegenüber SharePoint 2010 gemacht. Mittlerweile basiert die SharePoint-Suche auf FAST Search Server 2010 for SharePoint, und dies, ohne die extreme Komplexität bei der Einrichtung und Wartung von FAST Search Server zu adaptieren. Hierdurch werden zahlreiche neue Anwendungsszenarien geschaffen, da die Suche eine immer zentralere Rolle in den SharePoint-basierten Plattformen einnimmt.

Suchcenter

Eine der Konsequenzen der FAST Search for SharePoint Integration in Kombination mit Office Web Apps ist somit die nun in SharePoint bereits integrierte Vorschau auf die Suchergebnisse. Zusätzlich stehen jetzt erweiterte Verfeinerungen zur Verfügung, wie beispielsweise eine grafisch aufbereitete Ziehverfeinerung für den Zeitraum der Suchergebnisse. Die Suchergebnisvorschau bietet deutlich optimierte Funktionen an, wie beispielsweise kontextbasierte Informationen für Community-inhalte.

Abbildg. 2.3 SharePoint 2013-Suchcenter

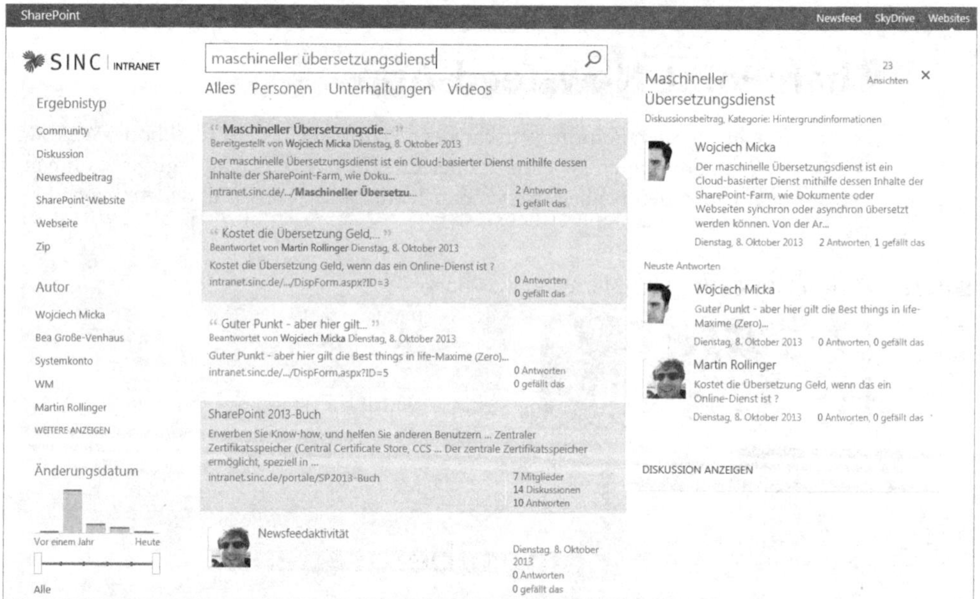

Abfrageregeln und Ergebnisquellen

Mithilfe von Abfrageregeln kann die Suchergebnisseite angepasst werden, ohne Codeanpassungen vornehmen zu müssen. So lassen sich Ergebnisse einfach heraufstufen oder in unterschiedliche Ergebnisblöcke segmentieren, um beispielsweise verschiedenen Ergebnisinhalten besser gerecht werden zu können.

Die neuen Ergebnisquellen ermöglichen eine einfache Integration von externen Suchergebnisquellen in die Suchergebnisse. Der Vorteil hier besteht darin, dass einige Ergebnisquellentypen wie Remote-SharePoint nicht nur die einfache Anzeige von Suchergebnissen, wie noch zuvor die Suchergebnisse aus Partnerspeicherorten, sondern auch eine Verfeinerung ermöglicht. Diese auf den ersten Blick vermeintlich einfachen neuen Funktionen führen in der Praxis zu verblüffenden Ergebnissen und Möglichkeiten.

Kontinuierliche Durchforstung

SharePoint-Inhalte können nun nicht mehr nur im Rahmen eines definierten inkrementellen Durchforstungsintervalls in den Index aufgenommen werden, sondern werden durch die kontinuierliche Durchforstung mit einer nur geringen Latenz direkt der Inhaltsausführungskomponente für die Aufnahme in den Index übergeben. Hierdurch eröffnen sich neue Szenarien für die Nutzung von Fachanwendungen in SharePoint.

Sonstige Optimierungen der Suche

Es wurden Verbesserungen bei den IOPS-Anforderungen an die Index- bzw. Abfrageserver vorgenommen sowie der Umfang für den Index auf der Festplatte deutlich reduziert. Das ebenfalls neue Suchschema verbindet die Mehrzahl der positiven Eigenschaften der vorausgehenden SharePoint 2010 und FAST-basierten Suchvorgänge.

Ein zentrales Element einer professionellen Suche ist die Relevanzbildung, welche in dieser Version stark optimiert wurde und nun auch durch Parameter wie der Benutzerinteraktion beeinflusst werden. Zudem ist das Relevanzschema nun anpassbar. Neben der hier angeführten Übersicht finden Sie in Kapitel 11 eine umfangreichere Liste der Neuerung der Suche sowie weiterführende Details zu diesen.

ECM & WCM

Ein Großteil der Veröffentlichungsstruktur wurde in SharePoint 2013 gravierend verändert, um mithilfe der neuen Unternehmenssuche die Instrumentalisierung der neuen Technologien und Schnittstellen effektiv zu ermöglichen.

Websitesammlungsübergreifende Veröffentlichung

Die websitesammlungsübergreifende Veröffentlichung verwendet ein stark auf die verwalteten Metadaten und die Suche gestütztes Verfahren, um Inhalte verschiedener Erstellungswebsites auf der eigentlichen Veröffentlichungswebsite erscheinen zu lassen. Dieses Modell ermöglicht nicht nur eine bessere Rollenverteilung und Isolation der Inhaltsdaten, sondern kann gleichzeitig mit neuen Webparts und Suchtechnologien für eine flexible und strukturierte Inhaltsdarstellung herangezogen werden.

Verwaltete Navigation

Die Erstellung der globalen und aktuellen Navigation in SharePoint kann nun erstmals auf einem Ausdruckssatz des verwalteten Metadatendiensts basieren und dabei sich gleichzeitig dessen neue Mehrsprachigkeitsfunktionen zu Nutze machen.

CMIS

SharePoint liefert eine integrierte CMIS 1.0 (Content Management Interoperability Services)-Schnittstelle aus, die lediglich manuell basierend auf Features zu aktivieren ist. Somit fällt die CMIS-Integration denkbar einfach aus.

Dokumentenmappen

Die in SharePoint 2010 eingeführten Dokumentenmappen wurden um einige für die Praxis wichtige Funktionen erweitert, wie die Unterstützung von OneNote-Notizbüchern, Ordnerunterstützung, bessere Inhaltsaggregation durch Webparts, bessere Versionierung über die gesamte Dokumentenmappe, die verbesserte Suche durch die Suchbarkeit innerhalb der Dokumentenmappe und die Abbildung einer sichtbaren eigenen Entität in den Suchergebnissen.

Business Intelligence

Innerhalb der breiten Business Intelligence-Sparte von SharePoint gibt es zahlreiche Optimierungen und Änderungen an der Basisarchitektur.

Power View

Für die Visualisierungen von Unternehmensdaten stehen zahlreiche beeindruckende neue Möglichkeiten zur Verfügung. So können Sie Daten beispielsweise mithilfe von Power View-Berichten von Excel Services in einer neuen BI-Center-Vorlage effektvoll aufbereiten. Power View bietet Ihnen interaktive Visualisierungen und Animationen und wird (standardmäßig integriert) von den Reporting Services verwendet (SSRS).

Sonstiges

Neben den zahllosen Detailverbesserungen bringt speziell die auf SQL Server 2012 basierende Reporting Services-Integration einen Mehrwert. Neben der direkten Integration als SharePoint-Dienstanwendung sind die Reporting Services parallel besser in die anderen BI-Funktionen wie PowerPivot und Power View integriert.

Entwicklung

Neben den zahlreichen neuen Detailaspekten bei der Entwicklung für SharePoint haben sich folgende wichtige Änderungen in Grenzgebieten zu den SharePoint-Architekten und Farmadministratoren ergeben.

Entwicklungswerkzeuge

Für die Entwicklung der neuen Apps für SharePoint 2013 stehen in Visual Studio 2012 spezielle, neue Vorlagen zur Verfügung. Weitere Neuerungen umfassen die volle Unterstützung von Entwicklungen gegen das Cloud App-Modell inklusive der Verwendung des Zugriffsprotokolls OData und dem Authentifizierungsprotokoll OAuth sowie der Unterstützung der neuen Workflow Manager Client 1.0-Plattform.

Für die einfache Entwicklung von Office- und SharePoint-Anwendungen, ohne die Erfordernis einer umfangreichen Visual Studio-basierten Entwicklungsumgebung, stellt Microsoft Office 365 Entwicklertools zur Verfügung (Codename Napa). Diese Entwicklungsumgebung ist vollständig browserbasiert und unterstützt HTML, ASP.NET, CSS sowie JavaScript. Die auf diesem Wege erstellten Anwendungen können in den App Market-Store eingespielt werden und somit sowohl in der Cloud als auch lokal (on-premise) genutzt werden.

Layoutanpassung

Die Herangehensweise bei der Anpassung von Layouts unter SharePoint 2013 wurde abgeändert und von SharePoint Designer 2013 verlagert, hin zu dem in SharePoint integrierten Design-Manager und den durchkomponierten Looks. Hierdurch wird es einfach möglich, extern erstellte HTML-Websites in eine SharePoint 2013-Masterpage zu konvertieren und in SharePoint zu importieren. Standardaufgaben bei der Anpassung des Layouts können nun in einigen Bereichen auch ohne Designerfertigkeiten umgesetzt werden.

Workflows

Die Workflowplattform wurde unter SharePoint 2013 gravierend umgebaut. Im Rahmen der Neuausrichtung der Workflowbasisarchitektur laufen Workflows nicht mehr zwangsläufig im weiterhin verfügbaren SharePoint 2010-Workflowhost, sondern über den Azure-Workflow-Dienstanwendungsproxy innerhalb des Workflow Service Managers.

Der hierdurch neu eingeführte Workflow Manager Client 1.0 basiert auf der Windows Workflow Foundation 4, und erhält nicht nur mehr Funktionalität und Flexibilität beim Entwurf von Workflows, sondern ist auch vollständig in das App-Modell für SharePoint integriert und erlaubt somit auch die Ausführung in der Cloud, wobei die workflowrelevanten Ereignisse via REST-API weitergeleitet werden.

HINWEIS Die Neuerungen der Workflowplattform werden standardmäßig nicht auf lokalen Plattformen bereitgestellt und müssen manuell nachinstalliert werden, sofern nicht nur auf entsprechende Azure-Cloudfunktionen zugegriffen werden soll.

Weitere wichtige Fortschritte durch diese, jedoch ausschließlich in SharePoint Server verfügbare Plattform, sind:

- **Deklarative Workflows** Workflows werden nun XAML-basiert definiert und müssen daher nicht mehr kompiliert in den Assemblycache bereitgestellt werden. Hierdurch wird der Workflowentwurfsprozess sowohl für Workflowersteller auf Poweruser- als auch auf Entwicklerseite spürbar vereinfacht. Die Werkzeuge für diese beiden Zielgruppen bleiben indes unverändert (SharePoint Designer und Visual Studio), wobei natürlich die aktuelle Werkzeugversion zwingend erforderlich ist.
- **Hohe Skalierbarkeit** Durch die Änderungen der Basisarchitektur und die nicht mehr zwingend farminterne Ausführung über den SharePoint 2010-Workflowhost kann die Workflowkomponente beliebig skaliert werden und bietet bereits auf einer Basisplattform spürbare Leistungsverbesserungen
- **Vordefinierte Workflowaktionen** Knapp 20 neue Workflowaktionen wurden aufgenommen und können für alle auf Workflow Foundation 4 basierenden Workflows genutzt werden, wie z.B. das Zuweisen einer Aufgabe zu Benutzern oder Gruppen, das Übersetzen eines Dokuments oder das Aufrufen eines Webdiensts

Ältere, unter der SharePoint 2010-Plattform definierte Workflows, die vom SharePoint 2010-Workflowhost ausgeführt werden, können nicht nur weiterhin verwendet, sondern auch aus den neuen Workflows heraus aufgerufen werden.

Sicherheit

In diesem Abschnitt erfahren Sie auszugsweise, welche Neuerungen SharePoint 2013 in Bezug auf den Sicherheitskontext aufweist.

Anforderungs-Manager

Der in SharePoint 2013 neu eingeführte Anforderungs-Manager bestimmt primär in Umgebungen mit hostbenannten Websitesammlungen, auf welche Weise eingehende Anforderungen behandelt werden. Hierdurch haben Sie die Möglichkeit, potenziell schädliche Anforderungen daran zu hindern, in Ihre Farm zu gelangen oder aber auch die Leistung durch die Weitergabe an einen verfügbaren, nicht ausgelasteten Server zu optimieren. Zudem können Anfragen eines bestimmten Typs, wie z.B. eine Suchanfrage, an bestimmte Mitglieder der Farm gesendet werden. So können Sie beispielsweise temporär problematische Server einer Farm ausgrenzen, ohne diese aus der Farm vollständig zu entfernen, und trotzdem sporadische Fehler aus der Benutzersicht vermeiden. Weiterhin können die Funktionen des Anforderungs-Managers dafür verwendet werden, die Farm in großen Umgebungen horizontal zu skalieren.

Erweiterte Informationsrechteverwaltung (IRM)

In SharePoint 2013 haben nach der relativen Stagnation der Evolution in SharePoint 2010 zahlreiche wichtige Funktionen Einzug gehalten, die das Einsatzspektrum erweitern. In der Übersicht sind diese Neuerungen wie folgt:

- Mandantenkompatibilität
- PDF-Protektor
- Browserintegration bei der Anzeige von geschützten Inhalten
- Gruppenkompatibilität
- PowerShell-Verwaltungsintegration
- Einfachere Anwendung aus Benutzersicht
- Unterstützung für die aktuellen, zeitgemäßen Krypotgrafiealgorithmen

Neben diesen Neuerungen wird IRM nun auch für die Onlinedienste unterstützt.

Einfache Berechtigungsdelegierung

Das Berechtigungssystem bleibt grundsätzlich erhalten, jedoch existiert eine neue Benutzeroberflächenintegration zur Einsicht, Zugriffsanforderung und direkten Vergabe von Berechtigungen für die Benutzer der Website. Dabei ist diese Schnittstelle nicht nur den privilegierten Benutzern vorenthalten, sondern steht bereits Benutzern mit Mitwirkungsrechten zur Verfügung. Die ganzheitliche Berechtigungsverwaltungsproblematik bleibt indes unverändert.

Compliance

SharePoint 2013 bietet eine Reihe wichtiger Neuerung im Compliance-Bereich, von denen hier ein Auszug vorgestellt wird.

eDiscovery

Mit der Einführung von SharePoint 2013 gibt es erstmalig eine breite Verfügbarkeit von eDiscovery-Funktionalität. Die wichtigsten Neuerungen sind:

- **Compliance-Archive** eDiscovery-Inhalte werden präserviert, ohne dass der Änderungszugriff beschränkt wird. Somit steht eine unveränderte Kopie für Compliance Officers zur Verfügung, ohne dass die Anwender im Zugriff eingeschränkt werden müssen.
- **eDiscovery-Center** Für die Identifizierung von Complianceinhalten steht nun eine dedizierte Vorlage zur Verfügung, von der aus die eDiscovery-Abfragen komfortabel gesteuert werden können
- **eDiscovery-Quellen** Erstmalig können Exchange- und Lync Server-Inhalte neben SharePoint- und Dateifreigabeinhalten identifiziert und exportiert werden

Abbildg. 2.4 eDiscovery-Integration in SharePoint

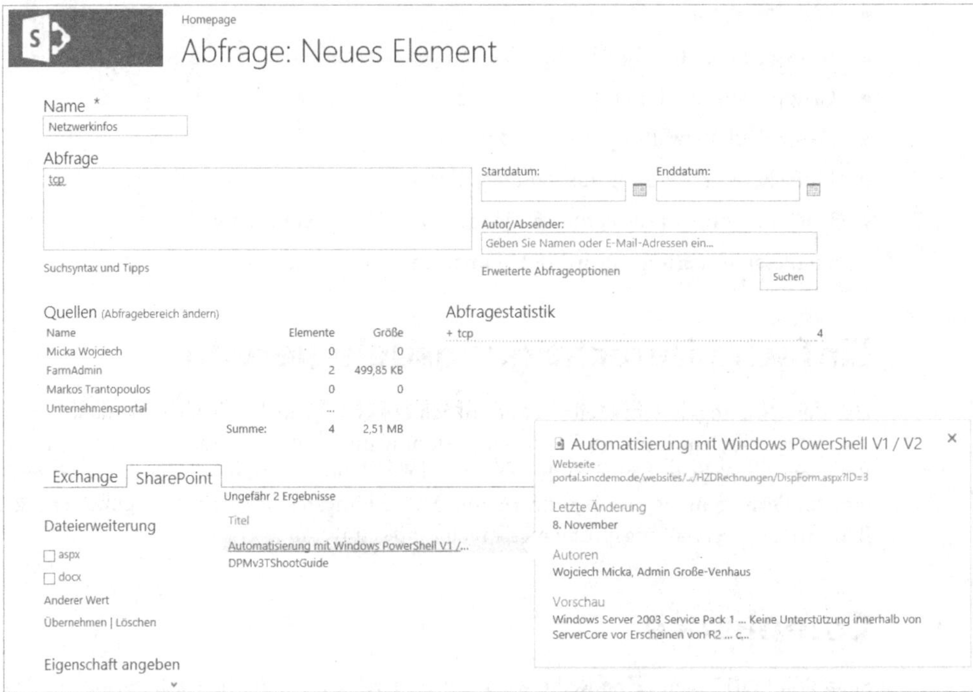

Websiterichtlinien

Es existiert ein neues Modell für Websiterichtlinien, welches es ermöglicht, basierend auf dem Alter einen Automatismus für das Außerbetrieb setzen und das Löschen zu etablieren (Abbildung 2.5). Hierfür können sowohl zentrale Richtlinien als auch lokale Richtlinien erstellt und verknüpft werden, um dem klassischen Wildwuchs bei Projektseiten Einhalt bieten zu können.

Abbildg. 2.5 Automatische Einblendungen von Websiterichtlinien

In den Prozess der Richtlinien wurden auch Mechanismen zur Integration der umliegenden Komponenten wie beispielsweise dem Websitepostfach in den Prozess integriert.

Server-zu-Server-Authentifizierung

Um das Problem der Identitätsdelegierung für impersonierte Ressourcenzugriffe zu lösen, wurde das auf OAuth 2.0 beruhende Server-zu-Server-Authentifizierungsprotokoll in die aktuellen Office Server-Produkte integriert. Dieses ist nicht nur Voraussetzung für die zahlreichen Integrationslösungen, sondern gleichzeitig auch die Basis für die Integration in die Clouddienste.

Integration mit E-Mail und Exchange Server

Auszugsweise haben die folgenden beiden Neuerungen im Kontext einer Exchange Server-Integration in SharePoint 2013 Einzug gehalten.

Aufgabensynchronisierung mit Exchange

Basierend auf dem eingangs vorgestellten Aufgabenverwaltungsdienst bietet die Aufgabensynchronisierungsintegration in Exchange Server einen speziellen Ansatz zur Steuerung der SharePoint-Aufgaben aus Outlook heraus. Während die einfache Synchronisierung von Aufgabenlisten auf einem fehlerträchtigen direkten Abgleich vom Client mit SharePoint basierte, beruht dieser Mechanismus auf den Exchange Web Services in der Vermittlungsschicht und bietet die erforderliche Lösung für die Pflege von Aufgaben in SharePoint.

Websitepostfächer

Websitepostfächer ermöglichen es Teamsitemitgliedern, selbstständig ein Postfach für eine Subsite zu erstellen und dieses Postfach automatisiert in Outlook anzubinden, um nicht nur ein gemeinsames Postfach zu etablieren, sondern auch transparent aus Outlook heraus auf SharePoint-Dokumentbibliotheken bidirektional zuzugreifen, ohne diese dabei offline vorzuhalten bzw. zu synchronisieren. Dabei sind in dieser Anbindung bisherige Tooldomänen aufgebrochen worden, wonach Inhalte dieses Postfachs bzw. der SharePoint-Site automatisch mithilfe von Links weitergeleitet werden, anstelle des vollständigen Dokuments. Bislang kamen an dieser Stelle noch in der Regel kostenfreie Drittanbieterwerkzeugs mit moderater Integration zum Einsatz.

Sonstiges

Von den vielen verbleibenden Neuerungen sollten einige besonders wichtige Erwähnung finden.

SharePoint Online

Eine gravierende Architekturänderung ergibt sich aus den erstmalig in SharePoint 2013 eingeführten zahlreichen Kombinationsmöglichkeiten, lokalen (on-premise) Installationen partiell mit den Funktionen von SharePoint-Onlinefarmen zu kombinieren und Daten zwischen diesen Plattformen zu migrieren. Durch die größere Verbreitung von zentralen Clouddiensten in Unternehmensnetzwerken wird ab SharePoint 2013 in vielfältigen Szenarien der Austausch von Daten und Funktionen zwischen den Online- und lokalen Diensten ermöglicht, die einen stabilen und hochfunktionalen Hybridbetrieb zur Folge haben. Parallel dazu wird SharePoint auch für das Hosting in Windows Azure unterstützt.

Apps

Erstmalig ist es möglich, SharePoint-Apps aus einem Online-Marktplatz direkt herunterzuladen und in einem Sandkasten sicher auf der Farm auszuführen. Hierdurch ist es inhaltsverantwortlichen Nicht-Farmadministratoren einfach möglich, ihre Websites flexibel und sicher um Funktionen zu erweitern. Gleichzeitig können Unternehmen ihre Lösungen einfacher einer breiten Kundschaft zur Verfügung stellen (Abbildung 2.6).

Abbildg. 2.6 App-Katalog aus der Perspektive eines Websitesammlungsadministrators

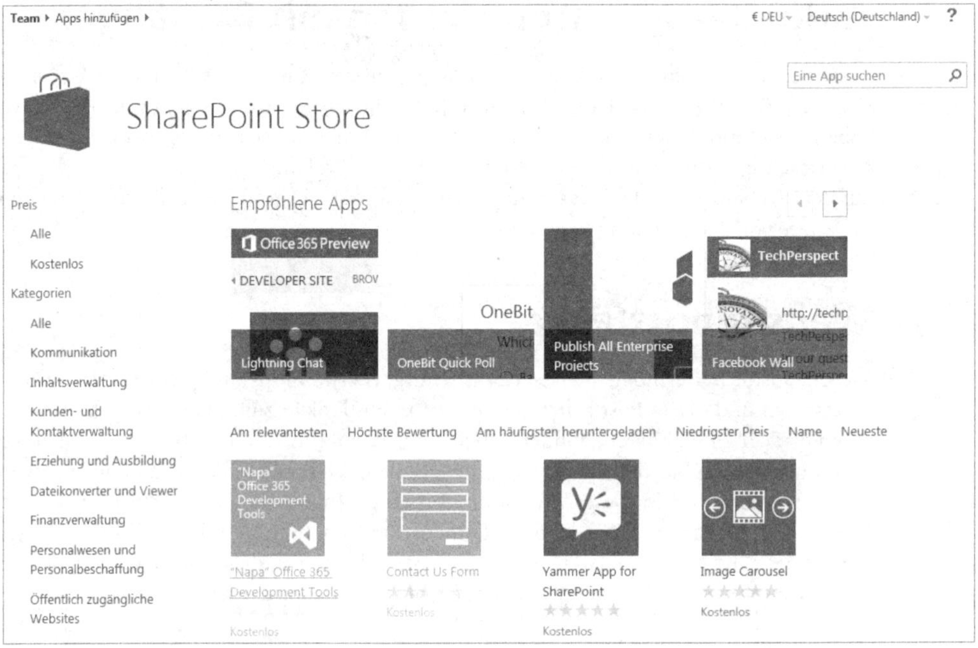

Videointegration

In SharePoint 2013 gibt es eine erweiterte Unterstützung für Videoinhalte. Videos werden über einen neuen Inhaltstyp als Container abgebildet, vergleichbar zu Dokumentmappen. Durch die innerhalb des Containers verfügbaren Metadaten werden erweiterte Funktionen wie eine verbesserte Suche über Videos ermöglicht.

HINWEIS Die neuen Suchfunktionen für Videos, wie die neue Vorschau für Videosuchergebnisse, werden ausführlicher in Kapitel 11 erläutert.

Inhaltsautoren profitieren von den neuen Funktionen für das Hochladen von Videos und das Bearbeiten der Kerndaten, wie dem Videothumbnail. Dieses Vorschaubild kann nun entweder automatisch generiert oder manuell hinzugefügt werden. Zudem kann der Benutzer nun aus drei Videotypen für den Upload bzw. der Abbildung in SharePoint wählen:

- **Upload des Videos** Die klassische Variante
- **Link zu einem Video** Hier wird weniger der Link zu einem Videoplayer, sondern vielmehr die Videostreamdatei hinterlegt, um SharePoint die Wiedergabe zu ermöglichen
- **Einbetten von Code** Auf diese Weise wird beispielsweise ermöglicht, etwaige Firmen-YouTube-Channels in SharePoint zu integrieren und mit erweiterten Daten zu versehen

Die Videos selbst werden nun mithilfe des in SharePoint integrierten HTML5-Players wiedergegeben und können somit auf allen Geräten mit Unterstützung für das HTML5-*<video>*-Tag wiedergegeben werden.

Geodatenintegration mit Bing Maps

Erstmalig sind in SharePoint bereits grundsätzlich Geodatenfunktionen integriert, die plattformübergreifend genutzt werden können.

Somit ist es möglich, beliebige Listen um Geodaten zu ergänzen (Abbildung 2.7), welche Sie integriert in der Standardansicht inklusive Zoomfunktionalität anzeigen oder in speziellen Kartenansichten gegenüberstellen können.

Abbildg. 2.7 Geodatenintegration in SharePoint-Listen

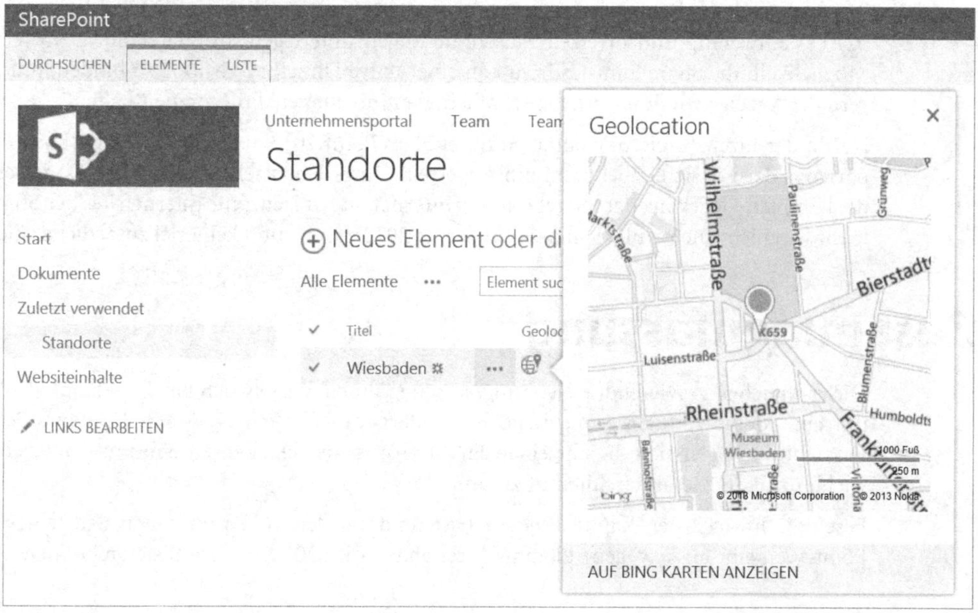

Ihnen steht eine API zur Verfügung, um das existierende Modell entsprechend Ihren Anforderungen anzupassen.

Neben der Einrichtung in Kapitel 6 finden Sie hierzu veranschaulichende Anwendungsbeispiele in Kapitel 10.

Word Automation Services

Bislang boten die Word Automation Services lediglich eine asynchrone Konvertierung der Inhalte an. Hierdurch war der Einsatzrahmen begrenzt, da die Konvertierung an einen verzögert aktiv werdenden Zeitgeberauftragsdienst gekoppelt war. Die neuen Word Automation Services bieten nun erstmalig auch eine synchrone, also On-Demand-Konvertierung an. Parallel dazu können nun nicht nur in Dokumentbibliotheken gespeicherte Dokumente, sondern auch außerhalb von SharePoint in Datenströmen lokalisierte Inhalte konvertiert werden. Anstelle des bisherigen Ansatzes, ausschließlich vollständige Dateien zu konvertieren, können nun auch effektiv Inhalte aktualisiert werden.

Insgesamt ergeben sich hieraus neue Anwendungsfelder für die Word Automation Services:

- On-Demand-Konvertierung
- Auf Word-Vorlagen basierende Berichte
- Erstellen von Word-Serienbriefen

Weiterführende Hintergrundinformationen zu den via API verfügbaren Word Automation Services-Funktionen finden Sie in Kapitel 8.

Lizenzforcierung

Bislang war der Mischbetrieb von Farmen mit Benutzern unterschiedlicher Clientzugriffslizenzen (CALs) aufwendig und diversen Einschränkungen unterlegen. In SharePoint 2013 haben Sie die Möglichkeit, die SharePoint-CAL nun an eine Active Directory-Gruppe zu binden, um den Benutzern die Anzeige von Enterprise CAL-pflichtigen Inhalten effektiv vorzuenthalten.

Neben der Lizenzforcierung entfallen unter SharePoint 2013 auch die Client-CALs in Extranetszenarien, sofern es sich dabei nicht um Angestellte Ihres Unternehmens handelt. Damit entfällt auch die komplette Relevanz der SharePoint for Internet Sites-Lizenz: für Internetsites benötigen Sie nunmehr lediglich eine reguläre SharePoint Server 2013-Lizenz und keinerlei zusätzliche Client-CALs.

Zusammenfassung

Die zahlreichen gravierenden Neuerung lassen erahnen, dass es sich bei SharePoint 2013 keinesfalls um eine kleine Aktualisierung handelt, sondern um ein echtes »Major-Update«. Bei genauerer Betrachtung fügen sich die einzelnen Funktionsmosaiksteinchen zu einer nachvollziehbaren Entwicklung in der Gesamtarchitektur zusammen.

Lesen Sie im nächsten Kapitel, wie Sie basierend auf den neuen und alten Bausteinen der SharePoint-Welt eine ausgewogene Planung Ihrer SharePoint 2013-Farm realisieren können.

Teil B

Planung

Kapitel 3 Planung einer SharePoint-Umgebung 65

Kapitel 3

Planung einer SharePoint-Umgebung

In diesem Kapitel:

SharePoint-Edition 66
Globale SharePoint-Planung 69
Cloudintegrationsplanung (Hybrid) 88
Voraussetzungen für die Installation 93
Logische Architektur 114
Skalierung und Optimierung 127
SharePoint-Client 136
Serverrollen und Dienstpositionierung 143
Suche 155
Sicherheit 160
Hochverfügbarkeit 181
Kommunikation 194
Website- und Lösungsplanung 200
Sonstiges 215
Best Practices 242
Zusammenfassung 242

In diesem Kapitel wird die umfangreiche Planung einer SharePoint-Farm behandelt. Bei kaum einem Serverprodukt ist eine sorgfältige Planung so wichtig wie bei SharePoint. Durch die komplexen Interaktionsmöglichkeiten mit anderen Systemen und eine nicht minder komplexe Skalierung für unterschiedliche Anwendungsbereiche helfen Ihnen die hier angeführten Aspekte dabei, die Ausfallzeiten und Störungen im späteren Betrieb zu reduzieren und ein besseres Verständnis für diese Plattform zu erlangen.

SharePoint-Edition

Für die Wahl der passenden SharePoint-Edition ist eine Abwägung der jeweiligen Funktionen gegeneinander nötig. Während eine Unterscheidung von SharePoint-Foundation und den Server-Editionen vergleichsweise einfach fällt, ist eine Differenzierung zwischen Standard- und Enterprise-CAL-Funktionalität (Client Access License, CAL) im Detail oft schwer. Zusätzlich wird der klare Blick durch Marketingaussagen von Microsoft getrübt, die nicht selten ein zwielichtiges Licht auf die wahren Funktionen der Standard-CAL werfen.

Die folgenden Tabellen sollen Ihnen helfen, in den jeweiligen Kategorien ein gutes Fundament für die Entscheidung der Basisplattform zu bilden.

Übersicht der lokalen (on-premises) SharePoint-Editionen

In der abstrakten Übersicht unterscheiden sich die verfügbaren Editionen vereinfacht somit wie folgt:

Tabelle 3.1 Differenzierung der unterschiedlichen SharePoint-Produkte in der Übersicht

Funktionsbereich	Foundation	Server Standard CAL	Server Enterprise CAL
App-Nutzung	✓	✓	✓
App-Verwaltung		✓	✓
Berichtswesen (erweitert)			✓
BI-Funktionalität			✓
Blogs	✓	✓	✓
Exchange-Integration		✓	✓
FAST-basierte Suche	✓	✓	✓
Formulare (Browser)			✓
Office Web App-Integration	✓	✓	✓
Soziale Netzwerke		✓	✓
Taxonomien		✓	✓

Tabelle 3.1 Differenzierung der unterschiedlichen SharePoint-Produkte in der Übersicht *(Fortsetzung)*

Funktionsbereich	Foundation	Server Standard CAL	Server Enterprise CAL
Veröffentlichungsinfrastruktur		✓	✓
WCM (erweitert)			✓
Wikis	✓	✓	✓
Zusammenarbeit	✓	✓	✓

Die Veröffentlichungsinfrastruktur ist ein zentrales Element in SharePoint, um Websites durch einen Freigabeprozess zu veröffentlichen oder aber multilinguale Variationen einzusetzen.

Detailvergleich der lokalen Editionen

In diesem Abschnitt wird Ihnen ein Auszug der wichtigsten Funktionen und deren Anwendung in den jeweiligen SharePoint-Editionen vorgestellt. Eine umfassendere Liste finden Sie unter *http://technet.microsoft.com/library/jj819267.aspx* [Ms156-K03-01].

Die folgenden Funktionen sind primär für IT-Experten relevant:

Tabelle 3.2 Funktionen für IT-Experten

Funktionsbereich	Foundation	Server Standard	Server Enterprise
Active Directory-Synchronisierung		✓	✓
Anforderungs-Manager		✓	✓
Benutzerprofildienst		✓	✓
Datensatzverwaltung		✓	✓
eDiscovery			✓
Excel Services			✓
Hostbenannte Websitesammlungen	✓	✓	✓
Informationsrechteverwaltung (IRM)	✓	✓	✓
Konfigurationsassistenten		✓	✓
Minimale Downloadstrategie	✓	✓	✓
Redundanz (maximal)		✓	✓
Remote-BLOB-Speicher	✓	✓	✓
Suche: Abfrageregeln		✓	✓
Suche: Kontinuierliche Suche	✓	✓	✓

Tabelle 3.2 Funktionen für IT-Experten *(Fortsetzung)*

Funktionsbereich	Foundation	Server Standard	Server Enterprise
Suche: Redundanz		✓	✓
Suche: Relevanzoptimierung			✓
Überwachung		✓	✓
Verwaltete Metadaten		✓	✓
Web Analytics-Plattform		✓	✓

Die folgenden Funktionen sind primär für Entwickler relevant:

Tabelle 3.3 Entwicklerfunktionalität in SharePoint

Funktionsbereich	Foundation	Server Standard	Server Enterprise
Access Services			✓
App-Katalog		✓	✓
App-Store	✓	✓	✓
BCS-Externe Listen	✓	✓	✓
BCS-Erweiterte Funktionen		✓	✓
BCS-Rich Client-Integration			✓
Benutzerdefinierte Sitedefinitionen		✓	✓
Benutzerdefinierte Siteprovisionierung			✓
Clientseitiges Objektmodell (CSOM)	✓	✓	✓
ECM-API		✓	✓
Forms-basierte Anwendungen		✓	✓
InfoPath Forms Services			✓
PowerPoint-Automationsdienste		✓	✓
REST-API	✓	✓	✓
Sandkastenlösungen	✓	✓	✓
SharePoint Store	✓	✓	✓
Social-API		✓	✓
Such-API	✓	✓	✓
Workflow 2010 (.NET 3.5)	✓	✓	✓

Tabelle 3.3 Entwicklerfunktionalität in SharePoint *(Fortsetzung)*

Funktionsbereich	Foundation	Server Standard	Server Enterprise
Workflow (vordefinierte)		✓	✓
Workflow 2013 (Workflow-Manager 1.0)		✓	✓
Workload-API für Suche	✓	✓	✓
Workload-API für Social und ECM		✓	✓

Der folgende Auszug an Funktionen ist primär für Anwender relevant:

Tabelle 3.4 Von SharePoint unterstütze Anwenderfunktionen

Funktionsbereich	Foundation	Server Standard	Server Enterprise
Aufgabensynchronisierung		✓	✓
Dashboard und Scorecards			✓
Dokumentenmappen		✓	✓
Mobile Ansichten	✓	✓	✓
PowerPivot und Power View			✓
Suche: Personensuche		✓	✓
Suche: Verfeinerungen	✓	✓	✓
Umfragen		✓	✓
Websitesammlungsübergreifende Veröffentlichung			✓

Globale SharePoint-Planung

In diesem Abschnitt erhalten Sie Hilfestellung bei der Wahl des Farmmodells. Die Planungsgrundlagen für die passende Skalierung der Serverfarm erfahren Sie in den darauffolgenden Abschnitten.

Wahl des Farmmodells

Zu Beginn der Installation haben Sie die Möglichkeit, zwischen zwei grundlegenden SharePoint-Modellen zu wählen: einer integrierten, eigenständigen Installation oder der Installation in einer Serverfarm. Der Hauptunterschied zwischen diesen beiden Installationsmodellen besteht in der Skalierbarkeit und damit einhergehend in der Flexibilität der SharePoint-Installation. Eine integrierte, eigenständige Installation lässt sich nicht mehr um weitere Server erweitern. Somit bleibt Ihnen der einfache Weg zur Unterstützung einer höheren Benutzeranzahl, einer höheren Belastung der Dienste oder die Gewährleistung von Ausfallsicherheit durch horizontale Skalierung versperrt.

Sollten Sie sich einmal für die integrierte, eigenständige SharePoint-Installation entschieden haben, gibt es im Nachhinein keine direkte Möglichkeit, an dieser Situation etwas zu verändern. Jedoch haben Sie die Möglichkeit, Ihre bestehende SharePoint 2013-Umgebung beispielsweise durch eine Inhaltsdatenbankmigration in eine andere, neue SharePoint 2013-Serverfarm zu überführen. Hierbei gilt es, eine Reihe an Details zu berücksichtigen, die im Rahmen von Kapitel 14 näher erläutert werden.

Einzelner Server

Die kleinstmögliche SharePoint-Implementierung besteht aus einem einzelnen Server, auf dem sämtliche SharePoint-Funktionen einschließlich der SQL Server-Instanz bereitgestellt werden (Abbildung 3.1).

Abbildg. 3.1 Einzelserverszenario

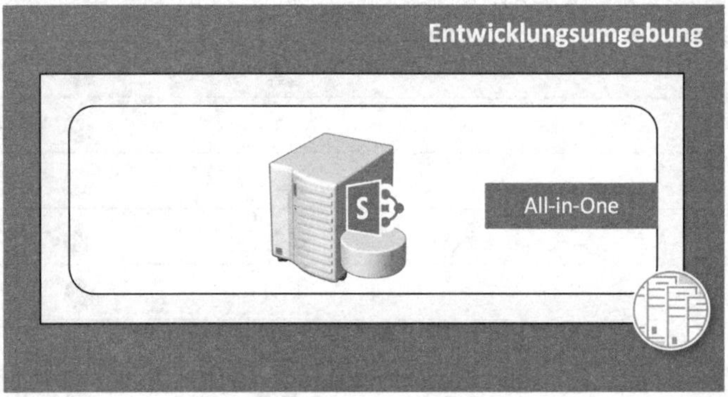

Diese Implementationsvariante ist geeignet für Evaluierungen oder der Entwicklung von Erweiterungen oder für nicht kritische Lösungen, für eine geringe Anzahl an Endanwendern, speziell also für kleine Abteilungen oder eine Gruppe von bis zu 100 nicht konkurrierend zugreifenden Anwendern. Der Einsatz einer solchen Installation ist eindeutig nicht für produktive Zwecke empfohlen und wird daher bereits in der Grafik als Entwicklungsumgebung tituliert.

TIPP Selbst als Entwicklungsplattform wird von einer solchen Basis abgeraten, da Entwickler bereits bei vergleichsweise trivialen Lösungen dazu neigen, die Problematik einer SharePoint-Mehrschichtenarchitektur zu verkennen. Viele SharePoint-Kunden wurden hierdurch bereits ganzen Arien von Geduldsproben unterzogen, da eben durch die Missachtung bestimmter Grundmechanismen eigenentwickelte Lösungen zwar auf den Entwicklungsmaschinen oder gar den häufig nur zweischichtigen Vorproduktionsumgebungen funktional waren, jedoch ihre Dienste auf den dreischichtigen Produktionsumgebungen verweigerten.

Wie bereits erwähnt, kann eine Einzelserverbereitstellung nur sehr begrenzt durch das Erweitern der lokalen Hardware skaliert werden. Sie haben jedoch die Möglichkeit, im Falle einer geänderten Strategie oder eines angepassten Einsatzszenarios eine Migration der Inhaltsdatenbanken durchzuführen, um die bestehende Installation auf eine skalierbare Plattform zu verschieben. Beachten Sie jedoch, dass nicht alle Daten einer Farm unkompliziert in eine zentrale neue Farm übernommen werden können.

HINWEIS Beachten Sie, dass es nicht möglich ist, Office Web Apps 2013 parallel auf einem SharePoint-Server bereitzustellen. Hierbei handelt es sich nicht nur um die Supportfähigkeit, sondern um eine generelle Limitierung. Mehr Informationen hierzu finden Sie in Kapitel 16.

Durch eine kleine Erweiterung dieser Installationsvariante ist es möglich, anstelle der integrierten SQL Server Express 2008 R2-Edition, eine vollwertige SQL Server-Edition parallel auf dem Server zu verwenden. Dies ermöglicht Ihnen zwar die Verwendung von zusätzlichen Funktionen und erleichtert Ihnen die Handhabe der Einzelserverfarm, ändert jedoch nichts daran, dass eine solche Plattform nicht für produktive Zwecke verwendet werden sollte.

Zweischichtige Serverfarm

Die wichtigste Änderung einer Einzelserverinstallation gegenüber der zweischichtigen besteht in der Trennung der Datenbankschicht von der Webserverfunktionalität. Durch diese Trennung wird nicht nur eine höhere Skalierbarkeit erreicht, sondern erst grundsätzlich die Möglichkeit geschaffen, die Serverfarm um zusätzliche SharePoint-Server zu erweitern (Abbildung 3.2).

Abbildg. 3.2 Zweischichtige Serverfarmvariationen

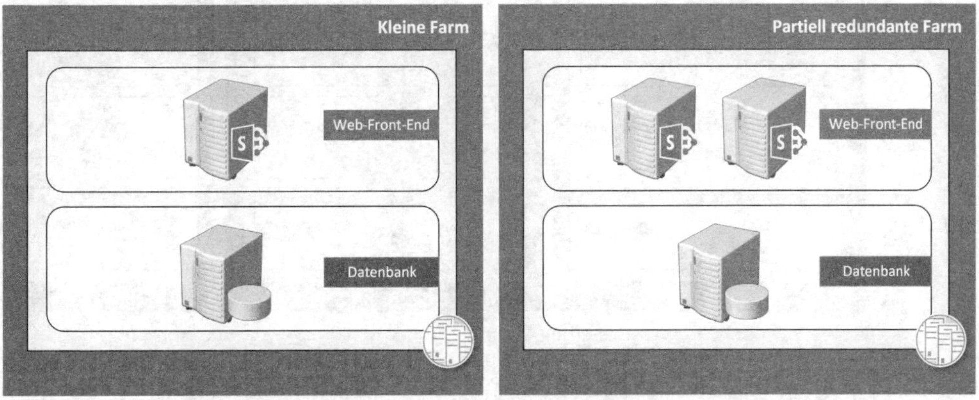

Während die kleinste einfache Serverfarm mit jeweils einem Datenbank- und einem SharePoint-Server zwar grundsätzlich bis zu 10.000 nicht konkurrierenden Anwendern dienen kann, hängt die tatsächlich unterstützte Anzahl an Anwendern vom Nutzungsverhalten der Anwender ab. Diese einfachste Farmformation unterstützt lediglich wenige Anfragen pro Sekunde und sollte nicht unbegrenzt für große Inhaltsdatenbankmengen verwendet werden. Beachten Sie auch, dass besonders ressourcenintensive Funktionen wie die Indizierung so konfiguriert werden sollten, dass die Anwendererfahrung bei der Nutzung von SharePoint nicht beeinträchtigt wird, beispielsweise indem Sie die Indizierungsintervalle nicht auf Spitzenzeiten legen.

HINWEIS Wie bereits bei auf Einzelserver basierende Farmen gilt auch für dieses Modell sowie für alle anderen Architekturen, dass Office Web Apps 2013 in eine separate Farm ausgegliedert werden muss.

Um die Leistung etwas zu steigern oder die Ausfallsicherheit auf dieser Ebene zu erreichen, können Sie einen weiteren Server zu der Web-Front-End-Schicht hinzufügen. Dabei müssen nicht alle

Dienstanwendungen auf beiden Knoten vorgehalten werden. Für diese Farmformation wird in produktiven Umgebungen empfohlen, insbesondere für die Datenbankschicht, physikalische Systeme zu verwenden, da durch die Bündelung verschiedener E/A-intensiver SharePoint-Dienste erhebliche Ressourcen in Anspruch genommen werden.

Dreischichtige Serverfarm

Der Unterschied einer dreischichtigen Serverfarm zu einer zweischichtigen Serverfarm besteht in der Trennung der SharePoint-Funktionen in eine jeweils dedizierte Web-Front-End- und eine Anwendungsschicht. Während die Web-Front-End-Schicht für das Rendern der Clientsitzung verantwortlich ist, wird die Mehrzahl der SharePoint-Anwendungsdienstinstanzen in der Anwendungsschicht positioniert, mit der der Client selbst keinen direkten Kontakt hält (Abbildung 3.3).

Abbildg. 3.3 Dreischichtige Serverfarmvariationen

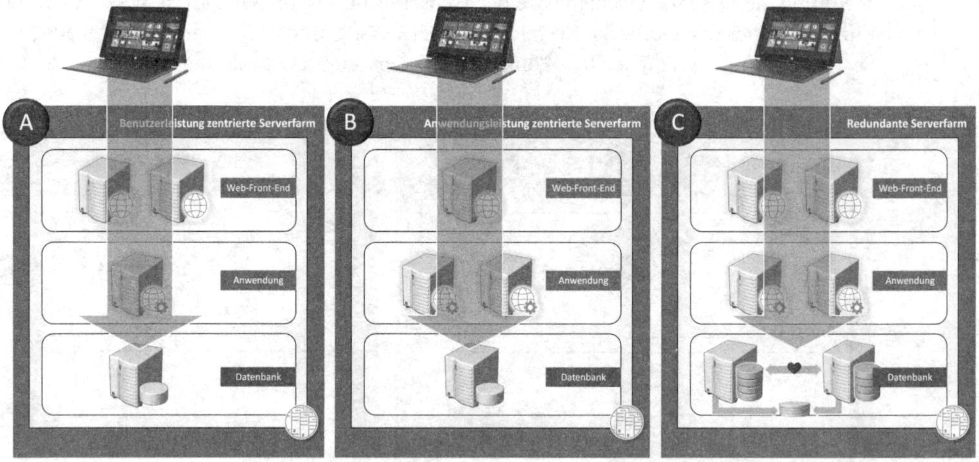

Gängige Szenarien für die Verwendung einer dreischichtigen Serverfarmarchitektur stellen sich wie folgt dar:

- Die Gesamtlast der Farm nimmt relevante Dimensionen an
- Eine Gruppe von maximal wenigen zehntausend Anwendern erzeugt wenige Dutzend Anfragen pro Sekunde
- Sie erwarten ein maximales Datenvolumen von wenigen Terabyte

Je nach Ausprägung der Nutzung sollten Sie bei der Planung einer dreischichtigen Serverfarm erstmalig eine Anpassung der Datenbankschicht in Erwägung ziehen. Während eine geringe Anzahl an Anwendern mit umfassender Applikationsnutzung oder einem großen zu indizierenden Datenkorpus den Einsatz zweier Server in der Anwendungsschicht sinnvoll machen kann, ohne dabei zusätzliche Datenbankserver bereitzustellen (Variante B), gilt dies nicht mehr zwangsläufig, wenn sich die Datenmenge und die Anzahl der Anwender erhöht. In diesem Fall sollten Sie ggf. weitere Datenbankserver hinzufügen, um beispielsweise durch die Trennung der Such- von den verbleibenden Datenbanken für eine gute Benutzererfahrung zu sorgen. Im Fall von umfangreichen Anwenderaktivitäten bei gleichzeitig hoher Protokollierungsaktivität können Sie ebenfalls erwägen, die Protokolldatenbanken auf einen separaten SQL-Server zu isolieren (Abbildung 3.4).

Abbildg. 3.4 Leistungsoptimierte Serverfarm ohne vollständige Redundanz

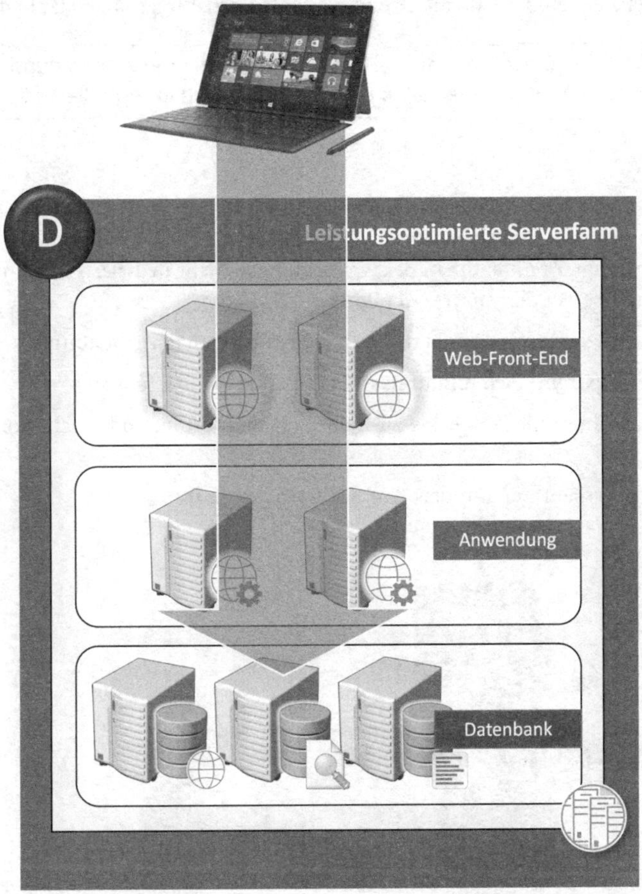

Während bei Variante A-C die vollständige Web-Front-End- und Anwendungsschicht virtualisiert wurde, ist es wahrscheinlich, dass bei leistungsorientierten Umgebungen auf der Anwendungsschicht der Verzicht auf eine Virtualisierung der Farm überdacht werden sollte, da im Falle eines relevanten Suchkorpus sowie Abfragen auf die Suche dort vergleichsweise hohe Anforderungen an E/A-Operationen und sonstigen Ressourcen aufkommen. Aus diesem Grund wurde bei Variante D auf den Einsatz von Virtualisierung in der Anwendungsschicht verzichtet.

Ein anderer Aspekt für das Hinzufügen weiterer Datenbankserver zur SharePoint-Serverfarm kann in der umfassenden Nutzung der Suche begründet sein. Indizieren Sie einen großen Korpus von beispielsweise 40 Millionen Objekten und stellen diesen einer vergleichsweise geringen Anzahl an Anwendern zur Verfügung, sollten Sie ebenfalls in Erwägung ziehen, dedizierte Suchdatenbankserver zu verwenden, um die negativen Leistungsauswirkungen der Suche auf die sonstigen SharePoint-Dienste zu begrenzen. Diese wären wahrscheinlich, da die umfassenden Datenbankaktivitäten der Suche direkten Einfluss auf die Latenz bei Navigation und Nutzung einer SharePoint-Site hätten.

Ohnehin darf der Einsatz der Suche und deren Auswirkung auf die Belastung der Farm in SharePoint 2013 nicht unterschätzt werden. Durch eine neue Informationsarchitektur mit Lösungsbausteinen wie der websitesammlungsübergreifenden Veröffentlichung wird exzessiv Gebrauch von der Suche gemacht, ohne dass ein einziger Benutzer eine explizite Suchabfrage abgesetzt hätte.

HINWEIS Die speziell für dieses Szenario erforderliche detaillierte Abhandlung der Dienstverteilung finden Sie im Abschnitt »Serverrollen und Dienstpositionierung« dieses Kapitels vor.

Große Serverfarm

Für große Serverfarmen wird im Zuge des horizontalen Skalierung überdacht, weitere Detailfunktionen in separate Dienstgruppen innerhalb der Farm auszulagern. Somit werden in dieser nächsten Ausbaustufe einer SharePoint-Architektur in der Anwendungsschicht dedizierte Suchanwendungsserver und verteilter Cacheserver eingeführt (Abbildung 3.5).

Unter folgenden Rahmenbedingungen findet diese Ausbaustufe primär Verwendung:

- Das Datenvolumen ist extrem hoch und umfasst bis zu einigen 10 Terabyte
- Eine hohe Anzahl an Anwendern von bis zu mehreren hunderttausend (nicht konkurrierend zugreifend)
- Eine Anfragedichte von mehreren hundert Anfragen pro Sekunde

Abbildg. 3.5 Beispiel einer großen Serverfarm

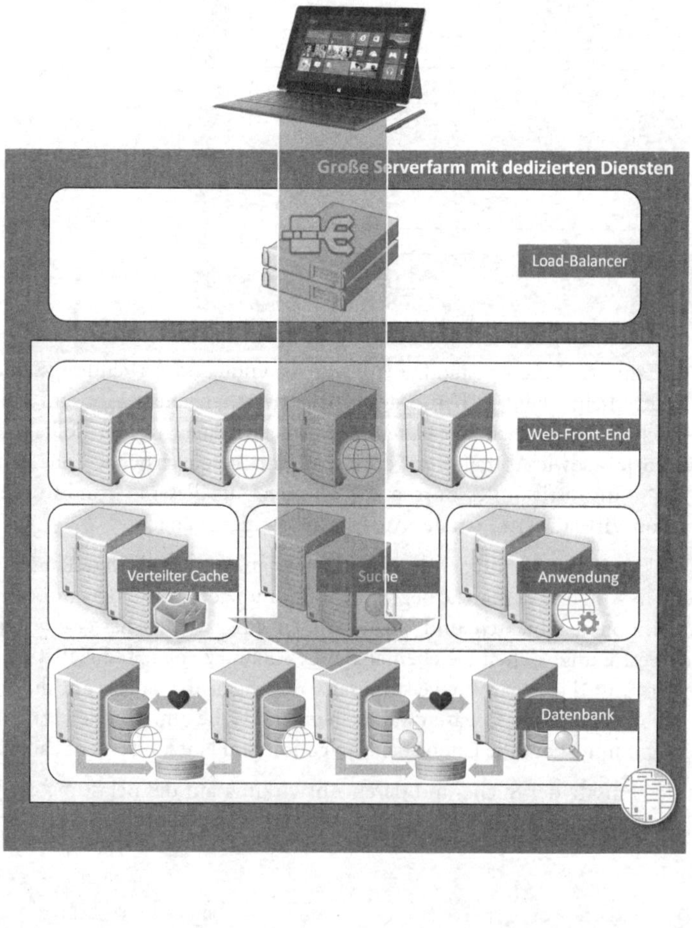

In diesem Beispielszenario wird Virtualisierung sowohl in der Web-Front-End- als auch Anwendungsschicht zum Einsatz gebracht, mit Ausnahme der Suchanwendungsserver. Diese werden aufgrund Ihres Hardwarebelastungsprofils bevorzugt physikalisch abgebildet. In diesen Dimensionen kommt möglicherweise eine ebenfalls neue SharePoint-Komponente zum Einsatz: die Anforderungsverwaltung. Hierdurch ist es möglich, eingehende Abfragen durch die Verarbeitung in der Komponente zu speziellen Servern oder gar Farmen umzuleiten. Dabei kann diese Komponente dafür sorgen, dass im Falle einer drohenden Überlastung der Zielserver bestimmte Abfragen nachrangig behandelt werden.

HINWEIS Weitere Variationen und Detailplanungsaspekte dieser Skalierungsstufe werden ebenfalls im Abschnitt »Serverrollen und Dienstpositionierung« dieses Kapitels behandelt.

Farmübergreifende SharePoint-Farmen

In Umgebungen mit besonderen Anforderungen an die Skalierung ist die Bereitstellung von mehreren SharePoint-Farmen ein relevanter Lösungsansatz. Ein weiterer Grund für das Konsumieren von Diensten über die Farmgrenzen hinaus sind geografische oder anwendungsspezifische Anforderungen. Bereits mit SharePoint 2010 wurde für diese Fälle das Konzept der Veröffentlichung und Verbindung zu farmübergreifenden Diensten bzw. Dienstanwendungen eingeführt. Durch das Veröffentlichen einer Dienstanwendung können Sie die Ressourcen optimieren, redundante und dezentrale Dienste vermeiden und unternehmensweite Dienste bereitstellen. Indes kommt es in SharePoint 2013 auf dieser Ebene zu einem Paradigmenwechsel: Wurde zuvor recht selbstverständlich zu einem Mehrfarmmodell geraten, wird grundsätzlich empfohlen, erst bei einer zwingenden Notwendigkeit auf dieses Modell zurückzukommen.

Die primären Gründe für ein farmübergreifendes Farmmodell sind:

- Organisatorisch bedingte verteilte Farmen
- Notwendigkeit, Dienstanwendungsdaten wie *Meine Websites* oder verwaltete Metadaten nicht mehrfach parallel bereitzustellen
- Größtmögliche Benutzerzahlen
- Maximaler Datenkorpus für Dienste wie die Suche

Für SharePoint 2013 gelten durch eine veränderte Anwendungsarchitektur von SharePoint 2010 abweichende Planungsaspekte für die Veröffentlichung von Dienstanwendungen. Von den in SharePoint verfügbaren Dienstanwendungen stehen nicht alle für eine Veröffentlichung zur Verfügung. Die folgenden Dienstanwendungen können veröffentlicht werden (Tabelle 3.5):

Tabelle 3.5 Farmübergreifende Dienste

Dienstanwendung	SharePoint Foundation	SharePoint Server	SharePoint Server Enterprise	WAN-Support
Benutzerprofildienst		✓	✓	
Business Data Connectivity	✓	✓	✓	✓
Secure Store		✓	✓	✓
Suchdienst		✓	✓	✓

Tabelle 3.5 Farmübergreifende Dienste *(Fortsetzung)*

Dienstanwendung	SharePoint Foundation	SharePoint Server	SharePoint Server Enterprise	WAN-Support
Verwaltete Metadaten		✓	✓	✓
Maschinelle Übersetzung		✓	✓	✓

HINWEIS SharePoint Foundation kann indes die folgenden Dienstanwendungen über den Dienstanwendungsproxy farmübergreifend nutzen: Suche, Secure Store, Anwendungs-Verwaltungsdienst, Business Data Connectivity und Lotus Notes Connector Proxy.

Bei der Planung von farmübergreifenden Dienstanwendungen spielt die Benutzerprofildienstanwendung eine besondere Rolle. Zentrale Funktionen der Benutzerprofildienstanwendung werden von zugehörigen *Meine Websites* und auch von Teamsites oder Social Community-Sites konsumiert. Diese benötigen Datenbankzugriffe, um die zugehörigen Funktionen mit hinreichender Latenz zur Verfügung stellen zu können. Aus diesem Grund sollten die entsprechenden Inhalts-Sites sich in der gleichen Farm wie die Benutzerprofildienstanwendung befinden. Zudem wird aus Leistungsgründen empfohlen, dass die Benutzerprofildienstanwendung sich im gleichen Datacenter befindet wie *Meine Websites*. Anders formuliert ist die Benutzerprofildienstanwendung nicht dafür geeignet, über Standorte hinweg veröffentlicht zu werden. Ferner basieren die neuen zugehörigen Newsfeeed- und Token-Zwischenspeicherungsfunktionen auf dem neuen verteilten Cachedienst, der entsprechend mit dem Benutzerprofildienst gruppiert bereitgestellt werden muss. Lediglich in Umgebungen, in denen weitere Farmen zwingend erforderlich sind, trennen Sie die Benutzerprofildienst-Farm von den Inhaltsfarmen.

HINWEIS In Umgebungen, in denen Sie über verteilte Farmen hinweg einheitliche *Meine Websites* zur Verfügung stellen wollen, verwenden Sie das von Microsoft frei verfügbare *Meine Websites*-Replikationswerkzeug. Weiterführende Informationen zu diesem Werkzeug finden Sie in Kapitel 16.

Beachten Sie bei der farmübergreifenden Nutzung eines zentralen Suchdiensts, dass dieser zwar über WAN supportet wird, jedoch ggf. hohe Anforderung an eine Indizierung von Daten über WAN erfordert. Weitere Informationen zur Planung der Suche über verteilte Standorte finden Sie in diesem Kapitel.

In Abbildung 3.6 finden Sie eine Beispieltopologie einer Dienstanwendungsfarm mit zentrierter Nutzung vor.

In dieser Beispieltopologie werden die wichtigsten Dienstanwendungen von einer zentralen Farm bereitgestellt und von den anderen Farmen unterschiedlich konsumiert.

Während die Mehrzahl der Webanwendungen traditionell auf den Nicht-Dienstfarmen bereitgestellt werden, sollte nicht übersehen werden, dass auch auf der Dienstfarm Webanwendungen mit Inhalten bereitgestellt werden, welche sich innerhalb der Dienstanwendungsfarm befinden müssen. Während die Suchdienstanwendung beispielsweise zwar zentral betrieben werden und auch für die Indizierung der anderen Farmen genutzt werden kann, kann sich hingegen die Suchdienst-Webanwendung mit der zentralen Unternehmenssuche durchaus in einer konsumierenden Farm befinden.

Abbildg. 3.6 Beispieltopologie einer zentralen Dienstanwendungsfarm

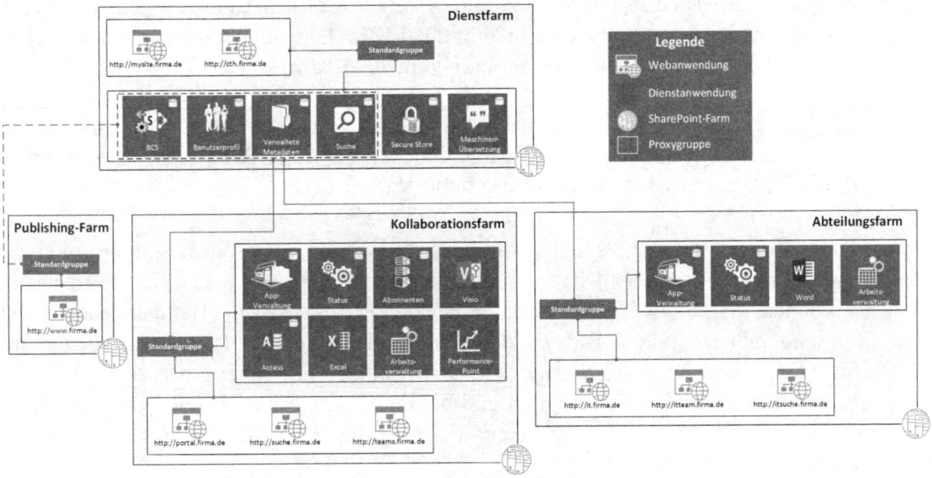

Aufgrund der Tatsache, dass die Dienstanwendung Ihre Dienste nicht mittels einer eigenen Proxygruppe publiziert, sondern die konsumierenden Farmen jeweils einzelne Dienstanwendungen zu Ihrer jeweiligen lokalen Proxygruppe hinzufügen, müssen auf der Dienstfarm auch keinerlei Gruppierungen vorgenommen werden. Vielmehr können die Dienstanwendungen flexibel aus Sicht jeder konsumierenden Farm zusammengestellt werden.

Abbildg. 3.7 Dienstfarmtopologie mit dezentralem Benutzerprofildienst

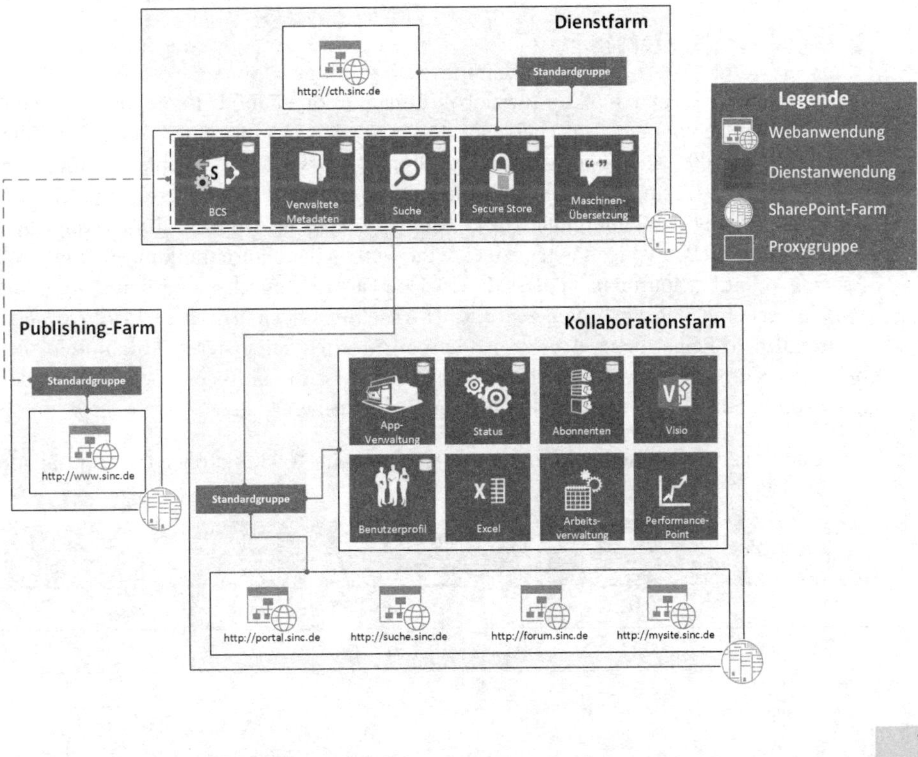

Mit SharePoint 2013 wird das neue Server-to-Server-Authentifizierungsprotokoll eingeführt, das für den Zugriff auf Dienste erforderlich wird. Trotz dieses Umstands können die SharePoint 2013-Dienstanwendungen von einer SharePoint 2010-Farm konsumiert werden. Jedoch kann eine SharePoint 2013-Farm nicht Dienste einer SharePoint 2010-Farm konsumieren.

HINWEIS Anders als die Farmkommunikation zwischen mehreren SharePoint 2013-Farmen, wird für die Kommunikation mit einer Office Web Apps 2013-Farm keine Einrichtung einer OAuth 2.0-basierten Authentifizierung benötigt.

In Abbildung 3.7 ist der Benutzerprofildienst nicht in der Dienstfarm, sondern in einer konsumierenden Farm positioniert. Dieser Ansatz bietet einen Leistungsvorteil für die sozialen Netzwerksfunktionen, da hier die Teamsites in der gleichen Farm wie *Meine Websites* gehostet werden. Allerdings können so weitere Farmen den Dienst nicht von der Dienstfarm nutzen und müssten entweder einen Dienst der Kollaborationsfarm nutzen oder aber einen eigenen *Mein Websitehost* bereitstellen. Dies wäre von Nachteil und höherer Komplexität, da entweder keine unternehmensweiten *Meine Website*-Profile existieren oder aber die *Meine Website*-Profile zwischen den Farmen synchronisiert werden müssten.

Weitere wichtige Merkmale der farmübergreifenden Dienstanwendungsnutzung sind:

- Der neue App-Katalog kann nicht farmübergreifend genutzt werden. In diesen Fällen muss in jeder Farm ein unabhängiger App-Katalog bereitgestellt werden.
- SharePoint 2010-Farmen können nicht mithilfe eines FAST-Unternehmenssuchcenters auf die SharePoint 2013-Dienstanwendungsfarm zugreifen
- Aufgaben können nicht farmübergreifend vom Arbeitsverwaltungsdienst aggregiert werden

WAN-Planung

Bei der Wahl der Farmarchitektur für globale Organisationen und Unternehmen spielt eine individuelle WAN-Umgebung eine entscheidende Rolle bei der Farmplanung. Letztlich ist die verfügbare Bandbreite und die Latenz beim Zugriff eine mögliche Ursache für die Entscheidung, von einer zentralen SharePoint-Farm abzusehen und mehrere dezentrale Farmen bereitzustellen. Während eine Dezentralisierung das Bandbreiten- und Latenzproblem in Ansätzen löst, werden hierdurch aufgrund der SharePoint-Eigenheiten eine Reihe von neuen Einschränkungen und problematische Aspekte in Kauf genommen, da diese dezentralen Farmen zunächst autark und ohne Inhaltsreplikation isoliert sind und auch eine zentrale Unternehmenssuche somit nicht direkt verfügbar wird. Während eine Reihe dieser Aspekte in den entsprechenden späteren Abschnitten dieses Kapitels behandelt wird, sollen Ihnen die Informationen dieses Abschnitts ein Gefühl für den Zusammenhang von Bandbreite, Latenz und Benutzererfahrung geben.

Tabelle 3.6 Erforderliche Zeit in Sekunden für das Herunterladen einer 1,5 MB großen Datei in Abhängigkeit von der Latenz

Bandbreite in MBIT/Sekunde	0 ms	5 ms	25 ms	100 ms	210 ms	400 ms
1.000	0,01	0,08	0,39	1,50	3,15	6,00
100	0,11	0,11	0,39	1,52	3,17	6,02

Tabelle 3.6 Erforderliche Zeit in Sekunden für das Herunterladen einer 1,5 MB großen Datei in Abhängigkeit von der Latenz *(Fortsetzung)*

Bandbreite in MBIT/Sekunde	0 ms	5 ms	25 ms	100 ms	210 ms	400 ms
20	0,57	0,57	0,57	1,60	3,25	6,10
15	0,76	0,76	0,76	1,63	3,28	6,13
10	1,14	1,14	1,14	1,69	3,34	6,19
5	2,29	2,29	2,29	2,29	3,53	6,38
3	3,81	3,81	3,81	3,81	3,81	6,64
1	11,44	11,44	11,44	11,44	11,44	11,44
0,5	22,89	22,89	22,89	22,89	22,89	22,89

Globale SharePoint-Topologien

Aufgrund der bereits in vorausgehenden Abschnitten dargestellten Einschränkungen für die Verwendung von farmübergreifenden Diensten ergeben sich speziell für globale SharePoint-Topologien wichtige Rahmenbedingungen, die Auswirkungen auf die Planung Ihrer Topologie haben.

Sollten Sie keine global übergreifenden Funktionen und Inhalte innerhalb Ihres Unternehmens nutzen wollen, sind die Hinweise dieses Abschnitts nicht von Relevanz für Sie. Dies trifft speziell in Szenarien zu, in denen das Unternehmen dezentral gesteuert und länderübergreifend nur sehr eingeschränkt zusammengearbeitet wird.

In diesem Abschnitt finden drei zentrale Variationen einer globalen SharePoint-Infrastruktur Erwähnung:

- Zentrale SharePoint Server-Farm mit SharePoint Foundation-basierten Zweigstellen
- Verteilte SharePoint-Farmen mit zentraler Dienstinfrastruktur
- Verteilte SharePoint-Farmen mit zentraler Dienstinfrastruktur und dezentraler Suche

Sofern es die Unternehmensstruktur ermöglicht, lediglich eine zentrale SharePoint Server-Infrastruktur bereitzustellen und in den Zweigstellen autarke SharePoint-Infrastrukturen zu Kollaborationszwecken bereitzustellen, sollte in Erwägung gezogen werden, in den Zweigstellen auf SharePoint-Foundation zurückzugreifen (Abbildung 3.8).

Hierdurch wird die Komplexität der Gesamtlösung vereinfacht, da alle komplexen Dienste lediglich in der Zentrale bereitgestellt werden und die Zweigstellen autark in der Kollaboration sind. Dabei können die Zweigstellen sowohl eine autarke lokale Suche bereitstellen und die Ergebnisse in separaten Suchbereichen bzw. Suchergebnis-Webparts der Zentrale zur Verfügung stellen. In dieser Situation ist, wenn überhaupt, der einzig zentral genutzte Dienst für den Zugriff auf LOB-Anwendungsdaten der BCS. Alle anderen Dienste können ohnehin nicht von SharePoint Foundation konsumiert werden.

Abbildg. 3.8 Zentrale SharePoint Server-Farm mit dezentralen SharePoint Foundation-basierten Zweigstellen

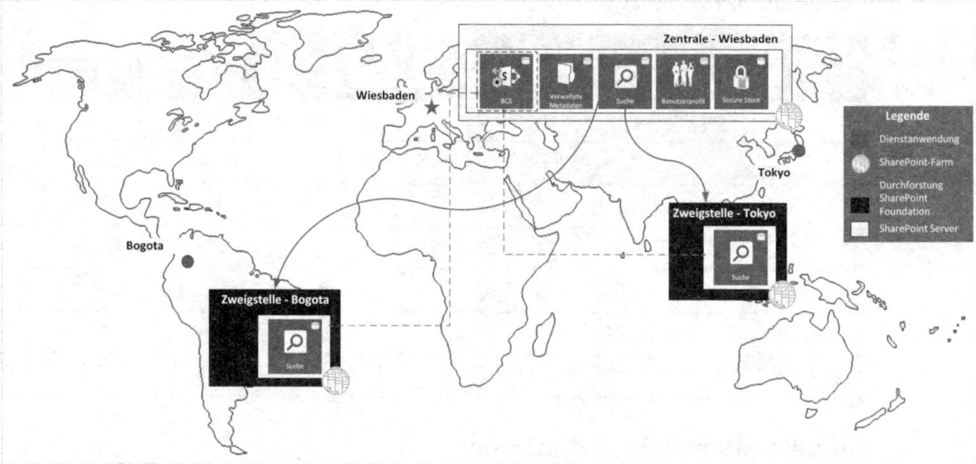

Komplexer wird ein WAN-Szenario, sobald in den Zweigstellen erweiterte Funktionen wie die sozialen Netzwerkfunktionen des Benutzerprofildiensts bereitzustellen sind. Hintergrund sind die intensiven Interaktionen des Diensts mit anderen Komponenten wie den Inhaltsdatenbanken und dem verteilten Cache. Verfolgen Sie dennoch eine zentrale WAN-Strategie, um beispielsweise unternehmensweite Taxonomien und eine Unternehmenssuche zu forcieren, platzieren Sie in den Serverfarmen der Zweigstellen zusätzlich die Benutzerprofil- sowie beispielsweise Arbeitsverwaltungsdienstanwendungen und replizieren Sie die Inhalte der zentralen, jedoch nicht veröffentlichten Benutzerprofildienstanwendung in Replikate der Zweigstellen (Abbildung 3.9). Somit kommt es zu keinen Benutzerinseln isolierter Benutzerprofildienstanwendungen und keinen Leistungseinbußen.

Abbildg. 3.9 Zentrale Standorttopologie mit dezentralen, dafür replizierten Benutzerprofildiensten

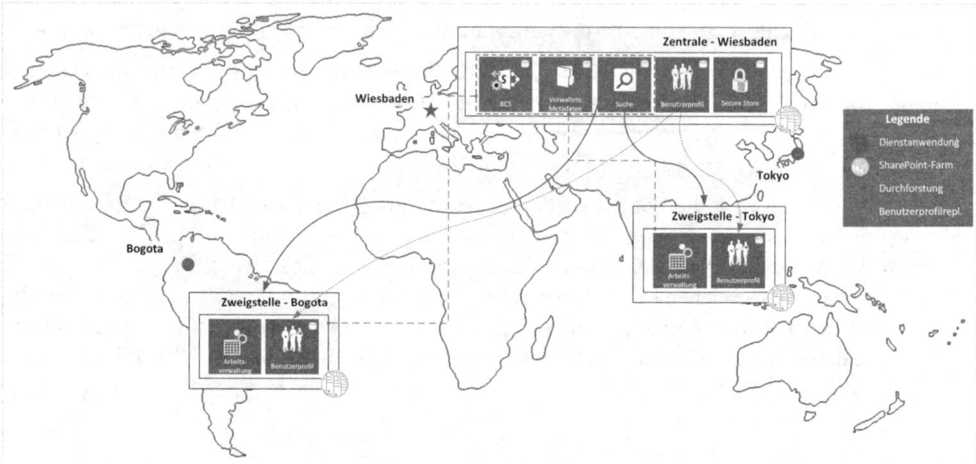

Durch die Publizierung der zentralen Dienstanwendung wie dem verwalteten Metadatendienst und der Suchdienstanwendung können Sie so weiterhin für eine zentrale Unternehmenssuche sorgen, sofern Ihre WAN-Bandbreite über entsprechende Bandbreitenkapazitäten verfügt.

ACHTUNG Unabhängig von der allgemeinen Möglichkeit der WAN-übergreifenden Durchforstung ist diese jedoch im Allgemeinen nicht wirklich ratsam. Die Suche spielt in SharePoint 2013 eine zu zentrale Rolle in der Gesamtarchitektur und ist in dieser Rolle auf eine geringe Latenz und hohe Bandbreite zu den Durchforstungszielen angewiesen. Spätestens, wenn Sie in den Zweigstellen andenken, die Websitesammlungsübergreifende Veröffentlichung anzuwenden, sehen Sie von einer solchen Lösung ab.

Sollten die WAN-Bandbreiten keinen Spielraum für die potenziell immensen Datenmengen einer Durchforstung zulassen und Sie dennoch eine maximale Zentrierung von Dienstanwendungen forcieren müssen, besteht die Möglichkeit, wie in dem Beispiel zuvor vorzugehen, jedoch trotz des Konsumierens des zentralen Suchdiensts auf die Indizierung über WAN zu verzichten. Ohne zusätzliche Maßnahmen würden die Suchergebnisse der Zweigstellenfarmen fehlen. Diese binden Sie jeweils durch eine lokale Suchdienstinstanz ein. Dabei befindet sich die Suchdienstanwendung in einer separaten Dienstanwendungsproxygruppe und indiziert die lokalen Inhaltsdatenbanken. Die Suchergebnisse der Zweigstellen können als Ergebnisquellen in die Suchergebnisse der Zentrale eingebunden werden (Abbildung 3.10). Neu hierbei unter SharePoint 2013 ist die hierdurch weiterhin verfügbare breite Suchergebnisseitenfunktionalität, während unter SharePoint 2010 in diesem Fall noch eine separate Suchergebnisdarstellung in einem eigenen Webpart erforderlich wurde.

Abbildg. 3.10 Dezentrale Suchtopologie

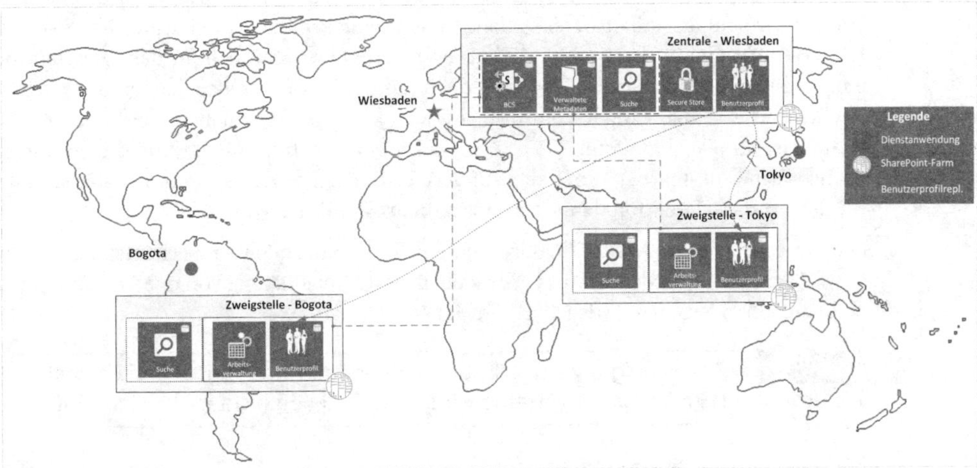

WAN-Optimierung

SharePoint verwendet bereits built-in einige Basistechnologien, die eine optimierte Darstellung bei geringen Bandbreiten adressiert. Für Umgebungen mit Standorten mit einer geringen Bandbreite zu der SharePoint-Farm sollten jedoch zusätzliche Maßnahmen in Erwägung gezogen werden, um die Zugriffsgeschwindigkeit zu erhöhen.

Planung

Grundsätzlich bestehen verschiedene Möglichkeiten, bandbreitenschonende oder priorisierende Verfahren als Lösungsansatz zu verwenden. Die wichtigsten Ansätze sind:

- Quality of Service (QoS)
- WAN-Acceleratoren
- Windows BranchCache

Während QoS durch eine veränderte Priorisierung dem Farmverkehr Vorrang vor anderen, als weniger relevant eingestuften Netzwerkprotokollen geben kann, jedoch das Grundsatzproblem nicht lösen kann, bieten WAN-Acceleratoren von zahlreichen Anbietern wie Cisco, Citrix, Barracuda, Bluecoat usw. deutlich erweiterte Möglichkeiten an, die im Wesentlichen auf Zwischenspeicherungsfunktionalitäten zurückzuführen sind. Der Nachteil dieses Potenzials besteht in den beträchtlichen Kosten für einen solchen WAN-Accelerator, welche in der Regel deutlich im fünfstelligen Bereich liegen. Der mit Windows Server 2008 R2 eingeführte und in Windows Server 2012 weiter ausgebaute BranchCache bietet einen effektiven, alternativen Lösungsansatz ohne relevante Mehrkosten an.

HINWEIS Neben der WAN-Optimierung durch Zwischenspeicherung sollte bei der Verwendung von multimedialen Inhalten die Bitdatendrosselung zum Einsatz kommen, um zu verhindern, dass ein Client bei der Konsumierung von auf SharePoint gehosteten Videos über WAN eine zu hohe Bandbreite allokiert, da der Internetinformationsserver standardmäßig die maximale Bandbreite ausnutzt. Der Client benötigt jedoch lediglich eine begrenzte Übertragungsrate für die progressive Darstellung.

Die Grundlage ist, ähnlich wie bei den WAN-Beschleunigern, ein Zwischenspeicherungsverfahren. Hierfür wird auf der inhaltsbereitstellenden Seite eine Protokollerweiterung von SMB 2 oder HTTP 1.1 verwendet, um für kompatible Clients erweiterte Informationen für den Zwischenspeicherungsmechanismus bereitzustellen. Es wird jedoch auf der inhaltsbereitstellenden Seite kein vollwertiger Cacheserver, sondern lediglich ein BranchCache-kompatibler Inhaltsserver benötigt. Diese Voraussetzung ist für alle SharePoint 2013-Server automatisch erfüllt. Auch wenn die Voraussetzungen für BranchCache automatisch durch die Mindestversion des Betriebssystems für SharePoint 2013 erfüllt werden, ist diese Funktion dennoch standardmäßig deaktiviert.

Dies verdeutlicht gleichzeitig die Grenzen der Technologie: Sie kann clientseitig lediglich ab Windows 7 verwendet werden. Dafür ist sie jedoch relativ unabhängig von der Anwendung (sofern diese nicht auf einem eigenen SMB/HTTP-Stack beruht).

HINWEIS Clientseitig unterstützt nur die Windows 7 Enterprise- und Ultimate-Edition sowie Windows 8/8.1 Enterprise. Serverseitig wird diese Funktion nicht in der Core-Edition unterstützt.

Für BranchCache stehen zwei Ansätze zur Verfügung:

- Gehosteter Cache
- Verteilter Cache

Im Allgemeinen wird empfohlen, den gehosteten Cache in Standorten mit mindestens 50 Anwendern zum Einsatz zu bringen, da der verteilte Cache in Abhängigkeit von der Arbeitszeit und der damit verfügbaren Rechneranzahl ineffektiver ist. Unabhängig davon kommen beim verteilten Cache Multicastaufrufe zum Einsatz.

Der bevorzugte gehostete Cache funktioniert leicht vereinfacht wie folgt (Abbildung 3.11):

1. Zunächst greift ein beliebiger Client erstmalig auf Inhalte einer Inhaltsquelle zu (hier die SharePoint-Farm). Er bietet dem Cacheserver automatisch an, die von ihm zuvor geladene, nicht im Cache befindliche Datei zwischenzuspeichern, was der Cacheserver nun erstmalig tut.
2. Greift nun der zweite Client auf die BranchCache-aktivierte Inhaltsquelle zu, wird er zunächst authentifiziert und für den Zugriff autorisiert, wie bei einem regulären Zugriff, erhält jedoch dann zunächst die Metadaten des Inhalts, der angefragt wurde, aus denen der Client mittels Hash eine Art Dokument-ID bildet.

Abbildg. 3.11 Gehosteter BranchCache

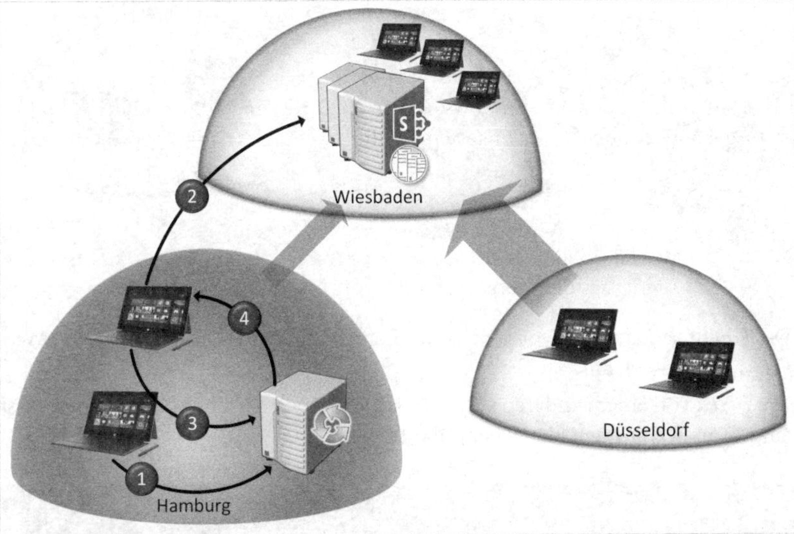

3. Der Client übermittelt die zuvor generierte ID sicher an den konfigurierten, gehosteten Cacheserver.
4. Der Cacheserver übermittelt alle vom Client angefragten Inhalte.

Abweichend vom zentral gehosteten Cache sieht der Ablauf beim verteilten Cache in der Übersicht vereinfacht wie folgt aus (Abbildung 3.12).

1. Zunächst greift ein beliebiger Client erstmalig auf Inhalte einer Inhaltsquelle zu (hier die SharePoint-Farm) und speichert diese erstmalig zwischen. Hierfür wurde zuvor mithilfe einer Gruppenrichtlinie der zu verwendende Speicherbereich allokiert (in der Regel 5 % des Festplattenspeicherbereichs).
2. Greift nun der zweite Client auf die BranchCache-aktivierte Inhaltsquelle zu, wird er zunächst authentifiziert und für den Zugriff autorisiert, wie bei einem regulären Zugriff, erhält jedoch dann zunächst die Metadaten des Inhalts, der angefragt wurde, aus denen der Client mittels Hash eine Art Dokument-ID bildet.

Abbildg. 3.12 Verteilter BranchCache

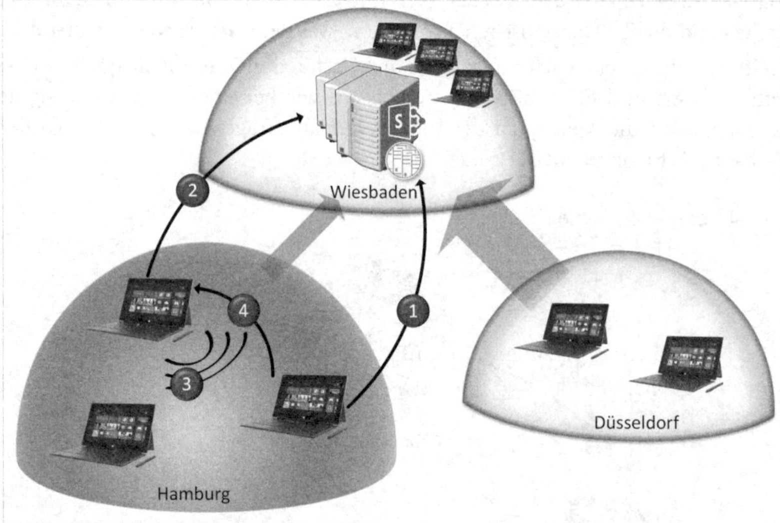

3. Der Client sendet die zuvor generierte ID mithilfe eines multicastbasierten Web Service-Discovery im Netzwerk aus.
4. Die zuvor von einem anderen Client zwischengespeicherten Inhalte werden entsprechend sicher zurück an den anfragenden Client übertragen.

Sicherheit beim verteilten Cache

Die Sicherheit beim Einsatz vom verteilten Cache ist ein integraler Bestandteil der Lösung. So ist es vollkommen transparent, ob Sie IPsec oder SSL für den Schutz der Kommunikation zur Inhaltsquelle verwenden. Im Rahmen der BranchCache-internen Kommunikation wird die Kommunikation grundsätzlich von AES 128 geschützt. Dabei wird der Schlüssel für die zu übertragenden, geschützten Daten beim Cachinghost mithilfe der Metadaten des ursprünglichen Inhaltsservers abgeleitet. Da diese Metadaten auch dem Client vorliegen, ist nur dieser dazu in der Lage, die so geschützten Inhalte zu entschlüsseln. Im Rahmen der Entschlüsselung überprüft der Client, ob die Inhalte manipuliert wurden.

Die Authentifizierung und Autorisierung an der Inhaltsquelle wird durch den BranchCache-Ansatz nicht ausgehebelt. Sie ist weiterhin im vollen Umfang erforderlich, um an den für den Erhalt der Daten erforderlichen Schlüssel zu kommen.

Weiterführende Informationen zum BranchCache finden Sie unter *http://www.branchcache.com* [Ms156-K03-02]. Die Einrichtung von BranchCache wird in Kapitel 9 näher erläutert.

Ausgedehnte SharePoint-Farmen (stretched farms)

Bereits in vielen mittelgroßen Unternehmen sind komplexe Rechenzentrumsinfrastrukturen vorzufinden, die häufig die Forderung nach einer rechenzentrumsübergreifenden SharePoint-Farm nach sich ziehen. Grundsätzlich sind diese sogenannten, ausgedehnten Farmen nicht verboten, jedoch gelten für deren Einsatz in SharePoint enge Bestimmungen:

- Stellen Sie sicher, dass zwischen allen SharePoint-Servern und dem SQL Server-Backend maximal eine Zugriffslatenz von einer Millisekunde existiert
- Die Bandbreite zwischen den SharePoint-Servern und dem SQL Server-Backend muss mindestens 1 GB betragen

Unterhalb dieser Voraussetzungen ist ein Betrieb nicht sinnvoll bzw. wird nicht von Microsoft supported. Sollten Sie diese Grenzen nicht einhalten können, jedoch nicht auf eine Mindeststandortredundanz verzichten wollen, können Sie in Erwägung ziehen, beispielsweise die Datenbanken einer SQL Server-AlwaysOn-Hochverfügbarkeitsgruppe mit den Inhaltsdatenbanken der Farm asynchron auf eine tertiäre SQL Server-Instanz in das sekundäre Rechenzentrum zu replizieren (Abbildung 3.13). Hierdurch existiert noch keine tatsächliche Redundanz, jedoch können Sie basierend auf den Datenbanken des zweiten Rechenzentrums im Fehlerfall mithilfe von Skripts eine zweite Farm in vergleichsweise kurzer Zeit wieder in Betrieb nehmen.

Planung

HINWEIS Beachten Sie, dass die *WSS_Usage*-Protokolldatenbank nicht für dieses Szenario unterstützt wird, wenngleich deren Daten in der Regel nicht von großer Wichtigkeit in diesem Szenario sind.

Abbildg. 3.13 Standardübergreifende Datenbankreplikation mit einem AlwaysOn-Cluster

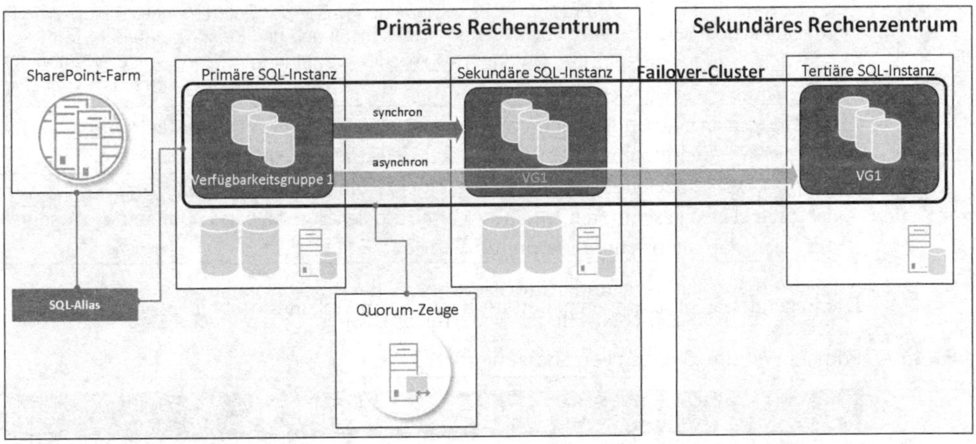

Begrenzungen

SharePoint besitzt eine Reihe an harten und weichen Grenzen bezüglich des Einsatzrahmens, die es möglichst nicht zu überschreiten gilt.

Die folgenden Begrenzungen gelten im Bereich von Webanwendungen (Tabelle 3.7):

Tabelle 3.7 Primäre Webanwendungsgrenzen von SharePoint 2013

Objekt	Schwellenwert	Beschreibung
Webanwendungen	20	Bis zu 20 Webanwendungen werden pro Farm unterstützt
Verwaltete Pfade	20	Die Grenze gilt sowohl für jede hostbenannte Websitesammlung als auch für Webanwendungen
Anwendungspools	10	Pro Webserver werden 10 Anwendungspools unterstützt

Die folgenden Grenzen gelten für Datenbankaspekte (Tabelle 3.8):

Tabelle 3.8 Empfohlene Datenbankgrenzen bei der Verwendung von SharePoint

Objekt	Schwellenwert	Beschreibung
Anzahl an Inhaltsdatenbanken	500	Die Grenze gilt pro Farm
Größe der Inhaltsdatenbank	200 GB	Die Empfehlung zur Einhaltung dieses Richtwerts basiert primär auf Aspekten wie Datenbankwartung und -wiederherstellung
Größe der Inhaltsdatenbank (erweitert)	4 TB	Werden erweiterte Anforderungen erfüllt, wie 0,25 IOPS/GB (Idealerweise 2 IOPS/GB) für die Datenbank, kann diese erweiterte Grenze für SharePoint-Datenbanken verwendet werden. Jedoch kann es komplexitätsbedingt auch zu einer schlechten Benutzererfahrung kommen, sodass diese Grenze allgemein nicht anzustreben ist.
Größe der Inhaltsdatenbank für Dokumentarchivierung	Keine explizite Grenze	Werden erweiterte Anforderungen erfüllt und zusätzlich auf weniger als 5 % der Daten monatlich zugegriffen bei unter 1 % Schreibzugriffen und deaktivierten Benachrichtigungen, Workflows oder Nichtnutzung von Elementberechtigung, sind die Inhaltsdatenbanken theoretisch unbegrenzt groß
Anzahl an Elementen in einer Inhaltsdatenbank	60 Mio.	Mit dieser Anzahl sind sowohl Dokumente als auch Listenelemente gemeint
Websitesammlungen/ Inhaltsdatenbank	10.000	Dabei wird der Maximalwert nur für persönliche Sites empfohlen. Für Standardwebsitesammlungen sollten max. 2.500 gewährt werden.

Die folgenden Begrenzungen gelten im Bereich von Websites (Tabelle 3.7):

Tabelle 3.9 Primäre Website-Grenzen von SharePoint 2013

Objekt	Schwellenwert	Beschreibung
Websitesammlungen	750.000	Von der max. Anzahl sollten max. 250.000 nicht persönliche Websitesammlungen betrieben werden
Websites pro Websitesammlung	250.000	Dies ist eine empfohlene Grenze

Tabelle 3.9 Primäre Website-Grenzen von SharePoint 2013 *(Fortsetzung)*

Objekt	Schwellenwert	Beschreibung
Größe einer Websitesammlung	100 GB	Dies ist eine empfohlene Grenze. Die Websitesammlungen dürfen auch größer, bis zum Maximum der Inhaltsdatenbank anwachsen, sofern die Schwellenwerte dort berücksichtigt wurden.

Die folgenden primären Begrenzungen gelten im Bereich von Inhalten (Tabelle 3.7):

Tabelle 3.10 Primäre Inhaltsbegrenzungen von SharePoint 2013

Objekt	Schwellenwert	Beschreibung
Listenreihengröße	8.000 Bytes	Davon sind 7.744 Bytes für Endbenutzer verfügbar
Dateigröße	2 GB	Gilt pro Datei und ist fix
Dokumente pro Dokumentbibliothek	30 Mio.	Die empfohlene Größe an dieser Stelle kann durch Strukturierungsmaßnahmen erweitert werden. Der Rahmen gilt auch für Listenelemente.
Hauptversionen	400.000	Oberhalb dieser Grenze kann es zu Fehlern beim Zugriff auf Elemente kommen
Nebenversionen	511	Dies ist eine feste Limitierung

Die folgenden primären Begrenzungen gelten im Bereich der Suche (Tabelle 3.7).

Tabelle 3.11 Primäre Suchbegrenzungen von SharePoint 2013

Objekt	Schwellenwert	Beschreibung
Anzahl indizierter Elemente	100 Mio.	Pro Suchdienstanwendung, 10 Mio. pro Indexpartition
Analytics-Komponenten	6	Pro Suchdienstanwendung
Benachrichtigungen	100.000	Pro Suchdienstanwendung
Inhaltsquellen	50	Pro Suchdienstanwendung
Durchforstungs-komponenten	2	Zwei pro Suchdienstanwendung, eine je Server
Durchforstungs-datenbanken	5	Pro Suchdienstanwendung
Durchforstete Eigenschaften	500.000	Pro Suchdienstanwendung
Indexkomponenten	60	Pro Suchdienstanwendung (inklusive Replikate), eine pro Server
Indexreplikate	3	Pro Indexpartition
Link-Datenbanken	2	Pro Suchdienstanwendung
Verwaltete Eigenschaften	50.000	Pro Suchdienstanwendung

Tabelle 3.11 Primäre Suchbegrenzungen von SharePoint 2013 *(Fortsetzung)*

Objekt	Schwellenwert	Beschreibung
Verwaltete Eigenschaften-zuordnungen	100	Pro verwaltete Eigenschaft
Anzahl der nutzbaren Suchergebnisse	100.000	Gilt als Obergrenze für jede Suchabfrage als filterbarer Ergebnisdatensatz. Oberhalb dieser Menge wird die Leistung spürbar negativ beeinflusst.
Anzahl der Suchdienst-anwendungen	20	Pro Farm

Dabei sind einige der Begrenzungen lediglich für Hostingumgebungen relevant, während andere Grenzen sich gegenüber der letzten SharePoint-Version deutlich verbessert haben. Beispielsweise werden nun maximal 200 GB große Inhaltsdatenbanken anstelle der zuvor empfohlenen 50 GB (für die RTM-Version) als weiche Grenze definiert.

Cloudintegrationsplanung (Hybrid)

Für SharePoint 2013 stehen Ihnen eine Reihe verschiedener Cloudintegrationsszenarien zur Verfügung. Im Wesentlichen handelt es sich hierbei um die Kombination Ihrer lokalen (on-premises) Farm mit der SharePoint Online-Plattform und um die Bereitstellung einer SharePoint-Infrastruktur unter der Microsoft Windows Azure-Hostingplattform. Natürlich können Sie auch ganz auf SharePoint Online setzen und auf eine lokale Farm verzichten. Dieses Szenario liegt jedoch außerhalb dieses Handbuchs.

Die nachfolgenden Abschnitte beschreiben die wichtigsten Szenarien und der Eigenschaften in der Übersicht. Die Umsetzung der Detailkonfiguration der hier beschriebenen Szenarien liegt jedoch allein vom Umfang her außerhalb des Bereichs dieses Handbuchs.

Hybridumgebungen

Microsoft forciert drei hybride Integrationsszenarien, deren Grundlage auf der Vertrauensstellung und damit der Konnektivität beider Umgebungen beruht (Abbildung 3.14):

1. Eine bidirektionale Vertrauensstellung (A)
2. Eine aus Unternehmensperspektive ausgehende Vertrauensstellung (B) und eingehenden Zugriffen
3. Eine aus Unternehmensperspektive eingehende Vertrauensstellung (C) und ausgehenden Zugriffen

Für alle Integrationsszenarien wird die neue OAuth 2.0-Authentifizierungsinfrastruktur in Kombination mit AD FS 2.0 herangezogen, um eine Authentifizierung von Benutzern über die Farmgrenzen hinaus und, eine Domänenmitgliedschaft vorausgesetzt, auch ein Single Sign-On (einmaliges Anmelden) zu ermöglichen. Eben dieser Authentifizierungsaspekt macht das Gesamtkonstrukt auch für leidensfähige SharePoint-Spezialisten zu einer auf den ersten Blick schwer zu durchdringenden Lösung.

Abbildg. 3.14 Hybride Integrationsszenarien in Office 365 in der stark vereinfachten Übersicht

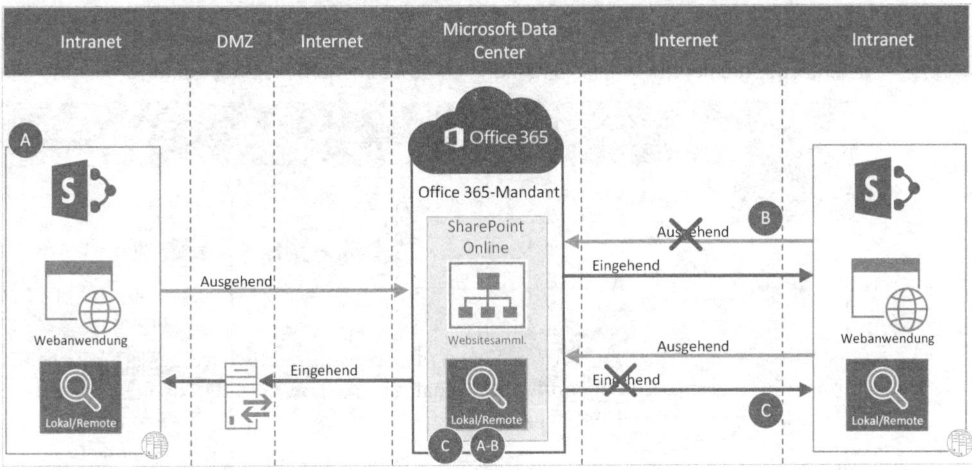

Funktional unterscheiden sich die drei hybriden Basisszenarien neben der Nutzung der Standardzusammenarbeitsfunktionen wie folgt:

- Die Lösung C mit einer eingehenden Vertrauensstellung ermöglicht den Benutzern Ihrer internen Farm beispielsweise, Suchergebnisse der SharePoint Online-Farm zu sehen
- Die Lösung B mit einer ausgehenden Vertrauensstellung ermöglicht es den SharePoint Online-Benutzern, Inhalte aus der lokalen Farm zu lokalisieren
- Die bidirektionale Lösung A indes bietet neben dem allgemeinen Zugriff zusätzlich die folgenden Funktionen:
  - Anmeldung von Extranet-Benutzern an der lokalen Farm
  - Zugriff von SharePoint Online auf BCS-Dienstanwendungsdaten der lokalen Farm
  - SharePoint Online-Benutzer können mithilfe von SAP Duet Enterprise Online lesend und schreibend auf ein lokales SAP-System zugreifen

Für die Suchergebnisse der hybriden Suche lassen sich somit sowohl Ergebnisse der lokalen Suche als auch Ergebnisse der Office 365-Suche über Kreuz anzeigen und dabei jeweils erweiterte Anzeigefunktionen wie die Office Web Apps-Vorschau zu nutzen. Ähnlich wie bei der Problematik einer über mehrere Standorte verteilten Suche wird auch hier die Ergebnisseite mithilfe zweier getrennter Webparts, jeweils eines für die Ergebnisse jeden Standorts verwendet. Jedoch kann der Verfeinerungsbereich genutzt werden, um die Suchergebnisse über beide Standorte zu filtern. Die übergreifenden Suchergebnisse werden auf Basis der in SharePoint 2013 neu eingeführten Ergebnisquelle der Suche integriert.

Planungsparameter hybrider Umgebungen

Für die Umsetzung von hybriden Umgebungen sind, in Abhängigkeit von der genauen Lösung, verschiedene Komponenten erforderlich. In diesem Beispiel wird auf die verbreitete übergreifende Zusammenarbeit und Nutzung der Suche eingegangen. Hierbei kommt ein Großteil der hybriden Infrastrukturkomponenten zum Einsatz. Sind sowohl SharePoint Online-Websites als auch eine lokale Struktur vorhanden, für die ein bidirektionaler Zugriff mit SSO-Funktionalität zu implemen-

Planung

tieren ist, finden Sie in Abbildung 3.15 eine vereinfachte Darstellung der hierfür erforderlichen Infrastruktur vor.

Abbildg. 3.15 Vereinfachte Architektur einer bidirektionalen Zusammenarbeitsinfrastruktur & Suchfunktionalität

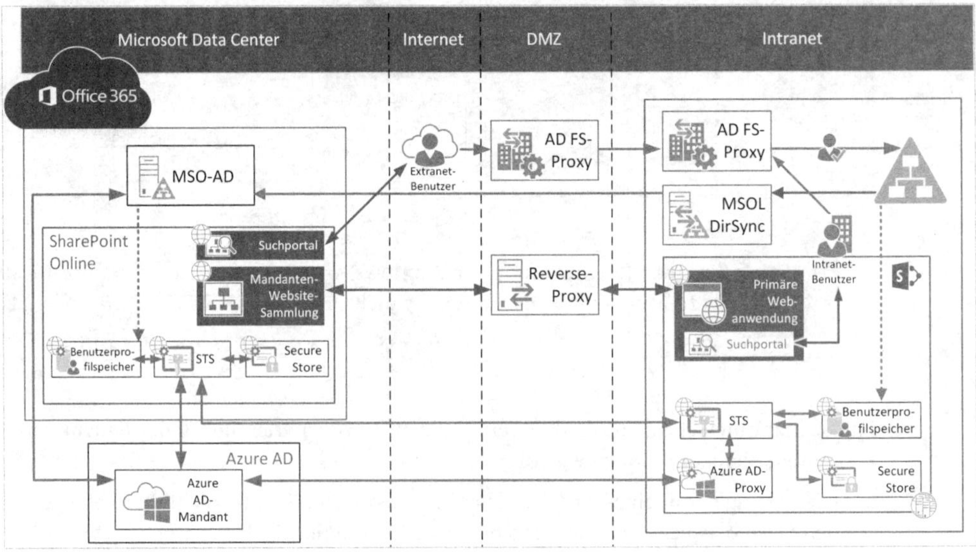

Für die bestmögliche Authentifizierungserfahrung sollten Sie das hier visualisierte Modell inklusive der DirSync-Synchronisierung und AD FS 2.0 verwenden. Sie können natürlich auch auf beide Komponenten oder auf den AD FS-Teil der Lösung verzichten, was jedoch zur Folge hat, dass Sie entweder ganz getrennte MSO-Onlinekonten manuell pflegen oder zumindest getrennte Passwörter verwalten müssten, was bereits für mittelgroße Umgebungen kaum praktikabel ist. Ein wichtiger Bestandteil der hier vorgestellten SSO-Authentifizierungsinfrastruktur stellt daher AD FS 2.0 dar. Hierfür wird sowohl ein AD FS-Server im Intranet als auch im Idealfall ein AD FS-Proxy in der DMZ positioniert. Eine echte SSO-Erfahrung ist indes nur für Computer verfügbar, die der Domäne angehören. Zusätzlich müssen die internen Benutzer über eingetragene UPN-Anmeldenamen verfügen.

Um die internen Benutzerkonten für SharePoint Online bekannt zu machen, wird eine DirSync-Komponente installiert, die die entsprechenden AD-Benutzerobjekte dem Office 365-Active Directory bekannt macht, von wo aus diese in den Benutzerprofildienst von SharePoint Online synchronisiert werden. Der Benutzerprofildienst ist somit in beiden Umgebungen zwingend erforderlich. In Kapitel 12 erfahren Sie mehr zu diesen Hintergründen der OAuth 2.0-basierten Authentifizierung, für die in SharePoint ausgewählte Benutzerprofildaten herangezogen werden.

Als Reverseproxy hat Microsoft bislang lediglich den bereits nicht mehr erwerbbaren Forefront TMG 2010-Server hinreichend getestet und für funktional befunden. Dieser wird indes primär für den farmübergreifenden Zugriff verwendet. Große Teile der Authentifizierungskommunikation werden direkt über den AD FS-Proxy oder die STS- und Azure AD-Proxykomponente der Farm bedient. Andere Reverseproxyserver mit einer Unterstützung für die zertifikatsbasierte Authentifizierung sollten indes auch für diese Szenarien ebenfalls geeignet sein (wie Forefront UAG, F5 Big IP und Citrix Netscaler).

HINWEIS Eine weitere Alternative für die Reverseproxyserver-Rolle an dieser Stelle ist die neue Windows Server 2012 R2 Web Application-Proxyrolle.

Bei der genauen Betrachtung der STS/Azure-AD-Authentifizierungsinfrastruktur werden Sie feststellen, dass der STS ein selbstsigniertes Zertifikat verwendet, welches der virtuellen SharePoint-Farm-Stammzertifizierungsstelle entspringt. Dieses wird nicht von ACS akzeptiert und muss daher durch ein Zertifikat einer öffentlichen Zertifizierungsstelle ersetzt werden. Domänenzertifikate werden ebenfalls nicht unterstützt. In diesem Spezialfall jedoch selbstsignierte IIS-Zertifikate.

Der Secure Store tritt in der Architektur in Erscheinung, indem dieser das Zertifikat speichert, das SharePoint für die Authentifizierung am Reverseproxy verwendet.

Für die Anbindung Ihrer Umgebung an Office 365 gelten die folgenden weiteren Planungsaspekte:

- **Maximale Anzahl an Benutzern** Der Windows Azure-AD-Service unterstützt für die Synchronisierung bis zu 50.000 Objekte. Sollten Sie mehr Objekte synchronisieren wollen, kontaktieren Sie zuvor den Cloud-Servicesupport von Microsoft.

  Für die Synchronisierung von mehr als 50.000 Objekten kann nicht mehr auf die standardmäßig verwendete SQL Server 2008-Express-Instanz zurückgegriffen werden. In einem solchen Fall müssen Sie auf eine vollwertige SQL Server-Instanz zurückgreifen. Für diese Konstellation gibt es eine separate Bereitstellungsanweisung unter *http://go.microsoft.com/fwlink/?linkid=235742* [Ms156-K03-03].
- **Eingeschränkte Suchanpassungen** Es werden keine codebasierten Anpassungen unterstützt. Somit steht an Codeanpassungen primär das CSOM (Client Side Object-Modell) zur Verfügung.
- **eDiscovery-Zugriffe über die Mandantengrenze hinaus** Es können aus Sicherheitsgründen keine mandantenübergreifenden Datenanalysen ausgeführt werden

Voraussetzungen der hybriden Infrastruktur

In der aktuell vorliegenden Version der für die hybride Architektur erforderlichen zusätzlichen Komponenten gelten die folgenden Rahmenbedingungen:

HINWEIS In diesem Abschnitt wird davon ausgegangen, dass Sie die Infrastruktur zumindest auf Basis von Windows Server 2008, idealerweise R2, bereitstellen. Obgleich es durchaus mithilfe von Workarounds möglich ist, die Synchronisierungs- und Single Sign-On-Infrastruktur für Office 365 auf Basis von Windows Server 2012 funktionsfähig zu bekommen, wird diese Basis zu diesem Zeitpunkt nicht unterstützt.

DirSync-Server

Die DirSync-Serverkomponente ist mittlerweile x64-basiert und kann daher auch unter Windows Server 2008 R2 bereitgestellt werden. Bestandteil der Installationsroutine ist eine SQL Server 2008 Express-Instanz. Die folgenden weiteren Voraussetzungen gelten für diese Rolle:

- Die Maschine muss ein Domänenmitglied der zu synchronisierenden Domäne sein
- Die Rolle darf nicht auf einem Active Directory-Domänencontroller bereitgestellt werden
- .NET Framework 3.x ist erforderlich

- Bis 50.000 zu synchronisierenden Objekten liegen die Hardwareanforderungen bei 4 GB Arbeitsspeicher und 70 GB Festplattenspeicher

AD FS 2.0-Server

Die AD FS-Infrastruktur wird für die Verwendung der lokalen Konten und Passworte in der SharePoint Online-Umgebung verwendet. Beachten Sie die folgende Besonderheit:

- Der AD FS 2.0-Server muss sich in der gleichen Domäne einer Gesamtstruktur befinden

Weitere Detailinformationen zur Einrichtung der hybriden Infrastruktur finden Sie unter *http://technet.microsoft.com/library/jj838715.aspx* [Ms156-K03-04].

Einschränkungen hybrider Lösungen

In Umgebungen, in denen Teile der Infrastruktur cloudbasiert bedient werden, können eine Reihe an Funktionen nicht genutzt werden. Hierfür gibt es eine Reihe unterschiedlicher Gründe, wie z.B. Latenz oder nicht verfügbare Protokolle wie OAuth. Ein Auszug der wichtigsten, in diesen Umgebungen nicht verfügbaren Funktionen lautet wie folgt:

- Websitepostfächer
- eDiscovery-Inhalte können auf einer lokalen Installation nicht von Office 365 genutzt werden
- Aufgabensynchronisierung nach Outlook 2013

Azure-basierende Infrastruktur

Um ein Gefühl für den verfügbaren Rahmen einer Azure-basierenden Plattform entwickeln, werden in diesem Abschnitt einige Eigenschaften von Windows Azure herausgestellt.

Die Windows Azure-Rechenzentren sind hochredundant über Standartgrenzen hinweg ausgelegt, sodass die im Hintergrund durchgeführte Datenspiegelung im Falle eines Ausfalls des primären Rechenzentrums dafür genutzt wird, um die von Ihnen genutzten VMs im jeweils sekundären Standort wieder hochzufahren. Innerhalb eines Standorts existiert eine Redundanz durch dreifache Datenreplikation (eine Platte wird jeweils zweifach gespiegelt).

Die Architektur ermöglicht Ihnen selbst die Bereitstellung von ressourcenintensiven Anwendungen wie SQL Server oder aber auch die Index- und Abfragekomponente von SharePoint. Sie können aktuell bis zu 8 CPUs und 16 Datenplatten mit je 1 TB verwenden (neben einer Systemplatte mit 128 GB). Unsere HPC-Lastanalysen haben ergeben, dass die Architektur momentan nicht für HPC (High Performance Computing) geeignet ist, für die Anforderungen einer SharePoint-Farm indes schon.

Die Optimierung des Datenspeichers wird basierend auf dem Lastverhalten vorgenommen, sodass die Ressourcen eines besonders ressourcenhungrigen Servers relokalisiert werden, um eine höhere Leistung zu erzielen.

Ein nicht zu verachtender Faktor sind die Kosten des Systems: Unabhängig von der Lizenzierung für SharePoint werden die Kosten für den Server selbst primär auf Basis der verwendeten Transaktionen auf dem System berechnet. Der Speicher selbst ist sehr günstig.

Windows Azure bietet einen automatischen Lastenausgleich (Load Balancing) für die veröffentlichten Server. Optional können Sie die Azure-Infrastruktur nach außen hin abschotten und via VPN in Ihr Netzwerk integrieren.

HINWEIS Die Verwendung eines AlwaysOn-basierten SQL Server-Clusters wird gemäß der Microsoft SQL Server-Supportrichtlinie zu diesem Zeitpunkt nicht unterstützt (*http://support.microsoft.com/kb/956893* [Ms156-K03-05]).

Für den allgemeinen Einsatz empfiehlt Microsoft Windows Azure für SharePoint 2013 speziell in folgenden Szenarien:

- Entwicklungs-, Staging- und Testumgebungen
- Öffentliche Internet-Websites
- PoC- und Pilotumgebungen
- Zum Auslagern von Full Trust-Lösungen für SharePoint

Weiterführende Informationen zu der Windows Azure-Plattform finden Sie unter *http://microsoft.com/azure*. Für die Verwendung von Windows Azure für SharePoint 2013-Plattformen finden Sie ein ausführliches Dokument unter *http://gallery.technet.microsoft.com/office/Technical-Deployment-db645804* [Ms156-K03-06].

Planung

Voraussetzungen für die Installation

Durch die vielfältigen Einsatzmöglichkeiten bei unterschiedlichsten Belastungsszenarien ist es wichtig, mithilfe dieses Abschnitts die für Ihr Einsatzszenario passende Konfiguration zusammenzustellen.

Allgemeine Rahmenbedingungen für die SharePoint-Bereitstellung

SharePoint ist hinsichtlich der Integrationsvariationen recht flexibel, jedoch gibt es einige generelle Aspekte, die Sie bereits frühzeitig zur Kenntnis nehmen sollten, die nachfolgend aufgelistet werden:

- **Read-only-Domänencontroller** SharePoint unterstützt keine Szenarien, in denen ausschließlich ein Read-only-Domänencontroller für die Farmserver erreichbar ist. In diesen Situationen versagt beispielsweise die von zentraler Wichtigkeit einzustufende sogenannte Personenauswahl (PeoplePicker, KB 970612).
- **Co-Installation auf einem Domänencontroller** (DC) Wie bereits in den vorhergehenden Versionen wird die Co-Installation von SharePoint auf einem Domänencontroller nicht unterstützt. In Abhängigkeit von den zu verwendenden Detailkomponenten werden einige zeitraubende Anpassungen erforderlich, um die jeweilige Funktion überhaupt in einen betriebsbereiten Zustand zu überführen. Dieses Szenario ist, wenn überhaupt, für isolierte Entwicklungsmaschinen von Interesse und wird im Rahmen dieses Handbuchs nicht behandelt.
- **Arbeitsgruppen** Während für vorausgehende SharePoint-Editionen durchaus Anweisungen verfügbar waren, um SharePoint innerhalb einer Arbeitsgruppe lauffähig zu machen, wird diese

weiterhin theoretisch mögliche Installationsvariation explizit nicht unterstützt. Ferner wäre dieses Szenario nur unter größten Einschränkungen und Verschränkungen skalierbar.

TIPP Sollten Sie ungeachtet des Support-Statements von Microsoft dennoch zu Testzwecken eine Installation auf einer lokalen VM forcieren wollen, müssen Sie vor dem Ausführen des Konfigurations-Assistenten für SharePoint das Cmdlet zum Erstellen einer Farmkonfigurationsdatenbank ausführen (*New-SPConfigurationDatabase*).

- **Resilient File System (ReFS)** Das neu in Windows Server eingeführte Dateisystemformat bietet einige interessante Verbesserungen, jedoch wird es nicht in Kombination mit einer SharePoint-Installation unterstützt. Beim Versuch der Installation von SharePoint auf einem entsprechend formatierten Laufwerk bricht die Installation mit einem Fehler ab.

Softwarevoraussetzungen

Für die Bereitstellung von SharePoint sind die nachfolgend aufgeführten Softwarevoraussetzungen zu erfüllen.

SQL Server

Für die Bereitstellung einer Datenbank für die SharePoint-Dienste wird eine der folgenden SQL Server-Versionen benötigt:

- SQL Server 2008 R2 x64
- SQL Server 2012

HINWEIS Bitte beachten Sie, dass Sie keine anderen Datenbanksysteme, weder von Microsoft noch von Drittanbietern, für die SharePoint 2013-Installation verwenden können. Verwenden Sie neuere SQL Server-Versionen nur, wenn diese nach dem Erscheinen dieses Buchs explizit von Microsoft für die Verwendung mit SharePoint 2013 freigegeben wurden, was in der Regel jedoch bereits während der CTP-Phasen der neuen SQL Server-Releases geschieht. SQL Server 2014 ist zu diesem Zeitpunkt lediglich in der CTP 2-Vorabversion verfügbar und zeigt in dieser Version noch Fehler in Kombination mit den Access Services-Apps.

SQL Server 2008 R2 vs SQL Server 2012 im SharePoint-Umfeld

Neben den zahlreichen Merkmalen der jeweiligen SQL Server-Editionen ist ein zentraler Aspekt die Wahl der adäquaten SQL Server-Version für Ihr SharePoint-Umfeld. Hintergrund ist, dass einige der neuen SharePoint 2013-Funktionen auf neuen SQL Server-Funktionen beruhen.

Die folgenden SharePoint 2013-Funktionen basieren zumindest teilweise auf SQL Server 2012-Funktionen:

- **Access Services 2013** Für die Nutzung der Access Services 2013 wird ausschließlich SQL Server 2012 als Datenbankplattform unterstützt. Zudem werden diverse Komponenten des SQL Server 2012 Feature Packs auf den SharePoint-Servern benötigt (SQL Server 2012 Local DB, SQL Server 2012 Data-Tier Application Framework, SQL Server 2012 Native Client, SQL Server 2012 Transact-SQL ScriptDom, System CLR Types for Microsoft SQL Server 2012.

- **Excel Services** Grundsätzlich kann für die Excel Services auch SQL Server 2008 R2 genutzt werden. Für einige der neuen Excel Services-Funktionen, wie das erweiterte Datenmodell oder Self-Service-BI für Excel, ist jedoch SQL Server 2012 erforderlich.
- **Power View** Die übergreifende Nutzung von beliebigen unterstützen Datenquellen wir nur in Kombination mit SQL Server 2012 in Kombination mit Silverlight 5 unterstützt
- **PowerPivot für SharePoint** Ähnlich wie die Excel Services benötigt auch PowerPivot unter SharePoint 2013 für einige Funktionen, wie das erweiterte Datenmodell oder die Integration eines farmexternen PowerPivot-Servers, explizit SQL Server 2012.

  Die In-Memory-Technologie für die rasante Verarbeitung einer Unmenge an Datensätzen, wird erst mit SQL Server 2012 eingeführt.
- **Reporting Services für SharePoint** Die Reporting Services für SharePoint unterstützen ausschließlich SQL Server 2012 und das zugehörige Reporting Services-Add-In

Wahl der SQL Server-Edition

Neu in SQL Server 2012 ist die Einführung der SQL Server Business Intelligence-Edition. Diese Edition bietet alle für SharePoint zentralen Funktionen und ist lediglich hinsichtlich weniger Funktionen im Vergleich zur Enterprise-Edition von Nachteil. Die SQL Server-Edition sollten Sie entsprechend Ihren globalen Anforderungen an die Leistungsfähigkeit und die Ausfallsicherheit wählen.

Die Tabelle 3.12 ermöglicht Ihnen, die für SharePoint wichtigsten Differenzen zu identifizieren.

Tabelle 3.12 SQL Server 2012-Editionen im Vergleich

Funktion	Enterprise	BI	Standard	Express
Rechenkapazität Datenbankmodul	Max. des OS	4 Sockets/16 Kerne	4 Sockets/16 Kerne	1 Socket/4 Kerne
Rechenkapazität Analysis/ Reporting Services)	Max. des OS	Max. des OS	4 Sockets/16 Kerne	1 Socket/4 Kerne
Arbeitsspeicher (DB)	Max. des OS	64 GB	64 GB	1 GB
Arbeitsspeicher (Analysis/ Reporting Services)	Max. des OS	Max. des OS	4 GB	-
Max. Datenbankgröße	524 PB	524 PB	524 PB	10 GB
Datenkompression	✓			
Failovercluster	✓ Max. des OS	✓ 2 Knoten	✓ 2 Knoten	
AlwaysOn-Failoverclusterinstanzen	✓ Max. des OS	✓ 2 Knoten	✓ 2 Knoten	
AlwaysOn-Verfügbarkeitgruppen	✓			
Datenbankspiegelung	✓	✓	(Nur Zeuge)	(Nur Zeuge)
Protokollversand (Log Shipping)	✓	✓	✓	
Sicherungskomprimierung	✓	✓	✓	

Tabelle 3.12 SQL Server 2012-Editionen im Vergleich *(Fortsetzung)*

Funktion	Enterprise	BI	Standard	Express
Datenbankmomentaufnahme	✓			
PowerPivot für SharePoint	✓	✓		
Power View	✓	✓		

Sollten Sie parallel zur neuen Farm den SQL-Server aufbauen, lautet die Empfehlung, grundlegend zumindest auf SQL Server 2012 zu setzen.

Die Entscheidung zwischen den bislang dargestellten Eigenschaften von SQL Server-Editionen ist jedoch auch von weiteren Funktionen abhängig, die Ihnen in den neueren und größeren Editionen zur Verfügung stehen. Neben den bisher erwähnten Unterschieden steht Ihnen der folgende Mehrwert bei der Verwendung der SQL Server 2012 Enterprise-Edition zur Verfügung:

- Datenkompression (für die SharePoint-Suche)
- Auf SQL Server-Momentaufnahmen basierende SharePoint-Sicherungen
- Tabellenpartitionierung
- Hot-Add-Hardwareunterstützung (für das Hinzufügen von RAM und CPU-Ressourcen im laufenden Betrieb)

Eine vollständige Liste aller Funktionen von SQL Server im Vergleich für alle SQL Server-Editionen finden Sie unter *http://msdn.microsoft.com/library/cc645993(v=SQL.110).aspx* [Ms156-K03-07].

SharePoint-Koexistenz

SharePoint 2013 sollte, wie die Vorgängerversionen, unbedingt auf einer dedizierten Maschine bereitgestellt und nicht mit weiteren Serversoftwareprodukten auf einer Maschine kombiniert werden. Andernfalls riskieren Sie die Stabilität und Funktionalität Ihrer SharePoint-Installation. Dies gilt keinesfalls für Serverzusatzprodukte wie Virenscanner oder Verwaltungsagents.

Installieren Sie SharePoint jedoch insbesondere nicht zusammen mit der Active Directory-Domänencontrollerrolle (DC). Auf einem DC finden Sie von einem Standardmitgliedsserver der Domäne stark abweichende Grundeinstellungen vor, die gerade bei komplexeren Produkten häufig zu einer Fehlfunktion führen. In der Gewissheit, dass SharePoint zu den komplexesten Serverprodukten von Microsoft gehört, sollte diese Prämisse daher tunlichst befolgt werden. Grundsätzlich ist es zwar möglich, SharePoint auch auf einem DC bereitzustellen, jedoch ist eine Reihe an zusätzlichen Schritten erforderlich, um die jeweilige SharePoint-Funktion in einen betriebsfähigen Zustand zu versetzen. Produktiv wird diese Konstellation nicht unterstützt, daher wird auch in diesem Buch bewusst auf eine Beschreibung der in dieser Konstellation erforderlichen Anpassungen verzichtet.

Basisbetriebssystemauswahl

SharePoint 2013 ist für den produktiven Einsatz unter Windows Server 2008 R2 und Windows Server 2012 konzipiert. Abweichend von früheren SharePoint-Versionen wird die Installation von SharePoint mittlerweile nicht mehr unter Windows-Client-Betriebssystemen unterstützt.

SharePoint 2013 und Windows Server 2012 R2

In diesem Handbuch wird nicht weiter auf die künftig mögliche Verwendung von Windows Server 2012 R2 eingegangen, da diese Version zu diesem Zeitpunkt noch nicht unterstützt wird. Mit der Unterstützung von Windows Server 2012 R2 darf mit der Verfügbarkeit von SharePoint 2013 Service Pack 1 gerechnet werden.

Die sich abzeichnenden Mehrwerte für SharePoint in Kombination mit Windows Server 2012 scheinen indes begrenzt zu sein. Speziell für die Remoteverwaltung bietet Windows Server 2012 R2 Erleichterung, da die aktuell in Windows Server 2012 integrierte Windows 8-Oberflächenlogik nur für äußerst begrenzte Begeisterung sorgen kann.

Aufgrund der Hyper-V-Fähigkeit des neuen Windows 8 haben Entwickler dennoch die Möglichkeit, SharePoint 2013 auf ihrem Windows-Client zu installieren, indem Sie Windows Server 2008 R2 oder höher unter Hyper-V virtualisieren. Ältere Windows Client-Version unterstützen weder Hyper-V noch 64-Bit-Virtualisierung. Aus diesem Grund können diese Systeme lediglich unter Verwendung einer Drittanbieter-Virtualisierungslösung, wie VMware, SharePoint 2013 bereitstellen.

HINWEIS Die Hyper-V-Funktionalität steht unter Windows 8 nur für x64-Architekturen in der Pro- oder Enterprise-Edition zur Verfügung.

Die Wahl der geeigneten Windows Server-Edition war für SharePoint-Einsteiger in der Vergangenheit nicht hinreichend transparent. Durch den Wegfall der Windows Server-Enterprise Edition in Windows Server 2012 bei gleichzeitigem Wegfall der Ressourcen- und Funktionslimitierungen kann die Windows Server 2012-Standard-Edition als beste Basisplattform für Bereitstellungen von SharePoint 2013 angesehen werden.

ACHTUNG Die Installation von SharePoint Foundation oder SharePoint Server 2013 wird auf Windows Server-Editionen Essential oder Foundation nicht unterstützt! Gleiches gilt für die Core-Edition. Indes ist es offenbar möglich, die unter Windows Server 2012 eingeführte dritte Methode des *Minimal Interface* zu verwenden, wenngleich dies nicht explizit unterstützt wird.

Die Frage nach der Wahl zwischen Windows Server 2008 R2 und Windows Server 2012 lässt sich einfach darauf reduzieren, dass Windows Server 2012 allgemein die für SharePoint 2013 empfohlene Betriebssystemplattform ist. In Windows Server 2012 sind zahlreiche Detailverbesserungen enthalten, die sowohl die wichtige Webserver-Komponente als auch die Verwaltung des Servers betreffen. Hierdurch profitiert das SharePoint-System in Form einer besseren Leistung und Verwaltbarkeit. Um etwas konkreter zu werden finden Sie hier eine Auswahl von für SharePoint relevanten Verbesserungen unter Windows Server 2012 gegenüber Windows Server 2008 R2:

- Nutzung mehrfacher SSL-Verbindungen von ein und demselben TCP/IP Port (Server Name Indication (SNI))
- Zentraler Zertifikatsspeicher für Webfarms
- Einfache zentrale Übersicht des Systemstatus aller Windows Server der Farm ohne Zusatzwerkzeuge (Server-Manager mit multipler Serververwaltung)
- Herstellerunabhängiges Netzwerkkarten-Teaming von zu bis 32 Netzwerkkarten

SharePoint-Server

Für die Installation von SharePoint 2013 erforderliche Komponenten und Aktualisierungen werden angelehnt an die von Ihnen genutzte Windows Server-Edition beschrieben.

Windows Server 2012

- Windows Server 2012 benötigt zu diesem Zeitpunkt keine zusätzlichen Windows Server-Aktualisierungen. Unterstützt werden die Windows Server 2012-Editionen Standard und Datacenter.

HINWEIS Windows Web Server wird explizit nicht als Installationsplattform für SharePoint unterstützt.

Für die Installation von SharePoint 2013 auf einem Windows Server 2012-System sind zahlreiche Softwarekomponenten erforderlich bzw. optional. Die Windows Server-Komponenten werden automatisiert durch die Installationsroutine des Vorbereitungstools bereitgestellt und beziehen sich im Wesentlichen auf die Aktivierung etwaiger Anwendungsserverkomponenten (für .NET Framework und die zugehörigen Aktivierungsdienste), sowie den Webserver, für die zahlreichen IIS-Einzelkomponenten.

Neben diesen Windows-Komponenten werden durch das Vorbereitungstool für SharePoint-Produkte und -Technologien nachfolgende Komponenten installiert, welche primär während dessen Ausführung aus dem Internet heruntergeladen werden. Sie müssen diese Anwendungspakete lediglich manuell installieren, sofern Sie auf dem Zielsystem keine Internetverbindung nutzen können, um die Pakete automatisiert herunterladen und installieren zu können.

- Microsoft .NET Framework 4.5
- SQL Server 2008 R2 SP1 Native Client
- Microsoft WCF Data Services 5.0
- Microsoft Information Protection and Control Client (MSIPC)
- Microsoft Sync Framework Runtime v1.0 SP1 (x64)
- Windows Management Framework 3.0 (Beinhaltet PowerShell 3.0)
- Windows Identity Foundation (WIF) 1.0
- Microsoft Identity Extensions
- Windows Server AppFabric
- Kumulatives Update 1 für Microsoft AppFabric 1.1 (KB 2671763)

HINWEIS Das Filter Pack 2 sowie die Chart Controls sind nicht länger Bestandteil der Routine.

- Ausschließlich für eine Einzelserverfarminstallation benötigen Sie zusätzlich folgende zusätzliche Komponente, die im Rahmen des Setups automatisch mitinstalliert wird:
  - Microsoft SQL Server 2008 R2 SP1 (Express Edition)

Neben den in diesem Abschnitt angeführten Komponenten gibt es in Abhängigkeit von Ihrem konkreten Verwendungsszenario der SharePoint-Farm noch zahlreiche weitere, optionale Installationskomponenten, die in den jeweiligen Einrichtungskapiteln (primär Kapitel 5 und 16) näher ausgeführt werden.

Zusätzlich erforderlich für die Installation und den stabilen Betrieb von SharePoint sind die folgenden Aktualisierungen:

- Hotfix: ASP.NET (SharePoint)-Racebedingung in .NET 4.5 RTM (KB 2759112)
- Update: IIS 7.5-Konfigurationen werden nicht aktualisiert, wenn Sie die "ServerManager"-Klasse verwenden, um Konfigurationsänderungen zu übernehmen (KB 2708075)

Windows Server 2008 R2

Für die Bereitstellung der unter Windows Server 2008 R2 erforderlichen Komponenten gelten, mit Ausnahme der Aktualisierungen, alle zuvor unter Windows Server 2012 erforderlichen Komponenten sowie die in diesem Abschnitt angeführten Komponenten.

- Windows Server 2008 R2 (mindestens Service Pack 1), folgende Editionen werden unterstützt:
  - Standard
  - Enterprise
  - Datacenter

HINWEIS Die Core-Edition von Windows Server 2008 R2 wird nicht unterstützt.

- Folgende Windows Updates sind erforderlich, die nicht automatisch durch Vorbereitungstools für SharePoint-Produkte und -Technologien auf diesen Windows-Editionen installiert werden: KB 2554876, KB 2708075, KB 2567680, KB 2726478, KB 2765317

HINWEIS In geografisch verteilten Umgebungen unter Windows Server 2008 R2 empfiehlt es sich, zusätzlich das optionale Windows Update KB 2472264 einzuspielen und dem KB-Artikel entsprechend zu konfigurieren.

Entwicklungsmaschine unter einem Windows-Client

Aufgrund der Einschränkung, dass SharePoint mit dieser Version erstmalig nicht mehr unter dem Windows-Clientbetriebssystem unterstützt wird, verbleibt für Entwickler auf Windows-Clients einzig die Möglichkeit einer Bereitstellung unter Verwendung von Virtualisierung. Da die hier relevanten Modalitäten nicht im Fokus dieses Handbuchs liegen, verweisen wir an dieser Stelle auf einen erschöpfenden, englischsprachigen Artikel aus dem Blog des Autors Bill Baer. Sie finden dessen Blog unter dem Link *http://blogs.technet.com/b/wbaer* [Ms156-K03-08].

Hardwarevoraussetzungen

Für den Einsatz von SharePoint 2013 sind folgende Hardwarevoraussetzungen zu erfüllen.

SQL Server

Für die Wahl der Datenbank stehen Ihnen neben der integrierten SQL Server 2008 R2 Express Edition-Datenbank die anderen Versionen SQL Server 2008 R2, Service Pack 1 und SQL Server 2012 jeweils in der x64-Version zur Auswahl.

Nachfolgend finden Sie die Mindestanforderungen für SQL Server 2012-Implementierugen für SharePoint (Tabelle 3.13).

Tabelle 3.13 Hardwareanforderungen von SQL Server 2008 R2/2012 für SharePoint

Komponente	Anforderung
Prozessor	Prozessorarchitektur: x64 4 Prozessorkerne für kleine Bereitstellungsszenarien (weniger als 1.000 Anwender) 8 Prozessorkerne für mittlere Bereitstellungsszenarien (bis zu 10.000 Anwender)
Arbeitsspeicher	8 GB für kleine Bereitstellungsszenarien (unter 1.000 Benutzer) 16 GB für mittlere Bereitstellungsszenarien (bis zu 10.000 Anwender) Einzelserverinstallationen für Entwicklungs- oder Evaluierungszwecke erfordern zumindest 24 GB Arbeitsspeicher
Festplattenspeicher	Für alle Installationsvarianten sollten zumindest 80 GB an Festplattenspeicher für das Systemlaufwerk vorgehalten werden. Der Speicherplatz für die Transaktionsprotokolle sowie die Datenbanken ist hierin nicht inkludiert.

ACHTUNG Die hier genannten Werte verstehen sich als absolutes Minimum und dürfen in der Praxis keinesfalls unterschritten werden, um ein sukzessives Einfrieren der SharePoint-Farm zu verhindern. Ferner sind diese Werte vollkommen utopisch, sollten Sie den vollständigen Funktionsumfang einer SharePoint-Farm, insbesondere hinsichtlich der BI-Funktionen, gedenken einzusetzen.

Bedenken Sie ferner, dass die von Microsoft in diesem Kontext genannten Benutzerzahlen sich nicht auf konkurrierende Benutzerzugriffe beziehen.

Für die Verwendung von dedizierten Datenbankservern, die die Suchdatenbanken hosten, gelten die gleichen Anforderungen wie für einen die allgemeinen SharePoint-Daten hostendenden SQL Server. Verwenden Sie eine Datenbankserver-Instanz für alle Daten, erhöhen Sie die Ressourcen der Instanz.

Um Ihnen eine bessere Übersicht der empfohlenen Dimensionierung von SQL Server basierend auf dem Einsatzszenario zu geben, finden Sie die wichtigsten Parameter in der nachfolgenden Tabelle vor (Tabelle 3.14). Dabei bezieht sich *klein* jeweils auf bis zu 1.000 und *mittel* auf bis zu 10.000 nicht konkurrierende Benutzer.

Für die Kalkulation von großen Farmen sollten individuelle Berechnungen vorgenommen werden.

Tabelle 3.14 Empfohlene SQL Server-Beispiel-Hardwaredimensionierungen

SQL Server Einsatzszenario	RAM	CPU	Festplatte
Foundation Server-Farm (klein)	160–32 GB	4 Kerne	120 GB System
Foundation Server-Farm (mittel)	24–32 GB	4–8 Kerne	150 GB System
SharePoint Server-Farm (klein)	32–64 GB	4–8 Kerne	150 GB System
SharePoint Server-Farm (mittel)	48–96 GB	8–16 Kerne	150 GB System
Project Server-Farm (klein)	48–96 GB	4–8 Kerne	150 GB System
Project Server-Farm (mittel)	64–128 GB	8–16 Kerne	150 GB System

Tabelle 3.14 Empfohlene SQL Server-Beispiel-Hardwaredimensionierungen *(Fortsetzung)*

SQL Server Einsatzszenario	RAM	CPU	Festplatte
PowerPivot (isoliert von der Farminstanz)	64–128 GB	8–16 Kerne	150 GB System
Analysis Services (isoliert von der Farminstanz)	32–64 GB	8–16 Kerne	150 GB System

HINWEIS PowerPivot instrumentalisiert potenziell vorhandene L2- und L3-Caches. Achten Sie daher darauf, dass Sie für die betroffenen SQL Server-Hardware mit entsprechend größeren L2- und L3-Caches beschaffen.

Wichtig für eine in Bezug auf die Datenbankbasis leistungsfähige SharePoint-Umgebung ist ein hoher E/A-Faktor auf dem Festplattensystem des SQL-Servers. Sie erreichen dies durch die geeignete Auswahl und Planung der Festplattenspeicheranbindung.

TIPP Der E/A-Faktor auf dem SQL-Server wird in Bezug auf die gefühlte Endbenutzergeschwindigkeit beim Zugriff auf SharePoint häufig unterschätzt. Wir empfehlen Ihnen daher, der Planung der Speicherarchitektur besondere Beachtung zu schenken, um letztlich die Benutzerzufriedenheit nicht durch einfach vermeidbare Leistungsengpässe auf das Spiel zu setzen.

Die Varianten zur Speicheranbindung sind recht vielfältig. Wir fokussieren aus diesem Grund auf die verbreitetsten Lösungen. Es gibt drei Kategorien der Speicherplanung:

- Speicherlokalisation (lokal oder zentral)
- Datenbus
- Festplattenformation

Zunächst stellt sich die Frage nach einem zentralen oder dezentralen Speichersystem für Ihre Datenbankanbindung. Diese Wahl wird in der Realität selten durch ein aufkommendes SharePoint-Projekt beeinflusst. Daher betrachten wir lediglich die folgenden drei zentralen Speichersysteme, die Ihnen theoretisch zur Wahl stehen:

- Internet Small Computer Solution (iSCSI)
- Storage Area Network (SAN)
- Network Attached Storage (NAS)
- Direct Attached Storage (DAS)

Trotz des Fortschritts auf dieser Ebene sollte eine NAS-basierte Lösung gemieden werden. Diese werden aus gutem Grund standardmäßig nicht für die Speicherung von Datenbanken unterstützt. Mehr Informationen finden Sie im Microsoft Knowledge Base-Artikel KB 304261 (*http://support.microsoft.com/kb/304261* [Ms156-K03-09]).

Während iSCSI-basierte Lösungen kostengünstig einen zentralen Speicher zur Verfügung stellen, sind diese Lösungen gerade für SQL Server-Implementierungen nicht zu empfehlen. Daher bleibt Ihre Wahl zwischen einer SAN- oder DAS-Implementierung. In der Übersicht ergeben sich folgende zentralen Unterschiede für die Wahl zwischen den beiden Ansätzen:

Tabelle 3.15 Gegenüberstellung von SAN und DAS

Aspekt	SAN	DAS
Flexibilität und Funktionalität	+ Ermöglicht erweiterte Funktionen, wie Storage-Replikation, Snapshots oder Onlinekonfigurationsänderungen bei Virtualisierung	– -
Leistung	+/– Variiert	+/– Möglicher Flaschenhals ist der PCI-Bus
Verfügbarkeit	+ Hochverfügbar	– Abhängig von Lösung
Clusterfähig	+ Ja	– Nein
Komplexität	– Hoch	+ Gering
Kosten	– Hoch	+ Gering

HINWEIS SharePoint unterstützt die Kombination von RBS (Remote BLOB Storage) auf Basis des FILESTREAM-Providers mit DAS (Direct Attached Storage) nicht.

Bei der Vorgabe eines lokalen Speichersystems gilt es, den geeigneten Datenbus zu wählen, um eine maximale Leistung zu ermöglichen. In der Regel haben Sie an dieser Stelle die Wahl zwischen folgenden Lösungen:

- Serial Advanced Technology Attachment (SATA)
- Serial Attached SCSI (SAS)

SATA bietet im Vergleich zu SAS einen kostengünstigen Speicher mit relativ hohen Leistungsmerkmalen. SATA wurde jedoch vom Design weniger für den Hochleistungsbereich, sondern vielmehr für den Desktopbereich entworfen. SAS bietet im Vergleich zu SATA deutlich verbesserte Eigenschaften, die speziell bei der Planung von SQL Server von Vorteil sind. Die folgende Tabelle zeigt Ihnen die wichtigsten Unterschiede zwischen den aktuellen SATA- und SAS-Standards (Tabelle 3.16).

Tabelle 3.16 Vergleich von SAS und SATA

Funktion	SATA III (600)	SAS (dritte Ausbaustufe 2013)
Übertragungsrate	600 MB/s	1.200 MB/s
Verbindungsart	Halbduplex	Vollduplex
Redundanztechnologien	–	Dualporting
Fehlerbehebung	ATA SMART	Erweiterte SCSI-Befehle

HINWEIS Für den Datenbankbetrieb ist neben diesen Leistungsindikatoren speziell die E/A-Leistung von Bedeutung, welche bei einzelnen SAS-Festplatten spürbar höher als bei vergleichbaren SATA-Festplatten ist. Durch die Entwicklungen der letzten Jahre hat sich die zuvor größere Leistungsdifferenz zwischen beiden Systemen in weiten Teilen relativiert, sodass in kostenbewussten Unternehmen auch der Einsatz von SATA-basierten Speichermedien in Betracht gezogen werden sollte.

Die Fehlerbehebungsfunktionen von SAS sind denen von SATA überlegen und bieten somit eine bessere Datenintegrität. Neben den hier beschriebenen Eigenarten der beiden vorgestellten Technologien gibt es noch eine Reihe weiterer Eigenschaften, die SAS zu einer besseren Lösung im Server- und speziell im SQL Server-Umfeld machen. Daher lautet die Empfehlung hier eindeutig, SAS dem Einsatz von SATA vorzuziehen.

Zuletzt gilt es, im Speichersektor die Entscheidung zu treffen, welche Festplattenformation, besser gesagt, welche Redundant Array of Independent Disks (RAID)-Version zum Einsatz kommen sollte. Es gibt eine Vielzahl an RAID-Lösungen, daher fokussieren wir uns in diesem Rahmen auf die gängigsten Ansätze. Die folgenden RAID-Versionen stehen häufig zur Wahl:

- **RAID-0** Die Daten werden über Stripes auf mindestens zwei Festplatten verteilt. Dies hat eine sehr gute Lese-/Schreibleistung zur Folge, allerdings sind sämtliche Daten bei Ausfall einer Festplatte nicht mehr verfügbar.
- **RAID-1** Bei RAID-1 werden zwei Festplatten gespiegelt. Dies führt zu einer guten Leseleistung und Datenredundanz bei Ausfall einer Festplatte.
- **RAID-5** Eine RAID-5-Formation besteht aus mindestens drei Festplatten. Dabei werden die Daten in Stripes, ähnlich wie bei RAID-0, nacheinander auf die Festplatten verteilt. Zusätzlich werden jedoch Paritätsinformationen auf die Festplatten geschrieben, um den Ausfall einer Festplatte zu kompensieren. Diese Formation bietet eine sehr gute Leseleistung, jedoch eine schlechte Schreibleistung, wenn diese auch bei zunehmender Festplattenanzahl steigt. Grundsätzlich ist dieses RAID-Modell jedoch nur begrenzt sinnvoll zu skalieren und wird in diesem Zuge primär aufgrund der Verfügbarkeit in Windows Server angeführt.

Weitere RAID-Varianten

Alternativ zu RAID-5 können weitere RAID-Varianten in Betracht gezogen werden, um die Probleme von RAID-5 zu umgehen. Während RAID-6 durch zweidimensionale Paritätsinformationen auch den Ausfall einer weiteren Festpatte verkraftet, wobei dies zu Lasten der Schreibgeschwindigkeit und der Leistung bei Datenrekonstruktion geht, adressiert RAID-7 beide Aspekte: Sowohl die Ausfallsicherheit als auch die Leistung können hier spürbar positiv optimiert werden. Allerdings findet dieses Verfahren nur begrenzte Verbreitung.

- **RAID-10** RAID-10 kombiniert eine RAID-0- mit einer RAID-1-Formation, sodass, bildlich gesprochen, ein RAID-0 gespiegelt wird. Durch diese Formation werden die Vorteile von RAID-0 und RAID-1 vereint. Resultat ist eine sehr gute Leseleistung bei einer relativ neutralen Schreibleistung und sehr guten Ausfallsicherheitseigenschaften.

Neben der Wahl der RAID-Version stellt sich die Frage nach einer soft- oder hardwarebasierten RAID-Lösung. Windows Server unterstützt schon seit vielen Versionen die RAID-Formationen 0, 1 und 5. Bei Hardwareanbietern findet man neben der Unterstützung von weiteren RAID-Versionen noch eine Vielzahl zusätzlicher Pluspunkte gegenüber einer softwarebasierten RAID-Lösung. Hardware-RAIDs belasten die Systembusse und den Prozessor geringer als ein Software-RAID und bieten durch ihren Cache häufig einen verbesserten Datendurchsatz. Ein weiterer Nachteil der softwarebasierten RAID-Lösung ist der potenziell problematischere Bootprozess nach dem Ausfall einer der gespiegelten Platten.

HINWEIS Die Caches sind für Hardware-RAIDs manuell anzulegen und sollten bevorzugt auf schnellen Medien wie SSD lokalisiert werden.

Zusammenfassend ist demnach die Empfehlung, ein hardwarebasiertes RAID-10 zu verwenden. Sollte Ihnen diese RAID-Formation auf Ihrem System nicht zur Verfügung stehen, würde sich RAID-1 anbieten.

SharePoint Foundation 2013

Für die Installation von SharePoint Foundation 2013 stellt Microsoft offiziell die gleichen Anforderungen an die Hardware wie unter SharePoint Server 2013. Dies entspricht natürlich nicht den Anforderungen in der Praxis, da unter SharePoint Foundation einige der besonders ressourcenhungrigen Dienstanwendungen nicht zur Verfügung stehen. Mittlerweile ist jedoch auch in SharePoint Foundation die FAST-basierte Suche verfügbar, berücksichtigen Sie auch auf dem Server mit der Suchdienstanwendung die erweiterten Anforderungen an die Hardware gemäß der Übersicht im nachfolgenden Abschnitt. Für jeden weiteren Knoten werden indes deutlich weniger Ressourcen, insbesondere Arbeitsspeicher, benötigt, da die Suche unter SharePoint Foundation nicht horizontal skaliert werden kann.

Verwenden Sie daher im Allgemeinen als Orientierung die Hardwareanforderungen von SharePoint Server 2013.

SharePoint Server 2013

Für die Installation von SharePoint Server 2013 stellt Microsoft die folgenden Mindestanforderungen an die Hardware (Tabelle 3.17).

Tabelle 3.17 Mindesthardwareanforderungen für SharePoint Foundation und SharePoint Server 2013

Szenario	RAM	CPU-Kerne	HD-Speicher (System)
Einzelserver mit integrierter Datenbank mit minimalen Diensten für Entwicklungsumgebungen	8 GB	4 Kerne	80 GB
Einzelserver mit integrierter Datenbank mit minimalen Diensten und Visual Studio	10 GB		
Einzelserver mit integrierter Datenbank mit allen Diensten für Entwicklungs- und Evaluierungsumgebungen	24 GB		
Webserver oder Anwendungsserver in einer Farm mit drei Ebenen	12 GB		

Der Inhalt der minimalen Dienstformation wird im Abschnitt »Entwicklungsumgebungen« in diesem Kapitel beschrieben. Beachten Sie, dass die Suche hier nicht enthalten ist. Die Angaben zum Festplattenspeicher berücksichtigen keinerlei Inhalts- oder Dienstanwendungsdaten. Die Suche konsumiert zusätzlich erheblich mehr Ressourcen und wird daher separat kalkuliert.

Für Anwendungsserver, die Suchkomponenten hosten, gelten für Standard-SharePoint-Farmen in der Übersicht die folgenden Anforderungen (Tabelle 3.18).

Tabelle 3.18 Anforderungen an die Suche für Unternehmensfarmen

Suchkomponente	RAM	CPU-Kerne	Zusätzlicher HD-Speicher
Indexkomponente	16 GB	Mind. 4 Empf. 8	500 GB
Analyseverarbeitungskomponente	4 GB Test/Dev 8 GB Produktion		300 GB
Durchforstungskomponente Inhaltsverarbeitungskomponente Abfrageverarbeitungskomponente Suchverwaltungskomponente	4 GB Test/Dev 8 GB Produktion		Nur für Diagnosezwecke

Die hier angeführten Werte für den Festplattenspeicher sind im Wesentlichen davon abhängig, wie groß der Korpus an zu indizierenden Daten ist.

Für Anwendungsserver mit Suchkomponenten in Internetwebsites-Szenarien werden erweiterte Anforderungen gestellt (Tabelle 3.18).

Tabelle 3.19 Anforderungen an die Suche für Internetwebsites

Suchkomponente	RAM	CPU-Kerne	Zusätzlicher HD-Speicher
Indexkomponente	48 GB	Mind. 4 Empf. 8	500 GB
Analyseverarbeitungskomponente	24 GB		300 GB
Durchforstungskomponente Inhaltsverarbeitungskomponente Abfrageverarbeitungskomponente Suchverwaltungskomponente	48 GB		Nur für Diagnosezwecke

Für eine zusätzliche vertikale Skalierung sind eine Reihe von Gründe denkbar, die sich primär auf den Arbeitsspeicher, jedoch auch auf die CPU auswirken:

- Der SharePoint-Server wird ausschließlich über HTTPS angesprochen (ohne Offload)
- Die Dienstanwendungen werden massiv beansprucht
- Sie stellen viele separate IIS-Anwendungspools bereit
- Zusätzliche Softwaremodule wie beispielsweise SharePoint-Virenscanner

Hardwarekomponenten

Achten Sie bei der Dimensionierung der Hardwarekomponenten auf folgende Besonderheiten für die jeweilige Komponente:

Prozessor

Die grundlegendste Anforderung an den Prozessor ist die Verwendung von 64-Bit-Prozessoren. Ferner sollte zumindest eine Quad Core-CPU verwendet werden. Die empfohlene Anzahl der zu verwendenden Prozessoren wird von der genauen Funktion und den Diensten des jeweiligen Servers beeinflusst. Einige Dienste wie der Suchdienst hängen im besonderen Maße von der Rechenleistung der CPU ab.

Arbeitsspeicher

Die Planung der Arbeitsspeicherdimensionierung verhält sich ähnlich wie die Prozessordimensionierung. Die Arbeitsspeicherauslastung hängt stark vom Nutzungsprofil der unterschiedlichen Dienstanwendungen ab. Ein zusätzlicher Faktor bei der Arbeitsspeicherplanung für SharePoint-Server besteht in der bereitgestellten Anzahl von Anwendungspools und der parallelen Anzahl an Sitzungen.

Ein sehr wichtiger, neuer Faktor in der Arbeitsspeicherplanung hält durch den verteilten Cache Einzug. Dieser Dienst ist besonders arbeitsspeicherlastig und reserviert standardmäßig 10 % des zur Verfügung stehenden Arbeitsspeichers, sollte jedoch nicht mehr als 16 GB Speicher zugeordnet bekommen.

HINWEIS Beachten Sie bei diesem Faktor auch, dass dieser Dienst nicht auf jedem Server der Farm zum Einsatz kommt und im Idealfall gar auf dedizierten Servern betrieben werden sollte.

In den meisten Umgebungen ist es ratsam, mindestens 16 GB RAM auf einem dedizierten SharePoint-Web-Front-End-Server bereitzustellen. In Umgebungen mit einer hohen Anforderung an die Isolation in Form von separaten Anwendungspools sollten mindestens 24 GB oder gar 48 GB RAM bereitgehalten werden. Halten Sie für jeden zusätzlichen Anwendungspool mindestens 4 GB Arbeitsspeicher frei.

Auf Anwendungsservern, auf denen der Arbeitsspeicherbedarf besonders stark vom Anwendungsprofil abhängt, kann der Bedarf durchaus 32 oder gar 64 GB RAM umfassen, wenn besonders umfangreiche Arbeitsspeicherhungrige Dienstanwendungen wie Excel Services oder die SharePoint-Suche genutzt werden.

HINWEIS Beachten Sie bei der Planung des Arbeitsspeichers unbedingt die zusätzlichen Anforderungen bei der kombinierten Verwendung von SharePoint mit Erweiterungen. Sowohl integrierte Komponenten wie der Binary Large Object (BLOB)-Cache oder auch Erweiterungen wie der Virenschutz können die Arbeitsspeicherplanung unterschiedlich stark beeinflussen. Im Falle des BLOB-Caches werden Auswirkungen nur bei extrem zahlreichen (800 Bytes pro Element) spürbar. Der Einsatz von Virenscannern schlägt ebenfalls mit mindestens 2 GB zu Buche.

Der Arbeitsspeicherbedarf auf dem SQL Server-Datenbanksystem mit allen zentralen SharePoint-Dienstanwendungen steht in Relation zur Anzahl der Benutzer. Die Tabelle 3.20 gibt Ihnen eine Übersicht über die empfohlenen Arbeitsspeicherressourcen für SQL-Server.

Tabelle 3.20 Empfohlene Arbeitsspeicher für SQL-Server mit allen SharePoint-Built-in-Dienstanwendungen

Kombinierte Größe der Inhaltsdatenbanken	RAM-Empfehlung
Minimum für Entwicklung oder Evaluierung	8 GB
Min. für kleine Bereitstellungen	16 GB
Min. für dreistufige Bereitstellungen	24 GB

Weitere Faktoren, die einen zunehmenden Arbeitsspeicherbedarf für SQL-Server beeinflussen, sind die Verwendung von Datenbankspiegelungen, AlwaysOn und die häufige Verwendung von Dateien mit einer Größe jenseits von 15 MB.

Netzwerk

Neben dem offensichtlichen Vorteil einer schnellen Anbindung von Endanwendern zu den Web-Front-End-Servern ist speziell die Intrafarmkommunikation von dieser abhängig. Während zur Optimierung der Netzwerkkommunikation das Netzwerk für die Endbenutzerkommunikation über eine zusätzliche Netzwerkkarte von der Intrafarmkommunikation getrennt werden sollte, ist innerhalb einer Serverfarm eine mind. 1 Gbit/s schnelle Verbindung erforderlich. Idealerweise stellen Sie eine 10 Gbps-Anbindung bereit.

Achten Sie darauf, dass speziell für die Kommunikation zwischen den SharePoint-Servern und dem SQL-Server mit den Inhaltsdatenbanken eine nicht höhere Latenz als 1 Millisekunde aufkommt. Dies erreichen Sie auch, indem Sie die Netzwerkdistanz zwischen SharePoint- und SQL-Server so gering wie möglich halten und so die Mitglieder einer Serverfarm unbedingt innerhalb eines Subnetzes platzieren.

Festplattenspeicher

Der für SharePoint erforderliche Festplattenspeicher ist von vielen Faktoren abhängig. Die wichtigsten Faktoren sind vergleichbar zu SharePoint 2010, wobei sich der Fokus der Nutzung einiger Dienstanwendungen verlagert hat, deren Daten erwartungsgemäß im gleichen Maße mit deren Verwendung anwachsen.

Einige der wichtigsten Faktoren beim Wachstum, insbesondere im Kontext von Inhaltsdatenbanken, lauten wie folgt:

- Datenmenge der in SharePoint zu speichernden Dokumente
- Einsatz von Versionierung und Versionierungskonfiguration
- Nutzung und Umfang der Protokollierungsfunktion

Die rund um die Inhaltsdatenbanken anfallenden Daten verteilen sich dabei entsprechend auf SQL Server-Datenbanken oder aber auch auf die SharePoint Server-Rollen, in primärer Form von Protokollen und BLOBs.

Die nachfolgende Tabelle gibt Ihnen eine Übersicht über die zu erwartenden Datenmengen in den SharePoint-Built-in-Datenbanken (Tabelle 3.21).

Tabelle 3.21 Erwartete Datenmengen für Datenbanken

Funktion	Erwartete Datenmenge
App-Verwaltung	Enthält App-Lizenzen und -Berechtigungen. Nur vertikal skalierbar. Nur viele Schreibzugriffe während der Installation und Aktualisierung von Apps. Planen Sie in der Regel 1-10 GB Speicher ein.
Abonnement-einstellungendienst	Enthält Mandantendaten bei vielen Lesevorgängen und vertikaler Skalierung. Planen Sie 1 GB Datenbankspeicherplatz ein.
Business Data Connectivity-Dienst (BDC)	Vertikale Skalierung und viele Leseoperationen Die Größe dieser Dienstanwendungsdatenbank hängt von der Anzahl der externen Inhaltstypen ab. Planen Sie 0,5 MB pro externen Inhaltstyp ein. Sollten Sie sich nicht sicher sein, wie viele externe Inhaltstypen Sie erwarten, gehen Sie in etwa von 50 MB, also 100 externen Inhaltstypen, aus.

Tabelle 3.21 Erwartete Datenmengen für Datenbanken *(Fortsetzung)*

Funktion	Erwartete Datenmenge
Benutzerprofil	Der Benutzerprofildienst ist mit drei Datenbanken assoziiert: Profil-, Sync- und Community-Tags-Datenbank. Die Profildatenbank benötigt für jedes Benutzerprofil zunächst 1 MB Speicher, nimmt jedoch bei Verwendung von Newsfeeds bis deren standardmäßigen Aufbewahrung von 2 Wochen weiter zu. Nur vertikale Skalierung bei vielen Leseoperationen möglich. Planen Sie in Abhängigkeit von der Benutzerzahl 100 GB bis 1 TB ein. Die Synchronisierungsdatenbank benötigt für jeden Benutzer ca. 630 KB, wobei dieser Wert von der Anzahl an Gruppenmitgliedschaften beeinflusst wird. Gleiche Skalierungseigenschaften wie die Benutzerprofil-DB. Die Community-Tagging-Datenbank benötigt für jedes Tag, jeden Kommentar oder jedes Rating jeweils 0,0009 MB. Nur vertikale Skalierung bei vielen Leseoperationen möglich. Planen Sie in Abhängigkeit von der Benutzerzahl und deren Verhalten 1 GB bis 1 TB ein. Alle Benutzerprofildatenbanken lassen sich durch das Hinzufügen einer weiteren Dienstinstanz horizontal skalieren, was jedoch in den wenigsten Umgebungen sinnvoll ist.
Maschinelle Übersetzung	Enthält Informationen zu ausstehenden und abgeschlossenen Batchübersetzungen von Dokumenten. Vertikale Skalierung bei primären Lesevorgängen. Planen Sie 1 GB ein.
PerformancePoint	Enthält temporäre Objekte und beibehaltene Benutzerkommentare und Einstellungen. Vertikale Skalierung bei Fokus auf Lesevorgänge. Planen Sie 1 GB Datenbankspeicherplatz ein.
Secure Store	Die Secure Store Services-Datenbank speichert Anmeldeinformationen. Berechnen Sie 5 KB pro Anmeldeinformationen.
Statusdienst	Enthält Informationen zum temporären Status für InfoPath Forms Services, Exchange Server, das Diagramm-Webpart und Visio Services. Horizontale Skalierung bei vielen Lesevorgängen möglich. Planen Sie 100 GB bis 1 TB Datenbankspeicherplatz ein.
Suchverwaltung	Enthält die Suchdienstkonfiguration, nur vertikal skalierbar. Positionieren Sie die DB zusammen mit den Durchforstungsdatenbanken. Planen Sie bis zu 100 GB ein.
Suchanalyse	Enthält Ergebnisse für Verwendungsanalyseberichte. Häufige Schreibzugriffe während der bevorzugt nächtlichen Analyseaktualisierung. Ab 200 GB eine weitere horizontal skalierte Datenbank. Planen Sie in Abhängig vom Suchkorpus 100 GB bis 1 TB ein.
Suchdurchforstung	Enthält den Status und den Verlauf der durchforsteten Elemente. Häufige Leseoperationen Horizontales skalieren ab 20 Mio. Elementen in eine weitere DB. Planen Sie in Abhängig vom Suchkorpus 100 GB ein.

Tabelle 3.21 Erwartete Datenmengen für Datenbanken *(Fortsetzung)*

Funktion	Erwartete Datenmenge
Suchlinks	Enthält die Durchklickinformationen. Viele Schreiboperationen während der Inhaltsverarbeitung. Horizontal skalierbar alle 60 Mio. Dokumente und 100 Mio. Abfragen/Jahr. Pro 1 Mio. Dokumente 1 GB Speicher plus 1 GB pro 1 Mio. Abfragen.
Verwaltete Metadaten	Die zugehörige Datenbankgröße basiert auf der Anzahl an verwendeten Schlüsselwörtern und Inhaltstypen. Viele Leseoperationen bei nur vertikaler Skalierung. Die Größe dieser Datenbank hängt von der Nutzung von deren Metadaten ab. Planen Sie bis zu 100 GB ein.
Verwendungs- und Integritätsdatenerfassung	Die hier anfallenden Daten verteilen sich auf die SharePoint- und SQL Server. Schreibintensiv bei exklusiv vertikaler Skalierung. Rasantes Wachstum möglich. Um ein Gefühl für den Umfang der Daten zu entwickeln, kalkulieren Sie für 1 Mio. HTTP-Anfragen ca. 2 GB an Speicher ein. Die in SharePoint lokal anfallenden Datenmengen für die Verwendungsdatenerfassung sind standardmäßig auf 5 GB begrenzt und können innerhalb der Serverpartitionen verschoben werden. Die Größe hängt auch von der Aufbewahrungsdauer ab. Planen Sie jedoch mehr als 1 TB Speicher ein.
Word Automation Services	Planen Sie 1 GB Datenbankspeicherplatz ein. Die Datenbank konvergiert gegen 0,15 KB Speicherplatz pro zu konvertierendem Dokument. Kann jedoch ohne Wartungseingriffe unbegrenzt wachsen.
Zentraladministration	Lediglich geringer Datenbankspeicher erforderlich, jedoch potenziell erweiterter Speicher für Protokolldateien, sofern die Standarddatenbankprotokollierung beibehalten wird. Bei den Zentraladministrationsdatenbanken kann nur vertikal skaliert werden. Planen Sie 1 GB Speicher ein.
Konfiguration	Enthält alle relevanten zentralen Konfigurationsparameter der Farm. Muss zusammen mit der Zentraladministrationsinhaltsdatenbank bereitgestellt werden. Hier sind häufige Leseoperationen zu erwarten. Planen Sie 1 GB für die Datenbank ein. Die Transaktionsprotokolle dieser Datenbank werden jedoch sehr umfangreich. Sichern Sie diese daher regelmäßig, um die Kürzung der Protokolle zu ermöglichen!
Ablaufverfolgungsprotokoll	Diese Informationen fallen auf jedem SharePoint-Server an. Das Ablaufverfolgungsprotokoll kann in Abhängigkeit von den durch Sie definierten, aufzuzeichnenden Elementen innerhalb kurzer Zeit viele GB an Daten erzeugen. Sie haben jedoch die Möglichkeit, sowohl den Pfad für das Protokoll zu beeinflussen als auch die Anzahl an Tagen, die die Protokolle vorgehalten werden, sowie die maximale Obergrenze an Speicherplatz vorzugeben.
BLOB-Cache	Den 1,2-fachen Wert der maximal definierten BLOB-Cache-Größe auf den Web-Front-End-Server festlegen
Webserverprotokolle	Die auf den SharePoint-Servern anfallenden IIS-Protokolle können in Abhängigkeit von den protokollierten Feldern und dem Umfang des Zugriffs unterschiedlich groß werden

Neben diesen Funktionen gibt es noch weitere Bereiche, in denen beispielsweise zusätzliche Protokolldaten anfallen, diese sind jedoch in Relation zu den hier angeführten Funktionen und Diensten zu vernachlässigen.

WICHTIG Berücksichtigen Sie unbedingt das Werkzeug für die Sicherung Ihrer Serverfarm bei der Dimensionierung. Je nach Anbieter kann es erforderlich werden, zusätzlichen Speicher für die Sicherung auf den Systemlaufwerken reservieren zu müssen. So müssen Sie beispielsweise auf dem für die Sicherung aktivierten SharePoint-System für die Verwendung von System Center Data Protection Manager 2012 R2 2 GB Speicher für jede 10 Mio. zu sichernde Elemente auf dem Systemlaufwerk reservieren.

Ein besonderes Augenmerk sollte bei der Planung des Festplattenspeichers auf die Dimensionierung des SQL Server-Speichers gelegt werden. Hier können durch eine geeignete Planung der Anzahl der Spindeln im SAN bzw. lokal auf dem SQL Server spürbare Leistungsoptimierungen erzielt werden. Durch eine Isolation der wichtigsten Datenbank- und Protokolle der jeweiligen Datenbanktypen auf eigene Spindeln, die den jeweiligen Datenbanken nicht konkurrierende IOPS ermöglichen, kann die Gesamtleistung entscheiden verbessert werden. Es gibt hierbei keine absolute Anzahl an eigenständigen Spindeln, die ohnehin in der Mehrzahl der SAN-Implementierungen in der Praxis nicht adressiert werden kann, jedoch eine präferierte Rangordnung für die zur Isolation in Betracht zu ziehenden Datenbanken. In der nachfolgenden Liste sind die zu isolierenden Datenbanken in Ihrer Bedeutungsrangfolge für klassische Kollaborationsplattformen abfallend angeordnet:

1. TempDB-Datenbankdateien und Transaktionsprotokolle
2. Transaktionsprotokolle der Inhaltsdatenbanken
3. Suchdatenbanken (mit Ausnahme der Suchadministrationsdatenbank)
4. Inhaltsdatenbanken
5. Zugriffsprotokolldatenbanken und Protokolle (Usage)

In Umgebungen, die klassische Internetportale abbilden und somit einen geringen Fokus auf Änderungen vorweisen, sollte die Priorisierung von der obigen wie folgt abweichen:

1. TempDB-Datenbankdateien und Transaktionsprotokolle
2. Inhaltsdatenbanken
3. Suchdatenbanken (mit Ausnahme der Suchadministrationsdatenbank)
4. Zugriffsprotokolldatenbanken und Protokolle (Usage)
5. Transaktionsprotokolle der Inhaltsdatenbanken

Virtualisierung

Alle Elemente von SharePoint 2013 werden vollständig für die Virtualisierung mit Hyper-V unterstützt. Zusätzlich werden auch Drittanbietertechnologien in Kombination mit SharePoint 2013 unterstützt, sofern sie von Microsoft im Rahmen des Server Virtualization Validation Program (SVVP) zertifiziert wurden. Zu den unterstützten Drittanbietern gehören selbstverständlich auch die etablierten Anbieterlösungen von Citrix Systems oder VMware. Die vollständige und aktuelle Liste der zertifizierten Drittanbieterplattformen finden Sie unter *http://go.microsoft.com/fwlink/?LinkId=125649* [Ms156-K03-10].

Sollten Sie sich für Hyper-V als Virtualisierungsplattform entschieden haben, wird eindeutig empfohlen, Hyper-V V3 also Windows Server 2012 als Virtualisierungshost einzusetzen. Ein kleiner Auszug der Mehrwerte für SharePoint 2013 sind unter Hyper-V V3 im Vergleich zu Hyper-V V2 wie folgt:

Tabelle 3.22 Gegenüberstellung der beiden aktuellen Hyper-V-Versionen

Aspekt	Hyper-V V2	Hyper-V V3
Virtuelle Prozessoren pro VM	4	64
Arbeitsspeicher pro VM	64 GB	1 TB
NIC-Teaming	Nur über Erweiterungen verfügbar	✓
Max. VM-Plattengröße	2 TB (VHD)	64 TB (VHDX)
PowerShell-Verwaltung von VMs		✓
Livemigration über Clustergrenze		✓

Die Vorteile einer virtualisierten SharePoint 2013-Umgebung liegen auf der Hand: Neben Reduktion der Energie- und Rechenzentrumsplatzressourcen bietet die Virtualisierung zusätzlich Vorteile für die Flexibilität bei der SharePoint-Nutzung. Dies gilt sowohl für die automatisierte Bereitstellung als auch für die flexible, nachträgliche Ressourcenverteilung bei der eventuell erst später offenbar werdenden Lastverteilung innerhalb der Serverfarm.

Theoretisch bieten sich alle SharePoint-Serverrollen für eine Virtualisierung an. Eine Einschränkung ist in großen Umgebungen mit hohen Anforderungen an die zu indizierenden Daten der Server mit einer Suchanwendungskomponente, die speziell die Abfrage- und Indizierung umfasst. Durch die hier relevanten erhöhten Anforderungen an CPU, RAM und IOPS macht es möglicherweise Sinn, diese Rolle auf dedizierte Hardware auszulagern.

Für die verbleibenden zu virtualisierenden Server kann es aufgrund der begrenzten Ressourcen oder ggf. leicht reduzierten Leistungsfähigkeit erforderlich sein, mehr Server als bei einer physischen Lösung bereitzustellen. Dies stellt jedoch in der Regel kein Hindernis dar. Sollte eine SharePoint-Rolle besondere Leistungsanforderungen haben, die Sie nicht durch eine vertikale oder horizontale Skalierung kompensieren können, sollten Sie diese ebenfalls physisch abbilden. Eine dafür potenziell geeignete Rolle kann beispielsweise die Durchforstungsrolle darstellen.

WICHTIG Beachten Sie bitte unbedingt, dass Sie für virtualisierte Server, auf denen der verteilte Cachedienst auszuführen ist, keine dynamische Speicherzuweisung verwenden, um unerwartete Probleme bei der Speicherverwaltung und der Dienstnutzung zu vermeiden. Der Grund hierfür ist die standardmäßige 10-prozentige Allokierung des verfügbaren Arbeitsspeichers und der Umstand, dass es oberhalb von 16 GB adressierten Speichers zu Timeouts und Fehlern beim Zugriff auf die Dienstressourcen kommt.

Die Frage einer Virtualisierung von Microsoft SQL Server ist traditionell strittig und hängt von den allgemeinen Zielen einer Bereitstellung ab. Eine virtuelle SQL Server-Umgebung bietet in der Regel eine etwas reduzierte Leistung als eine vergleichbare physische Lösung, obwohl das Leistungspotenzial mit der Veröffentlichung neuer Virtualisierungslösungen stets verbessert wird.

HINWEIS Beachten Sie bitte die SQL Server-Supportrichtlinie für Virtualisierung, um sicherzustellen, dass Ihr jeweiliges Detailszenario unterstützt wird (*http://support.microsoft.com/kb/956893* [Ms156-K03-11]).

Beachten Sie zudem, dass für eine virtualisierte SQL Server-Umgebung in Abhängigkeit von der verwendeten Virtualisierungsplattform die Anzahl der für SQL Server zur Verfügung stehenden CPU-Kerne begrenzt ist. Zusammen mit weiteren Überlegungen, speziell in Verbindung mit der Architektur der virtuellen Datenträger, können die Vorteile der Bereitstellung von SQL Server in einer virtuellen Umgebung den Leistungseinbußen unterlegen sein.

Zusammengefasst lautet die Empfehlung, für die Virtualisierung von SQL Server in Kombination mit SharePoint weiterhin in den meisten Fällen auf die physische Lösung zu setzen, um diese für SharePoint wichtigste SharePoint-Leistungskomponente zu optimieren. Sollten Sie sich dennoch für die Virtualisierung von SQL Server entschieden haben, nutzen Sie alle zur Verfügung stehenden Optimierungsansätze für Gastsysteme.

Die nachfolgende Liste gibt Ihnen allgemeine Hinweise zum Planen und Optimieren Ihrer Virtualisierungshosts:

- Erwerben Sie Server, die für SLAT (Second Level Address Translation) aktivierte Prozessoren verwenden
- Verwenden Sie für die virtualisierten Farmgastsysteme Virtual Local Area Networks (VLAN), um die Netzwerkleistung zwischen den Farmmitgliedsservern zu erhöhen

HINWEIS Durch den Einsatz von Hyper-V-VLANs können die Mitgliedsserver der Farm miteinander kommunizieren, ohne die physische Netzwerkkarte beanspruchen zu müssen. Beachten Sie dabei, dass die physischen Netzwerkadapter des Hosts VLAN-Tagging unterstützen und auch dafür aktiviert sein müssen. Weisen Sie dabei die VLAN ID entweder auf dem virtuellen Switch oder dem VM-Netzwerkadapter anstelle des physischen Netzwerkadapters zu.

- Verwenden Sie Prozessoren, die CPU-Core Parking unterstützen, um Energie zu sparen
- Achten Sie bei mehreren Virtualisierungshosts darauf, dass Sie im Idealfall die MAC-Adressvergabe pro Host auf verschiedene Bereiche beschränken, um einzigartige MAC-Adressen gewährleisten zu können

HINWEIS Standardmäßig werden MAC-Adressen für VM-Gastsysteme automatisiert generiert. Hierbei kann jedoch speziell in Umgebungen mit mehreren VM-Hosts nicht gewährleistet werden, dass alle VMs einzigartige MAC-Adressen erhalten. Dies kann zu schwerwiegenden Leistungsproblemen in der Farm führen, deren Ursache nicht einfach zu identifizieren ist. Bei der Verwendung von Hyper-V-Hosts stehen Ihnen in der Registrierung unter dem Pfad *HKLM\Software\Microsoft\Windows\NT\CurrentVersion\Virtualization* die Schlüssel *MinimumMacAddress* und *MaximumMacAddress* zur Verfügung. Weitere Informationen zu diesem Sachverhalt finden Sie in einem Blogbeitrag unter *http://blogs.technet.com/b/jhoward* [Ms156-K03-12].

- Ziehen Sie die Verwendung von Netzwerkkarten-Teaming, TCP-Abladevorgang (TCP Chimney Offloading), Virtual Machine Queues (VMQ), Large Send Offload (LSO), Checksum Offload (CSO) und Jumboframes in Erwägung. Hierdurch wird der Netzwerkdurchsatz gesteigert und die CPU entlastet. Die meisten Netzwerkadapter unterstützen diese Funktionen, im Einzelfall kann es jedoch zu Problemen kommen. Daher sollten Sie zumindest die Verwendung von Jumbo Frames vor einem produktiven Einsatz in Ihrer Umgebung evaluieren, da nicht alle Umgebungen diese unterstützen.

HINWEIS Achten Sie darauf, dass nicht alle Hyper-V-Hosts alle der hier genannten Funktionen unterstützen. Zumindest ab Hyper-V V2 werden diese Anpassungen zumindest softwareseitig unterstützt. Zudem wurde ab Windows Server 2012 die Unterstützung für den TCP-Abladevorgang für Gastsysteme zurückgezogen.

- Behalten Sie im Hinterkopf, bei Leistungsproblemen in virtualisierten Umgebungen ggf. auf den VM-Gastsystemen Funktionen wie TCP-Chimney-Offloading, RSS (Receive Side Scaling) oder Task Offloading zu deaktivieren, um mögliche, gravierende Leistungseinbruchsursachen im Virtualisierungsumfeld einfach zu adressieren. Weitere Hinweise zu diesen Workarounds finden Sie in Kapitel 18 zum Thema Fehlerbehebung.
- Konfigurieren Sie die Gast-VM so, dass Sie beim Herunterfahren des VM-Hosts ebenfalls zuvor herunterfährt

ACHTUNG Verwenden Sie keinesfalls die Option zum Speichern des Zustands der Gast-VM im Falle eines Herunterfahrens des VM-Hosts. Dies würde bedeuten, dass möglicherweise gerade aktive Zeitgeberaufträge auf der VM eingefroren würden und nach dem Wiederfortsetzen nicht mehr synchron mit der Farm sind. Fahren Sie die VM daher immer ordnungsgemäß herunter.

- Verzichten Sie unbedingt auf den Einsatz einer dynamischen Arbeitsspeicherzuweisung für die Gast-VM, die ab Windows Server 2008 R2, Service Pack 1 verfügbar ist

ACHTUNG Der Ansatz, Arbeitsspeicher dynamisch zuzuweisen, übt auf den ersten Blick einen großen Anreiz aus, um die Ressourcennutzung zu optimieren. SharePoint 2013 unterstützt diese Funktion jedoch nicht, da verschiedene Funktionen in SharePoint nicht kompatibel mit diesem Ansatz sind. Die beiden wichtigsten sind der verteilte Cache und die Suche. Diese Dienste sind nicht dazu in der Lage, Ihre Speichernutzung neu zu berechnen, sobald der Bereich dynamisch angepasst wird. Dies kann zu Leistungseinbußen führen. Nutzen Sie die dynamische Speicherfunktion auch dann nicht, wenn Sie, um die Probleme zu adressieren, beispielsweise den Speicherbereich des verteilten Cache statisch festlegen.

- Ein wichtiger Aspekt bei der Optimierung der Leistungsfähigkeit von virtuellen Maschinen besteht in der Berücksichtigung des Non-Uniform Memory Access-Designs (NUMA). Weisen Sie idealerweise nicht mehr als nach dem NUMA-Design vorbestimmten, maximalen Arbeitsspeicherbereich zu.

  Das NUMA-Design beschleunigt den Zugriff auf den Arbeitsspeicher, indem der physikalische Arbeitsspeicher auf die vorhandenen CPU-Kerne partitioniert wird. Demnach werden beispielsweise in einem VM-Host mit 256 GB Arbeitsspeicher und 16 CPU-Kernen jeweils 16 GB Arbeitsspeicher pro Kern zugewiesen. Indem Sie nun die Ressourcenzuweisung auf dem virtuellen Gast auf 16 GB begrenzen, optimieren Sie den Arbeitsspeicherzugriff, da die Gast-VM somit nicht auf die Arbeitsspeicherressourcen eines anderen Knotens zugreifen muss. Hierdurch können Sie verhindern, dass die Leistungsfähigkeit beim Arbeitsspeicherzugriff um ca. 8 % reduziert wird. Weiterführende Informationen zu NUMA finden Sie unter der URL *http://go.microsoft.com/fwlink/p/?LinkId=256395* [Ms156-K03-13].
- Vermeiden Sie unbedingt eine Überbuchung von Ressourcen, wie Arbeitsspeicher oder CPUs von Gast-VMs auf dem VM-Host. In der Vergangenheit gab es eine Reihe an Supportproblemen, die auf diese Methodik zurückzuführen waren.

- Ziehen Sie in Kombination mit einem Windows Server 2012-basierten HyperV-Host in Erwägung E/A-Virtualisierung mit Einzelstamm (Single-Root I/O Virtualization, SR-IOV) zu nutzen, um den Netzwerkdurchsatz zu optimieren und die Netzwerklatenz zu minimieren. Hierdurch können Sie eine physikalische Netzwerkkarte direkt einem VM-Gast zuweisen.

Anhand der hier angeführten, zahlreichen Optimierungsmethoden wird deutlich, dass die Verwendung von Virtualisierung in Kombination mit SharePoint durchaus viele Chancen bietet, jedoch wohl zu bedenken ist, die Nutzung von Virtualisierung in der ohnehin schon komplexen SharePoint-Welt nicht in weiteren, unnötigen Problemen münden zu lassen.

Entwicklungsumgebungen

Für Entwicklungsumgebungen für SharePoint 2013 gelten in der aktuellen Version zahlreiche Änderungen. Neben dem Wegfall der Unterstützung von Windows-Clients als Host gelten deutlich erweiterte Anforderungen an die Hardwareanforderungen, die den Einsatz auf bislang üblichen Entwicklungsclients deutlich erschweren. Speziell in Entwicklungsumgebungen, in denen auch die volle Funktionalität von *Meine Websites* zur Verfügung stehen muss, gibt es erweiterte Anforderungen an die Hardware. In diesen Umgebungen ist aufgrund des dann erforderlichen verteilten Caches der Einsatz von mindestens 32 GB RAM erforderlich.

Folgende Dienste bzw. Dienstanwendungen sollten Sie standardmäßig in Entwicklungsumgebungen bereitstellen:

- Abonnementeinstellungendienst
- App-Verwaltungsdienst
- Benutzerprofildienst
- Forderungen an den Windows-Tokendienst
- Secure Store
- Verteilter Cache

Logische Architektur

SharePoint 2013 besteht aus einer Reihe an logischen Komponenten, die Sie bei der Planung in Bezug auf Quantität, Verwaltung, Ausprägung, Berechtigung und Isolation beachten müssen. In den nachfolgenden Abschnitten werden die Kernaspekte bei der Planung dieser Komponenten betrachtet (Abbildung 3.16).

HINWEIS Die Betrachtung der logischen Komponenten einer Serverfarm hat für die Planung von kleinen SharePoint-Bereitstellungen keine ausschlaggebenden Auswirkungen, ist jedoch hilfreich für ein besseres Verständnis der SharePoint-Basistechnologie.

Abbildg. 3.16 Komponenten der logischen Architektur

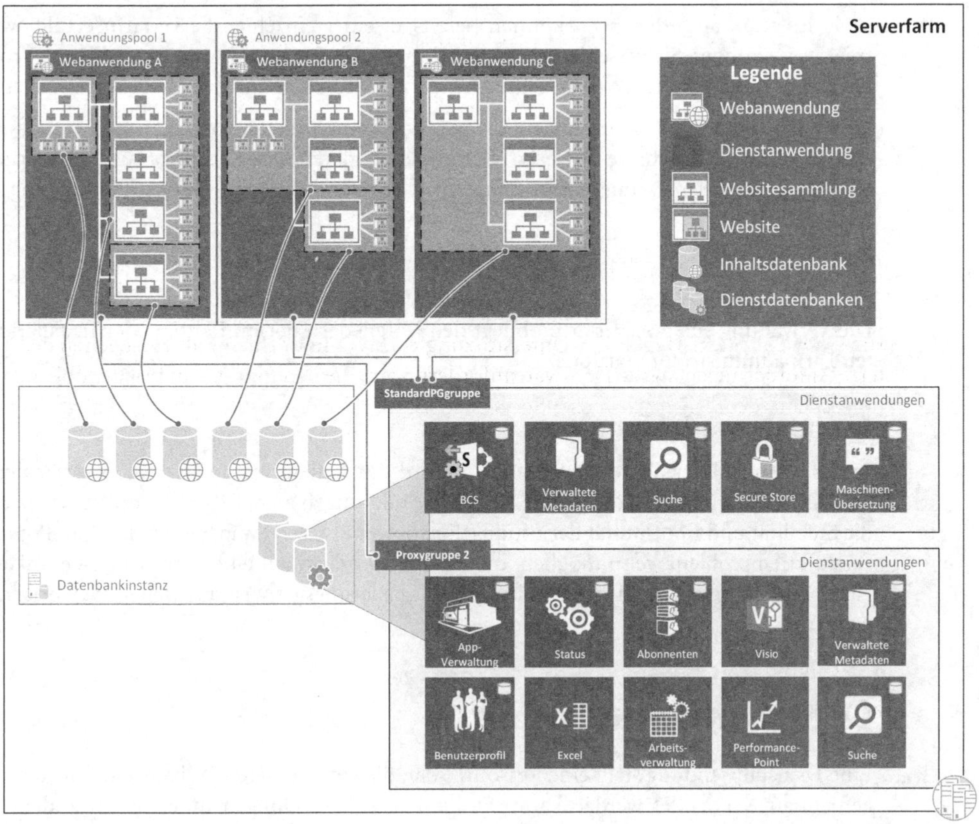

Serverfarmen

Eine Serverfarm stellt im Entwurf der SharePoint-Umgebung das Element der obersten Ebene dar.

Die Anzahl der erforderlichen Serverfarmen wird von einer Reihe von Faktoren beeinflusst, die von Ihrer Organisation bestimmt werden. Dazu gehören u.a.:

- Eine umfassende Verwendung von Diensten kann den Einsatz von einer oder mehreren dedizierten Dienstfarmen sinnvoll machen
- Die Verwendung von komplexen Erweiterungen, wie für Business Intelligence-Zwecke, führt möglicherweise dazu, dass Sie diese Komponenten in einer großen Farm nicht parallel bereitstellen wollen
- Eine Stagingumgebung für vorproduktive Tests bzw. eine Veröffentlichungsumgebung
- Separate Geschäftsbereiche
- Dedizierte Finanzierungsquellen
- Standortaspekte
- Branchenanforderungen für die physische Isolation zwischen Websites

Bereitstellung und Isolation

Viele Isolationsanforderungen können bereits in einer einzelnen Serverfarm erfüllt werden. Beispielsweise können Sie verschiedene Anwendungspools für IIS mit unterschiedlichen Prozessidentitäten verwenden, um für Websites und Dienste eine Isolation auf Prozessebene zu erreichen.

Neben den Isolationsanforderungen, die möglicherweise mehrere Serverfarmen voraussetzen, kann eine Organisation mehrere Serverfarmen implementieren, um Leistungs- und Skalierungsziele zu erreichen, um Lizenzierungsanforderungen zu erfüllen oder um eine Veröffentlichungsumgebung zu betreiben.

Verwaltung

Die Verwaltung einer Serverfarm obliegt den Mitgliedern der im Rahmen der Installation angelegten Farmadministratorengruppe.

Planungsempfehlung

In der Mehrzahl der SharePoint-Szenarien wird der Aufbau von mehreren Serverfarmen erforderlich, um Anpassungen und wichtige Tests vor Änderungen an der Produktion zu verifizieren und so die Stabilität und Kontinuität der Produktionsumgebung zu gewährleisten. In SharePoint 2013 wird verstärkt empfohlen, wenn möglich, die Produktionsfarm auf eine Farm zu beschränken und Ihre Farmarchitektur nur bei Überschreitung von Skalierungsgrenzen auf weitere Serverfarmen auszuweiten.

Dienstanwendungen

Eine Dienstanwendung stellt eine Ressource dar, die von mehreren Webanwendungen in einer Farm gemeinsam verwendet werden kann. Einige Dienstanwendungen unterstützen zudem eine farmübergreifende Verwendung.

SharePoint 2013 besitzt die gleiche Basisinfrastruktur zum Hosten von Dienstanwendungen. Die einzelnen Dienstanwendungen können unabhängig voneinander konfiguriert werden und Drittanbieter können der Plattform weitere Dienste hinzufügen.

Dienstanwendungen sind Webanwendungen zugeordnet und haben folgende Kerneigenschaften:

- Dienstanwendungen werden in Form von Proxygruppen gruppiert und auf Webanwendungsebene zugeordnet
- Sie können in einer Farm mehrere Instanzen einer Dienstanwendung bereitstellen und den resultierenden Dienstanwendungen eindeutige Namen und Konfigurationen zuweisen. Dies ist jedoch ohne triftigen Grund, wie einer Isolation, nicht empfohlen.
- Dienstanwendungen können von mehreren Webanwendungen in einer Farm gemeinsam verwendet werden
- Einige Dienstanwendungen können für andere Farmen publiziert werden. Dabei kann eine SharePoint 2013-Farm nur SharePoint 2013-Dienstanwendungen konsumieren.

Bereitstellung und Isolation

Ihnen stehen zwei grundlegende Möglichkeiten zur Verfügung, Dienstanwendungen freizugeben:

- **Standardfreigabe der Dienstanwendung** Standardmäßig werden Dienstanwendungen von mehreren Webanwendungen gemeinsam verwendet. So stehen beispielsweise Suchergebnisse von mehreren Webanwendungen allen Webanwendungen zur Verfügung, die dieselbe Suchanwendung nutzen.
- **Dienstanwendung partitionieren** Sie haben die Möglichkeit, Dienstanwendungen freizugeben, die zugehörigen Daten dabei jedoch zu isolieren, indem Sie den Dienst im partitionierten Modus bereitstellen. Die Daten der einzelnen Mandanten werden jeweils auf einer separaten Partition der Datenbank für den Dienst gespeichert. Anhand der Abonnement-ID eines Mandanten werden die Dienstdaten des betreffenden Mandanten seiner Website zugeordnet. Wenn Sie beispielsweise den Suchdienst im partitionierten Modus bereitstellen, werden für jeden Mandanten nur die Suchergebnisse für seine eigenen Inhalte angezeigt.

HINWEIS Nicht jede Dienstanwendung ist mandantenfähig und unterstützt die Partitionierung. Zudem ist die Partitionierung nicht über die grafische Oberfläche der Zentraladministration, sondern lediglich über die PowerShell konfigurierbar.

Neben diesen Freigabemöglichkeiten können Sie bei der Bereitstellung von Dienstanwendungen eine Prozessisolation erreichen, indem Sie unterschiedliche Dienstanwendungen jeweils eigenen Anwendungspools zuordnen.

Verwaltung

Die Verwaltung von Diensten kann über ein bereits in SharePoint 2010 eingeführtes Berechtigungsmodell einfach an Dienstanwendungsadministratoren delegiert werden, die ausschließlich mit der Verwaltung der ihnen zugeordneten Dienstanwendung betraut sind.

So wird es beispielsweise möglich, in einer gehosteten Umgebung den Mandanten einige Diensteinstellungen zu überlassen, um eine höhere Unabhängigkeit und Flexibilität zu gewährleisten.

Planungsempfehlung

Finden Sie Ihr persönliches Gleichgewicht zwischen Isolations- und Funktionsanforderungen.

Ein gutes Beispiel könnte wie folgt aussehen: Es können mehrere Websites in unterschiedlichen Webanwendungen und Anwendungspools durch die Freigabe von Diensten in der Standardproxygruppe zusammengefasst werden, um Taxonomie, Inhalte und Profile in einem Intranet gemeinsam zu nutzen. Dadurch werden die Personalisierung und unternehmensweite Standardisierung für viele Websites und Anwendungen ermöglicht. Demnach stehen beispielsweise die Profildienstinformationen anwendungsübergreifend zur Verfügung.

Ein Beispiel für eine sinnvolle Isolation sieht vor, dass durch die Verwendung einer dedizierten Gruppe von Diensten für die Partnerzusammenarbeit sichergestellt wird, dass Benutzer des Partners nicht auf vertrauliche Informationen in Ihrer Intranetumgebung zugreifen und diese durchsuchen können. Weitere Beispiele für eine Isolation können wie folgt aussehen:

- Schränken Sie Suchbereiche auf einzelne Websitesammlungen ein
- Konfigurieren Sie den Benutzerprofildienst so, dass nur jene Benutzer angezeigt werden, die Mitglieder derselben Organisationseinheit in Active Directory sind

- Konfigurieren Sie die Personenauswahl mit dem STSADM-Befehlszeilentool, um nur die Benutzer anzuzeigen, die Mitglieder der Websitesammlung sind

Bestimmen Sie beim Entwerfen einer Strategie für Dienste in einer Hostumgebung, welche Dienste verfügbar und welche Dienste partitioniert sein sollen.

Anwendungspools

Ein IIS-Anwendungspool ist ein Konfigurationselement, das über einen Arbeitsprozess oder mehrere Arbeitsprozesse verfügt und dem eine oder mehrere Anwendungen zugeordnet werden.

Beim Erstellen von Websitesammlungen und Diensten in SharePoint 2013 wählen Sie einen vorhandenen Anwendungspool aus oder erstellen einen neuen. Jeder Anwendungspool kann über eine separate Identität, d.h. ein Sicherheitskonto, verfügen, die die Interaktion zwischen zwei Prozessen verhindert.

Der Speicheroverhead eines Anwendungspools, der für die Anwendungen erforderlich ist, die im Prozessbereich des Anwendungspools ausgeführt werden, ist minimal. Eine einfache SharePoint-Anwendung braucht hingegen nach dem Start selbst bei einer minimalen Benutzeranzahl je nach Anwendung mind. 0,5 bis 4 GB pro Webanwendungspool. Dienstanwendungspools hingegen konsumieren deutlich weniger Ressourcen (ca. 20 bis 300 MB bei geringer Aktivität). Die Anzahl der Anwendungspools wird primär von zwei Faktoren bestimmt:

- Verfügbarer Speicherplatz, der adressiert werden kann
- Menge an Speicherplatz, die von den im Anwendungspool ausgeführten Anwendungen belegt wird

Die allgemeine Richtlinie für eine angemessene Leistung sieht maximal acht bis zehn Anwendungspools vor.

Bereitstellung und Isolation

IIS-Anwendungspools ermöglichen das Ausführen mehrerer Websites auf einem Servercomputer mit einem eigenen Arbeitsprozess und einer eigenen Identität. Dadurch kann verhindert werden, dass Angreifer eine Sicherheitslücke auf einer Website ausnutzen, um Websites in verschiedenen Anwendungspools mittels Schadcode anzugreifen. Ein weiterer Vorteil besteht darin, dass mit dieser Strategie Code isoliert werden kann, der Speicher- oder sonstige Probleme verursacht, sodass der fehlerhafte Code nicht sämtliche Anwendungen beeinträchtigt. Aus Sicherheits- und Isolationsgründen wird empfohlen, eine eigene Identität für jeden Anwendungspool anzulegen. Zudem haben Sie eine einfachere Einsicht bei der Fehlersuche und Analyse, wenn Sie getrennte Identitäten für die Anwendungspools verwenden und somit unmittelbar zuordnen können, welcher Anwendungspool in Relation zu den anderen potenziell umfassende Ressourcen verwendet.

Während diese Prämisse im Allgemeinen weiterhin unter SharePoint 2013 Bestand hat, gibt es rund um die *Meine Website*-Komponenten neue Abhängigkeiten, die dieses Prinzip in Teilbereichen wieder einschränken. Demnach sollten Sie für die Webanwendung von *Mein Websitehost* den gleichen Anwendungspool verwenden wie für die Teamsites (oder alternativ das gleiche Dienstkonto für den jeweiligen Anwendungspool).

Verwaltung

Sie können die Verwaltung der zugehörigen Identitäten über die Funktion der verwalteten Konten dem SharePoint-System übertragen, um den Verwaltungsaufwand und Fehler durch das Zurücksetzen von Kennwörtern zu minimieren.

Planungsempfehlungen

Verwenden Sie bis zum Erreichen der empfohlenen Obergrenze für die Anzahl an Anwendungspools (10) so viele Anwendungspools, wie Ihre Systemressourcen erlauben, um eine gute Isolation und Verwaltbarkeit zu erreichen. Halten Sie dabei für jeden Anwendungspool von Webanwendungen jeweils mindestens 2 bis 4 GB Arbeitsspeicher frei. Trennen Sie durch diese Herangehensweise authentifizierte Inhalte von Inhalten, die im Wesentlichen anonym sind. Verwenden Sie separate Identitäten für Anwendungspools und isolieren Sie Anwendungen mit Kennwörtern und einer Interaktion mit externen Geschäftsanwendungen wie beispielsweise BDC-Verbindungen.

Bei einer intensiven Nutzung der Word Automation Services lagern Sie diese unbedingt in einen separaten Anwendungspool aus, da durch die zugehörige Dienstanwendung massive Last auf den Prozess und die CPU erzeugt werden kann.

Für den Secure Store wird aus Sicherheitsgründen empfohlen, einen dedizierten Anwendungspool zu verwenden.

Die Access Services benötigen eine individuelle Konfiguration des Anwendungspools, wonach in den Prozessmodelleinstellungen des Pools das Laden des Benutzerprofils auf *True* gesetzt wird. Aus diesem Grund sollte auch für die Access Services ein eigenständiger Anwendungspool angelegt werden.

Webanwendungen

Eine Webanwendung ist eine IIS-Website, die durch SharePoint 2013 erstellt und verwendet wird. Bei der Erstellung einer Webanwendung wird automatisch eine Inhaltsdatenbank erzeugt, die für die anschließend zu erzeugenden Websitesammlungen bereit steht. Diese Inhaltsdatenbank kann jedoch auch entfernt werden, ohne dass die Webanwendung ebenfalls automatisch entfernt wird. Eine Webanwendung ist immer einem Anwendungspool zugeordnet, der den Identitätskontext der Ausführung bestimmt.

Auf der Webanwendungsebene stehen Ihnen einige exklusive Konfigurationsparameter, wie beispielsweise die Wahl eines Authentifizierungsanbieters, sowie Ressourcensteuerungsfunktionen und Papierkorbschwellenwerte zur Verfügung.

Bereitstellung und Isolation

Jede Webanwendung hat einen eindeutigen Domänennamen, eingehende Anfragen werden somit durch die entsprechenden Hostheader eindeutig einer Webanwendung zugeordnet. Webanwendungen sind auf Datenbankebene immer voneinander isoliert.

Verwaltung

Die laufende Verwaltung von Webanwendungen wird durch SharePoint-Prozesse gesteuert und ist nicht weiter von Bedeutung. Webanwendungen werden auf allen Mitgliedern einer Serverfarm automatisiert erzeugt, sodass mit Ausnahme der Konfiguration einiger spezieller Parameter in IIS, für die keine Verwaltungsoberfläche in der SharePoint-Verwaltung über die Zentraladministration oder der PowerShell existiert, in der Regel keine weiteren manuellen Eingriffe erforderlich werden.

Planungsempfehlungen

Verwenden Sie dedizierte Webanwendungen im Allgemeinen für folgende Zwecke:

- Trennen Sie Inhalte für anonyme Benutzer von Inhalten für authentifizierte Benutzer
- Es werden nicht mehr als 20 Webanwendungen unterstützt. Unter SharePoint 2013 wird zudem empfohlen, die Anzahl an Webanwendungen so gering wie möglich zu halten und somit beispielsweise auf hostbenannte Websitesammlungen auszuweichen.
- Isolieren Sie Benutzer, indem Sie beispielsweise durch Platzieren von Partnerwebsites in einer separaten Webanwendung sicherstellen, dass Partner keinen Zugriff auf Ihre Intranetinhalte haben
- Erzwingen Sie Berechtigungen durch Richtlinien. Beispielsweise können Sie eine Richtlinie erstellen und so einer oder mehreren Benutzergruppen den Schreibzugriff explizit verweigern. Richtlinien für eine Webanwendung werden unabhängig von Berechtigungen für einzelne Websites oder Dokumente in der Webanwendung erzwungen.
- Optimieren Sie die Verwaltbarkeit. Durch das Erstellen isolierter Webanwendungen entstehen separate Websites und separate Datenbanken. Auf dieser Ebene stehen Ihnen einige webanwendungsspezifische Konfigurationsparameter, wie für den Papierkorb, zur Verfügung. Beispielsweise können Sie so Ablauf und Größe jeder Website mit eigenen Grenzwerten implementieren. Des Weiteren können Sie bei separaten Webanwendungen beispielsweise mehr Zeit für das Wiederherstellen von Websites einräumen, die nicht von grundlegender Bedeutung für Ihr Unternehmen sind, um so unterschiedliche Vereinbarungen zum Servicelevel (Service Level Agreement, SLA) anzubieten.
- Sobald Sie einen vom Standard abweichenden Port für Ihre Webanwendungen verwenden, kann es in Kombination mit einer Clientanwendung zu unerwarteten Problemen kommen. Verwenden Sie daher, wenn möglich, die HTTP- und HTTPS-Standardports. Stellen Sie bei der Verwendung von Nicht-Standardports zuvor sicher, dass alle gewünschten Clientanwendungsfunktionen weiterhin funktionstüchtig sind.

HINWEIS Unter SharePoint 2013 wird aufgrund der Anforderungen an Integrationsszenarien in Intranet- und Teamsiteszenarien explizit empfohlen, ausschließlich HTTPS-geschützte Webanwendungen zu verwenden.

- Planen Sie eine separate Webanwendung für *Meine Website* und den Inhaltstyphub ein

Inhaltsdatenbanken

Standardmäßig wird der gesamte Inhalt einer Webanwendung in einer Inhaltsdatenbank gespeichert. Auf Websitesammlungsebene können Sie die Inhalte auf mehrere Inhaltsdatenbanken aufteilen. Eine Inhaltsdatenbank kann mehrere Websitesammlungen enthalten. Eine Websitesammlung kann dabei jeweils nur in einer Datenbank liegen und nicht auf mehrere Inhaltsdatenbanken verteilt werden.

Im Hinblick auf eine angemessene Leistung wird empfohlen, maximal 100 Inhaltsdatenbanken pro Webanwendung zu implementieren. Aus Verwaltungsaspekten sollten Sie zudem eine Inhaltsdatenbank jeweils nicht größer als 200 GB werden lassen. Während sich die Leistung von SharePoint bei so großen Inhaltsdatenbanken nicht zwangsläufig verschlechtert, entstehen bei solchen Datenbankgrößen voraussichtlich andere negative Symptome wie unakzeptable Wiederherstellungszeiten bei der Verwaltung der Datenbank.

Bereitstellung und Isolation

Konfigurieren Sie die Datenbanken so, dass keiner der oberen Schwellenwerte überschritten wird. Erwarten Sie beispielsweise 20 Websitesammlungen mit einem durchschnittlichen Speichervolumen von 20 GB, richten Sie mindestens zwei Inhaltsdatenbanken mit einer Kapazität von je zehn Websitesammlungen ein.

Durch das Beschränken einer Datenbank auf eine Websitesammlung erreichen Sie eine Isolation von Inhalten zwischen Teams oder Projekten. Auf diese Weise können Sie die Inhalte für die einzelnen Teams unabhängig voneinander verwalten. Beispielsweise können Sie die Datenbank jedes Teams für Sicherung, Wiederherstellung und Migration separat verwalten. Dies gibt Ihnen die Möglichkeit, verschiedene Vereinbarungen zum Servicelevel in Abhängigkeit vom betreffenden Projekt oder Team zu implementieren. Zudem können Sie so Inhalte für den Lebenszyklus von Projekten verwalten. Beispielsweise können Sie nach Abschluss eines Projekts eine Datenbank einfach archivieren, wenn die Datenbank exklusiv für eine Websitesammlung verwendet wurde.

Sie haben die Möglichkeit, Websitesammlungen mithilfe der PowerShell von einer Inhaltsdatenbank in eine andere zu verschieben, um im Falle eines langfristigen Wachstums der Inhaltsdatenbanken nachträglich angemessene Datenbankgrößen zu sichern.

Verwaltung

Die Verwaltung von Datenbanken obliegt den Serverfarm- und SQL Server-Administratoren und umfasst folgende Aufgaben:

- Erstellen neuer Datenbanken
- Überwachen von Datenbankgrößen
- Sichern und Wiederherstellen von Datenbanken
- Datenbankoptimierungs- und Wartungsarbeiten
- Verschieben von Websitesammlungen zwischen Inhaltsdatenbanken

Planungsempfehlungen

Sie können mehrere Inhaltsdatenbanken pro Webanwendung bereitstellen, um Wartung und Leistungsfähigkeit der Webanwendung zu optimieren. Die maximale Größe einer Inhaltsdatenbank hängt dabei von zahlreichen Faktoren ab. Während 200 GB als empfohlene Grenze angesehen wird, die auch Datenbankwartungsoperationen ermöglicht, kann die theoretische maximale Inhaltsdatenbankgröße maximal 16 TB betragen.

HINWEIS SQL Server unterstützt 16 TB pro Datei. SharePoint unterstützt jedoch nicht die Partitionierung von Dateien in SQL Server, daher liegt die theoretische Obergrenze für SharePoint Inhaltsdatenbanken bei 16 TB.

Aus Leistungsgründen wird nicht empfohlen, mehr als 4 TB große Inhaltsdatenbanken bereitzustellen. Um bis zu dieser Grenze ohne spürbare Latenzen aus der Benutzersicht operieren zu können, sollten Sie jedoch sicherstellen, dass Sie 2 IOPS/GB auf dem entsprechenden SQL Server-Dateisubsystem anbieten können (mindestens jedoch 0,25 IOPS).

In bestimmten Szenarien, in denen keine intensive Nutzung zu erwarten ist bzw. lediglich ein kleiner Teil der Funktionen auf der Inhaltsdatenbank genutzt wird, können Sie auch mehr als 4 TB zur Verfügung stellen, ohne die erweiterten Anforderungen zu erfüllen. Am Beispiel einer Archivierungs-Site wird deutlich, dass hier keine kollaborativen Funktionen genutzt werden müssen und daher eine zusätzliche Latenz beim Zugriff in der Regel keine relevanten Auswirkungen hat.

Legen Sie vor dem Erstellen Ihrer Serverfarm eine Planung für das erwartete Volumen und die Verteilung Ihrer Daten in den Datenbanken vor, um eine sinnvolle Anzahl und Verteilung auf Inhaltsdatenbankebene zu erreichen.

HINWEIS Durch die neu in SharePoint 2013 eingeführte, aufgeteilte Speicherung ist der Effekt der aktivierten Versionierung in Dokumentbibliotheken kein wichtiger Faktor mehr bei der Planung der Datenbankgröße von Inhaltsdatenbanken.

Stellen Sie abschließend sicher, dass sich die von Ihnen gewählten Verfahren der Datenbankverwaltung für die erwarteten Datenbankkapazitäten mit den gewählten Methoden für Sicherung und Wiederherstellung vereinen lassen.

Wenn Sie Websitesammlungen bestimmten Inhaltsdatenbanken zuordnen möchten, verwenden Sie bevorzugt PowerShell für die Erstellung neuer Websitesammlungen, um die Inhaltsdatenbank vorgeben zu können (diese Option ist in der Zentraladministration nicht verfügbar).

Websitesammlungen

Eine Websitesammlung ist eine Sammlung von Websites mit gemeinsamen Verwaltungseinstellungen, Funktionen und Websitesammlungsadministratoren. Jede Websitesammlung enthält eine Website auf höchster Ebene und kann beliebig viele Unterwebsites enthalten.

WICHTIG Die Websitesammlung stellt aus der Perspektive des Benutzers eine extrem wichtige Einheit dar. SharePoint lebt von seinen dynamischen Inhalten und seinen Automatismen. SharePoint bildet beispielsweise die Navigationselemente unter Einbeziehung der Benutzerberechtigung automatisch ab, sodass Benutzer ausschließlich jene Navigationselemente sehen, für die Sie über ausreichend Zugriffsrechte verfügen. Diese auch Security Trimmed User Interface (UI) genannte Funktion steht Ihnen nur innerhalb einer Websitesammlung zur Verfügung.

Die empfohlene Richtlinie für eine angemessene Leistung sieht die Implementierung von weniger als 10.000 persönlichen oder 2.500 nicht persönlichen Websitesammlungen pro Inhaltsdatenbank als maximalen Wert vor (ehemals 50.000). Jedoch sollten auch diese Werte nicht spürbar unterschritten werden, um die Geschwindigkeit bei Aktualisierungen nicht zu reduzieren.

Neben den herkömmlichen Websitesammlungen existieren noch sogenannte hostbenannte Websitesammlungen.

Mithilfe von Websitesammlungen mit Hostnamen können Sie innerhalb einer Webanwendung mehrere Websitesammlungen auf Stammebene erstellen. Dies ist speziell für Administratoren von

Hostingorganisationen zum Erstellen von Websites mit Domänennamen relevant, da diese so die Limitierungen an den 20 unterstützten Webanwendungen einfach umgehen können.

Bei der Erstellung von Websitesammlungen mit Hostnamen ist kein spezieller SharePoint-Modus erforderlich. Diese Websitesammlungen werden mithilfe von Windows PowerShell erstellt. Außerdem können Sie in Windows PowerShell verwaltete Pfade für Websitesammlungen mit Hostnamen verwenden (*New-SPManagedPath –Hostheader*).

Websitesammlungen mit Hostnamen bieten eine größere Kontrolle über URLs. Sie sind jedoch nur über die Standardzone verfügbar. Benutzerkonten, die für die Authentifizierung über andere Zonen konfiguriert wurden, können nicht auf Websitesammlungen mit Hostnamen zugreifen.

Bereitstellung und Isolation

Websitesammlungen weisen Merkmale auf, die sich auf Berechtigungen, Navigation und die Bereitstellung von Features auswirken.

Die folgenden Elemente können innerhalb einer Websitesammlung, jedoch nicht über mehrere Websitesammlungen hinweg freigegeben werden (mit Ausnahme von Elementen, die in einem Dateisystem gespeichert sind, z.B. Features im Verzeichnis *_layouts*):

- Gestaltungsvorlagen
- Seitenlayouts
- Bilder
- Websitevorlagen
- Berechtigungen können nur innerhalb einer Websitesammlung und nicht über die Websitesammlungsgrenze vererbt werden, obwohl die hierarchische Struktur der Internetadresse diesen Eindruck vermitteln kann.
- Eine integrierte Navigation zwischen Websitesammlungen liegt nicht vor
- Suchergebnisse werden über Websitesammlungen hinweg anhand der Benutzerberechtigungen und unabhängig von der Anzahl der Websitesammlungen oder Datenbanken (in Abhängigkeit vom Suchbereich) aggregiert

Verwaltung

Die Erstellung von Websitesammlungen kann einfach automatisiert oder an andere Benutzer delegiert werden. Während die Erstellung von Websitesammlungen standardmäßig den Serverfarmadministratoren obliegt, können Sie alternativ zulassen, dass Benutzer mithilfe der sogenannten Self-Service-Siteverwaltung eigene Websitesammlungen erstellen können (nicht mit hostbenannten Websitesammlungen).

Das Verwenden einer dedizierten Datenbank für eine Websitesammlung ermöglicht zusätzliche Optionen für einfache Sicherungs- und Wiederherstellungsvorgänge auf der Websitesammlungsebene.

Wahl der Websitesammlungsbasis

In SharePoint 2013 sind hostbenannte Websitesammlungen nicht neu, jedoch stellen sie erstmalig das von Microsoft favorisierte Basismodell für die Abbildung einer Websitesammlungsarchitektur dar, welche zwangsläufig auch gravierende Auswirkungen auf die anderen Komponenten der logischen Architektur hat.

Hintergründe des Wechsels bei der Standardwebsitesammlungsarchitektur

Bei der näheren Auseinandersetzung mit dem Modell der hostbenannten Websitesammlungen wird Ihnen möglicherweise die Frage aufkommen, warum Microsoft dieses mit etlichen Implikationen einhergehendes Modell so propagiert. Die Antwort ergibt sich bei Betrachtung der Gesamtstrategie von Microsoft: Die lokale Szenarien werden bei weitem nicht mehr so forciert, dafür jedoch die SharePoint Online- und hybriden Szenarien. Für SharePoint Online sind hostbenannte Websitesammlungen bereits der Standard und somit existieren dort auch ausgiebige Erfahrungen, wenngleich diese erst schrittweise in Form von Aktualisierungen in das Produkt Einzug halten.

Aufgrund der teilweise nicht mit den üblichen Bestrebungen zu vereinbarenden Implikationen von HNSC (wie Isolation) sind wir der Meinung, dass dieses Modell keinesfalls krampfhaft angestrebt werden sollte, sondern vielmehr als Option anzusehen ist, die sicherlich in dieser Generation des Produkts noch nicht zum Standard für lokale Farmen wird.

Vergleich beider Websitesammlungsmodelle

In der Übersicht sieht das herkömmliche pfadbasierte Websitesammlungsmodell vor, verwaltete Pfade unterhalb einer Webanwendung zu definieren, unterhalb derer neue Websitesammlungen angelegt werden können. Dabei kann es sich hier um explizite Pfade für jeweils eine Websitesammlung handeln oder aber verwaltete Pfade unter Verwendung einer Wildcard, unterhalb derer mehrere Websitesammlungen positioniert werden können. Auf oberster Ebene werden dabei neue Stamm-URLs mithilfe einer eigenen Webanwendung abgebildet (Abbildung 3.17).

Abbildg. 3.17 Übersicht des klassischen Websitesammlungsmodells mit Pfaden

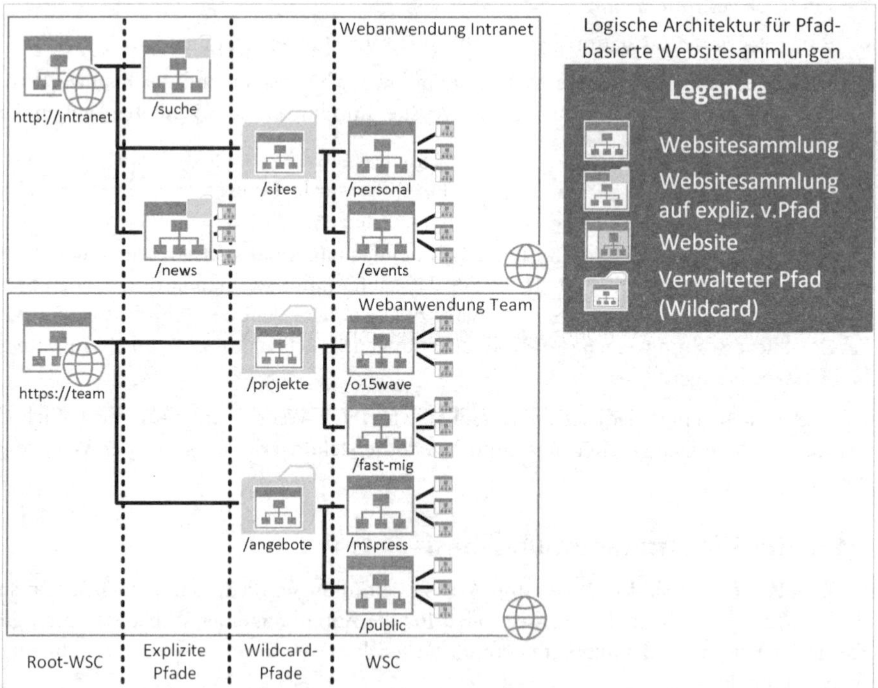

Hostbenannte Websitesammlungen hingegen ziehen eine weitere Schicht innerhalb der Webanwendung ein, indem Sie die Stamm-URL eine Ebene tiefer auf der Websitesammlungsebene abbilden. Hierdurch sind keine weiteren Webanwendungen erforderlich, da alle Stamm-URLs innerhalb der Webanwendung gehostet werden. Die Webanwendung indes nimmt alle eingehenden Anfragen für alle Stamm-URLs an und leitet diese an die entsprechenden Websitesammlungen weiter (Abbildung 3.18).

Abbildg. 3.18 Hostbenannte Websitesammlungen

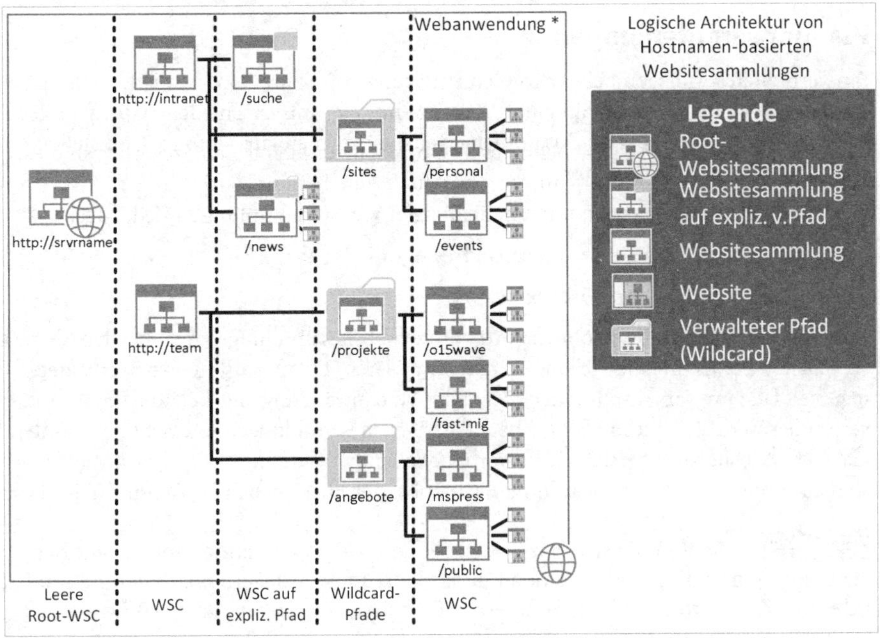

Dieses neue Konzept bietet den großen Vorteil, dass Sie der Architektur von Office 365 entspricht und entsprechend umfassend von Microsoft erprobt wurde. Einige der neuen Funktionen in SharePoint 2013, wie die Anforderungsverwaltung, wurden explizit für diese Basisarchitektur optimiert. Hier lässt sich entgegnen, dass die SharePoint-Community für dieses Szenario noch nicht vergleichbar viele Informationsquellen bietet wie für das pfadbasierte Modell.

Tabelle 3.23 Administrative Gegenüberstellung beider Websitesammlungsmodelle

Aspekt	Pfadbasierte WSC	Hostbenannte WSC
Erstellung	Flexibel	Nur mit PowerShell
Verwaltung	Flexibel	Nur mit PowerShell
Sicherheit und Isolation	Sehr gute Möglichkeiten	Nur begrenzte Isolation und Sicherheitsebene möglich
Funktionalität	Sehr gut, jedoch nicht für die Anforderungsverwaltung geeignet	Gut, jedoch Einschränkungen für Teilbereiche wie Self-Service-Websitesammlungserstellung
Hostingumgebung	Weitestgehend ungeeignet	Das Mittel der Wahl

HINWEIS Sie können beide Modelle auch innerhalb einer Webanwendung koexistieren lassen, indem Sie keine Hostheader in IIS verwenden. Bei einer Verwendung von Hostheadern können keine hostbenannten Websiteinhalte angezeigt werden.

Bei der parallelen Verwendung von hostbenannten Websitesammlungen und SSL-Offloading muss das Lastenausgleichsmodul (Load Balancer) bzw. Proxyserver den *Front-End-Https: On-Header* unterstützen.

Planungsempfehlungen

Ein verbreitetes Anliegen bei der Implementierung von SharePoint ist die Erstellung von mehreren Websitesammlungen innerhalb einer Webanwendung, um verschiedenen Teams oder Abteilungen in der Organisation separate Zusammenarbeitsplattformen zur Verfügung zu stellen. Zu den allgemeinen Entwurfszielen gehören:

- Verwalten einer separaten und unabhängigen Websitesammlung für jedes Team
- Erstellen einer eindeutigen Internetadresse für jedes Team
- Isolieren von Inhalten zwischen Teams

Zum Erreichen dieser Ziele können Sie mehrere Websitesammlungen der obersten Ebene mithilfe von verwalteten Pfaden in eine Webanwendung integrieren. Durch Festlegen von verwalteten Pfaden können Sie Pfade im Namensraum der URL einer Webanwendung angeben, die für Websitesammlungen verwendet werden. Sie können angeben, dass Websitesammlungen in einem bestimmten Pfad unterhalb der Website auf oberster Ebene vorhanden sind. Wenn Sie keine verwalteten Pfade verwenden, sind alle unterhalb der Websitesammlung auf oberster Ebene erstellten Websites Teile dieser.

TIPP Sollten Sie sich dazu entschließen, keine Websitesammlung auf der Stammebene anzulegen, kann dies zu Problemen bei der Nutzung spezieller Funktionen führen (z.B. WebDAV oder der Zugriff mithilfe vom SharePoint Designer). Legen Sie daher im Zweifel eine leere Top-Level-Websitesammlung an.

Sie können folgende zwei Arten von verwalteten Pfaden erstellen:

- **Ausdrückliche Inklusion** Die ausdrückliche Inklusion erzeugt eine Websitesammlung mit der von Ihnen angegebenen expliziten Internetadresse. Unterstützt werden von Microsoft zu diesem Zeitpunkt lediglich 20 Websitesammlungen, die mit einer ausdrücklichen Inklusion erstellt wurden. Wenn Ihre Organisation eine größere Anzahl von Websitesammlungen erfordert, verwenden Sie die Platzhalterinklusion.

HINWEIS Der Grund für die Beschränkung dieser Inklusion liegt in der Zwischenspeicherung dieser Inklusion auf dem Webserver, für die auch zusätzliche CPU-Ressourcen bei eingehenden Anfragen genutzt werden. Wenn Sie diese Grenze überschreiten möchten, wird empfohlen, dass Sie Ihr System vor und nach der Einrichtung auf eine akzeptable Leistungsfähigkeit hin testen.

- **Platzhalterinklusion** Platzhalterinklusionen ergänzen den Pfad Ihrer darunter liegenden Websitesammlungen. Dieser Pfad gibt an, dass alle Websites, die unmittelbar nach dem Pfadnamen angegeben werden, eindeutige Websitesammlungen sind.

Websites

Eine Website besteht aus verwandten Seiten sowie weiteren Elementen (z.B. Listen, Bibliotheken und Dokumenten), mehrere Websites werden in einer Websitesammlung zusammengefasst.

Um eine angemessene Leistung zu erreichen, stellen Sie nicht mehr als 250.000 Websites pro Websitesammlung bereit.

Freigabe und Isolation

Websites bieten Ihnen innerhalb der Websitesammlung eine integrierte Navigation von einer Unterwebsite zu anderen.

Ebenso wie Websitesammlungen sind auch separate Websites anfällig für übergreifende Skriptangriffe von anderen Websites in der Domäne.

Verwaltung

Sie können eine Vielzahl von Werkzeugen verwenden, um einzelne Websites zu verwalten.

Skalierung und Optimierung

Dieser Abschnitt dient Ihnen zur frühzeitigen Optimierung der SharePoint-Serverfarm während der Planungsphase.

Grundlagen

Es gibt drei wichtige Leistungsindikatoren zur Bewertung der Leistungsfähigkeit einer SharePoint-Serverfarm.

- Latenz
- Durchsatz
- Datenskalierung

Latenz

Als Latenz wird die Zeit bezeichnet, die als Reaktionszeit beim Zugriff der Serverfarm auf deren Funktionen verstreicht und damit in der Regel die Verzögerung, die ein Benutzer erfährt, wenn dieser nach einer Interaktion mit einem SharePoint-Server auf dessen Antwort wartet.

Durchsatz

Als Durchsatz wird in diesem Kontext die parallele Anzahl an Anfragen bezeichnet, die die Serverfarm innerhalb einer definierten Zeit verarbeiten kann. Durch jede Operation innerhalb der Serverfarm wird Leistung verbraucht. Im Rahmen der Planung gilt es, die zu erwartende Last zu bestimmen und mit der Serverfarmarchitektur in Einklang zu bringen.

Datenskalierung

Mit der Datenskalierung ist der Korpus an Daten gemeint, den die Serverfarm vorhalten kann, ohne dabei gegen die gesetzten Durchsatz- und Latenzziele zu verstoßen. Die Leistungsfähigkeit Ihrer Farm verläuft demnach proportional zum Umfang des Korpus, den Sie bei gleicher Latenz und Durchsatz vorhalten können.

SQL Server

SQL Server ist nach wie vor die wichtigste Komponente in Hinsicht auf die Gesamtgeschwindigkeit der Serverfarm. Jede Investition in die Optimierung der SQL Server-Leistung ist daher aus der Benutzerperspektive gewinnbringend, da diese geringere Latenzen beim Zugriff auf SharePoint verzeichnen werden. Ein besonders wichtiger Faktor bei der SQL Server-Leistung ist dessen E/A-Leistung. Selbst wenn die Ihnen auf dem SQL Server zur Verfügung stehende Speicherarchitektur nicht optimal ist, können Sie mit vergleichsweise einfachen Methoden teilweise beachtliche Leistungssteigerungen erreichen.

Wenden Sie folgende Maßnahmen an, um die Leistung von SQL Server zu optimieren:

- Separieren Sie die Datenbanken und Transaktionsprotokolle auf jeweils eigenständige Laufwerke, die wiederum auf separaten Festplattenspindeln exklusiv für SQL Server bereitstehen
  - Ziehen Sie in Erwägung, die SharePoint-Suchdatenbanken auf einer dedizierten SQL Server-Suchinstanz zu verschieben oder aber auf separaten Festplattenspindeln innerhalb von SQL Server bereitzustellen
- Verwenden Sie für die SQL Server-Datenbanken eine beschleunigende Festplattenformation, wie RAID-10-basierte Laufwerke
- Optimieren Sie die TempDB
  - Beobachten Sie die Größe der TempDB während der Produktionszeiten und setzen Sie den Wert für die automatische Vergrößerung auf 20 MB, sofern die Größe der TempDB nicht 200 MB überschreitet. Bei einer Größe über 200 MB setzen Sie den Wert auf 10 %. Diese Maßnahme führt dazu, dass die TempDB-Größe nicht zu häufig angepasst werden muss.
  - Positionieren Sie die TempDB nicht auf ein gemeinsames Laufwerk mit den anderen SharePoint-Datenbanken. Wählen Sie, wie für die SharePoint-Datenbanken, ein schnelles Dateisystem für diese Datenbank aus.
  - Setzen Sie die Anfangsgröße auf einen adäquaten Wert in Ihrer Umgebung
- Schließen Sie alle SQL Server-Datenbanken und Transaktionsprotokolle unbedingt von der Virenschutzüberprüfung aus! Der einzige Virenscanner, der indirekt die SQL Server-Datenbanken in einer SharePoint-Serverfarm überprüfen darf, sind die SharePoint-spezifischen Virenscanner.
- Verwenden Sie eine für SQL Server leistungsschonende Sicherungsmethode, wie beispielsweise den Microsoft System Center Data Protection Manager 2012 R2
- Formatieren Sie die Daten- und Protokolllaufwerke von SQL Server mit 64 KB großen Zuordnungseinheiten

---

HINWEIS Weiterführende Informationen zu den Best Practices für SQL Server finden Sie unter *http://go.microsoft.com/fwlink/?LinkId=148544* [Ms156-K03-14].

Zwischenspeicherung

Mithilfe der Zwischenspeicherung können Sie die negativen Auswirkungen auf die Leistungen, die aus einem SQL Server-Engpass entstehen, minimieren. Standardmäßig werden nahezu alle Inhalte, die beim Aufruf einer SharePoint-Website dargestellt werden, aus der SQL Server-Datenbank abgerufen. Dabei sind viele Inhalte statisch oder unterliegen nur selten Veränderungen. Mithilfe der in SharePoint 2013 enthaltenen Technologien zur Zwischenspeicherung können Sie die Last auf den SQL Server und die Zugriffslatenzen für Benutzer reduzieren. SharePoint bietet Ihnen, wie unter SharePoint 2010, primär drei Hilfestellungen für die Zwischenspeicherung:

- BLOB-Cache
- Ausgabecache
- Objektcache

BLOB-Cache

Der BLOB-Cache dient der Zwischenspeicherung von vergleichsweise statischen Inhalten wie JPEG-, Cascading Style Sheets (CSS) oder Videodateien auf dem Web-Front-End. Am Beispiel von Bilddateien lässt sich veranschaulichen, welche Möglichkeiten und Rahmenbedingungen für die Bereitstellung von statischen Inhalten vorliegen. Die meisten Bilddateien werden bei jedem Aufruf aus der Inhaltsdatenbank geladen. Es gibt jedoch auf jedem Web-Front-End-Server auch lokale Verzeichnisse, auf denen Bildmaterial bereitgestellt werden kann. Während die Bilddateien aus der Inhaltsdatenbank mit deutlichen Latenzen aufgerufen werden, kann der Web-Front-End-Server die lokal gespeicherten Bilddateien mit einer vergleichsweise deutlich geringeren Latenz bereitstellen.

Der Nachteil besteht jedoch darin, dass im Falle der Nutzung von lokalen Web-Front-End-Verzeichnissen sämtliche Änderungen am Bildmaterial auf allen Web-Front-End-Servern erfolgen müssen, während die Bereitstellung von Bildmaterial in einer Inhaltsdatenbank unkompliziert an einer Stelle erfolgen kann. Der BLOB-Cache adressiert genau diesen Aspekt, indem er definierte Dateitypen nach dem erstmaligen Aufrufen aus der Inhaltsdatenbank auf dem Web-Front-End-Server zwischenspeichert und beim erneuten Aufruf mit minimaler Latenz aus dem lokalen BLOB-Cache-Verzeichnis lädt. Dabei bietet der BLOB-Cache deutlich mehr Funktionalität, als diese Form der Zwischenspeicherung auf den ersten Blick offenbart.

Dateien, die aus dem BLOB-Cache bereitgestellt werden, erhalten einen Cachesteuerungsheader, der den Clientbrowser dazu animiert, die Datei lokal zwischenzuspeichern. Hierdurch wird zusätzliche Last vom Web-Front-End-Server genommen.

Eine weitere, elementare Funktion besteht in der Unterstützung von HTTP-Bereichsanfragen. Bei großen Dateien ist es praktikabel, nicht konsequent die vollständige, sondern lediglich einen Bereich einer Datei anzufragen, um somit sowohl die Bandbreite zu schonen, als auch alle SharePoint Server-Systeme zu entlasten. Ein exemplarisches Beispiel besteht in der Bereitstellung von Videos über SharePoint Server, die mithilfe von Windows Media Player oder dem auf Silverlight basierenden Webpart abgerufen werden, also durch die Verwendung eines Wiedergabemoduls, das HTTP-Bereichsanfragen unterstützt. Ohne die Verwendung von BLOB-Cache antwortet der SharePoint-Web-Front-End-Server unabhängig davon, ob eine Bereichsanfrage eingeht oder nicht, immer mit der vollständigen Datei. Bei aktiviertem BLOB-Cache werden diese Bereichsanfragen unterstützt.

Die Bereitstellung von sehr großen Dateien in Kombination mit dem BLOB-Cache ist von besonderem Vorteil, da selbst beim erstmaligen Abrufen einer Datei aus der Inhaltsdatenbank in verschiedenen Fällen direkt eine Beschleunigung der Clientanfragen und eine Reduktion der SQL Server-Last erreicht wird. Hintergrund ist, dass bei aktiviertem BLOB-Cache eine Datei, selbst wenn Sie noch nicht vollständig von SQL Server geladen werden konnte, nach dem Empfangen der ersten Bytes bereits für mehrere parallele Clientabfragen verwendet werden kann. Im Gegensatz dazu werden diese Dateien ohne BLOB-Cache alle mehrfach parallel von SQL Server abgefragt. Bei großen Dateien kann hierdurch eine massive und in der Regel sinnlose Mehrbelastung von SQL Server verzeichnet werden, die sich gravierend auf die verbleibenden Benutzersitzungen auswirken kann.

HINWEIS Der BLOB-Cache stellt speziell für Teamsites den für die Leistungssteigerung bedeutendsten Zwischenspeicher dar, den Sie zudem vergleichsweise unkompliziert bereitstellen können. Die Leistungsvorteile durch die Verwendung des BLOB-Caches können gravierend sein.

Neben all diesen positiven Eigenschaften gibt es bei aktiviertem BLOB-Cache auch negative Auswirkungen, sodass Sie den BLOB-Cache nicht in jeder Situation aktivieren sollten. Beim erstmaligen Aufrufen eines noch nicht im Cache befindlichen Objekts wird die fünffache Anzahl an SQL Server-Roundtrips verwendet und somit eine höhere Latenz verursacht als bei einer direkten Inhaltsdatenbankabfrage ohne den BLOB-Cache. Der Grund hierfür besteht darin, dass der BLOB-Cache eine Reihe weiterer Informationen zu dem aufgerufenen Objekt wie beispielsweise die zugehörigen Berechtigungen oder die Metadaten abfragt, damit künftige Anfragen sicher erfolgen können. Diese erhöhte Latenz wird auch dann erforderlich, wenn das Objekt im Cache aktualisiert oder der Cache zurückgesetzt wird.

Zusammengefasst sollten Sie den BLOB-Cache in folgenden Situationen verwenden:

- Sie haben häufig besuchte Seiten, die Inhalte wie JavaScript, CSS und Bildmaterial enthalten
- Sie stellen große Dateien, beispielsweise Videos, bereit

Vermeiden Sie in folgenden Situationen die Verwendung des BLOB-Caches:

- Sie stellen nur selten aufgerufene Dateien bereit
- Die Dateien werden häufig geändert

Sollten Sie sich für den Einsatz von BLOB-Cache entschieden haben, berücksichtigen Sie zusätzlich folgende Aspekte bei der Planung:

- Der BLOB-Cache darf nicht in Kombination mit IIS-Webgärten verwendet werden. Webgärten bieten die Möglichkeit, einem Webanwendungspool mehrere Prozesse zuzuordnen.
- Sofern Sie eine Webanwendung erweitert haben, beispielsweise um alternative Authentifizierungsanbieter zu konfigurieren, hält jede der Webanwendung einen eigenen, unabhängigen BLOB-Cache, der trotz der gemeinsamen Inhaltsdatenbank zusätzlichen Speicher benötigt
- Aufgrund der Speicherarchitektur der BLOBs auf dem Dateisystem beachten Sie bitte, dass die Gesamtlänge der URL der zwischenzuspeichernden BLOBs nicht mehr als 160 Zeichen betragen sollte
- Bei einer besonders hohen Anzahl an zwischen zu speichernden Dateien kalkulieren Sie zusätzlichen Arbeitsspeicher auf den Web-Front-Ends ein. Der BLOB-Cache-Index benötigt für jedes Element 800 Bytes im Arbeitsspeicher.
- Der BLOB-Cache ist als einzige der hier angeführten Zwischenspeicherungsmethoden aufgrund des auf dem Dateisystem befindlichen Indexes speicherresistent und bleibt daher auch nach einer IIS-Prozesswiederverwendung erhalten

- Reservieren Sie ausreichend Festplattenspeicher für den BLOB-Cache. Dafür sollten Sie neben der adressierten, maximalen BLOB-Cache-Größe zusätzliche 20 Prozent reservieren.

Sofern Sie eine besonders hohe Anzahl von mehreren hunderttausend Elementen im BLOB-Cache erwarten, beachten Sie bitte zusätzlich folgende besonderen Planungsaspekte:

- Der BLOB-Cache speichert seine enthaltenen Dateien in einem Index, der regelmäßig und vor einer IIS-Prozesswiederverwendung aktualisiert wird. Während dieser Aktualisierung müssen eingehende Anfragen bis zum Abschluss des Vorgangs warten, wenn die angefragte Datei nicht im Cache enthalten ist. Bei extrem umfangreichen BLOB-Caches kann diese Aktualisierung länger dauern als das maximale Download-Wartefenster. Achten Sie zusätzlich darauf, dass Sie ggf. die Wartezeit für das Herunterfahren des IIS-Prozesses in den Anwendungspooleigenschaften erhöhen, um bei Überschreitung der Zeitspanne aufgrund einer BLOB-Cache-Indexaktualisierung den Prozess nicht vorzeitig zu terminieren und einen korrupten BLOB-Caches zu riskieren.
- Erhöhen Sie den Wert für *WriteIndexInterval* im BLOB-Cache-Element der *web.config*-Datei. Standardmäßig wird der BLOB-Cache im Minutentakt serialisiert. Bei umfangreichen BLOB-Caches sollte dieser Wert bei 60 (Minuten) liegen.

Seitenausgabecache

SharePoint Server (nicht SharePoint Foundation) verwendet einen ASP.NET-basierten Ausgabecache, der im Arbeitsspeicher gehalten wird und ASPX-Seiten pro ASP.NET-Anwendung vorhält. Durch diesen Speicher kann der Seitendurchsatz gesteigert und die CPU-Last auf den Web-Front-End-Servern reduziert werden.

HINWEIS In SharePoint Server können lediglich die für das Veröffentlichungsfeature aktivierten Websites im Ausgabecache gespeichert werden.

Wenn eine Veröffentlichungssite gerendert wird, assembliert das Veröffentlichungsfeature die Site dynamisch. Um das Verfahren zu optimieren, kann der Webausgabecache verwendet werden, sodass Sites nicht mehr bei jedem Aufruf gerendert werden müssen.

Der Webausgabecache wird auf Websitesammlungsebene aktiviert. An dieser Stelle können vordefinierte Cacheprofile eingesehen, modifiziert und zugeordnet werden.

Um zu überprüfen, ob eine Website aus dem Cache geladen werden kann, wird entweder ein maximaler Zeitraum definiert, in dem eine Seite im Cache gültig ist (Time To Live, TTL), oder angegeben, ob nach Änderungen gesucht werden soll. Dabei ist das TTL-basierte Verfahren das zu bevorzugende, da es eine bessere Leistung bietet.

Beachten Sie folgende Aspekte bei der Planung des Ausgabecaches:

- Die Verwendung des Ausgabecaches erfordert zusätzlichen Arbeitsspeicher. Jede gerenderte Site benötigt ca. den zweifachen Speicherplatz der gerenderten Site plus 32 KB. So benötigt beispielsweise eine 50 KB große Site 132 KB im Arbeitsspeicher.
- Die Anzahl der definierten VaryBy-Parameter hat direkten Einfluss auf den erforderlichen Speicher

Objektcache

Der Objektcache steigert ebenfalls den Seitendurchsatz und reduziert die Last auf SQL Server. Hierfür werden Metadaten von Objekten wie SPWeb oder SPList zwischengespeichert. Sobald eine Site gerendert wird, die Metadaten zu diesen Objekten benötigt, werden diese aus dem Objektcache vom

SQL-Server abgerufen. Dies ist besonders dann von Vorteil, wenn eine Site Daten für mehrere SPWebs benötigt, was beispielsweise zum Darstellen der Navigationselemente erforderlich wird. Der Objektcache wird z.B. von folgenden Features verwendet:

- Veröffentlichung

HINWEIS Veröffentlichungsinfrastrukturszenarien, speziell besonders umfangreiche, stellen den Fokus beim Einsatz des Objektcaches dar.

- Inhaltsabfragewebpart (Content Query Webpart)
- Navigation
- Suchabfrage
- Metadatennavigation

Diese Features wurden so geschrieben, dass Sie, anstatt die SharePoint-API direkt zu verwenden, auf die Objektcache-API zurückgreifen. Durch diese Integration ist der Objektcache bei Abfragen durchgehend aktiv.

Remote-BLOB-Speicher (RBS)

Standardmäßig werden alle Daten eines SharePoint-Portals in BLOB-Daten von SQL Server innerhalb der Inhaltsdatenbanken gespeichert. Demnach werden also sämtliche im Zugriff befindliche Dokumente und multimedialen Inhalte in der Datenbank abgelegt. In vielen SharePoint-Nutzungskonstellationen nimmt die Gesamtgröße dieser BLOB-Daten einen extrem hohen Anteil des Datenbank-Speicherplatzes ein und übersteigt so den Anteil der Dokumentmetadaten und der anderen in der Datenbank gespeicherten strukturierten Daten. Indes ist der erforderliche Speicherbedarf auf dem Dateisystem beim 1,2-fachen an Speicher innerhalb der Datenbank. SQL Server-Datenbanken stellen indes keinen optimalen Speicher für derlei große BLOBs dar. Während die Datenbankarchitektur sich sehr gut für die Abfrage von zahllosen Feldern wie Metadaten und Eigenschaften hervorragend eignet, ist ein simpler Abruf von großen BLOBs, wie Videos, eher eine zwangsläufige Randerscheinung, die jedoch eine unnötige zusätzliche Last für den wichtigsten SQL-Leistungsfaktor (E/A-Operationen) bedeuten.

Abbildg. 3.19 FILESTREAM-Integration mit dem lokalen Anbieter

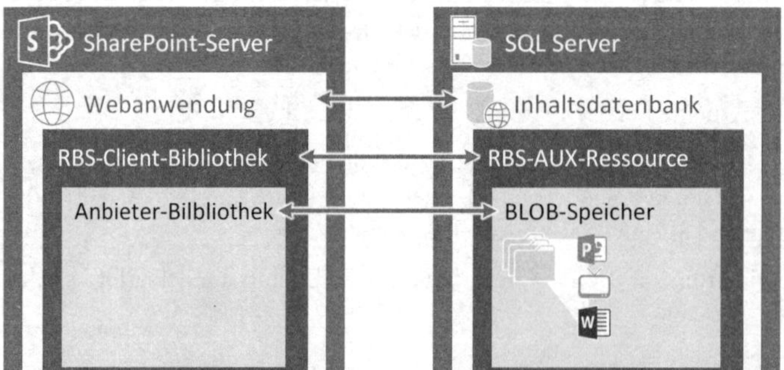

Mithilfe des Remote-BLOB-Speichers (RBS) werden diese Aspekte adressierbar. Hierdurch werden die BLOBs in einer Verzeichnisstruktur außerhalb der Datenbank gespeichert. Der standardmäßig hierfür in SharePoint und SQL Server vorgesehene Anbieter trägt den Namen *FILESTREAM* (Abbildung 3.19).

Für die Verwendung des FILESTREAM-Anbieters stehen ab SQL Server 2008 R2 zwei Ansätze zur Verfügung: Lokale und Remoteanbieter, wobei letzterer die Verwendung der Enterprise-Edition von SQL Server erfordert. Lokal bedeutet, dass die Dateisystemstruktur lokal auf dem SQL Server vorliegen muss. Unter Verwendung eines Remoteanbieters können Daten auch auf kostengünstigem Netzwerkspeicher bereitgestellt werden (Abbildung 3.20). Hierfür wird für das Remotespeichersystem der Einsatz iSCSI erforderlich (kein NAS). Zudem wird eine Mindestreaktionszeit von 20 ms für den Zugriff auf die ersten Bytes gefordert.

Abbildg. 3.20 Remoteanbieter FILESTREAM-Szenario

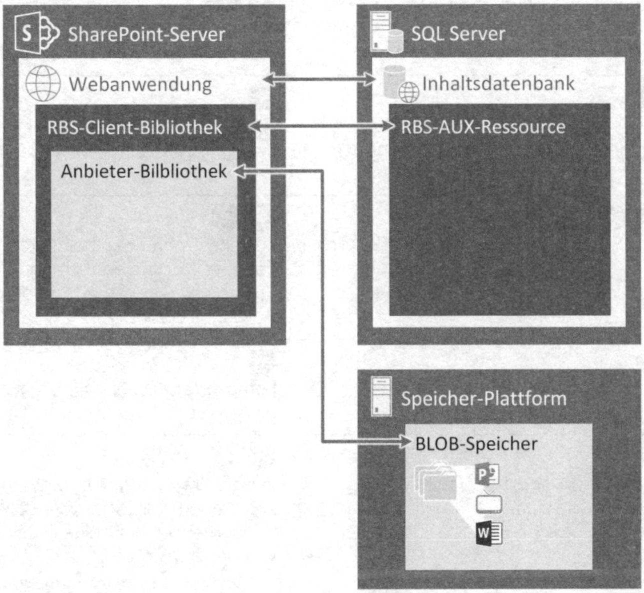

In beiden Szenarien sieht die grundlegende Logik vor, einzelne Inhaltsdatenbanken für den FILESTREAM-Anbieter zu konfigurieren. Um die RBS-Client-Bibliothek verwenden zu können, ist zudem die Bereitstellung des zugehörigen SQL Server-Installationspakets aus dem SQL Server-Feature Pack zumindest auf den Web-Front-End-Servern zu installieren, welche gemäß Ihrer Rolle einzig direkt auf die Inhalte der Inhaltsdatenbanken zugreifen. Der Zugriff selbst ist indes nur für hinreichend große BLOBs performant. Empfohlen wird eine Mindestgröße von 1 MB. Kleine BLOBs unter 256 KB sind besser innerhalb der Inhaltsdatenbank aufgehoben, da die Beschleunigung durch die Entkopplung von der SQL Server-Datenbank aufgrund der zusätzlich erforderlichen Roundtrips ins Negative umgekehrt würde. Dieser Schwellenwert wird indes als Eigenschaft der Inhaltsdatenbank konfiguriert (*$CDB.RemoteBlobStorageSettings.MinimumBlobStorageSize=1048576*).

Verwenden Sie RBS keinesfalls spontan, sondern lediglich nach einer genauen Abwägung der Vor- und Nachteile. Nachfolgende Tabelle betrachtet Vor- und Nachteile bei der Verwendung von RBS (Tabelle 3.24).

Tabelle 3.24 Gegenüberstellung von Planungseigenschaften mit und ohne RBS

Aspekt	Nativ	RBS-aktiviert
DB-Größe- und DB-Verwaltbarkeit	(−) Große Inhalts-DB und hierdurch möglicherweise problematisch für DB-Wartung	(+) In der Regel deutlich geringere DB-Größe und hierdurch besserer DB-Wartung
Sicherheit	(+) BLOBs sind besser vor Zugriff schützbar	(−)(−) BLOBs haben nur NTFS-Schutz
Verwaltung	(+) Keine Einschränkungen	(−)(−) Nur unhandliche Kombination aus T-SQL und PowerShell. Schlechte Transparenz.
Beschleunigung	(+)/(−) Grundsätzlich stehen teilweise alternative Verfahren zur Beschleunigung zur Verfügung	(+) Beschleunigung möglich, jedoch nicht zwangsläufig
Kosten	(+)/(−) Möglicherweise teurer Datenbankspeicher	(+)/(−) Kosteneinsparungen bei teurem SAN-Speicher möglich, jedoch ggf. Zusatzkosten in Verwaltung durch Aufwand und Tools
Komplexität	(+) Keine Verschlechterung	(−) Komplexität der Farm wird weiter gesteigert
Sonstiges	(+) Keine Einschränkungen	(−) Keine vollwertigen SQL-Momentaufnahmen, Konsistenz bei Sicherung und Wiederherstellung, keine Datenkompression, inkompatibel mit System Center Data Protection Manager 2012 R2

Drittanbieter adressieren einige dieser Aspekte wie z.B. den Aspekt der schlechten Verwaltbarkeit, der flexiblen Verlagerung von RBS-Inhalten und der BLOB-Verschlüsselung. Die beiden primär relevanten Anbieterlösungen sind weiterhin AvePoint DocAve Storage Manager und Metalogix StoragePoint.

Im Vergleich zu der in SharePoint integrierten RBS-Lösung unterscheiden sich beide Lösungen in der Übersicht auszugsweise wie folgt (Tabelle 3.24):

Tabelle 3.25 Übersicht der RBS-Drittanbietererweiterungen

Funktion	DocAve Storage Manager	Metalogix StoragePoint
Integration in die Farmadministration		✓
Isolation der BLOBs vor Adminzugriff	✓	

Tabelle 3.25 Übersicht der RBS-Drittanbietererweiterungen *(Fortsetzung)*

Funktion	DocAve Storage Manager	Metalogix StoragePoint
Lösung auf separater Hardware	✓	
Flexible Remotespeicherwahl	✓	✓
Verschlüsselung von BLOBs	✓	✓

Als Fazit lässt sich zusammenfassen, dass der Einsatz von RBS keinesfalls selbstverständlich ist und nur im Einzelfall sinnvoll sein kann. Durch die Einführung des aufgeteilten Speichers zur Datenreduktion und Deduplizierung ist der Gewinn durch den Einsatz von RBS zudem deutlich begrenzter als noch zuvor, da die Deltas nun auch bei aktiviertem RBS in der Regel in der Datenbank platziert werden. Eine umfassende Lösung für RBS kann nur mithilfe von Drittanbieterprodukten umgesetzt werden, wobei auch diese die Komplexität erhöhen und nicht unerheblich in der Preisgestaltung sind.

Lasttests

Die Leistungsfähigkeit einer Serverfarm zu bewerten ist seit jeher eine schwierige Aufgabe. Microsoft hat zu diesem Zweck für viele Produkte eigene Lastsimulationswerkzeuge zur Verfügung gestellt. Für SharePoint 2013 gibt es zu diesem Zeitpunkt kein spezifisches Simulationswerkzeug, jedoch eine Reihe von Werkzeugen, die Ihnen dabei helfen, direkt oder indirekt die Leistungsfähigkeit Ihrer Serverfarm zu messen. Die wichtigsten Werkzeuge werden Ihnen in Kapitel 7 vorgestellt. Neben diesen Werkzeugen steht Ihnen weiterhin das kostenfreie Microsoft-Befehlszeilenwerkzeug SQLIO zur Verfügung, um primär die so wichtige E/A-Leistung Ihres SQL Server-Festplattensubsystems zu analysieren.

Da SharePoint massiv vom E/A-Verhalten Ihres Datenbanksystems beeinflusst wird, werden Sie feststellen, dass deutlich höhere E/As auf Datenbankebene gleichzeitig eine spürbar verbesserte bzw. beschleunigte Benutzererfahrung beim Browsen der SharePoint-Sites zur Folge haben. Neben dem Datenbanksystem spielt, in Abhängigkeit der vom Benutzer verwendeten Funktion, auch die Geschwindigkeit des Dateisystems auf den SharePoint-Servern eine gewisse Rolle. So ist z.B. bei Suchabfragen die Geschwindigkeit des Dateisystems auf dem Abfrageserver wichtig.

Messen Sie daher vor der Bereitstellung der Datenbankserver und der SharePoint-Server diese Leistungsindikatoren.

HINWEIS Sie finden das Werkzeug SQLIO unter dem Link *http://go.microsoft.com/fwlink/?linkid=105586* [Ms156-K03-15]. Nach der Installation finden Sie im Installationsverzeichnis eine ausführliche Anleitung des Werkzeugs vor.

Sie führen die Messungen laufwerksweise durch und legen dabei mithilfe von Parametern über eine Eingabedatei und die Befehlszeile fest, welches Prüfschema (z.B. Lese- oder Schreiboperation) anzuwenden ist.

In der Übersicht lauten die wichtigsten Schritte zur Verwendung von SQLIO wie folgt:

HINWEIS Die Installation des Werkzeugs ist unkritisch und kann problemlos während der Produktionszeiten erfolgen. Die Ausführung des Werkzeugs hat jedoch direkten Einfluss auf das Verhalten von SharePoint. Einerseits erhalten Sie durch die Ausführung von SQLIO während der Produktionszeiten keine vergleichbaren bzw. relevanten Messergebnisse, andererseits wird während der Ausführung des Werkzeugs auf den Datenbank- oder Transaktionsprotokolllaufwerken direkt der Zugriff auf die SharePoint-Funktionen verhindert. Führen Sie das Werkzeug daher außerhalb der Produktionszeiten bzw. vor der Inbetriebnahme von SharePoint aus und speichern Sie die Ergebnisse für spätere Vergleiche.

1. Öffnen Sie die Datei *param.txt* im SQLIO-Installationsverzeichnis und ändern Sie jeweils den Dateipfad ab. Ersetzen Sie in der nicht auskommentierten Zeile die 2 durch die 1, um Schreibzugriffe zu simulieren (z.B. *c:\testfile.dat 1 0x0 100*). Der Wert 100 gibt die Größe der anzulegenden Testdatei in MB an.
2. Führen Sie nun SQLIO in der Befehlszeile aus. Für SQLIO sind vielfältige Parameter verfügbar. Das folgende Beispiel veranschaulicht einige gängige Parameterketten.

HINWEIS Bei der Eingabe der Parameternamen ist unbedingt die Groß-/Kleinschreibung zu beachten!

```
SQLIO -kW -s300 -fsequential -o8 -b256 -LS -Fparam.txt timeout /T 60
```

Durch den Parameter *–s* steuern Sie die Dauer der Messung in Sekunden. Der Parameter *–LS* ermöglicht Ihnen die Messung von Latenzen beim Zugriff auf das Dateisystem.

3. Es bietet sich an, die Ausgabe in eine Datei umzuleiten, um die Werte für spätere Messungen vergleichbar vorliegen zu haben. Fügen Sie dazu *>[Dateiname].txt* an den SQLIO-Aufruf an.

Durch die Ausführung erhalten Sie die folgenden Rückgabewerte:

- **IOs/sec** Dieser primär wichtige Wert für SQL Server sollte deutlich im vierstelligen Bereich liegen
- **MBs/sec** Der Durchsatz sollte sich bei der Verwendung obiger Parameter zwischen 500 und 1.000 bewegen
- **Min_Latency(ms)** Die minimale Latenz sollte nahe 0 ms sein (*1-3*)
- **Avg_Latency(ms)** Die durchschnittliche Zugriffslatenz sollte sich bei optimalen Systemen unter 10 ms bewegen
- **Max_Latency(ms)** Die maximale Latenz kann im Einzelfall durchaus hoch sein und sollte sich grob im unteren, dreistelligen Bereich bewegen

SharePoint-Client

In diesem Abschnitt werden die wichtigsten Aspekte der Clientplanung in Hinsicht auf deren Unterstützung in SharePoint 2013 angeführt.

Browserwahl

In SharePoint 2013 wurden große Bemühungen unternommen, um Browser- und Plattformunabhängig auf SharePoint zugreifen zu können. Während dies für weite Teile sehr gut gelungen ist, existieren weiterhin eine Reihe an Einschränkungen, wenngleich deutlich weniger als noch unter SharePoint 2010. Wieder einmal wurden die Internet Explorer-zentrischen ActiveX-Controls und Silverlight-Steuerelemente, die für die erweiterten Funktionen genutzt wurden, primär durch HTML5-Inhalte ersetzt.

Weiterhin ist der Internet Explorer der Browser der Wahl für SharePoint-Zugriffe mit maximaler Funktionalität (siehe Tabelle 3.).

Tabelle 3.26 Unterstützte Browser in der Reihenfolge ihrer relativen Eignung für SharePoint

Browser	Anmerkungen
Internet Explorer 8-11 (32-Bit-Edition)	Standardmäßig werden auf 64-Bit-basierten Microsoft Betriebssystemen sowohl die 32-Bit- als auch die 64-Bit-Editionen von Internet Explorer bereitgestellt. Dabei wird standardmäßig der 32-Bit-basierte Browser verwendet. Der Internet Explorer 7 wird ab Windows XP bzw. Windows Server 2003 als Basisbetriebssystem unterstützt.
Google Chrome (aktuelle Version)	Aktuell wahrscheinlich beste Alternative zum IE
Mozilla Firefox (aktuelle Version) (Windows 32-Bit-Edition und Mac OS)	Bietet einen ebenfalls großen Umfang an Funktionen, wobei die Mac-Version weniger Funktional ist
Safari für Mac und iOS	Bietet mit leichten Abstrichen eine gute Unterstützung für den Zugriff
Internet Explorer 10 im immersiven Modus	Unterstützt keine Steuerelemente und daher nur eingeschränkte Funktionalität
Internet Explorer 9 (64 Bit)	Keine verfügbaren ActiveX-Steuerelemente, daher nicht zu empfehlen

Frühere Internet Explorer-Versionen bis zu der Version 7 werden nicht mehr unterstützt, wenngleich dies nicht bedeutet, dass eine Anzeige von SharePoint-Inhalten nicht möglich ist.

Ein Beispiel für die verbesserte Integration von Firefox und Chrome sind deren integrierte Ziehen/Ablegen-Funktionalität für SharePoint. Diese kann in Kombination mit Internet Explorer 8-9 lediglich durch die Verwendung der in Microsoft Office enthaltenen ActiveX-Steuerelemente genutzt werden. Der Internet Explorer 10 hingegen unterstützt diese Funktion hingegen auch ohne installiertes Office.

HINWEIS Sattelfeste MacGyver-Anhänger können sich durch die Installation des kostenfreien SharePoint-Designers 2013 der Ziehen/Ablegen-Funktionalität in Kombination mit Internet Explorer 8-9 ermächtigen.

Allgemeine Rahmenbedingungen bei Verwendung von Internet Explorer

Neben den bekannten Vorgaben, wonach sich die aufzurufende Site entweder in der Internet Explorer-Zone der vertrauenswürdigen Websites oder aber dem lokalen Intranet befinden sollte, gibt es weitere Feinheiten, auf die es bei Anpassungen zu achten gilt. Neben der Verwendung von ActiveX-

Steuerelementen für erweiterte Funktionen wird beispielsweise JavaScript benötigt, um die Seite überhaupt im Browser rendern zu können. Standardmäßig ist JavaScript in den besagten Zonen aktiviert und lediglich in der Zone der eingeschränkten Sites deaktiviert. Sollten Sie Anpassungen unterliegen, können Sie durch die Aktivierung von Active Scripting in den Zoneneinstellungen des Browsers sicherstellen, dass diese Voraussetzung gegeben ist.

Steuerelemente

Historische Gegebenheiten blockieren in SharePoint die mächtigen Steuerelemente wie ActiveX und jüngst seit SharePoint 2010 Silverlight die Nutzung von unabhängigen Browsern mit voller SharePoint-Funktionalität.

Noch unter SharePoint 2010 wurde für diverse Funktionen wie modale Dialoge oder Visio Services-Inhalte auf Silverlight zurückgegriffen. Auch wenn Silverlight mittlerweile abgekündigt ist, basieren noch eine ganze Reihe an Steuerelementen in SharePoint 2013 auf Silverlight. Die Mehrheit dieser Szenarien nutzen Silverlight jedoch lediglich als Fallback-Steuerelement, wenn die erforderlichen HTML5-Elemente nicht vom jeweiligen Browser unterstützt werden. In wenigen Szenarien ist Silverlight 3 dennoch auf dem Client erforderlich:

- Darstellung von Power View-Inhalten
- Für die vollständige Reporting Services-Funktionalität
- Organigramm (Bestandteil von *Meine Website*)
- IRM (Informationsrechteverwaltung)-geschützte Wiedergabe von Medien, wie Audio und Video

Traditionell werden für SharePoint die wesentlichen ActiveX-Steuerelemente, die für die besonders attraktiven Funktionen wie Drag und Drop, mehrfache Datei-Uploads oder Tabellenbearbeitungsfunktionen verwendet wurden, im Rahmen der Microsoft Office-Installation auf dem Client bereitgestellt. Dies gilt auch für die aktuelle Office 2013-Version. Allerdings wurden mittlerweile einige der Funktionen auch in HTML5 abgebildet.

Die folgenden Funktionen werden beispielsweise in der 64-Bit-Edition von Internet Explorer 8 und außerhalb der Internet Explorer-Plattform nicht unterstützt bzw. unterliegen Einschränkungen:

- Digitale Signatur von InfoPath-Formularen mit InfoPath Forms Services
- Anzeige des Anwesenheitsstatus für Personen auf einer Webseite

  Firefox und Google Chrome unterstützen diese Funktion mithilfe eines Plug-Ins.
- Export von Aufgabenlisten nach Project Server
- Exportieren nach Excel
- Synchronisierung von Ereignis- und Kontaktlisten nach Outlook
- Erstellen und Öffnen von Access-Datenbanken mit SharePoint-Listendaten
- Direktes Öffnen von Office-Dateiformaten in Office
- Ziehen/Ablegen

HINWEIS Das ActiveX-Steuerelement vom in Office 2003 eingeführten Picture Manager, zur direkten Verwaltung von Bildbibliotheken in SharePoint, steht nicht mehr in Office 2013 zur Verfügung.

Internet Explorer-immersiver Modus unter Windows 8

Erstmalig unter Windows 8 wird der Internet Explorer in der Version 10 im sogenannten immersiven Modus ausgeführt. Dieser Modus wird aktiv, wenn Sie den Browser mithilfe der Standardkachel von der Startseite aus starten. Da dieser Modus keinerlei Browser-Plug-Ins lädt, stehen Ihnen in diesem Modus nicht alle Funktionen von SharePoint zur Verfügung.

Konkret fehlen durch die Nutzung dieser Browserversion potenziell erforderliche ActiveX Steuerelemente. Die Liste der hierdurch fehlenden Funktionen finden Sie in Kapitel 8 vor. Hiervon betroffen sind auch die Silverlight und Adobe Flash-Steuerelemente, diese werden jedoch nicht aktiv durch SharePoint genutzt.

Dies ist jedoch aus zweierlei Gründen nicht weiter hinderlich. Einerseits steht Ihnen unter Windows 8 parallel auch der Internet Explorer in der Desktopversion zur Verfügung, in der alle Funktionen voll zur Verfügung stehen, andererseits handelt es sich bei den fehlenden Funktionen größtenteils um im immersiven Modus verzichtbare Funktionalitäten.

Mobiler Zugriff

Der mobile Zugriff in SharePoint 2013 wurde stark verbessert und bietet nun auch plattformübergreifende komplexe Funktionen für mobile Browser, selbst in Kombination mit Office Web Apps 2013.

Die folgenden Mindestversionen an mobilen Browsern werden, basierend auf der Zielplattform des mobilen Browsers sowohl auf Tablet-PCs und Smartphones unterstützt:

- Safari 5 (iPhone/iPad)
- Android Browser 4.0
- Internet Explorer Mobile (ab Windows Phone 7.5)

Es existiert eine Reihe an zusätzlichen Anwendungen wie die Microsoft Newsfeed-App oder Microsoft Office Mobile, die Microsoft für die Zielplattform bereitstellt und die für den Zugriff auf SharePoint 2013 verwendet werden können. In der Übersicht stehen Ihnen die folgenden mobilen Anwendungen zur Verfügung (Tabelle 3.27).

Tabelle 3.27 Übersicht von mobilen Client- und Server-Anwendungen für den mobilen Zugriff auf SharePoint 2013

Anwendung	Windows Phone	Android	iPad	iPhone
Newsfeed-App	✓		✓	✓
Office Mobile	✓	✓	✓	✓
Office Web Apps	✓	✓	✓	✓
OneNote	✓	✓	✓	✓
Office-Hub	✓	✓		

Für die schwindende BlackBerry-Gemeinde existiert ein dedizierter SharePoint-Client von BlackBerry. Mehr Informationen finden Sie unter *http://us.blackberry.com/business/software/sharepoint-*

client.html [Ms156-K03-16]. Parallel dazu bietet der Hersteller harmon.ie weiterhin seinen SharePoint-Client für BlackBerry an (*http://harmon.ie/Products/Mobile/Blackberry* [Ms156-K03-17]).

OneNote hat an sich nichts unmittelbar mit SharePoint gemein, ist jedoch mittlerweile eine wichtige Clientanwendung, deren Inhalte häufig über SharePoint-Dokumentbibliotheken geteilt werden.

Das Microsoft Office-Hub bildet sozusagen die mobile Alternative zu SkyDrive Pro für die transparente Offlinebearbeitung von SharePoint-Inhalten.

Office-Client

Wie immer gilt auch in dieser Version, die neueste Office-Version ist jeweils der beste Partner für das Ausschöpfen der SharePoint 2013-Funktionen. In Office 2013 gibt es somit erneut zahlreiche Gründe für den Umstieg auf die aktuelle Office-Version. Die aktuelle Entwicklung auf dem Markt für mobile Geräte wie Tablet-PCs und Smartphones ermöglicht Office 2013 zudem auch unabhängig zu punkten: Erstmalig wurde Office für Touchscreens optimiert.

Seit Microsoft Office 2010 steht Ihnen auch eine 64-Bit-Version der Office-Suite zur Verfügung. Weiterhin sollte in Kombination mit SharePoint von einem Einsatz der Office-64-Bit-Edition abgesehen werden, da in dieser keine ActiveX-Steuerelemente für den komfortablen kombinierten Browserzugriff enthalten sind. Implementieren Sie die 64 Bit-Version von Office 2013 daher lediglich, wenn Sie besonders umfangreiche Daten wie beispielsweise Excel-Tabellen jenseits der 2 GB-Grenze verwenden möchten.

Für Mac OS steht seit Office für Mac 2008 eine Edition mit minimaler SharePoint-Integration zur Verfügung, die in Office für Mac 2011 deutlich ausgebaut wurde. Selbst die Verwendung der Informationsrechteverwaltung ist in dieser Version nutzbar. In der Übersicht stehen folgende SharePoint-integrierten Funktionen für Office für Mac 2011 nicht zur Verfügung:

- Veröffentlichung von PowerPoint-Folien
- Starten von SharePoint-Workflows
- Synchronisierung von SharePoint-Listen mit Outlook
- Offlinedatenverwendung von SharePoint-Dokumentbibliotheken

Mit der in 2014 erscheinenden Office für Mac 2014-Version ist unter anderem mit einer Integration von SkyDrive Pro zu rechnen.

Die Voraussetzungen für den Zugriff auf SharePoint 2013 sind in der Übersicht wie folgt:

- Office 2013
- Office 2010 mit Service Pack 1 und KB 2553248
- Office 2007 mit Service Pack 2 und KB 2583910
- Office für Mac 2011 mit Service Pack 1
- Office 2008 für Mac, Version 12.2.9

Gegenüberstellung von Office-Versionen

In der Tabelle 3.28 werden einige der wichtigsten Unterschiede bei der Verwendung unterschiedlicher Office-Versionen in Kombination mit SharePoint gegenübergestellt. In Klammern angeführt sind dabei Versionsfunktionen, die nur begrenzt das SharePoint 2013-Potenzial ausnutzen.

Tabelle 3.28 Office-Versionen im Vergleich

Funktion	Office XP	Office 2003	Office 2007	Office 2010	Office 2013
Access SharePoint-Integration				(✓)	✓
Dokumente gleichzeitig bearbeiten mit Word oder PowerPoint				✓	✓
Excel Services-Integration			(✓)	(✓)	✓
Bi-direktionale Outlook-Synchronisierung			✓	✓	✓
Geschützte Ansicht für nicht vertrauenswürdige Dokumente				✓	✓
Ein- und Auschecken von Dokumenten		✓	✓	✓	✓
OneNote: Zusammenarbeit		✓	✓	✓	✓
Outlook: Connector für soziale Netze		✓	✓	✓	✓
Outlook: übergreifende Aufgabensynchronisierung					✓
Outlook Website-Postfach					✓
Picture Manager		✓	✓	✓	
PowerPoint-Folienbibliotheken			✓	✓	✓
PowerPivot für Excel				✓	✓
SkyDrive Pro					✓
Groove 2007/Workspace 2010			(✓)	✓	
PowerPoint-Themes auf SharePoint-Sites anwenden				(✓)	(✓)
Touchscreenoptimierung					✓
Workflow-Manager-Integration					✓

Zusammengefasst lässt sich sagen, dass Microsoft Office 2010 den Großteil der SharePoint 2013-Funktionen unterstützt, während lediglich Office 2013 das vollständige Potenzial von SharePoint 2013 auszuschöpfen versteht.

Neben den hier angeführten Funktionen existieren zahlreiche weitere Details wie die Erfordernis von Project 2013 für den Zugriff auf Project Server 2013, die hier nicht angeführt sind. Vor dem Hintergrund sprechen im Detail viele Gründe für die Verwendung von Office 2013.

Offlinedatenverwendung

Für die Offlinemitnahme und automatische Synchronisierung von SharePoint-Dokumentbibliotheken bietet Microsoft SkyDrive Pro an. SkyDrive hingegen ist für die SharePoint Online-Synchronisierung und nicht für lokale Umgebungen konzipiert. Neben der Synchronisierung wird auch die gemeinsame Zusammenarbeit mit den in SkyDrive Pro enthaltenen Daten unterstützt. Dieser Prozess ist dabei transparent. Ist der Benutzer online, wird eine Onlineverbindung zur zugehörigen Dokumentbibliothek hergestellt.

SkyDrive Pro ist die dritte Version des erstmals unter Groove 2007 verfügbaren Synchronisierungsclients. Unter Office 2010 wurde das Werkzeug unter dem Namen Workspace 2010 umfirmiert. Während die Architektur immer noch ähnlich ist, wurden in SkyDrive Pro nicht nur die Oberfläche, sondern auch die Funktionalität stark verändert. Existierte bis einschließlich Workspace 2010 noch eine proprietäre Client-Oberfläche, ist SkyDrive Pro nun in den Windows-Explorer integriert. So finden Sie die zu synchronisierenden Dokumentbibliotheken unter den Favoriten wieder.

Während SkyDrive Pro für die Synchronisierung von SharePoint 2013-Dokumentbibliotheken konzipiert wurde, kann es theoretisch auch die Inhalte von SharePoint 2010 synchronisieren, dies wird jedoch nicht von Microsoft unterstützt.

HINWEIS In der zweiten Jahreshälfte 2013 sind im Rahmen von Aktualisierungen Überprüfungsroutinen in SkyDrive Pro eingebracht worden, die beim Hinzufügen einer Dokumentbibliothek aus SkyDrive Pro heraus die SharePoint-Version der zu synchronisierenden Bibliothek überprüfen. Verwenden Sie daher die Browserfunktion von SharePoint 2010 zum Erstellen eines Workspacearbeitsbereichs, sollten Sie die Supportauflage von Microsoft umgehen wollen.

Workspace 2010 kann hingegen grundsätzlich auch für die Synchronisierung von SharePoint 2013-Dokumentbibliotheken verwendet werden. Beide Produkte nutzen das gleiche Basisprotokoll. Ziehen Sie jedoch für SharePoint 2013-Inhalte SkyDrive Pro vor. Sie können beide Produkte parallel installieren. Es gibt indes keine Migration oder Datenübernahme zwischen beiden Produkten. Es handelt sich immer um eine Neuinstallation.

SkyDrive Pro ist nicht nur in den Office 2013-Suiten enthalten, sondern steht alternativ kostenfrei zum Download unter *http://www.microsoft.com/de-de/download/details.aspx?id=39050* [Ms156-K03-18] zur Verfügung.

Im Vergleich zu Workspace 2010 kommt es zu einigen funktionalen Einschränkungen in SkyDrive Pro:

- Die Verwendung von Vorlagen zur Offlineerstellung von Dokumenten ist nicht mehr möglich
- Das explizite Auschecken von Dateien steht nicht mehr zur Verfügung
- Listenelemente werden nicht mehr unterstützt

In Kapitel 10 werden Ihnen die Funktionen von SkyDrive Pro und dessen Integration in SharePoint 2013 näher erläutert.

Serverrollen und Dienstpositionierung

In diesem Abschnitt erfahren Sie weiterführende Informationen zu der Positionierung der elementaren SharePoint-Serverrollen und -Dienste.

Grundlagen

Im Rahmen einer SharePoint-Architektur wird im Wesentlichen zwischen drei Ebenen unterschieden, der Web-Front-End-, der Anwendungs- und der Datenbankschicht. Während in kleinen Umgebungen häufig alle Ebenen mit einem Server abgebildet werden müssen, sollten die SharePoint-Dienste und Dienstanwendungen bei mittleren und größeren Serverfarminstallationen sinnvoll auf die verschiedenen Ebenen verteilt werden.

WICHTIG Für die Konfiguration der Dienste und Dienstanwendungen können Sie sowohl den Assistenten für die Farmkonfiguration verwenden als auch eine manuelle Konfiguration vornehmen. Verwenden Sie den Assistenten für die Farmkonfiguration nur für Evaluations- oder Kleinstinstallationen und vermeiden Sie dessen Einsatz in produktiven Umgebungen.

Die Web-Front-End-Schicht dient dem Hosten der Webanwendungen, auf die die Benutzer zugreifen. Diese Schicht sollte alle Dienste umfassen, die von außen erreichbar zu sein haben. In der Web-Front-End-Schicht werden Anfragen von Benutzern entgegen genommen, Anfragen für Dienste und Dienstanwendungen an die entsprechenden Server der Anwendungsschicht weitergeleitet und die Ergebnisse für den Client gerendert und an diesen zurückgesandt.

Die Server der Anwendungsschicht dienen der Bereitstellung von Diensten, die Idealerweise bei einem ähnlichen Belastungsprofil auf Servern der Anwendungsschicht gruppiert werden sollten. SharePoint greift für einige Dienste auf Funktionen und Daten externer Quellen zurück. Diese Zugriffe sollten ebenfalls bevorzugt aus der Anwendungsschicht initiiert werden.

HINWEIS Die Statusdienst-Dienstanwendung stellt eine der Ausnahmen bei der Dienstplanung dar. Diese Dienstanwendung ist nicht, wie es bei der Mehrzahl der Dienstanwendungen der Fall ist, direkt mit einem Dienst verbunden, den Sie positionieren müssen. Mit der Bereitstellung der Dienstanwendung ist die Bereitstellung dieses Diensts abgeschlossen.

In der Datenbankschicht werden die Inhalts- und Konfigurationsdatenbanken durch SQL Server bereitgestellt.

In SharePoint 2013 wurde die neue Komponente der Anforderungsverwaltung eingeführt, die für die Skalierung der Topologie herangezogen werden kann. In besonders großen Umgebungen ziehen Sie in Erwägung, für wichtige Dienstanwendungen dedizierte Server einzusetzen. Die wichtigsten Rollen für eine mögliche Isolation sind indes:

- Verteilter Cache
- Suchkomponenten

Positionierung der Komponenten

Allgemein gilt, dass Sie die Mehrzahl der Dienste in einer Architektur mit mehreren Ebenen auf die Server der Anwendungsebene verlagern sollten und den Web-Front-End-Servern somit primär die Aufgabe des Renderns von Clientinhalten zu überlassen. Zusätzlich zu der Bereitstellung der Webanwendungen für die Benutzer sollten Sie die Web-Front-End-Server für die Bereitstellung der Abfrage-, der eingehenden E-Mail-Komponente bzw. dem SMTP-Server und dem Statusdienst konfigurieren.

Die Abfragerolle kann mit einer beliebigen anderen Rolle kombiniert werden. Stellen Sie dabei sicher, dass Sie im Falle mehrerer Indexpartitionen die Kommunikation zwischen den Web-Front-End-Servern gewährleistet ist, was unter Umständen bei der parallelen Verwendung von NLB auf den Web-Front-End-Servern ein Problem darstellen kann.

Eine wichtige neue Rolle bei der Positionierung der Dienste innerhalb der Farm spielt der verteilte Cache. Für diesen Dienst gilt eine Reihe an wichtigen Rahmenbedingungen. Er kann sowohl im dedizierten als auch im co-allocated Modus betrieben werden, wobei die Einrichtung im dedizierten Modus empfohlen wird. In diesem Modus werden keine anderen SharePoint-spezifischen Dienste auf dem entsprechenden Mitgliedsserver der Farm ausgeführt. Sollten Sie nicht über eine entsprechende Anzahl an Servern verfügen, können Sie auch den co-allocated Modus wählen. Achten Sie in dieser Konstellation darauf, den Dienst möglichst nicht parallel mit diesen arbeitsspeicherintensiven Diensten bereitzustellen:

- SQL Server
- Suchdienst
- Excel Services
- Project Server-Dienste
- PowerPivot

Die Durchforstungsrolle kann ebenfalls mit einer beliebigen anderen Rolle kombiniert werden. Zudem kann diese Rolle auch auf mehrere Server verteilt werden. Planen Sie zumindest eine dedizierte Durchforstungsrolle, sobald Sie eine große Menge an Inhalten über verschiedene Quellen durchforsten müssen, oder Sie Benutzerabfragen während des Durchforstungsvorgangs erwarten.

Ziehen Sie bei mehreren Anwendungsservern in Erwägung, die Suchkomponenten auf einem oder mehreren separaten Servern bereitzustellen. Hintergrund ist die besonders hohe Belastung der Suchkomponenten. Werden alle Suchkomponenten beispielsweise redundant auf zwei Servern bereitgestellt, kommt es während des Durchforstungsprozesses und der Inhaltsverarbeitung zu einer Lastspitze, die sich auf die negativ auf die Abfragezeiten der Abfragekomponente und somit auch auf die Darstellungen speziell von Inhalten Websitesammlungsübergreifenden Veröffentlichung kommen kann.

Die Tabelle 3.29 gibt Ihnen eine Übersicht über die in SharePoint 2013 zu positionierenden Dienstinstanzen.

Tabelle 3.29 Übersicht der Verteilung der SharePoint-Dienstinstanzen und Komponenten

	Web-Front-End	Anwendung	Dediziert
Access Services		✪	
Abonnementeneinstellungen	✪	✪	

Tabelle 3.29 Übersicht der Verteilung der SharePoint-Dienstinstanzen und Komponenten *(Fortsetzung)*

	Web-Front-End	Anwendung	Dediziert
Anforderungs-Manager	✓		★
App-Verwendung		★	
Arbeitsverwaltung		★	
BDC		★	
Benutzerprofil		★	
Dokumentkonvertierung		★	
Eingehende E-Mail	★	★	
Excel Services		★	
Forderungen an Windows-Token	✓	✓	
Foundation-Webanwendung	✓	★	
Maschinelle Übersetzung		★	
Office Web Apps	✓		✓
PerformancePoint		★	
PowerPoint-Konvertierung		★	
PowerPivot		★	★
Project Server		★	★
Reporting Services (SSRS)		★	
Sandkastencodedienst		★	
Secure Store		★	
Suche		★	★
Verteilter Cache		★	★
Verwaltete Metadaten		★	
Visio-Grafik		★	
Word Automation		★	
Workflow-Manager 1.0		★	★
Zentraladministration		★	

★ =Empfohlen, ✓ =Erforderlich

In der Tabelle sind auch Zusatzkomponenten wie der Workflow-Manager und Office Web Apps 2013 enthalten. Während die Komponente Workflow-Manager parallel auf einem SharePoint Server bereitgestellt werden kann, wird die für Office Web Apps 2013 nicht unterstützt. Verwenden Sie hier immer dedizierte Systeme. Für PowerPivot wird empfohlen, speziell in großen Farmen eine dedizierte Farm in Erwägung zu ziehen. So können Sie die Komplexität der Farm verringern und die zahlreichen zusätzlichen Komponenten besser isolieren. Funktional wäre eine Integration in die primäre Farm jedoch möglicherweise von leichtem Vorteil.

Auf Servern in der Anwendungsschicht kann in Erwägung gezogen werden, den Microsoft SharePoint Foundation-Webanwendungsdienst zu stoppen. Dieser Dienst dient der Bereitstellung von Webanwendungen, die lediglich über die Web-Front-End-Ebene angesprochen werden. Durch das Beenden dieses Diensts ist die Funktion der Zentraladministration auf den Anwendungsservern unbeeinträchtigt.

Die Zentraladministration wird lediglich von Administratoren verwendet und sollte daher ebenfalls isoliert von den Web-Front-End-Servern bereitgestellt werden.

Project Server 2013 stellt eine umfangreiche und komplexe Lösung dar. Neben den Lizenzaspekten ist es in großen Umgebungen ratsam, die Project Server-Funktionalität nicht mit SharePoint-Unternehmensfarmfunktionen zu mischen und diese somit in eine eigene Farm zu isolieren.

Zweischichtige Standardfarmarchitekturen

Die kleinste Ausbaustufe einer produktiven SharePoint 2013-Umgebung (*A*) besteht aus zumindest zwei bzw. drei Servern unter Berücksichtigung von Office Web Apps (Abbildung 3.21).

Abbildg. 3.21 Zweischichtige Farmbeispiele

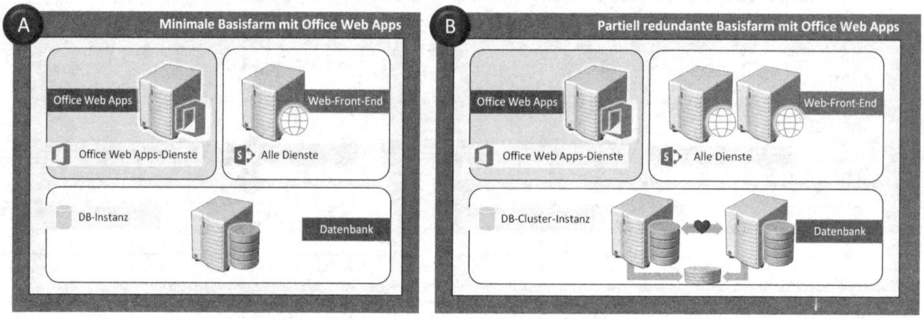

Da die Verteilung der Dienste in diesen Beispielen nicht sonderlich Erwähnung finden muss, bleiben Anmerkungen zum Thema Virtualisierung und Last der Server.

Sowohl im Beispiel A als auch B werden die Abfrage- und Index-Komponenten stark gebündelt, wodurch es zu einer erheblichen Belastung des Web-Front-Ends kommen kann. Hintergrund ist, dass viele Routinen, die unter SharePoint 2010 speziell von der Abfragekomponente noch von SQL Server ausgeführt wurden, nun dem SharePoint-Server obliegen. Dies betrifft auch einen deutlich verstärkten Zugriff auf das Festplattensubsystem. In Summe führt dies in der Regel zu einer Empfehlung, wonach die Web-Front-Ends (nicht Office Web Apps) physikalisch abgebildet werden oder aber bei einer Virtualisierung auf einem dedizierten Virtualisierungshost bereitgestellt werden. Beachten Sie, dass die Kapazitäten in diesen beiden Fällen auf einem Virtualisierungshost unter Windows Server 2008 R2 mit max. 4 CPU-Kernen für eine VM nicht mehr hinreichend bzw. grenzwertig sein werden.

Selbst wenn Sie in Beispiel B die Möglichkeit haben, die SharePoint-Dienste redundant auszulegen, sollten Sie in Erwägung ziehen, bei einer hohen Durchforstungs- und damit einhergehenden Suchdienstanwendungsaktivität, anstelle des zweiten SharePoint-Web-Front-End-Servers einen dedizierten Anwendungsserver bereitzustellen und somit von einer forcierten Redundanz zu Gunsten der Benutzererfahrung abzusehen. Im Zweifel werden speziell Anwender eine responsivere SharePoint-Umgebung einer theoretisch ausfallsicheren Plattform vorziehen.

Dreischichtige Standardfarmarchitekturen

Unter Berücksichtigung der wesentlichen Planungsaspekte gelangen Sie bei einer dreischichtigen Farmarchitektur unter Einbeziehung der verbreiteten Office Web Apps zu der folgenden Basisarchitektur (Abbildung 3.22).

Planung

Abbildg. 3.22 Dreischichtige Basisarchitektur

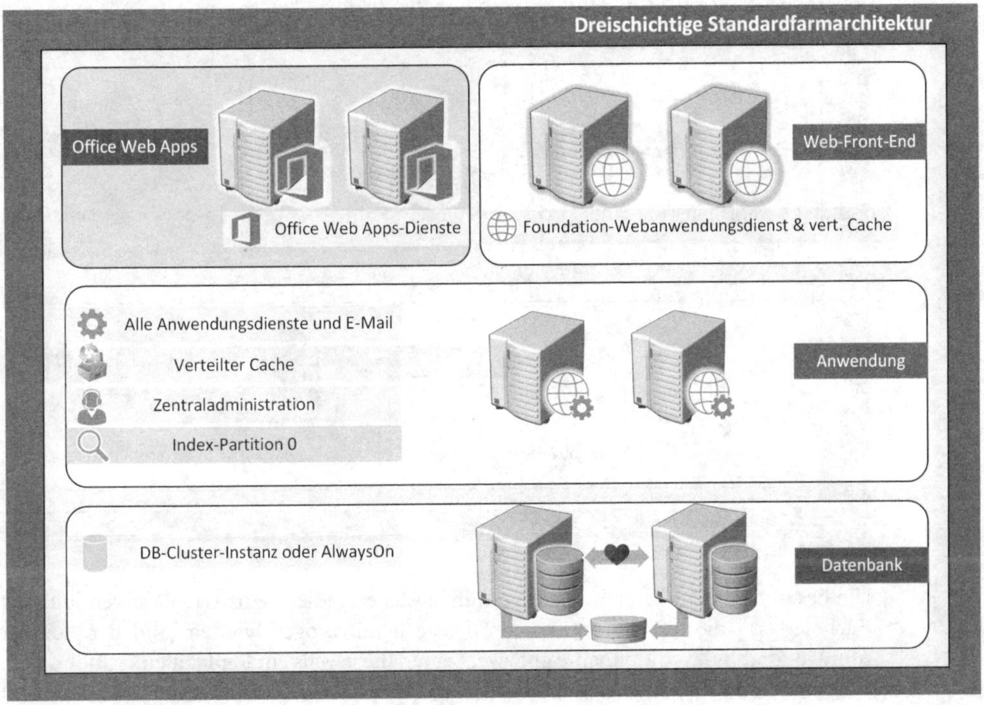

Diskussionsbedürftig in dieser Planung ist speziell die Positionierung des verteilten Caches, der ggf. exklusiv auf den Web-Front-Ends bereitzustellen ist, da sich in dieser Architektur bereits besonders ressourcenintensive Dienste wie die Suche in der Anwendungsschicht befinden. Während alle Server in der Web-Front-End-Schicht problemlos virtualisiert werden können, kann es bereits in der Anwendungsschicht bei einem umfangreichen Suchkorpus und exzessiver Verwendung von Dienstanwendungen zu einer so konzentrierten Last kommen, dass der Einsatz von dedizierter Hardware in Betracht gezogen werden kann.

In der nächsten Ausbaustufe dieser Architektur sollte in Erwägung gezogen werden, den verteilten Cache, die Suchkomponenten oder beide auf dedizierten Servern zu platzieren. Auf der Datenbankebene besteht die nächste Ausbaustufe in einer Trennung der Inhaltsdatenbanken von den Dienstanwendungsdatenbanken, wobei die Farmkonfigurationsdatenbank der Zentraladministration zusammen mit den Inhaltsdatenbanken positioniert wird (Abbildung 3.23). Die nächste Skalierungsstufe auf der Web-Front-End-Ebene besteht in dem einfachen Hinzufügen weiterer Web-Front-End-Server.

Abbildg. 3.23 Unspezifisch skalierte Serverfarm

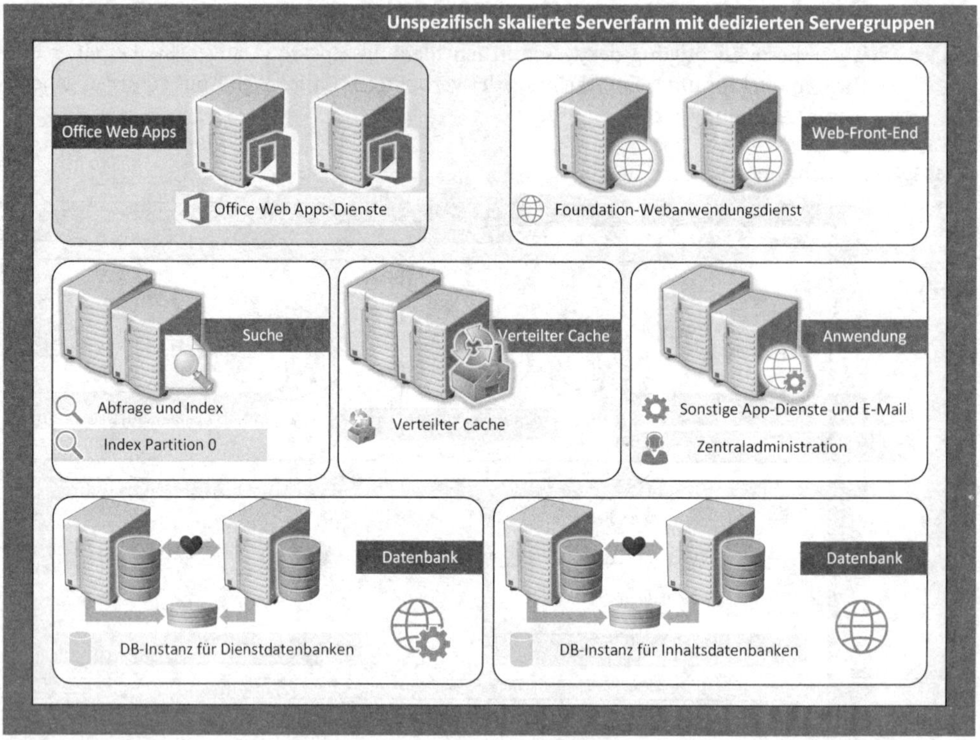

Die Besonderheiten dieser Skalierungsstufe bestehen in der dedizierten Verwendung von verteilten Cacheservern, die für keine weiteren Dienste herangezogen werden, und der Ausgliederung der Abfrage- und Indexkomponente auf zwei Server, die jeweils ein Replikat einer Indexpartition bereitstellen. Die verbleibenden Suchdienstkomponenten wie Durchforstung, Inhaltsausführung und Analytics werden parallel zu den anderen Dienstanwendungen ausgeführt. In dieser Servergruppe wird auch die Zentraladministration positioniert.

Für die weitere Skalierung auf der Datenbankebene isolieren Sie in einem nächsten Schritt die Verwendungsdaten und/oder die Suchdienstdatenbanken auf eine dedizierte Datenbankinstanz.

Szenario mit Fokus auf Word Automation Services

In Umgebungen, in denen die Word Automation Services über Gebühr beansprucht werden, beispielsweise, um große, außerhalb von SharePoint lokalisierte Datenströme fortwährend zu konvertieren, sollte eine Ausgliederung der Word Automation Services-Funktionen auf dedizierte Anwendungsserver in Erwägung gezogen werden.

Hintergrund ist, dass bei einer hohen Konvertierungslast andere auf dem Server befindliche Anwendungen in Ihrer Responsivität massiv gestört werden können. In seltenen Fällen ist auch ein dedizierter Datenbankserver für Word Automation Services denkbar. Dies ist jedoch selten eine sinnhafte Skalierung, da die Last pro zu konvertierenden Element ganzheitlich betrachtet datenbankseitig im Wesentlichen nicht auf die Word Automation Services-Datenbank fokussiert ist (Abbildung 3.24).

Abbildg. 3.24 Word Automation Services-zentrische Beispielfarm

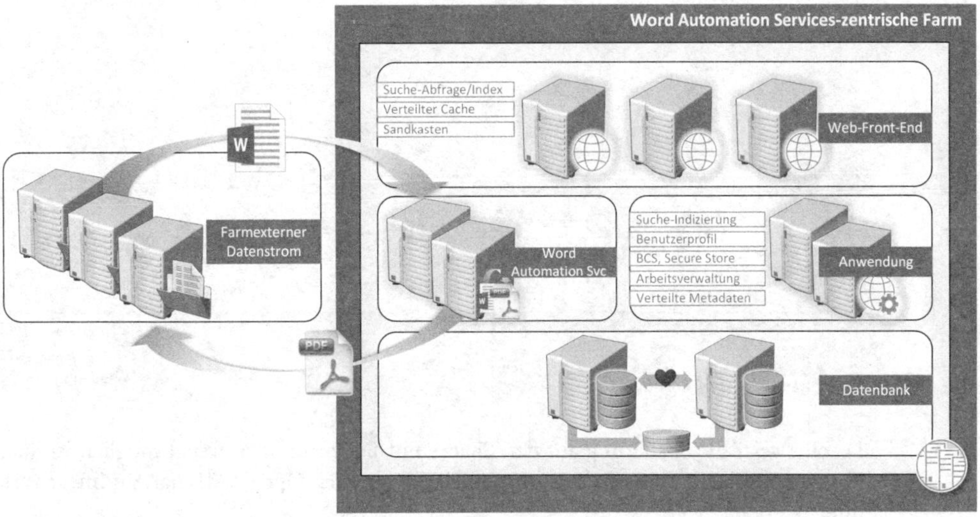

Die Dimensionierung von dedizierten Word Automation Service-Servern kann an die Dimensionierung von Web-Front-End- und Anwendungsservern angelehnt werden. Dabei sind die IOPS-Anforderungen bei weitem nicht so gravierend und entscheidend wie für Suchabfrage-Server. Vor diesem Hintergrund spricht speziell für diese Serverrolle nichts gegen eine Virtualisierung.

Als Planungsbasis für die Dimensionierung der Word Automation Services-Schicht sollten Sie damit rechnen, dass Sie bei adäquaten Einstellungen und ohne konkurrierende Funktionen zwischen wenigen bis zu einem Dutzend Dokumente pro Sekunde pro Server konvertieren können. Die eigentliche Konvertierungsrate hängt dabei von vielen Eigenschaften wie Dokumentumfang, Komplexität und Dokumenttyp ab.

Beispielsweise können Sie durch eine Erhöhung der maximalen Anzahl der parallelen Prozesse für die Konvertierung für Open XML-basierte Zielformate mehr Prozesse sinnvoll parallel nutzen als für PDF-Dokumente (Abbildung 3.25).

Abbildg. 3.25 Vertikale Optimierung für Word Automation Services

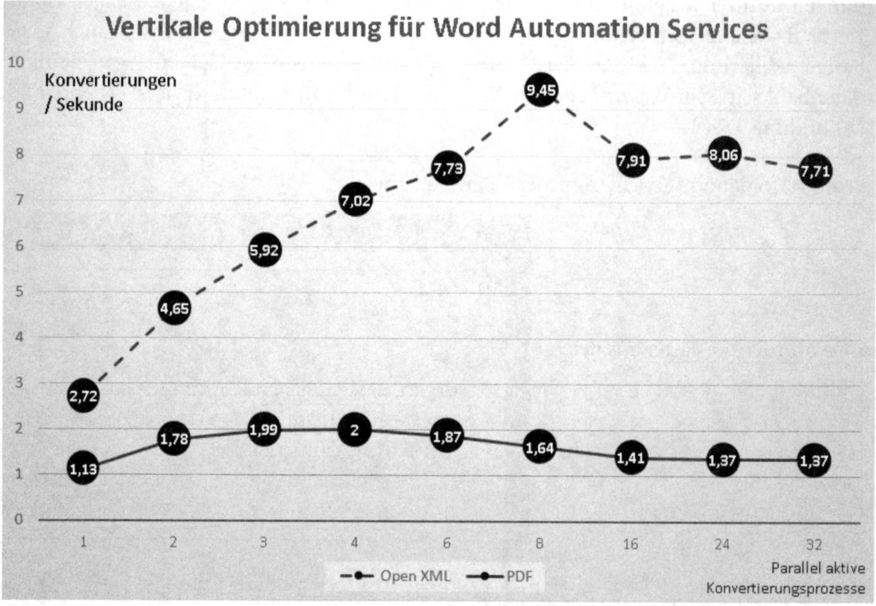

Da eine vertikale Skalierung auf den SharePoint-Servern nur begrenzt möglich ist, bietet sich eine horizontale Skalierung an, die sowohl für PDF als auch Open XML nahezu linear verläuft (Abbildung 3.26).

Abbildg. 3.26 Horizontale Beispielskalierung für Word Automation Services

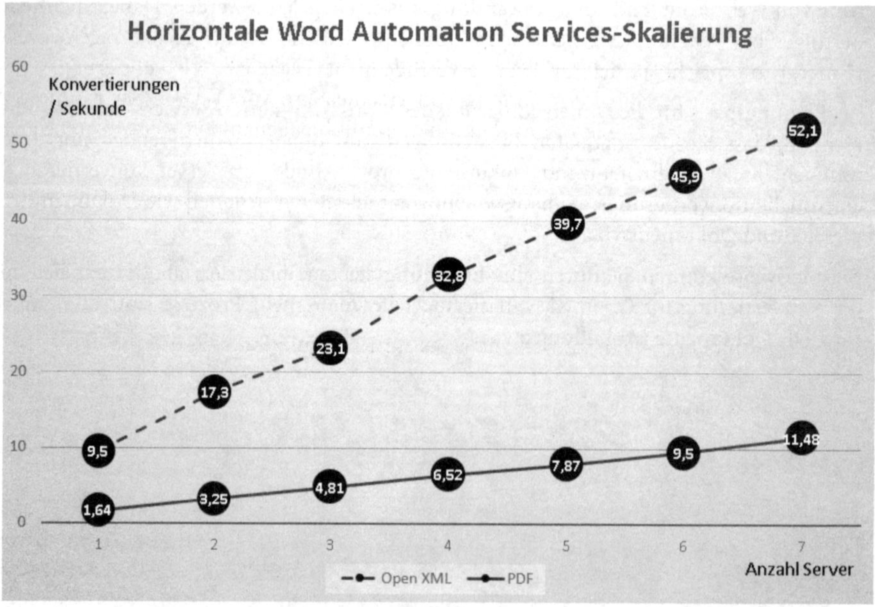

Einsatz der Anforderungsverwaltung

Die erstmalig in SharePoint 2013 verfügbare Anforderungsverwaltung ermöglicht es Ihnen, eingehende Anfragen zu steuern und zu beeinflussen, bevor diese an SharePoint weitergeleitet werden.

Durch die Verwendung des Anforderungs-Managers stehen Ihnen zusätzliche, horizontale Skalierungsfunktionen zur Verfügung. Hierdurch haben Sie die Möglichkeit, in Umgebungen mit hohen Anforderungen an die Skalierung oder aber auch Isolation eine alternative Lösungsarchitektur anzuwenden. Ihnen stehen folgende Komponenten des Anforderungs-Managers zur Verfügung:

- Anforderungshandler für eingehende Anfragen
- Anforderungsrouting
- Anforderungsdrosselung
- Anforderungslastenausgleich

Mithilfe dieser Module können Sie dafür sorgen, dass eingehende Anfragen basierend auf den Inhalten der Abfrage bevorzugt zu speziellen Servern umgeleitet werden oder die Farm unter hoher Last vor bestimmten, »teuren« Zugriffen bewahrt wird. Definieren Sie ein statisches oder dynamisches Lastenausgleichsschema, um beispielsweise ungleichmäßige Ressourcen oder Dienstanwendungslasten auf SharePoint-Servern einer Farm zu adressieren. Bei dynamischem Lastenausgleich werden Anfragen erstmals gleichmäßig, in Abhängigkeit von der Lastsituation auf einem Server geroutet.

Der Anforderungs-Manager obliegt einigen wichtigen Besonderheiten, von denen Sie Notiz nehmen sollten:

- Die Komponente ist als SharePoint-Dienstinstanz, ohne Dienstanwendung implementiert. Die Konfiguration erfolgt indes auf Farmebene, wobei die Funktionen auf Webanwendungsebene ausgeführt werden.
- Der Code vom Anforderungs-Manager wird in IIS bei einer Aktivierung immer zuerst aktiv, bevor die verbleibenden SharePoint-Komponenten die Inhalte übergeben bekommen haben
- Der Anforderungs-Manager muss für Fehlertoleranz eine vorgeschaltete Netzwerkslastenausgleichtopologie erhalten, wie durch einen Hardwarelastenausgleich
- Das Design sieht keine Verwendung von Hostheadern vor. Verwenden Sie diese Architektur daher nur entweder integriert in Kombination mit hostbenannten Websitesammlungen oder im dedizierten Modus.
- Beim SSL-Offloading der Verschlüsselung muss der Reverseproxyserver den zusätzlichen Hostheader *Front-End-Https: On-Header* unterstützen

Der Anforderungs-Manager bietet Ihnen zwei Betriebsmodi an: den integrierten und den dedizierten Modus, welche nachfolgend näher erläutert werden.

In Kapitel 9 finden Sie weiterführende Details zur Konfiguration dieser Komponente.

Integrierter Modus

Der integrierte Modus ist für lokale Farmen ohne Hostingambitionen vorgesehen. Verwenden Sie die hier vorgestellte Topologie nur, wenn Sie eine hostbenannte Websitesammlungsarchitektur ohne Hostheader einsetzen. Bei dieser Topologie wird die Komponente innerhalb der Farm ausgeführt. Die Anforderungs-Manager-Dienstinstanz ergibt nur auf der Web-Front-End-Ebene Sinn (Abbildung 3.27). Um die Farm vollständig redundant zu gestalten, verwenden Sie entweder den Windows Netzwerklastenausgleich oder greifen Sie bevorzugt auf den Hardwarelastenausgleich zurück, welcher in dieser Kombination eindeutig sinnvoller sind, da das Windows-NLB keine Überwachung auf Anwendungsebene bietet und daher einige der Anforderungs-Manager-Funktionen ad absurdum führt.

Abbildg. 3.27 Integrierte Anforderungsverwaltung

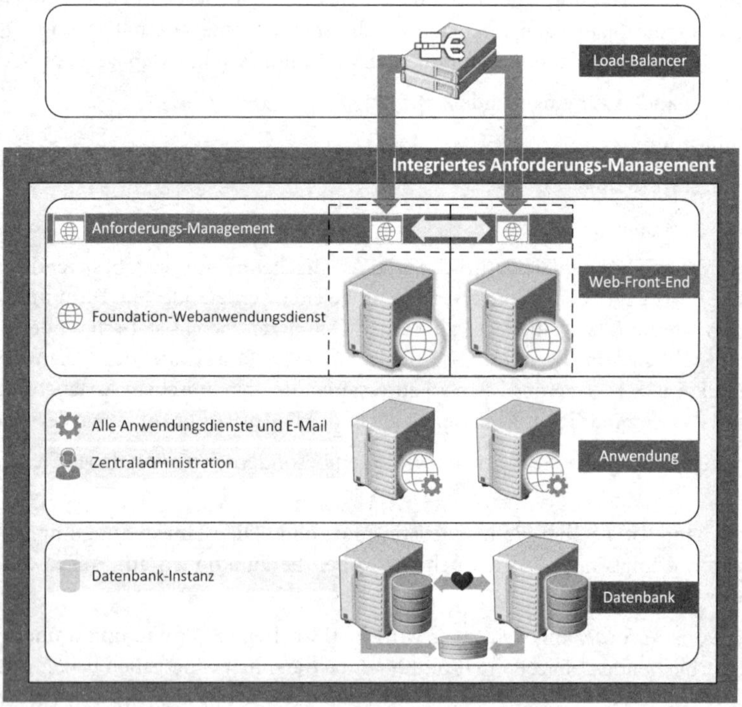

Dedizierter Modus

In Hostingszenarien maximaler Skalierung ist es erforderlich, weiterführende Regeln zu definieren sowie den Verkehr über die Farmgrenzen hinaus über mehrere Farmen hinweg zu regulieren. Für diese Fälle steht der dedizierte Modus der Anforderungsverwaltung zur Verfügung. Die Vorteile dieses Modus sind:

- Unabhängigkeit von der IIS-Bindungskonfiguration der Zielfarm
- Build-Versionsunabhängigkeit von den SharePoint-Zielfarmen
- Fast beliebige Skalierung
- Einfache Möglichkeit, die Kommunikation zwischen Farmen zu schwenken
- Keine konkurrierende Nutzung von Ressourcen zwischen Anforderungsverwaltung und SharePoint-Web-Front-End

Die Topologie im dedizierten Modus wird in Abbildung 3.28 dargestellt.

Abbildg. 3.28 Beispieltopologie der Anforderungsverwaltung im dedizierten Modus

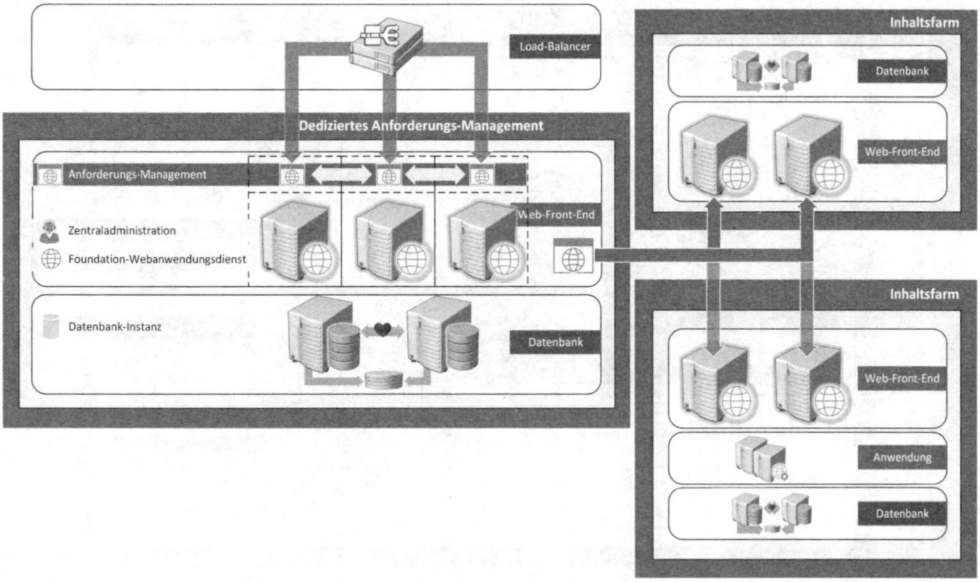

Workflow-Manager-Farmintegrationsszenarien

Für die Verwendung der Workflow-Manager 1.0-basierten SharePoint 2013-Workflows stehen Ihnen zwei Modelle zur Verfügung:

- Einfache Workflow-Manager-Farm (1 Knoten)
- Redundante Workflow-Manager-Farm (3 Knoten)

HINWEIS Es gibt keine weiteren Knotenvariationen bei der Dimensionierung einer Workflow-Manager-Farm.

Sie können beide Modelle jeweils auf dedizierten Servern (Abbildung 3.29) oder aber in Koexistenz mit SharePoint-Servern bereitstellen (Abbildung 3.30).

Die für Workflow-Manager erforderlichen Ressourcen sind sehr begrenzt, zudem ist der Webservice des Workflow-Managers sehr tolerant in der Koexistenz und kann daher besser als andere komplexe Anwendungen parallel auf einem SharePoint-Server ausgeführt werden. Hinsichtlich der Basisanforderungen an .NET Framework und der Windows Server-Wahl entspricht der Workflow-Manager den Anforderungen von SharePoint 2013.

Abbildg. 3.29 Dedizierte und redundante Workflow-Manager-Integration in SharePoint

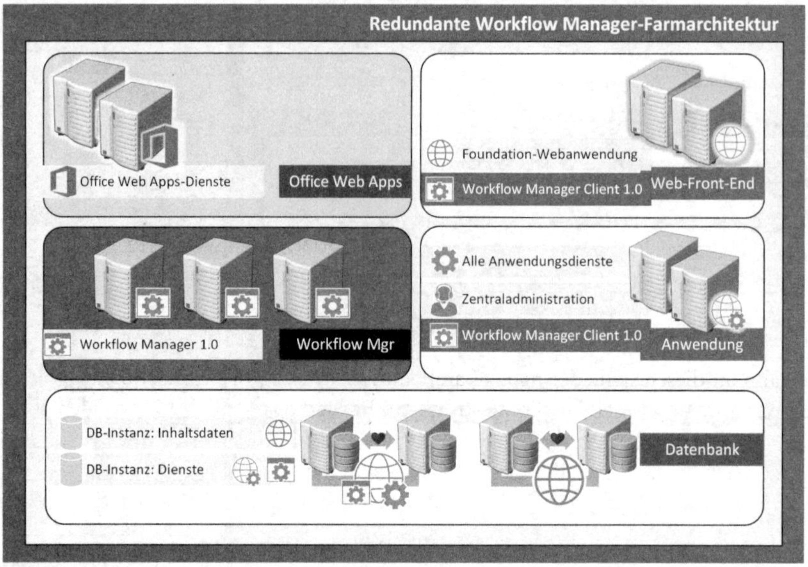

Die Positionierung innerhalb einer SharePoint-Farm bietet sich architektonisch bevorzugt in der Anwendungsschicht an. Die von Workflow-Manager genutzte Datenbank kann aufgrund der zumeist in Relation zu anderen Komponenten begrenzten Last zusammen auf der SharePoint-Datenbankinstanz positioniert werden, wobei im Idealfall eine dedizierte Datenbankserver-Instanz zu verwenden ist. Um eine höhere Flexibilität zu erreichen, verwenden Sie daher zumindest einen eigenen SQL-Alias für die Datenbankverbindung.

Abbildg. 3.30 Redundante Koexistenz von Workflow-Manager in SharePoint

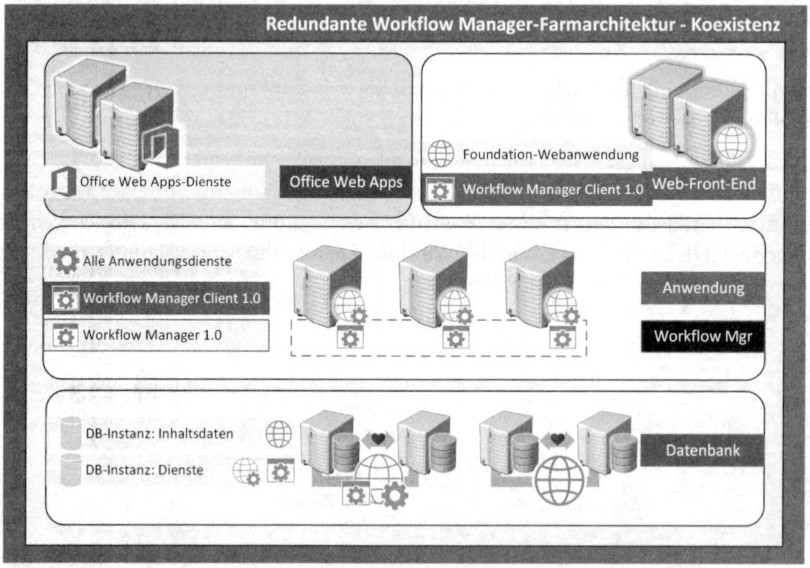

Weitere Aspekte für Umgebungen mit maximaler Skalierung

In Umgebungen, die die Superlative bei der Nutzung von SharePoint aufweisen, treten andere architektonische Aspekte in den Vordergrund als bei einer Standardfarm. Neben den zuvor angeführten Planungsaspekten sollten folgende weitere Erwägungen in Betracht gezogen werden.

Der auf Forefront Identity Manager-basierende Benutzerprofilsynchronisierungsdienst kann in Umgebungen mit drastischen Benutzerzahlen zu einem echten Planungsfaktor mutieren, da die Leistungsfähigkeit des Moduls in der vorliegenden Integrationsvariante sehr begrenzt ist. Durch die Architektur des Diensts ist es zudem nicht möglich, durch eine horizontale Skalierung Abhilfe zu schaffen. In Beispielszenarien wurden für einen vollständigen Lauf Synchronisierungszeiten bei 300.000 Benutzerkonten von bis zu drei Wochen gemessen. Diese Zeitspanne verdeutlicht das Problem.

Abhilfe kann an dieser Stelle der neue SharePoint Active Directory-Import bieten: Dieser Ansatz hat im oben genannten Beispiel die gleiche Anzahl an Benutzern in lediglich 7 Stunden abgeglichen und übertrifft somit den bisherigen Ansatz um deutlich über den Faktor 50. Diese Leistungsfähigkeit geht jedoch zu Kosten der Flexibilität, die zumeist gerade in diesen maximal skalierten Umgebungen gefordert wird. So gelten für den neuen Import-Ansatz als Alternative die folgenden Einschränkungen:

- Begrenzt auf eine Active Directory-Gesamtstruktur
- Nur Import, keine bidirektionale Synchronisierung mit einem Active Directory
- Es kann nur eine zentrale, einheitliche Zuordnung für den Import der Profildaten festgelegt werden
- Fester Fokus auf eine Active Directory-Synchronisierungsquelle (keine Unterstützung etwaiger Drittanbieterverzeichnisdienste)

Sollten diese Bedingungen kompatibel zu Ihren Plänen sein und Sie beispielsweise keine Ambitionen haben, Daten wie Benutzerprofilbilder zurück in das Active Directory zu schreiben, können Sie getrost auf die neue Methode ausweichen und partizipieren von einer ungleich einfacheren Provisionierung und einer drastisch reduzierten Fehleranfälligkeit der Komponente im Betrieb.

Suche

Die Sucharchitektur ist ein wichtiger Bestandteil bei der Planung Ihrer Serverfarm. Im Vergleich zu SharePoint 2010 haben sich durch die Integration der FAST-Suchtechnologie massive Änderungen in der Sucharchitektur ergeben, die zwingend bei der Planung zu berücksichtigen sind. Selbst für Kenner der FAST-spezifischen Suchtechnologie gilt es nun, die neuen Komponenten und Rahmenparameter kennenzulernen, die sich glücklicherweise nur im Einzelfall zum Negativen entwickelt haben. Hierbei handelt es sich beispielsweise um die Skalierung, die vor dem Erscheinen von Service Pack 1 bei 100 Mio. indizierbaren Elementen, gegenüber 500 Mio. unter FAST, liegt.

Auch wenn absolut vereinzelte Parameter bzw. Funktionen negativ wirken, werden FAST-Experten feststellen, dass die vorliegende Suchintegration inkl. der Stabilität und Gesamtverwaltbarkeit deutlich der von FAST überlegen ist.

Schlüsselfaktoren identifizieren

Wichtig für die Dimensionierung einer künftigen Suchtopologie ist die Erstellung eines Mengengerüsts hinsichtlich der zu indizierenden Inhalte (Durchforstungslast) sowie der zu erwartenden Anzahl an Suchvorgängen (Abfragelast). Zusätzlich können die Ansprüche an die Aktualität des Index und die Verfügbarkeit die Topologie beeinflussen.

Für den Datenkorpus gilt, dass Sie rein für den Index in Abhängigkeit vom zu durchforstenden Datenkorpus mit 5 bis 30 % der zu indizierenden Daten rechnen müssen. Durch die Verwendung von Replikaten erhöht der Speicher sich entsprechend.

Bestimmung der logischen Struktur

Eine wesentliche Rolle bei der Bestimmung einer Sucharchitektur spielt die Anzahl der durch den SharePoint-Server zu indizierenden Elemente. Dabei sind nicht nur Elemente in SharePoint, sondern auch jede externe Webseite, jede E-Mail in öffentlichen Ordnern, jede SharePoint-Liste und -Bibliothek zu berücksichtigen. Dieser sogenannte Korpus wird später als Element im Index gespeichert. Um einen Anhaltspunkt für die Dimensionierung der SharePoint-Farm hinsichtlich der Sucharchitektur zu erhalten, eruieren Sie die Werte aus Tabelle 3.30.

Tabelle 3.30 Planung der Suchkomponenten für die Suche

Suchkomponente	Allgemeine Empfehlung zur Skalierung	<10 Mio.	10–40 Mio.	100 Mio
Indexkomponente und -partition	Alle 10 Mio. Elemente eine Indexkomponente	2 Komp. 1 Partit.	8 Komp. 4 Partit.	20 K. 10 Part.
Abfrage		2	2	4
Inhaltsausführung		2	4	6
Analytics		2	2	6
Durchforstung		2	2	2
Durchforstungsdatenbank	Alle 20 Mio. Elemente eine Datenbank	1	2	5
Link-Datenbank	Alle 60 Mio. Element eine Datenbank	1	1	2
Analytics-Datenbank	Alle 10-20 Mio. Elemente eine Datenbank	Var.	Var.	Var.
Suchadministration	Allgemeine Verwendung von zwei Verwaltungsinstanzen	2	2	2

Es wird grundsätzlich empfohlen, wie in FAST, lediglich eine Indexpartition pro Server zu etablieren. Unabhängig davon ist es möglich, mehr als eine Indexpartition auf einem Server zu verwenden. Es werden bis zu drei Replikate einer Partition unterstützt, wobei das Hinzufügen weiterer Replikate negative Auswirkungen auf die Indexierung hat. Entgegengesetzt proportional verhält es sich sinngemäß mit der Abfrageleistung, die durch zusätzliche Replikate erhöht werden kann. In speziellen Szenarien wie Internet-Veröffentlichungssites, die eine hohe Abfragerate aufweisen, werden daher gar bis zu 6 Indexpartitionsreplikate unterstützt.

Durchforstungsarchitektur

Die Durchforstungsarchitektur bestimmt maßgeblich, wie schnell neue Inhalte in den Index aufgenommen werden und so den Nutzern der Suche zur Verfügung stehen. Je mehr Durchforstungskomponenten in der Farm zur Verfügung stehen, desto mehr Elemente (Listen, Dokumente, Webseiten etc.) können gleichzeitig indiziert werden. Bis zu 20 parallele Durchforstungen werden in SharePoint 2013 unterstützt.

Neu in SharePoint 2013 ist die Einführung der kontinuierlichen Durchforstung, die für SharePoint 2013-Inhaltsquellen zur Verfügung steht und neue Elemente zeitnah mit einer nur geringen Latenz in den Index aufnimmt. Im Hintergrund ist indes weiterhin ein inkrementelles Durchforstungsintervall aktiv.

Sie können die Durchforstungskomponenten beispielsweise mithilfe der Anforderungsverwaltung dazu bewegen, einen dedizierten Web-Front-End-Server zu verwenden, sollte die Durchforstungskommunikation einen hohen Anteil an der gesamten Kommunikation mit dem Web-Front-End einnehmen. Hierzu finden Sie in Kapitel 9 ein entsprechendes Beispiel demonstriert.

Der Ausfall der Durchforstungskomponente ist indes nicht unmittelbar für einen Benutzer ersichtlich. Lediglich durch nicht aktualisierte Suchergebnisse wird nach längerer Zeit ein nicht mehr zur Verfügung stehender Durchforstungsserver auffällig. Ein Grund, die Anzahl der Durchforstungsserver zu erhöhen, besteht in der Verkürzung der Durchforstungsintervalle. In großen Farmen kann auch eine inkrementelle Durchforstung erhebliche Zeit beanspruchen, die durch jeden zusätzlichen Durchforstungsserver deutlich reduziert werden kann.

Um in Ihrer speziellen Umgebung einen Näherungswert für die erforderliche Anzahl an Durchforstungsservern zu erhalten, können Sie testweise Inhaltsquellen durchforsten und in der Zentraladministration die Zeitspanne für die Durchforstung identifizieren.

Beachten Sie bei Ihrer Planung immer auch die erforderliche Zeit für vollständige Durchforstungen. Im Fehlerfall kann es erforderlich werden, den Index neu aufzubauen. Während die häufig stattfindende inkrementelle Durchforstung vergleichsweise wenig Zeit beansprucht, steht Ihnen im Fehlerfall die Suche erst wieder zur Verfügung, wenn Sie eine vollständige Indizierung durchgeführt haben.

Abfragearchitektur

Die Abfragearchitektur entscheidet darüber, wie schnell Suchanfragen beantwortet werden und wie ausfallsicher dies geschieht. Dabei hat sich die Abfragearchitektur im Vergleich zu SharePoint 2010 drastisch verändert und ähnelt nun stark der von FAST. Es gibt zwar keine Zeilen und Spalten wie unter FAST, jedoch lässt der Index sich in mehrere Partitionen und die wiederum in Replikate aufteilen. Letzteres, um die Abfrageleistung zu steigern. Durch die Partitionierung können Sie die Größe des erforderlichen Speicherplatzes auf den Abfrageservern begrenzen und die Richtwerte von 10 Mio. Elementen pro Partition einhalten.

Auch wenn unter SharePoint 2013 weiterhin einige Suchdatenbanken existieren, wird die Abfragelast deutlich weg von der SQL Server-Datenbankinstanz hin zu den Index-haltenden Abfrageknoten verschoben. Diese benötigen nun, wie unter FAST, einen ordentlichen Zuwachs an E/A-Leitung auf dem Festplattensubsystem, um der nun ebenfalls von Haus aus in der Regel drastisch erhöhten Abfragelast Herr zu werden.

Verteilte Standorte

In Umgebungen mit verteilten Standorten stellte die Planung der Suche in der Vergangenheit eine besondere Herausforderung dar. In der Regel sind in diesem Kontext zwei Szenarien von primärer Relevanz:

1. Es befindet sich lediglich eine SharePoint-Farm im Unternehmen, es gibt jedoch mehrere Standorte mit indizierungsrelevanten Inhaltsquellen.
2. Es befindet sich jeweils eine SharePoint-Farm in mindestens zwei Standorten und es gilt in beiden Standorten Daten zu indizieren.

Im ersten Fall muss über das WAN indiziert werden. Um in einem solchen Szenario effizient zu indizieren, ohne die Produktion zu beeinflussen, können Off-Hour-Indizierungsintervalle gewählt werden. Problematisch sind jedoch die zur Verfügung stehende Bandbreite und das zugehörige Zeitfenster. Unter anderem aufgrund des Antwortverhaltens des Crawlers über WAN empfehlen wir Ihnen, in einer solchen Situation eine Evaluation durchzuführen, indem Sie sicherstellen, dass die von Ihnen geforderten Mindestindizierungsintervalle auch in der Praxis Bestand haben bzw. ohne Auswirkungen auf den Produktionsbetrieb durchgeführt werden können.

Im zweiten Fall der mehrfach verfügbaren SharePoint-Farmen verfügen Sie über mehrere theoretische Ansätze, eine geeignete Suchtopologie zu entwerfen:

1. Zentrale Durchforstung und Indizierung beider Farmen von einer Farm aus, bei paralleler Suchdienstveröffentlichung
2. Dezentrale Indizierung und wechselseitiger Zugriff auf die nicht lokalen Suchergebnisse mithilfe der Verbundsuche

Im ersten Beispiel dient nach der ersten zentralen Suchdienstfarm jede weitere SharePoint-Farm als Inhaltsquelle, die von der zentralen Farm indiziert wird. In diesem Beispiel gelten vergleichbare Aspekte wie bei einer einzigen, zentralen SharePoint-Farm mit dem Unterschied, dass die weiteren SharePoint-Farmen auf die Suchergebnisse der zentralen Suchdienstfarm zugreifen, indem Sie sich zu deren veröffentlichten Suchdienstanwendung verbinden.

Der Vorteil besteht hier darin, dass es einen zentralen Index gibt, der auch aus Benutzersicht über die Standortgrenzen hinweg, in der Regel mit geringen Abfragelatenzen, abgefragt werden kann. Der Nachteil wiederum besteht hierin in der Notwendigkeit der Indizierung über WAN, was in der Regel eine deutlich reduzierte Indizierungsgeschwindigkeit bei einem gleichzeitig, im Vergleich zu einer lokalen Indizierung, deutlich größeren Indizierungsintervall führt.

Im zweiten Lösungsansatz wird jeweils auf jeder SharePoint-Farm innerhalb des Standortes indiziert, was in getrennten Indizes führt. Um diese Indizes übergreifend abfragbar zu machen, werden die Farmen wechselseitig als sogenannte Ergebnisquelle in der Suchdienstanwendung konfiguriert. Durch diese neue Funktion in SharePoint 2013 ist es erstmals möglich, nicht nur auf die Suchergebnisse einer SharePoint-Farm, sondern auch auf die zugehörigen, erweiterten Ergebnisinformationen wie die Filterung der Suchergebnisse zurückzugreifen. Für diesen Ansatz wird die OAuth-Authentifizierung benötigt, um beispielsweise das sogenannte Security Trimming zu gewährleisten. Sollten Sie die hierfür erforderliche Vertrauensstellung nicht einrichten dürfen, können Sie als Alternative anstelle der Remote-SharePoint-Ergebnisquelle auf das OpenSearch 1.1-Protokoll zurückgreifen, was allerdings den Verlust von wichtiger Funktionalität nach sich zieht.

Zusammengefasst ist dieser letzte Ansatz der bevorzugte unter SharePoint 2013, wo offensichtlich für Verbundsuchen erheblich verbesserte Rahmenbedingungen verfügbar sind.

Topologieableitung

Die zuvor erfassten Planungselemente der Suche müssen zu guter Letzt in einer konkreten Topologie münden. Anhand von Abbildung 3.31 wird eine Beispieltopologie erläutert.

Abbildg. 3.31 Suchtopologie für die Durchforstung von 10 Mio. Elementen

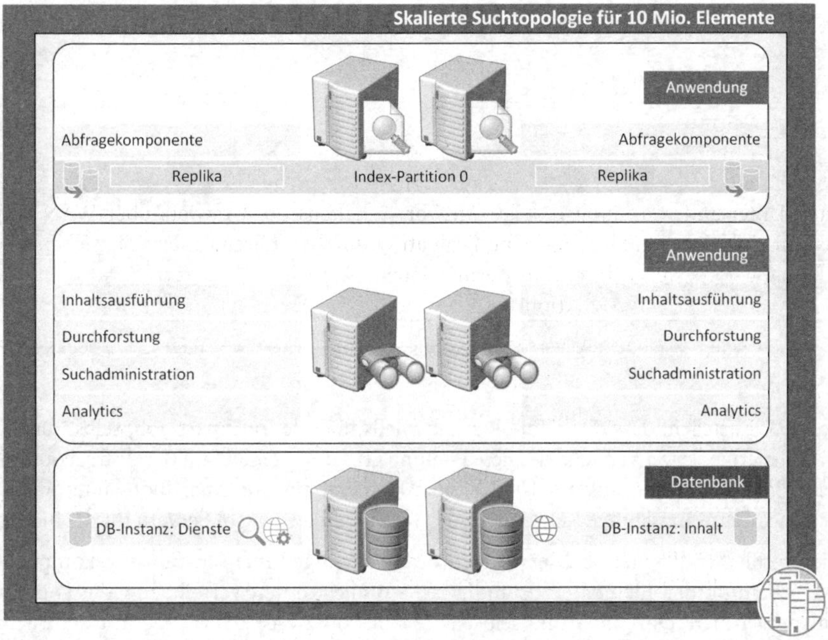

In dieser Beispielarchitektur wurden bereits vier dedizierte Knoten für die Suchfunktionalität instrumentalisiert. Grundsätzlich wäre es jedoch zumindest theoretisch möglich, diese Anzahl an Elementen mit einem Knoten zu durchforsten und bereitzustellen, allerdings nur unter Verzicht auf Redundanz und bei einer stark reduzierten Abfrageleistung und weiteren Kompromissen.

Aus diesem Grund wurden hier zwei Server für den Index und die Abfragekomponente provisioniert. Beide Server halten die gleichen Indexdaten in Form zweier Replikate der gleichen Partition vor und bieten somit neben Redundanz auch eine erhöhte Abfrageleistung.

Alle verbleibenden Komponenten werden auf den beiden weiteren SharePoint-Servern bereitgestellt. Sie wurden isoliert, da Sie in Summe ebenfalls eine relevante Last erzeugen, die nicht zu Kosten der Abfrageleistung gehen soll, die das wohl in der Regel wertvollste Gut einer Unternehmenssuchtopologie unter SharePoint 2013 darstellt.

Aufgrund der im Vergleich zu SharePoint 2010 reduzierten Datenbanklast wurden hier die Suchdatenbanken parallel zu den anderen SharePoint-Dienstanwendungsdatenbanken auf einer Datenbankinstanz bereitgestellt.

Das zweite Beispiel in Abbildung 3.32 demonstriert die nächste Ausbaustufe mit 40 Millionen Elementen.

Abbildg. 3.32 Suchtopologie für bis zu 40 Millionen Elemente

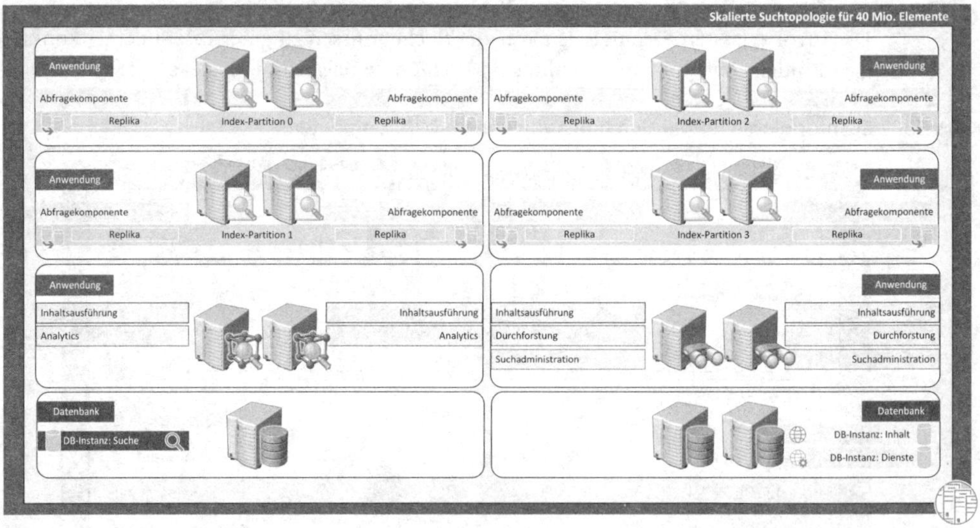

Sie werden feststellen, dass diese Topologie ebenfalls für jede Indexpartition, selbst für die Replikate, einen dedizierten Server verwendet. Diese Planung gründet ebenfalls auf der Abfrageoptimierungsprämisse. Durch die Limitierung auf 10 Millionen Elemente pro Indexpartition lautet unter dieser Prämisse daher die zwangsläufige Konsequenz die Verwendung von acht Servern für die Indexpartitionen.

Bei den verbleibenden vier Suchservern wurde die wichtige Inhaltsausführungskomponente, die für die Verarbeitung der Elemente zuständig ist, auf alle Knoten verteilt, um die Durchforstung zu beschleunigen. Die Durchforstung selbst wird nur von zwei Servern, die mit der Suchverwaltung zusammen gruppiert wurden, betrieben. Die zyklisch relevant aktive Analytics-Komponente wurde für eine bessere Leistung weitestgehend isoliert.

Bei dieser Anzahl an Elementen sollte die Verwendung einer dedizierten Datenbankinstanz in Erwägung gezogen werden. Zudem ist ein weiterer Aspekt die mögliche Umleitung des Durchforstungsverkehrs auf ein dediziertes Durchforstungs-Front-End.

Sicherheit

Die Planung der Sicherheitsaspekte hat bei SharePoint-Projekten ein besonders hohes Gewicht. Die Ursache hierfür liegt beispielsweise darin, dass Sie allein durch die Wahl des Authentifizierungsanbieters weitreichende Auswirkungen auf die Funktionalität vieler Komponenten und die Benutzerinteraktion zu erwarten haben. In diesem Abschnitt werden die wichtigsten SharePoint-Sicherheitsfunktionen und -aspekte für Ihre Planung erläutert.

Berechtigungen

Berechtigungen gelten für viele IT-Administratoren als bekanntes Standardelement bei der Administration von IT-Systemen. Dabei wissen speziell Administratoren, die schon einmal mit den erweiterten Operationen der Verwaltung und der automatisierten Steuerung von Berechtigungen konfrontiert wurden, um die Problematik bei der Handhabung dieser Berechtigungsstrukturen und wie schwer es sein kann, diese zu bereinigen. Für die Berechtigungsverwaltung von SharePoint wird es, anders als bei Dateisystemberechtigungsstrukturen, noch diffiziler, durch nachträgliche Änderungen gewachsene Strukturen zu bereinigen. Eine Ursache ist, dass es noch weniger Werkzeuge für die Steuerung von Berechtigungen in SharePoint gibt, als beispielsweise für das Dateisystem, die Ihnen gerade zum Beginn des Produktzyklus zur Verfügung stehen. Daher ist es umso wichtiger, schon zu Beginn des Projekts die Basis für eine klare Berechtigungsstruktur zu schaffen, die Ihnen den vorzeitigen Einsatz von kostenpflichtigen Drittanbieterwerkzeugen erspart.

Globale SharePoint-Berechtigungen

SharePoint bietet Ihnen eine Vielzahl an Rollen und Berechtigungsstufen für die Umsetzung einer eigenen Berechtigungsstruktur. Integriert in SharePoint sind diese Elemente jedoch auf vier Kategorien begrenzbar. Anhand dieser wird das Berechtigungszusammenspiel erläutert.

Auf der Seite der Rollen und Dienste gibt es die Dienstanwendungskonten, die Farmadministratoren, die Websitesammlungsadministratoren und die Webanwendungsbenutzer, selbst wenn diese innerhalb einer Websitesammlung wieder in verschiedenste SharePoint-Gruppen und damit Siterollen unterteilt werden. Auf der anderen Seite hingegen gibt es Berechtigungsstufen, Webanwendungsrichtlinien und Richtlinienstufen.

Abbildg. 3.33 Einsatz von SharePoint-BuiltIn-Gruppen und -Berechtigungsstufen

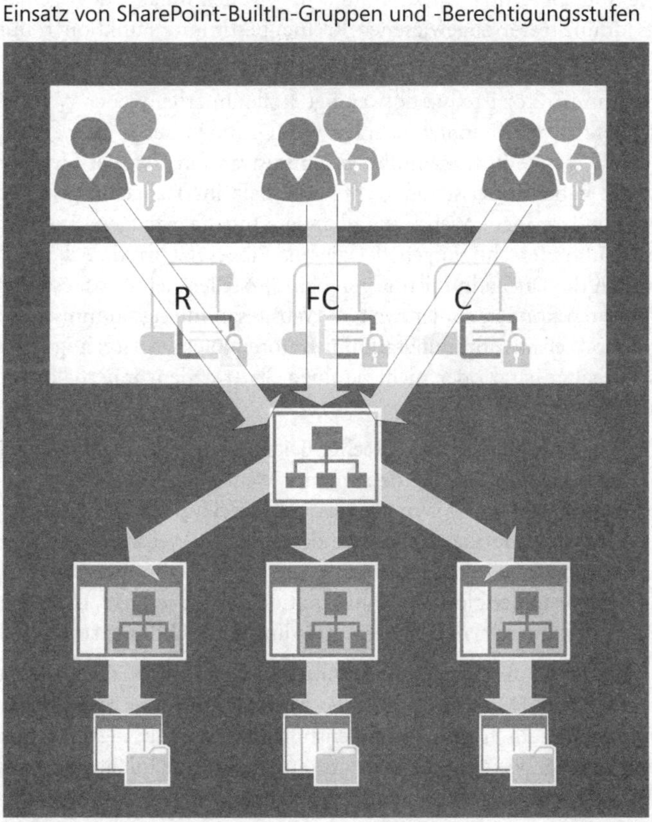

Berechtigungsstufen geben ein Berechtigungsprofil vor, das verschiedene Berechtigungen zu einer Berechtigungsstufe zusammenfasst. Diese Berechtigungsstufe kann dann innerhalb der Website verwendet zu werden, um Berechtigungen zu erteilen. Beispielsweise wird durch das Zuordnen der Berechtigungsstufe *Teilnehmen* zu einem Benutzer oder einer Gruppe, das Lese- und Schreibrecht innerhalb einer SharePoint-Websitesammlung bzw. Website delegiert und standardmäßig zunächst an die darunter liegenden Websites und Listen, bis hin zum dort enthaltenen Element, vererbt (Abbildung 3.33).

Webanwendungsrichtlinien dienen der Ausführung von speziellen Berechtigungen, unabhängig davon, was innerhalb einer Website an Berechtigungen definiert und vergeben wird. Dies ist erforderlich, da SharePoint-Funktionen nicht mehr ordnungsgemäß funktionieren könnten, weil einige Anwender die Berechtigungseinstellungen auf einem Objekt so konfiguriert haben, dass andere Dienste, wie z.B. die Suche, dieses nicht mehr erreichen können.

Richtlinienstufen hingegen sind, anders formuliert, Berechtigungsstufen für Webanwendungsrichtlinien. Aufgrund der Komplexität von Richtlinienstufen, ähnlich der von Berechtigungsstufen, werden Berechtigungen in ihnen zusammengefasst.

Nun stellt sich die Frage nach dem Aussehen des Gesamtbildes. Dieses erschließt sich gut aus der Betrachtung und Abgrenzung der vier Rollen zueinander.

Ein Webanwendungsbenutzer hat sein Einsatzgebiet innerhalb einer Webanwendung und wurde in dieser Webanwendung direkt oder indirekt durch einen Websitesammlungsadministrator oder Websitebesitzer für seine Rolle berechtigt. Er kann für seine eigenen Inhalte, oder gemäß der durch den Websitesammlungsadministrator zugewiesenen Rechte, bestimmte Funktionen innerhalb von SharePoint nutzen.

Ein Websitesammlungsadministrator ist eine notwendige Rolle innerhalb jeder Websitesammlung. Diese Rolle kann ausschließlich von Benutzern, nicht von Gruppen ausgeübt werden. Allerdings kann eine beliebige Anzahl von Websitesammlungsadministratoren definiert werden. Websitesammlungsadministratoren haben umfassende Rechte innerhalb ihrer zugehörigen Websitesammlung und können innerhalb dieser neue Websites und andere Inhalte erzeugen, Features aktivieren, Anpassungen vornehmen und Berechtigungen delegieren. Eingesetzt werden die Websitesammlungsadministratoren durch die Farmadministratoren beim Erstellen der Websitesammlung. Websitesammlungsadministratoren können zudem weitere Websitesammlungsadministratoren bestimmen. Unabhängig davon, ob Websitesammlungsadministratoren in einer Berechtigungsliste für den Zugriff auf ein Objekt enthalten sind oder nicht, können Sie trotzdem innerhalb Ihrer Websitesammlung vollständige Zugriffsrechte ausüben.

Farmadministratoren haben die umfassendsten Rechte. Diese Rechte beinhalten jedoch nicht das Recht zum Lesen von beliebigen Inhalten wie denen einer Webanwendung, sondern die umfangreichsten Rechte zum Anpassen, unter anderem aller sicherheitsrelevanten Konfigurationen. Farmadministratoren erstellen Webanwendungen inklusive der obersten Websitesammlung und setzen Websitesammlungsadministratoren ein oder entfernen diese. Farmadministratoren haben ihren Wirkungsbereich jedoch primär in der globalen Konfiguration der Serverfarm, in der Bereitstellung von Diensten, der Wartung der Serverfarm und der Anpassung der Richtlinienstufen.

Dienstanwendungen werden durch die Farmadministratoren erzeugt und erhalten ihre Zugriffsrechte häufig durch die Einrichtung einer Hintertür. Richtet der Farmadministrator beispielsweise die Suchdienstanwendung ein, wird automatisch eine Richtlinienstufe für das Inhaltszugriffskonto der Durchforstungskomponente hinzugefügt, welches es diesem erst ermöglicht, die Inhalte der Webanwendung zu indizieren, da es andernfalls über keine ausreichenden Berechtigungen verfügen würde.

Berechtigungselemente

In SharePoint steht Ihnen eine Reihe an Elementen zur Verfügung, die für die Abbildung einer Berechtigungsstruktur verwendet werden können. Zunächst ist festzustellen, dass Berechtigungen in SharePoint, ähnlich wie auf dem Dateisystem, unter Verwendung von Vererbung bis auf die Objektebene vergeben werden können. Dabei ist wichtig herauszustellen, dass unter SharePoint, anders als auf dem Dateisystem, grundlegend nur wenige Werkzeuge zur Verfügung stehen, um die Berechtigungen zu verwalten und automatisiert abzuändern. Zudem gibt es in den SharePoint-Berechtigungsstufen, anders als bei den NTFS-Berechtigungen des Dateisystems, keine *Zugriff verweigert*-Berechtigungen. Bevor jedoch ein Resümee hieraus gezogen werden kann, ist es wichtig, sich die verfügbaren Elemente in einer Berechtigungsstruktur zu verdeutlichen und deren Eigenschaften zu verinnerlichen.

Die Abbildung 3.34 stellt eine Übersicht der Kernelemente der SharePoint-Berechtigungsstruktur und deren Variationen bei der Berechtigungsvergabe dar. Dabei werden zunächst die Rahmenbedingungen vereinfacht und eine flache Berechtigungsstruktur vorausgesetzt.

Abbildg. 3.34 Vereinfachte Darstellung einer möglichen SharePoint-Berechtigungsinfrastruktur

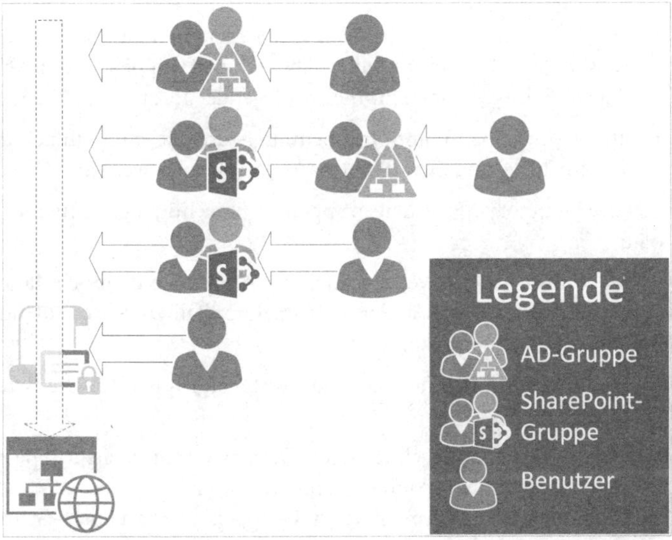

Die in SharePoint zu berechtigenden Benutzer bzw. Gruppen werden demnach einer SharePoint-Berechtigungsstufe zugeordnet, welche wiederum an ein Objekt gebunden ist, von wo aus sich die Berechtigung standardmäßig zunächst in die unterliegenden Hierarchien vererbt. Ihnen steht somit eine Reihe an Varianten zum Abbilden der Berechtigungsstruktur zur Verfügung.

HINWEIS Beachten Sie bitte, dass Sie SharePoint-Gruppen anders als Active Directory-Gruppen nicht verschachteln können, um Berechtigungen zu delegieren.

Hier wird schnell die Frage aufgeworfen, welche Vor- und Nachteile mit der jeweiligen Berechtigungslösung verbunden sind. Ähnlich wie bei der Berechtigungsvergabe auf dem Dateisystem gibt es in SharePoint nicht nur unterschiedliche Ansätze, sondern zusätzlich nicht zwangsläufig eine optimale Vorgehensweise zur Berechtigungsvergabe. Daher ist es bedeutend, die verschiedenen Ansätze gegenüberstellend zu vergleichen.

Zunächst werden die Rahmenbedingungen des Einsatzes von SharePoint-Gruppen für die Berechtigungsverwaltung verdeutlicht:

- Können ausschließlich innerhalb einer Websitesammlung verwendet werden. Somit kann eine SharePoint-Gruppe aus Websitesammlung A keine Rechte in Websitesammlung B erhalten.
- Kann sowohl Benutzer, als auch Active Directory-Gruppen als Mitglieder enthalten
- Es wird keine Verschachtelung von SharePoint-Gruppen unterstützt
- Auf Basis von SharePoint-Gruppen kann mit Bordmitteln nachvollzogen werden, welche Berechtigungen eine SharePoint-Gruppe innerhalb der gesamten Websitesammlungen besitzt
- Sie können die Gruppenmitgliedschaft einer SharePoint-Gruppe vor den Anwendern optional verbergen
- Die Anwender können wahlweise die Mitgliedschaft in einer SharePoint-Gruppe beantragen und Sie können nach eigenem Ermessen steuern, ob Sie diese Mitgliedschaftsanfrage vollautomatisiert zulassen
- Beim Anlegen einer neuen Site haben Sie die Wahl, entweder die zwangsläufig in der ersten Website der Stammwebsitesammlung miterstellten SharePoint-Gruppen durch Vererbung zu berechtigen oder neue SharePoint-Gruppen für die anzulegende Site zu berechtigen
- Das Recht zur Verwaltung einer SharePoint-Gruppenmitgliedschaft kann einfach an Benutzer sowie Gruppen (Active Directory- und SharePoint-basierte) delegiert werden

Die Eigenschaften von Active Directory-Sicherheitsgruppen als Berechtigungselement in SharePoint hingegen lauten wie folgt:

- Active Directory-Gruppen unterstützen Verschachtelung. Achten Sie dennoch darauf, dass Sie nur sehr begrenzt verschachteln, da dies andernfalls im Einzelfall zu schwer identifizierbaren Zugriffsproblemen in SharePoint führen kann.
- Es werden lediglich Sicherheitsgruppen, jedoch keine Verteilergruppen für die Berechtigungsvergabe in SharePoint unterstützt
- Sie können anhand der Mitgliedschaft in einer Active Directory-Sicherheitsgruppe nicht direkt die Berechtigungen der Gruppe in SharePoint bestimmen. Dies ist nur indirekt möglich, sofern Sie ein solides Mappingmodell von Active Directory-Gruppen zu SharePoint-Gruppen umgesetzt haben.
- Die übermäßige Verwendung von Active Directory-Gruppen kann problematische Auswirkungen zeigen, da somit die Größe des Benutzertokens stetig steigt und bei der Anmeldung im Browser oder im Netz für Probleme sorgen kann. Diese Probleme können jedoch teilweise durch geänderte Registrierungseinstellungen behoben werden.
- Die Verwaltung des Anlegens und der Verwaltung von Gruppen und deren Mitgliedschaften kann an Active Directory-Benutzer und -Gruppen delegiert werden

Es ist offensichtlich, dass beide Gruppentypen spezifische Eigenschaften besitzen, mit jeweils deutlich voneinander abweichenden Vor- und Nachteilen in der Verwendung innerhalb von SharePoint. Bei der Berechtigungsplanung sollte das Ziel sein, nach Möglichkeit Gruppen anstelle von Anwenderkonten zu verwenden, um Berechtigungen zu delegieren, da Anwenderkonten durch regelmäßige Positions- und damit Aufgabenwechsel in Unternehmen andernfalls eine Vielzahl von Berechtigungszuweisungen hinterlassen, die verwaisen. Natürlich liegt, ähnlich wie auf einem Dateiserver, die Empfehlung zur Berechtigungsvergabe ganz allgemein bei Gruppen, um den Verwaltungsaufwand zu reduzieren und die Zugriffssteuerungslisten gering zu halten.

Delegierungsebenen

Die Berechtigungshierarchie innerhalb einer Farm kann auf die folgenden Ebenen zusammengefasst werden (Abbildung 3.35):

Abbildg. 3.35 Administrative Rollen einer SharePoint-Serverfarm

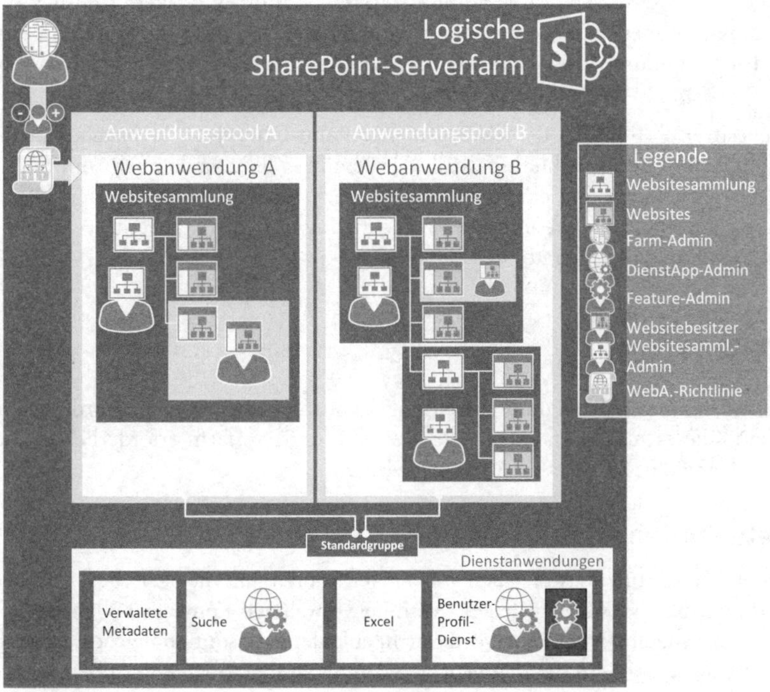

- **Farmadministratoren** Mitglieder der Gruppe der Farmadministratoren haben umfassende Zugriffsberechtigungen auf die Serverfarm und auf alle zugehörigen Server. Sie können PowerShell-Skripts ausführen, Dienstanwendungen und Webanwendungen erstellen und verwalten und die zugehörigen primären Websitesammlungsadministratoren bestimmen. Daneben können Sie mithilfe von Berechtigungsrichtlinien auf Webanwendungsebene den Zugriff für die gesamte Webanwendung gewähren oder verweigern. Standardmäßig haben sie jedoch keinerlei Zugriffsrechte auf die Inhalte der Webanwendungen. Sie erhalten einen Teil der Berechtigungen in der Farm durch eine automatisch zugeordnete Mitgliedschaft in der lokalen Gruppe *WSS_ADMIN_WPG*.
- **Dienstanwendungsadministratoren** Sie werden durch den Farmadministrator bestimmt und verwalten ausschließlich eine Dienstanwendung, die nicht durch sie, sondern durch den Farmadministrator angelegt wurde. Dabei macht nicht die Delegierung der Verwaltung aller Dienstanwendungen Sinn. Prädestiniert für die Delegierung sind Dienstanwendungen wie die Suche oder der Benutzerprofildienst.

- **Featureadministratoren** Featureadministratoren werden in der Regel durch den Farmadministrator bestimmt und verwalten ausschließlich eine Untermenge an Funktionen, die zu einer speziellen Dienstanwendung gehören. Beispielsweise kann ein Featureadministrator ausschließlich die Zielgruppen einer Benutzerprofildienstanwendung verwalten.
- **Websitesammlungsadministratoren** Websitesammlungsadministratoren haben volle Zugriffsrechte innerhalb einer Websitesammlung, unabhängig davon, ob Sie explizite Zugriffsrechte auf ein Objekt besitzen oder nicht. Websitesammlungsadministratoren werden entweder durch einen anderen Websitesammlungsadministrator oder einen Farmadministrator bestimmt. Beim Anlegen einer Websitesammlung durch den Farmadministrator muss der Farmadministrator einen oder zwei Websitesammlungsadministratoren bestimmen. Weitere Websitesammlungsadministratoren können durch den ernannten Websitesammlungsadministrator bestimmt werden. Websitesammlungsadministratoren können neue Sites, jedoch keine neuen Websitesammlungen erzeugen.
- **Websitebesitzer** Mitglieder der jeweiligen SharePoint-Gruppe der Websitebesitzer haben standardmäßig volle Zugriffsrechte innerhalb der gesamten Site. Sie können somit administrative Aufgaben wahrnehmen und erhalten E-Mail-Benachrichtigungen im Falle einer ausstehenden Löschung einer inaktiven Site und über Berechtigungsanfragen. Sitebesitzer werden durch den Websitesammlungsadministrator delegiert.

Dienstkonten

Für die Bereitstellung von SharePoint wird eine Vielzahl an Benutzerkonten erforderlich. Identifizieren Sie anhand dieses Abschnitts rechtzeitig die für Ihre Serverfarm erforderlichen Dienstkonten und deren in SharePoint 2013 neuen Abhängigkeiten.

Verwaltete Konten

SharePoint 2013 unterstützt das Erstellen verwalteter Konten, um die Sicherheit zu verbessern und die Anwendungsisolation sicherzustellen. Mithilfe verwalteter Konten sind Sie nicht mehr auf Dienstkonten angewiesen, deren Kennwörter nicht ablaufen und somit potenziell gegen Sicherheitsrichtlinien verstoßen, sondern die Kennwortverwaltung wird an SharePoint übertragen. In diesem Fall verwaltet SharePoint gemäß Ihrer Vorgaben sämtliche Dienstkennwörter und trägt dafür Sorge, dass die Kennwörter sowohl kontinuierlich geändert werden, als auch dafür, dass alle Mitgliedsserver einer Serverfarm zu jedem Zeitpunkt über das passende Kennwort zum Start des jeweiligen Diensts verfügen.

Erforderliche oder optionale Dienstkonten

Die folgenden Konten sind für die Einrichtung einer SharePoint-Serverfarm erforderlich oder optional verwendbar (Tabelle 3.31):

Tabelle 3.31 SharePoint-Dienstkonten

Name des Diensts	Opt.	nur SS	Verw.	Anmerkung
Farmkonto				Zentraladministrationskonto
SQL Datenbankdienst	✓			Für Kerberos

Tabelle 3.31 SharePoint-Dienstkonten *(Fortsetzung)*

Name des Diensts	Opt.	nur SS	Verw.	Anmerkung
Foundation-Suchdienstkonto			✓	
Foundation-Inhaltszugriffskonto	✓			
Anwendungspoolkonto Dienstanwendungen	✓		✓	Empfohlen, potenziell mehr als ein Konto
Anwendungspool Access Services Dienstanwendung		✓	✓	Aufgrund spezieller Anwendungspool-Konfiguration
Anwendungspoolkonto *Mein Websitehost*		✓	✓	Auf Abhängigkeit zu anderen Diensten achten (verteilter Cachedienst und Teamsites-Anwendungspool)
Anwendungspoolkonto Portalanwendungen	✓		✓	Empfohlen, potenziell mehr als ein Konto
Suchdienstkonto (Server)		✓	✓	Office Server Search
Inhaltszugriffskonto (Server)	✓	✓		Office Server Search
PerformancePoint	✓	✓		Unbeaufsichtigtes Dienstkonto für den Secure Store, Enterprise Edition
Verzeichnisdienstsynchronisierungskonto		✓		Replikation der Benutzerprofildaten aus dem AD
WarmUp	✓			Konto für WarmUp-Skript (abhängig von WarmUp-Lösung)
Portal Super User	✓			Optimierung des Veröffentlichungscaches
Portal Super Reader	✓			Optimierung des Veröffentlichungscaches
Claims2WindowsToken-Dienstkonto	✓			Nur für Kerberos/Authentifizierungs-szenarien
Reporting Services-Dienstkonto	✓			Nur beim Einsatz der Reporting Services erforderlich
Analysis Services-Dienstkonto	✓			Nur beim Einsatz von Project Server erforderlich
Unbeaufsichtigtes Dienstkonto Excel Services	✓	✓		
Unbeaufsichtigtes Dienstkonto PerformancePoint	✓	✓		
Unbeaufsichtigtes Dienstkonto Visio Services	✓	✓		
Workflow-Manager-Dienstkonto	✓	✓		Für die Einrichtung der Workflow-Manager-basierten Workflows

SS = Nur SharePoint Server;
Verw. = Konto kann als verwaltetes Dienstkonto angelegt werden;
Opt. = Optional bzw. nicht zwingend erforderliches Konto

Während in SharePoint 2010 allgemein galt, möglichst dedizierte Dienstkonten zu verwenden, gibt es in SharePoint 2013 eine Reihe von Abhängigkeiten bei der Bestimmung von Dienstkonten. Einige der wichtigen Abhängigkeiten lauten wie folgt:

- Der Webanwendungspool von *Meine Websitehosts* sollte unter dem gleichen Kontext ausgeführt werden wie der Anwendungspool von Teamsites. Hintergrund ist, dass die Teamsites Newsfeedfunktionalität nutzen, die von *Meine Websites* abhängen. Aus diesem Grund muss sich auch *Meine Website* in der gleichen Farm wie die Teamsites befinden.
- Das Dienstkonto des verteilten Cachediensts sollte ebenfalls dem Konto des *Mein Websitehost*-Anwendungspoolkontos entsprechen. Hintergrund hier ist, dass die Funktionen des verteilten Cachediensts im Wesentlichen Cachingfunktionen im Kontext der *Meine Website*-Social-Komponente zur Verfügung stellt.

Authentifizierung

Die Wahl der Authentifizierungsmethode für die Nutzung in SharePoint ist ein wichtigerer Aspekt bei der Planung einer SharePoint-Infrastruktur. Hintergrund ist, dass es eine Vielzahl an Abhängigkeiten zwischen den Authentifizierungsmethoden und den Funktionen bzw. Möglichkeiten bei der Verwendung von SharePoint gibt.

Anonymer Zugriff

Der anonyme Zugriff wird für SharePoint-Implementierungen unterstützt. Je nach Art der SharePoint-Site gibt es aus Sicherheitsgründen unterschiedliche Ebenen, die zu konfigurieren sind, um den anonymen Zugriff freizuschalten. Vom Grundaufbau her ist das System für die meisten SharePoint-Sites so konzipiert, dass Sie bei Bedarf einzelne Dokumentbibliotheken und Listen dafür konfigurieren können, dass anonyme Benutzer lesend Zugriff auf diese erhalten. Für alle weiteren Anliegen, wie schreibenden Zugriff für anonyme Benutzer sind erweiterte Arbeitsschritte erforderlich.

Authentifizierungsmethode festlegen

Die Wahl der Authentifizierungsmethode ist eine komplexe Aufgabe. Ihnen stehen viele Authentifizierungsmethoden zur Verfügung. Um Ihnen die Planungsentscheidung zu erleichtern, finden Sie in diesem Abschnitt eine Reihe an Tabellen, die Ihnen eine Gegenüberstellung der verschiedenen Methoden bieten.

Zunächst einmal sind die Authentifizierungsanbieter in zwei Kategorien unterteilt, zwischen denen im Nachhinein nicht beliebig umgeschaltet werden kann:

- Klassische Authentifizierung
- Forderungsbasierter Authentifizierungsmodus

Neu in SharePoint 2013 ist der Umstand, dass nun der forderungsbasierte Authentifizierungsmodus der Standard ist. Von daher ist der klassische in der Regel primär für Migrationsszenarien von Relevanz.

Der wichtigste innerhalb der forderungsbasierten Authentifizierung zu nutzende Authentifizierungstyp bleibt in SharePoint die Gruppe der Windows-Authentifizierungen. Ohne diese sind eine Reihe an Funktionen, wie die Durchforstung oder Apps, nicht ordnungsgemäß einsetzbar. Selbst, wenn Sie sich für einen anderen Ansatz entscheiden, wird die Windows-Authentifizierung weiterhin eine wichtige Rolle einnehmen.

Die Gruppe der klassischen Authentifizierungsmethoden bietet Ihnen alle weithin bekannten Windows-Authentifizierungen (Tabelle 3.32).

Tabelle 3.32 Gegenüberstellung der Windows-Authentifizierungen

Authentifizierungstyp	Vorteile	Nachteile
Basis	Arbeitet mit allen Browsern zusammen. Ergibt keine Schwierigkeiten mit Proxyservern und Firewalls. Ermöglicht einen Hop bei der Authentifizierung.	Das Benutzerpasswort ist völlig ungeschützt. SSL sollte daher zwingend zum Schutz der Benutzerkennung verwendet werden. Unterstützt keine Serverauthentifizierung.
Digest	Breite Browserunterstützung und unproblematisch bei Proxservern und Firewalls.	Anfällig für Replayangriffe. Unterstützt keine Serverauthentifizierung.
NTLM	Relativ sichere Authentifizierungsmethode. Wird von den meisten Browsern unterstützt.	Funktioniert nicht durch die meisten HTTP-Proxyserver und ist somit primär in Intranet Szenarien von Bedeutung. Proprietäres Protokoll. Unterstützt keine Serverauthentifizierung.
Kerberos	Sicherstes der hier angeführten Authentifizierungsprotokolle, beidseitige Authentifizierung, mit breiter Browserunterstützung und der Möglichkeit einer Multi-Hop-Authentifizierung (Delegierung). Offenes Protokoll.	Komplizierte Einrichtung. Erschwerte Fehleridentifizierung. Problematisch wegen KDC Verfügbarkeit aus dem Internet und Proxyproblematik.
Zertifikate	Sichere Authentifizierung in Kombination mit einer Kerberos-Protokollerweiterung	Aufwendigere Infrastruktur und nicht direkt gegen einen SharePoint-Server verfügbar. Mithilfe eines Reverseproxy realisierbar.

Diese Authentifizierungsmethoden sind in SharePoint standardmäßig aktiviert. Für die Mehrzahl der Szenarien werden diese Methoden hinreichende Sicherheit, Kompatibilität und Funktionalität bieten. Sobald Sie sich jedoch in einer heterogenen Welt bewegen, eine organisationsübergreifende Zusammenarbeit wünschen, externe Benutzer anbinden, andere Anwendung integrieren oder gar SSO-Ziele verfolgen, sollten Sie zur zweiten Kategorie der Authentifizierungsmethoden innerhalb der forderungsbasierten Authentifizierung tendieren:

- Formularbasierte Authentifizierung (FBA)
- SAML-Token-basierte Authentifizierung
- Anspruchsbasierte Authentifizierung

Die traditionelle formularbasierte Authentifizierung bietet Ihnen die Möglichkeit, an den anmeldeformulargesteuerten Prozess wichtige Mitgliedschaftsanbieter zu integrieren, um so letztlich eine Active Directory-unabhängige Authentifizierung zu ermöglichen. Standardmäßig sind folgende Mitgliedschaftsanbieter verfügbar:

- *AspNetSqlMembershipProvider*
- *LDAPMembershipProvider*

- *ADMembershipProvider*

Sie haben so beispielsweise die Möglichkeit, eine einfache SQL Server-Datenbank als Identitätsspeicher zu verwenden, in der Sie z.B. Benutzerkonten für den Extranetzugriff vorhalten.

Die in SharePoint 2010 eingeführte, forderungsbasierte Authentifizierung setzt auf der WIF (Windows Identity Foundation) auf. Bei dieser anspruchsbasierten Authentifizierung werden Ansprüche von SharePoint akzeptiert, um einen Client zu identifizieren und für den Zugriff zu autorisieren. Forderungen werden beispielsweise in Form von SAML-Token dargestellt, welche wiederum Fakten darstellen, die von einer als vertrauenswürdig definierten Autorität publiziert werden. Ein Beispiel für eine solche Forderung kann sein, dass »Manfred Petry« Mitglied der Gruppe der SharePoint-Autoren ist. Jedoch sind auch Fakten wie »Manfred ist Leiter der PR-Abteilung« möglich.

Um Ihnen eine Differenzierung zwischen den verfügbaren Primärauthentifizierungsmethoden zu ermöglichen, finden Sie in der Tabelle 3.33 eine Gegenüberstellung einschließlich elementarer Vor- und Nachteile.

Tabelle 3.33 Vergleich der in einer forderungsbasierten Webanwendung unterstützten Authentifizierungsanbieter

Authentifizierungsmethode	Beschreibung	Vor- und Nachteile
Windows	Die Windows-Authentifizierung unterstützt unsichere bis hochsichere Authentifizierungsprotokolle. Diese stehen Ihnen direkt nach der Bereitstellung zur Verfügung.	Nicht alle Browser unterstützen alle Windows-Authentifizierungsformen Mit Ausnahme von Kerberos vergleichsweise einfach und schnell zu implementieren Kein eigener Code für die Verwendung erforderlich
Anspruchsbasierte Authentifizierung	Bietet hochflexible Möglichkeiten, speziell für die verteilte Authentifizierung in farmübergreifenden und Extranetszenarien	Einrichtung komplex Einschränkungen bei der Clientintegration Extranetszenario Ermöglicht die Einbindung verbreiteter Authentifizierungsanbieterverzeichnisse
Formularbasiert (FBA)	Bietet Ihnen eine von Active Directory unabhängige Authentifizierung und eine Basis für Extranetszenarien	Einrichtung relativ komplex Extranetszenario Einschränkungen bei der Client Integration

HINWEIS Unabhängig davon, für welche der Authentifizierungsmethoden Sie sich entscheiden, wird für die farminterne Authentifizierung die anspruchsbasierte Authentifizierung verwendet. Diese müssen Sie jedoch nicht gesondert konfigurieren, um die Funktionalität sicherzustellen.

Der Einsatz von Kerberos als Authentifizierungsmethode kann unabhängig von den bislang angeführten Aspekten für eine Reihe von Einsatzszenarien erforderlich werden, da es die einzige verbreitete Authentifizierungsmethode ist, für die Sie die Delegierung verwenden können. Eine ganze Reihe an Funktionen, speziell innerhalb des BI-Komplexes, benötigt zwingend den Einsatz von Kerberos bzw. die eingeschränkte Kerberos-Delegierung.

So gibt es neben der Notwendigkeit der Delegierung für einige Webanwendungen wie Excel Services, PerformancePoint, PowerPivot auch den möglichen Anspruch der Nutzung einer Kerberos-

Delegierung beim Gebrauch einiger Webparts. Beispielsweise greift ein Benutzer über ein RSS-Viewer-Webpart auf RSS-Feeds zu. Sofern das RSS-Webpart auf eine Quelle zugreift, die eine Authentifizierung erfordert, wird die eingeschränkte Kerberos-Delegierung benötigt, um die Authentifizierung des Benutzers gegenüber dem RSS-Feed zu ermöglichen.

Für die Wahl des Authentifizierungsprotokolls gilt: In der Regel ist die Windows-integrierte Authentifizierung mit NTLMv2 mit einem AD-basierten Verzeichnisdienst für einen Start die zumeist geeignete Wahl. Von hier aus können Sie jederzeit eine Umwandlung in Richtung Kerberos vornehmen. Sollten Sie jedoch von vornherein wissen, dass Sie auf Kerberos angewiesen sind, sollten Sie aufgrund der recht komplexen Konfiguration frühzeitig bei der Einführung auf Kerberos setzen, um Probleme bei dessen Einführung geschickt zu umgehen.

Identität und Zugriff auf LoB- und Server-Anwendungen

Beim Zugriff auf LoB- und Server-Anwendungen stellt die Authentifizierung einen wichtigen Aspekt dar. Dieser Abschnitt bringt Ihnen die aktuellen Möglichkeiten und die zugehörigen Implikationen in Kombination mit SharePoint näher.

Wenn davon abgesehen wird, dass Sie theoretisch auch anonym auf derlei Datenquellen zugreifen können, was in der Praxis eher unwahrscheinlich ist, kann man die SharePoint-Variationen im Zugriffsszenario auf externe Ressourcen und Datenquellen auf drei grundlegende Szenarien reduzieren:

- Zugriff auf Datenquellen als ein vertrauenswürdiges Subsystem (Dienstkontext)
- Zugriff auf Daten und Ressourcen durch Delegierung (Benutzerkontext)
- Zugriff auf Daten und Ressourcen durch eine Ressourcenanforderungsprüfung im Namen des Benutzers, jedoch nicht mit dessen Anmeldetoken

In Abbildung 3.36 wird neben dem Zugriffsszenario für den externen Datenzugriff parallel vereinfacht dargestellt, wie das Zusammenspiel der SharePoint-Komponenten beim Zugriff und der Interaktion mit externen Datenquellen und Authentifizierungsanbietern realisiert ist.

Abbildg. 3.36 Vereinfachte Übersicht des Zugriffs auf externe Ressourcen

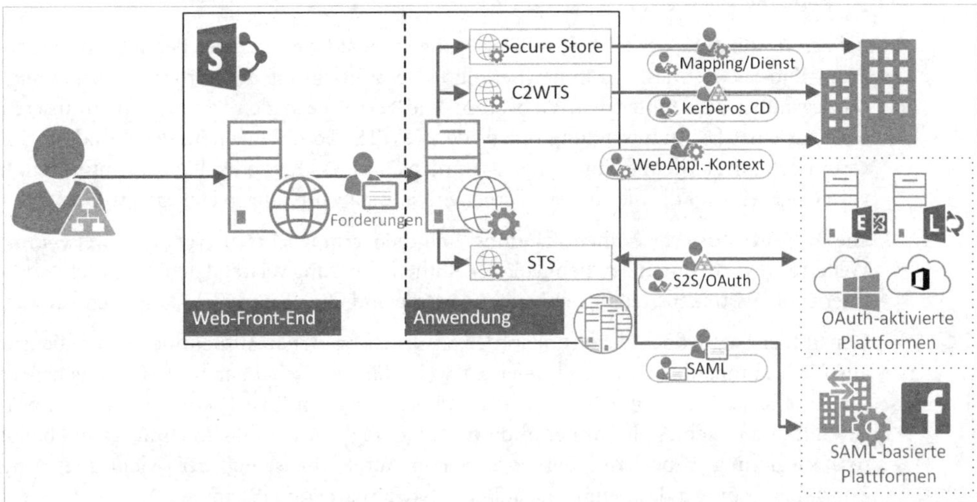

Der wichtigste Aspekt hierbei ist das Wechseln und die Nutzung einer gezielten Identität beim Zugriff auf die außerhalb von SharePoint positionierten Daten. Bereits unter SharePoint 2010 verfügbar waren die Secure Store, C2WTS und die SAML-Authentifizierungsansprüche. Neu hinzugekommen ist die OAuth 2.0-basierte Server-zu-Server-Authentifizierung. Diese wird für den Zugriff auf die neuen, OAuth-aktivierten Plattformen wie Exchange Server 2013, Lync Server 2013, Windows Azure Workflow Services und SharePoint Online für hybride Szenarien verwendet. Die wichtigsten Aspekte für diese Szenarien werden anhand von Beispielen in Kapitel 16 und in der Theorie in Kapitel 12 weiter behandelt.

Die drei Standardvarianten für den Zugriff auf externe Datenquellen werden an dieser Stelle weiter ausgeführt:

- Verwendung der Anwendungspoolidentität
- Verwendung eines Dienstkontos
- Verwendung der Benutzeridentität

Durch die Verwendung der Anwendungspoolidentität können Sie einfach und ohne zusätzliche Maßnahmen im Kontext der Webanwendung auf die Zielressourcen zugreifen. Dieser Fall ist jedoch häufig explizit nicht erwünscht.

Bei der Verwendung eines Dienstkontos können Sie entweder die Informationen der Identität für den LoB-Zugriff in der Secure Store-Dienstanwendung oder in Verbindungszeichenfolgen speichern.

In einer Situation, in der das Back-End-System eine eigene Authentifizierung durchführt und die Identität des Benutzers für den Datenzugriff erforderlich wird, ist das Delegierungsmodell die Lösung.

Die Mehrzahl der Authentifizierungsprotokolle ist dabei nicht für Multi-Hop-Szenarien, also für eine Delegierung geeignet, somit ist die Auswahl an Lösungen für das Weiterleiten der Benutzeridentität an Drittsysteme eingeschränkt. Für eine Delegierung im Benutzerkontext stehen Ihnen in SharePoint 2013 zwei Möglichkeiten zur Verfügung.

- Anspruchsbasierte Authentifizierung
- Kerberos-Delegierung

Bei der Verwendung der Kerberos-Delegierung authentifiziert sich der Benutzer gegenüber dem Web-Front-End-Server. Dieser kann nach erfolgreicher Einrichtung der Kerberos-Delegierung den Benutzer gegenüber dem hinter dem Web-Front-End-Server liegenden System authentifizieren. Alternativ wird aus einer Dienstanwendung heraus der C2WTS (Forderungen an den Windows Token-Dienst) verwendet, um aus dem farminternen Anspruchstoken ein Kerberos-Token anzufordern. In Kapitel 12 wird eingehend auf die hierfür erforderlichen Rahmenbedingungen eingegangen.

Die anspruchsbasierte Authentifizierung hingegen ermöglicht ein vergleichsweise unkompliziertes Weiterreichen der durch den Benutzer zur Authentifizierung verwendeten Ansprüche an Drittsysteme, sofern eine Vertrauensstellung eingerichtet wurde und Quelle und Ziel »Anspruchs-aware« sind.

Genau hier liegt jedoch das Problem der anspruchsbasierten Authentifizierung: die Zielmenge der anspruchskompatiblen Anwendungen ist weiterhin überschaubar und eine Eigenentwicklung für die Erweiterung einer bestehenden Anwendung in eine anspruchskompatible wird nur sehr selten gewählt und ist keinesfalls immer ohne Weiteres möglich. Vor diesem Hintergrund bleibt die Kerberos-Delegierung neben der Server-zu-Server-Authentifizierung der wichtigste Ansatz für die Zugriffe im Kontext des Benutzers, außerhalb der SharePoint-Farm.

Zonenzuordnungen

Zonen dienen in SharePoint primär zweierlei Anliegen: der korrekten Konfiguration von alternativen Zugriffszuordnungen (AAM) bzw. der einwandfreien Erstellung von Links durch SharePoint in Szenarien mit Reverseproxyservern oder Lastenausgleichsmodulen (Load Balancer) und der Definition unterschiedlicher Authentifizierungsvarianten für eine Webanwendung. Häufig wird in diesem Zusammenhang jedoch ein Detail übersehen: Die Zonenkonfiguration hat Auswirkungen auf das Verhalten des Crawlers. Die Zonen werden von der Durchforstungskomponente in einer bestimmten Reihenfolge abgearbeitet. Sobald der Crawler erfolgreich authentifiziert ist, kann er die Inhalte durchforsten. Genau hier liegt jedoch das Problem. Der Crawler kann sich lediglich an einer für NTLM konfigurierten Zone erfolgreich authentifizieren. Sobald Kerberos- oder Digest-Authentifizierung verwendet werden, schlägt nicht nur die Authentifizierung der Durchforstungskomponente fehl, sondern er stellt ebenfalls jeden weiteren Versuch, sich an einer potenziell weiteren, vorhandenen Zone zu authentifizieren und die Website über diesen Weg zu durchforsten, ein.

HINWEIS Bei Kerberos tritt dieses Problem auf, sobald Sie einen Nicht-Standardport (80 oder 443) für die Bereitstellung der Webanwendung verwenden. Sollte dieses Szenario auf Sie zutreffen, erweitern Sie die Webanwendung und verwenden Sie für diese Webseiten die Basis- oder NTLM-Authentifizierung.

Die Reihenfolge, in der der Crawler versucht, sich an einer Zone zu authentifizieren, lautet wie folgt:

- Standard
- Intranet
- Internet
- Benutzerdefiniert
- Extranet
- Planen Sie daher die Zuordnung einer Zone zu einer Authentifizierungsmethode sorgfältig, um Probleme mit der Indizierung zu vermeiden
- Ein weiterer Aspekt für die Planung der Zonen ist die Zuordnung von eingehenden Anfragen zu einer Zone. Sobald eine eingehende Anfrage nicht eindeutig einer Zone zugeordnet werden kann, wird diese eingehende Anfrage an die Standardzone weitergeleitet.

ACHTUNG Zonen werden nicht in Kombination mit SharePoint-Apps unterstützt. Anfragen werden in dieser Kombination nur aus der Standard-Zone unterstützt.

- Aus diesen Grundlagen resultieren die folgenden Rahmenbedingungen für Ihre Planung der Zonen
- Verwenden Sie nicht mehr Zonen, als wirklich nötig. Jede weitere Zone wird durch eine weitere Webanwendung repräsentiert und stellt daher zunächst keinen Vorteil an sich dar.
- Möchten Sie die Inhalte der Webanwendung indizieren, richten Sie zumindest eine Zone mit der NTLM-Authentifizierung ein und sorgen Sie dafür, dass Zonen, die die Digest- oder Kerberos-Authentifizierung (auf Nicht-Standardports) verwenden, in der Reihenfolge nach der NTLM-Zone positioniert werden

Internetanbindung der Farm

Neben den hybriden Einsatzszenarien und den Zugriffen von Benutzern aus dem Internet gibt es eine Reihe von Komponenten in SharePoint, die einen Zugriff der Farm auf das Internet benötigen, um vollständig funktional zu sein.

Die Tabelle 3.34 gibt Ihnen eine Übersicht, einiger relevanter Abhängigkeiten hinsichtlich des Internetzugriffs.

Tabelle 3.34 Abhängigkeiten von SharePoint für den Internetzugriff

Komponente	Internet zwingend erforderlich	Dedizierter Proxy	Anmerkungen
Apps	✓		Sofern der zentrale Marktplatz für Apps genutzt werden soll
Maschineller Übersetzungsdienst	✓	✓	Wird für Onlineübersetzungen genutzt
Open-Search-Suchergebnisse	✓	✓	Sofern die Verbundsuchquelle sich im Internet befindet. Durch die Isolation der Suchanwendung auf eine eigene Webanwendung, kann exklusiv für diese Webanwendung ein Proxy via *web.config* definiert werden.
RSS-Feeds	✓		Sofern die zu konsumierenden Feeds sich im Internet befinden

HINWEIS Das Website-Aggregator-Webpart benötigt keinen Internetzugriff auf den SharePoint-Servern, da der Client die verknüpften Inhalte direkt abruft und darstellt.

Verschlüsselung der Kommunikation

Die Einrichtung einer sicheren Verbindung mit SharePoint hat in SharePoint 2013 weitere, dringliche Relevanz erhalten. Neben dem Schutz der Informationen, die zwischen Client und Server ausgetauscht werden, bietet die Verwendung von SSL nicht nur zusätzlichen Schutz für die Anmeldephase. Für die zahlreichen Integrationsszenarien, die auf der OAuth 2.0-Authentifizierung aufbauen, ist der Einsatz von SSL zwingend erforderlich. OAuth 2.0 kann zwar für die Verwendung von HTTP konfiguriert werden, was jedoch aufgrund des absoluten Fokus von OAuth 2.0 auf den SSL-Schutz unbedingt vermieden werden sollte. Hintergründe dazu erfahren Sie in Kapitel 12 und 13.

In Abhängigkeit von der verwendeten Authentifizierungsmethode wird das Kennwort des Anwenders potenziell unverschlüsselt an den Server übertragen und so können diese Informationen vergleichsweise einfach abgefangen werden. Dies ist beispielsweise bei FBA-Verfahren der Fall. Der SSL-Tunnel wird generell vor dem Übertragen der Anmeldeinformationen aufgebaut, sodass alle Authentifizierungsmethoden einen zusätzlichen Schutz erhalten. Des Weiteren bietet die Verwendung von SSL eine zusätzliche Sicherheit für den Client, da der Server sich gegenüber dem Client durch das verwendete Zertifikat eindeutig identifiziert und somit für den Client keine Zweifel darüber bestehen müssen, dass er sich zu einem nicht vertrauenswürdigen System verbindet.

HINWEIS Die Intrafarmkommunikation wird mithilfe eines von der Farmpassphrase abgeleiteten Schlüssels gesichert.

Virenschutz

Beim Einsatz von SharePoint ergeben sich besondere Anforderungen an den Virenschutz. Neben der Erfordernis, für klassische Client/Server-Virenscanner spezielle Verzeichnisse von der Überwachung auszuschließen, um Fehlfunktionen und Leistungseinbrüche zu vermeiden, ist ein herkömmlicher Virenscanner nicht dazu befähigt, einen hinreichenden Schutz für die Inhalte und die Benutzer einer SharePoint-Farm zu ermöglichen.

Hintergrund ist, dass herkömmliche Virenscanner auf dem Client oder einem Server bei der Identifikation eines Virus zwar die lokale Kopie, jedoch nicht die in BLOBs lokalisierten Inhalte in der Datenbank bereinigen können. Demnach kann ohne die Hilfe eines anwendungsspezifischen Virenscanners weder eine Gefahrenprävention noch eine Bereinigung erfolgen. Einmal auf die Plattform transferierte, schadhafte Inhalte können so nicht nur durch das Öffnen eines beispielsweise makroseitig infizierten Word-Dokuments, sondern bereits lediglich durch das Aufrufen einer SharePoint-Seite überdauern und sukzessive die Anwender der Plattform infizieren (Abbildung 3.37).

Abbildg. 3.37 Bedrohungsszenario ohne dedizierten SharePoint-Virenschutz

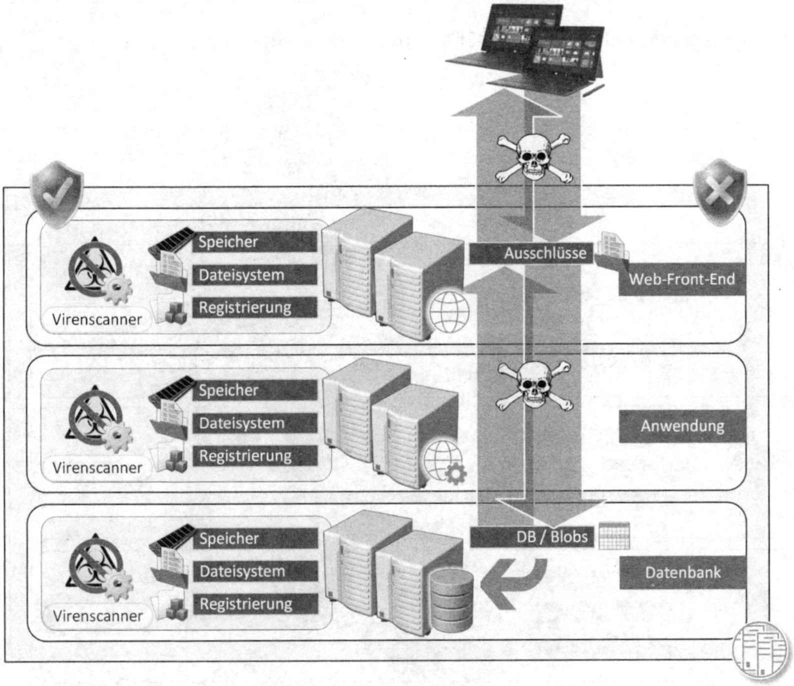

Spätestens bei der Betrachtung von Firmenauftritten oder Extranet-Kollaborationsplattform drohen Ihrem Unternehmen bei einer Nichtbeachtung dieses Gefahrenpotenzials neben Datenverlust auch ein schwer monetär zu beziffernder Reputationsschaden.

SharePoint-spezifische Virenscanner auf Anwendungsebene bieten Schutz auf zwei Ebenen: Sowohl die Echtzeit-Zugriffe, als auch mithilfe von On-Demand-Scanvorgängen, können Viren bereits vor dem Übertragen auf das System bzw. nachträglich aus der Datenbankbank entfernt werden. Die Anti-Virus-Software läuft dabei in der Regel auf den SharePoint-Servern der Web-Front-End-Schicht (Abbildung 3.38).

Neben diesen eindeutigen Mehrwerten bei der Sicherheit birgt die Nutzung von SharePoint-spezifischen Virenscannern auch eindeutige Nachteile, welche hier Erwähnung finden müssen:

- **Teilweise drastische Leistungseinbußen** Hinsichtlich der maximalen Anzahl von Anfragen/Sekunde, die von der Farm verarbeitet werden können, ist in Abhängigkeit vom individuellen Verhalten der jeweiligen Lösung damit zu rechnen, dass sich die Anzahl irgendwo zwischen 40 und 80 % der Leistung ohne Virenscanner einpendelt. Die Ursache hier liegt indes in der Echtzeitüberwachung, die sich deutlich auf die Web-Front-End-Server auswirkt.
- **Teilweise drastische Erhöhung der Zugriffslatenz** Die Zugriffslatenz durch den Einsatz der Virenscanner bei der Echtzeitüberwachung in Abhängigkeit von genauer Funktionalität und der Architektur der Drittanbieterlösung kann unterschiedlich drastisch ausfallen. Rechnen Sie mit einer Zugriffslatenz in der Dimension vom 1,5 bis 5-fachen der ursprünglichen Zugriffszeiten. In Sekunden ausgedrückt können Sie davon ausgehen, dass Benutzer beispielsweise anstelle von 200 ms nach der Aktivierung von Virenscannern 500 bis 1.000 ms auf den Aufbau einer Seite warten müssen, was für eine Webanwendung bei extensiver Nutzung als ein massives Ergonomieproblem interpretiert werden kann.

Abbildg. 3.38 Bedrohungsszenario mit dediziertem SharePoint-Virenschutz

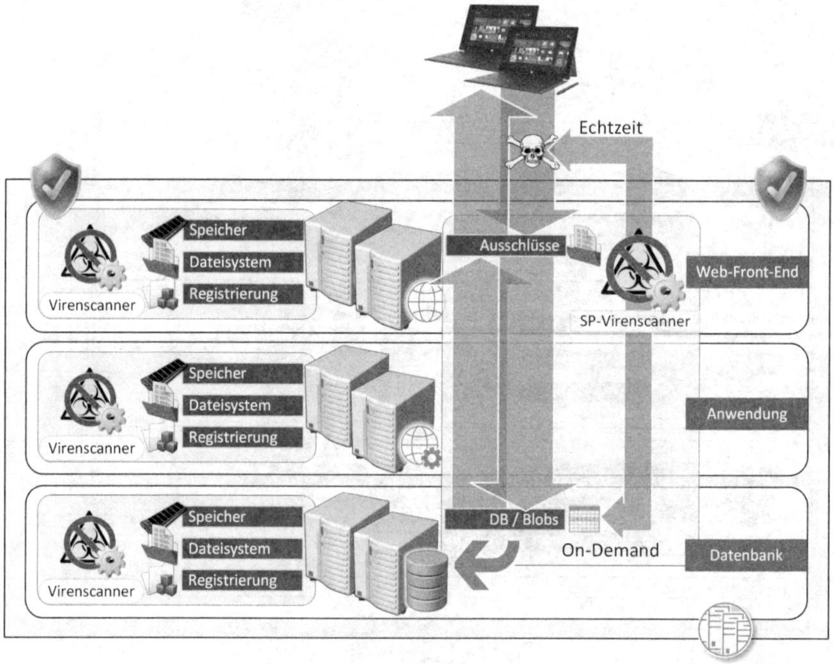

- **Zusätzliche Hardwareressourcen-Anforderungen** Um die Funktionalität auf den SharePoint-Servern lokal zusätzlich abbilden zu können, wird nicht unerheblich mehr Arbeitsspeicher, CPU-Zyklen und moderater zusätzlicher Speicher für die Quarantäne erforderlich
- **Erhöhung der Instabilität der Plattform** Aufgrund der sensiblen Funktionalität von Virenscannern ist es sehr wahrscheinlich, dass Sie während der Produktnutzungsphase zusätzliche Ausfallzeiten für Ihre Produktionsumgebung in Kauf nehmen müssen, die auf das Virenschutzprogramm zurückzuführen sind. Ursache hier sind teilweise schwer durch Organisationsriten abzufangende, fehlerhafte Virenmusteraktualisierungen oder aber das Zusammenspiel von Windows Server-, SharePoint- und Virenschutzaktualisierungen. Letztlich führt jede Erhöhung der Komplexität der ohnehin schon sehr komplexen Plattform zu einem überproportionalen Risiko an Ausfallzeiten und Fehlerbehebungszeiten.
- **Mehraufwand im Betrieb** SharePoint-spezifische Virenscanner benötigen im SharePoint-Betrieb in der Regel, neben der eigenen Steuerung und Fehleranfälligkeit, spezifische zusätzliche Routinen bei der Umsetzung von SharePoint-Standardaufgaben, wie dem Einspielen von Aktualisierungen. Zumeist hält sich dieser Aufwand jedoch im Rahmen, sofern die Lösung einen gewissen Mindestreifegrad besitzt.

Die Summe dieser nicht zu übersehenden Aufwände führt zu der Erwägung, welche alternativen anderen Ansätze dem SharePoint-spezifischen Virenscanner entgegengestellt werden können. Ein möglicher alternativer Ansatz bestünde in der Verlagerung der Virenschutzlogik in die Reverseproxy bzw. Lastenausgleich (Load Balancing)-Schicht (Abbildung 3.39).

Abbildg. 3.39 Appliance-Virenschutz für Reverseproxy/Lastenausgleich-zentrischen Schutzansatz

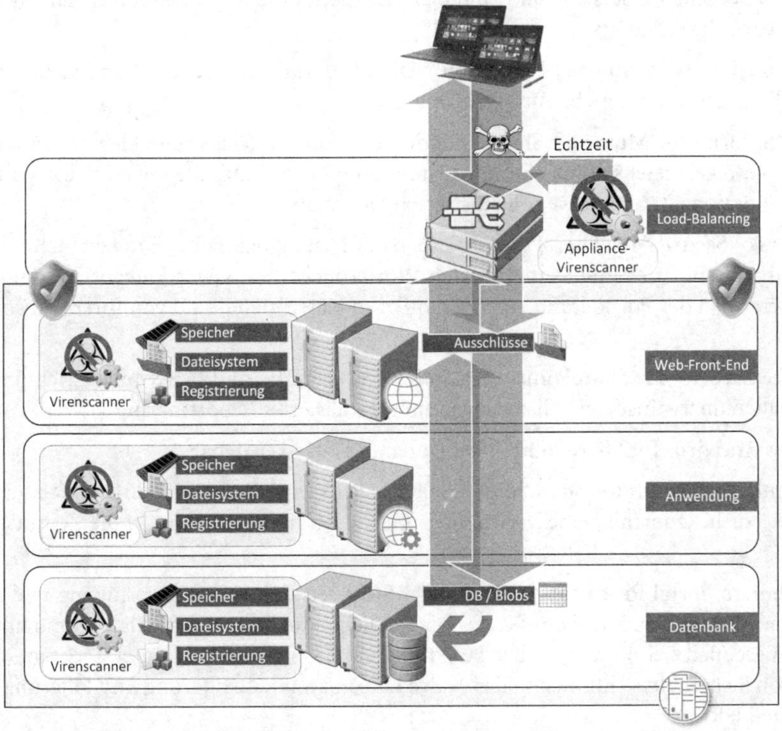

Bei diesem Ansatz werden eine Reihe der zentralen Nachteile der SharePoint-spezifischen Lösung adressiert. So können in der Regel die Stabilität der Plattform sowie die Mehraufwände für den Betrieb optimiert werden. In Abhängigkeit von der Lösung kann grundsätzlich auch der Leistungsaspekt positiv von einer Appliance-basierten Lösung adressiert werden. Hingegen bietet dieser Ansatz keine On-Demand-Bereinigung der Backendanwendungsdaten in der Datenbank. Einmal am Echtzeitfilter vorbeigeschleuste schadhafte Inhalte können somit nicht mehr ohne Weiteres entfernt werden und müssen weiterhin in Echtzeit von der Appliance gefiltert werden.

Durch die Abkündigung von Forefront Protection für SharePoint durch Microsoft gegen Ende 2012 wurde die SharePoint-spezifische Virenschutzlandschaft um die wohl verbreitetste Lösung beraubt. Als Alternative verbleiben die Standard-Virenschutz-Drittanbieterlösungen und einige Nischen-Player-Lösungen.

Auch wenn Microsoft sein eigenes Produkt eingestellt hat, stellt Microsoft für SharePoint ein Server Virus Scanning Application Programming Interface (VS API) bereit, um Drittanbieter eine von Microsoft unterstütze Schnittstelle für den Aufbau einer solchen Lösung zu ermöglichen. Dieser Ansatz ist gleichzeitig der von Microsoft empfohlene. Weiterführende Informationen finden Sie hierzu in KB 322941 (*http://support.microsoft.com/kb/322941* [Ms156-K03-19]).

HINWEIS Sie können Forefront Protection für SharePoint theoretisch weiterhin unter SharePoint 2013 installieren und betreiben. In diesem Handbuch wird diese Lösung jedoch nicht weiter betrachtet, da die Lösung nicht mehr erwerbbar ist und einen nur noch begrenzten Supportzyklus aufweist.

In der alphabetischen Übersicht sind zu diesem Zeitpunkt die folgenden Lösungen auf dem Markt erhältlich bzw. abgekündigt:

- **AvePoint DocAve Antivirus Protection** Dieses Produkt wurde abgekündigt und steht unter SharePoint 2013 nicht mehr zur Verfügung
- **ESET Security for Microsoft SharePoint Server** Ein vergleichsweise kleiner Anbieter mit Sitz in der Slowakei bietet seit Juli eine adäquate SharePoint-Schutzsuite mit Antivirus- und Antispyware-Funktionalität inklusive rollenbasierten Filtern an
- **Kaspersky Security for SharePoint** Kasperskys Lösung beinhaltet zusätzlich eine Inhaltsfilterung in Kombination mit vordefinierten Wörterbüchern aus vier Kategorien, um Inhalte aus den Bereichen der Pornografie oder Narkotika zu klassifizieren und von Ihrer Plattform fernzuhalten
- **McAfee Security for SharePoint** Seit Juli 2013 verfügbar und bietet Inhaltsrichtlinien für das Fernhalten unerwünschter Inhalte sowie ein zentralisiertes Reporting an
- **Sophos Antivirus for SharePoint** Seit Dezember 2013 verfügbar
- **Symantec Protection for SharePoint** Seit Juli 2013 wird SharePoint 2013 unterstützt und bietet zusätzlich Reporting, eine Verwaltungsintegration unter anderem in die Zentraladministration
- **Trendmicro Portal Protect for SharePoint** Steht seit Juli 2013 zur Verfügung und rühmt sich einer im Vergleich zu Forefront Protection deutlich reduzierten Zugriffslatenz und nur geringem Leistungseinfall bei umfangreicher Funktionalität. Hierzu gehören unter anderem die Integration von Sicherheitsrichtlinien in das Active Directory, Inhaltsfilterung und Filterung von manipulierten URLs.

Es bietet sich an, eine Lösung von einem Drittanbieter zu wählen, der bereits im Unternehmen als Standardlösung etabliert ist, wodurch sich das Werkzeug im Idealfall in eine zentrale Verwaltungs- und Überwachungsoberfläche integriert.

Testen Sie unabhängig Ihrer Gesamtstrategie im Unternehmensvirusschutz, ob Ihre SharePoint-Lösung Ihre Anforderungen an die Leistungsfähigkeit und Zugriffslatenz erfüllen kann, bevor Sie diese produktiv einsetzen und aktualisieren Sie Ihre spezifische Betriebsanweisungen für den Einsatz des Drittanbieter-Virenscanners, um die Abweichungen in den wichtigsten Standardprozeduren nicht regelmäßig zu missachten.

Datenschutz

Der Einsatz von SharePoint-Technologien birgt viele Vorteile und Möglichkeiten, von denen jedoch einige Funktionen, gerade in europäischen Unternehmen, aus der Sicht von Betriebsräten als problematisch eingestuft werden können. Diesen Funktionen sollten Sie bei Ihrer Planung eine besondere Beachtung schenken, um das Wohlwollen aller bei der Verwendung der SharePoint-Technologien beteiligten Personen nicht zu riskieren.

Die weiterhin potenziell kritischen Funktionen sind dabei in zwei Gruppen unterteilt:

- Soziale Netzwerkinformationen von *Meine Website*
- Protokollierungsfunktionen

Nicht zuletzt durch die neuen Funktionen für soziale Netzwerke werden speziell Datenschutzbeauftragte oder Betriebsräte SharePoint-Implementierungen kritisch in Hinsicht auf die Gewährleistung des Datenschutzes hinterfragen. In diesem Abschnitt wird darauf eingegangen, wo welche Daten erfasst werden. Primär in den Kapiteln 5, 7, 9 und 13 erfahren Sie, wie die hier erwähnten Komponenten administrativ zu steuern sind.

Abfrageprotokollierung

Der SharePoint-Suchdienst erfasst Informationen zu Suchabfragen von Benutzern und zu den Suchergebnissen, die die Benutzer auf ihren Computern auswählen. Diese Informationen werden in SharePoint dazu verwendet, um die Relevanz von Suchergebnissen und Abfragevorschläge zu verbessern. Mitglieder der Gruppe Farmadministratoren oder ein Administrator für die Suchdienstanwendung können darüber hinaus Berichte erstellen, die auf diesen Informationen basieren.

Weitere benutzerspezifische Berichte

In SharePoint 2013 wurden die Web Analytics-basierten, aus der Websitesammlung heraus verfügbaren Berichte zurückgezogen. Weiterhin existiert jedoch eine Reihe von SharePoint-basierten Berichten, die auch Identitätsbezüge enthalten. Dazu gehören speziell auf der Farmebene die Integritätsberichte und auf der Websitesammlung die optional aktivierbaren Überwachungsprotokollberichte für die Rückverfolgung von Zugriffen auf sensible SharePoint-Inhalte. Ferner liegen die Zugriffsverwendungsprotokolle in einer Datenbank vor, auf die die Farmadministration Zugriff hat. Die neuen Suchverwendungsberichte (*Berichte zu Beliebtheit und Recherche*) enthalten indes sekundär personalisierte Informationen.

HINWEIS Um die früheren Berichtsfunktionen nutzen zu können, sind Drittanbieterwerkzeuge, wie von HarePoint Analytics for SharePoint oder eigene Lösungen auf Basis der Reporting Services (SSRS) erforderlich.

Da SharePoint auf IIS basiert, werden auch dessen Protokollierungsfunktionen aufgegriffen, die für verschiedenste Analyse- und Fehlerbehebungsmaßnahmen dienlich sind. Diese Daten enthalten standardmäßig auch einen Bezug auf die Identität von Benutzern. Nicht erwünschte Felder können jedoch ohne gravierende Auswirkungen deaktiviert werden.

Newsfeeds

Newsfeeds ermöglichen es Benutzern, Feeds für Ereignisse zu ihren Websites vom Typ *Meine Website* hinzuzufügen. Über diese Feeds können sie Informationen zu Aktivitäten ihrer Kollegen erhalten, z.B. Aktualisierungen von Profileigenschaften und das Verfassen oder Kommentieren von SharePoint-Inhalten.

Beim Erstellen von *Meine Website* sind die Newsfeeds zunächst restriktiv für den Zugriff auf die Newsfeeds der jeweiligen *Meine Website* des Benutzers eingestellt und der Benutzer wird mithilfe eines modalen Dialogfelds gefragt, ob er den Zugriff auf dessen Informationen gewähren möchte. Zusätzlich dazu kann ein Administrator den Zugriff auf Newsfeeds zentral steuern.

Bewertungen

SharePoint ermöglicht es Benutzern, Bewertungen zu SharePoint-Listenelementen und -Dokumentbibliothekselementen hinzuzufügen. Diese Bewertungen werden auch in den Aktivitätsfeeds der Benutzer angezeigt. Die Benutzernamen werden nicht neben den Bewertungen von SharePoint-Listenelementen, -Dokumentbibliothekselementen oder Newsfeeds angezeigt. Die Benutzernamen werden von Microsoft SharePoint Server gespeichert und sind über das SharePoint-Objektmodell zugänglich. Das SharePoint-Bewertungsfeature ist standardmäßig aktiviert. Das Bewertungsfeature kann von einem Mitglied der Gruppe Farmadministratoren, einem Administrator, der einer Benutzerprofildienstanwendung zugewiesen wurde, oder einem beliebigen Benutzer mit der Berechtigung, Funktionen und Daten für das soziale Netzwerk zu verwalten, deaktiviert werden. Entfernen Sie zum Deaktivieren von Bewertungen die Berechtigung *Features für das soziale Netzwerk verwenden* für einen Benutzer oder eine Gruppe. Ein SharePoint-Administrator kann auch das Bewertungssteuerelement auf SharePoint-Seiten für eine Websitesammlung deaktivieren, sodass das Steuerelement den Benutzern auf Websites nicht mehr angezeigt wird.

Meine Website

Websites vom Typ *Meine Website* ermöglichen es Benutzern, persönliche Informationen zu speichern und anzuzeigen, auf die andere SharePoint-Benutzer und Anwendungen zugreifen können. Benutzer können Aussehen, Verhalten und Inhalt ihrer *Meine Website*-Seiten personalisieren und darüber hinaus ihre SharePoint-Benutzerprofile auf der Basis ihrer *Meine Website*-Seiten aktualisieren. Standardmäßig werden einige Benutzerinformationen wie Name, Kontoname, E-Mail-Adresse, Telefonnummer und Name des Vorgesetzen in die *Meine Website*- und SharePoint-Profile eingeschlossen. Ein Farm- oder Benutzerprofildienstadministrator kann Benutzerprofile so konfigurieren, dass bestimmte Daten in die *Meine Website*- und SharePoint-Profile einbezogen oder ausgeschlossen werden. Für jede Profileigenschaft gibt es eine zugeordnete Datenschutzebene.

Die Benutzer können, je nach Vorgabe, Datenschutzebenen auswählen, mit deren Hilfe sichergestellt ist, dass die in ihren Profilen gespeicherten Daten nur für die gewünschten Personen sichtbar sind. Ein Farm- oder Benutzerprofildienstadministrator kann eine Standard-Datenschutzebene für eine Profileigenschaft vorgeben und es den Benutzern ermöglichen, diese Einstellung außer Kraft zu setzen. Ferner kann dieser darüber hinaus eine Datenschutzebene für eine bestimmte Profileigenschaft erzwingen, sodass Benutzer diese Einstellung nicht außer Kraft setzen können.

Farm- und Benutzerprofildienstadministratoren können auf alle Daten zugreifen, und zwar ungeachtet der vom Benutzer festgelegten Datenschutzebenen.

Verwaltete Metadaten und Unternehmensstichwörter

Unternehmensschlüsselwörter sind verwaltete Metadatenwerte und werden als solche in einer zentralen Datenbank, die wiederum einer dedizierten Dienstanwendung zugeordnet wird, gespeichert und einer Reihe an Funktionen, wie für Taxonomien und die Suche nach Inhalten, zur Verfügung gestellt. Der verwaltete Metadatendienst ist ein wichtiger Bestandteil von SharePoint.

Unternehmensschlüsselwörter sowie verwaltete Metadaten sind im Allgemeinen öffentlich und somit für alle Benutzer einsehbar.

Wenn Spalten der Datenbank für verwaltete Metadaten und Unternehmensschlüsselwörter verwendet werden und Benutzerdaten in der Datenbank gespeichert und freigegeben sind, kann eine SharePoint-Liste konfiguriert werden, um die verwalteten Metadaten und Unternehmensschlüsselwörterdaten für die Datenbank für thematische Kategorien freizugeben, die vom Benutzerprofildienst verwaltet wird. Dadurch wird die Sichtbarkeit der Benutzerdaten auf alle Benutzer erweitert, die ein Feature verwenden, das auf die Datenbank für thematische Kategorien vertraut. Davon ausgenommen sind nur die Benutzerdaten in Spalten, die an Ausdruckssätze gebunden sind. Metadatenwerte, die in für eine Websitesammlung spezifischen Ausdruckssätzen gespeichert sind, werden unabhängig davon, ob die Listeneinstellung zur Freigabe für die Datenbank für thematische Kategorien aktiviert ist, nicht für diese Datenbank freigegeben.

Hochverfügbarkeit

Die für SharePoint relevanten Hochverfügbarkeitslösungen gehen über die Grenzen des Produkts hinaus. In diesem Abschnitt werden einige ausgewählte, wichtige Hochverfügbarkeitsaspekte für Ihre Farmplanung erläutert.

Web-Front-End-Ebene

Die Web-Front-End-Ebene ist die Ebene, über welche die Clients Kontakt zur Farm aufnehmen und über die diese alle Dienste konsumieren. Demnach ist sie aus der Sicht der Clients zunächst die wichtigste Ebene. Im Vergleich zur letzten Windows Server-Version haben sich hier indes keine relevanten Änderungen ergeben.

Auf der Web-Front-End-Ebene gibt es lediglich NLB als integrierte Windows Server-Methode, um eine Hochverfügbarkeit inkl. eines Lastenausgleichs zu realisieren. Das in Windows integrierte Netzwerklastenausgleichsverfahren hat dabei zunächst einmal nichts mit SharePoint zu tun. Es basiert darauf, dass die in einem Array zusammengefassten Clusterknoten anhand eines konfigurierten Algorithmus die eingehenden Sitzungen untereinander aufteilen und bei der Nichtverfügbarkeit einer der Arraymitglieder den Algorithmus neu berechnen, um die Sitzungen zwischen den verbleibenden Knoten neu aufzuteilen. Aus der Zeitperspektive bedeutet dies, dass nach 5 Sekunden Verlust des Takts (Heartbeats) der fehlerhafte Cluster ersetzt wird, was in etwa weitere 2 bis 3 Sekunden Zeit beansprucht.

Während der Vorteil an diesem Verfahren darin liegt, dass diese bewährte Technologie in Windows Server enthalten ist und somit keinerlei Mehrkosten und in der Regel einen nur begrenzten Konfigurationsaufwand erzeugt, gibt es leider eine ganze Reihe an Nachteilen. Der schwerwiegendste dieser Nachteile besteht darin, dass bei der Verfügbarkeitsüberprüfung innerhalb des Arrays nicht die Verfügbarkeit der Webanwendung, sondern lediglich die »Pingbarkeit« des Servers ausschlaggebend ist. Dies kann dazu führen, dass ein Clusterknoten weiterhin Sitzungen erhält, obwohl die Webanwendung potenziell seit geraumer Zeit nicht mehr reagiert.

Bevor die weiteren Probleme von NLB aufgezeigt werden, die bei der Planung zwingend Berücksichtigung finden sollten, sollten an dieser Stelle die möglichen Alternativen zu NLB erwähnt werden:

- Hardware-Lastenausgleichsmodul (Hardware Load-Balancer, HLB)
- Forefront Unified Access Gateway (UAG)

Beide vorgestellten Lösungsansätze bieten eine deutlich bessere Lösung für das Verfügbarkeitsproblem der Webanwendung, da anstelle eines Pings eine HTTP-Get-Abfrage verwendet wird, um die Funktionalität der Webanwendung sicherzustellen. Sofern auf diese Anfrage mehrmals nicht binnen einer definierten Millisekundenzahl reagiert wird, wird der Knoten als nicht verfügbar markiert und erhält bis zu seiner Wiedererreichbarkeit vorerst keine weiteren Sitzungen. Es sei angemerkt, dass das UAG, unabhängig von seiner mittlerweile publizierten Abkündigung, in der Mehrzahl der Veröffentlichungsszenarien von der Architektur her nur begrenzt als Ersatz für das Hardware-Lastenausgleichsmodul geeignet ist und demnach vernachlässigt werden kann. Auf die weitere mögliche Alternative, den Windows Server 2012 R2 Web Application Proxy wird in Kapitel 13 näher eingegangen, dieser ist ebenfalls nicht als klassischer HLB-Ersatz geeignet.

Eine HLB-Lösung hat in der Regel zahlreiche weitere, teilweise gravierende Vorteile gegenüber NLB. Diese Vorteile gehen verständlicherweise einher mit Nachteilen wie erhöhten Kosten oder einer gesteigerten Komplexität. Vergessen werden darf nicht, dass bei dem Wunsch nach Hochverfügbarkeit die jeweilig gewählte Lösung ebenfalls hochverfügbar ausgelegt werden muss. Dabei bietet jede der Technologien ihre eigene Hochverfügbarkeitslösung. Bei HLB ist diese anbieterspezifisch. In Kapitel 13 wird exemplarisch ausführlich auf die Mehrwerte und die Implementierung der verbreiteten F5 Big IP-HLB-Lösung eingegangen, die gleichzeitig umfassende Reverseproxyfunktionen mit sich bringt. Sollten Sie auf neue Funktionen wie der Anforderungsverwaltung in SharePoint 2013 setzen, wird vom Einsatz des in Windows integrierten ganz NLB abgeraten.

Das in Windows integrierte NLB hingegen bietet grundsätzlich weiterhin eine Verteilung der Last auf bis zu 32 Knoten, bei einem recht geringen Overhead bzw. Leistungsverlust für den Netzwerklastenausgleich.

Sofern Sie sich trotz der besagten Gründe für das in Windows Server integrierte NLB entscheiden, ist ein weiterer Kernaspekt bei der Planung die Wahl des NLB-Modus und der exakte Aufbau der Architektur. Ursache ist das potenzielle Switch Flooding. Hintergrund hierfür ist, in Abhängigkeit vom Betriebsmodus, die Modifikation der ausgehenden Netzwerkpakete, die potenziell auf dem Switch, an dem die Web-Front-End-Server angeschlossen sind, zu einer mangelnden MAC-Adressen-Zuordnung führen und daher die Antwortpakete an alle Ports des VLANs sendet (Switch Flooding).

Um diesen Effekt präziser zu beschreiben, ist eine genaue Kenntnis über die Funktionsweise von NLB erforderlich. In Kapitel 16 erhalten Sie ein Einrichtungsbeispiel für das integrierte NLB.

NLB-Unicastmodus

Es gibt zwei Hauptmodi, in denen NLB betrieben werden kann:

- Unicastmodus
- Multicastmodus

Neben dem Multicastmodus gibt es noch einen IGMP-Multicastmodus.

Im Unicastmodus erhalten alle Clusterknoten eine einheitliche MAC-Adresse, die auch für die einzigartigen IP-Adressen im Address Resolution Protocol (ARP) Verwendung findet. Das ARP spielt an dieser Stelle eine entscheidende Rolle, da ein Switch die Pakete nicht anhand der IP-Adresse, sondern anhand der MAC-Adresse an den zur MAC-Adresse zugehörigen Port sendet. Normalerweise erlernt ein Switch durch das Versenden von Paketen über den Switchport die MAC-Adressen und aktualisiert seine Zuordnungstabellen. Nun aber muss das Switch gleich auf mehreren Ports parallel die gleiche MAC-Adresse bedienen lernen. Im Ethernetpaket des Absenders kommt weiterhin die physische Adresse der Netzwerkkarte zum Einsatz, die durch das Switch gelernt werden kann. Im ARP-Reply des Pakets hingegen wird eine besondere MAC-Adresse verwendet, die mit *02-BF* beginnt.

Die Effekte, die aus diesen Gegebenheiten resultieren, sind folgende: Einerseits können die Switches die MAC-Adressen nicht lernen und die Antwortpakete werden somit an alle Ports gesendet (Switch Flooding), andererseits können die beiden Clusterknoten nun nicht mehr miteinander kommunizieren, da Sie dieses Kommunikationsverhalten auch für die Kommunikation über die alleinige IP des Knotens verwendet. Somit ist die Kommunikation zwischen den Knoten unmöglich, es sei denn, Sie verbinden die Knoten mithilfe eines weiteren Netzwerks und einer dort angebundenen Netzwerkkarte, die nicht Mitglied des NLB-Arrays sein kann.

HINWEIS Es gibt jedoch auch Switches, die zusätzlich die ARP-Antworten auswerten, was zu einer Störung bzw. Fehlfunktion von NLB im Unicastmodus führt.

Wie Sie sehen, führt der Einsatz von NLB im Unicastmodus zu einer Vielzahl an Konsequenzen, von denen aufgrund der Komplexität des Themas noch nicht alle Aspekte Erwähnung gefunden haben. Um Ihnen eine einfache Planung zu ermöglichen, berücksichtigen Sie daher bitte nachfolgende Liste für die NLB-Unicast-Einsatzplanung:

- Verwenden Sie zusätzliche Netzwerkkarten in einem zusätzlichen Netzwerk, um die Intra-Clusterkommunikation sicherzustellen
  - Sollten Sie dies nicht wünschen, berücksichtigen Sie bei der SharePoint-Dienstplanung, dass Sie keine Dienste auf anderen NLB-Knoten bereitstellen, die von einem der anderen Clustermitglieder verwendet werden müssen. Andernfalls kommt es zwangsläufig zu einer Vielzahl an Fehlern und Fehlfunktionen. In einer Situation, in der Sie alle Dienste auf die dahinterliegende Anwendungsebene positionieren, stellt dies kein grundsätzliches Problem dar. Ein Beispiel für eine mögliche Intra-Web-Front-End-Kommunikation stellt die Partitionierung des Index auf verschiedenen Abfrageservern dar, sofern diese Rolle auf den Web-Front-End-Servern bereitgestellt wird.
  - Die Intraclusterkommunikation ist nicht zwingend für die NLB-Funktionalität erforderlich

- Begrenzen Sie das Switch Flooding, um die verfügbare Bandbreite so hoch wie möglich zu halten
  - Sie haben unterschiedliche Möglichkeiten, das Switch Flooding zu begrenzen. So können Sie entweder einen Hub an den Switch anschließen und alle Clusterknoten an diesen Hub anschließen oder begrenzen Sie die Auswirkungen des Switch Floodings, indem Sie ein kleines VLAN abbilden, in dem sich lediglich die betroffenen Knoten befinden.
  - Sofern Sie die VLAN-Lösung anstreben, sollten Sie ggf. Ihr Layer 3-Switch im Layer 2-Modus betreiben
  - Die Auswirkungen des Switch Floodings sind von der Kommunikationsart abhängig. Sollten Sie beispielsweise eine SharePoint-Farm betreiben, auf die von außen zugegriffen wird, um Inhalte herunter und nur selten hochzuladen, sind die Auswirkungen entsprechend gering, da nur die auf die Farm eingehenden Pakete das Switch fluten.
- Der Einsatz von geteamten Netzwerkadaptern kann in Kombination mit NLB zu Problemen führen
  - Teamingfunktionen von Drittanbietern greifen an ähnlichen Stellen in das Netzwerkgeschehen ein wie NLB. Bevor Sie den kombinierten Einsatz beschließen, konsultieren Sie die Herstellertreiberdokumentation und stellen Sie sicher, dass die von Ihnen angestrebte Lösung unterstützt wird.
  - Weiterführende Informationen zu Teamingproblemen in Kombination zu Unicast-NLB finden Sie im KB-Artikel 278431 (*http://support.microsoft.com/kb/278431* [Ms156-K03-20])

NLB-Multicastmodus

Aufgrund der zahlreichen Problematiken und Aspekte bei der Verwendung von Unicast als Betriebsmodus steht Ihnen Multicast als Alternative zur Verfügung. Multicast wird sonst eher in Bereichen wie Videokonferenzen oder Multimediastreaming verwendet. Jedoch findet es ebenso Verwendung beim Multicast-Betriebsmodus für NLB. Dabei erhalten die Clusterknoten zusätzlich zu ihrer Unicast-IP und MAC-Adresse eine Multicast-MAC-Adresse, die mit 03-BF beginnt. Hierdurch wird für Switches eine einfache und effiziente parallele Verteilung von Paketen an unterschiedliche Ports ermöglicht. In Antwortpaketen ist nun die Unicast-MAC-Adresse des Absenders und im ARP-Abschnitt die Multicast-MAC-Adresse enthalten. Bei diesem Verfahren hat ein Switch in der Regel keine Probleme, die MAC-Adressen inkl. der Portzuordnung zu erlernen, sofern Multicastadressen unterstützt werden. Genau hier liegt jedoch das Problem, denn viele Router unterstützen keine Multicast-MAC-Adressen, die einer Unicast-IP-Adresse zugeordnet sind. Im Einzelfall kann eine Lösung so aussehen, dass Sie MAC-Adressen statisch eintragen (siehe den KB-Artikel 197862 unter *http://support.microsoft.com/kb/197862* [Ms156-K03-21]).

Zusammenfassend ist es demnach möglich, die Eigenschaften und die Besonderheiten beim Planen des Multicast-Betriebsmodus wie folgt anzugeben:

- Stellen Sie sicher, dass Ihre Hardwareinfrastruktur der Router und Switches Unicast-IP-Adressen zu Multicast-MAC-Adressen unterstützen
- Verwenden Sie IGMP-Multicast, sofern Ihr Switch IGMP-Snooping unterstützt
  - Ohne IGMP-Snooping ist es evtl. erforderlich, das Switch manuell dafür zu konfigurieren, welche Ports für den Multicastverkehr zu verwenden sind
  - Zudem wird durch die IGMP-Aktivierung der Datenverkehr nur auf Netzwerklastenausgleich-Ports eingeschränkt. Hierdurch wird sichergestellt, dass der für einen NLB-Cluster vorgesehene Datenverkehr nur durch die Ports geleitet wird, die für die Clusterhosts bestimmt sind, und nicht durch alle Switchports.

- Verwenden Sie keine Hubs, um die Clusterknoten wie beim Unicastbetriebsmodus an einen Switchport anzuschließen
- Die Kommunikation zwischen den Clusterknoten wird durch den Multicast-Betriebsmodus nicht beeinträchtigt

Anwendungsebene

Auf der Anwendungsebene gibt es eine deutlich vereinfachte Logik bei der Bereitstellung von Hochverfügbarkeit, die SharePoint 2010 entspricht. Die Bereitstellung von Hochverfügbarkeit wird erreicht, indem Sie in der Regel mehrere SharePoint-Server in der Ebene bereitstellen und lediglich die jeweilige SharePoint-Dienstinstanz auf dem Server starten. Durch den in SharePoint integrierten Dienste Load-Balancer werden somit im Falle des Ausfalls eines Servers automatisch die verbleibenden mit dem Dienst ausgestatteten Server der Farm verwendet.

Es gibt lediglich einige dienstanwendungsspezifische Besonderheiten wie beispielsweise die Benutzerprofildienst-Synchronisierungskomponente, die pro Proxygruppe nur auf einem Server aktive Synchronisierungen ausführen kann. Ein weiteres Beispiel mit alternativen Hintergrund ist der C2WTS (Forderungen an den Windows Token-Dienst). Dieser stellt keine Remotedienste bereit und muss daher jeweils lokal instrumentalisiert werden.

Datenbankebene

Für die Hochverfügbarkeit auf der Datenbankebene stehen Ihnen für SharePoint theoretisch vier Varianten zur Verfügung:

- Klassisches Failoverclustering (Shared Storage)
- Datenbankspiegelung (Shared-Nothing)
- AlwaysOn (Shared-Nothing)
- Protokollversand

Der Protokollversand ist hierbei lediglich eine theoretische Möglichkeit. Diese Variante birgt jedoch dermaßen viele Nachteile in der Praxis, wie Limitierung der Anzahl der Datenbanken, Leistung, der Ausschluss bestimmter SharePoint-Dienstdatenbanken und ein asynchroner Abgleich, dass in diesem Rahmen nicht weiter auf den Protokollversand eingegangen wird.

Failovercluster

Das klassische Failoverclustering ermöglicht sowohl eine Skalierung als auch Redundanz unter Verwendung eines SQL Server Active/Passive-Clusters (Abbildung 3.40). Mit der Einführung von Windows Server 2012 ist die Failovercluster-Funktionalität bereits in der Standard Edition enthalten. In Kombination mit SQL Server 2012 betrachtet, benötigen Sie jedoch ggf. eine abweichende SQL Server-Edition. Die maximale Anzahl an Clusterknoten wird erst mit der SQL Server 2012-Enterprise Edition erreicht, da diese anstelle der Standard Edition, welche lediglich maximal zwei Knoten unterstützt, von der Anzahl der Clusterknoten lediglich vom Betriebssystem begrenzt wird. Unter Windows Server 2012 liegt somit die Grenze bei 64 Knoten (Windows Server 2008 R2 unterstützt 16 Knoten). Durch die Verwendung der SQL Server-Enterprise Edition können Sie somit innerhalb eines Clusters auch mehrere SharePoint-Farmen unterstützen.

Abbildg. 3.40 Übersicht eines Failoverclusters in Kombination mit einer SharePoint-Farm

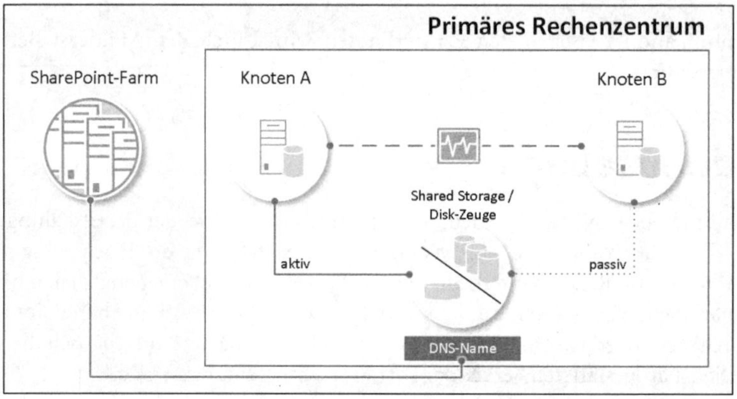

Durch die Verwendung eines SQL Server-Clusters haben Sie im Fehlerfall lediglich eine Downtime von einigen Sekunden, bis hin zu einer guten Minute, bis ein geplanter oder ungeplanter Failover der Funktionalität auf den passiven Knoten abgeschlossen ist.

Die von einer SQL Server-Standardinstallation abweichenden Hardwareanforderungen inkludieren die Anbindung eines gemeinsamen Speichermediums. In der Regel wird hierfür ein SAN verwendet und beiden Knoten mehrere gemeinsame LUNs zugewiesen. Alternativ dazu kann beispielsweise dazu im Falle eines Zwei-Knoten-Clusters eine vergleichsweise günstige Alternative über einen unüblich terminierten SCSI-Bus gewählt werden. Zusätzlich dazu wird ein Taktnetzwerk zwischen den beiden Clusterhosts etabliert, über den sich beide Knoten über die Verfügbarkeit des jeweils anderen Knoten auf dem Laufenden halten. Demnach ist zumindest ein weiterer Netzwerkadapter für den Clusterhost erforderlich.

HINWEIS Sie finden die Microsoft-Supportrichtlinie für Windows Server 2012-basierte Cluster im KB-Artikel 2775067 (*http://support.microsoft.com/kb/2775067* [Ms156-K03-22]). Speziell für virtualisierte SQL-Server finden Sie eine weitere Richtlinie im KB-Artikel 956893 (*http://support.microsoft.com/kb/956893* [Ms156-K03-23]).

Datenbankspiegelung

Eine Datenbankspiegelung ermöglicht Redundanz auf Datenbankebene. Dabei werden die ausgewählten Datenbanken zwischen zwei Knoten synchronisiert, indem die Transaktionen direkt vom Prinzipalserver zum Spiegelserver gesendet werden. Ein Datenbankcommit ist erst möglich, sobald die Transaktionen auf den sekundären Spiegelknoten übertragen wurden, somit ist die Spiegeldatenbank immer vollständig auf einem aktuellen Stand. Während bei der Datenbankspiegelung drei verschiedene Betriebsmodi verfügbar sind, ist der Betriebsmodus *Hohe Sicherheit* mit automatischem Failover (synchron) erforderlich. Neben den beiden SQL-Servern, die sowohl in der gleichen Sprache als auch SQL Server-Edition vorliegen müssen (ab SQL Server in der Standard-Edition), ist noch eine dritte SQL Server-Instanz (Zeuge) erforderlich, für die eine Abweichung in der SQL Server-Edition möglich ist und sorgt somit im Fehlerfall für einen automatischen Failover. Für diesen Zeugen kann eine beliebige SQL Server-Edition herangezogen werden (also beispielsweise auch die SQL Server Express-Edition).

ACHTUNG Das Datenbankspiegelungs-Feature ist bereits mit der SQL Server-Version 2012 abgekündigt, jedoch aktuell auch noch für SQL Server 2014 verfügbar, wenngleich immer noch abgekündigt.

Abbildg. 3.41 Standard-Spiegeldatenbanken

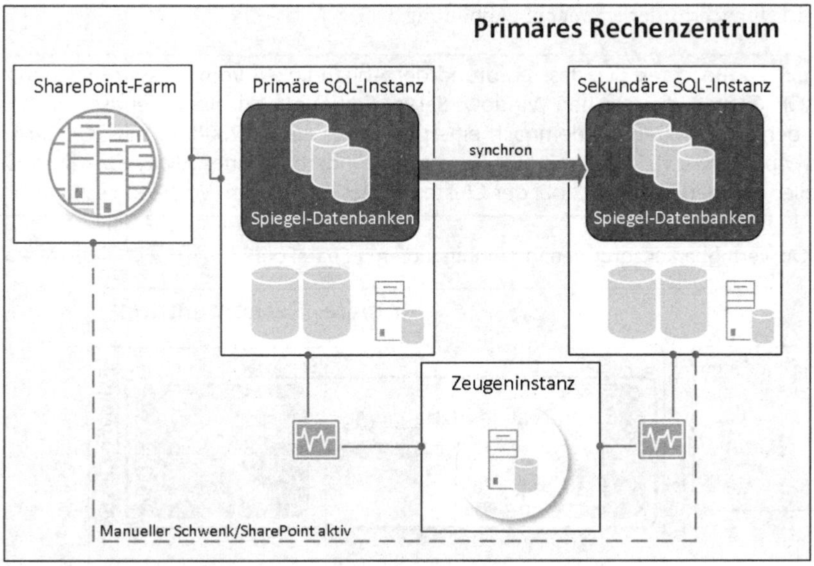

SharePoint ist »Spiegel-aware« und kann im Fehlerfall nach nur wenigen Sekunden Ausfallzeit des Prinzipalservers den Betrieb mit dem Spiegelserver wieder aufnehmen, der dann zum Prinzipalserver wird.

HINWEIS Datenbanken, die für die Verwendung des SQL Server FILESTREAM-Provider, also RBS aktiviert wurden, können nicht gespiegelt werden. Ferner wird die Spiegelung einiger weniger SharePoint-Datenbanken nicht unterstützt (Web Analytics-Staging-Datenbank, Benutzerprofilsynchronisierungsdatenbank) oder nicht empfohlen (Verwendungs- und Integritätsdatendatenbank).

Die Datenbankspiegelung wird in allen für SharePoint unterstützen SQL Server Versionen (SQL 2008 bis 2012) in der Standard und Enterprise Edition unterstützt.

AlwaysOn-Verfügbarkeitsgruppen

AlwaysOn-basierte Hochverfügbarkeit beruht auf einer Weiterentwicklung der SQL Server-Datenbankspiegelung. Auch hier erfolgt ein Commit der Transaktionen erst in der Datenbank auf dem aktiven Knoten, sobald die Protokolle auf dem synchronen Knoten angekommen sind. Die AlwaysOn-Verfügbarkeitsgruppen bieten gegenüber der herkömmlichen Datenbankspiegelung fast ausschließlich Vorteile und sollte daher als primäre Alternative zum klassischen Shared Storage-Failovercluster in Erwägung gezogen werden. Dabei ist es jedoch sehr wichtig, sich genau der aktuellen Probleme dieser Technologie in der Praxis bewusst zu werden.

Im Vergleich zur Datenbankspiegelung sieht die eigentliche Basisarchitektur von AlwaysOn wichtige Änderungen vor. Demnach wird nun der Windows Failovercluster als Basis verwendet und somit als optionale (jedoch eindeutig empfohlener) Zeugeninstanz in der Regel eine Dateifreigabe verwandt, während die SQL Server-Spiegelung hierfür noch eine dedizierte SQL Server-Instanz benötigt. Durch die Verwendung des Clusters wird ein SQL-Alias an die Verfügbarkeitsgruppe gekoppelt, der keine zusätzlichen aktiven Eingriffe auf Seiten der Applikation beim Failover, wie bei der Datenbankspiegelung, erforderlich macht (Abbildung 3.42).

HINWEIS Beachten Sie, dass aufgrund der Abhängigkeit vom Clusterdienst innerhalb eines AlwaysOn-Clusters die gleichen Windows Server-Editionen inkl. eines identischen Patchstands zu verwenden sind. Sollten Sie demnach einen Windows Server 2008 R2 mit SQL Server 2012 mit einem Windows Server 2012 mit SQL Server 2012 innerhalb eines AlwaysOn-Clusters kombinieren wollen, werden Sie bereits bei der Clustervalidierung an dem Vorhaben scheitern.

Abbildg. 3.42 AlwaysOn-Verfügbarkeitsgruppen in Kombination mit SharePoint

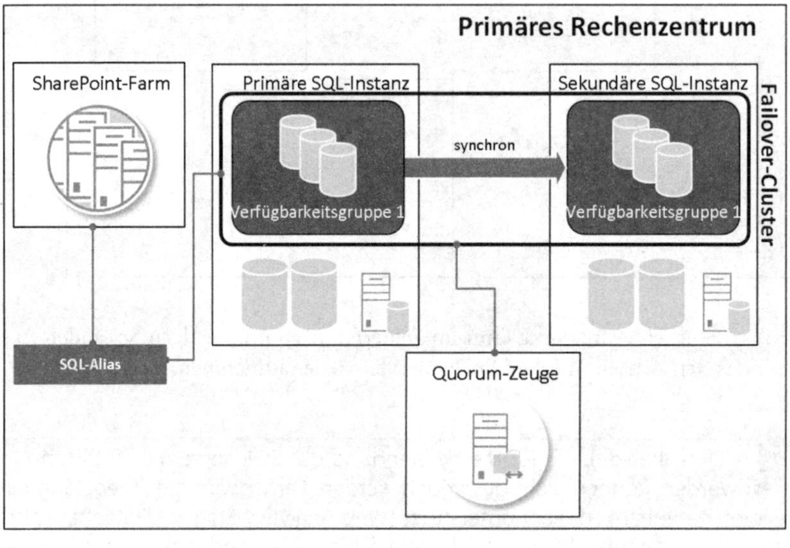

Eine der vielen zentralen Neuerungen von AlwaysOn besteht in der optionalen Verwendung eines ausschließlich für das Lesen nutzbaren Sekundärknotens. Hierdurch kann der primäre Knoten entlastet werden, ohne Probleme beim Abgleich der Transaktionen zu erhalten. In Kombination mit SharePoint wird diese Funktionalität jedoch nicht unterstützt. Weiterhin bietet AlwaysOn eine drastisch höhere Flexibilität. Während beim Datenbankspiegel eine Datenbank entweder synchron oder asynchron übertragen wird, können bei AlwaysOn bis zu drei Knoten synchron gespiegelt werden und weitere asynchrone Spiegel für parallele Standortredundanzen hinzugefügt werden.

Gegenüber dem traditionellen Failovercluster hat AlwaysOn für SharePoint folgende primären Vorteile:

- Deutlich schnellere Failoverzeiten
- Verwendungsmöglichkeit von günstigerem Speicher
- Einfache Clusterstruktur durch Shared-Nothing-Modell

- Geeignet für Standortredundanz-Szenarien (siehe späterer Abschnitt)
- Schutz vor defektem Speicher (nicht RAM, sondern HD)

Die folgenden Nachteile sind dafür im Vergleich zum Failovercluster in Kauf zu nehmen:

- **Erhöhte Verwaltungsoperationen eines AlwaysOn-Clusters** Nach dem einmaligen Erstellen des Clusters muss jede neue Inhalts- oder Dienstdatenbank manuell in den Cluster aufgenommen werden. Zudem müssen die Logins aller Dienstkonten zwischen den Konten abgeglichen oder die Datenbank als Contained-Datenbank konfiguriert werden.

HINWEIS Die in SQL Server 2012 erweiterte Funktion der enthaltenen Datenbanken ermöglicht das Abbilden einer vollständig eigenständigen Datenbank und schließt hierfür alle erforderlichen Datenbankeinstellungen und Metadaten zum Definieren der Datenbank ein. Somit ist deren Konfiguration nicht mehr von dem Datenbankmodul abhängig, in der die Datenbank installiert ist. Bislang konnte das Trennen einer Datenbank von der zugehörigen SQL Server-Instanz eine zeitraubende Angelegenheit sein, die möglicherweise aufwendige Nacharbeiten mit sich brachte.

  Ein vielleicht noch wichtigerer Aspekt besteht in der Handhabung der Transaktionsprotokolle. Sie werden nicht einfach im Rahmen der üblichen Prozeduren abgeschnitten und erfordern einen manuellen Eingriff.

- **Umfangreiche Daten & Transaktionsprotokolldateien** Da alle Datenbanken des Clusters unter Verwendung des vollständigen Wiederherstellungsmodells betrieben werden müssen, steigt die Datenquantität nicht nur aufgrund der Spiegelung der Datenbanken, sondern auch aufgrund der Transaktionsprotokolle. Dies ist speziell bei Datenbanken, die ein enormes Transaktionsvolumen aufweisen, wie der Konfigurations- oder Durchforstungsdatenbank, ärgerlich.
- **Einschränkungen bei der Sicherung** Bei der Sicherung in Kombination mit Microsoft System Center Data Protection Manager 2012 kommt es aufgrund des SharePoint-Schattenkopie-Diensts zu Fehlern. Somit ist die Sicherung von AlwaysOn-geschützten SharePoint-Farmen zu diesem Zeitpunkt nicht möglich, obwohl DPM 2012 die Sicherung von AlwaysOn-geschützten Datenbanken grundsätzlich erlaubt. Zudem gibt es einen manuellen Mehraufwand beim automatischen Abschneiden der Transaktionsprotokolle bei deren Sicherung.

HINWEIS Das Durchführen von Sicherungen vom sekundären Knoten ist jedoch grundsätzlich erwünscht und auch zentral steuerbar, um auch auf diese Weise die Last auf dem primären Knoten zu reduzieren.

Das Abschneiden der Protokolle wird in der SharePoint-Praxis beispielsweise dann relevant, wenn Massenoperationen, wie eine Migration, durchgeführt werden und somit die Transaktionsprotokolle temporär belastet werden. Bei der Sicherung werden die Transaktionsprotokolldateien zwar geleert, jedoch nicht abgeschnitten und nehmen somit zwar nicht an Speicherplatz zu, jedoch belegen Sie einen hohen Speicherbereich.

- **Höhere Belastung des SQL Server-Knotens** Da fortwährend Transaktionen synchronisierte werden müssen, ist entsprechend die Belastung von Netzwerk, CPU und RAM im Vergleich zum diesbezüglich weitestgehend statischen Cluster höher

Folgende weitere Planungsaspekte gelten für den Entwurf Ihrer AlwaysOn-Topologie:

- Insgesamt werden bis zu vier Replikate unterstützt

- Richten Sie nicht mehr als 10 Verfügbarkeitsgruppen pro Cluster ein. Natürlich sollte dabei eine SharePoint-Farm jeweils innerhalb einer Verfügbarkeitsgruppe lokalisiert werden. Zudem unterstützt lediglich die Enterprise-Edition mehr als eine solche Gruppe.
- Anders als bei anderen Replikationsverfahren in SQL Server werden bei AlwaysOn keine lokalen Replikate unterstützt
- Ab der Standard-Edition (also auch in der BI-Edition) werden 2 Clusterknoten, in der Enterprise Edition unter Windows Server 2012 bis zu 64 Clusterknoten unterstützt
- Standardmäßig benötigen alle Clusterinstanzen untereinander Zugriff auf den Standard-Port für die AlwaysOn-Replikation unter TCP 5022
- Ein automatischer Failover ist selbstverständlich nur für synchrone Knoten möglich
- Zur Optimierung der Leistung wird ein dedizierter Netzwerkadapter für die AlwaysOn-Kommunikation empfohlen
- Halten Sie auf dem sekundären Knoten einen vergleichbaren Umfang an Festplattenspeicher vor, der idealerweise verzeichnistechnisch vergleichbar zum primären Knoten ausgelegt sein sollte
- Dimensionieren Sie den sekundären Knoten generell wie den primären, da bei einer Reduktion dessen Leistung auch die Gesamtumgebung affektiert sein kann. Natürlich soll dieser Knoten auch grundsätzlich im Failoverfall die gleiche Leistung zeigen, wie der primäre.
- FILESTREAM & RBS werden anders als bei der Datenbankspiegelung von AlwaysOn unterstützt
- Verwenden Sie nicht den Failovercluster-Manager, um die AlwaysOn-Clustergruppe zu manipulieren, sondern halten Sie sich an die Funktionen des SQL Management Studios

HINWEIS Auch wenn Sie keine konfigurativen Eingriffe im Cluster-Manager vornehmen sollten, können Sie diesen grundsätzlich auch für das Einleiten eines Failovers nutzen. Empfohlen wird jedoch auch hier, grundsätzlich die SQL Server Management Studio-Funktionen zu instrumentalisieren.

- Die Integration von Kerberos in AlwaysOn (bzw. auf den jeweiligen Listener der Verfügbarkeitsgruppe) ist ohne Weiteres möglich
- Sie können den AlwaysOn-Cluster über verschiedene Subnetze hinweg positionieren. Dies gilt auch für die Positionierung des synchronen, sekundären Replikate. Achten Sie dabei jedoch speziell hinsichtlich der Netzwerklatenz zwischen den Knoten auf eine begrenzte Zugriffslatenz. Beispielsweise sollte diese bei asynchronen Spiegelungen 4.000 ms nicht übersteigen. Empfohlen wird für synchrone Knoten hingegen eine minimale Latenz.

HINWEIS In Multi-Subnet-Szenarien haben Sie automatisch nicht eine, sondern zwei IPs. Im aktuellen SQL Client können Sie mithilfe des Parameters *MultiSubnetFailover=True* in der Verbindungszeichenfolge erreichen, dass der Client grundsätzlich parallel eine TCP-Verbindung zu beiden Knoten aufbaut. Ältere SQL-Clients unterstützen diese Methode indes nicht und sollten ggf. mit höheren Timeoutwerten für die Clientverbindung konfiguriert werden (21 Sekunden für jede zusätzliche IP des Clusters). Hierdurch wird verhindert, dass es zu einem Timeout beim Versuch kommt, sukzessive alle Cluster-IP-Adressen des Clusters zu erreichen.

- Legen Sie Ihr Augenmerk auf eine sinnvolle Votingkonfiguration, um sicherzustellen, dass nur relevante Knoten über einen möglichen Failover entscheiden. So sollte beispielsweise ein etwaiger asynchroner Knoten keine Votingrelevanz haben, während ein Quorumzeuge bei einer geraden Anzahl an synchronen Knoten genutzt werden sollte (Abbildung 3.43).

HINWEIS Für eine Anpassung des Votingmodells sind ggf. weitere Aktualisierungen erforderlich. Weitere Informationen hierzu finden Sie in Kapitel 16.

Abbildg. 3.43 Beispielhafte Votingkonfiguration für einen verteilten AlwaysOn-Cluster

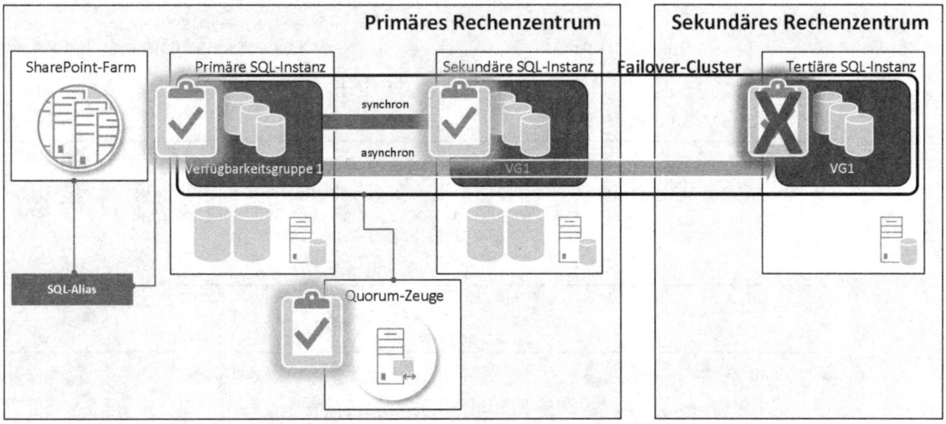

Vergleich der Datenbank-Hochverfügbarkeitsmodelle

Für die Entscheidung zwischen beiden Modellen finden Sie in der Tabelle 3.35 eine Gegenüberstellung der drei primären Hochverfügbarkeitslösungen.

Tabelle 3.35 Gegenüberstellung der Datenbankhochverfügbarkeitsansätze

	Failovercluster	Datenbankspiegelung	AlwaysOn
Failoverzeit	– Wenige Sekunden bis zu einer guten Minute	+ Wenige Sekunden mit zusätzlicher Latenz durch eigenen SharePoint-Mechanismus	+ + Wenige Sekunden
Transaktionskonsistenz	Ja	Ja	Ja
Wiederherstellungszeit	Etwas geringer (Millisekundenbereich)	Etwas länger (Millisekundenbereich)	Etwas länger (Millisekundenbereich)
Autom. Failover	Ja	Ja	Ja
Schutz vor defektem Speicher	– Nein, da Speicher geteilt wird	+ Ja, da Speicher unabhängig voneinander	+ Ja, da Speicher unabhängig voneinander

Tabelle 3.35 Gegenüberstellung der Datenbankhochverfügbarkeitsansätze *(Fortsetzung)*

	Failovercluster	Datenbankspiegelung	AlwaysOn
Benötigter Speichertyp	⊖ Geteilter Speicher (teuer)	⊕ Verwendung einer günstigen Speicheranbindung möglich	⊕ Verwendung einer günstigen Speicheranbindung möglich
Anforderungen an den Standort/Multisite-Redundanz	⊖ Clusterknoten sollten sich im gleichen Subnetz befinden	⊕ Alle drei Server können im LAN verstreut sein, sollten jedoch eine geringe Latenz von 1 ms vorweisen	⊕⊕ Alle drei Server können im LAN verstreut sein, sollten jedoch eine geringe Latenz von 1 ms vorweisen. Höhere Flexibilität.
DB-Wiederherstellungsmodell	⊕ Vollständiges Wiederherstellungsmodell empfohlen, jedoch weitere möglich	⊖ Erfordert das vollständige Wiederherstellungsmodell	⊖ Erfordert das vollständige Wiederherstellungsmodell
Automatische Seitenreparatur		⊕	⊕
Auswirkungen auf die Leistung	⊕ Begrenzt während eines Failovers	⊖ Zusätzliche CPU und Arbeitsspeicherbelastung	⊖ Zusätzliche CPU und Arbeitsspeicherbelastung
Verwaltung	⊕ Auf Serverebene	⊖⊖ Höherer Aufwand, erfordert Konfiguration auf Datenbankebene und ggf. mehr Eingriffe	⊖ Höherer Aufwand, erfordert Konfiguration auf Datenbankebene
Backupimplikationen	⊕ Keine Implikationen	⊕ Keine bekannten Implikationen.	⊖/⊕ Backup kann auf den inaktiven Knoten verlagert werden, dafür keine DPM-basierte Sicherung in Kombination mit SharePoint
FILESTREAM/RBS-Integration	⊕ Möglich	⊖ Wird nicht unterstützt	⊕ Wird unterstützt
Hostbelastung durch Hochverfügbarkeit	⊕ Minimal	⊖ Höhere CPU und RAM-Belastung	⊖ Höhere CPU und RAM-Belastung

HINWEIS SQL Server 2014 ändert hinsichtlich der AlwaysOn-Unterstützung im Wesentlichen, neben der Integration in Windows Azure, die Anzahl an unterstützten sekundären Knoten von 4 auf 8 und eine höhere Verfügbarkeit im Problemfall dieser sekundären Instanzen, sodass diese auch bei Netzwerk- oder Quorumproblemen weiterhin Ihre Dienste verrichten können.

In Summe wird durch die Gegenüberstellung offenbar, dass im Vergleich zum bisherigen Spiegelungsverfahren AlwaysOn eine überlegende Alternative darstellt, die jedoch im Einzelfall sorgsam gegenüber dem klassischen Failovercluster abzuwägen ist.

Standortübergreifende Ausfallsicherheit

Die standortübergreifende Ausfallsicherheit lässt sich aktuell idealerweise mithilfe der AlwaysOn-Architektur lösen. Hierfür kann die nur in AlwaysOn verfügbare parallele Nutzung einer weiteren SQL Server-Instanz für den asynchronen Abgleich aller Datenbanken der Verfügbarkeitsgruppe herangezogen werden (Abbildung 3.44).

Abbildg. 3.44 Standortübergreifende Datenbankarchitektur mit AlwaysOn

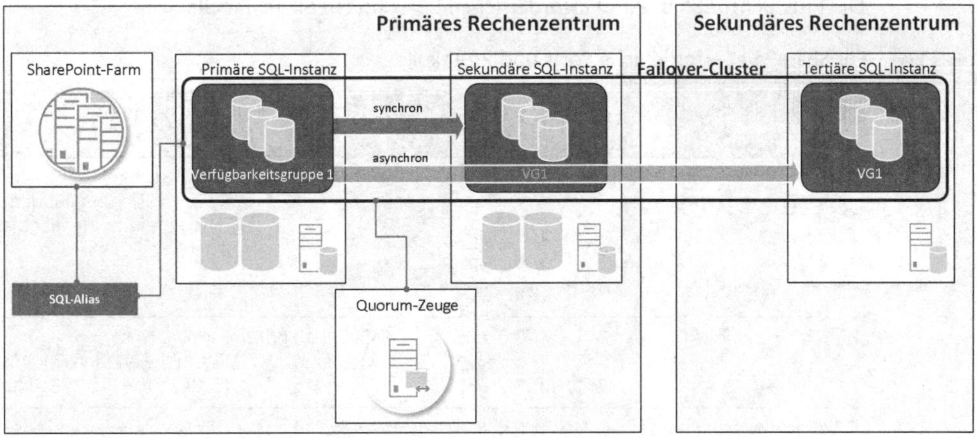

Sollte es zu einem totalen Ausfall des primären Rechenzentrums kommen, stehen die SharePoint-Datenbanken auf diese Weise einer optionalen SharePoint-Ersatzfarm zur Verfügung.

Wichtig hierbei ist festzuhalten, dass eine etwaige SharePoint-Ersatzfarm im sekundären Rechenzentrum zur Verfügung stehen muss und im Ausfall-Szenario ein Idealerweise skriptbasiertes Verfahren zu Initialisieren ist, welches die vorhandenen Datenbanken in der SharePoint-Farm anfügt. Um die dortigen Datenbanken anpassen zu können, muss zuvor ein forcierter Failover durchgeführt werden.

WICHTIG Bei einem forcierten Failover auf einen asynchronen Knoten ist mit Datenverlust zu rechnen. Sobald Sie diesen Failovertyp vorgenommen haben, müssen Sie entweder zum Zeitpunkt der Wiederverfügbarkeit der Datenbanken im primären Rechenzentrum alle bis dahin realisierten Änderungen im sekundären Rechenzentrum verwerfen oder den endgültigen Verlust einiger Transaktionen hinnehmen.

Weitere Informationen zum Gesamtkonzept von standortübergreifenden SharePoint-Farmen und WAN-Szenarien finden Sie in Abschnitt »Globale SharePoint-Topologien« in diesem Kapitel.

Kommunikation

In diesem Abschnitt werden die wichtigsten Kommunikationsbeziehungen innerhalb der Serverfarm und zwischen der Serverfarm und Remotesystemen aufgezeigt.

Netzwerkkonnektivität

SharePoint benötigt für die Bereitstellung von Funktionalität für Endanwender eine geringe Anzahl an Ports. Im Vergleich dazu ist die Bandbreite der erforderlichen Ports für Serverfarminterne- und Domänenkommunikation deutlich höher.

Die Liste der für SharePoint erforderlichen Ports finden Sie in Tabelle 3.36.

Tabelle 3.36 Für SharePoint erforderliche Ports und Protokolle

Dienst	Port	SharePoint-Ebene	Funktion und Beschreibung
Benutzerprofilsynchronisierung	TCP 5725 TCP/UDP 389 TCP/UDP 88 TCP/UDP 53 UDP 464	Anwendung	Erforderlich für die Active Directory-Synchronisierung auf dem Server mit dem Forefront Identity Management-Agent
Dienstanwendungen	TCP 32843 TCP 32844	Web-Front-End/ Anwendung	Farmintern für Dienstanwendungskommunikation (32843 für HTTP 32844 für HTTPS)
Dokumentkonvertierung	TCP 8082 TCP 8093	Web-Front-End/ Anwendung	Der Startprogrammdienst für die Dokumentkonvertierung nutzt TCP 8082 und der Lastenausgleichmoduldienst für die Dokumentkonvertierung TCP Port 8093
Domänenmitgliedschaft	TCP/UDP 389 TCP/UDP 88 TCP/UDP 53	Alle	SharePoint-Server sind zumeist Mitglieder in einer Domäne und benötigen daher direkten Kontakt zu den Domänencontrollern. Für einige Domänenfunktionen sind zusätzliche Dienste und Ports erforderlich.
Drittanbieter-Dienstanwendungen	TCP 32845	Web-Front-End/ Anwendung	Optional, falls Drittanbieterdienstanwendungen bereitgestellt werden
Office Web Apps	TCP 809 ICMPv4	Intrafarm	Kommunikation innerhalb einer Office Web Apps-Farm mit mehreren Farmmitgliedern
Office Web Apps	TCP 80 TCP 443	Client-OWA-Farm	Kommunikation für den Zugriff auf die Office Web Apps-Inhalte für den Client-Browser
SQL	TCP 1433 UDP 1434	Datenbank	Standardports für die Kommunikation aller SharePoint-Server mit der Datenbank. UDP 1434 dient der SQL-Probe.

Tabelle 3.36 Für SharePoint erforderliche Ports und Protokolle

Dienst	Port	SharePoint-Ebene	Funktion und Beschreibung
Sandbox	TCP 32846	Web-Front-End/ Anwendung	Ausgehend erforderlich auf allen SharePoint-Web-Front-End-Servern und eingehend auf allen SharePoint-Servern, die den Dienst bereitgestellt haben
SMTP	TCP 25	Web-Front-End/ Anwendung	Ausgehend für alle SharePoint-Server und optional eingehend für alle SharePoint-Server, die für den Empfang von Nachrichten für SharePoint konfiguriert wurden
Suche	TCP 16500-16519	Intrafarm	Wird von der Index-Komponente verwendet
Verteilter Cache	TCP 22233-22236 ICMPv4	Alle Cachecluster Mitglieder-/ Clusterintern	In Umgebungen mit mehr als einem Cachehost muss der erste Cachcehost eingehende ICMPv4-Kommunikation gewähren.
Webdienst	TCP 80 TCP 443	Web-Front-End	Standardports für HTTP und HTTPS Kommunikation
Windows Communication Foundation	TCP 808	Farmintern	Die in SharePoint 2013 integrierte Windows Workflow Foundation 4 setzt auf den Benachrichtigungsfunktionen der Windows Communication Foundation auf

HINWEIS Die vollständige Liste aller für Windows Server 2008 R2 und Windows Server 2012 erforderlichen Netzwerkports finden Sie in KB-Artikel 832017 (*http://support.microsoft.com/kb/832017* [Ms156-K03-24]).

IP-Unterstützung

SharePoint 2013 unterstützt sowohl reine IPv4- als auch grundsätzlich IPv6-Umgebungen, wenngleich mit Einschränkungen. Gemischte IPv4- und IPv6-Umgebungen werden ebenfalls unterstützt. Aufgrund der Eigenschaft, dass in Windows Server 2008 R2 und Windows Server 2012 sowohl IPv4 als auch IPv6 standardmäßig installiert sind, sind keine besonderen Maßnahmen erforderlich, um IPv6 als primäres Protokoll zu verwenden. Bei paralleler Bereitstellung von IPv4 und IPv6 hat IPv6 Vorrang. Um ein Protokoll zu erzwingen, kann das jeweils andere in den Netzwerkkartenbindungen deaktiviert werden.

HINWEIS Auch wenn IPv6 von SharePoint unterstützt wird, gibt es bei der Verwendung einer komplexen Topologie inkl. einer Veröffentlichungsfirewall weiterhin Einschränkungen bei der Verwendung von IPv6. Prüfen Sie daher zuvor sämtliche Infrastrukturkomponenten, ob diese auch unter IPv6 die volle Funktionalität gewährleisten.

Beachten Sie bei der Verwendung von IPv6 in Kombination mit SharePoint 2013 folgende Aspekte:

- Einige SharePoint 2013-Komponenten für lokale oder hybride Umgebungen unterstützen noch nicht IPv6. Dazu gehören der maschinelle Übersetzungsdienst, die SharePoint-Hilfe, Apps, die den Windows Azure Access Control Service (ACS) verwenden.
- Auf dem Domänencontroller der zur SharePoint-Farm zugehörigen Domäne muss mindestens Windows Server 2008 ausgeführt werden
- Alle Endbenutzer-URLs müssen auf DNS-Namen mit AAAA-Einträgen basieren. Das Wechseln zu SharePoint-URLs mit IPv6-Literaladressen wird nicht unterstützt. Ein Beispiel für eine Literaladressen-URL ist *http://[2001:db8:85a3:8d3:1319:8a2e:370:7344]*. SharePoint 2010-Produkte unterstützen jedoch das Eingeben von IPv6-Literaladressen für bestimmte Farmverwaltungsfunktionen, beispielsweise für das Eingeben des Servernamens beim Erstellen oder Anfügen von Datenbanken. Bei Servernamen mit dem Literaladressformat müssen Sie die Literaladresse in eckige Klammern einschließen. Weitere Informationen zu AAAA-Einträgen finden Sie unter *http://go.microsoft.com/fwlink/?linkid=181956* [Ms156-K03-25].

HINWEIS Aus den besagten Gründen sollten Sie vorerst auch unter SharePoint 2013 die IPv4-Protokollunterstützung aktiviert belassen. Weiterführende Informationen zu IPv6 und der Integration in Microsoft Windows-Systeme finden Sie unter *http://www.microsoft.com/ipv6* [Ms156-K03-26].

E-Mail

SharePoint 2013 besitzt eine im Vergleich zu SharePoint 2010 nur marginal veränderte Schnittstelle, um E-Mails zu empfangen und zu versenden. Während die Fähigkeit, E-Mails zu empfangen eine optionale Komponente ist, die es Ihnen ermöglicht, Dokumente und Nachrichten direkt an eine Dokumentbibliothek zu versenden, ist die Funktion, E-Mails zu versenden ein integraler Bestandteil von SharePoint. Ausgehende E-Mail-Nachrichten sind für zentrale Benachrichtigungsfunktionen von Anwendern erforderlich. Diese sind primär:

- Information über Zugriffsrechte bzw. Einladung zu einem SharePoint-Portal
- Steuerung und Benachrichtigung von Workflowaufgaben
- Benachrichtigung über neue Zielobjekte, wie beispielsweise die Information darüber, dass innerhalb einer für den Anwender relevanten Dokumentbibliothek neue Dokumente bereitstehen oder dass ein vom Anwender erzeugter Suchfilter neue Informationen im Portal entdeckt hat

Neben der Benachrichtigungskomponente gibt es in SharePoint 2013 neue, dringlichere Verfahren, die den Zugriff auf erweiterte Informationen, wie die E-Mail-Adresse benötigen:

- Server-zu-Server-Authentifizierung
- Hybride Szenarien

In Kapitel 12 werden die Hintergründe dieser Abhängigkeit näher erläutert, wonach der STS (Security Token Service) unter Verwendung einiger zentraler Datenfelder, die vom Benutzerprofildienst abgerufen werden, das Zugriffstoken konstruiert. Eine der Voraussetzungen für SharePoint besagt daher, dass die für SharePoint verwendeten Benutzer E-Mail-aktiviert zu sein haben und in einer SharePoint Server-basierten Umgebung der Benutzerprofildienst für die Synchronisierung von Benutzern konfiguriert sein muss. Jedoch kann ein Benutzer grundsätzlich auch auf SharePoint zugreifen, wenn dieser beispielsweise keine E-Mail-Adresse in Active Directory erhalten hat.

In SharePoint 2013 wurden neue Funktionen eingeführt, die eine bessere Interaktion mit anderen Microsoft-Serverprodukten ermöglicht, die sich auch auf die Exchange Server-E-Mail-Integration bezieht. Diese Integration wird im Wesentlichen in Kapitel 16 demonstriert und clientseitig in Kapitel 10 nachvollzogen.

Die allgemeine Planung der SharePoint-E-Mail-Integration teilt sich in zwei Teilbereiche auf: die eingehende und die ausgehende E-Mail Kommunikation.

Ausgehende E-Mail-Kommunikation

Die ausgehende E-Mail-Kommunikation erfordert zwei grundlegende Rahmenbedingungen:

- E-Mail-aktivierte Benutzerkonten
- Eine für SMTP-Relaying aktivierte E-Mail-Infrastruktur

Für E-Mail aktivierte Benutzerkonten zu sorgen ist zumeist unkompliziert, da in der Mehrzahl der Active Directory-Implementierungen auch parallel eine Exchange Server-Infrastruktur vorzufinden ist und somit alle relevanten Benutzerkonten diese Hürde ohne weiteres Zutun überwinden. Sollte sich keine Exchange Server-Infrastruktur in Ihrem Active Directory befinden, ist dies, wenn auch nicht ideal, zumindest einfach lösbar: Sie brauchen, sofern dies nicht ohnehin schon geschehen ist, lediglich das E-Mail-Attribut in Active Directory zu pflegen. Über dieses Attribut lokalisiert SharePoint die E-Mail-Adressen der Anwender, um die Nachrichten zustellen zu können.

HINWEIS Für das eigentliche Versenden von E-Mail Nachrichten benötigt SharePoint nicht den lokalen SMTP-Server. Dieser wird lediglich für das Empfangen benötigt.

Um SharePoint für die Versendung von E-Mail Nachrichten zu konfigurieren, müssen Sie bei der späteren Implementierung primär die folgenden Informationen vorgeben:

- Adresse bzw. den Namen des SMTP-Servers, an den SharePoint die Nachrichten senden soll
- Absender- und Antwort-E-Mail-Adresse, unter der die Nachrichten versendet werden sollen
- Zeichensatz, der für die Versendung der Nachrichten verwendet werden soll

In der Mehrzahl der SharePoint-Implementierungen wird eine Exchange-Organisation vorliegen, an die Sie die Nachrichten zustellen können. Diese wird dann auch bei der Zustellung der Nachrichten an externe Empfänger aktiv. Der entscheidende Punkt bei der Zustellung von E-Mail-Nachrichten an Exchange Server, aber auch an andere Systeme, besteht in der Relaybeschränkung. Sekundär sind auch Sicherheitsaspekte potenziell von Relevanz bei der Entscheidung, wie die SharePoint-E-Mail-Routingtopologie entworfen werden soll. Die Mehrheit der E-Mail-Serversysteme verweigert standardmäßig aus Sicherheitsgründen das Relayen von E-Mail-Nachrichten.

HINWEIS Sollten Sie den Relayaspekt nicht ausreichend behandeln, könnte sich Ihnen auf den ersten Blick eine funktionierende SharePoint-E-Mail-Versandfunktion präsentieren. Spätestens jedoch, wenn es darum geht, Nachrichten an Empfänger außerhalb Ihrer E-Mail-Server-Organisation zu senden, zeigt sich das eigentliche Problem: Relayen bezeichnet man als die Zustellung von Nachrichten, deren Empfänger sich nicht in Ihrem Hoheitsbereich befinden.

Ein weiterer Aspekt des Relayens ist die Sicherheit. SharePoint unterstützt weiterhin direkt keinerlei erweiterte Sicherheitsmechanismen für die Versendung von E-Mail-Nachrichten. Sollten Sie die Nachrichten also direkt an einen Exchange-Server versenden wollen, können Sie die Kommunikation in Bezug auf Authentifizierungs- und Datensicherheit lediglich über eine auf einer tieferen OSI-Schicht arbeitende Technologie wie IPsec schützen. Alternativ können Sie jedoch auf IPsec verzichten, sofern Sie die Nachrichten an den lokalen SMTP-Server auf dem SharePoint-System zustellen lassen, um von dort aus, für die Remotezustellung, die integrierten Sicherheitstechnologien des auf Windows Server 2012 basierten SMTP-Servers zu nutzen. Durch diesen Umweg haben Sie ebenfalls die Möglichkeit, eine sichere Kommunikation mit Authentifizierung und Datensicherheit (Transport Layer Security, TLS) zu erzwingen. Aus der Anwenderperspektive ändert sich hierdurch nichts, da diese Änderung für den Anwender transparent ist.

Eingehende E-Mail-Nachrichten

Die Planung der in SharePoint eingehenden E-Mail-Nachrichten besteht primär aus zwei Aspekten:

- Wahl der E-Mail-Empfangsdomäne
- Steuerung des SharePoint-Diensts zum automatischen Erzeugen von Exchange-aktivierten Empfängern in Active Directory

Bei der Wahl der E-Mail-Empfangsdomäne stellt sich die einfache, jedoch entscheidende Frage: Wie gelangen die E-Mail-Nachrichten an die SMTP-Server Ihrer SharePoint-Umgebung, wenn diese von den Absendern von innerhalb und außerhalb Ihrer E-Mail-Organisation versandt wurden?

Mit Empfangsdomäne ist das Suffix der E-Mail-Adresse gemeint, die die Anwender verwenden, um die Nachrichten zu adressieren. Es gibt zwei Lösungsansätze und eine klare Empfehlung: Mögliche Lösungen wären, die gleiche E-Mail-Domäne für SharePoint zu verwenden, wie sie auch Ihre Empfänger verwenden. Beispielsweise haben Ihre Anwender die E-Mail-Adresssyntax *Vorname.Nachname@sincdemo.de*. Demnach könnten die E-Mail-Adressen von SharePoint entsprechend beispielsweise *Dokumentenbibliothek1@sincdemo.de* lauten. Die Alternative hierzu wäre, für SharePoint einen abweichenden, idealerweise untergeordneten Namensraum zu verwenden. An diesem Beispiel angelehnt könnte die E-Mail-Adresse der Dokumentbibliothek demzufolge *Dokumentenbibliothek@sharepoint.sincdemo.de* lauten.

Das Problem der ersten Lösung (der gleiche Namensraum) besteht darin, dass Ihre E-Mail-Server-Infrastruktur, hier Exchange Server-basiert, gar nicht zuordnen kann, welche Nachrichten für SharePoint bestimmt sind und welche nicht. Die Exchange-Server, die die eingehenden Nachrichten annehmen, routen die Nachrichten anhand Ihrer Informationen über den Standort des Postfachs. Dabei hat Exchange das Problem, dass die eingehenden Nachrichten zwar zur verwalteten E-Mail-Domäne gehört, für die Exchange zuständig ist, jedoch besitzt der Exchange-Server keinerlei Informationen darüber, wo der für die E-Mail-Adresse zuständige SMTP-Server, in diesem Fall SharePoint, zu finden ist. Eine mögliche Lösung für dieses Problem könnte zwar beispielsweise sein, zu konfigurieren, dass alle nicht zustellbaren Nachrichten an SharePoint weitergeleitet werden sollen. Dies ist jedoch wenig flexibel und ist spätestens ab der zweiten, parallelen SharePoint-Umgebung impraktikabel. Daher lautet die eindeutige Empfehlung, für SharePoint einen Ihrer E-Mail-Adressdomäne untergeordneten Namensraum zu verwenden, um somit die für SharePoint relevanten Nachrichten eindeutig über DNS MX-Einträge zu steuern.

Zusätzlich können Sie SharePoint dafür verwenden, für E-Mail-aktivierte Dokumentbibliotheken automatisiert E-Mail-aktivierte Kontakte in Active Directory anzulegen. Dies ermöglicht es Ihren Anwendern, die SharePoint E-Mail-Adressen einfach über Ihr Outlook-Adressbuch, bzw. die globale Adressliste (Global Address List, GAL) zu identifizieren. Für diese Funktion ist es lediglich erforderlich, eine Organisationseinheit in Active Directory zu bestimmen, in der SharePoint seine

Empfängerobjekte anlegt und diese mit ausreichenden Berechtigungen zu versehen. Die genauen Voraussetzungen hierfür sind:

- Exchange Server-Schemaerweiterung (mindestens Exchange 2000-basiertes Schema)
- Ausreichende Active Directory-Berechtigungen für das Datenbankzugriffskonto auf eine ausgewählte Organisationseinheit
  - Erstellt, entfernt und verwaltet Benutzerkonten
  - Erstellen und Löschen von untergeordneten Objekten
  - Unterstruktur löschen

Weiterführende Hintergründe zu der E-Mail-Integration finden Sie im Hintergrundinformationskapitel 8, während deren Einrichtung in Kapitel 4 und 5 behandelt wird.

Alternative Zugriffszuordnungen

Die Konfiguration der alternativen Zugriffszuordnungen ist nach wie vor ein wichtiges Element bei der Planung der Internetanbindung der SharePoint-Serverfarm. Üblicherweise wird zwischen dem Internetbenutzer und der SharePoint-Serverfarm ein Netzwerklastenausgleichs- oder Firewallsystem positioniert, auf dem die Benutzersitzung terminiert wird. Gängige Reverseproxy- bzw. HLB-Lösungen wie Citrix Netscaler oder F5 Big IP sind dazu in der Lage, die in der Antwort des angefragten Webservers enthaltenen URLs so anzupassen, dass die dem Client zurückgesandte URL dem URL-Stamm entspricht, den der Client von außen verwendet. Problem hierbei ist, dass auf diesem Wege nicht alle in der Antwort enthaltenen URLs ersetzt werden können, da die URLs in unterschiedlichen Codierungen, wie ActiveX-Steuerelementen, enthalten sind, die nicht vom Linkübersetzungsmodul der Produkte erfasst werden. Dies ist beispielsweise ein Problem bei folgenden SharePoint-Inhalten:

- Datenblättern
- InfoPath-Formularen
- Office-Integration
- Excel Services
- Dashboards

Um dieses Problem auf dem empfohlenen Weg zu lösen, konfigurieren Sie die AAM in SharePoint. Dabei geben Sie jeweils für verschiedene Zonen eine interne und externe URL an. Geht auf dem SharePoint-Server eine URL ein, wird die in dem Hostheader angegebene URL einer potenziell abweichenden externen URL zugeordnet und der SharePoint-Server baut daraufhin bereits in der Antwort an den Client die für den Client erforderliche, modifizierte URL ein. Ausführliche Information für die Einrichtung der wichtigen alternativen Zugriffszuordnungen finden Sie in Kapitel 6 und 9.

Website- und Lösungsplanung

In diesem Abschnitt werden die wichtigsten Planungsaspekte für die Bereitstellung Ihrer Websites und Lösungen behandelt, die vor der Bereitstellung der Serverfarm behandelt werden sollten.

Navigation

Die Seitennavigation ist das primäre Element für Anwender, sich innerhalb Ihrer Webanwendung bewegen zu können. In SharePoint Server 2013 wurde die Seitennavigation um einige interessante Elemente erweitert. In Kapitel 10 wird Ihnen die Verwendung der Metadaten-basierten Navigation veranschaulicht.

In SharePoint 2013 sind die automatisch erzeugten Navigationslinks primär innerhalb einer Websitesammlung sicherheitsgetrimmt. Dies bedeutet, dass Anwender nur die Navigationselemente angezeigt bekommen, deren Inhalt sie auch einsehen dürfen. Dies kann ein besonderes Argument bei der Wahl der Site-Architektur darstellen. Zusätzlich können Inhalte wie Seiten oder Links lediglich einer dedizierten Zielgruppe angezeigt werden. Anwendern, die nicht Mitglied dieser Zielgruppen sind, bleiben solche Inhalte vorenthalten.

Navigationssteuerelemente in Websites auf Grundlage von SharePoint 2013 können in drei Bereichen visualisiert werden: Gestaltungsvorlagen, Layoutseiten und Webpart-Zonen.

Die folgenden gängigen Navigationssteuerelemente sind in SharePoint 2013 verfügbar:

- **Top Links** (Globale Navigation, Abbildung 3.45) Die Top Links-Leiste zeigt Websites an, die sich jeweils eine Ebene unterhalb der aktuellen Websiteebene befinden (hier »eAkte 2014«). Jede Website hat Ihre eigene Top-Navigation und Websitebesitzer können Ihre Seite jeweils anpassen. Alternativ können die Einstellungen der übergeordneten Website durch Vererbung angewandt werden. Neben diesem Automatismus können an dieser Stelle einfache Anpassungen, in Form neuer Links, Sortierungen usw. vorgenommen werden. Für dieses Navigationssteuerelement ist nun auch die verwaltete Navigation verfügbar, die im gleichnamigen Abschnitt weiter behandelt wird.

Abbildg. 3.45 Top Links

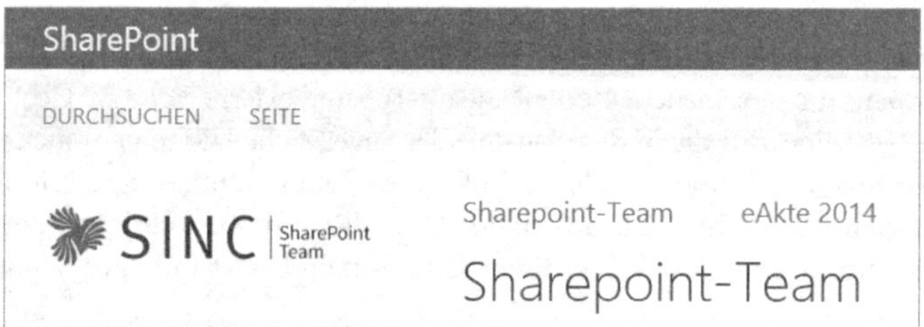

- **Schnellstartleiste** (Aktuelle Navigation, Abbildung 3.46) Während die Top Links die Websiteübergreifende Struktur abbildet, stellt die Schnellstartleiste die Inhalte der jeweiligen Website wie Listen und Dokumentbibliotheken dar. Sie können auch die Schnellstartleiste dafür konfigurieren, die untergeordneten Websites anzuzeigen oder alternativ die neue, verwaltete Navigation zu nutzen.

Abbildg. 3.46 Schnellstartleiste

- **Strukturansicht** (Abbildung 3.47) Alternativ oder zusätzlich zur Schnellstartleiste können Sie die Strukturansicht aktivieren, die ebenfalls die Inhalte der jeweiligen Website hierarchisch gruppiert anzeigt. Für die Verwendung der Strukturansicht stehen Ihnen keine erweiterten Einstellungen unmittelbar zur Verfügung.

Abbildg. 3.47 Strukturansicht

- **Metadatennavigation** Die in SharePoint 2010 eingeführte Metadatennavigation ermöglicht Ihnen innerhalb einer Liste oder Dokumentbibliothek eine Navigation basierend auf den definierten Metadatenfeldern. Sie wird in den Eigenschaften der jeweiligen Liste aktiviert und konfiguriert.

- **Navigation-Webparts** Mithilfe einer Reihe an Navigations-Webparts können Sie die bestehende Navigation um zusätzliche Funktionen erweitern, indem Sie das entsprechende Webpart zu einer Website hinzufügen. Die primär relevanten Webparts werden Ihnen im nächsten Abschnitt vorgestellt.
- **Verwaltete Navigation** Die neu in SharePoint 2013 eingeführte, verwaltete Navigation erlaubt Ihnen sowohl für die globale als auch für die aktuelle Navigation der Schnellstartleiste eine auf einem Ausdruckssatz basierende Navigationsstruktur einzuführen. Weiterführende Informationen hierzu finden Sie im gleichnamigen Abschnitt dieses Kapitels.

Beziehen Sie bei Ihrer Entscheidungen zur Navigation immer auch die Integration der Unterwebsites und somit Ihre gesamte Websitehierarchie in die globale Navigationsstrategie mit ein. Für jede Website innerhalb dieser Hierarchie können Sie auswählen, ob diese die Leiste für häufig verwendete Hyperlinks oder die Schnellstartnavigation von der übergeordneten Website erben soll.

ACHTUNG Nicht alle Websites unterstützen die Übernahme der Navigationselemente der übergeordneten Sites. Achten Sie daher unbedingt im Rahmen Ihrer Websitearchitektur darauf, anhand einer Pilotinstallation sicherzustellen, dass Ihre gewünschte Navigationsstrategie nicht nur theoretisch, sondern auch mit den zu verwendenden Websites zu realisieren ist oder ob ggf. manuelle Anpassungen erforderlich sind, um Ihre Ziele umzusetzen. Ein Beispiel ist das Unternehmenssuchcenter, welches, wenn Sie es manuell in eine Websitesammlung integrieren, die Navigationshierarchie verlässt.

Dieser Aspekt der übergreifenden Navigationsführung ist von nicht unerheblicher Bedeutung. Beispielsweise kann es ohne Berücksichtigung der globalen Navigationsplanung ohne Weiteres dazu kommen, dass Anwender sich auf Seiten wiederfinden, von denen Sie außer durch manuelle Eingabe einer anderen URL oder die Verwendung von Browserfunktionen zum Zurückschreiten zu vorherigen Sites nicht wieder zurück zu Ihrer SharePoint-Site finden.

Einige der Verwaltungsoberflächen für die Konfiguration der Navigationssteuerelemente stehen Ihnen nur unter zur Verfügung, wenn Sie die erforderlichen Features aktiviert haben (in der Regel *SharePoint-Veröffentlichungsinfrastruktur*).

Navigations-Webparts

Webparts können einfach dafür verwendet werden, Navigationselemente zu einer Seite hinzuzufügen, ohne ein Entwicklungswerkzeug heranzuziehen, um die Navigationsstruktur anzupassen. Die folgenden Webparts stehen Ihnen auf Nicht-Veröffentlichungssites in SharePoint integriert für potenzielle Navigationserweiterungen zur Verfügung:

- **Kategorien** (\Inhaltsrollup) Zeigt die Kategorien des Siteverzeichnisses an
- **Websiteaggregator** (\Inhaltsrollup) Zeigt Seiten Ihrer Wahl an
- **Websites der Kategorie** (\Inhaltsrollup) Zeigt Seiten einer bestimmten Kategorie aus dem Siteverzeichnis an
- **Kategorienliste**, auch bekannt unter dem Namen *Tag Cloud* (\Zusammenarbeit im sozialen Netzwerk). Zeigt die populärsten Tags Ihrer Organisation an.

Für Veröffentlichungssites stehen Ihnen die folgenden Webparts zur Navigationsunterstützung zur Verfügung:

- **Hyperlinkübersichten** Ermöglicht es Ihnen, Links zu gruppieren und aufzubereiten
- **Inhaltsverzeichnis** Zeigt die Navigationshierarchie Ihrer Site an

Verwaltete Navigation

Dieser Abschnitt befasst sich mit der neuen, in SharePoint 2013 eingeführten verwalteten Navigation.

Übersicht

In SharePoint 2010 war es standardmäßig lediglich möglich, eine Navigation basiert auf der Site-Struktur zu etablieren. Für die Integration anderer Datenstrukturen musste dort noch ein benutzerdefinierter Navigationsanbieter entwickelt werden. In SharePoint 2013 sind neue Konzepte verfügbar, die bei der Abbildung von Geschäftsanforderungen für die Navigation eine hohe Flexibilität bieten.

Ein relevanter Bestandteil der verwalteten Navigation sind die benutzerfreundlichen URLs. In SharePoint 2010 referenzierten alle URLs von Sites noch auf den expliziten Link in der Seitenbibliothek, z.B. *http://intranet.firma.de/seiten/kantine.aspx* [Ms156-K03-27]. In SharePoint 2013 können benutzerfreundliche URLs verwendet werden, die sowohl für Suchmaschinen als auch Benutzer einfacher zu lesen sind, wie z.B. *http://intranet.firma.de/kantine* [Ms156-K03-28]. Spätestens wenn Elemente durch URL-Parameter aufgerufen werden, wie durch *?SplanID=1&JM=201312*, wird der Nutzen von benutzerfreundlichen URLs offenbar.

HINWEIS Benutzerfreundliche URLs stehen nicht in SharePoint Foundation 2013 zur Verfügung.

Beim Erstellen von neuen Seiten in einer Veröffentlichungssite werden nun optional automatisch neue Ausdrücke zum sogenannten Navigationsausdruckssatz hinzugefügt. Beispielsweise bewirkt das Erstellen einer neuen Seite »Kantine« das Erstellen eines gleichnamigen Ausdrucks im Ausdruckssatz. Jedem Ausdruck in diesem Ausdruckssatz kann einer benutzerfreundlichen URL zugeordnet werden. Dabei können die Ausdrücke als Verweis auf eine gemeinsame oder individuelle Seite/URL konfiguriert werden.

Die in der Master Page enthaltene globale Navigation, auch Topnavigation genannt, wird in SharePoint als zentrales Element für die Navigation eingesetzt und kann nun erstmalig auf Ausdruckssätzen des Terminologiespeichers basieren. Dabei kann auch in dieser Konstellation mehr als eine Ebene für die Navigationsebenen verwendet werden.

Ein wichtiger Aspekt bei der verwalteten Navigation ist das Sicherheitstrimming, das auch in diesem Bereich nutzbar ist. Somit erhalten Anwender nur die Navigationslinks angezeigt, für deren Zielbereich sie über Zugriffsrechte verfügen. Für die Verwendung der Berechtigungssteuerung können die Zielgruppen des Benutzerprofildiensts herangezogen werden, die eine flexible Definition einer Gruppe zulassen.

Planung

Im Rahmen der Verwendung der verwalteten Navigation existiert eine 1:1-Beziehung zwischen Ausdrücken im Navigationsausdruckssatz und den erstellten Seiten. Um den Verwaltungsaufwand für die Erstellung einer so zu erstellenden Navigationshierarchie pro Websitesammlung zu minimieren, kann die websitesammlungsübergreifende Veröffentlichung verwendet werden, um die entsprechenden Kataloge anderer Bereiche/Websitesammlungen ebenfalls zu integrieren.

Um die verwaltete Navigation verwenden zu können, muss diese auf Websitesammlungsebene entsprechend konfiguriert werden, was standardmäßig lediglich in den Vorlagen Veröffentlichungsportal und den Unternehmens-Wikis der Fall ist.

Wie bei den meisten Enterprise/Web Content Management-Funktionen beruht auch die verwaltete Navigation auf dem Websitesammlungsfeature der SharePoint Server-Veröffentlichungsinfrastruktur.

Limitierungen der verwalteten Navigation

Für Ausdruckssätze existiert keine Versionierung bzw. keinen Veröffentlichungsworkflow. Entsprechend werden Änderungen zeitnah sichtbar, nachdem diese vorgenommen werden.

In Kombination mit der websitesammlungsübergreifenden Veröffentlichung bedeutet dies, dass die Änderungen an den verwalteten Metadaten sichtbar werden, sobald die Suche diese indiziert hat, was im Zweifel früher ist als die Bereitstellung der verbleibenden Veröffentlichungsdaten. Jedoch können Ausdruckssätze dafür konfiguriert werden, erst in den Suchergebnissen zu erscheinen, wenn zuvor die zugehörigen Inhalte indiziert wurden.

Dokumentverwaltung

In diesem Abschnitt wird ein Auszug der wichtigsten Dokumentverwaltungsaspekte behandelt.

Metadatenbasierte Navigation

Ein bereits mit SharePoint Server 2010 eingeführtes Feature ist *Metadatennavigation und Filtern*, mit dem Benutzer Inhalte in Dokumentbibliotheken mithilfe von Metadaten filtern und suchen können.

Die Metadatennavigation basiert auf bereits in SharePoint vorhandenen Features für die Listenansichtsnavigation. Listenansichten ohne konfigurierte Metadatennavigation bieten eine einfache hierarchische Ansicht und sind für die Suche nach Inhalten über die physische Struktur geeignet. Diese Listenansichten sind jedoch beim Navigieren in einer umfangreichen Elementsammlung von vielen tausend Elementen nur bedingt geeignet, um die gewünschten Inhalte zu lokalisieren.

Die Metadatennavigation erweitert die Möglichkeiten von Listenansichten und kombiniert sie mit einem Schlüsselfilter-Steuerelement, um für Benutzer das Auffinden von Inhalten zu vereinfachen. Dabei können Benutzer in einer Dokumentansicht anhand von einem oder mehreren Navigationsfiltern auf Basis von Metadaten Teilmengen herausfiltern, um so mithilfe weniger Filter zeitnah das Zieldokument zu lokalisieren.

Die Metadatennavigation enthält die folgenden Benutzersteuerelemente:

- **Navigationshierarchien** Nutzen und erweitern Sie die Möglichkeiten von Listenansichten, um in Hierarchien von Ordnern, Inhaltstypen, Auswahlfeldern oder verwalteten Metadaten-Ausdruckssätzen zu navigieren. Wenn Sie ein Element in einer Hierarchie für eine verwaltete Metadatenspalte auswählen, werden alle Elemente angezeigt, die für das Feld, das dieser Hierarchie zugeordnet ist, mit dem angegebenen Ausdruck oder untergeordneten Ausdrücken markiert sind. Die Benutzer können dann das Element erneut auswählen, um nur nach diesem speziellen Ausdruck zu filtern und die untergeordneten Ausdrücke nicht einzuschließen.

Navigationshierarchien werden zusammen mit Filtern, die in der Listenansichtsdefinition angegeben sind, und mit Filtern, die in den Spalten des Listenansicht-Webparts angegeben sind, verwendet. In Kombination mit Schlüsselfiltern ergeben sich vier unterschiedliche Methoden zum Filtern einer Listenansicht.

- **Schlüsselfilter** Dieses Steuerelement wird unterhalb des Websitehierarchie-Steuerelements angezeigt und kann aus mehreren Feldern bestehen wie z.B. Datum, Auswahl, Inhaltstyp, Einzelwert- und Mehrfachwertfelder, Währung, ja/nein und Benutzerfelder. Eine beliebige Anzahl von Schlüsselfiltern kann in Kombination mit einer ausgewählten Navigationshierarchie angewendet werden.

  Schlüsselfilter können für einen wesentlich größeren Bereich von Spaltentypen angegeben werden und bestehen aus einem leeren Feld, das mit dem repräsentierten Spaltentyp übereinstimmt. Die Benutzer können dann Text in das Feld eingeben, um nach dieser Spalte zu filtern. Beispielsweise können Sie die Spalte *Geändert von* als Schlüsselfilter hinzufügen und anschließend einen Benutzeranzeigenamen oder Benutzernamenalias eingeben und diesen auflösen, um die Ergebnisse anzuzeigen, bei denen der Wert der Spalte *Geändert von* mit dem eingegebenen Benutzer übereinstimmt. Eine beliebige Anzahl von Schlüsselfiltern kann gleichzeitig sowie in Kombination mit einer Navigationshierarchie verwendet werden.

  Schlüsselfilterfelder für verwaltete Metadaten ermöglichen die Eingabe mehrerer Ausdrücke durch manuelle Eingabe und Auswahl in den angezeigten Vorschlägen. Ein spezielles verwaltetes Metadatenfeld mit dem Namen *Alle Kategorien* kann ebenfalls verwendet werden. Mit diesem Feld werden die eingegebenen Ausdrücke mit Feldwerten für ein Element in einem der verwalteten Metadatenfelder im Listenschema verglichen. Falls sich der Benutzer im Stammordner der Liste befindet, werden beim Anwenden von Schlüsselfiltern alle Elemente in allen Ordnern der Liste abgefragt.

- **Steuerelemente für Listenbesitzer** Nachdem das Feature *Metadatennavigation und Filtern* für eine Website, Liste oder Bibliothek aktiviert wurde, können Besitzer Einstellungen auf der Seite *Navigationseinstellungen für Metadaten*, die über die Liste verfügbar ist, oder auf der Seite *Dokumentbibliothekseinstellungen* konfigurieren. Besitzer können Navigationshierarchie- und Schlüsselfilterfelder sowie die automatische Indizierung für Felder angeben.

- **Automatische Indizierung** Auf der Seite *Navigationseinstellungen für Metadaten* für eine Liste oder Bibliothek können Listenbesitzer mithilfe der Einstellung *Automatische Spaltenindizierung* für diese Liste angeben, ob Indizes automatisch für die Liste erstellt werden, sodass sie mit den ausgewählten Navigationshierarchie- und Schlüsselfilterfeldern übereinstimmen. Wenn diese Einstellung aktiviert ist (dies ist die Standardeinstellung), passiert beim Speichern der Seite *Navigationseinstellungen für Metadaten* Folgendes:

  - Einspaltige Indizes werden für alle unterstützten Navigationshierarchiefelder erstellt
  - Einspaltige Indizes werden für alle unterstützten Schlüsselfilterfelder erstellt, mit Ausnahme des Felds *Inhaltstyp* und der Fehlerauswahl
  - Zusammengesetzte Indizes werden für alle unterstützten Kombinationen aus Navigationshierarchien und Schlüsselfiltern erstellt

  Wenn Indizes automatisch erstellt werden, sind Abfragen für Listen zulässig, deren Elemente den Schwellenwert für die Listenansicht überschreiten. Es kann sein, dass Sie diese Einstellung deaktivieren und benutzerdefinierte Indizes konfigurieren müssen. Beispielsweise muss die automa-

Planung

tische Indizierung deaktiviert werden, wenn eine Kombination aus einspaltigen Indizes und zusammengesetzten Indizes den Wert 20 überschreitet.

- **Indizierte Abfragen** Wenn das Feature *Metadatennavigation und Filtern* für eine Website aktiviert ist, wird durch die integrierte Optimierung zum Laden einer Listenansicht jeweils der optimale Index ausgewählt. Jedes Mal, wenn ein Benutzer eine Listenansicht lädt, eine Listenansicht aktualisiert, einen neuen Filter anwendet, einen Filter löscht oder eine Sortierung auf ein Feld anwendet, bestimmt die Abfrageoptimierung die optimale Methode zum Abfragen der Datenbank, ohne dass die Ansicht eingeschränkt wird.
- **Fallbackabfragen** Stellt die Metadatennavigation fest, dass die aktuelle Benutzeranforderung nicht als selektive indizierte Abfrage ausgedrückt werden kann, wird eine sogenannte Fallbackabfrage erstellt und ausgeführt. Bei einer Fallbackabfrage handelt es sich um eine geänderte Version der ursprünglichen Benutzerabfrage, mit der nur ein Teil der Liste abgefragt wird. Mit Fallbackabfragen sollen dem Benutzer Teilergebnisse angezeigt werden, die hilfreich sein können, selbst wenn die ursprüngliche Abfrage aufgrund einer Einschränkung der Listenansicht nicht ausgeführt werden konnte. Darüber hinaus können Fallbackabfragen für Listenbesitzer als Warnung dienen, dass die Datenverteilung in der Liste verschoben ist und dass von bestimmten Abfragen, die die Benutzer ausführen, vollständige Ergebnisse zurückgegeben werden, weshalb Benutzer möglicherweise nicht auf erforderliche Inhalte zugreifen können. Fallbackabfragen geben gelegentlich keine Ergebnisse zurück, wenn in dem von der Abfrage gescannten Listenbereich keine Elemente mit Ergebnissen vorhanden sind, die mit der ursprünglichen Benutzerabfrage übereinstimmen.

  Da die Ergebnisse einer Fallbackabfrage nur einen Teil der vom Benutzer angeforderten Elemente darstellen, wird der Benutzer über eine auf dem Bildschirm angezeigte Meldung darauf hingewiesen, dass nur ein Teil der Ergebnisse angezeigt wird und dass er zusätzliche Filter anwenden muss, um alle Elemente anzuzeigen. Jedes Mal, wenn ein Benutzer einen zusätzlichen Filter angibt, hat das Abfragemodul die Möglichkeit, nach einer selektiven Kombination aus Filter/Index zu suchen, die nicht den Schwellenwert für die Listenansicht überschreitet und damit zu keiner Einschränkungsausnahme führt.

Inhaltstypen

Inhaltstypen sind ein integrales Element bei der Nutzung von SharePoint. Erst durch die Verwendung von Inhaltstypen sind ein wirklich strukturierter Aufbau Ihrer Informationsarchitektur und die konsequente Durchsetzung von spezifischen Attributen in Dokumenten möglich. Somit werden das Wiederauffinden und die Wiederverwertung von wertvollen Informationen erleichtert. Entsprechend sollte die Planung einer SharePoint-Serverfarm diesem Aspekt Tribut zollen, indem Sie ausreichend Zeit für eine zu Ihrer Organisation passenden Inhaltstyparchitektur aufwenden.

Der gängige Einsatz eines Inhaltstyps sieht vor, dass ein neuer Inhaltstyp erzeugt wird, diesem spezifische Attribute hinzugefügt werden und weitere Einstellungen, wie Workflows, mit dem Inhaltstyp verknüpft werden. Abschließend wird der Inhaltstyp mit einer Liste oder Bibliothek verknüpft, sodass neue Elemente dieses Inhaltstyps alle definierte Eigenschaften aufweisen. Mithilfe eines Inhaltstyps können folgende Einstellungen definiert werden:

- Eigenschaften der Elemente dieses Typs
- Metadaten, die Elementen dieses Typs zugeordnet werden
- Workflows, die aus Elementen dieses Typs gestartet werden können
- Informationsverwaltungsrichtlinien, die Elementen dieses Typs zugeordnet werden

- Dokumentvorlagen (für Dokumentinhaltstypen)
- Dokumentkonvertierungen, die verfügbar gemacht werden (für Dokumentinhaltstypen)
- Benutzerdefinierte Features

Neu in SharePoint 2013 sind Websiterichtlinien, mithilfe derer auch über den Inhaltstyphub definiert werden kann, wie der Lebenszyklus von innerhalb einer Websitesammlung zu erstellenden Websites auszusehen hat. Beispielsweise kann so gesteuert werden, wann eine zuvor erstellte Website zu archivieren und dann zu löschen ist. Diese Websiterichtlinien werden jedoch standardmäßig nicht aktiviert, sondern müssen zugewiesen werden. Weitere Informationen zu Websiterichtlinien finden Sie in Kapitel 9.

Dokumentbibliotheken und Listen können mehrere Inhaltstypen enthalten. Beispielsweise kann eine Bibliothek sowohl die Dokumente als auch die Grafiken für ein Projekt enthalten. Wenn eine Liste oder Bibliothek mehrere Inhaltstypen enthält, gilt Folgendes:

- Mit dem Befehl *Neu* in der jeweiligen Liste oder Bibliothek können Benutzer beim Erstellen eines neuen Elements aus allen verfügbaren Inhaltstypen auswählen. Besitzer von Bibliotheken und Listen können den Befehl *Neu* so konfigurieren, dass nur bestimmte Inhaltstypen angezeigt werden.
- Die allen verfügbaren Inhaltstypen zugeordneten Spalten werden angezeigt

Sie können benutzerdefinierte Inhaltstypen im Inhaltstypkatalog einer Website definieren. Ein benutzerdefinierter Inhaltstyp muss direkt oder indirekt von einem grundlegenden Inhaltstyp wie *Dokument* oder *Element* abgeleitet werden. Nachdem der benutzerdefinierte Inhaltstyp auf einer Website definiert wurde, steht der Inhaltstyp auf dieser Website und auf allen dieser Website untergeordneten Websites zur Verfügung. Damit ein benutzerdefinierter Inhaltstyp auf möglichst vielen Websites innerhalb einer Websitesammlung verfügbar ist, müssen Sie den Inhaltstyp im Inhaltstypkatalog der Website auf oberster Ebene definieren. Sie können einen benutzerdefinierten Inhaltstyp auch in einem Inhaltstyphub erstellen, der in einer Instanz eines verwalteten Metadatendiensts definiert wird. Ein in einem Inhaltstyphub erstellter Inhaltstyp steht anderen Websitesammlungen zur Verfügung, die Teil von Webanwendungen sind, die dieser Instanz eines verwalteten Metadatendiensts zugeordnet sind. Die vom Inhaltstyphub an die konsumierenden Websitesammlungen publizierten Inhaltstypen werden bei Änderungen in der Zielwebsitesammlung wieder von der Quelle überschrieben und gewährleisten somit einen einheitlichen Standard im Unternehmen.

Jedes Standardlistenelement oder Standardbibliothekselement (beispielsweise Kontakt, Aufgabe oder Dokument) verfügt über einen entsprechenden grundlegenden Inhaltstyp im Inhaltstypkatalog der Website. Beim Planen von Inhaltstypen können Sie diese grundlegenden Inhaltstypdefinitionen als Ausgangspunkt verwenden und nach Bedarf auf vorhandenen Inhaltstypen basierende neue Inhaltstypen erstellen oder die grundlegenden Typen ändern.

Inhaltstypen sind in einer Hierarchie organisiert, die es ermöglicht, dass ein Inhaltstyp die Eigenschaften von einem anderen Inhaltstyp erbt. Durch diese Vererbung können Eigenschaften von Dokumentklassen innerhalb einer Organisation gemeinsam genutzt werden und Teams können diese Eigenschaften für bestimmte Websites oder Listen anpassen.

Veröffentlichen von Inhalten

In SharePoint 2013 wurden neue Mechanismen eingeführt, die Ihnen zusätzliche Alternativen für die Veröffentlichung von Inhalten anbieten. Bis SharePoint 2010 lag der Fokus für die Veröffentlichung und Aktualisierung von Inhalten auf der Inhaltsbereitstellung, welche zu einem definierten Zeitpunkt die zu veröffentlichenden Inhalte in der Zielumgebung bereitgestellt hat. Dieses Verfahren hatte eine ganze Reihe von Einschränkungen, die speziell in Umgebungen, die auf neuen Teilen der SharePoint-Gesamtarchitektur aufsetzen, problematisch sind. Vor diesem Hintergrund wurde die Websitesammlungsübergreifende Veröffentlichung eingeführt.

Nachfolgend erfahren Sie, welches Verfahren in welcher Situation für die Veröffentlichung von Inhalten zu empfehlen ist. Das Thema der Veröffentlichung ist in Gänze mittlerweile von der Ausrichtung her mittlerweile primär SharePoint-redaktioneller/entwicklungszentrischer Art und wird vor diesem Hintergrund an dieser Stelle in Hinsicht auf die farmarchitektonischen Aspekte hin betrachtet.

Übersicht und Gegenüberstellung

Die Veröffentlichung von Inhalten adressiert den Prozess der Erstellung von Inhalten bis zur Freigabe und Visualisierung der erstellten Inhalte für die Benutzer. Im einfachsten Fall handelt es sich hierbei um ein Dokument oder eine Seite, welches sowohl am Bestimmungsort bearbeitet und veröffentlicht wird. Bei entsprechender Konfiguration wird dem Endbenutzer lediglich die veröffentlichte Hauptversion, nicht die überarbeiteten Nebenversionen angezeigt. Dieses Beispiel zeigt zwar den einfachsten Anwendungsfall auf und kann auch vollständig ohne Interaktion mit dem Farmadministrator umgesetzt werden, jedoch entspricht dieses Szenario nicht dem zu behandelnden Veröffentlichungsszenario, welches in der Praxis von Relevanz ist:

Bei der Veröffentlichung geht es um die Aktualisierung von vollständigen, komplexen Inhalten, wie einer vollständigen Website, und etwa den zugehörigen Inhalten, wie Katalogdaten. Bei einem solchen Prozess müssen deutlich mehr Daten konsistent aktualisiert werden, wie etwa ganze Listen und alle verknüpften Informationen, wie Metadaten und Taxonomien.

In der Übersicht stehen Ihnen in SharePoint 2013 die folgenden Ansätze zur Verfügung, um Inhalte zu veröffentlichen:

Tabelle 3.37 Gegenüberstellung der Veröffentlichungsansätze in SharePoint

Szenario	Empfohlene Methode	Anmerkungen
Einzelne Elemente veröffentlichen	Dokumentversionierung	Verwenden Sie die Dokumentversionierung in Kombination mit entsprechenden Berechtigungsstufen, um Nebenversionen nur privilegierten Benutzern sichtbar zu machen
Spiegelung von Inhalten für Ausfallsicherheit oder Standortredundanz	SQL Server-Protokollversand	Für eine einfache Redundanz von Inhalten verwenden Sie beispielsweise den von SharePoint unabhängigen Protokollversand, um Inhalte fortwährend in einer alternativen Lokation/Farm aktuell zu halten
Farmübergreifende Veröffentlichung von Websitesammlungen	Inhaltsbereitstellung	Die einfache, farmübergreifende Veröffentlichung einer Websitesammlung kann mithilfe der Inhaltsbereitstellung adressiert werden, jedoch wird nahe gelegt, auch hier einen hybriden Ansatz zu wählen, um hinreichend Taxonomiedaten zu berücksichtigen
Veröffentlichung von beliebigen Daten innerhalb einer Farm	Websitesammlungs-übergreifende Veröffentlichung	Bietet maximale Flexibilität und Funktionalität für die Veröffentlichung

Sofern Ihre organisatorischen Rahmenbedingungen dies zulassen, sollten Sie versuchen, Ihre Veröffentlichungsinfrastruktur auf die Verwendung der websitesammlungsübergreifenden Veröffentlichung auszurichten. Nur mithilfe dieser können in SharePoint fast alle Facetten des Funktionsspektrums im Rahmen einer Veröffentlichung adressiert werden. Auch in Szenarien, in denen Sie Inhalte farmübergreifend veröffentlichen müssen, können Sie in Erwägung ziehen, anstelle der Inhaltsbereitstellung die websitesammlungsübergreifende Veröffentlichung zu verwenden. Für dieses Szenario sind jedoch aufgrund der Suchintegration erweiterte Voraussetzungen erforderlich: die Verwendung einer gemeinsamen Suchdienstanwendung beider Farmen.

Mit Ausnahme des Beispiels mit der Aktualisierung eines einzelnen Elements basieren in SharePoint 2013 die meisten Szenarien für zu veröffentlichende Inhalte auf dem Websitesammlungs-Feature der Veröffentlichungsinfrastruktur.

Inhaltsbereitstellung

Die Inhaltsbereitstellung stellt eine Untermenge der SharePoint 2013 Enterprise Content Management-Funktionen dar. Durch die Inhaltsbereitstellung wird es Ihnen ermöglicht, Inhalte von einer Quellwebsitesammlung in eine oder mehrere Zielwebsitesammlungen bereitzustellen. Dabei ist die Inhaltsbereitstellung nach einem Initialen, vollständigen Abgleich, standardmäßig inkrementell, d.h. es werden nur geänderte Seiten, sowie entsprechende Inhalte (wie Bilder) bereitgestellt.

HINWEIS Die Inhaltsbereitstellung in SharePoint 2013 ist in weiten Teilen unverändert und wurde lediglich um einige wenige Funktionen erweitert, die entsprechend auch leichte Abweichungen in der Umsetzung nach sich ziehen.

Architektur

In SharePoint 2013 ist das primäre Szenario für die Inhaltsbereitstellung eine Quellwebsitesammlung in einer von der Zielwebsitesammlung abweichenden Serverfarm (Abbildung 3.48).

Abbildg. 3.48 Beispieltopologie für die klassische Inhaltsveröffentlichung

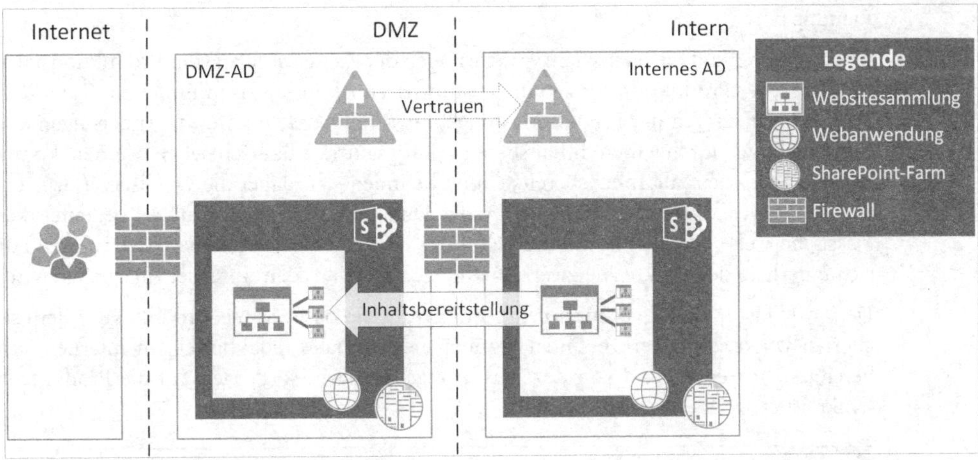

Aufgrund der Einschränkungen bei der Integration und Nutzung der neuen und erweiterten Funktionen in SharePoint 2013 wie der Integration in den Terminologiespeicher oder der Verwendung

von Katalogfunktionen wird jedoch nahegelegt, auch in isolierten Farmszenarien einen hybriden Ansatz aus Inhaltsbereitstellung und websitesammlungsübergreifender Veröffentlichung zu wählen (Abbildung 3.49).

Abbildg. 3.49 Hybrider Ansatz aus Inhaltsbereitstellung und websitesammlungsübergreifender Veröffentlichung

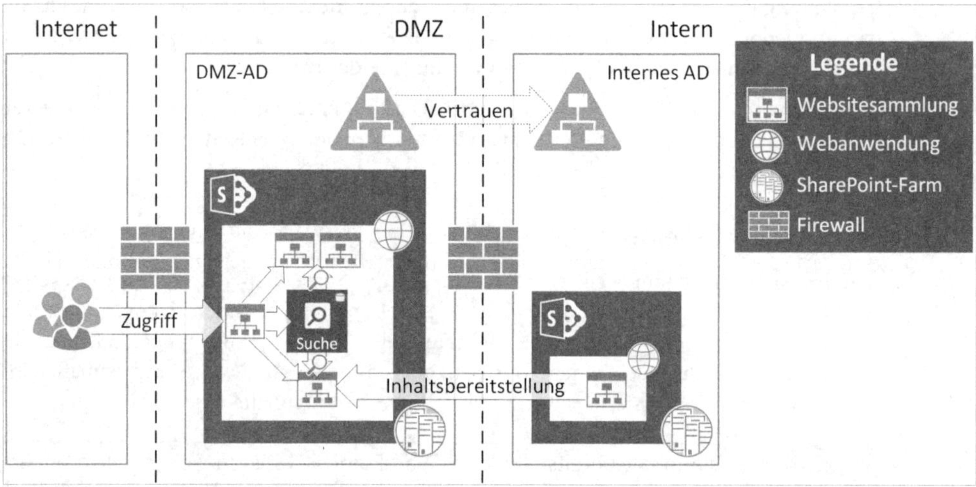

Beim hybriden Ansatz werden die Inhalte, die primär aus organisatorischen Gründen in einer abweichenden Farm erstellt und gepflegt werden, zu definierten Zeitpunkten in die Zielfarm übertragen. Jedoch nicht in die eigentliche Veröffentlichungssite, sondern in eine Websitesammlung, deren Inhalt von der Veröffentlichungssite unter anderem basierend auf Suchabfragen konsumiert werden. Mehr zu den hier angeführten Methoden der websitesammlungsübergreifenden Veröffentlichung erfahren Sie in einem späteren Abschnitt.

Planung

Üblicherweise sind die Sicherheitsvorkehrungen der Zielserverfarm (der Produktionsfarm) strenger, um die in der Produktionsumgebung ausführbaren Aktionen zu minimieren. Es wird nicht davon ausgegangen, dass in der Produktionsumgebung Inhalt erstellt wird, da Änderungen der Produktionsumgebung durch einen Inhaltsbereitstellungsauftrag überschrieben werden können. In den meisten Szenarien zur Inhaltsbereitstellung befinden sich dabei die Quellserverfarm und die Produktionsserverfarm in unabhängigen Active Directory-Domänen. Konkret bedeutet dies, dass sich klassischerweise die Quellfarm innerhalb Ihres internen Netzwerkes befindet, während die Zielfarm sich innerhalb der Umkreisnetzwerke befindet, auf die aus dem Internet zugegriffen wird.

Der Vorteil ist in diesem Szenario eindeutig: Während das sensible, produktive System sich im gesicherten Umkreisnetzwerk befindet, können neue Inhalte redaktionell im internen sicheren Netz bereitgestellt werden und von dort aus in regelmäßigen Abständen auf die Produktivfarm in das Umkreisnetzwerk übertragen werden.

ACHTUNG In Umgebungen mit umfangreichen Datenmengen in Gigabyte-Dimensionen, die mithilfe der Inhaltsbereitstellung zyklisch zu publizieren sind, hat sich in der Vergangenheit ein Problem bei der Skalierbarkeit herauskristallisiert: Die Architektur der Inhaltsbereitstellung ermöglicht keine Übertragung von Daten über mehrere parallel Verbindungen und benötigt daher bei umfangreichen Datenmengen einen möglicherweise zu großen Zeitraum, um in der Praxis verwendet werden zu können. Evaluieren Sie für Ihre Umgebung daher rechtzeitig, ob die Inhaltsbereitstellung Ihre Anforderungen an die Skalierung erfüllt.

Die Berechtigungen für den Inhalt der Zielserverfarm unterscheiden sich daher in der Regel von den Berechtigungen für den Inhalt der Quellserverfarm. Häufig wird zwischen der Domäne der Quell- und der Zielfarm keine Vertrauensstellung etabliert. Somit ist ein Abgleich der Berechtigungen grundsätzlich problematisch, jedoch zumeist auch nicht erforderlich. Sie haben grundsätzlich die Wahl, entweder alle, lediglich die Rollendefinitionen oder keine Sicherheitsberechtigungen zu übertragen. Um die Berechtigungen von der Quellfarm in die Zielfarm übernehmen zu können, ist zumindest eine Vertrauensstellung von der Zielfarmdomäne zur Quellfarmdomäne erforderlich.

Beachten Sie unbedingt, dass es sich bei der Inhaltsbereitstellung um einen unidirektionalen Vorgang handelt: Inhalte werden ausschließlich in der Richtung von einer Quellwebsitesammlung in eine Zielwebsitesammlung kopiert. Durch das Erstellen von neuen Inhalten oder das Ändern vorhandener Inhalte in der Zielwebsitesammlung können Aufträge zur Inhaltsbereitstellung fehlschlagen. Aus diesem Grund sollten Sie ggf. die Berechtigungen für die Zielwebsitesammlung beschränken, damit Benutzer in dieser Websitesammlung gespeicherte Inhalte nicht direkt ändern können.

Unterschiedliche Links stellen bei der Inhaltsbereitstellung kein Problem dar. Links im Quellinhalt werden durch das Inhaltsbereitstellungsfeature korrigiert, sodass diese im Zielpfad ordnungsgemäß funktionieren.

Im Rahmen der Inhaltsbereitstellung werden jedoch ausschließlich Inhalte kopiert. Zu diesen Inhalten gehören:

- Webseiten
- Bibliotheken
- Listen
- Bilder, Stylesheets und Layoutseiten
- Von den kopierten Seiten verwendete Ressourcen
- Die jeweils aktuelle Haupt- und Nebenversion eines Inhaltselements

Es erfolgt keine Bereitstellung von Programmen, Assemblys, Features und Konfigurationsdaten wie *web.config*-Dateien. Änderungen dieser Art sind auf einem alternativen Weg bereitzustellen, um die Funktionalität der Zielwebsite sicherzustellen.

Falls für ein Element ein zugeordneter Veröffentlichungszeitplan vorhanden ist, werden die Zeitplanungsinformationen zusammen mit dem Element bereitgestellt, sodass der Zeitplan in der Zielwebsitesammlung beachtet wird.

Ihnen stehen drei Arten von Standardaufträgen für die Inhaltsbereitstellung zur Verfügung:

- Vollständige Aufträge
- Inkrementelle Aufträge
- Schnelles Bereitstellen

Die vollständigen und inkrementellen Aufträge werden durch einen Serverfarmadministrator verwaltet. Mit diesen Aufträgen können Sie angeben, ob der gesamte Inhalt (einschließlich des möglicherweise bereits bereitgestellten Inhalts) oder nur Inhalt bereitgestellt werden soll, der seit der letzten erfolgreichen Bereitstellung hinzugefügt, aktualisiert oder gelöscht wurde. Diese Aufträge werden gemäß einem vom Serverfarmadministrator angegebenen Zeitplan ausgeführt.

Das schnelle Bereitstellen ist ein spezieller Auftrag, mit dem Benutzer schnell Inhalte bereitstellen können, ohne auf die Ausführung des nächsten Standardauftrags zur Inhaltsbereitstellung zu warten. Dieser Auftrag wird automatisch in einem festgelegten Intervall ausgeführt.

Die Dateien für die Inhaltsbereitstellung werden auf dem Quellserver in standardmäßig 10 MB große CAB-Dateien verteilt und gepackt und letztlich via HTTP-Post auf den Zielserver hochgeladen. Sollte eine einzelne Datei des Inhaltsbereitstellungsauftrags größer als 10 MB sein, wird die zugehörige CAB-Datei potenziell ebenfalls größer.

HINWEIS Tragen Sie dafür Sorge, dass Sie die Upload-Begrenzungen der Webanwendung auf der Zielfarm hoch genug sind, um die Inhaltsbereitstellung nicht zu blockieren.

Beachten Sie, dass eine Inhaltsbereitstellung nicht mit dem Abschluss der Datenübertragung und Freigabe abgeschlossen ist. Erst mit einem erneuten Durchlauf der Durchforstung, welche erst nach dem Abschluss der Datenübertragung möglich ist, verhält sich Ihre veröffentlichte Site aus Benutzersicht erwartungsgemäß.

Websitesammlungsübergreifende Veröffentlichung (Cross-Site Publishing)

Die websitesammlungsübergreifende Veröffentlichung stellt das neue favorisierte Standardmodell für die Veröffentlichung von Inhalten in SharePoint dar und integriert dabei die wesentlichen Elemente einer SharePoint 2013-basierten Site.

Architektur

Die websitesammlungsübergreifende Veröffentlichung basiert vereinfacht auf einer oder mehrerer Websitesammlung(en) mit Erstellungsdaten, die mithilfe der Suche durchforstet werden und über Suchabfragen von den eigentlichen Veröffentlichungssites konsumiert werden (Abbildung 3.50).

Abbildg. 3.50 Vereinfachte Darstellung des Aufbaus der websitesammlungsübergreifenden Veröffentlichung

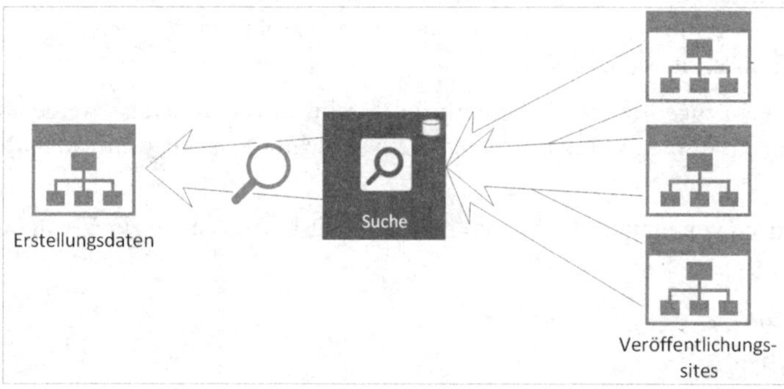

Durch die Modifikationen auf der Erstellungsdaten-Websitesammlung können Inhalte für verschiedene Veröffentlichungsseiten zentral modifiziert werden und bei einer Veröffentlichung und Anwendung von Änderungen durch die Suche umgehend farmweit verwendet werden. Dies erklärt

die Relevanz der unterbrechungsfreien Durchforstung: Diese stellt sicher, dass Anpassungen umgehend und nicht mit größeren Verzögerungen verfügbar werden.

Im Detail besteht die websitesammlungsübergreifende Veröffentlichung aus folgenden Komponenten:

- **Websitesammlung mit Erstellungsdaten** Hier sind Autoren aktiv, die die zu veröffentlichenden Inhalte erstellen und aktualisieren. Zudem werden Listen und Dokumentbibliotheken für den Katalog aktiviert.
- **Katalog** Eine Liste/Dokumentbibliothek kann für den Katalog aktiviert werden, um die Inhalte einfach aus anderen Websitesammlungen konsumieren zu können
- **Terminologiespeicher** Der Terminologiespeicher enthält Ausdruckssätze zum Organisieren von Inhalten in den Veröffentlichungssites
- **Suche** Die Suche ist das Bindeglied zwischen den Katalogdaten und den konsumierenden Veröffentlichungssites
- **Veröffentlichungssite** (in diesem Kontext auch Renderingsites genannt) Die Veröffentlichungssites visualisieren die zu veröffentlichenden Inhalte, welche mithilfe von Suchabfragen lokalisiert werden

Das Zusammenspiel der verschiedenen Komponenten wird in Abbildung 3.51 verdeutlicht.

Abbildg. 3.51 Zusammenspiel der Komponenten der websitesammlungsübergreifenden Veröffentlichung

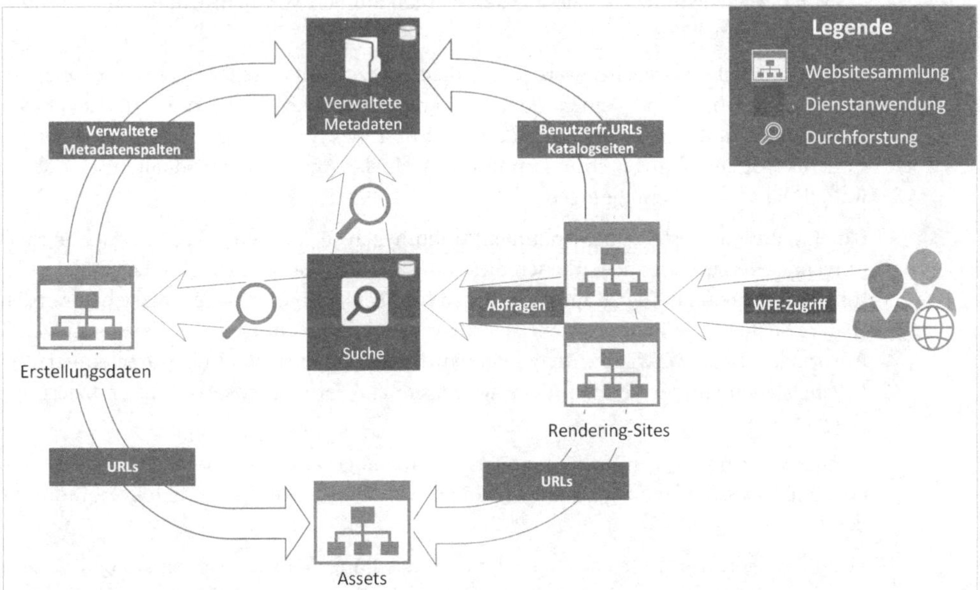

Planung

Für die zuvor angeführten Elemente der websitesammlungsübergreifenden Veröffentlichung gilt der folgende Verwendungsrahmen.

Die in der Erstellungswebsitesammlung enthaltenen Dokumente und Listenelemente können durch die Freigabe als Kataloge in einer oder mehreren Veröffentlichungswebsitesammlungen wiederverwendet werden. Standardmäßig wird nur HTML-Inhalt vom Suchsystem indiziert und zurückgegeben. Nicht-HTML-Inhalte wie z. B. Word- und PDF-Dokumente werden im Index nicht gespeichert, und es muss direkt darauf verwiesen werden. Die folgenden Inhaltstypen können Sie in einer Erstellungswebsitesammlung verwenden:

- **Seitenbibliothek** Eine Seitenbibliothek dient der zentralen Erstellung von HTML-Inhalten. Bei Verwendung einer Seitenbibliothek können Sie den Genehmigungsworkflow und die Inhaltsplanungsfeatures nutzen.

HINWEIS Pro Website ist nur eine Seitenbibliothek möglich. Eine Websitesammlung kann jedoch mehrere Websites enthalten, sollten Sie den Seitenbibliotheksinhalt auf separate Kataloge verteilen müssen.

- **Liste** Dient der Speicherung von listenrelevanten Datentypen. Sie können eine oder auch mehrere Listen verwenden.
- **Objektbibliothek** Eine Objektbibliothek dient der Speicherung von Bild-, Audio- oder Videodateien, welche nicht direkt indiziert werden
- **Dokumentbibliothek** Unabhängig von der Bibliothek werden nicht-HTML- und Listeninhalte wie Mediendateien, Word- und Excel-Dokumente als BLOB-Inhalte behandelt und daher nicht von der Suche indiziert. Diese Daten werden auf den Veröffentlichungssites mithilfe des BLOB-Caches vorgehalten.

Auf den Erstellungswebsites werden Ausdruckssätze zum Kategorisieren von Inhalten verwendet. Dabei werden Inhalte mit einem oder mehreren Ausdrücken kategorisiert und so als Metadaten der Dokumente im Rahmen der Durchforstung zum Index hinzugefügt. Diese Metadaten werden später in den Veröffentlichungswebsitesammlungen für das Anzeigen von Inhalten oder aber für die verwaltete Navigation herangezogen.

Um Inhalte von Listen und Dokumentbibliotheken in mehreren Veröffentlichungswebsitesammlungen wiederzuverwenden, müssen diese als Kataloge freigeben werden. Die Freigabe ist indes auch für einen anonymen Zugriff möglich. Bis zu fünf Felder können dabei angegeben werden, die Sie für spätere Suchabfragen zum eindeutigen Identifizieren von Objekten im Katalog nutzen können. Ein Ausdruckssatz der verwaltete Metadaten wird als Navigationsausdruckssatz definiert. In definierten Inhalte stehen auf der Veröffentlichungswebsite zur Verfügung, sobald die Indizierung abgeschlossen wurde

Für die Verwendung von Kategorieseiten und Katalogobjektseiten beachten Sie, dass standardmäßig ein Kategorieseitenlayout und ein Katalogobjektseiten-Layout pro Katalogverbindung erstellt werden.

Für die Anzeige von Daten aus der oder den Erstellungswebsites werden auf den Veröffentlichungswebsites Suchabfragen verwendet. Hierbei spielt das Webpart *Inhaltssuche* eine zentrale Rolle. Es kann beispielsweise die aktuelle Navigationskategorie (bzw. Ausdruck) einer Kategorieseite als Teil der Abfrage enthalten. Navigieren Benutzer zu einer spezifischen Kategorie wie z. B. *Produktinformationen*, gibt das Webpart eine Abfrage aus, die alle im Suchindex als *Produktinformationen* kategorisierten Objekte zurückliefert. Mithilfe von Ergebnisquellen und Abfrageregeln der Suche können Sie die Abfragen weiter optimieren. Weitere Informationen zu diesen Sucherweiterungen finden Sie im Suchkapitel 11.

Für die Gruppierung und Durchforstung für Inhalte im Kontext der websitesammlungsübergreifenden Veröffentlichung ist es nicht erforderlich, eine eigene Inhaltsquelle zu definieren, Sie können jedoch in Erwägung ziehen, für eine unabhängige Verwaltung die Webanwendungen der Autoren- und Veröffentlichungssites in einer eigenen Inhaltsquelle zu separieren.

Ein Vorteil der Suche in Katalogdaten besteht in der automatischen Zuordnung von durchforsteten Eigenschaften zu verwalteten Eigenschaften, die bislang allgemein manuell zu erfolgen hatte. Hierfür erstellt SharePoint automatisch verwaltete Eigenschaften für alle Websitespalten.

Limitierungen

Die folgenden primären Einschränkungen sollten bei der Planung von websitesammlungsübergreifenden Veröffentlichungen berücksichtigt werden:

- **Inhalte werden erst nach erfolgter Indizierung in angezeigt** Es werden zudem nur Objekte, bei denen es sich um Hauptversionen handelt, indiziert. Außerdem wird ein diesem Inhalt zugeordneter Ausdruck nicht in der Navigation auf der Veröffentlichungswebsite angezeigt.
- **Es existiert keine Versionsverwaltung für den Terminologiespeicher** Werden Ausdrücke frühzeitig dem Ausdrucksspeicher hinzugefügt, werden evtl. Navigationsausdrücke auf der Veröffentlichungswebsite verfügbar gemacht, bevor der zugehörige Inhalt veröffentlicht ist. Änderungen an Ausdrücken wirken sich sofort aus und es existiert entsprechend kein Verlauf für Ausdruckssätze. Ein Zurücksetzen ist somit nicht möglich.
- **Für Listen existiert kein Genehmigungsworkflow** Genehmigungsworkflows existieren nur für die Seitenbibliothek. Somit werden die Listenelemente und -dokumente automatisch verfügbar (nach der Indizierung), sobald Sie diese hinzufügen. Vor diesem Hintergrund sollte in Erwägung gezogen werden, auf die Versionsverwaltung zurückzugreifen oder die Elemente erst unmittelbar vor der zu erfolgenden Kategorisierung hinzuzufügen.

Sonstiges

Dieser Abschnitt behandelt einige ausgewählte weitere SharePoint 2013-Planungsaspekte.

Lizenzierung

Das Lizenzierungsmodell wurde deutlich zugunsten der Kunden vereinfacht. Es ist dabei nach wie vor wichtig, dass Sie vor der Bereitstellung der Farm berücksichtigen, welche Maßnahmen erforderlich sind, um die Lizenzierungsziele zu erfüllen. Beachten Sie, dass jegliche Aussagen zur Lizenzierung keinerlei Gewährleistung beinhalten und ausschließlich eine Interpretation ausgewählter Lizenzaspekte aus Sicht der Autoren darstellt.

Allgemein

Neben der nachfolgend beschriebenen SharePoint-Lizenzierung setzt die SharePoint-Infrastruktur auf dem Basisbetriebssystem Windows Server und dem Serverprodukt SQL Server auf. Diese sind unabhängig von SharePoint zu lizenzieren, wobei deren Lizenzierungsmodell außerhalb des Zielbereiches dieses Buches liegt und daher nur am Rande Erwähnung findet. Die einzige Ausnahme macht hier die eigenständige SharePoint-Installation, bei der die kostenfreie SQL Server 2008 R2

Express-Edition im Rahmen der Routine bereitgestellt wird, die jedoch bei weitem nicht alle Funktionen und Skalierungsoptionen bietet, da diese ausschließlich für Evaluierungs- und Entwicklungszwecke gedacht ist.

SharePoint Foundation 2013

Für den Einsatz von SharePoint Foundation werden keine SharePoint-spezifischen Lizenzen erforderlich. Dies ändert jedoch nichts an dem Umstand, dass zumindest für das zugrundeliegende Windows Server-Basissystem eine Windows Server-CAL für jeden zugreifenden, authentifizierten Benutzer erfordert.

SharePoint Server 2013

Für SharePoint Server galt bislang im Wesentlichen ein zweigeteiltes Lizenzierungsmodell. Die Lizenzierung des SharePoint Server auf der einen Seite und auf der anderen Seite zusätzlich die Zugriffslizenzen der Clients in Form von CALs (Client Access License). Demnach musste jeder auf SharePoint zugreifende, authentifizierte Benutzer über zumindest eine Standard-CAL verfügen. Für die Nutzung der vollständigen SharePoint Server-Funktionen wurde jedoch additiv eine Enterprise-CAL erforderlich. Anonyme Benutzer einer klassischen Veröffentlichungswebsite wurden pauschal mit der speziellen *SharePoint for Internet Sites*-Lizenz lizenziert. Für authentifizierte Benutzer führte dies jedoch speziell in nach außen gerichteten Szenarien bei der Kollaboration mit externen Partnern bzw. Kunden zu erheblichen Kosten.

Das neue Lizenzierungsmodell unter SharePoint 2013 sieht im Kontrast dazu erstmalig keinerlei Zugriffslizenzen für externe oder nicht authentifizierte Benutzer vor. Demnach sind von nun an CALs lediglich für interne Benutzer zu erwerben. Hier gibt es weiterhin die Differenzierung zwischen der Standard und der Enterprise CAL.

Wichtig ist die Definition der externen Benutzer, deren Interpretation speziell im Public-Sektor für Missmut sorgt. Nicht öffentliche Einrichtungen kommen hier besser weg. Als extern gelten alle nicht zum Unternehmen/Institution zugehörigen Benutzer, die weder mit dem Unternehmen verbunden sind, noch Vertragspartner vor Ort oder vor Ort-Agenten darstellen. Als intern gelten somit auch alle Angestellten von Tochterunternehmen.

Eine SharePoint Server-Lizenz ist weiterhin für jeden SharePoint Server der Farm zu entrichten. Für Software Assurance-Kunden existieren spezielle Transitionen für einige der nicht mehr verfügbaren Produkte, die beispielsweise in einer jeweils definierten Anzahl an SharePoint-CALs aufgewogen werden.

Standard- vs Enterprise-CAL

Im Funktionsumfang einer Standard-CAL ist der Großteil der SharePoint-Funktionen enthalten. Wichtige hochwertige Funktionen können jedoch nur mithilfe einer zusätzlich zur Standard-CAL zu erwerbenden Enterprise-CAL erworben werden. Die hierdurch zusätzlich nutzbaren Funktionen lauten wie folgt:

- Vollwertige Unternehmenssuche (Videosuche, Entitätsextraktion, Benutzerdefinierte Abfrageregeln, Inhaltsempfehlungen und mehr)
- Audit and Control Management Server
- eDiscovery

- Compliance
- Excel Services, PowerPivot, Power View
- Scorecards & Dashboards
- Access Services
- Visio Services
- Websitesammlungsübergreifende Veröffentlichung
- Formularbasierte Anwendungen (InfoPath Forms Services)

SharePoint-CAL-Mischbetrieb

In Umgebungen, in denen Sie sowohl Benutzer mit einer SharePoint-Standard-CAL als auch mit einer Enterprise-CAL auf einer SharePoint-Farm parallel zulassen, müssen Sie über eine Reihe von Maßnahmen dafür sorgen, dass die lediglich mit einer Standard-CAL ausgestatteten Benutzer nicht auf Inhalte einer Enterprise-CAL-Site zugreifen. Um dies glaubwürdig umzusetzen, sind bislang Maßnahmen wie eine separate Web-Anwendung, adäquate Berechtigungen und eine diesbezüglich schlüssige Dokumentation erforderlich. Durch die Verwendung der neuen Lizenz-Forcierungs-Funktionen können Sie Benutzer mit unterschiedlichen CALs problemlos selbst innerhalb einer Websitesammlung mischen, da bei nicht adäquater Lizenzierung eines Benutzers diesem der Zugriff auf die Enterprise-CAL-Inhalte bei paralleler Darstellung einer entsprechenden Fehlermeldung verweigert wird. Für die Umsetzung einer solchen Trennung müssen Sie daher nicht Ihre Farmarchitektur anpassen, sondern lediglich geeignete Zugriffsgruppen für die Differenzierung dieser beiden Lizenztypen bei der Planung berücksichtigen. Die Steuerung der Lizenzforcierung wird in Kapitel 9 demonstriert.

Office Web Apps 2013

Die Verwendung von Office Web Apps 2013 ist kostenfrei, sofern die Anwender nur lesend zugreifen. Für einen Zugriff mit Schreib- und Änderungsrechten, der im Rahmen der Office Web Apps-Farmeinrichtung mithilfe eines Parameters definiert wird (*-EditingEnabled*), werden entsprechende Office 2013 Standard oder Professional Plus-Lizenzen benötigt. Gut an diesem Modell ist, dass auch in diesem Szenario als extern eingestufte Benutzer keine Office-Lizenzen benötigen.

Apps

Für die in SharePoint 2013 eingeführten Apps erhalten Sie in den Kapiteln 8 und 9 eingehende Informationen. In diesem Abschnitt werden lediglich Besonderheiten der Planung angeführt.

Die folgenden Einschränkungen gelten für die Verwendung von Apps:

- **Kerberos wird nicht in Kombination mit Apps unterstützt** Der Grund hierfür ist einfach ersichtlich. Da jede App eine eigene, isolierte Domäne nutzt, müsste jede Domäne einen registrierten SPN besitzen, was in diesem Kontext als kaum praktikabel gilt. Vor diesem Hintergrund benötigen SharePoint-Apps die Möglichkeit, selbst bei konfiguriertem Kerberos auf NTLM auszuweichen, um deren Funktionalität zu gewährleisten.

- **Mehrfache Zonen (Alternative Adresszuordnungen, AAMs) werden nicht in Kombination mit Apps unterstützt** Apps Anfragen werden immer aus der Standardzone heraus bedient und können somit nicht direkt sinnvoll unter verschiedenen URLs gehostet werden
- **Gehostete SharePoint-Apps unterstützen keine SAML-Authentifizierung** Aktuell werden Anfragen gehosteter SharePoint-Apps nicht korrekt umgeleitet, wenn SAML-Authentifizierung genutzt wird. Hintergrund hierfür ist, dass die Mehrzahl der Identitätsanbieter (wie z.B. AD FS 2.0) keine Wildcards für die Rückgabe-URL unterstützen, welche jedoch durch die Natur der isolierten Domänen der Apps erforderlich sind. Azur gehostete Apps unterstützen diese Kombination jedoch, sofern Sie eine spezielle Anpassung der Konfiguration vornehmen. Hierzu finden Sie einen detaillierten, englischsprachigen Artikel unter *http://blogs.technet.com/b/speschka/archive/2012/12/07/using-sharepoint-apps-with-saml-and-fba-sites-in-sharepoint-2013.aspx* [Ms156-K03-29] und eine Handlungsanweisung in Kapitel 12.
- **In Kombination SSL wird eine Routingwebanwendung erforderlich** Für eingehende Apps-Webanfragen kann die IIS-Bindungskonfiguration so angepasst werden, dass eine SharePoint-Webanwendung die Anfrage entgegen nimmt und durch ein internes SharePoint-Routing entsprechend weiterleitet. Im Falle der Verwendung von SSL unter Verwendung von Domänenisolation, also der empfohlenen Verwendung zweier, isolierter Domänen (jeweils eine für die SharePoint-Webanwendungen und eine für die Apps), stellt sich das Problem ein, dass hier zwei Wildcard-Einträge erforderlich würden. Um dieses Problem zu umgehen, kann eine Routing Webanwendung erstellt werden, die den Apps zugeordnet wird, über die die Apps-Anfragen entgegen genommen werden und über die Apps-Verwaltungsdienstanwendung an die entsprechende Anwendung weitergeleitet werden.

  Beachten Sie, dass das Dienstkonto des Anwendungspools einer solchen Webanwendung Rechte für den Zugriff auf alle SharePoint-Anwendungen besitzen muss, zu denen die Anfragen weitergeleitet werden sollen. Im einfachsten, jedoch nicht zu empfehlenden Fall kann dies entweder dadurch erreicht werden, dass alle Webanwendungen sich einen Anwendungspool teilen oder die unterschiedlichen Anwendungspools sich eine Identität teilen.

Produktintegrationsplanung

In diesem Abschnitt werden Ihnen in Kurzform die wichtigsten Abhängigkeiten für die Integrationsplanung von SharePoint in weitere Microsoft Server-Produkte aufgezeigt.

Exchange Server-Integration

Zahlreiche neue Funktionen in SharePoint 2013 basieren auf einer Integration in Exchange Server. Um Ihnen eine Planungsübersicht der Abhängigkeiten zu geben, erhalten Sie an dieser Stelle eine Aufstellung der Voraussetzungen in Abhängigkeit von der Funktion (Tabelle 3.38).

Tabelle 3.38 Abhängigkeiten von SharePoint-Funktionen zu Exchange Server

Funktion	Voraussetzung
Websitepostfächer	Erfordert Exchange Server 2013 und Outlook 2013
eDiscovery/Records Management	Erfordert Exchange Server 2013
Übergreifende Aufgaben	Erfordert Exchange Server 2013

Tabelle 3.38 Abhängigkeiten von SharePoint-Funktionen zu Exchange Server *(Fortsetzung)*

Funktion	Voraussetzung
Synchronisierung hochauflösender Bilder	Erfordert Exchange Server 2013 und optional Lync Server 2013
Soziale Kontakte (*Social Connector*)	Ab Outlook 2003 (ab 2010 integriert)
Eingehende Nachrichten	Erfordert Active Directory und Exchange Server (ab 2000)

HINWEIS Die Integration der Besprechungsarbeitsbereiche in Outlook und SharePoint wurde in SharePoint 2013 zurückgezogen, da sie kaum genutzt wurden und bessere integrierte Funktionen in SharePoint-Teamsites für die Zusammenarbeit existieren, wie in SharePoint integrierte One-Note-Notizbücher oder die Bereitstellung von Besprechungsinhalten auf *Meine Website*.

Planung

Alle Exchange Server 2013-integrierten Szenarien machen die Einrichtung einer adäquaten Vertrauensstellung für die Server-zu-Server-Authentifizierung erforderlich. Die wichtigsten Beispiele dieser Integration werden in Kapitel 16 und clientseitig in Kapitel 10 ausführlich demonstriert.

- Websitepostfächer ermöglichen es Outlook-Benutzern, auf postfachaktivierte Websites über die Outlook-Oberfläche zuzugreifen
- eDiscovery ermöglicht es Ihnen, im Rahmen von juristischen Auseinandersetzungen Beweismaterial mithilfe von zentralen Suchabfragen des eDiscovery-Centers über die SharePoint-Grenze hinaus auf Exchange Server-Postfachinhalte anzuwenden und die Zieldatenmenge in ein Postfacharchiv (*PST*) zu exportieren. Planungsdetails für eDiscovery werden im Abschnitt »eDiscovery« in diesem Kapitel behandelt.
- Die übergreifende Aufgabensynchronisierung ermöglicht Ihnen eine zentrale Synchronisierung aller SharePoint-Aufgaben in Ihr Exchange Server-basiertes Postfach.

  Die übergreifenden Aufgaben sind nur verfügbar, wenn Exchange Server und SharePoint Server 2013 sich in der gleichen Umgebung befinden. Dabei müssen beide entweder online oder lokal sein. Aufgaben eines Benutzers werden nur in Outlook synchronisiert, sofern diese ihm explizit zugewiesen sind.

  Während die Outlook 2010-Aufgaben noch auf Listenbasis direkt zwischen Outlook und SharePoint 2010 synchronisiert wurden, werden diese nun standardmäßig im 5-Minuten-Intervall zwischen SharePoint und Exchange Server synchronisiert
- Die Synchronisierung hochauflösender Bilder ermöglicht beim Hochladen eines neuen Benutzerprofilbilds durch den Benutzer eine automatische Synchronisierung des Bilds für Exchange und Lync Server 2013

Abbildg. 3.52 Beim Verfassen einer E-Mail eingeblendete Social Connector für SharePoint-Informationen

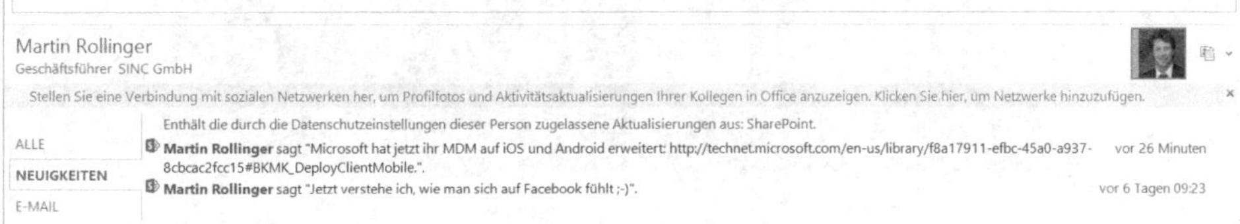

- Der unter SharePoint 2010 eingeführte Social Connector für Outlook ermöglicht die automatische Visualisierung des Newsfeeds des Empfängers einer Nachricht, um im Rahmen der Kommunikation besser auf dessen Kontext eingehen zu können und die Zusammenarbeit zu fördern (Abbildung 3.52)
- In SharePoint für eingehende E-Mails aktivierte Dokumentbibliotheken können optional automatisch einen E-Mail-aktivierten Kontakt in Active Directory erzeugen

Lync Server-Integration

Die folgenden primären Lync-Integrationsszenarien sind für SharePoint 2013 verfügbar (Tabelle 3.39).

Tabelle 3.39 Primäre Lync Server- und SharePoint 2013-Integrationsszenarien

Funktion	Voraussetzung
eDiscovery	Exchange Server 2013 und Lync Server 2013
Präsenzinformationen	(keine Besonderheiten)

Für die Verwendung von eDiscovery für Lync-Inhalte ist es erforderlich, dass Lync für die Archivierung der Konversationen in Exchange konfiguriert wurde.

eDiscovery

In SharePoint 2013 erhält die eDiscovery-Funktionalität gravierend an Bedeutung und wird daher im Rahmen dieses Abschnitts hinsichtlich der Planungsrelevanz eingehender betrachtet.

eDiscovery-Übersicht

Als eDiscovery bezeichnet man den Prozess des Auffindens von rechtlich relevanten Inhalten für Untersuchungen oder Audits. Historisch haben derlei Anwendungszwecke speziell in amerikanischen Unternehmen eine besondere Relevanz. Mittlerweile ist auch hierzulande der Bedarf an einer automatisierten Identifikation von mittels eDiscovery lokalisierten Informationen von größerer Bedeutung.

Abbildg. 3.53 eDiscovery-Gesamtprozess und Abbildung in SharePoint

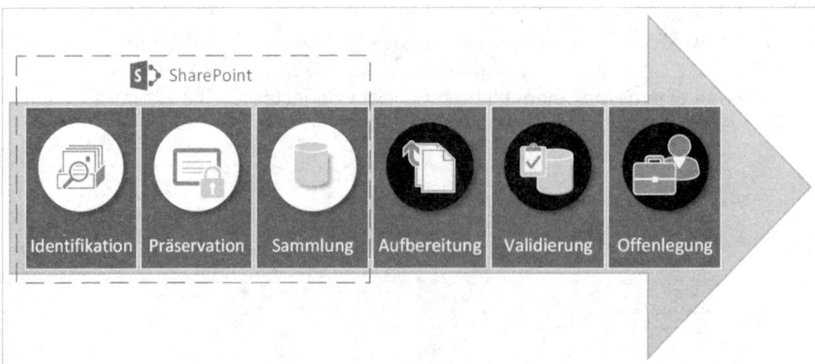

Die Ausgangssituation ähnelt sich in der Mehrzahl der Fälle. Rechtlich relevante Informationen persistieren in Unternehmen primär in den klassischen Medien: in E-Mail-Postfächern oder auf Dateiserverfreigaben. Bereits seit langer Zeit gilt in Behörden als inoffizielles, aktenführendes System der E-Mail-Server. In den E-Mail-Postfächern finden sich somit in der Regel eDiscovery-relevante Informationen, die ohne einen automatisierten eDiscovery-Prozess im Bedarfsfall nur außerordentlich zeitintensiv extrahiert werden müssen.

Ein beispielhafter eDiscovery-Zyklus sieht demnach wie folgt aus:

1. **Identifikation**

   Im Rahmen der Identifikation werden Inhalte basierend auf definierten Merkmalen mithilfe von Suchmechanismen lokalisiert.

2. **Präservation**

   Identifizierte, relevante Inhalte werden präserviert und somit vor einer will- und unwillkürlichen Manipulation geschützt.

3. **Sammlung**

   Die festgehaltenen Inhalte werden in einem Archiv zusammengeführt und festgehalten.

4. **Aufbereitung**

   Die vorliegende Sammlung wird in einer Reviewplattform importiert, um abschließend validiert zu werden.

5. **Validierung**

   In der Regel trifft geeignetes Fachpersonal, wie z.B. Anwälte, eine Entscheidung, welche der enthaltenen Inhalte relevant für die Offenlegung sind.

6. **Offenlegung**

   Die relevanten Informationen werden der anfordernden Partei zur Einsicht bereitgestellt.

SharePoint bietet bereits seit der Version 3.0 (MOSS 2007) minimale eDiscovery-Basisfunktionen. So konnten damals Inhalte bereits gesperrt werden, um deren Manipulation zu unterbinden. Diese doch sehr rudimentären Funktionen wurden in SharePoint 2010 um einige wichtige Neuerungen erweitert. Neben der für eDiscovery bedeutsamen Verfügbarkeit der FAST-basierten Suche wurde die Möglichkeit eingeführt, die im Rahmen einer Suchabfrage lokalisierten Inhalte in den sogenannten Haltebereich (Holds) zu präservieren, um dort weitere Operationen mithilfe der Oberfläche oder der API durchzuführen, wie z.B. Inhalte durch weitere Suchabfragen hinzuzufügen oder irrelevante Inhalte zu entfernen und abschließend Inhalte aus dem Haltebereich zu übermitteln. Das hiermit verknüpfte Feature ist unter SharePoint 2010 standardmäßig exklusiv in allen Websitesammlungen, basierend auf der Datenarchiv-Vorlage, aktiviert.

SharePoint 2013 bringt an dieser Stelle nun einige bedeutsame Erweiterungen ein, die einige der wichtigen Lücken des bislang sehr rudimentären eDiscovery-Konzepts schließen:

- eDiscovery-Center
- Compliance-Archiv
- Erweiterte eDiscovery-Quellen
- eDiscovery-Export

Zusätzlich bietet SharePoint 2013 eine Reihe von APIs an, mithilfe derer Sie die eDiscovery-Schnittstelle anpassen und erweitern können.

Nachfolgend werden die wichtigsten Eigenschaften der primären Funktionsbereiche betrachtet.

eDiscovery-Center

Das eDiscovery-Center ist eine neue Website-Vorlage, die für die Verwaltung von eDiscovery-Suchabfragen optimiert ist. Innerhalb dieser Vorlage wird für jeden Fall ein neues Web innerhalb der Websitesammlung angelegt. Mithilfe von eDiscovery-Sätzen können Kombinationen von Quellen und Filter dafür verwendet werden anzugeben, welche Inhalte identifiziert und beibehalten werden sollen.

Für die Identifizierung von Inhalten können diverse Suchkriterien wie Verfasser, Datumsbereich und Ausdrücke verwendet werden.

Compliance-Archiv

Die auch als In-Place-Holds bezeichneten Compliance-Archive ermöglichen es, eDiscovery-relevante Inhalte nicht nur zu identifizieren und zu sperren, sondern diese auch parallel weiter bearbeitbar zu halten. Während Benutzer mit Standardberechtigungen lediglich die jeweils aktuelle Version des Inhalts sehen, können sogenannte Compliance Officers, also Benutzer mit erweiterten Berechtigungen, auf die via eDiscovery festgehaltenen Inhalte zugreifen, selbst wenn das Originalobjekt vom Anwender gelöscht oder anderweitig manipuliert wurde.

Erweiterte eDiscovery-Quellen

Erstmalig können im Rahmen des eDiscovery nicht nur SharePoint-Inhalte, sondern auch Inhalte von Dateifreigaben aus Lync Servern oder gar Exchange Server-Speichern identifiziert und exportiert werden. Hierdurch werden überhaupt erst die in der Praxis wichtigen Quellen integrierbar.

Limitierungen von eDiscovery

Neben den zahlreichen Neuerungen gibt es nach wie vor Limitierungen. Einige der primären Einschränkungen sind:

- **E-Mail-Verwaltung** Der Nachrichtenexport ist vergleichsweise simpel und umfasst nicht die Nachrichtenmetadaten wie z.B. *An*, *Von*. Aufgrund dieser Transformation sind die beim Export gewonnen Inhalte teilweise nicht direkt rechtlich verwertbar und müssen ggf. nachträglich erneut, jedoch ohne Verlust von Metainformationen exportiert werden. Zur Kompensation stehen Ihnen Drittanbietererweiterungen zur Verfügung.
- **Dokumenten-ID** Die Dokumenten-ID ist nach wie vor lediglich mit einem Präfix versehen und ist weiterhin nur innerhalb einer Websitesammlung einzigartig
- **Berechtigungen** Die Verweigerung von Zugriffsrechten ist nicht granular steuerbar, sondern vielmehr primär auf Webanwendungsebene steuerbar
- **Aktualität** Die Suchabfragen und Exporte sind statisch zum Zeitpunkt der Abfragen. Um eine Aktualisierung der Inhalte nach Änderungen zu ermöglichen ist die API zu instrumentalisieren.
- **Datenrelevanz** Die aufwendigste Stufe im eDiscovery-Gesamtprozess besteht in der vorletzten Stufe, der Validierung der exportierten Informationen durch Anwälte. Um diesen in der Regel größten Kostenposten zu optimieren, werden Optimierungsverfahren wie TAR (Technology Assisted Review) angestrebt. Dabei ist das zentrale Anliegen, die Zieldatenmenge so gering und präzise wie möglich zu gestalten, da somit entsprechend weniger Zeit- und Kostenaufwand für die rechtliche Analyse im Nachgang anfällt. Leider sind mit den klassischen, in SharePoint verwendeten schlüsselwortbasierten Holds-Abfragen keine optimalen Ergebnisse möglich.

Alternative Suchtechnologie

Um die Problematik der Datenrelevanz zu adressieren, ist die Verwendung einer alternativen Suchtechnologie ein richtungsweisender Weg. Dabei kommt anstelle der herkömmlichen Suchalgorithmen ein konzeptbasierter Ansatz zur Anwendung. In der Übersicht kann so durch die Auswahl eines geeigneten Datenkorpus ein maschineller Algorithmus optimiert werden, der im jeweiligen Umfeld die bestmöglichen Erkennungsraten verspricht. Dieser benutzerdefinierte Algorithmus kann somit für alternative Holds-Abfragen herangezogen werden und die Relevanz der gefunden Dokumente in der Regel drastisch erhöht werden.

Zu diesem Zeitpunkt gibt es noch keine fertigen Lösungen auf dem Markt, die sich in SharePoint integrieren.

Das Ausschöpfen der Funktionen setzt eine umfassend aktuelle Infrastruktur voraus (Office Server Gruppe 2013). Um die Fertigkeiten von eDiscovery und Records-Management in SharePoint 2013 zu erweitern, stehen Ihnen einige Drittanbietererweiterungen zur Verfügung. Die führenden Drittanbieter auf diesem Segment sind Gimmal (Compliance Suite) und HiSoftware (Compliance Sheriff SP for SharePoint).

Planung von eDiscovery

Die eDiscovery-Funktionalität nutzt als zentrale Schnittstelle die Suchdienstanwendungsschicht. Bevor alle Quellen in das eDiscovery einbezogen werden können, müssen zunächst die jeweiligen Anforderungen an die Durchforstung der entsprechenden Inhaltsquellen erfüllt werden.

HINWEIS Weitere Hinweise zur Planung und Einrichtung der Suche und der spezifischen Suchquellen finden Sie in Kapitel 11.

Beachten Sie, dass die Inhaltsquellen Exchange Server und Lync Server für eDiscovery serverseitig explizit die jeweilige 2013-Version voraussetzen. Einer der Gründe für die Voraussetzung ist die erst in dieser Generation eingeführte Server-to-Server-Authentifizierung.

Sofern Sie eine strikte Isolation der eDiscovery-Inhalte wünschen, bilden Sie diese mithilfe von separaten Suchdienstanwendungen ab und stellen Sie jeweils ein eDiscovery-Center pro Suchdienstanwendung bereit.

HINWEIS Sie können von einer lokalen Installation keinerlei Office 365-Inhalte in das eDiscovery einbinden.

In farmübergreifenden Umgebungen ist die Suchdienstanwendung in der Dienstfarm bereitgestellt, während das eDiscovery-Center in der Inhaltsfarm bereitgestellt wird (Abbildung 3.54).

Abbildg. 3.54 eDiscovery-Topologie in einer farmübergreifenden Umgebung

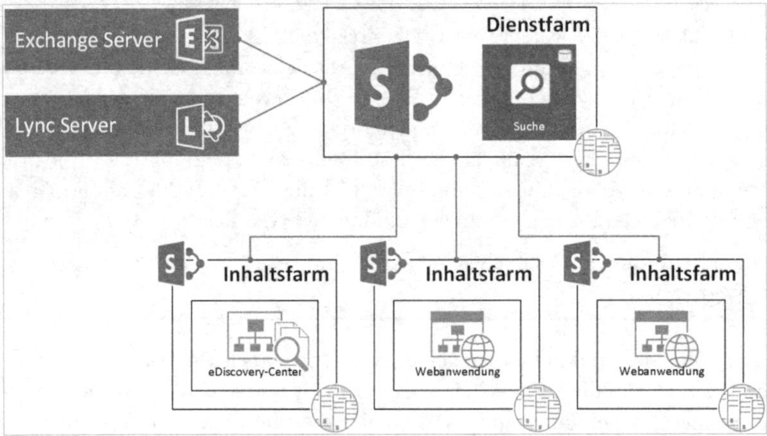

In SharePoint 2013 müssen Personen, die das eDiscovery ausführen, über Leserechte auf alle betroffenen Ressourcen verfügen. Vergegenwärtigen Sie sich, dass die eDiscovery-Inhalte mithilfe der Suche lokalisiert werden und vor dem Hintergrund der Sucharchitektur lediglich Inhalte aus Abfragen zurückgegeben werden, auf denen der Zugreifende über entsprechende Leseberechtigungen verfügt.

Sie können zwei Methoden für die Berechtigungsdelegierung verwenden: Webanwendungsrichtlinien oder Websitesammlungsadministratorrechte.

HINWEIS In hybriden Umgebungen stehen Ihnen unter Office 365 lediglich Administrationsrechte für Websitesammlungen zur Verfügung.

Folgende weitere Anforderungen gelten für eDiscovery:

- Die Webanwendung, in der das eDiscovery-Center bereitgestellt wird, muss die Forderungsbasierte Authentifizierung unterstützen, was standardmäßig gegeben ist
- Sofern Sie Lync Server 2013-Inhalte einbinden möchten, müssen Sie Lync Server dafür konfigurieren, die Inhalte in Exchange Server 2013 zu archivieren
- Um Inhalte von Exchange Server 2013 einzubeziehen, muss zunächst eine Vertrauensstellung mit Exchange Server hergestellt werden. Weitere Hinweise hierzu erhalten Sie in Kapitel 16.

Weiterführende Informationen zu eDiscovery und den angrenzenden Themen finden Sie im gleichnamigen Abschnitt in Kapitel 8.

Mehrsprachigkeit und Variationen

SharePoint 2013 verfügt über eine Reihe an Funktionen zur Unterstützung von Benutzern mit unterschiedlichen Sprachen. Im Wesentlichen handelt es sich bei diesen Funktionen um Sprachpakete, Variationen und maschinelle Übersetzungen.

Für eine erfolgreiche Planung der Mehrsprachigkeit gilt es für Sie, die vorhandenen Funktionen in Ihre Siteplanung zu integrieren und im Rahmen der Planung beispielsweise zu identifizieren, welche

Sprachpakete, Sprachunterstützung für Betriebssysteme und Wörtertrennung, automatisierte Übersetzungen oder gar der Einsatz von Variationen für Ihre Implementierung erforderlich bzw. von Nutzen sind.

Es gibt eine Reihe von Rahmenbedingungen, wie beispielsweise gesetzliche Bestimmungen, die dazu führen können, dass Sie eine mehrsprachige SharePoint-Plattform aufbauen. Neben diesen Rahmenbedingungen ist es jedoch nicht erforderlich, beispielsweise zusätzliche Sprachpakete zu installieren, sofern Sie Inhalte in Dokumentbibliotheken in unterschiedlichen Sprachen speichern. Demnach kann beispielsweise eine Dokumentbibliothek basierend auf einer deutschsprachigen Sitevorlage durchaus Dokumente enthalten, die in Spanisch verfasst worden sind.

Internationale Domänennamenzuordnungen

Internationale Domänennamen (IDNs) sind spezielle Domänennamen, die Nicht-ASCII-Zeichen enthalten können. Obwohl das aktuelle DNS des Internets keine Hostnamen verarbeiten kann, die Nicht-ASCII-Zeichen enthalten, wird eine spezielle Codierung mit der Bezeichnung Punycode verwendet, um die Nicht-ASCII-Zeichen in eine strukturierte ASCII-Darstellung zu konvertieren, die das DNS verarbeiten kann. Die Verwendung von IDNs in SharePoint 2013 wie in SharePoint 2010 wird unterstützt, jedoch müssen Sie AAMs verwenden, um den IDN der Punycode-Darstellung des IDN zuzuordnen.

IDN-URLs werden in den folgenden Elementen unterstützt:

- Adressleisten, die zum Navigieren zu Websites verwendet werden
- Verknüpfungsfelder und Felder für Rich-Text
- Verknüpfungen in Microsoft Office System-Clients
- Verknüpfungen, die für Listen und Dokumentbibliotheken erstellt werden

Nicht unterstützt werden IDN-URLs für Seiten mit Verwaltungsfunktion, wie der Zentraladministration.

Mehrsprachige Websites

Sprachpakete ermöglichen eine Erstellung von SharePoint-Websites und -Websitesammlungen in mehreren Sprachen, ohne eine separate Installation von SharePoint 2013 bereitstellen zu müssen. Die auf allen SharePoint-Servern der Farm bereitzustellenden Sprachpakete enthalten sprachspezifische Websitevorlagen. Sprachpakete existieren auch für Office Web Apps 2013. Neben der Installation der Sprachpakete ist indes eine Aktivierung der jeweiligen alternativen Sprache in den Websiteeinstellungen erforderlich. Beim Erstellen einer Website oder einer Websitesammlung auf Grundlage einer sprachspezifischen Websitevorlage wird der Text, der auf der Website oder der Websitesammlung angezeigt wird, in der Sprache der Websitevorlage angezeigt.

Durch die Sprachpakete können Benutzer parallel unter Verwendung unterschiedlicher Sprachen die SharePoint-Browseroberfläche in Ihrer lokalen Sprache anzeigen. Die dem Benutzer anzuzeigende Sprache wird dabei in Abhängigkeit von den Spracheinstellungen des Browsers ausgewählt. Anders als noch unter SharePoint 2010 kann die Sprache unter SharePoint 2013 nicht mehr über die Benutzer-Schaltfläche der Browseroberfläche durch den Benutzer abgeändert werden. Hierfür muss dieser die Regionseinstellungen seines Browsers modifizieren.

Die folgenden Inhalte einer Website werden mithilfe von Sprachpaketen übersetzt:

- Websiteverwaltungsseiten und Websiteeinstellungen

- Menübandelemente
- Listen- und Website-Spaltenüberschriften
- Vorlagen für neue Listen, Dokumentbibliotheken und Websites
- Verwaltete Metadatenausdruckssätze und -ausdrücke

Neu in SharePoint 2013 ist der maschinelle Übersetzungsdienst, mit dessen Hilfe Sie auch SharePoint-Inhalte und Dokumente übersetzen können. Informationen zu dessen Hintergründen und Beispielkonfigurationen finden Sie in den Kapiteln 8 und 10.

In mehrsprachigen Umgebungen existiert ein Szenario, in dem Sie nicht zwangsläufig auf die Sprachpakete angewiesen sind: der Einsatz von Variationen. Weitere Hintergründe zu Variationen sind in Kapitel 10 beschrieben.

Die in der Tabelle 3.40 aufgeführten Sprachpakete sind zu diesem Zeitpunkt für SharePoint 2013 Service Pack 0 verfügbar (sowohl SharePoint Foundation als auch SharePoint Server).

Tabelle 3.40 Verfügbare Sprachpakete

Sprache	Sprach-ID
Arabisch	1025
Baskisch	1069
Bulgarisch	1026
Chinesisch (traditionell)	1028
Chinesisch (vereinfacht)	2052
Dänisch	1030
Deutsch	1031
Englisch	1033
Estnisch	1061
Finnisch	1035
Französisch	1036
Galizisch	1110
Griechisch	1032
Hebräisch	1037
Hindi	1081
Indonesisch	1057
Italienisch	1040
Japanisch	1041
Kasachisch	1087
Katalanisch	1027
Koreanisch	1042
Kroatisch	1050

Tabelle 3.40 Verfügbare Sprachpakete *(Fortsetzung)*

Sprache	Sprach-ID
Lettisch	1062
Litauisch	1063
Malaiisch	1086
Niederländisch	1043
Norwegisch	1044
Polnisch	1045
Portugiesisch (Brasilien)	1046
Portugiesisch (Portugal)	2070
Rumänisch	1048
Russisch	1049
Schwedisch	1053
Slowakisch	1051
Slowenisch	1060
Spanisch	1034
Thailändisch	1054
Tschechisch	1029
Türkisch	1055
Ukrainisch	1058
Ungarisch	1038
Vietnamesisch	1066

Standardmäßig werden alle Websites und Websitesammlungen in der Sprache erstellt, in der SharePoint 2013 installiert wurde. Sie können beliebige Sprachversionen kombinieren. So können Sie ebenso eine deutsche SharePoint-Basisinstallation mit anderssprachigen Sprachpaketen kombinieren, wie Sie auch eine englische Grundinstallation dafür verwenden können, weitere Sprachpakete hinzuzufügen.

HINWEIS Auch wenn Sie für eine Website eine Sprache festlegen, werden einige Benutzeroberflächenelemente, z.B. Fehlermeldungen, Benachrichtigungen oder Dialogfelder, möglicherweise nicht in dieser Sprache angezeigt. Grund hierfür sind die Basistechnologien von SharePoint, für die nicht die gleiche Sprachvielfalt in einer SharePoint-Umgebung gilt. Glücklicherweise gilt dies im Wesentlichen nicht für eine deutsche und natürlich nicht für eine englischsprachige SharePoint-Installation.

Das SharePoint -System ist weiterhin in Bezug auf die Mehrsprachigkeit flexibel. Sollten Sie demnach zu einem späteren Zeitpunkt entscheiden, dass Sie eine Sprache nicht mehr innerhalb Ihrer Farm anbieten wollen, können Sie das zugehörige Sprachpakete auf Ihren Servern deinstallieren, ohne die Farm zu destabilisieren. Nach der Deinstallation eines Sprachpakets funktionieren jedoch die Websites der jeweiligen Sprache nicht mehr, sofern noch entsprechende Sites vorhanden sein sollten. Im Fehlerfall können Sie die zuvor deinstallierten Sprachpakete erneut installieren, um fehlerhafte Websites wieder umgehend nutzen zu können.

Überwachung der Serverfarm

Die Überwachung einer SharePoint-Serverfarm stellt eine nicht zu unterschätzende Herausforderung dar. Aufgrund der Komplexität des Produkts und dem Zusammenspiel mit vielen weiteren Komponenten und Technologien ist die Überwachung und Wartung von SharePoint mit Sicherheit eine der anspruchsvollsten Aufgaben in der Systemlandschaft der Microsoft-Lösungen. Zu der Überwachung einer Serverfarm gehören viele Aufgabengebiete. Die Kernaufgaben bei der Überwachung einer Serverfarm bestehen in den folgenden Aufgabestellungen.

- Überwachung der Ereignisse
- Überwachung der Leistungsindikatoren zur frühzeitigen Isolation möglicher Leistungsengpässe
- Überwachung der Dienste und Anwendungen
- Überwachung des allgemeinen Serverzustands

Während diese Aufgabenliste zunächst überschaubar wirkt, zeigt der IT-Alltag eine andere Realität. Selbst in großen Organisationen, in denen zentrale Verwaltungswerkzeuge bereits eingeführt wurden, sind diese nicht selten nicht für Microsoft-Anwendungen optimiert. Und so kommt es selbst in diesen Organisationen zu Dienstausfällen, da beispielsweise ein einfaches Volllaufen von Datenbanklaufwerken unbemerkt bleibt. So einfach die Ursachen auch zu identifizieren sind, ohne einen automatisierten Ablauf bei der Überwachung bleibt es im hektischen IT-Alltag häufig unrealistisch, dass hinreichend proaktive Zeit investiert wird, Basisparameter zu überprüfen. In Kapitel 7 werden diese Betriebsaufgaben detailliert geschildert. Eine einfache wie auch effiziente und schon mittelfristig äußerst gewinnbringende Lösung für diese Problematik ist der Einsatz eines Produkts, das für die Überwachung der Zielumgebung optimiert ist.

Microsoft bietet mittlerweile ein über mehrere Versionsgenerationen bewährtes Überwachungssystem an, das das maximale Produktwissen für das zu überwachende Produkt mit einer Vielzahl an intelligenten Überwachungsfunktionen kombiniert: System Center Operations Manager 2012 R2 (SCOM).

In SharePoint 2013 fehlen noch Funktionen

Neben den zahlreichen sehr positiven Eigenschaften der SCOM-basierten Überwachung gibt es zu diesem Zeitpunkt im Vergleich zur letzten Generation und der Überwachung von SharePoint 2010 auch durchaus Anlass zur Kritik: Im Vergleich zur Überwachung von SharePoint 2010 stehen unter SharePoint 2013 noch lange nicht alle Funktionen zur Verfügung. Während die Fertigkeiten von SCOM 2012 R2 bei weitem noch nicht ausgeschöpft werden, hat es die Produktgruppe noch nicht geschafft, alle erforderlichen Management Packs für SharePoint 2013 zu veröffentlichen. Nicht nur bei Office Web Apps 2013 hapert es ein Jahr nach dem Erscheinen von SharePoint 2013. Auch die Überwachung von SharePoint ist speziell in Hinsicht zur Suchüberwachung wieder zurückgefallen. Während andere Teilbereiche besser integriert sind, kann man daher leider nicht von einer relevanten Weiterentwicklung auf diesem Sektor sprechen, sondern, wenn überhaupt, von einem relativen Erhalt des Status quo.

Diese Überwachungslösungen sind nicht exklusiv dafür gedacht, SharePoint-Umgebungen zu überwachen. Vielmehr können Sie mit diesen Lösungen nahezu alle relevanten Microsoft-Anwendungen (primär aus dem Serverumfeld) überwachen. Das Besondere an dieser Form der Überwachung besteht darin, dass Sie die Überwachungsfunktionen in Form eines Management Packs importieren können und somit jeweils über einen aktuellen Satz an Funktionen für die jeweilige Anwendung verfügen. Diese Management Packs werden dabei von den jeweiligen Produktteams mitentwickelt und enthalten daher das Wissen um das Produkt direkt von der Quelle. Neben den Microsoft Management Packs gibt es von Drittanbietern weitere zahllose Management Packs zur Überwachung derer Software via System Center Operations Manager (SCOM) (Abbildung 3.55). Sie finden die aktuelle Liste der unterstützten Produkte unter *http://pinpoint.microsoft.com/en-US/systemcenter/managementpackcatalog* [Ms156-K03-30].

Abbildg. 3.55 Visualisierung der Serverfarm und deren Abhängigkeiten und Zustand in SCOM

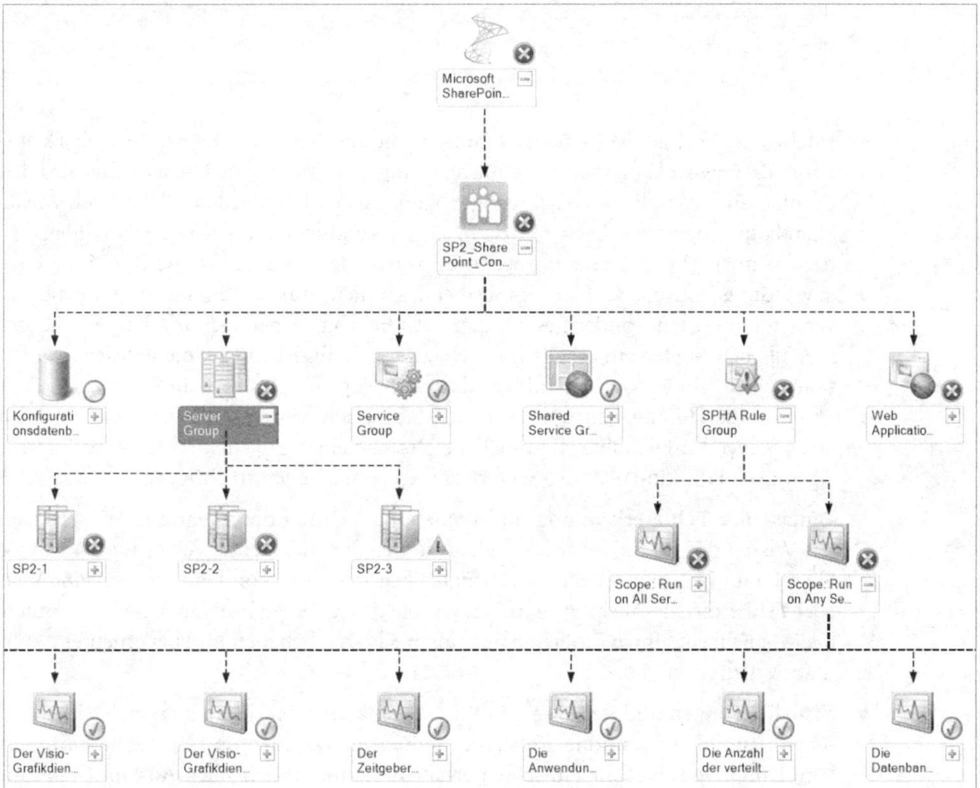

Der Funktionsumfang zur Überwachung Ihrer Systeme auf Basis der System Center-Familie sprengt den Rahmen dieses Buchs, daher wird der Fokus bei der Übersicht auf wenige, besondere Funktionen gesetzt.

- **Service Level Dashboard** In System Center Operations Manager 2012 ist eine Servicelevelüberwachung enthalten, mithilfe derer Sie die Einhaltung von Ihren definierten SLAs einfach einsehen können. Sie können definieren, welche prozentuale Verfügbarkeit und welche Leistungsanforderungen erfüllt werden müssen (Abbildung 3.56).

Abbildg. 3.56 SLA-Dashboard

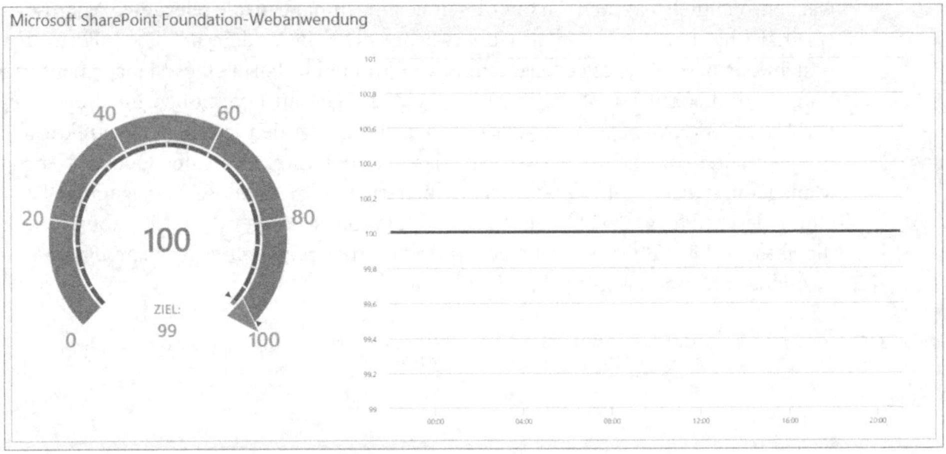

- **Intelligente Verfügbarkeitsüberwachung** Für die Überwachung der Verfügbarkeit einer SharePoint-Farm wird keinesfalls ein einfacher Ping verwendet. Glücklicherweise wird deutlich intelligenter und vor allem vielschichtiger vorgegangen. Es werden alle für die Ausführung von SharePoint relevanten Dienste bzw. Dienstanwendungen auf deren Status überwacht. Parallel dazu können HTTP-Get-Anforderungen verwendet werden, um die Reaktionszeiten der Webanwendung im Auge zu behalten. Dabei kann nicht nur der direkte Weg für die Überwachung verwendet werden, sondern es können auch beliebige Überwachungsknoten, die sich an unterschiedlichen Stellen innerhalb Ihres Netzwerks befinden, instrumentalisiert werden, um über unterschiedliche Wege Ihrer Infrastruktur den Zugriff auf Ihre SharePoint-Farm sicherzustellen. Durch diese Herangehensweise erhalten Sie beispielsweise selbst im Falle eines Router- oder DNS-Server-Ausfalls über die mögliche Ursache eines Zugriffsproblems Auskunft, obwohl die eigentliche Funktionalität der Serverfarm selbst nicht beeinträchtigt ist.
- **Umfassende Fehlererkennung und -behebung** Durch die integrierte Wissensdatenbank und das Wissen der Produktentwicklerteams lernen Sie auftretende Fehler und Warnungen auf den SharePoint-Systemen nach realer Dringlichkeit zu erfassen und erhalten auf eine Vielzahl möglicher Fehler direkte Auskunft darüber, wie Sie das jeweilige Problem beheben können. Sie haben die Möglichkeit, einige Probleme mit einem Klick zu beheben und bei erneutem Auftreten automatisiert zu reagieren.
- **Visualisierungen und Berichte** Mithilfe sogenannter Monitore können Sie in einem hierarchischen Baum den Gesundheitszustand Ihrer Farm erkunden und Probleme intuitiv nachvollziehen. Durch verschiedene Ansichten erhalten Sie mit einem Blick Auskunft über die Problemzone Ihrer Farm und können sich flexible Berichte zu den Leistungsdaten und den Eigenschaften Ihrer Serverfarm generieren lassen.

Die Abbildung 3.57 zeigt Ihnen einen Ausschnitt der Verwaltungsoberfläche von SCOM, dem Integritätsexplorer.

Abbildg. 3.57 Integritätsexplorer

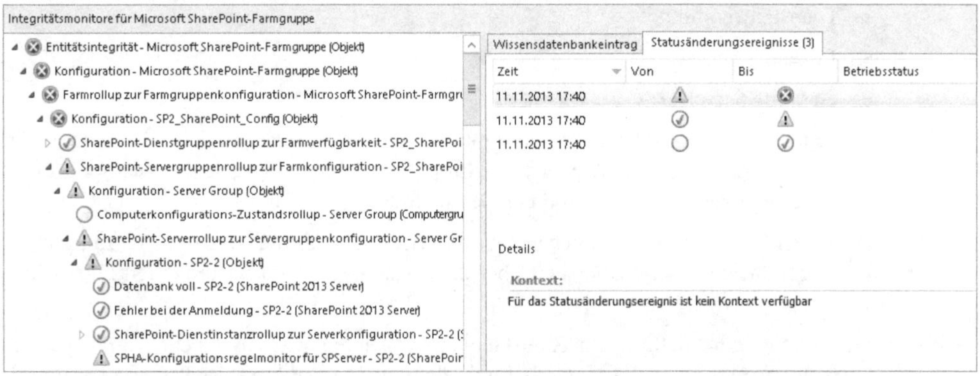

Zu sehen ist das hierarchische, anpassbare Modell von Monitoren für SharePoint. Diese ermöglichen eine schnelle Problembewertung und Behebung. Neben den sichtbaren Statuswechselinformationen kann eine automatische Reaktion bei bekannten Problemen verankert werden, irrelevante Probleme künftig ausgeblendet werden und direkt auf bestehendes Material von Microsoft zur Behebung bekannter Probleme zurückgegriffen werden.

Sicherung und Wiederherstellung

Die Sicherung und Wiederherstellung einer Serverfarm ist in der SharePoint-Welt ein elementarer Aspekt bei der Planung. Grund hierfür sind die zahlreichen Besonderheiten bei der Sicherung und Wiederherstellung.

Zur Verdeutlichung der besonderen Aspekte werden die wichtigsten Fälle bei der Sicherung und Wiederherstellung veranschaulicht.

Als Ausgangssituation für eine Planung der Sicherung und Wiederherstellung sollte eine Anforderung stehen. Dabei gilt es zu entscheiden, welche Daten aus SharePoint binnen welchen Zeitraums wiederhergestellt werden müssen. Wiederherstellbare Daten sind dabei potenziell folgende Elemente:

- Einzelne Elemente (wie beispielsweise ein Dokument oder ein Workflow)
- Einzelne Listen oder Bibliotheken
- Einzelne Websites
- Einzelne Websitesammlungen

HINWEIS Gelöschte Websitesammlungen werden ebenfalls standardmäßig 30 Tage lang im Papierkorb aufbewahrt, bevor sie gelöscht werden. Allerdings gilt dies nur für über die Browseroberfläche gelöschte Websitesammlungen. Die Wiederherstellung der so gelöschten Websitesammlungen wird mithilfe der PowerShell realisiert. Verwenden Sie dort die Cmdlets **SPDeleted-Site*.

- Webanwendung
- Inhaltsdatenbank

- Farmkonfiguration
- Dienstanwendung
- Einzelner Server
- Gesamte Serverfarm

Für jedes wiederherstellbare Element gibt es potenziell unterschiedliche Technologien bzw. Ansätze für deren Sicherung und Wiederherstellung. Dabei birgt die jeweilige Methode unterschiedliche Merkmale bei der Konsistenz und der Geschwindigkeit.

Die einzelnen Methoden zur Sicherung und Wiederherstellung werden näher in Kapitel 15 erläutert. An dieser Stelle soll eine Übersicht über die verfügbaren Ansätze und deren Eigenschaften gegeben werden.

Für die Wiederherstellung einzelner Elemente existieren zwei zusätzliche, von den anderen Wiederherstellungsmethoden abweichende Methoden: die Verwendung des Papierkorbs und die Versionsverwaltung.

Für die Wiederherstellung auf einem übergeordneten Element wie einer Websitesammlung, einer Webanwendung, der Farmkonfiguration, der Inhaltsdatenbank bis hin zu der gesamten Serverfarm stehen Ihnen mit den in SharePoint- und SQL Server-integrierten Werkzeugen grundsätzlich folgende Schnittstellen zur Verfügung:

- PowerShell
- Datenbankmomentaufnahmen (wird nicht auf allen Ebenen unterstützt)
- Zentraladministration

Für weitere Wiederherstellungsoptionen, wie der Wiederherstellung eines spezifischen Servers, sind jeweils SharePoint-fremde Werkzeuge erforderlich. Mit den in SharePoint enthaltenen Werkzeugen können nicht alle relevanten SharePoint-Daten gesichert werden, enthalten beispielsweise die Installationsverzeichnisse sowie die *web.config*-Dateien potenziell nicht in der Sicherung enthaltene Daten, welche ebenfalls über einen alternativen Weg erfasst werden sollten. Weitere, nicht in der Sicherung enthaltene Daten sind:

- Kennwörter für Anwendungspoolkonten
- IIS-spezifische Konfigurationen
  - HTTP-Komprimierungseinstellungen
  - Timeouteinstellungen
  - Benutzerdefinierte Internet Server Application Programming Interface (ISAPI-) Filter
- Einstellungen für den Netzwerklastenausgleich
- Zertifikatbasierte Konfigurationen
  - SSL-Zertifikate
  - Vertrauensstellungen zu Zertifizierungsstellen
- Einstellungen für dedizierte IP-Adressen

SharePoint unterstützt, in Abhängigkeit von der zu sichernden Ebene, vollständige und differentielle Sicherungen. Bei einer differentiellen Sicherung werden lediglich die Daten gesichert, die seit der letzten vollständigen Sicherung geändert wurden.

HINWEIS Die differentiellen Sicherungen stehen Ihnen exklusiv auf der Farmebene zur Verfügung.

Papierkorb

In SharePoint 2013 werden, wie bereits in den vorausgegangenen Versionen, zwei Phasen für Papierkörbe unterstützt, der Standardpapierkorb und der Papierkorb der Websitesammlung. Die Papierkörbe werden auf Webanwendungsebene aktiviert und konfiguriert. In den Papierkörben werden gelöschte Dokumente und Listenelemente gesammelt. Beim Löschen eines Listenelements werden auch alle Anlagen des Elements gelöscht und können aus dem Papierkorb wiederhergestellt werden.

Die Papierkörbe können mehrere Kopien eines Dokuments mit gleichem Dateinamen und gleicher Quelle enthalten. Diese Dokumente können nicht über eine vorhandene Kopie eines Dokuments wiederhergestellt werden. Die Papierkörbe können nicht zum Wiederherstellen vorheriger Versionen oder versehentlich überschriebener Dokumente verwendet werden. Verwenden Sie hierfür die Versionsverwaltung.

In der Tabelle 3.41 werden die Wiederherstellungswege für den Papierkorb aufgezeigt.

Planung

Tabelle 3.41 Wiederherstellungsoptionen bei der Verwendung des Papierkorbs

Aktion	Auswirkung auf das Element	Wiederherstellung des Elements durch
Element gelöscht	Wird im Standardpapierkorb gespeichert, bis es aus dem Papierkorb gelöscht wird oder bis die Beibehaltungsdauer im Papierkorb das dafür konfigurierte Zeitlimit überschreitet	Benutzer oder Websitesammlungsadministratoren
Element aus Papierkorb gelöscht	Wird im endgültigen Papierkorb gespeichert	Websitesammlungsadministratoren

HINWEIS Durch das Deaktivieren des Papierkorbs für eine Webanwendung werden alle Papierkörbe geleert und die darin enthaltenen Elemente dauerhaft gelöscht.

Standardmäßig verbleiben Dokumente nach der Löschung 30 Tage im Papierkorb und werden nach Ablauf der Zeit, oder durch das manuelle Löschen aus dem Papierkorb, in den Websitesammlungspapierkorb verschoben. Inhalte aus dem Papierkorb werden einem potenziell vorhandenen Websitekontingent angerechnet. Lediglich im administrativen Websitesammlungspapierkorb werden die Inhalte nicht mehr einem Kontingent angerechnet. Die Inhalte aus dem Papierkorb der Websitesammlung verbleiben standardmäßig weitere 30 Tage oder bis das Größenlimit des jeweiligen Papierkorbs erreicht wurde. Die zugehörige Papierkorbgröße wird in Prozent des Kontingents der Webanwendung zugeordnet.

Versionsverwaltung

Mithilfe der Versionsverwaltung können Sie einen Datenverlust durch das Überschreiben eines Dokuments vermeiden. In der Dokumentbibliothek können somit mehrere Kopien des gleichen Dokuments vorgehalten werden. Ein Benutzer hat dann die Möglichkeit, ein versehentlich geändertes oder beschädigtes Dokument wiederherzustellen. Die Versionsverwaltung kann auf Bibliotheks- oder Listenebene aktiviert werden.

HINWEIS Bei dem Erstellen einer neuen Version eines bestehenden Dokuments werden in SharePoint 2013 mithilfe des aufgeteilten Speichers binäre Deltas gebildet, sodass das Speichervolumen drastisch reduziert werden kann. Im Rahmen einer Migration werden jedoch keine Deltas von etwaigen vorhandenen Dokumentversionen gebildet.

Datenbankmomentaufnahmen

Die mit SharePoint 2010 erstmalig verfügbaren SQL Server-basierte Datenbankmomentaufnahmen greifen bei der Sicherung direkt auf SQL Server-Funktionen zu, um möglichst konsistente Sicherungen zu erzeugen. Sie können Datenbankmomentaufnahmen verwenden, um Websitesammlungen und Inhaltsdatenbanken zu sichern. Die Sicherung wird SharePoint-seitig dabei lediglich über die PowerShell und nicht über die grafische Oberfläche der Zentraladministration unterstützt. Alternativ können Sie ein TSQL-Skript auf dem SQL-Server ausführen.

HINWEIS Beachten Sie, dass Datenbankmomentaufnahmen die Leistung aufgrund einer Erhöhung der E/A-Vorgänge in der Quelldatenbank reduziert. Diese Erhöhung wird dadurch verursacht, dass bei jeder Aktualisierung einer Seite ein Kopie-bei-Schreibvorgang in der Momentaufnahme ausgeführt wird.

Datenbankmomentaufnahmen sind nur ab der Enterprise-Edition von SQL Server verfügbar und werden nicht in allen Szenarien unterstützt: Bei der Verwendung von RBS oder der Inhaltsbereitstellung können Datenbankmomentaufnahmen nicht erstellt werden.

Sicherungen über die Zentraladministration

Über die Zentraladministration haben Sie auf die häufigsten Befehle zur Sicherung und Wiederherstellung der Serverfarm Zugriff. Neben der mittlerweile sehr granularen Steuerung bei der Sicherung und Wiederherstellung haben Sie nun erstmalig die Möglichkeit, nur die Konfiguration der Serverfarm zu sichern. Eine Konfigurationssicherung kann in derselben oder einer beliebigen anderen Serverfarm wiederhergestellt werden.

HINWEIS Beachten Sie, dass eine Konfigurationssicherung nicht die Dienstanwendungseinstellungen umfasst. Diese müssen beispielsweise unter Verwendung von PowerShell-Cmdlets dokumentiert und kopiert werden.

Seit SharePoint 2010 steht Ihnen parallel die Wiederherstellung mithilfe einer nicht angefügten Inhaltsdatenbank zur Verfügung. Somit können Sie eine parallel wiederhergestellte Inhaltsdatenbank anfügen, ohne sie dabei einer SharePoint-Webanwendung zuzuordnen, und von dort aus wiederherzustellende Daten extrahieren. Zu nicht angefügten Datenbanken, mit denen eine Verbindung hergestellt werden kann, zählen schreibgeschützte Inhaltsdatenbanken und SQL Server-Datenbankmomentaufnahmen von Inhaltsdatenbanken. Auf diesem Wege können Sie Websitesammlungen, Websites und Dokumentbibliotheken bzw. Listen wiederherstellen.

PowerShell-basierte Sicherungen

PowerShell-basierte Sicherungen bieten Ihnen eine größere Vielfalt an Sicherungs- und Wiederherstellungsfunktionen, wie die Sicherung unter Verwendung einer Datenbankmomentaufnahme oder Websitesammlungswiederherstellungen aus dem Papierkorb an. Zudem bietet sich dieser Ansatz dafür an, automatisierte, regelmäßige Sicherungen zu implementieren.

Data Protection Manager 2012 R2

Der System Center Data Protection Manager 2012 R2 bietet Ihnen eine recht umfassende und leistungsfähige Sicherungslösung für SharePoint 2013-Farmen an. Neben der Sicherung von SharePoint können Sie in Hyper-V-basierten Umgebungen sowohl das Windows Server-Basissystem als auch die Hyper-V-Gastmaschine sichern und wiederherstellen.

DPM verwendet Replikationsmechanismen und Volumenschattenkopien, um eine konsistente und leistungsfähige Sicherung von SharePoint anbieten zu können. Nach einer erstmaligen, vollständigen Sicherung werden fortan lediglich inkrementelle Sicherungen auf der Basis des binären Deltas erfasst. Dieses Verfahren ist hocheffizient und sorgt letztlich dafür, dass mit dieser Sicherungsmethode im gleichen Zeitfenster deutlich größere Datenmengen gesichert werden können, als durch andere Sicherungsmethoden. Die binären Änderungen werden auf der Serverseite zusammengesetzt und auf ihre Konsistenz hin überprüft, um sicherzustellen, dass die gesicherten Daten im Falle einer Wiederherstellung auch verwendbar sind.

Für die Sicherung werden indes primär festplattenbasierte Speichermedien verwendet. Sekundär können Sie für eine Langzeitarchivierung tapebasierte Medien oder Medienbibliotheken anbinden. Durch die Verwendung von festplattenbasierten Medien steht Ihnen ein leistungsfähiges und sehr sicheres Speichermedium zur Verfügung.

In Abhängigkeit davon, welche Anwendung Sie sichern, stehen Ihnen unterschiedliche Intervalle zur Verfügung, um Momentaufnahmen zu erstellen. Die Intervalle können aufgrund der Leistungsfähigkeit bis zu einem 30-Minuten Intervall erzeugt werden, was allerdings für SharePoint-Umgebungen in der Regel nicht praktikabel ist. In Abhängigkeit von der Größe Ihrer Farm gehen Sie von einem sinnvollen Sicherungsintervall von ein- bis zweimal täglichen Sicherungen aus.

Um Ihnen einen Eindruck von der Leistungsfähigkeit bei der Sicherung von SharePoint-Serverfarmen zu vermitteln, hat Microsoft den Durchsatz bei der Sicherung von extrem umfangreichen Serverfarmen verglichen (Tabelle 3.42).

Tabelle 3.42 Vergleich der Leistung bei der Sicherung

Sicherungswerkzeug	Sicherungstyp	In 6 Stunden gesicherte Datenmenge
SharePoint-Farmwerkzeuge	Vollständig, differenziell	600 GB
SQL Server	Vollständig, differenziell	600 GB
System Center Data Protection Manager	Inkrementell	Terabytes

Für die Verwendung von DPM 2012 R2 wird die DPM-Software auf einem Basisbetriebssystem unter Windows Server 2008 R2 oder Windows Server 2012 bereitgestellt.

Zum Schutz von Clients bzw. Servern ist die Installation eines DPM-Agents erforderlich, der die Kommunikation zwischen dem Client und dem DPM-Server steuert. Auch DPM verwendet für die Ablage seiner zentralen Daten, wie beispielsweise der Sicherungskataloge, eine SQL Server-basierte Datenbank.

HINWEIS Weiterführende Planungsinformationen für die Einführung von DPM 2012 R2 erhalten Sie unter *http://www.microsoft.com/download/details.aspx?id=29698* [Ms156-K03-31]. Das dortige DPM 2012-Dokument gilt für die relevanten Teile auch für die DPM 2012 R2-Version.

DPM benötigt für die Sicherung einer SharePoint-Farm auf allen Datenbanksystemen und zumindest auf einem SharePoint-Server einen installierten DPM-Agent. Dieser ausgewählte SharePoint-Server ist für die Steuerung der Sicherung und die Initiation einer farmweiten Sicherung verantwortlich. Noch unter SharePoint 2007 wurde für diese Serverrolle bevorzugt der Durchforstungsserver gewählt, da dieser gleichzeitig für die Sicherung des Index konfiguriert wurde. Aktuell gibt es diese Abhängigkeit nicht, da der Index nicht direkt über DPM gesichert werden kann. Die Dokumentation empfiehlt die Wahl eines Web-Front-End-Servers für die Rolle der koordinativen SharePoint-Sicherungsinstanz.

WICHTIG Trotz der mit DPM 2012 R2 verfügbaren Möglichkeit, einzelne Elemente ohne Wiederherstellungsfarm wiederherstellen zu können, ist diese weiterhin in gewissen Situationen erforderlich: Sobald Sie Elemente wiederherstellen, die zu einem Zeitpunkt gesichert wurden, als die Serverfarm einen anderen Aktualisierungsstand besaß, beispielsweise nach dem Einspielen eines Service Packs, wird die direkte Wiederherstellung ohne Serverfarm nicht unterstützt. Weiterführende Informationen zu der Wiederherstellungsfarm finden Sie in Kapitel 15.

Weitere Rahmendaten für Ihre SharePoint-DPM-Planung lauten wie folgt:

- Sie können bis zu 25 TB große SharePoint-Farmen sichern
- Für jede 10 Mio. Elemente in SharePoint benötigen Sie auf dem aktivierten Web-Front-End je 2 GB an Speicherplatz auf dem Systemlaufwerk
- Auf typischen SharePoint-Serverfarmen benötigen Sie den DPM-Agent auf allen Servern, die Inhaltsdatenbanken bereitstellen und zumindest auf einem SharePoint 2013-Web-Front-End-Server
- Auf dem SharePoint-Server, auf dem Sie den DPM-Agent bereitgestellt haben, müssen Sie den SharePoint VSS-Writer-Dienst starten und konfigurieren, indem Sie das Werkzeug *ConfigureSharePoint.exe* aus dem Installationsverzeichnis des DPM-Agent aufrufen
- In DPM 2012 R2 können Sie Datenbankinhalte für SharePoint ohne eine vorausgehende, vollständige Wiederherstellung der Datenbank wiederherstellen. Hierdurch wird die Zeit für die Wiederherstellung eines einzelnen Elements drastisch reduziert.

WICHTIG DPM 2012 R2 unterstützt zwar die Sicherung von SQL Server-AlwaysOn-Verfügbarkeitsgruppen, jedoch nicht in Kombination mit SharePoint! Dieser Missstand besteht indes schon seit der letzten DPM-Version.

Abschließend sei angemerkt, dass aufgrund einiger altgedienter Schwächen in Microsoft DPM für die Sicherung von SharePoint und der nach wie vor nicht perfekten Abstimmung beider Produkte, durchaus auch alternative Produkte weiter in den Vordergrund drängen. Eines der mittlerweile bewährten Drittanbieterprodukte mit einer guten Abstimmung auf die Erfordernisse von SharePoint ist DocAve Backup und Restore für SharePoint von AvePoint.

Generelle Sicherungsstrategie

In den vorhergehenden Abschnitten haben Sie die wichtigsten Eigenarten bei der Sicherung und Wiederherstellung für Ihre Planung erfahren. Abschließend wird in diesem Abschnitt noch einmal zusammengefasst, was für Ihr erfolgreiches Sicherungs- und Wiederherstellungskonzept dabei von zentraler Wichtigkeit ist.

Für viele Administratoren ist der wichtigste Ankerpunkt in der Sicherungsstrategie die Sicherung der SQL Server-Datenbanken. Die Inhaltsdatenbanken stellen dabei den zentralen Eckpfeiler der Sicherung dar. Sollte eine Wiederherstellung erforderlich sein, können so die elementaren Inhaltsdaten unter den ungünstigsten Umständen gar wieder in einer separaten Farm wiederhergestellt werden. Seit SharePoint 2010 referenzieren allerdings zentrale Daten der Inhaltsdatenbanken, in Abhängigkeit von der Nutzungsausprägung, jedoch möglicherweise auf die Inhalte der Dienstanwendungsdatenbanken, wie z.B. dem Terminologiespeicher des verwalteten Metadatendiensts. Daher ist es wichtig, im Falle einer primär auf SQL-basierten Sicherungsstrategie dafür Sorge zu tragen, auch eine Mindestzahl an Dienstanwendungsdatenbanken mitzusichern. Allerdings hat diese Methode Ihre Grenzen: Leider wird auf Basis von Datenbanksicherung speziell die Wiederherstellung der Zentraladministration bzw. Farmkonfiguration nicht unterstützt.

In den vergangenen vielen Jahren wurden bei Kunden vielerlei Sicherungsstrategien identifiziert, die teilweise fragwürdig erschienen. Aus diesen Gründen dient die nachfolgende Tabelle als Hilfsmittel bei der Wahl der geeigneten Sicherungsstrategie (Tabelle 3.43). In Abhängigkeit von der gewählten Methode ist auch durchaus eine parallele Nutzung zweier Strategien legitim.

Tabelle 3.43 Gegenüberstellung der Sicherungsverfahren

Aspekt	Einzelsite-Sicherung	Farmsicherung	SQL-Sicherung	DPM-Sicherung
Geschwindigkeit für Sicherung und Wiederherstellung	– –	–	+ +	+ +
Stabilität	–	+	+ +	–
Flexibilität für Wiederherstellung	–	+	–	+ +
Unterstützung einer vollständigen Farmsicherung	– –	+	–	+ +
Leistungsbeeinträchtigung während Sicherung	–	+	+	+ +
Sonstige Aspekte/Limitierungen	–	– +	–	– +

Die durchaus polarisierenden Bewertungen der betrachteten Sicherungsmethoden benötigt eine eingehendere Erläuterung, die nachfolgend auf einige Stichpunkte pro Methode begrenzt werden soll.

Einzelsite-Sicherung

- Sofern nicht SQL-Momentaufnahmen (Snapshots) verwendet werden können, ist nur eine sehr begrenzte Geschwindigkeit bei der Sicherung realisierbar. Dabei wird das für die Sicherung verwendete System im Vergleich zu anderen Methoden höher beansprucht.
- Referenzierende Informationen der zu sichernden Daten werden so möglicherweise nicht mit erfasst
- Dieses Verfahren sollte nur für Restrukturierungen oder beispielsweise einem gezielten Austausch von Portaldaten verwendet werden
- Mit Ausnahme der auf SQL-Momentaufnahmen basierende Methode ist das erforderliche Speichervolumen für diese Sicherungsmethode sehr hoch

Farmsicherung

- Farmsicherungen sind, sofern nicht auf dem SQL-Server lokalisiert, nicht optimal von der Geschwindigkeit
- Bietet eine vergleichsweise hohe Flexibilität und Stabilität
- Einrichtung und Wartung komplex und mit zusätzlichen Aufwand verbunden. Letztlich sind die eigentlichen Farmsicherungen nicht ganz vollständig.
- Das erforderliche Speichervolumen für diese Sicherungsmethode ist adäquat und kann durch differentielle Sicherungen optimiert werden

SQL-basierte Sicherung

- Maximale Leistung und Stabilität bei Einbußen bei der Flexibilität, die dabei teilweise durch die Wiederherstellung aus nichtangefügten Inhaltsdatenbanken wieder relativiert wird
- Das erforderliche Speichervolumen kann bei dieser Methode bis zu einem gewissen Grad durch Datenbankmomentaufnahmen (Snapshots) optimiert werden

DPM-basierte Sicherung

- Die DPM-Sicherung besitzt in fast allen Aspekten im Vergleich die besten Eigenschaften, leidet jedoch in einigen Situationen an einer geringeren Sicherungsstabilität und dem dadurch erhöhten Wartungsaufwand
- In Bezug auf das erforderliche Speichervolumen ist diese Sicherungsmethode ungeschlagen an bester Stelle, da hierbei nach einer initialen Sicherung fortan lediglich die binären Deltas gesichert werden müssen
- Nur dieser Ansatz bietet eine Wiederherstellung auf Elementebene und das auch noch innerhalb einer unschlagbaren Zeitspanne

Hosting

Im Zuge der seit SharePoint 2010 anhaltenden Microsoft Strategie der Cloudorientierung der SharePoint-Plattform bei einem erkennbaren Schwerpunkt auf der Verwendung von SharePoint als Hostingplattform ist es nicht weiter verwunderlich, dass Microsoft die bisherigen Hostingfunktionalitäten spürbar weiter ausgedehnt hat. Letztlich nimmt Microsoft seine SharePoint Online-Referenzplattform zum Vorbild für die nun nachfolgenden SharePoint-Drittanbieterplattformen im Hostingbereich und empfiehlt verstärkt Basiskonfigurationen, die jedoch eher für Hostingszenarien als für lokale Farmen geeignet sind. Dies führt durchaus auch zu Irritationen, was bei der mittlerweile kaum mehr überschaubaren Funktionsvielfalt nicht weiter verwunderlich ist.

Für SharePoint-Einsteiger sind in der Übersicht die folgenden, primär aus der SharePoint 2010-Generation entstammenden Hostingfunktionen auch weiterhin in SharePoint 2013 verfügbar:

- Partitionierung zentraler Dienstanwendungsdatenbanken, für eine bessere Isolation von Mandantendaten
- Gruppierung von Websitesammlungen zu einer Mandantenzuordnung mit einer mandantenspezifischen Websitesammlung für deren Basisverwaltung
- Verwendung von hostbenannten Websitesammlungen für die Nutzung einer maximalen Anzahl an URLs

Zu diesen Kernkomponenten gesellen sich die folgenden neuen hostingrelevanten Fertigkeiten aus SharePoint 2013 hinzu:

- Anforderungsverwaltung für die beliebige Skalierung von SharePoint-Farmen und eine optimierte Lastverteilung
- Abkehr von Sandkastenlösungen und Orientierung an den SharePoint-Apps
- Neue Dienstanwendungen mit mandantenisolierten Datenbankpartitionen, wie die maschinelle Übersetzung. Besonders erfreulich an dieser Stelle ist, dass die FAST-basierte neue SharePoint 2013-Suche nun ebenfalls mandantenfähig ist. Während die SharePoint 2010-integrerte Suche ebenfalls mandantenfähig war, galt dies nicht für FAST Search Server 2010 für SharePoint.
- Integration in die Informationsrechteverwaltung mit diesbezüglichen, mandantenspezifischen Einstellungen für IRM

Wie bereits unter SharePoint 2010 gilt auch für SharePoint 2013, dass ein Großteil der hostingspezifischen Einrichtung und Konfiguration nur mithilfe der PowerShell verfügbar ist. Durch die Verwendung der im Hostingbereich etablierten hostbenannten Websitesammlungen ist die Zentraladministration für große Bereiche der Konfiguration nicht nutzbar, da die hier benötigten Parameter nur mithilfe der PowerShell zur Verfügung stehen.

ACHTUNG Teilweise existieren die alten Fehler der SharePoint 2010-Plattform im Hostingkontext noch fort, wonach beispielsweise die Provisionierung der Benutzerprofildienstanwendung bei paralleler Partitionierung der Dienstanwendungsdatenbanken nur im Kontext des Farmkontos gelingt.

SharePoint 2013 unterstützt für die Mehrzahl, jedoch nicht alle der verfügbaren Dienstanwendungen eine Partitionierung und damit Isolation der zugehörigen Daten (Abbildung 3.58). Diese vermeintliche Einschränkung ist dabei jedoch in der Mehrzahl der Fälle nicht weiter von Relevanz, da die Mehrzahl der verbleibenden Dienstanwendungen, von der Konfiguration abgesehen, ohnehin keine eigenen Daten speichern.

Die mangelnde Partitionierbarkeit bedeutet indes nicht, dass diese Dienstanwendungen nicht für Mandanten verwendet werden können.

In Hostingumgebungen werden die partitionierten Dienstanwendungen über Abonnementen-IDs mit einer Websitesammlung verbunden, die jeweils einem Mandanten zugeordnet ist.

Durch die Verwendung von Feature Packs haben Sie die Möglichkeit, die Features für die Mandanten zu bestimmen, um so beispielsweise unterschiedliche Lizenztypen innerhalb einer Serverfarm bereitzustellen.

Für die Planung einer Hostingumgebung in SharePoint 2013 beachten Sie bitte folgende Rahmenbedingungen:

- Mandantenfähigkeit wird an Site-Abonnements gebunden. Ein Site-Abonnement ist dabei eine logische Gruppe von Websitesammlungen, die ein Featureprofil erhalten und sich Einstellungen und Dienstanwendungen teilen.
- Jeder Mandant erhält eine Mandantenverwaltungswebsite
- Ein Mandant kann über einen Mandantenverwaltungswebsite mithilfe eines Mandantenadministrators neue Websitesammlungen erzeugen

Abbildg. 3.58 Übersicht der partitionierbaren Dienstanwendungen in SharePoint

- Die für einen Mandanten zur Verfügung stehenden Features können über Feature Packs verwaltet werden
- Mandantenwebsitesammlungen sind zwischen den Mandanten auf Inhaltsdatenbankebene zu separieren
- Websitessammlungen unterschiedlicher Mandanten können in der gleichen Webanwendung gehostet werden
- Es ist nicht zwangsläufig sinnvoll, für jeden Mandanten eine eigene Webanwendung inklusive eines dedizierten Webanwendungspools bereitzustellen
- Feature Packs werden ausschließlich durch Farmadministratoren verwaltet

HINWEIS Weiterführende Informationen für SharePoint in Hostingszenarien sowie allgemeine Hostinginformationen erhalten Sie unter *http://www.microsoft.com/hosting* [Ms156-K03-32].

Barrierefreiheit

Vergleichbar zu SharePoint 2010 bietet auch SharePoint 2013 eine Reihe von Möglichkeiten für die Bereitstellung einer barrierefreien Umgebung an. Hierfür wurden die Richtlinien des Standards Web Content Accessibility Guidelines 2.0 (WCAG 2.0) implementiert. Dieser Standard beschreibt die technischen Anforderungen einer barrierefreien Website. Innerhalb dieser Richtlinien wird zwischen verschiedenen Stufen der Barrierefreiheit differenziert. SharePoint 2013 wurde dabei in Hinsicht auf die Einhaltung von Level AA entwickelt und getestet.

Da das primäre Benutzer Front-End von SharePoint Browser-basiert ist, stehen den Anwendern die jeweiligen Browser-spezifischen Methoden für eine barrierefreie Nutzung zur Verfügung. Benutzer, die keine Maus, sondern die Tastatur verwenden, um durch die Oberfläche zu navigieren, finden unter *http://go.microsoft.com/fwlink/p/?LinkId=256241* [Ms156-K03-33] eine Auflistung aller relevanten SharePoint-Tastaturkombinationen vor. Für die Nutzung von Gesten auf Touch Displays finden Sie eine Auflistung aller relevanten Touch-Gesten im »Office Touch Guide« unter *http://office.microsoft.com/de-de/support/office-leitfaden-fur-die-gestensteuerung-HA102823845.aspx* [Ms156-K03-34].

Für Personen, die die Sprachausgabe verwenden, bietet SharePoint den zugriffsfreundlicheren Modus an. Hierbei handelt es sich um ein spezielles Feature, mit dem z.B. benutzerdefinierte Formulare so angepasst werden können, dass ein nicht von der Sprachausgabe verarbeitbares Element wieder ordnungsgemäß erfasst und wiedergegeben werden kann.

Weiterführende Informationen zur Barrierefreiheit unter SharePoint 2013 und deren Nutzung finden Sie unter der URL *http://go.microsoft.com/fwlink/p/?LinkId=256239* [Ms156-K03-35].

Corporate Design und Layouts

Ein Standardanliegen im Kontext von Layouts besteht in der Integration des Corporate Designs in SharePoint. Unter SharePoint 2013 steht Ihnen eine Reihe an neuen Möglichkeiten zur Anpassung des SharePoint-Layouts zur Verfügung. Dabei wurden die Design-Funktionalitäten von SharePoint Designer 2013 auf andere Schnittstellen und Werkzeuge übertragen:

- Durchkomponierte Looks
- SharePoint Color Palette Tool
- Design-Manager

SharePoint setzt stark auf HTML5, CSS3 und JavaScript und eröffnet Ihnen so im Vergleich zu SharePoint 2013 eine Fülle an neuen Möglichkeiten, deren Anwendung Sie beispielsweise in den in SharePoint-integrierten Kacheln sehen.

Die neuen, durchkomponierten Looks ermöglichen es auch Nicht-Webdesignern, das Layout der Oberfläche einfach durch vordefiniert zusammengestellte Farbschemata anzupassen und neben der Farbgebung mithilfe von Ziehen/Ablegen eines Bilds ein Hintergrundbild zu hinterlegen, welches sich aufgrund der halbtransparenten Webparts professionell wirkend in die Oberfläche integriert.

Mithilfe des SharePoint Color Palette Tools können Sie über eine grafische Oberfläche präzise neue Farbkompositionen entwerfen und diese durch einen Export und Import in SharePoint integrieren. Das Werkzeug steht Ihnen unter *http://www.microsoft.com/download/details.aspx?id=38182* [Ms156-K03-36] zur Verfügung. Eine weiterführende Beschreibung finden Sie auch in unserem Blog unter *http://sharepointbuch.sinc.de* [Ms156-K03-37].

Der Design-Manager hingegen eröffnet Ihnen unter anderem die Möglichkeit, die mithilfe von gängigen alternativen Webdesign-Werkzeugen erstellten Inhalte, speziell HTML-Websites, in SharePoint zu importieren und in eine Masterpage umzuwandeln. Weiterführende Informationen zum Design-Manager erhalten Sie unter *http://msdn.microsoft.com/library/jj822363.aspx* [Ms156-K03-38].

In Kapitel 10 werden Ihnen einige einfache Anpassungen des Layouts demonstriert.

Best Practices

Dieses Planungskapitel ist mit zahllosen Empfehlungen und Best Practices angereichert. Daher werden an dieser Stelle abschließend einige allgemeine Best Practices angeführt.

Tabelle 3.44 Allgemeine Planungsempfehlungen

OK	Empfohlene Maßnahme
✓	Erstellen Sie vor einer SharePoint-Bereitstellung Ihre angestrebte physische und logische SharePoint-Struktur
✓	Entscheiden Sie sich frühzeitig zwischen einer hostbenannten und einer pfadbasierten Abbildung Ihrer logischen Architektur
✓	Widmen Sie bei der Planung speziell den Abhängigkeiten der Dienstanwendungen Ihre Aufmerksamkeit
✓	Planen Sie keinesfalls grundlos einfach alle Dienstanwendungen für den Einsatz Ihrer SharePoint-Farm ein
✓	Geben Sie Acht auf die beiden zentralen Schlüsselfaktoren für die Responsivität Ihrer Farm: die E/A-Leistung für die Datenbankinstanz und an zweiter Stelle die der Abfrage-/Indexkomponente
✓	Für eine hohe Funktionalität verwenden Sie Idealerweise HTTPS-, anstelle von HTTP-basierten Webanwendungen
✓	Verwenden Sie keinesfalls automatisch etwaige neue Authentifizierungsanbieter, sondern nutzen Sie zunächst unterhalb der forderungsbasierten Webanwendung die altbekannten, Windows-integrierten Authentifizierungsmethoden NTLM und Kerberos
✓	Planen Sie neben einer Produktionsumgebung auch eine Vorproduktionsumgebung (Staging) ein, die zumindest horizontal und logisch Ihrer SharePoint-Produktionsumgebung entsprechen sollte

Zusammenfassung

In diesem Kapitel haben Sie die wichtigsten Planungsaspekte für den Aufbau einer SharePoint-Infrastruktur kennengelernt. Der Umfang und die Komplexität lässt erahnen, was im Rahmen einer vollständigen Einrichtung in den Folgekapiteln auf Sie zukommt. Umso wichtiger ist es, dass Sie zuvor hinreichend Zeit in die Planung Ihrer SharePoint-Serverfarm investieren, um ein besseres Verständnis für die Relevanz der nachfolgenden zahllosen Arbeitsschritte zu erlangen. Natürlich ist eine SharePoint-Implementierung auch immer einfach realisierbar, indem Sie beispielsweise auf jedwede Isolation verzichten und ein zentrales Dienstkonto für alle Dienstanwendungsidentitäten verwenden, welches somit fast automatisch über die Mehrzahl aller erforderlichen Privilegien besitzt. Vergessen Sie darüber jedoch nicht, welchen Stellenwert die Plattform in Ihrem Unternehmen einnimmt und welch möglicherweise wichtigen Daten auf ihr bereitgestellt werden. Nicht in allen, jedoch der Mehrzahl der Fälle kann nur ein erweiterter Aufwand den Ansprüchen gerecht werden und Ihnen eine etwas sorglosere Zeit mit dieser Plattform bescheren.

Somit sind Sie gewappnet, die in den nachfolgenden drei Kapiteln beschriebene Bereitstellung einer SharePoint-Serverfarm umzusetzen, um diese optional um die im Erweiterungskapitel 16 angeführten Einsatzszenarien zu erweitern.

Teil C

Bereitstellung

Kapitel 4	SharePoint-Basisinfrastruktur bereitstellen	245
Kapitel 5	Bereitstellen der erweiterten Dienste	291
Kapitel 6	Finalisierung der Farminstallation	415

Kapitel 4

SharePoint-Basisinfrastruktur bereitstellen

In diesem Kapitel:

SQL Server 2012 bereitstellen 247

Bereitstellung von SharePoint Foundation 2013 und SharePoint Server 2013 254

Basiskonfiguration der Farm 270

Best Practices 289

Zusammenfassung 290

Die Implementierung von SharePoint wird in diesem Kapitel anhand von zwei grundlegenden Bereitstellungsszenarien erläutert. Dabei wird zwischen der Bereitstellung einer eigenständigen Serverimplementierung und einer komplexeren Serverfarmimplementierung unterschieden.

HINWEIS Die Bereitstellung von SharePoint Foundation entspricht im Wesentlichen den beispielhaften Anweisungen dieses Kapitels für SharePoint Server und können daher auch für diese Basisplattform zugrunde gelegt werden. Bei relevanteren Abweichungen wird separat auf SharePoint Foundation eingegangen.

Erweiterte Bereitstellungsvarianten wie die Bereitstellung von SharePoint unter der Berücksichtigung von Hochverfügbarkeit, Office Web Apps, die Bereitstellung von speziellen SharePoint-Bausteinen wie den SharePoint Reporting Services oder PowerPivot und die Einrichtung einer hybriden SharePoint-Umgebung wird später im Wesentlichen in Kapitel 16 behandelt.

HINWEIS Während in den folgenden drei Kapiteln für viele der einzelnen Operationen ein alternatives PowerShell-Verfahren erläutert wird, ist die vollständig automatisierte Bereitstellung von SharePoint in Kapitel 17 beschrieben.

Als Voraussetzung für eine erfolgreiche SharePoint-Installation gilt es, die entsprechenden Abschnitte in Kapitel 3 zu behandeln. Die folgende Darstellung gibt Ihnen eine Übersicht der für diesen Abschnitt wichtigsten Planungsvorarbeiten (Abbildung 4.1).

Abbildg. 4.1 Planungsvorarbeiten für eine Serverfarminstallation

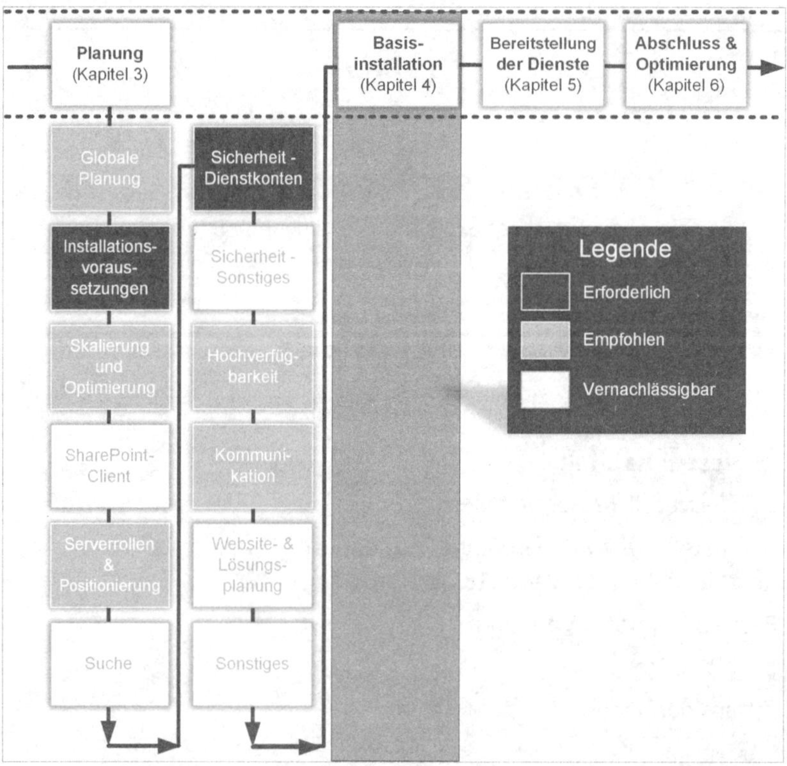

HINWEIS Grundsätzlich sind die Kapitel zur Implementierung so aufgebaut, dass Sie in weiten Teilen auch die jeweiligen zentralen Voraussetzungen aus dem Planungskapitel mit adressieren. Jedoch kann dabei im Kontext dieser Implementierungskapitel nicht auf Hintergründe und alle Planungsaspekte als Grundlage für die hier umzusetzenden Entscheidungen eingegangen werden. Daher ist es überaus wichtig, sich mit den in Abbildung 4.1 hervorgehobenen Kapiteln im Planungsbereich eingehend zu beschäftigen.

Der in diesem Kapitel beschriebene Gesamtprozess zur Bereitstellung einer SharePoint-Basisinfrastruktur umfasst im Wesentlichen die folgenden Abschnitte in der Übersicht (Abbildung 4.2):

Abbildg. 4.2 Übersicht der Abschnitte von Kapitel 4 zur Basisinstallation

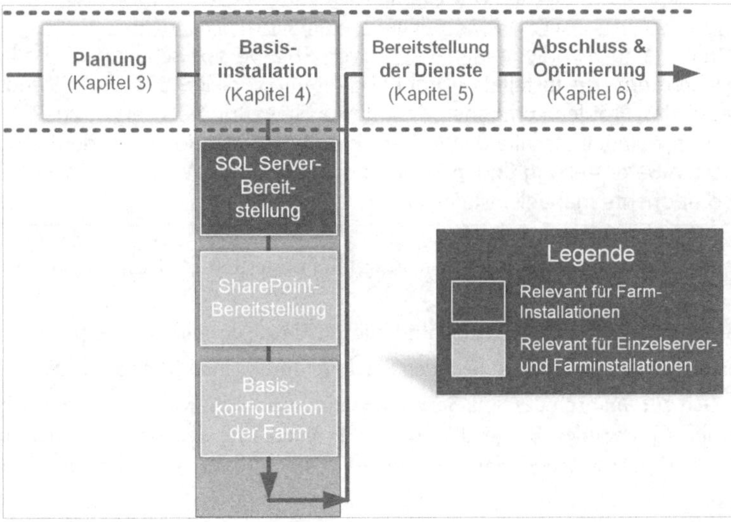

Für Farminstallationen beginnen Sie mit dem nachfolgenden Abschnitt zur SQL Server-Bereitstellung.

SQL Server 2012 bereitstellen

In diesem Abschnitt wird die Bereitstellung von SQL Server 2012 in einer SharePoint-Umgebung beschrieben.

Für die Bereitstellung von SharePoint 2013 bietet SQL Server 2012 ohne Einschränkung die optimale Datenbankplattform. Für große Umgebungen oder Umgebungen mit erhöhten Anforderungen an die Hochverfügbarkeit wird die Verwendung der Enterprise Edition empfohlen. Weitere Entscheidungshilfen bei der Wahl der SQL Server-Version und -Edition erhalten Sie in Kapitel 3. Die Einrichtung eines AlwaysOn-Hochverfügbarkeitsclusters wird in Kapitel 16 behandelt.

ACHTUNG Beachten Sie, dass Sie bei der Verwendung von SQL Server 2008 R2 auf eine Reihe von SharePoint-spezifischen Funktionen verzichten müssen. Verwenden Sie daher nicht leichtfertig eine von SQL Server 2012 abweichende SQL Server-Version.

Für die Basisfunktion in SharePoint 2013 wird lediglich das Datenbankmodul von SQL Server benötigt. Sofern Sie weitere SharePoint-Erweiterungen wie Project Server oder PowerPivot bereitstellen möchten oder erhöhte Anforderungen an die Ausfallsicherheit oder die Sicherheit haben, sind Anpassungen an dem nachfolgenden Standardinstallationsverfahren erforderlich. Sie finden die zugehörigen Informationen in Kapitel 16.

SQL Server-Installation

Sie können die für die Installation von SQL Server vorausgesetzten Softwarekomponenten automatisiert durch die SQL Server-Installationsroutine einrichten lassen. Das SQL Server-Installationsmedium startet automatisch den hierfür erforderlichen Prozess:

TIPP In der aktuell vorliegenden SQL Server 2012-Version scheitert die im Rahmen des Setups automatisch initiierte Installation von .NET Framework 3.5 SP1 unter Windows Server 2012. Sie können das Problem umgehen, indem Sie diese für SQL Server 2012 erforderliche Komponente vorab manuell installieren. Weiterführende Informationen zu dem Problem sowie der automatisierten Bereitstellung finden Sie in Kapitel 18. Unter Windows Server 2008 R2 müssen Sie diese Komponente manuell installieren.

1. Klicken Sie auf *OK*, um die Installation von .NET Framework und von Windows Installer zu starten.
2. Stimmen Sie den Lizenzbedingungen zu und klicken Sie auf *Installieren*.
3. Nach der erfolgreichen Installation beenden Sie diese durch einen Klick auf *Beenden*.
4. Nun öffnet sich automatisch das SQL Server-Installationscenter. Klicken Sie in der linken Spalte auf *Installation* und wählen Sie in der rechten Fensterhälfte den obersten Menübefehl *Neue eigenständige SQL Server-Installation oder Hinzufügen von Features zu einer vorhandenen Installation* aus.
5. Zunächst werden die Setupunterstützungsregeln inspiziert. Sofern keine Probleme identifiziert wurden, können Sie mit der Installation durch einen Klick auf *OK* fortfahren.
6. Wählen Sie die Option *Product Key eingeben* und geben Sie Ihren Produktschlüssel an. Klicken Sie anschließend auf *Weiter*.
7. Akzeptieren Sie die Lizenzbedingungen und klicken Sie auf *Weiter*.
8. Klicken Sie auf *Installieren*, um die Setupunterstützungsdateien zu installieren.
9. Nun werden die Probleme identifiziert, die bei der Installation von Unterstützungsdaten für das SQL Server-Setup auftreten können. Beachten Sie potenziell auftretende Fehler und Warnungen.

   So erscheint in der Regel eine Warnung in Bezug auf die Windows-Firewall. Diese ist aktiviert und blockiert potenziell die SQL Server-Kommunikation. Dieses Problem kann nach der Installation behandelt werden. Klicken Sie daher auf *Weiter*.
10. Wählen Sie die Option *SQL Server-Funktionsinstallation* und klicken Sie auf *Weiter* (Abbildung 4.3).
11. Wählen Sie nun die erforderlichen Features aus. Für die Funktionen von SharePoint ist primär das Feature *Database Engine Services* von Relevanz. Markieren Sie zusätzlich *Verwaltungstools – Einfach*, um eine pragmatische, lokale SQL Server-Verwaltung zu ermöglichen. Empfohlen wird jedoch generell, dass Sie die SQL Server-Verwaltungswerkzeuge auf einem Remotecomputer bereitstellen (Abbildung 4.4).

Abbildg. 4.3 Setuprolle

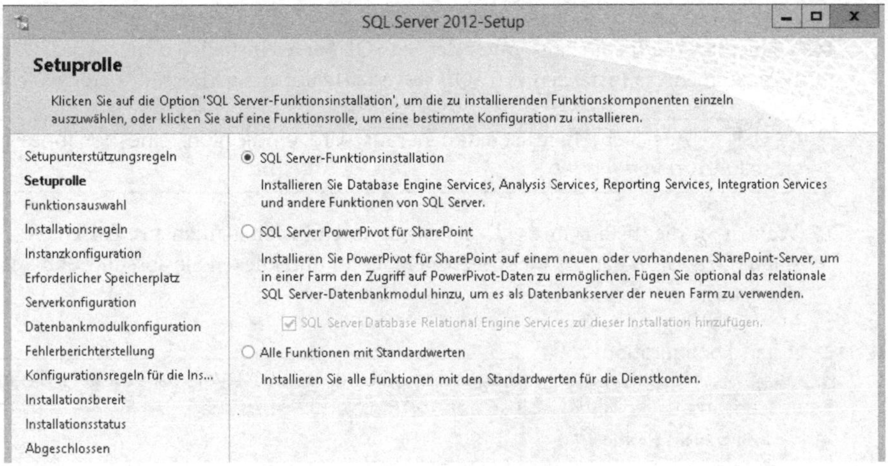

Je nach den Ergebnissen Ihrer Planungsphase könnte es erforderlich werden, an dieser Stelle weitere SQL Server-Features wie die SQL Server-Replikation oder die Analysis Services (für Project Server) mit zu installieren. Die Reporting Services für SharePoint hingegen werden in der Regel auf der SharePoint-Applikationsebene bereitgestellt. Mehr Informationen hierzu finden Sie in Kapitel 16.

12. Passen Sie ggf. die Ordnerpfade für die freigegebenen Funktionen an und klicken Sie auf *Weiter.*

Abbildg. 4.4 Funktionsauswahl

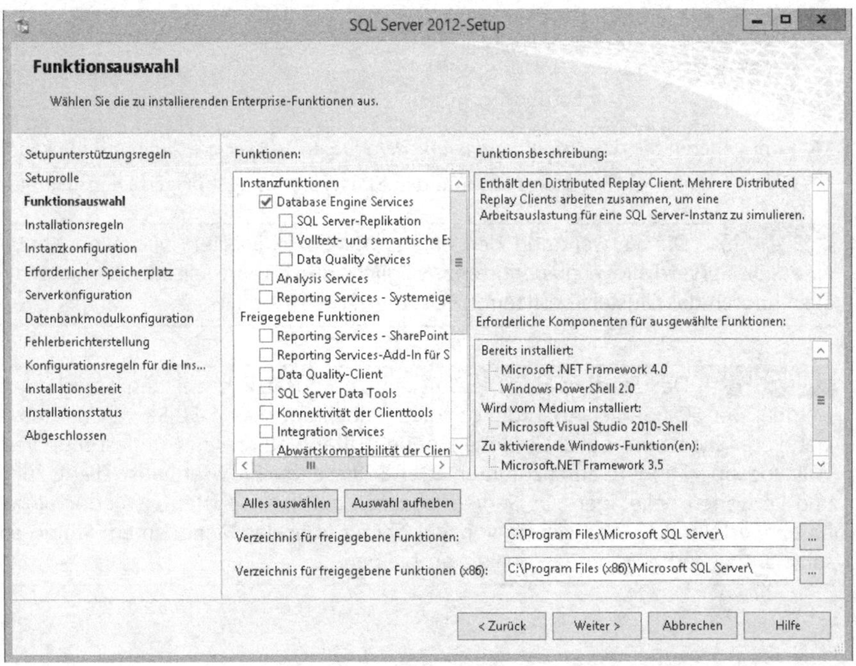

13. Klicken Sie nach der erfolgreichen Prüfung auf potenzielle Installationsblockierungen auf *Weiter*.
14. Wählen Sie die Instanz aus, unter der Sie SQL Server installieren möchten. Sie haben die Möglichkeit, mehrere Instanzen von SQL Server 2012 auf einer Maschine bereitzustellen.

HINWEIS Aus Sicherheitsaspekten heraus wird empfohlen, eine benannte Instanz für die Bereitstellung zu verwenden.

15. Wählen Sie die Instanz und ggf. den zugehörigen Instanznamen aus. Passen Sie im Feld *Instanzstammverzeichnis* den Ordner gegebenenfalls an und klicken Sie abschließend auf *Weiter* (Abbildung 4.5).

Abbildg. 4.5 Instanzkonfiguration

16. Kontrollieren Sie die *Zusammenfassung der Datenträgerverwendung* und klicken Sie auf *Weiter*.
17. Geben Sie nun die Dienstkonten und den Starttyp der zugehörigen Dienste an (Abbildung 4.6).

ACHTUNG Die Verwendung der standardmäßig aktivierten, virtuellen Konten ist nicht für eine SQL Server-Failoverclusterinstanz möglich, da das virtuelle Konto nicht dieselbe SID auf allen Knoten des Clusters besitzen würde.

HINWEIS Der Starttyp der Dienste kann grundsätzlich bei den Standardwerten belassen werden. Der SQL Server-Agentdienst sollte jedoch auf dem SQL-Server mit ausgeführt werden. Erst dieser Dienst ermöglicht es Ihnen, ohne Drittanbieterzusätze umfassende Verwaltungs- und Wartungsoperationen durchzuführen. Der SQL Server-Browserdienst dient zum Identifizieren und Verwalten beliebiger SQL Server-Instanzen auf Ihrem System, ist jedoch in der Praxis nicht für eine erfolgreiche Verwaltung von SQL Server über das Management Studio erforderlich und sollte aus Sicherheitsgründen deaktiviert bleiben.

Virtuelle Konten als neues Konzept

Ohne eine Modifikation der Standardeinstellungen werden ab Windows Server 2008 R2 durch das SQL Server-Setup die meisten Konten, wie auch das Datenbankdienstkonto, als ein sogenanntes virtuelles Konto definiert (*NT Service\MSSQLSERVER*). Durch dieses neue Konzept wird der Verwaltungsaufwand des Administrators reduziert, da diese Konten nicht in der Benutzerverwaltung erstellt werden und auch über kein Kennwort verfügen. In dieser Konstellation wird beim Netzwerkzugriff unter Verwendung des Computerkontexts zugegriffen. Aus der Sicherheitsperspektive stellt dieser Dienstkontentyp einen Fortschritt dar, da grundsätzlich versucht werden sollte, Konten mit minimalen Privilegien zu verwenden. Selbst die Verwendung für Kerberos-Authentifizierungsdelegierungsszenarien, also die Registrierung von Dienstprinzipalnamen (Service Principal Names, SPN) ist möglich.

In einigen Konstellationen, wie beispielsweise bei der Nutzung eines Failoverclusters, können virtuelle Konten jedoch nicht verwendet werden. Versuchen Sie in dem Fall auf die Verwendung von verwalteten Dienstkonten auszuweichen, welche zuvor in einem zumindest Windows Server 2008 R2-basierten Active Directory zu erstellen sind.

Abbildg. 4.6 Dienstkonten

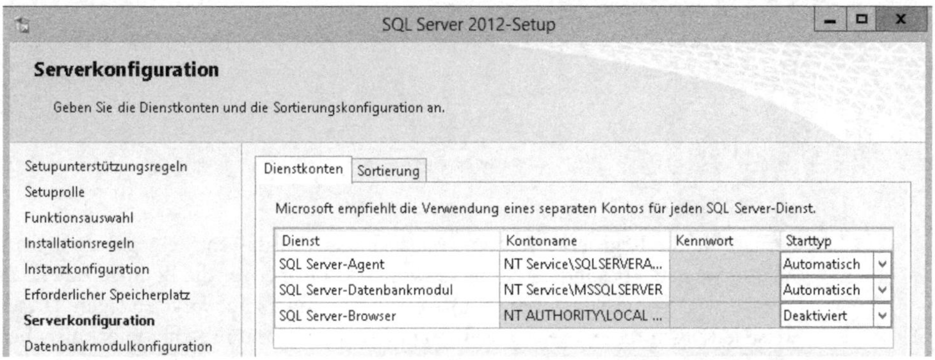

18. Auf der Registerkarte *Sortierung* können Sie die Standardeinstellungen belassen, auch wenn SharePoint zusätzlich zu den bestehenden Sortierungseinstellungen die Unterscheidung nach Kanal und Breite verwendet. Diese Einstellungen werden jedoch automatisch von SharePoint bei der Erstellung der neuen SharePoint-Datenbanken vorgenommen, sodass Sie nicht gezwungen sind, diese Einstellungen vorab global zu konfigurieren. Klicken Sie auf *Weiter*.
19. Wählen Sie die Authentifizierungsmethode aus. Die empfohlene Einstellung ist in der Mehrzahl der SharePoint-Installationen die Übernahme der Standardeinstellung (*Windows-Authentifizierungsmodus*), da die SQL Server-Authentifizierung in der Regel nicht für SharePoint benötigt wird.

ACHTUNG Erstmalig mit SharePoint 2013 gilt: Sollten Sie den Access-Dienst 2013 verwenden, müssen Sie den gemischten Modus (SharePoint Server- und Windows-Authentifizierung) aktivieren. Diese Konfigurationsänderung ist jedoch auch nachträglich noch möglich.

20. Geben Sie die Gruppen bzw. Konten der SQL Server-Administratoren an. Die hier angeführten Konten und Gruppen erhalten administrative Berechtigungen auf die zu installierende SQL Ser-

ver-Instanz. Wählen Sie bevorzugt eine Active Directory-Gruppe aus, die Sie hier hinzufügen. In diesem Beispiel wurde lediglich der installierende Administrator (durch einen Klick auf *Aktuellen Benutzer hinzufügen*) zur Liste hinzugefügt (Abbildung 4.7).

Abbildg. 4.7 Serverkonfiguration

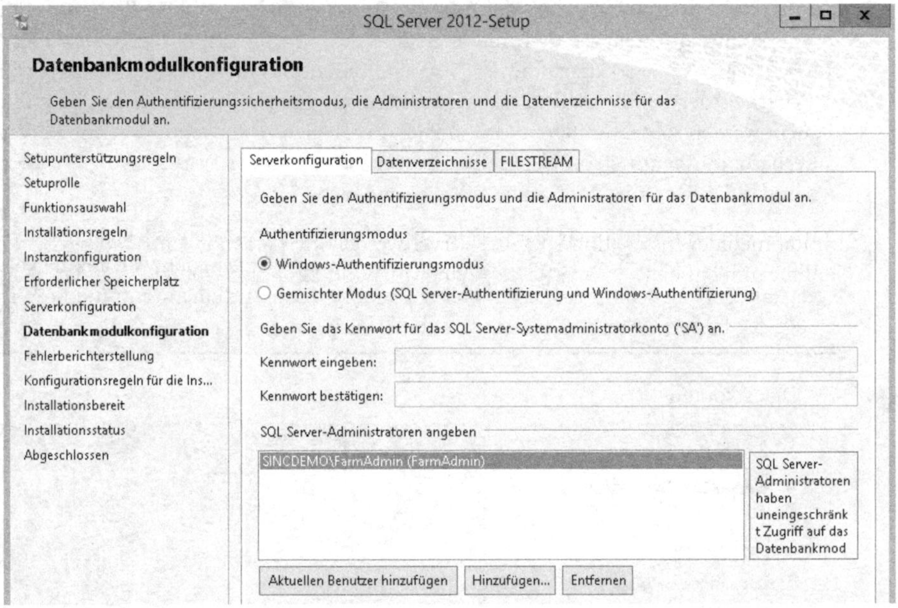

21. Öffnen Sie die Registerkarte *Datenverzeichnisse* und passen Sie gegebenenfalls die Ordner an. Achten Sie dabei besonders darauf, sowohl den Ordner für die Benutzerdatenbank als auch den Ordner des Benutzerdatenbankprotokolls auf separate Laufwerke zu legen. Diese sollten idealerweise jeweils durch ein separates RAID bzw. eine separate Festplatte exklusiv bereitgestellt werden, um den höchstmöglichen E/A-Faktor und somit eine leistungsstarke SharePoint-Umgebung zu gewährleisten. Weitere Anpassungen in Hinsicht auf die Positionierung der Datenbanken und der Transaktionsprotokolle können Sie nach der Bereitstellung vornehmen, da es sich hierbei lediglich um die Standardordner handelt.

HINWEIS Auf der Registerkarte *FILESTREAM* haben Sie die Möglichkeit, SQL Server für die Verwendung von RBS (Remote-BLOB-Speicher) in Kombination mit SharePoint vorzubereiten. Diese Konfiguration ist zu jedem späteren Zeitpunkt möglich und wird in Kapitel 16 detailliert beschrieben.

22. Klicken Sie anschließend auf *Weiter.*

23. Passen Sie das Verhalten der Fehler- und Verwendungsberichterstellung gemäß Ihren Wünschen an und klicken Sie auf *Weiter.*

24. Kontrollieren Sie den Bericht der Konfigurationsregeln zur Installation und klicken Sie auf *Weiter.*

25. Kontrollieren Sie die Zusammenfassung und starten Sie im Anschluss die Installation durch einen Klick auf *Installieren.*

26. Kontrollieren Sie den Bericht des Installationsstatus und klicken Sie auf *Weiter*.

27. Beenden Sie das Installationsdialogfeld durch einen Klick auf *Schließen*.

Falls Sie anstelle von SQL Server 2012 eine SQL Server 2008 R2-Installation vorgenommen haben, installieren Sie nach der Fertigstellung der Basisinstallation nun SQL Server 2008 Service Pack 1 und folgen Sie dabei den Anweisungen des Installations-Assistenten. Achten Sie dabei primär darauf, dass Sie Ihre SharePoint-Instanz ordnungsgemäß aktualisieren.

Spielen Sie abschließend etwaige noch verbleibenden SQL Server-Aktualisierungen ein, bevor Sie mit dem nächsten Abschnitt fortfahren.

SQL Server-Firewalleinstellungen

Im Rahmen der Installation von SQL Server werden die vorhandenen Windows Server-Firewalleinstellungen nicht angepasst, sodass bei einer in Windows Server 2008/R2 standardmäßig aktivierten Firewall Anpassungen erforderlich werden, um die für SharePoint relevante Kommunikation zu ermöglichen.

Die SharePoint-Systeme greifen über TCP-Port 1433 auf den Datenbankserver zu. Erstellen Sie eine neue Firewallregel, die diese Kommunikation zulässt. Ihnen stehen primär zwei Wege zur Wahl, um die erforderliche Firewallregel zu erstellen: Die Verwendung der Eingabeaufforderung bzw. PowerShell oder die Verwaltungskonsole der Windows-Firewall.

Mithilfe der folgenden Befehlszeile erzeugen Sie die besagte Firewallregel. Achten Sie dabei darauf, dass die Eingabe der Zeile fortlaufend erfolgen muss:

```
Netsh advfirewall firewall add rule name "SQL DB Zugriff SharePoint" dir=in action=allow
protocol=TCP localport=1433
```

Ab Windows Server 2012 können Sie alternativ das folgende PowerShell-Cmdlet verwenden:

```
New-NetFirewallRule -Displayname "SQL DB Zugriff SharePoint" -Direction Inbound -Action
Allow -Protocol TCP -LocalPort 1433
```

Die so erzeugte Regel gewährt den Datenbankzugriff für beliebige Quellcomputer. Um den Kreis der Quellcomputer auf definierte IP-Adressen zu beschränken, führen Sie den folgenden Befehl aus und ersetzen Sie dabei die verwendeten IP-Adressen durch die IP-Adressen Ihrer SharePoint-Server. Sie können weitere Server hinzufügen, indem Sie die zusätzlichen IP-Adressen beim Parameter *RemoteIP* ergänzen und die IP-Adressen jeweils durch ein Komma voneinander trennen:

```
Netsh advfirewall firewall add rule name "SQL DB Zugriff SharePoint" dir=in action=allow
remoteIP=192.168.1.184,192.168.1.185 protocol=TCP localport=1433
```

Alternativ lautet die PowerShell-Befehlsvariante:

```
$RIPs = "192.168.1.184","192.168.1.185"
New-NetFirewallRule -Displayname "SQL DB Zugriff SharePoint" -Direction Inbound -Action
Allow -RemoteAddress 192.168.1.184,102.168.1.185 -Protocol TCP -LocalPort 1433
```

Zum Erstellen der Regel über das Fenster *Windows-Firewall mit erweiterter Sicherheit* tippen Sie auf der Startseite von Windows Server 2012 die Zeichenfolge »fire« ein und klicken Sie auf die angezeigte Kachel. Klicken Sie im daraufhin geöffneten Fenster der Firwall in der linken Feldhälfte auf *Eingehende Regeln* und wählen Sie in der Aktionsleiste auf der rechten Seite den Eintrag *Neue Regel* aus.

1. Im Dialogfeld *Regeltyp* wählen Sie die Option *Port* aus und klicken dann auf *Weiter.*
2. Wählen Sie die Option *TCP* und die Option *Bestimmte lokale Ports* aus. Geben Sie den Wert *1433* ein und klicken Sie auf *Weiter.*
3. Wählen Sie die Aktion *Verbindung zulassen* aus und klicken Sie auf *Weiter.*
4. Die Wahl der Profile, für welche die Regel gilt, können Sie auf das Profil *Domäne* begrenzen, da sowohl der SQL-Server als auch die SharePoint-Systeme Domänenmitglieder sind. Klicken Sie auf *Weiter.*
5. Geben Sie einen Namen für die Regel ein. Es bietet sich an, die Regel mit *SQL DB Zugriff SharePoint* zu benennen. Klicken Sie abschließend auf *Fertig stellen*, um die Regelerzeugung abzuschließen.

Die von Ihnen erzeugte Regel lässt den Datenbankzugriff für alle Remoteserver zu. Um zu verhindern, dass unbefugte Systeme diese Regel benutzen, haben Sie die Möglichkeit, den Bereich der Regel auf die SharePoint-Systeme einzuschränken. Öffnen Sie hierzu die zuvor erzeugte Regel durch einen Doppelklick und öffnen Sie die Registerkarte *Bereich.* Im Abschnitt *Remote-IP-Adresse* wählen Sie die Option *Diese IP-Adressen* und klicken auf die Schaltfläche *Hinzufügen*, um nacheinander die IP-Adressen der SharePoint-Server anzugeben.

Bereitstellung von SharePoint Foundation 2013 und SharePoint Server 2013

Dieser Abschnitt behandelt die schrittweise Bereitstellung von SharePoint Foundation 2013 und SharePoint Server 2013 auf einem Windows Server 2012-basierten System. Der Installationsablauf der SharePoint-Plattform unterscheidet sich, was die Installation der Software und das erstmalige Ausführen des Konfigurations-Assistenten für SharePoint-Produkte betrifft, nur marginal zwischen SharePoint Foundation 2013 und SharePoint Server 2013. Daher können Sie diesen Abschnitt als Vorlage für beide Produkte verwenden.

Bevor Sie mit der Bereitstellung beginnen können, stellen Sie sicher, dass Sie die Planungsvorarbeiten des vorhergehenden Kapitels hinreichend behandelt haben, um Ihren idealen Installationspfad identifizieren zu können.

In der Übersicht umfasst die nachfolgende Basisbereitstellung der SharePoint-Infrastruktur die folgenden Aufgaben (Abbildung 4.8):

HINWEIS Die in diesem Beispiel angeführten Installationsanweisungen beinhalten nicht den Remote-BLOB-Speicher (RBS), der in Umgebungen mit großen Datenblobs in Erwägung gezogen werden sollte. Sie können RBS alternativ zu einem späteren Zeitpunkt einführen. Weiterführende Informationen zur Einrichtung von RBS finden Sie in Kapitel 16.

Abbildg. 4.8 Detailübersicht der Konfigurationsschritte im Rahmen der Basisbereitstellung

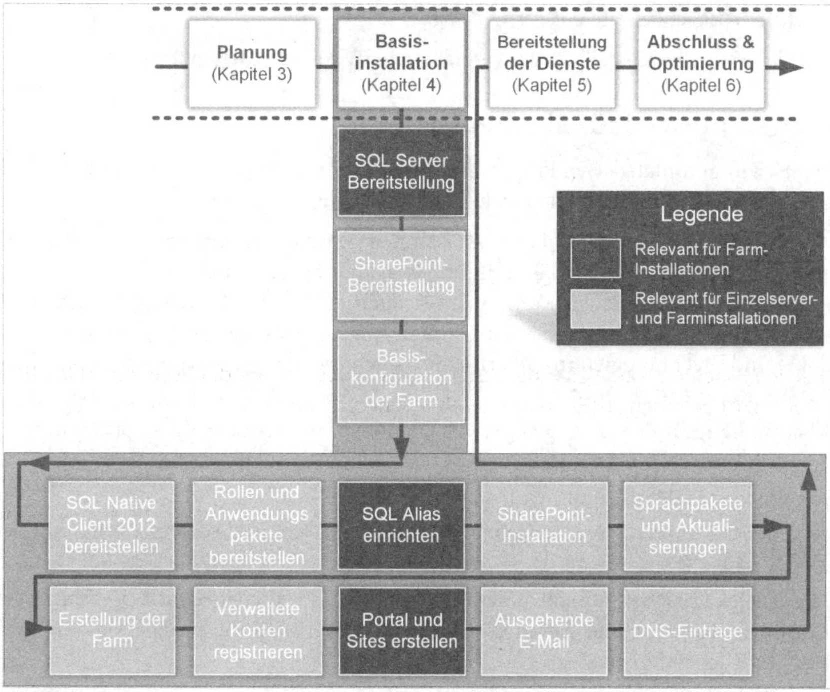

SharePoint-System vorbereiten

Für die Installation von SharePoint sind eine ganze Reihe von Softwarekomponenten erforderlich. Diese werden teilweise direkt online von der Microsoft-Website heruntergeladen. Die genaue Auflistung aller erforderlichen und optionalen Komponenten finden Sie in Kapitel 3 vor. Führen Sie vor der automatisierten Bereitstellung der Softwarekomponenten durch das Vorbereitungstool für SharePoint ggf. eine manuelle SQL Server Native Client-Installation aus.

SQL Server Native Client bereitstellen (optional)

Sofern Sie Ihre SharePoint-Serverfarm an SQL Server 2012 anbinden, ziehen Sie vor der Installation von SharePoint in Erwägung, den für SQL Server 2012 verfügbaren Native Client bereitzustellen. Dieser Schritt ist nicht zwingend erforderlich, jedoch in dieser Konstellation empfohlen, da auch beispielsweise die Berichterstellung von Access 2013 auf diese Native Client-Version angewiesen ist.

HINWEIS Sie finden den SQL Server 2012 Native Client unter *http://go.microsoft.com/fwlink/p/?LinkId=239568* [Ms156-K04-01].

Zur Bereitstellung des SQL Server 2012 Native Client gehen Sie wie folgt vor:

1. Starten Sie die Installationsroutine.
2. Akzeptieren Sie die Lizenzbestimmungen und klicken Sie zwei Mal auf *Weiter*.
3. Wählen Sie lediglich die Clientkomponente aus und klicken Sie auf *Weiter*.

4. Klicken Sie auf *Installieren*, um die Installation zu starten.
5. Klicken Sie abschließend auf *Fertig stellen*.

Fahren Sie mit der Bereitstellung der verbleibenden Voraussetzungen fort.

Vorbereitungstool für SharePoint

Führen Sie zur automatisierten Präparation Ihrer künftigen SharePoint-Server auf jedem Server das Vorbereitungstool für SharePoint-Produkte und -Technologien aus.

Beachten Sie dabei, dass das Werkzeug im Rahmen der Installation Komponenten aus dem Internet herunterlädt. Sollten Sie über keine Internetverbindung auf Ihrem Server verfügen, können Sie dem Tool die entsprechenden Komponenten auch offline zur Verfügung stellen, indem Sie den Anweisungen des nachfolgenden Abschnitts folgen. Das Vorbereitungstool für SharePoint-Produkte und -Technologien installiert jedoch auch die Server-Komponenten, für die keine Internetverbindung erforderlich ist.

1. Klicken Sie nach dem Einlegen des Installationsmediums oder dem Starten der *.exe*-Datei auf *Softwarevoraussetzungen installieren*.
2. Klicken Sie auf dem sich öffnenden Dialogfeld auf *Weiter*.
3. Stimmen Sie durch eine Aktivierung des Kontrollkästchens den Lizenzbedingungen zu und klicken Sie auf *Weiter*.
4. Für den erfolgreichen Abschluss der Installation wird zwischenzeitlich ein Neustart erforderlich. Nach dem Neustart und einem erneuten Anmelden wird die Installation automatisch fortgeführt und abgeschlossen.

HINWEIS Sollte der Abschluss der Konfiguration aus irgendeinem Grund nicht erfolgen (beispielsweise indem Sie die Installation von einem lokal gemounteten ISO-Medium ausführen), führen Sie die *Prerequisiteinstaller.exe* mit dem Parameter */continue* manuell aus. Dies ist erforderlich, um die Konfiguration der Anwendungsserverrollen ordnungsgemäß abzuschließen. Weitere Fehler des Vorbereitungstools werden in Kapitel 18 eingehender behandelt.

5. Nach der erfolgreichen Ausführung des Werkzeugs zur Vorbereitung Ihrer SharePoint-Installation beenden Sie das Werkzeug durch einen Klick auf *Fertig stellen*.

HINWEIS Durch den Klick auf den Link *Die Protokolldatei überprüfen* finden Sie eingehende Informationen zur Installation der für SharePoint vorausgesetzten Komponenten. Sofern Sie diese Protokolldatei nachträglich öffnen möchten, finden Sie diese im Ordner *%UserProfile%\AppData\Local\Temp* des für die Installation verwendeten Benutzerkontos. Sie gelangen einfach durch das Verwenden der *%Temp%*-Variable zum Ordner.

Fahren Sie nun entweder mit der Bereitstellung einer eigenständigen Serverfarm oder mit dem Einrichten eines SQL Server-Alias fort. Die Einrichtung eines SQL Server-Verbindungsalias ist für eigenständige SharePoint Server-Installationen nicht von Relevanz.

Verbindungstool für SharePoint ohne Internetanbindung verwenden

In Umgebungen, in denen Ihnen auf den Servern Ihrer Farm kein Internetzugriff zur Verfügung steht, können Sie beim Aufrufen des Vorbereitungstools für SharePoint-Produkte und -Technologien mithilfe von Parametern den Pfad zu den zuvor manuell heruntergeladenen, erforderlichen

Komponenten angeben. Die hierfür erforderlichen Parameter für die *Prerequisiteinstaller.exe* lauten wie folgt:

- **/SQLNCli:[Datei]** Für Microsoft SQL Server 2008 SP1 Native Client
- **/PowerShell:[Datei]** Für Windows Management Framework 3.0
- **/NETFX:[Datei]** Für Microsoft .NET Framework 4.5
- **/IDFX:[Datei]** Für Windows Identity Foundation (KB974405)
- **/IDFX11:[Datei]** Für Windows Identity Foundation v1.1
- **/Sync:[Datei]** Für Microsoft Sync Framework Runtime SP1 v1.0 (x64)
- **/AppFabric:[Datei]** Für Windows Server AppFabric. AppFabric muss mit den Optionen */i CacheClient,CachingService,CacheAdmin /gac* aufgerufen werden.
- **/KB2671763:[Datei]** Für Microsoft AppFabric 1.1 für Windows Server
- **/MSIPCClient:[Datei]** Für Microsoft Information Protection and Control Client
- **/WCFDataServices:[Datei]** Für Microsoft Windows Communication Foundation Datendienste

Neben diesen Parametern stehen Ihnen die folgenden allgemeinen Parameter für die Installation zur Verfügung:

- **/?** Zeigt die Hilfe an
- **/continue** Gibt an, dass die Ausführung nach einem Neustart fortgesetzt wird
- **/unattended** Installation ohne Benutzerinteraktion

HINWEIS Sie finden die zugehörigen Downloadlinks dieses Abschnitts unter dem Link *http://technet.microsoft.com/library/cc262485.aspx#section5* [Ms156-K04-02].

SQL Server-Verbindungsalias konfigurieren (optional)

Ein SQL Server-Verbindungsalias ermöglicht Ihnen eine erhöhte Flexibilität bei der Bereitstellung der Serverfarmdatenbankanbindung. Dieser Schritt ist nicht zwingend erforderlich, jedoch empfohlen. Neben der flexibleren Änderung der SQL-Datenbankanbindung entledigen Sie sich somit einfach etwaiger Probleme. Beispielsweise gibt es Probleme in Kombination eines beim Einrichten von SharePoint verwendeten SQL Server-FQDN mit dem Benutzerprofildienst.

HINWEIS Prüfen Sie vor der Einführung eines Verbindungsalias, ob Sie in Verbindung mit Ihren anderen Drittanbieterwerkzeugen keine Probleme bei der Verwendung zu erwarten haben. In früheren Produktversionen gab es beispielsweise vor dem Erscheinen von Service Packs Probleme bei der Datensicherung in Kombination mit dem System Center Data Protection Manager. Diese Probleme sind in der aktuellen Produktversion behoben, sollten jedoch bei der Entscheidung über die Aliasverwendung berücksichtigt werden. Sollten Sie sich nicht sicher sein, stellen Sie die Funktionalität unter Verwendung einer SharePoint-Evaluierungsinstallation sicher.

Gehen Sie zum Einrichten eines Alias auf jedem SharePoint-Server der Farm wie folgt vor:

1. Starten Sie *CliConfg.exe*. Sie finden das Programm im Ordner *%SystemRoot%\System32)*.
2. Aktivieren Sie auf der Registerkarte *Allgemein* zumindest das TCP/IP-Protokoll (Abbildung 4.9).

Abbildg. 4.9 SQL Server-Clientprotokollauswahl

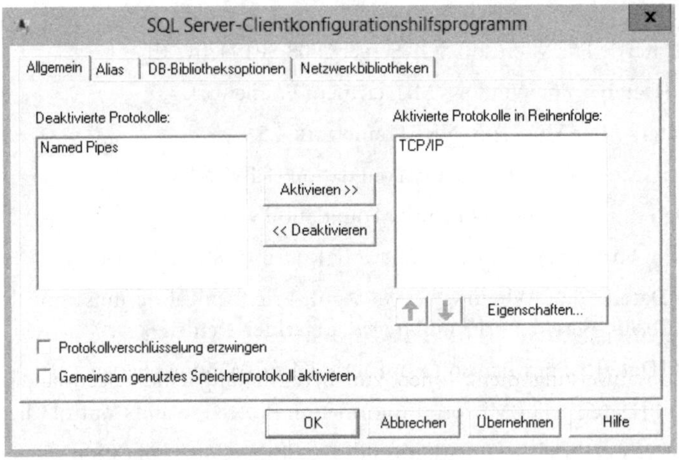

3. Klicken Sie auf die Registerkarte *Alias* und klicken Sie auf *Hinzufügen.*
4. Geben Sie im Eingabefeld *Serveralias* den Alias an und wählen Sie die Option *TCP/IP.*
5. Geben Sie im Eingabefeld *Servername* den Hostnamen vom SQL Server-Host an.
6. Sofern Sie den Standardport der Datenbank nicht verändert haben, belassen Sie das Kontrollkästchen *Anschluss dynamisch bestimmen* aktiviert. Haben Sie den Standardport abgeändert, deaktivieren Sie das Kontrollkästchen, geben Sie die bei der Konfiguration von SQL Server gewählte Portnummer an und klicken Sie auf *OK* (Abbildung 4.10).

Abbildg. 4.10 SQL Server-Verbindungsalias einrichten

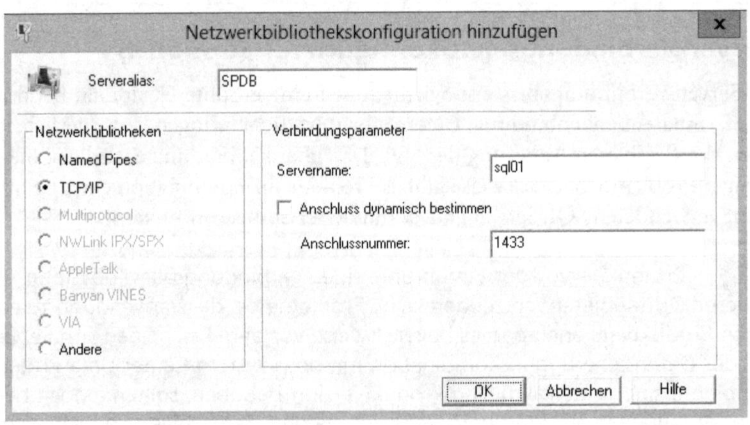

Es wird im Rahmen von Härtungsmaßnahmen empfohlen, nicht den Standardport (1433) für die Datenbankkommunikation zu verwenden. Weiterführende Informationen zur Absicherung Ihrer SharePoint-Infrastruktur finden Sie in Kapitel 13.

7. Beenden Sie die Konfiguration durch einen weiteren Klick auf *OK.*

Fahren Sie mit dem Bereitstellen einer Serverfarm fort.

Eigenständigen Server bereitstellen

Im Rahmen dieser Installationsvariante werden alle zentralen SharePoint-Dienstanwendungen automatisiert bereitgestellt und konfiguriert. Dies ist komfortabel und zeitsparend, jedoch ausschließlich für Evaluationszwecke oder Entwicklungsumgebungen zu empfehlen. Ferner kann diese Installation nicht für eine spätere Erweiterung der Farm um weitere Server genutzt werden. Die in der Praxis relevanten Optimierungen und Anpassungen sind in diesem Zusammenhang ebenfalls nicht ohne Weiteres möglich.

Achten Sie vor dem Ausführen der nachfolgenden Handlungsanweisung darauf, dass Sie die vorangegangenen Abschnitte erfolgreich bearbeitet haben.

SharePoint Foundation 2013 und SharePoint Server 2013 installieren

Diese Installationsanweisung dient Ihnen zur Bereitstellung eines eigenständigen SharePoint-Systems:

1. Starten Sie aus dem Installationsmenü die Installation durch einen Klick auf *SharePoint Foundation installieren* bzw. *SharePoint Server installieren.*
2. Geben Sie Ihren SharePoint-Lizenzschlüssel ein und klicken Sie auf *Weiter.*

HINWEIS Sie erhalten einen Evaluierungsschlüssel unter dem Link *http://technet.microsoft.com/de-de/evalcenter/hh973397* [Ms156-K04-03].

3. Stimmen Sie den Lizenzbedingungen zu, indem Sie das entsprechende Kontrollkästchen aktivieren und auf *Weiter* klicken.
4. Da Sie sich für eine eigenständige Installation entschieden haben, klicken Sie auf *Eigenständig* (Abbildung 4.13).

HINWEIS Sie können die eigenständige Installation ebenfalls starten, indem Sie in diesem Dialogfeld auf *Serverfarm* klicken und im folgenden Dialogfeld *Eigenständig* auswählen. Der Unterschied besteht bei diesem Weg primär darin, dass Sie so zusätzlich noch die Möglichkeit haben, den Speicherort für die Suchindexdateien anzupassen.

Bevor Sie auf dem nachfolgenden Dialogfeld auf *Schließen* klicken, um den Konfigurations-Assistenten für SharePoint Produkte zu starten, vergewissern Sie sich, dass Sie über keine SharePoint-Aktualisierungen verfügen, die Sie ebenfalls bereitstellen möchten. Gleiches gilt für das potenzielle Bereitstellen von weiteren Sprachen. Sollten Sie gleich im Rahmen der Installation von SharePoint-Aktualisierungen oder Sprachpakete bereitstellen, deaktivieren Sie vor dem Schließen des nachfolgenden Dialogfelds das Kontrollkästchen und installieren Sie vor dem Start des Konfigurations-Assistenten die gewünschten Aktualisierungen. Sie können die Aktualisierungen auch später noch bereitstellen, sparen auf diesem Wege jedoch Zeit und haben gleich zu Beginn eine verbesserte Benutzererfahrung.

5. Auf der Registerkarte *Dateispeicherort* haben Sie die Möglichkeit, den primären Ordner für die SharePoint-Binärinstallation und den Ordner für den Suchindex zu beeinflussen (Abbildung 4.9). Um die Installation von SharePoint Foundation 2013 bzw. SharePoint Server 2013 zu starten, klicken Sie nun auf *Jetzt installieren.*

Abbildg. 4.11 Dateispeicherorte für die Installation

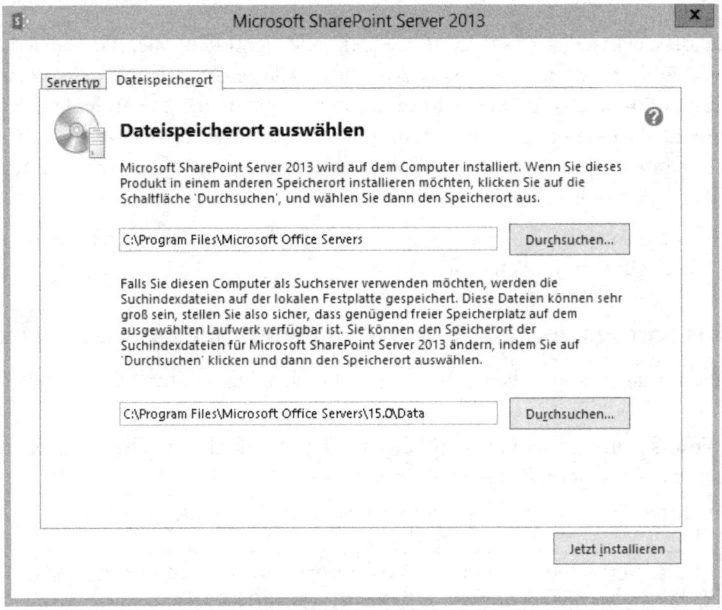

6. Nach der erfolgreichen Fertigstellung der Softwareinstallation können Sie den Prozess zum Erstellen Ihrer SharePoint-Umgebung starten, indem Sie das Kontrollkästchen *Führen Sie den Konfigurations-Assistenten für SharePoint-Produkte und -Technologien jetzt aus* aktiviert lassen und auf *Schließen* klicken.

SharePoint-Installation aktualisieren und Mehrsprachigkeit vorbereiten

Sollten Sie zuletzt die Entscheidung getroffen haben, den Konfigurations-Assistenten für SharePoint-Produkte nicht zu starten, haben Sie nun die Gelegenheit, vor dem Ausführen des Assistenten potenziell vorhandene SharePoint-Aktualisierungen und -Sprachpakete einzuspielen.

Sie können mehrere SharePoint-Aktualisierungen und -Sprachpakete nacheinander einspielen, bevor Sie abschließend den Konfigurations-Assistenten für SharePoint starten, um mit der Installation Ihrer SharePoint-Umgebung fortzufahren.

Weiterführende Informationen für das Einspielen von Aktualisierungen finden Sie in Kapitel 7 und 8.

Konfigurations-Assistent für SharePoint starten

Sollten Sie den Konfigurations-Assistenten nicht automatisch gestartet haben, finden Sie die zugehörige Kachel auf der Startseite von Windows Server 2012 wieder.

TIPP Sollten Sie entgegen der Microsoft-Supportrichtlinie SharePoint zu Testzwecken auf einem Server einer Arbeitsgruppe aufsetzen, müssen Sie nun vor dem Ausführen des Assistenten das Cmdlet *New-SPConfigurationDatabase* ausführen. Andernfalls erhalten Sie im Rahmen der Assistentenkonfiguration eine Fehlermeldung über die Verwendung eines Nicht-Domänenkontos.

1. Klicken Sie auf der Willkommensseite auf *Weiter.*
2. Bestätigen Sie den Hinweis, dass die Internet- und SharePoint-Dienste während der Installation potenziell neu gestartet werden, mit einem Klick auf *Ja.*
3. Nach der erfolgreichen Fertigstellung der SharePoint-Bereitstellung können Sie zur Homepage der SharePoint-Installation wechseln, indem Sie auf *Fertig stellen* klicken.

Sollte die Bereitstellung der SharePoint-Umgebung nicht erfolgreich abschlossen worden sein, überprüfen Sie zunächst die *PSCDiagnostics*-Protokolle, welche unter dem Pfad *%CommonProgramFiles%\Microsoft Shared\Web Server Extensions\15\Logs* zu finden sind.

Weiterführende Informationen zur Fehlerbehebung finden Sie in Kapitel 7 und 18.

Da im Rahmen dieser Installationsvariante bereits eine automatisierte Standardkonfiguration erfolgt ist, können Sie nach der Konfiguration der ausgehenden E-Mail und möglichen DNS-Einträgen mit den Anweisungen in Kapitel 6 fortfahren.

Serverfarm bereitstellen

Diese Installationsvariante sollte für alle produktiven Installationen von SharePoint Server verwendet werden.

Sorgen Sie vor dem Ausführen der folgenden Anleitung dafür, dass Sie die Abschnitte zur Präparation sowie die Bereitstellung von SQL Server erfolgreich und für alle künftigen Farmmitglieder abgearbeitet haben.

Übersicht des Bereitstellungsprozesses

Der Bereitstellungsprozess einer Farm ist komplexer als der einer eigenständigen Serverinstallation. Die Abbildung 4.12 verdeutlicht den Ablauf der Installation einer Serverfarm mit mehreren Mitgliedsservern und die in diesem Zusammenhang mögliche Parallelisierung von Arbeitsschritten, dabei ist das Vorgehen übertragbar auf eine beliebige Anzahl an Mitgliedsservern der Serverfarm.

Abbildg. 4.12 Bereitstellungsprozess der Basisinstallation einer Serverfarm

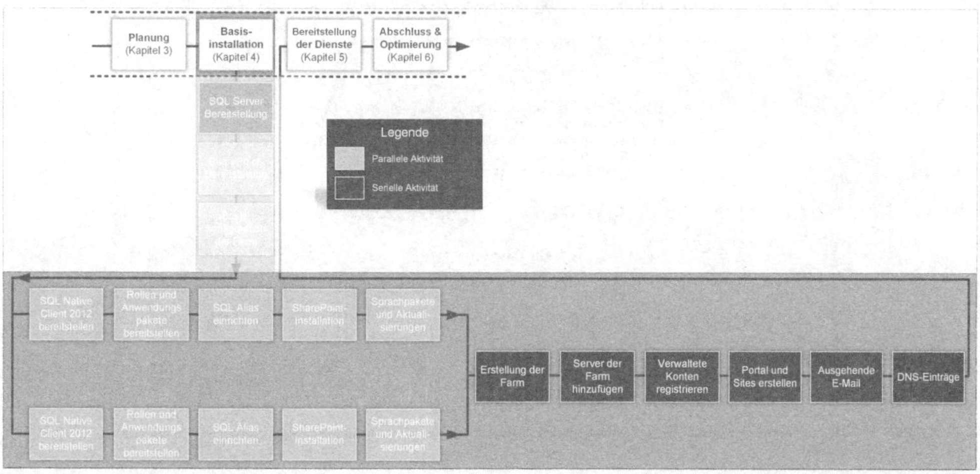

Bereitstellung

Der Hauptanteil der Bereitstellung der Serverfarm kann parallel erfolgen, wobei spätestens mit dem Start des Konfigurations-Assistenten für SharePoint-Produkte und -Technologien die Installation seriell zu erfolgen hat, um schwerwiegende Probleme zu vermeiden. Hierbei wird auf dem ersten Server, auf welchem der Konfigurations-Assistent ausgeführt wird, die Option *Eine neue Serverfarm erstellen* gewählt, während alle nachfolgenden Server die Option *Verbindung mit einer vorhandenen Serverfarm herstellen* nutzen.

Beachten Sie die Reihenfolge der verschiedenen Rollen bei der Bereitstellung. In einer Serverfarm mit dedizierten Servern in der Applikations- und Web-Front-End-Schicht lautet die Empfehlung, die Server mit der Rolle der Zentraladministration in der Applikationsschicht zu positionieren.

TIPP Um eine einfache Verwaltungseinsicht bereits zu Beginn der Bereitstellung zu erhalten, installieren Sie zunächst die Server in der Applikationsschicht zusammen mit der Zentraladministrationskomponente und erst im Anschluss die Web-Front-End-Server.

SharePoint Foundation 2013 und SharePoint Server 2013 installieren

Diese Installationsanweisung dient Ihnen zur Bereitstellung einer SharePoint-Serverfarm:

1. Starten Sie aus dem Installationsmenü die Installation durch einen Klick auf *SharePoint Foundation installieren* bzw. *SharePoint Server installieren.*
2. Sollten Sie SharePoint Server 2013 installieren, geben Sie zunächst den Lizenzschlüssel ein und klicken Sie anschließend auf *Weiter.*
3. Stimmen Sie den Lizenzbedingungen zu, indem Sie das entsprechende Kontrollkästchen aktivieren und auf *Weiter* klicken.

Abbildg. 4.13 Installationsart

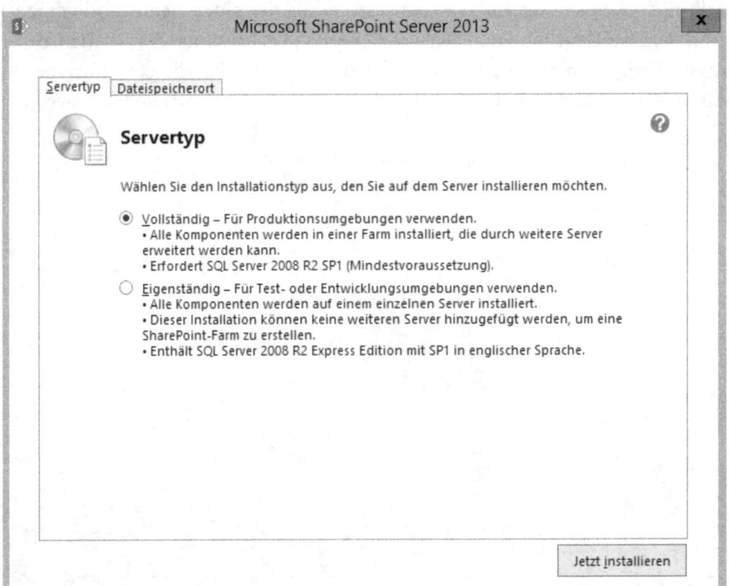

4. Wählen Sie den Servertyp *Vollständig* aus, um die Installation einer erweiterbaren Serverfarm zu ermöglichen (Abbildung 4.13), und holen Sie die Registerkarte *Datenspeicherort* in den Vordergrund.
5. In diesem Dialogfeld haben Sie die Möglichkeit, den Datenspeicherort für die Suchindexdaten anzupassen (Abbildung 4.14).

   Dies ist deshalb von Relevanz, da an diesem Speicherort potenziell große Datenmengen anfallen können. Sie haben auch nachträglich die Möglichkeit, den Speicherort für den Index zu verändern. Weitere Details hierzu entnehmen Sie bitte den Kapiteln 3 und 11.

   Im oberen Eingabefeld haben Sie zusätzlich die Möglichkeit, den Installationspfad für Ihre SharePoint-Installation zu bestimmen.

ACHTUNG Selbst wenn Sie die Installationspfade anpassen, ändert dies nichts daran, dass große Teile der Installationsordner von SharePoint in anderen Pfaden gespeichert werden (z.B. unter *%CommonProgramFiles%*). Trotz der heutzutage größeren Reserven bei den Speicherkapazitäten herrscht in vielen Unternehmen immer noch eine traditionell extrem knapp bemessene Systempartition im Vergleich zu einer großzügig bemessenen Anwendungspartition vor. Selbst, wenn Sie weitere Teile der SharePoint-Datenablage auf eine mögliche Anwendungspartition verschieben, unterschätzen Sie nicht den Speicherbedarf von SharePoint Server auf der Systempartition und wählen Sie entsprechend größere Partitionen als 50 GB, um unnötige Probleme im Betrieb einfach zu vermeiden.

Abbildg. 4.14 Dateispeicherortkonfiguration für SharePoint Server

Klicken Sie anschließend auf *Jetzt installieren*, um die Erstellung der Farm zu initiieren.

Bevor Sie auf dem nachfolgenden Dialogfeld auf *Schließen* klicken, um den Konfigurations-Assistenten für SharePoint-Produkte und -Technologien zu starten, vergewissern Sie sich, dass Sie über keine SharePoint-Aktualisierungen verfügen, die Sie ebenfalls bereitstellen möchten.

Gleiches gilt für das potenzielle Bereitstellen von weiteren Sprachen. Sofern Ihnen weitere Installationspakete vorliegen, deaktivieren Sie vor dem Schließen des nachfolgenden Dialogfelds das Kontrollkästchen und fahren Sie mit dem nächsten Abschnitt fort. Sie können die besagten SharePoint-Installationspakete auch später noch bereitstellen, sparen jedoch Zeit, da einige umfangreiche Operationen so nur einmalig ausgeführt werden müssen.

6. Nach der erfolgreichen Fertigstellung der Softwareinstallation können Sie den Prozess zum Erstellen Ihrer SharePoint-Umgebung starten, indem Sie das Kontrollkästchen *Führen Sie den Konfigurations-Assistenten für SharePoint-Produkte und -Technologien jetzt aus* aktiviert lassen und auf *Schließen* klicken.

SharePoint Installation aktualisieren und Mehrsprachigkeit vorbereiten

Sollten Sie zuletzt die Entscheidung getroffen haben, den Konfigurations-Assistenten für SharePoint-Produkte nicht zu starten, haben Sie nun die Gelegenheit, vor dessen Ausführung potenziell vorhandene SharePoint-Aktualisierungen und -Sprachpakete einzuspielen. Dabei sollten Sie zunächst die Sprachpakete und im Anschluss darauf etwaige verbleibende Aktualisierungen installieren.

TIPP Aufgrund von aktuellen Abhängigkeiten von Standardausdruckssätzen zum englischen Sprachpaket (während der Provisionierung) wird empfohlen, auf deutschen Installationen standardmäßig das englische Sprachpaket bereitzustellen. Somit können die Suchwörterbücher später erfolgreich angelegt werden.

Sie können mehrere SharePoint-Aktualisierungen und -Sprachpakete nacheinander einspielen, bevor Sie abschließend den Konfigurations-Assistenten starten, um mit der Installation Ihrer SharePoint-Umgebung fortzufahren.

Weiterführende, wichtige Informationen für das Einspielen von Aktualisierungen finden Sie in Kapitel 7.

Konfigurations-Assistent für SharePoint-Produkte starten

Starten Sie den Konfigurations-Assistent für SharePoint-Produkte, um die Erstellung der SharePoint-Serverfarm abzuschließen.

ACHTUNG Bestimmte Installationsoptionen wie das Weglassen von Funktionen, wie dem verteilten Cache oder aber die Namenswahl aller Datenbanken, stehen ausschließlich im Rahmen einer kommandozeilenbasierten Installation zur Verfügung. Gerade bei Installationen großer Farmen sollten Sie daher in Erwägung ziehen, auf die grafische Installation zu verzichten, um gemäß Ihrer Planung das bestmögliche Ergebnis zu erzielen. Die vollständig befehlszeilenbasierte Installation von SharePoint wird im Rahmen von Kapitel 17 über die PowerShell-Automation beschrieben.

Erster Server der Farm

Sollten Sie den Konfigurations-Assistenten nicht automatisch gestartet haben, finden Sie ihn unter den Programmen im Startmenü wieder.

1. Im ersten sich öffnenden Dialogfeld des Konfigurations-Assistenten klicken Sie bitte auf *Weiter*.
2. Bestätigen Sie den Hinweis, dass die Internet- und SharePoint-Dienste während der Installation potenziell neu gestartet werden, mit einem Klick auf *Ja*.

3. Wählen Sie *Eine neue Serverfarm erstellen* aus und klicken Sie auf *Weiter* (Abbildung 4.15).

Abbildg. 4.15 Erstellen einer neuen Serverfarm

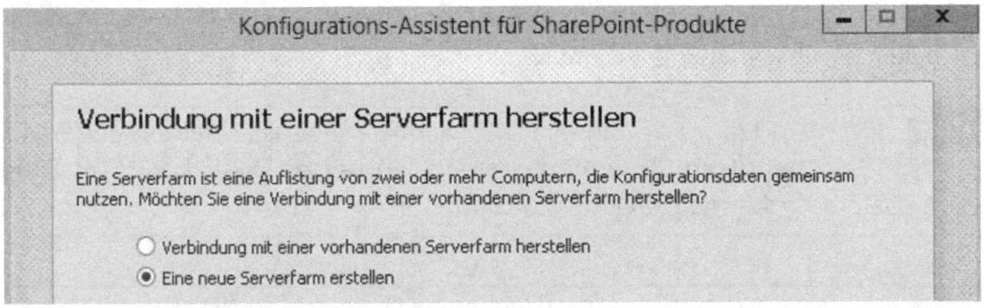

4. Geben Sie nun die Verbindungsinformationen zum Konfigurationsdatenbankserver an (Abbildung 4.16). Geben Sie im Datenbankserver den Datenbankservernamen bzw. den Namen der SQL Server-Instanz oder auch den SQL Server-Alias, gemäß der in Kapitel 3 berücksichtigten Aspekte, an und verwenden Sie im Feld *Datenbankname* einen Wert, der Ihnen eine spätere, eindeutige Zuordnung innerhalb der SQL Server-Verwaltungsoberfläche ermöglicht.

ACHTUNG Aufgrund von Problemen bei der späteren Provisionierung des wichtigen Benutzerprofildiensts in Kombination mit einem FQDN für den SQL-Servernamen verwenden Sie an dieser Stelle bitte unbedingt einen NetBIOS-Namen oder SQL-Verbindungsalias!

Abbildg. 4.16 Einstellungen der Konfigurationsdatenbank

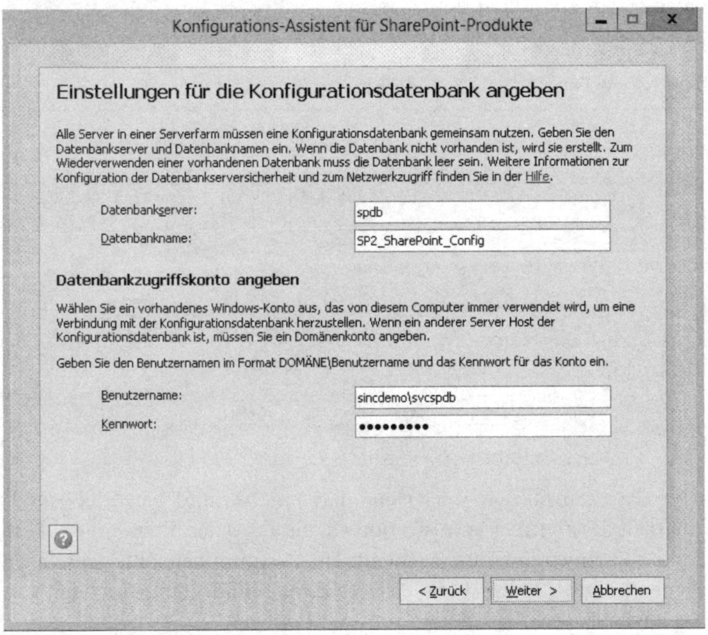

Das hier anzugebende Datenbankzugriffskonto (auch Farmkonto genannt) benötigt keinerlei besondere Privilegien und kann demnach ein Domänenbenutzerkonto mit Standard-Gruppenmitgliedschaften sein. Sämtliche erforderlichen Berechtigungen für dieses Konto werden im Laufe des Installationsprozesses automatisch an das Konto delegiert. Weitere Informationen zu den erforderlichen Berechtigungen entnehmen Sie bitte Kapitel 3.

5. Geben Sie das Datenbankzugriffskonto in der Syntax *NetBIOS-Domänenname\Anmeldename* an. Klicken Sie abschließend auf *Weiter*.

ACHTUNG Verwenden Sie an dieser Stelle nicht Ihr eigenes oder ein anderes Standardbenutzerkonto, sondern benutzen Sie unbedingt ein dediziertes Dienstkonto als Datenbankzugriffskonto, um spätere Probleme präventiv zu umgehen.

TIPP Sollten Sie nach der Eingabe dieser Daten einen Fehler erhalten, der nicht auf falsche Anmeldedaten für das angegebene Konto verweist, deutet dies darauf hin, dass entweder der angegebene Datenbankserver nicht erreichbar ist, nicht korrekt angegeben wurde oder dass dieser aufgrund TCP-Port-Beschränkungen nicht erreichbar ist. Weitere Details zur SQL Server-Einrichtung finden Sie zu Beginn dieses Kapitels.

6. Geben Sie eine Passphrase zum Sichern der Farmkonfiguration an. Dieses Kennwort benötigen Sie für jeden Server, der der Farm beitritt (Abbildung 4.17). Klicken Sie anschließend auf *Weiter*.

HINWEIS Die Passphrase muss Mindestanforderungen an die Komplexität erfüllen. Wählen Sie mindestens acht Zeichen, die drei der vier Zeichengruppen enthalten muss:

- Großbuchstaben des englischen Alphabets (A bis Z)
- Kleinbuchstaben des englischen Alphabets
- Ziffern (0 bis 9)
- Nichtalphabetische Zeichen (z.B. !, $, #, %)

Abbildg. 4.17 Farmpassphrase

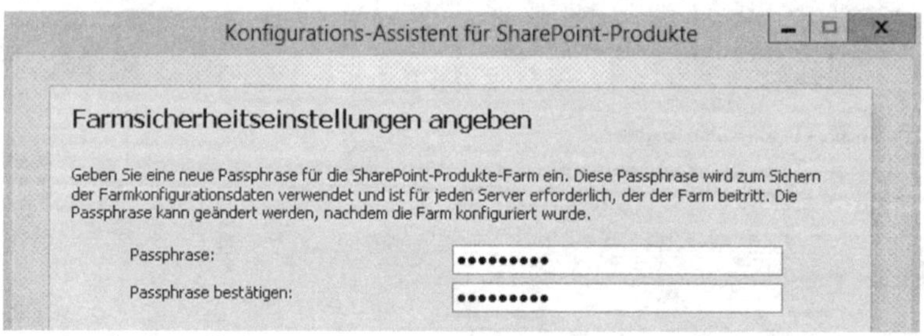

7. Aktivieren Sie das Kontrollkästchen *Portnummer angeben* und geben Sie eine Portnummer für die Erreichbarkeit der Zentraladministration an, die entweder Ihren Firewallbestimmungen entspricht oder die Ihnen einprägsam erscheint. Die Portnummer sollte zwischen 1024 und 65535 liegen. Dabei ist lediglich zu beachten, dass Sie keine Kollision mit einer ggf. von Ihnen auf dem System eingesetzten bzw. vorgesehenen Software erzeugen.

TIPP Um einen Einblick zu erhalten, welche Ports Ihres Systems lokal belegt sind, können Sie beispielsweise in der Eingabeaufforderung (*Cmd.exe*) den Befehl *Netstat -a -n* ausführen. In der Spalte *Lokale Adressen* werden diese aufgelistet. Für eine Übersicht der wichtigsten von Drittanbietern genutzten Ports ist ein Blick auf Wikipedia hilfreich: *http://de.wikipedia.org/wiki/Liste_der_standardisierten_Ports* [Ms156-K04-04].

8. Unter dem Abschnitt *Sicherheitseinstellungen konfigurieren* belassen Sie die Standardauswahl bei *NTLM* und klicken auf *Weiter*.

   Grund hierfür ist, dass die Frage des Authentifizierungsanbieters für die Zentraladministration in der absoluten Mehrzahl aller Fälle von keiner besonderen Relevanz ist (Abbildung 4.18).

   Die Portnummer, die Sie hier angeben, müssen Sie künftig beim Zugriff auf die zentrale Administrationsoberfläche von SharePoint über einen Webbrowser angeben (in diesem Beispiel wäre die URL demnach *http://<Servername>:12345*). Sie können theoretisch auch den Standardport 80 verwenden. Dies empfiehlt sich jedoch in den meisten Situationen nicht.

Abbildg. 4.18 Konfiguration der Webanwendung der Zentraladministration

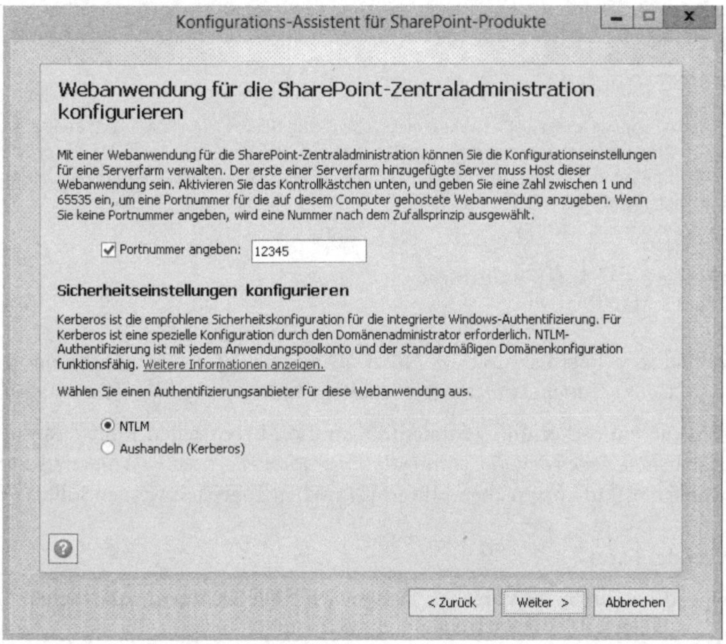

   Deutlich mehr von Bedeutung für die Sicherheit, als Kerberos für die Zentraladministrationswebanwendung zu verwenden, ist die Einrichtung von SSL für die Zentraladministration. Sollten Sie SSL nicht für die Zentraladministration bereitstellen können, schützen Sie SharePoint-Dienstkonten zumindest durch die Verwendung von komplexen Kennwörtern.

9. Kontrollieren Sie die Zusammenfassung der anzuwendenden Konfigurationseinstellungen und klicken Sie auf *Weiter*, um mit der Erstellung der SharePoint-Umgebung zu beginnen.

10. Nach der erfolgreichen Fertigstellung des Konfigurations-Assistenten können Sie zur Homepage der SharePoint-Installation wechseln, indem Sie auf *Fertig stellen* klicken.

Sollte die Bereitstellung der SharePoint-Umgebung nicht erfolgreich abgeschlossen worden sein, überprüfen Sie zunächst die *PSCDiagnostics*-Protokolle, welche unter dem Pfad *%CommonProgramFiles%\Microsoft Shared\Web Server Extensions\15\Logs* zu finden sind.

TIPP Die erweiterten Protokolle der elementaren Farmbereitstellung finden Sie im Benutzerprofil des für die Installation verwendeten Kontos unter dem Pfad der Variablen *%Temp%*. Unter diesem Pfad finden Sie Protokolldateien mit dem Präfix *SharePoint Server Setup*, *OSrvRedistLog*, *DbWrapLog* und *DCache*, die Ihnen möglicherweise bei der erweiterten Analyse eines Problems behilflich sein können.

Weitere Informationen zur Fehlerbehebung und Analyse der Farminstallation finden Sie in Kapitel 7 und 18.

Um die Erstellung der Farm mithilfe der PowerShell zu realisieren und dabei die Detailsteuerung zu Komponenten wie den verteilten Cache oder die Datenbankbenennung zu adressieren, verwenden Sie das Beispielskript aus Listing 4.1.

ONLINE Sie finden das Skript innerhalb der Begleitdateien zum Buch unter dem Namen *ErstelleFarm.ps1*.

Listing 4.1 Erstellen der SharePoint-Farm

```
New-SPConfigurationDatabase –DatabaseName "SP_SharePoint_Config" –DatabaseServer
"Servername" –AdministrationContentDatabaseName "SP_SharePoint_AdminContentDB" –Passphrase
(ConvertTo-SecureString "Passwort" –AsPlaintext –Force) –FarmCredentials (Get-Credential)
Install-SPHelpCollection -All
Initialize-SPResourceSecurity
Install-SPService
Install-SPFeature -AllExistingFeatures
Install-SPApplicationContent
```

Um die automatische Registrierung des Hosts als verteilter Cache zu verhindern, fügen Sie dem Cmdlet *New-SPConfigurationDatabase* den Schalter *SkipRegisterAsDistributedCacheHost* hinzu.

Sollten Sie auf diesem Server die Zentraladministration bereitstellen wollen, können Sie dies mithilfe der zusätzlichen Zeile *New-SPCentralAdministration -Port 4321 -WindowsAuthProvider NTLM* erreichen, wobei der Port entsprechend Ihren Wünschen angepasst werden sollte.

Weitere Server der Farm

Das nachfolgend beschriebene Vorgehen lässt sich für alle weiteren, zusätzlichen Server der Farm anwenden.

TIPP Aufgrund der im Hintergrund nun automatisch zu provisionierenden verteilten Cache-Dienstinstanz bietet es sich an, zu diesem Zeitpunkt sicherzustellen, dass eingehende ICMP-Echoanforderungen auf dem ersten Farmknoten nicht blockiert werden.

1. Starten Sie, wie beim ersten Server, den Konfigurations-Assistenten für SharePoint-Produkte.
2. Im ersten sich öffnenden Dialogfeld des Konfigurations-Assistenten klicken Sie auf *Weiter*.
3. Bestätigen Sie den Hinweis, dass die Internet- und SharePoint-Dienste während der Installation potenziell neu gestartet werden, mit einem Klick auf *Ja*.

4. Wählen Sie die Option *Verbindung mit einer vorhandenen Serverfarm herstellen* und klicken Sie auf *Weiter* (Abbildung 4.15).
5. Geben Sie die Namen des Datenbankservers im Feld *Datenbankserver* ein und klicken Sie dann auf *Datenbanknamen abrufen*. Sofern die Daten und die Konnektivität zum Datenbankserver ordnungsgemäß sind, erhalten Sie nun eine Liste mit den Namen aller SharePoint 2013-Konfigurationsdatenbanken, die sich auf der angegebenen Datenbankinstanz befinden. Wählen Sie nun die entsprechende Datenbank aus und klicken Sie auf *Weiter* (Abbildung 4.19).

Abbildg. 4.19 Konfigurationsdatenbank für Farmbeitritt auswählen

6. Geben Sie im Feld *Passphrase* die Passphrase ein, die Sie bei der Installation des ersten Servers der Farm vergeben haben, und klicken Sie auf *Weiter* (Abbildung 4.20).

HINWEIS Sollten Sie die Passphrase vergessen oder verlegt haben, gibt es die Möglichkeit, die Passphrase auf einen neuen Wert zurückzusetzen. Die Vorgehensweise dazu finden Sie in Kapitel 18.

Abbildg. 4.20 Eingabe der Farmpassphrase für den Farmbeitritt

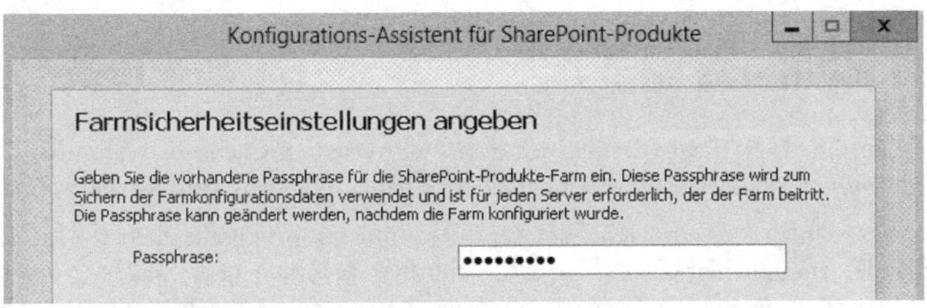

7. Kontrollieren Sie Ihre Eingaben. Unter *Erweiterte Einstellungen* haben Sie die Möglichkeit, auf dem der Farm neu hinzuzufügenden Server ebenfalls die Zentraladministration zu installieren. Da die Zentraladministration die Hauptverwaltungsschnittstelle ist, haben Sie so bei einem eventuellen Serverausfall einen deutlichen Verwaltungsvorteil.

   Theoretisch können Sie sämtliche Verwaltungsschritte mithilfe der PowerShell umsetzen. In den seltensten Fällen haben Sie jedoch alle Befehle zeitnah zur Hand, sobald der Zentraladministrationsserver ausgefallen ist. Die sekundäre Zentraladministration ist auch von Vorteil, wenn Sie bei SharePoint-Aktualisierungen für einen kurzen Zeitraum unterschiedliche Versionsstände innerhalb einer Serverfarm vorfinden.

Wählen Sie daher *Diesen Computer als Host für die Website verwenden* und klicken Sie auf *OK* (Abbildung 4.21).

Abbildg. 4.21 Aktivierung eines weiteren Servers für das Hosten der Webanwendung der Zentraladministration

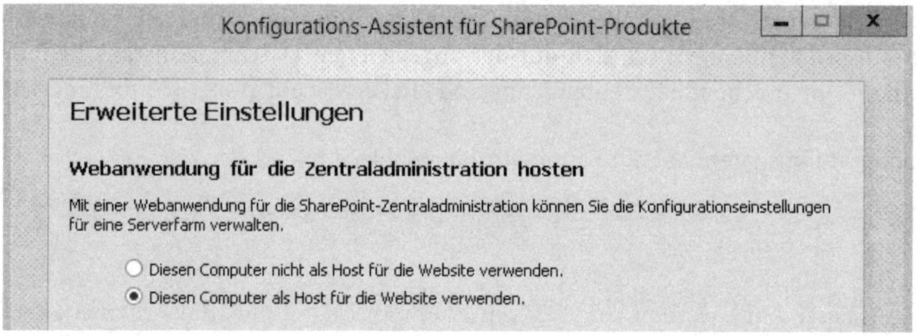

8. Starten Sie den Aufnahmeprozess in die Farm durch einen Klick auf *Fertig stellen.*

Wiederholen Sie diese Arbeitsschritte für alle verbleibenden, der Serverfarm beizufügenden Server.

Um einen weiteren Server mithilfe der PowerShell zu einer existierenden Farm hinzuzufügen, rufen Sie das PowerShell-Skript aus Listing 4.2 auf.

ONLINE Sie finden das Skript innerhalb der Begleitdateien zum Buch unter dem Namen *JoinFarm.ps1.*

Listing 4.2 Automatisiertes Hinzufügen eines Servers zu einer existierenden Farm

```
Connect-SPConfigurationDatabase –DatabaseName "SP_SharePoint_Config" –DatabaseServer
"Servername" –Passphrase (ConvertTo-SecureString "Passwort" –AsPlaintext –Force)
Install-SPHelpCollection -All
Initialize-SPResourceSecurity
Install-SPService
Install-SPFeature -AllExistingFeatures
Install-SPApplicationContent
```

Um die automatische Registrierung des Hosts als verteilten Cache zu verhindern, fügen Sie dem Cmdlet *Connect-SPConfigurationDatabase* den Schalter *SkipRegisterAsDistributedCacheHost* hinzu.

Sollten Sie auch auf diesem Server die Zentraladministration bereitstellen wollen, können Sie dies mithilfe der zusätzlichen Zeile *New-SPCentralAdministration -Port 4321 -WindowsAuthProvider NTLM* erreichen, wobei der Port entsprechend der ersten Zentraladministrationsinstanz gewählt werden sollte.

Basiskonfiguration der Farm

Dieser Abschnitt behandelt die Konfiguration elementarer Vorarbeiten, bevor Sie im Anschluss die SharePoint-Dienstanwendungen konfigurieren. Die hier angeführten Konfigurationsschritte sind hilfreich, jedoch nicht zwingend vor dem Einrichten der Dienstanwendungen erforderlich. Im Wesentlichen sind die hierfür erforderlichen Arbeitsschritte vergleichbar mit den unter SharePoint 2010 erforderlichen Arbeitsschritten.

Vorbereitung der Browser-basierten Verwaltung

Nach der Bereitstellung der SharePoint-Software gelangen Sie über Ihren Browser direkt zur Hauptverwaltungsoberfläche von SharePoint: der Zentraladministration. Beim erstmaligen Öffnen Ihres Browsers erscheint unter Windows Server 2012 zunächst ein Dialogfeld zur Eingabe Ihrer Anmeldedaten und im Anschluss darauf ein Sicherheitsdialogfeld, das Ihnen die Wahl lässt, die Kompatibilitäts- und Sicherheitseinstellungen für den Internet Explorer entweder gemäß Empfehlung oder ohne Empfehlung einzurichten. Sie können an dieser Stelle die empfohlenen Einstellungen wählen, müssen jedoch im Gegenzug an einigen Stellen einen umständlicheren Weg bei der Änderung von Browsereinstellungen in Kauf nehmen.

Das Dialogfeld zur Eingabe der Authentifizierungsinformationen erscheint, da im Rahmen der Installation die URL des Servernamens lokal zu der Liste der vertrauenswürdigen Websites hinzugefügt wurde. In dieser Zone werden jedoch nicht automatisch die Anmeldeinformationen des interaktiv angemeldeten Benutzers durchgereicht.

Während dieses Verfahren (das Hinzufügen der Site zu den vertrauenswürdigen Sites) die Mindestanforderungen für die Nutzung der Zentraladministration erfüllt, bietet es sich jedoch an, diese Site alternativ in die Internet Explorer-Zone *Lokales Intranet* zu wählen. Der primäre Unterschied besteht darin, dass in der Zone *Lokales Intranet* die Authentifizierungsdaten Ihrer aktuellen Anmeldung automatisch an die Website durchgereicht werden und Sie sich künftig die zusätzliche Authentifizierung sparen. Fügen Sie daher die URL des lokalen Servers zu der Internet Explorer-Zone *Lokales Intranet* hinzu.

Öffnen Sie hierzu unter Verwendung von administrativen Privilegien die Internet Explorer-Sicherheitseinstellungen unter *Einstellungen/Internetoptionen* und klicken Sie auf die Registerkarte *Sicherheit*. Markieren Sie die Zone *Lokales Intranet* und klicken Sie auf die Schaltfläche *Sites*. Klicken Sie auf *Hinzufügen* und bestätigen Sie die anschließende Warnung über das Verschieben des Eintrags in die alternative Zone mit einem Klick auf *Ja*. Schließen Sie abschließend die verbleibenden Eigenschaftendialogfelder.

Somit ist Ihr Browser für die Konfiguration Ihrer SharePoint-Umgebung vorbereitet.

HINWEIS Die Installation von Silverlight auf dem System, von dem aus Sie SharePoint 2013 mithilfe der Zentraladministration verwalten, ist mittlerweile nicht mehr erforderlich.

Direkt nach dem erstmaligen Öffnen der Zentraladministration fordert Sie ein modales Dialogfeld dazu auf, am Programm zur Verbesserung der Benutzerfreundlichkeit beizutreten. Durch den Beitritt zu diesem Programm wird ein Zeitgeberauftrag aktiviert, mithilfe dessen periodisch Verwendungsdaten an Microsoft übermittelt werden. Sie haben die Möglichkeit, die entsprechenden Analysen auf Webanwendungsebene zu steuern.

Assistent für die Farmkonfiguration

Der Assistent für die Farmkonfiguration bietet Ihnen die Möglichkeit, eine Vielzahl an SharePoint-Konfigurationen automatisiert und vereinfacht durchzuführen. Gerade bei kleinen Testinstallationen bietet es sich an, diese Unterstützung wahrzunehmen. Der Assistent für die Farmkonfiguration bietet zudem für einige sonst nicht über die Zentraladministration verwaltbare Dienstanwendungen, wie die Statusdienstanwendung, die einzige Bereitstellungsmöglichkeit alternativ zu PowerShell an.

Bei produktiven Installationen hingegen lautet die Empfehlung, die Dienste unbedingt manuell zu konfigurieren, um somit gezielten Einfluss auf die Parameter der Installation nehmen und eine höhere Sicherheit gewährleisten zu können. Beispielsweise haben Sie so einfach die Möglichkeit, unterschiedliche Dienstkonten zu verwenden und die Namen der Datenbanken zu beeinflussen.

HINWEIS Wie bereits in SharePoint 2010 haben Sie weiterhin auch unter SharePoint 2013 nur die Möglichkeit, alle Datenbanknamen mit zu beeinflussen, wenn Sie auf eine PowerShell-basierte Installation ausweichen.

Sie werden unmittelbar nach dem ersten Aufruf der Zentraladministration vor die Wahl gestellt, den Assistenten für die Farmkonfiguration zu starten.

Im Rahmen der Ausführung des Assistenten wird neben der Dienstkonfiguration auch eine neue Webanwendung für den Endbenutzerzugriff erzeugt.

Die folgenden Dienste können in der Übersicht mithilfe des Assistenten für die Farmkonfiguration konfiguriert werden.

Tabelle 4.1 Übersicht der via Assistent einrichtbaren SharePoint-Dienste

Dienstname	SharePoint Foundation	SharePoint Server
Access Services 2010		✓
Access Services		✓
Anforderungsverwaltung		
App-Verwaltungsdienst	✓	✓
Arbeitsverwaltungsdienst-Anwendung		✓
Benutzerprofildienst-Anwendung		✓
Business Data Connectivity-Dienst	✓	✓
Excel Services-Anwendung		✓
Forderungen an den Windows-Tokendienst		
Lotus Notes-Connector	✓	✓
Maschineller Übersetzungsdienst		✓
Microsoft SharePoint Foundation-Abonnementeinstellungendienst		
Microsoft SharePoint Foundation-Sandkasten-Codedienst		
PerformancePoint Service-Anwendung		✓
PowerPoint-Konvertierungsdienstanwendung		✓
Sammlung von Verwendungs- und Integritätsdaten		✓
Secure Store Service	✓	✓

Tabelle 4.1 Übersicht der via Assistent einrichtbaren SharePoint-Dienste *(Fortsetzung)*

Dienstname	SharePoint Foundation	SharePoint Server
Statusdienst	✓	✓
Suchdienstanwendung	✓	✓
Verwalteter Metadatendienst		✓
Visio-Grafikdienst		✓
Word Automation Services		✓
Workflowdienstanwendung		✓

Durch die Installation von Project Server in die Serverfarm steht Ihnen zusätzlich eine Project Server-Dienstanwendung zur Verfügung.

SharePoint Foundation 2013

Die nachfolgende Anleitung beschreibt die Ausführung des Assistenten für die Farmkonfiguration unter SharePoint Foundation 2013:

1. Starten Sie den Assistenten für die Farmkonfiguration, indem Sie die Zentraladministration öffnen, in der linken Schnellstartleiste *Konfigurations-Assistenten* wählen und im rechten Fensterbereich auf *Assistenten für die Farmkonfiguration starten* klicken.
2. Klicken Sie auf *Assistenten starten.*
3. Geben Sie nun das Dienstkonto an, das den zu aktivierenden Diensten zugeordnet wird. Geben Sie dazu im Feld *Benutzername* das zuvor in Active Directory erzeugte Benutzerkonto in der Syntax *Domäne\Anmeldename* und im darunter befindlichen Feld das zugehörige Kennwort ein.

HINWEIS Die Auswahl *Neues verwaltetes Konto erstellen* bedeutet nicht, dass SharePoint das Konto für Sie erzeugt. Es wird lediglich ein vorhandenes Konto verwendet.

   Aktivieren Sie die Kontrollkästchen für die in der Farm auszuführenden Dienste gemäß Ihrer Dienstplanung und klicken Sie auf *Weiter.*

4. Wählen Sie optional den Titel und die SharePoint-Vorlage für Ihr neues Portal aus. Geben Sie dazu im Feld *Titel* einen passenden Begriff ein. Dieser erscheint in der Regel im Anschluss auf der Einstiegsseite Ihrer neu zu erzeugenden SharePoint-Websitesammlung. Den Abschnitt *Websiteadresse* sollten Sie beim Standard belassen.

   Wählen Sie im Abschnitt *Vorlagenauswahl* eine für Ihre Zwecke am besten geeignete SharePoint-Vorlage aus und klicken Sie auf *OK.* Die Vorlage *Teamwebsite* auf der Registerkarte *Zusammenarbeit* ist eine der am häufigsten verwendeten Standardvorlagen für SharePoint Foundation 2013.

ACHTUNG Wählen Sie die SharePoint-Vorlage mit Bedacht aus. Sie werden im Anschluss keine weitere Möglichkeit mehr haben, die hier definierte Vorlage abzuändern. Sie müssten in diesem Fall die gesamte Site löschen.

5. Nach dem Abschluss der Konfiguration klicken Sie auf *Fertig stellen*, um den Vorgang ordnungsgemäß zu beenden.

Fahren Sie mit dem Abschnitt zur Konfiguration der ausgehenden E-Mail fort.

SharePoint Server 2013

Die nachfolgende Anleitung beschreibt die Ausführung des Assistenten für die Farmkonfiguration unter SharePoint Server 2013:

1. Starten Sie den *Assistenten für die Farmkonfiguration*, indem Sie die Zentraladministration öffnen, in der Schnellstartleiste *Konfigurations-Assistenten* wählen und in der rechten Seite auf *Assistenten für die Farmkonfiguration starten* klicken.
2. Klicken Sie auf *Assistenten starten.*
3. Geben Sie nun das Dienstkonto an, das den zu aktivierenden Diensten zugeordnet wird. Geben Sie dazu im Feld *Benutzername* das zuvor in Active Directory erzeugte Benutzerkonto in der Syntax *Domäne\Anmeldename* und im darunter befindlichen Feld das zugehörige Kennwort ein.

   Aktivieren Sie die Kontrollkästchen für die in der Farm auszuführenden Dienste gemäß Ihrer Dienstplanung und klicken Sie auf *Weiter.*

ACHTUNG Bitte haben Sie nun reichlich Geduld. Die Aktivierung und Konfiguration der relevanten SharePoint-Dienste kann, in Abhängigkeit von den gewählten Diensten, einige Zeit in Anspruch nehmen. Es ist wichtig, dass Sie den Konfigurationsvorgang an dieser Stelle nicht beeinflussen.

---

4. Wählen Sie nun optional den Titel und die SharePoint-Vorlage für Ihr neues Portal aus. Geben Sie dazu im Feld *Titel* einen passenden Begriff ein. Dieser erscheint in der Regel im Anschluss auf der Einstiegssite Ihres neu zu erzeugenden Portals. Den Abschnitt *Websiteadresse* sollten Sie beim Standard belassen.

   Wählen Sie im Abschnitt *Vorlagenauswahl* eine für Ihre Zwecke am besten geeignete SharePoint-Vorlage aus und klicken Sie auf *OK.* Sollten Sie Sprachpakete für SharePoint installiert haben, haben Sie zusätzlich die Möglichkeit, Ihre Vorlagen in der entsprechenden Sprache auszuwählen.

ACHTUNG Wählen Sie die SharePoint-Vorlage und die zugehörige Sprache mit Bedacht aus. Sie werden im Anschluss keine Möglichkeit mehr haben, die hier definierte Vorlage und Sprache abzuändern. Sie müssten in diesem Fall die gesamte Site löschen.

---

5. Nach dem Abschluss der Konfiguration klicken Sie auf *Fertig stellen*, um den Vorgang ordnungsgemäß zu beenden.

Fahren Sie mit dem Abschnitt zur Konfiguration der ausgehenden E-Mail fort.

Verwaltete Konten registrieren

Die Registrierung der verwalteten Konten ist speziell dann erforderlich, wenn Sie nicht primär auf den Assistenten für die Farmkonfiguration zurückgreifen, da dieser ein einheitliches Dienstkonto im Rahmen der automatisierten Bereitstellung mit abfragt. Sie können die verwalteten Konten auch innerhalb der nachfolgenden Arbeitsschritte anlegen. Es ist jedoch von Vorteil, die Konten vorab anzulegen, da Ihnen die nachfolgenden Arbeitsschritte somit einfacher fallen werden. Sie können diesen Abschnitt ebenfalls überspringen, wenn Sie eine eigenständige Serverinstallation durchgeführt haben.

HINWEIS Da die Einrichtung der verwalteten Konten bei einer umfassenden SharePoint-Nutzung zeitraubend ist, verwenden Sie alternativ die weiter unten demonstrierte PowerShell-basierte Einrichtung der Konten.

Sie finden die Liste aller möglicherweise erforderlichen verwalteten Konten in Kapitel 3.

1. Öffnen Sie die Zentraladministration, wählen Sie in der linken Fensterhälfte *Sicherheit* aus und klicken Sie in der rechten Fensterhälfte auf *Verwaltete Konten konfigurieren.*
2. Klicken Sie auf den Link *Verwaltetes Konto registrieren.* Das hier anzugebene Konto ist vorab in Active Directory anzulegen.
3. Geben Sie nun im Feld *Benutzername* die Anmeldeinformationen des Dienstkontos im Format *Domäne\Anmeldename* ein. Geben Sie das Kennwort im Feld *Kennwort* ein und aktivieren Sie ggf. die *Automatische Kennwortänderung* (Abbildung 4.22).

   Die automatische Kennwortänderung ist dann nützlich, wenn Ihre Organisationsrichtlinien es erforderlich machen, Kennwörter von Dienstkonten regelmäßig abzuändern. In diesem Fall übertragen Sie SharePoint die Verantwortung über die Verwaltung des Dienstkontokennworts. Somit muss das Dienstkonto nicht die Kennzeichnung erhalten, dass das zugehörige Kennwort nicht mehr abläuft.

Abbildg. 4.22 Einrichtung verwalteter Konten

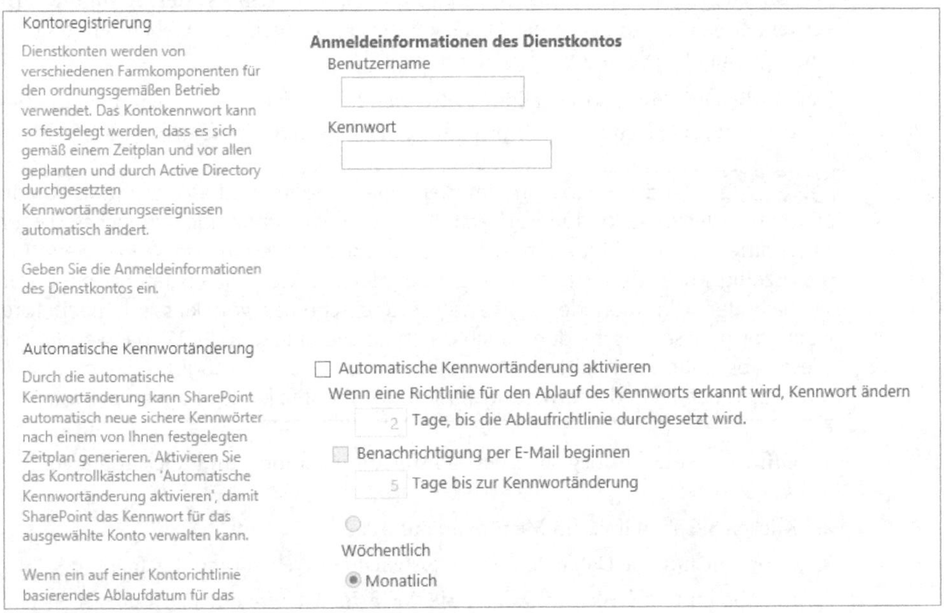

Machen Sie sich keine Sorgen um etwaige nicht übereinstimmende Kennwörter: Nach der Bestätigung werden diese überprüft und Sie erhalten unmittelbar eine Fehlermeldung, falls ein nicht korrektes Kennwort angegeben wurde.

4. Klicken Sie abschließend auf *OK* und wiederholen Sie den Vorgang für alle verbleibenden, geplanten Dienstkonten.

Zur Einrichtung der verwalteten Konten verwenden Sie alternativ das PowerShell-Skript aus Listing 4.3.

Listing 4.3 Automatisiertes Anlegen verwalteter Konten

```
Import-csv .\VerwalteteKonten.csv | foreach{
   $acc = $_.Konto
   $pw = ConvertTo-SecureString $_.Passwort -AsPlainText -Force
   $cred = New-Object -TypeName System.Management.Automation.PSCredential -ArgumentList
$acc,$pw
   New-SPManagedAccount $cred
}
```

ONLINE Sie finden das Skript zur Einrichtung der verwalteten Konten innerhalb der Begleitdateien zum Buch unter dem Namen *VerwalteteKontenAnlegen.ps1*.

Die vom Skript eingelesene Importdatei *VerwalteteKonten.csv* muss in der ersten Zeile den Wert *Konto,Passwort* beinhalten.

Portal-Webanwendung erstellen

Sie können diesen Schritt überspringen, sofern Sie zuvor den Assistenten für die Farmkonfiguration verwendet haben, um neben der Dienstkonfiguration auch eine Webanwendung zu erzeugen oder eine eigenständige Serverinstallation durchzuführen.

Der zu diesem Zeitpunkt erstellten Webanwendung stehen noch nicht alle Funktionen zur Verfügung. Die zugehörigen Dienste/Anwendungen erstellen Sie im folgenden Kapitel 5.

ACHTUNG Sind Sie dabei, im Rahmen einer Inhaltsdatenbankmigration von SharePoint 2010 aus neue Webanwendungen zu erstellen, lesen Sie unbedingt zunächst die entsprechenden Abschnitte über die Migration in Kapitel 14. Beim Anlegen von Webanwendungen treffen Sie gleichzeitig auch eine Entscheidung über den exakten Inhaltsdatenbankmigrationspfad, hinsichtlich der Migration des Authentifizierungsschemas von klassisch nach forderungsbasiert, wenngleich diese Entscheidung auch durch ein Neuanlegen der Webanwendung korrigierbar ist. Dieser Abschnitt beschreibt den Migrationsansatz, wonach mögliche SharePoint 2010-Inhaltsdatenbanken bereits in die forderungsbasierte Authentifizierung konvertiert wurden.

1. Öffnen Sie die Einstiegsseite der Zentraladministration und klicken Sie auf *Webanwendungen verwalten*.
2. Klicken Sie oben links im Menüband auf *Neu*.
3. Geben Sie nun die Daten der neu zu erstellenden Webanwendung an.

   Im Abschnitt *IIS-Website* wählen Sie *Neue IIS-Website erstellen* und geben einen eindeutigen Namen an. In diesem Beispiel wird *portal.sincdemo.de* als Name verwendet. Dies ist lediglich eine Bezeichnung, die Ihnen später im IIS-Manager zur Orientierung dient.

Abbildg. 4.23 Anlegen einer neuen Webanwendung – IIS-Website

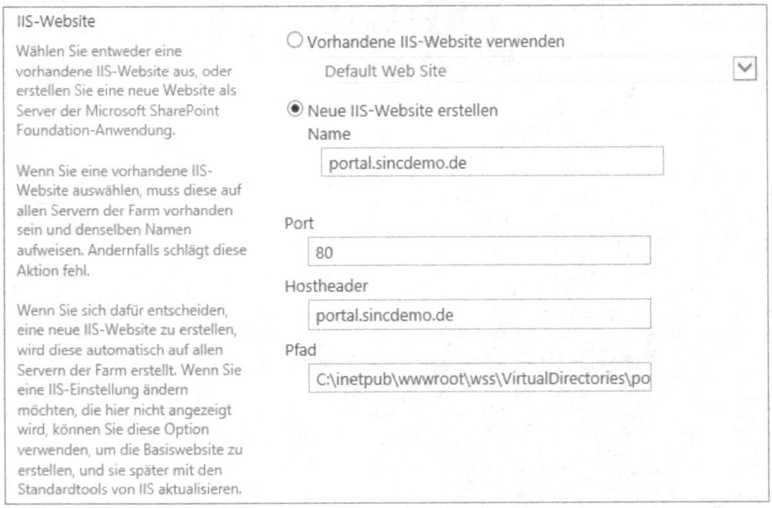

Belassen Sie das Feld *Port* beim Standard (80). Dies ist der Standard-TCP-Port, der für das HTTP-Protokoll verwendet wird. Sollten Sie hier beispielsweise 81 eingeben, hätte dies zur Folge, dass Ihre Anwender beim Aufrufen des Portals die URL *http:/portal.sincdemo.de:81* eingeben müssten.

HINWEIS Sollten Sie sich trotzdem für einen Nicht-Standardport entscheiden, beachten Sie, dass Sie diesen ggf. in der Windows-Firewallkonfiguration freischalten müssen. Standardmäßig ist die Firewall aktiv und blockiert unbekannte Ports. Durch die hier angeführte Konfiguration wird ein benutzerdefinierter Port nicht automatisch freigeschaltet.

Das Feld *Hostheader* füllen Sie bitte mit dem Hostnamen aus, unter dem Ihre Anwender die Website im Browser aufrufen. Sie können dieses Feld auch leer lassen. Dies hat den Effekt, dass die Anwender unter Verwendung des Servernamens auf den Server zugreifen können. Bei der Einrichtung von mehreren Websites auf diesem Port könnte dies ein Problem darstellen, da es dann zu einer Kollision käme.

Das Feld *Pfad* erfordert keine weitere Anpassung. Unter dem hier definierten Pfad finden Sie später wichtige Dateien wie die *web.config*-Datei zur Anpassung Ihrer Webanwendung wieder.

4. Im Abschnitt *Sicherheitskonfiguration* konfigurieren Sie die Einstellungen für den anonymen Zugriff und die Verwendung von SSL wunschgemäß (Abbildung 4.24).

   Die Auswahl *Anonymen Zugriff zulassen* hat nicht zur Folge, dass bei dessen Aktivierung sofort der anonyme Zugriff zugelassen wird. Weiterführende Informationen zum Umgang mit anonymen Zugriffen finden Sie ebenfalls in Kapitel 12.

   Die Aktivierung von SSL (Secure Sockets Layer) erfordert weitere Rahmenbedingungen, die in Kapitel 6 näher erläutert werden.

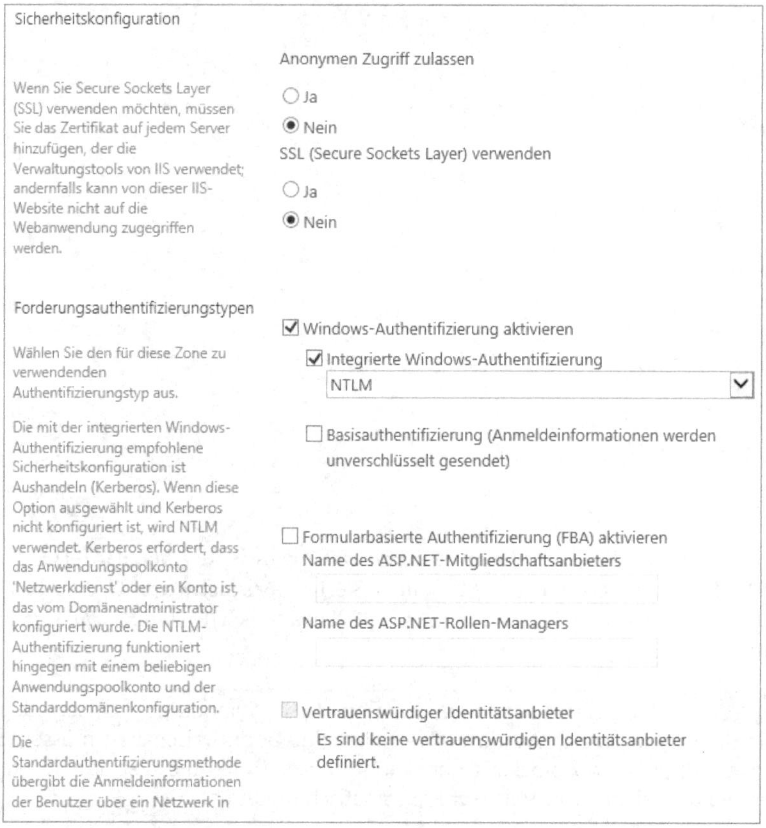

Abbildg. 4.24 Anlegen einer neuen Webanwendung – Sicherheitskonfiguration

Im Abschnitt *Forderungsauthentifizierungstypen* übernehmen Sie die Standardeinstellungen (*Integrierte Windows-Authentifizierung/NTLM*). Diese Einstellung ist für die Mehrzahl der Szenarien adäquat.

HINWEIS Die Fragestellung des Authentifizierungsanbieters ist komplex und wird daher eingehend in Kapitel 12 behandelt.

5. Im Abschnitt *URL der Anmeldeseite* belassen Sie den Standard (*Standardanmeldeseite*, Abbildung 4.25).

   Im Abschnitt *Öffentliche URL* können Sie die URL so modifizieren, dass Sie der URL entspricht, die Ihre Clients verwenden, um aus dem Internet auf diese Webanwendung zuzugreifen. Durch die Konfiguration an dieser Stelle nehmen Sie die spätere Konfiguration der *Alternativen Zugriffszuordnungen* weitestgehend vorweg. Die Zonenauswahl ist deaktiviert. In Kapitel 12 wird erläutert, wie Zonen für Webanwendungen verwendet werden können. In Kurzform haben Sie die Möglichkeit, Ihre Webanwendung zu erweitern, um Webanwendungen, die auf die gleiche Datenbank und somit den gleichen Inhalt zugreifen, unterschiedliche Authentifizierungsvarianten zur Verfügung zu stellen.

Abbildg. 4.25 Anlegen einer neuen Webanwendung – URL-Konfigurationen

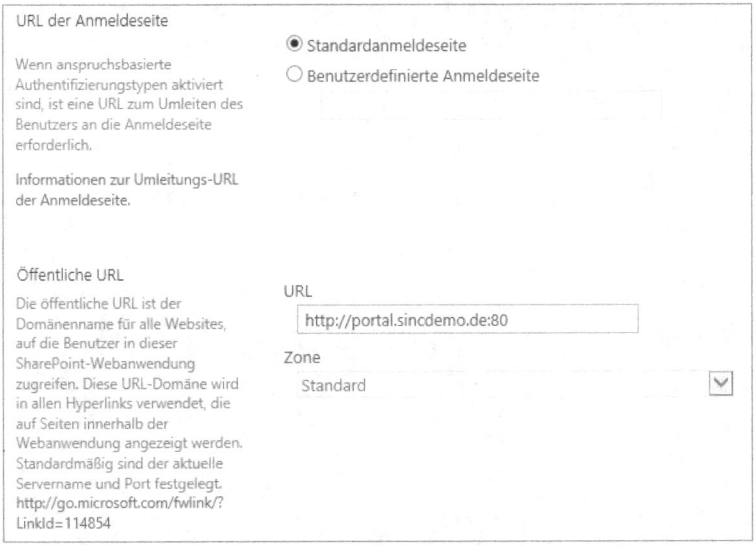

6. Im Abschnitt *Anwendungspool* definieren Sie den Anwendungspool, unter dem die Webanwendung zu laufen hat. Es bietet sich an, einen neuen, dedizierten Anwendungspool zu erzeugen und diesen mit einem expliziten Dienstkonto zu verbinden (Abbildung 4.26).

TIPP In der Regel lautet die Empfehlung, bis zu 10 Anwendungspools zu verwenden. Die genaue Anzahl an Anwendungspools hängt im Wesentlichen von den Hardware-Rahmenbedingungen Ihrer Umgebung ab. Ein einzelner Anwendungspool kann unter hoher Last bis zu 10 GB RAM konsumieren. Neben all den technischen Gründen für getrennte Anwendungspools und explizite Dienstkonten sollte die Verwaltungssicht nicht außer Acht gelassen werden. Durch getrennte Anwendungspools und dedizierte Dienstkonten haben Sie eine bessere Übersicht, was auf dem System passiert, um so beispielsweise im Task-Manager einfach zu erkennen, welche Anwendung mit welcher Funktion für welche Last auf Ihrem System sorgt oder Anwendungen gezielt neu starten, indem der zugehörige Anwendungspool wiederverwertet wird. Weitere Informationen zur Anwendungspoolstrategie finden Sie in Kapitel 3.

Wählen Sie dazu *Neuen Anwendungspool erstellen* aus und geben Sie im Feld *Anwendungspoolname* einen für Sie wiedererkennbaren Anwendungspoolnamen ein. Aktivieren Sie anschließend die Option *Konfigurierbar* und wählen Sie in der Liste ein zuvor von Ihnen bei den verwalteten Konten registriertes Dienstkonto aus.

Geben Sie im Abschnitt *Datenbankname und Authentifizierung* einen passenden Datenbanknamen an. Auch hier gilt es, einen Namen zu wählen, der es Ihnen ermöglicht, die Datenbank später im SQL Server-Manager einfach ihrer Funktion zuordnen zu können, um so für eine transparente Administration zu sorgen. Bewährt hat sich hier eine Namenskonvention wie *<Name der Serverfarm>_<Name der Webanwendung>_Content* (in diesem Beispiel *SP2_Portal_Content*), wobei *Content* für Inhaltsdatenbank steht und das Präfix *SP2_* der einfachen Sortierung und Identifizierung im SQL System Management Tool dient. Belassen Sie die Datenbankauthentifizierung beim Standard (*Windows-Authentifizierung*).

Abbildg. 4.26 Anlegen einer neuen Webanwendung – Anwendungspool und Datenbank

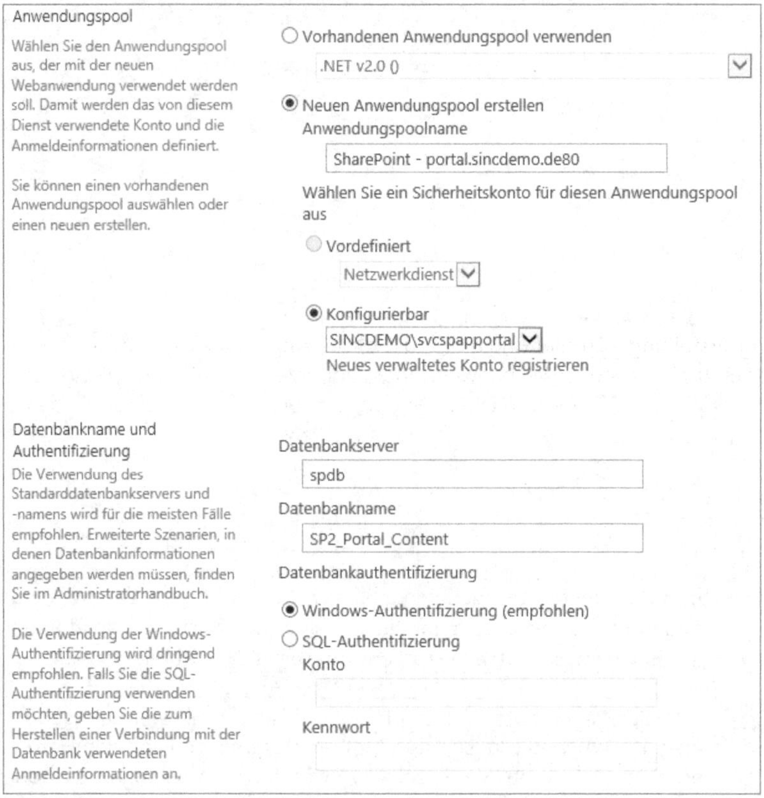

7. Den Abschnitt *Failoverserver* lassen Sie zunächst leer. Die hiermit verknüpften Einstellungen werden in Kapitel 16 eingehender behandelt.
8. Im Abschnitt *Dienstanwendungsverbindung* belassen Sie die Auswahl bei *Standard*. Die Nutzung von Dienstgruppen und farmübergreifenden Diensten wird in Kapitel 9 behandelt.
9. Entscheiden Sie über Ihre Teilnahme am *Programm zur Verbesserung der Benutzerfreundlichkeit* und klicken Sie auf *OK*, um mit der Erstellung der Webanwendung zu beginnen.

Zur Erstellung einer Webanwendung mithilfe der PowerShell verwenden Sie bitte das folgende Beispiel als Grundlage (Listing 4.4):

Listing 4.4 Erstellen einer Webanwendung mithilfe der PowerShell

```
$ManAcc = Get-SPManagedAccount sincdemo\svcsppportal
$AP = New-SPAuthenticationProvider
New-SPWebapplication -Name "SINC Intranet" -Port 80 -HostHeader "intranet.sincdemo.de" -Url
"http://intranet.sincdemo.de" -ApplicationPool "Claims-Portal" -ApplicationPoolAccount
($ManAcc) -DatabaseName "SP_Intranet_ContentDB" –AuthenticationProvider $ap
```

Bei dem hier verwendeten Verfahren wurde bewusst der Authentifizierungsanbieter gesetzt, da andernfalls eine Webanwendung mit dem klassischen Authentifizierungsmodus erstellt würde. Als Anwendungspool wird in diesem Rahmen einer neuer Pool namens *Claims-Portal* erstellt.

Um eine Webanwendung mit SSL-Schutz zu erstellen, modifizieren Sie die URL entsprechend und fügen Sie zusätzlich den Parameter *SecureSocketsLayer* hinzu:

```
New-SPWebapplication -Name "SINC Intranet" -Port 443 -HostHeader "intranet.sinc.de" -Url
"https://intranet.sincdemo.de" -ApplicationPool "Claims-Portal" -ApplicationPoolAccount
($ManAcc) -DatabaseName "SP_SINC-Intranet_ContentDB" -SecureSocketsLayer -
AuthenticationProvider $ap
```

Neben dieser Konfiguration darf nicht vergessen werden, entsprechende Zertifikate für SSL an IIS (Internetinformationsdienste) zu binden. Die Installation von Zertifikaten wird in Kapitel 6 und Kapitel 13 behandelt.

TIPP Während im Rahmen des hier beschriebenen, erstmalig aufzurufenden Webanwendung-Erstellungs-Cmdlet durch die zusätzliche Angabe des *ApplicationPoolAccount*-Parameters automatisch ein neuer Webanwendungspool erzeugt wird, können Sie durch dessen Weglassen beim Anlegen weiterer Webanwendungen via PowerShell diese in den zuvor erstellten Webanwendungspool hinzufügen. Da es, anders als bei den Dienstanwendungspools, keine direkten Verwaltungs-Cmdlets zum Steuern der Webanwendungspools gibt, ist man an dieser Stelle auf komplexere Referenzierungen angewiesen, um deren Steuerung zu ermöglichen, sofern nachträgliche Änderungen erforderlich werden. Diese nachträglichen Änderungen der Webanwendungspoolzuordnungen sind indes nicht mithilfe der Zentraladministration möglich. Seien Sie daher sorgsam beim Anlegen und Steuern der Webanwendungspools.

Oberste Websitesammlung erstellen

Sie können diesen Schritt überspringen, sofern Sie zuvor den *Assistenten für die Farmkonfiguration* verwendet oder eine eigenständige Serverinstallation durchgeführt haben:

1. Öffnen Sie die Einstiegsseite der Zentraladministration und klicken Sie unter *Anwendungsverwaltung* auf *Websitesammlung erstellen.*
2. Stellen Sie sicher, dass im Auswahlfeld *Webanwendung* Ihre zuvor erzeugte Webanwendung ausgewählt ist.

   Geben Sie im Feld *Titel* einen Namen für Ihre Websitesammlung ein. Dieser Name erscheint später, abhängig von der noch zu wählenden Vorlage, innerhalb der Website als Bezeichnung, also für den Anwender sichtbar. Füllen Sie das Feld *Beschreibung* aus, sodass Ihnen eine spätere Identifizierung der Website einfacher fällt.

   Im Abschnitt *Websiteadresse* wählen Sie das Suffix der URL für Ihre Websitesammlung. Da in diesem Fall eine Site auf oberster Ebene erzeugt werden soll, wird die Standardeinstellung belassen (*/*).

HINWEIS Für die Verwendung spezieller URL-Pfade benötigen Sie ggf. die Einrichtung sogenannter verwalteter Pfade. Weitere Informationen hierzu finden Sie in Kapitel 9.

3. Im Abschnitt *Vorlagenauswahl* belassen Sie die Standardauswahl für zu nutzende SharePoint-Version (*2013*) und wählen Sie bitte die Vorlage aus, die für die Erstellung Ihrer ersten Website verwendet werden soll.

Abbildg. 4.27 Vorlagenauswahl für Websitesammlungen

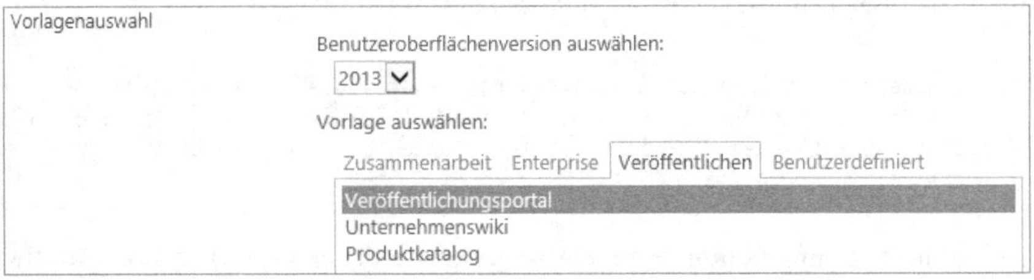

ACHTUNG Beachten Sie bitte, dass Sie sich eingehend mit den verfügbaren Vorlagen und deren Funktion befassen sollten, da Sie diese Einstellung für die jeweils erstelle Websitesammlung, außer durch das Neuanlegen, nachträglich nicht mehr ändern können. Die Beschreibung der mit SharePoint ausgelieferten Vorlagen finden Sie in Kapitel 10.

4. Die Auswahl der hier verfügbaren Vorlagen ist abhängig von der SharePoint-Version, den bereitgestellten Sprachpaketen und den nachträglich installierten Vorlagen. In diesem Beispiel (SharePoint Server 2013) wählen Sie auf der Registerkarte *Veröffentlichen* die Vorlage *Veröffentlichungsportal* aus.
5. Im Abschnitt *Primärer Websitesammlungsadministrator* geben Sie bitte zumindest den Anmeldenamen des Benutzerkontos an, das über die administrative Hoheit der zu erzeugenden Websitesammlung verfügt. Verwenden Sie dabei das Format *Domäne\Anmeldename* (Abbildung 4.28).

Abbildg. 4.28 Definition von Websitesammlungsadministratoren und Kontingentvorlagen

TIPP Sie können in diesen Dialogfeldern keine Gruppen verwenden. Allerdings sind Sie, anders als der Eindruck vermitteln mag, sehr wohl dazu in der Lage, mehr als zwei Websitesammlungsadministratoren zu definieren. Diese Option steht Ihnen später lediglich in der Berechtigungssteuerung der Websitesammlung zur Verfügung. Die Aufgabe der Steuerung weiterer Websitesammlungsadministratoren obliegt den beiden primären Websitesammlungsadministratoren.

6. Wählen Sie ggf. eine *Kontingentvorlage* aus, um die Speichernutzung einzuschränken und klicken Sie abschließend auf *OK*, um die Websitesammlung zu erstellen.

Zum Erstellen der obersten Websitesammlung mithilfe der PowerShell verwenden Sie folgendes Beispielskript:

```
New-SPSite http://intranet.sincdemo.de -OwnerAlias "SINCDEMO\FarmAdmin" -Language 1031 -
Template BLANINTERNET#0 -Name "Intranet-Portal"
```

Die Liste der Vorlagen, die zum Erstellen einer Websitesammlung zur Verfügung stehen, erhalten Sie mithilfe von *Get-SPWebTemplate*.

Ausgehende E-Mail

Die Konfiguration der ausgehenden E-Mails ist ein integraler Bestandteil der SharePoint-Konfiguration. Sie besteht aus zwei grundlegenden Elementen: der Konfiguration von SharePoint mit den Adressdaten des Zielservers mit SMTP-Funktionalität und der Konfiguration des Zielservers, damit dieser die eingehenden E-Mails auch ordnungsgemäß verarbeitet. Aufgrund der schon seit vielen E-Mail-Servergenerationen vorherrschenden, sehr restriktiven Behandlung von Relaying, also der Weitergabe von E-Mails von einem fremden Serversystem, sollte bei diesem Arbeitsschritt mit Sorgfalt vorgegangen werden, da sich bei einer genauer Betrachtung Fehler herauskristallisieren, die nicht auf den ersten Blick erkennbar sind, wie beispielsweise, dass Nachrichten möglicherweise nur innerhalb Ihrer Organisation zugestellt werden können.

HINWEIS Die Einrichtung von eingehender E-Mail wird in Kapitel 5 beschrieben.

Lokale SharePoint-Konfiguration

Gehen Sie wie folgt vor, um SharePoint für ausgehende E-Mails zu konfigurieren:

1. Öffnen Sie die Zentraladministration und klicken Sie in der linken Schnellstartleiste auf *Systemeinstellungen* und im Anschluss im Abschnitt *E-Mail und Textnachrichten* auf *Einstellungen für ausgehende E-Mail konfigurieren*.
2. Geben Sie nun die Verbindungsdaten des E-Mail-Servers an, der für die Zustellung der durch SharePoint versendeten E-Mail-Nachrichten zuständig ist. Geben Sie dazu im Feld *SMTP-Server für ausgehende Nachrichten* den Hostnamen des SMTP-Servers an (Abbildung 4.29).

Abbildg. 4.29 Ausgehende E-Mail-Einstellungen definieren

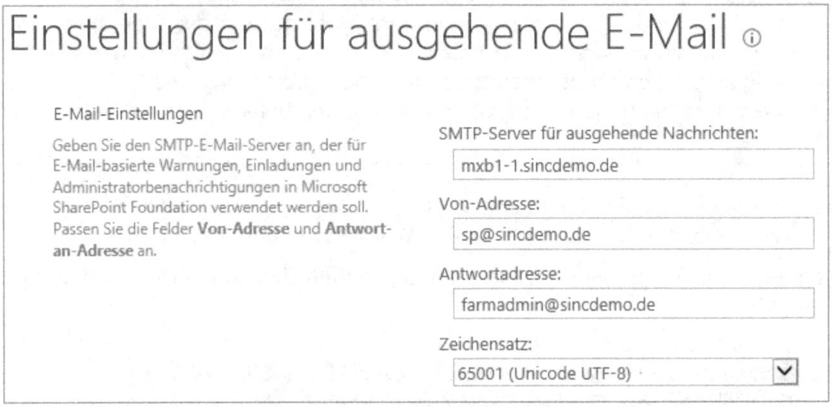

Üblicherweise geben Sie als SMTP-Server für ausgehende Nachrichten ein Remotesystem an. Sie können jedoch auch den lokalen SMTP-Server auf Ihrem SharePoint-Server verwenden. Dies ermöglicht Ihnen beispielsweise einige zusätzliche, optionale Sicherheitsfunktionen wie die Verwendung von Authentifizierung bei der Remotezustellung oder einen über TLS gesicherten Transport oder die Verwendung eines alternativen, ausgehenden Ports. Demnach können Sie ohne einen Workaround standardmäßig zunächst nur unauthentifizierte Nachrichten auf dem Standard-TCP-Port 25 zustellen. Weitere Informationen zum Thema der angepassten Sicherheit entnehmen Sie bitte Kapitel 13.

3. Im Feld *Von-Adresse* geben Sie die Absender-E-Mail-Adresse ein, die der Empfänger der Nachrichten bei Erhalt der Nachricht sieht. Füllen Sie entsprechend das Feld *Antwortadresse* aus, um eine vom Absender abweichende Antwortadresse zu definieren. Im Feld *Zeichensatz* behalten Sie im deutschsprachigen Raum den vorausgewählten Zeichensatzstandard (*65001 (Unicode UTF-8)*) bei. Klicken Sie abschließend auf *OK*.

Remotekonfiguration

Die Konfiguration des Ziel-SMTP-Servers wird exemplarisch anhand von drei gängigen SMTP-Servervarianten demonstriert.

Windows-SMTP-Server

Stellen Sie zunächst sicher, dass das SMTP-Feature auf dem Server bereitgestellt wurde. Für die Konfiguration eines in Windows Server integrierten SMTP-Servers (die hier gezeigten Abbildungen von Windows Server 2008 bis Windows Server 2012 R2 ähneln sich stark) gehen Sie wie folgt vor:

1. Öffnen Sie zunächst den IIS-Manager (unter Windows Server 2008 bis Windows Server 2012 R2 benutzen Sie den *Internetinformationsdienste (IIS) 6.0 Manager*).
2. Navigieren Sie zum SMTP-virtuellen Server und öffnen Sie die Konfiguration des SMTP-Servers (beispielsweise über das Kontextmenü *Eigenschaften*).
3. Öffnen Sie die Registerkarte *Zugriff* und klicken Sie dort auf die Schaltfläche *Relay*.
4. Wie Sie in dem sich öffnenden Fenster feststellen, ist das Relayen standardmäßig nur den sich authentifizierenden und den explizit in der Liste angegebenen Computern gestattet. Da Share-

Point eine Authentifizierung an dieser Stelle direkt nicht unterstützt, klicken Sie auf *Hinzufügen*, um die IP-Adresse(n) der SharePoint-Server hinzuzufügen (Abbildung 4.30).

Abbildg. 4.30 Relayeinschränkungen für SMTP-Server konfigurieren

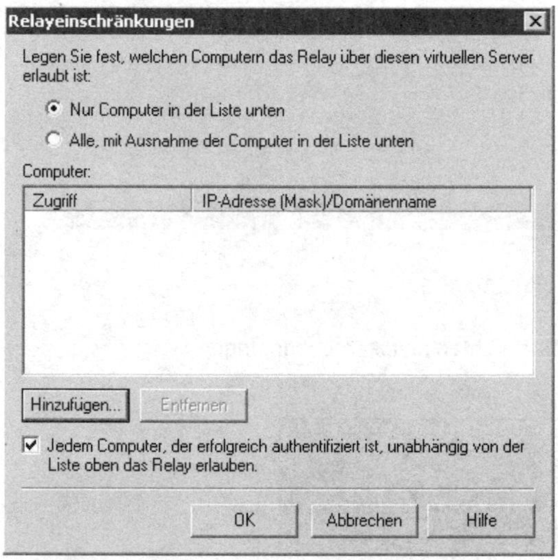

5. Geben Sie die IP-Adresse des SharePoint-Systems an und bestätigen Sie den Vorgang mit einem Klick auf *OK*.

Wiederholen Sie den Vorgang für alle SharePoint-Server Ihrer Farm.

Exchange Server 2013

In Exchange Server 2013 existiert standardmäßig bereits ein Connector für den Empfang von Nachrichten, der anders als unter Exchange Server 2010, standardmäßig auch für die Annahme von Nachrichten von anonymen Benutzern konfiguriert ist. Sie können daher entweder den bestehenden Connector dafür verwenden, Nachrichten von SharePoint anzunehmen (Abbildung 4.31) oder alternativ einen dedizierten Connector für SharePoint neu erstellen.

WICHTIG Wahrscheinlich werden Sie bei Ihren Tests feststellen, dass Exchange Server Ihre SharePoint-Nachrichten zustellt, jedoch lediglich jene, die für die Empfänger innerhalb Ihrer Exchange Server-Organisation bestimmt sind. Sobald Sie Nachrichten, deren Empfänger sich außerhalb Ihrer Exchange Server-Organisation befinden, via SharePoint versenden, werden diese von Exchange Server abgelehnt, da der Exchange-Server das Relaying für diesen Connector noch nicht zulässt (Abbildung 4.32). Um das Problem zu beheben, nutzen Sie bitte die Exchange Server-Verwaltungsshell.

Abbildg. 4.31 Standardempfangsconnector von Exchange Server 2013

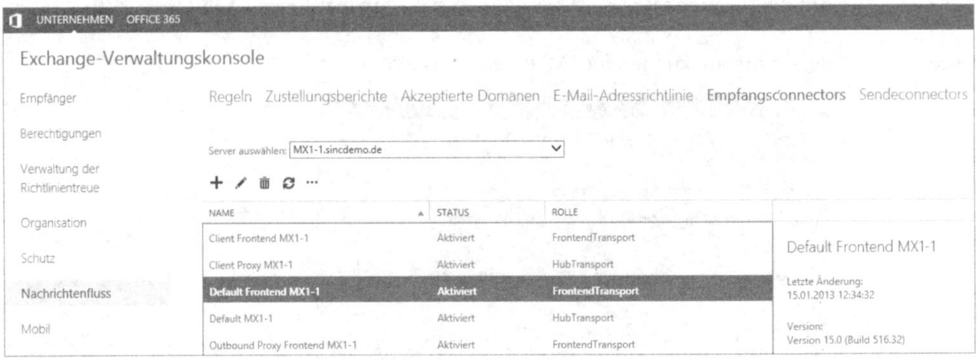

Abbildg. 4.32 Problem bei der Zustellung von Nachrichten an externe Empfänger

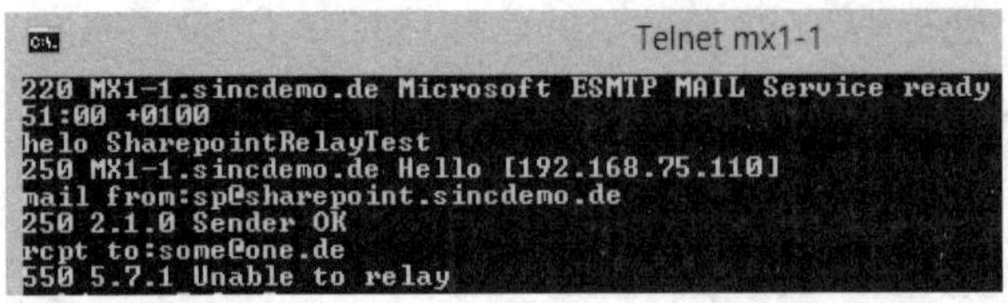

TIPP Alternativ können Sie auch die Eigenschaften des soeben erzeugten Empfangsconnectors anpassen, indem Sie in den Einstellungen des entsprechenden Connectors unter *Sicherheit* im Abschnitt *Authentifizierung* das Kontrollkästchen *Extern gesichert* aktivieren. Zusätzlich muss in dem Fall auch im Abschnitt *Berechtigungsgruppen* das Kontrollkästchen bei *Exchange Server* aktiviert bleiben. Dies hat unter anderem zur Folge, dass das Relayen erlaubt wird. Eine gesicherte Verbindung, wie durch die Beschriftung des Kontrollkästchens suggeriert wird (zum Beispiel mit IPsec), ist hierfür nicht erforderlich. Diese Konfiguration ist jedoch nicht mit dem Standardempfangsconnector kompatibel und sollte daher nur für einen SharePoint-spezifischen Empfangsconnector gewählt werden. Die bessere Lösung ist in der Regel der Weg mithilfe der PowerShell.

Geben Sie in der Exchange-Verwaltungsshell den folgenden Befehl ein und ersetzen Sie zuvor *[CONNECTORNAME]* durch einen entsprechenden Wert (Abbildung 4.33):

Listing 4.5 Aktivierung des Relayings auf deutschen Systemen

```
Get-ReceiveConnector "[CONNECTORNAME]"| Add-ADPermission -User "NT-Autorität\ANONYMOUS-
Anmeldung" -ExtendedRights "ms-Exch-SMTP-Accept-Any-Recipient"
```

Abbildg. 4.33 Konfiguration des Exchange-Empfangsconnectors für Relaying

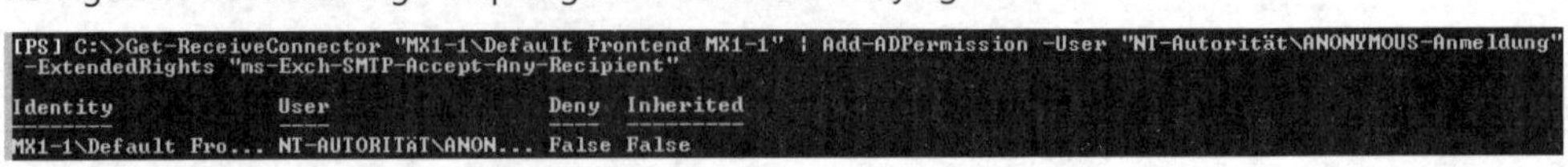

Sollten Sie die englische Serveredition installiert haben, lautet der Befehl wie folgt:

Listing 4.6 Aktivierung des Relayings auf englischen Serversystemen

```
Get-ReceiveConnector "[CONNECTORNAME]" | Add-ADPermission -User "NT Authority\ANONYMOUS
Logon" -ExtendedRights "ms-Exch-SMTP-Accept-Any-Recipient"
```

Exchange Server 2007-2010

Unter Exchange Server 2007 und 2010 wird die Konfiguration etwas komplexer, da es eine Reihe von Hürden zu überwinden gilt, die Sie daran hindern, Relaying versehentlich zu gestatten:

1. Um innerhalb einer Exchange Server 2007/2010-Organisation Nachrichten intern zuzustellen, ist es hilfreich, zunächst einen SMTP-Empfangsconnector einzurichten. Öffnen Sie dazu die Exchange Server-Verwaltungskonsole und navigieren Sie in der linken Feldhälfte unter *Serverkonfiguration* auf den Eintrag *Hub-Transport*. Klicken Sie in der oberen Feldmitte auf den gewünschten Exchange-Server und wählen Sie anschließend in der rechten Aktionsleiste *Neuer Empfangsconnector*.
2. Geben Sie einen treffenden Namen für den Connector ein. Hier bietet sich SharePoint an. Im Dropdownlistenfeld für die vorgesehene Verwendung wählen Sie *Benutzerdefiniert* und klicken auf *Weiter*.
3. Im Dialogfeld *Lokale Netzwerkeinstellungen* passen Sie ggf. die Standardwerte an und klicken auf *Weiter*.
4. Im Dialogfeld *Remotenetzwerkeinstellungen* löschen Sie die Vorauswahl, indem Sie die standardmäßig vorhandene Zeile mit den Remote-IP-Adressen *0.0.0.0-255.255.255.255* auswählen und auf das rote X-Symbol zum Löschen klicken. Klicken Sie anschließend auf *Hinzufügen*, geben Sie die IP-Adresse(n) der SharePoint-Server an und klicken Sie anschließend auf *Weiter*.
5. Überprüfen Sie die Zusammenfassung und klicken Sie abschließend auf *Neu* (Abbildung 4.34).

Abbildg. 4.34 Anlegen eines neuen Connectors

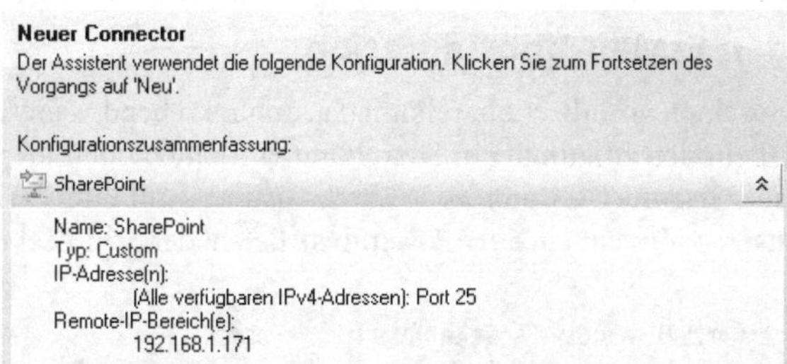

6. Öffnen Sie nach der Erstellung des neuen Empfangsconnectors diesen durch einen Doppelklick und öffnen Sie die Registerkarte *Berechtigungsgruppen*. Aktivieren Sie hier lediglich das Kontrollkästchen *Anonyme Benutzer* (Abbildung 4.35).
7. Übernehmen Sie die Einstellungen durch einen Klick auf *OK*.
8. Nun ist Exchange Server bereit, Nachrichten von SharePoint entgegen zu nehmen. Sie können dies nun testen, indem Sie durch SharePoint E-Mails versenden lassen.

Abbildg. 4.35 Berechtigungseinstellungen des Empfangsconnectors für Exchange Server 2007/2010

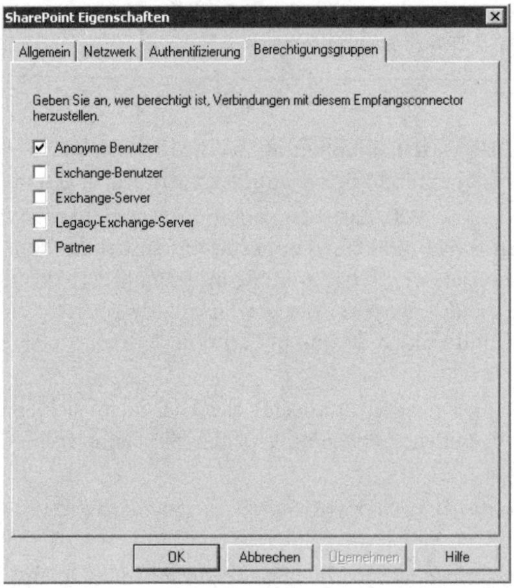

WICHTIG Beachten Sie, dass der so eingerichtet Connector zu diesem Zeitpunkt noch keine Nachrichten an externe Empfänger zulässt. Um dies zu realisieren, beachten Sie bitte die entsprechenden Einrichtungshinweise im Abschnitt für Exchange Server 2013, welche im Wesentlichen auch für Exchange Server 2007/2010 zutreffen.

Testen der ausgehenden E-Mail-Konfiguration

Um sicherzustellen, dass Nachrichten von Ihrer SharePoint-Farm hinreichend weitergeleitet werden, können Sie entweder E-Mail-Benachrichtigungen in SharePoint einrichten oder aber direkt mithilfe der PowerShell eine Probe aufs Exempel statuieren. Während früher mühsame Telnet-Sequenzen einen universellen Weg ebneten, ist nun ein einziger PowerShell-Befehl der Schlüssel zum Erfolg:

```
Send-MailMessage -SmtpServer mxl-1 -Body "Testnachricht" -From
"farm@sharepoint.sincdemo.de"  -Subject "Mail-Test" -To "wojciech.micka@sincdemo.de"
```

Testen Sie unbedingt nicht nur die lokale, sondern auch die Zustellung über das Internet an externe Empfänger, da hier in der Regel zumeist Fehler begangen werden.

DNS-Einträge

Im Rahmen der DNS-Eintragskonfiguration liegen zwei Arbeitsschritte an:

- Erzeugen von DNS A-Datensätzen
- Erzeugen von DNS MX-Datensätzen (nur für eingehende E-Mails)

Richten Sie für Ihre SharePoint-Installation die zusätzlichen DNS-Einträge ein, unter denen die SharePoint-Webanwendung angesprochen werden soll. Dies scheint eine Selbstverständlichkeit zu sein, jedoch gibt es einen guten Grund, auf diese Maßnahme explizit hinzuweisen:

Ihnen stehen unter DNS verschiedene Eintragstypen zur Verfügung, die Sie nutzen können, um die IP-Adressen Ihrer SharePoint-Server an einen Namen zu binden. Die beiden gängigen Wege zu diesem Ziel bestehen darin, kanonische Namenseinträge (Canonical Name Record, CNAME-Record) oder A-Datensätze (A-Records) zu erzeugen. Verwenden Sie jedoch bitte explizit nicht CNAME-Datensätze, da dies in Kombination mit anderen Technologien zu Problemen führt.

HINWEIS Die Kerberos-basierte Authentifizierung führt aufgrund eines speziellen Verhaltens des Browsers, in Kombination mit CNAME-Datensätzen für die SharePoint-Sites, zu Fehlern, da hier ein abweichender Name für die Anforderung verwendet wird. Vermeiden Sie daher präventiv die Verwendung von CNAME-Datensätze für SharePoint-Sites, um dieses Problem einfach zu umgehen.

Achten Sie des Weiteren darauf, dass Sie sowohl die internen als auch die externen (also internetseitigen-) DNS-Serveranpassungen berücksichtigen. Dies ist speziell für die optionale, eingehende E-Mail-Kommunikation von Bedeutung, da Sie hier mit großer Wahrscheinlichkeit eher ein abweichendes E-Mail-SMTP-Gateway verwenden, um alle eingehenden E-Mails aus dem Internet zu empfangen, als den SharePoint-E-Mail-Dienst. Somit verweist der MX-Eintrag auf dem externen DNS-Server auf Ihr schon vorhandenes SMTP-Gateway in der Demilitarized Zone (DMZ) und der MX-Eintrag des internen DNS-Servers auf die IP des SharePoint-basierten SMTP-Diensts.

Zusammengefasst haben Sie demnach in der Regel vier DNS-Einträge vorzunehmen:

- DNS-A-Eintrag für die interne Erreichbarkeit der SharePoint-Site

Optional – für externe Veröffentlichungen:

- DNS-A Eintrag auf dem externen DNS-Server (für die SharePoint-Site)

Optional – für eingehende E-Mails:

- DNS-MX-Eintrag auf dem internen DNS-Server
- DNS-MX-Eintrag auf dem externen DNS-Server

Best Practices

Für die Basisbereitstellung von SharePoint werden die folgenden Best Practices empfohlen (Tabelle 4.2).

Tabelle 4.2 Best Practices für die Basisbereitstellung von SharePoint 2013

OK	Empfohlene Maßnahme
✓	Verwenden Sie SQL Server 2012 als Datenbankplattform für maximale Funktionalität und Leistung in einer SharePoint-Serverfarm
✓	Verwenden Sie keinen FQDN für den SQL-Servernamen bei der Ausführung des Assistenten zur Erstellung der SharePoint-Farm, sondern einen NetBIOS-Namen oder SQL-Verbindungsalias
✓	Installieren Sie den SQL Server 2012-Native Client, um auf den SharePoint-Servern für maximale Funktionalität zu sorgen

Tabelle 4.2 Best Practices für die Basisbereitstellung von SharePoint 2013 *(Fortsetzung)*

OK	Empfohlene Maßnahme
✓	Richten Sie einen SQL-Alias vor Installation von SharePoint auf allen Mitgliedern der Farm ein
✓	Deaktivieren Sie nicht von vornherein die Windows Firewall auf den Servern Ihrer SharePoint-Farm, um die Sicherheit zu erhöhen
✓	Verwenden Sie nicht Kerberos für die Authentifizierung an der Zentraladministration, sofern Sie nicht zwingend darauf angewiesen sind
✓	Stellen Sie in Serverfarmen mit mehreren SharePoint-Servern die Zentraladministration, wenn möglich, auf zwei Servern bereit
✓	Richten Sie für jeden Zugriffsnamen entsprechende AAMs ein
✓	Verwenden Sie DNS-A-Datensätze anstelle von CNAME-Datensätzen, um spätere Probleme mit Kerberos zu vermeiden
✓	Stellen Sie sicher, dass der angebundene E-Mail-Server auch Nachrichten außerhalb Ihrer Organisation weiterleitet, sofern dies grundsätzlich gewünscht ist
✓	Um automatisch generierte Datenbanknamen inklusive einer GUID im Rahmen der Installation zu vermeiden, verwenden Sie anstelle des Konfigurations-Assistent für SharePoint-Produkte und -Technologien die Befehlszeile zur Farmprovisionierung
✓	Nutzen Sie die PowerShell-Cmdlets, um bereits bei der Basiseinrichtung spezielle Dienste, wie den verteilten Cache, zu platzieren
✓	Testen Sie die ausgehende E-Mail-Zustellung, um häufige Fehler in der Detailkonfiguration frühzeitig zu entdecken

Zusammenfassung

Nach der erfolgreichen Bereitstellung von SharePoint finden Sie eine ganze Reihe wichtiger Änderungen an Ihrem Serversystem vor. Die Besonderheit einer eigenständigen Serverinstallation ist indes die bereits fast vollständig funktional vorliegende SharePoint-Umgebung, die keine umfangreichen Anpassungen erfordert.

HINWEIS Zumeist werden die an den im Rahmen der Installation automatisch erstellten und an die Datenbanknamen angehangenen GUIDs als störend empfunden. Bei einer Serverfarminstallation ohne die Verwendung des Assistenten für die Farmkonfiguration können Sie die meisten dieser GUIDs vermeiden. Einige sind dabei jedoch nur durch die Verwendung der Befehlszeile vermeidbar.

Nun gilt es, einige Eckpfeiler des Installationsresultats zu überfliegen, um einen ersten Eindruck der Ihnen vorliegenden Umgebung zu erhalten. Die im Rahmen der Installation bereitgestellten Dienste, Dienstanwendungen, Anwendungspools und Datenbanken finden Sie hierfür in Kapitel 8 erläutert.

Im Rahmen dieses Kapitels haben Sie die Kernbestandteile einer SharePoint-Basisinstallation nachvollzogen. Lesen Sie im nächsten Kapitel, wie Sie Ihre SharePoint-Umgebung um weitere Dienste und Dienstanwendungen ergänzen können.

Kapitel 5

Bereitstellen der erweiterten Dienste

In diesem Kapitel:

Abonnementeinstellungendienst 294
Statusdienst 296
Verwalteter Metadatendienst 297
Suche 304
Secure Store Service 315
Forderungen an den Windows-Tokendienst (C2WTS) 319
Verteilter Cache (Distributed Cache) 322
Meine Website/Benutzerprofildienst 324
App-Verwaltungsdienst 344
Maschineller Übersetzungsdienst 348
Arbeitsverwaltungsdienst 352
Anforderungs-Manager 355
Business Data Connectivity-Dienst (BDC) 357
Excel Services 361
PerformancePoint 366

Access Services	373
Access Services 2010	383
PowerPoint-Konvertierungsdienstanwendung	385
Visio-Grafikdienst	386
Word Automation Services	390
Dokumentkonvertierung	393
Sandkasten-Codedienst	397
Eingehende E-Mail	399
Best Practices	412
Zusammenfassung	413

In diesem Kapitel wird erläutert, wie die Dienstanwendungen von SharePoint 2013 bereitgestellt werden können.

Sofern Sie die SharePoint-Farm im Rahmen einer Migration bereitstellen, beachten Sie vor dem Bereitstellen der Dienstanwendungen unbedingt die Hinweise des Migrationskapitels 14. Ohne die zusätzlichen migrationsspezifischen Routinen kommt es zu unerwarteten Fehlern bei der Migration. Während einige Dienstanwendungen für Migrationsbetrachtungen irrelevant sind, müssen für einige wenige Dienstanwendungen bereits während Bereitstellung der Dienstanwendung, wie z.B. dem Benutzerprofildienst, zusätzliche Maßnahmen getroffen werden, die teilweise nicht nachträglich anwendbar sind.

Bevor Sie die anschließenden Implementierungshinweise befolgen, achten Sie darauf, dass zumindest die in Abbildung 5.1 aufgeführten Abschnitte in Kapitel 3 zum Thema Planung berücksichtigt sind.

HINWEIS Nicht Bestandteil dieses Kapitels ist die Einrichtung von Erweiterungen wie Office Web Apps, PowerPivot, Reporting Services oder dem Workflow-Manager. Diese Erweiterungen werden im jeweils zugehörigen Kapitel 16 bzw. 19 beschrieben.

Abbildg. 5.1 Planungsvoraussetzungen für die Bereitstellung der SharePoint-Dienste

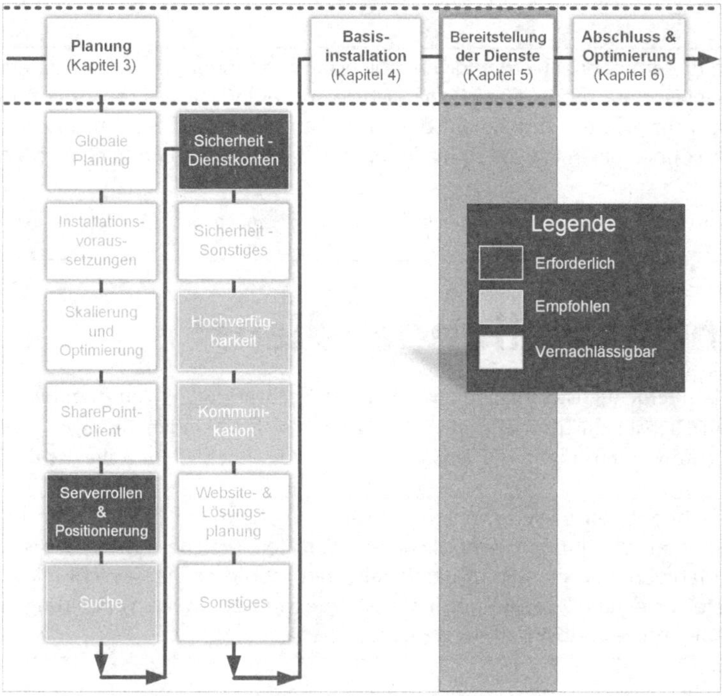

Bei der Abfolge der Bereitstellung gibt es kein festgelegtes Vorgehen. Aufgrund einiger Abhängigkeiten hat sich folgende Reihenfolge bei der Bereitstellung der Dienstanwendungen als vorteilhaft erwiesen (Abbildung 5.2):

Abbildg. 5.2 Beispielinstallationssequenz für die Dienstanwendungen in SharePoint 2013

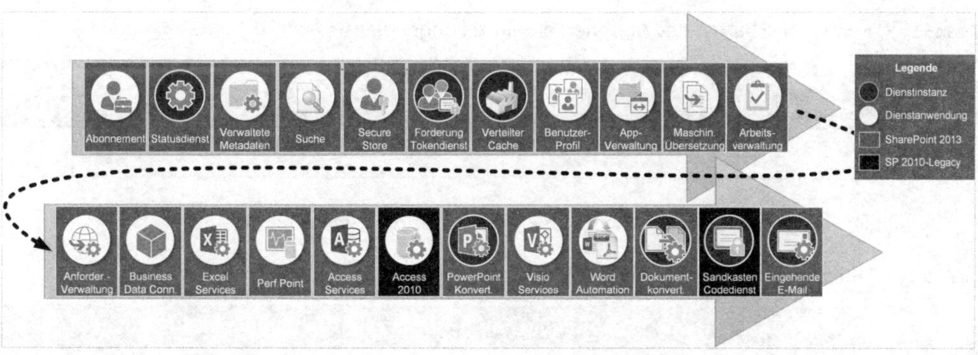

Grundsätzlich gilt für die Einrichtung von Dienstanwendungen, dass Farmadministrationsrechte benötigt werden. In Abhängigkeit von der jeweiligen Dienstanwendung werden vereinzelt weitere Berechtigungen benötigt. Diese werden im jeweiligen Abschnitt näher erörtert. Gehen Sie bei allen hier demonstrierten PowerShell-Beispielen davon aus, dass Sie diese unter erhöhten Rechten ausführen müssen und in der geöffneten PowerShell-Konsole immer die SharePoint-PowerShell-Snap-

Ins geladen sind. Weiterführende Hintergrundinformationen hierzu finden Sie in Kapitel 17 zum Thema Automation.

HINWEIS In diesem Kapitel werden diverse Dienstanwendungen dafür konfiguriert, innerhalb des Dienst-Webanwendungspools *SharePoint Dienste* ausgeführt zu werden. Sofern der Anwendungspool noch nicht existiert und Sie auf diesen im Rahmen einer PowerShell-Automation verweisen möchten, können Sie ihn zuvor einmalig mithilfe des folgenden Beispielbefehls anlegen:

```
New-SPServiceApplicationPool -Name "SharePoint Dienste" -Account "sincdemo\svcspfapsvc"
```

Abonnementeinstellungendienst

Der optionale Abonnementeinstellungendienst dient der Nachverfolgung von Abonnement-IDs und -Einstellungen für Dienste, die im partitionierten Modus, also für Mandantenumgebungen bereitgestellt wurden. Die Konfiguration dieses Diensts erfolgt fast ausschließlich mithilfe der PowerShell.

HINWEIS Sie benötigen diesen Dienst nur, wenn Sie SharePoint-Sites hosten und es Ihren Kunden oder eigenen Abteilungen ermöglichen wollen, Teilbereiche ihrer Daten selbst zu verwalten. Für die Mehrzahl der SharePoint-Bereitstellungen ist dieser Dienst nicht relevant, da tiefgreifende Dienste für eigene Abteilungen zumeist von einer zentralen Verwaltungseinheit und nicht von den Abteilungen selbst betreut werden.

Es bietet sich an, diese Dienstanwendung bei Relevanz frühestmöglich bereitzustellen, da nachfolgende Dienstanwendungen direkt bei der Bereitstellung für den partitionierten Modus konfiguriert werden müssen, sofern diese mandantenfähig sein sollen.

HINWEIS Es wird empfohlen, diesen Dienst auf Entwicklungsumgebungen standardmäßig bereitzustellen.

Tabelle 5.1 Kerneigenschaften des Abonnementeinstellungendiensts

Farm-übergreifend	Partitionierbar	SharePoint Foundation	SharePoint Server	SharePoint Server Enterprise	Redundanzfähigkeit	Positionierung
		✓	✓	✓	✓	✓

Die folgenden Abhängigkeiten ergeben sich für diese Dienstanwendung:

Tabelle 5.2 Abhängigkeiten des Abonnementeinstellungendiensts

Abhängigkeit	Dienst ist abhängig von	Vom Dienst abhängige Komponenten	Abhängigkeit
		Datenisolation von Dienstanwendungen innerhalb einer Farm	✓
		Apps	✓

Legende: ✓ = Erforderlich

In mehrschichtigen SharePoint-Serverfarmen sollte dieser Dienst auf mehreren Servern, jedoch nicht zwangsläufig exklusiv in der Anwendungsschicht bereitgestellt werden.

Zur erfolgreichen Bereitstellung des Diensts sind in der Übersicht die folgenden Arbeitsschritte erforderlich:

- Starten des Abonnementeinstellungendiensts
- Erzeugen der Dienstanwendung für den Abonnementeinstellungendienst

Die schrittweise Bereitstellung des Abonnementeinstellungendiensts wird in den nachfolgenden Abschnitten beschrieben.

Abonnementeinstellungendienst starten

Zum Starten des Abonnementeinstellungendiensts über die Zentraladministration gehen Sie wie folgt vor:

1. Öffnen Sie die Startseite der Zentraladministration und klicken Sie unter *Systemeinstellungen* auf *Dienste auf dem Server verwalten.*
2. Wählen Sie jeweils im Feld *Server* den entsprechenden Server aus und klicken Sie in der Zeile *Microsoft SharePoint Foundation-Abonnementeinstellungendienst* in der Spalte *Aktion* auf *Starten.* Wiederholen Sie den Vorgang ggf. auf den verbleiben Servern der Serverfarm.

Alternativ steht Ihnen das PowerShell-Skript aus Listing 5.1 für das Starten des Diensts zur Verfügung. Ersetzen Sie dabei den Servernamen *SP2-2* durch den Namen Ihres jeweiligen Servers.

Listing 5.1 Starten des Abonnementeinstellungendiensts über die PowerShell

```
$ServiceID = Get-SPServiceInstance | where {$_.TypeName -match "Microsoft SharePoint
Foundation-Abonnementeinstellungendienst"} | where {$_.Server -match "SP2-2"}
Start-SPServiceInstance -Identity $ServiceID
```

Fahren Sie mit dem Erstellen der Dienstanwendung fort.

Abonnementeinstellungendienst-Anwendung erstellen

Erzeugen Sie eine Dienstanwendung für den *Abonnementeinstellungendienst.* Das folgende PowerShell-Skript erzeugt eine neue Abonnementeinstellungendienst-Anwendung (inklusive des Dienstanwendungsproxy) und fügt diese zu dem Anwendungspool *SharePoint Dienste* hinzu (Listing 5.2).

Listing 5.2 Erzeugen einer Abonnementeinstellungendienstanwendung via PowerShell

```
$appPool = Get-SPServiceApplicationPool -Identity "SharePoint Dienste"
$sa = New-SPSubscriptionSettingsServiceApplication -Name "Abonnementeinstellungendienst"
-Databasename "SP2_AbonnementDienstanwendung_DB" -Applicationpool $appPool
$sap = New-SPSubscriptionSettingsServiceApplicationProxy -ServiceApplication $sa
```

Die so erzeugte Dienstanwendung wird primär mithilfe der PowerShell verwaltet.

ONLINE Sie finden das Beispielskript zum Erstellen der Abonnementeinstellungendienst-Anwendung unter dem Namen *ErzeugeAbonnementApp.ps1* innerhalb der Begleitdateien zum Buch.

Der nächste Schritt in der Verwendung der soeben erzeugten Dienstanwendung besteht entweder darin, Abonnement-IDs zu erzeugen, diese Ihren Mandanten zuzuordnen und eine Verwaltungswebsite für Ihre Mandanten mit der ID zu verknüpfen oder aber die Dienstanwendung im nächsten Abschnitt für die App-Verwaltung zu instrumentalisieren. Wie Sie den Abonnementeinstellungendienst für das Mandantenszenario einrichten, erfahren Sie in Kapitel 9.

Statusdienst

Sie können diesen Abschnitt überspringen, wenn Sie eine eigenständige Serverinstallation oder den Assistenten zur Farmkonfiguration verwendet haben, um den Statusdienst automatisiert zu konfigurieren.

Der optionale Statusdienst speichert temporäre Daten der Benutzersitzungen für eine ganze Reihe von SharePoint-Komponenten. Der Statusdienst ist ausschließlich in SharePoint Server 2013 enthalten (Tabelle 5.3).

Tabelle 5.3 Kerneigenschaften des Statusdiensts

Farm-übergreifend	Partitionierbar	SharePoint Foundation	SharePoint Server	SharePoint Server Enterprise	Redundanzfähigkeit	Positionierung
			✓	✓	✓	✓

Der Dienst wird nicht explizit auf einer speziellen Ebene der Farm bereitgestellt, sondern lediglich zentral aktiviert, um auf allen Servern den Zugriff auf Sitzungsstatusinformationen zu ermöglichen. Die Redundanzfähigkeit des Diensts ist nicht wirklich erforderlich, vielmehr greifen alle Server auf identische Sitzungsstatusinformationen zu.

Die folgenden Abhängigkeiten ergeben sich für den Statusdienst:

Tabelle 5.4 Abhängigkeiten des Statusdiensts

Abhängigkeit	Dienst ist abhängig von	Vom Dienst abhängige Komponenten	Abhängigkeit
		InfoPath Forms Services	✓
		Chart Webpart	✓
		Exchange Server	✪
		Visio Services	✓
		Workflows	✓

Legende: ✪ = Nicht erforderlich, jedoch empfohlen; ✓ = Erforderlich

Der Statusdienst wird für Dienstanwendungen, wie den Visio Services, auf Farmen benötigt, die mehrere SharePoint-Server umfassen.

Workflows benötigen den Statusdienst für benutzerdefinierte Aufgaben oder aber den Standardgenehmigungsworkflow.

Zum Einrichten des Statusdiensts ist lediglich die Erstellung der Statusdienstanwendung erforderlich.

Anders als bei der Mehrzahl der SharePoint-Dienstanwendungen kann die Statusdienstanwendung lediglich über den Assistenten zur Farmkonfiguration und über PowerShell eingerichtet werden.

Für die Konfiguration per PowerShell gehen Sie wie folgt vor:

1. Öffnen Sie die *SharePoint-Verwaltungsshell.*
1. Verwenden Sie das PowerShell-Skript aus Listing 5.3, um die Statusdienstanwendung inklusive Statusdienstproxy zu erzeugen. In diesem Beispiel wird eine Statusdienstanwendung mit dem Namen *Statusdienst* erzeugt. Dabei wird die Datenbank *SP2_Statusdienst* benannt, um die Lokalisierung in der SQL Server-Verwaltung zu vereinfachen. Ersetzen Sie zuvor die Werte der Parameter *Name* entsprechend durch Ihre individuellen Werte.

Listing 5.3 Erstellen einer Statusdienstanwendung via PowerShell

```
New-SPStateServiceDatabase -Name "SP2_Statusdienst" | New-SPStateServiceApplication
-Name "Statusdienst" | New-SPStateServiceApplicationProxy -DefaultProxyGroup
```

HINWEIS Wie bereits unter SharePoint 2010 haben Sie neben diesem Sitzungsstatusdienst auch alternativ die Möglichkeit, den ASP.NET-Sitzungsstatusdienst zu verwenden. Diesen können Sie über den PowerShell-Befehl *Enable-SPSessionStateService -DatabaseName <Name der Datenbank>* provisionieren. Zusätzlich ist es noch erforderlich, in der *web.config*-Datei der jeweiligen Webanwendungen das Element *enableSessionState* auf *Wahr* zu setzen (*<pages enableSessionState = "true"*).

Nach dem Erstellen der Dienstanwendung finden Sie diese in der Zentraladministration in der Liste der Dienstanwendungen wieder. Die Verwaltung des Statusdiensts erfolgt ebenfalls ausschließlich mithilfe der PowerShell.

Verwalteter Metadatendienst

Sie können diesen Abschnitt überspringen, sofern Sie eine eigenständige Serverinstallation oder den Assistenten zur Farmkonfiguration verwendet haben, um den Dienst *Verwalteter Metadatendienst* automatisiert zu konfigurieren.

Der verwaltete Metadatenwebdienst ermöglicht es Ihnen, verwaltete Metadaten zu nutzen und diese auch über die Grenzen einer Websitesammlung und einer Website hinaus zu teilen. Verwaltete Metadaten sind eine hierarchische Auflistung zentral verwalteter Ausdrücke, die Sie an zentraler Stelle definieren und anschließend innerhalb der gesamten Farm konsumieren und verknüpfen können.

Der verwaltete Metadatendienst ist seit SharePoint 2010 ein zentraler Dienst einer SharePoint-Farm und hat in SharePoint 2013 weiter an Bedeutung gewonnen bzw. wird standardmäßig verstärkt von den anderen Komponenten genutzt (Tabelle 5.5).

Tabelle 5.5 Kerneigenschaften des verwalteten Metadatendiensts

Farm-übergreifend	Partitionierbar	SharePoint Foundation	SharePoint Server	SharePoint Server Enterprise	Redundanzfähigkeit	Positionierung
✓	✓		✓	✓	✓	APP

Die folgenden Abhängigkeiten ergeben sich für den verwalteten Metadatendienst (Tabelle 5.6):

Tabelle 5.6 Abhängigkeiten des verwalteten Metadatendiensts

Abhängigkeit	Dienst ist abhängig von	Vom Dienst abhängige Komponenten	Abhängigkeit
✪	Statusdienst	Meine Websites	✪
✓	Inhaltstyphub	Suche	✪
		Personensuche	✓
		Communities (z.B.: Community Sites)	✪
		Navigation	✪
		Websiterichtlinien	✪

Legende: ✪ = Nicht erforderlich, jedoch empfohlen; ✓ = Erforderlich

HINWEIS Die Abhängigkeit zum Statusdienst resultiert aus der Eigenschaft bei der Standardausdruckssatz-Generierung neuer Funktionen für Personen und Suchwörterbücher. Der verwaltete Metadatendienst kann seine Funktionen natürlich grundsätzlich ohne den Statusdienst ordnungsgemäß bereitstellen.

Durch den verwalteten Metadatendienst wird es den Benutzern von Community Sites ermöglicht, Hash Tags zu verwenden, um ein einheitliches unternehmensweites Tagging zu unterstützen. Ferner ermöglicht der verwaltete Metadatendienst wie bereites unter SharePoint 2010 eine alternative, metadatenbasierte Navigation.

Eine neu in SharePoint 2013 eingeführte und an den verwalteten Metadatendienst gekoppelte Funktion stellen die Websiterichtlinien dar. Zwar können diese auch ohne diese Dienstanwendung genutzt werden, jedoch ohne websitesammlungsübergreifende Nutzbarkeit. Hierfür wird der zentrale Inhaltstyphub benötigt, der unter anderem auch für das zentrale Publizieren von Inhaltstypen benötigt wird.

Der Inhaltstyphub ist in gewisser Hinsicht Bestandteil der verwalteten Metadatendienstanwendung, jedoch wird auf diesen letztlich nur referenziert. Lokalisiert ist dieser außerhalb der verwalteten Metadatendienstanwendung.

Die erforderlichen Schritte zur Bereitstellung des Diensts sehen in der Übersicht wie folgt aus:

- Starten des verwalteten Metadatendiensts
- Erstellen einer Websitesammlung für den Inhaltstyphub Ihrer SharePoint-Umgebung
- Erstellen einer verwalteten Metadatendienstanwendung
- Delegieren der Zugriffsberechtigungen auf den Terminologiespeicher (optional)

- Aktivieren der spaltenspezifischen Ausdruckssätze (empfohlen/optional)
- Validieren der Bereitschaft der verwalteten Metadatendienstanwendung

Verwalteter Metadatendienst starten

Um den verwalteten Metadatendienst mithilfe der Zentraladministration zu starten, gehen Sie wie folgt vor:

1. Öffnen Sie die Startseite der Zentraladministration und klicken Sie unter *Systemeinstellungen* auf *Dienste auf dem Server verwalten*.
2. Wählen Sie jeweils im Feld *Server* den entsprechenden Server aus und stellen Sie sicher, dass jeweils in der Zeile *Verwalteter Metadatendienst* in der Spalte *Status* der Wert *Gestartet* erscheint. Sollte dies nicht der Fall sein, klicken Sie in der entsprechenden Zeile auf *Starten*.

Zum Starten des Diensts über PowerShell verwenden Sie das PowerShell-Skript aus Listing 5.4. Ersetzen Sie dabei den im Beispiel angegebenen Servernamen durch den Namen Ihres jeweiligen SharePoint-Servers.

Listing 5.4 Starten des Metadatenwebdiensts via PowerShell

```
$ServiceID = Get-SPServiceInstance | where {$_.TypeName -match "Verwalteter
Metadatenwebdienst"} | where {$_.Server -match "[SERVERNAME]"}
Start-SPServiceInstance -Identity $ServiceID
```

Fahren Sie mit dem Erstellen einer Websitesammlung für den Inhaltstyphub fort.

Erstellen einer Websitesammlung für den Inhaltstyphub

Erstellen Sie eine Websitesammlung, ohne dabei eine Websitevorlage zu verwenden:

1. Öffnen Sie die Startseite der Zentraladministration und klicken Sie im Abschnitt *Anwendungsverwaltung* auf *Websitesammlung erstellen*.
2. Stellen Sie sicher, dass im Feld *Webanwendung* die gewünschte Website ausgewählt ist, unter der die neue Websitesammlung bereitgestellt werden soll.

   Geben Sie im Feld *Titel* einen Namen für den Inhaltstyphub an. Im Abschnitt *Websiteadresse* geben Sie die URL an, unter welcher der Inhaltstyphub bereitzustellen ist. In diesem Beispiel lautet die URL *http://cth.sincdemo.de*.

HINWEIS Es wird empfohlen, die Websitesammlung des Inhaltstyphubs in einer separaten Webanwendung bereitzustellen. Dies reduziert Ihren möglichen Aufwand für spätere Inhaltsdatenbankmigrationen.

   Im Abschnitt *Vorlagenauswahl* belassen Sie auf der Registerkarte *Zusammenarbeit* die Standardauswahl *Teamwebsite* ausgewählt.

   Im Abschnitt *Primärer Websitesammlungsadministrator* geben Sie den primären Websitesammlungsadministrator an (hier *sincdemo\administrator*) und klicken Sie auf *OK*, um die Websitesammlung zu erstellen.

Alternativ erstellt der folgende PowerShell-Befehl die erforderliche Websitesammlung für Sie (Listing 5.5):

Listing 5.5 Erstellen einer leeren Websitesammlung für den Inhaltstyphub

```
New-SPSite -URL http://cth.sincdemo.de/ -Owneralias sincdemo\administrator -Name
ContentTypeHub -Template STS#1
```

HINWEIS In diesem Beispiel wird eine leere Team-Websitesammlung erstellt (*STS#1*), da für die Websitesammlung im Wesentlichen die dedizierten SharePoint-Features eines leeren Sitekonstrukts für die Veröffentlichung des Inhaltstyphubs benötigt werden.

Fahren Sie mit dem Erstellen der Dienstanwendung fort.

Verwalteter Metadatendienst-Dienstanwendung erstellen

Mithilfe der Zentraladministration erzeugen Sie einen neuen verwalteten Metadatendienst wie folgt:

1. Öffnen Sie die Startseite der Zentraladministration. Klicken Sie im Abschnitt *Anwendungsverwaltung* auf den Link *Dienstanwendungen verwalten*.
2. Wählen Sie im Menüband den Eintrag *Neu* und klicken Sie auf die Zeile *Verwalteter Metadatendienst*.
3. Geben Sie im Feld *Name* einen passenden Namen für die Dienstanwendung an. Wählen Sie beispielsweise *Verwalteter Metadatendienst*.

   Im Abschnitt *Datenbank* geben Sie im Feld *Datenbankname* einen Namen an. Dieser Name sollte ein Präfix mit dem Namen der Serverfarm haben, der es Ihnen ermöglicht, die zur Farm gehörigen Datenbanken einfach zu identifizieren.

   Im Abschnitt *Anwendungspool* wählen Sie gemäß Ihrer Planung einen Anwendungspool. In diesem Beispiel wird der zuvor erstellte Anwendungspool *SharePoint Dienste* verwendet.

   Im Abschnitt *Inhaltstyphub* geben Sie im gleichnamigen Feld die URL der im vorigen Abschnitt erzeugten Websitesammlung an (Abbildung 5.3).

Abbildg. 5.3 Inhaltstyphub

HINWEIS Auch wenn die URL des Inhaltstyphubs im Nachhinein nicht mehr mithilfe der Zentraladministration abänderbar erscheint, können Sie diese mithilfe der PowerShell noch beliebig nachträglich anpassen.

Klicken Sie auf *OK*, um die Dienstanwendung zu erzeugen und bestätigen Sie im Anschluss durch einen weiteren Klick auf *OK* die erfolgreiche Erstellung.

Möglicherweise kommt es im Rahmen der Provisionierung der verwalteten Metadatendienstanwendung zu einem Fehler bei der Aktivierung des Inhaltstyphubs-Features. In diesem Fall aktivieren Sie das Feature *Inhaltstyp-Veröffentlichungshub* manuell, indem Sie in der den Websitesammlungseigenschaften die gleichnamige Funktion aktivieren (Abbildung 5.4).

Abbildg. 5.4 Manuelles Aktivieren des Features *Inhaltstyp-Veröffentlichungshub* im Fehlerfall

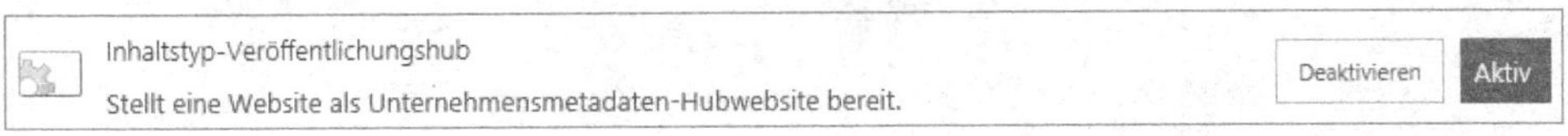

Alternativ erzeugt das PowerShell-Skript aus Listing 5.6 eine neue verwaltete Metadatendienstanwendung namens *Verwaltete-Metadatendienstanwendung* (inkl. des Dienstanwendungsproxy) und fügt diese zum Anwendungspool *SharePoint Dienste* hinzu:

Listing 5.6 Erstellen einer verwalteten Metadatendienstanwendung via PowerShell

```
$VMSA = New-SPMetaDataServiceApplication -Name "Verwaltete-Metadatendienstanwendung"
-ApplicationPool "SharePoint Dienste" -Databasename "SP2_VerwalteteMetadaten" -HubUri
"http://cth.sincdemo.de"
New-SPMetadataServiceApplicationProxy -Name "Verwalteter Metadatendienst-Proxy"
-ContentTypePushDownEnabled -ContentTypeSydicationEnabled -DefaultProxyGroup
-ServiceApplication $VMSA
```

Fahren Sie mit der optionalen Aktivierung der spaltenspezifischen Ausdruckssätze fort.

Delegieren der Zugriffsberechtigungen auf den verwalteten Metadatendienst

Für den Zugriff auf die Funktionen des verwalteten Metadatendiensts benötigen alle relevanten Webanwendungen Zugriffsberechtigungen, indem die zugehörigen Anwendungspool-Konten die entsprechenden Rechte erhalten. Standardmäßig erhalten alle Anwendungspools volle Zugriffsrechte auf den Terminologiespeicher (Abbildung 5.5). Dieses Recht wird durch die Zuordnung von *Lokale Farm* auf *Vollzugriff auf den Terminologiespeicher* delegiert. Um die Zugriffsberechtigungen für Anwendungspools einzuschränken, entfernen Sie die Rechte von *Lokale Farm* und fügen die gewünschten Anwendungspoolkonten hinzu.

Abbildg. 5.5 Standardberechtigungen des Terminologiespeichers

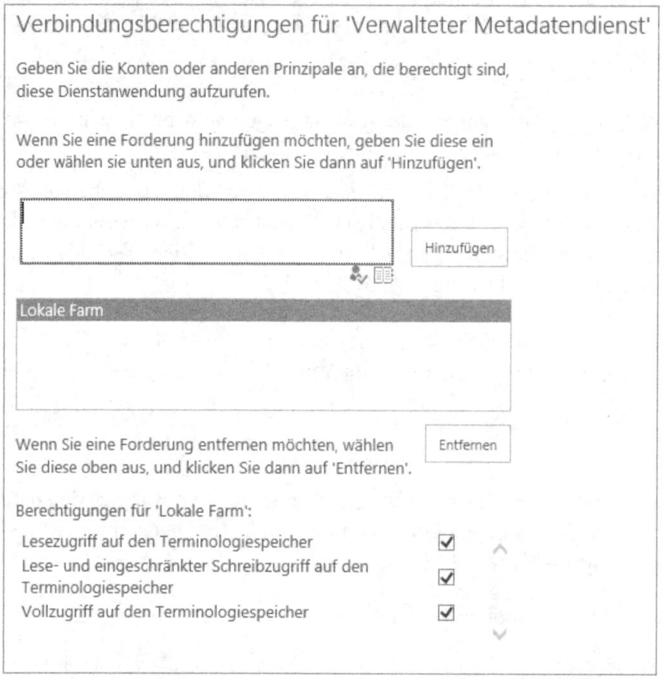

Sie finden die Berechtigungssteuerung des Terminologiespeichers wie folgt:

1. Öffnen Sie innerhalb der Zentraladministration die Dienstanwendungsverwaltung.
2. Klicken Sie auf die Zeile der zuvor erzeugten verwalteten Metadatendienstanwendung (des Typs *Verwalteter Metadatendienst*).
3. Klicken Sie im Menüband auf *Berechtigungen*.

Aktivieren der spaltenspezifischen Ausdruckssätze

In der Mehrzahl der Umgebungen ist es sinnvoll, es Websitesammlungsadministratoren zu ermöglichen, neue Ausdruckssätze im Terminologiespeicher zu erstellen, welche im Rahmen des Neuanlegens von Ausdrücken angelegt werden. Gehen Sie wie folgt vor, um diese Funktion zu aktivieren.

1. Öffnen Sie die Dienstanwendungsverwaltung der Zentraladministration.
2. In der Liste der Dienstanwendungsproxys markieren Sie den zuvor erstellten verwalteten Metadatendienstproxy und klicken Sie im Menüband auf *Eigenschaften*.
3. In dem sich öffnenden modalen Dialogfeld aktivieren Sie das Kontrollkästchen *Diese Dienstanwendung ist der Standardspeicherort spaltenspezifischer Ausdruckssätze* und klicken Sie auf *OK*, um die Änderungen zu übernehmen.

Abbildg. 5.6 Aktivieren der spaltenspezifischen Ausdruckssätze

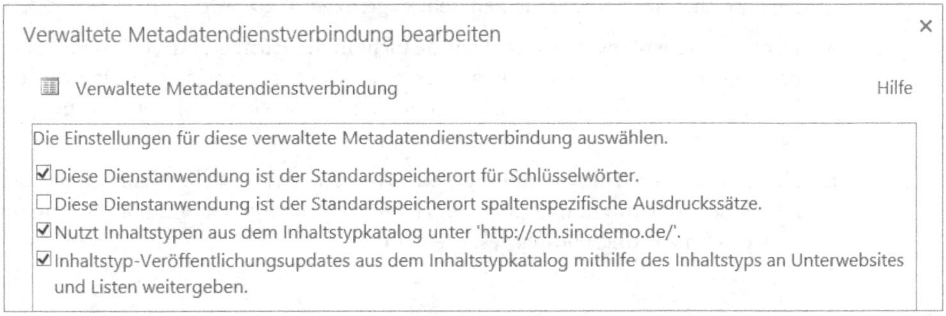

Um diese Einstellung mithilfe der PowerShell vorzunehmen, verwenden Sie das Beispielskript aus Listing 5.7.

Listing 5.7 Aktivieren spaltenspezifischer Ausdruckssätze

```
$saproxy = Get-SPServiceApplicationProxy | Where-Object { $_.typename -like "Managed*"}
$saproxy.Properties.IsDefaultSiteCollectionTaxonomy = $true
$saproxy.Update()
```

Mit diesem Arbeitsschritt ist die Basisbereitstellung des verwalteten Metadatendiensts abgeschlossen. Wir empfehlen Ihnen, die erfolgreiche Bereitstellung der Dienstanwendung mithilfe der Maßnahmen des nächsten Abschnitts zu validieren.

Validieren der Bereitschaft der verwalteten Metadatendienstanwendung

Um die Bereitstellung der Dienstanwendung zu validieren, öffnen Sie abschließend in der Dienstanwendungsverwaltung die Verwaltung der soeben erzeugten verwalteten Metadatendienstanwendung. Wird die Verwaltungsoberfläche des Terminologiespeichers wie erwartet angezeigt, ist davon auszugehen, dass zumindest die Basisfunktionalität des verwalteten Metadatendiensts zur Verfügung steht.

HINWEIS Im Falle einer Fehlkonfiguration oder bei Problemen des verwalteten Metadatendiensts können in dieser Ansicht keinerlei Fehlersymptome identifiziert werden! Achten Sie daher darauf, speziell im Rahmen der Einrichtung des Inhaltstyphubs ordnungsgemäße Werte definiert zu haben.

Im Fehlerfall sind zahlreiche Problemursachen denkbar. Weiterführende Informationen zur möglichen Fehlerbehebung finden Sie in Kapitel 18.

Sollte beim Öffnen des Terminologiespeichers ein Fehler angezeigt werden, kann dies im einfachsten Fall die folgenden Ursachen haben:

- **Die Provisionierung der Dienstanwendung ist noch nicht vollständig abgeschlossen** Diese Ursache kann treffend sein, sofern Sie den Terminologiespeicher unmittelbar nach dem Erstellen der Dienstanwendung öffnen. In diesem Fall wiederholen Sie den Zugriff auf den Terminologiespeicher nach einer erneuten, sehr begrenzten Wartezeit.

- **Der verwaltete Metadatendienst wurde nicht in der Farm gestartet** Sollte der verwaltete Metadatendienst auf keinem SharePoint-Server der Farm erfolgreich gestartet worden sein, kann der Terminologiespeicher nicht administriert werden. Stellen Sie sicher, dass mindestens ein Server der Farm eine Instanz des Diensts ausführt.
- **Nicht gestarteter IIS-Anwendungspool** In vereinzelten Fällen kann dieser behoben werden, indem der Webanwendungspool *SharePoint Web Services Root* mithilfe der Internet Information Services-Verwaltungskonsole gestartet wird

Suche

Die Einrichtung der Suche unterscheidet sich aufgrund der deutlichen funktionalen Differenzen gravierend zwischen SharePoint Foundation 2013 und SharePoint Server 2013.

HINWEIS In den vorausgegangenen SharePoint-Versionen gab es neben der SharePoint Server-Suche noch eine Foundation-Suche, über welche lediglich die Hilfeinhalte durchforstet und abfragbar wurden. Dieses irritierende Konstrukt ist obsolet und somit verbleibt eine relevante Primärsuchschnittstelle.

Sollten Sie die eigenständige Serverinstallation von SharePoint verwendet haben, können Sie diesen Abschnitt überspringen, da Sie in dem Fall bereits über eine aktivierte Suchfunktion verfügen.

SharePoint Foundation 2013-Suche

Trotz der gleichen Basissuchtechnologie wie in SharePoint Server, die erfreulicherweise erstmalig in SharePoint Foundation Einzug gehalten hat, weicht die Konfiguration der Suche für SharePoint Foundation 2013 deutlich von der Bereitstellung der SharePoint Server-Suche ab. Diese kann lediglich mithilfe des Konfigurations-Assistenten der Zentraladministration eingerichtet werden, nicht jedoch mithilfe der Dienstanwendungssteuerung der Zentraladministration. Ein weiterer wichtiger Unterschied besteht darin, dass die Suche in SharePoint Foundation einigen weiteren Einschränkungen unterliegt, welche ausführlicher in Kapitel 3 und 11 behandelt werden.

Die wichtigsten Eigenschaften und Abhängigkeiten lauten wie folgt (Tabelle 5.7):

Tabelle 5.7 Suche in SharePoint Foundation 2013

Farm-übergreifend	Partitionierbar	SharePoint Foundation	SharePoint Server	SharePoint Server Enterprise	Redundanzfähigkeit	Positionierung
	✓	✓				APP

In einer mehrschichtigen SharePoint-Serverfarm sollte dieser Dienst in der Anwendungsschicht bereitgestellt werden.

In der Übersicht umfasst die Einrichtung der Suche die folgenden primären Schritte:

- Provisionierung der Suchdienstanwendung

- Definition des Inhaltszugriffskontos
- Einrichtung von Inhaltsquellen
- Einrichtung eines Basissuchcenters

Zur Einrichtung der Suche für SharePoint Foundation führen Sie das PowerShell-Skript aus Listing 5.8 in der SharePoint-Verwaltungsshell lokal auf dem Server aus, den Sie provisionieren möchten. Passen Sie zuvor die Variablen entsprechend Ihrer Umgebung an.

HINWEIS Experten werden bemerken, dass für die Initialisierung der Suche nicht auf die sonst in SharePoint gängigen Cmdlets zurückgegriffen wird. Der Grund hierfür liegt an den Beschränkungen von SharePoint Foundation. Diese führen beispielsweise dazu, dass beim Aufruf des Cmdlets *New-SPEnterpriseSearchApplication* eine Lizenzüberprüfung stattfindet und dessen Ausführung in dieser Umgebung verhindert wird. Diese Restriktionen erschweren die Einrichtung der Suche, verhindern sie jedoch nicht.

Listing 5.8 Provisionierung der SharePoint Foundation-Suche

```
$appPool = New-SPServiceApplicationPool -Name "SharePoint Dienste" -Account
"sincdemo\svcspfapsvc"
Start-SPEnterpriseSearchServiceInstance $env:computername
Start-SPEnterpriseSearchQueryAndSiteSettingsServiceInstance $env:computername
$serviceAppName = "Suche"
$svcPool = Get-SPServiceApplicationPool $appPool
$adminPool = Get-SPServiceApplicationPool $appPool
$searchServiceInstance = Get-SPEnterpriseSearchServiceInstance -Local
$searchService = $searchServiceInstance.Service
$bindings = @("InvokeMethod", "NonPublic", "Instance")
$types = @([string], [Type],
[Microsoft.SharePoint.Administration.SPIisWebServiceApplicationPool],
[Microsoft.SharePoint.Administration.SPIisWebServiceApplicationPool])
$values = @($serviceAppName,
[Microsoft.Office.Server.Search.Administration.SearchServiceApplication],
[Microsoft.SharePoint.Administration.SPIisWebServiceApplicationPool]$svcPool,
[Microsoft.SharePoint.Administration.SPIisWebServiceApplicationPool]$adminPool)
$methodInfo = $searchService.GetType().GetMethod("CreateApplicationWithDefaultTopology",
$bindings, $null, $types, $null)
$searchServiceApp = $methodInfo.Invoke($searchService, $values)
$searchProxy = New-SPEnterpriseSearchServiceApplicationProxy -Name "$serviceAppName Proxy"
-SearchApplication $searchServiceApp
$searchServiceApp.Provision()
```

Durch das hier angeführte Beispielskript wird der Suchdienst im Kontext des Farmkontos ausgeführt. Es wird empfohlen, in Produktionsumgebungen im Anschluss den Suchdienst unter einem dedizierten Dienstkonto auszuführen.

ONLINE Sie finden das Skript zur Bereitstellung der Suchdienstanwendung unter dem Namen *ErzeugeFoundationSuchdienst.ps1* innerhalb der Begleitdateien zum Buch.

Für die verbleibenden Schritte zur Konfiguration der Suche befolgen Sie bitte die entsprechenden Anweisungen aus dem nachfolgenden Abschnitt zur SharePoint Server 2013-Suche. Der nächste Arbeitsschritt besteht in der Konfiguration des Inhaltszugriffskontos.

HINWEIS Bei der Einrichtung des Basissuchcenters können Sie den Einrichtungspfad der SharePoint Server-Suche befolgen und wählen als Vorlage lediglich *Basissuchcenter* anstelle eines Unternehmenssuchcenters aus.

SharePoint Server 2013-Suche

In SharePoint Server 2013 ändert sich die Einrichtung der Suche in Abhängigkeit davon, ob Sie zuvor den Assistenten der Farmkonfiguration verwendet haben oder nicht. Sofern Sie eine eigenständige Serverinstallation durchgeführt haben, können Sie diesen Arbeitsschritt überspringen (Tabelle 5.8).

Tabelle 5.8 Suche unter SharePoint Server 2013

Farm-übergreifend	Partitionierbar	SharePoint Foundation	SharePoint Server	SharePoint Server Enterprise	Redundanzfähigkeit	Positionierung
✓	✓	✓	✓	✓	✓	WFE APP

HINWEIS Die im Rahmen dieses Abschnitts behandelten Schritte zur Einrichtung der Suche verstehen sich als absolute Basisschritte. Um das volle Potenzial der Suche auszuschöpfen sowie eine modifizierte Suchtopologie abzubilden, lesen Sie bitte Kapitel 11.

Die folgenden Abhängigkeiten ergeben sich für den Suchdienst:

Tabelle 5.9 Abhängigkeiten des Suchdiensts

Abhängigkeit	Dienst ist abhängig von	Vom Dienst abhängige Komponenten	Abhängigkeit
★	Verteilter Cache	Community Portal-Vorlage	★
		Meine Websites	★
		Websitesammlungsübergreifende Veröffentlichung	✓
		eDiscovery	✓

Legende: ★ = Nicht erforderlich, jedoch empfohlen; ✓ = Erforderlich

Die Bereitstellung der Suche besteht im Wesentlichen aus den folgenden Schritten:

- Dienstanwendung einrichten
- Inhaltszugriffskonto definieren (optional/empfohlen)
- Einrichten von Inhaltsquellen
- Einrichtung eines Unternehmenssuchcenters (optional/empfohlen)

TIPP Ziehen Sie in Erwägung, für eine einfachere, spätere Auftrennung der Datenbanken aus Leistungsgründen einen separaten SQL-Alias für die Erstellung der Suchdienstanwendung zu erstellen, was lediglich mithilfe des PowerShell-basierten Provisionierungsverfahrens für die Suche möglich ist.

Die nachfolgenden Abschnitte führen Sie durch die elementaren Einrichtungsoperationen der Suchdienstanwendung.

Dienstanwendung einrichten

Über die nachfolgenden Schritte erstellen Sie eine Suchdienstanwendung über die Zentraladministration.

HINWEIS Anders als bei den später beschriebenen Dienstanwendungen werden die Dienste der SharePoint Server-Suche automatisiert durch die Konfiguration der Suchdienstanwendung gestartet und gestoppt. Sie müssen demnach nicht manuell Suchdienste stoppen und starten, um die Suchfunktion ordnungsgemäß verwenden zu können.

Die Suche wird zunächst automatisch auf dem in der Zentraladministration verbundenen Server provisioniert.

1. Navigieren Sie von der Startseite der Zentraladministration unter *Anwendungsverwaltung* zum Menübefehl *Dienstanwendungsverwaltung*.
2. Wählen Sie im Menüband unter *Neu* den Eintrag *Suchdienstanwendung* aus.
3. Geben Sie im Feld *Dienstanwendungsname* den Namen »Suchdienstanwendung« an.
4. Wählen Sie im Abschnitt *Suchdienstkonto* das zuvor eingerichtete verwaltete Konto für den Suchdienst aus (Abbildung 5.7).

Abbildg. 5.7 Suchdienstname und -konto

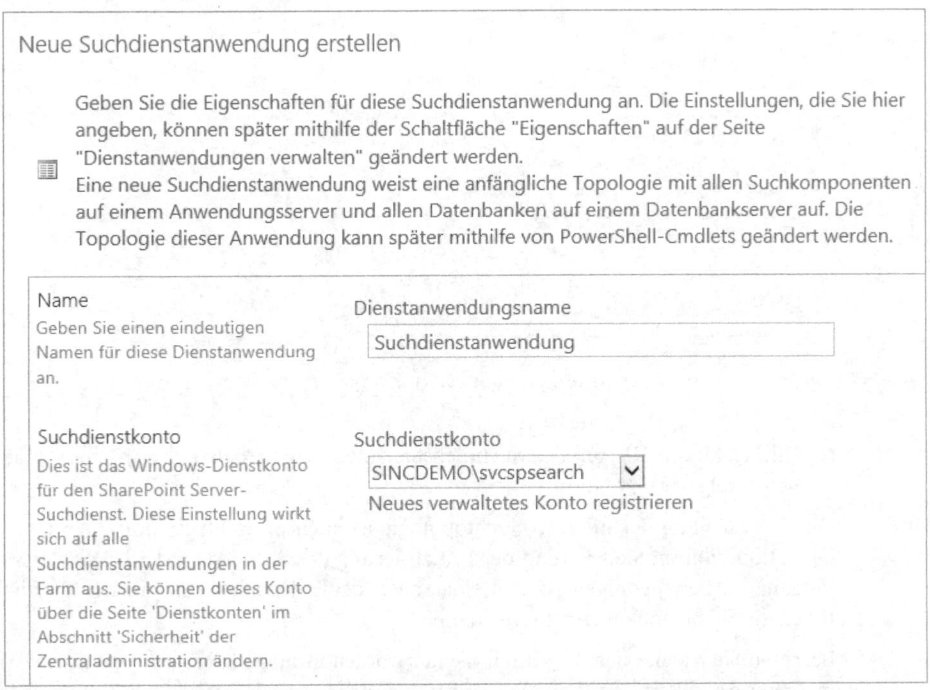

5. Im Abschnitt *Anwendungspool für den Suchverwaltungs-Webdienst* geben Sie den Anwendungspool an, unter dem der Suchverwaltungs-Webdienst ausgeführt werden soll. In diesem Beispiel wird auf den Anwendungspool namens *Suche* zugegriffen (Abbildung 5.8). Wiederholen Sie die Konfiguration für den Anwendungspool für die Suchabfrage und den Webdienst für Websiteeinstellungen.

HINWEIS Sollten Sie beim Erstellen der Suche noch nicht über einen dedizierten Anwendungspool für Dienstanwendungen verfügen, haben Sie an dieser Stelle die Möglichkeit, einen neuen anzulegen und diesen für beide zu konfigurierenden Anwendungspool zu teilen, was jedoch zu einem temporären Fehler führt. Der Fehler wird dadurch verursacht, dass durch den Verweis auf einen gemeinsamen Anwendungspool versucht wird, zweimal den gleichen Dienstanwendungspool zu erzeugen. Um dies umzugehen, können Sie entweder zu Beginn zwei Anwendungspools erzeugen oder Sie erstellen den Dienstanwendungspool via Befehlszeile vorab, um im Rahmen der Einrichtung der Suche auf diesen Dienstanwendungspool zu referenzieren. Da Sie in diesem Fall beiden Komponenten den gleichen neu zu erstellenden Anwendungspool zuweisen, erhalten Sie zunächst einen Fehler angezeigt. Beim zweiten Anlauf, die Dienstanwendung zu erzeugen, existiert der gewünschte Anwendungspool dann jedoch bereits und kann verwendet werden. Die unkompliziertere Lösung, den Anwendungspool zuvor mithilfe der PowerShell anzulegen, lautet wie folgt:

```
New-SPServiceApplicationPool -Name "Suche" -Account [Domäne]\Dienstkonto
```

Abbildg. 5.8 Konfiguration des Anwendungspools für den Suchdienst

6. Klicken Sie auf *OK*, um den Suchdienst anzulegen. Sie erhalten im Anschluss eine Meldung über den Erfolg der Operation.

Die Fertigstellung der initialen Suchtopologie ist auch unter SharePoint 2013 eine zeitaufwendige Operation. Führen Sie während der Initialisierung der Suche keinerlei Dienststarts durch, um den Vorgang zu beschleunigen. Unmittelbar nach dem Schließen der Einrichtungsdialogfelder steht Ihnen die Suche noch nicht zur Verfügung.

Beachten Sie zudem, dass Sie durch die hier vorgenommene Konfiguration in einer Umgebung mit mehreren SharePoint-Servern aller Wahrscheinlichkeit nach keine ideale Topologie vorfinden. Führen Sie entsprechend nach der Fertigstellung der Arbeiten dieses Abschnitts die erweiterten Operationen zur Modifikation der Suchtopologie in Kapitel 11 aus.

Um die Verfügbarkeit der Suche sicherzustellen, können Sie nachfolgend optional den Status der Suchprovisionierung validieren:

1. Nach dem Erstellen der Dienstanwendung klicken Sie in der Liste der Dienstanwendungen auf die zuvor erzeugte Suchdienstanwendung.
2. Im Abschnitt *Suchanwendungstopologie* finden Sie die Informationen zur Provisionierung der Suche. Zu Beginn ist es durchaus üblich, dass Sie zunächst von der Integritätskomponente vermeintliche Fehler bei der Provisionierung angezeigt bekommen (ggf. erscheint zunächst lediglich die Meldung, dass keine Integritätszustände für Topologiekomponenten abgerufen werden konnten). Bevor Sie Fehlerbehebungsmaßnahmen einleiten, warten Sie zunächst ab, bis die Provisionierung aller Komponenten abgeschlossen wurde (Abbildung 5.9).

Abbildg. 5.9 Temporäre Provisionierungsphase der Suchtopologie

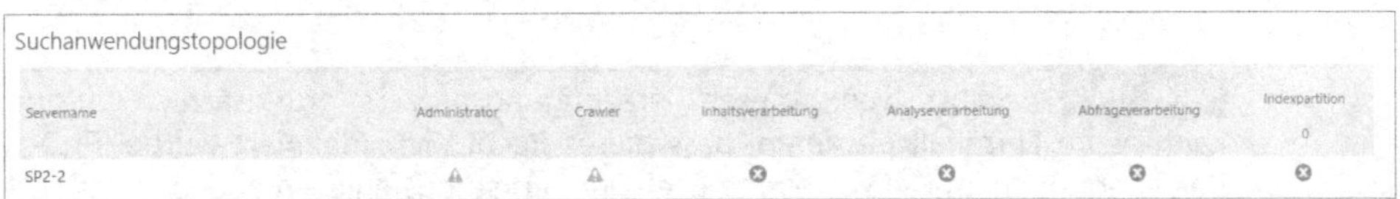

Fahren Sie mit dem nachfolgendem Abschnitt fort, sobald die Suchanwendungstopologie vollständig ordnungsgemäß abgeschlossen wurde (Abbildung 5.10).

Abbildg. 5.10 Fertigstellung der Suchanwendungstopologieprovisionierung

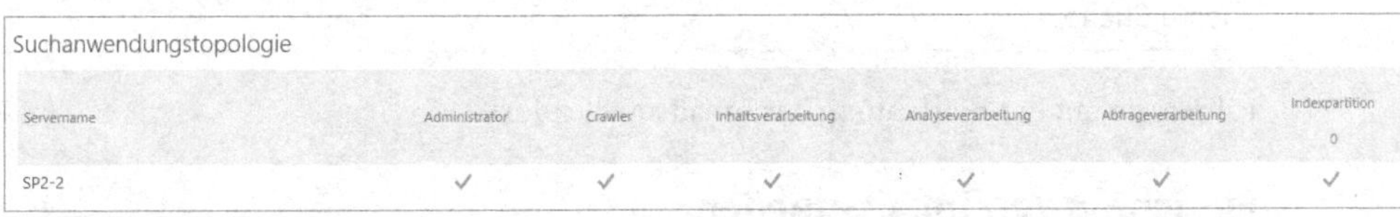

Inhaltszugriffskonto definieren

Standardmäßig verwendet der Suchdienst das zuvor definierte Suchdienstkonto, um in dessen Kontext die Inhalte zu durchforsten. Es wird empfohlen, ein dediziertes, abweichendes Inhaltszugriffskonto zu definieren. Gehen Sie dazu wie folgt vor:

1. Öffnen Sie die Suchdienstverwaltung der zuvor eingerichteten Suchdienstanwendung.
2. Klicken Sie im Abschnitt *Systemstatus* in der Zeile *Standardkonto für den Inhaltszugriff* auf den alten Kontonamen (der Wert entspricht an dieser Stelle noch dem Dienstkonto des Suchdiensts).
3. Geben Sie in dem sich öffnenden Dialogfeld die Kontodaten für das *Standardkonto für den Inhaltszugriff* im Format *Domäne\Anmeldename* ein und klicken Sie auf *OK* (Abbildung 5.11).

Das hier angegebene Konto für den Inhaltszugriff benötigt keine weiteren expliziten Berechtigungen. Durch die Angabe des Kontos in der Suchverwaltung wurden diesem Konto über eine Richtlinie für Webanwendungen *Alles lesen*-Rechte delegiert. Dies ist das erforderliche Standardrecht für den Inhaltszugriff, um auf die Inhalte innerhalb der Webanwendung zugreifen zu können, selbst wenn dem Konto keinerlei Berechtigungen innerhalb der Webanwendung zugewiesen wurden.

Abbildg. 5.11 Standardkonto für den Inhaltszugriff

ACHTUNG Selbst wenn dieser Berechtigungsprozess grundsätzlich automatisiert erfolgt, kann es im Einzelfall passieren, dass dieses Recht nicht definiert wurde. Prüfen Sie daher die Berechtigungen im Falle eines Toplevel-Durchforstungsfehlers manuell.

Sofern Sie bereits die Dienstanwendung *Benutzerprofildienst* inklusive von *Meine Websites* bereitgestellt haben, ist es erforderlich, dem Inhaltszugriffkonto manuell das Recht zu delegieren, Daten vom Benutzerprofildienst zu empfangen, um die Inhalte des Benutzerprofildiensts durchforsten zu können. Weiterführende Informationen hierzu finden Sie im Abschnitt »Konfiguration der Benutzerprofildienstintegration mit anderen Farmkomponenten« sowie in Kapitel 11 zum Thema Suche.

Fahren Sie mit der Einrichtung der Inhaltsquellen fort.

Einrichten von Inhaltsquellen

Um Suchergebnisse vorzuweisen, müssen die entsprechenden Inhalte zunächst durchforstet werden. Gehen Sie dazu wie folgt vor.

1. Öffnen Sie die Suchdienstverwaltung in der Zentraladministration.
2. Klicken Sie in der linken Fensterhälfte der Suchverwaltung im Abschnitt *Durchforstung* auf *Inhaltsquellen*.
3. Klicken Sie auf das Dropdownsymbol der Zeile *Lokale SharePoint-Websites* und wählen Sie aus dem sich öffnenden Listenfeld *Bearbeiten* aus (Abbildung 5.12).
4. Achten Sie darauf, dass im Abschnitt *Startadressen* die korrekten URLs Ihres Portals angezeigt werden. Weiterführende Erläuterungen zu den hier verwendeten Präfixes bzw. Protokollhandlern erhalten Sie in Kapitel 11 (Abbildung 5.13).

Abbildg. 5.12 Inhaltsquellen verwalten

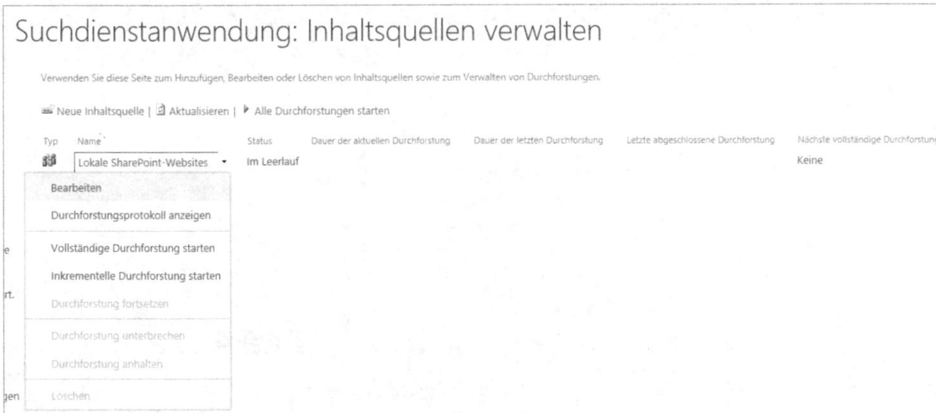

Abbildg. 5.13 Startadressen

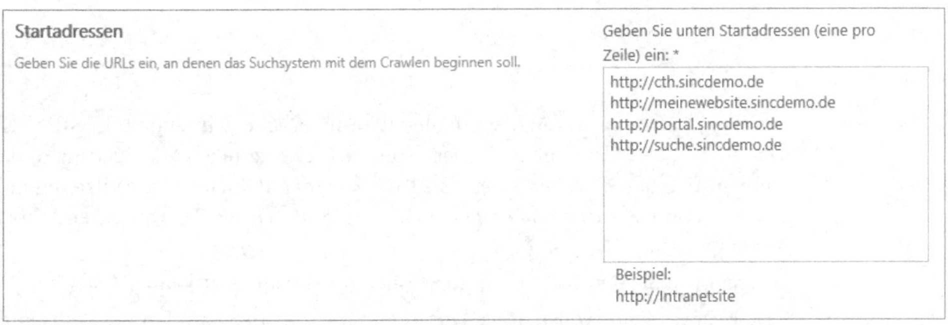

5. Widmen Sie sich nun der Konfiguration des Abschnitts *Zeitpläne für Durchforstung* (Abbildung 5.14). Klicken Sie unterhalb von *Vollständige Durchforstung* auf *Zeitplan erstellen.*

Abbildg. 5.14 Zeitpläne für die Durchforstung

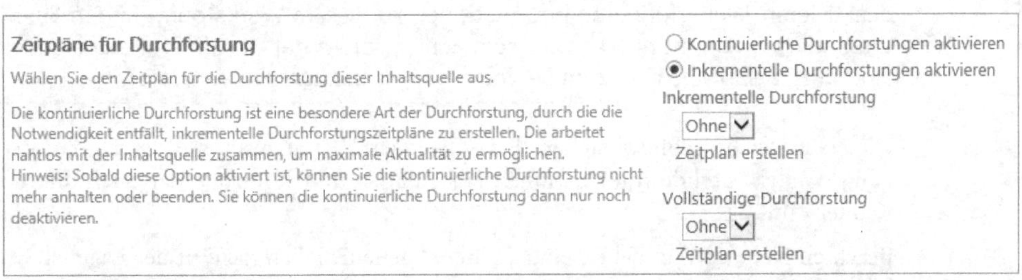

6. Geben Sie den Zeitplan für den vollständigen Durchforstungsvorgang an. Da eine vollständige Durchforstung viel Zeit in Anspruch nehmen kann, sollten Sie diesen in der Regel nicht häufiger als einmal täglich ausführen und dabei auf einen Zeitraum minimaler Aktivität ausweichen. In der Praxis ist hier ein Wochenintervall ausreichend. Übernehmen Sie die Einstellungen durch einen Klick auf *OK.*

Abbildg. 5.15 Durchforstungszeitpläne verwalten

7. SharePoint 2013 unterstützt erstmalig kontinuierliche Durchforstungen. Hierdurch wird es ermöglicht, neue Elemente mit einer vergleichsweise geringen Verzögerung in den Index aufzunehmen. Wählen Sie daher, sofern Sie lediglich SharePoint-Inhalte indizieren möchten, alternativ die Option *Kontinuierliche Durchforstungen aktivieren*. Hierdurch entfällt die Angabe der Quellenpriorität.
8. Übernehmen Sie sämtliche Konfigurationen durch einen Klick auf *OK*.
9. Starten Sie nun eine vollständige Durchforstung, indem Sie im Dropdownlistenfeld der Inhaltsquelle *Vollständige Durchforstung starten* wählen (Abbildung 5.12).

HINWEIS Sollte die Durchforstung scheitern, kann dies unterschiedliche Ursachen haben. Eine häufige Ursache ist eine lokale Sicherheitsfunktion, die seit Windows Server 2008 Einzug gehalten hat. Sie können diese mithilfe des *DisableLoopbackCheck*-Eintrages in der Registrierung deaktivieren. Weiterführende Informationen zu diesem Workaround finden Sie in Kapitel 18. Im Wesentlichen kommt es hier zu einem Fehler, sofern der Crawler auf der eigenen Maschine auf eine URL, die abweichend zum Servernamen ist, zuzugreifen versucht.

Die ersten Suchergebnisse stehen den Anwendern bereits während der Durchforstung zur Verfügung. Weiterführende Informationen zur Analyse und Kontrolle der Suchfunktion finden Sie in Kapitel 7 und 11.

Beachten Sie, dass die soeben eingerichtete Suche lediglich dazu in der Lage ist, diverse Standardinhalte wie HTML-Seiten, PDF-Dokumente oder Office-Inhalte, zu durchforsten. Die vollständige Liste der durchforstbaren Dateitypen ist in der Suchverwaltungsoberfläche einsehbar. Sofern Sie weitere Dateitypen durchforsten möchten, ist die Installation und Konfiguration weiterer sogenannter iFilter erforderlich. Weiterführende Informationen hierzu finden Sie in Kapitel 11.

Einrichtung eines Unternehmenssuchcenters

Um den vollständigen Funktionsumfang der Suche nutzen zu können, ist es ratsam, ein zentrales Unternehmenssuchcenter einzurichten. Das Unternehmenssuchcenter steht Ihnen in SharePoint Server in Kombination mit einer Enterprise-CAL zur Verfügung. Es bietet sich an, das Unternehmenssuchcenter in einer dedizierten Webanwendung bereitzustellen. Dies ist jedoch technisch nicht erforderlich, sondern dient primär einer verbesserten Benutzererfahrung durch die Verwendung einer zentralen Unternehmenssuche-URL.

HINWEIS Für Umgebungen, in denen lediglich die Standard-CAL verwendet werden soll, steht eine alternative Such-Site-Vorlage zur Verfügung. Verwenden Sie hier anstelle der Sitevorlage *Unternehmenssuchcenter* einfach die Vorlage *Basissuchcenter*.

Gehen Sie wie folgt vor, um ein Unternehmenssuchcenter bereitzustellen:

1. Erstellen Sie zunächst optional eine dedizierte Such-Webanwendung.
2. Öffnen Sie die Startseite der Zentraladministration und klicken Sie im Abschnitt *Anwendungsverwaltung* auf *Websitesammlung erstellen.*
3. Geben Sie den Titel und Pfad zum Unternehmenssuchcenter an und wählen Sie im Abschnitt *Vorlagenauswahl* als Benutzeroberflächenversion den Eintrag *2013* aus.

   Auf der Registerkarte *Enterprise* wählen Sie *Unternehmenssuchcenter* als Vorlage aus und definieren den für die Vorlage zugehörigen Websitesammlungsadministrator.

   An dieser Stelle bietet es sich an, einen Websitesammlungsadministrator zu definieren, der die Unternehmenssuche künftig pflegen soll, indem er Stichwörter der Suche, beste Suchergebnisse usw. aktualisiert.
4. Klicken Sie abschließend auf *OK*, um das Unternehmenssuchcenter zu erstellen.

Bereitstellung

Abbildg. 5.16 Delegierung von Benutzerzugriffsrechten für das Unternehmenssuchcenter

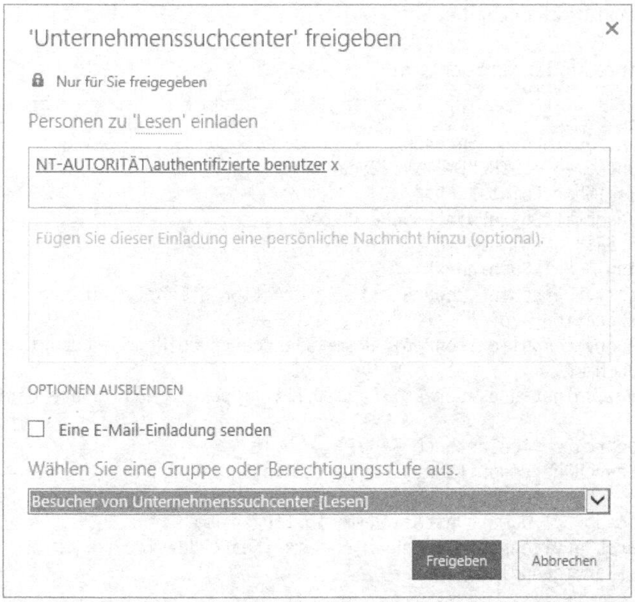

5. Beachten Sie, dass zu diesem Zeitpunkt noch keine Benutzer Ihres Unternehmens auf das Unternehmenssuchcenter zugreifen können. Berechtigen Sie daher die Benutzer für den Zugriff auf die Unternehmenssuche.

   Für das Unternehmenssuchcenter sind Besucherberechtigungen in der Regel ausreichend. Für die Delegierung der Berechtigung klicken Sie daher auf der Unternehmenssuchcenterseite auf das Einstellungssymbol, dann *Freigeben* und geben Sie die Gruppe *NT-Autorität\Authentifizierte Benutzer* im Eingabefeld an, um allen authentifizierten Benutzern Rechte zu erteilen. Klicken Sie auf *Optionen einblenden*, wählen Sie *Besucher von Unternehmenssuchcenter* im Dropdownlistenfeld aus und klicken Sie auf *Freigeben* (Abbildung 5.16).

HINWEIS Bei englischsprachigen Installationen lautet die Gruppe für alle authentifizierten Benutzer *NT Authority\Authenticated Users*.

Für die Nutzung des vollen Potenzials der Suche sind weitere Schritte erforderlich, die in Kapitel 11 eingehender behandelt werden.

PowerShell-basierte Einrichtung der Suche

Die Einrichtung der Suche mithilfe der PowerShell ist komplexer als die Einrichtung anderer Dienstanwendungen in SharePoint. Am Beispielskript aus Listing 5.9 wird die Einrichtung der Suchdienstanwendung verdeutlicht. Dabei wird in diesem Abschnitt lediglich der Fokus auf die Einrichtung der eigentlichen Suchdienstanwendung gelegt und nicht auf die Einrichtung der Konfiguration nach der Erstellung der Dienstanwendung.

Passen Sie die ersten sechs Parameter entsprechend Ihrer Umgebung vor der Ausführung des Skripts an.

Sollten Sie hinsichtlich des nur einen anzugebenen Datenbanknamens für die vier Suchdatenbanken irritiert sein, beachten Sie, dass die Namen der verbleibenden Datenbanken den hier zu definierenden Datenbanknamen als Präfix erhalten.

Listing 5.9 Einrichtung einer nicht redundanten Suchfarm

```
$App1 = "SP2-2"
$SearchAppPoolName = "SharePoint-SuchApp"
$SearchAppPoolAccountName = "SINCDEMO\SVCSPSearch"
$SearchServiceName = "SharePoint-Suche"
$SearchServiceProxyName = "SharePoint-Suche-Proxy"
$DatabaseName = "SP_Search_AdminDB"
$PrimaryIndexLocation = "E:\Suchindex"
Add-PSSnapin Microsoft.SharePoint.PowerShell -ErrorAction SilentlyContinue
mkdir $PrimaryIndexLocation -Force
$spAppPool = New-SPServiceApplicationPool -Name $SearchAppPoolName -Account
$SearchAppPoolAccountName
$App1SSI = Get-SPServiceInstance -server $App1 | ?{$_.TypeName -eq "SharePoint Server
-Suche"}
Start-SPEnterpriseSearchServiceInstance $App1
Start-SPEnterpriseSearchQueryAndSiteSettingsServiceInstance $App1
$ServiceApplication = New-SPEnterpriseSearchServiceApplication -Name $SearchServiceName
-ApplicationPool $spAppPool.Name -DatabaseName $DatabaseName
New-SPEnterpriseSearchServiceApplicationProxy -Name $SearchServiceProxyName
-SearchApplication $ServiceApplication
$Clone = $ServiceApplication.ActiveTopology.Clone()
```

Listing 5.9 Einrichtung einer nicht redundanten Suchfarm *(Fortsetzung)*

```
New-SPEnterpriseSearchAdminComponent -SearchTopology $clone -SearchServiceInstance $App1SSI
New-SPEnterpriseSearchContentProcessingComponent -SearchTopology $clone
-SearchServiceInstance $App1SSI
New-SPEnterpriseSearchAnalyticsProcessingComponent -SearchTopology $clone
-SearchServiceInstance $App1SSI
New-SPEnterpriseSearchCrawlComponent -SearchTopology $clone -SearchServiceInstance $App1SSI
New-SPEnterpriseSearchQueryProcessingComponent -SearchTopology $clone
-SearchServiceInstance $App1SSI
New-SPEnterpriseSearchIndexComponent -SearchTopology $clone -SearchServiceInstance $App1SSI
-RootDirectory $PrimaryIndexLocation
$clone.Activate()
$ssa = Get-SPEnterpriseSearchServiceApplication
Get-SPEnterpriseSearchTopology -Active -SearchApplication $ssa
```

Beachten Sie, dass einige Arbeitsschritte im Skript, wie z.B. die Erstellung der Suchdienstanwendung oder die Aktivierung der Suchtopologie, überproportional viel Zeit in Anspruch nehmen. Unterbrechen Sie die Erstellung der Topologie daher nicht. Sollte es doch zu unerwarteten Fehlern kommen, finden Sie in Kapitel 18 weitere Hilfestellungen.

ONLINE Sie finden das Skript zur Bereitstellung der Suchdienstanwendung unter dem Namen *Erstelle-ServerSuchdienst.ps1* innerhalb der Begleitdateien zum Buch.

Secure Store Service

Sollten Sie den Assistenten für die Farmkonfiguration verwendet haben, um die Dienstanwendung *Secure Store Service* einzurichten, ist es zusätzlich erforderlich, dass Sie die Schritte zum Erzeugen eines Schlüssels befolgen.

Die optionale Dienstanwendung *Secure Store Service* (SSS) dient dem primären Zweck des sicheren Speicherns und dem Zuordnen von Anmeldeinformationen für zahlreiche weitere Dienstanwendungen und benutzerdefinierte Erweiterungen. Dadurch wird es beispielsweise möglich, Anwendern, die sich am SharePoint-Server authentifiziert haben, ohne erneute Authentifizierung den Zugriff auf eine Datenquelle zu ermöglichen, für die ein Anwender andernfalls erneut seine Authentifizierungsinformationen hätte eingeben müssen (Multi-Hop-Szenarien). Ferner können beispielsweise auch Gruppen zu einer Anmeldungskennung zugeordnet werden. Es wird empfohlen, diesen Dienst auch auf Entwicklungsumgebungen standardmäßig bereitzustellen.

Tabelle 5.10 Kerneigenschaften der Secure Store Service-Anwendung

Farm-übergreifend	Partitionierbar	SharePoint Foundation	SharePoint Server	SharePoint Server Enterprise	Redundanzfähigkeit	Positionierung
✓	✓		✓	✓	✓	APP

In einer mehrschichtigen SharePoint-Serverfarm sollte dieser Dienst unbedingt in der Anwendungsschicht bereitgestellt werden.

Die folgenden Abhängigkeiten ergeben sich für den Secure Store Service:

Tabelle 5.11 Abhängigkeiten der Secure Store Service-Anwendung

Abhängigkeit	Dienst ist abhängig von	Vom Dienst abhängige Komponenten	Abhängigkeit
		Access Services	✓
		Excel Services	✓
		PerformancePoint	✓
		Visio Services	✓
		Project Server	✓
		Hybride Szenarien	✓
		Business Data Connectivity	✓

Legende: ✓ = Erforderlich

Für die Einrichtung von Secure Store sind folgende Arbeitsschritte erforderlich:

- Starten des Diensts *Secure Store Service*
- Erzeugen einer Secure Store Service-Dienstanwendung
- Erzeugen eines Schlüssels für die Absicherung der Anmeldeinformationen

Der nachfolgende Ablauf führt Sie durch die Einrichtung der Komponente.

Secure Store Service starten

Mithilfe der Zentraladministration gehen Sie bitte wie folgt vor:

1. Klicken Sie in der Startseite der Zentraladministration im Abschnitt *Systemeinstellungen* auf *Dienste auf dem Server verwalten.*
2. Wählen Sie jeweils im Feld *Server* den entsprechenden Server aus und klicken Sie in der Zeile *Secure Store Service* in der Spalte *Aktion* auf *Starten.*

Alternativ zu dem Verfahren in der Zentraladministration verwenden Sie das nachfolgende PowerShell-Beispielskript.

Listing 5.10 Starten des Secure Store Service via PowerShell

```
$ServiceID = Get-SPServiceInstance | where {$_.TypeName -match "Secure Store Service"} |
where {$_.Server -match "[SERVERNAME]"}
Start-SPServiceInstance -Identity $ServiceID
```

Fahren Sie mit dem Erstellen der zugehörigen Dienstanwendung fort.

Secure Store Service-Anwendung erstellen

Mithilfe der Zentraladministration gehen Sie bitte wie folgt vor:

1. Auf der Startseite der Zentraladministration klicken Sie im Abschnitt *Anwendungsverwaltung* auf *Dienstanwendungen verwalten.*

2. Wählen Sie im Menüband den Eintrag *Neu* und klicken Sie auf den Befehl *Secure Store Service.*
3. Geben Sie im Feld *Name* einen passenden Namen für die Dienstanwendung an. In diesem Fall wird der Name »Secure Store« gewählt.
4. Im Abschnitt *Datenbank* belassen Sie das Feld *Datenbankserver* beim Standard und fügen im Feld *Datenbankname* dem automatisch generierten Namen ein Präfix hinzu, um die Datenbank bei mehrfachen SharePoint-Installationen einfach einer Serverfarm zuordnen zu können.
5. Im Abschnitt *Anwendungspool* wählen Sie gemäß Ihrer Planung einen Anwendungspool aus. In diesem Beispiel wird der zuvor erstellte Anwendungspool *SharePoint Dienste* verwendet.

HINWEIS Aus Sicherheitsgründen wird empfohlen, die Secure Store Service-Anwendung in einem dedizierten Anwendungspool bereitzustellen,

6. Konfigurieren Sie im Abschnitt *Überwachung aktivieren* die Protokollfunktionalität (Abbildung 5.17). Beachten Sie dabei, dass es sich bei diesem Dienst um einen sicherheitsrelevanten Aktionsradius handelt, der es in der Regel Wert ist, kontrolliert zu werden. Übernehmen Sie daher die Standardeinstellungen oder passen Sie die Aufbewahrungsfrist gemäß Ihren Unternehmensrichtlinien an.

Abbildg. 5.17 Secure Store Services-Anwendungseinstellungen

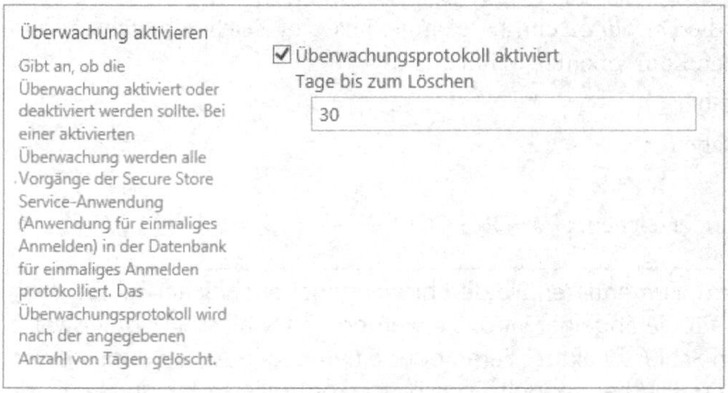

7. Klicken Sie abschließend auf *OK*, um die Anwendung zu erstellen.

Um die Secure Store Service-Anwendung mithilfe der PowerShell zu erstellen, verwenden Sie das nachfolgende PowerShell-Skript. Passen Sie dabei ggf. die verwendeten Werte an:

Listing 5.11 Anlegen der Secure Store Service Service-Anwendung

```
New-SPSecureStoreServiceApplication -Name "Secure Store Service" -PartitionMode:$false
-Databasename "SP2_Secure_Store_Service_DB" -ApplicationPool "SharePoint Dienste"
-AuditingEnabled:$true -AuditlogMaxSize 30 | New-SPSecureStoreServiceApplicationProxy -Name
"Secure Store Proxy" -DefaultProxyGroup
```

Schlüssel generieren

Mit diesem Verfahren erzeugen Sie einen Schlüssel, mithilfe dessen die Anmeldeinformationen geschützt werden. Der Weg über die Zentraladministration lautet wie folgt:

1. Öffnen Sie die Startseite der Zentraladministration.
2. Klicken Sie im Abschnitt *Anwendungsverwaltung* in der ersten Zeile *Secure Store* auf den gleichnamigen Link.
3. Klicken Sie im Menüband auf die Schaltfläche *Neuen Schlüssel generieren.*

Abbildg. 5.18 Neuen Schlüssel generieren

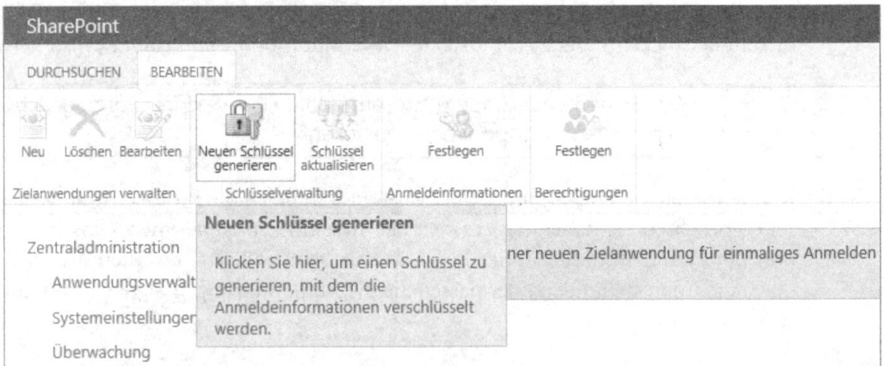

4. Geben Sie nun die *Passphrase* ein. Diese muss aus acht Zeichen bestehen und mindestens drei der vier folgenden Komponenten beinhalten:
   - Großbuchstaben
   - Kleinbuchstaben
   - Zahlen
   - Folgende Sonderzeichen: ! " # $ % & ' ( ) * + , - . / : ; < = > ? @ [\ ] ^ _ ` { | } ~

WICHTIG Bitte dokumentieren Sie den hier angegebenen Schlüssel sorgsam, da der Schlüssel nicht reversibel für Sie abgelegt wird. Sie werden den Schlüssel beispielsweise erneut benötigen, sobald Sie den Schlüssel aktualisieren oder einen neuen Anwendungsserver zur Serverfarm hinzufügen möchten. Hierbei handelt es sich um kontrollierte Ereignisse. Es gibt jedoch auch unkontrollierbare Ereignisse, die Sie dazu zwingen könnten, den Schlüssel erneut vorzuhalten, wie im Fall einer Wiederherstellung oder eines Systemfehlers.

Verwenden Sie für das Verfahren zum Erstellen des Schlüssels alternativ das PowerShell-Skript aus Listing 5.12. Ersetzen Sie zuvor *[IHREPASSPHRASE]* durch eine gewünschte Passphrase:

Listing 5.12 Erstellen des Masterschlüssels via PowerShell

```
$SecStoreAP = Get-SPServiceApplicationProxy | where {$_.DisplayName -match "Secure Store"}
Update-SPSecureStoreMasterKey -Passphrase [IHREPASSPHRASE] -ServiceApplicationProxy
$SecStoreAP
```

Mit diesem Arbeitsschritt ist die Basisbereitstellung der Secure Store Service-Anwendung abgeschlossen.

Forderungen an den Windows-Tokendienst (C2WTS)

Der Forderungen an den Windows-Tokendienst (Claims to Windows Token Service, C2WTS) ist ein wichtiger Bestandteil der stark auf die forderungsbasierte Authentifizierung zentrierte SharePoint-Plattform und ermöglicht es verschiedensten Anwendungsszenarien, aus den forderungsbasierten Token Windows-Token zu erhalten, die für die Impersonisierung einer Identität gegenüber in diesem Kontext in der Regel einem Dienst zu ermöglichen.

Tabelle 5.12 Kerneigenschaften der C2WTS-Dienstanwendung

Farm-übergreifend	Partitionierbar	SharePoint Foundation	SharePoint Server	SharePoint Server Enterprise	Redundanzfähigkeit	Positionierung
		✓	✓	✓	✓	WFE APP

Die Redundanzfähigkeit ist für diesen Dienst nicht ohne Weiteres gegeben, da bei einem lokalen Ausfall auf einem Server nicht remote auf Dienstinstanzen zugegriffen werden kann.

In einer mehrschichtigen SharePoint-Serverfarm sollte dieser Dienst aufgrund der mangelnden Remotefähigkeit auf allen SharePoint-Servern bereitgestellt werden. Es wird empfohlen, diesen Dienst auf Entwicklungsumgebungen standardmäßig bereitzustellen.

Die Abhängigkeiten ergeben sich für die Forderungen an den Windows-Tokendienst entsprechend der Tabelle 5.13.

HINWEIS Speziell beim C2WTS ist die Differenzierung zwischen empfohlener oder zwingender Bereitstellung als Voraussetzung für andere Dienstanwendungen fließend. Theoretisch können alle Dienstanwendungen auch ohne C2WTS genutzt werden, jedoch stößt man bei den hier als erforderlich markierten, vom C2WTS abhängigen Dienstanwendungen eher auf die Grenzen der Anwendbarkeit als bei den anderen.

Tabelle 5.13 Abhängigkeiten der Forderungen an den Windows-Tokendienst

Abhängigkeit	Dienst ist abhängig von	Vom Dienst abhängige Komponenten	Abhängigkeit
✓	Kryptografiedienst (CryptSvc)	InfoPath Forms Services	✪
✓	Eingeschränkte Kerberos-Delegierung	Excel Services	✓
		PerformancePoint-Dienste	✓
		Visio Services	✪
		PowerPivot	✓
		Reporting Services	✪

Legende: ✪ = Nicht erforderlich, jedoch empfohlen; ✓ = Erforderlich

Die Abhängigkeit vom Kryptografiedienst ist speziell von Belang, da der Forderungen an den Windows-Tokendienst generelle Startprobleme bei einem Serverneustart vorweist, sofern der Kryptodienst nicht zuvor gestartet wurde. Gegebenenfalls ist hier gar die verzögerte Startoption in Erwägung zu ziehen.

HINWEIS C2WTS benötigt für den Protokollübergang die eingeschränkte Kerberos-Delegierung (Kerberos Constraint Delegation). Diese wird inklusive der Einrichtung detaillierter in Kapitel 12 zum Thema Authentifizierung beschrieben.

Für die Einrichtung des Diensts sind die folgenden Arbeitsschritte erforderlich:

- Delegierung von lokalen Administratorrechten für das Dienstkonto
- Delegierung von lokalen Sicherheitsprivilegien
- Konfiguration des Diensts

TIPP Theoretisch können Sie den Kontext des Diensts auf dem Systemkontext belassen. Aus Sicherheitsgründen wird jedoch empfohlen, den Kontext auf ein dediziertes Dienstkonto abzuändern. Erstellen Sie daher exklusiv für den C2WTS ein Dienstkonto. Diese Änderung hat zudem Auswirkungen und Vorteile für die Konfiguration der eingeschränkten Kerberos-Delegierung.

- Konfiguration der eingeschränkten Kerberos-Delegierung

Nachfolgend erfahren Sie, wie die Diensteinrichtung umgesetzt werden kann.

Delegierung lokaler Administratorrechte

Fügen Sie das künftige Dienstkonto zu den lokalen Administratoren auf allen SharePoint-Servern der Farm hinzu, die diesen Dienst benötigen.

Delegierung von lokalen Sicherheitsprivilegien

Um den Windows-Tokendienst ordnungsgemäß ausführen zu können, müssen auf allen SharePoint-Servern mit dem Dienst dem künftigen Dienstanwendungskonto besondere Sicherheitsprivilegien gewährt werden, welche wie folgt lauten:

- Einsetzen als Teil des Betriebssystems
- Anmelden als Dienst
- Annehmen der Clientidentität nach Authentifizierung

Zur Konfiguration der Privilegien öffnen Sie unter Verwendung administrativer Privilegien *Secpol.msc* und fügen das künftige Dienstkonto der Liste der jeweiligen privilegierten Konten hinzu. Sie finden die Privilegien unter dem Pfad *Lokale Richtlinien/Zuweisen von Benutzerrechten*.

Konfiguration des Diensts

Gehen Sie wie folgt vor, um den Windows-Tokendienst zu konfigurieren:

1. Weisen Sie der SharePoint-Dienstinstanz für den C2WTS zunächst das dedizierte Konto zu. Navigieren Sie hierzu auf der Startseite der Zentraladministration im Abschnitt *Sicherheit* auf *Dienstkonten konfigurieren.*
2. Wählen Sie nun *Forderungen an den Windows-Tokendienst* in der Liste aus und wählen Sie anschließend im unteren Dropdownlistenfeld das dedizierte Dienstkonto aus (Abbildung 5.19).

HINWEIS Als SharePoint-Dienstkonten sind lediglich die zuvor als verwaltete Konten registrierten Dienstkonten verfügbar.

Abbildg. 5.19 Dienstkontenauswahl für den C2WTS

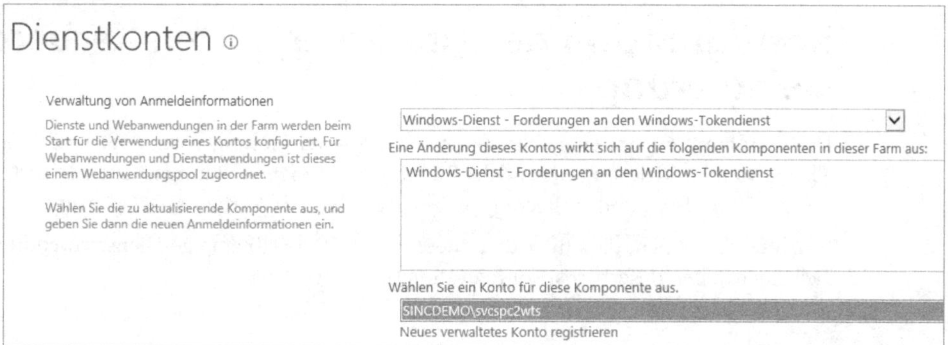

3. Konfigurieren Sie den C2WTS so, dass dieser Anfragen vom dedizierten Dienstkonto entgegennimmt. Öffnen Sie dazu die die Datei *c2wtshost.exe.config* im Verzeichnis *%ProgramFiles%\Windows Identity Foundation\v3.5* und fügen Sie die folgende Zeile in das Element *allowedCallers* ein (Abbildung 5.20).

Abbildg. 5.20 Erweiterung der *c2wtshost.exe.config*-Datei

```
<allowedCallers>
  <clear />
  <add value="WSS_WPG" />
  <add value="sincdemo\svcspc2wts" />
</allowedCallers>
```

HINWEIS Letztlich sind in SharePoint 2013 bereits die Mitglieder der lokalen *WSS_WPG*-Gruppe berechtigt, den C2WTS aufzurufen. In dieser Gruppe sollte das verwaltete Dienstkonto des C2WTS Mitglied sein. Stellen Sie daher sicher, dass das Konto entweder direkt oder indirekt hier angeführt ist.

4. Starten Sie die SharePoint-C2WTS-Dienstinstanz entweder mithilfe der Dienststeuerung der Zentraladministration oder dem folgenden Beispielskript:

Listing 5.13 Starten des C2WTS via PowerShell

```
$ServiceID = Get-SPServiceInstance | where {$_.TypeName -match "Forderungen an den
Windows-Tokendienst"} | where {$_.Server -match "[SERVERNAME]"}
Start-SPServiceInstance -Identity $ServiceID
```

5. Um Probleme im Rahmen eines Serverneustarts zu vermeiden, konfigurieren Sie den Dienst mit einer Abhängigkeit vom Kryptografiedienst. Führen Sie hierzu in der Eingabeaufforderung den folgenden Befehl aus:

```
Sc config "c2wts" depend= CryptSvc
```

Fahren Sie mit der Konfiguration der eingeschränkten Kerberos-Delegierung fort.

Konfiguration der eingeschränkten Kerberos-Delegierung

Die Konfiguration der eingeschränkten Kerberos-Delegierung wird eingehend in Kapitel 12 zum Thema Authentifizierung behandelt. Richten Sie in diesem Rahmen einen Dienstprinzipalnamen für den C2WTS ein und aktivieren Sie die eingeschränkte Kerberos-Delegierung.

Beachten Sie jedoch, dass für jede weitere vom C2WTS abhängige Dienstanwendung noch potenziell einer weiteren Kerberos-Konfiguration bedarf.

Verteilter Cache (Distributed Cache)

Der in SharePoint 2013 neue verteilte Cachedienst ist ein auf dem Windows-Dienst *AppFabric Cache Service* basierender Zwischenspeicherungsdienst. Er kommt für zahlreiche Komponenten zum Einsatz, wie z.B. für die Zwischenspeicherung von Token und Newsfeeds für *Meine Websites*. Demnach ist dieser Dienst in verteilten Farmumgebungen in der Farm erforderlich, auf der die Dienstanwendung *Meine Websites* bereitgestellt wird.

Tabelle 5.14 Kerneigenschaften des verteilten Cachediensts

Farm-übergreifend	Partitionierbar	SharePoint Foundation	SharePoint Server	SharePoint Server Enterprise	Redundanzfähigkeit	Positionierung
		✓	✓	✓	✓	WFE APP

ACHTUNG Achten Sie bitte speziell für den verteilten Cachedienst darauf, die Planungshinweise für die Positionierung in Kapitel 3 zu berücksichtigen, da der Dienst nicht nur in zwei unterschiedlichen Modi bereitgestellt werden kann, sondern auch zahlreiche weitere Besonderheiten für die Positionierung und Konfiguration der entsprechenden Server vorliegen.

Die folgenden Abhängigkeiten ergeben sich für den verteilten Cache:

Tabelle 5.15 Abhängigkeiten des verteilten Cache

Abhängigkeit	Dienst ist abhängig von	Vom Dienst abhängige Komponenten	Abhängigkeit
✓	Windows Server AppFabric	Meine Websites	✓
✓	ICMP-Echoanforderung	Diverse Caching-Mechanismen	✓
		Newsfeeds	✓
		Microblogs	✓
		Suche	✪

Legende: ✪ = Nicht erforderlich, jedoch empfohlen; ✓ = Erforderlich

Es wird empfohlen, diesen Dienst auf Entwicklungsumgebungen standardmäßig bereitzustellen. Stellen Sie sicher, dass eingehende ICMP-Echoanforderungen zumindest auf dem ersten und somit primären Cacheknoten gewährt werden, beispielsweise, indem Sie die Standardregel *Datei- und Druckerfreigabe (Echoanforderung - ICMPv4 eingehend)* aktivieren.

Hinter der Abhängigkeit diverser Cachingmechanismen verbergen sich Funktionen wie der Security Trimming-, Suchabfrage-, OneNote-Drosselungs- oder der Login-Cache.

Die Einrichtung des verteilten Cache ist entgegen der Einrichtung anderer Dienste und Dienstanwendungen ein etwas sensiblerer Prozess, dem entsprechend mehr Aufmerksamkeit gewidmet werden sollte. Glücklicherweise erfolgt die Basiskonfiguration automatisch im Rahmen der Bereitstellung der Server der Farm.

Standardmäßig wird dieser Dienst im Kontext des Farmkontos ausgeführt. Es wird empfohlen, den Dienst im gleichen Kontext wie der im Anschluss einzurichtende *Mein Websitehost*-Webanwendungspool einzurichten. Während der Provisionierung sollte das für die Einrichtung verwendete Dienstkonto erweiterte, lokale administrative Privilegien erhalten, die nach der Einrichtung wieder entfernt werden können.

ACHTUNG Der verteilte Cache ist zu diesem Zeitpunkt ein besonderes Sorgenkind hinsichtlich dessen Stabilität im Rahmen einer Mehrserver-Farminstallation. Demnach sind potenziell alle der Farm hinzuzufügenden Server zunächst nicht funktional und müssen mithilfe der Anleitungen in Kapitel 9 und 18 instandgesetzt werden. Richten Sie daher ein besonderes Augenmerk auf die hier angeführten Validierungsmaßnahmen, um entsprechende Probleme vor der Produktivname Ihrer Farm rechtzeitig zu identifizieren und ohne Zeitnot adressieren zu können.

Die Bereitstellung des Diensts sieht in der Übersicht wie folgt aus:

- Validierung des Dienststatus (empfohlen)
- Änderung des Dienstkontos des Diensts (empfohlen)
- Anpassung der Konfiguration des verteilten Caches (optional)

In den nachfolgenden Abschnitten finden Sie Anleitungen zur Konfiguration des verteilten Caches.

Validierung des Dienststatus

Um elementare Probleme beim Zugriff auf die weiterführenden Dienstanwendungsfunktionen zu vermeiden, stellen Sie sicher, dass der verteilte Cache im Rahmen der Provisionierung der Server erfolgreich bereitgestellt wurde. Die einfachste Überprüfung der Bereitstellung kann erfolgen, indem der Dienstinstanzstatus des verteilten Caches validiert wird. Gehen Sie dazu wie folgt vor:

1. Klicken Sie unter Verwendung von administrativen Privilegien auf der Startseite der Zentraladministration im Abschnitt *Systemeinstellungen* auf *Dienste auf dem Server verwalten.*
2. Verbinden Sie sich zum jeweiligen SharePoint-Server und überprüfen Sie, ob in der Zeile *Verteilter Cache* jeweils der Status *Gestartet* angezeigt wird.

TIPP Für die Provisionierung der verteilten Cache-Dienstinstanz wird empfohlen, ähnlich wie beim Benutzerprofildienst vorzugehen und somit für den Zeitraum der Provisionierung den Farmkontext unter Nutzung lokaler administrativer Privilegien zu verwenden.

Sollten Sie an dieser Stelle Fehler feststellen, finden Sie in Kapitel 18 weiterführende Informationen zur Behebung von Problemen des verteilten Caches.

Änderung des Dienstkontos und weitere Konfigurationsanpassungen

Im Rahmen der Bereitstellung des verteilten Cachedienstes wird empfohlen, den Kontext des Dienstkontos auf das Konto des Anwendungspools von *Meine Websitehost* abzuändern. Zudem sollten Sie abschließend die wichtigsten Rahmenparameter des Diensts feinjustieren. Diese sind:

- Ressourcenallokierung
- Definition des Dienstkontos

Die hierfür erforderlichen Konfigurationsschritte werden in Kapitel 9 zum Thema Verwaltung eingehender erläutert.

Meine Website/Benutzerprofildienst

Meine Website ermöglicht Ihren Anwendern, im Wesentlichen mittels eines persönlichen Bereichs innerhalb des Portals persönliche oder zu teilende Daten in einem eigenen Speicherbereich zu kontrollieren und die sozialen Netzwerksfunktionen konsolidiert zu aggregieren.

Die Komponente *Meine Website* steht Ihnen nur unter SharePoint Server 2013 zur Verfügung und sollte in einer mehrschichtigen SharePoint-Serverfarm auf der Anwendungsschicht bereitgestellt werden (Tabelle 5.16).

Tabelle 5.16 Kerneigenschaften des Benutzerprofildiensts

Farm-übergreifend	Partitionierbar	SharePoint Foundation	SharePoint Server	SharePoint Server Enterprise	Redundanzfähigkeit	Positionierung
✓	✓		✓	✓	✓	APP

Es wird empfohlen, diesen Dienst auch auf Entwicklungsumgebungen standardmäßig bereitzustellen.

Aufgrund der Komplexität und Sensibilität des Diensts wird die Synchronisierungsdienstinstanz zumeist nur auf einem Server in der Farm bereitgestellt. Grundsätzlich kann die Synchronisierungsdienstinstanz jedoch auch redundant bereit gestellt werden, wobei jeweils nur eine Instanz zur Zeit eine Synchronisierung mit einem Verzeichnisdienst durchführt. Sie erreichen demnach, anders als bei der Mehrzahl der anderen Dienstinstanzen, keinerlei Leistungssteigerung, sondern ausschließlich eine erhöhte Redundanz durch den Einsatz einer weiteren Instanz.

Die folgenden Abhängigkeiten ergeben sich für den Benutzerprofildienst:

Tabelle 5.17 Abhängigkeiten des Benutzerprofildiensts

Abhängigkeit	Dienst ist abhängig von	Vom Dienst abhängige Komponenten	Abhängigkeit
✓	Verwalteter Metadatendienst	Communities	✪
✪	Suche (Personensuche)	Dienst für maschinelle Übersetzungen	✓
✪	Verteilter Cache	Arbeitsverwaltungsdienst	✓
✪	Arbeitsverwaltungsdienst	App-Authentifizierung	✓
✪	SSL/HTTPS	OAuth/S2S-basierte Authentifizierung	✓
		Hybride Szenarien	✪

Legende: ✪ = Nicht erforderlich, jedoch empfohlen; ✓ = Erforderlich

Communities profitieren vom Benutzerprofildienst, um die Community-Integration in *Meine Website* zu ermöglichen. So werden die Inhalte der Communities in den *Meine Website*-Newsfeed aufgenommen und besondere Änderungen wie die Markierung eines Beitrags als beste Antwort oder die Reputationserhöhung einfach sichtbar.

Der verteilte Cache wird indirekt benötigt, um die Inhalte der Newsfeeds zu aggregieren, die auch ein zentraler Bestandteil von *Meine Website* sind. Der Arbeitsverwaltungsdienst hat eine bidirektionale Abhängigkeit, da dieser einerseits seine Daten in *Meine Website* synchronisiert und andererseits dessen Daten ein Standardinhalt des Benutzerprofildiensts bzw. der zugehörigen *Meine Website* sind.

PROFITIPP Unabhängig von den zahlreichen neuen Funktionen rund um das soziale Netzwerk und anderen Komponenten hat sich leider im Vergleich zu SharePoint 2010 an der Grundarchitektur des Benutzerprofildiensts, inklusive aller Abhängigkeiten und Instabilitäten hinsichtlich dessen Provisionierung und Betrieb, nichts zum Positiven geändert. Im Gegenteil, durch die Verflechtung mit weiteren komplexen Komponenten, wie dem verteilten Cache oder dem Arbeitsverwaltungsdienst, ist das Gesamtkonstrukt »Benutzerprofildienst« im Fehlerfall nun noch schwerer handzuhaben. Dies gilt gleichermaßen für Bereitstellung, Migration und Betrieb. Verwenden Sie entsprechend grundsätzlich die gleichen Verfahren wie unter SharePoint 2010, und legen Sie weiterhin mindestens die gleiche Sensibilität im Umgang mit dieser Komponente an den Tag, um zeitraubende Fehlerbehebungsarbeiten zu vermeiden.

ACHTUNG Aufgrund der tiefreichenden Abhängigkeiten des Benutzerprofildiensts zu anderen zentralen Komponenten in SharePoint empfiehlt es sich, den Benutzerprofildienst einzurichten, unabhängig davon, ob Sie ihn bzw. *Meine Website* explizit verwenden. Basierend auf der Einrichtungssensibilität sollten Sie ihn auch dann einrichten, wenn Sie ihn lediglich eventuell zu einem späteren Zeitpunkt verwenden möchten, um in diesem Fall einer dann möglichen ungeplanten Downtime aufgrund von Problemen während dessen Einrichtung vorzubeugen.

Die Einrichtung von *Meine Website* ist dabei sehr variabel. Sie können *Meine Website* beispielsweise innerhalb einer eigenen Anwendung bereitstellen oder in Ihre bestehende Webanwendung integrieren. Beide Lösungen haben ihre Vor- und Nachteile. In diesem Beispiel wird *Meine Website* in die zuvor erzeugte Webanwendung integriert, um die gesamte Arbeitsumgebung der Anwender (das Portal und die *Meine Website*-Funktion) unterhalb einer URL bereitzustellen.

Es wird empfohlen, *Meine Websites* in einer separaten Webanwendung bereitzustellen. Dies ist sinnvoll, da Sie für spätere Migrationsszenarien eine höhere Flexibilität haben.

Um die Benutzerprofildaten automatisiert mit den in Ihrer Organisation vorhandenen Informationen zu füllen, stehen Ihnen zwei Varianten zur Verfügung:

1. SharePoint-Profilsynchronisierung
2. SharePoint Active Directory-Import

Der bereits unter SharePoint 2010 verfügbare Ansatz der Profilsynchronisierung auf Basis der Forefront Identity Integration Services bleibt unter SharePoint 2013 weitestgehend unverändert. Hingegen ist das *Active Directory-Import*-Verfahren neu in SharePoint 2013. Das neue Importverfahren ist speziell im Vergleich zum früheren Synchronisierungsmechanismus stark vereinfacht, mit spürbar weniger Abhängigkeiten versehen und somit auch deutlich performanter. Dies geht allerdings auf Kosten der Flexibilität. So gelten für den neuen Import folgende Einschränkungen:

- Begrenzt auf eine Active Directory-Gesamtstruktur
- Nur Import, keine Synchronisierung mit Active Directory
- Nur eine zentrale einheitliche Zuordnung für den Import der Profildaten kann festgelegt werden
- Fester Fokus auf ein Active Directory-Quellverzeichnis

Der traditionelle SharePoint-Profilsynchronisierungsdienst hingegen ermöglicht Ihnen einen bidirektionalen Abgleich der Benutzerprofilinformationen und unterstützt dabei eine Reihe von Verzeichnisdiensten zur Synchronisierung. In diesem Beispiel wird jedoch von der verbreitetsten Variante, einer Active Directory-basierten Synchronisierung, ausgegangen und als Implementierungspfad exklusiv auf den traditionellen Ansatz gesetzt.

Hinweise zur Einrichtung des Active Directory-Imports finden Sie neben den Verwaltungshinweisen zum Benutzerprofildienst in Kapitel 9.

Weiterführende allgemeine Informationen zum Benutzerprofil-Synchronisierungsdienst finden Sie in Kapitel 8.

Übersicht des Provisionierungsprozesses

In der Übersicht sind folgende Arbeitsschritte zur Einrichtung des Benutzerprofildiensts erforderlich:

1. Herstellung der allgemeinen Rahmenbedingungen für den Benutzerprofildienst
2. Berichtigungsvoraussetzungen umsetzen
3. *Meine Website* samt zugehöriger Dienstanwendung und Dienstinstanz einrichten
4. Self-Service Site Provisioning konfigurieren
5. Benutzerprofil-Synchronisierungsdienstinstanz provisionieren und Benutzerprofilsynchronisierung konfigurieren
6. Konfiguration der Benutzerprofildienstintegration mit anderen Farmkomponenten
7. Newsfeed bereitstellen
8. Zeitgeberauftragsdefinition für den Aktivitätsfeed aktivieren
9. Verifikation der Einrichtung

Nachfolgend werden die Details zu den Prozessen beschrieben.

Allgemeine Voraussetzungen und Vorarbeiten

Da es sich bei den nachfolgend beschrieben Konfigurationen um bereits vorgestellte Konfigurationsschritte handelt, wird auf Detailausführungen sowie zugehörige PowerShell-Anweisungen verzichtet.

Bevor Sie den Benutzerprofildienst einrichten können, stellen Sie die folgenden Voraussetzungen sicher:

- Eine Instanz des verwalteten Metadatendiensts ist vorhanden
- Sie haben die Dienstkonten mit ausreichenden Berechtigungen versorgt
- Die Suche wurde erfolgreich bereitgestellt
- Der verteilte Cache ist funktional
- Eine Webanwendung für *Meine Websites* ist vorhanden

WICHTIG Achten Sie bei der Einrichtung der Webanwendung für *Meine Websites* darauf, dass der hier verwendete Anwendungspool das gleiche Dienstkonto verwenden sollte wie der Anwendungspool der potenziell bereitzustellenden Teamsites.

- Eine Websitesammlung, basierend auf der Vorlage *Mein Websitehost*, ist vorhanden
- Ein geeigneter verwalteter Pfad für *Meine Websites* ist vorhanden

TIPP Es wird empfohlen, die *Meine Website*-Infrastruktur nicht in eine bestehende Webanwendung zu integrieren, sondern eine dedizierte Webanwendung für *Meine Websites* zu verwenden. Hintergrund ist neben der Transparenz für Benutzer die höhere Flexibilität beim Umgang mit den *Meine Websites* auch für spätere Migrationen.

In diesem Beispiel wird davon ausgegangen, dass Sie *Meine Websites* in einer dedizierten Webanwendung bereitstellen und *Mein Websitehost* somit auf der Root-Websitesammlung lokalisiert wird.

Mein Websitehost ermöglicht es Anwendern, sofern erforderlich, ihre *Meine Website* automatisiert zu erstellen. Zusätzlich können Anwender mit einer bestehenden *Meine Website* mithilfe von *Mein Websitehost* auf die Inhalte ihrer *Meine Website* zugreifen, ohne die zugehörige, explizite URL aufzurufen. Dies macht die Empfehlung einer dedizierten Webanwendung umso verständlicher, da zahlreiche Apps lediglich die URL von *Mein Websitehost* benötigen, um die spezifischen Funktionen von *Meine Website* des Benutzer visualisieren zu können.

Mithilfe der Zentraladministration gehen Sie bitte wie folgt vor:

1. Erstellen Sie mithilfe der Anweisungen aus Kapitel 4 eine Webanwendung für *Meine Websites.* Verwenden Sie hierbei nicht das klassische Authentifizierungsschema, sondern die forderungsbasierte Authentifizierung. Zudem wird empfohlen, dass Sie für den Anwendungspool der *Meine Website*-Anwendung den gleichen Anwendungspool wie für Ihre Teamsites verwenden.

   Anstelle eines mit den Teamsites identischen Anwendungspools verwenden Sie bei Bedarf alternativ das identische Dienstkonto.

2. Erzeugen Sie nun eine neue Websitesammlung für *Mein Websitehost.* Hierzu klicken Sie auf der Startseite der Zentraladministration im Abschnitt *Anwendungsverwaltung* auf *Websitesammlungen erstellen.*

3. Stellen Sie sicher, dass im Auswahlfeld *Webanwendung* Ihre zuvor erzeugte *Meine Websites*-Webanwendung ausgewählt ist.

   Geben Sie im Feld *Titel* einen Namen für Ihre Websitesammlung ein. Da es sich hier um *Meine Websites* handelt, bietet sich der Titel »Meine Websites« an. Entscheidend ist dies jedoch an dieser Stelle nicht, da dieser Name aus Anwenderperspektive nicht in Erscheinung tritt.

   Im Abschnitt *Websiteadresse* wählen Sie den Rootpfad der *Meine Websites*-Webanwendung.

   Wählen Sie im Abschnitt *Vorlagenauswahl* unter der Registerkarte *Enterprise* den Eintrag *Mein Websitehost* aus und geben Sie als primären Websitesammlungsadministrator beispielsweise Ihr Farmadministrationskonto an (Abbildung 5.21).

Abbildg. 5.21 Vorlagenauswahl für *Meine Websites*

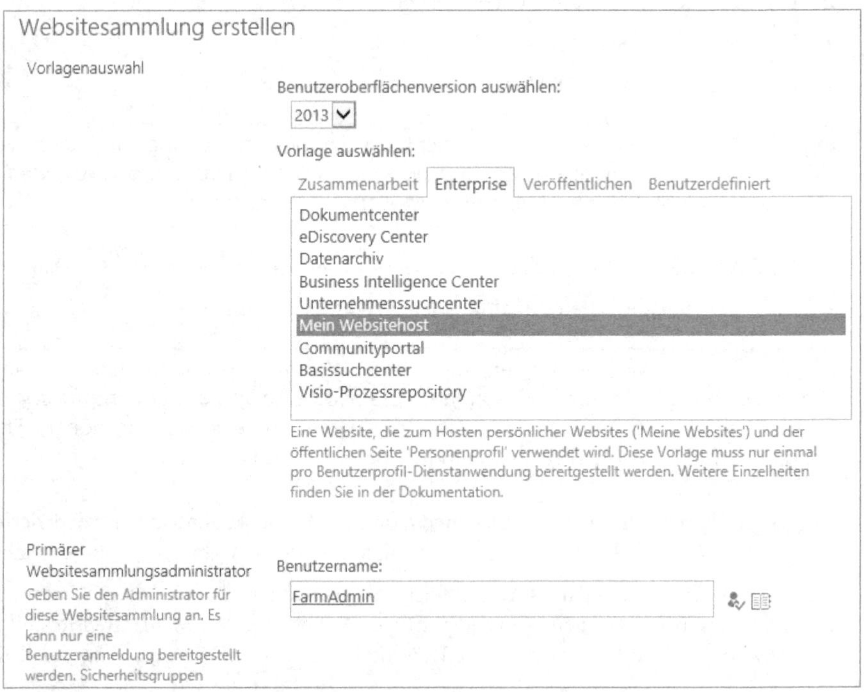

Klicken Sie abschließend auf *OK*.

4. Erstellen Sie nun den verwalteten Pfad für *Meine Websites*.
5. Klicken Sie dazu auf der Startseite der Zentraladministration im Abschnitt *Anwendungsverwaltung* auf *Webanwendungen verwalten*.
6. Wählen Sie aus der Liste im Zentrum des Felds die zuvor erzeugte Webanwendung aus und klicken Sie auf das Symbol *Verwaltete Pfade*.
7. Im Abschnitt *Neuen Pfad hinzufügen* geben Sie im Feld *Pfad* einen geeigneten Wert ein, beispielsweise *personal* ein. Dieser Pfad taucht künftig in allen Websitesammlungen Ihrer persönlichen Websites (*Meine Websites*) auf. Wählen Sie im Auswahlfeld *Typ* den Wert *Platzhalterinklusion* aus und klicken Sie auf die Schaltfläche *Pfad hinzufügen*. Übernehmen Sie durch einen Klick auf *OK* Ihre Änderungen (Abbildung 5.22).

Abbildg. 5.22 Definition eines verwalteten Pfads

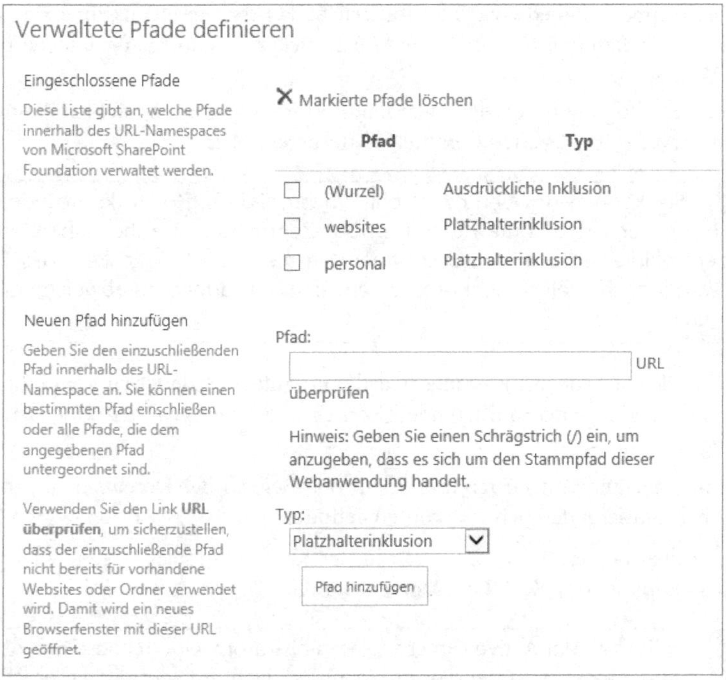

Fahren Sie mit der Einrichtung von *Meine Website* fort.

Berechtigungen für den Benutzerprofildienst

Vorarbeiten

Um die Benutzersynchronisierung einzurichten, benötigen Sie zwei Benutzerkonten mit entsprechenden Berechtigungen:

- Ein Benutzerprofil-Synchronisierungsdienstkonto (Farmkonto)

- Ein Verzeichnisdienstsynchronisierungsdienstkonto

Das Benutzerprofil-Synchronisierungsdienstkonto ist standardmäßig das Konto, unter dem die zugehörigen Dienste zur Benutzerprofildienstsynchronisierung gestartet werden (Forefront Identity Manager-Dienste). Dieses Konto ist das Farmkonto, das Sie bei der Installation der Farm definiert haben. Die für dieses Konto erforderlichen Berechtigungen lauten auf dem Server, auf dem der Dienst bereitgestellt wird, wie folgt:

- Lokaler Administrator
  - Für die Dauer der Dienstprovisionierung erforderlich
  - Auf dem Server der Farm, auf dem die Benutzerprofildienstsynchronisierung bereitgestellt wird
- Lokale Anmelderechte auf dem Server, auf dem der Synchronisierungsdienst ausgeführt wird
- Mitglied der Gruppe Prä-Windows 2000 kompatibler Zugriff
  - Diese Gruppenmitgliedschaft ist erforderlich, da bestimmte Funktionen auf ein bestimmtes Attribut (*AuthzInitializeContextFromSid*) zurückgreifen, die den Mitgliedern dieser Gruppe zur Verfügung stehen
  - Diese Berechtigung ist speziell auch dann erforderlich, wenn Sie SharePoint in einer Windows Server 2003-basierten Gesamtstruktur bereitstellen

HINWEIS Sie können das Benutzerprofil-Synchronisierungsdienstkonto vor oder nach der Bereitstellung in der Dienstkontensteuerung der Zentraladministration abändern. Im Rahmen der Benutzerprofildienstprovisionierung haben Sie nicht die Möglichkeit, das Dienstkonto zu ändern. Es wird jedoch explizit nicht empfohlen, ein vom Farmkonto abweichendes Dienstkonto zu konfigurieren.

Das Verzeichnisdienst-Synchronisierungsdienstkonto authentifiziert sich gegenüber Active Directory, enumeriert die zu synchronisierenden Konten und benötigt in der Übersicht die folgenden Berechtigungen:

- Verzeichnisdienständerungen replizieren auf den Bereich der Domänenpartition, in dem sich die zu synchronisierenden Benutzerkonten befinden
- Verzeichnisdienständerungen replizieren in der Konfigurationspartition, sofern der NetBIOS-Name der Domäne vom FQDN der Domäne abweicht

HINWEIS Sollte sich der Active Directory-Administrator weigern, dieses Recht zu setzen, verdeutlichen Sie ihm, dass es sich bei diesem Recht lediglich um spezielle Leserechte handelt, die aufgrund der Namensabweichung in der Konfigurationspartition erforderlich werden.

Beachten Sie zudem, dass mit den hier angeführten Berechtigungen, anders als der Name suggeriert, keine bidirektionale Synchronisierung zwischen SharePoint und Active Directory möglich ist. Sofern Sie dieses Ziel verfolgen, finden Sie in Kapitel 16 ein praktisches Beispiel, wie die Daten aus SharePoint gewinnbringend in Active Directory zurückgeschrieben werden.

In diesem Fall aktivieren Sie zusätzlich den Wert für *NetBiosDomainNamesEnabled*.

HINWEIS Sie werden feststellen, dass der Benutzerprofildienst in diesem Sonderfall scheinbar auch ohne diese Anpassung einsatzbereit ist. Allerdings gibt es eine Reihe von Implikationen, die dazu führen, dass diese Konfiguration seitens Microsoft nicht unterstützt wird!

- Lokale Anmelderechte auf dem Server, auf welchem der Benutzerprofildienst ausgeführt wird

TIPP Fügen Sie das Konto der Zentraladministration für die Dauer der Einrichtung temporär zur lokalen Gruppe der Administratoren hinzu, um Nebeneffekte bei der Einrichtung des Benutzerprofildiensts zu vermeiden. Beachten Sie, dass sich die Änderung der Mitgliedschaft erst nach einem Neustart bemerkbar macht.

Führen Sie die Provisionierung des Benutzerprofildiensts unter Verwendung dieses Kontos durch.

Ist es beispielsweise Ihr Ziel, lediglich sämtliche Benutzerkonten der untergeordneten Domäne *hamburg.sincdemo.de* zu synchronisieren, müssen Sie dieses Recht nur für diese Partition delegieren. Es sind in diesem Fall keine zusätzlichen Berechtigungen in der Rootdomäne erforderlich. Für die Einrichtung dieser Berechtigung sind Berechtigungen als Domänenadministrator erforderlich.

Zur Delegierung der Berechtigung gehen Sie wie folgt vor:

1. Öffnen Sie das Snap-In *Active Directory-Benutzer- und -Computerverwaltung*. Sollten Sie diese Konsole nicht auf dem SharePoint-Server bereitgestellt haben, finden Sie sie auf allen Domänencontrollern Ihrer Active Directory-Gesamtstruktur.
2. Verbinden Sie sich innerhalb der Konsole zur entsprechenden Domäne, klicken Sie in der Konsole auf den Domänenamen und wählen Sie dann im Menü unter *Aktion* den Befehl *Objektverwaltung zuweisen* aus.
3. Klicken Sie auf *Weiter*, wählen Sie im Dialogfeld *Benutzer und Gruppen* das von Ihnen bestimmte Verzeichnisdienst-Synchronisierungsdienstkonto aus und klicken Sie auf *Weiter*.
4. Wählen Sie im Dialogfeld *Zuzuweisende Aufgaben* die Option *Benutzerdefinierte Aufgaben zum Zuweisen erstellen* und klicken Sie zwei Mal auf *Weiter*.
5. Aktivieren Sie im Dialogfeld *Berechtigungen* das Kontrollkästchen *Verzeichnisänderungen replizieren* (Abbildung 5.23), klicken Sie auf *Weiter* und abschließend auf *Fertig stellen*.

HINWEIS Um Informationen nicht nur aus Active Directory auslesen, sondern diese auch in Active Directory zurückschreiben zu können, benötigen Sie zusätzlich für das Synchronisierungskonto die Berechtigungen *Lesen*, *Schreiben*, *Alle untergeordneten Objekte erstellen* und *Alle untergeordneten Objekte löschen*.

Abbildg. 5.23 Verzeichnisänderungen replizieren

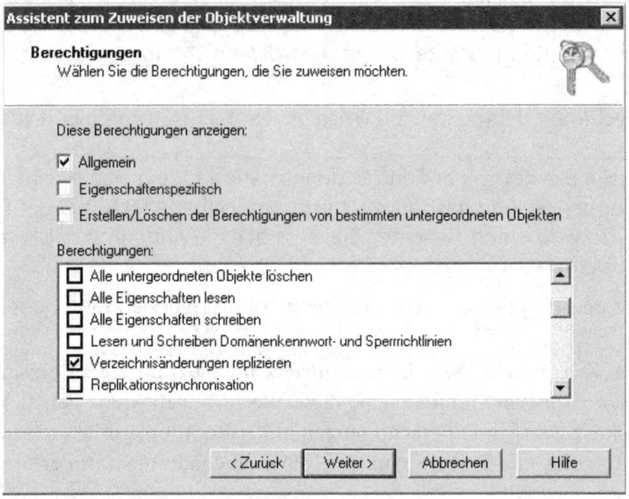

ACHTUNG Achten Sie darauf, das Recht *Verzeichnisänderung replizieren* nicht mit *Alle Verzeichnisänderungen replizieren* zu verwechseln. Das zuletzt genannte Recht führt dazu, dass der Abruf der Daten aus Active Directory fehlschlägt.

Folgende Arbeitsschritte sind nur erforderlich, wenn Ihr NetBIOS-Name vom Domänennamen abweicht: Die Berechtigungen auf der Konfigurationspartition richten Sie mithilfe des ADSIEdit-Snap-Ins ein. Führen Sie dazu *Adsiedit.msc* aus.

Zwar weicht der NetBIOS-Name der Domäne immer vom FQDN der Domäne ab. Gemeint ist damit jedoch der erste Teil des FQDN. So spricht man von einer Ungleichheit beispielsweise in dem Fall, in welchem die Domäne *sincdemo.de* den NetBIOS-Namen *SINC* besitzt.

1. Verbinden Sie sich mit der Konfigurationspartition der Gesamtstruktur, indem Sie auf *ADSI-Editor* klicken und im Menü *Aktion* den Befehl *Verbindung herstellen* auswählen.
2. Wählen Sie die Konfigurationspartition aus und klicken Sie auf *OK*.
3. Markieren Sie in der linken Feldhälfte den obersten Container der Konfigurationspartition (CN=Configuration) und wählen Sie im Menü *Aktion* den Befehl *Eigenschaften* aus.
4. Auf der Registerkarte *Sicherheit* fügen Sie das entsprechende Dienstkonto aus und aktivieren für dieses Konto das Kontrollkästchen *Verzeichnisänderungen replizieren*.
5. Schließen Sie das geöffnete Dialogfeld.

HINWEIS Um eine bidirektionale Synchronisierung zwischen SharePoint und Active Directory zu erreichen, sind die folgenden zusätzlichen Berechtigungen erforderlich:

- Schreiben
- Alle untergeordneten Objekte erstellen

Zum Einrichten der lokalen Anmelderechte für das Benutzerprofilsynchronisierungskonto gehen Sie wie folgt vor:

1. Öffnen Sie die lokale Sicherheitsrichtlinie auf dem Server, auf welchem der Benutzerprofildienst läuft.
2. Navigieren Sie zum Eintrag *Lokal anmelden zulassen* unter *Lokale Richtlinien/Zuweisen von Benutzerrechten.*
3. Öffnen Sie die Richtlinie und fügen Sie das Konto für die Profilsynchronisierung hinzu.

Sofern in Ihrer Umgebung der NetBIOS-Name der Domäne vom FQDN abweicht, führen Sie zusätzlich das PowerShell-Skript aus Listing 5.14 aus und ersetzen Sie dabei den Wert für *Identity* durch die Anwendungs-ID der Benutzerprofildienstanwendung. Sie erfahren die ID durch Aufruf des Cmdlets *Get-SPServiceApplication.*

Listing 5.14 Anpassung bei einem abweichenden NetBIOS-Domänennamen

```
$sapp = Get-SPServiceApplication -Identity 00a190ed-2e99-4de3-ae22-dbe8c1b03bab
$sapp.NetBiosDomainNamesEnabled
$sapp.NetBiosDomainNamesEnabled = $True
$sapp.update()
```

Überprüfen Sie anschließend durch die Zeile *$sapp.NetbiosDomainNamesEnabled*, ob der Wert erfolgreich gesetzt wurde.

HINWEIS Bestehende Synchronisierungsverbindungen werden durch diese Anpassung nicht adressiert. Sollten Sie bereits eine Verbindung eingerichtet haben, löschen Sie diese und richten Sie anschließend erneut eine Verbindung ein.

Meine Website einrichten

Das folgende Verfahren führt Sie über die Verwendung der Zentraladministration durch die Einrichtung der Dienstanwendung *Meine Website* und Benutzerprofildienst-Instanz.

1. Öffnen Sie über die Startseite der Zentraladministration die Dienststeuerung (*Dienste auf dem Server verwalten*).
2. Wählen Sie zunächst im Feld *Server* den Server aus, auf dem Sie den Benutzerprofildienst ausführen möchten. Navigieren Sie anschließend in der Dienstliste auf die Zeile *Benutzerprofildienst* und klicken Sie in der Zeile auf *Starten.*
3. Auf der Startseite der Zentraladministration klicken Sie unter *Anwendungsverwaltung* auf *Dienstanwendungen verwalten.*
4. Wählen Sie im Menüband unter *Neu* den Eintrag *Benutzerprofildienst-Anwendung* aus.
5. Geben Sie den Namen der Anwendung im Feld *Name* an. Es bietet sich an, diese »Benutzerprofildienst-Anwendung« zu nennen. Im Abschnitt *Anwendungspool* geben Sie den Anwendungspool an, unter dem der Dienst ausgeführt werden soll. In diesem Beispiel wird der zuvor erstellte Anwendungspool *SharePoint Dienste* verwendet.
6. Geben Sie nun die Datenbanknamen auf den zugehörigen Datenbankservern an. Wählen Sie dazu im Feld *Datenbankname* einen Wert, der Ihnen eine einfache spätere Lokalisierung im SQL Server-Manager ermöglicht. Daher bietet es sich auch hier an, ein Präfix für die SharePoint Farm voranzustellen.
7. Wiederholen Sie den letzten Schritt für alle drei Datenbanken:
   - Profildatenbank

- Synchronisierungsdatenbank
- Datenbank für Communitytags

8. Wählen Sie im Abschnitt *Profilsynchronisierungsinstanz* den entsprechenden Server aus.
9. Im Abschnitt *Host-URL für 'Meine Website'* geben Sie die URL an, unter welcher der Host für *Meine Website* gespeichert werden soll. In dem der Empfehlung folgenden Beispiel wird auf den in der Root-Websitesammlung lokalisierten *Mein Websitehost* verwiesen (Abbildung 5.24).

Abbildg. 5.24 Host-URL für *Meine Website*

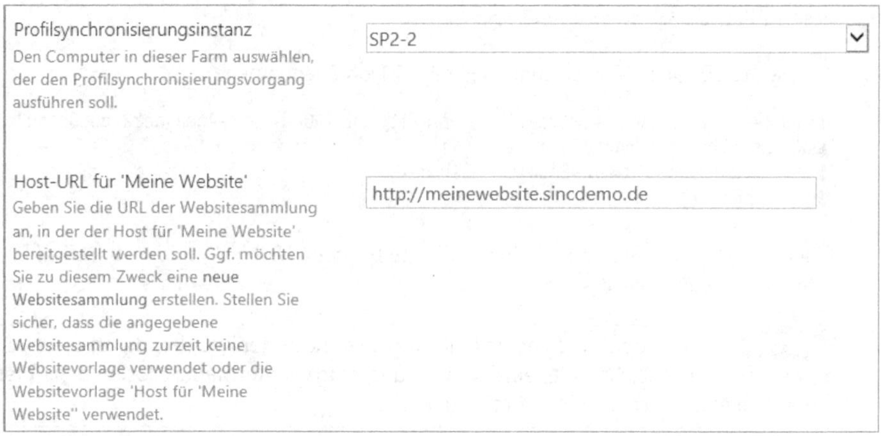

10. Im Feld *Verwalteter Pfad für 'Meine Website'* geben Sie den Pfad relativ oder absolut an, unter dem die persönliche Website der Anwender angelegt werden soll. Hier lautet der Pfad */personal.*
11. Im Abschnitt *Namensformat für Websites* legen Sie fest, wie die Benennungslogik für die persönlichen Seiten auszusehen hat. Um Konflikten bei der Benennung gleichnamiger Anwender vorzubeugen, bietet es sich an, die letzte Option *Domäne und Benutzername* auszuwählen (Abbildung 5.25).

Abbildg. 5.25 Namensformat auswählen

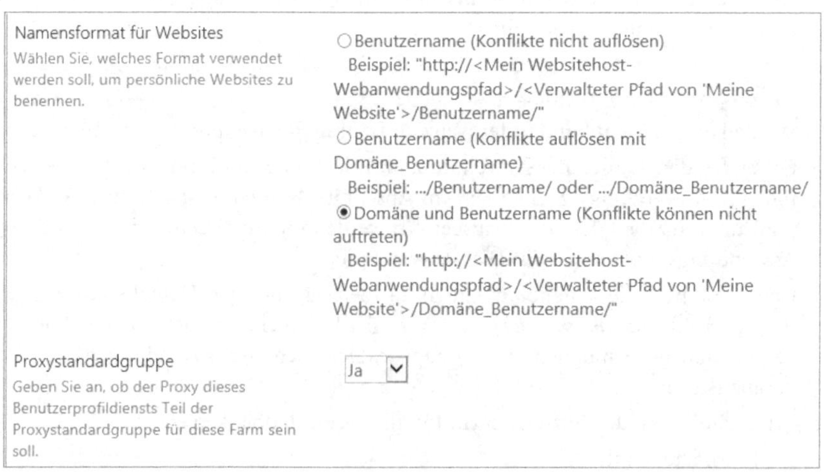

12. Belassen Sie das Feld *Proxystandardgruppe* auf dem Standardwert *Ja* und klicken Sie abschließend auf *OK*.
13. Sie erhalten nach der Aktivierung des Diensts eine Meldung über den Erfolg der Aktivierung. Bestätigen Sie diese durch einen Klick auf *OK*.

Nach einer erfolgreichen Aktivierung des Benutzerprofildiensts steht Ihnen in der Dienstanwendungsliste die zugehörige Verwaltungsoberfläche als Konfigurationseinstiegspunkt zur Verfügung.

Für die alternative Einrichtung von *Meine Website* über PowerShell verwenden Sie das PowerShell-Skript aus Listing 5.15. Passen Sie zuvor die Werte der Parameter Ihren Gegebenheiten an:

Listing 5.15 Einrichten von *Meine Website* via PowerShell

```
$ServiceID = Get-SPServiceInstance | where {$_.TypeName -match "Benutzerprofildienst"} |
where {$_.Server -match "SP2-2"}; Start-SPServiceInstance -Identity $ServiceID
$applicationPool = Get-SPServiceApplicationPool "SharePoint Dienste"
$upa = New-SPProfileServiceApplication -Name "UPS" -ApplicationPool $applicationPool
-ProfileDBName "SP_UPS_Profile" -SocialDBName "SP_UPS_Social" -ProfileSyncDBName
"SP_UPS_Sync" -MySiteHostLocation http://meinewebsite.sincdemo.de -MySiteManagedPath
http://meinewebsite.sincdemo.de/personal
New-SPProfileServiceApplicationProxy -Name "UPS-Proxy" -ServiceApplication $upa
-DefaultProxyGroup
```

ONLINE Sie finden das Beispielskript zum Einrichten einer Benutzerprofildienstanwendung unter dem Namen *ErzeugeBenutzerProfilApp.ps1* innerhalb der Begleitdateien zum Buch.

Weiterführende Informationen zum Verwalten der *Meine Website*-Komponente finden Sie in Kapitel 9.

Fahren Sie mit der Einrichtung der Benutzerprofildienst-Synchronisierungsverbindung fort.

Self-Service Site Provisioning konfigurieren

Stellen Sie sicher, dass alle gewünschten Anwender über das Recht verfügen, eine *Meine Website* zu erstellen.

Es gibt zwei Ebenen, über die das Zugriffsrecht auf *Meine Websites* gesteuert wird. Nach der vollständigen Einrichtung erfolgt die granulare Steuerung aus der Benutzerprofildienstanwendung und den dortigen Benutzerberechtigungen heraus. Neben dieser dienstanwendungsspezifischen Berechtigung benötigen normale Anwender jedoch das Privileg, eine Websitesammlung ohne den Besitz von Farmadministrationsrechten zu erstellen, was in SharePoint generell durch die Funktionalität Self-Service Site Provisioning adressiert wird.

TIPP Auch wenn Microsoft die Einrichtung und Konfiguration der Self-Service Site Provisioning für *Meine Websites* vorgibt, ist eine Erstellung von *Meine Websites* auch ohne den Abschluss von Self-Service Site Provisioning für einen nichtprivilegierten Benutzer möglich.

Die Anleitung zum Einrichten der Self-Service Site Provisioning finden Sie in Kapitel 9 zum Thema Verwaltung.

Benutzerprofildienst-Synchronisierungsverbindung einrichten

Zum Abgleichen der Benutzerprofilinformationen mit den vorhandenen Daten sind in der Übersicht die folgenden Schritte erforderlich:

- Starten Sie den Benutzerprofil-Synchronisierungsdienst
- Richten Sie die Benutzerprofilsynchronisierung ein
- Starten Sie den Zeitgeberauftrag für den Benutzerprofilimport

Es wird empfohlen, nur eine einzige Profilsynchronisierungsverbindung pro Verzeichnisdienstgesamtstruktur zu erstellen. Ein weiterer Aspekt ist die Redundanz und das Lastausgleichsverhalten dieser Komponente. Während andere Dienstanwendungsinstanzen Lastenausgleichsmechanismen bieten, wird die Benutzerprofilsynchronisierung grundsätzlich nur von einem Knoten ausgeführt. Zwar können Sie die zugehörigen Dienstinstanzen auf mehrere Knoten verteilen, jedoch führt jeweils nur eine zur Zeit den eigentlichen Synchronisierungsprozess aus. In Kombination mit der Sensibilität der Komponente resultiert dies zumeist in der Praktik, lediglich eine Dienstinstanz in der Farm bereitzustellen.

Die Detailschritte zur Einrichtung der Benutzerprofildienst-Synchronisierungsverbindung über die Verwaltungsoberfläche sehen wie folgt aus:

HINWEIS Aufgrund des empfohlenen Identitätswechsels wird dieser Abschnitt nicht mithilfe der PowerShell demonstriert, sondern lediglich im Kontext der ganzheitlichen Automation der Einrichtung in Kapitel 17 behandelt.

1. Fügen Sie das Farmkonto temporär in die lokale Gruppe der Farmadministratoren ein und starten Sie den Server neu.

TIPP Zur Provisionierung des Benutzerprofildiensts wird dringend empfohlen, sich mit dem Farmkonto anzumelden. Hierbei handelt es sich um das Dienstkonto, das Sie zu Beginn der Installation von SharePoint angegeben haben. Durch diese Maßnahme umgehen Sie potenzielle Probleme bei der Dienstprovisionierung. Grundsätzlich können Sie eine Provisionierung ebenfalls mit dem Farmadministratorkonto durchführen, die Empfehlung lautet dennoch, explizit das Farmkonto für diesen Vorgang zu verwenden.

2. Öffnen Sie die Dienststeuerung der Zentraladministration unter Verwendung der Anmeldeinformationen des Farmadministrationskontos (alternativ verwenden Sie das Farmadministratorkonto), indem Sie beispielsweise unter *Systemeinstellungen* auf *Dienste auf dem Server verwalten* klicken.
3. Wählen Sie jeweils im Feld *Server* den entsprechenden Server aus und klicken Sie in der Zeile *Benutzerprofildienst* auf *Starten* und anschließend auf *Benutzerprofil-Synchronisierungsdienst* in der Spalte *Aktion* auf *Starten*.
4. Wählen Sie die Benutzerprofildienstinstanz aus, die dieser Dienstinstanz zugeordnet werden soll. In diesem Beispiel steht nur eine Dienstanwendung zur Wahl. Klicken Sie auf *OK* (Abbildung 5.26).

TIPP Das hier definierte Dienstkonto lässt sich nur mithilfe der Dienstkontensteuerung der Zentraladministration abändern. Die Erfahrungen der Vergangenheit führen jedoch zu der Empfehlung, das hier verwendete Konto beim Farmkonto zu belassen. Sollten Sie das Dienstkonto trotzdem abändern wollen, wird empfohlen, die Änderung erst nach der Provisionierung durchzuführen.

Abbildg. 5.26 Auswahl der Benutzerprofildienstinstanz

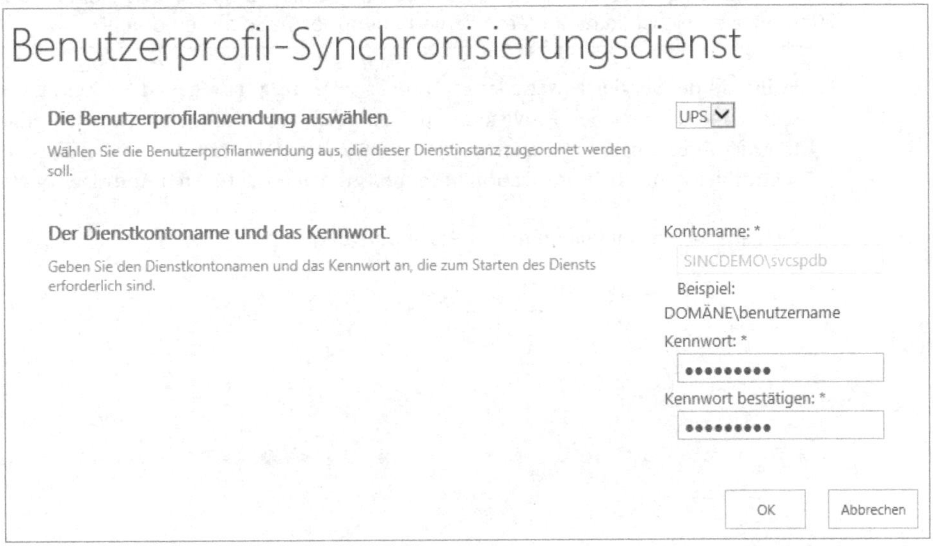

ACHTUNG Warten Sie mit der Ausführung der nachfolgenden Schritte ca. 5 bis 10 Minuten. Stellen Sie dabei sicher, dass der Benutzerprofildienst erfolgreich gestartet wurde und den Status von *Wird gestartet* auf *Gestartet* abgeändert hat (Abbildung 5.27).

Abbildg. 5.27 Lang anhaltene Provisionierungsphase

Sofern sich auf dem Server mit dem Benutzerprofil-Synchronisierungsdienst auch die Webanwendung mit der Zentraladministration befindet, führen Sie bitte zusätzlich einen Reset der Internetinformationsdienste aus, indem Sie in der Eingabeaufforderung *iisreset /noforce* ausführen.

5. Stellen Sie sicher, dass die beiden Forefront Identitiy Manager-Dienste gestartet sind. Verwenden Sie hierzu beispielsweise die Dienstverwaltungskonsole (*Services.msc*). Nach dem Aktivieren des Benutzerprofil-Synchronisierungsdiensts kann es bis zu 10 Minuten dauern, bis die Dienste gestartet sind. Starten Sie diese Dienste auf keinen Fall manuell (Abbildung 5.28)!

Abbildg. 5.28 Zum Benutzerprofilsynchronisierungsdienst gehörende Windows-Dienste

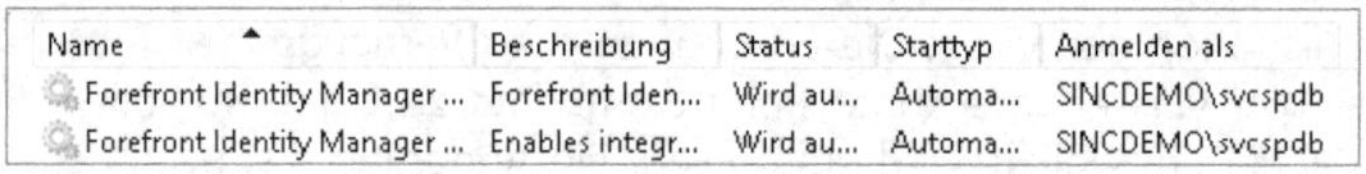

Name	Beschreibung	Status	Starttyp	Anmelden als
Forefront Identity Manager ...	Forefront Iden...	Wird au...	Automa...	SINCDEMO\svcspdb
Forefront Identity Manager ...	Enables integr...	Wird au...	Automa...	SINCDEMO\svcspdb

ACHTUNG Sofern sich auch nach einer Zeitspanne von 15 Minuten keine Änderung am Dienststatus zeigt, starten Sie den Server neu und überprüfen Sie anschließend den Dienststatus. Führen Sie zunächst keine anderen Fehlerbehebungsmaßnahmen durch!

6. Während der vergleichsweise langen Provisionierungsphase haben Sie Zeit, die einzelnen Fortschrittsindikatoren der Provisionierung zu verfolgen. Beispielsweise wird eine Zeitgeberauftragsdefinition namens *ProfileSynchronizationSetupJob* erstellt, die Sie im Überwachungsabschnitt der Zentraladministration unter den zurzeit ausgeführten Aufträgen vorfinden.

Abbildg. 5.29 Zeitgeberauftragsdefinition für die Provisionierung

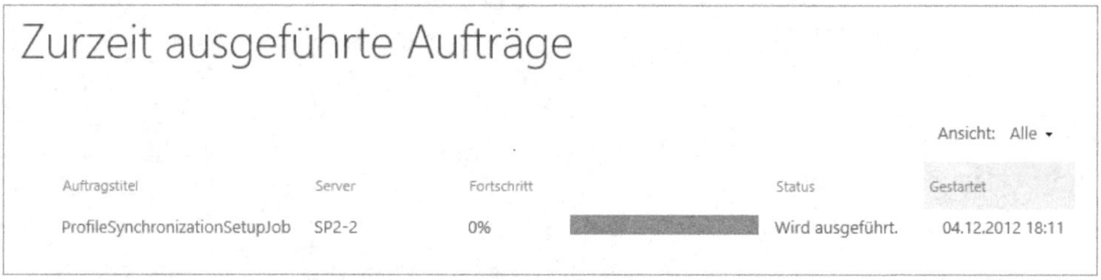

TIPP Sollte es während der Provisionierung zu Fehlern kommen, achten Sie darauf, nicht voreilig einen neuen Anlauf zu wagen, ohne dass bestehende Aufträge abgeschlossen wurden. Es kann zudem vorkommen, dass eine solche Definition hängt und mithilfe der PowerShell zu bereinigen ist.

7. Überprüfen Sie, dass die beiden Unterverzeichnisse *ILMMA* und *MOS-<Name der Benutzerprofildienstanwendung>* im Ordner *%ProgramFiles%\Microsoft Office Servers\15.0\Synchronization Service\MaData* erzeugt wurden. Diese Ordner sind leer.

Sobald die Dienstprovisionierung abgeschlossen ist (SharePoint-Dienstinstanz wird als gestartet angezeigt), können Sie mit der Konfiguration der Benutzerprofilsynchronisierung fortfahren:

Sollten Sie an dieser Stelle keinen Erfolg verzeichnen, finden Sie zahlreiche Hilfestellungsansätze in Kapitel 18.

1. Öffnen Sie Dienstanwendungssteuerung der Zentraladministration.
2. Wählen Sie die Zeile *Benutzerprofil-Dienstanwendung* aus und klicken Sie auf den gleichnamigen Link.
3. Im Abschnitt *Synchronisierung* wählen Sie den Link *Synchronisierungsverbindung konfigurieren.*
4. Klicken Sie auf *Neue Verbindung herstellen.*

HINWEIS Es wird empfohlen, pro Gesamtstruktur lediglich eine Synchronisierungsverbindung einzurichten.

5. Geben Sie die Verbindungsparameter an (Abbildung 5.30).
6. Im Abschnitt *Verbindungsname* geben Sie den Namen der Verbindung an. Im Abschnitt *Typ* wählen Sie *Active Directory* als Verbindungstyp aus.

Abbildg. 5.30 Kernparameter für Benutzerprofil-Synchronisierungsverbindungen

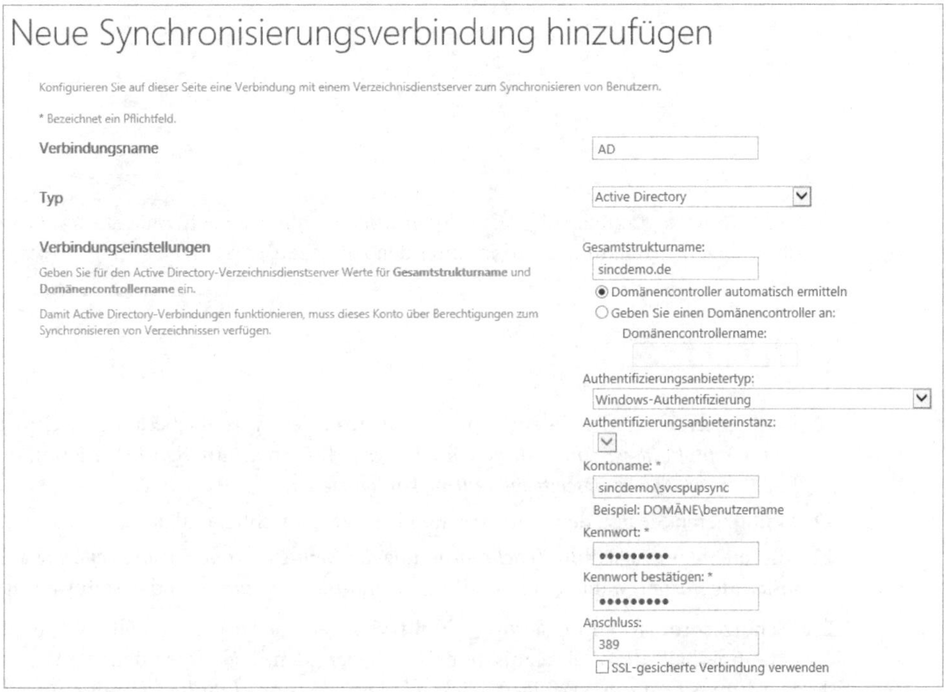

7. Im Abschnitt *Verbindungseinstellungen* geben Sie im Feld *Gesamtstruktur* den vollständigen Domänennamen Ihrer Gesamtstruktur an. In diesem Beispiel lautet die Gesamtstrukturdomäne *sincdemo.de*. Belassen Sie den *Authentifizierungsanbietertyp* beim Standardwert (*Windows-Authentifizierung*) und geben Sie das Dienstkonto für die Synchronisierung an.

   Das hier definierte Konto muss über die zuvor konfigurierten, speziellen Zugriffsprivilegien auf Active Directory verfügen. Ein Standarddomänenbenutzer verfügt nicht über ausreichend Privilegien für das Abrufen der erforderlichen Informationen.
8. Geben Sie im Abschnitt *Container* die Organisationseinheiten an, die Sie synchronisieren möchten. Klicken Sie dazu zunächst auf die Schaltfläche *Container mit Daten auffüllen* und aktivieren Sie anschließend die entsprechenden Kontrollkästchen (Abbildung 5.31).
9. Klicken Sie auf *OK*, um die Verbindung einzurichten.

Bereitstellung

Abbildg. 5.31 Auswahl der Zielelemente für die Synchronisierung

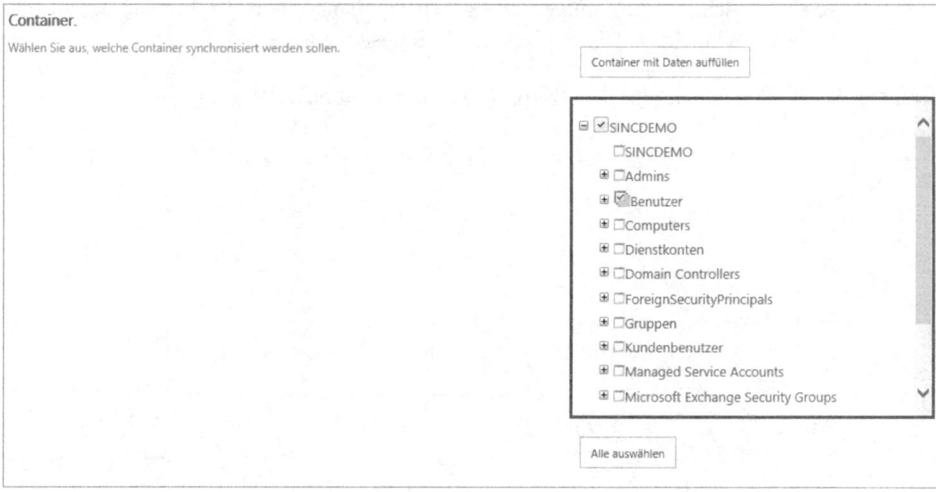

10. Konfigurieren Sie den Benutzerprofil-Synchronisierungszeitgeberauftrag. Öffnen Sie dazu die *Benutzerprofildienst-Anwendungseinstellungen*. Im Abschnitt *Synchronisierung* wählen Sie den Link *Synchronisierungszeitgeberauftrag konfigurieren*.
11. Modifizieren Sie ggf. den Zeitplan und klicken Sie anschließend auf die Schaltfläche *OK*.
12. Klicken Sie im Abschnitt *Synchronisierung der Benutzerprofildienstanwendung* auf *Profilsynchronisierung starten*, wählen *Vollständige Synchronisierung starten* und bestätigen mit *OK*.

Die Benutzerprofilsynchronisierung nimmt viel Zeit in Anspruch, selbst wenn sich nur wenige Objekte innerhalb der Zielorganisationseinheit befinden. Haben Sie den Wunsch, den Fortschritt der Synchronisierung zu verfolgen, klicken Sie im Abschnitt *Profilsynchronisierungseinstellungen* auf den Link in der Zeile *Profilsynchronisierung*. Detailfortschrittsinformationen stehen Ihnen jedoch lediglich innerhalb der Forefront Identity Manager-Verwaltungskonsole zur Verfügung. Weiterführende Informationen zur Verwaltung und Analyse der Profilsynchronisierung und zu der Verwendung dieser Verwaltungskonsole finden Sie in den Kapiteln 9 und 18.

ACHTUNG Durch den Abschluss dieses Arbeitsschritts haben alle Domänenmitglieder unmittelbar das Recht, eine eigene *Meine Website* zu erzeugen und sehen einen entsprechenden Link innerhalb der SharePoint-Site. Sollte dieses Verhalten nicht erwünscht sein, modifizieren Sie das Recht zur *Meine Website*-Erstellung mithilfe des in Kapitel 9 beschriebenen Verfahrens.

Konfiguration der Benutzerprofildienstintegration mit anderen Farmkomponenten

Die sehr zentral in SharePoint integrierte Benutzerprofildienstkomponente weist eine hohe Anzahl an Abhängigkeiten von und zu anderen Komponenten auf und erfordert daher diverse weitere Anpassungen, um die volle Funktionalität in Ihrer Farm feilbieten zu können. Die Mehrzahl dieser Querverknüpfungen wird im Rahmen der Konfigurationsbeschreibung der anderen SharePoint-

Dienstanwendungen und Komponenten erörtert. Um Ihnen eine bessere Übersicht zu ermöglichen, fassen wir diese Abhängigkeiten an dieser Stelle im Wesentlichen zusammen:

- Das Inhaltszugriffskonto der Suche benötigt spezifische Zugriffsberechtigungen auf die in der Benutzerprofildienstanwendung gespeicherten Benutzerprofildaten
- Die Suchdienstanwendung benötigt neben der klassischen Inhaltsquellenangabe zum Pfad von *Meine Website* zusätzlich eine Inhaltsquellenangabe zu den Benutzerprofildaten, die mit dem Protokollhandler *SPS3://* adressiert werden
- Das Dienstanwendungspoolkonto der Benutzerprofildienstanwendung benötigt volle Zugriffsrechte auf die Benutzerprofildienstanwendung in Umgebung mit einer angewandten Prozessisolation (also dedizierten Dienstkonten)
- Das Dienstkonto des Arbeitsverwaltungsdienstanwendungspools benötigt volle Verbindungsrechte (nicht Administratorrechte) auf die Benutzerprofildienstanwendung
- Das Dienstkonto des Anwendungspools des maschinellen Übersetzungsdiensts benötigt volle Verbindungsrechte (nicht Administratorrechte) auf die Benutzerprofildienstanwendung

Es existieren weitere erforderliche Berechtigungen für den Benutzerprofildienst, die teilweise jedoch auch automatisch gesetzt werden.

Newsfeed bereitstellen

Um den Newsfeed erfolgreich nutzen zu können, müssen Sie sicherstellen, dass speziell in Umgebungen, die nach dem empfohlenen Least Privilege-Modell implementiert wurden, adäquate Berechtigungen für den Zugriff auf den Benutzerprofildienst eingerichtet wurden.

HINWEIS Abweichend zu SharePoint 2010 wird die Newsfeedfunktionalität standardmäßig im Rahmen der Dienstprovisionierung automatisch als aktiv markiert. Somit entfällt zumindest dieser Arbeitsschritt unter SharePoint 2013.

Stellen Sie hierzu sicher, dass den folgenden Dienstkonten volle Verbindungsrechte auf die Benutzerprofildienstanwendung gewährt wurden:

- Anwendungspool von *Mein Websitehost*
- Dienstanwendungspool der Benutzerprofildienstanwendung
- Dienstkonto des verteilten Caches

Zur Validierung gehen Sie wie folgt vor:

1. Öffnen Sie die Dienstanwendungssteuerung der Zentraladministration.
2. Klicken Sie in der Zeile der zuvor erstellten Benutzerprofildienstanwendung auf die Dienstanwendung und anschließend im Menüband auf *Berechtigungen*.
3. Fügen Sie nun das Anwendungspoolkonto des Benutzerprofildiensts zu der Liste der berechtigten Benutzer hinzu und gewähren Sie dem Konto volle Zugriffsrechte.

Durch diese Maßnahme wird der Zugriff auf den Newsfeed grundsätzlich auch in für die Isolation konfigurierten Umgebungen möglich.

Aktivitätsfeedauftrag starten

Ein bereits mit SharePoint 2010 eingeführter integraler Bestandteil des Benutzerprofildiensts ist der sogenannte Aktivitiätsfeed. Ein Baustein davon stellen die zuvor konfigurierten Newsfeeds dar. Diese Newsfeeds dienen dazu, den Anwender über Änderungen und Neuigkeiten in seinem sozialen Netzwerk zu informieren.

Standardmäßig werden jedoch die erfassten Informationen nicht ausgewertet und so erhalten Anwender lediglich eine Meldung über nicht eingerichtete Newsfeeds. Um dieses Problem zu vermeiden, müssen Sie den zugehörigen Zeitgeberauftrag aktivieren, der die Feeds mit Daten versorgt. Gehen Sie dazu wie folgt vor:

1. Klicken Sie in der Zentraladministration in der linken Navigationsspalte auf *Überwachung.*
2. Klicken Sie im Abschnitt *Zeitgeberaufträge* auf den Link *Auftragsdefinitionen überprüfen.*
3. Klicken Sie nun auf den Link *[Name der Benutzerprofildienstanwendung] ? Aktivitätsfeedauftrag* (Abbildung 5.32).

Abbildg. 5.32 Auftragsdefinition für die Aktivitätsfeeds

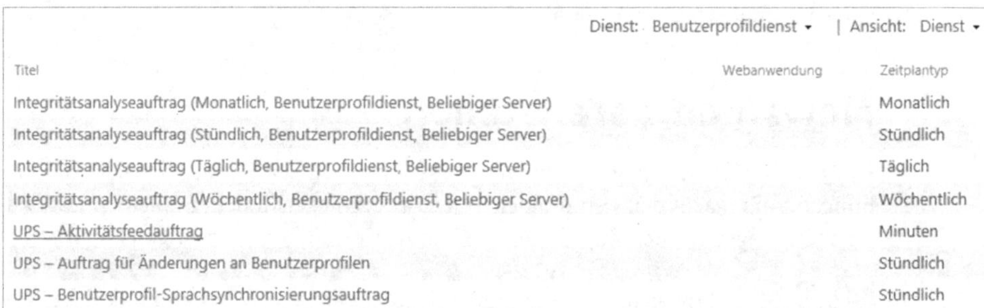

4. Klicken Sie auf *Aktivieren*, um den Auftrag künftig stündlich durchzuführen.

Um Änderungen zu forcieren, können Sie den Auftrag erneut öffnen und auf *Jetzt ausführen* klicken. Bei neuen Farminstallationen liegen jedoch noch keine relevanten Daten für diesen Auftrag vor.

Verifizieren der Einrichtung

Um eine erfolgreiche, vollständige Benutzerprofildienstprovisionierung zu validieren, sollten die folgenden Eigenschaften geprüft werden:

1. Ist der Benutzerprofil-Synchronisierungsdienst gestartet (sofern nicht auf den neuen Active Directory-Import gesetzt wurde)?
2. Wurden Benutzerprofile im Zuge des Imports durch die Benutzerprofil-Synchronisierungskomponente erzeugt?
3. Wird automatisch *Meine Website* erzeugt, sobald Sie im Browser die URL zu *Mein Websitehost* aufrufen?
4. Erscheint der *Newsfeed*-Link auf Ihrer *Meine Website*?
5. Erscheinen Daten in den Aktivitätsfeeds, sofern Sie entsprechende Elemente mit Testkonten erstellen?

Beachten Sie beim ersten Aufruf von *Meine Website*, dass die Inhalte von *Meine Website* nicht zwangsläufig vollständig zur Verfügung stehen (wie der *Newsfeeed*-Bereich). Je nach Ausgangssituation, wie im Rahmen einer Migration, könnten Bestandteile Ihrer *Meine Website* noch nachträglich automatisiert erstellt werden.

Beim ersten Aufruf von *Meine Website* erscheint ein Dialogfeld, das Ihnen einen einfachen Zugang zur Basiskonfiguration Ihrer Site ermöglicht. Durch das Akzeptieren der Voreinstellungen ermöglichen Sie es anderen Benutzern, in Kombination mit den verknüpften Standardberechtigungen Ihre Aktivitäten zu verfolgen (Abbildung 5.33).

Abbildg. 5.33 Erster Aufruf von *Meine Website*

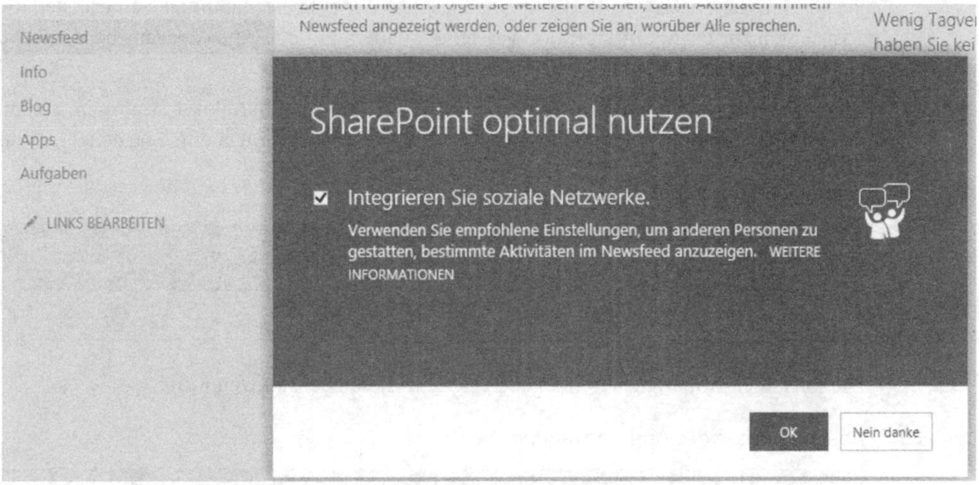

Bei näherer Durchsicht werden Sie im Vergleich zu SharePoint 2010 drastische Oberflächenveränderungen feststellen, wie beispielsweise den scheinbaren Verlust des Organisationsdiagramms. Im Falle des Organigramms ist der Verlust zu verkraften: Einerseits kann das Webpart manuell zu Ihrer Site hinzugefügt werden, andererseits ist das Steuerelement verfügbar, sobald Sie zu einer nicht eigenen *Meine Website* navigieren.

Neben dem Organigramm werden Sie weitere Bestandteile von *Meine Website* vermissen. Fügen Sie jedoch nicht voreilig die *Meine Website*-Webparts von SharePoint 2010 Ihrer Site hinzu. Sie finden fast alle Funktionalität wieder, allerdings teilweise etwas verborgen, wie Ihre Kategorien und Notizen bzw. Newsfeedeinstellungen.

Durch die bislang umgesetzten Änderungen ist der Aufgabenbereich noch nicht voll funktional. Dieser Bereich wird erst im Rahmen der Bereitstellung des Arbeitsverwaltungsdiensts in Betrieb genommen.

Zu diesem Zeitpunkt ist Ihre *Meine Website* somit funktional, jedoch noch nicht umfassend genutzt und konfiguriert. Weitere Arbeitsschritte sollten in Erwägung gezogen werden, um von den zahlreichen Möglichkeiten dieser Komponente bestmöglich zu partizipieren. Diese Möglichkeiten sind beispielsweise:

- Einrichten eines Microblogs/Blogs für Benutzer
- Definition vertrauenswürdiger Speicherorte

- Konfiguration von Links für Office-Anwendungen, um eine einfache Speicherung in SharePoint aus Office heraus zu ermöglichen
- Definition von personalisierten Links
- Bidirektionale Synchronisierung von SharePoint-Inhalten mit Active Directory und vieles mehr

Weitere Informationen zu diesen Aspekten finden Sie in Kapitel 9.

App-Verwaltungsdienst

Sie können diesen Abschnitt überspringen, sofern Sie eine eigenständige Serverinstallation oder den Assistenten zur Farmkonfiguration verwendet haben, um den App-Verwaltungsdienst automatisiert zu konfigurieren.

Bevor Sie mit der Bereitstellung der App-Verwaltung für SharePoint beginnen, stellen Sie sicher, dass Sie den entsprechenden Planungsabschnitt in Kapitel 3 eingehend bearbeitet haben.

Tabelle 5.18 Kerneigenschaften des App-Verwaltungsdiensts

Farm-übergreifend	Partitionierbar	SharePoint Foundation	SharePoint Server	SharePoint Server Enterprise	Redundanzfähigkeit	Positionierung
		✓	✓	✓	✓	APP

Die folgenden Abhängigkeiten ergeben sich für diese Dienstanwendung:

Tabelle 5.19 Abhängigkeiten des App-Verwaltungsdiensts

Abhängigkeit	Dienst ist abhängig von	Vom Dienst abhängige Komponenten	Abhängigkeit
✓	OAuth	Dienst für maschinelle Übersetzungen	✓
✪	Abonnementeinstellungendienst-Anwendung	Access Services (2013)	✓
✪	Anforderungs-Manager		
✪	Internetkonnektivität der SharePoint-Server		

Legende: ✪ = Nicht erforderlich, jedoch empfohlen; ✓ = Erforderlich

HINWEIS Die Internetkonnektivität ist erforderlich, sofern Sie den flexiblen Zugriff auf alle im Onlinemarktplatz verfügbaren Apps zur Verfügung stellen möchten.

Die Abhängigkeit von der Abonnementeinstellungendienst-Anwendung ergibt sich aus der Nutzung der Mandantenfunktionen für isolierte Berechtigungen und Subdomänen für die SharePoint-Apps.

Der Anforderungs-Manager wird im Falle einer SSL-Absicherung der Apps relevant.

Es wird empfohlen, diesen Dienst auf Entwicklungsumgebungen standardmäßig bereitzustellen. In der Übersicht sieht die Bereitstellung der Dienstanwendung wie folgt aus:

- Einrichtung einer DNS-Zone für Apps
- Bereitstellung eines SSL-Platzhalterzertifikats (optional)
- Aktivierung des App-Verwaltungsdiensts
- Erstellen der App-Verwaltungsdienst-Dienstanwendung
- Konfiguration der App-URLs
- Konfigurieren des Features für Internet-Endpunkte (optional)

Nachfolgend werden diese wichtigsten Einrichtungsschritte eingehender behandelt.

Einrichtung einer DNS-Zone für Apps

Entsprechend Ihrer auf Kapitel 3 basierenden Planung richten Sie eine DNS-Zone für Apps ein. In diesem Beispiel wird eine dedizierte unabhängige DNS-Zone und ein DSN-Platzhalter-CNAME-Eintrag mit einem Verweis auf einen Web-Front-End-Server eingerichtet.

Es wird dringend empfohlen, eine isolierte DNS-Zone in einem getrennten Namensraum zu verwenden, um websiteübergreifende Skripting-Angriffe zu vermeiden. Mehr Informationen hierzu finden Sie in Kapitel 3 und 13. Alternativ können Sie ebenfalls eine Subdomäne Ihrer bestehenden SharePoint-Umgebung verwenden.

Erstellen Sie hierzu zunächst eine neue Forward-Lookupzone auf Ihrem DNS-Server und anschließend einen neuen CNAME-Alias. Verwenden Sie hierzu einen * im Aliasnamen und verweisen Sie im Feld *Vollqualifizierter Domänenname des Zielhosts* auf einen Web-Front-End-Server von SharePoint (Abbildung 5.34).

HINWEIS Sollten Sie in Ihrer Farm über mehrere Web-Front-End-Server verfügen, verweisen Sie an dieser Stelle alternativ auf einen Hostnamen, dessen IP beispielsweise über ein Lastenausgleichsverfahren auf die verfügbaren Web-Front-End-Server verweist.

Abbildg. 5.34 Einrichtung einer isolierten DNS-Zone mit einem Platzhalter-CNAME-Alias

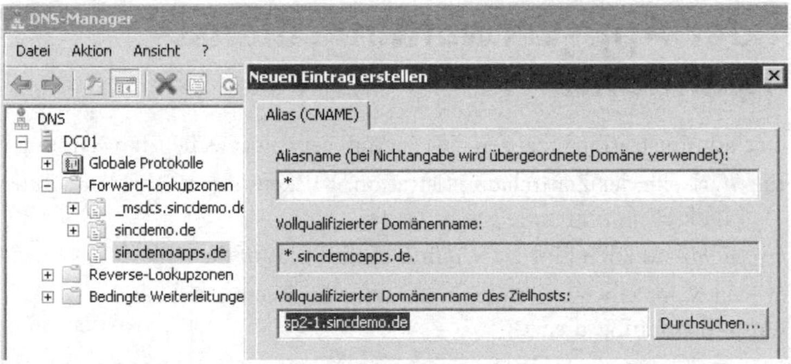

ACHTUNG Sollte Ihre Farm aus dem Internet erreichbar sein, stellen Sie sicher, dass diese Zone registriert und somit über das Internet auflösbar ist.

Bereitstellung eines SSL-Platzhalterzertifikats (optional)

Sollten Ihre Webanwendungen SSL-geschützt bereitgestellt werden, ist es aufgrund der Architektur der Apps erforderlich, ein platzhalterbasiertes Zertifikat für die Webanwendung der Apps auszustellen. Hintergründe hierfür erfahren Sie in Kapitel 3 zum Thema Planung.

Weitere Informationen zum Bereitstellen eines Platzhalterzertifikats für die Apps-Webanwendung finden Sie in Kapitel 13.

Aktivierung des App-Verwaltungsdiensts

Zum Starten des App-Verwaltungsdiensts über die Zentraladministration gehen Sie wie folgt vor:

1. Öffnen Sie die Startseite der Zentraladministration und klicken Sie unter *Systemeinstellungen* auf *Dienste auf dem Server verwalten*.
2. Wählen Sie jeweils im Feld *Server* den entsprechenden Server aus und klicken Sie in der Zeile *App-Verwaltungsdienst* in der Spalte *Aktion* auf *Starten*. Wiederholen Sie den Vorgang ggf. auf den verbleiben Servern der Serverfarm.

Alternativ steht Ihnen das PowerShell-Skript aus Listing 5.16 für das Starten des Diensts zur Verfügung. Ersetzen Sie dabei den Servernamen *SP2-2* durch den Namen Ihres jeweiligen Servers.

Listing 5.16 Starten des App-Verwaltungsdiensts über die PowerShell

```
$ServiceID = Get-SPServiceInstance | where {$_.TypeName -match "App-Verwaltungsdienst"} |
where {$_.Server -match "SP2-2"}

Start-SPServiceInstance -Identity $ServiceID
```

Fahren Sie mit dem Erstellen der Dienstanwendung fort.

Erstellen der App-Verwaltungsdienst-Dienstanwendung

Mithilfe der Zentraladministration erzeugen Sie die App-Verwaltungsdienstanwendung wie folgt:

1. Öffnen Sie die Startseite der Zentraladministration. Klicken Sie im Abschnitt *Anwendungsverwaltung* auf den Link *Dienstanwendungen verwalten*.
2. Wählen Sie im Menüband den Eintrag *Neu* und klicken Sie auf die Zeile *App-Verwaltungsdienst*.
3. Geben Sie im Feld *Name* einen passenden Namen für die Dienstanwendung an. Wählen Sie beispielsweise »App-Verwaltungsdienst«.

   Im Abschnitt *Datenbank* geben Sie im Feld *Datenbankname* einen Namen an. Dieser Name sollte ein Präfix mit dem Namen der Serverfarm haben, der es Ihnen ermöglicht, die zur Farm zugehörigen Datenbanken einfach zu identifizieren.

   Im Abschnitt *Anwendungspool* wählen Sie gemäß Ihrer Planung einen Anwendungspool aus. In diesem Beispiel wird der zuvor erstellte Anwendungspool *SharePoint Dienste* verwendet.

Im Abschnitt *App-Verwaltungsdienstanwendungs-Proxy* belassen Sie das Kontrollkästchen aktiviert.

Klicken Sie auf *OK*, um die Provisionierung der Dienstanwendung zu beginnen. Bestätigen Sie im Anschluss durch einen weiteren Klick auf *OK* die erfolgreiche Erstellung.

Alternativ können Sie die Dienstanwendung mithilfe des PowerShell-Skripts aus Listing 5.17 erstellen.

Listing 5.17 Erstellen der App-Verwaltungsdienst-Dienstanwendung mithilfe der PowerShell

```
$appPool = Get-SPServiceApplicationPool -Identity "SharePoint Dienste"
$sa = New-SPAppManagementServiceApplication -Name "App-Verwaltungsdienst" -Databasename
"SP2_AppVerwaltungsdienst_DB" -Applicationpool $appPool
$sap = New-SPAppManagementServiceApplicationProxy -ServiceApplication $sa -Name "App-
Verwaltungsdienstproxy"
```

ONLINE Sie finden das Beispielskript zum Erstellen der App-Verwaltungsdienstanwendung unter dem Namen *ErzeugeAppVerwaltungsdienstApp.ps1* innerhalb der Begleitdateien zum Buch.

Konfiguration der App-URLs

Zur Konfiguration der App-URLs mithilfe der Zentraladministration gehen Sie wie folgt vor:

1. Öffnen Sie die Startseite der Zentraladministration, klicken Sie auf *Apps* und anschließend auf *App-URLs konfigurieren.*
2. Im Abschnitt *App-Domäne* geben Sie die zuvor in DNS erstellte DNS-Zone an.

   Im Abschnitt *App-Präfix* geben Sie die Zeichenfolge an, die den Unterdomänen der Apps vorangestellt werden soll (Abbildung 5.35) und klicken Sie auf *OK*, um die Einstellungen zu übernehmen.

Abbildg. 5.35 App-URLs konfigurieren

Alternativ können Sie diese Konfiguration mithilfe der PowerShell wie folgt abbilden:

Listing 5.18 App-Konfiguration mithilfe der PowerShell

```
Set-SPAppDomain "sincdemoapps.de"
Set-SPAppSiteSubscriptionName -Name "app" -Confirm:$false
```

Mit diesem Arbeitsschritt ist die Basisbereitstellung der Apps abgeschlossen.

Konfigurieren des Features für Internet-Endpunkte (optional)

Der SharePoint Store beinhaltet unter anderem Anwendungen, die den Zugriff auf Internet-basierte Endpunkte (z.B. REST-Endpunkte) benötigen. Um diese Anwendungen ebenfalls im Onlinekatalog lokalisieren zu können, aktivieren Sie das entsprechende Feature auf Webanwendungsebene:

1. Öffnen Sie die Startseite der Zentraladministration und klicken Sie im Abschnitt *Anwendungsverwaltung* auf *Webanwendungen verwalten.*
2. Markieren Sie die entsprechende Webanwendung und klicken Sie im Menüband auf *Features verwalten.*
3. Klicken Sie in der Zeile *Apps, die verfügbare Internet-Endpunkte benötigen* auf *Aktivieren*, um die Konfiguration abzuschließen (Abbildung 5.36).

Abbildg. 5.36 Konfigurieren des Features für Internet-Endpunkte

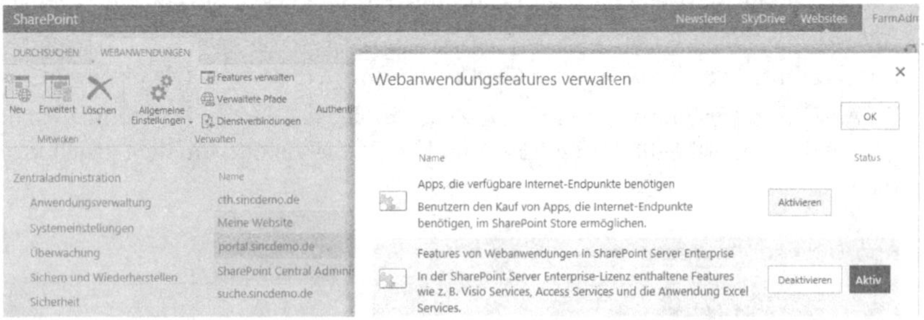

Weiterführende Einstellungen der App-Verwaltungsdienstanwendung werden eingehender in Kapitel 9 behandelt.

Maschineller Übersetzungsdienst

Sie können diesen Abschnitt überspringen, sofern Sie eine eigenständige Serverinstallation oder den Assistenten zur Farmkonfiguration verwendet haben, um den maschinellen Übersetzungsdienst automatisiert zu konfigurieren.

Tabelle 5.20 Kerneigenschaften des Diensts für maschinelle Übersetzungen

Farm-übergreifend	Partitionierbar	SharePoint Foundation	SharePoint Server	SharePoint Server Enterprise	Redundanzfähigkeit	Positionierung
✓	✓		✓	✓	✓	APP

Die folgenden Abhängigkeiten ergeben sich für diese Dienstanwendung:

Tabelle 5.21 Abhängigkeiten des Diensts für maschinelle Übersetzungen

Abhängigkeit	Dienst ist abhängig von	Vom Dienst abhängige Komponenten	Abhängigkeit
✓	Apps-Verwaltungsdienstanwendung	Übersetzung von Variationen	✪
✓	OAuth-Authentifizierung	Übersetzung von Ausdrücken des Terminologiespeichers	✪
✓	Benutzerprofildienstanwendung		
✓	Forderungsbasierte Authentifizierung		
✓	Internetzugriff für SharePoint-Server		

Legende: ✪ = Nicht erforderlich, jedoch empfohlen; ✓ = Erforderlich

Für den Internetzugriff der Dienstanwendung kann alternativ ein dienstanwendungsspezifischer Proxyserver definiert werden. Der maschinelle Übersetzungsdienst benötigt in der gleichen Dienstanwendungsproxygruppe jeweils eine Apps-Verwaltungs- und eine Benutzerprofildienstanwendung. Zusätzlich muss die Zielwebanwendung für die standardmäßig aktivierte forderungsbasierte Authentifizierung aktiviert sein.

In der Übersicht beinhaltet die Bereitstellung des maschinellen Übersetzungsdiensts die folgenden Arbeitsschritte:

- Starten der Dienstinstanz des maschinellen Übersetzungsdiensts
- Erstellen der Dienstanwendung
- Konfiguration der Dienstanwendung und Dienstanwendungsberechtigungen

Weiterführende Hintergrundinformationen zum maschinellen Übersetzungsdienst finden Sie in Kapitel 8.

Maschinellen Übersetzungsdienst starten

Zum Starten des maschinellen Übersetzungsdiensts über die Zentraladministration gehen Sie wie folgt vor:

1. Öffnen Sie die Startseite der Zentraladministration und klicken Sie unter *Systemeinstellungen* auf *Dienste auf dem Server verwalten*.
2. Wählen Sie im Feld *Server* den entsprechenden Server aus und klicken Sie in der Zeile *Maschineller Übersetzungsdienst* in der Spalte *Aktion* auf *Starten*. Wiederholen Sie den Vorgang ggf. auf den verbleiben Servern der Serverfarm.

Alternativ steht Ihnen das PowerShell-Skript aus Listing 5.19 für das Starten des Diensts zur Verfügung. Ersetzen Sie dabei den Servernamen *SP2-2* durch den Namen Ihres jeweiligen Servers.

Listing 5.19 Starten des maschinellen Übersetzungsdiensts

```
$ServiceID = Get-SPServiceInstance | where {$_.TypeName -match "Maschineller
Übersetzungsdienst"} | where {$_.Server -match "SP2-1"}
Start-SPServiceInstance -Identity $ServiceID
```

Fahren Sie mit dem Erstellen der Dienstanwendung fort.

Maschinelle Übersetzungsdienstanwendung erstellen

Mithilfe der Zentraladministration erzeugen Sie die maschinelle Übersetzungsdienstanwendung wie folgt:

1. Öffnen Sie die Startseite der Zentraladministration. Klicken Sie im Abschnitt *Anwendungsverwaltung* auf den Link *Dienstanwendungen verwalten*.
2. Wählen Sie im Menüband den Eintrag *Neu* und klicken Sie auf die Zeile *Maschineller Übersetzungsdienst*.
3. Geben Sie im Feld *Name* einen passenden Namen für die Dienstanwendung an. Wählen Sie beispielsweise »Machine Translation«.
4. Im Abschnitt *Anwendungspool* wählen Sie gemäß Ihrer Planung einen Anwendungspool. In diesem Beispiel wird der zuvor erstellte Anwendungspool *SharePoint Dienste* verwendet.

   Im Abschnitt *Partitionierter Modus* können Sie in *Mandanten Szenarien* optional das Kontrollkästchen aktivieren.

   Im Abschnitt *Zur Standardproxyliste hinzufügen* aktivieren Sie das Kontrollkästchen, um die Funktionen der Dienstanwendungen allen Webanwendungen der Proxygruppe zur Verfügung zu stellen.

   Im Abschnitt *Datenbank* geben Sie im Feld *Datenbankname* einen Namen an. Dieser Name sollte ein Präfix mit dem Namen der Serverfarm haben, der es Ihnen ermöglicht, die zur Farm zugehörigen Datenbanken einfach zu identifizieren.

   Klicken Sie auf *OK*, um die Provisionierung der Dienstanwendung zu beginnen und bestätigen Sie im Anschluss durch einen weiteren Klick auf *OK* die erfolgreiche Erstellung.

Alternativ können Sie die Dienstanwendung mithilfe des PowerShell-Skripts aus Listing 5.20 erstellen.

Listing 5.20 Erstellen der maschinellen Übersetzungsdienstanwendung

```
$appPool = Get-SPServiceApplicationPool -Identity "SharePoint Dienste"
$sa = New-SPTranslationServiceApplication -Name "Machine Translation" -Databasename
"SP2_MachineTranslation_DB" -Applicationpool $appPool -Default
```

ONLINE Sie finden das Beispielskript zum Erstellen der maschinellen Übersetzungsdienstanwendung unter dem Namen *ErzeugeMachineTranslationApp.ps1* innerhalb der Begleitdateien zum Buch.

Mithilfe der hier angeführten Befehle wird – anders als bei der Mehrzahl der anderen Dienstanwendungen – automatisch auch die Proxykomponente der Dienstanwendung erstellt.

Konfiguration der maschinellen Übersetzungs-dienstanwendung und Dienstanwendungs-berechtigungen

Das zuvor für den Anwendungspools der maschinellen Übersetzungsdienstanwendung verwendete Konto muss über *Full Control*-Rechte für den Zugriff auf die Benutzerprofildienstanwendung verfügen.

Gehen Sie wie folgt vor, um die Zugriffsberechtigungen zu konfigurieren:

1. Öffnen Sie die Startseite der Zentraladministration und klicken Sie im Abschnitt *Anwendungsverwaltung* auf *Dienstanwendungen verwalten.*
2. Markieren Sie die Benutzerprofildienstanwendung und klicken Sie im Menüband auf *Berechtigungen.*
3. Fügen Sie das Dienstkonto des zuvor verwendeten zugehörigen Dienstanwendungspoolkontos hinzu, geben Sie dem Konto durch Aktivierung des Kontrollkästchens *Vollzugriff* die erforderlichen Zugriffsberechtigungen und übernehmen Sie diese durch einen Klick auf *OK* (Abbildung 5.37).

Abbildg. 5.37 Delegierung der Zugriffsberechtigungen für das entsprechende Dienstkonto

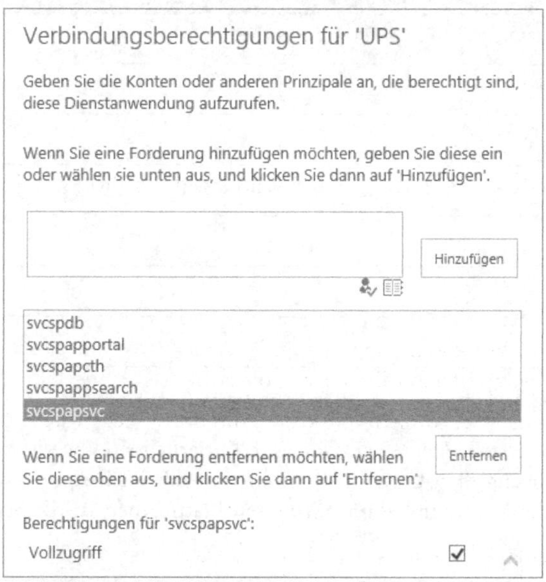

Weiterführende, jedoch in der Regel optionale Konfigurationen wie die Definition eines Proxyservers exklusiv für die Dienstanwendung finden Sie in Kapitel 9.

Arbeitsverwaltungsdienst

Sie können diesen Abschnitt teilweise überspringen, sofern Sie eine eigenständige Serverinstallation oder den Assistenten zur Farmkonfiguration verwendet haben, um den Arbeitsverwaltungsdienst automatisiert zu konfigurieren.

Der Arbeitsverwaltungsdienst dient Ihnen dazu, Aufgaben innerhalb von SharePoint und übergreifend mit Exchange Server 2013 oder aber auch Project Server 2013 zu aggregieren. Hierdurch wird es Anwendern möglich, Ihre verteilt definierten Aufgaben zentral einzusehen und zu verfolgen.

Tabelle 5.22 Kerneigenschaften des Arbeitsverwaltungsdiensts

Farm-übergreifend	Partitionierbar	SharePoint Foundation	SharePoint Server	SharePoint Server Enterprise	Redundanzfähigkeit	Positionierung
			✓	✓	✓	APP

Die folgenden Abhängigkeiten ergeben sich für diese Dienstanwendung:

Tabelle 5.23 Abhängigkeiten des Arbeitsverwaltungsdiensts

Abhängigkeit	Dienst ist abhängig von	Vom Dienst abhängige Komponenten	Abhängigkeit
✓	Suchdienstanwendung	*Meine Website*-Webparts für Aufgaben	✓
✓	Benutzerprofildienst		
☆	OAuth		
☆	Exchange Server 2013		
☆	Project Server 2013		
✓	Newsfeed		
☆	SSL/HTTPS		

Legende: ☆ = Nicht erforderlich, jedoch empfohlen; ✓ = Erforderlich

Während die Basisdienste *Suche* und *Benutzerprofildienst* erforderlich sind, werden die maximalen Fertigkeiten des Arbeitsverwaltungsdiensts erst in Kombination mit Exchange Server oder Project Server 2013 ausgereizt. Für die Kommunikation mit diesen Plattformen ist die Server-zu-Server-Authentifizierung erforderlich (OAuth).

HINWEIS Die Project Server-Dienstanwendung wird benötigt, um zusätzlich Aufgaben von Project Server aggregieren zu können. Hingegen wird der Suchdienst benötigt, um zusätzlich auch Aufgaben außerhalb der persönlichen SharePoint-Aufgaben und die in Project Server abgelegten Aufgaben zu aggregieren.

SSL wird benötigt, da ein- und ausgehende Server-to-Server-Protokollanfragen zwingend SSL geschützt werden müssen.

In der Übersicht beinhaltet die Basisbereitstellung des Arbeitsverwaltungsdiensts die folgenden Arbeitsschritte:

- Erstellen der Dienstanwendung
- Starten der Dienste
- Delegierung der Berechtigung für das Arbeitsverwaltungsdienst-Dienstkonto

Um alle Möglichkeiten der Arbeitsverwaltungsdienstanwendung ausschöpfen zu können, finden Sie in Kapitel 16 weiterführende Informationen, um beispielsweise Exchange Server für die Anbindung an die Aufgabensynchronisierung in die Konfiguration zu integrieren.

Arbeitsverwaltungsdienst starten

Zum Starten des Arbeitsverwaltungsdiensts mithilfe der Zentraladministration gehen Sie wie folgt vor:

1. Öffnen Sie die Startseite der Zentraladministration und klicken Sie unter *Systemeinstellungen* auf *Dienste auf dem Server verwalten.*
2. Wählen Sie jeweils im Feld *Server* den entsprechenden Server aus und klicken Sie in der Zeile *Arbeitsverwaltungsdienst* in der Spalte *Aktion* auf *Starten.* Wiederholen Sie den Vorgang ggf. auf den verbleiben Servern der Serverfarm.

Alternativ steht Ihnen das PowerShell-Skript aus Listing 5.21 für das Starten des Diensts zur Verfügung. Ersetzen Sie dabei den Servernamen *SP2-2* durch den Namen Ihres jeweiligen Servers.

Listing 5.21 Starten des maschinellen Arbeitsverwaltungsdiensts

```
$ServiceID = Get-SPServiceInstance | where {$_.TypeName -match "Arbeitsverwaltungsdienst"}
| where {$_.Server -match "SP2-2"}
Start-SPServiceInstance -Identity $ServiceID
```

Fahren Sie mit dem Erstellen der Dienstanwendung fort.

Arbeitsverwaltungsdienstanwendung erstellen

Mithilfe der Zentraladministration erzeugen Sie die App-Verwaltungsdienstanwendung wie folgt:

1. Öffnen Sie die Startseite der Zentraladministration. Klicken Sie im Abschnitt *Anwendungsverwaltung* auf den Link *Dienstanwendungen verwalten.*
2. Wählen Sie im Menüband den Eintrag *Neu* und klicken Sie auf die Zeile *Arbeitsverwaltungsdienst-Anwendung.*
3. Geben Sie im Feld *Name* einen passenden Namen für die Dienstanwendung an.
4. Im Abschnitt *Anwendungspool* wählen Sie gemäß Ihrer Planung einen Anwendungspool. In diesem Beispiel wird der zuvor erstellte Anwendungspool *SharePoint Dienste* verwendet.
5. Im Abschnitt *Dienstanwendungsproxy* aktivieren Sie das Kontrollkästchen, um die Funktionen der Dienstanwendungen allen Webanwendungen der Proxygruppe zur Verfügung zu stellen.
6. Klicken Sie auf *OK,* um die Provisionierung der Dienstanwendung zu starten.

Alternativ können Sie die Dienstanwendung mithilfe des PowerShell-Skripts aus Listing 5.22 erstellen.

Listing 5.22 Erstellen der Arbeitsverwaltungsdienstanwendung

```
$AppPool = Get-SPServiceApplicationPool "SharePoint Dienste"

$SA = New-SPWorkManagementServiceApplication -ApplicationPool $AppPool -Name
"Arbeitsverwaltungsdienst"

New-SPWorkManagementServiceApplicationProxy -ServiceApplication $SA -Name
"Arbeitsverwaltungsdienstproxy" -DefaultProxyGroup
```

ONLINE Sie finden das Beispielskript zum Erstellen der App-Verwaltungsdienstanwendung unter dem Namen *ErzeugeArbeitsverwaltungsdienstApp.ps1* innerhalb der Begleitdateien zum Buch.

Delegieren der Dienstkonto-Zugriffsberechtigungen

In Umgebungen, die nach dem Least Privilege-Prinzip, also mit dedizierten Dienstkonten aufgesetzt wurden, ist es erforderlich, dem Dienstkonto des Arbeitsverwaltungsdiensts bzw. des zugehörigen Dienstanwendungspools die Verbindungszugriffsrechte auf den Benutzerprofildienst zu gewähren.

Gehen Sie hierzu wie folgt vor:

1. Öffnen Sie die Dienstanwendungsverwaltung in der Zentraladministration.
2. Selektieren Sie die Zeile mit der Benutzerprofildienstanwendung und klicken Sie im Menüband auf *Berechtigungen.*
3. Fügen Sie nun das zuvor definierte Dienstanwendungskonto des Arbeitsverwaltungsdienst-Anwendungspools zu der Liste hinzu und weisen Sie diesem volle Zugriffsrechte zu.
4. Starten Sie im Zweifel die Arbeitsverwaltungs-Dienstinstanz neu.

Fahren Sie mit der Überprüfung fort.

Verifizieren der Dienstanwendungsbereitstellung

Aufgrund der Fehleranfälligkeit bei der Bereitstellung der Dienstanwendung sollten Sie an dieser Stelle den Erfolg der Einrichtung verifizieren. Hierzu ist es jedoch erforderlich, dass Sie zumindest über eine Basisdienstinfrastruktur verfügen.

Gehen Sie dazu beispielsweise wie folgt vor:

1. Öffnen Sie *Meine Website* und klicken Sie in der Schnellstartleiste auf *Aufgaben.*
2. Erstellen Sie eine Aufgabe in einer Aufgabeliste in einer Demonstrationswebanwendung, die in einer Inhaltsquelle der Suche mit kontinuierlicher Durchforstung enthalten ist. Weisen Sie diese Aufgabe Ihrem Benutzerkonto zu, mit dem Sie zuvor *Meine Website* aufgerufen haben.
3. Aktualisieren Sie die Seite und überprüfen Sie, ob nach einer Seitenaktualisierung mit kurzer Verzögerung die Aufgabe aus der Demonstrationswebanwendung erscheint (Abbildung 5.38).

Abbildg. 5.38 Ergebnis der erfolgreichen Einrichtung der Dienstanwendung

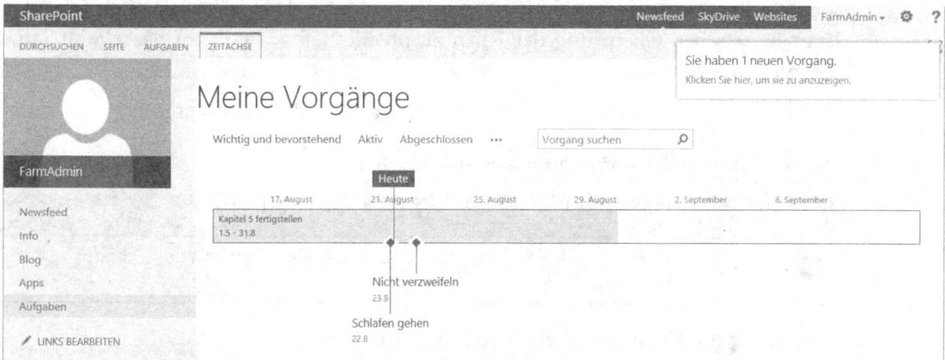

Stellen Sie an dieser Stelle primär sicher, dass im mittleren, unteren Bereich der Vorgangsvisualisierung kein Warndreieck mit einem auf das Jahr 1901 verweisenden Datum erscheint.

Der Mechanismus zum Aktualisieren der Daten durch die Arbeitsverwaltungsdienstanwendung wird an anderer Stelle in Kapitel 8 näher erläutert. Sollten Sie auf einen Fehler stoßen, finden Sie in Kapitel 18 die passenden Lösungsansätze.

Anforderungs-Manager

Der Anforderungs-Manager bietet Ihnen basierend auf einer Routing-Engine eine kontrollierte Weiterleitung für eingehende Anfragen, um beispielsweise schädliche Inhalte von der Farm fernzuhalten, die Verfügbarkeit zu gewährleisten oder die Leistung für eingehende Anfragen zu optimieren.

ACHTUNG Stellen Sie den Anforderungs-Manager keinesfalls einfach aus Neugier bereit. Durch diese Komponente können Sie bereits bei kleinen Fehlern die gesamte Farm ungewollt offline nehmen oder schwer nachvollziehbare Inkonsistenzen in der Benutzeroberfläche hinterlassen, die während einer fehlerhaften Laufzeit teilweise völlig unerwartet eintreten und neben Layoutproblemen auch zu bislang unbekannten, aus dem Kontext schwer verknüpfbaren Fehlern führen können. Prüfen Sie daher sorgfältig den Einsatz dieser Komponente gemäß der entsprechenden Planungsaspekte in Kapitel 3.

Verwenden Sie den Anforderungs-Manager nur, wenn Sie Hostnamen-basierte Websitesammlungen verwenden.

Der Anforderungs-Manager kann in zwei Modi operieren: dediziert oder integriert. Im Rahmen dieses Kapitels wird lediglich der integrierte Modus demonstriert. Weitere Informationen zum dedizierten Modus finden Sie in Kapitel 9 zum Thema Verwaltung.

Tabelle 5.24 Kerneigenschaften des Anforderungs-Managers

Farm-übergreifend	Partitionierbar	SharePoint Foundation	SharePoint Server	SharePoint Server Enterprise	Redundanzfähigkeit	Positionierung
			✓		✓	WFE

Aufgrund der Natur der Komponente, wonach eingehende Anfragen zunächst durch diese Komponente entgegenzunehmen sind, ist diese sowohl im dedizierten als auch im integrierten Modus immer zwischen Client und der Farm zu positionieren, somit im SharePoint-Jargon in der Web-Front-End-Ebene.

Die folgenden Abhängigkeiten ergeben sich für diese Dienstanwendung:

Tabelle 5.25 Abhängigkeiten des Anforderungs-Managers

Abhängigkeit	Dienst ist abhängig von	Vom Dienst abhängige Komponenten	Abhängigkeit
✪	Websitesammlungen mit Hostnamen	Apps-Verwaltungsdienstanwendung	✪

Legende: ✪ = Nicht erforderlich, jedoch empfohlen

Unabhängig von der hier angeführten Abhängigkeit bietet der Anforderungs-Manager für eine ganze Reihe an Komponenten mögliche Mehrwerte.

Zur Einrichtung des Anforderungs-Managers im integrierten Modus sind in der Übersicht die folgenden Basisschritte erforderlich:

- Starten der Anforderungsverwaltungs-Dienstinstanz
- Konfiguration des Routings auf Webanwendungsebene (optional)

HINWEIS Mit Ausnahme der trivialen Dienstinstanzsteuerung ist fast die gesamte Konfiguration des Anforderungs-Managers ausschließlich auf der PowerShell basierend abgebildet.

Bereits der zweite Aspekt dieser Basiskonfiguration stellt eine optionale Detailausprägung bei der Konfiguration dar. Die genaue Ausrichtung der Konfiguration ist sehr variabel und folgenschwer, sofern keine genaue Kenntnis über die geplante Anforderungskonfiguration vorliegt. In Kapitel 9 werden Ihnen anhand von wenigen Fallbeispielen mögliche Szenarien dieser komplexen Komponente demonstriert.

Starten der Anforderungsverwaltungs-Dienstinstanz

Für den Einrichtungsweg über die Zentraladministration folgen Sie diesen Arbeitsschritten:

1. Auf der Startseite der Zentraladministration klicken Sie im Abschnitt *Systemeinstellungen* auf *Dienste auf dem Server verwalten*.
2. Wählen Sie im Feld *Server* den entsprechenden Server aus und klicken Sie in der Zeile *Anforderungsverwaltung* in der Spalte *Aktion* auf *Starten*. Wiederholen Sie den Vorgang ggf. auf den verbleiben Servern der Serverfarm.

HINWEIS Die relevanten SharePoint Server sollten in einer Mehrschichtenfarm auf die Web-Front-End-Serverschicht begrenzt sein.

Alternativ verwenden Sie das PowerShell-Skript aus Listing 5.23 zum Starten des Anforderungsverwaltungsdiensts. Ersetzen Sie dabei den Servernamen durch den entsprechenden Namen Ihres jeweiligen Servers.

Listing 5.23 Anforderungsverwaltungsdienst via PowerShell starten

```
$ServiceID = Get-SPServiceInstance | where {$_.TypeName -match "Anforderungsverwaltung"} |
where {$_.Server -match "[Servername]"}
Start-SPServiceInstance -Identity $ServiceID
```

Fahren Sie mit der Konfiguration des Routings fort.

Konfiguration des Anforderungs-Routings

Das Routing von Anforderungen sowie die Anforderungsdrosselung und -priorisierung sind standardmäßig aktiviert. Einsehen können Sie die Konfiguration mithilfe des nachfolgenden PowerShell-Beispiels, wobei eine Standardkonfiguration aufgezeigt wird (Abbildung 5.39).

Abbildg. 5.39 Standardkonfiguration des Anforderungs-Routings

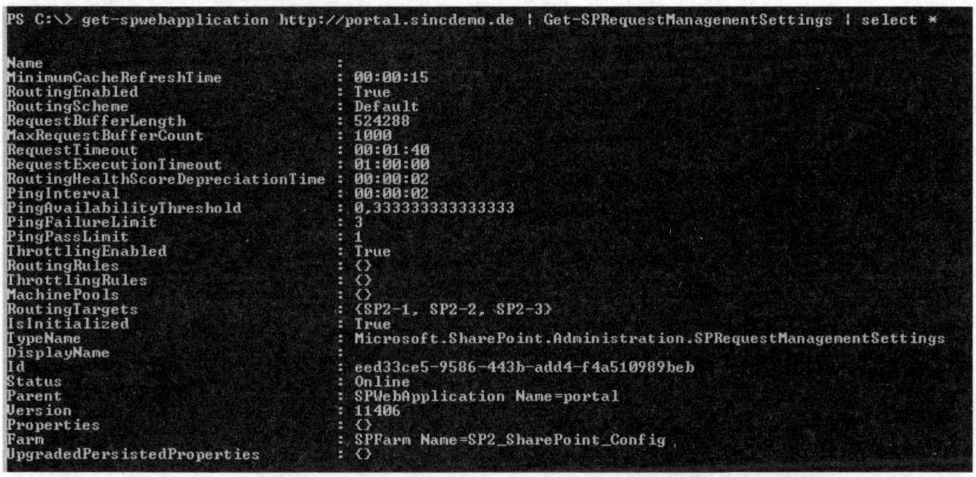

```
PS C:\> get-spwebapplication http://portal.sincdemo.de | Get-SPRequestManagementSettings | select *

Name                                  :
MinimumCacheRefreshTime               : 00:00:15
RoutingEnabled                        : True
RoutingScheme                         : Default
RequestBufferLength                   : 524288
MaxRequestBufferCount                 : 1000
RequestTimeout                        : 00:01:40
RequestExecutionTimeout               : 01:00:00
RoutingHealthScoreDepreciationTime    : 00:00:02
PingInterval                          : 00:00:02
PingAvailabilityThreshold             : 0,333333333333333
PingFailureLimit                      : 3
PingPassLimit                         : 1
ThrottlingEnabled                     : True
RoutingRules                          : {}
ThrottlingRules                       : {}
MachinePools                          : {}
RoutingTargets                        : {SP2-1, SP2-2, SP2-3}
IsInitialized                         : True
TypeName                              : Microsoft.SharePoint.Administration.SPRequestManagementSettings
DisplayName                           :
Id                                    : eed33ce5-9586-443b-add4-f4a510989beb
Status                                : Online
Parent                                : SPWebApplication Name=portal
Version                               : 11406
Properties                            : {}
Farm                                  : SPFarm Name=SP2_SharePoint_Config
UpgradedPersistedProperties           : {}
```

Weiterführende Informationen zur Steuerung des Routings finden Sie in Kapitel 9.

Business Data Connectivity-Dienst (BDC)

Der optionale BDC-Dienst dient dazu, den Zugriff auf externe Datenquellen von SharePoint aus zu ermöglichen und diese Daten anschließend basierend auf ihrer Definition weiterverarbeiten zu können. Weiterhin ermöglicht es der BDC-Dienst, die Daten für Office-Anwendungen wie z.B. Outlook zur Verfügung zu stellen (Tabelle 5.26).

Tabelle 5.26 Kerneigenschaften des BDC-Diensts

Farm-übergreifend	Partitionierbar	SharePoint Foundation	SharePoint Server	SharePoint Server Enterprise	Redundanzfähigkeit	Positionierung
✓	✓	✓	✓	✓	✓	APP

Die folgenden Abhängigkeiten ergeben sich für diese Dienstanwendung:

Tabelle 5.27 Abhängigkeiten des BDC-Diensts

Abhängigkeit	Dienst ist abhängig von	Vom Dienst abhängige Komponenten	Abhängigkeit
✓	Secure Store	Externe Inhaltstypen	✓
		Benutzerdefinierte Suchconnectors	✓

HINWEIS Der in SharePoint 2010 noch enthaltene Anwendungsregistrierungsdienst, der aus Kompatibilitätsgründen den SharePoint 2007-Geschäftsdatenkatalog in Migrationsszenarien adressiert hat, ist in SharePoint 2013 nicht mehr verfügbar.

Für die Einrichtung von BDC sind folgende Arbeitsschritte erforderlich:

- Starten des Diensts *Business Data Connectivity-Dienst*
- Erzeugen einer Dienstanwendung *Business Data Connectivity-Dienst*
- Erstellen einer Profilseitenhost-Site (optional)
- Konfiguration des Profilseitenhosts (optional)

Die nachfolgenden Abschnitte führen Sie durch die schrittweise Einrichtung von BDC.

Business Data Connectivity-Dienst starten

Zum Einrichten des BDC-Diensts über die Zentraladministration gehen Sie wie folgt vor:

1. Öffnen Sie die Startseite der Zentraladministration und klicken Sie unter *Systemeinstellungen* auf *Dienste auf dem Server verwalten*.
2. Wählen Sie jeweils im Feld *Server* den entsprechenden Server aus und klicken Sie in der Zeile *Business Data Connectivity-Dienst* in der Spalte *Aktion* auf *Starten*.

Wiederholen Sie den Vorgang ggf. auf den verbleiben Servern der Serverfarm.

Alternativ verwenden Sie das PowerShell-Skript aus Listing 5.24 für das Starten des Business Data Connectivity-Diensts. Ersetzen Sie dabei den Servernamen *SP2-2* zuvor durch den Namen Ihres jeweiligen Servers.

Listing 5.24 Business Data Connectivity-Dienst via PowerShell starten

```
$ServiceID = Get-SPServiceInstance | where {$_.TypeName -match "Business Data Connectivity-
Dienst"} | where {$_.Server -match "SP2-2"
Start-SPServiceInstance -Identity $ServiceID
```

Fahren Sie mit dem Erstellen der Dienstanwendung fort.

Business Data Connectivity-Dienstanwendung erstellen

Für das Erstellen der BDC-Dienstanwendung mithilfe der Zentraladministration gehen Sie wie folgt vor.

1. Öffnen Sie die Dienstanwendungssteuerungsseite der Zentraladministration.
2. Wählen Sie im Menüband den Eintrag *Neu* und klicken Sie auf die Zeile *Business Data Connectivity-Dienst.*
3. Geben Sie im Feld *Name* einen passenden Namen für die Dienstanwendung an.
4. Im Abschnitt *Datenbank* belassen Sie das Feld *Datenbankserver* beim Standard und fügen im Feld *Datenbankname* dem automatisch generierten Namen ein Präfix hinzu, um die Datenbank bei mehrfacher SharePoint-Installation einfach einer Serverfarm zuordnen zu können, wie beispielsweise *SP_BDC_DB.*
5. Im Abschnitt *Anwendungspool* wählen Sie gemäß Ihrer Planung einen Anwendungspool. In diesem Beispiel wird der zuvor erstellte Anwendungspool *SharePoint Dienste* verwendet.

   Klicken Sie auf *OK*, um die Dienstanwendung zu erzeugen, und bestätigen Sie die erfolgreiche Erstellung im Anschluss durch einen weiteren Klick auf *OK.*

Für die Erstellung einer BDC-Dienstanwendung inklusive Dienstproxy über PowerShell verwenden Sie das PowerShell-Skript aus Listing 5.25. Das vorliegende Skript positioniert die Dienstanwendung im Anwendungspool *SharePoint Dienste.* Passen Sie vor der Ausführung des PowerShell-Skripts die Werte der Parameter *DatabaseName* und *ApplicationPool* ggf. an.

Listing 5.25 Erstellung einer BDC-Dienstanwendung via PowerShell

```
New-SPBusinessDataCatalogServiceApplication -Name "BDC" -ApplicationPool "SharePoint
Dienste" -DatabaseName "SP_BDC_DB"
```

HINWEIS Der zugehörige Anwendungsproxy wird im Rahmen der Dienstanwendungserstellung mit angelegt.

Sollten Sie im Datenbanknamen ebenfalls, wie standardmäßig in der GUI, eine GUID an den Datenbanknamen anhängen wollen, setzen Sie den Wert für *DatabaseName* beispielsweise auf *("SP_BDC_ DB_"+[Guid]::NewGuid()).*

Hiermit ist die Basisbereitstellung des BDC-Diensts abgeschlossen. Fahren Sie mit der optionalen Konfiguration der Erstellung der Profilseitenhost-Site fort.

Erstellen einer Profilseitenhost-Site

Die optionale Profilseitenhost-Site ermöglicht es Ihnen, Daten eines externen Inhaltstyps anzeigen zu lassen. Diese Seite sollte sich innerhalb der Serverfarm befinden, die den BDC-Dienst ausführt.

WICHTIG Die Website, auf der Profilseiten eines externen Inhaltstyps erstellt und gespeichert werden, muss allen Benutzern, die Profilseiten erstellen oder aktualisieren, Lese-/Schreibberechtigungen, und allen Endbenutzern, die die Profilseiten anzeigen, Lesezugriff gewähren. Wenn Sie diese Website in einer neuen Webanwendung erstellen müssen, ordnen Sie diese Webanwendung der Instanz der Business Data Connectivity-Dienstanwendung zu.

Erzeugen Sie dazu einfach aus der Webanwendung heraus eine neue *Website* mit der Vorlage *Teamwebsite* und fahren Sie mit der Konfiguration des Profilseitenhosts fort, um die eigentliche Funktionalität zu etablieren.

Es bietet sich an, den Profilseitenhost, welcher eher administrativen Charakter hat, außerhalb der klassischen Benutzeranwendungen zu speichern. Hierzu eignet sich ggf. die möglicherweise bereits zuvor erstellte Webanwendung für den Inhaltstyphub, welche einen ähnlichen Ansatz teilt.

Konfiguration des Profilseitenhosts

Weisen Sie die zuvor erstellte Site dem BDC Dienst für die Erstellung der Profilseiten wie folgt zu:

1. Öffnen Sie die Dienstanwendungsverwaltungsseite der Zentraladministration.
2. Markieren Sie die zuvor erzeugte BDC-Dienstanwendung und klicken Sie anschließend im Menüband auf der Registerkarte *Dienstanwendungen* auf *Verwalten.*
3. Klicken Sie im Menüband auf der Registerkarte *Bearbeiten* auf *Konfigurieren.*
4. Aktivieren Sie das Kontrollkästchen *Profilseitenerstellung konfigurieren* und geben Sie im darunter befindlichen Eingabefeld die URL der zuvor erzeugten Profilseitenhost-Website an (Abbildung 5.40).

Abbildg. 5.40 Definition des Profilseitenhosts

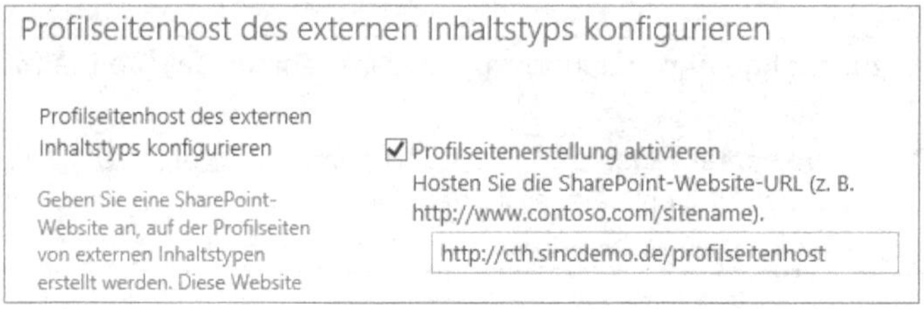

5. Klicken Sie auf *OK*, um die Einstellungen zu übernehmen.

Mit Abschluss dieses Abschnitts haben Sie einen Speicherort erstellt, an dem externe Inhaltstypen gespeichert werden können.

Bitte beachten Sie, dass jede Person, die BDC-Modelle erstellen bzw. bearbeiten kann, schreibende Berechtigung auf den Profilseitenhost benötigt, um die Metainformationen zu den Modellen zu erstellen bzw. zu aktualisieren.

Excel Services

Die Excel Services bieten Ihnen die Möglichkeit, Excel-Tabellen serverbasiert zu berechnen, Daten zu analysieren und auszuwerten, um so Ihr Business Intelligence-Potenzial zu steigern.

Die Excel Services sind lediglich in den Office Web Apps und in der Enterprise-Version von SharePoint Server 2013 enthalten (Tabelle 5.28).

Tabelle 5.28 Excel Services in SharePoint Server Enterprise Edition

Farm-übergreifend	Partitionierbar	SharePoint Foundation	SharePoint Server	SharePoint Server Enterprise	Redundanzfähigkeit	Positionierung
				✓	✓	APP

In einer mehrschichtigen SharePoint-Serverfarm sollte dieser Dienst in der Anwendungsschicht bereitgestellt werden.

Die folgenden Abhängigkeiten ergeben sich für den die Excel Services:

Tabelle 5.29 Abhängigkeiten der Excel Services

Abhängigkeit	Dienst ist abhängig von	Vom Dienst abhängige Komponenten	Abhängigkeit
★	Secure Store	PerformancePoint	✓
✓	Forderungen an den Windows-Tokendienst	PowerPivot	✓
✓	Forderungen an den Windows-Tokendienst (C2WTS)	Power View	✓

Legende: ★ = Nicht erforderlich, jedoch empfohlen; ✓ = Erforderlich

Für die Einrichtung der Excel Services sind zumindest die folgenden Arbeitsschritte erforderlich:

- Starten des Diensts *Dienst für Excel-Berechnungen*
- Erzeugen einer Excel Services-Dienstanwendung
- Delegieren von Zugriffsberechtigungen für den Anwendungspool
- Definition von vertrauenswürdigen Dateispeicherorten (optional)
- Unbeaufsichtigtes Dienstkonto konfigurieren (optional)

In den nachfolgenden Abschnitten werden Sie durch die Einrichtung der Excel Services-Komponenten geführt.

Excel Services-Dienst starten

Für den Einrichtungsweg über die Zentraladministration folgen Sie diesen Arbeitsschritten:

1. Öffnen Sie die Startseite der Zentraladministration und klicken Sie unter *Systemeinstellungen* auf *Dienste auf dem Server verwalten.*
2. Wählen Sie im Feld *Server* den entsprechenden Server aus und klicken Sie in der Zeile *Dienst für Excel-Berechnungen* in der Spalte *Aktion* auf *Starten*. Wiederholen Sie den Vorgang ggf. auf den verbleiben Servern der Serverfarm.

Alternativ verwenden Sie das PowerShell-Skript aus Listing 5.26 zum Starten des Excel Services-Diensts. Ersetzen Sie dabei *[Servername]* durch den entsprechenden Namen Ihres jeweiligen Servers.

Listing 5.26 Excel Services-Dienst via PowerShell starten

```
$ServiceID = Get-SPServiceInstance | where {$_.TypeName -match "Dienste für Excel-
Berechnungen"} | where {$_.Server -match "[Servername]"}
Start-SPServiceInstance -Identity $ServiceID
```

Fahren Sie mit dem Erstellen der Dienstanwendung fort.

Excel Services-Dienstanwendung erstellen

Zum Erstellen einer Excel Services-Dienstanwendung über die Zentraladministration gehen Sie wie folgt vor:

1. Öffnen Sie die Startseite der Zentraladministration.
2. Klicken Sie im Abschnitt *Anwendungsverwaltung* auf den Link *Dienstanwendungen verwalten.*
3. Wählen Sie im Menüband den Eintrag *Neu* und klicken Sie auf die Zeile *Excel Services.*
4. Geben Sie im Feld *Name* einen passenden Namen für die Dienstanwendung an. In diesem Beispiel wird der Name »Excel Services« gewählt.

   Im Abschnitt *Anwendungspool* wählen Sie gemäß Ihrer Planung einen Anwendungspool aus. In diesem Beispiel wird der zuvor erstellte Anwendungspool *SharePoint Dienste* verwendet.

   Klicken Sie auf *OK*, um die Dienstanwendung zu erzeugen und bestätigen Sie im Anschluss durch einen weiteren Klick auf *OK* die erfolgreiche Erstellung.

Für die Erstellung einer Excel Services-Dienstanwendung inklusive Dienstproxy über PowerShell verwenden Sie das PowerShell-Skript aus Listing 5.27. Das vorliegende Skript positioniert die Dienstanwendung im Anwendungspool *SharePoint Dienste.* Passen Sie vor der Ausführung des PowerShell-Skripts ggf. die Werte des Parameters *ApplicationPool* an.

HINWEIS Das Cmdlet für die Erstellung der Excel Services-Proxykomponente ist unter SharePoint 2013 nicht mehr verfügbar. Diese Komponente wird automatisch miterzeugt. Durch den Parameter *Default* wird der zu erstellende Proxy automatisch in der Standard-Anwendungsproxygruppe aktiviert.

Listing 5.27 Erstellung einer Excel Services-Dienstanwendung via PowerShell

```
New-SPExcelServiceApplication -Name "Excel Services" -ApplicationPool "SharePoint Dienste"
-Default
```

TIPP Das Cmdlet zur Erstellung einer Excel Services-Dienstanwendung besitzt eine ganze Reihe weiterer interessanter Parameter wie beispielsweise *CachingOfUnusedFilesEnable*, *ExternalDataConnectionLifetime* oder *LoadBalancingScheme*. Weiterführende Informationen zur Excel Services-Dienstanwendung finden Sie in Kapitel 16.

Fahren Sie mit der Delegierung der Zugriffsberechtigungen fort.

Delegieren von Zugriffsberechtigungen

Es wird empfohlen, für den Anwendungspool der Excel Services-Dienstanwendung ein dediziertes Anwendungspool-Konto zu verwenden. In dem Fall müssen Sie sicherstellen, dass dem Anwendungspool-Konto der Excel Services-Dienstanwendung zusätzliche Berechtigungen auf die Inhaltsdatenbanken zugewiesen sind. Gehen Sie dazu wie folgt vor:

1. Stellen Sie sicher, dass Sie ein verwaltetes Konto für Ihren künftigen Excel Services-Dienstanwendungspool erstellt haben bzw. ein vorhandenes verwaltetes Konto identifiziert haben.

   Sie benötigen nicht zwingend einen dedizierten Anwendungspool für Excel Services. Beachten Sie bei der Wahl der Anzahl der Anwendungspools die Empfehlungen in Kapitel 3 zum Thema Planung.

2. Führen Sie in der SharePoint-Verwaltungsshell unter Verwendung von administrativen Privilegien das folgende, zuvor entsprechend anzupassende Beispielskript aus (Listing 5.28).

Listing 5.28 Delegierung von Berechtigungen auf den Zielwebanwendungen

```
$WA = Get-SPWebApplication -Identity "http://portal.sincdemo.de"
$WA.GrantAccessToProcessIdentity("SINCDEMO\svcspappp")
```

3. Wiederholen Sie das Verfahren für alle weiteren relevanten Webanwendungen.

HINWEIS Durch die Methode *GrantAccessToProcessIdentity* wird dem definierten verwalteten Konto in der Datenbank die Rollenmitgliedschaft *SPDataAccess* zuteil. Sie müssen diesen Vorgang für alle nachträglich eingerichteten Webanwendungen und Inhaltsdatenbanken wiederholen.

Fahren Sie mit der optionalen Einrichtung von vertrauenswürdigen Speicherorten fort.

Bereitstellung

Vertrauenswürdige Speicherorte definieren (optional)

Die Konfiguration von vertrauenswürdigen Speicherorten für Excel Services ist erforderlich, um den Server nicht durch manipulierte bzw. den Server gefährdende Excel-Daten negativ zu beeinflussen.

HINWEIS SharePoint 2013 definiert (wie bereits unter SharePoint 2010) standardmäßig einen vertrauenswürdigen Speicherort für alle Farminhalte, indem der Pfad *http://* automatisch als Lokation hinterlegt wird. Somit sind alle Excel-Daten innerhalb des Portals standardmäßig für die Verarbeitung in Excel Services zugelassen. Lediglich außerhalb der Website liegende Kalkulationstabellen, beispielsweise auf Netzwerkpfaden lokalisierte Dateien, benötigen noch einen weiteren, dedizierten vertrauenswürdigen Speicherort.

Gehen Sie wie folgt vor, um vertrauenswürdige Speicherorte über die Zentraladministration zu konfigurieren:

1. Zum Hinzufügen bzw. Anpassen der bestehenden vertrauenswürdigen Speicherorte öffnen Sie die Startseite der Zentraladministration und klicken im Abschnitt *Anwendungsverwaltung* auf den Link *Dienstanwendungen verwalten*.

2. Klicken Sie in der Zeile mit dem Namen *Excel Services* bzw. in jener mit dem Namen, den Sie für die zu vorige Erstellung der Excel Services-Dienstanwendung verwendet haben, auf den gleichnamigen Link.
3. Klicken Sie auf *Vertrauenswürdige Dateispeicherorte* und im Anschluss auf *Vertrauenswürdiger Dateispeicherort hinzufügen*.
4. Geben Sie im Abschnitt *Speicherort* im Feld *Adresse* die entsprechende vollständige Adresse des vertrauenswürdigen Speicherorts an und wählen Sie den entsprechenden *Speicherorttyp* aus.

   Durch die Aktivierung des Kontrollkästchens *Untergeordneten Speicherorten wird vertraut* können alle unterhalb des oben definierten Pfads lokalisierten Kalkulationstabellen durch Excel Services genutzt werden.
5. Aktivieren Sie die weiteren Optionen Ihren Wünschen entsprechend und bestätigen Sie mit *OK*, um den vertrauenswürdigen Speicherort zu übernehmen.

Für die Einrichtung eines vertrauenswürdigen Speicherorts mithilfe der PowerShell verwenden Sie das PowerShell-Skript aus Listing 5.29. Passen Sie dabei die Werte für die Parameter *Address* und *ExcelServiceApplication* entsprechend an. Neben einem in diesem Beispiel verwendeten UNC-Pfad haben Sie auch die Möglichkeit, eine URL als Speicherort für die Excel-Daten anzugeben. Das vorliegende Beispielskript gewährt den Zugriff auf die Excel-Daten auch unterhalb des angegebenen Pfads.

Listing 5.29 Vertrauenswürdigen Speicherort via PowerShell anlegen

```
New-SPExcelFileLocation -Address "\\SRV-FS1\Daten" -ExcelServiceApplication "Excel
Services" -IncludeChildren -LocationType UNC
```

HINWEIS Der Parameter *LocationType* ist für alle Nicht-SharePoint-Lokationen erforderlich, da ohne dessen Angabe automatisch eine Lokation des Typs *SharePoint* angelegt bzw. ein Fehler forciert wird.

Fahren Sie mit der Konfiguration des unbeaufsichtigten Dienstkontos fort.

Unbeaufsichtigtes Dienstkonto konfigurieren (optional)

Das unbeaufsichtigte Dienstkonto (Unattended Service Account) ist ein Konto mit erhöhten Berechtigungen, das verschlüsselt und sicher ist. Vom Secure Store Service werden die Anmeldeinformationen des unbeaufsichtigten Kontos gespeichert, sodass alternativ zur Identität des Benutzers die Identität des unbeaufsichtigten Dienstkontos für den Zugriff verwendet werden kann.

HINWEIS Wenn kein unbeaufsichtigtes Dienstkonto konfiguriert ist, treten bei Datenverbindungen für externe Systeme Fehler auf.

Durch den Identitätswechsel des unbeaufsichtigten Kontos werden SharePoint Server 2013-Datenbanken und alle anderen Datenquellen, auf welche die Excel Services-Anwendung direkt zugreifen kann, vor nicht autorisierten Verbindungen von Clientcomputern geschützt, welche die Excel Services zum Öffnen externer Datenverbindungen verwenden.

Das Dienstkonto benötigt keine Zugriffsberechtigungen auf Datenquellen oder SharePoint Server 2013-Datenbanken. Zur Einrichtung des unbeaufsichtigten Dienstkontos über die Zentraladministration gehen Sie wie folgt vor:

1. Öffnen Sie die Einstellungen der Excel Services-Dienstanwendung in der Zentraladministration.
2. Klicken Sie innerhalb der Konfiguration der Excel Services-Dienstanwendung auf *Globale Einstellungen*.
3. Geben Sie im Abschnitt *Externe Daten* unter *Secure Store Service-Zuordnung* den Benutzernamen und das zugehörige Kennwort ein und klicken Sie auf *OK*, um die Einstellungen zu übernehmen (Abbildung 5.41).

Abbildg. 5.41 Einrichtung des unbeaufsichtigten Dienstkontos für Excel Services

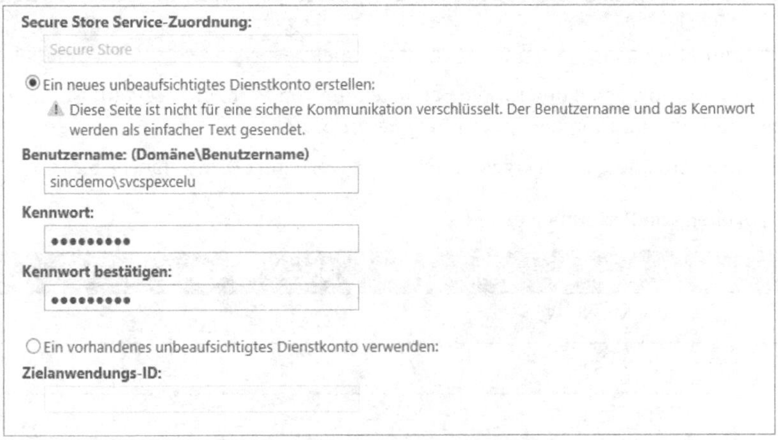

Durch die hier vorgenommene Konfiguration wird ein Eintrag in der Secure Store Service-Anwendung erzeugt, um die definierten Anmeldedaten dort sicher zu verwahren und vorzuhalten. Sie können alternativ vorab ein Konto im Secure Store erzeugen und anschließend mithilfe der Zielanwendungs-ID auf dieses verweisen. Für den Regelfall entspricht der hier demonstrierte Konfigurationsweg jedoch dem empfohlenen Vorgehen.

Für die Konfiguration des unbeaufsichtigten Dienstkontos mithilfe der PowerShell haben Sie entweder die Möglichkeit, beim Anlegen der Excel Services-Dienstanwendung einen zusätzlichen Parameter zu verwenden (*UnattendedAccountApplicationId*), um die Zielanwendungs-ID anzugeben. Alternativ können Sie alternativ nachträglich das PowerShell-Skript aus Listing 5.30 nutzen. Passen Sie dabei die Werte zuvor entsprechend an.

Listing 5.30 Unbeaufsichtigtes Dienstkonto für Excel Services via PowerShell konfigurieren

```
Set-SPExcelServiceApplication "Excel Services" -UnattendedAccountApplicationId "Excel
Services"
```

HINWEIS Beachten Sie, dass Sie für diesen Arbeitsschritt zuvor ein entsprechendes Konto mithilfe von Secure Store konfiguriert haben müssen.

Mit diesem Arbeitsschritt ist die Basisbereitstellung von Excel Services abgeschlossen.

PerformancePoint

Die optionalen PerformancePoint-Dienste dienen Ihnen zum Überwachen und Analysieren Ihrer Geschäftsdaten. Mithilfe der in den PerformancePoint-Diensten bereitgestellten Werkzeuge zum Erstellen von Dashboards, Scorecards und KPIs können Personen in der gesamten Organisation fundierte Geschäftsentscheidungen treffen, die im Einklang mit unternehmensweiten Zielen und Strategien stehen (Tabelle 5.30).

Tabelle 5.30 PerformancePoint-Dienst in SharePoint Server 2013 Enterprise

Farm-übergreifend	Partitionierbar	SharePoint Foundation	SharePoint Server	SharePoint Server Enterprise	Redundanzfähigkeit	Positionierung
				✓	✓	APP

Die empfohlene Voraussetzung für die Bereitstellung von PerformancePoint ist die vorherige Bereitstellung und Konfiguration der Anwendung *Secure Store*.

Die folgenden Abhängigkeiten ergeben sich für PerformancePoint (Tabelle 5.31):

Tabelle 5.31 Abhängigkeiten von PerformancePoint

Abhängigkeit	Dienst ist abhängig von	Vom Dienst abhängige Komponenten	Abhängigkeit
✓	ADOMD.NET V11		
✓	Secure Store		
✓	Excel Services		
✪	Eingeschränkte Kerberos-Delegierung		
✪	Forderungen an den Windows-Tokendienst (C2WTS)		

Legende: ✪ = Nicht erforderlich, jedoch empfohlen; ✓ = Erforderlich

HINWEIS Die Anwendung *Secure Store* wird von PerformancePoint benötigt, da in dieser Version nicht wie unter SharePoint 2007 über die Identität des Anwendungspools auf die Datenquellen zugegriffen werden kann.

Die Bereitstellung von PerformancePoint besteht in der Übersicht aus folgenden Schritten:

- Bereitstellung der erforderlichen Softwarekomponenten (ADOMD.NET V11)
- Delegierung von Berechtigungen auf die Inhaltsdatenbanken
- Starten der für PerformancePoint erforderlichen Dienste
- Erzeugen einer *PerformancePoint-Dienstanwendung*
- Zuordnen des unbeaufsichtigten Dienstkontos
- PerformancePoint-Identitätsdelegierung (optional/empfohlen)

- Erstellen einer Websitesammlung auf Basis der Sitevorlage *Business Intelligence Center* (optional)

Die Bereitstellung der erforderlichen weiteren Dienstanwendungen sowie die Einrichtung der eingeschränkten Kerberos-Delegierung ist nicht Bestandteil dieser Routine.

HINWEIS Die eingeschränkte Kerberos-Delegierung sowie die Forderungen an den Windows-Tokendienst sind erforderlich, sofern nicht auf die in SharePoint 2013 neu eingeführte Funktion *EffectiveUserName* für Analysis Services zurückgegriffen wird, die standardmäßig nicht aktiv ist.

Die nachfolgenden Abschnitte führen Sie schrittweise durch die Einrichtung von PerformancePoint.

Bereitstellung von ADOMD.NET V11

Für den Zugriff auf Excel-Arbeitsmappen instrumentalisiert die PerformancePoint-Dienstanwendung den ADOMD.NET-Datenanbieter. Dieser wird nicht standardmäßig im Rahmen der SharePoint-Installation in der erforderlichen Version bereitgestellt.

HINWEIS Sofern Sie auf dem SharePoint-Server die SQL Server 2012 Reporting Services-Komponenten bereitgestellt haben, wird diese Komponente automatisch mitinstalliert und muss somit nicht erneut bereitgestellt werden. Weitere Informationen zu der Bereitstellung der SQL Server 2012 Reporting Services finden Sie in Kapitel 12.

Sie können die erforderliche Komponente unter der URL *http://go.microsoft.com/fwlink/?LinkID=239662&clcid=0x407* [Ms156-K05-01] herunterladen. Für die Installation der Komponente sind keine besonderen Parameter erforderlich. Installieren Sie diese auf dem für den PerformancePoint-Dienst vorgesehenen Server.

Delegierung von Berechtigungen für PerformancePoint

Im Wesentlichen werden zwei Berechtigungen für das PerformancePoint-Dienstkonto benötigt:

- Zugriffsrechte auf die relevanten Inhaltsdatenbanken
- Analysis Services-Administratorberechtigungen (für die Identitätsdelegierung via *EffectiveUserName*-Konfiguration)

In einem späteren Arbeitsschritt stellen Sie die PerformancePoint-Dienstanwendung unter Angabe eines Anwendungspoolkontos bereit. Das hier definierte verwaltete Konto benötigt Zugriffsrechte auf die Inhaltsdatenbanken, die von PerformancePoint genutzt werden sollen. In diesem Arbeitsschritt delegieren Sie diese Berechtigungen.

Um den Zugriff zu vereinfachen, können Sie für das PerformancePoint-Anwendungspoolkonto das gleiche Dienstkonto verwenden wie für die Anwendungspools der Inhaltsdatenbanken. Dies wird jedoch aus Sicherheitsgründen nicht empfohlen.

1. Stellen Sie sicher, dass Sie ein verwaltetes Konto für Ihren künftigen PerformancePoint-Dienstanwendungspool erstellt haben.

HINWEIS Sie benötigen nicht zwingend einen dedizierten Anwendungspool für PerformancePoint. Beachten Sie bei der Wahl der Anzahl der Anwendungspools die Empfehlungen in Kapitel 3 zum Thema Planung.

2. Führen Sie in der SharePoint-Verwaltungsshell unter Verwendung von administrativen Privilegien das folgende, zuvor entsprechend anzupassende Beispielskript aus (Listing 5.31).

Listing 5.31 Delegierung von Berechtigungen auf den Zielwebanwendungen

```
$WA = Get-SPWebApplication -Identity "http://portal.sincdemo.de"
$WA.GrantAccessToProcessIdentity("SINCDEMO\svcspappp")
```

3. Wiederholen Sie das Verfahren für alle weiteren, relevanten Webanwendungen.

HINWEIS Durch die Methode *GrantAccessToProcessIdentity* wird dem definierten verwalteten Konto in der Datenbank die Rollenmitgliedschaft *SPDataAccess* zugewiesen. Sie müssen diesen Vorgang für alle nachträglich eingerichteten Webanwendungen und Inhaltsdatenbanken wiederholen.

Stellen Sie abschließend sicher, dass das verwaltete Konto der künftigen PerformancePoint-Dienstanwendung über Analysis Services-Administratorberechtigungen verfügt und fahren Sie mit dem Starten der PerformancePoint-Dienste fort.

PerformancePoint-Dienst starten

Für das Starten des PerformancePoint-Diensts über die Zentraladministration verwenden Sie den folgenden Ablauf:

1. Öffnen Sie die Startseite der Zentraladministration mit administrativen Rechten und klicken Sie unter *Systemeinstellungen* auf *Dienste auf dem Server verwalten.*
2. Wählen Sie im Feld *Server* den entsprechenden Server aus und klicken Sie in der Zeile *PerformancePoint Service* in der Spalte *Aktion* auf *Starten.*

Alternativ verwenden Sie das PowerShell-Beispielskript aus Listing 5.32.

Listing 5.32 Starten des PerformancePoint-Diensts via PowerShell

```
$ServiceID = Get-SPServiceInstance | where {$_.TypeName -match "PerformancePoint Service"}
| where {$_.Server -match "SP2-2"}
Start-SPServiceInstance -Identity $ServiceID
```

Fahren Sie mit dem Erstellen der Dienstanwendung fort.

PerformancePoint-Dienstanwendung erstellen

Für die Erstellung einer PerformancePoint-Dienstanwendung über die Zentraladministration verwenden Sie das folgende Verfahren:

1. Öffnen Sie dazu die Startseite der Zentraladministration und klicken Sie im Abschnitt *Anwendungsverwaltung* auf den Link *Dienstanwendungen verwalten.*
2. Wählen Sie im Menüband den Eintrag *Neu* und klicken Sie auf die Zeile *PerformancePoint Service-Anwendung.*
3. Geben Sie im Feld *Name* einen passenden Namen für die Dienstanwendung an. In diesem Beispiel wird der Name »PerformancePoint« (Abbildung 5.42) gewählt.

   Aktivieren Sie das Kontrollkästchen *Fügen Sie den Proxy dieser Dienstanwendung der Standardproxyliste der Farm hinzu.*

Abbildg. 5.42 Erstellen einer Dienstanwendung für PerformancePoint

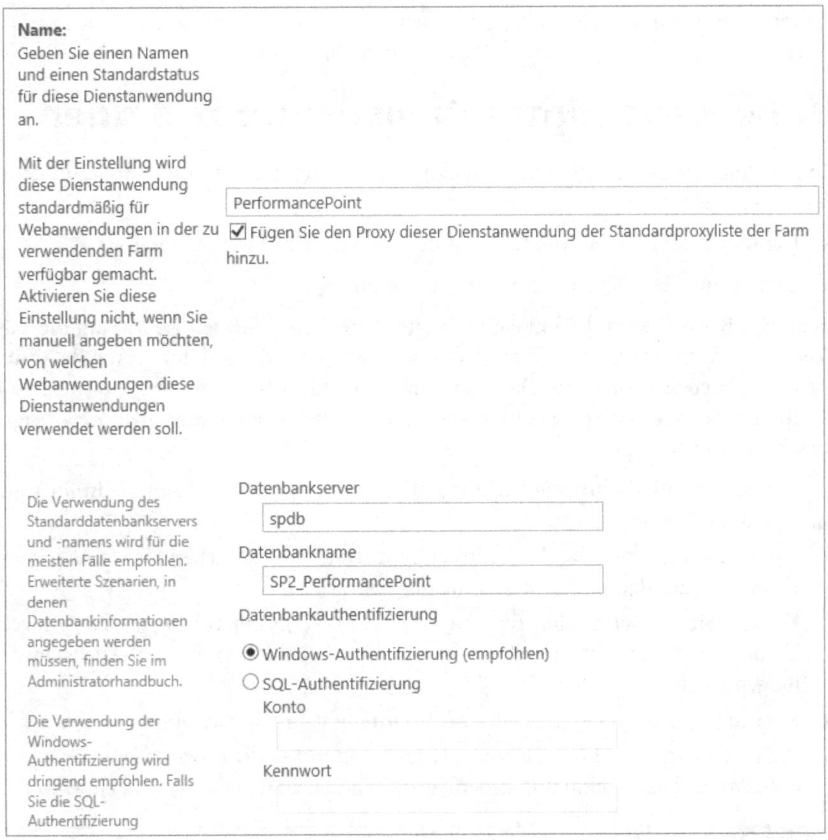

4. Wählen Sie im Abschnitt *Anwendungspool* den im Rahmen Ihrer Planung für PerformancePoint anvisierten Anwendungspool aus und verwenden Sie somit das zuvor berechtigte verwaltete Konto.
5. Klicken Sie abschließend auf *OK*, um die Anwendung zu erstellen.
6. Im Anschluss erscheint ein Hinweis über die erfolgreiche Erstellung der Anwendung mit weiteren Anweisungen für den Abschluss der Konfiguration. Bestätigen Sie diesen Hinweis mit einem Klick auf *OK*.

Für die Erstellung einer PerformancePoint-Dienstanwendung inklusive Dienstproxy über PowerShell verwenden Sie das PowerShell-Skript aus Listing 5.33. Das vorliegende Skript positioniert die Dienstanwendung namens *PerformancePoint* im dediziert erstellten gleichnamigen Anwendungspool und fügt den Dienstanwendungsproxy zu der Standardproxygruppe hinzu.

Listing 5.33 Erstellen einer PerformancePoint-Dienstanwendung via PowerShell

```
New-SPServiceApplicationPool -Name PerformancePoint -Account sincdemo\svcpappp
New-SPPerformancePointServiceApplication -Name "PerformancePoint" -ApplicationPool
"PerformancePoint" -DatabaseName "SP2_PerformancePoint" | New-
SPPerformancePointServiceApplicationProxy -Name "PerformancePoint-Dienstanwendung" -Default
```

Fahren Sie mit dem Zuordnen des unbeaufsichtigten Dienstkontos fort.

Unbeaufsichtigtes Dienstkonto zuordnen

Zum Aktualisieren der externen Daten können in Kombination mit dem Secure Store zwei Methoden verwendet werden:

- Definition einer Zielanwendung aus dem Dashboard Designer heraus
- Definition eines unbeaufsichtigten Dienstkontos

In diesem Beispiel wird das unbeaufsichtigte Dienstkonto für den Zugriff auf die Daten verwendet. Das unbeaufsichtigte Dienstkonto wird von PerformancePoint dafür verwendet, mit einer Identität für verschiedene Benutzer auf Datenquellen zuzugreifen. Für granulare Zugriffsdefinitionen auf die Inhalte ist das alternative Verfahren geeignet, welches jedoch außerhalb des Zielgruppenbereichs dieses Handbuchs liegt.

Für die Zuordnung des unbeaufsichtigten Dienstkontos über die Zentraladministration verwenden Sie bitte das folgende Verfahren:

1. Öffnen Sie die Startseite der Zentraladministration und klicken Sie im Abschnitt *Anwendungsverwaltung* auf den Link *Dienstanwendungen verwalten.*
2. Klicken Sie in der Spalte *Typ* mit dem Wert *PerformancePoint Service-Anwendung* auf den Namen der zuvor erstellten Anwendung, um die PerformancePoint-Dienstanwendungseinstellungen zu öffnen.
3. Klicken Sie in der obersten Zeile auf *PerformancePoint Service-Anwendungseinstellungen.*
4. Wählen Sie im Abschnitt *Sicherer Speicher und unbeaufsichtigtes Dienstkonto* die Option *Unbeaufsichtigtes Dienstkonto* und geben Sie die Anmeldedaten des Kontos ein (Abbildung 5.43).

HINWEIS Blockiert an dieser Stelle eine Warnung die Eingabe, ist zunächst die Secure Store Service-Anwendung einzurichten, bevor mit Einrichtung des unbeaufsichtigten Dienstkontos fortgefahren werden kann.

5. Übernehmen Sie die Einstellungen durch einen Klick auf *OK.*

Abbildg. 5.43 Definition des unbeaufsichtigten Dienstkontos

HINWEIS Durch die hier vorgenommene Konfiguration wird ein Eintrag in der Secure Store Service-Anwendung erzeugt, um die definierten Anmeldedaten dort sicher zu verwahren und vorzuhalten.

Beachten Sie, dass das hier definierte, unbeaufsichtigte Dienstkonto für PerformancePoint weitere Rechte benötigt, um erfolgreich auf Ihre Datenquellen zugreifen zu können:

- Für den Zugriff auf SharePoint-Listendaten wird Lesezugriff benötigt
- Um auf Excel Services-Daten zugreifen zu können, werden Lesezugriffsberechtigungen auf die jeweilige Arbeitsmappe benötigt
- Für den Zugriff auf SQL Server-Daten muss ein SQL-Login mit *db_datareader*-Rechten für die jeweilige Datenbank existieren
- SQL Server Analysis Services-Daten können genutzt werden, sofern das Konto über Lesezugriff auf den entsprechenden Cube erhält

Fahren Sie mit der Konfiguration der Identitätsdelegierung fort.

PerformancePoint-Identitätsdelegierung

Um den delegierten Zugriff auf die Anwendungsdaten zu gewährleisten, also eine Benutzeridentität für den Zugriff auf externe Daten zu verwenden, können Sie entweder die eingeschränkte Kerberos-Delegierung oder die neue *EffectiveUserName für Analysis Services*-Konfiguration vornehmen. Durch die neue Eigenschaft *EffectiveUserName für Analysis Services* basieren Authentifizierungsprüfungen auf dem in dieser Eigenschaft angegebenen Benutzer anstatt auf dem aktuell authentifizierten Benutzer. Somit kann die eingeschränkte Kerberos-Delegierung für einige Bereiche umgangen werden. Die Einrichtung der eingeschränkten Kerberos-Delegierung wird in Kapitel 12 behandelt.

HINWEIS Die *EffectiveUserName*-Lösung kann nicht für PowerPivot-Datenquellen verwendet werden. Nutzen Sie für diese Zugriffe weiterhin die eingeschränkte Kerberos-Delegierung.

Gehen Sie wie folgt vor, um die *EffectiveUserName*-Eigenschaft zu konfigurieren:

1. Öffnen Sie die PerformancePoint-Dienstanwendungseinstellungen und klicken Sie auf *PerformancePoint Service-Anwendungseinstellungen.*
2. Aktivieren Sie das Kontrollkästchen im Abschnitt *"EffectiveUserName" von Analysis Services* (Abbildung 5.11).

Abbildg. 5.44 Aktivierung der *EffectiveUserName*-Einstellung

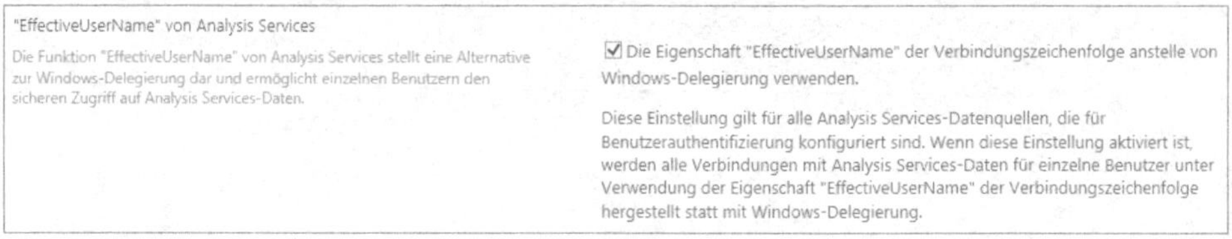

3. Klicken Sie auf *OK*, um die Einstellungen zu übernehmen.

Um diese Einstellung auf die Anwendung zu übertragen, achten Sie darauf, dass Sie beim Erstellen von Datenquellen aus dem Dashboard-Designer heraus die Per-Benutzer-Identiätsoption verwenden.

Mit diesen Arbeitsschritten ist die Basisbereitstellung von PerformancePoint abgeschlossen. Fahren Sie mit dem nächsten Abschnitt fort, um den PerformancePoint-Dienst mithilfe einer Websitevorlage verwenden zu können.

Websitesammlung auf Basis der Vorlage Business Intelligence Center erstellen (optional)

Mit der Bereitstellung der Business Intelligence Center-Websitesammlung werden automatisch die PerformancePoint-Features für die Websitesammlung aktiviert und so ein direkter Zugriff auf essentielle PerformancePoint-Funktionen ermöglicht.

Für die Einrichtung der Business Intelligence Center-Websitesammlung über die Zentraladministration folgen Sie diesen Arbeitsschritten:

1. Öffnen Sie dazu die Startseite der Zentraladministration und klicken Sie im Abschnitt *Anwendungsverwaltung* auf den Link *Websitesammlungen erstellen*.

HINWEIS Diese Websitesammlung ist nicht zwingend erforderlich. Sie haben alternativ die Möglichkeit, die PerformancePoint-Inhaltstypen und -Webparts auch in eine andere, bereits bestehende Website zu integrieren. Durch die Vorlage *Business Intelligence Center* werden diese Schritte jedoch merklich vereinfacht.

2. Stellen Sie sicher, dass im Feld *Webanwendung* die von Ihnen für die PerformancePoint-Websitesammlung gewünschte Webanwendung ausgewählt ist.

   Füllen Sie zumindest die Abschnitte *Titel und Beschreibung*, *Websiteadresse* und *Primärer Websitesammlungsadministrator* mit Ihren gewünschten Daten.

   Im Abschnitt *Vorlagenauswahl* wählen Sie auf der Registerkarte *Enterprise* die Vorlage *Business Intelligence Center* aus.

3. Klicken Sie auf *OK*, um die Websitesammlung zu erstellen.

Alternativ verwenden Sie das PowerShell-Skript aus Listing 5.34, um die Websitesammlung für PerformancePoint zu erstellen. Passen Sie dabei die Werte für *Url*, *OwnerAlias*, *Description* und *Name* entsprechend Ihren Gegebenheiten an.

TIPP Achten Sie bei der Wahl des Werts für den Parameter *URL* darauf, dass sich die von Ihnen gewählte URL unterhalb eines verwalteten Pfads befindet. In diesem Beispiel wurde der standardmäßig vorhandene verwaltete Pfad namens *Websites* verwendet und die neue Website unterhalb dieses Pfads positioniert. Weitere Informationen zu verwalteten Pfaden erhalten Sie in Kapitel 9.

Listing 5.34 Erstellen einer Websitesammlung auf Basis der Sitevorlage Business Intelligence Center

```
New-SPSite -Url http://[URL der Site] -OwnerAlias [Domäne\Anmeldename] -Description
[Beschreibungstext] -Name "Business Information Center" -Template BICenterSite#0
```

Standardmäßig ist PerformancePoint so eingestellt, dass alle Speicherorte für vertrauenswürdige Datenquellen und vertrauenswürdigen Inhalt auf alle SharePoint-Orte eingestellt ist. Sie haben die Möglichkeit, diesen Bereich über die Dienstanwendungssteuerung weiter einzuschränken.

Mit der Einrichtung der Business Intelligence Center-Websitesammlung ist die Bereitstellung einer Anwendungsumgebung für die PerformancePoint-Dienstanwendung abgeschlossen.

TIPP Um Ihre ersten Schritte mit PerformancePoint in einer simulierten Umgebung zu durchzuführen, finden Sie unter der URL *http://technet.microsoft.com/de-de/library/jj889447.aspx* [Ms156-K05-02] Beispielskripts und Anleitungen für den Umgang mit PerformancePoint im Business Intelligence-Umfeld.

Access Services

Sie können diesen Abschnitt überspringen, sofern Sie eine eigenständige Serverinstallation oder den Assistenten zur Farmkonfiguration verwendet haben, um die Access Services automatisiert zu konfigurieren.

Die Access Services ermöglichen es Ihnen, Access-Datenbanken über den Browser einzusehen und mit diesen zu interagieren.

Die Access Services-Komponente ist ausschließlich in einer SharePoint Server 2013 Enterprise-CAL enthalten (Tabelle 5.30).

Tabelle 5.32 Kerneigenschaften der Access Services 2013

Farm-übergreifend	Partitionierbar	SharePoint Foundation	SharePoint Server	SharePoint Server Enterprise	Redundanzfähigkeit	Positionierung
				✓	✓	APP

Die folgenden Abhängigkeiten ergeben sich für diese Dienstanwendung:

Tabelle 5.33 Abhängigkeiten der Access Services

Abhängigkeit	Dienst ist abhängig von	Vom Dienst abhängige Komponenten	Abhängigkeit
✓	SQL Server 2012 LocalDB (auf SP)		

Tabelle 5.33 Abhängigkeiten der Access Services *(Fortsetzung)*

Abhängigkeit	Dienst ist abhängig von	Vom Dienst abhängige Komponenten	Abhängigkeit
✓	SQL Server 2012 Feature Pack (auf SP)		
✓	SQL Server 2012		
✪	SQL Server 2012 Reporting Services Add-in		
✓	Secure Store		
✓	Abonnenteneinstellungendienst		
✓	App-Verwaltungsdienst		
✪	Access 2013		

Legende: ✪ = Nicht erforderlich, jedoch empfohlen; ✓ = Erforderlich

In mehrschichtigen SharePoint-Serverfarmen sollte dieser Dienst in der Applikationseben bereitgestellt werden. Die Access-Dienstanwendung benötigt das SQL Server 2012 Reporting Services-Add-In, um die Access Dienst-Berichterstellungsfunktionen verwenden zu können.

Die Secure Store Service-Anwendung muss vor der Erstellung der Access Services-Dienstanwendung vorhanden sein, da die SQL Server-Anmeldedaten im Rahmen der Provisionierung in Secure Store sicher abgelegt werden. Achten Sie daher darauf, dass Sie nicht nur die Secure Store Service-Anwendung, sondern auch den Masterschlüssel erstellt haben, mit dem die Zugriffsinformationen gesichert werden.

Für die Verwendung der Access Services wird die gemischte SQL Server-Authentifizierung benötigt. Der Access 2013-Client ist als empfohlen markiert, da mit diesem Access-Apps erstellt werden können.

Achten Sie darauf, dass Sie für die Verwendung dieser Dienstanwendung zusätzliche weitere SQL Server 2012-Installationskomponenten benötigen:

- Volltext- und semantische Extraktion für Suche
- Client Tools-Konnektivität

Die Bereitstellung vom Access Services besteht in der Übersicht aus folgenden Schritten:

1. Aktivierung des gemischten SQL Server-Authentifizierungsmodus.
2. Sicherstellen, dass der Parameter *Triggern ermöglichen, weitere Trigger auszulösen* auf *True* steht (Standardeinstellung)
3. Rekonfiguration des Parameters *Contained Database Authentication* auf *True.*
4. Sicherstellen, dass sowohl *TCP/IP* als auch *Named Pipes* als Protokoll für SQL Server aktiviert sind.
5. Das Dienstkonto, dass für die Access-Dienst 2013-Dienstanwendung verwendet wird, muss über die SQL Server-Rolle *dbcreator* und *securityadmin* verfügen.
6. Das Dienstkonto, welches für die Access-Dienst 2013-Dienstanwendung verwendet wird, muss über eine *SPDataAccess*-Berechtigung für die Datenbank des App-Verwaltungsdiensts und die relevanten Inhaltsdatenbanken verfügen.

7. Sicherstellen, dass das Dienstkonto des Access Services-Dienstanwendungspools über Schreib- und Leseberechtigungen für das Verzeichnis *C:\ProgramData\Microsoft\SharePoint\Config* verfügt.
8. Installieren der SQL-Komponenten *SQLLocalDB.msi*, *DACFramework.msi*, *sqldom.msi* und *SQLSysClrTypes.msi* auf dem Server mit den Access Services.
9. Starten des Access Services-Datenbankdiensts.
10. Einrichtung der Access Services-Dienstanwendung.
11. In der IIS-Konfiguration die Einstellung *Benutzerprofil laden* auf *True* setzen.

Nachfolgend erfahren Sie, wie die Konfiguration umzusetzen ist.

Voraussetzungen für die Dienstanwendung umsetzen

Gehen Sie wie folgt vor, um die Voraussetzungen für die Access Services-Einrichtung zu schaffen.

SQL Server-Konfiguration

Die folgenden Anpassungen sind auf der SQL Server-Zielinstanz vorzunehmen. Öffnen Sie dazu das SQL Server-Management Studio mit administrativen Rechten (*sysadmin*) und wenden Sie folgende Änderungen an:

1. Aktivieren Sie den gemischten Authentifizierungsmodus in den Servereigenschaften der SQL Serverinstanz (Abbildung 5.45).

Abbildg. 5.45 Gemischter Authentifizierungsmodus

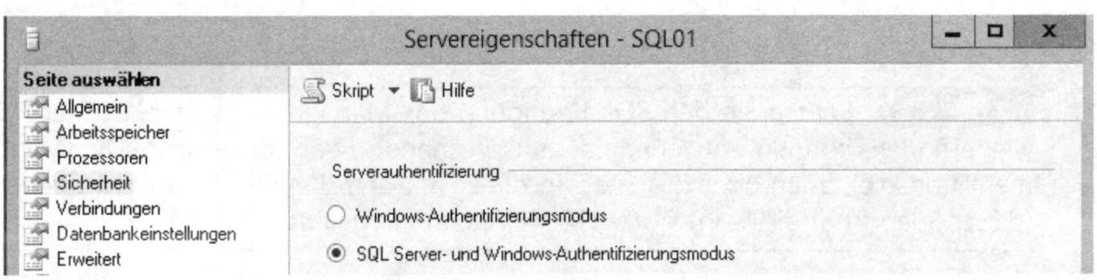

2. Stellen Sie in den Eigenschaften der SQL Server-Instanz sicher, dass der Parameter *Triggern ermöglichen, weitere Trigger auszulösen* auf *True* steht (dies ist die Standardeinstellung). Sie finden den Wert auf der Seite *Erweitert* im Abschnitt *Sonstiges* (Abbildung 5.46).

Abbildg. 5.46 Trigger-Konfiguration

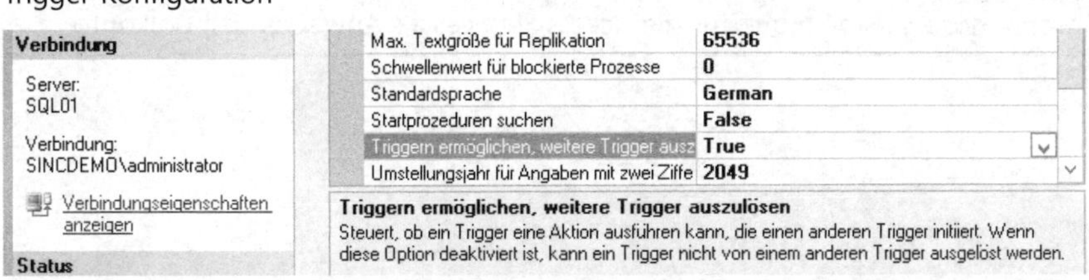

3. Aktivieren Sie den Eintrag *Eigenständige Datenbanken aktivieren* in den Eigenschaften der Serverinstanz, indem Sie den entsprechenden Wert auf *True* setzen (Abbildung 5.47).

Abbildg. 5.47 Aktivierung eigenständiger Datenbanken

4. Stellen Sie sicher, dass sowohl *TCP/IP* als auch *Named Pipes* als Protokoll für SQL Server aktiviert sind. Öffnen Sie dazu den SQL Server-Konfigurations-Manager und aktivieren Sie unter *SQL Server-Netzwerkkonfiguration/Protokolle für 'MSSQLSERVER'* das Protokoll *Named Pipes* (Abbildung 5.48).

Abbildg. 5.48 Aktivierung von Named Pipes

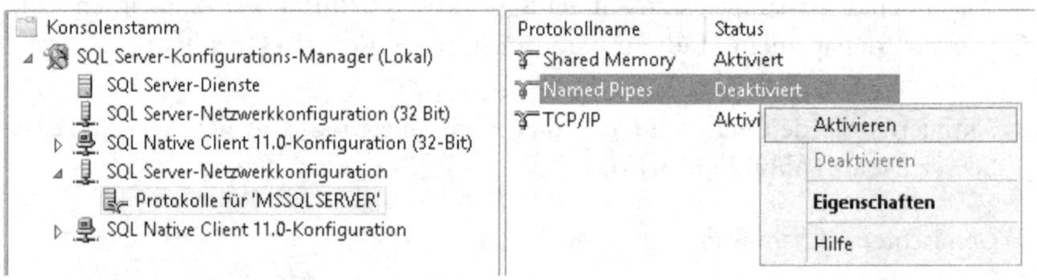

TIPP Sollten Sie den SQL Konfigurations-Manager nicht direkt unter SQL Server 2012 wiederfinden, können entweder das entsprechende Snap-In in die MMC (Microsoft Management Console) laden oder das Snap-In direkt mit dem Befehl *SQLServerManager11.msc* öffnen (dieses Snap-In ist direkt im *System32*-Verzeichnis abgelegt).

5. Das Dienstkonto, welches für die Access-Dienst 2013-Dienstanwendung verwendet wird, muss über die SQL Server-Rolle *dbcreator* und *securityadmin* verfügen. Legen Sie dazu eine neue Anmeldung in SQL Server für das Dienstkonto an und weisen Sie dem Konto die beiden entsprechenden Serverrollen zu (Abbildung 5.49).

HINWEIS Das hier zu verwendende Konto benutzen Sie später im Rahmen der Dienstanwendungsprovisionierung für die Access Services als Anwendungspoolkonto.

Abbildg. 5.49 Serverrollenzuordnungen für das Access Services-Konto

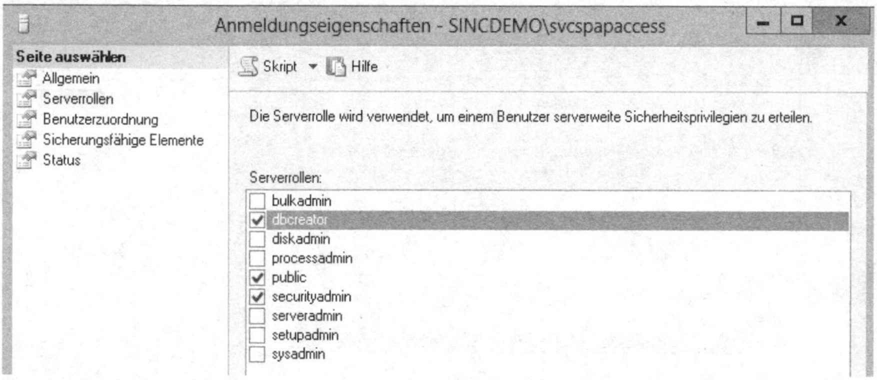

6. Starten Sie die SQL Server-Datenbankdienste neu, um die Änderungen anzuwenden (Abbildung 5.50).

Abbildg. 5.50 Neustart der Datenbankinstanz

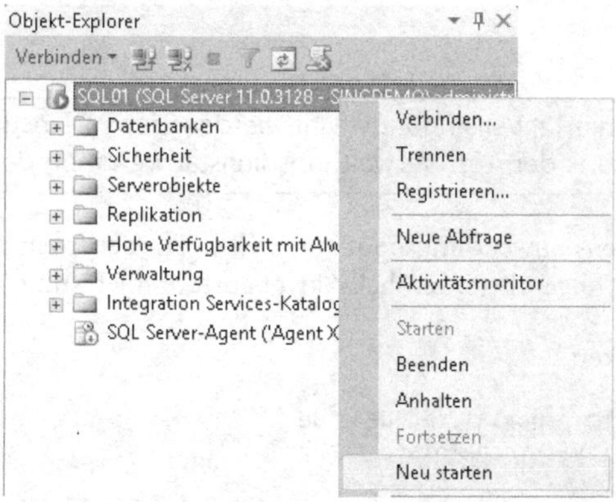

Fahren Sie nun mit dem Einrichten der SharePoint-Berechtigungen fort.

Dienstanwendungs- und Inhaltsdatenbankberechtigungen einrichten

Richten Sie die folgenden SharePoint-spezifischen Rechte ein:

1. Um dem künftigen Access-Dienst 2013-Dienstanwendungspoolkonto *SPDataAccess*-Berechtigungen für die Datenbank des App-Verwaltungsdiensts zu delegieren, öffnen Sie zunächst die Dienstanwendungssteuerung der Zentraladministration. Markieren Sie anschließend die Zeile mit dem App-Verwaltungsdienst und klicken Sie im Menüband auf *Berechtigungen*. Weisen Sie hier dem Access Services-Dienstkonto vollständige Zugriffsberechtigungen zu (Abbildung 5.51).

Abbildg. 5.51 Spezifische Berechtigungen für den App-Verwaltungsdienst

HINWEIS Durch das hier definierte Verbindungsrecht werden dem Dienstkonto *SPDataAccess*-Rollenrechte auf die Datenbank der App-Verwaltungsdienstanwendung delegiert.

2. Delegieren Sie dem Access-Dienstanwendungspoolkonto die erforderlichen Rechte in der Inhaltsdatenbank, indem Sie das folgende PowerShell-Skript ausführen (Listing 5.35).

Listing 5.35 Delegierung auf Inhaltsdatenbanken

```
$wa = Get-SPWebApplication http://portal.sincdemo.de
$wa.GrantAccessToProcessIdentity("sincdemo\svcspapaccess")
$wa.Update()
```

HINWEIS Durch das PowerShell-Skript werden dem Access Services-Anwendungspoolkonto die Rechte der *SPDataAccess*-Datenbankrolle zuteil. Führen Sie das Skript auf allen Webanwendungen aus, in denen Sie Access Services-Apps erstellen wollen.

3. Stellen Sie sicher, dass das Access Services-Dienstkonto des Access Services-Dienstanwendungspools über Schreib- und Leseberechtigungen auf das Verzeichnis *%ProgramData%\Microsoft\SharePoint\Config* verfügt.

Abbildg. 5.52 Sonderberechtigungen für das versteckte Cacheverzeichnis der SharePoint-Konfiguration

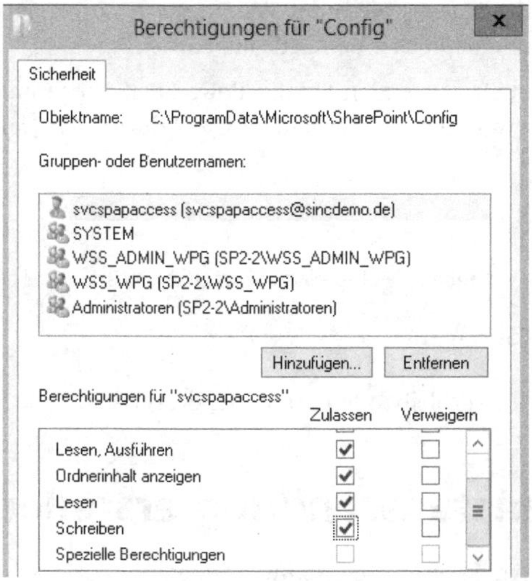

Fahren Sie mit der Installation der SQL Server-Komponenten fort.

SQL Server-Komponenten auf Access Services-Server bereitstellen

Installieren Sie die folgenden SQL Server-Komponenten auf dem jeweiligen Server, auf dem Sie die Access Services ausführen:

1. Microsoft SQL Server 2012 Local DB (*SQLLocalDB.msi*)
2. Microsoft SQL Server 2012 Data-Tier Application Framework (*DACFramework.msi*)
3. Microsoft SQL Server 2012 Native Client (*SQLNCli.msi*)

HINWEIS Der SQL Server 2012 Native Client sollte bereits im Rahmen der SQL Server-Basisbereitstellung auf Ihrem Server vorhanden sein. Somit kann dieser Schritt hier entfallen.

4. Microsoft SQL Server 2012 Transact-SQL ScriptDom (*SQLDom.msi*)
5. Microsoft System CLR Types for Microsoft SQL Server 2012 (*SQLSysClrTypes.msi*)

Bis auf die Datei *SQLLocalDB.msi* finden Sie alle Komponenten im SQL Server 2012 SP1 Feature Pack. Sie benötigen dabei jeweils lediglich die 64-Bit-Version. Sie finden das Feature Pack unter der URL *http://www.microsoft.com/de-de/download/details.aspx?id=35580* [Ms156-K05-03]. Die Datei *SQLLocalDB.msi* lässt sich unter *http://www.microsoft.com/de-de/download/details.aspx?id=35579* [Ms156-K05-04] herunterladen.

Access-Datenbankdienst starten

Starten Sie den Access-Datenbankdienst. Der Weg über die grafische Oberfläche sieht wie folgt aus:

1. Öffnen Sie die Startseite der Zentraladministration und klicken Sie unter *Systemeinstellungen* auf *Dienste auf dem Server verwalten*.

2. Wählen Sie im Feld *Server* den entsprechenden Server aus und stellen Sie sicher, dass in der Zeile *Access-Datenbankdienst* in der Spalte *Status* jeweils der Wert *Gestartet* angezeigt ist. Sollte dies nicht der Fall sein, klicken Sie in der entsprechenden Zeile auf *Starten*.

Zum Starten des Diensts über PowerShell verwenden Sie das PowerShell-Skript aus Listing 5.36). Ersetzen Sie zuvor den im Beispiel verwendeten Servernamen *SP2-2* durch den Namen Ihres Servers.

Listing 5.36 Starten des Access-Diensts via PowerShell

```
$ServiceID = Get-SPServiceInstance | where {$_.TypeName -match "Access Services"} | where
{$_.Server -match "SP2-2"}
Start-SPServiceInstance -Identity $ServiceID
```

Wiederholen Sie den Vorgang ggf. für die verbleibenden Server der Serverfarm.

Access Services-Dienstanwendung erstellen

Erzeugen Sie folgendermaßen eine Access Services-Dienstanwendung:

1. Öffnen Sie die Dienstanwendungssteuerung der Zentraladministration, indem Sie beispielweise auf der Startseite im Abschnitt *Anwendungsverwaltung* auf den Link *Dienstanwendungen verwalten* klicken.
2. Wählen Sie im Menüband den Eintrag *Neu* und klicken Sie auf die Zeile *Access Services*.
3. Geben Sie im Feld *Name* einen passenden Namen für die Dienstanwendung an. Verwenden Sie beispielsweise den Namen »Access Services« (Abbildung 5.53).

Abbildg. 5.53 Basisparameter beim Erstellen der Access Services

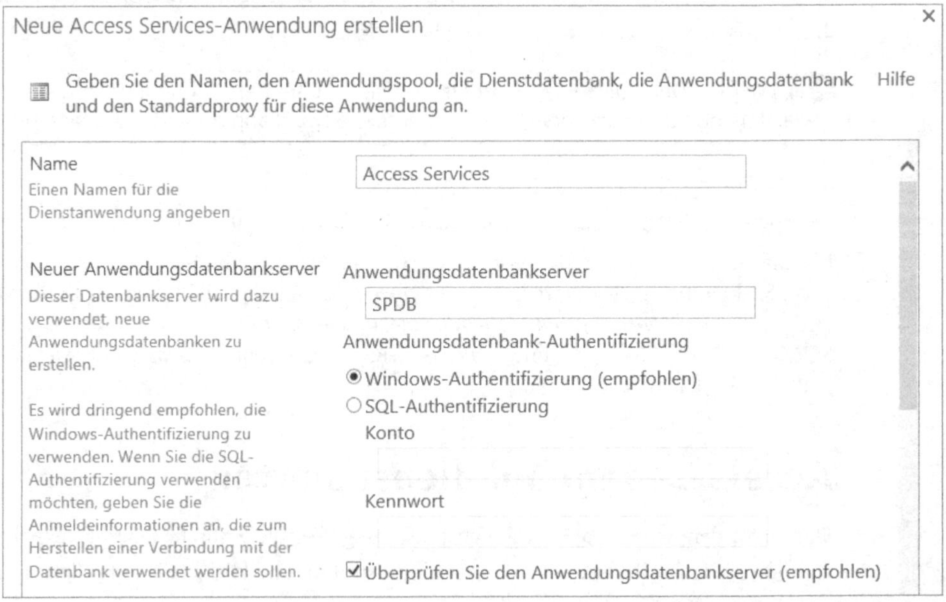

4. Im Abschnitt *Neuer Anwendungsdatenbankserver* geben Sie den existierenden oder einen dedizierten Datenbankserver an.

HINWEIS Beachten Sie bei der Auswahl des Datenbankservers die gravierenden Berechtigungen, die dem Access Services-Konto auf der Ziel SQL Server-Instanz gewährt werden. Möglicherweise widersprechen diese Ihren Sicherheitsanforderungen.

5. Im Abschnitt *Anwendungspool* wählen Sie gemäß Ihrer Planung einen Anwendungspool aus. In diesem Beispiel wird der zuvor erstellte Anwendungspool *SharePoint Dienste* verwendet (Abbildung 5.54).

   Es wird dringend empfohlen, an dieser Stelle einen dedizierten Anwendungspool zu verwenden, da dem zugehörigen Dienstkonto nicht nur besondere Rechte in SQL Server, sondern dem Anwendungspool zudem besondere Einstellungen zuteil werden.

Abbildg. 5.54 Konfiguration des Anwendungspools für Access Services

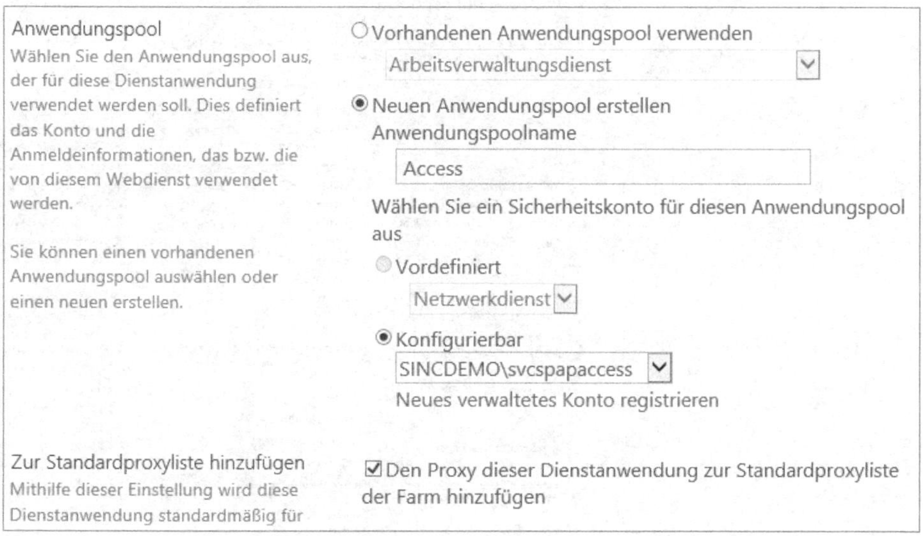

6. Klicken Sie auf *OK*, um die Dienstanwendung zu erzeugen.

Alternativ erzeugt das folgende PowerShell-Skript eine neue Access Services-Dienstanwendung (inklusive Dienstanwendungsproxy) und fügt diese zum dediziert erstellten Anwendungspool *Access* hinzu (Listing 5.37).

ACHTUNG Achten Sie darauf, dass ein fast gleichnamiges Cmdlet für Access Services 2010 existiert, welches lediglich den Singular (*Service*) verwendet!

Listing 5.37 Erstellen einer Access Services-Dienstanwendung via PowerShell

```
New-SPServiceApplicationPool -Name "Access" -Account "sincdemo\svcspapaccess"
New-SPAccessServicesApplication -DatabaseServer SPDB -ApplicationPool "Access" -Name
"Access Services" -Default
```

Im Rahmen dieser Befehle wird die Proxykomponente automatisch miterzeugt und die Dienstanwendung zu der Standardproxygruppe hinzugefügt. Konfigurieren Sie nun noch den soeben erstellten Anwendungspool.

Anwendungspool-Konfiguration

Konfigurieren Sie auf allen entsprechenden SharePoint-Servern den Internetinformationsdienste-Anwendungspool für die Access Services-spezifische Benutzerprofil-laden-Einstellung.

1. Öffnen Sie den Internetinformationsdienste (IIS)-Manager, navigieren Sie zum Knoten der Anwendungspools, klicken Sie auf den Anwendungspool mit der Access Services-Identität und öffnen Sie die erweiterten Eigenschaften (Abbildung 5.55).

Abbildg. 5.55 Konfigurationsschnittstelle des Access Services-Anwendungspools

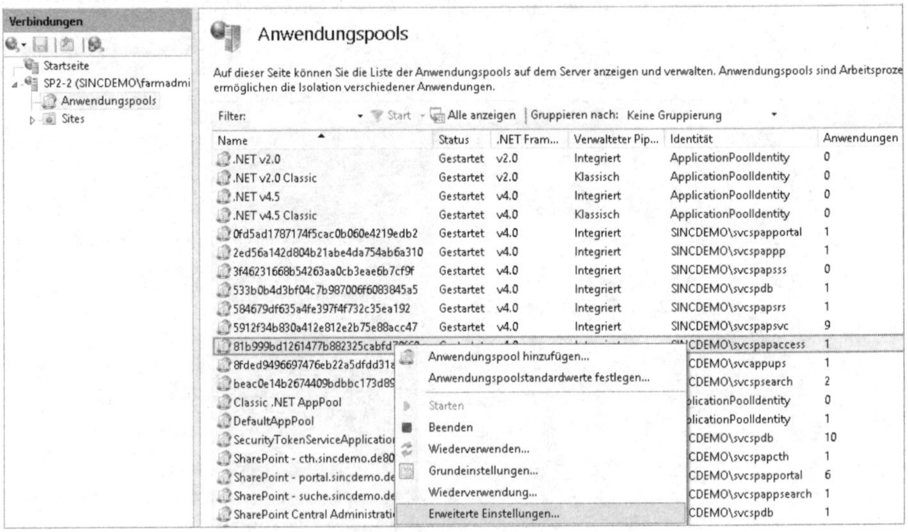

2. Ändern Sie im Abschnitt *Prozessmodell* den Wert von *Benutzerprofil laden* auf *True* ab (Abbildung 5.56).

Abbildg. 5.56 Konfiguration der Einstellung *Benutzerprofil laden*

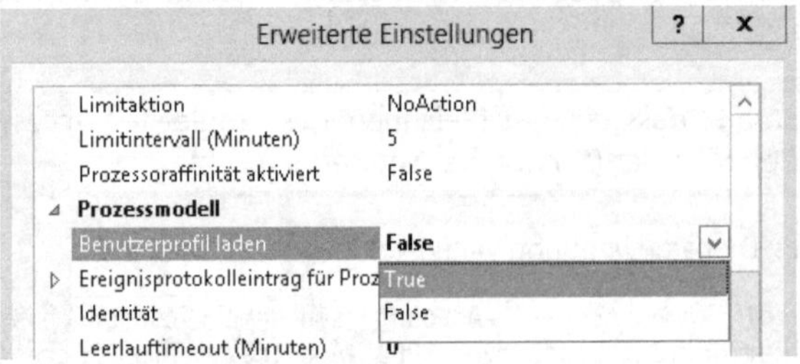

Mit diesem Arbeitsschritt ist die Basisbereitstellung der Access Services abgeschlossen.

Access Services 2010

Sie können diesen Abschnitt überspringen, sofern Sie eine eigenständige Serverinstallation oder den Assistenten zur Farmkonfiguration verwendet haben, um den Access-Dienst automatisiert zu konfigurieren.

Der Access-Dienst ermöglicht es Ihnen, Access 2010-Datenbanken über den Browser einzusehen und mit diesen zu interagieren.

HINWEIS Setzen Sie diesen Dienst lediglich auf, um bestehende SharePoint 2010-basierte Access Services-Datenbanken weiterhin nutzen zu können. Sie können mithilfe dieser Dienstanwendung lediglich bestehende Anwendungen modifizieren, jedoch keine neuen Datenbanken erstellen.

Die Access Services 2010-Komponente ist ausschließlich in einer SharePoint Server 2013 Enterprise-CAL enthalten (Tabelle 5.30).

Tabelle 5.34 Kerneigenschaften der Access Services 2010

Farm-übergreifend	Partitionierbar	SharePoint Foundation	SharePoint Server	SharePoint Server Enterprise	Redundanzfähigkeit	Positionierung
				✓	✓	APP

Die folgenden Abhängigkeiten ergeben sich für diese Dienstanwendung:

Tabelle 5.35 Abhängigkeiten von Access Services 2010

Abhängigkeit	Dienst ist abhängig von	Vom Dienst abhängige Komponenten	Abhängigkeit
✪	Secure Store	Legacy SharePoint 2010-Access-Datenbanken	✓
✓	SQL Server Reporting Services 2012 (SharePoint Mode)		
✪	SQL Server 2012 Reporting Services Add-in		
✪	Access 2010		

Legende: ✪ = Nicht erforderlich, jedoch empfohlen; ✓ = Erforderlich

HINWEIS Beachten Sie, dass die Inhaltsdatenbanken von Access Services 2010 unter SQL Server 2012 bereitgestellt werden müssen. Die Konfiguration und Bereitstellung der SQL Server Reporting Services im SharePoint-Modus wird eingehender in Kapitel 16 beschrieben.

In der Übersicht sind zwei Arbeitsschritte zur Bereitstellung des Access-Diensts erforderlich.

HINWEIS Die Access Services 2010 benötigen das SQL Server 2012 Reporting Services-Add-In, um die Access Dienst-Berichterstellungsfunktionen verwenden zu können.

- Starten des Access-Datenbankdiensts 2010
- Erzeugen einer Access Services 2010-Dienstanwendung

Die nachfolgenden beiden Abschnitte führen Sie durch die Einrichtung der Access Services 2010-spezifischen Komponenten.

Access-Datenbankdienst 2010 starten

Starten Sie den Access-Datenbankdienst. Der Weg über die grafische Oberfläche lautet wie folgt:

1. Öffnen Sie die Startseite der Zentraladministration und klicken Sie unter *Systemeinstellungen* auf *Dienste auf dem Server verwalten.*
2. Wählen Sie im Feld *Server* jeweils den entsprechenden Server aus und stellen Sie sicher, dass in der Zeile *Access-Datenbankdienst 2010* in der Spalte *Status* jeweils der Wert *Gestartet* erscheint. Sollte dies nicht der Fall sein, klicken Sie in der entsprechenden Zeile auf *Starten.*

Zum Starten des Diensts über PowerShell verwenden Sie das PowerShell-Beispielskript aus Listing 5.38.

Listing 5.38 Starten des Access-Diensts via PowerShell

```
$ServiceID = Get-SPServiceInstance | where {$_.TypeName -match "Access-Datenbankdienst
2010"} | where {$_.Server -match "SP2-2"}
Start-SPServiceInstance -Identity $ServiceID
```

Wiederholen Sie den Vorgang ggf. für die verbleibenden Server der Serverfarm.

Access-Dienstanwendung erstellen

Erzeugen Sie folgendermaßen eine Access-Dienstanwendung:

1. Öffnen Sie die Startseite der Zentraladministration. Klicken Sie im Abschnitt *Anwendungsverwaltung* auf den Link *Dienstanwendungen verwalten.*
2. Wählen Sie im Menüband den Eintrag *Neu* und klicken Sie auf die Zeile *Access Services 2010-Dienstanwendung.*
3. Geben Sie im Feld *Name* einen passenden Namen für die Dienstanwendung an. Verwenden Sie beispielsweise den Namen »Access 2010«.
4. Im Abschnitt *Anwendungspool* wählen Sie gemäß Ihrer Planung einen Anwendungspool aus. In diesem Beispiel wird der zuvor erstellte Anwendungspool *SharePoint Dienste* verwendet.
5. Klicken Sie auf *OK*, um die Dienstanwendung zu erzeugen.

Alternativ erzeugt das folgende PowerShell-Skript eine neue Access-Dienstanwendung (inklusive Dienstanwendungsproxy) und fügt diese zum Anwendungspool *SharePoint Dienste* hinzu (Listing 5.39):

ACHTUNG Achten Sie darauf, dass es ein fast gleichnamiges Cmdlet für Access Services (2013) gibt, welches lediglich den Plural (*Services*) verwendet!

Listing 5.39 Erstellen einer Access-Dienstanwendung via PowerShell

```
New-SPAccessServiceApplication -Name "Access 2010" -ApplicationPool "SharePoint Dienste" -
Default
```

HINWEIS Anders als bei den meisten anderen Dienstanwendungen gibt es für Access-Dienste kein separates Cmdlet für die Erstellung einer Proxykomponente. Diese wird automatisch durch das *New-SPAccessServiceApplication*-Cmdlet miterzeugt.

Mit diesem Arbeitsschritt ist die Basisbereitstellung des Access-Diensts abgeschlossen.

PowerPoint-Konvertierungsdienst-anwendung

Sie können diesen Abschnitt überspringen, sofern Sie eine eigenständige Serverinstallation oder den Assistenten zur Farmkonfiguration verwendet haben, um die Dienstanwendung automatisiert zu konfigurieren.

Die PowerPoint-Konvertierungsdienstanwendung ermöglicht es Ihnen, programmatisch PowerPoint-Präsentationen in verschiedene Zielformate wie PDF oder JPG umzuwandeln.

Die folgenden Kerneigenschaften gehen mit der Dienstanwendung einher (Tabelle 5.36).

Tabelle 5.36 Kerneigenschaften der PowerPoint-Konvertierungsdienstanwendung

Farm-übergreifend	Partitionierbar	SharePoint Foundation	SharePoint Server	SharePoint Server Enterprise	Redundanzfähigkeit	Positionierung
			✓	✓	✓	APP

Der PowerPoint-Konvertierungsdienst weist keine besonderen Abhängigkeiten zu anderen Komponenten auf. In mehrschichtigen SharePoint-Serverfarmen sollte dieser Dienst in der Anwendungsschicht bereitgestellt werden.

Die Bereitstellung erfolgt primär in zwei Schritten:

- Start des PowerPoint-Konvertierungsdiensts
- Erzeugen einer PowerPoint-Konvertierungsdienstanwendung

Die Einrichtung und Verwaltung dieser Komponente erfolgt vollständig mithilfe der PowerShell.

PowerPoint-Konvertierungsdienst starten

Gehen Sie wie folgt vor, um den Dienst zu starten:

1. Starten Sie den PowerPoint-Konvertierungsdienst mithilfe der Zentraladministration wie folgt:
2. Öffnen Sie die Startseite der Zentraladministration und klicken Sie unter *Systemeinstellungen* auf *Dienste auf dem Server verwalten*.
3. Wählen Sie jeweils im Feld *Server* den entsprechenden Server aus und klicken Sie in der Zeile *PowerPoint-Konvertierungsdienst* in der Spalte *Aktion* auf *Starten*.

Zum Starten des Diensts mithilfe der PowerShell verwenden Sie das PowerShell-Skript aus Listing 5.40. Ersetzen Sie dabei den Servernamen *SP2-2* durch den Namen Ihres jeweiligen SharePoint-Servers.

Listing 5.40 PowerPoint-Konvertierungsdienstanwendung via PowerShell starten

```
$ServiceID = Get-SPServiceInstance | where {$_.TypeName -match "PowerPoint-
Konvertierungsdienst"} | where {$_.Server -match "SP2-2"}
Start-SPServiceInstance -Identity $ServiceID
```

Wiederholen Sie den Vorgang ggf. für die verbleibenden Server der Serverfarm.

PowerPoint-Konvertierungsdienstanwendung erstellen

Zur Bereitstellung der PowerPoint-Konvertierungsdienstanwendung mithilfe der PowerShell führen Sie das Skript aus Listing 5.41 aus.

Listing 5.41 Erzeugen einer PowerPoint-Konvertierungsdienstanwendung mithilfe der PowerShell

```
$SApp = New-SPPowerPointConversionServiceApplication -Name "PowerPoint-Konvertierung" -
ApplicationPool "SharePoint Dienste"
New-SPPowerPointConversionServiceApplicationProxy -Name "PowerPoint-Konvertierung-Proxy" -
ServiceApplication $SApp -AddtoDefaultGroup
```

HINWEIS Sofern Sie eine außergewöhnliche hohe Last für diese Dienstanwendung erwarten, lagern Sie die Dienstanwendung in einen dedizierten Anwendungspool aus.

Visio-Grafikdienst

Sie können diesen Abschnitt überspringen, sofern Sie eine eigenständige Serverinstallation oder den Assistenten zur Farmkonfiguration verwendet haben, um den Visio-Grafikdienst automatisiert zu konfigurieren.

Der Visio-Grafikdienst ermöglicht es Ihnen, Visio-Diagramme im Browser anzuzeigen, die zugehörigen Daten zu aktualisieren und in SharePoint-Anwendungen zu integrieren.

Die Dienstanwendung weist die folgenden Kerneigenschaften auf (Tabelle 5.37).

Tabelle 5.37 Kerneigenschaften des Visio-Grafikdiensts

Farm-übergreifend	Partitionierbar	SharePoint Foundation	SharePoint Server	SharePoint Server Enterprise	Redundanzfähigkeit	Positionierung
				✓	✓	APP

Die folgenden Abhängigkeiten ergeben sich in Summe für diese Dienstanwendung (Tabelle 5.38):

Tabelle 5.38 Abhängigkeiten des Visio-Grafikdiensts

Abhängigkeit	Dienst ist abhängig von	Vom Dienst abhängige Komponenten	Abhängigkeit
✪	Eingeschränkte Kerberos-Delegierung	Visio Services Webpart	✓
✪	Secure Store		
✪	Visio Professional 2013		
✪	Forderungen an den Windows-Tokendienst		
✪	Silverlight		

Legende: ✪ = Nicht erforderlich, jedoch empfohlen; ✓ = Erforderlich

Eine indirekte Abhängigkeit zu Secure Store und der eingeschränkten Kerberos-Delegierung besteht, da mithilfe des Visio-Grafikdiensts in der Regel Diagramme mit externen Datenquellen visualisiert werden. Für das Abrufen dieser Daten ist zumeist eine Authentifizierung erforderlich, welche wiederum zumeist auf Basis von Secure Store oder der eingeschränkten Kerberos-Delegierung realisiert wird.

HINWEIS Silverlight wird nicht mehr zwingend benötigt, um Visio-Diagramme im Browser visualisieren zu können. In Browsern, die keine PNG-Grafiken darstellen können, oder für die Darstellung von Visio Web Drawings (*.vdw*), kommt weiterhin das Silverlight-Steuerelement zum Einsatz. Im Unterschied dazu kommt für die Darstellung der neuen Formate (*.vsdx* und *.vsdm*) exklusiv das neue Rasterformat zum Einsatz.

In mehrschichtigen SharePoint-Serverfarmen sollte dieser Dienst in der Anwendungsschicht bereitgestellt werden.

Die Bereitstellung erfolgt primär in drei Schritten:

- Start des Visio-Grafikdiensts
- Erzeugen einer Visio-Grafikdienstanwendung
- Einrichten des unbeaufsichtigten Kontos (optional)

Um mithilfe des Visio-Grafikdiensts auf Datenquellen zugreifen zu können, sind die entsprechenden vertrauenswürdigen Datenanbieter zu konfigurieren. Die gängigsten Datenanbieter, wie für den Zugriff auf SharePoint-Listen oder SQL Server-Datenbanken sind jedoch bereits standardmäßig definiert.

HINWEIS Weiterführende Informationen zu den Hintergründen der vertrauenswürdigen Datenanbieter und dem Visio-Grafikdienst finden Sie in Kapitel 8.

Visio-Grafikdienst starten

Starten Sie den Visio-Grafikdienst mithilfe der Zentraladministration wie folgt:

1. Öffnen Sie die Startseite der Zentraladministration und klicken Sie unter *Systemeinstellungen* auf *Dienste auf dem Server verwalten*.

Bereitstellung

2. Wählen Sie jeweils im Feld *Server* den entsprechenden Server aus und klicken Sie in der Zeile *Visio-Grafikdienst* in der Spalte *Aktion* auf *Starten*.

Zum Starten des Visio-Grafikdiensts mithilfe der PowerShell verwenden Sie das PowerShell-Skript aus Listing 5.42. Ersetzen Sie dabei den Servernamen *SP2-2* durch den Namen Ihres jeweiligen SharePoint-Servers.

Listing 5.42 Visio-Grafikdienst via PowerShell starten

```
$ServiceID = Get-SPServiceInstance | where {$_.TypeName -match "Visio-Grafikdienst"} |
where {$_.Server -match "SP2-2"}
Start-SPServiceInstance -Identity $ServiceID
```

Wiederholen Sie den Vorgang ggf. für die verbleibenden Server der Serverfarm.

Visio-Dienstanwendung erstellen

Zur Bereitstellung der Visio-Dienstanwendung mithilfe der Zentraladministration gehen Sie wie folgt vor:

1. Öffnen Sie die Startseite der Zentraladministration und klicken Sie im Abschnitt *Anwendungsverwaltung* auf den Link *Dienstanwendungen verwalten*.
2. Wählen Sie im Menüband den Eintrag *Neu* und klicken Sie auf die Zeile *Visio-Grafikdienst*.
3. Geben Sie im Feld *Name ...* einen passenden Namen für die Dienstanwendung an. In diesem Fall wird der Name »Visio« verwendet.

Abbildg. 5.57 Parameter beim Erstellen einer neuen Visio-Grafikdienstanwendung

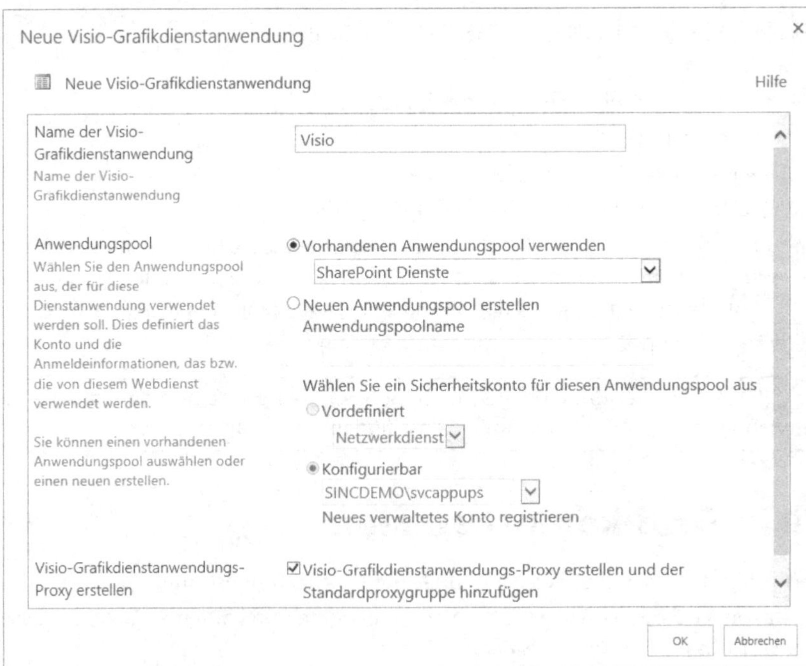

4. Im Abschnitt *Anwendungspool* wählen Sie gemäß Ihrer Planung einen Anwendungspool. In diesem Beispiel wird der zuvor erstellte Anwendungspool *SharePoint Dienste* verwendet.

HINWEIS Ein möglicher Grund für einen dedizierten Anwendungspool der Visio-Grafikdienstanwendung könnte die überdurchschnittliche Nutzung dieser Dienstanwendung sein. Sollten Sie umfangreiche und komplexe Visio-Diagramme mit häufigen Aktualisierungen visualisieren wollen, stünden somit verbesserte Kontrollmechanismen für den Ressourcenkonsum zur Verfügung. In der absoluten Mehrzahl der aktuellen Implementierungen ist dies jedoch nicht der Fall und somit sollten Sie von einer Isolation auf dieser Ebene in der Regel absehen. Weitere Maßnahmen zur Optimierung der Visio-Grafikdienste werden in Kapitel 8 und 7 erläutert.

5. Klicken Sie auf *OK*, um die Dienstanwendung zu erzeugen, und bestätigen Sie im Anschluss durch einen weiteren Klick auf *OK* die erfolgreiche Erstellung.

Alternativ erzeugt das folgende PowerShell-Skript eine neue Visio-Dienstanwendung namens *Visio-Grafikdienst* und fügt diese zum Anwendungspool *SharePoint Dienste* hinzu (Listing 5.43):

Listing 5.43 Erzeugen einer Visio-Dienstanwendung über PowerShell

```
$VisioApp = New-SPVisioServiceApplication -Name "Visio-Grafikdienst" -ApplicationPool
"SharePoint Dienste" -AddToDefaultGroup
```

HINWEIS Der zugehörige Proxy wird in diesem Kontext automatisch erstellt.

Fahren Sie mit der Konfiguration des unbeaufsichtigten Dienstkontos fort.

Bereitstellung

Unbeaufsichtigtes Dienstkonto konfigurieren (optional)

Das unbeaufsichtigte Dienstkonto ist ein Konto, das von allen Dokumenten zum Aktualisieren von Daten verwendet werden kann. Es ist optional beim Herstellen einer Verbindung mit externen Datenquellen wie z.B. SQL Server erforderlich. Für die Verwendung des unbeaufsichtigten Dienstkontos ist es notwendig, dass Sie zuvor die Secure Store Service-Anwendung erfolgreich eingerichtet haben.

ACHTUNG Für die Mehrzahl der Anwendungsszenarien beim Zugriff auf externe Datenquellen benötigen Sie alternative Authentifizierungsverfahren. Die diesbezüglichen serverseitigen Einstellungen werden jedoch in anderen Abschnitten behandelt. Ohne eine adäquate Auswahl und Konfiguration der erforderlichen Authentifizierungsmethode ist der Einsatzrahmen der Visio-Grafikdienste begrenzt. Weitere Hintergründe zu der Auswahl eines Authentifizierungsanbieters finden Sie in Kapitel 8.

1. Richten Sie zunächst eine neue Zielanwendung innerhalb der Secure Store Service-Anwendung an. Eine Beispielanleitung für diesen Vorgang finden Sie in Kapitel 9. Notieren Sie sich die dort verwendete Anwendungs-ID der so erzeugten Zielanwendung.
2. Klicken Sie innerhalb der Konfiguration der Visio Services-Dienstanwendung auf *Globale Einstellungen*.

3. Geben Sie im Abschnitt *Externe Daten* die *Anwendungs-ID* ein, die Sie im ersten Schritt erzeugt haben (Abbildung 5.58).

Abbildg. 5.58 Definition der Anwendungs-ID

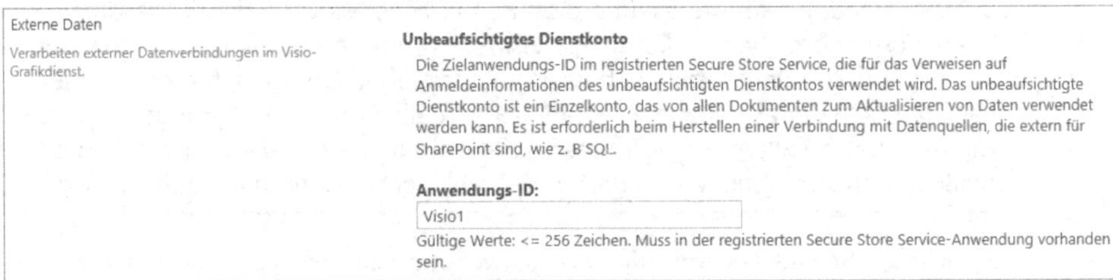

HINWEIS Mit Anwendungs-ID ist nicht die jeweilige Dienst- oder Webanwendungs-ID der Dienstanwendung für die einmalige Anmeldung gemeint, sondern die durch Sie erzeugte Anwendungs-ID für die jeweils hinterlegten Anmeldeinformationen im Secure Store.

Für die Konfiguration des unbeaufsichtigten Dienstkontos mithilfe der PowerShell haben Sie entweder die Möglichkeit, beim Anlegen der Visio Services-Dienstanwendung einen zusätzlichen Parameter zu verwenden (*UnattendedAccountApplicationId*), um die Zielanwendungs-ID anzugeben, oder alternativ nachträglich das PowerShell-Skript aus Listing 5.44 zu verwenden. Passen Sie dabei die Werte zuvor entsprechend an:

Listing 5.44 Unbeaufsichtigtes Dienstkonto für den Visio-Grafikdienst via PowerShell konfigurieren

```
Set-SPVisioExternalData -VisioServiceApplication "Visio-Grafikdienst"
-UnattendedServiceAccountApplicationId "Visio1"
```

Schließen Sie die Konfiguration optional mit der Definition von vertrauenswürdigen Anbieterquellen und der Anpassung der Standardleistungswerte des Visio-Grafikdiensts ab.

Word Automation Services

Sie können diesen Abschnitt überspringen, sofern Sie eine eigenständige Serverinstallation oder den Assistenten zur Farmkonfiguration verwendet haben, um die *Word Automation Services* automatisiert zu konfigurieren.

HINWEIS Im Vergleich zu SharePoint 2010 haben sich für die Word Automation Services keine relevanten Änderungen hinsichtlich der Einrichtung unter SharePoint 2013 ergeben.

Durch *Word Automation Services* können Word-Dokumente und andere Inhaltstypen automatisiert in verschiedene Dateiformate konvertiert werden.

Dieser Dienst steht Ihnen ausschließlich in der Enterprise Edition von SharePoint Server 2013 zur Verfügung (Tabelle 5.39). In mehrschichtigen SharePoint-Serverfarmen sollte dieser Dienst in der Anwendungsschicht bereitgestellt werden.

Tabelle 5.39 Kerneigenschaften der Word Automation Services

Farm-übergreifend	Partitionierbar	SharePoint Foundation	SharePoint Server	SharePoint Server Enterprise	Redundanzfähigkeit	Positionierung
	✓		✓	✓	✓	APP

Für die Word Automation Services gibt es keine relevanten Abhängigkeiten zu anderen Diensten oder Komponenten.

Zum Einrichten des *Word Automation Services* sind in der Übersicht die folgenden Schritte erforderlich:

- Starten der *Word Automation Services-Dienstinstanz*
- Erstellen der *Word Automation Services-Dienstanwendung*

Word Automation Services-Dienstinstanz starten

Zum Starten der Word Automation Services-Dienstinstanz mithilfe der Zentraladministration gehen Sie wie folgt vor:

1. Öffnen Sie die Startseite der Zentraladministration und klicken Sie unter *Systemeinstellungen* auf *Dienste auf dem Server verwalten.*
2. Wählen Sie jeweils im Feld *Server* den entsprechenden Server aus und stellen Sie sicher, dass jeweils in der Zeile *Word Automation Services-Dienstinstanz* in der Spalte *Status* der Wert *Gestartet* erscheint. Sollte dies nicht der Fall sein, klicken Sie in der entsprechenden Zeile auf *Starten.*

Zum Starten der Word Automation Services via PowerShell verwenden Sie das PowerShell-Skript aus Listing 5.45 und ersetzen zuvor den Wert für *[SERVERNAME]* entsprechend.

Listing 5.45 Starten der Word Automation Services via PowerShell

```
$ServiceID = Get-SPServiceInstance | where {$_.TypeName -match "Word Automation Services "}
| where {$_.Server -match "[SERVERNAME]"}
Start-SPServiceInstance -Identity $ServiceID
```

Wiederholen Sie den Vorgang ggf. für die verbleibenden Server der Serverfarm.

Word Automation Services-Dienstanwendung erstellen

Erzeugen Sie die Word Automation Services-Dienstanwendung mithilfe der Zentraladministration wie folgt:

1. Öffnen Sie die Startseite der Zentraladministration. Klicken Sie im Abschnitt *Anwendungsverwaltung* auf den Link *Dienstanwendungen verwalten.*
2. Wählen Sie im Menüband den Eintrag *Neu* und klicken Sie auf die Zeile *Word Automation Services.*
3. Geben Sie im Feld *Name* einen passenden Namen für die Dienstanwendung an.

4. Im Abschnitt *Anwendungspool* wählen Sie gemäß Ihrer Planung einen Anwendungspool. In diesem Beispiel wird der zuvor erstellte Anwendungspool *SharePoint Dienste* verwendet (Abbildung 5.59).

Abbildg. 5.59 Dienstanwendungsparameter der Word Automation Services

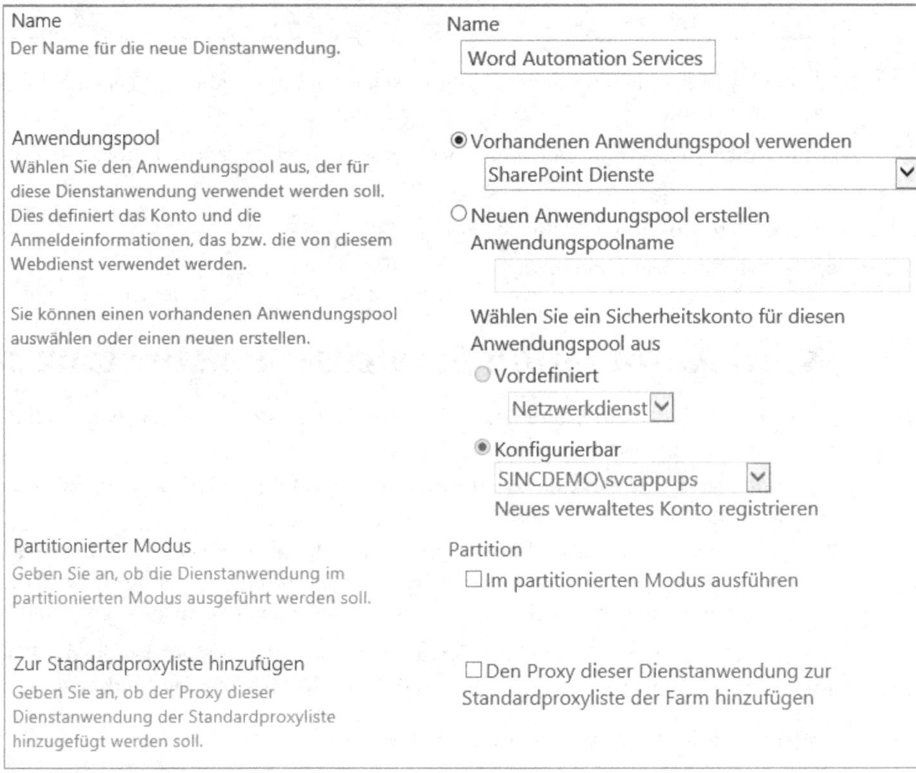

HINWEIS Bei umfassenden Konvertierungsoperationen beansprucht der zugehörige Anwendungspoolprozess der Dienstanwendung erhebliche CPU-Ressourcen. Erwarten Sie eine hohe Konvertierungslast, isolieren Sie die Dienstanwendung in einem separaten Anwendungspool, verteilen Sie die Last auf mehrere Server in der Anwendungsschicht oder verwenden Sie gar dedizierte Server.

5. Im Abschnitt *Im partitionierten Modus ausführen* lassen Sie das zugehörige Kontrollkästchen deaktiviert.
6. Aktivieren Sie das Kontrollkästchen im Abschnitt *Zur Standardproxyliste hinzufügen* und klicken Sie auf *Weiter.*
7. Im Abschnitt *Datenbank* geben Sie im Feld *Datenbankname* den Namen der zugehörigen Datenbank an.
8. Klicken Sie auf *Fertig stellen*, um die Dienstanwendung zu erstellen.

Alternativ erzeugt das folgende PowerShell-Skript eine neue Word Automation Services-Dienstanwendung (inklusive Dienstanwendungsproxy) mit der Datenbank *SS6_WordAutomation* und fügt diese zu dem Anwendungspool *SharePoint Dienste* hinzu (Listing 5.46):

Listing 5.46 Erstellen einer Word Automation Services-Dienstanwendung via PowerShell

```
New-SPWordConversionServiceApplication -Name "Word Automation Services" -DatabaseName
"SS6_WordAutomation" -ApplicationPool "SharePoint Dienste" -Default
```

HINWEIS Für diese Dienstanwendung gibt es kein separates Cmdlet zum Anlegen der zugehörigen Proxykomponente. Diese wird automatisch mitangelegt.

Durch das Setzen des Standardschalters wird die Dienstanwendung automatisch zu der Standardproxygruppe der Farm hinzugefügt, was in der Mehrzahl der Szenarien die gängige Lösung darstellen sollte.

Mit diesem Arbeitsschritt ist die Basisbereitstellung der Word Automation Services abgeschlossen.

HINWEIS Weiterführende Hintergrundinformationen zu dieser Dienstanwendung finden Sie in Kapitel 8.

Dokumentkonvertierung

Die Dokumentkonvertierung ermöglicht es Ihren Endanwendern, Dokumente von einem Format in ein anderes Format zu überführen. Es ist somit eindeutig von der Word Automation Services-Dienstanwendung zu unterscheiden, die neben anderen Konvertierungsformaten eine benutzerunabhängige, API-basierte Konvertierung anbietet.

HINWEIS Die Einrichtung und Steuerung dieses Diensts unterscheidet sich in SharePoint 2013 nicht von SharePoint 2010.

Der Dokumentkonvertierungsdienst steht Ihnen lediglich unter SharePoint Server 2013 zur Verfügung und sollte in einer mehrschichtigen SharePoint-Umgebung bevorzugt in der Anwendungsschicht bereitgestellt werden.

Tabelle 5.40 Kerneigenschaften des Dokumentkonvertierungsdiensts

Farm-übergreifend	Partitionierbar	SharePoint Foundation	SharePoint Server	SharePoint Server Enterprise	Redundanzfähigkeit	Positionierung
			✓	✓	✓	APP

Es gibt keine spezifischen Abhängigkeiten des Diensts zu anderen SharePoint-Diensten oder -Komponenten.

Die Bereitstellung der Dokumentenkonvertierung sieht in der Übersicht wie folgt aus:

- Starten der Dokumentkonvertierungsdienste
- Dokumentkonvertierung konfigurieren
- Feature zur SharePoint Server-Veröffentlichungsinfrastruktur auf Websitesammlungsebene aktivieren

Dokumentkonvertierungsdienste starten

Sie haben die Möglichkeit, die beiden hier beschriebenen Dienste auf jeweils separaten Servern der Serverfarm auszuführen. Sollten Sie sich für diese Variante entscheiden, achten Sie darauf, die Firewallkonfiguration auf den Servern ggf. anzupassen, um die Kommunikation zwischen den Diensten, über die Servergrenzen hinweg, zu ermöglichen. Standardmäßig verwendet der Startprogrammdienst für die Dokumentkonvertierung den TCP-Port 8082 und der Lastenausgleichsmodul-Dienst für die Dokumentkonvertierung den TCP-Port 8093.

Für den Weg über die Zentraladministration gehen Sie wie folgt vor:

1. Öffnen Sie die Startseite der Zentraladministration und klicken Sie unter *Systemeinstellungen* auf *Dienste auf dem Server verwalten.*
2. Starten Sie zunächst den Lastenausgleichsmodul-Dienst. Wählen Sie im Feld *Server* den entsprechenden Server aus und starten Sie den Dienst, indem Sie in der Zeile *Lastenausgleichsmodul-Dienst für die Dokumentkonvertierung* in der Spalte *Aktion* auf *Starten* klicken.
3. Starten Sie nun den *Startprogrammdienst für die Dokumentkonvertierung*. Wählen Sie im Feld *Server* den entsprechenden Server aus und starten Sie den Dienst, indem Sie in der Zeile *Startprogrammdienst für die Dokumentkonvertierung* in der Spalte *Aktion* auf *Starten* klicken.
4. Geben Sie die Konfiguration des Diensts an. Stellen Sie sicher, dass im Dropdownlistenfeld *Server* der gewünschte Server ausgewählt ist und wählen Sie im Abschnitt *Lastenausgleichsmodul* das vom Startprogrammdienst zu verwendende Lastenausgleichsmodul an (Abbildung 5.60).

   Im Abschnitt *Portnummer* belassen Sie den Standardport *8082* und klicken auf *OK*, um den Dienst zu starten.

Abbildg. 5.60 Einstellungen für den Startprogrammdienst der Dokumentkonvertierung

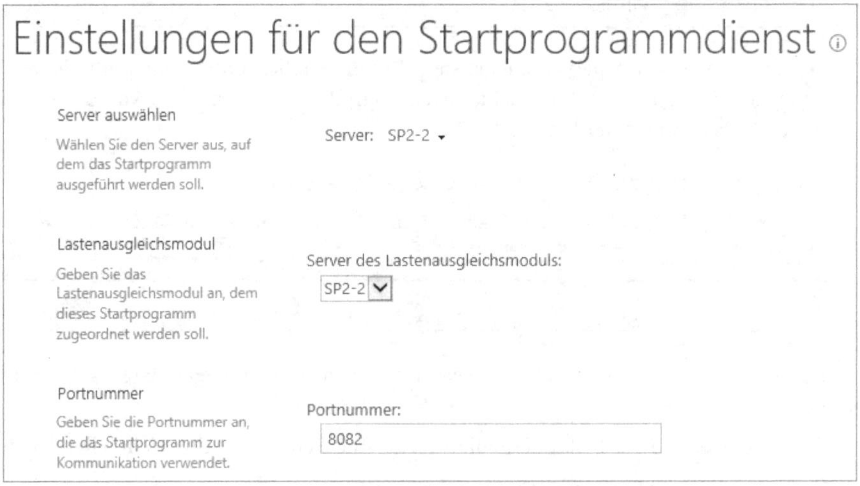

Zum Starten der Dokumentkonvertierungsdienste via PowerShell verwenden Sie das Beispielskript aus Listing 5.47, das Sie entsprechend Ihrer Umgebung anpassen.

Listing 5.47 Starten der Dokumentkonvertierungsdienste via PowerShell

```
$ServiceID1 = Get-SPServiceInstance | where {$_.TypeName -match "Startprogrammdienst für
die Dokumentkonvertierung"} | where {$_.Server -match "SP2-2"}
$ServiceID2 = Get-SPServiceInstance | where {$_.TypeName -match "Lastenausgleichsmodul-
Dienst für die Dokumentkonvertierung"} | where {$_.Server -match "SP2-2"}
Start-SPServiceInstance -Identity $ServiceID1
Start-SPServiceInstance -Identity $ServiceID2
```

Mit dem Starten der Dokumentkonvertierungsdienste steht die Konvertierungsfunktion grundsätzlich zur Verfügung, sie muss jedoch noch auf der Webanwendungs- und Websitesammlungsebene aktiviert werden.

Dokumentkonvertierung konfigurieren

Aktivieren Sie durch folgendes Verfahren die Dokumentkonvertierung auf Webanwendungsebene:

1. Öffnen Sie die Startseite der Zentraladministration und klicken Sie in der linken Spalte auf *Allgemeine Anwendungseinstellungen.*
2. Klicken Sie im Abschnitt *Externe Dienstverbindungen* auf den Link *Dokumentkonvertierungen konfigurieren.*

Abbildg. 5.61 Dokumentkonvertierung auf Webanwendungsebene konfigurieren

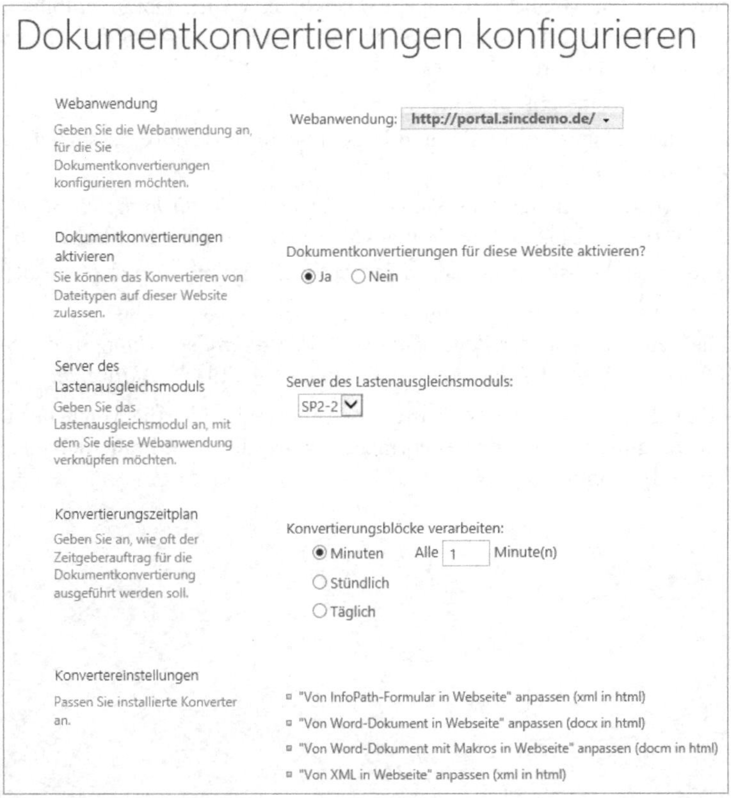

3. Geben Sie die Parameter für die Dokumentkonvertierung an (Abbildung 5.61). Wählen Sie dazu im Abschnitt *Webanwendung* die zu aktivierende Webanwendung aus.
4. Im Abschnitt *Dokumentkonvertierungen aktivieren* wählen Sie die Option *Ja*, um die Dokumentkonvertierung für die ausgewählte Webanwendung zu aktivieren.
5. Im Abschnitt *Server des Lastenausgleichsmoduls* wählen Sie den Server aus, dessen Lastenausgleichsmodul-Dienst für die gewählte Webanwendung zuständig ist.
6. Im Abschnitt *Konvertierungszeitplan* passen Sie ggf. den Zeitgeberauftrag für die Dokumentkonvertierung an.
7. Im Abschnitt *Konvertereinstellungen* haben Sie die Möglichkeit, die verschiedenen Konverter zu beeinflussen. Dabei haben Sie die Möglichkeit, die maximale Zeitspanne für die Konvertierung (standardmäßig 5 Minuten), die maximale Anzahl an Wiederholungsversuchen (standardmäßig 3 Wiederholungen) und die maximale Dokumentgröße vorzugeben (standardmäßig nicht definiert). Zudem können Sie einzelne Konverter deaktivieren.
8. Klicken Sie auf *OK*, um die Einstellungen zu übernehmen.

Aktivieren Sie abschließend das Veröffentlichungsfeature gemäß dem folgenden Abschnitt.

Feature zur SharePoint Server-Veröffentlichung aktivieren

Um den Anwendern die Möglichkeit zu geben, Dokumente einer Dokumentbibliothek zu konvertieren, ist es erforderlich, das Feature *SharePoint Server-Veröffentlichungsinfrastruktur* auf Basis der Websitesammlung zu aktivieren:

1. Öffnen Sie die Websitesammlung im Browser.
2. Öffnen Sie die *Websiteeinstellungen* und klicken Sie im Abschnitt *Websitesammlungsverwaltung* auf *Websitesammlungsfeatures.*
3. Stellen Sie sicher, dass in der Zeile *SharePoint Server-Veröffentlichungsinfrastruktur* in der Spalte *Status* der Wert *Aktiv* erscheint. Andernfalls klicken Sie auf die Schaltfläche *Aktivieren.*
4. Kehren Sie zu den Websiteeinstellungen der Websitesammlung zurück (siehe Schritt 2).
5. Klicken Sie im Abschnitt *Websiteaktionen* auf *Websitefeatures verwalten.*
6. Stellen Sie sicher, dass in der Zeile *SharePoint Server-Veröffentlichung* in der Spalte *Status* der Wert *Aktiv* erscheint. Andernfalls klicken Sie auf die Schaltfläche *Aktivieren.*

Mit der Fertigstellung dieser Arbeitsschritte haben Ihre Anwender die Möglichkeit, über das Kontextmenü ein Dokument in ein anderes Format zu konvertieren und innerhalb der SharePoint-Site weiter zu verwenden (Abbildung 5.62).

Abbildg. 5.62 Dokumentkonvertierung in der Browseroberfläche

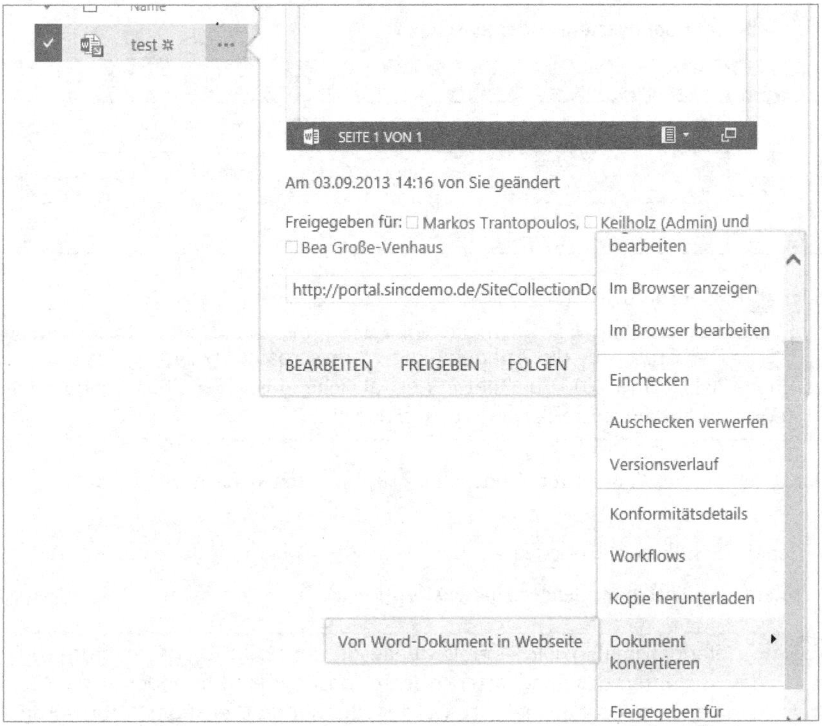

Sandkasten-Codedienst

Sie können diesen Abschnitt überspringen, sofern Sie eine eigenständige Serverinstallation oder den Assistenten zur Farmkonfiguration verwendet haben, um den Sandkasten-Codedienst automatisiert zu konfigurieren.

HINWEIS Der Sandkasten-Codedienst (zuvor Benutzercodedienst) wurde in SharePoint 2013 nur aus Abwärtskompatibilitätsgründen bereitgestellt. Stellen Sie diesen Dienst nur bereit, wenn Sie darauf aufbauende Lösungen von SharePoint 2010-bereitstellen müssen.

Der Sandkasten-Codedienst ermöglicht es Ihnen, Anwenderlösungen bereitzustellen, die in einer sicheren Umgebung, einem sogenannten Sandkasten, isoliert ausgeführt werden können. Durch dieses Verfahren erhöhen Sie die Sicherheit der Farm und gewähren den Websitesammlungsadministratoren gleichzeitig mehr Flexibilität, da diese Ihre Lösungen weitestgehend autark innerhalb ihrer Websitesammlung bereitstellen können.

Tabelle 5.41 Kerneigenschaften des Sandkasten-Codediensts

Farm-übergreifend	Partitionierbar	SharePoint Foundation	SharePoint Server	SharePoint Server Enterprise	Redundanzfähigkeit	Positionierung
		✓	✓	✓	✓	APP

Die folgenden Abhängigkeiten ergeben sich für diese Dienstanwendung:

Tabelle 5.42 Abhängigkeiten des Sandkasten-Codediensts

Abhängigkeit	Dienst ist abhängig von	Vom Dienst abhängige Komponenten	Abhängigkeit
		Sandbox-Lösungen (SharePoint 2010)	✓
		Microsoft CRM 2011-SharePoint Integration	✓
		Wiederverwendbare Workflows	✓

Legende: ✓ = Erforderlich

HINWEIS Der Grund für die Abhängigkeit von Microsoft Dynamics Customer Relationship Management 2011 (CRM 2011) besteht in der Tatsache, dass CRM 2011 auch in der SharePoint 2013-Integration auf einer Sandkasten-Lösung aufsetzt.

Zur Bereitstellung des Sandkasten-Codediensts sind in der Übersicht die folgenden Schritte erforderlich:

- Starten des Sandkasten-Codediensts
- Definieren des Lastenausgleichverhaltens (optional)

HINWEIS Standardmäßig wird der Lastenausgleichsmodul-Dienst herangezogen, um den Server für das Ausführen des Sandkastencodes zu bestimmen. Mit anderen Worten: Die Lösungen werden in der Farm dort ausgeführt, wo der zugehörige Dienst gestartet wurde.

Sandkasten-Codedienst starten

Starten Sie den Sandkasten-Codedienst auf den von Ihnen hierfür vorgesehenen Servern. Für den Weg über die Zentraladministration gehen Sie wie folgt vor:

1. Öffnen Sie die Startseite der Zentraladministration und klicken Sie unter *Systemeinstellungen* auf *Dienste auf dem Server verwalten*.
2. Wählen Sie im Feld *Server* den entsprechenden Server aus und klicken Sie in der Zeile *Microsoft SharePoint Foundation-Sandkasten-Codedienst* in der Spalte *Aktion* auf *Starten*.

Zum Starten des Sandkasten-Codediensts via PowerShell verwenden Sie nachfolgendes Beispielskript (Listing 5.48):

Listing 5.48 Sandkasten-Codedienst via PowerShell starten

```
$ServiceID = Get-SPServiceInstance | where {$_.TypeName -match "Microsoft SharePoint
Foundation-Sandkasten-Codedienst"} | where {$_.Server -match "SP2-1"}
Start-SPServiceInstance -Identity $ServiceID
```

Fahren Sie optional mit der Konfiguration des Lastenausgleichsverhaltens fort.

Lastenausgleichsverhalten definieren (optional)

Ändern Sie ggf. das Standardverhalten des Lastenausgleichs ab:

1. Öffnen Sie die Startseite der Zentraladministration und klicken Sie auf *Systemeinstellungen*.
2. Im Abschnitt *Farmverwaltung* klicken Sie auf *Anwenderlösungen verwalten*.
3. Passen Sie den Abschnitt *Lastenausgleich* an (Abbildung 5.63) und klicken Sie abschließend auf *OK*.

Abbildg. 5.63 Standardeinstellungen des Sandkasten-Codedienst-Lastenausgleichsverhaltens

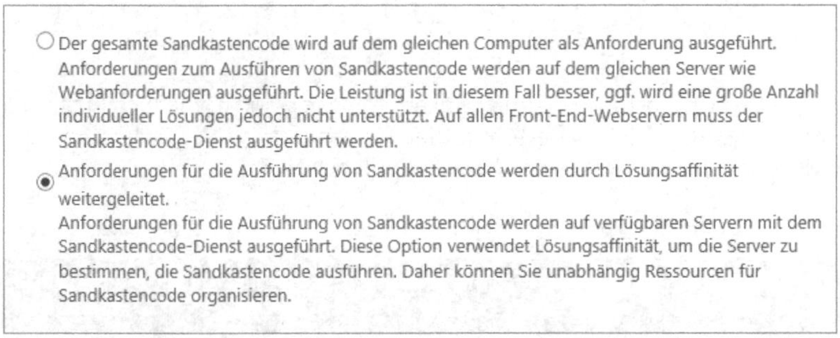

HINWEIS Die Standardauswahl besagt, dass die Ausführung auf den Servern mit gestartetem Sandkasten-Codedienst erfolgt. Alternativ haben Sie die Möglichkeit, die Lösung direkt auf dem Web-Front-End-Server ausführen zu lassen, auf dem der Endbenutzer seine Sitzung hat. Diese Einstellung ermöglicht zwar eine höhere Leistung, bietet jedoch keine hohe Flexibilität.

Mit diesem Schritt haben Sie die Basisbereitstellung des Sandkasten-Codedienststs abgeschlossen.

HINWEIS Weiterführende Informationen zur Steuerung von Sandkastenlösungen finden Sie in Kapitel 9.

Eingehende E-Mail

Im Vergleich zu SharePoint 2010 gibt es für diese Dienstinstanz abweichende Standardmechanismen, die speziell in Farmen mit mehreren SharePoint-Servern zu unerwarteten Effekten führen. Schenken Sie daher insbesondere dem Abschnitt der Dienststeuerung besondere Aufmerksamkeit.

Durch die eingehende E-Mail-Funktion haben Sie die Möglichkeit, E-Mail-Nachrichten und deren Anhänge direkt an Dokumentbibliotheken versenden zu lassen. Zusätzlich werden, je nach Detailkonfiguration, weitere Funktionen verfügbar, wie beispielsweise das Erstellen von Verteilerlisten für Mitglieder der jeweiligen Website (Abbildung 5.64).

Abbildg. 5.64 Erstellen von Verteilerlisten beim Anlegen von SharePoint-Gruppen

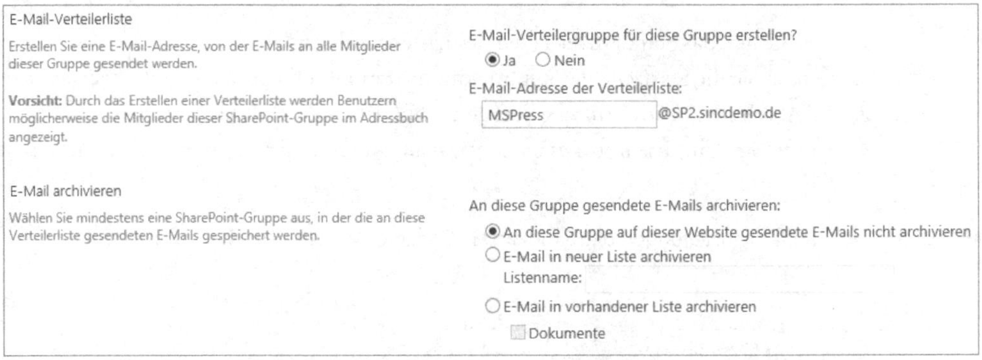

Der Dienst weist folgende Kerneigenschaften auf (Tabelle 5.43):

Tabelle 5.43 Kerneigenschaften des Eingehende-E-Mails-Dienststs

Farm-übergreifend	Partitionierbar	SharePoint Foundation	SharePoint Server	SharePoint Server Enterprise	Redundanzfähigkeit	Positionierung
		✓	✓	✓	✓	WFE APP

Die Positionierung des Diensts hängt von Ihrer Sicherheitsarchitektur ab und sollte daher bei interner Positionierung bevorzugt in der Anwendungsschicht, in einem DMZ-Internetszenario eher in der Web-Front-End-Schicht bereitgestellt werden.

Die folgenden Abhängigkeiten ergeben sich für den eingehenden E-Mail-Dienst (Tabelle 5.44):

Tabelle 5.44 Abhängigkeiten des Eingehende-E-Mail-Diensts

Abhängigkeit	Dienst ist abhängig von	Vom Dienst abhängige Komponenten	Abhängigkeit
✓	SMTP-Dienst (Windows-Dienst)		

Es gibt verschiedene Möglichkeiten, die eingehende E-Mail-Funktionalität einzurichten. In diesem Beispiel wird das in der Mehrzahl aller Fälle verwendete Verfahren demonstriert: Die Nutzung von eingehender E-Mail über einen lokalen SMTP-Server unter Verwendung des Diensts zur automatischen Empfängererzeugung in Active Directory.

Da dieser Dienst eingehende Kommunikation annimmt, bietet es sich in mehrschichtigen SharePoint-Serverfarmen an, diesen Dienst in der Web-Front-End-Schicht zu positionieren.

In der Übersicht sieht die Bereitstellung der Funktion wie folgt aus:

- Installation des Windows Server-Features *SMTP-Server*
- Einrichten einer Empfangsdomäne für E-Mail-Nachrichten
- Einrichten von DNS-MX-Records (optional)
- Einrichten eines Sendeconnectors für das Nachrichtenrouting
- Steuern des SharePoint-Diensts *Eingehende E-Mails von Microsoft SharePoint Foundation*

- Einrichten einer Delegierung in Active Directory (optional)
- Aktivieren des Verzeichnisverwaltungsdiensts (optional)
- Einrichten der *Drop*-Ordner-Berechtigungen
- Aktivieren einer Dokumentbibliothek für den Empfang von E-Mail-Nachrichten

Zur schrittweisen Einrichtung der eingehenden E-Mail-Funktion befolgen Sie bitte die Handlungsanweisungen in den nachfolgenden Abschnitten.

SMTP-Server installieren

Installieren Sie das Windows-Serverfeature *SMTP-Server* auf allen von Ihnen für den Empfang vorgesehenen SharePoint-Servern. Sie haben drei Möglichkeiten, das Feature *SMTP-Server* zu installieren: über die grafische Oberfläche des Server-Managers, die PowerShell und die Eingabeaufforderung des Server-Managers.

Die Breitstellung über die grafische Oberfläche funktioniert wie folgt:

1. Öffnen Sie den Server-Manager und starten Sie den Assistenten *Rollen und Features hinzufügen*.
2. Im Feature-Abschnitt des Assistenten aktivieren Sie das Kontrollkästchen in der Zeile *SMTP-Server*. Folgen Sie anschließend den weiteren Anweisungen des Assistenten.

Der seit Windows Server 2008 R2 bevorzugte Weg für die automatisierte Installation von Windows-Komponenten sieht den Einsatz der PowerShell vor:

1. Öffnen Sie dazu beispielsweise die *SharePoint 2013-Verwaltungsshell* unter Verwendung administrativer Privilegien.

HINWEIS Mit der Einführung von Windows Server 2012 müssen die hier erforderlichen PowerShell-Module nicht mehr separat geladen werden und stehen somit unmittelbar zur Verfügung.

2. Geben Sie den Befehl *Add-WindowsFeature SMTP-Server* ein und verifizieren Sie das Ergebnis (Abbildung 5.65).

Abbildg. 5.65 Installation des Features *SMTP-Server* via PowerShell

Stellen Sie abschließend sicher, dass der Starttyp des installierten SMTP-Serverdiensts auf *Automatisch* steht und der Dienst gestartet ist. Unter Windows Server 2012 steht der Starttyp des Diensts standardmäßig auf manuell. Für diesen Vorgang stehen Ihnen erneut mehrere Möglichkeiten zur Wahl. In diesem Beispiel wird auf die Verwendung von PowerShell als bevorzugte Methode eingegangen. Starten Sie den SMTP-Serverdienst durch den PowerShell-Befehl: *Start-Service -Name smtpsvc*. Den Dienststarttyp können Sie mit folgenden PowerShell-Befehl auf *Automatisch* setzen:

```
Set-Service -Name smtpsvc -StartupType Automatic
```

HINWEIS Beachten Sie, dass in der Standardeinstellung lediglich 2 MB große eingehende Nachrichten bei einer Gesamtsitzungsgröße von 10 MB akzeptiert werden. Dieser Schwellenwert wird in den meisten Fällen zu niedrig sein. Um ihn anzupassen, rufen Sie den IIS 6.0-Manager auf und öffnen die Eigenschaften des SMTP-Servers. Auf der Registerkarte *Nachrichten* können Sie über das oberste Eingabefeld die maximale Nachrichtengröße steuern (Abbildung 5.66).

Abbildg. 5.66 Standardwerte bei der Steuerung der maximalen Dateigröße

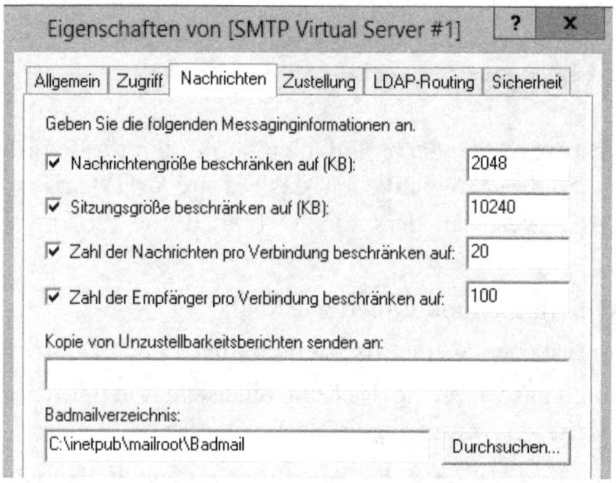

Empfangsdomäne für E-Mail-Nachrichten einrichten

Um eingehende Nachrichten ordnungsgemäß empfangen zu können, ist das Einrichten einer E-Mail-Empfangsdomäne erforderlich:

1. Öffnen Sie dazu die *Internetinformationsdienste 6.0 (IIS)-Manager*-Verwaltungskonsole.
2. Erweitern Sie in der linken Feldhälfte die Knoten, bis Sie unter *Internetinformationsdienste, [SharePoint Server-Name], [SMTP Virtual Server #1]*, den Eintrag *Domänen* vorfinden. Klicken Sie mit der rechten Maustaste auf *Domänen*, zeigen Sie auf *Neu* und klicken Sie dann *Domäne*.
3. Wählen Sie die Option *Alias* aus und klicken Sie auf *Weiter*. Geben Sie den Namen der Empfangsdomäne an (in diesem Beispiel *sp2.sincdemo.de*) und klicken Sie dann auf *Fertig stellen*.

HINWEIS Stellen Sie zusätzlich sicher, dass in den Authentifizierungseinstellungen des SMTP-Servers *Anonymer Zugriff* aktiviert ist. Dies ist standardmäßig der Fall.

Einrichten von Mail Exchanger (MX)-Datensätzen

Legen Sie optional DNS-MX-Datensätze an, um das interne Nachrichtenrouting zu gewährleisten. Das Nachrichtenrouting kann intern auch auf Basis einer IP-Adresse realisiert werden, stellt Ihnen jedoch im Einzelfall durch DNS-MX-Datensätze zusätzliche Funktionen zur Verfügung, wie eine Priorität bei mehreren SMTP-Servern.

1. Öffnen Sie die DNS-Verwaltungskonsole, indem Sie auf der Startseite von Windows Server 2012 den Begriff »DNS« eintippen und auf die daraufhin angezeigte Kachel klicken.

2. Erweitern Sie die Knoten in der linken Feldhälfte bis unter *DNS-Servernamen, Forward-Lookupzonen, [DNS-Zone]* und im Weiteren die Zone für die MX-Datensätze erscheint. Sollte es diese DNS-Zone noch nicht geben, sondern lediglich die darüber liegende, führen Sie den Vorgang für die darüber liegende Zone aus. Klicken Sie mit der rechten Maustaste auf die Zone und wählen Sie *Neuer Mail-Exchanger (MX)* aus.
3. Geben Sie im Feld *Vollqualifizierter Domänenname?* den vollqualifizierten Domänennamen des SharePoint-Servers an (Abbildung 5.67). Sollten Sie, wie empfohlen, eine Ihrer E-Mail-Domäne untergeordnete E-Mail-Domäne für Ihre SharePoint-Farm gewählt haben, müssen Sie nicht zusätzlich eine untergeordnete DNS-Zone anlegen, sondern können im Feld *Host- oder untergeordnete Domäne* die dem MX-Datensatz zugeordnete, untergeordnete Domäne angeben. In diesem Beispiel wird für die E-Mail-Domäne *sp2.sincdemo.de* ein MX-Datensatz in der DNS-Zone *sincdemo.de* angelegt. Daher wird im Feld *Host- oder untergeordnete Domäne* der Wert *sp2* eingetragen.

Abbildg. 5.67 Neuer MX-Datensatz

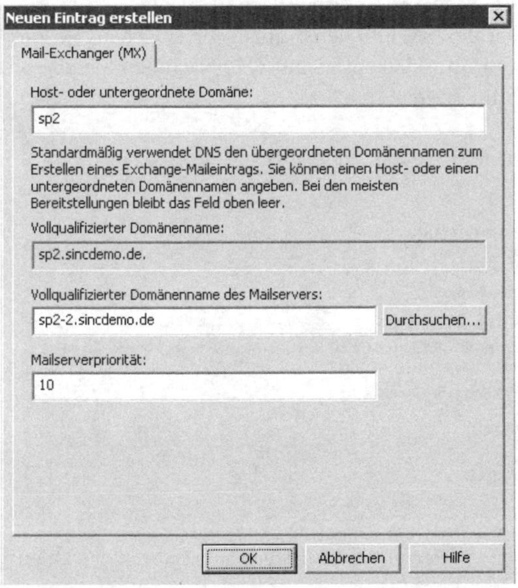

HINWEIS Möchten Sie aufgrund von Lastaspekten, dass dedizierte SharePoint SMTP-Server vorrangig für die Zustellung von Nachrichten behandelt werden, weisen Sie den vorzuziehenden Servern im Feld *Mailserverpriorität* einen geringeren Wert zu als den verbleibenden Servern. Dadurch erhalten Sie den Effekt, dass die verbleibenden Server lediglich verwendet werden, wenn die SMTP-Server mit dem geringen Prioritätswert nicht mehr verfügbar sind.

Sendeconnector anlegen

Legen Sie einen Sendeconnector an, um das Nachrichtenrouting zwischen SharePoint und Ihrer SMTP-Infrastruktur zu gewährleisten.

Für das Anlegen eines Sendeconnectors in Exchange Server 2007 bis Exchange Server 2010 folgen Sie bitte den folgenden Schritten:

1. Öffnen Sie die *Exchange-Verwaltungskonsole* und klicken Sie unter *Organisationskonfiguration* auf *Hub-Transport*.
2. Klicken Sie in der Aktionsleiste der rechten Feldhälfte auf *Neuer Sendeconnector*. Geben Sie einen Namen für den Connector an (in diesem Beispiel *sp2.sincdemo.de*) und wählen Sie im darunter befindlichen Dropdownlistenfeld *Benutzerdefiniert* aus. Klicken Sie auf *Weiter*.
3. Geben Sie den *Adressraum* an, für den der Connector gelten soll. Klicken Sie dazu auf die Schaltfläche *Hinzufügen* (*SMTP-Adressraum*). Im Dialogfeld *SMTP-Adressraum* geben Sie im Feld *Adresse* die E-Mail-Domäne an, die Sie für Ihre SharePoint-Umgebung verwenden möchten (hier *sp2.sincdemo.de*). Belassen Sie die verbleibenden Einstellungen beim Standard und klicken Sie auf *OK*.
4. Zurück im Dialogfeld *Adressraum* klicken Sie auf *Weiter*.
5. Im Dialogfeld *Netzwerkeinstellungen* wählen Sie die Option *E-Mail über folgende Smarthosts leiten* aus (Abbildung 5.68). Klicken Sie auf die Schaltfläche *Hinzufügen*, um die IP-Adressen der SharePoint-Server mit installiertem SMTP-Dienst anzugeben. Geben Sie die IP-Adresse des jeweiligen SharePoint-Servers an und klicken Sie auf *OK*. Nachdem Sie alle SharePoint-Server hinzugefügt haben, klicken Sie auf *Weiter*.

Abbildg. 5.68 Netzwerkeinstellung des neuen SMTP-Sendeconnectors

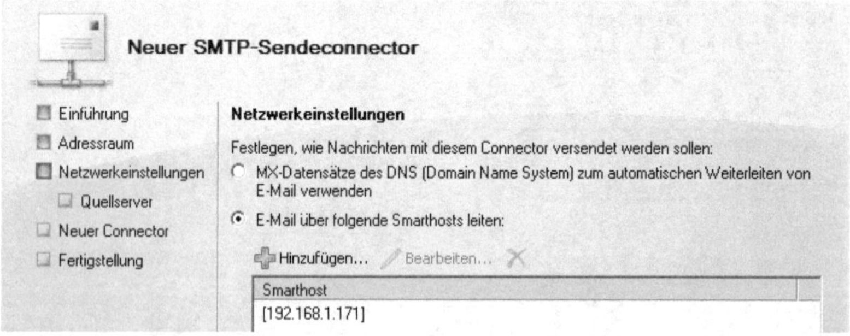

6. Im Dialogfeld *Smarthost-Authentifizierungseinstellungen konfigurieren* wählen Sie die Option *Keiner* und klicken auf *Weiter*.
7. Im Dialogfeld *Quellserver* verändern Sie ggf. die Liste der Exchange-Server, die an die SharePoint-Server E-Mail-Nachrichten versenden sollen, und klicken anschließend auf *Weiter*.
8. Kontrollieren Sie die Zusammenfassung und erstellen Sie den Connector mit einem Klick auf *Neu*.

Unter Exchange Server 2013 gehen Sie wie folgt vor:

1. Melden Sie sich im Browser unter Verwendung eines Exchange Server-Administratorkontos am *Exchange Control Panel* an. Navigieren Sie zu *Nachrichtenfluss/Sendeconnectors* und klicken Sie auf das +-Symbol, um einen neuen Connector zu erstellen.
2. Geben Sie im Eingabefeld *Name* einen entsprechenden Wert ein, wählen Sie als Typ *Benutzerdefiniert* aus und klicken Sie auf *Weiter*.
3. Wählen Sie die Option *E-Mail über Smarthost weiterleiten*, geben Sie entsprechend den oder die SharePoint-Server an (Abbildung 5.69) und klicken Sie auf *Weiter*.

Abbildg. 5.69 Definition eines Smarthost unter Exchange Server 2013

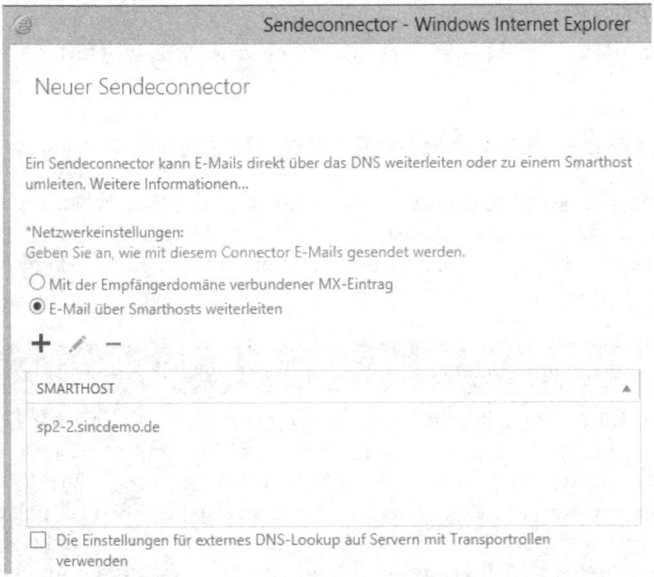

4. Im Dialogfeld *Smarthostauthentifizierung* wählen Sie die Option *Keine* und klicken auf *Weiter.*
5. Im Dialogfeld *Neuer Sendeconnector* geben Sie im Abschnitt *Adressraum* die Zieldomäne an, für den dieser Connector zu verwenden ist (Abbildung 5.70). Klicken Sie auf *Weiter.*

Abbildg. 5.70 Zieladressraum für den Sendeconnector

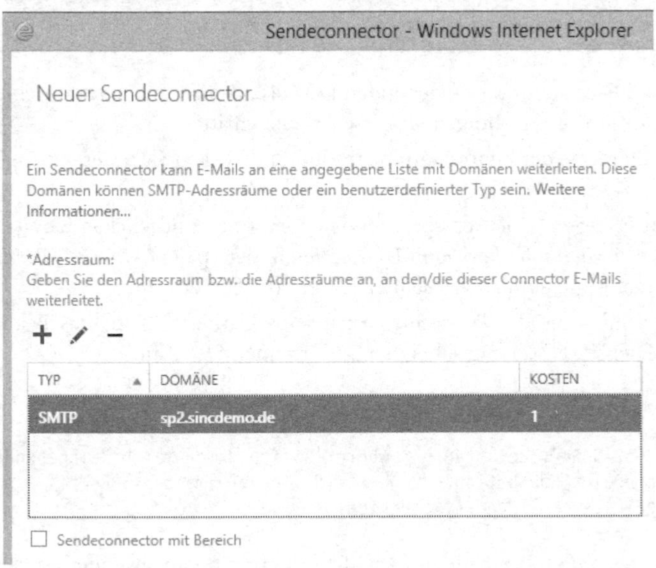

6. Geben Sie abschließend die entsprechenden Quellserver für den Connector an und klicken Sie abschließend auf *Fertig stellen*.

Fahren Sie mit dem Starten des SharePoint-Diensts für eingehende E-Mail fort.

SharePoint-E-Mail-Dienst steuern

Stellen Sie sicher, dass die jeweilige SharePoint-Dienstinstanz zum Verarbeiten von eingehenden E-Mails aktiv und die nicht benötigten Dienstinstanzen deaktiviert sind. Standardmäßig sind unter SharePoint 2013 alle eingehenden E-Mail-Dienstinstanzen aktiviert, was jedoch nicht zum erwarteten Effekt führt.

Besonderheiten des SMTP-Dienstes unter SharePoint 2013

Unter SharePoint 2010 wurden alle für den Empfang von E-Mail-Nachrichten konfigurierten SharePoint-Server parallel für den Abruf von Mailnachrichten verwendet. In SharePoint 2013 sind zwar standardmäßig alle SharePoint-Dienstinstanzen für eingehende E-Mail aktiviert, jedoch ist nur einer der Server tatsächlich aktiv, was Sie bei genauerer Betrachtung der Zeitgeberauftraggeberhistorie nachvollziehen können. Es ist daher von großer Wichtigkeit, die nicht gewünschten eingehenden E-Mail-Dienstinstanzen zu deaktivieren, um im Anschluss durch das Ausführen des Zeitgeberauftrags *Wiederverwendung des Zeitgerberdiensts* für eine Umstellung des Diensts auf dem verbleibenden für eingehende E-Mail aktivierten Zielserver zu sorgen. Dieser Auftrag wird standardmäßig täglich um 6 Uhr ausgeführt.

Beachten Sie bei dieser Rekonfiguration unbedingt den Auftragsverlauf der zugehörigen Zeitgeberaufträge, da sich hierbei schnell von der Deprovisionierung bis zur erfolgreichen Ausführung der Zeitgeberauftragsdefinitionen Fehler einstellen, was dazu führt, dass die eingehenden E-Mail-Nachrichten im *Drop*-Ordner stranden.

Für das Beenden des Diensts für die eingehenden E-Mails auf allen nicht gewünschten Servern mithilfe der Zentraladministration befolgen Sie diese Arbeitsschritte:

1. Öffnen Sie die Startseite der Zentraladministration und klicken Sie unter *Systemeinstellungen* auf *Dienste auf dem Server verwalten*.
2. Wählen Sie im Feld *Server* den entsprechenden Server aus und klicken Sie in der Zeile *Eingehende E-Mails von Microsoft SharePoint Foundation* in der Spalte *Aktion* auf *Beenden*. Wiederholen Sie den Vorgang ggf. auf den verbleiben Servern der Serverfarm.

   Alternativ verwenden Sie das PowerShell-Skript aus Listing 5.49 für das Beenden des SharePoint-E-Mail-Diensts. Passen Sie dabei den Servernamen *SP2-2* an.

Listing 5.49 SharePoint-E-Mail-Dienst via PowerShell beenden

```
$ServiceID = Get-SPServiceInstance | where {$_.TypeName -match "Eingehende E-Mails von
Microsoft SharePoint Foundation"} | where {$_.Server -match "SP2-2"}
Stop-SPServiceInstance -Identity $ServiceID
```

3. Um die Änderungen der eingehenden E-Mail-Konfiguration anzuwenden, starten Sie den Zeitgeberauftrag *Wiederverwendung des Zeitgerberdiensts* manuell. Wählen Sie dazu in der Schnell-

startleiste der Zentraladministration den Eintrag *Überwachung* und klicken Sie anschließend im Abschnitt *Zeitgeberaufträge* auf *Auftragsdefinitionen überprüfen.*

4. Öffnen Sie die Auftragsdefinition *Wiederverwendung des Zeitgerberdiensts* und klicken Sie auf die Schaltfläche *Jetzt ausführen.*

Fahren Sie mit dem optionalen Einrichten der Delegierung in Active Directory fort.

Delegierung in Active Directory einrichten (optional)

Richten Sie eine Delegierung in Active Directory ein, sofern Sie planen, den Verzeichnisverwaltungsdienst zu verwenden, um E-Mail-Verteilergruppen aus SharePoint-Websites und Kontakte für E-Mail-aktivierte SharePoint-Listen in der globalen Adressliste Ihrer Exchange-Organisation zu erzeugen.

Um die erforderlichen Aufgaben wahrnehmen zu können, ist es wichtig, dem Konto der Zentraladministration (Dienstkonto von *OWSTimer.exe* bzw. *SharePoint Timer Service*) die Berechtigungen *Erstellt, entfernt und verwaltet Benutzerkonten* das Erstellen und Löschen von untergeordneten Objekten sowie die Berechtigung *Unterstruktur löschen* auf eine Organisationseinheit in Active Directory zu gewähren.

Dazu bietet es sich an, zunächst eine dedizierte Organisationseinheit in Active Directory zu erzeugen:

1. Öffnen Sie dazu das Snap-In *Active Directory-Benutzer und -Computer* und erstellen Sie eine neue, dedizierte Organisationseinheit, in der die SharePoint-Empfängerelemente künftig bereitgestellt werden sollen.
2. Zum Delegieren der Berechtigungen klicken Sie im Snap-In *Active Directory-Benutzer und -Computer* mit der rechten Maustaste auf die zuvor erzeugte Organisationseinheit und wählen *Objektverwaltung zuweisen* aus.
3. Klicken Sie auf *Weiter* und im Dialogfeld *Benutzer und Gruppen* auf die Schaltfläche *Hinzufügen.* Geben Sie den Anmeldenamen des Dienstkontos der Zentraladministration an, bestätigen Sie Ihre Eingabe mit einem Klick auf *OK* und klicken Sie auf *Weiter.*
4. Im Dialogfeld *Zuzuweisende Aufgaben* aktivieren Sie das Kontrollkästchen *Erstellt, entfernt und verwaltet Benutzerkonten* und klicken auf *Weiter.*
5. Bestätigen Sie Ihre Eingaben im Assistenten durch einen Klick auf *Fertig stellen.*
6. Starten Sie erneut den Assistenten zum Zuweisen der Objektverwaltung und delegieren Sie erneut das Konto der Zentraladministration mit dem Unterschied, dass Sie ab dem Dialogfeld *Zuzuweisende Aufgaben* die Option *Benutzerdefinierte Aufgaben zum Zuweisen erstellen* auswählen.
7. Im anschließenden Dialogfeld *Active Directory-Objekttyp* belassen Sie die Standardoption (*Diesem Ordner, bestehenden Objekten …*) und klicken auf *Weiter.*
8. Im Dialogfeld *Berechtigungen* aktivieren Sie im Abschnitt *Berechtigungen* die Kontrollkästchen *Alle untergeordneten Objekte erstellen* und *Alle untergeordneten Objekte löschen.* Klicken Sie auf *Weiter* (Abbildung 5.71) und bestätigen Sie abschließend Ihre Eingaben im Assistenten durch einen Klick auf *Fertig stellen.*

Abbildg. 5.71 Delegieren von Berechtigungen in Active Directory

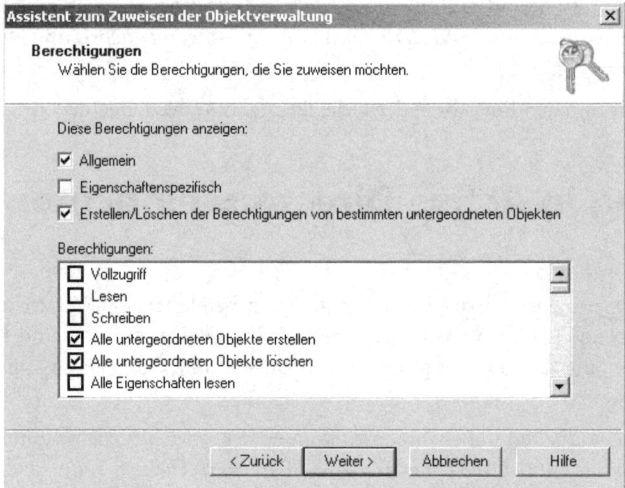

9. Um die Berechtigung *Unterstruktur löschen* zu delegieren, gehen Sie wie folgt vor. Aktivieren Sie zunächst die *Erweiterten Features* in der geöffneten Verwaltungskonsole. Wählen Sie dazu im Menü den Befehl *Ansicht* aus und stellen Sie sicher, dass die Funktion *Erweiterte Features* aktiviert ist.
10. Öffnen Sie nun die Eigenschaften der zuvor modifizierten Organisationseinheit, indem Sie mit der rechten Maustaste auf diese klicken, *Eigenschaften* auswählen und auf der Registerkarte *Sicherheit* im Anschluss auf die Schaltfläche *Erweitert* klicken.
11. In der Liste der Berechtigungseinträge existieren nun zwei Einträge für das Konto der Zentraladministration. In der Spalte *Name* identifizieren Sie diese durch den Anmeldenamen des Kontos der Zentraladministration. Lokalisieren Sie den Eintrag, der in der Spalte *Übernehmen für* den Wert *Dieses und alle untergeordneten …* aufweist, markieren Sie diesen und klicken Sie auf *Bearbeiten*. Aktivieren Sie das Kontrollkästchen *Unterstruktur löschen* in der Spalte *Zulassen* und schließen die geöffneten Fenster mit einem Klick auf *OK*.

Fahren Sie mit der Einrichtung des SharePoint-Verzeichnisverwaltungsdiensts fort.

SharePoint-Verzeichnisverwaltungsdienst konfigurieren (optional)

In diesem Beispiel wird auf den optionalen Verzeichnisverwaltungsdienst zugegriffen, um durch diesen für alle E-Mail-aktivierten Dokumentbibliotheken automatisiert Empfängerobjekte in Active Directory anlegen zu lassen:

1. Navigieren Sie in der Zentraladministration unter *Systemeinstellungen* im Abschnitt *E-Mail und Textnachrichten (SMS)* auf den Link *Einstellungen für eingehende E-Mail konfigurieren*.
2. Die erste Frage nach dem Aktivieren von E-Mail für Websites beantworten Sie mit *Ja*. Die Option für den *Einstellungsmodus* bleibt auf *Automatisch*, da Sie den SMTP-Dienst verwenden (Abbildung 5.72).

Abbildg. 5.72 Eingehende E-Mail aktivieren

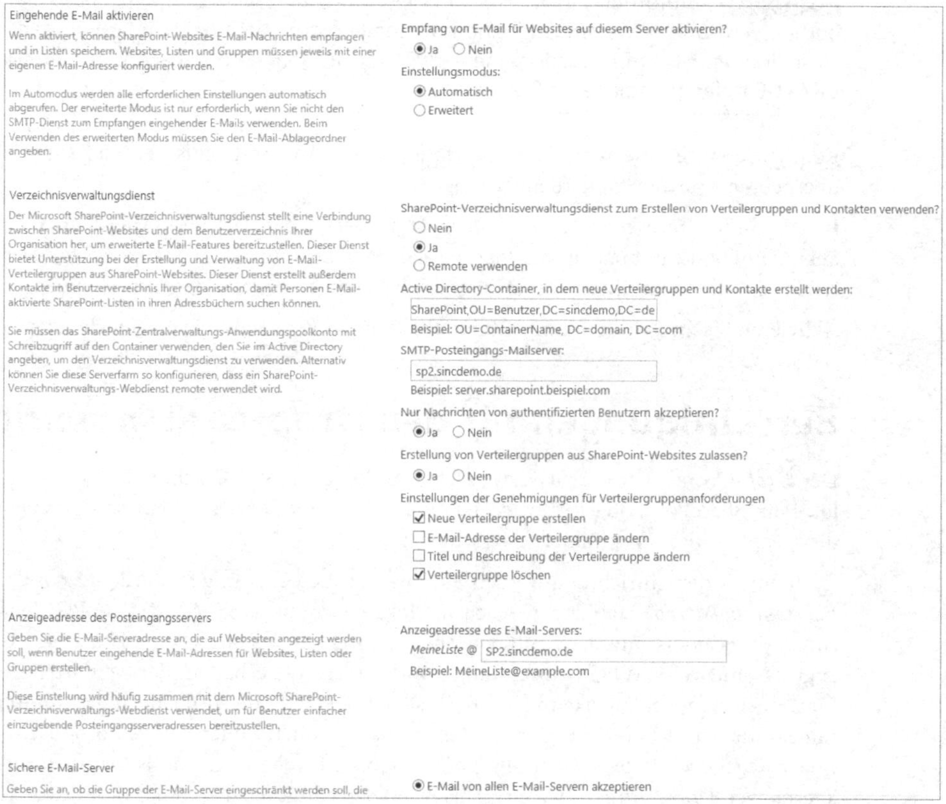

3. Im Abschnitt *Verzeichnisverwaltungsdienst* beantworten Sie die erste Frage nach der Verwendung des Verzeichnisdiensts mit *Ja*.

WICHTIG Sollten Sie über keine Exchange-Server in Ihrer Active Directory-Umgebung verfügen, beantworten Sie die Frage nach der Verwendung des Verzeichnisdiensts mit *Nein*. Unter diesen Umständen schlagen die Aktivitäten des Verzeichnisdiensts zum Anlegen von E-Mail-aktivierten Objekten in Active Directory fehl. Stellen Sie in diesem Fall die E-Mail-Adressen der E-Mail-aktivierten Dokumtenbibliotheken manuell bereit.

4. Tragen Sie im Feld *Active Directory-Container* den Distinguished Name der zuvor konfigurierten Organisationseinheit ein.

HINWEIS Diesen Pfad können Sie beispielsweise aus den Eigenschaften der Organisationseinheit in der Active Directory-Verwaltung entnehmen. Seit Windows Server 2008 R2 ist der *Attribut-Editor* in die Verwaltungskonsole integriert. Öffnen Sie die gleichnamige Registerkarte und entnehmen Sie den gewünschten Wert aus dem Feld *distinguishedName*.

5. Das Feld *SMTP-Posteingangs-Mailserver* füllen Sie mit dem entsprechenden Wert aus.

ACHTUNG Aufgrund einer bereits in der vorletzten SharePoint-Version existierenden Besonderheit wird der in diesem Feld eingetragene Servername, unabhängig von den verbleibenden Einstellungen, als Empfangsdomäne verwendet. Tragen Sie demnach in dieser Konstellation die E-Mail-Empfangsdomäne als Servernamen ein!

Konfigurieren Sie die verbleibenden Optionen im Abschnitt entsprechend Ihren Vorgaben oder übernehmen Sie die Standardeinstellungen.

Im Abschnitt *Anzeigeadresse des Posteingangsservers* geben Sie die E-Mail-Domäne an, die Sie für SharePoint bestimmt haben (hier *sp2.sincdemo.de*). Den Abschnitt *Sichere E-Mail-Server* konfigurieren Sie entsprechend Ihren Vorgaben oder übernehmen die Standardeinstellungen.

Aktivieren Sie nun eine Dokumentbibliothek für die Verwendung von eingehender E-Mail.

Berechtigungen für den Drop-Ordner einrichten

Der *Drop*-Ordner wird dazu verwendet, eingehende E-Mail-Nachrichten, die vom SMTP-Server lokal auf SharePoint abgelegt wurden, aufzugreifen und, basierend auf den Listeneinstellungen, in die Zielbibliothek zu extrahieren/verschieben.

Im Rahmen der Einrichtung werden automatisch Berechtigungen auf den *Drop*-Ordner (*C:\Inetpub\mailroot\Drop*) etabliert, wonach die lokale Gruppe WSS_ADMIN_WPG (beispielsweise das Anwendungspoolkonto der Zentraladministration oder das SharePoint Timer Service-Konto) Vollzugriffs- und WSS_WPG (Anwendungspools) Leserechte erhalten. Für begrenzte Szenarien ist dies hinreichend. In Abhängigkeit von Ihrer Installationsmethode wird jedoch das Konto der Zentraladministration im Kontext des Netzwerkdiensts ausgeführt. Zudem nutzen produktive Umgebungen in der Regel dedizierte Anwendungspoolkonten. Ein weiterer Grund ist das dedizierte Setzen eines alternativen *Drop*-Ordners, wo ebenfalls keine Berechtigungen automatisiert delegiert werden.

In diesen Fällen stellen Sie sicher, dass folgende Mindestberechtigungen abgebildet werden:

- Änderungsrechte für das Konto des Anwendungspools der Zentraladministration und der SharePoint Timer Service
- Änderungsrechte für die Anwendungspoolkonten

Fahren Sie mit dem Einrichten der Dokumentbibliothek für eingehende E-Mail fort.

Dokumentbibliothek für eingehende E-Mail aktivieren

Durch die E-Mail-Aktivierung einer Liste oder einer Dokumentbibliothek ergibt sich eine Reihe von Anwendungsszenarien. Während der Standardeinsatzfall vorsieht, dass Sie eingehende Nachrichten verwenden, um die Dokumente aus dem Anhang einer E-Mail in eine Dokumentbibliothek zu übertragen, können Sie beispielsweise in Kombination mit einem E-Mail-aktivierten Kalender direkt Besprechungsanfragen an einen Kalender schicken, welche entsprechend den Berechtigungen des Absenders unmittelbar in den Kalender eingetragen werden.

Um SharePoint die eingehenden E-Mail-Nachrichten einer Dokumentbibliothek zuordnen zu lassen, ist es erforderlich, diese für eingehende E-Mail zu aktivieren:

1. Öffnen Sie dazu innerhalb der Endbenutzerwebanwendung eine Dokumentbibliothek und klicken Sie im Menüband auf der Registerkarte *Bibliothek* auf *Bibliothekeinstellungen*.
2. Im Abschnitt *Kommunikation* klicken Sie auf *Einstellungen für eingehende E-Mail*.

   Im Abschnitt *Eingehende E-Mail* setzen Sie die Aktivierungsoption auf *Ja* und geben ein Präfix für die zu verwendende E-Mail-Adresse an.

   Legen Sie die verbleibenden Optionen zur Behandlung der eingehenden Nachrichten nach Ihren Vorgaben fest oder übernehmen Sie die Standardwerte und klicken Sie auf *OK* (Abbildung 5.73).

Abbildg. 5.73 Dokumentbibliothek für eingehende E-Mail aktivieren

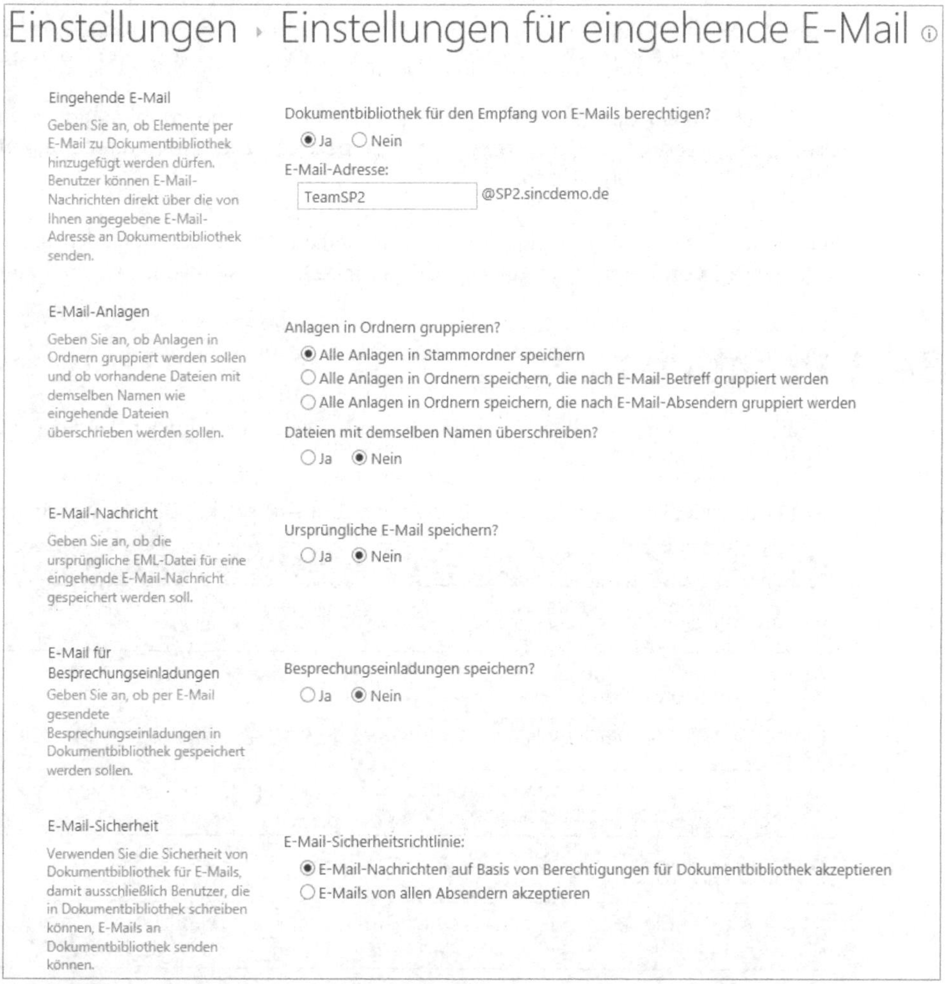

Durch die Verwendung des Verzeichnisverwaltungsdiensts wird nun automatisch ein E-Mail-aktivierter Kontakt in Active Directory angelegt, dessen Anzeigename sich (unabhängig von der gewählten E-Mail-Adresse) aus dem Namen der Webanwendung und dem Namen der Liste bzw. Dokumentbibliothek zusammensetzt.

Verifizieren Sie den Erfolg der Operation durch folgende Aktivitäten:

- Überprüfen Sie, ob in Active Directory ein entsprechender Kontakt eingerichtet wurde
- Überprüfen Sie die E-Mail-Adresse des E-Mail-aktivierten Kontakts
- Versenden Sie eine Nachricht an die neue E-Mail-Adresse und überprüfen Sie, ob die Nachricht zeitnah in der Dokumentbibliothek erscheint

TIPP Mit dem Cmdlet *Send-MailMessage* können Sie einfach auch Testnachrichten einschließlich Anhänge generieren. Ein Beispielaufruf hierfür lautet:

```
Send-MailMessage -Body "Testbody" -From "wojciech.micka@sinc.de" -SmtpServer sp2-2
-Subject "Testbetreff" -To "TeamSP2@sp2.sincdemo.de" -Attachments "C:\temp\Liste.txt"
```

Beachten Sie dabei, dass Sie eine einfache E-Mail ohne Anhang in Abhängigkeit von der E-Mail-Listenkonfiguration ggf. nicht im Zielordner angezeigt bekommen, da standardmäßig nur die Anhänge übernommen werden.

Sofern diese Tests wie erwartet beendet wurden, ist dieser Abschnitt erfolgreich abgeschlossen. Weiterführende Informationen zur eingehenden E-Mail-Dienstinstanz finden Sie in Kapitel 8.

Best Practices

Für die Bereitstellung der SharePoint-Dienste und -Dienstanwendungen werden die folgenden Best Practices empfohlen (Tabelle 5.45):

Tabelle 5.45 Best Practices für die Bereitstellung von SharePoint 2013-Diensten und -Dienstanwendungen

OK	Empfohlene Maßnahme
✓	Verwenden Sie für den Anwendungspool von *Meine Websites* das gleiche Konto wie für den Teamsites-Anwendungspool und das verteilter Cache-Dienstkonto
✓	Stellen Sie den verteilten Cache in Umgebungen mit hohen Skalierungsanforderungen auf dedizierten Servern bereit
✓	Weisen Sie dem verteilten Cache-Konto maximal 16 GB Arbeitsspeicher zu
✓	Stellen Sie die Dienstanwendungen der Office Web Apps im integrierten Anwendungspool *SharePoint Web Services System* bereit
✓	Der verwaltete Metadatendienst ist eine Komponente mit erheblichen Mehrwerten und Abhängigkeiten und wird daher für den Einsatz in der Mehrzahl der Umgebungen empfohlen
✓	Stellen Sie die Websitesammlung für den Inhaltstyphub des verwalteten Metadatendiensts in einer separaten Webanwendung mit einer separaten Anwendungspoolidentität bereit
✓	Stellen Sie *Meine Websites* und den Inhaltstyphub in einer separaten Webanwendung bereit
✓	Führen Sie die Provisionierung des Benutzerprofildiensts im Kontext des Farmkontos aus und geben Sie diesem nur für diesen Prozess temporär lokale Administrationsrechte auf dem Server mit dem Benutzerprofidienst

Tabelle 5.45 Best Practices für die Bereitstellung von SharePoint 2013-Diensten und -Dienstanwendungen *(Fortsetzung)*

OK	Empfohlene Maßnahme
✓	Ziehen Sie bei Bereitstellung der Word Automation Services-Dienstanwendung in Erwägung, die Dienstanwendung in einen separaten Anwendungspool zu platzieren oder sie auf mehrere Server zu verteilen, um die Konvertierungslast zu begrenzen
✓	Ziehen Sie bereits ab mittelgroßen Serverfarmen in Erwägung, die Suchdienstdatenbanken auf einem separaten SQL Server bereitzustellen, um die Leistungsfähigkeit zu steigern
✓	Ziehen Sie in großen Serverfarmen mit einer hohen Zugriffslast bei parallel hoher Protokollaktivität in Erwägung, die Protokollierungsdatenbanken ebenfalls zu separieren
✓	Ziehen Sie in Erwägung, bereits bei der Erstellung der Suchdienstanwendung einen alternativen SQL-Alias zu verwenden, um zu einem späteren Zeitpunkt bei einer hohen Last einfacher auf eine dedizierte SQL Server-Instanz für die Suchanwendung ausweichen zu können
✓	In Multifarm-Umgebungen mit erhöhten Sicherheitsanforderungen, sollten Sie in Kombination mit dem Einsatz des SharePoint-Verzeichnisverwaltungsdiensts in Erwägung ziehen, lediglich einen zentralen Verzeichnisverwaltungsdienst zu instrumentalisieren und somit die Anzahl der schreibberechtigten Zentraladministrationskonten für Active Directory zu begrenzen
✓	Passen Sie für eingehende E-Mail die Standardwerte des SMTP-Servermoduls an, um hinreichend große Nachrichten für SharePoint verarbeiten zu können
✓	Verwenden Sie bis zu 10 dedizierte Anwendungspools für Ihre Dienstanwendungen und SharePoint-Sites

Zusammenfassung

In diesem Kapitel wurde die Bereitstellung der wichtigsten SharePoint-Dienste veranschaulicht, die Ihnen für eine Vielzahl an interessanten Einsatzszenarien zur Verfügung stehen. Einige wenige Dienste wie der Lotus Notes-Connector wurden in diesem Kapitel bewusst nicht bearbeitet, da diese entweder in einem speziellen Zusammenhang in späteren Kapiteln betrachtet werden oder aber außerhalb des Rahmens dieses Handbuchs liegen. Aufgrund der von Dienst zu Dienst höchst unterschiedlichen Anforderung bei der Bereitstellung wird die Wichtigkeit einer eingangs eingehenden Planung herausgestellt.

Ihre Serverfarm ist mit diesen Schritten jedoch nicht vollständig für den Praxiseinsatz konfiguriert. Fahren Sie daher mit dem nächsten Kapitel fort, um die Bereitstellung Ihrer SharePoint-Serverumgebung abzuschließen und somit eine gewisse Mindestkonfigurationsreife zu etablieren.

Kapitel 6

Finalisierung der Farminstallation

In diesem Kapitel:

Alternative Zugriffszuordnungen einrichten	417
Mobilen Zugriff konfigurieren	420
Lösungen bereitstellen	424
Features bereitstellen	426
Mindestsicherheit etablieren	426
Installation optimieren	434
Überwachung einrichten	446
Standardfehler beseitigen	457
Best Practices	460
Zusammenfassung	468

In den beiden vorherigen Kapiteln wurde die SharePoint-Serverfarm aufgebaut und mit allen erforderlichen Dienstanwendungen ausgestattet. Eine SharePoint-Site für die Endbenutzer existiert ebenfalls. In diesem Abschnitt wird die Installation anhand von klassischen Verwaltungsschritten abgerundet und optimiert (Abbildung 6.1).

Abbildg. 6.1 Übersicht der Finalisierung

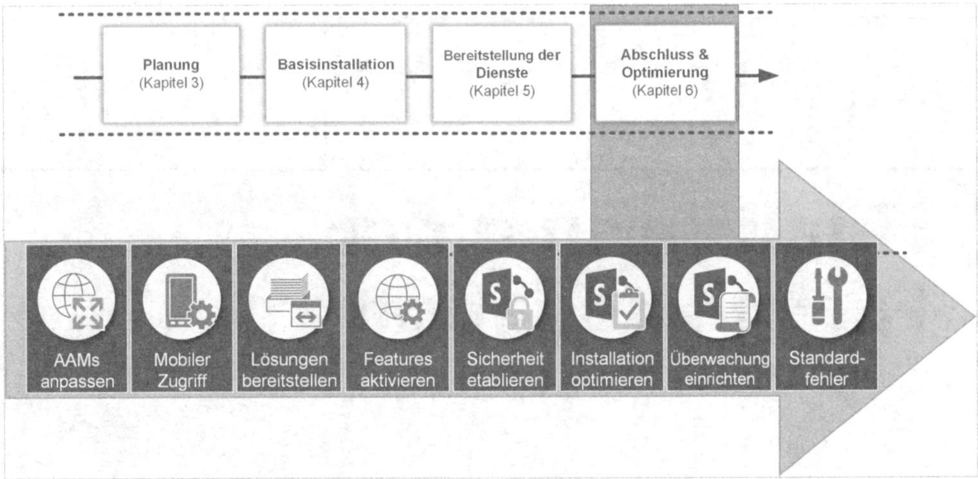

Zu diesen Verwaltungsschritten gehören die folgenden Aufgaben:

- Alternative Zugriffszuordnungen einrichten
- Mobilen Zugriff konfigurieren
- Bereitstellung von Anpassungen in Form von Lösungen
- Aktivierung von erforderlichen Features
- Mindestsicherheit etablieren
- Optimierung der Installation
- Überwachung einrichten
- Standardfehler beseitigen
- Best Practices anwenden

Des Weiteren gehören zu einem ordnungsgemäßen Abschluss der Konfiguration noch folgende Arbeitspakete, die nicht im Rahmen dieses Kapitels, sondern in den nachfolgenden Kapiteln ausführlich behandelt werden:

- Berechtigungen einrichten (Kapitel 9)
- Virenschutz für SharePoint einrichten (Kapitel 13)
- Sicherung und Wiederherstellung einrichten (Kapitel 15)

HINWEIS Bei den hier angeführten Abschlussarbeiten im Rahmen der Farminstallation handelt es sich fast vollständig um Operationen, die sowohl für SharePoint Server, als auch SharePoint Foundation Relevanz haben.

Alternative Zugriffszuordnungen einrichten

Im Vergleich zu SharePoint 2010 haben sich hinsichtlich der Alternativen Zugriffszuordnungen in SharePoint 2013 nur spezifische Einzelheiten geändert. Der generelle Ansatz und der Einrichtungspfad sind weiterhin deckungsgleich.

Die hier angeführten Beispiele verstehen sich als Beispiel zur Minimaleinrichtung. Das generelle Konzept der einzelnen AAM-Optionen sowie weiterführende Informationen und Best Practices finden Sie in Kapitel 9.

Die Konfiguration der alternativen Zugriffszuordnungen (Alternate Access Mapping, AAM) besteht aus zwei Schritten:

- Definieren der URLs in der Konfigurationsoberfläche der Zentraladministration
- Angabe des Hostheaders im Internetinformationsdienste (IIS)-Manager

Standardmäßig erzeugen Sie die im Rahmen der Installation automatisiert erzeugten Websites mit einem Verweis auf den Servernamen des Servers, den Sie für die Installation verwenden. Dieser Name entspricht nur in den seltensten Fällen dem Namen, den Ihre Anwender später verwenden sollen, um auf die SharePoint-Site zuzugreifen, zumal die so installierten Farmen ohnehin nicht für Produktionszwecke ausgelegt sind.

Es ist nicht ausreichend, lediglich neue Einträge in DNS anzulegen, um die bestehende IP einer SharePoint-Farm unter verschiedenen Namen verfügbar zu machen. Die Ursache hierfür ist vielschichtig. Einerseits gibt es eine Reihe an Komponenten und Technologien, die bei der Verwendung unterschiedlicher Namen berücksichtigt werden müssen, andererseits ist die jeweilige Zugriffsinfrastruktur, speziell im Falle der Internetanbindung von SharePoint, komplexer. So ist es durchaus üblich, dass der Zugriff aus dem Internet nicht direkt auf das SharePoint-System, sondern über ein dazwischen sitzendes Reverseproxysystem oder VPN-Gateway erfolgt. Diese dazwischen liegenden Systeme terminieren dabei die Sitzung des Endanwenders und leiten die Kommunikation häufig an eine andere URL als jene URL weiter, unter der der Endanwender seine Kommunikation initiiert hat. Dies führt in der Konsequenz dazu, dass es eine Reihe an neuen Aspekten innerhalb der Kommunikation zu berücksichtigen gilt.

Die Planung der AAM ist ein oftmals unterschätzter Aspekt einer SharePoint-Infrastrukturplanung. Die Konfiguration der AAM hat dabei potenziell weitreichende Auswirkungen auf das SharePoint-Verhalten. Es empfiehlt sich daher, dem Thema Ihre intensive Aufmerksamkeit zu schenken. Weitere Informationen dazu finden Sie in den Kapiteln 3 und 9.

Um die Erreichbarkeit Ihrer SharePoint-Infrastruktur unter unterschiedlichen Namen einwandfrei gewährleisten zu können, ist es erforderlich, die AAMs entsprechend zu konfigurieren.

HINWEIS Beachten Sie, dass alternative Zugriffszuordnungen für Apps nur in der Standard-Zone unterstützt werden.

In diesem Beispiel wird der Webanwendung der Zentraladministration lediglich eine weitere URL hinzugefügt, die parallel zum Servernamen über das lokale Netzwerk verwendet werden soll, um lästige Warnmeldungen im Ereignisprotokoll zu unterdrücken (Abbildung 6.2).

Abbildg. 6.2 Verwendung alternativer Namen für den Zugriff auf SharePoint-Webanwendungen

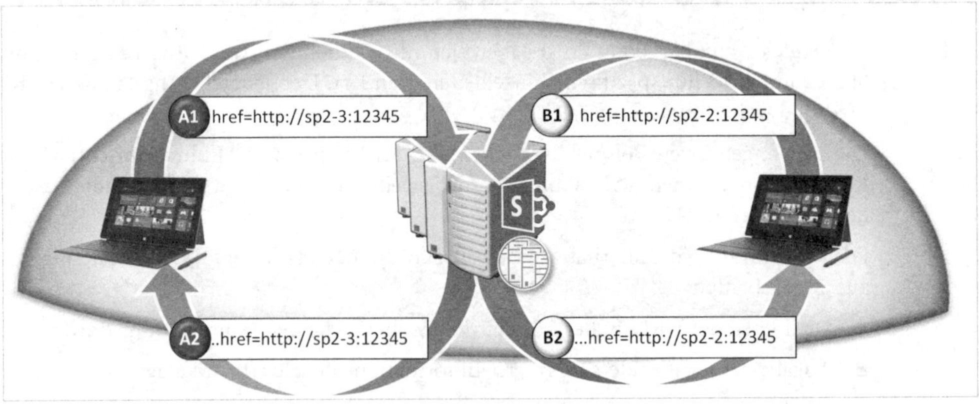

Gehen Sie zur Einrichtung des Beispiels wie folgt vor:

1. Sie erreichen die Konfigurationsschnittstelle der AAM über die Einstiegsseite der Zentraladministration. Dort klicken Sie unter *Systemeinstellungen* auf *Alternative Zugriffszuordnungen konfigurieren.*
2. In der sich öffnenden Auflistung werden Ihnen die verschiedenen URLs aufgelistet, die für die Erreichbarkeit der jeweiligen Webanwendungen zur Verfügung stehen.
3. Klicken Sie auf den Link *Öffentliche URLs bearbeiten.*

HINWEIS Sollte keine treffende alternative Zugriffszuordnungssammlung gewählt sein, klicken Sie auf das Dropdownlistenfeld *Alternative Zugriffszuordnungssammlung* und wählen Sie den Eintrag *Alternative Zugriffszuordnungssammlung ändern* aus.

Wählen Sie aus dem sich öffnenden Dialogfeld die alternative Zugriffszuordnungssammlung aus, die Ihre Webseite beinhaltet. Die im Rahmen der Ausführung des Assistenten für die Farmkonfiguration erzeugte Website wird standardmäßig *SharePoint – 80* benannt. Klicken Sie auf den entsprechenden Namen.

4. Geben Sie den zusätzlichen bzw. primären Hostnamen inklusive Protokoll und Port an, den Sie für das Ansprechen Ihres SharePoint-Portals verwenden möchten. Das Protokoll ist üblicherweise *http://* und der Hostname entspricht dem Wert, den die Anwender im Browser eingeben. Sie müssen den Port nicht angeben, wenn Sie den Standardport des jeweiligen Protokolls verwenden. Daher lautet der Wert in diesem Szenario *http://sp2-3:12345*, der im Feld *Intranet* eingegeben wird. Klicken Sie abschließend auf *Speichern*, um die URL zu übernehmen (Abbildung 6.3).

Abbildg. 6.3 Konfigurationsoberfläche der öffentlichen URLs der Alternativen Zugriffszuordnungen

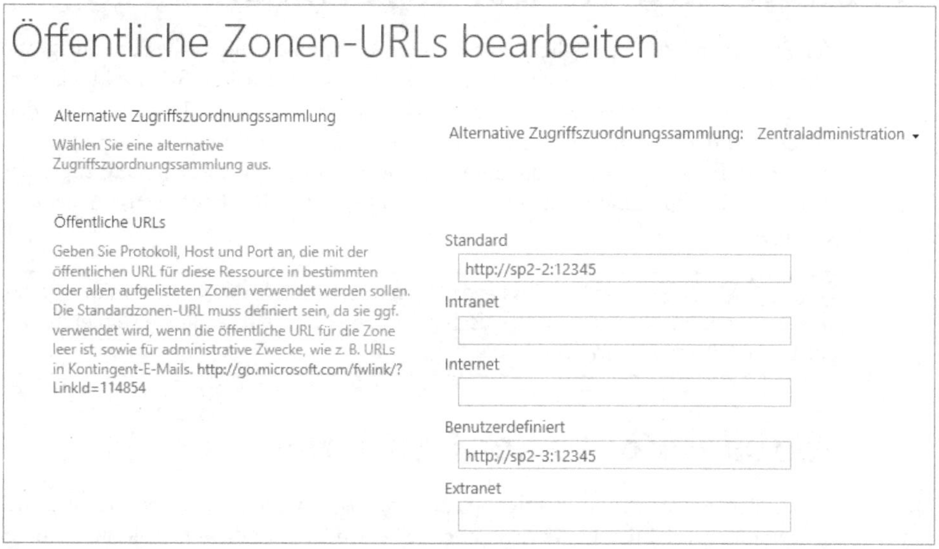

Ab diesem Zeitpunkt ist SharePoint dafür gerüstet, eingehende Abfragen an die definierte URL entgegenzunehmen. Bevor jedoch SharePoint die eingehenden Anfragen verarbeiten kann, muss der IIS die eingehenden Anfragen auch den richtigen Webanwendungen zuordnen können. Damit dies ordnungsgemäß erfolgen kann, ist es erforderlich, die Bindungen der jeweiligen SharePoint-Webanwendung entsprechend anzupassen. Für das Beispiel der Zentraladministration ist dies nicht erforderlich, da hier eine Wildcard-Konfiguration für den Hostnamen vorliegt. Im Falle einer herkömmlichen Webanwendung ist diese Konfiguration in der Regel unabdingbar.

WICHTIG Dieser Schritt hat in einer Serverfarmumgebung auf allen betroffenen Servern, zumindest jedoch auf den Servern der Web-Front-End-Ebene zu erfolgen!

1. Öffnen Sie dazu den IIS-Manager über die Startseite von Windows Server 2012 oder den Server-Manager und navigieren Sie zu Ihrer jeweiligen Webanwendung.
2. Markieren Sie in der linken Feldseite den Webanwendungsnamen und klicken Sie in der rechten Fensterspalte *Aktionen* auf *Bindungen*.
3. Tragen Sie die Werte entsprechend der vorherigen Konfiguration der AAM ein und klicken Sie auf *OK*.

Alternativ verwenden Sie den folgenden PowerShell-Befehl, um die Konfiguration der AAM zu ergänzen:

```
New-SPAlternateURL -WebApplication "https://SP2-1:12345" -URL https://SP2-3:12345 -Zone
"Custom"
```

Mit dieser Einstellung ist die Konfiguration der AAM abgeschlossen.

Für die Konfiguration der AAM in einer Umgebung mit einem vorgeschalteten Reverseproxyserver ist eine etwas umfassendere Konfiguration erforderlich, welche in Kapitel 9 behandelt wird.

Mobilen Zugriff konfigurieren

Seit SharePoint 2010 ermöglicht eine Reihe an Funktionen eine verbesserte Integration von mobilen Benutzern. Durch die Maßnahmen in diesem Abschnitt haben Sie die Möglichkeit, Handy- und Smartphone-Besitzer besser über die Vorgänge in der SharePoint-Umgebung auf dem Laufenden zu halten und den Zugriff auf das Portal einwandfrei zu gewährleisten. Hintergrund ist, dass mobile Anwender in der Regel über das Internet und nicht das VPN auf Inhalte zugreifen und beispielsweise bei Benachrichtigungen entsprechend angepasste URLs benötigen, um keine Zugriffsfehler zu erhalten.

HINWEIS Beachten Sie, dass speziell die neue mobile Ansicht für migrierte SharePoint 2010-Inhaltsdatenbanken nicht automatisch aktiviert wird. Weitere Hinweise hierzu finden Sie in Kapitel 14 zum Thema Migration.

Mobiles Konto konfigurieren

Neben der E-Mail-Benachrichtigungsfunktion von Anwendern haben Sie zusätzlich die Möglichkeit, SMS-Nachrichten an die Anwender zu versenden, um diese beispielsweise über die Verfügbarkeit neuer Dokumente oder Informationen in SharePoint zu informieren.

ACHTUNG Bevor Sie das mobile Konto konfigurieren können, sorgen Sie dafür, dass Sie eine SharePoint-Vertrauensstellung des zum SSL-Zertifikat zugehörenden Stammzertifizierungsstellenzertifikats des Drittanbieters hergestellt haben. Beachten Sie dabei, dieses nicht mit einer Vertrauensstellung zu einem vertrauenswürdigen Stammzertifizierungsstellenzertifikat zu verwechseln! Informationen zum Einrichten einer solchen Vertrauensstellung finden Sie im Verwaltungskapitel 9.

Die SMS-Nachrichten werden dabei von SharePoint über einen Drittanbieter-Dienstleisterwebdienst versendet. Sollten Sie planen, diese Funktion zu nutzen, registrieren Sie sich im Rahmen der Einrichtung des Diensts bei einem der verfügbaren Dienstleister.

Sie können das mobile Konto webanwendungsübergreifend oder gezielt für eine bestimmte Webanwendung konfigurieren. Auf der Serverfarmebene steht Ihnen entsprechend lediglich ein mobiles Konto zur Verfügung.

Zur Einrichtung des mobilen Kontos stehen Ihnen die Zentraladministration und die PowerShell zur Verfügung.

Für die Einrichtung des mobilen Kontos auf der Serverfarmebene über die Zentraladministration gehen Sie wie folgt vor:

1. Öffnen Sie die Zentraladministration und klicken Sie in der linken Schnellstartleiste auf *Systemeinstellungen.*
2. Im Abschnitt *E-Mail und Textnachrichten (SMS)* klicken Sie auf *Mobiles Konto konfigurieren.*
3. Klicken Sie im linken Textabschnitt auf den Link *Microsoft Office Online*, um den Dienstanbieter auszuwählen (Abbildung 6.4).

Abbildg. 6.4 Auswahl eines mobilen Microsoft Office-Onlineanbieters

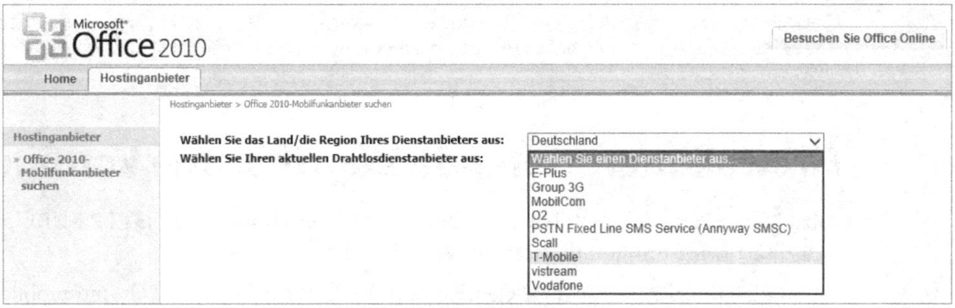

4. Wählen Sie Ihren Standort und Ihren Dienstanbieter aus der nachfolgend erscheinenden Liste, der Übersicht über die verfügbaren Anbieter. Registrieren Sie sich bei einem Anbieter und fahren Sie mit den so erhaltenen Verbindungsdaten fort.
5. Geben Sie die vom Anbieter erhaltenen Verbindungsdaten ein, klicken Sie auf die Schaltfläche *Dienst testen*, um die Gültigkeit der erhaltenen Daten sicherzustellen und klicken Sie abschließend auf *OK* (Abbildung 6.5).

HINWEIS Achten Sie bei der Eingabe der Dienst-URL darauf, dass es sich um eine HTTPS-URL handeln muss.

Abbildg. 6.5 Konfiguration des mobilen Kontos

Um ein mobiles Konto auf Webanwendungsebene zu definieren, gehen Sie wie folgt vor:

1. Öffnen Sie die Einstiegsseite der Zentraladministration und klicken Sie im Abschnitt *Anwendungsverwaltung* auf *Webanwendungen verwalten.*
2. Markieren Sie in der Liste der verfügbaren Webanwendungen die entsprechende Webanwendung und klicken Sie im Menüband unter *Allgemeine Einstellungen* auf *Mobiles Konto.*
3. Folgen Sie den Anweisungen zur Einrichtung des mobilen Kontos auf Serverfarmebene ab Schritt 3.

Zur Einrichtung des mobilen Kontos via PowerShell verwenden Sie bitte den Befehl aus Listing 6.1. Passen Sie dabei den Wert *WebApplication* durch die URL Ihrer Webanwendung und die Werte *ServiceURL, UserID* und *Password* durch die vom Dienstanbieter erhaltenen Werte an.

Listing 6.1 Konfiguration des mobilen Kontos auf Webanwendungsebene

```
Set-SPMobileMessagingAccount -Identity SMS -WebApplication http://portal.sincdemo.de
-ServiceURL https://www.beispiel.de/omsservice.asmx -userID irgendjemand@beispiel.de
-Password 123456
```

Firewallübergreifende Zugriffszone konfigurieren

Sobald SharePoint für mobile Geräte durch eine Firewall über eine HTTPS-URL publiziert wird, sind zusätzliche Konfigurationsschritte erforderlich.

Um in diesem Fall eine korrekte Generierung von URLs für externe PCs und mobile Benutzer und mobile Benachrichtigungen zu ermöglichen, ist es erforderlich, die in SharePoint 2010 neu eingeführte firewallübergreifende Zugriffszone auf Webanwendungsebene zu konfigurieren. Im Rahmen dieser Konfiguration ordnen Sie eine vorhandene Zone aus der alternativen Zugriffszuordnungskonfiguration der firewallübergreifenden Zugriffszone zu. Hintergrund ist, dass Windows Mobile-basierte Anwender beim Zugriff auf SharePoint automatisch zu einer mobilen URL umgeleitet werden. Der erste Abschnitt der URL, der den Hostnamen der SharePoint-Site enthält, muss dabei in der Regel einer URL entsprechen, die für Windows Mobile aus dem Internet erreichbar ist. Durch diese Zuordnung weisen Sie SharePoint diese aus dem Internet zugängliche Zone zu.

Für die Einrichtung über die Zentraladministration gehen Sie wie folgt vor:

1. In der Zentraladministration navigieren Sie in den *Systemeinstellungen* im Abschnitt *Farmverwaltung* auf *Firewallübergreifende Zugriffszone konfigurieren.*
2. Wählen Sie im Abschnitt *Webanwendung* die Anwendung aus, für die Sie den mobilen Zugriff konfigurieren möchten.
3. Wählen Sie im Abschnitt *Firewallübergreifende Zugriffszone* aus dem Dropdownlistenfeld die Zone aus, die Sie über Ihre Firewall nach außen publizieren möchten, und klicken Sie auf *OK* (Abbildung 6.6).

Abbildg. 6.6 Konfiguration der firewallübergreifenden Zugriffszone

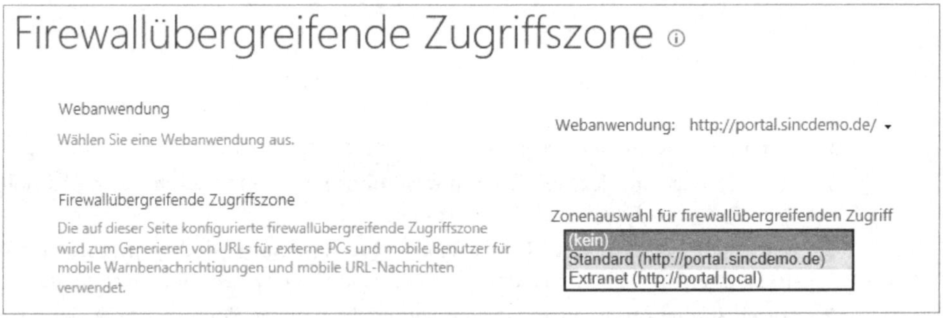

In Folge dieser Konfiguration werden Windows Mobile-basierende Clients nun automatisch auf die korrekte, für sie erreichbare URL umgeleitet.

Geografische Daten für mobile Anwendungen nutzbar machen

SharePoint 2013 verfügt über eine Schnittstelle für die einfache Darstellung und Integration von Geodaten auf Basis von Bing Maps. Um diese Schnittstelle nutzen zu können, sind folgende Voraussetzungen erforderlich:

- Die SQL Server-Featurepack-Komponente für CLR-Types muss auf allen Web-Front-End-Servern bereitgestellt werden, die für die Visualisierung der Geodaten verwendet werden
- Sie müssen über einen gültigen Bing Maps-Schlüssel verfügen

HINWEIS Bing Maps bietet Ihnen mehrere kostenfreie 90-Tage-Trial-Schlüssel zu Evaluierungszwecken an. Was etwaige Leistungseinbußen betrifft, können Sie unbesorgt sein, da die Geodaten nach einer initialen Kommunikation mit dem Server vom Client direkt von Bing Maps abgerufen werden (**.virtualearth.net*) und somit die SharePoint-Farm nicht durch exzessive Geodatennutzung in Mitleidenschaft gezogen wird.

- Die programmatische Aktivierung von SharePoint für die Verwendung von Bing Maps-Geodaten (auf Serverfarm- oder Siteebene) muss abgeschlossen sein

Gehen Sie wie folgt vor, um diese Schnittstelle zu aktivieren.

1. Installieren Sie die zu Ihrer SQL Server-Version zugehörigen SQL CLR-Types auf allen Web-Front-End-Servern der Farm. Sie finden das Paket unter dem Link *http://www.microsoft.com/de-de/download/details.aspx?id=35580* [Ms156-K06-01] vor (*SQLSysClrTypes.msi*).
2. Um Bing Maps auf der Serverfarm konfigurieren zu können, müssen Sie über einen gültigen Bing Maps-Schlüssel verfügen. Sie erhalten einen entsprechenden Schlüssel, indem Sie sich unter *https://www.bingmapsportal.com* [Ms156-K06-02] mithilfe einer Windows Live-ID registrieren und einen zugehörigen Schlüssel erzeugen (Abbildung 6.7).

Abbildg. 6.7 Erzeugen eines Bing Maps-Schlüssels zu Evaluierungszwecken

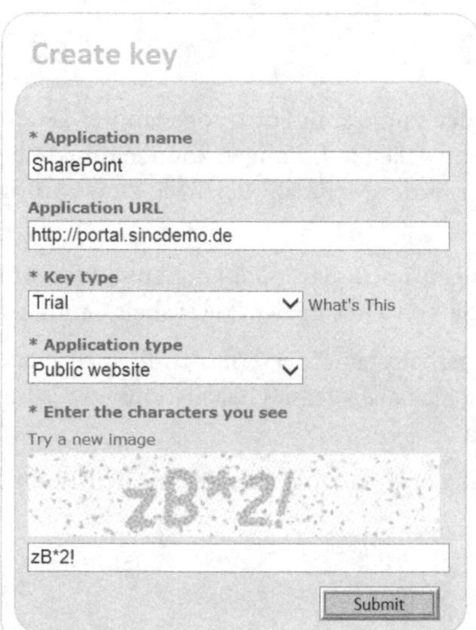

3. Registrieren Sie den Bing Maps-Schlüssel auf Serverfarm- oder Webanwendungsebene.
   Für die Aktivierung auf Serverfarmebene führen Sie den folgenden PowerShell-Befehl aus:

```
Set-SPBingMapsKey -BingKey "BingMaps-Schlüssel"
```

   Nachdem Sie die Farmkonfiguration abgeschlossen haben, können Sie das neue Feld auf Webebene hinzufügen (Listing 6.2).

Listing 6.2 Hinzufügen der Spalte zu einem SharePoint-Web

```
$web = Get-SPWeb http://portal.sincdemo.de
$web.Fields.AddFieldAsXml("<Field Type='Geolocation' DisplayName='Geolocation' />")
```

   Für die Aktivierung auf Siteebene verwenden Sie das Beispielskript aus Listing 6.3.

Listing 6.3 Konfiguration einer SharePoint-Site für die Verwendung eines dedizierten Schlüssels

```
$site = Get-spsite http://portal.sincdemo.de
$web = $site.rootweb
$web.AllProperties["BING_MAPS_KEY"] = "SCHLÜSSEL"

$web.Update()
$web.Fields.AddFieldAsXml("<Field Type='Geolocation' DisplayName='Geolocation' />")
```

TIPP Sollten Sie den Wert ausschließlich auf Siteebene gesetzt haben, erhalten Sie ggf. in der Geo-Vorschauansicht auf der SharePoint-Site einen Hinweis über nicht korrekte Anmeldeinformationen (*Anmeldedaten sind ungültig*). Führen Sie in diesem Fall das Cmdlet *Set-SPBingMapsKey* aus.

In Kapitel 10 erfahren Sie, wie Sie die Funktion aus der Clientperspektive nutzen können.

Lösungen bereitstellen

Anpassungen und Eigenentwicklungen werden zumeist in Form sogenannter Lösungen in der Serverfarm bereitgestellt. Die in Visual Studio entwickelten Lösungen können direkt über Visual Studio bereitgestellt werden. Allerdings wird Ihnen in der Mehrzahl der Fälle eine Lösung als *.wsp*-Datei vorliegen, die es dann bereitzustellen gilt.

Während unter SharePoint 2007 die Lösungen noch via *Stsadm.exe* ausgerollt wurden, führt der bevorzugte Weg seit SharePoint 2010 über die Verwendung der PowerShell-Cmdlet-Pendants.

Die Bereitstellung einer solchen Lösung innerhalb einer Serverfarm mit mehreren Servern erfolgt indes lediglich auf einem System. Es sei denn, Sie haben gemäß Installationsanweisung für die Lösung noch Dateien lokal auf die Server zu kopieren.

Für das Hinzufügen einer Lösung verwenden Sie das folgende PowerShell-Beispiel und ersetzen dabei den Beispielpfad entsprechend:

```
Add-SPSolution C:\Install\SPProjekt1.wsp
```

Stellen Sie nun die Lösung für die von Ihnen gewünschten Webanwendungen bereit. Passen Sie hierfür die URL und den Namen der Lösung entsprechend an. Sofern Sie die Lösung auf allen verfügbaren Webanwendungen bereitstellen möchten, verwenden Sie anstelle des Parameters *WebApplication* den Parameter *-AllWebApplications*. Ein weiterer wichtiger Aspekt ist die Wahl der Bereitstellungsvariante. Sie können die zur Lösung gehörenden Assemblys entweder im globalen Assemblycache (Global Assembly Cache, GAC) oder in das *Bin*-Verzeichnis der jeweiligen Webanwendung bereitstellen.

Entscheidungshilfe für die Bereitstellungsvariante von Lösungen

Die Wahl der Bereitstellungsvariante über das *Bin*-Verzeichnis oder den GAC wirft einige Fragen auf: Welche Variante ist sicherer, funktionaler oder am aufwendigsten? Zur Entscheidungsfindung zwischen beiden Varianten ist Hintergrundwissen zu diesen beiden Methoden von Nutzen.

Bei der Bereitstellung in das *Bin*-Verzeichnis sind die Assemblys lediglich für die zugehörige Webanwendung nutzbar. Für die so bereitgestellten Assemblys gilt dann zusätzlich eine erweiterte Sicherheit, da durch das Codezugriffsicherheits-Modell (Code Access Security, CAS) dafür gesorgt wird, dass diese mit minimalen Privilegien ausgeführt werden. Dies schützt das SharePoint-System vor fehlerhaften oder unsicheren Codes, kann jedoch ebenfalls zu Einschränkungen Ihrer Lösung führen. Ihre Aufgabe ist es im Falle von Einschränkungen, beispielsweise über Anpassungen der Vertrauensstufe in der *web.config*-Datei, für die erforderlichen Rechte zu sorgen, ohne die Stabilität und Sicherheit zu gefährden. Die Vertrauensstufe wird hierbei im Abschnitt *<system.web>* über den Abschnitt *<Trust Level>* gesteuert. Demnach müssen also sämtliche erweiterten Berechtigungen wie z.B. für den Zugriff über die Webanwendungsgrenzen hinaus jeweils explizit gewährt werden. Soweit zur Theorie unter SharePoint 2010. In SharePoint 2013 werden nun auch die in das *Bin*-Verzeichnis bereitgestellten Lösungen nicht mehr standardmäßig unter Verwendung der WSS-Minimalrichtlinie restriktiv behandelt, sondern erhalten nun erstmalig standardmäßig Full Trust-Privilegien, was von Seiten der Berechtigungen einem GAC-Deployment gleich kommt (*<Trust Level="Full" originUrl="" legacyCasModel="true" />*).

Bei der Bereitstellung in den GAC werden grundsätzlich die zur Lösung zugehörigen Assemblys mit maximalen Privilegien ausgeführt. Es werden also keine CAS-Restriktionen aktiv, und zusätzlich stehen die Assemblys webanwendungsübergreifend zur Verfügung.

Durch diese Änderung im Standardverhalten beim Deployment haben sich sicherheitstechnisch zentrale Aspekte bei der Wahl der Deploymentmethode relativiert.

Für die Bereitstellung einer Lösung in den GAC verwenden Sie das folgende PowerShell-Skript (Eingabe bitte in einer Zeile):

```
Install-SPSolution -Identity SPProjekt1.wsp -WebApplication
http://portal.sincdemo.de -GACDeployment
```

Sollten Sie bei der Ausführung dieses Befehls einen Fehler erhalten, prüfen Sie die Liste der zuvor erfolgreich hinzugefügten Lösungen mit dem Befehl *Get-SPSolution*.

Für die Bereitstellung einer Lösung unter Verwendung von CAS-Richtlinien verwenden Sie das folgende PowerShell-Beispielskript:

```
Install-SPSolution -Identity SPProjekt1.wsp -CASPolicies [true/false]
```

Weiterführende Informationen zum Verwalten von Lösungen finden Sie in Kapitel 9.

Features bereitstellen

Fast alle nennenswerten Funktionen, die Benutzer in SharePoint verwenden, sind auf Features zurückzuführen, unabhängig davon, ob es um die Bewertung von Inhalten oder die Verwendung von Inhaltstypen geht. Die Anzahl der in SharePoint ausgelieferten Features ist beträchtlich. Die meisten Features sind jedoch versteckt und lediglich über das Objektmodell oder über PowerShell einsehbar. Der Grund hierfür ist einfach: In der Regel ist ein Eingriff in die Feature-Steuerung nicht erforderlich, da die Mehrzahl der Features durch ein simples Verfahren, und zwar die Auswahl einer entsprechenden Websitevorlage aktiviert wird.

Indem Sie eine spezielle Websitevorlage bei der Erstellung einer Site auswählen, übernehmen Sie ein für die jeweilige Vorlage vordefiniertes Feature-Gerüst. Somit sind die wichtigsten Features für das mit der Websitevorlage adressierte Szenario bereits standardmäßig aktiviert und Sie müssen lediglich im Einzelfall weitere Features aktivieren oder deaktivieren.

Weiterführende Informationen zur Verwaltung von Features finden Sie in Kapitel 9.

WICHTIG Aktivieren Sie nicht willkürlich alle für eine Site verfügbaren Features, sondern wählen Sie gezielt die für Ihre Umgebung erforderlichen Features aus. Es lässt sich nicht ganz ausschließen, dass spezielle Feature-Kombinationen nicht funktionieren.

Mindestsicherheit etablieren

In diesem Abschnitt werden die Basissicherheitstechnologien für Ihre SharePoint-Serverfarm eingerichtet.

Deutlich weiterführende Sicherheitskonfigurationen und Erwägungen werden in Kapitel 13 erörtert. Die hier angeführten Maßnahmen verstehen sich neben den bereits im Rahmen der ersten Installationsschritte umgesetzten Maßnahmen als weitere minimale Nachjustierungen im Rahmen der Fertigstellung der Installation.

Authentifizierungsanbieter auswählen

Zur sinnvollen Auswahl eines Authentifizierungsanbieters empfehlen wir Ihnen, sich vorher eingehend mit dem entsprechenden Abschnitt in den Kapiteln 3 und 12 zu befassen. Die Wahl des Authentifizierungsanbieters kann im Rahmen der Erstellung der Portalwebsite erfolgen, wobei Legacy-Anbieter (klassischer Modus) lediglich mithilfe der PowerShell wählbar sind. Sie haben die Möglichkeit, die Authentifizierungsanbieter nachträglich von Legacy in den aktuellen, forderungsbasierten Authentifizierungsmodus abzuändern bzw. zusätzliche Authentifizierungsanbieter einzurichten, um beispielsweise in kombinierten Inter- und Intranetszenarien flexibel zu bleiben. Aufgrund der potenziell sehr komplexen Einrichtung eines alternativen Authentifizierungsanbieters wurde diesem Arbeitsschritt ein vollständiges Kapitel gewidmet. Sofern Sie sich nach der Planungslektüre in Kapitel 3 nicht mit der integrierten Windows-Authentifizierung in einer forderungsbasierten Authentifizierungshülle für Ihre Website zufrieden geben, folgen Sie bitte den Anweisungen zur Einrichtung eines alternativen Authentifizierungsanbieters in Kapitel 12.

HINWEIS Beachten Sie, dass Sie bei der Standardauswahl der forderungsbasierten Authentifizierung in Kombination mit dem Windows-integrierten Authentifizierungsanbieter aus Sicht des Anwenders eine transparente Authentifizierung bieten, wie es auch unter SharePoint 2010 mit dem klassischen Authentifizierungsmodus der Fall gewesen wäre.

SSL einrichten

Durch die Einrichtung von SSL stellen Sie zusätzliche Schutzmechanismen, wie beispielsweise eine sichere Authentifizierung, für potenziell unsichere Authentifizierungsverfahren, wie der formularbasierten Authentifizierung oder aber der Basisauthentifizierung, bereit. In diesem Abschnitt wird die Einrichtung von SSL für die Endbenutzerwebsite behandelt. Dabei wird die Ausgangssituation betrachtet, wonach der Endanwender seine SSL-Sitzung auf dem SharePoint-System und nicht an einem Lastenausgleichsmodul oder einer Firewall bzw. einem Reverseproxysystem terminiert (Abbildung 6.8). Sofern dieses Szenario nicht auf Sie zutrifft, können Sie diesen Abschnitt überspringen und finden in Kapitel 13 weiterführende Informationen für Szenarien mit einem vorgelagerten SSL-Tunnelendpunkt.

HINWEIS Schützen Sie Ihre administrative Sitzung zur Zentraladministration ebenfalls durch die Verwendung von SSL, um beispielsweise viele sensible Kontokennungen nicht unsicher zu übertragen.

Abbildg. 6.8 Einrichtung von SSL mit direkter Terminierung an der SharePoint-Farm

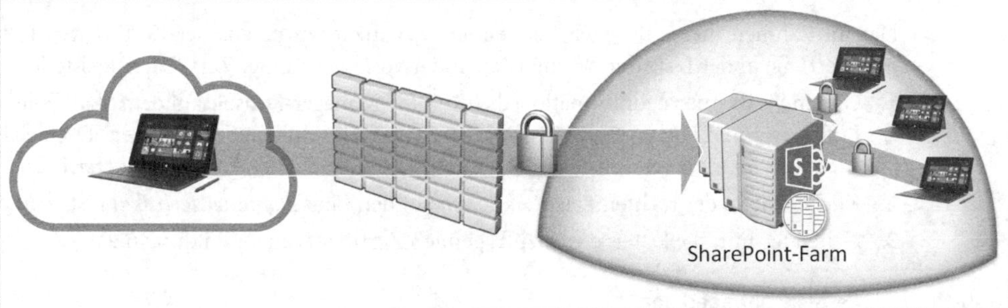

In diesem Beispiel wird davon ausgegangen, dass Sie das für SSL erforderliche Zertifikat von einer internen, auf Microsoft Windowsbasierenden Public Key-Infrastruktur (Public Key Infrastructure, PKI), genauer gesagt einer Unternehmensstammzertifizierungsstelle, erhalten. Durch diese Konstellation wird es Ihnen ermöglicht, bei ausreichenden Berechtigungen Serverzertifikate direkt von Ihrer PKI anzufragen.

Für die Einrichtung von SSL ist es wichtig, sich zuvor die Besonderheiten von SSL zu verdeutlichen. Für Webserver werden bei einer Detailbetrachtung ggf. zusätzliche IP-Adressen benötigt. Dies gründet auf der Methodik bei der Auswahl einer Zielwebanwendung, die nicht SharePoint, sondern der Internetinformationsdienstarchitektur obliegt.

Weiterführende Informationen sowie Hinweise zum Aufbau einer solchen Public Key-Infrastruktur und der SSL-Multi-IP-Problematik finden Sie unter *http://www.microsoft.com/pki* [Ms156-K06-03] bzw. in Kapitel 13.

Zertifikat anfordern

Fordern Sie zunächst ein Serverzertifikat von einer vertrauenswürdigen Stammzertifizierungsstelle an und installieren Sie dieses auf allen Web-Front-End-Servern Ihrer SharePoint-Serverfarm.

HINWEIS SharePoint besitzt seit der aktuellen Version innerhalb des Computerzertifikatspeichers einen eigenen Container für die Verwaltung spezieller Dienstzertifikate. Dieser Zertifikatspeicher ist jedoch irrelevant für die Internetinformationsdienste (IIS), da die hier bereitgestellten SharePoint-Webanwendungen weiterhin auf den Standard-Computerzertifikatspeicher zugreifen.

Das für SSL erforderliche Zertifikat muss primär die folgende Eigenschaft aufweisen: Im Attribut *Erweiterte Schlüsselverwendung* muss *Serverauthentifizierung* angegeben sein.

In Abhängigkeit von der Art der verfügbaren PKI haben Sie unterschiedliche Möglichkeiten, ein Serverzertifikat zu erstellen. Sofern Sie über eine empfohlene Unternehmenszertifizierungsstelle verfügen, können Sie unkompliziert online Domänenzertifikate anfordern. Haben Sie eine alleinstehende Zertifizierungsstelle bereitgestellt, können Sie eine klassische Zertifikatanforderung erstellen, um ein Serverauthentifizierungszertifikat für SharePoint bereitstellen zu können. Dieses Verfahren kommt in der Regel auch zum Tragen, wenn Sie auf eine etablierte Drittanbieterzertifizierungsstelle zurückgreifen, um ein Serverauthentifizierungszertifikat bereitzustellen.

Domänenzertifikat erstellen

Verfügen Sie über eine Unternehmenszertifizierungsstelle, steht Ihnen beispielsweise dieses Verfahren zur Verfügung, um ein Serverauthentifizierungszertifikat unkompliziert zu erstellen.

Das im Rahmen dieses Beispiels verwendete Zertifikat wurde aus der Zertifikatvorlage *WebServer* generiert, die in der Liste der bereitzustellenden Vorlagen auf der Zertifizierungsstelle verfügbar ist:

1. Öffnen Sie die Internetinformationsdienste (IIS)-Manager-Konsole auf dem SharePoint-Web-Front-End-Server und klicken Sie in der linken Fensterspalte auf den Servernamen. Doppelklicken Sie im Anschluss im mittleren Fensterbereich im Abschnitt *IIS* auf den Eintrag *Serverzertifikate.*
2. Klicken Sie in der rechten Leiste *Aktionen* auf den Link *Domänenzertifikat erstellen.*
3. Geben Sie nun die Daten des anzufragenden Zertifikats an (Abbildung 6.9).

Abbildg. 6.9 Zertifikatanfragedaten

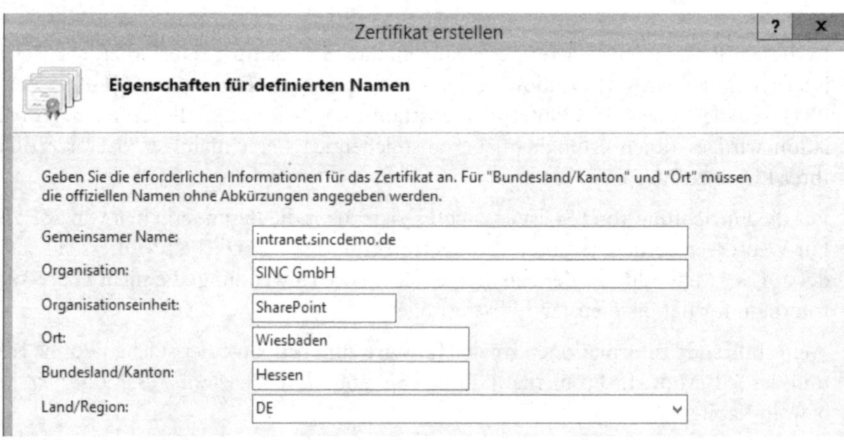

Im Feld *Gemeinsamer Name* geben Sie bitte den Servernamen an, über den die Anwender den SharePoint-Server erreichen. Dieser Name muss exakt mit dem Namen übereinstimmen, den die Anwender im Browser eingeben. Andernfalls erhalten die Anwender eine Warnung, die sie über eine fehlende Übereinstimmung mit den Zertifikatdaten aufmerksam macht.

PROFITIPP Was passiert nun, wenn Sie mehrere Namen haben, unter denen die Anwender die Website erreichen und Sie keine Fehlermeldungen bei dem Verbindungsaufbau im Browser der Benutzer in Kauf nehmen möchten? Die Lösung ist ein alternativer Antragstellername (Subject Alternative Name). Dieser ermöglicht es Ihnen, mehrere Servernamen in ein Zertifikat zu integrieren. Die weiterführenden Informationen zur Ausstellung eines solchen Zertifikats finden Sie in Kapitel 13.

Alternativ hierzu verwenden Sie ein Platzhalterzertifikat, welches ohnehin in Szenarien mit den Apps notwendig ist, um mehrere Hostnamen in einem Namensraum abbilden zu können. Hierbei wählen Sie beispielsweise **.apps.sincdemo.de* als gemeinsamen Namen.

Die verbleibenden Felder füllen Sie sinngemäß aus und klicken auf *Weiter.*

4. Klicken Sie auf die Schaltfläche *Auswählen*, um eine vorhandene Onlinezertifizierungsstelle Ihrer Organisation auszuwählen und geben Sie im Feld *Anzeigename* einen Namen an, unter dem das Zertifikat in der Liste der installierten Zertifikate erscheint und klicken Sie auf *Fertig*.

Wiederholen Sie den Ablauf für alle verbleibenden Web-Front-End-Server Ihrer Serverfarm. Mit diesem Arbeitsschritt haben Sie ein Serverzertifikat in den Computerzertifikatspeicher installiert, es jedoch noch nicht mit der SharePoint-Website verknüpft.

Zertifikat mithilfe einer Offlinezertifikatanforderung erstellen

Verfügen Sie über keine Unternehmenszertifizierungsstelle oder sind darauf angewiesen, eine Drittanbieterzertifizierungsstelle zu verwenden, um ein Serverauthentifizierungszertifikat auszustellen, steht Ihnen dieser Weg zur Verfügung:

1. Öffnen Sie die Internetinformationsdienste (IIS)-Manager-Konsole auf dem SharePoint-Web-Front-End-Server und klicken Sie in der linken Spalte auf den Servernamen. Doppelklicken Sie im Anschluss in der rechten Feldhälfte im Abschnitt *IIS* auf den Eintrag *Serverzertifikate.*
2. Klicken Sie in der rechten Aktionsleiste auf den Link *Zertifikatanforderung erstellen.*
3. Geben Sie nun die Daten des anzufragenden Zertifikats wie im letzten Beispiel an (Abbildung 6.9).
4. Im Dialogfeld *Eigenschaften für Kryptografiedienstanbieter* übernehmen Sie die Standardvorgaben und klicken auf *Weiter.*

HINWEIS Um die Sicherheit zu erhöhen, ändern Sie den Wert für die Bitlänge von 1024 auf 2048. Höhere Werte sind zu diesem Zeitpunkt nicht sinnvoll.

5. Geben Sie den Pfad und den Dateinamen der Anfragedatei an (beispielsweise *C:\req.txt*) und klicken Sie auf *Fertig stellen.*
6. Stellen Sie die Datei der Zertifizierungsstelle bereit. Im Falle einer Windows-basierten Zertifizierungsstelle öffnen Sie die zugehörige Zertifikatanforderungssite, indem Sie den Internet Explorer öffnen und die URL *https://<Hostname der Zertifizierungsstelle>/certsrv/certrqtxt.asp* eingeben.

HINWEIS Stellen Sie sicher, dass der Host zuvor in die Liste der vertrauenswürdigen Websites im Browser aufgenommen wurde, um das dort auszuführende ActiveX-Steuerelement verwenden zu können.

7. Kopieren Sie den gesamten Inhalt der zuvor erzeugten Zertifikatanfragedatei in das Eingabefeld *Gespeicherte Anforderung* (Abbildung 6.10).
8. Wählen Sie eine passende Zertifikatvorlage aus (z.B. Webserver) und klicken Sie auf *Einsenden*.

Abbildg. 6.10 Offlinezertifikatanfrage

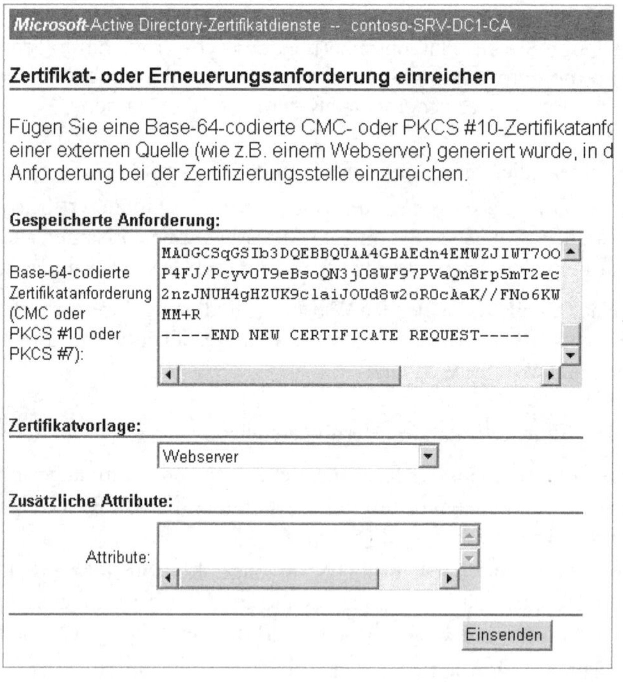

9. Je nach Konfiguration der Zertifizierungsstelle erhalten Sie nun direkt das Zertifikat oder müssen zunächst auf die Freigabe des Zertifikats durch den Zertifizierungsstellenadministrator warten. Im Falle einer direkten Freigabe erscheint das ausgestellte Zertifikat unmittelbar. Klicken Sie auf *Download des Zertifikats* (Abbildung 6.11).

Abbildg. 6.11 Zertifikat downloaden

10. Klicken Sie auf *Speichern*, geben Sie einen gewünschten Speicherort an und klicken Sie erneut auf *Speichern*.
11. Installieren Sie nun das ausgestellte Zertifikat, indem Sie zum Internetinformationsdienste (IIS)-Manager zurückkehren und unter *Serverzertifikate* auf *Zertifikatanforderung abschließen* klicken (Abbildung 6.12).

Abbildg. 6.12 Zertifikatanforderung abschließen

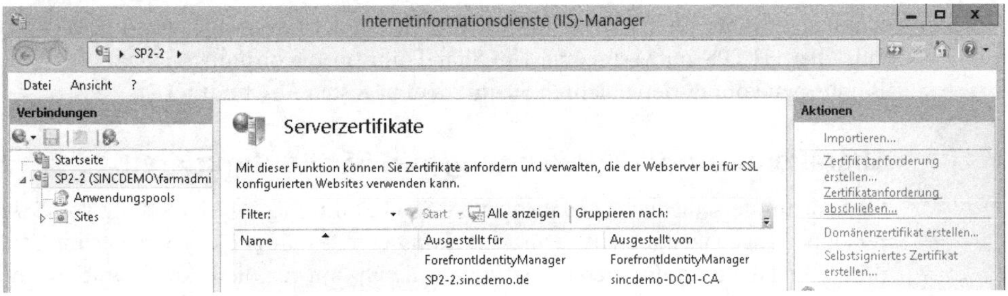

12. Geben Sie den Pfad zur zuvor gespeicherten Zertifikatdatei an, wählen Sie einen Anzeigenamen aus, und klicken Sie abschließend auf *OK*.

Fahren Sie fort, indem Sie im nächsten Abschnitt das Zertifikat an die SharePoint-Site binden.

Zertifikat an die SharePoint-Site binden

Verknüpfen Sie mithilfe dieser Anweisungen das zuvor installierte Zertifikat mit Ihrer SharePoint-Site:

1. Öffnen Sie die Internetinformationsdienste (IIS)-Manager-Konsole auf dem SharePoint-Web-Front-End-Server, navigieren Sie in der linken Feldhälfte auf den Knoten mit der für SSL zu aktivierenden SharePoint-Site und klicken Sie auf den Knoten.
2. Klicken Sie in der rechten Leiste *Aktionen* auf den Link *Bindungen*.
3. Klicken Sie auf *Hinzufügen*.
4. Geben Sie die Sitebindungsdaten an (Abbildung 6.13).

Abbildg. 6.13 Anlegen einer neuen Sitebindung für SSL

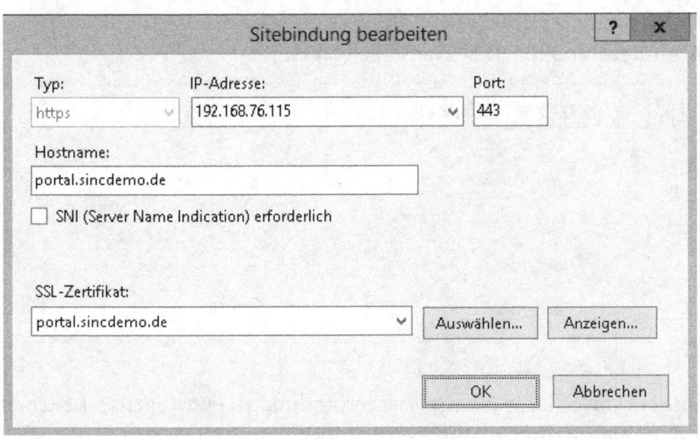

5. Wählen Sie aus dem Dropdownlistenfeld *Typ* den Wert *https* aus, belassen Sie das Feld *Port* beim SSL-Standardport *443*. Im Feld *IP-Adresse* geben Sie ggf. die der SharePoint-Site zugeordnete IP-Adresse an. Dies wird spätestens dann erforderlich, sobald Sie mehrere Sites für die Verwendung von SSL auf dem Standardport konfigurieren möchten. In diesem einfachen Szenario bleibt das Kontrollkästchen für SNI deaktiviert.
6. Im Feld *SSL-Zertifikat* wählen Sie das zuvor erstellte Zertifikat aus und klicken abschließend auf *OK*.
7. Klicken Sie auf *Schließen*.

Somit steht Ihnen Ihre Website unmittelbar neben der unverschlüsselten HTTP-Verbindung ebenfalls über HTTPS zur Verfügung. Um SharePoint für die ordnungsgemäße Verwendung der neuen Bindung zu konfigurieren, fahren Sie mit dem nächsten Abschnitt fort.

SharePoint für die Verwendung von SSL konfigurieren

Sie haben unterschiedliche Möglichkeiten, SharePoint für die Verwendung von SSL zu konfigurieren. Eine Möglichkeit besteht darin, SharePoint bereits während der Bereitstellung einer Webanwendung für SSL zu konfigurieren. Sie finden die Option für diese Konfiguration im Dialogfeld zur Erstellung der Webanwendung (Abbildung 6.14).

Abbildg. 6.14 SSL-Aktivierung beim Anlegen einer Webanwendung

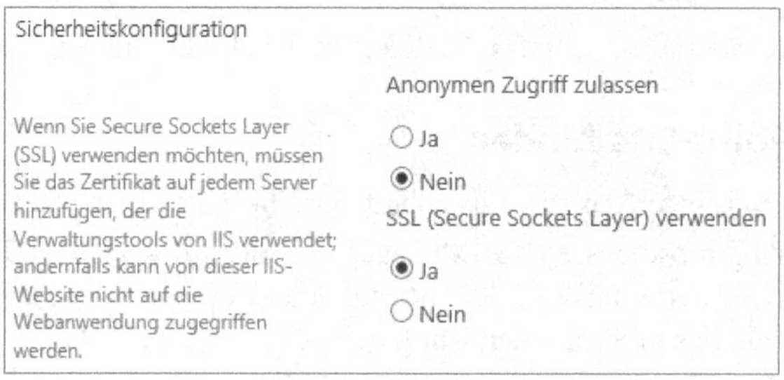

Sofern Sie SharePoint erst nachträglich für die Verwendung von SSL konfigurieren, passen Sie die AAM so an, dass Sie die angepassten HTTPS-URLs in die AAMs aufnehmen bzw. die bestehende HTTP-Standard-URL überschreiben (Abbildung 6.15). Beachten Sie dazu die Hinweise zur Einrichtung in den Kapiteln 4 und 9.

Abbildg. 6.15 Nachträgliche AAM-Anpassung für HTTPS, anstelle von HTTP

Planen Sie, den Einsatz von SSL für die Browserverbindung zu erzwingen, erhalten Sie in Kapitel 13 umfassende Informationen zu dieser Aufgabenstellung.

Prozessisolation für privilegierte Konten etablieren

Für eine Reihe von SharePoint-Dienstinstanzen kann trotz der Verwendung von isolierten Anwendungspoolkonten im Rahmen der Einrichtung in den Kapiteln 4 bis 5 nicht das gewünschte Ergebnis hinsichtlich der Isolation von Benutzerkonten erreicht werden. Hintergrund sind die zur jeweiligen SharePoint-Dienstinstanz zugehörigen Windows-Dienste, die standardmäßig im Kontext des Farmkontos ausgeführt werden. Dieses Farmkonto, mit dem auch zentrale Dienste wie der SharePoint-Timerdienst (*OWSTimer.exe*) ausgeführt werden, besitzt zahlreiche Zugriffsprivilegien, die man zur Reduktion der Angriffsfläche nicht auf die Peripheriedienste ausweiten möchte. Aus diesem Grund gibt es eine Regeldefinition der Integritätsanalyse (siehe Kapitel 6), die genau auf diese Diskrepanz zur Optimierung der Sicherheit aufmerksam macht.

Zur Optimierung der Sicherheit in diesem Kontext ändern Sie den Kontext des jeweiligen Windows-Diensts (Tabelle 6.1).

ACHTUNG Ändern Sie die Windows-Dienstidentität keinesfalls mithilfe der Windows-Dienststeuerung, sondern benutzen Sie unbedingt die SharePoint-Dienststeuerung. Nur so kann gewährleistet werden, dass alle Mitgliedserver der Farm eine identische Konfiguration erhalten und auch nach nachfolgenden Änderungen, wie dem Ausführen des Konfigurations-Assistenten der Farm, noch die gewünschte Konfiguration besitzen.

Tabelle 6.1 Standard-SharePoint-Dienstinstanzen, die einer Optimierung bedürfen (Präfix Windows-Dienst)

SharePoint-Dienstinstanz	Beschreibung
Benutzerprofil-Synchronisierungsdienst	Dieser Dienst wird bereits in den Vorgängerversionen für eine Abänderung empfohlen. Diese hat sich jedoch als durchaus problematisch erwiesen. Vor diesem Hintergrund wird nicht empfohlen, das Dienstkonto abzuändern.
Forderungen an den Windows-Tokendienst	Die Abänderung des Kontos wird im Authentifizierungskapitel 12 behandelt
Microsoft SharePoint Foundation-Sandkasten-Codedienst (SPUserCodeV4)	Der Sandkasten-Code, innerhalb dessen die benutzerdefinierten Lösungen sicher ausgeführt werden, sollte unter einer nicht privilegierten Identität ausgeführt werden
Verteilter Cache	Der zugehörige Windows-Dienst ist der AppFabric-Cachedienst. Für das Abändern des Kontos sind weiterführende Änderungen erforderlich, die in Kapitel 9 eingehender behandelt werden.
Suchhostcontroller-Dienst	Der Suchhostcontroller-Dienst wird trotz der Zuordnung eines expliziten Suchdienstkontos zunächst unter dem Farmkonto ausgeführt. Sie sollten dieses Konto nachträglich auf das SharePoint-Suchdienstkonto abändern.

Zur Abänderung der Windows-Dienstinstanzidentitäten navigieren Sie in der Zentraladministration im Bereich *Sicherheit* im gleichnamigen Abschnitt auf *Dienstanwendungen konfigurieren*. Wählen Sie dort die gewünschte Dienstinstanz aus und wählen Sie das zugehörige alternative Dienstkonto aus.

Beachten Sie, dass Sie lediglich auf verwaltete Konten verweisen können, die zuvor zentral registriert wurden.

Installation optimieren

Die Optimierung der Installation ist ein wichtiger Bestandteil einer SharePoint-Bereitstellung, da sie auf diesem Weg stark belastete Komponenten einer Serverfarm entlasten und die Wartezeiten für Benutzer reduzieren können.

BLOB-Cache aktivieren

Von den verschiedenen, in SharePoint möglichen Cache-Optimierungen, bietet die Optimierung des BLOB-Caches das mit Abstand bedeutendste Potenzial bei der Beschleunigung Ihrer SharePoint-Umgebung.

Weiterführende Hinweise zum Planen und Verwalten aller drei Cachemethoden (inklusive Ausgabe- und Objektcache) finden Sie in den Kapiteln 3 und 9.

Der BLOB-Cache reduziert die Belastung des Datenbanksystems und beschleunigt die Zugriffe auf SharePoint-Websites, indem statische Inhalte auf dem Web-Front-End-Server zwischengespeichert und an den Anwender gesandt werden, ohne wiederholt auf die Datenbank zuzugreifen.

Der BLOB-Cache wird über die *web.config*-Datei, also auf Webanwendungsbasis, konfiguriert und ist standardmäßig nicht aktiviert.

ACHTUNG Wenn Sie den BLOB-Cache verwenden möchten, sollten Sie keine Webgärten verwenden. Da nur ein Prozess die erforderliche Sperre zum Verwalten des Caches erhalten kann, hängt die erfolgreiche Verwendung des Caches davon ab, von welchem Thread eine Anforderung bedient wird. Sobald ein Webgarten ohne BLOB-Cachesperre eine Anforderung bedient, werden den in der Antwort gesendeten Inhalten keine Cachedirektiven zugeordnet. Dadurch wird sowohl die Anzahl der Anforderungen als auch die Datenmenge erhöht, die über das Netzwerk gesendet wird. Wenn mehrere Webgärten in einer Serverfarm konfiguriert sind, stellt dies ein Problem dar, da nur einer davon die erforderliche Sperre zum Verwalten des BLOB-Caches erhalten kann. Folglich scheint es, dass der BLOB-Cache nur zeitweise funktioniert. Die erfolgreiche Verwendung des BLOB-Caches ist dann davon abhängig, von welchem Thread eine Anforderung bedient wird.

Bei der Festlegung der Größe des BLOB-Caches müssen Sie die Anzahl und Größe der Dateien berücksichtigen, um die Gesamtgröße der im Cache zu speichernden Daten zu bestimmen. Standardmäßig wird für den BLOB-Cache ein Wert von 10 GB festgelegt. Der Speicherplatz auf dem Laufwerk sollte um mindestens 20 Prozent größer als die Cachegröße sein. Wenn beispielsweise 10 GB an Inhalt vorhanden ist, legen Sie als Cachegröße 12 GB auf einem Laufwerk mit mindestens 15 GB Speicherplatz fest. Falls der BLOB-Cache zu klein ist, wird die Bereitstellung von Dateien für Benutzer verlangsamt, wodurch die Leistung Ihrer Website reduziert wird.

HINWEIS Beachten Sie, dass durch die Aktivierung des BLOB-Caches umgehend ein IIS-Prozessrecycling erfolgt. Somit kommt es zu einer kleinen Unterbrechung im Betrieb beim Zugriff auf die Plattform.

Zur Aktivierung des BLOB-Caches gehen Sie wie folgt vor:

1. Öffnen Sie die *web.config*-Datei der entsprechenden Webanwendung. Sie finden die Datei standardmäßig unter *C:\inetpub\wwwroot\wss\VirtualDirectories\[Bezeichnung der Webanwendung]*.
2. Suchen Sie nach dem Abschnitt *BlobCache*. Standardmäßig sieht die entsprechende Konfiguration wie folgt aus:

```
<BlobCache location="C:\BlobCache\14"
path="\.(gif|jpg|jpeg|jpe|jfif|bmp|dib|tif|tiff|themedbmp|themedcss|themedgif|themedjpg|
themedpng|ico|png|wdp|hdp|css|js|asf|avi|flv|m4v|mov|mp3|mp4|mpeg|mpg|rm|rmvb|wma|wmv|ogg|
ogv|oga|webm|xap)$" maxSize="10" enabled="false" />
```

3. Setzen Sie den Wert für *enabled* auf *true*, passen Sie ggf. die Speichergröße des BLOB-Caches über den Wert *maxSize* (in GB) und das Speicherverzeichnis für den BLOB-Cache über den Parameter *location* an.

HINWEIS Sollte das von Ihnen angegebene Verzeichnis für den BLOB-Cache nicht existieren, wird es automatisch erstellt.

4. Optional haben Sie über die Anpassung der Werte für den Parameter *path* die Möglichkeit, die vom Cache zu verwendenden Dateitypen zu beeinflussen. Es wird empfohlen, das BLOB-Cache-Verzeichnis auf einer vom Betriebssystem getrennten Partition zu speichern.
5. Speichern Sie die *web.config*-Datei und schließen Sie sie.

Der BLOB-Cache wird durch diese Maßnahmen unmittelbar aktiv. Weitere Grundlageninformationen zur Funktion des Caches finden Sie in Kapitel 8.

SQL Server optimieren

Der SQL Server spielt eine zentrale Rolle bei der Gesamtleistung einer SharePoint-Farm. In diesem Abschnitt werden daher einige Maßnahmen beschrieben, die die SQL Server-Leistung positiv adressieren.

Protokolldateiwachstum

Standardmäßig wachsen die Transaktionsprotokolle in Schritten von jeweils 1 MB. Dies führt zu unnötig häufigen Änderungsoperationen. Es wird empfohlen, für das Wachstum der Protokolle und sekundär auch für das der Datenbanken eine feste Inkrementierung vorzudefinieren. Diese Inkrementierung wird in Abhängigkeit von der Summe der jeweils vorliegenden bzw. zu erwartenden Daten gewählt. So ist eine Inkrementierung der Transaktionsprotokolle für stark wachsende Teamsite-Inhaltsdatenbanken um 20 MB sicherlich zu gering, wohingegen ein vergleichsweise statisches Intranetportal recht angemessen bedient wäre.

Die Inkrementierung für die Inhaltsdatenbanken sollte nicht prozentual, sondern ebenfalls absolut erfolgen, da Sie in Umgebungen mit einem großen Datenarchiv andernfalls im Rahmen einer Inkrementierung den Speicherplatz überbuchen könnten.

Das Wachstum der Protokolle und Datenbanken steuern Sie in den jeweiligen Datenbankeigenschaften auf der Seite *Dateien*. Klicken Sie für eine Änderung in der Spalte *Automatische Vergrößerung/Maximale Größe* auf die entsprechende Schaltfläche (Abbildung 6.16).

Abbildg. 6.16 Anpassung der automatischen Protokoll- und Datenbankvergrößerung

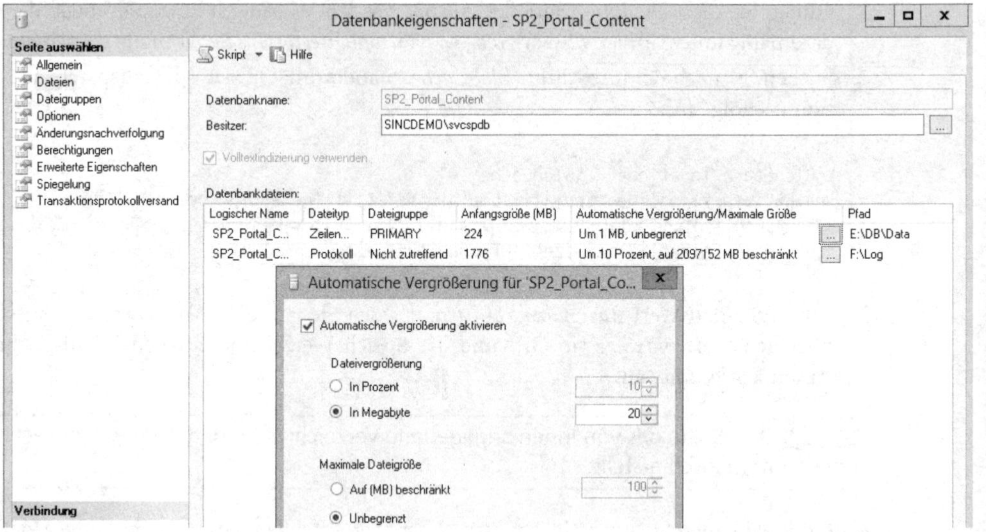

TIPP Um auch neue Datenbanken automatisch von Ihrer Änderung partizipieren zu lassen, ändern Sie die entsprechende Konfiguration für die *model*-Datenbank, die Sie unter den Systemdatenbanken vorfinden.

Sonstige Parameter

Achten Sie darauf, dass der Wert für den maximalen Grad an Parallelität auf dem Standardwert 1 verbleibt (Abbildung 6.17). Sie finden den Wert auf der Seite *Erweitert* in den Server-Eigenschaften der Datenbankinstanz.

Abbildg. 6.17 Maximaler Grad an Parallelität

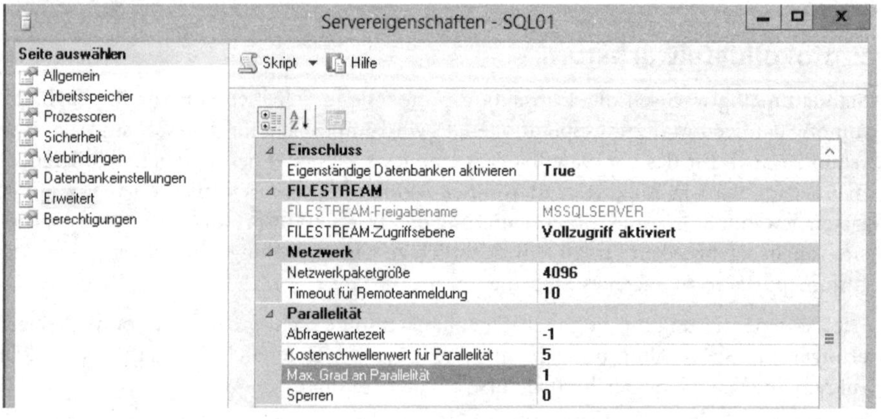

Einige weitere Aspekte, die in späteren Kapiteln erläutert werden, sind:

- Verwendung von Sicherungskompression für die Datenbanksicherungen
- Ändern Sie das Wiederherstellungsmodell von Inhaltsdatenbanken nur für besondere Operationen, wie Bulkimports oder Bulkänderungen ab. Das Standardwiederherstellungsmodell ist *Vollständig* und sollte unbedingt beibehalten werden.
- Stellen Sie sicher, dass sich die TempDB auf dem IOPS-leistungsfähigsten (Ein- und Ausgaben pro Sekunde) Laufwerk befindet und nicht mit anderen koallokierten Anwendungen bzw. Transaktionsprotokollen um IOPS konkurriert.

Weitere datenbankrelevante Optimierungen im Rahmen der Wartungsaktivität werden im nachfolgenden Kapitel 7 behandelt.

Bitratendrosselung aktivieren

Die Bitratendrosselung dient der Reduzierung der für einen Download bzw. der Wiedergabe von Mediendateien zur Verfügung stehenden Bandbreite. Die Geschwindigkeit des Downloads wird dabei auf die zur Wiedergabe erforderliche Geschwindigkeit begrenzt.

Für die Verwendung der Bitratendrosselung wird dringend die vorhergehende Aktivierung des BLOB-Caches empfohlen. Dort sind zuvor ebenfalls die für die Bitratendrosselung erforderlichen Dateitypen zu definieren.

Zu diesem Zeitpunkt liegen die IIS Media Services in der Version 4.1 vor. Entgegen einiger nicht aktualisierter Verweise ist diese Version auch unter Windows Server 2012 lauffähig, welche jedoch nicht mehr die klassischen Windows Media Services unterstützt. Diese werden durch die Verlagerung auf die IIS Media Services mit der Einführung von Windows Server 2012 nicht weiter entwickelt.

Die Hauptquelle für Informationen zu dieser Komponente finden Sie unter *http://www.iis.net/media* [Ms156-K06-04]. Den Download der Komponente finden Sie unter der URL *http://go.microsoft.com/?linkid=9789093* [Ms156-K06-05]. Mithilfe des Links wird ein Webplattform-Installer initialisiert, der diese Komponente unmittelbar auf dem Web-Front-End-Server installiert. Sollten Sie keine Onlineverbindung zur Verfügung haben, finden Sie ebenfalls einen entsprechenden Download unter *http://www.microsoft.com/download/details.aspx?id=6164* [Ms156-K06-06], um die Ressourcen von einem alternativen System herunterzuladen und im Anschluss manuell auf den Server zu übertragen.

Die nachfolgenden Schritte für die Aktivierung der Bitratendrosselung sollten auf jedem SharePoint-Server mit der Web-Front-End-Rolle ausgeführt werden. Diese Server sind die einzigen, die direkt mit dem Client kommunizieren.

1. Rufen Sie den IIS Media Services-Installer direkt auf dem Web-Front-End auf und folgen Sie den Anweisungen des Assistenten.
2. Nach Abschluss der Installation, während der auf Onlineressourcen zugegriffen wird, finden Sie in der Internetinformationsdienste (IIS)-Manager-Konsole die Steuerung auf Webserverebene im Abschnitt *Mediendienste* vor (Abbildung 6.18).

Abbildg. 6.18 Steuerungsoberfläche der Mediendienste

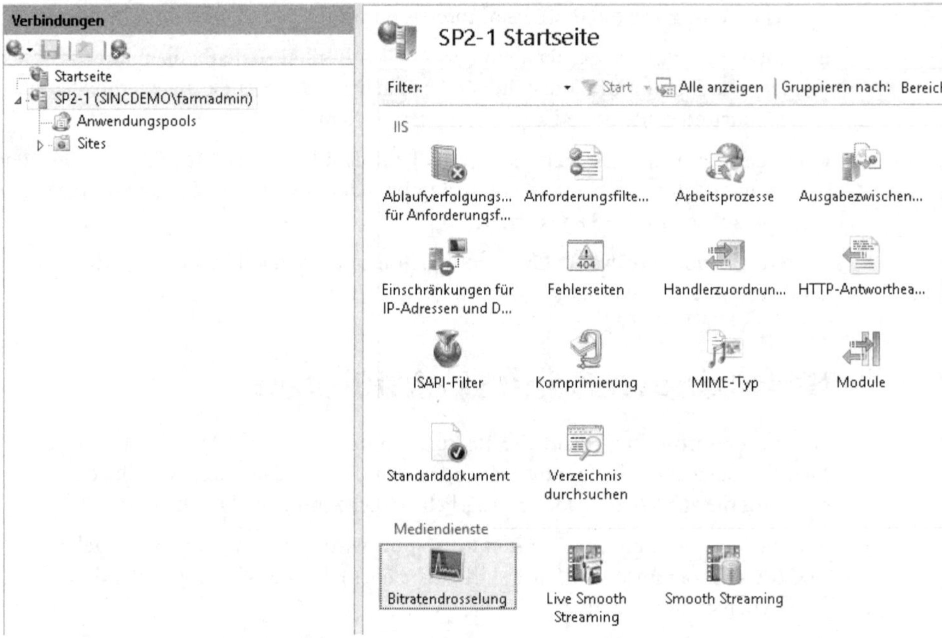

3. Vordefiniert (jedoch erweiterbar) finden Sie in der Bitratendrosselung diverse Erweiterungen vor. Um die Bitratendrosselung zu aktivieren, klicken Sie in der rechten Fensterspalte *Aktionen* auf *Aktivieren* (Abbildung 6.19).

Abbildg. 6.19 Aktivierung der Bitratendrosselung

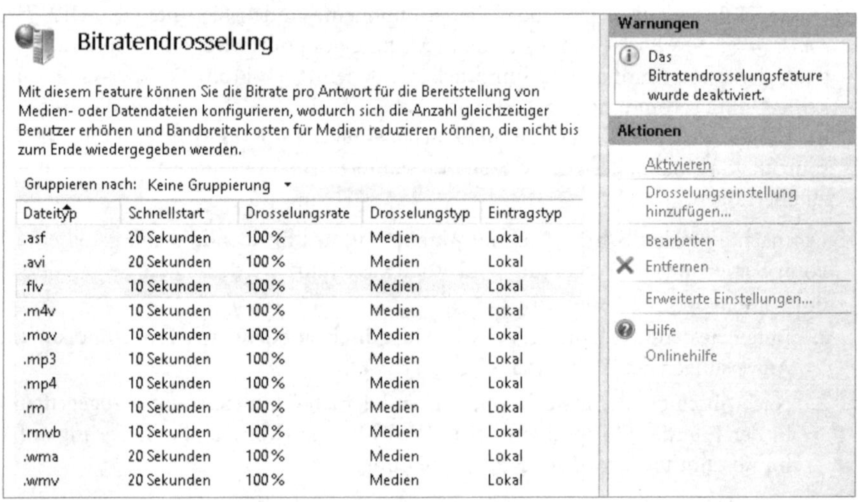

HINWEIS In den jeweiligen Detaileinstellungen der Medienformate können Sie mithilfe der Spalte *Schnellstart* bestimmen, wie viele Sekunden die Mediendatei vor Beginn der Wiedergabe zwischenzuspeichern ist.

4. Mithilfe des Links *Erweiterte Einstellungen* in der rechten Fensterspalte *Aktionen* können Sie mithilfe der Standarddrosselungsrate festlegen, wie hoch die Transferbandbreite für nicht erkannte Bitraten in einzelnen Mediendateien sein darf (Abbildung 6.20).

   Der Parameter *Maximale Drosselungsrate* bestimmt indes unabhängig von den automatisch kalkulierten Bitraten, wie hoch die maximal zugelassene Transferrate ist.

Auf Webanwendungsebene existiert noch ein weiterer Wert für die Zieldurchsatzrate der Website, welcher den kumulierten Wert der Transfers repräsentiert.

Abbildg. 6.20 Wichtige Standardparameter der Bitratendrosselung

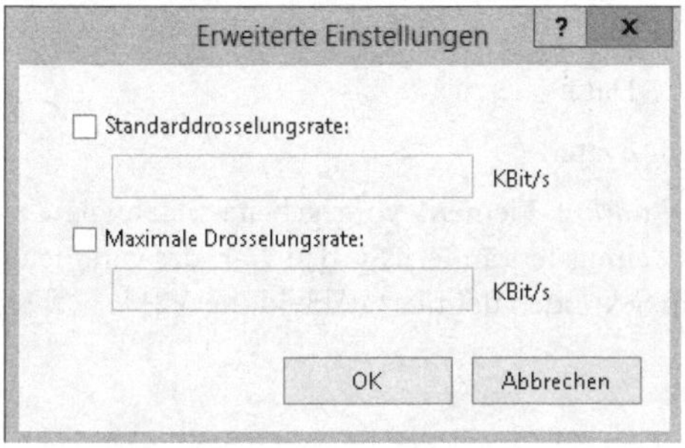

Weiterführende Informationen zur Bitratendrosselung finden Sie in Kapitel 8.

Maximale Uploaddateigröße bestimmen

Die maximale Uploaddateigröße ist eine von der SharePoint 2013-Webanwendung verwendete Einstellung, mit der die maximale Größe der Dateien angegeben wird, die der Benutzer auf den Server hochladen kann. Beim Erstellen einer neuen Webanwendung wird von SharePoint Server 2013 standardmäßig anstelle der noch unter SharePoint 2010 vordefinierten 50 MB nun eine maximale Uploadgröße von 250 MB festgelegt. Der Uploadvorgang scheitert, wenn ein Benutzer versucht, eine Datei hochzuladen, die größer als die angegebene maximale Uploadgröße ist.

HINWEIS Unabhängig davon, welche Werte Sie an den unterschiedlichen Konfigurationsschnittstellen für die maximale Uploaddateigröße hinterlegen, beträgt die maximale Dateigröße 2 GB.

Jeder Benutzer, der eine Datei in eine Bibliothek hochlädt, verwendet eine Serververbindung und erhöht den Datenumfang in der Datenbank. Dadurch werden Auslastung, Antwortzeit und Datenkapazität für einen Server beeinträchtigt. In Abhängigkeit von Ihrem Szenario kann dies negative Auswirkungen auf die Serverleistung haben, falls der Server nicht für die Verarbeitung größerer Dateimengen konfiguriert ist. Bei der Bestimmung des Grenzwerts für die Uploaddateigröße für Ihren Server sollten Sie die Anzahl der Benutzer für Ihre Website sowie die Größe der hochgeladenen Dateien berücksichtigen.

ACHTUNG Unabhängig von der Obergrenze des Datenlimits für einzelne Dateien kann es aufgrund von Verbindungstimeoutwerten für die Webanwendung ebenfalls zu einem Fehler kommen, daher sollten Sie Ihrem Szenario entsprechend auch die Timeoutwerte rejustieren.

Zum Konfigurieren der Uploaddateigröße in SharePoint Server 2013 muss ein Farmadministrator in der Zentraladministration im Abschnitt *Anwendungsverwaltung* unter *Webanwendungen verwalten* auf der Seite *Allgemeine Webanwendungseinstellungen* die Option *Maximale Uploadgröße* ändern. Der maximale Wert beträgt 2.047 MB.

Beachten Sie, dass bei der Erhöhung der maximalen Uploaddateigröße für eine Webanwendung, für die Sie die Inhaltsbereitstellung von Inhalten verwenden, nicht nur die maximale Uploaddateigröße auf dem Quellserver, sondern auch auf dem Zielserver erhöhen. Andernfalls kann der Auftrag zur Inhaltsbereitstellung fehlschlagen.

Neben dieser Konfigurationsoption gibt es noch zwei weitere essentielle Parameter, die das Up- und Downloadverhalten beeinflussen:

- Das Element *httpRuntime* der *web.config*-Datei
- Das Element *requestLimits* der *web.config*-Datei

Standardmäßig beträgt das über das *httpRuntime*-Element vorgegebene maximale Zeitfenster für Uploads eine Stunde. Zum Anpassen dieses Zeitfensters ändern Sie den Wert des Parameters *executionTimeout* wunschgemäß ab. Der Wert wird in Sekunden definiert (Abbildung 6.21).

Abbildg. 6.21 Maximale Zeitspanne für Uploads definieren

```
<location path="_layouts/UploadEx.aspx">
  <system.web>
    <httpRuntime maxRequestLength="2097151" executionTimeout="3600" />
  </system.web>
```

Der Wert für den Parameter *maxAllowedContentLength* im Element *requestFilterung* bestimmt zusätzlich zum maximalen Uploadlimit die Dateigröße. Standardmäßig ist dieser Wert auf 2 GB gesetzt. Der Wert wird in Byte definiert (Abbildung 6.22).

Abbildg. 6.22 Maximale Dateigröße in Byte

```
<system.webServer>
  <security>
    <requestFiltering allowDoubleEscaping="true">
      <requestLimits maxAllowedContentLength="2147483647" />
    </requestFiltering>
  </security>
```

Legen Sie vor einer Anpassung der *web.config*-Datei eine Sicherungskopie dieser Datei an. Die hier angeführten Änderungen werden umgehend nach dem Speichern aktiv.

Zum Setzen der maximalen Uploaddateigröße mithilfe der PowerShell verwenden Sie das Beispielskript aus Listing 6.4.

Listing 6.4 Setzen der maximalen Uploaddateigröße

```
$webapplication=Get-SPWebApplication [URL der Webanwendung]
$webapplication.MaximumFileSize=2047
$webapplication.Update()
```

Alternativ können Sie den Verbindungstimeout-Wert auch mithilfe des Internetinformationsdienste (IIS)-Managers abändern (Abbildung 6.23).

Abbildg. 6.23 Verbindungstimeout im IIS-Manager auf Webanwendungsebene steuern

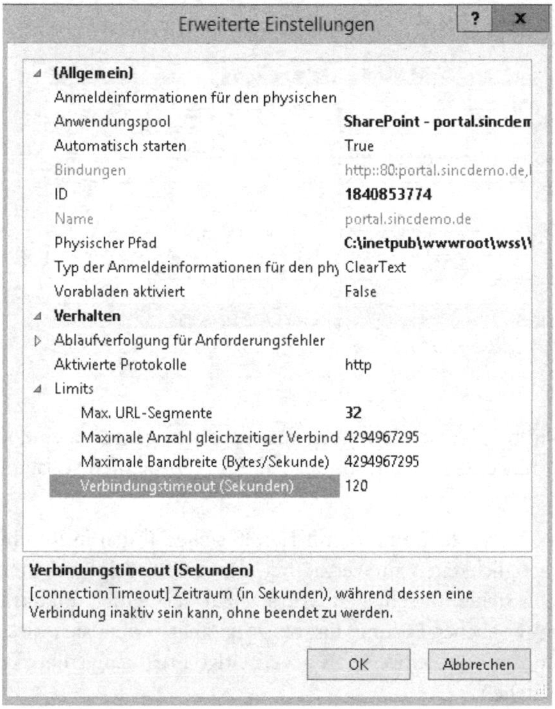

Warm-up einrichten

Seit der Einführung von IIS 6.0 und der zugehörigen Logik der Wiederverwendung von Anwendungspools existiert ein Grundproblem für alle Webanwendungen: Durch die Wiederverwendung von Webanwendungsprozessen wird einerseits dafür gesorgt, dass die Webanwendungen durch Speicherlöcher oder andere Probleme nicht schleichend zum Erliegen kommen. Andererseits impliziert dies, dass ein Benutzer, der nach der Wiederverwendung eines Webanwendungsprozesses als erster Besucher auf die Webanwendung trifft, deutliche Wartezeiten in Kauf nehmen muss. Der Grund für diese Wartezeiten besteht darin, dass die .NET Framework-Anwendung zunächst kompiliert und geladen werden muss bzw. der Just-in-Time-Compiler den Cache nach einer Wiederverwendung neu befüllt. Dies kann bei Benutzern, die den Grund für die erhebliche Wartezeit nicht kennen, zu Frustration und Misstrauen gegenüber der Zuverlässigkeit des Systems führen.

Die Wiederverwendung wird für SharePoint-Webanwendungen automatisiert über eine Zeitspanne während der Nachtstunden verteilt (Abbildung 6.24), sodass eine Wiederverwendung standardmäßig mindestens einmal im Laufe eines Tags eintritt.

Abbildg. 6.24 Wiederverwendungseinstellung eines Webanwendungspools

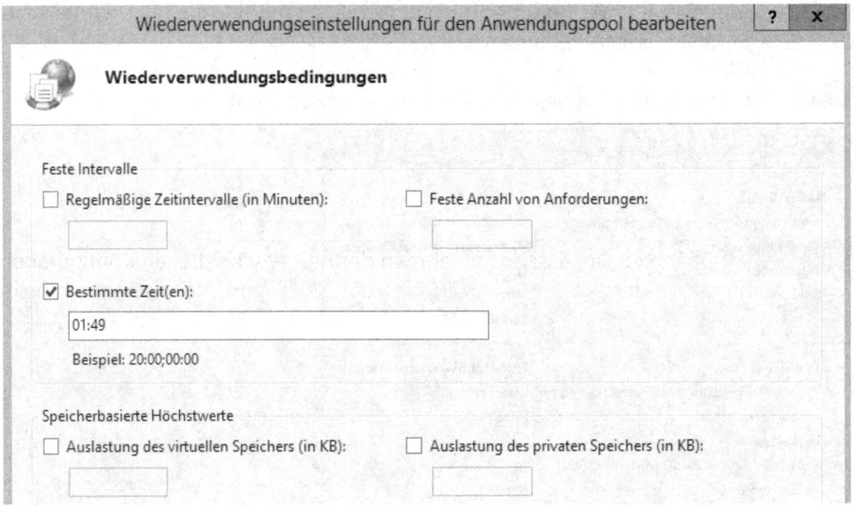

Indes ist ein korrektes Warm-up in mehrschichtig redundanten Farmen geradezu eine Kunst, da es in diesen Umgebungen gilt, nicht nur einen Server, sondern alle Server in einen vollständig »aufgewärmten« Zustand zu versetzen.

Mit der Einführung von Windows Server 2012 und damit IIS 8.0 stehen Ihnen in Kombination mit PowerShell 3.0 einige zusätzliche Möglichkeiten zur Verfügung, deren Grundeigenschaften in diesem Abschnitt erläutert werden sollen. Es stehen verschiedene Ansätze zur Verfügung, um das Problem zu adressieren. Hier wird ein Auszug möglicher Lösungsansätze vorgestellt, wobei sich diese Lösungen nicht zwangsläufig als Alternativen, sondern teilweise als gegenseitige Ergänzungen auf dem Weg zu einer adäquaten Gesamtlösung verstehen:

- IIS 8.0-Anwendungsinitialisierung
- PowerShell-basierter Ansatz
- Weitere Lösungen

IIS 8.0-Anwendungsinitialisierung

Die in IIS 8.0 standardmäßig erstmalig verfügbare IIS-Anwendungsinitialisierung bietet einen Lösungsansatz für ein Detailproblem der Warm-up-Problematik: der Reinitialisierung von Anwendungspools im Rahmen der automatisierten Prozesswiederverwendung.

HINWEIS Die Anwendungsinitialisierung steht für Windows Server 2008 R2-basierte Server als optionaler Download unter *http://www.microsoft.com/download/details.aspx?id=30433* [Ms156-K06-07] zur Verfügung.

Die Prozesswiederverwendung führt gemäß der definierten Schwellwerte dazu, dass ein Anwendungspool regelmäßig neu initialisiert wird. Findet zum Zeitpunkt der Reinitialisierung kein aktiver Zugriff statt, wird nicht parallel ein neuer Prozess initialisiert und dem ersten Benutzer, der in der Folge zugreift, die Bürde des Wartens auf die Reinitialisierung auferlegt. Diese Reinitialisierung ist dabei zwar lästig, jedoch bildet sie eine Randerscheinung beim Warm-up ab, da ein Großteil der Wartezeiten beim Erstzugriff von Anwendern durch die Kompilierung von Assemblys entsteht, welche erst beim Aufruf der entsprechenden Seiten geladen werden. Für dieses Problem bietet die Anwendungsinitialisierung in IIS keine guten Lösungen. Die Reduktion der Wartezeiten um einige Sekunden ist jedoch dennoch lohnend genug, um diese Teillösung als Baustein in der Gesamtstrategie zu nutzen.

Zur Bereitstellung der Anwendungsinitialisierung gehen Sie auf jedem SharePoint-Server der Farm wie folgt vor.

HINWEIS Beachten Sie, dass es im Rahmen der hier beschriebenen Konfigurationsanpassungen zu mehreren Prozesswiederverwendungen und somit zu Unterbrechungen beim Zugriff auf die SharePoint-Webanwendungen kommt.

1. Installieren Sie die zusätzliche Rollenfunktionalität, indem Sie im Konfigurations-Assistenten für Serverrollen und Features im Abschnitt *Serverrollen* unter *Webserver (IIS)/Webserver/Anwendungsentwicklung* das Kontrollkästchen *Anwendungsinitialisierung* aktivieren (Abbildung 6.25).

Abbildg. 6.25 Hinzufügen der Funktionalität

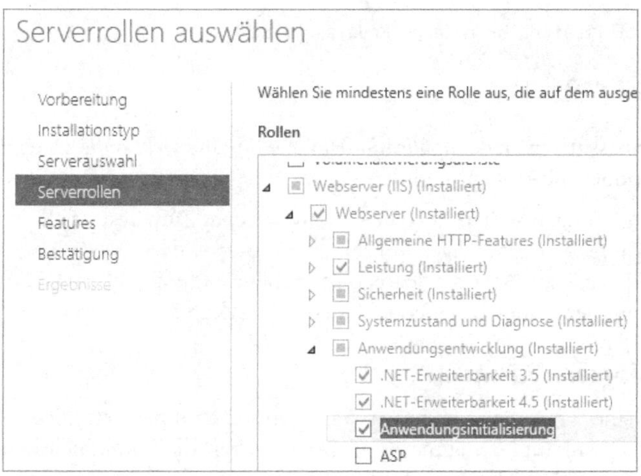

Beenden Sie den Assistenten ordnungsgemäß und fahren Sie mit dem nächsten Arbeitsschritt fort.

2. Öffnen Sie die *applicationHost.config*-Datei (unter *%SystemRoot%\System32\inetsrv\config*) und nehmen Sie die nachfolgenden Anpassungen vor.

HINWEIS Erstellen Sie vor dem Bearbeiten der Datei *applicationHost.config* eine Sicherungskopie der Datei im gleichen Verzeichnis.

3. Für jeden Anwendungspool existiert ein Element *<Add name=[Name des Anwendungspools]>*. Fügen Sie dem Element das neue Attribut *startMode* hinzu und setzen Sie den Wert auf *AlwaysRunning*. Beispielsweise lautet das Element wie folgt:

```
<add name="portal.sincdemo.de" autostart="true" startMode="AlwaysRunning"
managedRuntimeVersion="v4.0" managedPipelineMode="Integrated">
```

4. Um zusätzlich Abfragen an die Webanwendung abzusetzen, lokalisieren Sie im *<Sites>*-Element das *<Site>*-Element mit dem entsprechenden Namen und setzen Sie den Wert des Attributs *preLoadEnabled* auf *true*. Beispielsweise lautet das Element wie folgt:

```
<site name"portal.sincdemo.de" id="xyz" serviceAutoStart="true">
<application path="/" applicationPool="portal.sincdemo.de" preloadEnabled="true">
```

5. Öffnen Sie nun die jeweilige *web.config*-Datei der Webanwendung. Sie finden die *web.config*-Dateien unterhalb des individuellen Verzeichnisses *C:\inetpub\wwwroot\wss\VirtualDirectories/[Name der Webanwendung]*.

Erstellen Sie vor dem Bearbeiten der *web.config*-Datei eine Sicherungskopie der Datei im gleichen Verzeichnis.

6. Um der Anwendungsinitialisierung für die PreLoad-Funktionalität eine Seite mitzuteilen, die für die Aufrufe zu nutzen ist, fügen Sie das folgende Element hinzu:

```
<applicationInitialization skipManagedModules="true">
   <add initializationPage="/" />
</applicationInitialization>
```

7. Führen Sie die Anpassungen an der *applicationHost.config*- und *web.config*-Datei für alle relevanten Anwendungspools und Webanwendungen aus.

Die so realisierten Änderungen sollten umgehend aktiv werden. Zum Test des Ergebnisses können Sie beispielsweise mithilfe der IIS-Manager-Konsole eine Prozesswiederverwendung forcieren, ca. 30 Sekunden warten und den Zugriff auf die SharePoint-Webanwendung proben. Die Wartezeiten sind voraussichtlich noch immer beträchtlich, jedoch um etliche Sekunden kürzer als zuvor.

PowerShell-basiertes Warm-up

Für die Verwendung eines PowerShell-basierten Warm-up stehen Ihnen verschiedenste Ausprägungen in schier endloser Zahl zur Verfügung. Gemeinsam haben die PowerShell-basierten Ansätze, dass sie in der Regel die gleichen Mindestanforderungen haben:

- Inhaltliche Berechtigungen für das ausführende Konto auf alle vom Warm-up betroffenen Webanwendungen. Diese Berechtigungen können beispielsweise mithilfe von Webanwendungszugriffsrichtlinien gewährt werden (*Lesen*).
- Je nach Ansatz werden in der Regel auch Shell-Admin-Berechtigungen für das ausführende Konto benötigt, um mithilfe der PowerShell durch die Zielelemente iterieren zu können.
- Integration des Skripts in die Windows-Aufgabenplanung, um (an gewisse Rahmenbedingungen gekoppelt) zur Anwendung zu gelangen. Hierzu sind dem ausführenden Konto ggf. weitere lokale Privilegien auf dem Server zu gewähren, um eine ordnungsgemäße Ausführung zu ermöglichen (primär *Anmelden als Stapelverarbeitungsauftrag*).

Eine neue Möglichkeit eröffnet sich dabei mithilfe der PowerShell 3.0 durch die Möglichkeiten eines neuen Cmdlets *Invoke-WebRequest*, das die einfache Initialisierung von Webabfragen unterstützt, wie sie auch für ein Warm-up benötigt werden. Beispielsweise können Sie den folgenden Aufruf verwenden:

```
Get-SPWebApplication | ForEach-Object { Invoke-WebRequest $_.url -UseDefaultCredentials -
UseBasicParsing }
```

In diesem einfachen Beispiel iterieren Sie auf oberster Ebene durch alle Webanwendungen und rufen diese auf. Der Nachteil dieses simplen Verfahrens besteht primär in folgenden Aspekten:

- Logik für redundante mehrschichtige Farmen ist nicht enthalten und muss manuell abgebildet werden, z.B. durch lokale oder Remotekopplung in Kombination mit Hostverweisen.
- Es werden nicht zwangsläufig alle Komponenten von SharePoint initialisiert, da einige Assemblys beispielsweise erst beim Aufruf einer bestimmten Websitevorlage, wie beispielsweise einer Seite mit aktivierter Veröffentlichungsinfrastruktur, geladen werden.

Zum Anwenden dieses Verfahrens wird auf allen Web-Front-End-Servern ein entsprechendes Skript hinterlegt, welches in periodischen Abständen über die Aufgabenplanung aufgerufen wird.

Auf Codeplex wurde ebenfalls ein PowerShell-basierter Ansatz veröffentlicht, der unter SharePoint 2013 funktional ist und dabei auch in Szenarien mit ADFS oder Forderungsbasierter Authentifizierung Abhilfe schafft. Sie finden das Skript unter *http://spwakeuppowershell.codeplex.com* [Ms156-K06-08]. In der Übersicht hat die Lösung die folgenden Eigenschaften:

Tabelle 6.2 SPWakeUpPowerShell-Eigenschaften

+	-
Nicht nur Rootwebs werden geladen. Erweiterte Authentifizierungsaspekte (nicht vollumfänglich)	Keine integrierte Logik für das Warm-up komplexerer Farmen Keine Protokollierung oder Aufgabenintegration

Weitere Warm-up-Lösungen

Neben den zuvor beschriebenen Verfahren haben zahllose weitere Personen und Firmen eigene Warm-up-Lösungen konzipiert, von denen hier einige wenige Erwähnung finden sollen:

- **SPBestWarmUp** Hierbei handelt es sich um einen weiteren PowerShell-basierten Ansatz, der alle Webanwendungen enumeriert und jeweils deren vollständige Startseiten lädt. Dieses Skript unterstützt sowohl SharePoint 2010 als auch SharePoint 2013. In der Übersicht hat das Skript folgende Eigenschaften:

Tabelle 6.3 SPBestWarmUp-Eigenschaften

+	-
Besitzt einen Switch *-Install*, um sich in die Aufgabenplanung zu integrieren	Keine integrierte Logik für das Warm-up komplexerer Farmen Keine Unterstützung von fomularbasierten Authentifizierungen Keine Enumeration aller Websitesammlungen oder Adressierung von Sonderaspekten

Sie können das Skript unter *https://spbestwarmup.codeplex.com* [Ms156-K06-09] herunterladen.

- **SharePoint.WarmUp** Dieses Verfahren integriert sich in die Zentraladministration und nutzt zur Steuerung demnach bekannte SharePoint-Mechanismen wie Webanwendungs-Features, Zeitgeberauftragdefinitionen und Steuerungselemente in neuen Menüpunkten. In der Übersicht hat der Ansatz folgende Eigenschaften:

Tabelle 6.4 SharePoint.WarmUp-Eigenschaften

+	-
Steuerung vollständig in die Zentraladministration integriert	Keine integrierte Logik für das Warm-up komplexerer Farmen Unausgereifter Quellcode mit Speicherlochproblemen Nicht produktionsreif

Sie können die SharePoint-Lösung unter *http://sharepointwarmup.codeplex.com* [Ms156-K06-10] herunterladen.

TIPP Um die primären realen Probleme des Warm-ups in einem PowerShell-Skript oder auch programmatischen Ansatz zu adressieren, haben einige Anbieter einen umfassenderen Ansatz gewählt. Zu diesen Anbietern zählen wir von der SINC GmbH. Wir haben einen Ansatz, wonach beispielsweise mithilfe einer Proxymethode verschiedene, automatisch lokalisierte Web-Front-End-Server explizit von einer zentralen Instanz angesprochen werden, ohne dass lokale Hostdateien angepasst, oder andere Mechanismen zweckentfremdet werden. Weitere Anbieter sind 1st Quad, welche beispielsweise einen Mechanismus bieten, der sich in die Verwaltungsoberfläche der Zentraladministration integriert.

Überwachung einrichten

SharePoint 2013 verfügt über eine mit SharePoint 2010 vergleichbare Reihe an Funktionen zur verbesserten Systemüberwachung und -analyse. Nicht alle diese Funktionen sind standardmäßig aktiviert, da sich einige von ihnen negativ auf die Systemleistung auswirken können oder aber auch große Datenmengen erzeugen. Dies betrifft sowohl die lokalen Ressourcen als auch die Ressourcen des Datenbankservers.

Sie können unterschiedliche Strategien verfolgen, um die Überwachungsprotokollierungsfunktionen zu aktivieren. Eine Möglichkeit besteht darin, die Protokollierungen aus Leistungsgründen erst im Fehlerfall zu aktivieren, um gezielt mögliche Problemlösungen anzugehen. Alternativ dazu ist ein proaktives Überwachen sehr hilfreich, um Probleme frühzeitig zu identifizieren und zu isolieren.

HINWEIS Die Einrichtung der Überwachung einer SharePoint-Serverfarm mithilfe von Microsoft System Center Operations Manager 2012 R2 wird in Kapitel 7 beschrieben.

Allgemeines Verschieben von Protokolldaten auf eine Anwendungspartition

Beim Zugriff auf SharePoint entsteht an unterschiedlichsten Stellen eine teilweise massive Protokollierungslast, deren zugehörige Protokolle sowohl aus Handhabungs- bzw. Wartungsgründen, als aber auch aus Ressourcenüberwachungsgründen möglichst an einem dedizierten und einfach zugänglichen Speicherort auf jedem Server lokalisiert werden sollten. Der Hintergrund hierfür besteht darin, dass nicht nur die Inhalte des SharePoint-Inhaltsprotokolls stark verschachtelt sind, sondern im Zuge der Administratoren im Fehlerfall häufig nicht ausreichend Gebrauch von einigen elementaren Protokollen gemacht wird.

Aufgrund der massiven Dimension einiger dieser Protokolle ist zudem eine dedizierte Anwendungs- bzw. Protokollpartition hilfreich, da somit auch allgemeine Wartungsoperationen im Kontext von Ressourcen und Protokollen einfacher zu realisieren sind. Ein weiterer Grund ist die Verfügbarkeit: Nach wie vor ist es nicht selten, dass Server aufgrund mangelnder Ressourcenüberwachung bei eingeschränktem Systempartitionsspeicher ihren Dienst quittieren.

Die folgenden Protokolle sollten vor diesem Hintergrund reallokiert werden (Tabelle 6.5):

Tabelle 6.5 Übersicht der primären Protokolle

Protokollname	Standardpfad	Primäre Rollenrelevanz	Zentrale Konfig.
IIS-Webanwendung	*C:\inetpub\Log\LogFiles\[Webanwendungs-ID]*	WFE APP	
Verwendungsdatenerfassung	*%CommonProgramFiles%\Microsoft Shared\Web Server Extensions\15\LOGS*	WFE APP	✓
Diagnoseprotokollierung	*%CommonProgramFiles%\Microsoft Shared\Web Server Extensions\15\LOGS*	WFE APP	✓

HINWEIS Beachten Sie, dass es Protokollquellen gibt, für die keine zentrale Konfiguration verfügbar ist und diese daher für jeden Server einzeln zu konfigurieren sind. Hinsichtlich der zentral konfigurierbaren Protokolle muss sichergestellt werden, dass der Speicherort auf allen Servern der Farm existiert und im Zweifel auch berechtigungsseitig keine Fehler provoziert. Für die SharePoint-spezifischen Protokolle sollten immer das System und das Farmkonto wenigstens Änderungsberechtigungen auf das Ziel besitzen.

Bereitstellung

Gehen Sie wie folgt vor, um die jeweiligen Protokollpfade abzuändern:

- **IIS-Webanwendungsprotokolle** Im IIS-Manager in den Eigenschaften der jeweilige Webanwendung im Abschnitt *IIS* unter *Protokollierung* (Abbildung 6.26)

Abbildg. 6.26 IIS-Protokollierungssteuerung

Um die Pfade mithilfe der PowerShell abzuändern, müssen Sie zunächst ein Modul zur Verwaltung der Internetinformationsdienste nachladen (Abbildung 6.27), um dann im Anschluss die entsprechende Eigenschaft abzuändern (Listing 6.5).

Listing 6.5 IIS-Protokollpfade abändern

```
Import-Module WebAdministration
Set-ItemProperty "IIS:\Sites\portal.sincdemo.de" -Name LogFile.directory -Value
"D:\Logs\IIS"
```

HINWEIS Wiederholen Sie die Konfiguration auf allen Web-Front-Ends für jede relevante SharePoint-Webanwendung.

Abbildg. 6.27 Steuerung der IIS-Einstellungen basierend auf PowerShell

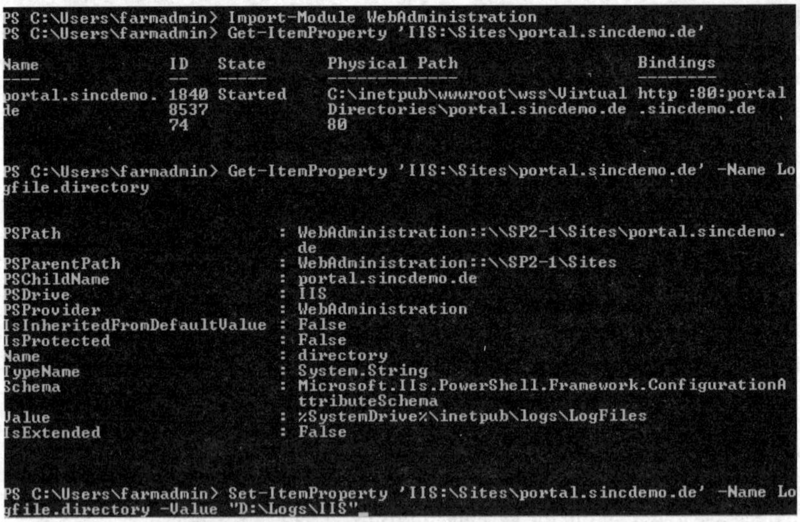

- **Verwendungsdatenerfassung** In der Zentraladministration unter *Überwachung* im Abschnitt *Berichte/Verwendungs- und Integritätsdatensammlung konfigurieren* (Abbildung 6.28)

Abbildg. 6.28 Verwendungsdatenprotokollierungspfad

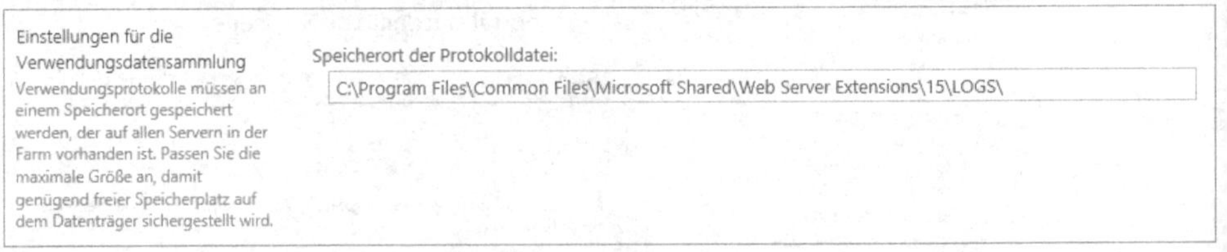

Um den Pfad mithilfe von PowerShell abzuändern, verwenden Sie den folgenden Beispielbefehl:

```
Set-SPUsageService -UsageLogLocation "D:\Logs\Usage"
```

- **Diagnoseprotokollierung** In der Zentraladministration unter *Überwachung* im Abschnitt *Berichte/Diagnoseprotokollierung konfigurieren* (Abbildung 6.29)

Abbildg. 6.29 Diagnoseprotokollierungspfadoption

Um den Pfad mithilfe von PowerShell abzuändern, verwenden Sie den folgenden Beispielbefehl:

```
Set-SPDiagnosticConfig -LogLocation "D:\Logs\Usage"
```

Verwendungs- und Integritätsdatenerfassung konfigurieren

Standardmäßig ist die Verwendungs- und Integritätsdatenerfassung bei der Erstellung der Dienstanwendung aktiviert. Sie dient zum Erfassen von Verwendungs- sowie Integritätsprotokollen, wobei die Protokolle jeweils mithilfe unterschiedlicher Schnittstellen visualisiert werden können (diverse Berichte aus der Benutzeroberfläche, Zentraladministration, SQL Server-Abfragen). Weitere Informationen zum Umgang mit den Protokollen finden Sie im folgenden Kapitel 7. Im Rahmen der hier geschilderten Anweisungen geht es im Wesentlichen um die Zielauswahl der Ereignisse und des Speichers, wobei Sie den Speicherort bereits im vorausgegangenen Abschnitt relokalisiert haben.

Zur abschließenden Konfiguration der diesbezüglichen Datenerfassung gehen Sie mithilfe der Zentraladministration wie folgt vor:

1. Öffnen Sie die Einstiegsseite der Zentraladministration, klicken Sie in der linken Spalte auf *Überwachung* und im Anschluss im Abschnitt *Berichte* auf den Link *Verwendungs- und Integritätsdatenerfassung konfigurieren.*
2. Passen Sie ggf. die Auswahl der zu protokollierenden Ereignisse im Abschnitt *Ereigniswahl* an (Abbildung 6.30).

WICHTIG Lediglich mithilfe von PowerShell können Sie die Aufbewahrungsfristen auf Ereignisbasis definieren. Die Standardaufbewahrungsfrist liegt bei 14 Tagen. Um beispielsweise die Aufbewahrungsfrist für App-Statistiken auf 20 Tage zu erhöhen, verwenden Sie den folgenden Befehl:

```
Set-SPUsageDefinition "App-Statistiken" -DaysRetained
```

In Kapitel 7 erfahren Sie, wie Sie den hierdurch möglicherweise wieder freigegebenen Speicher erneut in der Datenbank nutzen können.

Abbildg. 6.30 Ereignisauswahl

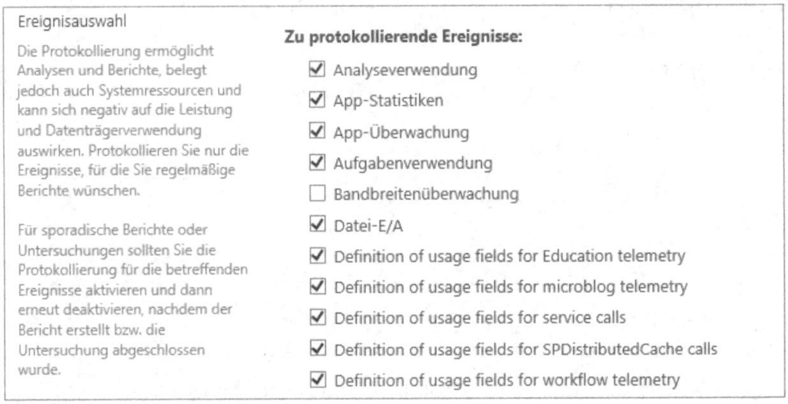

HINWEIS Die maximale Protokolldateigröße kann bei 20 GB liegen. Achten Sie bei der Angabe eines Pfads für die Protokolldatei darauf, dass das angegebene Laufwerk des Pfads auf allen Servern der Farm existiert. Das Verzeichnis selbst wird automatisch angelegt.

3. Mithilfe des *Integritätsprotokollierungs-Zeitplans* haben Sie die Möglichkeit, die Intervalle für die zugehörigen Zeitgeberauftragsdefinitionen anzupassen.
4. Im Abschnitt *Protokollerfassungszeitplan* wird definiert, in welchen Intervallen die Verwendungsprotokolldaten, die lokal auf den Servern liegen, in die zentrale Datenbank verschoben werden, um so eine zentrale Auswertung der Daten zu ermöglichen. Standardmäßig werden die lokalen Protokolldaten alle 30 Minuten in die zentrale Datenbank kopiert und einmal täglich zwischen 1 und 3 Uhr verarbeitet. Wichtig ist anzumerken, dass der Standardzeitplan für die Verarbeitung der Microsoft SharePoint Foundation-Verwendungsdaten deaktiviert ist (Abbildung 6.31) und an dieser Stelle aktiviert werden muss.

Abbildg. 6.31 Standardzustand der Auftragsdefinitionen für die Protokollerfassung

Klicken Sie daher zunächst auf den deaktivierten Auftrag und im folgenden Dialogfeld auf *Aktivieren*. Führen Sie im Anschluss den Auftrag unmittelbar aus, indem Sie den Zeitgeberauftrag erneut öffnen und auf *Jetzt ausführen* klicken.

5. Geben Sie im Abschnitt *Protokollierungsdatenbankserver* den Datenbankserver und den zugehörigen Datenbanknamen an, in den die Daten protokolliert werden sollen.

HINWEIS Diese Option steht Ihnen so lange zur Verfügung, bis Sie die beiden Protokollierungsarten aktiviert haben. Sofern die Protokollierungsdatenbankeinstellungen geändert werden müssen, deaktivieren Sie zuvor beide Protokollierungsformen und öffnen Sie im Anschluss erneut die Einstellungen, um die Protokollierungsdatenbankeinstellungen zu modifizieren. Alternativ verwenden Sie den folgenden PowerShell-Beispielbefehl, um die Inhaltsdatenbank zu modifizieren:

```
Set-SPUsageApplication -DatabaseServer [Name des DB-Servers] -DatabaseName [Name der DB]
-Identity [Name der Dienstanwendung]
```

Erst mit deren Aktivierung wird die Datenbank angelegt. Es empfiehlt sich, hier einen Datenbanknamen mit einem Präfix der Serverfarm zu verwenden, um die Datenbanken innerhalb der SQL Server-Verwaltung einfacher der Farm zuordnen zu können.

Ein weiterer Aspekt der Angabe des Protokollierungsdatenbankservers besteht in der Planung der Auslastung Ihres Datenbankservers, da die Protokollierung eine hohe zusätzliche Belastung für das System darstellen kann.

6. Klicken Sie auf *OK*, um die Protokollierungsfunktion zu übernehmen.

Zum Erstellen einer Verwendungs- und Integritätsdatenerfassungsdienstanwendung mithilfe von PowerShell verwenden Sie das Beispielskript aus Listing 6.6.

Das nachfolgende Skript dient lediglich unbeaufsichtigten Installationen, da bei Standardinstallationen bereits automatisch eine entsprechende Dienstanwendung erstellt wird.

Listing 6.6 Erstellen einer Verwendungs- und Integritätsdatenerfassungsdienstanwendung

```
New-SPUsageApplication -Name "Verwendungs- und Integritätsdatenerfassung" -DatabaseServer
"srv-db4" -DatabaseName "SS8_VerwInteg_DB" -UsageService (Get-SPUsageService)
$VI = Get-SPServiceApplicationProxy | where {$_.TypeName -match "Integrität*"}
$VI.Provision()
```

ONLINE Sie finden das Beispielskript unter dem Namen *ErzeugeVerwInt.ps1* innerhalb der Begleitdateien zum Buch.

Zum Konfigurieren der Verwendungs- und Integritätsdatenerfassungsdienstanwendung mithilfe von PowerShell verwenden Sie das Beispielskript aus Listing 6.7. Passen Sie zuvor die Werte für die Parameter *UsageLogLocation* und *DaysRetained* entsprechend Ihren Anforderungen an.

Listing 6.7 Konfigurieren der Verwendungs- und Integritätsdatenerfassung

```
Set-SPUsageService -LoggingEnabled $true -UsageLogLocation "C:\Logs\VI" -UsageLogMaxSpaceGB 5
Get-SPUsageDefinition | ForEach {Set-SPUsageDefinition -Identity $_.Name -Enable
-DaysRetained 3}
```

In diesem Beispiel wird die Verwendungsprotokollierung aktiviert, das Protokollverzeichnis auf 5 GB begrenzt und auf das Verzeichnis *C:\Logs\VI* festgelegt. Im letzten Abschnitt werden alle protokollierbaren Ereignisse aktiviert und lediglich für drei Tage aufbewahrt.

Zum Aktivieren einzelner Verwendungsdefinitionen verwenden Sie den folgenden Beispielaufruf:

```
Set-SPUsageDefinition -Identity "Inhaltsimportverwendung" -Enable -DaysRetained 14
```

Eine Liste der verfügbaren Definitionen erhalten Sie mithilfe des Cmdlet *Get-SPUsageDefinition*.

Weiterführende Informationen zur Auswertung der so aufgezeichneten Daten finden Sie in Kapitel 7.

TIPP In der aktuell vorliegenden SharePoint-Version existiert noch ein Fehler in den Integritätsberichten. Weitere Informationen zu dessen Behebung durch Anpassung der fehlerhaften, gespeicherten Prozedur in SQL Server finden Sie in Kapitel 18.

Diagnoseprotokollierung anpassen

Die Diagnoseprotokollierung ist die althergebrachte Quelle für die Kernereignisse innerhalb der SharePoint-Serverfarm. Die Daten dieses Protokolls werden in zwei Kategorien unterschieden: Die elementaren SharePoint-Ereignisse, die im Windows-Ereignisprotokoll, genauer dem Anwendungsprotokoll, aufgezeichnet werden und die erweiterten Ablaufprotokolle, die auf dem lokalen Dateisystem in einer Textdatei aufgezeichnet werden und Ihnen weiterführende Informationen zu einem Fehlersymptom liefern können.

Die Konfiguration der Diagnoseprotokollierung ermöglicht es Ihnen, dieses Protokollierungsverhalten den Gegebenheiten Ihrer Serverfarm anzupassen.

Das Standardprotokollierungsverhalten kann man als relativ umfangreich bezeichnen. Dadurch werden nicht unerhebliche Protokollinformationen erzeugt, die durchaus eine, wenn auch vergleichsweise geringe, Last für den SharePoint-Server darstellt.

HINWEIS Die Grundeinstellungen der Diagnoseprotokollierung sind mit Ausnahme der Protokollpfade und Speicherplatzbeschränkungen in der Regel auch für eine Produktion ordnungsgemäß. Um die Leistung zu optimieren, sollten Sie neben den bereits im vorherigen Abschnitt erläuterten Änderungen an den Protokollpfaden in Erwägung ziehen, das Protokollierungslevel für die Produktion zunächst zu reduzieren, um nur im Fehlerfall erweiterte Protokollinformationen zu sammeln.

Gehen Sie wie folgt vor, um das Diagnoseprotokollierungsverhalten über die Zentraladministration anzupassen:

1. Öffnen Sie die Einstiegsseite der Zentraladministration, klicken Sie in der linken Spalte auf *Überwachung* und im Anschluss im Abschnitt *Berichte* auf den Link *Diagnoseprotokollierung konfigurieren*.
2. Sie können nun sehr zielgerichtet für jede relevante SharePoint-Komponente die Protokollierung feinjustieren, indem Sie jeweils das Verhalten bei der Protokollierung in das Ereignisprotokoll und in die Ablaufverfolgungsdateien steuern.

   Standardmäßig werden alle Ereignisse für alle Komponenten ab der Kategorie *Information* in das Ereignisprotokoll und alle Informationen ab der Kategorie *Mittel* in das Ablaufverfolgungsprotokoll aufgezeichnet.

   Aktivieren Sie alle Kontrollkästchen der abzuändernden Ebenen und wählen Sie im Anschluss aus den beiden darunter befindlichen Dropdownlistenfeldern das jeweils unwichtigste Ereignis für die Protokollierung aus. Das unterste Element *Ausführlich* bedeutet demnach die maximale Protokollierungsstufe, während das oberste Element *Keine* die geringste bzw. keine Protokollierung zur Folge hat.

   Sofern Sie bereits vom Standard abweichende Einstellungen vorgenommen haben, werden diese durch fett markierte Elemente innerhalb des Verzeichnisbaums hervorgehoben (Abbildung 6.32).

Abbildg. 6.32 Konfiguration der Diagnoseprotokollierungsstufen

3. Belassen Sie den Ereignisprotokoll-Flutschutz aktiviert und passen Sie ggf. den Pfad für die lokalen Ablaufverfolgungsprotokolle an, da diese in Abhängigkeit von der Protokollierungsstufe einen erheblichen Speicherplatz auf dem System belegen können.

WICHTIG Wenn Sie den Pfad für das Ablaufverfolgungsprotokoll auf ein anderes als das Systemlaufwerk legen, muss dieser Pfad auf allen Servern in der Farm existieren. Vorhandene oder neue Server können keine Daten protokollieren, sollte dieser Pfad nicht existieren. Darüber hinaus können Sie nur neue Server hinzufügen, wenn der angegebene Pfad auf dem neuen Server existiert. Die Verwendung einer Netzwerkfreigabe für die Protokollierung wird nicht unterstützt.

4. Passen Sie abschließend ggf. die Anzahl der Tage an, die die Protokolldateien vorgehalten werden, und aktivieren Sie ggf. das Kontrollkästchen für die Einschränkung des Speicherplatzes für die Ablaufverfolgungsprotokolle, um beispielsweise ein Überlaufen der Systemlaufwerke zu verhindern.

   Um den Laufwerksspeicher mithilfe der PowerShell auf 100 GB zu begrenzen, verwenden Sie den folgenden Befehl:

   ```
   Set-SPDiagnosticConfig -LogDiskSpaceUsageGB 100
   ```

5. Klicken Sie auf *OK*, um die Einstellungen zu übernehmen.

Zur Anpassung der Diagnoseprotokollierung per PowerShell verwenden Sie das folgende Beispiel:

```
Set-SPLogLevel -Identity "PowerPoint" -TraceSeverity High -EventSeverity Verbose
```

Für den Parameter *TraceSeverity* (unwichtigstes im Ablaufverfolgungsprotokoll aufzuzeichnendes Ereignis) werden die folgenden Werte unterstützt:

- Kein (None)
- Unerwartet (Unexpected)
- Überwachbar (Monitorable)
- Mittel (Medium)
- Hoch (High)
- Ausführlich (Verbose)

TIPP Es existiert noch eine weitere Stufe namens *VerboseEx*. Diese maximale Protokollierungsstufe sollte nur im Notfall verwendet werden, da hierdurch eine massive Belastung entsteht, die einen produktiven Betrieb spürbar negativ belastet.

Für den Parameter *EventSeverity* (unwichtigstes im Ereignisprotokoll aufzuzeichnendes Ereignis) werden die folgenden Werte unterstützt:

- Kein (None)
- Information
- Warnung (Warning)
- Fehler (Error)
- Kritisch (Critical)
- Ausführlich (Verbose)

Um die Namen der konfigurierbaren Kategorien herauszufinden, verwenden Sie das Cmdlet *Get-SPLogLevel.*

Hinweise zum Vorgehen bei der Fehlersuche erhalten Sie im folgenden Kapitel 7.

Berichte zur Verwendung der Informationsverwaltungsrichtlinie einrichten

Im Vergleich zu SharePoint 2010 hat sich auf den ersten Blick im Wesentlichen geändert, dass Ihnen keine zentrale Konfiguration zur Verwendung der Informationsverwaltungsrichtlinie mehr zur Verfügung steht.

Sofern Sie Informationsverwaltungsrichtlinien innerhalb Ihrer Websites einsetzen, um beispielsweise abgelaufene Informationen bzw. Dokumente zu archivieren, zu löschen usw., können Sie automatisiert Berichte über diese Aktivitäten erstellen. Die Informationsverwaltungsrichtlinien werden innerhalb der Website beispielsweise in den Eigenschaften einer Dokumentbibliothek oder den Eigenschaften eines Inhaltstyps definiert. Um eine websitesammlungsübergreifende Richtlinie zu verwenden, konfigurieren Sie zentrale Inhaltstypen im Inhaltstyphub. Sollten Sie keine Informationsverwaltungsrichtlinien einsetzen oder sich im Unklaren darüber sein, überspringen Sie diesen Abschnitt.

HINWEIS Beachten Sie, dass Informationsverwaltungsrichtlinien nicht nur der Überwachung dienen, sondern auch weiteren Aspekten wie der Etikettierung oder der Aufbewahrung. In diesem Kontext wird zunächst ausschließlich auf die Überwachung eingegangen, da diese ein zentrales Element beim Zugriff auf die ggf. sensiblen Inhalte eines Inhaltskorpus darstellt.

Ein aus den Überwachungsfunktionen hervorgehender Bericht wird in Form einer Excel-Arbeitsmappe mit diversen Blättern sowie einer PivotTable erzeugt, um Ihnen eine Übersicht darüber zu geben, welche Inhalte der Webanwendung einer Informationsverwaltungsrichtlinie unterliegen.

Zur Einrichtung dieser Berichtsfunktionalität innerhalb einer Websitesammlung stehen Ihnen zwei Ansätze zur Verfügung:

1. Die Verknüpfung eines Inhaltstyps mit einer Informationsverwaltungsrichtlinie auf Ebene einer Dokumentbibliothek.

2. Allgemeine Verknüpfung einer Informationsverwaltungsrichtlinie mit einem Inhaltstyp.
3. Die Definition von Überwachungseinstellungen einer Websitesammlung.

Während die ersten beiden Ansätze eine granulare Zuordnung ermöglichen, können Sie mit dem Websitesammlungsansatz pauschal die Daten eines ganzen Bereichs für die Überwachung aktivieren.

ACHTUNG Die Überwachungsdaten werden innerhalb der Inhaltsdatenbank gespeichert und führen so möglicherweise zu einem erheblichen Anstieg der Datenbankgröße. Vor diesem Hintergrund sollte womöglich auf die granulare Methode zurückgegriffen oder aber ein restriktiver Umgang mit der Kürzung der Überwachungsprotokolldaten gepflegt werden.

Zum Aktivieren der granularen Überwachung in den Dokumentbibliothekseinstellungen gehen Sie wie folgt vor:

1. Öffnen Sie die Einstellungsseite der Rootwebsite-Sammlung und klicken Sie im Abschnitt *Überwachung* und anschließend im Abschnitt *Websitesammlungsverwaltung* auf den Link *Inhaltstyp "Richtlinienvorlagen"*.
2. Klicken Sie auf *Erstellen*, um eine neue Richtlinie für die Websitesammlung zu erzeugen.
3. Füllen Sie die Felder des Formulars wie gewünscht unter Aktivierung der Sektion *Überwachung* aus (Abbildung 6.33).

   Interessant ist dabei der Abschnitt *Richtlinienanweisungen*, welcher Ihnen dabei behilflich ist, Anwender in Form von einzublendenden Informationen auf die Modalitäten im Umgang mit den betroffenen Daten hinzuweisen.

Abbildg. 6.33 Richtlinienparameter einer Informationsverwaltungsrichtlinie

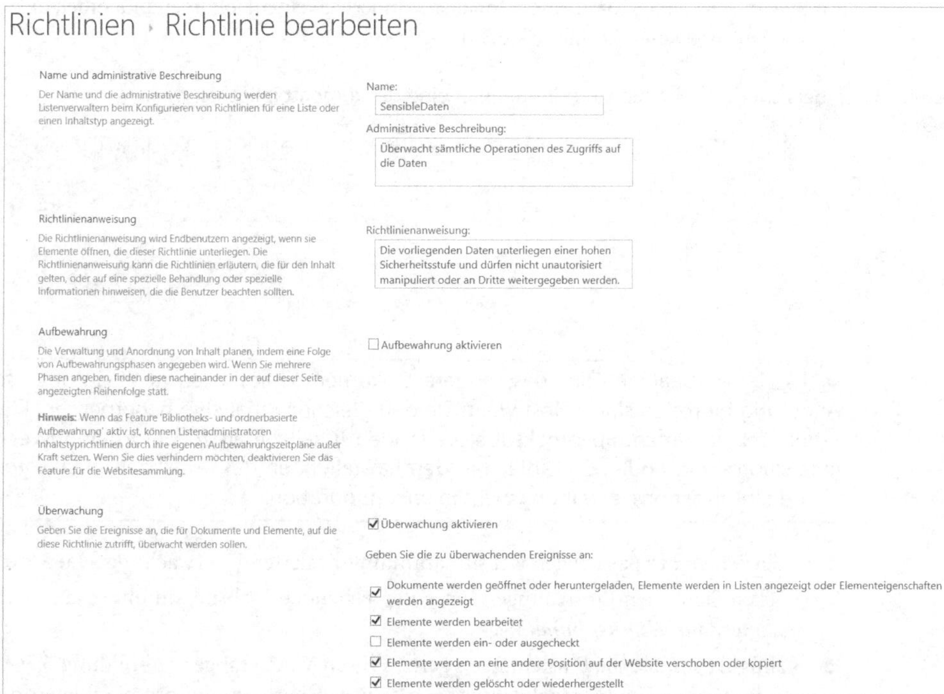

Bereitstellung

4. Klicken Sie auf *OK*, um die Richtlinie zu sichern.
5. Bevor die Richtlinie zum Tragen kommt, müssen Sie diese nun in den Eigenschaften einer Liste bzw. Dokumentbibliothek zuweisen. Öffnen Sie daher die Einstellungen einer gewünschten Dokumentbibliothek, und klicken Sie im Abschnitt *Berechtigung und Verwaltung* auf *Einstellungen für die Informationsverwaltungsrichtlinie.*
6. In der Auswahlliste klicken Sie nun auf die gewünschte Entität, wie z.B. *Dokumente.*
7. Wählen Sie die Option *Websitesammlungsrichtlinie verwenden* aus. An dieser Stelle finden Sie alle zuvor zentral definierten Richtlinien vor (Abbildung 6.34). Übernehmen Sie die gewünschte Richtlinie durch einen Klick auf *OK.*

Abbildg. 6.34 Richtlinienzuordnung für Informationsverwaltungsrichtlinien

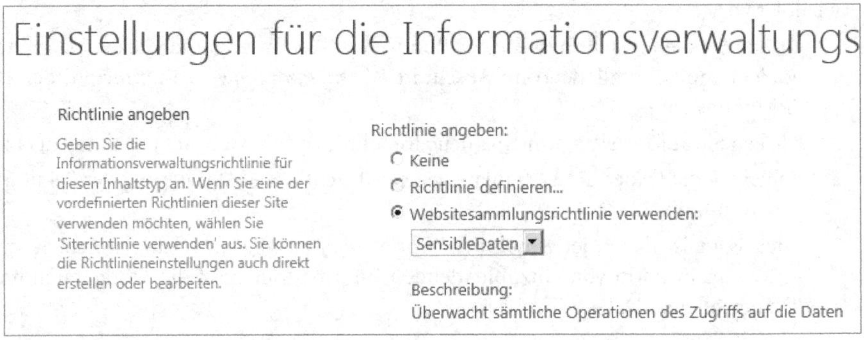

Im Ergebnis haben Sie somit einem Inhaltstyp innerhalb einer Dokumentbibliothek die Überwachungsfunktionen zugewiesen (Abbildung 6.35).

Abbildg. 6.35 Übersicht der Richtlinienzuordnungen in einer Dokumentbibliothek

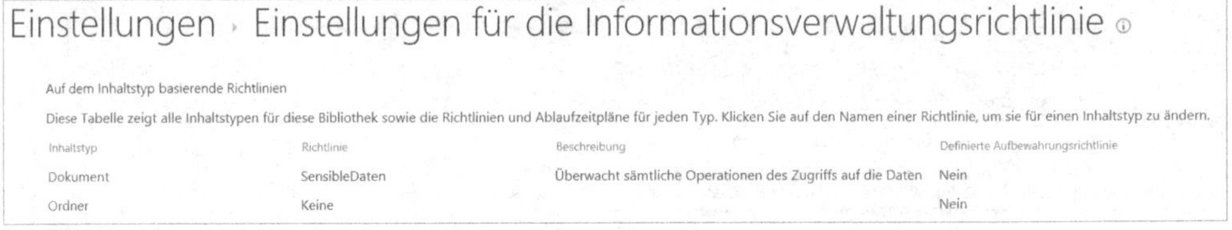

HINWEIS Beachten Sie, dass andere Dokumentbibliotheken nicht automatisch von dieser Änderung betroffen sind, selbst wenn Sie den gleichen Inhaltstyp beherbergen. Für die Konfiguration der dokumentbibliotheksübergreifenden Inhaltstypen zur Informationsverwaltungsrichtlinienzuordnung finden Sie einfach in den Einstellungen des jeweiligen Inhaltstyps die entsprechende Informationsverwaltungsrichtlinienkonfiguration.

Zum Einrichten der pauschalen websitesammlungsbasierten Überwachung gehen Sie wie folgt vor:

1. Klicken Sie in den Einstellungen der entsprechenden Websitesammlung auf *Überwachungseinstellungen für Websitesammlungen.*
2. Konfigurieren Sie die Einstellungen gemäß Ihren Vorstellungen (Abbildung 6.36) und beachten Sie dabei, dass Sie die möglicherweise massiven Überwachungsprotokolldaten nicht nur in der

Inhaltsdatenbank beherbergen müssen, sondern diese möglicherweise bei einer Anwendung im großen Stil die Leistung beeinträchtigen können.

Abbildg. 6.36 Websitesammlungsspezifische Überwachungseinstellungen

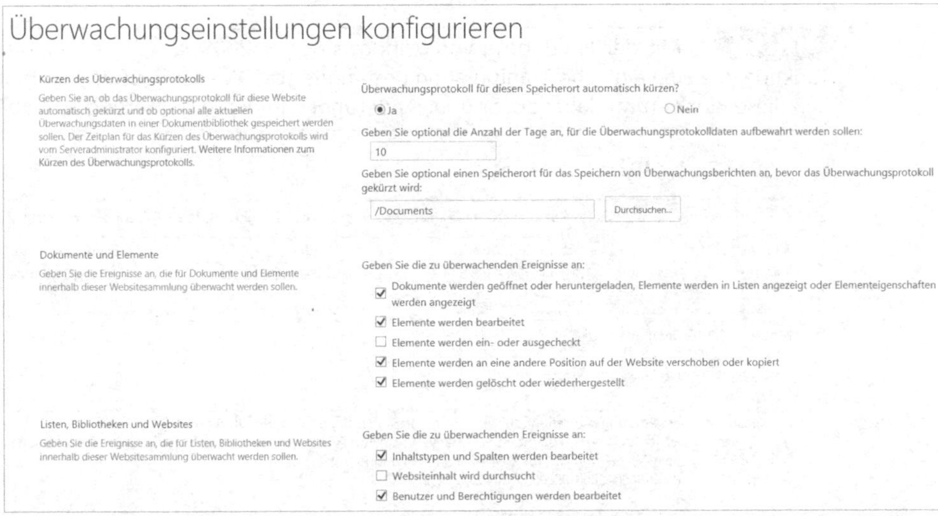

Weiterführende Informationen zum Auswerten der Informationsverwaltungsrichtliniendaten finden Sie im folgenden Kapitel 7.

Standardfehler beseitigen

In diesem Abschnitt zeigen wir Ihnen, wie sich einige Standardfehler aus den Protokollen beseitigen lassen, die den Blick auf die wesentlichen Ereignisse blockieren. Dies ist nur ein kleiner Auszug von Standardfehlern. Weitere Maßnahmen zur Fehlerbehebung sind in Kapitel 18 erläutert.

HINWEIS Der Abschluss einer SharePoint-Bereitstellung sollte immer zumindest eine Verifikation sämtlicher Protokollquellen beinhalten, um die zahlreichen möglichen Fehler möglichst frühzeitig vor der Produktivschaltung identifizieren und beheben zu können.

Keine DCOM-Aktivierungsberechtigungen (Ereignis 10016)

Ein bereits in früheren SharePoint-Versionen bekannter Fehler, der zwar keine Auswirkungen oder Probleme bei der Verwendung von SharePoint verursacht, jedoch zahlreiche Fehlerereignisse im Systemprotokoll hinterlässt, ist das DCOM-Ereignis 10016 (Abbildung 6.37). Um solche (unschönen) Fehler aus den Protokollen zu entfernen, sollten Sie in der Übersicht die folgenden Schritte auf Ihren SharePoint Servern durchführen:

- Weisen Sie dem Farmkonto und den verbleibenden Konten der Webanwendungen Aktivierungsrechte für die *IIS WAMREG admin Service*-DCOM-Anwendung zu
- Ab Windows Server 2008 R2-Systemen muss zuvor eine Sicherheitsfunktion rekonfiguriert werden, um Ihnen diese Änderung zu ermöglichen

HINWEIS Mit der Einführung von Windows Server 2008 R2 gibt es eine neue Sicherheitsfunktion, die eine einfache Manipulation bestimmter DCOM-Konfigurationen blockiert. Sie müssen diese Blockierung daher zuvor über Änderungen in der Registrierung aufheben.

Abbildg. 6.37 DCOM-Fehler 10016

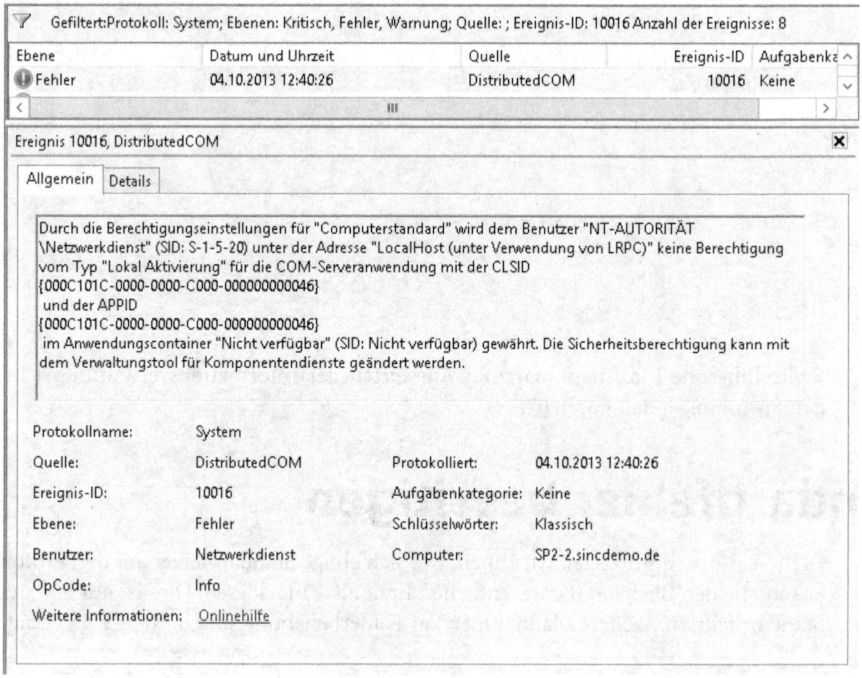

Gehen Sie wie folgt vor, um die DCOM-Aktivierungsberechtigungen anzupassen:

1. Melden Sie sich mit lokalen Administrationsrechten am SharePoint-Server an.
2. Öffnen Sie den Registrierungs-Editor (*Regedit.exe*).
3. Suchen Sie nach der CLSID aus der Fehlermeldung ({61738644-F196-11D0-9953-00C04FD919C1}), indem Sie im Registrierungs-Editor auf *Bearbeiten* und dann auf *Suchen* klicken. Sie finden nun einen gleichnamigen Registrierungsschlüssel unter *HKEY_CLASSES_ROOT\AppID*.
4. Klicken Sie auf *Bearbeiten* und dann auf *Berechtigungen*.
5. Um Ihnen Rechte für die Konfiguration zu gewähren, müssen Sie zunächst die Besitzrechte dieses Schlüssels übernehmen. Klicken Sie dazu auf *Erweitert* und dann auf die Registerkarte *Besitzer* bzw. unter Windows Server 2012 in der Kopfzeile *Besitzer* auf *Ändern* (Abbildung 6.38).

Abbildg. 6.38 Besitzübernahme des Registrierungsordners

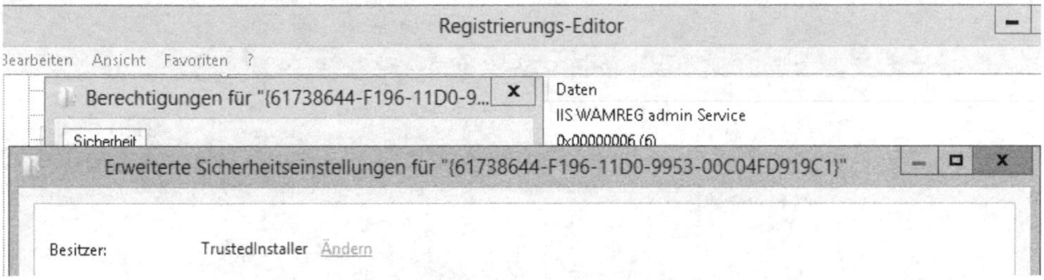

6. Markieren Sie den Eintrag *Administratoren*, aktivieren Sie das Kontrollkästchen *Besitzer der Objekte und untergeordneten Container ersetzen* und klicken Sie anschließend auf *Übernehmen* sowie auf *OK*.
7. Im weiterhin geöffneten Dialogfeld für die Berechtigungen markieren Sie die lokale Gruppe der Administratoren und aktivieren in der gleichen Zeile das Kontrollkästchen *Vollzugriff* in der Spalte *Zulassen*. Klicken Sie auf *OK*, um die Änderungen zu übernehmen.
8. Öffnen Sie die *Komponentendiensteverwaltungskonsole,* indem Sie in Windows Server 2012 auf der Startseite den Begriff "kompo" eintippen und auf die daraufhin angezeigte Kachel *Komponentendienste* klicken (unter Windows Server 2008 R2 wählen Sie im Startmenü die Befehle *Verwaltung* und *Komponentendienste*).
9. Navigieren Sie in der Verwaltungskonsole zum Knoten *Komponentendienste/Computer/Arbeitsplatz/DCOM-Konfiguration/IIS WAMREG admin Service* und wählen Sie den Menübefehl *Aktion/Eigenschaften*.
10. Auf der Registerkarte *Sicherheit* wählen Sie im Abschnitt *Start- und Aktivierungsberechtigungen* die Option *Anpassen* aus und klicken auf *Bearbeiten*.
11. Klicken Sie auf *Hinzufügen*, um die entsprechenden Konten zu berechtigen.

HINWEIS An dieser Stelle haben Sie nun die Wahl: Entweder fügen Sie dediziert alle Anwendungspoolkonten zur Liste hinzu und geben diesen lokale Start- und Aktivierungsberechtigungen. Diese wären das Farm- bzw. das Zentraladministrationskonto und alle Konten, die Sie als Dienstkonto beim Einrichten der Anwendungspoolkonten eingerichtet haben. Die andere Möglichkeit besteht darin, hier die lokale Gruppe *WSS_WPG* anzugeben. In dieser Gruppe sind alle relevanten Konten enthalten, und selbst beim Erzeugen eines neuen Anwendungspools, der neuen Dienstkonten zugeordnet ist, erhalten somit automatisch alle Konten das erforderliche Recht.

12. Wählen Sie das gewünschte Konto aus (hier wird die lokale Gruppe *WSS_WPG* verwendet, um alle Anwendungspoolkonten zu erreichen) und weisen Sie dem Konto jeweils das Recht *Lokaler Start* und *Lokale Aktivierung* zu (Abbildung 6.39).

Abbildg. 6.39 Aktivierungsberechtigungen für *IIS WAMREG admin Service*

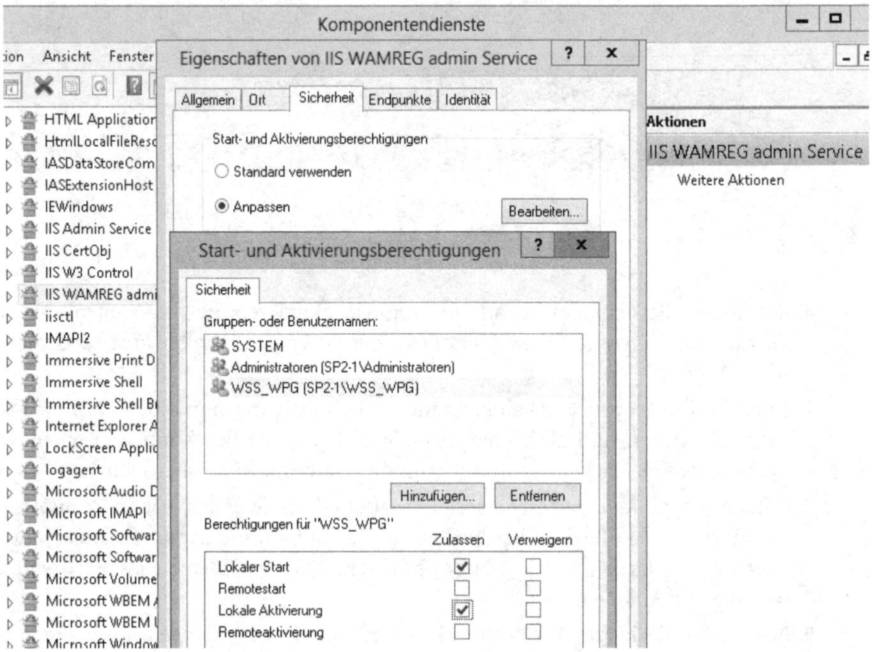

13. Bestätigen Sie das jeweils geöffnete Dialogfeld mit *OK*, um die Änderungen zu übernehmen. Wiederholen Sie den Vorgang auf allen SharePoint-Servern.

Best Practices

Für bestmögliche Installationsresultate werden Ihnen die folgenden Best Practices nahe gelegt.

Konto für den Veröffentlichungscache konfigurieren

Der Veröffentlichungscache speichert Eigenschaften von Elementen in SharePoint 2013, mit dem Ziel, den SQL-Server zu entlasten. Elemente aus diesem Cache werden durch das Veröffentlichungs-Feature verwendet. Dabei werden zwei Konten verwendet:

- Portal Super User
- Portal Super Reader

HINWEIS Bei diesen beiden Konten muss es sich nicht zwangsläufig um verwaltete Konten handeln.

Die Konten, die standardmäßig bei der Installation verwendet werden, sind das Zentraladministrationskonto und das lokale Dienstkonto. Diese beiden Standardkonten führen jedoch bei der Verwendung in zwei Szenarien zu Problemen. Dabei wird das erste Problem verursacht durch ausgecheckte Dokumente in Kombination mit der Verwendung eines Kontos, das sich bereits einmal an der Site angemeldet hat (Abbildung 6.40).

Abbildg. 6.40 Ereignisanzeigemeldung zu problematischen Cacheeinstellungen

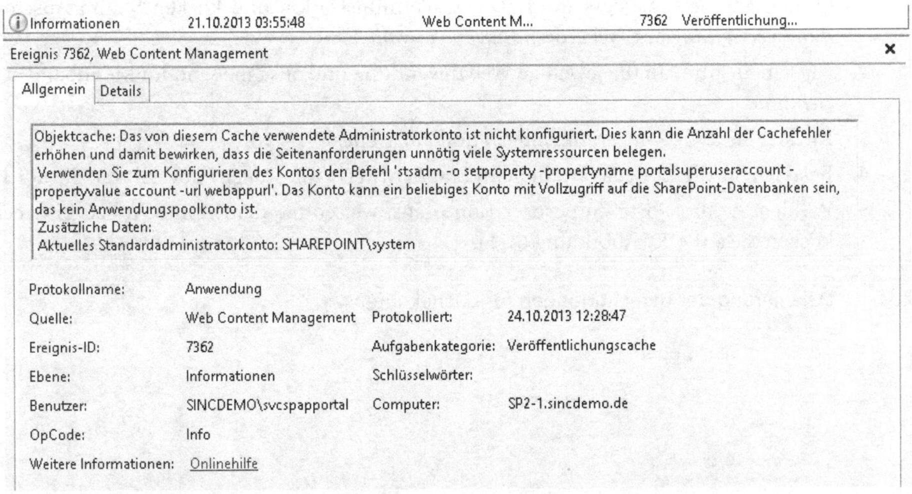

Hintergrund zum Veröffentlichungscache und dessen Dienstkonten

Die besondere Relevanz einer korrekten Verwendung der Veröffentlichungscache-Konten lässt sich gut an zwei Beispielen erörtern:

Innerhalb der Veröffentlichungsinfrastruktur werden Elemente vom Systemkonto ausgecheckt. Dies führt jedoch bei einer Abfrage nach dem Element für die Darstellung der Inhalte dazu, dass die Abfragen in diesem Kontext somit die ausgecheckte Version liefert und nicht die letzte veröffentlichte Version. Im Hintergrund muss nun das System eine zweite Abfrage ausführen, um die korrekten Inhalte zu liefern, was die Leistungsfähigkeit beeinträchtigt. Dieses Problem kann für alle durch Benutzer ausgecheckte Inhalte auftreten.

Das zweite Problem besteht im Standardwert für den Super Portal Reader. Der Wert *NT Authority\Local Service* wird unter Verwendung der forderungsbasierten Authentifizierung falsch aufgelöst, ist somit ungültig und führt zum ominösen generellen *Zugriff verweigert*-Problem auf die gesamte Webanwendung, oder genauer gesagt auf alle Inhalte, die mithilfe des Features der Veröffentlichungsinfrastruktur auf den Objektcache zugreifen, obwohl die zugreifenden Benutzer über ausreichende Rechte verfügen. Zusätzlich gibt es weitere Komponenten, die den Objektcache verwenden und ebenfalls davon betroffen sind, wie die Metadatennavigation, das Content Query-Webpart oder die allgemeine Navigation.

In der Übersicht sind dafür folgende Schritte erforderlich:

- Erstellen Sie zwei neue Dienstkonten

ACHTUNG Verwenden Sie hier zwei Konten, mit denen Sie sich nicht an der Site anzumelden gedenken. Zudem muss es sich um zwei separate Konten handeln.

Bereitstellung

- Weisen Sie den Konten über die Webanwendungs-Berechtigungsrichtlinie entsprechende Zugriffsrechte zu
- Konfigurieren Sie SharePoint über die Eingabeaufforderung für die Verwendung dieser Konten

Zur Konfiguration der beiden Konten in SharePoint gehen Sie bitte wie folgt vor:

1. Öffnen Sie die Einstiegsseite der Zentraladministration und klicken Sie im Abschnitt *Anwendungsverwaltung* auf *Webanwendungen verwalten.*
2. Klicken Sie nun auf die jeweilige Webanwendung und anschließend im Menüband auf *Benutzerrichtlinie.*
3. Klicken Sie auf *Benutzer hinzufügen* und auf *Weiter.*
4. Belassen Sie die Zonenauswahl beim Standardwert *(Alle Zonen)* und klicken Sie auf *Weiter.*
5. Wählen Sie das Portal-Superuser-Konto aus, weisen Sie dem Konto Vollzugriffsrechte zu und klicken Sie auf *OK* (Abbildung 6.41).

Abbildg. 6.41 Delegierung der Berechtigungen für Cachekonten

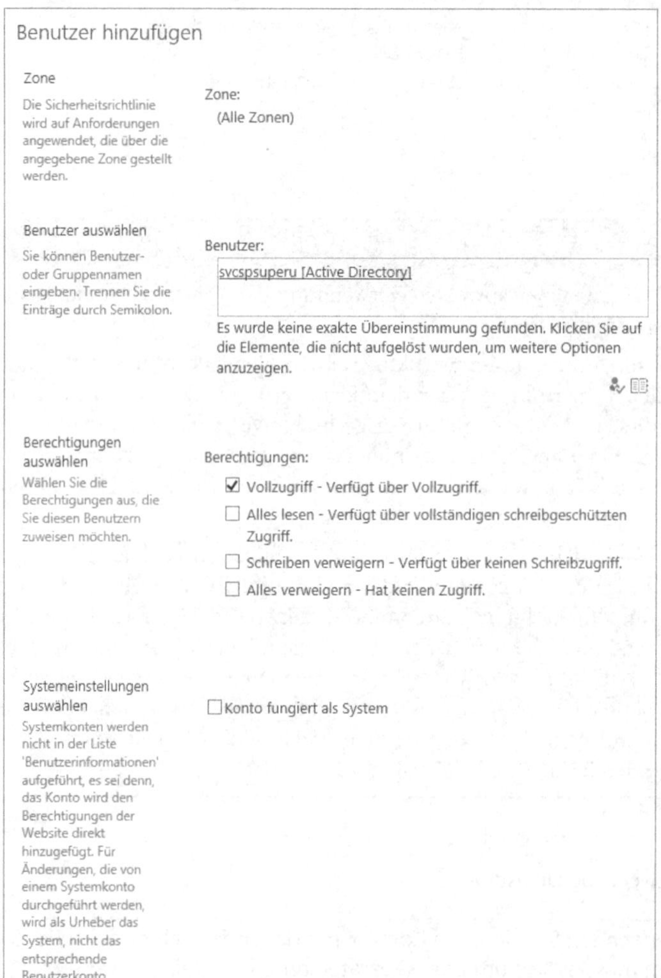

6. Wiederholen Sie die letzten Schritte für das Portal-Superreader-Konto und weisen Sie dem Konto *Alle lesen*-Rechte anstelle von Vollzugriffsrechten zu.
7. Wiederholen Sie alle bisherigen Schritte für die verbleibenden Webanwendungen.
8. Richten Sie für beide Konten verwaltete Konten ein (siehe Kapitel 4).
9. Führen Sie das PowerShell-Skript aus Listing 6.8 aus, um alle Webanwendungen für die Verwendung der soeben eingerichteten Konten zu konfigurieren.

Listing 6.8 Setzen der Veröffentlichungscache-Konten auf allen Webanwendungen

```
$su = "SINCDEMO\svcspsuperu"
$sr = "SINCDEMO\svcspsuperr"
Get-SPWebApplication | ForEach-Object {
$_.Properties["portalsuperuseraccount"] = »$su«
$_.Properties["portalsuperreaderaccount"] = »$sr«
$_.Update()
}
```

ONLINE Sie finden das Beispielskript unter dem Namen *PublishingCache.ps1* innerhalb der Begleitdateien zum Buch.

10. Rufen Sie in der Eingabeaufforderung den Befehl *iisreset /noforce* auf, um die Anwendungspools zurückzusetzen.

Durch diese Schritte ist die Konfiguration der Cachekonten abgeschlossen.

Alternativ können Sie mithilfe des nachfolgenden Beispielskripts sowohl die Richtlinienberechtigungen als auch die beiden Konten auf alle Webanwendungen setzen (Listing 6.9).

Listing 6.9 Konfiguration aller Webanwendungen für die dedizierten Cachekonten

```
$su = "SINCDEMO\svcspsuperu"
$sr = "SINCDEMO\svcspsuperr"
Get-SPWebApplication|%{
$ClaimsAuth = (Get-SPAuthenticationProvider -WebApplication $_ -Zone
"Default").ClaimProviderName -ne ""
$pol = $_.Policies.Add($(If($ClaimsAuth){"i:0#.w|"+$su} else {$su}),"Portal Super User");
$pol.PolicyRoleBindings.Add(($_.PolicyRoles.GetSpecialRole("FullControl")));
$_.Update();
$pol = $_.Policies.Add($(If($ClaimsAuth){"i:0#.w|"+$sr} else {$sr}),"Portal Super Reader");
$pol.PolicyRoleBindings.Add(($_.PolicyRoles.GetSpecialRole("FullRead")));
$_.Update();
$_.Properties["portalsuperuseraccount"] = $su;
$_.Properties["portalsuperreaderaccount"] = $sr;
$_.Update();
}
```

ONLINE Sie finden das Beispielskript unter dem Namen *PublishingCacheFull.ps1* innerhalb der Begleitdateien zum Buch.

Einstellungen für die IIS-Anwendungspools

Wie bereits unter SharePoint 2010 in Kombination mit IIS 7.0 gibt es auch in SharePoint 2013 in Kombination mit IIS 8.0 eine Reihe an zu optimierenden Parametern. Dabei sollten die nachfolgenden Parameter im Wesentlichen auf die Anwendungspools der Webanwendungen angewandt werden. Da die Einstellungen nicht synchronisiert werden, sind die Einstellungen auf jedem Web-Front-End-Server vorzunehmen.

Um die Einstellungen vornehmen zu können, öffnen Sie den Internetinformationsdienste (IIS)-Manager, navigieren in der linken Fensterspalte zu den Anwendungspools, markieren einen Anwendungspool und klicken im rechten Fensterbereich *Aktionen* auf *Erweiterte Einstellungen* (Abbildung 6.42).

Abbildg. 6.42 Erweiterte Einstellungen von Anwendungspools in IIS 8.0

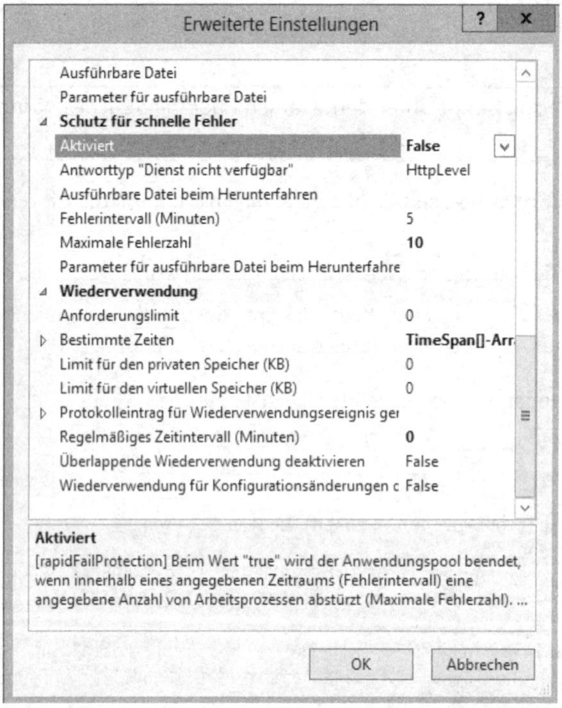

TIPP Um die nachfolgenden Einstellungen zumindest begrenzt zu automatisieren, können Sie vor der Bereitstellung der eigentlichen SharePoint-Webanwendungen die Einstellungen in der Datei *applicationHost.config* vornehmen. Somit werden diese beim Anlegen jedes neuen Anwendungspools als Standardwert herangezogen.

Die folgenden Einstellungen werden empfohlen (Tabelle 6.6):

Tabelle 6.6 Empfohlene IIS 8.0-Parameter für Anwendungspools

Parameter	Empfohlener Wert	Anmerkung
Maximale Anzahl von Arbeitsprozessen	1	Vor langer Zeit wurde angenommen, dass sich hierdurch eine relevante Leistungssteigerung realisieren ließe, was nicht der Fall ist. Dafür sorgt ein abweichender Wert für mögliche Probleme mit anderen Funktionen wie beispielsweise Remote-Blob-Speicher (RBS). Behalten Sie daher unbedingt den Standardwert 1 bei.
Ping aktiviert	False	Deaktivieren Sie entweder die an sich sinnvolle Ping-Funktionalität, die die Responsivität der Webanwendung gewährleisten soll, oder sorgen Sie für hohe Ping-Antwortzeiten, da die SharePoint-Webanwendungen in einigen Situationen enorme Latenzen verursachen können. Eine Prozesswiederverwendung könnte dann kontraproduktiv sein. In optimierten produktiven Umgebungen können die Werte für die Anwendungsüberwachung nach eingehenden Tests bei aktivierter Funktionalität durchaus deutlich restriktiver ausgelegt werden.
Zeitlimit für das Herunterfahren/Starten	120	In nicht optimierten Umgebungen kann es vereinzelt durchaus zu höheren Wartezeiten beim Starten oder Herunterfahren kommen, als die standardmäßig definierten 90 Sekunden
Schutz für schnelle Fehler – Aktiviert	False	Der Schutz für schnelle Fehler würde im Falle eines temporären Einbruchs in der Responsivität zu einem totalen Ausfall des Webanwendungspools und damit aller betroffenen Webanwendungen führen. Aus diesem Grund sollte der Wert nur in Testumgebungen beim Standard (*True*) belassen werden.
Limit für den virtuellen Speicher	Situations-bedingt	Basierend auf dem Speicher des Web-Front-End-Servers und den Erfahrungen mit der konkreten Kombination an SharePoint-Lösungen sollte ein geeigneter Wert ermittelt werden. Beispielsweise kann so vermieden werden, dass ein Speicherloch zu einer Überkonsumierung von Ressourcen führt und somit die Gesamtleistung des Servers reduziert. Beobachten Sie dazu die Speicherauslastung der Webanwendungsprozesse und definieren Sie ggf. geeignete Obergrenzen. Im Idealfall sollte bis zum klassischen Wiederverwenden des Prozesses über Nacht keine zusätzliche Wiederverwendung erforderlich sein. Andere SharePoint-Mechanismen für z.B. Apps sorgen mit Bordmitteln dafür, dass Ressourcen nicht überkonsumiert werden.

HINWEIS Beachten Sie, dass es bei einer ganzen Reihe der oben angeführten Parameter im Rahmen einer Anpassung zu einer Prozesswiederverwendung und somit zu einer kurzen Unterbrechung kommt.

Deaktivierung des Microsoft SharePoint Foundation-Webanwendungsdiensts

Die zentralen Webanwendungen, auf die letztendlich der Anwender zugreift, werden durch die SharePoint-Dienstinstanz Microsoft SharePoint Foundation-Webanwendung bereitgestellt. Dieser Dienst ist standardmäßig auf allen SharePoint-Servern der Farm bereitgestellt. Nun gibt es verschiedene Gründe, diese Dienstinstanz auf einzelnen Serverinstanzen wieder zu deprovisionieren, also zu deaktivieren. Die primären Gründe hierfür lauten in der Regel wie folgt:

- Vereinfacht ausgedrückt werden auf Servern, die nicht die Web-Front-End-Rolle innehaben, durch die Deaktivierung deutliche Ressourcen frei (zumindest Arbeitsspeicher).
- Drittanbietererweiterungen für SharePoint lizenzieren häufig ihre Produkte auf die Anzahl an Web-Front-End-Servern in der Farm. Dabei verwenden Sie in der Regel diesen Dienst als Messkriterium für die erforderliche Anzahl an erforderlichen Lizenzen.

Neben diesen Gründen gibt es jedoch wichtige Abhängigkeiten, die Sie vor einer möglichen Deaktivierung einer solchen Dienstinstanz im Auge haben sollten. Die primären Implikationen bzw. Abhängigkeiten sind:

- Der Dienst muss auf Web-Front-End-Servern sowie auf Servern mit der Rolle *Verteilter Cache* und *Anforderungsmanagementserver* provisioniert sein.
- Es wird dringend empfohlen, den Dienst auch auf den Servern auszuführen, die die Zentraladministration bereitstellen. Ist die Dienstinstanz dort nicht vorhanden, können diverse Konfigurationen mithilfe der Zentraladministration nicht vorgenommen werden, da dem Server andernfalls wichtige Werte nicht bekannt sind. Zu diesen eingeschränkten Konfigurationsszenarien zählen:
  - Zuordnung einer Webanwendung zu einem Anwendungspool, der nur auf den Web-Front-End-Servern verfügbar ist
  - Features, die auf Webanwendungsebene bereitgestellt sind, können nicht angezeigt bzw. gesteuert werden

In Summe lautet demnach die Empfehlung für die Anpassung dieser Dienstinstanz, dass Sie basierend auf den oben geschilderten Auswirkungen für Ihre Umgebung entscheiden sollten, ob eine Deaktivierung in Ihrer Umgebung einen Mehrwert ausmacht.

Zur Umsetzung der Anpassung öffnen Sie die SharePoint-Dienststeuerung mithilfe der Zentraladministration, wählen den anzupassenden Server aus und deaktivieren den Dienst *Microsoft SharePoint Foundation Webanwendung*.

DisableLoopbackCheck/ BackConnectionHostNames setzen

Für das lokale Aufrufen von Websites auf einem Windows-Server, die abweichend vom Servernamen lauten, gibt es aus Sicherheitsgründen eine Beschränkung, die diese Aufrufe auch unter Windows Server 2012 unterdrückt. Dies ist jedoch nicht nur für das Aufrufen von Webanwendungs-URLs lokal auf dem Server zu Testzwecken hinderlich, sondern blockiert, je nach Farmtopologie, beispielsweise auch Anfragen der Durchforstungskomponente an die lokale Webanwendung. Um dieses Problem zu vermeiden, konfigurieren Sie den Parameter *DisableLoopbackCheck* bzw. *BackConnectionHostNames* auf allen SharePoint-Servern. Hierzu stehen Ihnen zwei Ansätze zur Verfügung. Während Ihnen der *DisableLoopbackCheck*-Ansatz die gesamte Funktion deaktiviert, was nur in Test- und Entwicklungsumgebungen empfohlen wird, ermöglicht Ihnen der *BackConnectionHostNames*-Ansatz eine granulare Steuerung auf URL-Ebene und wird somit eindeutig für Produktionsumgebungen empfohlen.

HINWEIS Die Umsetzung der Konfiguration finden Sie in Kapitel 18 zum Thema Fehlerbehebung.

Weitere Best Practices

Folgende weitere Best Practices werden empfohlen (Tabelle 6.7):

Tabelle 6.7 Best Practices für die Finalisierung der SharePoint-Installation

OK	Empfohlene Maßnahme
✓	Richten Sie SSL für alle Webanwendungen ein, die eine nicht sichere Authentifizierung, wie die Basis- oder formularbasierte Authentifizierung verwenden
✓	Schützen Sie die Zentraladministration durch die Verwendung von SSL
✓	Verwenden Sie in Umgebungen mit hohen Sicherheitsanforderungen die Prozessisolation, indem Sie auch die Windows-Dienste mit nicht privilegierten Konten betreiben
✓	Verwenden Sie vorgelagerte Lastenausgleichsmodule oder Reverseproxyserver, um die SSL-Last von den Web-Front-End-Servern weg zu verlagern
✓	Leiten Sie nicht-SSL-geschützte Sitzungen automatisiert auf einen SSL-geschützten Pfad um
✓	Aktivieren Sie den BLOB-Cache auf den Web-Front-End-Servern, um den SQL-Server zu entlasten und die Zugriffslatenzen zu minimieren
✓	Verwenden Sie keine Webgärten parallel zum BLOB-Cache
✓	Optimieren Sie Anwendungspools mit einer umgebungsspezifischen Konfiguration
✓	Verschieben Sie den BLOB-Cache weg vom Systemlaufwerk auf eine alternative Partition mit einem Mindestmaß an IOPS
✓	Aktivieren Sie die Bitratendrosselung, um die zur Verfügung stehende Bandbreite zu begrenzen
✓	Verwenden Sie zumindest ein Warm-up-Verfahren, um die Wartezeiten für Benutzer zu minimieren
✓	Konfigurieren Sie proaktiv für alle Webanwendungen, die aktiv von Clients verwendet werden, mit den Veröffentlichungscache-Konten, um Zugriffsfehler zu reduzieren und die Leistung zu erhöhen
✓	Verschieben Sie die wesentlichen Protokolldaten auf allen SharePoint-Servern, wie die Diagnose- und Verwendungsprotokolle oder auch die IIS-Zugriffsprotokolle auf eine separate Anwendungspartition
✓	Konfigurieren Sie den Wert *BackConnectionHostNames* auf allen SharePoint-Servern, um URL-Zugriffsprobleme innerhalb der Farm proaktiv zu adressieren
✓	Aktivieren Sie nur Features, die Sie explizit benötigen, um zu verhindern, dass unerwartete Probleme bei der Verwendung eines Features auftauchen

TIPP Weitere Tipps zum Optimieren der Leistung eines Webservers oder von Windows Server 2012 im Allgemeinen finden Sie unter *http://msdn.microsoft.com/library/windows/hardware/jj248719* [Ms156-K06-11] im Whitepaper »Performance Tuning Guidelines for previous versions of Windows Server«.

Zusammenfassung

In diesem Kapitel wurde die Bereitstellung Ihrer SharePoint-Umgebung abgeschlossen und die wichtigsten Fehler und Optimierungsmaßnahmen angewandt. Lesen Sie im nächsten Kapitel, wie Sie Ihre SharePoint-Umgebung optimal verwalten und aktualisieren können.

Teil D

Betrieb und Hintergrundinformationen

Kapitel 7	SharePoint-Betrieb	471
Kapitel 8	Hintergrundinformationen zu SharePoint	575
Kapitel 9	SharePoint verwalten	633

Kapitel 7

SharePoint-Betrieb

In diesem Kapitel:

Berichte und Protokolle 472
Analyse und Fehlerbehebung 490
SharePoint aktualisieren 530
Datenbankwartungs- und Optimierungsaufgaben 559
Best Practices 571
Zusammenfassung 573

Betrieb und Hintergrund-informationen

Dieses Kapitel macht Sie mit den relevanten Werkzeugen zur Überwachung, Wartung und Fehlerbehebung von SharePoint vertraut. Dabei wird mithilfe einiger Zusatzwerkzeuge über den Tellerrand geschaut werden, um Ihnen für die Arbeit in der komplexen SharePoint-Welt einige interessante alternative Hilfestellungen anzubieten.

Berichte und Protokolle

In diesem Abschnitt werden Sie mit der Verwendung der zahlreichen SharePoint-Berichte und -Protokolle vertraut gemacht. Die Mehrzahl der hier vorgestellten Funktionen wurde bereits in SharePoint 2010 eingeführt. Aufgrund der hohen Komplexität und der häufig vorzufindenden Erweiterungen in SharePoint-Serverfarmen ist es wichtig, dass Sie einige dieser Protokolle regelmäßig überprüfen. Für eine proaktive Überwachung sollten zumindest diese Protokolle bzw. Berichte regelmäßig gesichtet werden:

- Integritätsanalyse
- Suchdienstprotokoll
- Zeitgeberauftragsstatusprotokoll
- Ereignisprotokoll (Anwendungsprotokoll)

Für weitere Zwecke stehen Ihnen außerdem folgende Protokollquellen mit weiterführenden Informationen zur Verfügung:

- Überwachungsprotokolle
- Diagnoseprotokolle
- Sonstige Protokolle

HINWEIS Administratorberichte existieren zumindest noch in der Oberfläche, wurden jedoch funktional umgeordnet und sind nun in Form von spezifischen Suchberichten direkt innerhalb der Suchdienstanwendung vorzufinden. Unter SharePoint 2010 hatten diese Berichte verschiedenste suchzentrische Auswertungen zur Verfügung gestellt.

TIPP In diesem Abschnitt werden unter anderem die Integritätsberichte demonstriert. Sollten Sie diese gerade eingerichtet haben, könnte es sein, dass Sie keine Daten in einigen der Berichte vorfinden, da die zugehörigen Zeitgeberauftragsdefinitionen noch nicht aktiv werden konnten. Um dies zu beschleunigen und nicht endlos Zeit über der grafischen Oberfläche für die zahlreichen Integritätsberichte (27) zu verlieren, können Sie alle Integritätsberichte auch mithilfe des folgenden in der SharePoint 2013-Verwaltungsshell ausgeführten Befehls erzwingen:

```
Get-SPTimerJob | where {$_.TypeName -eq
"Microsoft.SharePoint.Administration.Health.SPHealthAnalyzerJobDefinition"} | Start-
SPTimerJob
```

Integritätsberichte anzeigen

Die Integritätsberichte zeigen Farmadministratoren auf Basis der Verwendungsprotokolle an, welche Benutzer am aktivsten und welche Seiten am langsamsten sind.

HINWEIS An dieser Stelle steht die PowerShell nicht unmittelbar als alternativer Weg zur Verfügung.

Zum Erstellen eines Integritätsberichts mithilfe der Zentraladministration gehen Sie wie folgt vor:

1. Klicken Sie in der Zentraladministration unter *Überwachung* im Abschnitt *Berichte* auf *Integritätsberichte anzeigen.*
2. Geben Sie die Filterkriterien an und klicken Sie auf *Start.*

Durch einen Klick auf die jeweilige Spaltenüberschrift können Sie die Ergebnisse Ihren Kriterien entsprechend sortieren (Abbildung 7.1).

Abbildg. 7.1 Integritätsbericht der aktivsten Benutzer

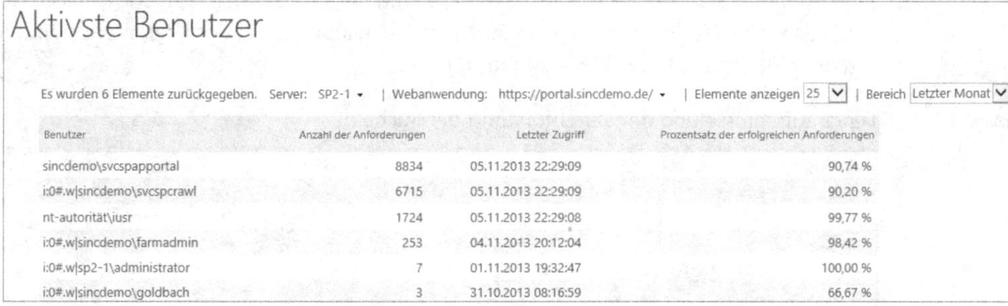
Aktivste Benutzer

Es wurden 6 Elemente zurückgegeben. Server: SP2-1 | Webanwendung: https://portal.sincdemo.de/ | Elemente anzeigen 25 | Bereich Letzter Monat

Benutzer	Anzahl der Anforderungen	Letzter Zugriff	Prozentsatz der erfolgreichen Anforderungen
sincdemo\svcspapportal	8834	05.11.2013 22:29:09	90,74 %
i:0#.w|sincdemo\svcspcrawl	6715	05.11.2013 22:29:09	90,20 %
nt-autorität\iusr	1724	05.11.2013 22:29:08	99,77 %
i:0#.w|sincdemo\farmadmin	253	04.11.2013 20:12:04	98,42 %
i:0#.w|sp2-1\administrator	7	01.11.2013 19:32:47	100,00 %
i:0#.w|sincdemo\goldbach	3	31.10.2013 08:16:59	66,67 %

Suchdienstprotokolle

Die Suche stellt Ihnen eine Reihe von Berichten zur Verfügung, die im Vergleich zu SharePoint 2010 neu zusammengestellt wurden, jedoch sehr ähnliche Inhalte aufweisen.

Ihnen stehen die folgenden zentralen primären Suchdienstprotokolle bzw. -berichte zur Verfügung:

- Durchforstungsprotokoll
- Integritätsberichte für Durchforstung
- Integritätsberichte für Abfrage
- Verwendungsberichte

Sämtliche Berichte stehen Ihnen in der Suchdienstanwendung zur Verfügung.

Durchforstungsprotokoll

Das Durchforstungsprotokoll und der Durchforstungsverlauf stellen wichtige Informationsquellen für die Suchverwaltung dar. Gehen Sie wie folgt vor, um dieses Suchdienstprotokoll einzusehen. Sie benötigen Farmadministrator- oder Dienstanwendungsberechtigungen, um die nachfolgende Operation durchzuführen:

1. Öffnen Sie in der Zentraladministration die Verwaltungsseite der Suchdienstanwendung (*Anwendungsverwaltung/Dienstanwendungen verwalten*).
2. Über den Link *Durchforstungsprotokoll* in der Schnellstartleiste sehen Sie die Übersicht der letzten Durchforstung (Abbildung 7.2).

Abbildg. 7.2 Durchforstungsübersicht

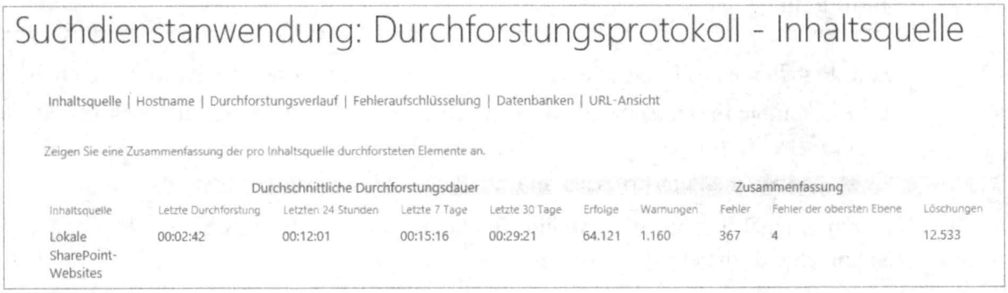

3. Durch einen Klick auf *Fehleraufschlüsselung* und anschließender Wahl von *Ansicht* erhalten Sie eine nach der Häufigkeit der Fehler sortierte Übersicht der bei der letzten vollständigen Durchforstung identifizierten Fehler (Abbildung 7.3).

Abbildg. 7.3 Fehleraufschlüsselung der Durchforstung der Suche

Durch einen Klick auf die jeweilige Anzahl links neben der Fehlermeldung werden Ihnen die jeweiligen Elemente vorgefiltert angezeigt.

4. Um gezielt nach Fehlern zu suchen, klicken Sie auf den Link *URL-Ansicht* und legen die passenden Filtereinstellungen fest (Abbildung 7.4).

Abbildg. 7.4 URL-Fehlerfilter

Weiterführende Informationen zur Behebung von Suchdienstproblemen finden Sie in Kapitel 18.

Integritätsberichte für die Durchforstung

Der Integritätsbericht für die Durchforstung ermöglicht Ihnen eine schnelle Übersicht über die Leistung und Erfolgsrate bei der Durchforstung von Inhalten. In früheren SharePoint-Versionen war dieser Bericht unter den mittlerweile verwaisten Administratorberichten angesiedelt. Durch die Filtermöglichkeiten können Sie beispielsweise einen zu betrachtenden Zeitraum für die Durchforstungsaktivitäten selektieren, um Entwicklungen einfacher identifizieren zu können (Abbildung 7.5).

Abbildg. 7.5 Bericht für die Durchforstungsintegrität

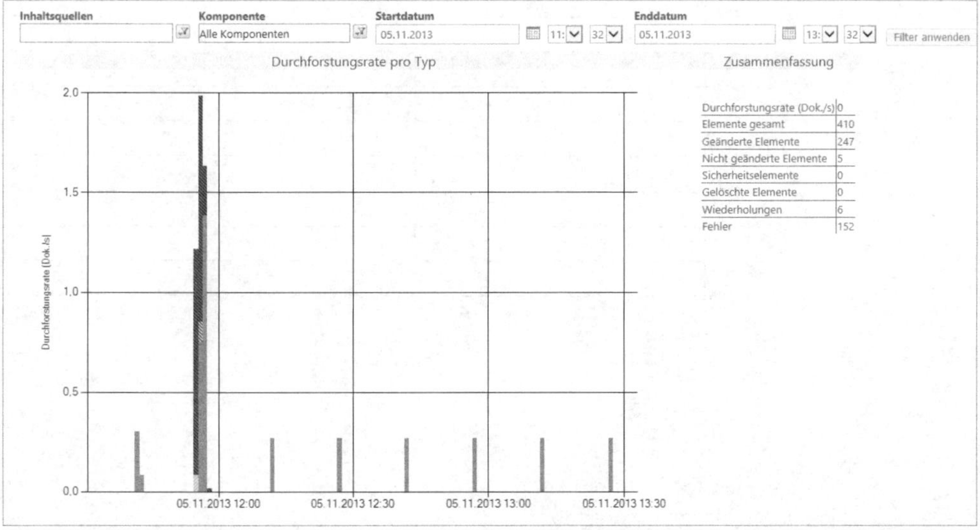

Sie finden den Bericht über den Link *Integritätsberichte für Durchforstung* in der Schnellstartleiste innerhalb der Suchdienstanwendungssteuerung.

Integritätsberichte für Abfrage

Der ebenfalls zuvor noch unter den SharePoint 2010-Administratorberichten zu findende *Integritätsbericht für Abfrage* ermöglicht es Ihnen, die Übersicht zu der Latenz bei Suchabfragen zu identifizieren (Abbildung 7.6). Durch die Built-in-Verknüpfung zahlreicher Basisfunktionen mit der Suche ist die Wichtigkeit der Abfragegeschwindigkeit noch weiter in den Vordergrund getreten und sollte daher sorgsam verfolgt werden, um bei zu hohen Verzögerungen Abhilfe durch beispielsweise Änderungen an der Suchtopologie rechtzeitig entgegenzuwirken.

Abbildg. 7.6 Integritätsbericht für Suchdienstabfragen

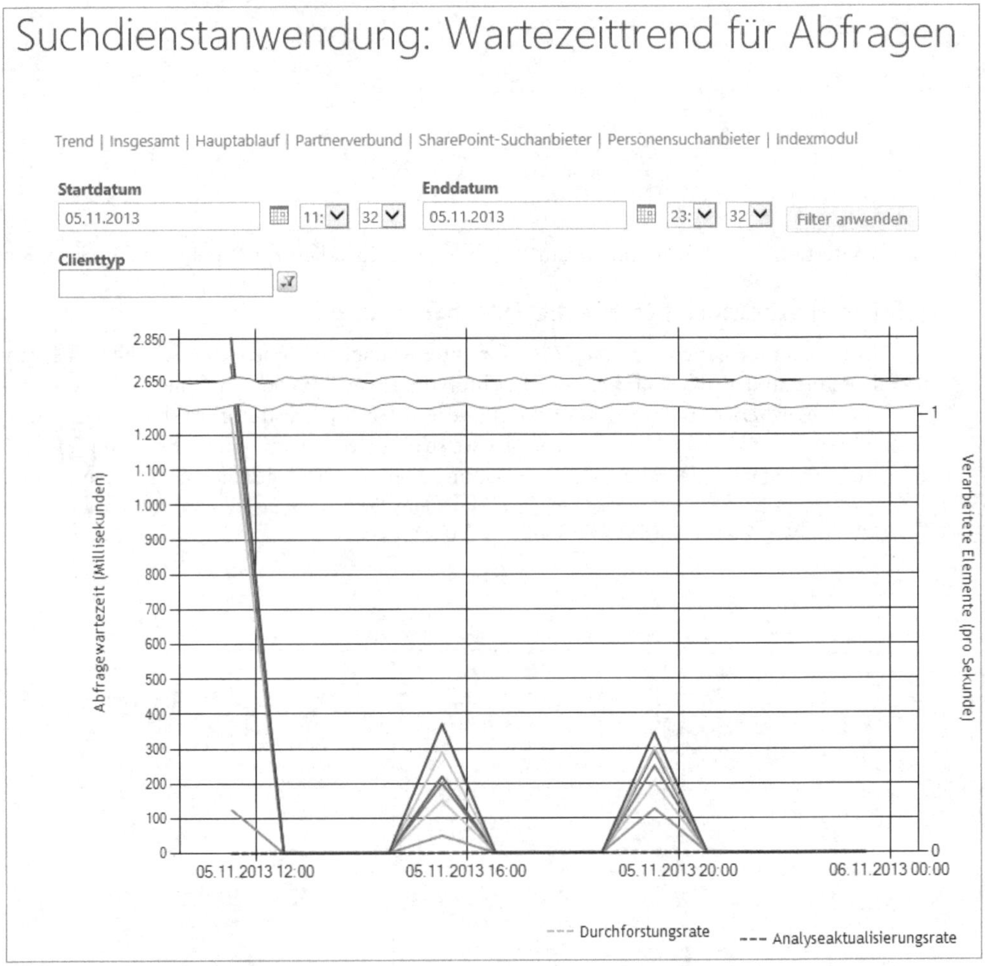

Sie finden den Bericht über den Link *Integritätsberichte für Abfrage* in der Schnellstartleiste innerhalb der Suchdienstanwendungssteuerung.

Verwendungsberichte

Mit der Integration der ehemaligen Web Analytics-Funktionen in die FAST-basierte Suchdienstanwendung wurde eine neue Klasse an Verwendungsberichten für die Suche geschaffen, die der besseren Identifizierung der Suchnutzung dienen soll und dabei Excel-Tabellen generiert. Hierfür stehen Ihnen eine ganze Reihe von Berichten zur Verfügung: Neben einfachen quantitativen Berichten gibt es verschiedene inhaltliche Berichte, um Ihnen die Möglichkeit zur Optimierung zu geben, wie beispielsweise der Bericht *Erste Abfragen nach Monat* (Abbildung 7.7).

Abbildg. 7.7 Beispielverwendungsbericht der Suche

Erste Abfragen nach Monat: Juli 2013

Dienst: Zentraladministration

Dieser Bericht zeigt die am häufigsten verwendeten Suchabfragen. Mithilfe dieses Berichts können Sie sehen, welche Arten von Informationen Besucher suchen.

Ergebnisquelle	Abfragetext	Abfragen gesa	% aller Abfrag
Unterhaltungen	*	8	0,29
Einem Inhaltstyp entsprechende Elemei		22	0,79
Lokale Videoergebnisse	*	7	0,25
Lokale SharePoint-Ergebnisse		56	2,01
Lokale SharePoint-Ergebnisse	*	15	0,54
Lokale SharePoint-Ergebnisse	ContentType:"Beitrag"	12	0,43
Lokale SharePoint-Ergebnisse	sinc	9	0,32
Lokale SharePoint-Ergebnisse	zeugs	5	0,18

Sie finden die Verwendungsberichte über den gleichnamigen Link in der Schnellstartleiste innerhalb der Suchdienstanwendungssteuerung.

HINWEIS Auch Websitesammlungsadministratoren stehen diese Berichte innerhalb ihres Bereichs im Abschnitt *Websitesammlungseinstellungen* zur Verfügung. Hier lautet der Link jedoch *Berichte zu Beliebtheit und Recherche.*

Websitebesitzer können lediglich auf einen Bericht namens *Verwendung* zugreifen, der in den Websiteeinstellungen im Abschnitt *Websiteverwaltung* unter *Beliebtheitstrends* vorzufinden ist (Abbildung 7.8).

Abbildg. 7.8 Verwendungsbericht

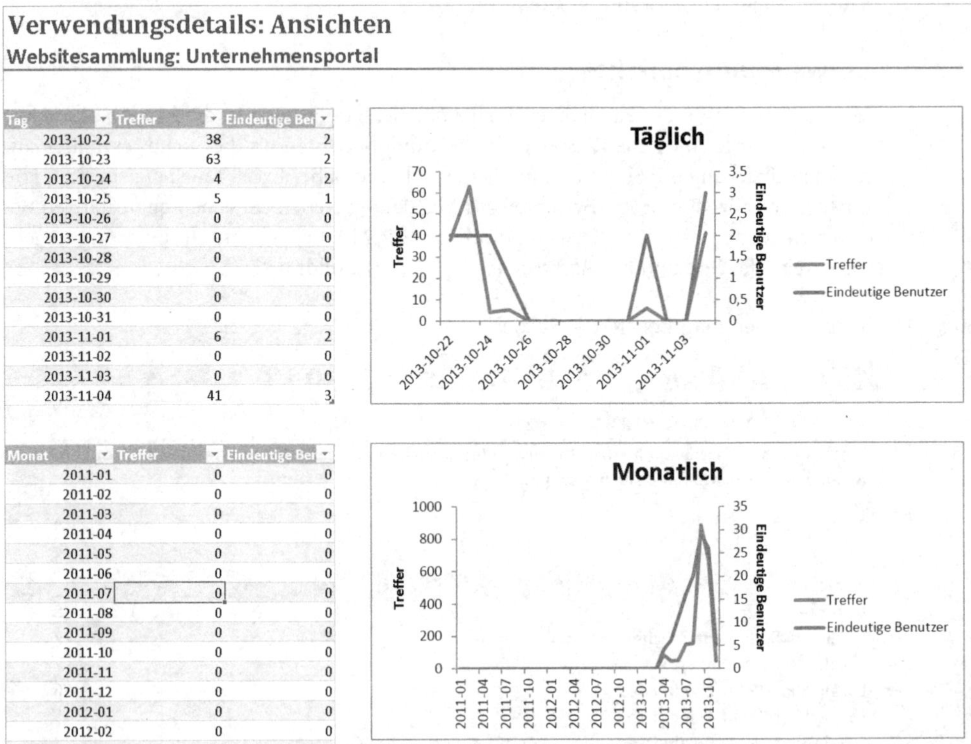

Zeitgeberauftragsstatusprotokolle

SharePoint 2013 steuert eine Vielzahl von elementaren Operationen mithilfe sogenannter Zeitgeberaufträge. Diese sind dafür verantwortlich, dass Daten bereinigt, E-Mails abgerufen, Benutzerprofile synchronisiert, Warnungen und Benachrichtigungen versendet werden und noch vieles mehr. Werden Zeitgeberaufträge nicht mehr ordnungsgemäß ausgeführt, hat dies potenziell direkt Auswirkungen auf die SharePoint-Funktionalität. Jeder Zeitgeberauftrag hat ein eigenes Ausführungsintervall. Zeitgeberauftragsdefinitionen werden automatisch erstellt, werden beispielsweise durch das Erstellen einer neuen Webanwendung automatisch Dutzende neue Zeitgeberaufträge erzeugt, die der neuen Webanwendung zugewiesen werden.

Zum Kontrollieren des Status von Zeitgeberaufträgen mithilfe der Zentraladministration gehen Sie wie folgt vor:

1. Klicken Sie in der Einstiegsseite der Zentraladministration im Abschnitt *Überwachung* auf *Auftragsstatus überprüfen.*
2. Die Anzeige wird unterteilt in drei Bereiche: *Geplant*, *Wird ausgeführt* und *Verlauf.*

3. Um Fehler beim Ausführen der Zeitgeberauftragsdefinitionen zu identifizieren, klicken Sie auf *Verlauf*.
4. Im Dropdownlistenfeld *Ansicht* wählen Sie *Auftragsfehler*, um etwaige Fehler herauszufiltern (Abbildung 7.9).

Abbildg. 7.9 Suche nach fehlgeschlagenen Auftragsdefinitionen

5. Klicken Sie in der Spalte *Status* in der entsprechenden Zeile auf *Fehlgeschlagen*, um weiterführende Informationen zu dem Fehler zu erhalten (Abbildung 7.10).

Abbildg. 7.10 Erweiterte Fehlerinformationen

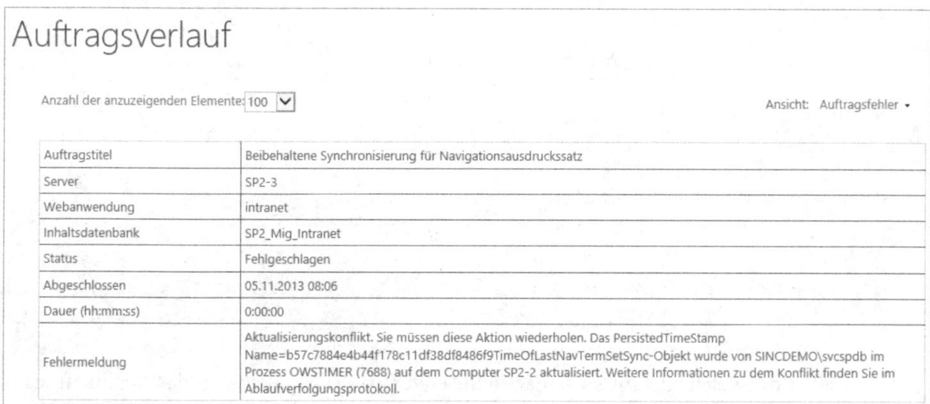

6. Nach der Korrektur eines potenziellen Fehlers können Sie den Auftrag forcieren, indem Sie zunächst auf den Auftragstitel und anschließend auf *Jetzt ausführen* klicken (Abbildung 7.11).

Abbildg. 7.11 Manuelles Ausführen und Konfiguration einer Zeitgeberauftragsdefinition

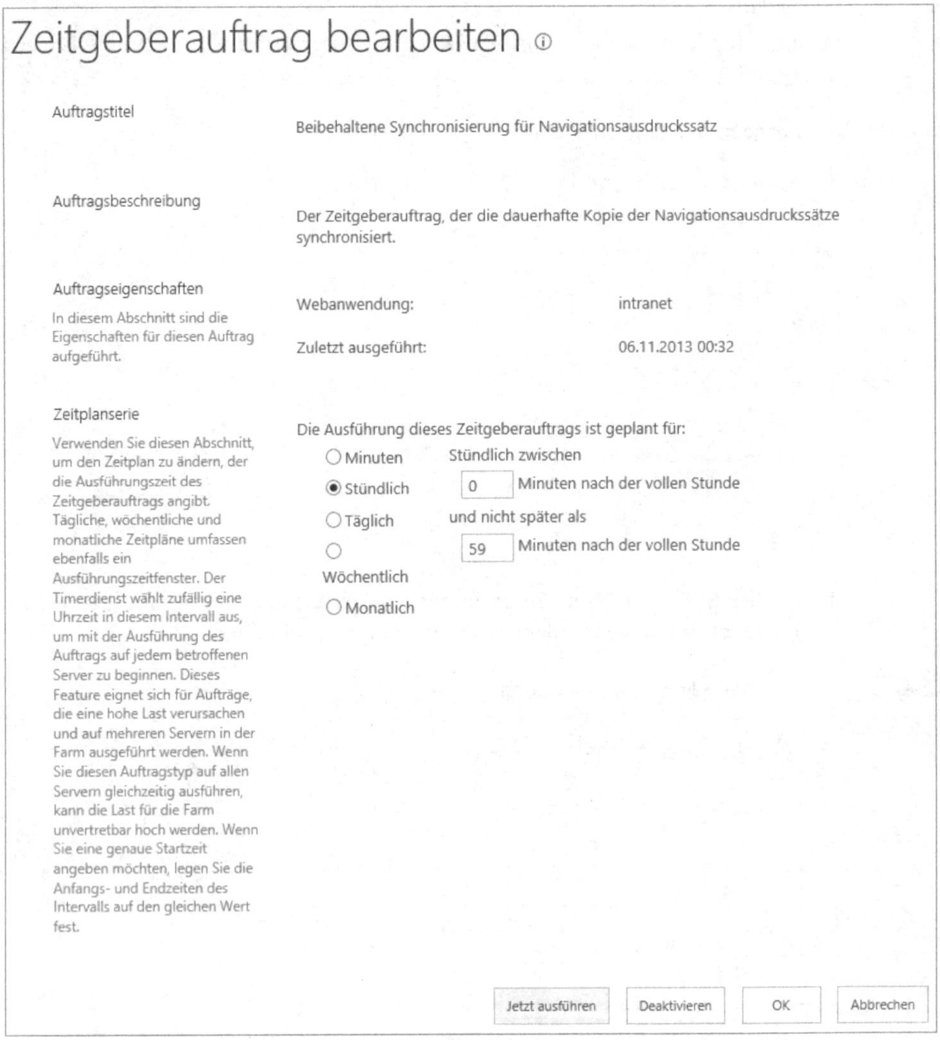

Über die gleiche Schnittstelle haben Sie ebenfalls die Möglichkeit, das Ausführungsintervall abzuändern bzw. den Auftrag zu deaktivieren oder zu aktivieren.

Zur Verwaltung der Zeitgeberauftragsdefinitionen mithilfe der PowerShell stehen Ihnen eine Reihe von Cmdlets zur Verfügung:

- *Disable-SPTimerJob*
- *Enable-SPTimerJob*
- *Get-SPTimerJob*
- *Set-SPTimerJob*
- *Start-SPTimerJob*

Um beispielsweise eine Übersicht über alle zurzeit deaktivierten Zeitgeberaufträge zu erhalten, führen Sie den folgenden PowerShell-Befehl aus:

```
Get-SPTimerJob | where {$_.IsDisabled -eq "True"} | select Displayname -Unique
```

Zum gezielten Starten eines Zeitgeberauftrags verwenden Sie das folgende Beispielskript:

```
Get-SPTimerJob job-timer-recycle | Start-SPTimerJob
```

Integritätsanalyse

Die Integritätsanalyse führt die in SharePoint 2010 eingeführte Basisanalyse der Farm fort. Mittlerweile helfen Ihnen stattliche 88 (anstatt zuvor gut 60) Regeln dabei, sich abzeichnende Probleme oder von den Best Practices abweichende Konfigurationen frühzeitig zu identifizieren. Teilweise enthalten die Überprüfungsregeln auch automatische Fehlerbehebungsroutinen für die identifizierten Probleme.

Die erweiterbaren Überprüfungsregeln sind unterteilt in Konfigurations- (46 Regeln), Verfügbarkeits- (17 Regeln), Leistungs- (15 Regeln), Sicherheits- (5) und Systemregeln (1 Regel).

Sofern ein bekanntes Problem identifiziert wurde, verändert die Integritätsanalyse in Abhängigkeit von der Dringlichkeit des jeweiligen Ereignisses die Einstiegsseite der Zentraladministration. In diesem Beispiel wurde ein kritisches Problem identifiziert. Daher werden Sie durch die rote Signalzeile über einen Link (*Diese Probleme anzeigen*) direkt zur Bearbeitung des Problems geleitet (Abbildung 7.12).

Abbildg. 7.12 Integritätsanalysewarnung

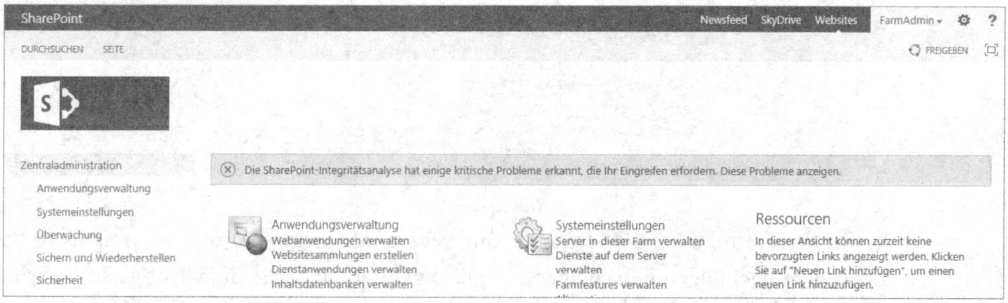

Die zugrunde liegenden Regeldefinitionen werden in unterschiedlichen Intervallen ausgeführt. Daher ist es üblich, dass Sie selbst nach einer vermeintlich einwandfreien Installation, ohne jegliche Änderung an der SharePoint-Farm, erst nach einiger Zeit auf Probleme hingewiesen werden, die jedoch bereits unmittelbar zum Abschluss der Installation vorlagen.

Es ist wichtig, dass Sie die Integritätsanalysemeldungen bearbeiten, da Sie andernfalls den präventiven Schutz dieser Komponente verlieren. Indem Sie die Ereignisse bearbeiten und bei Abschluss Ihrer Arbeiten das Problem erneut verifizieren lassen, können Sie sich umgehend über den Erfolg Ihrer Arbeiten in Kenntnis setzen. Ferner haben Sie die Möglichkeit, sich durch die Integritätsanalyse im Fehlerfall benachrichtigen zu lassen oder bekannte Probleme in den Regeldefinitionen anzupassen, um die Auswirkungen eines Ereignisses angemessen zu behandeln.

Integritätsanalyse anwenden

Gehen Sie wie folgt vor, um die Integritätsanalysekomponente ordnungsgemäß einzusetzen:

1. Klicken Sie auf der Einstiegsseite der Zentraladministration im Abschnitt *Überwachung* auf *Probleme und Lösungen überprüfen.*
2. Sie finden in dieser Ansicht eine Liste der bislang identifizierten Besonderheiten in Ihrer Serverfarm vor (Abbildung 7.13).

Abbildg. 7.13 Klassische Einrichtungsfehler einer Serverfarm aus Sicht der Integritätsanalyse

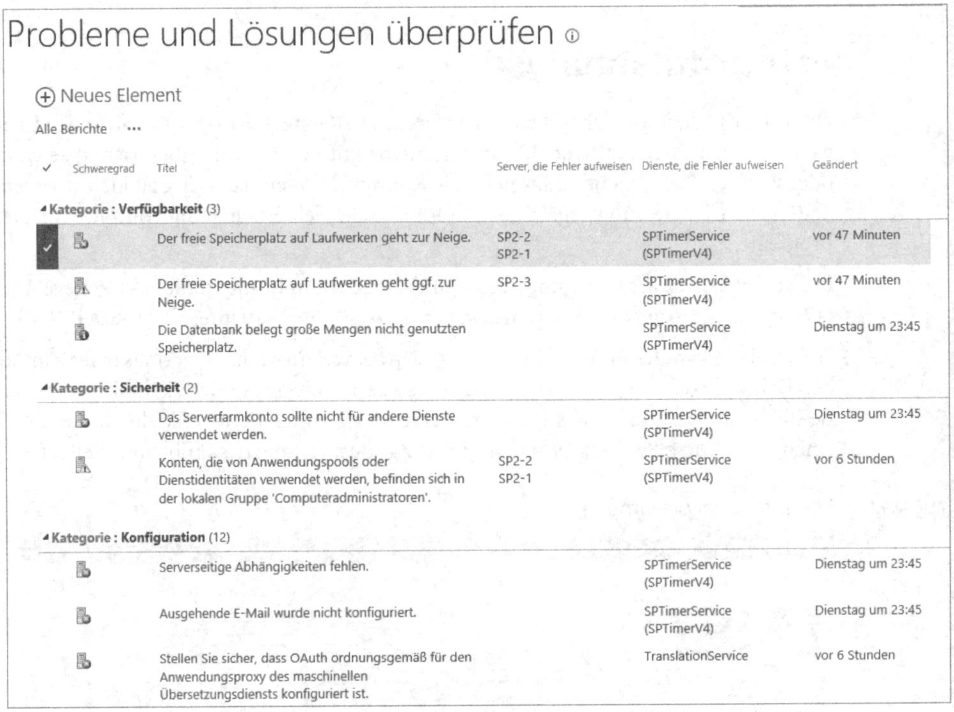

3. Klicken Sie auf eines der Elemente, um weitere Informationen zu dem Ereignis zu erhalten.
4. In dem nachfolgend erscheinenden Dialogfeld erhalten Sie die wichtigsten Informationen zur Beschreibung des Problems und dessen Fehlerbehebung (Abbildung 7.14).

Abbildg. 7.14 Probleme und Lösungen überprüfen

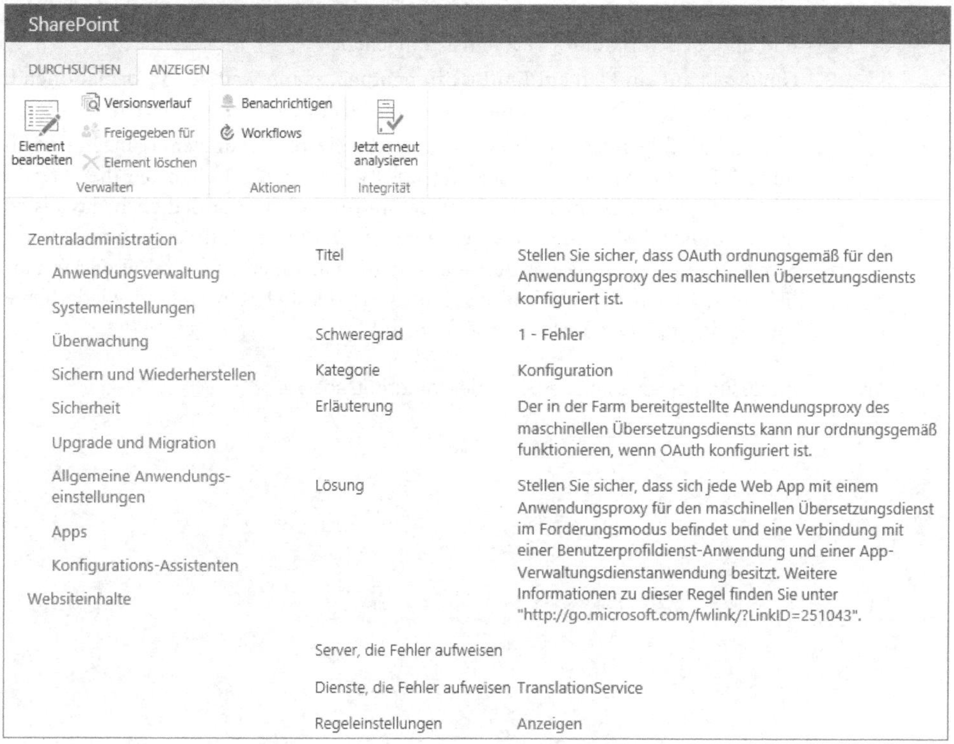

5. Führen Sie nun die Fehlerbehebung durch. Sofern das Problem aus Ihrer Sicht nicht mehr aktuell ist, klicken Sie im Menüband auf *Jetzt erneut analysieren* und anschließend auf *Schließen*.

HINWEIS Beachten Sie, dass in Abhängigkeit von der jeweiligen Regeldefinition auch integrierte Lösungsmechanismen verfügbar sind. Ist dies für eine Regel der Fall, finden Sie in der Übersichtsseite des Elements im Menüband die zusätzliche Schaltfläche *Automatisch reparieren* vor (Abbildung 7.15).

Abbildg. 7.15 Automatische Reparaturfunktion für einige Regeln

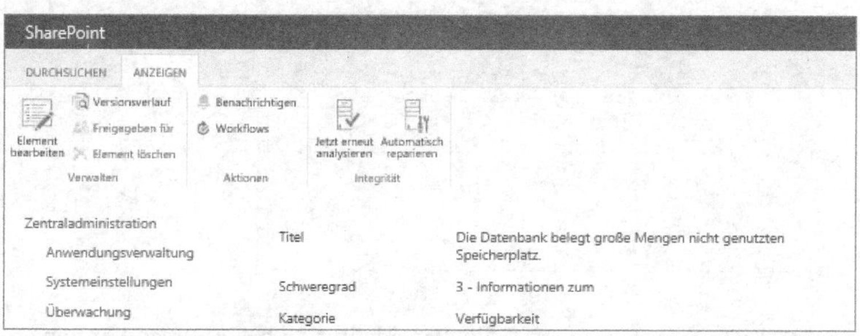

Sofern das Problem tatsächlich behoben ist, wird das entsprechende Element aus der Liste entfernt.

Sie haben folgende Möglichkeiten, um weitere Eingriffe vorzunehmen:

1. Klicken Sie in einem geöffneten Element im Menüband auf *Versionsverlauf*, um sich ein besseres Bild über den Verlauf des Problems zu machen.
2. Um direkt auf ein Element Einfluss zu nehmen, es mit weiteren Informationen für Sie zu dokumentieren oder Werte abzuändern, klicken Sie auf *Element bearbeiten*.
3. In dem nachfolgenden Dialogfeld können Sie diverse Parameter ergänzen und abändern (Abbildung 7.16). Beachten Sie dabei folgende Besonderheit: Indem Sie die Werte an dieser Stelle ergänzen, passen Sie nicht die Regeldefinition an, sondern lediglich das Listenelement. Hierdurch können Sie beispielsweise temporär einen Ausfall als unkritisch markieren, indem Sie den Schweregrad von *1 – Fehler* in *3 – Information* abändern. Durch diese Maßnahme wird jedoch bei der nächsten Regeldefinitionsausführung der alte Schweregrad wiederhergestellt, während Ihre Änderungen im Verlauf einsehbar sind.

Abbildg. 7.16 Anpassung eines Listenelements der Integritätsanalyse

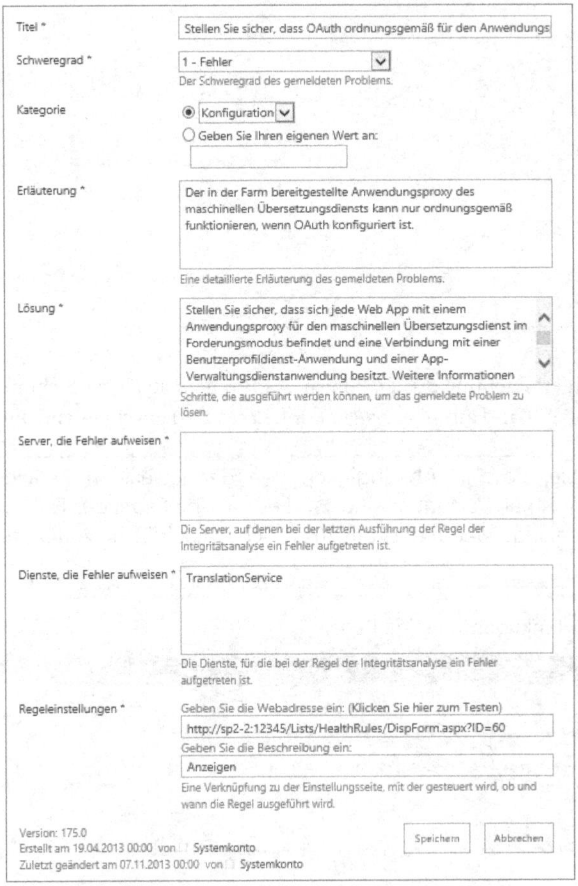

Lesen Sie im nächsten Abschnitt, wie Sie die Regeldefinition beeinflussen können.

Regeldefinitionen der Integritätsanalyse anpassen

Ist aus Ihrer Sicht eine Regeldefinition störend oder muss diese angepasst werden, um in Ihrer Umgebung sinnvoll anwendbar zu sein, verwenden Sie das folgende Verfahren:

1. Öffnen Sie die Zentraladministration und navigieren Sie auf der Seite *Überwachung* im Abschnitt *Integritätsanalyse* auf *Regeldefinitionen überprüfen.*
2. Klicken Sie auf eine Regeldefinition.
3. Klicken Sie im Menüband auf *Element bearbeiten.*
4. Passen Sie die Regeldefinition wunschgemäß an und klicken Sie auf *Speichern* (Abbildung 7.17).

ACHTUNG Das Kontrollkästchen *Automatisch reparieren* führt nicht bei jeder Regeldefinition zu einer automatischen, geschweige denn sinnvollen Reparatur!

Abbildg. 7.17 Regeldefinition anpassen

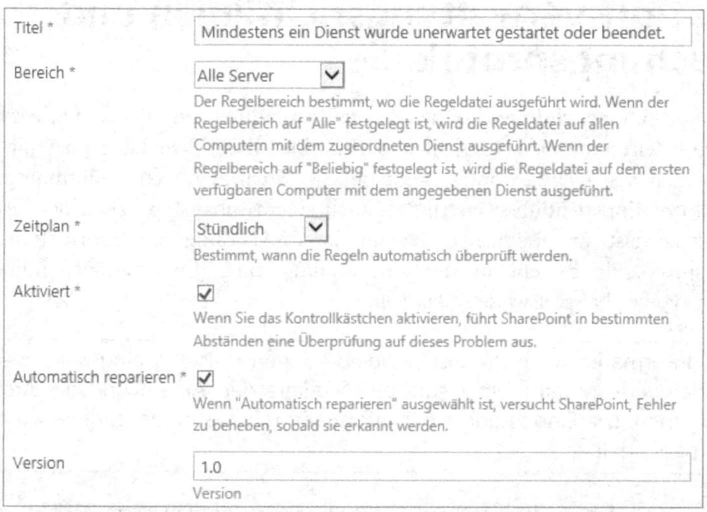

Anpassung der Standardregeln

Es bietet sich an, eine Reihe der Standardregeln aus gegebenem Grund anzupassen:

- Die Regel *Der freie Speicherplatz auf Laufwerken geht ggf. zur Neige* (Verfügbarkeit) warnt in den meisten Umgebungen unnötig und zu früh und kann deaktiviert werden.
- Die Regel *Konten, die von Anwendungspools oder Dienstidentitäten verwendet werden, befinden sich in der lokalen Gruppe Computeradministratoren* (Sicherheit) kann ggf. auf eine manuelle Ausführung abgeändert werden, da dies für die Benutzerprofildienstproblematik erforderlich ist und nur in Umgebungen mit besonderen Sicherheitsanforderungen unverändert belassen werden sollte.

- Ähnlich verhält es sich mit der Regel *Das Serverfarmkonto sollte nicht für andere Dienst verwendet werden* (Sicherheit). Hier sollte ebenfalls lediglich in Umgebungen mit besonders hohen Anforderungen an die Sicherheit Wert auf diese Regel gelegt werden. In Standardumgebungen kann diese deaktiviert werden. Dort führen diese Regeln dazu, dass die aus den Regeln resultierenden Warnungen mit der Zeit einfach ignoriert werden und somit fast vollständig ihren Sinn verfehlen.

Zum Verwalten der Regeln via PowerShell stehen Ihnen drei Cmdlets zur Verfügung:

- *Get-HealthAnalysisRule*
- *Enable-HealthAnalysisRule*
- *Disable-HealthAnalysisRule*

Informationsverwaltungsrichtlinien und Überwachungsprotokolle

Mithilfe von Informationsrichtlinien können Sie die Verwendung von Inhalten nachverfolgen und sich über anpassbare Zeiträume einen Bericht in Form einer Excel-PivotTable über die Aktivitäten in SharePoint erstellen lassen. Diese Konfiguration obliegt primär dem Websitesammlungsadministrator, der sowohl Informationsrichtlinien erstellt, als auch einem Inhaltstyp bzw. einer Liste oder Dokumentbibliothek zuweist. Ein möglicher Weg für die Verwendung von Informationsrichtlinien für Überwachungsprotokolle besteht in der Verknüpfung einer Informationsrichtlinie mit einem Standardinhaltstyp wie beispielsweise *Dokument*.

HINWEIS Informationsverwaltungsrichtlinien können vielseitig eingesetzt werden. So können Sie beispielsweise mithilfe einer solchen Richtlinie den Ablauf und die Archivierung von Inhalten bestimmen. Die Einrichtung einer Informationsverwaltungsrichtlinie wurde im vorherigen Kapitel 6 behandelt.

Ihnen stehen verschiedene, mit SharePoint 2010 identische, vordefinierte Berichte zur Verfügung, um die gesammelten Daten auszuwerten:

- Inhaltsanzeige
- Inhaltsänderungen
- Löschvorgang
- Inhaltstyp- und Listenänderungen
- Richtlinienänderungen
- Ablauf und Anordnung
- Sicherheitseinstellungen
- Überwachungseinstellungen

Da diese Berichte recht statisch sind und über die vollständigen Überwachungsprotokolle erzeugt werden, ist in der Regel ein benutzerdefinierter Bericht aussagekräftiger. Gehen Sie wie folgt vor, um einen benutzerdefinierten Bericht aus einer Websitesammlung heraus zu erstellen:

1. Klicken Sie in den Websitesammlungseinstellungen im Abschnitt Websitesammlungseinstellungen auf *Überwachungsprotokollberichte*.
2. Klicken Sie auf *Benutzerdefinierten Bericht ausführen*.
3. Wählen Sie die gewünschten Berichtsfilterdaten aus und beachten Sie dabei, dass es sich beim Speicherort um einen SharePoint-spezifischen und nicht um einen Freigabepfad handelt (Abbildung 7.18).

Abbildg. 7.18 Konfiguration der Überwachungsprotokollberichte

Im Anschluss finden Sie die Excel-PivotTable in der definierten Dokumentbibliothek zur Ansicht vor.

Ereignisprotokolle für SharePoint

SharePoint 2013 speist einige spezifische Windows-Protokolle mit Informationen. Die drei wichtigsten dieser Protokolle sind (Abbildung 7.19):

- Anwendung (in den Windows-Protokollen)

  Hier werden die wichtigsten SharePoint-Ereignisse hinterlegt. Die Steuerung der Informationstiefe erfolgt mithilfe der Diagnostikprotokollkonfiguration.

- Suche (in Anwendungs- und Dienstprotokollen unter *Microsoft/Office Server/Search*)

  Dieses Protokoll ist vergleichbar mit dem ehemaligen FAST-Suchprotokoll. Hier werden erweiterte Informationen über die Komponenten der Suchtopologie gespeichert. Die Steuerung der Informationstiefe erfolgt mithilfe der Diagnostikprotokollkonfiguration.

- Allgemein (in Anwendungs- und Dienstprotokollen unter *Microsoft/Share Products/Shared*)

Betrieb und Hintergrundinformationen

Hier werden die erweiterten SharePoint-Ereignisse hinterlegt. Die Steuerung der Informationstiefe erfolgt ebenfalls mithilfe der Diagnostikprotokollkonfiguration.

Abbildg. 7.19 SharePoint-Ereignisprotokolle

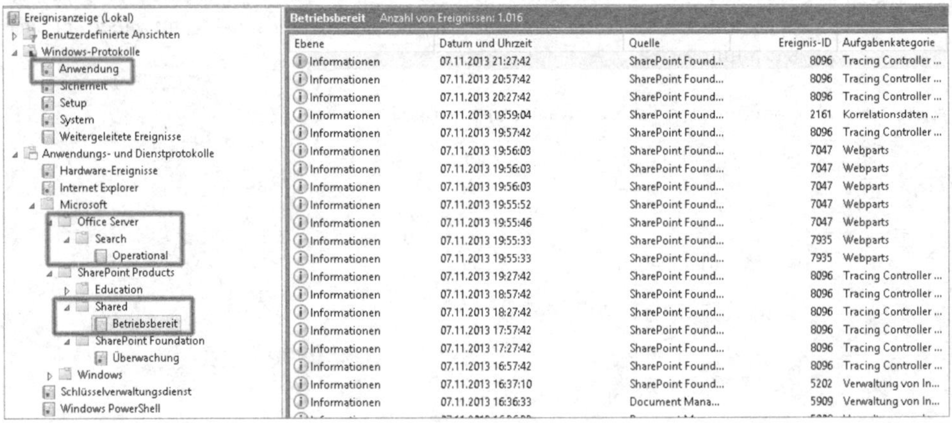

Neben diesen Protokollierungscontainern gibt es noch sekundärrelevante Ereignisspeicherbereiche:

- Überwachung (in Anwendungs- und Dienstprotokollen unter *Microsoft/Share Products/SharePoint Foundation*)

  Dieses Protokoll speichert Informationen basierend auf Überwachungsrichtlinien.

- System (in den Windows-Protokollen)

  Dieses Protokoll ist aus SharePoint-Verwaltungssicht wichtig, da hier die Basisdienstinfrastruktur von Windows Server Informationen hinterlässt, wie z.B. im Falle des Ausfalls eines Diensts.

- Sicherheit (in den Windows-Protokollen)

  Das Sicherheitsprotokoll ist für Detailanalysen wichtig, wie z.B. der Analyse von Authentifizierungspaketen oder aber der Nachverfolgung von Anmeldeversuchen..

Die Steuerung des jeweiligen Protokollierungsgrads wird im nachfolgenden Abschnitt der Diagnoseprotokolle näher erläutert.

Diagnoseprotokolle einsehen

Bei den Diagnoseprotokollen handelt es sich im Wesentlichen um die Ablaufverfolgungsprotokolle, welche auch unter dem Namen ULS-Protokolle bekannt sind.

SharePoint erzeugt umfassende Ablaufverfolgungsprotokolle, die Ihnen im Fehlerfall wichtige Anhaltspunkte, wenn nicht gar die Ursache für das Fehlersymptom präsentieren. Sie finden diese Protokolle unter dem durch Sie angegebenen Pfad vor. Standardmäßig befindet sich dieser Pfad unter *%CommonProgramFiles%\Microsoft Shared\Web Server Extensions\15\LOGS*. Die Protokolldateien haben den Servernamen als Präfix.

Zum Visualisieren der Protokolle mithilfe von PowerShell steht Ihnen ein spezielles Cmdlet zur Verfügung: *Out-GridView*.

HINWEIS Um das Cmdlet auch unter Windows Server 2008 R2 verwenden zu können, ist das PowerShell Integrated Scripting Environment erforderlich. Um dieses bereitzustellen, führen Sie in der PowerShell-Modules-Befehlszeile den folgenden Befehl aus:

```
Add-WindowsFeature PowerShell-ISE
```

Starten Sie anschließend die SharePoint-Verwaltungsshell neu.

In Windows Server 2012 ist dieses Cmdlet im Kontext von PowerShell 3.0 bereits standardmäßig enthalten.

Um die Diagnoseprotokolle mithilfe von *Out-GridView* zu durchforsten, verwenden Sie beispielsweise folgenden Befehl:

```
Get-SPLogEvent -MinimumLevel "Critical" -startTime "07.11.2013 21:00" | Out-GridView
```

Beachten Sie, dass mithilfe dieses Cmdlets alle Server der Farm durchforstet werden und eine ungefilterte Abfrage zu einer enormen Abfrage- bzw. Bearbeitungszeit führt. Eine interessante Alternative für das Auswerten von serverfarmweiten Protokollen wird Ihnen im Abschnitt »Endbenutzerfehlermeldungen und Korrelations-IDs« demonstriert.

In diesem Beispiel werden alle kritischen Ereignisse ab einem definierten Zeitpunkt aufgelistet (Abbildung 7.20).

Abbildg. 7.20 Cmdlet *Out-GridView* zum Durchforsten von Diagnoseprotokollen

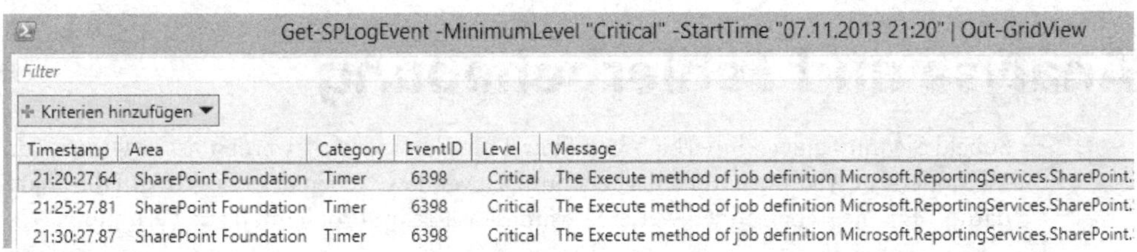

In dem Ergebnisgrid können Sie nun die Filter und Sortierungen verwenden, um schneller zum gesuchten Ereignis zu gelangen (Abbildung 7.21).

Abbildg. 7.21 Filtermöglichkeit mit dem Cmdlet *Out-GridView*

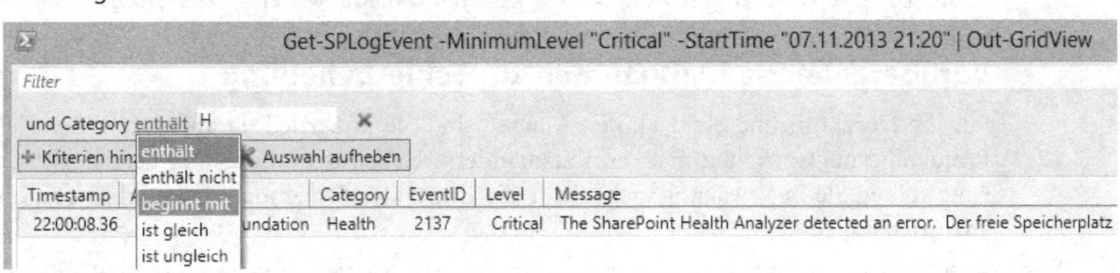

In dieser Ansicht können Sie die gefundenen Zeilen markieren und durch Kopieren/Einfügen in eine Excel-Tabelle oder in eine andere Datei überführen.

Die Einrichtung des Diagnoseprotokolls wurde bereits im vorherigen Kapitel 6 behandelt. Wie Sie die so erzeugten Protokolle verwenden, wird Ihnen im Abschnitt »SharePoint-Fehlermeldungen behandeln« veranschaulicht.

Sonstige Protokolle

SharePoint hinterlässt in weiteren relevanten Protokollen Daten, die für die spätere Analyse wertvoll sein können:

- **Internetinformationsdienste-Protokolle** Hierbei handelt es sich um die klassischen Protokolle der Internetinformationsdienste, deren Anpassung und Auswertung im Abschnitt »Untersuchen von IIS-Protokollen auf Basis von Protokollparser (Log Parser)« dieses Kapitels behandelt werden.
- **PSCDiagnostics-Protokolle** Die PSCDiagnostics-Protokolle befinden sich standardmäßig im gleichen Protokollpfad wie die ULS (Unified Logging Service)-Protokolle (*%CommonProgramFiles%\Microsoft Shared\Web Server Extensions\15\Logs*). In den Protokollen mit dem gleichnamigen Dateinamenspräfix werden die Installationsprotokolldaten festgehalten. Dabei ist dies nicht nur für die initiale Installation, sondern auch für die spätere Wartung von Relevanz.
- **Upgrade-Protokolle** Die im gleichen Pfad wie die PSCDiagnostics-Protokolle abgelegten Upgrade-Protokolle beinhalten Informationen im Kontext von Aktualisierungen, die auf der Farm vorgenommen werden.

Lesen Sie im nachfolgenden Abschnitt, wie Sie eine gezielte Analyse- und Fehlerbehebung unter anderem mithilfe der hier vorgestellten Protokolle realisieren können.

Analyse und Fehlerbehebung

Sobald Sie mit Fehlern innerhalb von SharePoint konfrontiert werden, ist es wichtig, die passenden Methoden zur Analyse und Fehlerbehebung zu wählen. Neben dem Zugriff auf die SharePoint-Standardprotokolle stehen Ihnen weitere Lösungsansätze im Problemfall zur Verfügung.

Analysemethoden

In diesem Abschnitt wird an einigen Beispielen demonstriert, welche Methoden Ihnen in SharePoint 2013 zur Verfügung stehen, um verbreitete Probleme weiter einzugrenzen.

Vorübergehende Maßnahmen zur Fehlerbehebung

Für die Durchführung einer akuten Analyse sind Sie potenziell darauf angewiesen, temporär das Protokollierungsverhalten der Farm abzuändern. Neben der Anpassung der Diagnoseprotokollierung sollten Sie in Erwägung ziehen, für die Dauer der Fehleranalyse die folgenden Einstellungen anzupassen:

- Setzen Sie die Diagnoseprotokollierung für den Zielbereich herauf. Versuchen Sie dabei möglichst gezielt Bereiche herabzusetzen, um die Mehrlasten der Diagnoseprotokollierung im Rahmen zu halten. In dem folgenden Beispiel wird die Diagnoseprotokollierung nur für die Access Services-Administration in den Ablaufverfolgungsprotokollen (ULS-Protokollen) heraufgesetzt:

```
Set-SPLogLevel -Identity "Access Services:Administration" -TraceSeverity Verbose
```

Um die verfügbaren Bereiche identifizieren zu können, verwenden Sie beispielsweise folgenden Befehl:

```
Get-SPLogLevel -Identity "Search:*"
```

In diesem Beispiel werden alle Protokollierungselemente im Bereich *Search* enumeriert.

HINWEIS In SharePoint 2013 steht Ihnen alternativ zum Anheben der Gesamtprotokollierungslast nun auch ein neuer Ansatz zum Anheben der Protokollierung im Kontext von ULS (Unified Logging Service) zur Verfügung.

- Anpassung des Intervalls für den Import des Microsoft SharePoint Foundation-Verwendungsdaten-Zeitgeberauftrags.

  Standardmäßig werden die Protokolldaten lediglich alle 5 Minuten mit der Datenbank abgeglichen.
- Deaktivieren Sie ggf. die Option *Ereignisprotokoll-Flutschutz* in den Diagnoseprotokollierungseinstellungen, um alle Ereignisse zu erfassen.

Entwicklerdashboard

Um Ihnen bei durch Anpassungen an der Site entstehenden Problemen bessere Einsicht zu gewähren, unterstützt SharePoint seit der Version 2010 ein Entwicklerdashboard, welches nun in SharePoint 2013 deutlich überarbeitet wurde. Über dieses Dashboard werden Ihnen erweiterte Informationen zum Aufbau und zu den Fehlern der jeweiligen Site sowie verwendete SQL Server-Abfragen und deren Ausführungsdauer dargestellt (Abbildung 7.22).

Neu in SharePoint 2013 ist die Darstellung des Entwicklerdashboards in einem separaten Fenster und verändert somit nicht mehr die zu analysierende Seite beim Laden. Zudem integriert das Dashboard nun zahlreiche neue Funktionen von SharePoint 2013, wie beispielsweise Angaben zur minimalen Downloadstrategie (MDS) oder aber Informationen zum Abruf der neuen Caches. Interessant ist ebenfalls die Integration der seitenspezifischen ULS-Protokolleinträge.

Das Dashboard liefert somit nicht nur Fehlerinformationen, sondern auch detaillierte Daten zur Leistung, zu SQL-Abfragen und zum Rendern der Site, und ist sowohl für Entwickler als auch für Administratoren ein äußerst wertvolles Werkzeug für ein tief greifenderes Verständnis der Plattform und deren Symptome.

Zum Aktivieren des Dashboards steht Ihnen weiterhin die PowerShell und das Tool STSADM zur Verfügung. Das Dashboard besitzt die beiden Modi *On* und *Off*.

Der Modus *On* bedeutet, dass an jede aufgerufene Site für Personen mit hohen Privilegien ein Link zum Dashboards angehängt wird. Wird das Dashboard verwendet, entsteht eine nicht ganz irrelevante Mehrbelastung, die sich durch die Eingrenzung auf eine kleine Zielgruppe jedoch in der Regel relativiert.

Abbildg. 7.22 Entwicklerdashboard

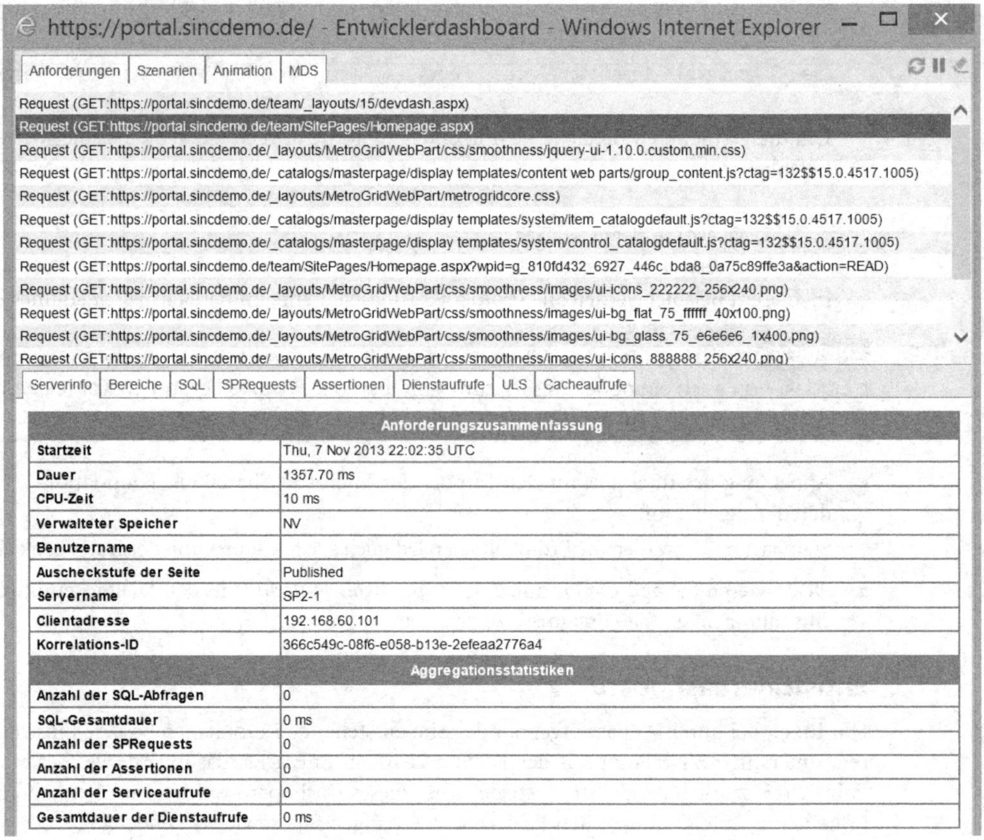

HINWEIS Der noch in SharePoint 2010 verfügbare Wert *OnDemand* steht nicht mehr zur Verfügung. Die Aktivierung verursacht keine IIS-Prozesswiederverwendung und kann daher theoretisch auch während des Betriebs verwendet werden.

Zur Aktivierung des Dashboards auf Serverfarmebene führen Sie das PowerShell-Skript aus Listing 7.1 auf einem SharePoint-Server Ihrer Farm aus.

Listing 7.1 Aktivierung des Entwicklerdashboards auf Farmebene

```
$devdash =
[Microsoft.SharePoint.Administration.SPWebService]::ContentService.DeveloperDashboardSettings
$devdash.DisplayLevel = "On"
$devdash.Update()
```

ONLINE Sie finden das Skript unter dem Namen *DevDashboard.ps1* innerhalb der Begleitdateien zum Buch.

Durch diese Änderung erscheint in den bestehenden Websites der Serverfarm für die entsprechend privilegierten Benutzer in der rechten oberen Ecke ein Symbol, durch welches die Dashboard-Funktionen für die aktuelle Site aktiviert werden (Abbildung 7.23).

TIPP In einigen Situationen ist es ggf. erforderlich, dass nicht nur privilegierte Benutzer (mit dem Recht *AddAndCustomizePages*) das Dashboard aufrufen können. In dem Fall können Sie mithilfe der Eigenschaft *RequiredPermissions* das für das Dashboard erforderliche Privileg beliebig abändern, beispielsweise auf *EditLists*:

```
$devdash =
[Microsoft.SharePoint.Administration.SPWebService]::ContentService.DeveloperDashboardSettings
$devdash.RequiredPermissions = "EditLists"
$devdash.Update()
```

Abbildg. 7.23 Entwicklerdashboard-Symbol

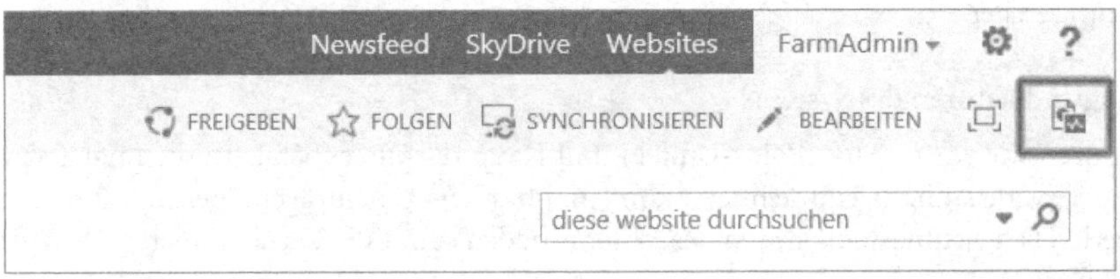

ACHTUNG An dieser Stelle offenbart sich durch das Fehlen des *OnDemand*-Werts für die Aktivierung ein Problem: Ist das Dashboard einmal aktiviert, erscheint es zwar theoretisch nur für privilegierte Benutzer (mit dem Recht *AddAndCustomizePages*). Auf den ersten Blick erscheint dies unproblematisch, da herkömmliche Benutzer sich in der Regel kaum im Besitz dieser Privilegien auf Ihrem Portal befinden werden. Zumindest an einer Stelle ist dies jedoch automatisch der Fall: bei *Meine Websites*. Die Benutzer sind für Ihre *Meine Website* automatisch Websitesammlungsbesitzer und könnten bei einer unachtsamen Aktivierung durch die Änderung an ihrer Oberfläche irritiert werden.

Aktivieren Sie das Entwicklerdashboard daher nur innerhalb eines Zeitfensters, in dem Sie es auch tatsächlich aktiv benötigen.

Überwachung auf Basis von Leistungsindikatoren

Eine der ältesten Methoden zur Aufzeichnung des Systemverhaltens und zur Bildung von Basisbelastungslinien in der Microsoft-Welt stellt die Verwendung von Leistungsindikatoren dar. Durch Leistungsindikatoren können Sie Erfahrungen in der Bewertung des Lastverhaltens Ihrer SharePoint-Umgebung sammeln und diese sowohl im Fehlerfall als auch für eine langfristige Skalierungsplanung gewinnbringend wieder verwenden. Mit der Leistungsüberwachung stehen Ihnen drei grundlegende Überwachungsmethoden zur Verfügung:

- Momentaufnahme der Leistungsindikatoren
- Aufzeichnung einer Langzeitbelastungslinie oder auch Basisbelastungslinie
- Benachrichtigung bei Überschreitung von kritischen Leistungsindikatoren

TIPP SharePoint bietet Ihnen alternativ auch die integrierte Sammlung von Leistungsindikatoren an, um diese mithilfe einer Zeitgeberauftragsdefinition in eine Datenbank zu übertragen. Mehr zu dieser interessanten Alternative erfahren Sie in einem späteren Abschnitt.

Die ideale Überwachung der Leistungsindikatoren einer SharePoint-Serverfarm ermöglicht Ihnen die Verwendung von SCOM 2012 R2. Durch die Verwendung von SCOM mit den Management Packs für SharePoint 2013 wird Ihnen deutlich mehr als nur eine automatisierte Leistungsindikatorüberwachung geboten. Mehr dazu erfahren Sie in einem späteren Abschnitt.

Es wird empfohlen, eine Basisbelastungslinie mithilfe der Leistungsindikatoren während eines längeren Zeitraums einer normalen SharePoint-Nutzung aufzuzeichnen, um eine Vergleichsbasis für später auftretende Szenarien vorhalten zu können.

Es müssen sowohl alle SharePoint- als auch alle SQL Server-Systeme Bestandteil einer Leistungsindikatormessung der Serverfarm sein.

Die folgenden Leistungsindikatoren stellen die wichtigsten Leistungsparameter für eine spätere Bewertung sicher.

Leistungsindikatoren des Systems

Es gibt nach wie vor im SharePoint-Umfeld fünf Hauptressourcenbereiche, die Engpässe verursachen und die Serverleistung beeinträchtigen können: physische Datenträger, Speicher, Prozesse, CPU und Netzwerk. Die Leistungsindikatoren des Systems bilden somit die Kernparameter des Betriebssystems ab (Tabelle 7.1).

Tabelle 7.1 Leistungsindikatoren des Systems

Objekt ***Leistungsindikator***	**Beschreibung**
Prozessor *Prozessorzeit (%)*	Zeigt Ihnen die Prozessorauslastung. Überschreitet dieser Wert über einen längeren Zeitraum durchschnittlich über 60 %, erwägen Sie, weitere Prozessoren hinzuzufügen oder horizontal zu skalieren.
Physikalischer Datenträger *Durchschnittl. Warteschlangenlänge des Datenträgers*	Damit wird angegeben, wie viele E/A-Vorgänge darauf warten, dass die Festplatte verfügbar wird. Ist dieser Wert größer als die Anzahl der Datenträgerspindeln plus zwei, bedeutet dies, dass der Datenträger selbst die Ursache des Engpasses sein könnte.
Physikalischer Datenträger *Mittlere Sek./Lesevorgänge* *Mittlere Sek./Schreibvorgänge*	Hierdurch wird die Durchschnittszeit in Sekunden gemessen, mit der Daten vom Datenträger gelesen bzw. geschrieben werden. Ist dieser Wert größer als 25 Millisekunden, bedeutet dies, dass beim Lesen vom Datenträger eine Latenzzeit des Datenträgersystems vorliegt. Bei einem für SharePoint kritischen System wie der SQL Server-Datenbank, sollte der akzeptable Grenzwert wesentlich niedriger liegen (ungefähr bei 10 Millisekunden).
Arbeitsspeicher *Verfügbare MB*	Gibt die Menge des zum Ausführen von Prozessen verfügbaren physischen Speichers in MB an. Beträgt dieser Wert weniger als 5 % des gesamten physischen RAM, bedeutet dies, dass ein unzureichender Speicher vorliegt und eventuell die Auslagerungsaktivitäten erhöht werden.
Arbeitsspeicher *Seiten/s*	Misst die Rate, in der Seiten vom Datenträger gelesen oder auf den Datenträger geschrieben werden, um Hardwareseitenfehler zu beheben. Ist dieser Wert größer als 1.000, liegt wahrscheinlich ein durch übermäßiges Auslagern verursachter Speicherverlust vor, der zu systemweiten Engpässen führt.

Tabelle 7.1 Leistungsindikatoren des Systems *(Fortsetzung)*

Objekt ***Leistungsindikator***	**Beschreibung**
Netzwerk *Gesamtanzahl Bytes/s*	Misst die Rate, mit der über jeden Netzwerkadapter Bytes gesendet und empfangen werden. Das Netzwerk ist ausgelastet, wenn Sie feststellen, dass über 70 % der Schnittstelle genutzt werden. Bei einem mit 1 Gbit/s arbeitenden NIC beträgt die Beanspruchung der Schnittstelle 87 Mbit/s (1 Gbit/s = 1.000.000 Kbit/s = 125 Mbit/s * 70 Prozent). In einer derartigen Situation sollten Sie eine schnellere Netzwerkkarte hinzufügen oder das Netzwerk segmentieren.
Prozess *Prozessorzeit (%)*	Prozentanteil, in dem alle Threads einen Prozessor verwendet haben, um Anweisungen auszuführen
Prozess *Threadanzahl*	Die Anzahl der aktiven Threads in einem Prozess. Ist dieser Wert zwischen der minimalen und der maximalen Anzahl von Threads größer als 500, liegt möglicherweise ein Threadverlust vor.
Prozess *Arbeitsseiten* *Arbeitsseiten – privat* *Arbeitsseiten (max.)*	Gibt den Arbeitsspeicher in Bytes an, den ein Prozess okkupiert. Bei einem Vergleich mit dem Task-Manager werden Sie feststellen, dass dieser den Wert von *Arbeitsseiten – privat* anzeigt. Dieser Wert gibt jedoch lediglich den Speicher an, der nicht freigegeben werden kann. Der *(max.)*-Wert gibt Ihnen Aufschluss über den maximal durch den Prozess belegten Arbeitsspeicher.

Leistungsindikatoren des Webservers

Mithilfe der Leistungsindikatoren des Webservers können Sie fundierte Aussagen über die Leistung und die Stabilität des Webservers treffen. Beispielsweise ermöglichen Ihnen die Leistungsindikatoren des *APP_POOL_WAS*-Objekts Einblick über die Stabilität des jeweiligen Anwendungspools.

Tabelle 7.2 Leistungsindikatoren des Webservers

Objekt ***Leistungsindikator***	**Beschreibung**
ASP.NET-Anwendungen *Anforderungen Gesamt*	Gesamte Anzahl der Anfragen, seitdem der Dienst zuletzt gestartet wurde
ASP.NET-Anwendungen *Anforderungen in der Anwendungswarteschlange*	Ein hoher Warteschlangenwert von Hunderten bis Tausenden Anfragen weist auf eine Unterdimensionierung hin, die beispielsweise durch eine horizontale Skalierung adressiert werden kann
ASP.NET-Anwendungen *Wartezeit der Anforderung*	Zeit in Millisekunden, die für die letzte Anfrage gewartet werden musste. Ein Ansteigen dieses Werts resultiert in einem langsameren Rendering beim Endanwender. Steigt dieser Wert zu hoch, erwägen Sie das Hinzufügen weiterer Web-Front-End-Server.
ASP.NET-Anwendungen *Zurückgewiesene Anforderungen*	Anzahl der Anfragen, die aufgrund von unzureichenden Serverressourcen zurückgewiesen wurden. Dem Client wird dabei ein 503 Statuscode angezeigt, der darauf hinweist, dass der Server ausgelastet ist. Bei einem Wert höher als 0 ziehen Sie in Erwägung, weitere Web-Front-End-Server zur Farm hinzuzufügen.
ASP.NET-Anwendungen *Anforderungen/s*	Verarbeitete Anfragen pro Sekunde. Dieser Wert bildet den Durchsatz des Servers ab.

Tabelle 7.2 Leistungsindikatoren des Webservers *(Fortsetzung)*

Objekt ***Leistungsindikator***	**Beschreibung**
APP_POOL_WAS *Aktuelle Anwendungspool-betriebszeit*	Gibt Ihnen Aufschluss über die Zeit seit dem letzten Neustart des Anwendungspools in Sekunden
APP_POOL_WAS *Anzahl von Arbeitsprozess-Pingfehlern insgesamt*	Die Anzahl der Fälle, in denen der Arbeitsprozess nicht rechtzeitig auf ein Ping reagiert hat und somit nicht mehr ordnungsgemäß reaktionsfähig war
APP_POOL_WAS *Arbeitsprozessfehler insgesamt*	Anzahl der abgestürzten Arbeitsprozesse seit dem Start des Anwendungspools

Leistungsindikatoren von SQL Server

Neben SQL Server-spezifischen Leistungsindikatoren sollten Sie auf SQL Server-Systemen zusätzlich die Leistungsindikatoren des Systems überwachen.

Tabelle 7.3 Leistungsindikatoren von SQL Server

Objekt ***Leistungsindikator***	**Beschreibung**
SQLServer:Databases *Transactions/sec*	Die Anzahl der Transaktionen pro Sekunde gibt Ihnen Aufschluss darüber, wie das Lastverhalten des Datenbankservers charakterisiert ist. Zudem haben Sie die Möglichkeit, die Verteilung der Transaktionen den einzelnen Datenbanken zuzuordnen.
SQLServer:Locks *Number of Deadlocks/sec*	Dieser Wert sollte bei 0 stehen
SQLServer:Buffer Manager *Buffer cache hit ratio*	Prozentualer Anteil der Seiten, die seit dem letzten Start der Instanz aus dem Speicher, ohne von der Festplatte zu lesen, geladen werden konnten
SQLServer:General Statistics *User Connections*	Anzahl der Verbindungen zum SQL-Server. Sollte dieser Wert bei über dem fünffachen Wert Ihrer Basislinie liegen, sollten Sie Leistungseinbußen spüren.

Leistungsindikatoren der SharePoint-Suche

Die SharePoint-Suche stellt einen Sonderfall in der Überwachung dar, da diese nicht nur eine zentrale, sondern gleichzeitig auch eine stark leistungsabhängige Komponente ist. Die Suche beglückt Sie nicht zuletzt aus diesen Gründen mit der größten Vielfalt an verfügbaren Leistungsindikatoren. Während die absolute Mehrzahl der Indikatoren allenfalls granularen Detailanalysen dienlich ist, ist nur eine kleine Anzahl an Suchindikatoren für die Basisleistungslinie und Präventivmaßnahmen relevant. Überwachen Sie daher für die Suche die folgenden Leistungsindikatoren (Tabelle 7.4):

Tabelle 7.4 Leistungsindikatoren für die SharePoint-Suche

Objekt *Leistungsindikator*	**Beschreibung**
Suchdokumentanalyse: *Länge der Sandbox-Warteschlange*	Sollte dieser Wert steigen, erwägen Sie, Ihre Content-Processing-Ebene zu skalieren
Suchdokumentanalyse: *Analysefehler*	Umfasst Fehler wegen unbekannter Formate, nicht unterstützter Formate und Timeouts. Möglicherweise benötigen Sie alternative oder aktualisierte Handler, sollte dieser Wert steigen.
Suchabfrageverarbeitung: *Abfragefehler*	Abfragefehler können unterschiedliche Ursachen haben. Die Anzahl der Abfragefehler sollte Idealerweise 0 betragen.
Suchabfrageverarbeitung: *Abfragedauer*	Eine sukzessiv steigende Abfragedauer deutet auf eine zu skalierende Abfrageschicht hin
Suchindex: *DokProIndexZeile*	Die Summe und Entwicklung aller Zeilen ergibt in Kombination mit den Planungsparametern der Suche in Kapitel 12 Aufschluss über eine ggf. erforderliche Skalierung.

HINWEIS Bereits unter SharePoint 2010 und FAST Search 2010 for SharePoint bot es sich bei der schieren Unzahl an Leistungsindikatoren an, diese durch die Anzeige aller Indikatoren in der Berichtsansicht der Leistungsüberwachung zu forcieren, um deren Relevanz besser einschätzen zu können. Dieses Vorgehen ist bei der aktuellen Anzahl an Indikatoren nicht mehr zielführend, da hierdurch lediglich die Stabilität des MMC-Prozesses gefährdet würde.

Leistungsindikatoren in SharePoint überwachen

SharePoint bietet Ihnen die Möglichkeit, die integrierten Windows Leistungsindikatoren abzufragen und die Ergebnisse der Abfrage zyklisch in die SharePoint-Protokollierungsdatenbank zu übernehmen. Der primäre Nachteil besteht bei dieser Variante darin, dass Sie die so gesammelten Ergebnisse nicht integriert mithilfe der Windows-Bordmittel visualisieren und analysieren können. Dafür stehen Ihnen jedoch andere, nicht minder fortgeschrittene Methoden wie die Reporting Services zur Verfügung.

Die beiden standardmäßig deaktivierten Zeitgeberauftragsdefinitionen für die Datensammlung sind (Abbildung 7.24):

- Diagnosedatenanbieter: Leistungsindikatoren – Datenbankserver
- Diagnosedatenanbieter: Leistungsindikatoren – Web-Front-Ends

Abbildg. 7.24 Standardzustand der integrierten Leistungsindikatorabfragen

```
PS C:\> Get-SPTimerJob job-diagnostics-performance-counter-wfe-provider

Name                                                  Retention  MaxTotalSi Enabled
                                                                 zeInBytes
----                                                  ---------  ---------- -------
job-diagnostics-performance-counter-wfe-provider      14         6200000000 False

PS C:\> Get-SPTimerJob job-diagnostics-performance-counter-sql-provider

Name                                                  Retention  MaxTotalSi Enabled
                                                                 zeInBytes
----                                                  ---------  ---------- -------
job-diagnostics-performance-counter-sql-provider      14         6200000000 False
```

Um die Funktionalität zu nutzen, aktivieren Sie lediglich beide Zeitgeberaufträge beispielsweise mithilfe des folgenden PowerShell-Skripts, welches Sie auf einem SharePoint-Server Ihrer Farm ausführen:

```
Enable-SPTimerJob job-diagnostics-performance-counter-wfe-provider
Enable-SPTimerJob job-diagnostics-performance-counter-sql-provider
```

Anschließend stehen Ihnen die folgenden vordefinierten Leistungsindikatoren zur Verfügung (Abbildung 7.25). In diesem Beispiel wurden die Leistungsindikatoren in zwei Gruppen unterteilt, da SharePoint mit dem jeweiligen Zeitgeberauftrag entweder die SharePoint-Server (*WebFrontEnd*) oder aber SQL-Server überwacht.

Abbildg. 7.25 Vordefinierte Leistungsindikatorabfragen zur zentralisierten Sammlung durch SharePoint

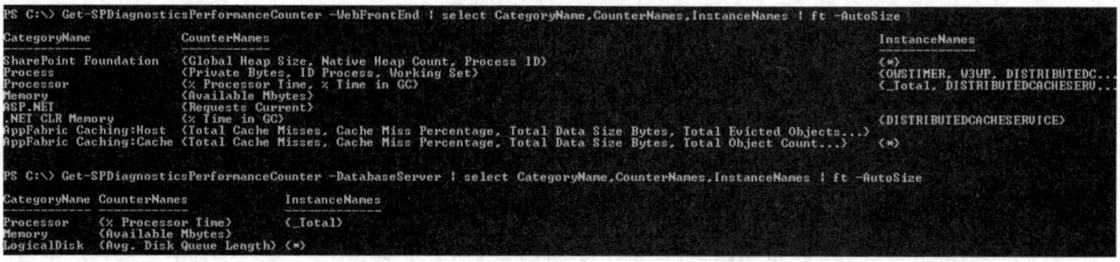

Um das vordefinierte Sammlungsschema zu erweitern, steht Ihnen das Cmdlet *Add-SPDiagnosticsPerformanceCounter* zur Verfügung. Diesem Cmdlet geben Sie letztlich nur die exakten Angaben des jeweils aufzuzeichnenden Leistungsindikators mit. Beispielweise *Category: Processor, Counter:% Processor Time, Instance: _Total.*

Durch den Schalter *WebFrontEnd* bzw. *DatabaseServer* geben Sie an, ob mit dem Profil ein Datenbank- oder SharePoint-Server überwacht werden soll. Für dieses Beispiel würde der Befehl somit vollständig wie folgt lauten:

```
Add-SPDiagnosticsPerformanceCounter -Category "Processor" -Counter "% Processor Time" -
Instance "_Total" -WebFrontEnd
```

Untersuchen von IIS-Protokollen auf Basis von Protokollparser (Log Parser)

Im Rahmen der SharePoint-Wartung und Analyse wird die offensichtlichste Datenquelle häufig vernachlässigt, wenngleich aus eben dieser ganz zentrale Informationen für die Fehleranalyse gewonnen werden können. Dabei handelt es sich um wertvolle Informationen über die Nutzung von SharePoint in Form der klassischen IIS-Protokolle. Um die IIS-Protokolle überwachen zu können, stand Ihnen bereits seit SharePoint 2010 von Microsoft ein kostenfreies und leistungsfähiges Werkzeug zur Verfügung: Log Parser 2.2. In diesem Abschnitt finden Sie daher weiterhin den im Vergleich zum letzten Handbuch unveränderten Abschnitt zur Nutzung des weiterhin wertvollen Log Parsers, bevor Sie im nachfolgenden Abschnitt noch eine etwas einfachere, dafür nicht ganz so mächtige Alternative vorgestellt bekommen.

HINWEIS Sie finden das Tool Log Parser 2.2 zum Download unter *http://go.microsoft.com/fwlink/?LinkID=100882* [Ms156-K07-01]. Weiterführende Dokumentationen mit Beispielen aus der SharePoint-Welt finden Sie in der Datei *Analyzing SharePoint Usage.doc* unter *http://www.microsoft.com/download/details.aspx?id=4616* [Ms156-K07-02].

Vor der Verwendung von Log Parser 2.2 sollten Sie sicherstellen, dass Sie zuvor die entsprechenden Spalten in den Protokollen aufgezeichnet haben (Tabelle 7.5).

Tabelle 7.5 IIS-Protokollierungsfelder

Feld	Feldname	Standardmäßig aktiviert
Datum	Date	✓
Zeit	Time	✓
Client-IP-Adresse	c-ip	✓
Benutzername	cs-username	✓
Methode	cs-method	✓
URI-Stamm	cs-uri-stem	✓
Protokollstatus	sc-status	✓
Protokollunterstatus	sc-substatus	✓
Gesendete Bytes	sc-bytes	
Empfangene Bytes	cs-bytes	
Zeitraum	time-taken	✓
Benutzeragent	cs-user agent	✓

Um die Protokollierungsfelder anzupassen, öffnen Sie den IIS-Manager, navigieren zu Ihrer SharePoint-Webanwendung und öffnen die Protokollierungseinstellungen der Site.

An den nachfolgenden Beispielen möchten wir Ihnen verdeutlichen, wie Sie durch einfache Protokollparseraufrufe Informationen aus den Protokollen extrahieren können.

Eine schnelle Übersicht über den Zustand des Servers lässt sich aus den IIS-Statuscodes ableiten. Im folgenden Beispiel werden alle Protokolldateien einer Webanwendung eingelesen und die Abfragen nach ihren IIS-Statuscodes (dem Feld *sc-status*) sortiert und gezählt (Abbildung 7.26). Ersetzen Sie dabei zuvor den Wert für *[IIS-Protokollpfad]* durch den Wert aus Ihrer Umgebung:

```
LogParser -i:IISW3C "select count(*) as ct,sc-status from [IIS-Protokollpfad]\*.log group
by sc-status"
```

Abbildg. 7.26 Analyse der IIS-Statuscodes

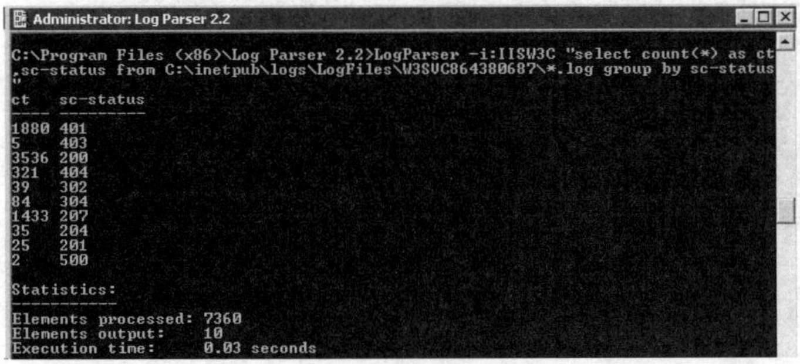

HINWEIS Den Pfad zu den IIS-Protokollen können Sie dabei den Protokolleinstellungen bzw. der Webanwendungs-ID in der IIS-Verwaltungskonsole entnehmen. Dabei entspricht der Wert der ID in der Regel dem Verzeichnisnamen, unter dem sich die jeweiligen Protokolle befinden.

In diesem Beispiel macht der Status 401 einen großen Anteil der Ergebnisse aus. Dies ist nicht weiter verwunderlich, da vor einer Authentifizierungsabfrage seitens SharePoint der Client zunächst versucht, unauthentifiziert an die Inhalte zu gelangen. Ebenso sind die 3xx-Statuscodes nicht dramatisch, da sie Umleitungen darstellen. Die 2xx-Statuscodes sind willkommen, da sie eine erfolgreiche Operation dokumentieren. Jedoch sind Codes wie 500 oder 404 problematisch in den Protokollen. Während *Not Found* (404) nicht zwangsläufig auf grundlegende Probleme hindeutet, weist ein Code 500 auf einen Serverfehler hin, der ggf. untersucht werden sollte, speziell wenn dieser gehäuft vorgefunden wird.

HINWEIS Eine nähere Beschreibung der Statuscodes finden Sie im KB-Artikel 943891 (*http://support.microsoft.com/kb/943891* [Ms156-K07-03]).

Interessant ist ein näherer Einblick über die Verteilung der Clients, die auf SharePoint zugreifen. Um dies in Erfahrung zu bringen, steht Ihnen der folgende Befehl zur Verfügung:

```
logparser -i:IISW3C "select count(*) as ct,cs(user-agent) from [IIS-Protokollpfad]\*.log
group by cs(user-agent) order by ct desc"
```

Wie Sie feststellen werden, erhalten Sie jedoch mehr Informationen, als Ihnen lieb ist, da in der Ausgabe beispielsweise Informationen über die im Browser installierten Bibliotheken enthalten sind. Glücklicherweise besitzt der Protokollparser Funktionen, die eine Unterdrückung dieser Informationen ermöglichen (Abbildung 7.27):

```
logparser -i:IISW3C "select count(*) as ct,EXTRACT_TOKEN(cs(user-agent),0,'/') as agent
from [IIS-Protokollpfad]\*.log group by agent order by ct desc"
```

Abbildg. 7.27 Auflistung der für den Zugriff auf SharePoint verwendeten Clients

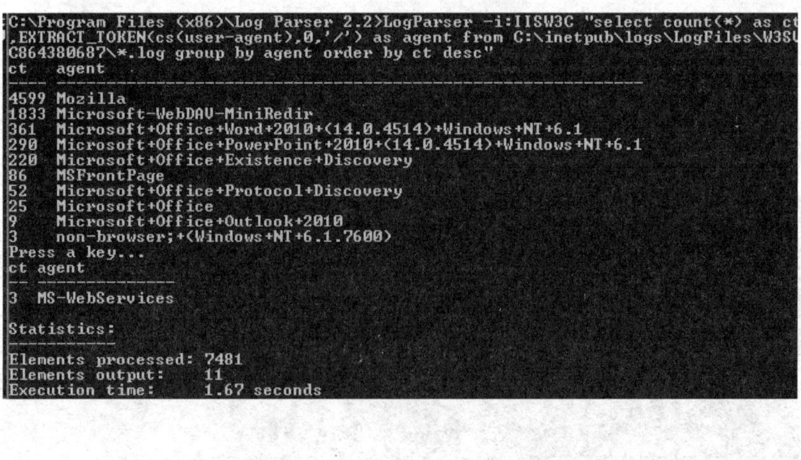

Abschließend werden die Nutzungsdaten aus der Clientbrowserperspektive fokussiert. Dazu wird ein zweistufiges Verfahren verwendet. Zunächst werden die Daten (alle Internet Explorer-Aufrufe) in eine CSV-Datei exportiert (*ie.csv* Abbildung 7.28). Bei dieser Gelegenheit werden unnötige *Access Denied*-Fehler entfernt (*sc-status<>401*):

```
LogParser -i:IISW3C "select * into ie.csv from [Pfad zu den IIS-Protokollen]\*.log where
EXTRACT(cs(user-agent),0,'/')='Mozilla' and sc-status<>401"
```

Abbildg. 7.28 Exportieren der Internet Explorer-Aktivitäten in eine CSV-Datei

```
C:\Program Files (x86)\Log Parser 2.2>LogParser -i:IISW3C "select * into ie.csv
from C:\inetpub\logs\LogFiles\W3SVC864380687\*.log where EXTRACT_Token(cs(user-a
gent),0,'/')='Mozilla' and sc-status<>401"

Statistics:
-----------
Elements processed: 7481
Elements output:    2925
Execution time:     0.08 seconds
```

Mit der vorliegenden CSV-Datei können Sie beispielsweise herausfinden, wie die Elemente verteilt sind, die mit dem Browser aufgerufen werden (Abbildung 7.29).

```
LogParser -i:csv "select count(*) as ct,TO_LOWERCASE(EXTRACT_EXTENSION(cs-uri-stem)) as
ext from ie.csv group by ext order by ct desc"
```

Abbildg. 7.29 Verteilung der Erweiterung bei der Nutzung durch den Browser

```
C:\Program Files (x86)\Log Parser 2.2>LogParser -i:csv "select count(*) as ct,To
_LOWERCASE(EXTRACT_EXTENSION(cs-uri-stem)) as ext from ie.csv group by ext order
 by ct desc"
ct   ext
---- ----
1211 asmx
886  aspx
197
153  png
135  js
116  gif
55   bmp
48   css
40   axd
30   ashx
18   vsd
11   ico
9    jpg
8    html
6    htm
1    xap
1    doc

Statistics:
-----------
Elements processed: 2925
Elements output:    17
Execution time:     3.34 seconds
```

Während die Spitzenreiter in diesem Szenario die Webdienste darstellen (*.asmx* und *.aspx*), folgt an dritter Stelle ein auf den ersten Blick Unbekannter: eine leere Erweiterung. Hierbei handelt es sich um Umleitungen.

Alternativen für die Analyse von Internetinformationsdienstprotokollen

Aufgrund der etwas höheren Komplexität beim Umgang mit dem Log Parser, ist man möglicherweise verleitet, auf noch weiter vorkonfektionierte Hilfswerkzeuge zurückzugreifen. Eines dieser kostenfreien Werkzeuge ist der SharePoint Flavored Weblog Reader (SFWR).

HINWEIS Sie finden das Werkzeug samt Anleitung unter *http://gallery.technet.microsoft.com/The-SharePoint-Flavored-5b03f323* [Ms156-K07-04].

Mithilfe dieses Werkzeugs können Sie IIS-Protokolle durchforsten und mithilfe der zahlreichen vorkonfektionierten Berichte auf einfache Weise mögliche Probleme und Engpässe identifizieren. Die Berichte werden in Textform ohne jegliche grafische Optimierung ausgegeben.

Die Installation und Nutzung des Werkzeugs ist entsprechend einfach. Nach dem Extrahieren der ZIP-Inhalte in ein Verzeichnis auf dem SharePoint-Server sind die beiden primären Variablen beim Aufrufen die Anzahl der Items und der Pfad zu den Protokollen. Ein Beispielaufruf könnte entsprechend wie folgt aussehen:

```
sfwr.exe 100 C:\inetpub\logs\LogFiles\W3SVC1961956291
```

Dabei steht der Wert 100 (Items) für die Anzahl der Statistikeinträge, die das Werkzeug für die zu generierenden Berichte erzeugt. 100 bedeutet entsprechend, dass jeweils die Top 100 angezeigt werden. Getestet wurde das Werkzeug für bis zu 2,3 Millionen Items.

HINWEIS Der Protokollpfad an zweiter Stelle kann im Übrigen auch ein übergeordneter Pfad sein, wobei in dem Fall alle verfügbaren Protokolldateien in allen Unterverzeichnissen analysiert werden, was entsprechend zeitaufwendig ist.

Nach Aufruf der Protokollanalyse finden Sie eine Datei namens *Overview.txt* vor, in der die Ergebnisse der Analyse enthalten sind.

Ein dritter Parameter für den Anmeldenamen ermöglicht es Ihnen, die Protokolle gezielt nach einem Anmeldenamen zu filtern, wobei als Anmeldename sowohl das Format *Domäne\Anmedename* als auch nur der Anmeldename herangezogen werden können.

Weitere Analysemethoden

Für die Verwaltung von SharePoint sind zahlreiche Betriebssystemerweiterungen sowie frei verfügbare Werkzeuge von großem Nutzen. Da die Behandlung dieser Werkzeuge den Rahmen dieses Buchs sprengen, werden hier einige der wichtigsten vorgestellt:

- **Ressourcenmonitor** Der in Windows Server 2008 eingeführte Ressourcenmonitor bietet Ihnen eine deutlich bessere Übersicht über die Zusammenhänge bei der Betrachtung einzelner Leistungsindikatoren als der Task-Manager. Somit können Sie Zusammenhänge zwischen Prozess-, Dienst-, Netzwerk- und Dateisystemaktivitäten herstellen und auf dieser Basis genauere Aussagen über den Zustand Ihrer Serverfarm treffen (Abbildung 7.30).

  Sie finden das Werkzeug im Startmenü unter *Zubehör und Systemprogramme* oder indem Sie es beispielsweise direkt aus dem Task-Manager aufrufen. Unter Windows Server 2012 tippen Sie auf der Startseite den Begriff »ress« ein und klicken auf die angezeigte Kachel *Ressourcenmonitor*.

- **Systeminformationen** Durch das *MSInfo32.exe*-Werkzeug haben Sie beispielsweise die Möglichkeit, die aktuelle Hard- und Softwareumgebung zu dokumentieren (Abbildung 7.31).

  Sie finden das Werkzeug an der gleichen Position wie den Ressourcenmonitor. Zum Starten des Werkzeugs geben Sie alternativ einfach *MSInfo32.exe* ein.

Abbildg. 7.30 Ressourcenmonitor

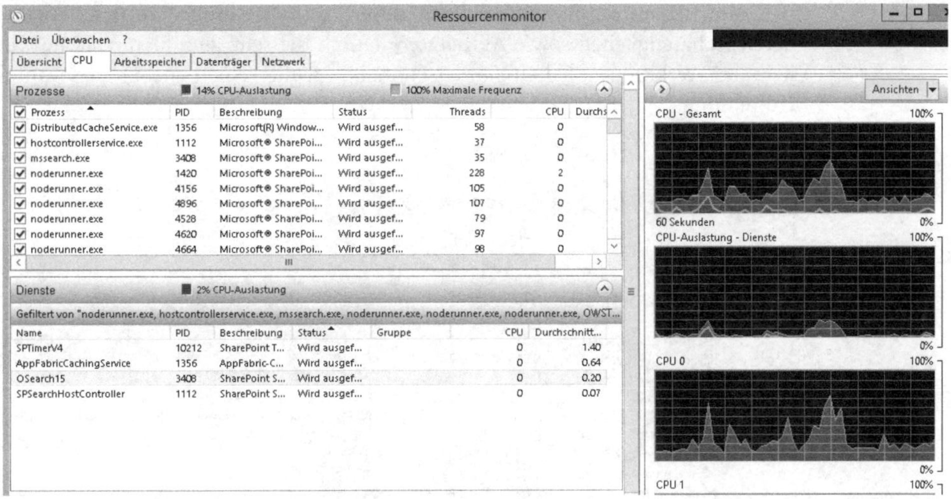

Abbildg. 7.31 MSInfo32.exe

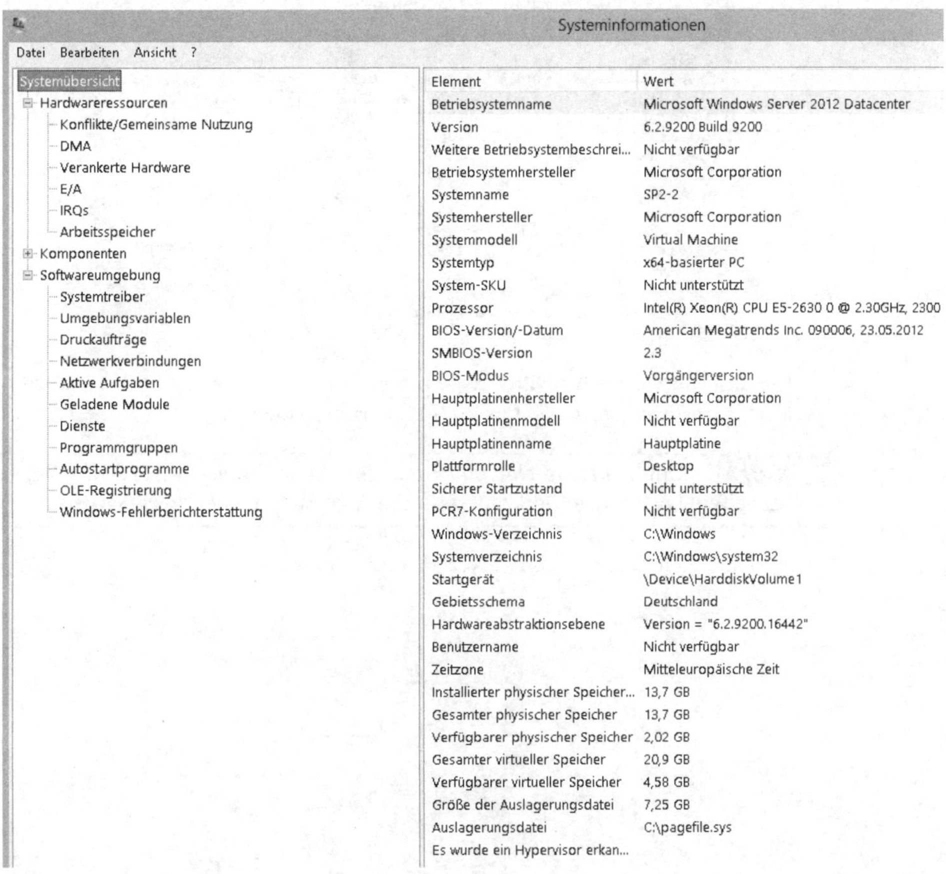

Betrieb und Hintergrundinformationen

- **Process Explorer** Der aus der Sysinternals-Suite bekannte Process Explorer bietet als Alternative zum Ressourcenmonitor äußerst hilfreiche Informationen zu den aktiven Prozessen und deren Abhängigkeiten sowie Aktivitäten. Durch die sehr gute hierarchische Gliederung innerhalb des Werkzeugs erhalten Sie zeitschonend für die Fehlerbehebung relevante Informationen (Abbildung 7.32).

Abbildg. 7.32 Process Explorer

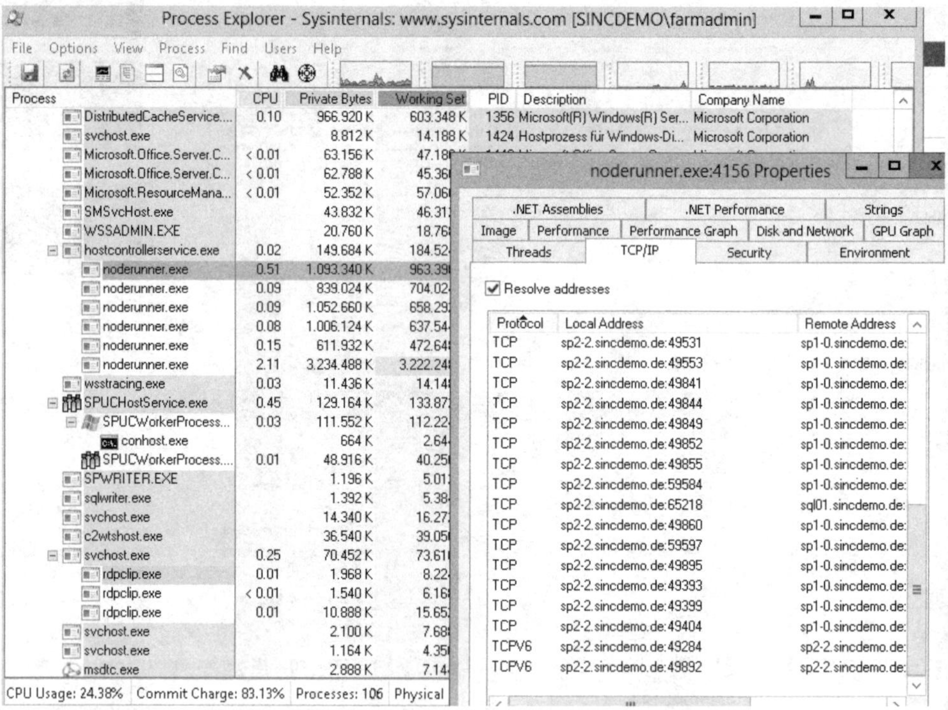

Die aktuelle Version von Process Explorer könnten Sie über *http://download.sysinternals.com/files/ProcessExplorer.zip* [Ms156-K07-05] herunterladen.

HINWEIS Unter *http://technet.microsoft.com/sysinternals/* [Ms156-K07-06] finden Sie zahlreiche weitere kostenfreie Werkzeuge für die Analyse Ihres Windows-Servers.

SharePoint-Fehlermeldungen behandeln

Treten schwerwiegendere Probleme beim Abrufen der Portalinhalte auf, kann es dazu kommen, dass dem Anwender anstelle der Portalinhalte lediglich eine Fehlerseite angezeigt wird. Dabei hängt es vom Fehlertyp ab, ob der Anwender eine reguläre Fehlerseite im SharePoint-Layout angezeigt bekommt oder eine Fehlerseite mit Fehlercodes erscheint. Letzteres ist beispielsweise der Fall, wenn grundlegende Fehlkonfigurationen beispielsweise in der *web.config*-Datei vorliegen.

Anhand von Beispielen sollen die Möglichkeiten des Umgangs beim Auftreten dieser Fehler verdeutlicht werden.

Endbenutzerfehlermeldungen und Korrelations-IDs

Zunächst wird der wichtigste, dem Anwender im Portal angezeigte, Fehler behandelt (Abbildung 7.33).

Abbildg. 7.33 SharePoint-Beispielfehlermeldung mit ULS (Unified Logging Service)

In dieser Endbenutzerfehlermeldung wird der zentrale mit SharePoint 2010 eingeführte Aspekt in Bezug auf Fehlermeldungen sichtbar: das Vorhandensein einer Korrelations-ID. Die Korrelations-ID hilft Ihnen dabei, in den zahlreichen Ereignisprotokollen, die in verschiedenen Servern der Serverfarm aufgezeichnet werden, einfacher die zum Fehler zugehörige Stelle zu finden. Dabei wird für eine abgeschlossene Operation jeweils eine serverfarmweite einheitliche Korrelations-ID aufgezeichnet (Abbildung 7.34).

HINWEIS Bei der Betrachtung einer Benutzersitzung ist es wichtig, festzuhalten, dass nicht die gesamte Benutzersitzung mit einer Korrelations-ID referenziert wird, sondern einzelne Operationen mit einer solchen ID verknüpft werden. Dies ist von Vorteil, da beispielsweise im Fehlerfall ein schnellerer Bezug zu einer Detailoperation hergestellt werden kann. Mit SharePoint 2013 besteht jedoch erstmals die alternative Möglichkeit, im Rahmen einer Analyse eine ganze Reihe von Abfragen auf eine Korrelations-ID zu referenzieren.

Abbildg. 7.34 Verknüpfung von Korrelations-IDs mit Zugriffen in den Protokollen

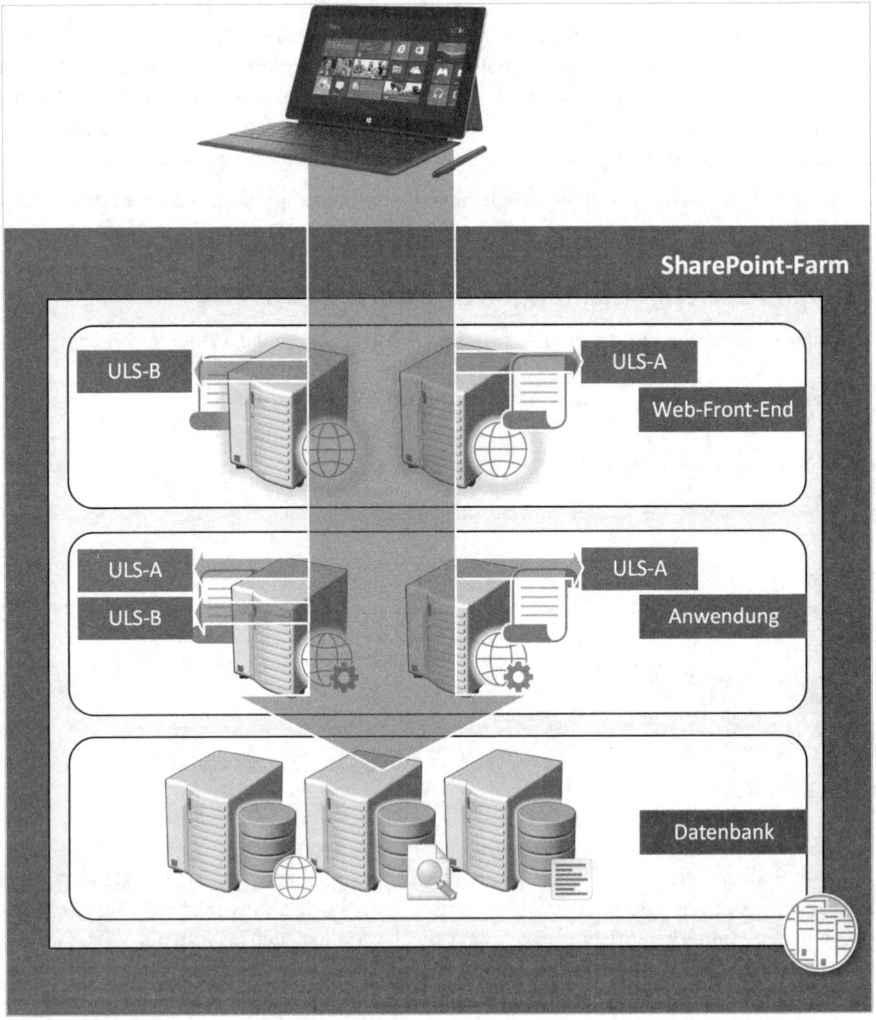

Sie können diese ID sowohl auf einem Web-Front-End-Server als auch auf einem Anwendungsserver verwenden, um Informationen zu dem problematischen Vorgang zu erhalten.

Zur Durchforstung der Protokolle stehen Ihnen in der Übersicht drei Methoden zur Verfügung:

- **PowerShell** Die PowerShell bietet Ihnen zwei Cmdlets (*Get-SPLogEvent* und *Merge-SPLogfile*), mit denen Sie die ULS-Protokolle durchforsten können. Neben den zahlreichen optionalen Filterparametern sind die Werkzeuge dazu in der Lage, auch in Farmen mit mehreren Servern zu agieren, was ein entscheidender Aspekt ist.

HINWEIS Der PowerShell-basierte Ansatz stellt das empfohlene Vorgehen dar, selbst wenn Sie sich bislang noch nicht intensiv mit der PowerShell haben anfreunden können. Lediglich in Einzelserver-Farmen können die nachfolgenden Tools überzeugen.

- **Notepad-Suche in den Protokolldateien** Diese Methode stellt den wohl hindernisreichsten Weg zur Durchsuchung der Protokolle dar und sollte daher tunlichst gemieden werden.
- **Tools/ULS Viewer** Der ULS Viewer bzw. alternative Tools bieten ebenfalls eine Unterstützung zur Analyse an. Dabei haben die verschiedenen Werkzeuge unterschiedliche Vor- und Nachteile, im Einzelfall leider auch in Kombination mit dem deutschen Datumsformat. Das alteingesessene und auch weiterhin unter SharePoint 2013 grundsätzlich funktionale Tool ist der ULS Viewer, der als kostenfreier Download unter *http://archive.msdn.microsoft.com/ULSViewer* [Ms156-K07-07] zur Verfügung steht. Mit dem ULS Viewer können Sie sowohl mehrere Protokolldateien parallel prüfen als auch das gesamte Protokollverzeichnis in Echtzeit überwachen (Abbildung 7.35).

Abbildg. 7.35 Das klassische Werkzeug ULS Viewer

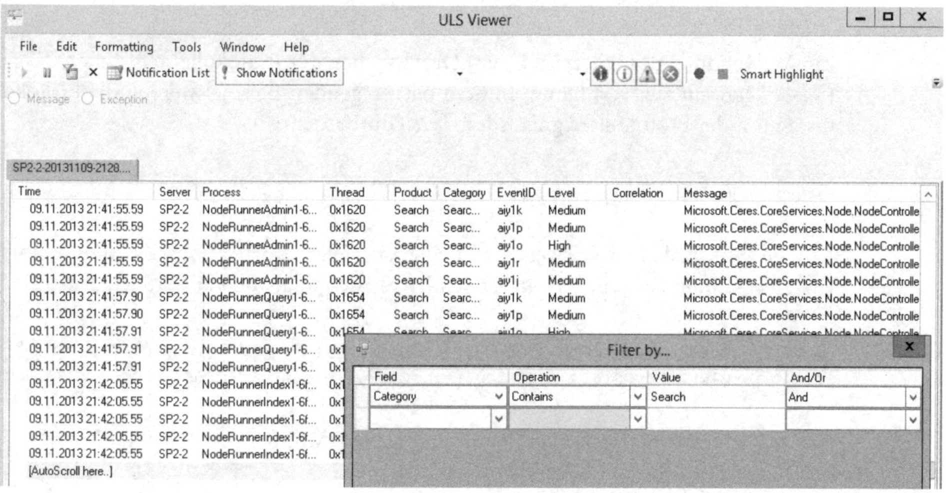

Primär unter Codeplex werden regelmäßig weitere Werkzeuge zur Anzeige von ULS-Protokollen veröffentlicht, die bislang jedoch keine bahnbrechenden Neuerungen mit sich brachten. Ein Auszug aktueller Werkzeuge:

- **SharePoint ULS Studio** (*http://uls.codeplex.com* [Ms156-K07-08]) Wurde als Desktopanwendung entworfen, bietet die klassischen Gridfunktionen, unterstützt SQL-Abfragen und bietet eine sehr gute Leistung bei hohen Datenmengen
- **ULS Deobfuscator** (*http://ulsdeobfuscator.codeplex.com* [Ms156-K07-09]) Adressiert neben einer gridbasierten GUI im Wesentlichen lediglich die schnellere Identifikation der richtigen Protokolldatei

HINWEIS Einen kleinen Vergleich einiger, wenngleich etwas älterer ULS-Viewer finden Sie im Blog von Jeremy Taylor unter *http://www.jeremytaylor.net* [Ms156-K07-10].

Zur Überprüfung der Protokolle mithilfe des ULS Viewers gehen Sie wie folgt vor:

1. Öffnen Sie den ULS Viewer auf einem Server Ihrer Serverfarm.
2. Rufen Sie den Menübefehl *File/Open From/File* auf.
3. Navigieren Sie zum SharePoint-Protokollverzeichnis. Sie finden die Protokolldateien im Pfad *%ProgramFiles%\Common Files\Microsoft Shared\Web Server Extensions\15\Logs*. Wählen Sie

alle relevanten Dateien aus und klicken Sie auf *Öffnen*. Die relevanten Protokolldateien beginnen mit dem Servernamen als Dateinamen.

4. Rufen Sie den Menübefehl *Edit/Modify Filter* auf.
5. Geben Sie nun die Filterparameter an. Wählen Sie dazu in der Spalte *Field* den Eintrag *Correlation* sowie in der Spalte *Operation* den Wert *Contains* und geben Sie zuletzt die ersten Zeichen der angezeigten Korrelations-ID an. Bestätigen Sie anschließend mit *OK*.
6. Die nun angezeigte Liste an Ereignissen sollte bereits deutlich überschaubarer geworden sein.
7. Um die Liste weiter auf die kritischen Ereignisse zu reduzieren, klicken Sie zunächst auf das gelbe Warndreiecksymbol (*Show Medium Messages*) und anschließend noch auf das rote Fehlersymbol (*Show High Messages*), um schnellstmöglich an die kritischen Einträge zu gelangen.
8. Klicken Sie doppelt auf potenzielle Fehlerzeilen, um die Detailinformationen zu dem Ereignis abzurufen.

Zur Verwendung der PowerShell zum Durchsuchen der Protokolle steht Ihnen das einfache Cmdlet *Get-SPLogEvent* zur Verfügung. In dem nachfolgenden Beispiel werden die Protokolle nach Ereignissen mit der Protokollereignisstufe *kritisch* durchsucht:

```
Get-SPLogEvent | ?{$_.level –eq "critical"}
```

Um die Protokolle beispielsweise nach einer speziellen Korrelations-ID zu durchforsten, die in den letzten 5 Minuten erschienen ist, verwenden Sie den folgenden PowerShell-Beispielaufruf:

```
Get-SPLogEvent -StartTime (Get-Date).AddMinutes(-5) | ?{$_.correlation -eq "[Korrelations-
ID]"} | select correlation, category, level, message | format-table -wrap –autosize
```

Um sich einen Überblick über die in den letzten Minuten angefallenen Korrelations-IDs zu verschaffen, führen Sie den folgenden Befehl aus:

```
Get-SPLogEvent -StartTime (Get-Date).AddMinutes(-5) | select correlation –unique
```

TIPP In seltenen Fällen ist es adäquat, mithilfe von zeitraubenden Filtern innerhalb der PowerShell zum gewünschten Ziel zu finden. Verwenden Sie einfach zusätzlich das Cmdlet *Out-GridVew*, um auch unmittelbar in der GUI die vorgefilterten Elemente weiter zu verfeinern.

In einigen Situationen ist es hilfreich, die Protokolle aller Server zusammenzuführen, um in diesen zusammengeführten Daten nach Inhalten zu suchen bzw. das Ablaufprotokoll zu archivieren. Verwenden Sie das folgende PowerShell-Beispiel, um die Ablaufprotokolle aller Server der Farm zusammenzuführen und entweder mittels *Out-GridView* oder aber in einer alternativen Anwendung wie Microsoft Office Excel weiter zu filtern bzw. weiter zu analysieren:

```
Merge-SPLogFile -path "C:\temp\2013-11-01.log" -Overwrite
```

HINWEIS Hier ist zu beachten, dass diese Operation extrem zeitaufwendig ist, sollten Sie keine zusätzlichen Filter, wie *StartTime* zur Eingrenzung der Protokolldaten, anführen.

Wichtige Filterbeispiele für das Cmdlet *Merge-SPLogFile* sind:

- Filtern innerhalb eines Zeitraums

```
Merge-SPLogFile -Path C:\Temp\uls.log -StartTime "01.11.2013 13:00" -EndTime
"01.11.2013 14:00"
```

- Filtern nach einer Korrelations-ID und einem Ereignislevel

```
Merge-SPLogFile -Path C:\Temp\uls.log -Level Unexpected -Correlation [Korrelations-ID]
```

Nachfolgend erfahren Sie, wie Sie sich das Korrelations-ID-System weiter zunutze machen können.

Korrelations-ID zentrisch protokollieren

SharePoint 2013 bietet ein neues Cmdlet an, um die Protokollierung im Kontext einer ULS zu erhöhen. Somit wird eine auf Ablaufprotokolle bezogene Fehleranalyse mit maximaler Protokollierung auch während der Produktionszeiten ohne massive Leistungseinbußen ermöglicht.

In der Regel erzeugen Sie dabei für Ihre Sitzung eine neue Korrelations-ID und maximieren die Protokollierung für die definierte Sitzung. Durch die Verwendung des nachfolgenden Verfahrens wird gewährleistet, dass die gesamte Sitzung einer gleichen Korrelations-ID zugewiesen wird.

Verwenden Sie das folgende Beispiel für eine Analysesitzung. Starten Sie diese wie folgt:

Listing 7.2 Diagnose-Sitzung mit einheitlicher Korrelations-ID

```
correlationId = [guid]::NewGuid()
Start-SPDiagnosticsSession -CorrelationId $correlationId -Dashboard:$true -TraceLevel
Verbose
```

In diesem Beispiel wurde eine Sitzung mit *Verbose*-Protokollierung etabliert, welche auf das Entwickerdashboard zugreift, als wäre dieses regulär aktiviert.

Führen Sie nun Ihre Abfragen im Rahmen der Sitzung durch. Nach Abschluss der Sitzung beenden Sie diese mit *Stop-SPDiagnosticsSession.*

Fehlerhafte Webparts ausblenden

Die Darstellung einer SharePoint-Site kann durch ein fehlerhaftes Webpart verhindert werden. In diesem Fall erhält der Anwender ebenfalls eine SharePoint-Endbenutzerfehlermeldung mit einer Korrelations-ID. Um ein fehlerhaftes Webpart einfach zu entfernen, fügen Sie an die nicht aufrufbare Seite den String *?contents=1* an. Demnach könnte die URL einer Startseite wie folgt lauten:

https://portal.sincdemo.de/team/SitePages/Homepage.aspx?contents=1

Abbildg. 7.36 Ausblenden fehlerhafter Webparts

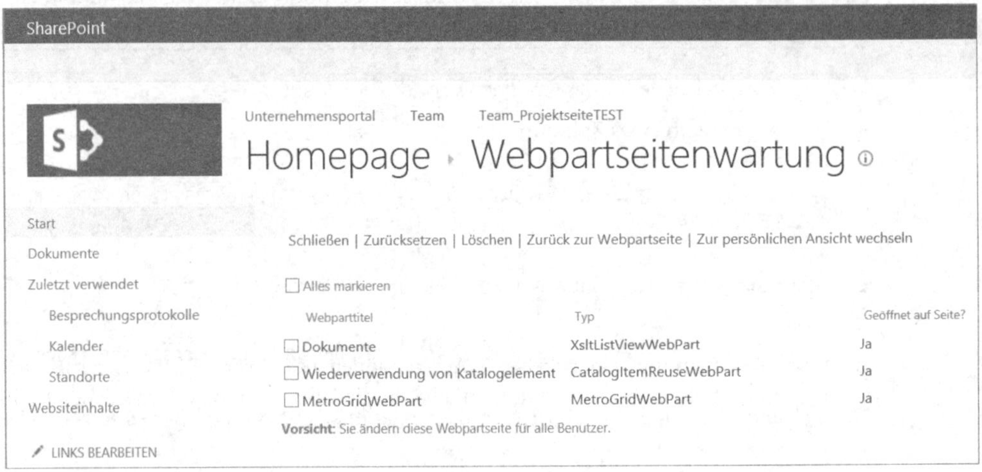

Zur Deaktivierung eines Webparts aktivieren Sie das Kontrollkästchen neben dem entsprechenden Webpart und klicken auf *Löschen* (Abbildung 7.36). Gegebenenfalls ist es zuvor erforderlich, über den Link *Auschecken* die zu verändernde Website für eine Veränderung vorzubereiten.

Fehlende Webparts aus dem Katalog hinzufügen

In einigen Fällen kann es vorkommen, dass Sie nicht mehr vorhandene Webparts innerhalb einer Websitesammlung nutzen möchten, diese Ihnen aber dort nicht mehr zur Verfügung stehen. In diesem Fall können Sie die Webpartgalerie auffüllen, indem Sie wie folgt vorgehen:

1. Fügen Sie im Browser an die URL der Websitesammlung die relative URL *_layouts/newdwp.aspx* an. Beispielsweise lautet für die Websitesammlung *http://sharepoint.contoso.com* die zugehörige URL: *http://sharepoint.contoso.com/_layouts/newdwp.aspx*.
2. Klicken Sie jeweils auf das Kontrollkästchen links neben dem Webpart, das Sie in die Webpartgalerie aufnehmen möchten, und anschließend auf die Schaltfläche *Katalog auffüllen* (Abbildung 7.37).

Abbildg. 7.37 Webpartgalerie auffüllen

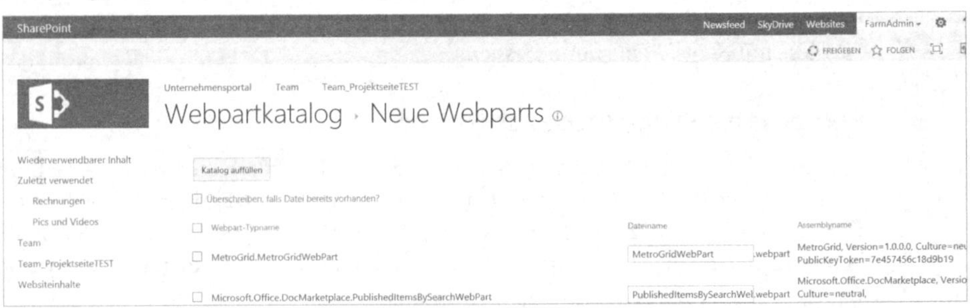

System Center Operations Manager 2012 R2

Mit System Center Operations Manager (SCOM) 2012 R2 und den neuen Management Packs ergeben sich gegenüber SCOM 2007 R2 Verbesserungen in Bezug auf die Möglichkeiten bei der Überwachung. Optimierungen sind beispielsweise die etwas verbesserte Dashboard-Integration und eine leistungsbezogene Überwachung von .NET- und IIS-Anwendungen, welche jedoch in den vorliegenden Management Packs noch nicht ausgereizt wurden.

HINWEIS Die grundlegende Einrichtung der Überwachung in der aktuellen SCOM-Version unterscheidet sich nicht wesentlich von der unter SCOM 2007 R2.

Grundlagen

Für die Überwachung von beliebigen Applikationen und Diensten wird jeweils ein zugehöriges Management Pack benötigt, in dem sämtliche für die Überwachung erforderlichen Definitionen und Wissensinhalte zur Beseitigung von bekannten Problemen hinterlegt sind. Für die Überwachung einer SharePoint-Serverfarm benötigen Sie demnach ein aktuelles SharePoint-Management Pack.

Ein Management Pack kann die folgenden Komponenten enthalten:

- **Monitore** Leiten einen Agenten zur Überwachung des Status verschiedener Teile einer verwalteten Komponente an
- **Regeln** Leiten einen Agenten unter anderem zum Sammeln von Leistungs- und Ermittlungsdaten und zum Senden von Warnungen und Ereignissen an
- **Tasks** Definieren Aktivitäten, die entweder vom Agenten oder der Konsole ausgeführt werden
- **Wissensquellen** Stellen Tipps und Anleitungen für Operatoren zum Diagnostizieren und Beheben von Problemen bereit
- **Ansichten** Bieten angepasste Benutzeroberflächen für die Überwachung und Verwaltung der Komponenten
- **Berichte** Definieren die spezialisierten Methoden zur Berichterstattung über Informationen zur verwalteten Komponente
- **Objektermittlungen** Dienen der Identifizierung der zu überwachenden Objekte
- **Ausführende Profile** Ermöglichen es Ihnen, unterschiedliche Regeln, Tasks, Monitore oder Ermittlungen unter verschiedenen Konten auf verschiedenen Computern auszuführen

Für SharePoint sind vier Management Packs von Bedeutung, um eine vollständige Überwachung aller Farmkomponenten zu ermöglichen:

- Windows Server (2012)
- Internetinformationsdienste (8.0)
- SQL Server (2012)
- SharePoint 2013

Es existieren Abhängigkeiten vom SharePoint-Management Pack zu den Windows Server-Basis-Management Packs. Installieren Sie die oben angeführten Management Packs daher ebenfalls unbedingt. Für Windows Server oder SQL Server gibt es dabei jeweils lediglich ein versionsübergreifendes Management Pack

HINWEIS Im SharePoint 2013-Management Pack existieren zu diesem Zeitpunkt Überwachungsmonitore für die folgenden zusätzlichen Dienste bzw. Features:

- Access Services
- Startprogrammdienst/Lastenausgleichsmodul für die Dokumentkonvertierung
- Education Services
- Dienste für Excel-Berechnungen
- InfoPath Forms Service
- PerformancePoint-Dienst
- Project Server
- Secure Store Service
- SharePoint Server-Suche
- Benutzerprofildienst
- Visio Services
- Word Automation Service
- Office Web Apps 2013

ACHTUNG Obwohl Microsoft bereits vor einiger Zeit Office Web Apps 2013 veröffentlich hat, steht zwar der Management Pack Guide für Office Web Apps, jedoch nicht das eigentliche Management Pack zum Download zur Verfügung. Teile des Management Packs finden Sie unter *http://download.microsoft.com/download/4/9/E/49EA21D0-CDF9-469F-805D-AC31527A55F2/microsoft.officewebappsserver.mp* [Ms156-K07-11], jedoch nicht die erforderliche *.config*-Datei.

HINWEIS Das SharePoint Server 2013-Management Pack enthält neben den Daten für die zahlreichen Dienstanwendungen zusätzlich auch die Daten für die Überwachung von Project Server 2013.

Sie finden die aktuellen Management Packs unter *http://systemcenter.pinpoint.microsoft.com/en-US/home* [Ms156-K07-12] oder unter *http://www.microsoft.com/downloads* [Ms156-K07-13].

Im Unterschied zu SharePoint 2010 sind die Management Packs für SharePoint 2013 nicht mehr additiv und das SharePoint Server Management Pack enthält somit auch das Management Pack für Foundation. Da Office Web Apps 2013 nun ein eigenständiges Produkt ist, enthält entsprechend das SharePoint-Management Pack nicht mehr wie zuvor Office Web Apps und muss separat bereitgestellt werden.

Um die volle Funktionalität für die Überwachung zu unterstützen, ist es erforderlich, dass ein Agent auf den zu überwachenden Systemen installiert wird. Dieser Agent sorgt dafür, dass Ereignisse, Status- und Leistungsinformationen an den SCOM-Server übertragen werden und Verwaltungsaufgaben ausgeführt werden können.

Eine ordnungsgemäße agentlose Überwachung einer SharePoint-Serverfarm mithilfe von System Center Operations Manager 2012 R2 ist, wie in den Vorgängerversionen, nicht vorgesehen.

Überwachung auf SCOM-Basis bereitstellen

In der Übersicht sieht die Einrichtung der Überwachung auf Basis von SCOM 2012 R2 wie folgt aus:

1. SCOM: Installation und Import der erforderlichen Management Packs
2. Farm: Installation der SCOM-Agents
3. SCOM: Einrichtung eines RunAs (Ausführen als)-Dienstkontos

HINWEIS Beachten Sie, dass das ausführende Konto über Shell-Admin-Rechte in SharePoint verfügen muss, andernfalls können bereits beim Discovery keine zu überwachenden Elemente lokalisiert werden. Zudem sollte das Konto Mitglied der SharePoint-Gruppe der Farmadministratoren innerhalb der Zentraladministration sein, über lokale administrative Rechte auf allen Servern der Farm verfügen und Sysadmin-Rechte auf die SQL Server-Instanz besitzen.

4. SCOM:Aktualisierung der Konfigurationsdatei (*Microsoft.Sharepoint.Foundation.Library.MP.config*)
5. SCOM:Konfiguration/Discovery ausführen

Im Detail gehen Sie für die Einrichtung der SharePoint 2013 Management Packs wie folgt vor:

1. Laden Sie sich alle zuvor angeführten Management Packs herunter und installieren Sie diese auf dem Center Operations Manager-System. Das SharePoint Server-Management Pack wird im Rahmen der Installation in einem Unterordner innerhalb des Pfads *%ProgramFiles%\System Center Management Packs* extrahiert.

TIPP Sofern Sie auf dem SCOM-Server über eine direkte Internetverbindung verfügen, können Sie die aktuellen SharePoint-Management Packs einfach aus der Betriebskonsole (Operations Console) identifizieren und herunterladen. Klicken Sie dazu in der Konsole im linken Navigationsbereich auf *Verwaltung* und wählen dann *Management Packs* aus. Wählen Sie anschließend aus der Aktionsleiste den Link *Management Packs herunterladen* aus. Suchen Sie nun nach den entsprechenden Begriffen (wie *SharePoint 2013*), um die Kernpakete zu lokalisieren, und folgen Sie den Anweisungen der Konsole.

2. Öffnen Sie die SCOM-Betriebskonsole und klicken Sie im linken Navigationsbereich auf *Verwaltung* und wählen dann *Management Packs importieren* aus (Abbildung 7.38).

Abbildg. 7.38 Import von Management Packs starten

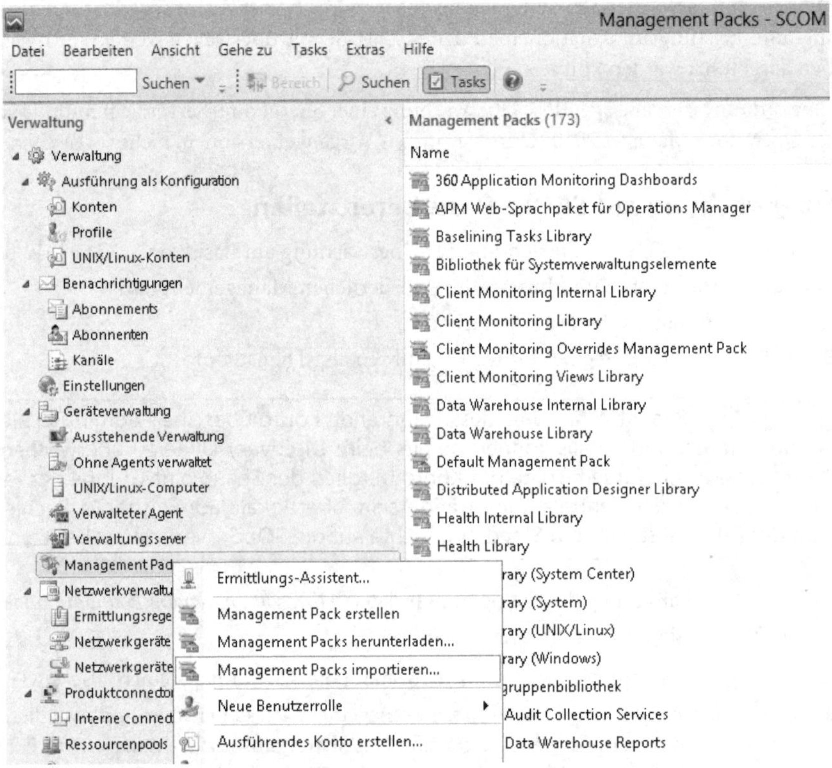

3. Klicken Sie auf *Hinzufügen* und *Von Datenträger hinzufügen* und wählen Sie die jeweiligen Management Pack-Dateien aus den extrahierten Verzeichnissen aus.

HINWEIS Achten Sie aufgrund der Abhängigkeiten der Management Packs auf die Reihenfolge bei deren Import:

- Windows Server
- IIS
- SQL Server
- SharePoint

4. Wählen Sie nun die zuvor installierten Management Packs aus. Beachten Sie dabei, dass sich diese im *Programme (x86)\System Center Management Packs*-Verzeichnis und nicht unter *Programme* befinden, und klicken Sie auf *Installieren* (Abbildung 7.39).

Abbildg. 7.39 Auswahl der SharePoint 2013-Management Packs

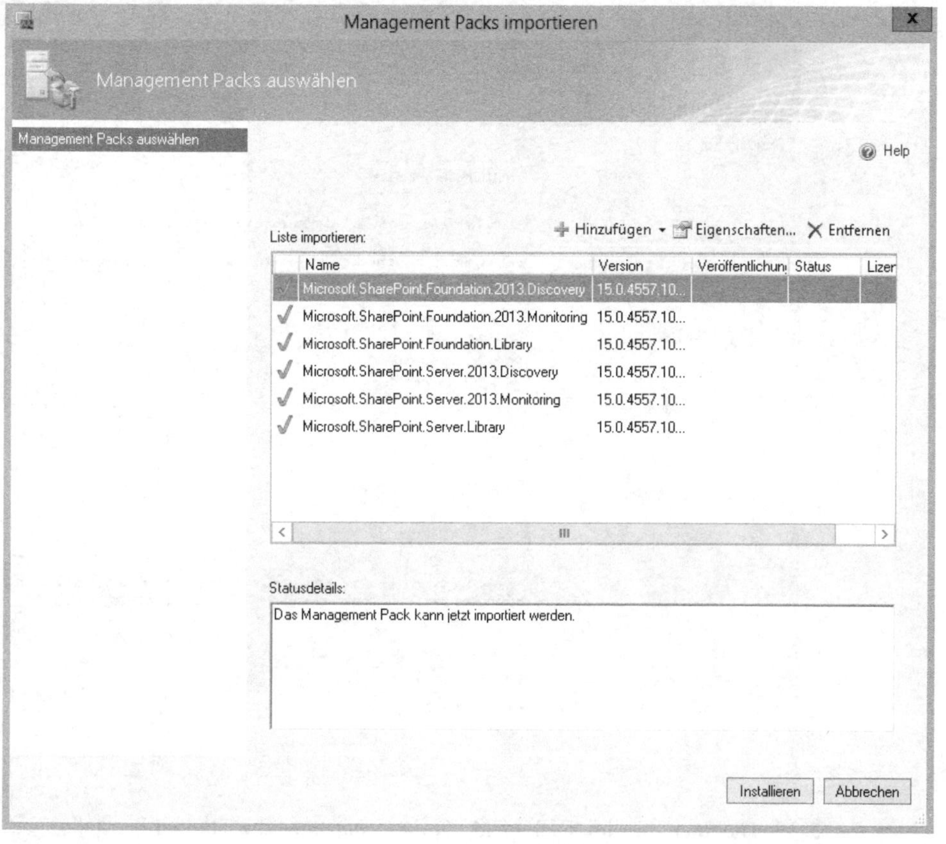

5. Klicken Sie abschließend auf *Schließen*, um den Importvorgang zu beenden.
6. Installieren Sie den Überwachungsagent auf allen Servern der Serverfarm (inklusive der SQL-Server). Klicken Sie dazu in der Betriebskonsole auf die Navigationsschaltfläche *Verwaltung*, wählen Sie den Knoten *Geräteverwaltung* und dann im Abschnitt *Aktionen* den Eintrag *Zu verwaltende Computer und Geräte konfigurieren* aus.
7. Im Dialogfeld *Was möchten Sie verwalten* übernehmen Sie die Standardvorgabe (*Windows-Computer*) und klicken auf *Weiter.*
8. Im Dialogfeld *Automatisch oder erweitert?* übernehmen Sie ebenfalls die Standardvorgabe (*Erweiterte Ermittlung*) und klicken auf *Weiter.*
9. Im Dialogfeld *Ermittlungsmethode* wählen Sie die Option *Computernamen suchen oder eingeben* und klicken anschließend auf die Schaltfläche *Durchsuchen.*
10. Geben Sie alle Servernamen an (Semikolon getrennt), klicken Sie auf *OK* und dann auf *Weiter.*
11. Im Dialogfeld *Administratorkonto* übernehmen Sie die Standardvorgabe (*Ausgewähltes Verwaltungsserver-Aktionskonto ?*), und klicken Sie auf *Ermitteln.*
12. Im Dialogfeld *Ergebnisse der Ermittlung* aktivieren Sie alle Kontrollkästchen, belassen den Verwaltungsmodus auf *Agent* und klicken auf *Weiter* (Abbildung 7.40).

Abbildg. 7.40 Auswahl der zu verwaltenden Geräte

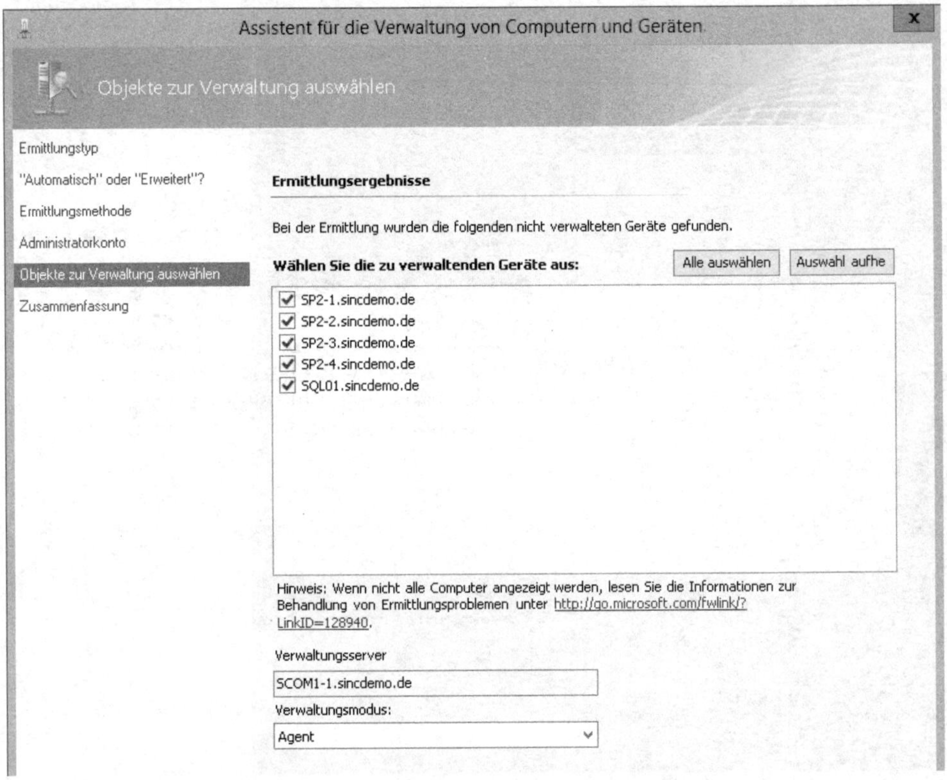

13. Übernehmen Sie im Dialogfeld *Zusammenfassung* die Standardeinstellungen (im Abschnitt *Agentaktionskonto* die Option *Lokales System*), und klicken Sie auf *Fertig stellen.*

TIPP Sollten Sie an dieser Stelle einen Fehler erhalten, liegt dies wahrscheinlich daran, dass das Verwaltungsaktionskonto über keine lokalen administrativen Berechtigungen auf dem Zielsystem für die Installation des Agenten verfügt.

14. Nun gilt es noch, eine spezifische SharePoint-Konfiguration vorzunehmen, bevor die Farm durch SCOM überwacht werden kann. Hierzu muss ein Konto in SCOM hinterlegt werden und auf dieses in einer SharePoint-Konfigurationsdatei referenziert werden. Klicken Sie dazu in der Betriebskonsole auf *Verwaltung* und unter der *Ausführung als*-Konfiguration auf *Konten.*
15. Klicken Sie in der Leiste *Aktionen* auf *Ausführendes Konto erstellen.*
16. Klicken Sie auf *Weiter* und geben Sie im Dialogfeld *Allgemeine Eigenschaften* den Anzeigenamen des Kontos an, das über ausreichende Berechtigungen in der SharePoint-Farm verfügt. Klicken Sie anschließend auf *Weiter.*

17. Geben Sie im Dialogfeld *Anmeldeinformationen angeben* die entsprechenden Kontodaten an.

Das hier anzugebende Konto muss über Farmadministrator-Berechtigungen in der Farm und über Administratorrechte auf dem SQL-Server verfügen. Um es sich einfach zu machen, können Sie beispielsweise das Farmkonto angeben, das Sie bei der Installation verwendet haben. Idealerweise geben Sie jedoch ein dediziertes Konto an, das Sie entsprechend delegieren.

18. Im Abschnitt *Verteilungssicherheitsoptionen* sollten Sie am besten die Standardvorgaben der erhöhten Sicherheit übernehmen, um lokalen Administratoren den Zugriff auf das privilegierte Konto zu verweigern. Klicken Sie abschließend auf *Erstellen* und *Schließen*.

19. Öffnen Sie nun die Datei *microsoft.sharepoint.foundation.library.mp.config*. Sie finden diese im Installationsverzeichnis Ihres Management-Packs (*%ProgramFiles%\System Center Management Packs*).

ACHTUNG Auf 64-Bit-Systemen mit SCOM liegt der Pfad im *Programme (x86)*-Verzeichnis! Sie müssen die *config*-Datei ohne Umbenennung unbedingt direkt im Pfad *%ProgramFiles%\System Center Management Packs* ablegen, damit sie später ordnungsgemäß verarbeitet werden kann. Auf x64-basierten Systemen legen Sie den Pfad zuvor an.

20. Suchen Sie nun das Element *Association* und ersetzen Sie hier die Werte für *Account* durch den Anzeigenamen des zuvor erstellten *Ausführen als*-Kontos. Geben Sie im Element *Machine* im Parameter *Name* jeweils den Servernamen des zu überwachenden Servers an. Sind mehrere Server in der Farm enthalten, erzeugen Sie einfach mehrere *Machine*-Elemente und modifizieren diese entsprechend (Listing 7.3).

Listing 7.3 Anpassung der Datei *Microsoft.SharePoint...config*

```
<Association Account="svcscomspmonitor" Type="Agent">
   <Machine Name="sp2-1" />
   <Machine Name="sp2-2" />
   <Machine Name="sp2-3" />
 </Association>
```

TIPP Um weitere SharePoint-Serverfarmen zur Überwachung hinzuzufügen, können Sie, sofern das hier assoziierte Konto ebenfalls über ausreichende Rechte in der weiteren Farm verfügt, das *Machine*-Element kopieren und jeweils den Namen des weiteren Servers der zusätzlichen Serverfarm hinzufügen.

21. Speichern Sie diese Datei und achten Sie darauf, dass sie sich im Verzeichnis *%ProgramFiles%\System Center Management Packs* befindet, da sie von dort im Rahmen der nachfolgenden Konfiguration eingelesen wird.

22. In der Betriebskonsole klicken Sie auf die Navigationsschaltfläche *Überwachung*, wählen den Knoten *Microsoft SharePoint* und klicken anschließend im rechten *Tasks*-Bereich auf *SharePoint Management Pack konfigurieren* (Abbildung 7.41).

Abbildg. 7.41 Anwenden der Konfiguration des SharePoint Management Packs

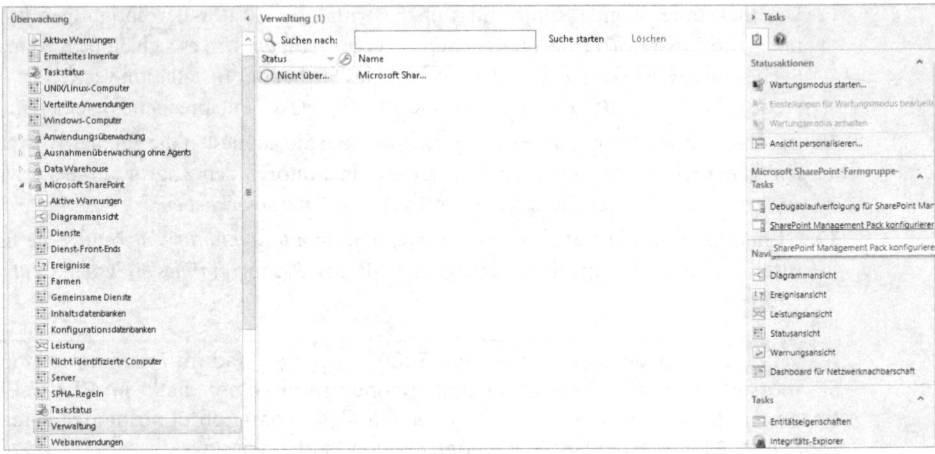

23. Überprüfen Sie die Rahmenparameter wie z.B. das Ausführungsverzeichnis mit dem Speicherort der Datei *Microsoft.SharePoint…MP.config*, geben Sie das entsprechende Konto mit ausreichend Berechtigungen zum Ausführen der Aufgabe an (das zuvor definierte RunAs-Konto) und starten Sie den Konfigurationsprozess (Abbildung 7.42).

Abbildg. 7.42 SharePoint Management Pack konfigurieren

24. Erst nach dem erfolgreichen Abschluss der Konfiguration des Management Packs ist die Überwachung der SharePoint-Farm möglich (Abbildung 7.43).

Abbildg. 7.43 Erfolgreiche Einrichtung des SharePoint Management Pack

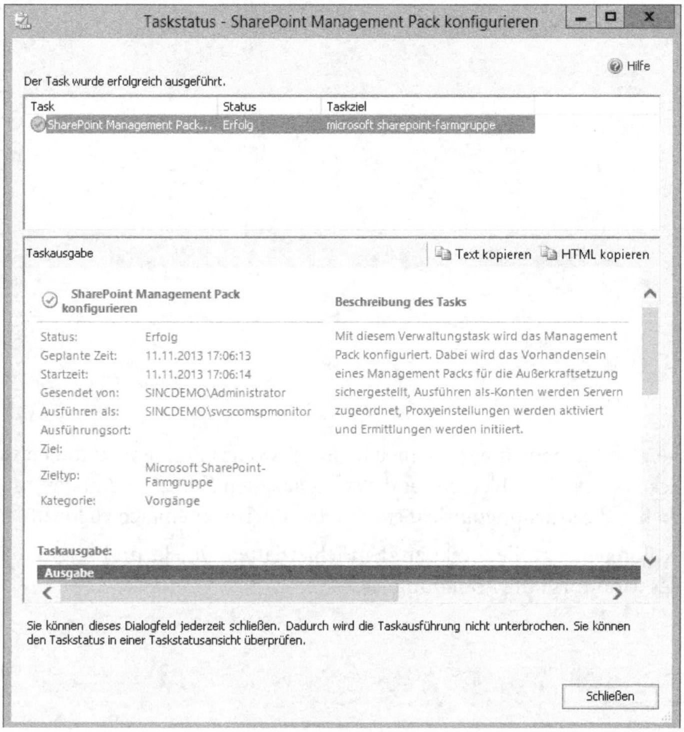

Haben Sie nun reichlich Geduld, denn bevor die Überwachung in SharePoint vollständig etabliert ist, vergeht einige Zeit. Seien Sie daher nicht irritiert, wenn zunächst so gut wie keine zu überwachenden Inhalte im SharePoint-Überwachungsbaum erscheinen.

Mit dem SharePoint Management Pack arbeiten

An einigen zentralen Beispielen soll die Arbeit mit dem SharePoint Management Pack verdeutlicht werden.

Diagrammübersicht und Integritäts-Explorer

Einen sehr guten Einstiegspunkt für die Übersicht Ihrer Serverfarm erhalten Sie in der Diagrammansicht.

Öffnen Sie dazu die Betriebskonsole, klicken Sie auf die Navigationsschaltfläche *Überwachung* und wählen Sie im Knoten *Microsoft SharePoint* den Eintrag *Diagrammansicht* aus. Das nun dargestellte Diagramm bietet Ihnen eine rasche Übersicht über den Zustand Ihrer Farm (Abbildung 7.44).

Abbildg. 7.44 Diagrammansicht der Serverfarm

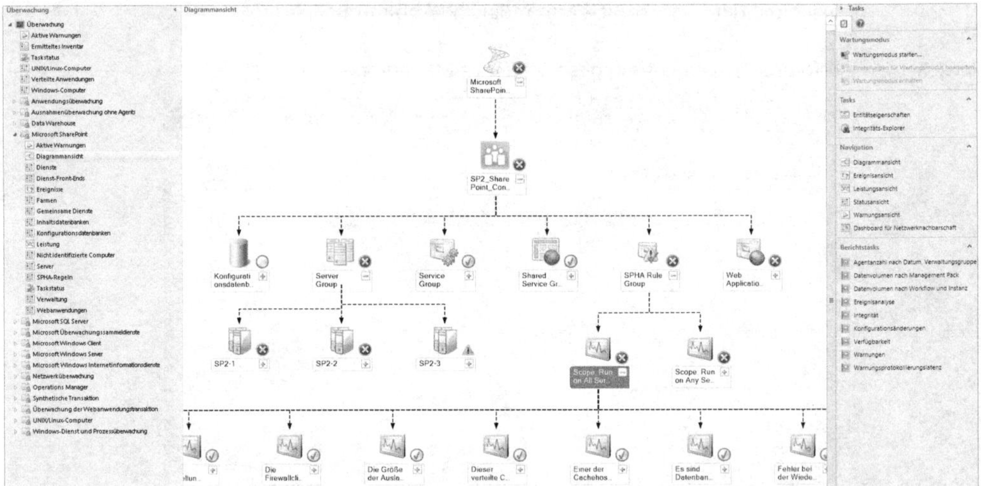

An den hier angezeigten Elementen wird schnell deutlich, wo das Problem zu finden ist. Um es näher zu analysieren, klicken Sie auf ein Element und starten aus dem Kontextmenü den Integritäts-Explorer. Sie könnten ebenso die Warnungsansicht starten, um die Fehler einfach zu lokalisieren.

Der Integritäts-Explorer bringt Sie direkt zu dem fehlerhaften Objekt und zeigt die hierarchischen Abhängigkeiten des Monitors auf (Abbildung 7.45).

Abbildg. 7.45 Integritäts-Explorer

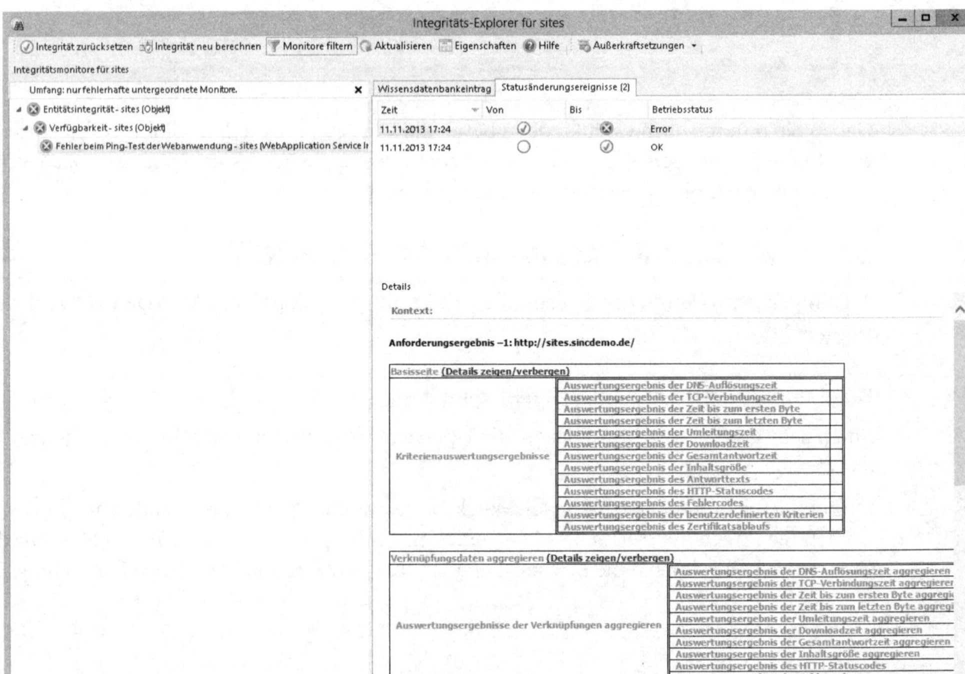

In den Eigenschaften des Monitors können Sie erweiterte Operationen konfigurieren, wie beispielsweise das zusätzliche Ausführen von bestimmten Operationen zur Analyse, um mehr Daten für eine Einschätzung und Lösung des Problems zu bekommen. Sie erhalten grundsätzlich in dem jeweiligen Monitor auch Auskunft darüber, wie Sie das Problem beheben können, sofern eine Problemlösung verfügbar ist.

Weitere Ansichten

In der linken Schnellstartleiste finden Sie unter *Aktive Warnungen* die wichtigsten, SharePoint-spezifischen Fehler- und Warnungsmeldungen, die von sämtlichen Monitoren, auch von den SharePoint-Integritätsregeln (Health-Rules), gespeist werden (Abbildung 7.46).

Abbildg. 7.46 Aktive Warnungen

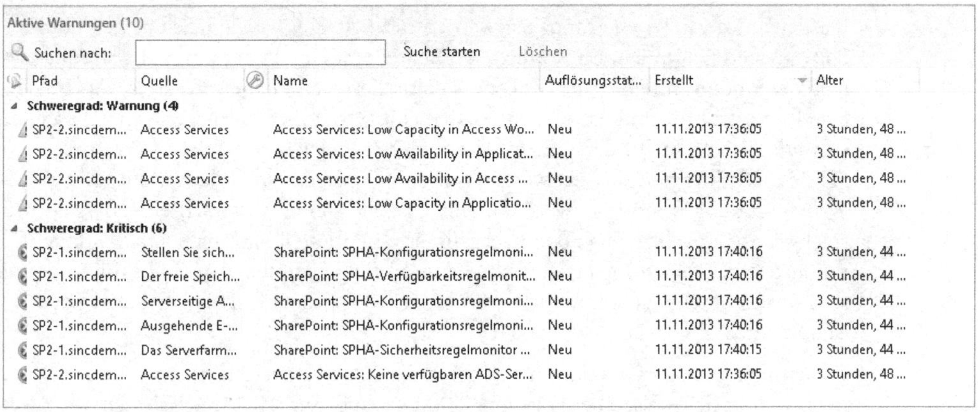

Aktive Warnungen (10)

Suchen nach: Suche starten Löschen

Pfad	Quelle	Name	Auflösungsstat...	Erstellt	Alter
Schweregrad: Warnung (4)					
SP2-2.sincdem...	Access Services	Access Services: Low Capacity in Access Wo...	Neu	11.11.2013 17:36:05	3 Stunden, 48 ...
SP2-2.sincdem...	Access Services	Access Services: Low Availability in Applicat...	Neu	11.11.2013 17:36:05	3 Stunden, 48 ...
SP2-2.sincdem...	Access Services	Access Services: Low Availability in Access ...	Neu	11.11.2013 17:36:05	3 Stunden, 48 ...
SP2-2.sincdem...	Access Services	Access Services: Low Capacity in Applicatio...	Neu	11.11.2013 17:36:05	3 Stunden, 48 ...
Schweregrad: Kritisch (6)					
SP2-1.sincdem...	Stellen Sie sich...	SharePoint: SPHA-Konfigurationsregelmoni...	Neu	11.11.2013 17:40:16	3 Stunden, 44 ...
SP2-1.sincdem...	Der freie Speich...	SharePoint: SPHA-Verfügbarkeitsregelmonit...	Neu	11.11.2013 17:40:16	3 Stunden, 44 ...
SP2-1.sincdem...	Serverseitige A...	SharePoint: SPHA-Konfigurationsregelmoni...	Neu	11.11.2013 17:40:16	3 Stunden, 44 ...
SP2-1.sincdem...	Ausgehende E-...	SharePoint: SPHA-Konfigurationsregelmoni...	Neu	11.11.2013 17:40:16	3 Stunden, 44 ...
SP2-1.sincdem...	Das Serverfarm...	SharePoint: SPHA-Sicherheitsregelmonitor ...	Neu	11.11.2013 17:40:15	3 Stunden, 44 ...
SP2-2.sincdem...	Access Services	Access Services: Keine verfügbaren ADS-Ser...	Neu	11.11.2013 17:36:05	3 Stunden, 48 ...

Weitere zweckdienliche Überwachungsfunktionen und Leistungsdaten finden Sie unter *Überwachung* in den jeweiligen Management Packs für IIS, SQL Server und Windows Server.

Lastsimulation

Die Durchführung einer Lastsimulation ist ein wichtiger Bestandteil bei der Beurteilung der Leistungsfähigkeit einer SharePoint-Anwendung, insbesondere bei der Anwendung umfassender Anpassungen an Ihrer Plattform. Eine neue Architektur Ihrer Lösung und benutzerdefinierter Code im Allgemeinen sollten grundsätzlich ausführlich getestet werden, bevor Sie entsprechende Änderungen in einer produktiven Umgebung bereitstellen. Dabei hilft Ihnen eine Lastsimulation nicht nur hinsichtlich einer angestrebten Optimierung der Leistung Ihrer Plattform. Wiederkehrende Lastsimulationen können auch dafür herangezogen werden, um Schwachstellen und Fehler in Ihrem neuen Release zu identifizieren.

Nachfolgend erhalten Sie eine Übersicht einiger gängigen SharePoint-spezifischen Lastsimulationswerkzeuge, die ohne großen Aufwand oder längere Einarbeitungszeit in jeder SharePoint-Farm zur Anwendung gebracht werden können.

Visual Studio-Testprojekt für Webleistung

Visual Studio 2012 bietet in der Ultimate Edition ein breites Spektrum an Funktionen für Lastsimulationen, die sowohl Benutzerintegrations- als auch Unittests ermöglichen.

Unit- und Integrationstests

Für das Testen einer Anwendung stehen primär zwei grundlegende Methoden zur Verfügung: Unit- (auch Komponententest genannt) und Integrationstests.

Im Rahmen von Unittests werden in vergleichsweise kurzer Zeit gezielt Methoden der Komponenten einer Software aufgerufen. Hierdurch kann validiert werden, ob die Funktionalität der Software gewährleistet wird. Demnach handelt es sich hierbei um vergleichsweise statische, einfache Tests, die nicht viel mit der Simulation einer eigentlichen Benutzersitzung zu tun haben.

Bei den Integrationstests hingegen werden indirekt die Abhängigkeiten der Komponenten der Software getestet, indem im Kontext von SharePoint eine Benutzersitzung simuliert wird, innerhalb derer bestimmte Aufrufe im Browser simuliert werden, beispielsweise das Navigieren durch eine Portalstruktur und das Herunterladen eines Dokuments. An der Natur dieser Aufgabe lässt sich einfach erkennen, dass ein Integrationstest ungleich komplexer ist, da nicht nur einfache HTTP-Get-Abfragen gesendet werden, sondern je nach Lastsimulationsausbaustufe auch mit der Webanwendung interagiert werden muss. Speziell wenn es um schreibende Zugriffe geht, beispielweise dem Anlegen von benutzerdefinierten Entitäten innerhalb von SharePoint, sind Integrationstest beliebig komplex. Entsprechend umfangreich, teilweise kostenintensiv und komplex sind professionelle Lastsimulationswerkzeuge, wie Apache JMeter, Mercurys Load Runner oder The Grinder.

Im Rahmen von Lastsimulationen spielen die Integrationstests eine wichtigere Rolle als Unittests, wenngleich diese ebenfalls von Relevanz sind und auch im Rahmen von Visual Studio-basierten Lastsimulationen adressiert werden.

In der Übersicht weist das Visual Studio-basierte generische Verfahren folgende Merkmale auf:

Tabelle 7.6 Eigenschaften von Visual Studio zu Lastsimulationszwecken

+	-
Trotz Komplexität vergleichsweise schnelle Umsetzung	Erfordert gewisse Einarbeitungszeit
Hoher Funktionsumfang	Erfordert Visual Studio Ultimate-Lizenz
Ermöglicht umfangreiche Integrationstests	
Ermöglicht eine hoch skalierbare parallele Anzahl an Abfragen	
Aufbereitung der Lastsimulationsergebnisse	

Es wird empfohlen, verteilte Tests zu verwenden (Abbildung 7.47). Während die unmittelbar von einer Visual Studio-Instanz ausgehende Last lediglich von einem CPU-Kern partizipiert und auf eine maximale Anzahl von 250 simulierten Benutzern begrenzt ist, unterstützt die verteilte Abfragetopologie ungleich mehr Benutzer (bereits pro Agent) und kann somit auch sinnvoll für die Lastsimulation größerer Infrastrukturen herangezogen werden.

Abbildg. 7.47 Verteilte Lastsimulation auf Basis von Visual Studio

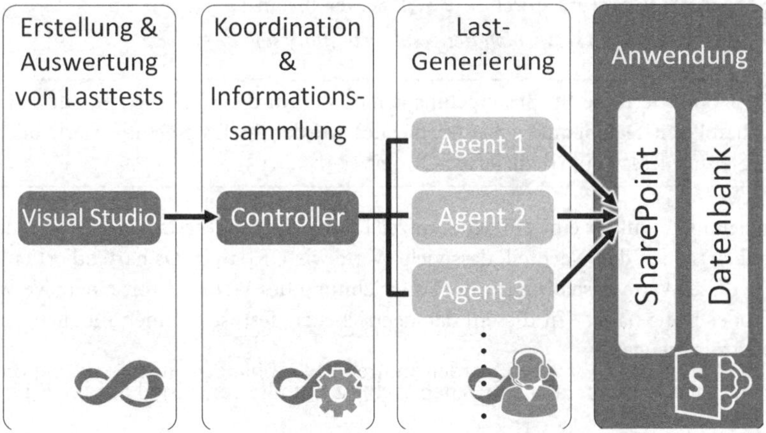

Weiterführende Informationen zu verteilten Lasttests finden Sie unter *http://msdn.microsoft.com/library/vstudio/dd728093(v=vs.110).aspx* [Ms156-K07-14].

Visual Studio 2013

Visual Studio 2013 bietet einige wichtige, SharePoint 2013-spezifische Neuerungen im Lastsimulationskontext an:

- Browserbasiertes Testmanagement
- Unterstützung für cloudbasierte Lastsimulationen
- Erweiterte Benutzerintegrationstests auf Basis von Internet Explorer 11
- Unittests für Apps

Wie bereits unter Visual Studio 2012 ist es auch unter Visual Studio 2013 geboten, eine verteilte Testinfrastruktur heranzuziehen, um eine hohe Last zu simulieren, wobei es keine lokalen Restriktionen für die Anzahl der zu simulierenden Benutzer auf der Visual Studio-Instanz gibt.

Während Teile der für die Lastsimulation erforderlichen Testkomponenten bereits in kleineren Visual Studio-Editionen vorhanden sind, bleibt weiterhin Visual Studio in der Ultimate Edition die Basisplattform für umfassende SharePoint-Lastsimulationen.

Für das Erstellen eines Leistungstests mit Visual Studio sind folgende Voraussetzungen erforderlich:

- Visual Studio 2012 Ultimate, vorzugsweise mit Update 2.

HINWEIS Mit dem Visual Studio Update 2 wird eine deutlich erweiterte Unterstützung für das Testen von SharePoint 2010 und SharePoint 2013 eingeführt.

- SQL Server-Instanz zum Erstellen der Testergebnisdatenbank
  - Um die Datenbank zu erstellen, öffnen Sie zunächst die Eingabeaufforderung *(cmd.exe)*
  - Navigieren Sie zu *C:\Program Files (x86) \Microsoft Visual Studio 11.0\Common7\IDE*

- Erstellen Sie die Testergebnisdatenbank, indem Sie den folgenden Befehl angeben. Ersetzen Sie zuvor *<SQL-Server>* durch Ihre SQL Server-Instanz:
- *SQLCMD/s <SQLServer> -i loadtestresultsrepository.sql*

ACHTUNG Speichern Sie Ihr Testergebnis keinesfalls auf dem SQL-Server, auf dem sich die zu testenden SharePoint-Datenbanken befinden. Dies würde die Testergebnisse erheblich verzerren. Verwenden Sie stattdessen eine dedizierte SQL Server-Instanz.

Als Ausgangspunkt dient oft eine einfache Aufzeichnung eines Webtests. Diese Tests sind einfach zu erstellen, haben jedoch den Nachteil, dass viele Werte wie URL und IDs hartcodiert enthalten sind. Ersetzen Sie diese Werte deshalb nach der Aufzeichnung des Webtests mit einem Verweis auf eine CSV-Datei oder Datenbank. Mit diesem datengetriebenen Test ist es Ihnen möglich, umfangreiche Simulationen zu erzeugen.

Gehen Sie wie folgt vor, um einen einfachen Webtest mithilfe von Visual Studio 2012 Ultimate zu erstellen:

1. Starten Sie Visual Studio 2013 Ultimate.

Erstellen Sie ein *Testprojekt für Webleistung und Auslastung* (Abbildung 7.48).

Abbildg. 7.48 Anlegen eines Testprojekts auf Basis der Webleistungsvorlage

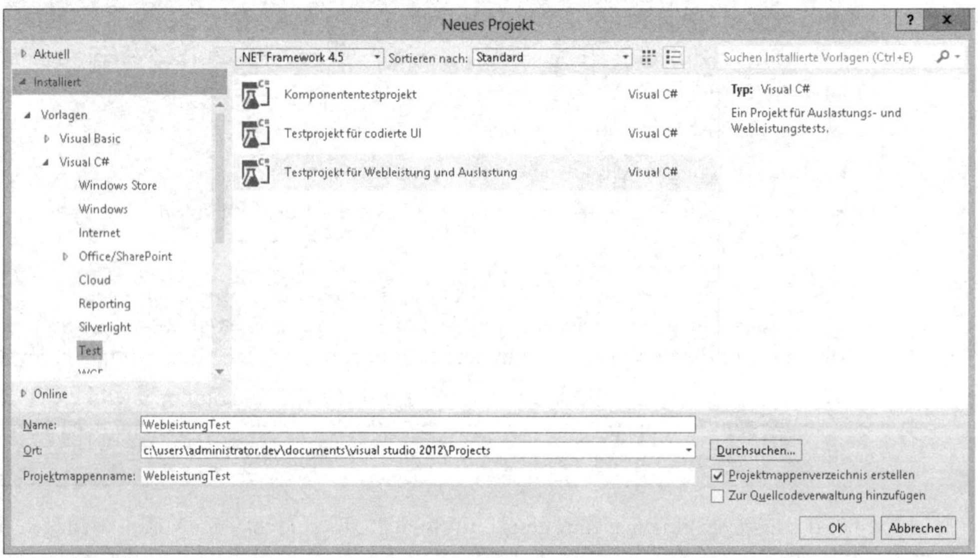

Öffnen Sie zum Aufzeichnen eines Webtests die Datei *WebTest1.webtest* und starten Sie die Aufzeichnung mit einem Klick auf *Aufzeichnung hinzufügen* (Abbildung 7.49).

Hierdurch wird ein leeres Browserfenster mit dem Aufzeichnungsfeld für den Webtest geöffnet.

HINWEIS Sollten Sie eine Fehlermeldung erhalten oder das Feld für die Webtestaufzeichnung nicht angezeigt werden, überprüfen Sie in den erweiterten Internetoptionen, ob das Kontrollkästchen *Browsererweiterungen von Drittanbietern aktivieren** aktiviert ist.

Abbildg. 7.49 Starten der Aufzeichnung eines Benutzerintegrationstests

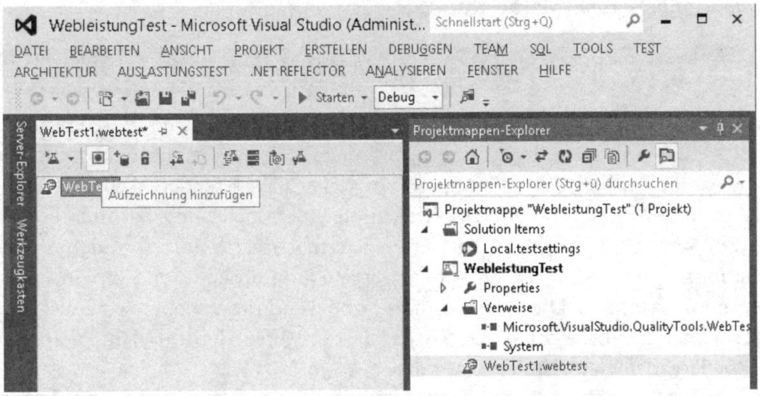

Öffnen Sie in dem geöffneten Browserfenster eine SharePoint-Webseitensammlung und erstellen Sie eine neue Webseite. Mithilfe des Felds für die Webtestaufzeichnung können Sie die Aufzeichnung von Aktionen verfolgen.

Führen Sie im Rahmen der Aufzeichnung gängige Operationen durch, um eine möglichst realitätsnahe Simulation von Benutzereingaben zu erstellen.

Beenden Sie die Aufzeichnung mit einem Klick auf die Schaltfläche *Beenden* im Feld der Webtestaufzeichnung. Visual Studio führt nun eine dynamische Parametererkennung durch.

Überprüfen Sie den Test, indem Sie die zuvor angelegte Webseite löschen. Starten Sie anschließend den Webtest in Visual Studio mit einem Klick auf die Schaltfläche *Test ausführen* (Abbildung 7.50).

Abbildg. 7.50 Ausführen eines aufgezeichneten Webtests

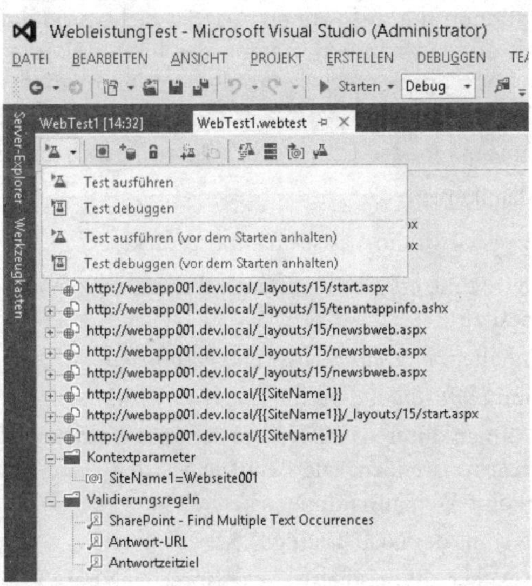

Abschließend finden Sie mithilfe der Befehlssymbolleiste auf der Registerkarte des durchgeführten Webtests einen entsprechenden Befehl zum Öffnen und Verwalten der Testergebnisse. Entsprechende Durchklickbeispiele finden Sie, wenngleich auch englischsprachig, im folgenden Blog: *http://farooqmdotcom.wordpress.com* [Ms156-K07-15].

Dynamische Parameter

Einige Webseiten und Anwendungen verwenden sogenannte dynamische Parameter in ihren Anfragen. Ein dynamischer Parameter ist ein Parameter, dessen Wert bei jeder Anfrage neu generiert wird, wie zum Beispiel eine Sitzungs-ID. In vielen Fällen senden Webanwendungen auch dynamische Daten in Werten für Abfragezeichenfolgenparameter und Formularbereitstellungsparameter. Ein Webtest kann diese generierten Parameterwerte nutzen, indem er sie mithilfe einer Extraktionsregel aus der HTTP-Antwort erfasst und anschließend an eine nachfolgende HTTP-Anforderung bindet. Dieser Erfassungs- und Bindungsvorgang wird als Heraufstufen dynamischer Parameter bezeichnet. Durch das Heraufstufen dynamischer Parameter können zahlreiche Wiedergabefehler vermieden werden.

Load Test Kit

Mithilfe des aus dem SharePoint 2010 Administration Toolkit stammenden Load Test Kit (LTK) bereiten Sie die IIS-Protokolle von SharePoint 2013 auf, um anhand der dort zu identifizierenden Zugriffe eine Lastsimulation zusammenzustellen, welche im Anschluss mithilfe von Visual Studio 2012 ausgeführt werden kann.

In der Übersicht sind folgende Schritte zur Verwendung des Load Test Kits erforderlich:

- Ausführen des *PreRequisiteCollectors.exe*, um die IIS-Protokolldateien zu kopieren
- Ausführen des LTK-Tools, um das Visual Studio-Projekt *Test Projekt* zu erstellen
- Ausführen von Visual Studio, um das Projekt zu öffnen und eine synthetische Last zu erzeugen

WICHTIG Führen Sie diese Simulationen nur auf Farmen aus, die nicht produktiv sind, um vor der Bereitstellung die Belastbarkeit der Farm zu verifizieren oder führen Sie die Simulation mit einer Kopie der Inhaltsdatenbanken aus, um potenzielle Probleme zu vermeiden.

Sie benötigen die folgenden Voraussetzungen, um den Lastentest erfolgreich durchzuführen:

- Einen Ordner für die IIS-Protokolldateikopien
- Einen Ordner für das zu erstellende Visual Studio-Lastsimulationsprojekt
- Eine CSV-Datei, die zumindest zwei Benutzerkonten mit entsprechenden Berechtigungen für die SharePoint-Webanwendungen besitzt:
  - Die Datei muss drei Spalten beinhalten: *username, password, permission*
  - Erlaubte Werte für *permission* sind *FullRead* und *FullControlWithoutAdmin*
  - Die hier eingetragenen Rechte können durch das LTK-Tool delegiert werden, indem Sie den optionalen Parameter *userrolefixup* verwenden. Die Benutzer werden hierdurch über eine Benutzerrichtlinie auf die SharePoint-Webanwendungen berechtigt.
  - Speichern Sie die Datei im Verzeichnis des Load Testing Kits
  - Eine ordnungsgemäße *users.csv*-Datei sieht beispielsweise entsprechend dem Listing 7.4 aus

Listing 7.4 Beispieldatei für *users.csv*

```
username,password,permission
dev\mustermann,user,FullRead
dev\Mueller,user,FullRead
dev\admhauptmann,admin,FullControlWithoutAdmin
```

- Visual Studio 2012 Ultimate, um die synthetische Last zu erzeugen

Gehen Sie wie folgt vor, um das Load Test Kit zu verwenden:

1. Stellen Sie das Load Test Kit aus dem SharePoint 2010-Administration Toolkit bereit.
2. Konfigurieren Sie das Load Test Kit so, dass es unter .NET Runtime Version 4.0 oder höher ausgeführt wird. Öffnen Sie dazu die Datei *prerequisitecollector.exe.config* im Verzeichnis *C:\Program Files\Microsoft\SharePoint 2010 Administration Toolkit\Load Testing Kit* und fügen Sie die folgenden Zeilen aus Listing 7.5 in das Element *configuration* ein.

Listing 7.5 Anpassung der Datei *PrerequisitesCollector.exe.config*

```
<?xml version="1.0" encoding="utf-8" ?>
<configuration>
   ...
  <startup>
   <supportedRuntime version="v4.0" sku=".NETFramework,Version=v4.5"/>
  </startup>
</configuration>
```

3. Wiederholen Sie Schritt 2 für die Datei *Ltk.exe.config*.
4. Öffnen Sie die Eingabeaufforderung (*Cmd.exe*) unter Verwendung privilegierter Berechtigungen.
5. Navigieren Sie zum Verzeichnis *C:\Program Files\Microsoft\SharePoint 2010 Administration Toolkit\Load Testing Kit*.
6. Erfassen Sie die IIS-Protokolle und ermitteln sie die Zuordnung der SharePoint 2013-Webanwendungen mit der Anwendung *PrerequisiteCollector.exe*. Diese verfügt über den Parameter *TargetFolder*, der den Speicherort der aufbereiteten IIS-Protokolle angibt.

HINWEIS Die IIS-Protokolldateien können sehr umfangreich werden. Daher wird empfohlen, die Größe der Protokolldateien zu berücksichtigen und entsprechend zu planen. Sollten die IIS-Protokolle zu umfangreich werden, kann vor oder nach dem Kopieren die Datei *LogParser.exe* oder ein vergleichbares Tool angewandt werden, um die Größe zu verringern.

7. Kopieren Sie die IIS-Protokolle an den neuen Pfad, indem Sie folgenden Befehl angeben. Ersetzen Sie zuvor *C:\LTK* durch Ihren gewünschten Zielpfad:

```
PrerequisitesiteCollector "C:\LTK"
```

8. Führen Sie *LTK.exe* aus, um die Daten für die Analyse aufzubereiten. Ersetzen Sie dabei die Werte für die Verzeichnisse und CSV-Datei durch Ihre entsprechenden Werte:

```
LTK.exe -source "C:\LTK" -output "C:\VStudio" -userlist users.csv
```

TIPP Verwenden Sie zusätzlich den optionalen Parameter *userrolefixup*, um die erforderlichen Berechtigungen in der *users.csv*-Datei durch eine Benutzerrichtlinie setzen zu lassen, anstatt für die definierten Konten das Recht manuell einzurichten.

9. Öffnen Sie das generierte Projekt nun in Visual Studio. In diesem Beispiel wird Visual Studio 2012 in der Ultimate Edition verwendet, um die Simulation durchzuführen. Beim Öffnen in Visual Studio 2012 muss das Projekt zunächst einmalig konvertiert werden. Der hierzu erforderliche Vorgang wird durch einen Assistenten unterstützt.
10. Öffnen Sie in Visual Studio die Datei *LoadTestingKit.loadtest* und starten Sie den Test mit einem Klick auf die Schaltfläche *Auslastungstest ausführen* (Abbildung 7.51).

Abbildg. 7.51 Starten des Lasttests

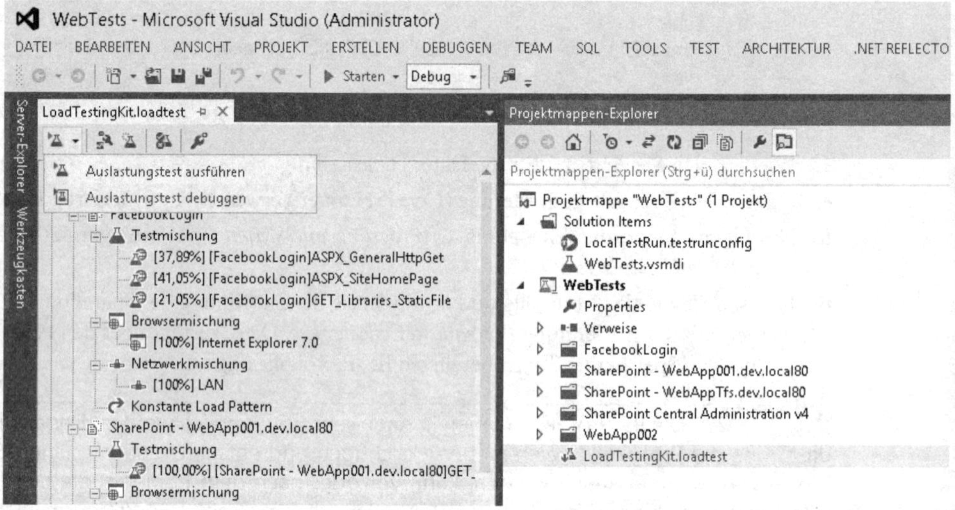

11. Die Ergebnisse des Lasttests werden in Abhängigkeit vom Fortschritt in den jeweiligen Teilbereichen des Fensters visualisiert. Klicken Sie auf einen Balken im Diagramm, um einen Indikator gezielt hervorzuheben (Abbildung 7.52).

Abbildg. 7.52 LTK-basierte Lasttestergebnisse

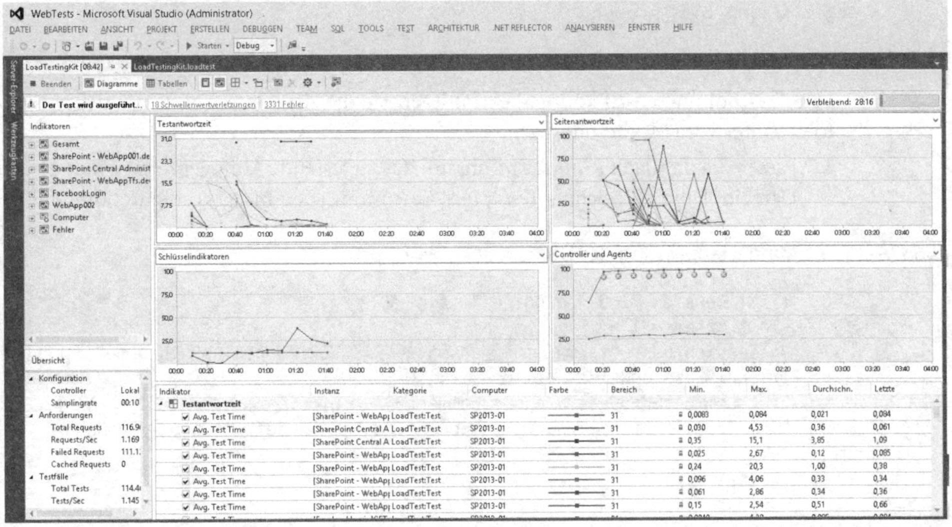

PressurePoint

Das Freeware-Werkzeug PressurePoint ermöglicht eine einfache Lastsimulation im SharePoint-Umfeld. Im Vergleich zu anderen Lösungen ist es zwar wesentlich einfacher in der Handhabung, weist aber gleichzeitig einen geringeren Leistungsumfang auf. Für das Herbeiführen einer Last ist es jedoch in kürzester Zeit einsatzbereit, was bei anderen Ansätzen nur äußerst selten der Fall ist.

In der Übersicht weist das Verfahren folgende Merkmale auf:

Tabelle 7.7 Eigenschaften von PressurePoint

+	−
Einfache und schnelle Umsetzung Ermöglicht eine begrenzt skalierbare, jedoch hohe parallele Anzahl an Abfragen Freeware	Begrenzter Funktionsumfang Keine verteilten Abfragen Keine Aufbereitung der Ergebnisse aus Toolsicht Keine reales Nutzerverhalten bzw. keine realen Integrationstests abbildbar Begrenzte Authentifizierungsunterstützung (NTLM und Anonym)

Sie können das Tool über die SharePoint-TechNet-Skriptgallerie beziehen (*http://gallery.technet.microsoft.com/PressurePoint-Dragon-for-87572ee1* [Ms156-K07-16]). Dort finden Sie ebenfalls die Detailanweisungen zum Einsatz des Werkzeugs.

HINWEIS Führen Sie das Tool keinesfalls auf einem Mitgliedsserver der Farm aus, da es selbst eine nicht unerhebliche Last auf dem Quellsystem erzeugt und somit das Ergebnis spürbar verzerren würde.

Die folgenden Rahmenbedingungen müssen für die Ausführung auf der Quellmaschine gegeben sein:

- .NET Framework 4.5
- Ein vorliegendes Zugriffskonto mit Leserechten auf die Inhalte der zu testenden Seiten

Um das Tool nutzen zu können, extrahieren Sie die ZIP-Datei auf dem Quellsystem und gehen wie folgt weiter vor (Mindestansatz):

1. Passen Sie die Datei *Request.xml* an, um das zu testende Abfrageprofil zu hinterlegen. Sie finden die Datei im Unterverzeichnis *Testscripts*. Eine minimale Abfragekonfiguration sieht wie folgt aus:

Listing 7.6 Mindestanpassung der Datei *Request.xml*

```
<?xml version="1.0" encoding="utf-8" ?>
<Test repeat="1">
  <Session user="farmadmin" password="PASSWORT" domain="sincdemo" concurrentUsers="2"
friendlySessionName="SessionA">
    <Comment>Request a page</Comment>
    <Request>https://portal.sincdemo.de/Seiten/default.aspx</Request>
  </Session>
</Test>
```

   Passen Sie die Werte entsprechend an. Mithilfe des Werts für *concurrendUsers* steuern Sie die Anzahl der parallelen Anfragen.

2. Öffnen Sie nun die Datei *PressurePoint.exe.config* und passen Sie zumindest den Schlüssel *TestLocation* im Element *<appSettings>* an, indem Sie den Pfad zur zuvor angepassten *Request.xml* hinterlegen.
3. Führen Sie nun das Werkzeug in der Eingabeaufforderung aus (Abbildung 7.53):

Abbildg. 7.53 Beispielausgabe von PressurePoint

Leiten Sie die Ausgabe des Tools beispielsweise mithilfe des Zeichens »>« in eine Ausgabedatei um, damit Sie einige der Rückgabewerte nachträglich auswerten können.

SharePoint aktualisieren

In diesem Abschnitt werden die Grundlagen und die Herangehensweise bei der Aktualisierung Ihrer SharePoint-Serverfarm erläutert. Schenken Sie der Wartung und Aktualisierung Ihrer Serverfarm ein besonderes Augenmerk, um die Stabilität und Verfügbarkeit der Farm mit einfachen Mitteln zu maximieren.

Vergleich der Aktualisierung unter SharePoint 2010 zu SharePoint 2013

Im Vergleich zu SharePoint 2010 entspricht der Build-to-Build-Aktualisierungsprozess (die Aktualisierung innerhalb der Produktversion) unter SharePoint 2013 weitestgehend dem unter SharePoint 2010. Allerdings sind unter SharePoint 2013 aufgrund zahlreicher neuer Komponenten und Abhängigkeiten zusätzlich erforderliche Arbeitsschritte hinzugekommen, die zwingend zu berücksichtigen sind, um eine erfolgreiche Aktualisierung weiterhin gewährleisten zu können. Befassen Sie sich aus diesem Grund auch unter der aktuellen SharePoint-Version erneut umfassend mit dem Thema, um schwerwiegende Fehler Ihrer Produktion zu vermeiden. Die wichtigsten Änderungen betreffen indes in der Übersicht die folgenden Bereiche:

- AppFabric-Patches
- Umgang mit dem verteilten Cache
- Zusätzliche Maßnahmen für Workflow-Manager-Workflows
- Unabhängige Office Web Apps-Aktualisierung mit OWA-Farmneuerstellung im Laufe der Aktualisierung
- Beschleunigung der binären Aktualisierung

Übersicht über den Aktualisierungsprozess

Die SharePoint-Aktualisierung besteht maßgeblich aus einer Reihe von Maßnahmen, über die sich mögliche Probleme im Rahmen einer Aktualisierung bereits vorab identifizieren und adressieren lassen (Abbildung 7.54).

Abbildg. 7.54 Übersicht einer SharePoint-Aktualisierung

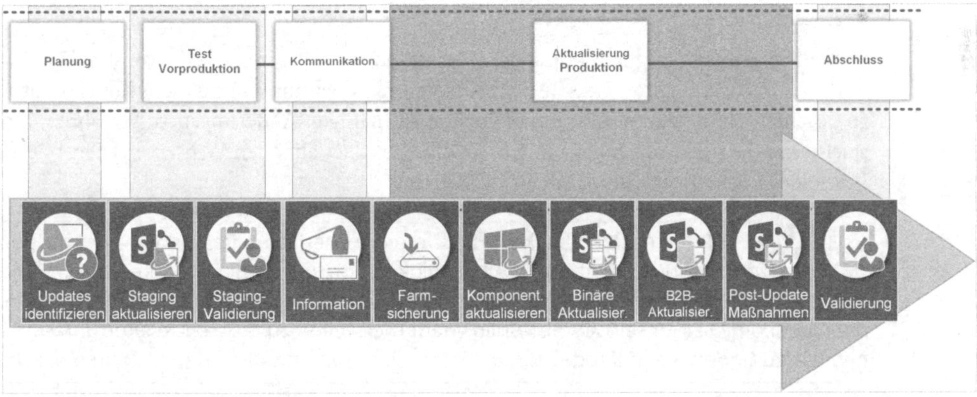

Beachten Sie, dass in dieser vereinfachten Übersicht keine erweiterten Aspekte wie umfassende Vorarbeiten, farmübergreifende Aktualisierungen oder Office Web Apps berücksichtigt wurden.

Die Identifizierung der relevanten Aktualisierungen hat in SharePoint 2013 aufgrund weiterer Zusatzkomponenten an Bedeutung gewonnen. Dabei gilt es im Speziellen auch nicht unmittelbare SharePoint-Aktualisierungen zu identifizieren, die eine der SharePoint-Komponenten betreffen.

Im Anschluss sollten diese Aktualisierungen unbedingt an einer möglichst SharePoint-produktionsnahen Staging-Farm erprobt werden. Diese Erprobung ist in verschiedener Hinsicht von größter Wichtigkeit. In Abhängigkeit vom Typ der jeweils geplanten Aktualisierung können Sie davon ausgehen, dass Microsoft (mit Ausnahme der Veröffentlichung von Service Packs für SharePoint) lediglich Basisüberprüfungen für die jeweilige Aktualisierung vornehmen kann. Von diesen Basisprüfungen ausgenommen sind Überprüfungen im Zusammenspiel mit Anpassungen und Erweiterungen von Drittanbietern. Diese werden jedoch in der Mehrzahl aller SharePoint-Farmen in großem Umfang genutzt. Daher ist die Wahrscheinlichkeit von Problemen im Rahmen einer Aktualisierung ungleich höher, als es Administratoren aus anderen Bereichen und Anwendungen gewohnt sind.

HINWEIS Ein weiterer unterschätzter Grund besteht in der Form der vorliegenden Anpassungen an Ihrer SharePoint-Farm: durch die hohe Komplexität der Gesamtarchitektur in SharePoint ist es durchaus denkbar, dass Teile der vorliegenden, individuellen Anpassungen an Lokationen vorgenommen wurden, die im Rahmen einer Aktualisierung überschrieben bzw. zurückgesetzt werden. Daneben sind auch grundsätzliche funktionale Änderungen im Rahmen einer Aktualisierung möglich, wenn auch selten, die ebenfalls zu einem abweichenden Standardverhalten führen können, was speziell hinsichtlich individueller Anpassungen von Bedeutung ist.

Vor diesem Hintergrund empfiehlt sich das Erstellen und Abarbeiten eines individuellen Testplans für Ihre Serverfarm, der Ihnen dabei hilft, die Funktionstüchtigkeit Ihrer individuellen SharePoint-Farm prüflistenbasiert und somit standardisiert in vergleichsweise kurzer Zeit sicherzustellen. Im Zuge der Überprüfung erhalten Sie Kenndaten über die voraussichtliche Downtime im Rahmen der Aktualisierung der Produktion.

Erst nach erfolgreicher Überprüfung der Aktualisierung in Ihrer Staging-Farm sollten Sie eine Ankündigung verfassen, um die Endbenutzer und die relevanten Organisationsinstanzen über die bevorstehende Aktualisierung in Kenntnis zu setzen. Der Hintergrund hier besteht darin, dass es nicht als selbstverständlich angesehen werden sollte, dass eine SharePoint-Aktualisierung problemfrei umgesetzt werden kann.

Steht die eigentliche Aktualisierung der Produktion an, sollte immer eine vollständige Farmsicherung durchgeführt werden, um eine Rückschrittsoption zu bewahren. In diesem Kontext gilt es außerdem zu beachten, die Systeme von nun an vor unplanmäßigen Änderungen zu bewahren, indem Sie beispielsweise die Inhaltsdatenbanken schreibschützen oder aber den Webserver-Dienst beenden, um im Falle eines Rückschritts keine Daten zu verlieren.

ACHTUNG Unterschätzen Sie keinesfalls die erforderlichen Ressourcen für eine zeitnahe, vollständige Farmwiederherstellung. In Abhängigkeit vom Zeitpunkt, zu dem Sie sich für einen Rückschritt entscheiden, benötigen Sie nicht nur die Farmsicherung. Bereiten Sie sich darauf vor, auch die SharePoint-Server selbst vollständig wiederherstellen zu müssen. Weiterführende Informationen hierzu finden Sie in Kapitel 15.

Im Rahmen einer Aktualisierung steht zunächst die Aktualisierung etwaiger Basiskomponenten wie Windows Server, AppFabric-Cache, .NET Framework oder IIS an. In Abhängigkeit vom Detailverfahren sollten Sie bereits an dieser Stelle dafür sorgen, die Verfügbarkeit der gesamten Farm so zu beeinflussen, dass sie Ihren Downtimeanforderungen gerecht wird.

Nach der Aktualisierung der Komponenten steht das Einspielen der SharePoint-Aktualisierungen an. Dabei wird unterschieden zwischen der binären Aktualisierung, also der Installation der binären Ressourcen, und der Built-to-Built-Aktualisierung, bei der im Wesentlichen die Inhalts- und Dienstdatenbanken auf das aktuelle Schema gesetzt werden.

Nach dem Abschluss sämtlicher Aktualisierungen sind für einige wenige Sonderfälle noch zusätzliche Maßnahmen erforderlich. Dabei hängt es von der jeweiligen Umgebung und der genauen Aktualisierung ab, ob diese Maßnahmen in der Umgebung durchgeführt werden müssen. Zu diesen Maßnahmen gehören beispielsweise die Reprovisionierung von SharePoint-Dienstinstanzen und das Ausführen spezifischer Skripts für den Workflow-Manager.

Am Ende einer Installation sollte immer eine Überprüfung des Ergebnisses stehen. Dabei sollte vermieden werden, lediglich die Verfügbarkeit einer beispielhaften Rootsite zu kontrollieren.

HINWEIS Eine Vielzahl von Problemen im Kontext von Aktualisierungen sind das Resultat einer mangelhaften abschließenden Validierung der Plattform und insbesondere deren Anpassungen. Da Aktualisierungen in der Regel besonders wichtige Änderungen darstellen, sollten diese immer besonders gründlich überprüft werden.

Im nächsten Abschnitt erhalten Sie Einsicht in die wichtigsten Planungsaspekte von SharePoint-Aktualisierungen.

Planung von Aktualisierungen

Die Aktualisierung einer SharePoint-Farm ist ein zentraler Bestandteil des Verwaltungsprozesses einer SharePoint-Farm. Im Wesentlich dient die Aktualisierung einer SharePoint-Farm den folgenden Zielen:

Aufgrund der Komplexität von SharePoint und dem mehrheitlich besonders hohen Grad der Anpassung der Plattform an die Zielumgebung, stellt jedes der hier angeführten Ziele einer Aktualisierung von SharePoint, im Vergleich zu anderen Server-Anwendungen, einen deutlich gewichtigeren Grund für eine Aktualisierung der Plattform dar. Anders formuliert sollten Sie SharePoint in der Regel häufiger aktualisieren, als Sie es möglicherweise für Ihre anderen Server-Anwendungen praktizieren.

Die gesteigerte Komplexität von SharePoint geht mit einem deutlich sensibleren Aktualisierungsprozess einher. Der Grund hierfür liegt neben der Vielzahl an Abhängigkeiten zu verschiedensten Protokollen, Technologien und Produkten vor allem darin, dass SharePoint eine Anwendungsplattform ist, die anders als viele andere Standard-Serverprodukte in der Regel zahlreichen Anpassungen unterworfen wird. Für diese Anpassungen stehen den Plattformentwicklern zumeist zahlreiche Ansätze zur Verfügung, die bei einer Missachtung der zahlreichen Best Practices schnell zu erheblichen Problemen bei der Aktualisierung von SharePoint führen können. Im Problemfall kann hierbei eine nicht optimal entwickelte Anpassung durch eine Aktualisierung von SharePoint in ihrer Funktion beeinträchtigt werden. Unter bestimmten Umständen können Anpassungen gar den Aktualisierungsprozess an sich stören und die Farm in einem möglicherweise undefinierten, nicht betriebsfähigen Zustand hinterlassen.

Investieren Sie daher ausreichend Zeit in die Planung von Aktualisierungen, um Probleme frühzeitig zu umgehen und das Risiko von unerwarteten Ausfallzeiten zu minimieren. Anders als die Mehrzahl der Microsoft Produkte lebt SharePoint von seinen Anpassungen. Nicht zuletzt diese Anpassungen in Kombination mit der Komplexität des Produkts führen dazu, dass Sie im Zuge einer Aktualisierung verstärkt auf unerwartete Probleme stoßen können. Ohne eine ordnungsgemäße vorherige Planung und Testphase sind Sie gezwungen, im Fehlerfall unter Druck zu arbeiten und ggf. zwischen einer unplanmäßigen vollständigen Serverfarmwiederherstellung und einer potenziell zeitaufwendigen Fehlersuche mit einem nicht absehbaren Zeitfenster zu wählen. Aufgrund des in der Realität durchaus häufiger vorkommenden Umstands, dass vollständige Serverfarmwiederherstellungen nicht zuvor in Kombination mit den individuellen Werkzeugen für SharePoint getestet wurden, sorgt eine solche Entscheidungssituation zusätzlich für unnötigen Druck.

Wie Sie vermutlich feststellen, werden sich einige Ausführungen wiederholen. Dies ist gewollt und soll Ihnen die Wichtigkeit bestimmter Aspekte einer ordnungsgemäßen Planung von SharePoint-Aktualisierungen nahe legen.

Testplan entwerfen

Beginnen Sie frühzeitig damit, einen Testplan in Form einer Prüfliste zu entwerfen und ergänzen Sie diese Liste mit jeder neuen, wichtigen Erweiterung und Anpassung Ihrer Farm um die entsprechenden Prüfungen, um ohne umfassende Recherchen jederzeit dazu in der Lage zu sein, die grundsätzliche Funktionstüchtigkeit Ihrer Farm zu validieren. Ohne einen solchen Testplan sind Sie speziell im Kontext von Aktualisierungen dazu verleitet, frühzeitig zu attestieren, die Farm sei betriebsbereit.

In komplexen Umgebungen ist es hilfreich, einzelne Testroutinen einer Stufe zuzuordnen, um nicht alle Tests bei jeder Gelegenheit durchführen zu müssen. So wäre es demnach durchaus nützlich, beispielsweise nach dem Einspielen von Windows Server-Standardaktualisierungen lediglich eine begrenzte SharePoint-Funktionsprüfung folgen zu lassen. Hingegen sollte bei wichtigen Aktualisierungen, wie einem SharePoint-Servicepack, eine vollständige Funktionsprüfung erfolgen.

Aktualisierungsvariante auswählen

Ihnen stehen drei unterschiedliche Aktualisierungsvarianten zur Verfügung. Die Varianten sind in der Übersicht wie folgt:

1. In-Place-Aktualisierung ohne Rückschrittmöglichkeit
2. In-Place-Aktualisierung mit Rückschrittmöglichkeit
3. Duplizierte Farm/Datenbank hinzufügen

Bei der ersten Aktualisierungsvariante ohne Rückschrittmöglichkeit installieren Sie die Aktualisierungen auf allen Servern zur gleichen Zeit und aktualisieren sämtliche Inhaltsdatenbanken seriell durch die Verwendung des Assistenten für die Farmkonfiguration (Abbildung 7.55). Dieses Verfahren ist vergleichsweise unkompliziert und bietet Ihnen keine Möglichkeit, die Downtime zu reduzieren. Diese Variante sieht keine Koexistenz verschiedener Serverversionsstände und Datenbankstände vor, und somit haben Sie auch keinerlei Rückschrittmöglichkeit im Fehlerfall, außer einer vollständigen Wiederherstellung.

Abbildg. 7.55 In-Place-Aktualisierung ohne Rückschrittmöglichkeit

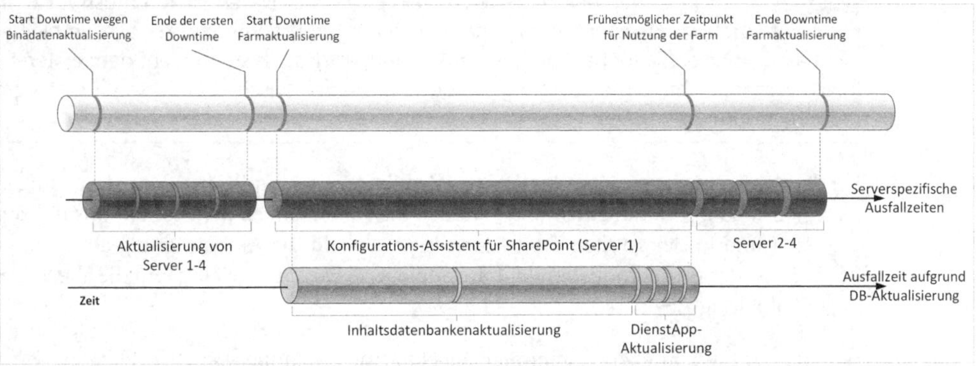

Bei der zweiten In-Place-Aktualisierungsvariante werden Server und die Inhaltsdatenbanken separat aktualisiert, um die Downtime zu reduzieren (Abbildung 7.56). Dabei kommt es für einen begrenzten Zeitraum zu einer Koexistenz verschiedener Serverversionsstände und Datenbankversionsstände. Dieses Verfahren ist aufwendiger, jedoch nicht von besonderer Komplexität. Sie haben zudem die Möglichkeit, beim Auftreten von Problemen die Aktualisierung zu stoppen, ohne dass die gesamte Serverfarm wiederhergestellt werden muss.

HINWEIS Im Fehlerfall steht Ihnen der Verzicht auf eine Wiederherstellung so lange zur Wahl, bis Sie auf dem letzten Server den Konfigurations-Assistenten zur Anwendung der Aktualisierung ausgeführt haben.

Abbildg. 7.56 In-Place-Aktualisierung mit Rückschrittmöglichkeit

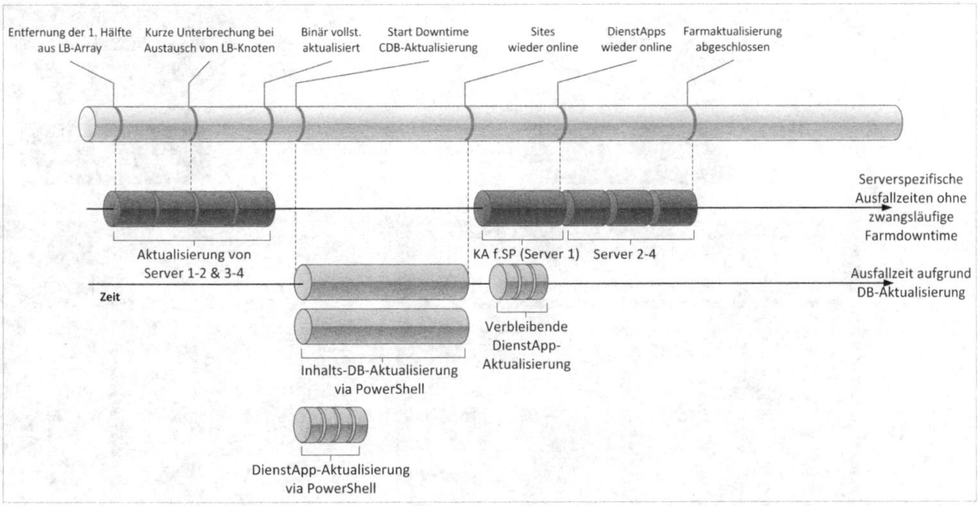

Diese Variante reduziert die Downtime im Wesentlichen durch die Möglichkeit der parallelen Aktualisierung der Inhalts- und Dienstdatenbanken und das vorausgehende Rotieren der Server während der binären Aktualisierung.

HINWEIS Die PowerShell-basierte Aktualisierung der Datenbanken muss vor dem Ausführen des Konfigurations-Assistenten für SharePoint ausgeführt werden, da alle verbleibenden, noch nicht aktualisierten Datenbanken bei der Ausführung des Assistenten auf dem ersten Server aktualisiert werden, wobei dieser Vorgang zwangsläufig seriell geschieht und somit einen größeren Zeitraum beansprucht.

Bei der dritten Variante wird parallel zur Produktion eine duplizierte Serverfarm aufgebaut. Sobald diese vollständig funktionstüchtig ist, werden die Datenbanken der Produktionsumgebung schreibgeschützt und in der zweiten Farm aktualisiert. Sobald die Aktualisierung abgeschlossen ist, wird der Verkehr der Produktionsfarm auf die duplizierte Farm umgeleitet und die alte Serverfarm abgebaut (Abbildung 7.57).

Abbildg. 7.57 Duplizierte Farm – Anfügen von Datenbanken für die Aktualisierung

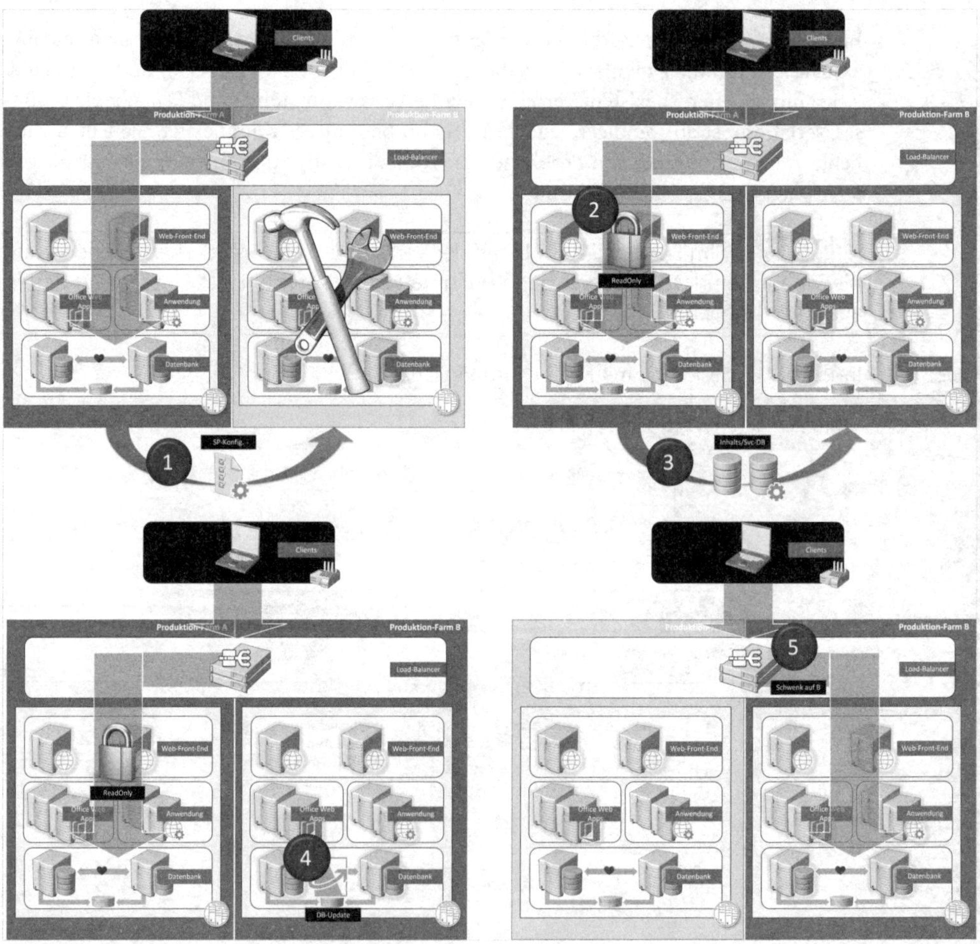

Dieses Verfahren impliziert eine minimale Downtime und lediglich eine geringe Zeit, in der die Inhalte schreibgeschützt sind. Der eindeutige Nachteil dieses Verfahrens liegt im Arbeits- und Ressourcenaufwand für die parallele vollwertige Farm und den regelmäßigen Abgleich der Inhalte und Konfigurationen im Rahmen der wiederkehrenden Aktualisierungen.

HINWEIS Im Rahmen des Verfahrens werden Datenbanken schreibgeschützt. Hierdurch kommt es aus der Benutzersicht zu einer abweichenden Erfahrung und zu einigen Fehlermeldungen, auf die Sie Ihre Benutzer vorbereiten sollten. Sie finden eine Liste der bekannten Fehlermeldungen im Zusammenhang mit schreibgeschützten Inhalten in Kapitel 8.

Ausfallzeiten im Rahmen der Aktualisierung

Betrachtet man die SharePoint-Aktualisierungssequenz in Hinsicht auf die Ausfallzeiten, werden Sie an zwei Stellen der Aktualisierung mit Unterbrechungen zu rechnen haben: Bei der Installation der Binärdateien kommt es auf dem jeweiligen Server während der Installation der Dateien zu Dienstunterbrechungen. Sofern Sie diesen nicht zuvor in der Zugriffsinfrastruktur isoliert haben, werden somit auch die Endbenutzer, die den Server verwenden, einen Fehler bemerken. Die Zeitspanne für diesen Abschnitt der Sequenz ist vergleichsweise gering.

Zuletzt kommt es bei der Ausführung des Konfigurations-Assistenten für SharePoint auf zwei Weisen zu Ausfällen: Einerseits stehen die jeweils seriell aktualisierten Datenbanken während der Aktualisierung potenziell nicht für den Zugriff zur Verfügung, andererseits werden die für einen Zugriff von außen erforderlichen Dienste auf dem jeweiligen Server während der Ausführung angehalten. Aufgrund der Eigenschaft, dass der Assistent ebenfalls seriell, also Server für Server behandelt wird, stehen die Server demnach jeweils abwechselnd nicht zur Verfügung, wobei die Datenbankaktualisierung primär durch den ersten Server behandelt wird. Die Datenbanken stehen somit im Gegensatz zu den verbleibenden Serverfarmmitgliedern nach Abschluss des Assistenten auf dem ersten Server der Sequenz aktualisiert zur Verfügung. Dafür kann in Abhängigkeit von der Größe der Inhaltsdatenbanken die Dauer für eben diese Sequenz erheblich mehr Zeit beanspruchen als sämtliche anderen Aktualisierungsschritte.

Die Länge der binären Aktualisierung nimmt mittlerweile in der Regel einen beträchtlichen Zeitraum in Anspruch. Dieses Problem entsteht durch den konkurrierenden Zugriff von nicht automatisch im Rahmen der Aktualisierung gestoppten SharePoint-Diensten. Um die binäre Installation deutlich zu beschleunigen, können Sie die Dienste manuell oder skriptgesteuert beenden und nach der Installation erneut starten.

Vorbereitende Maßnahmen

Zu Beginn der Vorbereitung identifizieren Sie die relevanten Aktualisierungen und wählen die zugehörige Aktualisierungsvariante aus.

Bevor Sie eine Aktualisierung auf Ihrer Produktionsfarm vornehmen, sollten Sie, wenn irgend möglich, zuvor die Bereitstellung der Aktualisierung auf einer Vorproduktionsumgebung simulieren. Die Vorproduktionsumgebung sollte in den wesentlichen Faktoren der Produktion entsprechen. Demnach sollten zumindest folgende Parameter zwischen beiden Farmen so weit wie möglich angeglichen werden:

- Versionsstände (Datenbank und Server)
- Aktuelle Kopie der Inhaltsdatenbanken
- Identische Lösungen

- Identische Drittanbietererweiterungen und -produkte
- Falls keine baugleiche Farm verfügbar ist, eine Farm verwenden, die alle Dienste der Produktion abbildet

HINWEIS Einer der Gründe, Ihre Inhaltsdatenbanken in einer Vorproduktionsumgebung möglichst auf dem Stand der Produktion zu halten, selbst wenn Sie hierdurch den teilweise erheblichen Speicher doppelt vorhalten müssen, ist die Aussagekraft der Aktualisierungstests. Ohne die Inhalte und den Umfang der Produktionsdaten können potenzielle Fehler nicht identifiziert oder die Dauer der erforderlichen Downtime nicht ausreichend genau prognostiziert werden.

Sobald die Vorproduktionsfarm den Anforderungen entspricht, führen Sie einen detaillierten Testlauf mit den geplanten Aktualisierungen durch und analysieren im Anschluss die wichtigsten Parameter:

- Versionsstände nach der Aktualisierung
- Upgradestatus der beteiligten Datenbanken
- Integritätsanalyseberichte
- Dienstzustand
- Ereignisprotokolle
- SharePoint-Sitefunktionen

Sind alle Probleme erkannt, kann die eigentliche Vorbereitung der Aktualisierung beginnen. Gehen Sie folgende Prüfliste durch, bevor Sie einer Aktualisierung grünes Licht geben:

1. Integritätsanalysebericht prüfen
2. Freien Speicherplatz verifizieren
3. Ereignisprotokolle nach aktuellen Auffälligkeiten durchforsten
4. Zustand aller Farmserver
5. und deren Dienste sollte einwandfrei sein
6. Stellen Sie sicher, dass die Sicherungen ordnungsgemäß stattgefunden haben, und erstellen Sie unmittelbar vor der Migration eine aktuelle Sicherung.
7. Stellen Sie sicher, dass Sie eine entsprechend zur geplanten Aktualisierungsvariante ausreichend große Downtime kommuniziert haben. Kalkulieren Sie dabei ein, dass Sie je nach Variante ggf. noch Zeit für die Wiederherstellung oder Fehlerbehebungsmaßnahmen für unerwartete Effekte benötigen.
8. Stellen Sie sicher, dass Sie über eine adäquate Dokumentation Ihrer Umgebung verfügen, sodass Sie jederzeit dazu in der Lage sind, notfalls eine Ausweichfarm aufbauen zu können, mit der Sie die SharePoint-Sites wieder bereitstellen können.
9. Stellen Sie sicher, dass Sie die richtigen Aktualisierungen ausgewählt haben. So gibt es beispielsweise nicht nur unabhängige Aktualisierungen für Microsoft Project Server, SharePoint Foundation und SharePoint Server, sondern auch für Komponenten wie Office Web Apps und weitere Komponenten.

Erstellen Sie eigene Kontrolllisten, um diese Anforderungen standardisiert festzuhalten und keine elementaren Bausteine zu übergehen.

Hotfix-Auswahl und Reihenfolge einer Aktualisierung

In diesem Abschnitt wird die Identifizierung und Installationsabfolge von Aktualisierungen behandelt.

Verfügbare SharePoint-Aktualisierungen

Im SharePoint-Umfeld gibt es eine Reihe an unterschiedlichen Aktualisierungen, deren Relevanz und Sinn zugeordnet werden sollte, um die Relevanz und die Auswirkungen einer Aktualisierung abschätzen zu können.

Tabelle 7.8 Übersicht der Aktualisierungspakete für SharePoint

Bezeichnung	Beschreibung	Sprach-spezif.	Frequenz	Relevanz
Hotfix	Adressiert spezifische Probleme. Es gibt unterschiedliche Formen von Hotfixes, wie Post SP-Rollup, Critical On-Demand (COD).		Hoch/Nach Bedarf	1-3
Security Updates	Schließt sicherheitskritische Schwachstellen		Hoch/Nach Bedarf	1-2
Kumulative Updates	Beinhaltet alle gesammelten, relevanten Aktualisierungen und im Einzelfall auch funktionale Erweiterungen		Alle 2 Monate	2
Service Pack	Beinhaltet alle vorherigen, kumulativen Aktualisierungen und Funktionserweiterungen	✓	Selten	1

Diese drei primären Gruppen an Aktualisierungen beinhalten eine ganze Vielzahl an Details in der Entstehung und in der Handhabung im Rahmen der Farmverwaltung. In diesem Abschnitt beschränken wir uns auf die elementaren Rahmenbedingungen für die Planung und Administration.

- **Hotfix (Critical On Demand, COD)** Die SharePoint-Produktgruppe stellt unterschiedliche Hotfixes bereit, die sowohl nicht öffentlich (also kundenspezifisch) als auch gezielt öffentlich bereitgestellt werden.

  Klassische Hotfixes können über die Microsoft Knowledge Base bezogen werden (*http://support.microsoft.com* [Ms156-K07-17]).

ACHTUNG Hotfixes können sehr wichtig sein, sollten jedoch definitiv nicht auf Basis einer automatisierten Prävention installiert werden. Installieren Sie Aktualisierungen primär dann, wenn Ihre Umgebung von dem exakten Problem betroffen und eine Abhilfe umgehend gefordert ist. Behalten Sie im Hinterkopf, dass diese Aktualisierungen nicht annähernd so umfangreich wie Service Packs getestet werden können. Es besteht daher durchaus das Risiko, dass hierdurch neue Fehler an anderer Stelle auftreten.

- **Security Updates (Public Updates, PU)** Sicherheitsaktualisierungen stellen eine besondere Form von PUs dar und werden in Form von sporadischen Aktualisierungen bereitgestellt. Diese können entweder via *http://microsoft.com/downloads* [Ms156-K07-18], die Knowledge Base (*http://support.microsoft.com* [Ms156-K07-17]) oder mithilfe von WSUS (Windows Server Update Services) bezogen werden.

ACHTUNG Von einer automatischen Aktualisierung der Mitgliedsserver einer SharePoint-Serverfarm mittels WSUS wird dringend abgeraten.

Neben Security PUs existieren natürlich auch funktionsbezogene PUs, welche einen großen Anteil der später gebündelten CUs ausmachen.

- **Kumulative Updates (CU)** Kumulative Aktualisierungen enthalten alle öffentlichen Aktualisierungen (also das öffentliche Subset aller Hotfixes), inklusive der veröffentlichten Security Updates, die seit dem letzten Service Pack veröffentlicht wurden. Zudem beinhaltet ein kumulatives Update alle seit dem letzten Service Pack veröffentlichten kumulativen Aktualisierungen. Daraus folgt, dass eine aktuelle Installation aus dem aktuellen Service Pack und dem letzten CU besteht.

HINWEIS Diese Regel wird durch eine Ausnahme bestätigt, wonach nach der RTM-Version von SharePoint zunächst das März-PU eingespielt werden muss (KB 2767999), bevor nachfolgende SharePoint-CUs eingespielt werden können! Dies gilt aller Voraussicht nach auch für nachfolgende Public Updates. Hintergrund hier ist, dass sich durch das März 2013-PU die Paketierungskonfiguration geändert hat, die für nachfolgende Aktualisierungen erforderlich wird.

Auch wenn kumulative Aktualisierungen nicht automatisch eine hohe Relevanz für jede SharePoint-Umgebung haben, sollten diese dennoch in regelmäßigen Abständen auf eine SharePoint-Umgebung angewandt werden, um Probleme präventiv zu adressieren. Zudem halten regelmäßig, jedoch nicht automatisch, im Rahmen dieser Aktualisierungen funktionale Erweiterungen Einzug in die SharePoint-Plattform, die neben der Stabilisierung von SharePoint auch leistungsbezogene Optimierungen mit sich bringen.

TIPP Spielen Sie kumulative Updates keinesfalls unmittelbar nach ihrem Erscheinen ein, sondern warten Sie vielmehr zumindest zwei bis vier Wochen, bevor Sie mit deren Erprobung beginnen. Auch unter SharePoint 2013 müssen Sie noch damit rechnen, dass ein CU aufgrund von teilweise massiven Problemen innerhalb dieses Zeitraums zurückgezogen und neu veröffentlicht wird.

- **Service Packs (SP)** Als einziger Aktualisierungstyp sind Service Packs sprachspezifisch. Sie enthalten neben ihrer kumulativen Eigenschaft in Bezug auf vorherige Service Packs auch alle bisherigen kumulativen Updates. Service Packs enthalten jeweils die Inhalte des untergeordneten Produkts. So enthält das SharePoint Server-Service Pack auch die Inhalte von SharePoint Foundation. Lediglich auf der Ebene der sprachspezifischen Service Packs sind Sprachpakete verfügbar, die für jedes installierte Sprachpaket ein zugehöriges Sprachpaket-Service Pack erfordern.

  Service Packs enthalten neben den Sicherheitsaktualisierungen und Fehlerkorrekturen am Produkt zumeist auch funktionale Erweiterungen. Zudem sind regelmäßig Änderungen am Standardverhalten in bestimmten Bereichen sowie auch Anpassungen an der API zu erwarten.

  Da Service Packs langfristig entwickelt und getestet werden, erscheint in der Regel parallel zum Service Pack bereits ein kumulatives Update, das bekannte Fehler aus dem Service Pack adressiert. Daher bietet es sich an, beim Einspielen von Service Packs parallel nach den kumulativen Updates zu suchen und diese zügig bereitzustellen.

Identifizierung der zu aktualisierenden Komponenten

SharePoint besteht aus einer Vielzahl an Komponenten, welche im Rahmen einer Aktualisierung zur Disposition stehen. Die Tabelle 7.9 enthält eine Übersicht der Bedeutung und Relevanz der unterschiedlichen Komponenten.

Tabelle 7.9 Aktualisierungsrelevanz von Komponenten für SharePoint

Komponente	Relevanz	Anmerkung
AppFabric	3	Wird unabhängig von SharePoint aktualisiert. Es gibt einzelne, sinnvolle Aktualisierungen wie das AppFabric CU3, die zumindest bereitgestellt werden sollten. Siehe auch KB 2843251.
.NET Framework	2	SharePoint ist eine auf .NET Framework basierende Anwendung. Daher ist auch deren Aktualisierung und Optimierung nicht ganz ohne Bedeutung.
Windows Server	3	Bestimmte Windows Server-Aktualisierungen sind von hoher Wichtigkeit, beispielsweise um Sicherheitslücken zu schließen. Für die allgemeine Funktionalität in SharePoint sind diese in der Regel jedoch nachrangig, wenngleich im Einzelfall Windows Server-Aktualisierungen zu SharePoint-Fehlern führen können.
SharePoint Server	1	Ohne Frage die höchste Priorität, da direkt anwendungsbezogen
Forefront Identity Manager	–	Es werden keine separaten Aktualisierungen für FIM (Forefront Identity Manager) eingespielt
Workflow-Manager	2	Läuft unabhängig von SharePoint, sollte jedoch ebenfalls aktualisiert werden, sofern die entsprechende Workflow-Funktionalität genutzt wird
SQL Server	2	Wird oftmals für die Wichtigkeit für SharePoint unterschätzt. Grundsätzlich ist eine Aktualisierung an dieser Ebene empfehlenswert.

Die Frage nach den jeweils für SharePoint unterstützten Aktualisierungen für Nicht-SharePoint-Komponenten, wie SQL Server oder .NET Framework, ist teilweise komplex und irreführend. Microsoft weist grundsätzlich darauf hin, dass nicht alle Kombinationen von beispielsweise kumulativen SQL Server-Aktualisierungen für SharePoint unterstützt werden. Umgekehrt sind die Hinweise auf die jeweils unterstützten kumulativen Aktualisierungen in der Regel veraltet. In der Praxis sollten Sie abwägen, ob Sie eine neu verfügbare Aktualisierung auf CU-Ebene zeitnah bereitstellen und somit von dessen theoretischer Optimierung, Funktionserweiterung und Stabilisierung profitieren möchten oder dessen Bereitstellung für eine geplante Übergangszeit zurückstellen.

TIPP Unsere Empfehlung lautet, Aktualisierungspakete für die SharePoint-bezogenen Technologien, mit Ausnahme von kritischen Sicherheitsaktualisierungen, um jeweils einige Wochen verzögert bereitzustellen und vor deren Bereitstellung mithilfe der Community-Onlinemedien zu überprüfen, ob in der Kombination mit SharePoint zwischenzeitlich bekannte Probleme identifiziert wurden.

Ein solches Vorgehen ist aufwendig, reduziert jedoch die Wahrscheinlichkeit von möglicherweise massivem Mehraufwand beim Betrieb im Rahmen von unerwarteten Verhaltensmustern auf Ihrer Produktionsplattform.

Reihenfolge bei der Aktualisierung

Die Reihenfolge der durch Sie eingespielten Aktualisierungen hat in der Regel keine ausschlaggebende Bedeutung für SharePoint. Selbst wenn Sie einen älteren Hotfix nach einem aktuellen Hotfix einspielen, behalten Sie jeweils den aktuellsten Stand; sowohl auf Datenbank- als auch auf Dateiebene. Dies hat ebenfalls zur Folge, dass es letztlich nicht entscheidend ist, in welcher Reihenfolge Sie beispielsweise ein Sprachpaket einspielen.

SharePoint Foundation-Aktualisierungen für SharePoint Server

Die Dokumentationen für die Aktualisierungen sind in einem Punkt bislang unklar: der Beschreibung der Notwendigkeit von SharePoint Foundation-Aktualisierungen für SharePoint Server-Umgebungen. Es ist nicht zwingend erforderlich, SharePoint Foundation-Aktualisierungen auf einem SharePoint Server bereitzustellen. Unter SharePoint 2010 war ein verbreitetes Handlungsmuster, vor dem Bereitstellen von SharePoint Server-Aktualisierungen die zugehörigen SharePoint Foundation-Aktualisierungen zu installieren. Dies kann bislang nicht für SharePoint 2013 bestätigt werden.

Installieren Sie Foundation-Aktualisierungen auf SharePoint Server-Instanzen nur dann, wenn die Release Notes dies explizit fordern. Achten Sie daher weiterhin auf künftige Hinweise in den Dokumentationen zu den Updates, um die tatsächlich erforderlichen Aktualisierungen zu identifizieren.

Ein weiterer Aspekt ist die Aktualisierungssequenz: Vereinfacht gesagt besteht die Aktualisierung von SharePoint aus dem Einspielen der Binärdateien, also der Installation der jeweiligen Aktualisierung und dem anschließenden Aufruf des Konfigurations-Assistenten für SharePoint, um die Datenbanken und die Farmkonfiguration zu aktualisieren. Installieren Sie alle Aktualisierungen direkt nacheinander und führen Sie erst dann den Konfigurations-Assistenten für SharePoint aus. Es ist also nicht erforderlich, jede Aktualisierung einzeln zu übernehmen. Der einzig hieraus resultierende Effekt wäre eine verlängerte Ausfallzeit.

Grundsätzlich ist es möglich, die Binärdateien auf allen Servern der Farm parallel zu installieren, auch wenn es nicht empfohlen ist. Der Konfigurations-Assistent für SharePoint kann theoretisch ebenfalls parallel ausgeführt werden, was jedoch genauso wenig empfohlen ist und Ihnen zudem, anders als bei der Binärdateiaktualisierung, keinen Geschwindigkeitsvorteil in großen Serverfarmen bringt.

HINWEIS Durch das Ausführen des Konfigurations-Assistenten für SharePoint werden unter anderem, als wichtigster Bestandteil der Aktualisierung, die Datenbanken seriell aktualisiert. Dieser Aktualisierungsprozess erfolgt durch den ersten Server, auf dem der Assistent ausgeführt wird. In der letzten SharePoint-Version war das Detailverhalten der SharePoint-Server an dieser Stelle jedoch abweichend und somit deutlich fehleranfälliger. In SharePoint 2013 wird zu Beginn des automatisierten Aktualisierungsprozesses die Umgebung auf etwaige Sperren überprüft, sodass nur ein Server aktiv sein kann und alle anderen in der Sperrüberprüfungsphase verharren, bis dieser die Aktualisierung abgeschlossen hat (Abbildung 7.58).

Abbildg. 7.58 SharePoint-Sperrabruf im Rahmen der Aktualisierung

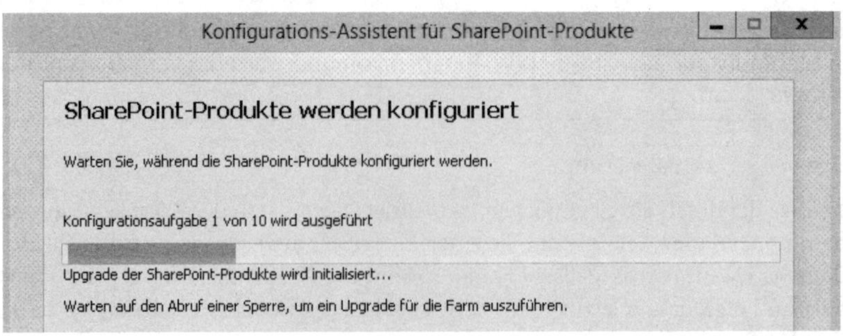

Installieren Sie die Binärdateien auf allen Servern der Serverfarm, bevor Sie mithilfe des Konfigurations-Assistenten für SharePoint die Aktualisierung auf jedem Server abschließen. Ohne diese Voraussetzung erhalten Sie bei der Ausführung des Assistenten eine Fehlermeldung, die ein Fortsetzen der Aktualisierung verhindert.

Rollenreihenfolge für Aktualisierungen

In diesem Abschnitt erfahren Sie, in welcher Reihenfolge Sie Aktualisierungen innerhalb und über die Farmgrenzen hinaus einspielen sollen. Beachten Sie die Hinweise für die bestmögliche Anwendererfahrung und die geringste Ausfallzeit im Rahmen der Aktualisierung.

HINWEIS Die Reihenfolge bei der Aktualisierung bezieht sich nicht nur primär auf die Binäraktualisierung, sondern auch auf das Ausführen des Konfigurations-Assistenten, um die Änderungen anzuwenden.

Einzelne SharePoint-Farmen

Es gibt keine feste, zwingend einzuhaltende Reihenfolge bei der Aktualisierung der Serverrollen. Vielmehr gibt es in Abhängigkeit von der gewählten Aktualisierungsvariante pragmatische Empfehlungen für einen möglichst reibungsfreien Aktualisierungsverlauf.

Allgemein sollten Sie so vorgehen, dass Sie zu Beginn der Aktualisierung einen Server aktualisieren, auf dem die Zentraladministration bereitgestellt wird. Üblicherweise ist dies in einer mittelgroßen Serverfarm ein Server in der Anwendungsschicht. Die vollständige Liste der empfohlenen Rollen für die Aktualisierung lautet wie folgt:

1. Server mit der Zentraladministration (bevorzugt in der Anwendungsschicht)
2. Server mit der Abfragekomponente der Suche
3. Server mit verbleibenden Suchkomponenten
4. Verbleibende Server der Anwendungsschicht
5. Verbleibende Web-Front-End-Server

Für Umgebungen mit mehreren SharePoint-Farmen gelten andere Aspekte.

Mehrere SharePoint-Farmen bei Dienstanwendungsveröffentlichungen

In Umgebungen mit mehreren Farmen ist es empfehlenswert, zuerst die dienstveröffentlichenden Farmen und zuletzt die dienstkonsumierenden Farmen zu aktualisieren. Hierdurch verringern Sie die Wahrscheinlichkeit von Fehlern aus Benutzersicht, die möglicherweise durch den Zugriff auf Dienstanwendungen ausgelöst werden, die potenziell neue Funktionen oder Verhaltensweisen durch eine veraltete Version nicht ordnungsgemäß anbieten können.

Entsprechend lautet die empfohlene Reihenfolge für eine Aktualisierung über mehrere Farmen hinweg wie folgt:

- Dienstfarm
- *Meine Website*-Farm
- Inhaltsfarm

HINWEIS Die Aktualisierung einer Office Web Apps-Farm kann zeitlich völlig unabhängig von diesem Schema erfolgen.

Windows-Aktualisierungen

Das Einspielen von Windows-Aktualisierungen bedarf auf den Mitgliedsservern einer SharePoint-Farm besonderer Überlegungen und Maßnahmen. Vorausgesetzt, Sie haben eine maximal hochverfügbare SharePoint-Farm geplant und bereitgestellt, könnten Sie vielleicht annehmen, ein sukzessives Einspielen von Windows-Aktualisierungen auf Mitgliedsservern der Farm würde keine relevanten Auswirkungen aus der Sicht der auf die Farm zugreifenden Clients haben. Dem ist jedoch aus unterschiedlichen Gründen nicht so.

Die Erfahrung mit vorausgegangenen SharePoint-Versionen hat gezeigt, dass Windows-Aktualisierungen durchaus dazu im Stande sind, Teile der Farmfunktionen oder gar die vollständige Farm außer Betrieb zu setzen. Zudem kommt es in Abhängigkeit der in Ihrer Farm verwendeten Funktionen zu unterschiedlichen funktionalen Einschränkungen bei einer willkürlichen Aktualisierung der Farmmitglieder.

Sollte in Ihrer Farm der verteilte Cache verwendet werden, kommt es beispielsweise beim Herunterfahren eines Knotens im Rahmen der Windows-Aktualisierung zu einem vorrübergehenden, mindestens partiellen Datenverlust der entsprechenden Dienstanwendungsdaten aus der Sicht des Benutzers. Um diesen vorübergehenden Datenverlust zu vermeiden, führen Sie vor der Aktualisierung eines Knotens die Maßnahmen zum ordnungsgemäßen Herunterfahren des verteilten Cachediensts aus. Weiterführende Informationen hierzu finden Sie in Kapitel 9.

Unsere Empfehlung für das Einspielen von Windows-Aktualisierung lautet demnach, dass Sie diese unbedingt zuvor auf einer Staging-Umgebung evaluieren sollten. Achten Sie dabei besonders auf SharePoint-Sicherheitsaktualisierungen, die ggf. zusätzliche Maßnahmen erfordern, um die Farm nach der Aktualisierung weiterhin betriebsbereit zu halten.

Aktualisierungen einspielen

Nachfolgend finden Sie die Handlungsanweisungen der drei primären Aktualisierungsvarianten.

In-Place-Aktualisierung ohne Rückschrittmöglichkeit

Eine Anleitung zur Steuerung der Aktualisierung über die Eingabeaufforderung sowie eine Beschleunigungsempfehlung für die Binärinstallation finden Sie im Abschnitt »Farm über die Eingabeaufforderung aktualisieren« weiter hinten in diesem Kapitel.

Für die In-Place-Aktualisierung ohne Rückschrittmöglichkeit über die grafische Oberfläche gehen Sie wie folgt vor:

1. Entfernen Sie alle Web-Front-End-Server aus dem NLB-bzw. Hardware-Netzwerklastenausgleich-Array, sodass ab diesem Zeitpunkt den Benutzern keinerlei Farmfunktionen mehr zur Verfügung stehen.

HINWEIS Sollten Sie kein NLB oder Hardwarearray für den Netzwerklastenausgleich zur Bereitstellung Ihrer Farm nutzen, beenden Sie den Webveröffentlichungsdienst auf den Web-Front-End-Servern, um zu verhindern, dass Benutzer während der Aktualisierung auf Ihre Serverfarm zugreifen.

2. Installieren Sie alle erforderlichen Aktualisierungen auf dem Server in der Anwendungsschicht, der die Zentraladministration bereitstellt (Abbildung 7.59).

Abbildg. 7.59 Einstiegsdialogfeld für die Installation eines kumulativen Updates

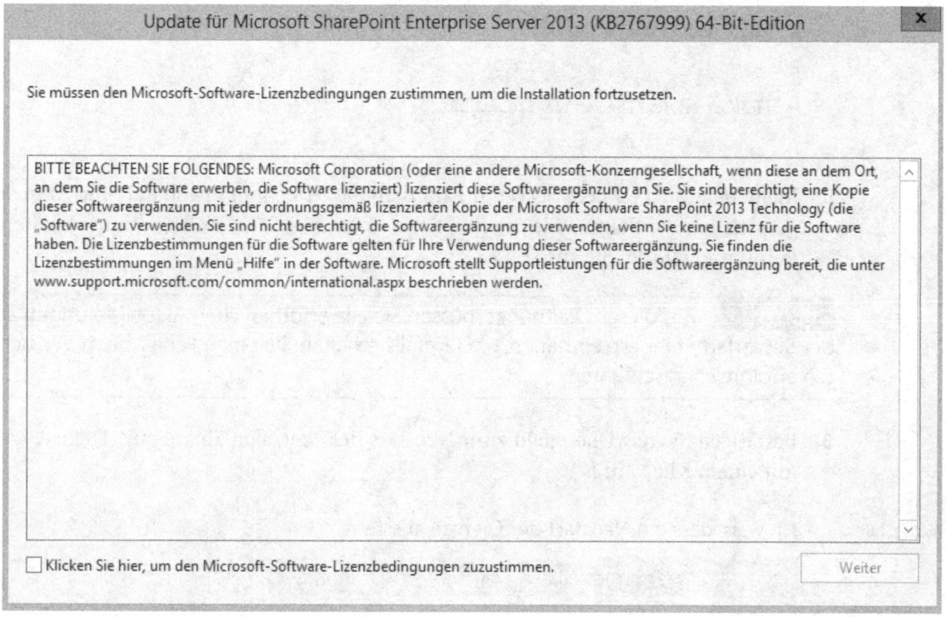

3. Installieren Sie alle erforderlichen Aktualisierungen auf den Servern, die die Abfragekomponente bereitstellen, und stellen Sie sicher, dass die Aktualisierungen erfolgreich eingespielt wurden.

   Sobald Sie bei der Installation der Aktualisierung die Lizenzbestätigung akzeptiert haben und auf die Schaltfläche *Weiter* (bzw. *Continue*) klicken (Sie finden hier möglicherweise auch englischsprachige Dialogfelder vor, da es sich bei den kumulativen Aktualisierungen in der Regel um globale Aktualisierungen handelt, die für alle Sprachversionen gültig sind), kann es bis zur Fertigstellung der Installation zu Unterbrechungen beim Zugriff auf den Server bzw. die SharePoint-Webdienste kommen, sofern Sie den jeweiligen Server nicht für den Clientzugriff, beispielsweise durch das Beenden des Webveröffentlichungsdiensts, gesperrt haben. Im Vergleich zu SharePoint 2010 sind die Dienstunterbrechungen bei SharePoint 2013 kürzer, wenngleich der gesamte Prozess ggf. sogar wesentlich länger andauert. Mehr dazu in einem späteren Abschnitt.

4. Installieren Sie alle erforderlichen Aktualisierungen auf allen verbleibenden SharePoint-Servern der Serverfarm (die Datenbankserver benötigen die SharePoint-Aktualisierungen nicht).

HINWEIS Sofern Sie versäumt haben, den Webveröffentlichungsdienst vor der Installation zu stoppen, werden Benutzer, die auf den in der Aktualisierung befindlichen Server zugreifen, zwischenzeitlich eine Fehlermeldung beim Zugriff erhalten (Abbildung 7.60).

Abbildg. 7.60 Fehlermeldung beim Zugriff auf einen Server während der Aktualisierung

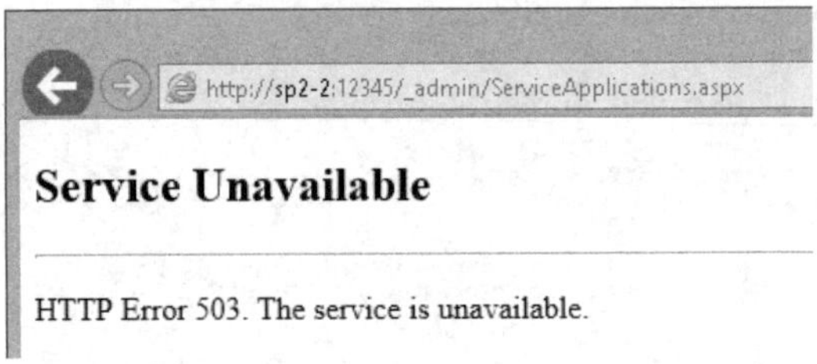

5. Melden Sie sich an dem Server an, auf dem Sie zu Beginn die SharePoint-Aktualisierungen eingespielt haben. Starten Sie anschließend erstmalig den Konfigurations-Assistenten für SharePoint, und klicken Sie auf *Weiter.*

HINWEIS Zu diesem Zeitpunkt müssen Sie alle erforderlichen Aktualisierungen auf allen Servern der Serverfarm eingespielt haben. Andernfalls erhalten Sie einen Fehler beim Versuch, den Assistenten erfolgreich auszuführen.

6. Bestätigen Sie das Dialogfeld zum Neustart der zentralen SharePoint-Dienste (Abbildung 7.61) mit einem Klick auf *Ja*.

Abbildg. 7.61 Hinweis, dass ein Neustart der Dienste aussteht

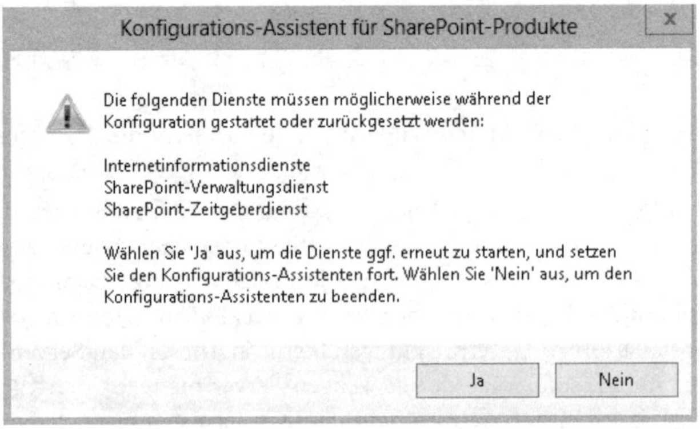

Sofern Sie zu diesem Zeitpunkt nicht auf allen Mitgliedsservern der Farm die Aktualisierungen eingespielt haben, verhindert eine Fehlermeldung die Fortsetzung der Konfiguration und die Aktualisierung der Datenbanken (Abbildung 7.62). Es kann durchaus passieren, dass Ihnen fehlende Aktualisierungen angezeigt werden, obwohl diese installiert wurden. In diesem Fall können Sie einen befehlszeilenbasierten Ansatz verwenden, um die Fortsetzung der Sequenz zu erzwingen. Mehr Informationen zu diesem Vorgang folgen in diesem Kapitel.

Abbildg. 7.62 Fehlermeldung bei fehlenden Aktualisierungen

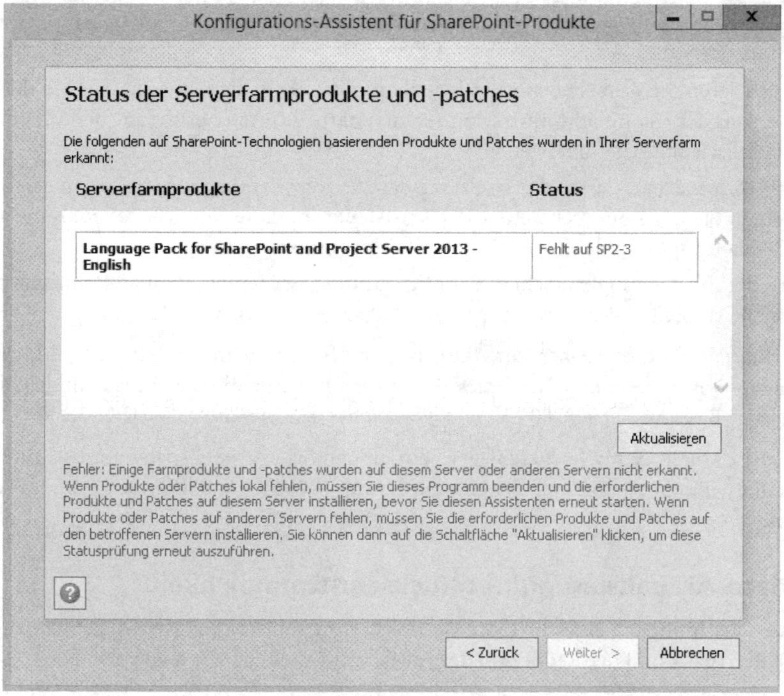

7. Sofern alle Voraussetzungen erfüllt sind, haben Sie nun die Möglichkeit, durch einen Klick auf *Weiter* mit der Übernahme der Konfiguration zu beginnen (Abbildung 7.63).

Abbildg. 7.63 Darstellung des Fortschritts während des Built-to-Built-Upgrades

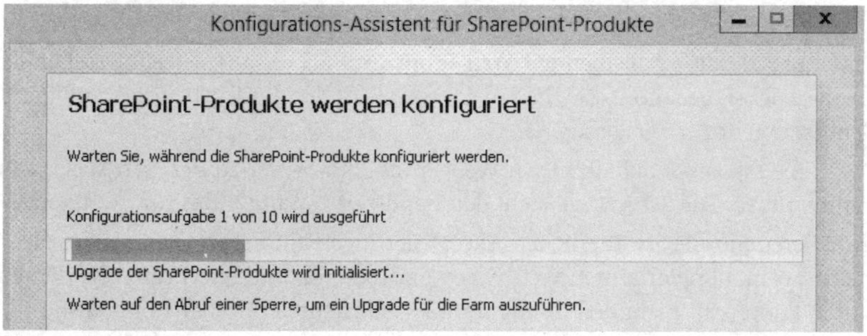

Durch die Fortsetzung des Konfigurationsprozesses an dieser Position werden eventuell sehr zeitintensive Prozesse initiiert. In Abhängigkeit vom Umfang der vorliegenden Datenbanken und den genauen Inhalten der Aktualisierungen kann eine Aktualisierung zwischen einigen Minuten und vielen Stunden dauern.

8. Nach der erfolgreichen Fertigstellung der Aktualisierung erhalten Sie eine Zusammenfassung über den Erfolg der Konfiguration. Beenden Sie den Prozess durch einen Klick auf *Fertig stellen*.

HINWEIS Im Fehlerfall finden Sie die Protokolldateien der Aktualisierung im Verzeichnis *%CommonProgramFiles%\Microsoft Shared\Web Server Extensions\15\Logs*.

9. Verifizieren Sie abschließend die Installation der Aktualisierung, indem Sie die Versionsnummern in der Zentraladministration für den aktualisierten Server mit der Versionsnummer der Aktualisierung gegenüberstellen.
10. Stellen Sie sicher, dass auf dem Server der Webveröffentlichungsdienst wieder gestartet wurde. Öffnen Sie dazu beispielsweise die Dienststeuerungskonsole (*Services.msc*) und überprüfen Sie die Spalte *Status* in der Zeile *WWW-Publishingdienst*.
11. Wiederholen Sie ab dem Schritt »Konfigurations-Assistenten für SharePoint starten« die Schritte für alle verbleibenden Server der Farm in der zuvor definierten Reihenfolge.

Weiterführende Informationen zur Aktualisierung finden Sie in der Datei *Upgrade.log* im Protokollverzeichnis von SharePoint. Eine Hilfestellung zur Interpretation dieser Datei finden Sie im Microsoft Knowledge Base-Artikel 948780 (*http://support.microsoft.com/kb/948780* [Ms156-K07-19]).

Sollte die Aktualisierung fehlgeschlagen sein, finden Sie in einem späteren Abschnitt dieses Kapitels eine Hilfestellung, wie Sie mit der Aktualisierung nach der Isolation der Fehlerursache fortfahren sollten.

In-Place-Aktualisierung mit Rückschrittmöglichkeit

Für die Durchführung einer In-Place-Aktualisierung mit Rückschrittmöglichkeit zur Verringerung des Fehlerrisikos und der Reduktion der Ausfallzeit gehen Sie wie folgt vor:

1. Entfernen Sie die Hälfte der Server aus dem Web-Front-End-Array. Dies erfolgt entweder durch die Konfiguration der NLB-Einstellungen, der Konfiguration der Hardware-Lastenausgleichseinstellungen oder der TMG- bzw. UAG-Veröffentlichungsregeln.
2. Installieren Sie alle erforderlichen Aktualisierungen auf diesen Web-Front-End-Servern und überprüfen Sie den Erfolg der Installation. Details zu diesem Installationsprozess finden Sie in der ersten In-Place-Verfahrensanweisung. Führen Sie nicht den Konfigurations-Assistenten für SharePoint aus!
3. Entfernen Sie die verbleibenden Web-Front-End-Server aus der entsprechenden Netzwerklastenausgleich-Formation. Zu diesem Zeitpunkt steht die Farm insgesamt für den Zugriff für Benutzer nicht zur Verfügung.
4. Fügen Sie die zuvor aktualisierten Web-Front-End-Server zu der Netzwerklastenausgleich-Formation hinzu. Die Serverfarm steht den Benutzern somit wieder zur Verfügung.
5. Installieren Sie alle erforderlichen Aktualisierungen auf den zuletzt aus der Netzwerklastenausgleich-Formation entfernten Web-Front-End-Servern und überprüfen Sie den Erfolg der Installation. Führen Sie nicht den Konfigurations-Assistenten für SharePoint aus!
6. Fügen Sie diese Web-Front-End-Server zu der Netzwerklastenausgleich-Formation hinzu.
7. Installieren Sie alle erforderlichen Aktualisierungen auf den Servern mit der Abfragekomponente des Suchdiensts. Führen Sie nicht den Konfigurations-Assistenten für SharePoint aus!
8. Installieren Sie alle erforderlichen Aktualisierungen auf den Servern mit der Zentraladministration. Führen Sie nicht den Konfigurations-Assistenten für SharePoint aus!
9. Aktualisieren Sie alle potenziell verbleibenden Anwendungsserver. Führen Sie nicht den Konfigurations-Assistenten für SharePoint aus!

10. Stellen Sie sicher, dass alle Server nach der Aktualisierung funktional sind und die Aktualisierung erfolgreich abgeschlossen wurde. Sofern der Status aller Server der Farm ordnungsgemäß ist, können Sie nun mit der Aktualisierung der Inhaltsdatenbanken beginnen.
11. Führen Sie nun das Verfahren zur Aktualisierung der Inhaltsdatenbanken aus. Verwenden Sie hierzu bei mehreren Inhaltsdatenbanken optional parallel mehrere SharePoint-Server. Sie können das Cmdlet *Upgrade-SPContentDatabase* dabei von jedem aktualisierten Server der Farm aufrufen. Die Detailanweisung zu diesem Verfahren finden Sie in einem späteren Abschnitt dieses Kapitels.
12. Führen Sie den Konfigurations-Assistenten für SharePoint auf einem SharePoint-Server in der Anwendungsschicht aus, der die Zentraladministration bereitstellt. Die Details zu dieser Aktualisierungssequenz finden Sie im ersten In-Place-Aktualisierungsbeispiel.

HINWEIS Während der erstmaligen Ausführung des Konfigurations-Assistenten für SharePoint nach der Aktualisierung Ihrer Server werden alle noch nicht aktualisierten Inhaltsdatenbanken und Dienstanwendungsdatenbanken nacheinander aktualisiert. Daher kann es im Zuge der Aktualisierung zu einzelnen Unterbrechungen kommen. Zumindest der Server, auf dem der Assistent ausgeführt wird, steht während der Ausführung nicht für SharePoint-Anfragen von außen zur Verfügung.

13. Führen Sie den Konfigurations-Assistenten für SharePoint nacheinander auf den verbleibenden Anwendungsservern aus.
14. Entfernen Sie die Hälfte der Web-Front-End-Server vorübergehend aus der Netzwerklastenausgleich-Formation und führen Sie ebenfalls nacheinander den Konfigurations-Assistenten für SharePoint aus.
15. Überführen Sie den soeben bearbeiteten Server zurück in die Netzwerklastenausgleich-Formation.
16. Entfernen Sie die zweite Hälfte der Web-Front-End-Server aus der Netzwerklastenausgleich-Formation und führen Sie den Konfigurations-Assistenten für SharePoint nacheinander auf den Servern aus.
17. Fügen Sie diese Server wieder in die Netzwerklastenausgleich-Formation ein.
18. Überprüfen Sie den Erfolg der Aktualisierung.

Informationen zu der Überprüfung der Aktualisierung und der Einsicht in die Versionsstände finden Sie im Abschnitt »Verfahren der Aktualisierung« dieses Kapitels.

Duplizierte Farm/Datenbank hinzufügen

Zum Verwenden des Verfahrens einer duplizierten Farm bzw. dem Hinzufügen von Datenbanken gehen Sie wie folgt vor:

1. Erstellen Sie eine neue Farm als Abbild Ihrer bestehenden Farm, und stellen Sie auf dieser Serverfarm die Aktualisierungen bereit.

HINWEIS Sie finden die Handlungsanweisung zum Erstellen einer neuen Farm als Abbild der Produktionsumgebung unter *http://technet.microsoft.com/library/cc263026.aspx* [Ms156-K07-20].

2. Setzen Sie sowohl die Inhaltsdatenbanken, als auch die Dienstanwendungsdatenbanken der existierenden Serverfarm auf *Schreibgeschützt*.

   Durch den Schreibschutz auf den Dienstanwendungsdatenbanken soll erzwungen werden, dass keine Änderungen mehr vorgenommen werden können. Dies ist jedoch optional. Sofern Sie

Datenbankspiegelungen einsetzen, müssen Sie zuvor die Spiegelung anhalten. Weiterführende Informationen zu den Änderungen aus der Benutzersicht im Falle von schreibgeschützten Inhaltsdatenbanken finden Sie in Kapitel 8.

3. Sichern Sie die Inhaltsdatenbanken der Quellfarm.
4. Stellen Sie die Datenbanken auf dem SQL-Server der Zielfarm wieder her.
5. Erzeugen Sie alle Dienstanwendungen in der Zielfarm und duplizieren Sie die Einstellungen der Dienstanwendungen der Quellfarm.
6. Verwenden Sie das Verfahren zum Anhängen der Inhaltsdatenbanken, um die zuvor wiederhergestellten Inhaltsdatenbanken der Quellfarm an die Zielfarm zu binden.
7. Stellen Sie sicher, dass die neue Serverfarm einwandfrei betriebsbereit ist.
8. Leiten Sie die Anfragen auf die neue Farm um (beispielsweise via DNS oder Netzwerklastenausgleich-Änderung).

Stellen Sie sicher, dass die Benutzer ohne neue relevante Probleme weiterarbeiten können, und bauen Sie erst nach einer Pufferzeit die Quellfarm ab, um deren Ressourcen freizugeben.

Verfahren der Aktualisierung

Die nachfolgenden Verfahren bilden die Detailanweisungen für einzelne Aspekte und Arbeitsschritte im Rahmen einer Aktualisierung ab.

Beschleunigung der Binärinstallation

Ohne einen manuellen Eingriff sind während der binären Patchinstallation mehr SharePoint-relevante Dienste als nötig gestartet und reduzieren somit mitunter drastisch die Aktualisierungsgeschwindigkeit. Um den Vorgang zu beschleunigen bietet es sich an, jeweils auf jedem zu aktualisierenden Knoten die relevanten Dienste automatisiert vor der Binärinstallation zu stoppen und im Nachgang wieder erneut zu starten. Dabei handelt es sich um folgende Dienste:

- Suchdienste
- Verteilter Cache/AppFabric-Cache
- SharePoint Zeitgeberdienst
- IIS-Administrationsdienst

Um das Verfahren anzuwenden, empfiehlt sich aufgrund der Komplexität und Abhängigkeiten im Detail ein skriptbasierter Ansatz, basierend auf dem Beispielskript aus Listing 7.7, das von Russ Maxwell abgeleitet wurde.

Listing 7.7 Beschleunigen der Binärinstallation von SharePoint-Aktualisierungen

```
$patchfile = Get-ChildItem | where{$_.Extension -eq ".exe"}
  if($patchfile -eq $null)
  {
 Write-Host "Keine Patches im lokalen Verzeichnis vorhanden - Skript wird beendet" -
ForegroundColor Red
   Return
  }
  $srchctr = 1
  $srch4srvctr = 1
```

Listing 7.7 Beschleunigen der Binärinstallation von SharePoint-Aktualisierungen *(Fortsetzung)*

```
  $srch5srvctr = 1
$srv4 = get-service "OSearch15"
$srv5 = get-service "SPSearchHostController"
If(($srv4.status -eq "Running") -or ($srv5.status-eq "Running"))
  {
    Write-Host "1 für Pausieren der Suchdienstanwendung" -ForegroundColor Cyan
    Write-Host "2 für fortlaufende Suchdienstanwendung" -ForegroundColor Cyan
    $searchappresult = Read-Host "Geben Sie 1 oder 2 ein und drücken Sie die Eingabetaste"
    if($searchappresult -eq 1)
    {
        $srchctr = 2
        Write-Host "Suchdienstanwendung wird pausiert" -foregroundcolor yellow
        Write-Host "Dies kann einige Minuten dauern" -ForegroundColor Yellow
        $ssa = get-spenterprisesearchserviceapplication
        $ssa.pause()
    }
    elseif($searchappresult -eq 2)
    {
        Write-Host "Fahre fort, ohne die Suchdienstanwendung in den Pausezustand zu
versetzen"
    }
    else
    {
         Write-Host "Führen Sie das Skript erneut aus und wählen Sie 1 oder 2" -
ForegroundColor Red
        Write-Host "Beende Skript" -ForegroundColor Red
        Return
    }
  }
Write-Host "Stoppe Suchdienste, sofern diese laufen" -foregroundcolor yellow
  if($srv4.status -eq "Running")
  {
    $srch4srvctr = 2
    set-service -Name "OSearch15" -startuptype Disabled
    $srv4.stop()
  }
if($srv5.status -eq "Running")
  {
    $srch5srvctr = 2
    Set-service "SPSearchHostController" -startuptype Disabled
    $srv5.stop()
  }
do
  {
    $srv6 = get-service "SPSearchHostController"
    if($srv6.status -eq "Stopped")
    {
        $yes = 1
    }
    Start-Sleep -seconds 10
  }
  until ($yes -eq 1)
Write-Host "Suchdienste sind gestoppt" -foregroundcolor Green
  Set-Service -Name "IISADMIN" -startuptype Disabled
  Set-Service -Name "appfabriccachingservice" -startuptype Disabled
  Set-Service -Name "SPTimerV4" -startuptype Disabled
```

Betrieb und Hintergrundinformationen

Listing 7.7 Beschleunigen der Binärinstallation von SharePoint-Aktualisierungen *(Fortsetzung)*

```
  Write-Host "Herunterfahren der IIS-W3WP-Prozesse" -foregroundcolor yellow
iisreset -stop -noforce
  Write-Host "Stoppe Dienste" -foregroundcolor yellow
#Gracefull-Stop des verteilten Cache
 $srv1 = get-service "appfabriccachingservice"
  if($srv1.status -eq "Running")
  {
    Write-Host "Herunterfahren des verteilten Caches - diese Operation kann einige Minuten
dauern" -foregroundcolor Yellow
    Stop-SPDistributedCacheServiceInstance -Graceful
    Write-Host "Verteilter Cache ist deaktiviert"
      }
$srv2 = get-service "SPTimerV4"
  if($srv2.status -eq "Running")
  {$srv2.stop()}
Write-Host "Dienste sind gestoppt" -ForegroundColor Green
# Patch-Sequenz
  Write-Host "Schließen Sie keinesfalls das PowerShell-Fenster, während die Aktualisierung
läuft!" -ForegroundColor Magenta
$starttime = Get-Date
$filename = $patchfile.basename
 . .\$filename /passive
Start-Sleep -seconds 20
 $proc = get-process $filename
 $proc.WaitForExit()
$finishtime = get-date
Write-Host "Aktualisierung wurde fertiggestellt" -foregroundcolor green
# Startsequenz der Dienste
 Write-Host "Starte Dienste" -foregroundcolor yellow
 Set-Service -Name "appfabriccachingservice" -startuptype Automatic
 Set-Service -Name "SPTimerV4" -startuptype Automatic
 Set-Service -Name "IISADMIN" -startuptype Automatic
 $servername = hostname
 $server = get-spserver $servername
$dcache = Get-SPServiceInstance | where{($_.TypeName -eq "Distributed Cache") -and
($_.Server -eq $server)}
 if($dcache.status -eq "Disabled")
  {
    Write-Host "Starte verteilten Cache" -foregroundcolor "Yellow"
    $dcache.start()
  }
$srv2 = get-service "SPTimerV4"
 $srv2.start()
 $srv3 = get-service "IISADMIN"
 $srv3.start()
 $srv4 = get-service "OSearch15"
 $srv5 = get-service "SPSearchHostController"
 if($srch4srvctr -eq 2)
 {
    set-service -Name "OSearch15" -startuptype Automatic
    $srv4.start()
 }
 if($srch5srvctr -eq 2)
 {
    Set-service "SPSearchHostController" -startuptype Automatic
    $srv5.start()
```

Listing 7.7 Beschleunigen der Binärinstallation von SharePoint-Aktualisierungen *(Fortsetzung)*

```
    }
    if($srchctr -eq 2)
    {
        Write-Host "Suchdienstanwendung wird fortgesetzt" -foregroundcolor yellow
        $ssa = get-spenterprisesearchserviceapplication
        $ssa.resume()
    }
    Write-Host "Dienste wurden gestartet" -foregroundcolor green
    Write-Host "Ausführungsstatistik" -foregroundcolor yellow
    Write-Host "Gestartet: " $starttime -foregroundcolor yellow
    Write-Host "Beendet: " $finishtime -foregroundcolor yellow
```

ONLINE Innerhalb der Begleitdateien zum Buch finden Sie das Skript unter dem Namen *InstallSPUpdate.ps1*. Weiterführende Informationen zum Problem und zum Ausführen des Skripts finden Sie in Kapitel 18.

Protokolle der Installation einsehen

Die im Rahmen der Aktualisierung erstellten Protokolldateien liegen nicht nur, wie gewohnt, im SharePoint-Protokollverzeichnis. Die Protokolldateien der Binärinstallation finden Sie im Verzeichnis *C:\Users\[Anmeldename]\AppData\Local\Temp*, also im *%Temp%* vor.

Aussagekräftiger als die Binäraktualisierungsprotokolle sind jedoch die Aktualisierungsprotokolle aus dem SharePoint-Protokollverzeichnis. Hier finden Sie unter dem Präfix *Upgrade* die entsprechenden Protokolle. Details zu etwaigen Fehlern und Warnungen finden Sie durch die Suche nach diesen Begriffen in dem jeweiligen Protokoll (Abbildung 7.64).

Abbildg. 7.64 Aktualisierungsprotokoll

```
Upgrade  SPContentDatabaseSequence   ajxpg  DEBUG  All SPSite(s) in [SPContentDatabase Name=SharePoint_AdminContent_0977813f-a1cc-4bf9-bc6f-1b2018d7d848] have up
Upgrade  SPManager        ajxo0  DEBUG  Change setup type regkey from INPLACE_V2V_UPGRADE or INPLACE_B2B_UPGRADE or SKU2SKU_UPGRADE to CLEAN_INSTALL   2800139c-4816-
Upgrade  SPUpgradeSession     ajxl1  INFO   ================================================================================   2800139c-4816-e058-e4fb-a5853c
Upgrade  SPUpgradeSession     ajxl2  INFO   Upgrade session finished successfully! 0 errors and 0 warnings encountered.   2800139c-4816-e058-e4fb-a5853cde5c8e
Upgrade  SPUpgradeSession     ajxl3  INFO   ================================================================================   2800139c-4816-e058-e4fb-a5853c
Upgrade  SPManager        ajxo1  DEBUG  Removing exclusive upgrade regkey by setting the mode to none   2800139c-4816-e058-e4fb-a5853cde5c8e
Upgrade  SPUpgradeSession     ajxl8  DEBUG  Setting upgrade session object to offline   2800139c-4816-e058-e4fb-a5853cde5c8e
Upgrade  SPUpgradeSession     ajxn2  DEBUG  UPGRADE PERCENTAGE: 100.00000000% done, Total Elapsed Time 00:14:25.5288151.   2800139c-4816-e058-e4fb-a5853cde5c8e
```

Weiterhin werden wesentliche Informationen der Installation in den Ereignisprotokollen (Anwendungsprotokoll) abgelegt. Die dortigen Informationen sind jedoch speziell während der Built-to-Built-Aktualisierung von Relevanz.

Datenbankstatus einsehen

Der Datenbankstatus gibt Ihnen Aufschluss darüber, ob alle Ihre Datenbanken auf einem aktuellen Stand sind oder ob für diese eine Aktualisierung aussteht.

Zum Einsehen des Status einer Datenbankversion über die Zentraladministration gehen Sie wie folgt vor:

1. Navigieren Sie in der Zentraladministration in der Schnellstartleiste *Upgrade und Migration* auf *Datenbankstatus überprüfen*.
2. In der Spalte *Status* finden Sie den Zustand der Datenbanken und potenziell erforderliche Maßnahmen (Abbildung 7.65).

Abbildg. 7.65 Status der Datenbankaktualisierung

ACHTUNG In Abhängigkeit davon, auf welchem Versionsstand sich der Server befindet, von dem aus Sie diese Übersicht aufrufen, kann es sein, dass Sie unterschiedliche Ergebnisse angezeigt bekommen. Sie erhalten an dieser Stelle stets eine Bewertung im Vergleich zum Versionsstand des anzeigenden Servers. Sollten Sie beispielsweise die Aktualisierungen lediglich auf einem anderen Server der Farm eingespielt haben, ohne jedoch die Datenbanken zu aktualisieren, würde Ihnen dieser Server keine besonderen Meldungen über erforderlichen Maßnahmen anzeigen.

Aktualisierungsstand der Serverfarmmitglieder einsehen

Zum Einsehen des Datenbankversionsstands über die Zentraladministration gehen Sie wie folgt vor:

1. Öffnen Sie die Einstiegsseite der Zentraladministration und klicken Sie in der Navigationsspalte auf *Upgrade und Migration*.
2. Klicken Sie auf *Produkt- und Patchinstallationsstatus überprüfen*.
3. In der Spalte *Installationsstatus* finden Sie die für einen homogenen Aktualisierungsstatus fehlenden Aktualisierungen rot hervorgehoben vor. Links daneben wird Ihnen der jeweils für diese Komponente erforderliche Versionsstand angezeigt (Abbildung 7.66).

Abbildg. 7.66 Übersicht der innerhalb einer Serverfarm fehlenden Aktualisierungsstände

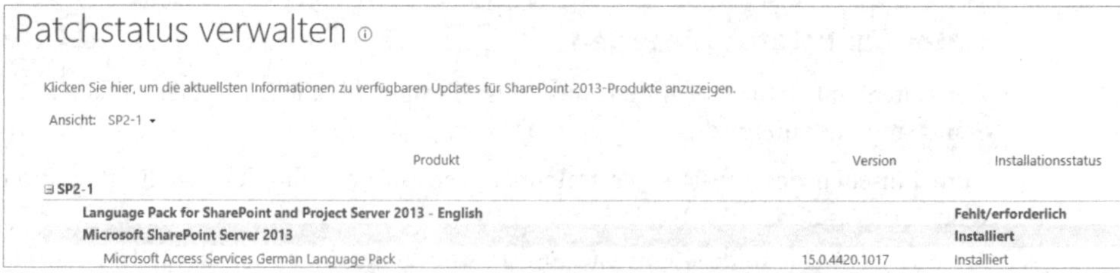

Weiterführende Informationen zu den SharePoint-Versionsnummern finden Sie in Kapitel 8.

Inhaltsdatenbanken aktualisieren

Sie können Inhaltsdatenbanken von jedem SharePoint-Server der Serverfarm aus aktualisieren, der bereits die zugehörigen Binärdateien installiert hat. Dabei können Sie mehrere Aktualisierungsvorgänge zeitgleich starten, um die Aktualisierung bei mehreren vorhandenen, großen Inhaltsdatenbanken zu beschleunigen.

HINWEIS Während der Aktualisierung einer Inhaltsdatenbank steht diese nicht für den Zugriff durch Benutzer zur Verfügung.

Zum Aktualisieren der Inhaltsdatenbanken durch einen manuellen Eingriff, also ohne die Verwendung des Konfigurations-Assistenten für SharePoint, verwenden Sie das folgende PowerShell-Beispielskript:

```
$db = Get-SPContentDatabase [Name der Inhaltsdatenbank]
Upgrade-SPContentDatabase $db
```

Weitere optionale Switches an dieser Stelle sind *NoB2BSiteUpgrade* (nur Schemaaktualisierung, ohne die Websitesammlungen zu aktualisieren) oder *ForceDeleteLock* (löscht etwaige blockierende Locks auf die Datenbank).

Sie können nicht alle SharePoint-Datenbanken durch dieses Cmdlet aktualisieren. Einige Datenbanktypen verfügen hierfür über eigene Cmdlets oder andere Ansätze. Durch die Verwendung des Cmdlets *Upgrade-SPContentDatabase* sind lediglich Inhaltsdatenbanken zu aktualisieren. Beim Versuch, andere Datenbanken zu aktualisieren, erhalten Sie einen entsprechenden Fehler angezeigt.

Während und nach der Aktualisierung können Sie den Status der Aktualisierung in der Zentraladministration einsehen (Abbildung 7.67).

Abbildg. 7.67 Status der Inhaltsdatenbankaktualisierung

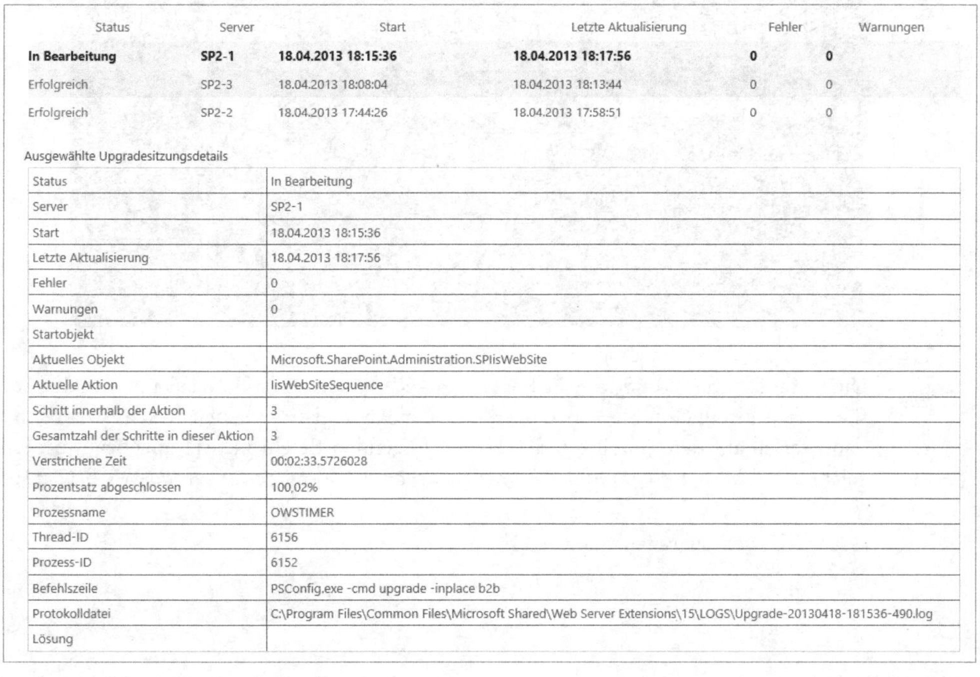

Status	Server	Start	Letzte Aktualisierung	Fehler	Warnungen
In Bearbeitung	**SP2-1**	**18.04.2013 18:15:36**	**18.04.2013 18:17:56**	**0**	**0**
Erfolgreich	SP2-3	18.04.2013 18:08:04	18.04.2013 18:13:44	0	0
Erfolgreich	SP2-2	18.04.2013 17:44:26	18.04.2013 17:58:51	0	0

Ausgewählte Upgradesitzungsdetails

Status	In Bearbeitung
Server	SP2-1
Start	18.04.2013 18:15:36
Letzte Aktualisierung	18.04.2013 18:17:56
Fehler	0
Warnungen	0
Startobjekt	
Aktuelles Objekt	Microsoft.SharePoint.Administration.SPIisWebSite
Aktuelle Aktion	IisWebSiteSequence
Schritt innerhalb der Aktion	3
Gesamtzahl der Schritte in dieser Aktion	3
Verstrichene Zeit	00:02:33.5726028
Prozentsatz abgeschlossen	100,02%
Prozessname	OWSTIMER
Thread-ID	6156
Prozess-ID	6152
Befehlszeile	PSConfig.exe -cmd upgrade -inplace b2b
Protokolldatei	C:\Program Files\Common Files\Microsoft Shared\Web Server Extensions\15\LOGS\Upgrade-20130418-181536-490.log
Lösung	

Sie finden diesen Bericht, indem Sie in der Schnellstartleiste auf *Upgrade und Migration* und dann auf *Upgradestatus prüfen* klicken.

Sonstige Datenbanken aktualisieren

Zur Aktualisierung der Suchdatenbank steht Ihnen ein eigenes Cmdlet zur Verfügung. Das folgende PowerShell-Beispielskript aktualisiert Ihre Suchdienstdatenbanken:

```
Get-SPEnterpriseSearchServiceApplication | Upgrade-SPEnterpriseSearchServiceApplication
```

ACHTUNG Sie haben die Möglichkeit, unterschiedliche Serverversionsstände innerhalb einer Serverfarm vorzuhalten. Auch wenn dies kein empfohlenes Vorgehen ist, beachten Sie dabei, dass durch die Aktualisierung der Suchdienstdatenbanken der abwärtskompatible Zugriff durchaus nicht mehr gewährleistet sein kann. In diesem Fall erhalten die Serverrollen des Suchdiensts einen Fehler beim Zugriff auf die Suchdienstdatenbanken und sind somit nicht mehr funktional.

Weitere Cmdlets zur Aktualisierung der SharePoint-Datenbanken erhalten Sie durch den Aufruf des PowerShell-Befehls *GCM –Verb Upgrade.*

Farm über die Eingabeaufforderung aktualisieren

Anstelle des Konfigurations-Assistenten für SharePoint haben Sie die Möglichkeit, das Tool *PSConfig.exe* über die Eingabeaufforderung zu verwenden. Dabei bietet Ihnen *PSConfig.exe* ebenfalls die Möglichkeit der automatischen fehlenden Updateerkennung (Abbildung 7.68).

Abbildg. 7.68 Aktualisierung über die Eingabeaufforderung mithilfe von *PSConfig.exe*

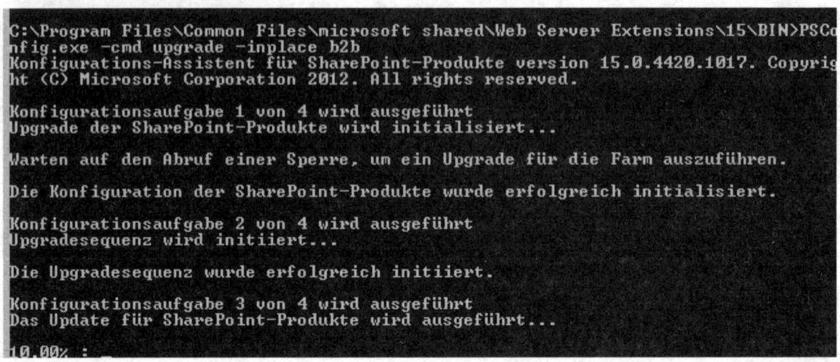

Um mithilfe von *PSConfig.exe* die SharePoint-Datenbanken zu aktualisieren und den Server zu konfigurieren, installieren Sie zunächst alle in der Farm erforderlichen Aktualisierungen und führen dann seriell auf dem jeweiligen Server den folgenden Befehl in der Eingabeaufforderung im Verzeichnis *%CommonProgramFiles%\microsoft shared\Web Server Extensions\15\BIN* aus:

```
PSConfig –cmd upgrade –inplace b2b
```

HINWEIS Aufgrund der potenziell sehr zeitintensiven Operationen im Rahmen der Aktualisierung sollten Sie bei der Ausführung etwas Geduld haben. In Abhängigkeit von der Größe der Inhaltsdatenbanken kann eine Aktualisierung auf dem ersten in der Serie ausgeführten Server zu erheblichen Wartezeiten führen, sofern Sie nicht bereits zuvor gezielt Inhaltsdatenbanken aktualisiert haben.

Zum Abschluss der Aktualisierung erhalten Sie eine Zusammenfassung der Ergebnisse angezeigt (Abbildung 7.69).

Abbildg. 7.69 Ergebnisse der Aktualisierung

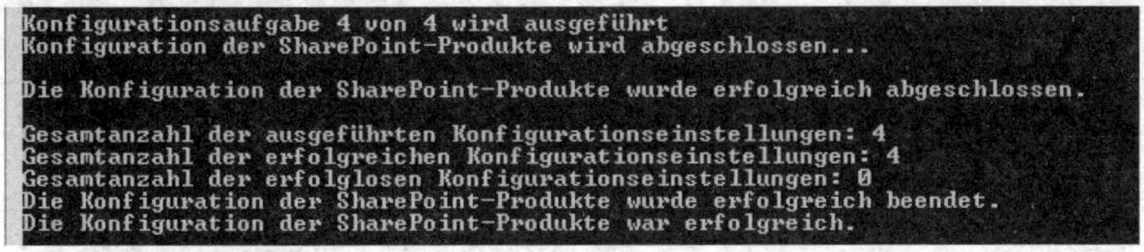

Stellen Sie nach der Ausführung des Befehls sicher, dass der Veröffentlichungsdienst gestartet ist und überprüfen Sie die Datei *Upgrade.log* im Verzeichnis *%CommonProgramFiles%\microsoft shared\Web Server Extensions\15\LOGS* nach etwaigen Fehlern der Aktualisierung.

Aktualisierung nach unerwartetem Fehler fortsetzen

Sofern im Rahmen der Aktualisierung von SharePoint ein Fehler den Aktualisierungsprozess unterbrochen hat, kann es sein, dass ein nachfolgender Aktualisierungsversuch über den Konfigurations-Assistenten für SharePoint fehlschlägt. Setzen Sie in diesem Fall die Aktualisierung unter Verwendung der Eingabeaufforderung fort. Öffnen Sie diese und wechseln Sie in das Verzeichnis *%CommonProgramFiles%\microsoft shared\Web Server Extensions\15\BIN*, sofern Sie diesen Pfad nicht zuvor in die *Path*-Variable aufgenommen haben, und führen Sie den folgenden Befehl aus:

```
PSConfig –Cmd Upgrade –Inplace b2b -Wait –Force
```

Durch die Verwendung des Parameters *Wait* wird der Auftrag nicht durch einen Zeitgeberauftrag, sondern in Echtzeit ausgeführt. Der Parameter *Force* sorgt dafür, dass eventuell existierende Zeitgeberaufträge für Aktualisierungen entfernt werden.

Post-Aktualisierungsmaßnahmen

Die nachfolgenden Maßnahmen sollten in Abhängigkeit von der Nutzung der jeweiligen Komponente und deren Anpassung im Rahmen der Aktualisierung nach dem Abschluss aller Konfigurations-Assistenten für SharePoint umgesetzt werden.

Reprovisionierung von Dienstinstanzen

Einige Anpassungen an der SharePoint-Infrastruktur erfordern zusätzlich die Reprovisionierung der SharePoint-Dienstinstanzen (Neustart der entsprechenden SharePoint-Dienstinstanz), um alle Änderungen ordnungsgemäß übernehmen zu können.

ACHTUNG Beachten Sie, dass in Abhängigkeit von der jeweiligen Dienstinstanz zusätzliche Maßnahmen für eine erfolgreiche Reprovisionierung erforderlich werden, die in Kapitel 5 beschrieben sind.

Sofern im Rahmen einer Aktualisierung Änderungen für die folgenden SharePoint-Dienstinstanzen vorliegen, starten Sie die entsprechenden Dienstinstanzen auf allen betroffenen Server neu.

Tabelle 7.10 Im Rahmen einer Aktualisierung speziell zu behandelnde SharePoint-Dienstinstanzen

Name der SharePoint-Dienstinstanz	Anmerkung
Benutzerprofildienst-Synchronisierungsdienst	Im Rahmen des Einspielens von kumulativen Aktualisierungen wird die Sync-DB von UPS nicht aktualisiert. Um Schemaänderungen umzusetzen, ist ein Neustart der Dienstinstanz erforderlich. Beachten Sie unbedingt die Detailanweisungen für die Provisionierung der Dienstinstanz, da an dieser Stelle die gleichen Rahmenbedingungen benötigt werden!
Verteilter Cache	Vergleichbar zum Benutzerprofil-Synchronisierungsdienst, gilt jedoch nicht für jede kumulative Aktualisierung, sondern im Wesentlichen für AppFabric-Aktualisierungen

Aktualisieren von Workflows im Kontext von Workflow-Manager

Kommen auf Workflow-Manager 1.0 basierende Workflows in Ihrer Farm zum Einsatz, müssen Sie nach dem Einspielen von SharePoint-Aktualisierungen das PowerShell-Beispielskript aus Listing 7.8 ausführen, um die Verbindung zum Workflow-Manager ordnungsgemäß aufrechtzuerhalten. Führen Sie das Skript am Ende der Aktualisierung von SharePoint auf der SharePoint-Farm aus.

Listing 7.8 Wartung der Verbindung zum Workflow-Manager

```
$credential = [System.Net.CredentialCache]::DefaultNetworkCredentials
$site = Get-SPSite [URL]
$proxy = Get-SPWorkflowServiceApplicationProxy
$svcAddress = $proxy.GetWorkflowServiceAddress($site)
Copy-SPActivitiesToWorkflowService -WorkflowServiceAddress $svcAddress -Credential
$credential -Force $true
```

ONLINE Sie finden das Skript unter dem Namen *PostUpdateWManager.ps1* innerhalb der Begleitdateien zum Buch.

Um den Patchstand aller Komponenten des Workflow-Managers zu überprüfen, führen Sie das Skript aus Listing 7.9 aus.

Listing 7.9 Überprüfen des Patchstands der Workflow-Manager-Komponenten

```
$proxy = Get-SPWorkflowServiceApplicationProxy
$site = Get-SPSite [URL]
$proxy.GetWorkflowServiceAddress($site)
```

Datenbankwartungs- und Optimierungsaufgaben

In SharePoint 2013 werden erstmalig einige Datenbankwartungsaufgaben automatisiert ausgeführt. Dies ändert nichts daran, dass einige verbleibende, standardmäßig nicht automatisierte Datenbankwartungsarbeiten durch den Datenbankadministrator ausgeführt werden sollten. Als Ausgangssituation hierfür dienen neben regelmäßig eintretenden Ereignissen folgende Situationen:

- Das Datenbankprotokoll wächst zu stark an
- Die Datenbankdatei muss nach umfangreichen Löschungen verkleinert werden

SharePoint 2013 führt folgende SQL Server-Datenbankwartungsaktivitäten automatisiert aus bzw. hält einen manuell ausführbaren Zeitgeberauftrag vor (Tabelle 7.11):

Tabelle 7.11 In SharePoint integrierte SQL Server-Wartungsaktivitäten

Name	Auto.	SharePoint-Integration
Aktualisierung veralteter Indexstatistiken	✓	Tägliche Integritätsanalyseregel mit automatischer Reparatur
Defragmentierung fragmentierter Indizes (Suche – Eigenschaftsdatenbank)	✓	Wöchentliche Integritätsanalyseregel mit automatischer Reparatur
Defragmentierung fragmentierter Indizes (Suche – Durchforstungsdatenbank)		Bei Bedarf auszuführende Integritätsanalyseregel mit automatischer Reparatur
Zellenspeicher-Datenbereinigung	✓	Wöchentlicher Zeitgeberauftrag
Zellenspeicher-Benutzerdatenlöschung		Bei Bedarf ausführbarer Zeitgeberauftrag. Sollte nur ausgeführt werden, wenn SQL Server nicht über ausreichend Speicherplatz auf dem Datenträger verfügt.

Positionierung der TempDB

Die TempDB-Systemdatenbank ist eine globale Ressource, die für alle mit der SQL Server-Instanz verbundenen Benutzer verfügbar ist. Um ein Gefühl für diese für die Gesamtleistung wichtige Datenbank zu bekommen, ist hier eine kurze Übersicht Ihrer Verwendung:

- Temporäre Benutzerobjekte wie globale oder lokale temporäre Tabellen, temporäre Prozeduren, Tabellenvariablen oder Cursor sind in ihr enthalten
- Die Operationen in TempDB werden minimal protokolliert. Hierdurch kann für die jeweilige Transaktion ein Rollback ausgeführt werden.
- Die TempDB wird bei jedem Start von SQL Server neu erstellt, sodass das System immer mit einer bereinigten Kopie der Datenbank startet. So werden auch temporäre Tabellen und gespeicherte Prozeduren beim Trennen einer Verbindung automatisch gelöscht.

Wenn Sie sich vergegenwärtigen, dass jede Aktion bzw. Abfrage eine Last in der TempDB erzeugt, lässt sich einfach erklären, warum durch die Optimierung der Position und der Eigenschaften dieser Datenbank ein spürbarer positiver Effekt auf die Gesamtleistung einer SharePoint-Farm erreicht werden kann.

Die folgenden Maßnahmen können dabei dem Optimierungsanliegen dienlich sein:

- Die TempDB sollte nicht auf demselben Laufwerk wie die SharePoint-Datenbanken liegen. Sie sollte aufgrund der zahlreichen Operationen möglichst auf einer Platte mit einer hohen IOPS-Rate positioniert werden. Die Abkürzung IOPS steht für »expected disk I/O per second«, im Deutschen »Erwartete Datenträger-Ein-/Ausgabe pro Sekunde«.
- Da die TempDB grundsätzlich auch spontan anwachsen kann, sollte sie über ausreichend Platz auf der Festplatte verfügen. Dabei wird sie aufgrund ihres temporären Charakters nicht die Größe anderer SharePoint-Datenbanken erreichen.
- Ist das automatische Wachstum der TempDB auf 10 MB festgelegt, kann es zu unnötig vielen Datenträger-IOPS kommen. Legen Sie daher im Zweifel höhere Vergrößerungsraten oder eine höhere Anfangsgröße fest, um die Anzahl an Dateivergrößerungsoperationen zu begrenzen. Beispielhaft können Sie die Anfangsgröße der TempDB auf ein Viertel der Kapazität der größten Inhaltsdatenbank festlegen, wobei das weitere Wachstum in dieser Größenordnung auf eine 10 %ige Inkrementierung des aktuellen Volumens festgelegt werden sollte.
- In Umgebungen mit maximaler Skalierung und einer Vielzahl an separaten Spindeln für die Datenbanken ziehen Sie in Erwägung, die Dateien der TempDB aufzuteilen, um die Bandbreite und somit das IOPS-Potenzial weiter zu erhöhen.

Um die TempDB zu repositionieren, steht Ihnen das Beispiel-T-SQL-Skript aus Listing 7.10 zur Verfügung.

Listing 7.10 Repositionierung der TempDB

```
USE [master]
GO
ALTER DATABASE tempdb
MODIFY FILE(NAME='tempdev', FILENAME= E:\MSSQL11.MSSQLSERVER\MSSQL\DATA\tempdb.mdf')
GO
ALTER DATABASE tempdb
MODIFY FILE(NAME='templog', FILENAME=' E:\MSSQL11.MSSQLSERVER\MSSQL\DATA\templog.ldf')
GO
```

Optimieren diverser Datenbankserver und Datenbankparameter

Für die Optimierung weiterer Datenbank- bzw. Datenbankserverparameter sind primär folgende Möglichkeiten verfügbar:

- MaxDOP-Optimierung (Maximum Degree of Parallelism, maximaler Grad an Parallelität)
- Standarddatenbankparameter

Mit dem MaxDOP-Parameter von SQL Server wird dessen Verhalten hinsichtlich der konkurrierenden Anfragen optimiert bzw. gibt vor, wie viele Prozesse maximal an einem Prozess beteiligt werden. Treten viele Abfragen konkurrierend auf, sollte ein niedriger Wert angesetzt werden, während bei einer geringen Anzahl an parallelen Anfragen ein hoher Wert avisiert wird. Da SharePoint ein System mit einer äußerst hohen Anzahl an parallelen Anfragen ist, muss dieser Wert bei 1 belassen werden. Sollten Sie den Wert abweichend auf Serverebene konfigurieren (Abbildung 7.70), kommt es beispielsweise beim Versuch, eine SharePoint-Farm auf der SQL Server-Instanz anzulegen, zu einer Fehlermeldung.

Abbildg. 7.70 MaxDOP-Konfigurationsparameter auf Serverebene

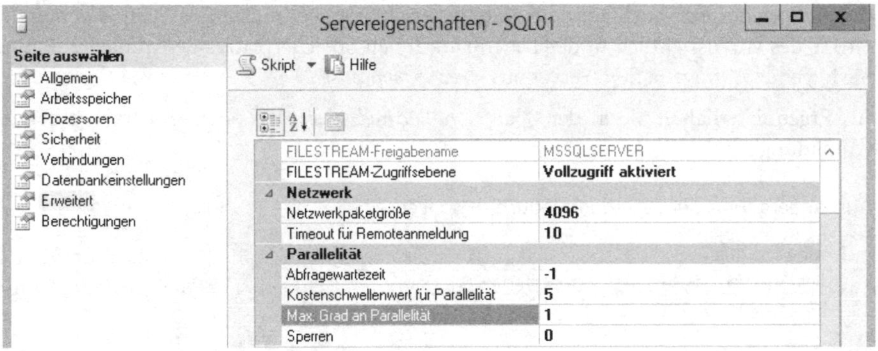

Anders als bei MaxDOP gilt für die Standardwerte des Dateiwachstums von Datenbankdateien, dass dieser in so gut wie allen Situationen unzureichend vordefiniert ist. Die Standardwerte (Abbildung 7.71) führen einerseits zu einer permanenten Vergrößerung der Datenbankdatei, und andererseits stellen sie nicht nur bei Massenoperationen ein Risiko für unbemerkt ausgehenden Datenträgerspeicher dar.

Abbildg. 7.71 Standardwerte der automatischen Vergrößerung für Datenbankdateien

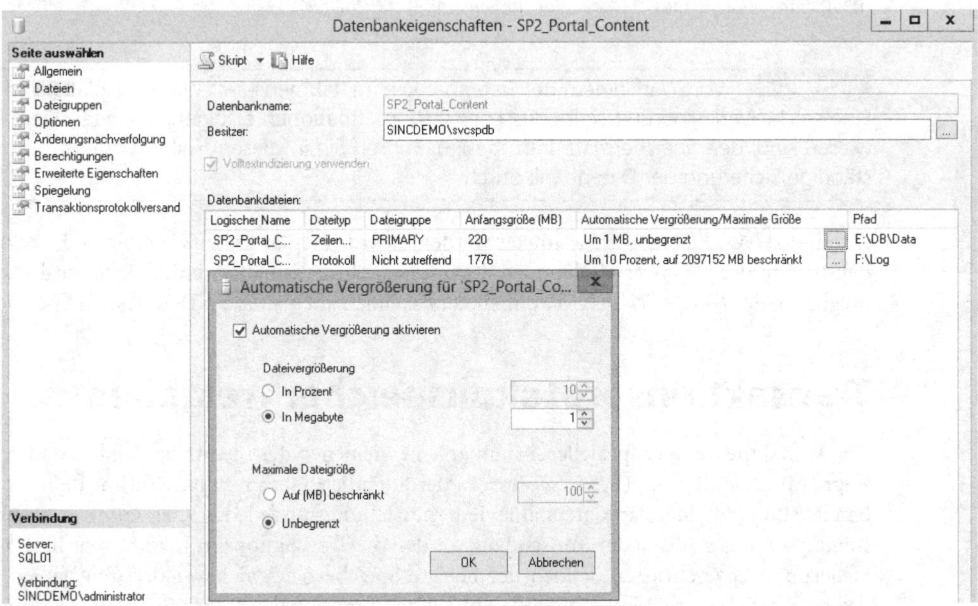

Wählen Sie in Abhängigkeit von den in Ihrer Umgebung gegebenen Rahmenbedingungen sowohl für die Datenbankdateien als auch für die Transaktionsprotokolle abweichende Einstellungen, wie z.B. ein fixes Wachstum in Schritten von 250 MB.

Datenbankdatei verkleinern

Der Datenbankspeicher wird nach Löschungen nicht automatisch auch auf der Datenbankdateiebene freigegeben. Sofern Sie im Rahmen von Änderungen an den Inhalten einer Inhaltsdatenbank diesen Speicherplatz auch auf dem Dateisystem benötigen, müssen Sie manuell eingreifen. Um die Größe des voraussichtlich in der Datenbank freien Speicherplatzes bestimmen zu können, führen Sie folgende Abfrage in SQL Server aus: *exec sp_spaceused*

Als Ergebnis erhalten Sie in der Spalte *unallocated space* den potenziell frei werdenden Speicher (Abbildung 7.72).

Abbildg. 7.72 Ausgabeergebnis der Stored Procedure *sp_spaceused*

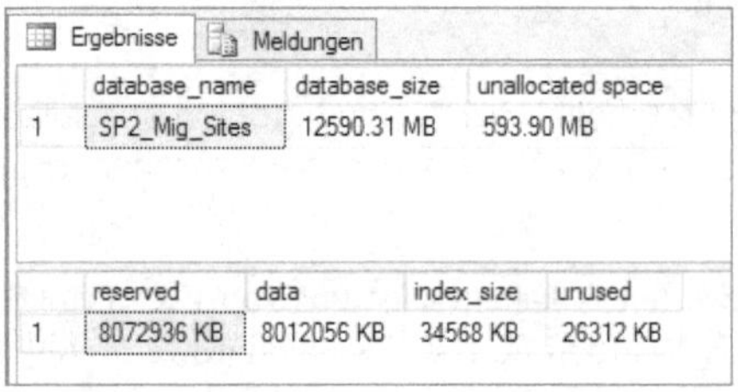

Um den Speicherplatz freizugeben, können Sie das folgende T-SQL-Skript verwenden:

```
DBCC ShrinkDatabase(N'[Name der Datenbank]',NOTRUNCATE)
```

ACHTUNG Vom Verkleinern der Datenbanken im Rahmen eines Wartungsplans wird abgeraten. Eine solche Verkleinerung sollte ausschließlich in Situationen erfolgen, in denen Sie darauf angewiesen sind, den Speicherplatz freizugeben. Führen Sie in diesem Fall unbedingt zuvor eine vollständige Sicherung der Datenbank durch.

Durch den *NOTRUNCATE*-Parameter werden die belegten Datenbankseiten vom Ende der Datei an den Beginn der Datei verschoben, wo noch freie Stellen verfügbar sind. Jedoch wird erst durch das Weglassen des *NOTRUNCATE*-Parameters tatsächlich auch auf dem Dateisystem Speicherplatz frei.

Transaktionsprotokollspeicher freigeben

Mit Ausnahme weniger spezieller Datenbanken, wie denen der Benutzerprofildienstanwendung, der Zugriffsprotokollierung (*WSSUsage*) oder der Suchdienstanwendung, wird im Rahmen der Farmbereitstellung als Standarddatenbankwiederherstellungsmodell der SharePoint-Datenbanken *Vollständig* voreingestellt. In der Konsequenz werden die Transaktionsprotokolle zwar im Rahmen einer Sicherung weggeschrieben, jedoch der belegte Speicherplatz nicht wieder freigegeben. Dies führt dazu, dass die Transaktionsprotokolle ohne einen funktionalen Sicherungsplan theoretisch beliebig groß werden und so unter Umständen zu einem unerwarteten Dienstabbruch führen können.

Von dem Problem des massiven Protokollwachstums sind in der Regel automatisch die Administrations-/Konfigurationsdatenbank betroffen. Für diese Datenbanken wird nicht selten in Erwägung gezogen, das Datenbankwiederherstellungsmodell zu ändern, was jedoch nicht als Standardinitiative verstanden werden sollte.

Wird es erforderlich, den Speicherplatz freizugeben, gehen Sie wie folgt vor:

HINWEIS Vor dem Verkleinern von Protokolldateien ist die Durchführung einer vollständigen Sicherung der Datenbank sowie eine Sicherung der Transaktionsprotokolle erforderlich. Für AlwaysOn-geschützte Datenbanken müssen die Transaktionsprotokolle zweifach gesichert werden. Die Anweisungen zu diesen Operationen finden Sie in Kapitel 15.

1. Öffnen Sie das SQL Management Studio.
2. Markieren Sie die betroffene Datenbank, klicken Sie mit der rechten Maustaste darauf, und wählen Sie im Kontextmenü die Befehlsfolge *Tasks/Verkleinern/Dateien* aus.

ACHTUNG Das manuelle Abschneiden der Protokolle wird nicht empfohlen und sollte nur dann überlegt werden, wenn Sie unbedingt den Speicherplatz der Protokolle frei machen müssen.

3. Wählen Sie im Dropdownlistenfeld *Dateityp* den Eintrag *Protokoll* sowie die Option *Seiten vor dem Freigeben von nicht verwendetem Speicherplatz neu organisieren* aus (Abbildung 7.58).

   Legen Sie einen adäquaten Wert für die Zielgröße fest und wenden Sie die Änderungen an.

Abbildg. 7.73 Verkleinern der Transaktionsprotokolle

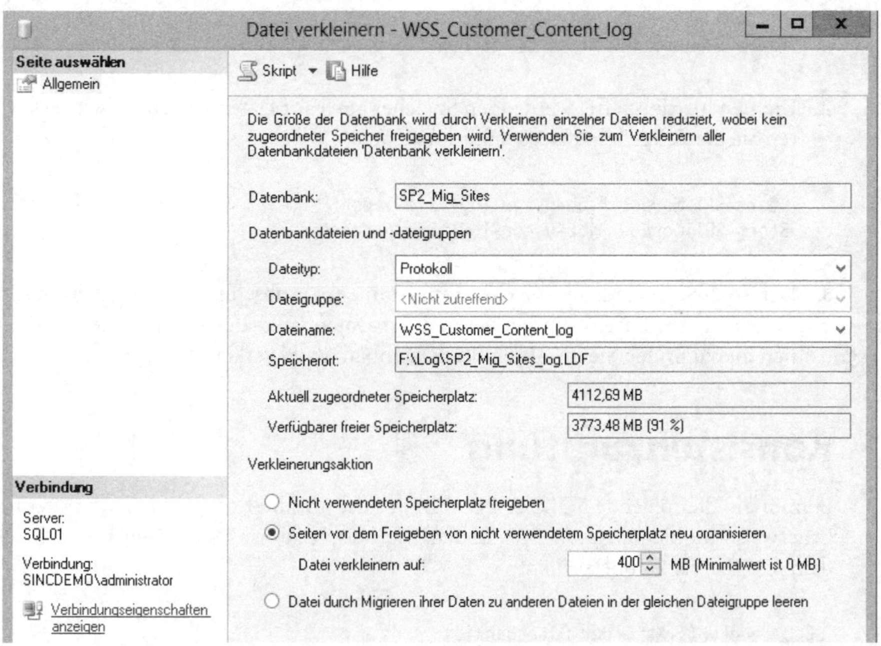

ACHTUNG Die Option *TRUNCATEONLY* (*Nicht verwendeten Speicherplatz freigeben*) gibt lediglich den Speicher am Ende der Datei frei, ohne die Seiten neu zu positionieren. Diese Option wird generell nicht in Kombination mit SharePoint-Inhaltsdatenbanken unterstützt.

PROFITIPP Ein weiterer Ansatz, das Problem von vornherein zu vermeiden, besteht darin, die Datenbank vor großen Änderungen für das massenprotokollierte Wiederherstellungsmodell (BULK Logged Recovery-Modell) zu konfigurieren, die Änderungen vorzunehmen und anschließend die Datenbank wieder zurück in das vollständige Wiederherstellungsmodell zu bringen. Dieser Modus funktioniert jedoch nicht in Kombination mit einer AlwaysOn-aktivierten Datenbank, da diese sich im vollständigen Wiederherstellungsmodus befinden. Abschließend sollte umgehend nach dem Umschalten in das vollständige Wiederherstellungsmodell eine komplette Sicherung durchgeführt werden, da ansonsten im Fehlerfall sämtliche Änderungen verloren gehen. Somit halten Sie die Protokolldateien während einer Massenänderung klein und vermeiden damit das Problem proaktiv.

Datenbankspeicher von Protokolldatendanken wieder freigeben

Für einige SharePoint-Komponenten werden umfangreiche Daten gesammelt und begrenzt verwahrt. Sollte dies zu einem Problem führen und müssen Sie diesen Speicher zeitnah freigeben, achten Sie darauf, vorher die entsprechenden Zeitgeberauftragsdefinitionen anzuwenden.

Für die Verwendungsprotokolle gehen Sie hierzu wie folgt vor:

1. Reduzieren Sie zunächst die Aufbewahrungsfrist (in diesem Beispiel auf 7 Tage), indem Sie den folgenden PowerShell-Befehl auf einem SharePoint-Server ausführen:

```
Get-SPUsageDefinition | foreach{Set-SPUsageDefinition $_.Name -DaysRetained 7}
```

2. Um den hierdurch frei werdenden Speicher auch auf Datenbankebene wieder zu entfernen, führen Sie die Zeitgeberauftragsdefinitionen aus:

```
Start-SPTimerJob "job-usage-log-file-import"
Start-SPTimerJob "job-usage-log-file-processing"
```

3. Der so frei gewordene Speicher muss nun noch abschließend sichtbar freigegeben werden, indem das Verfahren zum Verkleinern der Datenbankdateien angewandt wird. Die Informationen hierzu finden Sie im Abschnitt »Datenbankdatei verkleinern«.

Konsistenzprüfung

Führen Sie die folgende SQL Server-Abfrage aus, um die Konsistenz einer Datenbank nach möglicherweise problematischen Ereignissen wie beispielsweise Problemen mit dem Dateisystem auf dem SQL-Server zu überprüfen:

```
DBCC checkdb('[Name der Datenbank]')
```

DBCC CHECKDB verwendet viele Speicher-, E/A- und CPU-Ressourcen und sollte daher, sofern möglich, anstatt auf dem Produktions- auf dem Vorproduktionssystem und den dort frisch aktualisierten Datenbankspiegeln angewandt werden. Falls dies nicht möglich ist, wenden Sie den Befehl außerhalb der Spitzenlastzeiten an.

Bewegen Sie sich nach der Ausführung des Befehls im Meldungsfeld ganz nach unten und achten Sie auf die vorletzte Zeile. Dort erhalten Sie die Zusammenfassung der Überprüfung angezeigt (Abbildung 7.74).

Abbildg. 7.74 Erfolgreiche Konsistenzprüfung

```
Meldungen
DBCC-Ergebnis für 'NameValuePair_Georgian_Modern_Sort_CI_AS'.
Es sind 0 Zeilen auf 0 Seiten für das NameValuePair_Georgian_Modern_Sort_CI_AS-Objekt vorhanden.
DBCC-Ergebnis für 'Groups'.
Es sind 173 Zeilen auf 11 Seiten für das Groups-Objekt vorhanden.
DBCC-Ergebnis für 'AppTaskDependencies'.
Es sind 0 Zeilen auf 0 Seiten für das AppTaskDependencies-Objekt vorhanden.
DBCC-Ergebnis für 'NameValuePair_German_PhoneBook_CI_AS'.
Es sind 0 Zeilen auf 0 Seiten für das NameValuePair_German_PhoneBook_CI_AS-Objekt vorhanden.
DBCC-Ergebnis für 'Deps'.
Es sind 3 Zeilen auf 1 Seiten für das Deps-Objekt vorhanden.
DBCC-Ergebnis für 'AppInstallationProperty'.
Es sind 0 Zeilen auf 0 Seiten für das AppInstallationProperty-Objekt vorhanden.
DBCC-Ergebnis für 'GroupMembership'.
Es sind 345 Zeilen auf 2 Seiten für das GroupMembership-Objekt vorhanden.
DBCC-Ergebnis für 'NameValuePair_Greek_CI_AS'.
Es sind 0 Zeilen auf 0 Seiten für das NameValuePair_Greek_CI_AS-Objekt vorhanden.
DBCC-Ergebnis für 'Roles'.
Es sind 204 Zeilen auf 8 Seiten für das Roles-Objekt vorhanden.
DBCC-Ergebnis für 'AllDocs'.
Es sind 30979 Zeilen auf 1971 Seiten für das AllDocs-Objekt vorhanden.
DBCC-Ergebnis für 'NameValuePair_Hebrew_CI_AS'.
Es sind 0 Zeilen auf 0 Seiten für das NameValuePair_Hebrew_CI_AS-Objekt vorhanden.
Von CHECKDB wurden 0 Zuordnungsfehler und 0 Konsistenzfehler in der SP2_Mig_Sites-Datenbank gefunden.
Die DBCC-Ausführung wurde abgeschlossen. Falls DBCC Fehlermeldungen ausgegeben hat, wenden Sie sich an den Systemadministrator.
```

ACHTUNG Verwenden Sie keinesfalls unbedacht optionale Parameter von *Checkdb*, um Optimierungen bzw. Reparaturen anzuwenden. Während *DBCC CHECKDB WITH REPAIR_ALLOW_DATA_LOSS* nicht ausgeführt werden darf, stehen Ihnen jedoch die Parameter *WITH REPAIR_FAST* und *REPAIR_REBUILD* zur Verfügung, da somit lediglich die Indizes der zugehörigen Datenbank aktualisiert werden, was unkritisch ist.

Adressieren von Indexfragmentierung

Die mit der Zeit bei nicht gewarteten Datenbanken fortschreitende Indexfragmentierung tritt auf, wenn sich die logische Reihenfolge der Seiten in einer Tabelle oder einem Index durch Einfüge-, Aktualisierungs- und Löschvorgänge verändert. Für eine effiziente Datenträgerspeicherplatz-, Arbeitsspeicher- und E/A-Nutzung ist dies alles andere als optimal. Im Rahmen von Wartungsplänen sollte daher regelmäßig dafür gesorgt werden, dass der Grad der Indexfragmentierung stetig wieder auf ein tolerierbares Maß zurückgeführt wird. In SharePoint 2013 kann an der *AllDocs*-Tabelle veranschaulicht werden, wie es zu einer Fragmentierung kommt. Diese Tabelle enthält Dokumentbibliotheken, ihre zugehörigen Dokumente und Listenelemente sowie die zugehörigen Metadaten. Durch das übliche Ändern der Listenelemente, bei dem nicht nur hinzugefügt, sondern auch gelöscht und geändert wird, schreitet die Fragmentierung fort.

Die Relevanz einzelner Indizes kann mithilfe der vordefinierten SQL Server-Berichte überprüft werden. Benutzen Sie hierzu den Bericht *Statistik zur Indexverwendung* (Datenbankaktionen unter *Berichte/Standardberichte/Statistik zur Indexverwendung*) (Abbildung 7.75).

Abbildg. 7.75 Statistik zur Indexverwendung

Statistik zur Indexverwendung
[SP2_Mig_Sites]
am SQL01 um 14.08.2013 10:51:36

Microsoft® SQL Server®

Dieser Bericht stellt Informationen zur Verwendung der einzelnen Indizes in der Datenbank sowie Daten zu deren Wartungskosten bereit.

Statistik zur Indexverwendung
Zeigt, wie die Benutzer und das System die Indizes verwenden.

Tabellenname
dbo.AllDocs

Indexname	Indextyp	# Benutzersuchvorgänge	# Benutzerscanvorgänge	# Benutzerupdatevorgänge	Zeit der letzten Benutzersuche	Zeitpunkt des letzten Benutzerscans	Zeitpunkt der letzten Benutzersuche	Zeitpunkt des letzten Benutzerupdates	# Systemsuchvorgänge
AllDocs_ParentId	CLUSTERED	138328	0	571	14.08.2013 07:55:30	01.01.1900 00:00:00	14.08.2013 10:07:23	13.08.2013 04:05:47	0
AllDocs_Url	NONCLUSTERED	124997	0	3	14.08.2013 10:07:23	01.01.1900 00:00:00	01.01.1900 00:00:00	13.08.2013 01:59:58	0
Docs_IdLevelUnique	NONCLUSTERED	137167	0	3	14.08.2013 07:55:30	01.01.1900 00:00:00	01.01.1900 00:00:00	13.08.2013 01:59:58	0
Docs_SiteDirLeafLevelUniqueFilteredDirty	NONCLUSTERED	0	0	0	01.01.1900 00:00:00	01.01.1900 00:00:00	01.01.1900 00:00:00	01.01.1900 00:00:00	0

Hieraus geht hervor, auf welchen Indizes die häufigsten Suchvorgänge ausgelöst werden (Spalte *Benutzersuchvorgänge*).

Um sich eine Übersicht des Fragmentierungsgrads zu verschaffen, kann das T-SQL-Skript *ZeigeIndexFramentierungg.sql* (siehe Begleitdateien zum Buch) im SQL Management Studio ausgeführt werden. Als Ergebnis wird der prozentuale Fragmentierungsgrad der Indizes aller auf dem Server vorhandenen Datenbanken angezeigt (Abbildung 7.76).

ONLINE Aufgrund des Skriptumfangs finden Sie das T-SQL-Skript innerhalb der Begleitdateien zum Buch unter dem Namen *ZeigeIndexFramentierungg.sql*.

Die Ausführung des Skripts nimmt speziell bei der erstmaligen Ausführung einige Zeit und Ressourcen in Anspruch.

Abbildg. 7.76 Übersicht des Fragmentierungsgrads der Indizes

Ergebnisse | Meldungen

	DBName	Tablename	Index_Id	IndexName	Index_type	Alloc_unit_type	Is_unique	IsXmlIndex	IsSpat...	avg_fragmentation_i
3	B10_SharePoint_Config	TimerLoc...	1	IX_TimerLocks_JobId	CLUSTERED IN...	IN_ROW_DATA	1	0	0	0.000000
4	B10_SharePoint_Config	TimerLoc...	2	IX_TimerLocks_LockedB...	NONCLUSTER...	IN_ROW_DATA	0	0	0	0.000000
5	B10_SharePoint_Config	Binaries	1	PK_ObjectId	CLUSTERED IN...	IN_ROW_DATA	1	0	0	0.000000
6	B10_SharePoint_Config	Binaries	1	PK_ObjectId	CLUSTERED IN...	LOB_DATA	1	0	0	0.000000
7	B10_SharePoint_Config	TimerRu...	1	IX_TimerRunningJobs_S...	CLUSTERED IN...	IN_ROW_DATA	1	0	0	0.000000
8	B10_SharePoint_Config	TimerRu...	2	IX_TimerRunningJobs_S...	NONCLUSTER...	IN_ROW_DATA	0	0	0	0.000000
9	B10_SharePoint_Config	Classes	1	IX_Classes_BaseClassId	CLUSTERED IN...	IN_ROW_DATA	0	0	0	22.727273
10	B10_SharePoint_Config	Classes	2	PK_Classes	NONCLUSTER...	IN_ROW_DATA	1	0	0	75.000000
11	B10_SharePoint_Config	Depende...	1	IX_Dependencies_Objec...	CLUSTERED IN...	IN_ROW_DATA	0	0	0	0.000000
12	B10_SharePoint_Config	TimerJob...	1	IX_TimerJobHistory_Id	CLUSTERED IN...	IN_ROW_DATA	1	0	0	0.884222
13	B10_SharePoint_Config	TimerJob...	2	IX_TimerJobHistory_JobI...	NONCLUSTER...	IN_ROW_DATA	1	0	0	13.184080
14	B10_SharePoint_Config	TimerJob...	3	IX_TimerJobHistory_Serv...	NONCLUSTER...	IN_ROW_DATA	1	0	0	2.564103
15	B10_SharePoint_Config	TimerJob...	4	IX_TimerJobHistory_Serv...	NONCLUSTER...	IN_ROW_DATA	1	0	0	5.675147
16	B10_SharePoint_Config	TimerJob...	5	IX_TimerJobHistory_Web...	NONCLUSTER...	IN_ROW_DATA	1	0	0	5.321945
17	B10_SharePoint_Config	TimerJob...	6	IX_TimerJobHistory_Stat...	NONCLUSTER...	IN_ROW_DATA	1	0	0	3.498871
18	B10_SharePoint_Config	TimerJob...	7	IX_TimerJobHistory_Start...	NONCLUSTER...	IN_ROW_DATA	1	0	0	7.029289
19	B10_SharePoint_Config	Objects	1	IX_Objects_Version	CLUSTERED IN...	IN_ROW_DATA	0	0	0	18.918919
20	B10_SharePoint_Config	Objects	1	IX_Objects_Version	CLUSTERED IN...	LOB_DATA	0	0	0	0.000000

Parallel zu diesem Ansatz steht Ihnen entsprechend Abbildung 7.77 ebenfalls ein Standardbericht zur Verfügung (*Physische Statistik indizieren*).

Abbildg. 7.77 Physische Statistik indizieren

Physische Statistik indizieren
[SP2_Mig_Sites]
am SQL01 um 14.08.2013 11:03:11

Microsoft® SQL Server®

Dieser Bericht bietet einen Überblick über die Nutzung des Speicherplatzes in der Datenbank.

Tabellenname

⊞ dbo.AllDocs

⊟ dbo.AllDocVersions

Indexname	Indextyp	# Partitionen	Tiefe	Empfohlener Vorgang
AllDocVersions_PK	CLUSTERED INDEX	⊞ 1	2	-

⊟ dbo.AllFileFragments

Indexname	Indextyp	# Partitionen	Tiefe	Empfohlener Vorgang
AllFileFragments_PartId_UCI	CLUSTERED INDEX	⊞ 1	3	-
AllFileFragments_PartTagId_UNCI	NONCLUSTERED INDEX	⊟ 1	2	Neu organisieren

Partitions-Nr.	Durchschn. Fragmentierung (%)	# Fragmente	Durchschn. Seiten pro Fragment	# Seiten
1	22	6	4	23

⊟ dbo.AllLinks

Indexname	Indextyp	# Partitionen	Tiefe	Empfohlener Vorgang
Links_Backward	NONCLUSTERED INDEX	⊞ 1	3	-
Links_Forward	CLUSTERED INDEX	⊞ 1	3	-

⊟ dbo.AllLists

Indexname	Indextyp	# Partitionen	Tiefe	Empfohlener Vorgang
AllLists_PK	CLUSTERED INDEX	⊞ 1	2	-
Lists_FullText	NONCLUSTERED INDEX	⊟ 1	2	Neu erstellen

Partitions-Nr.	Durchschn. Fragmentierung (%)	# Fragmente	Durchschn. Seiten pro Fragment	# Seiten
1	33	5	2	9

Durch die in der Spalte *Empfohlener Vorgang* angeführten Empfehlungen ist ein alternativer Blick auf einen etwaigen Handlungsbedarf möglich.

Um einen einzelnen Index neu zu erstellen, wählen Sie die entsprechende Tabelle aus und führen die Neuerstellung (*Alle neu erstellen*) oder Neuorgonisation (*Alle neu organisieren*) aus (Abbildung 7.78).

Abbildg. 7.78 Neuerstellung der Indizes

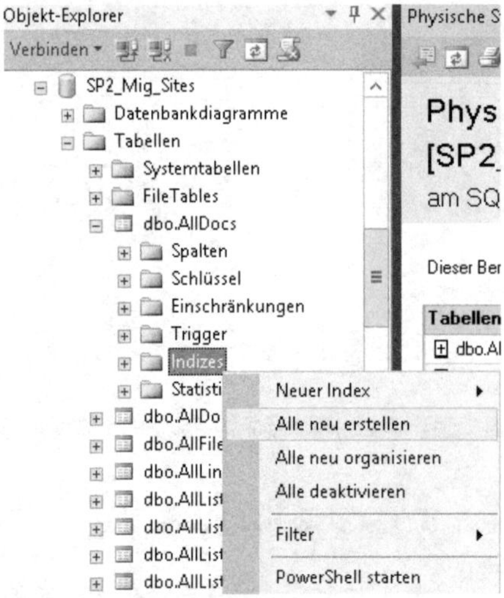

Mithilfe von T-SQL können Sie die Operation mit einer der beiden nachfolgenden Befehlszeilen umsetzen:

```
ALTER INDEX <Indexname> on <Tabellenname_oder_Indizerte_Sicht_Name> REORGANIZE
ALTER INDEX <Indexname> on <Tabellenname> REBUILD WITH (ONLINE = ON)
```

Um SQL Server die Wahl des besten Index zu ermöglichen, müssen die zugehörigen Statistiken aktualisiert werden. Die Standardeinstellungen beim Erstellen des Index bewirken, dass die Statistiken nicht automatisch aktualisiert werden. Bei vielen Einfüge-, Aktualisierungs- und Löschvorgängen ist dies grundsätzlich sinnvoll, da hierbei verhältnismäßig viel Zeit beansprucht und die Leistung reduziert wird. Das Management Studio bietet im Gegensatz zu T-SQL keine direkte Möglichkeit, Statistiken zu aktualisieren. Grundsätzlich werden bei jedem Neuerstellen eines Index die Statistiken aktualisiert. Demnach ist diese Operation primär im Anschluss einer Reorganisation, dem umfangreichen Einfügen neuer Daten oder Aktualisierungen sinnvoll.

Der Befehl für das Update einer Statistik lautet:

```
UPDATE STATISTICS <Tabellenname_oder_Indizerte_Sicht_Name>
WITH FULLSCAN <Anzahl>
```

Verwaltungs-Data Warehouse

In Umgebungen ohne die Verfügbarkeit von erweiterten Monitoring-Werkzeugen auf Anwendungsebene wie SCOM (System Center Operations Manager) ist es sinnvoll, sich über alternative Mechanismen zur Überwachung von Datenbankressourcen Gedanken zu machen. Herkömmliche Drittanbieterwerkzeuge wie Nagios oder Tivoli ermöglichen nur eine aus Anwendungssicht rudimentäre Überwachung. Mithilfe der bereits in der Standard-Edition von SQL Server enthaltenen Datensammlungsfunktionen und Data Warehouse-Schemata können Sie sich eine gute Übersicht über die Ressourcennutzung und den diesbezüglich wichtigsten Trends verschaffen.

Einer der – basierend auf dem Data Warehouse – erzeugten Berichte sieht beispielsweise die Übersicht der primären Ressourcen, wie CPU, Arbeitsspeicher, Datenträger-E/A-Verwendung sowie der Netzwerkverwendung vor (Abbildung 7.79).

Abbildg. 7.79 Beispielbericht für zentrale SQL Server-Ressourcen

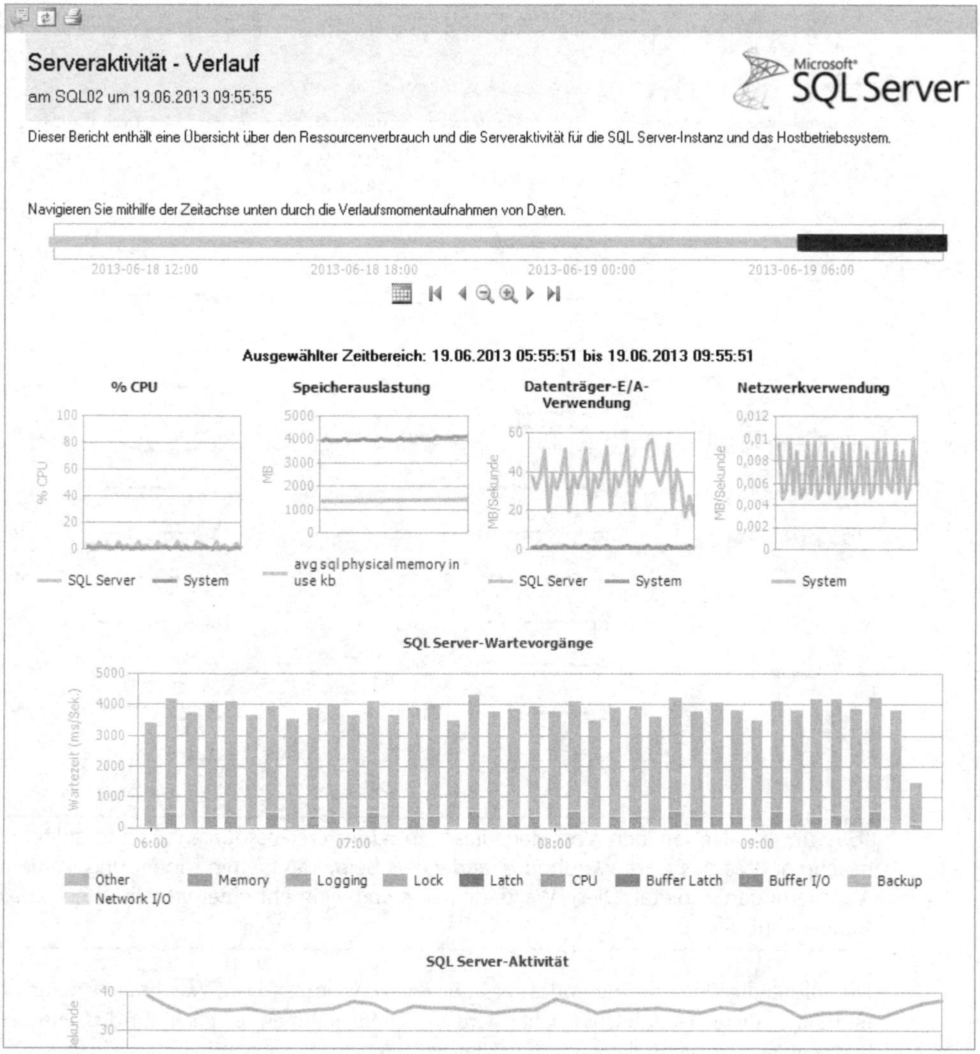

Weitere Berichte ermöglichen Ihnen ferner die schnelle Übersicht und den Trend beim Wachstum der wichtigsten Datenbanken (Abbildung 7.80).

Abbildg. 7.80 Sammlungssatz zur Datenträgerverwendung des Data Warehouse

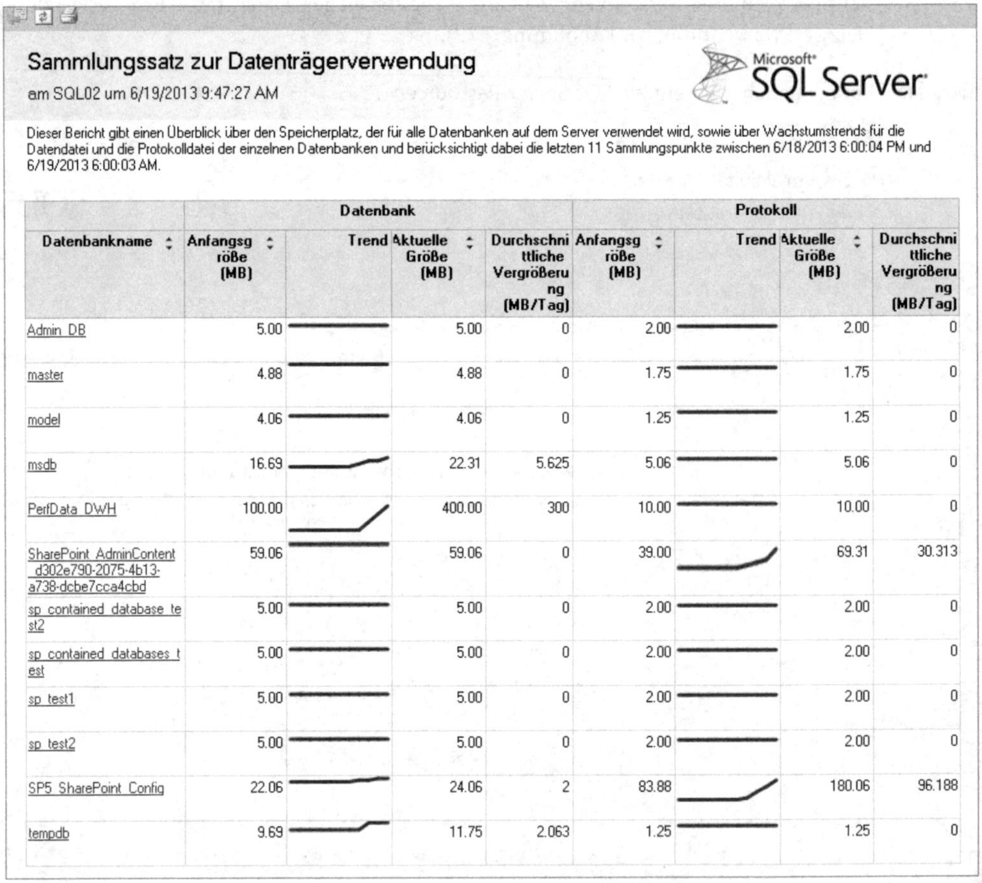

Sammlungssatz zur Datenträgerverwendung

am SQL02 um 6/19/2013 9:47:27 AM

Microsoft® SQL Server®

Dieser Bericht gibt einen Überblick über den Speicherplatz, der für alle Datenbanken auf dem Server verwendet wird, sowie über Wachstumstrends für die Datendatei und die Protokolldatei der einzelnen Datenbanken und berücksichtigt dabei die letzten 11 Sammlungspunkte zwischen 6/18/2013 6:00:04 PM und 6/19/2013 6:00:03 AM.

	Datenbank				Protokoll			
Datenbankname	Anfangsgröße (MB)	Trend	Aktuelle Größe (MB)	Durchschnittliche Vergrößerung (MB/Tag)	Anfangsgröße (MB)	Trend	Aktuelle Größe (MB)	Durchschnittliche Vergrößerung (MB/Tag)
Admin_DB	5.00		5.00	0	2.00		2.00	0
master	4.88		4.88	0	1.75		1.75	0
model	4.06		4.06	0	1.25		1.25	0
msdb	16.69		22.31	5.625	5.06		5.06	0
PerfData_DWH	100.00		400.00	300	10.00		10.00	0
SharePoint_AdminContent_d302e790-2075-4b13-a738-dcbe7cca4cbd	59.06		59.06	0	39.00		69.31	30.313
sp_contained_database_test2	5.00		5.00	0	2.00		2.00	0
sp_contained_databases_test	5.00		5.00	0	2.00		2.00	0
sp_test1	5.00		5.00	0	2.00		2.00	0
sp_test2	5.00		5.00	0	2.00		2.00	0
SP5_SharePoint_Config	22.06		24.06	2	83.88		180.06	96.188
tempdb	9.69		11.75	2.063	1.25		1.25	0

HINWEIS Neben den Vorteilen dieser integrierten Ressourcenberichte sollten Sie jedoch beachten, dass das Data Warehouse, anders als beim klassischen Monitoring, keine angelehnte Alarmierungen anbietet. Diese Werte dienen somit vielmehr einer visualisierten proaktiven Ressourcenkontrolle.

Die vollständige Einrichtung und Anpassung des Verwaltungs-Data Warehouse sprengt den Rahmen und Fokus dieses Handbuchs. Daher wird in diesem Rahmen lediglich auf die zentralen Rahmenbedingungen für die Implementierung eingegangen.

Für die Verwendung des Verwaltungs-Data Warehouse benötigen Sie lediglich einen aktivierten SQL Agent-Dienst sowie eine dedizierte Datenbank und ein zugehöriges Cacheverzeichnis. Auf das im Rahmen der Einrichtung zu definierende Cacheverzeichnis muss das SQL Agent-Dienstkonto Änderungsrechte besitzen. Während die dedizierte Datenbank auch im Rahmen der Konfiguration erstellt werden kann, sind die restlichen Voraussetzungen durch Sie sicherzustellen.

Sind die Voraussetzungen erfüllt, führen Sie zweimalig den Konfigurations-Assistenten für das Verwaltungs-Data Warehouse aus (Abbildung 7.81). Zunächst, um es zu erstellen, und im Anschluss für dessen Konfiguration.

Abbildg. 7.81 Startsequenz der Einrichtung des Verwaltungs-Data Warehouse

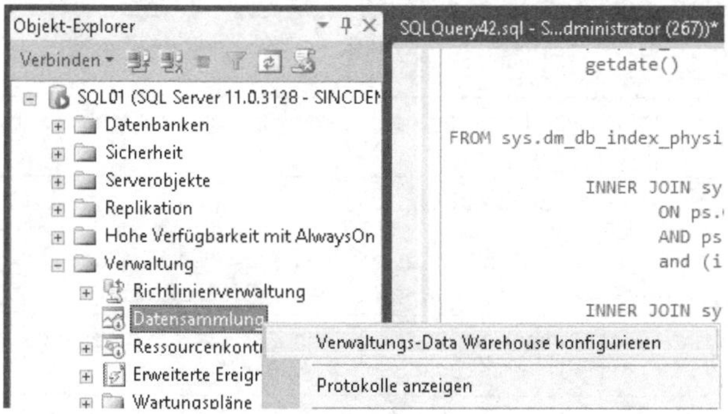

Nach Abschluss der Konfiguration können Sie in den dann verfügbaren Systemdatensammlungssätzen unterhalb des Datensammlungsknotens die Frequenz der Sammlungsdatenaktualisierung definieren.

Ebenfalls aus dem Kontextmenü des Datensammlungsknotens können Sie die im Anschluss verfügbaren Berichte aufrufen (*Berichte*/*Verwaltungs-Data Warehouse*/[*Name des Berichts*].

Best Practices

Die folgenden Best Practices werden für die Verwendung von SQL Server in Kombination mit SharePoint empfohlen (Tabelle 7.12).

Tabelle 7.12 Best Practices für die Wartung und Optimierung von SQL Server

	Best Practice
✓	Verwenden Sie dedizierte SQL Server-Instanzen für SharePoint
✓	Für eine gute Langzeitanalyse bietet sich das SQL Server-Verwaltungs-Data Warehouse an
✓	Verzichten Sie auf unnötige Datenbankverkleinerungen, um die Fragmentierung der Datenbank zu vermeiden
✓	Erstellen Sie wöchentlich die Datenbankindizes im Rahmen von Wartungsplänen neu
✓	Um die Leistung zu optimieren, verteilen Sie die Datenbankdateien auf unterschiedliche Laufwerke bei unabhängigen Spindeln (nur für die Suche und Inhaltsdatenbanken). Dabei sollte die Anzahl der Dateien nicht höher als die Anzahl der Prozessorkerne sein.
✓	Achten Sie besonders auf die (IOPS-) Leistung der TempDB, um die Gesamtleistung der SQL Server-Instanz weiter zu erhöhen
✓	Legen Sie die maximale Parallelisierung auf 0 fest (MaxDOP)

Die folgenden Best Practices werden für die Verwaltung und Wartung von SharePoint-Farmen empfohlen (Tabelle 7.13).

Tabelle 7.13 Best Practices für die Verwaltung und Wartung von SharePoint-Farmen

OK	Empfohlene Maßnahme
✓	Überprüfen Sie regelmäßig die folgenden Berichte und Protokolle: Integritätsanalyse, Suchdienstprotokoll, Zeitgeberauftragsstatusprotokoll, Ereignisprotokoll
✓	Arbeiten Sie die Integritätsanalyseprotokolleinträge ab, um neue, dringliche Probleme nicht zu übersehen
✓	Benutzen Sie die Einstiegsseite der Zentraladministration, um jede administrative Sitzung zu beginnen, und sich durch die Integritätsanalyse auf Probleme aufmerksam machen zu lassen. Oder lassen Sie sich Benachrichtigungen senden, um zeitnah auf negative Entwicklungen reagieren zu können.
✓	Passen Sie die Standard-Integritätsregeln an, sodass diese ihre Relevanz behalten und Sie auf alle verbleibenden Meldungen weiterhin ausreichend sensibel reagieren
✓	Durchforsten Sie die ULS-Protokolle mithilfe des Cmdlets *Merge-SPLogs* nach Korrelations-IDs, um Probleme unkompliziert eingrenzen zu können
✓	Aktivieren Sie das Entwicklerdashboard bevorzugt auf Entwicklungs- oder Vorproduktionsumgebungen oder stellen Sie es über eine Anpassung der Masterpage versteckt bereit
✓	Verwenden Sie Lastsimulationen, um ein genaues Leistungsprofil Ihrer Lösungen zu erhalten, und wenden Sie diese vor der Einführung in der Produktion bereits auf Ihre Vorproduktionsumgebung an
✓	Verwenden Sie dedizierte Lastsimulations-Controller und Agents, um eine relevante Last zu simulieren
✓	Verwenden Sie System Center Operations Manager (SCOM) 2012 R2, um die bestmögliche Verwaltung einer Serverfarm zu gewährleisten
✓	Stellen Sie Aktualisierungen für Ihre Serverfarm auf Produktionsumgebungen niemals spontan oder ohne triftigen Grund bereit
✓	Erproben Sie die Aktualisierung Ihrer Serverfarm idealerweise immer zunächst auf einer Vorproduktionsumgebung
✓	Installieren Sie SharePoint-Aktualisierungen wie beispielsweise kumulative Updates nicht unmittelbar nach deren Erscheinen, sondern mit einer zwei- bis vierwöchigen Latenz
✓	Verwenden Sie Automatismen zum Beenden von SharePoint-Diensten im Rahmen der Installation, um die Ausfallzeiten spürbar zu reduzieren
✓	Vermeiden Sie unterschiedliche Datenbank- und Serverversionsstände innerhalb der Serverfarm während einer Aktualisierung
✓	Entwerfen Sie frühzeitig einen mehrstufigen Testplan zur belastbaren Validierung der Funktionstüchtigkeit Ihrer Farm
✓	Beenden Sie eine Aktualisierung Ihrer Produktion immer mit einer eingehenden Überprüfung der Kernfunktionalität und der Protokolle
✓	Erhöhen Sie die Ablaufverfolgungsprotokollierung zu Analysezwecken im Fehlerfall möglichst granular oder mithilfe des Korrelations-ID zentrischen Sitzungsverfahrens

Zusammenfassung

In diesem Kapitel haben Sie erfahren, wie sich die Werkzeuge zur Überwachung, Wartung und Fehlerbehebung einsetzen lassen, um Ihre SharePoint-Serverfarm nach der Bereitstellung in einem einwandfreien Zustand zu halten.

Eine ordnungsgemäße SharePoint-Aktualisierung ist dabei von besonders hoher Wichtigkeit. Ein etwaiger Mehraufwand für die Vorbereitung und Sorgfalt bei der Durchführung amortisieren sich rasch, da die Aktualisierung einer SharePoint-Farm auch unter SharePoint 2013 einen sensiblen Vorgang darstellt. Sollte eine Farmaktualisierung in einem Fehler resultieren, steht eine im Zweifel zeitaufwendige Wiederherstellung der vollständigen Farm einschließlich der Farmmitglieder an.

Das nächste Kapitel enthält einige Grundlagen und Aufzählungen zu den in SharePoint verwendeten Technologien und Elementen, die Ihnen als Referenz und Vertiefung ausgewählter Themen dienen sollen.

Kapitel 8

Hintergrundinformationen zu SharePoint

In diesem Kapitel:

Dienste	576
Protokolle und Prozesse	600
SharePoint-Elemente	602
Sicherheit	604
SQL Server und SharePoint-Datenbanken	607
Weitere Komponenten/Aspekte	614
Zusammenfassung	631

In diesem Kapitel werden Basistechnologien von SharePoint vertieft und einige der in SharePoint verwendeten Komponenten aufgelistet, die Ihnen bei der täglichen administrativen Arbeit mit SharePoint behilflich sein werden.

Dienste

In diesem Abschnitt erhalten Sie eine Übersicht sowie weiterführende Informationen zu ausgewählten Dienstanwendungen.

Übersicht der Dienstanwendungen

Die folgenden Dienstanwendungen sind in SharePoint Foundation 2013 und SharePoint 2013 enthalten (Tabelle 8.1).

Tabelle 8.1 Übersicht der Dienstanwendungen

Dienstanwendungen	Farm-übergreifend	Mandanten-fähig	SharePoint Foundation	SharePoint Server Standard	SharePoint Server Enterprise
Access Services					✓
Access Services 2010					✓
Abonnenteneinstellungen			✓	✓	✓
App-Verwaltungsdienst			✓	✓	✓
Arbeitsverwaltung				✓	✓
Benutzerprofildienst	✓	✓		✓	✓
Business Data Connectivity	✓	✓	✓	✓	✓
Dokumentkonvertierung				✓	✓
Excel Services				✓	✓
Maschinelle Übersetzung	✓	✓		✓	✓
PerformancePoint				✓	✓
PowerPoint-Konvertierung				✓	✓
Suche	✓	✓		✓	✓
Secure Store Service	✓	✓		✓	✓
Verwalteter Metadatendienst	✓	✓		✓	✓
Visio-Grafikdienst					✓
Word Automation Services		✓		✓	✓

Übersicht der SharePoint-Windows-Dienste

Die in Tabelle 8.1 aufgeführten Windows-Dienste werden im Rahmen einer SharePoint-Installation bzw. auf einem Office Web Apps-Server bereitgestellt. Hierbei handelt es sich teilweise zwar um Komponenten, die nicht Bestandteil von SharePoint sind, jedoch von SharePoint genutzt werden.

Tabelle 8.2 Übersicht der SharePoint-Windows-Dienste

Windows-Dienstname	Foundation	SharePoint Server	Office Web Apps
AppFabric Caching Service	✓	✓	
ASP.NET State Service	✓	✓	✓
Forderungen an den Windows-Tokendienst (Claims to Windows Token Service)	✓	✓	✓
Forefront Identity Manager Service		✓	
Forefront Identity Manager Synchronization Service		✓	
IIS-Verwaltungsdienst	✓	✓	✓
Lastenausgleichsmodul für Dokumentkonvertierungen in Microsoft SharePoint 2013		✓	
Office Web Apps			✓
SharePoint-Ablaufverfolgung	✓	✓	
SharePoint-Benutzercodehost	✓	✓	
SharePoint Search Host Controller	✓	✓	
SharePoint Server Search 15	✓	✓	
SharePoint-Verwaltung	✓	✓	
SharePoint VSS Writer	✓	✓	
SharePoint-Zeitgeber	✓	✓	
Startprogramm für Dokumentkonvertierungen in Microsoft SharePoint 2013	✓	✓	
World Wide Web Publishing Service	✓	✓	✓

- **AppFabric Caching Service** Dient der Zwischenspeicherung von Token sowie Feedinformationen und beschleunigt hierdurch den Zugriff
- **ASP.NET State Service** Kann als Alternative zur Dienstanwendungsinstanz SharePoint-Statusdienst verwendet werden, um Sitzungsinformationen zwischenzuspeichern. Dies ist beispielsweise für die InfoPath Forms Services erforderlich.
- **Forderungen an den Windows-Tokendienst** Wie die gleichnamige SharePoint-Dienstanwendung ermöglicht es dieser Dienst Benutzern, mithilfe eines Windows-Token diese gegenüber einem anderem System auszuweisen

- **Forefront Identity Manager Service-Dienste** Dienen der Synchronisierung von SharePoint-Profilen mit anderen Verzeichnisdiensten (hier Active Directory)
- **IIS-Verwaltungsdienst** Dient der Steuerung der Internetinformationsdienste
- **Lastenausgleichsmodul für Dokumentkonvertierungen in Microsoft SharePoint 2013** Dient der Verteilung von Dokumentkonvertierungsvorgängen innerhalb der Farm
- **Office Web Apps** Ist der zentrale Dienst zur Bereitstellung von Office Web Apps-Funktionen
- **SharePoint-Ablaufverfolgung** Dient der Erfassung von Protokollinformationen auf jedem SharePoint-Host
- **SharePoint-Benutzercodehost** Stellt die Ausführungsumgebung für Benutzerlösungen bereit
- **SharePoint Search Host Controller** Steuert die Bereitstellung der Suche und deren Verwaltung
- **SharePoint Server Search 15** Wird auf allen Servern der Farm ausgeführt, auf denen Teile der Suchtopologie wie Indizierung oder Abfragen usw. ausgeführt werden
- **SharePoint-Verwaltung** Wird auf allen SharePoint-Servern mit der Zentraladministrationskomponente ausgeführt
- **SharePoint VSS Writer** Dient zur Sicherung der SharePoint-Farm auf Basis der Schattenkopiedienste, die beispielsweise durch Sicherungswerkzeuge, wie den Microsoft System Center Data Protection Manager, instrumentalisiert werden
- **SharePoint-Zeitgeber** Dient der Ausführung der zahlreichen Zeitgeberauftragsdefinitionen innerhalb einer SharePoint-Farm
- **Startprogramm für Dokumentkonvertierungen** Dient in Microsoft SharePoint 2013 der Ausführung von Dokumentkonvertierungen
- **World Wide Web Publishing Service** Stellt die Internetinformationsdienste-Umgebung für SharePoint bereit

Dienstarchitektur

In diesem Abschnitt werden die Merkmale von SharePoint-Dienstkomponenten beschrieben.

Dienstanwendung

In SharePoint bereitgestellte Dienste werden als Dienstanwendungen bezeichnet. Eine Dienstanwendung stellt eine Ressource bereit, die an allen Standorten innerhalb einer Farm oder manchmal auch in mehreren Farmen gemeinsam verwendet werden kann. Die Benutzer können darauf über eine hostende Webanwendung zugreifen. Dienstanwendungen sind über Dienstanwendungsverbindungen den Webanwendungen zugeordnet.

Eine Dienstanwendung kann jeweils nur einer Dienstanwendungsproxygruppe zugeordnet werden.

Dienstverwendung

Standardmäßig werden Dienstanwendungen auf Webanwendungsebene genutzt. Dabei kann eine Webanwendung mehrere Dienstanwendungen des gleichen Typs verwenden und eine Dienstanwendung kann wiederum parallel von mehreren Webanwendungen verwendet werden. Der Zugriff auf Dienstanwendungen wird dabei durch Dienstanwendungsproxygruppen gesteuert.

Redundanz

Mehrere Anwendungsserver können eine physische Instanz der gleichen Dienstanwendung ausführen. Hierdurch wird automatisch eine Redundanz gewährleistet, da die Web-Front-End-Server über einen integrierten Lastenausgleichsmechanismus die verfügbaren Anwendungsserver lokalisieren und verwenden.

Dienstanwendungsproxy

Jede Dienstanwendung benötigt einen zugehörigen Dienstanwendungsproxy. Ein Dienstanwendungsproxy ist ein Objekt, beispielsweise ein Webpart, das vom Dienstkonsument verwendet wird, um sich zu dem Dienst zu verbinden. Eine Webanwendung hat ohne die Existenz des Dienstanwendungsproxy keine Möglichkeit, mit einer Dienstanwendung zu kommunizieren.

Dienstanwendungsproxygruppe

Dienstanwendungen und deren Dienstanwendungsproxys werden in Dienstanwendungsproxygruppen zusammengefasst. Dabei gilt die Besonderheit, dass eine Webanwendung wiederum standardmäßig nur jeweils einer Dienstanwendungsproxygruppe zugeordnet werden kann.

Während eine Dienstanwendungsproxygruppe mehrere Dienstanwendungen des gleichen Typs enthalten kann, wird jedoch nur eine dieser Dienstanwendungen des gleichen Typs als Standard definiert und demnach exklusiv verwendet. Die redundanten, verbleibenden Dienstanwendungen der Proxygruppe bleiben daher unverwendet.

Verwendungsrichtlinien für farmübergreifende Dienste

Dienstanwendungen und ihre zugehörigen Dienstanwendungsproxys sind in ihrem flexiblen Einsatz an gewisse Rahmenbedingungen gebunden:

- Eine Dienstanwendung kann einer oder mehreren Anwendungsproxygruppen zugeordnet werden
- Eine Webanwendung kann nur einer Anwendungsproxygruppe zugeordnet sein. Sie können jedoch Dienstanwendungen verschiedener Anwendungsproxygruppen nutzen, sofern Sie benutzerdefiniert die Anwendungsproxygruppenzuordnung bestimmt haben.
- Mehrere Webanwendungen können der gleichen Anwendungsproxygruppe zugeordnet werden
- Eine Anwendungsproxygruppe kann mehrere Dienstanwendungen des gleichen Typs beinhalten

HINWEIS Beachten Sie, dass die Zuordnung mehrerer Dienstanwendungen des gleichen Typs zu einer Dienstanwendungsproxygruppe zwar möglich ist, jedoch nur einen begrenzten Nutzen bringt. In diesem Fall kann lediglich eine dieser mehrfach zugeordneten Dienstanwendungen als Standard festgelegt werden und wird demnach auch als einzige Dienstanwendung aktiv genutzt.

- Eine SharePoint 2013-Farm kann Dienste für eine SharePoint 2010-Farm veröffentlichen, jedoch nicht konsumieren

Weiterführende Dienstinformationen

Nachfolgend werden einige ausgewählte Dienstanwendungen eingehender erläutert.

Access Services

Access 2013 verfolgt einen stark von den erstmalig mit Access 2010 eingeführten Access-Anwendungen abweichenden Ansatz für die Bereitstellung der Access-Anwendungen. Für die neuen Access-Anwendungen werden Daten für die jeweilige Anwendung in einer dedizierten, auf SQL Server 2012 basierenden Datenbank gespeichert. Access Services-Anwendungen werden mithilfe des App-Verwaltungsdiensts provisioniert und beinhalten neben Tabellen Informationen wie Makros und Abfragen. Die Zugriffsidentitäten für eine SQL Server-Datenbank werden dabei innerhalb der Secure Store-Dienstanwendung gespeichert (Abbildung 8.1).

Abbildg. 8.1 Dienstanwendungsarchitektur der Access Services

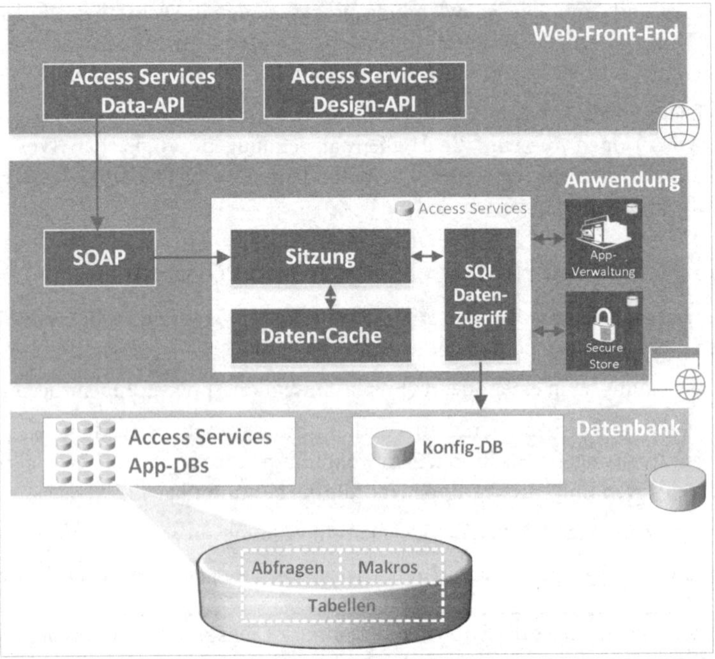

Durch das neue Modell werden die Anwendungen skalierbarer und müssen nicht für Umgebungen unterschiedlicher Leistung angepasst werden.

Während die Mehrzahl von benutzerdefinierten Anwendungen mithilfe von Visual Studio entworfen werden, werden Access Services-Anwendungen auf Basis von Access 2013 entworfen.

Apps-Verwaltungsdienst

Der Apps-Verwaltungsdienst stellt die Hintergrundinfrastruktur für die Nutzung von Apps in SharePoint zur Verfügung. Nachfolgend erhalten Sie weiterführende Informationen zu den Grundlagen der neu in SharePoint/Office 2013 eingeführten SharePoint Apps.

Übersicht der SharePoint Apps-Struktur

Apps können flexibel bereitgestellt werden. Die folgenden Hostingoptionen stehen für Apps zur Verfügung (Abbildung 8.2).

Abbildg. 8.2 Hostingoptionen für Apps

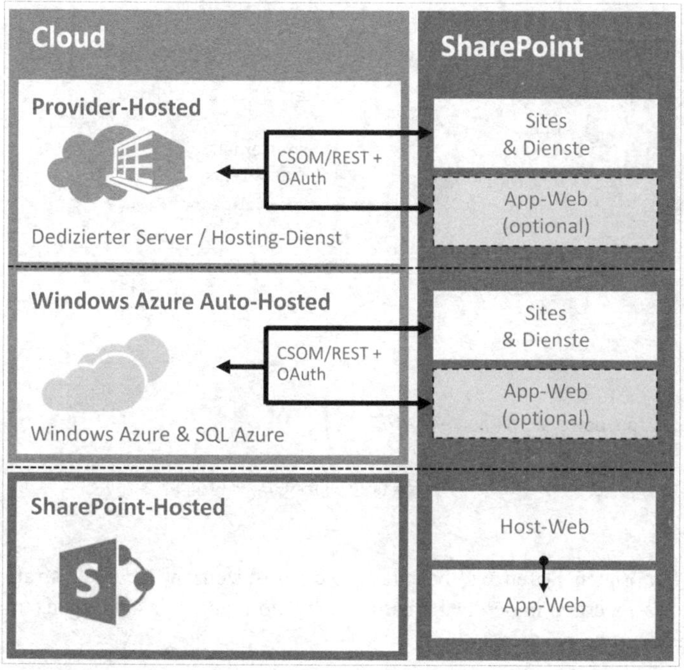

Provider-Hosted Apps sind im Vergleich zu den SharePoint-Hosted Apps fast identisch, mit dem wesentlichen Unterschied, dass Komponenten der App außerhalb der SharePoint-Farm gehostet werden. Dies ermöglicht es den externen Komponenten, mit den SharePoint-Komponenten zu kommunizieren und umgekehrt. Die Interaktion findet dabei mithilfe von CSOM (Client Side Object-Modell) oder Web Services statt.

Interessant und neu bei diesem Ansatz ist, dass nicht nur externe SharePoint-Plattformen, sondern auch nahezu beliebige andere Webserver-Plattformen genutzt werden können, um App-Funktionalität bzw. Logik auszulagern.

Unter Auto-Hosted versteht man die auf Windows Azure basierenden SharePoint-Onlinedienste (Office 365). Diese stellen dabei eine vergleichbare Funktionalität für den Zugriff auf die Funktionalität via CSOM und REST (Representational State Transfer-Architektur) unter Verwendung der OAuth-Authentifizierung zur Verfügung.

SharePoint-Hosted-Apps enthalten lediglich deklarativen Inhalt wie HTML oder JavaScript, und beinhalten keinerlei serverseitigen Code. Letztlich soll auch hier mithilfe von CSOM oder REST mit SharePoint interagiert werden. Die Architektur und Interaktion dieser App-Variante gleicht entfernt der einer Sandkastenlösung.

Apps werden innerhalb eines individuellen Namensraums ausgeführt. Dabei werden Apps-Aufrufe jeweils unterhalb einer Apps-spezifischen URL geroutet (Abbildung 8.3).

Abbildg. 8.3 URL-Isolation für Apps

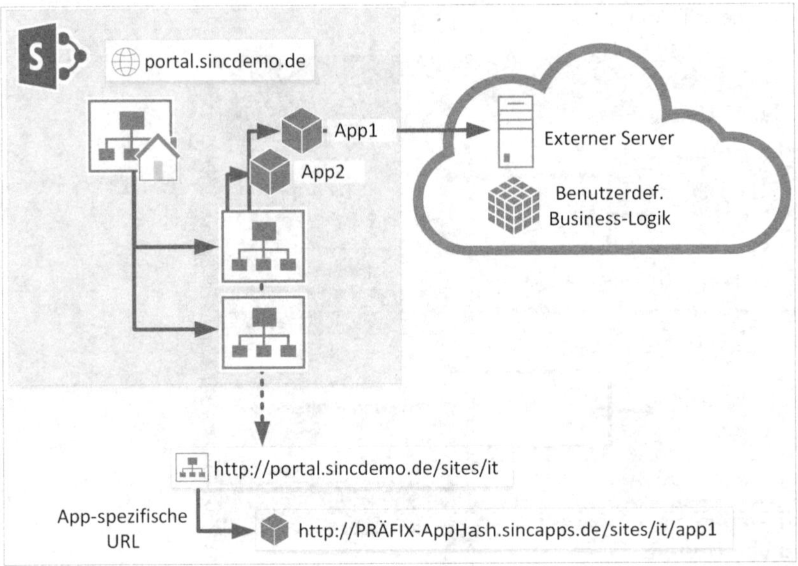

Die von den Apps benötigten Daten wie beispielsweise App-Lizenzen, App-Registrationen, App-Prinzipale und -Benutzer werden in den Datenbanken der Abonnenteneinstellungen- und App-Verwaltungsdienstanwendung gespeichert.

Office Apps

SharePoint kann auch als alternativer Speicher von Office Apps verwendet werden. Office Apps verfolgen den Ansatz, die Funktionalität eines Office-Dokuments zu erweitern, ohne dass die Anwendung auf jedem Client bereitgestellt werden muss, welches das Dokument anzeigt. Dabei kann die Office App entsprechend der Berechtigungen das jeweilige Dokument lesen oder manipulieren.

Die folgenden Integrationsansätze von Office Apps stehen zur Verfügung:

- **Aufgabenbereich-App** Bei der Aufgabenbereich-App werden die Funktionen der App im rechten Aufgabenbereich von der Office-Anwendung zusammengefasst. Von dort aus können kontextbasierte Funktionen wie beispielsweise eine automatische Übersetzung des markierten Texts zur Verfügung gestellt werden (Abbildung 8.4).

  Diese App-Form ist die einzige breit in der Office-Produktsuite unterstützte Integration, die sich von Excel, Word, über PowerPoint und Project 2013 erstreckt.

- **Inhalts-App** Mithilfe der Inhalts-App können extern gelagerte Inhalte wie Videos oder Landkarten direkt in das Office-Dokument integriert werden (Abbildung 8.4). Unterstützt wird die Anzeige der Inhalte dabei nur für Excel 2013 und via Excel Web App. Andere Office-Programme bieten keine direkte Integration basierend auf der Inhalts-App.

Abbildg. 8.4 Beispiele für die Aufgabenbereich- und Inhalts-App

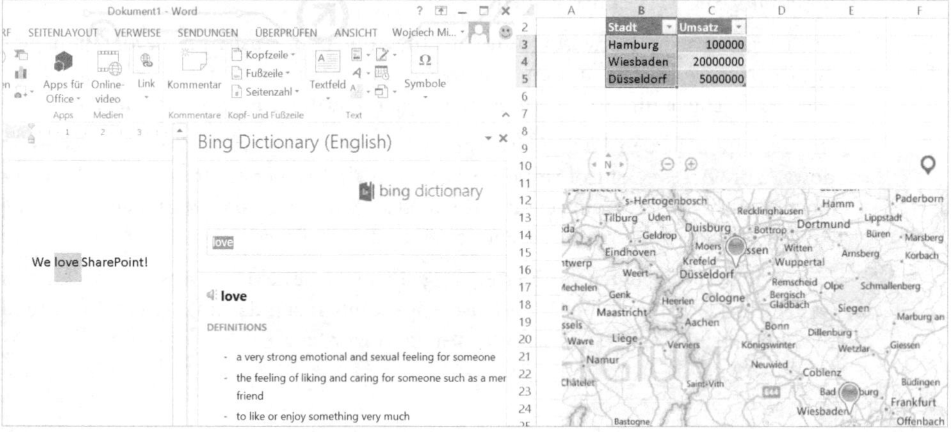

- **Outlook-App** Die Outlook-App unterstützt die Aufbereitung von Mailinhalten, wobei diese nicht nur in Outlook 2013, sondern beispielsweise auch in Outlook Web Access entsprechend visualisiert werden können, sodass es zu keinem Medienbruch kommt.

Die Mindestanforderung für Office Apps besteht clientseitig in der Nutzung von Office 2013. Im Sonderfall der Outlook-App wird zudem Exchange Server 2013 mit einer vollwertigen Verbindung wie Outlook Anywhere (RPC over HTTPS) benötigt.

SharePoint 2013 kommt für die Office Apps nicht nur in Form der Excel Web App, sondern auch als Speicherort der Office Apps in Betracht. Office Apps unterstützen insgesamt in die folgenden Speicherorte:

- Office Store
- SharePoint App-Katalog
- Exchange-Katalog
- Dateifreigabe-Katalog

Mithilfe der Gruppenrichtlinienvorlagedateien von Office 2013 können Sie das Standardverhalten beim Zugriff auf den Speicherort beeinflussen.

HINWEIS Sie finden die administrativen Vorlagendateien (*.admx*/*.adml*) für Office 2013 unter *http://go.microsoft.com/fwlink/?linkid=257051&clcid=0x407* [Ms156-K08-01] als freien Download.

High- und Low-Trust-Apps

Unter einer High-Trust-App versteht man eine Provider-Hosted App, die in OnPremise-Szenarien mithilfe des Server-to-Server-Protokolls (basierend auf OAuth 2.0) Funktionen zur Verfügung stellt.

HINWEIS High-Trust ist keinesfalls mit den Full-Trust-Privilegien zu verwechseln, die Anwendungen erhalten können. Vielmehr bedeutet High-Trust in diesem Kontext, dass die App als vertrauenswürdig angesehen wird, jede Identität zu verwenden, die von der Anwendung gefordert wird. Die Anwendung ist dabei dafür verantwortlich, Teile der Anwenderzugriffstokenanforderung zu erstellen.

Dieser Anwendungstyp ist ausschließlich für OnPremise-Installationen vorgesehen und kann nicht unter Office365 verwendet werden.

Aus Perspektive der Infrastrukturarchitektur sind High-Trust-Apps bevorzugt in einem geschützten Teil des Netzwerks auszuführen. Um das Vertrauen herzustellen, wird ein Zertifikat verwendet, welches vergleichbar zur farmübergreifenden Dienstverwendung als vertrauenswürdig deklariert wird.

Im Gegensatz zu den High-Trust-Apps verwenden Low-Trust-Apps Vertrauens-Broker wie Windows Azure Access Control Services (ACS), um als Tokenersteller zwischen SharePoint und der App agieren zu können. Voraussetzung für dieses Szenario ist das Vertrauen von SharePoint und der Anwendung gegenüber dem Tokenersteller und umgekehrt.

Neben den so erzeugten limitierten Zugriffstoken besteht die wesentliche Einschränkung dieses Modells in der Interaktion: Low-Trust-Apps können standardmäßig nicht mit Inhalten außerhalb des Subwebs interagieren, in dem sie installiert wurden.

App-Sicherheit

Die Apps werden nicht nur in einem isolierten URL-Bereich bereitgestellt. Sie werden bis auf Subweb-Ebene isoliert und können nicht über die Websitesammlungsgrenze hinaus instrumentalisiert werden.

Anders als bei Auto-Hosted oder Provider-Hosted Apps generieren auf OnPremise-Farmen ausgeführte Apps eigene Zugriffstoken, die besondere Felder benötigen, welche in der Regel ausschließlich durch den Benutzerprofilsynchronisierungsdienst zur Verfügung gestellt werden. Dabei handelt es sich um folgende Felder:

- SID (Security Identifier)
- UPN (User Principal Name)
- E-Mail-Adresse
- SIP-Adresse (Session Initiation-Protokoll)

Die App muss zumindest eines der Felder vorweisen können, um ein Zugriffstoken erstellen zu können. Vor diesem Hintergrund ist es wichtig, für eine ordnungsgemäße Funktionalität der Benutzerprofilsynchronisierung zu sorgen. Eine weitere Auswirkung resultiert in der Einzigartigkeit dieser Felder. Sollte eine Abfrage nach einem der Attribute zu mehrfachen Ergebnissen führen, kommt es beim Generieren des Tokens zu einem Fehler.

Mithilfe des App-Manifests wird definiert, in welchem Bereich (Websitesammlung, Web, Liste, Mandant) mit welchem Recht (Lesen, Schreiben, Verwalten oder Vollzugriff) aus der App heraus interagiert wird. Bei der Bereitstellung ist der installierende Benutzer gehalten, die entsprechenden Rechte für die Installation der App zu autorisieren.

Die von einer App installierten Daten werden, anders als herkömmliche Solutions, nicht wirklich deployed, jedoch werden die Artefakte in der jeweilig zugehörigen Websitesammlung gespeichert.

HINWEIS In Mandantenszenarien können Lösungen durch die Farmadministration auch mandantenweit installiert werden. Hierbei werden die Sourcen nicht in mehreren Zielwebsitesammlungen gespeichert, sondern im jeweiligen App-Katalog, und somit allen Mandatenseiten zur Verfügung gestellt.

Apps oder WSP-Lösungen

Apps haben eine den herkömmlichen Lösungen verwandte, jedoch im Detail deutlich abweichende Basisarchitektur (Abbildung 8.5).

Abbildg. 8.5 Gegenüberstellung der App- und Solution-Komponenten

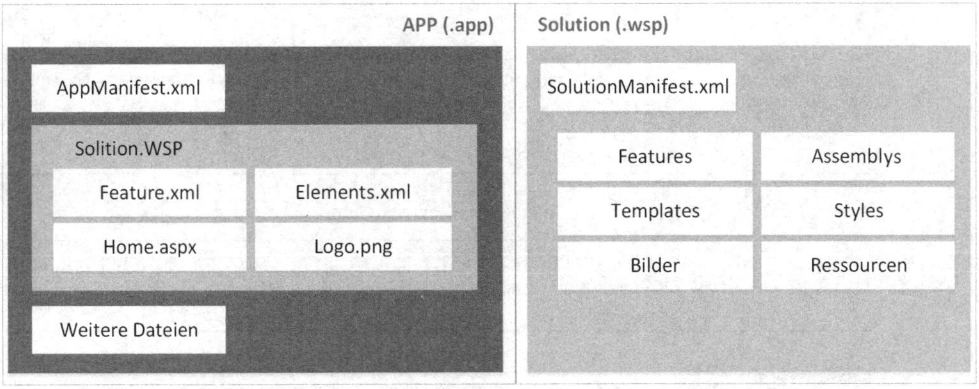

Die Detailunterschiede gehen aus der Gegenüberstellung in Tabelle 8.3 hervor.

Tabelle 8.3 Gegenüberstellung der Eigenschaften von Apps und Solutions

Eigenschaft	Apps	Solutions
Bereitstellung	Via internem oder öffentlichem App-Katalog aus der Websitesammlung heraus	Bereitstellung global (via Farmadmin) oder lokal in Websitesammlung (via WSC-Admin) als Sandkastenlösung
Cloudintegration	Vereinheitlichung von OnPremise- und Cloudentwicklung/Bereitstellung	Keine spezifische. Lösungen sind nur sehr begrenzt anwendbar.
Codeausführung	CSOM	SSOM Full Trust möglich bis hin zu restriktiven CAS-Richtlinien (Sandkastenlösungen) CSOM ist ebenfalls nutzbar
Entwicklung	.NET, JavaScript, HTML, Java, PHP	.NET, JavaScript, HTML
Installationsort	Cloudbasiert oder lokal isoliert	Lokal
Leistung	Ein relevanter Overhead reduziert die Leistungsfähigkeit bei grundsätzlich guter Skalierbarkeit	Lösungen sind sehr effizient und performant, wobei Sandkastenlösungen merklich negative Leistungsimplikationen aufweisen
Sicherheit	Hohe Isolation. Der Code wird nicht mehr deployed! OAuth 2.0 wird sicherheitstechnisch sehr kontrovers gesehen. Möglicherweise problematisch bei parallel in einer Site aktiven Apps.	Full Trust/CAS-basierte farmweite Lösungen oder aber maximal isolierte Sandkastenlösungen. Unerwünschte Sandkastenlösungen können zentral gesperrt werden.

Tabelle 8.3 Gegenüberstellung der Eigenschaften von Apps und Solutions *(Fortsetzung)*

Eigenschaft	Apps	Solutions
Stabilität und Drosselung	Da isolierte Ausführung, gibt es nur sehr begrenzte Implikationen via CSOM	Hohe Stabilitätsbedrohung und geringe Kontrollmechanismen. Sandkastenlösungen laufen isoliert in Kombination mit einer komplexen Überwachungsfunktionalität.
Überwachung	Im Wesentlichen auf Websitesammlungsebene	Für Sandkastenlösungen steht ein punktebasiertes Überwachungssystem zur Verfügung, um schadhafte Auswirkungen zu reduzieren
Verwaltung	Durch Site- und Farmadministratoren	Durch Site- (Sandkastenlösung) und Farmadministratoren
Voraussetzung	App-Verwaltungsdienst, Abonnementeinstellungen-Dienstanwendung und App-DNS-Domäne	Lediglich Sandkastenlösungen benötigen den Usercodehost

HINWEIS Beachten Sie, dass neben einigen positiven Eigenschaften der Sandkastenlösungen keinerlei Grund mehr darin besteht, diese fortan zu entwickeln: mit der Einführung von SharePoint 2013 werden sie letztmalig aus Abwärtskompatibilitätsgründen unterstützt.

Limitierungen von Apps

Die in Tabelle 8.4 aufgeführten, wichtigsten bekannten Limitierungen gelten für die Verwendung von Apps.

Tabelle 8.4 Limitierungen von Apps

Limit	Maximaler Wert	Anmerkungen
App-Paketgröße	100 MB	Gilt im Speziellen für Access-basierte App-Pakete
Maximale Anzahl an App-Managern	30	Maximale Anzahl an Personen, die eine App-Lizenz verwalten können
Maximale Anzahl an Lizenzen pro Benutzer	2.000	Aus der Benutzerperspektive direkt sichtbare maximale Anzahl an App-Lizenzen. Weitere sind nur via Suche sichtbar.
Anzahl an sichtbaren Apps im Corp-Katalog	500	Maximale, direkte aus Benutzerperspektive sichtbare Apps im Unternehmenskatalog. Sind es mehr, können diese nur mithilfe der Suche im Store aufgefunden werden.

Arbeitsverwaltungsdienst

Der Arbeitsverwaltungsdienst basiert für SharePoint-Inhalte auf den Ergebnissen der SharePoint-Suche. Für die aus Exchange Server synchronisierten Aufgaben wird eine Zeitgeberauftragsdefinition namens »Aufgabenverwaltung mit Exchange synchronisieren« instrumentalisiert, welche im Minutentakt einen Abgleich zwischen den in den Exchange-Postfächern zwischengespeicherten Aufgabenlisten und den SharePoint-Aufgabenlisten vornimmt (Abbildung 8.6).

Abbildg. 8.6 Arbeitsverwaltungsdienstarchitektur

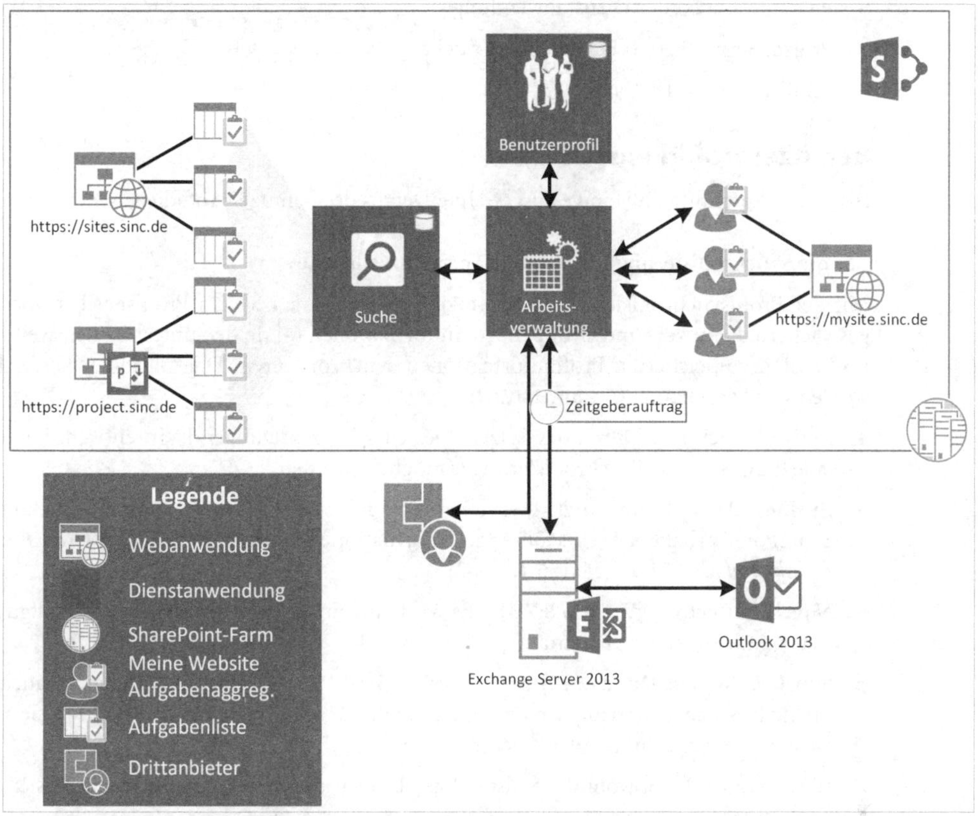

Die Kommunikation mit Exchange Server (Mindestversion 2013) findet dabei mithilfe der auf den entsprechenden SharePoint-Servern installierten Exchange Web Service-API statt, die wiederum über die Web Services von Exchange Server kommuniziert.

Während Exchange Server primär mithilfe einer Zeitgeberauftragsdefinition angesteuert wird, spielen Zeitgeberauftragsdefinitionen keine wesentliche Rolle für die SharePoint-interne Synchronisierung von Aufgaben, welche mithilfe der Suchdienstanwendung aggregiert werden. Da die Aufgabensynchronisierung bidirektional in Richtung der *Meine Websites*-Aufgabenliste stattfindet, ist eine minimale Latenz sinnvoll, weshalb die kontinuierliche Durchforstung der Suche in diesem Kontext eine wichtige Rolle spielt.

Im Vergleich zur Exchange-Aufgabensynchronisierung werden SharePoint-intern alle Aufgaben aus den Aufgabenlisten in *Meine Websites* aggregiert. Exchange Server hingegen synchronisiert gezielt Aufgaben aus einzeln für die Synchronisierung aktivierten Webanwendungen und den dort vom Benutzer selektierten jeweiligen Aufgabenlisten, welche wiederum nicht in eine gemeinsame Aufgabenliste in Outlook aggregiert werden, sondern in eine jeweils innerhalb von Outlook separierte Aufgabenliste.

Neben Exchange Server 2013 bietet SharePoint 2013 noch die Unterstützung für folgende weitere Systeme im Kontext der Dienstanwendung:

- Project Server 2013 (via SharePoint-Suche)
- Schnittstelle für Drittanbieter

Benutzerprofildienst

In diesem Abschnitt sind einige ausgewählte Details des Benutzerprofildiensts erläutert.

Für die Synchronisierung unterstützte Verzeichnisdienste

Mit der Profilsynchronisierung in SharePoint 2013 können Sie im Profilspeicher von SharePoint gespeicherte Benutzer- und Gruppenprofilinformationen mit in den unternehmensweiten Verzeichnisdiensten gespeicherten Profilinformationen synchronisieren. Die folgenden Verzeichnisdienste werden von SharePoint 2013 unterstützt:

- **Active Directory** Durch das Setzen spezieller Berechtigungen kann entweder eine uni- oder eine bidirektionale Synchronisierung ermöglicht werden
- **Business Data Connectivity Services** Das BDC-Modell muss spezielle Suchmethoden in SharePoint erhalten. Weiterführende Informationen finden Sie unter *http://go.microsoft.com/fwlink/?linkid=179316* [Ms156-K08-02].
- **Novell eDirectory (Version 8.7.3)** Es wird zurzeit ausschließlich eine vollständige Synchronisierung für Benutzer unterstützt
- **Sun Java System Directory Server (Version 5.2)** Sowohl die vollständige als auch die inkrementelle Synchronisierung werden unterstützt. Für die inkrementelle Synchronisierung müssen Sie ein Änderungsprotokoll einrichten.
- **IBM Tivoli 5.2** Sowohl die vollständige als auch die inkrementelle Synchronisierung werden unterstützt

Die Synchronisierung des Benutzerprofildiensts wird durch den Forefront Identity Manager (FIM)-Dienst und dem dazugehörigen Synchronisierungsdienst gesteuert. Dabei greift der FIM auf die Synchronisierungsdatenbank des Benutzerprofildiensts zu, um die zugehörigen Daten zu speichern.

Limitierungen des Benutzerprofildiensts

Die in Tabelle 8.5 aufgeführten wichtigsten bekannten Limitierungen gelten für den Benutzerprofildienst (User Profile Service, USP).

Tabelle 8.5 Limitierungen des UPS

Limit	Maximaler Wert	Anmerkungen
Anzahl an Benutzerprofilen	2 Millionen	Der Wert gilt pro UPS-Dienstanwendung für vollwertige Benutzer, die die Funktionen des sozialen Netzwerks vollwertig nutzen
Social Tags, Notizen und Bewertungen	500 Millionen	Dieser Wert gilt pro Social-Datenbank im UPS

Eingehende E-Mails von Microsoft SharePoint Foundation

Der eingehende E-Maildienst in SharePoint ist eine im Laufe der letzten SharePoint-Generationen nur vergleichsweise geringfügig angepasste Komponente. Sie dient im Wesentlichen dem direkten Zustellen von Inhalten in SharePoint-Dokumentbibliotheken oder aber in Listen in Form von Terminen im iCalendar-Format (*.ics*).

HINWEIS Durch die Unterstützung von iCalendar in SharePoint ist es in Kombination mit den eingehenden E-Mails grundsätzlich möglich, beispielsweise Termine aus Lotus Notes heraus an einen SharePoint-Kalender zu versenden.

Die infrastrukturelle Architektur der eingehenden E-Mails setzt optional auf dem lokalen IIS 6.0-basierten SMTP-Serverdienst in Windows Server 2012 auf. Alternativ zu der SMTP-Komponente kann ebenfalls auf einen zu definierenden *Drop*-Ordner ausgewichen werden, welcher nicht zwingend lokal positioniert werden muss (Abbildung 8.8). Bei aktivierter und ordnungsgemäß konfigurierter eingehender E-Mail-Dienstinstanz wird mithilfe der Zeitgeberauftragsdefinition *Eingehende E-Mails von Microsoft SharePoint Foundation* standardmäßig jede Minute der Drop-Ordner abgefragt und die dortigen Nachrichten bei passender E-Mail-Empfängeradresse in die entsprechende SharePoint-Liste verschoben bzw. extrahiert (Abbildung 8.7).

ACHTUNG Durch die Eigenart der aktuell vorliegenden Implementierung werden im Gegensatz zu der vorausgegangenen Implementierung unter SharePoint 2010 ausschließlich E-Mail-Nachrichten mit einem bekannten Empfänger verarbeitet. Die Nachrichten mit unbekanntem Empfänger verbleiben im Ordner und bieten somit bei Nichtbeachtung eine gewisse Angriffsfläche für Denial of Service-Angriffe auf dem Server, der die Komponente hostet. Standardmäßig werden 2 MB pro Nachricht bei einer Gesamtsitzungsgröße von 10 MB von der SMTP-Komponente akzeptiert.

Abbildg. 8.7 Eingehende E-Mail-Architektur in SharePoint 2013

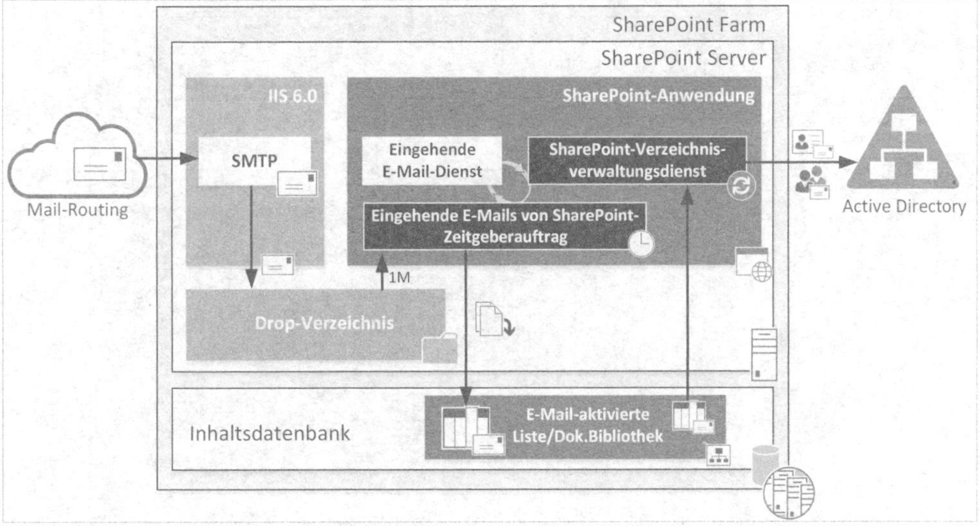

Betrieb und Hintergrundinformationen

Die E-Mail-Nachrichten werden basierend auf der Konfiguration der E-Mail-aktivierten Liste mit oder ohne die Nachrichtenhülle extrahiert. Standardmäßig werden dabei lediglich die Anhänge einer E-Mail-Nachricht extrahiert und in die Zieldokumentbibliothek verschoben.

Neben der Extraktion von E-Mail-Nachrichten existiert ein SharePoint-Verzeichnisverwaltungsdienst, der primär automatisierte E-Mail-aktivierte Kontakte für E-Mail-aktivierte Listen in Active Directory erstellt, damit diese mithilfe der globalen Adressliste (Global Address List, GAL) von Exchange Server den Outlook Web Access- oder Office Outlook-Benutzern zur Verfügung stehen.

HINWEIS Für das Erstellen der SharePoint-Empfängerobjekte in Active Directory wird der Kontext des Zentraldministrationsanwendungspools verwendet, welcher in der Regel dem Farmkonto entspricht. Neben dem direkten Anlegen dieser Objekte kann auch ein in einer Remotefarm lokalisierter SharePoint-Verzeichnisverwaltungsdienst konfiguriert werden, um so die Anzahl der in Active Directory schreibberechtigten Dienstkonten zu reduzieren (Abbildung 8.8).

Abbildg. 8.8 Mögliche eingehende E-Mail-Architektur in Multifarm-Umgebungen

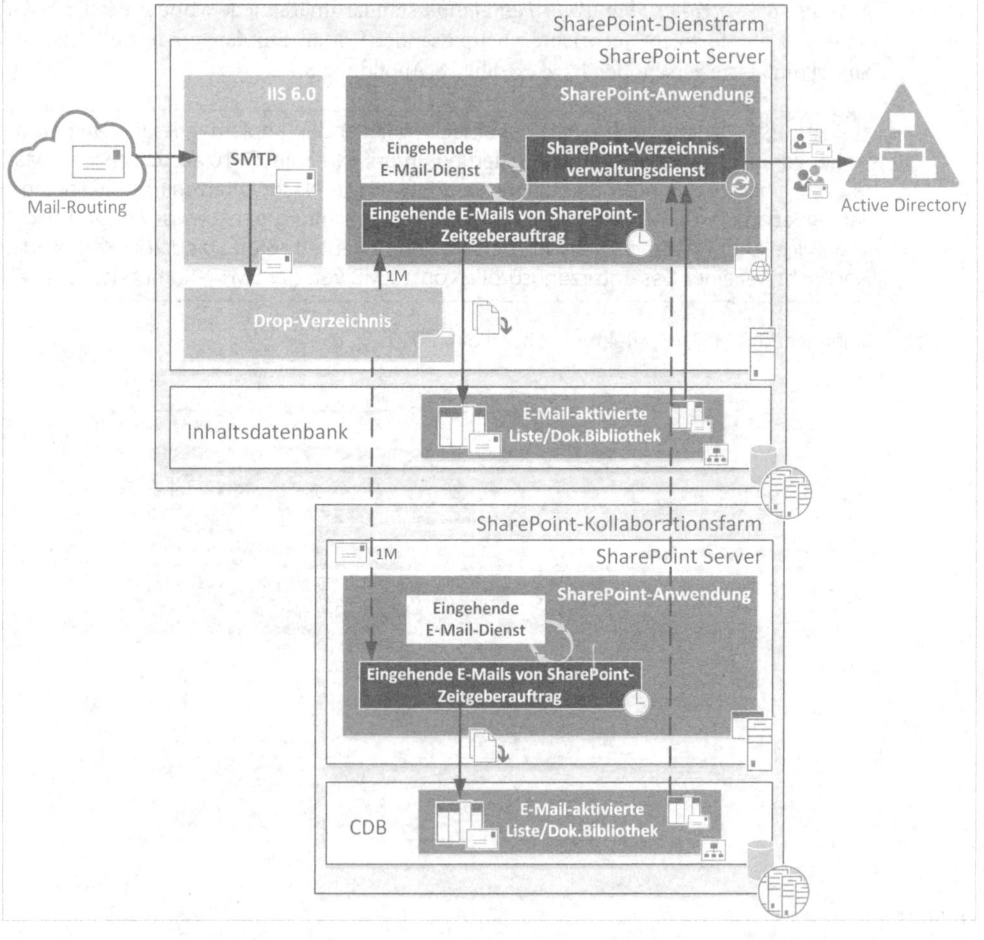

Zusätzlich zu den E-Mail-aktivierten Kontaktelementen werden alternativ auch optional E-Mail-aktivierte Verteilerlisten für SharePoint-Gruppen in Active Directory erzeugt. Sie können zudem die Nachrichten an die Verteilerliste in eine bestehende oder neue SharePoint-Liste archivieren.

Maschineller Übersetzungsdienst

Dieser Abschnitt betrachtet ausgewählte Besonderheiten und Grundlagen des maschinellen Übersetzungsdiensts.

Allgemeine Informationen

Der maschinelle Übersetzungsdienst ist ein cloudbasierter Dienst, mit dessen Hilfe Inhalte der SharePoint-Farm, wie Dokumente oder Webseiten, synchron oder asynchron übersetzt werden können. Von der Architektur her ähnelt er stark den Word Automation Services, allerdings mit dem Unterschied, dass der maschinelle Übersetzungsdienst auf eine Online-Übersetzungsengine zugreift.

Die Inhalte können entweder einfach mithilfe einer Zeitgeberauftragsdefinition asynchron oder priorisiert direkt synchron konvertiert werden. Anders als bei den Word Automation Services ist der Trigger für eine Konvertierung auch in die Oberfläche integriert und kann somit nicht nur programmatisch verwendet werden (Abbildung 8.9).

Abbildg. 8.9 Architektur des maschinellen Übersetzungsdiensts

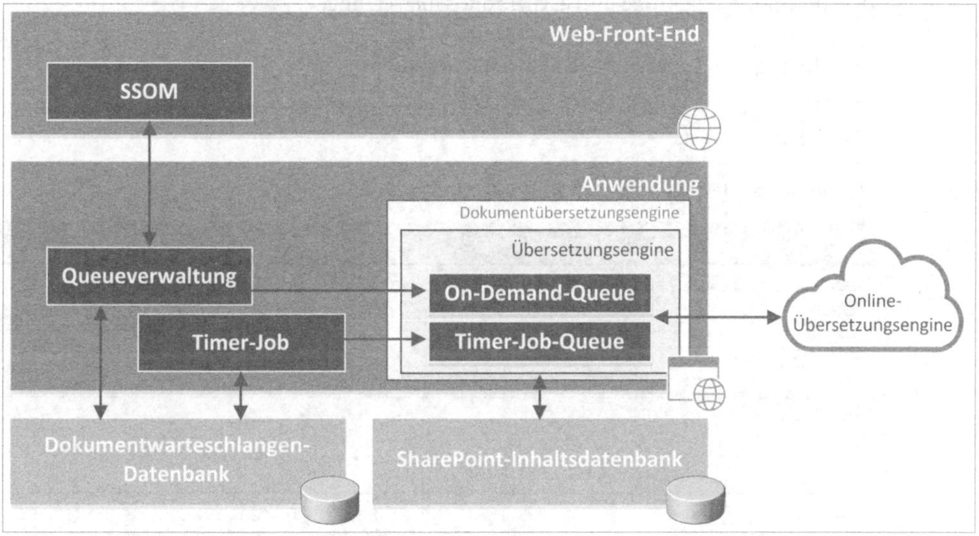

Für die Nutzung des maschinellen Übersetzungsdiensts sind speziell in Kombination mit den Variationen Funktionen in die Oberfläche integriert, die sowohl eine automatisierte als auch manuell ausgelöste Übersetzung von Inhalten ermöglicht und somit einen konkreten Anwendungsfall adressiert.

Im konkreten Anwendungsfall der Variationen wird die Quellvariation mithilfe einer Zeitgeberauftragsdefinition in das XLIFF-Format (XML Localisation Interchange File Format) exportiert und kann so entweder mithilfe von Drittanbietern für Übersetzungen oder aber der Online-Übersetzungsengine übersetzt und erneut über eine Zeitgeberauftragsdefinition reimportiert werden (Abbildung 8.10).

Abbildg. 8.10 Integration des maschinellen Übersetzungsdiensts in Variationen

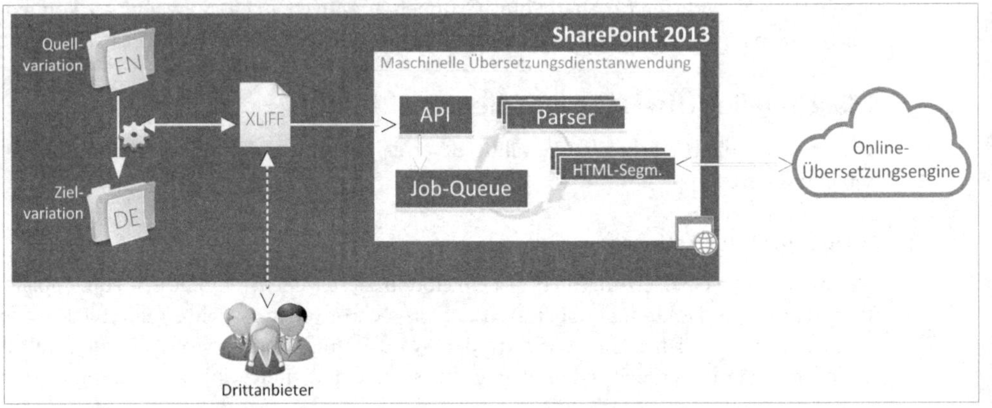

SharePoint 2013 bietet noch weitere integrierte auf dieser Komponente basierende Funktionen wie beispielsweise die Übersetzung von Ausdruckssätzen im Terminologiespeicher an.

Für die Erweiterbarkeit können sowohl Full-Trust-Lösungen als auch SharePoint-Apps auf die Funktionen der Dienstanwendung zugreifen. Es existiert eine REST-API als auch ein CSOM neben der API für die synchrone und asynchrone Übersetzung.

Limitierungen des maschinellen Übersetzungsdiensts

Die in Tabelle 8.6 aufgeführten wichtigsten bekannten Limitierungen gelten für den maschinellen Übersetzungsdienst.

Tabelle 8.6 Limitierungen des maschinellen Übersetzungsdiensts

Limit	Maximaler Wert	Anmerkungen
Größe von binären Dateien	524.288 KB (Standard: 51.200)	Größere Dateien beanspruchen zu viel Zeit und Ressourcen für den Transfer und die Verarbeitung
Größe von binären Dateien	15.288 KB (Standard: 5.120)	Größere Dateien beanspruchen zu viel Zeit und Ressourcen für den Transfer und die Verarbeitung
Anzahl an Zeichen für Word-Dokumente	10.000.000 pro Dokument (Standard: 500.000)	
Anzahl an parallelen Übersetzungen (Übersetzungsvorgänge)	5 (Standard: 1)	Eine höhere Anzahl an Vorgängen hat aufgrund interner Beschränkungen keine Auswirkungen
Anzahl der synchronen Übersetzungsvorgänge	300 (Standard: 10)	Ein höherer Wert könnte aufgrund der zu langen Wartezeiten zu Timeouts führen
Häufigkeit, mit der Übersetzungen gestartet werden	59 Minuten (Standard: 15)	Ein höherer Wert sorgt potenziell für eine zu umfangreiche Warteschlange
Datenbankgröße	1.000.000 Dateien	Die Operationen zum Verwalten der Queue wird bei einem Überschreiten der Schwelle sich möglicherweise verlangsamen

PowerPoint Automation Services

Für den Einsatz der PowerPoint Automation Services gelten die nachfolgenden zentralen Rahmenbedingungen.

Sie können die Funktionen der PowerPoint Services mithilfe der entsprechenden API nutzen (SSOM, Server Side Object-Modell). Beispiele zu der Verwendung der PowerPoint Automation Services-API finden Sie unter *http://msdn.microsoft.com/library/fp179894.aspx* [Ms156-K08-03].

Unterstützte Formate

Die PowerPoint Automation Services unterstützen die folgenden Eingangsformate für die Konvertierung:

- Open XML-Dateiformat-Präsentationsformat (*.pptx*)
- PowerPoint 97-2003-Präsentation (*.ppt*)

Die folgenden Zielformate werden für die Konvertierung unterstützt:

- *.jpg*/*.jpeg* (Joint Photographic Experts Group-Format)
- *.png* (Portable Network Graphics-Format)
- *.pptx* (Open XML-Dateiformat-Präsentationsformat)
- *.pdf* (Portable Document Format)
- *.xps* (Open XML Paper Specification)

Bekannte Einschränkungen

Die PowerPoint Automation Services stellen keine Funktionen zur Verfügung, um Inhalte zu drucken. Sie können jedoch Inhalte nach XPS oder PDF konvertieren, um diese im Anschluss an einen Drucker zu senden.

Verteilter Cache (Distributed Cache)

Die in Tabelle 8.7 aufgeführten wichtigsten bekannten Limitierungen gelten für den verteilten Cache.

Tabelle 8.7 Limitierungen des verteilten Caches

Limit	Maximaler Wert	Anmerkungen
Anzahl an folgbaren Entitäten	400.000	Maximale Anzahl an Elementen, denen ein Benutzer auf einem einzelnen, vollausgebauten Cachehost folgen kann
Anzahl an Cachehosts	16	Maximale Anzahl an Knoten im verteilten Cachecluster
Maximaler Arbeitsspeicher	16 GB	Maximaler Arbeitsspeicher, den ein Cachehost allokieren kann

Verwaltete Metadatendienstanwendung

Die verwaltete Metadatendienstanwendung ist von zentraler Wichtigkeit für zahlreiche Schnittstellen in SharePoint 2013.

Architektur der verwalteten Metadatendienstanwendung

Die verwaltete Metadatendienstanwendung ist die zentrale Schnittstelle für den Terminologiespeicher und den Inhaltstyphub. Die wichtigsten Abhängigkeiten wurden bereits in Kapitel 5 beschrieben. Für die Anwendung in komplexen Umgebungen ist es wichtig, den Zusammenhang bei der Veröffentlichung von Inhaltstypen, Richtlinien und dem Terminologiespeicher auf die Proxygruppe herunterzubrechen (Abbildung 8.11).

Abbildg. 8.11 Verwaltete Metadatenisolation in komplexen Umgebungen

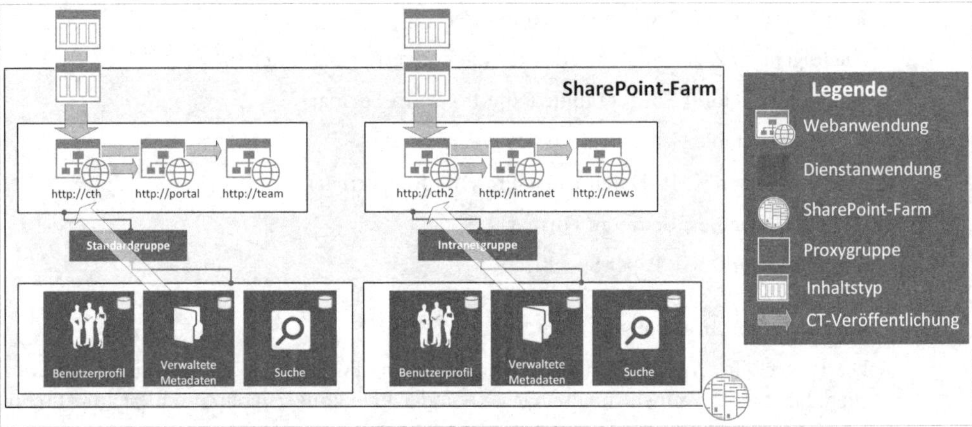

Die verwalteten Metadaten können somit entweder mithilfe von Proxygruppen oder unter Verwendung von Mandanten isoliert werden. Innerhalb einer Proxygruppe ist keine weitere Differenzierung möglich. Entsprechend erhalten alle Websitesammlungen innerhalb der Proxygruppe die gleichen Inhaltstypen und können lediglich durch die Auswahl der jeweiligen Inhaltstypen innerhalb einer Dokumentbibliothek einschränken, welche der Inhaltstypen lokal von Relevanz sind.

Format der Eingabedatei für verwaltete Metadaten

Die Importdatei für verwaltete Metadaten ist eine Datei mit kommagetrennten Werten (CSV) mit einer Kopfzeile und zusätzlichen Zeilen, die eine Definition des Ausdruckssatzes und der Ausdrücke im Ausdruckssatz enthalten.

Die erste Zeile der Datei muss 12 kommagetrennte Elemente enthalten. Diese Elemente entsprechen den Spaltenüberschriften für die Werte, die Sie in die nächsten Zeilen einfügen. Es empfiehlt sich, jeden Wert in Anführungszeichen zu setzen.

Die erste Zeile der Importdatei muss das folgende Format aufweisen (Listing 8.1):

Listing 8.1 Format der ersten Zeile der Importdatei

```
"Term Set Name","Term Set Description","LCID","Available for Tagging","Term
Description","Level 1 Term","Level 2 Term","Level 3 Term","Level 4 Term","Level 5
Term","Level 6 Term","Level 7 Term"
```

Die zweite Zeile in der Importdatei für verwaltete Metadaten stellt den Ausdruckssatz dar und sollte die folgenden Informationen enthalten:

1. Erste Spalte: Name des Ausdruckssatzes

HINWEIS Verwenden Sie, wo möglich, Anführungszeichen, um potenzielle Fehler zu vermeiden.

2. Zweite Spalte: Eine Beschreibung des Ausdruckssatzes (optional)
3. Vierte Spalte: Das Wort *TRUE* oder das Wort *FALSE*. So geben Sie an, ob Benutzer in der Lage sind, die Ausdrücke in diesem Ausdruckssatz zu SharePoint-Elementen hinzuzufügen. Wenn Sie keinen Wert angeben, ist der Ausdruckssatz für Tagging verfügbar.
4. Die verbleibenden Spalten werden nur durch Kommas ausgefüllt.

Ab der dritten Zeile sieht die Importdatei anhand der Beispielimportdatei entsprechend Listing 8.2 aus.

ONLINE Sie finden die nachfolgende Beispielimportdatei unter dem Namen *VerwMetaImport.csv* innerhalb der Begleitdateien zum Buch.

Listing 8.2 Beispielimportdatei

```
"Term Set Name","Term Set Description","LCID","Available for Tagging","Term
Description","Level 1 Term","Level 2 Term","Level 3 Term","Level 4 Term","Level 5
Term","Level 6 Term","Level 7 Term"
"Sites","Standorte an denen das Unternehmen Büros betreibt",,TRUE,,,,,,,,
,,1031,TRUE,,"Deutschland",,,,,,
,,1031,TRUE,,"Deutschland","NRW",,,,,
,,1031,TRUE,,"Deutschland","NRW","Düsseldorf",,,,
,,1031,TRUE,,"Deutschland","NRW","Köln",,,,
,,1031,TRUE,,"Deutschland","NRW","Bonn",,,,
,,1031,TRUE,,"Deutschland","Bayern",,,,,
,,1031,TRUE,,"Deutschland","Bayern","München",,,,
,,1031,TRUE,,"Deutschland","Bayern","Nürnberg",,,,
```

HINWEIS Die Angaben der in diesem Beispielausdruckssatz definierten zweiten Zeile werden mit denen der nachfolgenden Zeilen kombiniert.

Limitierungen des verwalteten Metadatendiensts

Die in Tabelle 8.8 aufgeführten wichtigsten bekannten Limitierungen gelten für den verwalteten Metadatendienst.

Tabelle 8.8 Limitierungen des verwalteten Metadatendiensts

Limit	Max. Wert	Anmerkungen
Maximal verschachtelte Ebenen für Ausdrücke	7	Ausdrücke können bis zu 6 untergeordnete Ausdrücke und einen übergeordneten Ausdruck haben
Maximale Anzahl an Ausdruckssätzen	1.000	Maximale Anzahl pro Terminologiespeicher
Maximale Ausdrücke pro Satz	30.000	Maximale Anzahl an Ausdrücken pro Ausdruckssatz
Maximale Anzahl an Elementen	1 Million	Maximale Gesamtanzahl an Elementen im Terminologiespeicher, wobei Ausdrucklabel nicht separat zählen

Visio-Grafikdienst

Der Visio-Grafikdienst ermöglicht die Darstellung von Visio-Diagrammen innerhalb des SharePoint-Portals unter Verwendung von Echtzeitdatenverbindungen. Dabei werden aktuell die folgenden Datenquellen unterstützt:

- Microsoft SQL Server 7.0 bis 2012
- OLEDB
- ODBC
- SharePoint-Listen
- Excel Services
- Benutzerdefinierte Datenprovider, die als .NET-Assemblys implementiert wurden

Der Treiber für die Datenquelle muss auf jedem Anwendungsserver installiert werden, auf dem der Visio-Grafikdienst installiert ist, und als vertrauenswürdiger Datenprovider eingerichtet sein.

Es können Visio-Diagramme von Visio 2010 und 2013 dargestellt werden. Dabei sind die Diagramme mit der Professional-Edition von Visio zu erstellen. Die Visio-Zeichnung muss unter Verwendung des Visio Web Drawings-Formats (*.vwd*) oder dem in Visio 2013 neu eingeführten VSDX-Format in SharePoint publiziert werden. Das VSD-Format der Standard-Edition wird nicht für das Rendern auf einer SharePoint-Site unterstützt.

HINWEIS Es wird empfohlen, das neue VSDX-Format für das Rendern von Visio-Inhalten zu verwenden und lediglich bei einer erforderlichen Bearbeitung mithilfe von Visio 2010 auf das alte Format zurückzugreifen. Das neue Format ermöglicht die gemeinsame Diagrammerstellung erstmalig auch für Visio und verbessert die Interoperabilität mit anderen Anwendungen. Mit dem VSDX-Format hält nun endlich das bereits für andere Office-Formate bereits seit Office 2007 verfügbare Konstrukt Einzug, wonach nun vorwiegend XML-Daten in ein ZIP-Archiv gebündelt werden. Somit werden nun auch andere Szenarien wie die Wiederherstellung von korrupten Visio-Dateien oder die durch XML forcierte, transparentere Sicherheit verbessert.

Visio-Grafikdienst – Diagrammaktualität

Beachten Sie, dass Visio-Diagramme mit externen Datenbezügen standardmäßig nicht automatisch aktualisiert werden. Die Aktualisierung von externen Daten erfolgt in folgenden Situationen:

- Beim Öffnen eines Visio-Diagramms
- Beim Auslösen einer manuellen Aktualisierung eines geöffneten Diagramms
- Bei der Verwendung eines Visio-Webparts für die Darstellung eines Diagramms kann das Webpart dafür konfiguriert werden, sich automatisch zu aktualisieren

Alternativ zu diesen Standardverfahren ist es auch programmatisch möglich, mithilfe von JavaScript eine Aktualisierung des entsprechenden Visio-Webparts auszulösen, indem die *Vwa.VwaControl.refreshDiagram*-Methode der Mashup-API aufgerufen wird.

Visio-Grafikdienst – Leistung

Aufgrund der vielfältigen und komplexen Nutzung des Visio-Grafikdiensts kann die Leistung bei der Darstellung der Inhalte stark variieren. Um die Leistung bei komplexen Visio-Diagrammen mit umfangreichen Datenquellen zu optimieren, können Sie neben der Reduktion des darzustellenden Diagramms die Leistung des Servers durch folgende Maßnahmen optimieren:

- Erhöhung der Arbeitsspeicher und CPU-Ressourcen auf dem Server mit der Visio-Dienstinstanz
- Starten weiterer Visio-Dienstinstanzen auf zusätzlichen SharePoint-Servern
- Modifizierung der Visio-Cacheeinstellungen
- Auslagern der Visio-Services auf SharePoint-Serverknoten mit geringerer Auslastung zu Spitzenzeiten

Visio-Grafikdienst – Sicherheit

Bei der Herstellung einer Verbindung zu einer externen Datenquelle wird zuvor die konfigurierte Liste der vertrauenswürdigen Datenanbieter überprüft. Sollte sich der Datenanbieter nicht auf der Liste befinden, wird die Verbindungsanfrage ignoriert.

Beachten Sie, dass externe Datenquellen nur authentifiziert angebunden werden können, sofern Sie sich innerhalb der gleichen Domäne wie die SharePoint-Farm befinden. Sollte dies für eine externe Datenquelle nicht zutreffen, muss Visio Services entsprechend für die Verwendung des Secure Stores konfiguriert worden sein.

Sollte die Datenquelle eine SharePoint-Liste sein, muss der das Diagramm aufrufende Benutzer sowohl Berechtigungen auf das Diagramm als auch auf die SharePoint-Liste besitzen. Verfahren Sie entsprechend für Diagramme, die auf Excel Services-Inhalte zugreifen.

Beim Zugriff auf Inhalte in SQL Server-Datenbanken unter Verwendung der integrierten Windows-Authentifizierung ist zu beachten, dass diese nur in Kombination mit der eingeschränkten Kerberos Delegierung verfügbar sind. Alternativ kann der Secure Store für ein beliebiges Mapping-Szenario (1 zu 1, n zu 1 oder n zu m) oder das unbeaufsichtigte Dienstkonto verwendet werden, um alle Anwender unter der Verwendung eines Kontos zu impersonisieren.

HINWEIS Beachten Sie, dass die hier angeführten Authentifizierungsvariationen für SQL Server-Datenbanken nicht in beliebiger Reihenfolge automatisch angewandt werden können. Während das unbeaufsichtigte Dienstkonto verwendet wird, sofern kein anderes Authentifizierungsverfahren explizit angegeben ist, wird es beispielsweise nicht verwendet, sofern die integrierte Windows-Authentifizierung aktiviert ist.

Um die unterschiedlichen Ansätze für authentifizierte Datenabfragen besser zu verstehen, werden die primären Ansätze in der Tabelle 8.9 gegenübergestellt.

Tabelle 8.9 Gegenüberstellung der Visio-Authentifizierungsmethoden für externe Datenquellen

Authentifizierungsmethode	Vorteile	Nachteile
Eingeschränkte Kerberos-Delegierung	Delegierung der Anwenderidentität über mehrere Hops Integriertes Auditing Personalisierte Abfragen	Komplexe Einrichtung Erschwertes Troubleshooting
Secure Store	Einfach zu konfigurieren Flexible Mappings Verwendung von Nicht-Windows-Identitäten Wiederverwendbare Mappings	Verwaltungsmehraufwand für die Zuordnungen Eingeschränktes Auditing
Unbeaufsichtigtes Dienstkonto	Unkompliziertester Ansatz Kein Verwaltungsmehraufwand	Keine Differenzierung aus Datenquellensicht möglich Somit kein relevantes Auditing

Visio-Grafikdienst – Limitierungen

Die in Tabelle 8.10 aufgeführten wichtigsten bekannten Limitierungen gelten für den Visio-Grafikdienst.

Tabelle 8.10 Limitierungen des Visio-Grafikdiensts

Limit	Maximaler Wert	Anmerkungen
Maximale Größe von Visio-Webdiagrammen	50 MB (Standard 25)	Die konfigurierbare, maximale Größe eines Visio-Diagramms hat Einfluss auf die Verwendung von Ressourcen, wie Arbeitsspeicher und CPU in Kombination mit Visio Services
Webdiagramme-Rekalkulationszeit	120 Sekunden (Standard 60)	Dies entspricht der Zeit bis zum Timeout bei der Rekalkulation der Grafik im Rahmen einer Aktualisierung
Cachealter	0 bis 34.560 Minuten (Standard 60)	Durch den rejustierbaren Zeitraum der Zwischenspeicherung können Sie notwendige Häufigkeit an erneuten Kalkulationen beeinflussen, um so Ressourcen und Wartezeiten in Ihrem Sinne zu justieren

HINWEIS Die Limitierungen unter Visio Services in SharePoint 2013 entsprechen denen unter SharePoint 2010.

Word Automation Services

Die Word Automation Services-Anwendung ermöglicht Ihnen die serverseitige, unbeaufsichtigte Massenkonvertierung von Dokumenten. Diese Aufgabenstellung musste zuvor mithilfe eines Office-Clients, wie Microsoft Office Word, realisiert werden. Die folgenden Formate werden für die Konvertierung unterstützt:

- Open File-Format (*.docx*, *.docm*, *.dotx*, *.dotm*)
- Rich Text-Dateien (*.rtf*)
- Websites (*.mht*, *.mhtml*)
- Word 97-2003-Dokumente (*.doc*, *.dot*)
- Word 2003-2013-XML-Dokumente (*.xml*)

HINWEIS Die maximale Dokumentgröße für zu konvertierende Inhalte beträgt 512 MB. Die weiteren Grenzwerte entsprechen ebenfalls denen von SharePoint 2010.

Als Zielformat werden neben den obigen Quellformaten die folgenden Zielformate unterstützt:

- Portable Document Format-Dokumente (*.pdf*)

HINWEIS Die Kompressionsrate der auf diesem Wege erstellten PDF-Inhalte ist im Vergleich zu einer nativen Bearbeitung nicht optimal.

- Open XML Paper Specification-Dokumente (*.xps*)

Die Architektur von Word Automation Services beinhaltet zwei unterschiedliche Backend-Komponenten: den Manager und den Worker. Während der Manager die Konvertierung mithilfe einer Warteschlange und des Zeitauftraggebers koordiniert, führt der Worker die eigentliche und auch ressourcenintensivere Aufgabe des Konvertierens durch (Abbildung 8.12).

Abbildg. 8.12 Architekturmodell von Word Automation Services

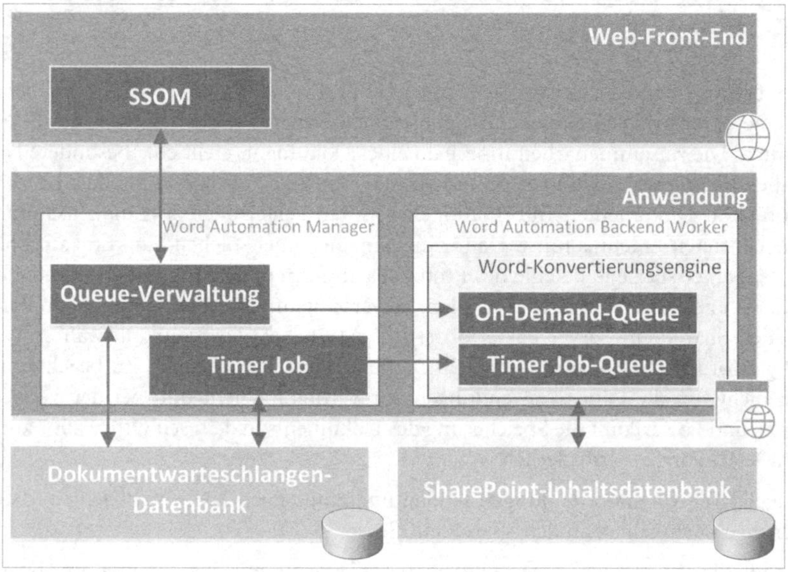

Für den On-Demand- und Timer-Job-basierten Initiator gibt es dedizierte Warteschlangen. Dokumente können dabei jeweils nur einzeln einer On-Demand-Konvertierung zugeführt werden, jedoch sind durchaus auch mehrere synchrone Konvertierungen parallel möglich. Wichtig ist es, anzumerken, dass On-Demand-Konvertierungsvorgänge höher priorisiert werden, als die klassischen Zeitauftraggeber-basierten Konvertierungen. Beim Auslösen einer On-Demand-Konvertierung wird ein bestehender anderer Konvertierungsvorgang vorübergehend unterbrochen und nach Fertigstellung wieder aufgenommen.

HINWEIS Beachten Sie, dass die Konvertierung potenziell die Ressourcen der dem entsprechenden Anwendungspool zugeordneten CPU vollständig auslasten kann. Isolieren Sie bei höheren Konvertierungsaufwänden die Dienstanwendung in einem separaten Anwendungspool.

Um die Fertigkeiten bei der Konvertierung weiter auszubauen, finden Sie weitere Hilfestellung im Microsoft Open Office XML SDK. Mithilfe dieses auf .NET Framework basierenden Tools können Dokumentinhalte flexibel erstellt, aktualisiert und zusammengeführt werden. So lässt sich beispielsweise in Kombination dieser beiden Technologien ein Szenario abbilden, wonach automatisiert Daten einer Datenbank basierend auf einer Dokumentvorlage zusammengeführt und in ein gewünschtes Zielformat überführt werden. Hierdurch entsteht eine echte Alternative zu den bislang verbreiteten clientbasierten Automationsansätzen.

Protokolle und Prozesse

In diesem Abschnitt erhalten Sie einen Einblick in relevante SharePoint 2013-Protokolle und Prozesse.

File Synchronization Service via SOAP über HTTP-Protokoll

Das File Synchronization Service via SOAP über HTTP-Protokoll (MS-FSSHTTP) bildet die Grundlage für eine bereits in SharePoint 2010 eingeführte Neuerung: das gemeinsame Bearbeiten von Dokumenten. Die Zusammenarbeit innerhalb eines Dokuments stellt eine besondere Herausforderung an die im Hintergrund aktive Technologie dar, da es zu verhindern gilt, dass bei der parallelen Bearbeitung von Dokumenten Informationen verloren gehen oder dass die Zusammenarbeit zu einem unerwarteten Ergebnis führt. Da für die Nutzung einer solchen Funktion sowohl der Client als auch der Server spezielle Befehle des Protokolls ausführen, sind gewisse Mindestanforderungen an die Client- und Serversoftware zu erfüllen. Serverseitig unterstützen sowohl SharePoint Foundation als auch SharePoint Server das erforderliche MS-FSSHTTP-Protokoll, während die aktuelle clientseitig erforderliche Software Office 2010 oder Office 2013 darstellt. Zu beachten ist, dass die Funktion nicht für alle Office-Anwendungen zur Verfügung steht und bei der Verwendung von Word, Excel und PowerPoint die Speicherung des Dokuments in dem seit Office 2007 zur Verfügung stehenden XML-Formats erforderlich ist.

Die MS-FSSHTTP-Clientanwendungen senden und empfangen XML-Nachrichten, die die aktuellen Änderungen beinhalten, an den SharePoint-Server.

Dabei sind die Logik und die Besonderheiten beim Umgang mit Dokumenten in Abhängigkeit des jeweils genutzten Office-Produkts unterschiedlich: Während Word und PowerPoint Änderungen lediglich versenden, sobald der Anwender das Dokument manuell speichert, übertragen die Office-Webanwendungen Ihre Differenzen alle paar Sekunden. Dabei werden lediglich die Differenzen übertragen, sodass beim eventuellen Hinzufügen einer Grafik zu einer bestehenden Präsentationsfolie lediglich das Bild übertragen wird. Die Änderungen werden auf der SharePoint-Seite koordiniert und festgehalten, während alle aktiven Endanwenderanwendungen durch den Protokollanbieter über etwaige Änderungen automatisch unterrichtet werden. Word sperrt die in Bearbeitung befindlichen Absätze, um Probleme beim Abgleich zu vermeiden. PowerPoint hingegen bittet den zweiten Anwender, das Dokument manuell zu speichern. Und OneNote versucht die Konflikte automatisch zu beheben, sodass beispielsweise in dem Fall, in dem ein Anwender einen Text bearbeitet, den ein anderer Anwender parallel verschiebt, das Ergebnis einen verschobenen bearbeiteten Text beinhaltet. Neben einer Reihe von Konfliktbehebungsmechanismen gilt im Zweifel (in Abhängigkeit von der genutzten Office-Anwendung) die Regel, dass der letzte, die Änderung schreibende Anwender, Vorrang hat.

Open Data-Protokoll (OData)

Das in SharePoint 2013 integrierte Open Data-Protokoll (OData) ist ein proprietäres Microsoft-Protokoll zur Abfrage und Änderung von Daten über http, Atom Veröffentlichungsprotokoll und JSON (JavaScript Object Notation). Auf diesem Wege können Abfragen nicht nur applikationsspezifisch, sondern applikationsübergreifend realisiert werden. Dabei wird das REST-Modell für alle Abfragen verwendet. Innerhalb der folgenden von Microsoft bereitgestellten Produkte und Technologien findet man OData-Schnittstellen vor:

- Windows Azure
- SQL Azure
- Ab SQL Server 2008 R2
- ADO.NET Data Services
- WCF Data Services
- Microsoft Dynamics CRM 2011
- Ab SharePoint Foundation 2010
- Ab SharePoint 2010
- SQL Server Reporting Services
- Windows Live

Weitere Drittanbieter, die diese API integriert haben sind eBay, IBM (WebSphere) und SAP (Netweaver). Eine aktuelle Liste aller Anbieter mit OData-Schnittstellen finden Sie unter *http://www.odata.org/ecosystem* [Ms156-K08-04].

In SharePoint 2013 steht ein neuer OData-Connector zur Verfügung, über den Sie mit OData-Providern kommunizieren können. So haben Sie die Möglichkeit, mithilfe von BCS mit OData-Quellen zu kommunizieren. Beispielsweise stellen SharePoint-Listen OData-Quellen dar, die von Consumern mit entsprechenden Rechten genutzt werden können.

Liste der Kernprozesse

Auf einem SharePoint-Server sind neben den verschiedenen Webanwendungsinstanzen potenziell eine ganze Reihe von Prozessen aktiv. Die Tabelle 8.11 gibt Ihnen eine Übersicht über die Kernprozesse von SharePoint und deren Anwendungszweck.

Tabelle 8.11 potenziell aktive Prozesse einer SharePoint-Installation

Prozess	Beschreibung
HCInstal.exe	Dient der Bereitstellung von Hilfeauflistungen
C2WTSHost.exe	Forderungen an den Windows-Tokendienst
DistributedCacheService.exe	Verteilter Cache
HostControllerService.exe	Steuerung der Suchdienstanwendung
MIIServer.exe	Synchronisierungsdienst für Forefront Identity Manager
Microsoft.Office.Server.Conversions.Launcher.exe	Startprogramm des Word-Konvertierungsdiensts
Microsoft.Office.Server.Conversions.LoadBalancer.exe	Lastenausgleich des Word-Konvertierungsdiensts
Microsoft.Resource.Management.Service.exe	Forefront Identity Manager-Dienst
MSSearch.exe	Durchforstungsprozess der Suche
Noderunner.exe	Mehrfach vorhandener Prozess der Suchkomponenten
OWSTimer.exe	Zeitgeberauftragsdienst, der die zahlreichen Jobs ausführt

Tabelle 8.11 potenziell aktive Prozesse einer SharePoint-Installation *(Fortsetzung)*

Prozess	Beschreibung
PSConfig.exe	SharePoint-Konfigurations-Assistent als Befehlszeilenversion
PSConfigUI.exe	Grafischer SharePoint-Konfigurations-Assistent
SPUCHostService.exe	Führt Benutzercodes in einem Sandkasten aus (SharePoint 2013 User Code Host-Dienst)
SPUCHostService.exe	Sandkasten-Ausführungshost
SPUCHostWorkerProcess.exe	Sandkastenprozess
SPUCHostWorkerProcessProxy.exe	Sandkastenproxy
SPWriter	VSS-Dienst (Volumenschattenkopie) für die SharePoint-Sicherung
STSADM.exe	Legacy SharePoint-Konfigurationstool der Eingabeaufforderung
WSSAdmin.exe	Prozess für diverse administrative Aktivitäten (SharePoint 2013-Verwaltungsdienst)
WSSTracing.exe	Verwaltet die Ablaufverfolgungsausgabe (SharePoint 2013 Tracing-Dienst)
W3WP.exe	Prozess, unter dem die Anwendungspools der Internetinformationsdienste (IIS) laufen

SharePoint-Elemente

Die im Folgenden aufgezeigten SharePoint-Elemente werden im Rahmen einer SharePoint 2013-Umgebung bereitgestellt.

Lokale Gruppen

SharePoint stellt eine Reihe an erforderlichen Zugriffsberechtigungen für Administrations-, Dienst- und Anwendungspoolkonten mithilfe von lokalen Windows-Gruppen bereit. In der Übersicht handelt es sich dabei um folgende Gruppen:

- *WSS_WPG*
- *WSS_ADMIN_WPG*
- *WSS_RESTRICTED_WPG_V4*

HINWEIS Sie müssen diese Gruppen nicht manuell verwalten. Vielmehr wird die Mitgliedschaft in diesen Gruppen mithilfe von Provisionierungsprozessen automatisch gesteuert. Lediglich in speziellen Fällen wie beispielsweise bei der Delegierung von Berechtigungen für Farmadministratoren wird eine manuelle Konfiguration erforderlich, die jedoch bevorzugt über Cmdlets wie beispielsweise *Add-SPShellAdmin* ausgeführt werden, da hierdurch parallel auch Rollen zugewiesen werden.

Die Gruppe *WSS_WPG* besitzt Lesezugriff auf lokale Ressourcen. Alle Anwendungspool- und Dienstkonten befinden sich in dieser Gruppe.

WSS_ADMIN_WPG besitzt Lese- und Schreibzugriff auf lokale Ressourcen. Die Anwendungspoolkonten für die Zentraladministration und die Zeitgeberdienste sind Mitglied in dieser Gruppe. Farmadministratoren benötigen die Mitgliedschaft in dieser Gruppe, um wichtige Verwaltungsaufgaben mithilfe der PowerShell ausführen zu können.

Mitglieder der Gruppe *WSS_RESTRICTED_WPG_V4* können den verschlüsselten Registrierungseintrag der Anmeldeinformationen für die Farmadministration lesen. Die Gruppe *WSS_RESTRICTED_WPG_V4* wird nur für die Ver- und Entschlüsselung von Kennwörtern verwendet, die in der Konfigurationsdatenbank gespeichert sind.

HINWEIS Eine Liste an Detailberechtigungen dieser Gruppen, sowie die Liste der Berechtigungen spezieller Dienstkonten, finden Sie unter *http://technet.microsoft.com/library/cc678863.aspx* [Ms156-K08-05].

Für den Benutzerprofildienst und dessen FIM-Komponente werden weitere Gruppen lokal auf dem zu provisionierenden System angelegt:

- *FIMSyncBrowse*
- *FIMSyncJoiners*
- *FIMSyncOperators*
- *FIMSyncPassswordSet*

Diese Gruppen spielen für die SharePoint-Verwaltung eine untergeordnete Rolle. Weitere Informationen zu den Gruppen finden Sie in der FIM-Dokumentation im Microsoft-TechNet.

Webanwendungen

Im Rahmen der Installation wurden drei Webanwendungen durch die Installationsroutine erzeugt:

- **SharePoint 80** Das Endbenutzerportal
- **SharePoint Central Administration v4** Die zentrale Verwaltungsoberfläche
- **SharePoint Web Services** Stellt die zahlreichen Webservices bereit

Anwendungspools

Die in Tabelle 8.12 aufgeführten Anwendungspools sind, unabhängig von der SharePoint-Version, Bestandteil Ihrer SharePoint-Implementierung.

Hinter den drei Anwendungspools mit dem kryptischen Globally Unique Identifier (GUID) verbergen sich Dienste wie der Sicherheitstokendienst oder die Dienste der Topologie.

Betrieb und Hintergrundinformationen

Tabelle 8.12 Anwendungspools

Anwendungspool	Identität	Beschreibung
SharePoint Web Services Root	Local Service	Der Nachfolger des alten Office Web Services-Pools. Steht für neue Anwendungen zur Verfügung, die ebenfalls unter einem anderen Anwendungspool laufen können. Standardmäßig ist dieser Pool gestoppt.
SharePoint Central Administration 4	Farmkonto	Verantwortlich für die Bereitstellung der Zentraladministration

Tabelle 8.12 Anwendungspools *(Fortsetzung)*

Anwendungspool	Identität	Beschreibung
[GUID]	Farmkonto	Dies ist die Topologie-Dienstanwendung (benannt nach einer GUID). Sie stellt Anwendungsentdeckungs- und Lastenausgleichsdienstanwendungen bereit.
Security Token Service Application Pool	Farmkonto	Dieser Pool ist sowohl in einer einzelnen Serverinstallation erforderlich, als auch für Inter-Farm-Operationen und externe Claims (benannt nach einer GUID)
SharePoint Web Services	SharePoint-Dienstekonto	In diesem Pool werden alle Dienstanwendungen gehostet (benannt nach einer GUID)

Workflows

In SharePoint 2013 sind, wie bereits unter SharePoint 2007, standardmäßig sechs Workflows enthalten, die Sie direkt aus Office-Anwendungen abrufen oder, beispielsweise mit Inhaltstypen, verknüpfen können (Tabelle 8.13).

Tabelle 8.13 In SharePoint 2013 enthaltene Workflows

Workflow	Beschreibung
Feedback sammeln	Sendet ein Dokument zur Überprüfung
Genehmigung	Sendet ein Dokument zur Genehmigung. Wird beispielsweise als Voraussetzung für die Veröffentlichung eines Dokuments verwendet.
Disposition	Verwaltet den Ablauf und die Disposition von Dokumenten
Signaturen sammeln	Leitet ein Dokument für Signaturen weiter
Übersetzung	Verwaltet die Übersetzung eines Dokuments in eine oder mehrere Sprachen
Genehmigung von ostasiatischen Dokumenten	Leitet ein Dokument mithilfe von Stempelsignaturen und eines gruppenorientierten Konsensprozesses zur Genehmigung weiter

HINWEIS Weiterführende Informationen zum Bereitstellen und Verwalten von Workflows finden Sie in Kapitel 19.

Sicherheit

Die folgenden Kryptografiealgorithmen und -berechtigungsstufen sind in SharePoint vorhanden.

Kryptografieunterstützung

Durch die Kombination von mindestens Office 2010 und SharePoint 2013 wird der Einsatz neuer sogenannter Cipher Suite-B (CNG)-Kryptografiealgorithmen ermöglicht. So stehen Ihnen beispielsweise zur Signatur und zur Bildung von Prüfsummen von Dokumenten, speziell von Formularen in InfoPath, die in Tabelle 8.14 aufgeführten neuen Algorithmen zur Verfügung.

Tabelle 8.14 Unterstützte Kryptografiealgorithmen in Office

	Signaturalgorithmen			Prüfsummenalgorithmen			
	ECC	RSA	DSA	SHA 512	SHA 384	SHA 256	SHA1
Office 2013	✓	✓	✓	✓	✓	✓	✓
Office 2010	✓	✓	✓	✓	✓	✓	✓
Office 2007		✓	✓				✓
Office 2003		✓	✓				✓

Während Ihnen die neuen Algorithmen mehr Sicherheit durch weniger Kollisionen (Prüfsummenalgorithmen) oder höhere Sicherheit bei deutlich weniger Rechenlast (Signaturalgorithmen) bieten, ist der Einsatz dieser Algorithmen mit Bedacht zu planen, da lediglich alle neueren Office-Generationen die neuen Algorithmen unterstützen und sie bei organisationsübergreifender Kommunikation nicht zwingend von einer solchen Office-Edition ausgehen können.

Berechtigungsstufen

SharePoint 2013 enthält standardmäßig sechs Berechtigungsstufen, die Sie zuordnen und anpassen können. Die Anpassung ist allerdings nicht verfügbar für die Berechtigungsstufen *Beschränkter Zugriff* und *Vollzugriff*.

In Tabelle 8.15 sind die Standardberechtigungsstufen für Teamwebsites in SharePoint 2013 aufgeführt.

Tabelle 8.15 Standardberechtigungsstufen für Teamwebsites

Berechtigungsstufe	Beschreibung	Standardmäßig enthaltene Berechtigungen
Beschränkter Zugriff	Ermöglicht den Zugriff auf freigegebene Ressourcen in der Website, damit Benutzer auf ein Element innerhalb der Website zugreifen können. Sollte mit abgestimmten Berechtigungen kombiniert werden, die Benutzern Zugriff auf eine bestimmte Liste, Dokumentbibliothek, ein bestimmtes Element oder Dokument gewähren, ohne dass sie Zugriff auf die gesamte Website erhalten. Kann nicht angepasst oder gelöscht werden.	Benutzerinformationen durchsuchen
		Clientintegrationsfeatures verwenden
Lesen	Ermöglicht den schreibgeschützten Zugriff auf die Website	Elemente anzeigen
		Elemente öffnen
		Versionen anzeigen
		Benachrichtigungen erstellen
		Anwendungsseiten anzeigen
		Self-Service Site Creation verwenden

Tabelle 8.15 Standardberechtigungsstufen für Teamwebsites *(Fortsetzung)*

Berechtigungsstufe	Beschreibung	Standardmäßig enthaltene Berechtigungen
		Seiten anzeigen
		Benutzerinformationen durchsuchen
		Remoteschnittstellen verwenden
		Clientintegrationsfeatures verwenden
		Öffnen
Teilnehmen	Erstellen und Bearbeiten von Elementen in vorhandenen Listen und Dokumentbibliotheken	Leseberechtigungen plus:
		Unsicheren Inhalt verwalten
Entwerfen	Erstellen von Listen und Dokumentbibliotheken und Bearbeiten von Seiten auf der Website	Genehmigungsberechtigungen plus:
		Listen verwalten
		Seiten hinzufügen und anpassen
		Designs und Rahmen anwenden
		Stylesheets anwenden
Vollzugriff	Ermöglicht den Vollzugriff für den Bereich	Alle Berechtigungen Formularende

In anderen Websitevorlagen als der Teamsite werden abweichende Berechtigungen für zusätzliche Gruppen erteilt (Tabelle 8.16).

Tabelle 8.16 Zusätzlich in der Veröffentlichungsvorlage enthaltene Berechtigungen

Berechtigungsstufe	Beschreibung	Standardmäßig enthaltene Berechtigungen
Eingeschränkter Lesezugriff	Anzeigen von Seiten und Dokumenten. Nur für Veröffentlichungssites.	Elemente anzeigen
		Elemente öffnen
		Seiten anzeigen
		Öffnen
Eingeschränkte Schnittstellen für die Übersetzung	Kann Seiten und Dokumente anzeigen, jedoch keinen Versionsverlauf oder Benutzerberechtigungen	Elemente anzeigen
		Elemente öffnen
		Seiten anzeigen
		Remoteschnittstellen verwenden

Tabelle 8.16 Zusätzlich in der Veröffentlichungsvorlage enthaltene Berechtigungen *(Fortsetzung)*

Berechtigungsstufe	Beschreibung	Standardmäßig enthaltene Berechtigungen
Nur anzeigen	Anzeigen von Seiten, Listenelementen und Dokumenten. Wenn für das Dokument ein serverseitiger Dateihandler verfügbar ist, kann das Dokument nur mithilfe dieses Dateihandlers angezeigt werden.	Berechtigungen für den eingeschränkten Zugriff plus:
		Elemente anzeigen
		Versionen anzeigen
		Benachrichtigungen erstellen
		Erstellen mobiler Benachrichtigungen
		Anwendungsseiten anzeigen
Genehmigen	Bearbeiten und Genehmigen von Seiten, Listenelementen und Dokumenten. Nur für Veröffentlichungssites.	Mitwirkungsberechtigungen plus:
		Auschecken außer Kraft setzen
		Elemente genehmigen
Hierarchie verwalten	Erstellen von Websites, bearbeiten von Seiten, Listenelementen und Dokumenten. Nur für Veröffentlichungswebsites.	Entwurfsberechtigungen ohne die Berechtigung Elemente genehmigen plus:
		Berechtigungen verwalten
		Verwendungsdaten anzeigen
		Unterwebsites erstellen
		Website verwalten
		Benachrichtigungen verwalten

SQL Server und SharePoint-Datenbanken

In diesem Abschnitt werden die verfügbaren SharePoint-Datenbanken beschrieben sowie die Änderungen beim Umgang mit einer schreibgeschützten Inhaltsdatenbank erläutert.

Übersicht der SharePoint-Datenbanken

Weitere Details zu den genau zu kalkulierenden Größen der Inhaltsdatenbanken finden Sie in Kapitel 3.

Die in diesem Abschnitt verwendeten Größenkategorisierungen sind entsprechend der Tabelle 8.17 einzuordnen.

Tabelle 8.17 Größenzuordnungen

Beschreibung	Größenbereich
Gering	Bis 1 GB
Mittel	Bis zu 100 GB

Tabelle 8.17 Größenzuordnungen *(Fortsetzung)*

Beschreibung	Größenbereich
Groß	Bis zu 1 TB
Sehr groß	Mehr als 1 TB

Allgemeine SharePoint-Datenbanken

Die in Tabelle 8.18 aufgeführten Datenbanken finden Sie sowohl in SharePoint Foundation als auch in SharePoint Server vor.

Tabelle 8.18 Allgemeine SharePoint-Datenbanken

Datenbank	Eigenschaften
Konfiguration	Enthält die Konfigurationsparameter der Serverfarm (alle IIS-Websites, Webanwendungen, Lösungen, Sitevorlagen und zugehörigen Einstellungen)
	Größe: Gering (potenziell umfangreiche Transaktionsprotokolldateien bei Standardeinstellungen)
	Platzierung: Parallel zu der Zentraladministrationsinhalts-DB
	Skalierung: Vertikal – Nur eine pro Serverfarm
Zentraladministration Inhaltsdatenbank	Inhaltsdatenbank der Zentraladministration
	Größe: Gering
	Platzierung: Zusammen mit der Konfigurationsdatenbank
	Skalierung: Nur eine pro Serverfarm
Inhaltsdatenbank	Speichert alle Siteinhalte wie Dokumente, Listen, Web Part-Eigenschaften und Protokollierungsdaten, aber auch Office Web App-Daten. Websitesammlungen werden auf Inhaltsdatenbanken verteilt.
	Größe: Variiert je nach Verwendung. Grob das 1,2-fache an Speicher im Vergleich zu den enthaltenen Daten auf dem Dateisystem. Sollte aus praktischen Gründen 200 GB nicht übersteigen. Bei ausreichenden IOPS auf SQL-Seite können auch 1 TB genutzt werden. Für spezielle Nutzungsszenarien, wie die Nutzung in Form eines Archivs (zu nicht kollaborativen Zwecken), kann die Größe auch bis 4 TB betragen.
	Platzierung: Keine Anforderungen
	Skalierung: Vertikal – Auf Websitesammlungsbasis können Inhalte unterteilt werden, um die Gesamtgröße zu begrenzen
App-Verwaltung	Speichert App-Lizenzen und Berechtigungen
	Größe: Gering
	Platzierung: Keine Anforderungen, hohe Schreiblast
	Skalierung: -

Tabelle 8.18 Allgemeine SharePoint-Datenbanken *(Fortsetzung)*

Datenbank	Eigenschaften
Verwendungs- und Integritätsdatenerfassung	Speichert Monitoring und Verwendungsdaten temporär für Berichts- und Diagnosezwecke
	Größe: potenziell sehr groß
	Platzierung: Die Dienstanwendung erzeugt potenziell sehr hohe Schreibzugriffsaktivitäten auf der Datenbank und sollte zumindest auf einer separaten Spindel positioniert werden. In großen Umgebungen gar auf einem dedizierten Server. Dies ist die einzige SharePoint-Datenbank, für die direkte Anfragen und Schemaanpassungen unterstützt werden.
	Skalierung: Vertikal – Lediglich eine zugehörige Dienstanwendungsinstanz wird pro Serverfarm unterstützt
Business Data Connectivity-Dienst	Speichert externe Inhaltstypen und zugehörige Objekte
	Größe: Gering
	Platzierung: Hohe Leseaktivität
	Skalierung: Vertikal
Abonnementeinstellungsdienst	Speichert Funktionen und Einstellungen in Hostingumgebungen. Datenbank ist via PowerShell zu erzeugen.
	Größe: Gering
	Platzierung: Hohe Leseaktivität
	Skalierung: Vertikal und horizontal

Datenbanken in SharePoint 2013 Standard

Die in Tabelle 8.19 aufgeführten Datenbanken stehen Ihnen zur Verfügung, sofern Sie die Standard-Edition von SharePoint 2013 verwenden.

Tabelle 8.19 SharePoint 2013-Datenbanken

Datenbank	Eigenschaften
Suchadministration	Die Datenbank der Suchadministration beherbergt die Suchkonfiguration
	Größe: Mittel
	Platzierung: –
	Skalierung: Vertikal und horizontal möglich, jedoch bedeutet eine horizontale Skalierung, dass eine neue Dienstanwendungsinstanz erzeugt wurde, was andere Implikationen mit sich bringt
Analytics	Speichert die ehemaligen Web Analytics-Inhalte für die Zugriffsberichte
	Größe: Mittel bis groß
	Platzierung: In extrem großen Umgebungen sollte diese Datenbank auf einem dedizierten Datenbankserver bereitgestellt werden. Hohe Schreibaktivität zu erwarten
	Skalierung: Horizontal durch das Hinzufügen neuer Analyticdatenbanken alle 200 GB

Tabelle 8.19 SharePoint 2013-Datenbanken *(Fortsetzung)*

Datenbank	Eigenschaften
Crawldatenbank	Speichert den Zustand der durchsuchten Daten und die Crawlhistorie
	Größe: Mittel
	Platzierung: Pro 20 Millionen durchforstete Elemente eine weitere Durchforstungsdatenbank hinzufügen. Hohe lesende Aktivität zu erwarten.
	Skalierung: Vertikal und horizontal durch das Hinzufügen neuer Crawldatenbanken. Ggf. Datenbankkompression verwenden.
Link	Speichert Informationen der Durchklickrelevanz der Inhaltsanalyse
	Größe: Mittel bis groß
	Platzierung: Pro 60 Millionen Elementen eine dedizierte Datenbank. Hohe schreibende Aktivität zu erwarten.
	Skalierung: Horizontal durch das Hinzufügen neuer Datenbanken
Profildatenbank	Speichert und verwaltet Benutzer und deren Informationen (Benutzerprofildienstanwendung)
	Größe: Mittel bis groß
	Platzierung: Hohe Leseaktivität
	Skalierung: Üblicherweise vertikal, da eine horizontale Skalierung aus anderen Gründen in Erwägung gezogen wird
Synchronisierungsdatenbank	Speichert Konfigurations- und Stagingdaten, die für die Synchronisierung mit einem Verzeichnisdienst wie Active Directory anfallen (Benutzerprofildienst-anwendung)
	Größe: Mittel bis groß
	Platzierung: Ausgewogenes Lese/Schreib-Verhältnis
	Skalierung: Üblicherweise vertikal, da eine horizontale Skalierung aus anderen Gründen in Erwägung gezogen wird
Maschinelle Übersetzung	Speichert Informationen über Übersetzungsaufträge
	Größe: Gering
	Platzierung: Leseintensiv
	Skalierung: Vertikal
Secure Store	Speichert Anmeldeinformationen wie Benutzernamen und Passworte und ordnet diese zu
	Größe: Gering
	Platzierung: Aus Sicherheitsgründen sollte in Erwägung gezogen werden, diese Datenbank auf einer separaten Datenbankserverinstanz bereitzustellen und den administrativen Zugang zu diesem Datenbankserver stark zu begrenzen
	Skalierung: Üblicherweise vertikal, da eine horizontale Skalierung aus anderen Gründen in Erwägung gezogen wird

Tabelle 8.19 SharePoint 2013-Datenbanken *(Fortsetzung)*

Datenbank	Eigenschaften
Social Tagging-Datenbank	Speichert Tags und soziale Informationen, die durch den Anwender erstellt wurden (Benutzerprofildienstanwendung)
	Größe: Gering bis sehr groß, in Abhängigkeit von der Häufigkeit der Verwendung von Tags und Bewertungen
	Platzierung: Hohe Leseaktivität
	Skalierung: Üblicherweise vertikal, da eine horizontale Skalierung aus anderen Gründen in Erwägung gezogen wird
Statusdienst	Speichert temporäre Sitzungsstatusinformationen
	Größe: Mittel bis groß, in Abhängigkeit der Verwendung der zugehörigen Funktionen
	Platzierung: Hohe Leseaktivität
	Skalierung: Horizontal durch das Hinzufügen einer weiteren Statusdatenbank
Verwaltete Metadatendatenbank	Speichert Schlüsselwörter bzw. verwaltete Metadaten und Inhaltstypen
	Größe: Mittel
	Platzierung: Hohe Leseaktivität
	Skalierung: Vertikal oder horizontal durch das Hinzufügen einer weiteren verwalteten Metadaten-Dienstinstanz

Datenbanken in SharePoint 2013 Enterprise

Die in Tabelle 8.20 aufgeführten Datenbanken stehen Ihnen zur Verfügung, sofern Sie die Enterprise-Edition von SharePoint 2013 verwenden.

Tabelle 8.20 SharePoint 2013 Enterprise Edition-spezifische Datenbanken

Datenbank	Eigenschaften
Word Automation-Datenbank	Speichert Informationen über ausstehende und bereits abgeschlossene Dokumentkonvertierungen
	Größe: Gering
	Platzierung: –
	Skalierung: Vertikal
PerformancePoint	Speichert temporäre Objekte und Benutzerkommentare sowie -Einstellungen
	Größe: Gering
	Platzierung: Hohe Leseaktivität
	Skalierung: Üblicherweise vertikal, da eine horizontale Skalierung aus anderen Gründen in Erwägung gezogen wird

Tabelle 8.20 SharePoint 2013 Enterprise Edition-spezifische Datenbanken *(Fortsetzung)*

Datenbank	Eigenschaften
PowerPivot	Speichert Datenaktualisierungsintervalle und Verwendungsdaten
	Größe: Gering
	Platzierung: –
	Skalierung: Vertikal

SharePoint-Erweiterungen

Diese Datenbanken sind in einigen ausgewählten SharePoint-Erweiterungen enthalten.

Microsoft Project Server 2013

Zusammengefasst besitzen die Project Server 2013-Datenbanken ein Profil entsprechend der Tabelle 8.21.

Tabelle 8.21 Project Server-Datenbankprofil

Datenbank	Eigenschaften
Project	Speichert alle Project Web App (PWA)-Informationen
	Größe: Gering bis mittel
	Platzierung: Leseintensiv
	Skalierung: Vertikal

Microsoft SQL Server PowerPivot

Die PowerPivot-Dienstanwendung erfordert den Einsatz der SQL Server 2008 R2 Enterprise Edition Analysis Services in Ihrer Umgebung.

Tabelle 8.22 Liste der PowerPivot-Datenbanken

Datenbank	Eigenschaften
PowerPivot-Dienstanwendung	Beinhaltet den Speicherort von zwischengespeicherten oder geladenen PowerPivot-Datendateien sowie Nutzungsprofildaten
	Größe: Gering
	Platzierung: Hohe Leseaktivität
	Skalierung: Vertikal

Benutzererfahrung bei schreibgeschützten Datenbanken

Sind die Inhaltsdatenbanken oder die Websitesammlungen schreibgeschützt, gibt es abweichende Besonderheiten in der Benutzererfahrung, über die Sie sich informieren sollten.

Während die meisten Befehle und Funktionen, die Schreibrechte erfordern, bei aktiviertem Schreibschutz automatisch ausgeblendet werden, verbleiben einige wenige Befehle und Optionen in der Oberfläche und führen bei Verwendung zu einem Fehler (Tabelle 8.23).

Tabelle 8.23 Fehlermeldungen bei Schreibschutz

Komponente oder Bereich	Vorgangs- oder Aktionstyp	Verhalten oder Fehlermeldung
Websitedesign	Klicken Sie auf der Seite *Websitedesign* auf *Übernehmen*	Von SharePoint wird die Fehlermeldung »Fehler: Zugriff verweigert« zurückgegeben
Websitebibliotheken und -listen	Klicken Sie auf *Neuen Inhalt erstellen*	Von SharePoint wird die Meldung »Unerwarteter Fehler« zurückgegeben
Websites und Arbeitsbereiche	Klicken Sie auf *Erstellen*	Von SharePoint wird die Fehlermeldung »Fehler: Zugriff verweigert« zurückgegeben
Schnellstart anpassen	Klicken Sie auf *Reihenfolge ändern*, legen Sie auf der Seite *Hyperlinks neu anordnen* eine neue Anforderung für die Links fest, und klicken Sie anschließend auf *OK*	Von SharePoint wird die Fehlermeldung »Fehler: Zugriff verweigert« zurückgegeben
Websitefeatures	Klicken Sie auf *Aktivieren* oder *Deaktivieren*	Von SharePoint wird die Fehlermeldung »Fehler: Zugriff verweigert« zurückgegeben
Diese Website löschen		Von SharePoint wird die Fehlermeldung »Fehler: Zugriff verweigert« zurückgegeben
Papierkorb	Klicken Sie auf eine der folgenden Schaltflächen: *Auswahl wiederherstellen* *Auswahl löschen* *Papierkorb leeren*	Von SharePoint wird die Fehlermeldung »Fehler: Zugriff verweigert« zurückgegeben
SharePoint Designer-Einstellungen	Ändern Sie eine beliebige Einstellung, und klicken Sie auf *OK*	Von SharePoint wird die Fehlermeldung »Fehler: Zugriff verweigert« zurückgegeben
Hilfeeinstellungen		Von SharePoint wird die Fehlermeldung »Fehler: Zugriff verweigert« zurückgegeben
Sucheinstellungen	Ändern Sie eine beliebige Einstellung, und klicken Sie auf *OK*	Von SharePoint wird die Fehlermeldung »Fehler: Zugriff verweigert« zurückgegeben
Suchbereiche	Klicken Sie auf *Neuer Bereich*, ändern Sie eine beliebige Einstellung, und klicken Sie auf *OK*. Klicken Sie auf *Anzeigegruppe* und *Neue Anzeigegruppe*, ändern Sie eine beliebige Einstellung, und klicken Sie auf *OK*.	Von SharePoint wird die Meldung »Speichern ist aufgrund des folgenden Fehlers nicht möglich: Es wurde versucht, einen nicht autorisierten Vorgang auszuführen.« angezeigt

Tabelle 8.23 Fehlermeldungen bei Schreibschutz *(Fortsetzung)*

Komponente oder Bereich	Vorgangs- oder Aktionstyp	Verhalten oder Fehlermeldung
Menüband mit benutzerdefinierten Befehlen	Klicken Sie auf *Formular anpassen*	Von SharePoint wird die Microsoft InfoPath-Meldung »Anmeldeinformationen zum Verbinden mit dem folgenden Webdienst« angezeigt
Menüband mit Listentools, Registerkarte Liste	Klicken Sie auf *Formular anpassen*	Von SharePoint wird die Fehlermeldung »Für die Verwendung dieses Features ist Microsoft InfoPath 2010 erforderlich« zurückgegeben

Weitere Komponenten/Aspekte

In diesem Abschnitt werden Details zu weiteren SharePoint-Komponenten und -Aspekten angeführt.

SharePoint-Aktualisierungen

Die nachfolgenden Hintergrundinformationen sind für ein besseres Verständnis von SharePoint-Aktualisierungen und -Versionen von Vorteil.

SharePoint-Versionsnummern verstehen

Die SharePoint-Versionsnummer setzt sich aus vier Segmenten zusammen. Diese Segmente werden nach der folgenden Logik gebildet (Abbildung 8.13).

Abbildg. 8.13 SharePoint-Versionsnummern

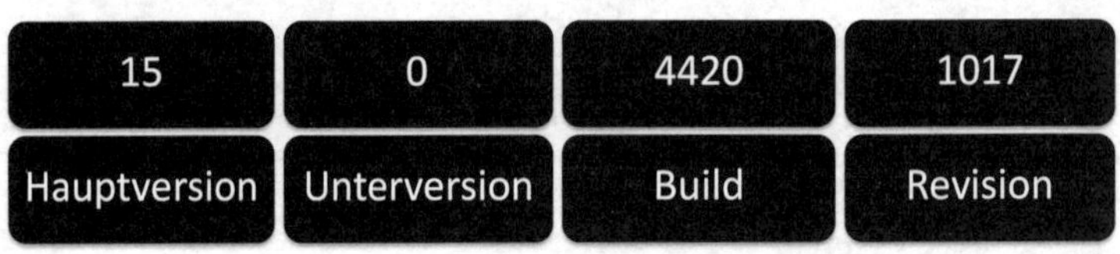

- Das erste Segment spiegelt als Hauptversionsnummer die Produktversion wider. Dabei steht eine 12 für SharePoint 2007, 14 für SharePoint 2010 und 15 für SharePoint 2013.
- Die Unterversionsnummer steht in der Regel fest und kann beispielsweise durch Service Packs erhöht werden. Dies kann im Einzelfall auch lediglich in den Protokollen registriert werden.
- Die Buildnummer spiegelt die genaue SharePoint-Version wider. Durch das Einspielen einer Aktualisierung erhöhen Sie die Buildnummer. Die Buildnummer wird auch durch Service Packs erhöht.
- Die Revisionsnummer indiziert den Typ der Aktualisierung. Dabei wird zwischen folgenden Typen unterschieden:
  - 5000 stellt einen voll unterstützten Hotfix für Produktionsumgebungen dar.
  - 1000 steht für ein Service Pack

- 300x steht für eine individuelle Aktualisierung, die durch die Zusammenarbeit mit den Microsoft Premier Support Services entstanden ist. Da diese Aktualisierungen nicht vollständig getestet wurden und ein nicht geringes Risiko eines unerwarteten Datenverlusts besteht, sollten diese Aktualisierungen nur im Ausnahmefall und möglichst nicht in Produktionsumgebungen verwendet werden.

Sie können die Buildnummer auf unterschiedliche Arten identifizieren:

- Über die Zentraladministration (unter *Upgrade und Migration*)
- In den Eigenschaften der SharePoint-DLLs
- In der Tabelle *dbo.Versions* der SQL Server-Datenbanken
- In dem zur Aktualisierung zugehörigen KB-Artikel wird die KB-Nummer angezeigt
- In den Upgrade-Protokollen (innerhalb des Protokollverzeichnisses von SharePoint)

HINWEIS Weitere Hinweise zur Interpretation von Produktcode-GUIDs für Office 2013 finden Sie unter KB 2786054 (*http://support.microsoft.com/kb/2786054* [Ms156-K08-06]).

Aktualisierungszyklen und Supportrichtlinien

Um die Komplexität bei Aktualisierungen zu reduzieren, publiziert Microsoft für SharePoint in zweimonatlichen Abständen kumulative Aktualisierungen. Hierdurch ist es beispielsweise bei neuen SharePoint-Installationen lediglich erforderlich, das aktuellste Service Pack und das aktuelle kumulative Update einzuspielen, um Ihre Farminstallation schon bei der Installation auf den neuesten Stand zu bringen. Die Liste der relevanten SharePoint-Aktualisierungen und die Liste der Aktualisierungen für verwandte Technologien finden Sie unter *http://technet.microsoft.com/de-de/office/ee748587.aspx* [Ms156-K08-07].

ACHTUNG Beachten Sie, dass zwölf Monate nach der Veröffentlichung des neuesten Service Packs für SharePoint nur noch SharePoint-Versionen von Microsoft unterstützt werden, die das entsprechende Service Pack installiert haben.

BLOB-Cache

Üblicherweise werden fast sämtliche Inhalte, die ein Client zur Darstellung der Website vom SharePoint-Server abruft, vom SharePoint-Web-Front-End-Server aus den Inhaltsdatenbanken abgerufen. Hier liegt eine wichtige Ursache dafür, dass die SharePoint-Leistung so stark von der E/A-Leistungsfähigkeit von SQL Server abhängt. Dabei ergibt es kaum Sinn, alle angeforderten Dateitypen fortwährend aus der Datenbank abzurufen, da spezielle Informationen, wie Hintergrundgrafiken oder Layouts, sich in der Zwischenzeit nur unwahrscheinlich verändern.

An dieser Stelle greift der BLOB-Cache ein: Der datenträgerbasierte BLOB-Cache steuert das Zwischenspeichern für BLOB-Daten wie häufig verwendete Bild-, Audio- und Videodateien sowie weitere Dateitypen wie beispielsweise *.css*- und *.js*-Dateien, die zur Darstellung der Webseiten verwendet werden. Der BLOB-Cache wird auf einem Web-Front-End-Server, also der Schnittstelle zum Client, aktiviert und verbessert die Leistung, indem die konfigurierten BLOB-Dateitypen vereinfacht einmalig aus der Datenbank abgerufen und in einem Verzeichnis auf dem Web-Front-End-Server gespeichert werden, von wo aus sie Anwendern bereitgestellt werden. Nachfolgende Aufrufe, die diese Objekte betreffen, werden aus dem lokalen BLOB-Cache, und nicht mehr über die Datenbank bedient, sodass hierdurch die Datenbank und die Netzwerkkommunikation zwischen Web-Front-End- und dem Datenbankserver entlastet werden.

Jeder Web-Front-End-Server weist eine eigene lokale Kopie des BLOB-Caches auf, die erstellt wird, wenn Anforderungen für Dateien empfangen werden. Falls Sie den Lastenausgleich für mehrere Web-Front-End-Server verwenden, enthält jeder Server einen eigenen Cache. Wenn eine Datei vom ersten Server angefordert wird, wird sie nur auf diesem Server zwischengespeichert. Falls die nächste Anforderung für dieselbe Datei von einem zweiten Server stammt, wird eine zweite Anforderung an den Datenbankserver gesendet, um die Datei in den Cache auf dem zweiten Server abzurufen.

Der BLOB-Cache weist zusätzlich Features auf, die das Bereitstellen von Mediendateien für Benutzer unterstützen. Ein solches Feature ist die Unterstützung von Bytebereichsanforderungen, wobei die Benutzer einen späteren Zeitpunkt im Video auswählen und sofort die Wiedergabe starten können. Ein weiteres Feature ist die progressive Zwischenspeicherung, womit der Beginn einer großen Videodatei wiedergegeben wird, während die restliche Datei zwischengespeichert wird. Videodateien werden unterteilt und in kleineren Segmenten abgerufen, um die Auslastung zwischen den Web-Front-End- und Back-End-Servern zu verringern.

Wenn der BLOB-Cache aktiviert ist, werden verschiedene Bild-, Audio- und Videodateien zusammen mit *.css*- und *.js*-Dateien zwischengespeichert. Sie können die zwischenzuspeichernden Dateitypen definieren, indem Sie neue Dateinamenerweiterungen zur *web.config*-Datei hinzufügen oder entfernen.

Vor der potenziellen Aktivierung des BLOB-Caches berücksichtigen Sie bitte die Liste der nachfolgenden Auswirkungen des BLOB-Caches auf Ihre Umgebung:

- Durch die Aktivierung des BLOB-Caches wird sich die Leistung beim Zugriff auf Ihre Umgebung kurzfristig verschlechtern, bevor Sie eine Verbesserung feststellen werden (durch die erstmalige lokale Zwischenspeicherung).
- Für Websites mit überwiegend statischen Inhalten, wie beispielsweise Veröffentlichungswebsites, auf die die Anwender anonym zugreifen, sollten Sie möglichst viele Dateitypen für die Zwischenspeicherung aktivieren.
- Für Websites, die sehr viele schreibgeschützte Medienobjekte enthalten oder bei denen nur ein geringer Prozentsatz der Medienobjekte aktualisiert wird, sollten Sie den BLOB-Cache nur für Mediendateien aktivieren.
- Aufgrund der Eigenschaft, dass der BLOB-Cache lediglich auf Webanwendungsbasis zu aktivieren ist, sollten Websitesammlungen, die eine unterschiedliche Behandlung bezüglich des Cachingverhaltens erfordern, ggf. in separaten Webanwendungen platziert werden.

Wenn Sie den BLOB-Cache aktivieren, müssen Sie auf dem Web-Front-End-Server einen Speicherort für die Dateien angeben. Standardmäßig wird der Cache auf dem Laufwerk erstellt, auf dem SharePoint installiert ist. Achten Sie bei der Platzierung des BLOB-Caches auf eine ausreichende Speicherkapazität für den Cache. Sie haben jedoch auch die Möglichkeit, die Größe des BLOB-Caches zu begrenzen. Tragen Sie dafür Sorge, dass die E/A-Leistung des Dateisystems auf dem Ziellaufwerk nicht durch andere Prozesse zu stark reduziert wird, um die Leistung des BLOB-Caches zu optimieren. Ein SharePoint-eigener Prozess, der zu diesem Effekt führen kann, ist der vereinheitlichte Protokollierungsdienst (Unified Logging Service, ULS). Vermeiden Sie unbedingt, dass Sie die ULS-Protokollierung und den BLOB-Cache auf den gleichen physischen Datenträgern verwenden.

Bitratendrosselung

Bei der Bitratendrosselung handelt es sich um eine Erweiterung von IIS 7, mit der die Downloadgeschwindigkeiten von Mediendateitypen und Daten zwischen einem Server und einem Clientcomputer gemessen werden. Die codierten Bitraten von Mediendateitypen wie Windows Media Video (WMV), MPEG-4 (MP4) und Adobe Flash Video werden automatisch erkannt, und die Rate für die Übertragung dieser Dateien über HTTP an den Client werden gemäß der konfigurierten Bitratendrosselung gesteuert.

Standardmäßig werden nach der expliziten Installation der Komponente die folgenden Dateitypen für die Bitdatendrosselung unterstützt:

- .asf
- .avi
- .flv
- .m4v
- .mov
- .mp3
- .mp4
- .rm
- .rmvb
- .wma
- .wmv

Aktivieren Sie die Bitratendrosselung spätestens dann in IIS, wenn Sie Benutzern in SharePoint 2013 große Videoobjekte verfügbar machen möchten. Ohne die Bitratendrosselung werden Videodateien von IIS mit der maximal verfügbaren Bandbreite bereitgestellt, wodurch die Netzwerkleistung verbessert wird. Wenn Sie die Bitratendrosselung in IIS aktivieren, werden Videodateien bereitgestellt, die nur so viel Bandbreite verwenden, wie für das progressive Herunterladen und Anzeigen von Videos erforderlich ist. Wenn der BLOB-Cache ebenfalls aktiviert ist, verwendet die Bitratendrosselung Erweiterungsregeln für auf dem Datenträger zwischengespeicherte Dateien. Dateien, die aus dem BLOB-Cache unter Verwendung der Bitratendrosselung bereitgestellt werden, werden basierend auf einem Prozentsatz der komprimierten Größe mithilfe der codierten Bitrate an den Client gesendet. Wenn z.B. die Videos in Ihrer Organisation kleiner als 10 MB sind, entscheiden Sie sich möglicherweise gegen die Verwendung der Bitratendrosselung, da diese einen Einfluss darauf hat, wie schnell die Benutzer Videos auf ihre lokalen Computer herunterladen können. Bei der Bereitstellung von Videodateien sollten Sie allerdings die Bitratendrosselung aktivieren, um die Geschwindigkeit zu steuern, mit der Dateien auf die Clientcomputer heruntergeladen werden.

HINWEIS Die Bitratendrosselung arbeitet nur ordnungsgemäß, wenn Sie vorher den BLOB-Cache aktivieren und so konfigurieren, dass die Dateitypen zwischengespeichert werden, die gedrosselt werden sollen.

Die Bitratendrosselung verfügt über weitere Parameter, die beispielsweise via *applicationHost.config* eine spezifische Limitierung der parallelen Audio- oder Videoverbindungen vorgibt. Weitere Hinweise zu diesen und weiteren speziellen Anpassungen finden Sie unter *http://www.iis.net/media* [Ms156-K08-08].

Minimale Downloadstrategie

Bislang wurden die potenziell komplexen SharePoint-Seiten aus Sicht der Clientbrowser bei der Mehrzahl der Operationen jeweils größtenteils neu geladen, was recht ineffektiv ist. Mit SharePoint 2013 wird eine neue Funktion eingeführt, die minimale Downloadstrategie (MDS) genannt wird und das diesbezügliche Verhalten erheblich optimiert. Sie basiert auf einem gleichnamigen Feature (mit dem Displaynamen *MDSFeature*), das auf Websiteebene aktiviert werden kann. Für Teamsites oder Communitysites ist das Feature standardmäßig aktiviert, wohingegen es beispielsweise auf Veröffentlichungssites standardmäßig nicht genutzt wird und im Übrigen auch nicht kompatibel mit diesem Sitetyp ist.

Durch die Aktivierung des Features werden alle Seiten, die nicht im Kompatibilitätsmodus ausgeführt werden, über die */_layouts/start.aspx*-Seite gerendert (Abbildung 8.14). Diese Seite ist dafür verantwortlich, dass die nachfolgenden Seiten geladen werden.

Abbildg. 8.14 URL-Syntax bei aktivierter minimaler Downloadfunktion

Diese Seite verfügt über ein spezifisches JavaScript-Objekt, den *asyncDeltaManager*, der im Wesentlichen dafür verantwortlich ist, die Seite dynamisch zu laden. Durch diesen Ansatz werden nur die Teile der Seite als Delta geladen, die dem Clientbrowser nicht bereits vorliegen.

Mithilfe eines Steuerelements namens *PageRenderMode* kann über den Wert *Standard* dafür gesorgt werden, dass eine Seite nicht mithilfe dieses Features dynamisch geladen wird.

Um auch bei Eigenentwicklungen optimal von den MDS-Funktionen zu partizipieren, sollten Sie Folgendes beachten:

- *ScriptLink* verwenden, um Skriptdateien (JS-Endung) einzubinden
- *CSSLink* verwenden, um Stylesheets (CSS-Endung) einzubinden
- *SPPageContentManager* verwenden, um Inline-Skripts/Styles, versteckte Eingabefelder, Array-deklarationen usw. zu registieren

HINWEIS Verwenden Sie keine Methoden des Namensraums *Page.ClientScript.Register.*

- *AjaxDelta*-Steuerelemente in der Masterpage verwenden (diese können nicht verschachtelt werden)

Ressourcensteuerung

Die Ressourcensteuerung ist ein erstmalig mit SharePoint 2010 eingeführter Mechanismus, mit dessen Hilfe verhindert werden soll, dass die Serverfarm unter einer hohen Last offline geht bzw. in diesem Fall die Serverfarm weiterhin für wichtige eingehende Anfragen verfügbar bleibt. Hierfür wird sowohl auf client- als auch auf serverseitige Funktionen zurückgegriffen, um Anfragen mit einer geringen Priorität zurückzustellen. Hinter der Ressourcensteuerung verbirgt sich eine ganze Reihe an Mechanismen, die zur Erreichung des gesetzten Ziels herangezogen werden.

HTTP-Anforderungsüberwachung und -steuerung

Die HTTP-Anforderungsüberwachung reguliert das Serververhalten bei hoher Auslastung.

Um die Ressourcensteuerungslogik zu verstehen, sind Kenntnisse über die Zieldefinition hilfreich:

- **Vom Benutzer ausgehende Anfragen werden priorisiert** Auf den ersten Blick sind die durch die Anwender erzeugten Belastungen auf den Servern ausschlaggebend für dessen Auslastung. SharePoint 2013 verwendet eine Vielzahl an zeitgebergesteuerten Operationen, die nicht minder zu einer erheblichen Belastung auf den Servern führen können. Daher werden zunächst diese Operationen reduziert bzw. eingestellt, um anwenderbasierten Abfragen den Vortritt zu gewähren.
- **Vom Anwender ausgehende HTTP-Put-Befehle werden niemals gezielt gedrosselt bzw. abgewiesen** Sobald Anwender Daten in Richtung SharePoint senden, werden diese unabhängig von einer aktivierten Drosselung verarbeitet, um sicherzustellen, dass keine Daten verloren gehen.
- **Uneindeutige Anfragen werden präferiert gedrosselt** Eingehende Anfragen, deren Zuordnung zur Drosselung unklar ist, werden als präferiert zu drosseln behandelt.

Bei einer aktivierten HTTP-Anforderungsüberwachung und Steuerung werden spezielle Serverleistungsparameter im Fünfsekundentakt überprüft.

Übersteigt der Server einen der Schwellenwerte dreimal in Folge, verändert der Server sein Verhalten und teilt dies auch seinen Clients mit, die, sofern die Clientsoftware kompatibel zu dieser Funktion ist, ihr Kommunikationsverhalten entsprechend anpassen. Dazu gehört beispielsweise, dass Clients in größeren Intervallen mit dem Server kommunizieren.

Die eingehenden Anfragen beinhalten eine Priorisierung (von 1 bis 3), die es dem Server ermöglicht, wichtige Daten zu priorisieren, wobei der Wert 1 für eine hohe Priorität steht. In diesem Fall droht Datenverlust durch eine potenzielle Drosselung.

Der Wert 3 steht für eine niedrige Priorität. Diese Anfragen werden zuerst durch den Server gedrosselt. Während dieser Phase werden Zeitgeberauftragsdefinitionen nicht mehr ausgeführt, um die Serverfarm nicht zusätzlich zu belasten.

Anwender, die in dieser Zeit Anfragen an den Server stellen, erhalten eine 503-basierte Fehlermeldung (»Service nicht verfügbar«).

Sobald der Server innerhalb eines Intervalls alle Leistungsindikatoren des Monitors erfüllt, ändert sich sein Verhalten automatisch, sodass künftig Anfragen wieder wie gewohnt behandelt werden.

Große Listen

Der Zugriff auf umfangreiche Listen hat negative Auswirkungen auf das Leistungsverhalten des SharePoint-Servers. Um diese Auswirkungen zu begrenzen, wird eine Reihe an Parametern und Schwellenwerten bei Abfragen überprüft und Abfragen ggf. nicht beantwortet.

Schwellenwerte und Grenzwerte tragen zur Drosselung von Vorgängen bei und stellen eine gleichmäßige Verteilung der Ressourcen auf viele gleichzeitige Benutzer sicher. Die folgenden Funktionen stehen zur Verfügung, um die mit großen Listen zusammenhängenden Probleme zu adressieren:

- Schwellenwert für Listenansicht und einen separaten Wert für Auditoren und Administratoren
- Farmadministratoren können dedizierte Zeitfenster für alle Benutzer einrichten, damit diese in Nebenzeiten Vorgänge ohne Beschränkungen ausführen können
- Entwickler mit den geeigneten Berechtigungen können das Objektmodell außer Kraft setzen, um Schwellenwerte und Grenzwerte für benutzerdefinierte Anwendungen vorübergehend zu erhöhen

Informationworker können die geeigneten Ansichten, Formatvorlagen und Grenzwerte für Seiten verwenden, um die Datenanzeige auf der Seite zu beschleunigen. Jede einzelne SharePoint-Liste hat zusätzlich noch die Eigenschaft *EnableThrottling*. Wird dieser Wert auf *False* gesetzt, wird die Drosselung für diese Liste ignoriert.

Standardmäßig ist eine Listenansicht für normale Anwender auf 5.000 Elemente beschränkt. Ab 3.000 Elementen erhalten sie eine Warnung. Der Schwellenwert für Auditoren und Administratoren liegt zwar bei 20.000 Elementen, jedoch kann dieser Wert nur über die Außerkraftsetzung des Objektmodells und nicht über die Standardansichten erreicht werden. Die Außerkraftsetzung des Objektmodells ist standardmäßig aktiviert.

eDiscovery

In diesem Abschnitt finden Sie ergänzende Informationen zu den eDiscovery-Szenarien in Kapitel 16.

Direkte Datensätze für Exchange Server (Compliance-Archiv)

Für Exchange Server-Inhalte können Compliance-Archive (In-Place-Holds) zum Erreichen folgender Ziele genutzt werden:

- E-Mail-Elemente vor Veränderung zu schützen
- Verhinderung des automatischen Löschungsprozesses
- Aufbewahrung von Elementen für einen definierten Zeitraum

Compliance-Archiv

Erstmalig mit SharePoint 2013 wird das Konzept des Compliance-Archivs eingeführt (auch unter dem Oberbegriff In-Place-Haltebereich bekannt). Bei Verwendung eines Haltebereichs auf einer Website verbleiben die Inhalte der Website an ihrem ursprünglichen Ort und können dort verwendet werden. Es wird jedoch eine Kopie des ursprünglichen Inhalts zum Zeitpunkt der Initiierung des Haltebereichs aufbewahrt.

Haltebereiche werden auf Websiteebene angewendet. Die somit erstellte Aufbewahrungsbibliothek ist nur für die Administratoren der Websitesammlung sichtbar. Natürlich erhält die Durchforstungskomponente ebenfalls Zugriff auf diesen Bereich, um diese für die Fallbearbeitung heranziehen zu können.

eDiscovery-Export

Für die Vorbereitung der Datensammlung für die spätere Validierung können die Suchergebnisse exportiert werden. Hierfür gelten in Abhängigkeit von der entsprechenden Entität unterschiedliche Möglichkeiten.

Freigabedateiinhalte können extrahiert werden, so wie Dokumente bzw. deren aktuelle Version aus einer SharePoint-Dokumentbibliothek. Wird hingegen ein SharePoint-Listenelement als Ergebnis identifiziert, wird die vollständige zugehörige Liste im CSV-Format exportiert.

HINWEIS Es wird jeweils nur die aktuelle Version eines Dokuments exportiert, sofern diese den Anforderungskriterien entspricht.

Handelt es sich bei den Suchergebnissen um Seiten eines Webs, werden diese im MHT-Format (MIME-HTML) gespeichert.

Eine Besonderheit stellen Inhalte aus einem Exchange-Postfach dar. Unterstützt wird nicht nur die Entität E-Mail, sondern auch die weiteren Formate wie Kalender-, Aufgaben- oder Kontakt-Elemente werden berücksichtigt. Diese können im Rahmen einer gezielten Abfrage in eine PST-Datei exportiert werden.

Parallel zu den exportierten Daten wird eine Übersicht der betroffenen Elemente in einem XML-Manifest, basierend auf dem EDRM-Standard (Electronic Discovery Reference-Modell) festgehalten.

Die in Tabelle 8.24 aufgeführten Datenquellen und Funktionen werden für eDiscovery unterstützt.

Tabelle 8.24 Unterstützte Quellen und Funktionen für eDiscovery

Quelle	Suche	Compliance-Archiv	Export
SharePoint 2007-2010	✓		✓
SharePoint 2013	✓	✓	✓
Exchange 2007-2010			
Exchange 2013	✓	✓	✓
Dateifreigabe	✓		✓
Daten externer Systeme			

Differenzierung von direkten Datensätzen zum Datenarchiv

Das klassische Datenarchiv in SharePoint bietet nicht erst in dieser SharePoint-Version die Möglichkeit an, Inhalte programmatisch oder aber mithilfe der Oberfläche für eine Archivierung abzulegen. Das Datenarchiv ist dabei nicht nur eine weitere Websitesammlung mit vordefinierten Dokumentbibliotheken, sondern stellt eine Reihe an für dieses Einsatzszenario spezifischer Funktionen zur Verfügung. Um den Einsatz von Datenarchiven gegenüber direkten Datensätzen abzugrenzen, sind die wichtigsten Unterschiede beider Ansätze in Tabelle 8.25 gegenübergestellt.

Tabelle 8.25 Gegenüberstellung von Datenarchiv und direkten Datensätzen

Aspekt	Datenarchiv	Direkte Datensätze
Regeln für die Datensatz-aufbewahrung	Basierend auf den Metadaten werden Datensätze automatisch innerhalb einer Ordnerstruktur gespeichert	Regeln basierend auf Inhaltstyp oder Speicherort möglich
Berechtigungen	Eigene Berechtigungen innerhalb des Datenarchivs	Berechtigungen bleiben unverändert
Suchen	Einfach innerhalb der Websitesammlung	Verteilte Suche über viele Websitesammlungen
Versionierung	Versionen sind einzeln und gezielt an das Archiv zu übergeben	Automatisch bei aktivierter Versionsverwaltung
Skalierung	Entlastung aktiver Websitesammlungen	Keine Entlastung, dadurch aktiver Websitesammlungen begrenzt skalierbar
Isolation	Dediziertes Archiv und alternative Speichermedien	Datensätze werden vermischt mit aktiven Websitesammlungsdaten gespeichert/keine Isolation

Limitierungen für eDiscovery

Die in Tabelle 8.26 aufgeführten wichtigsten bekannten Limitierungen gelten für die eDiscovery-Komponente.

Tabelle 8.26 Limitierungen für eDiscovery

Limit	Maximaler Wert	Anmerkungen
Anzahl an Suchergebnissen	10.000 Reihen	Maximale Anzahl an Ergebnissen einer Suchabfrage für eDiscovery
SharePoint-Quellen pro Fall	100	Maximale Anzahl an pro Fall verwendbaren SharePoint-Quellen
Exchange-Quellen pro Fall	1.500	Maximale Anzahl an abfragbaren Exchange-Postfächern pro Fall
Größe einer eDiscovery-Abfrage	500 Schlüsselwörter	Maximale Komplexität einer eDiscovery-Abfrage

Informationsverwaltungsrichtlinien

Eine Informationsverwaltungsrichtlinie besteht aus einem Satz von Regeln für einen Inhaltstyp. Jede Regel in einer Richtlinie stellt ein Richtlinienfeature dar. Beispielsweise kann mit einem Informationsverwaltungsrichtlinien-Feature angegeben werden, wie lange ein Inhaltstyp beibehalten werden soll, oder es kann die Dokumentüberwachung bereitgestellt werden. Informationsverwaltungsrichtlinien ermöglichen die Steuerung der Personen, die auf Unternehmensinformationen zugreifen können, der zulässigen Aktionen mit diesen Informationen und der Beibehaltungsdauer für diese Informationen.

Richtlinien können implementiert werden, um eine Organisation bei der Einhaltung rechtlich bindender Anforderungen zu unterstützen, etwa bei der Pflicht, Datensätze beizubehalten. Beispielsweise kann eine Personalrichtlinie, mit der in einer Organisation sichergestellt wird, dass Mitarbeiterdatensätze in Übereinstimmung mit den rechtlichen Empfehlungen behandelt werden, die folgenden Richtlinienfeatures enthalten:

- **Ablauf** Das Richtlinienfeature *Ablauf* erleichtert das Verwerfen oder Verarbeiten von Inhalten auf eine einheitliche Weise, die nachverfolgt und verwaltet werden kann. Wenn ein Inhaltselement abläuft, können Sie angeben, dass es gelöscht oder ein benutzerdefinierter Workflow ausgeführt wird. Sie können Inhalte eines bestimmten Typs so festlegen, dass diese an einem bestimmten Datum basierend auf Datums- oder Uhrzeitspalten, die dem Inhaltstyp, der Liste oder der Bibliothek zugeordnet sind, oder nach einer berechneten Zeitspanne nach einer Dokumentaktivität (z.B. dem Erstellen des Dokuments) ablaufen.
- **Überwachung** Mit dem Richtlinienfeature *Überwachung* werden Ereignisse und Vorgänge zu Dokumenten und Listenelementen protokolliert. Sie können die Überwachung unter anderem für die Protokollierung folgender Ereignisse konfigurieren:
  - Bearbeiten eines Dokuments oder Elements
  - Anzeigen eines Dokuments oder Elements
  - Ein- und Auschecken eines Dokuments
  - Ändern der Berechtigungen für ein Dokument oder Element
  - Löschen eines Dokuments oder Elements

- **Beschriftungen** Über das Richtlinienfeature *Beschriftungen* wird eine Beschriftung angegeben, die einem Dokument- oder Listenelementtyp zugeordnet werden soll. Beschriftungen sind durchsuchbare Textbereiche, die von SharePoint über von Ihnen angegebene Eigenschaften und Formatierungen generiert werden. Beispielsweise könnte in einer Anwaltskanzlei ein Dokument zu einem rechtlichen Problem eine Beschriftung mit dem Namen des Klienten, der Fallnummer und dem Namen des der Angelegenheit zugewiesenen Staatsanwalts enthalten. Beschriftungen bieten sich besonders bei gedruckten Dokumentversionen als Möglichkeit an, Dokumenteigenschaften in gedruckten Kopien anzugeben. Neben Bezeichnungen für Dokumente können Sie Beschriftungen auch Listenelementen zuordnen und diese Beschriftungen in Ansichten der Liste aufnehmen.
- **Barcode** Das Richtlinienfeature *Barcode* ermöglicht Ihnen die Nachverfolgung physischer Kopien eines Dokuments, indem Sie für das Dokument einen eindeutigen Bezeichnerwert erstellen und in das Dokument ein Barcodebeispielbild dieses Werts einfügen. Standardmäßig sind Barcodes mit dem allgemeinen Code 39-Standard (ANSI/AIM BC1-1995, Code 39) kompatibel. Über das Richtlinienobjektmodell können Sie auch andere Barcodeanbieter verwenden.

Verwendet Ihre Organisation Microsoft Office in Kombination mit SharePoint 2013, erfolgt die Richtlinienerzwingung auf dem Server und in den Clientanwendungen. Dieser Vorgang ist transparent. Richtlinienfeatures für ein Dokument werden in einer dem Dokument zugeordneten Richtlinienanweisung beschrieben. Von richtlinienfähigen Anwendungen wird verhindert, dass Benutzer Aufgaben ausführen, mit denen gegen die Richtlinie des Dokuments verstoßen wird.

Ordnen Sie einer Richtlinie Inhaltstypen, Bibliotheken oder Listen auf Websites zu, um diese zu implementieren.

HINWEIS Im Websiteinhaltstyp-Katalog können Sie eine Richtlinie auf alle benutzerdefinierten Inhaltstypen, nicht jedoch direkt auf einen vordefinierten Inhaltstyp anwenden.

Bibliotheken, Listen oder Inhaltstypen können Sie eine Richtlinie auf folgende Weise zuordnen:

- Ordnen Sie Richtlinienfeatures einer Websitesammlungsrichtlinie zu, und verknüpfen Sie die Richtlinie dann mit einem Inhaltstyp oder mit einer Liste oder Bibliothek. Die Website auf oberster Ebene einer Websitesammlung enthält einen Richtlinienkatalog für die Websitesammlung, in dem Administratoren der Website auf oberster Ebene neue Richtlinien erstellen können. Nach dem Erstellen einer Websitesammlungsrichtlinie können Sie diese exportieren, sodass Administratoren anderer Websitesammlungen diese in ihre Richtlinienkataloge für die Websitesammlungen importieren können. Auf diese Weise können Sie die Richtlinien in Ihrer Organisation standardisieren.

  Wenn eine Websitesammlungsrichtlinie einem Inhaltstyp und dieser Inhaltstyp einer Liste oder Bibliothek zugeordnet ist, kann der Besitzer der Liste oder Bibliothek die Websitesammlungsrichtlinie in der Liste oder Bibliothek nicht ändern. Dadurch wird sichergestellt, dass einem Inhaltstyp zugewiesene Richtlinien auf jeder Ebene der Websitehierarchie erzwungen werden.
- Ordnen Sie einen Satz von Richtlinienfeatures direkt einem Inhaltstyp zu, und fügen Sie diesen Inhaltstyp anschließend einer oder mehreren Listen oder Bibliotheken hinzu. Ordnen Sie eine Richtlinie einem Inhaltstyp im Websiteinhaltstyp-Katalog der obersten Ebene zu, um sicherzustellen, dass die mit dieser Methode erstellte Richtlinie in der gesamten Websitesammlung verwendet wird. In der Websitesammlung gilt die Richtlinie dann für jedes Element dieses Inhaltstyps und jedes Element mit einem Inhaltstyp, der vom ursprünglichen Inhaltstyp erbt. Wenn Sie diese Methode zum Zuordnen einer Richtlinie zu einem Inhaltstyp verwenden, ist es schwieriger, die Richtlinie in anderen Websitesammlungen wiederzuverwenden, da mit dieser Methode erstellte Richtlinien nicht exportiert werden können.

Wenn Administratoren einer Websitesammlung genauer steuern möchten, welche Richtlinien in einer Websitesammlung verwendet werden, können Sie die Möglichkeit, Richtlinienfeatures direkt für einen Inhaltstyp festzulegen, deaktivieren. Wenn das Festlegen von Richtlinienfeatures für einen Inhaltstyp eingeschränkt ist, können Inhaltstypdesigner Inhaltstypen nur Richtlinien zuordnen, die im Richtlinienkatalog der Websitesammlung enthalten sind.

Ordnen Sie einer Liste oder Bibliothek einen Satz von Richtlinienfeatures direkt zu. Diese Methode können Sie nur verwenden, wenn die Liste oder Bibliothek mehrere Inhaltstypen nicht unterstützt. Diese Methode zum Erstellen einer Richtlinie ist nur sinnvoll, wenn eine eng definierte Richtlinie für eine einzelne Liste oder Bibliothek benötigt wird.

Videoformate

SharePoint 2013 verwendet nun erstmalig einen integrierten HTML5-basierten Videoplayer für die Medienwiedergabe. Standardmäßig unterstützt dieser Player auch alle bereits in SharePoint 2010 genutzten Wiedergabefunktionen, wie die Zwischenspeicherung von Videos im BLOB-Cache, progressives Streaming und die Bitratendrosselung. Sofern ein Browser nicht die neue HTML5-Medienwiedergabe unterstützt, wird zum Silverlight-Player umgeschaltet. Die grundsätzlich in Silverlight unterstützten Medienformate sind primär:

- Videocodecs
  - Raw
  - RGBA
  - YV12
  - WMV (Version 1-3)
  - WMVA
  - H.263
  - H.264 (auch als MP4 bezeichnet)
  - MPEG-4
- Audiocodecs
  - PCM/WAV
  - WMA
  - MP3
  - AAC
  - AMR-NB

HINWEIS Die hier angeführten Formate werden nicht in allen Variationen unterstützt. Eine vollständige Auflistung der unterstützten Videoformate finden Sie unter *http://msdn.microsoft.com/library/cc189080(VS.95).aspx* [Ms156-K08-09].

Für die HTML5-basierte Medienwiedergabe werden primär drei Hauptcodierungsformate definiert, jedoch nicht fixiert:

- **H.264 (MP4)** Ab dem Internet Explorer 9 wird dieses Format clientseitig direkt unterstützt, während die Browser Firefox und Opera ein Plug-In für die Wiedergabe benötigen, wobei zumindest Mozilla in naher Zukunft für Firefox ebenfalls eine direkte Unterstützung anbieten wird. Einer der Vorteile dieses Formats liegt darin, dass es eine erweiterte Hardwareunterstützung bietet, die die direkte Decodierung des Videos direkt in der CPU ermöglicht, was ein Vorteil auf leistungsschwachen Computern bedeutet und somit auch auf Geräten mit eingeschränkter Leistung die Wiedergabe von hochauflösenden Videos ermöglicht.

- **Theora (OGG)** Für den Theora-Codec ist in Kombination mit dem Internet Explorer oder Safari ein Plug-In erforderlich. Ähnlich wie bei VP8 bieten hier Chrome (ab 3.0.182.2), Firefox (ab 3.6) und Opera (ab 10.5) eine direkte Unterstützung an.
- **VP8 (WEBM)** Der VP8-Codec wird im Internet Explorer lediglich in Kombination mit einem frei verfügbaren Windows-Codec unterstützt (*http://go.microsoft.com/fwlink/p/?LinkId=249003* [Ms156-K08-10]), während andere Browser, ähnlich wie im Vergleich zu Theora, hier eine direkte Unterstützung ermöglichen (ab Firefox 4, Opera 10.6, Chrome 6.0.422).

HINWEIS Weitere Hinweise zu den in HTML5 unterstützten Videoformaten finden Sie unter *http://en.wikipedia.org/wiki/HTML5_video#Supported_video_formats* [Ms156-K08-11].

Office Web Apps

Die erste Version von Office Web Apps hatte ein primäres Problem: die fehlende übergreifende Funktionalität und damit Integration in die umliegende Server-Landschaft. Durch die Einführung von WOPI (Web Application Open Platform Interface) wird eben dieses Problem adressiert.

Dateien werden mithilfe der WOPI-API angefordert und bearbeitet. Der Office Web Apps-Server wird dabei auch als WOPI-App bezeichnet. WOPI ist ein Callback-Interface, welches über REST operiert. Dabei findet die WOPI-Kommunikation über HTTP/HTTPS statt und ist somit statusfrei.

Zum besseren Verständnis wird die Kommunikation von Office Web Apps anhand eines Beispiels veranschaulicht:

1. Ein Benutzer ruft ein von Office Web Apps unterstütztes Dateiformat auf einer entsprechend konfigurierten SharePoint-Farm auf.
2. Der Clientbrowser ruft nun eine Seite namens *WOPIFrame.aspx* auf, welche einen iFrame enthält, innerhalb dessen Inhalte vom Office Web Apps-Server aufgerufen werden. Im Falle eines Word-Dokuments ist dies beispielsweise die Datei *WordViewer.aspx*.
3. Die HTTP-Anforderung enthält die URL des WOPI-Endpunkts, den Namen der Datei (WOPI-Quelle) und das Zugriffstoken, welches sich auf die angeforderte Datei beschränkt.

HINWEIS An dieser Stelle wird der Nachdruck verständlich, mit dem der Einsatz von HTTPS forciert wird. Sollte ein Angreifer ein ungeschütztes, über HTTP übertragenes Zugriffstoken unautorisiert erhalten, kann er die Identität des zugreifenden Benutzers für die eine angefragte Datei übernehmen.

4. Der Office Web Apps-Server (WOPI-Client) verwendet die WOPI-Quelle und das Zugriffstoken zum Abrufen der angefragten Datei aus der SharePoint-Quelle (WOPI-Host).
5. Liegt die angefragte Datei nicht im Office Web Apps-Cache oder wurde diese verändert, bereitet Office Web Apps die Datei für die webbasierte Anzeige auf und legt diese im Cache ab.
6. Die vom Clientbrowser aufgerufene *WordViewer.aspx*-Seite visualisiert die Inhalte innerhalb des iFrames mittels *WOPIFrame.aspx*.

Die Abbildung 8.15 verdeutlicht die Kommunikationsbeziehungen zwischen Clientbrowser, SharePoint und Office Web Apps.

Abbildg. 8.15 Kommunikationsbeziehung zwischen Browser, WOPI-Client und -Server

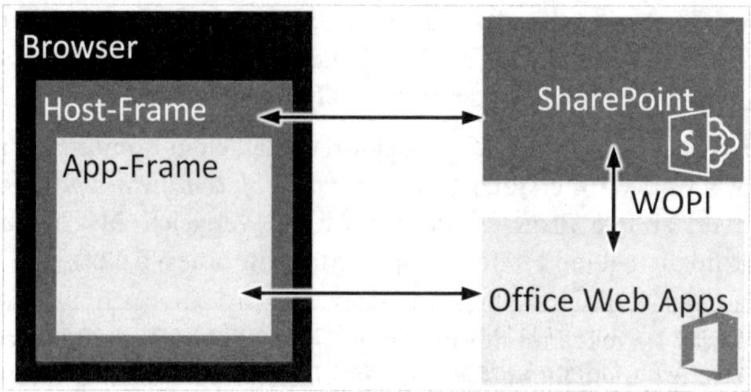

Neben SharePoint 2013 sind zu diesem Zeitpunkt die folgenden weiteren Microsoft Server-Produkte dazu in der Lage, die Dienste von WOPI-basierten Clients zu konsumieren:

- Exchange Server 2013
- Lync Server 2013

HINWEIS Weiterführende Informationen zur WOPI-Spezifikation finden Sie in der MSDN unter dem Link *http://msdn.microsoft.com/library/hh622722(v=office.12).aspx* [Ms156-K08-12].

In SharePoint 2013 entfernte Funktionen und Schnittstellen

Aus zum Teil architektonischen Änderungen in SharePoint 2013 wurden eine Reihe an Funktionen und Schnittstellen aus dem Produkt entfernt. Die folgende Auflistung ist ein zentraler Auszug dieser Komponenten aus der Verwaltungssicht:

- **Web Analytics** In SharePoint 2010 diente Web Analytics zur Protokollierung und Analyse zentraler Zugriffseigenschaften. Hierdurch hatten Sie beispielsweise die Möglichkeit, einen visualisierten Bericht der erfolgten Zugriffe auf SharePoint und dem zugehörigen Profil aufzurufen. Durch die Verschiebung der Web Analytics-Funktion in die Suchdienstanwendung wird diese bislang als Dienstanwendung abgebildete Komponente obsolet. Die neue SharePoint 2013-Architektur bietet Ihnen eine umfassendere Protokollierungsanalyse bei einer gleichzeitig guten Erweiterbarkeit für Drittanbieter.
- **Sandkasten-Codedienst (ehemals Benutzercodedienst)** In SharePoint 2013 ist letztmalig der Sandkasten-Codedienst verfügbar. Bereits in dieser Version wurden die wesentlichen Funktionen durch die SharePoint-Apps übernommen. Demnach dient der Dienst hier der einfachen Migration bestehender SharePoint 2010-Lösungen.
- **Anwendungsregistrierungsdienst** Der Anwendungsregistrierungsdienst ermöglichte es Anwendern, unter SharePoint 2010 ohne Anpassungen mit Geschäftsdaten zu arbeiten und diese zu durchsuchen, welche aus SharePoint 2007 migriert wurden. Dieser Dienst ist gänzlich entfallen. Mögliche hiermit verknüpfte Legacy-Daten sind zu migrieren.

- **RSS-Suchfunktion und Windows 7-Suche** Die in SharePoint 2010 auf der Suchergebnisseite verfügbaren RSS-Suchfeeds werden in SharePoint 2013, wie bereits unter FAST Search for SharePoint 2010, nicht mehr unterstützt. Die ebenfalls auf dieser Feedfunktion aufsetzende Windows 7-Desktopsuche ist somit ebenfalls nicht mehr verfügbar. Lediglich in migrierten SharePoint 2010-Unternehmenssuchcentern ist diese Funktion noch verfügbar, solange die Seite noch nicht heraufgestuft wurde. Verwenden Sie alternativ die Benachrichtigungsfunktion in der Suchergebnisseite, die standardmäßig am Seitenende vorzufinden ist.
- **Organisationsprofile des Benutzerprofildiensts** Erstmalig in SharePoint 2010 eingeführt, ohne eine vollständige Integration in die Funktionalität der Oberfläche, ist diese Funktion in SharePoint 2013 wieder abgekündigt, wenngleich noch in der Oberfläche enthalten.
- **Visuelles Upgrade** Das visuelle Upgrade ermöglichte unter SharePoint 2010 eine direkte Aktualisierung einer Websitesammlung unter Beibehaltung der Merkmale der grafischen Oberfläche. Dies sollte helfen, den Migrationszeitraum flexibler zu gestalten. SharePoint 2013 bietet hierfür einen deutlich besseren Ansatz, indem SharePoint 2010-Websitesammlungen vollwertig auch im früheren Modus unterstützt werden. Vor diesem Hintergrund ist das visuelle Upgrade veraltet.
- **Vorlage Dokumentarbeitsbereich** Die Funktionen der Vorlage des Dokumentarbeitsbereichs sind nun in der Teamsite-Vorlage integriert, um die Auswahl bei der Websiteerstellung zu vereinfachen. Die alten Vorlagen können nach der Migration weiterhin verwendet werden, sind jedoch in der nächsten SharePoint-Version nicht mehr verfügbar.
- **Vorlage Personalisierungswebsite** Die Personalisierungswebsite wurde in SharePoint 2010 bereits kaum verwendet und ebenfalls zur Vereinfachung entfernt. Wie der Dokumentarbeitsbereich ist sie letztmalig in SharePoint im Rahmen von Migrationen nutzbar.
- **Vorlagen Besprechungsarbeitsbereich und Gruppenarbeit** Die in Office integrierten Funktionen zur Zusammenarbeit mit Verweis auf SharePoint-Websites fanden bereits in SharePoint 2010 kaum Verwendung und wurden durch neue Funktionen bei der Office-übergreifenden Zusammenarbeit ersetzt. Vor diesem Hintergrund sind auch diese Vorlagen abgekündigt und letztmalig in dieser Version in Migrationsszenarien nutzbar.
- **Imaging-Webdienst** Mithilfe von Office Picture Manager konnte man aus der Clientanwendung heraus vereinfacht Bildinhalte und Bildbibliotheken verwalten. Diese Anwendung existiert nicht mehr in Office 2013 und somit ist dieser Webdienst letztmalig in SharePoint 2013 verfügbar.

Features und Lösungen

Die folgenden Merkmale zeichnen Features, Lösungen und Anwenderlösungen aus.

Features

Ein Feature ist ein Container verschiedener definierter Erweiterungen für SharePoint 2013. Es setzt sich aus mehreren XML-Dateien zusammen, die auf Web-Front-End-Servern und Anwendungsservern bereitgestellt werden. Sie können ein Feature als Teil eines Lösungspakets bereitstellen, und Sie können ein Feature auf SharePoint-Websites einzeln aktivieren.

Features verringern die Komplexität einfacher Websiteanpassungen. Mit Features entfällt die Notwendigkeit, große Codeabschnitte zum Ändern einfacher Funktionen zu kopieren. Daher werden die Versionsverwaltung und Inkonsistenzprobleme reduziert, die zwischen Web-Front-End-Servern auftreten können.

Features erleichtern die Aktivierung oder Deaktivierung von Funktionen während der Bereitstellung. Administratoren können die Vorlage oder Definition einer Website durch Aktivieren oder Deaktivieren eines bestimmten Features der Benutzeroberfläche problemlos transformieren.

Ein Feature enthält eine *Feature.xml*-Datei und eine beliebige Anzahl von Dateien zur Beschreibung der einzelnen Elemente. Ein anderes Featureelement aus einem anderen Schema wird in einer *Onet.xml*-Datei verwendet, um anzugeben, dass ein Feature aktiviert wird, wenn eine Website aus einer Websitedefinition erstellt wird.

Einige Beispielfunktionen für Features sind:

- Kopieren von Webparts und Masterseiten zu ihren Galerien
- Assoziieren von Visual Studio-Workflows mit einer Liste oder Site
- Definieren von Spalten
- Anpassen und Erweitern der SharePoint-Benutzeroberfläche

Features werden dabei auf vier verschiedenen Bereichen angewandt:

- Farmebene
- Webanwendungsebene
- Websitesammlungsebene
- Websiteebene

Ein Feature wird auf den SharePoint-Servern in einem lokalen Ordner im Pfad *%CommonProgramFiles%\microsoft shared\Web Server Extensions\15\TEMPLATE\FEATURES\[Feature Name]* gespeichert. Dabei wird das Feature selbst primär durch eine *Feature.xml*-Datei, die sogenannte Headerdatei, und eine oder mehrere Elementdateien repräsentiert, die sich in dem jeweiligen Ordner befinden.

Lösungen

Eine Lösung oder ein Lösungspaket ist ein Verteilungspaket, mit dem Sie benutzerdefinierte Entwicklungen aus SharePoint an die Web- oder Anwendungsserver in der Serverfarm übergeben können. Mithilfe von Lösungen können Sie benutzerdefinierte Features, Websitedefinitionen, Vorlagen, Layoutseiten, Webparts, Cascading Stylesheets und Assemblys packen und bereitstellen.

In Serverfarmen mit mehreren Servern und vielen Erweiterungen in Form von benutzerdefinierten Codes wird es sehr aufwendig, die Bereitstellung all der zugehörigen Artefakte zu gewährleisten. Lösungen helfen Ihnen dabei, diese Aufgabe problemlos zu bewältigen. In SharePoint 2013 gibt es weiterhin zwei Lösungsformen: Anwenderlösungen und sogenannte Full-Trust-Lösungen. Die Full-Trust-Lösungen sind CAB-Dateien mit der Dateinamenerweiterung *.wsp* und einer Manifestdatei. Zum Entwickeln und Packen von SharePoint-Lösungen wird in der Regel Visual Studio 2012 verwendet. Lösungspakete können auch manuell mit Tools wie *Makecab.exe* und *SharePoint Packman* erstellt werden.

Die folgenden Komponenten können u.a. in einem Lösungspaket gepackt werden:

- .NET Framework-Assemblys, in der Regel Webpart-Assemblys und Ereignisempfänger-Assemblys
- Bereitstellungsdateien wie z.B. Ressourcendateien, Seiten oder andere Hilfsdateien
- Features, mit denen Sie Codes auf einer Website aktivieren und deaktivieren und Funktionalität bereitstellen können, die Elemente wie benutzerdefinierte Listen, Bibliotheken, Felder und Inhaltstypen umfasst

- Neue Vorlagen und Websitedefinitionen
- Konfigurationen, die auf Webserverebene vorgenommen werden müssen, beispielsweise das Bereitstellen von Anpassungen für die *web.config*-Dateien für die Registrierung von Webparts. Sie können diese Konfigurationen auch mit einem Feature ändern, das mit einem Feature verteilt wird.
- Webinhalte wie Webseiten und Bilder, die von Webseiten aufgerufen werden. Wenn Sie Webinhalte in einer getrennten Umgebung bereitstellen müssen, sollten Sie ein Inhaltsbereitstellungspaket verwenden.

Lösungen können Artefakte in den folgenden Pfaden bereitstellen:

- Global Assembly Cache (GAC) (im Pfad *%SystemRoot%\Assembly*)
- SharePoint-Quellverzeichnis (im Pfad *%CommonProgramFiles%\microsoft shared\Web Server Extensions\15*)
- Inetpub (im Pfad *%SystemDrive% \Inetpub\WWWRoot\WSS\VirtualDirectories\[Webanwendung]*)

Um in eine Lösung Einsicht zu nehmen und so zu analysieren, wo und wie sie bereitgestellt werden soll, gehen Sie wie folgt vor:

1. Benennen Sie die Lösungsdateierweiterung von *.wsp* in *.cab* um.
2. Öffnen Sie die Datei und extrahieren Sie daraus die Datei *Manifest.xml*.

Sandkastenlösungen

Sandkastenlösungen dienen der Stabilisierung und damit der Sicherheit Ihrer Serverfarm. Im Vergleich zu der klassischen Bereitstellung einer Lösung auf Farmebene gibt es daher fundamentale Unterschiede.

Eine Sandkastenlösung wird isoliert ausgeführt. Dies bedeutet beispielsweise, dass die Lösung nicht wie die Farmlösungen innerhalb des *W3WP.exe*-Prozesses der Webanwendung, sondern unter einem Prozess namens *SPUCWorkerProcess.exe* ausgeführt wird. Bereitgestellt wird der Zugriff auf die Sandkastenlösungen über einen bereits in SharePoint Foundation verfügbaren Microsoft SharePoint Foundation-Sandkasten-Codedienst. Zudem werden Sandkastenlösungen lediglich auf Websitesammlungsebene bereitgestellt und können im Gegensatz zu Farmlösungen nur auf Daten innerhalb der Websitesammlung zugreifen. Es gibt weitere Einschränkungen und Besonderheiten für Sandkastenlösungen. Diese lauten in der Übersicht wie folgt:

- Datenzugriffe lediglich innerhalb der Websitesammlung
- Kein Zugriff auf das lokale Dateisystem
- Bereitstellung durch Websitesammlungsadministratoren
- Ressourcenzugriffe und das Verhalten einer Lösung werden überwacht
- Sandkastenlösungen werden in die Datenbank und nicht auf dem Dateisystem bereitgestellt

SharePoint lebt von seinen Anpassungen. Dementsprechend zahlreich sind die verfügbaren Anpassungen und Lösungen, die bei Kunden im Einsatz sind. Jede dieser Anpassungen bringt nicht nur Funktionalität mit sich, sondern stellt zunächst auch ein Risiko für die Stabilität der Farm dar, da im Falle eines Absturzes nicht nur die Lösung, sondern der gesamte Webanwendungsprozess in Mitleidenschaft gezogen wird. Aufgrund dieses Umstands ist es wichtig, nach Möglichkeit für eine gesicherte Ausführungsumgebung zu sorgen.

Um wiederum innerhalb eines Sandkastens sicherzustellen, dass eine Lösung das ausführende System nicht unplanmäßig belastet, werden die Lösungen überwacht und erhalten innerhalb eines Bewertungsschemas Punkte. Sobald eine Lösung innerhalb eines Tages einen definierten Schwellenwert (standardmäßig 300) überstiegen hat, wird sie umgehend für die jeweilige Websitesammlung deaktiviert und erst am nächsten Tag wieder automatisch durch den täglichen Zurücksetzungsprozess mit zurückgesetztem Zählerstand gestartet. Die Tabelle 8.27 gibt Aufschluss über die Zusammensetzung des Bewertungsschemas.

Tabelle 8.27 Sandkastenlösungsbewertungsschema

Überwachte Ressource	Ressourcen pro Punkt
AbnormalProcessTerminationCount	1 Abbruch
CPUExecutionTime	3.600 Sekunden
CriticalExceptionCount	10 Ausnahmen
InvocationCount	100 Invokationen
PercentProcessorTime	85
ProcessCPUCycles	100.000.000.000 Zyklen
ProcessHandleCount	10.000 Handles
ProcessIOBytes	0
ProcessThreadCount	10.000
ProcessVirtualBytes	0
SharPointDatabaseQueryCount	20 Abfragen
SharPointDatabaseQueryTime	120 Sekunden
UnhandledExceptionCount	50 Ausnahmen
UnresponsiveProcessCount	2 Prozesse

Sandkastenlösungen unterliegen den folgenden, restriktiven CAS-Richtlinien:

- *SharePointPermission.ObjectModel*
- *SecurityPermission.Execution*
- *AspNetHostingPermission.Level* = Minimal

Die Erstellung von Sandkastenlösung wird direkt von Visual Studio 2010 bzw. 2012 heraus unterstützt. Obwohl es nicht möglich ist, beliebige Lösungen als Sandkastenlösungen bereitzustellen, gibt es eine ganze Reihe an sinnvollen Möglichkeiten für Sandkastenlösungen. Hier ein kurzer Auszug:

- Benutzerdefinierte Aktionen
- Listendefinitionen
- Onet.xml
- Inhaltstypen
- Navigation

- Module
- Ereignisempfänger
- Workflows

Beispiele für Lösungen, die nicht in Sandkästen abbildbar sind, lauten wie folgt:

- Inhaltstypbindung
- Features auf Farm- oder Webanwendungsebene
- Zeitgeberauftragsdefinitionen
- *HideCustomAction*-Element

Vorlagen

In SharePoint 2013 erstellen Benutzer eine Website über die Benutzeroberfläche, indem sie eine Websitedefinitionskonfiguration oder eine benutzerdefinierte Websitevorlage auswählen, in der definiert wird, wie die Website instanziiert werden soll. Eine Websitedefinition ist eine Vorlage, mit der beispielsweise die Listen, Dateien, Webparts, Features und Einstellungen bestimmt werden, mit denen eine neue SharePoint-Website bereitgestellt werden soll.

In SharePoint 2013 besteht eine Websitedefinition aus einem Satz von XML-Dateien, die angewendet werden können, um neue Websites bereitzustellen. Websitedefinitionen bestehen in erster Linie aus mehreren XML- und ASPX-Dateien, die auf einem Web-Front-End-Server in Ordnern unterhalb des Ordners *%CommonProgramFiles%\microsoft shared\Web Server Extensions\15\TEMPLATE\SiteTemplates* gespeichert sind.

HINWEIS Das STP-Format einer benutzerdefinierten Websitevorlage (STP-Datei) war bereits in SharePoint 2010 veraltet und wurde dort durch das WSP-Format ersetzt. Benutzer haben die Möglichkeit, eine vorhandene Website als Vorlage zu speichern. Diese Vorlage wird als WSP-Datei im Lösungskatalog der Website auf der höchsten Ebene in einer Websitesammlung gespeichert und steht dort für die Erstellung von Unterwebsites auf allen Websites in der Websitesammlung zur Verfügung.

Zusammenfassung

In diesem Kapitel wurden einige zusätzliche Hintergrundinformationen zu den in SharePoint enthaltenen Technologien zusammengefasst, um das Verständnis beim Umgang mit SharePoint 2013 zu verbessern.

Im nächsten Kapitel erfahren Sie, wie Sie die wichtigsten Verwaltungsschritte in der Rolle eines Farmadministrators umsetzen können.

Kapitel 9

SharePoint verwalten

In diesem Kapitel:

Dienste und Dienstanwendungen verwalten	634
Farmübergreifende Dienste einrichten	713
Webanwendungen verwalten	725
Infrastrukturkonfiguration	753
Site- und Lösungsverwaltung	778
Mandanten verwalten	800
Sonstiges	805
Zusammenfassung	810

Dieses Kapitel beinhaltet die Handlungsanweisungen zu den wichtigsten administrativen Aufgaben für Farmadministratoren. Nachdem die Bereitstellung der SharePoint-Kernkomponenten in Kapitel 4 und 5 behandelt wurde, finden Sie hier ergänzende Informationen zur Verwaltung der zuvor bereitgestellten Dienstanwendungen sowie der SharePoint-Basisfunktionen. Einige Verwaltungsgebiete wie die Verwaltung der Suche, der Sicherheit sowie der Sicherung und der Wiederherstellung werden aufgrund deren Komplexität in eigenständigen Kapiteln vertieft.

In diesem Kapitel werden nicht alle Konfigurationseinstellungen erläutert, sondern lediglich die Einstellungen aufgezeigt, die eine besondere Bedeutung haben oder eine Anleitung für ein besseres Verständnis erfordern. Zusätzlich werden einige der neu in SharePoint 2013 vorliegenden Funktionen erörtert.

Dienste und Dienstanwendungen verwalten

In diesem Abschnitt wird auf die Verwaltung der Dienste und Dienstanwendungen von SharePoint 2013 eingegangen.

Allgemeine Dienstanwendungsoperationen

Die folgenden Verwaltungsoperationen sind dienstanwendungsübergreifend relevant.

Dienstanwendungsberechtigungen verwalten

Standardmäßig erhalten alle Dienstanwendungen einen Satz an Berechtigungen, der der lokalen Farm volle Rechte auf die Dienstanwendung gewährt. Demnach ist jeder Dienstanwendung in der zugehörigen Berechtigungsliste der Eintrag *Lokale Farm* mit dem Recht *Vollzugriff* zugeordnet. Hierdurch erhalten alle Webanwendungen der lokalen Serverfarm automatisch das Recht, die Dienstanwendung zu verwenden. Sie können dieses Recht jedoch gezielt einschränken, um einigen Webanwendungen das Recht, eine Dienstanwendung zu verwenden, zu entziehen. Hierfür entfernen Sie zunächst die *Lokale Farm* aus der Berechtigungsliste und fügen jeweils das Dienstkonto, welches Zugriffsrechte auf die Dienstanwendung erhalten soll, der Webanwendung hinzu. Als Voraussetzung müssen hierfür die Webanwendungen unter einem eigenständigen Dienstkonto ausgeführt werden.

HINWEIS Sollten Sie lediglich den Eintrag *Lokale Farm* aus der Liste der Dienstanwendungsberechtigungen entfernen und kein Dienstkonto einer Webanwendung zu der Liste hinzufügen, ist die Dienstanwendung nicht mehr einsatzbereit bzw. kann nicht durch die Webanwendung verwendet werden.

Die Dienstanwendungsberechtigung können Sie zur Steuerung verwenden, welche Webanwendung auf die Dienstanwendung zugreifen darf. Nicht möglich ist jedoch, einzelnen Anwendern das Recht zur Verwaltung der Dienstanwendung zu delegieren. Diese Funktion wird über die Administratorberechtigungen delegiert. Mehr dazu erfahren Sie in Kapitel 13.

Um die Dienstanwendungsberechtigungen mithilfe der Zentraladministration zu verwalten, gehen Sie wie folgt vor:

1. In der Einstiegsseite der Zentraladministration klicken Sie im Abschnitt *Anwendungsverwaltung* auf *Dienstanwendungen verwalten.*

2. Klicken Sie auf die gewünschte Dienstanwendung und anschließend im Menüband auf der Registerkarte *Dienstanwendungen* auf *Berechtigungen*.
3. Geben Sie den Anmeldenamen des zu berechtigenden Dienstkontos ein und klicken Sie auf *Hinzufügen*.
4. Aktivieren Sie im Abschnitt *Berechtigungen für [Dienstkonto]* das Kontrollkästchen *Vollzugriff* und klicken Sie auf *OK*.

Die Steuerung der Dienstanwendungsberechtigungen mithilfe der PowerShell ist etwas komplexer und sprengt den Rahmen dieses Buchs. Um Ihnen dennoch einen Einblick in die Funktionsweise zu ermöglichen, wird die Steuerung der Berechtigungen an einem Beispiel demonstriert. In diesem Beispiel wird das Dienstanwendungskonto der Webanwendung *https://portal.sincdemo.de* zu der Liste der Berechtigungen einer Dienstanwendung *Business Data Connectivity* hinzugefügt. Das Dienstanwendungskonto wird dabei automatisch identifiziert, sodass Sie lediglich den Namen der Dienstanwendung und den URL der Webanwendung anzugeben haben.

ONLINE Sie finden die beiden nachfolgenden Skripts (Listing 9.1 und Listing 9.2) innerhalb der Begleitdateien zum Buch unter dem Namen *ServiceAppPermission.ps1* bzw. *RemoveSvcAppPermission.ps1*.

Listing 9.1 Hinzufügen und verifizieren von Dienstanwendungsberechtigungen

```
$webapp = Get-SPWebApplication -identity https://portal.sincdemo.de
$user = $webapp.applicationpool.username
$principal = New-SPClaimsPrincipal -identity $user -IdentityType WindowsSamAccountName
$spapp = Get-SPServiceApplication -Name "BDC"
$spguid = $spapp.id
$security = Get-SPServiceApplicationSecurity $spguid
Grant-SPObjectSecurity $security $principal -Rights "Vollzugriff"
Set-SPServiceApplicationSecurity $spguid -ObjectSecurity $security
(Get-SPServiceApplicationSecurity $spguid).AccessRules
```

Beachten Sie bei der Ausführung des Skripts, dass die Berechtigungsdeklarationen eingedeutscht wurden. Demnach müssen Sie bei englischen Installationen das Recht *Full Control* anstelle von *Vollzugriff* setzen. Die letzte Zeile des Skripts zeigt Ihnen die Berechtigungen nach der Änderung an.

Um Berechtigungen zu entfernen, können Sie das Cmdlet *Revoke-SPObjectSecurity* verwenden (Listing 9.2).

Listing 9.2 Entfernen von Dienstanwendungsberechtigungen

```
$webapp = Get-SPWebApplication -identity http://srv-ss3a
$user = $webapp.applicationpool.username
$principal = New-SPClaimsPrincipal -identity $user -IdentityType WindowsSamAccountName
$spapp = Get-SPServiceApplication -Name "BDC"
$spguid = $spapp.id
$security = Get-SPServiceApplicationSecurity $spguid
Revoke-SPObjectSecurity $security $principal
Set-SPServiceApplicationSecurity $spguid -ObjectSecurity $security
```

HINWEIS Weiterführende Informationen zum Verwalten und Delegieren von Berechtigungen finden Sie in Kapitel 13.

Löschen einer Dienstanwendung

Überprüfen Sie vor dem Löschen einer Dienstanwendung, dass durch die Löschung keine negativen Auswirkungen für die Benutzer auftreten. Stellen Sie sicher, dass die zu löschende Dienstanwendung zu diesem Zeitpunkt von keiner Webanwendung verwendet wird.

Beim Löschen einer Dienstanwendung haben Sie die Möglichkeit, auch die (sofern vorhanden) zugehörige Dienstanwendungsdatenbank zu löschen. Sollten Sie die Dienstanwendung erneut erstellen, ziehen Sie in Erwägung, die Dienstanwendungsdatenbank nicht zu löschen, um die enthaltenen Daten ggf. wiederzuverwenden. Das Löschen einer Dienstanwendung ist endgültig und kann nicht rückgängig gemacht werden.

Zum Löschen einer Dienstanwendung mithilfe der Zentraladministration gehen Sie wie folgt vor:

1. In der Einstiegsseite der Zentraladministration klicken Sie im Abschnitt *Anwendungsverwaltung* auf *Dienstanwendungen verwalten*.
2. Klicken Sie auf die gewünschte Dienstanwendung und anschließend im Menüband auf der Registerkarte *Dienstanwendungen* auf *Löschen*.
3. Aktivieren Sie im Bestätigungsdialogfeld das Kontrollkästchen *Den Dienstanwendungsverbindungen zugeordnete Daten löschen* und klicken Sie auf *OK*, um die Dienstanwendung zu löschen.

Zum Löschen einer Dienstanwendung mithilfe von PowerShell verwenden Sie das folgende Skript:

```
$spapp = Get-SPServiceApplication -Name "[Name der Dienstanwendung]"
Remove-SPServiceApplication $spapp -RemoveData -Confirm:$false
```

Der optionale Parameter *RemoveData* steuert dabei die Löschung der zur Dienstanwendung zugehörigen Datenbanken.

Dienstanwendungsproxygruppen verwalten

Dienstanwendungsproxygruppen finden primär in großen Serverfarmen und Hostingumgebungen Verwendung. In diesen Serverfarmen kann mithilfe der Proxygruppen beispielsweise eine Webanwendung einfach durch das Zuordnen zu einer anderen Proxygruppe andere bzw. isolierte Dienste konsumieren.

Dienstanwendungsproxygruppe erstellen

Während die Zuordnung von Dienstanwendungen zu Dienstanwendungsproxygruppen mithilfe der Zentraladministration möglich ist, können neue Dienstanwendungsproxygruppen lediglich mithilfe der PowerShell angelegt werden. Zum Anlegen einer Dienstanwendungsproxygruppe steht Ihnen das Cmdlet *New-SpServiceApplicationProxyGroup* zur Verfügung.

```
New-SpServiceApplicationProxyGroup -Name [Name der Proxygruppe]
```

Dienstanwendungsproxygruppen und die Zuordnung von Dienstanwendungen

Die Zuordnung von Dienstanwendungen zu einer Dienstanwendungsproxygruppe erfolgt mithilfe der Zentraladministration und alternativ über PowerShell.

Zur Verwendung der PowerShell greifen Sie auf das Cmdlet *Add-SpServiceApplicationProxyGroupMember* zu.

```
Add-SpServiceApplicationProxyGroupMember -Name [Name der Proxygruppe] -Member
[Hinzuzufügendes Mitglied]
```

Zur Verwendung der Zentraladministration zum Zuordnen einer Dienstanwendung zu einer benutzerdefinierten Proxygruppe gehen Sie wie folgt vor:

1. Klicken Sie die in der Anwendungsverwaltung der Zentraladministration im Abschnitt *Dienstanwendungen* auf *Zuordnungen von Dienstanwendungen konfigurieren.*
2. Wählen Sie aus dem Dropdownlistenfeld *Ansicht* den Eintrag *Dienstanwendungen* aus.
3. Klicken Sie in der Liste der Dienstanwendungen auf den gewünschten Dienst.
4. Wählen Sie im oberen Dropdownlistenfeld die gewünschte neue Proxygruppe aus und klicken Sie auf *OK* (Abbildung 9.1).

Abbildg. 9.1 Zuordnung von Dienstanwendungen zu einer Proxygruppe

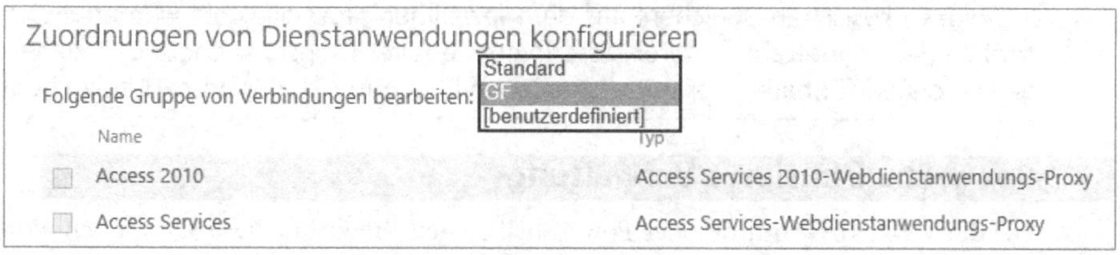

Um eine Webanwendung mithilfe der Zentraladministration einer anderen Proxygruppe zuzuordnen, wiederholen Sie die vorausgegangenen Operationen, wählen dabei jedoch im Dropdownmenü *Ansicht* den Eintrag *Webanwendungen* anstelle von *Dienstanwendungen*.

Mandantenfähigkeit

Einige Dienstanwendungen unterstützten die Partitionierung Ihrer Daten, um in Mandantenszenarien zur Anwendung zu kommen. Die Mandantenfähigkeit kann für Dienstanwendungen lediglich beim Erstellen aktiviert werden. Eine nachträgliche Änderung ist nicht möglich.

In Kapitel 3 erhalten Sie eine Übersicht der mandantenfähigen Webanwendungen. Im Abschnitt »Mandanten verwalten« des vorliegenden Kapitels wird die Anwendung von mandantenfähigen Dienstanwendungen demonstriert.

Access Services

Die Verwaltung der Access Services-Dienstanwendung bezieht sich im Wesentlichen auf die Steuerung der zugehörigen Anwendungsdatenbanken, deren Server und die der zentralen Definition folgenden Dienstanwendungsparameter (für die Sitzungsverwaltung und Arbeitsspeichernutzung), die Ihnen in den Eigenschaften der Dienstanwendung innerhalb der Zentraladministration zur Verfügung stehen (Tabelle 9.1).

Tabelle 9.1 Standardwerte der Access Services

Parameter	Standardwert
Maximale Anforderungsdauer	30 Sekunden
Maximale Anzahl von Sitzungen pro Benutzer	10 Sitzungen
Maximale Anzahl von Sitzungen pro anonymen Benutzer	25 Sitzungen
Cachetimeout	300 Sekunden
Abfragetimeout	60 Sekunden
Maximale Anzahl privater Bytes	Bis 1 MB

HINWEIS Durch die Verwendung von –1 als Arbeitsspeicherbegrenzung können maximal 50 % des physischen Speichers auf dem jeweiligen Host allokiert werden. Bei einer parallelen Nutzung einer Vielzahl weiterer ressourcenintensiver Dienstanwendungen ziehen Sie in Abhängigkeit der verfügbaren Gesamtressourcen in Erwägung, den Wert explizit zu begrenzen.

PowerShell-basierte Verwaltung

Für die Verwaltung mithilfe der PowerShell stehen Ihnen für diese Komponente die in Tabelle 9.2 aufgeführten Cmdlets zur Verfügung.

Tabelle 9.2 Cmdlets der Access Services

Cmdlet	Beschreibung
Get-SPAccessServicesApplication *New-SPAccessServicesApplication* *New-SPAccessServicesApplicationProxy* *Set-SPAccessServicesApplication*	Erstellung und Steuerung der allgemeinen Access Services-Dienstanwendung
Get-SPAccessServicesDatabase *Copy-SPAccessServicesDatabaseCredentials* *Get-SPAccessServicesDatabaseServer* *New-SPAccessServicesDatabaseServer* *Remove-SPAccessServicesDatabaseServer* *Set-SPAccessServicesDatabaseServer* *Reset-SPAccessServicesDatabasePassword*	Verwaltung der zugehörigen Datenbanken und zentralen Datenbankparameter
Get-SPAccessServicesDatabaseServerGroup *Get-SPAccessServicesDatabaseServerGroupMapping* *Set-SPAccessServicesDatabaseServerGroupMapping*	Definition und Steuerung von Anwendungsservergruppen und deren Zuordnung

HINWEIS Achten Sie darauf, dass die Access Services 2010-Dienstanwendung mithilfe fast namensgleicher, allerdings deutlich weniger Cmdlets verwaltet wird. Die Access Services 2010-Cmdlets verwenden den Singular im Cmdlet-Namen (z.B. *Get-SPAccessServiceApplication* anstatt *Get-SPAccessServicesApplication*).

Anforderungs-Manager

Der Anforderungs-Manager verfügt über zwei Arten von Regeln:

- Routingregeln
- Drosselungsregeln

Während Routingregeln mit Routingkriterien abgeglichen werden und zu einem Computerpool routen sollen, sind Drosselungsregeln dafür vorgesehen, basierend auf dem Integritätsstatus eines Computers die Kommunikation zu regulieren bzw. zu drosseln.

ACHTUNG Verwenden Sie den Anforderungs-Manager nur in Kombination mit hostbenannten Websitesammlungen, um Probleme zu vermeiden.

Folgende weitere Entitäten sind im Rahmen der Verwaltung zu berücksichtigen:

- **Routingziele** Sind alle Server, die SharePoint-Webanwendungen bereitstellen bzw. den SharePoint Foundation-Webanwendungsdienst bereitstellen und somit Anfragen des Anforderungs-Managers entgegennehmen können
- **Computerpool** Ist eine definierte Gruppe von Routingzielen. Wird kein Computerpool definiert, wird eines der verfügbaren Routingziele verwendet.
- **Ausführungsgruppen** Stellen eine Sammlung von Routingregeln (0, 1, 2) dar, welche in aufsteigender Abfolge angewandt werden, wobei nach einer Übereinstimmung der ersten Regel für die jeweilige Anfrage keine weiteren Regeln angewandt werden. Ist eine Regel keiner Ausführungsgruppe zugewiesen, wird sie automatisch der Gruppe 0 zugeordnet.

Beispiele für die Verwendung von Elementen für Regeln des Anforderungs-Managers sind:

- Integritätsstatus
- Quell-IP
- HTTP-Methoden
- URL/URL-Referrer
- Benutzeragent
- Art der Kommunikation (Benutzer oder Dienst)
- Verfügbarkeit

PowerShell-basierte Verwaltung

Für die Verwaltung mithilfe der PowerShell stehen Ihnen für diese Komponente die in Tabelle 9.3 aufgeführten Cmdlets zur Verfügung.

Tabelle 9.3 Cmdlets des Anforderungs-Managers

Cmdlet	Beschreibung
Add-SPRoutingMachineInfo *Get-SPRoutingMachineInfo* *Remove-SPRoutingMachineInfo* *Set-SPRoutingMachineInfo*	Steuerung des Routingcomputerbestands

Tabelle 9.3 Cmdlets des Anforderungs-Managers *(Fortsetzung)*

Cmdlet	Beschreibung
Add-SPRoutingRule *Get-SPRoutingRule* *Remove-SPRoutingRule* *Set-SPRoutingRule*	Steuerung der Routingregeln
Add-SPRoutingMachinePool *Get-SPRoutingMachinePool* *Remove-SPRoutingMachinePool* *Set-SPRoutingMachinePool*	Verwaltung der Routingcomputerpools
Get-SPRequestManagementSettings *Set-SPRequestManagementSettings*	Abfragen und Setzen von zentralen Parametern für den Anforderungs-Manager
New-SPRequestManagementRuleCriteria	Erstellung neuer Kriterien für die Zuordnung von Abfragen
Add-SPThrottlingRule *Get-SPThrottlingRule* *Remove-SPThrottlingRule* *Set-SPThrottlingRule*	Steuerung der Drosselungsregeln der Farm

Statusübersicht

Um sich einen Überblick zum Status der Zielroutingcomputer zu verschaffen, verwenden Sie das Cmdlet *Get-SPRoutingMachineInfo* wie im folgenden Beispiel, bei dem mithilfe der Felder der *Availablity* und *Status* eine Einsicht ermöglicht wird (Abbildung 9.2):

In Kapitel 5 finden Sie die Anweisungen für die Basiseinrichtung des Anforderungs-Managers vor.

Abbildg. 9.2 Anzeigen des Status aller Knoten

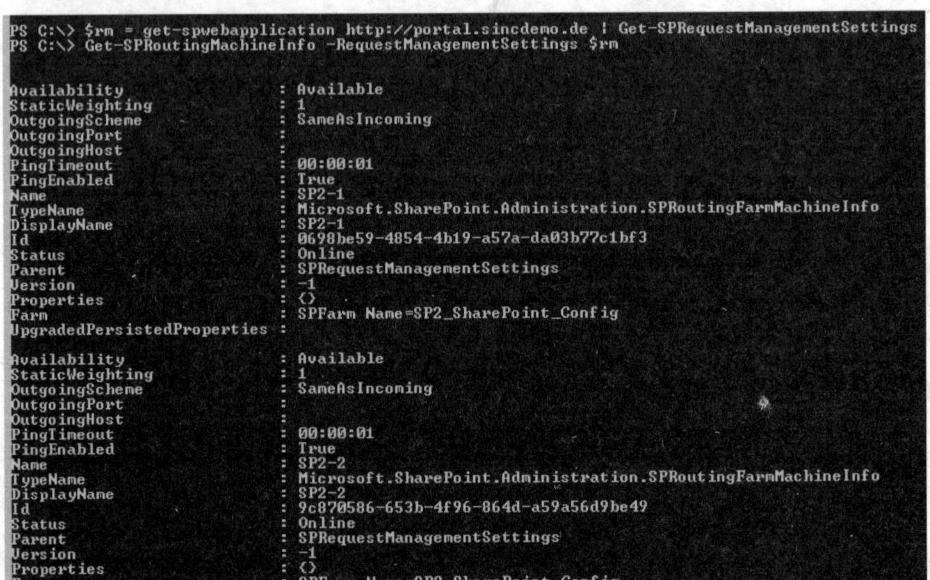

```
PS C:\> $rm = get-spwebapplication http://portal.sincdemo.de | Get-SPRequestManagementSettings
PS C:\> Get-SPRoutingMachineInfo -RequestManagementSettings $rm


Availability                 : Available
StaticWeighting              : 1
OutgoingScheme               : SameAsIncoming
OutgoingPort                 :
OutgoingHost                 :
PingTimeout                  : 00:00:01
PingEnabled                  : True
Name                         : SP2-1
TypeName                     : Microsoft.SharePoint.Administration.SPRoutingFarmMachineInfo
DisplayName                  : SP2-1
Id                           : 0698be59-4854-4b19-a57a-da03b77c1bf3
Status                       : Online
Parent                       : SPRequestManagementSettings
Version                      : -1
Properties                   : {}
Farm                         : SPFarm Name=SP2_SharePoint_Config
UpgradedPersistedProperties  :

Availability                 : Available
StaticWeighting              : 1
OutgoingScheme               : SameAsIncoming
OutgoingPort                 :
OutgoingHost                 :
PingTimeout                  : 00:00:01
PingEnabled                  : True
Name                         : SP2-2
TypeName                     : Microsoft.SharePoint.Administration.SPRoutingFarmMachineInfo
DisplayName                  : SP2-2
Id                           : 9c870586-653b-4f96-864d-a59a56d9be49
Status                       : Online
Parent                       : SPRequestManagementSettings
Version                      : -1
Properties                   : {}
Farm                         : SPFarm Name=SP2_SharePoint_Config
UpgradedPersistedProperties  :
```

Während die Eigenschaft *Availability* festlegt, ob ein Server zu nutzen ist, gibt der Wert *Status* Aufschluss über dessen grundsätzliche Verfügbarkeit und Responsivität. Durch das Abändern der Eigenschaft *Availability* können Sie somit dafür sorgen, dass ein Server nicht genutzt wird, obwohl er verfügbar ist.

Analyse der Anforderungsverwaltung

Die Überwachung der Anforderungsverwaltung beruht neben den klassischen IIS-Protokollen primär auf zwei Schnittstellen:

- ULS-Protokolle
- Leistungsindikatoren (*Perfmon.msc*)

Um Inhalte der Anforderungsverwaltung zu lokalisieren, filtern Sie die ULS-Protokolle einfach nach Inhalten der Spalte *Category* mit dem Wert *Request Management*.

Die folgenden Leistungsindikatoren stehen Ihnen zur Überwachung auf Basis der Windows-Leistungsüberwachung zur Verfügung (Abbildung 9.3).

Abbildg. 9.3 Leistungsüberwachung der Anforderungsverwaltung

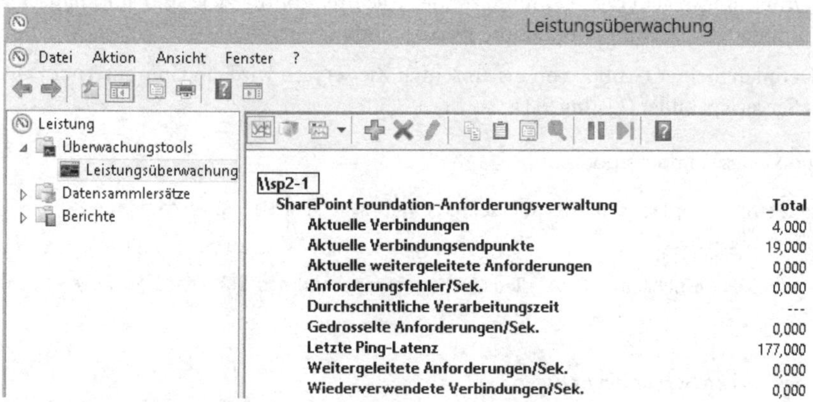

Beispielszenarien

Die nachfolgenden Beispiele demonstrieren die Verwendung der Anforderungsverwaltung. Dabei gehen alle Beispiele davon aus, dass Sie die Anforderungsverwaltung bereits grundlegend in Form der entsprechenden SharePoint-Dienstinstanzen bereitgestellt haben.

Basiseinrichtung der Anforderungsverwaltung

Nach der Aktivierung der Anforderungsverwaltung sieht die Standardkonfiguration einer Webanwendung hinsichtlich der Anforderungsverwaltung wie folgt aus (Abbildung 9.4).

Abbildg. 9.4 Standardeinstellungen für die Anforderungsverwaltung auf einem Webanwendungspool

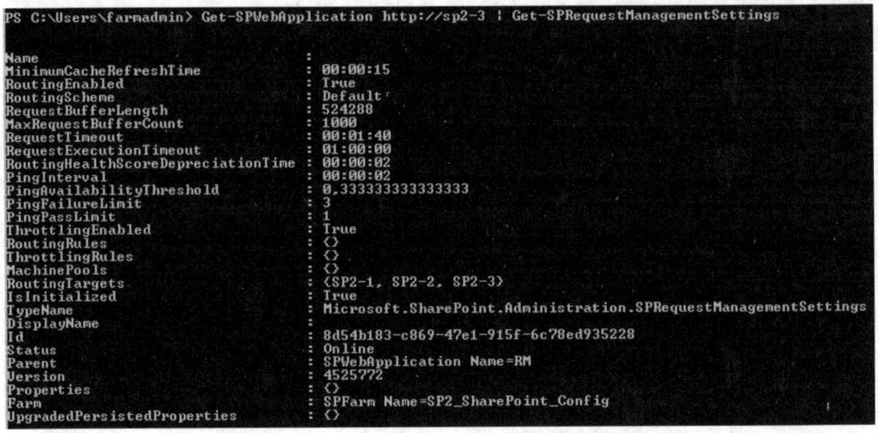
```
PS C:\Users\farmadmin> Get-SPWebApplication http://sp2-3 | Get-SPRequestManagementSettings

Name                                 :
MinimumCacheRefreshTime              : 00:00:15
RoutingEnabled                       : True
RoutingScheme                        : Default
RequestBufferLength                  : 524288
MaxRequestBufferCount                : 1000
RequestTimeout                       : 00:01:40
RequestExecutionTimeout              : 01:00:00
RoutingHealthScoreDepreciationTime   : 00:00:02
PingInterval                         : 00:00:02
PingAvailabilityThreshold            : 0,333333333333333
PingFailureLimit                     : 3
PingPassLimit                        : 1
ThrottlingEnabled                    : True
RoutingRules                         : {}
ThrottlingRules                      : {}
MachinePools                         : {}
RoutingTargets                       : {SP2-1, SP2-2, SP2-3}
IsInitialized                        : True
TypeName                             : Microsoft.SharePoint.Administration.SPRequestManagementSettings
DisplayName                          :
Id                                   : 8d54b183-c869-47e1-915f-6c78ed935228
Status                               : Online
Parent                               : SPWebApplication Name=RM
Version                              : 4525772
Properties                           : {}
Farm                                 : SPFarm Name=SP2_SharePoint_Config
UpgradedPersistedProperties          : {}
```

In diesem Beispiel existieren drei SharePoint-Server innerhalb der Farm. Es existieren keinerlei Routing-, Drosselungsregeln oder Computerpools. Alle drei Routingziele sind automatisch SharePoint-Server mit dem SharePoint Foundation-Webanwendungsdienst.

Zum Definieren einer Gruppe von gewünschten Zielservern wird ein Computerpool aus den ersten beiden Servern gebildet (Listing 9.3).

Listing 9.3 Definition eines Computerpools

```
$RM = Get-SPWebApplication http://sp2-3 | Get-SPRequestManagementSettings
$mpName = "MP1"
$Server = @("SP2-1","SP2-2")
$MP = Add-SPRoutingMachinePool -RequestManagementSettings $RM -Name $mpName -MachineTargets
$Server
```

Leistungsstarken Server bevorzugen

In diesem Beispielszenario existiert innerhalb einer Farm ein Server, der – im Vergleich zu den anderen Mitgliedsservern – mit besonders umfangreichen Hardwareressourcen ausgestattet ist. Entsprechend soll dieser Server beim Zugriff auf Inhalte priorisiert behandelt werden, um Zugriffslatenzen beim Zugriff auf Server mit einer geringeren Leistungskapazität zu minimieren.

Gehen Sie hierzu wie folgt vor:

Um den Server *SP2-1* für Anfragen zu bevorzugen, erhöhen Sie die Gewichtung des Servers mithilfe des Parameters *-StaticWeight* (Listing 9.4).

Listing 9.4 Priorisierung eines Servers für Anfragen

```
$RM = Get-SPWebApplication http://sp2-3 | Get-SPRequestManagementSettings
$rmi = $rm | Get-SPRoutingMachineInfo -Name "SP2-1"
Set-SPRoutingMachineInfo $rmi -StaticWeight 9
```

HINWEIS Standardmäßig liegt der Wert für *StaticWeighting* bei 1. Ein höherer Wert hat mehr Anfragen zur Folge.

Zum Abfragen der Gewichtungskonfiguration verwenden Sie den folgenden Beispielbefehl:

```
$rm | Get-SPRoutingMachineInfo | ft Name,Staticweighting,Status -AutoSize
```

Abbildg. 9.5 Ergebnis der Abfrage der Gewichtung

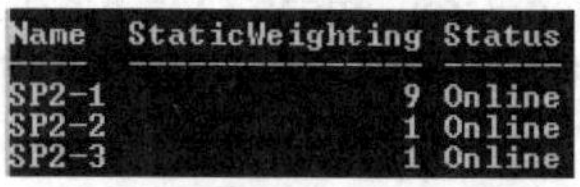

Dedizierten Server für das Crawling verwenden

Ein gängiges Szenario für die gezielte Beeinflussung der SharePoint-Kommunikation ist die gesonderte Behandlung der leistungstechnisch überdurchschnittlich beanspruchten Server, die eine Rolle in der Suchtopologie innehaben. In Kombination mit den AAMs gibt es speziell bei der Durchforstung Situationen, in denen der Verkehr für die Durchforstung von Inhalten dabei weg von den produktiven Web-Front-End-Servern hin zu einem dedizierten Server in der Anwendungsschicht umgeleitet werden soll.

Zur Abbildung eines solchen Anliegens verwenden Sie das Beispielskript aus Listing 9.5. Im Rahmen des Skripts wird ein Computerpool *MP1* angelegt und definiert, dass Abfragen des standardmäßig verwendeten Benutzeragents der Suche an den soeben erstellten Computerpool umgeleitet werden.

ONLINE Sie finden das nachfolgende Skript unter dem Namen *RequestMgmtCrawl.ps1* innerhalb der Beispieldateien zum Buch.

Listing 9.5 Routingregel für Umleitung der Durchforstungsanfragen an dedizierte Web-Front-Ends

```
$RM = Get-SPWebApplication http://sp2-3 | Get-SPRequestManagementSettings
$mpName = "MP1"
$Server = @("SP2-1","SP2-2")
$MP = Add-SPRoutingMachinePool -RequestManagementSettings $RM -Name $mpName -MachineTargets
$Server
$BAgent = "Mozilla/4.0 (compatible; MSIE 4.01; Windows NT; MS Search 6.0 Robot)"
$Filter = New-SPRequestManagementRuleCriteria -Property UserAgent -MatchType Equals -Value
$BAgent
$Regel = Add-SPRoutingRule -RequestManagementSettings $RM -Name "Durchforstungsanfragen nur
an WFE-Pool" -ExecutionGroup 0 -MachinePool $MP -Criteria $Filter
```

HINWEIS Der hier definierte Benutzeragent-Filterstring wird durch den Wert des Registrierungsschlüssels *HKLM\SOFTWARE\Microsoft\Office Server\15.0\Search\Global\Gathering Manager\UserAgent* auf dem Server mit der Durchforstungsrolle gebildet.

Durch die Verwendung des Parameters *Expiration* haben Sie optional die Möglichkeit, sowohl Routing- als auch Drosselungsregeln mit einem Ablaufdatum zu versehen.

Zur Validierung der vorgenommenen Änderung können Sie den folgenden Befehl verwenden:

```
$RM | Get-SPRoutingRule
```

Benutzeragents filtern

Ist es erforderlich, Zugriff spezieller Clients zu unterbinden, können Sie hierfür einfach Filterregeln etablieren. In diesem Beispiel wird der Anforderungsverwaltung-Webanwendung eine Filterregel zum Verweigern von OneNote-Anfragen hinzugefügt (Listing 9.6).

HINWEIS Beachten Sie, dass die Verwendung von regulären Ausdrücken für die Anforderungsfilterung ressourcenintensiver ist, als andere Verfahren, wie dem im letzten Beispiel verwendeten Ansatz.

Listing 9.6 Verweigern von OneNote-Anfragen

```
$RM = Get-SPWebApplication http://sp2-3 | Get-SPRequestManagementSettings
$filter = New-SPRequestManagementRuleCriteria -Property UserAgent -MatchType Regex -Value
".*OneNote*"
$RM | Add-SPThrottlingRule -Name "OneNote-Anfragen verweigern" -Criteria $filter
```

HINWEIS Durch die zusätzliche Verwendung des Parameters *Threshold* können Sie dafür sorgen, dass der Filter nur dann greift, wenn die Verfügbarkeit der Farm beispielsweise bei Überlastung eingeschränkt ist:

```
Add-SPThrottlingRule -Name "OneNote-Anfragen verweigern" -Criteria $filter -Threshold 7
```

Zur Validierung der vorgenommenen Änderung können Sie den folgenden Befehl verwenden:

```
$RM | Get-SPThrottlingRule
```

Spezielle Inhaltsabfragen an expliziten Computerpool umleiten

Falls Sie Abfragen an eine spezifische URL zu einer Gruppe eines Computerpools umleiten möchten, verwenden Sie das Beispielskript aus Listing 9.7.

Listing 9.7 Umleitung von Anfragen an eine spezifische URL zu einem definierten Computerpool

```
$RM = Get-SPWebApplication http://sp2-3 | Get-SPRequestManagementSettings
$mpName = "MP1"
$Server = @("SP2-1","SP2-2")
$MP = Add-SPRoutingMachinePool -RequestManagementSettings $RM -Name $mpName -MachineTargets
$Server
$Filter = New-SPRequestManagementRuleCriteria -Property Host -MatchType Equals -Value
"www.sincdemo.de"
$Regel = Add-SPRoutingRule -RequestManagementSettings $RM -Name "Anfragen an
www.sincdemo.de nur an MP1" -ExecutionGroup 1 -MachinePool $MP -Criteria $Filter
```

ONLINE Sie finden das Skript aus Listing 9.7 unter dem Namen *RequestMgmtUTLFwd.ps1* innerhalb der Beispieldateien zum Buch.

Best Practices

Für den Einsatz des Anforderungs-Managers empfiehlt sich Folgendes:

Tabelle 9.4 Empfehlungen für den Anforderungs-Manager

	Best Practice
✓	Verwenden Sie den Anforderungs-Manager nur in Kombination mit hostbenannten Websitesammlungen und keinen Hostheadern
✓	Vermeiden Sie aus Leistungsgründen die Verwendung von regulären Ausdrücken in Filterregeln
✓	Stellen Sie bei der Verwendung von HTTPS eine dedizierte Websiteanwendung nur für die Anforderungsverwaltung in Kombination mit einem Platzhalterzertifikat bereit
✓	Erstellen Sie die wichtigsten Regeln in *Execution Group 0*
✓	Gehen Sie mit höchster Sorgfalt bei der Erstellung von Regeln vor, da eine fehlerhaft platzierte Regel Ihre Farm vollständig außer Betrieb nehmen kann
✓	Entfernen Sie nicht Web-Front-End-Server aus den standardmäßig definierten Routingzielen
✓	Verwenden Sie dedizierte Anforderungsverwaltungsfarmen in Umgebungen mit maximaler Skalierung

App-Verwaltungsdienst

In diesem Abschnitt wird die Verwaltung des in SharePoint 2013 neu eingeführten zentralen App-Verwaltungsdiensts demonstriert.

PowerShell-basierte Verwaltung

Für die Verwaltung mithilfe der PowerShell stehen Ihnen für diese Komponente die in Tabelle 9.5 aufgeführten Cmdlets zur Verfügung.

Tabelle 9.5 Cmdlets der App-Verwaltung

Cmdlet	Beschreibung
Add-SPAppDeniedEndpoint *Clear-SPAppDeniedEndpointList* *Get-SPAppDeniedEndpointList* *Remove-SPAppDeniedEndpoint*	Verwaltung der verweigerten Endpunkte für Apps, um beispielsweise den Zugriff auf spezifische Webservices der Farm zu unterbinden
New-SPAppManagementServiceApplication *New-SPAppManagementServiceApplicationProxy*	Allgemeine Verwaltung der Basisdienstanwendung
Disable-SPAppAutoProvision *Enable-SPAppAutoProvision* *Get-SPAppAutoProvisionConnection* *Set-SPAppAutoProvisionConnection*	Steuerung der standardmäßig aktivierten App-Autoprovisionierung
Install-SPApp *Install-SPApplicationContent*	Bereitstellung von Apps
Get-SPAppScaleProfile *Set-SPAppScaleProfile*	Steuerung der Skalierungsgrenzen von Apps, wie die maximale Datenbankgröße
Get-SPAppSiteSubscriptionName *Set-SPAppSiteSubscriptionName*	Steuerung der App-Abonnements in den Sites

Tabelle 9.5 Cmdlets der App-Verwaltung *(Fortsetzung)*

Cmdlet	Beschreibung
Get-SPAppInstance *Restart-SPAppInstanceJob* *Uninstall-SPAppInstance* *Update-SPAppInstance*	Verwaltung der tatsächlichen App-Instanzen
Get-SPAppHostingQuotaConfiguration *Set-SPAppHostingQuotaConfiguration*	Verwaltung von Kontingenten wie Instanzanzahl und Lizenzen
Get-SPAppStoreConfiguration *Set-SPAppStoreConfiguration*	Steuerung des App-Stores
Export-SPAppPackage *Import-SPAppPackage*	Export und Import einer installierten App in eine App-Datei
Get-SPAppDisablingConfiguration *Set-SPAppDisablingConfiguration*	Aktivierung/Deaktivierung des Listensynchronisierungsstatus von Apps
Get-SPAppDomain *Set-SPAppDomain*	Verwaltung der DNS-Domäne für Apps
Get-SPAppStateSyncLastRunTime *Get-SPAppStateUpdateInterval* *Set-SPAppStateUpdateInterval*	Steuerung und Abfrage des Intervalls für die Statusaktualisierungen von Apps aus dem SharePoint Store
Get-SPAppStateSyncLastRunTime	Information zum letzten Ausführungszeitpunkt der App-Status-Aktualisierungszeitgeberdefinition
Set-SPAppSiteDomain	Setzung und Änderung der URL von installierten Apps
Set-SPAppManagementDeploymentId	Definition eines Identifiers für einen Mandanten
Get-SPAppPrincipal *Register-SPAppPrincipal* *Remove-SPAppPrincipalPermission* *Set-SPAppPrincipalPermission*	Verwaltung von App-Prinzipalen
Update-SPAppCatalogConfiguration	Aktualisierung der App-Katalog-Konfiguration
Get-SPAppAcquisitionConfiguration *Set-SPAppAcquisitionConfiguration*	Verwaltung von App-Akquisitionseinstellungen

App-Katalog verwalten

Sie können die Konfiguration des App-Katalogs auf Webanwendungsebene festlegen und dabei entweder webanwendungsübergreifend auf einen App-Katalog zugreifen, was in den meisten Unternehmen die wahrscheinlichere Planungsbasis ist, oder aber webanwendungsspezifische App-Kataloge definieren. Hierdurch ermöglichen Sie es, unternehmensintern eine spezifische Auswahl von Apps vorzudefinieren (Abbildung 9.6).

HINWEIS Erst durch die Definition eines eigenen App-Katalogs erscheint die Kategorisierung *Von Ihrer Organisation* im App-Katalog.

Abbildg. 9.6 Organisationsinterner App-Katalog

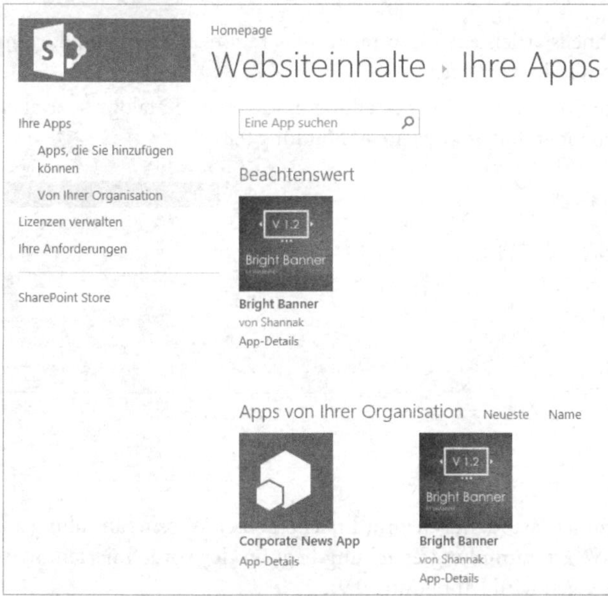

Ebenfalls auf Webanwendungsebene kann grundsätzlich konfiguriert werden, welche Kataloge für welche Webanwendung mit welchen Details zur Verfügung stehen (Abbildung 9.7).

Abbildg. 9.7 Steuerung der App-Kataloge

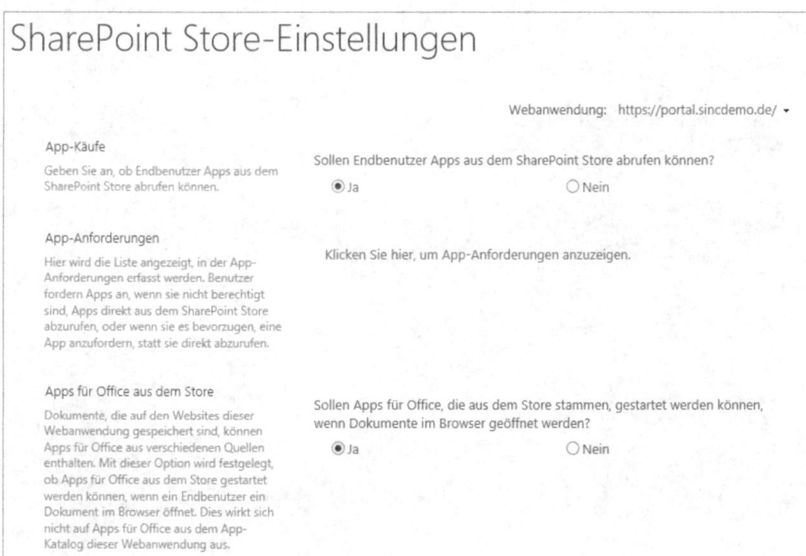

Diese Konfigurationsmöglichkeit steht Ihnen in der Zentraladministration über den Link *Apps* in im Abschnitt *SharePoint und Office Store* unter *Store-Einstellungen konfigurieren* zur Verfügung.

Zum Erstellen eines App-Katalogs bzw. zum Zuweisen eines vorhandenen Katalogs gehen Sie wie folgt vor:

1. Navigieren Sie in der Schnellstartleiste der Zentraladministration auf *Apps* und dort im Abschnitt *App-Verwaltung* auf *App-Katalog verwalten*.
2. Wählen Sie nun zwischen der Option zur Erstellung eines neuen Katalogs oder aber zum Verknüpfen mit einer bestehenden Katalogwebsite (Abbildung 9.8).

Abbildg. 9.8 Erstellung eines App-Katalogs

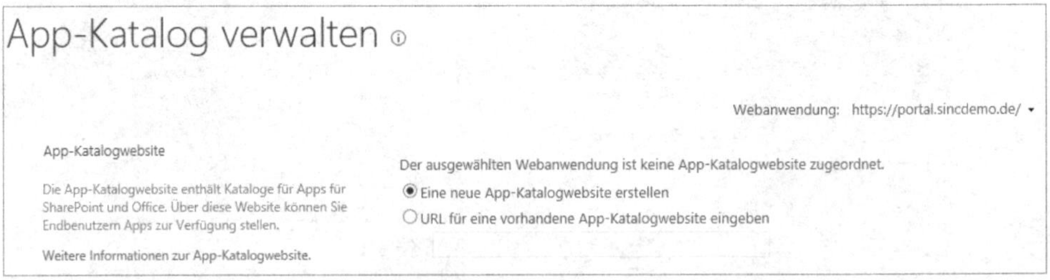

3. Füllen Sie nun das Formular fast identisch zum Erstellen einer Websitesammlung aus. Der primäre Unterschied zur Websitesammlungserstellung liegt an der vordefinierten Sitevorlage, die für den Katalog herangezogen wird (Abbildung 9.9).

Abbildg. 9.9 Site-Erstellung für den App-Katalog

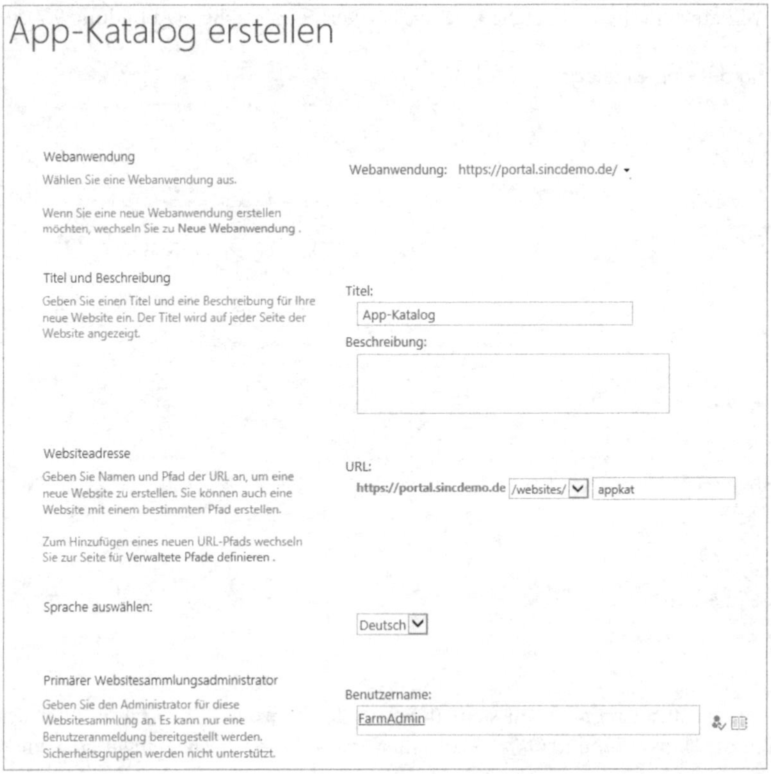

Die soeben erzeugte Websitesammlung bietet nun die elementaren Verwaltungsfunktionen zum Hochladen und Verwalten von Apps (Abbildung 9.10).

Abbildg. 9.10 Verwaltungssite des App-Katalogs

Fügen Sie die Apps hinzu wie Dokumente zu Dokumentbibliotheken. In den jeweiligen Formularen finden Sie die App-spezifischen Felder für die Daten des Katalogs, die dem Benutzer vorgehalten werden (Abbildung 9.11). Dabei steuern diverse Felder die Priorität bzw. die Struktur der Ablage, wie beispielsweise durch das Feld *Empfohlen*.

HINWEIS Sie finden unter Codeplex fertige freie Apps zum Download. Alternativ finden Sie zahlreiche Codebeispiele unter *http://code.msdn.microsoft.com* [Ms156-K09-01].

Betrieb und Hintergrund-informationen

Abbildg. 9.11 Auszug der Felder von hochzuladenden Apps

Mithilfe der *App-Anforderungen* können Administratoren definieren, wie viele Lizenzen für eine definierte App vorliegen.

Hinzufügen von Apps zur Website

Zum Hinzufügen von Apps zu SharePoint Sites stehen Ihnen die folgenden Ansätze zur Verfügung:

- Funktion *App hinzufügen* der Site für den der Webanwendung zugewiesenen Katalog
- Herunterladen einer App aus dem SharePoint Store
- Verwendung der PowerShell

Sie benötigen die Berechtigung zum Erstellen von Subwebs und Webverwaltungsrechte in der Websitesammlung/Website zu der Sie die Apps hinzufügen möchten. Dieses Privileg besitzen standardmäßig lediglich Websitesammlungsadministratoren oder Mitglieder der SharePoint-Gruppe der Websitebesitzer.

Während das Hinzufügen von Apps intuitiv über die Siteeinstellungen verfügbar ist (Abbildung 9.12), steht die PowerShell-Funktionalität in der Regel nur Farmadministratoren zur Verfügung.

Abbildg. 9.12 Hinzufügen von Apps mithilfe der Browser-GUI

Zum Hinzufügen einer App zu einer Site bzw. einem Subweb mithilfe der PowerShell verwenden Sie das folgende Beispielskript:

Listing 9.8 Hinzufügen einer App zu einem Subweb

```
$spapp = Import-SPAppPackage -Path [Pfad zur App-Datei] -Site [Ziel-WSC-URL] -Source
[Quellwert] -confirm:$false
Install-SPApp -Web [Subweb.URL] -Identity $spapp
```

HINWEIS Als *Source* stehen Ihnen die folgenden Werte zur Verfügung: *Marketplace, CorporateCatalog, DeveloperSite, ObjectModel, RemoteObjectModel* oder *InvalidSource.*

Auflisten von Apps

Um die verfügbaren Apps anzuzeigen, steht Ihnen in der GUI die Schaltfläche *App hinzufügen* zur Verfügung. Um Apps auch mithilfe der PowerShell zu verwalten, müssen Sie jedoch auch dazu in der Lage sein, Apps zu instanziieren und enumerieren. Hierfür steht Ihnen das Cmdlet *Get-SPAppInstances* zur Verfügung (Abbildung 9.13). Aufgrund der Tatsache, dass Apps auf Websiteebene installiert werden, geben Sie primär den Parameter *Web* an, um alle enthaltenen Apps zu identifizieren.

Abbildg. 9.13 Auflisten aller im Web installierten Apps

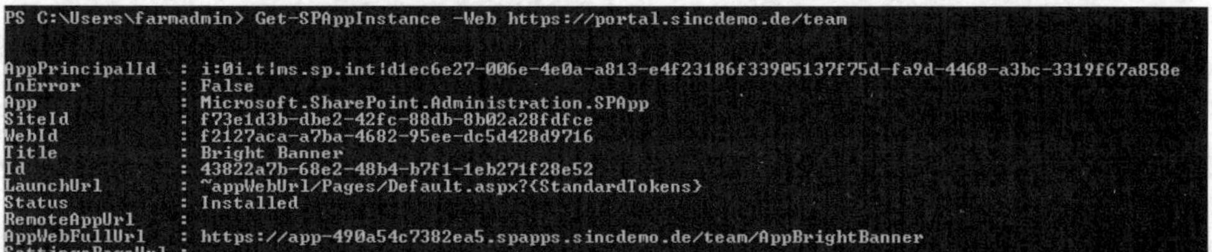

HINWEIS Der Parameter *Site* ermöglicht Ihnen nicht direkt das websitesammlungsbasierte Auflisten aller Apps, jedoch die Suche nach einer App-ID innerhalb einer Websitesammlung. Allerdings besitzt eine mehrfach instanziierte App innerhalb einer Websitesammlung unterschiedliche IDs.

Um eine App gezielt für weitere Zwecke zu selektieren, verwenden Sie das folgende Beispiel:

```
$AppInstanz = Get-SPAppInstance -Web https://portal.sincdemo.de | where {$_.Title -eq
"Bright Banner"}
```

Apps überwachen

Zum Überwachen von Apps steht Ihnen im Wesentlichen eine Zentraladministrationsfunktion zur Verfügung.

Gehen Sie zur Konfiguration der Überwachung einer App wie folgt vor:

1. Navigieren Sie in der Zentraladministration in der Schnellstartleiste unter *Apps* im Abschnitt *App-Verwaltung* auf *Apps überwachen*. Dort finden Sie die Übersicht der für die Überwachung aktivierten Apps (Abbildung 9.14).

Abbildg. 9.14 Übersichtsseite der App-Überwachung

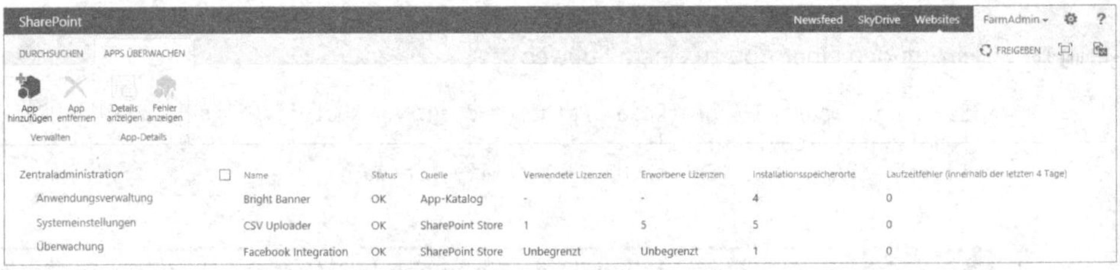

2. Fügen Sie hier durch einen Klick auf *App hinzufügen* im Menüband und der entsprechenden Auswahl neue Apps zur Überwachung hinzu.
3. Durch einen Klick auf den App-Namen in der Übersichtsseite gelangen Sie zu den Details der App. In den hier angezeigten Spalten finden Sie nicht nur die Übersicht der Ereignisse und Statistiken zu der App (Abbildung 9.15), sondern bei einem Klick auf die blau hervorgehobenen Werte zusätzlich die zugehörigen Detailinformationen, welche Ihnen im Fehlerfall nützliche Informationen zur Verfügung stellen.

HINWEIS Die Statistiken werden täglich mithilfe verschiedener Zeitgeberauftragsdefinitionen wie beispielsweise Search Analytics (Usage Analytics Timer Job for Search Application) aktualisiert. Leider stehen Ihnen an dieser Stelle keine weiteren Detailinformationen für die Installationsspeicherorte zur Verfügung. Was diese globale Übersicht betrifft, mangelt es in der vorliegenden Edition noch an Built-in-Funktionalität.

Abbildg. 9.15 App-Detailübersicht

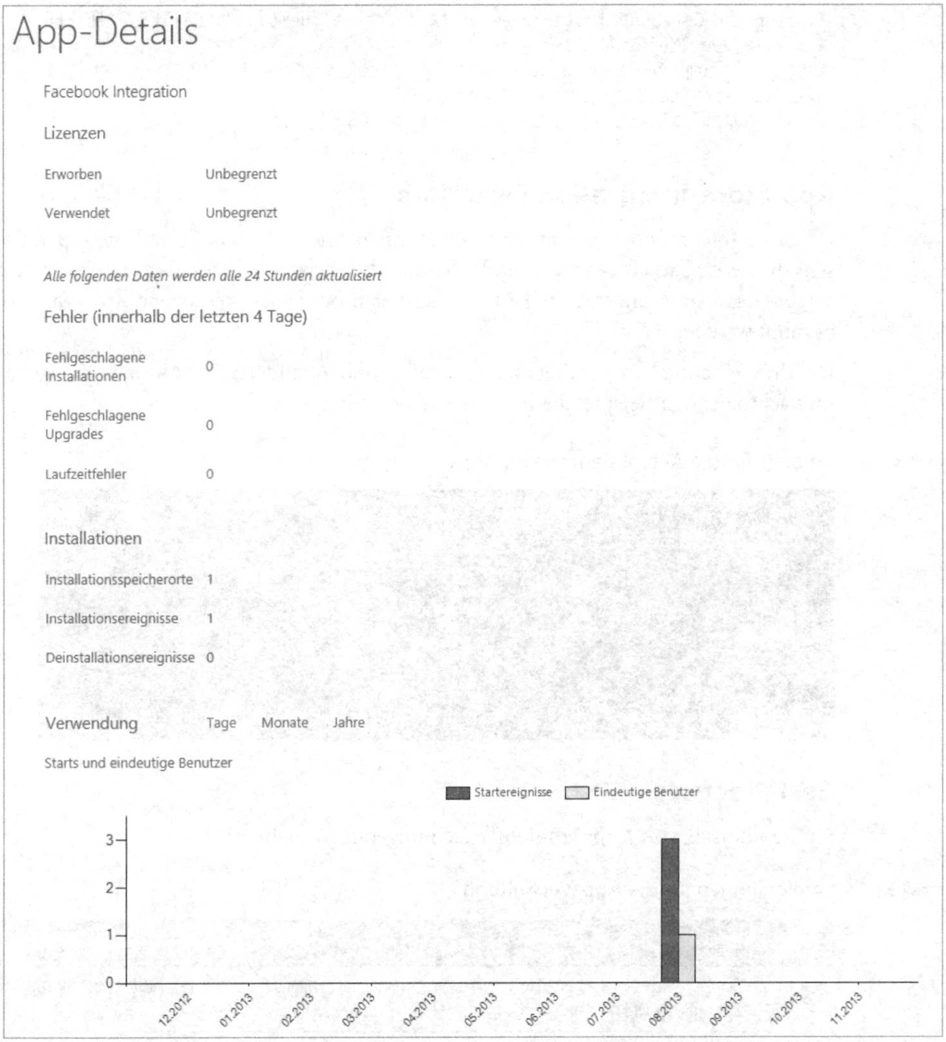

Apps aktualisieren

Für das Aktualisieren von Apps steht Ihnen neben dem Automatismus des SharePoint Store das folgende PowerShell-basierte Verfahren zur Verfügung. Hierbei wird die bestehende App zunächst instanziiert, die Aktualisierung importiert und die bestehende instanziierte App anschließend aktualisiert (Listing 9.9).

Betrieb und Hintergrund-informationen

Listing 9.9 Aktualisierung einer App

```
$instance = Get-SPAppInstance -web http://portal.demo.de/WEBSITES/SITE/WEB | Where-Object {
$_.Title -eq "Meine App"}
$spappv2 = Import-SPAppPackage -Path .\MeineApp.app -Site http://portal.demo.de/WEBSITES/
SITE/WEB -Source ObjectModel -Confirm:$false
Update-SPAppInstance – Identity $instance –App $spappv2
```

App-Store-Integration verwalten

Die Store-Integration von Apps ermöglicht Ihnen eine Reihe von Verwaltungsoperationen, um einerseits die Verfügbarkeit des Store auf Webanwendungsebene zu beeinflussen, und andererseits dafür zu sorgen, dass Änderungen durch Aktualisierungen oder zurückgezogene Apps Ihrer Farm rechtzeitig bekannt werden.

Die drei wesentlichen Cmdlets zum Abrufen und Abändern der Aktualisierungsintervalle werden im nachfolgenden Beispiel demonstriert (Abbildung 9.16).

Abbildg. 9.16 Cmdlets für die Aktualisierung von Apps

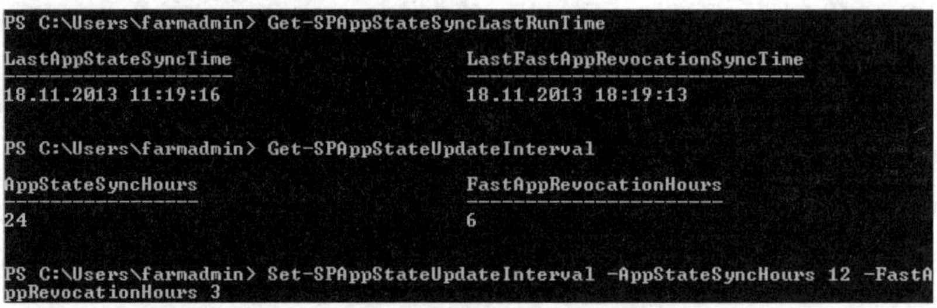

Best Practices

Für den Einsatz von Apps empfehlen sich folgende Vorgehensweisen:

Tabelle 9.6 Empfehlungen für die App-Verwaltung

	Best Practice
✓	Sorgen Sie dafür, dass Ihre App-Domänen auch mithilfe eines Platzhalterzertifikats ohne Zertifikatprüfungsfehler über das HTTPS-Protokoll verfügbar sind
✓	Deaktivieren Sie den SharePoint Store, falls Sie über kein explizites Verwendungsszenario verfügen
✓	Verwenden Sie Quoten für Apps, um den maximal nutzbaren Speicherbereich weiter einzuschränken
✓	Für eine höhere Sicherheit begrenzen Sie die Rechte der Websitebesitzer, App-Anforderungen automatisiert zu autorisieren, indem Sie den Benutzern das Recht entziehen, Apps direkt abzurufen, sondern diese künftig lediglich angefordert werden können

Arbeitsverwaltungsdienst

Die Verwaltung des Arbeitsverwaltungsdiensts beschränkt sich im Wesentlichen auf die Steuerung der Dienstanwendungsberechtigungen, einer Zeitgeberauftragsdefinition und einiger weniger Dienstanwendungsparameter, die lediglich mithilfe der PowerShell modifiziert werden können.

PowerShell-basierte Verwaltung

Für die Verwaltung mithilfe der PowerShell stehen Ihnen für diese Komponente die in Tabelle 9.7 aufgeführten Cmdlets zur Verfügung.

Tabelle 9.7 Cmdlets des Arbeitsverwaltungsdiensts

Cmdlet	Beschreibung
New-SPWorkManagementServiceApplication *New-SPWorkManagementServiceApplicationProxy* *Set-SPWorkManagementServiceApplication* *Set-SPWorkManagementServiceApplicationProxy*	Erstellung und Modifikation der Dienstanwendung

Anpassung von Standardparametern

Mithilfe des Cmdlets *Set-SPWorkManagementServiceApplication* können einige wenige Parameter abgeändert werden, um das Lastverhalten speziell in großen Umgebungen zu regulieren, in denen Mandanten auf die Exchange Web Services zugreifen (Tabelle 9.8).

Tabelle 9.8 Auszug der anpassbaren Dienstanwendungsparameter

Parameter	Beschreibung
MinimumTimeBetweenEwsSyncSubscriptionSearches	Minimale Anzahl von Minuten, um neue Mandanten für die Synchronisierung mit den Exchange Web Services zu finden
MinimumTimeBetweenProviderRefreshes	Minimale Anzahl von Minuten für eine Provideraktualisierung (Std. 5)
MinimumTimeBetweenSearchQueries	Minimale Anzahl von Minuten für die Suche nach einem Benutzer (Std. 5)
NumberOfSubscriptionSyncsPerEwsSyncRun	Minimale Anzahl von Minuten zwischen Synchronisierungen eines Mandanten (Std. 30)
NumberOfUsersEwsSyncWillProcessAtOnce	Maximale Anzahl von Benutzersynchronisierungen über die Mandantengrenze hinaus (Std. 10)
NumberOfUsersPerEwsSyncBatch	Maximale Anzahl von Benutzersynchronisierungen pro Mandant (Std.100)

Benutzerprofildienst

Der Benutzerprofildienst ist ein umfangreicher Dienst zur Bereitstellung von *Meine Websites*, der Profilsynchronisierung, der Zielgruppenverwaltung und anderen Anwendungen.

PowerShell-basierte Verwaltung

Für die Verwaltung mithilfe der PowerShell stehen Ihnen für diese Komponente die in Tabelle 9.9 aufgeführten Cmdlets zur Verfügung.

Tabelle 9.9 Cmdlets des Benutzerprofildiensts

Cmdlet	Beschreibung
Add-SPProfileLeader *Get-SPProfileLeader* *Remove-SPProfileLeader*	Ermöglichung der zentralen Verwaltung des Organisationsleiters (oberster Vorgesetzter in der Organisationshierarchie)
Add-SPProfileSyncConnection *Remove-SPProfileSyncConnection*	Verwaltung von Synchronisierungsverbindungen
Get-SPProfileServiceApplicationSecurity *New-SPProfileServiceApplication* *New-SPProfileServiceApplicationProxy* *Set-SPProfileServiceApplication* *Set-SPProfileServiceApplicationProxy* *Set-SPProfileServiceApplicationSecurity*	Verwaltung der Dienstanwendung und deren Parameter
Move-SPProfileManagedMetadataProperty	Verschiebung von Daten einer UPS-Eigenschaft in einen Ausdruckssatz des Terminologiespeichers
Update-SPProfilePhotoStore	Aktualisierung des *Meine Website*-Bildspeichers im Rahmen einer Migration von SharePoint 2007
Add-SPSiteSubscriptionProfileConfig *Remove-SPSiteSubscriptionProfileConfig* *Set-SPSiteSubscriptionProfileConfig*	Verwaltung der Mandanteneinstellungen für den Benutzerprofildienst
Remove-SPSocialItemByDate	Entfernung von Tags, Notizen und Bewertungen
Add-SPPluggableSecurityTrimmer *Get-SPPluggableSecurityTrimmer* *Remove-SPPluggableSecurityTrimmer*	Steuerung für die erweiterbare Sicherheitskürzung (Security Trimming)
Update-SPRepopulateMicroblogFeedCache *Update-SPRepopulateMicroblogLMTCache*	Aktualisierung der Caches
Get-SPProfilePropertyCollection	Enumeration von Benutzerprofileigenschaften
Start-SPProfileServiceFullReplication *Start-SPProfileServiceIncrementalReplication* *Stop-SPProfileServiceIncrementalReplication* *Start-SPProfileServiceRecoveryReplication*	Steuerung der UPS-Replikation zwischen verschiedenen Benutzerprofildienst-Anwendungen unterschiedlicher Farmen

Personen verwalten

In diesem Abschnitt wird die Verwaltung von Personen und deren im Benutzerprofildienst gespeicherten Benutzerprofilen behandelt.

Benutzerdefinierte Eigenschaften anpassen

Die vorgegebenen Benutzerprofileigenschaften können durch zusätzliche Eigenschaften ergänzt werden, um wichtige Informationen nachzuverfolgen, die anderweitig nicht verfügbar sind. Für wichtige Geschäftsanforderungen können Sie hierfür neue Eigenschaften erstellen. So kann beispielsweise eine Verkaufsabteilung eine spezielle Verkaufsrolleneigenschaft für eine bestimmte Benutzergruppe oder für bestimmte Benutzergruppen erstellen.

Gehen Sie wie folgt vor, um eine Benutzerprofileigenschaft zu erstellen:

1. Öffnen Sie die Dienstanwendungssteuerung der Zentraladministration, klicken Sie auf die Benutzerprofildienst-Anwendung und anschließend im Menüband auf *Verwalten*.
2. Klicken Sie auf der Seite *Profildienst verwalten* im Abschnitt *Personen* auf *Benutzereigenschaften verwalten*.
3. Klicken Sie auf der Seite *Benutzereigenschaften verwalten* auf *Neue Eigenschaft*.
4. Geben Sie auf der Seite *Benutzerprofileigenschaft hinzufügen* im Abschnitt *Eigenschaftseinstellungen* in das Textfeld *Name* einen Namen ein, der von der Benutzerprofildienst-Anwendung für die Benutzerprofileigenschaft verwendet werden soll.
5. Geben Sie im Abschnitt *Eigenschaftseinstellungen* im Feld *Anzeigename* den Namen der Benutzerprofileigenschaft ein, der allen Benutzern angezeigt wird.

HINWEIS Sollten Sie mehrere Sprachen verwenden, können Sie durch Klicken auf die Schaltfläche *Sprachen bearbeiten* für jede Sprache alternative Anzeigenamen eingeben. Klicken Sie im angezeigten Dialogfeld auf *Sprache hinzufügen*, wählen Sie im Menü eine Sprache aus, und geben Sie den Anzeigenamen für die neue Sprache ein. Sie können Anzeigenamen für alle verfügbaren Sprachen eingeben. Der verwendete Anzeigename hängt dann von der Spracheinstellung des Computers ab, den der Benutzer, der die Eigenschaft anzeigt, verwendet.

6. Klicken Sie im Dropdownlistenfeld *Typ* auf den Datentyp für die Eigenschaft.

ACHTUNG Der hier ausgewählte Typ ist in der Regel dauerhaft festgelegt. Sie können diese Einstellung nach der Bestätigung mit *OK* nicht mehr ändern. Sie kann nur geändert werden, indem Sie die Eigenschaft löschen und erneut als neue Eigenschaft mit einem Wert hinzufügen. Dies gilt auch für die zugehörige konfigurierte Länge des Werts.

7. Geben Sie im Feld *Länge* die Anzahl der maximal zulässigen Zeichen für Werte dieser Eigenschaft an.
8. Wählen Sie *Einen Ausdruckssatz für die Verwendung mit dieser Eigenschaft konfigurieren* aus, um der Profileigenschaft einen Ausdruckssatz verwalteter Metadaten zuzuordnen, und legen Sie im Dropdownlistenfeld einen Ausdruckssatz fest.
9. Wählen Sie im Abschnitt *Profiluntertyp* die Option *Untertyp des Standardbenutzerprofils* aus, um den Untertyp des Standardbenutzerprofils dieser Benutzerprofileigenschaft zuzuordnen.
10. Geben Sie im Abschnitt *Benutzerbeschreibung* in das Feld *Beschreibung* die Anweisungen oder Informationen ein, die Benutzern zu dieser Benutzerprofileigenschaft angezeigt werden.
11. Wählen Sie im Abschnitt *Richtlinieneinstellungen für diese Eigenschaft* die gewünschte Richtlinieneinstellung und die gewünschte Standardeinstellung für den Datenschutz aus. Wählen Sie *Vom Benutzer überschreibbar* aus, damit Benutzer diese Einstellungen überschreiben können.
12. Wählen Sie im Abschnitt *Bearbeitungseinstellungen* aus, ob Benutzer Werte für diese Eigenschaft bearbeiten können.
13. Geben Sie im Abschnitt *Anzeigeeinstellungen* an, ob und wie die Eigenschaft von Benutzern angezeigt wird.
14. Aktivieren Sie im Abschnitt *Sucheinstellungen* das Kontrollkästchen *Alias* und/oder das Kontrollkästchen *Indiziert in Abhängigkeit von den Suchvorgängen*, die dieser Benutzerprofileigenschaft zugeordnet werden sollen.

HINWEIS Das Kontrollkästchen *Alias* ist nur verfügbar, wenn die Standardeinstellung für den Datenschutz auf *Jeder* festgelegt ist.

Wenn Sie eine Eigenschaft als *Indiziert* kennzeichnen, wird bei der Suche nach Werten dieser Eigenschaft dieses Benutzerprofil zurückgegeben. Wenn z.B. die *telephone number*-Eigenschaft als *Indiziert* festgelegt ist, wird bei der Suche nach *Telefonnummern* der Mitarbeiter mit der vorliegenden Telefonnummer gefunden. Wenn Sie für eine Eigenschaft *Alias* festlegen, ist die Eigenschaft als Alias für diesen Benutzer geeignet.

15. Klicken Sie im Abschnitt *Eigenschaftenzuordnung für die Synchronisierung* auf *Entfernen*, um eine vorhandene Zuordnung zu löschen oder zu ändern.
16. Geben Sie im Abschnitt *Neue Zuordnung hinzufügen* die Quelldatenverbindung, das Attribut sowie die Synchronisierungsrichtung für die Zuordnung an, und klicken Sie auf *Hinzufügen*.
17. Bestätigen Sie abschließend mit *OK*.

Benutzerprofile verwalten

Sie haben die Möglichkeit, die Benutzerprofile und deren Daten proaktiv zu verwalten, beispielsweise um einem Anwender ein Benutzerprofilbild zuzuordnen, dessen Websiteeinstellungen zu verwalten oder um für den Anwender zu steuern, wer dessen Attribute einsehen darf (Abbildung 9.17).

Abbildg. 9.17 Konfiguration des Zugriffs auf Benutzerattribute

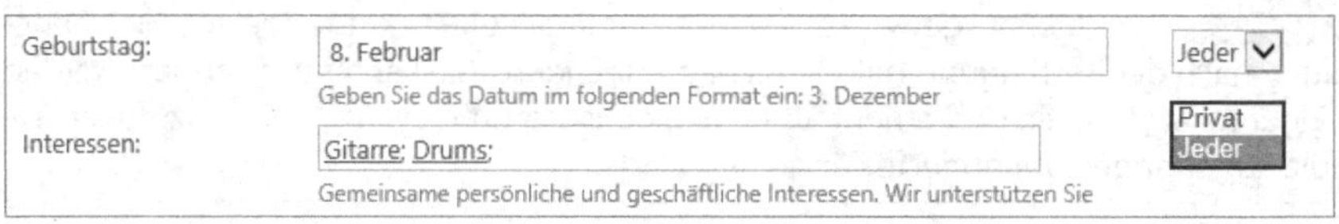

HINWEIS Um Attribute für alle Anwender zu modifizieren bzw. deren Einsehbarkeit zu begrenzen, verwenden Sie die Seite *Richtlinien verwalten* im Abschnitt *Personen* der Benutzerprofildienst-Anwendungsverwaltung (Abbildung 9.18).

Abbildg. 9.18 Richtlinienvorgaben für Benutzerprofileigenschaften

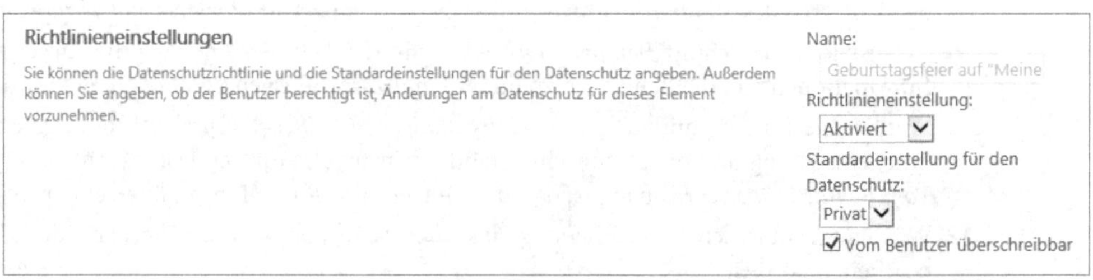

Standardmäßig stehen Ihnen nur die Benutzerprofile zur Verfügung, die per Klick auf den Link *Meine Website* eine entsprechende Site und damit verknüpft ein zugehöriges Profil erzeugt haben. Um Benutzerprofile zuvor konfigurieren zu können, richten Sie die Synchronisierungsverbindung mit einem Verzeichnisdienst ein und starten anschließend eine vollständige Synchronisierung. Die durch die Verbindung erreichten Benutzerkonten erhalten hierdurch ein konfigurierbares Benutzerprofil.

Um ein Benutzerprofil mithilfe der Zentraladministration zu konfigurieren, gehen Sie innerhalb der Benutzerprofildienst-Anwendung wie folgt vor:

1. Klicken Sie auf der Seite *Profildienst verwalten* im Abschnitt *Personen* auf *Benutzerprofile verwalten.*
2. Geben Sie im Feld *Profile suchen* einen Teil des Namens des Benutzers oder einen Teil dessen Anmeldenamens ein (*sAMAccountName*) und klicken Sie auf *Suchen.*
3. Klicken Sie auf das gewünschte Profil und wählen Sie anschließend aus dem Dropdownlistenfeld den Eintrag *Mein Profil bearbeiten* aus (Abbildung 9.19).

Abbildg. 9.19 Verwaltung von einzelnen Benutzerprofilen

4. Setzen Sie die gewünschten Modifikationen um und klicken Sie auf *Speichern und schließen*, um Ihre Änderungen zu übernehmen.

Benutzerprofildienst-Anwendung delegieren

Anders als die Mehrzahl der anderen Dienstanwendungen haben Sie bei der Benutzerprofildienst-Anwendung die Möglichkeit einer granularen Delegierung einzelner Funktionen.

Zur Delegierung von Rechten für die Benutzerprofildienst-Anwendung mithilfe der Zentraladministration gehen Sie wie folgt vor:

1. Öffnen Sie die Dienstanwendungsverwaltungsseite der Zentraladministration (*_admin/ServiceApplications.aspx*).
2. Wählen Sie die Zeile der Benutzerprofildienst-Anwendung aus und klicken Sie im Menüband auf *Administratoren.*
3. Wählen Sie nun die entsprechenden Konten aus und weisen Sie diesen die Berechtigungen zu (Abbildung 9.20).

Abbildg. 9.20 Berechtigungsübersicht einer Benutzerprofildienst-Anwendung

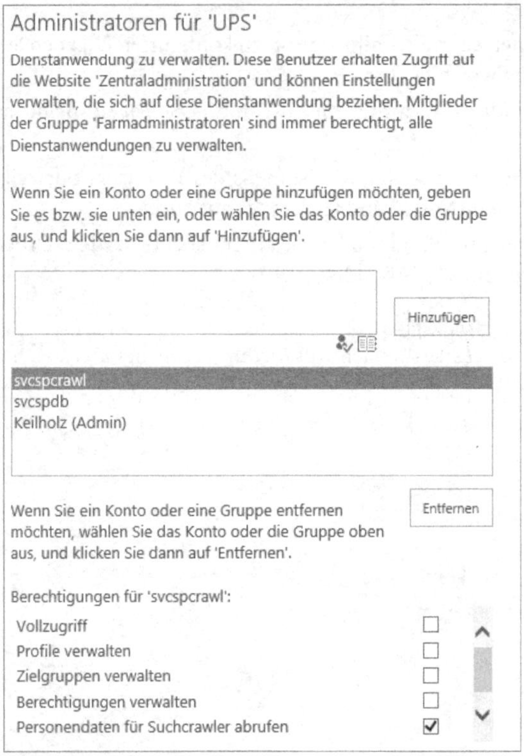

Zur Delegierung mithilfe der PowerShell verwenden Sie das PowerShell-Skript aus Listing 9.10 und ersetzen darin die Werte *[GUID]*, *[Domäne]* und *[Anmeldename]* entsprechend.

Listing 9.10 Delegierung via PowerShell

```
$serviceapp = Get-SPServiceApplication –Name [Name der Benutzerprofildienst-Anwendung]
$security = Get-SPServiceApplicationSecurity $serviceapp –Admin
$principalUser1 = New-SPClaimsPrincipal -Identity "[Domäne]\[Anmeldename]" -IdentityType
WindowsSamAccountName
Grant-SPObjectSecurity $security -Principal $principalUser1 -Rights "Vollzugriff"
Set-SPServiceApplicationSecurity $serviceapp -objectSecurity $security -Admin
```

ONLINE Sie finden das Beispielskript unter dem Namen *UserProfileRechte.ps1* innerhalb der Beispieldateien zum Buch.

Um beispielsweise das Recht *Personendaten für Suchcrawler abrufen* zu delegieren, ersetzen Sie einfach »"Vollzugriff"« durch den Wert »"Personendaten für Suchcrawler abrufen"«.

Zielgruppen verwalten

Mithilfe von Zielgruppen können Sie Benutzer in einer Organisation gruppieren, um Informationen so zu personalisieren, dass diese lediglich für die jeweiligen Zielgruppen angezeigt werden (Abbildung 9.21).

Abbildg. 9.21 Eigenschaften eines Webparts für die Zielgruppenzuordnung (rechts unten)

Zielgruppen können auch für die zielgerichtete Darstellung von zentralen Navigationselementen bzw. Windows 8-Kacheln in den *Websites*-Bereich von *Meine Website* herangezogen werden.

Beim Hinzufügen einer neuen Zielgruppe legen Sie einen Filter an, auf dessen Basis die Mitgliedschaft der Benutzergruppe beruht. Zudem bestimmen Sie einen Besitzer für die Benutzergruppe.

WICHTIG Beim Hinzufügen einer neuen Benutzergruppe können Sie, anders als bei herkömmlichen Gruppen, die Mitglieder erst anzeigen, wenn die neue Benutzergruppe kompiliert wurde!

Zielgruppe erstellen und löschen

Gehen Sie wie folgt vor, um eine Zielgruppe mithilfe der Zentraladministration zu erstellen:

1. Öffnen Sie die Dienstanwendungsverwaltungsseite der Zentraladministration (*_admin/ServiceApplications.aspx*) und öffnen Sie die Verwaltungsseite der Benutzerprofildienst-Anwendung.
2. Klicken Sie auf der Seite *Profildienst verwalten* im Abschnitt *Personen* auf *Benutzergruppen verwalten*.
3. Klicken Sie auf *Neue Benutzergruppe*.
4. Geben Sie im Feld *Name* einen Namen für die Gruppe an, füllen Sie die verbleibenden Felder entsprechend aus und klicken Sie auf *OK* (Abbildung 9.22).

Abbildg. 9.22 Erstellen einer neuen Zielgruppe

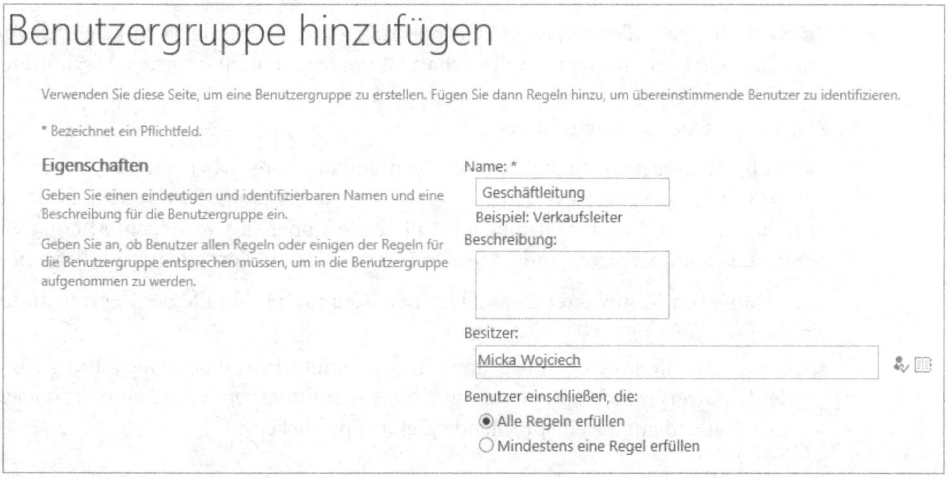

5. Wählen Sie im Abschnitt *Operand* zwischen der Option *Benutzer* oder *Eigenschaft*, um die Gruppenmitgliedschaft auf Basis einer Windows-Sicherheitsgruppe (Benutzer) oder eines Active Directory-Attributs zu bestimmen. In diesem Beispiel wird die Option *Eigenschaft* und das Attribut *Abteilung* gewählt (Abbildung 9.23).

Abbildg. 9.23 Zielgruppenfilter

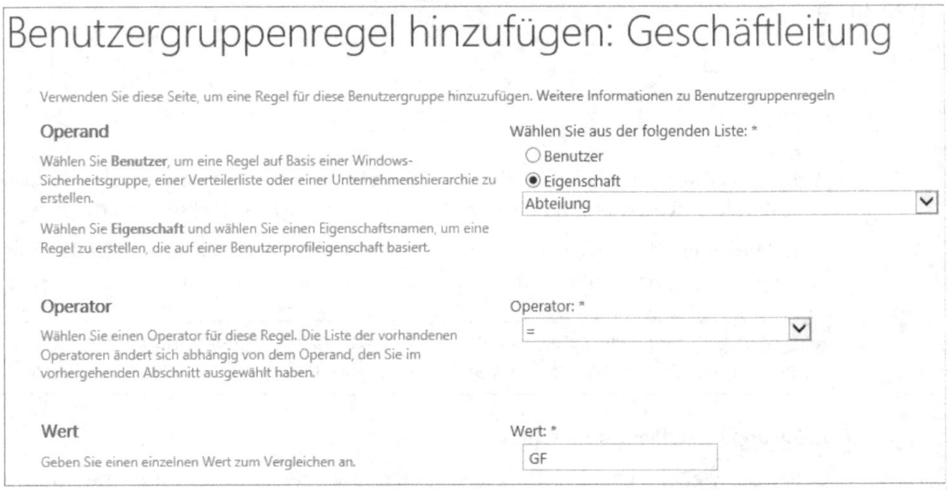

6. Wählen Sie einen Operator und einen Wert, auf den der Operator angewandt wird, aus und klicken Sie auf *OK*.

HINWEIS Zum Hinzufügen von Benutzergruppenregeln mit einer komplexeren Logik müssen Sie auf das SharePoint Server 2013-Objektmodell zurückgreifen. Weitere Informationen finden Sie unter *http://go.microsoft.com/fwlink/?linkid=185879* [Ms156-K09-02].

Sie können nun weitere Regeln hinzufügen, um die Zielgruppe zusätzlich zu verfeinern oder zu erweitern.

Beachten Sie, dass die so erzeugte Gruppe zu diesem Zeitpunkt noch keinerlei Mitglieder besitzt. Zum Auffüllen der Gruppenmitgliedschaft fahren Sie mit dem nächsten Abschnitt fort.

Zielgruppen manuell kompilieren

Zielgruppen werden nicht statisch, sondern anhand vorgegebener Filter definiert. Um eine Zielgruppe mit Mitgliedern zu versehen, müssen diese daher kompiliert werden. Sie haben die Möglichkeit, manuell eine einzelne Gruppe oder alle Zielgruppen hinzuzufügen. Alternativ können Sie diesen Prozess automatisieren, indem Sie ein Intervall für die Kompilierung definieren.

Zum manuellen Kompilieren einer einzelnen Zielgruppe mithilfe der Zentraladministration gehen Sie wie folgt vor:

1. Öffnen Sie die jeweilige Zielgruppe in der Benutzerprofildienstverwaltung (in der Verwaltung der Benutzerprofildienst-Anwendung im Abschnitt *Personen* auf *Benutzergruppen verwalten* und anschließend auf die entsprechende Zielgruppe klicken).

2. Klicken Sie im Abschnitt *Benutzergruppeneigenschaften* auf *Benutzergruppe kompilieren* und anschließend optional auf *Mitgliedschaft anzeigen*, um die Mitgliedschaft zu verifizieren (Abbildung 9.24).

Abbildg. 9.24 Kompilierte Mitgliedschaften einsehen

Um die Mitgliedschaft aller Zielgruppen manuell mithilfe der Zentraladministration zu kompilieren, gehen Sie wie folgt vor:

1. Öffnen Sie die Verwaltungsoberfläche der Benutzerprofildienst-Anwendung in der Zentraladministration.
2. Klicken Sie im Abschnitt *Personen* auf *Benutzergruppen kompilieren*.
3. Nach einer Aktualisierung der Verwaltungsseite können Sie im rechten Abschnitt unter *Benutzergruppen* die Anzahl der nicht kompilierten Benutzergruppen verifizieren. Der Zähler sollte nun auf 0 stehen (Abbildung 9.25).

Abbildg. 9.25 Verwaltungsübersicht der Zielgruppenverwaltung der Benutzerprofildienst-Anwendung

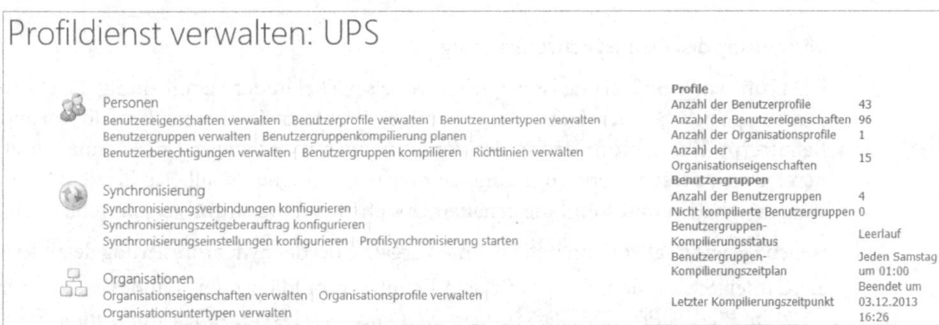

Zielgruppenkompilierung planen

Es bietet sich an, Ihre Zielgruppen in kurzen Abständen zu kompilieren, damit die zugehörigen Zielgruppenmitgliedschaften so aktuell wie möglich gehalten werden können. Standardmäßig wird die Kompilierung einmal wöchentlich am Samstag ausgeführt.

Zum automatisierten Kompilieren von Zielgruppen mithilfe der Zentraladministration steht Ihnen ein entsprechender Link auf der Verwaltungsseite des Benutzerprofildiensts zur Verfügung.

SharePoint-Profilsynchronisierung verwalten

Mithilfe der Profilsynchronisierung können Benutzerprofildienst-Administratoren Benutzer- und Gruppenprofilinformationen, die im SharePoint Server 2013-Profilspeicher gespeichert sind, mit Profilinformationen synchronisieren, die in anderen Verzeichnisdiensten oder Datenquellen Ihres Unternehmens gespeichert sind.

Synchronisierungsverbindung einrichten

Die Anleitung zum Einrichten einer Synchronisierungsverbindung entnehmen Sie bitte Kapitel 5. Weiterführende Informationen zu den möglichen Synchronisierungsverbindungen finden Sie in Kapitel 8.

Inkrementelle Synchronisierung planen

Standardmäßig wird einmal täglich eine inkrementelle Synchronisierung gestartet. Um das Standardverhalten abzuändern, klicken Sie in der Benutzerprofildienst-Anwendung im Abschnitt *Synchronisierung* auf *Sychnronisierungszeitgeberauftrag konfigurieren* und geben das Intervall entsprechend Ihren Vorstellungen an.

Synchronisierung manuell starten

Zum manuellen Starten einer inkrementellen oder vollständigen Synchronisierung mithilfe der Zentraladministration gehen Sie folgendermaßen vor:

1. Öffnen Sie die Verwaltungsoberfläche der Benutzerprofildienst-Anwendung in der Zentraladministration.
2. Klicken Sie im Abschnitt *Synchronisierung* auf *Profilsynchronisierung starten.*
3. Wählen Sie die gewünschte Synchronisierungsvariante aus und klicken Sie auf *OK.*

Verwaltung der Profilsynchronisierung

Die Profilsynchronisierung ist vergleichsweise sensibel in der Handhabung. Leider werden Sie daher aktuell speziell bei der Einrichtung häufiger Probleme in diesem Umfeld vorfinden. Da für die Benutzerprofilsynchronisierung der Forefront Identity Manager (FIM) zum Einsatz kommt, können Sie sich dessen Werkzeuge zunutze machen, um eine detaillierte Einsicht in die Synchronisierung zu erhalten und somit die genauen Ursachen von Synchronisierungsfehlern zu identifizieren.

Gehen Sie wie folgt vor, um sich über die Vorgänge bei der Synchronisierung detailliert zu informieren:

1. Öffnen Sie auf dem Server mit dem Benutzerprofildienst den Windows-Explorer, navigieren Sie zum Pfad *%ProgramFiles%\Microsoft Office Servers\15.0\Synchronization Service\UIShell* und doppelklicken Sie auf die Anwendung *miisclient.exe.*
2. In der sich öffnenden Verwaltungskonsole haben Sie nun detaillierten Einblick in die laufenden und vergangenen Synchronisierungsläufe (Abbildung 9.26).

Abbildg. 9.26 FIM-Verwaltungsoberfläche

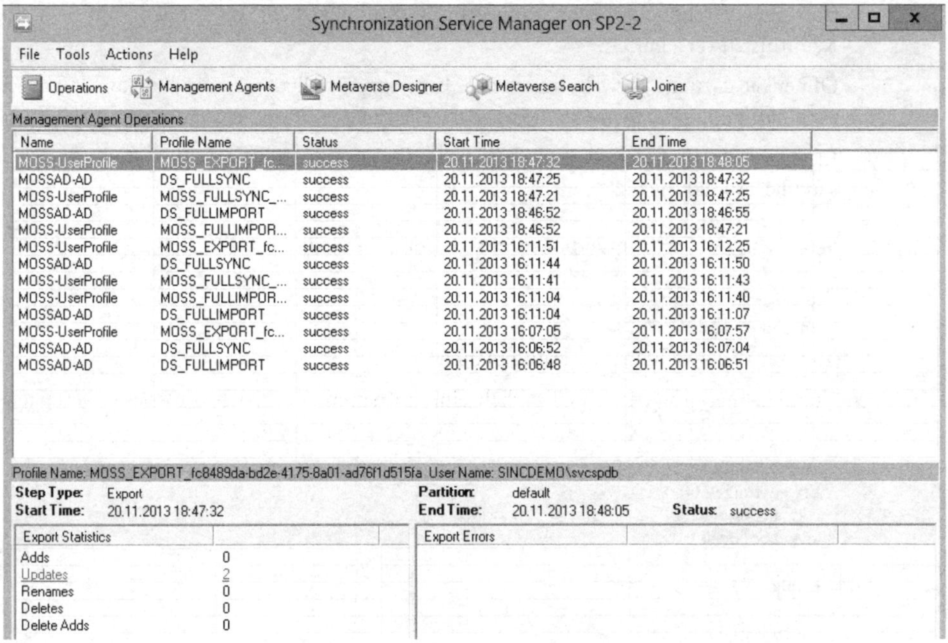

3. Um beispielsweise einen Synchronisierungsvorgang näher zu betrachten, wählen Sie im Abschnitt *Management Agent Operations* die entsprechende Zeile aus und betrachten den unteren linken Bereich (*Synchronization Statistics*).
4. Um weiterführende Informationen zu erhalten, doppelklicken Sie auf eine der Zeilen, in der der Zähler größer 0 ist.
5. Klicken Sie in dem sich öffnenden Dialogfeld doppelt auf eines der Objekte, das Sie näher betrachten möchten (Abbildung 9.27).

Abbildg. 9.27 Detaillierte Ansicht eines Synchronisierungsobjekts

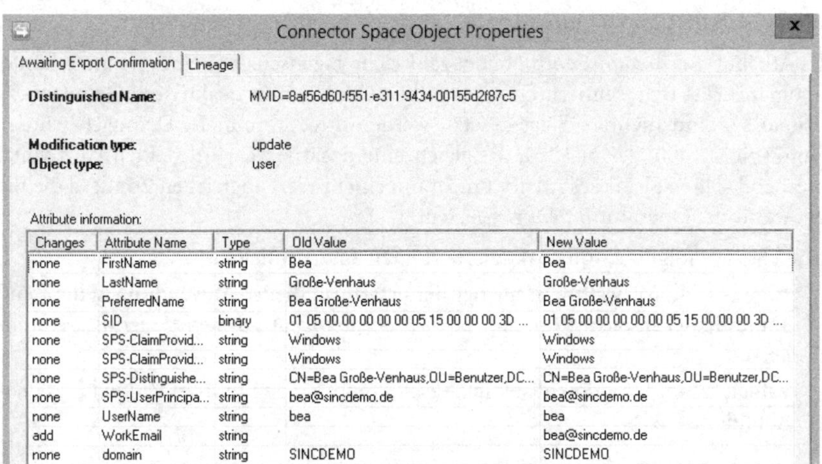

Alternativ zu dieser Forefront Identity Manager-Oberfläche können Sie in der Zentraladministration eine vereinfachte Synchronisierungsprotokollansicht verwenden, um sich über den Status Kenntnis zu verschaffen.

Öffnen Sie dazu die Verwaltungsseite der Benutzerprofildienst-Anwendung und klicken Sie im Abschnitt *Profilsynchronisierungseinstellungen* in der Zeile *Profilsynchronisierungsstatus* auf den jeweiligen Status.

In dem sich öffnenden Fenster finden Sie die Zusammenfassung der jeweiligen Synchronisierungsmodule (Abbildung 9.28).

Abbildg. 9.28 Vereinfachtes Synchronisierungsprotokoll der Zentraladministration

```
..............................
Startzeit 03.12.2013 00:03:39
Endzeit 03.12.2013 00:03:42

---------------------------------------------------------------

MOSS
Stufe SharePoint Server-Import
Erweiterungen 0
Aktualisierungen 0
Gleichbleibend 0
..............................
Erfolge 0
Fehler 0
Startzeit 03.12.2013 00:03:42
Endzeit 03.12.2013 00:05:24
```

Benutzerprofil-Synchronisierungsfilter definieren

Um das Standardverhalten der Benutzerprofildienstsynchronisierung anzupassen, stehen Ihnen hierfür Verbindungsfilter zur Verfügung. Hiermit können Sie Benutzer anhand ihrer Eigenschaften und hinsichtlich des Benutzerkontozustands aus der Synchronisierung entfernen oder in diese einfügen.

Standardmäßig werden beispielsweise auch Benutzerkonten synchronisiert, die bereits deaktiviert sind. Um deaktivierte Konten auszuschließen, fügen Sie einen Verbindungsfilter mithilfe des Attributs *userAccountControl* hinzu, der die entsprechenden Flags identifiziert.

Das Attribut *userAccountControl* bildet zahlreiche Eigenschaften eines Benutzerkontos ab, indem es ein binäres Flag repräsentiert. Das zweite Bit steht dabei für deaktivierte Benutzerkonten (binär 10, dezimal 2). Sind mehrere Flags gesetzt, werden diese kumuliert. Demnach würde ein gesperrtes Konto (binär 1000, dezimal 16), das gleichzeitig deaktiviert würde, einen Wert von 18 haben. Entsprechend sollten Sie dieses Attribut nicht mit einem Wert abgleichen, sondern die Bitschalter abfragen, wofür der Operator *Bit ein gleich* steht.

Gehen Sie wie folgt vor, um deaktivierte Konten auszuschließen:

1. Öffnen Sie die Verwaltungsseite der Benutzerprofildienst-Anwendung in der Zentraladministration und klicken Sie im Abschnitt *Synchronisierung* auf *Synchronisierungsverbindungen konfigurieren*.
2. Wählen Sie im Dropdownlistenfeld der Verbindung den Eintrag *Verbindungsfilter bearbeiten* aus (Abbildung 9.29).

Abbildg. 9.29 Filter für Synchronisierungsverbindungen

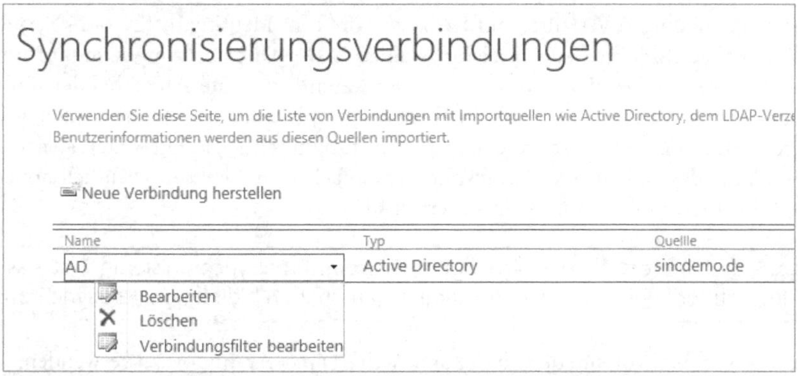

3. Wählen Sie nun im Abschnitt *Ausschlussfilter für Benutzer* das Attribut *userAccountControl* sowie den Operator *Bit ein gleich* aus und legen Sie im Feld *Filtern* den Wert *2* fest (Abbildung 9.30).

Abbildg. 9.30 Ausschluss von deaktivierten Benutzern

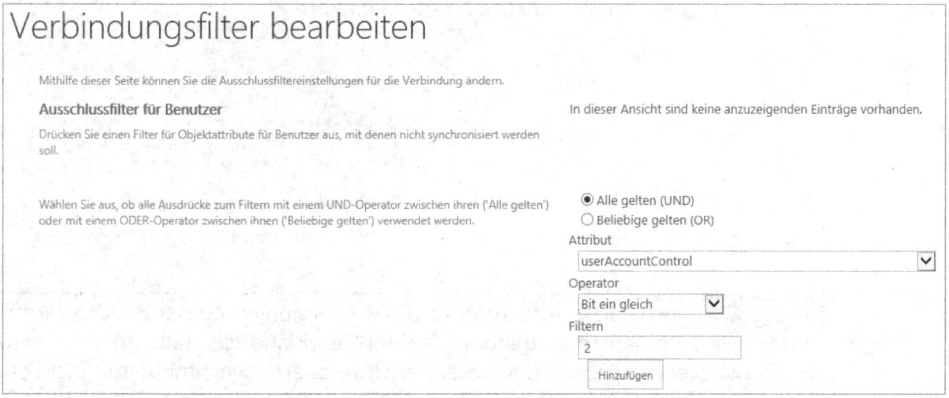

Übernehmen Sie den Filter, um mit der nächsten Synchronisierung die entsprechenden Benutzer auszuschließen.

Ein weiterer sinnvoller Filter für *userAccountControl* ist der Wert *17* für den Ausschluss von Benutzerkonten, deren Kennwort nicht abläuft. Die hiervon betroffenen Konten sind in der Regel Dienstkonten, die normalerweise nicht synchronisiert werden sollten. Sie können einen entsprechenden Filter parallel definieren und per *OR* bzw. *Oder* verknüpfen.

HINWEIS Eine umfassende Liste der *userAccountControl*-Bitflags finden Sie unter *http://support.microsoft.com/kb/305144* [Ms156-K09-03].

SharePoint Active Directory-Import einrichten

Alternativ zum obigen Verfahren auf Basis der Forefront Identitiy Integrations Services können Sie das zwar eingeschränkte, jedoch leistungsfähige Active Directory-Importmodul für einen einseitigen Import nach SharePoint verwenden. Der wesentliche Unterschied bei der Einrichtung dieser Komponente im Vergleich zur traditionellen Synchronisierung besteht im Wegfall der Synchronisierungsdienstinstanz, welche recht fehler- und wartungsintensiv ist. Ein weiterer Vorteil dieses Ansatzes besteht in der – nicht zuletzt aufgrund der einfachen Architektur – deutlich höheren Geschwindigkeit für Verzeichnisdienstsynchronisierungen.

HINWEIS Anders als die bisherige SharePoint-Profilsynchronisierung ist das Active Directory-Importmodul nicht dazu in der Lage, Eigenschaften bidirektional zu synchronisieren.

Gehen Sie wie folgt vor, um den SharePoint Active Directory-Import zu verwenden:

1. Öffnen Sie die Verwaltungswebsite der Benutzerpofildienst-Anwendung und klicken Sie im Abschnitt *Synchronisierung* auf *Synchronisierungseinstellungen konfigurieren*.
2. Wählen Sie im Abschnitt *Synchronisierungsoptionen* die Option *SharePoint Active Directory-Import verwenden* (Abbildung 9.31).

Abbildg. 9.31 Aktivierung des SharePoint Active Directory-Imports

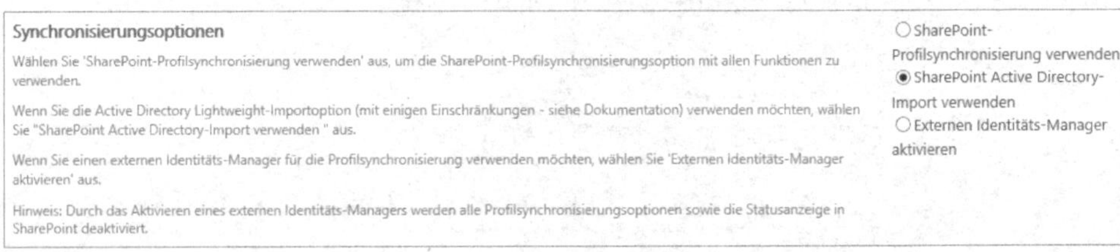

HINWEIS Durch diese Änderung wird die Provisionierung der Benutzerprofil-Synchronisierungsdienste automatisch aufgehoben, sofern Sie bislang die Standard-Benutzerprofil-Synchronisierung verwendet haben. Eine parallele, FIM-basierte Synchronisierung ist somit nicht möglich.

3. Erstellen Sie nun eine neue Synchronisierungsverbindung, wie bereits im Abschnitt zur Einrichtung der klassischen SharePoint-Profilsynchronisierung. Dabei stehen Ihnen für diesen Importtyp nun primär zwei neue Optionen zur Verfügung: Das direkte Ausschließen von deaktivierten Benutzern und die Angabe eines LDAP-Abfragefilters zur Eingrenzung der Ergebnismenge (Abbildung 9.32).

Die weiteren Verwaltungsoperationen für den Benutzerprofildienst sind vergleichbar zum Standard-FIM-Verfahren.

Abbildg. 9.32 SharePoint AD-Import-spezifische Verbindungskonfiguration

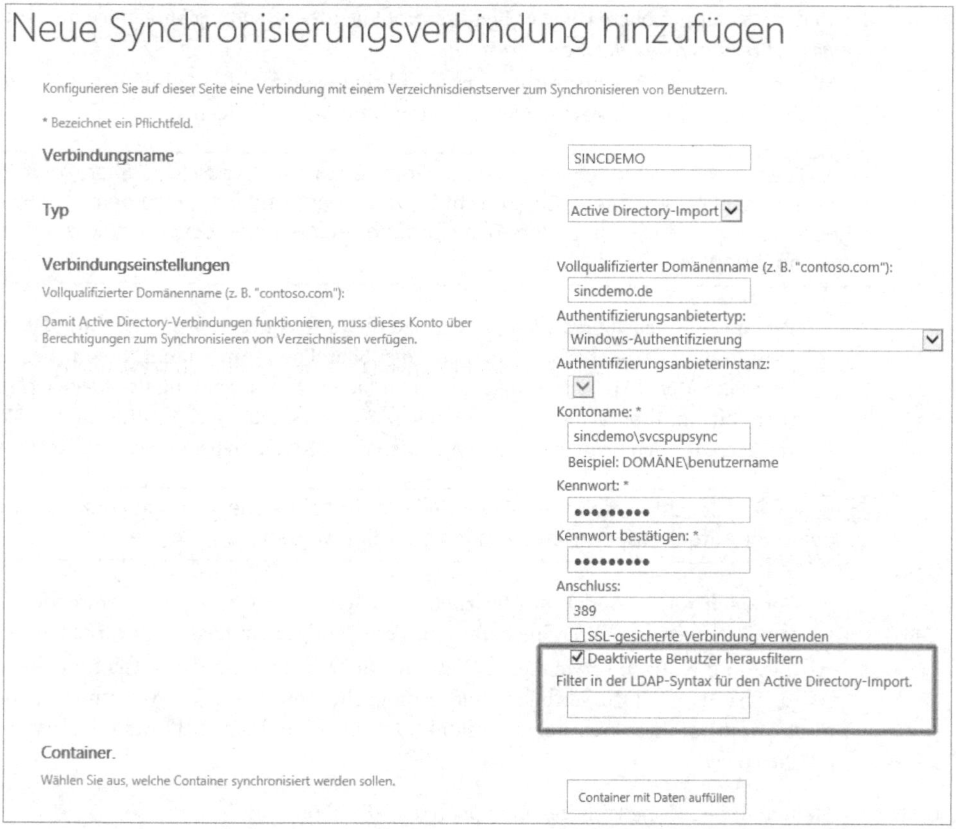

Organisationen verwalten

In SharePoint 2010 wurde erstmals das Problem von Multi-Organisationshierarchien adressiert. Viele Unternehmen weisen jedoch eine deutlich komplexere Hierarchie auf (beispielsweise durch Tochterunternehmen), die häufig auch innerhalb eines Verzeichnisdiensts zusammenarbeiten. Mit der bisherigen Logik waren viele in dieser Konstellation nicht abbildbar, was im Organigramm zu einer gebrochenen oder nicht ordnungsgemäßen Hierarchiebildung führte.

HINWEIS Der Lösungsansatz wurde in SharePoint 2013 wieder zurückgezogen, steht aus Gründen der Abwärtskompatibilität jedoch noch in der Oberfläche zur Verfügung und wird daher nicht weitergehend behandelt.

Meine Website und persönliche Features und Funktionen verwalten

Dieser Abschnitt dient der Konfiguration des *Meine Website*-Bereichs des Benutzerprofildiensts.

Steuerung von *Meine Website*-Funktionen oder -Features

Sie haben die Möglichkeit, zentral festzulegen, wer sich eine *Meine Website* einrichten und die dazugehörigen sozialen Netzwerkfunktionen verwenden darf.

Gehen Sie wie folgt vor, um die zugehörigen Funktionen und Features zu steuern:

1. In der Verwaltungsoberfläche der Benutzerprofildienst-Anwendung klicken Sie im Abschnitt *Personen* auf *Benutzerberechtigungen verwalten.*
2. Wählen Sie nun die entsprechenden Berechtigungen für die definierbaren Zielgruppen aus (Abbildung 9.33) und beachten Sie dabei folgende Anmerkungen:

HINWEIS Die nachfolgenden, in SharePoint 2013 im Vergleich zu SharePoint 2010 angepassten Berechtigungsstufen, führen nicht in beliebiger Kombination zu dem intuitiv erwarteten Ergebnis. Überprüfen Sie daher Ihre Berechtigungsanpassungen bevor Sie diese auf Ihre Produktionsumgebung anwenden.

- **Persönliche Website erstellen** Wenn Sie dieses Recht entfernen, verschwindet zunächst der Link zu Ihrer *Meine Website* innerhalb einer SharePoint-Anwendung. Sofern Sie jedoch bereits über eine *Meine Website* verfügen, können Sie unter Verwendung der *Mein Websitehost*-URL weiterhin auf Ihre *Meine Website* zugreifen. Anwender, die noch nicht über eine *Meine Website* verfügen, werden beim manuellen Aufrufen der URL daran gehindert, eine solche anzulegen.

HINWEIS Beachten Sie, dass *Meine Website* für zahlreiche wichtige Funktionen wie Bewertungen oder Aufgabensynchronisierungen benötigt werden.

- **Personen folgen und Profil bearbeiten** Dieses Recht ermöglicht Anwendern das Folgen von Benutzern aus ihrer Site heraus und ermächtigt Benutzer zum Bearbeiten des Profils.
- **Tags und Notizen verwenden** Dieses Recht ist primär aus Abwärtskompatibilitätsgründen zu SharePoint 2010 verfügbar und ermöglicht Anwendern die Verwendung von Tags und Notizen auf ihrer Website. Diese Funktion ist in SharePoint 2013 weiterhin verfügbar, wenngleich verborgen.

Abbildg. 9.33 Steuerung der *Meine Website*-Funktionen und -Features

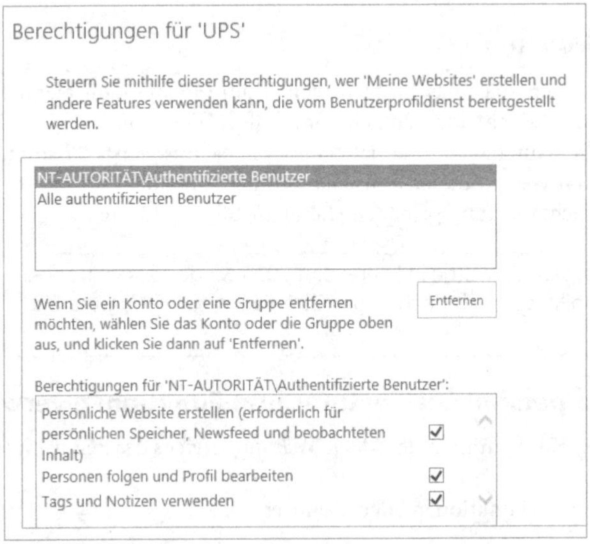

3. Klicken Sie auf *OK*, um die Änderungen zu speichern.

Zentrales Löschen von Notizen und Tags

Sie haben die Möglichkeit, als Farmadministrator oder Administrator einer Benutzerprofildienst-Anwendung, thematische Kategorien und Notizen zu löschen. So können Sie beispielsweise alle Kategorien für einen Mitarbeiter löschen, der das Unternehmen verlässt, oder eine nicht gewünschte Kategorie entfernen. Thematische Kategorien und Notizen können auf unterschiedliche Weise entfernt werden.

Sie haben die Möglichkeit, die folgenden Operationen zur Löschung von thematischen Kategorien und Notizen durchzuführen:

- Löschen auf Benutzerbasis
- Löschen innerhalb eines Zeitraums
- Löschen einer bestimmten thematischen Kategorie oder Notiz
- Eine Kombination der oben stehenden Verfahren

Zum Löschen einer thematischen Kategorie oder Notiz mithilfe der Zentraladministration gehen Sie bitte wie folgt vor:

1. Auf der Verwaltungsseite der Benutzerprofildienst-Anwendung klicken Sie im Abschnitt *Einstellungen für 'Meine Website'* auf *Communitytags und Notizen verwalten.*
2. Definieren Sie Ihre Filterkriterien gemäß Ihren Anforderungen (Abbildung 9.34) und klicken Sie auf *Suchen.*

Abbildg. 9.34 Löschen von thematischen Kategorien und Notizen

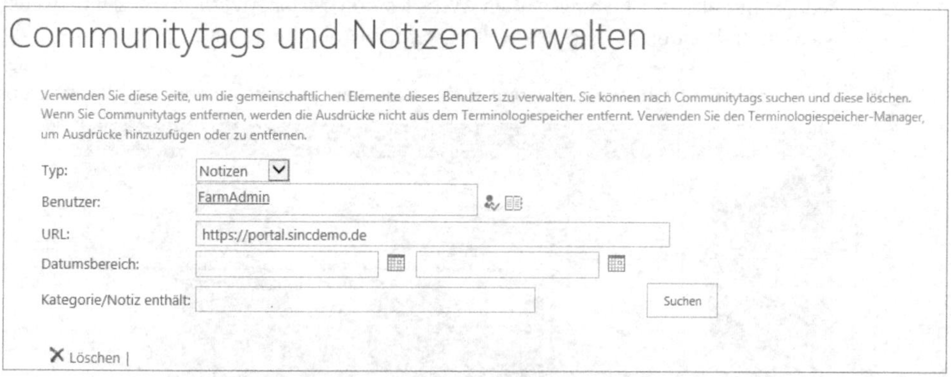

3. Aktivieren Sie das Kontrollkästchen links neben der gewünschten Zeile, um einzelne Einträge, oder links neben *Datum*, um die gesamten Einträge zu markieren, und klicken Sie auf *Löschen*, um die entsprechenden Einträge zu entfernen.

Grenzwerte für Folgen-Funktionalität verwalten

Die in SharePoint 2013 neu eingeführte Funktionalität des Folgens von Personen, Benutzern und Websites unterliegt standardmäßig bereits maximal ausgelegten Grenzwerten, welche mithilfe der Einstellungsseite *Folgen verwalten* im Abschnitt *Einstellungen für 'Meine Website'* definiert werden (Abbildung 9.35).

Abbildg. 9.35 Grenzwerte für Folgen-Funktion

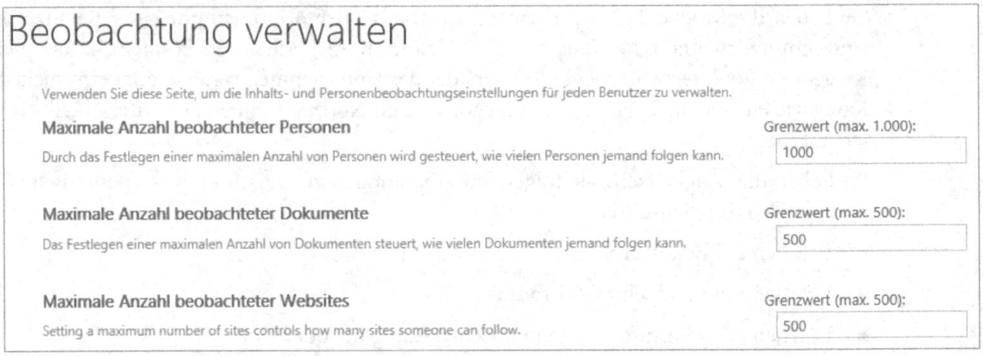

In Umgebungen mit maximaler Skalierung könnte in Erwägung gezogen werden, die Werte zu reduzieren, wobei sich die Leistungsimplikationen hierdurch im Rahmen halten sollten.

Heraufgestufte Websites verwalten

In SharePoint 2013 ist weiterhin die websitesammlungsübergreifende Navigation standardmäßig nicht verfügbar und wird mithilfe verschiedener Ansätze adressiert. Eine Möglichkeit besteht in der Verwendung des neuen *Websites*-Hub, der Ihnen als zentraler Hub für Ihre für das Folgen aktivierten Inhalte dient. Die hier bereitgestellten Inhalte werden im Wesentlichen vom Benutzer selbst bestimmt, können jedoch mithilfe der heraufgestuften Websites von *Meine Website* zentral um weitere Navigationskacheln im Windows 8-Design erweitert werden (Abbildung 9.36).

Abbildg. 9.36 Heraufgestufte Websites erscheinen als zentrale Navigationselemente des Websitehubs

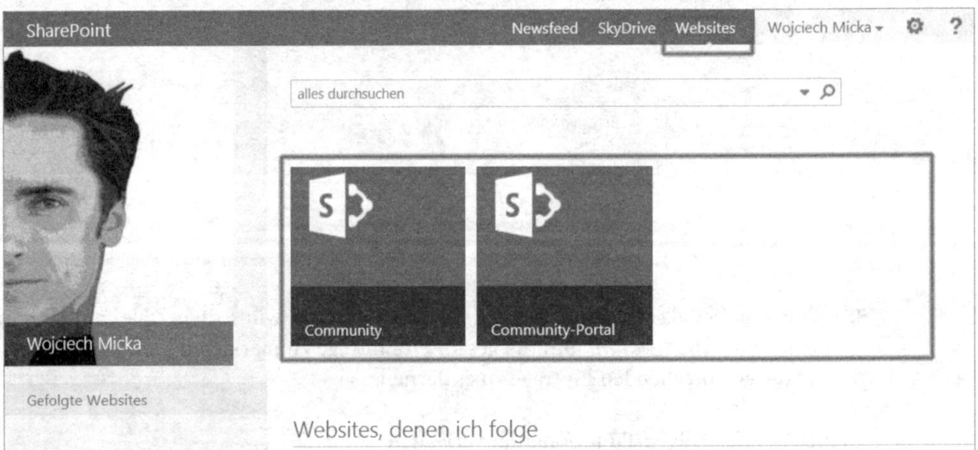

Gehen Sie bitte wie folgt vor, um die heraufgestuften Websites um weitere Schaltflächen zu ergänzen:

1. Öffnen Sie die Verwaltungsseite der Benutzerprofildienst-Anwendung und klicken Sie im Abschnitt *Einstellungen für 'Meine Website'* auf *Heraufgestufte Websites verwalten.*
2. Klicken Sie auf *Neuer Link*, um ein neues Element zu erstellen und wählen Sie die Eigenschaften entsprechend aus (Abbildung 9.37).

Abbildg. 9.37 Definition einer heraufgestuften Website

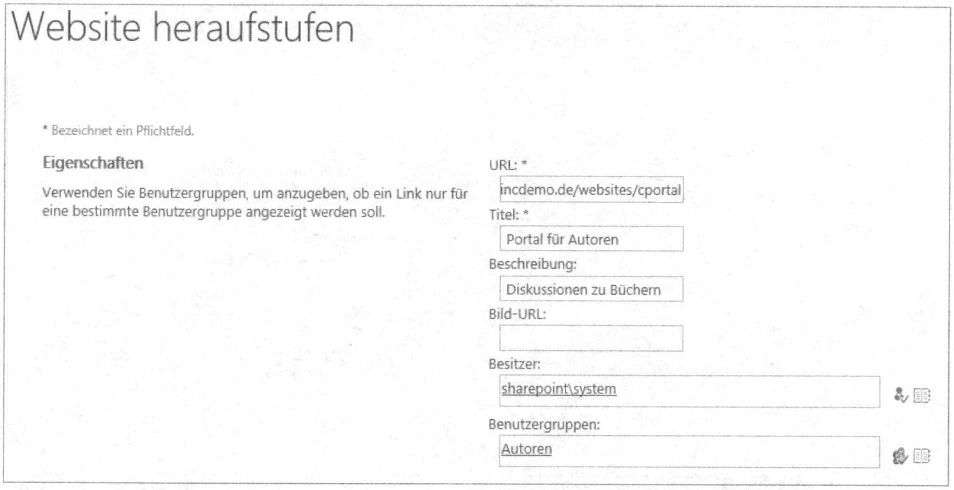

Falls Sie keine Bild-URL festlegen, erscheint standardmäßig eine blaue Kachel. Alternativ verweisen Sie auf eine in etwa 180x180 Pixel große Grafik.

Die Benutzergruppen sind optional und ermöglichen Ihnen einen Verweis auf zuvor kompilierte Zielgruppen des Benutzerprofildiensts, um so spezifischen Auditorien bevorzugt entsprechende Inhalte anzubieten.

3. Klicken Sie auf *OK*, um die Einstellungen zu übernehmen.

Die hier vorgenommenen Änderungen werden umgehend im Websitehub sichtbar.

Verwalten von Verknüpfungen mit Office-Dienstanwendungen

Speichert ein Benutzer erstmalig ein Dokument aus einer Office-Dienstanwendung heraus, wird das Dialogfeld *Speichern unter* angezeigt. Dieses Dialogfeld enthält den Abschnitt *Linkfavoriten*, in dem Verknüpfungen zu Speicherorten angezeigt werden. Sie können der Linkfavoritenliste einen Link hinzufügen, indem Sie einen Link in Office-Dienstanwendungen veröffentlichen. Beim Hinzufügen eines Links geben Sie außerdem eine Zielgruppe mit den Benutzern an, für die dieser Link angezeigt werden soll.

HINWEIS Verknüpfungen mit Office-Dienstanwendungen werden nur ab Office 2010-Dienstanwendungen angezeigt.

1. Öffnen Sie die Verwaltungsseite der Benutzerprofildienst-Anwendung.
2. Klicken Sie im Abschnitt *Einstellungen für 'Meine Website'* auf *Links zu Office-Clientanwendungen veröffentlichen.*
3. Klicken Sie auf *Neuer Link.*
4. Geben Sie die Felder entsprechend Ihren Vorstellungen an und wählen Sie den Typ von Adresse aus, der von diesem Link dargestellt wird (Abbildung 9.38). Wenn es sich beim Zielspeicherort beispielsweise um eine SharePoint-Dokumentbibliothek handelt, wählen Sie *Dokumentbibliothek* aus.

Abbildg. 9.38 Veröffentlichen eines Links zu Office

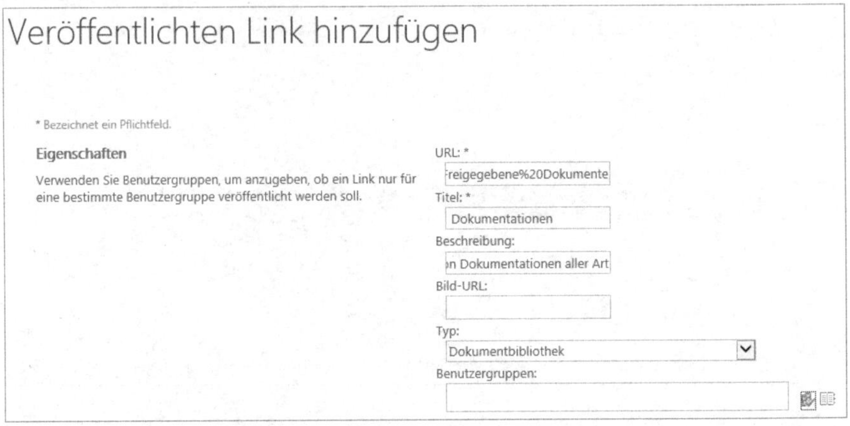

WICHTIG Im Feld *Benutzergruppen* können Sie keine Active Directory- oder SharePoint-Gruppen eintragen, sondern lediglich die Zielgruppen, die über den Benutzerprofildienst dynamisch generiert werden! Sie können das Benutzergruppenfeld auch leer lassen. In diesem Fall erscheint der Link für alle Anwender.

5. Klicken Sie auf *OK*, um die Verknüpfung zu erstellen.

Die Links werden nicht umgehend publiziert. Haben Sie daher etwas Geduld, bevor Sie die Änderung verifizieren.

Vertrauenswürdige Hostspeicherorte definieren

Sollten in Ihrer Umgebung mehrere Benutzerprofildienst-Anwendungen existieren, können Sie Benutzern separat Zugriff auf diese erteilen. Sie haben somit die Möglichkeit, unterschiedliche Anwender jeweils gezielt einer Benutzerprofildienst-Anwendung zuzuordnen.

Verändern Sie diese Einstellung nicht, wenn Sie mit nur einer Benutzerprofildienst-Anwendung arbeiten, was in der absoluten Mehrzahl der Fälle üblich ist.

ACHTUNG Durch die Angabe eines vertrauenswürdigen Hostspeicherorts wird der Link zum Zugriff auf *Meine Website* in der SharePoint-Navigation für die jeweiligen Zielgruppen modifiziert.

Zur Konfiguration der vertrauenswürdigen Hostspeicherorte mithilfe der Zentraladministration gehen Sie wie folgt vor:

1. Öffnen Sie die Verwaltungsseite der Benutzerprofildienst-Anwendung.
2. Klicken Sie im Abschnitt *Einstellungen für 'Meine Website'* auf *Vertrauenswürdige Hostspeicherorte konfigurieren*.
3. Klicken Sie auf *Neuer Link*.
4. Geben Sie eine URL und die Beschreibung des Hostspeicherorts an.
5. Geben Sie optional eine Zielgruppe an, für die dieser Speicherort Gültigkeit hat. Die hier zu verwendenden Gruppen sind keine Active Directory- oder SharePoint-Gruppen.
6. Klicken Sie auf *OK*, um den vertrauenswürdigen Hostspeicherort zu erstellen.

Best Practices

Für den Einsatz des Benutzerprofildiensts empfehlen sich die in Tabelle 9.10 aufgeführten Vorgehensweisen.

Tabelle 9.10 Empfehlungen für den Benutzerprofildienst

	Best Practice
✓	Ziehen Sie in Umgebungen mit einer hohen fünfstelligen Anzahl an Benutzern die Verwendung des SharePoint AD-Imports für den Benutzerprofilimport in Erwägung
✓	Verwenden Sie heraufgestufte Websites, um zentrale Websites für Anwender einfach verfügbar zu machen
✓	Sorgen Sie nach Möglichkeit dafür, dass die Benutzerprofildienstsynchronisierung aktiv ist, um zahlreiche auf die Daten angewiesene Anwendungen zu ermöglichen
✓	Stellen Sie frühzeitig sicher, dass Ihre geplante Verwendung von *Meine Websites* nicht gegen Ihre Datenschutzbestimmungen verstößt bzw. schränken Sie die öffentlichen Funktionen gemäß Kapitel 13 weiter ein

Business Data Connectivity-Dienstanwendung

In diesem Abschnitt werden einige zentrale administrative Operationen im Kontext dieser Dienstanwendung demonstriert, deren Anwendung in der Regel im Zusammenhang mit erweiterten Anpassungen sowie Entwicklungen steht.

PowerShell-basierte Verwaltung

Für die Verwaltung mithilfe der PowerShell stehen Ihnen für diese Komponente die in Tabelle 9.11 aufgeführten Cmdlets zur Verfügung.

Tabelle 9.11 Cmdlets der BDC-Dienstanwendung

Cmdlet	Beschreibung
New-SPBusinessDataCatalogServiceApplication *New-SPBusinessDataCatalogServiceApplicationProxy* *Set-SPBusinessDataCatalogServiceApplication*	Verwaltung der Dienstanwendung
Import-SPBusinessDataCatalogDotNetAssembly	Import von Daten aus dem BDC-Metadatenspeicher
Get-SPBusinessDataCatalogMetadataObject *Grant-SPBusinessDataCatalogMetadataObject* *Revoke-SPBusinessDataCatalogMetadataObject* *Set-SPBusinessDataCatalogMetadataObject*	Verwaltung von Metadatenspeicher-Datenobjekten
Get-SPBusinessDataCatalogThrottleConfig *Set-SPBusinessDataCatalogThrottleConfig*	Steuerung der BDC-Drosselung
Export-SPBusinessDataCatalogModel *Import-SPBusinessDataCatalogModel* *Remove-SPBusinessDataCatalogModel*	Verwaltung der BDC-Modelle

Tabelle 9.11 Cmdlets der BDC-Dienstanwendung *(Fortsetzung)*

Cmdlet	Beschreibung
Copy-SPBusinessDataCatalogAclToChildren	Kopieren eines BDC-Berechtigungssatzes an untergeordnete Objekte
Clear-SPBusinessDataCatalogEntityNotificationWeb *Disable-SPBusinessDataCatalogEntity* *Enable-SPBusinessDataCatalogEntity* *Get-SPBusinessDataCatalogEntityNotificationWeb* *Set-SPBusinessDataCatalogEntityNotificationWeb*	Verwaltung der BDC-Entitätsbenachrichtigungen
Clear-SPSiteSubscriptionBusinessDataCatalogConfig *Export-SPSiteSubscriptionBusinessDataCatalogConfig* *Import-SPSiteSubscriptionBusinessDataCatalogConfig* *Remove-SPSiteSubscriptionBusinessDataCatalogConfig*	Mandantenspezifische Verwaltung der BDC-Konfiguration
Get-SPODataConnectionSetting *Get-SPODataConnectionSettingMetadata* *New-SPODataConnectionSetting* *Remove-SPODataConnectionSetting* *Set-SPODataConnectionSetting* *Set-SPODataConnectionSettingMetadata*	Verwaltung der BDC-Verbindung

Verwaltung über die Zentraladministration

Um auf die Verwaltungswebseite der Dienstanwendung der Business Data Connectivity zu gelangen, öffnen Sie in der Dienstanwendungsverwaltungsseite der Zentraladministration die BDC-Dienstanwendung.

Abbildg. 9.39 Menüband der BDC-Verwaltungswebseite

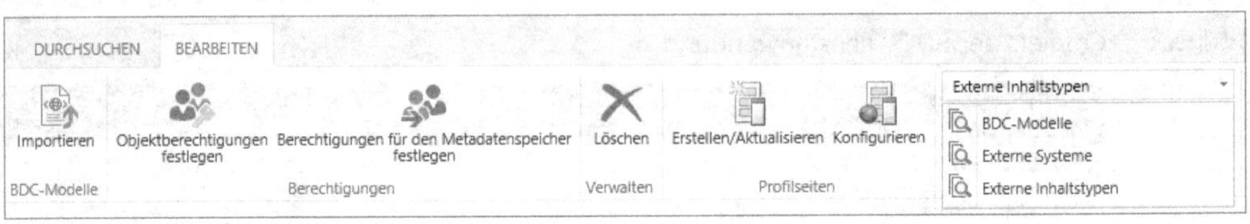

Sie können im Menüband folgende Aktionen auswählen (Abbildung 9.39):

- **BDC-Modelle** Ermöglicht einen manuellen Import von bereits erstellten BDC-Modellen z.B. von Visual Studio, SharePoint Designer oder anderen Werkzeugen
- **Berechtigungen** Für das ausgewählte Modell bzw. den gesamten Metadatenspeicher (je nach Auswahl) können Berechtigungen verwaltet werden
- **Verwalten** Löschen von externen Inhaltstypen, externen Systemen und BDC-Modellen
- **Profilseiten** – Erstellen und aktualisieren von Profilseiten sowie konfigurieren der Profilseitenerstellung. Diese enthalten detaillierte Informationen über die externen Daten und werden z.B. für die Indizierung der BDC-Daten benötigt.
- **Anzeigen** Auswahl der im Verwaltungsfenster angezeigten Elemente

Berechtigungen

Mit diesem Bereich werden Administratoren am meisten in Berührung kommen, um Berechtigungen für die externen Systeme bzw. externe Inhaltstypen einzurichten.

Im folgenden Beispiel wird exemplarisch die Vergabe von Berechtigungen auf einen externen Inhaltstyp gewährt:

1. Wählen Sie im Menüband in der Gruppe *Ansicht* den Eintrag *Externe Inhaltstypen.*
2. Aktivieren Sie das Kontrollkästchen neben dem Inhaltstyp, für den Sie die Berechtigung ändern wollen.
3. Klicken Sie im Menüband auf *Objektberechtigungen festlegen.*
4. Geben Sie im oberen Eingabefeld den Benutzer oder die Sicherheitsgruppe ein, für die Sie die Berechtigungen erteilen möchten, und klicken Sie auf *Hinzufügen.*
5. Definieren Sie die gewünschte Berechtigung. Dabei haben Sie folgende Möglichkeiten zur Auswahl:
   - *Bearbeiten* der externen Inhaltstypen zulassen
   - *Ausführen* von Vorgängen (erstellen, lesen, aktualisieren oder löschen von Elementen) zulassen
   - *Auswählbar in Clients* ist hier vielleicht etwas irreführend, da es das Erstellen externer Listen des externen Inhaltstyps zulässt. Erst wenn diese Berechtigung erteilt ist, erscheint der Inhaltstyp in der Auswahl des externen Inhaltstyps bei der Erstellung einer externen Liste.
   - *Berechtigungen festlegen* für den externen Inhaltstyp zulassen
6. Schließen Sie Vergabe der Berechtigung mit einem Klick auf *OK* ab (Abbildung 9.40).

HINWEIS Mit der Aktivierung des Kontrollkästchens *Berechtigung an alle Methoden ...* werden alle ggf. vorhandenen Berechtigungen auf Methoden überschrieben.

Abbildg. 9.40 Festlegen der Zugriffsrechte auf den externen Inhaltstyp

TIPP In der derzeitigen Version von SharePoint Server 2013 ist nach dem Anpassen der Berechtigungen ein Aufruf des Befehls *IISReset /noforce* in der Eingabeaufforderung auf jedem Web-Front-End-Server erforderlich.

BDC-Modelle

Ein BDC-Modell wird anhand einer XML-Datei beschrieben, welche alle zugehörigen Informationen, wie externe Inhaltstypen, externe Systeme und Methoden für das Ansprechen des externen Systems und die zu verarbeitenden Daten enthält. Diese Modelle lassen sich mithilfe von Visual Studio oder SharePoint Designer erstellen. Weiterhin kann ein solches Modell auch von einer anderen SharePoint-Farm exportiert worden sein, um z.B. von einer Entwicklungsumgebung auf eine Testumgebung portiert zu werden.

Gehen Sie wie folgt vor, um ein BCS (Business Connectivity Service)-Modell zu importieren:

1. Klicken Sie im Menüband auf *Importieren.*
2. Wählen Sie das zu importierende Modell (Dateiendung *.bdcm*) aus.
3. Als Dateityp übernehmen Sie die Voreinstellung *Modell.*
4. Im Abschnitt *Erweiterte Einstellungen* können Sie die zu importierenden Daten auswählen:
   - *Lokalisierte Namen* führt in der Datenbank vorhandene, lokalisierte Namen mit den importierten zusammen
   - *Eigenschaften* der externen Inhaltstypen
   - *Berechtigungen* des zuvor exportierten BDC-Modells
5. Optional können Sie im Feld *Benutzerdefinierte Umgebungseinstellungen verwenden* einen eindeutigen Namen für den Satz der umgebungsspezifischen Einstellungen eingeben.
6. Bestätigen Sie Ihre Eingabe mit einem Klick auf die Schaltfläche *Importieren.*

HINWEIS In SharePoint 2013 ist es nicht mehr möglich, BCS-Modelle über die Zentraladministration zu exportieren. Alternativ steht Ihnen der SharePoint Designer 2013 zur Verfügung.

Verwalten mittels SharePoint Designer 2013

Mit SharePoint Designer 2013 haben Sie die Möglichkeit, BDC-Modelle zu erstellen, anzupassen und zu exportieren, Berechtigungen auf Modelle zu verwalten, sowie externe Listen, welche auf BDC-Modelle referenzieren, zu erstellen.

Um die bereitgestellten BDC-Modelle zu verwalten, gehen Sie wie folgt vor:

1. Starten Sie die Anwendung SharePoint Designer 2013 und öffnen Sie eine beliebige Website innerhalb Ihrer SharePoint-Umgebung.
2. Klicken Sie im Navigationsbereich (linke Spalte) auf *Externe Inhaltstypen.*
3. Wählen Sie den gewünschten Inhaltstyp in der Übersicht aus und klicken Sie im Menüband auf *Externen Inhaltstyp bearbeiten.*

   Sie erhalten nun eine Übersicht des externen Inhaltstyps mit allen notwendigen Verwaltungsaufgaben (Abbildung 9.41).

Abbildg. 9.41 Übersicht eines externen Inhaltstyps in SharePoint Designer

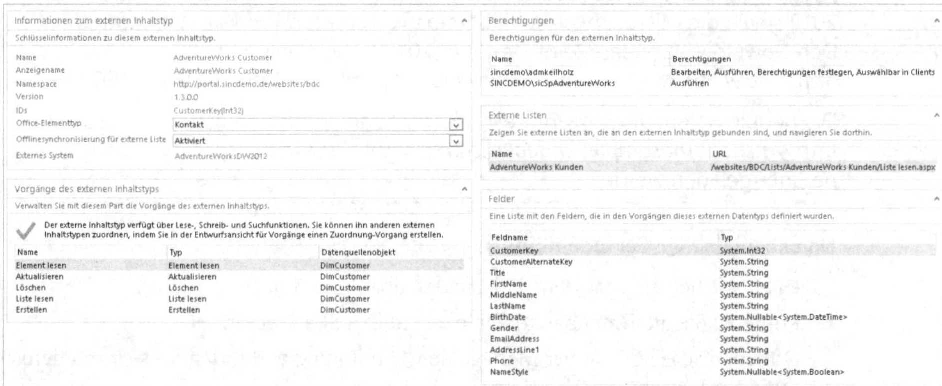

Anhand dieser Übersicht können nun folgende Bereiche bearbeitet werden:

- Allgemeine Informationen zu dem Inhaltstyp wie Name, Anzeigename, Office Elementtyp oder das externe System
- Vorgänge zu dem Inhaltstyp (Funktionen, welche die Daten abrufen, bearbeiten oder löschen)
- Externe Listen (durch einen Doppelklick gelangen Sie in die Bearbeitung der externen Liste)
- Berechtigungen werden in dieser Ansicht angezeigt, jedoch ist das Hinzufügen oder Ändern von Berechtigungen nur über die Verwaltungsseite der Dienstanwendung in der Zentraladministration möglich

Für ein neues BDC-Modell stehen Ihnen in SharePoint Designer 2013 folgende drei Möglichkeiten zur Verfügung:

- **.NET-Typ** Erstellt die Datenverbindung sowie die Vorgänge für den Inhaltstyp anhand der im .Net Assembly ausprogrammierten Funktionen
- **SQL Server** Erlaubt das direkte Ansprechen von Datenbanken. Problematisch ist dabei in der Regel die Anbindung der Daten über eine Datenbanksicht, da diese eine Sicht auf definierte Daten meist über mehrere Tabellen darstellt. Eine Aktualisierung bzw. das Neuerstellen von Datensätzen ist dabei nicht möglich.
- **WCF-Dienst** Dieser fragt bei der Erstellung den bereitgestellten WCF-Dienst ab und erstellt anhand der im Dienst implementierten Methoden die Vorgänge des externen Inhaltstyps

Einrichten einer Beispielanwendung

Im nachfolgenden Beispiel wird die Einrichtung einer BCS-Lösung mithilfe der Microsoft-Beispieldatenbank *AdventureWorksDW* demonstriert.

Bevor eine Lösung erstellt werden kann, ist die Einrichtung der Business Data Connectivity-Dienste (gemäß Kapitel 5) zwingend erforderlich, da ohne diese nicht auf die externen Datenquellen zugegriffen werden kann.

HINWEIS Um die Beispielanwendung einrichten zu können, wird der SharePoint Designer 2013 sowie die Microsoft-Beispieldatenbank *AdventureWorks DW* benötigt.
Den Download für SharePoint Designer 2013 finden Sie unter:
http://www.microsoft.com/de-de/download/details.aspx?id=35491 [Ms156-K09-04]

Die Beispieldatenbank *AdventureWorksDW* kann auf der Webseite
http://msftdbprodsamples.codeplex.com [Ms156-K09-05]
heruntergeladen werden

Datenbank in SQL Server einbinden

Fügen Sie die heruntergeladene Beispieldatenbank wie folgt an:

1. Kopieren Sie die Datenbankdatei lokal auf den SQL-Server.
2. Öffnen Sie das SQL Server Management Studio und verbinden Sie sich mit dem entsprechenden Datenbankmodul.
3. Klicken Sie im Objekt-Explorer (die linke Spalte) mit der rechten Maustaste auf *Datenbanken* und wählen Sie im Kontextmenü den Befehl *Anfügen* aus.
4. Klicken Sie im mittleren Teil des Dialogfelds *Datenbanken anfügen* auf *Hinzufügen*.
5. Wählen Sie die Beispieldatenbank aus.
6. Im unteren Teil sehen Sie nun zwei Datentypen:
   Daten und *Protokoll*
7. Bestätigen Sie das Anfügen über *OK*.

Die Datenbank ist somit betriebsbereit.

Erstellen des BDC-Modells

Um die Datenbank mithilfe der BDC-Dienste in SharePoint zu integrieren, gehen Sie wie folgt vor:

1. Starten Sie SharePoint Designer 2013 und klicken Sie auf *Website öffnen*.
2. Geben Sie die Adresse zur Zielwebseite ein und öffnen Sie diese.
3. Klicken Sie in der linken Spalte auf *Externe Inhaltstypen*.
4. Klicken Sie im Menüband auf *Externer Inhaltstyp*.
5. Weisen Sie dem neu erstellten Inhaltstyp einen aussagekräftigen Namen zu.

Abbildg. 9.42 Parameter des externen Inhaltstyps

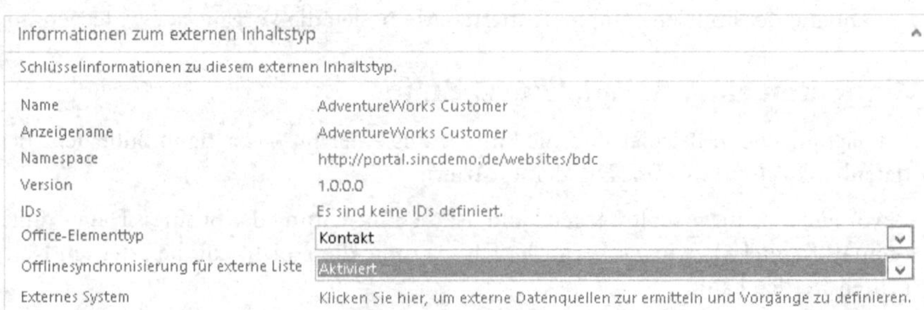

6. Legen Sie eine neue Datenquelle an, indem Sie auf *Klicken Sie hier, um externe …* im unteren Abschnitt mit der Überschrift *Vorgänge des externen Inhaltstyps* klicken. Sie werden anschließend im sogenannten Vorgangsdesigner gefragt, um welche Art von Datenquellentyp es sich handelt.
7. Klicken Sie auf *Verbindung hinzufügen*, wählen Sie als Datenquelltyp *SQL Server* aus und bestätigen Sie mit *OK*.
8. Tragen Sie den Namen der SQL Server-Instanz und den Datenbanknamen ein.
9. Wählen Sie *Verbindung mit angenommener benutzerdefinierter Identität herstellen*, geben Sie die Anwendungs-ID der im Secure Store erstellten Anwendung ein und bestätigen Sie Ihre Eingabe mit *OK* (Abbildung 9.43).

Abbildg. 9.43 SQL Server-Verbindungsdaten

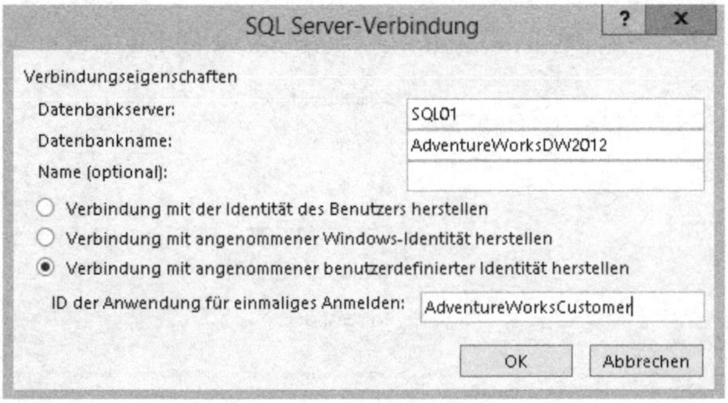

Bei Erfolg wird die Datenbank im Datenquellen-Explorer sichtbar und Sie können somit auf den Inhalt der Datenbank zugreifen. In diesem Beispiel wird die Tabelle *DimCustomer* angesprochen.

10. Wählen Sie im Kontextmenü der Tabelle *DimCustomer* den Eintrag *Alle Vorgänge erstellen* aus. Damit startet der Vorgangsdesigner (Abbildung 9.44).

Abbildg. 9.44 Datenquellen-Explorer

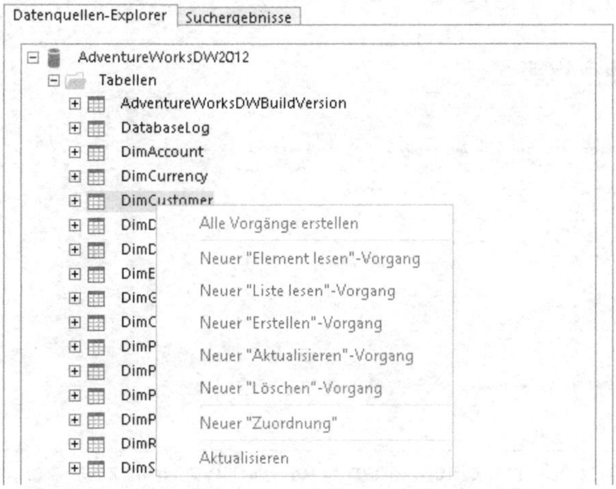

11. Klicken Sie auf *Weiter*.

Betrieb und Hintergrundinformationen

12. Nun können Sie festlegen, auf welche Werte zugegriffen wird und die Zuordnung zu der jeweiligen Office-Eigenschaft definieren (Abbildung 9.45).

Abbildg. 9.45 Parameterkonfiguration des externen Inhaltstyps

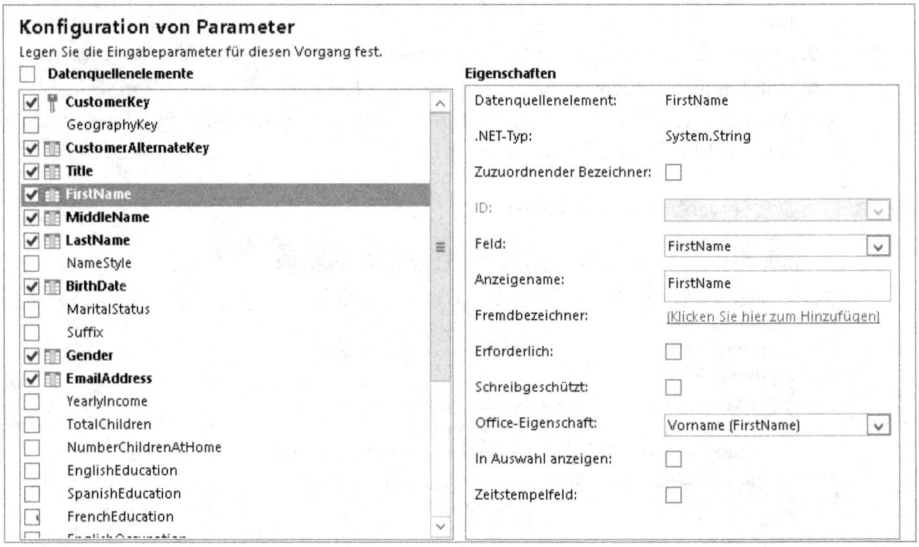

13. Klicken Sie auf *Weiter*.
14. Im folgenden Dialogfeld können nun die Filterparameter festgelegt werden (Abbildung 9.46).

Abbildg. 9.46 Definition von Filterparametern

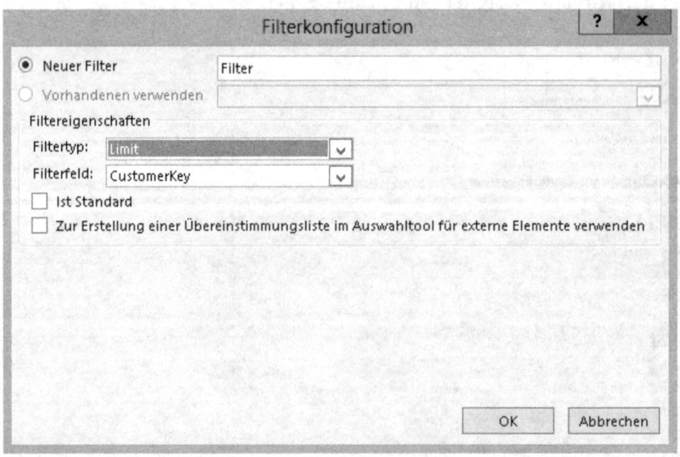

TIPP Es wird dringend empfohlen, einen Filter vom Typ *Limit* zu setzen, da die Abfrage sonst möglicherweise zu umfangreichen Ergebnisdatensätzen führen kann und somit auch negative Leistungsimplikationen nach sich ziehen kann.

15. Stellen Sie die Erstellung des Vorgangs mit einem Klick auf *Beenden* fertig.
16. Klicken Sie auf das Diskettensymbol in der linken oberen Ecke, um die Erstellung des externen Inhaltstyps abzuschließen.

Berechtigen der Anwender

Um Personen Zugriff auf diesen externen Inhaltstyp zu ermöglichen, ist es notwendig, diese auf den Business Data Connectivity-Dienst und das BDC-Modell zu berechtigen.

1. Öffnen Sie dafür die SharePoint-Zentraladministration.
2. Klicken Sie im Abschnitt *Anwendungsverwaltung* auf *Dienstanwendungen verwalten.*
3. Klicken Sie nun auf den Namen der BDC-Dienstanwendung.
4. Klicken Sie im Menüband auf *Berechtigungen für den Metadatenspeicher festlegen* und geben Sie den Namen des Anwenders oder der Sicherheitsgruppe ein.
5. Aktivieren Sie das Kontrollkästchen neben *Berechtigungen für alle BDC-Modelle.*
6. Bestätigen Sie Ihre Eingabe mit *OK.*

Der externe Inhaltstyp steht jetzt den angegebenen Benutzern zur Verfügung.

Anzeigen der Daten

Die Anzeige der Daten gestaltet sich an dieser Stelle vergleichsweise einfach:

1. Öffnen Sie dazu die Webseite, auf welcher Sie den externen Inhaltstyp erstellt haben.
2. Klicken Sie in der linken Spalte auf *Websiteinhalte* und dann auf *App hinzufügen.*
3. Klicken Sie in den verfügbaren Apps auf *Externe Liste.* Legen Sie im folgenden Formular den Namen der Liste und den externen Inhaltstyp fest (Abbildung 9.47).

Abbildg. 9.47 Hinzufügen einer externen Liste

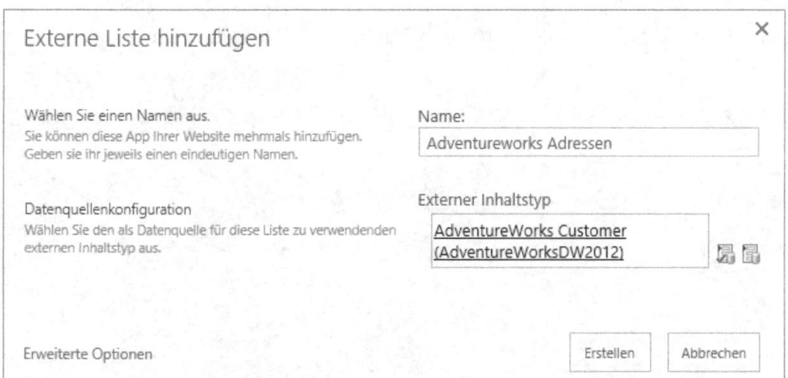

Nachdem Sie diese hinzugefügt haben, wird eine Ansicht mit allen abgerufenen Feldern erstellt (Abbildung 9.48). Diese Ansicht lässt sich wie bei SharePoint-integrierten Listen anpassen, indem beispielsweise neue Ansichten definiert werden.

Abbildg. 9.48 Darstellung des externen Inhaltstyps

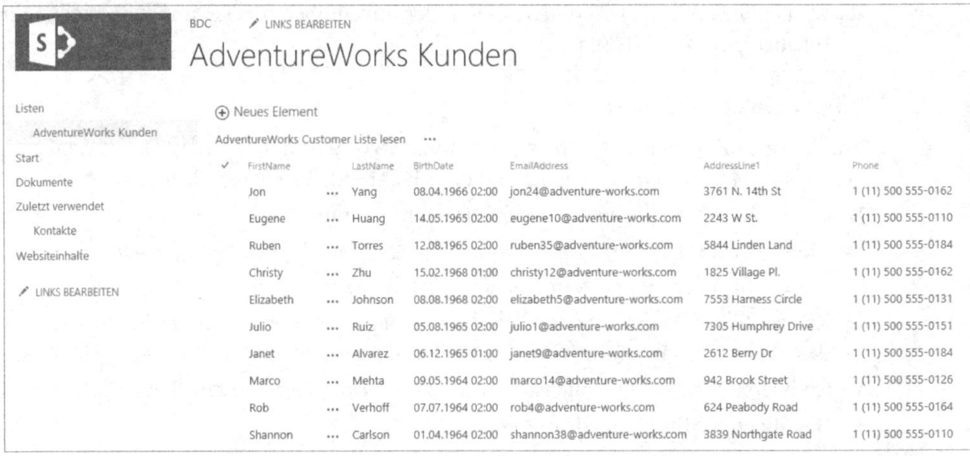

Durchforsten der BCS-Daten

Um die Daten der Business Connectivity Services (BCS) zu indizieren, muss lediglich der externe Inhaltstyp als Inhaltsquelle der Durchforstungskomponente hinzugefügt werden. In Abbildung 9.49 wird die Einrichtung einer neuen Inhaltsquelle demonstriert, um die BCS-Daten durchforsten zu können. Wählen Sie dabei, welches BCS-Modell zu durchforsten ist. Auf die durchforsteten Daten erhalten nur die Personen Zugriff, die gemäß der Secure Store-Dienstanwendungskonfiguration die Berechtigung besitzen, auf diese Daten zuzugreifen.

Abbildg. 9.49 Indizierung von externen Inhaltstypen

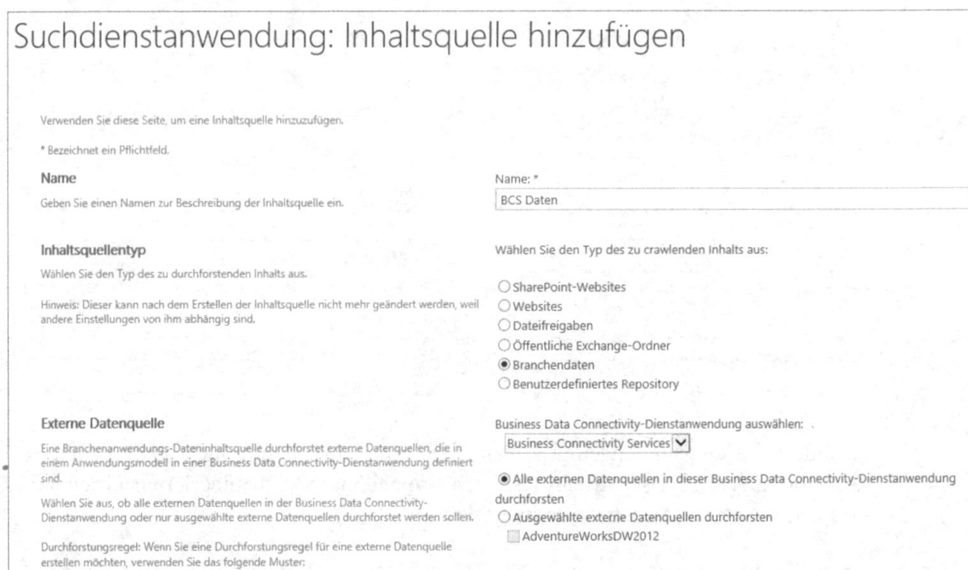

Secure Store

Die Secure Store-Dienstanwendung dient dem sicheren Speichern und Zuordnen von Anmeldeinformationen zu Anwendungs-IDs. Die primäre Aufgabe bei der Verwaltung von Secure Store besteht demnach darin, neue Anmeldungen zu erstellen und diese einer Anwendungs-ID zuzuordnen. Dabei wird bei der Terminologie der Begriff Zielanwendungen anstelle von Anmeldeinformationen verwendet.

Wichtige Anwendungen für die Verwendung von Secure Store sind u.a. Excel Services, Visio Services, BDC und PerformancePoint.

PowerShell-basierte Verwaltung

Für die Verwaltung mithilfe der PowerShell stehen Ihnen für diese Komponente die in Tabelle 9.12 aufgeführten Cmdlets zur Verfügung.

Tabelle 9.12 Cmdlets der Secure Store-Dienstanwendung

Cmdlet	Beschreibung
Add-SPSecureStoreSystemAccount *Get-SPSecureStoreSystemAccount* *Remove-SPSecureStoreSystemAccount*	Verwaltung von Secure Store-Systemkonten
Clear-SPSecureStoreCredentialMapping *Update-SPSecureStoreCredentialMapping* *Update-SPSecureStoreGroupCredentialMapping*	Verwaltung von Identitätszuordnungen
Clear-SPSecureStoreDefaultProvider *Set-SPSecureStoreDefaultProvider*	Verwaltung von Standardanbietern
Get-SPSecureStoreApplication *New-SPSecureStoreApplication* *Remove-SPSecureStoreApplication* *Set-SPSecureStoreApplication* *New-SPSecureStoreApplicationField* *New-SPSecureStoreTargetApplication*	Verwaltung von Secure Store-Identitäten
New-SPSecureStoreServiceApplication *New-SPSecureStoreServiceApplicationProxy* *Set-SPSecureStoreServiceApplication*	Basisverwaltung der Dienstanwendung
Update-SPSecureStoreApplicationServerKey *Update-SPSecureStoreMasterKey*	Aktualisierung der Schlüssel zur sicheren Verwahrung der Identitätsdaten

Zielanwendung erstellen

Gehen Sie wie folgt vor, um eine neue Zielanwendung zu erstellen und diese einer Anwendungs-ID zuzuordnen:

1. Öffnen Sie die Verwaltungsseite der Secure Store-Dienstanwendung in der Zentraladministration (Abbildung 9.50).

Abbildg. 9.50 Verwaltungsoberfläche von Secure Store

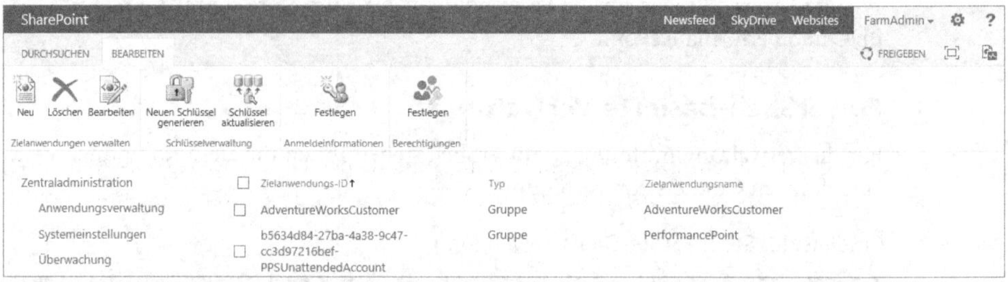

2. Klicken Sie im Menüband auf *Neu.*
3. Geben Sie im Eingabefeld *Zielanwendungs-ID* eine eindeutige ID an, die nicht mehr nachträglich geändert werden kann (Abbildung 9.51).

Abbildg. 9.51 Zielanwendungsparameter

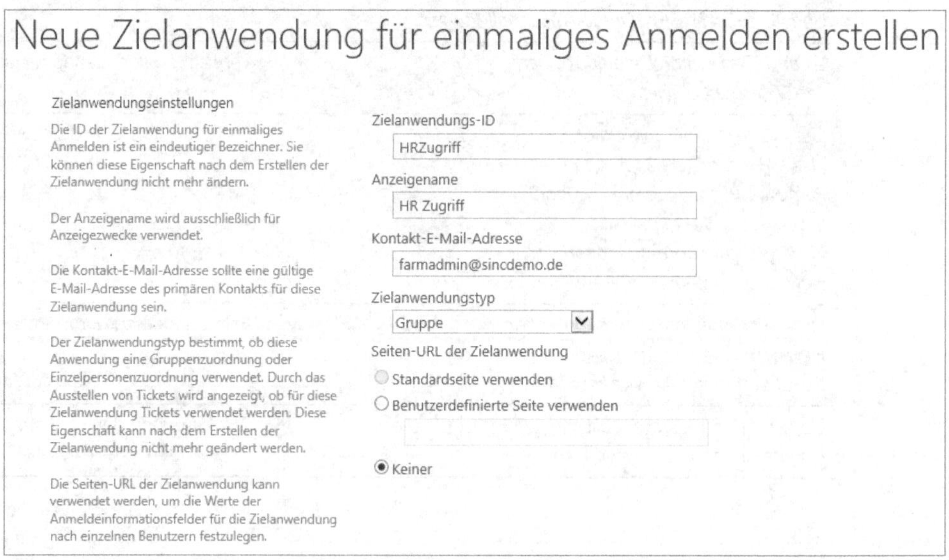

4. Im Eingabefeld *Anzeigename* geben Sie einen frei wählbaren und nachträglich änderbaren Namen an.
5. Hinterlegen Sie im Eingabefeld *Kontakt-E-Mail-Adresse* eine entsprechende E-Mail-Adresse.

6. Im Dropdownlistenfeld *Zielanwendungstyp* stehen Ihnen folgende Optionen zur Auswahl:
   - *Ticket für Einzelperson*
   - *Einzelperson eingeschränkt*
   - *Einzelperson*
   - *Ticket für Gruppe*
   - *Gruppe eingeschränkt*
   - *Gruppe*

   Bei der Wahl zwischen diesen Zielanwendungstypen gilt es primär, zwei Entscheidungen zu treffen:
   - **Einzelperson** oder **Gruppe** Bei *Einzelperson* wird jeweils eine Person einer Anmeldung zugeordnet. Im Falle einer *Gruppe* werden alle Gruppenmitglieder einer Gruppe von einer Anmeldung zugeordnet. So wird beispielsweise beim Zugriff auf eine externe Datenquelle ein authentifizierter Benutzer aufgrund seiner Gruppenmitgliedschaft für den Zugriff auf diese Quelle nicht impersoniert. Vielmehr greift die Anwendung unter Verwendung der hinterlegten Anmeldungskennung auf die entsprechende Quelle zu.
   - **Eingeschränkt**, **Ticket** oder **Normal** Durch die Auswahl von *Ticket* definieren Sie die Zielanwendung als forderungsbasierte, authentifizierungsnutzende Applikation. Ein *normales* Verfahren ist hingegen beispielsweise die Verwendung der Windows-Authentifizierung.

   In diesem Beispiel wird eine Gruppe als Zielanwendungstyp verwendet. Klicken Sie auf *Weiter.*
7. Sie haben an dieser Stelle die Möglichkeit, der Zielanwendung weitere Felder hinzuzufügen. Hierfür stehen Ihnen zur Auswahl:
   - *Allgemein*
   - *Benutzername*
   - *Kennwort*
   - *PIN*
   - *Schlüssel*
   - *Windows-Benutzername*
   - *Windows-Kennwort*

   In diesem Beispiel werden die Benutzer einem Windows-Dienstkonto zugeordnet, daher belassen Sie die Standardauswahl und klicken auf *Weiter* (Abbildung 9.52).

Abbildg. 9.52

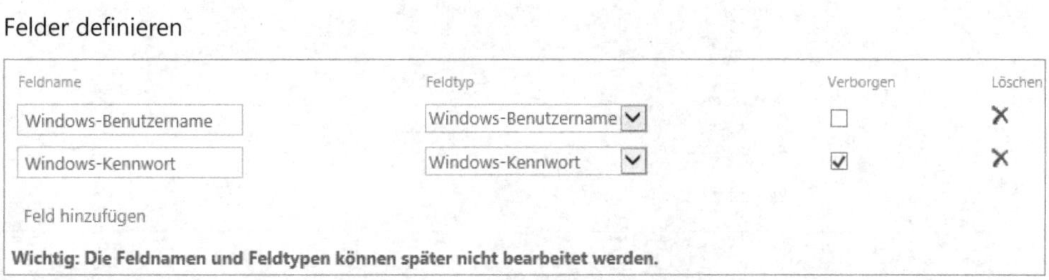

HINWEIS Verwechseln Sie an dieser Stelle nicht die Eingabedaten. Hinterlegen Sie nicht die Anmeldungskennung. Dies erfolgt erst nach dem Anlegen der Zielanwendung.

8. Geben Sie im Eingabefeld *Administratoren für die Zielanwendung* das Benutzerkonto an, das neben den Farmadministratoren den Zugriff auf die Einstellungen der Zielanwendungen erhalten soll (Abbildung 9.53).

Abbildg. 9.53 Gruppenwahl und Administratordefinition der Zuordnung

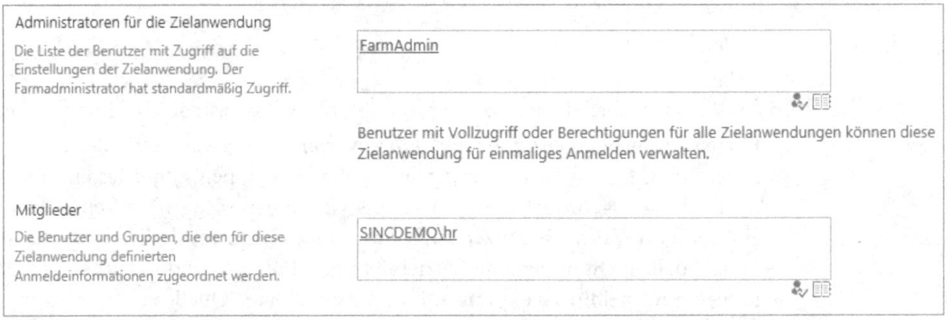

9. Da bei der Konfiguration eingangs der Anwendungstyp *Gruppe* definiert wurde, wählen Sie an dieser Stelle im Abschnitt *Mitglieder* die Gruppe aus, deren Mitglieder die mit dieser Zielanwendung verknüpfte Anmeldungskennung erhalten sollen. In diesem Beispiel können alle Mitglieder der Domänenbenutzergruppe unter dieser Anmeldungskennung zugreifen. Klicken Sie auf *OK*, um die Zielanwendung zu erstellen.
10. Hinterlegen Sie nun die Anmeldeinformationen, indem Sie die Zielanwendung markieren und im Dropdownlistenfeld den Eintrag *Anmeldeinformationen festlegen* auswählen (Abbildung 9.54).

Abbildg. 9.54 Anmeldeinformationen festlegen

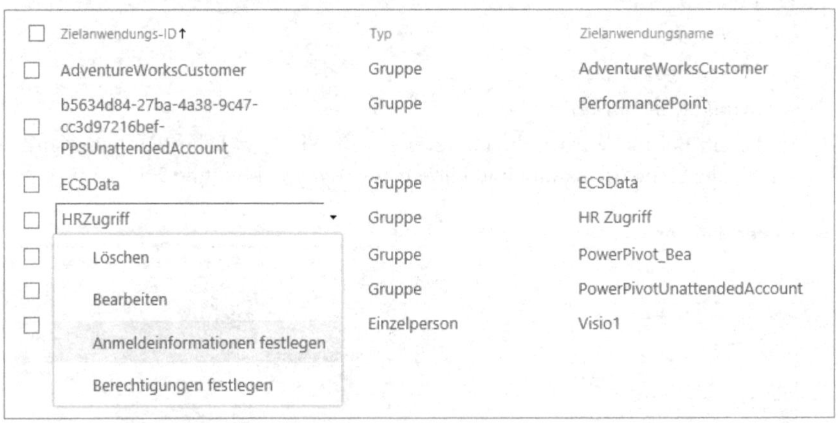

11. Geben Sie die Anmeldeinformationen im Format *Domänenname\Kontoname* an, hinterlegen Sie das zugehörige Windows-Kennwort und klicken Sie auf *OK* (Abbildung 9.55).

Abbildg. 9.55 Anmeldeinformationen speichern

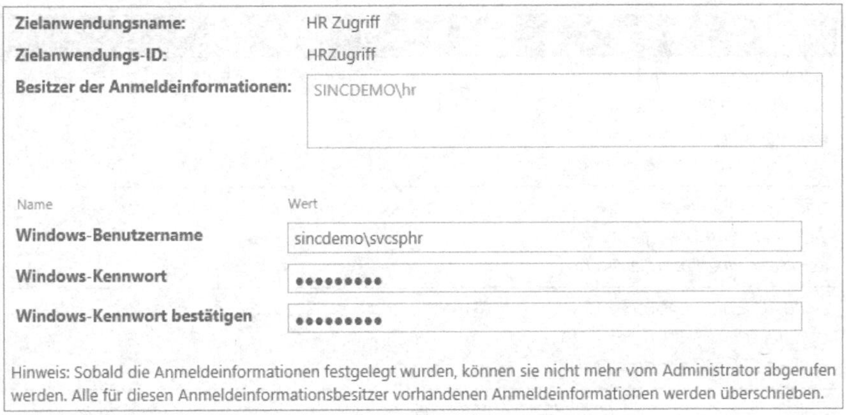

Im Rahmen dieser Konfiguration wurde die so erzeugte Zielanwendung nicht für die Verwendung des hier angelegten unbeaufsichtigten Dienstkontos konfiguriert. Dieser Verwaltungsschritt wird Ihnen in dem jeweiligen Dienstanwendungsabschnitt näher erläutert.

Schlüssel aktualisieren

Im Rahmen einer Wiederherstellung oder dem Hinzufügen neuer Secure Store Service-Server muss der Schlüssel für alle Server aktualisiert verbreitet werden. Gehen Sie dazu wie folgt vor:

1. Öffnen Sie die Verwaltungsseite der Secure Store-Dienstanwendung in der Zentraladministration und klicken Sie im Menüband auf *Schlüssel aktualisieren.*
2. Geben Sie die Passphrase ein, die Sie bei der Erstellung des Schlüssels verwendet haben, und klicken Sie auf *OK.*

InfoPath Forms Services

Dieser Abschnitt beschreibt die Basisoperationen zum Verwalten der InfoPath Forms Services.

HINWEIS Im Vergleich zu SharePoint 2010 haben sich für diese SharePoint-Komponente serverseitig keine wesentlichen Änderungen ergeben.

PowerShell-basierte Verwaltung

Für die Verwaltung mithilfe der PowerShell stehen Ihnen für diese Komponente die in Tabelle 9.13 aufgeführten Cmdlets zur Verfügung.

Tabelle 9.13 Cmdlets für InfoPath Forms Services

Cmdlet	Beschreibung
Get-SPInfoPathFormsService *Set-SPInfoPathFormsService* *Get-SPInfoPathWebServiceProxy* *Set-SPInfoPathWebServiceProxy*	Allgemeine Steuerung der InfoPath Forms Services der Farm
Add-SPInfoPathUserAgent *Get-SPInfoPathUserAgent* *Remove-SPInfoPathUserAgent*	Steuerung der Benutzeragents im Kontext der Suche
Update-SPInfoPathUserFileUrl *Update-SPInfoPathUrl* *Update-SPInfoPathAdminFileUrl*	Aktualisierung der URLs in den Formularen
Disable-SPInfoPathFormTemplate *Enable-SPInfoPathFormTemplate* *Get-SPInfoPathFormTemplate* *Install-SPInfoPathFormTemplate* *Set-SPInfoPathFormTemplate* *Start-SPInfoPathFormTemplate* *Stop-SPInfoPathFormTemplate* *Test-SPInfoPathFormTemplate* *Uninstall-SPInfoPathFormTemplate* *Update-SPInfoPathFormTemplate*	Bereitstellung und Steuerung der Formularvorlagen
Export-SPInfoPathAdministrationFiles *Import-SPInfoPathAdministrationFiles*	Ex- und Import von Formularvorlagen in CAB-Dateien
Get-SPDataConnectionFile *Get-SPDataConnectionFileDependent* *Install-SPDataConnectionFile* *Set-SPDataConnectionFile* *Uninstall-SPDataConnectionFile*	Verwaltung von Datenverbindungen

InfoPath-Dienst konfigurieren

Mithilfe der InfoPath Forms Services in SharePoint können Sie Formulare Ihrer Organisation in SharePoint Server bereitstellen und den Benutzern das Ausfüllen dieser Formulare mithilfe eines Webbrowsers ermöglichen.

Benutzer können Formularvorlagen in einer Listen- oder Dokumentbibliothek in einer Websitesammlung mit InfoPath Forms Services in SharePoint 2013 bereitstellen, falls die Formularvorlage keine Geschäftslogik enthält, keine volle Vertrauenswürdigkeit (Full-Trust) erfordert und keine Datenverbindungen verwendet, die von einem Administrator verwaltet werden. Websitesammlungsadministratoren können alternativ mithilfe einer Sandkastenlösung Benutzerformularvorlagen veröffentlichen, die Code enthalten.

HINWEIS Auch wenn Sie einige Konfigurationsoptionen für die InfoPath Forms Services innerhalb einer SharePoint Foundation-Formularbibliothek angezeigt bekommen, können Sie browserbasierte Formulare jedoch nur in Kombination mit SharePoint Server verwenden.

Mögliche Konfigurationsoptionen für Benutzerformularvorlagen:

- **Browserfähige Benutzerformularvorlagen** Benutzerformularvorlagen, also nicht durch den Administrator bereitgestellte Vorlagen, können optional in einem Browser geöffnet werden. Administratoren können dieses Feature deaktivieren, sodass nur von Administratoren genehmigte Formularvorlagen browserfähig sind. Darüber hinaus können Sie konfigurieren, ob Formularvorlagen im Browser gerendert werden.
- **Authentifizierung und Verbindung** Formularvorlagen stellen Datenverbindungen mithilfe der standardmäßigen Authentifizierungsmethoden und Autorisierungseinstellungen für das Benutzerkonto in Windows her. Administratoren können Datenverbindungsdateien mit Einstellungen speziell für InfoPath Forms Services verwenden. Sie können die Einstellungen für Timeout und Antwortgröße für Verbindungen mit Benutzerformularvorlagen festlegen. Außerdem können Sie festlegen, dass der Webdienstproxy zum Authentifizieren von Formularvorlagenanforderungen verwendet wird.
- **Benutzersitzungen** Ausgefüllte Formulare können zu einer großen Menge an temporären Daten führen. InfoPath Forms Services verwenden den SharePoint-Statusdienst zum Speichern dieser Daten.

Browserfähige Formularvorlagen

Bei der Veröffentlichung von Formularvorlagen auf einem Server mit InfoPath Forms Services kann die veröffentlichende Person die Formularvorlage als browserfähig markieren. Sie können browserfähige Formularvorlagen für die gesamte Serverfarm aktivieren bzw. deaktivieren. Wenn Benutzerformularvorlagen nicht browserfähig sind, können sie weiterhin auf dem Server veröffentlicht werden, wobei alle browserkompatiblen Features der Formularvorlage deaktiviert sind.

Standardmäßig können Benutzer browserfähige Formularvorlagen auf Servern mit InfoPath Forms Services veröffentlichen und das Rendern von Formularvorlagen im Browser nutzen. Die Administratoren können das Rendern im Browser ebenfalls für die gesamte Serverfarm deaktivieren, um die Serverauslastung zu reduzieren.

Zum Konfigurieren der browserfähigen Formularvorlagen mithilfe der Zentraladministration gehen Sie wie folgt vor:

1. Öffnen Sie in der Zentraladministration im Bereich *Allgemeine Anwendungseinstellungen* im Abschnitt *InfoPath Forms Services* den Link *InfoPath Forms Services konfigurieren.*
2. Konfigurieren Sie im Abschnitt *Browserfähige Formularvorlagen für Benutzer,* wie Benutzerformularvorlagen von InfoPath Forms Services verarbeitet werden:
   - Aktivieren Sie das Kontrollkästchen *Browserfähigmachen von Formularvorlagen durch Benutzer zulassen,* um den Benutzern das Veröffentlichen von browserfähigen Formularvorlagen zu ermöglichen
   - Aktivieren Sie das Kontrollkästchen *Von Benutzern browserfähig gemachte Formularvorlagen rendern,* damit browserfähige Formularvorlagen, die von Benutzern veröffentlicht wurden, in einem Webbrowser gerendert werden können

HINWEIS Diese Einstellung betrifft nur Formularvorlagen, die in Formularbibliotheken veröffentlicht werden. Workflowformularvorlagen und Listenformulare sind nicht davon betroffen.

Authentifizierung und Verbindung

In Formularvorlagen können mithilfe von Datenverbindungsdateien (Universal Data Connection-Dateien, UDCX) Datenverbindungsoptionen für Formulare angegeben werden, die von diesen Formularvorlagen erstellt werden. Sie können Einstellungen vornehmen, um domänenübergreifende Datenverbindungen zuzulassen und Datenverbindungsdateien für Benutzerformularvorlagen zu verwenden. Dabei handelt es sich um die folgenden Einstellungen für Authentifizierung und Datenverbindungen:

- Timeoutdauer für die Datenverbindung und maximale Antwortgröße für die Datenverbindung
- Authentifizierungseinstellungen für Benutzerformularvorlagen
- Domänenübergreifender Zugriff für Benutzerformularvorlagen

Zwar können Vorlagendesigner mithilfe von benutzerdefiniertem Code den Timeoutwert für eine Datenverbindung ändern, jedoch kann der vom Farmadministrator festgelegte maximale Timeoutwert dabei nicht überschritten werden.

Datenverbindungsdateien für Formularvorlagen können in der Zentraladministration oder aber innerhalb der Websitesammlung bereitgestellt werden.

UDCX-Dateien können alternative Authentifizierungsinformationen enthalten, wie beispielsweise eine Secure Store Service-Anwendungs-ID. So haben Sie die Möglichkeit festzulegen, dass von Benutzerformularvorlagen diese alternativen Authentifizierungsinformationen aus UDCX-Dateien verwendet werden. Diese Funktion ist standardmäßig nicht aktiviert und Sie haben die Wahl, diese Funktionalität für die gesamte Serverfarm zu aktivieren oder zu deaktivieren.

HINWEIS Authentifizierungsinformationen in Datenverbindungsdateien, die von den vom Administrator genehmigten Formularvorlagen in der zentralen Datenverbindungsbibliothek verwendet werden, sind immer aktiviert und nicht von dieser Einstellung betroffen.

Alternativ steht Ihnen der Webdienstproxy für InfoPath Forms Services zur Verfügung, um Anforderungen für Formulardaten zu authentifizieren.

Benutzerdefinierte Formularvorlagen können Datenverbindungen enthalten, die auf Daten aus anderen Quellen als der aktuellen Websitesammlung zugreifen. Standardmäßig ist ein domänenübergreifender Datenzugriff deaktiviert. Sie können diese Funktionalität ebenfalls für die gesamte Serverfarm aktivieren oder deaktivieren.

Für die Konfiguration der Einstellungen für Authentifizierung und Datenverbindungen mithilfe der Zentraladministration gehen Sie wie folgt vor:

1. Im Bereich *Allgemeine Anwendungseinstellungen* der Zentraladministration klicken Sie im Abschnitt *InfoPath Forms Services* auf *InfoPath Forms Services konfigurieren*.
2. Im Abschnitt *Datenverbindungstimeouts* definieren Sie die standardmäßigen und maximalen Timeouts für Datenverbindungen über ein browserfähiges Formular. Der Verbindungstimeout kann durch Code in der Formularvorlage geändert werden, überschreitet jedoch dabei nie das angegebene maximale Timeout.
3. Definieren Sie im Abschnitt *Datenverbindungsantwortgröße* die maximale Größe der Antworten, die von Datenverbindungen verarbeitet werden können.
4. Aktivieren Sie im Abschnitt *HTTP-Datenverbindungen* das Kontrollkästchen *SSL für HTTP-Authentifizierung von Datenquellen erforderlich*, wenn Sie eine SSL-verschlüsselte Verbindung für Datenverbindungen erzwingen möchten.

HINWEIS Diese Einstellung setzt voraus, dass Sie zuvor SSL ordnungsgemäß eingerichtet haben. Dabei wird in Kombination lediglich eine Klartext-(Basic-) oder eine Digest-Authentifizierung unterstützt.

5. Aktivieren Sie im Abschnitt *Eingebettete SQL-Authentifizierung* das Kontrollkästchen *Eingebettete SQL-Authentifizierung zulassen*, damit eingebettete SQL Server-Anmeldeinformationen in Formularen verwendet werden können.

ACHTUNG Formulare, die auf diese Weise auf Informationen in Datenbanken zugreifen, benötigen die Verbindungszeichenfolge in der UDCX-Datei oder im Lösungsmanifest, wo diese Verbindungszeichenfolge als Klartext eingesehen werden kann.

6. Aktivieren Sie das Kontrollkästchen im Abschnitt *Authentifizierung für Datenquellen (Benutzerformularvorlagen)*, damit Benutzerformularvorlagen eingebettete Authentifizierungsinformationen (z.B. eine Microsoft Secure Store Services-Anwendungs-ID) verwenden können.
7. Steuern Sie über das Kontrollkästchen im Abschnitt *Domänenübergreifender Zugriff für Benutzerformularvorlagen* den Zugriff auf Daten aus anderen Domänen für Benutzerformularvorlagen.
8. Klicken Sie auf *OK*, um die Einstellungen zu übernehmen.

Benutzersitzungen

Sie können Benutzersitzungseinstellungen wie *Sitzungspostbackschwellenwerte*, *Timeouts* und *Sitzungsgröße* für InfoPath Forms Services serverfarmweit konfigurieren.

WICHTIG Bei einer Überschreitung dieser Schwellenwerte wird die Sitzung des Benutzers beendet, was mit dem Verlust aller Formulardaten verbunden ist. Der Benutzer erhält in diesem Fall eine Fehlermeldung mit dem Wortlaut »Diese Sitzung hat die Anzahl zulässiger Ressourcen überschritten«.

Die Standardparameter sind für die meisten Szenarien geeignet. Sollten Sie die Standardeinstellungen ändern, überprüfen Sie, ob Ihre browserbasierten Formulare weiterhin wie erwartet funktionieren.

Für die Konfiguration der Benutzersitzungen mithilfe der Zentraladministration gehen Sie wie folgt vor:

1. Im Bereich *Allgemeine Anwendungseinstellungen* der Zentraladministration klicken Sie im Abschnitt *InfoPath Forms Services* auf *InfoPath Forms Services konfigurieren.*
2. Passen Sie die Werte in den Abschnitten *Schwellenwerte und Benutzersitzungen* gemäß Ihren Wünschen an und bestätigen Sie die Einstellungen mit *OK*.

Administratorformularvorlagen verwalten

In Abhängigkeit davon, wie der Code in Ihren Formularen verwendet wird und wie Verbindungen mit Daten hergestellt werden, weisen Formularvorlagen unterschiedliche Anforderungen auf. Während von Benutzern hochgeladene Formularvorlagen, auch Benutzerformularvorlagen genannt, keine direkte Administratorgenehmigung erfordern, sind für bestimmte Formularinhalte zusätzliche zentrale Berechtigungen erforderlich, um diese lauffähig zu machen.

Formularvorlagen, die von verwaltetem Code gesteuerte Geschäftslogik enthalten, auf Daten aus externen Ressourcen zugreifen oder Datenverbindungen verwenden, die von einem Administrator verwaltet werden, muss die Vertrauenswürdigkeit zum Ausführen von Code und zum Zugriff auf Daten erteilt werden. Dabei wird zwischen zwei Varianten unterschieden: Sandkastenlösungen und vom Administrator genehmigte Formularvorlagen.

- Sandkastenlösungen ermöglichen Benutzern das Hochladen von Formularvorlagen mit Code oder Datenverbindungen in Umgebungen ohne volle Vertrauenswürdigkeit. Bei einer Sandkastenlösung erfolgt das Herstellen von Verbindungen und das Ausführen von Code in einer eingeschränkten Umgebung, ohne dass eine Genehmigung durch Administratoren erforderlich wird. Außerdem können Sandkastenlösungen keinen Code enthalten, für den vollständige Vertrauenswürdigkeit erforderlich ist.

  Die Vertrauensebene für Sandkastenlösungen wird vom Administrator vorab konfiguriert.

HINWEIS Sandkastenlösungen sind mit SharePoint 2013 abgekündigt, wenngleich diese noch enthalten sind.

- Vom Administrator genehmigte Formularvorlagen werden von den Serverfarmadministratoren zentral überprüft, hochgeladen und aktiviert. Vom Administrator genehmigte Formularvorlagen enthalten Code, für den vollständige Vertrauenswürdigkeit erforderlich ist, und werden in einer Dokumentbibliothek verwaltet, auf die nur Serverfarmadministratoren zugreifen können.

ACHTUNG Beachten Sie, dass es beim Hochladen von Formularvorlagen im Hintergrund zu einem IISReset kommt!

Die vom Administrator genehmigten Formularvorlagen sind dabei sensibler zu behandeln, als die Sandkastenlösungen, da diese Auswirkungen auf die Sicherheit, Leistung und Verwaltbarkeit der Serverfarm haben können. Daher sollten Sie diese vor dem Bereitstellen sorgfältig prüfen.

Nach dem Bereitstellen der Formularvorlagen durch die Serverfarmadministratoren können Websitesammlungsadministratoren die Formularvorlagen aktivieren und verwalten.

Formularvorlagen hinzufügen

Zum Hinzufügen einer vom Administrator genehmigten Formularvorlage mithilfe der Zentraladministration gehen Sie wie folgt vor:

1. Im Bereich *Allgemeine Anwendungseinstellungen* der Zentraladministration klicken Sie auf *Formularvorlagen verwalten*.
2. Klicken Sie auf *Formularvorlage hochladen*.
3. Klicken Sie im Abschnitt *Formularvorlage hochladen* auf *Durchsuchen*, wählen Sie die hochzuladende Vorlage aus und klicken Sie auf *Öffnen*.
4. Bevor Sie die Formularvorlage erstmalig bereitstellen, sollten Sie diese zuvor über die Schaltfläche *Überprüfen* analysieren, um potenzielle Fehler zu identifizieren.

TIPP Ein häufiger Fehler, der beim Analysieren von Formulardaten auftritt, ist die Fehlermeldung: »Die eingeschränkte Sicherheitsebene wird nicht unterstützt«. Um diesen Fehler zu beseitigen, öffnen Sie die Formularoptionen in InfoPath und setzen die Vertrauensstufe in den Sicherheitseinstellungen auf *Voll vertrauenswürdig*.

5. Sobald Sie den Analyseprozess erfolgreich abgeschlossen haben, wiederholen Sie die Schritte zum Hochladen des Formulars, setzen die Optionen im Abschnitt *Upgrade* entsprechend Ihren Vorstellungen und klicken nach der Formularauswahl auf die Schaltfläche *Hochladen* anstelle der Schaltfläche *Überprüfen*.
6. Sie erhalten abschließend eine Statusmeldung über die Formularbereitstellung.

Der Uploadvorgang kann einige Minuten dauern, insbesondere in einer Serverfarm mit mehreren Web-Front-End-Servern. Sie können den Status des Uploads auf der Seite *Formularvorlagen verwalten* überprüfen. Erst sobald der Status von *Wird installiert* auf *Bereitgestellt* geändert ist, steht die Formularvorlage bereit.

HINWEIS Achten Sie bei der Bereitstellung einer Formularvorlage darauf, dass alle SharePoint-Web-Front-End-Server online sind, damit die Bereitstellung erfolgreich sein kann.

Zum Hinzufügen einer Formularvorlage mithilfe der PowerShell verwenden Sie das nachfolgende Beispiel:

```
Install-SPInfoPathFormTemplate C:\install\Ulaub.xsn -NoWait
```

Durch die Angabe des optionalen Parameters *NoWait* kann das Skript abgeschlossen werden, bevor die Vorlage endgültig als bereitgestellt angezeigt wird.

Formularvorlagen aktivieren

Obwohl die Formularvorlage in die zentrale Formularbibliothek hochgeladen wurde, steht sie Benutzern noch nicht zur Verfügung. Sie muss vom Administrator der Websitesammlung oder von einem Serverfarmadministrator, der auch über Administratorberechtigungen für die Websitesammlung verfügt, aktiviert werden.

Um die Formularvorlage als Websitesammlungsadministrator zu aktivieren, öffnen Sie die Websitesammlungseinstellungen und aktivieren unter dem Link *Websitesammlungsfeatures* im Abschnitt *Websitesammlungsverwaltung* die entsprechende Formularvorlage.

Zum Aktivieren einer Formularvorlage für eine Websitesammlung mithilfe der Zentraladministration gehen Sie wie folgt vor:

1. Öffnen Sie die Einstiegsseite der Zentraladministration und klicken Sie im Abschnitt *Allgemeine Anwendungseinstellungen* auf *Formularvorlagen verwalten*.
2. Wählen Sie aus dem Dropdownlistenfeld der entsprechenden Formularvorlage die Option *Für Websitesammlung aktivieren* aus (Abbildung 9.56).

Abbildg. 9.56 Formularvorlage mithilfe der Zentraladministration aktivieren

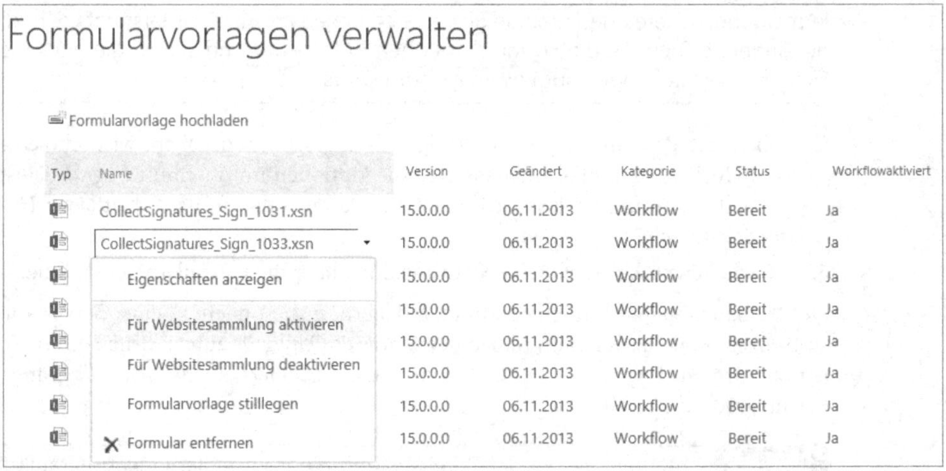

3. Im Abschnitt *Aktivierungsspeicherort* wählen Sie die Websitesammlung aus, für die Sie die Formularvorlage aktivieren möchten und klicken auf *OK*.

Um eine Formularvorlage für eine Websitesammlung mithilfe der PowerShell zu aktivieren, verwenden Sie das folgende Beispielskript:

```
Enable-SPInfoPathFormTemplate -Identity [Name oder ID der Formularvorlage] -Site [URL der
zu aktivierenden Websitesammlung]
```

HINWEIS Durch die zusätzliche Verwendung des optionalen Parameters *EnableGradualUpgrade* können Sie ein schrittweises Upgrade aktivieren.

Vor dem Hochladen einer Formularvorlage sollten Sie das Cmdlet *Test-SPInfoPathFormTemplate* verwenden, um sicherzustellen, dass die Formularvorlage browserfähig ist.

Natürlich wäre dieses Verfahren recht umständlich, um eine komplexe Websitesammlungsstruktur für das Formular zu aktivieren. Daher zeigt Ihnen das folgende Beispiel, wie Sie eine Formularvorlage mit der Bezeichnung *F9* für alle Websitesammlungen aktivieren.

```
ForEach ($Site in Get-SPSite) {Enable-SPInfoPathFormTemplate -Identity "F9" -Site $site}
```

Nach der erfolgreichen Aktivierung der Formularvorlage steht Ihnen die Formularvorlage innerhalb der Webanwendung als Inhaltstyp zur Verfügung.

Formularvorlagenkategorien

Jede Formularvorlage, die von einem Administrator oder von einem Benutzer auf den Server hochgeladen wurde, verfügt über eine Eigenschaft *Kategorie*. Durch diese optionale Eigenschaft können Sie Formularvorlagen logisch gruppieren. Somit können Sie die Formularvorlagen einfach lokalisieren, indem Sie in der Listenansicht die Spalte *Kategorie* filtern. Sie können diese Eigenschaft für Vorlagen bearbeiten, die unter folgenden Speicherorten vorhanden sind:

- Die zentrale Bibliothek für vom Administrator genehmigte Formularvorlagen auf der Seite *Formularvorlagen verwalten*
- Eine Dokumentbibliothek, in der die Formularvorlage aktiviert oder hochgeladen wurde

Formularvorlagen deaktivieren

Sie können die vom Administrator bereitgestellten Formularvorlagen als Websitesammlungsadministrator oder als Farmadministrator deaktivieren. Verwenden Sie dazu das gleiche Verfahren wie für die Aktivierung von Formularvorlagen, und wählen Sie dabei jeweils *Deaktivieren* anstelle von *Aktivieren*.

Um Formularvorlagen mithilfe der PowerShell zu deaktivieren, verwenden Sie das folgende Beispielskript:

```
Disable-SPInfoPathFormTemplate -Identity [Name der Vorlage] -Site [URL der Websitesammlung]
```

HINWEIS Beachten Sie, dass bei der Deaktivierung einer Vorlage nicht darauf Rücksicht genommen wird, ob die Vorlage potenziell noch in Gebrauch ist. Nach der Deaktivierung der Formularvorlage besteht sogar weiterhin die Möglichkeit, als Websitesammlungsadministrator den zugehörigen Inhaltstyp für die Verwendung in eine Formularbibliothek einzubinden. Jedoch erhalten Benutzer dieser sowie der bestehenden Formularbibliotheken, die diese Vorlage nutzen, anschließend die Fehlermeldung »Fehler beim Laden des Formulars« angezeigt.

Formularvorlagen stilllegen

In einer Produktionsumgebung erfordert die Aktualisierung einer vom Administrator genehmigten Formularvorlage mehr als das Ersetzen der alten Vorlage durch eine neue. Da Benutzer potenziell aktive Sitzungen zum Ausfüllen von Formularen gestartet haben, können Sie mithilfe der Stilllegungsfunktion eine Formularvorlage ohne Auswirkungen auf vorhandene Sitzungen zum Ausfüllen von Formularen sofort oder nach einem definierten Zeitraum deaktivieren und verwalten.

HINWEIS Legen Sie Formularvorlagen still, bevor Sie sie entfernen, um das Abschließen aktueller Formularsitzungen vor dem Entfernen der Vorlage zu ermöglichen.

Zum Stilllegen einer vom Administrator verwalteten Formularvorlage verwenden Sie den gleichen Prozess wie bei der Aktivierung über die Zentraladministration, wählen jedoch anstelle der Aktivierung die Option *Formularvorlage stilllegen* und geben anschließend den Zeitraum in Minuten an, innerhalb der die Formularvorlage für alle Websitesammlungen vollständig stillgelegt wird.

Zum Stilllegen einer Formularvorlage mithilfe der PowerShell verwenden Sie das folgende Beispielskript:

```
Stop-SPInfoPathFormTemplate -Identity [Name der Vorlage] -TimeLeft [Zeit bis zur
endgültigen Stilllegung in Minuten]
```

Um die Vorlage unmittelbar stillzulegen, lassen Sie den optionalen Parameter *TimeLeft* weg. Möchten Sie nach Abschluss der Arbeiten die Formularvorlage wieder in Betrieb setzen, verwenden Sie das Cmdlet *Start-SPInfoPathFormTemplate*.

Formularvorlagen entfernen

Zum Entfernen einer Formularvorlage mithilfe der Zentraladministration gehen Sie wie folgt vor:

1. Öffnen Sie die Einstiegsseite der Zentraladministration und klicken Sie im Abschnitt *Allgemeine Anwendungseinstellungen* auf *Formularvorlagen verwalten.*
2. Wählen Sie im Dropdownlistenfeld der entsprechenden Formularvorlage den Eintrag *Formular entfernen* aus.
3. Klicken Sie abschließend auf die Schaltfläche *Entfernen.*

Zum Entfernen einer Formularvorlage mithilfe der PowerShell verwenden Sie das folgende Cmdlet:

```
Uninstall-SPInfoPathFormTemplate -Identity [Name der Vorlage]
```

Maschineller Übersetzungsdienst

Für die Verwaltung des maschinellen Übersetzungsdiensts stehen Ihnen die Dienstanwendungsverwaltung und eine Reihe an PowerShell-Cmdlets zur Verfügung.

Beachten Sie bei der Verwaltung der Eigenschaften der Dienstanwendung, dass die Mehrzahl der Parameter bei einer Änderung am maschinellen Übersetzungsdienst einen Dienstneustart der zugehörigen Dienstinstanzen erforderlich macht. Hierzu gehören die folgenden Parameter:

- *KeepAliveTimeout*
- *MaximumTranslationTime*
- *TotalActiveProcesses*
- *RecycleProcessThreshold*
- *WebProxyAddress*
- *MachineTranslationAddress*
- *UseDefaultInternetSettings*

PowerShell-basierte Verwaltung

Für die Verwaltung der Dienstanwendung stehen Ihnen die in Tabelle 9.14 aufgeführten Cmdlets zur Verfügung.

Tabelle 9.14 Cmdlets für den maschinellen Übersetzungsdienst

Cmdlets	Beschreibung
New-SPTranslationServiceApplication *New-SPTranslationServiceApplicationProxy* *Set-SPTranslationServiceApplication* *Set-SPTranslationServiceApplicationProxy*	Zum Erstellen und Setzen der zentralen Dienstanwendungsparameter
Get-SPTranslationThrottlingSetting *Set-SPTranslationThrottlingSetting*	Zur Steuerung der Leistungsparameter
Remove-SPTranslationServiceJobHistory	Zur Bereinigung des Übersetzungsverlaufs in der Datenbank

Um den Auftragsverlauf (Job History) aus der Datenbank zu löschen, verwenden Sie das folgende Beispielskript:

```
Get-SPServiceApplication -Name "Machine Translation" | Remove-
SPTranslationServiceJobHistory -BeforeDate 29.8.2013 -Confirm:$false
```

Best Practices

Für die Dienstanwendung des maschinellen Übersetzungsdiensts empfehlen sich folgende Anpassungen an den Standardwerten:

Tabelle 9.15 Empfehlungen für die Konfiguration des maschinellen Übersetzungsdiensts

	Best Practice
✓	Prüfen Sie, ob die vergleichsweise restriktiven Standardlimitierungen adäquat für Ihre Umgebung sind
✓	Erhöhen Sie die maximale Anzahl an parallelen Übersetzungen auf bis zu 5 Prozesse, um die Verarbeitungsgeschwindigkeit bei hoher Nutzungsfrequenz zu erhöhen
✓	Ohne ein manuelles Eingreifen wächst der Auftragsverlauf in der maschinellen Übersetzungsdatenbank unbegrenzt an. Führen Sie daher regelmäßig eine Bereinigung mithilfe des Cmdlets *Remove-SPTranslationServiceJobHistory* durch.
✓	Achten Sie darauf, dass sich nicht mehr als eine Millionen Elemente in der maschinellen Übersetzungsdatenbank ansammeln. Darüber hinaus kann es zu Leistungsabfällen kommen.

HINWEIS Die Liste der wichtigsten Parameter-Limitierungen finden Sie im entsprechenden Abschnitt von Kapitel 8.

Statusdienst

Für die Verwaltung des Statusdiensts steht Ihnen ausschließlich die PowerShell zur Verfügung. Die in Tabelle 9.16 aufgeführten Cmdlets können für die Verwaltung des Statusdiensts verwendet werden.

Tabelle 9.16 Cmdlets für die Statusdienst-Verwaltung

Cmdlet	Beschreibung
Get-SPStateServiceApplication *Get-SPStateServiceDatabase* *Get-SPStateServiceApplicationProxy*	Zeigt eine Liste für die Dienstanwendung, die Datenbank oder den Anwendungsproxy an
Set-SPStateServiceApplication *Set-SPStateServiceDatabase* *Set-SPStateServiceApplicationProxy*	Ermöglicht dem Administrator das Festlegen von Konfigurationsparametern in der Dienstanwendung, der Datenbank oder im Anwendungsproxy
Suspend-SPStateServiceDatabase	Hält die Datenbank an
Resume-SPStateServiceDatabase	Setzt die Ausführung einer angehaltenen Datenbank fort
Remove-SPStateServiceDatabase	Entfernt die Datenbank vollständig, ohne dass Daten erhalten bleiben

Tabelle 9.16 Cmdlets für die Statusdienst-Verwaltung *(Fortsetzung)*

Cmdlet	Beschreibung
Dismount-SPStateServiceDatabase	Entfernt eine Datenbank aus der Dienstanwendung und löscht das SharePoint-Objekt, ohne jedoch die Datenbank vom Server zu entfernen
Initialize-SPStateServiceDatabase	Fügt das Statusdienstschema einer vorhandenen Datenbank hinzu
Mount-SPStateServiceDatabase	Hängt Daten an eine vorhandene Statusdienstdatenbank an

Verteilter Cache (Distributed Cache)

Für die Verwaltung des verteilten Cache-Diensts sind besondere Rahmenbedingungen von Bedeutung. Nachfolgend finden Sie die wichtigsten Verwaltungsoperationen des Caches vor.

WICHTIG Bitte verwenden Sie zur Verwaltung des verteilten Cache-Diensts keinesfalls direkt die Windows-Dienststeuerung, um über diese Einfluss auf den Dienst zu nehmen. Der zugehörige AppFabric Cache-Dienst darf nur über die SharePoint-Dienstinstanz gesteuert werden, um unerwartete Effekte zu vermeiden.

PowerShell-basierte Verwaltung

Für die Verwaltung des Diensts stehen Ihnen die in Tabelle 9.17 aufgeführten Cmdlets zur Verfügung.

Tabelle 9.17 Cmdlets des verteilten Caches

Cmdlets	Beschreibung
Add-SPDistributedCacheServiceInstance *Remove-SPDistributedCacheServiceInstance* *Stop-SPDistributedCacheServiceInstance*	Allgemeine Steuerung der Cachemitgliedschaft
Update-SPDistributedCacheSize	Aktualisierung der Cachegröße
Clear-SPDistributedCacheItem *Get-SPDistributedCacheClientSetting* *Set-SPDistributedCacheClientSetting*	Verwaltung der Clienteinstellungen und einzelner Cacheelemente

HINWEIS Für die Einsicht in die Detailkonfiguration stehen Ihnen zusätzlich die AppFabric-Cache-Cmdlets zur Verfügung, die jedoch nicht ohne Bedenken zum Eingreifen in die Konfiguration verwendet werden sollten.

Um den Auftragsverlauf aus der Datenbank zu löschen, verwenden Sie das folgende Beispielskript:

```
Get-SPServiceApplication -Name "Machine Translation" | Remove-
SPTranslationServiceJobHistory -BeforeDate 29.8.2013 -Confirm:$false
```

Provisionierung des Diensts

Neben den Anweisungen aus Kapitel 5 stehen Ihnen diese allgemeinen Provisionierungsoperationen zur Verfügung, um den Cache im Rahmen von Wartungsarbeiten und Aktualisierungen zu steuern.

Verteilten Cache-Dienst auf dem ersten Knoten starten

Zur Einrichtung des Diensts auf dem ersten Knoten gehen Sie wie folgt vor:

1. Fügen Sie das Dienstkonto des verteilten Cache-Diensts zu den lokalen Administratoren auf dem für die Provisionierung vorgesehenen Knoten der Farm hinzu. Standardmäßig handelt es sich hierbei um das Farmkonto.
2. Melden Sie sich nun mit dem Farmkonto auf dem entsprechenden Server an und öffnen Sie die Einstiegsseite der Zentraladministration.
3. Klicken Sie unter *Systemeinstellungen* auf *Dienste auf dem Server verwalten.*
4. Wählen Sie jeweils im Feld *Server* den entsprechenden Server aus und klicken Sie in der Zeile *Verteilter Cache* in der Spalte *Aktion* auf *Starten.*
5. Nach dem Abschluss der Provisionierung können Sie das zuvor in die lokalen Administratoren aufgenommene Konto wieder aus dieser Gruppe entfernen.

Alternativ führen Sie nachfolgendes PowerShell-Skript aus, um den Dienst auf dem lokalen Host bereitzustellen:

Listing 9.11 Starten des verteilten Caches

```
$instanceName ="SPDistributedCacheService Name=AppFabricCachingService"
$serviceInstance = Get-SPServiceInstance | ? {($_.service.tostring()) -eq $instanceName -
and ($_.server.name) -eq $env:computername}
$serviceInstance.Provision()
```

Verteilter Cache-Dienst auf weiteren Knoten starten

Um den verteilten Cache nach der Bereitstellung auf dem ersten Knoten auf weiteren Knoten bereitzustellen, ist ein abweichendes Verfahren erforderlich, das nur über die PowerShell zur Verfügung steht. Führen Sie hierzu in der SharePoint-Verwaltungsshell den folgenden Befehl aus:

```
Add-SPDistributedCacheServiceInstance
```

Das Cmdlet zum Entfernen der Dienstinstanz lautet entsprechend, erfordert jedoch zusätzliche Überlegungen.

Ordnungsgemäßes Herunterfahren eines Dienstknotens

Um einen SharePoint-Server vorübergehend zu Wartungszwecken herunterzufahren, auf dem der verteilte Cache-Dienst bereitgestellt wurde, ohne aus Sicht der Anwender einen vorübergehenden Datenverlust in Kauf nehmen zu müssen, sind vor dem Herunterfahren des betroffenen Servers zusätzliche Maßnahmen erforderlich.

HINWEIS In Umgebungen, in denen der Cache auf mehrere Server verteilt ist, würde durch das Herunterfahren ohne zusätzliche Maßnahmen der entsprechend auf dem Server befindliche Teil des Caches nicht mehr verfügbar sein. Mit der Durchführung der folgenden Maßnahmen wird der betroffene Teil des Caches zuvor auf die verbleibenden cacheaktivierten Server verteilt, ohne dass es aus Sicht der Benutzer zu einem vorübergehenden Datenverlust kommt.

Führen Sie folgendes PowerShell-Skript auf dem betroffenen Server aus (Listing 9.12), um diesen ordnungsgemäß herunterzufahren, ohne vorübergehend Daten innerhalb der Anwendung zu verlieren.

Listing 9.12 Entfernung eines Knotens aus einem verteilten Cache-Array

```
Stop-SPDistributedCacheServiceInstance -Graceful
Remove-SPDistributedCacheServiceInstance
```

Nach dem Neustart des Knotens können Sie diesen durch das Ausführen des Cmdlets *Add-SPDistributedCacheServiceInstance* wieder dem Array hinzufügen.

Weitere Besonderheiten im Umgang mit dem verteilten Cache-Dienst

Im Falle eines geplanten oder ungeplanten Stopps des verteilten Caches auf einem der aktivierten Knoten eines Cachearrays starten Sie den Dienst auf allen Knoten gleichzeitig neu, indem Sie die SharePoint-Diensteuerung über die Zentraladministration oder PowerShell verwenden.

ACHTUNG Achten Sie darauf, dass Sie keinesfalls die Windows-Diensteuerung für eine Änderung des Dienststatus verwenden.

Anpassung der Speichernutzung des verteilten Caches

Um den Cache bezüglich der Speichernutzung zu rekonfigurieren, muss die zugehörige SharePoint-Dienstinstanz auf allen Knoten gestoppt werden. Gehen Sie daher wie folgt vor:

1. Öffnen Sie die SharePoint-Dienstverwaltung in der Zentraladministration.
2. Verbinden Sie sich zu einem relevanten Server und stoppen Sie den Dienst, indem Sie in der Zeile *Verteilter Cache* auf *Beenden* klicken.
3. Wiederholen Sie den letzten Arbeitsschritt für alle verbleibenden verteilten Cacheserver der Farm.
4. Führen Sie zur Rekonfiguration den folgenden s-Befehl aus. Ersetzen Sie dabei zuvor *[MB]* durch einen gewünschten Wert:

   ```
   Update-SPDistributedCacheSize –CacheSizeInMB [MB]
   ```

TIPP Beachten Sie bei der Bemessung der Cachegröße, dass der verteilte Cache nur bis zu einer maximalen Größe von 16 GB ordnungsgemäß funktioniert. Oberhalb dieser Grenze kann es zu unerwarteten Timeouts und Fehlern kommen.

5. Starten Sie alle zuvor beendeten verteilten Cache-Dienste, indem Sie in der Diensteuerung der Zentraladministration für die relevanten Server auf *Starten* anstelle von *Beenden* klicken.

HINWEIS Beachten Sie, dass Sie den Dienst nicht einfach bei der Gelegenheit auf einem weiteren Knoten starten, da für neue Knoten im Array ein anderes Verfahren erforderlich wird, das auf dem Cmdlet *Add-SPDistributedCacheServiceInstance* beruht.

Änderung des verteilten Cache-Dienstkontos

Im Rahmen der Konfiguration des verteilten Cache-Dienstkontos wird auf ein bestehendes verwaltetes Dienstkonto verwiesen. Um das Dienstkonto des verteilten Cache-Diensts abzuändern, stellen Sie daher sicher, dass das entsprechende verwaltete Dienstkonto bereits existiert und führen Sie bitte das nachfolgende Beispielskript aus. Ersetzen Sie zuvor die Werte für das zu verwendende Dienstkonto (Listing 9.13).

ONLINE Sie finden das nachfolgende Beispielskript unter dem Namen *DCacheAccount.ps1* innerhalb der Beispieldateien zum Buch.

Listing 9.13 Konfiguration des verteilten Cache-Dienstkontos

```
$farm = Get-SPFarm
$cacheService = $farm.Services | where {$_.Name -eq "AppFabricCachingService"}
$accnt = Get-SPManagedAccount -Identity [Domäne]\[Anmeldename]
$cacheService.ProcessIdentity.CurrentIdentityType = "SpecificUser"
$cacheService.ProcessIdentity.ManagedAccount = $accnt
$cacheService.ProcessIdentity.Update()
$cacheService.ProcessIdentity.Deploy()
```

TIPP Es wird empfohlen, für den verteilten Cache-Dienst das gleiche Konto zu verwenden, wie für den Anwendungspool des *Meine Website*-Hosts. Sollte es beim Versuch, das Konto zu ändern, zu einem Fehler kommen, starten Sie ggf. zuvor die zugehörige SharePoint-Dienstinstanz für den verteilten Cache neu.

Reparatur eines fehlerhaften Cachehosts

Sollte sich eine Dienstinstanz des verteilten Caches in einem fehlerhaften Zustand befinden, kann der Knoten voraussichtlich nicht ordnungsgemäß beendet werden, um dessen Daten an die verbleibenden Knoten zu übermitteln. Verwenden Sie daher das folgende Beispielskript zur Wiederherstellung des fehlerhaften Knotens (Listing 9.14).

Listing 9.14 Reparatur eines nicht mehr funktionstüchtigen Cachehosts

```
$vc = Get-SPServiceInstance GUID
$vc.delete()
Add-SPDistributedCacheServiceInstance
```

Sicherheitskürzung (Security Trimming) von Suchergebnissen

Der verteilte Cache-Dienst dient unter anderem der Zwischenspeicherung von Newsfeeds. Die hiervon betroffenen Unterhaltungen auf der SharePoint-Plattform in der Ansicht *Jeder* und *Newsfeed* werden in den Suchindex mit aufgenommen und stehen allen Benutzern für Suchabfragen zur Verfügung. Um aus der Sicht eines Anwenders dafür Sorge zu tragen, dass die Inhalte von Unterhaltungen nur einem begrenzten Benutzerkreis zur Verfügung stehen, können Sie Sitefeeds verwenden und im Anschluss die Berechtigungen auf die Konversation anpassen, während andere Inhalte, wie Microblog-Informationen, standardmäßig öffentlich sind.

Die Abfrage der für die Kürzung relevanten Inhalte beruht offensichtlich auf Daten und Funktionen des Benutzerprofildiensts, während die Inhalte der Abfragen vom verteilten Cache vorgehalten und für Suchabfragen herangezogen werden.

Für die Steuerung des Sicherheitskürzung-Caches stehen Ihnen die in Tabelle 9.18 aufgeführten Parameter zur Verfügung.

Tabelle 9.18 Parameter des Sicherheitskürzung-Caches

Eigenschaft	Beschreibung
SecTrimCacheMaxTTLMinutes	Gibt die Anzahl der Minuten an, die ein Element maximal im Cache vorgehalten wird (Standardmäßig 1.440 Minuten = 1 Tag)
SecTrimCache NonAuthoritativeAccessTTLMinutes	Bei eingeschränkter Verfügbarkeit bei Abfragen wird der mittlere TTL verwendet, der standardmäßig bei 15 Minuten liegt
SecTrimCacheThrottledTTLMinutes	Kommt es beim Zugriff auf eine URL zu einer Verweigerung, wird der TTL auf diesen Wert heruntergesetzt (standardmäßig 5 Minuten)
SecTrimCacheMaxRetryCount	Maximale Anzahl an Abfrageversuchen bevor der Max-TTL gesetzt wird
SecTrimCacheMaxNumberOfDataItems	Maximale Anzahl der Elemente, die pro Benutzer zwischengespeichert werden (Std. 50)
SecTrimCacheEnabled	Aktivierungsstatus des Cache (Std. True/1)
SecTrimCacheMaxNumberOfSocialUrls	Maximale Anzahl der URLs, für die die Kürzung parallel aktiv sein kann (Std. 24)

Zum Anwenden eines Parameters verwenden Sie das folgende Beispielskript:

Listing 9.15 Anwenden von Sicherheitskürzung-Parametern

```
$upa = Get-SPServiceApplication | where {$_.TypeName -Like "Benutzerprofildienst-Anwendung"}
$upa.EIGENSCHAFT = WERT
$upa.Update()
```

Best Practices

Für den produktiven Umgang mit dem verteilten Cache werden die Maßnahmen aus Tabelle 9.19 empfohlen.

Tabelle 9.19 Empfehlungen für die Konfiguration des verteilten Caches

	Best Practice
✓	Verwenden Sie keine dynamische Arbeitsspeicherallokation für virtuelle Computer, die eine Dienstinstanz des Caches ausführen
✓	Starten Sie im Rahmen von Wartungsaktivitäten einen Knoten mit einer Dienstinstanz nicht neu, ohne dessen Cacheinhalte zuvor auf andere Knoten übertragen zu haben
✓	Allokieren Sie nicht mehr als 16 GB Arbeitsspeicher für den verteilten Cache
✓	Vermeiden Sie die Verwendung von AppFabric-Cache-Cmdlets zur Anpassung der verteilten Cachekonfiguration

Verwalteter Metadatendienst

Die primäre Aufgabe bei der Verwaltung des Metadatendiensts besteht in der Verwaltung des Terminologiespeichers und des Inhaltstyphubs. Der Terminologiespeicher wiederum ist integraler Bestandteil der SharePoint-Websiteadministrator-Verwaltungsoperationen und wird daher im Rahmen dieses Buchs nur in Auszügen behandelt.

PowerShell-basierte Verwaltung

Für die Verwaltung der Dienstanwendung stehen Ihnen die in Tabelle 9.20 aufgeführten Cmdlets zur Verfügung.

Tabelle 9.20 Cmdlets des verwalteten Metadatendiensts

Cmdlets	Beschreibung
Get-SPMetadataServiceApplication *Get-SPMetadataServiceApplicationProxy* *New-SPMetadataServiceApplication* *New-SPMetadataServiceApplicationProxy* *Set-SPMetadataServiceApplication* *Set-SPMetadataServiceApplicationProxy*	Allgemeine Steuerung der Dienstanwendung
Clear-SPMetadataWebServicePartitionData *Export-SPMetadataWebServicePartitionData* *Import-SPMetadataWebServicePartitionData*	Datenverwaltung von Mandantendaten
Get-SPTaxonomySession	Zugriff auf den Terminologiespeicher einer Websitesammlung
Get-SPSiteSubscriptionMetadataConfig *Remove-SPSiteSubscriptionMetadataConfig* *Set-SPSiteSubscriptionMetadataConfig*	Konfiguration der Mandantenpartition

Zentrale Eigenschaften des verwalteten Metadatendiensts

Für die Aktivierung aller zentralen Funktionen des verwalteten Metadatendiensts für den Terminologiespeicher und den Inhaltstyphub finden Sie in den Eigenschaften des Dienstanwendungsproxys vier Optionen vor, von denen standardmäßig nicht alle aktiviert sind (Abbildung 9.57).

Abbildg. 9.57 Zentrale Konfiguration der verwalteten Metadatendienstverbindungen

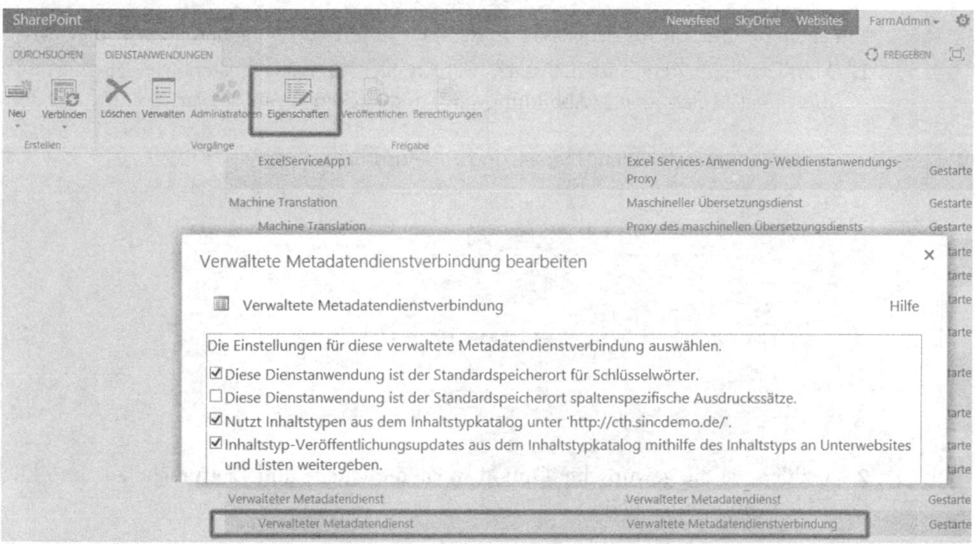

Aktivieren Sie die entsprechenden Funktionen gemäß Ihren Anforderungen.

Arbeitssprachen verwalten

Für mehrsprachige Farminstallationen, die auf Funktionen des Terminologiespeichers zugreifen, sollten Sie die Arbeitssprachen des Terminologiespeichers modifizieren, um auch mehrsprachige Ausdrücke verwenden zu können.

Zur Verwaltung der Mehrsprachigkeit des Terminologiespeichers gehen Sie wie folgt vor:

1. Öffnen Sie die Verwaltungsseite des Terminologiespeichers und klicken Sie auf den obersten Knoten *Verwalteter Metadatendienst.*
2. Wählen Sie im Abschnitt *Arbeitssprachen* alle relevanten Sprachen aus (Abbildung 9.58) und klicken Sie auf *Speichern.*

HINWEIS Die hier verfügbaren Sprachen werden durch die installierten SharePoint-Sprachpakete bestimmt.

Abbildg. 9.58 Arbeitssprachendefinition

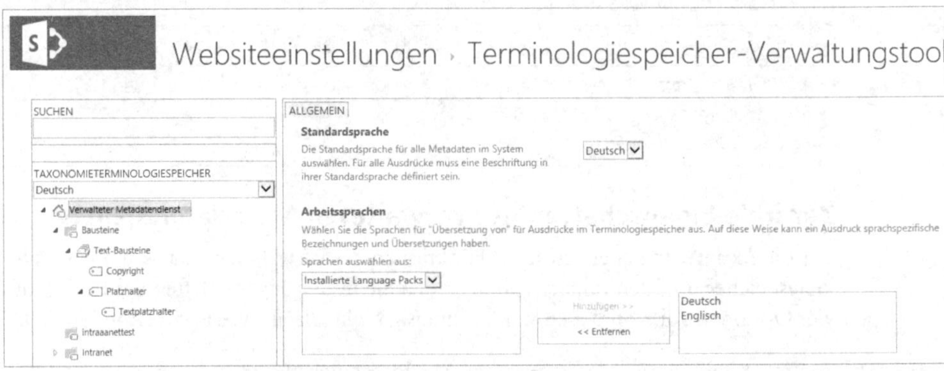

Um einen definierten Ausdruckssatz maschinell zu übersetzen, gehen Sie wie folgt vor:

1. Markieren Sie den Ausdruckssatz, wählen Sie auf der Registerkarte *Übersetzung* die Option *Maschinelle Übersetzung* (Abbildung 9.59) und klicken Sie auf *Weiter.*

Abbildg. 9.59 Starten der maschinellen Übersetzung von Ausdruckssätzen

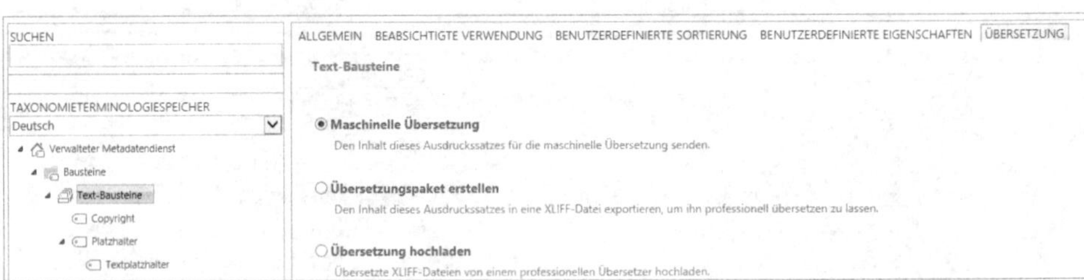

2. Wählen Sie die gewünschte Option sowie die Quell- und Zielsprache aus und klicken Sie auf *Weiter* (Abbildung 9.60).

Abbildg. 9.60 Auswahl der Übersetzungsoptionen

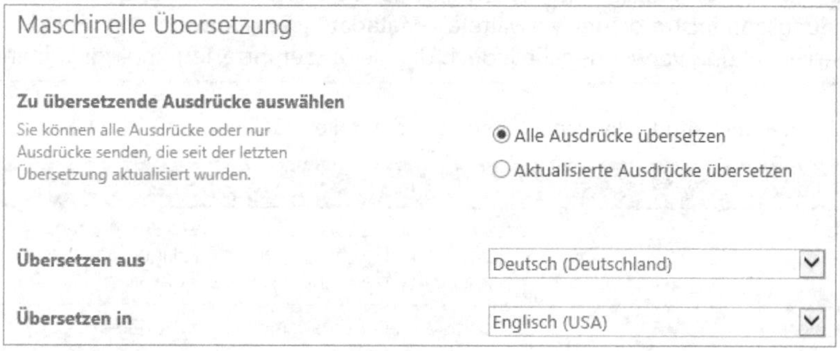

Rollen der Metadatenverwaltung

Für die Verwaltung von Metadatendienstanwendungen sind, wie bereits in SharePoint 2010, vier Rollen vorgesehen (Abbildung 9.61).

Abbildg. 9.61 Verwaltungsebenen der verwalteten Metadatendienstanwendung

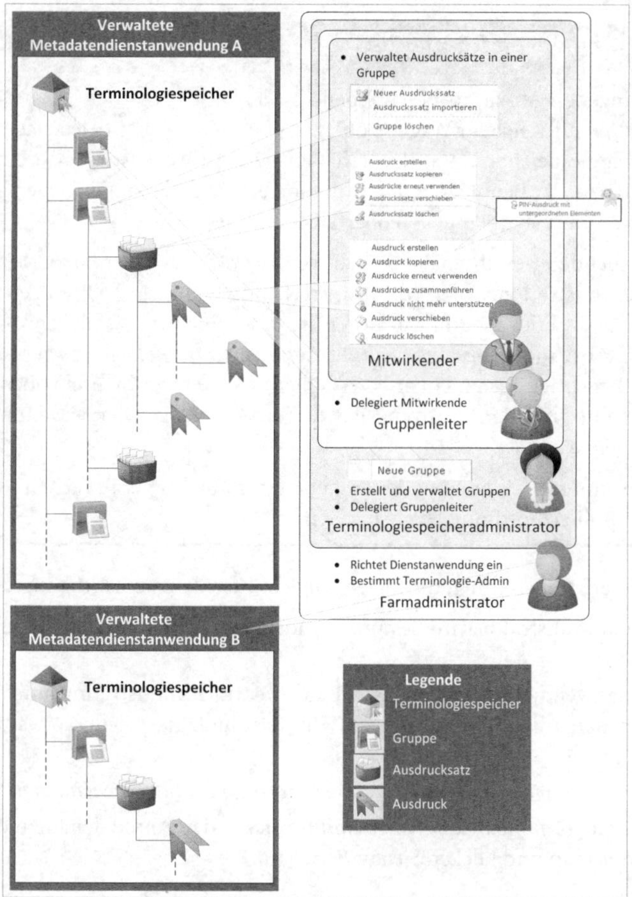

Betrieb und Hintergrundinformationen

HINWEIS Neben diesen vier Rollen gibt es noch eine weitere mögliche Ebene: den Dienstanwendungsadministrator der verwalteten Metadatendienstanwendung. Für die Terminologiespeicherverwaltung verwenden Sie jedoch die hier angeführte Terminologieadministrator-Rolle.

Tabelle 9.21 Rollen bei der Verwaltung der verwalteten Metadatendienstanwendung

Rolle	Aufgaben und Berechtigungen
Mitwirkende	Erzeugen, umbenennen, kopieren, verschieben und löschen von Schlüsselwortsätzen/Schlüsselwörtern/Eigenschaften des Schlüsselwortsatzes/Schlüsselwörter verwalten
Gruppenleiter	Zusätzlich zu den Aufgaben des Mitwirkenden: Importieren von Schlüsselwortsätzen/Mitwirkende bestimmen
Terminologiespeicheradministrator	Zusätzlich zu den Aufgaben des Gruppenleiters: Erstellen und löschen von Gruppen/Gruppenleiter bestimmen
Farmadministrator	Zusätzlich zu den Aufgaben des Terminologiespeicheradministrators: Terminologiespeicheradministratoren bestimmen/Verwaltete Dienstanwendungen erstellen

Zugriff auf die Terminologiespeicherverwaltung

Nachdem im vorangegangenen Abschnitt beschrieben wurde, wie Sie die Berechtigungen delegieren, stellt sich die Frage, auf welchem Weg Sie überhaupt als ein solcher delegierter Benutzer Zugriff auf die Terminologiespeicherverwaltung erhalten. Die Antwort ist ebenso einfach wie kompliziert: generell können alle Benutzer den Terminologiespeicher lesen. Sie haben allerdings keinen direkten Verweis aus der SharePoint-Siteoberfläche auf diesen.

Die mithilfe des nachfolgenden Verfahrens eingerichteten Benutzer erhalten keinerlei Zugriffsrechte auf die Zentraladministration. Sofern der entsprechende Benutzer der Besitzer einer Site oder Mitglied der Websitesammlungsadministratoren ist, erscheint für diesen Benutzer in den Websiteeinstellungen im Abschnitt *Websiteverwaltung* der Link *Terminologiespeicherverwaltung*. Für Benutzer, die diese Berechtigungen nicht erhalten sollen, können Sie einen Link bereitstellen, indem Sie an die SharePoint-URL den relativen Pfad zur Taxonomiespeicherverwaltung anhängen: *_Layouts/termstoremanager.aspx*.

Benutzer ohne diese Berechtigungen können diesen Link jedoch nicht missbrauchen, um erweiterte Informationen wie Rollenzuordnungen einzusehen.

Um die Rollen zu bestimmen, stehen Ihnen die folgenden Schnittstellen zur Verfügung:

Der Terminologiespeicheradministrator wird bestimmt, indem der Farmadministrator die folgende Operation ausführt:

1. Öffnen Sie die Dienstanwendungsverwaltungsseite der Zentraladministration und klicken Sie auf die verwaltete Metadatendienstanwendung, um die Terminologiespeicherverwaltungssite zu öffnen.
2. Klicken Sie in der linken Navigationsstruktur auf den Eintrag *Verwalteter Metadatendienst*.
3. Geben Sie im Eingabefeld *Terminologiespeicheradministratoren* den Anmeldenamen des zu delegierenden Benutzerkontos an und klicken Sie auf *Speichern*.

HINWEIS Alternativ haben Sie die Möglichkeit, den Benutzer als Administrator der verwalteten Metadatendienstanwendung zu definieren. Dies führt jedoch im Vergleich zu dem vorherigen Verfahren zu erweiterten Berechtigungen.

Die Rollen *Gruppenleiter* und *Mitwirkende* delegieren Sie, indem Sie in der Terminologiespeicherverwaltung auf eine Gruppe klicken und die Gruppenleiter und Mitwirkenden definieren.

Verwaltung umfangreicher Ausdruckssätze

Für die Verarbeitung von zahlreichen Ausdrucken ist die Verwaltungsoberfläche des Terminologiespeichers nicht effizient genug. Verwenden Sie in diesem Fall ein Tabellenverarbeitungsprogramm wie Excel, um die Ausdrucke zu verwalten und importieren Sie diese im Anschluss mithilfe der Terminologiespeicherverwaltung.

Zum Importieren eines Ausdruckssatzes klicken Sie auf das Dropdownlistenfeld der entsprechenden Gruppe und wählen Sie *Ausdruckssatz importieren* aus. Geben Sie anschließend die CSV-Datei an und klicken Sie auf *OK*, um den Import zu starten.

HINWEIS Das Format für die an dieser Stelle zu verwendende Importdatei wird in Kapitel 8 näher erläutert.

Änderung des Inhaltstyphubs

In einigen Situationen kann es erforderlich werden, den Inhaltstyphub auf eine andere URL zu verschieben bzw. durch einen anderen Inhaltstyphub zu ersetzen. Bevor Sie diese Änderung vornehmen, sollten Sie sich der Auswirkungen bewusst werden. In einem Inhaltstyphub werden primär Inhaltstypen bereitgestellt. Diese Inhaltstypen werden auf die Websitesammlungen der konsumierenden Webanwendungen publiziert. Sobald Sie den Inhaltstyphub beispielsweise auf einen neuen, leeren Inhaltstyphub verschieben, werden die bislang auf den konsumierenden Websitesammlungen vorliegenden Inhaltstypen nicht zurückgezogen, sondern in eine lokale Kopie des Inhaltstyps umgewandelt, welcher somit auch innerhalb der Websitesammlung anpassbar ist. Anders formuliert werden die zuvor zentralen Inhaltstypen somit in lokale Inhaltstypen umgewandelt.

HINWEIS Möchten Sie bestimmte Inhaltstypen des alten Inhaltstyphubs auch auf dem neuen Inhaltstyphub bereitstellen, haben Sie die Möglichkeit, den Schreibschutz des entsprechenden Inhaltstyps zu entfernen und den Inhaltstyp erneut zu publizieren. Hintergrund ist, dass die Inhaltstypen des alten Inhaltstyphubs automatisch als schreibgeschützte Kopie auf dem neuen Inhaltstyphub erscheinen. Die konsumierenden Websitesammlungen, die zwischenzeitlich eine lokale Kopie des Inhaltstyps vorliegen hatten, wandeln diesen Inhaltstyp wieder automatisch in einen schreibgeschützten Inhaltstyp um, dessen Einstellungen künftig wieder von dem neuen Inhaltstyphub bezogen werden.

Alternativ verschieben Sie den Inhaltstyphub mithilfe der PowerShell an einen alternativen Pfad, indem Sie die in Kapitel 15 beschriebenen Verfahren verwenden, um alle Inhaltstypen in den neuen Inhaltstyphub zu überführen. Führen Sie anschließend die nachfolgenden Anweisungen aus, um die Konfiguration des verwalteten Metadatendiensts entsprechend anzupassen.

Um den Inhaltstyphub mithilfe der PowerShell abzuändern, verwenden Sie den folgenden Beispielaufruf:

```
Set-SPMetadataServiceApplication [Name der verwalteten Metadatendienstanwendung] -HubUri
[URL des neuen Inhaltstyphubs]
```

Betrieb und Hintergrundinformationen

Best Practices

Für den produktiven Umgang mit dem verwalteten Metadatendienst werden die in Tabelle 9.22 aufgeführten Maßnahmen empfohlen.

Tabelle 9.22 Empfehlungen für die Konfiguration des verwalteten Metadatendiensts

	Best Practice
✓	Verwenden Sie einen isolierten zentralen Inhaltstyphub für eine vereinfachte Migration auf nachfolgende SharePoint-Versionen
✓	Aktivieren Sie die relevanten Arbeitssprachen für mehrsprachige Umgebungen, um Ihre Ausdruckssätze ebenfalls mehrsprachig nutzen zu können
✓	Delegieren Sie Teilbereiche des Terminologiespeichers an Websitesammlungsadministratoren, indem Sie diesen die Rolle der Gruppenleiter zuweisen, um das Potenzial der Dienstanwendung auszuschöpfen

Visio-Grafikdienst

Die Verwaltungskomplexität des Visio-Grafikdiensts ist vergleichsweise von geringem Umfang und erfolgt im Wesentlichen im Rahmen der Einrichtung gemäß Kapitel 5. Daher werden in diesem Abschnitt lediglich ergänzende Informationen angeführt.

PowerShell-basierte Verwaltung

Neben der grafischen Oberfläche der Zentraladministration stehen Ihnen die in Tabelle 9.23 aufgeführten Cmdlets für die Konfiguration des Visio-Grafikdiensts zur Verfügung.

Tabelle 9.23 Cmdlets für den Visio-Grafikdienst

Cmdlet	Beschreibung
Get-SPVisioExternalData *Set-SPVisioExternalData*	Ermöglicht das Lesen und Setzen von externen Datenanbietern
Get-SPVisioServiceApplication *Get-SPVisioServiceApplicationProxy* *New-SPVisioServiceApplication* *New-SPVisioServiceApplicationProxy* *Set-SPVisioServiceApplication*	Bietet die Steuerung der allgemeinen Dienstanwendung
Get-SPVisioSafeDataProvider *New-SPVisioSafeDataProvider* *Remove-SPVisioSafeDataProvider* *Set-SPVisioSafeDataProvider*	Steuert die Visio-Datenanbieter
Get-SPVisioPerformance *Set-SPVisioPerformance*	Ermöglicht die Steuerung der zentralen Visio-Parameter, wie Cachealter oder maximale Diagrammgröße

Best Practices

Die in Tabelle 9.24 aufgeführten Empfehlungen gelten für die Konfiguration des Visio-Grafikdiensts.

Tabelle 9.24 Empfehlungen für die Konfiguration des Visio-Grafikdiensts

	Best Practice
✓	Erhöhen Sie das maximale Cachealter, um die Belastung auf die SharePoint-Farm und die Latenz beim Laden von Seiten mit Visio-Diagrammen zu reduzieren
✓	Begrenzen Sie die maximale Größe von Visio-Webdiagrammen, um die Ressourcen der SharePoint-Farm zu schonen

Word Automation Services

Die Verwaltung der Word Automation Services beschränkt sich neben der Dienstinstanzsteuerung im Wesentlichen auf die Definition der wichtigsten Dienstanwendungsparameter.

Um diese Parameter konfigurieren zu können, markieren Sie in der Zentraladministration die Dienstanwendung und klicken im Menüband auf *Verwalten*. Die wichtigsten Konfigurationsparameter der Dienstanwendung finden Sie in Abbildung 9.62.

Abbildg. 9.62 Auszug aus den Konfigurationsparametern der Word Automation Services

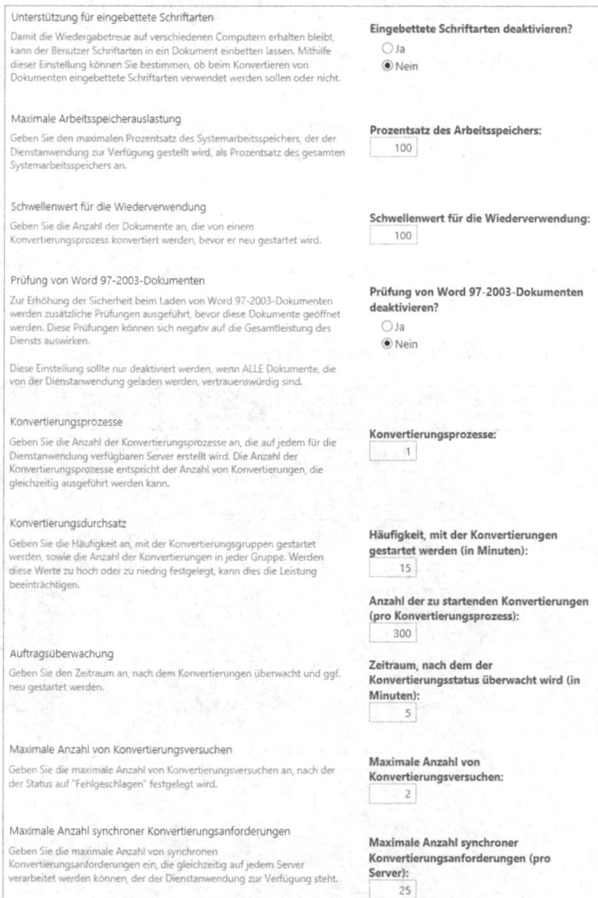

Betrieb und Hintergrundinformationen

Von den hier verfügbaren wichtigsten Parametern liegen die gültigen Werte in folgenden Bereichen:

Tabelle 9.25 Wichtige Parametergrenzen

Parameter	Minimum	Maximum
Konvertierungsprozesse	1	1.000
Häufigkeit der Konvertierungen in Minuten	1	59

PowerShell-basierte Verwaltung

Für die Verwaltung mithilfe der PowerShell stehen Ihnen für diese Dienstanwendung die in Tabelle 9.26 aufgeführten Cmdlets zur Verfügung.

Tabelle 9.26 Cmdlets für die Word Automation Services

Cmdlet	Beschreibung
New-SPWordConversionServiceApplication *Set-SPWordConversionServiceApplication*	Erstellung und Verwaltung der Dienstanwendung
Remove-SPWordConversionServiceJobHistory	Löschen des Auftragsverlaufs

Um den Auftragsverlauf aus der Datenbank zu löschen, verwenden Sie das folgende Beispielskript:

```
Get-SPServiceApplication -Name "Word Automation Services" | Remove-
SPWordConversionServiceJobHistory -BeforeDate 29.8.2013 -Confirm:$false
```

Best Practices

Für den Einsatz der Word Automation Services empfehlen sich die in Tabelle 9.27 aufgeführten Anpassungen an den Standardwerten.

Tabelle 9.27 Empfehlungen für die Konfiguration von Word Automation Services

	Best Practice
✓	Konvertierungsprozesse: Setzen Sie den Wert beispielsweise für PDF-Dokumente auf 4 und für Open XML-Zielformate auf 8 herauf, um eine relevante Beschleunigung bei der parallelen Konvertierung pro Server zu erhalten
✓	Konvertierungsdurchsatz: Ändern Sie das Häufigkeitsintervall von 15 auf 1 Minute ab
✓	Ohne ein manuelles Eingreifen wächst der Auftragsverlauf in der Word Automation-Datenbank unbegrenzt an. Führen Sie daher regelmäßig eine Bereinigung mithilfe des Cmdlets *Remove-SPWordConversionServiceJobHistory* durch.
✓	Achten Sie darauf, dass sich nicht mehr als 2 Millionen Konvertierungselemente in der Word Automation Services-Datenbank ansammeln. Darüber hinaus kann es zu Leistungsabfällen bei einer weiteren Vergrößerung kommen.

Farmübergreifende Dienste einrichten

Für die Einrichtung von farmübergreifenden Diensten sind die folgenden Arbeitsschritte erforderlich:

- Zertifikate zwischen den Serverfarmen austauschen
- Farmübergreifenden Dienst veröffentlichen
- Berechtigungen für den Zugriff setzen
- Verbindung zum farmübergreifenden Dienst herstellen
- Einrichten der Server-to-Server-Authentifizierung zwischen Quell- und Zielfarm

Die nachfolgenden Abschnitte führen Sie schrittweise durch die Einrichtung einer farmübergreifenden Dienstverbindung.

Übersicht

Sie können einige Dienstanwendungen veröffentlichen, um diese anderen Serverfarmen remote zur Verfügung zu stellen. Durch das Veröffentlichen einer Dienstanwendung können Sie die Ressourcen optimieren, redundante und dezentrale Dienste vermeiden und unternehmensweite Dienste bereitstellen.

Es können nicht alle beliebigen SharePoint-Dienste farmübergreifend veröffentlicht werden. Die in Tabelle 9.28 aufgeführten Dienste stehen Ihnen für eine Veröffentlichung zur Verfügung.

Tabelle 9.28 Farmübergreifende Dienste

Dienstanwendung	SharePoint Foundation	SharePoint Server	SharePoint Server Enterprise
Benutzerprofildienst		✓	✓
Business Data Connectivity	✓	✓	✓
Maschinelle Übersetzung		✓	✓
Secure Store		✓	✓
Suchdienst		✓	✓
Verwaltete Metadaten		✓	✓

Vertrauenswürdige Zertifikate zwischen den Serverfarmen austauschen

Um eine gesicherte Verbindung zwischen zwei Serverfarmen herstellen zu können, ist es erforderlich, spezielle SharePoint 2013-Zertifikate zwischen den beiden Serverfarmen auszutauschen und diese als vertrauenswürdig zu markieren. Dabei handelt es sich nicht um Zertifikate, die im klassischen Zertifikatspeicher des Computerkontos abgelegt sind (der Speicher, von dem aus auch andere Dienste wie beispielsweise der WWW-Publishingdienst zugreifen), sondern um Zertifikate, die innerhalb der SharePoint-Konfigurationsdaten gespeichert und im Rahmen der Farmerstellung automatisiert, also selbst signiert generiert werden.

HINWEIS Diese selbst signierten Zertifikate haben zudem ein unbegrenztes Ablaufdatum (01.01.9999). Daher müssen Sie sich, anders als bei den Zertifikaten, die einer PKI entstammen, nicht um die Wartung und den Austausch der Zertifikate kümmern.

Für das Herstellen der erforderlichen Vertrauensstellung zwischen der Dienst-publizierenden (im Folgenden Quellfarm genannt) und der sich zum Dienst verbindenden Serverfarm (im Folgenden Zielfarm genannt) sind die folgenden Schritte erforderlich:

- Exportieren des SharePoint-Serverfarmzertifikats auf der Zielfarm
- Exportieren des Sicherheitstokendienstzertifikats auf der Zielfarm
- Exportieren des SharePoint-Serverfarmzertifikats auf der Quellfarm
- Überkreuz importieren der SharePoint-Serverfarmzertifikate
- Einrichten des gegenseitigen Vertrauens gegenüber dem SharePoint-Serverfarmzertifikat
- Importieren des Sicherheitstokendienstzertifikats auf der Quellfarm
- Einrichten einer Vertrauensstellung gegenüber dem Sicherheitstokendienstzertifikat auf der Quellfarm

Zur schrittweisen Einrichtung der vertrauenswürdigen Zertifikate zwischen den Serverfarmen mithilfe der PowerShell gehen Sie wie folgt vor:

1. Öffnen Sie die SharePoint 2013-Verwaltungsshell auf der Zielfarm unter Verwendung administrativer Privilegien.
2. Exportieren Sie das SharePoint-Serverfarmzertifikat auf der Zielfarm durch das folgende Beispielskript (Listing 9.16):

Listing 9.16 Exportieren des SharePoint-Root-CA-Farmzertifikats

```
$rootCert = (Get-SPCertificateAuthority).RootCertificate
$rootCert.Export("Cert") | Set-Content "C:\SP4-RootCA.cer" -Encoding Byte
```

3. Exportieren Sie das Sicherheitstokendienstzertifikat auf der Zielfarm durch das folgende Beispielskript (Listing 9.17):

Listing 9.17 Exportieren des Sicherheitstokendienstzertifikats

```
$STSCert = (Get-SPSecurityTokenServiceConfig).LocalLoginProvider.SigningCertificate
$STSCert.Export("Cert") | Set-Content "C:\SP4-STS.cer" -Encoding Byte
```

TIPP Sie können das hier angeführte STS-Zertifikat auch mithilfe der Managementkonsole und dessen *Zertifikate*-Snap-In für den Computerzertifikatsspeicher exportieren, indem Sie aus dem Ordner *SharePoint\Zertifikate* das SharePoint Security Token Service (STS)-Zertifikat exportieren (Abbildung 9.63). Das SharePoint-Root-CA-Farmzertifikat ist an dieser Stelle jedoch nicht verfügbar.

Abbildg. 9.63 Export des STS-Zertifikats

4. Wechseln Sie zur Quellfarm und exportieren Sie wie in Schritt 2 das SharePoint-Serverfarmzertifikat unter Verwendung eines eindeutigen Dateinamens (Listing 9.16).
5. Kopieren Sie die exportierten Zertifikatdateien zwischen den Serverfarmen.
6. Wechseln Sie zur Zielfarm. Importieren Sie das zuvor auf der Quellfarm exportierte Serverfarmzertifikat und richten Sie eine Vertrauensstellung auf der Zielfarm ein (Listing 9.18). Ersetzen Sie dabei den Wert *SP4* durch eine eindeutige Bezeichnung der Quellfarm.

Listing 9.18 Importieren des SharePoint-Root-CA-Farmzertifikats und Einrichten einer Vertrauensstellung

```
$trustCert = Get-PfxCertificate "C:\SP4-RootCA.cer"
New-SPTrustedRootAuthority "SP4" -Certificate $trustCert
```

7. Wechseln Sie zur Quellfarm. Importieren Sie das zuvor auf der Zielfarm exportierte Serverfarmzertifikat und richten Sie eine Vertrauensstellung auf der Quellfarm wie im letzten Schritt ein (Listing 9.18). Passen Sie dabei die Werte entsprechend an.
8. Importieren Sie auf der Quellfarm das Sicherheitstokendienstzertifikat und definieren Sie es als vertrauenswürdigen Sicherheitstokenaussteller (Listing 9.19).

Listing 9.19 Importieren des Sicherheitstokendienstzertifikats

```
$trustSTSCert = Get-PfxCertificate "C:\SP4-STS.cer"
New-SPTrustedServiceTokenIssuer "SP4STS" -Certificate $trustSTSCert
```

Zur alternativen Einrichtung der Vertrauensstellungen mithilfe der Zentraladministration gehen Sie wie folgt vor:

1. Folgen Sie den Schritten zum Export der Zertifikate mithilfe der PowerShell bis zum Arbeitsschritt 5.
2. Öffnen Sie die Zentraladministration auf der Quellfarm und navigieren Sie zur Verwaltung der Vertrauensstellungen. Klicken Sie dazu in der Schnellstartleiste auf *Sicherheit* und unter dem Abschnitt *Allgemeine Sicherheit* auf *Vertrauensstellung verwalten*.
3. Klicken Sie im Menüband auf der Registerkarte *Vertrauensstellungen* der Farm auf *Neu*.

4. Geben Sie im Abschnitt *Name* einen eindeutigen Namen für die Vertrauensstellung an (Abbildung 9.64).
5. Wählen Sie im Abschnitt *Stammzertifikat für die Vertrauensstellung* das Stamm-CA-Zertifikat der Zielfarm aus.

Abbildg. 9.64 Einrichten einer Serverfarm-Vertrauensstellung auf der dienstpublizierenden Quellfarm

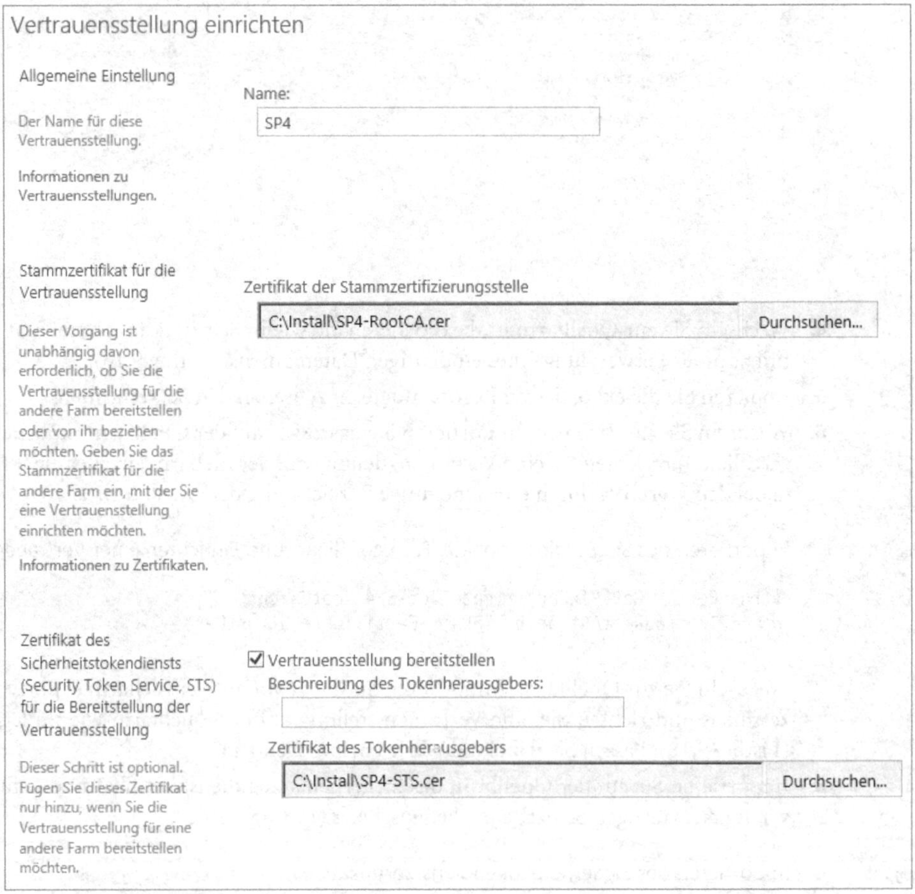

6. Im Abschnitt *Zertifikat des Sicherheitstokendiensts ...* aktivieren Sie das Kontrollkästchen *Vertrauensstellung bereitstellen* und geben das Sicherheitstokendienstzertifikat der Zielfarm an.
7. Klicken Sie auf *OK*, um die Vertrauensstellung zu erzeugen.
8. Wiederholen Sie die Arbeitsschritte 2 bis 4 auf der Zielfarm, wobei Sie auf das Serverfarm-Root-CA-Zertifikat der Quellfarm verweisen und von der Konfiguration des Sicherheitstokendienstzertifikats absehen.

Sie haben die Möglichkeit, die soeben eingerichteten vertrauenswürdigen Stammzertifizierungsstellen entweder über die Zentraladministration oder mithilfe der PowerShell zu überprüfen.

In der Zentraladministration klicken Sie in der linken Spalte auf *Sicherheit* und anschließend auf *Vertrauensstellung verwalten*. In der Liste sollte nun unterhalb der Zeile *local* der von Ihnen angegebene eindeutige Bezeichner der Serverfarm erscheinen. Klicken Sie auf die Zeile und anschließend im Menüband auf *Bearbeiten*. In dem sich öffnenden Fenster erscheinen nun die Detailwerte zu der Vertrauensstellung und dem Sicherheitstokendienstzertifikat. Im Zweifel können Sie die korrekte Zuordnung der Zertifikate durch einen Abgleich der jeweiligen sogenannten Fingerabdrücke (*Thumbprint*-Zertifikatfeld) sicherstellen, die Sie mit den Werten aus den exportierten Dateien vergleichen können.

Für eine Kontrolle mithilfe der PowerShell verwenden Sie die beiden Cmdlets *Get-SPTrustedRootAuthority* und *Get-SPTrustedIdentityTokenIssuer*.

Farmübergreifenden Dienst veröffentlichen

Zum Publizieren eines Diensts mithilfe der Zentraladministration gehen Sie bitte folgendermaßen vor:

1. Öffnen Sie die Zentraladministration der Quellfarm und klicken Sie im Abschnitt *Anwendungsverwaltung* auf *Dienstanwendungen verwalten*.
2. Klicken Sie zunächst auf die zu publizierende Dienstanwendung und anschließend im Menüband auf *Veröffentlichen*.
3. Geben Sie die Parameter der Dienstveröffentlichung an (Abbildung 9.65). Im Abschnitt *Verbindungstyp* wählen Sie *https* aus.
4. Aktivieren Sie das Kontrollkästchen *Diese Dienstanwendung für andere Farmen veröffentlichen*.
5. Geben Sie im Feld *Beschreibungstext* eine Beschreibung für den zu publizierenden Dienst ein und hinterlegen Sie ggf. im Feld *Informations-URL* eine URL, die zu weiterführenden Informationen zu dieser Dienstanwendung führt.

HINWEIS Die Bereitstellung weiterführender Informationen an dieser Stelle ist hilfreich, sofern Sie es Dritten gestatten, Ihre zentral bereitgestellten Dienstanwendungen zu verwenden. Sofern der Topologiedienst für die Verbindungserstellung verwendet wird, dienen diese Informationen einer guten Orientierung für den Administrator einer anfragenden Serverfarm.

6. Klicken Sie auf *OK*.

Abbildg. 9.65 Dienstanwendung veröffentlichen

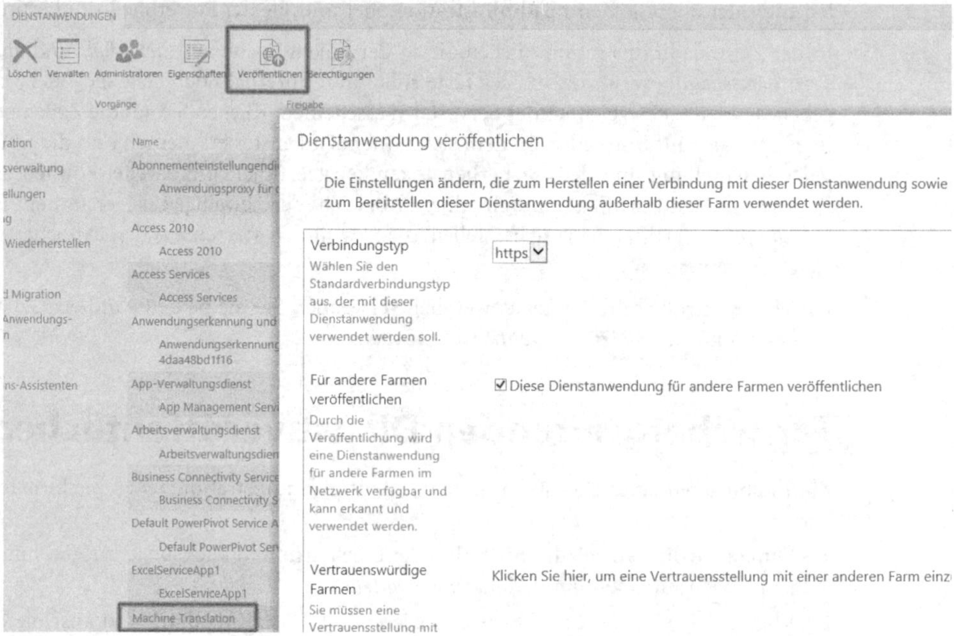

Zur Veröffentlichung einer Dienstanwendung mithilfe der PowerShell verwenden Sie das Beispielskript aus Listing 9.20.

Listing 9.20 Veröffentlichen einer Dienstanwendung via PowerShell

```
$serviceApp = Get-SPServiceApplication | where {$_.TypeName -match "Maschineller
Übersetzungsdienst"}
Publish-SPServiceApplication -Identity $serviceApp -Description "Ihre
Dienstanwendungsbeschreibung"
```

Um die Liste der zur Verfügung stehenden Dienstanwendungsnamen zu erhalten, verwenden Sie das Cmdlet *Get-SPServiceApplication*. Mithilfe des Cmdlets *Get-SPTopoloyServiceApplication* können Sie die publizierte Lastenausgleichsanwendungs-URL einsehen.

Berechtigungen setzen

Nach der Veröffentlichung der Dienstanwendung ist es erforderlich, weitere Berechtigungen zu setzen. Hierfür steht Ihnen die PowerShell oder die Zentraladministration zur Verfügung.

Dafür führen Sie folgende Arbeitsschritte aus:

- Exportieren der Farm-ID der Zielfarm
- Setzen der Farmzugriffsberechtigungen auf der Quellfarm
- Setzen der Dienstanwendungsberechtigungen auf der Quellfarm

Zum Setzen der Berechtigung mithilfe der PowerShell gehen Sie wie folgt vor:

1. Lokalisieren Sie die Farm-ID der Zielfarm, indem Sie den folgenden Befehl auf der Zielfarm ausführen:

```
Get-SPFarm | Select ID
```

2. Weisen Sie der Zielfarm Zugriffsberechtigungen auf die Quellfarm zu. Wechseln Sie zur Quellfarm und führen Sie das PowerShell-Skript aus Listing 9.21 aus.

Listing 9.21 Setzen der Berechtigungen

```
$security=Get-SPTopologyServiceApplication | Get-SPServiceApplicationSecurity
$claimprovider=(Get-SPClaimProvider System).ClaimProvider
$principal=New-SPClaimsPrincipal -ClaimType "http://schemas.microsoft.com/sharepoint/
2009/08/claims/farmid" -ClaimProvider $claimprovider -ClaimValue [ID der Zielfarm]
Grant-SPObjectSecurity -Identity $security -Principal $principal -Rights "Vollzugriff"
Get-SPTopologyServiceApplication | Set-SPServiceApplicationSecurity -ObjectSecurity
$security
```

HINWEIS Ersetzen Sie zuvor den Wert für *[ID der Zielfarm]* durch die zuvor ermittelte Farm-ID. Beachten Sie, dass die in diesem Skript definierte Berechtigung lokalisiert ist. Sofern Sie eine englische Installation verwenden, ersetzen Sie *Vollzugriff* durch *Full Control*. Für deutsche Installationen wird der englischsprachige Ausdruck für die Berechtigung nicht akzeptiert.

ONLINE Sie finden das Beispielskript aus Listing 9.21 unter dem Namen *CrossFarmRechte.ps1* und das nachfolgende Skript aus Listing 9.22 unter dem Namen *CrossFarmAppRechte.ps1* innerhalb der Beispieldateien zum Buch.

3. Setzen Sie die Dienstanwendungsberechtigung für die Zielfarm, indem Sie auf der Quellfarm das PowerShell-Skript aus Listing 9.22 ausführen.

Listing 9.22 Setzen der Dienstanwendungsberechtigung

```
$security=Get-SPServiceApplication [Dienstanwendungs-ID] | Get-SPServiceApplicationSecurity
$claimprovider=(Get-SPClaimProvider System).ClaimProvider $principal=New-
SPClaimsPrincipal -ClaimType "http://schemas.microsoft.com/sharepoint/2009/08/claims/
farmid" -ClaimProvider $claimprovider -ClaimValue [Zielfarm-ID]
Grant-SPObjectSecurity -Identity $security -Principal $principal -Rights
[Dienstanwendungsberechtigung]
Set-SPServiceApplicationSecurity [Dienstanwendungs-ID] -ObjectSecurity $security
```

HINWEIS Die Dienstanwendungs-ID für die zu publizierende Berechtigung erhalten Sie durch das Ausführen des Cmdlets *Get-SPServiceApplication*. Die möglichen Werte für die jeweilige Dienstanwendungsberechtigung erhalten Sie durch den Aufruf *(Get-SPServiceApplication-Security [Anwendungs-ID]).NamedAccessRights | Select Name* (Abbildung 9.66). Im Zweifel setzen Sie entsprechend der Sprache *Vollzugriff* oder *Full Control* ein.

Abbildg. 9.66 Auslesen der verfügbaren Dienstanwendungsrechte

Zum Delegieren der Berechtigungen mithilfe der Zentraladministration gehen Sie wie folgt vor:

1. Ermitteln Sie die Farm-ID der Zielfarm, indem Sie auf der Zielfarm den PowerShell-Befehl *Get-SPFarm | Select ID* ausführen.
2. Öffnen Sie die Einstiegsseite der Zentraladministration der Quellfarm und klicken Sie im Abschnitt *Anwendungsverwaltung* auf *Dienstanwendungen verwalten.*
3. Klicken Sie auf die zu veröffentlichende Webanwendung und anschließend im Menüband auf *Berechtigungen*.
4. Fügen Sie nun den Wert der Zielfarm-ID hinzu, aktivieren Sie das Kontrollkästchen *Vollzugriff* und klicken Sie auf *OK* (Abbildung 9.67).

Abbildg. 9.67 Dienstanwendungsberechtigungen für Zielfarm setzen

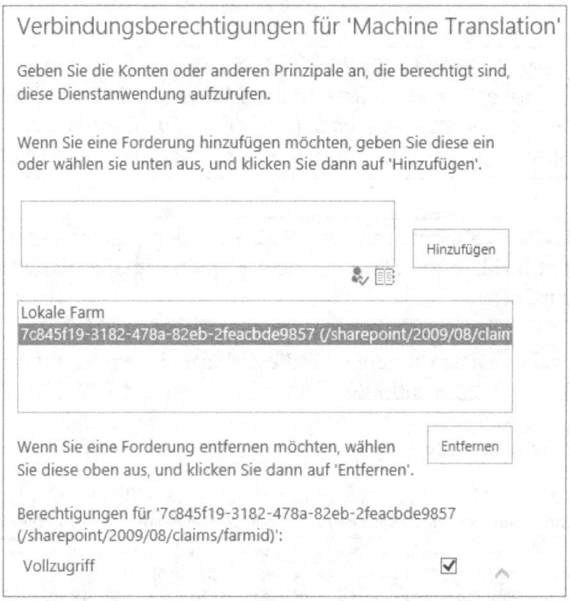

Verbindung zum farmübergreifenden Dienst herstellen

Zum Einrichten einer Verbindung zu einer Dienstanwendung in einer Remotefarm mithilfe der Zentraladministration führen Sie folgende Schritte aus:

1. Öffnen Sie Dienstanwendungsverwaltung der Zentraladministration, klicken Sie im Menüband auf *Verbinden* und wählen Sie im Dropdownlistenfeld den Typ der Dienstanwendung aus, mit der Sie eine Verbindung herstellen möchten (Abbildung 9.68).

Abbildg. 9.68 Auswahl der nutzbaren Dienstanwendungen

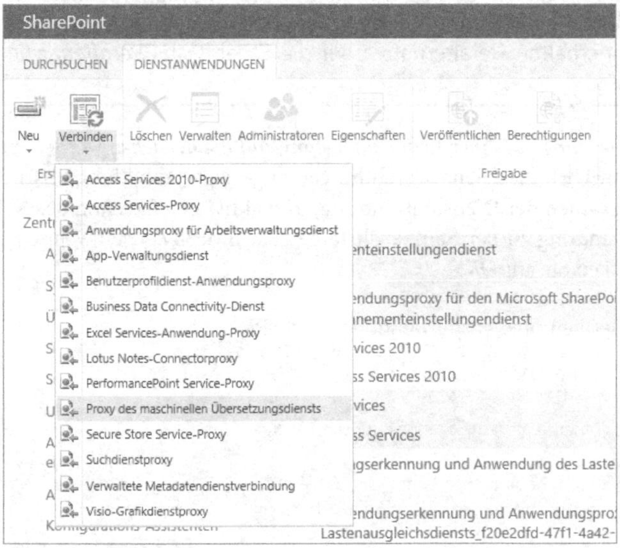

2. Geben Sie auf der Seite *Verbindung mit einer Remotedienstanwendung herstellen* in das Textfeld *Adresse der Farm oder Dienstanwendung* die entsprechende URL ein und klicken Sie dann auf *OK* (Abbildung 9.69).

Abbildg. 9.69 Eingabe der URL der Dienstanwendung

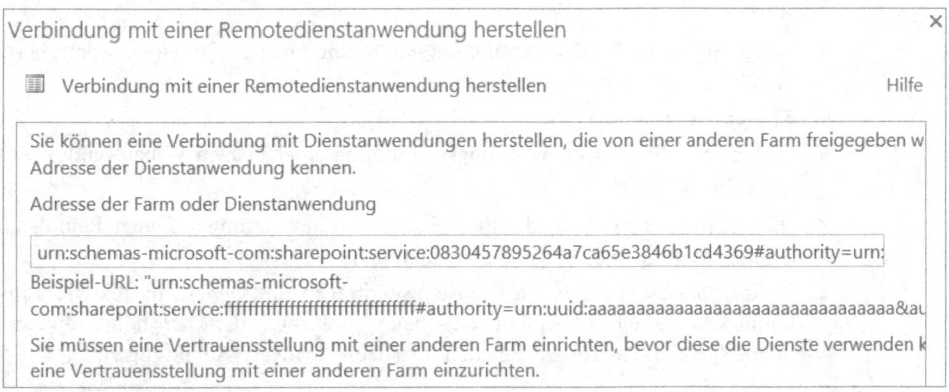

HINWEIS Es gibt zwei Arten von URLs, die Sie in diesem Feld angeben können: die URL der Dienstanwendung oder die URL der Topologiedienstanwendung der Remotefarm. Wenn Sie die URL der Dienstanwendung verwenden, wird nur die entsprechende Dienstanwendung aufgelistet. Wenn Sie die URL des Topologiedienststs verwenden, werden alle Dienstanwendungen der Remoteserverfarm aufgelistet. Die URL zur Topologiewebanwendung können Sie durch den folgenden PowerShell-Befehl in Erfahrung bringen: *Get-SPTopologyWebServiceApplication*. Die URL der Dienstanwendung erhalten Sie alternativ über die Schaltfläche *Veröffentlichen für die publizierte Dienstanwendung*.

3. Im Dialogfeld *Verbindung mit einer Remotedienstanwendung herstellen* werden entsprechend der zuvor eingegebenen URL die Dienstanwendungen angezeigt (Abbildung 9.70). Klicken Sie auf die Zeile mit dem Namen der Dienstanwendung, und aktivieren Sie dann das Kontrollkästchen, um die Dienstanwendung zu der Standardliste der Farm der Dienstanwendungsverbindungen hinzuzufügen. Klicken Sie auf *OK*.

Abbildg. 9.70 Verbindung mit einer Remotedienstanwendung herstellen

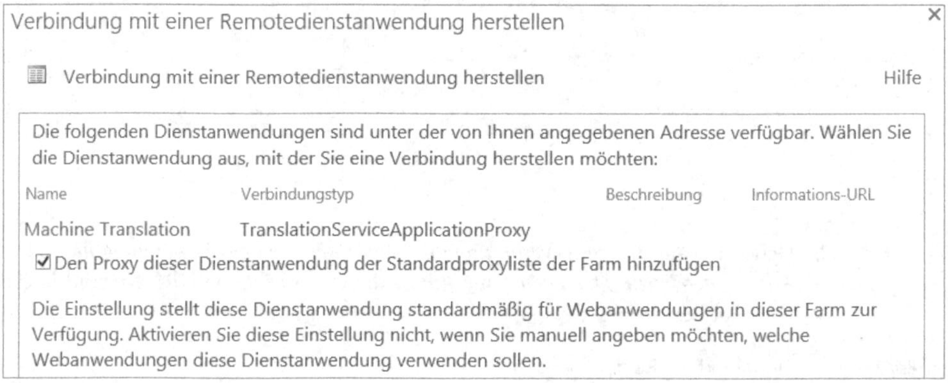

4. Geben Sie in das Textfeld *Verbindungsname* einen neuen Namen ein oder übernehmen Sie den Standardnamen und klicken Sie auf *OK*.
5. Klicken Sie erneut auf *OK*.
6. Ordnen Sie die Dienstanwendungsverbindung einer lokalen Webanwendung zu, um den Vorgang abzuschließen.

Zur Einrichtung einer Verbindung zu einer Dienstanwendung auf einer Remotefarm mithilfe der PowerShell verwenden Sie folgendes Verfahren:

1. Bringen Sie die verfügbaren Dienstanwendungen und deren Zugriffs-URLs in Erfahrung. Sie können die jeweilige URL entweder beim Publizieren der Dienstanwendungen kopieren oder über folgenden PowerShell-Befehl in Erfahrung bringen (Abbildung 9.71).

```
Receive-SPServiceApplicationConnectionInfo -FarmUrl [URL zum Topologiedienst]
```

Üblicherweise ist die URL zum Topologiedienst wie folgt aufgebaut: *https://[Servername]:32844/topology/topology.svc*.

Abbildg. 9.71 Übersicht der verfügbaren publizierten Dienstanwendungen über die PowerShell

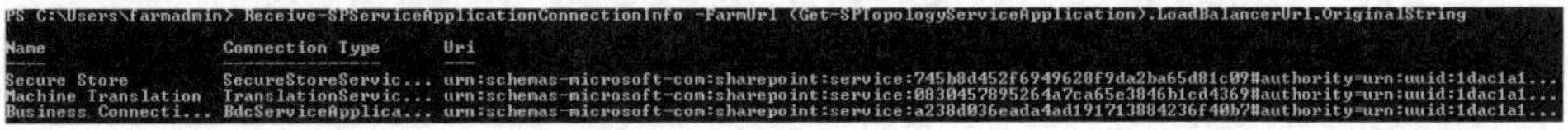

2. Erstellen Sie nun den neuen Dienstanwendungsproxy, indem Sie die zuvor identifizierte URI verwenden:

```
New-SPTranslationServiceApplicationProxy -Name "MachineTranslationProxy" -Uri [URI]
```

Ordnen Sie die Dienstanwendungsverbindung einer lokalen Webanwendung zu, um den Vorgang abzuschließen.

Server-to-Server-Authentifizierung einrichten

Webanwendungen oder Dienstanwendungen, die Ressourcen einer Webanwendung auf einer Webanwendung, die sich auf einer anderen Farm befinden, im Namen eines Benutzers anfordern, benötigen das in SharePoint 2013 neu eingeführte Server-to-Server-Authentifizierungsprotokoll.

HINWEIS Dies gilt nicht für Ressourcen einer Dienstanwendung, die auf einer anderen Farm bereitgestellt werden! Diese Abfragen sind sowohl unter SharePoint 2010 als auch SharePoint 2013 möglich.

Somit ist zwar der Zugriff auf beispielsweise eine Übersetzung des maschinellen Übersetzungsdiensts unproblematisch, jedoch nicht die Zugriffe, die mit den zahlreichen neuen Social-Funktionalitäten einhergehen, welche auf die Anfragen auf Webanwendungen im Namen des Benutzers angewiesen sind:

- Für das Folgen von Dokumenten. Hierbei wird von einer Teamsite eine Abfrage im Namen des Benutzers für die *Meine Website*-Webanwendung ausgeführt.
- Erstellen von Sitefeeds
- Neuauffüllung des Feedcaches der Benutzerprofildienst-Anwendung

Bei diesen Szenarien, bei denen lokale Webanwendungen Daten mit zentral veröffentlichten Dienstanwendungen im Namen des Benutzers austauschen müssen, ist die Server-to-Server-Authentifizierung zwingend erforderlich.

Standardmäßig erfordert die Server-to-Server-Authentifizierung SSL-geschützte Webanwendungen, die Anforderungen im Namen des Benutzers absetzen. Vor diesem Hintergrund ist es daher zwingend erforderlich, dass sowohl Quell- als auch Zielfarm eine vollständig valide Zertifikatüberprüfung durchführen können. Andernfalls scheitert bereits die Einrichtung der Server-to-Server-Authentifizierung.

In der Übersicht sind die folgenden Arbeitsschritte erforderlich, um die Server-to-Server-Authentifizierung einzurichten:

- Definition einer gemeinsamen Realm auf Quell- und Zielfarm (frei wählbar)
- Einrichten der Realm und Konfiguration des STS auf Ziel- und Quellfarm

- Einrichten der Server-to-Server-Authentifizierung auf der Quellfarm unter Angabe der konsumierenden Webanwendung
- Einrichten der Server-to-Server-Authentifizierung auf der Zielfarm unter Angabe der Webanwendung(en) der Zielfarm

Gehen Sie zur Einrichtung mithilfe der PowerShell wie folgt vor:

1. Sowohl auf der Quellfarm als auch auf der Zielfarm führen Sie das Beispielskript aus Listing 9.23 unter Verwendung eines eigens gewählten Realm-Namens aus, um die Konfiguration des STS umzusetzen.

Listing 9.23 Konfiguration des STS und Einrichtung der Realm

```
$realm = Set-SPAuthenticationRealm -realm "SP24"
$sts=Get-SPSecurityTokenServiceConfig
$nameId = "00000003-0000-0ff1-ce00-000000000000@$Realm"
$sts.NameIdentifier = $nameId
$sts.Update()
```

ONLINE Sie finden das Beispielskript unter dem Namen *S2SSetup.ps1* innerhalb der Beispieldateien zum Buch.

2. Führen Sie den folgenden Beispielbefehl zum Einrichten der Server-to-Server-Authentifizierung auf der Quellfarm aus, indem Sie die Webanwendung der Zielfarm angeben, die auf die Server-to-Server-Authentifizierung zurückgreift.

```
New-SPTrustedSecurityTokenIssuer -MetadataEndpoint "https://sp4-1.sincdemo.de/
_layouts/15/metadata/json/1" -Name "sp4-1.sincdemo.de"
```

3. Führen Sie den folgenden Beispielbefehl zum Einrichten der Server-to-Server-Authentifizierung auf der Zielfarm aus, indem Sie die Webanwendung der Quellfarm angeben, auf die mithilfe der Server-to-Server-Authentifizierung zugegriffen werden soll.

```
New-SPTrustedSecurityTokenIssuer -MetadataEndpoint "https://portal.sincdemo.de/
_layouts/15/metadata/json/1" -Name "portal.sincdemo.de"
```

Wiederholen Sie die letzten beiden Schritte, bis alle relevanten Webanwendungen erfasst sind.

Sollten Sie nach dem Aufruf der Befehle in diesem Abschnitt auf Fehlermeldungen stoßen, finden Sie in Kapitel 18 weitere Hilfestellungen.

Webanwendungen verwalten

In diesem Abschnitt werden einige verbleibende Webanwendungseinstellungen erläutert, die nicht Bestandteil der Basiseinrichtung von Kapitel 4 sind. Sie benötigen Farmadministratorberechtigungen, um Webanwendungseinstellungen zu modifizieren.

Die Konfigurationsoberfläche für Webanwendungseinstellungen steht Ihnen zur Verfügung, indem Sie auf der Einstiegsseite der Zentraladministration im Abschnitt *Anwendungsverwaltung* auf *Webanwendungen verwalten* klicken.

Allgemeine Webanwendungseinstellungen

Zur Konfiguration der allgemeinen Webanwendungseinstellungen klicken Sie in der Webanwendungsverwaltung im Menüband auf *Allgemeine Einstellungen* und wählen im Dropdownlistenfeld den Eintrag *Allgemeine Einstellungen* aus.

In diesem Abschnitt werden einige Auszüge der Einstellungen auf Webanwendungsebene erläutert.

Anbieter für Benutzereinstellungen

Über das Cmdlet *New-SPUserSettingsProvider* können Sie benutzerdefinierte Benutzereinstellungenanbieter unter der Angabe der zugehörigen Assembly installieren und im Anschluss mithilfe der Informationen in diesem Abschnitt zuweisen.

Personennamensaktionen und Anwesenheitseinstellungen

Diese standardmäßig für Webanwendungen aktivierte Option ermöglicht es Instant Messaging-Anwendungen wie Lync, Präsenzinformationen zu den jeweiligen Benutzeridentitäten anzuzeigen und über das Kontextmenü zugehörige Aktionen anzubieten.

Warnungen

Im Abschnitt *Warnungen* werden Warnungen und die zugehörigen Schwellenwerte für Benutzerwarnungen definiert. Der Begriff »Warnungen« ist möglicherweise irreführend, da es sich hierbei letztlich um Benachrichtigungen handelt, welche von Benutzern eingerichtet wurden. Dabei können diese Änderungen beispielsweise auf der Ebene einer Liste/Bibliothek oder einem Listenelement/Dokument erfolgen (Abbildung 9.72).

Abbildg. 9.72 Beispielbenachrichtigungseinstellungen auf Elementebene

HINWEIS Zusätzlich können sich Benutzer über geänderte Suchergebnisse benachrichtigen lassen. Diese sind standardmäßig deaktiviert, können jedoch in der Suchdienstanwendungsverwaltung aktiviert werden.

Die Benachrichtigungen kann ein Benutzer über die Menüband-Befehle der jeweiligen Liste bearbeiten (Abbildung 9.73) oder aber, indem er an die Websitesammlungs-URL die relative URL */_layouts/mysubs.aspx* anhängt.

Abbildg. 9.73 Benutzerbenachrichtigungen aus Benutzersicht verwalten

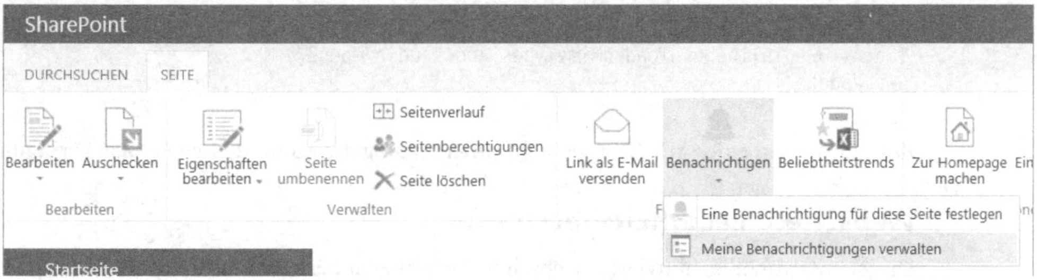

Ein Websiteadministrator wiederum kann die Benutzerbenachrichtigung für seine Sites einsehen und ebenfalls löschen, indem er in den Websiteeinstellungen im Abschnitt *Websiteverwaltung* auf *Benutzerbenachrichtigungen* klickt (Abbildung 9.74) oder aber die relative URL *_layouts/sitesubs.aspx* an die URL der Website anhängt.

Abbildg. 9.74 Websitebenachrichtigungen aus der Websiteadministratorperspektive

Dateiverarbeitung durch den Browser

Durch die Standardeinstellung der Option *Streng* für Webanwendungen müssen Dateitypen mit möglicherweise sicherheitsgefährdenden Inhalten zunächst auf dem Client zwischengespeichert werden, bevor dieser sie anzeigen kann. Dies ist im Zweifel für den Anwender mit weniger Komfort, dafür jedoch mit mehr Sicherheit verbunden. Es wird empfohlen, die Einstellung *Streng* beizubehalten.

Gegenüber SharePoint 2010 wurden in SharePoint 2013 einige gängige Dateitypen, wie PDF-Dokumente, in die Ausschlussliste für die strenge Anwendung aufgenommen, sodass Sie nicht gezwungen sind, diese Funktion weniger restriktiv einzustellen.

Um die Liste der direkt für das Öffnen freigegebenen Dateitypen einzusehen, verwenden Sie das Beispielskript aus Listing 9.24.

Listing 9.24 Abrufen der direkt zum Öffnen freigegebenen Dateitypen

```
$wa = Get-SPWebApplication https://portal.sincdemo.de
$wa.AllowedInlineDownloadedMimeTypes
```

Fehlt Ihnen ein MIME-Typ, fügen Sie den Dateityp zur Ausschlussliste hinzu, anstatt die Sicherheit pauschal durch Umschalten auf die Option *Berechtigt* zu verringern. Sie können dazu das Beispielskript aus Listing 9.25 verwenden.

Listing 9.25 Hinzufügen eines neuen MIME-Typs zu der Ausschlussliste

```
$wa = Get-SPWebApplication https://portal.sincdemo.de
$wa.AllowedInlineDownloadedMimeTypes.Add("audio/mpeg3")
$wa.Update()
```

Zum Entfernen eines MIME-Typs steht Ihnen analog die Methode *Remove* zur Verfügung.

Webseiten-Sicherheitsüberprüfung

Die standardmäßig aktivierte Webseiten-Sicherheitsüberprüfungsfunktion hat unter SharePoint 2010 noch in verschiedenen Kombinationen potenziell für elementare Fehlerszenarien gesorgt (beispielsweise beim Erstellen von Listen in Kombination mit Silverlight oder beim Umgang mit Workflows) und ist in SharePoint 2013 bislang vergleichsweise wenig negativ in Erscheinung getreten. Lassen Sie diese Sicherheitsfunktionalität somit aktiviert.

Papierkorb

Der in SharePoint 2013 im Vergleich zur Vorgängerversion schematisch unveränderte Papierkorb ermöglicht es Benutzern, versehentlich gelöschte Objekte auch ohne Hilfe des Farmadministrators wiederherzustellen. SharePoint bietet Ihnen einen zweistufigen Papierkorb an: zunächst werden Objekte nach dem Löschen durch einen Benutzer in dem Benutzerpapierkorb gespeichert. Nachdem die Elemente aus diesem Papierkorb entfernt wurden (entweder durch ein erneutes Löschen oder dem Ablaufen eines definierten Zeitintervalls), werden die Elemente in dem Papierkorb der zweiten Ebene gespeichert, von wo aus der Websitesammlungsadministrator diese im Bedarfsfall wiederherstellen kann. In diesem Papierkorb verbleiben die Dokumente so lange, bis ein definierter Prozentsatz des Live-Websitekontingents erreicht wurde.

Diese Parameter lassen sich im Abschnitt *Papierkorb* beeinflussen (Abbildung 9.75). Dabei können Sie nicht nur die beiden Ebenen des Papierkorbs aktivieren oder deaktivieren, sondern auch das Intervall vorgeben, nach dem Elemente aus dem ersten Papierkorb gelöscht werden und definieren, wie viel Platz für den zweiten Papierkorb reserviert wird. Wurden der Website beispielsweise 100 MB als Kontingent zugewiesen, werden bei der Standardeinstellung von 50 % 50 MB für diesen Papierkorb reserviert.

Abbildg. 9.75 Konfiguration des Papierkorbs

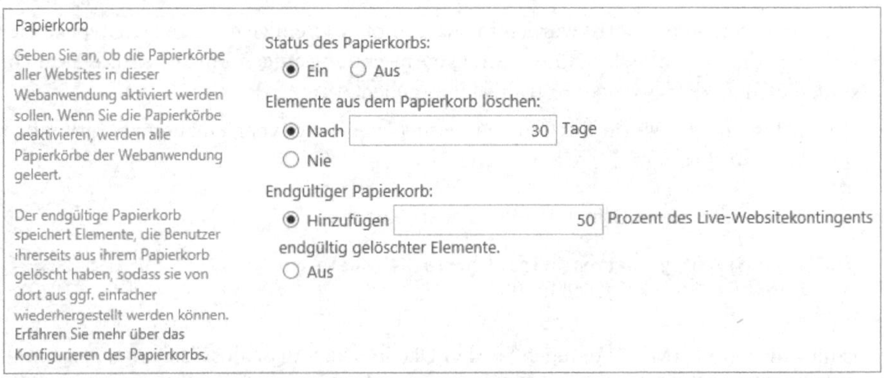

Websitesammlungsadministratoren können den Websitesammlungspapierkorb verwalten, indem sie beispielsweise über die Websiteeinstellungen im Abschnitt *Websitesammlungsverwaltung* auf *Papierkorb* klicken (Abbildung 9.76).

Abbildg. 9.76 Websitesammlungspapierkorb

Über diesen Websitesammlungspapierkorb haben Websitesammlungsadministratoren auch die Möglichkeit, den Papierkorb zu leeren.

Websitesammlungen

In diesem Abschnitt werden die wichtigsten Verwaltungsoperationen im Umgang mit Websitesammlungen für die Rolle der Farmadministratoren beschrieben.

Websitesammlungen anzeigen

Zum Anzeigen aller Websitesammlungen innerhalb einer Webanwendung verwenden Sie den folgenden PowerShell-Befehl:

```
Get-SPSite –WebApplication [URL der Webanwendung] -Limit All
```

Um in SharePoint 2013 die Größe einer Websitesammlung abzufragen, können Sie nicht auf die unmittelbaren Eigenschaften der Websitesammlung zurückgreifen. Zum Auslesen dieser Information steht Ihnen das Cmdlet *Get-SPSiteAdministration* zur Verfügung. Das folgende Beispiel veranschaulicht das Abrufen der Websitesammlungsgröße:

```
Get-SPSiteAdministration [URL der Websitesammlung] | select Url, DiskUsed
```

Um sich die Größen aller in einer Webanwendung verfügbaren Websitesammlungen anzeigen zu lassen, verwenden Sie folgendes PowerShell-Beispiel:

```
Get-SPSite -WebApplication [URL der Webanwendung] -Limi | Get-SPSiteAdministration |
format-table Url, DiskUsed -AutoSize
```

Websitesammlungen erstellen

Websitesammlungen werden bis auf eine Ausnahme durch Farmadministratoren erstellt. Die Ausnahme basiert auf der Verwendung der Self-Service Site Creation und wird in einem nachfolgenden Abschnitt behandelt.

Lediglich mithilfe der PowerShell stehen Ihnen alle Optionen zum Erstellen einer Websitesammlung zur Verfügung, daher wird in diesem Abschnitt die Erstellung einer Websitesammlung anhand eines PowerShell-Beispiels demonstriert.

Für die Erstellung einer Websitesammlung mithilfe der Zentraladministration klicken Sie auf der Einstiegsseite im Abschnitt *Anwendungsverwaltung* auf *Websitesammlung erstellen* und folgen Sie den Anweisungen.

HINWEIS In SharePoint 2013 werden neue Websitesammlungen ohne Zieldatenbankangabe automatisch auf die vorhandenen Inhaltsdatenbanken der Webanwendung verteilt.

Um eine Websitesammlung mithilfe der PowerShell zu erstellen, verwenden Sie das Beispielskript aus Listing 9.26.

Listing 9.26 Anlegen einer Websitesammlung mittels PowerShell

```
$template = Get-SPWebTemplate "STS#0"
New-SPSite –Url [URL der Websitesammlung] -OwnerAlias "[Anmeldename]" -SecondaryOwnerAlias
"[Anmeldename]" -Description "IHRE BESCHREIBUNG" -Language [Sprach-ID] -Template $template
-ContentDatabase [Name der Zieldatenbank]
```

Durch den Parameter *Language* geben Sie die Sprach-ID an. Die Liste der verfügbaren Sprach-IDs finden Sie in Kapitel 8. Durch das Weglassen des Parameters wird die Standardsprache Ihrer Installation verwendet. Die Angabe des sekundären Besitzers ist optional, wobei der Alias in der Syntax *Domäne\Anmeldename* eingegeben werden muss.

Eine Websitesammlung schon bei der Erstellung direkt einer Inhaltsdatenbank zuzuordnen, ist lediglich mithilfe der PowerShell möglich und wird durch den Parameter *ContentDatabase* gesteuert.

Websitesammlungen mithilfe der Self-Service Site Creation erstellen

Die Self-Service Site Creation löst ein spezielles Berechtigungsproblem, das existiert, wenn Sie es Anwendern innerhalb des Portals ermöglichen müssen, nicht Websites, sondern Websitesammlungen anzulegen. In diesem Fall sind erweiterte Berechtigungen erforderlich, die Sie durch die Verwendung der Self-Service Site Creation begrenzen können.

Um eine Websitesammlung mithilfe der Self-Service Site-Provisionierung erstellen zu können, sind indes zwei Voraussetzungen erforderlich:

1. Die Funktionalität der Self-Service Site-Provisionierung wurde auf Webanwendungsebene aktiviert.
2. Den Benutzern wurden die entsprechenden Privilegien für das Erstellen von Websitesammlungen mittels Self-Service Site-Provisionierung delegiert. Der Anwender benötigt das Recht *Self-Service Site Creation verwenden*. Allerdings verfügt standardmäßig schon ein Mitglied der SharePoint-Gruppe *Anzeigende Benutzer* über diese Berechtigungsstufe.

Letztlich erhält der Benutzer den Zugang zu der Funktion über einen expliziten Link, der automatisiert bereitgestellt werden kann, welcher manuell oder automatisch eingeblendet werden kann.

Zur Einrichtung der Self-Service Site Creation mithilfe der Zentraladministration gehen Sie wie folgt vor:

1. Öffnen Sie die Zentraladministration und klicken Sie in der Schnellstartleiste auf *Sicherheit* und anschließend im Abschnitt *Allgemeine Sicherheit* auf *Self-Service Site Creation konfigurieren.*

HINWEIS Alternativ können Sie diese Konfiguration auch über die Webanwendungsverwaltungsoberfläche der Zentraladministration durchführen.

2. Wählen Sie im Dropdownlistenfeld *Webanwendung* die entsprechende Webanwendung aus und aktivieren Sie die Option *Ein* (Abbildung 9.77).

Abbildg. 9.77 Aktivierung der Self-Service-Websitesammlungsverwaltung

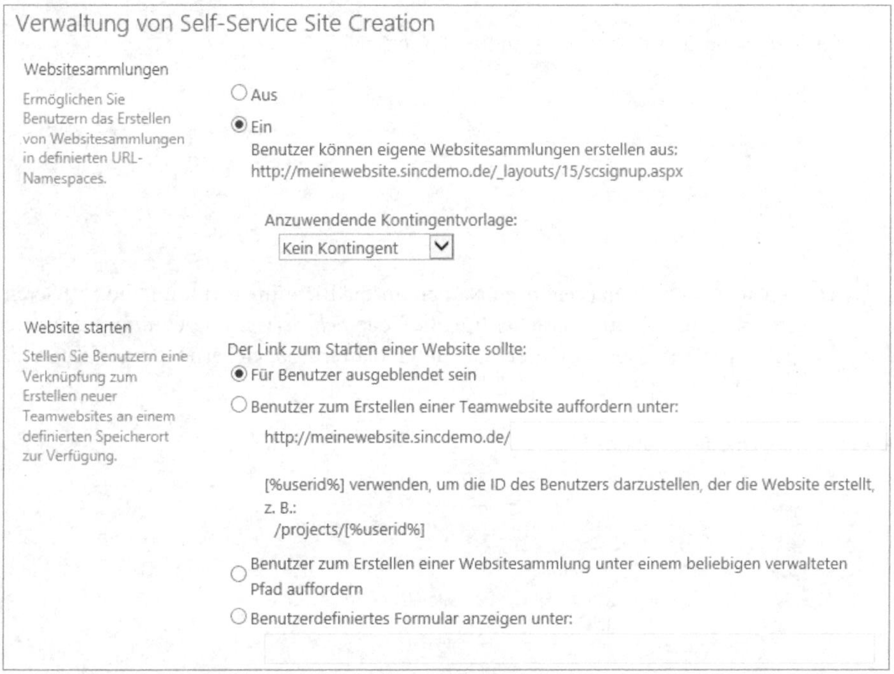

3. Im Abschnitt *Website starten* können Sie in SharePoint 2013 erstmalig definieren, an welchem Speicherort Benutzer ihre eigens provisionierten Sites ablegen dürfen, und können in den nachfolgenden Abschnitten weitere Anpassungen vornehmen.
4. Speichern Sie abschließend die Einstellungen.

Um Anwendern gezielt das Privileg der Self-Service Site Creation zu delegieren, gehen Sie wie folgt vor:

1. Öffnen Sie die Webanwendungsverwaltung der Zentraladministration.
2. Wählen Sie die gewünschte Zielwebanwendung aus und klicken Sie im Menüband auf *Berechtigungsrichtlinie.*
3. Klicken Sie auf *Richtlinienstufe für Berechtigungen hinzufügen* (Abbildung 9.78).

Abbildg. 9.78 Richtlinienstufe für Berechtigungen definieren

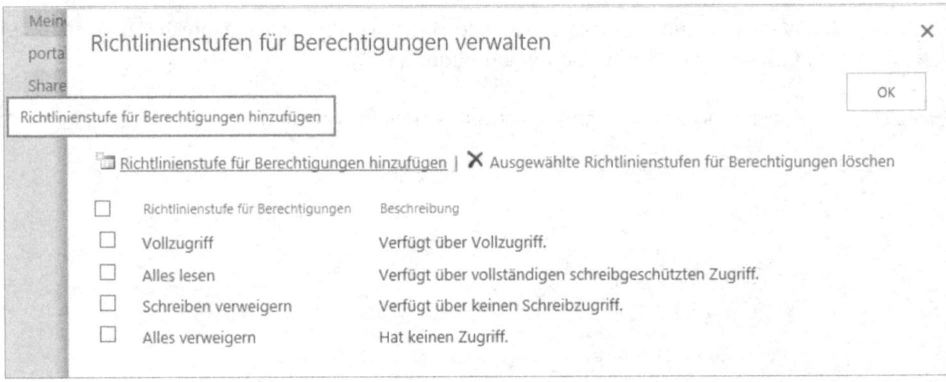

4. Geben Sie nun einen geeigneten Namen für die Richtlinienstufe an und aktivieren Sie in der ersten Spalte das Kontrollkästchen für die Zeile *Self-Service Site Creation verwenden* (Sie müssen dazu auf der Seite etwas weiter nach unten blättern). Speichern Sie anschließend Ihre Einstellungen (Abbildung 9.79).

Abbildg. 9.79 Service-Site Creation-Privileg

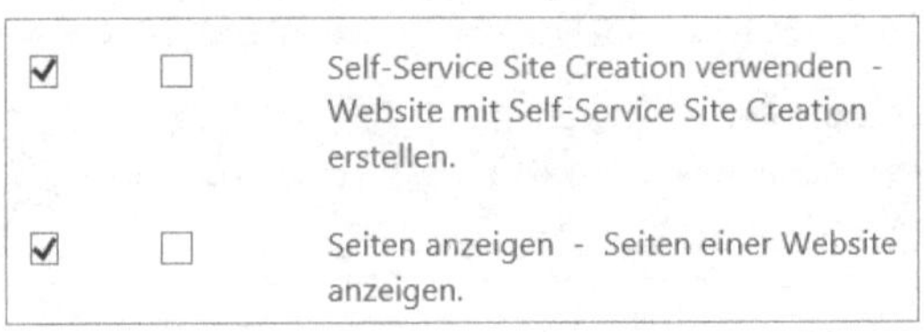

5. Weisen Sie nun die soeben erstellte Richtlinie den gewünschten Benutzern zu, indem Sie in der Webanwendungssteuerung die Webanwendung markieren und im Menüband auf *Benutzerrichtlinie* klicken.
6. Klicken Sie auf *Benutzer hinzufügen*, belassen Sie in der Regel die Standardzonenauswahl auf *Alle Zonen* und klicken Sie auf *Weiter.*
7. Fügen Sie nun im Abschnitt *Benutzer auswählen* die gewünschte Gruppe oder einzelne Benutzer hinzu, wählen Sie abschließend im Abschnitt *Berechtigungen auswählen* die zuvor erstellte Berechtigungsstufe aus. Speichern Sie anschließend Ihre Einstellungen ab (Abbildung 9.80).

Abbildg. 9.80 Zuordnung der Berechtigungsstufe

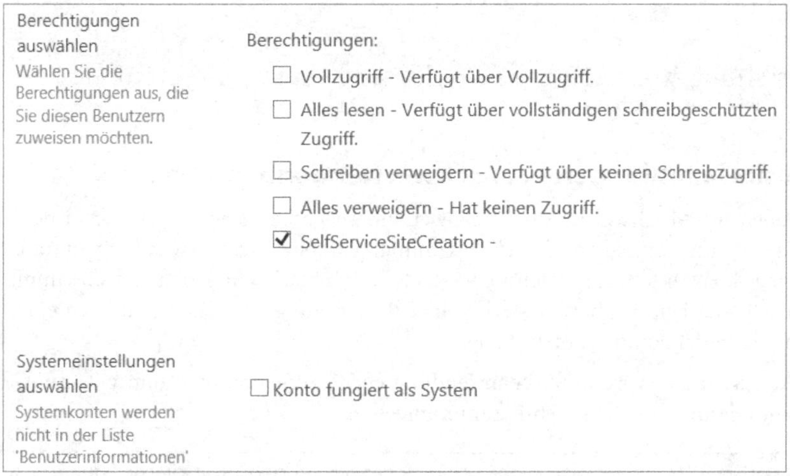

Nach Abschluss dieser Maßnahme stellen Sie sicher, dass die Anwender Zugriff auf den Link zur Erstellung von Websitesammlungen haben.

Zur Verwendung der Self-Service Site Creation-Funktion zum Erstellen von Websitesammlungen gehen Sie wie folgt vor:

1. Öffnen Sie den Link *http://[URL der Webanwendung]/_layouts/15/scsignup.aspx.*
2. Füllen Sie das Formular zum Erstellen einer neuen Websitesammlung entsprechend Ihren Wünschen aus. Geben Sie dafür den Titel, die URL und die Vorlage für die Erstellung der Websitesammlung an und klicken Sie abschließend auf *OK*.
3. Wählen Sie die Gruppen aus, die für die Berechtigung der Websitesammlung assoziiert werden sollen und klicken Sie auf *OK*.

Websitesammlungen zwischen zwei Inhaltsdatenbanken verschieben

Wächst eine Inhaltsdatenbank über das empfohlene maximale Limit hinaus an, sollten die enthaltenen Daten, sofern möglich, ggf. auf verschiedene Inhaltsdatenbanken aufgeteilt werden, um die Datenbankgröße auf ein sinnvolles Maß begrenzen zu können.

In SharePoint 2013 steht Ihnen die PowerShell zur Verfügung, um Websitesammlungen zwischen zwei bestehenden Inhaltsdatenbanken zu verschieben.

Verwenden Sie das folgende PowerShell-Beispielskript, um eine Websitesammlung in eine andere Inhaltsdatenbank zu verschieben. Ersetzen Sie zuvor jeweils die Werte in den eckigen Klammern durch Ihre entsprechenden Werte.

```
Move-SPSite [URL-Quellwebsitesammlung] -DestinationDatabase [Name der Zieldatenbank]
```

ACHTUNG Beachten Sie, dass die Benutzer während des Ausführens der Verschiebeoperation keinen Zugriff auf die Websitesammlung haben.

Um alle Websitesammlungen einer Inhaltsdatenbank zu verschieben, verwenden Sie folgendes Beispielskript:

```
Get-SPSite -ContentDatabase [Name der Quelldatenbank] | Move-SPSite -DestinationDatabase
[Name der Zieldatenbank]
```

Websitesammlungen bei Nichtverwendung löschen

Sie haben die Möglichkeit, auf Webanwendungsebene zu steuern, ob die in der entsprechenden Webanwendung enthaltenen Websitesammlungen bei Nichtverwendung automatisiert gelöscht werden sollen. Dies ist sinnvoll für eine Reihe von Szenarien in denen Websitesammlungen kurzfristig erstellt werden, um beispielsweise einer Besprechung zu dienen und nach einer gewissen Zeitspanne keinerlei Funktion mehr haben.

Die Konfiguration wird auf Webanwendungsebene vorgenommen und gilt somit für alle in einer Webanwendung erstellten Websitesammlungen.

WICHTIG Wenn Sie sich nicht völlig sicher im Umgang mit dieser Funktion sind, meiden Sie deren Verwendung, da hierdurch alle betroffenen Websitesammlungen gemäß Ihren Einstellungen unwiderruflich gelöscht werden!

Gehen Sie wie folgt vor, um diese Funktion mithilfe der Zentraladministration einzurichten:

1. Öffnen Sie die *Anwendungsverwaltung* der Zentraladministration und klicken Sie im Abschnitt *Websitesammlungen* auf *Websitenutzung und Löschung bestätigen.*
2. Wählen Sie zunächst die entsprechende Webanwendung aus.
3. Aktivieren Sie das Kontrollkästchen *E-Mail-Benachrichtigungen an Besitzer von unverwendeten Websitesammlungen versenden*, um die Besitzer der Websitesammlung in den Löschungsprozess einzubeziehen und diesen das Verhindern einer vorzeitigen Löschung zu ermöglichen (Abbildung 9.81).

Abbildg. 9.81 Websitenutzung und Löschung bestätigen

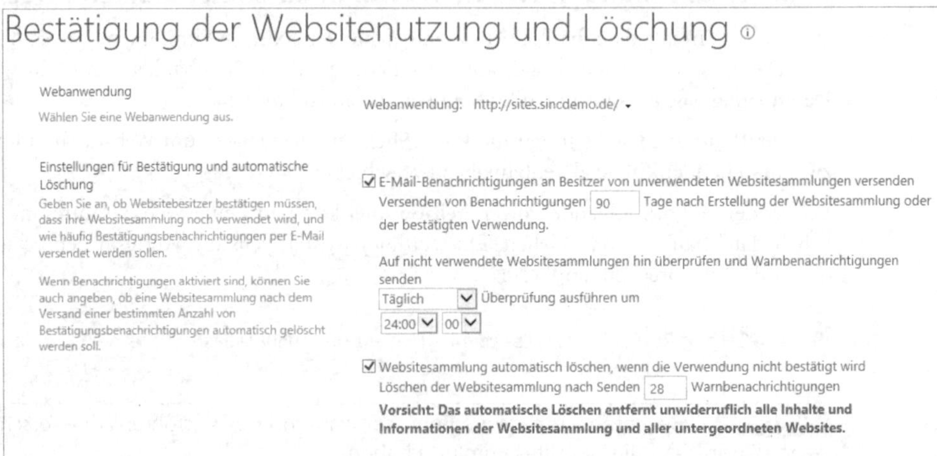

4. Geben Sie im Feld *Versenden von Benachrichtigungen* einen Wert zwischen 30 und 365 Tagen an. Durch die Aktivierung des Kontrollkästchens *E-Mail Benachrichtigungen an Besitzer von unverwendeten Websitesammlungen versenden* werden entsprechend Nachrichten an die Websitesammlungsadministratoren gesendet.
5. Aktivieren Sie ggf. das Kontrollkästchen für die automatische Löschung und geben Sie in dem Fall im Feld *Löschen der Websitesammlung nach Senden* einen Wert zwischen 28 und 168 ein, um so die Anzahl der Warnbenachrichtigungen festzulegen.
6. Klicken Sie auf *OK*, um die Einstellungen zu übernehmen.

Gelöschte Websitesammlungen wiederherstellen

Für die Wiederherstellung von versehentlich gelöschten Websitesammlungen steht Ihnen ein bereits mit SharePoint 2010 SP1 eingeführtes alternatives Verfahren zur Verfügung. Die mithilfe der Zentraladministration gelöschten Websitesammlungen werden lediglich aus der Oberfläche entfernt und können mithilfe neuer Cmdlets wiederhergestellt bzw. verschoben werden (Abbildung 9.82).

```
Restore-SPDeletedSite -Identity [ID der gelöschten WSC]
```

HINWEIS Mithilfe der PowerShell gelöschte Websitesammlungen können nicht auf diese Weise wiederhergestellt werden.

Abbildg. 9.82 Anwendung des neuen Wiederherstellungsverfahrens für WSCs

```
PS C:\Users\farmadmin> Get-SPDeletedSite | ft SiteId,Path,Url -AutoSize

SiteId                               Path         Url
------                               ----         ---
22110f28-46e6-426d-a8ae-7eaa01e5c47b /websites/rd https://portal.sincdemo.de/websites/rd

PS C:\Users\farmadmin> Restore-SPDeletedSite -Identity 22110f28-46e6-426d-a8ae-7eaa01e5c47b
```

Kontingente und Sperren

In diesem Abschnitt werden die Funktionen zum Einschränken des Speicherplatzes für Websitesammlungen durch die Verwendung von Kontingenten und die Verwendung von Sperren erläutert.

Kontingente verwalten

In Umgebungen, in denen Sie die Kontrolle über die Speicherressourcen der Serverfarm kontrollieren müssen, sollten Sie sicherstellen, dass durch die Website eines Benutzers nicht übermäßig Ressourcen belegt werden können, sodass andere Websites nicht mehr funktionsfähig sind oder Speicherplatz unnötig belegt wird. In SharePoint 2013 können Sie zu diesem Zweck Kontingente auf der Websitesammlungsebene definieren. Dies ist eine Serverfarmadministratoraufgabe.

Beim Festlegen einer Kontingentgrenze können Sie zwei Werte festlegen: einen Warnungswert und einen Maximalwert. Sobald eine Website die Warngrenze überschreitet, wird täglich eine E-Mail-Benachrichtigung an den Websitesammlungsadministrator und den Websitebesitzer gesendet, in der sie darauf hingewiesen werden, dass sich die Website dem Speicherkontingent nähert. Diese E-Mail-Nachrichten werden täglich gesendet, bis der Speicherplatz wieder unterhalb des Schwellenwerts liegt. Sobald eine Website den maximalen Grenzwert erreicht, wird eine E-Mail-Nachricht an den Websitebesitzer sowie den Websitesammlungsadministrator gesendet und das Hinzufügen weiterer Inhalte zur Website ist nicht mehr möglich.

Sie können mehrere sogenannte Kontingentvorlagen erstellen und diese in verschiedenen Bereichen der Serverfarm oder für unterschiedliche Benutzer verwenden. Wenn Sie eine Kontingentvorlage auf eine Websitesammlung anwenden, werden Versionen auf einer Website ebenso wie Inhalte in den Papierkörben auf die Speichergrenzwerte auf das Kontingent angerechnet.

Kontingentvorlagen einrichten und ändern

Zum Einrichten einer Kontingentvorlage mithilfe der Zentraladministration gehen Sie wie folgt vor:

1. Klicken Sie in der Anwendungsverwaltung der Zentraladministration im Abschnitt *Websitesammlungen* auf *Kontingentvorlagen angeben*.
2. Wählen Sie im Abschnitt *Vorlagenname* die Option *Neue Kontingentvorlage erstellen* aus und geben Sie einen Namen der neuen Vorlage an (Abbildung 9.83).

Abbildg. 9.83 Anlegen von Kontingentvorlagen

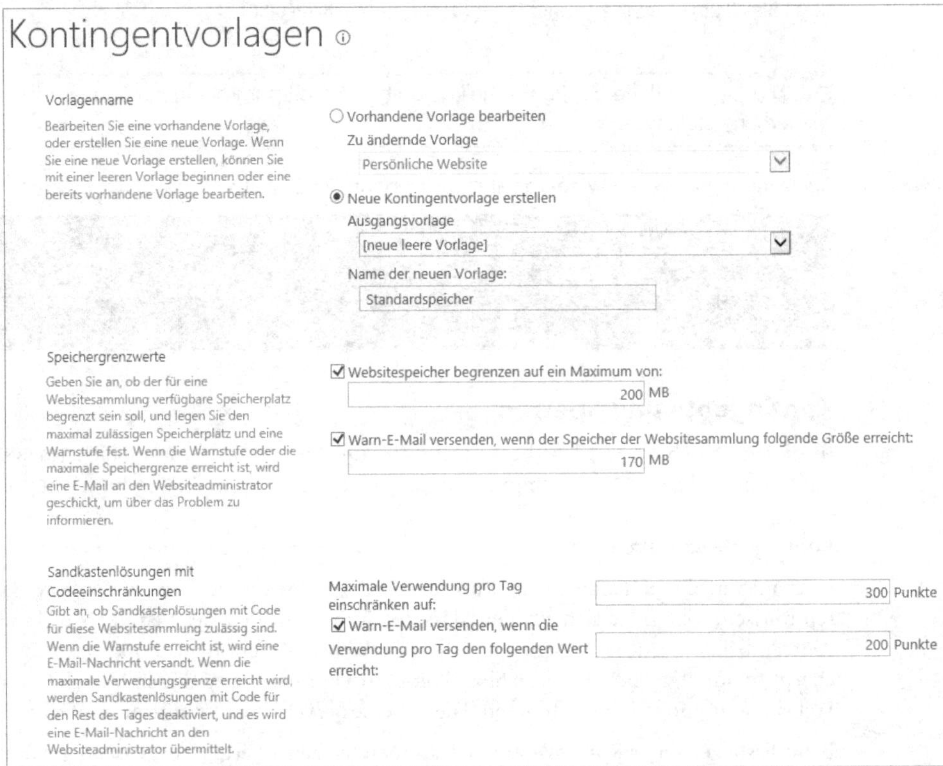

3. Sofern Sie eine vorhandene Kontingentvorlage als Basisvorlage verwenden möchten, wählen Sie die Vorlage in der Liste aus.
4. Legen Sie im Abschnitt *Speichergrenzwerte* die gewünschten Werte für die Vorlage fest. Es bietet sich dabei an, eine Warnung bei Erreichung von ca. 80 % des maximalen Speicherplatzes zu ver-

senden, um den Websitebesitzern noch die Möglichkeit zu gewähren, rechtzeitig Maßnahmen zu ergreifen.

5. Im Abschnitt *Sandkastenlösungen mit Codeeinschränkungen* geben Sie die maximalen Punkte an, die für Sandkastenlösungen zulässig sind.

HINWEIS Sandkastenlösungen wurden mit SharePoint 2013 abgekündigt.

6. Klicken Sie auf *OK*, um die neue Kontingentvorlage zu erstellen.

Fahren Sie mit dem nächsten Abschnitt fort, um die Kontingentvorlage zuzuordnen.

Kontingentvorlagen anwenden

Sie können Kontingentvorlagen auf der Webanwendungsebene anwenden, um alle in der Webanwendung enthaltenen Websitesammlungen zu beschränken oder Sie verknüpfen eine Kontingentvorlage mit einer Websitesammlung.

Zum Anwenden einer Kontingentvorlage auf Webanwendungsebene gehen Sie folgendermaßen vor:

1. Öffnen Sie die Einstiegsseite der Zentraladministration und klicken Sie im Abschnitt *Anwendungsverwaltung* auf *Webanwendung verwalten.*
2. Markieren Sie die zu konfigurierende Webanwendung und klicken Sie im Menüband auf *Allgemeine Einstellungen* und im Dropdownlistenfeld auf *Allgemeine Einstellungen.*
3. Im Abschnitt *Standardkontingentvorlage* wählen Sie die zuzuordnende Kontingentvorlage aus und klicken auf *OK*, um die Einstellungen zu übernehmen (Abbildung 9.84).

Abbildg. 9.84 Standardkontingentvorlage zuordnen

Zum Anwenden einer Kontingentvorlage auf Websitesammlungsebene gehen Sie wie folgt vor:

1. Öffnen Sie die Zentraladministration und klicken Sie auf *Anwendungsverwaltung* und im Abschnitt *Websitesammlungen* auf *Kontingente und Sperren konfigurieren.*
2. Wählen Sie im Abschnitt *Websitesammlung* die entsprechende Websitesammlung aus.
3. Im Abschnitt *Websitekontingentinformationen* wählen Sie die zuzuordnende Kontingentvorlage aus und klicken auf *OK*, um die Einstellungen zu übernehmen.

Sperren verwalten

Mithilfe von Sperren können Sie den Benutzerzugriff auf eine Websitesammlung verhindern oder einschränken.

HINWEIS Sofern Sie gedenken, eine gesamte Inhaltsdatenbank zu sperren, um beispielsweise Aktualisierungsverfahren anzuwenden, verwenden Sie nicht dieses Verfahren, sondern das in einem späteren Abschnitt beschriebene Verfahren für schreibgeschützte Inhaltsdatenbanken.

Zum Einrichten von Sperren für Websitesammlungen gehen Sie bitte wie folgt vor:

1. Öffnen Sie die Zentraladministration und klicken Sie auf *Anwendungsverwaltung* und im Abschnitt *Websitesammlungen* auf *Kontingente und Sperren konfigurieren.*
2. Wählen Sie im Abschnitt *Websitesammlung* die entsprechende Websitesammlung aus.
3. Wählen Sie im Abschnitt *Websitesperrinformationen* eine der folgenden Optionen aus (Abbildung 9.85).
   - **Nicht gesperrt** Hebt die Sperre der Websitesammlung auf und stellt sie für Benutzer zur Verfügung
   - **Hinzufügen von Inhalt verhindert** Verhindert, dass Benutzer der Websitesammlung neue Inhalte hinzufügen. Aktualisierungen und Löschvorgänge sind weiterhin zulässig.
   - **Schreibgeschützt** Verhindert, dass Benutzer Inhalt hinzufügen, aktualisieren oder löschen
   - Wählen Sie eine der beiden Optionen zur Delegierung der Steuerung der Schreibschutzsperre durch den Websitesammlungs- oder Farmadministrator
   - **Kein Zugriff** Verhindert generell den Zugriff auf Inhalte. Benutzer, die auf die Website zugreifen, erhalten eine Fehlermeldung, dass der Zugriff verweigert wurde.

Abbildg. 9.85 Websitesammlungssperrungen

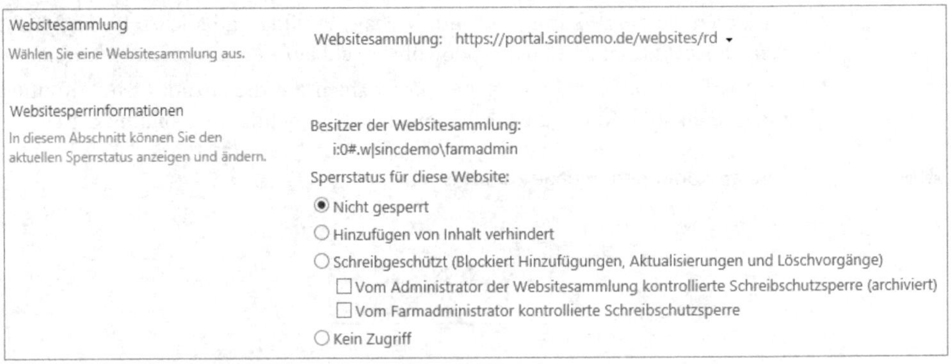

4. Klicken Sie auf *OK*, um die Sperrungseinstellungen zu übernehmen.

Hostbenannte Websitesammlungen

Die bereits in früheren SharePoint-Editionen verfügbaren hostbenannten Websitesammlungen (HNSC, Host-Named Site Collections) haben in SharePoint 2013 deutlich an Gewichtung gewonnen und werden daher gesondert in deren Verwaltung betrachtet. Mittlerweile ist diese Form der Websitesammlung nicht nur in Hostingszenarien, sondern auch für Standardfarmen von Relevanz. Neben den zahlreichen Details im Umgang mit hostbenannten Websitesammlungen ist eine wichtige Besonderheit, dass diese maßgeblich mithilfe der PowerShell verwaltet werden, also keine relevante Integration in die Verwaltungsoberfläche der Zentraladministration vorliegt (Abbildung 9.86).

HINWEIS Beachten Sie unbedingt die Planungshinweise zu diesem Websitesammlungstyp in Kapitel 3 und verwenden Sie diese trotz der Microsoft-Strategie zur logischen Architektur nicht ohne triftigen Grund.

Abbildg. 9.86 Valides Verwaltungsbeispiel für die HNSC-Websitesammlungsadministratorsteuerung

Bereitstellen der Mindestvoraussetzungen von hostbenannten Websitesammlungen

Erstellen Sie zumindest eine Webanwendung mit einer Stammwebsitesammlung, um die Basisfunktionalität zu gewährleisten und verwenden Sie keine Hostheader für die zu verwendende Webanwendung.

Errichten Sie die Mindestanforderungen beispielsweise mithilfe des folgenden PowerShell-Skripts:

Listing 9.27 Erstellen einer Webanwendung und der Toplevel-Websitesammlung

```
New-SPWebApplication -Name "HNSC" -port 80 -ApplicationPool "HNSC" -ApplicationPoolAccount
(Get-SPManagedAccount "sincdemo\svcSPAPHNSC") -AuthenticationProvider (New-
SPAuthenticationProvider -UseWindowsIntegratedAuthentication)
New-SPSite "http://SP2-3" -Name "HNSC-Root" -OwnerAlias "sincdemo\farmadmin" -language 1031
-Template "STS#0"
```

Erstellen von hostbenannten Websitesammlungen

Zum Erstellen einer HNSC verwenden Sie das folgende PowerShell-Beispielskript:

```
New-SPSite "http://kb.sincdemo.de" -HostHeaderWebApplication "http://sp2-3" -Name
"Wissensdatenbank" -Description "Wikis und KBs" -OwnerAlias "sincdemo\farmadmin" -language
1031 -Template "STS#0"
```

Der Unterschied im Vergleich zu den pfadbasierten Websitesammlungen besteht im Wesentlichen in der Verwendung des Schalters *HostHeaderWebApplication*.

Verwaltete Pfade

Für HNSC können ebenso verwaltete Pfade verwendet werden, wie für pfadbasierte Websitesammlungen. Zum Erstellen eines verwalteten Pfads für eine HNSC verwenden Sie folgenden Beispielbefehl.

```
New-SPManagedPath "abteilung" -HostHeader
```

Zum Erstellen eines expliziten Pfads fügen Sie einfach den Parameter *-explicit* hinzu.

Alternative Zugriffszuordnungen

Zum Zuweisen alternativer URLs verwenden Sie folgendes Beispielskript:

```
Set-SPSiteURL -Identity (Get-SPSite "http://kb.sincdemo.de") -Zone Internet -Url http://
support.sincdemo.de
```

HINWEIS Zum Verwalten der alternativen Zugriffszuordnungen für HNSC-Stammwebanwendungen wird demnach ein anderes Cmdlet verwendet, wie zur Verwaltung von regulären Webanwendungen. Sie können zudem lediglich alternative URLs für die Stammwebanwendungen, nicht jedoch für die Websitesammlungen in den verwalteten Pfaden definieren.

SSL-Integration

Für die Verwendung von SSL mit HNSC ist es erforderlich, dass Sie auf der zu den HNSC zugehörigen Webanwendung ein Platzhalterzertifikat bereitstellen, um Fehlermeldungen beim Anwender- oder Dienstzugriff zu vermeiden.

Sollten Sie SSL-Offloading in Kombination mit HNSC verwenden, sind zusätzlich die folgenden Aspekte von Bedeutung:

- **Standard-HTTP-Header** Der Reverseproxy muss den ursprünglichen HTTP-Header des Anwenders beibehalten
- **Benutzerdefinierter HTTP-Header** Zusätzlich dazu muss der Reverseproxy dazu in der Lage sein, der Anfrage einen benutzerdefinierten HTTP-Header hinzuzufügen (*Front-End-Https: On*). Dieser Header entspricht im Übrigen dem Header von Outlook Web Access.
- **Benutzerdefinierte HTTPS-Ports bei SSL-Offloading** Hinsichtlich der Verwendung angepasster TCP-Ports für die HTTPS-Verbindung ist es wichtig zu berücksichtigen, dass Sie bei der Verwendung eines angepassten Ports sowohl am Reverseproxy als auch am SharePoint-Server den gleichen Port verwenden, während die Verwendung des Standard-SSL-Ports am Reverseproxy (443) die Verwendung des Standard-HTTP-Ports an der SharePoint-Farm erfordert (80).

Best Practices

Für den Einsatz von hostbenannten Websitesammlungen empfehlen sich die in Tabelle 9.29 aufgeführten Anpassungen an den Standardwerten.

Tabelle 9.29 Empfehlungen für die Konfiguration von hostbenannten Websitesammlungen

	Best Practice
✓	Kombinieren Sie HNSC mit der Anforderungsverwaltungs-Funktionalität für mehr Stabilität und höhere Skalierbarkeit
✓	Vermeiden Sie die Verwendung von HNSC in Umgebungen mit hohen Isolationsanforderungen
✓	Verwenden Sie in der Regel nur eine Webanwendung, die Inhaltsdaten bereitstellt

Authentifizierungsanbieter

Die Konfiguration der Authentifizierungseinstellungen wird in Kapitel 12 detailliert behandelt. Für die Steuerung der Webanwendung weisen wir an dieser Stelle lediglich auf die Handhabung der sogenannten Clientintegration hin.

Bei der Konfiguration der Authentifizierungsanbieter gibt es die Möglichkeit, die Clientintegration zu aktivieren oder zu deaktivieren. Die Clientintegration steuert das Verhalten des Portals in Hinsicht auf das Zusammenspiel mit den Office-Anwendungen. Einige Konstellationen machen es erforderlich, die

Clientintegration zu deaktivieren, da Sie in nicht allen Konfigurationsszenarien unterstützt wird oder zu Problemen führt.

Bei deaktivierter Clientintegration ändert sich das Verhalten der Portalanwendung wie folgt:

- Links, die Clientanwendungen starten, sind nicht mehr sichtbar
- Dokumente werden ggf. im Browser und nicht mehr in der Clientanwendung geöffnet
- Anwender können ein Dokument nicht mehr direkt aus der Anwendung heraus im Portal öffnen, sondern müssen es zunächst herunterladen, dann bearbeiten und anschließend wieder manuell hochladen

Um die Clientintegration zu deaktivieren, gehen Sie wie folgt vor:

1. Öffnen Sie über die Zentralverwaltung die Seite zur Webanwendungsverwaltung.
2. Markieren Sie die gewünschte Webanwendung und klicken Sie im Menüband auf *Authentifizierungsanbieter.*
3. Wählen Sie eine zu konfigurierende Zone aus.
4. Wählen Sie im Abschnitt *Clientintegration* die Option *Nein* und klicken Sie auf *OK.*

Ressourcensteuerung

Die Ressourcensteuerung erlaubt es Ihnen, den Umgang mit großen Listen und das Serververhalten bei einer hohen Auslastung zu optimieren. Die Grundlagen zur Ressourcensteuerung werden in Kapitel 8 behandelt.

HINWEIS Die in SharePoint 2010 eingeführte HTTP-/BCS-Ressourcensteuerung wurde in SharePoint 2013 nicht relevant verändert.

HTTP-Anforderungsüberwachung steuern

Sie aktivieren die standardmäßig aktive HTTP-Anforderungsüberwachung auf Webanwendungsebene. Hierfür stehen Ihnen die Zentraladministration und die PowerShell zur Verfügung. Zur Aktivierung der HTTP-Anforderungsüberwachung mithilfe der Zentraladministration gehen Sie wie folgt vor:

1. In der Anwendungsverwaltung der Zentraladministration klicken Sie auf *Webanwendungen verwalten.*
2. Dort öffnen Sie in der Liste der verfügbaren Webanwendungen die gewünschte Webanwendung und klicken im Menüband auf die Symbolschaltfläche *Allgemeine Einstellungen.* Wählen Sie im Dropdownlistenfeld den Eintrag *Ressourcensteuerung* aus.
3. Im Abschnitt *HTTP-Anforderungsüberwachung und -steuerung* wählen Sie die Option *Ein.*
4. In der Oberfläche finden Sie zahlreiche weitere Einstellungen zur Ressourcenverwaltung (Abbildung 9.87). Ein wesentlicher Konfigurationsaspekt betrifft den Umgang mit umfangreichen Listen.

   Der Zugriff auf umfangreiche Listen hat negative Auswirkungen auf die Leistung eines Servers. Standardmäßig sind Schwellenwerte definiert, die die maximal zulässige Anzahl an Elementen steuert.

Abbildg. 9.87 Auszug der Ressourcensteuerungsoberfläche der Webanwendung

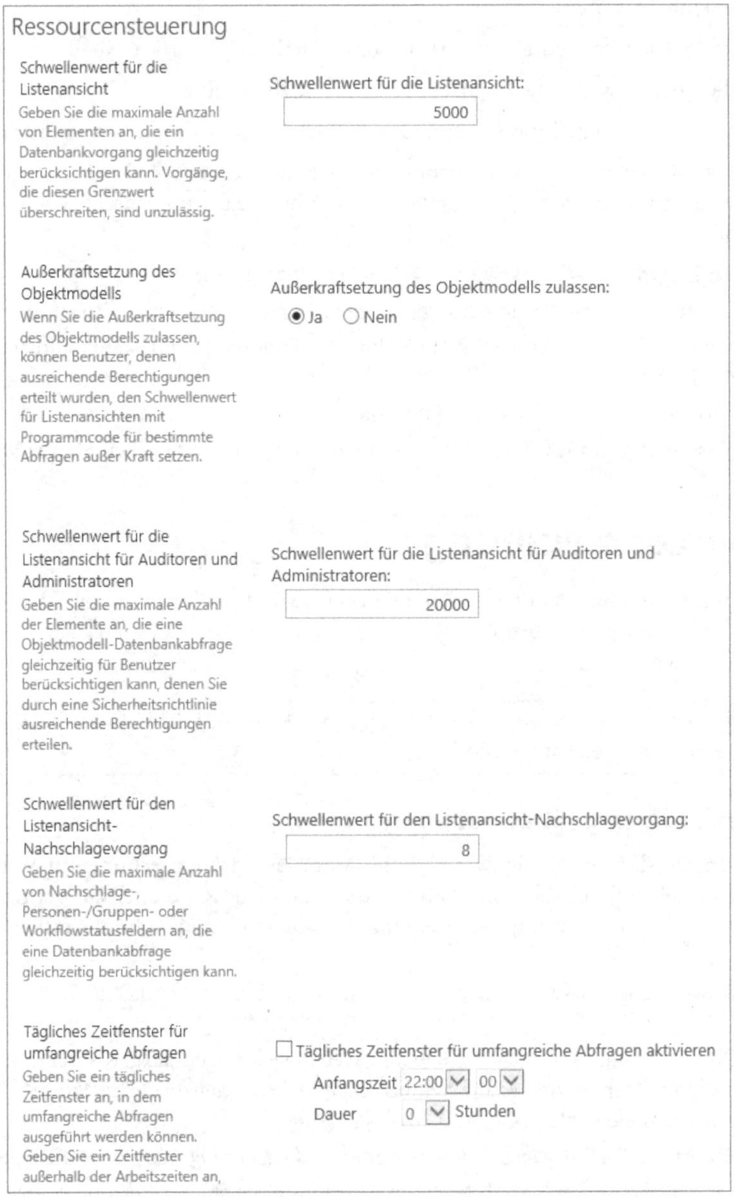

5. Der Wert *Schwellenwert für die Listenansicht* definiert die Obergrenze für reguläre Anwender, während der Schwellenwert für Auditoren und Administratoren lediglich für Zugriffe über das Objektmodell adressiert und daher 20.000 Elemente anstelle von standardmäßig 5.000 Elementen für Benutzerabfragen vorsieht.
6. Über die Außerkraftsetzung des Objektmodells können Anwender über programmatische Abfragen (bei parallelem Setzen des *RequestThrottleOverride*-Werts auf *true)* die Limitierung umgehen.

7. Im Abschnitt *Tägliches Zeitfenster für umfangreiche Abfragen* kann ein Zeitraum definiert werden, in dem die Limitierungen nicht gültig sind, um umfangreiche Aktivitäten speziell im BI-Umfeld zu Off-Peak-Zeiten zu gewähren.
8. Im Abschnitt *Änderungsprotokoll* wird ein weiterer wichtiger Aspekt konfiguriert: das Aufbewahrungszeitfenster der Änderungsprotokolle. Diese werden standardmäßig 60 Tage innerhalb der jeweiligen Inhaltsdatenbank verwahrt und können diese somit nicht unbeträchtlich beeinflussen.

Zur Aktivierung der HTTP-Anforderungsüberwachung mithilfe der PowerShell verwenden Sie die folgende Befehlszeile:

```
Enable-SPWebApplicationHttpThrottling –Identity [URL der Webanwendung]
```

Zur Deaktivierung der HTTP-Anforderungsüberwachung mithilfe der PowerShell verwenden Sie die folgende Befehlszeile:

```
Disable-SPWebApplicationHttpThrottling –Identity [URL der Webanwendung]
```

Um die Konfiguration der Überwachungsmonitore auszulesen, verwenden Sie das Beispielskript aus Listing 9.28 oder das Cmdlet *Get-SPWebApplicationHttpThrottlingMonitor*.

Listing 9.28 Auslesen der HTTP-Ressourcensteuerung

```
$rs = (Get-SPWebApplication https://portal.sincdemo.de).httpthrottlesettings
$rs
```

Zum Auslesen eines Monitors fügen Sie an das letzte Skript die folgende Zeile an:

```
$rs.PerformanceMonitors
```

Um das Bewertungssystem für den Arbeitsspeicher detailliert auszulesen, führen Sie das folgende Skript aus (Listing 9.29).

Listing 9.29 Auslesen des Bewertungssystems eines Monitors

```
$rs = (Get-SPWebApplication https://portal.sincdemo.de).httpthrottlesettings
$mon = $rs.PerformanceMonitors | where {$_.Category -match "Memory"}
$mon.AssociatedHealthScoreCalculator.GetScoreBuckets()
```

ONLINE Sie finden das Beispielskript unter dem Namen *LeseMonitor.ps1* innerhalb der Beispieldateien zum Buch.

In diesem Beispielskript wird der Arbeitsspeichermonitor ausgelesen. Übersetzt bedeutet die Ausgabe Folgendes: die Ressourcensteuerung verwendet ein Bewertungssystem, das gewissen Zuständen Punkte zuordnet. Dabei wird hier zwischen zehn Stufen unterschieden. Die negativste Stufe (20, gleichbedeutend mit weniger als 20 MB freier Arbeitsspeicher) bedeutet 10 Punkte. Die oberste Zeile (1000) bedeutet, dass der Zustand des überwachten Arbeitsspeichers nahezu perfekt ist und in Konsequenz wird nur ein Punkt zugeordnet. Oberhalb dieses Werts wird kein Punkt erteilt.

Zum Ändern des Schemas verwenden Sie das Beispielskript aus Listing 9.30.

Listing 9.30 Definieren eines Monitors

```
$rs = (Get-SPWebApplication http://portal8.contoso.com).httpthrottlesettings
$mon = $rs.PerformanceMonitors | where {$_.Category -match "Memory"}
$mon.AssociatedHealthScoreCalculator.SetScoreBuckets( @( 1500.0, 1200.0, 1000.0, 500.0,
400.0, 300.0, 200.0, 100.0, 75.0, 50.0) )
$rs.Update()
```

ONLINE Sie finden das Beispielskript unter dem Namen *SetzeMonitor.ps1* innerhalb der Beispieldateien zum Buch.

In diesem Beispiel wurde der Monitor strenger eingestellt und der Server erhält bereits Punkte auf der Bewertungsskala, sobald er weniger als 1.500 MB freien Arbeitsspeicher aufweist.

BCS-Anforderungsüberwachung

Neben der Überwachung der HTTP-Anforderungen werden auch BCS-Anfragen überwacht und gedrosselt. Dies ist wichtig, da externe Systeme andernfalls durch zu umfangreiche und lange Datenabfragen auch einen gezielten DoS-Angriff initiieren könnten. Die Steuerung der BCS-Anforderungsüberwachung obliegt dem Serverfarmadministrator. Als Werkzeug steht Ihnen hier die PowerShell zur Verfügung. Um die bestehenden Überwachungseinstellungen für Elemente auf Datenbankebene einzusehen, verwenden Sie beispielsweise das PowerShell-Skript aus Listing 9.31.

Listing 9.31 Einsehen der BCS-Anforderungsüberwachungsparameter für Elemente auf Datenbankebene

```
$bdcProxy = Get-SPServiceApplicationProxy | where {$_.GetType().FullName –eq
('Microsoft.SharePoint.BusinessData.SharedService.' + 'BdcServiceApplicationProxy')}
Get-SPBusinessDataCatalogThrottleConfig -Scope Database -ThrottleType Items
-ServiceApplicationProxy $bdcProxy
```

ONLINE Sie finden das Beispielskript unter dem Namen *LeseBDCMonitor.ps1* innerhalb der Begleitdateien zum Buch.

Anhand des Ergebnisses einer solchen Abfrage lässt sich leicht die Steuerungsmöglichkeit absehen (Abbildung 9.88). Somit können Sie durch die Anpassung der Parameter *ThrottleType* und *Scope* die verschiedenen Überwachungsregeln einsehen.

Abbildg. 9.88 Standard-BCS-Anforderungsüberwachungsparameter für Elemente auf Datenbankebene

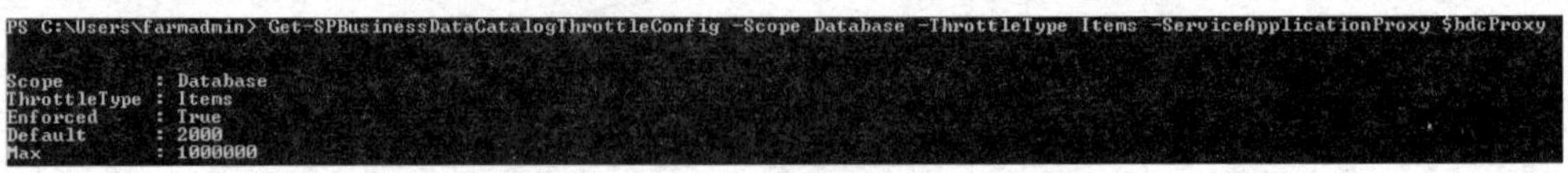

Die Parameter *Scope* (Tabelle 9.30) und *ThrottleType* (Tabelle 9.31) beschreiben die Regel, mit der Sie arbeiten. Verfügbare Werte für diese Parameter lauten wie folgt:

Tabelle 9.30 *Scope*-Werte

Scope	Bedeutung
Global	Wird auf allen Ebenen angewandt (nicht auf *Custom*)
Database	Anwendung auf Datenbankebene
WebService	Anwendung auf Webdienstebene
WCF	Anwendung auf WCF-Ebene
Custom	Anwendung auf einer benutzerdefinierten Ebene

Tabelle 9.31 *ThrottleType*-Werte

ThrottleType	Bedeutung
Items	Anzahl der zurückgegebenen Elemente
Size	Wiederzugebende Datenmenge in Byte
Connections	Anzahl der geöffneten Verbindungen
Timeout	Zeit bis zur Schließung einer geöffneten Sitzung in Millisekunden

In der Übersicht existieren standardmäßig die Anforderungsüberwachungsregeln aus Tabelle 9.32.

Tabelle 9.32 Übersicht der BCS-Standardanforderungsüberwachungsregeln

Bereich	Global	Database	WebService	WCF
Items		✓		
Size			✓	✓
Connections	✓			
Timeout		✓		✓

Zum Anpassen der vorhandenen Regeln steht Ihnen das Cmdlet *Set-SPBusinessDataCatalogThrottleConfig* zur Verfügung. Um beispielsweise die im letzten Beispiel (Listing 9.31) verwendeten Standardwerte von 2.000 auf 3.000 Elemente abzuändern, verwenden Sie das PowerShell-Skript aus Listing 9.32.

Listing 9.32 Anpassung der BCS-Anforderungsüberwachungswerte

```
$bdcProxy = Get-SPServiceApplicationProxy | where {$_.GetType().FullName –eq
('Microsoft.SharePoint.BusinessData.SharedService.' + 'BdcServiceApplicationProxy')}
$dbRule = Get-SPBusinessDataCatalogThrottleConfig -Scope Database -ThrottleType Items
-ServiceApplicationProxy $bdcProxy
Set-SPBusinessDataCatalogThrottleConfig -Identity $dbRule -Maximum 1000000 -Default 3000
```

ONLINE Sie finden das Beispielskript unter dem Namen *SetzeBDCMonitor.ps1* innerhalb der Begleitdateien zum Buch.

Beachten Sie, dass der Wert *Default* für externe Listen angewandt wird. Benutzerdefinierte Webparts können den Wert *Default* umgehen und werden daher durch den Wert *Maximum* begrenzt.

Um beispielsweise die bestehende Regel zu deaktivieren, ersetzen Sie die letzte Zeile des Skripts durch die folgende Zeile:

```
Set-SPBusinessDataCatalogThrottleConfig -Identity $dbRule -Enforced:$false
```

Cache verwalten

Nachdem Sie in Kapitel 6 eine Anleitung zum Aktivieren des BLOB-Caches erhalten haben, erfahren Sie in diesem Abschnitt weitere Informationen zum Verwalten dieses und weiterer Caches. Der Remote-BLOB-Speicher wird in Kapitel 16 behandelt.

HINWEIS Die Verwaltung der bisherigen Caches hat sich in SharePoint 2013 zur Vorgängerversion nicht relevant verändert. Neu ist jedoch der anonyme Suchergebniscache, welcher speziell für das neue Konzept in den Veröffentlichungsseiten herangezogen wird. Mehr dazu lesen Sie in Kapitel 11.

Seitenausgabecache

Profileinstellungen des Caches können auf der Websitesammlungsebene oder auf der Webanwendungsebene konfiguriert werden. Damit die Profile für den Seitenausgabecache auf einer dieser beiden Ebenen konfiguriert werden können, muss dieser auf der Websitesammlungsebene aktiviert werden. Sofern Sie jedoch die Seitenausgabecacheprofile auf der Webanwendungsebene aktivieren, werden die in der Datei *web.config* angegebenen Einstellungen für sämtliche Seitenausgabecacheprofile verwendet. Werte, die möglicherweise auf der Benutzeroberfläche der Websitesammlungsebene eingegeben wurden, werden hierdurch außer Kraft gesetzt.

HINWEIS Sie können den Seitenausgabecache und die zugehörigen Profileinstellungen nur für Websites verwenden, die das Veröffentlichungsfeature nutzen.

Gehen Sie wie folgt vor, um das Cacheprofil für eine Webanwendung über die *web.config*-Datei zu konfigurieren:

1. Öffnen Sie den IIS-Manager, navigieren Sie zur entsprechenden Webanwendung und klicken Sie in der rechten Leiste *Aktionen* auf *Im Explorer öffnen*.

WICHTIG Bevor Sie Änderungen an der Datei *web.config* vornehmen, sollten Sie unbedingt zuvor eine Kopie der aktuellen *web.config*-Datei erstellen. Im Fall eines Fehlers können Sie somit problemlos die Originaldatei wiederherstellen, um die Betriebskontinuität zu gewährleisten.

2. Öffnen Sie die *web.config*-Datei mit dem Windows-Editor.
3. Suchen Sie im Editor in der Datei *web.config* die folgende Zeile: *<OutputCacheProfiles useCacheProfileOverrides="false"*.
4. Ändern Sie das Attribut *useCacheProfileOverrides* von *false* in *true*, um das Cacheprofil auf der Webanwendungsebene zu aktivieren.
5. Die möglichen Werte für die Attribute *varyByHeader*, *varyByParam* und *varyByCustom* finden Sie, indem Sie in MSDN (unter *http://msdn.microsoft.com* [Ms156-K09-06]) nach *HttpCachePolicy.[Attributname]* suchen.

6. Durch das Ändern des Werts für das Attribut *varyByRights* von *true* in *false* heben Sie die Anforderung auf, dass Benutzer identische effektive Berechtigungen für alle sicherungsfähigen Objekte benötigen, um dieselbe zwischengespeicherte Seite wie andere Benutzer anzeigen zu können.
7. Durch das Ändern des Werts für das Attribut *cacheForEditRights* von *false* in *true* umgehen Sie das Standardverhalten, wonach Seiten von Benutzern mit Bearbeitungsberechtigungen zwischengespeichert werden.
8. Speichern Sie die *web.config*-Datei und schließen Sie sie.

WICHTIG Beim Speichern einer Änderung in der *web.config*-Datei wird die Webanwendung umgehend automatisch aktualisiert. Dadurch werden die Dienste für die Websites der betreffenden Webanwendung möglicherweise kurzzeitig unterbrochen und der Sitzungsstatus der Benutzer geht verloren.

Zur Konfiguration der Cacheprofile über die Websitesammlungsverwaltung gehen Sie wie folgt vor:

1. Öffnen Sie die Websitesammlungseinstellungen in der jeweiligen Websitesammlung und klicken Sie im Abschnitt *Websitesammlungsverwaltung* auf *Ausgabecache der Websitesammlung*.

HINWEIS Sollten Sie an dieser Stelle keine Optionen zur Websitesammlungscacheverwaltung vorfinden, ist für die betroffene Websitesammlung das Veröffentlichungsfeature nicht aktiviert.

2. Aktivieren Sie den Ausgabecache durch die Aktivierung des Kontrollkästchens im Abschnitt *Ausgabecache* (Abbildung 9.89).

Abbildg. 9.89 Ausgabecache konfigurieren

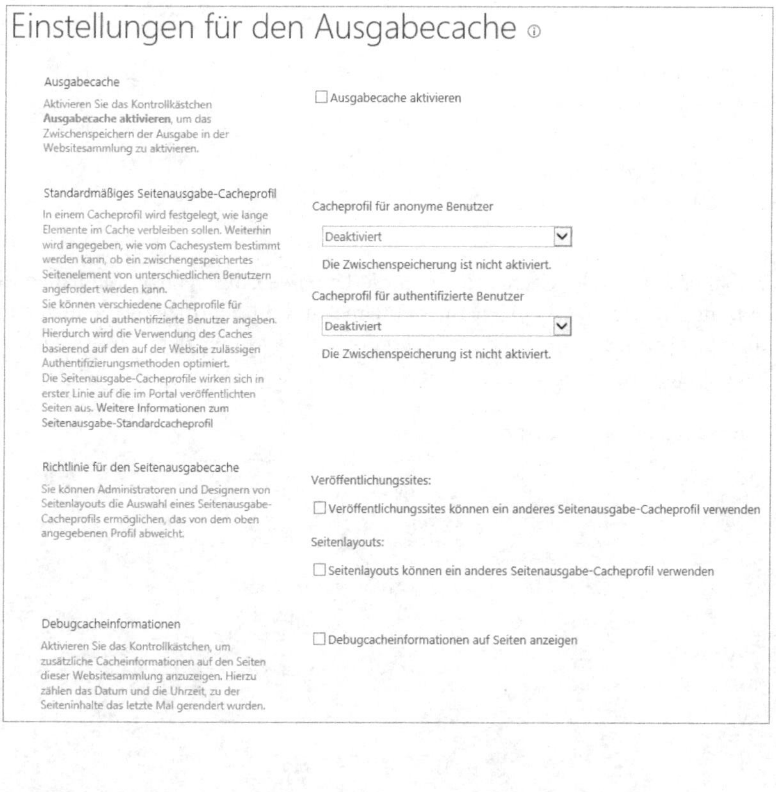

3. Wählen Sie im Abschnitt *Standardmäßiges Seitenausgabe-Cacheprofil* jeweils ein Cacheprofil für anonyme und für authentifizierte Benutzer aus. Für anonyme Benutzer steht Ihnen ein viertes Cacheprofil, *Öffentliches Internet (vollständig anonym)*, zur Verfügung.

HINWEIS Sie können die Cacheprofile und deren genauen Parameter einsehen, indem Sie in der Websitesammlungsverwaltung im Abschnitt *Websitesammlungsverwaltung* auf *Cacheprofile der Websitesammlung* klicken und eines der dort angeführten Cacheprofile zur Bearbeitung öffnen.

4. Klicken Sie auf *OK*, um die Einstellungen zu übernehmen.

Die verfügbaren Cacheprofile können Sie in den Websitesammlungseinstellungen unter *Cacheprofile für die Websitesammlung* einsehen (Abbildung 9.90) und ggf. eigene Cacheprofile definieren.

Abbildg. 9.90 Vordefiniertes Beispiel für ein Cacheprofil

Titel	Öffentliches Internet (vollständig anonym)
Anzeigename	
Anzeigebeschreibung	Optimiert für im Internet veröffentlichte Websites oder Bereiche, die allen Benutzern dieselben Inhalte zur Verfügung stellen sollen. Es erfolgt keine Authentifizierung, und jeder Benutzer, der eine Seite anfordert, erhält denselben Inhalt.
ACL-Überprüfung ausführen	Nein
Aktiviert	Ja
Dauer	180
Auf Änderungen überprüfen	Nein
Benutzerdefinierte Parameter verschieden	Browser
Unterscheidung nach HTTP-Headern	
Unterscheidung nach Abfragezeichenfolgeparametern	
Unterscheidung nach Benutzerrechten	
Cachefähigkeit	ServerAndPrivate
Sicher für authentifizierte Verwendung	Nein
Schreibern erlauben, zwischengespeicherten Inhalt anzuzeigen	

Standardmäßig werden die Cacheprofile an die Unterwebsites vererbt. Sie haben die Möglichkeit, die Vererbung und das Cacheprofil für anonyme und authentifizierte Benutzer in den Websitesammlungseinstellungen im Abschnitt *Websiteverwaltung* unter dem Link *Websiteausgabecache* zu verwalten (Abbildung 9.91).

Abbildg. 9.91 Vererbungssteuerung der Cacheprofile

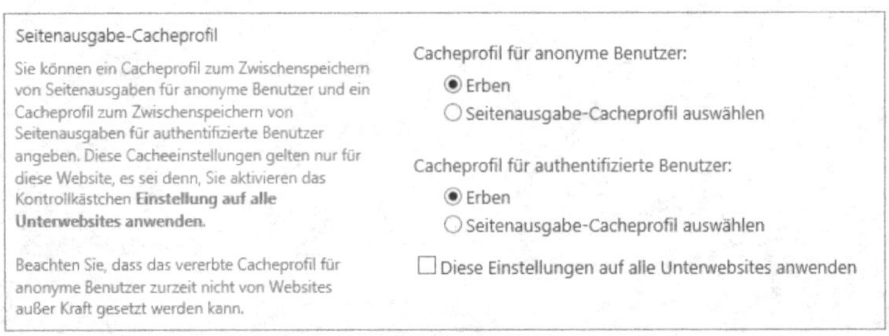

Objektcacheeinstellungen konfigurieren

Der Objektcache ist standardmäßig aktiviert. Seine Einstellungen können auf der Websitesammlungsebene konfiguriert werden. Die maximale Cachegröße wird dagegen auf der Ebene der Webanwendung (auf dem Web-Front-End-Server) konfiguriert. Dadurch wird der maximale Arbeitsspeicher, der dem Cache für alle Websitesammlungen zur Verfügung steht, beschränkt. Beispielsweise kann der Objektcache für einzelne Websitesammlungen auf 100 MB beschränkt werden, für die Webanwendung dagegen auf 1 GB. In diesem Fall steht allen Caches auf dem Server ein Arbeitsspeicher von maximal 1 GB zur Verfügung.

HINWEIS Zur Verwendung des Objektcaches müssen Sie für die betreffende Website das Veröffentlichungsfeature nutzen und die beiden Konten *PortalSuperUser* und *PortalSuperReader* gemäß der Beschreibung in Kapitel 6 eingerichtet haben.

Zur Verwaltung des Objektcaches auf Webanwendungsebene gehen Sie wie folgt vor:

WICHTIG Bevor Sie Änderungen an der *web.config*-Datei vornehmen, sollten Sie unbedingt zuvor eine Kopie der aktuellen *web.config*-Datei erstellen. Im Fall eines Fehlers können Sie somit problemlos die Originaldatei wiederherstellen, um die Betriebskontinuität zu gewährleisten.

1. Öffnen Sie den IIS-Manager.
2. Navigieren Sie zur entsprechenden Webanwendung und klicken Sie in der *Aktionen*-Leiste (rechts im Fenster) auf *Im Explorer öffnen.*
3. Öffnen Sie die *web.config*-Datei mit dem Windows-Editor.
4. Suchen Sie im Editor in der Datei *web.config* die Zeile *<ObjectCache maxSize="100" />* und ändern Sie den Wert für *maxSize* entsprechend. Die Größe wird hierbei in MB angegeben. Der Standardwert beträgt 100 MB.
5. Speichern und schließen Sie die *web.config*-Datei.

WICHTIG Beim Speichern einer Änderung in der *web.config*-Datei wird die Webanwendung umgehend automatisch aktualisiert. Dadurch werden die Dienste für die Websites der betreffenden Webanwendung möglicherweise kurzzeitig unterbrochen und der Sitzungsstatus der Benutzer geht verloren.

Um den Objektcachespeicher auf Websitesammlungsebene zu konfigurieren, öffnen Sie die Websiteeinstellungen der entsprechenden Websitesammlungsverwaltung und klicken im Abschnitt *Websitesammlungsverwaltung* auf *Objektcache der Websitesammlung*. An dieser Stelle finden Sie die zentralen Funktionen zur Objektcacheverwaltung vor (Abbildung 9.92).

Abbildg. 9.92 Objektcacheverwaltung in den Websitesammlungseinstellungen

BLOB-Cachespeicher freigeben

In einigen Situationen kann es erforderlich werden, den vom Veröffentlichungs-BLOB-Cache verwendeten Speicher wieder freizugeben. Beispielsweise kommt es bei einem zu vollen Cache durch einen Zeitgeberauftrag zu einer Warnmeldung, die auf einen zu vollen Cache hinweist, woraufhin automatisch ein Prozess zum Verkleinern des Caches durch Komprimierung initiiert wird. Dies ist ein potenziell sehr ressourcenintensiver Prozess, der auf den Web-Front-End-Servern aktiv ist.

Führen Sie nachfolgendes Skript aus, um den Veröffentlichungs-BLOB-Cache wieder freizugeben (Listing 9.33).

Listing 9.33 Bereinigung des BLOB-Caches

```
$webApp = Get-SPWebApplication "https://portal.sincdemo.de"
[Microsoft.SharePoint.Publishing.PublishingCache]::FlushBlobCache($webApp)
```

Alternativ können Sie den Objektcachespeicher als Websitesammlungsadministrator bereinigen, indem Sie in den jeweiligen Websitesammlungseinstellungen im Abschnitt *Websitesammlungsverwaltung* auf *Objektcache der Websitesammlung* klicken und im Abschnitt *Zurücksetzen des Objektcaches* alle Kontrollkästchen aktivieren und auf *OK* klicken.

Verwaltete Pfade verwalten

Um Websitesammlungen nicht direkt unter dem Stammverzeichnis oder der Standardplatzhalterinklusion *websites* einrichten zu müssen, können Sie weitere verwaltete Pfade definieren. Dabei wird zwischen zwei Typen von verwalteten Pfaden unterschieden:

- **Ausdrückliche Inklusion** Die ausdrückliche Inklusion erzeugt eine Websitesammlung mit der von Ihnen angegebenen, expliziten Internetadresse. Eine ausdrückliche Inklusion wird nur für eine Websitesammlung verwendet. Eine Beispiel-URL für eine Websitesammlung, die mit dieser Methode erstellt wurde, ist *http://portal.sincdemo.de/it.*

HINWEIS Aktuell werden von Microsoft für SharePoint 2013 nur 20 dieser Inklusionen unterstützt, anlegen können Sie diese jedoch auch über diese Grenze hinaus. Bei exzessiverem Gebrauch weichen Sie bitte auf die Verwendung der Platzhalterinklusion aus. Weitere Informationen hierzu finden Sie in Kapitel 3.

- **Platzhalterinklusion** Platzhalterinklusionen ergänzen den Pfad Ihrer darunterliegenden Websitesammlungen. Dieser Pfad gibt an, dass alle Websites, die unmittelbar nach dem Pfadnamen angegeben werden, eindeutige Websitesammlungen sind. Diese Option wird in der Regel zur Unterstützung von Self-Service Sitemanagement wie *Meine Website* oder für Websites verwendet, die für die Zusammenarbeit mit Partnern erstellt wurden. Eine Beispiel-URL für Websitesammlungen, die mit dieser Methode erstellt wurde, ist *http://portal.sincdemo.de/Projekte/Projekt1*. Dabei steht *http://portal.sincdemo.de* für die Websitesammlung auf Stammebene und */Projekte* für die Platzhalterinklusion, unterhalb derer Sie neue Websitesammlungen anlegen können.

Verwaltet werden verwaltete Pfade auf Webanwendungsebene. Zum Anlegen von verwalteten Pfaden gehen Sie wie folgt vor:

1. Öffnen Sie die Einstiegsseite der Zentraladministration und klicken Sie unter *Anwendungsverwaltung* auf *Webanwendungen verwalten*.
2. Wählen Sie nun die entsprechende Webanwendung aus und klicken Sie im Menüband auf *Verwaltete Pfade*.
3. Geben Sie im Feld *Pfad* einen entsprechenden Pfad ein und klicken Sie zunächst auf *URL überprüfen*, um sicherzustellen, dass dieser Pfad noch verfügbar ist (Abbildung 9.93).

Abbildg. 9.93 Definition von verwalteten Pfaden

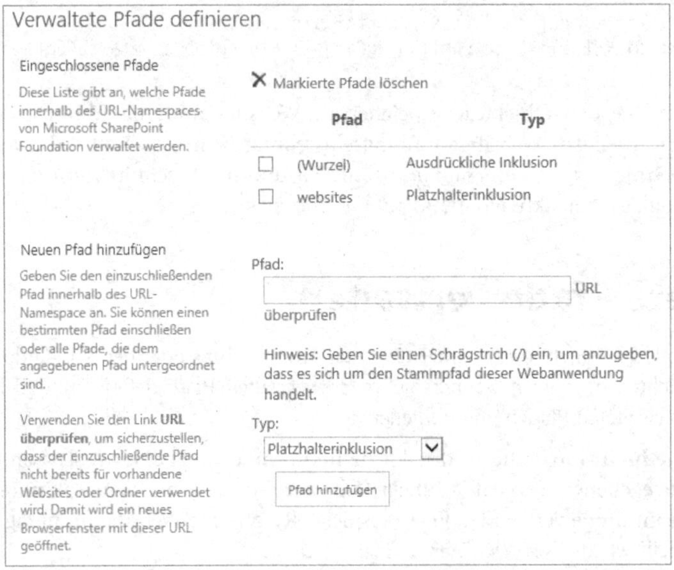

4. Wählen Sie den entsprechenden Inklusionstyp im Dropdownlistenfeld *Typ* aus und klicken Sie auf *Pfad hinzufügen*.

Um einen verwalteten Pfad mit Platzhalterinklusion mithilfe der PowerShell anzulegen, verwenden Sie folgenden Befehl:

```
New-SPManagedPath "Projekte" -WebApplication "http://portal.sincdemo.de"
```

Um den gleichen Pfad als ausdrückliche Inklusion anzulegen, fügen Sie den Parameter *-Explicit* hinzu. Durch das Weglassen dieses Parameters wird automatisch die Platzhalterinklusion angewandt. Durch das Hinzufügen des Parameters *-Hostheader* wird der verwaltete Pfad für alle auf einem Hostheader basierenden Websitesammlungen angewandt.

Webanwendungspoolzuordnung konfigurieren

Während die Konfiguration der Anwendungspoolidentität vergleichsweise einfach zu realisieren ist, verlangt Ihnen die Änderung der Zuordnung einer Webanwendung zu einem Anwendungspool deutlich mehr ab. Für diese Einstellungen gibt es keine grafische Oberfläche.

Im nachfolgenden Beispiel wird davon ausgegangen, dass Sie die Webanwendung einem bestehenden alternativen Anwendungspool zuordnen. Grundsätzlich könnten Sie auch einen neuen Pool verwenden, der jedoch zunächst angelegt werden müsste. Für die Zuordnung auf einen alternativen Webanwendungspool rufen Sie das in Listing 9.34 dargestellte PowerShell-Skript auf.

HINWEIS Durch die nachfolgenden Änderungen kommt es zu einer kurzen Unterbrechung beim Zugriff auf die SharePoint-Plattform. Führen Sie diese Änderungen daher außerhalb der Kernbetriebszeiten aus.

Listing 9.34 Änderung der Zuordnung einer Webanwendung zu einem alternativen Webanwendungspool

```
$ZielAppPool = (Get-SPWebApplication [URL der Webanwendung]).ApplicationPool
$webApp = Get-SPWebApplication [URL der zu ändernden Webanwendung]
$webApp.ApplicationPool = $ZielAppPool
$webApp.ProvisionGlobally()
$webApp.Update()
```

TIPP Nach der erneuten Bereitstellung der Webanwendung prüfen Sie unbedingt den Zugriff auf die soeben modifizierte Webanwendung. Sollten Sie Probleme beim Zugriff haben, entfernen Sie zunächst die zugehörigen Inhaltsdatenbanken (z.B. mithilfe von *Dismount-SPContentDatabase*) und fügen Sie die Datenbanken unmittelbar darauf wieder an (z.B. mithilfe von *Mount-SPContentDatabase*).

Infrastrukturkonfiguration

In diesem Abschnitt werden einige zentrale Verwaltungsoperationen mit einem Infrastrukturbezug eingehender behandelt.

Alternative Zugriffszuordnungen (AAM)

Ein nach wie vor verkannter Aspekt bei der Konfiguration von SharePoint 2013 ist die Verwaltung der alternativen Zugriffszuordnungen (Alternate Access Mapping, AAM).

HINWEIS Die Funktionsweise und Anwendung von AAMs hat sich in SharePoint 2013 gegenüber SharePoint 2010 nicht geändert. Allerdings sind durch neue Komponenten wie die Apps und eine ggf. geänderte logische Architektur neue Detailaspekte hinzugekommen, die im jeweiligen Abschnitt weitere Erwähnung finden.

Auf die Verwendung von externen Ressourcenzuordnungen für AAMs wird in Kapitel 11 eingegangen.

Grundlagen

Alternative Zugriffszuordnungen ermöglichen die Zuordnung von URLs zu Webanwendungen, sodass der Anwender zu der korrekten Website gelangt. Allerdings stellt sich dabei die Frage, warum nicht einfach die IIS-Funktionalität zum Zuordnen der Links zu den Webanwendungen herangezogen wird. Der IIS empfängt HTTP-Get-Anfragen und kann diese anhand des Hostheaders, der IP-Adresse und des Ports der korrekten Website zuordnen. Dies reicht jedoch leider nicht aus, um die realen Probleme beim Zugriff auf SharePoint zu beseitigen. Der Grund hierfür wird deutlich, wenn man einen Blick auf das etwas komplizierte, jedoch alltägliche Szenario einer SharePoint-Veröffentlichung wirft.

Sobald das SharePoint-System nicht direkt vom Client, sondern über einen Reverseproxyserver oder einen Lastenausgleich angesprochen wird, gibt es die Besonderheit, dass der Client in seinem Browser eine andere URL eingibt, als die URL, die tatsächlich beim SharePoint-System ankommt. In diesem Fall ermöglichen die AAMs es SharePoint 2013, die korrekten URLs zurückzuliefern (Abbildung 9.94).

Abbildg. 9.94 Extranet-Zugriffsszenario und AAMs

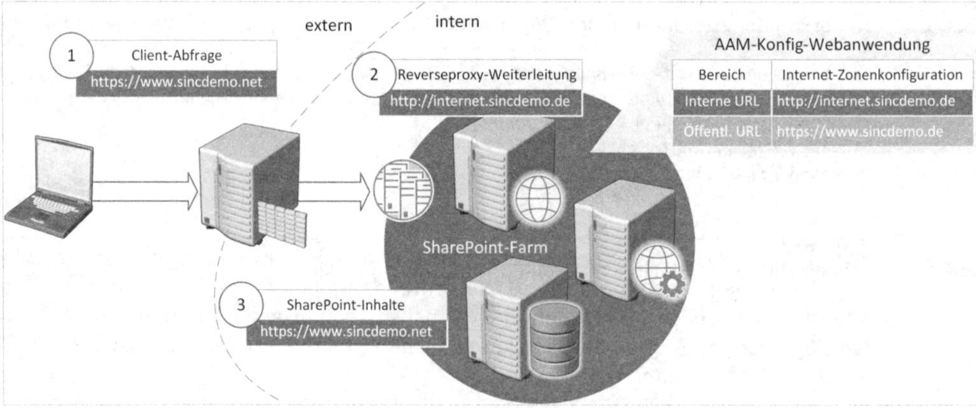

Ein weiterer Aspekt in der Diskussion um die Notwendigkeit von AAMs ist die in Reverseproxy- und Lastenausgleichssystemen enthaltene Linkübersetzungsfunktion. Die in diesen Systemen enthaltene Funktion der Linkübersetzung sollte die AAM-Funktionalität überflüssig machen, da sie das Problem der veränderten Links adressiert.

In SharePoint 2013 werden die URLs jedoch an vielen Stellen und mit mehreren verschiedenen Codierungen eingebettet. Reverseproxyserver sind nicht weit genug entwickelt, um alle diese URLs zu suchen und zu reparieren. Zudem sind in SharePoint 2013 Funktionen vorhanden, die keine Reverseproxyserver-Veröffentlichungsregeln durchlaufen, wie beispielsweise E-Mail-Benachrichtigungen. Nur wenn Sie alternative Zugriffszuordnungen verwenden, können Sie sicherstellen, dass auch die Links in Ihren E-Mail-Benachrichtigungen die richtigen URLs für Ihre Benutzer verwenden.

Zur Verwendung in den AAM stehen Ihnen fünf Zonen zur Verfügung. In den in diesem Buch angeführten Beispielen wird zumeist die Zone *Internet* verwendet. Sie können ebenso eine der anderen Zonen verwenden. Dabei hat die Zone *Standard* eine Sonderstellung.

HINWEIS Beachten Sie bitte zusätzlich die in Kapitel 11 beschriebenen Auswirkungen der Zonenwahl auf den Durchforstungsprozess. Unabhängig davon sollte erwähnt werden, dass eine fehlerhafte AAM-Konfiguration auch dazu führt, dass die Suchverfeinerung der Suchergebnisseite nicht wie erwartet funktionieren bzw. nicht korrekte Zonenbezeichner verwenden können.

Die Funktionsweise der alternativen Zugriffszuordnungen wird an einem Einrichtungsbeispiel veranschaulicht.

Alternative Zugriffszuordnungen einrichten

Die Logik bei der Einrichtung von AAM lässt sich vereinfacht darauf reduzieren, dass Sie für alle Namen, unter denen auf Ihre SharePoint-Umgebung zugegriffen wird, eine dazu passende Zuordnung definieren.

In diesem Beispiel gehen wir am Rande auf die außerhalb von SharePoint 2013 stattfindende Konfiguration ein. Die eigentliche Konfigurationsanweisung wird jedoch auf den Teil der AAM-Anpassung reduziert. Weiterführende Informationen zur Einrichtung der außerhalb der AAM-Konfiguration liegenden Einstellungen finden Sie in Kapitel 13.

Das Beispielszenario zur Einrichtung der alternativen Zugriffszuordnungen sieht vor, dass Clients über das Internet SSL-gesichert durch Verwendung der URL *https://www.sincdemo.net* mithilfe eines Reverseproxyservers auf die SharePoint-Umgebung zugreifen. Der Reverseproxyserver leitet die Anfragen unter Verwendung der URL *http://internet.sincdemo.de* an die internen SharePoint-Server weiter (Abbildung 9.94). Dabei wird die Webanwendung intern unter der Verwendung der URL *http://portal.sincdemo.de* angesprochen. Demnach wurde die Webanwendung unter Verwendung der öffentlichen URL *http://portal.sincdemo.de* angelegt.

In diesem Beispielszenario ergeben sich die folgenden Notwendigkeiten zur erfolgreichen Einrichtung von AAMs (Tabelle 9.33).

Tabelle 9.33 Arbeitsschritte für die Einrichtung des Zugriffs in einem klassischen Reverseproxyszenario

Konfigurations-schnittstelle	Konfigurationsschritt
AAM	Einrichten einer öffentlichen URL *https://www.sincdemo.de* für die Zone *Internet* der Zielwebanwendung
AAM	Hinzufügen einer internen URL *http://internet.sincdemo.de* für die Zone *Internet*
IIS	Hinzufügen der IIS-Bindung *http:// internet.sincdemo.de*, Port 80, auf allen Web-Front-End-Servern der Farm auf der entsprechenden Webanwendung
Reverseproxy	Angabe der externen Lokation für die Regel *www.sincdemo.de*
Reverseproxy	Angabe der internen Lokation für die Regel *internet.sincdemo.de*

Die Grafik in Abbildung 9.95 gibt Ihnen eine Übersicht des Gesamtszenarios und der zugehörigen Kommunikation.

Abbildg. 9.95 AAM-Einrichtungsszenario

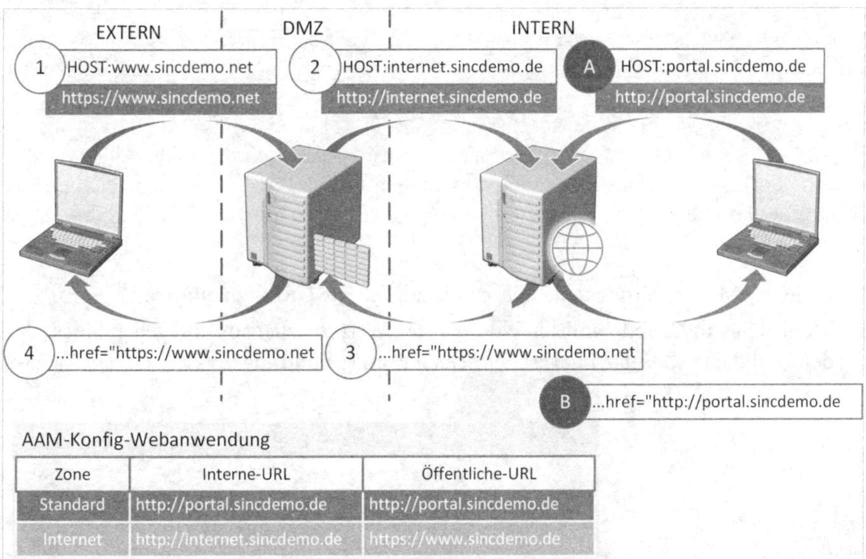

HINWEIS Ein häufig vorzufindendes Missverständnis an dieser Stelle ist die Umleitung der Reverseproxyanfragen an eine von der Standard-URL abweichende URL: Sobald von außen eine andere URL verwendet wird als intern und parallel intern über die Standard-URL zugegriffen wird, kann SharePoint nicht mehr zwischen intern und extern differenzieren. Ohne Differenzierung erhält jedoch eine der beiden Parteien zwangsläufig fehlerhafte URLs. Daher muss für die externen Zugriffe eine dedizierte AAM-Zone verwendet werden, was in diesem Beispiel entsprechend die Zone *Internet* darstellt.

Die Detailschritte für die AAM-seitige Konfiguration in diesem Szenario sind folgende:

1. Auf der Einstiegsseite der Zentraladministration klicken Sie im Abschnitt *Systemeinstellungen* auf *Alternative Zugriffszuordnungen konfigurieren.*
2. Stellen Sie sicher, dass im Dropdownlistenfeld *Alternative Zugriffszuordnungssammlung* die gewünschte Webanwendung ausgewählt ist, und klicken Sie auf *Öffentliche URLs bearbeiten.*
3. Fügen Sie im Eingabefeld *Internet* die URL *https://www.sincdemo.net* hinzu (parallel ist in diesem Beispiel die Standard-URL *http://portalsincdemo.de*) und übernehmen Sie die Einstellungen (Abbildung 9.96).

Abbildg. 9.96 Öffentliche URLs einrichten

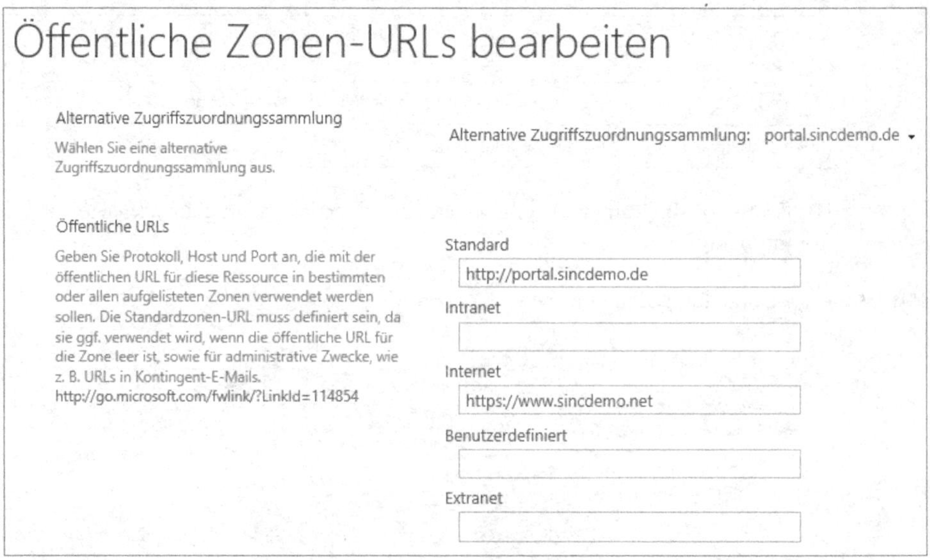

4. In der AAM-Verwaltungsseite klicken Sie auf *Interne URLs hinzufügen.*
5. Wählen Sie im Dropdownlistenfeld *Zone* den Wert *Internet* aus und geben Sie im darüberliegenden Feld die URL *http://internet.sincdemo.net* an (Abbildung 9.97).

Abbildg. 9.97 Interne URLs konfigurieren

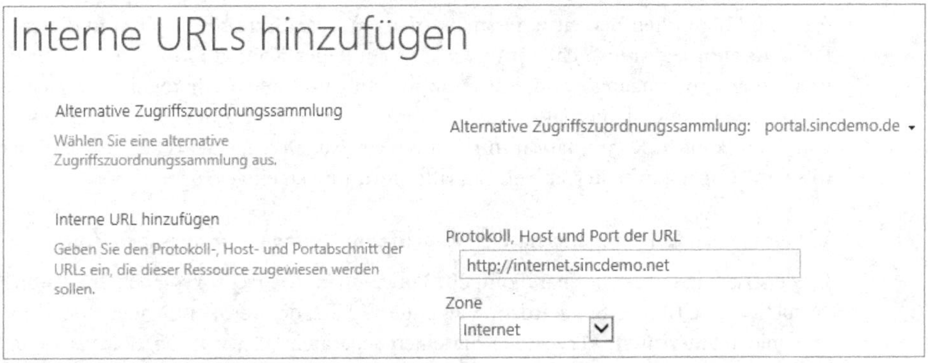

6. Stellen Sie sicher, dass in den Bindungseinstellungen der Webanwendung (*Internet Information Server (IIS)-Manager-Konsole*) die beiden intern verwendeten Hostnamen existieren und an den Standardport 80 gebunden sind (*internet.sincdemo.net* und *portal.sincdemo.de*, siehe Kapitel 4).

Abschließend sollte die Gesamtkonfiguration der AAMs entsprechend der Abbildung 9.98 aussehen.

Abbildg. 9.98 Übersicht der konfigurierten AAMs für das Beispielszenario

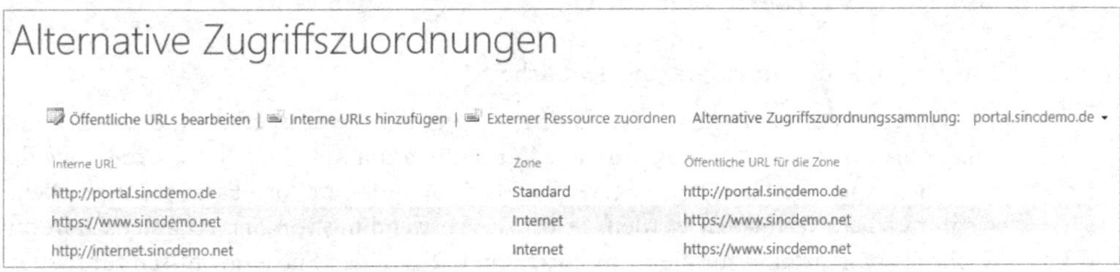

Zur Einrichtung der alternativen Zugriffszuordnungen mithilfe der PowerShell nutzen Sie in diesem Szenario die Befehle aus Listing 9.35. Ersetzen Sie dabei die Werte für die Parameter *WebApplication* und *URL* entsprechend Ihren Gegebenheiten. Um die korrekte Bezeichnung für Ihre Webanwendung zu erhalten, verwenden Sie beispielsweise den Befehl *Get-SPWebApplication*.

Listing 9.35 Einrichtung der alternativen Zugriffszuordnungen über PowerShell

```
New-SPAlternateURL -WebApplication "portal.sincdemo.de" -URL "https://www.sincdemo.net"
-Zone "Internet"
New-SPAlternateURL -WebApplication "portal.sincdemo.de" -URL "http://internet.sincdemo.net"
-Zone "Internet" -internal
Set-SPAlternateURL -WebApplication "portal.sincdemo.de" -URL http://portal.sincdemo.de
-Zone "Default"
```

Mit diesem Arbeitsschritt ist die Konfiguration der alternativen Zugriffszuordnungen abgeschlossen.

Häufige Einrichtungsfehler

Aufgrund der hohen Bedeutung von alternativen Zugriffszuordnungen und diesem für viele SharePoint-Administratoren nicht intuitiven Abschnitt der Konfiguration, geschehen häufig Fehlinterpretationen im Umgang mit dieser Funktion. In kaum einem SharePoint-Bereich herrschen derart vielfältige und auch fehlerhafte Interpretationen beim Einsatz der unterschiedlichen Komponenten von SharePoint in Kombination mit den AAMs. Nachfolgend wird auf einige dieser Missverständnisse im Umgang mit alternativen Zugriffszuordnungen eingegangen.

Wiederverwendung von alternativen Zugriffszuordnungen für dieselben Zonen

In Szenarien, in denen Sie SharePoint 2013 über einen Reverseproxyserver veröffentlichen, wird häufig versucht, die URL der Standardzone als interne URL der veröffentlichten Zone hinzuzufügen. Dies wird nicht unterstützt. Verwenden Sie einen separaten, also von der Standard-URL abweichenden Namen, um die Anfrage durch das Reverseproxysystem an den SharePoint-Server weiterzuleiten.

IIS-Bindungen

Durch das Einrichten einer alternativen Zugriffszuordnung werden die IIS-Bindungen nicht automatisch angepasst. Dies bedeutet, dass Sie alle Namen, die Sie in der AAM-Konfiguration verwendet haben, manuell zu den Bindungen in IIS hinzufügen müssen. So stellen Sie sicher, dass der IIS die eingehenden Anfragen ordnungsgemäß entgegennimmt. Führen Sie die Konfiguration dabei auf allen Web-Front-End-Servern durch.

Integration in die Durchforstung der Suche

Für Durchforstungszwecke werden häufig dedizierte Zonen eingerichtet, über die eine Webanwendung durchforstet werden soll, um diese in Kombination mit einer Hosts-Umleitung dafür zu missbrauchen, spezielle SharePoint-Server für die Durchforstung der Farm anzusprechen. Dies sollte, wenn möglich, vermieden werden. Selbst die Verwendung von Servernamenszuordnungen in der Suche als Workaround für die nicht korrekten URLs in den Suchergebnissen führt zu unerwarteten Effekten und ist für diese Zwecke ungeeignet. Verwenden Sie stattdessen die Standardzone für die Durchforstung und vermeiden Sie somit tief greifende Fehler bei Suchabfragen, Suchfiltern und Verfeinerungen der mittlerweile suchzentrischen SharePoint-Farm.

TIPP Sollten Sie dedizierte Web-Front-Ends für den Durchforstungsprozess verwenden wollen, prüfen Sie, ob in Ihrer Umgebung Anforderungmanagement-Funktionen angewendet werden können.

Best Practices

Für die Konfiguration von AAMs sollten Sie die Best Practices aus Tabelle 9.34 beachten.

Tabelle 9.34 Empfehlungen für die Konfiguration von AAMs

	Best Practice
✓	Verwenden Sie dedizierte Zonen für URL-Bereiche, die im Rahmen des Zugriffs geändert/übersetzt werden müssen
✓	Vermeiden Sie den Einsatz von manuell mithilfe von AAMs justierten Durchforstungszonen für die Suche

Tabelle 9.34 Empfehlungen für die Konfiguration von AAMs *(Fortsetzung)*

	Best Practice
✓	Um die vielschichtigen Probleme beim Zugriff über einen Reverseproxy auf SharePoint einfach zu umgehen, verwenden Sie gleiche URLs (intern und öffentlich)
✓	Erweitern Sie nicht grundlos eine Webanwendung um eine weitere Zone bzw. eine parallele Webanwendung. Dies ist nicht für die Verwendung von AAMs erforderlich.
✓	Um mobile Geräte mit ordnungsgemäßen URLs zu versorgen, konfigurieren Sie zusätzlich die *Firewallübergreifende Zugriffszone*

Webanwendungen erweitern

Die Planung und Verwaltung von zu erweiternden Webanwendungen hat sich in SharePoint 2013 nicht gegenüber der Vorversion geändert.

Sie erweitern Webanwendungen primär, um unterschiedliche Zonen mit jeweils unterschiedlichen Authentifizierungsmethoden bereitzustellen. Dabei greifen Benutzer unterschiedlicher Zonen auf die gleichen Inhalte zu (Abbildung 9.99).

Abbildg. 9.99 Beispielszenario für den Einsatz von erweiterten Webanwendungen

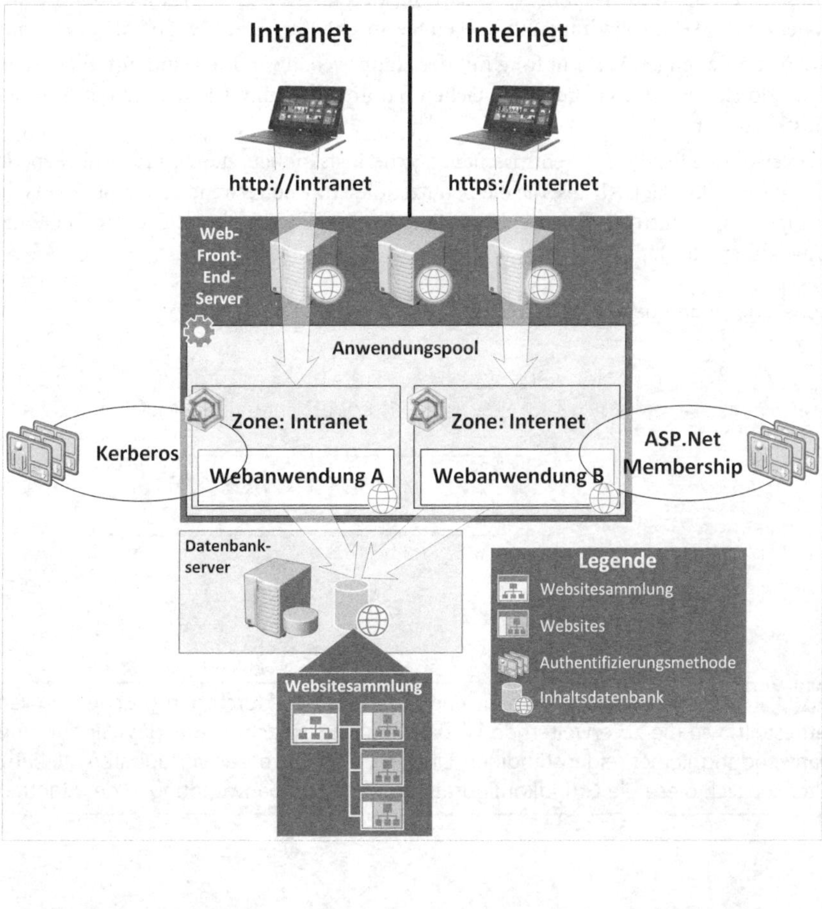

Der Grund hierfür besteht darin, dass durch die unterschiedlichen Eigenschaften der Authentifizierungsmethoden, die sicherste Authentifizierungsmethode evtl. nicht für den Zugriff über das Internet zur Verfügung steht und hierdurch potenziell eine alternative Authentifizierungsmethode für externe Zugriffe erforderlich wird.

Erweiterte Webanwendungen erhalten eine dedizierte IIS-Webanwendung mit einer eigenständigen IIS-Konfiguration, jedoch innerhalb einer gemeinsamen SharePoint-Basiskonfiguration. Zudem teilen sich diese standardmäßig einen IIS-Anwendungspool, was Sie nicht ohne besonderen Grund abändern sollten.

HINWEIS Sollten Sie Cross-Site-Publishing-Funktionen in Kombination mit einem entsprechenden Katalog verwenden, werden durch das nachträgliche Erweitern einer Webanwendung die benutzerfreundlichen URLs gebrochen. Stellen Sie in dem Fall die Verbindung zum Katalog erst her, nachdem Sie die Webanwendung erweitert haben.

Sollten Sie lediglich neue Zonen in den alternativen Zugriffszuordnungen definieren, ist die Erweiterung von Webanwendungen nicht erforderlich.

Neue Zone einrichten

Gehen Sie wie folgt vor, um eine Webanwendung mithilfe der Zentraladministration zu erweitern:

1. Öffnen Sie die Webanwendungsverwaltung der Zentraladministration, markieren Sie die zu erweiternde Webanwendung und klicken Sie anschließend im Menüband auf *Erweitert*.
2. Aufgrund der engen Verknüpfung mit der Hauptwebanwendung sind nun nicht mehr alle Konfigurationsparameter erforderlich. Geben Sie im Abschnitt *IIS-Website* den Namen, Port und Hostheader an.
3. Wählen Sie die für die Zone entsprechende Sicherheitskonfiguration und abschließend im Abschnitt *Öffentliche URL* die URL aus, die die Benutzer dieser Zone verwenden, um auf die Webanwendung zuzugreifen. Wählen Sie die zugehörige Zone aus und klicken Sie auf *OK*, um die Zone zu erstellen (Abbildung 9.100).

Abbildg. 9.100 Zonenzuordnung beim Erweitern einer Webanwendung

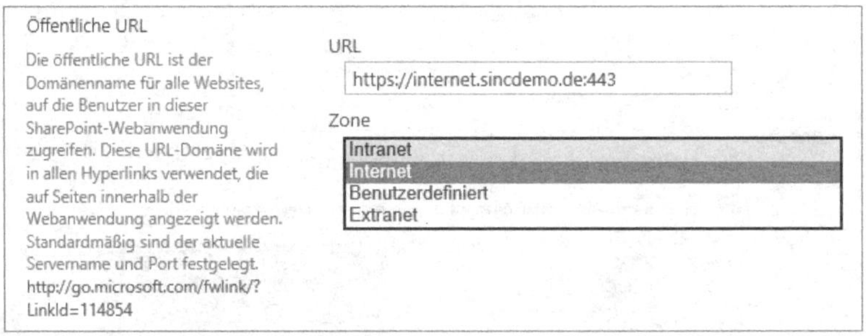

HINWEIS Die erweiterten Webanwendungen werden durch den gleichen Anwendungspool bereitgestellt, wie die zu erweiternde Webanwendung. Beachten Sie, dass Sie für eine erweiterte Webanwendung keinen eigenständigen Eintrag in der Liste der verfügbaren Webanwendungen erhalten, da sich diese die Grundkonfiguration mit der Webanwendung in der Standardzone teilt.

Weiterführende Konfigurationen für die Authentifizierung sind in Kapitel 12 beschrieben.

Bestehende Zone löschen

Zum Löschen bestehender Zonen mithilfe der Zentraladministration gehen Sie wie folgt vor:

1. Öffnen Sie die Webanwendungsverwaltung der Zentraladministration und markieren Sie eine erweiterte Webanwendung. Klicken Sie anschließend im Menüband auf *Löschen* und *SharePoint aus der IIS-Website entfernen.*
2. Wählen Sie die zu löschende Zone aus, geben Sie an, ob die zugehörige IIS-Website ebenfalls gelöscht werden soll (Abbildung 9.101), und klicken Sie auf *OK*.

Abbildg. 9.101 Auswahl der zu löschenden erweiterten Webanwendung

Inhaltsbereitstellung

In diesem Abschnitt wird der Einsatz der Inhaltsbereitstellung in Websitesammlungen in gesicherten Serverfarmen beschrieben.

HINWEIS In SharePoint 2013 haben sich bezüglich der Inhaltsbereitstellung neue Optionen ergeben. Neben moderaten Anpassungen in der Einrichtung ergeben sich grundlegende Planungsänderungen. Verwenden Sie daher die Inhaltsbereitstellung nur in Situationen, in denen Sie die bereitzustellenden Daten aufgrund organisatorischer Vorgaben von einer separaten Farm aus bereitstellen müssen. Lesen Sie mehr dazu in Kapitel 3.

Inhaltsbereitstellung einrichten

Um die Serverfarmen für die Inhaltsbereitstellung zu konfigurieren, müssen Sie zunächst die Quell- und Zielfarm für die ein- bzw. ausgehenden Inhaltsbereitstellungen konfigurieren. Gehen Sie dazu wie folgt vor:

1. In der Zentraladministration öffnen Sie die *Allgemeinen Anwendungseinstellungen* und klicken im Abschnitt *Inhaltsbereitstellung* auf *Inhaltsbereitstellung konfigurieren.*
2. Auf der Seite *Einstellungen für die Inhaltsbereitstellung* können Sie eingehende Aufträge zur Inhaltsbereitstellung für eine komplette Serverfarm annehmen oder ablehnen (Abbildung 9.102).

Abbildg. 9.102 Allgemeine Einstellungen der Inhaltsbereitstellung

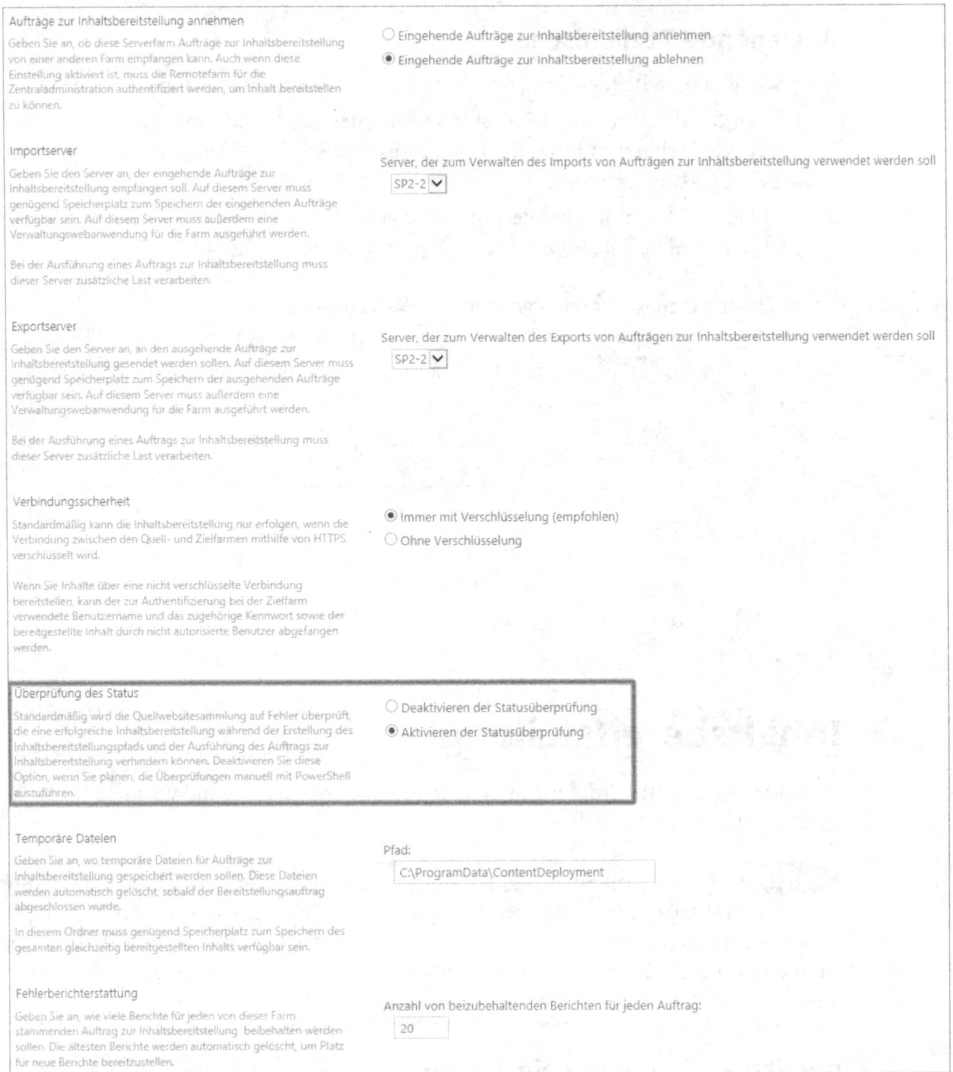

Zusätzlich können Sie bestimmte Server innerhalb der Serverfarm zum Empfangen eingehender Aufträge zur Inhaltsbereitstellung bzw. zum Senden ausgehender Aufträge zur Inhaltsbereitstellung festlegen. Auf diese Weise können Sie beispielsweise die Auslastung durch Inhaltsbereitstellungsaufträge auf mehrere Server in der Serverfarm verteilen.

WICHTIG Beachten Sie, dass in der Standardeinstellung nur HTTPS-gesicherte Verbindungen für die Inhaltsbereitstellung zugelassen werden.

Die erforderlichen Aufgaben bei der Inhaltsbereitstellung werden durch den Zeitgeberprozess auf dem Server gesteuert, auf dem die Website für die Zentraladministration bereitgestellt wird. Hierüber werden die Inhaltsbereitstellungsaufträge verwaltet. Bei diesem Server kann es sich um den Quellserver in der Bereitstellungsserverfarm handeln, es lässt sich jedoch auch ein separater Server in der Serverfarm verwenden.

Für die erfolgreiche Nutzung der Inhaltsbereitstellung befolgen Sie diese Richtlinien:

1. Auf der Quellwebsitesammlung muss (neu in SharePoint 2013) das Feature *Inhaltsbereitstellungsquelle* aktiviert sein. Zu Beginn des Prozesses der Inhaltsbereitstellung wird die Aktivierung des Features validiert und diese bei einem nicht Vorhandensein abgebrochen.
2. Im Anschluss wird validiert, ob das Feature ein anderes aktives Feature lokalisieren konnte, das zu einem Fehler bei der Inhaltsbereitstellung führen würde. Sollten problematische Features weiterhin aktiv sein, kommt es ebenfalls zu einem vorzeitigen Abbruch des Auftrags.
3. Der erstmalige Inhaltsbereitstellungsauftrag muss immer gegen eine leere Websitesammlung auf der Zielfarm ausgeführt werden. Sollte die Websitesammlung bereits Inhalte enthalten, schlägt der initiale Inhaltsbereitstellungsauftrag fehl. Verwenden Sie daher beim Erstellen der Websitesammlung auf dem Zielserver die Websitevorlage *Vorlage später auswählen*. Dazu wählen Sie beispielsweise beim Anlegen der Websitesammlung im Abschnitt *Websitevorlagen* auf der Registerkarte *Benutzerdefiniert* die Option <*Vorlage später auswählen*>. Beim erstmaligen Ausführen des Inhaltsbereitstellungsauftrags werden später automatisch die richtige Vorlage sowie alle zugehörigen Konfigurationseinstellungen auf den Zielserver angewendet.

HINWEIS Erstellen Sie die Zielwebsitesammlung nicht unter Verwendung der Vorlage *Leere Website*. Durch die Vorlage *Leere Website* wird keine leere Websitesammlung erstellt und der Inhalts-bereitstellungsauftrag schlägt möglicherweise fehl.

4. Stellen Sie sicher, dass auf dem Quell- und Zielserver jeweils eine Instanz der Website für die Zentraladministration ausgeführt wird, andernfalls schlägt der Vorgang fehl.
5. Achten Sie auf einen identischen Updatestand auf den Quell- und den Zielserverfarmen. Berücksichtigen Sie dabei alle Updates für SharePoint Server 2013, Windows Server 2008 R2 bzw. Windows Server 2012 und ggf. vorhandene Language Packs. Zwar wird die Inhaltsbereitstellung speziell durch einen unterschiedlichen SharePoint-Updatestand nicht zwangsläufig fehlschlagen, jedoch besteht eine eher hohe Wahrscheinlichkeit, dass Sie unerwartete Probleme mit Ihrer Zielwebsitesammlung bekommen.
6. Im Zuge der Inhaltsbereitstellung werden die entsprechenden Inhalte temporär sowohl auf dem Quell-, als auch auf dem Zielserver auf lokalen Verzeichnissen zwischengespeichert. Stellen Sie hierfür ausreichend Festplattenspeicher zur Verfügung.
7. Der Wert für die Aufbewahrung der Änderungsprotokolle, der standardmäßig auf 60 Tage eingestellt ist, darf nicht geringer sein als die Zeit zwischen zwei inkrementellen Aktualisierungen. Grund hierfür ist, dass andernfalls ein inkrementeller Aktualisierungsvorgang nicht auf die für die Übertragung erforderlichen Informationen zurückgreifen kann. Sie können diesen Wert in den Eigenschaften der jeweiligen Webanwendung festlegen.
8. Parallele Inhaltsbereitstellungsaufträge mit sich überschneidenden Pfaden werden nicht unterstützt und können zu einem Fehlschlagen des Inhaltsbereitstellungsauftrags führen.

Quellwebsitesammlung für die Veröffentlichung vorbereiten

Bevor Sie den Auftrag für die Inhaltsbereitstellung einrichten, führen Sie die folgenden in SharePoint 2013 neuen Operationen aus, um die Voraussetzungen für die Veröffentlichung zu gewährleisten:

1. Aktivieren Sie in den Websitesammlungseinstellungen der Quellwebsitesammlung das Feature *Inhaltsbereitstellungsquelle.*
2. Öffnen Sie nun in den Websitesammlungseinstellungen den Link *Status der Inhaltsbereitstellungsquelle.*
3. An dieser Stelle werden Sie nun auf etwaige Inkompatibilitäten hingewiesen, die vor einer erfolgreichen Bereitstellung gelöst werden müssen (Abbildung 9.103).

Abbildg. 9.103 Übersicht etwaiger Inkompatibilitäten, die vor der Inhaltsbereitstellung zu lösen sind

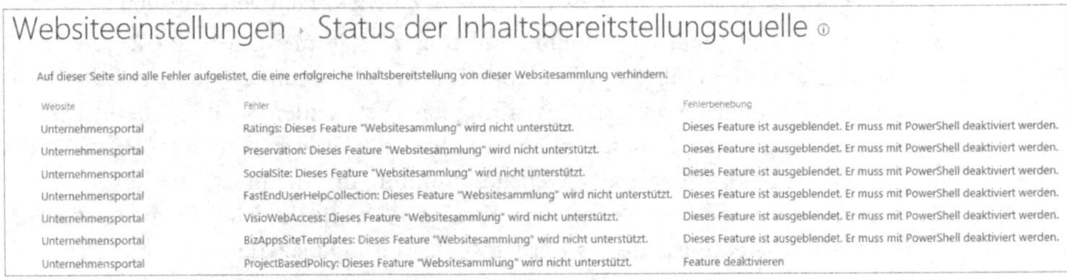
Websiteeinstellungen › Status der Inhaltsbereitstellungsquelle

Auf dieser Seite sind alle Fehler aufgelistet, die eine erfolgreiche Inhaltsbereitstellung von dieser Websitesammlung verhindern.

Website	Fehler	Fehlerbehebung
Unternehmensportal	Ratings: Dieses Feature "Websitesammlung" wird nicht unterstützt.	Dieses Feature ist ausgeblendet. Er muss mit PowerShell deaktiviert werden.
Unternehmensportal	Preservation: Dieses Feature "Websitesammlung" wird nicht unterstützt.	Dieses Feature ist ausgeblendet. Er muss mit PowerShell deaktiviert werden.
Unternehmensportal	SocialSite: Dieses Feature "Websitesammlung" wird nicht unterstützt.	Dieses Feature ist ausgeblendet. Er muss mit PowerShell deaktiviert werden.
Unternehmensportal	FastEndUserHelpCollection: Dieses Feature "Websitesammlung" wird nicht unterstützt.	Dieses Feature ist ausgeblendet. Er muss mit PowerShell deaktiviert werden.
Unternehmensportal	VisioWebAccess: Dieses Feature "Websitesammlung" wird nicht unterstützt.	Dieses Feature ist ausgeblendet. Er muss mit PowerShell deaktiviert werden.
Unternehmensportal	BizAppsSiteTemplates: Dieses Feature "Websitesammlung" wird nicht unterstützt.	Dieses Feature ist ausgeblendet. Er muss mit PowerShell deaktiviert werden.
Unternehmensportal	ProjectBasedPolicy: Dieses Feature "Websitesammlung" wird nicht unterstützt.	Feature deaktivieren

4. Entfernen Sie nun alle inkompatiblen Apps und Features. Während die nicht versteckten Features direkt aus dem Fenster heraus deaktiviert werden können, sind die versteckten Features wie folgt mithilfe der PowerShell zu deaktivieren:

```
Disable-SPFeature -Identity [Feature ID] -Url [Quell-WSC-URL] -confirm:$false
```

HINWEIS Selbst bei einer Veröffentlichungssite ohne zusätzlich aktivierte Features müssen Sie zuvor die Features *Ratings* (Websitesammlungsebene) und *RollupPages* (Websiteebene) deaktivieren.

5. Aktualisieren Sie abschließend die Ansicht und prüfen Sie, ob alle Inkompatibilitäten aus Schritt 2 bis 3 bereinigt wurden (Abbildung 9.104). Fahren Sie anschließend mit der Einrichtung fort.

Abbildg. 9.104 Bereinigte Veröffentlichungssite

Die Bereitschaftsmeldung der Statusüberprüfung ist keinesfalls ein Garant für eine spätere erfolgreiche Inhaltsbereitstellung. Beispielsweise werden nur bekanntermaßen inkompatible Features überprüft. Stimmen beispielsweise sprachspezifische Features nicht mit den Sprachpaketen der Zielumgebung überein, führt dies erst bei der Umsetzung der Inhaltsbereitstellung zu einem Fehler.

Auftrag für die Inhaltsbereitstellung einrichten

Zum Einrichten eines Auftrags für die Inhaltsbereitstellung gehen Sie folgendermaßen vor:

1. Öffnen Sie die *Allgemeinen Anwendungseinstellungen* der Zentraladministration auf der Quellserverfarm und klicken Sie im Abschnitt *Inhaltsbereitstellung* auf *Pfade und Aufträge für die Inhaltsbereitstellung konfigurieren.*
2. Klicken Sie auf *Neuer Pfad.*
3. Geben Sie den Namen des Pfads ein und wählen Sie im Abschnitt *Quellanwendung und -websitesammlung* die gewünschte Websitesammlung aus (Abbildung 9.105).

Abbildg. 9.105 Auswahl der Quellwebsitesammlung

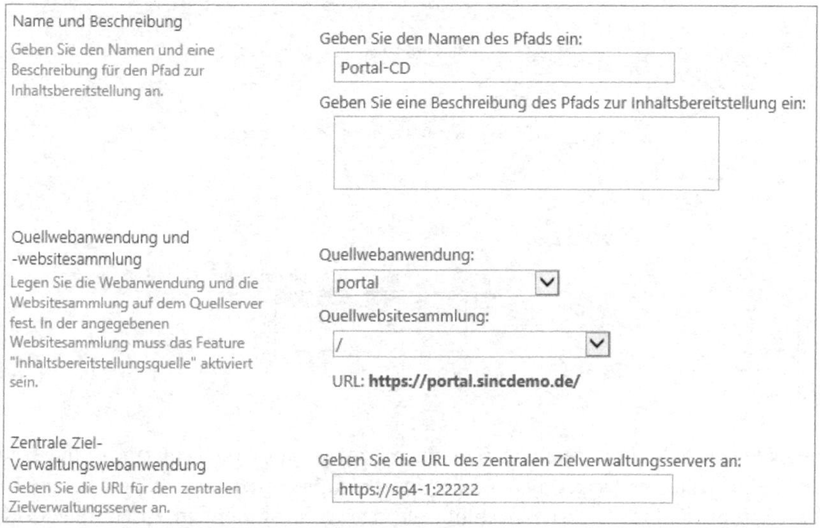

4. Geben Sie im Abschnitt *Zentrale Ziel-Verwaltungswebanwendung* die URL der Zentraladministration der Zielumgebung an.

HINWEIS Sollte in den Inhaltsbereitstellungseinstellungen auf dem Zentraladministrationsserver die Verwendung von HTTPS konfiguriert worden sein, achten Sie darauf, dass die URL zur Zielwebsite für die Zentraladministration mit *https://* beginnt. Andernfalls kann keine Verbindung zur Zielwebsite hergestellt werden.

5. Geben Sie im Abschnitt *Authentifizierungsinformationen* die Zugriffsinformationen für die Zielfarm an und klicken Sie auf *Verbinden*, um die verfügbaren Ziele zu lokalisieren.
6. Wählen Sie im Abschnitt *Zielwebanwendung und -websitesammlung* die Zielwebsitesammlung aus (Abbildung 9.106).
7. Legen Sie im Abschnitt *Benutzernamen* fest, ob Sie Sicherheitsinformationen (Zugriffssteuerungslisten, ACLs) bereitstellen möchten. Ihnen stehen folgende Optionen zur Auswahl:
   - **Alle** Dies ist die Standardauswahl. Es werden alle Sicherheitsinformationen, die Inhalten zugeordnet sind, mit Inhalten bereitgestellt.

- **Nur Rollendefinitionen** Nur Rollendefinitionen (Auflistungen von Berechtigungen) werden mit Inhalten bereitgestellt. Benutzer und Gruppen, einschließlich jener, die Rollendefinitionen zugeordnet sind, werden nicht mit Inhalten bereitgestellt.
- **Keine** Es werden keine Sicherheitsinformationen, die Inhalten zugeordnet sind, mit Inhalten bereitgestellt.

Abbildg. 9.106 Auswahl der Zielumgebungsparameter

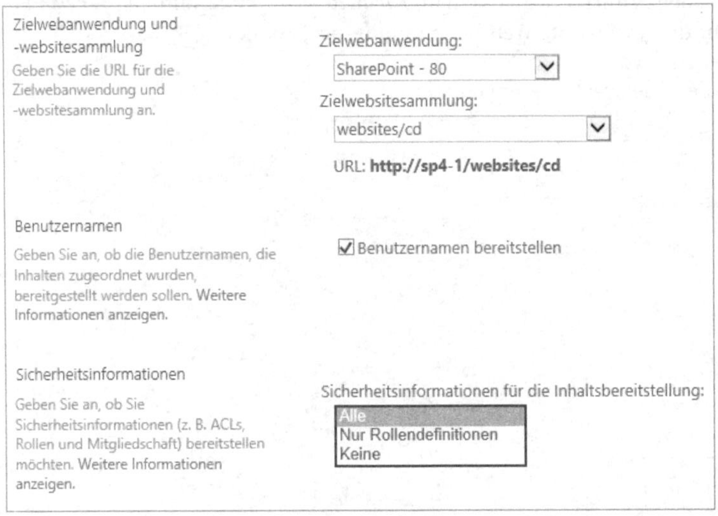

Sollten Sie nach der Fertigstellung der obigen Konfiguration die Fehlermeldung »Leider wurde diese Website nicht für Sie freigegeben.« erhalten, stellen Sie erneut sicher, dass Sie die Maßnahmen zur Vorbereitung der Quellwebsitesammlung aus dem vorausgehenden Abschnitt getroffen haben.

TIPP Sollten alle Inkompatibilitäten bereinigt worden sein und Sie immer noch einen Zugriffsfehler erhalten, kann es im Einzelfall erforderlich sein, dass Sie auf der Quellfarm die Statusprüfungen deaktivieren müssen (in den Einstellungen der Inhaltsbereitstellung).

Erstellen Sie nun wie folgt einen neuen Auftrag zur Inhaltsbereitstellung:

1. Klicken Sie auf dem Quellserver unter *Allgemeine Anwendungseinstellungen* im Abschnitt *Inhaltsbereitstellung* auf *Pfade und Aufträge für die Inhaltsbereitstellung konfigurieren.*
2. Klicken Sie auf Neuer Auftrag, geben Sie im Eingabefeld *Name und Beschreibung* die gewünschten Werte an, und wählen Sie im Dropdownlistenfeld *Pfad* den zuvor eingerichteten Pfad aus (Abbildung 9.107).
3. Wählen Sie im Abschnitt *SQL-Momentaufnahmen* eine der folgenden Optionen aus:
   - **Keine SQL-Momentaufnahmen verwenden** Wählen Sie diese Option aus, wenn für den Auftrag keine SQL Server-Datenbankmomentaufnahmen verwendet werden sollen. Dies ist die Standardoption.
   - **Momentaufnahmen für die Inhaltsbereitstellung automatisch erstellen und verwalten** Wählen Sie diese Option aus, um für den Auftrag SQL Server-Datenbankmomentaufnahmen zu verwenden. Dies führt zu konsistenteren Abbildern für die Inhaltsbereitstellung.

HINWEIS Die Option für Momentaufnahmen ist nur verfügbar, sofern Sie auf einen SQL Server 2012 in der Enterprise Edition zugreifen.

Abbildg. 9.107 Auftrag zur Inhaltsbereitstellung erzeugen

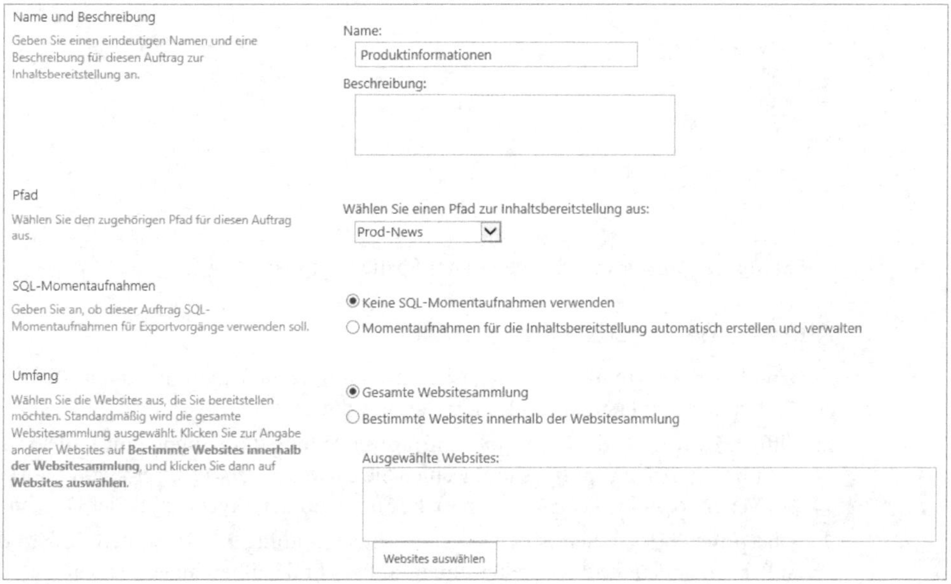

4. Wählen Sie im Abschnitt *Umfang* eine der folgenden Optionen aus:
   - **Gesamte Websitesammlung** Wählen Sie diese Option aus, wenn Sie alle Websites in der Websitesammlung in die Bereitstellung einschließen möchten (Standardeinstellung).
   - **Bestimmte Websites innerhalb der Websitesammlung** Wählen Sie diese Option aus, wenn Sie Websites in der Websitesammlung für die Bereitstellung angeben möchten. Falls Sie diese Option auswählen, klicken Sie auf *Websites auswählen*, um die Websites auszuwählen, die in die Bereitstellung eingeschlossen werden sollen.

HINWEIS Mit dieser Option wird davon ausgegangen, dass der gesamte Inhalt in der Websitehierarchie über dem angegebenen Bereich bereits in der Zielumgebung bereitgestellt wurde. Sollten Sie diese Option für einen Auftrag zur Inhaltsbereitstellung auswählen, müssen Sie auch einen Auftrag erstellen, mit dem der Inhalt über der angegebenen Hierarchieebene bereitgestellt wird.

5. Aktivieren Sie im Abschnitt *Frequenz* das Kontrollkästchen *Diesen Auftrag für den folgenden Zeitplan ausführen* und geben Sie einen Zeitplan für die Ausführung des Auftrags an.
6. Sind E-Mail-Benachrichtigungen zum Status des Auftrags zur Inhaltsbereitstellung gewünscht, aktivieren Sie entsprechend die Kontrollkästchen im Abschnitt *Benachrichtigungen*, um E-Mail-Nachrichten bei Erfolg oder Fehlerfall zu erhalten und geben Sie eine E-Mail-Adresse an.
7. Starten Sie anschließend den Auftrag zur Inhaltsbereitstellung, indem Sie im Dropdownlistenfeld des soeben eingerichteten Auftrags auf *Jetzt ausführen* klicken (Abbildung 9.108).

Abbildg. 9.108 Inhaltsbereitstellung forcieren

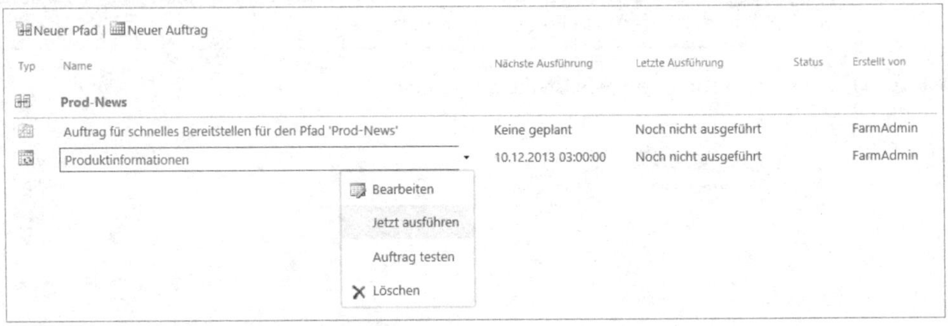

Der Status des Auftrags wird Ihnen in der Spalte *Status* angezeigt.

Allgemeine Bereitstellung prüfen

Aufgrund der Sensibilität der Inhaltsbereitstellung sollten Sie eine Inhaltsbereitstellung immer zumindest nach der erstmaligen Konfiguration validieren:

1. Öffnen Sie dazu in der Pfad- und Auftragsverwaltung das Dropdownlistenfeld des zuvor erstellten und gestarteten Auftrags und wählen Sie entweder *Verlauf anzeigen* und dort den gewünschten Verlauf oder klicken Sie in der Spalte *Status* auf den Ergebnislink der Durchlaufs.
2. Überprüfen Sie den Statusbericht gründlich (Abbildung 9.109). Sollten Fehler oder Warnungen auftreten, finden Sie diese weiter unten im Bericht detailliert angeführt vor.

Abbildg. 9.109 Kontrolle der Inhaltserstellung

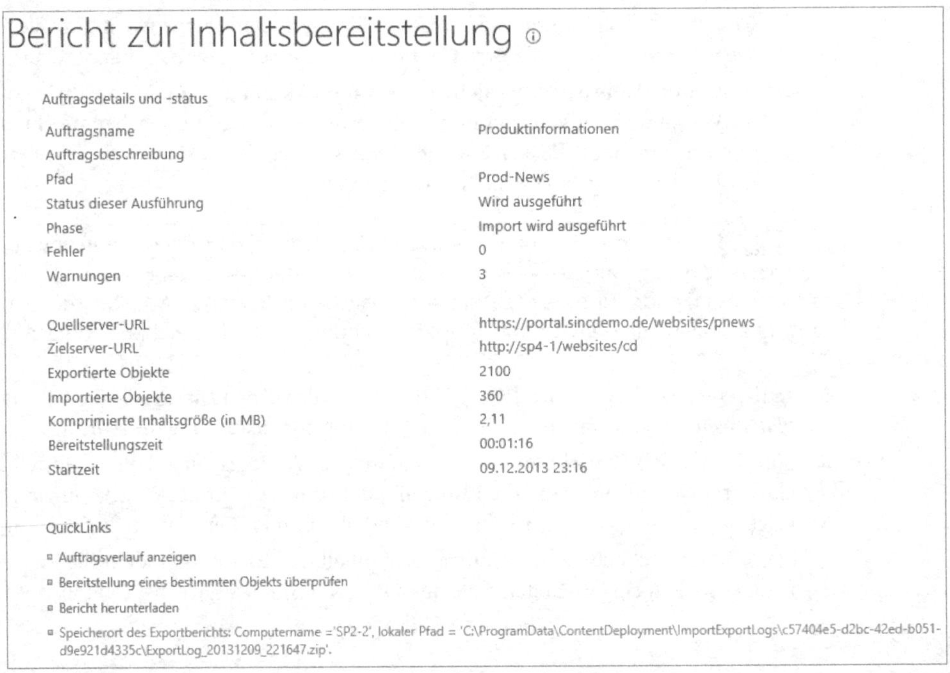

HINWEIS Sie können bei fehlschlagenden Inhaltsbereitstellungen auch einen Testlauf anwenden. Allerdings ist ein erfolgreicher Testlauf ebenfalls keine Garantie für eine vollständig erfolgreiche Inhaltsbereitstellung, ist jedoch zumindest insoweit sinnvoll, als dass der Import bei einem erfolgreichen Testlauf aller Voraussicht nach abgeschlossen werden kann.

Bereitstellung von spezifischem Inhalt prüfen

Um den Status der Bereitstellung zu prüfen, gehen Sie wie folgt vor:

1. Klicken Sie in der Zentraladministration auf *Allgemeine Anwendungseinstellungen* und im Abschnitt *Inhaltsbereitstellung* auf *Bereitstellung von spezifischem Inhalt prüfen.*
2. Geben Sie im Eingabefeld *URL* die URL des Inhalts ein, dessen Bereitstellung Sie prüfen möchten.
3. Klicken Sie auf *Status überprüfen.*

Sie finden nun die Versions- und Veröffentlichungsinformationen des Quell- und Zielobjekts vor.

Inhaltsbereitstellungsfeature für schnelles Bereitstellen

Die gezielte Bereitstellung einzelner Seiten durch verschiedene Autoren wird durch ein Feature für das schnelle Bereitstellen unterstützt.

HINWEIS Damit das Inhaltsbereitstellungsfeature funktioniert, muss die Quellwebsitesammlung mithilfe der Vorlage *Veröffentlichungsportal* erstellt oder das Veröffentlichungsinfrastruktur-Feature von SharePoint Server aktiviert worden sein.

Standardmäßig wird automatisch beim Erstellen eines neuen Inhaltsbereitstellungspfads ein Auftrag für schnelles Bereitstellen erstellt und dessen automatische Ausführung auf ein Intervall von 15 Minuten festgelegt. Allerdings müssen Sie diesen Auftrag noch aktivieren, indem Sie in den Eigenschaften des Auftrags das Kontrollkästchen im Abschnitt *Aufträge für schnelles Bereitstellen zulassen* aktivieren (Abbildung 9.110).

Abbildg. 9.110 Schnelle Bereitstellung konfigurieren

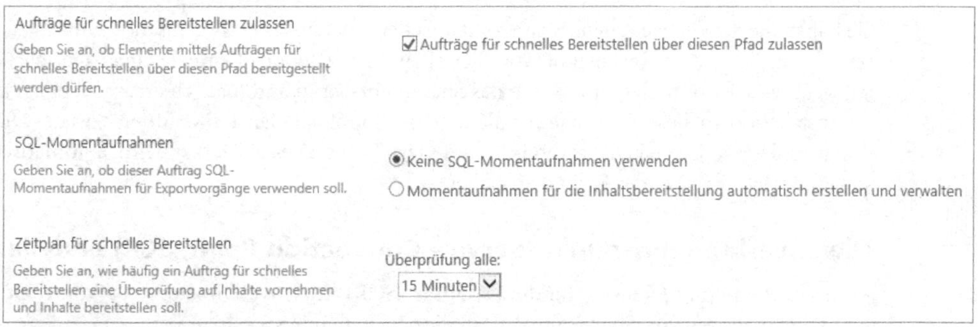

HINWEIS Sollte beim Anlegen eines neuen Pfads kein Auftrag für die schnelle Bereitstellung automatisch erzeugt worden sein, liegt dies daran, dass Sie in den Eigenschaften der zum Pfad zugehörigen Quellwebsitesammlung nicht das Feature für die SharePoint Server-Veröffentlichungsinfrastruktur aktiviert haben.

Sollte ein Benutzer eine Seite für die schnelle Bereitstellung kennzeichnen, wird die betreffende Seite im nächsten automatisch geplanten Auftrag für schnelles Bereitstellen berücksichtigt. Vom Auftrag werden dabei nur Seiten berücksichtigt, die von einem Benutzer als Seiten für schnelles Bereitstellen gekennzeichnet wurden. Ein Farmadministrator kann jedoch auf der Seite *Pfade und Aufträge zur Inhaltsbereitstellung verwalten* einen Auftrag für schnelles Bereitstellen jederzeit manuell ausführen oder abbrechen. Jedes Mitglied der Gruppe *Benutzer für schnelles Bereitstellen* (die auf Websites erstellt wird, für die das Feature SharePoint Server-Veröffentlichungsinfrastruktur aktiviert ist) kann eine Website mit dem Befehl *Schnelles Bereitstellen* für die Bereitstellung markieren.

SharePoint-Installationen blockieren

Um die Installation von SharePoint innerhalb Ihrer Active Directory-Umgebung für unautorisierte Personen zu verweigern, haben Sie die Möglichkeit, einen Registrierungsschlüssel zu setzen. Setzen Sie hierzu den folgenden Registrierungsschlüssel via Gruppenrichtlinie:

HKLM\Software\Policies\Microsoft\Shared Tools\Web Server Extensions\15.0\ SharePoint\DisableInstall = 1 [DWORD]

Um diesen Schlüssel über eine Gruppenrichtlinie zu setzen, können Sie entweder eine ADMX-Datei erzeugen oder einen Schlüssel durch ein in einer Gruppenrichtlinie verknüpftes PowerShell-Anmeldeskript verwenden. Weiterführende Informationen zum Erstellen einer ADMX-Datei finden Sie unter *http://go.microsoft.com/fwlink/?LinkId=194348* [Ms156-K09-07]. Weiterführende Informationen zum Setzen eines Registrierungsschlüssels mithilfe der PowerShell finden Sie unter *http://go.microsoft.com/fwlink/?LinkId=194345* [Ms156-K09-08].

Durch das Setzen dieses Schlüssels erhalten Anwender beim Versuch, SharePoint zu installieren, einen Hinweis, dass die Installation von SharePoint auf diesem Computer nicht zulässig ist.

Setzen Sie den Wert von *DisableInstall* auf 0, um die Installation von SharePoint wieder zu ermöglichen.

SharePoint-Installationen nachverfolgen

Sie haben die Möglichkeit, neue SharePoint-Installationen in Ihrer Organisation einfach zu identifizieren, indem Sie vor der Installation von SharePoint einmalig pro Domäne einen speziellen Container anlegen. Dieser Container wird durch das SharePoint-Setup automatisch erkannt, sodass im Rahmen der Installation an diesem Speicherort die URL der Topologiedienstanwendung bzw. der Dienstverbindungspunkt der jeweiligen Serverfarm hinterlegt wird. Dieser Marker wird automatisch entfernt, sobald der letzte Server der Farm deinstalliert wird.

Dienstverbindungspunkt (Service Connection Point, SCP) erstellen

Zum Erstellen eines Dienstverbindungspunkts (SCP) in Active Directory, als Vorarbeit zum automatischen Erfassen von SharePoint-Installationen, gehen Sie wie folgt vor:

1. Stellen Sie sicher, dass Sie über Domänenadministratorrechte in der zu konfigurierenden Domäne verfügen.
2. Öffnen Sie *AdsiEdit.msc*. Dieses Werkzeug ist üblicherweise auf Domänencontrollern verfügbar oder kann über die Remoteverwaltungswerkzeuge nachinstalliert werden.

3. Verbinden Sie sich zur Domänenpartition, indem Sie in der linken Fensterhälfte auf den Knoten *ADSI-Editor* klicken und anschließend auf *Aktion* und *Verbindung herstellen*. In dem sich öffnenden Dialogfeld geben Sie die Verbindungsparameter zu Ihrer Domänenpartition ein bzw. belassen die Standardeinstellung (*Bekannten Namenskontext auswählen*: *Standardmäßiger Namenskontext*) und klicken auf *OK*.
4. Navigieren Sie in der linken Fensterhälfte zum Container *CN=System*.
5. Erstellen Sie einen untergeordneten Container namens *Microsoft SharePoint Products*. Klicken Sie dazu auf *Aktion/Neu/Objekt* (Abbildung 9.111).

Abbildg. 9.111 Erstellen eines Zielcontainers für den SCP

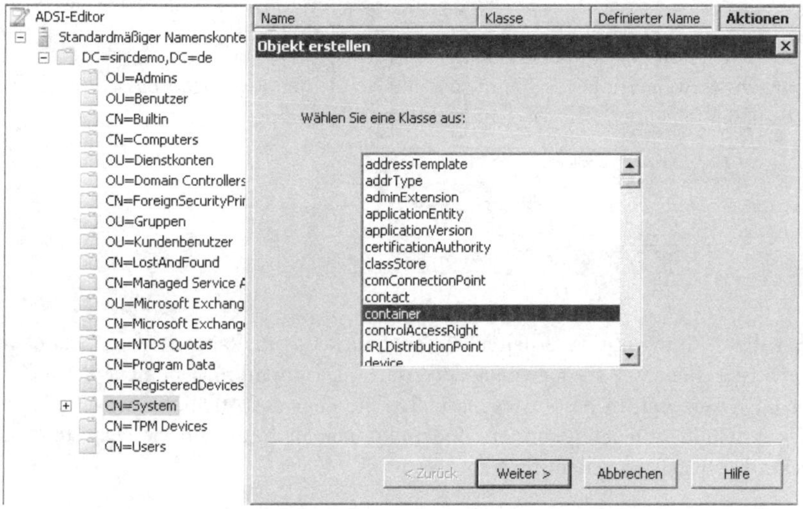

6. Wählen Sie *container* aus der Liste aus und klicken Sie auf *Weiter*.
7. Geben Sie den Wert *Microsoft SharePoint Products* ein und klicken Sie auf *Weiter*.

HINWEIS Sie haben an dieser Stelle auch die Möglichkeit, einen anderen Wert zu verwenden. In diesem Fall müssten Sie jedoch auf den Computern, auf denen Sie SharePoint installieren, vor der Installation einen Registrierungsschlüssel namens *ContainerDistinguishedName* unterhalb des Schlüssels *HKEY_LOCAL_MACHINE\SOFTWARE\Policies\Microsoft\SharePoint* anlegen und mit dessen Wert auf den neuen Containernamen verweisen.

8. Um den Anwendern zu erlauben, im Rahmen der Installation automatisch einen Dienstverbindungspunkt in diesem Container anzulegen, ist es nun erforderlich diesen ausreichende Schreibrechte zuzuweisen. Öffnen Sie dazu die Eigenschaften des soeben erzeugten Containers und weisen Sie den von Ihnen gewünschten Benutzern zusätzlich Schreibrechte zu (Abbildung 9.112). Um alle Installationen zu erfassen, sollten Sie den authentifizierten Benutzern Schreibrechte geben.

Abbildg. 9.112 Erforderliche Schreibrechte auf den SCP

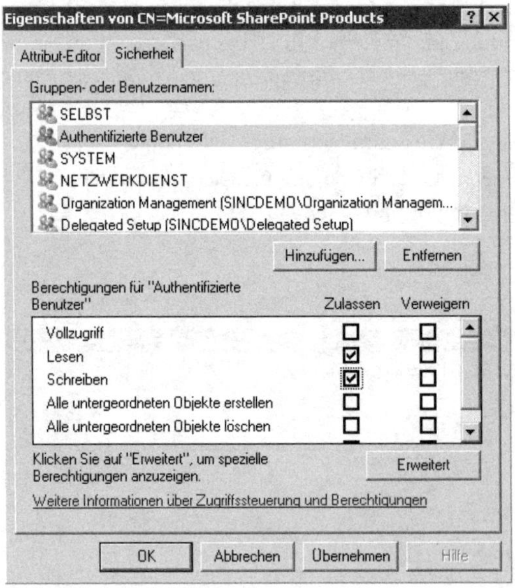

Durch diese Konfiguration erhalten Sie entsprechend im Rahmen einer SharePoint-Installation automatisch einen SCP für jede neue Serverfarm. Dazu wird für jede neue Farm ein Container mit einer GUID erzeugt, in dessen Eigenschaften Sie über das Attribut *serviceBindingInformation* die URL des SCP identifizieren können. Zudem können Sie mithilfe der erweiterten Eigenschaften des Objekts den Installateur identifizieren.

Dienstverbindungspunkte manuell schreiben

Um einen SCP nachträglich, also nach der Installation, in Active Directory aufzunehmen, verwenden Sie das PowerShell-Skript aus Listing 9.36.

Listing 9.36 Manuelles Erzeugen eines Dienstverbindungspunkts

```
$TopURI = Get-SPTopologyServiceApplication | select URI
Set-SPFarmConfig -ServiceConnectionPointBindingInformation $TopURI
```

Bestätigen Sie abschließend das Aktualisieren des Dienstverbindungspunkts mit der Taste [J].

Dienstverbindungspunkte verwalten

Um einen Dienstverbindungspunkt manuell aus dem Verzeichnisdienst zu löschen, verwenden Sie den folgenden PowerShell-Befehl:

```
Set-SPFarmConfig -ServiceConnectionPointDelete
```

Um sich den Dienstverbindungspunkt Ihrer Farm auf dem Server anzeigen zu lassen, steht Ihnen folgender PowerShell-Befehl zur Verfügung:

```
Get-SPFarmConfig -ServiceConnectionPoint
```

Zum Auflisten aller Dienstverwaltungspunkte Ihrer Domäne nutzen Sie das PowerShell-Skript aus Listing 9.37. Ersetzen Sie vor der Verwendung den *Distinguished Name* der Domäne durch Ihren Domänennamen.

ONLINE Das Skript aus Listing 9.37 finden Sie unter dem Namen *List-SCP.ps1* innerhalb der Beispieldateien zum Buch.

Listing 9.37 Auflistung aller SCPs der definierten Domäne

```
$Dom = 'LDAP://CN=Microsoft SharePoint Products; CN=System; DC=sincdemo; DC=de'
$Root = New-Object DirectoryServices.DirectoryEntry $Dom
$sel= New-Object DirectoryServices.DirectorySearcher
$sel.SearchRoot=$root
$adobj=$sel.FindAll()
$adobj | ForEach-Object {$_.Properties.servicebindinginformation}
```

Datenbankverwaltung

In diesem Abschnitt werden die wichtigsten Operationen für die Verwaltung von SharePoint-Datenbanken angeführt. Die Operationen rund um die Wartung und Sicherung bzw. Wiederherstellung von SharePoint-Datenbanken werden in den Kapiteln 7 und 15 beschrieben.

Inhaltsdatenbankeigenschaften verwalten

Die SharePoint-basierte Verwaltung von Inhaltsdatenbanken umschließt primär die folgenden Einstellungsoptionen:

- Erstellen und entfernen neuer Inhaltsdatenbanken
- Hinzufügen neuer Datenbankinstanzen
- Steuerung der Aufnahme neuer Websitesammlungen
- Schreibschützen von Inhaltsdatenbanken
- Angabe eines Failoverservers
- Zuordnung eines bevorzugten Servers für die Zeitgeberaufträge

Die Konfiguration von Inhaltsdatenbanken mithilfe der Zentraladministration erfolgt, indem Sie in der Einstiegsseite der Zentraladministration im Abschnitt Anwendungsverwaltung auf *Inhaltsdatenbanken verwalten* klicken. Dort finden Sie die besagten Konfigurationsoptionen. Zu den dort definierbaren Einstellungen gibt es folgende Anmerkungen:

- Der auswählbare Datenbankstatus im Abschnitt *Datenbankinformationen* bezieht sich nicht auf die Datenbankverfügbarkeit, sondern lediglich auf das Hinzufügen neuer Websitesammlungen zu der Inhaltsdatenbank.
- Beim Entfernen einer Inhaltsdatenbank wird diese lediglich aus der SharePoint-Konfiguration entfernt und verbleibt somit weiterhin auf dem SQL-Server.

Zum Verwalten der Inhaltsdatenbankeigenschaften mithilfe der PowerShell stehen Ihnen die Cmdlets **-SPContentDatabase* zur Verfügung.

Neue Inhaltsdatenbanken anlegen

Zum Anlegen einer neuen Inhaltsdatenbank mithilfe der Zentraladministration gehen Sie wie folgt vor:

1. Öffnen Sie in der Zentraladministration die Seite *Inhaltsdatenbanken verwalten.*
2. Wählen Sie im Dropdownlistenfeld die gewünschte Webanwendung aus, zu der Sie die Inhaltsdatenbank hinzufügen möchten.
3. Klicken Sie auf *Inhaltsdatenbank hinzufügen.*
4. Geben Sie den Namen der Inhaltsdatenbank, einen potenziellen Failoverserver und die Obergrenze der in der Datenbank aufzunehmenden Anzahl an Websitesammlungen an und klicken Sie auf *OK.*

Für das Anlegen von Inhaltsdatenbanken mithilfe der PowerShell verwenden Sie das folgende Beispielskript:

```
New-SPContentDatabase -Name [Name der DB] -WebApplication [URL der Webanwendung] -
DatabaseServer [Name des Datenbankservers] -MaxSiteCount [max. Anzahl an
Websitesammlungen] -WarningSiteCount [Warnschwelle]
```

Ab einschließlich des Parameters *Databaseserver* sind alle Parameter optional und dienen Ihnen lediglich der Feinjustierung.

Existierende Inhaltsdatenbank hinzufügen

Zum Anfügen einer bereits existierenden Inhaltsdatenbank können Sie sowohl die Zentraladministration, als auch die PowerShell verwenden.

HINWEIS Die einzige Ausnahme bildet das Hinzufügen von Inhaltsdatenbanken älterer SharePoint-Versionen. Diese sind mithilfe der PowerShell hinzuzufügen.

Für das Verfahren mithilfe der Zentraladministration verwenden Sie das gleiche Verfahren wie zum Erstellen neuer Inhaltsdatenbanken. Geben Sie dabei lediglich einen Datenbanknamen an, der bereits existiert. Die Inhaltsdatenbank darf jedoch nicht durch eine andere SharePoint-Webanwendung oder Serverfarm aktiv in Benutzung sein.

Mithilfe der PowerShell sieht ein Beispiel zum Anfügen einer bestehenden Inhaltsdatenbank wie folgt aus:

```
Mount-SPContentDatabase -WebApplication http://intranet -DatabaseServer SQL01 -Name
"SP2_Intranet_Content"
```

TIPP Wie die Vorgängerversionen unterstützt SharePoint 2013 lediglich eine einzigartige Datenbank-ID pro Farm. Daher können Sie nicht zeitgleich zwei Datenbanken anfügen, die über die gleiche ID verfügen. In SharePoint 2013 können Sie diese ID jedoch mithilfe eines PowerShell-Parameters beim Import neu erstellen. Verwenden Sie dazu das folgende Skript:

```
Mount-SPContentDatabase -WebApplication http://intranet.sincdemo.de -DatabaseServer SQL01
-Name "SP2_Intranet_Content" -AssignNewDatabaseId
```

Zum Entfernen einer Inhaltsdatenbank verwenden Sie das folgende PowerShell-Beispielskript:

```
Dismount-SPContentDatabase [Inhaltsdatenbankname] -Confirm:$false
```

HINWEIS Durch das Entfernen von Inhaltsdatenbanken mithilfe des Cmdlets *Dismount-SPContentDatabase* werden diese nicht SQL Server-seitig gelöscht, sondern lediglich aus der SharePoint-Konfiguration entfernt. Zum anschließenden Löschen verwenden Sie das Cmdlet *Remove-SPContentDatabase*.

Websitesammlungen zwischen Datenbanken verschieben

Um beispielsweise zu große Datenbanken zu verkleinern, können Sie Websitesammlungen in eine neue Inhaltsdatenbank verschieben. Zuvor ist für Sie sicherlich interessant, wie groß die Websitesammlungen in der Datenbank sind:

```
Get-SPContentDatabase [DB-Name] | Get-SPSite -Limit All | Get-SPSiteAdministration | ft
Url,Diskused -AutoSize
```

Zur Verschiebung einer Websitesammlung zwischen zwei Datenbanken verwenden Sie bevorzugt die PowerShell:

```
Move-SPSite [URL der betroffenen Websitesammlung] -DestinationDatabase [Zieldatenbank]
```

Alternativ können Sie für die Verschiebung von Websitesammlungen zwischen zwei Datenbanken die Sicherungs- und Wiederherstellungsverfahren für Websitesammlungen verwenden. Die zugehörigen Anweisungen finden Sie in Kapitel 15.

ACHTUNG Die Inhalte der Websitesammlung stehen Ihnen während der Verschiebeoperation nicht zur Verfügung. Anwender erhalten beim Zugriff eine 403-Fehlermeldung im Browser. Der Verschiebevorgang kann erhebliche Zeit in Anspruch nehmen und den SQL-Server sehr belasten. Führen Sie daher eine solche Änderung außerhalb der Spitzenbelastungszeiten aus.

Um mehrere Websitesammlungen zwischen zwei Datenbanken zu verschieben, verwenden Sie den folgenden PowerShell-Befehl:

```
Get-SPSite -ContentDatabase [Quell-DB Name] | Move-SPSite -DestinationDatabase [Name der
Zieldatenbank]
```

Inhaltsdatenbanken mit Schreibschutz versehen

Versehen Sie SharePoint-Datenbanken mit einem Schreibschutz, um im Rahmen einer Notfallwiederherstellung oder einer Aktualisierung den fortwährenden Zugriff zu ermöglichen.

Das hier beschriebene Verfahren basiert auf der Verwendung von SQL Server-Verwaltungswerkzeugen. Sie benötigen Farmadministratorrechte bzw. die Datenbankrolle *db_owner*, um die Konfiguration erfolgreich anwenden zu können.

WICHTIG Beachten Sie, dass durch das nachfolgende Verfahren Benutzer eine vom Standard abweichende Oberfläche vorfinden. Während bei dem beschriebenen Verfahren einige Funktionen automatisch ausgeblendet werden, verbleiben einige Funktionen weiterhin in der Benutzeroberfläche, die bei einer Verwendung zu einer Fehlermeldung führen. Weiterführende Informationen zu diesem Thema können Sie dem Kapitel 8 entnehmen.

Um den Schreibschutz für SharePoint-Datenbanken einzurichten, gehen Sie wie folgt vor:

1. Öffnen Sie das SQL Server Management Studio.
2. Klicken Sie mit der rechten Maustaste auf die Inhaltsdatenbank, die Sie als schreibgeschützt festlegen möchten, und wählen Sie im Kontextmenü den Befehl *Eigenschaften* aus.
3. Klicken Sie auf die Seite *Optionen* und im Abschnitt *Status* auf die Zeile *Datenbank schreibgeschützt*.
4. Ändern Sie den Wert von *False* auf *True* und klicken Sie auf *OK* (Abbildung 9.113).

Abbildg. 9.113 Aktivierung des Schreibschutzes

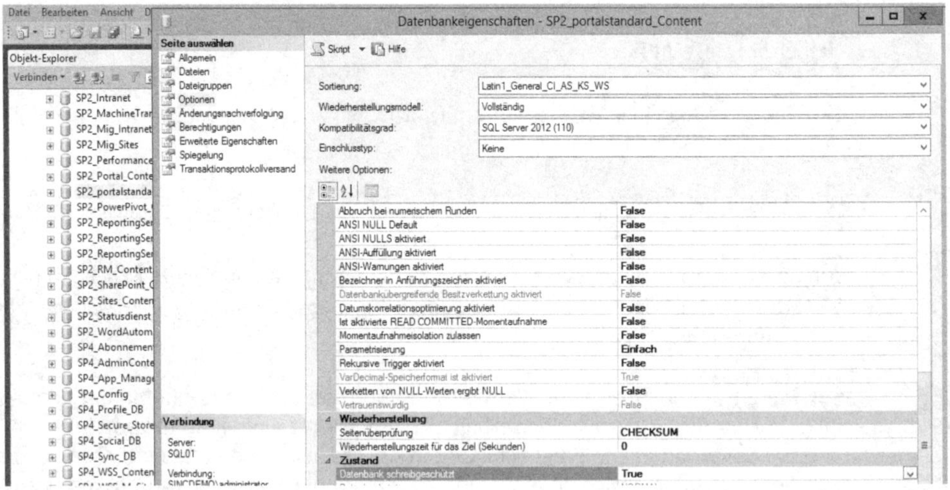

HINWEIS Durch die Aktivierung des Schreibschutzes werden kurzfristig alle geöffneten Datenbankverbindungen geschlossen! Nach der Änderung sind umgehend neue Verbindungen möglich.

Der Schreibschutz wird von SharePoint direkt erkannt und in der Zentraladministration in den Inhaltsdatenbankeigenschaften visualisiert (Abbildung 9.114).

Abbildg. 9.114 Inhaltsdatenbankstatus

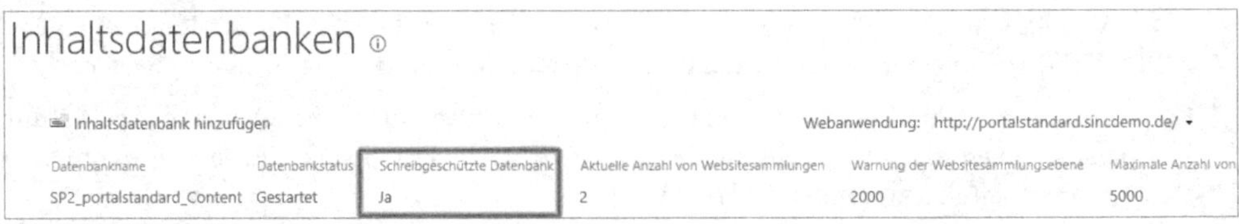

Failoverserver verwalten

Zur Verwaltung der Failoverserver steht Ihnen sowohl die Zentraladministration als auch die PowerShell zur Verfügung, wobei lediglich mithilfe der PowerShell alle verfügbaren Failoverserver konfiguriert werden können.

Zum Hinzufügen eines weiteren Failoverservers zu der Konfiguration mithilfe der PowerShell verwenden Sie das folgende Beispielskript:

```
$db = Get-SPDatabase | where {$_.Name -eq "Configuration Database"}
$db.AddFailoverServiceInstance("[Datenbankserverinstanz]")
$db.Update()
```

SQL-Server zur Farm hinzufügen

Sobald Sie einen weiteren SQL-Server zur Farm hinzufügen, um bei einer gewachsenen Farm die Last auf verschiedene SQL-Server zu verteilen, steht Ihnen dieser SQL-Server nicht ohne Weiteres für die Verwendung in SharePoint 2013 zur Verfügung. Grund hierfür sind die Berechtigungen auf der Datenbankebene, die üblicherweise im Rahmen der SharePoint-Installation vergeben und auf einem neuen SQL-Server nicht automatisiert konfiguriert werden.

Sobald Sie versuchen, unter diesen Umständen eine neue Datenbank anzulegen, erhalten Sie eine Fehlermeldung über nicht ausreichende Berechtigungen.

Um den Server ordnungsgemäß verwenden zu können, delegieren Sie im SQL Server Management Studio erweiterte Berechtigungen an das Zentraladministrationskonto bzw. das Datenbankzugriffskonto der Farm. Gehen Sie dazu wie folgt vor:

1. Öffnen Sie das SQL Server Management Studio, navigieren Sie zum Knoten *[Datenbankinstanz]/Sicherheit/Anmeldungen* und wählen Sie im zugehörigen Kontextmenü den Befehl *Neue Anmeldung*.
2. Geben Sie im Feld *Anmeldename* den Anmeldenamen des Dienstkontos der Zentraladministration im Format *Domäne\Anmeldename* ein und klicken Sie auf *OK*.
3. Klicken Sie unterhalb des Anmeldungsknoten mit der rechten Maustaste auf das soeben hinzugefügte Konto und wählen Sie im Kontextmenü den Befehl *Eigenschaften* aus.
4. Klicken Sie auf die Seite *Serverrollen*, aktivieren Sie zusätzlich die Kontrollkästchen *dbcreator* und *securityadmin* und klicken Sie auf *OK* (Abbildung 9.115).

Abbildg. 9.115 Rollenzuordnung

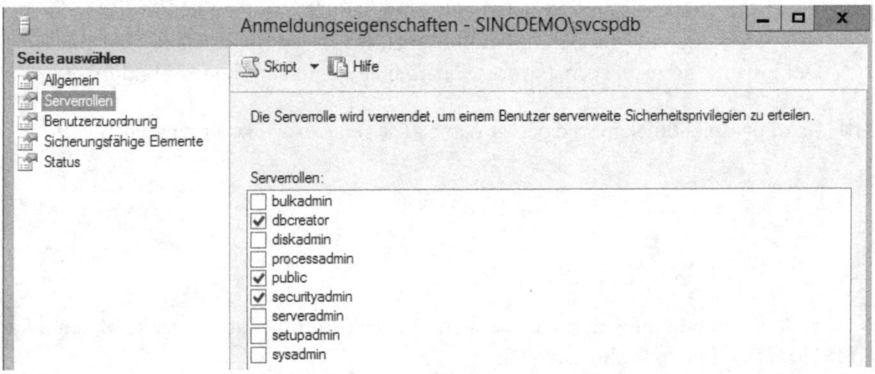

HINWEIS Das Austauschen eines ganzen Datenbankservers erfordert zusätzliche Schritte und die Übernahme der Anmeldungen vom alten Datenbankserver. Zur Übernahme der Anmeldungen steht Ihnen neben der Verwendung von enthaltenen Datenbanken (siehe Kapitel 7) unter anderem ein SQL Server-Abfrageskript zur Verfügung. Mehr Informationen hierzu finden Sie unter *http://support.microsoft.com/kb/918992* [Ms156-K09-09].

Mit diesen Änderungen haben Sie nun beispielsweise auch die Möglichkeit, aus SharePoint heraus neue Inhaltsdatenbanken anzulegen.

Site- und Lösungsverwaltung

In diesem Abschnitt werden die wichtigsten Verfahren zur Site- und Lösungsverwaltung beschrieben.

HINWEIS Mit Ausnahme der in diesem Abschnitt angeführten Websiterichtlinien hat sich die Basis-Site- und Lösungsverwaltung in SharePoint 2013 nicht maßgeblich verändert.

Zusammenarbeit verwalten

Die bereits in SharePoint 2010 eingeführte gemeinsame Zusammenarbeit stellt eine zentrale Funktion dar. Standardmäßig ist die gemeinsame Zusammenarbeit an Dokumenten aufgrund der Standardkollaborationseinstellungen deaktiviert.

Gemeinsame Dokumenterstellung aktivieren

Für die Verwendung der Zusammenarbeitsfunktion gibt es kaum erforderliche Aktivitäten. Beachten Sie, dass nicht alle Office-Anwendungen, wie Excel, die gemeinsame Zusammenarbeit unterstützen. Weitere Informationen hierzu finden Sie in Kapitel 3.

Ferner wird eine Office Web App zur Office-übergreifenden Zusammenarbeit nicht in jeder Variation unterstützt. So können Sie beispielsweise zwar mit OneNote sowohl parallel im Browser als auch in der Office-Anwendung parallel ein Notizbuch bearbeiten, jedoch geht dies nicht in Excel oder Word. In Office Word wiederum können Sie parallel ein Dokument bearbeiten, sofern Sie auf beiden Seiten mindestens Office 2010 verwenden.

Um die gemeinsame Zusammenarbeit grundsätzlich zu ermöglichen, deaktivieren Sie in den Eigenschaften der jeweiligen Dokumentbibliothek im Abschnitt *Versionierungseinstellungen* den Zwang, Dokumente auszuchecken, bevor sie bearbeitet werden können (Abbildung 9.116).

Abbildg. 9.116 Dokumentbibliothek für die gemeinsame Zusammenarbeit konfigurieren

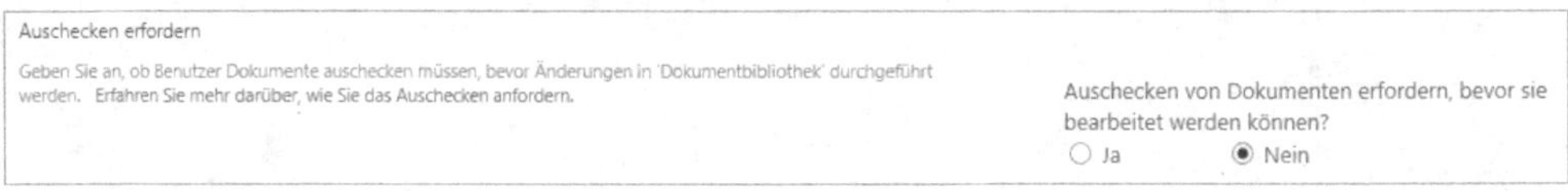

Weiterführende Informationen zu dem für die Zusammenarbeit verwendeten neuen Protokoll *MS-FSSHTTP* finden Sie in Kapitel 8.

Ein weiterer Aspekt bei der Verwendung der Zusammenarbeitsfunktion ist die Versionierung von Dokumenten. Standardmäßig ist die Versionierung von Dokumentbibliotheken deaktiviert. Es wird empfohlen, die Versionierung zu aktivieren, sobald Sie die Zusammenarbeitsfunktion nutzen.

TIPP Für Dokumentbibliotheken, die OneNote-Dateien zur gemeinsamen Bearbeitung freigeben, sollte lediglich die Erstellung von Hauptversionen aktiviert werden. Die Erstellung von Nebenversionen kann zu Synchronisierungsfehlern führen, die das Speichern von Änderungen verhindern. Begrenzen Sie zudem bei OneNote-Dokumentbibliotheken die maximale Anzahl der zu speichernden Hauptversionen, um die Verwendung des Speicherplatzes zu optimieren.

Standardmäßig erfasst SharePoint alle 30 Minuten eine neue Version, wenn die Zusammenarbeit verwendet wird. Um diesen Zeitraum anzupassen, verwenden Sie das PowerShell-Skript aus Listing 9.38. Ersetzen Sie dabei die Werte von *[Site-URL]* und *[Intervall in Minuten]* durch Ihre entsprechenden Werte.

Listing 9.38 Abänderung des Standardintervalls zum Erstellen neuer Versionen für die Zusammenarbeit

```
$siteurl = "[Site-URL]"
$mysite=New-Object Microsoft.SharePoint.SPSite($siteurl)
$mysite.WebApplication.WebService.CoauthoringVersionPeriod = [Intervall in Minuten]
$mysite.WebApplication.WebService.Update()
```

ONLINE Sie finden das Beispielskript unter dem Namen *CoAuthVersions.ps1* innerhalb der Beispieldateien zum Buch.

Anzahl der maximalen Co-Autoren beschränken

Eine große Anzahl an parallel an einem Dokument arbeitenden Anwendern kann zu einer schlechten Benutzererfahrung beim Speichern von Änderungen führen. In dieser Situation kommt es vermehrt zu Synchronisierungskonflikten und ein Anwender muss potenziell zu viele Änderungen bestätigen. Daher lautet die empfohlene Grenze bei 10 parallelen Anwendern pro Dokument. Standardmäßig liegt die Obergrenze bei 99 parallelen Anwendern. Diese Grenze gilt jedoch nicht für OneNote.

Zum Abändern der Obergrenze steht Ihnen die PowerShell zur Verfügung. Verwenden Sie hierfür das Beispielskript aus Listing 9.39. Ersetzen Sie zuvor die Werte *[Site-URL]* und *[Anzahl]* durch Ihre entsprechenden Werte.

Listing 9.39 Angabe der Obergrenze für die Anzahl paralleler Benutzer pro Dokument

```
$siteurl = "[Site-URL]"
$mysite=New-Object Microsoft.SharePoint.SPSite($siteurl)
$mysite.WebApplication.WebService.CoauthoringMaxAuthors = [Anzahl]
$mysite.WebApplication.WebService.Update()
```

ONLINE Sie finden das Beispielskript unter dem Namen *MaxCoAuthUsers.ps1* innerhalb der Beispieldateien zum Buch.

Setzen Sie den Wert *Anzahl* auf 0. So legt der SharePoint-Server für jede Änderung eine Version an. Der Maximalwert für den Wert beträgt 99.

Gemeinsame Dokumenterstellung deaktivieren

Um zu verhindern, dass Dokumente gemeinsam bearbeitet werden, haben Sie verschiedene Möglichkeiten. Die gemeinsame Dokumentbearbeitung wird automatisch blockiert, sobald ein Dokument ausgecheckt wird.

Wenn Sie zentral vorgeben möchten, dass die gemeinsame Zusammenarbeit nicht verfügbar ist, stehen Ihnen die folgenden Möglichkeiten zur Verfügung:

- Per Gruppenrichtlinien auf Anwenderbasis
- Per PowerShell auf Webanwendungsebene
- Per PowerShell auf Webdienstebene

Die Verwendung der Gruppenrichtlinie zur Blockierung der Zusammenarbeit bietet sich beispielsweise an, um einen Standort mit geringer Bandbreite, der über der knappen Leitung auf ein SharePoint-System zugreift, davon abzuhalten, die Leitung unnötig zu belasten.

Deaktivierung mithilfe von Gruppenrichtlinien

Zur Deaktivierung der Zusammenarbeit via Gruppenrichtlinie benötigen Sie die Richtlinienvorlagedateien von Office 2010 bzw. 2013, die Sie in Ihre Gruppenrichtlinien integrieren können.

HINWEIS Sie finden die Installationsroutinen für die Office 2013-Richtlinienvorlagedateien unter dem Link *http://go.microsoft.com/fwlink/p/?LinkId=257051* [Ms156-K09-10].

Zur Bereitstellung der Office 2013-Richtlinienvorlagedateien gehen Sie wie folgt vor:

1. Extrahieren Sie die Installationsdateien durch Ausführung der Installationsroutine in ein temporäres Verzeichnis.
2. Öffnen Sie im Extrahierungsverzeichnis den Unterordner *ADMX*, wählen Sie alle *.admx*-Dateien und die Unterordner mit ihren relevanten Sprachbezeichnungen (in der Regel *de-de*) aus und kopieren Sie diese in den Zwischenspeicher (mit Strg + C).
3. Öffnen Sie den Ordner *%SystemRoot%\PolicyDefinitions* und fügen Sie die Dateien und Ordner ein (mit Strg + V).

Zum Konfigurieren der Richtlinie gehen Sie wie folgt vor:

1. Öffnen Sie das entsprechende Gruppenrichtlinienverwaltungswerkzeug auf dem Computer, auf dem Sie die Office 2013-Gruppenrichtlinien bereitgestellt haben.
2. Navigieren Sie zum Knoten *Benutzerkonfiguration/Administrative Vorlagen/Microsoft Word 2013/Einstellungen für die Zusammenarbeit.*
3. Öffnen Sie das Element *Gemeinsame Dokumenterstellung verhindern* (Abbildung 9.117).

Abbildg. 9.117 Gruppenrichtlinieneinstellung zur Deaktivierung der gemeinsamen Zusammenarbeit

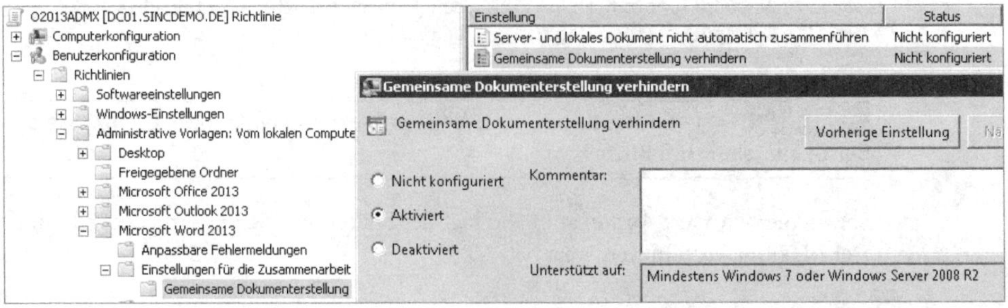

4. Setzen Sie die Option auf *Aktiviert* und schließen Sie alle Fenster.

HINWEIS Alternativ haben Sie auch die Möglichkeit, via Gruppenrichtlinie die Dateisynchronisierung mittels SOAP über HTTP zu blockieren, um die Zusammenarbeitsfunktion zu deaktivieren.

Sie finden diese Option unter der jeweiligen Office-Anwendung in den Richtlinien im Knoten *Verschiedenes/Servereinstellungen*.

Beachten Sie, dass Sie durch diese Verfahren gezielt Anwender von der Nutzung der Zusammenarbeitsfunktion aussperren können. Es ist jedoch wichtig, dass Sie die Gruppenrichtlinie auf der korrekten Ebene etablieren, um die gewünschten Benutzer von der Richtlinie zu blockieren. Um beispielsweise alle Benutzer zu blockieren, verknüpfen Sie die Richtlinie auf der Domänenebene.

Deaktivierung mithilfe der PowerShell

Zum Deaktivieren der Zusammenarbeit auf Websitesammlungsebene verwenden Sie das PowerShell-Skript aus Listing 9.40. Ersetzen Sie zuvor den Wert *[URL der Site]* durch Ihre Site-URL (beispielsweise *http://portal.contoso.com*).

Listing 9.40 Deaktivierung der Zusammenarbeit auf Websitesammlungsebene

```
$siteurl = "[URL der Site]"
$mysite=New-Object Microsoft.SharePoint.SPSite($siteurl)
$mysite.WebApplication.DisableCoauthoring = $true
$mysite.WebApplication.Update()
```

Zur Deaktivierung der Zusammenarbeit auf Webdienstebene verwenden Sie das PowerShell-Beispiel aus Listing 9.41 und ersetzen zuvor den Wert *[URL der Site]* durch einen entsprechenden Wert.

Listing 9.41 Deaktivierung der Zusammenarbeit auf Webdienstebene

```
$siteurl = "[URL der Site]"
$mysite=New-Object Microsoft.SharePoint.SPSite($siteurl)
$mysite.WebApplication.WebService.DisableCoauthoring = $true
$mysite.WebApplication.WebService.Update()
```

Best Practices

Für die Verwendung der gemeinsamen Dokumenterstellung werden die in Tabelle 9.35 aufgeführten Maßnahmen empfohlen.

Tabelle 9.35 Empfehlungen für die Verwendung der gemeinsamen Dokumenterstellung

	Best Practice
✓	Verwenden Sie keine Nebenversionen der Versionsverwaltung in Kombination mit OneNote, da diese zu Problemen mit den OneNote-Synchronisierungsmechanismen führen. Hauptversionen können hingegen bei Bedarf verwendet werden.
✓	Aktivieren Sie nicht *Auschecken erfordern*, wenn Sie die gemeinsame Dokumenterstellung nutzen möchten
✓	Begrenzen Sie die maximale Anzahl der zu speichernden Hauptversionen, um die Verwendung des Speicherplatzes zu optimieren

Tabelle 9.35 Empfehlungen für die Verwendung der gemeinsamen Dokumenterstellung *(Fortsetzung)*

	Best Practice
✓	Für eine Reduktion der Farmlast in Kontext der gemeinsamen Dokumenterstellung verwenden Sie bevorzugt Office 2013-Clients
✓	Reduzieren Sie die maximale Anzahl an parallelen Benutzern pro Dokument auf 10, um die Benutzererfahrung zu optimieren und die Last auf die Farm zu begrenzen

Websites verwalten

Zum Verwalten von Websites stehen Ihnen die nachfolgend erläuterten Optionen zur Verfügung.

Websites auflisten

Um sich eine Übersicht über die vorhandenen Websites zu ermöglichen, steht Ihnen die Websitesammlungsverwaltung und die PowerShell zur Verfügung.

Um eine Übersicht über die innerhalb einer Websitesammlung vorhandenen Websites aus der Webanwendung heraus zu erhalten, navigieren Sie in der entsprechenden Websitesammlung in die Websitesammlungseinstellungen und wählen im Abschnitt *Websitesammlungsverwaltung* den Link *Websitehierarchie.*

Zum Anzeigen der innerhalb einer Websitesammlung verfügbaren Websites bietet sich grundsätzlich die PowerShell an:

```
Get-SPWeb -Site [URL der Websitesammlung] -Limit All
```

Um sich die Websites aller Websitesammlungen einer Webanwendung anzeigen zu lassen, verwenden Sie den folgenden PowerShell-Befehl:

```
ForEach($Site in Get-SPSite){Get-SPWeb -site $site}
```

Websiteeigenschaften abfragen

Zum Abfragen der Kernparameter einer Website verwenden Sie das folgende PowerShell-Beispiel:

```
Get-SPSite [URL der Website] | select *
```

Websites anlegen

Üblicherweise werden Websites innerhalb einer Webanwendung aus der Clientperspektive oder automatisch im Zuge der Bereitstellung einer Websitesammlung durch den Farmadministrator angelegt. Die in SharePoint 2013 verfügbaren Websitevorlagen können Sie mehrheitlich über die Browseroberfläche anlegen. Einige Websitevorlagen lassen sich lediglich über die Eingabeaufforderung erstellen.

Die Liste der verfügbaren Websitevorlagen finden Sie in Kapitel 8. Zum Anlegen einer Website auf Basis dieser Websitevorlagen mithilfe der PowerShell verwenden Sie die nachfolgende PowerShell-Befehlszeile:

```
New-SPWeb -url [URL der anzulegenden Website] -Template [Name der Vorlage] -Name [Name, der
auf der Site erscheint]
```

Beispielsweise wird hier eine Website für die Mandantenverwaltung angelegt:

```
New-SPWeb -url http://sharepoint/admin -Template TENANTADMIN#0 -Name "Mandantenverwaltung"
```

Websites löschen

Zum Löschen einer Website steht Ihnen neben der Browseroberfläche die PowerShell zur Verfügung. Zum Löschen einer Website über die Websiteverwaltung gehen Sie folgendermaßen vor:

1. Öffnen Sie die zu löschende Website, klicken Sie auf *Websiteaktionen* und *Websiteeinstellungen*.
2. Im Abschnitt *Websiteaktionen* wählen Sie den Link *Diese Website löschen*.
3. Bestätigen Sie den Löschvorgang durch einen Klick auf *Löschen*.

Zum Löschen einer Website mithilfe der PowerShell verwenden Sie die nachfolgende Befehlszeile:

```
Remove-SPWeb [URL der zu löschenden Website] –Confirm:$false
```

Steuerung des Downloadverhaltens

Standardmäßig ist das System für die Reduktion des WAN-Verkehrs minimiert, indem beim Laden neuer Seiten lediglich das erforderliche Delta der Seite übertragen wird, sofern die benutzerdefinierten Steuerelemente und Masterpages dies unterstützen. Zum Deaktivieren dieser Funktion können Sie auf Websiteebene einen entsprechenden Parameter mithilfe der PowerShell setzen. Ersetzen Sie zuvor entsprechend den Wert für das *SPWeb*-Objekt.

Listing 9.42 Deaktivierung minimaler Delta Downloads

```
$SPWeb = Get-SPWeb http://portal.sincdemo.de
$SPWeb.EnableMinimalDownload=0
$SPWeb.Update()
```

Personenauswahl

Die Personenauswahl (People Picker) ist die SharePoint-Komponente, die Ihnen bei der Lokalisierung von Benutzerkonten und Gruppen, beispielsweise um Berechtigungen zu erteilen, behilflich ist (Abbildung 9.118). Dabei werden nicht nur Objekte aus Active Directory abgefragt, sondern auch aus anderen Quellen, wie einer *AspNetSqlMembership*-Anbieterdatenbank mithilfe der Personenauswahl.

HINWEIS Allgemein lässt sich sagen, dass die Steuerung der Personenauswahl in SharePoint 2013 weitestgehend mit dem SharePoint 2010-Ansatz identisch ist. Dies bedeutet leider auch, dass weiterhin nur eine sehr begrenzte Integration in die PowerShell-basierte Verwaltung vorliegt und somit teilweise auf die veraltete STSADM-Schnittstelle ausgewichen werden muss.

Abbildg. 9.118 Auswahl von Benutzerkonten oder Gruppen mithilfe der Personenauswahl

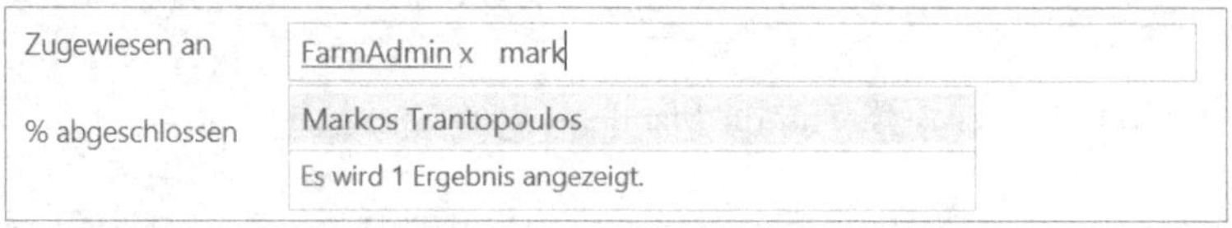

In den meisten Situationen ist es nicht erforderlich, das Verhalten der Personenauswahl an Ihre Bedürfnisse anzupassen. In einer ganzen Reihe von Fällen, wie beispielsweise bei der Zusammenarbeit mit externen Benutzern, sind Sicherheitsaspekte häufig der Ursprung für weiterführende Gedanken rund um die Personenauswahl. So ist es in Hostingszenarien zumeist nicht wünschenswert, dass die Benutzer einer Websitesammlung die Benutzer einer anderen Websitesammlung aufgelöst bekommen.

Allgemeines

Die Personenauswahl wird primär auf Websitesammlungsebene durch den Farmadministrator konfiguriert. Dabei kann eine abweichende Konfiguration für unterschiedliche Zonen definiert werden.

HINWEIS Auf der Zentraladministrations-Site löst die Personenauswahl Objekte von allen Providern aller Webanwendungen der Farm auf (gilt für die standardmäßig genutzte forderungsbasierte Authentifizierung). Dies passiert unabhängig davon, welche zonenspezifischen Anpassungen Sie jeweils definiert haben.

TIPP In vielen Situationen ist es unbefriedigend, die Konfiguration der Personenauswahl auf Websitesammlungsebene zu definieren. In diesen Situationen wird eine Konfiguration auf Webanwendungsebene vorgezogen. Die Konfiguration dieser Ebene ist weitestgehend vergleichbar zu der websitesammlungsbasierten Konfiguration. Der elementare Unterschied besteht hier darin, dass Sie die Stammwebsitesammlung konfigurieren, um die Änderungen anzuwenden.

Anders als bei der Mehrzahl der anderen Befehle steht Ihnen bei der Konfiguration der Personenauswahl lediglich die Eingabeaufforderung (*STSADM.exe*) anstelle der PowerShell zur Verfügung. Zwar haben Sie die Möglichkeit, auf die wesentlichen Parameter der spezifischen Konfiguration der Personenauswahl mithilfe der PowerShell zuzugreifen, jedoch ist dieser Konfigurationsweg mit Einschränkungen versehen. Auf Basis des nachfolgenden Beispiels können Sie die Konfiguration der Personenauswahl mithilfe der PowerShell auslesen (Listing 9.43).

Listing 9.43 Auslesen der Konfiguration zur Personenauswahl

```
$site = New-Object -TypeName
Microsoft.SharePoint.SPSite("https://portal.sincdemo.de/websites/it")
$pp = $site.WebApplication.PeoplePickerSettings
$pp
```

Die Personenauswahl greift standardmäßig unter Verwendung des Kontexts des zur Websitesammlung zugehörigen Webanwendungspools auf Active Directory zu. Sollten Sie dieses Zugriffskonto abändern wollen, steht Ihnen hierfür der Beispielbefehl aus Listing 9.44 zur Verfügung.

ACHTUNG Bevor Sie Passwörter für die dedizierten Personenauswahlkonten hinterlegen können, müssen Sie ein Passwort hinterlegen, mit dem die nachfolgenden Passwörter in der Datenbank geschützt werden können. Andernfalls erhalten Sie beim Versuch, die Anmeldedaten zu hinterlegen, die Fehlermeldung »Die Informationen für den Anmeldeinformationsschlüssel der Anwendung können nicht abgerufen werden.«. Zum Definieren dieses Passworts führen Sie einmalig den folgenden Befehl aus:

```
STSADM -o setapppassword -password [Passwort]
```

Listing 9.44 Definition eines dedizierten Personenauswahlkontos für den Zugriff auf Active Directory

```
STSADM -o Setproperty -url https://portal.sincdemo.de/websites/it -pn Peoplepicker-
searchadforests -pv "forest:[FQDN der Gesamtstruktur];domain:[FQDN der Domäne],[Anmeldename
des Dienstkontos im Format Domäne\Anmeldename],[Passwort]"
```

Um unterschiedliche Konten für unterschiedliche Domänen verwenden zu können, geben Sie einfach weitere Datensätze durch ein Semikolon getrennt an.

Isolation für Benutzerkonten

Ihnen stehen zwei grundlegende Möglichkeiten zur Verfügung, um eine Isolation der Benutzer einer Websitesammlung zu erreichen:

- Ausschluss aller nicht Websitesammlungsbenutzer
- Zuweisung einer Websitesammlung zu einer Active Directory-Organisationseinheit

TIPP Sofern Sie mandantenbasierte Websites verwenden, haben Sie eine weitere Möglichkeit, die Personenauswahl mandantenweit für die Beschränkung auf eine Organisationseinheit zu beschränken. Weitere Informationen zu diesem Verfahren finden Sie im Abschnitt »Mandanten verwalten« in diesem Kapitel.

Die einfachste, jedoch auch zumeist etwas unpraktische Lösung besteht im Ausschluss aller Nicht-Websitesammlungsbenutzer von der Personenauswahl. Mit anderen Worten wird zu einem Zeitpunkt definiert, dass künftig lediglich Benutzer innerhalb der Websitesammlung von der Personenauswahl lokalisiert werden können.

Um diese Konfiguration umzusetzen, verwenden Sie die Befehlszeile aus Listing 9.45.

Listing 9.45 Setzen der Personenauswahlisolation auf Websitesammlungsebene

```
STSADM Setproperty -url [URL der Websitesammlung] -pn Peoplepicker-
onlysearchwithinsitecollection -pv yes
```

Es gibt noch eine weitere Variante zum Einschränken der Benutzerauswahl: Anstelle des Parameters *Peoplepicker-onlysearchwithinsitecollection* kann der Parameter *Peoplepicker-peopleeditoronlyresolvewithinsitecollection* verwendet werden. Dies hat lediglich zur Folge, dass die Funktion *Namen überprüfen* in der Personenauswahl eingeschränkt ist, jedoch nicht die Benutzerauswahl, die Sie verwenden, sobald Sie auf die Schaltfläche *Durchsuchen* (das Buchsymbol unten rechts) klicken.

Auslesen lässt sich der Wert durch den Befehl aus Listing 9.46.

Listing 9.46 Auslesen der Isolationseinstellungen für die Personenauswahl

```
STSADM -o Getproperty -url [URL der Websitesammlung] -pn Peoplepicker-
onlysearchwithinsitecollection
```

Die Beschränkung der Websitesammlung auf die Benutzer einer Active Directory-Organisationseinheit hingegen ist etwas flexibler. Hiermit haben Sie die Möglichkeit, für die Personenauswahl lediglich die Benutzer und Gruppen anzeigen zu lassen, die sich unterhalb einer vorgegebenen Active Directory-Struktur befinden, vorausgesetzt, die Benutzer sind entsprechend in Active Directory-Organisationseinheiten gruppiert.

Für diese Konfiguration stehen Ihnen an dieser Stelle sowohl die PowerShell als auch das *STSADM*-Befehlszeilentool zur Verfügung. Verwenden Sie für diese Änderung den PowerShell-Befehl aus Listing 9.47.

Listing 9.47 Festlegen der Personenauswahl auf eine Active Directory-Organisationseinheit mithilfe der PowerShell

```
Set-SPSite [URL der Websitesammlung] -UserAccountDirectoryPath "[DN der
Organisationseinheit z.B. ou=Wiesbaden,dc=sincdemo,dc=de]"
```

Hiermit werden sowohl die Benutzer/Gruppen in der entsprechenden Organisationseinheit als auch unterhalb der definierten Organisationseinheit adressiert.

Um den aktuellen Zustand des Parameters mithilfe der PowerShell auszulesen, steht Ihnen der PowerShell-Befehl aus Listing 9.48 zur Verfügung.

Listing 9.48 Auslesen der Personenauswahl zur Active Directory-Assoziation mithilfe der PowerShell

```
Get-SPSite [URL der Websitesammlung] | select UserAccountDirectoryPath
```

Alternativ lautet der Befehlszeilenaufruf entsprechend dem Listing 9.49.

Listing 9.49 Festlegen der Personenauswahl auf eine Active Directory-OU mithilfe der Eingabeaufforderung

```
STSADM -o SetSiteUserAccountDirectoryPath -url [URL der Websitesammlung] -path [DN der OU
z.B. "ou=Wiesbaden,dc=sincdemo,dc=de"]
```

Administrative Konten befinden sich häufig nicht in den gleichen Organisationseinheiten, wie die Benutzerkonten, daher haben Sie die Möglichkeit, den *Distinguished Name* der Organisationseinheit optional ebenfalls in die Liste der durch die Personenauswahl anzuzeigenden Konten aufzunehmen. Verwenden Sie dazu die Befehlszeile aus Listing 9.50.

Listing 9.50 Definition des Pfads für administrative Konten

```
STSADM -o Setproperty -url [URL der Websitesammlung] -pn Peoplepicker-
serviceaccountdirectorypaths -pv [DN der OU z.B. "ou=Wiesbaden,dc=sincdemo,dc=de"]
```

Alternativ zu diesen Ansätzen ist es möglicherweise wünschenswert, die Personenauswahl auf Basis einer Gruppenmitgliedschaft einzuschränken. In diesen Fällen steht Ihnen der Filteransatz aus Listing 9.51 zur Verfügung.

Listing 9.51 Einschränkung der Personenauswahl auf eine Active Directory-Gruppe

```
STSADM -o Setproperty -pn Peoplepicker-searchadcustomfilter –pv
"(MemberOf=CN=Gruppenname1,OU=Wiesbaden,DC=sincdemo,DC=de)" -url http://portal.sincdemo.de/
sites/it
```

Umgebungen mit mehreren Domänen/Gesamtstrukturen

Ein verbreitetes Problem im Umgang mit der Personenauswahl entsteht potenziell in Szenarien mit mehreren Domänen bzw. Gesamtstrukturen. Wichtig dabei ist festzustellen, dass die Personenauswahl nicht nur innerhalb einer Active Directory-Umgebung Benutzerkonten bei der Abfrage lokalisiert, sondern bei einer Abfrage automatisch auch alle vertrauten Domänen einbezieht. Dies impliziert, dass der entsprechende Web-Front-End-Server im Moment der Personenauswahlabfrage eine direkte Verbindung zu den Domänencontrollern der vertrauten Domänen aufbaut. Sollte dies aufgrund der Netzwerkrichtlinien bzw. der Netzwerkeinschränkungen nicht möglich sein, wird die Personenauswahl eine beträchtliche Zeitspanne nach dem Beginn der Abfrage nicht mehr reagieren. Um dies zu verhindern, oder aber auch generell diesen Automatismus abzuändern, haben Sie die Möglichkeit, die Liste der abzufragenden Active Directory-Gesamtstrukturen vorzugeben, also einzuschränken. Rufen Sie dazu die Befehlszeile aus Listing 9.52 auf.

Für den nachfolgenden Befehl gibt es kein passendes Pendant für die PowerShell.

Listing 9.52 Festlegen der Personenauswahl auf eine Gesamtstruktur

```
STSADM -o Setproperty -url [URL der Websitesammlung] -pn Peoplepicker-searchadforests -pv
"[FQDN der Gesamtstruktur]"
```

TIPP Bei einem näheren Blick auf die Konfigurationsparameter der Personenauswahl werden Sie auf einen Parameter stoßen, der Ihnen scheinbar eine alternative Lösung dieses Problems offenbart: *ActiveDirectorySearchTimeout*. Dieser standardmäßig auf 30 Sekunden festgelegte Parameter wird Ihnen jedoch nicht in einer Konstellation behilflich sein, in der Active Directory nicht direkt erreichbar ist. Dieser Parameter gibt vor, wie lange eine funktionale Active Directory-Abfrage pro Active Directory maximal dauern darf.

Um die Personenauswahl beispielsweise auf die Nutzung nur einer Domäne in einer Gesamtstruktur festzulegen, passen Sie das Beispiel aus Listing 9.53 an.

Listing 9.53 Einschränken der Personenauswahl auf die Verwendung einer speziellen Domäne einer Gesamtstruktur

```
STSADM -o Setproperty -url http://portal.sincdemo.de -pn Peoplepicker-searchadforests -pv
"forest:sincdemo.de;domain:wm.sincdemo.de"
```

Um den aktuellen Wert auszulesen, führen Sie den folgenden Befehl aus:

```
STSADM -o Getproperty -pn Peoplepicker-searchadforests -url [URL der Websitesammlung]
```

ACHTUNG Über die Active Directory-Gesamtstruktur hinaus kommt es bei der Einschränkung der Personenauswahl zu Problemen. In diesen Situationen ist das Setzen eines weiteren Parameters mithilfe des Skripts aus Listing 9.54 erforderlich.

Passen Sie vor dem Ausführen des Beispielskripts die URL entsprechend an.

Listing 9.54 Zusätzliche Maßnahmen bei Personenauswahl-Isolationen über die Domänengrenze hinaus

```
[Reflection.Assembly]::Loadwithpartialname("System.DirectoryServices")
$webapp=[Microsoft.SharePoint.Administration.SPWebApplication]::Lookup("http://WEBAPP")
$webapp.PeoplepickerSettings.ReferralChasingOption =
[System.DirectoryServices.ReferralChasingOption]::All;
$webapp.Update();
```

ONLINE Sie finden das Beispielskript unter dem Namen *PeoplePickerMultiDom.ps1* innerhalb der Beispieldateien zum Buch.

Weitere Anpassungen der Personenauswahl

Sie haben die Möglichkeit, die durch die Personenauswahl anzuzeigenden Ergebnisse zu filtern. In dem Beispiel aus Listing 9.55 werden lediglich alle aktiven Benutzer in den Ergebnissen angezeigt.

Listing 9.55 Filtern der Abfrageergebnisse

```
STSADM -o Setproperty -pn Peoplepicker-searchadcustomfilter -pv
"(&(objectCategory=person)(objectClass=user)(!userAccountControl:1.2.840.113556.1.4.803:=2
))" -url [URL der Websitesammlung]
```

Um beispielsweise eine Filterung auf Basis des Attributs *Titel* zu realisieren, um lediglich alle Manager auswählbar zu machen, rufen Sie den Befehl aus Listing 9.56 auf.

Listing 9.56 Filterung aller Manager in Active Directory

```
STSADM -o Setproperty -pn Peoplepicker-searchadcustomfilter -pv "((Title=Manager))" -url
http://portal.sincdemo.de/sites/it
```

In Umgebungen, in denen Sie die Forderungsauthentifizierung verwenden, können Sie die Personenauswahl daran hindern, Abfrageergebnisse aus Active Directory anzuzeigen. Verwenden Sie hierzu den Befehl aus Listing 9.57.

Listing 9.57 Deaktivierung von Abfrageergebnissen aus Active Directory

```
STSADM -o Setproperty -pn Peoplepicker-nowindowsaccountsfornonwindowsauthenticationmode -pv
yes -url [URL der Websitesammlung]
```

Webparts

Ein Webpart wird für die Darstellung von Inhalten und Informationen auf einer SharePoint-Site verwendet. Die eigentliche Funktion des Webparts ist dabei in einer .NET-Assembly versteckt. Ein Webpart besteht aus drei Elementen:

- Webpart Description File (*.dwp*, *.webpart* oder *.xml*)
- Webpart-Ressourcen (Bilder, Skripts usw.)
- .NET Assembly (managed DLL)

Die XML-formatierte *.dwp*-Datei speichert die Informationen des Webparts wie den Titel des Webparts und eine Beschreibung. Weiterhin werden in dieser Datei Webpartressourcen wie Grafiken oder Skripts referenziert.

Webparts bereitstellen

Sie können Webparts primär über zwei Methoden bereitstellen. Entweder als Administrator einer Websitesammlung mithilfe der Websitesammlungsadministration oder als Farmadministrator via PowerShell. Der letztere Weg ermöglicht Ihnen die globale Bereitstellung von Webparts.

HINWEIS Der manuelle Weg der Webpartbereitstellung mithilfe von *web.config*-Anpassungen liegt außerhalb des Fokus dieses Handbuchs.

Bei der Bereitstellung eines Webparts als Farmadministrator gibt es weitere Varianten. Sie haben die Wahl, das Webpart global in den GAC bereitzustellen oder jeweils nur ausgewählte Webanwendungen zu adressieren, denen das Webpart dann in das *Bin*-Verzeichnis installiert wird. Bei der Auswahl zwischen diesen Varianten spielt die Sicherheit und die Funktionalität eine Rolle: Assemblys aus dem GAC werden mit Full Trust-Berechtigungen ausgeführt. In einigen Fällen ist die Installation der Assembly in den GAC jedoch erforderlich. Dies ist dann der Fall, wenn das Assembly hohe Berechtigungen benötigt.

Zur globalen Bereitstellung mithilfe der PowerShell führen Sie als Farmadministrator das folgende Cmdlet aus:

```
Install-SPWebPartPack -LiteralPath [Pfad zum Webpart] -Name [Name des Webparts]
-GlobalInstall -Confirm:$false
```

Zur Bereitstellung eines Webparts für eine Webanwendung in das *Bin*-Verzeichnis lautet der PowerShell-Befehl wie folgt:

```
Install-SPWebPartPack -LiteralPath [Pfad zum Webpart] -Name [Name des Webparts]
-WebApplication [URL der Webanwendung] -Confirm:$false
```

Nach dem Bereitstellen mithilfe der PowerShell haben Sie die Möglichkeit, das Webpart weiteren Webanwendungen über die Lösungsverwaltung der Zentraladministration oder aber mithilfe der PowerShell bereitzustellen. Mehr Informationen zur Lösungsverwaltung finden Sie im Abschnitt »Lösungen« dieses Kapitels.

Webparts entfernen

Zum Identifizieren der installierten Webpartpakete verwenden Sie das Cmdlet *Get-SPWebPartPack*. Für die Deinstallation steht Ihnen die Lösungsverwaltung der Zentraladministration oder die PowerShell zur Verfügung:

```
Unistall-SPWebPartPack -Identity [Name des Webpart-Pakets] -Confirm:$false
```

Lösungen

Lösungen ermöglichen es Ihnen, die sonst potenziell aufwendige Bereitstellung von Artefakten wie Webparts, Master Pages und Features auf alle Mitgliedsserver einer SharePoint-Farm zu automatisieren. In diesem Abschnitt erfahren Sie, welche Mittel Ihnen für die Verwaltung von Lösungen in SharePoint 2013 zur Verfügung stehen.

HINWEIS Weiterführende Informationen zu Lösungen erhalten Sie in Kapitel 8. Die Verwaltung von Anwenderlösungen wird aufgrund der Abkündigung dieser Funktion nicht mehr in dieser Tiefe und somit in diesem Abschnitt behandelt.

Lösungen bereitstellen

Den Ablauf zur Bereitstellung von Lösungen entnehmen Sie bitte dem Kapitel 6.

Lösungen aktualisieren

Um eine bestehende Lösung zu aktualisieren, verwenden Sie den folgenden Beispielbefehl:

```
Update-SPSolution -Identity SharePointProject2.wsp -LiteralPath c:\Install\SProjekt1.wsp -
GACDeployment
```

Lösungen entfernen

Zum Zurückziehen der Lösung mithilfe der PowerShell führen Sie den folgenden Befehl aus:

```
Uninstall-SPSolution -Identity SProjekt1.wsp -WebApplication http://SP2-2
```

Zum Löschen der Lösung aus dem Lösungsspeicher der Farm mithilfe der PowerShell führen Sie den folgenden Befehl aus:

```
Remove-SPSolution -Identity SProjekt1.wsp
```

Features verwalten

In diesem Abschnitt wird die Verwaltung der Features erläutert. Aktivieren Sie bevorzugt die automatische Featureverwaltung durch die Wahl der bestmöglichen Websitevorlage. Die PowerShell-Steuerung wird in diesem Abschnitt von der Verwaltung über den Browser getrennt betrachtet.

Während die Featuresteuerung in der Zentraladministration und den Websiteeinstellungen verfügbar ist, kann die Installation und Deinstallation eines Features nur mithilfe der Eingabeaufforderung erfolgen.

HINWEIS Beachten Sie, dass nicht alle Features über den Browser steuerbar sind. Einige Features sind auf *Hidden* gesetzt und können daher entweder durch die Wahl der richtigen Websitevorlage oder die PowerShell nachträglich aktiviert werden.

Weiterführende Informationen zu Features finden Sie in Kapitel 8.

Farmebene

Zur Konfiguration von Features auf der Farmebene sind Farmadministratorberechtigungen erforderlich. Gehen Sie wie folgt vor, um die Features zu verwalten:

1. Öffnen Sie die Einstiegsseite der Zentraladministration und klicken Sie im Abschnitt *Anwendungsverwaltung* auf *Webanwendungen verwalten.*
2. Markieren Sie die Webanwendung und klicken Sie im Menüband auf *Features verwalten.*
3. Aktivieren oder deaktivieren Sie die gewünschten Features durch einen Klick auf die Schaltfläche neben dem jeweiligen Feature.

Webanwendungsebene

Zur Konfiguration von Features auf der Webanwendungsebene sind Farmadministratorberechtigungen erforderlich. Gehen Sie wie folgt vor, um die Features auf dieser Ebene zu verwalten:

1. Öffnen Sie die Webanwendungsverwaltung der Zentraladministration und klicken Sie im Menüband auf das Symbol *Webanwendungsfeatures verwalten.*
2. Aktivieren oder deaktivieren Sie die gewünschten Features durch einen Klick auf die Schaltfläche neben dem jeweiligen Feature.

Websitesammlungsebene

Zur Konfiguration von Features auf der Webanwendungsebene sind Websitesammlungsadministratorberechtigungen erforderlich. Gehen Sie wie folgt vor, um die Features auf dieser Ebene zu verwalten:

1. Öffnen Sie die jeweiligen Websitesammlungseinstellungen und klicken Sie im Abschnitt *Websitesammlungsverwaltung* auf *Websitesammlungsfeatures.*
2. Aktivieren oder deaktivieren Sie die gewünschten Features durch einen Klick auf die Schaltfläche neben dem jeweiligen Feature.

Websiteebene

Zur Konfiguration von Features auf der Websiteebene sind Websitesammlungsadministrator- oder Besitzerberechtigungen erforderlich. Gehen Sie wie folgt vor, um die Features auf dieser Ebene zu verwalten:

1. Öffnen Sie die Websiteeinstellungen der jeweiligen Website und klicken Sie im Abschnitt *Websiteaktionen* auf *Websitefeatures.*
2. Aktivieren oder deaktivieren Sie die gewünschten Features durch einen Klick auf die Schaltfläche neben dem jeweiligen Feature.

PowerShell-basierte Featureverwaltung

Die Bereiche der Features lauten unter Verwendung der PowerShell wie folgt (Tabelle 9.36).

Tabelle 9.36 Zuordnung der Bereichsbezeichnungen für die PowerShell-basierte Featureverwaltung

Buchtermini	PowerShell-Termini
Farm	Farm
Webanwendung	WebApplication

Tabelle 9.36 Zuordnung der Bereichsbezeichnungen für die PowerShell-basierte Featureverwaltung *(Fortsetzung)*

Buchtermini	PowerShell-Termini
Websitesammlung	Site
Einzelne Site	Web

Für die Installation eines Features verwenden Sie das folgende Beispielskript und ersetzen Sie zuvor *[Pfad]* durch den Namen des Verzeichnisses im Ordner *...Template\Features* oder den Pfad zur *Feature.xml*-Datei.

```
Install-SPFeature -Path [Pfad]
```

HINWEIS Die Featureinstallation an sich ergibt noch keine Veränderung aus der Benutzerperspektive. Hierdurch wird es lediglich möglich, das Feature im Anschluss zu aktivieren.

Alternativ verwenden Sie den folgenden Befehl, um alle verfügbaren Features zu installieren:

```
Install-SPFeature -AllExistingFeatures
```

Zum Deinstallieren verwenden Sie folgendes Beispielskript:

```
Uninstall-SPFeature -Path [Featurename]
```

Geben Sie den Ordnernamen des Features im Verzeichnis *...Template\Features* an.

HINWEIS Durch die Deinstallation wird der Featureordner nicht gelöscht. Vielmehr ignoriert der Server künftig das in dem Ordner enthaltene Feature. Löschen Sie nicht unbedacht Verzeichnisse innerhalb des *...Template\Features*-Verzeichnisses!

Um die Liste der auf der Farmebene verfügbaren Features mithilfe der PowerShell einzusehen, verwenden Sie den folgenden Befehl:

```
Get-SPFeature | where {$_.Scope -eq "Farm"} | Sort-Object DisplayName
```

Für die Darstellung der Liste der auf Websitesammlungsebene einer speziellen Websitesammlung aktivierten Features, steht Ihnen dieses Beispiel zur Verfügung:

```
Get-SPFeature -site http://portal.sincdemo.de | Sort-Object Dis*
```

Zum Aktivieren eines Features in einem der Bereiche verwenden Sie den folgenden Befehl:

```
Enable-SPFeature PublishingSite -URL http://portal.sincdemo.de
```

Durch diesen Befehl wird beispielsweise das Veröffentlichungsinfrastruktur-Feature für die Websitesammlung *http://portal.sincdemo.de* aktiviert.

Um den Prozess für mehrere Elemente innerhalb eines Bereichs zu automatisieren, verwenden Sie das folgende Beispiel:

```
Get-SPSite -WebApplication http://portal.sincdemo.de -limit ALL | foreach {Enable-SPFeature DocID -Url $_.Url}
```

Im folgenden Beispiel wird das DocID-Feature auf alle Websitesammlungen der Webanwendung *http://portal.sincdemo.de* aktiviert.

Zum Deaktivieren eines Features verwenden Sie das folgende Beispiel:

```
Disable-SPFeature PublishingSite -URL http://portal.sincdemo.de
```

Zum Deaktivieren von Features für eine große Anzahl an Websitesammlungen verwenden Sie das folgende Beispielskript:

```
Get-SPSite -WebApplication http://portal.sincdemo.de -limit ALL | foreach {Disable-SPFeature DocID -Url $_.Url -confirm:$false}
```

Um alle Websites zu identifizieren, die ein spezifisches Feature verwenden, können Sie das Beispielskript aus Listing 9.58 heranziehen. Setzen Sie zuvor entsprechend die Feature-ID in die Variable *$FID* ein.

Listing 9.58 Ermitteln der Sites, die ein spezifisches Feature verwenden

```
[string]$FID = "f151bb39-7c3b-414f-bb36-6bf18872052f"
$webs = Get-SPSite -limit All -ErrorAction SilentlyContinue | Get-SPWeb -limit All -
ErrorAction SilentlyContinue
Foreach($w in $webs){
    $fl = $w.features
    Foreach($feat in $fl){
        If($feat.DefinitionID -eq $FID){
            Write-Host $w.Url}
    }
}
```

ONLINE Sie finden das Beispielskript unter dem Namen *FeatureLocate.ps1* innerhalb der Beispieldateien zum Buch.

Websiterichtlinien

Die in SharePoint 2013 neu eingeführten Websiterichtlinien ermöglichen es Ihnen, den langfristigen Verbleib einer Website zu beeinflussen. Gerade in klassischen Teamszenarien werden verteilt auf der Plattform häufig unkontrolliert Websites angelegt, ohne diese nach Ablauf des Nutzungszeitraums aus der aktiven Plattform zu entfernen.

Mithilfe der websitefeature-basierten Websiterichtlinien können Sie auf Websiteebene bestimmen, wie hinsichtlich der Schließung und Löschung verfahren werden soll.

Zum besseren Verständnis wird hiermit die Anwendung von Websiterichtlinien anhand eines vollständigen Anwendungsfalls erörtert (Abbildung 9.119:).

Abbildg. 9.119 Websiterichtlinien

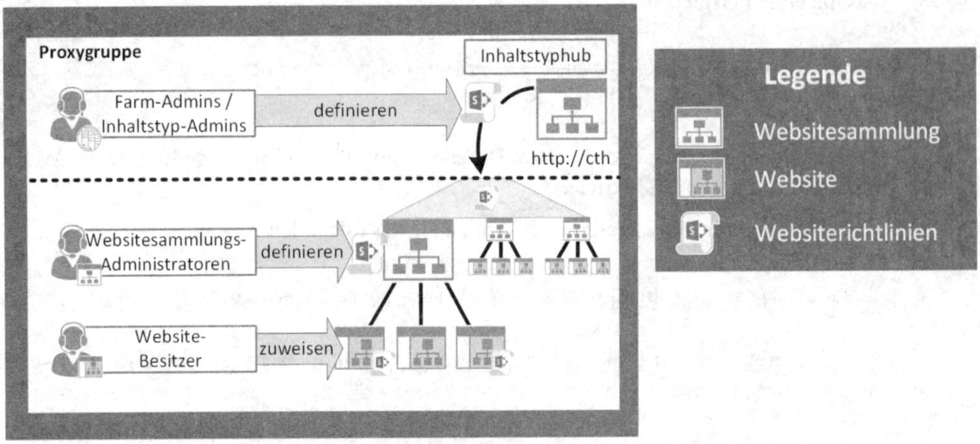

Websiterichtlinien werden auf Websitesammlungsebene definiert und auf Websiteebene assoziiert. Somit entsteht zunächst ein Problem hinsichtlich zentral administrierter Infrastrukturen: Da Ihre Richtlinien ohne eine Zentralisierung in jeder Websitesammlung separat angelegt und gepflegt werden müssten, steht Ihnen der Inhaltstyphub des verwalteten Metadatendiensts als Lösungsansatz zur Verfügung. Mithilfe des dort integrierten Veröffentlichungsmechanismus für Websiterichtlinien können diese allen Websitesammlungen innerhalb der zugehörigen Proxygruppe zur Verfügung gestellt werden.

Auf der Websitesammlungsebene können Websitesammlungsadministratoren parallel weitere Websiterichtlinien definieren. Somit stehen dem nachfolgenden Website-Administrator bzw. -Besitzer nun beide Richtlinientypen zur Verfügung (Inhaltstyphub und lokale Websiterichtlinien), um daraus eine geeignete Richtlinie für die Assoziation zu wählen.

An dieser Stelle krankt in On-Premise-Umgebungen das primär für Mandanten ausgelegte Verwaltungsschema: Ihnen steht kein unmittelbarer Mechanismus als Farmadministrator zur Verfügung, um das System einfach zentral zu steuern und zu überwachen. Weder spezifische Cmdlets noch eine wie auch immer geartete Integration in die Verwaltungsoberfläche für Farmadministratoren stehen zur Verfügung.

In Kombination mit der Self-Service-Websitesammlungsverwaltung können den Benutzern, denen das Erstellen von Websitesammlungen gewährt wird, Richtlinien auferlegt werden, um bereits beim Anlegen einer Websitesammlung etwaige Websiterichtlinien ggf. gar zu erzwingen, oder es aber dem Benutzer zu überlassen, über die Anwendung einer Websiterichtlinie selbstständig zu entscheiden.

Erstellen von dezentralen Websiterichtlinien

Zum Erstellen von dezentralen Websiterichtlinien gehen Sie unter Verwendung von Websitesammlungsadministratorrechten wie folgt vor:

1. Aktivieren Sie auf Websitesammlungsebene das Feature *Websiterichtlinie* durch einen Klick auf die Schaltfläche *Aktivieren* (Abbildung 9.120).

Abbildg. 9.120 Featuresteuerung von Websiterichtlinien

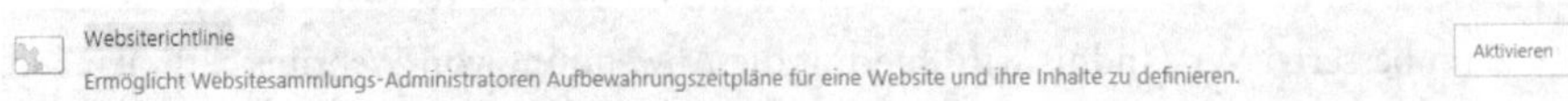

Mit der Aktivierung des Features wird eine Reihe von neuen Optionen in den Websiteeinstellungen verfügbar, die nachfolgend zu konfigurieren sind.

2. Klicken Sie in den Websitesammlungseinstellungen im Abschnitt *Websitesammlungsverwaltung* auf *Websiterichtlinien* und anschließend auf *Erstellen*.
3. Geben Sie die gewünschte Websiterichtlinie an. Zur Erläuterung:

   Bei der Auswahl der Option *Löschen Sie Websites automatisch* muss der Websitebesitzer die Website manuell als geschlossen markieren. Sobald dies erfolgt ist, wird die Website automatisch gelöscht, wobei noch zusätzliche Schwellenwerte für die Verzögerung, Benachrichtigung, sowie ein Verschiebezeitfenster definiert werden können.

   Die Option *Schließen und löschen Sie Websites automatisch* (Abbildung 9.121) umfasst im Vergleich zur Löschung zusätzlich das konfigurierbare, automatisch einsetzende Intervall für die Schließung der Website.

HINWEIS Einmal geschlossene Seiten können durch den Websitebesitzer erneut mithilfe der Websitesammlungseinstellungen (*Website schließen und löschen*) geöffnet werden, um den normalen Betriebszustand wiederherzustellen.

Abbildg. 9.121 Parameter einer Websiterichtlinie für das automatische Löschen und Schließen

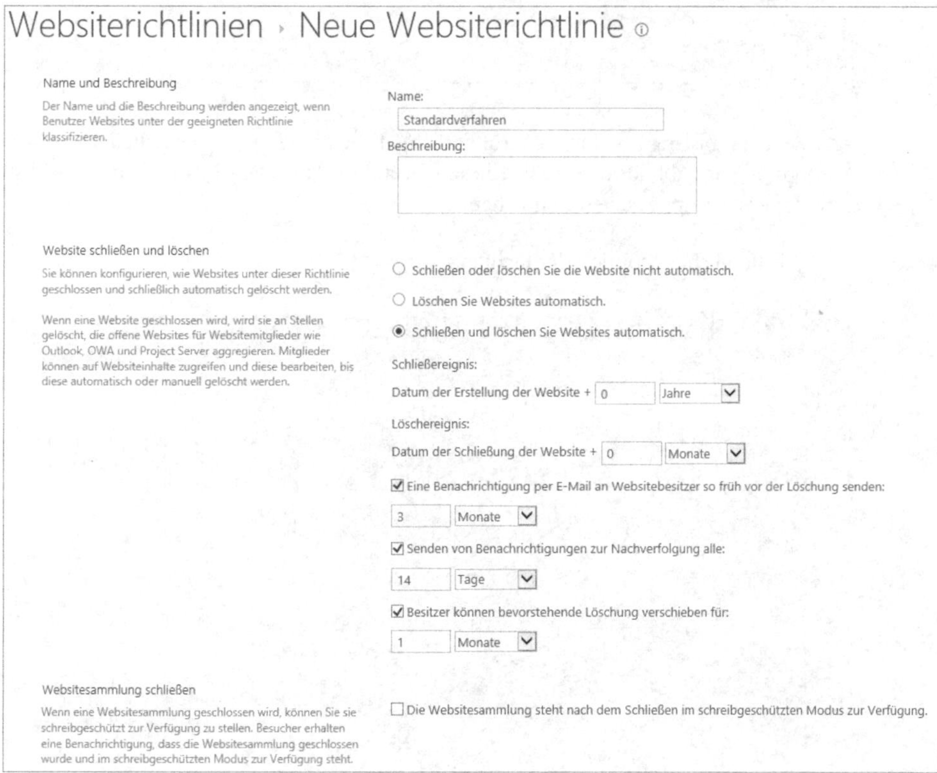

Erstellen von zentralen Websiterichtlinien

Für das Erstellen von zentralen Websiterichtlinien stehen Ihnen zunächst die gleichen Websiterichtlinien zur Verfügung, wie in einer herkömmlichen Websitesammlung. Der primäre Unterschied besteht darin, dass Sie die zentralen Websiterichtlinien in der Websitesammlung des Inhaltstyphubs erstellen und von dort aus für die Veröffentlichung konfigurieren.

Nachdem Sie eine Websiterichtlinie wie zuvor erstellt haben, gehen Sie hierzu die folgenden Sonderschritte durch:

1. In der Websiterichtlinienverwaltung der Websitesammlung finden Sie die Inhaltstyphub-spezifische Spalte *Richtlinie veröffentlichen* vor (Abbildung 9.122). Klicken Sie auf den Veröffentlichungslink der zu veröffentlichenden Richtlinie.

Abbildg. 9.122 Veröffentlichen von Websiterichtlinien

2. Bei einer bislang noch nicht veröffentlichten Richtlinie finden Sie lediglich die Veröffentlichungsoption vor (Abbildung 9.123). Klicken Sie auf *OK*, um die Richtlinie an alle Websitesammlungen der Proxygruppe zu veröffentlichen.

Abbildg. 9.123 Veröffentlichungsoption der Richtlinie

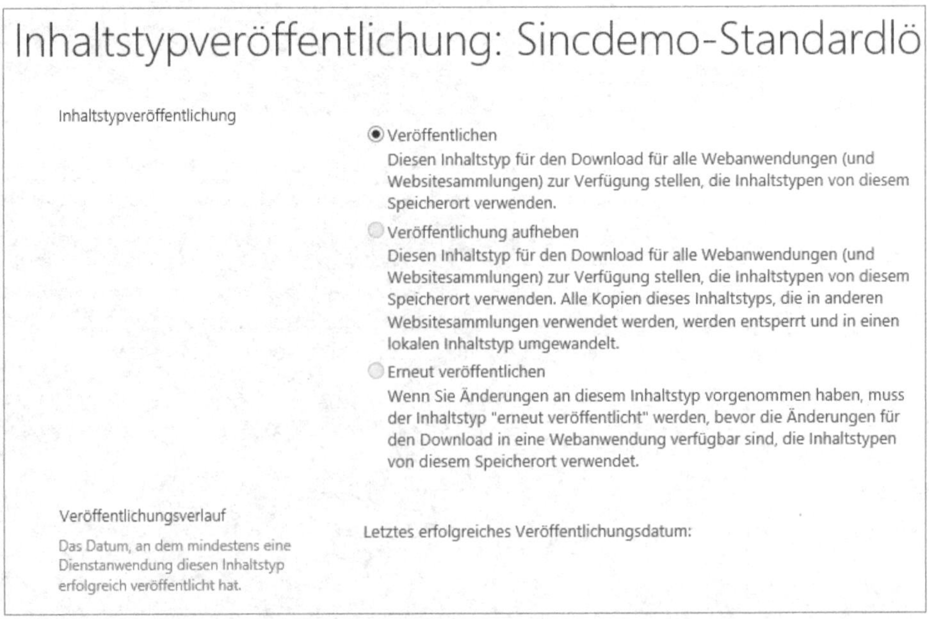

3. Klicken Sie erneut auf den Veröffentlichungslink, um den Status der Veröffentlichung zu überprüfen, eine Änderung vorzunehmen oder aber die Veröffentlichung zu widerrufen.

Zu diesem Zeitpunkt wird die Richtlinie noch auf keine Websites angewandt, da sie nun noch assoziiert werden muss.

Assoziation von Websites zu Websiterichtlinien und Verwaltung der Schließung

Unter der Verwendung von zumindest Websitebesitzerrechten gehen Sie wie folgt vor, um eine zuvor erstellte Richtlinie anzuwenden:

1. Öffnen Sie erneut die Websiteeinstellungen und klicken Sie im Abschnitt *Websiteeinstellungen* auf *Website schließen und löschen*.
2. Da die Website bislang noch nicht mit einer Richtlinie assoziiert ist, haben Sie nur die Möglichkeit, im Abschnitt *Websiterichtlinie* eine der zuvor definierten Richtlinien auszuwählen (Abbildung 9.124) und übernehmen die Änderungen durch einen Klick auf *OK*.

Abbildg. 9.124 Assoziation einer Websiterichtlinie

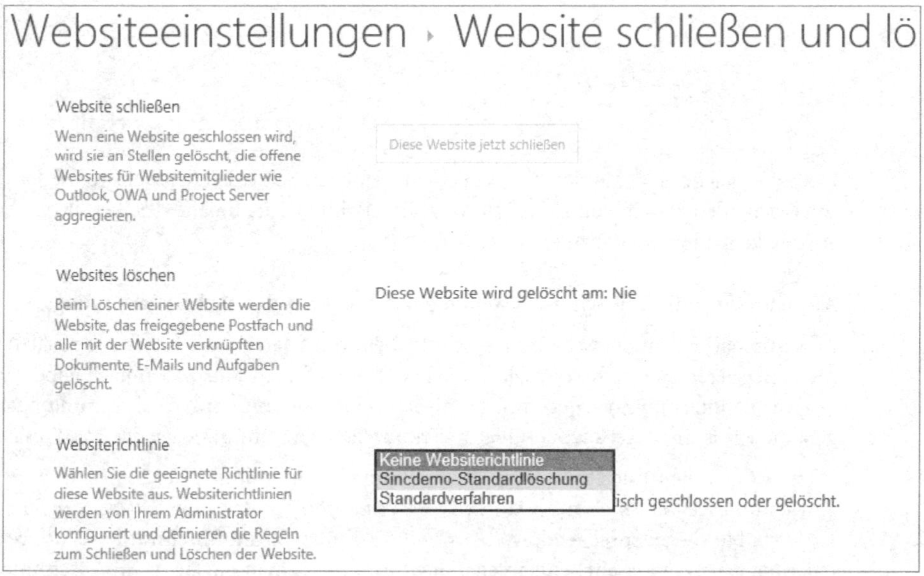

3. Nachdem Sie die Richtlinie aktiviert haben, sehen Sie nach erneutem Öffnen der Einstellungsseite, dass Sie nun gemäß der Richtlinie die jeweiligen Detaildaten zum Schließen und Löschen vorfinden. An dieser Stelle können Sie nun jederzeit die Website durch einen Klick auf *Diese Website jetzt schließen* vorab schließen (Abbildung 9.125) oder bei drohender Löschung gemäß der Richtlinie eine Verlängerung geltend machen.

HINWEIS Beim Schließen der Website wird der Zugriff außerhalb von SharePoint, wie beispielsweise durch ein Websitepostfach, unterbunden.

Abbildg. 9.125 Manuelle Steuerung der Schließung und Löschung

Über die gleiche Seite können Sie nach einem erfolgten Schließen die Website wieder öffnen, um beispielsweise den Zugriff von außerhalb von SharePoint auf die Inhalte der Website via Websitepostfach vorübergehend verfügbar zu machen.

Anwendung von spezifischen Einstellungen zur Self-Service-Websitesammlungsverwaltung

In Kombination mit der Self-Service-Schnittstelle von SharePoint können Sie zusätzliche Automatismen integrieren, die an dieser Stelle kurze Erwähnung finden sollen. Demnach haben Sie die Möglichkeit, die Benutzer im Zuge der eigenständigen Provisionierung von Websitesammlungen dazu zu bringen, diese mit einer Websiterichtlinie zu verknüpfen (die Stammwebsite der Websitesammlung).

Dazu wählen Sie in der Rolle eines Farmadministrators mithilfe der Zentraladministration in der Anwendungsverwaltung im Abschnitt *Websitesammlungen* den Link *Self-Service Site Creation konfigurieren*. Für die entsprechende Webanwendung finden Sie im Abschnitt *Einstellungen für die Klassifizierung von Websites* eine entsprechende Option, nachdem Sie zuvor im Abschnitt *Website starten* eine kompatible Auswahl getroffen haben (Abbildung 9.126).

Abbildg. 9.126 Kombination von Self-Service-Websiteverwaltung mit Websiterichtlinien

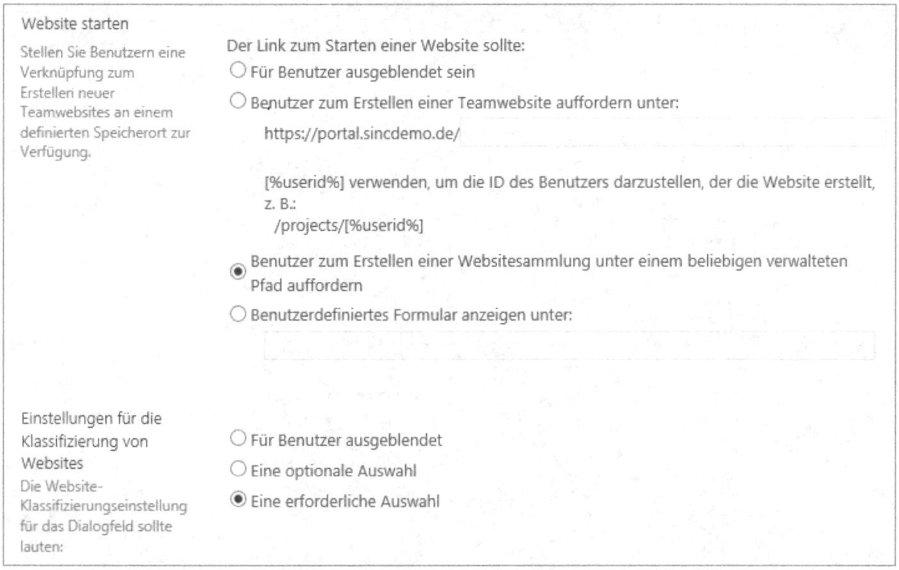

Allgemeine Fehlerbehebung von Websiterichtlinien

Die Websiterichtlinien haben kein eigenständiges Fehlerprotokoll, jedoch nutzen sie bekanntlich den Inhaltstyphub für die Veröffentlichung der zentralen Richtlinien. Vor diesem Hintergrund können Sie eben diese verwenden, um auf die verknüpften Fehlerprotokolle und Funktionen zurückzugreifen. Gehen Sie dazu wie folgt vor:

1. Öffnen Sie die entsprechende Websitesammlung mit Websitesammlungsadministratorrechten und klicken Sie in den Websitesammlungseinstellungen auf *Inhaltstyp-Veröffentlichungshub.*
2. An dieser Position finden Sie die Liste der empfangenen Inhaltstypveröffentlichungen vor und können sowohl eine Aktualisierung der Inhaltstypen forcieren, als auch das spezifische Fehlerprotokoll einsehen (Abbildung 9.127)

Abbildg. 9.127 Fehlerprotokoll des Inhaltstyphubs im Kontext von Websitesammlungsrichtlinien

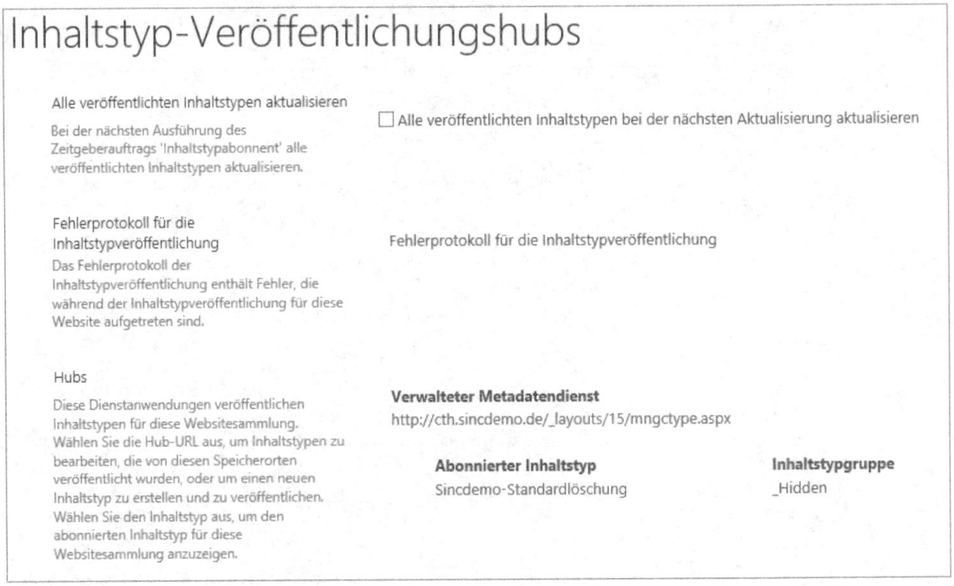

Mandanten verwalten

Die Verwaltung von Mandanten ermöglicht Ihnen, in Hostingszenarien oder in Umgebungen, in denen Sie Abteilungen die Möglichkeit delegieren möchten, innerhalb der Serverfarm Verwaltungsaufgaben zu delegieren.

HINWEIS In SharePoint 2013 sind die grundlegenden Einrichtungs- und Verwaltungsoperationen unverändert. Es ist nun lediglich möglich, einige der neu in SharePoint 2013 eingeführten Funktionen wie Apps oder den maschinellen Übersetzungsdienst als Mandant zu nutzen.

In diesem Abschnitt wird die Einrichtung und Verwaltung dieser Mandantenumgebungen erläutert.

Mandantenadministrationssites anlegen

Ein mandantenbasiertes System bietet durch die Selbstverwaltung des Mandanten entscheidende Vorteile in Umgebungen, in denen erweiterte Verwaltungsfunktionen delegiert werden müssen. Die Verwaltung wird auf Basis einer anzulegenden Websitesammlung durchgeführt. Voraussetzung für die Verwendung von Mandantenelementen ist die Bereitstellung der Abonnementeinstellungs-Dienstanwendung, welche in Kapitel 5 behandelt ist. Um die Selbstverwaltung zu ermöglichen, verwenden Sie das PowerShell-Beispielskript aus Listing 9.59, um die Mandantenadministrationssite einzurichten.

HINWEIS Im folgenden Beispiel wird davon ausgegangen, dass Sie bereits eine Webanwendung bereitgestellt haben, in die neue Websitesammlungen integriert werden können.

Listing 9.59 Anlegen einer Mandantenadministrationssite

```
$TAdmin = "https://portal.sincdemo.de/websites/T2A"
$Mandant = New-SPSiteSubscription
New-SPSite -Url $TAdmin -Template tenantadmin#0 -OwnerAlias sincdemo\wojciech -
SiteSubscription $Mandant
Set-SPSiteAdministration -Identity $TAdmin -AdministrationSiteType TenantAdministration
```

ONLINE Sie finden das Beispielskript unter dem Namen *MandantenAminSiteErstellen.ps1* innerhalb der Beispieldateien zum Buch.

Sie können direkt im Anschluss einfach neue Mandantenwebsitesammlungen erstellen, indem Sie das *$Abo1*-Objekt beim Anlegen einer neuen Websitesammlung als *SiteSubscription*-Parameter angeben und dabei lediglich auf eine andere Websitevorlage referenzieren.

Mandanten verwalten

Zum Verwalten eines Mandanten öffnen Sie die zugehörige Mandantenadministrationsseite im Kontext des zuvor definierten Mandantenadministrators (Abbildung 9.128).

Abbildg. 9.128 Mandantenverwaltungswebsite

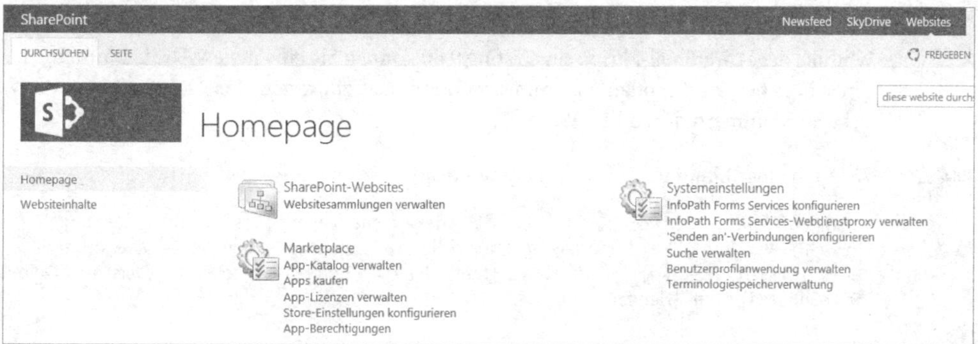

Sie können folgende Verwaltungsoperationen in der Websitesammlungsverwaltung der Mandantenverwaltung durchführen:

- Datenträgerkontingente definieren
- Websitesammlungsadministratoren bestimmen (den Primären und Sekundären)
- Websitesammlungen löschen und neu anlegen
- Direkt in die Websitesammlungseinstellungen der jeweiligen Websitesammlung wechseln.

In Abbildung 9.129 werden die dem Mandanten zugeordneten Websitesammlungen über den Link *Websitesammlung verwalten* der Mandantenverwaltungswebsite verwaltet. Im nachfolgenden Abschnitt erfahren Sie, wie Sie Mandantenwebsitesammlungen anlegen und einem Mandanten zuordnen können.

Abbildg. 9.129 Mandantenverwaltungsoperationen durchführen

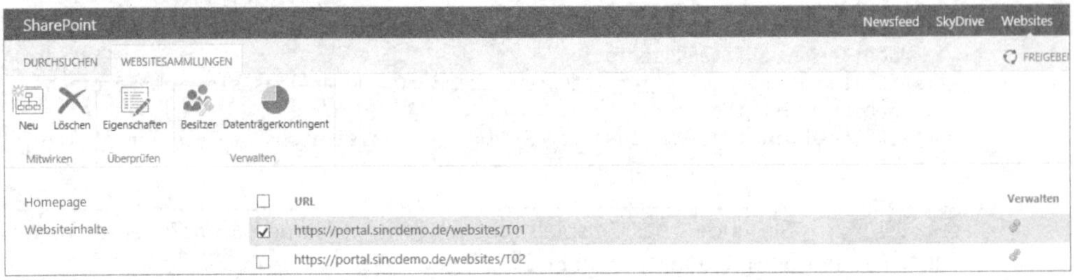

Mandantenwebsitesammlungen anlegen

Im vorletzten Abschnitt wurde eine Mandantenverwaltungsseite angelegt. In diesem Abschnitt erfahren Sie, wie Sie einer bestehenden Mandantenverwaltungseinheit neue Mandantenwebsitesammlungen hinzufügen.

Um Mandantenwebsitesammlungen zu erstellen, stehen Ihnen zwei Möglichkeiten zur Verfügung: mithilfe der Mandantenadministrationsseite oder mithilfe der PowerShell.

Zum Anlegen einer Mandantenwebsitesammlung mithilfe der Mandantenadministrationssite öffnen Sie diese und klicken im Abschnitt *SharePoint-Websites* auf *Websitesammlungen verwalten.* Klicken Sie nun im Menüband unter *Websitesammlungen* auf *Neu* und folgen Sie den gewohnten Anweisungen zum Anlegen einer Websitesammlung.

Mithilfe des PowerShell-Skripts aus Listing 9.60 können Sie eine neue Websitesammlung beim Erstellen einer bestehenden Mandantenadministrationseinheit zuordnen. Ersetzen Sie zuvor die Werte in den eckigen Klammern durch Ihre Werte.

Listing 9.60 Anlegen einer Mandantenwebsitesammlung

```
$Mandant = Get-SPSiteSubscription [URL der Mandantenadministrationswebsite]
New-SPSite -Url [URL der anzulegenden Websitesammlung] -Template [Name der Websitevorlage,
beispielsweise STS#0] -OwnerAlias [Anmeldename des Websitesammlungsadministrators] -
SiteSubscription $Mandant
```

Die Logik hinter diesem Skript besteht darin, dass Sie zuvor den Mandanten angeben, dem die neue Site zugeordnet ist. Sollten Sie dessen URL nicht kennen, führen Sie zunächst den Befehl *Get-SPSite-Subscription | select sites* aus.

Partitionierte Dienstanwendungen einrichten

Für die Einrichtung von partitionierten Dienstanwendungen steht Ihnen ausschließlich die PowerShell zur Verfügung (mit Ausnahme der Word Automation Services). Sie müssen die betroffenen Dienstanwendungen bereits bei der Ersteinrichtung für die Partitionierung konfigurieren, da eine nachträgliche Änderung nicht unterstützt wird.

Zur Einrichtung verwenden Sie die gleichen Beispielskripte wie zur Einrichtung einer nichtpartitionierten Dienstanwendung. Sie ergänzen lediglich jeweils bei der Dienstanwendung und dem Dienstanwendungsproxy den Parameter *-PartitionMode.* Für die Einrichtung des verwalteten Metadatendiensts sieht die Einrichtung beispielsweise entsprechend Listing 9.61 aus.

Listing 9.61 Beispieleinrichtung einer partitionierten Dienstanwendung

```
$VMSA = New-SPMetaDataServiceApplication -Name "Verwaltete-Metadatendienstanwendung" -
ApplicationPool "SharePoint Dienste" -Databasename "SP_VerwalteteMetadaten_Mandanten" -
PartitionMode

New-SPMetadataServiceApplicationProxy –Name "Verwalteter Metadatendienst-Proxy" -
DefaultProxyGroup -ServiceApplication $VMSA -PartitionMode
```

Feature Packs für Mandanten verwalten

Durch die Bereitstellung einer Mandantenwebsitesammlung werden zunächst automatisch die Standardfeatures für die Websitesammlung verfügbar. Um die Liste der verfügbaren Features einzuschränken, sieht die Logik vor, dass zunächst ein neues Feature Pack erzeugt wird und die gewünschten Features zu diesem Feature Pack hinzugefügt werden. Abschließend wird das Feature Pack auf einen Mandanten angewandt, damit dieser künftig nur noch die explizit im Feature Pack definierten Features verwenden kann.

Im Beispielskript aus Listing 9.62 wird ein Mandant (*$Mandant1*) einem neuen Feature Pack (*$FP1*) zugewiesen, welches das Ratingfeature (*$Feature*) enthält. Dabei wird durch *Add-SPSiteSubscriptionFeaturePackMember* das Feature dem Feature Pack hinzugefügt und durch *Set-SPSiteSubscriptionConfig* das Feature Pack angewendet.

WICHTIG Achten Sie darauf, dass die Anwendung eines Feature Packs potenziell drastische Funktionsverluste zur Folge hat, sofern Sie nicht alle relevanten Features freischalten. Einige der Funktionen ohne ein entsprechend aktiviertes Feature erscheinen zwar auf der Verwaltungsoberfläche, sind jedoch nicht verwendbar bzw. führen bei einer Verwendung zu einem Fehler. Testen Sie daher vor dem Bereitstellen eines Features Packs ausgiebig, ob Sie alle erforderlichen Features berücksichtigt haben!

Listing 9.62 Verwendung von Feature Packs

```
$Mandant1= Get-SPSiteSubscription [URL oder ID des Mandanten]
$FP1 = New-SPSiteSubscriptionFeaturePack
$Feature = Get-SPFeature 915c240e-a6cc-49b8-8b2c-0bff8b553ed3
Add-SPSiteSubscriptionFeaturePackMember -Identity $FP1 -FeatureDefinition $Feature
Set-SPSiteSubscriptionConfig -Identity $Mandant1 -FeaturePack $FP1
```

ONLINE Sie finden das Beispielskript unter dem Namen *MandantenFeaturePack.ps1* innerhalb der Beispieldateien zum Buch.

Isolation von Benutzerkonten

Der Einsatz von Mandantensites macht es häufig erforderlich, die dort zu verwendenden Benutzerkonten voneinander zu isolieren. Hintergrund ist, dass Sie in einigen Szenarien vermeiden möchten, dass Benutzer einer Websitesammlung die Benutzerkonten anderer Websitesammlungen bzw. der gesamten Active Directory-Gesamtstruktur identifizieren können. Sie haben hierzu die Möglichkeit, das Verhalten der Personenauswahl anzupassen.

HINWEIS Die vollständigen Möglichkeiten bei der Anpassung der Personenauswahl erhalten Sie im Abschnitt »Weitere Anpassungen der Personenauswahl« weiter vorne in diesem Kapitel.

Unter Verwendung der neuen Mandantensites haben Sie eine zusätzliche mandantenspezifische Möglichkeit, die Nutzung der Personenauswahl einzuschränken. Ähnlich wie bereits bei der direkten Konfiguration der Personenauswahl haben Sie hierbei die Möglichkeit, die Personenauswahl beim Anzeigen spezieller Benutzerkonten auf eine dedizierte Active Directory-Organisationseinheit festzulegen. Während Sie diese Einstellung jedoch üblicherweise auf Webanwendungsebene für jede neue Websitesammlung festlegen müssen, können Sie mit diesem Verfahren erreichen, dass alle Websitesammlungen, die einem Mandanten zugeordnet sind, automatisch einer Active Directory-Organisationseinheit zugeordnet werden.

Um die Personenauswahl eines Mandanten auf eine Active Directory-Organisationseinheit zu beschränken, verwenden Sie das PowerShell-Skript aus Listing 9.63.

Listing 9.63 Festlegen der Personenauswahl auf eine dedizierte Active Directory-OU auf Mandantenbasis

```
Set-SPSiteSubscriptionConfig [URL einer Mandantenwebsitesammlung] -UserAccountDirectoryPath
"[DN der Active Directory Organisationseinheit]"
```

Um beispielsweise den Pfad des Mandanten »Paradatec« auf die gleichnamige Organisationseinheit festzulegen, lautet der zugehörige Befehl:

```
Set-SPSiteSubscriptionConfig https://portals.sincdemo.de/websites/paradatec -
UserAccountDirectoryPath "OU=Paradatec,OU=Partner,DC=sincdemo,DC=de"
```

Zum Abrufen der Konfiguration steht Ihnen das Cmdlet *Get-SPSiteSubscription* zur Verfügung:

```
Get-SPSiteSubscriptionConfig http://portal.sincdemo.de/websites/paradatec
```

Informationsrechteverwaltung für Mandanten

Mithilfe der neu in SharePoint 2013 eingeführten Mandantenintegration in die Informationsrechteverwaltung (Information Rights Management, IRM) können nun auch Mandanten an den Verschlüsselungsfunktionen partizipieren.

Zur Aktivierung von IRM für Mandanten aktivieren Sie IRM gemäß der Anleitung in Kapitel 13 und aktivieren zusätzlich das Kontrollkästchen für die Mandantenkonfiguration (Abbildung 9.130).

Abbildg. 9.130 Mandantenaktivierung

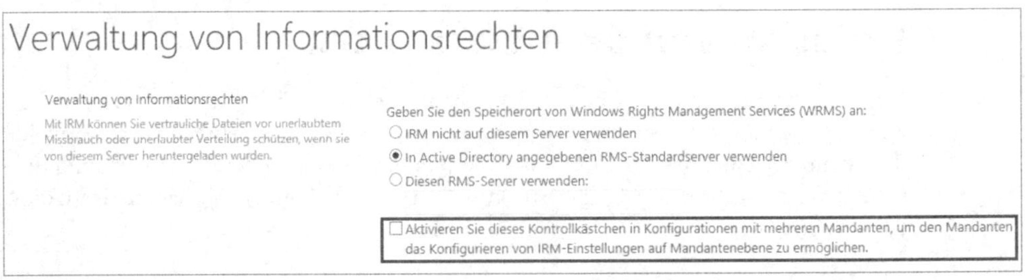

Alternativ verwenden Sie den folgenden PowerShell-Befehl zur Aktivierung der IRM-Mandanten-schnittstelle:

```
Set-SPIRMSettings -IrmEnabled -UseActiveDirectoryDiscovery -
SubscriptionScopeSettingsEnabled
```

Nachfolgend sind die entsprechenden Mandanten noch für die Verwendung eines Rechteverwaltungs-servers zu konfigurieren. Für die Aktivierung steht Ihnen an dieser Stelle nur die PowerShell zur Verfügung (Listing 9.64).

Listing 9.64 Konfiguration eines Mandanten für IRM

```
$sub = Get-SPSiteSubscription "https://portal.sincdemo.de/websites/m10"
Set-SPSiteSubscriptionIRMConfig -Identity $sub -IrmEnabled -CertificateServerUrl "https://
rms.sincdemo.de"
```

Sonstiges

In diesem Abschnitt werden einige wichtige, verbleibende SharePoint-Verwaltungsbereiche betrachtet.

BranchCache

Für die Aktivierung des BranchCaches auf der Inhaltsserverseite benötigen Sie in Windows Server 2012 für SharePoint die folgende serverseitige Operation:

Installation des BranchCache-Features auf dem Inhaltsserver (Web-Front-End-Ebene)

HINWEIS Die Installation und Konfiguration von BranchCache in den Standorten liegt außerhalb des Fokus dieses Handbuchs. Weitere Informationen finden Sie hierzu unter *http://www.branchcache.com* [Ms156-K09-11].

Um die Operationen durchzuführen, benötigen Sie lediglich farmadministrative Rechte, welche die lokalen Administratorrechte auf den SharePoint-Servern umfassen.

Der detaillierte Ablauf sieht unter Verwendung jeweils lokaler administrativer Privilegien samt Farm-administrationsrechten wie folgt aus:

1. Installieren Sie das BranchCache-Feature auf allen SharePoint Web-Front-End-Servern, indem Sie entweder den Server-Manager verwenden, um das entsprechende Feature hinzuzufügen, oder den folgenden PowerShell-Befehl auf jedem relevanten Server ausführen:

```
Install-WindowsFeature BranchCache
```

HINWEIS Der ominöse in Microsoft TechNet beschriebene Parameter *EnableBranchCache-HashGeneration* existiert nicht und muss nicht für SharePoint konfiguriert werden.

2. Konfigurieren Sie nun die Zweigstellen für die Verwendung des BranchCaches. Weiterführende Informationen hierzu finden Sie unter *http://branchcache.com* [Ms156-K09-12].

TIPP Für die Einrichtung der Cachekonfiguration in den Zweigstellen gibt es seit Windows Server 2012 und Windows 8 eine erleichterte Konfiguration samt spezifischer Cmdlets. Während Sie unter Windows Server 2008 R2 noch auf dem gehosteten Cacheserver mit einem vergleichsweise aufwendigen Verfahren ein Zertifikat einrichten mussten, fällt dieser Schritt mit Windows Server 2012 ganz weg. Für die Konfiguration des BranchCaches stehen Ihnen mittlerweile Cmdlets zur Verfügung. Beispielsweise können Sie das Verschieben der Cachespeicherlokalisation mit dem Befehl *Set-BCCache -moveto [Pfad]* umsetzen.

Lizenzforcierung

Mithilfe der Lizenzforcierung können Sie innerhalb Ihrer SharePoint-Benutzer differenzieren, welche Benutzer die SharePoint-Funktionen vollumfänglich nutzen können, um beispielsweise einfacher als unter SharePoint 2010 Benutzer mit unterschiedlicher Clientzugriffslizenz (Client Access License, CAL) auf Ihrer Plattform co-hosten zu können. Dabei ist die Funktion nicht auf Enterprise oder Standard-CALs beschränkt, sondern kann neben dem Editieren von Office Web Apps oder dem Zugriff auf Project Server auch auf weitere Anwendungen angewandt werden. Benutzer, die auf Funktionen außerhalb ihrer verfügbaren Lizenz zugreifen, erhalten die in Abbildung 9.131 dargestellte Fehlermeldung.

Abbildg. 9.131 Fehlermeldung der Lizenzforcierung bei nicht ausreichender Lizenzzuordnung

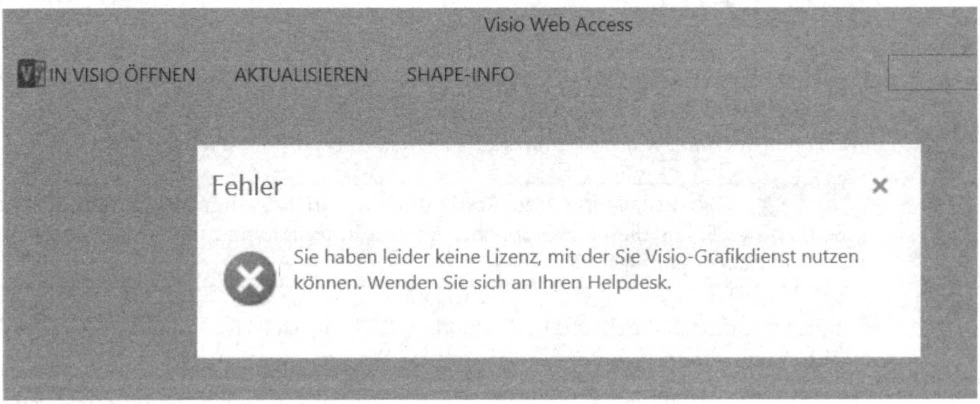

HINWEIS Standardmäßig sind die Lizenzforcierungsfunktionen für SharePoint deaktiviert. Die Steuerung der Schnittstelle steht ausschließlich innerhalb der PowerShell zur Verfügung und ist für die Rolle der Farmadministratoren vorgesehen.

Für die Verwaltung der Lizenzforcierung stehen Ihnen die in Tabelle 9.37 aufgeführten Cmdlets zur Verfügung.

Tabelle 9.37 Übersicht der Cmdlets zur Lizenzforcierung

Cmdlet	Beschreibung
Get-SPUserLicensing *Enable-SPUserLicensing* *Disable-SPUserLicensing*	Einsicht und Steuerung der generellen Verfügbarkeit der Lizenzforcierung
Get-SPUserLicense	Zeigt die verfügbaren Lizenzstufen an
Get-SPUserLicenseMapping *New-SPUserLicenseMapping* *Add-SPUserLicenseMapping* *Remove-SPUserLicenseMapping*	Ermöglicht die Verwaltung der Zuordnung von Lizenzstufen

Die Nutzung auf konfigurativer Seite sieht wie nachfolgend beschrieben aus.

Zustand der Lizenzforcierung abrufen

Überprüfen Sie den Status der Lizenzforcierung, indem Sie innerhalb der SharePoint-Verwaltungsshell mithilfe des Cmdlets *Get-SPUserLicensing* den Aktivierungsstatus abrufen, welcher standardmäßig deaktiviert ist.

Um die Lizenzforcierung zu aktivieren, verwenden Sie den Befehl *Enable-SPUserLicensing*, und entsprechend *Disable-SPUserLicensing*, um die Lizenzforcierung farmweit wieder zu deaktivieren.

ACHTUNG Beachten Sie, dass mit der Aktivierung bereits Restriktionen gelten. Demnach kommen fehlende Zuordnungen einer minimalen Lizenzfunktionalität gleich. Die Liste der Enterprise-relevanten Funktionen finden Sie zu Beginn von Kapitel 3.

Im Falle der Verwendung eines Anbieters für die forderungsbasierte Authentifizierung, wie Active Directory-Verbunddienste (Active Directory Federation Services, AD FS), sieht ein mögliches Beispiel für die Zuordnung einer Office Web Apps-Bearbeitungslizenz entsprechend dem Listing 9.65 aus.

Listing 9.65 Zuordnen einer Office Web Apps-Bearbeitungslizenz

```
$claimString = "c:0?.t|adfs|Domänen-Benutzer"
$cpm = [Microsoft.SharePoint.Administration.Claims.SPClaimProviderManager]::Local
$claim = $cpm.DecodeClaim($claimString)
$lmap = New-SPUserLicenseMapping -Claim $claim -License OfficeWebAppsEdit
$lmap | Add-SPUserLicenseMapping
```

Lizenzzuordnungen verwalten

Bei der Verwendung des Cmdlets *Get-SPUserLicenseMapping* werden Sie feststellen, dass standardmäßig keinerlei Lizenzzuordnungen existieren, was jedoch nicht bedeutet, dass es nicht bereits Restriktionen gäbe. Erstellen Sie daher zeitnah eine Zuordnung, um die Verwendung der erweiterten Funktionen wieder gewährleisten zu können. Verwenden Sie das Beispiel aus Listing 9.66, in welchem einer zuvor in Active Directory erstellten Sicherheitsgruppe namens *GG SharePoint ECAL* die Enterprise-CAL in Form der Lizenz *Enterprise* zugeordnet wird.

Listing 9.66 Hinzufügen einer Lizenzzuordnung zu einer Active Directory-Gruppe

```
$LMap = New-SPUserLicenseMapping -SecurityGroup "sincdemo\GG SharePoint ECAL" -License
Enterprise
Add-SPUserLicenseMapping -Mapping $LMap
```

HINWEIS Die Liste der verfügbaren Lizenzen für den Parameter *License* erhalten Sie mithilfe von *Get-SPUserLicense*.

Durch die Anwendung einer Lizenzzuordnung wird die neue Regel ohne Verzögerung aktiv.

SharePoint-Vertrauensstellung einrichten

Für eine Reihe von Anwendungsfällen benötigen Sie eine spezifische SharePoint-Vertrauensstellung zu einem vertrauenswürdigen Drittanbieter-Stammzertifizierungsstellenzertifikat (Versand von Benachrichtigungen für mobile Geräte, farmübergreifende Suche, benutzerdefinierte Authentifizierungsanbieter usw.).

HINWEIS SharePoint verwendet, wie Authenticode, explizit nicht die Vertrauensstellungsinfrastruktur für das allgemeine System. Sie müssen daher die hier angeführten, besonderen Maßnahmen ergreifen, um die Vertrauensstellung ordnungsgemäß herstellen zu können.

Zur Ausführung der nachfolgenden Operation benötigen Sie das vertrauenswürdige Stammzertifizierungsstellenzertifikat im in der Regel PKCS#7- oder X509-kodierten (DER oder Base) Format (*.cer*-Datei). Bei den hier angeführten Begriffen handelt es sich um Standards für den Transport von kryptografischen Daten. Zu diesen Themen erfahren Sie mehr in Kapitel 13. Gehen Sie wie folgt vor, um eine SharePoint-spezifische Vertrauensstellung mithilfe der Zentraladministration einzurichten:

1. Navigieren Sie in der Zentraladministration zur Verwaltung der Vertrauensstellungen. Klicken Sie dazu in der linken Schnellstartleiste auf *Sicherheit* und unter dem Abschnitt *Allgemeine Sicherheit* auf *Vertrauensstellung verwalten*.
2. Klicken Sie im Menüband auf die Registerkarte *Vertrauensstellungen* auf *Neu*.
3. Geben Sie im Abschnitt *Name* einen eindeutigen Namen für die Vertrauensstellung an (Abbildung 9.132).

Abbildg. 9.132 Konfiguration der SharePoint-Vertrauensstellung mithilfe der Zentraladministration

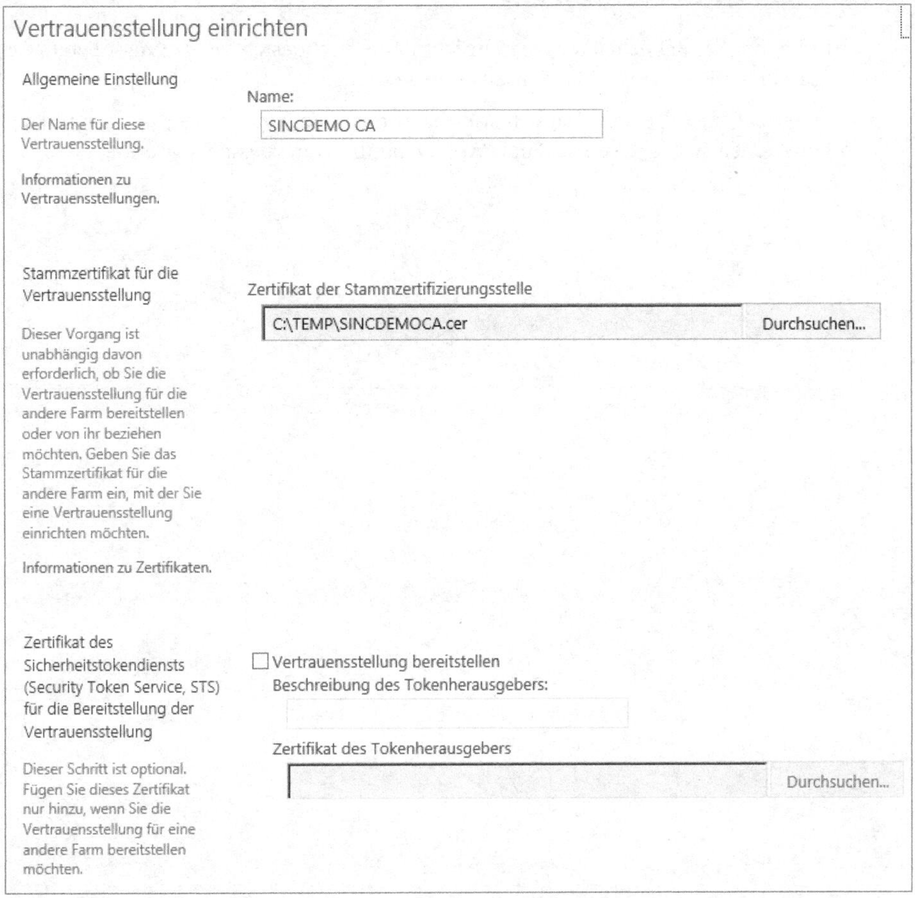

4. Wählen Sie im Abschnitt *Stammzertifikat für die Vertrauensstellung* das entsprechende Zertifikat der in der Regel zu vertrauenden Stammzertifizierungsstelle aus.
5. Der Abschnitt *Zertifikat des Sicherheitstokendiensts* ist nur für spezielle Authentifizierungsszenarien von Relevanz und kann demnach in der Regel beim Standard belassen werden.
6. Klicken Sie auf *OK*, um die Vertrauensstellung zu erzeugen.

Zur Einrichtung der Vertrauensstellung mithilfe der PowerShell verwenden Sie das Beispiel aus Listing 9.67 als Basis und ersetzen zuvor die entsprechenden Werte.

Listing 9.67 Herstellen einer SharePoint-spezifischen Vertrauensstellung

```
$trustSTSCert = Get-PfxCertificate "C:\temp\SINCDEMOCA.cer"
New-SPTrustedServiceTokenIssuer "SINCDEMO CA" -Certificate $trustSTSCert
```

Zusammenfassung

In diesem Kapitel haben Sie eine Einsicht in die wichtigsten Verwaltungsoperationen in SharePoint 2013 in der Rolle eines Farmadministrators erhalten.

Lesen Sie im folgenden Kapitel, wie die Verwendung und Steuerung der bislang beschriebenen Funktionen aus der Benutzer- und Websiteadministratorperspektive erfolgt.

Teil E

Clientszenarien

Kapitel 10 SharePoint aus der Clientperspektive 813

Kapitel 10

SharePoint aus der Clientperspektive

In diesem Kapitel:

Allgemeine Neuerungen	814
Aufgabensynchronisierung in SharePoint	815
Websitepostfach (Site Mailbox)	817
eDiscovery anwenden und Falldaten exportieren	824
SkyDrive Pro in SharePoint Server 2013	833
Apps	837
Arbeiten mit verwalteten Metadaten	840
Anpassen von Seitenlayouts	848
Mehrsprachigkeit	849
Soziales Netzwerk	853
Office Web Apps 2013	860
Geodatenintegration mit Bing Maps	862
Zusammenfassung	866

Dieses Kapitel gibt Ihnen einen kurzen Einblick in den Umgang mit der neuen Benutzeroberfläche von SharePoint 2013 aus der Perspektive von Websitesammlungsadministratoren und Websitemitgliedern. Die hier dargestellten Beispiele sollen Ihnen einige der zentralen Funktionen näherbringen, die in der Regel grundlegend durch Farmadministratoren vorbereitet werden.

Aufgrund des mittlerweile beeindruckenden Umfangs an Features, Funktionen und Gestaltungsmöglichkeiten wird in diesem Rahmen nicht das Ziel verfolgt, alle Funktionen zu demonstrieren. Vielmehr sollen einige zentrale Neuerungen hervorgehoben und die Vielfältigkeit der Plattform angedeutet werden.

Demnach haben die nachfolgend dargestellten Funktionen keinen Anspruch auf Vollständigkeit und sollen lediglich zur Überprüfung der serverseitig eingerichteten Funktionen und als kleine Übersicht der neuen Serverplattform dienen. Die Basiskenntnisse über die Arbeitsweise und Integration von Clients und den Umgang mit der SharePoint-Plattform ist von großer Wichtigkeit für eine kompetente Verwaltung Ihrer SharePoint-Serverfarm.

In diesem Abschnitt werden die aktuell verfügbaren, grundlegenden Möglichkeiten der Nutzung der Plattform veranschaulicht.

Allgemeine Neuerungen

Als Erstes fällt dem erfahrenen Benutzer die neue, auf Windows 8 basierende Benutzeroberfläche ins Auge. Nach Windows Phone 7 fand das Designkonzept mit Windows 8 und Server 2012 Anwendung auf die allgemeine Windows-Plattform und hält nun auch in SharePoint 2013 Einzug. Generell wirkt alles aufgeräumter und schlichter. Insbesondere durch die Erweiterungen im Social-Bereich ist eine neue Plattform entstanden, die wichtige Impulse mit einem besonderen Fokus für Benutzer auf die folgenden Bereiche gibt:

- Soziale Netzwerke
- Flexible Seitenlayouts mit einem einfachen Branding
- App-Funktionalität
- Mobiler, plattformübergreifender Zugriff
- Websitesammlungsübergreifende Datenaggregation
- Optimierte Datenlokalisierung
- Cloudintegration und plattformübergreifende Zusammenarbeit

Nachfolgend werden diese für den Endbenutzer zentralen Bereiche eingehender betrachtet.

Aufgabensynchronisierung in SharePoint

Erstmals in SharePoint 2013 ist es nicht nur möglich, Aufgaben in Websiteinseln zu erstellen, sondern diese auch websitesammlungsübergreifend mithilfe des Arbeitsverwaltungsdienstes zu synchronisieren. Dabei erstreckt sich die Aufgabenverwaltung über SharePoint 2013 hinaus bis hin zu Project Server 2013-Aufgaben und einem Exchange 2013-Postfach. Die Synchronisierung erfolgt bidirektional, sodass es sich hierbei nicht nur um eine simple Datenaggregation handelt.

Meine Vorgänge in SharePoint 2013

Auf jeder *Meine Website* von SharePoint 2013 findet die benutzerzentrische Aufgabenvisualisierung statt. Klicken Sie dazu in Ihrer *Meine Website* in der Schnellstartleiste auf *Aufgaben*. Hier können Sie nicht nur bestehende Aufgaben verwalten, sondern auch neue Vorgänge hinzufügen, ohne die Website zu wechseln (Abbildung 10.1).

Abbildg. 10.1 Aufgabenseite von *Meine Website*

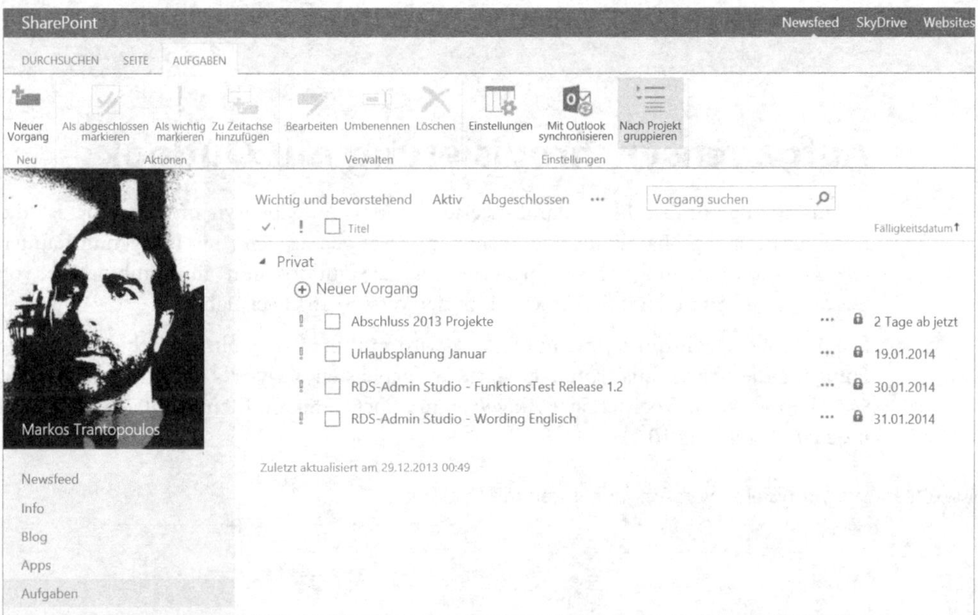

Vorgänge werden in *Wichtig und bevorstehend*, *Aktiv* und *Abgeschlossen* aufgeteilt, also in Zukunft, Gegenwart und Vergangenheit. Jeder Vorgang kann anhand seines Zustands über das Menüband als wichtig markiert, zu einer Zeitachse hinzugefügt, bearbeitet oder auch als abgeschlossen markiert werden. Die Aktualisierung der Aufgabenübersicht erfolgt alle fünf Minuten nach Aufruf der Seite. Über die Seite *Wichtig und bevorstehend* ist eine Darstellung über die Zeitachse verfügbar (Abbildung 10.2).

Abbildg. 10.2 Aufgabenplanungsübersicht

Aufgabensynchronisierung mit Outlook

Voraussetzung für die hier demonstrierte Outlook-Aufgabensynchronisierung ist die vorherige Konfiguration von SharePoint und Exchange Server gemäß den Anweisungen in Kapitel 16. Beachten Sie, dass die Aufgabensynchronisierung für Outlook nur in Kombination von Outlook, Exchange und SharePoint Server jeweils in der Version 2013 verfügbar ist.

Die Aufgabensynchronisierung in Outlook wird mithilfe von explizit durch den Benutzer in SharePoint für die Synchronisierung aktivierte Aufgabelisten aktiviert. Öffnen Sie dazu im Menüband von SharePoint die Registerkarte *Aufgaben* und klicken Sie im Menüband auf *Mit Outlook synchronisieren* (Abbildung 10.3).

Abbildg. 10.3 Synchronisieren von Aufgabenlisten mit Outlook

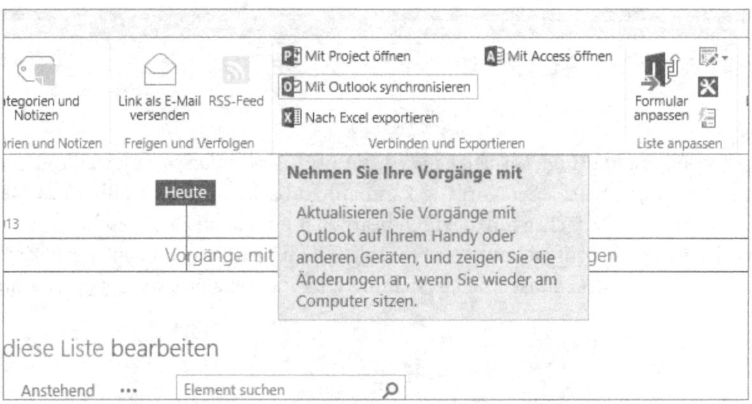

HINWEIS Sollte der Link im Menüband nicht ... *synchronisieren*, sondern ... *verbinden* lauten, wurde das entsprechende Synchronisierungsfeature auf Farmebene deaktiviert.

Im folgenden Dialogfeld aktivieren Sie das Kontrollkästchen *Vorgänge synchronisieren* und übernehmen die Änderungen. Im gleichen Dialogfeld finden Sie anschließend auch die Synchronisierungsstatusinformationen, um SharePoint-seitig den Erfolg der Synchronisierung zu identifizieren (Abbildung 10.4).

Abbildg. 10.4 Synchronisierungsstatus und -aktivierung

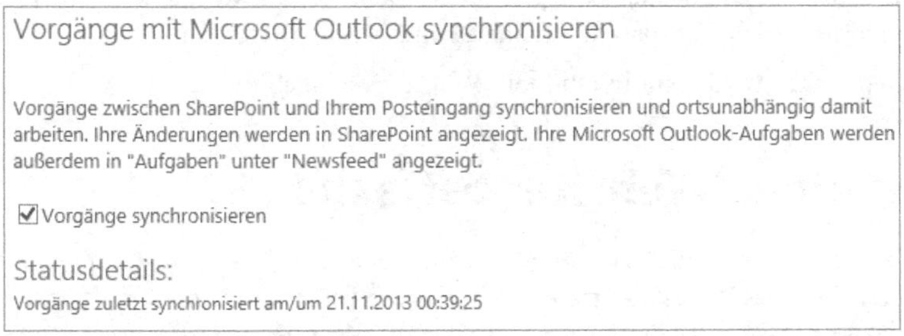

Ist die Synchronisierung erfolgreich, erscheint die Aufgabenliste verzögert in Outlook (Abbildung 10.5).

Abbildg. 10.5 Integration der Aufgabenlisten in Outlook

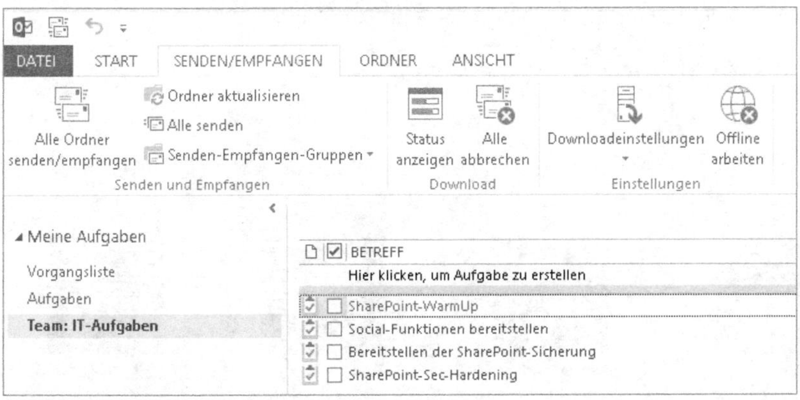

Websitepostfach (Site Mailbox)

In Kapitel 16 wird die serverseitige Einrichtung von Websitepostfächern ausführlich beschrieben. Sobald Sie diese abgeschlossen haben, können Sie die hier beschriebenen Methoden verwenden, um das Websitepostfach aus der Anwenderperspektive zu nutzen.

Rahmenbedingungen

Neben den serverseitigen Abhängigkeiten, die Sie in Kapitel 16 vorfinden, gibt es eine Reihe von Eigenschaften, die Ihnen beim Umgang mit Websitepostfächern geläufig sein sollten, um einen hinreichenden Überblick über die Funktion aus administrativer Sicht zu haben. Dabei handelt es sich um folgende Details:

- Sie benötigen Outlook 2013 Professional
- Es werden maximal 10 Websitepostfächer innerhalb eines Outlook-Clients unterstützt.
- Die Inhalte eines Websitepostfachs liegen nicht lokal vor wie die Exchange Server-Postfachinhalte, sondern werden transparent aus SharePoint heraus aufgerufen.
- Das Websitepostfach wird nicht in Outlook Web Access eingebunden.

Anlegen eines Websitepostfachs

Zum Anlegen eines Websitepostfachs benötigen Sie die Rolle bzw. SharePoint-Gruppenmitgliedschaft eines Websitebesitzers. Das Websitepostfach ist ein Feature von SharePoint und als App in die Oberfläche integriert. Entsprechend können Sie entweder die Websitepostfach-App hinzufügen (Abbildung 10.6) oder aber das entsprechende Feature auf der Websiteebene aktivieren (Abbildung 10.7).

HINWEIS In Kapitel 16 finden Sie eine Anleitung, wie Sie die Websitepostfächer automatisiert prä-provisionieren können.

Abbildg. 10.6 Aktivieren eines Websitepostfachs mithilfe der App-Steuerung

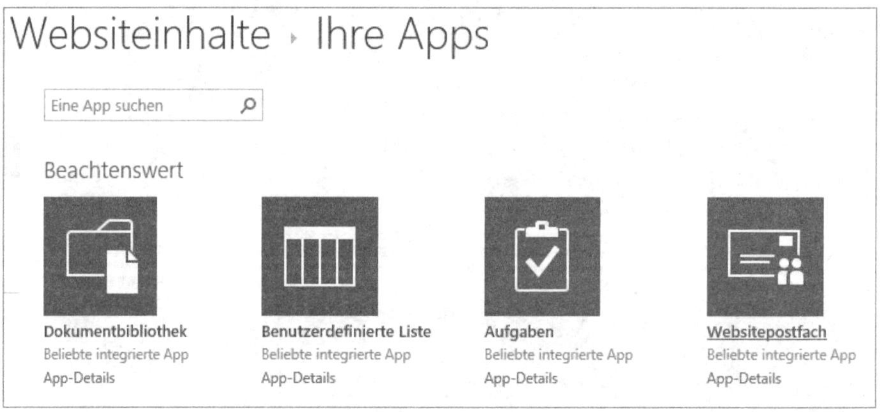

Nachdem Sie das Feature aktiviert bzw. die Websitepostfach-App hinzugefügt haben, findet in Abhängigkeit von der serverseitigen Vorkonfiguration entsprechend die Provisionierung des Websitepostfachs statt.

Abbildg. 10.7 Aktivieren eines Websitepostfachs mithilfe der Websitefeature-Steuerung

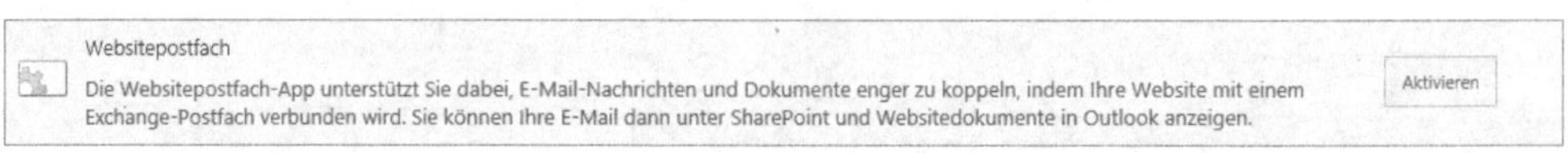

Nach der Aktivierung des Websitepostfachs finden Sie nun in der Schnellstartleiste unter *Zuletzt verwendet/Postfach* einen Link zum Exchange Server-Postfach vor (Abbildung 10.8).

Abbildg. 10.8 Verweis des Websitepostfachs in der Schnellstartleiste

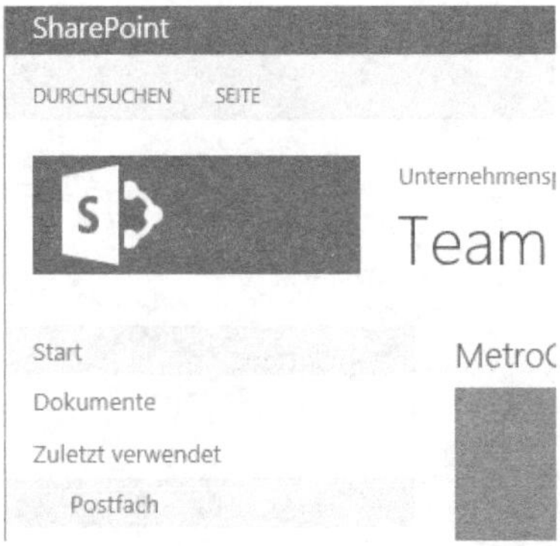

Arbeiten mit einem Websitepostfach

Sie können mithilfe zweier unterschiedlicher Methoden auf das Postfach zugreifen:

- Aus der SharePoint-Website heraus (letztlich via Outlook Web Access)
- Aus Outlook heraus

Neben den spezifischen Privilegien zum Erstellen des Postfachs benötigen Sie die SharePoint-Gruppenmitgliedschaft der jeweiligen Websitemitglieder, um auf die Inhalte eines Postfachs zuzugreifen. Entsprechend gilt die Logik, dass der Websitebesitzer die SharePoint-Gruppenmitgliedschaften seiner Website pflegt, um so den Zugriff auf das Websitepostfach zu delegieren. Hierbei werden lediglich die Websitebesitzer und die Websitemitglieder mit Zugriffsrechten auf das Postfach ausgestattet.

ACHTUNG Es werden keine Gruppenmitgliedschaften für den Zugriff aufgelöst! Entsprechend müssen alle Benutzer direkt, und nicht über eine Active Directory-Gruppe Mitglied der jeweiligen SharePoint-Gruppe sein.

Ist ein Websitepostfach erst einmal aktiviert, erscheint das Postfach verzögert automatisch in Outlook.

Ist zumindest ein Websitepostfach verfügbar, erscheint im Kontextmenü des Postfachs eine neue Zeile *Alle Websitepostfächer verwalten* (Abbildung 10.9). Mithilfe dieser Option gelangen Sie in die Detailkonfiguration der Websitepostfächer.

Abbildg. 10.9 Verwaltung des Websitepostfachs in Outlook

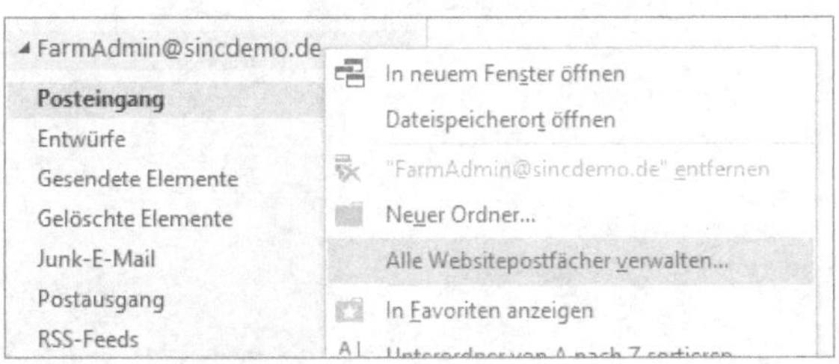

Clientszenarien

Öffnen Sie die Postfachverwaltung, werden Sie auf OWA (Outlook Web App) bzw. ECP (Exchange Control Panel, Exchange-Systemsteuerung) umgeleitet, welche Ihnen wiederum das Frame zum Verwalten der Websitepostfächer visualisiert (Abbildung 10.10:).

Abbildg. 10.10 Oberfläche der ECP-Websitepostfachverwaltung

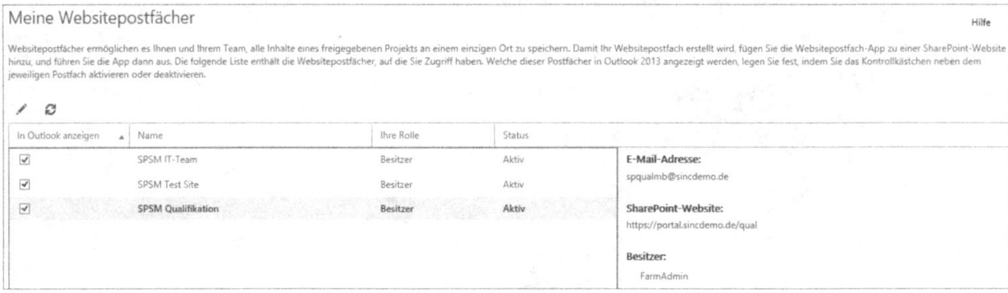

Mithilfe der Websitepostfachverwaltung können Sie steuern, welche der Websitepostfächer in Outlook angezeigt werden sollen, und die Zugriffsdetails einsehen.

Um ein Websitepostfach wieder zu entfernen, können Sie auch direkt aus Outlook heraus über das Kontextmenü das entsprechende Postfach wieder schließen (Abbildung 10.11).

Abbildg. 10.11 Entfernen eines Websitepostfachs aus der Outlook-Ansicht

Um die Zugriffsberechtigungen einzusehen und ggf. zu aktualisieren, markieren Sie ein Websitepostfach und klicken auf das Bearbeitungsstiftsymbol links oben.

Auf der Registerkarte *Benutzer* sehen Sie die aktuell zugriffsberechtigten Benutzer (Abbildung 10.12).

HINWEIS Die Benutzerberechtigungen werden vollständig automatisch von den SharePoint-Berechtigungen abgeleitet. Aus diesem Grund können Sie die Berechtigungen nicht innerhalb dieser Oberfläche modifizieren. Auf Seiten von Exchange Server können Sie mithilfe von Cmdlets Berechtigungen forcieren. Hierzu finden Sie in Kapitel 16 ein Beispiel. Allerdings werden diese Berechtigungen potenziell wieder im Rahmen einer Synchronisierung überschrieben.

Abbildg. 10.12 Übersicht der Benutzerberechtigungen

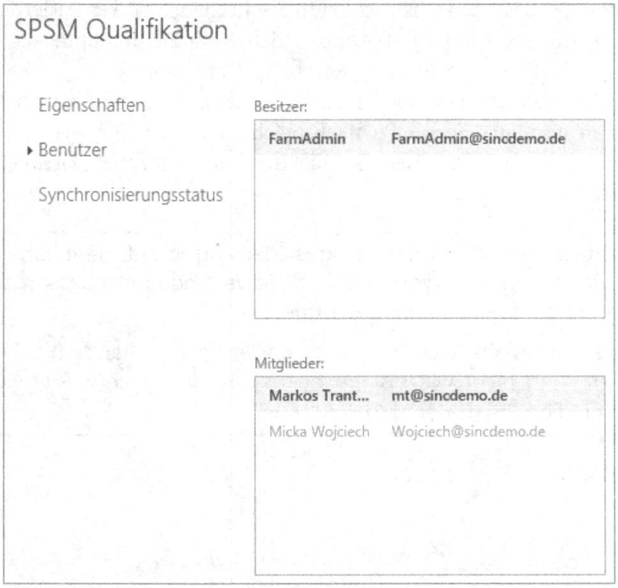

Sollten die Berechtigungen auf das Postfach nicht zutreffend sein, können Sie mithilfe der Schaltflächen auf der Registerkarte *Synchronisierungsstatus* eine Aktualisierung der Berechtigungen erzwingen und den Erfolg der Synchronisierung überprüfen (Abbildung 10.13).

Abbildg. 10.13 Synchronisierungsstatus der Zugriffsberechtigungen für ein Websitepostfach

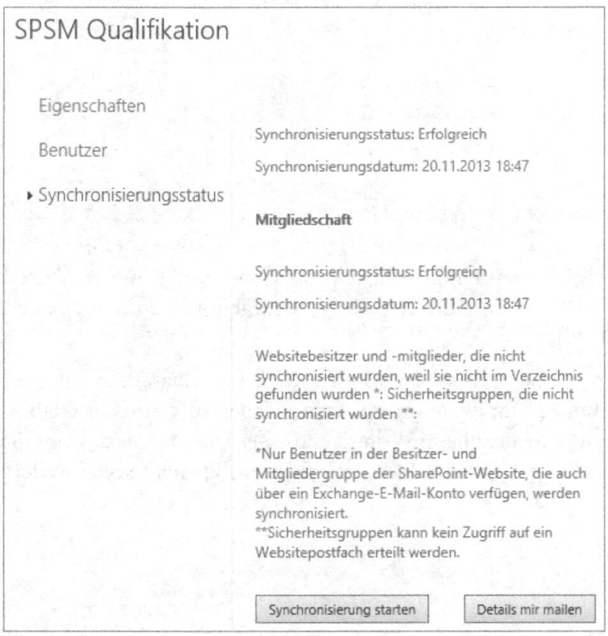

In Outlook 2013 werden die Websitepostfächer entsprechend der Abbildung 10.14 angezeigt. Beachten Sie, dass Sie innerhalb des Postfachs nicht nur die Exchange Server-basierten Postfachordner sehen (nur Eingangsordner), sondern auch potenziell Dokumentbibliotheken als Ordner erscheinen. Demnach ist das Postfach hybrid und beherbergt Daten aus zwei Quellen. Allerdings erscheint es nur so, als würden Daten beider Quellen enthalten sein: Während die Websitepostfach-E-Mail-Ordner tatsächlich in Exchange Server-Postfachspeichern vorgehalten werden, werden die SharePoint-Dokumentbibliotheken, wie in diesem Beispiel der Standardordner *Dokumente*, nicht in das Postfach synchronisiert.

HINWEIS Für den Benutzer und die Anwendung ist der Zugriff auf die Inhalte der SharePoint-Inhalte transparent. Beim Öffnen wird automatisch die Verbindung zu der entsprechenden Dokumentbibliothek hergestellt und das Element geöffnet.

Die Exchange Server-basierten Inhalte des Postfachs werden in der Standard-OST-Datei des Outlook-Clients gespeichert, und nicht wie bislang bei separat zu synchronisierenden SharePoint-Listen in eine eigenständige PST-Datei ausgelagert.

Abbildg. 10.14 Integration der Websitepostfächer in Outlook 2013

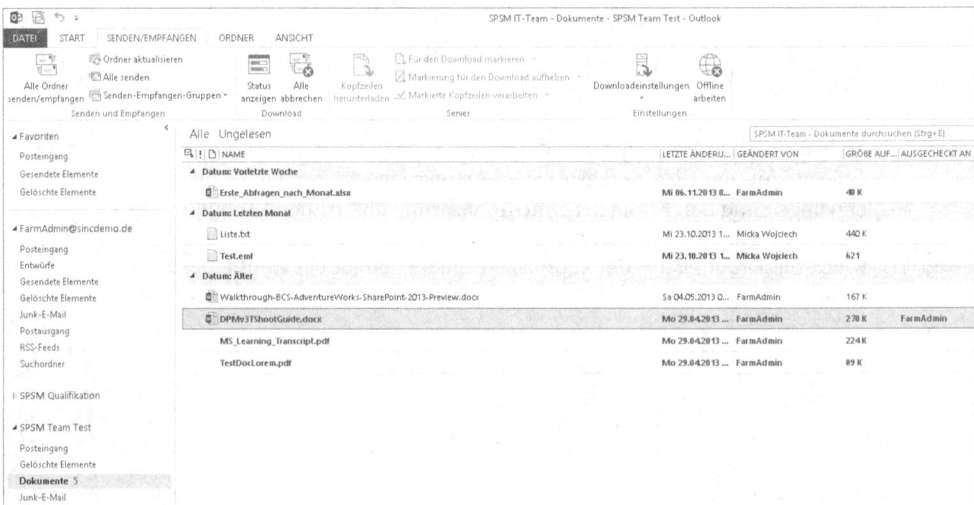

Nicht alle Dokumentbibliotheken werden im Websitepostfach angezeigt. Alle in SharePoint für das Erscheinen in der Schnellstartleiste konfigurierten Dokumentbibliotheken werden auch in Outlook visualisiert (Abbildung 10.15).

Ein relevantes Manko beim Medienwechsel zwischen E-Mail und SharePoint ist der Verweis auf SharePoint-Inhalte, um unnötige Duplikate im Postfachspeicher zu vermeiden. Für Websitepostfächer wird dies umgangen, indem auch beim Weiterleiten eines Dokuments aus einem SharePoint-Ordner des Postfachs lediglich der Link zum Element, nicht das Element selbst weitergeleitet wird (Abbildung 10.15).

Abbildg. 10.15 Aktivierung einer Dokumentbibliothek für die Anzeige im Websitepostfach

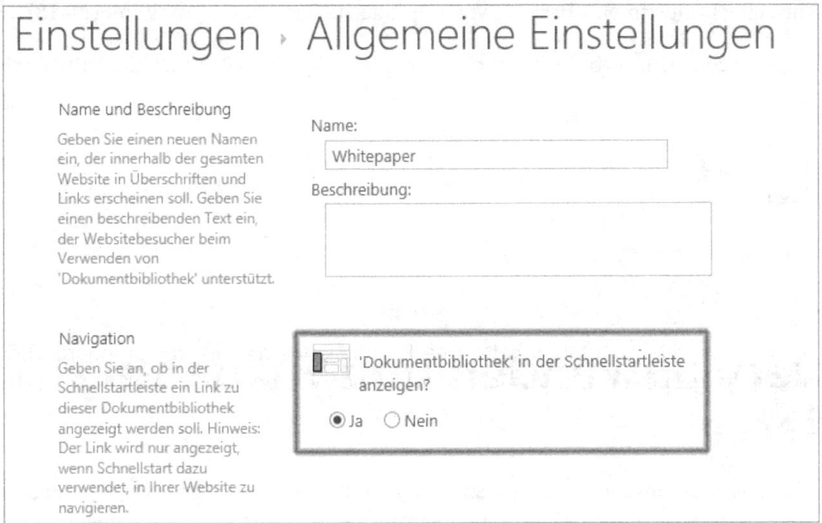

Abbildg. 10.16 Weiterleiten von SharePoint-Inhalten aus dem Websitepostfach

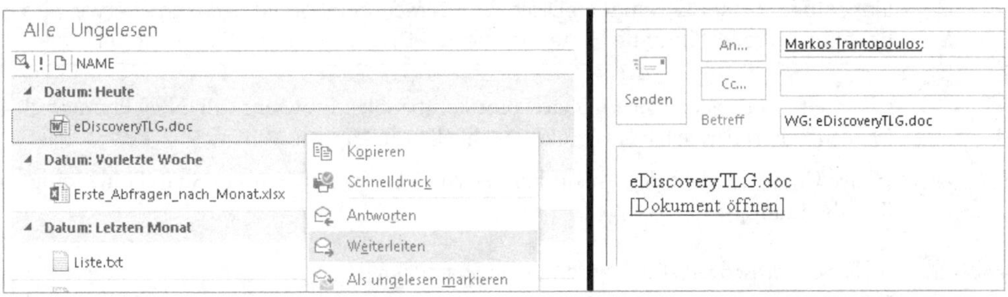

Einmal aus Outlook heraus geöffnete SharePoint-Inhalte aus dem Websitepostfach werden transparent mithilfe der Office-Upload Center-Komponente auf dem Client zwischengespeichert und bei Bedarf aus dem Cache geladen (Abbildung 10.17). Dabei wird bei einer zur Verfügung stehenden Verbindung und identifizierten Änderungen an der Quelldatei automatisch die neue Version geladen.

Abbildg. 10.17 Integration des Office-Upload Centers

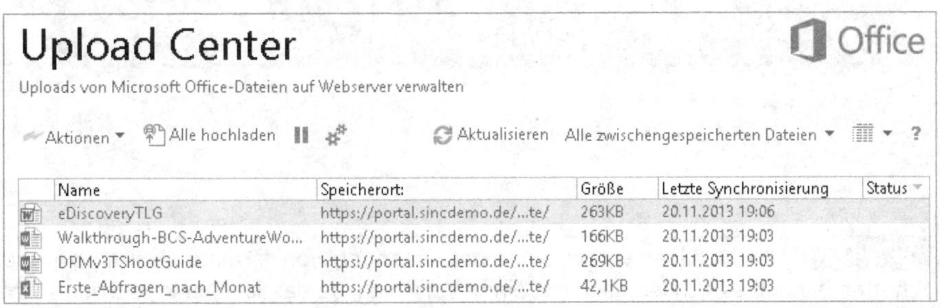

Für einen einfachen Medienwechsel steht Ihnen in Outlook für jede SharePoint-basierte Dokumentbibliothek eine Kontextmenü-basierte Verknüpfung zur Verfügung (Abbildung 10.18).

Abbildg. 10.18 Zugriff auf die zu einem Websitepostfachordner zugehörige SharePoint-Dokumentbibliothek

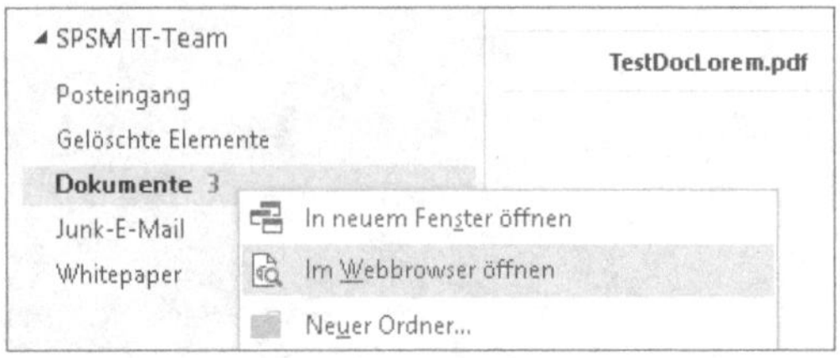

eDiscovery anwenden und Falldaten exportieren

Bevor Sie aus der Anwendersicht eDiscovery-Funktionen nutzen können, benötigen Sie für die jeweiligen Zielbereiche in SharePoint und Exchange Server entsprechende Berechtigungen.

HINWEIS Ein allgemeines Verständnis zu eDiscovery wird Ihnen im Kapitel 3 vermittelt. Die Einrichtung der serverseitigen eDiscovery-Berechtigungen für Exchange Server wird in Kapitel 16 behandelt. Weiterführende Hintergründe zu eDiscovery finden Sie in Kapitel 8.

Clientseitig wird neben einem SharePoint-kompatiblen Browser noch .NET Framework 4.5 benötigt, um den Export der Daten erfolgreich abschließen zu können.

In der Übersicht sieht der Ablauf bei der Nutzung von eDiscovery SharePoint-seitig entsprechend der Abbildung 10.19 aus.

Abbildg. 10.19 Ablauf der eDiscovery-Fallbearbeitung in SharePoint

HINWEIS Bei der hier vorgenommenen Trennung von farmadministrativen und fachlichen Schritten handelt es sich lediglich um einen Vorschlag, da das Fachpersonal voraussichtlich auf die Fertigkeiten der Farmadministration angewiesen ist, um die Datensammlung effizient umzusetzen.

1. Vorbereitung der Infrastruktur für eDiscovery

   Die Vorbereitungen der Infrastruktur für die Verwendung eines übergreifenden eDiscovery sind vergleichsweise komplex und erfolgen einmalig durch die Farmadministration. Das genaue Verfahren hierzu wird in Kapitel 16 beschrieben.

2. Erstellen eines neuen Falls

   Wird eine eDiscovery-Datensammlung erforderlich, ist es die Aufgabe der Farmadministration, einen isolierten Fall zu erzeugen.

3. Delegierung der Zugriffsberechtigungen

   Um den Zielpersonen den Zugriff auf die Daten zu gewähren, sind spezifische Zugriffsprivilegien zu delegieren. Hiermit ist die klassische Aufgabe der Farmadministration abgeschlossen.

4. Anlegen von eDiscovery-Sätzen

   Juristen oder andere autorisierte Rollen definieren die zu durchforstenden Quellen wie Dateifreigaben, SharePoint-Inhalte und Exchange-Postfächer.

5. Erstellen von Abfragen

   Auf den definierten Datenkorpus werden Abfragen angewandt, um einen möglichst genauen Datensatz extrahieren zu können.

6. Export der Daten

   Ist die Sammlung der Daten bzw. das Zusammenstellen der Daten abgeschlossen, werden die Daten exportiert und zur späteren Analyse dem autorisierten Personal zur Mitnahme zur Verfügung gestellt.

7. Schließung eines Falls

   Das explizite Schließen eines eDiscovery-Falls ist wichtig, um so etwaige Daten aus den In-Place-Haltebereichen des Compliance-Archivs wieder freizugeben.

Nachfolgend finden Sie die Details zu den Arbeitsschritten nach der erfolgreichen Basiseinrichtung.

Erstellen eines eDiscovery-Falls

Um eine möglichst eigenständige Ausführungsumgebung für eine Untersuchung bereitzustellen, erzeugt die Farmadministration innerhalb der vorliegenden Basis-eDiscovery-Websitesammlung eine möglichst berechtigungstechnisch isolierte Website.

Öffnen Sie dazu die eDiscovery-Websitesammlung und klicken Sie auf die Schaltfläche *Neuen Fall erstellen.*

Definieren Sie die vergleichbaren Parameter wie beim Anlegen einer neuen Website, wobei Ihnen als Vorlage lediglich *eDiscovery-Fall* zur Verfügung steht. Zur Isolation der Berechtigungen sollten Sie die Option *Eigene Berechtigungen verwenden* wählen.

Nach dem Erstellen der Website finden Sie die Übersicht des Falls vor. Die Abbildung 10.20 zeigt einen bereits in Bearbeitung befindlichen Fall.

Abbildg. 10.20 Übersicht der eDiscovery-Falloberfläche

Delegierung von Fallberechtigungen

Details zur Umsetzung der Delegierung von hier beschriebenen Berechtigungen finden Sie in den Kapiteln 16 und 9.

Bevor Sie den Fall an die autorisierte Person übergeben können, stellen Sie sicher, dass die Person über alle erforderlichen Berechtigungen für den Zugriff auf die eDiscovery Inhalte verfügt. In Abhängigkeit von den betroffenen Bereichen sind die folgenden Berechtigungen erforderlich:

- **SharePoint-Inhalte** Richten Sie mithilfe einer Benutzerrichtlinie auf Webanwendungsebene vollständige Leseberechtigungen ein. Sollten Sie keine Webanwendungsberechtigungen erteilen können, richten Sie entsprechend auf Websitesammlungsebene Berechtigungen in Form von Websitesammlungsadministratorrechten ein.
  Gewähren Sie Leserechte auf das Durchforstungsprotokoll mithilfe des Cmdlets *Set-SPEnterpriseSearchCrawlLogReadPermission*.

HINWEIS Beachten Sie, dass bei einer Änderung der Berechtigungen immer eine erneute Durchforstung durchgeführt werden muss, bevor die neuen Zugriffsrechte greifen. Dies ist für das suchzentrische eDiscovery von großer Bedeutung.

- **Exchange Server-Postfachdaten/Lync Server-Gesprächsprotokolle** Durch die Mitgliedschaft der Active Directory-Gruppe *Directory Management* erhalten die Benutzer adäquate Berechtigungen für die in Exchange Server-gespeicherten Daten.
- **Dateifreigabeinhalte** Auf der Zielfreigabe müssen für die Zielbenutzer zumindest Leseberechtigungen auf der Freigabe- und NTFS-Ebene existieren.

TIPP Die Konfiguration der Rahmenbedingungen für eDiscovery ist eine durchaus aufwendige Operation. Wird die eDiscovery-Funktionalität für rechtliche Auseinandersetzungen oder Ähnliches erst einmal genutzt, wird sie sicherlich regelmäßig beansprucht. Es bietet sich daher an, die Berechtigungen nicht an Einzelpersonen, sondern an eine Sicherheitsgruppe zu delegieren.

Stellen Sie abschließend in den Websiteeinstellungen des zuvor erstellten neuen Falls sicher, dass nur die Zielgruppe über entsprechende Zugriffsrechte verfügt.

Anlegen von eDiscovery-Sätzen

Mit diesem Arbeitsschritt beginnt der Einsatz des autorisierten Personals für die Datensammlung und Extraktion. Gehen Sie zum Anlegen von eDiscovery-Sätzen wie folgt vor:

1. Öffnen Sie die Fallwebsite und klicken Sie im Abschnitt *Identifizieren und halten* auf *Neues Element.*
2. Geben Sie einen Namen an und klicken Sie auf *Quellen hinzufügen & verwalten.*
3. Geben Sie nun die entsprechenden Quellen an (Abbildung 10.21) und übernehmen Sie diese.

HINWEIS Beachten Sie, dass lediglich Quellen wählbar sind, die zuvor von der jeweiligen Suche erfolgreich durchforstet worden sind.

Abbildg. 10.21 Definition von eDiscovery-Quellen für einen Datensatz

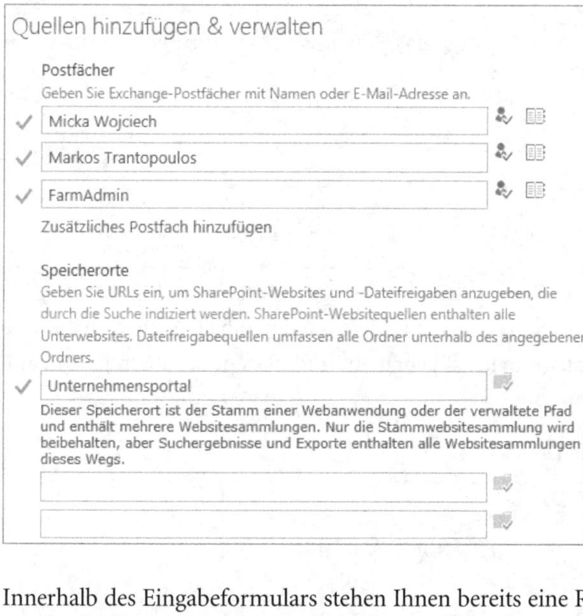

4. Innerhalb des Eingabeformulars stehen Ihnen bereits eine Reihe an Filterdefinitionen zur Verfügung (Abbildung 10.22). Sobald Sie die Quellen entsprechend konfiguriert haben, entscheiden Sie, ob Sie die identifizierten Daten vor einer Manipulation ab diesem Zeitpunkt schützen möchten, indem Sie das Compliance-Archiv für diese aktivieren. Hierdurch können Sie Exchange- und SharePoint-Inhalte direkt innerhalb der Quelle transparent schützen. Anwender können weiterhin betroffene Daten der Zielmenge bearbeiten, jedoch werden diese Daten in einem geschützten Bereich (wie z.B. einer versteckten Dokumentbibliothek) parallel vorgehalten.

HINWEIS Beachten Sie, dass die optionale Verwendung von Sperren in der Zielwebsitesammlung im Rahmen der hier angeführten Schritte die Aktivierung des Websitefeatures *Temporär sperren* erfordert, welches standardmäßig deaktiviert ist.

Abbildg. 10.22 Eingrenzung des Datensatzes und Steuerung des Compliance-Archivs

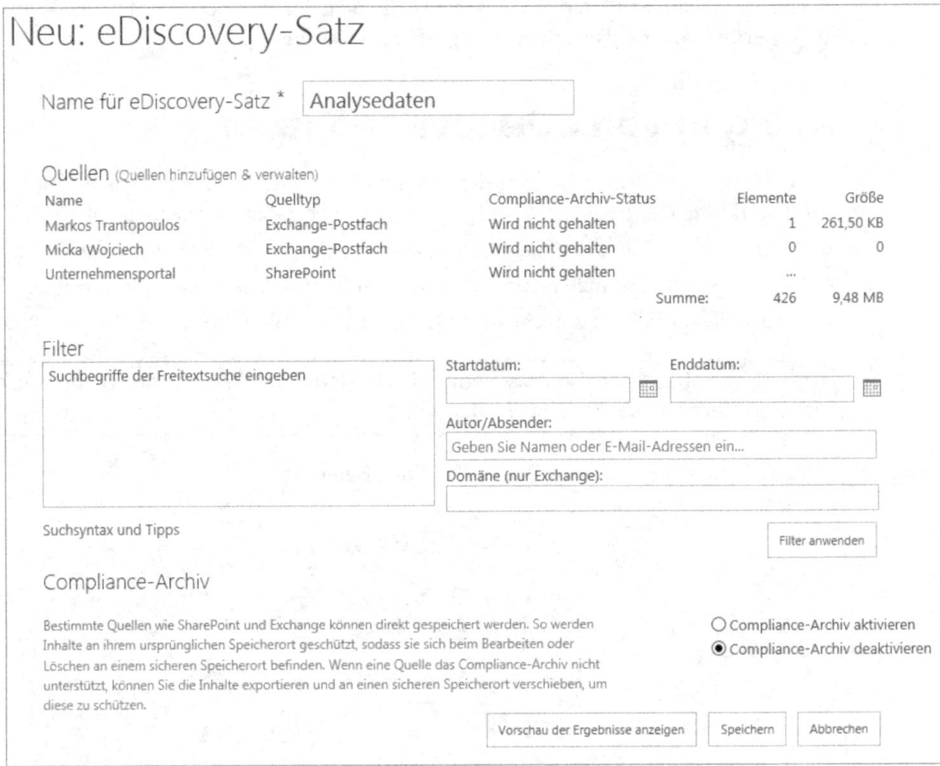

5. Klicken Sie auf *Vorschau der Ergebnisse anzeigen*, um den Inhalt zu überprüfen (Abbildung 10.23). Schränken Sie die Inhalte möglichst genau ein und klicken Sie abschließend auf *Speichern*, um den Datensatz abzulegen.

Abbildg. 10.23 Vorschau des gewählten Datensatzes

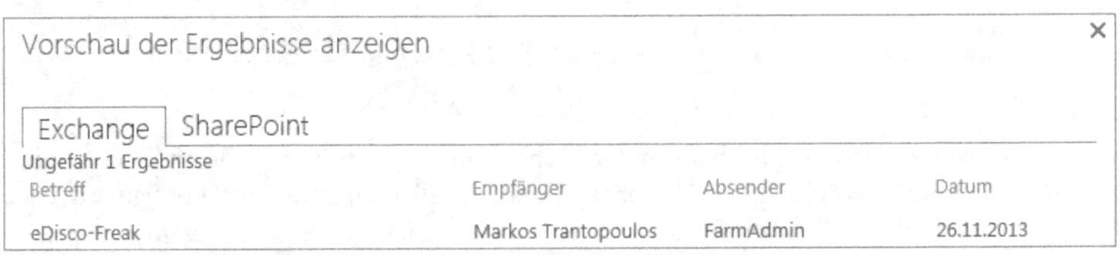

Erstellen Sie ggf. weitere Datensätze und fahren Sie dann mit dem Erstellen von Abfragen fort.

Erstellen von eDiscovery-Abfragen

Im Rahmen dieses Arbeitsschritts schränken Sie die Ergebnisse der Datensätze weiter ein, um die später tatsächlich relevante Datenmenge zu begrenzen:

1. Klicken Sie im Abschnitt *Suche und Export* auf *Neues Element*.
2. Geben Sie einen Namen für die Abfrage ein und definieren Sie die genauen Abfragefilter, um die Zieldatenmenge präzise einzuschränken. Dazu stehen Ihnen diverse erweiterte Abfrageparameter zur Verfügung, die Sie mithilfe der Links in der Oberfläche des Formulars weiter ergründen können (Abbildung 10.24).

Abbildg. 10.24 Abfragefilter zur weiteren Eingrenzung relevanter Inhalte des Falls

Speichern Sie die Abfrage ab und erstellen Sie bei Bedarf parallel weitere Abfragen, um die relevanten Inhalte sukzessive zu sammeln.

Exportieren von eDiscovery-Falldaten

Sind alle relevanten Daten identifiziert, starten Sie den Export der Daten. Zwar haben Sie die Möglichkeit, bereits aus dem Abfrageformular heraus einen Export zu initiieren. Jedoch sollten Sie einen alternativen Weg wählen, wenn mehrere relevante Abfragen vorliegen, um alle Daten in ein Formular zu exportieren.

1. Klicken Sie in der Schnellstartliste auf *Exporte*, wählen Sie alle relevanten Abfragen aus und klicken Sie auf *Nächster* (Abbildung 10.25).

Abbildg. 10.25 Paralleler Export mehrerer Abfragen

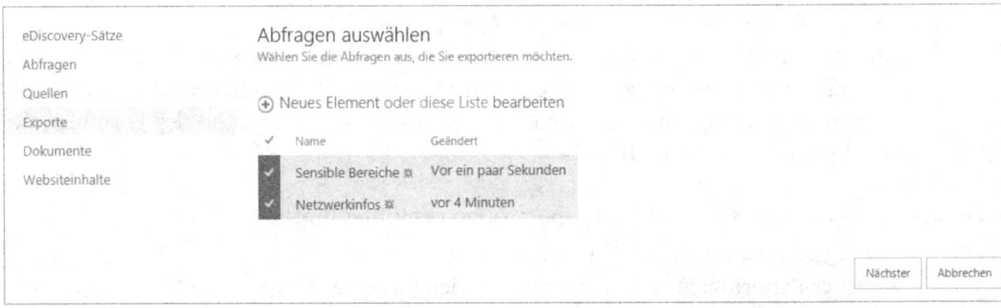

2. Geben Sie den Namen an, wählen Sie die Optionen für den Export aus (Abbildung 10.26) und klicken Sie auf *OK*.

Abbildg. 10.26 Exportparameter

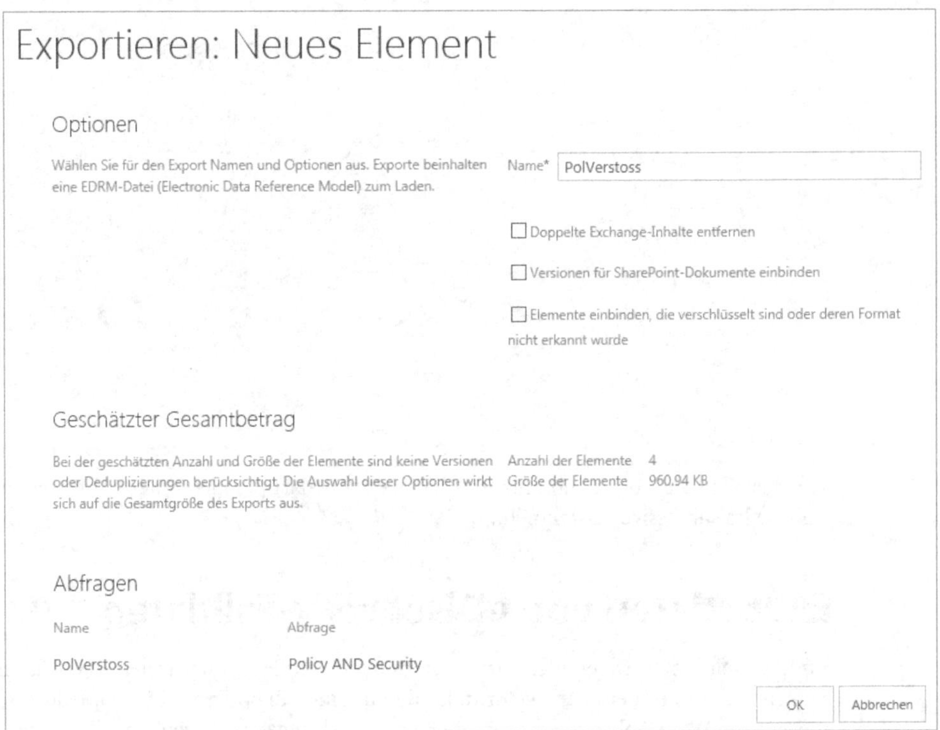

3. Klicken Sie auf *Ergebnisse herunterladen*, um den Export zu starten (Abbildung 10.27), oder wählen Sie alternativ die Berichte aus.

Abbildg. 10.27 Starten des Exports

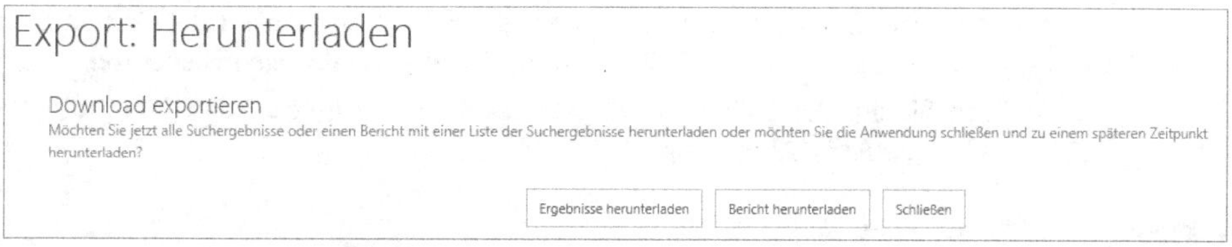

4. Bestätigen Sie die Eingaben (*Ausführen*) und wählen Sie einen Zielordner für die lokale Ablage der Exportdaten aus. Dabei muss es sich um einen Ordner handeln, in dem nicht bereits weitere Datensätze exportiert wurden (Abbildung 10.28).

Abbildg. 10.28 Angabe des Exportverzeichnisses

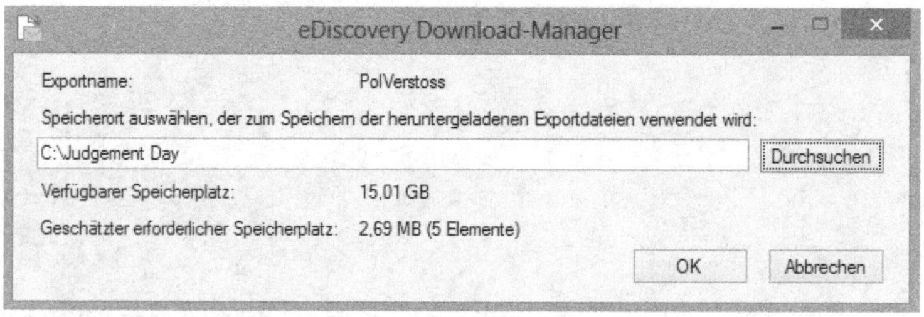

5. Nach Abschluss des Exports finden Sie die EDRM-konforme (Electronic Discovery Reference-Modell) Datenstruktur des Exports vor (Abbildung 10.29). Die Exchange-Daten liegen in Form einer PST-Datei im Exchange-Ordner vor, während die SharePoint-Inhalte gemäß der Transformationsdefinition aus Kapitel 8 innerhalb des jeweiligen Ordners (hier *Unternehmensportal*) vorliegen.

Abbildg. 10.29 Exportdatenstruktur

Mit diesem Arbeitsschritt ist die Fallbearbeitung SharePoint-seitig jedoch nicht abgeschlossen.

Schließen eines eDiscovery-Falls

Es ist wichtig, dass Sie nach erfolgter Fallbearbeitung die Fälle ordnungsgemäß schließen, um etwaige Ressourcen und Hintergrundaktivitäten basierend auf den In-Place-Haltungen der Compliance-Archive freizugeben und bereinigen. Durch die Schließung eines Falls löschen Sie keineswegs die Website, sondern geben ausschließlich etwaige In-Place-Haltungen wieder frei.

1. Wählen Sie auf der Fallbearbeitungssite unter *Einstellungen* (das Zahnradsymbol) den Befehl *Abschluss des Falls* (Abbildung 10.30).

Abbildg. 10.30 Abschluss eines Falls

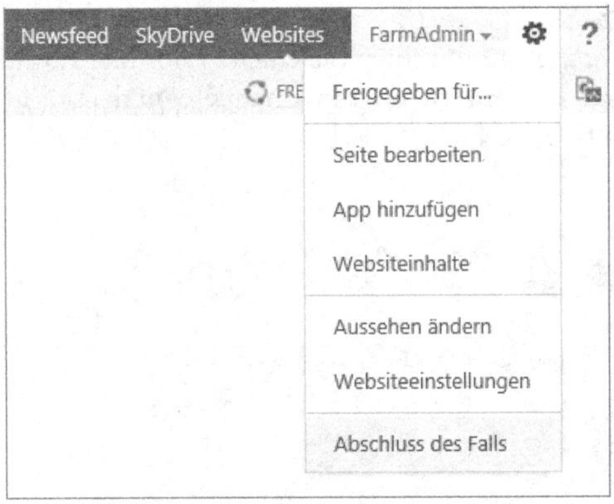

2. Um den Vorgang abzuschließen, müssen Sie bestätigen, dass Sie den Fall wirklich schließen möchten.

   Beachten Sie dabei, dass Sie den Fall bis zu dessen Schließung jederzeit wieder öffnen können. Sollten Sie das Compliance-Archiv nicht verwendet haben, können die Daten indes bei einem erneuten Öffnen eines Falls möglicherweise geändert vorliegen. Durch das Schließen von Fällen werden die Momentaufnahmen der Daten, die beim Erstellen der direkten Datensätze erstellt wurden, unwiderruflich gelöscht.

Sie können einen Fall über den gleichen Weg wieder öffnen, über den Sie ihn zuvor geschlossen haben (Abbildung 10.31).

Abbildg. 10.31 Schließen eines Falls

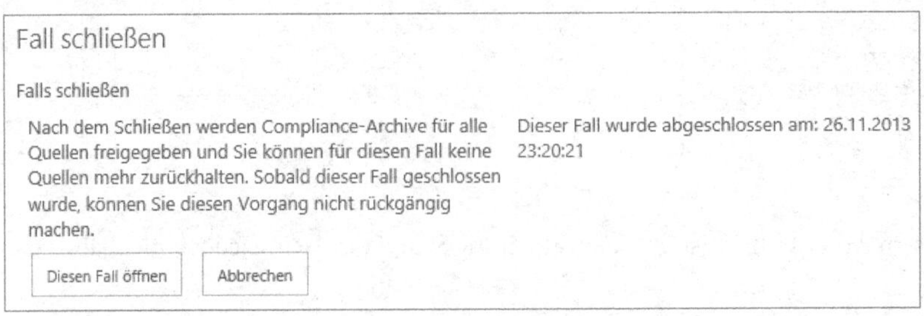

Im hier demonstrierten Beispiel wurde die beim Export erstellte PST-Datei in Outlook geöffnet. Die Abfrage enthielt lediglich eine E-Mail-Nachricht, die im Rahmen der Abfrage von der Exchange Server-Suche identifiziert wurde (Abbildung 10.32). Dabei befinden sich die identifizierten Stichwörter der Suchabfrage innerhalb des an die E-Mail angefügten Word-Dokuments.

Abbildg. 10.32 eDiscovery-Exportdaten für Exchange Server

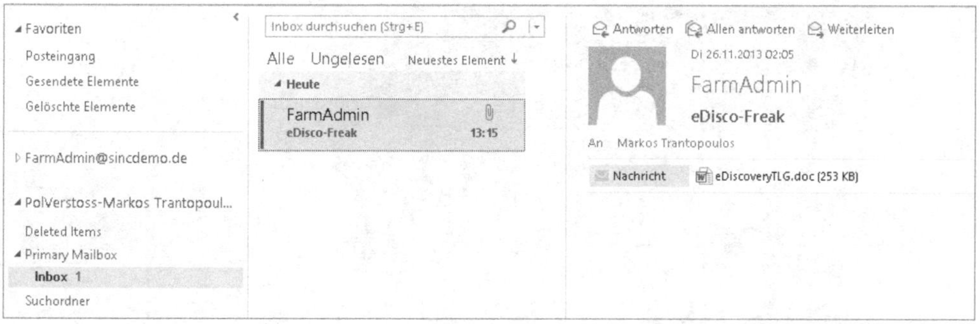

SkyDrive Pro in SharePoint Server 2013

Der persönliche Cloudspeicherdienst von SkyDrive ist ein mittlerweile recht verbreiteter Dienst, welcher für einzelne Nutzer kostenlos über ein entsprechendes Microsoft-Konto zur Verfügung gestellt wird.

Mit SkyDrive Pro, dem Nachfolger von Workspace 2010, wird das SkyDrive-Pendant für SharePoint-Umgebungen verfügbar.

SkyDrive und SkyDrive Pro

SkyDrive ermöglicht privaten Nutzern eine Synchronisierung von persönlichen Daten zwischen Ihren Geräten und der Cloud. Der große Vorteil von SkyDrive ist die Aufbewahrung und Bereitstellung von Daten, welche geräteunabhängig erreicht werden können. Die Daten sind vom lokalen Speicher losgelöst und über das Internet jederzeit erreichbar.

SkyDrive Pro ist in seinen Funktionen wesentlich vielfältiger. Prinzipiell handelt es sich um einen Dokumentsynchronisierungsdienst, den Organisationen für ihre Benutzer bereitstellen und verwalten können. Primär werden Benutzer somit in die Lage versetzt, SharePoint-Inhalte zur transparenten Bearbeitung mitzunehmen. Bei Verfügbarkeit einer Verbindung mit dem Unternehmensnetzwerk werden die Dateien automatisch mit SkyDrive Pro synchronisiert. Im Gegensatz zu SkyDrive werden in SkyDrive Pro SharePoint-Inhalte lokal auf dem Client bereitgestellt.

SkyDrive Pro-Architektur

SkyDrive Pro in SharePoint Server 2013 besteht aus zwei Hauptkomponenten: der SkyDrive Pro-Benutzeroberfläche und dem SkyDrive Pro Windows Sync-Client (Abbildung 10.33).

Abbildg. 10.33 Übersicht der SkyDrive Pro-Architektur

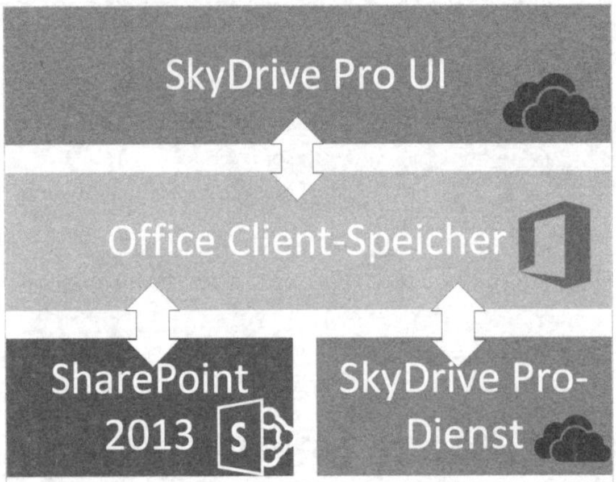

Für die Synchronisierung selbst wird die Office-Clientspeicherkomponente instrumentalisiert, die Ihnen in Form des Office Upload Centers bekannt ist. Dies kann ein bidirektionales Kopieren, Aktualisieren und auch Verschieben von Dateien beinhalten. Zuständig für die Synchronisierung ist der SkyDrive Pro Windows Sync-Client, der ebenfalls Bestandteil von Office 2013 ist und auch als eigenständige Version zur Verfügung gestellt wird.

Wenn es sich bei der zu synchronisierenden Datei um eine Word-, Excel- oder PowerPoint-Datei handelt, führt der Sync-Client eine Differenzialsynchronisierung aus. Somit werden nur die Änderungen synchronisiert, die seit der letzten Synchronisierung stattgefunden haben. Für alle weiteren Dateitypen wird die vollständige Datei synchronisiert.

HINWEIS Erst durch die erstmalige Synchronisierung einer Dokumentbibliothek erstellt der Windows-Sync-Client von SkyDrive Pro die konkreten Windows-Ordner und Verknüpfungen in den Favoriten.

Arbeiten mit SkyDrive Pro

Die zu synchronisierenden Dateien werden in SkyDrive Pro nicht wie zuvor in einer proprietären Oberfläche, sondern direkt im Windows-Explorer visualisiert (Abbildung 10.34).

Sobald Benutzer eine Dokumentbibliothek für die Synchronisierung aktiviert haben, erscheint in Windows-Explorer unter Favoriten ein *SharePoint*-Link, über den Anwender transparent auf die SharePoint-Daten zugreifen können. Lediglich anhand der zusätzlichen Statussymbole für Ordner und Dateien wird ersichtlich, dass es sich hierbei um keine vollkommen klassischen Dateien auf dem Dateisystem handelt. Ein zusätzliches SkyDrive Pro-Kontextmenü ermöglicht zudem das direkt, Wechseln zu der entsprechenden SharePoint-Bibliothek oder das Kopieren des Links eines Elements zur Weiterleitung an Dritte. Durch den transparenten Zugriff arbeiten Benutzer nach dem Öffnen einer hier liegenden Datei so, als hätten Sie das Element direkt in SharePoint geöffnet.

Abbildg. 10.34 SkyDrive Pro-Integration in den Windows-Explorer

SharePoint Server 2013 erstellt zudem die SkyDrive Pro-Dokumentbibliothek in der persönlichen Websitesammlung von *Meine Website* eines Benutzers (Abbildung 10.35). Bei der SkyDrive Pro-Dokumentbibliothek handelt es sich um eine spezielle Dokumentbibliothek, die mithilfe der Standard-Dokumentbibliothekvorlage erstellt wurde. Viele der Features und Vorgänge, die für eine Standarddokumentbibliothek gelten, können auch auf die SkyDrive Pro-Dokumentbibliothek angewendet werden.

Abbildg. 10.35 SkyDrive-Integration in *Meine Website*

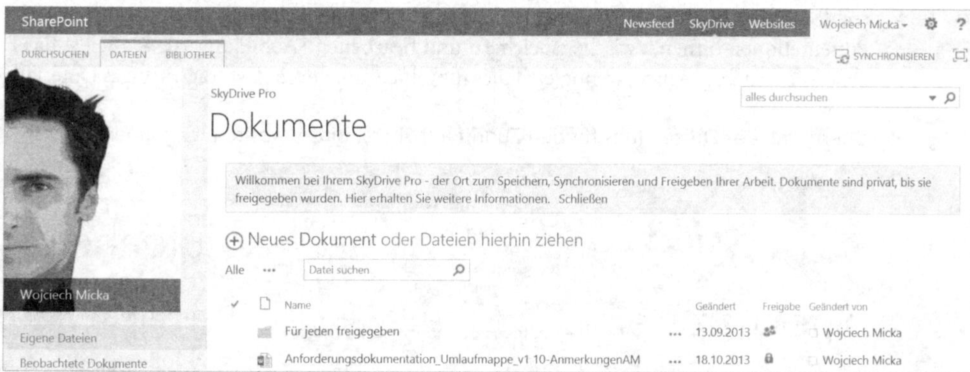

Benutzer können entweder mithilfe der SkyDrive Pro-UI, oder aber direkt aus SharePoint heraus Ziele der Synchronisierung bestimmen (Abbildung 10.36).

Abbildg. 10.36 Starten einer SkyDrive Pro-Synchronisierung aus SharePoint heraus

In der Windows-Taskleiste können Benutzer neben den erweiterten Steuerungsbefehlen von SkyDrive Pro durch einen Klick auf *Neue Bibliothek synchronisieren* (Abbildung 10.37) unter Verwendung des URL der Zielwebsite oder Dokumentbibliothek eine einfache Verbindung herstellen. Für Benutzer bislang lästige Zusatzkonfigurationen, wie noch unter Workspace 2010, entfallen somit.

Abbildg. 10.37 Integration von SkyDrive Pro in die Taskleiste

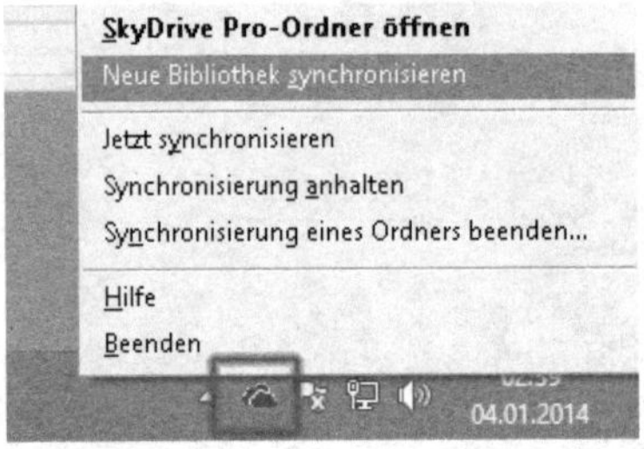

Office-Hub – SkyDrive-Alternative zu Windows Phone

Für Windows Phone-Benutzer ist bislang SharePoint Workspace Mobile die Lösung für den mobilen Zugriff auf SharePoint-Inhalte. Für SharePoint 2013 steht Windows Phone-Besitzern der Office-Hub zur Verfügung.

Mithilfe dieses unterschätzten Werkzeugs lässt sich einfach auf Listenelemente von SharePoint-Websitesammlungen zugreifen. Sie können so beispielsweise nicht nur Aufgaben-Listenelemente, sondern auch recht komfortabel Word-Dokumente, Excel-Arbeitsmappen, OneNote-Notizbücher und PowerPoint-Präsentationen öffnen, zwischenspeichern und bearbeiten (Abbildung 10.38). Selbst das Erstellen von Dokumenten ist möglich, wenngleich dies für Office-Inhalte ein fast fragwürdiges Unterfangen darstellt.

Abbildg. 10.38 Oberfläche des Office-Hubs für den Zugriff auf SharePoint-Websitesammlungen

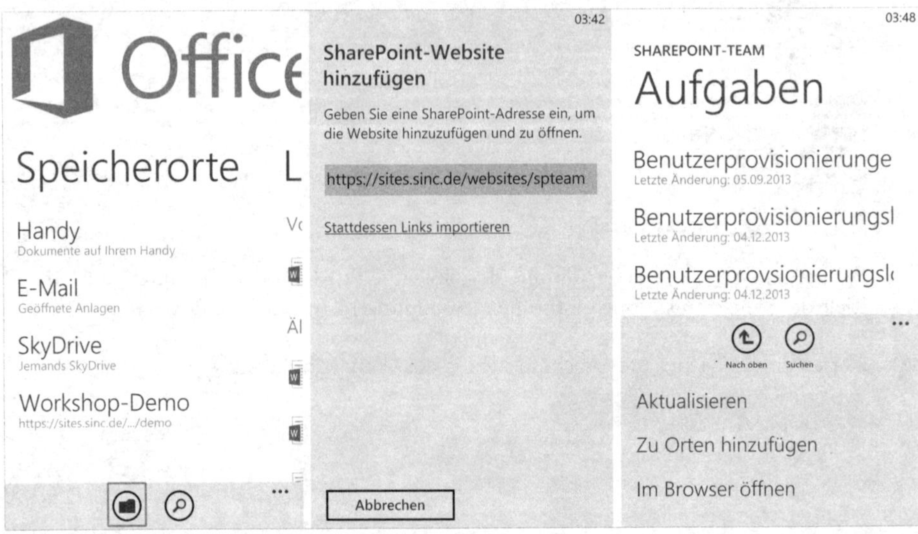

Für den Zugriff auf verschiedene SharePoint-Zielwebsitesammlungen geben Sie zunächst den Anmeldeinformationen und Websitesammlungs-/Website-URL an und navigieren dann zwischen den entsprechenden Listen. Der Office-Hub unterstützt indes selbst eine formularbasierte Anmeldung wie die von Microsoft Forefront TMG 2010.

Apps

Die administrative Perspektive von Apps wurde bereits im vorherigen Kapitel behandelt. Für die Anwenderperspektive werden an dieser Stelle einige verbleibende Aspekte angeführt.

Apps stellen das Synonym für die Freiheit von Anwendern dar, eigene Lösungsbausteine in ihre Arbeitsumgebung einzubringen. Zuletzt wurde das Konzept erfolglos in SharePoint basierend auf einem dezentralen Lösungsspeicher auf Websitesammlungsebene verfolgt. Eine App für SharePoint ist eine kleine, benutzerfreundliche, eigenständige Anwendung, die eine bestimmte benutzerbezogene oder geschäftliche Anforderung erfüllt. Somit können Anwender mit begrenzten Privilegien der SharePoint-Arbeitsumgebung Informationen oder Funktionen hinzuzufügen, ohne negative Auswirkungen auf andere Arbeitsbereiche fürchten zu müssen. Durch den zentralen SharePoint und Office Store können Anwender auf einen umfassenden Lösungskatalog zurückgreifen.

Neben den »echten« Apps finden Sie in der Liste der verfügbaren Apps nun auch die Apps zur Erstellung von Inhalten wie Listen und Dokumentbibliotheken vor. Diese SharePoint-integrierten Apps unterliegen nicht den klassischen App-Rahmenbedingungen. Lassen Sie sich daher nicht von dieser vereinfachten Integration irritieren.

SharePoint Store

Bereits von ersten Version an wurde in SharePoint das grundlegende Konzept verfolgt, Dritten eine Erweiterung von SharePoint zu ermöglichen. Dieser Gedanke wurde durch das App-Modell signifikant erweitert.

Der SharePoint 2013 App-Store funktioniert nach den Standards eines typischen Stores. Apps sind nach Genres katalogisiert. Der App-Store enthält Business- und Produktivitäts-Apps, die speziell für die neueste Office- und SharePoint-Produktgeneration entwickelt wurden. Unabhängig von dem direkten Zugang zum SharePoint 2013 App-Store kann dem Benutzer auch ein unternehmensspezifischer App-Store bereitgestellt werden.

Apps erwerben

Über das zentrale *Einstellungen*-Menü (das Zahnradsymbol) können Apps von berechtigten Benutzern erworben werden, um diese in der entsprechenden Location zu verwenden. Neben Websitebenutzern bzw. -administratoren können Farmadministratoren Apps in der Zentraladministration zentral erwerben. Für die Zentraladministration ist ein Erwerb von Apps generell möglich, selbst wenn die dortige Website selbst keine Apps unterstützt (Abbildung 10.39).

Abbildg. 10.39 Hinzufügen einer App aus Farmadministratorperspektive

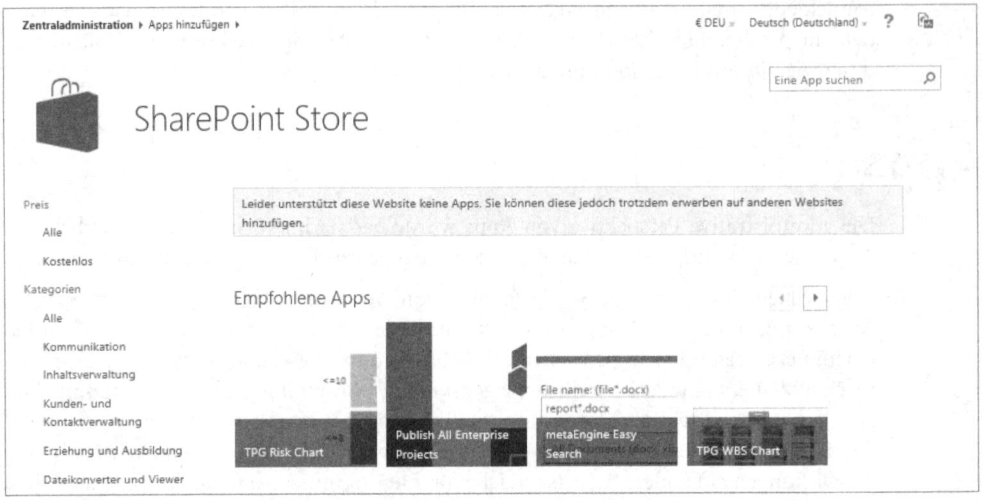

Durch Anklicken einer App können weitere Informationen zur App eingesehen werden, wie beispielsweise Screenshots, Funktionen, Version und Bewertungen sowie viele weitere Informationen, die in Zusammenhang mit der App stehen. Bei kostenpflichtigen Apps kann der Käufer zwischen den vordefinierten Lizenzen wählen (Abbildung 10.40). Bei einigen Apps wird eine zeitbegrenzte Testversion zum Download bereitgestellt.

Abbildg. 10.40 Dropdownlistenfeld *Apps kaufen*

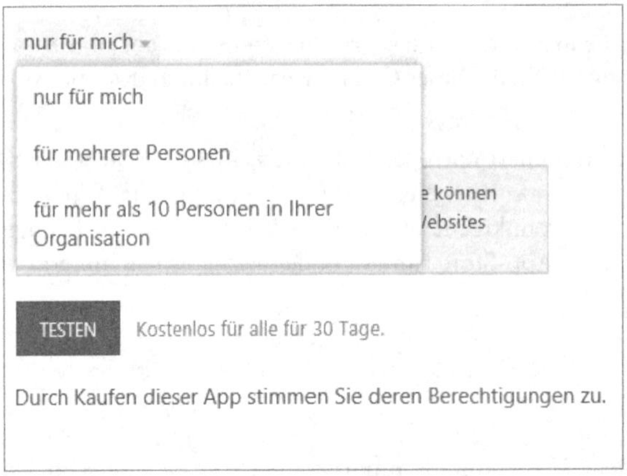

Zum Download einer App ist eine Anmeldung am SharePoint Marketplace erforderlich, unabhängig davon, ob die App kostenpflichtig ist. Zur Anmeldung wird ein Microsoft-Konto wie beispielsweise Ihre Windows Live-ID benötigt (Abbildung 10.41).

Abbildg. 10.41 Anmeldung für den Erwerb einer App im SharePoint Marketplace

Abhängig von den vergebenen Rechten können Benutzer Apps aus dem SharePoint Store erwerben. Benutzer, die nicht direkt über die notwendigen Berechtigungen verfügen, haben dennoch die Möglichkeit, eine App über die App-Anforderung anzufordern (Abbildung 10.42). Farmadministratoren und der App-Katalog-Websitebesitzer können auf App-Anforderungen reagieren.

Abbildg. 10.42 Zusammenhang von Anforderungen und der zentralen Konfiguration vom SharePoint Store

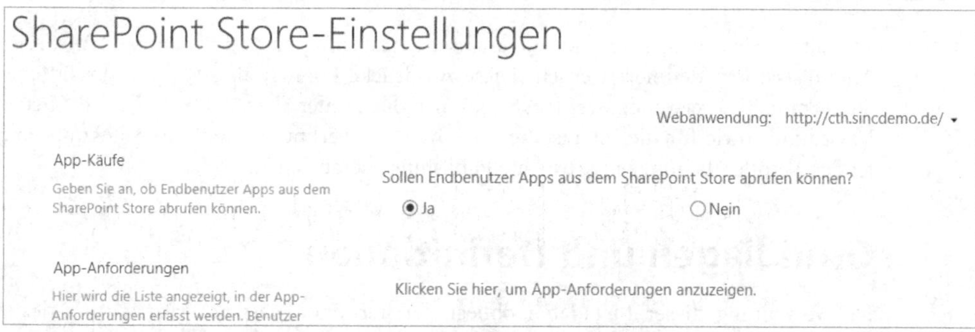

Clientszenarien

App-Berechtigungen

Bereits für den Installationsvorgang fordert eine App die erforderlichen Berechtigungen an. Diese Anfrage zur Rechtevergabe wird dem Benutzer gestellt, der die Installation ausführt. Apps erhalten generell Berechtigungen die vom Benutzer delegiert wurden. Es existieren vier grundsätzliche Ebenen, für die Apps Berechtigungen anfordern:

- **SPSite** Websitesammlungsebene
- **SPWeb** Websiteebene
- **SPList** Listenebene
- **Tenancy** Mandantenebene

Für die jeweiligen Ebenen können die entsprechende Berechtigungen (*Lesen*, *Schreiben*, *Verwalten*, *Vollzugriff*) angefordert werden.

Letztlich impersoniert die App später für die eigentlichen Benutzerzugriffe mithilfe des OAuth 2.0-Protokolls den zugreifenden Benutzer, ist jedoch in seinem Aktionsradius auf die definierte App-Berechtigungsebene beschränkt.

Apps und Business Connectivity Services

Um eine App für SharePoint zu installieren, welche auf einen Datenfeed über Business Connectivity Services zugreifen soll, muss die App eine BDC-Verbindung verwenden dürfen. Daher müssen zusätzliche Berechtigungen vom Administrator vergeben werden, um solch eine Verbindung nutzen zu können.

Externe Inhaltstypen können nur für eine App gelten, welche das BDC-Modell enthält. Business Connectivity Services unterstützt Apps auf zwei Arten: der Anwendung von BDC-Modellen auf Apps und zur Definition und Speicherung von Verbindungsinformationen.

Arbeiten mit verwalteten Metadaten

Verwaltete Metadaten sind eine hierarchische Auflistung zentral verwalteter Ausdrücke, die von Administratoren definiert werden. Diese Ausdrücke können als Attribute für Listenelemente in SharePoint 2013 verwendet werden. Sie können diese unter SharePoint 2013 für die neue, verwaltete Navigation sowie für die Inhaltsbereitstellung bzw. -verknüpfung bei websitesammlungsübergreifenden Veröffentlichungen (Cross-Site Publishing) heranziehen.

Grundlagen und Definitionen

Die Verwaltung dieser Metadaten obliegt der Terminologiespeicherverwaltung des verwalteten Metadatendienstes. Die oberste Ebene bilden die Gruppen über Ausdruckssätze bis hin zu einzelnen Ausdrücken, die jedoch wiederum gruppiert werden können.

Es gibt zwei Typen von Ausdrücken:

- **Verwaltete Ausdrücke** (Terms) Dies sind Metadaten, mit denen Elemente markiert werden können. Sie können nur von Benutzern mit entsprechenden Berechtigungen in der Terminologiespeicherverwaltung erstellt und geändert werden. Sie dienen als Schnittstelle zwischen der Inhaltserstellung und der Veröffentlichung und/oder als Navigationselemente. Mithilfe der Ausdrücke können Inhalte kategorisiert werden. Die Struktur bzw. Hierarchie der Ausdrücke spiegelt sich in der verwalteten Navigation sowie der Darstellung der Inhalte auf Veröffentlichungswebsitesammlungen mithilfe von Such-Webparts wider.

- **Unternehmensstichwörter** (Abbildung 10.43) Dies sind Wörter oder Sätze, die einem Element zugeordnet werden, jedoch sonst keine weitere Funktion haben. Es ist eine vordefinierte Spalte, die dem Ausdruckssatz *Schüsselwörter* in der Gruppe *System* zugeordnet ist, der nicht hierarchisch geordnet ist.

Abbildg. 10.43 Unternehmensstichwörter im Terminologiespeicher

WICHTIG Es gibt keinen Verlauf im Taxonomieterminologiespeicher! Teilweise können durch die Schaltfläche *Abbrechen* Änderungen verworfen werden, die restlichen Änderungen sind sofort wirksam. Falls Änderungen gespeichert wurden, können sie nicht mehr ohne umfangreichere Wiederherstellungsmaßnahmen auf einen früheren Wert zurückgesetzt werden.

Abbildg. 10.44 Symbolerläuterungen für den Terminologiespeicher

Symbole	Erklärung
	Ausdruck
	Ausdruckssatz, der nicht zur Markierung verwendet wird.
	Ausdruckssatz, der zur Markierung verwendet wird.
	Gruppen, die zur Organisation der Ausdruckssätze dienen

Ein Verständnis der Differenzierung zwischen den wesentlichen Terminologiespeicherelementen ist hilfreich:

- **Synonyme** Ausdrücke können Synonyme enthalten, d.h. ein Ausdruckssatz hat einen Ausdrucksnamen und ist zusätzlich noch mit weiteren Namen, Synonymen, ausgestattet. Zum Beispiel: *Computer ABC* als Ausdrucksname und als Synonym *Laptop Version 1* und *Laptop v1*.
- **Ausdruckssätze** Ausdruckssätze dienen zur Markierung von Elementen sowie der Gruppierung von Ausdrücken. Um Elemente mit einem Ausdruck markieren zu können, muss ein Ausdruckssatz mit der verwalteten Metadatenspalte verknüpft werden.

  Ausdruckssätze können nicht direkt in der Terminologiespeicherverwaltung im verwalteten Metadatendienst erstellt werden, sondern müssen in Gruppen gegliedert sein. Bei der Erstellung eines Ausdruckssatzes sollte klar sein, wer die Berechtigung zur Verwaltung des Ausdruckssatzes erhalten soll, welche Ausdrücke enthalten sein sollten und wie diese organisiert sein sollen.
- **Lokale und globale Ausdruckssätze** Es gibt eine lokale und eine globale Ebene der Ausdruckssätze. In der Auflistung der verwalteten Metadaten ist dies gut an der gestrichelten Demarkationslinie zu erkennen. Die Gruppen, die (abgesehen von der Gruppe *System*) unterhalb dieser Linie angelegt sind, sind lokale Gruppen, oberhalb befinden sich globale Gruppen.

HINWEIS Lokale Ausdruckssätze können nur innerhalb der Websitesammlung gesehen, verwendet und bearbeitet werden. Globale Ausdruckssätze können auch in anderen Websitesammlungen gesehen, verwendet und bearbeitet werden.

- **Gruppen** Alle neuen Gruppen, die angelegt werden, sind zunächst lokal. Durch Ziehen/Ablegen kann die entsprechende Gruppe einfach auf die oberste Ebene (*Verwaltete Metadaten*) gezogen werden. Dies funktioniert auch dann, wenn das Ordnersymbol der Gruppe beim Ziehen auf *Verwaltete Metadaten* Gegenteiliges behauptet.

Die Hierarchie im Taxonomieterminologiespeicher ist folgende:

Verwalteter Metadatendienst (Haussymbol)

+ Gruppen (Ordnersymbol)

++ Ausdruckssätze (Symbol von mehreren Etiketten)

+++ Ausdrücke (einzelnes Etikett)

+++ Ausdrücke hierarchisch geordnet

Die Gruppen haben in Bezug auf die verwaltete Navigation und Bereitstellung von Inhalten auf Veröffentlichungswebsitesammlungen keinerlei Relevanz. Die Ausdruckssätze und Ausdrücke können z.B. für die Markierungen (engl. tagging) verwendet werden. Allerdings müssen (!) die Ausdrücke in Gruppen organisiert werden. Es ist nicht möglich, einen einzelnen Ausdruck in der Liste der verwalteten Metadaten anzulegen.

Gruppen bieten zudem eine Sicherheitsbegrenzung, denn nur Nutzer, die als Gruppenleiter oder Mitwirkende der jeweiligen Gruppe eingetragen sind, dürfen die Ausdruckssätze in der Gruppe verwalten und verändern. Gruppenleiter sind berechtigt, Mitwirkende hinzuzufügen und zu löschen.

Es ist sinnvoll, bei der Organisation der Ausdruckssätze in Gruppen die Zuständigkeitszuordnungen der Ausdruckssätze zu berücksichtigen.

Organisieren von Ausdrücken und Ausdruckssätzen

Ausdrücke und Ausdruckssätze, die für die verwaltete Navigation genutzt werden soll, sollten so organisiert sein, dass sich der Besucher schnell in der Navigation zurechtfindet, also Links bzw. Inhalte der Website ohne langes Suchen und Blättern findet.

Dafür bietet sich eine hierarchische Struktur an. Ausdrücke können bis zu sieben Ebenen tief verschachtelt werden.

Für das Planen der Hierarchie der Ausdrücke bzw. das Planen der Navigation ist es hilfreich, wenn eventuell bereits eine Navigationshierarchie beispielsweise aus dem Intranet übernommen werden kann. Es können aber auch die Ordnerstrukturen auf den Firmennetzlaufwerken eine Hilfestellung sein.

HINWEIS Es existiert eine Planungsvorlage für Navigationsausdruckssätze zum freien Download unter *http://www.microsoft.com/download/details.aspx?id=36052* [Ms156-K10-01].

Verwendung von Ausdruckssätzen und Ausdrücken

Wichtig beispielsweise bei der webseitenübergreifende Veröffentlichung ist, dass die Gruppen bzw. Ausdruckssätze auf der globalen Ebene deklariert sind und nicht auf der lokalen Ebene, da sie sonst nur innerhalb der Websitesammlung erscheinen und nutzbar sind, aber nicht websitesammlungsübergreifend.

Theoretisch können in Listen, z.B. einem Produktkatalog, Produkte verschiedenster Arten gespeichert werden, z.B. Kameras und Staubsauger in einem Produktkatalog, da durch die Verwendung von verschiedenen Ausdruckssätzen die Art der Produkte für die Veröffentlichungswebsitesammlung klar unterschieden werden können. Beispielsweise kann in der Terminologiespeicherverwaltung eine Gruppe *Elektronische Produkte* erstellt werden, in der sich die Ausdruckssätze *Staubsauger* und *Kameras* befinden. Innerhalb der jeweiligen Ausdruckssätze können die Kameras bzw. Staubsauer noch weiter unterschieden werden.

Ebenfalls hilfreich ist es vorab zu wissen, auf welche Art und Weise diese Ausdrücke auf der Veröffentlichungswebsitesammlung erscheinen (Abbildung 10.45).

Wenn bei der Verbindung des Katalogs der Erstellungswebsitesammlung mit der Veröffentlichungswebsitesammlung ausgewählt wird, dass die Ausdrücke dieses Katalogs auch für die Navigation verwendet werden sollen, erscheinen die Gruppen *nicht* in der Navigation – als Menüpunkt erscheinen die einzelnen, in der Hierarchie auf oberster Ebene liegenden Ausdruckssätze.

Abbildg. 10.45 Auswirkung von Ausdruckssätzen auf die verwaltete Navigation

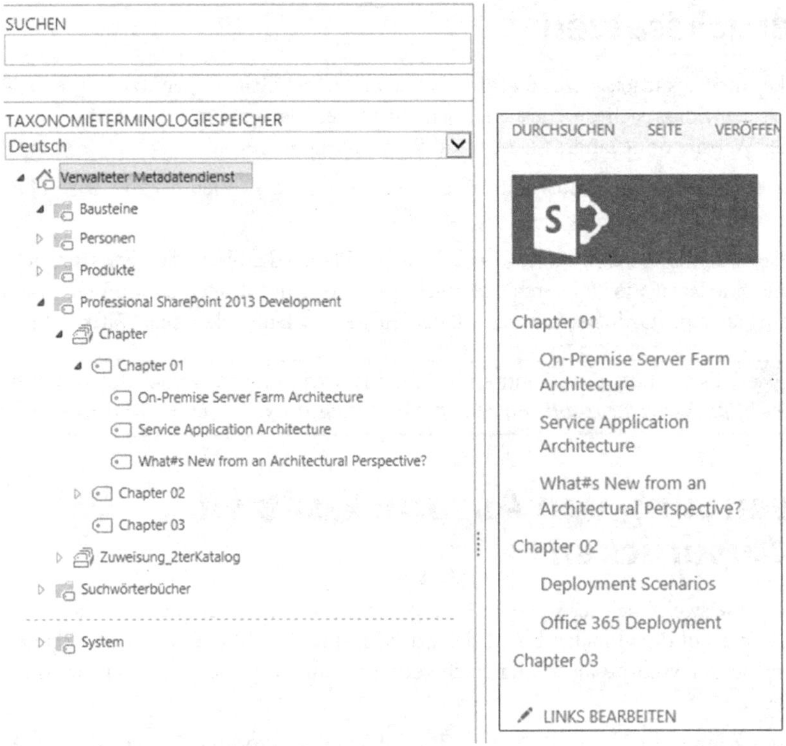

Verwaltete Navigation

Das verwaltete Navigation-Feature steht für SharePoint Server 2013 zur Verfügung und ermöglicht eine Navigation, die auf der verwalteten Metadatentaxonomie basiert.

Durch die verwaltete Navigation können Sie die Navigation von Websites mithilfe von Ausdruckssätzen definieren und verwalten. Sie ist eine Ergänzung der vorhandenen SharePoint-Navigation, die auf der Websitestruktur basiert. Ausdruckssätze können aus verschiedenen Websitesammlungen kombiniert werden, um die Navigation einer Website zu erstellen.

Es ist somit möglich, die Navigation so zu konzipieren, dass sie dynamisch viele Geschäftskonzepte bedienen kann. Es ist zudem möglich, benutzerfreundliche URLs zu generieren, ohne die Seitenarchitektur zu verändern. Dies dient auch einer Suchmaschinenoptimierung. Zudem vereinfachen benutzerfreundliche URLs den Besuchern der Website, das Lesen von Adressen.

Mit den Navigationsausdrücken kann die globale sowie die aktuelle Navigation konfiguriert werden:

WICHTIG Die metadatenbasierte Navigation ist keinesfalls auf die Verwendung von verwalteten Metadaten bzw. Ausdruckssätzen beschränkt und kann auch für andere Spaltentypen verwendet werden.

1. Achten Sie zu Beginn darauf, die entsprechenden Ausdruckssätze für die Verwendung der Websitenavigation aktiviert zu haben (Abbildung 10.46).

Abbildg. 10.46 Aktivierung der Verwendung eines Ausdruckssatzes für die Websitenavigation

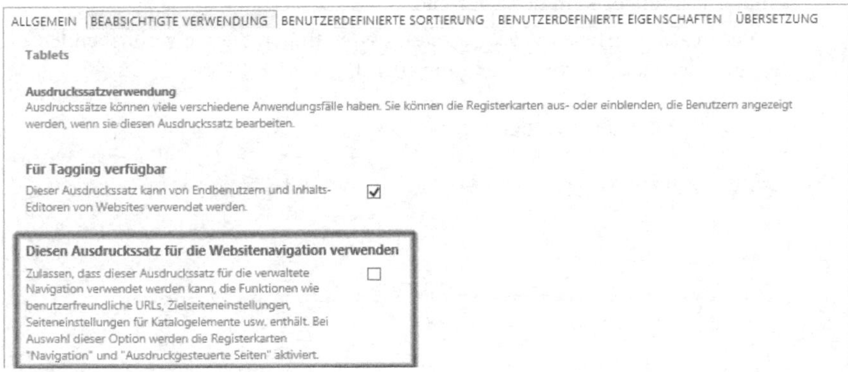

2. Im Anschluss an die Aktivierung der Websitenavigationsfunktion konfigurieren Sie die Ausdrücke für die Detailvorgaben Ihrer Navigation. Klicken Sie dazu auf einen Ausdruck und öffnen Sie dann die Registerkarte *Navigation* (Abbildung 10.47).

Abbildg. 10.47 Navigationseinstellungen eines Ausdrucks

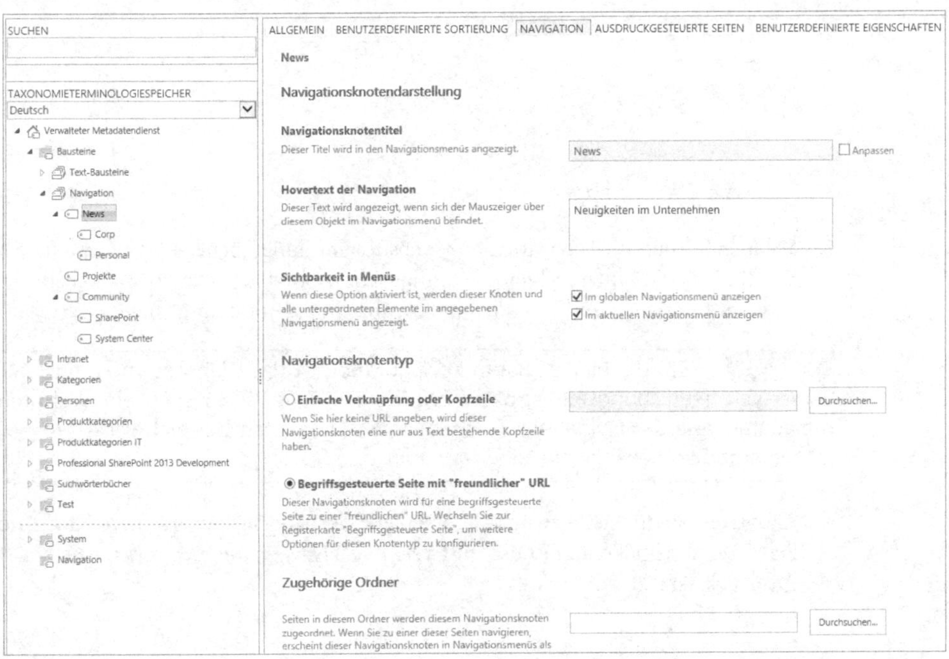

Clientszenarien

An dieser Stelle nehmen Sie die Basiskonfiguration vor und lassen die standardmäßig begriffsgesteuerte, freundliche URL aktiviert. Gleichzeitig wird hier die später erneut erscheinende Zuordnung zur aktuellen und globalen Navigation sichtbar. Die aktuelle Navigation wird durch die normalerweise links positionierte Schnellstartleiste repräsentiert. Die globale Navigation befindet sich hingegen in der Kopfzeile.

Auf der Registerkarte *Ausdruckgesteuerte Seiten* finden Sie die verbleibenden Einstellungen zur URL und der Zielseite vor (Abbildung 10.48).

Abbildg. 10.48 Konfiguration der URL und der Zielseite

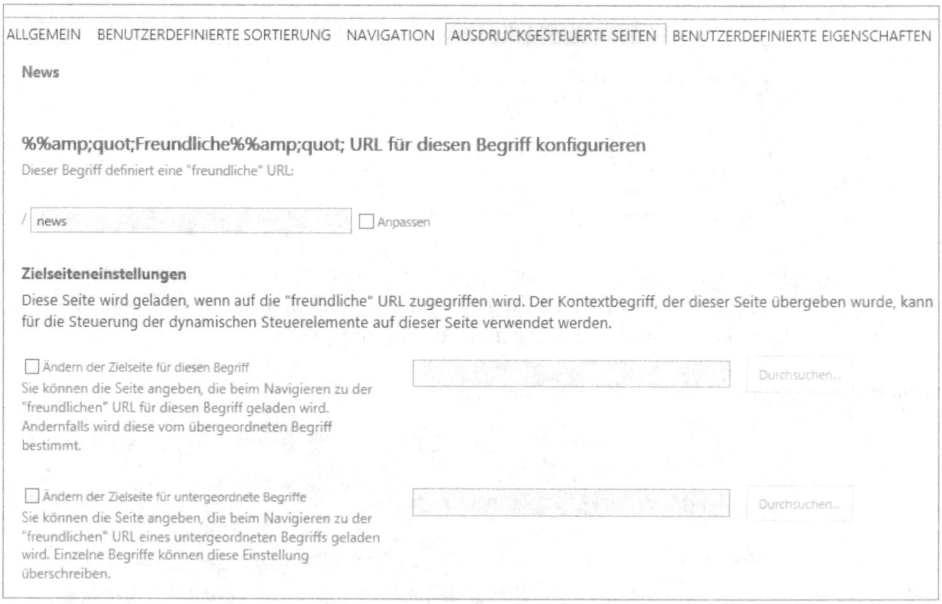

3. Schalten Sie nun die Navigation zur Websitesammlungsebene auf die verwaltete Navigation um. Sie finden die entsprechende Konfigurationsoberfläche in den Websiteeinstellungen im Abschnitt *Aussehen und Verhalten* unter *Navigation* (Abbildung 10.49).

HINWEIS Für die hier geplante Konfiguration ist das Websitesammlungsfeature SharePoint Server-Veröffentlichungsinfrastruktur erforderlich. Es existiert auch ein Websitefeature für die metadatenbasierte Navigation. Dies aktivieren Sie jedoch beispielsweise für die Navigation in Dokumentbibliotheken.

Aktivieren Sie für den gewünschten Navigationsbereich die verwaltete Navigation und ordnen Sie dieser abschließend im Abschnitt *Verwaltete Navigation: Ausdruckssatz* einen entsprechenden Ausdruckssatz zu.

Abbildg. 10.49 Verwaltungsoberfläche der verwalteten Navigation aus Websiteperspektive

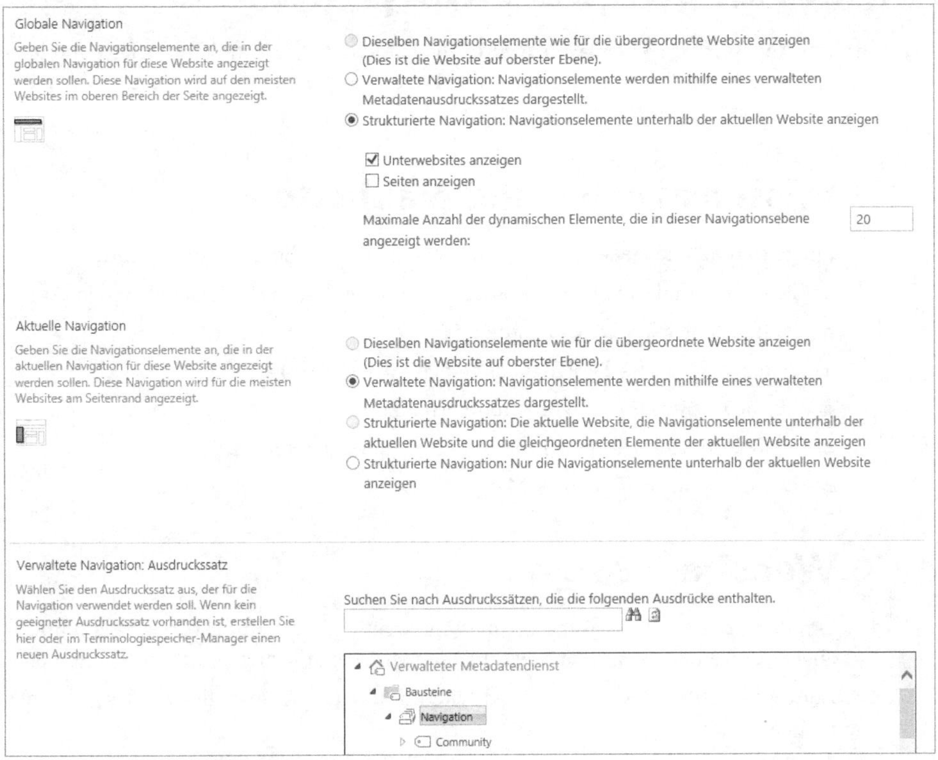

Stellen Sie abschließend sicher, dass die Navigationslogik ordnungsgemäß für die gesamte Site-Struktur aktiviert wurde.

Metadatennavigation für Dokumentbibliotheken

Die bereits in SharePoint 2010 verfügbare Metadatennavigation für Dokumentbibliotheken existiert weiterhin. Sie können so in umfangreichen Datenbeständen alternative Möglichkeiten in Dokumentbibliotheken dazu nutzen, Elemente aufzufinden, da herkömmliche Ordnerstrukturen zu starr sind.

Zur Aktivierung der metadatenbasierten Navigation stellen Sie zunächst sicher, dass das gleichnamige Websitefeature aktiviert ist und klicken Sie in den Einstellungen einer Dokumentbibliothek im Abschnitt *Allgemeine Einstellungen* auf *Navigationseinstellungen für Metadaten.*

Im Abschnitt *Navigationshierarchien konfigurieren* werden Ihnen die in dieser Bibliothek verwendeten Spalten angezeigt. Markieren Sie die gewünschten Spalten und klicken Sie auf *Hinzufügen*, um die Spalten als Navigationselement anzubieten.

Im Abschnitt *Schlüsselfilter konfigurieren* können Sie zusätzliche Filter bestimmen, um bei vielen Dokumenten das gewünschte Dokument schneller herauszufiltern. Diese Filter können optional von den Benutzern verwendet werden.

Anpassen von Seitenlayouts

Das Anpassen von Seitenlayouts wurde in SharePoint 2013 deutlich erweitert und in der Handhabung vereinfacht. Für den Entwurf einer SharePoint-Website und das Branding sind keine speziellen SharePoint-Kenntnisse mehr zwingend erforderlich.

Wissenswertes und Neuheiten

Einige wesentliche Neuerungen in SharePoint 2013 in diesem Kontext sind:

- Benutzerdefinierte Designs können auch ohne PowerPoint erstellt werden
- Umfassende HTML5-Unterstützung
- Seitenvorschau für Designanpassungen (WYSIWYG)
- Eigene Designs mit durchkomponierten Looks erstellen
- SharePoint Color Palette Tool v1.0 für Designanpassungen
- Design-Manager/Entwurfs-Manager

Website-Design

Um das Design der Websites anzupassen, kann die Gestaltungsvorlagenseite und das Seitenlayout angepasst werden. SharePoint liefert Designvorlagen, die angepasst werden können.

Zum Ändern des Designs einer Webseite mithilfe der vorinstallierten Designs gehen Sie folgendermaßen vor:

1. Wählen Sie im *Einstellungen*-Menü (das Zahnradsymbol oben rechts auf der Website) den Befehl *Aussehen ändern* oder die gleichnamige Option in den *Websiteeinstellungen*.
2. Die Übersicht der Websitedesigns/Designvorlagen erscheint. Wählen Sie ein Design aus und passen Sie dieses an (Abbildung 10.50).

Abbildg. 10.50 Anpassung eines SharePoint-Designs

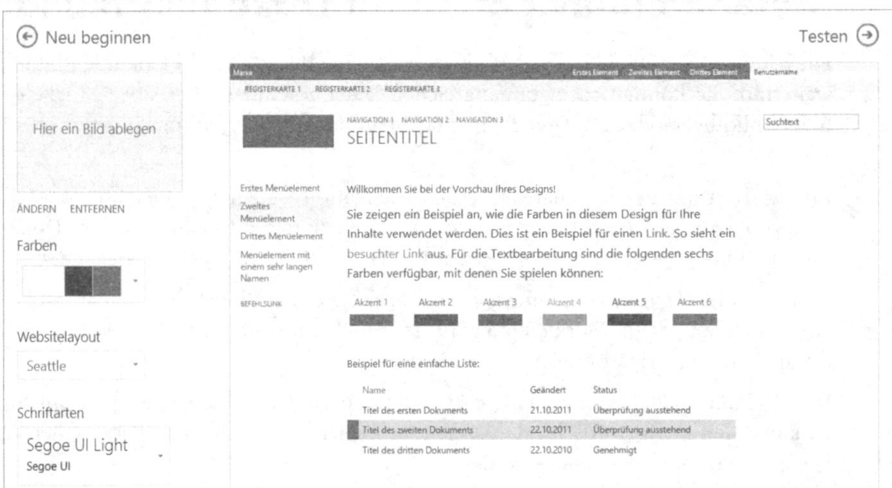

Eine interessante neue Funktion an dieser Stelle ist die einfache Möglichkeit, ein Hintergrundbild durch Ziehen/Ablegen auf der Fläche oben links zu verankern.

3. Mit einem Klick auf *Testen* wird eine Vorschau erstellt, die durch Klicken auf *Nein, nicht ganz* abgebrochen wird oder durch *Ja, beibehalten* angewendet/veröffentlicht wird (Abbildung 10.51).

Abbildg. 10.51 Vorschau des neuen Designs

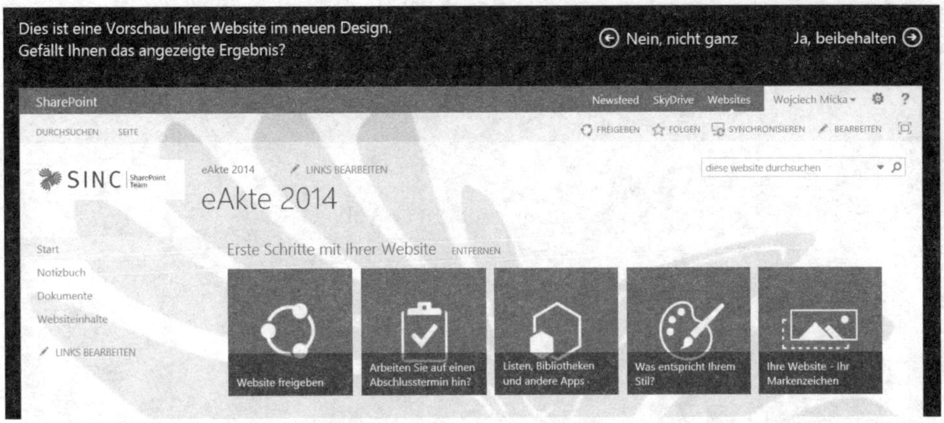

Mehrsprachigkeit

Bereits mit SharePoint 2010 war es möglich, zwischen verschiedenen Sprachversionen einer Websitevorlage umzuschalten, um so mehrsprachige Szenarien zu unterstützen. In SharePoint 2013 wird die Mehrsprachigkeit erneut ausgebaut und um eine wesentliche Eigenschaft erweitert. Im Hintergrund wird hierbei der auf über einem Jahrzehnt Arbeit von Microsoft Research basierende Microsoft Translator instrumentalisiert, um Inhalte automatisiert auf einem recht hohen sprachlichen Niveau zu übersetzen. Dies ist ein cloudbasierter, maschineller Übersetzungsdienst, welcher in der Lage ist, Inhalte einer SharePoint-Farm wie Dokumente oder Webseiteninhalte synchron oder asynchron zu übersetzen. Für den Besucher einer Seite liegt der Vorteil darin, dass er in SharePoint keine konkrete, sprachspezifische URL angeben muss. Er wird, trotz des Aufrufs der Stammsite, direkt und aufgrund der vom Client genutzten Sprache auf eine lokalisierte Seite weitergeleitet.

HINWEIS In Abhängigkeit von der im Clientbrowser eingestellten Sprache wird dem Benutzer automatisch die entsprechende Sprache dargestellt, sofern das zugehörige Sprachpaket auf der Serverfarm bereitgestellt wurde.

Grundvoraussetzung für die Nutzung dieser Mehrsprachigkeit ist die Installation des jeweiligen Sprachpakets. Die Bereitstellung von Sprachpaketen wird im Rahmen einer Basisinstallation in Kapitel 4 behandelt.

Zur Einrichtung und Nutzung der Mehrsprachigkeit innerhalb der Webanwendung klicken Sie in den Websiteeinstellungen im Abschnitt *Websiteverwaltung* auf *Spracheinstellungen* und aktivieren die Kontrollkästchen für die gewünschten, alternativen Sprachen (Abbildung 10.52).

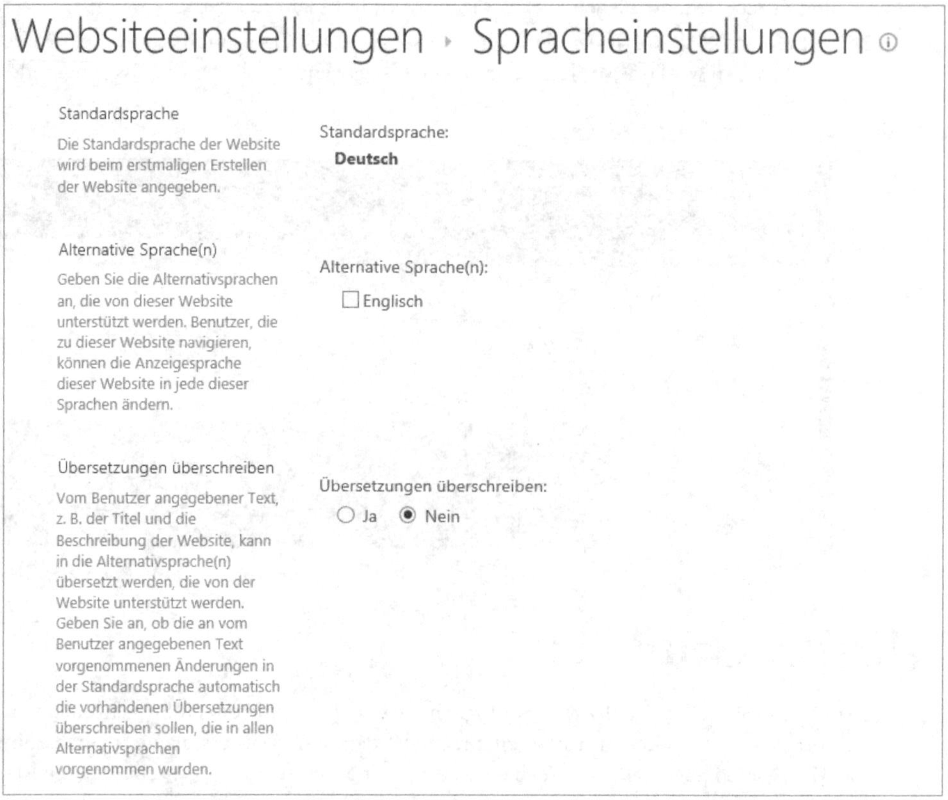

Abbildg. 10.52 Konfiguration der Spracheinstellungen

Die alternativen Sprachpakete können nun grundsätzlich genutzt werden. Folgende Möglichkeiten zur Übersetzung stehen Ihnen grundsätzlich zur Verfügung.

Maschineller Übersetzungsdienst (Microsoft Translator)

Microsoft Translator ist der Dienst, den SharePoint 2013 zur maschinellen Übersetzung verwendet. Dieser Dienst ist ein Webseiten-Widget, das den Bing-Übersetzungsdienst über die Cloud nutzt und somit Seiten in Echtzeit übersetzen kann. Der Übersetzungsdienst ist mit dem Word Automation Service verwandt.

Der maschinelle Übersetzungsdienst ist serverseitig über CSOM (Client Side Object-Modell) und REST (Representational State Transfer) verfügbar. Zu beachten ist jedoch, dass die Sprachanpassungen sich nicht auf die Navigationsoberfläche und Basissteuerungsoberfläche der Benutzeroberfläche auswirken. So könnte eine chinesische Variation einer deutschen Quellvariationswebsite zwar chinesische Inhalte bieten, aber die Benutzeroberfläche wie beispielsweise das Menü wäre auf Deutsch. Daher ist darauf zu achten, dass die Darstellung einer Variationswebsite zweigleisig erfolgt. Soll sich die Sprachänderung bzw. die Übersetzung auf den Variationsseiten auch auf die Benutzeroberfläche auswirken, sollten auf dem Front-End-Webserver die gewünschten Sprachpakete installiert werden.

Wie zuvor erwähnt, bietet der automatische Übersetzungsdienst synchrone und asynchrone Übersetzungen. Bei der synchronen Methode findet die Übersetzung unmittelbar statt, da die synchrone Warteschlange von SharePoint bevorzugt behandelt wird. Daher ist diese Variante bei kleinen Daten in geringer Mengen zu empfehlen. Im Gegensatz dazu sollte die asynchrone Möglichkeit bei umfangreicheren Daten und Datenmengen angewandt werden. Darüber können die angestrebten Übersetzungen geplant und stapelweise verarbeiten werden. Dies erfolgt über einen Zeitgeberauftrag, der die Warteschlange der Übersetzungen im einstellbaren Intervall abarbeitet. Weitere Informationen zu diesen Grundlagen finden Sie in Kapitel 8.

Abbildg. 10.53 Integration der maschinellen Übersetzung in den Terminologiespeicher

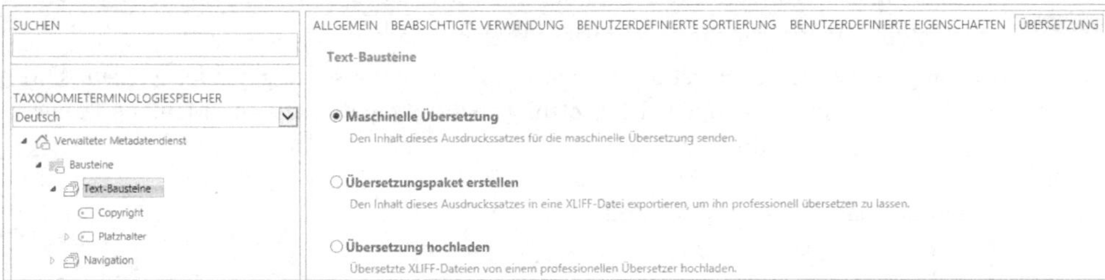

Der maschinelle Übersetzungsdienst ist neben der programmatischen Nutzbarkeit in verschiedenen Funktionen integriert, wie beispielsweise der Übersetzung von Ausdrücken in einem Ausdruckssatz des verwalteten Metadatendiensts (Abbildung 10.53) oder der Übersetzung von Variationsinhalten (Abbildung 10.54).

Abbildg. 10.54 Aktivierung von Übersetzungsoptionen für Variationsbezeichnungen

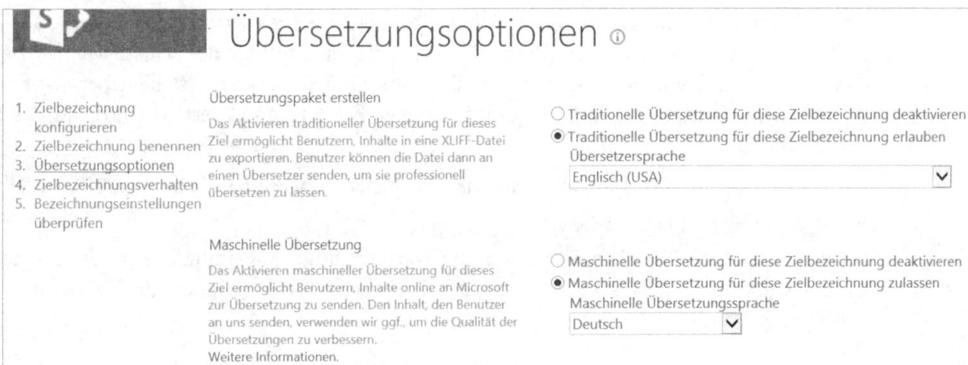

Variationen

Mit Variationen werden in SharePoint 2013 die übersetzten verwalteten Kopien einer Website bezeichnet. Diese wurden für ein bestimmtes Gebietsschema übersetzt.

Durch die Globalisierung sind viele Unternehmen gezwungen, international zu kommunizieren und sich multilingual zu präsentieren. Dies betrifft nicht nur die Außenwirksamkeit (Internet, Extranet), sondern auch die firmeninterne Kommunikation (Intranet). Das herkömmliche Herantreten an Kunden, Partner und auch Mitarbeiter in verschiedenen Sprachen kann sehr schnell ausufern und in einem schier unüberschaubaren Aufwand enden. Ein manuelles Verwalten von multilingualen Inhalten kann die Homogenität des Auftritts beeinträchtigen, denn die Erstellung und Aktualisierung von Inhalten unterschiedlicher Sprachen und Seiten zu koordinieren, kann sich als äußerst schwierig und extrem aufwendig erweisen.

Mit den SharePoint-Variationen können nun auch die Funktionen des maschinellen Übersetzungsdiensts genutzt werden, um nach einer manuellen Pflege einer Quellvariation automatisiert Inhalte in die alternativen Sprachen zu überführen. Die Übersetzung über den Clouddienst erfolgt indes sicher unter Verwendung von HTTPS-Abfragen. Eine automatische Weiterleitung der zugreifenden Anwender erfolgt beim Aufruf der Stammwebsite auf die jeweilige Unterseite, welche der Spracheinstellung des Browsers entspricht. Somit ist die Zuordnung rein browsereinstellungsbasiert und unabhängig von der geografischen Lage des Benutzers.

Seiten, die von der Quellvariationsseite zur Zielvariationsseite gesendet werden, sind nicht sofort übersetzt. Um die maschinelle Übersetzung anzustoßen, muss das im Menü der Zielwebseite ausgewählt werden (Abbildung 10.55)

Abbildg. 10.55 Manuelle, maschinelle Übersetzung

Nachdem die Übersetzung fertiggestellt wurde, wird dem Bezeichnungskontakt eine E-Mail zugesandt. Abschließend muss die Seite noch veröffentlicht werden.

Um Seiten traditionell, also von einem Übersetzer übersetzen zu lassen, muss die Seite als XLIFF-Datei exportiert werden. Dazu wird für die zu übersetzende Seite mithilfe der Schaltfläche *Übersetzungspaket erstellen* im Menüband ein entsprechendes Paket erstellt. Für das erste erstellte Übersetzungspaket muss der Bezeichnerkontakt angegeben werden, der per E-Mail kontaktiert wird, sobald das Paket fertig erstellt wurde.

Um den aktuellen Status abzufragen, wird im gleichen Menüband die Schaltfläche *Übersetzungsstatus* verwendet.

Das Erstellen der XLIFF-Datei wurde in die Warteschlange eingereiht. Sobald diese abgearbeitet ist, kann wiederum in *Übersetzungsstatus* der Link zum Herunterladen der Datei genutzt werden (Abbildung 10.56).

Abbildg. 10.56 Übersetzung hochladen

Translation Status	List Link	Translated Items	Terms	Submission Time	Job Completion Time	Exporting User	Download Link
Mit traditionellem Übersetzer	/websites/author/es-es/Seiten	/Artikel_Varianten01.aspx		02.05.2013 13:46		FarmAdmin	/websites/author/Translation Packages/sincdemo_farmadmin/es-es-Seiten-20130502T1146520000Z-0

Nachdem der Übersetzer die XLIFF-Datei übersetzt hat, wird über die Schaltfläche *Übersetzung hochladen* die Übersetzung an die Zielseite angefügt.

Für die Verwendung von Variationen ist lediglich die Aktivierung des Websitesammlungsfeatures *SharePoint Server-Veröffentlichungsinfrastruktur* erforderlich.

Weiterführende Informationen für den Einsatz und die Planung von Variationen finden Sie in Kapitel 3.

Soziales Netzwerk

Wie schon in SharePoint2010 wurden erneut tief greifende Neuerungen in den sozialen Netzwerken eingeführt. Zu *Meine Websites* wurde nun eine Communitywebsite und Communityportal eingeführt, um eine neue, moderne Form der Zusammenarbeit zu schaffen.

Communities in Unternehmen

In SharePonit2013 wurde das Diskussionskonzept erheblich erweitert. Während in SharePoint2010 Diskussionslisten zu Seiten hinzufügt werden mussten, um Diskussionen zu erleichtern, kommt SharePoint 2013 mit einer komplett neuen Kombination von Websitevorlagen für eine Communitywebsite und einem Communityportal. Über die Communitywebsites wird die Möglichkeit geboten, Diskussionen zu führen, diese zu kategorisieren (Abbildung 10.57) und zu archivieren.

Abbildg. 10.57 Kategorien einer Community

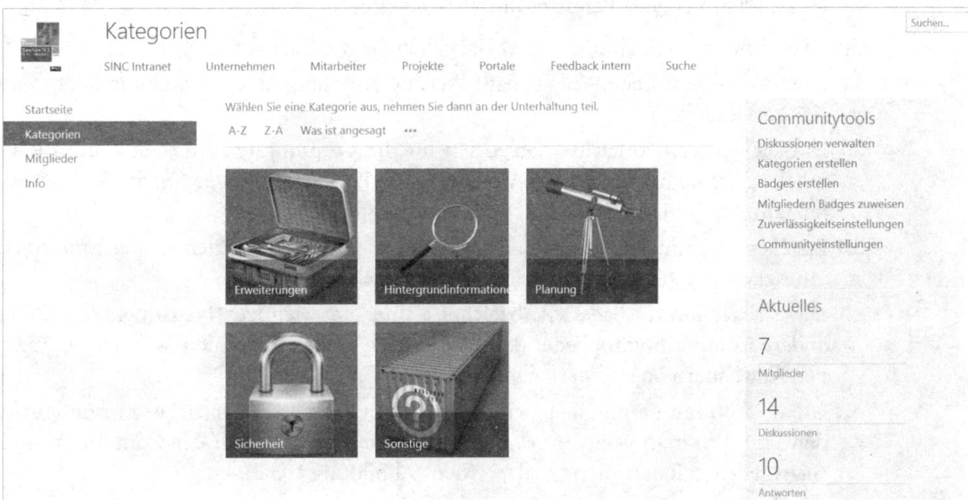

Diskussionen sind in Kategorien organisiert und können durchsucht werden. Um an einer teilnehmen zu können, wird der Benutzer zu einem Mitglied der Diskussion. Regeln werden von den Moderatoren festgelegt, welche auch die Community verwalten. Sie sind in der Lage, Diskussionen zu bewerten und Benutzer anhand deren aktiver Beteiligung in der Community einen Rang zu erteilen bzw. ein automatisches Rangschema zu hinterlegen. Somit entsteht ein Bewertungssystem anhand von Aktivitäten im sozialen Netzwerk. Communitywebsites speichern Informationen zu erworbenen Bewertungen der Benutzer sowie der Diskussionen.

Der Vorteil von Communities ist in einem Unternehmen enorm. Wissen kann über die Plattform dargestellt und archiviert werden. Somit entsteht eine Informationsdatenbank direkt aus dem eigenen Hause über das eigene Haus. Die vielen möglichen Informationen z.B. über die alltäglichen Problemsituationen oder Projektinformationen aus diskutierten Problematiken, werden gesammelt und können jederzeit abgefragt werden. Sozusagen werden Mini-Dokumentationen durch Diskussionen erstellt.

Ein Vorteil des Konstrukts der sozialen Komponenten liegt darin, dass ein Mitarbeiter so näher an das Unternehmen geführt wird. Ein Einbinden der Mitarbeiter in die Strukturen eines Unternehmens zeigt die Ernsthaftigkeit, mit der der Mitarbeiter im Unternehmen betrachtet wird. Zudem können aus den gesammelten Informationen zusätzliche Qualifikationen und Interessen der Mitarbeiter ans Licht getragen werden, was wiederum in der Auswahl der Projekte berücksichtigt werden kann. Das Gefühl der Teamzugehörigkeit und Anerkennung mündet wiederum in Motivation und Erfolg. Mitarbeiter können besser eingeschätzt und geschätzt werden.

Die Social-Komponente kann, wie jedes soziale Netzwerk, nur existieren, wenn es gelebt wird. Erst eine gewisse Fülle an Informationen und an täglichem Grundrauschen bringt Schwung und somit eine Eigendynamik in die Communities.

Für die Bereitstellung von mehreren Communitywebsites wurde das Communityportal kreiert. Websites und Websitesammlungen, die unter der Vorlage für Communitywebsites verwendet wurden, können die Suchfunktion des Communityportals nutzen. Somit ist es Benutzern möglich, über das Communityportal nach beliebten Communitys zu suchen. Es werden nur Ergebnisse angezeigt, zu welchen der suchende Benutzer hinreichende Rechte besitzt.

Zum Verwenden von Communitywebsite gehen Sie wie folgt vor.

1. Erstellen Sie eine neue Website bzw. Websitesammlung unter Verwendung der *Communitywebsite*-Vorlage.
2. Es bietet sich an, zunächst Kategorien für die Community zu erstellen, um die Communityinhalte gruppieren zu können (Abbildung 10.57). Klicken Sie dazu in der Startseite der Community auf *Kategorien erstellen* und verfahren Sie sinngemäß.
3. Erstellen Sie zunächst Badges, um den Anwendern eine Orientierung und einen Anreiz zu ermöglichen, indem Sie auf *Badges erstellen* klicken.

   Diese sogenannten Badges (Abzeichen) sind ein wichtiges Instrument in Communitys, da andere Communitymitglieder dadurch einfach erkennen können, welcher Beitrag von erfahrenen Anwendern oder Experten stammen.
4. Um die Communitymitglieder einen sinnvollen Rang erreichen zu lassen, konfigurieren Sie über den Link *Zuverlässigkeitseinstellungen*, dass für Aktivitäten in der Community Punkte für die verschiedenen Rangstufen erteilt werden (Abbildung 10.58).

   Im Abschnitt *Leistungsstufendarstellung* weisen Sie den Stufen einen Anzeigenamen zu, der den Benutzern zugeordnet wird.
5. Haben Benutzer bereits zu Beginn eine besondere Relevanz für die Community, müssen diese sich ihre Badge nicht erst verdienen, sondern Sie weisen Ihnen die Stufe über den Link *Mitgliedern Badges zuweisen* direkt zu (Abbildung 10.59).

Abbildg. 10.58 Auszug der Zuverlässigkeitseinstellungen der Community für das Rangschema

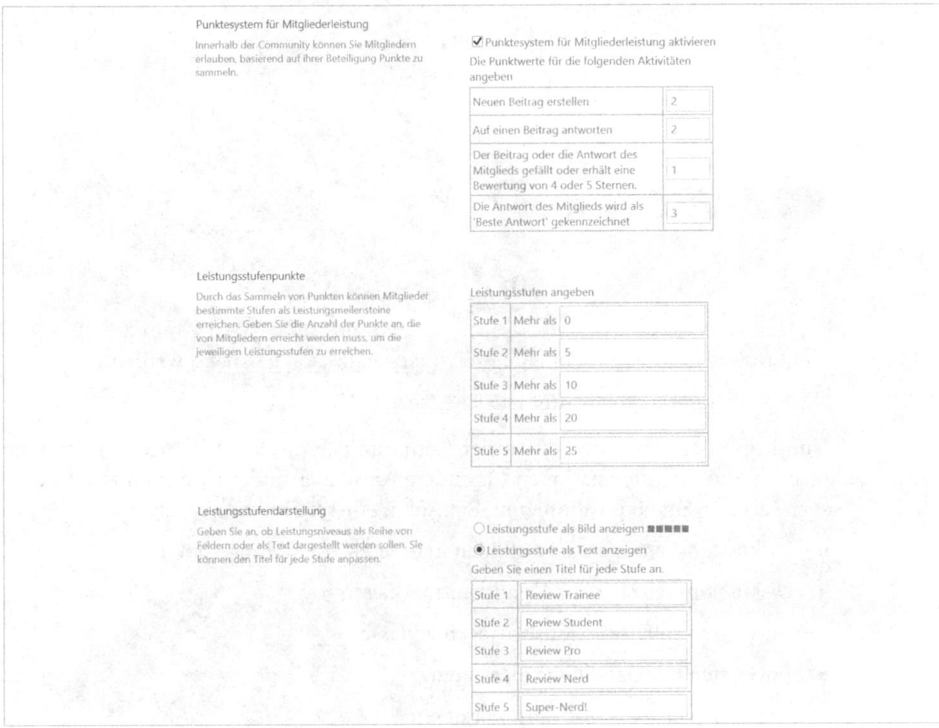

Abbildg. 10.59 Badgeverwaltung

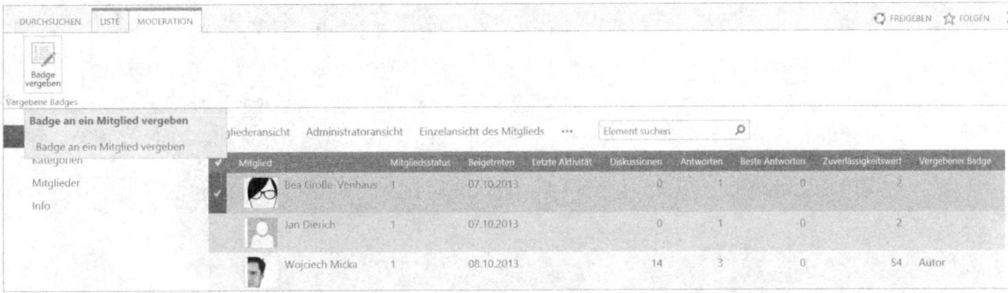

Die so erstellten Badges sind somit für alle Benutzer bei einer Aktivität des geehrten Anwenders für alle sichtbar. Badges werden nicht nur für jeden Beitrag sichtbar, sondern sind sowohl in der Übersichtsseite als auch in der Liste der Mitglieder der Community einsehbar (Abbildung 10.60).

Abbildg. 10.60 Mitgliedsübersicht einer Community

Nun liegt es an den Mitgliedern der Community, von den zahlreichen Funktionen Gebrauch zu machen, um die Informationen für andere Anwender in der Community und der Unternehmenssuche als relevant zu positionieren. Ein Auszug dieser Funktionen ist:

- Diskussionsbeiträge als empfohlen markieren (Abbildung 10.61)
- Diskussionsbeiträge mit *Gefällt mir* markieren
- Antworten zu Diskussionsbeiträgen verfassen
- Antworten mit *Gefällt mir* markieren
- Antworten als *Beste Antwort* markieren

Abbildg. 10.61 Diskussionsbeispiel einer Community

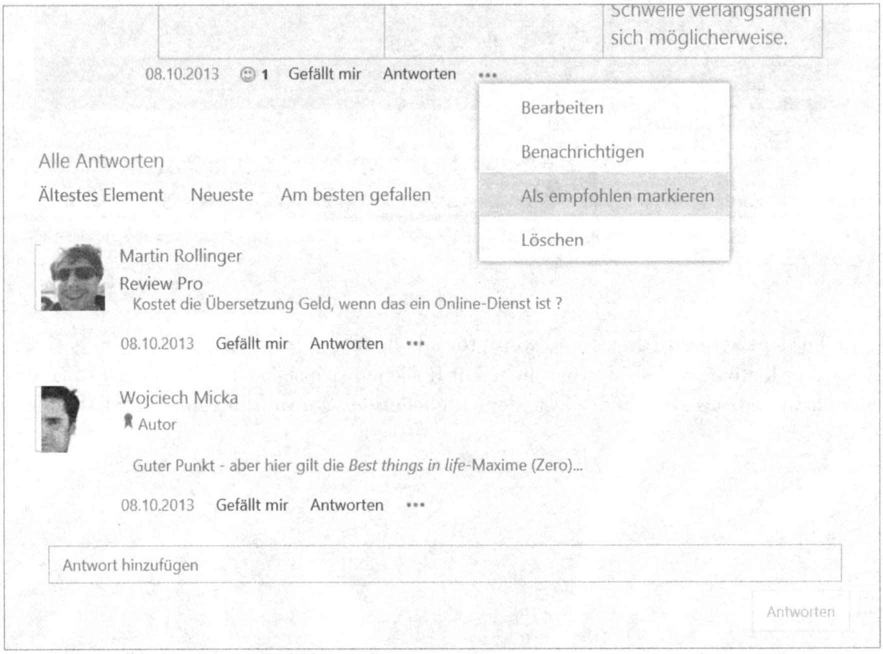

Neben den Communitywebsites wurde noch eine neue Websitevorlage namens Communityportal eingeführt, die dazu dient, eine Übersicht aller verfügbaren Websitesammlungen zu erstellen. Hierdurch können Anwender die für sie relevante Community leichter identifizieren (Abbildung 10.62).

Abbildg. 10.62 Communityportal

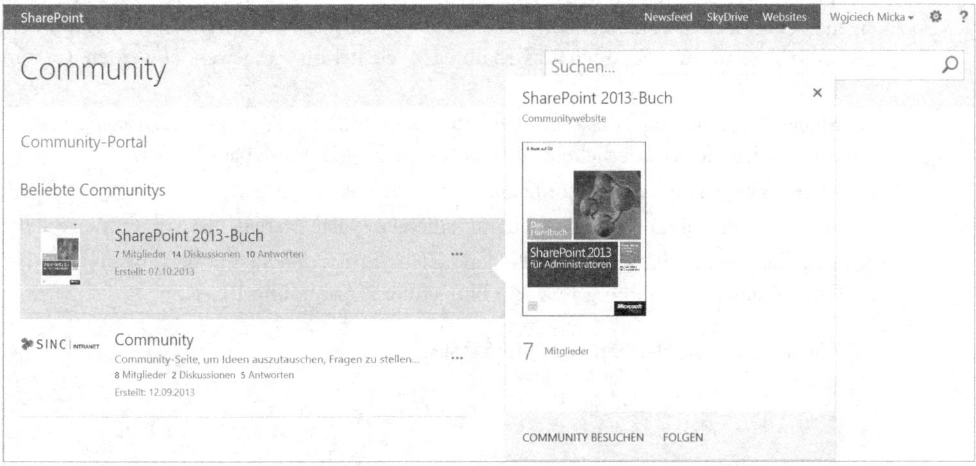

Zum Erstellen eines Communityportals erstellen Sie als Farmadministrator eine neue Websitesammlung unter Verwendung der gleichnamigen Websitevorlage, die Sie auf der Registerkarte *Enterprise* der verfügbaren Websitesammlungen vorfinden.

Websitehub und heraufgestufte Sites

Neu in SharePoint 2013 ist der Websitehub, dessen Link in der Toplevelnavigation zur Verfügung steht (*Websites*). Auf der Website erscheinen alle Websites, denen der Benutzer folgt, neben automatisch vorgeschlagenen Websites (Abbildung 10.63).

Abbildg. 10.63 Websitehub

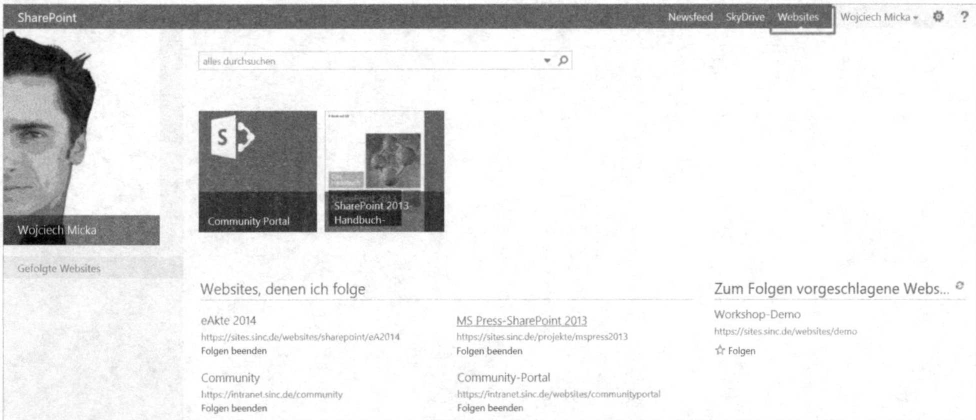

Clientszenarien

Die hier verfügbare Seite kann jedoch auch einfach herangezogen werden, um wichtige Websites zu promoten. Hierfür kann ein Farmadministrator in den Einstellungen der Benutzerprofildienstanwendungen die heraufgestuften Websites konfigurieren, um die in Abbildung 10.63 sichtbaren Schaltflächen bzw. Kacheln (hier *Community Portal* und *SharePoint 2013-Handbuch*) einzublenden.

Die hier verwendete Funktion der heraufgestuften Websites kann ein Benutzer auch verwenden, um eigene Schaltflächen einzublenden. Das hier demonstrierte Verfahren kann sowohl in einer beliebigen Websitesammlung als auch außerhalb des Websitehubs, angewendet werden. Gehen Sie hierfür wie folgt vor.

1. Stellen Sie sicher, dass das Websitefeature namens *Teamzusammenarbeitslisten* aktiviert ist. Hierdurch wird die erforderliche App *Höhergestufte Links* verfügbar.
2. Fügen Sie die App *Höhergestufte Links* zu Ihrer Website hinzu.
3. In den Websiteinhalten finden Sie nun eine neue Liste *Meine Links* vor. Öffnen Sie diese.
4. Erstellen Sie nun für jede Kachel einen Listeneintrag, den Sie mit den entsprechenden Daten wie Titel, Kachelbeschreibungstext und Links füllen (Abbildung 10.64).

Abbildg. 10.64 *Meine Links*-Liste der höhergestuften Links-App

5. Sind Ihre Kacheln vollzählig, fügen Sie abschließend das Webpart *Meine Links* zur gewünschten Seite hinzu (Abbildung 10.65)

Abbildg. 10.65 Hinzufügen des *Meine Links*-Webparts zu einer Website

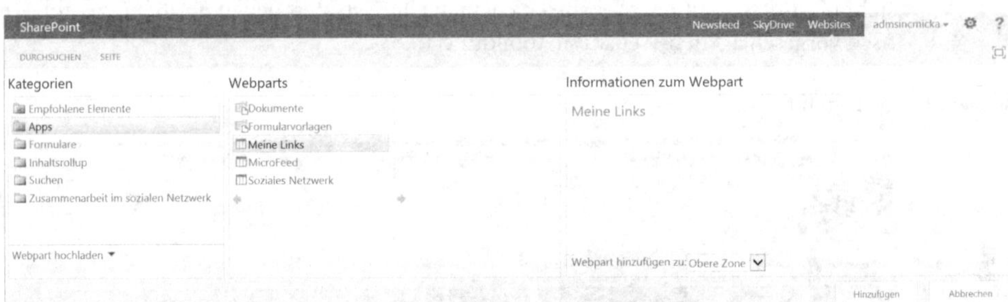

Meine Website verwenden

In diesem Abschnitt werden einige wenige der verbleibenden Besonderheiten der *Meine Website*-Integration in SharePoint 2013 herausgestellt.

Eigene Inhalte

Der Standardspeicherort von Office 2013-Clientanwendungen ist die bereitgestellte Dokumentbibliothek, welche über *Meine Websites* erstellt wurde. Ein Suchdienst ist in der Lage, *Meine Website* zu erkennen und die entsprechenden Speicherorte zur Verfügung zu stellen.

HINWEIS Bei Umgebungen, in denen mehrere *Meine Website* an ein und denselben Benutzer geknüpft sind, ist der Suchdienst nicht in der Lage, den Standardspeicherort zu finden.

Wurden in SharePoint 2010 noch zwei separate Dokumentbibliotheken für jeweils private und öffentliche Inhalte verwendet, existiert nun lediglich eine Dokumentbibliothek. Die öffentlichen Zugriffe finden indes basierend auf den alternativ berechtigten Ordner *Für jeden freigegeben* statt (Abbildung 10.66).

Abbildg. 10.66 Dokumentbibliothek von *Meine Website*

Der Link zu der benutzerspezifischen Dokumentbibliothek lautet *https://[mysites]/[verwalteter Pfad]/[Benutzer]/documents.*

Newsfeed und Mikroblogging

Die Seite *Newsfeed* versorgt den Benutzer weiterhin mit zusammengefassten Informationen über verfolgte Aktivitäten oder Benutzer. Durch das Hinzufügen der neuen Mikroblogging-Funktion wurde der Feed beispielsweise um folgende Funktionen erweitert:

- Durch Veröffentlichen von Kommentaren und Antworten kann an Unterhaltungen teilgenommen werden
- Bilder und Links können veröffentlicht werden
- Schlüsselwörter können mit einem #-Zeichen (Hashtag) definiert werden (Suche, Verfolgung)
- Benutzer können mit einem @-Zeichen in Fragen und Antworten gekennzeichnet werden
- Gefallen und Übereinstimmung kann über die Schaltfläche *Gefällt mir* ausgedrückt werden
- Es kann Personen, Dokumenten, Websites sowie Markierungen gefolgt werden

Die Benutzerbeiträge werden in SharePoint 2013 in einer Mikroblogging-Liste, der Dokumentbibliothek, gespeichert und verwaltet. Somit ist für jede *Meine Website* eine Dokumentbibliothek für Mikroblogging und Feeds erforderlich. Demnach werden die erwähnten Daten nicht mehr wie zuvor in der Hostwebsitesammlung gespeichert. Dies erlaubt es, die Informationen dauerhaft und nicht wie zuvor zwei Wochen vorzuhalten. Eine Zusammenfassung aller aktuellen Aktivitäten wird auf der Seite *Newsfeed* dargestellt und im Cache verwaltet, während auf der Profilseite des Benutzers nur die Aktivitäten angezeigt werden, die in der Mikroblogging-Liste vertreten sind.

Migration auf SharePoint 2013

Im Rahmen einer Aktualisierung auf SharePoint 2013 wird ohne ein forciertes Websitesammlungsupgrade des Farmadministrators in den SharePoint 2013-Modus *Meine Website* eines Benutzers erst durch den tatsächlichen Aufruf der Seite abgeschlossen. *Meine Website* kann weiterhin verwendet werden, auch wenn sich die Upgradeanforderung in der Warteschlange befindet. Während des Upgrades sind jedoch Änderungen an den Websites innerhalb der Websitesammlung nicht möglich.

Die Standardeinstellung von *Meine Website* ist auf den Schutz der Privatsphäre ausgerichtet. Mit der Datenschutzeinstellung *Meine Websites öffentlich machen* kann ein Administrator alle *Meine Websites* der Benutzer standardmäßig öffentlich machen.

Beim ersten Aufruf der neuen *Meine Website* wird ein Benutzer nach der Integration in die sozialen Netzwerke befragt. Durch das Ablehnen dieser Konfiguration verbleibt der Benutzer bei den restriktiven Berechtigungen, und die Daten des Benutzers erscheinen nicht in den Newsfeeds anderer Benutzer.

Abbildg. 10.67 Berechtigungsabfrage für soziale Netzwerke

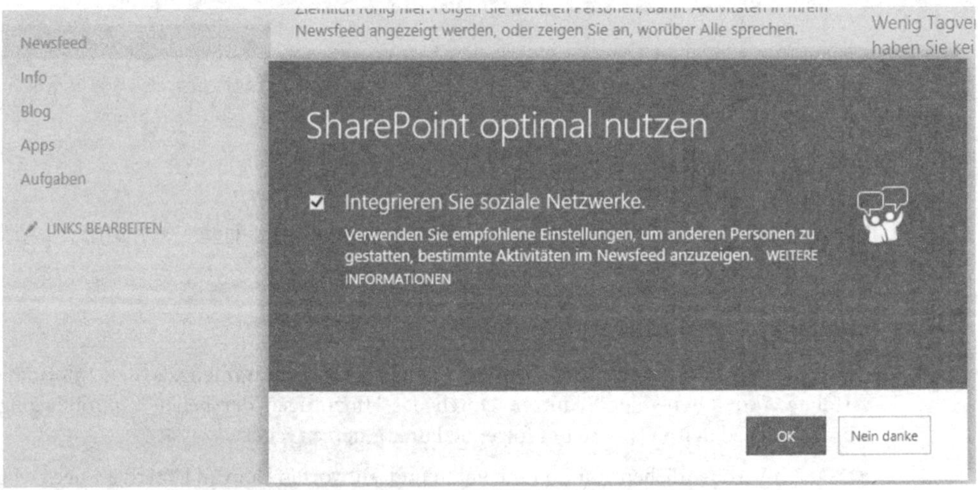

Office Web Apps 2013

Office Web Apps ermöglichen in der vorliegenden Version erstmals einen echten plattformunabhängigen Zugriff auf Office-Inhalte, die nicht nur auf SharePoint begrenzt sind. In diesem Abschnitt werden einige benutzerspezifische Aspekte zu Office Web Apps betrachtet.

Erweiterungen von Office Web Apps mit SharePoint 2013

Den Office Web Apps wurden eine Vielzahl neuer Funktionen hinzugefügt. Einige erwähnenswerte Neuerungen sind folgende:

- Unterstützung der Änderungsnachverfolgung für Word-Dokumente
- Kommentare können über Word und PowerPoint Web App angezeigt, hinzugefügt und beantwortet werden
- Zur gemeinsamen Dokumentenerstellung von Excel und OneNote sind nun auch Word und PowerPoint hinzugekommen
- Die Freihandunterstützung ermöglicht das Anzeigen von Web-App-Dokumenten für Word und OneNote, die Freihandinhalte enthalten
- Bei längerem Zeigen mit der Maus auf ein Suchergebnis wird eine Schnellvorschau des Elementinhalts angezeigt
- Dokumente können per Link *Versendung an den Empfänger* freigegeben werden. Dadurch wird das Versenden des Dokuments überflüssig und eine eventuelle Bearbeitung erfolgt dort, wo sich das Dokument befindet.
- Teilweise gestenoptimierte Browseroberfläche

Umgang mit Office Web Apps

Die Darstellung über die Office Web App wird immer stärker mit der Darstellung in der Clientanwendung vergleichbar und versorgt den Benutzer mit den wichtigsten Bearbeitungsfunktionen, die aus der Clientanwendung bekannt sind. Werden die Funktionsgrenzen dennoch erreicht, kann der Anwender einfach in die Office-Anwendung wechseln (Abbildung 10.68).

Abbildg. 10.68 Word-Dokumente über Office Web Apps oder lokal bearbeiten

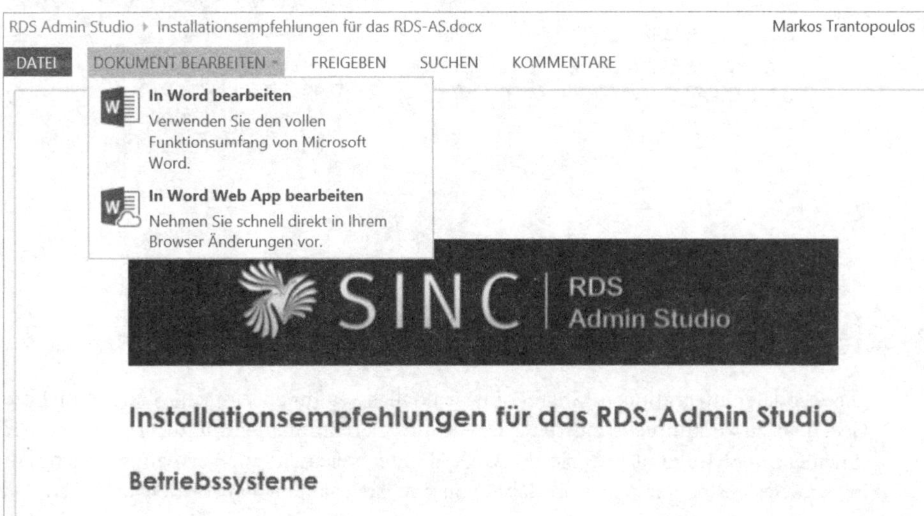

Office Web Apps auf mobilen Geräten

Wie bereits erwähnt, ist es in Kombination mit einem unterstützten Webbrowser möglich, auf mobilen Geräten (wie Windows Phone, iPhones und iPads) Office-Dokumente zu öffnen und mit der entsprechenden Lizenz auch zu bearbeiten. Benutzer von iPads und Windows 8-Tablets begrüßen die verbesserte Fingereingabeunterstützung und Bearbeitungsfunktionen.

Zu den Verbesserungen in diesem Kontext zählen auch Funktionen wie beispielsweise die Sortierung von Tabellen in Excel Mobile. Bilder in Word-Dokumenten werden im Word Mobile-Viewer als Miniaturen dargestellt, welche durch Antippen vergrößert werden können. Eine entsprechende Anpassung des Textlayouts erfolgt automatisch (Abbildung 10.69).

Abbildg. 10.69 Office Mobile-Viewer, Beispiel für Word-Miniaturansicht in iPhone5

Geodatenintegration mit Bing Maps

Die Geodatenintegration in SharePoint ermöglicht es Ihnen einfach, SharePoint-Listendaten mit Geodaten zu verknüpfen und diese Daten integriert in SharePoint zu visualisieren. Hierfür steht Ihnen ein in SharePoint integriertes AJAX V7-Steuerelement zur Verfügung, welches die Geodaten im Browserfenster darstellt und dabei von allen relevanten Plattformen und Geräten (Windows, iOS, Android, BlackBerry) unterstützt wird. Dabei können Sie beliebige SharePoint-Listen mit dem neuen Feld verknüpfen, wobei das Feld zunächst innerhalb des Stammwebs der jeweiligen Websitesammlung bereitzustellen ist.

Die serverseitige Basiseinrichtung wird in Kapitel 6 beschrieben. Zur Verwendung von Geodaten in SharePoint-Listen gehen Sie wie folgt vor.

Generelle Aktivierung auf Websitesammlungsebene

Nachdem Sie die generellen Voraussetzungen für die Visualisierung von Geodaten gemäß Kapitel 6 geschaffen haben, beachten Sie, dass Sie für das Stammweb jeder Websitesammlung zunächst das entsprechende Geolokationsfeld hinzufügen, bevor die Spalte den Anwendern innerhalb von SharePoint zur Verfügung steht. Dies geschieht mithilfe von Shell-Admin-Rechten in der Inhaltsdatenbank mithilfe des PowerShell-Skripts aus Listing 10.1.

Listing 10.1 Aktivierung eines Stammwebs für das neue Geolokationsfeld

```
$web = Get-SPWeb http://portal.sincdemo.de
$web.Fields.AddFieldAsXml("<Field Type='Geolocation' DisplayName='Geolocation' />")
```

Einbinden des Geolokationsfelds in eine SharePoint-Liste

Um die zuvor erzeugte Spalte (auch in Subwebs) zu nutzen, öffnen Sie eine beliebige Liste und fügen dieser die bereits vorhandene Websitespalte hinzu (Abbildung 10.70).

Abbildg. 10.70 Hinzufügen der zuvor erzeugten Geolokationsspalte zu einer Liste

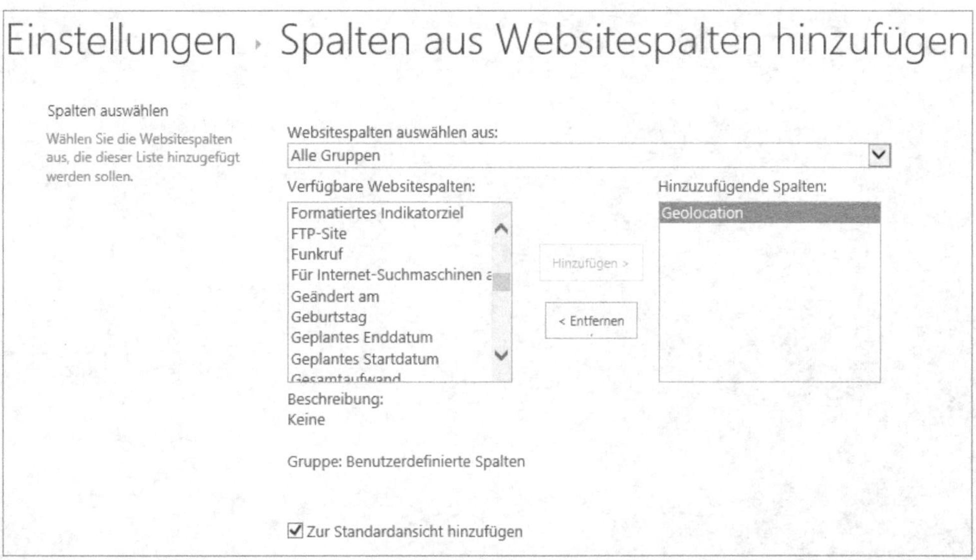

Um diesen Vorgang mithilfe der PowerShell zu automatisieren, rufen Sie alternativ das PowerShell-Skriptbeispiel aus Listing 10.2 auf.

ONLINE Sie finden das nachfolgende Beispielskript unter dem Namen *AddGeolocation-Column.ps1* innerhalb der Beispieldateien zum Buch.

Listing 10.2 Hinzufügen der Geolokationsspalte zu einer vorhandenen Liste

```
$spweb = Get-SPWeb http://portal.sincdemo.de
$spList = $spWeb.Lists["Standorte"]
$spFieldType = [Microsoft.SharePoint.SPFieldType]::Geolocation
$spList.Fields.Add("Location",$spFieldType,$false)
$spweb.Dispose()
```

Nun kann die Spalte von den Anwendern für bestehende und neue Listenelemente befüllt werden. Sie haben zwei Möglichkeiten, den Spaltenwert mit den Geolokationsdaten zu befüllen: Entweder mithilfe der manuellen Angabe des Längen- und Breitengrads (via *Speicherort angeben*-Link mit einer Komma-Separierung), oder Sie verwenden die Funktion *Eigenen Speicherort verwenden*, die basierend auf der Client-IP dessen genauen Standort ermittelt (Abbildung 10.71). Hierfür wird eine Clientinternetkonnektivität vorausgesetzt.

Abbildg. 10.71 Definition des Speicherorts

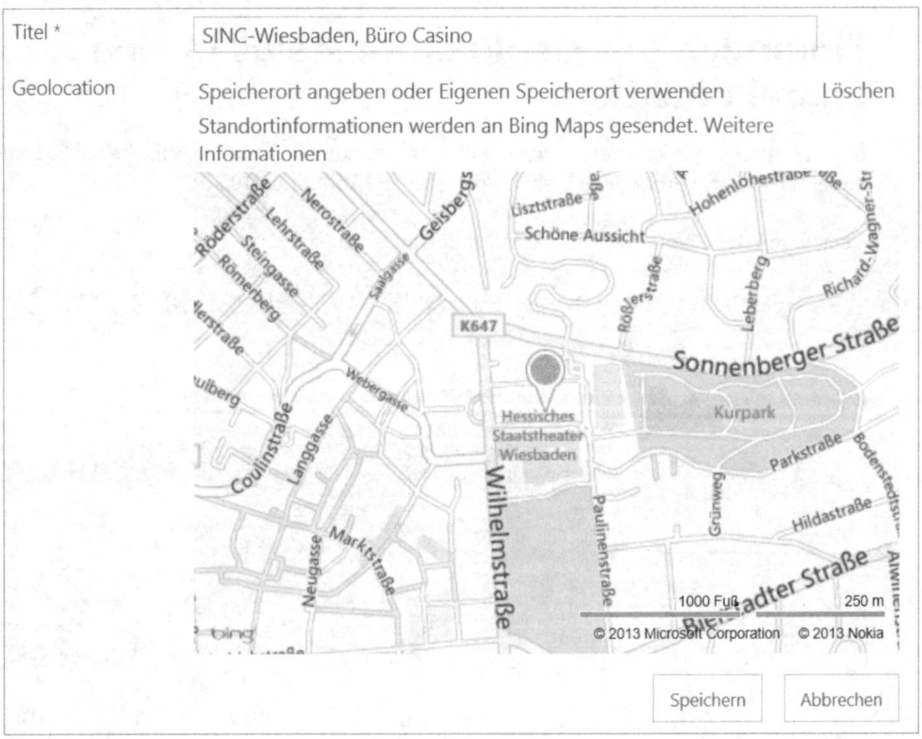

HINWEIS Einen gezielten Geodatensatz können Sie über unterschiedlichste Schnittstellen beziehen. Dabei stellen die Bing Maps (*http://www.bing.com/maps* [Ms156-K10-02]) die einfachste Bezugsquelle dar. Sie finden die Angaben dort im Suchergebnis direkt unterhalb der gesuchten Adresse. Alternativ finden Sie unter dem URL *http://de.glotter.com/geocoder* [Ms156-K10-03] einen der vielen weiteren kostenfreien Dienste, mit deren Hilfe Sie auf Basis einer Adresse die zugehörigen Breiten- und Längengrade ermitteln können.

Wechseln Sie in die Standardansicht Ihrer Liste, erhalten Sie bei einem Klick auf das Geolokationssymbol eine entsprechende Vorschau angezeigt, innerhalb der Sie mithilfe des Scrollrads der Maus den Zoomfaktor verändern können. Ab einem bestimmten Schwellenwert schaltet die Ansicht dabei automatisch von der Karten- in die Satellitenansicht um (Abbildung 10.72).

Abbildg. 10.72 Satellitenansicht der Geolokationsdaten

Verfügen Sie über mehrere Datensätze in einer Liste und möchten diese übergreifend darstellen, können Sie von der integrierten neuen Kartenansicht profitieren. Diese steht Ihnen unmittelbar beim Erstellen einer neuen Ansicht unter dem gleichen Namen zur Verfügung und ermöglicht einen einfachen Wechsel zwischen den definierten Standorten mit einer optischen Hervorhebung des selektierten Ziels (Abbildung 10.73).

Abbildg. 10.73 Neue Kartenansicht für Geolokationsdaten

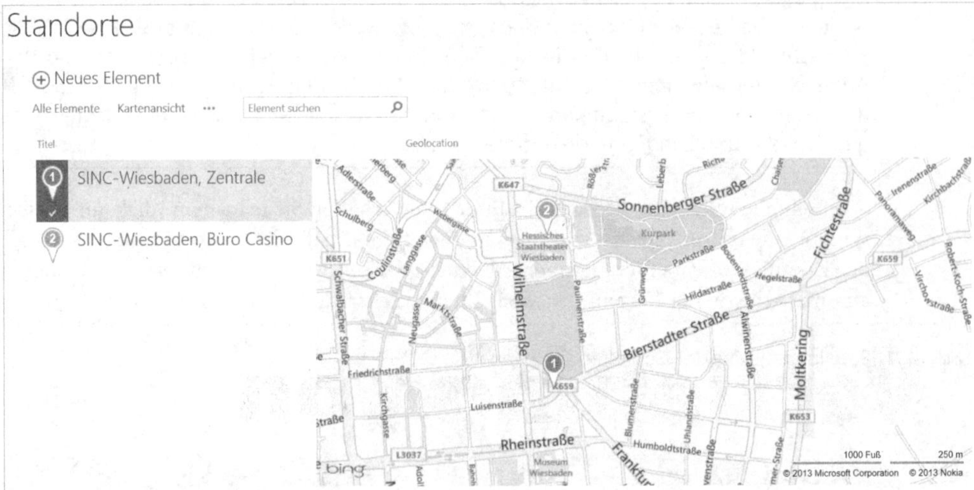

Sollten die Bing Maps-Geodatenfunktionen Ihr Interesse geweckt haben, finden Sie unter *http://go.microsoft.com/fwlink/?LinkId=253673* [Ms156-K10-04] weiterführende Informationen, wie Sie diese für Ihre Zwecke in SharePoint anpassen und erweitern können. Informationen zum AJAX Control V7 für Bing Maps finden Sie unter *http://msdn.microsoft.com/library/gg427610.aspx* [Ms156-K10-05].

Zusammenfassung

Die Erweiterungen in SharePoint 2013, speziell im Bereich der sozialen Kollaboration, bietet Ihnen ein vielversprechendes Konzept. Allerdings leben viele dieser Funktionen erst, wenn die Anwender des Unternehmens dieses Konzept leben lernen. Erst durch eine intensive Nutzung lernen die Benutzer die neuen Datenquellen schätzen und entwickeln eine höhere Motivation, die Nutzung dieser Plattform weiter zu intensivieren.

Die sozialen Netzwerke von SharePoint 2013 bringen Menschen eines Unternehmens nicht nur zusammen, um Nichtigkeiten auszutauschen. Bereits für Unternehmen mit einer mittleren Mitarbeiterzahl an einem Standort ist es schwer, alle Mitarbeiter kennenzulernen, um nicht zuletzt auch geschäftliche Gemeinsamkeiten zu entdecken und produktive Symbiosen zu entwickeln.

Lesen Sie im nächsten Kapitel, wie Sie die mächtige SharePoint-Unternehmenssuche dazu verwenden, Ihre wertvollen Informationen zu finden und zu strukturieren.

Teil F

Vertiefung von SharePoint-Technologien

Kapitel 11 SharePoint-Unternehmenssuche 869

Kapitel 12 Authentifizierung 937

Kapitel 13 Sicherheitstechnologien 999

Kapitel 11

SharePoint-Unternehmenssuche

In diesem Kapitel:

Neuerungen in der Suche	871
Architektur der Suche	876
Verwaltung der Suche	880
Arbeiten mit dem Suchcenter	922
Best Practices	935
Zusammenfassung	935

Die Suche stellt seit SharePoint 2010 das Rückgrat der SharePoint-Plattform dar. Dies wurde spätestens denjenigen bewusst, die sich in SharePoint 2010 mit den Tiefen von FAST Search for SharePoint 2010 (FAST) auseinandersetzen durften. Glücklicherweise hat Microsoft die Fertigkeiten von FAST als Standard für die Suche in SharePoint 2013 integriert. Das Resultat ist dabei keinesfalls eine 1:1-Integration von FAST in SharePoint, wie es auf den ersten Blick erscheinen mag, sondern vielmehr eine ausgefeilte Optimierung der FAST-Suche für die zahllosen Anwendungszwecke in SharePoint. Somit stellt die Suche in SharePoint 2013 mit Sicherheit einen, wenn nicht gar den Bereich dar, für den sich die Investitionen in die Einarbeitung sehr deutlich auszahlen. Nach wie vor ist in Deutschland dieses Themengebiet recht spärlich mit Experten besetzt. Nachfolgend finden Sie die wichtigsten Informationen im Umgang mit der SharePoint-Suche, wobei für die Ausschöpfung des Potenzials der Suche ein eigenes Handbuch erforderlich wäre.

Das Potenzial und der Status quo der in SharePoint vorliegenden Suchtechnologie wird von der Mehrzahl der CIOs (Chief Information Officer, IT-Leiter) deutlich unterschätzt. So wird in der Regel immer noch angenommen, die SharePoint-Suche sei eine begrenzt skalierbare und interoperable Plattform, die lediglich in Microsoft-zentrierten Netzwerken eine begrenzte Daseinsberechtigung findet. Allerdings wird SharePoint nunmehr auch in Gartners magischen Quadranten für Unternehmenssuchlösungen (Stand April 2013) nicht nur als einer der drei einzigen Aspiranten im Leaders-Quadranten identifiziert, sondern nimmt dort auch mit Abstand den besten Platz hinsichtlich des Fertigstellung der Vision ein. Dies allein sollte der schwindenden Schar der Zweifler Anreiz genug sein, sich mit der Suchtechnologie näher auseinanderzusetzen. Einer der wenigen Rückschritte, die Microsoft auf diesen Sektor angekreidet werden muss, ist die Abkehr von SharePoint-unabhängigen Lösungen, die noch in der Vorgängerversion in der FAST-Produktlinie verfügbar waren.

Die insgesamt in SharePoint vorzufindende Wandlung bezüglich der Konsumierung von Webdiensten bis hin zur Mandantenausrichtung und CSOM-Orientierung lässt sich am Beispiel der Suche nachvollziehen. Wurden bislang Abfragedienste für Clients bereitgestellt, wurde diese Schnittstelle nun weiter zurückgezogen und den Clientanwendungen die REST-API feilgeboten (Abbildung 11.1). Die bislang in FAST vorliegende Einschränkung hinsichtlich der Mandantenfähigkeit wurde in SharePoint 2013 ebenfalls adressiert.

Abbildg. 11.1 Übersicht der FAST-Komponenten und Clientintegration

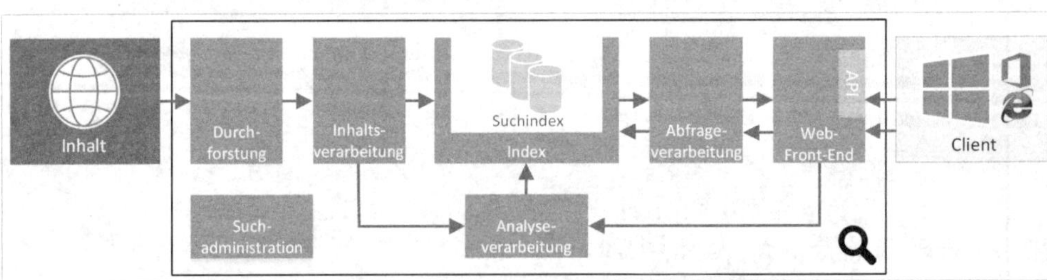

Die Integration der FAST-Suche in SharePoint bis hin zur Foundation-Edition zieht eine gravierende Änderung der bisherigen Suchlandschaft nach sich. Während bislang für Foundation-Umgebungen noch ein eigenes Suchprodukt namens SharePoint Search in unterschiedlichen Subversionen verfügbar war, existiert mittlerweile lediglich die SharePoint-Suche als Komponente von SharePoint. Dabei unterscheidet sich die Suche in Abhängigkeit von der SharePoint-Edition und der Clientlizenz. Während die Integration in Foundation neben funktionalen Beschränkungen insbesondere nicht skalierbar ist, bietet nur die Suche mit der Enterprise-CAL die maximalen Suchfertigkeiten an. Die Details zu den verschiedenen Editionen hinsichtlich der Suchfunktionen finden Sie in Kapitel 3 beschrieben.

Neuerungen in der Suche

In diesem Abschnitt finden Sie eine Beschreibung, welche primären Neuerungen in der Suchfunktion von SharePoint 2013 verfügbar sind.

Basisänderungen

Die folgenden Basisfunktionen der Suche wurden neu in SharePoint 2013 aufgenommen.

Kontinuierliche Durchforstung

Mit SharePoint 2013 widmet sich die kontinuierliche Durchforstung der Aktualität des Suchindexes. In der SharePoint 2010-Suche gab es nur zwei Durchforstungsmöglichkeiten: die vollständige sowie die inkrementelle Durchforstung. Mit der kontinuierlichen Durchforstung bietet SharePoint 2013 nun eine Alternative zu den Möglichkeiten der inkrementellen Durchforstungsstrategie.

Die kontinuierliche Durchforstung wurde als Alternative zur inkrementellen Durchforstung entwickelt und erweitert eine lediglich in FAST Search for SharePoint 2010 verfügbare Schnittstelle, welche via API direkt auf ein einzelnes Element eine Indizierungsoperation auslösen konnte. In SharePoint 2013 wurde diese theoretische Funktion in eine praktische umgewandelt. Somit können Elemente mit sehr geringer Verzögerung in den Inhaltsindex aufgenommen werden, was ein wichtiges Merkmal in vielen Anwendungsszenarien darstellt, da viele visualisierende Webparts auf Suchabfragen basieren.

Eine wichtige Einschränkung gegenüber einer inkrementellen Durchforstung liegt darin, dass nur SharePoint-Inhaltsquellen von der kontinuierlichen Durchforstung erfasst werden können. Für andere Inhaltsquellen muss nach wie vor die inkrementelle Durchforstung für eine zeitnahe Aktualisierung herangezogen werden.

Die inkrementelle Durchforstung hat ferner die Eigenart, nicht gleichzeitig mit einer anderen Durchforstung (vollständiger sowie weiterer inkrementeller Durchforstung) durchgeführt werden zu können.

PDF-Formathandler (iFilter)

Der in der Praxis erforderliche iFilter für PDF-Dateien ist jetzt standardmäßig integriert. Der Dateityp kann jetzt ohne zusätzlichen Aufwand durchforstet und auf seinen Inhalt untersucht werden.

HINWEIS Trotzdem kann es im Einzelfall Gründe geben, eine Drittanbieterlösung heranzuziehen, da die vorliegende Erweiterung keine OCR-Integration vorweist. Leider ist in SharePoint 2013 eine Änderung der Built-in-Formathandler nicht vorgesehen, sodass eine Drittanbieterkomponente für PDF mit anderen Leistungsmerkmalen somit nicht ohne weiteres integriert werden kann.

Insgesamt wurden die Formathandler erweitert und optimiert. Im Vergleich zu FAST jedoch wurden einige ältere Dateiformate bzw. Formatversionen aus dem Katalog entfernt. Sie können diese nur im Einzelfall in Kombination mit Drittanbietererweiterungen indizieren.

Tiefeneinschränkung

Unter SharePoint 2010 wurden die Verfeinerungen der Suchergebnisse lediglich auf Basis der ersten 100 bis 500 Einträge angewandt. Dies führt beispielsweise dazu, dass es eine nur begrenzt sinnvolle Sortierung und Gliederung in der Verfeinerung gab, da die ersten Suchergebnisse in der Regel keinen Querschnitt der Ergebnismenge repräsentieren. Dies führt auch dazu, dass einzelne Verfeinerungen Elemente eines speziellen Typs wie beispielsweise PowerPoint-Dateien in den Dateitypen nicht anzeigen, obwohl diese in der Gesamtergebnismenge durchaus enthalten sind. Lediglich in FAST war diese Tiefenverfeinerung verfügbar. SharePoint 2013 verwendet standardmäßig die Tiefenverfeinerung, wenngleich – anders als in FAST – keine absoluten Zähler in der Verfeinerung integriert werden.

HINWEIS Über moderate Anpassungen können Sie die absoluten Zähler in den SharePoint 2013-Suchergebnissen wieder einblenden.

Verbessertes Ranking

Ein gutes Ranking ist ein zentraler Faktor für Suchmaschinen. Werden relevante Inhalte erst auf einer hinteren Seite in den Suchergebnissen angezeigt, spiegelt sich das schnell in der Nutzungsfrequenz der Suche in Unternehmen wider. In SharePoint 2010 ist das Ranking starr und völlig unberührt von zentralen Faktoren wie Bewertung oder der Beliebtheit von Suchergebniselementen. Ähnlich wie in FAST existiert nun ein komplexes Rankingmodell, das diese Faktoren berücksichtigt und somit Elemente wie die Verlinkung von Elementen oder aber das Benutzerverhalten in die Relevanz einbezieht. Gleichzeitig haben Sie die Möglichkeit, das Ranking mit unterschiedlichen Methoden zu beeinflussen.

Benutzeroberfläche

Die folgenden, neuen, in der Benutzeroberfläche für Informationsarchitekten integrierten Funktionen sind in SharePoint 2013 verfügbar.

Anzeigevorlagen

Bislang bedeutete die individuelle Anpassung der Anzeige von Entitäten in der Ergebnisseite bzw. dem *Coreresults*-Webpart einen erheblichen Aufwand an XSLT-Anpassungen. Anzeigevorlagen ermöglichen es Ihnen, diese Anpassungen erstmalig in HTML abzubilden. Hierfür greifen Sie auf folgende Elemente zurück:

1. Verwaltete Eigenschaften

   Sie definieren, welche verwaltete Eigenschaften zur Abfragezeit zu verwenden sind, und betten diese unter Verwendung einer der nachfolgenden Methoden in HTML ein.

2. Inline JavaScript

   Verwenden Sie JavaScript unterhalb des ersten *<div>*-Elements.

3. Externes JavaScript und Cascading Stylesheets (CSS)

Sofern Sie JavaScript oder CSS-Fragmente für die Darstellung nutzen möchten, können Sie diese auslagern und für Ihre Vorlage verwenden.

4. HTML

   HTML wird für die Anzeige und das Rendering der Ergebnisse verwendet.

Ergebnistypen

Ergebnistypen definieren eine Regel für die Zuordnung eines Suchergebnistyps (beispielsweise eine Word-Datei) zu einer Anzeigeaktion bzw. für die Zuordnung zu einer Anzeigevorlage. Ergebnistypen profitieren daher durch die ebenfalls neu in SharePoint 2013 eingeführten Anzeigevorlagen, welche die flexible Visualisierung von Ergebnistypen ermöglichen. Der primäre Fokus von Ergebnistypen liegt demnach darauf, Suchergebnisse mithilfe von spezifischen Anzeigevorlagen einfach anpassbar zu machen. Auf Basis von Ergebnistypen wird es beispielsweise möglich, ohne jegliche programmatische Anpassung eine Vorschau von PDF-Dateien als Suchergebnisvorschau einzubetten. Ein Beispiel hierfür finden Sie im Abschnitt »Verwaltung der Suche« weiter hinten in diesem Kapitel.

Inhaltsvorschau

Die Inhaltsvorschau von indizierten Elementen ist unter SharePoint 2010 lediglich in Kombination mit FAST Search Server 2010 for SharePoint unter Verwendung einer SharePoint Enterprise-CAL verfügbar gewesen. Diese Abhängigkeit war weniger technologischer Art, da hierbei letztlich die von FAST Search Server unabhängigen Office Web Apps 2010-Funktionen genutzt wurden. Die Vorschaufunktion ist mit Einführung von SharePoint 2013 nun frei und kann im Lesemodus sogar aus SharePoint Foundation heraus ohne zusätzliche Lizenzkosten genutzt werden. In Kombination mit den weiteren SharePoint-Neuerungen kann die Inhaltsvorschau auf den zentralen Dateityp PDF erweitert werden.

Videosuche

In Kombination mit der SharePoint Enterprise-CAL können Sie erweiterte Suchfunktionen für Videos anwenden. Hierdurch wird Ihnen eine sogenannte vertikale Suche, also die Gruppierung der Suchergebnisse basierend auf dem Inhaltstyp Video ermöglicht, um Ihnen möglichst schnell sowohl eine umfassende Suche als auch die Vorschau von Videos zu ermöglichen.

HINWEIS Im Abschnitt »Videos in separatem Ergebnisbereich darstellen« erfahren Sie, wie Sie die Suchergebnisseite für SharePoint Server mithilfe der neuen Abfrageregeln und neuer Ergebnisbereiche erweitern, um Videos horizontal zu skalieren

Beachten Sie, dass die Suche in Videos nicht auf der Indizierung der Textinhalte eines Videos basiert, sondern lediglich auf den Metadaten des Videos.

Abfragevorschläge

Abfragevorschläge für wiederkehrende Suchabfragen sind nicht neu in SharePoint 2013. Neu ist jedoch ein vereinfachtes Verfahren zur Steuerung von Abfragevorschlägen aus der Zentraladministration heraus, das Ihnen auch eine Importschnittstelle offenbart, anstatt wie bislang lediglich mithilfe der PowerShell Anpassungen vorzunehmen.

Verfeinerungsmodifikation

In SharePoint 2010 waren Änderungen an den vordefinierten Verfeinerungen noch ein mühsamer Prozess. In SharePoint 2013 ist es nun auch mithilfe der grafischen Oberfläche möglich, auf einfache Weise Änderungen am Verfeinerungsschema vorzunehmen. Das gesamte Suchschema ist nun deutlich flexibler und komfortabler anzupassen.

Neues bei Suchabfragen

Das Basiskonstrukt für Suchabfragen hat sich auch im Vergleich zu FAST Search Server 2010 for SharePoint stark verändert und dominiert in vielen Bereichen (speziell im Kontext von Veröffentlichungssites) die Basisarchitektur.

Ergebnisquellen

Ergebnisquellen werden in Suchwebparts zum Einschränken des Bereichs der im Webpart angezeigten Suchergebnisse verwendet. In der Vergangenheit wurde in SharePoint Server 2010 diese Art von Abfrage als Suchbereich bezeichnet. Letztlich ist eine Ergebnisquelle vereinfacht eine wiederverwendbare Abfrage. Sie können Ergebnisquellen erstellen, um einen Speicherort festzulegen, von dem die Suchergebnisse abgerufen werden können, wie z.B. Exchange-Postfachdaten im Kontext von eDiscovery oder um spezifische Objekttypen wie beispielsweise Videos in einer Abfrage festzuhalten.

Abfrageregeln

Mithilfe von Suchregeln können Websitesammlungsadministratoren ohne die Verwendung von benutzerdefiniertem Code proaktiv Suchabfragen beeinflussen. Hierdurch kann bei einer Suchabfrage automatisiert eine der folgenden Aktionen ausgelöst werden:

- **Heraufgestuftes Ergebnis** Diese Funktion entspricht im Wesentlichen der bisherigen *Beste Ergebnisse*-Funktion in SharePoint 2010 und ermöglicht demnach das besondere Hervorheben eines Suchergebnisses oberhalb der Suchergebnisse.
- **Hinzufügen von Ergebnisblöcken** Durch Ergebnisblöcke kann die Darstellung parallel untergliedert werden, sodass Ergebnisse, die einer Abfrageregel entsprechen, in einem separaten Ergebnisblock präsentiert werden. Beispielsweise können Abfragen, die Bestandteile eines Ausdruckssatzes vorweisen, einfach identifiziert und mit einem spezifischen Fokus dargestellt werden.
- **Ändern der Ergebnisse** Sie können das Ranking beeinflussen und beispielsweise dafür sorgen, dass auf in Abfragen enthaltene Aktionsausdrücke wie »herunterladen« Inhalte Ihrer Downloadressourcen erwidert werden.

Benutzersegmentierung

Mithilfe der Benutzersegmentierung ist es möglich, Benutzer auf Basis ihrer Attribute differenziert in den Abfragen der Suche zu behandeln. Die bisherige integrierte Segmentierung in FAST war zu starr und kaum in der Praxis nutzbar, da beispielsweise anhand einer Benutzerprofileigenschaft unterschiedliche Ausgaben erfolgten. Für die Benutzersegmentierung hingegen können unterschiedlichste Attribute wie beispielsweise der Browser des Anwenders herangezogen werden.

Sonstige Neuerungen

Es existieren noch zahlreiche weitere Neuerungen, von denen zwei an dieser Stelle erwähnt werden sollen.

Anonymer Suchergebniscache

In SharePoint 2013 wurden viele Basiskonzepte grundlegend überarbeitet. Hierzu zählt im Speziellen die Architektur der Veröffentlichungssites, die wie viele andere Webseitenvorlagen nun einen gravierend stärkeren Fokus auf Suchabfragen haben, um die Inhalte zu präsentieren. Dies wurde erst durch die neue integrierte FAST-basierte Suchtechnologie möglich.

Für Veröffentlichungswebseiten werden bereits eine Reihe von Caches genutzt, um die Seitenausgabeleistung zu maximieren. Um die neue zentrale Rolle der Suche für diese Webseiten zu optimieren, wurde ein neuer sogenannter anonymer Suchergebniscache eingeführt, der Suchabfragen zwischenspeichert, da sonst die Gefahr besteht, dass die Ladezeit einer Website mit einer steigenden Anzahl an Suchabfragen im Hintergrund aufgrund einer Überlastung der Suchabfragekomponente spürbar ansteigt.

Alternative Suchtopologiesteuerung

Bislang konnte die Suchtopologie noch mithilfe der grafischen Oberfläche modifiziert werden. Unter SharePoint 2013 geht dies nur noch mithilfe der API bzw. PowerShell. Die Logik hier besteht darin, zunächst ein Abbild einer existierenden Topologie zu erstellen, an welchem Änderungen vorgenommen werden, bis die Änderung abgeschlossen sind und die neue Topologie angewendet werden kann.

Zurückgezogene Suchfunktionen

Die wesentlichen Vorzüge von FAST wurden in SharePoint 2013 integriert. Einige wenige SharePoint 2010 und FAST-spezifische Suchfunktionen wurden jedoch zurückgezogen. In der Übersicht handelt es sich bei im Wesentlichen um diese:

- **Thesaurus-Ersetzungen (SharePoint)** Mithilfe von Ersetzungen in der Konfiguration des Thesaurus konnten Abfragebegriffe ersetzt werden. Es gibt kein Äquivalent.
- **Suchabfragewebdienst (SharePoint)** Bislang bot der Suchabfragewebdienst die Suchabfragefunktionen für Clientanwendungen an. Mittlerweile wurden diese Funktionen jedoch in Richtung CSOM verlagert (Client Side Object-Modell) oder stehen via REST (Representational State Transfer) zur Verfügung.
- **RSS-Suche und Windows-integrierte Suche (SharePoint)** Mithilfe von RSS-Readern konnten Benutzer sich bislang automatisiert über neue Elemente ihrer Suchabfragen informieren lassen. Da die wenigsten RSS-Reader die forderungsbasierte Authentifizierung unterstützen, stellen diese somit nach Ablauf des Authentifizierungscookies ihren Dienst ein. Verwenden Sie künftig Suchbenachrichtigungen, um sich per E-Mail über neue Elemente informieren zu lassen.
- **Suchabfragen mit SQL-Syntax (SharePoint)** In SharePoint 2010 wurden noch komplexe Suchabfragen mit SQL-Syntax unterstützt. Dies ist unter SharePoint 2013 nicht mehr der Fall. Verwenden Sie alternativ FQL (FAST Query Language) oder KQL (Keyword Query Language), um komplexe Suchabfragen zu generieren.

- **Wegfall diverser Such-Connectors (FAST)** FAST bot bislang noch alternative Connectors an. Einige dieser Connectors wurden entfernt bzw. in einen neuen in SharePoint 2013 integriert. Dazu gehört der FAST Search Lotus Notes Connector und der FAST Search Web Crawler. Verwenden Sie die Pendants unter SharePoint 2013.
- **Ähnliche Ergebnisse (FAST)** Mithilfe der ähnlichen Ergebnisse konnten Sie Dokumente mit vergleichbarem Ergebnisvektor lokalisieren, indem in der Suchergebnisseite des Dokuments auf den Link *Ähnliche Ergebnisse* geklickt wurde. Diese Funktion wurde entfernt.
- **FQL-Einschränkungen (FAST)** Diverse Operatoren wurden zurückgezogen oder bieten eine geänderte Funktionalität: ANY (entspricht OR, verwenden Sie WORDS), RANK (hat keine Auswirkungen mehr, ersetzen Sie diese mit XRANK), XRANK (erweiterte Syntax), STRING (wird ignoriert, verwenden Sie NEAR oder ONEAR).

Es existieren noch zahlreiche weitere Detailänderungen bzw. speziell zurückgezogene FAST-Funktionen, die jedoch zumeist von geringer Relevanz für die aktuellen Umgebungen sind und daher an dieser Stelle nicht weiter ausgeführt werden.

Architektur der Suche

Die Architektur der Suche in SharePoint 2013 hat sich zu der Vorgängerversion stark gewandelt. Der Kern der Suche bildet jetzt eine Fusion aus der SharePoint Server 2010-Suche und FAST Search for SharePoint 2010. Zudem wurde die Topologie so umgebaut, dass die Verwaltung der Suche jetzt flexibler und einfacher ist. Von SharePoint 2010 kennen Sie noch die Aufteilung der Suche in zwei Bereiche. Auf der einen Seite den Abfragebereich, der generell mit auf den Webservern bereitgestellt wurde, und auf der anderen Seite den Durchforstungsbereich, der in einer zweiten Ebene auf den Anwendungsservern bereitgestellt wurde. Diese Topologie war schwer zu verwalten. In SharePoint 2013 werden alle Komponenten in einer Topologie zusammengefasst und im Hintergrund vollständig über SharePoint 2013-integrierte Farmkomponenten abgebildet. Verwaltet wird die Topologie nun exklusiv mithilfe der PowerShell. Die Verwaltung über die Weboberfläche ist nicht mehr möglich. Komponenten sind für einen Aufgabenbereich zuständig. In der SharePoint 2013-basierten Suche gibt es sechs dieser Aufgabenbereiche. Jede Komponente kann in einer Topologie mehr als einmal erstellt werden. Dies kann zur Steigerung der Performanz, zur Steigerung der Fehlertoleranz oder der Verfügbarkeit notwendig sein.

Die Verwaltungskomponente steuert alle administrativen Aufgaben rund um die SharePoint 2013-Suche. Die Durchforstungskomponente zusammen mit der Inhaltsverarbeitungskomponente erstellen aus den Inhalten Ihrer Suchquellen durchsuchbare Eigenschaften und übergeben diese an die zentrale Indexkomponente. Die Abfragekomponente verarbeitet vom Webserver kommende Abfragen und überstellt diese wiederum an die Indexkomponente. Die Analyseverarbeitungskomponente unterstützt Sie dabei, zusätzliche Informationen zu Inhalten aus der Benutzerinteraktion mit Inhalten zu gewinnen. Für eine komplette Suchanwendung müssen alle diese Komponenten zur Verfügung gestellt werden. Für jede dieser Komponenten besteht die Möglichkeit, sie fehlertolerant zu gestalten und sie zu skalieren, um umfangreiche Suchanwendungen zu realisieren (Abbildung 11.2).

Abbildg. 11.2 Suchkomponenten und deren Zusammenhang

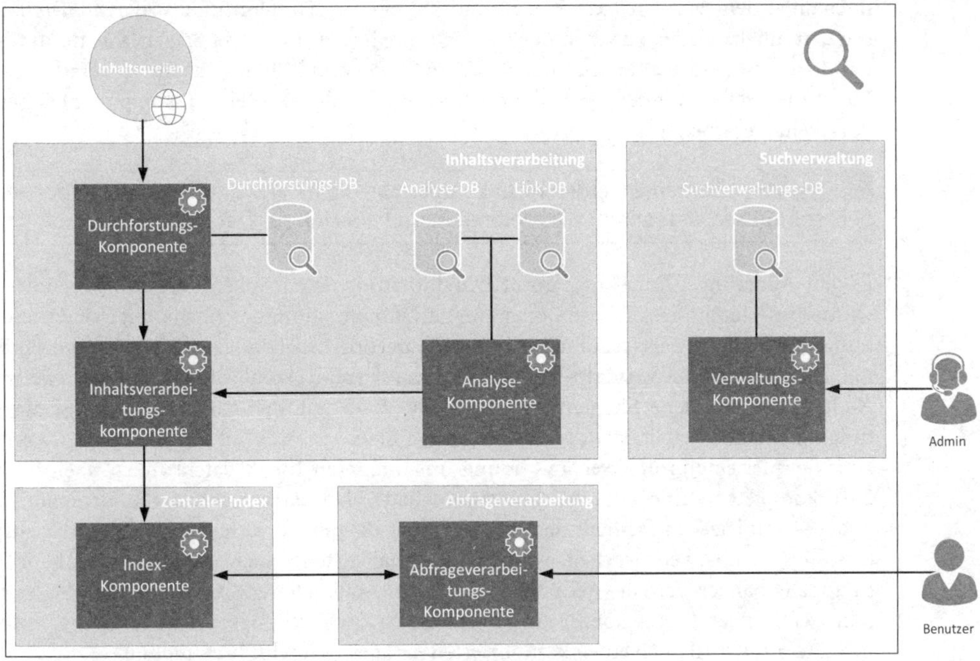

Durchforstungskomponente

Die Durchforstungskomponente übernimmt die Aufgabe, Inhalte nach Merkmalen zu durchsuchen. Hierfür verbindet sich die Durchforstungskomponente mit einer oder mehreren Inhaltsquellen über den dazugehörigen Verbinder (Indexing Connector). Es gibt zwei Arten von Verbindern: Protokollhandler und die Verbinder, die das BCS (Business Connectivity Service)-Framework verwenden. Über diese Verbinder werden durchforstete Eigenschaften der Inhaltsquelle und Metadaten extrahiert, die dann an die Inhaltsverarbeitungskomponente übergeben werden. Neben SharePoint-Inhaltsdatenbanken können folgende Inhaltsquellen durchforstet werden, ohne dass der Standard durch benutzerdefinierte Lösungen erweitert werden muss:

- Protokollhandler
  - Webseiten
  - Dateifreigabe
  - Benutzerprofile
- BCS
  - Öffentliche Exchange-Ordner
  - Lotus Notes
  - Documentum
  - Branchendaten
  - Benutzerdefiniertes Repository

Die Durchforstungskomponente arbeitet ähnlich wie schon in SharePoint 2010. Sie läuft immer noch unter dem *MSSearch.exe*-Prozess und startet einen Hintergrundprozess *MSSDmn.exe*, um sich mit den Inhaltsquellen zu verbinden und den Inhalt abzurufen. Der Speicherort für die durchforsteten Inhalte ist jedoch ein anderer. Statt wie in SharePoint 2010 die Inhalte zu verarbeiten und einen Index zu erstellen, werden die Dokumente an die Inhaltsverarbeitungskomponente übergeben und dort weiterverarbeitet.

HINWEIS Elemente werden nicht komplett an die Inhaltsverarbeitungskomponente übertragen, stattdessen werden nur die Metadaten und ein Link zur Datei übergeben.

Es gibt Änderungen im Umgang mit Durchforstungsdatenbanken. In der SharePoint 2010-Suche wurde pro Durchforstungskomponente eine Durchforstungsdatenbank angelegt. Diese 1:1-Beziehung wurde mit der SharePoint 2013-Suche aufgebrochen. Eine Durchforstungskomponente kann mit allen Durchforstungsdatenbanken kommunizieren. Damit einher geht eine weitere wichtige Änderung. Gefundene Elemente werden nicht mehr automatisch nach URL auf die Durchforstungsdatenbank verteilt, stattdessen werden die Elemente nach Inhaltsdatenbank-ID verteilt. Wenn zum Beispiel eine große Webanwendung mit mehreren Inhaltsdatenbanken noch bei SharePoint 2010 komplett in einer Durchforstungsdatenbank abgelegt wurde, da alle Elemente gleiche URL hatten, kann jetzt ein Element nach seiner Inhaltsdatenbank verteilt werden. Sind mehrere Durchforstungsdatenbanken gegeben, werden die Inhaltsdatenbanken gleichmäßig auf die Durchforstungsdatenbanken verteilt (Abbildung 11.3). Das Skalieren der SharePoint 2013-Suche wird damit sehr viel flexibler. Dieses Konzept macht auch die Hostverteilungsregeln überflüssig, mit denen man in SharePoint 2010 noch einen komplizierten Ausgleich durchführen musste.

Abbildg. 11.3 Verteilung von SharePoint-Inhalten auf Durchforstungsdatenbanken

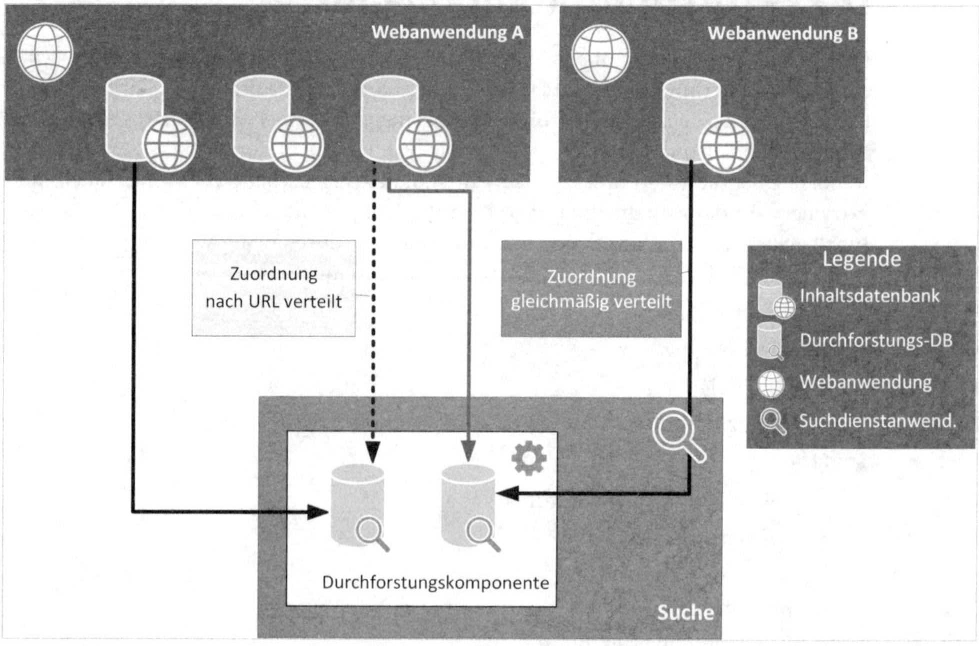

HINWEIS Sollte die CPU-Last des Servers ein Problem darstellen, lassen sich auch mehrere Durchforstungskomponenten mit einer einzigen großen Durchforstungsdatenbank verbinden. Man sollte hier jedoch die empfohlene Grenze von 20 Millionen Elementen je Durchforstungsdatenbank beachten.

Inhaltsverarbeitungskomponente

Die Inhaltsverarbeitungskomponente ist für die Weiterverarbeitung der durchforsteten Inhalte zuständig. Die übergebenen Dokumente werden nach Struktur und Inhalt analysiert und anschließend transformiert. Metadaten werden extrahiert, enthaltene Hyperlinks werden an die Analysekomponente übergeben und durchforstete Eigenschaften werden verwalteten Eigenschaften zugeordnet. In der letzten Version der SharePoint-Suche wurden in der Inhaltsverarbeitungskomponente auch die extrahierten Links analysiert. Mit SharePoint 2013 wurde diese Aufgabe in die Analysekomponente verlagert. Des Weiteren werden Spracherkennung sowie eine linguistische Analyse durchgeführt. Die verarbeiteten Elemente werden dann weiter an die Indexkomponente übergeben.

Analysekomponente

Diese Komponente ist für den Prozess der sogenannten Suchanalyse zuständig. In SharePoint 2010 war für die Analyse noch eine eigene Dienstanwendung zuständig (Web Analytics). Diese ist in SharePoint 2013 weggefallen. Jegliche Analyseverarbeitung wird jetzt von der Analysekomponente der SharePoint 2013-Suche durchgeführt. Zu der Analyse gehört das Verarbeiten von Hyperlinks und Ankertexten, aber auch die Analyse von Benutzeraktionen. Es wird zum Beispiel festgehalten, welche Suchergebnisse wie oft von Benutzern angeklickt werden und welche Inhalte auf den SharePoint-Webseiten angezeigt werden. Dieser Prozess wird auch als Verwendungsanalyse bezeichnet.

Die Analysekomponente greift dabei auf zwei Datenbanken zu: die Linkdatenbank sowie die Analyseberichtsdatenbank. Diese beiden Informationsquellen werden später genutzt, um zum Beispiel die Relevanz von Suchergebnissen zu berechnen und ständig zu verbessern. Eine zweite Durchforstung wie in SharePoint 2010 wurde damit überflüssig und ist weggefallen. Das Konzept hat zur Auswirkung, dass über die Lebenszeit einer Suchanwendung die Suchergebnisse automatisch immer relevanter werden.

Indexkomponente

Wie bei der Inhaltsverarbeitungskomponente bereits erwähnt, empfängt die Indexkomponente die verarbeiteten Dokumente und deren Eigenschaften von eben dieser und fügt die Informationen dem Suchindex hinzu. Zu dieser Aufgabe kommt hinzu, dass die Abfragekomponente Abfragen direkt an die Indexkomponente richtet und diese die Abfrage mit dem Suchindex abgleicht und eine Ergebnismenge zurück an die Abfragekomponente gibt.

Die Indexkomponente kann man als logische Repräsentation des Suchindex sehen. Um die Skalierbarkeit zu beachten, ist es möglich, den Suchindex in Abschnitte aufzuteilen: die Indexpartitionen. Aus Gründen der Fehlertoleranz kann eine oder mehrere Kopien einer Indexpartition angelegt werden, die sogenannten Indexreplikate. Diese können dann wechselseitig auf unterschiedlichen Servern abgelegt werden.

Abfrageverarbeitungskomponente

Die Aufgaben der Abfrageverarbeitungskomponente sind einfach. Die an den Webserver gestellten Abfragen werden analysiert und überarbeitet. Hier kommen Abfragetransformationen zum Einsatz, die zum Beispiel Teile der Abfrage ersetzen, die Inhaltsquelle oder die Sortierung der Ergebnismenge ändern können. Die verarbeitete Abfrage wird an die Indexkomponenten weitergegeben. Die resultierende Ergebnismenge wird wiederum verarbeitet und an den Webserver und damit den Benutzer zurückgegeben. Die Ergebnismenge wird für den Benutzer aufbereitet. Ergebnistypen gruppieren dabei die Ergebnismenge in Teilmengen. Diese Teilmengen können durch eine Anzeigevorlage (auf HTML basierende Anzeigedefinitionen) auf unterschiedlichste Weise dargestellt werden.

Ein großer Unterschied zu der Vorgängerversion ist, dass die Abfrageverarbeitungskomponente nicht mehr auf die Suchverwaltungskomponente zurückgreift, um die Berechtigungen der Benutzer für die gefundenen Elemente zu bestimmen (das sogenannte Security Trimming). Die Sicherheitsbestimmungen der durchforsteten Elemente liegen nun allein im Suchindex.

Verwaltungskomponente

Die Verwaltungskomponente verwaltet die gesamte Suchtopologie. Als Vorteil gegenüber der Verwaltungskomponente von SharePoint 2010 ist, dass man jetzt durch Erstellen weiterer Verwaltungskomponenten die Fehlertoleranz und Verfügbarkeit erhöhen kann. Unter anderem werden zur Topologie noch Durchforstungs- und Abfrageregeln verwaltet, das Suchschema, Inhaltsquellen und natürlich der Zeitplan für die Durchforstung. Die Verwaltungskomponente besitzt eine eigene Datenbank, in der alle Informationen gespeichert werden.

Verwaltung der Suche

In diesem Abschnitt erhalten Sie Einblick in die Verwaltung der SharePoint-Suche. Sofern nicht explizit alternativ angeführt, werden hier die Einstellungen der Suchdienstanwendung in der Zentraladministration beschrieben.

Verwaltungsübersicht der SharePoint-Suche

Die Verwaltung der Suche ist möglicherweise auf den ersten Blick nicht vollständig transparent. Vom Ansatz her wurde das System für Mandantenumgebungen optimiert, was jedoch nicht der Realität der Mehrzahl der On-Premise-Umgebungen entspricht. Dies muss jedoch kein Nachteil sein, sofern Sie den generellen Ansatz bei der Planung der Informationsarchitektur berücksichtigen.

Wird die Rolle des Dienstanwendungsadministrators vernachlässigt, wird die Verwaltung der Suche im Wesentlichen durch Farmadministratoren und Websitesammlungsadministratoren wahrgenommen. Dabei erben Websitesammlungen zunächst einen großen Satz an global von den Farmadministratoren definieren Sucheinstellungen und können wiederum sowohl Teile davon für ihre Zwecke anpassen als auch wiederum einige Besonderheiten der Suche exklusiv auf Websitesammlungsebene definieren. Die Tabelle 11.1 gibt Ihnen eine Übersicht zur Abgrenzung der Farm- und der Websitesammlungsadministrationsaufgaben und -möglichkeiten.

Tabelle 11.1 Differenzierung der Farm- und Websitesammlungsadministration für die Suchverwaltung

Aufgabenstellung	Farm-Ebene	WSC-Ebene
Bereitstellung von Formathandlern	✓	
Definition von Inhaltsquellen	✓	
Ausschluss von Listen von der Suche		✓
Durchforstungsregeln	✓	
Topologie- und Indexverwaltung sowie zentrale Suchverwaltungsaufgaben	✓	
Definition von autorisierenden Seiten	✓	
Suchschemaverwaltung	✓	✓
Suchergebnisquellen	✓	✓
Suchabfrageregeln	✓	✓
Suchergebnistypen		✓
Sucheinstellungen	✓	✓
Suchberichte	✓	
Abfragevorschläge	✓	
Abfrageclienttypen	✓	
Suchmaschinenoptimierung		✓
Anonymer Suchcache	✓	
Suchwörterbücher	✓	

Für eine ganze Reihe an zentralen Suchanpassungen wählen Sie innerhalb einer Farm eine zentrale Unternehmenscenter-Suchwebsitesammlung, in der Sie die wichtigsten Anpassungen an der Suche vornehmen. Durch die Umleitung von Suchabfragen an die dortige Suchergebnisseite sorgen Sie dafür, dass die zahlreichen anderen Websitesammlungen von der dortigen zentralen Konfiguration partizipieren. Zusätzlich dazu können Farmadministratoren mithilfe der PowerShell Teile der Suchkonfiguration von Websitesammlungen überschreiben bzw. zentral websitesammlungsübergreifend skriptbasiert definieren. Alternativ dazu können Websitesammlungsadministratoren Ihre websitesammlungsspezifischen Sucheinstellungen in den Websitesammlungseinstellungen exportieren, um sie in einer weiteren Websitesammlung zu reimportieren und damit anzuwenden.

Allgemeine Eigenschaften der Suche

Im Rahmen der Suchverwaltung stehen Ihnen die nachfolgend beschriebenen zentralen Eigenschaften zur Verfügung.

Wichtiger Hinweis zur Steuerung des Suchdiensts

Die Komponenten der Suche werden im Rahmen der Verwaltung der Suche basierend auf den in diesem Abschnitt angeführten Befehlszeilen gesteuert. Es ist wichtig, dass Sie zur Steuerung der Suche keinesfalls die Dienstinstanzsteuerung der Zentraladministration verwenden. Andernfalls kommt es zu unerwarteten Ausfällen und Effekten. Dieses Verhalten ist Ihnen möglicherweise bereits aus SharePoint 2010 bekannt.

Basiseinstellungen der Suchdienstanwendung

Auf der Startseite der Suchdienstanwendung-Verwaltungsseite finden Sie die folgenden zentralen Einstellungen vor (Abbildung 11.4).

Abbildg. 11.4 Zentrale Einstellungen zur Suchdienstanwendung

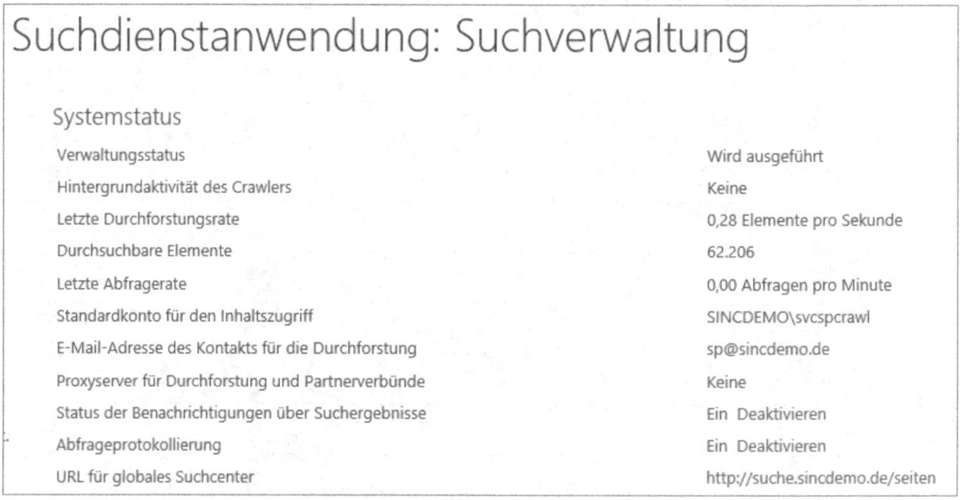

Neben den offensichtlichen Einstellungen sowie dem bereits in Kapitel 5 erwähnten Inhaltszugriffskonto soll an dieser Stelle noch einmal die neue Einstellung *URL für globales Suchcenter* angeführt werden.

Jede Websitesammlung besitzt eine eigene Konfiguration für die Suchergebnisseite. Aufgrund der Natur der SharePoint-Suche ist es ratsam in der Regel nur ein zentrales Unternehmenssuchcenter zu betreiben, wo alle Einstellungen zentralisiert vorgenommen werden, sodass diese nicht aufwendig und inkonsistent dezentral zu pflegen sind. Sie können nun entweder im Rahmen der Siteprovisionierung oder mithilfe von PowerShell-Skripts dafür Sorge tragen, dass die Zielergebnisseite auf das zentrale Suchcenter verweist. Besser ist es jedoch, an dieser Stelle eine zentrale URL vorzugeben und die Websitesammlungen bei der Vererbungskonfiguration zu belassen, wonach Sie die Ergebnisseiteneinstellungen vom übergeordneten Element erben (Abbildung 11.5).

Abbildg. 11.5 Sucheinstellungen einer Websitesammlung

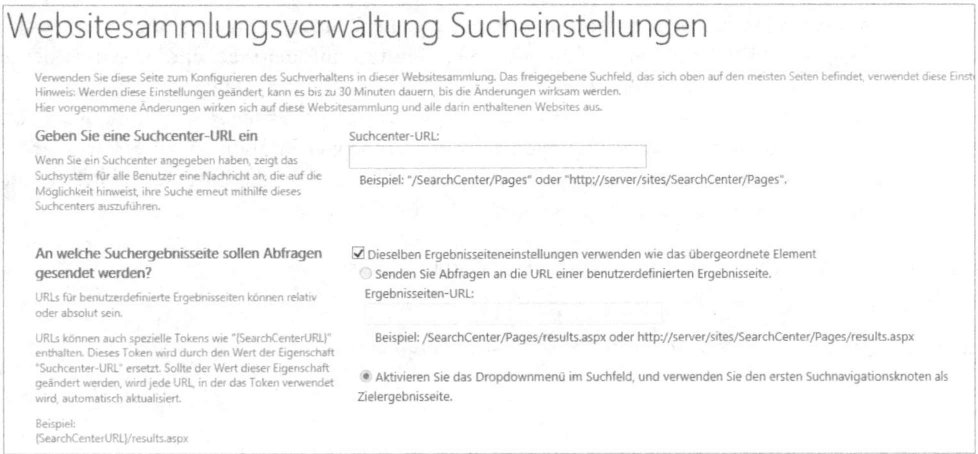

Diese Optionen erhalten Sie in der Websitesammlungssteuerung unter *Sucheinstellungen*.

Suchverwaltung der Farm

Traditionell existiert eine zentrale Sucheinstellungsebene der Farm, in der das Verhalten hinsichtlich der Timeouts, etwaiger Proxyserver und der Zertifikatüberprüfung zu steuern ist (Abbildung 11.6). Sie finden die Einstellungen der Suchverwaltung der Farm unter dem gleichnamigen Link in der Suchdienstanwendung-Verwaltungsseite.

Abbildg. 11.6 Suchverwaltung der Farm

In der Mehrzahl der Umgebungen kommt es bei der Durchforstung von Websites zu Zertifikatprüfungsfehlern, weshalb häufig die SSL-Warnungen ignoriert werden, um die Durchforstung nicht außer Betrieb zu setzen, auch wenn dies die Sicherheit reduziert.

Benachrichtigungen

Auf Suchdienstanwendungsebene können Sie die Benachrichtigungsfunktion für Suchergebnisse freigeben. Mithilfe dieser Funktion können Benutzer automatisiert und proaktiv über neue Inhalte informiert werden, die über die Suche lokalisiert wurden. Serverseitig wird die Option auf der Startseite der Suchdienstanwendungsverwaltung im Abschnitt *Systemstatus* konfiguriert. Der Benutzer selbst kann Suchbenachrichtigungen aktivieren, indem er im Rahmen einer Suchabfrage im Unternehmenssuchcenter am Ende der Suchergebnisseite auf Benachrichtigungen klickt und die Benachrichtigungsparameter entsprechend wählt (Abbildung 11.7).

Abbildg. 11.7 Suchbenachrichtigungseinstellungen aus Benutzerperspektive

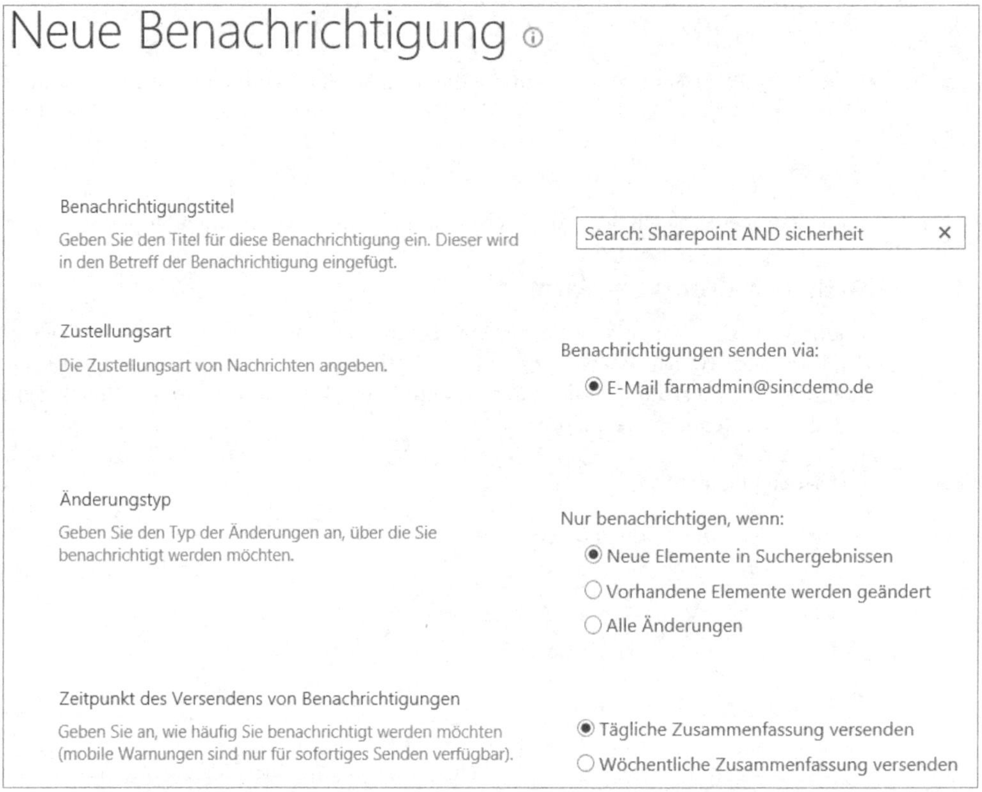

Neben der Benachrichtigungsschaltfläche befindet sich die Schaltfläche *Einstellungen*, über die der Benutzer seine gespeicherten Suchbenachrichtigungen nachträglich modifizieren kann (Abbildung 11.8).

Abbildg. 11.8 Verwaltung von Suchbenachrichtigungen aus Benutzerperspektive

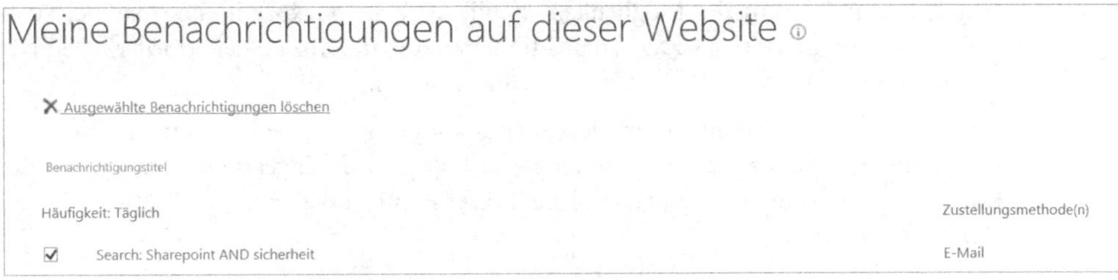

Anpassungen an der Suchtopologie

Unter SharePoint Foundation kann die die Suchdienstanwendung nicht mit den unter SharePoint Server verfügbaren Methoden administriert werden. Die Ursache liegt in der Umsetzung der Microsoft-Lizenzstrategie für SharePoint Foundation, was zur Folge hat, dass die Suche unter SharePoint Foundation nicht horizontal skalieren können, wodurch auch eine Verwaltung der Topologie obsolet wird.

Das Verfahren zur Anpassung der Suchtopologie in SharePoint 2013 weicht gravierend von den entsprechenden Verfahren unter SharePoint 2010 ab. Die Topologieanpassungen unter SharePoint 2010 wurden in der Regel einfach mithilfe der Zentraladministration realisiert, während FAST, in Abhängigkeit von der Übernahme des Index, sehr komplexe Verfahren erforderte. In SharePoint 2013 basiert die Topologieanpassung auf einem leicht vereinfachten PowerShell-Verfahren. Die Suchtopologie kann demnach zu diesem Zeitpunkt für keine der Suchkomponenten mithilfe der Zentraladministration angepasst werden. Die Zentraladministration hingegen kann dafür genutzt werden, die Suchtopologie zu überwachen, und bietet hierfür gegenüber FAST und SharePoint 2010 deutlich verbesserte Mechanismen.

Bei der Anpassung der Suchtopologie wird zwischen zwei elementaren Ansätzen unterschieden:

- Modifikation einer ungenutzten Suchanwendung (neue Suchtopologie)
- Modifikation einer aktiven Suchtopologie (Abänderung der Suchtopologie)

Der wesentliche Unterschied beider Ansätze besteht darin, dass beim ersten Ansatz eine vollständig neue Suchtopologie aufgebaut wird, während beim zweiten Ansatz eine bestehende Topologie geklont wird, um die Daten aus dem Index beizubehalten. Dies ist speziell in Umgebungen von Vorteil, in denen die Neuerstellung eines Index aufgrund umfangreicher Datenmengen eine größere Zeitspanne beansprucht und durch die Übernahme der Indexdaten die Ausfallzeit deutlich reduziert werden kann.

HINWEIS Beachten Sie bitte, dass auch bei einer Indexübernahme, in Abhängigkeit von der Größe des Index und der Topologie, eine sehr lange Ausfallzeit entstehen kann, die möglicherweise mehrere Stunden andauert. Diese Zeitspanne wurde gegenüber SharePoint 2010 aufgrund der deutlichen Reduktion des erforderlichen Speicherplatzes für den Index spürbar reduziert, stellt jedoch weiterhin einen bedeutenden Zeitfaktor dar.

Wie bereits in FAST können auch unter SharePoint 2013 keine Änderungen an einer aktiven Suchtopologie vorgenommen werden. Sie können die neue Topologie jedoch parallel zur aktiven Topologie aufbauen und dabei auch auf die aktiven Suchinstanzen zurückgreifen, um diese auch in die neue Topologie zu integrieren. Trotz der technologischen Basis der SharePoint 2013 auf FAST Search haben Sie nun die Möglichkeit, Replikate von Indexpartitionen parallel zu bestehenden anderen Partitionen eines Servers zu positionieren, um die Anzahl der erforderlichen Hosts zu reduzieren, ohne auf Ausfallsicherheit verzichten zu müssen.

Bevor Sie mit der Modifikation der Suchtopologie fortfahren, sollten Sie die entsprechenden Abschnitte zur Planung der Suchtopologie in Kapitel 3 durchgearbeitet haben, um die relevanten Komponenten der Suche adäquat innerhalb Ihrer Farm zu skalieren und letztlich die Benutzererfahrung zu optimieren.

Modifikation einer ungenutzten Suchtopologie

Im Unterschied zu einer aktiven, genutzten Suchtopologie kann bei der Modifikation einer ungenutzten Suchtopologie auf ein Klonen verzichtet werden. Vielmehr wird die Topologie vollständig neu erstellt.

In der Übersicht sieht der Ablauf eines möglichen Konfigurationsskripts wie folgt aus:

1. Starten aller eventuell noch nicht gestarteten Suchinstanzen auf den betroffenen SharePoint-Servern
2. Binden an eine Suchdienstanwendung
3. Erstellung einer neuen Topologie
4. Konfiguration der neuen Topologie
5. Anwendung der Topologie
6. Überprüfung der Topologie

Das folgende Beispielskript verdeutlicht beispielhaft den Ablauf bei einer solchen Modifikation mit zwei Servern (Listing 11.1).

ONLINE Sie finden das Beispielskript unter dem Namen *SearchTop-Modify.ps1* innerhalb der Beispieldateien zum Buch.

Listing 11.1 Neuaufbau der Suchtopologie für zwei redundante Server

```
# Schritt 1: Starten der Suchdienstinstanzen
$hostA = Get-SPEnterpriseSearchServiceInstance -Identity "SP2-1"
$hostB = Get-SPEnterpriseSearchServiceInstance -Identity "SP2-2"
Start-SPEnterpriseSearchServiceInstance -Identity $hostA
Start-SPEnterpriseSearchServiceInstance -Identity $hostB
# Schritt 2: Bindung an Suchdienstanwendung - zu diesem Zeitpunkt müssen die Dienstinstanzen
aktiviert sein
$ssa = Get-SPEnterpriseSearchServiceApplication
# Schritt 3: Erstellen einer neuen Topologie
$newTopology = New-SPEnterpriseSearchTopology -SearchApplication $ssa
# Schritt 4: Konfiguration der Topologie
New-SPEnterpriseSearchAdminComponent -SearchTopology $newTopology -SearchServiceInstance
$hostA
New-SPEnterpriseSearchCrawlComponent -SearchTopology $newTopology -SearchServiceInstance
$hostA
New-SPEnterpriseSearchContentProcessingComponent -SearchTopology $newTopology
-SearchServiceInstance $hostA
New-SPEnterpriseSearchAnalyticsProcessingComponent -SearchTopology $newTopology
-SearchServiceInstance $hostA
```

Listing 11.1 Neuaufbau der Suchtopologie für zwei redundante Server *(Fortsetzung)*

```
New-SPEnterpriseSearchQueryProcessingComponent -SearchTopology $newTopology
-SearchServiceInstance $hostA
New-SPEnterpriseSearchIndexComponent -SearchTopology $newTopology -SearchServiceInstance
$hostA -IndexPartition 0
New-SPEnterpriseSearchAdminComponent -SearchTopology $newTopology -SearchServiceInstance
$hostB
New-SPEnterpriseSearchCrawlComponent -SearchTopology $newTopology -SearchServiceInstance
$hostB
New-SPEnterpriseSearchContentProcessingComponent -SearchTopology $newTopology
-SearchServiceInstance $hostB
New-SPEnterpriseSearchAnalyticsProcessingComponent -SearchTopology $newTopology
-SearchServiceInstance $hostB
New-SPEnterpriseSearchQueryProcessingComponent -SearchTopology $newTopology
-SearchServiceInstance $hostB
New-SPEnterpriseSearchIndexComponent -SearchTopology $newTopology -SearchServiceInstance
$hostB -IndexPartition 0

# Schritt 5: Anwenden der neuen Topologie
Set-SPEnterpriseSearchTopology -Identity $newTopology

# Schritt 6: Prüfung der neuen Topologie
Get-SPEnterpriseSearchTopology -SearchApplication $ssa
Get-SPEnterpriseSearchStatus -SearchApplication $ssa -Text
```

Im Rahmen dieses Skripts wird eine auf zwei Server verteilte redundante Topologie erstellt. Demnach existiert auf Server 2 der gleiche Index wie auf Server 1.

Modifikation einer aktiven Suchtopologie

Führen Sie die hier beschriebenen Verfahren durch, wenn Sie Elemente in Ihrem Index besitzen und diese beibehalten wollen. Bevor Sie mit der Umsetzung der Topologieänderung fortfahren, beachten Sie die Suchtopologieplanungshinweise in Kapitel 3.

Im Rahmen der Anpassung einer Suchtopologie können Sie parallel sowohl die Indexkomponenten als auch die sonstigen Suchkomponenten im Rahmen einer einzigen Neuerstellung einer Suchtopologie definieren. Aufgrund der unterschiedlichen Besonderheiten beim Anpassen der Indexkomponenten werden Sie nachfolgend getrennt behandelt.

Grundsätzlich sollten die nachfolgenden Beispiele immer um den generellen Rahmen der Konfiguration ergänzt werden, welcher wie folgt aussieht:

1. Starten aller eventuell noch nicht gestarteten Suchinstanzen auf den betroffenen SharePoint-Servern.
2. Binden an eine Suchdienstanwendung.
3. Erstellung einer neuen Topologie als Klon der existierenden.
4. Konfiguration der Topologie.
5. Anwendung der Topologie.
6. Überprüfung der Topologie.

Hinzufügen von Indexpartitionen

In diesem Abschnitt wird einmalig exemplarisch demonstriert, wie Sie zu Ihrer Suchtopologie Indexkomponenten hinzufügen, indem Sie einen Server, der bislang noch keinerlei Suchdienste provisioniert hat vollständig konfigurieren.

ACHTUNG Beachten Sie, dass es bei diesem Verfahren in Abhängigkeit von der vorliegenden Datenmenge und der Komplexität der Topologie bzw. deren Änderung zu einer erheblichen Downtime beim Zugriff auf die Suche kommen kann, im Rahmen derer weder aktiv durchforstet, noch Abfragen von Benutzern von der Suchanwendung beantwortet werden können.

Voraussetzung für die Durchführung der nachfolgenden Schritte ist, dass eine Suchdienstanwendung vorhanden ist. Sollte diese noch nicht existieren, befolgende Sie bitte die Anweisungen in Kapitel 5 zum Erstellen der Suchdienstanwendung.

TIPP Zur Optimierung des nachfolgenden Prozesses ist es möglicherweise sinnvoll (jedoch nicht zwingend erforderlich), den Dienst *SharePoint Search Host Controller* zu Beginn und zum Abschluss neu zu starten. Hierdurch können Sie beispielsweise vor der Repartitionierung Speicher freigeben und nach der Repartitionierung Statistiken korrekt aktualisieren lassen.

Das Hinzufügen weiterer Indexpartitionen wird für alle 10 Millionen Elemente empfohlen. Dabei ist hiermit nicht das Hinzufügen eines Replikats, sondern einer weiteren Indexpartition gemeint.

Gehen Sie wie folgt vor:

1. Öffnen Sie die SharePoint 2013-Verwaltungsshell mit administrativen Rechten.
2. Starten Sie nun auf dem zusätzlichen für die Suche vorgesehenen Server die Suchdienstinstanz, indem Sie das PowerShell-Skript aus Listing 11.2 ausführen. Ersetzen Sie vorher die Variablen durch Ihre Werte. Dabei sollte *[Hostname]* durch den NetBIOS-Namen des Suchservers ersetzt werden:

Listing 11.2 Starten der Suchinstanz auf einem bisher nicht in der Suchtopologie befindlichen Server

```
$SHost = Get-SPEnterpriseSearchServiceInstance -Identity "[Hostname]"
Start-SPEnterpriseSearchServiceInstance -Identity $SHost
```

ACHTUNG Anders als für andere SharePoint-Dienstinstanzen, die mithilfe der Dienststeuerung der Zentraladministration aktiviert werden, wird die Suchdienstinstanz ausschließlich mithilfe der hier vorgestellten EnterpriseSearch-Cmdlets aktiviert und konfiguriert, um einen ordnungsgemäßen Betrieb zu ermöglichen.

HINWEIS Um den Status der Dienstprovisionierung abzufragen, können Sie den Befehl *Get-SPEnterpriseSearchServiceInstance -Identity [Hostname]* verwenden, um sicherzustellen, dass die Provisionierung abgeschlossen ist, bevor Sie fortfahren (Abbildung 11.9). Sobald der Status auf *Online* steht, ist die Provisionierung erfolgreich abgeschlossen. Ab diesem Zeitpunkt werden auf dem Server jetzt zwei zusätzliche Prozesse der Suche (*HostControllerService.exe* und *MSSearch.exe*) ausgeführt.

Abbildg. 11.9 Erfolgreich abgeschlossene Suchdienstprovisionierung

3. Starten Sie nun optional die weiteren, noch nicht in der Suchtopologie enthaltenen Suchdienstinstanzen und verwenden Sie dabei jeweils individuelle Variablen für den im zweiten Arbeitsschritt verwendeten Befehl für die Suchdienstinstanz, um diese später in ein vollständiges Skript zu integrieren.
4. Identifizieren Sie nun die aktive Suchdienstanwendung und binden Sie die aktive Suchdienstanwendung an eine Variable, um sich im Rahmen der Topologiekonfiguration auf diese zu beziehen (Listing 11.3). Direkt anschließend klonen Sie die noch aktuelle alte Suchtopologie als Arbeitsvorlage für die anstehende Änderung.

Listing 11.3 Klonen der aktuellen Suchdiensttopologie

```
$ssa = Get-SPEnterpriseSearchServiceApplication
$active = Get-SPEnterpriseSearchTopology -SearchApplication $ssa -Active
$clone = New-SPEnterpriseSearchTopology -SearchApplication $ssa -Clone -SearchTopology
```

5. Nehmen Sie nun die Topologieänderung vor, welche hier in dem Hinzufügen einer neuen Indexpartition auf dem hinzugefügten Server besteht:

```
New-SPEnterpriseSearchIndexComponent -SearchTopology $clone -SearchServiceInstance
[Neuer Host] -IndexPartition 0
```

In diesem Beispiel wird dem vorhandenen Index mit nur einer Partition (»0«) ein weiteres Replikat auf dem neuen Server hinzugefügt. Alternativ können Sie durch das Hochzählen von *IndexPartition* weitere Partitionen anlegen.

HINWEIS Beachten Sie an dieser Stelle, dass die Suchdienstanwendung bei einer Repartitionierung beispielsweise durch Hinzufügen einer neuen Partition aktiv sein muss, selbst wenn die Suche im Rahmen der Repartitionierung wieder außer Betrieb genommen wird. Sie können dies beispielsweise mit dem folgenden Befehl validieren:

```
$ssa.IsPaused() -ne 0
```

Sollte die Suche angehalten worden sein, starten Sie diese mit dem folgenden Befehl:

```
$ssa.ForceResume($ssa.IsPaused())
```

6. Nach Fertigstellung der Änderung aktivieren Sie die neue Topologie (Listing 11.4).

Listing 11.4 Vorbereitung der Repartitionierung und Aktivsetzung der neuen Topologie

```
$ssa.PauseForIndexRepartitioning()
Set-SPEnterpriseSearchTopology -Identity $clone
```

7. Überprüfen Sie abschließend den Status der Topologieaktualisierung (Listing 11.5).

Listing 11.5 Überprüfung der Topologieaktualisierung

```
$ssa = Get-SPEnterpriseSearchServiceApplication
Get-SPEnterpriseSearchStatus -SearchApplication $ssa -Text
```

8. Bei extrem umfangreichen Indexdaten ist es durchaus sinnvoll, die Repartitionierung weiter zu beobachten:

```
Get-SPEnterpriseSearchStatus -SearchApplication $ssa -Healthreport -Component
[Indexkomponentenname] | ? { ($_.name -match "repart") -or ( $_.name -match
"splitting") } | ft -AutoSize Name, Message
```

9. Setzen Sie nach Abschluss der Arbeiten die Suche wieder in Betrieb:

```
$ssa.ResumeAfterIndexRepartitioning()
```

Mit diesem Arbeitsschritt ist die Repartitionierung abgeschlossen.

Entfernen oder Verschieben einer Suchkomponente

In diesem Abschnitt wird lediglich auf die spezifischen Besonderheiten beim Verschieben bzw. Entfernen von Suchkomponenten eingegangen. Die grundsätzlichen Hinweise und Detailverfahren entnehmen Sie bitte dem Abschnitt »Hinzufügen von Indexpartitionen« weiter vorne in diesem Kapitel.

Zum Entfernen oder Verschieben einer Suchkomponente gehen Sie wie beim Hinzufügen von Indexpartitionen vor, allerdings mit dem Unterschied, dass Sie bei der Bearbeitung der Topologiekonfiguration zusätzlich eine betroffene Komponente entfernen, indem Sie den folgenden Beispielbefehl verwenden:

```
Remove-SPEnterpriseSearchComponent -Identity [Suchkomponenten ID] -SearchTopology $clone
```

Inhaltsquellen

Inhaltsquellen sind Sammlungen von Durchforstungszielen mit einer spezifischen Durchforstungskonfiguration. Eine Inhaltsquellendefinition beinhaltet den Typ der Quelle sowie den Startpunkt der zu durchsuchenden Bereiche. Bei SharePoint-Quellen sind diese Startpunkte entsprechend die URLs der zu durchsuchenden Webanwendungen.

Inhaltsquellen umfassen in der Regel Quellen jeweils eines Inhaltsquellentyps. Somit erstellen Sie zwangsläufig eine separate Inhaltsquelle für Exchange-Daten, Dateifreigaben, SharePoint-Inhalte usw. Dies ist aus mehrerer Hinsicht sinnvoll, da Inhaltsquellen unterschiedliche Eigenarten und Anforderung bei der Durchforstung aufweisen. Als wichtigste Eigenart wäre beispielsweise die kontinuierliche Durchforstung zu nennen, die nicht nur für SharePoint-Inhalte von besonderer Wichtigkeit, sondern auch nur dort verfügbar ist.

Erstellen einer Inhaltsquelle

Gehen Sie wie folgt vor, um eine Inhaltsquelle für eine SharePoint-Quelle mit der kontinuierlichen Durchforstung einzurichten:

1. Öffnen Sie die Suchdienstanwendungs-Verwaltungsseite und klicken Sie in der Schnellstartleiste im Abschnitt *Suchverwaltung* auf *Inhaltsquellen*.
2. Klicken Sie auf *Neue Inhaltsquelle*.
3. Geben Sie den Bezeichner der Inhaltsquelle im Feld *Name* an.
4. Der Typ der Inhaltsquelle bestimmt die nachfolgenden Einstellungsmöglichkeiten. Die kontinuierliche Durchforstung ist nur für SharePoint-Websites verfügbar. Wählen Sie als Inhaltsquellentyp *SharePoint-Websites* aus.
5. In dem nachfolgenden mehrzeiligen Textfeld fügen Sie alle Startadressen der zu durchsuchenden Webanwendungen ein (Abbildung 11.10).

Abbildg. 11.10 Definition der Kernparameter einer SharePoint-Inhaltsquelle

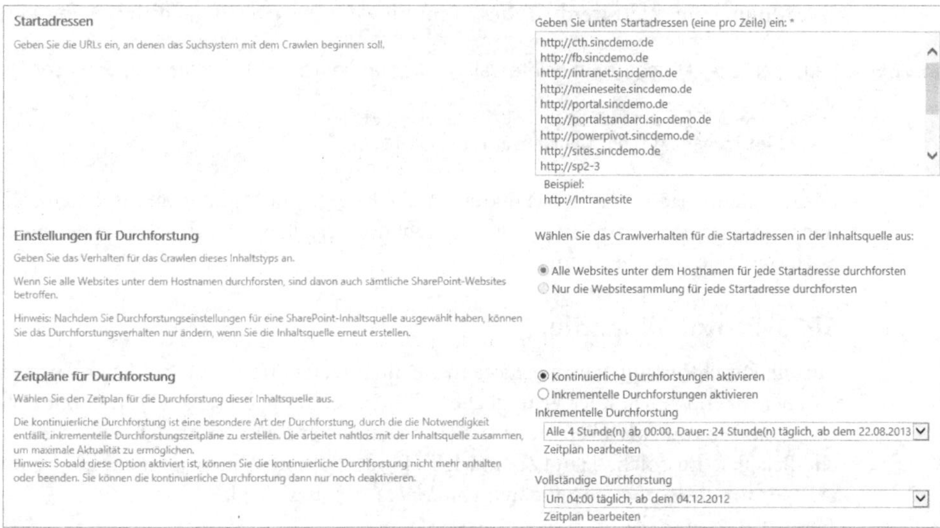

HINWEIS Beachten Sie, dass Sie hier im Idealfall die Standard-AAM-Einträge definieren. Tragen Sie Webanwendungen nicht mehrfach ein. Die Suchergebnisse einer Webanwendung werden automatisch auch in den anderen AAM-Zonen korrekt verfügbar sein.

6. Im Abschnitt *Einstellungen für Durchforstung* entscheiden Sie, ob von den eingegebenen Startadressen aus auch weitere Websites unter dem Hostnamen gesucht werden sollen oder nur die eingetragene Website zu durchforsten ist.
7. Im nächsten Schritt müssen Sie den Zeitplan für Ihre Durchforstung bestimmen. Entscheiden Sie sich zwischen einer kontinuierlichen und einer inkrementellen Durchforstung. Klicken Sie auf *Zeitplan bearbeiten* oder benutzen Sie einen vordefinierten Zeitplan.

8. Speichern Sie die neue Inhaltsquelle mit einem Klick auf *OK*.

HINWEIS Beachten Sie, dass – abgesehen von der Entscheidung für inkrementelle oder kontinuierliche Durchforstung – die vollständige Durchforstung immer erforderlich ist. Sie deckt ein Aufgabenfeld ab, welches von den anderen Durchforstungsansätzen nicht adressiert werden kann.

Steuerung der kontinuierlichen Durchforstung

Die kontinuierliche Durchforstung ermöglicht eine umgehende Indizierung von SharePoint-Inhalten. Die Aktivierung der kontinuierlichen Durchforstung wurde im vorausgehenden Abschnitt demonstriert. Theoretisch besteht somit keine zusätzliche Anpassung der Konfiguration. Praktisch gibt es aber durchaus häufig Situationen, in denen die kontinuierliche Durchforstung anzupassen ist. Hintergrund ist, dass die kontinuierliche Durchforstung zwar Änderungen wie das Ändern oder Hinzufügen von Elementen registriert und daraufhin eine Indizierung initiiert, jedoch passiert dies speziell in websitesammlungsübergreifenden Veröffentlichungsszenarien, in denen verwaltete Metadaten als Verfeinerungen genutzt werden, nicht. Dort erfasst die kontinuierliche Durchforstung erst mit ihrem Standardhintergrundintervall von 15 Minuten Änderungen, was möglicherweise nicht erwünscht ist. Vor diesem Hintergrund sollte in diesen speziellen Szenarien das Intervall ggf. gar auf eine Minute minimiert werden. Dies ist mithilfe der PowerShell möglich (Listing 11.6).

Listing 11.6 Inkrementelles Durchforstungsintervall der kontinuierlichen Durchforstung anpassen

```
$ssa = Get-SPEnterpriseSearchServiceApplication
$ssa.SetProperty("ContinuousCrawlInterval", 1)
```

Die hier definierte Zahl gibt das inkrementelle Intervall in Minuten an. Beachten Sie, dass durch die hier vorgenommene Änderung eine durchaus merkliche Mehrbelastung der Komponenten der Suchtopologie entstehen kann.

SPS3-Protokollhandler

Für die Durchforstung von spezifischen Inhalten bietet SharePoint seit jeher sogenannte Protokollhandler an. Diese Handler ermöglichen die Anwendung spezieller Extraktionsverfahren, um das Datenmuster von speziellen Datenspeichern und Diensten bestmöglich zu berücksichtigen. Einfache Beispiele für solche Handler sind HTTP oder »\\« für Dateifreigaben. Ein besonderer Handler existiert für die Benutzerprofildaten von *Meine Websites*: *SPS3://*.

Mithilfe dieses Handlers können die Daten des Benutzerprofildiensts für die Personensuche extrahiert werden. Üblicherweise verwenden Sie den Handler zusammen mit den Definitionen für SharePoint-Webanwendungen, indem Sie den FQDN der *Meine Website*-Webanwendung angeben, beispielsweise *SPS3://meinewebsite.sincdemo.de*. Sollten Sie für *Meine Website* SSL erzwingen wollen, verwenden Sie *SPS3S://*.

Da die Personensuche einen wichtigen Bestandteil der Suche in SharePoint darstellt, sollten Sie überlegen, die Definition der Personensuche in eine eigene Inhaltsquelle zu verlagern, um deren Durchforstungsintervall individuell steuern und im Bedarfsfall eine unabhängige Durchforstung initiieren zu können.

Vollständige Durchforstung

Auf Inhaltsquellenbasis können Sie eine vollständige Durchforstung initiieren (Abbildung 11.11).

Abbildg. 11.11 Starten einer vollständigen Durchforstung auf Inhaltsquellenbasis

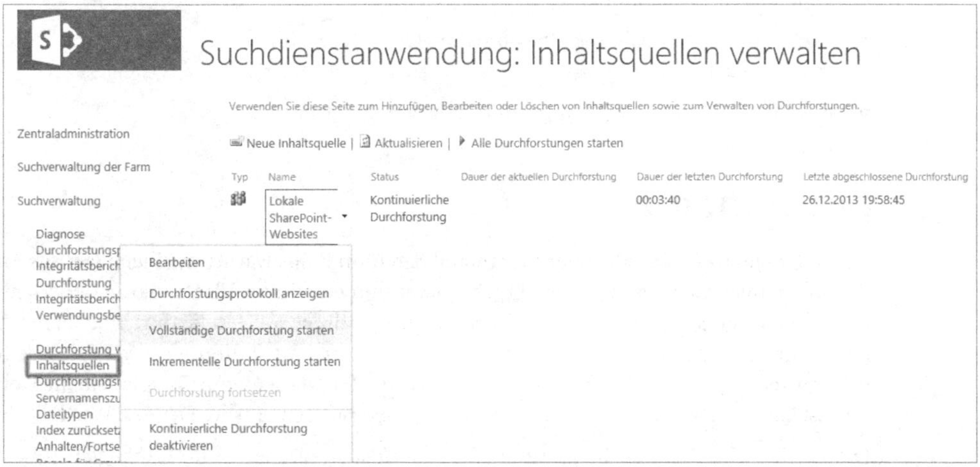

Oft ist es nicht ganz ersichtlich, warum eine vollständige Durchforstung neben einer inkrementellen bzw. kontinuierlichen Durchforstung benötigt wird. Vor diesem Hintergrund soll an dieser Stelle eine Übersicht über die wichtigsten Änderungen am Suchschema gegeben werden, die explizit eine erneute, vollständige Durchforstung erforderlich machen. Speziell beim Umgang mit verwalteten Eigenschaften ist sehr häufig eine vollständige Durchforstung erforderlich (Tabelle 11.2).

Tabelle 11.2 Anpassungen an verwalteten Eigenschaften erfordern vollständige Durchforstung

Konfiguration der verwalteten Eigenschaft	Aktion/Anmerkung
Zuordnung von durchforsteter zu verwalteter Eigenschaft	Löschen/Hinzufügen
Tokennormalisierung	Aktivierung/Deaktivierung
Vollständiger Vergleich	Aktivierung/Deaktivierung
Extraktion von Firmennamen oder benutzerdefinierte Entitäten	Aktivierung/Deaktivierung
Durchsuchbar	Aktivierung/Deaktivierung
Abfragbar	Aktivierung
Abrufbar	Aktivierung
Einschränkbar	Aktivierung
Sortierbar	Aktivierung

Weiterhin benötigen Sie in der Regel in folgenden Situationen eine vollständige Durchforstung:

- Definition einer neuen Inhaltsquelle (nur für diese)
- Nach dem Einspielen von SharePoint-Aktualisierungen

- Änderung an Dateisystemberechtigungen auf Freigabeverzeichnissen
- Abbruch einer Durchforstung
- Anpassungen an Durchforstungsregeln
- Reparatur des Suchindex
- Änderung des Inhaltszugriffskontos (sofern dieses hierdurch abweichende Berechtigungen erhalten hat)
- Nach einer Wiederherstellung von Inhaltsdatenbanken

Suchschema

Das Suchschema ist ein zentraler Bestandteil der SharePoint-Suche. In einem Suchschema legen Sie fest, was gesucht wird und wie die Ergebnisse zu präsentieren sind. Das Konzept besteht darin, den zu durchsuchenden Elementen Eigenschaften zuzuweisen, welche die durchsuchbaren Informationen beinhalten. Diesen Eigenschaften werden wiederum Attribute zugewiesen, welche bestimmen, wie mit der jeweiligen Eigenschaft umzugehen ist. So werden zum Beispiel einem Dokument die Eigenschaften *Titel* und *Autor* zugewiesen und diese mit den entsprechenden Werten belegt.

Die Eigenschaft *Titel* hat die Attribute *Durchsuchbar* (searchable) und *Abfragbar* (queryable), was den Titel des Dokuments in der Volltextsuche zur Verfügung stellt (searchable) und zudem als spezielle Abfrage nach dem Titel in Suchabfragen anbietet (queryable). Damit ist es zum Beispiel möglich, eine Suchabfrage zu formulieren, die speziell nach einem Dokument sucht, das einen bestimmten Term im Titel enthält (Abfrage: *Titel="SharePoint 2013 für Administratoren"*). Dokumente, die sich nur innerhalb des Texts auf diesen Titel beziehen würden, tauchen damit nicht in der Ergebnismenge auf. Der Eigenschaft *Autor* wird zusätzlich zu diesen beiden Attributen zum Beispiel noch das Attribut *Einschränkbar* (refineable) zugeordnet, welches Ihnen die Möglichkeit gibt, die Eigenschaft *Autor* in einem Einschränkung-Webpart anzuzeigen, um zum Beispiel eine unübersichtliche Suchergebnismenge über einen bestimmten Autor einzuschränken.

Das Suchschema ist indes mandantenfähig, und so können gewisse Eigenschaften des Suchschemas auf Websitesammlungsebene individuell angepasst werden. Hierdurch können sowohl Mandanten als auch Websitesammlungsadministratoren Einfluss auf die Ausprägung der Suche in Ihrem Einzugsbereich nehmen. Websitebesitzer können indes lediglich das Suchschema anzeigen, jedoch nicht anpassen.

Durchforstete und verwaltete Eigenschaften

Die sogenannten verwalteten Eigenschaften (Managed Properties) stellen das Bindeglied zwischen den im Rahmen einer Durchforstung erfassten durchforsteten Eigenschaften (Crawled Properties) und der eigentlichen Durchsuchbarkeit aus der Benutzerperspektive dar. Erst durch die Zuordnung einer durchforsteten Eigenschaft zu einer verwalteten Eigenschaft werden die identifizierten Attribute im Rahmen einer Durchforstung im Suchindex abgelegt und spezifisch abfragbar. Diese Zuordnung wird als das Suchschema bezeichnet und kann auf verschiedenen Ebenen definiert werden.

Zum Beispiel wird in einem Dokument zunächst die durchforstete Eigenschaft *ows_title* von der Durchforstungskomponente extrahiert und über das Suchschema der verwalteten Eigenschaft *Titel* zugeordnet und im Suchindex gespeichert.

Die Anzahl der Beziehungen zwischen den Eigenschaften ist dabei offen. Jede durchforstete Eigenschaft kann beliebig vielen verwalteten Eigenschaften zugeordnet werden. Dazu kann jeder verwalteten Eigenschaft eine beliebige Anzahl von durchforsteten Eigenschaften zugeordnet werden. Zum Beispiel werden die durchforsteten Eigenschaften *Office:2*, *ows_BaseName* und *Title* alle der verwalteten Eigenschaft *Titel* zugeordnet. Diese Zuordnung können Sie bereits nach der Bereitstellung des Suchdiensts in dem enthaltenen Suchschema überprüfen.

HINWEIS Manche Verbindungen zwischen durchforsteten und verwalteten Eigenschaften müssen Sie nicht manuell anlegen. Für neue Websitespalten in SharePoint-Bibliotheken werden beispielsweise automatisch beide Arten von Eigenschaften angelegt und eine Verknüpfung der beiden bereitgestellt.

Durchforstete Eigenschaften werden von der Durchforstungskomponente automatisch aus den Inhaltsquellen extrahiert. Auf neue durchforstete Eigenschaften kann man jedoch nur nach einer vollständigen Durchforstung zugreifen. Eine inkrementelle oder kontinuierliche Durchforstung reicht nicht aus. Sie haben aber die Möglichkeit, über ein PowerShell-Skript auch nach Wunsch neue durchforstete Eigenschaften zu erstellen.

Suchschemavererbung

Sie haben auf verschiedenen Verwaltungsebenen Zugriff auf das Suchschema. Die oberste Ebene bildet hier die Suchdienstanwendung und stellt somit das Hauptsuchschema zur Verfügung. Unter SharePoint Online bearbeiten Sie das Suchschema entsprechend nicht auf der Suchdienstanwendungsebene, sondern auf der Mandantenebene. Als Administrator einer Websitesammlung haben Sie ebenfalls die Möglichkeit, ein Suchschema speziell für diese Websitesammlung zu definieren und somit die Suche für deren Benutzergruppen zu individualisieren. Allerdings stehen Ihnen nicht die gleichen Möglichkeiten wie die Administratoren der Suchdienstanwendung bzw. der Mandantenverwaltung zur Verfügung. Als Besitzer einer Websitesammlung können Sie zumindest das Suchschema der Websitesammlung zu untersuchen, jedoch nicht die Berechtigung, es anzupassen.

HINWEIS Bei allen Möglichkeiten der Änderungen ist das vorinstallierte Suchschema für eine erste Bereitstellung der Suche vollkommen ausreichend. Dennoch können Sie durch geschicktes Anpassen des Suchschemas und regelmäßiges Kontrollieren der neuen durchforsteten Eigenschaften die Suche verbessern.

Kategorien

Um der großen Menge an durchforsteten Eigenschaften die Komplexität zu nehmen, wurden Kategorien definiert, in die sich die durchforsteten Eigenschaften aufteilen lassen. Die Kategorien basieren dabei auf iFiltern oder Protokollhandler der durchforsteten Elemente. Neue Kategorien lassen sich somit nur durch das Hinzufügen eines neuen iFilters oder Protokollhandlers erreichen.

Wie verwaltete Eigenschaften sind Kategorien bestimmten Attributen zugeordnet (*Durchsuchbar*, *Abfragbar*, *Abrufbar*). Sie können die Kategorien editieren und diese Attribute aktivieren und deaktivieren. Durchforstete Eigenschaften werden automatisch einer der Kategorien zugeordnet. Falls zu dieser Eigenschaft automatisch eine verwaltete Eigenschaft von SharePoint erstellt wird, bekommt diese Eigenschaft die Attribute zugewiesen, die zuvor in der Kategorie ausgewählt wurden.

TIPP In SharePoint 2010 war es möglich, die automatische Erstellung von verwalteten Eigenschaften abzuschalten. In SharePoint 2013 ist dies nur noch über einen Umweg möglich:

- Stellen Sie zunächst sicher, dass die Attribute der Kategorie deaktiviert sind
- Aktivieren Sie nun alle Attribute und speichern Sie die Kategorie
- Editieren Sie nun die Kategorie, deaktivieren Sie alle Attribute und speichern Sie erneut
- Führen Sie anschließend noch einen *lireset* durch

Somit werden die verwalteten Eigenschaften nicht mehr automatisch in das Suchschema aufgenommen.

Suchschema verwalten

Für die Verwaltung des Suchschemas müssen Sie entscheiden, auf welche Ebene sich die Änderungen auswirken sollen. Haben die von Ihnen geplanten Änderungen in Ihrer gesamten SharePoint-Umgebung Gültigkeit, benötigen Sie die Verwaltungsrechte auf die Suchdienstanwendung und müssen das Hauptsuchschema anpassen (Abbildung 11.12).

Abbildg. 11.12 Suchschemaeinstellungen auf Zentraladministrationsebene

Betrifft die geplante Anpassung nur eine bestimmte Websitesammlung, um deren Suche besser an die Aufgaben der Benutzer dieser Seite anzupassen, können Sie dies über die Websiteeinstellungen veranlassen (Abbildung 11.13).

Abbildg. 11.13 Suchschemaeinstellungen auf Websitesammlungsebene

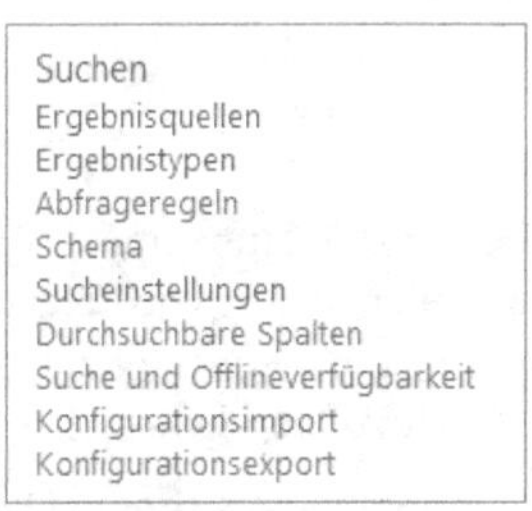

Die folgenden Schritte sind von der jeweiligen Einstellungsseite aus mit den gegebenen Berechtigungen durchzuführen.

Verwaltete Eigenschaft anlegen

Gehen Sie wie folgt vor, um eine verwaltete Eigenschaft anzulegen:

1. Öffnen sie die Schemaeinstellungen, indem Sie auf *Schema* (Suchdienstanwendung) bzw. auf *Suchschema* (Websitesammlungsverwaltung) klicken.
2. Die sich öffnende Seite ist die Übersichtsseite der verwalteten Eigenschaften. Sie enthält alle bestehenden Eigenschaften mit den jeweiligen Attributeinstellungen sowie den zugewiesenen durchforsteten Eigenschaften
3. Klicken Sie auf die Schaltfläche *Neue verwaltete Eigenschaft.*
4. Füllen Sie die benötigten Informationen aus und speichern Sie die verwaltete Eigenschaft, indem Sie auf *OK* klicken.

Verbindung zwischen durchforsteter und verwalteter Eigenschaft anlegen

Zum Verknüpfen einer durchforsteten Eigenschaft mit einer verwalteten Eigenschaft gehen Sie wie folgt vor:

1. Öffnen Sie die Schemaeinstellungen, indem Sie auf *Schema* (Suchdienstanwendung) bzw. auf *Suchschema* (Websitesammlungsverwaltung) klicken.
2. Klicken Sie auf *Durchforstete Eigenschaften*, um zur Übersichtsseite der durchforsteten Eigenschaften zu gelangen.
3. Wählen Sie die gewünschte durchforstete Eigenschaft aus und öffnen Sie das Element. Sie können die Menge der durchforsteten Eigenschaften filtern, indem Sie im *Filter*-Bereich entweder eine Kategorie auswählen und/oder die Eigenschaft über eine Texteingabe suchen.
4. Klicken Sie im Kontextmenü auf *Eigenschaft bearbeiten/zuordnen.* Ein Klick auf den Titel der Eigenschaft selbst führt Sie ebenso zum Einstellungsformular der durchforsteten Eigenschaften.
5. Im Abschnitt *Zuordnung zu verwalteten Eigenschaften* klicken Sie auf *Zuordnung hinzufügen.*
6. Geben Sie den Namen der verwalteten Eigenschaft im Suchfeld ein oder suchen Sie diese direkt über die Auswahlliste. Bestätigen Sie anschließen Ihre Auswahl mit *OK.*
7. Bestätigen Sie die Zuordnung mit *OK.*

Ergebnistypen und Anzeigevorlagen

Ergebnistypen helfen Ihnen, Ergebnismengen übersichtlicher zu gestalten. Ein Video muss andere Informationen aufweisen als eine PowerPoint-Präsentation, um einfach als das gesuchte Element identifiziert zu werden. Zudem ist es für bestimmte Umgebungen sinnvoll, PowerPoint-Präsentationen einen höheren Stellenwert bzw. eine höhere Position in der Ergebnismenge zuzuweisen als Videos.

Ein Ergebnistyp setzt sich aus zwei Teilen zusammen: einem Satz von Merkmalen und Bedingungen, mit denen die Ergebnisse verglichen werden, und eine Anzeigevorlage, welche beschreibt, wie die zutreffenden Ergebnisse dargestellt werden sollen. Ein Ergebnistyp ergibt daher nur zusammen mit einer Anzeigevorlage Sinn.

Ergebnistypen werden für die Anzeige der Suchergebnisse benutzt. Die Einsatzmöglichkeit von Ergebnistypen liegt im Suchergebnisse-Webpart, welches die Ergebnisse einer Suchabfrage zum Beispiel im Suchcenter präsentiert, und anderen inhaltsbasierten Webparts.

Es gibt eine Reihe von vorinstallierten Ergebnistypen mit den zugehörigen Anzeigevorlagen. Diese sowie jede Ihrer benutzerdefinierten Ergebnistypen können wiederverwendet werden und somit neuen Ergebnistypen als Vorlagen dienen. Unter den vorinstallierten Ergebnistypen findet man zum Beispiel Ergebnistypen für Personen, für die verschiedenen Office-Dokumente, E-Mails, Videos und viele mehr.

Bedingungen

Bedingungen bestimmen unter den Ergebnissen diejenigen, die dem Ergebnistyp zugehören. Um diese Zugehörigkeit zu bestimmen, können Sie auf drei Arten von Merkmalen zurückgreifen und diese einzeln oder in Kombination zu einer Regel zusammenfügen. Entscheiden Sie, ob ein Ergebnis aus einer bestimmten Ergebnisquelle oder das Ergebnis von einem bestimmten Inhaltstyp ist. Zudem steht ein Vergleich mit einer oder mehreren verwalteten Eigenschaften zur Verfügung. Inhaltstyp und verwaltete Eigenschaften können mehrfach verglichen werden. Bei der Ergebnisquelle können nur *Alle Quellen* oder eine bestimmte Quelle ausgewählt werden.

Erstellen eines Ergebnistyps

In Abhängigkeit von der Berechtigungsstufe können Sie die Ergebnistypen auf verschiedenen Ebenen Ihrer Websitesammlungen anpassen. Um die Ergebnistypen der Websitesammlung zu verwalten, müssen Sie über Websitesammlungsadministratorberechtigungen verfügen. Um die Ergebnistypen auf der Ebene der Website zu verwalten, müssen Sie mindestens Mitglied der Besitzergruppe Ihrer Website sein.

1. Öffnen Sie die *Websiteeinstellungen* und klicken Sie nun entweder im Bereich *Suche* auf *Ergebnistypen* oder im Bereich *Websitesammlungsverwaltung* auf *Suchergebnistypen*.

Abbildg. 11.14 Ergebnistypen verwalten

2. Auf der sich öffnenden Seite sehen Sie nun eine Liste der bereits erstellten Ergebnistypen. Um einen neuen Ergebnistyp zu erstellen, klicken Sie entweder auf *Neuer Ergebnistyp*, falls Sie ihn von Grund auf neu erstellen möchten, oder suchen sich einen existierenden Ergebnistyp aus und klicken im Kontextmenü des Titels auf *Kopieren* (Abbildung 11.14).
3. Tragen Sie einen Namen im entsprechenden Feld ein.
4. Unter *Bedingung* bestimmen Sie die Regel, die auf die Ergebnisse zutreffen muss, um sie diesem Ergebnistyp zuzuordnen. Wählen Sie nun eine Ergebnisquelle und einen Inhaltstyp oder mehrere Inhaltstypen aus, die Ihre Ergebnismenge weiter einschränken. Sie können auch auf die Angabe eines Inhaltstyps verzichten und lassen somit Ergebnisse aller Inhaltstypen zu.
5. Mit dem Klick auf *Weitere Bedingungen anzeigen* öffnen Sie einen Bereich, über den Sie weitere Einschränkungen definieren können. Wählen Sie eine verwaltete Eigenschaft und einen vergleichenden Term aus. Geben Sie nun einen oder mehrere Begriffe ein, mit denen verglichen werden soll. Sie können mehrere dieser Bedingungen hinzufügen.
6. Im letzten Bereich *Aktionen* können Sie nun eine Anzeigevorlage auswählen, durch die alle Ergebnisse, auf welche die oben definierten Bedingungen zutreffen, präsentiert werden.
7. Abschließend können Sie diesen Ergebnistyp für die häufige Verwendung optimieren, indem Sie das Auswahlkästchen aktivieren. Markieren Sie dieses Auswahlfeld nur für jene Ergebnistypen, die häufig benutzt werden. Sie können damit die Leistungseinbußen reduzieren. Ein übermäßiger Gebrauch hingegen verringert die Leistung.
8. Klicken Sie auf *Speichern*, um die Definition abzuschließen.

Anzeigevorlagen

Mit Anzeigevorlagen stellt Ihnen SharePoint 2013 eine Möglichkeit zur Darstellung von Suchergebnissen zur Verfügung. Während Sie noch in SharePoint 2010 komplizierte XSLT-Konstruktionen erstellen mussten, um Ihre Suchergebnisse visuell so anzupassen, dass die Benutzer der Suche schnellstmöglich die passenden Ergebnisse finden konnten, ist die Verwendung von Anzeigevorlagen einfach und dennoch mächtig in ihrer Funktionalität. Mit Kenntnissen in HTML und CSS lassen sich Anpassungen am Erscheinungsbild der Suchergebnisse-Webparts durchführen. Zusätzlich können Sie JavaScript und JQuery verwenden, um die Suchergebnisse anzupassen und Ihren Benutzern eine verbesserte Wahrnehmung und Handhabung der Suchergebnisse zur Verfügung stellen. Zudem ist das Wissen von HTML, CSS und JavaScript weiter verbreitet und lässt sich leichter erlernen als die vormals verwendeten XSLT-Technologien.

ACHTUNG Anzeigevorlagen lassen sich leider nur mit Webparts der Suche kombinieren. Möchten Sie zum Beispiel die Darstellung des Inhaltsabfrage-Webparts anpassen, stehen Ihnen Anzeigevorlagen zur visuellen Anpassung nicht zur Verfügung.

Es gibt drei verschiedene Arten von Anzeigevorlagen. Je nach Einsatzort werden unterschiedliche Anzeigevorlagen gebraucht. Beispielsweise werden im Inhaltssuche-Webpart für die Struktur der Ergebnisse Steuerelementvorlagen verwendet und für das Anzeigen der einzelnen Ergebnisse Elementvorlagen. Soll die Anzeige von Suchergebnisse-Webparts angepasst werden, kommt beispielsweise die *Hover Panel*-Vorlage zum Einsatz, über die sich Inhalte in einem MouseOver-Bereich der Suchergebnisse anzeigen lassen (Abbildung 11.15).

Abbildg. 11.15 Anzeigevorlagearten

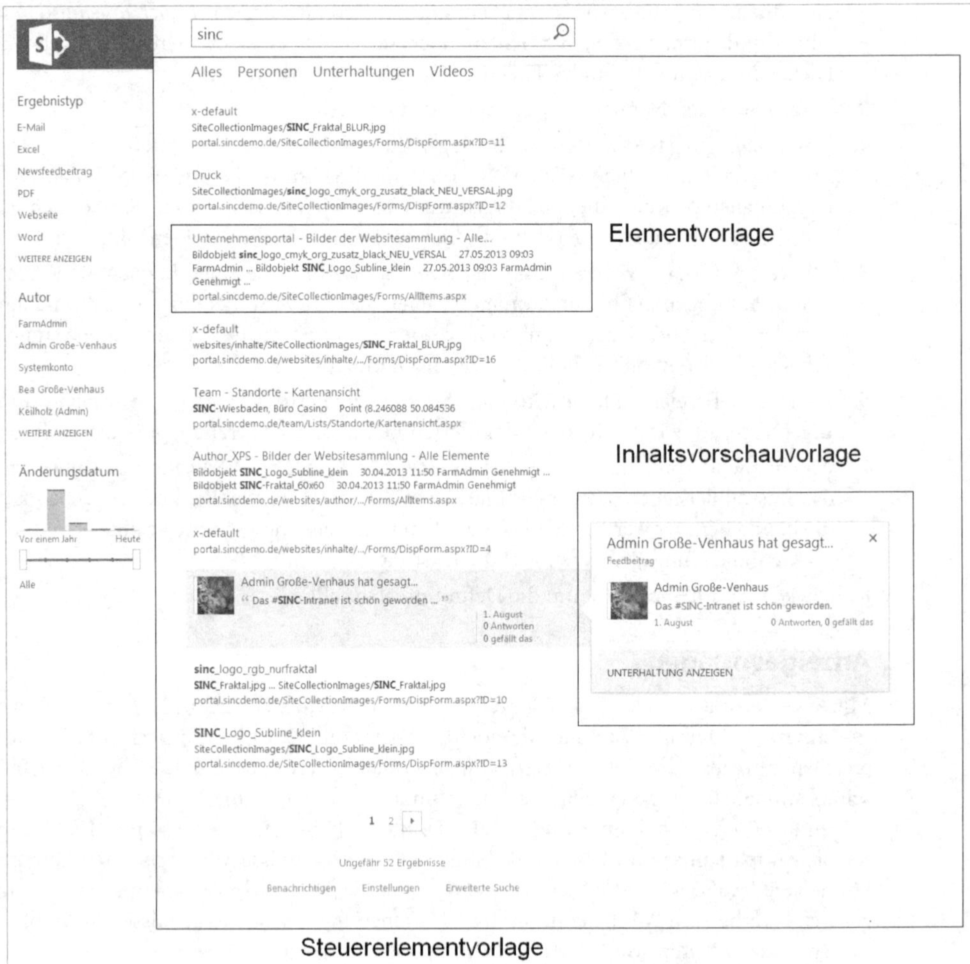

Struktur einer Anzeigevorlage

Eine Anzeigevorlage besteht aus zwei Dateien: einer HTML-Datei, die von Ihnen angepasst werden kann, und einer JavaScript-Datei, die von SharePoint automatisch synchron zur HTML-Datei gehalten wird. Die HTML-Datei verfügt über eine vollständige HTML-Struktur, wird jedoch nicht als solche in die entsprechende Seite eingebettet, sondern durch die entsprechenden JavaScript-Funktionen in die darüber liegende Seite eingefügt. Im Kopf der HTML-Datei befindet sich der Titel der Anzeigevorlage sowie ein benutzerdefinierter Bereich, der Informationen über die Anzeigevorlage für die SharePoint-Umgebung definiert. Im Body der HTML-Datei kann ein Block mit CSS- und JavaScript-Referenzen eingefügt werden (Listing 11.7).

Listing 11.7 Einbinden von separaten Stylesheet- und JavaScript-Dateien

```
<script>
    $includeScript(this.url, "~sitecollection/_catalogs/masterpage/Display Templates/
CustomJS/customLocalScript.js");
    $includeScript(this.url, "www.mysite.de/customGlobalScript.js");
    $includeCss(this.url, "~sitecollection/_catalogs/masterpage/Display Templates/
CustomCSS/customLocalCSS.css");
    $includeLanguageScript(this.url, "www.mysite.de/customGlobalCSS.css");
</script>
```

Als nächstes Element im *<body>*-Element der HTML-Datei folgt ein *DIV*-Element. Dieses Element hat den Namen der Anzeigevorlage als ID eingetragen. Alle Elemente, die in diesem DIV-Element enthalten sind, werden später auf der Seite angezeigt. In diesem DIV-Block ist es möglich, direkten JavaScript-Code einzufügen. Benutzen Sie dafür HTML-Kommentare.

```
<!--#_ var myVariable = "SharePoint is great"; _# -->
```

Dieses JavaScript kann wieder in Ihren HTML-Elementen verwendet werden:

```
<span>_#= myVariable =#_</span>
```

TIPP Beachten Sie beim Verwenden von JQuery-Selektoren, dass die IDs an die spezielle Syntax der Anzeigevorlagen angepasst werden müssen. Definieren Sie eine Variable, welche die ID inklusive »#« enthält, und verweisen im JQuery-Selektor auf die Variable.

```
var htmlElementID = ‚#' + ‚_#= elementID =#_';
...
alert($(‚_#= htmlElementID =#_').val());
```

Erstellen einer Anzeigevorlage

Um eine Anzeigevorlage zu erstellen, können Sie einen beliebigen Text- oder HTML-Editor verwenden. Der einfachste Weg, eine neue Anzeigevorlage zu erstellen, besteht darin, eine bestehende Anzeigevorlage zu kopieren und den eigenen Vorstellungen entsprechend anzupassen:

1. Erstellen Sie eine Netzlaufwerkverbindung zur *Design Gallery*.
2. Suchen Sie sich eine existierende Anzeigevorlage aus, die Ihren Vorstellungen der neuen Anzeigevorlage am nächsten kommt, und kopieren Sie die HTML-Datei. Die JavaScript-Datei wird automatisch generiert.
3. Passen Sie die HTML-Datei nach Ihren Vorstellungen an und speichern die Datei wieder. Die JavaScript-Datei synchronisiert die Änderungen automatisch.
4. Prüfen Sie die neue Vorlage, indem Sie den Entwurfs-Manager benutzen.
5. Klicken Sie auf das *Einstellungen*-Symbol (das Zahnradsymbol oben rechts) und dann auf *Entwurfs-Manager* (*Design-Manager*).
6. Klicken Sie in der linken Navigationsleiste auf *Anzeigevorlagen bearbeiten*.

7. Suchen Sie Ihre gerade erstellte Anzeigevorlage und kontrollieren Sie die Spalte *Status*. Eine korrekt definierte Vorlage wird als Status *Konvertierung erfolgreich* aufweisen. Eine fehlerhafte Vorlage wird als Status *Warnungen und Fehler* anzeigen.
8. Korrigieren Sie Ihre Vorlage, bis ein fehlerfreier Status erreicht ist.

Die Inhaltsvorschau von Bildern ändern

Bildelemente in SharePoint haben eine eigene Inhaltsvorschau, welche entsprechende Informationen anzeigt, sobald Sie die Maus über das Bild in einem Ergebnis-Webpart bewegt wird. Die vorinstallierte Anzeigevorlage bietet Ihnen in dieser Inhaltsvorschau lediglich Metainformationen zu dem Bild, jedoch keine Vorschau des eigentlichen Bilds. Um ein Vorschaubild der Anzeigevorlage hinzuzufügen, müssen Sie erneut eine Verbindung zum *Gestaltungsvorlagenkatalog* herstellen.

1. Stellen Sie eine Netzlaufwerkverbindung zu Ihrer Websitesammlung her:

   http://<SuchcenterURL >/_catalogs/masterpage/
2. Öffnen Sie den Ordner *Display Templates* und darin den dort enthaltenen Ordner *Search*.
3. Bearbeiten Sie Anzeigevorlage der Bildinhaltsvorschau mit einem beliebigen HTML- oder Texteditor (Anzeigevorlage: *Item_Picture_HoverPanel.html*).
4. Fügen Sie den HTML-Code aus Listing 11.8 dem Code der Anzeigevorlage hinzu.

Listing 11.8 Ein Vorschaubild des aktuellen Elements im Inhaltsvorschaufenster anzeigen

```
<div class="ms-srch-hover-imageContainer">
    <img id="_#= $htmlEncode(id + HP.ids.preview) =#_" src="_#=
$urlHtmlEncode(ctx.CurrentItem.PictureURL) =#_" onload="this.style.display='block';" />
</div>
<div class="ms-srch-hover-imageContainer">
    <img id="_#= $htmlEncode(id + HP.ids.preview) =#_" src="_#=
$urlHtmlEncode(ctx.CurrentItem.PictureURL) =#_" onload="this.style.display='block';" />
</div>
```

5. Speichern Sie die Datei und überprüfen Sie die Anpassung im Entwurfs-Manager (Abbildung 11.16) sowie im Suchcenter selbst.

Abbildg. 11.16 Eine Vorschau des Bilds in die Inhaltsvorschau einbinden

```
<html xmlns:mso="urn:schemas-microsoft-com:office:office" xmlns:msdt="uuid:C2F41010-65B3-11d1-A29F-00AA00C14882">
<head>
<title>Bilddaraufzeigebereich</title>

<!--[if gte mso 9]><xml>
<mso:CustomDocumentProperties>
<mso:TemplateHidden msdt:dt="string">0</mso:TemplateHidden>
<mso:MasterPageDescription msdt:dt="string">Zeigt einen auf ein Bild abgestimmten Ergebnisdaraufzeigebereich an.</mso:MasterPageDescription>
<mso:ContentTypeId msdt:dt="string">0x0101002039C03B61C64EC4A04F5361F385106603</mso:ContentTypeId>
<mso:TargetControlType msdt:dt="string">;#SearchHoverPanel;#</mso:TargetControlType>
<mso:HtmlDesignAssociated msdt:dt="string">1</mso:HtmlDesignAssociated>
<mso:ManagedPropertyMapping msdt:dt="string">'Title':'Title','Path':'Path','Description':'Description','EditorOWSUSER':'EditorOWSUSER','LastModifiedTime':'LastModifiedTime','Co
</mso:CustomDocumentProperties>
</xml><![endif]-->
</head>
<body>
    <div id="Item_Picture_HoverPanel">
<!--#_
        var i = 0;
        var id = ctx.CurrentItem.csr_id;
        ctx.CurrentItem.csr_FileType = Srch.Res.cc_sts_listitem_picturelibrary;
        ctx.CurrentItem.csr_ShowViewLibrary = true;
        ctx.currentItem_ShowChangedBySnippet = true;
_#-->
        <div class="ms-srch-hover-innerContainer ms-srch-hover-standardSize" id="_#= $htmlEncode(id + HP.ids.inner) =#_">
            <div class="ms-srch-hover-arrowBorder" id="_#= $htmlEncode(id + HP.ids.arrowBorder) =#_"></div>
            <div class="ms-srch-hover-arrow" id="_#= $htmlEncode(id + HP.ids.arrow) =#_"></div>
            <div class="ms-srch-hover-content" id="_#= $htmlEncode(id + HP.ids.content) =#_" data-displaytemplate="PictureHoverPanel">

                <div id="_#= $htmlEncode(id + HP.ids.header) =#_" class="ms-srch-hover-header">
                    _#= ctx.RenderHeader(ctx) =#_
                </div>
                <div id="_#= $htmlEncode(id + HP.ids.body) =#_" class="ms-srch-hover-body">

<!--#_

                    if(!Srch.U.n(ctx.CurrentItem.PictureURL)){
                        ctx.CurrentItem.csr_DataShown = true;
_#-->


                        <div class="ms-srch-hover-imageContainer">
                            <img id="_#= $htmlEncode(id + HP.ids.preview) =#_" src="_#= $urlHtmlEncode(ctx.CurrentItem.PictureURL) =#_" onload="this.style.display='block';" />
                        </div>

<!--#_
                    }
                    if (!Srch.U.n(ctx.CurrentItem.PictureHeight) && !Srch.U.n(ctx.CurrentItem.PictureWidth)) {
                        ctx.CurrentItem.csr_DataShown = true;
_#-->
                        <div class="ms-srch-hover-subTitle"><h3 class="ms-soften">_#= $htmlEncode(Srch.Res.hp_PictureDimensions) =#_</h3></div>
                        <span class="ms-srch-hover-text" id="_#= $htmlEncode(id + HP.ids.dimensions) =#_">
                            _#= $htmlEncode(String.format(Srch.Res.hp_PictureHeightWidth, ctx.CurrentItem.PictureHeight, ctx.CurrentItem.PictureWidth)) =#_
```

Verwendung von Ergebnistypen

Ergebnistypen sind neu in SharePoint 2013 und definieren zunächst lediglich eine Regel für den Typ eines Ergebnisses und die jeweils zugehörige Aktion für die Anzeige des Ergebnistyps.

In diesem Beispiel wird demonstriert, wie ein Ergebnistyp in einer Suchcentersite definiert wird, um dort PDF-Ergebnisse in einer an der Anzeige von Word-Dokumenten angelehnten Darstellung zu visualisieren.

HINWEIS Bei dieser Methode wird das Suchergebnis mithilfe eines servergestützten Mechanismus gerendert. Alternative Ansätze ermöglichen auch das clientseitige Rendern, was jedoch aus unterschiedlichen Gründen nicht empfohlen wird. Beim clientseitigen Ansatz ist offensichtlich Software auf den Clients erforderlich. Es gibt Sicherheitsimplikationen und Probleme bei der Nutzung der Clienterweiterungen in Abhängig vom Browser und der PDF-Lokation.

Gehen Sie wie folgt vor, um einen alternativen PDF-Ergebnistyp zu definieren:

1. Öffnen Sie mithilfe Ihres Browser die Website des entsprechenden Suchcenters unter Verwendung von administrativen Privilegien (Websitebesitzer oder Websitesammlungsadministrator).
2. Öffnen Sie die Websiteeinstellungen und klicken Sie dort im Abschnitt *Suchen* auf *Ergebnistypen*.
3. Navigieren Sie zur Zeile mit dem PDF-Eintrag und wählen Sie im Dropdownlistenfeld den Eintrag *Kopieren* aus (Abbildung 11.17).

Abbildg. 11.17 Kopieren der PDF-Anzeigevorlage

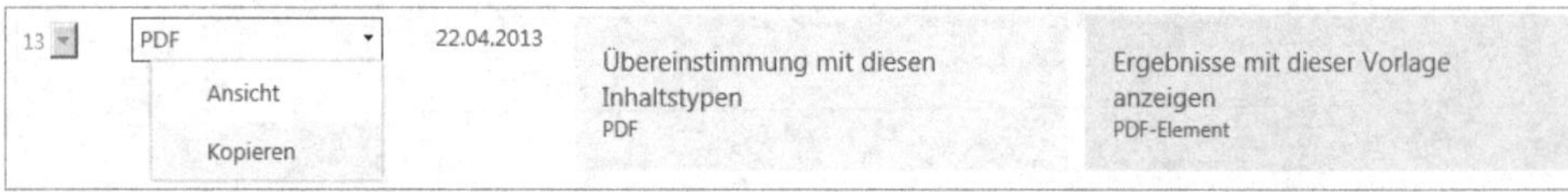

4. Passen Sie die Vorlage nun an, indem Sie im Abschnitt *Wie sollen diese Ergebnisse aussehen* die Vorlage *Word-Element* auswählen und auf *Speichern* klicken (Abbildung 11.18).

Abbildg. 11.18 Anpassung der PDF-Anzeigevorlage

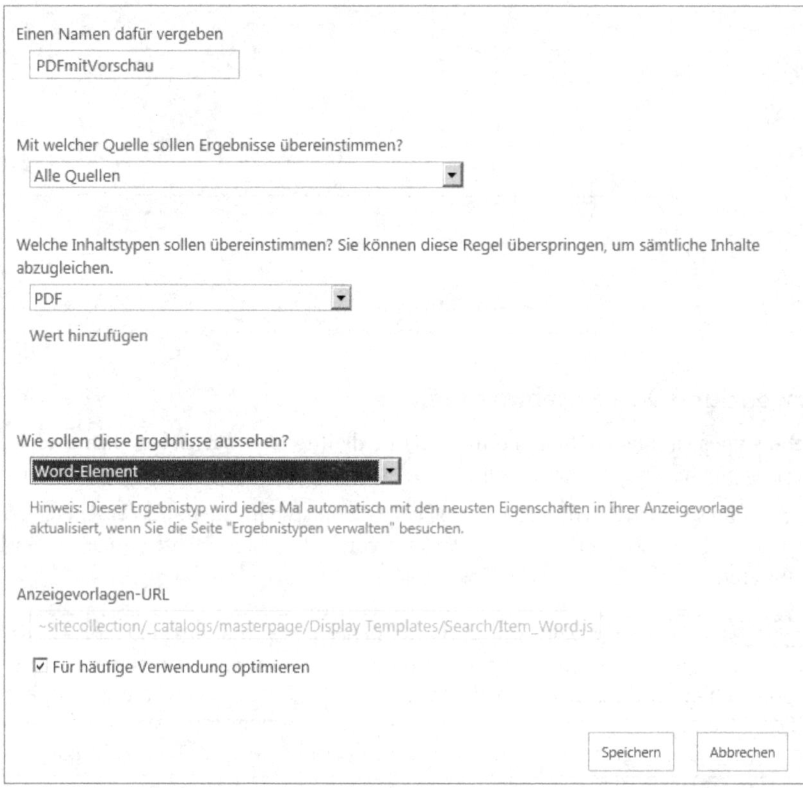

5. Führen Sie nun eine vollständige Indizierung der relevanten Inhaltsquellen aus.

Als Ergebnis finden Sie nun ausschließlich auf der Suchergebnisseite eine entsprechende Suchergebnisvorschau für PDF-Dateien (Abbildung 11.19).

Abbildg. 11.19 Suchergebnisvorschau für PDF-Dateien

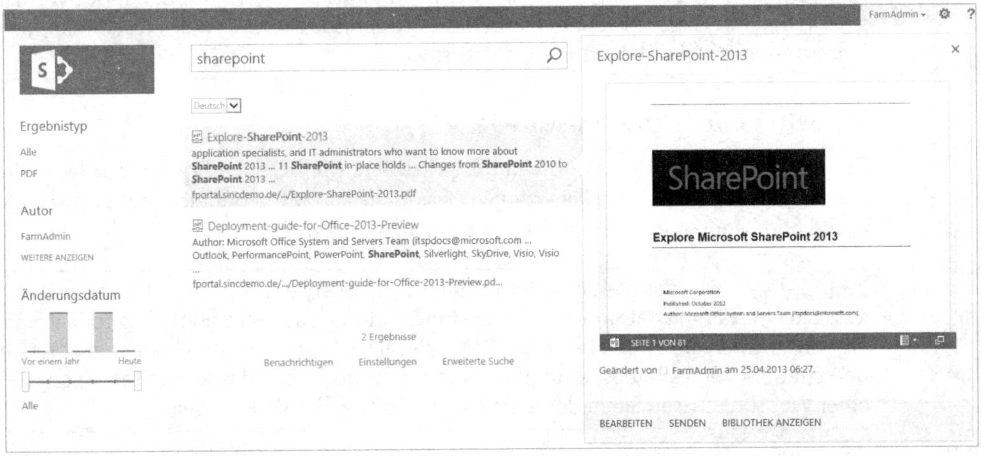

Ergebnisquelle

Ergebnisquellen sind eine der Neuerungen in SharePoint 2013. Sie ersetzen die in SharePoint 2010 benutzten und unter SharePoint 2013 veralteten Konzepte der Suchbereiche (Scopes) sowie der Partnerspeicherorte (Federated Results). Bedingt dadurch, dass die beiden früheren Konzepte in der Ergebnisquelle kombiniert werden, ergeben sich auch zwei Bereiche, über die eine Ergebnisquelle definiert wird. Der erste Bereich bestimmt die eigentliche Quelle der Ergebnisse. Neben dem lokalen Suchindex Ihrer SharePoint-Umgebung haben Sie die Möglichkeit, auf den Suchindex anderer SharePoint-Umgebungen zuzugreifen. Zudem lassen sich OpenSearch 1.0/1.1-Anbieter und Exchange-Quellen einbinden. Diese Quellen werden definiert, indem Typ, Ort (meist ein URL) und Authentifizierung angegeben werden. Den zweiten Teil einer Ergebnisquellendefinition bildet eine Abfragetransformation. Abfragetransformationen passen den übergebenen Suchtext an und können die Ergebnismenge auf diese Weise einschränken, erweitern oder vollständig umleiten.

HINWEIS Ergebnisquellen, Ergebnistypen und Inhaltsquellen sind leicht zu verwechseln, beschreiben jedoch unterschiedliche Konzepte. Gerade Ergebnisquellen und Inhaltsquellen sind sich zudem vom Konzept her ähnlich. Achten Sie immer genau darauf, welches Konzept gerade angesprochen wird.

In Kapitel 16 finden Sie Anwendungsbeispiele für die Verwendung von Ergebnisquellen im Kontext von Exchange Server und eDiscovery.

Vererbung

Möchten Sie eine Ergebnisquelle für eine Websitesammlung benutzen, beachten Sie, dass diese vererbt werden. Ergebnisquellen können auf der Ebene der Suchdienstanwendung, der Websitesammlung und der einzelnen Websites individualisiert werden. Dies bedeutet, dass die Ergebnisquellen, die Sie über die Suchdienstanwendung anlegen, auf allen Websitesammlungen zur Verfügung stehen. Verwenden Sie SharePoint Online, haben Sie die Möglichkeit, Ergebnisquellen auf Mandantenebene anstatt über die Zentraladministration zu definieren.

HINWEIS Websites stehen in direktem Verhältnis zur Stammwebsite (Root Web). Auch Websites in tieferen Hierarchieebenen erben die Ergebnisquellen der Websitesammlung, nicht die der in der Hierarchie darüber liegenden Website.

Erstellen einer Ergebnisquelle

Exemplarisch wird in diesem Abschnitt beschrieben, wie Sie einen Ergebnisquelle auf der Ebene der Suchdienstanwendung erstellen können. Das Erstellen auf den anderen Ebenen verläuft entsprechend und benötigt lediglich andere Berechtigungsstufen.

HINWEIS Für das Verwalten von Ergebnisquellen auf Suchdienstebene ist es notwendig, dass Sie ein Administrator der Suchdienstanwendung oder Farmadministrator sind. Wenn Sie die Ergebnisquellen auf der Ebene der Websitesammlung verwalten möchten, brauchen Sie die Berechtigung eines Websitesammlungsadministrators. Für das Verwalten der Ergebnisquellen einer Website müssen Sie in der Gruppe der Besitzer der Website sein.

1. Öffnen Sie die Suchdienstanwendungsverwaltung und klicken Sie auf *Ergebnisquellen.*
2. Sie haben nun zwei Möglichkeiten, um eine neue Inhaltsquelle zu erstellen. Klicken Sie entweder auf *Neue Inhaltsquelle* oder wählen Sie eine der vordefinierten Inhaltsquellen aus und klicken Sie in deren Kontextmenü den Befehl *Kopieren* an.
3. Entscheiden Sie sich für einen Namen und eine treffende Beschreibung für die neue Inhaltsquelle.
4. Wählen Sie das Protokoll der Inhalte aus, die durchsucht werden sollen:
   - *SharePoint-lokales Protokoll* greift den Index der lokalen SharePoint-Farm ab
   - *Remote-SharePoint* greift den Index in einer anderen SharePoint-Farm ab
   - Das Protokoll für *OpenSearch 1.0/1.1* kann dafür verwendet werden, um zum Beispiel Google- oder Amazon-Ergebnisse abzurufen
   - Exchange bietet eine Verbindung zu einem Exchange-Server an und liefert Suchergebnisse aus dessen Inhalten (ab Exchange Server 2013)
5. Für die verschiedenen Protokolle ist entsprechend die Quell-URL, die Remotedienst-URL und/oder die Exchange-Quell-URL anzugeben.
6. Als Nächstes müssen Sie, falls erforderlich, Anmeldeinformationen für die ausgewählte Quelle zur Verfügung stellen.
7. Als zentraler Punkt gilt die Definition der Abfragetransformation. Klicken Sie hierfür auf *Abfrage-Generator starten* oder bearbeiten Sie den Abfragestring direkt (siehe den folgenden Abschnitt).
8. Speichern Sie die neue Ergebnisquelle, indem Sie auf *Speichern* klicken.

Abfragetransformation

Eine Abfragetransformation ermöglicht es Ihnen, eine Suchabfrage so anzupassen, dass diese zum Beispiel bestimmte Bedingungen erfüllt. Dies könnte zum Beispiel das Einschränken auf einen bestimmten Inhaltstyp oder auf einen Wert einer verwalteten Eigenschaft sein. Dabei helfen Ihnen Abfragevariablen und Syntaxsprachen, um die Abfrageregeln zu definieren. Als vordefinierte Sprache steht Ihnen die Keyword Query Language (KQL) zur Verfügung. Daneben kann auch die aus SharePoint 2010 bekannte und umfassende FAST Query Language (FQL) weiterhin verwendet werden. Diese wird jedoch vorrangig für das programmatische Definieren von Abfragetransformationen gebraucht. Es steht Ihnen ein Abfrage-Generator zur Verfügung (Abbildung 11.20), der es erleichtert, Abfragen zu formulieren und anschließend zu prüfen.

Abbildg. 11.20 Abfrage-Generator

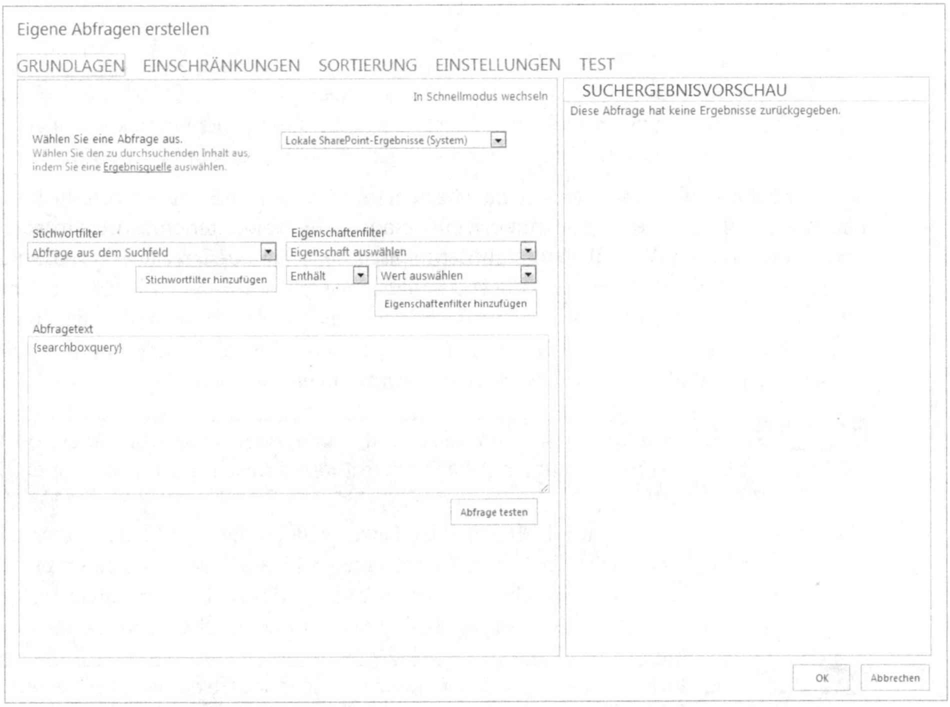

ACHTUNG Bitte beachten Sie, dass Abfrageregel und Abfragetransformation nicht identisch sind. Abfragetransformationen können Teil einer Abfrageregel sein, wenn diese als Aktion für diese Abfrageregel definiert wurde. Abfragetransformationen ändern den Suchtext. Im Kontrast dazu analysieren Abfrageregeln den Suchtext und führen gegebenenfalls Aktionen aus (wie auch zum Beispiel eine Abfragetransformation).

Abfragevariablen

Abfragevariablen enthalten Informationen der Benutzerabfrage selbst sowie Informationen über die Umgebung der Abfrage. Den Abfragetext aus dem Suchfeld-Webpart erhält man zum Beispiel über die Abfragevariable *{SearchBoxQuery}*. Mit dieser Variablen können Sie eine neue Abfrage konstruieren, die jedoch die Originalabfrage enthält. Zu den Variablen des direkten Kontexts der Suchabfrage gehören zahlreiche Variablen, mit denen Informationen des aktuellen Benutzers (z.B. *{User.Name}*), Eigenschaften der aktuellen Website oder der Websitesammlung (z.B. *{Site.URL}* oder *{SiteCollection.ID}*), URL-Bereiche (z.B. *{Page.URL}* oder *{QueryString.<Parametername>}*) oder Listen- und Listenelementinhalte (z.B. *{ListItem.Title}*) in die Abfragevorlage integriert werden können.

```
{SearchBoxQuery}AND Author:{User}
```

Weitere Variablen finden Sie unter *http://technet.microsoft.com/library/jj683123.aspx* [Ms156-K11-01].

Abfragen können durch die KQL-Syntax zu komplexen Konstruktionen umformuliert werden. In SharePoint 2010 stand hierfür die Simple Query Language (SQL), eine vereinfachte Form der FQL, zur Verfügung. Diese kann in SharePoint 2013 nicht mehr verwendet werden. FQL steht jedoch weiterhin zur Verfügung.

KQL (Keyword Query Language)

Die Abfragen, die durch KQL (Schlüsselwort-Abfragesprache) definiert werden, bestehen aus Schlüsselwörtern und Eigenschaftseinschränkungen, die durch Operatoren kombiniert werden können. Schlüsselwörter können über verwaltete Eigenschaften eingeschränkt werden.

Mehrere Schlüsselwörter lassen sich zu Sätzen verbinden. Ein Satz muss in Anführungszeichen stehen, um als solcher interpretiert zu werden. Mehrere Schlüsselwörter ohne Anführungszeichen werden so interpretiert, dass Ergebnisse zurückgegeben werden, in denen alle angegeben Schlüsselwörter enthalten sind, jedoch nicht zwingend aufeinander folgen müssen. Werden die Schlüsselwörter hingegen in einem Satz kombiniert, erhalten Sie nur die Ergebnisse zurück, in denen die Schlüsselwörter des Satzes auch in genau dieser Reihenfolge nacheinander gefunden werden. Dieses Verhalten kennen Sie möglicherweise aus gängigen Internetsuchmaschinen.

HINWEIS Schlüsselwörter werden, falls nicht durch einen Operator anders bestimmt oder explizit als Satz zusammengesetzt, mit AND-Operatoren (logisches Und) verbunden.

Die Suche kann nach Schlüsselwörtern oder Sätzen auf gültige verwaltete Eigenschaften eingeschränkt werden. Dafür wird der Name der verwalteten Eigenschaft durch einen Einschränkungsoperator (z.B. »:« oder »=«) vom Schlüsselwort oder Satz getrennt. Nur verwaltete Eigenschaften mit dem gesetzten Attribut *Queryable* (Abfragbar) können für die Einschränkung benutzt werden.

ACHTUNG Es dürfen keine Leerzeichen zwischen Eigenschaftsname, Einschränkungsoperator und Schlüsselwort eingefügt werden, da sonst der Ausdruck nicht als Einschränkung interpretiert wird. In dem Fall würde auch der Eigenschaftsname als Schlüsselwort interpretiert und als durch AND verknüpfte Schlüsselwörter und Sätze interpretiert.

Nicht jede gültige verwaltete Eigenschaft kann mit jedem Einschränkungsoperator verknüpft werden. Eine boolesche verwaltete Eigenschaft kann zum Beispiel nicht mit einem Größer- oder Kleiner- Operator verwendet werden (»<«, »<=«, »>«, »>=«).

Wird mehr als eine Einschränkung verwendet, sollten Sie nach Möglichkeit logische Operatoren verwenden, um das Verhältnis zu verdeutlichen. Geben Sie keine expliziten Operatoren an, werden gleichartige Einschränkungen automatisch mit einem logischen OR-Operator und unterschiedliche Einschränkungen mit einem logischen AND-Operator verbunden.

```
filetype:jpeg filetype:bmp
```

wird zu

```
filetype:jpeg OR filetype:bmp
```

Ein weiteres Beispiel:

```
filetype:mpeg filesize>100
```

wird zu

```
filetype:mpeg AND filesize>100
```

Um komplexe Abfragen zu definieren, stehen Ihnen neben den logischen Grundoperatoren *AND* und *OR* auch komplexe Operatoren zur Verfügung wie zum Beispiel *NEAR*, *ONEAR* oder *WORDS*. Einen besonderen Fall stellt der Operator *XRANK* dar. Mit ihm können Relevanzberechnungen durchgeführt werden und so die Ergebnismenge bzw. die Reihenfolge der Ergebnisse in der Ergebnismenge direkt beeinflusst werden. Mithilfe von Klammern lassen sich Abfragen weiter spezifizieren.

```
((filetype:avi OR filetype:mpeg) AND filesize>100) XRANK(nb=1.5) tutorial
```

TIPP Die Abfragelängen sind in Abhängigkeit von der Abfragelokation in SharePoint beschränkt. Wird die KQL-Abfrage im Suchanfragefeld des Suchwebparts eingegeben, beschränkt sich die Anzahl der zu verwendeten Zeichen auf 2.048. Programmatisch existiert die Möglichkeit, 4.096 Zeichen zu verwenden. Zudem kann mithilfe der *MaxKeywordQueryTextLength*-Eigenschaft die Grenze auf 20.480 Zeichen angehoben werden.

FQL (FAST Query Language)

FAST Query Language (FAST-Abfragesprache) ist die zweite Syntax für das Erstellen von komplexen Abfragen an den Suchindex. Sie gehört, wie der Name es vermuten lässt, zu FAST Search Server 2010 for SharePoint und hat über die Verschmelzung der Technologien Einzug in die Suche von SharePoint 2013 erhalten. Wie schon bei FAST ist FQL eher für den Gebrauch in benutzerdefinierten Lösungen gedacht.

TIPP Es ist möglich, auf verschiedenen Ebenen FQL auch für den Endbenutzer zur Verfügung zu stellen. Hierfür sind die bestehenden Ergebnisquellen auf der gewünschten Ebene anzupassen und statt des Suchstrings für KQL das FQL-Pendant einzusetzen (Listing 11.9).

Listing 11.9 FQL statt KQL als Suchanfragesyntax für den Endbenutzer verwenden

```
KQL: {?{searchTerms} –ContentClass=urn:content-class:SPSPeople}
FQL: {?andnot({searchTerms}, filter(contentclass: urn:content-class:SPSPeople*"))}
```

Die Funktionalität der Syntax ähnelt der KQL-Syntaxfunktionalität. Es lassen sich auch hier Einschränkungen auf verwaltete Eigenschaften bestimmen und mit logischen Operationen zu komplexeren Abfragen kombinieren. Die Syntax selbst ähnelt eher der einer Programmiersprache mit Funktionen und Parametern. Ist beispielsweise *title* eine verwaltete Eigenschaft, würde folgende Abfrage alle Elemente finden, die im Titel das Wort *Präsentation* enthielten und zudem nicht das Wort *versteckt* enthält. Die Funktion wäre in dem Fall der Operator *Andnot* und die Schlüsselwörter *Präsentation* und *versteckt* wurden als Parameter an diese Funktion übergeben. Dabei hat nicht jeder Parameter eine identische Bedeutung.

```
Andnot(Präsentation, versteckt)
```

Die Menge der zur Verfügung stehenden Operatoren teilt sich in Operatoren für Texte, Zahlen, logische Werte, Nachbarschaftsbeziehungen und Relevanzberechnungen auf. Eine detaillierte Übersicht der Operatoren und deren Anwendungen finden Sie unter *http://msdn.microsoft.com/library/ff394606.aspx* [Ms156-K11-02].

Abfrageregeln

Abfrageregeln bieten Ihnen die Möglichkeit, besser auf Suchabfragen zu reagieren. Man kann darunter Funktionen verstehen, die von gestellten Benutzerabfragen ausgelöst werden. Dafür müssen bestimmte Bedingungen erfüllt sein. Wurde eine Regel ausgelöst, können Sie die entsprechende Abfrage anpassen, die Ergebnisse neu sortieren und umstrukturieren oder zusätzliche Informationen zur Verfügung stellen.

Abfrageregeln lassen sich auf verschiedenen Administrationsebenen verwalten und somit kann man je nach Bedarf die Suche global oder individuell über Abfrageregeln anpassen. Es gibt drei dieser Ebenen, zwischen denen die Abfrageregeln vererbt werden. Auf diesen Ebenen kann vom Zuständigen die Vererbung unterbrochen und die Regel angepasst werden. Die oberste Ebene ist die der Suchdienstanwendung, gefolgt von der Ebene der Websitesammlung und den Unterwebseiten für die eine individuelle Gruppe von Abfrageregeln definiert werden kann.

HINWEIS Verwenden Sie SharePoint Online, steht Ihnen als Alternative zur Verwaltungsebene der Suchdienstanwendung die Verwaltungsebene der Mandanten zur Verfügung.

Erstellen einer Abfrageregel

Verwenden Sie die Suchdienstanwendungsverwaltung (oder alternativ die Websitesammlungs- oder Websiteebene), um zur Abfrageregeldefinitionen zu gelangen, und gehen Sie wie folgt vor:

1. Klicken Sie im Abschnitt *Abfragen und Ereignisse* auf *Abfrageregeln.*
2. Wählen Sie eine *Ergebnisquelle*, für die Sie eine Regel definieren möchten. Im Kontextbereich des Formulars finden Sie die entsprechende Auswahl. Sie erhalten so alle Abfrageregeln dieser Ergebnisquelle. Sie haben weitere Einschränkungsmöglichkeiten, falls die Anzahl Ihrer Abfrageregeln die Übersichtlichkeit behindert.
3. Klicken Sie auf *Neue Abfrageregel.*
4. Wählen Sie eine Regel aus.
5. Im Abschnitt *Kontext* ist es möglich, das Einsatzgebiet für diese Abfrageregel festzulegen. Sie können die Ergebnisquellen, die Kategorien und die Benutzersegmente bestimmen, auf denen die Abfrageregel definiert sein soll.

HINWEIS Im Formular für die Erstellung der Abfrageregel wird von Quelle gesprochen. Es handelt sich hier um die Ergebnisquellen, nicht um die Inhaltsquellen.

6. Im Abschnitt *Abfragebedingungen* fügen Sie nun eine oder mehrere Bedingungen hinzu. Verwenden Sie entweder eine der vordefinierten Bedingungen oder definieren Sie eine benutzerdefinierte Bedingung, indem Sie *Erweiterte Abfragetextübereinstimmung* auswählen.

7. Im Abschnitt *Aktionen* wird die Aktion der Abfrage bestimmt, sofern die zuvor definierte Bedingung erfüllt ist. Fügen Sie höher gestufte Ergebnisse oder Ergebnisblöcke hinzu. Ändern Sie optional Ergebnisse, indem Sie die Abfrage nach bestimmten Regeln abändern.
8. Im Abschnitt *Veröffentlichen* definieren Sie abschließend die Gültigkeit der Abfrageregel. Geben Sie ein Startdatum und ein Enddatum ein, um die Gültigkeitsdauer einzuschränken. Bestimmen Sie einen Kontakt, der am Prüfdatum diese Regel überprüfen soll.

Speichern Sie die Regel abschließend.

Bedingungen

Bedingungen sind Eigenschaften, die eine Abfrage aufweisen muss, um eine Abfrageregel auszulösen. Oft sind es Schlüsselwörter, die in der Abfrage enthalten sein müssen, um die Ansicht anzupassen. Es gibt aber auch Bedingungen, die auf Benutzerverhalten bei der Suche ausgelegt sind. Beim Definieren einer Abfrageregel stehen Ihnen die folgenden Bedingungen zur Verfügung:

- **Die Abfrage stimmt exakt mit dem Stichwort überein** Diese Bedingung ist erfüllt, wenn die Abfrage exakt mit einem der durch Semikolon getrennten Ausdrücke übereinstimmt. Tragen Sie zum Beispiel verschiedene Kundennamen ein und platzieren dann die Seite der zuständigen Abteilung ganz oben in der Ergebnisliste, um dem Benutzer einen Anlaufpunkt für Fragen zum Kunden zu bieten, die über die gefundenen Ergebnisse hinausgehen.
- **Abfrage enthält Aktionsausdruck** Mit dieser Bedingung können Sie Abfragen aufgreifen, die bestimmte Schlüsselwörter enthalten. Diese Schlüsselwörter können Sie entweder direkt angeben, wie auch bei der Bedingung für exakte Übereinstimmung, oder Sie geben ein Wörterbuch an, um die darin enthaltenen Wörter gegen die Abfrage zu prüfen. Ist ein Ausdruck enthalten, trifft die Bedingung zu. Ein denkbares Schlagwort könnte zum Beispiel »Präsentation« sein, bei dem ein spezieller Ergebnistyp für PowerPoint-Präsentationen der Ergebnisliste hinzugefügt wird.
- **Die Abfrage stimmt exakt mit dem Wörterbuch überein** Diese Bedingung ist das Pendant zur Bedingung *Die Abfrage stimmt exakt mit dem Stichwort überein*, jedoch werden die zu überprüfenden Schlüsselwörter aus einem Wörterbuch übernommen.

HINWEIS Die beschriebenen Wörterbücher können entweder direkt aus der Liste ausgewählt oder aus dem Terminologiespeicher importiert werden. SharePoint 2013 verfügt zudem über Funktionen, um ein automatisch generiertes Wörterbuch für Firmennamen zu pflegen.

- **In der Quelle häufiger verwendete Abfrage** Diese Bedingung wird bei einer Prüfung verwendet wonach die eingegebene Abfrage häufiger in einer anderen Ergebnisquelle gesucht wird. Sie können die Anzeige der Ergebnisse so zum Beispiel um die Ergebnisse aus dieser Ergebnisquelle erweitern.
- **Häufig geklickter Ergebnistyp** Diese Bedingung wird ausgelöst, wenn Benutzer bei der Suchabfrage häufig auf einen bestimmten Ergebnistyp geklickt haben. Hierdurch ist beispielsweise eine Heraufstufung der ersten beiden Ergebnisse aus diesem Ergebnistyp möglich. Werden so bei einer Abfrage häufig die Wikiseiten aufgerufen, können diese als heraufgestuftes Ergebnis aufgewertet werden.

Aktionen

Wird eine Abfrageregel durch die definierte Bedingung ausgelöst, können folgende Aktionen durchgeführt werden:

- **Höhergestuftes Ergebnis hinzufügen** Durch Angabe eines URL können einzelne Elemente vor der eigentlichen Ergebnismenge angezeigt werden. *Höhergestuftes Ergebnis hinzufügen* entspricht dem aus SharePoint 2010 bekannten Konzept der besten Suchergebnissen (Abbildung 11.21:).

Abbildg. 11.21 Einstellungsseite für die Aktion *Höhergestuftes Ergebnis hinzufügen*

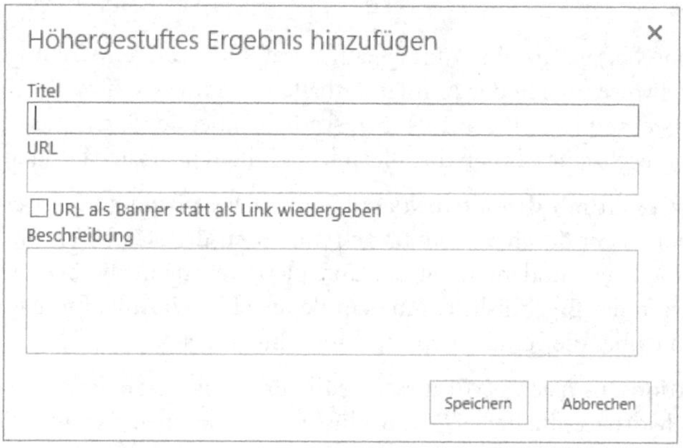

- **Ergebnisblock hinzufügen** Ein Ergebnisblock ist vergleichbar mit der Aktion *Höhergestuftes Ergebnis hinzufügen*, dem Heraufstufen einer Gruppe von Ergebnissen. Diese werden wie bei *Höhergestuftes Ergebnis hinzufügen* vor der eigentlichen Ergebnismenge platziert. Einen Ergebnisblock definieren Sie durch einen Titel und eine Suchabfrage, die Ihre Ergebnisse bildet. Sie können die Suchabfrage auch in einer alternativen Ergebnisquelle platzieren. Dazu haben Sie weitere Einstellungsmöglichkeiten wie beispielsweise für das Positionieren des Ergebnisblocks innerhalb der Ergebnismenge (Abbildung 11.22).
- **Bewertete Ergebnisse durch Ändern der Abfrage ändern** Mit dieser Aktion können Sie die Rangfolge ihrer Ergebnismenge manipulieren. Beispielsweise kann so die aus FAST stammende Funktionalität der Operatoren XRANK benutzt werden, um die Gewichtung der Ergebnisse abzuändern. Nutzen Sie die im Abschnitt »Abfragetransformation« in diesem Kapitel beschriebenen Abfragevariablen und Abfragesyntax, um Ihr gewünschtes Ergebnis zu erzielen.

Abbildg. 11.22 Einstellungsseite für die Aktion *Ergebnisblock hinzufügen*

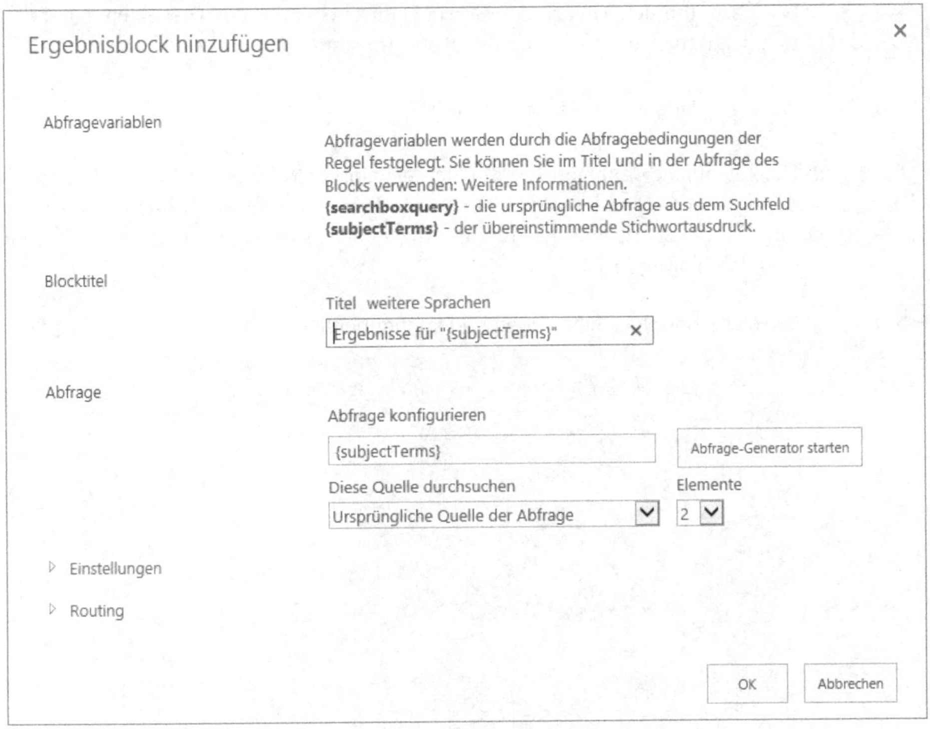

Videos in separatem Ergebnisbereich darstellen

Geben Sie im Unternehmenssuchcenter einen Suchbegriff ein, ist die erste Ergebnisliste, auf der die Ergebnisse angezeigt werden, die *Alles*-Suchvertikale (Ergebnisseite *results.aspx*). Sie können nun durch eine einfache Abfrageregel dem Suchergebnisse-Webpart (*CoreResults*) einen separaten Bereich für beliebige Elemente wie zum Beispiel Videos hinzufügen. Dies ist in vielen Situationen von Nutzen, in denen Ihre SharePoint-Umgebung auf einen speziellen Typ von Dokumenten oder Elementen ausgelegt ist. Videos sind einer eigenen Suchvertikalen zugeordnet und Sie können die dafür angelegte Ergebnisquelle für die Abfrageregel nutzen.

Gehen Sie dazu wie folgt vor:

1. Öffnen Sie die Websiteeinstellungen.
2. Klicken Sie im Bereich *Suchen* auf *Abfrageregeln*.
3. Wählen Sie in der Liste *Ergebnisquelle auswählen* den Eintrag *Lokale SharePoint-Ergebnisse (System)* aus.
4. Klicken Sie auf *Neue Abfrageregel*.
5. Weisen Sie der neuen Abfrageregel einen Namen zu.
6. Im Abschnitt *Abfragebedingungen* entfernen Sie alle Bedingungen, indem Sie auf *Bedingung entfernen* klicken. Die Regel soll in jedem Fall ausgeführt werden, um kontinuierlich die ersten Videoergebnisse mit anzeigen zu können.
7. Im Abschnitt *Aktionen* klicken Sie auf *Ergebnisblock hinzufügen*.

8. In dem sich öffnenden Dialogfeld definieren Sie zunächst einen Namen. Sie können die Abfrage benutzen, um den Titel zu definieren. Damit bekommt der Titel einen dynamischen Anteil, der sich der aktuellen Abfrage des Benutzers anpasst:

```
Videoergebnisse zu "{subjectTerms}"
```

9. Die eigentliche Abfrage muss für den gewünschten Effekt nicht geändert werden. Im Bereich *Abfrage* stellen Sie die zu durchsuchende *Ergebnisquelle* auf *Lokale Personenergebnisse (System)* um. Definieren Sie eine gewünschte Anzahl der *Elemente*, die in dem Ergebnisblock anzuzeigen sind (Abbildung 11.23).

Abbildg. 11.23 Einen Ergebnisblock hinzufügen und konfigurieren

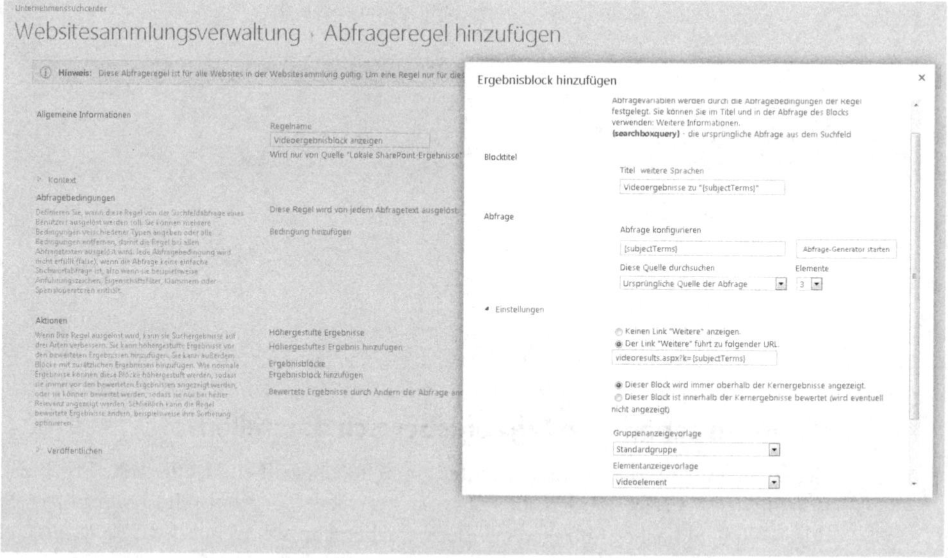

10. Im Abschnitt *Einstellungen* geben Sie einen Link an, der eine Weiterleitung zu einer detaillierten Suche für Videos darstellt. Wählen Sie die Option *Der Link "Weitere" führt zu folgender URL*, beispielsweise zu einer Seite der Suchvertikalen für Videos. Nutzen Sie die Variable *{subjectTerms}*, um die Abfrage an die Suchvertikale weiterzugeben.
11. Zeigen Sie den erstellten Ergebnisblock an erster Position Ihrer Suchergebnisse an, indem Sie im Abschnitt *Einstellungen* die Option *Dieser Block wird immer oberhalb der Kernergebnisse angezeigt.* auswählen.
12. Als Anzeigevorlage wählen Sie im Feld *Elementanzeigevorlage* die Anzeigevorlage für *Videoelement* aus.
13. Bestätigen Sie die Einstellungen des Ergebnisblocks mit *OK*.
14. Erstellen Sie die neue Abfrageregel mit einem Klick auf *Speichern*.
15. Testen Sie Ihre neue Abfrageregel, indem Sie in Ihrem Suchcenter nach einem Begriff suchen. Im ersten Bereich werden Ihnen von nun an Videos angezeigt (Abbildung 11.24).

Abbildg. 11.24 Videoergebnisblock in der allgemeinen Suche des Suchcenters

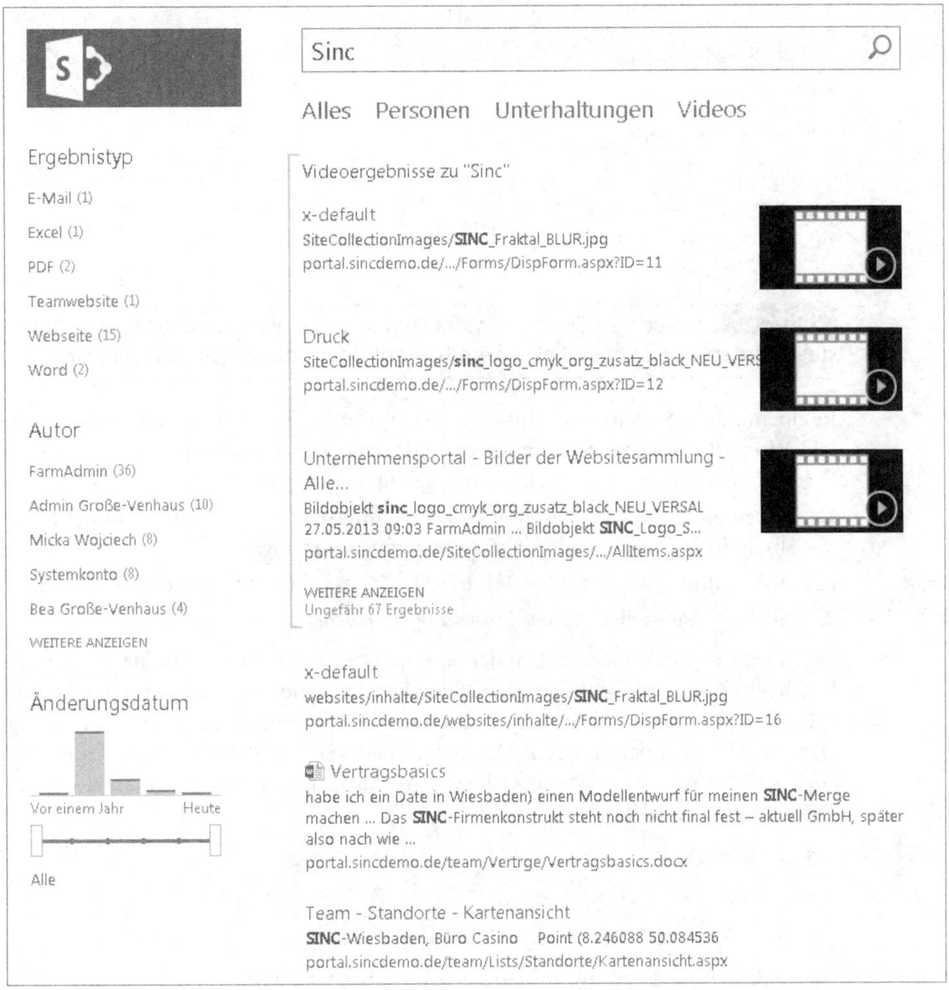

Abfragevorschläge

Abfragevorschläge oder auch Suchvorschläge sind Abfragen, nach denen wiederholt gesucht wurde. Geben Sie eine Suchabfrage in ein Suchfeld-Webpart ein, werden mithilfe von Abfragevorschlägen automatisch Begriffe angezeigt, nach denen Sie bereits gesucht haben. Abfragevorschläge werden unterhalb des Suchfeld-Webparts angezeigt und vom Suchsystem automatisch gepflegt. Alle Ergebnisquellen und Websitesammlungen besitzen je eine eigene Menge von Abfragevorschlägen. Damit ein Anzeigevorschlag in die Menge der zur Verfügung stehenden Vorschläge aufgenommen wird, ist er zumindest sechs Mal an die Abfragekomponente zu übermitteln. Die interne Liste an Abfragevorschlägen wächst demnach sukzessive und passt sich automatisch an Ihre SharePoint-Umgebung und deren Benutzer an (Abbildung 11.25).

Abbildg. 11.25 Abfragevorschläge im Suchcenter

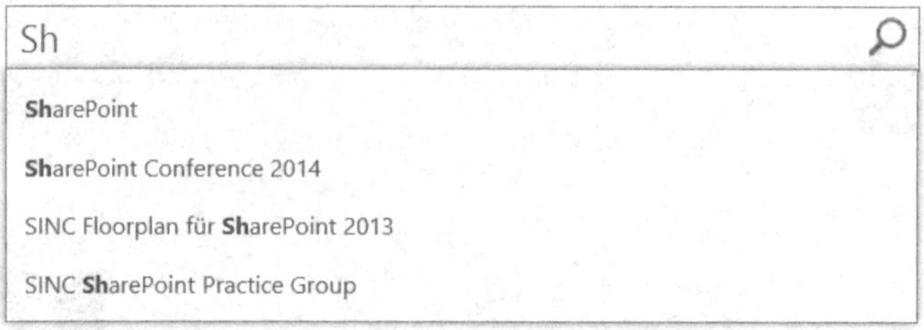

HINWEIS Beachten Sie, dass Abfragevorschläge nicht in jedem Sucheingabefeld bereitgestellt werden. Der primäre Fokus liegt hier auf dem Unternehmenssuchcenter.

In einem neuen System sind Abfragevorschläge in Ihrer Suchdienstanwendung sowie in den Suchfeld-Webparts aktiviert. Sie können diese deaktivieren. Um die Abfragevorschläge für die gesamte Farm zu deaktivieren bzw. zu aktivieren, gehen Sie wie folgt vor:

1. Öffnen Sie Suchdienstanwendung-Verwaltungsseite und klicken Sie in der Schnellstartleiste im Abschnitt *Abfragen und Ergebnisse* auf *Abfragevorschläge.*
2. Im Abschnitt *Suchvorschläge* deaktivieren Sie das Kontrollkästchen *Suchvorschläge anzeigen.*
3. Klicken Sie abschließend auf *Einstellungen speichern.*

Sie haben die Möglichkeit, neben der automatischen Pflege der Vorschläge auch benutzerdefinierte Listen von Abfragevorschlägen in die Suchdienstanwendung zu importieren. Hierfür benötigen Sie lediglich eine Textdatei mit den gewünschten Abfragevorschlägen. Jeder Vorschlag muss in einer eigenen Zeile definiert werden. Diese Vorschläge stehen den Benutzern jederzeit zur Verfügung, auch wenn bisher noch nicht danach gesucht wurde. Die zu verwendende Importdatei muss das folgende Format aufweisen:

Abfrageterm

Abfrageterm

...

Gehen Sie wie folgt vor, um vordefinierte Importdaten zu integrieren:

ACHTUNG Beim Import einer Liste mit vordefinierten Abfragevorschlägen werden alle bisher aufgenommen Abfragevorschläge gelöscht und durch die im Rahmen des Imports übermittelte Liste der Abfragevorschläge überschrieben. Exportieren Sie daher im Zweifel zunächst die existierenden Abfragevorschläge, ergänzen Sie diese und importieren Sie abschließend die aktualisierte Liste.

1. Öffnen Sie Suchdienstanwendungs-Verwaltungsseite und klicken in der Schnellstartleiste im Abschnitt *Abfragen und Ergebnisse* auf *Abfragevorschläge.*
2. Im Abschnitt *Immer Ausdrücke vorschlagen* klicken Sie auf *Aus Textdatei importieren.* Sie haben die Möglichkeit, die bisherige Vorschlagsliste, die Ihren Benutzern fortwährend vorgeschlagen werden, zu exportieren, anzupassen und wieder in die Suchdienstanwendung zu importieren. Klicken Sie dazu auf *In Textdatei exportieren.*

3. Klicken Sie auf *Durchsuchen* und wählen Sie die vorbereitete Textdatei aus. Mit einem Klick auf *OK* starten Sie den Importvorgang.
4. Klicken Sie nun auf *Einstellungen speichern.*

Die importierten Vorschläge stehen Ihnen zu diesem Zeitpunkt noch nicht zur Verfügung. Sie müssen diese erst von der Suchdienstanwendung verarbeiten lassen. Für diese Aufgabe steht Ihnen ein Zeitgeberauftrag zur Verfügung:

1. Auf der Startseite der Zentraladministration klicken Sie in der Schnellstartleiste auf *Überwachung.*
2. Klicken Sie im Abschnitt *Zeitgeberaufträge* auf *Auftragsdefinitionen überprüfen.*
3. Öffnen Sie in der Liste der Zeitgeberaufträge den Auftrag *Abfragevorschläge vorbereiten.*
4. Auf der Definitionsseite des Zeitgeberauftrags klicken Sie auf die Schaltfläche *Jetzt ausführen*, um die Wartezeit bis zum nächsten geplanten Ausführung zu überspringen.

TIPP An dem Schema wird deutlich, dass die automatisierten Abfragevorschläge lediglich für authentifizierte Benutzer nutzbar werden. Anonyme Benutzer benötigen zentral definierte Listen, um Vorschläge zu erhalten. Sollten Sie eine websitesammlungsgetriebene Verwaltung für Abfragevorschläge nutzen wollen, existiert beispielsweise eine Lösung von Mavention, die basierend auf SharePoint-Listen Abfragevorschläge ermöglichen. Mehr Informationen erhalten Sie unter *http://www.mavention.nl* [Ms156-K11-03].

Ein Problem dieses Verfahrens besteht in der begrenzten Steuerbarkeit und fehlenden Mandantenintegration. Ist es erforderlich, Abfragevorschläge in Ihrer Rangfolge zu gewichten und mandantenspezifisch bereitzustellen, können Sie dies mithilfe der Konfiguration mit dem Cmdlet *Import-SPEnterprisePopularQueries* realisieren. Sie können hier sprachübergreifend einen Satz von Abfragevorschlägen importieren und mithilfe von zwei Vektoren gewichten. Das Format der hier zu importierenden Importdatei sieht wie folgt aus:

```
Term, Abfragezähler, Klickzähler, Sprach-ID (LCID)
```

Eine mögliche Beispielzeile wäre:

```
SharePoint Conference 2014,100,100,1031
```

Der Wert für den Klickzähler muss zumindest 5 betragen, wobei höhere Werte eine höhere Gewichtung zur Folge haben.

Sonstiges

Die folgenden weiteren suchspezifischen Konfigurationsszenarien sind von besonderer Relevanz für gängige SharePoint-Umgebungen.

AAM-spezifische Durchforstungsszenarien

In diesem Abschnitt werden Sonderszenarien betrachtet, im Zuge derer die AAM-Konfiguration angepasst wird, um spezifische Ziele wie eine umgeleitete oder aber eine farmübergreifende Durchforstung zu ermöglichen. In diesen Fällen kommt es zu suchanwendungsspezifischen Besonderheiten bei der AAM-Konfiguration, die vor diesem Hintergrund in diesem Kapitel einer näheren Betrachtung unterzogen werden.

Allgemeines zu der Durchforstung und AAMs

Die Durchforstungskomponente in SharePoint 2013 benötigt, wie in der Vorgängerversionen, NTLM als Authentifizierungsmethode für eine zu durchforstende Webanwendung. Dabei werden die Zonen in ihrer Darstellungsreihenfolge in der Oberfläche, beginnend mit der Standardzone, von der Durchforstungskomponente aufgerufen. Sobald der Zugriff erfolgreich ist, wird keine weitere Zone durchforstet. Der Umstand, dass die Standardwebanwendung nun forderungsbasiert ist, spielt dabei keine Rolle.

Stellen Sie daher sicher, dass zumindest eine AAM-Zone existiert, die NTLM als Authentifizierungsmethode aufweist, und vermeiden Sie unnötige und dedizierte AAM-Zonen für die Durchforstungskomponente.

Farmübergreifende Durchforstung

In Umgebungen mit farmübergreifenden Diensten kommt es in der Regel auch zu einer farmübergreifenden Durchforstung von Inhalten. Aus der Sicht der Suchfarm wird dabei die jeweils von der Suchfarm durchforstbare Zone definiert und somit in den Index aufgenommen. Dies funktioniert scheinbar ohne großes Zutun recht zuverlässig. Jedoch werden spätestens dann grundsätzliche Fehler sichtbar, wenn auch in den durchforsteten Inhaltsfarmen unterschiedliche alternative Zugriffszuordnungen, sprich abweichende URLs für den Zugriff, verwendet werden, um die Inhalte zu lokalisieren (Abbildung 11.26).

Abbildg. 11.26 Farmübergreifendes Durchforstungsszenario mit unterschiedlichen AAMs

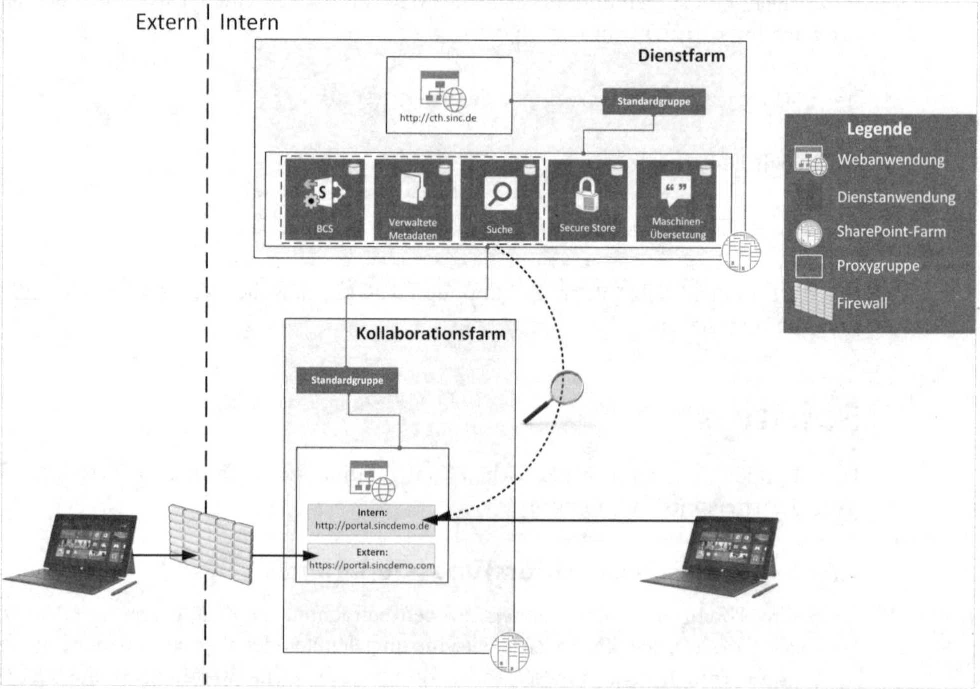

Sobald dies geschieht, kann die Suchfarm nicht mehr ohne Ihr administratives Zutun identifizieren, was es mit etwaigen anderen, von der Standardzone abweichenden URLs der Inhaltsfarmen auf sich hat, da deren AAM-Konfigurationen der Suchfarm nicht vorliegen. Im Ergebnis führt dies zu einem Fehler bzw. leeren Suchergebnis, sobald in den Inhaltsfarmen ein Benutzer versucht, eine kontextbasierte Suchabfrage auszuführen, wie beispielsweise eine Abfrage auf den Suchbereich der jeweils aufgerufenen Site. Kurz gesagt, wird in dem Fall im Abfragestring eine URL angefragt, die der Suchfarm nicht bekannt ist, weshalb die Ergebnismenge leer bleibt.

Um das Problem zu lösen, müssen Sie die alternativen Zugriffszuordnungen als externe Ressource wie folgt auf der Suchfarm zuordnen (Abbildung 11.27).

Abbildg. 11.27 Externe Ressourcenzuordnung in der AAM-Konfiguration der Suchfarm

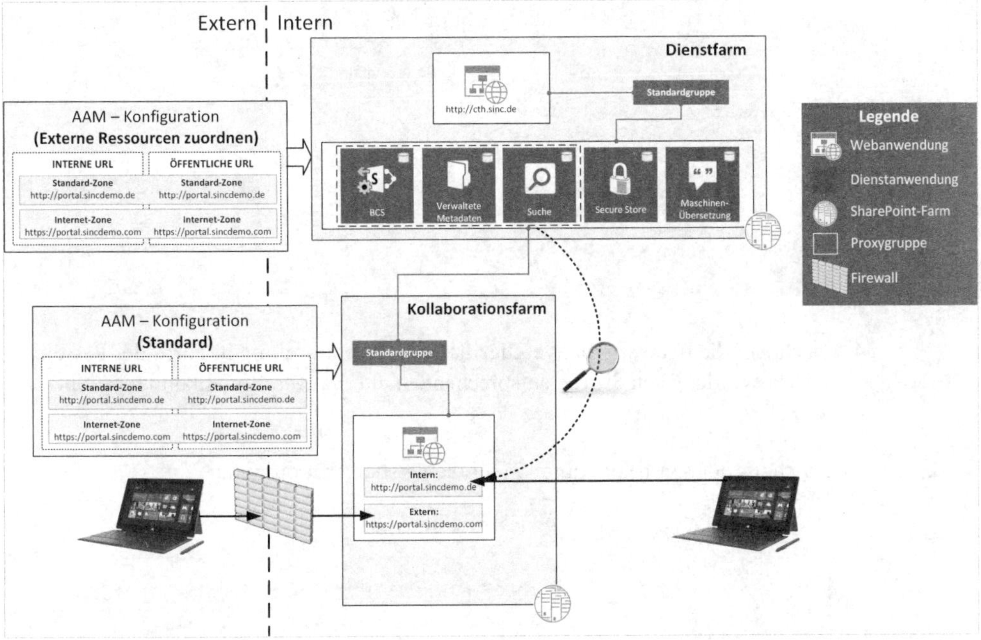

In diesem Beispiel wird davon ausgegangen, dass Sie die AAM-Konfiguration auf der Inhalts- bzw. Kollaborationsfarm bereits – wie in Abbildung 11.27 dargestellt – umgesetzt sowie eine Inhaltsquellendefinition in der Suchdienstanwendung für die Standardzone der Kollaborationsfarm eingerichtet haben. Gehen Sie zur Umsetzung der Konfiguration auf der Suchfarm wie folgt vor:

1. Klicken Sie auf der Startseite der Zentraladministration im Abschnitt *Systemeinstellungen* auf *Alternative Zugriffszuordnungen konfigurieren.*
2. Klicken Sie auf *Externer Ressource zuordnen*, um eine neue Zuordnung für die zu durchforstende Kollaborationsfarm bzw. die betroffene Webanwendung einzurichten.
3. Geben Sie nun die externe Ressourcenzuordnung an (Abbildung 11.28), indem Sie einen einzigartigen Namen im Eingabefeld *Ressourcenname* definieren und im darunter befindlichen Eingabefeld die zugehörige URL der Standardzone definieren (welche Sie auch in der Inhaltsquelle definiert haben sollten).

HINWEIS Die externe Ressourcenzuordnung repräsentiert letztlich das Abbild einer AAM-Konfiguration einer Ressourcen- bzw. Inhaltsfarm. Die in diesem Kontext verwendeten Begrifflichkeiten in der Oberfläche wirken möglicherweise irreführend, sollten Sie jedoch nicht weiter irritieren.

Abbildg. 11.28 Definition der externen Ressourcenzuordnung

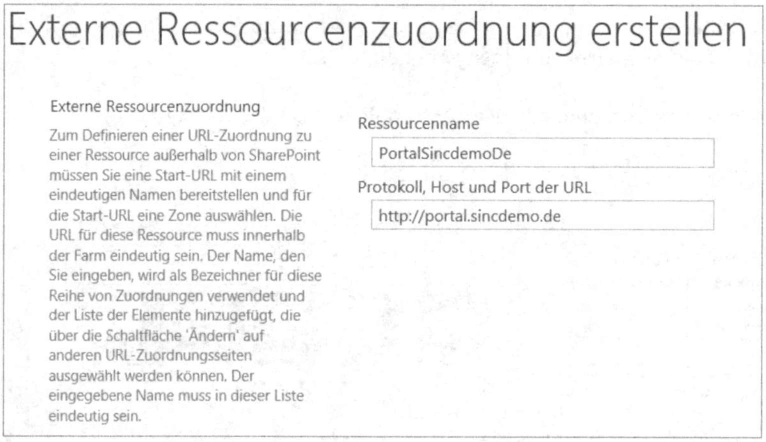

4. Nachdem die neue alternative Zugriffszordnungssammlung in Form der Ressourcenzuordnung erstellt wurde, legen Sie die entsprechenden alternativen Zonenkonfigurationen an (Abbildung 11.29)

Abbildg. 11.29 Abschluss der AAM-Konfiguration für die Ressourcenzuordnung

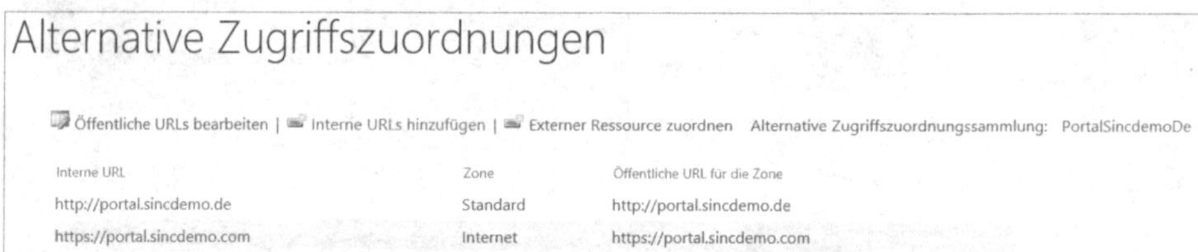

Mit dem Abschluss dieses Konfigurationsschrittes ist die ordnungsgemäße Basiseinrichtung der Zonen in diesem Szenario abgeschlossen. Führen Sie abschließend eine vollständige Durchforstung der betroffenen Inhaltsquelle durch.

Gezielte Durchforstungsszenarien

In vielen Fällen verfolgen Farmadministratoren das Anliegen, die Abfragen der Durchforstungskomponente von den Web-Front-End-Servern auf dedizierte Server umzuleiten, um die Web-Front-End-Topologie zu entlasten. Beim Versuch, dieses Anliegen abzubilden, werden häufig suboptimale Ansätze gewählt:

- Umleitung mithilfe von Hosts-Dateien
- Verwendung von dedizierten Durchforstungszonen

Beide Verfahren stellen eine gewisse Bedrohung der Stabilität der Suche dar, da im ersten Fall häufig langfristig Fehler in der Steuerung der Farm in einem größeren Team von Farmadministratoren entstehen.

Im Falle der dedizierten Durchforstungszonen wird eine der erweiterten AAM-Zonen, wie etwa *Extranet* oder *Benutzerdefiniert*, dafür konfiguriert, eine weitere, nicht von Anwendern verwendete Zone nur für die Suche anzubieten, die im Anschluss in der Suchergebnisquelle als primäre URL hinterlegt wird. Dieses Verfahren sieht auf den ersten Blick nach einem validen Ansatz aus, Sie werden jedoch feststellen, dass Sie unerwartete Effekte im Suchcenter, wie z.B. fehlende Ergebnisse einer AAM-Zone oder aber falsche Bezeichner (Verfeinerungen verweisen auf die suchspezifische AAM-Zone) vorfinden. Hintergrund ist, dass die Suche nicht ordnungsgemäß auf eine Fixierung auf eine (in der Abfolge nicht an erster Stelle stehende) Zone reagiert. Sie können theoretisch weitere Hilfskonstrukte wie Servernamenszuordnungen heranziehen, um die Probleme zu behandelt, werden das Grundproblem indes nicht lösen können.

Die Empfehlung lautet daher: Verwenden Sie entweder ein Standardverfahren, wie die Umleitung basierend auf dem Anforderungs-Manager (siehe Kapitel 9) oder aber verzichten Sie auf manuell konstruierte Umleitungen.

Anonymer Suchergebniscache

Der anonyme Suchergebniscache ist standardmäßig aktiviert und somit sind in dessen Kontext nicht zwangsläufig administrative Anpassungen erforderlich. Die exakte Konfiguration liegt jedoch in der Regel in Entwicklerhand, da diese darauf achten sollten, den Suchergebniscache explizit für ihre Suchabfragen zu verwenden. Bei nach SharePoint 2013 portierten Anwendungen und Seiten müssen Sie diese anpassen, um die jeweiligen Vorzüge nutzen zu können.

Die Effektivität des anonymen Suchergebniscaches sollte nicht unterschätzt werden, da die Suchabfragen für Veröffentlichungssites in Summe ohne Zwischenspeicherung eine erhebliche Latenz nach sich ziehen (Abbildung 11.30).

Abbildg. 11.30 Effektivität des Suchergebniscaches in einem Beispielszenario

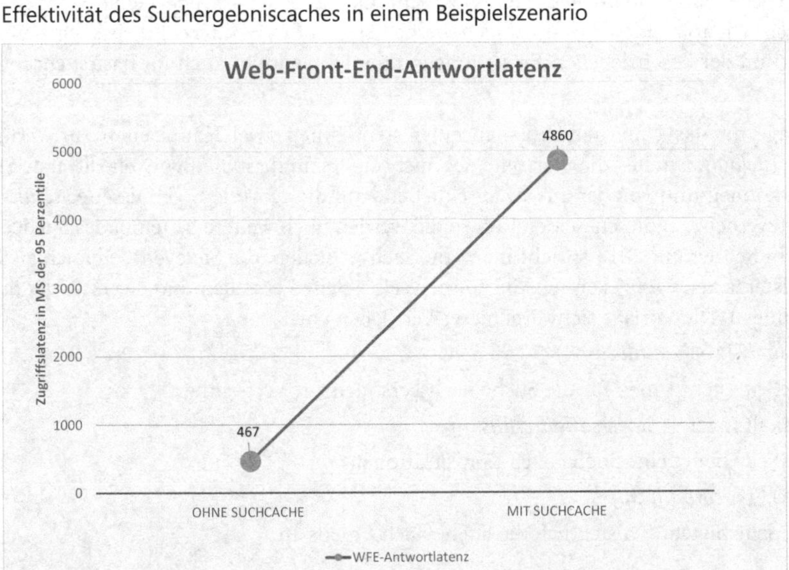

Wurden Veröffentlichungsseiten erstellt, bevor Sie das SharePoint 2013 CU vom März 2013 installiert haben, müssen Sie diese Webparts ebenfalls nachträglich für die Verwendung des Caches in den Abfragen konfigurieren. Durch diese Aktualisierung werden unter anderem Probleme in Kombination mit dem Inhaltsabfrage-Webpart adressiert.

HINWEIS Der anonyme Suchergebniscache funktioniert zu diesem Zeitpunkt nicht in Kombination mit der neu eingeführten Benutzersegmentierung. Ein sehr guter Artikel zur Verwendung des Caches finden Sie im Blog von Waldek Mastykarz unter *http://blog.mastykarz.nl* [Ms156-K11-04].

Für die Steuerung des anonymen Suchergebniscaches steht Ihnen die PowerShell zur Verfügung. Über die Eigenschaft *SearchResultsCacheTTL* der Webanwendung können Sie den Verweildauer von Elementen im Suchcache beeinflussen (Listing 11.10).

Listing 11.10 Steuerung des Suchergebniscache

```
$webapp = Get-SPWebApplication https://portal.sincdemo.de
$webapp.Properties["SearchResultsCacheTTL"] = 3600
$webapp.Update()
```

Arbeiten mit dem Suchcenter

Für SharePoint 2013 wird zwischen zwei Suchcentervorlagen unterschieden. Die Basissuchcentervorlage wird den Benutzern von SharePoint 2013 Foundation zur Verfügung gestellt. Das Unternehmenssuchcenter steht in SharePoint 2013 Standard und Enterprise zur Verfügung. Das Basissuchcenter ist eine eingeschränkte Version des Unternehmenssuchcenters. Im Unternehmenssuchcenter haben Sie die Möglichkeit, neue Suchseiten und Suchergebnisseiten zu erstellen, um diese nach Ihren Wünschen und den Anforderungen der Anwender anzupassen. Im Basissuchcenter sind Sie auf die gegebenen Standardsuchseiten eingeschränkt, und Sie können keine weiteren Suchseiten hinzufügen. Die folgenden Ausführungen werden sich auf das Unternehmenssuchcenter beziehen. Die Mehrzahl der beschriebenen Einstellungen können Sie indes auch im Basissuchcenter umsetzten.

Die Vorlage für das Unternehmenssuchcenter stellt Ihnen zwei Hauptseiten zur Verfügung. Die Suchseite (*default.aspx*) ist die Startseite des Suchcenters, in dem die Benutzer die erste Suchabfrage eingeben können und von der aus sie anschließend auf die zentrale Ergebnisseite (*results.aspx*) weitergeleitet werden. Zu diesen beiden Kernseiten werden noch weitere Seiten in das Suchcenter eingebunden. In SharePoint 2013 spricht man von Suchvertikalen, die Sie eventuell auch als Kategorien oder Registerkarten (*Tabs*) kennen. Sie können selbst Seiten erstellen und der Liste der Suchvertikalen hinzufügen. Die Vorlage sieht drei dieser Vertikalen vor:

1. Personen (*Peopleresults.aspx*)

   Diese Seite steht Ihnen für die Suche nach Personen zur Verfügung.

2. Unterhaltungen (*Conversationresults.aspx*)

   Diese Seite bietet eine Suche nach Konversationen.

3. Videos (*Videoresults.aspx*)

   Diese Seite bietet offensichtlich die Suche nach Videos an.

Zu diesen Suchvertikalen gibt es weiterhin eine Seite für die erweiterte Suche (*Advanced.aspx*). Auf dieser Seite können Sie Ihre Suche mit speziellen Funktionen individualisieren

Alle Seiten sind in der Bibliothek *Seiten* zu finden, sobald das Suchcenter bereitgestellt wurde.

HINWEIS Um die Benutzer des Suchcenters nicht zu irritieren, empfehlen wir, die Mehrzahl der Webparteinstellungen einheitlich für alle Suchvertikalen zu definieren. Ändern Sie zum Beispiel die Anzahl der angezeigten Ergebnisse auf der *results.aspx*-Seite (Suchvertikale *Alles*), sollte dies auch für die verbleibenden Suchbereiche (*Personen*, *Unterhaltungen* und *Videos* sowie von Ihnen angelegte Suchvertikalen) geändert werden.

Erstellen eines Suchcenters

Sie können das Suchcenter als Website (Subsite) oder Websitesammlung erstellen. Aufgrund der zentralen Bedeutung des Suchcenters und den damit einhergehenden Anpassungen wird dringend empfohlen, das Suchcenter zumindest in einer dedizierten Websitesammlung als Stammweb bereitzustellen. Die Bereitstellung als Subsite zieht einige Einschränkungen und ggf. zusätzliche Anpassungen nach sich. Weitere Informationen zu diesem Subsiteszenario finden Sie unter *http://go.microsoft.com/fwlink/p/?LinkID=194624* [Ms156-K11-05].

Gehen Sie wie folgt vor, um das Suchcenter zu erstellen:

1. In der Zentraladministration klicken Sie in der Schnellstartleiste auf *Anwendungsverwaltung* und auf *Websitesammlungen erstellen*.
2. Spezifisch für das Suchcenter finden Sie im Abschnitt *Vorlagenauswahl* auf der Registerkarte *Enterprise* den Eintrag *Unternehmenssuchcenter*.

Um das so erstellte Suchcenter als globales Suchcenter für die Suche zu definieren, führen Sie die Anweisungen des entsprechenden Abschnitts dieses Kapitels durch (Abbildung 11.31).

Abbildg. 11.31 Definition des globalen Suchcenters

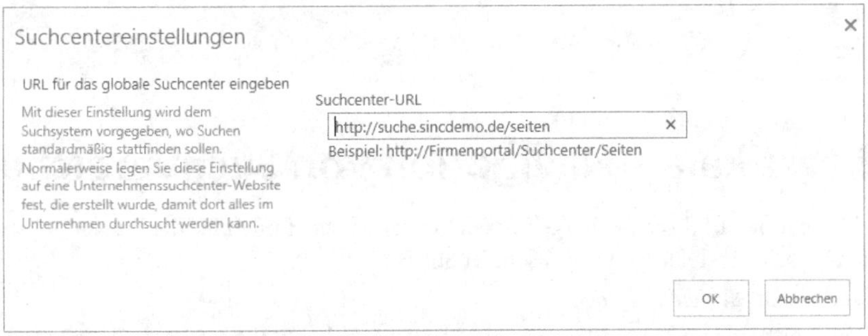

Suchcenter verwalten

Die Einstellungen des Suchcenters lassen sich über die Websitesammlungseinstellungen des Suchcenters verwalten. Das Suchcenter ist eine Websitesammlung mit zusätzlichen Funktionen und Einstellungsmöglichkeiten, die sich auf die Suche beziehen. Die Sucheinstellungen finden Sie auf der Seite *Websiteeinstellungen* in den Abschnitten *Websitesammlungsverwaltung* und *Suchen*.

Abbildg. 11.32 Websiteeinstellungen des Suchcenters

Suchvertikale – Navigation von Suchbereichen

Um die Navigation auf Ihren Suchergebnisseiten anzupassen, finden Sie die Einstellungsmöglichkeiten in den Websiteeinstellungen im Abschnitt *Suchen*.

1. Klicken Sie auf *Sucheinstellungen*.
2. Im Abschnitt *Suchnavigation* können Sie, ähnlich wie bei herkömmlichen Websitesammlungen, die Navigation anpassen. Fügen Sie neue Hyperlinks zu Suchvertikalen hinzu, entfernen Sie vorhandene Vertikale oder sortieren Sie die Navigation um (Abbildung 11.33).

Abbildg. 11.33 Suchcenternavigationsverwaltung

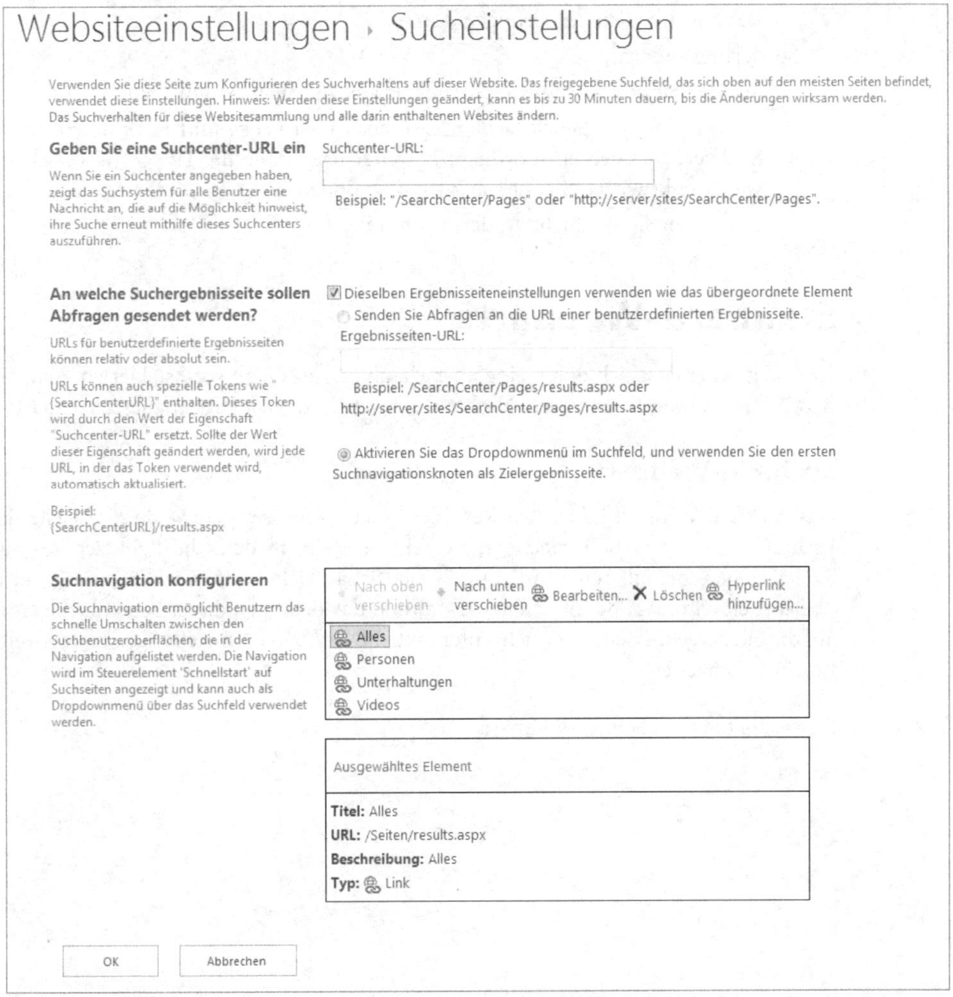

Eine Suchvertikale hinzufügen:

- Klicken Sie auf *Hyperlink hinzufügen*
- Geben Sie im Dialogfeld einen *Titel* für die neue Suchvertikale und dessen *URL* ein
- Alternativ geben Sie eine *Beschreibung* an und schränken den Hyperlink optional auf Benutzergruppen ein

Eine Suchvertikale löschen:

- Wählen Sie die zu löschende Suchvertikale in der Liste aus
- Klicken Sie auf *Löschen*

Eine Suchvertikale bearbeiten:

- Wählen Sie die zu bearbeitende Suchvertikale aus
- Klicken Sie dann auf die Schaltfläche *Bearbeiten*

- Ändern Sie die gewünschten Einstellungen im Dialogfeld
- Bestätigen Sie die Änderungen durch *OK*

Sortierung ändern:

- Wählen Sie zunächst die Suchvertikale aus, die Sie neu anordnen möchten
- Benutzen Sie die Schaltflächen *Nach oben verschieben* und *Nach unten verschieben*, um die Suchvertikale neu einzuordnen. Je weiter nach oben der Hyperlink verschoben wird, desto weiter links wird er in der Navigation zu finden sein.
- Bestätigen Sie sämtliche Änderungen mit *OK*

Standard-Webparts

Das Suchcenter lässt sich durch eine überschaubare Anzahl an vorinstallierten Webparts den Bedürfnissen Ihrer Anwender anpassen. Nachfolgend werden die wichtigsten dieser Webparts vorgestellt.

Suchfeld-Webpart

Das Suchfeld-Webpart bildet den Kern der Suchergebnisseite sowie der Startseite des Suchcenters. Es besteht in der Weboberfläche aus einem Textfeld, in dem die Benutzer des Suchcenters ihre Suchabfragen formulieren können und einer Schaltfläche, mit dem die Anfrage an den Suchindex übermittelt wird. Auf der Startseite wird durch das Betätigen dieser Schaltfläche eine Weiterleitung auf die Suchergebnisseite des Suchcenters aktiv. Die Webparteinstellungen bieten weitere Konfigurationsmöglichkeiten.

Abbildg. 11.34 Eigenschaften des Suchfeld-Webparts

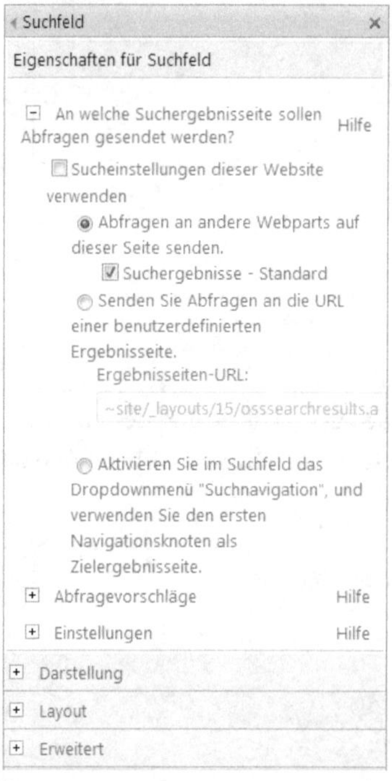

Die spezifischen Suchfeld-Webparteinstellungen teilen sich in drei Bereiche auf. Der erste Bereich konfiguriert den Ort, in dem die Suchergebnisse präsentiert werden sollen. Die Voreinstellung der Suchergebnisseite sieht vor, dass die Ergebnisse in dem auf der Seite platzierten Suchergebnisse-Webpart dargestellt werden sollen. Sie können jedoch auch die Ergebnisse auf einer von Ihnen definierten Seite anzeigen lassen. Wählen Sie hierfür *Senden Sie Abfragen an die URL einer benutzerdefinierten Ergebnisseite* aus und tragen die URL in das dafür vorgesehene Textfeld ein (Abbildung 11.34).

Im zweiten Bereich der Einstellungen, *Abfragevorschläge*, definieren Sie, wie die Anwender beim Eingeben einer Abfrage unterstützt werden sollen. Hierzu gehören die Anzahl der vorgeschlagenen Suchergebnisse sowie wann genau eine Abfrage vorgeschlagen werden soll. Abfragevorschläge können so auch komplett unterbunden werden. Zuletzt verbleiben die Einstellungen von persönlichen Favoritenergebnissen (Abbildung 11.35).

Abbildg. 11.35 Konfiguration der Abfragevorschläge

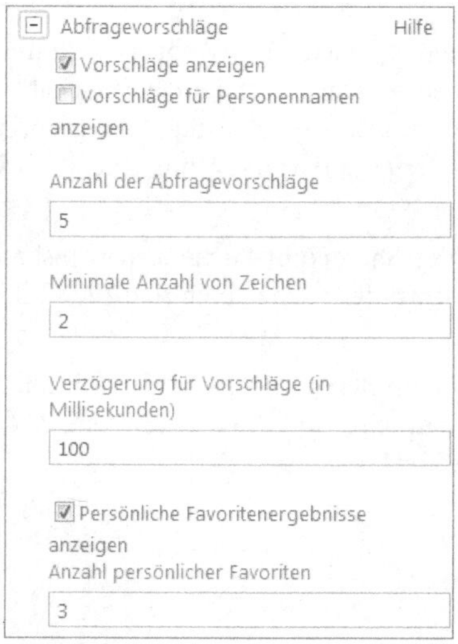

Der letzte Bereich der Suchfeldeinstellungen betrifft die allgemeinen Einstellungen. Hier wird die Anzeige der Webparteinstellungen selbst, die Darstellung der erweiterten Suche sowie die vereinfachte Einstellungen für das Steuerelement festgelegt (Abbildung 11.36).

Abbildg. 11.36 Allgemeine Einstellungen

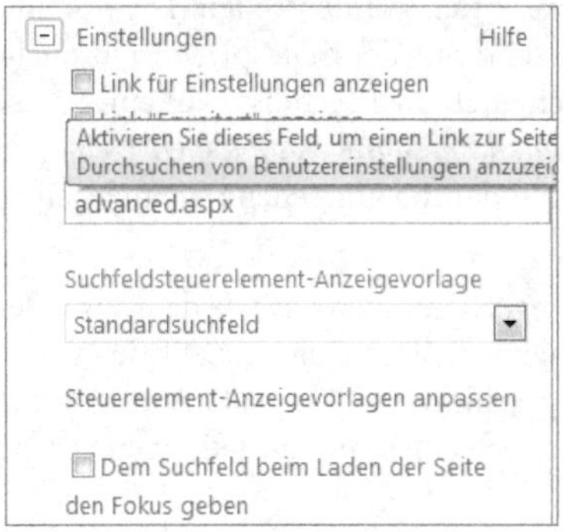

Suchergebnisse-Webpart

Das Suchergebnisse-Webpart ist der Kern jeder Suchergebnisseite. Das Webpart stellt die Ergebnisse dar, die von der Abfragekomponente zurückgegeben werden, nachdem die Suchabfrage an die Indexkomponente gestellt wurde. Ergebnisquellen, Ergebnistypen und Anzeigevorlagen sowie Abfrageregeln können im Suchergebnisse-Webpart festgelegt werden, um Ihren Anwendern ein optimales Suchergebnis zu präsentieren.

Ein großer Fortschritt für die Benutzererfahrung der SharePoint-Suche stellen insbesondere die Inhaltsvorschau-Anzeigevorlagen dar, die den Benutzern der Suche einen schnellen Einblick in die zurückgegebenen Ergebnisse liefert.

Über die Einstellungen des Webparts beeinflussen Sie im Bereich *Suchkriterien* mithilfe von Abfragetransformationen, in welcher Ergebnisquelle gesucht wird und über komplexere Abfragen alternativ, welcher Ergebnistyp zu suchen ist (Abbildung 11.37).

Abbildg. 11.37 Suchkriterien

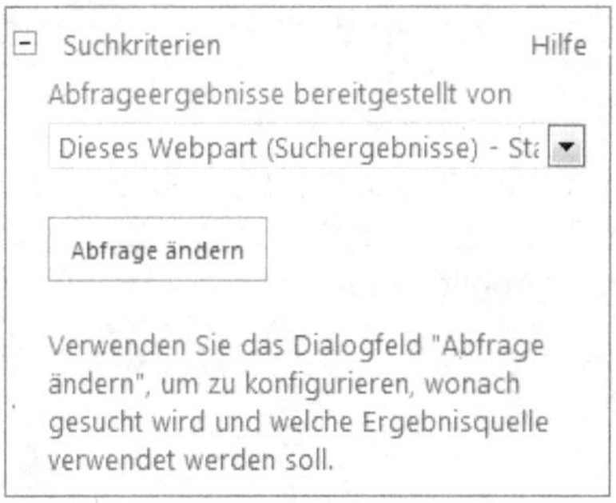

Der zweite Abschnitt, *Anzeigevorlagen*, widmet sich der visuellen Aufbereitung der Ergebnisse. Ergebnistypen und Anzeigevorlagen stehen im Zentrum der Konfigurationsmöglichkeiten.

Der letzte Abschnitt der Webpartkonfiguration beschäftigt sich mit den Einstellungen rund um das Steuerelement und die Elemente, die mit den Ergebnissen zusammen angezeigt werden sollen (Abbildung 11.38).

Abbildg. 11.38 Verbleibende Konfiguration des Ergebnis-Webparts

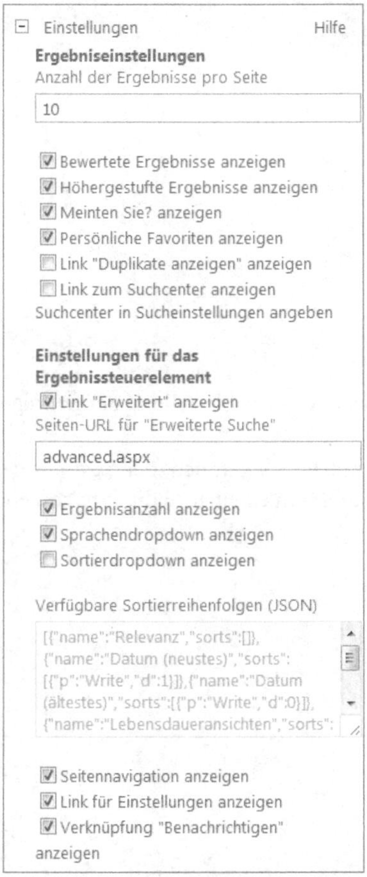

Sortierung nach Erstellungsdatum einrichten

In SharePoint 2013 haben Sie die Möglichkeit, die Sortierung der Suchergebnisse nachträglich zu ändern. Diese Option ist im Suchergebnisse-Webpart standardmäßig ausgeschaltet und kann über die bereits vorgestellten Optionen eingeschaltet werden. Aktivieren Sie dafür die in den Webparteinstellungen im Bereich *Einstellungen* die Funktion *Sortierdropdown anzeigen*. Sie haben darüber hinaus die Möglichkeit, die angebotenen Sortierreihenfolgen anzupassen. Grundsätzlich kann jede verwaltete Eigenschaft hierfür verwendet werden, die das Attribut *Sortieren* gesetzt hat.

1. Prüfen Sie, ob die verwaltete Eigenschaft *created* mit dem Attribut *Sortieren* versehen ist (Abbildung 11.39). Details zum Kontrollieren und Anpassen von verwalteten Eigenschaften finden Sie im Abschnitt »Suchschema verwalten« in diesem Kapitel.
2. Wechseln Sie auf der gewünschten Suchvertikalen in den Editiermodus der Seite, indem Sie im *Einstellungen*-Menü (das Zahnradsymbol) auf *Seite bearbeiten* klicken.
3. Suchen Sie das Suchergebnisse-Webpart und wählen Sie im Kontextmenü des Webparts den Befehl *Webpart bearbeiten* aus.

Abbildg. 11.39 Sortieren-Attribut von verwalteten Eigenschaften

4. Klicken Sie auf *Einstellungen* und stellen Sie sicher, dass die Einstellung *Sortierdropdown anzeigen* aktiviert ist.
5. Um die Bearbeitung des Texts zu erleichtern, empfehlen wir Ihnen, den Text aus dem nachfolgenden Textfeld *Verfügbare Sortierreihenfolgen (JSON)* in einen Texteditor zu kopieren und dort weiter zu bearbeiten (Abbildung 11.40).

Abbildg. 11.40 Sortierungseinstellungen

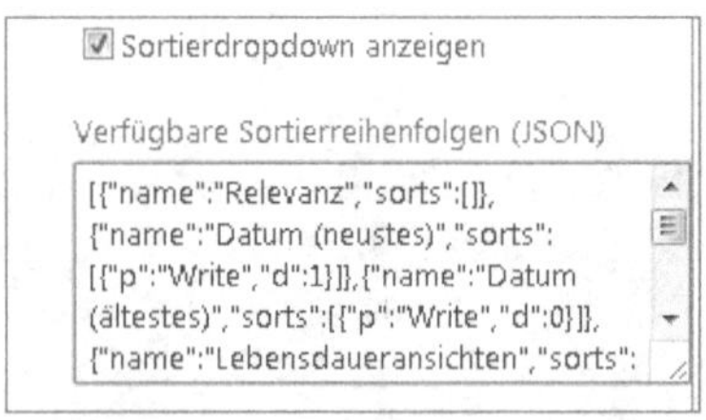

6. Um die Ergebnisse nach dem Erstellungsdatum auf- und absteigend zu sortieren, müssen zwei Ausdrücke dem bestehenden Code hinzugefügt werden. Achten Sie dabei auf abschließende Kommata nach den jeweiligen Ausdrücken (Listing 11.11).

Listing 11.11 Hinzufügen einer Sortieroption nach Erstellungsdatum

```
[
    {"name":"Relevanz","sorts":[]},
    {"name":"Erstellungsdatum (neustes)","sorts":[{"p":"Created","d":1}]},
    {"name":"Erstellungsdatum (ältestes)","sorts":[{"p":"Created","d":0}]},
    {"name":"Datum (neustes)","sorts":[{"p":"Write","d":1}]},
    {"name":"Datum (ältestes)","sorts":[{"p":"Write","d":0}]},
    {"name":"Lebensdaueransichten","sorts":[{"p":"ViewsLifeTime","d":1}]},
    ...
]
```

7. Kopieren Sie den Text zurück in das Textfeld *Verfügbare Sortierreihenfolgen (JSON)*.
8. Klicken Sie zuerst auf *Übernehmen* der Webparteinstellungen, um zu kontrollieren, dass Ihnen bei der Eingabe der Ausdrücke kein Fehler unterlaufen ist. Klicken Sie anschließend auf *OK*.
9. Speichern Sie die Seite.

HINWEIS Beachten Sie, dass für das Suchcenter die Veröffentlichungsfunktionen aktiv sind. Dies hat zur Folge, dass Sie die Seite noch *Einchecken* und *Veröffentlichen* müssen, um auch Benutzern ohne besondere Berechtigungsprivilegien den Zugriff auf die Änderungen zu gewähren.

Sie finden nun die neuen Sortierreihenfolgen im Dropdownlistenfeld der Suchergebnisseite vor (Abbildung 11.41).

Abbildg. 11.41 Sortierreihenfolge mit Erstellungsdatum

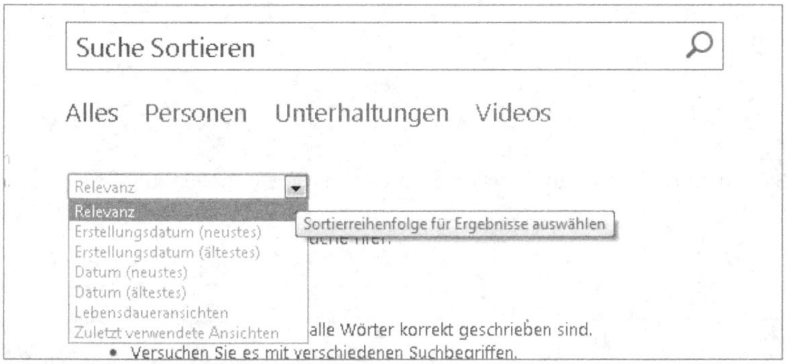

Suchnavigation-Webpart

Das Suchnavigation-Webpart ist ein einfaches Webpart, welches die Suchnavigationseinstellungen abbildet. Bei einem Suchcenter werden nach der Installation *Alles*, *Personen*, *Unterhaltungen* und *Videos* als Navigationspunkte angeboten. Für jeden Navigationspunkt wurde eine Webpartseite angelegt, die auf den jeweiligen Fokus konfiguriert wurde. Sie können eigene Webpartseiten erstellen und in die Navigation einbinden. Nutzen Sie dafür die Sucheinstellungen der Websitesammlung im Abschnitt *Suchnavigation*.

Die Einstellungsmöglichkeiten für das Suchnavigation-Webpart sind übersichtlich. Zunächst ist das Webpart zu bestimmen, welches die Suchergebnisse enthält, die bei einem Klick auf einen Navigationspunkt an die entsprechende Suchergebnisseite weitergegeben werden. Die zweite Einstellung bestimmt die Anzahl der angezeigten Navigationspunkte.

Das Suchnavigation-Webpart ist damit direkt mit einem Suchergebnisse-Webpart verbunden und erleichtert so den Umgang mit der Suche. Selbst bei einer allgemeinen Suche lässt sich durch einen Klick auf den Link *Personen* eine personenbezogene Ergebnismenge erzeugen, ohne die Suchbegriffe erneut eingeben zu müssen. Durch den geschickten Einsatz von Abfragetransformationen und Ergebnistypen können Sie so Ihren Benutzern einen komfortablen Einstieg in die Suche ermöglichen, der auf die individuellen Strukturen Ihrer SharePoint-Umgebung angepasst werden kann.

Einschränkung-Webpart

Auch das Einschränkung-Webpart wird mit dem Suchergebnisse-Webpart gekoppelt. Es bietet eine auf verwaltete Eigenschaften aufbauende Einschränkung an. Über die Einstellungen des Webparts können Sie die zur Verfügung stehenden Einschränkungskategorien bestimmen und das Suchergebnisse-Webpart zuordnen, mit dem dieses Einschränkung-Webpart verbunden werden soll (Abbildung 11.42). Zudem gibt es die Möglichkeit, dieses Einschränkung-Webpart für die verwaltete Navigation heranzuziehen (siehe Kapitel 10).

Abbildg. 11.42 Einschränkung-Webpart

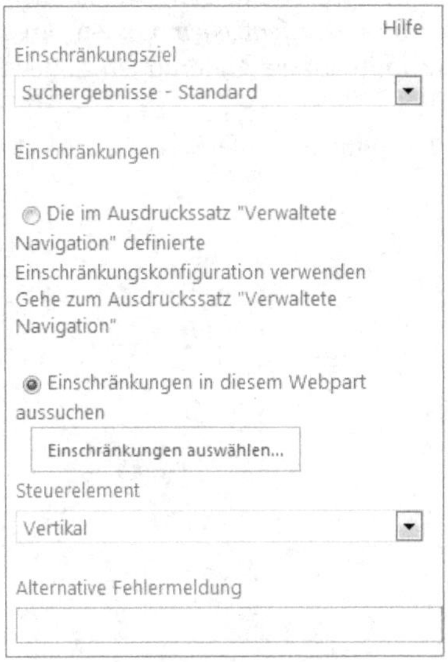

Einschränkung hinzufügen

Um verwaltete Eigenschaften als Einschränkungen zu nutzen, müssen Sie der Eigenschaft im Suchschema zusätzlich das Attribut *Einschränkbar* (refineable) sowie das Attribut *Abfragbar* (queryable) zuweisen. Erst dann stehen die verwalteten Eigenschaften zur Verfügung. Details zum Verwalten von verwalteten Eigenschaften finden Sie im Abschnitt »Suchschema«.

HINWEIS Tauchen die von Ihnen gewünschten Einschränkungen nicht in der Liste auf, prüfen Sie zunächst, ob eine vollständige Durchforstung durchgeführt wurde und die entsprechenden Eigenschaften der Websitesammlung hinzugefügt wurden.

In SharePoint 2010 war es an dieser Stelle erforderlich, eine komplizierte XSLT-Struktur zu bearbeiten, um die gewünschten, verwalteten Eigenschaften dem Webpart als Einschränkungen hinzufügen zu können. Dies war äußerst fehleranfällig, und durch fehlende Kontrollmechanismen wurde die Fehlerisolation zusätzlich erschwert. In SharePoint 2013 wurde dieses Verfahren weitgehend vereinfacht:

1. Wechseln Sie auf der gewünschten Suchvertikalen in den Editiermodus der Seite, indem Sie im *Einstellungen*-Menü (das Zahnradsymbol) auf *Seite bearbeiten* klicken.
2. Öffnen Sie die Einstellungen des Einschränkung-Webparts.
3. Klicken Sie auf *Einschränkung hinzufügen*. Es öffnet sich ein Dialogfeld mit der Verwaltungsoberfläche der Einschränkungen (Abbildung 11.43).
4. Suchen Sie in der Liste der *Verfügbaren Einschränkungen* die Eigenschaft heraus, die dem Einschränkung-Webpart hinzufügt werden soll. Klicken Sie auf die Schaltfläche *Hinzufügen >*, um die Eigenschaft in die Liste *Ausgewählte Einschränkungen* zu übernehmen.
5. Stellen Sie sicher, dass die gerade hinzugefügte Eigenschaft ausgewählt ist.

Abbildg. 11.43 Konfiguration der Einschränkungen für das Einschränkung-Webpart

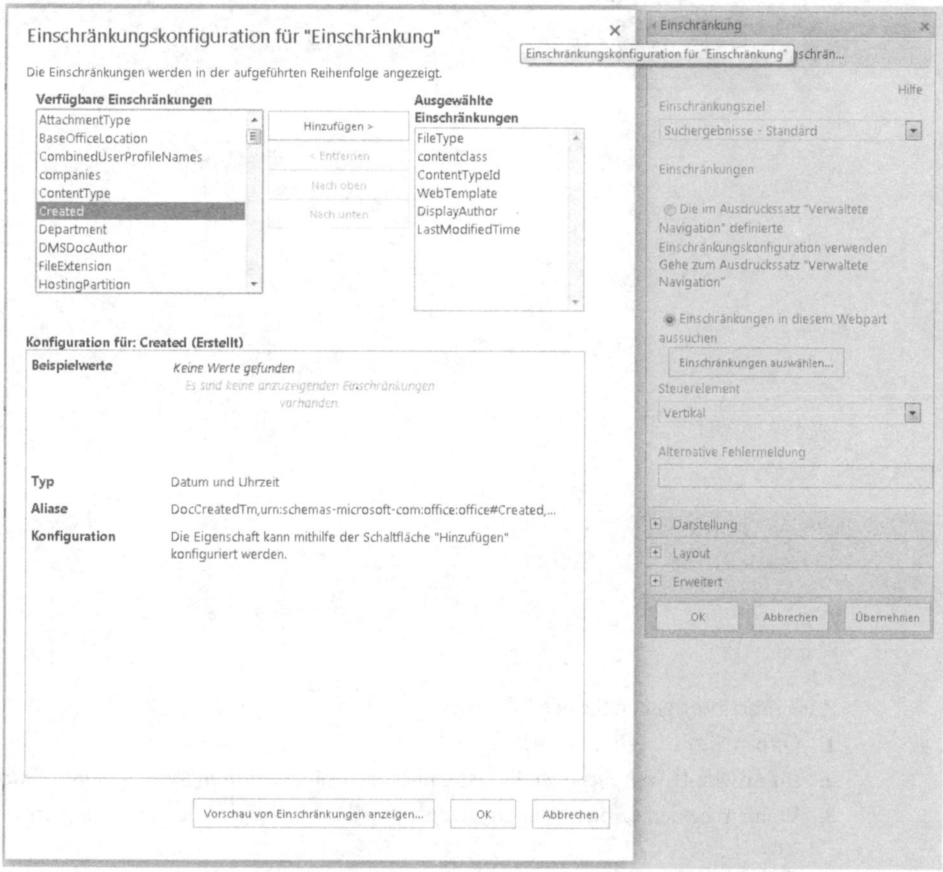

6. Im Bereich *Konfiguration für:* bestimmen Sie den Anzeigenamen und die Darstellung der Einschränkung. Wählen Sie eine der verfügbaren Anzeigevorlagen aus, um die Einschränkung entsprechend der Vorlage anzuzeigen. Alternativ erstellen Sie an dieser Stelle benutzerdefinierte Anzeigevorlagen oder passen vorhandene Anzeigevorlagen an, um die gewünschte Darstellung zu erreichen.
7. Mit den beiden Schaltflächen *Nach oben* und *Nach unten* bestimmen Sie die Sortierung der Einschränkungen. Verschieben Sie die konfigurierte Einschränkung an die gewünschte Position.
8. Kontrollieren Sie die Einstellungen, indem Sie die Vorschaufunktion nutzen. Klicken Sie dafür auf die Schaltfläche *Vorschau von Einschränkungen anzeigen*.
9. Klicken Sie auf *OK*, um die Änderungen zu übernehmen, und speichern Sie die Webparteinstellungen ebenfalls mit *OK*.

Einschränkungen mit Anzahlanzeige

Wie bei FAST können Sie auch in SharePoint 2013 Einschränkungen mit der absoluten Anzahl der zutreffenden Elemente versehen (Abbildung 11.44). Hierfür sind zumindest Rechte der Gruppe *Designer* erforderlich.

Abbildg. 11.44 Einblenden der absoluten Anzahl der Ergebniselemente

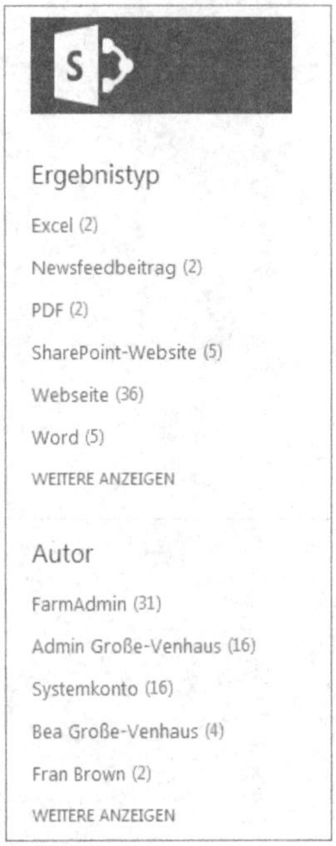

Zur Einrichtung gehen Sie wie folgt vor:

1. Öffnen Sie die *Websiteeinstellungen*.
2. Im Abschnitt *Web-Designer-Kataloge* klicken Sie auf *Gestaltungsvorlagen und Seitenlayouts*.
3. Wählen Sie den Ordner *Display Templates* (*Anzeigevorlagen*) aus und hier den Unterordner *Filters*.
4. Öffnen Sie die Datei *Filter_Default.html* in einem HTML- oder Text-Editor. Klicken Sie dazu im Menüband auf der Registerkarte *Bibliothek* auf *Mit Explorer öffnen* oder öffnen Sie die Bibliothek als Netzlaufwerk.

TIPP Alternativ können Sie die Anzeigevorlage kopieren und die Änderungen in der neuen Anzeigevorlage umsetzen. Sie können so jede Einschränkung für sich mit oder ohne Anzahlanzeige versehen, indem Sie die Anzeigevorlage für die gewünschten Einschränkungen ändern.

Listing 11.12 Anzeige der Anzahl aktivieren

```
...
<body>
    <div id="4">
<!--#_
        this.Options = {
            ShowClientPeoplePicker: false,
            ShowCounts: true
        };
...
</body>
</html>
```

5. Suchen Sie nach der Zeile *ShowCounts: false* und ändern Sie diese in *ShowCounts: true*. Sie finden diese Zeile im <*Body*>-Element innerhalb der Optionendefinition (Listing 11.12).

Speichern Sie die Datei abschließend.

Best Practices

Befolgen Sie bei der Implementierung der Suche die allgemeinen Empfehlungen der Tabelle 11.3.

Tabelle 11.3 Empfehlungen für die Suchintegration

OK	Best Practices
✓	Speichern Sie Ihre wichtigsten Inhalte in SharePoint, um die bestmögliche Sucherfahrung anbieten zu können
✓	Strukturieren Sie Inhalte in SharePoint hierarchisch nach Websites und nach Sprachbereichen, um eine gute Beeinflussbarkeit des Rankings bei guter Benutzertransparenz zu ermöglichen
✓	Ermutigen Sie Ihre Benutzer, konsistente und umfangreiche Metadaten für ihre Sites und Inhalte anzulegen. Diese Informationen können somit gewinnbringend für Verfeinerungen der Suchergebnisse verwendet werden und bringen Benutzer dazu, die Suche in ihren Arbeitsalltag zu integrieren.
✓	Verwenden Sie autorisierende Seiten, um besonders relevante Inhalte einfach höher zu gewichten und den Benutzern bevorzugt in den Suchergebnissen anzuzeigen
✓	Isolieren Sie in großen Umgebungen die SPS3-Daten in einer separaten Inhaltsquelle
✓	Optimieren Sie die kontinuierliche Durchforstung in Umgebungen mit websitesammlungsübergreifender Veröffentlichung durch eine Minimierung der inkrementellen Durchforstungsintervalle

Zusammenfassung

Die Suche ist fast schon das Schweizer Taschenmesser einer professionellen SharePoint-Implementierung. In diesem Kapitel wurden Ihnen nur einige wenige Beispiele demonstriert, mit deren Hilfe Sie Ihre SharePoint-Umgebung optimieren und attraktiver für die Verwendung durch Ihre Benutzer gestalten können.

Zahlreiche weitere Themen, wie die Ranking-Merge-Problematik bei Partnerverbundsuchen und Integration externer Datenquellen in die Suche wurden in diesem Kapitel zwar nicht behandelt, erweitern aber den Aktionsradius Ihrer SharePoint-Farm gravierend.

Das folgende Kapitel widmet sich den Grundlagen und Anwendungsszenarien der sich stark im Wandel befindlichen Authentifizierungswelt in SharePoint.

Kapitel 12

Authentifizierung

In diesem Kapitel:

Anspruchsbasierte Authentifizierung	938
Windows-Authentifizierung	964
Einrichten unterschiedlicher Authentifizierungsanbieter für unterschiedliche Zonen	992
Server-zu-Server-Authentifizierung	993
Best Practices	996
Zusammenfassung	997

In diesem Kapitel erfahren Sie alles Wissenswerte über die Konfiguration der in SharePoint unterstützten Authentifizierungsanbieter. Aufgrund der Komplexität des Themas empfiehlt es sich, zuvor den zugehörigen Planungsabschnitt in Kapitel 3 durchzuarbeiten.

In diesem Kapitel wird die direkte Authentifizierung des Clients gegenüber SharePoint betrachtet. Sollten Sie eine Präauthentifizierungsinstanz wie den auf Windows Server 2012 R2 basierenden Webanwendungsproxy (Web Application Proxy) oder die Big IP von F5 einbeziehen, finden Sie hierzu im folgenden Kapitel 13 weiterführende Informationen.

Anspruchsbasierte Authentifizierung

Bei Verwendung von anspruchsbasierten anstelle von Windows-integrierten Identitäten ruft ein Benutzer ein digital signiertes Sicherheitstoken von einem allgemein vertrauenswürdigen Identitätsanbieter ab. Das jeweilige Token enthält nun einen Satz von Ansprüchen, wobei jeder Anspruch bestimmte Attribute der Benutzeridentität wie z.B. Name, E-Mail-Adresse oder Gruppenmitgliedschaften enthält. Anwendungen, die die anspruchsbasierte Authentifizierung unterstützen, rufen somit anstelle von Anmeldeinformationen das besagte Sicherheitstoken von Benutzern ab und verwenden die Informationen in den Ansprüchen zum Bestimmen des Zugriffs auf Ressourcen.

Die anspruchsbasierte Authentifizierung in SharePoint bzw. Windows basiert auf der Windows Identity Foundation (WIF), einem Satz von .NET Framework-Klassen, mit denen die anspruchsbasierte Identität implementiert wird. Weitere relevante Standards in diesem Kontext sind WS-Federation, WS-Trust und Protokolle wie etwa SAML (Security Assertion Markup Language). SharePoint 2013 unterstützt standardmäßig die Windows-, formularbasierte und die SAML-basierte Forderungsauthentifizierung.

HINWEIS Die anspruchsbasierten Authentifizierungsmethoden gelten theoretisch als die empfohlenen Authentifizierungsmethoden für SharePoint 2013. In der Praxis bedeutet dies jedoch nicht, dass Sie zwangsläufig eine SAML- oder auf den Active Directory-Verbunddienst (Active Directory Federation Services, AD FS) basierende Authentifizierung verwenden müssen, sondern vielmehr, dass Sie standardmäßig eine forderungsbasierte Webanwendung erstellen, um dort durchaus weiterhin Windows-integrierte Authentifizierungsprotokolle wie NTLMv2 oder Kerberos zum Einsatz zu bringen.

Während in SharePoint 2010 die forderungsbasierte Authentifizierung (Claims) noch mit zahlreichen Einschränkungen in der Verwendbarkeit einzelner Komponenten und Funktionen einherging, ist es in SharePoint 2013 umgekehrt: Sollten Sie auf den sogenannten klassischen Authentifizierungsmodus setzen, müssen Sie ebenso zahlreiche Einschränkungen in Kauf nehmen. Vor diesem Hintergrund ist eine Auseinandersetzung mit der anspruchsbasierten Authentifizierung in SharePoint 2013 unabdingbar, wobei die in diesem Abschnitt angeführten Authentifizierungsansprüche nicht zwingend in den Fokus Ihrer Bemühungen rücken sollten. Behalten Sie vielmehr im Hinterkopf, dass die Authentifizierungskonfiguration des Webanwendungsgerüsts nun standardmäßig forderungsbasiert vorkonfiguriert ist.

In der Vergangenheit wurde die anspruchsbasierte Authentifizierung zumeist als forderungsbasiert tituliert. Auch in der Gegenwart finden Sie den Begriff an einigen Stellen noch vor. Lassen Sie sich hierdurch nicht irritieren.

Windows-Authentifizierungsansprüche

Die Anmeldung auf Basis von Windows-Authentifizierungsansprüchen ist die standardmäßige und empfohlene Methode, Benutzer gegenüber SharePoint zu authentifizieren Die Anmeldung selbst erfolgt mit der integrierten Windows-Authentifizierung wie NTLM oder Kerberos. Nach dem Erstellen des *WindowsIdentity*-Objekts für den Benutzer wird dieses von dem Sicherheitstokendienst (Security Token Service, STS) in ein *ClaimsIdentity*-Objekt für die anspruchsbasierten Authentifizierung von SharePoint Server konvertiert (Abbildung 12.1).

Abbildg. 12.1 Standardmäßiges Authentifizierungsszenario

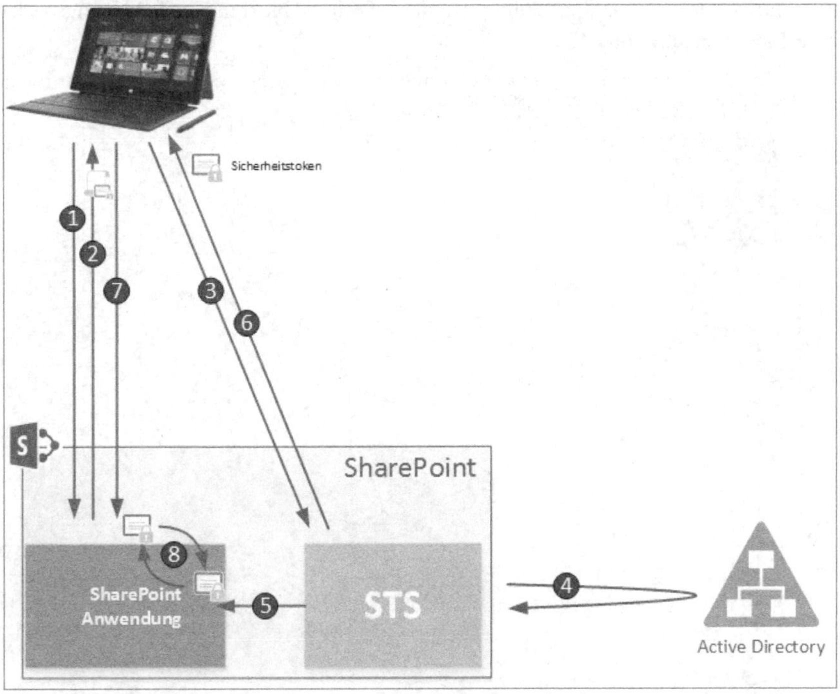

1. Der Client fordert anonym bei der SharePoint-Webanwendung eine Seite an.
2. SharePoint sendet die benötigte Authentifizierungsmethode und Informationen zu dem benötigten Identitätsprovider.
3. Der Client sendet eine Authentifizierungsanforderung mit seinen Windows-Berechtigungen an den Sicherheitstokendienst (STS).
4. Der Sicherheitstokendienst (STS) validiert die Windows-Berechtigungen des Clients gegen Active Directory und erhält eine Liste von Mitgliedschaften.
5. Nach einer erfolgreichen Authentifizierung, schickt der Sicherheitstokendienst (STS) ein signiert und verschlüsseltes Token an die SharePoint-Webanwendung.
6. Der Sicherheitstokendienst (STS) sendet das ausgestellte Token an den Client.
7. Der Client authentifiziert sich mit dem ausgestellten Sicherheitstoken gegenüber SharePoint.
8. SharePoint validiert das vom Client übergebene Token.

Formularbasierte Authentifizierungsansprüche

Die formularbasierte Authentifizierung besteht aus einer benutzerdefinierte Identitätsverwaltung. Das heißt die Benutzer werden nicht wie üblich über Active Directory authentifiziert, sondern durch die Implementierung eines Mitgliedschaftsanbieters, der Schnittstellen zum Identifizieren und Authentifizierung von Benutzern bereitstellt. Optional haben Sie auch die Möglichkeit, eine eigene Rollenverwaltung in Form eines Rollenanbieters, der Methoden für die Rollenverteilung Ihrer Benutzer bereitstellt, zu implementieren. In diesem Szenario werden die Benutzer aufgefordert, ihre Anmeldedaten in Form von Anmeldename und Passwort zu bestätigen. Nachdem der Mitgliedschaftsanbieter diese gegen eine Quelle mit Benutzerdaten verifiziert hat, konvertiert der Sicherheitstokendienst (STS) von SharePoint 2013 das Identitätsobjekt in eine forderungsbasierte Identität (Claims Identity, Abbildung 12.2).

Abbildg. 12.2 Formularbasiertes Authentifizierungsszenario

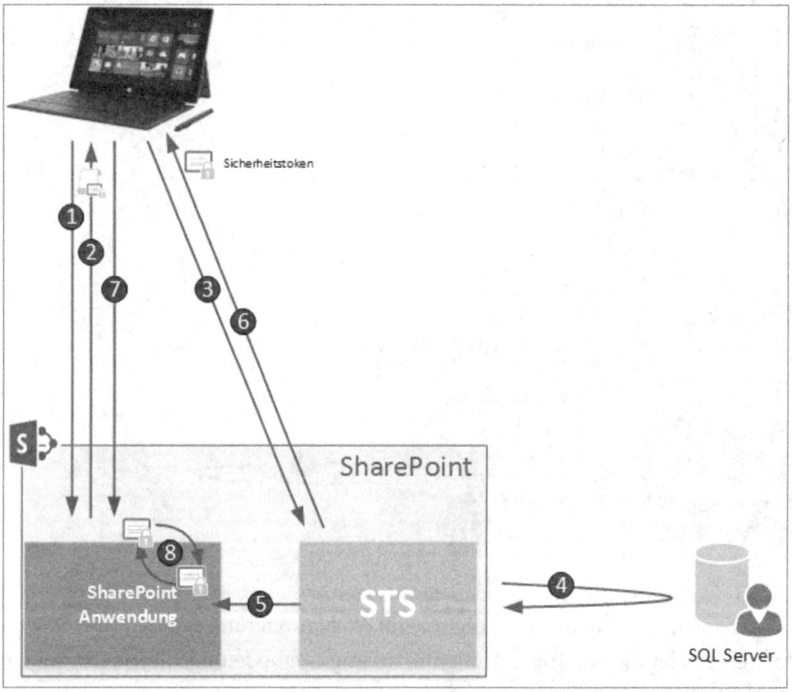

Wie in Abbildung 12.2 zu erkennen ist, ähnelt der Ablauf der Authentifizierung und Autorisierung dem der standardmäßigen, forderungsbasierten Windows-Authentifizierung. Der Unterschied besteht in der verwendeten Quelle für Benutzeranmeldeinformationen, welche abhängig vom verwendeten Mitgliedschaftsanbieter ist. Durch das Einbinden einer solchen benutzerdefinierten Identitätsverwaltung ist es möglich, sich gegenüber den verschiedensten Quellen wie zum Beispiel einer SQL-Datenbank oder auch der Benutzerverwaltung eines fremden Active Directory zu authentifizieren.

1. Der Client fordert anonym bei der SharePoint-Webanwendung eine Seite an.
2. SharePoint sendet die benötigte Authentifizierungsmethode und Informationen zu dem benötigten Identitätsprovider.

3. Der Client sendet eine Authentifizierungsanforderung mit Authentifizierungsdaten, meist in Form von Anmeldename und Passwort, an den Sicherheitstokendienst (STS).

ACHTUNG Bei der formularbasierten Authentifizierung werden Anmeldeinformationen im Klartextformat gesendet. Aus diesem Grund sollten Sie die formularbasierte Authentifizierung nur in Verbindung mit SSL (Secure Sockets Layer) zum Verschlüsseln des Websitedatenverkehrs verwenden.

4. Der Sicherheitstokendienst (STS) validiert die Windows-Berechtigungen des Clients gegen die benutzerdefinierte Identitätsverwaltung, wie zum Beispiel eine SQL Server-Datenbank.
5. Nach erfolgreicher Authentifizierung schickt der Sicherheitstokendienst (STS) ein signiertes und verschlüsseltes Token an die SharePoint-Webanwendung.
6. Der Sicherheitstokendienst (STS) sendet das Token an den Client.
7. Der Client authentifiziert sich mit dem ausgestellten Sicherheitstoken gegenüber SharePoint.
8. SharePoint validiert das vom Client übergebene Token.

HINWEIS Da ab diesem Zeitpunkt SharePoint wie bei Windows- oder SAML-basierenden Anforderungsansprüchen mit dem Claims Identity-Objekt arbeitet, bestehen keine Einschränkungen mehr, wie sie noch in SharePoint 2010 existierten.

Formularbasierte Authentifizierung einrichten

In diesem Abschnitt wird Ihnen anhand des *SqlMembershipProvider* aus .NET Framework aufgezeigt, wie Sie eine formularbasierte Authentifizierung unter SharePoint 2013 realisieren können. Für dieses Beispiel wird die SQL Server-Instanz der SharePoint-Farm verwendet, um die Authentifizierungsdatenbank des Mitgliedschaftsanbieters zu hosten.

HINWEIS Sie können den *SqlMembershipProvider* nicht ohne SQL Server verwenden. Ist auf Ihrem Server die SQL Server Express-Edition mit dem Standardinstanzennamen installiert und parallel die Benutzerinstanziierung aktiviert, erstellt der *SqlMembershipProvider* beim erstmaligen Ausführen der Anwendung im *App_Data*-Verzeichnis der Webanwendung eine Authentifizierungsdatenbank namens *aspnetdb*.

SQL Server-Authentifizierungsdatenbank einrichten

Um die Benutzerdaten und Rollen für die Verwendung des *SqlMembershipProvider* zu speichern und zu verwalten, wird eine entsprechende Authentifizierungsdatenbank benötigt. Diese können Sie mit dem ASP.NET SQL Server-Registrierungstool *aspnet_regsql.exe* auf einfache Weise automatisiert generieren. Mithilfe des Tools können einer vorhandenen Datenbank Optionen hinzugefügt oder aus dieser entfernt werden. Sie finden es auf jedem System vor, auf dem .NET Framework installiert ist (im Verzeichnis *%SystemRoot%\Microsoft.NET\Framework\<Version>*). Der Platzhalter *<Version>* steht in diesem Fall für die .NET Framework-Version. Werden auf dem Computer mehrere .NET Framework-Versionen parallel ausgeführt, sind unter Umständen mehrere Versionen des Tools installiert. Verwenden Sie für SharePoint 2013 den *SqlMembershipProvider* aus ASP.NET 4, das im Verzeichnis *%SystemRoot%\Microsoft.NET\Framework64\v4.0.30319* zu finden ist.

Sie können *aspnet_regsql.exe* für das Hinzufügen von Datenbankelementen über die Eingabeaufforderung ausführen. Ein Beispiel für den Aufruf ist der folgende Befehl:

```
aspnet_regsql.exe -S SQL01.dev.local -E –A mr –d ASPBenutzer
```

Der Parameter *E* weist das Tool an, die integrierte Windows-Authentifizierung für die Anmeldung am SQL-Server zu verwenden. Sie können stattdessen auch die Parameter *U* für den Benutzer und *P* für das Benutzerpasswort zum Anmelden mit einer SQL Server-Authentifizierung verwenden. Diese beiden Parameter können nur in Kombination verwendet werden. Der Parameter *S* gibt die SQL Server-Instanz an, in welche die Authentifizierungsdatenbank anzulegen ist. Der Parameter *d* gibt den Namen der anzulegenden Datenbank an.

WICHTIG Zum Anlegen der Datenbank für die Anwendungsdienste muss die SQL Server-Anmeldung der Rolle *db_ddladmin* und *db_securityadmin* der SQL Server-Datenbank hinzugefügt werden.

Alternativ verwenden Sie zum Anlegen der Authentifizierungsdatenbank die grafische Oberfläche von *aspnet_regsql.exe*:

1. Im Willkommensdialogfenster klicken Sie auf Weiter und wählen im darauffolgenden Dialogfeld *Setupoption auswählen* die Option *SQL Server für Anwendungsdienste konfigurieren.*

Abbildg. 12.3 Das Dialogfeld zur Auswahl von Setupoption in *aspnet_regsql.exe*

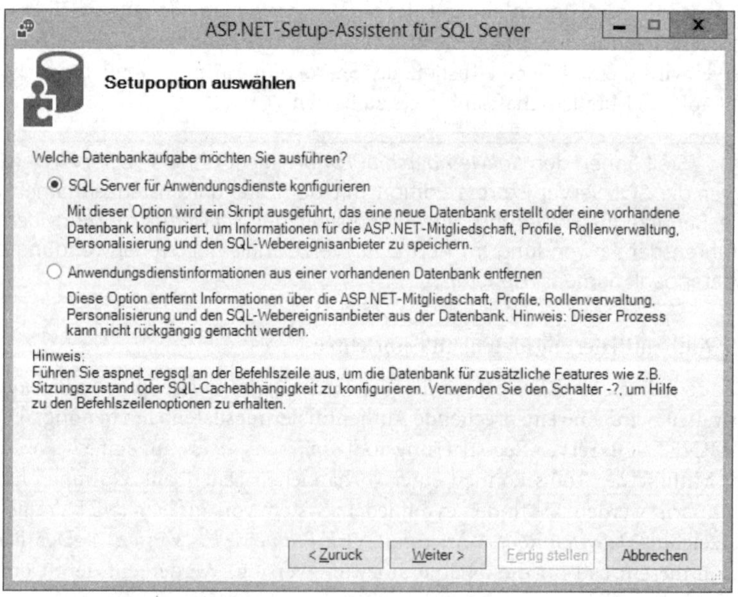

2. Geben Sie den SQL-Server, den Namen der Authentifizierungsdatenbank und die Anmeldeinformationen, die für das Herstellen der Verbindung mit dem SQL-Server verwendet werden sollen, an (Abbildung 12.4).

Abbildg. 12.4 Auswahl des SQL-Servers und der Authentifizierungsdatenbank

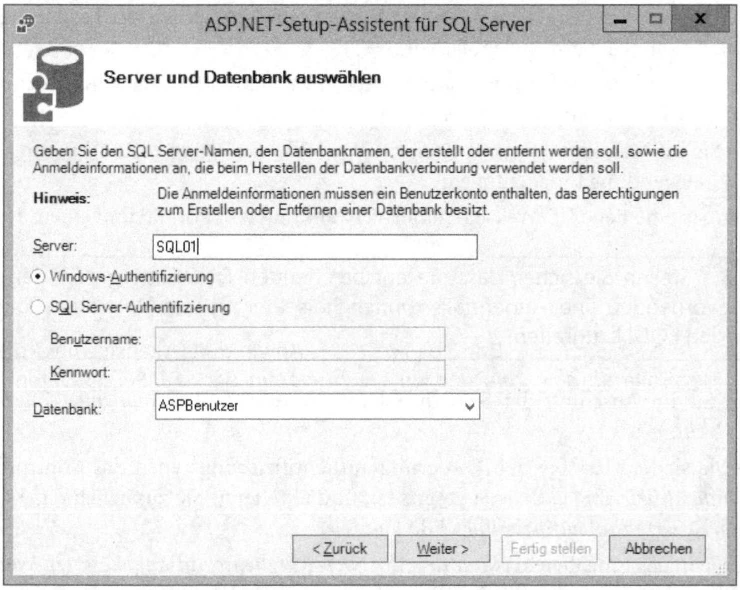

HINWEIS Aufgrund der Tatsache, dass Ihnen über die grafische Oberfläche von *aspnet_regsql.exe* weniger Optionen als über die Befehlszeile zur Verfügung stehen, empfehlen wir ihnen die parametrisierte Verwendung von *aspnet_regsql.exe*.

Nach Abschluss der Konfiguration finden Sie die neu erstellte Authentifizierungsdatenbank vor (Abbildung 12.5).

Abbildg. 12.5 Authentifizierungsdatenbank zur Verwendung mit dem SqlMembershipProvider

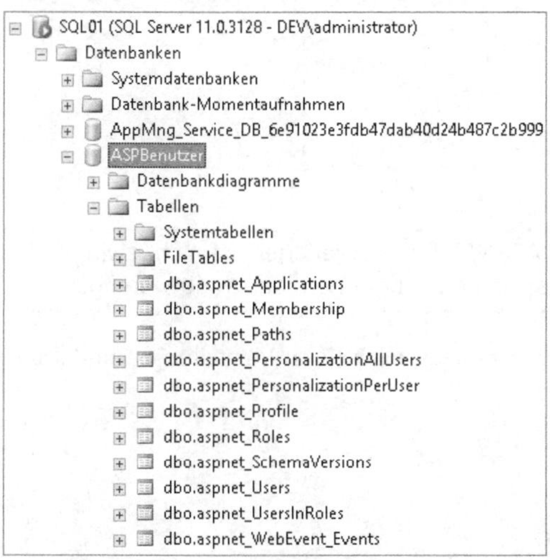

Webanwendung für die anspruchsbasierte Authentifizierung erstellen

In diesem Abschnitt wird eine SharePoint-Webanwendung mit aktivierter Forderungsauthentifizierung erstellt. Gehen Sie hierfür wie folgt vor:

1. Klicken Sie in der Zentraladministration unter *Anwendungsverwaltung* im Abschnitt *Webanwendungen* auf *Webanwendungen verwalten*.
2. Klicken Sie im Menüband auf der Registerkarte *Webanwendungen* auf *Neu*, um SharePoint eine neue Webanwendung hinzuzufügen.
3. Erstellen Sie eine neue IIS-Webseite unter Verwendung von Port *80* und einem *Hostheader*.

ACHTUNG Stellen Sie sicher, dass die entsprechenden DNS-Einträge für den angegebenen *Hostheader* vorhanden sind. Andernfalls können Sie später nicht auf Ihre SharePoint-Webanwendung über den FQDN zugreifen.

4. Wählen Sie im Abschnitt der Sicherheitskonfiguration unter *Anonymen Zugriff zulassen* die Option *Nein*.
5. Stellen Sie sicher, dass bei den Forderungsauthentifizierungstypen das Kontrollkästchen *Windows-Authentifizierung aktivieren* gesetzt ist, und aktivieren Sie zusätzlich das Kontrollkästchen *Formularbasierte Authentifizierung (FBA) aktivieren*.
6. Tragen Sie in das Eingabefeld *Name des ASP.NET-Mitgliedschaftsanbieters* den Wert *ASPBenutzer* und in das Feld *Name des ASP.NET-Rollen-Managers den* Wert *ASPGruppen* ein.

Abbildg. 12.6 Einstellungen für die Forderungsauthentifizierungstypen

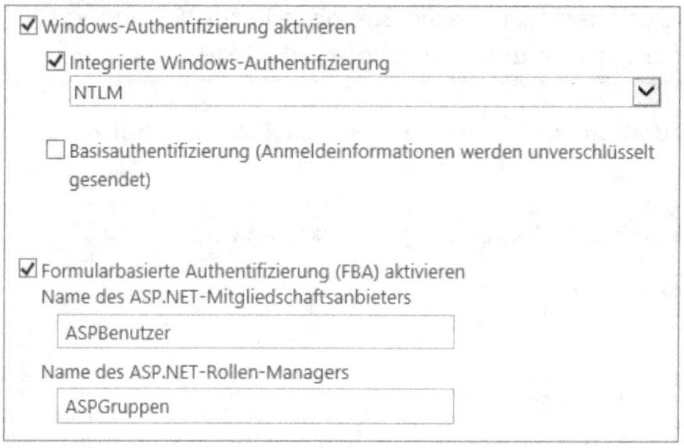

HINWEIS Die Verwendung eines ASP.NET-Rollen-Managers ist nicht zwingend erforderlich, für die Verwendung von gruppenbasierten Berechtigungen jedoch notwendig.

7. Konfigurieren Sie die verbleibenden Parameter nach Ihren Vorstellungen und schließen Sie die Erstellung der Webanwendung ab.

8. Nachdem Ihre SharePoint-Webanwendung erfolgreich erstellt wurde, öffnen Sie die Verwaltungskonsole der Internetinformationsdienste (IIS-Manager).
9. Navigieren Sie zu Ihrer Webanwendung.
10. Erstellen Sie eine Verbindungszeichenfolge für die Verbindung zur Authentifizierungsdatenbank (Abbildung 12.7).

Abbildg. 12.7 Hinzufügen einer Verbindungszeichenfolge

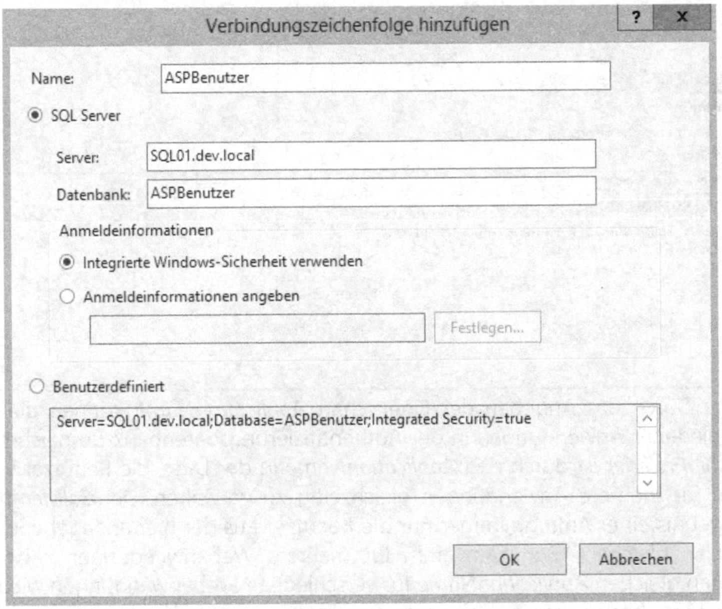

11. Öffnen Sie die Einstellungen für *Anbieter* und wählen Sie im Dropdownlistenfeld den Wert *.NET-Benutzer* aus (Abbildung 12.8).

Abbildg. 12.8 Auswahl des Anbieters

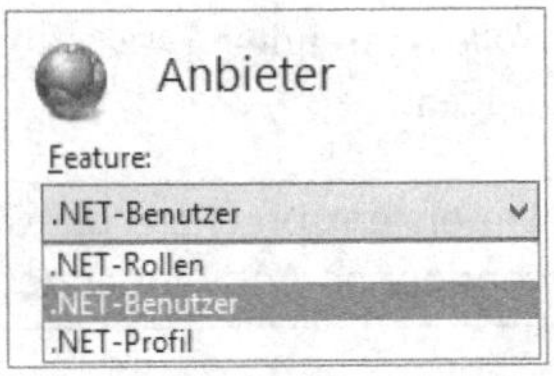

12. Fügen Sie jetzt den *SqlMembershipProvider* unter Verwendung der zuvor angelegten Verbindungszeichenfolge Ihrer Webanwendung hinzu (Abbildung 12.8).

Abbildg. 12.9 Dialogfeld zum Hinzufügen eines Mitgliedschaftsanbieters

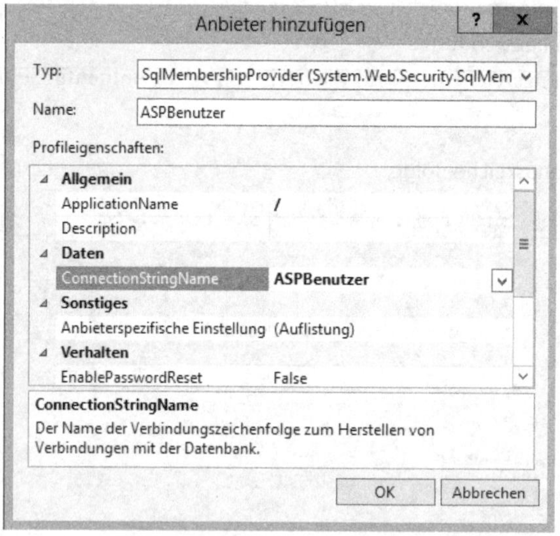

HINWEIS Durch das Angeben der Eigenschaft *ApplicationName* können die Benutzer und Rollen verschiedener Anwendungen in der Authentifizierungsdatenbank gespeichert werden. Der *SqlMembershipProvider* ist durch den *ApplicationName* in der Lage, die Benutzer voneinander zu trennen und für mehrere Anwendungen gleichzeitig zu verwalten. Der *SqlMembershipProvider* liefert als Ergebnis einer Anfrage immer nur die Benutzer aus der hier angegebenen Anwendung. Sollten Sie den gleichen Benutzerstamm für mehrere Webanwendungen verwenden wollen, können Sie den gleichen *ApplicationName* für verschiedene Webanwendungen wiederverwenden. Im Abschnitt *Verhalten* in den *Profileigenschaften* besteht die Möglichkeit, bestimmte Eigenschaften des Anbieters zu konfigurieren. Wir empfehlen hier die Option *StorePasswordInSecureFormat* auf die Eigenschaft *True* zu setzen, um die Benutzerpasswörter in verschlüsselter Form in der Authentifizierungsdatenbank abzulegen. Andernfalls sind diese im Klartext gespeichert und können leichter ausgelesen werden.

13. Wechseln Sie in den Features Ihrer Anbieter auf *.NET-Rollen*, um unter Verwendung der gleichen Verbindungszeichenfolge einen *SqlRoleProvider* hinzuzufügen.

ACHTUNG Die Namen der Anbieter müssen den Namen entsprechen, die Sie zuvor beim Anlegen der SharePoint-Webanwendung für die zu verwendenden Anbieter angegeben haben.

14. Abschließend wird die Konfigurationsdatei (*web.config*) der soeben konfigurierten Webanwendung bearbeitet. Öffnen Sie dazu die *web.config*-Datei im Verzeichnis *C:\Inetpub\wwwroot\wss\VirtualDirectories\[Webanwendung]*. Ersetzen Sie den Platzhalter *[Webanwendung]* durch den Namen der entsprechenden Anwendung. Durch die eben angewandten Einstellungen der Webanwendung sind nachfolgende Einträge der *web.config* hinzugefügt worden (Listing 12.1). Zu beachten ist, dass im Listing nur die neu hinzugekommenen Einträge dargestellt werden. Üblicherweise enthält die *web.config*-Datei noch einige weitere Einstellungen.

Listing 12.1 Zusätzliche Einträge der Datei *web.config*

```
<configuration>
   <connectionStrings>
      <add connectionString="Server=sql01;Database=ASPBenutzer;Integrated Security=true"
name="ASPBenutzer" />
   </connectionStrings>
   <system.web>
      <membership>
         <providers>
            <add name="ASPBenutzer" type="System.Web.Security.SqlMembershipProvider,
System.Web, Version=4.0.0.0, Culture=neutral, PublicKeyToken=b03f5f7f11d50a3a"
connectionStringName="ASPBenutzer" enablePasswordReset="true"
enablePasswordRetrieval="false" passwordFormat="Hashed"
requiresQuestionAndAnswer="false" requiresUniqueEmail="true" />
         </providers>
      </membership>
      <roleManager>
         <providers>
           <add name="ASPRollen" type="System.Web.Security.SqlRoleProvider, System.Web,
Version=4.0.0.0, Culture=neutral, PublicKeyToken=b03f5f7f11d50a3a"
connectionStringName="ASPBenutzer" />
         </providers>
      </roleManager>
   </system.web>
</configuration>
```

Zentraladministration- und Sicherheitstokendienst-Webanwendung konfigurieren

In diesem Abschnitt wird der *SqlMembershipProvider* der Webanwendung der Zentraladministration und der Sicherheitstokendienst-Webanwendung hinzugefügt. Durch das Hinzufügen des Mitgliedschaftsanbieters zur Zentraladministration ist es Ihnen möglich, Benutzer aus der Authentifizierungsdatenbank in der Zentraladministration direkt aufzulösen. Hierdurch können beispielsweise Benutzer, die über den *SqlMembershipProvider* lokalisiert werden, direkt beim Anlegen einer SharePoint-Websitesammlung als Websitesammlungsadministrator hinzugefügt werden. Weitere Verfahren wie das Zuweisen von Benutzern zu einer Benutzerrichtlinie erfordern diese Integration ebenfalls. Das Konfigurieren des Mitgliedschaftsanbieters zur Sicherheitstokendienst-Webanwendung ist hingegen von entscheidender Bedeutung. Dieser ist für die Authentifizierung und Autorisierungen der Anfragen an forderungsbasierte Webanwendungen zuständig und generiert aus den Benutzer und Rolleninformationen der Authentifizierungsdatenbank einen Token zur Anmeldung an der Seite. Die Konfiguration besteht in der Übersicht aus folgenden Operationen:

- Erstellen einer Verbindungszeichenfolge
- Hinzufügen eines .NET-Rollenanbieters
- Hinzufügen eines .NET-Mitgliedschaftsanbieters

Wiederholen Sie dazu die Schritte 9 bis 14 aus dem vorherigen Abschnitt »Webanwendung für die anspruchsbasierte Authentifizierung erstellen« für die Webanwendungen der Zentraladministration und des Sicherheitstokendiensts in der noch geöffneten IIS-Verwaltungskonsole.

Zugriff auf SQL Server-Authentifizierungsdatenbank erstellen

In diesem Bespiel wird für den Zugriff auf die Authentifizierungsdatenbank und das Ermitteln der Benutzer und Rolleninformationen die integrierte Windows-Authentifizierung konfiguriert. Hierbei wird die Identität des Anwendungspoolkontos verwendet, um sich an SQL Server zu authentifizieren. Zum Berechtigen der Konten gehen Sie wie folgt vor:

1. Notieren Sie sich die Anwendungspoolkonten der konfigurierten Webanwendungen aus der IIS-Verwaltungskonsole. Wählen Sie dazu in der Navigationsleiste den Knoten *Anwendungspools* und entnehmen Sie dem rechten Bereich der Konsole die Identität des Anwendungspools. Falls Ihnen nicht bekannt sein sollte, welchen Anwendungspool die betroffenen Webanwendungen verwenden, können Sie diese identifizieren, indem Sie in der Verwaltungskonsole die *Erweiterten Einstellungen* der Webanwendung öffnen (Abbildung 12.10).

Abbildg. 12.10 Erweiterte Einstellungen einer im IIS gehosteten Webanwendung

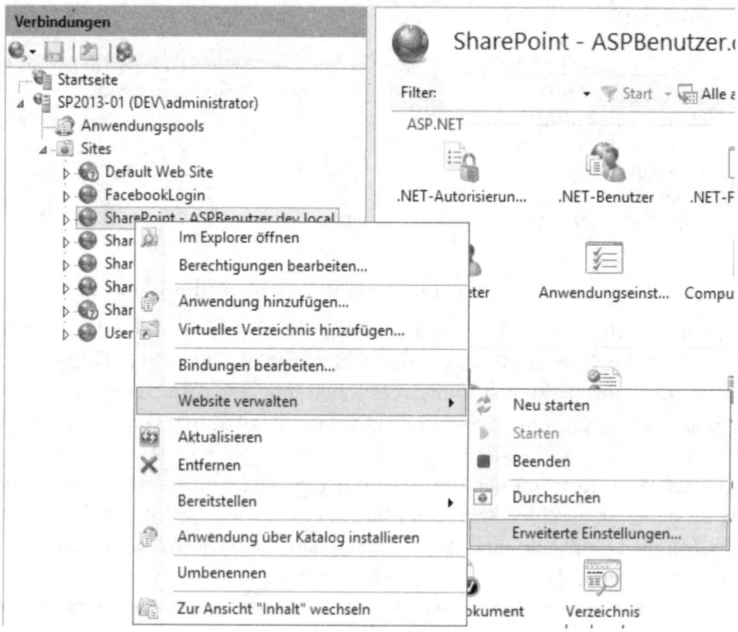

2. Öffnen Sie das SQL Server-Management Studio.
3. Navigieren Sie im Objekt-Explorer über den Knoten *Sicherheit* zu den Anmeldungen.

HINWEIS Haben Sie die Authentifizierungsdatenbank in der SQL Server-Instanz angelegt, in der sich auch die SharePoint-Webanwendungsdatenbanken befinden, sind die zu berechtigenden Konten hier bereits angeführt. Falls dies nicht der Fall sein sollte, erstellen Sie für die Konten entsprechend eine neue Anmeldung.

4. Öffnen Sie die Einstellungen des Kontos.
5. Navigieren Sie zur Seite *Benutzerzuordnung* und fügen Sie dem Konto die Anmeldung für die Authentifizierungsdatenbank hinzu.

6. Weisen Sie dem Konto die Mitgliedschaft für die Datenbankrollen zu (Abbildung 12.11):
   - *aspnet_Membership_FullAccess*
   - *aspnet_Roles_FullAccess*

Abbildg. 12.11 Anmeldungseigenschaften in SQL Server

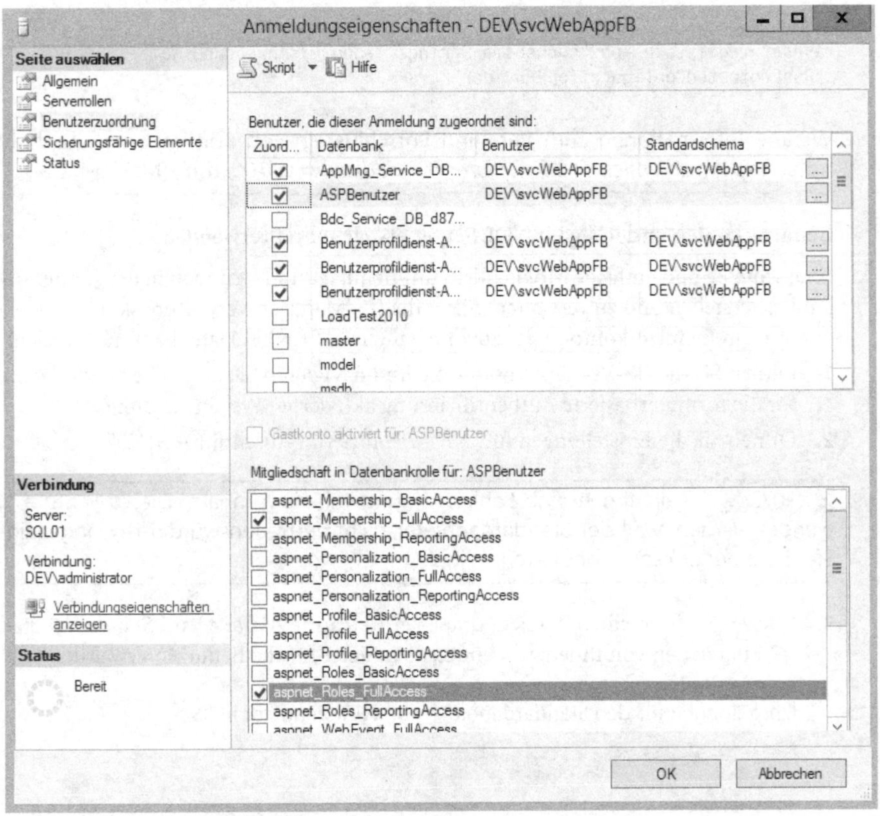

7. Wiederholen Sie den Vorgang für die zuvor notierten Konten.

HINWEIS Weiterführende Informationen zu Rollen und Ansichten in der Datenbank für die Anwendungsdienste für SQL Server finden Sie unter *http://msdn.microsoft.com/library/ms164596.aspx* [Ms156-K12-01].

Alternativ haben Sie auch die Möglichkeit, mithilfe der SQL Server-Authentifizierung den Zugriff auf die Authentifizierungsdatenbank zu gewähren. Dazu muss die Serverauthentifizierung von SQL Server auf *SQL Server und Windows-Authentifizierungsmodus* abgeändert werden und eine SQL Server-Anmeldung mit den gleichen Berechtigungen wie zuvor für die Benutzer der Anwendungspools eingerichtet werden. Geben Sie anschließend den SQL Server-Benutzer und das Passwort in der von dem Mitgliedschaftsanbieter verwendeten Verbindungszeichenfolge in der IIS-Verwaltungskonsole mit an.

ACHTUNG Bei der Verwendung von Anmeldeinformationen für eine Verbindungszeichenfolge werden Benutzername und Passwort im Klartext in der *web.config*-Datei der Anwendung gespeichert. Wir empfehlen daher, die Verbindungszeichenfolge zu verschlüsseln. Für die Verschlüsselung der Verbindungszeichenfolge, verwenden Sie die Anwendung *aspnet_regiis.exe,* die Sie im Verzeichnis *%SystemRoot%\Microsoft.NET\Framework64\v4.0.30319* finden.

```
aspnet_regiis.exe -pe "connectionStrings" -app "/<AnwendungsName>" -prov
"RsaProtectedConfigurationProvider"
```

Weitere Informationen zum Ver- und Entschlüsseln von Konfigurationsabschnitten finden Sie unter *http://msdn.microsoft.com/library/zhhddkxy(v=vs.100).aspx* [Ms156-K12-02].

Benutzerkonten und Rollen in SQL Server erstellen und verwenden

Eine schnelle und einfache Möglichkeit, um Benutzer und Gruppen in der Authentifizierungsdatenbank zu erstellen und zu verwalten, bietet die IIS-Manager-Verwaltungskonsole. Gehen Sie wie folgt vor, um ein Benutzerkonto in der zuvor erzeugten ASP.NET-Datenbank zu erstellen:

1. Öffnen Sie die IIS-Verwaltungskonsole und navigieren Sie in den Verbindungen zur erweiterten, für die formularbasierte Authentifizierung aktivierten Webanwendung.
2. Öffnen Sie die Einstellungen für *.NET-Benutzer* im Abschnitt *ASP.NET.*

HINWEIS Falls Ihnen eine Fehlermeldung mit dem Inhalt »Dieses Feature kann nicht verwendet werden, weil der Standardanbieter nicht vertrauenswürdig ist« angezeigt wird, können Sie diese bedenkenlos ignorieren.

3. Klicken Sie im rechten Bereich, unter der Kategorie *Aktionen* auf *Standardanbieter festlegen* und selektieren den von Ihnen verwendeten Anbieter für die Benutzerverwaltung (Abbildung 12.12).

Abbildg. 12.12 Einstellungen für den Standardanbieter für .NET-Benutzer in IIS

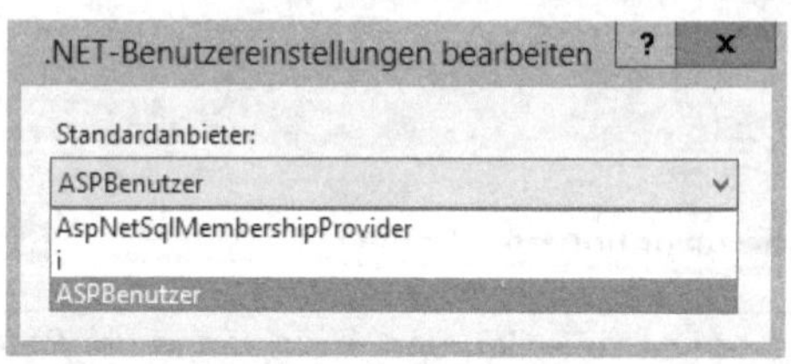

4. Legen Sie den Standardanbieter für *.NET-Rollen* auf den von Ihnen verwendeten Anbieter für Rollenverwaltung fest.

ACHTUNG Mit dieser Einstellung der Standardanbieter für Benutzer und Rollenverwaltung ist es nicht mehr möglich, sich an der Webanwendung anzumelden. Verwenden Sie diese Methode nur in einem nicht produktiven Umfeld. Es ist zwingend erforderlich, dass Sie die Einstellung des Standardanbieters nach dem Anlegen von Benutzern und Gruppen wieder rückgängig machen.

5. Wechseln Sie zurück zur Ansicht *.NET-Benutzer*, um Benutzer zur Authentifizierungsdatenbank hinzuzufügen (Abbildung 12.13).

Abbildg. 12.13 Hinzufügen eines Benutzers über IIS

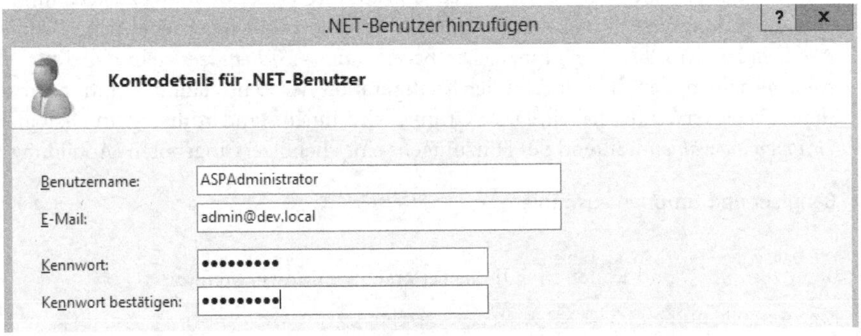

6. Wechseln Sie zur Ansicht *.NET-Rollen*, um Benutzergruppen zur Verwendung mit der .NET-Benutzer- und Formularauthentifizierung zu verwalten, und fügen Sie ihrer Authentifizierungsdatenbank die benötigten Gruppen hinzu.
7. Setzen Sie den Standardanbieter für .NET-Benutzer und .NET-Rollen der Webanwendung wieder auf den ursprünglichen Wert zurück.

Eine weitere Möglichkeit, um Benutzer und Rollen in der Datenbank zu verwalten, ohne das Anmeldeverhalten Ihrer Webanwendung zu beeinträchtigen, besteht darin, eine leere Webanwendung über die IIS-Verwaltungskonsole anzulegen und für die formularbasierte Authentifizierung (wie zuvor für die Webanwendung) zu konfigurieren. Diese kann im Anschluss ausschließlich zum Verwalten von Benutzern und Rollen verwendet werden. Eine elegante Lösung mit erweiterten Funktionen wie Passwort ändern, Passwort zurücksetzen und umfassender Funktionalität zur Verwaltung von Benutzerdaten und Rolleninformationen bietet das SharePoint 2013 FBA Pack von CodePlex. Falls Sie die Benutzerverwaltung durch eine Eigenentwicklung selbst in die Hand nehmen möchten, lassen sich sämtliche Transaktionen, wie zum Beispiel das Anlegen eines Benutzers, in der Authentifizierungsdatenbank über die API der Mitgliedschaftsanbieters ansteuern:

```
Membership.CreateUser("Username","P@sswOrd", userName@emailAddress")
```

HINWEIS Weiterführende Informationen zum API des Mitgliedschaftsanbieters finden Sie im MSDN unter *http://msdn.microsoft.com/library/system.web.security.membershipprovider(v=vs.110).aspx* [Ms156-K12-03].

ACHTUNG Alle Anwendungen, welche die forderungsbasierte Authentifizierung verwenden, greifen unabhängig von der verwendeten Authentifizierungsmethode (Windows/SAML/Formular) letztlich auch auf den Sicherheitstokendienst zurück. Der verwendete Anbieter für den Sicherheitstokendienst lautet für Benutzer *SPClaimsAuthMembershipProvider* und erhält den Bezeichner »i«. Für die Rollenverwaltung wird in SharePoint der *SPClaimsAuthRoleProvider* mit dem Namen »c« verwendet. Der Name für die in SharePoint standardmäßig verwendeten Anbieter ist anwendungsübergreifend gleich und sollte nicht verändert werden.

Benutzerverwaltung und Anmeldung an SharePoint

Nachdem Sie die forderungsbasierte Authentifizierung vollständig eingerichtet haben, können Benutzer und Gruppen aus der Authentifizierungsdatenbank innerhalb von SharePoint berechtigt werden. Um zum Beispiel alle Benutzer der Datenbank auf Ihre Webanwendung zu berechtigen, öffnen Sie die Webanwendungsverwaltung der Zentraladministration und fügen eine neue Benutzerrichtlinie für *Alle Benutzer (ASPBenutzer)* hinzu. Die Bezeichnung *ASPBenutzer* steht dabei für den verwendeten Anbieternamen, den Sie während der Konfiguration der Zentraladministration für den *SqlMembershipProvider* verwendet haben. Diese Gruppe wird Ihnen standardmäßig im Dialogfeld *Benutzer und Gruppen auswählen* während des Hinzufügens eines Benutzers angeboten (Abbildung 12.14).

Abbildg. 12.14 Benutzer und Gruppen auswählen

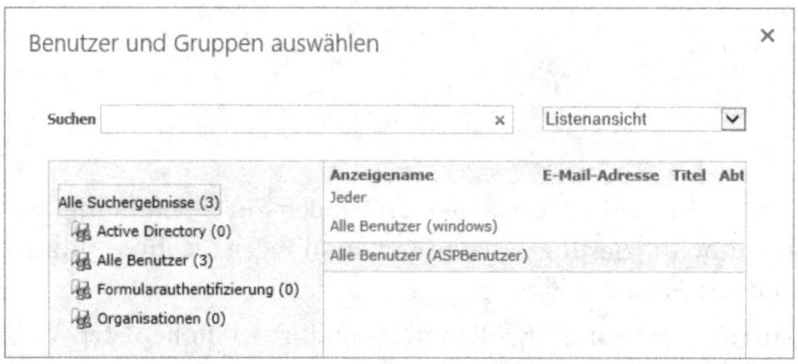

Damit Benutzer aus der Authentifizierungsdatenbank in der Personensuche erscheinen, muss das Element *<PeoplePickerWildcards>* der Konfigurationsdatei (*web.config*) der Zentraladministration erweitert werden. Öffnen Sie hierfür die Datei *web.config* im Verzeichnis *\Inetpub\wwwroot\wss\VirtualDirectories\[Webanwendung]*, suchen Sie das Element *PeoplePickerWildcards* und fügen Sie dort einen Eintrag für den verwendeten Anbieter hinzu.

Listing 12.2 Element *PeoplePickerWildcards* der Datei *web.config*

```
<PeoplePickerWildcards>
   <clear />
   <add key="AspNetSqlMembershipProvider" value="%" />
   <add key="ASPBenutzer" value="%" />
</PeoplePickerWildcards>
```

Durch diese Änderung liefert die Personenauswahl (People Picker) im Rahmen der Suche nach Personen nun auch die ermittelten Benutzer aus der Mitgliedschaftsanbieterdatenbank (Abbildung 12.16).

Abbildg. 12.15 Integration in die Personenauswahl

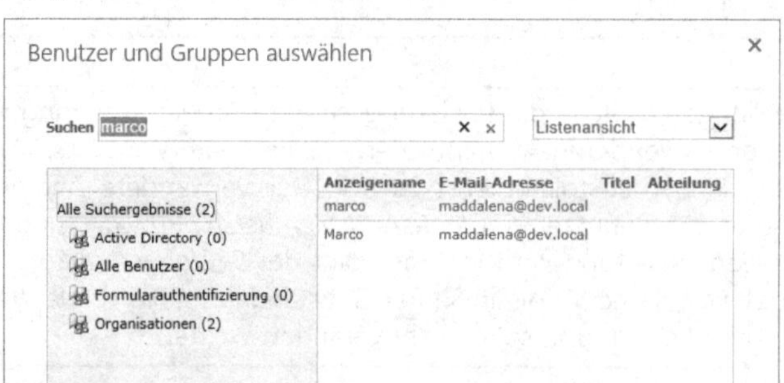

Um die Suche nach Personen auch innerhalb einer SharePoint-Webanwendung zur Verfügung zu stellen, nehmen Sie die Anpassung ebenfalls für alle Webanwendungen vor. In Abbildung 12.16 können Sie das Ergebnis einer Personensuche einsehen.

Abbildg. 12.16 Personensuche

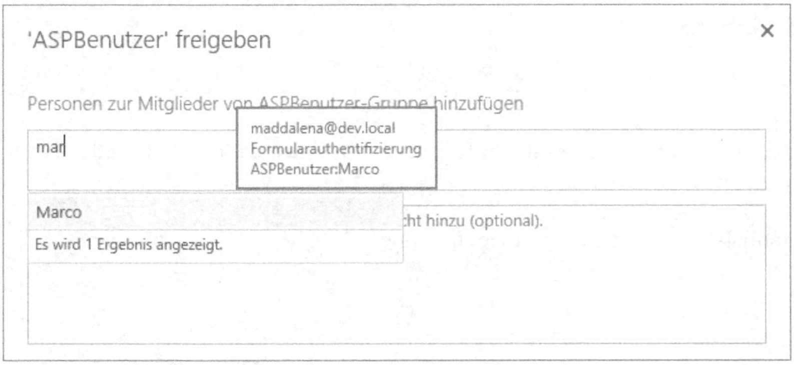

Beachten Sie hierbei die erweiterten Informationen, die im modalen Dialogfeld erscheinen, sobald Sie mit dem Mauszeiger über einem Suchergebnis verweilen. Zu erkennen ist, dass der Benutzer über den Anbieter *ASPBenutzer* ermittelt wurde und mithilfe der formularbasierten Authentifizierung gegenüber SharePoint authentifiziert wird. Der angezeigte Anbietername ist der Name des Anbieters, der zuvor im Abschnitt »Webanwendung für die anspruchsbasierte Authentifizierung erstellen« in diesem Kapitel der Webanwendung hinzugefügt wurde. Leider ist es in dieser Konfiguration der Personensuche nicht möglich, direkt nach Gruppen aus einer Quelle für formularbasierten Authentifizierung zu suchen. Um dennoch Gruppen hinzufügen zu können, ist es erforderlich, den Namen des Anbieters und den Namen der Gruppe mit einem Doppelpunkt getrennt anzugeben, z.B. *ASPRollen:lesen* (Abbildung 12.17).

Abbildg. 12.17 Hinzufügen einer Gruppe

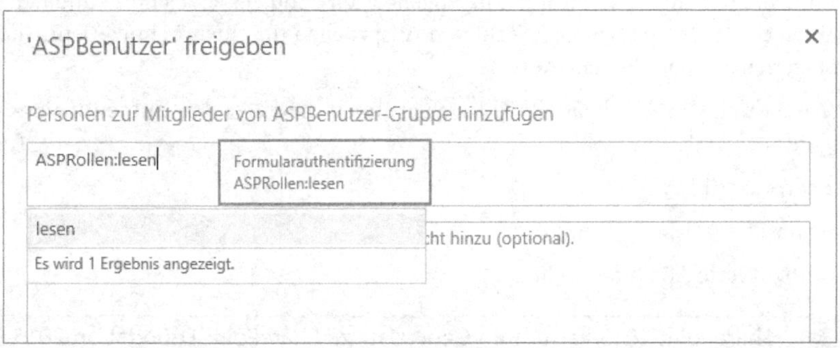

Als Ergebnis der Gesamtkonfiguration ist somit die Anmeldung an SharePoint für zuvor entsprechend berechtigte Benutzer mit Anmeldedaten aus einer benutzerdefinierten Identitätsverwaltung möglich. Falls Sie für die Anmeldung an der Webanwendung mehrere Forderungsauthentifizierungstypen zulassen, haben Sie während der Anmeldung die Möglichkeit, zwischen den verschiedenen Anmeldeinformationen zu wählen (Abbildung 12.18).

Abbildg. 12.18 Anmeldeseite mit der Auswahl des Authentifizierungsanbieters

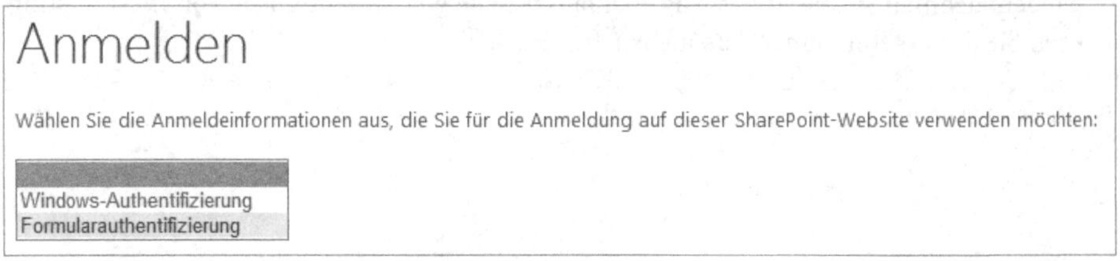

Nach der Auswahl der Formularauthentifizierung wird Ihnen das entsprechende Anmeldeformular angezeigt (Abbildung 12.19).

Abbildg. 12.19 Anmeldeformular für die Formularauthentifizierung

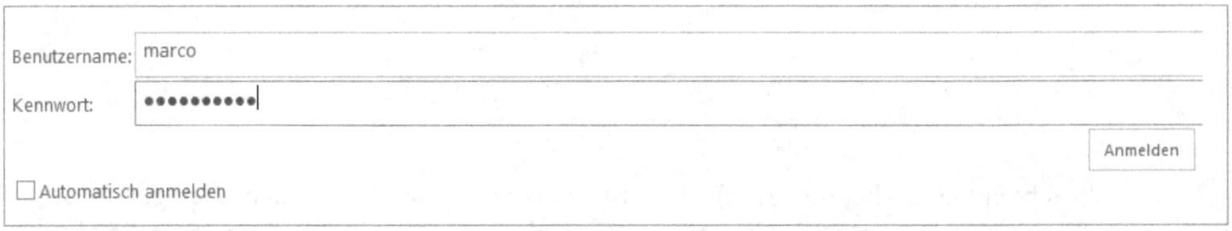

SAML-basierte Authentifizierungsansprüche

SharePoint 2013 verwendet für die auf Security Assertion Markup Language (SAML) basierende Authentifizierung das SAML 1.1- und das WS-Verbund-PRP (Passive Requestor Profile)-Protokoll. Für den Einsatz von SAML benötigen Sie in SharePoint eine SAML-Token-basierte Authentifizierungsumgebung, wie sie beispielsweise mit AD FS 2.0 vorliegt.

Eine solche Authentifizierungsumgebung beinhaltet einen Sicherheitstokendienst für Identitätsanbieter (Identity Provider Security Token Service, IP-STS). Der IP-STS stellt SAML-Token im Namen von Benutzern aus, deren Konten im zugehörigen Benutzerverzeichnis enthalten sind. Diese Token können ebenfalls eine beliebige Zahl von Ansprüchen für einen Benutzer enthalten, wie z.B. einen Benutzernamen oder E-Mail-Adresse.

Bei der Verwendung von AD FS als IP-STS stehen Ihnen die folgenden Authentifizierungsanbieter zur Verfügung:

- Active Directory/LDAP
- SQL Server
- Benutzerdefinierte Attributspeicher

HINWEIS SharePoint 2013 verfügt im Gegensatz zu SharePoint Foundation 2013 über einen integrierten LDAP-Anbieter.

Im Rahmen einer SAML-basierten Anmeldung wird der Benutzer an einen vertrauten Anspruchsanbieter für die Authentifizierung weitergeleitet. SharePoint greift in diesem Fall nicht auf den eigenen Sicherheitstokendienst (STS) zurück, sondern vertraut dem Token des fremden Anbieters. Als Anbieter für SAML-basierte Authentifizierungsansprüche können zum Beispiel die Active Directory-Verbunddienste (Active Directory Federation Services, AD FS) oder der Zugriffssteuerungsdienst von Windows Azure (ACS) als Schnittstelle dienen und Active Directory, Windows Live ID, Google, Facebook oder andere Anbieter als Inhaltsquelle für die Benutzer implementieren (Abbildung 12.20).

Abbildg. 12.20 Übersicht einer SAML-basierten Authentifizierung auf Basis von AD FS

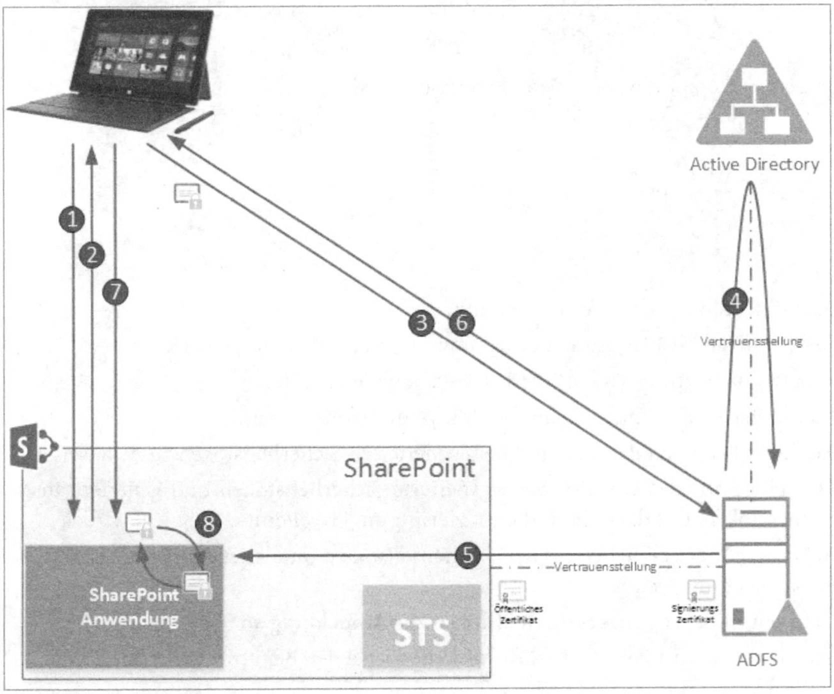

Facebook als Identitätsanbieter für SharePoint

Es existieren verschiedene Ansätze, um Facebook als Identitätsanbieter für SharePoint 2013 zu implementieren. Eine einfache Variante, um Facebook-Benutzern den Zugriff auf SharePoint 2013 zu ermöglichen, bietet Windows Azure Access Control Service (ACS).

Nachfolgend finden Sie einen exemplarischen Kommunikationsverlauf unter Verwendung von Windows Azure Access Control Service (Abbildung 12.21).

Abbildg. 12.21 Facebook-Authentifizierungsintegration

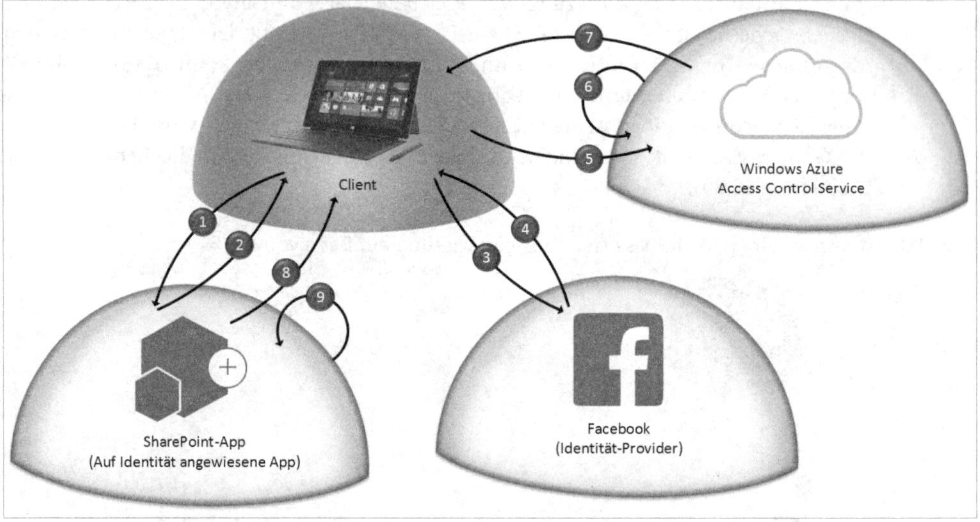

1. Aufruf der SharePoint-Webanwendung.
2. Der Benutzer wird zur Authentifizierung an Facebook weitergeleitet.
3. Benutzername und Passwort wird an Facebook übermittelt.
4. Facebook generiert einen Sicherheitstoken für den Benutzer.
5. Facebook leitet den Benutzer mit dem generierten Sicherheitstoken zu ACS weiter.
6. ACS überprüft das von Facebook generierte Sicherheitstoken und generiert anschließend ein eigenes Token, mit dem die Authentifizierung an SharePoint ermöglicht wird.
7. ACS sendet dem Benutzer das neue Sicherheitstoken und leitet den Benutzer zu der SharePoint-Webanwendung weiter.
8. Der Benutzer sendet das Sicherheitstoken zur Anmeldung an SharePoint.
9. SharePoint überprüft das Sicherheitstoken und leitet den Benutzer zu der angeforderten Seite weiter.

Im nachfolgenden Abschnitt werden Sie durch die Einrichtung von Facebook als Identitätsanbieter für SharePoint geführt.

Vorbereiten von Windows Azure Access Control Service

Für die Anmeldung an SharePoint mit einem Facebook-Benutzer dient der Zugriffssteuerungsdienst von Windows Azure als Schnittstelle. Damit eine Anfrage von SharePoint zum Zugriffssteuerungsdienst weitergegeben werden kann, müssen Sie zuerst einen Namensraum festlegen. Gehen Sie hierzu wie folgt vor:

1. Melden Sie sich bei Windows Azure mit Ihrem Microsoft-Konto an.
2. Wechseln Sie in die Portalansicht.
3. Klicken Sie am unteren Bildschirmrand auf *Neu*.
4. Navigieren Sie auf *APP-DIENSTE > ACTIVE DIRECTORY > ACCESS CONTROL > SCHNELLERFASSUNG*
5. Legen Sie den Namensraum für Ihren Zugriffssteuerungsdienst fest.

Ihr Zugriffsteuerungsdienst steht Ihnen jetzt zur Verfügung (Abbildung 12.22).

Abbildg. 12.22 Namensraum für den Zugriffssteuerungsdienst festlegen

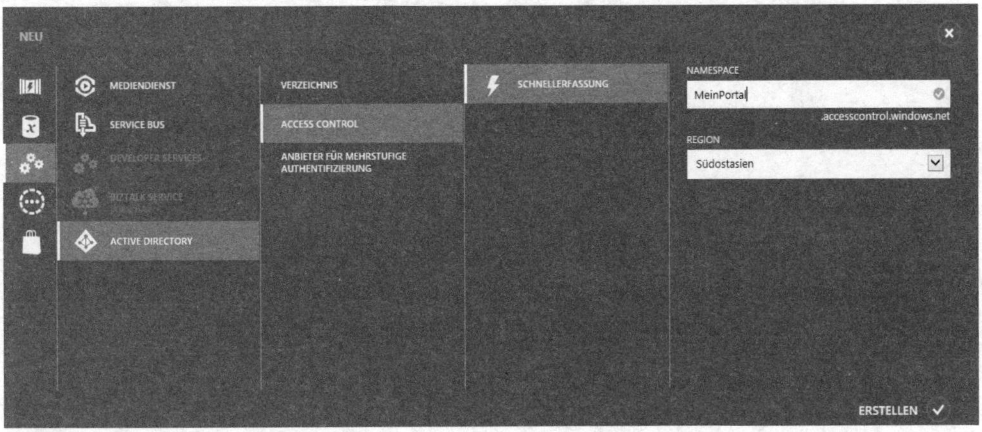

HINWEIS Sofern Sie noch kein Windows Azure-Konto besitzen, haben Sie nach der Registrierung die Möglichkeit, die Funktionen 30 Tage kostenlos zu testen.

Erstellen der Facebook-Anwendung

Für die Authentifizierung bei Facebook und zum Erstellen eines Sicherheitstokens von Facebook wird eine Facebook-App benötigt. Öffnen Sie hierzu *https://developers.facebook.com/apps* [Ms156-K12-04], klicken Sie auf die Schaltfläche *Neue App erstellen* und füllen Sie das anschließend geöffnete Dialogfeld entsprechend Abbildung 12.23 aus.

Abbildg. 12.23 Erstellen der neuen App

Geben Sie als Adresse den URL Ihres Zugriffssteuerungsdiensts an.

HINWEIS Die Anwendungs-ID und das »Anwendungsgeheimnis« Ihrer Facebook-Anwendung werden zu einem späteren Zeitpunkt benötigt.

Abbildg. 12.24 Einstellungen der Facebook-Anwendung

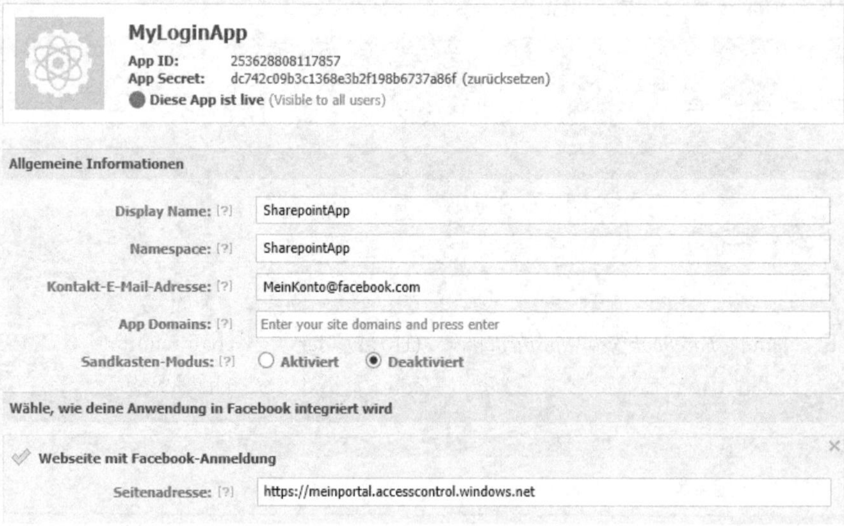

Konfigurieren von Windows Azure Access Control Service

Nachdem Sie die Facebook-Anwendung erstellt haben, müssen Sie Facebook als Identitätsprovider im Access Control Namespace hinzufügen. ACS verwendet OAuth für die Kommunikation mit Facebook und wandelt die OAuth-Kontextinformationen von Facebook in ein Sicherheitstoken um, das für SharePoint 2013 bereitgestellt wird.

Einrichten von Facebook als Identitätsanbieter

Zum Einrichten von Facebook als Identitätsanbieter gehen Sie wie folgt vor:

1. Klicken Sie im ACS-Portal auf *Identitätsprovider* und dann auf *Hinzufügen.*
2. Wählen Sie die Facebook-Anwendung aus.
3. Geben Sie auf der Seite *Facebook-Anwendung hinzufügen* die folgenden Werte an:
   - **Anzeigename** Der Anzeigenamen des Identitätsanbieters, der für das ACS-Management Portal verwendet wird
   - **Anwendungs-ID** Die Anwendungs-ID Ihrer Facebook-Anwendung
   - **Anwendungsgeheimnis** Das Anwendungsgeheimnis Ihrer Facebook-Anwendung
   - **Anwendungsberechtigungen** Alle erweiterten Berechtigungen, die von Ihrer Facebook-Anwendung bei der Anmeldung angefordert werden. Die Berechtigung auf die E-Mail-Adressen der Facebook-Benutzer wird standardmäßig erteilt. Geben Sie weitere Berechtigungen durch Kommata getrennt an. Ihre Anwendung kann mit den erteilten Berechtigungen zum Anfordern weiterer Benutzerinformationen die Facebook Graph-API verwenden. Weitere Informationen zu den Berechtigungen, die Sie anfordern können, finden Sie unter *https://developers.facebook.com/docs/reference/login/* [Ms156-K12-05].

- **Anmeldelinktext** Der Text, der für den Identitätsanbieter auf der Anmeldeseite Ihrer Webanwendung angezeigt wird
- **Bild-URL** Die URL zu einer Bilddatei, die für die Anmeldung angezeigt wird

HINWEIS Um Sicherheitswarnungen bei der Anzeige im Browser zu vermeiden, wird dringend empfohlen, die Bild-URL auf eine vertrauenswürdige Quelle wie zum Beispiel eine eigene Website verweisen zu lassen, welche HTTPS verwendet.

Vertrauende Anwendung

Vertrauende Anwendungen sind Anwendungen oder Dienste, für die eine Verbundauthentifizierung mithilfe von ACS implementiert werden soll. Geben Sie hier Ihre SharePoint-Webanwendung an, die die Authentifizierung über ACE implementieren soll. Geben Sie dazu die folgenden Werte an:

- **Name** *FacebookWebApp.sincdemo.de* (Hostheader der Webanwendung)
- **Realm** *http:// FacebookWebApp.sincdemo.de* (URL der Webanwendung)
- **ReturnUrl** *http:// FacebookWebApp.sincdemo.de/_trust*
- **Token Format** *SAML 1.1*
- **Token encryption policy** *None*
- **Token lifetime** 4000
- **Identety providers** *Facebook*
- **Roule Groups** *Create new Roul Group*
- **Certificate** Geben Sie ein Signierungszertifikat an

Regelgruppen (Rule Groups)

Regelgruppen legen eine Sammlung von Identitätsansprüchen eines Identitätsanbieters fest, welche an Ihre vertrauende Anwendungsseite übergeben werden. Eine Regelgruppe kann in ACS einer oder mehreren vertrauenden Seiten zugeordnet werden. Zudem kann eine vertrauende Seite auch auf mehrere Regelgruppen verweisen. Eine Token-Anforderung eines Identitätsanbieters durchläuft diese alle Regelgruppen, die der vertrauenden Seite zugeordnet sind und verarbeitet die Ansprüche im Token. Regeln und Regelgruppen können manuell im ACS-Verwaltungsportal oder automatisiert mit dem ACS-Verwaltungsdienst verwaltet werden.

Um eine Regelgruppen für Facebook als Identitätsanbieter zu erstellen, gehen Sie wie folgt vor.

1. Klicken Sie im ACS-Verwaltungsportal in der Schnellstartleiste auf *Role Groups.*
2. Wählen Sie in der Auflistung der Regelgruppen die Standardregelgruppe, welche zuvor für die vertrauende Anwendung erstellt wurde.
3. Klicken Sie auf *Generate*, um die Standartrollen für einen Identitätsanbieter zu erstellen.
4. Wählen Sie Facebook als Identitätsanbieter und klicken Sie auf *Generate.*

Speichern Sie abschließend die vorgenommenen Einstellungen der Rollengruppe.

Windows Azure Access Control Service als Identitätsanbieter in SharePoint hinzufügen

Führen Sie das PowerShell-Skript aus Listing 12.3 aus, um ACS als Identitätsanbieter Ihrer SharePoint-Anwendung bekannt zu machen.

Listing 12.3 Identitätsanbieterkonfiguration

```
$realm = "http://facebooklogin.dev.local"
$signinurl = https://mylogin.accesscontrol.windows.net:443/v2/
wsfederation?wa=wsignin1.0&wtrealm=http%3a%2f%2ffacebooklogin.dev.local%2f
$certlocation = "C:\Daten\MyLogin.cer"
$rootcertificate = Get-PfxCertificate $certlocation
New-SPTrustedRootAuthority "MyLogin" -Certificate $rootcertificate
$certificate = New-Object
System.Security.Cryptography.X509Certificates.X509Certificate2($certlocation)
$ClaimTypingMapping1 = New-SPClaimTypeMapping -IncomingClaimType "http://
schemas.xmlsoap.org/ws/2005/05/identity/claims/emailaddress" -IncomingClaimTypeDisplayName
"Email" -SameAsIncoming
$ClaimTypingMapping2 = New-SPClaimTypeMapping -IncomingClaimType "http://
schemas.xmlsoap.org/ws/2005/05/identity/claims/name" -IncomingClaimTypeDisplayName "Display
Name" –LocalClaimType http://schemas.xmlsoap.org/ws/2005/05/identity/claims/givenname
$ClaimTypingMapping3 = New-SPClaimTypeMapping -IncomingClaimType "http://www.facebook.com/
claims/AccessToken" -IncomingClaimTypeDisplayName "Access Token" -SameAsIncoming
$ClaimTypingMapping4 = New-SPClaimTypeMapping -IncomingClaimType "http://
schemas.xmlsoap.org/ws/2005/05/identity/claims/nameidentifier" -
IncomingClaimTypeDisplayName "Name Identifier" –LocalClaimType http://schemas.xmlsoap.org/
ws/2005/05/identity/claims/upn
$ClaimTypingMapping5 = New-SPClaimTypeMapping -IncomingClaimType "http://
schemas.microsoft.com/ws/2008/06/identity/claims/expiration" -IncomingClaimTypeDisplayName
"Expiration" -SameAsIncoming
New-SPTrustedIdentityTokenIssuer -Name "Facebook Authentication" -Description "Facebook
Identity Provider" -Realm $realm -ImportTrustCertificate $certificate -ClaimsMappings
$ClaimTypingMapping1,$ClaimTypingMapping2,$ClaimTypingMapping3,$ClaimTypingMapping4,$Claim
TypingMapping5 -SignInUrl $signinurl -IdentifierClaim $ClaimTypingMapping1.InputClaimType
```

ONLINE Sie finden das Beispielskript unter dem Namen *FacebookSAML.ps1* innerhalb der Beispieldateien zum Buch.

Vor der Ausführung des Skripts sind folgende Anpassungen erforderlich:

- **$realm** Gibt die SharePoint-Webanwendung an, die ACS als Identitätsanbieter verwenden soll
- **$signinurl** Gibt die ACS-URL für die Authentifizierung an
- **$certlocation** Pfad zu dem öffentlichen Zertifikat, das zum Validieren des Tokens verwendet wird
- Anschließend kann Facebook als Authentifizierungsprovider der SharePoint-Webanwendung hinzugefügt werden (Abbildung 12.25). Sie finden diese Konfigurationsoptionen in den Authentifizierungseinstellungen auf Webanwendungsebene vor.

Abbildg. 12.25 Aktivierung des vertrauenswürdigen Identitätsanbieters in den Authentifizierungsanbietern der Webanwendung

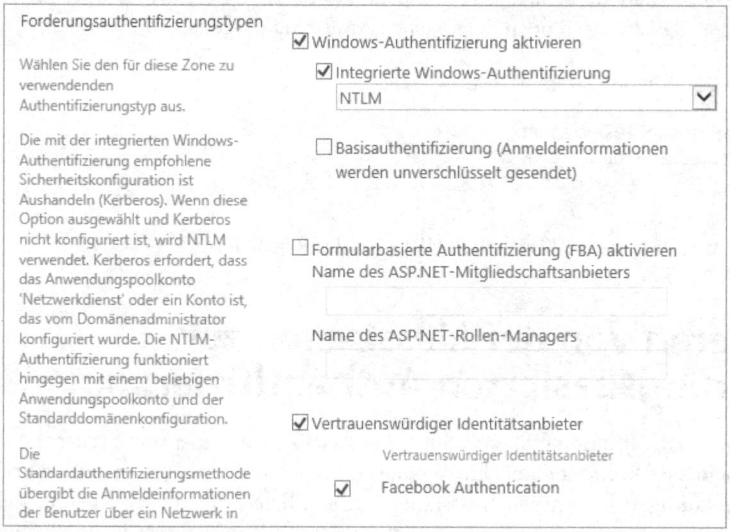

- Anwender können sich somit mit ihren Facebook-Anmeldeinformationen an SharePoint authentifizieren (Abbildung 12.26)

Abbildg. 12.26 Anmeldeformular mit Facebook-Integration

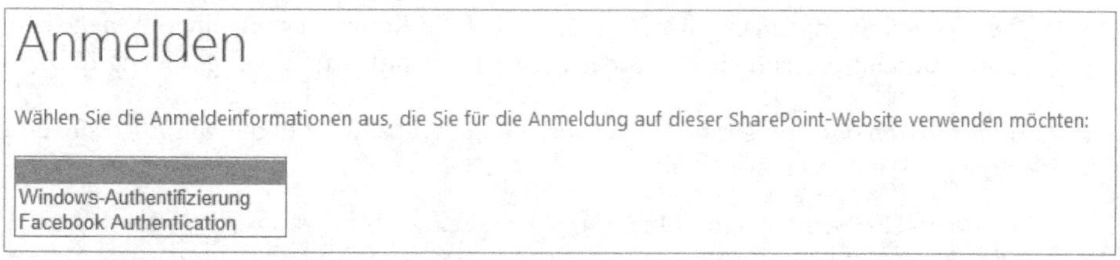

Bei der Anmeldung an Facebook werden Sie aufgefordert, der zuvor erstellten Facebook-Anwendung zu vertrauen. Anschließend erfolgt eine Weiterleitung zu SharePoint. Hiermit ist die Basiseinrichtung abgeschlossen.

HINWEIS Für die Sicherheitsoptimierung der zugrunde liegenden Windows Identity Foundation finden Sie im nachfolgenden Kapitel 13 weiterführende Hinweise.

App-Konfiguration für SAML-basierte Authentifizierung

Um die Besonderheit der Platzhalter-URLs der Apps zu unterstützen, muss in SAML-basierten Authentifizierungsszenarien noch die folgende Änderung vorgenommen werden.

Listing 12.4 Aktivierung des WReply-Parameters für Apps

```
$p = Get-SPTrustedTokenIssuer
$p.UseWReplyParameter = $true
$p.Update()
```

AD FS 2.0 unterstützt keine Platzhalter-URLs bei der Registrierung.

Migrieren von der klassischen zur forderungsbasierten Authentifizierung

Für die erweiterte Funktionalität von SharePoint 2013 ist die anspruchsbasierte Authentifizierung eine entscheidende Komponente. Um Webanwendungen mit klassischem Authentifizierungsmodus in Webanwendungen mit anspruchsbasierter Authentifizierung zu konvertieren, steht Ihnen unter SharePoint 2013 das neue PowerShell-Cmdlet *Convert-SPWebApplication* zur Verfügung.

ACHTUNG Eine Webanwendung, die in die anspruchsbasierte Authentifizierung konvertiert oder mit anspruchsbasierte Authentifizierung erstellt wurde, kann nicht auf den klassischen Authentifizierungsmodus zurückgesetzt werden.

Verwenden Sie das nachfolgende Beispiel für die Konvertierung einer Webanwendung mit klassischer Authentifizierung in die forderungsbasierte Authentifizierung (Listing 12.5).

Listing 12.5 Konvertieren des Authentifizierungsmodus einer Webanwendung in anspruchsbasierte Authentifizierung mit Windows PowerShell

```
Convert-SPWebApplication –Identity "[URL der zu konvertierenden Webanwendung]" –To Claims –
RetainPermissions -Force
```

Stellen Sie sicher, dass die Benutzer nach der Konvertierung in die anspruchsbasierte Authentifizierung auf die Webanwendung zugreifen können.

Anspruchskodierung

Durch die breite Verwendung der anspruchsbasierten Authentifizierung werden Ihnen nun alternative Anmeldenamen in den Einstellungen und Protokollen begegnen. Dieser Abschnitt soll Ihnen Aufschluss über diese Anspruchskodierung geben.

Die Anspruchskodierung setzt sich aus unterschiedlichen, fest definierten Abschnitten zusammen (Abbildung 12.27):

```
[Identity Claim][Separator][Reserviertes Zeichen][Claim-Typ][Claim-Wertetyp][Claim-
Ausgeber]
```

Abbildg. 12.27 Veranschaulichung der Anspruchskodierung

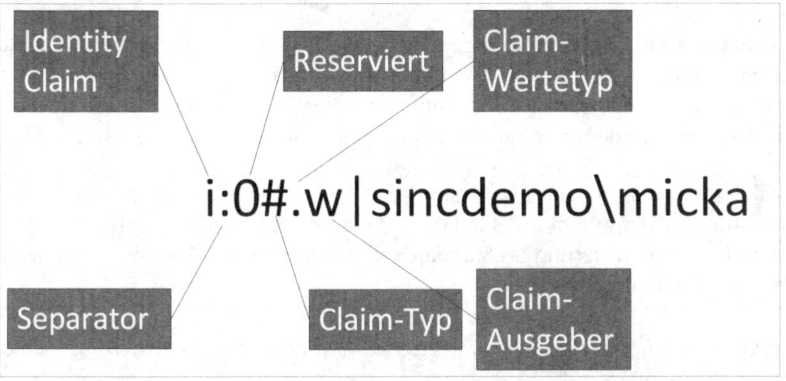

Für die verschiedenen Abschnitte sind die folgenden Werte möglich (Tabelle 12.1).

Tabelle 12.1 Anspruchskodierungswerte

Feld	Wert	Beschreibung
Identity Claim	i	Identitätsanspruch
	c	Anderer Anspruch
Claim-Typ	#	Benutzeranmeldename
	.	Anonymer Benutzer
	5	E-Mail-Adresse
	!	Identitätsanbieter
	+	Gruppen-SID
	-	Rolle
	%	Farm-ID
	?	Name Identifier
	\	Private Person Identifier (PPID)
Claim-Wertetyp	.	String
	+	RFS 822-formatierter Name
Claim-Ausgeber	w	Windows-Anspruch
	s	Lokaler STS
	t	Vertrauenswürdiger Ausgeber
	m	Mitgliedschaftsanbieter
	r	Rollenanbieter
	f	Formularbasierte Authentifizierung
	c	Anspruchsanbieter

Windows-Authentifizierung

Die Windows-basierten Authentifizierungsmethoden stellen nach wie vor in der Mehrzahl der SharePoint-Implementationen das primär verwendete Authentifizierungsprotokoll. Dabei sind die Eigenschaften der zur Verfügung stehenden Authentifizierungsprotokolle extrem unterschiedlich. Eine Differenzierung der Merkmale der zur Wahl stehenden Authentifizierungsprotokolle finden Sie in Kapitel 3.

HINWEIS Im Vergleich zu SharePoint 2010 hat sich in der Anwendung der Windows-Authentifizierung in SharePoint 2013 lediglich die Besonderheit der Kombination mit der forderungsbasierten Authentifizierung als Standardverfahren ergeben. Die eigentliche Einrichtung hat sich indes nur unbedeutend verändert.

Für SharePoint stehen die folgenden integrierten Windows-Authentifizierungsmethoden in der Übersicht zur Verfügung:

- Kerberos
- NTLM
- Basisauthentifizierung
- Digestauthentifizierung
- Zertifikatbasierte Authentifizierung (nicht direkt)

Neben den Authentifizierungsmethoden ist speziell für SharePoint in Veröffentlichungsszenarien von Relevanz, dass auch nicht authentifizierte Benutzer auf selektierte Inhalte zugreifen können, was natürlich auch in dieser SharePoint-Version möglich ist.

In den nachfolgenden Abschnitten erfahren Sie weitreichende Details zum Einsatz der jeweiligen Authentifizierungsmethoden.

Kerberos

Kerberos (V5) ist ein auf einem Request For Comment (RFC) basierendes Authentifizierungsprotokoll. Das Protokoll wurde im Rahmen eines Projekts am Massachusetts Institute of Technology (MIT) entwickelt und hat sich über die Betriebssystemgrenzen hinaus als Standard für ein sicheres Authentifizierungsprotokoll etabliert. Dies ist schon am Namen zu erkennen, leitet sich dieser aus der griechischen Mythologie vom Höllenhund Kerberos ab, der den Eingang zur Unterwelt bewacht.

Die Eigenschaften von Kerberos als Authentifizierungsprotokoll spielen eine gewichtigere Rolle bei dessen Einsatzplanung als bei den anderen Windows-integrierten Authentifizierungsprotokollen. Kerberos bietet weiterhin als einziges für SharePoint verfügbares Authentifizierungsprotokoll zu diesem Zeitpunkt die volle Flexibilität bei der Authentifizierungsdelegierung. Diese wird beispielsweise erforderlich, wenn Sie mithilfe von InfoPath-Formularen Daten authentifiziert aus einer Datenbank im Kontext des Anwenders abrufen oder aber über einen Reverproxyserver im Namen des Benutzers flexibel auf alle SharePoint-Backend-Funktionen zugreifen möchten. Wie NT LAN Manager (NTLM) gibt es auch für Kerberos bei der kombinierten Verwendung über HTTP-Proxys mögliche Probleme.

Zusätzlich gibt es bei Kerberos jedoch die Anforderung, die Kerberos-Anmeldeserver im Rahmen der Authentifizierung vom Client aus erreichen zu können, was aus Sicherheitsgründen den Einsatz in DMZ-Szenarien primär in Kombination mit Kerberos-unterstützenden Reverseproxyservern erlaubt. Die Einrichtung und die Fehlerbehebung unter Verwendung von Kerberos ist aufgrund der verteilten Authentifizierungsinfrastruktur im Vergleich zu anderen Protokollen deutlich komplexer. Neben der Verwendung von Kerberos für eine SharePoint-Webanwendung gilt es zudem zu prüfen, für welche der speziellen SharePoint-Erweiterung oder Anbindungen, wie z.B. Datenbanken, der Einsatz von Kerberos ebenfalls erforderlich ist.

Übersicht

In Abbildung 12.28 wird der Ablauf eines Zugriffs auf SharePoint unter Verwendung von Kerberos als Authentifizierungsprotokoll verdeutlicht. Dabei sind die Schritte 4 bis 6 bereits als erweitertes Szenario zu sehen, da zumindest standardmäßig keine zwingende Delegierung der Anmeldeinformationen in Richtung der SharePoint-Datenbanken erforderlich ist. In einem späteren Abschnitt werden Ihnen weitere Beispiele für einen solchen Zugriff demonstriert.

Abbildg. 12.28 Kerberos-Authentifizierungsablauf

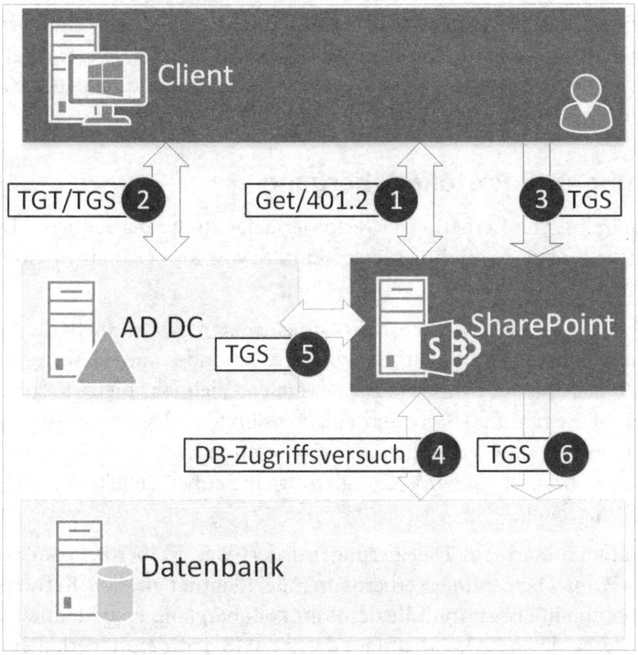

1. Der Client richtet eine anonyme HTTP-Get-Anfrage an den SharePoint-Web-Front-End-Server, die der Server mit einem 401.2-Fehler und der Information im Header, dass die Kerberos-Authentifizierung via *Negotiate* zur Verfügung steht, beantwortet.
2. Der Client fordert beim KDC (Key Distribution Center, repräsentiert durch den Active Directory-Domänencontroller) für den Dienstprinzipalnamen (Service Principal Name, SPN), der zuvor in der Browser-URL verwendet wurde, ein Kerberos-Ticket-Granting-Ticket (TGT) an und authentifiziert sich somit gegenüber dem Domänencontroller. Dieser Kerberos-Anmeldeserver wiederum wurde mithilfe einer Dienstabfrage in DNS lokalisiert.

Der KDC lokalisiert den passenden SPN und erwidert das Ticket. Der Client kann nun mit diesem Ticket Diensttickets (TGS) für den eigentlichen Zugriff beantragen und erhält das entsprechende TGS vom KDC.

3. Der Browser sendet das TGS an den SharePoint Web-Front-End-Server, welcher die Zugriffsberechtigung des Clients anhand des Tickets überprüft.
4. Wird der Zugriff gewährt, kontaktiert der Web-Front-End-Server die hinter dem Web-Front-End-Server lokalisierten Datenbankserver, welche ebenfalls ein Ticket für den Zugriff anfordern.
5. Der Web-Front-End-Server fordert daraufhin ein Ticket vom KDC für den Zugriff auf den SQL-Server an (TGS).

   Der KDC lokalisiert den passenden SPN und erwidert das Ticket, mit welchem der Web-Front-End-Server den Benutzer potenziell gegenüber dem Datenbanksystem mithilfe der Kerberos-Delegierung impersoniert.
6. Mithilfe des TGS wird der Zugriff auf die Datenbank impersoniert von der SharePoint-Farm aus realisiert.
7. Der SQL Server überprüft das Ticket der Webanwendung und sendet nach einer erfolgreichen Prüfung die angeforderten Daten zurück an den Web-Front-End-Server. Dieser leitet wiederum die Daten umgehend an den Browser des Clients weiter, nachdem die Inhalte der entsprechenden Seite kompiliert wurden.

Kerberos-Delegierung und Protokollübergang

Für ein umfassendes Verständnis von Kerberos ist es erforderlich, sich mit der Kerberos-Delegierung und dem Protokollübergang zu befassen, ohne die der Einsatz von Kerberos einen Großteil seiner hohen Bedeutung verlieren würde.

Kerberos bietet aufgrund des sicheren Austauschs von Anmeldedaten explizit nicht die Möglichkeit, die Authentifizierungsinformationen des Benutzers wiederzuverwenden, um sie gegenüber dritten Systemen für die Authentifizierung des Benutzers zu verwenden. Vielmehr bietet Kerberos über die zwei Formen der Kerberos-Delegierung (Basis und eingeschränkte Delegierung) die Möglichkeit, einen Anwender zu impersonieren, also sich gegenüber einer dritten Instanz als der Benutzer auszugeben. Dabei bietet die eingeschränkte Kerberos-Delegierung eine äußerst effektive Möglichkeit von Multihops bei der Authentifizierung.

Alternativ zur eingeschränkten Kerberos-Delegierung existiert der Kerberos-Protokollübergang, mithilfe dessen ein SharePoint-Dienst eine Kerberos-fremde Identität in eine Kerberos-Identität umwandeln kann. Somit kann ein Dienst mithilfe des Protokollübergangs eine Identität annehmen, ohne dass der Dienst die Anmeldedaten der Identität oder ein TGS der Identität erhalten hat.

Demnach existieren also zwei Verwendungsschemata, die in der Praxis dringend benötigt werden:

- Die Kerberos-Delegierung für die Delegierung und Impersonierung einer Identität nach erfolgreicher Überprüfung der Anmeldedaten
- Der Protokollübergang für die Annahme einer Kerberos-Identität ohne vorausgehende Überprüfung von Anmeldedaten

Ohne große Überlegungen wird schnell ersichtlich, dass diese beiden Ansätze ausgesprochen sensibel sind, da mit ihnen ohne weitere Vorgaben ein massiver Missbrauch möglich wäre. Aus diesem Grund werden beim Einsatz von Kerberos nun diverse weitere Konfigurationen erforderlich, da keiner der beiden Ansätze standardmäßig aktiviert ist. Anders formuliert: Keine Identität darf ohne eine Manipulation an Verzeichnisdienstobjekten eine Identität in Kerberos impersonieren, um mit ihr Daten aus Ihrer SharePoint-Farm unautorisiert abzufragen. Die hierfür erforderlichen Konfigurationen für beide Ansätze finden zentral im Active Directory-Verzeichnisdienst statt, wo jedem Dienstkonto explizit freigeschaltet werden kann/muss, für welche Sicherheitsprinzipale es Kerberos-Diensttickets anfordern darf.

Kerberos-Erweiterungen in Windows Server 2012 R2

In Windows Server 2012 R2 wurden zahlreiche neue Kerberos-Funktionen eingeführt, wie beispielsweise Ansprüche für Kerberos. Durch diese Funktion können dem Dienstticket (TGS) Ansprüche hinzugefügt werden. Diese Funktionalität ist nur mit einer entsprechenden Schemaerweiterung verfügbar und erfordert weitere Rahmenbedingungen. Ob und wie diese Ansprüche gewinnbringend in die SharePoint-Szenarien integriert werden können, ist zu diesem Zeitpunkt noch nicht hinreichend ersichtlich. Sollten hieraus neue Möglichkeit für eine SharePoint-Topologie erwachsen, erfahren Sie dies über unseren Blog unter *http://sharepointblog.sinc.de* [Ms156-K12-06].

Bevor Sie in späteren Szenarien erfahren, was zu konfigurieren ist, sind die feinen Unterschiede der Kerberos-Delegierungen und deren Einsatzszenarien von großer Bedeutung, um eine sinnvolle Planung abzurunden.

Kerberos-Standarddelegierung

Die Kerberos-Basis- oder auch -Standarddelegierung genannte Variante ist sowohl die einfachste als auch unsicherste Form einer Kerberos-Delegierung. Im Rahmen einer Standarddelegierung wird die Delegierung ohne jegliche Einschränkung erlaubt, was aufgrund des oben angerissenen Potenzials natürlich nur begrenzt toleriert werden kann, was Sie direkt zu den folgenden weiteren, primären Merkmalen führt (Abbildung 12.29):

Abbildg. 12.29 Übersicht der Standarddelegierung

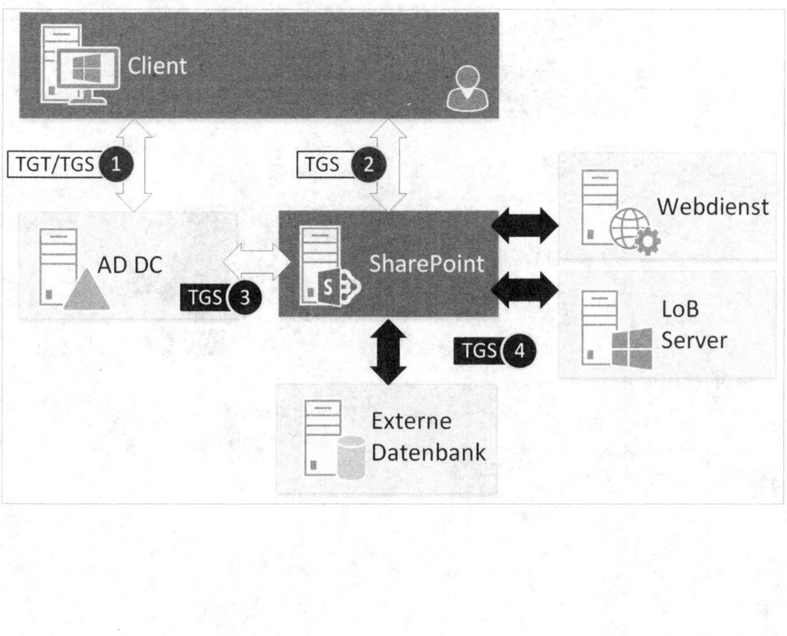

- Nicht zuletzt aufgrund des unkontrollierbaren Sicherheitsrisikos kann die Standarddelegierung nur innerhalb der Gesamtstrukturgrenzen verwendet werden. Die Verwendung über die Domänengrenzen hinaus ist indes möglich.
- Der Einsatz der Standarddelegierung wird nicht empfohlen, da sie aufgrund der mangelnden Einschränkung unsicherer ist
- Die Standarddelegierung kann nicht für alle Dienstanwendungen, die möglicherweise auf eine Delegierung angewiesen sind, verwendet werden. Lediglich die folgenden Dienstanwendungen oder Produkte werden unterstützt:
  - Access Services
  - BDC
  - SQL Server Reporting Services (SSRS)
  - Project Server 2013
- Eine Standarddelegierung kann im Rahmen der Übertragung einer Identität zwischen zwei Diensten in eine eingeschränkte Delegierung umgewandelt werden

Für die Verwendung dieses Delegierungstyps ist im Wesentlichen lediglich die Aktivierung eines Sicherheitsprinzipals für die Kerberos-Delegierung erforderlich.

Eingeschränkte Kerberos-Delegierung

Die eingeschränkte Kerberos-Delegierung bietet eine deutlich erhöhte Sicherheit bei restriktiveren Rahmenbedingungen, wenngleich einige Szenarien explizit auf die eingeschränkte Kerberos-Delegierung angewiesen sind. Die erhöhte Sicherheit beruht auf der expliziten Definition von Dienstprinzipalnamen (Service Principal Names, SPNs), die in den Eigenschaften der jeweiligen Sicherheitsprinzipale hinterlegt und abgefragt werden (Abbildung 12.30).

Abbildg. 12.30 Vereinfachte Darstellung der eingeschränkten Kerberos-Delegierung

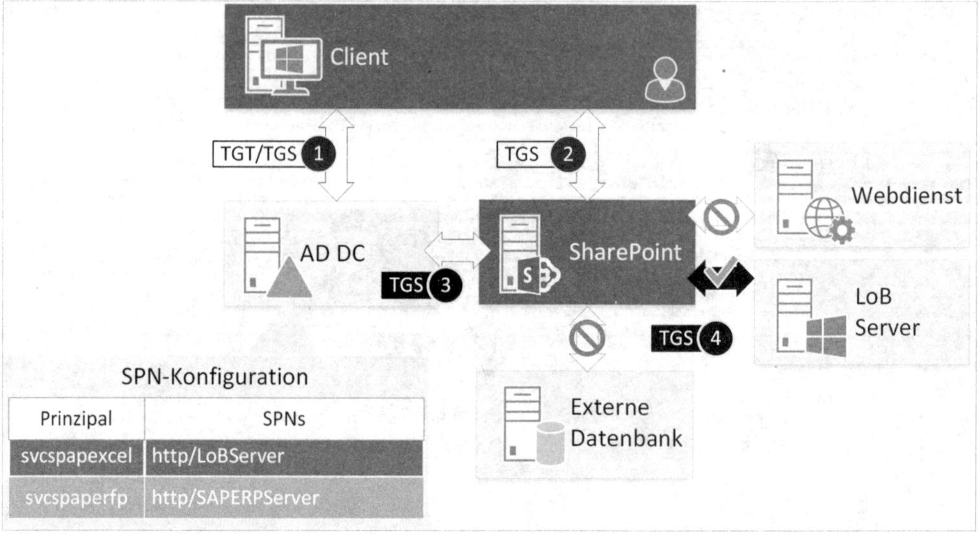

In der Übersicht sollten Sie von den folgenden Eigenschaften der eingeschränkten Kerberos-Delegierung Notiz nehmen:

- Die Verwendung ist nur innerhalb der Domänengrenze möglich

HINWEIS Mit Windows Server 2012 R2 wurde eine Kerberos-Erweiterung eingeführt, die auch eine domänen- und gesamtstrukturübergreifende eingeschränkte Kerberos-Delegierung ermöglicht. Gleichzeitig haben Sie jedoch die Möglichkeit, eine Begrenzung auf Gesamtstrukturgrenzenebene zu erzwingen.

- Neben den Dienstanwendungen und -Produkten, die in der Standarddelegierung angeführt sind, unterstützt die eingeschränkte Kerberos-Delegierung aufgrund des hier erforderlichen Kerberos-Protokollübergangs zusätzlich die folgenden Dienstanwendungen:
  - Excel Services
  - InfoPath Forms Services
  - PerformancePoint Services
  - Visio Services
- Anders als die Standarddelegierung unterstützt die eingeschränkte Delegierung keinerlei Umwandlung des Delegierungstyps. Dies ist zwingend, da andernfalls die Sicherheit dieses Mechanismus mehr oder minder vollständig ausgehebelt werden könnte.
- Für die Verwendung dieses Delegierungstyps ist es erforderlich, einzigartige Dienstprinzipale zu registrieren, die einem Sicherheitsprinzipal, wie einem Dienstkonto, zugeordnet werden, damit dieses Kerberos-Ticket beantragen darf. Achten Sie darauf, dass die Dienstprinzipalnamen einzigartig für das Ziel sind, andernfalls ist die Kerberos-Authentifizierung für das Ziel mit dem Duplikat grundsätzlich zum Scheitern verurteilt und es wird im Rahmen der Authentifizierung zudem nicht auf das sekundäre Authentifizierungsprotokoll in den Bindungen ausgewichen.

Kerberos-Protokollübergang

Der Kerberos-Protokollübergang adressiert im SharePoint-Kontext ein spezifisches Problemfeld, das durch die Verwendung von Nicht-Kerberos-Identitäten entsteht (Abbildung 12.31).

Abbildg. 12.31 Verwendung des Kerberos-Protokollübergangs mit C2WTS

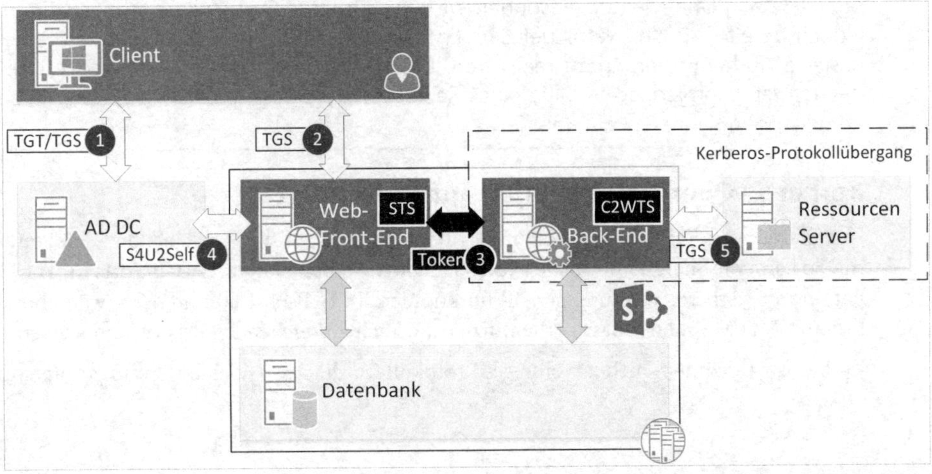

In diesem Beispiel findet ein klassischer Zugriff in einer mehrstufigen Farm auf externe Ressourcen durch eine Dienstanwendung statt, für die die Identität des ursprünglichen Benutzers überreicht werden muss:

1. Der Client erhält wie gewohnt sein TGT und TGS vom KDC in Form des Active Directory-Domänencontrollers (AD DC).
2. Der Client authentifiziert sich mithilfe des TGS am Web-Front-End-Server.
3. Auf der Farm greift der Client innerhalb der Farm auf eine Dienstanwendung zu. SharePoint verwendet hierfür den Sicherheitstokendienst (STS) zur Übergabe der Clientidentität.
4. Die Dienstanwendung muss nun mit der Identität des Clients auf externe Ressourcen zugreifen. Für die Erstellung des erforderlichen Kerberos-Diensttickets wird die Forderungen an den Windows-Tokendienst (C2WTS) instrumentalisiert, welcher mithilfe der Kerberos-Erweiterung Service-for-User-to-Self (S4U2Self) ein TGS für den Zugriff abfragt, ohne die Benutzeranmeldeinformationen zu kennen.
5. Die Dienstanwendung greift unter Verwendung des TGS auf die externen Ressourcen zu.

Für den Kerberos-Protokollübergang ist die Verwendung der eingeschränkten Kerberos-Delegierung zwingend erforderlich. Entsprechend muss sich die externe Ressource in diesem Modell innerhalb der gleichen Domäne befinden, wie die SharePoint-Farm.

Das hier aufgeführte Zugriffsszenario wird für alle Dienstanwendungen, die auf externe Ressourcen außerhalb der Farm zugreifen müssen und Kerberos als Authentifizierungsprotokoll heranziehen, relevant. Dabei handelt es sich um die gleichen Dienstanwendungen, für die die eingeschränkte Kerberos-Delegierung notwendig ist.

Beachten Sie, dass SharePoint, anders als bei Dienstanwendungen, nicht remote auf C2WTS zugreifen kann. Somit müssen Sie C2WTS auf allen SharePoint-Knoten bereitstellen, auf denen die jeweiligen Dienstinstanzen der besagten Dienstanwendungen ausgeführt werden.

Ferner können nur Webanwendungen auf C2WTS zugreifen, die die klassische oder anspruchsbasierte Windows-Authentifizierung verwenden. Dienstanwendungen, auf die über Webanwendungen zugegriffen wird, welche SAML-Ansprüche oder Ansprüche aus formularbasierter Authentifizierung verwenden, sind von den C2WTS-Funktionen ausgeschlossen und schlagen entsprechend bei den externen Zugriffen fehl.

HINWEIS Eine weitere Besonderheit des Kerberos-Protokollübergangs, die sich letztlich jedoch bereits aus der Natur der S4U-Erweiterung ergibt, ist die Möglichkeit, eine zertifikatsbasierte Authentifizierung zu realisieren. Diese wird zwar nicht explizit gegenüber SharePoint unterstützt, kann jedoch mithilfe eines Reverseproxyservers realisiert werden. Hierzu finden Sie im folgenden Kapitel 13 ein Beispiel.

Kerberos-Querauswirkungen auf SharePoint

Der Einsatz von Kerberos hat potenziell Auswirkungen auf die verbleibende SharePoint-Infrastruktur. So kann die SharePoint-Suche aktuell lediglich auf den Standard-TCP-Ports für HTTP in Kombination mit Kerberos ordnungsgemäß funktionieren (TCP-Port 80 und 443), während in Kombination mit NTLM und der Basisauthentifizierung auch abweichende Ports verwendet werden können.

Kerberos wird zudem nicht als einziges Protokoll für die Apps-Webanwendung unterstützt.

Kerberos für Webanwendungen einrichten

Für die Einrichtung von Kerberos ist es von Bedeutung, dass Sie Kenntnis über die in Ihrer Umgebung verwendeten Dienstkonten und die umliegende Infrastruktur besitzen, die Sie in die Authentifizierungstopologie einbeziehen möchten.

Kerberos, SharePoint, IIS und der Kernelmodus

Seit Windows Server 2008 findet die Authentifizierung nicht mehr im Benutzermodus, sondern standardmäßig im Kernelmodus statt. Wichtig hierbei ist, festzustellen, dass der eigentliche Webanwendungsprozess im Benutzermodus läuft, während im Kernelmodus nicht mehr der Kontext der Webanwendung, sondern der Kontext des Computerkontos verwendet wird. Dies hätte somit eine erhebliche Auswirkung auf Ihre Kerberos-Konfiguration. Glücklicherweise wird ab Windows Server 2008 R2 die SPNEGO2-Implementation verwendet, die ohnehin nicht mit der Kernelmodus-Authentifizierung kompatibel ist. Somit wird die Kernelmodus-Authentifizierung beim Erstellen von neuen Webanwendungen durch SharePoint 2013 automatisch deaktiviert, und Sie müssen sich keine zusätzlichen Gedanken machen. Schalten Sie diese jedoch nicht vorsätzlich ein, da Sie hiermit die Kerberos-Authentifizierung außer Betrieb setzen würden.

In der Übersicht besteht die Einrichtung von Kerberos für eine Webanwendung aus folgenden Arbeitsschritten:

1. Verifikation und ggf. Anpassung der Webanwendungspoolkonten (optional).
2. Definition von Dienstprinzipalnamen (SPNs).
3. Konfiguration der Kerberos-Delegierung.
4. Anpassung der Authentifizierungsanbieter-Auswahl.
5. Verifikation der Kerberos-Einrichtung.

HINWEIS Es gibt eine Ausnahme bei der Einrichtung von Kerberos: Sofern Sie lediglich über den NetBIOS-Namen oder den FQDN der SharePoint-Server auf die Webanwendung zugreifen, haben Sie lediglich die Authentifizierungsanbieter-Auswahl anzupassen. Dies ist beispielsweise der Fall, wenn Sie nur einen Server in der Farm betreiben bzw. das System als Entwicklungssystem verwenden. Hier kann die Identität des Dienstkontos für die Webanwendung auf *Netzwerkdienst* belassen werden, da das Computerkonto dann bereits über ausreichende Berechtigungen zum Anfordern von Kerberos-Tickets verfügt. Dieses Szenario stellt jedoch die Ausnahme dar.

Die nachfolgenden Abschnitte führen Sie schrittweise durch die Einrichtung von Kerberos.

Dienstkontenzuordnung des Webanwendungspools anpassen

Bei eigenständigen Farminstallationen, die die Farmkonfiguration im Rahmen der Ausführung der Konfigurations-Assistenten inklusive dem Anlegen von Webanwendungen vollständig automatisiert anlegen, liegt der Kontext der Webanwendungspools auf dem Netzwerkdienst. In diesen Situationen ändern Sie vor der weiteren Einrichtung den Kontext des Webanwendungspools auf ein dediziertes Active Directory-Dienstkonto ab:

1. Stellen Sie sicher, dass das gewünschte Dienstkonto als verwaltetes Konto in SharePoint eingerichtet wurde.
2. Öffnen Sie die Sicherheitsverwaltung der Zentraladministration und klicken Sie im Abschnitt *Allgemeine Sicherheit* auf *Dienstkonten konfigurieren.*

3. Wählen Sie aus dem oberen Dropdownlistenfeld den relevanten Webanwendungspool aus.

   Im unteren Dropdownlistenfeld wählen Sie das Dienstkonto aus, unter dem der Webanwendungspool künftig zu betreiben ist, und klicken Sie auf *OK*.

4. Führen Sie einen IIS-Reset aus. Öffnen Sie dazu die Eingabeaufforderung und rufen Sie den folgenden Befehl auf:

```
Iisreset /noforce
```

Dienstprinzipalnamen einrichten

Um dem Dienstkonto der betroffenen Webanwendung bzw. dem Dienstkonto des zugehörigen Webanwendungspools das Recht zu geben, Kerberos-Tickets für die von den Clients im Browser angegebene URL anzufordern, müssen Sie dem Dienstkonto in Active Directory das entsprechende Recht delegieren. Verwenden Sie dazu das Windows-Befehlszeilentool *SetSPN* (Abbildung 12.32).

Abbildg. 12.32 Hinzufügen von Dienstprinzipalnamen für Kerberos

HINWEIS Sie benötigen domänenadministrative Rechte, um die Dienstprinzipalattribute zu editieren. Es ist jedoch möglich, Farmadministratoren das Recht *Bestätigtes Schreiben an Dienstprinzipal* auf die Sicherheitsprinzipale zu delegieren, was aus Sicherheitsgründen nicht empfohlen wird.

---

1. Öffnen Sie die Eingabeaufforderung (*Cmd.exe*) oder die PowerShell.
2. Geben Sie für jeden Namen bzw. für jede alternative Zugriffszuordnung einen entsprechend angepassten Befehl an (Listing 12.6). In diesem Beispiel wird das Dienstkonto *sincdemo\svcspappsearch* berechtigt, Kerberos-Tickets für die beiden Ziele *suche* und *suche.sincdemo.de* anzufordern.

Listing 12.6 Setzen des SPN für die Einrichtung von Kerberos

```
Setspn -S http/suche sincdemo\svcspappsearch
Setspn -S http/suche.sincdemo.de sincdemo\svcspappsearch
```

HINWEIS Lassen Sie sich nicht durch das *http*-Präfix irritieren. Auch bei der Veröffentlichung von SSL-geschützten Websites verwenden Sie an dieser Stelle *http*. Eine Ausnahme bei der Konfiguration ergibt sich bei der Verwendung eines Nicht-Standardports (abweichend von 80 oder 443). In diesem Fall ergänzen Sie den Hostnamen um den Port (beispielsweise *SetSPN -S http/SERVERNAME:12345*).

Sie können im Anschluss verifizieren, welche SPNs dem Dienstanwendungskonto zugeordnet sind, indem Sie *SetSPN -L [Domäne]\[Anmeldename des Dienstkontos]* eingeben.

Sollten Sie bei der Einrichtung an dieser Stelle einen Fehler über duplizierte SPNs erhalten, muss dieser zwingend zuvor gelöst werden, da die Einrichtung selbst, wenn sie erzwungen würde, nicht zu einem Erfolg bei der Einrichtung führt. Im Fehlerfall wird Ihnen das kollidierende Objekt angezeigt, sodass eine Bereinigung einfach möglich ist.

Abbildg. 12.33 Duplizierte SPNs

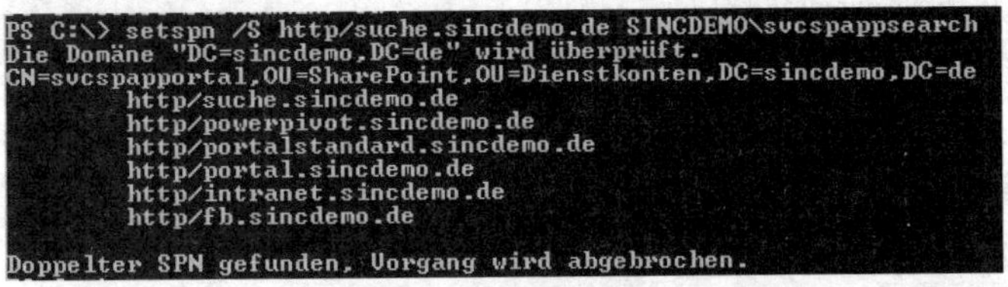

Eine alternative Oberfläche für die Verwaltung von SPNs stellt der Attributeditor im Snap-In *Active Directory-Benutzer und -Computer* dar. Es wird jedoch aus besagtem Grund eindringlich davon abgeraten, diese Oberfläche für das Anlegen von SPNs zu verwenden (Abbildung 12.34).

Abbildg. 12.34 SPN-Steuerung mithilfe der Active Directory-Benutzerkonsole

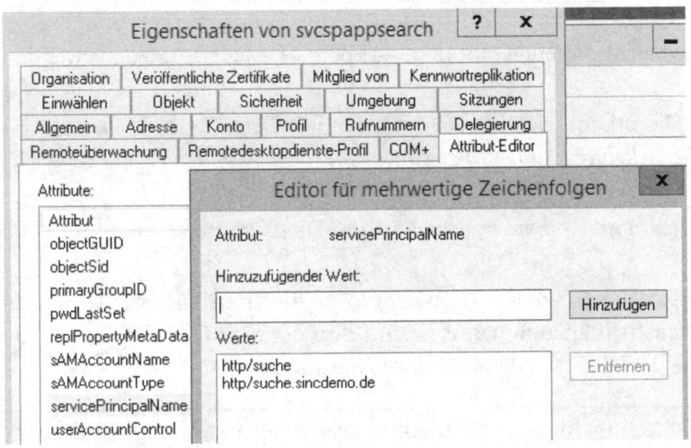

Delegierung in Active Directory konfigurieren

Um einem Dienstkonto für Delegierungszwecke zu vertrauen, ist es erforderlich, in den Dienstkontoeigenschaften in Active Directory die Delegierung für Kerberos zu konfigurieren.

Für die Standarddelegierung gehen Sie wie folgt vor:

1. Öffnen Sie das Snap-In *Active Directory-Benutzer und -Computer* und navigieren Sie zum *Dienstkonto.*
2. Öffnen Sie die *Eigenschaften des Dienstkontos* und holen Sie die Registerkarte *Delegierung* in den Vordergrund.

ACHTUNG Je nach Ausgangssituation könnte es sein, dass die Registerkarte *Delegierung* nicht in den Dienstkontoeigenschaften erscheint. Dies kann unterschiedliche Ursachen haben: Sofern Sie Ihre Domäne noch nicht im Windows Server 2003-einheitlichen Modus betreiben, gibt es alternativ auf der Registerkarte *Konto* ein Kontrollkästchen, um dem Benutzerkonto für Delegierungszwecke zu vertrauen. Alternativ könnte die Ursache für das Fehlen der Registerkarte auch darin liegen, dass Sie noch keine SPNs für das Dienstkonto definiert haben.

3. Wählen Sie die Option *Benutzer bei Delegierung aller Dienste vertrauen (nur Kerberos)*, aus und klicken Sie auf *OK* (Abbildung 12.35).

Abbildg. 12.35 Delegierungseinstellungen für die Einrichtung von Kerberos

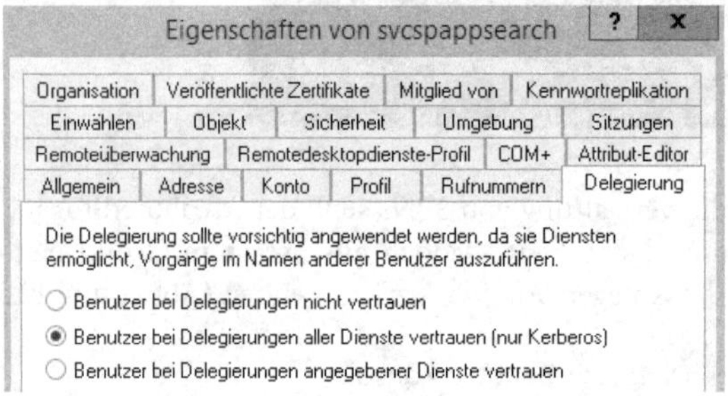

Um in dem aktuellen Szenario die eingeschränkte Kerberos-Delegierung zu verwenden, gehen Sie wie folgt vor:

1. Wählen Sie in den Dienstkontoeigenschaften die Option *Benutzer bei Delegierung angegebener Dienste vertrauen* und *Beliebiges Authentifizierungsprotokoll verwenden* (Abbildung 12.36). Klicken Sie auf *Hinzufügen*.
2. Klicken Sie auf *Benutzer und Computer*, geben Sie das Dienstkonto selbst an und klicken Sie auf *OK*.
3. Nun erscheint die Liste der für dieses Dienstkonto verfügbaren Dienste. Durch die vorherige Registrierung der Dienstprinzipalnamen erscheint nun der *http-Dienst* in der Liste (Abbildung 12.36). Markieren Sie die HTTP-Zeile und klicken Sie auf *OK*.

HINWEIS Lassen Sie sich nicht davon irritieren, dass in der Liste lediglich einer der konfigurierten Einträge aufgelistet ist.

Abbildg. 12.36 Liste der verfügbaren Dienstprinzipale

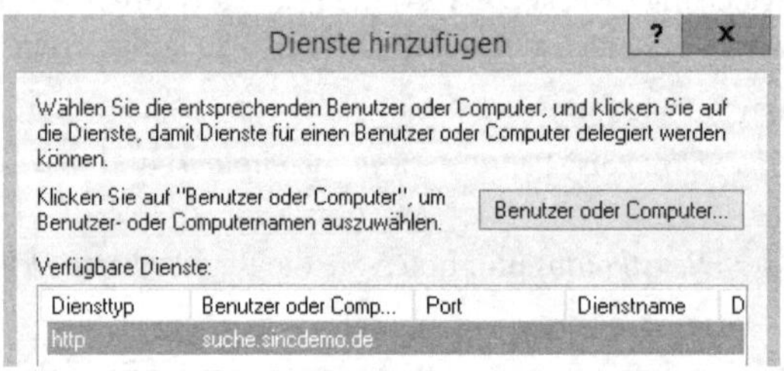

4. Durch die Aktivierung des Kontrollkästchens *Erweitert* erscheinen nun in der Liste alle registrierten Namen zusammen mit dem zugeordneten Diensttyp (Abbildung 12.37). Klicken Sie auf *OK*, um die Einstellungen zu übernehmen.

Abbildg. 12.37 Ergebnis der Delegierungskonfiguration

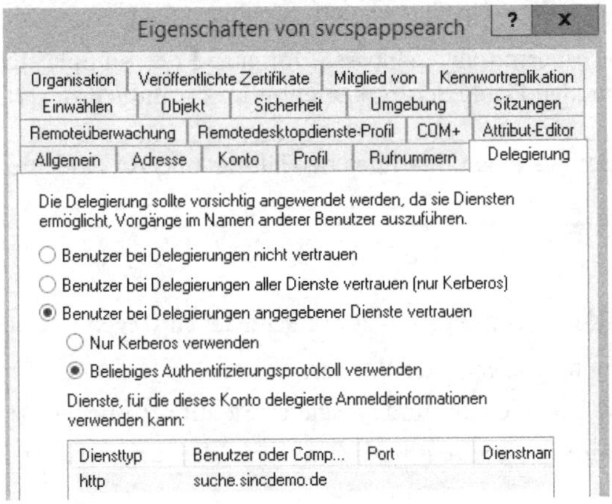

Authentifizierungsanbieter-Auswahl anpassen

Stellen Sie den Authentifizierungsanbieter auf die Option *Aushandeln (Kerberos)* um:

1. Öffnen Sie die Anwendungsverwaltungsseite der Zentraladministration und klicken Sie im Abschnitt *Anwendungsverwaltung* auf *Webanwendung* verwalten.
2. Klicken Sie in der Liste der Webanwendungen auf die gewünschte Webanwendung und anschließend im Menüband auf *Authentifizierungsanbieter.*
3. Standardmäßig existiert nur eine Zone namens *Standard*. Klicken Sie auf diese.

HINWEIS Sie können weitere Zonen einrichten, um unterschiedliche Authentifizierungseinstellungen für dieselbe Webanwendung zu ermöglichen. Dies ist beispielsweise sinnvoll, wenn Sie auf dieselbe Webanwendung aus dem internen Netzwerk und über das Internet zugreifen. Mehr Informationen zu diesem Vorgang finden Sie in Kapitel 9.

4. Wählen Sie im Abschnitt *Forderungsauthentifizierungstypen* im Dropdownlistenfeld der integrierten Windows-Authentifizierung die Option *Aushandeln (Kerberos)* und klicken Sie auf *Speichern* (Abbildung 12.38).

Abbildg. 12.38 IIS-Authentifizierungseinstellungen für die Einrichtung von Kerberos

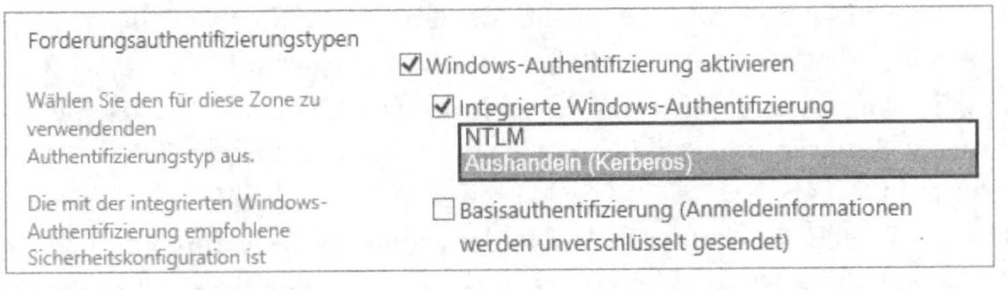

An dieser Stelle wird etwas mehr Zeit als gewöhnlich benötigt, um die Änderungen zu übernehmen. Seien Sie daher nicht irritiert, wenn die Website nach dem Speichern nicht reagiert.

Die Einrichtung von Kerberos ist hiermit abgeschlossen. Aufgrund der Komplexität von Kerberos lautet die dringende Empfehlung, den Erfolg der Implementierung gründlich zu verifizieren.

HINWEIS In Kapitel 18 finden Sie eine umfangreiche Hilfestellung zur Einrichtung und Fehlerbeseitigung von Kerberos.

Verifizieren der Konfiguration

Die Überprüfung der Kerberos-Konfiguration kann auf verschiedenen Wegen erfolgen.

Prüfen Sie zunächst, ob der Anbieter wie erwartet aktiviert wurde:

1. Öffnen Sie dazu die IIS-Verwaltungskonsole und navigieren Sie zur betroffenen Webanwendung.
2. Klicken Sie auf den Link *Authentifizierung* und öffnen Sie die Eigenschaften des Windows-Authentifizierungselements.
3. Stellen Sie sicher, dass in der Liste nun *Negotiate* vor *NTLM* erscheint (Abbildung 12.39).

Abbildg. 12.39 Kontrolle der Authentifizierungsanbieter in der Kerberos-aktivierten Webanwendung

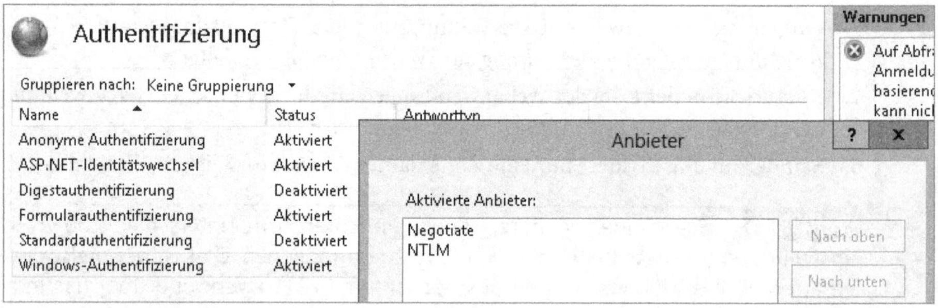

Sollte *Negotiate* nicht erscheinen, fügen Sie es nicht sofort manuell hinzu, sondern warten Sie, bis die Änderungen angewandt wurden. Starten Sie anschließend den WWW-Dienst ggf. erneut.

Nun stellen Sie sicher, dass die Kerberos-Authentifizierung auch zum Einsatz kommt:

1. Greifen Sie hierzu zunächst über einen Browser auf die zuvor für Kerberos aktivierte Seite zu.
2. Öffnen Sie das Sicherheitsprotokoll der Ereignisanzeige auf dem SharePoint-Server. Öffnen Sie dazu den Server-Manager und navigieren Sie zum Knoten *Server-Manager/Diagnose/Ereignisanzeige/Windows-Protokolle/Sicherheit*. Klicken Sie auf *Sicherheit*.
3. Filtern Sie die Anmeldeereignisse mit der *Ereignis-ID 4624* heraus. Klicken Sie dazu in der *Aktionen*-Leiste auf *Aktuelles Protokoll filtern*. Geben Sie im Feld *Ereignis-IDs* den Wert *4624* ein und klicken Sie auf *OK*.
4. Gehen Sie die letzten Anmeldeereignisse in der gefilterten Liste durch und kontrollieren Sie, ob in den Eigenschaften der markierten Ereignisse auf der Registerkarte *Allgemein* im Abschnitt *Detaillierte Authentifizierungsoptionen* im Feld *Authentifizierungspaket* der Wert *Kerberos* erscheint (Abbildung 12.40).

Abbildg. 12.40 Kerberos-Anmeldeereignis

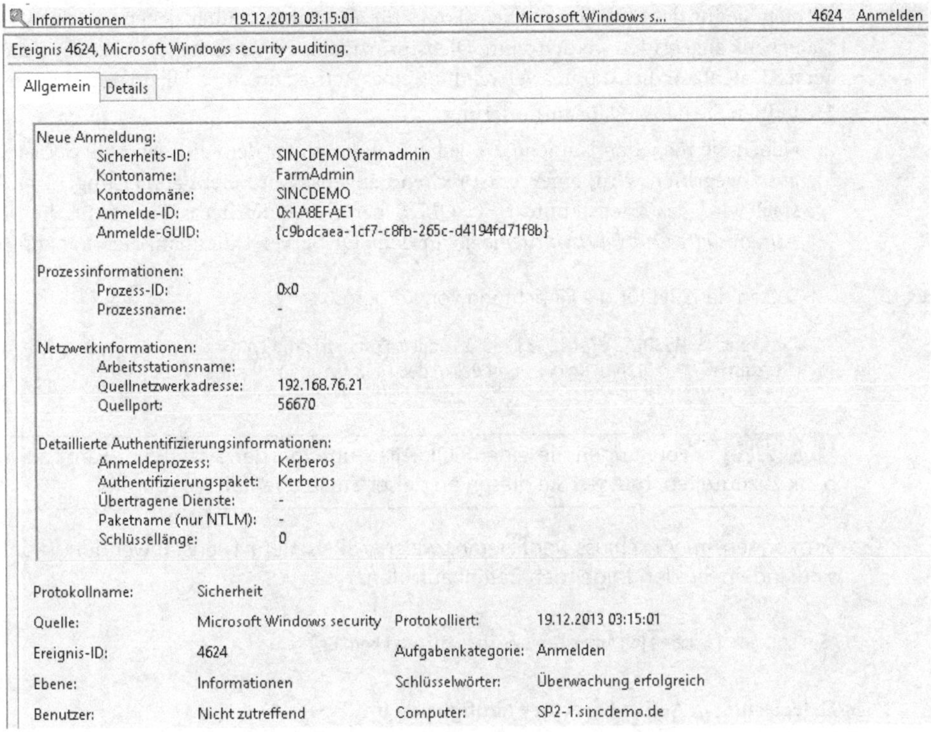

HINWEIS Beachten Sie, dass mit dem Abschluss dieser Konfiguration Kerberos lediglich für die hier definierten Hostnamen verfügbar ist. Sobald Sie unter Verwendung eines anderen Hostnamens oder der IP-Adresse auf die Webanwendung zugreifen, wird anstelle von Kerberos wieder NTLM verwendet.

Sollte die Einrichtung von Kerberos nicht erfolgreich sein, finden Sie in Kapitel 18 eine ausführliche Fehlerbehandlung von potenziellen Kerberos-Fehlerszenarien.

Kerberos für SQL Server einrichten

Für eine über Kerberos authentifizierte Verbindung von SharePoint zu SQL Server sind zusätzlich Schritte erforderlich:

- Einrichtung von Dienstprinzipalnamen für das Datenbankdienstkonto
- Delegierung in Active Directory konfigurieren
- Verifizierung des verwendeten Authentifizierungsprotokolls

Dienstprinzipalnamen einrichten

Richten Sie für das SQL Server-Dienstkonto für alle Namen, unter denen von SharePoint aus auf die Datenbank zugegriffen werden kann, Dienstprinzipalnamen ein. Stellen Sie zuvor sicher, dass der SQL Server-Datenbankdienst unter Verwendung eines Active Directory-Dienstkontos ausgeführt wird:

1. Öffnen Sie die Eingabeaufforderung.
2. Geben Sie für jeden Namen bzw. jeden Namen, unter dem auf den SQL-Server von SharePoint aus zugegriffen wird, einen entsprechend angepassten Befehl an (Listing 12.7). In diesem Beispiel wird das Dienstkonto *SVCSQLDB* berechtigt, Kerberos-Ticket für die beiden Zugriffsnamen *sql01* und *sql01.sincdemo.de* für den SQL Server-Datenbankdienst anzufordern.

Listing 12.7 Setzen des SPN für die Einrichtung von Kerberos

```
Setspn -S MSSQLSvc/sql01:1433 sincdemo\svcsqldb
Setspn -S MSSQLSvc/sql01.sincdemo.de:1433 sincdemo\svcsqldb
```

HINWEIS Verwenden Sie einen SQL-Alias, um von der SharePoint-Farm aus auf die Datenbank zuzugreifen, müssen Sie diesen an dieser Stelle ebenfalls registrieren.

Sie können im Anschluss verifizieren, welche SPNs dem Dienstanwendungskonto zugeordnet sind, indem Sie den folgenden Befehl aufrufen:

```
Setspn -L [Domäne]\[Anmeldename des Dienstkontos]
```

Delegierung in Active Directory konfigurieren

Konfigurieren Sie die Delegierung in Active Directory entsprechend für das SQL Server-Dienstkonto gemäß der Handlungsanweisung im Konfigurationsabschnitt für Webanwendungen (Abbildung 12.41).

Abbildg. 12.41 SQL Server-Dienstkontenkonfiguration

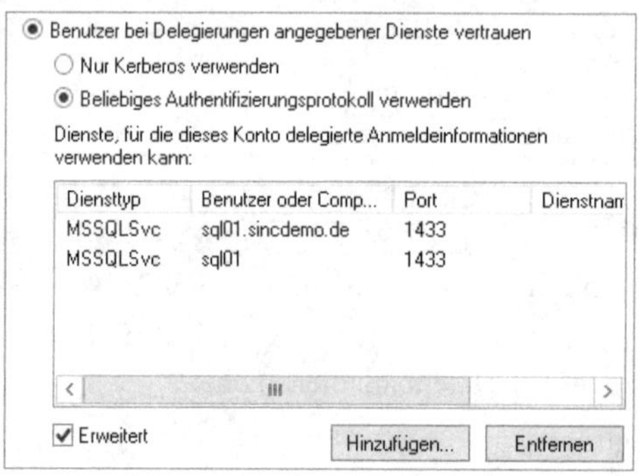

Starten Sie nach der Einrichtung der Delegierung den SQL Server-Datenbankdienst neu. Die bestehenden Verbindungen der Farm zum SQL-Server sollten zurückgesetzt werden, indem Sie beispielsweise die Farmknoten neu starten oder einen IIS-Reset durchführen.

Konfiguration verifizieren

Zur Überprüfung der Konfiguration gehen Sie wie folgt vor:

1. Öffnen Sie das Microsoft SQL Server Management Studio und führen Sie die folgende Datenbankabfrage aus:

```
SELECT auth_scheme, *FROM sys.dm_exec_connections
```

2. Überprüfen Sie die Werte in der Spalte *auth_scheme*. Sofern an dieser Stelle der Wert *Kerberos* anstelle von *NTLM* erscheint, war die Einrichtung erfolgreich (Abbildung 12.42).

Abbildg. 12.42 Überprüfung einer erfolgreichen Kerberos-Aktivierung auf SQL Server-Ebene

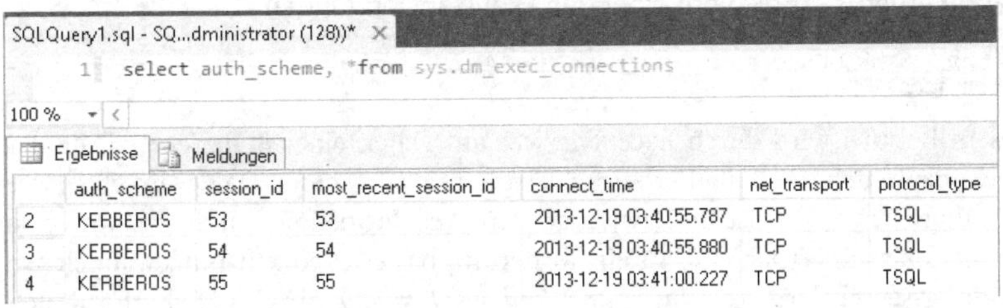

	auth_scheme	session_id	most_recent_session_id	connect_time	net_transport	protocol_type
2	KERBEROS	53	53	2013-12-19 03:40:55.787	TCP	TSQL
3	KERBEROS	54	54	2013-12-19 03:40:55.880	TCP	TSQL
4	KERBEROS	55	55	2013-12-19 03:41:00.227	TCP	TSQL

Sollten Sie eine Zuordnung der Sitzungen zu einem Authentifizierungsprotokoll und dem Datenbanknamen anstelle der Session-ID bevorzugen, verwenden Sie das TSQL-Skript aus Listing 12.8.

Abbildg. 12.43 Auflistung der Authentifizierungsprotokolle für den Datenbankzugriff

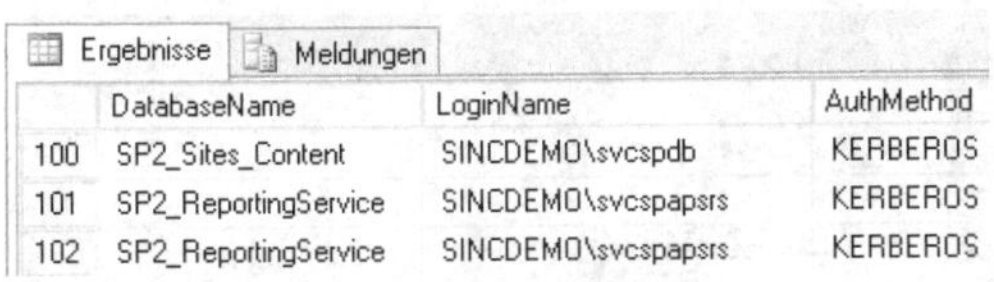

	DatabaseName	LoginName	AuthMethod
100	SP2_Sites_Content	SINCDEMO\svcspdb	KERBEROS
101	SP2_ReportingService	SINCDEMO\svcspapsrs	KERBEROS
102	SP2_ReportingService	SINCDEMO\svcspapsrs	KERBEROS

Listing 12.8 Anzeigen der Zuordnungen der genutzten Authentifizierung gegenüber Datenbanken

```
SELECT DB_NAME(dbid) AS DatabaseName, loginame AS LoginName,
sys.dm_exec_connections.auth_scheme as AuthMethod
FROM sys.sysprocesses
JOIN sys.dm_exec_connections
ON sys.sysprocesses.spid=sys.dm_exec_connections.session_id
WHERE dbid > 0
GROUP BY dbid, loginame, spid,sys.dm_exec_connections.auth_scheme
```

ONLINE Sie finden dieses TSQL-Skript unter dem Namen *SQL-CheckKerberosAuth.sql* in den Begleitdateien zum Buch.

Alternativ überprüfen Sie das Ereignisprotokoll auf dem SQL-Server. Verwenden Sie dazu das gleiche Kontrollverfahren wie für die Webanwendungen.

Sofern das Ergebnis trotz Dienstneustart nicht das gewünschte Ergebnis liefert, sollten Sie den Datenbankserver neu starten oder überprüfen, ob Sie nicht einen SQL-Alias in der Konfiguration übersehen haben.

Kerberos für erweiterte Dienste einrichten

Die Verwendung von Kerberos für erweiterte Dienste bzw. Dienstanwendungen erfordert ein hohes Maß an Disziplin bei der Planung, da sich hier in Abhängigkeit vom genauen Nutzungsszenario schnell Fehler bei der Implementierung einschleichen. Da die exakte Einrichtung aller Dienstanwendungen für die Kerberos-Delegierung den Rahmen dieses Buchs sprengt, werden hier nur die Kernaspekte für die Einrichtung der wichtigsten Szenarien umrissen. Dabei verhalten sich Dienstanwendungen, die auf den Forderungen für Windows-Tokendienst basieren, bei der Einrichtung grundsätzlich ähnlich. Die Liste dieser Dienstanwendungen finden Sie in Kapitel 8. An dieser Stelle wird an zwei Beispielen exemplarisch demonstriert, wie eine Einrichtung von Kerberos vorzunehmen ist.

ONLINE Innerhalb der Begleitdateien zum Buch finden Sie weitere Beispiele für die Einrichtung von Kerberos für die verbleibenden Dienstanwendungen.

Excel Services

In diesem Beispiel wird durch Excel Services auf Daten einer SQL Server-Datenbank zugegriffen. Um dies abzubilden, wird die Kerberos-Delegierung verwendet. Da der Excel Services-Dienst in der Anwendungsebene aktiv ist und zwischen den Web-Front-End- und den Anwendungsservern das Windows-Token über den STS in ein forderungsbasiertes Token umgewandelt wird, ist auf dem Anwendungsserver der *Forderungen an Windows-Tokendienst* (C2WTS) erforderlich. Dieser Dienst wandelt das Forderungstoken in ein Kerberos-Token um und verwendet dieses für den Zugriff auf die SQL Server-Daten (Abbildung 12.44).

Abbildg. 12.44 Beispielszenario für Excel Services

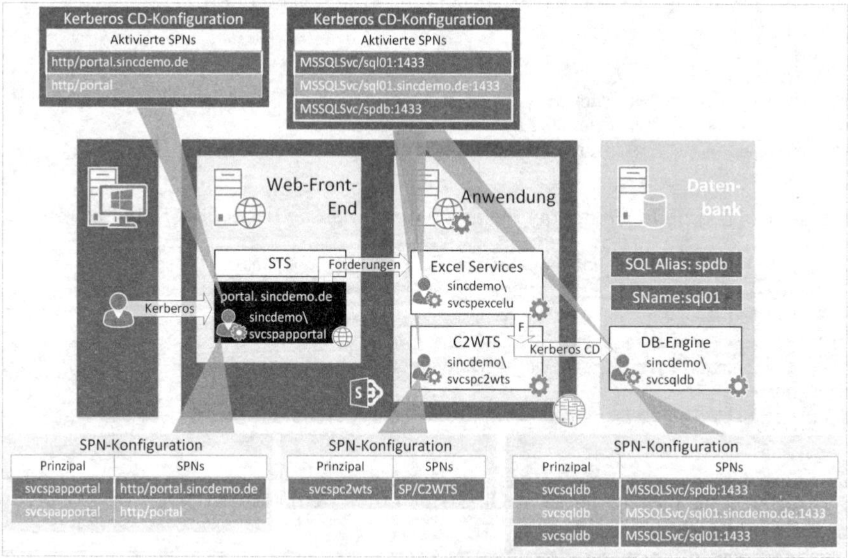

Der C2WTS sollte grundsätzlich nicht unter dem Standardkonto (*Lokales System*), sondern unter einem dedizierten Konto ausgeführt werden. Daher wird hier in diesem Szenario von einer Konfiguration gemäß Kapitel 5 ausgegangen. Sollten Sie dennoch den lokalen Systemkontext verwenden, muss die Kerberos-Delegierung abweichend eingerichtet werden, sodass jedes Computerkonto die Delegierungen in Richtung SQL Server-Datenbankinstanz erhält.

In diesem Szenario wird vorausgesetzt, dass Sie bereits Kerberos für die SharePoint-Site und den SQL Server eingerichtet haben. Gehen Sie wie folgt vor, um das Kerberos-Szenario für Excel Services abzubilden:

1. Erstellen Sie ggf. die Konten für die beiden Dienste Excel Services und C2WTS in Active Directory.
2. Registrieren Sie den folgenden SPN für das C2WTS-Dienstkonto.

```
SetSPN -S SP/C2WTS sincdemo\svcspc2wts
```

HINWEIS Dieser SPN kann als eine Art Platzhaltereintrag angesehen werden. Achten Sie lediglich darauf, dass der SPN einzigartig ist. Hier wurde willkürlich *SP* als Präfix verwendet.

3. Konfigurieren Sie die Konten für Excel Services und C2WTS für die eingeschränkte Kerberos-Delegierung (Abbildung 12.43).
4. Konfigurieren Sie den C2WTS gemäß der Vorgaben in Kapitel 5.
5. Überprüfen Sie nun die durchgeführten Einstellungen, indem Sie eine Excel-Datei erzeugen, die auf Daten einer SQL Server-Datenbankquelle zugreift, und veröffentlichen Sie diese in SharePoint. Nach dem Öffnen der Excel-Arbeitsmappe im Browser verändern Sie die Daten der Datenbank und aktualisieren die Datenquelle im Browser.
6. Sie werden vor der Ausführung der Aktualisierung um eine Bestätigung der Abfrage gebeten. Klicken Sie auf *OK*.

Sofern die Daten aktualisiert wurden, ist die Einrichtung hiermit erfolgreich abgeschlossen.

Reporting Services

Anhand eines kurzen Beispielszenarios wird verdeutlicht, welche besonderen Maßnahmen bei der Verwendung von Reporting Services in Kombination mit der eingeschränkten Kerberos-Delegierung erforderlich sind (Abbildung 12.45).

Abbildg. 12.45 Beispielszenario für Reporting Services

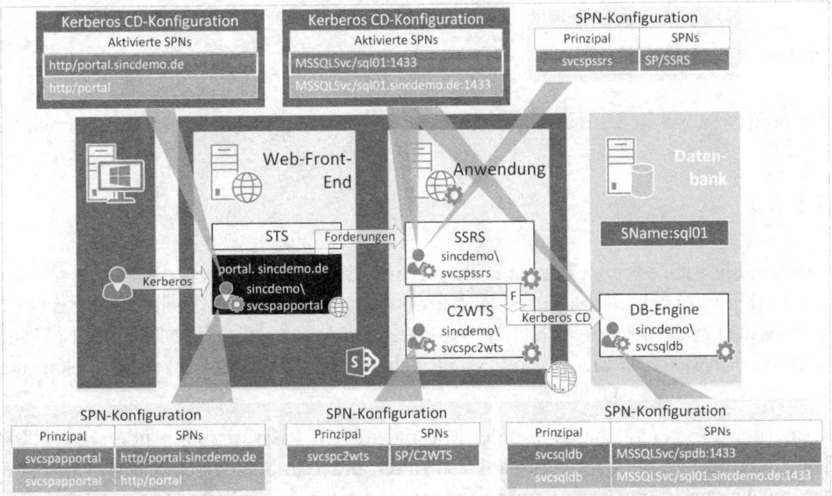

In der Annahme, dass die Reporting Services und der C2WTS bereits funktional eingerichtet wurden, lautet die nun verbleibende, für Reporting Services spezifische Konfiguration für die eingeschränkte Kerberos-Delegierung wie folgt:

1. Registrieren Sie die Dienstprinzipalnamen für das Reporting Services-Dienstkonto und den C2WTS:

```
SetSPN -S SP/SSRS sincdemo\svcspssrs
```

HINWEIS Auch hier dient der SPN für den SSRS lediglich als Hilfskonstrukt für die Konfiguration. Achten Sie darauf, dass dieser SPN einzigartig ist.

2. Richten Sie bei der Verwendung der eingeschränkten Kerberos-Delegierung die korrekten Dienste in den Eigenschaften der beteiligten Dienstkonten ein, die delegierte Anmeldeinformationen verwenden dürfen.
3. Aktivieren Sie Kerberos für Reporting Services, indem Sie in der *rsreportserver.config*-Datei das Element *<AuthenticationTypes>* abändern und *RSWindowsNegotiate* anstelle von *RSWindowsNTLM* eintragen (Abbildung 12.46).

   Sie finden die Datei im Verzeichnis *%ProgramFiles%\Common Files\microsoft shared\Web Server Extensions\15\WebServices\Reporting*.

Abbildg. 12.46 Abändern der Reporting Services-Authentifizierung

```
<Authentication>
  <AuthenticationTypes>
    <RSWindowsNegotiate />
  </AuthenticationTypes>
  <EnableAuthPersistence>true</EnableAuthPersistence>
</Authentication>
```

4. Führen Sie auf allen Servern den folgenden Befehl aus:

```
Iisreset /noforce
```

Überprüfen Sie abschließend die Einrichtung durch den Aufruf eines entsprechenden Berichts.

NTLM

Standardmäßig verwenden alle neuen SharePoint-Webanwendungen die NTLM-Authentifizierung unterhalb der anforderungsbasierten Webanwendungshülle. NTLM steht dabei für NT LAN-Manager und basiert auf einem proprietären Standard von Microsoft. NTLM liegt seit NT 4.0 SP4 in der zweiten Version vor und bietet somit einen Schutz vor den zwischenzeitlich bekannt gewordenen Schwachstellen von NTLM.

Die Sicherheit von NTLM hängt von der Komplexität des Passworts ab. Anders als NTLMv1 wird bei NTLMv2 der an den Server gesendete Hash unter anderem aus der vom Server gesendeten Herausforderung, einem Client-Captcha und einem Zeitstempel gebildet. Dies erschwert einen Angriff, macht ihn jedoch nicht unmöglich. Um sicherzugehen, dass Ihnen ein im Netzwerk abgefangener NTLM-Authentifizierungsvorgang nicht zum Verhängnis wird, ist es daher von primärer Wichtigkeit, möglichst komplexe und lange Passwörter zu verwenden, um einen Brute-Force-Angriff vorzubeugen.

HINWEIS Ein Brute-Force-Angriff beinhaltet das Ausprobieren aller möglichen Kombinationen für eine Passphrase. Dabei benutzen moderne Brute-Force-Module längst Kombinationen aus häufig verwendeten Zeichen- bzw. Phrasenfolgen, um die Anzahl der Versuche drastisch zu reduzieren.

Problematisch bei der Verwendung von NTLM als Authentifizierungsprotokoll ist die Inkompatibilität mit den meisten Proxyservern, was dazu führt, dass Sie NTLM primär in Intranetszenarien zum Einsatz bringen sollten (Abbildung 12.47).

Abbildg. 12.47 NTLM-Authentifizierungskommunikation

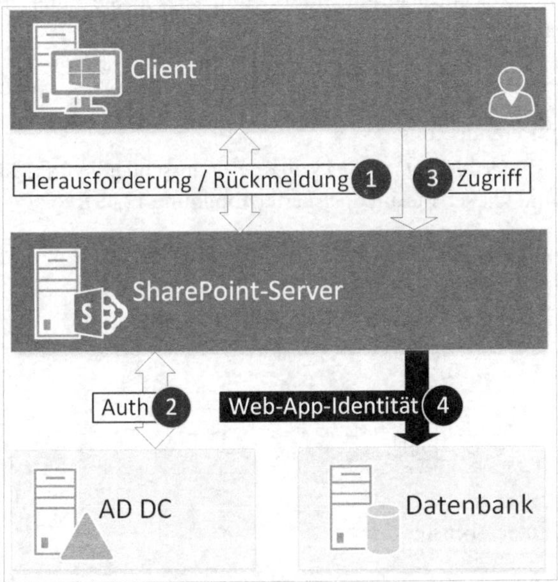

An dem Kommunikationsverlauf wird deutlich, dass bei NTLM im Gegensatz zu Kerberos die Web-Front-End-Server den Benutzer gegenüber dem Verzeichnisdienst authentifizieren. Der Zugriff auf etwaige SharePoint-Inhaltsdatenbanken findet ohnehin im Kontext des Webanwendungspools statt.

Für die Aktivierung von NTLM als Authentifizierungsprotokoll müssen Sie lediglich den Authentifizierungsanbieter für die jeweilige Webanwendung in der entsprechenden Zone konfigurieren (Abbildung 12.48).

Abbildg. 12.48 NTLM-Authentifizierung aktivieren

Wie bei Kerberos gilt auch für die Konfiguration von NTLM, dass Sie für die Einrichtung nicht die Verwaltungskonsole des Internetinformationsdienste (IIS)-Managers verwenden sollten, sondern die Zentraladministration, um so nicht nur einen Server, sondern alle Server der Serverfarm konfigurieren.

Basisauthentifizierung

Bei der Basisauthentifizierung werden die Anmeldeinformationen an den Web-Front-End-Server gesandt. Der Vorteil ist, dass es bei diesem Verfahren keinerlei Kompatibilitätsprobleme gibt und eine Authentifizierung bis zum nächsten Hop erfolgen kann, da der Web-Front-End-Server sich im Besitz der Anmeldungskennung befindet. Sie sollten diesen Authentifizierungstyp aufgrund der Sicherheitsaspekte nur in Kombination mit HTTPS verwenden.

Zur Einrichtung der Basisauthentifizierung gehen Sie wie folgt vor:

1. Öffnen Sie die Einstiegsseite der Zentraladministration und klicken Sie unter *Anwendungsverwaltung* auf *Webanwendungen verwalten.*
2. Klicken Sie auf die entsprechende Webanwendung und anschließend im Menüband auf *Authentifizierungsanbieter.*
3. Klicken Sie auf die zu konfigurierende Zone.
4. Aktivieren Sie im Abschnitt *Forderungsauthentifizierungstypen* ausschließlich das Kontrollkästchen *Basisauthentifizierung* und klicken Sie auf *Speichern* (Abbildung 12.49).

Abbildg. 12.49 Aktivierung der Basisauthentifizierung

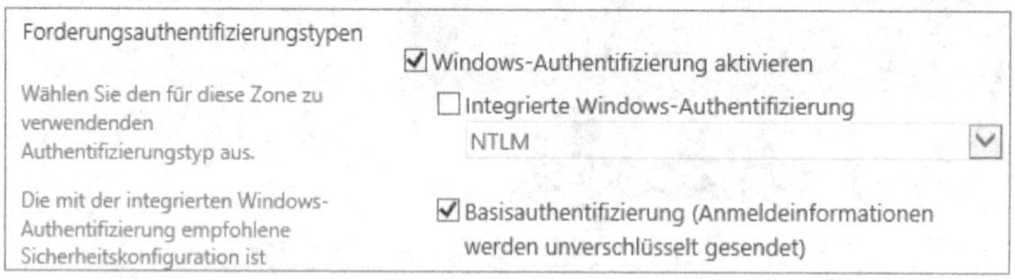

5. Schließen Sie die aktuell geöffneten Fenster.

Digestauthentifizierung

Bei der Digestauthentifizierung sendet der Server zusammen mit dem WWW-Authenticate-Header eine eigens erzeugte zufällige Zeichenfolge. Der Browser berechnet auf Basis des Benutzernamens, des Passworts, der erhaltenen Zeichenfolge, der HTTP-Methode und des angeforderten URI einen MD5-basierten Hashwert und schickt diesen zur Überprüfung an der Server zurück. Dieses Verfahren bietet eine Grundsicherheit bei der Authentifizierung, ist jedoch anfällig für Replayangriffe. Zusammengefasst lässt sich feststellen, dass die Digestauthentifizierung Ihnen einen guten Kompromiss aus Kompatibilität und Sicherheit bietet.

Die ab IIS 7.0 vorliegende Version der Digestauthentifizierung ist nicht mehr darauf angewiesen, dass das Passwort des Anwenders in reversibler Verschlüsselung im Verzeichnisdienst vorliegen muss.

PROFITIPP Entgegen anders lautenden Dokumentationen erfordert die Digestauthentifizierung nicht zwangsläufig, dass sich der zugreifende Client und der Server in der gleichen oder einer vertrauten Domäne befinden.

In den früheren Digestimplementierungen bei Microsoft gab es anfangs teilweise eine Inkompatibilität zwischen den Nicht-Microsoft-Browsern und IIS. Dies stellt seit der Digestimplementierung in IIS 7.0 kein grundlegendes Problem mehr dar, sodass Sie beispielsweise auch den Firefox-Browser in dieser Kombination verwenden können.

Zur Einrichtung der Digestauthentifizierung gehen Sie wie folgt vor:

1. Sofern Sie exklusiv für eine Zone die Digestauthentifizierung nutzen möchten, deaktivieren Sie zunächst die anderen Windows-Authentifizierungen. Öffnen Sie dazu die Einstiegsseite der Zentraladministration und klicken Sie unter *Anwendungsverwaltung* auf *Webanwendungen verwalten.*
2. Klicken Sie auf die entsprechende Webanwendung und anschließend im Menüband auf *Authentifizierungsanbieter.*
3. Klicken Sie auf die zu konfigurierende Zone.
4. Deaktivieren Sie im Abschnitt *Forderungsauthentifizierungstypen* die beiden untergeordnete Kontrollkästchen (Abbildung 12.50) und klicken Sie auf *Speichern.*

Abbildg. 12.50 Digestkonfiguration in der Zentraladministration

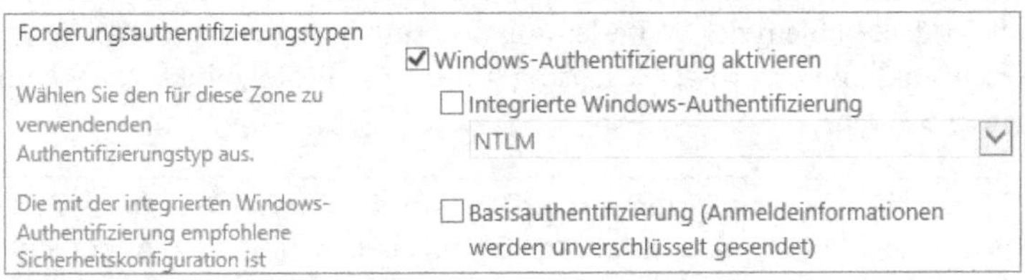

5. Schließen Sie das Fenster mit der Auswahl der Authentifizierungsanbieter und öffnen Sie nun die IIS-Verwaltungskonsole.
6. Navigieren Sie zu der entsprechenden Webanwendung und klicken Sie im Abschnitt *IIS* auf *Authentifizierung.*
7. Klicken Sie auf *Digestauthentifizierung* und in der Aktionsleiste auf *Aktivieren* (Abbildung 12.51).

Abbildg. 12.51 Aktivierung der Digestauthentifizierung

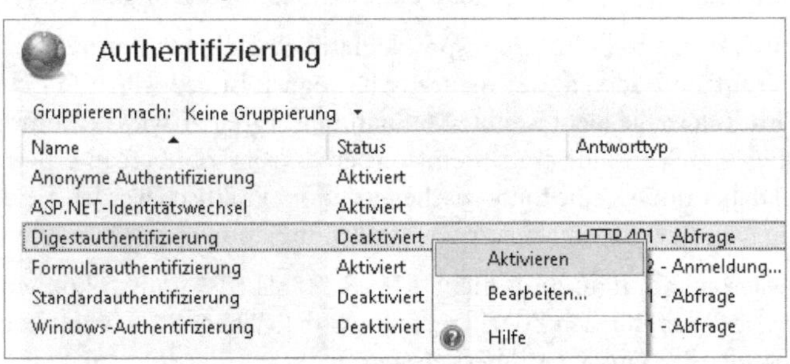

HINWEIS Da die Aktivierung der Konfiguration der Digestauthentifizierung in der IIS-Verwaltungskonsole vollzogen wird, ist es erforderlich, diese Einstellung auf alle Servern der Serverfarm zu wiederholen.

Konfigurieren Sie optional in den Eigenschaften des Digestauthentifizierungselements die *Realm* bzw. den *Bereich* zur Unterstützung der Benutzer. Direkt nach Abschluss dieser Maßnahme steht Ihnen die Digestauthentifizierung zur Verfügung.

Zertifikatbasierte Authentifizierung

Bei der zertifikatbasierten Authentifizierung fordert der Webserver den Client innerhalb einer SSL-geschützten Sitzung dazu auf, sein Benutzerzertifikat vorzuzeigen, um somit einer Identität zugeordnet werden zu können. Hierbei gibt es für IIS theoretisch zwei Formen der Zertifikatauthentifizierung:

- Active Directory-Clientzertifikatzuordnung
- IIS-Clientzertifikatzuordnung

Bei der Active Directory-Clientzertifikatzuordnung wird der Client einem Benutzerkonto zugeordnet, das wiederum parallel dem vom Client vorgezeigten Zertifikat in Active Directory dem Benutzerkonto zugeordnet wurde. Somit kann IIS einen direkten Bezug zu der Identität erhalten. Nachteil dieser Methode ist das Problem der Weiterleitung der Authentifizierungsmethode. In Kombination mit der eingeschränkten Kerberos-Delegierung und dem Protokollübergang kann hier jedoch Abhilfe geschaffen werden.

HINWEIS Eines der wenigen Systeme, die diese Kombination unterstützt, ist Big IP von F5, zu dem Sie im nächsten Kapitel mehr erfahren. Grundsätzlich gibt es hinsichtlich der zertifikatbasierten Authentifizierung im Vergleich zu SharePoint 2010 keine relevanten Änderungen.

Bei der IIS-Clientzertifikatzuordnung wird der Client anhand einer 1:1- oder n:1- Zuordnung auf IIS einem Benutzerkonto zugeordnet. Diese Form der Zuordnung wird hier jedoch nicht weiter betrachtet, da dazu das Zertifikat und die Kontoinformationen des zugreifenden Benutzers inklusive dessen Passwort auf IIS hinterlegt werden müssen, damit dieser das Zertifikat einem Konto zuordnen und den Anwender unter dessen Konto authentifizieren kann. Ein kleiner Vorteil dieses Verfahrens gegenüber Active Directory-gestützten Verfahren ist die Möglichkeit eines Hops bei der Authentifizierung, also der Weiterreichung der Authentifizierungsinformationen. Dieses Verfahren ist aufgrund der Architektur jedoch nur in seltenen und sehr speziellen Situationen einsetzbar.

Beachten Sie, dass durch die Authentifizierungsproblematik eine direkte Zertifikatauthentifizierung am SharePoint-Web-Front-End-Server zwar theoretisch möglich ist, jedoch zu Einschränkungen bei der Funktionalität führt, sofern Sie nicht weitere Maßnahmen ergreifen, wie die Kombination aus der eingeschränkten Kerberos-Delegierung und dem Kerberos-Protokollübergang. Betrachten Sie das nachfolgende Beispiel daher nur als eine theoretische Funktion. Praktisch werden Sie die zertifikatbasierte Authentifizierung am Reverseproxyserver oder in Kombination mit AD FS 2.0 konfigurieren.

Bei der AD FS 2.0-basierten Konfiguration dient AD FS 2.0 als STS und so können in Zertifikatszenarien SAML-basierte Token für den Zugriff erstellt werden. Theoretisch können beliebige Drittanbieter die Rolle des Identitätsanbieters übernehmen, wobei in der Regel Active Directory diese Rolle übernimmt (Abbildung 12.52).

Abbildg. 12.52 Zertifikatbasierte Authentifizierung mit SharePoint und AD FS 2.0

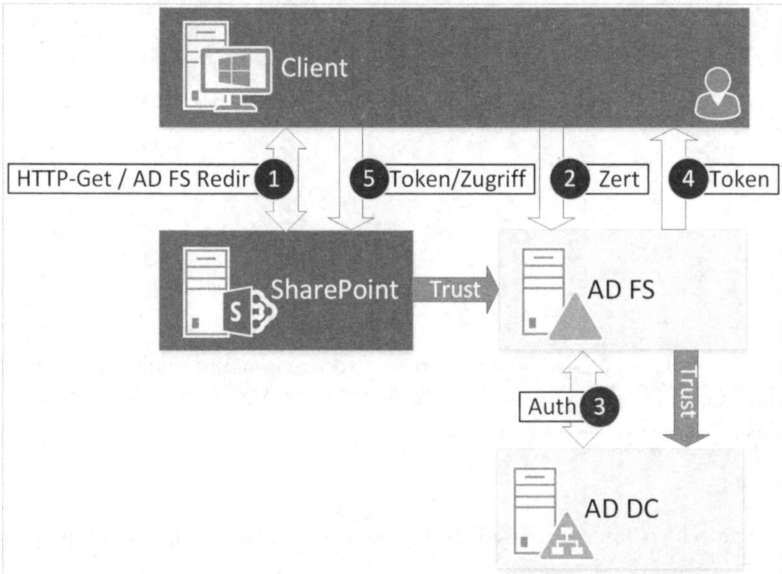

Verbreiteter sind im Vergleich jedoch eindeutig auf Reverproxyserver basierende Lösungen. Da Sie somit in der Regel nicht direkt am SharePoint-Web-Front-End eine Änderung für die zertifikatbasierte Authentifizierung vornehmen, mit Ausnahme der Kerberos-Konfiguration, erfolgt die wesentliche Konfiguration am Reverseproxyserver.

Die wichtigste Voraussetzung bleibt neben der Kerberos-Konfiguration die korrekte Veröffentlichung der Benutzerzertifikate in Active Directory. Sie können dies überprüfen, indem Sie im Snap-In *Active Directory-Benutzer und -Computer* die erweiterten Features einblenden und in den Eigenschaften des Benutzerkontos auf der Registerkarte *Veröffentlichte Zertifikate* die Liste der dortigen Zertifikate einsehen (Abbildung 12.53).

Abbildg. 12.53 Veröffentlichte Zertifikate, anhand derer die Anwender authentifiziert werden

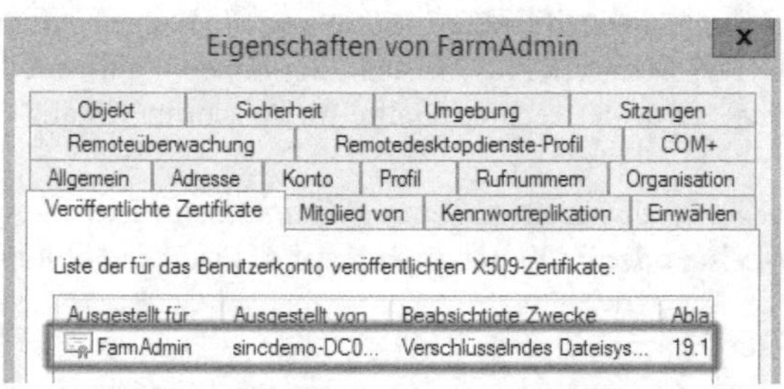

Die Zertifikate können automatisch dorthin publiziert werden, sofern die Zertifikatvorlage entsprechend konfiguriert wurde (Abbildung 12.53).

Abbildg. 12.54 Automatische Veröffentlichung von Benutzerzertifikaten in Active Directory

Für einen vereinfachten Test der Active Directory-Clientzertifikatzuordnung konfigurieren Sie bitte wie folgt:

HINWEIS Verwenden Sie diese Demonstration keinesfalls in produktiven Umgebungen, außer als Bestandteil einer SAML-basierten AD FS 2.0-Implementierung.

1. Deaktivieren Sie alle überflüssigen Windows-Authentifizierungsprotokolle in der Zentraladministration. Öffnen Sie dazu die Einstiegsseite der Zentraladministration und klicken Sie unter *Anwendungsverwaltung* auf *Webanwendungen verwalten.*
2. Klicken Sie auf die entsprechende Webanwendung und anschließend im Menüband auf *Authentifizierungsanbieter.*
3. Klicken Sie auf die zu konfigurierende Zone.
4. Deaktivieren Sie im Abschnitt *Forderungsauthentifizierungstypen* alle Kontrollkästchen und klicken Sie auf *Speichern* (Abbildung 12.49).
5. Aktivieren Sie die Active Directory-Clientzertifikatzuordnung auf IIS-Ebene. Öffnen Sie dazu den Internetinformationsdienste (IIS)-Manager, klicken Sie in der linken Hälfte auf den Namen des Webservers und doppelklicken Sie in der rechten Hälfte im Abschnitt *IIS* auf das Symbol *Authentifizierung.*
6. Wählen Sie in der Liste den Eintrag *Active Directory-Clientzertifikatauthentifizierung* aus und klicken Sie in der rechten *Aktionen*-Leiste oder im Kontextmenü auf *Aktivieren* (Abbildung 12.55).

Abbildg. 12.55 Aktivierung der Active Directory-Zertifikatzuordnung

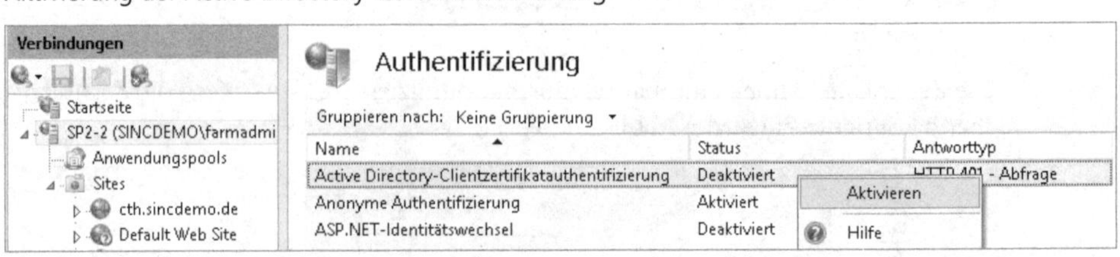

7. Aktivieren Sie nun SSL gemäß der Anleitung in Kapitel 6.
8. Erzwingen Sie abschließend die Verwendung von Clientzertifikaten. Navigieren Sie dazu im IIS-Manager zur entsprechenden Webanwendung und doppelklicken Sie im Abschnitt *IIS* auf *SSL-Einstellungen*.
9. Aktivieren Sie das Kontrollkästchen *SSL erforderlich* und wählen Sie die Option *Erforderlich* aus (Abbildung 12.56).

Abbildg. 12.56 Clientzertifikate erzwingen

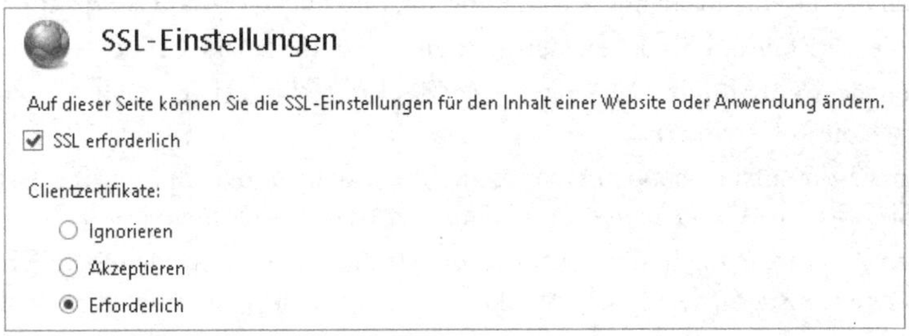

10. Klicken Sie in der *Aktionen*-Leiste auf *Übernehmen*, um die Änderungen anzuwenden.

Testen Sie nun den Zugriff von einem Clientbrowser und stellen Sie sicher, dass Sie über ein Clientauthentifizierungszertifikat in Ihrem Benutzerzertifikatsspeicher verfügen.

Anonyme Benutzer

Sie haben unterschiedliche Möglichkeiten, anonyme Benutzer in Ihr Portal zu integrieren. Dabei können Sie entscheiden, ob diese lediglich gezielt Dokumentbibliotheken und Listen oder die gesamte Website aufrufen dürfen. Unabhängig von Ihrer Entscheidung werden zunächst alle Zugriffsmöglichkeiten für anonyme Benutzer blockiert. Sie können diesen Einrichtungsprozess lediglich vereinfachen, indem Sie beim Erstellen der Webanwendung die Option für den anonymen Zugriff aktivieren.

Es gibt jedoch auch grundlegende Einschränkungen für anonyme Benutzer. So können diese zwar Einträge in Listen erzeugen, sofern Sie die entsprechenden Rechte gesetzt haben, jedoch keine Dokumente in Dokumentbibliotheken hochladen.

Anonymen Zugriff einrichten

Die Einrichtung des anonymen Zugriffs ist im Vergleich zu anderen Funktionen deutlich erschwert, um zu vermeiden, dass versehentlich die gesamten Inhalte Ihres Portals unautorisierten Dritten zur Verfügung gestellt werden.

In der Übersicht sind die folgenden Schritte zur nachträglichen Einrichtung eines anonymen Zugriffs auf Ihr Portal erforderlich:

1. Aktivierung des anonymen Zugriffs für den Authentifizierungsanbieter der entsprechenden Webanwendung in der Zentraladministration. Sollten Sie beim Anlegen der Webanwendung bereits die anonyme Authentifizierung aktiviert haben, können Sie diesen Schritt überspringen.

2. Anonymen Zugriff auf Siteebene aktivieren und zwischen dem Zugriff auf Listen und Dokumentbibliotheken und dem Zugriff auf die gesamte Website wählen.
3. Den Zugriff auf die jeweilige Liste oder Dokumentbibliotheken aktivieren (optional, wenn der Zugriff nicht auf der gesamten Websiteebene gewünscht ist)

Zur Einrichtung gehen Sie wie folgt vor:

1. Öffnen Sie die Einstiegsseite der Zentraladministration und klicken Sie im Abschnitt *Anwendungsverwaltung* auf *Webanwendungen verwalten.*
2. Markieren Sie die entsprechende Webanwendung und klicken Sie auf *Authentifizierungsanbieter.*
3. Wählen Sie die Zone aus, in der Sie den anonymen Zugriff zulassen möchten.
4. Aktivieren Sie im Abschnitt *Anonymer Zugriff* das Kontrollkästchen *Anonymen Zugriff aktivieren* und klicken Sie auf *Speichern.*
5. Wechseln Sie zur entsprechenden Website, in der Sie den anonymen Zugriff aktivieren möchten, klicken Sie dort auf *Websiteaktionen* und dann auf *Websiteberechtigungen.*
6. Erst durch die Anpassung in der Zentraladministration ist nun im Menüband eine neue Schaltfläche *Anonymer Zugriff* verfügbar (Abbildung 12.57). Klicken Sie auf diese Schaltfläche.

Abbildg. 12.57 Neue Schaltfläche *Anonymer Zugriff* nach Modifikation der Authentifizierungsanbieter

7. Wählen Sie zwischen *Gesamte Website* oder *Listen und Bibliotheken*, um granular anonyme Zugriffe zuzulassen (Abbildung 12.58).

Abbildg. 12.58 Optionen zur Zugriffssteuerungen anonymer Benutzer

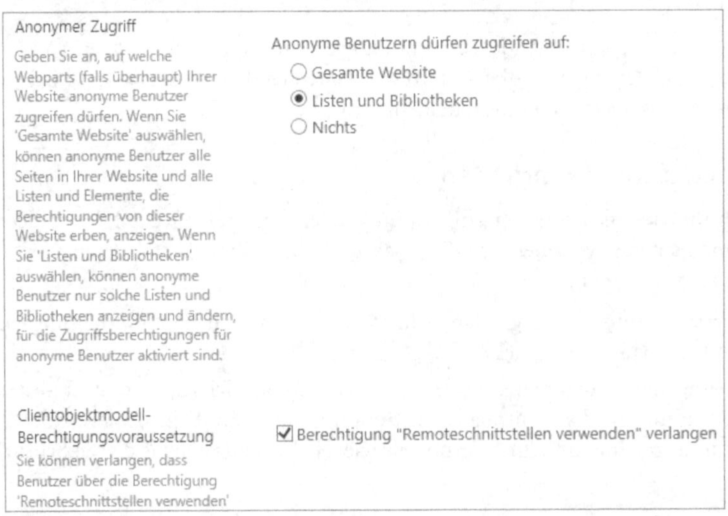

8. Sollten Sie die Option *Listen und Bibliotheken* gewählt haben, müssen Sie den Zugriff auf jede einzelne Dokumentbibliothek oder Liste separat gewähren. Öffnen Sie dazu eine Dokumentbibliothek oder Liste.
9. Benutzen Sie beispielsweise die neue *Freigegeben für*-Funktion, um über deren *Erweitert*-Link zur Berechtigungssteuerung zu gelangen.
10. Klicken Sie im Menüband auf die Schaltfläche *Anonymer Zugriff.*
11. Aktivieren Sie die entsprechenden Kontrollkästchen, um die Zugriffsrechte zu steuern (Abbildung 12.59).

Abbildg. 12.59 Anonyme Zugriffsberechtigungen auf eine Dokumentbibliothek

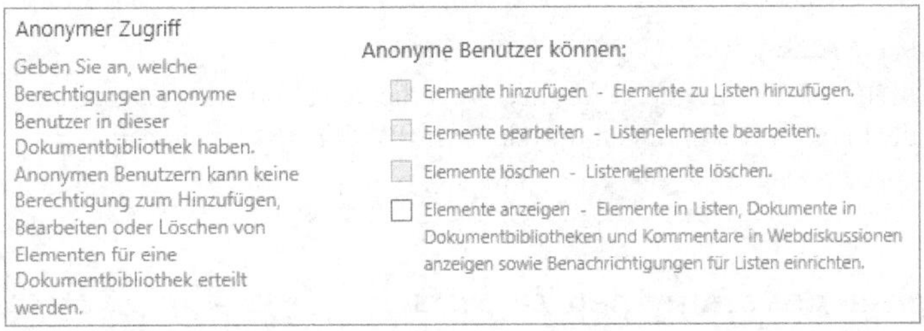

HINWEIS Sollten Sie in diesem Dialogfeld lediglich die Schaltfläche *Elemente anzeigen* angezeigt bekommen, liegt dies wahrscheinlich daran, dass Sie sich in einer Dokumentbibliothek befinden. Dort sind über das Lesen hinausgehende Rechte für anonyme Benutzer generell nicht verfügbar.

Ein sinnvolles Beispiel, bei dem Sie anonymen Benutzer einen schreibenden Zugriff gewähren, ist der Zugriff auf die Kommentarliste auf einer Blogseite. Somit hätten anonyme Benutzer die Möglichkeit, Kommentare abzugeben.

Sie haben jedoch auch die Möglichkeit, zentral gezielt zu verhindern, dass anonyme Benutzer unkontrolliert unberechtigt Inhalte schreiben dürfen, indem Sie eine Funktion der Zentraladministration nutzen. Gehen Sie dazu wie folgt vor:

1. Öffnen Sie die Einstiegsseite der Zentraladministration und klicken Sie im Abschnitt *Anwendungsverwaltung* auf *Webanwendungen verwalten.*
2. Markieren Sie die entsprechende Webanwendung und klicken Sie auf *Richtlinie für anonymen Zugriff.*
3. Wählen Sie die Zone aus, für die die Richtlinie gelten soll, sowie anschließend eine der drei Richtlinien (Abbildung 12.60) und klicken Sie auf *Speichern.*

Abbildg. 12.60 Richtlinien für den anonymen Zugriff

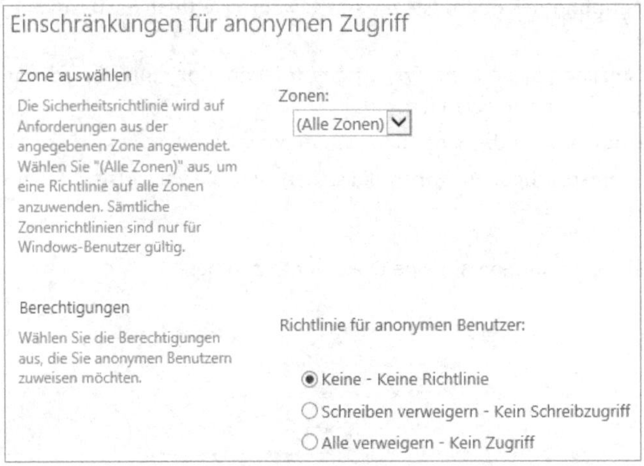

Besonderheiten des anonymen Zugriffs

Wie in der vorherigen Version von SharePoint unterstützt auch SharePoint 2013 eine Funktion namens »Sperrmodus zur Benutzerberechtigung für beschränkten Zugriff« (*ViewFormPagesLockDown*). Durch diese Funktion soll verhindert werden, dass anonyme Benutzer Zugriff auf spezielle Bereiche einer Site erhalten, die Sie ihm nicht gewähren möchten.

Bei der Verwendung der Sitevorlage *Sperrmodus zur Benutzerberechtigung für beschränkten Zugriff* ist dieses Feature standardmäßig aktiviert und kann einen anonymen Benutzer innerhalb dieser Websitesammlung davon abhalten, bestimmte Aktionen wahrzunehmen, wie z.B. das Verfassen eines Kommentars zu einem Blogartikel.

In SharePoint 2010 war das Feature noch versteckt, nun ist es über die Websitesammlungseinstellungen sicht- und steuerbar.

Einrichten unterschiedlicher Authentifizierungsanbieter für unterschiedliche Zonen

In Szenarien, in denen Sie für eine Webanwendung unterschiedliche Authentifizierungsformen für unterschiedliche Zugriffswege bestimmen möchten, können Sie diese über die Erweiterung einer bestehenden Webanwendung erreichen. Beispielsweise möchten Sie eine Basisauthentifizierung beim Zugriff aus dem Internet und eine Windows-integrierte Authentifizierung aus dem Intranet erzwingen. Bei der Erweiterung einer Webanwendung wird eine weitere Webanwendung erzeugt, die natürlich eine eigene *web.config*-Datei besitzt, und diese Webanwendung wird parallel mit den gleichen Inhaltsdatenbanken wie die ursprüngliche Webanwendung verbunden.

Ein weiterer Grund für die Erweiterung einer bestehenden Webanwendung kann darin liegen, dass Sie unter der Verwendung bestimmter Authentifizierungsverfahren die Indizierung Ihrer Website weiterhin sicherstellen wollen.

Gehen Sie folgendermaßen vor, um die Webanwendung er zu erweitern:

1. Öffnen Sie die Einstiegsseite der Zentraladministration und klicken Sie im Abschnitt *Anwendungsverwaltung* auf den Link *Webanwendungen verwalten.*
2. Markieren Sie die zu erweiternde Webanwendung und klicken Sie im Anschluss im Menüband auf die Schaltfläche *Erweitert.*
3. Erstellen Sie eine neue IIS-Website unter Verwendung der folgenden primären Parameter:

Name:	*[Anzeigename im IIS]*
Port:	*80*
Hostheader:	*[Zugriffshostname]*
Authentifizierungsanbieter:	*[Gemäß Ihren Anforderungen]*
Anonymen Zugriff zulassen:	*[Gemäß Ihren Anforderungen]*
SSL verwenden:	*[Gemäß Ihren Anforderungen]*
Öffentliche URL:	*[Öffentliche URL]*
Zone:	*[Wählen Sie eine freie Zone aus]*

Abbildg. 12.61 Zuordnung der URL zu einer freien Zone

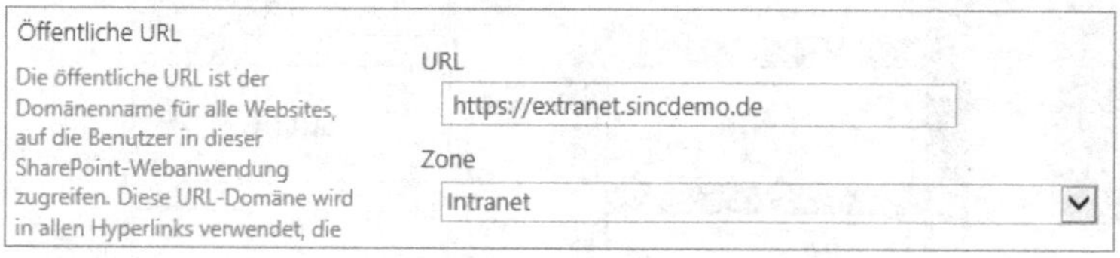

4. Klicken Sie auf *OK*, um die Webanwendung zu erweitern.

Nach dem Erweitern der Webanwendung passen Sie ggf. die Authentifizierungsanbietereinstellungen und alternativen Zugriffszuordnungen an.

Server-zu-Server-Authentifizierung

Erstmalig wurde mit SharePoint 2013 die Server-zu-Server-Authentifizierung (S2S, Server-to-Server) eingeführt. In diesem Abschnitt erfahren Sie die wichtigsten Grundlagen des Protokolls.

Übersicht

Das Server-zu-Server-Authentifizierungsprotokoll ist zunächst einmal kein Authentifizierungsprotokoll für die Benutzerauthentifizierung, sondern wird lediglich zwischen Servern angewandt, um im Namen von Benutzern auf Ressourcen zugreifen können.

Die erste Frage an dieser Stelle müsste nun sein: Wozu die Mühe, wenn es doch auch für diese Zwecke Kerberos gibt? Die Antwort ist einfach: Kerberos ist ein verteiltes Authentifizierungsprotokoll, das für vertraute Umgebungen konzipiert wurde und dabei bereits für Standardverfahren vergleichsweise aufwendig zu implementieren ist. Die Integration mit cloudbasierten Lösungen, geschweige denn die Optimierung für die neue App- und Webservice-zentrische Lösungslandschaft, wird erst sukzessive in den neusten Kerberos-Erweiterungen in Windows Server 2012 bzw. 2012 R2 berücksichtigt. Bis zu der neusten Kerberos-Erweiterung ist indes eine vollumfängliche Delegierung lediglich innerhalb einer Domäne möglich, womit hybride Szenarien ohnehin selbst theoretisch nicht realisierbar wären. Andere Ansätze wie die anforderungsbasierte Authentifizierung oder aber der SAML-Ansatz beschäftigen sich jeweils ebenfalls mit anderen Teilaspekten der Authentifizierung und sind zudem ebenfalls im Wesentlichen als Benutzerauthentifizierungsprotokoll anzusehen, welches explizit vom Client angewandt wird. Da der einfache und sichere impersonierte Zugriff auf derlei Dienste ein unabdingbares Element geworden ist, füllt die Server-zu-Server-Authentifizierung diese funktionale Lücke aus.

Das nachfolgende Beispiel gibt Ihnen eine Übersicht der Kommunikationsbeziehung im Rahmen einer S2S-Authentifizierung (Abbildung 12.62).

Abbildg. 12.62 S2S-Kommunikationsablauf

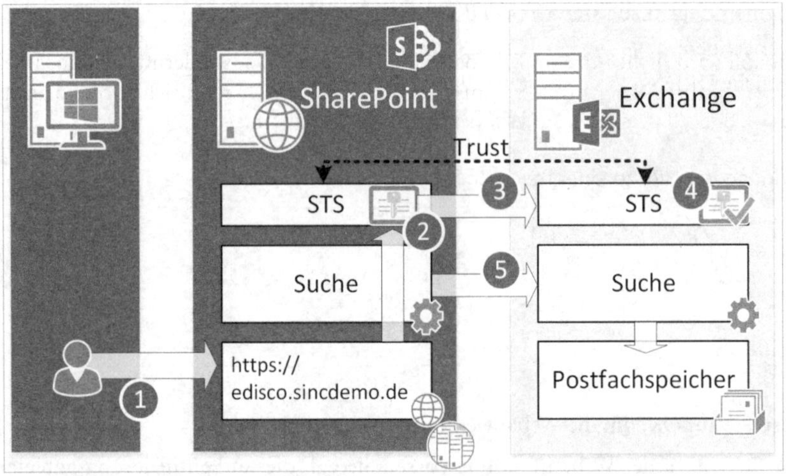

1. Der Client greift nach der Benutzerauthentifizierung auf eine Seite zu, die Daten von einem externen System abruft.
2. SharePoint generiert für den Zugriff ein S2S-Token.
3. Das Token wird von SharePoint basierend auf der vorhandenen S2S-Vertrauensstellung zum externen System (hier Exchange Server) gesandt.
4. Das S2S-Token wird vom externen System validiert, und der Quell-STS informiert, dass dieses für den Zugriff als gültig deklariert wurde.
5. Der anfragende Dienst (in diesem Fall die SharePoint-Suche) greift unter Verwendung des Tokens auf die erforderlichen Daten/Dienste (hier die Exchange Server-Suche) zu.

OAuth

Die proprietäre S2S-Implentierung verwendet das OAuth 2.0-Protokoll, ein vergleichsweiser neuer, jedoch etablierter Standard, der Ende 2012 veröffentlicht wurde. OAuth bietet exakt die Funktion ab, die für S2S erforderlich ist: Dritten soll der Zugriff auf die von einem Dienst verwalteten Daten ermöglicht werden, ohne dass die Zugriffskennung des autorisierten Benutzers vorliegen muss.

Dabei setzt die Sicherheit in OAuth 2.0 nicht auf die erweiterten Mechanismen von Verschlüsselung, Signatur oder einer Clientvalidierung, wie man sie sonst in derlei Protokollen vorfindet, sondern fokussiert seine Sicherheit primär auf den Schutz durch SSL, was durchaus befremdlich erscheinen mag.

Kritik an der Sicherheitsarchitektur von OAuth 2.0

Die sicherheitstechnische Simplifizierung auf der einen, die gleichzeitig hohe Gesamtkomplexität auf der anderen Seite brachten Eran Hammer, ein zentrales Mitglied der IETF-Arbeitsgruppe zu dem Protokoll, dazu, das Gremium zu verlassen und speziell die nicht quantifizierbaren Risiken des Protokolls anzuprangern. Aus seiner Sicht war das Protokoll ein Rückschritt zur Vorgängerversion. Viele der durch ihn aufgezeigten Diskrepanzen sind nicht von der Hand zu weisen. Daher wird das Protokoll seither sicherheitstechnisch von einem faden Beigeschmack begleitet.

Das Protokoll wird nicht nur von Microsoft instrumentalisiert, sondern findet auch bei Google als empfohlener Authentifizierungsmechanismus Platz. In die Liste reiht sich Facebook mit der Graph-API ein, welche exklusiv auf OAuth setzt.

S2S ist eine Erweiterung von OAuth 2.0, die es Anwendungen erlaubt, die Identität des Benutzers in SharePoint zu delegieren.

Planung

Zwar benötigt die Server-zu-Server-Authentifizierung ebenfalls eine Vertrauensstellung, jedoch ist diese infrastrukturell einfacher und ohne größere Sicherheitsbedenken zu realisieren. Während eine Kerberos-Vertrauensstellung eine recht tief greifende Vertrauensstellung darstellt, welche aufgrund der Sicherheitsarchitektur, wenn überhaupt, innerhalb verschiedener Unternehmenszweige toleriert wird, basiert die S2S-Vertrauenstellung auf Zertifikaten. Die im Rahmen von S2S verwendete Kommunikation findet dabei standardmäßig forciert über HTTPS statt. Dabei wird für On-Premise-Umgebungen ein JSON (JavaScript Object Notation)-Metadatenendpunkt für die Vertrauensstellung konfiguriert.

Für S2S stehen Ihnen zu diesem Zeitpunkt die folgenden Anwendungsszenarien zur Verfügung (Tabelle 12.2).

Tabelle 12.2 S2S-Beispielszenarien

Dienste	Szenario	Beschreibung
SharePoint & Exchange	eDiscovery	Für Suchabfragen und Halteoperationen nach Exchange
	Websitepostfächer	Für das Anlegen von Postfächern
	Aufgabensynchronisierung	Die SharePoint-übergreifende Synchronisierung von Aufgaben
	Hochauflösende Bilder	Direkte Synchronisierung von Bildern mit Exchange Server

Tabelle 12.2 S2S-Beispielszenarien *(Fortsetzung)*

Dienste	Szenario	Beschreibung
SharePoint & SharePoint	Maschinenübersetzungsdienst	Übersetzung von Dokumentinhalten
	Duet/SAP (Hybrid)	Berichte von On-Premise-SAP in SharePoint Online
	Suche (Hybrid)	Übergreifende Suche
SharePoint & Workflows	Mehrmandantenworkflows	Von SharePoint initiierte Workflows im Kontext von Benutzern in MTW

Eine S2S-App kann die Identität eines Benutzers für den Zugriff auf eine zweite App verwenden, indem die für den Zugriff erforderlichen Benutzerinformationen aus einer Auswahl an Benutzerattributen vom Benutzerprofidienst abfragt werden. An dieser Stelle zeigt sich der Ansatz der relativen Unabhängigkeit von SharePoint für S2S selbst gegenüber Active Directory. Allerdings muss zumindest sichergestellt sein, dass einige spezielle Attribute, wie die E-Mail-Adresse eines Benutzers, über den Benutzerprofildienst verfügbar sind. Weitere Attribute sind die Benutzer-SIDs, der Active Directory-UPNs (User Principal Name) und die SIP-Adresse. Zumindest eines dieser Attribute muss für den jeweiligen Benutzer über den Benutzerprofildienst verfügbar sein.

In Kapitel 16 finden Sie einige Beispiele zur Konfiguration der S2S-Authentifizierung vor.

Best Practices

Befolgen Sie bei der Einrichtung der Authentifizierung für optimale Ergebnisse die folgenden Empfehlungen (Tabelle 12.3):

Tabelle 12.3 Empfehlungen zum Einrichten und Verwenden der SharePoint-Authentifizierungsmethoden

OK	Empfohlene Maßnahme
✓	Setzen Sie keine Webanwendungen im klassischen Authentifizierungsmodus mehr ein
✓	Verwenden Sie nach wie vor, sofern kein expliziter Grund vorliegt, die Windows-integrierten Authentifizierungsmechanismen für maximale Funktionalität
✓	*SetSPN -S* – Verwenden Sie zum Einrichten von Prinzipalnamen den Parameter *S* anstelle von *A*, um duplizierte SPNs zu vermeiden
✓	Kerberos ist weiterhin das Protokoll mit der größten Flexibilität und Funktionalität. Verwenden Sie Kerberos in allen Enterprise-Umgebungen.
✓	Verwenden Sie die eingeschränkte Kerberos-Delegierung anstelle der Standarddelegierung
✓	Verwenden Sie für Kerberos-aktivierte Webanwendungen die Standardports (80 und 443), um Probleme bei der Durchforstung zu vermeiden
✓	Authentifizierung über Internet – Vermeiden Sie den Einsatz von Kerberos und NTLM über Internetverbindungen, um mögliche Proxyproblematiken zu vermeiden
✓	Verwenden Sie die zertifikatsbasierte Authentifizierung nur in Kombination mit einem Reverseproxyserver oder AD FS 2.0

Zusammenfassung

In diesem Kapitel wurden Ihnen die Fertigkeiten zum Bereitstellen von komplexen Authentifizierungsmethoden vermittelt. Spätestens bei Szenarien, in denen die Kerberos-Delegierung oder aber auch die anspruchsbasierte Authentifizierung zum Einsatz kommt, wird der Bereitstellungsweg komplex und für die Mehrzahl der Administratoren ungewohnt. Lassen Sie sich bei der Einrichtung nicht entmutigen und nutzen Sie die Hilfestellung zur Fehleranalyse in Kapitel 18.

Lesen Sie im nächsten Kapitel, wie Sie bestehende SharePoint-Plattformen nach SharePoint 2013 migrieren. Selbst für neue SharePoint-Enthusiasten, die auf Basis von SharePoint 2013 erstmalig Erfahrungen sammeln, wird dieses Kapitel aufschlussreich sein, da Sie durch einige der dort beschriebenen Verfahren zusätzliche Hintergrundinformationen im Umgang mit SharePoint erhalten. Die dort vermittelten Fertigkeiten sind erforderlich, um Ihre Vorproduktionsumgebung mit der Produktionsumgebung abzugleichen oder wenn Sie Konsolidierungen planen.

Kapitel 13

Sicherheitstechnologien

In diesem Kapitel:

Einleitung	1000
SSL-Kommunikation verwalten	1005
SharePoint-Härtung	1024
Veröffentlichung von SharePoint in das Internet	1034
Verwaltung von Informationsrechten	1063
Sicherheitskonfiguration	1075
Datenschutz	1098
Best Practices	1101
Zusammenfassung	1102

Dieses Kapitel betrachtet die allgemeinen Sicherheitstechnologien, die in SharePoint integriert oder angrenzend verfügbar sind. Dabei wird das Ziel verfolgt, eine möglichst umfassende Übersicht über etwaige Gefahrenpotenziale und Präventivmaßnahmen im SharePoint-Kontext zu erhalten, sodass Sie Ihre eigene Sicherheitsstrategie um die hier veranschaulichten Möglichkeiten erweitern können, um den bestmöglichen Schutz für die in der Regel äußerst wertvolle SharePoint-Infrastruktur und deren Datenkorpus zu erreichen.

Die Sicherheitsthematik ist, vergleichbar mit anderen SharePoint-Themenkomplexen, wie z.B. der SharePoint-Suche, äußerst vielschichtig. Aus diesem Grund kann dieses Kapitel nur begrenzt unseren eigenen Erwartungen genügen, wenngleich es aufgrund mangelnder SharePoint-spezifischer Sicherheitspublikationen eine der wenigen übergreifenden Abhandlungen überhaupt darstellt.

Einleitung

Auch in den vergangenen Jahren stieg die Nutzung vernetzter Systeme weiterhin an. Dieser anhaltende Trend ist zum einen auf moderne netzwerkbasierte IT-Architekturen und zum anderen auch auf immer mobilere Einsatzszenarien zurückzuführen. Die technischen Möglichkeiten, die Netzwerke bieten, um die notwendige Konnektivität herzustellen, können prinzipiell auch von unbefugten Dritten für Angriffe auf IT-Systeme ausgenutzt werden.

Dies nach Möglichkeit zu verhindern, ist Hauptgegenstand der Bestrebungen zur IT-Sicherheit. Die drei wesentlichen Schutzziele der IT-Sicherheit sind Verfügbarkeit, Vertraulichkeit und Integrität auf allen Schichten der Informationstechnologie.

Die verschiedenen Schichten bezeichnen logisch aufeinander aufbauende Bereiche, die für die jeweiligen datenverarbeitenden Verfahren eine Rolle spielen. Vereinfacht ist der Zusammenhang der Schichten etwa wie folgt darstellbar:

- Die zu schützenden Daten werden durch Anwendungen verarbeitet
- Diese Anwendungen laufen auf Systemen, die betrieben werden
- Der Betrieb von Systemen erfolgt in physikalischen Räumen
- Diese Räume und die lokale technische und netzwerkmäßige Infrastruktur befinden sich in Gebäuden

Auf jeder dieser Ebenen sind geeignete Maßnahmen zu treffen, um ein angemessenes Schutzniveau zu erreichen. Für die Gesamtwirksamkeit ist diese vertikale Kohärenz von Maßnahmen auf verschiedenen Schichten von erheblicher praktischer Bedeutung: So bringt beispielsweise ein hohes Sicherheitsniveau auf Anwendungs- und Systemschicht nicht viel, wenn der Serverraum nicht abgeschlossen und eine Entwendung von Systemen einfach zu realisieren ist.

Da dieses Handbuch nicht auf allgemeine Vorgehensmodelle zur IT-Sicherheit eingeht, sondern spezifische Aspekte zur Sicherheit von SharePoint im Fokus stehen, wird auf die weiterführenden Informationen z.B. auf die Quellen des Bundesamtes für Sicherheit in der Informationstechnik (BSI) unter *http://www.bsi.bund.de* [Ms156-K13-01] verwiesen. Dort finden sich vollständige Kataloge mit typisierten Gefährdungsszenarien und empfohlenen Maßnahmen mit einer vorab festgelegten Priorisierung und umfangreichen Erläuterungen zum IT-Grundschutz.

Angriffe auf IT-Systeme folgen meist dem Prinzip des lohnenden Ziels. Die Entwicklung von Schadsoftware ist beispielsweise nicht weniger aufwendig als die Entwicklung produktiver Applikationen und stellt somit eine Art Investition des Angreifers dar. Mit der Anzahl der potenziellen Opfer steigt auch die Wahrscheinlichkeit, dass sich die Investitionen von Angreifern lohnen.

Dies hat dazu geführt, dass Schwachstellen in weit verbreiteter Software weitaus häufiger aktiv ausgenutzt werden als Schwachstellen in eher selten eingesetzten Produkten.

Durch den Erfolg, die zunehmende Beliebtheit und die damit einhergehende Verbreitung von SharePoint gerade in Unternehmen muss man den oben beschriebenen Grundsätzen zufolge davon ausgehen, dass auch SharePoint als Ziel aus Sicht der Angreifer immer lohnender wird.

Aus Sicht der IT-Sicherheit ist es daher geboten, die SharePoint-Technologie mitsamt ihren akzessorischen Komponenten als Gesamtkomplex wie ein eigenes Verfahren zu betrachten und entsprechende Maßnahmen zu einer angemessenen Absicherung durchzuführen.

Als jüngerer Trend zeichnet sich eine besondere Gattung von Angriffen ab, die insbesondere die Verfügbarkeit von Systemen betreffen, sogenannte Denial of Service-Attacken (DoS) oder Distributed Denial of Service-Attacken (DDoS). Hierbei wird häufig durch massive Parallelisierung von Zugriffsversuchen eine Überlastung beteiligter Subsysteme verursacht, die die Verfügbarkeit des Gesamtsystems beeinträchtigt. Das Risiko, Opfer derartiger Angriffe zu werden, steigt mit der netzwerkmäßigen Exponiertheit von SharePoint und kann nicht mehr vernachlässigt werden, sobald eine Erreichbarkeit aus öffentlichen Netzwerken wie dem Internet besteht.

Akzessorisches Sicherheitsmodell

Auf der Schicht von Anwendungen und Systemen sollten Sicherheitsmaßnahmen im Zusammenhang mit SharePoint einem akzessorischen Sicherheitsmodell folgen. Dies berücksichtigt den Umstand, dass SharePoint selbst für dessen Funktionalität zahlreiche weitere Komponenten voraussetzt, wie z.B. SQL Server, Webserver und Active Directory, die wiederum auf Windows Server-Betriebssystemen basieren.

Auch hier ist eine kohärente Sicherheitskonfiguration aller beteiligten Komponenten und Dienste essenziell. Beispielsweise nützt eine SSL-Transportverschlüsselung für SharePoint zum Schutz der Vertraulichkeit nicht viel, wenn der Webserver die Aushandlung auch aus heutiger Sicht unsicherer Verschlüsselungsalgorithmen über längst veraltete SSL-Protokollversionen gestattet.

Ist beispielsweise das zugrunde liegende Windows-Betriebssystem nur durch unsichere Kennwörter geschützt, sind auch sichere Konfigurationen von Datenbankmanagementsystemen oder Webserver wenig wert.

Es ist empfehlenswert, Absicherungsmaßnahmen vom Server-Betriebssystem ausgehend zu beginnen. Darauf aufbauend sind die Konfigurationen von SQL Server als Datenbankmanagementsystem und Internetinformationsdienste (IIS) als Webserver abzusichern.

Die Sicherheitseinstellungen in Bezug auf Active Directory und eventuell vorhandenen Identitätsmanagementsystemen wie z.B. Forefront Identity Manager müssen entsprechend ausgerichtet werden, da sie von dienstübergreifender Bedeutung sind. Als wichtigste Maßnahmen gelten hier z.B. die Deaktivierung oder Löschung nicht benötigter administrativer Konten, die Durchsetzung sicherer Kennwortrichtlinien, ein konsistentes Berechtigungsmodell und möglichst der Verzicht auf leichter angreifbare Authentifizierungsverfahren wie z.B. LAN-Manager-Hashes zugunsten sichererer Verfahren wie z.B. Kerberos.

Sind alle Systeme und Dienste, die von SharePoint vorausgesetzt werden, abgesichert, sollte eine Zuwendung der spezifischen Absicherung auf der Ebene von SharePoint erfolgen.

Eine gute Sicherheitsstrategie bemüht sich in einem ersten Schritt um eine Reduktion der Angriffsfläche durch die Eliminierung bekannter Sicherheitsrisiken und Angriffsvektoren.

Reduktion der Angriffsfläche

Voraussetzung ist eine sorgfältige Planung von Administrations- und Dienstkonten, die im Zusammenhang mit SharePoint eine Rolle spielen.

Die Automatisierung von Prozessen zur Änderung von Kennwörtern gehört zu den Maßnahmen, die mit hoher Priorität umgesetzt werden sollten. Dies kann mithilfe von Gruppenrichtlinienobjekten erfolgen (z.B. über Kennworteinstellungen in der *Default Domain Policy*).

Eine weitere Reduzierung der Angriffsfläche wird durch die Härtung der Sicherheit der beteiligten Systeme, insbesondere der Datenbank-, Web- und Anwendungsserver, erreicht.

Aktive Schutzmaßnahmen

Die verbleibende Angriffsfläche sollte durch aktive Schutzmaßnahmen möglichst gut gesichert werden.

Die regelmäßige Aktualisierung der eingesetzten Softwarekomponenten gehört zu den wichtigsten aktiven Schutzmaßnahmen. Dadurch wird gewährleistet, dass bekannt gewordene Sicherheitslücken beispielsweise mithilfe von Windows-Update oder WSUS (Windows Software Update Services) durch Aktualisierungen des Herstellers geschlossen werden können.

Hierfür empfiehlt es sich, ein sogenanntes Patchmanagement einzurichten, welches als Spezialfall des Konfigurations- und Änderungsmanagements sowohl den aktuellen Stand der Systeme (Patchlevel) dokumentiert als auch einen Überblick über die durch die Installation von Patches bewirkten Änderungen ermöglicht. Zur optimalen technischen Unterstützung eines professionellen Patchmanagements sollte der Einsatz eines modernen Softwareverteilungs- und Inventarisierungssystems wie z.B. der System Center-Familie erwogen werden.

Ein aktueller Virenschutz auf jedem System ist aus heutiger Sicht eine unverzichtbare Maßnahme. Durch den Einsatz von Firewalls erfolgt eine Filterung des Netzwerkverkehrs. Somit kann granular definiert werden, wer von welchem Netzwerk aus über welche Netzwerkschnittstellen kommunizieren darf. Dies ist schon der Möglichkeit wegen empfehlenswert, selbst wenn nicht mit einem restriktiven Regelwerk begonnen wird. Im Falle von z.B. bestimmten Denial-of-Service-Angriffen besteht im Angriffsfall die Möglichkeit einer schnelleren Reaktion und der selektiven Reglementierung des Netzwerkverkehrs.

In den meisten Szenarien ist der Einsatz eines vorgeschalteten zugriffssteuernden Systems nachhaltig und sinnvoll. Bei hohem Sicherheitsbedürfnis kommen sogenannte Intrusion Detection-Systeme in Betracht, die entweder ein System (host-based) oder ein Netzwerksegment (network-based) überwachen und unbefugte Eindringversuche automatisch erkennen können. Derartige Systeme sind unabhängig von SharePoint zu betrachten, können aber gerade in größeren Unternehmens- oder Organisationsstrukturen mit vielen Nutzern eine sinnvolle Ergänzung der IT-Sicherheit darstellen.

Von übergreifender Bedeutung ist die sogenannte administrative Sorgfalt bei Konfiguration und Betrieb von SharePoint und den im Zusammenhang stehenden Systemen. Hierunter fallen sowohl die sorgfältige Planung und Konfiguration als auch eine entsprechende Dokumentation.

Änderungen des technischen Stands erfordern periodische Revisionen der aktiven Konfiguration und führen gegebenenfalls zu einer Bewertung, die Änderungen an der ursprünglichen Planung bedingt.

Administrative Sorgfalt in diesem Sinne bedeutet erheblich mehr als nur eine Aufrechterhaltung des Serverbetriebs. Sie umfasst auch die aktive Verfolgung von Entwicklungen und den stetigen Ausbau von Kenntnissen in Bezug auf die eingesetzten Technologien.

Beispielhaft sei hier das Thema Schlüsselmanagement angeführt: Es soll in einem Unternehmen die HTTP-Kommunikation zu SharePoint mit einer Transportverschlüsselung versehen werden (Transport Layer Security). Hierzu werden für die Webserver SSL-Zertifikate bei einer sogenannten vertrauenswürdigen Stammzertifizierungsstelle geordert.

Administrative Sorgfalt bedeutet, dass bereits in dieser Phase auf die Auswahl einer geeigneten Zertifizierungsstelle (Certification Authority, CA) geachtet werden sollte. Die sorgfältige Festlegung des Inhalts der X.509-Attribute und Vorgaben für die Erzeugung des Schlüsselmaterials sind ebenfalls entscheidend. Hierbei ist z.B. Abstand von nicht mehr als sicher geltenden Digestverfahren (z.B. Hashalgorithmus MD5) zu nehmen, und auch bei der zu wählenden RSA-Schlüsseltiefe besteht erheblicher Spielraum. Aufgrund des derzeitigen Stands in den numerischen Verfahren zum Brechen von RSA-Schlüsseln, die im Wesentlichen auf Siebverfahren zum Erraten der beteiligten Primzahlen beruhen und durch Rechenleistung und Kapazität zum Speichern von Zwischenergebnissen erheblich beschränkt werden, sind bereits 1.024-Bit-Schlüssel als praktisch sicher anzusehen. Die Empfehlungen des NIST (National Institute of Standards and Technology) sehen eine RSA-Schlüsseltiefe von 2.048 Bit für die kommenden drei Jahrzehnte als noch sicher an.

Die jüngsten Empfehlungen der europäischen Sicherheitsagentur EUNISA sehen hingegen bereits Empfehlungen in Richtung einer Schlüsseltiefe von 15.360 Bit (15 * 1.024 Bit) für neu zu erzeugendes RSA-Schlüsselmaterial vor. Bei solchen Schlüsselstärken sind neben den sicherheitstechnischen Erwägungen jedoch durchaus auch Faktoren wie daraus resultierende Mehrlasten und die Client-Kompatibilität von Relevanz.

Nach Erzeugung des Schlüsselmaterials gilt es, Zertifikate und die zugehörigen privaten Schlüssel zu installieren. Hierbei ist es besonders wichtig, mit größter Sorgfalt für die Geheimhaltung der privaten Schlüssel zu sorgen. Diese sind üblicherweise in Dateiform (z.B. als PFX-Datei nach dem PKCS#12-Standard) vorhanden und mit einer symmetrischen Verschlüsselung gesichert. Um die Sicherheit dieser Verschlüsselung nicht zu gefährden, darf z.B. bei der Erstellung der PFX-Dateien kein leeres Kennwort gewählt werden, sondern vielmehr ein besonders sicheres, welches zugleich für den Fall, dass eine Reinstallation eines Servers notwendig werden sollte, mitsamt dem verschlüsselten privaten Schlüssel zur Verfügung stehen muss. Das für die Installation benötigte Schlüsselmaterial sollte daher ebenso wie das Kennwort zu dessen Schutz separat und gesichert, z.B. als Datenträger in einem Bankschließfach, aufbewahrt werden. Eine Aufbewahrung im Dateisystem involvierter Systeme wird nicht empfohlen.

Administrative Sorgfalt in diesem Zusammenhang bedeutet auch, dass z.B. ein Wiedervorlagetermin rechtzeitig vor dem Ablaufdatum eines eingesetzten Zertifikats eingeplant wird, zu dem eine Wiederholung des beschriebenen Prozesses initiiert wird.

Analyseverfahren etablieren

Zur Überprüfung der Wirksamkeit der implementierten Sicherheit und um überhaupt feststellen zu können, ob Sicherheitsmaßnahmen kompromittiert wurden, sollten geeignete Analyseverfahren etabliert werden. Protokollaufzeichnungen stellen dabei eine grundsätzlich gute Quelle für Analysen dar.

Es ist beispielsweise empfehlenswert, mithilfe eines kleinen PowerShell-Skripts regelmäßig die Protokolldateien der eingesetzten Webserver und ggfs. Proxysysteme auszuwerten, um so Unregelmäßigkeiten erkennen zu können. Diese Protokollaufzeichnungen sind auch regelmäßig ein wichtiges Hilfsmittel bei der Analyse eines erfolgten Angriffs oder eines Angriffsversuchs.

Durch den Einsatz heuristischer Verfahren lassen sich z.B. inhaltliche Veränderungen an Dateien erkennen, die ansonsten durch Manipulation von Metadaten des Dateisystems (z.B. Zeitstempel) möglicherweise verborgen blieben. Weiterhin kann man mithilfe eines PowerShell-Skripts Komprimate (Hashwerte) mit einem Digest-Algorithmus für wichtige Konfigurationsdateien berechnen und speichern.

Bei regelmäßiger Wiederholung dieses Verfahrens und Vergleich der Komprimate mit ihren gespeicherten Vorgängern wird jede Änderung auf heuristischem Weg erkannt und kann sodann analytisch bewertet werden.

Lebendige Sicherheitsprozesse

Selbst eine vorbildliche IT-Sicherheitsstrategie wirkt ohne lebendige Sicherheitsprozesse eher wie ein Strohfeuer und wird mittel- bis langfristig weitgehend ins Leere laufen. Die Erfahrung zeigt, dass gerade dies ein kritischer Punkt in vielen Organisationen ist.

Kardinalfehler sind beispielsweise die kurzfristige Umsetzung von Maßnahmen zur Erhöhung der IT-Sicherheit ohne ausreichende Planung oder Test sowie fehlende Prozesse zur Nachverfolgung und Pflege umgesetzter Maßnahmen.

Eine Kennwortrichtlinie sollte beispielsweise periodisch in Bezug auf ihre materiellen Vorgaben hinterfragt und an die jeweils aktuellen Möglichkeiten der Verfahren zum Brechen von Kennwörtern angepasst werden.

Eine unzureichend geplante oder ungetestete Firewallstrategie könnte möglicherweise die Verfügbarkeit von SharePoint ganz oder teilweise beseitigen; Entsprechendes gilt für nahezu alle Aspekte anzuwendender Sicherheitsmaßnahmen.

Eingerichtete Prozesse zur IT-Sicherheit sollten regelmäßig nicht nur überprüft, sondern auch in der Praxis geübt werden. Dies gilt auch für solche Betriebsprozesse, die nur mittelbar in den Bereich der IT-Sicherheit fallen, wie z.B. Datensicherung oder Notfallwiederherstellung.

Schließlich sei noch auf die Gefahr durch sogenanntes Social Engineering hingewiesen. Es gibt zur technischen Abwehr aufgrund der Vielschichtigkeit kein universelles Patentrezept. Hier ist die Sensibilisierung von Anwendern und insbesondere Administratoren in Bezug auf dieses Thema das wichtigste Instrument. Im Rahmen sogenannter Awareness-Trainings sollte ein Gespür für diese Art von Gefährdung anhand konkreter Beispiele entwickelt werden. Dabei besteht eine besondere Schwierigkeit darin, nicht durch einen banal und belehrend wirkenden Vortrag eine ablehnende Haltung der Kursteilnehmer zu verursachen. Vielmehr ist es wichtig, ein tatsächliches Interesse zu wecken und darauf hinzuwirken, dass eigene Reaktionen z.B. auf externe Anfragen, E-Mails, Telefonate, etc. im Sinne der Achtsamkeit eigenverantwortlich hinterfragt werden.

Nach dieser allgemeinen Einführung in die Thematik werden im Folgenden konkrete Aspekte der Verwaltung von SSL im Zusammenhang mit SharePoint, der Härtung von SharePoint und SQL-Server, der Bereitstellung von SharePoint im Internet, den IRM-Funktionalitäten der Windows-Rechteverwaltung, SharePoint-spezifischer Rechteverwaltung und weiterführender Themen wie z.B. Virenscanner und Einstellungen zum Datenschutz dargestellt.

SSL-Kommunikation verwalten

SharePoint ist durch die sensiblen Daten sowie seine Authentifizierungsmethoden dafür prädestiniert, SSL zum Schutz der bereitgestellten Webanwendungen zu verwenden. Der zusätzliche Schutz für die Authentifizierungsmethoden ergibt sich aus der Eigenschaft, dass der SSL-Tunnel immer vor dem Übertragen von Authentifizierungsinformationen etabliert wird und die sensiblen Daten somit vor Einsicht durch Dritte geschützt sind.

HINWEIS Sollten Sie zu Analysezwecken Einsicht in die SSL-geschützte Kommunikation nehmen wollen, empfehlen wir die Verwendung von Wireshark. Dieses Werkzeug kann durch einen Man-in-the-Middle-Ansatz auch die den lokalen Rechner betreffende Kommunikation entschlüsseln. Alternativ können Sie durch den Besitz des Serverauthentifizierungszertifikats die Kommunikation entschlüsseln. Wireshark steht Ihnen unter *http://www.wireshark.org* [Ms156-K13-02] frei zum Download zur Verfügung.

In diesem Abschnitt erfahren Sie, wie Sie die Benutzersitzungen automatisiert von HTTP nach HTTPS umleiten und spezielle SSL-Zertifikate mit mehreren Servernamen ausstellen können.

Allgemeine SSL-Planung bei SSL-Terminierung an der Farm

Wird der SSL-Tunnelendpunkt erst am SharePoint-Web-Front-End-System und nicht mithilfe einer ggf. vorhandenen Reverseproxyinstanz abgebildet, sind besondere Erwägungen von Nöten.

Hintergrund ist, dass im Zuge einer üblichen TCP/IP-Kommunikation eine Verbindung zu einer Anwendung durch die Auswahl einer Ziel-IP-Adresse und eines Ziel-TCP-Ports initiiert wird. Ohne die Verwendung von SSL wird bei Webservern auf Hostheader zurückgegriffen, um es mehreren Webanwendungen zu ermöglichen, sich die gleiche IP und den gleichen Port zu teilen. Somit nimmt der Webserver die Anfrage entgegen und kann anhand des Hostheaders identifizieren, welche Webanwendung das eigentliche Ziel der Anfrage ist.

Kommt SSL zum Einsatz, entsteht genau an dieser Stelle ein Problem: Im Zuge eines SSL-Handshakes wird der Tunnel gleich zu Beginn aufgebaut, was wiederum nur sicher möglich wird, indem der anfragende Client im Rahmen des Handshakes das Serverzertifikat des Webservers erhält. Hieraus wird zunächst ein sicherer vorläufiger Sitzungsschlüssel abgeleitet bzw. für den Transport über die zunächst noch ungesicherte Verbindung gesichert. Durch die Notwendigkeit der frühen Serverzertifikatübermittlung als Basis für einen sicheren Schlüsselaustausch ergibt sich das Problem, wonach der Webserver zu diesem Zeitpunkt noch nicht identifiziert hat, welches Zertifikat welcher Webanwendung (dem Client) zu präsentieren ist.

Zur Lösung dieses Problems existieren drei vollkommen unterschiedliche Lösungsansätze, die in ansteigender Reihenfolge Ihrer Aktualität angeführt werden:

- **Verwendung einzigartiger IP/Port-Kombinationen** Diese Methode stellt die theoretisch unproblematischste dar, da es durch die Verwendung von absoluten Standardmechanismen zu keinen Inkompatibilitätsproblemen kommen kann. Der große Nachteil besteht jedoch darin, dass Sie eine hohe Anzahl an IP-Adressen benötigen, da davon auszugehen ist, dass weiterhin der Standardport 443 zum Einsatz kommen soll. Vor diesem Hintergrund würde eine Farm mit 4 Front-End-Servern und 5 unterschiedlichen Webanwendungen für Suche, Office Web Apps,

Portal, Teamsites und *Meine Websites* bereits 20 IP-Adressen im Subnetz in Anspruch nehmen. Ein noch größeres Problem besteht jedoch darin, dass hiermit noch nicht einmal die Apps-Problematik adressiert würde: Apps haben ein begrenzt dynamisches Präfix im DNS-Namen und sind daher für dieses Verfahren schlichtweg ungeeignet.

- **Verwendung eines Platzhalterzertifikats** Platzhalterzertifikate ermöglichen durch die Angabe eines Platzhalters im Feld (in der Regel *Allgemeiner Name*) ein Zertifikat parallel mehrere Webanwendungen zu instrumentalisieren. Das Zertifikat wird dabei automatisch an alle einer IP/Port-Kombinationen zugeordneten Webanwendungen zugeordnet. Nach dem initialen Handshake wird die Kommunikation der zutreffenden Webanwendung zugeordnet. Durch die Verwendung eines Platzhalterzertifikats kommt es clientseitig zu keiner Zertifikatkettenwarnungsmeldung.
- **Verwendung von SAN-Zertifikaten (Subject Alternate Name)** SAN-Zertifikate werden in einem nachfolgenden Abschnitt eingehend behandelt.

HINWEIS Nicht alle Clients bzw. Server unterstützen die beliebige Verwendung von SAN-Zertifikaten. Die primären Standardprodukte in dieser Kommunikationskette, wie der Internet Explorer, verarbeiten das Feld jedoch wie erwartet.

Zudem gehen auch SAN-Zertifikate nicht auf die Apps-Problematik der dynamischen Namen ein.

- **Verwendung von Server Name Indication (SNI)** SNI wird ausführlich im Abschnitt »Verwendung von Server Name Indication (SNI)« weiter hinten in diesem Kapitel behandelt.

Nachfolgend erfahren Sie, wie Sie die unterschiedlichen Sonderszenarien abbilden bzw. allgemeine SSL-Zertifizierungsstellenaspekte adressieren können.

SSL-Offloading

Wird der SSL-Tunnel bereits am Reverseproxyserver terminiert und von dort aus Bridging verwendet, um eine unverschlüsselte Verbindung mit den SharePoint-Web-Front-End-Servern aufzunehmen, ist es in Kombination mit der Verwendung von hostbenannten Websitesammlungen erforderlich, am Reverseproxyserver einen benutzerdefinierten Header hinzuzufügen:

```
Front-End-Https: On
```

Dieser Header wird bereits für Outlook Web Access-Zugriffe verwendet und wird von Reverseproxysystemen wie Big IP unterstützt.

Serverzertifikate erstellen

Mithilfe einer Windows Server-basierten PKI können Sie mit minimalem Aufwand eine effiziente Zertifikatinfrastruktur bereitstellen, welche Sie für zahlreiche Anwendungen und im Speziellen für SharePoint benötigen. In diesem Abschnitt erfahren Sie, wie Sie spezielle Zertifikatstypen ausstellen können, die im SharePoint-Kontext häufig Gebrauch finden.

Exportierbare Serverzertifikate erstellen

Standardmäßig erzeugt eine Windows-basierte PKI nur nicht exportierbare Serverzertifikate. Dies wird dann zum Problem, wenn Sie das Zertifikat mehrfach wiederverwenden wollen, beispielsweise für den Reverseproxy. Um dies zu ändern, können Sie beispielsweise die Zertifikatvorlage *Webserver* wie folgt kopieren:

1. Öffnen Sie die Zertifikatvorlagenverwaltungskonsole (*Certtmpl.msc*) mit Organisationsadministratorrechten oder Domänenadministratorrechten in der Stammdomäne.
2. Kopieren Sie die Webservervorlage (Doppelte Vorlage).
3. Wählen Sie die Eigenschaften wie gewünscht aus und beachten Sie dabei folgende Besonderheiten: Aktivieren Sie auf der Registerkarte *Anforderungsverarbeitung* das Kontrollkästchen *Exportieren von privatem Schlüssel zulassen* (Abbildung 13.1).

Abbildg. 13.1 Exportierbarkeit von privatem Schlüsselmaterial

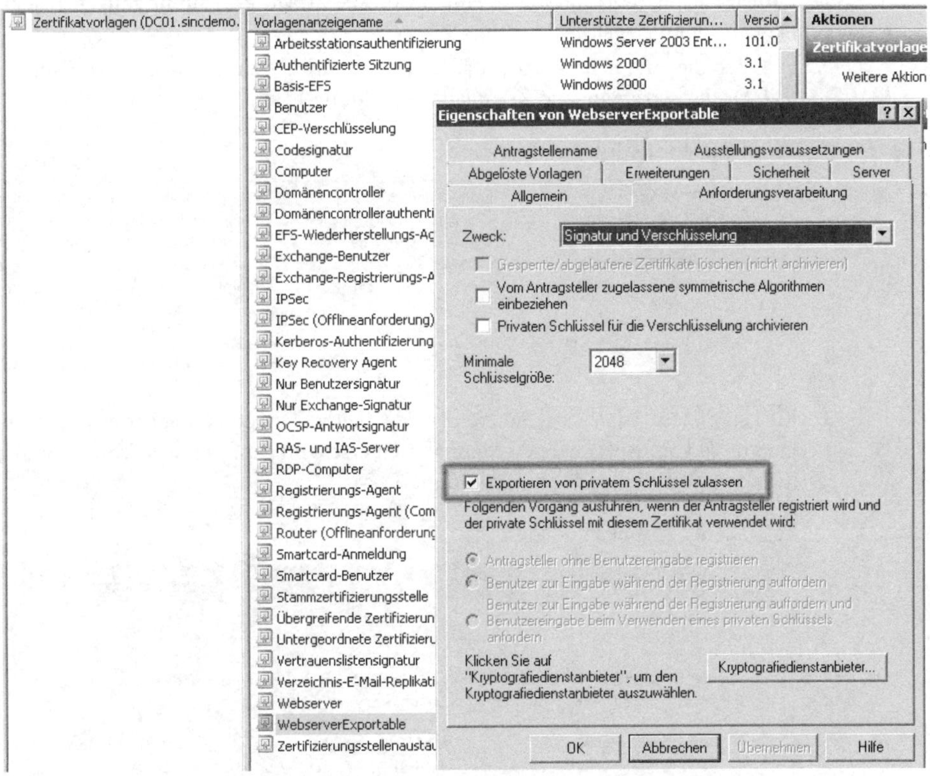

4. Auf der Registerkarte *Antragstellername* wählen Sie, ob die Informationen zur Zertifikatausstellung automatisch aus den Active Directory-Informationen generiert werden oder aber im Rahmen der Anfrage angegeben müssen. Letztere Option ist für Webserverzertifikate sinnvoll (*Informationen werden in der Anforderung angegeben*).
5. Beachten Sie, dass Sie auf der Registerkarte *Sicherheit* hinreichende Berechtigungen für Ihre Benutzer- und Computerkonten erteilen, um das hieraus zu bildende Zertifikat später auch anfordern zu können (*Registrieren* und *Lesen*).

6. Um die Zertifikatvorlage zu nutzen, müssen Sie diese noch zu der Liste der von einer Zertifizierungsstelle publizierten Zertifikatvorlagen hinzufügen (Abbildung 13.2).

Abbildg. 13.2 Veröffentlichte Zertifikatvorlagen

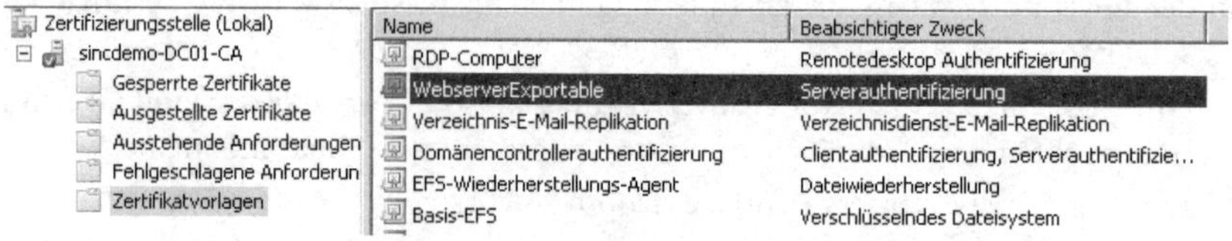

7. Führen Sie den Befehl *Certutil -pulse* auf der Zertifizierungsstelle aus, um die Änderungen schneller zu verbreiten.

Zum Erstellen eines Zertifikats basierend auf der Vorlage gehen Sie wie folgt vor:

1. Öffnen Sie die Microsoft Management Console (*MMC.exe*) auf und fügen Sie das Snap-In *Zertifikate* (*Computerspeicher*) hinzu.
2. Erstellen Sie eine neue Zertifikatanforderung für die Verzeichnisse *Zertifikate (Lokaler Computer), Eigene Zertifikate* und *Zertifikate* (Abbildung 13.3).

Abbildg. 13.3 Zertifikatanforderung erstellen

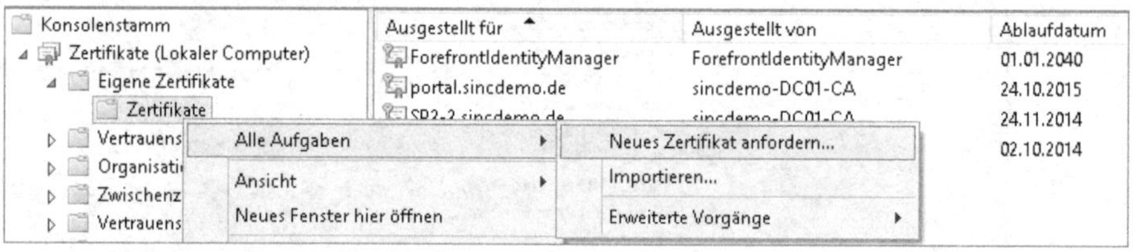

3. Klicken Sie auf *Weiter*, bis Sie die Liste der Active Directory-Registrierungsrichtlinien erhalten. Durch die vorausgegangenen Maßnahmen erscheint nun die neue Vorlage in der Liste der verfügbaren Zertifikatvorlagen (Abbildung 13.4).

Abbildg. 13.4 Auswahl der Zertifikatvorlagen

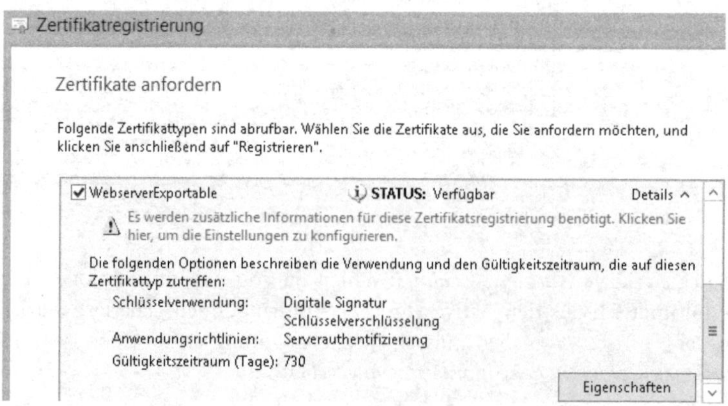

Aktivieren Sie das Kontrollkästchen der Vorlagen und klicken Sie auf *Eigenschaften*.

4. Wählen Sie die Zertifikatanfragedaten gemäß Ihren Wünschen. Beachten Sie dabei, dass Sie zumindest den Wert für *Allgemeiner Name* hinzufügen, der die URL Ihrer Webanwendung repräsentiert. In diesem Beispiel wurde ein Platzhalterzertifikat für alle Webanwendungen erstellt (Abbildung 13.5).

Abbildg. 13.5 Zertifikatanforderungsdaten

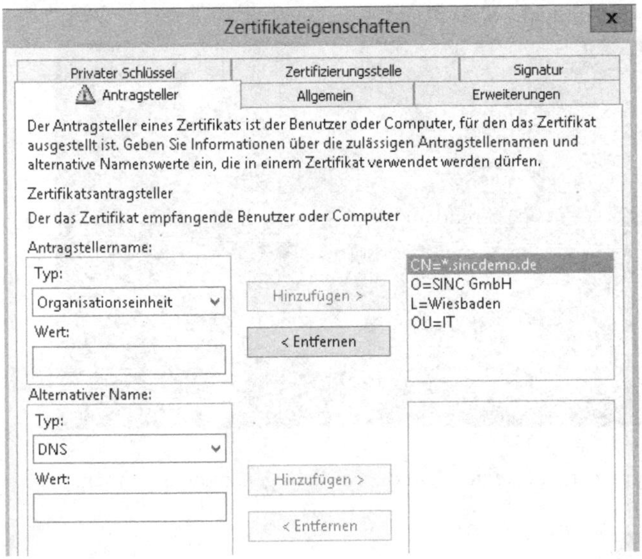

5. Auf der Registerkarte *Allgemein* geben Sie den Namen an, der als Bezeichner für das zu erstellende Zertifikat angezeigt wird.
6. Die weiteren Felder auf den verbleibenden Registerkarten sind in der Regel standardmäßig bereits wunschgemäß konfiguriert. Dies gilt auch für die Konfiguration der Exportfähigkeit des Zertifikats. Übernehmen Sie daher die Einstellungen und klicken Sie auf *Registrieren*, um das Zertifikat zu erstellen. Bestätigen Sie abschließend mit *Fertig stellen*.

Das so erstellte Zertifikat ist nun bereit für den Export, welchen Sie mithilfe der gleichen Konsole bewerkstelligen können.

Alternativer Antragstellername-Zertifikate ausstellen

In einigen Situationen werden mehrere Servernamen in einem SSL-Zertifikat benötigt, damit die Anwender keine störende Fehlermeldung beim Zugriff auf SSL-geschützte Websites erhalten. Sie können nur ein Serverzertifikat an eine Webanwendung binden. Standardmäßig wird dabei durch eine Microsoft-basierte Zertifizierungsstelle lediglich ein Servername in der Zertifikatanfrage unterstützt. Um das Problem alternativ zu lösen, können Sie Platzhalter in der Zertifikatanfrage verwenden. Dies stellt jedoch aus der Sicherheitsperspektive nicht die optimale Lösung dar. Verwenden Sie bevorzugt Subject Alternate Names (SNAs) in der Zertifikatanfrage, um das Problem zu lösen.

Gehen Sie dazu in Kombination mit einer Microsoft Windows Server-basierten PKI wie folgt vor (das hier beschriebene Verfahren wird auch unter einer Windows Server 2003-basierten PKI unterstützt).

1. Ändern Sie das *Subject Alternate Name*-Flag auf der Zertifizierungsstelle ab, indem Sie den folgenden Befehl in einer mit privilegierten Rechten gestarteten Eingabeaufforderung ausführen (Abbildung 13.6).

```
Certutil -setreg policy\EditFlags +EDITF_ATTRIBUTESUBJECTALTNAME2
```

Abbildg. 13.6 Subject Alternate Name-Flag anpassen

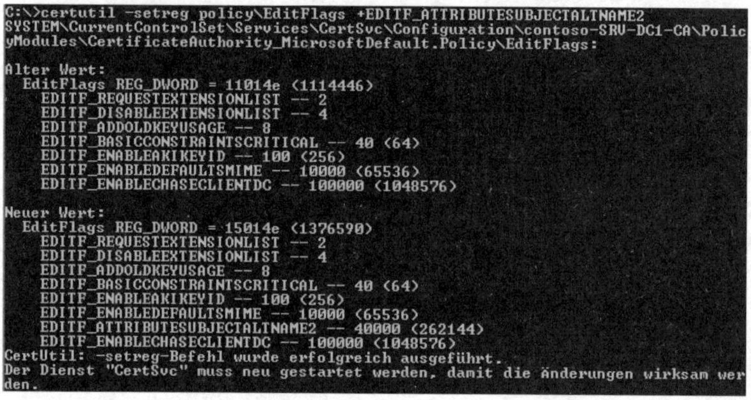

2. Starten Sie die Zertifikatdienste neu, um die Änderungen zu übernehmen:

```
Net stop certsvc
Net start certsvc
```

Erstellen Sie nun eine Zertifikatanfrage, die mehrere Servernamen beinhaltet. Ihnen stehen für diesen Prozess in Abhängigkeit von Ihrer PKI erneut unterschiedliche Methoden zur Verfügung. Die vergleichsweise einfachste besteht in der erneuten Verwendung der MMC gemäß dem im vorausgegangen Abschnitt demonstrierten Verfahrens. Dabei ändert sich einzig der folgende Aspekt der Zertifikatanforderung: die Auswahl der alternativen Namen (Abbildung 13.7).

Abbildg. 13.7 Definition der alternativen Namen

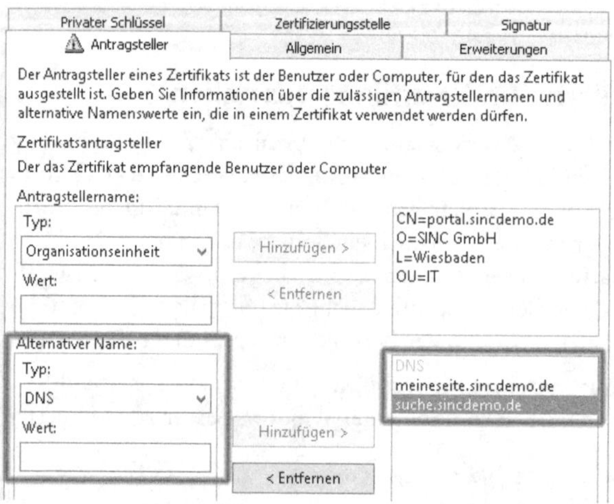

Das so erzeugte Zertifikat enthält nun im Feld *Alternativer Antragstellername* alle definierten Servernamen (Abbildung 13.8).

Abbildg. 13.8 Alternative Antragstellernamen

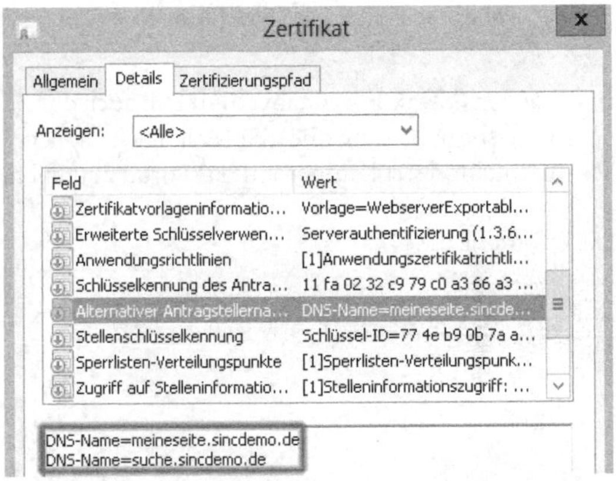

Selbstsigniertes Zertifikat erstellen

Zu Testzwecken können Sie für Entwicklungsmaschinen in Erwägung ziehen, ein selbstsigniertes Zertifikat zu erstellen. Hierfür haben Sie im Wesentlichen zwei Möglichkeiten:

HINWEIS Die Verwendung von selbstsignierten Zertifikaten führt in Unternehmensumgebungen zu einer nicht sinnvoll verwaltbaren, unsicheren Infrastruktur. Sehen Sie daher unbedingt von einem Einsatz dieser Zertifikate in produktiven Umgebungen ab.

Dabei ist natürlich das Schlüsselmaterial in selbstsignierten Zertifikaten keinesfalls schlechter als das von einer Zertifizierungsstelle signierte. Jedoch kann in komplexen Umgebungen kein hinreichender Bezug bzw. Vertrauen zu diesen vielen Vertrauensinseln hergestellt werden, was im Sicherheitskontext zwangsläufig zu einer angenommenen, reduzierten Sicherheit führt.

---

1. Verwenden der integrierten IIS-Konsolenfunktion (GUI).
2. Nutzung des SelfSSL-Werkzeugs (Befehlszeile).

Um ein Zertifikat mithilfe der grafischen Oberfläche zu erzeugen, öffnen Sie auf dem Web-Front-End-Server den Internetinformationsdienste (IIS)-Manager, klicken Sie auf den Server und dann auf Serverzertifikate. Im rechten Aktionsbereich öffnen Sie den Link *Selbstsigniertes Zertifikat erstellen* und folgen den Anweisungen des sich öffnenden Assistenten.

Zum Erstellen über die Eingabeaufforderung können Sie das freie Werkzeug SelfSSL herunterladen. Sie finden das Werkzeug zum Download unter *http://support.microsoft.com/kb/840671* [Ms156-K13-03]. Um ein Zertifikat zu erstellen, verwenden Sie die folgende Syntax:

```
SelfSSL.exe /t /s:[IISSite ID]
```

Hierdurch wird ein Zertifikat generiert, im Computerzertifikatspeicher abgelegt und der gewählten Site zugewiesen.

SSL-geschützte Zugriffe erzwingen

Eines der wichtigsten Anliegen zum Schützen der Kommunikation zwischen dem Client und dem SharePoint-Server besteht in der Verwendung von SSL. Im Rahmen einer Standardeinrichtung von SharePoint wurde bereits in Kapitel 6 beschrieben, wie Sie eine SharePoint-Site für die Verwendung von SSL aktivieren.

Sobald Sie eine Website für die Verwendung von SSL aktiviert haben und SSL auch auf Basis von IIS-Einstellungen erzwingen (Abbildung 13.9), speziell wenn Sie SSL erst nachträglich integrieren, erhalten Anwender eine irreführende Fehlermeldung, sobald Sie auf das Portal zugreifen.

Abbildg. 13.9 Fehlermeldung für Websites, für die SSL erforderlich ist

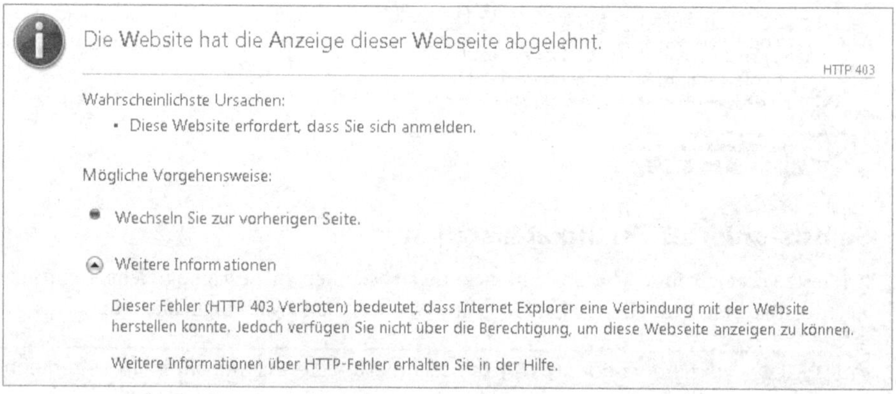

Hintergrund dieser Fehlermeldung ist die Eigenschaft der ab Windows Server 2008 verwendeten Version von IIS, dass alle 403-Fehler zusammengefasst in einer Fehlermeldung dargestellt werden und somit nicht spezifischer auf den realen Grund eingegangen werden kann.

Es gibt primär drei unterschiedliche Ansätze, diese Situation gewinnbringend zu lösen, sofern Sie keinen Reverseproxy nutzen, mithilfe dessen Sie diese Problematik einfacher adressieren können. Wünschenswert ist in jedem Fall eine automatische Umleitung aller eingehenden Abfragen.

- Anpassung der Standardfehlerseite, um erzwungene SSL-Sitzungen automatisch umzuleiten
- Erstellung einer neuen Webanwendung, die ausschließlich dafür konfiguriert wird, eingehende Anfragen zu der SSL-aktivierten Website umzuleiten
- Verwendung von *URL Rewrite*, um eingehende, ungesicherte Anfragen automatisiert an gesicherte URLs umzuleiten

Weitere Umleitungsmöglichkeiten ergeben sich, sobald Sie den Hardware-Lastenausgleich oder einen Reverseproxy vor die Farm schalten.

Standardfehlerseite anpassen

Beim Verfahren zur Anpassung der Standardfehlerseiten, um eine automatische Umleitung nach HTTPS zu erreichen, fügen Sie eine neue Fehlerseite hinzu, die dem zugehörigen IIS-Statuscode entspricht. Für erzwungene HTTPS-Sitzungen ist dieser Statuscode 403.4 (Abbildung 13.10). Indem Sie beispielsweise auf der Webserverebene eine 403.4-Statuscode-Fehlerseite und darin einen speziellen Code hinterlegen, der für eine Umleitung sorgt, haben Sie eine serverweite HTTP-zu-HTTPS-Umleitung.

Abbildg. 13.10 Einbindung einer Umleitung als Fehlerseite

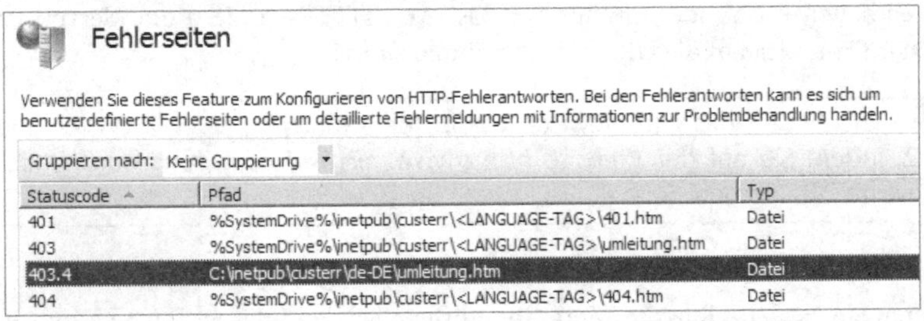

ONLINE Sie finden eine Beispiel-HTML-Datei für die Umleitung eingehender Anfragen auf eine HTTPS-URL unter dem Namen *HttpRedirect.htm* innerhalb der Beispieldateien zum Buch.

Webanwendung für Umleitungszwecke

Alternativ dazu haben Sie die Möglichkeit, eine eigene Webanwendung in IIS zu erstellen, die Sie ausschließlich dafür verwenden, eingehende Anfragen an eine HTTPS-URL umzuleiten. Diese Möglichkeit bietet Ihnen keine hohe Flexibilität, dafür ist sie einfach zu implementieren. Sie erzeugen lediglich eine neue Webanwendung, tragen dafür Sorge, dass keine anderen SharePoint-Webanwendungen den gleichen HTTP-Standardport bei gleichem Hostheader verwenden und konfigurieren in den Eigenschaften der neuen Webanwendung die Umleitung (Abbildung 13.11).

Abbildg. 13.11 HTTP-Umleitung in IIS

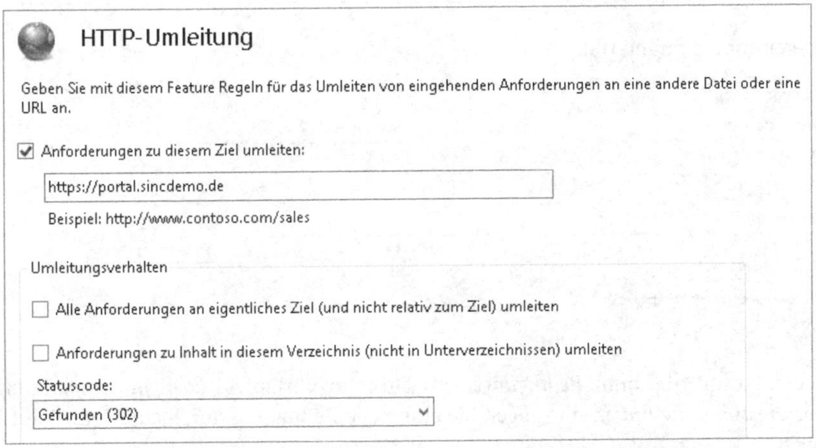

URL Rewrite

Eine eher unbekannte, dafür jedoch elegante Möglichkeit, die eingehenden Anfragen auf eine HTTPS-URL umzuleiten, besteht in der Verwendung des URL Rewrite-Moduls für IIS 7.x. Das URL Rewrite-Modul stellt einen regelbasierten Umschreibungsmechanismus zum Ändern von Anforderungs-URLs zur Verfügung, bevor diese vom Webserver verarbeitet werden. Das Modul kann verwendet werden, um eine URL-Umschreibungslogik zu formulieren, die reguläre Ausdrücke oder Platzhalter enthalten kann, oder um auf der Basis von HTTP-Headern und Servervariablen Entscheidungen im Hinblick auf die URL-Umschreibung zu treffen.

HINWEIS Sie finden das URL Rewrite-Modul für Windows Server 2008 R2 und Windows Server 2012, indem Sie auf der Website *http://www.microsoft.com/downloads* [Ms156-K13-04] nach »url rewrite 2.0« suchen.

Zur Verwendung des URL Rewrite-Moduls gehen Sie wie folgt vor.

1. Installieren Sie das URL Rewrite-Modul und öffnen Sie den Internet Informationsdienste (IIS)-Manager nach der Installation neu, um die URL Rewrite-Optionen zu erhalten.
2. Klicken Sie in der linken Fensterhälfte auf die gewünschte Webanwendung und in der rechten Fensterhälfte im Abschnitt *IIS* auf *URL Rewrite*.
3. Klicken Sie in der rechten Aktionsleiste auf *Regel(n) hinzufügen*.
4. Geben Sie im Feld *Name* einen passenden Namen für die Regel ein (beispielsweise *HTTP zu HTTPS*).
5. Geben Sie im Abschnitt *Übereinstimmung mit URL* die folgenden Daten ein (Abbildung 13.12):

Angeforderte URL	Entspricht dem Muster
Unter Verwendung von	Reguläre Ausdrücke
Muster	(.*)
Groß-/Kleinschreibung ignorieren	Aktiviert

Abbildg. 13.12 Übereinstimmung mit URL

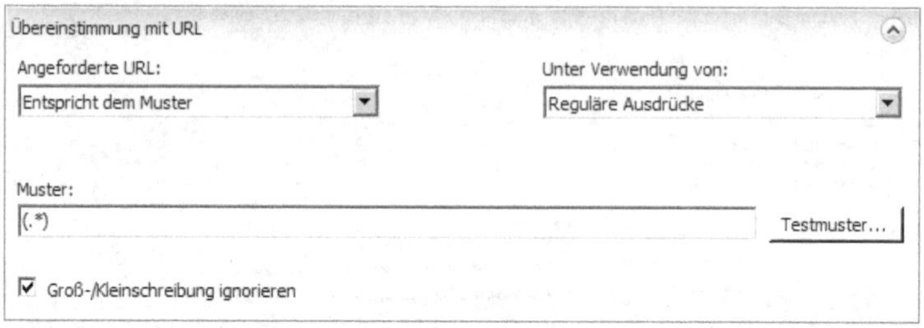

6. Geben Sie im Abschnitt *Bedingungen* im Dropdownlistenfeld *Logische Gruppierung* den Wert *Übereinstimmung mit* an und fügen Sie eine neue Bedingung durch einen Klick auf *Hinzufügen* hinzu.
7. Die Eigenschaften der neuen Bedingung lauten wie folgt:

Bedingungseingabe	{HTTPS}
Überprüfen, ob die Eingabezeichenfolge ...	Entspricht dem Muster
Muster	^OFF$
Groß-/Kleinschreibung ignorieren	Aktiviert

8. Im Abschnitt *Aktion* fügen Sie die folgenden Werte ein (Abbildung 13.13):

Aktionstyp	Umleiten
URL umleiten	https://{HTTP_HOST}/{R:1}
Abfragezeichenfolge anhängen	Aktiviert
Umleitungstyp	Siehe andere (303)

Abbildg. 13.13 Aktionen der Regel

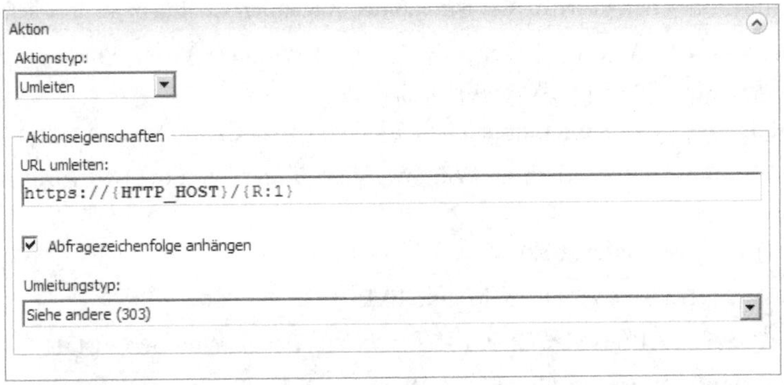

9. Klicken Sie abschließend in der *Aktionen*-Leiste auf *Übernehmen*.

Nach der Fertigstellung der Regel wird diese umgehend aktiv. Testen Sie die Funktion der Regel, indem Sie eine beliebige SharePoint-URL mit dem Präfix *HTTP* eingeben. Das Ergebnis sollte so aussehen, dass Sie automatisch zu der richtigen HTTPS-URL umgeleitet werden.

Verwendung von Server Name Indication (SNI)

Eine zentrale Problemstellung bei der Verwendung von SSL geht mit den parallelen Bindungen auf dem SSL-Port einher. Während unverschlüsselte HTTP-Verbindungen an verschiedene Webanwendungen auf einem Server einfach anhand des Hostheaders differenziert werden können, werden beim TLS-Handshake für HTTPS-geschützte Verbindungen vom Client standardmäßig lediglich die IP und der Port definiert. Hierdurch kann der Server nicht rechtzeitig identifizieren, welches Zertifikat für den Handshake und somit welche Webanwendung zu verwenden ist.

SNI ist eine Erweiterung des TLS-Standards, die dem Client in einer frühen Phase des TLS-Handshakes erlaubt, die für die richtige Zuordnung der Anfrage zu einer Webanwendung erforderlichen Informationen zu übermitteln. Hierfür sendet der Client schon beim Client-Hello-Abschnitt des Handshakes zu Beginn den benötigten Hostnamen.

Planung von SNI

Serverseitig wird SNI unter Internet Information Server erstmalig mit der Version 8.0 in Windows Server 2012 unterstützt.

HINWEIS Ohne die Verfügbarkeit von SNI können Sie alternativ SSL-Platzhalterzertifikate oder jeweils exklusive IP-Adressen und Ports verwenden. Letzterer Ansatz ist allerdings speziell für Farmen mit vielen Webanwendungen und einer größeren Anzahl an Servern in einer Farm äußerst impraktikabel. So würden Sie beispielsweise für eine Farm mit 10 Webanwendungen und 6 Servern allein für die SharePoint Server bereits mindestens 120 IP-Adressen benötigen, sofern Sie parallel zusätzlich auch noch eine gespiegelte Staging-Umgebung betreiben.

Der Nachteil, der durch den Einsatz von SNI entsteht, ist die offensichtlich erforderliche Clienterweiterung, die mittlerweile zwar in der absoluten Mehrzahl erfüllt, jedoch von älteren Browsern und Clients nicht unterstützt wird. SNI wird ab den folgenden Clients bzw. Browsern unterstützt:

- **Internet Explorer** Ab Internet Explorer 7 (nur ab Windows Vista, Windows XP wird selbst in Kombination mit IE8 nicht unterstützt)
- **Android Browser** Ab Honeycomb 3.0 (Tablets) oder Ice Cream Sandwich (Smartphones)
- **Google Chrome** Automatisch ab Windows Vista, unter Windows XP wird mind. Chrome 6 benötigt
- **Mozilla Firefox** Ab Firefox 2.0
- **Opera** Ab Opera 8.0 oder Opera Mobile 10.1
- **Safari** Ab Safari 2.1 (ab Mac OS X 10.5.6, iOS 4.0 oder ab Windows Vista)
- **Windows Mobile/Windows Phone** Ab Windows Phone 7

Implementierung von SNI

Um SNI einzurichten, ist nur ein geringer Aufwand erforderlich, da SNI unter Windows Server 2012 automatisch verfügbar ist. Richten Sie SSL wie gewohnt für SharePoint ein und beachten Sie folgende Konfigurationsbesonderheiten für SNI unter IIS 8.0 (Abbildung 13.14).

Abbildg. 13.14 Konfigurationsoptionen für SNI in IIS 8.0

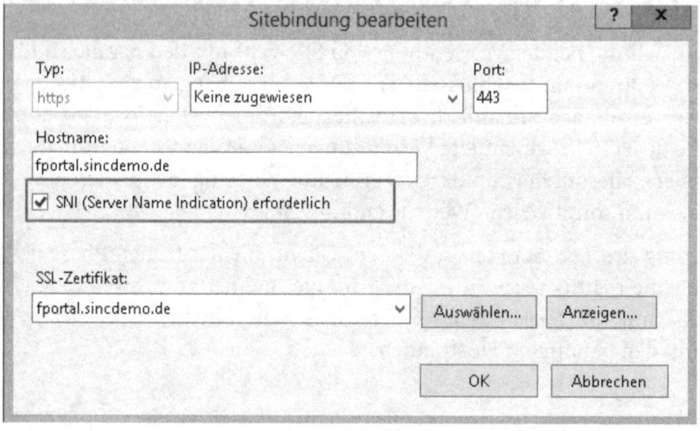

Aktivieren Sie das Kontrollkästchen für SNI und stellen Sie so sicher, dass lediglich SNI-kompatible Clients auf Ihren SSL-geschützten Webserver zugreifen können.

HINWEIS Diese Option ist sinnvoll, um irreführende Fehlermeldungen zu vermeiden, sollten Legacy-Clients beim Zugriffsversuch mit einer unerwarteten Webanwendung verbunden werden. Alle Verbindungen von Clients, die beim TLS-Handshake bei aktiviertem Kontrollkästchen keine *server_name*-Erweiterung im Client-Hello übertragen, werden frühzeitig unterbrochen.

Um den Status Ihrer Webanwendungen in Bezug auf SNI mithilfe der Eingabeaufforderung zu überprüfen, können Sie den Befehl *Netsh* verwenden. Geben Sie hierzu in einer unter Verwendung von administrativen Privilegien geöffneten Eingabeaufforderung den folgenden Befehl ein (Abbildung 13.15):

```
Netsh http show sslcert
```

Abbildg. 13.15 Anzeige der SNI-Konfiguration

```
netsh>http show sslcert

SSL-Zertifikatbindungen:
-------------------------

    IP:Port                      : 0.0.0.0:32844
    Zertifikathash               : d976b10f3ef5aba8845d619bdea274f9dc4796b6
    Anwendungs-ID                : {4dc3e181-e14b-4a21-b022-59fc669b0914}
    Zertifikatspeichername       : SharePoint
    Clientzertifikatsperre überprüfen : Enabled
    Zur Sperrüberprüfung ausschließlich zwischengespeichertes Clientzertifikat verwenden : Disabled
    Verwendungsüberprüfung                        : Enabled
    Sperraktualisierungszeit     : 0
    Zeitlimit für URL-Abruf         : 0
    Steuerelement-ID                : (null)
    Steuerelement-Speichername                    : (null)
    DS-Zuordnungsverwendung                  : Disabled
    Clientzertifikat aushandeln : Disabled

    Hostname:Port                : fportal.sincdemo.de:443
    Zertifikathash               : 5845af7f14cc956c9f753971ec65842512853d5d
    Anwendungs-ID                : {4dc3e181-e14b-4a21-b022-59fc669b0914}
    Zertifikatspeichername       : My
    Clientzertifikatsperre überprüfen : Enabled
    Zur Sperrüberprüfung ausschließlich zwischengespeichertes Clientzertifikat verwenden : Disabled
    Verwendungsüberprüfung                        : Enabled
    Sperraktualisierungszeit     : 0
    Zeitlimit für URL-Abruf         : 0
    Steuerelement-ID                : (null)
    Steuerelement-Speichername                    : (null)
    DS-Zuordnungsverwendung                  : Disabled
    Clientzertifikat aushandeln : Disabled
```

In diesem Beispiel wird SNI für die Webanwendung *fportal.sincdemo.de* forciert (Hostname:Port), während die andere Webanwendung mit den Webdiensten von SharePoint noch via IP und Portzuordnung lokalisiert wird (*0.0.0.0:32844*).

Durch die Aktivierung von SNI wird die *application.hosts*-Datei angepasst, indem im Element der Wert für *sslFlags* entsprechend gesetzt wird. Der Wert wird in Kombination mit dem zentralen Zertifikatspeicher über Bitflagwerte konfiguriert. Dabei steht das erste Bit für die Aktivierung des zentralen Zertifikatspeichers (Central Certificate Store, CCS) und das zweite Bit für die Forcierung von SNI. Demnach steht *sslFlags="1"* für SNI-forciert (bei deaktiviertem CCC) und »3« für CCC- und SNI-aktiviert.

Abbildg. 13.16 Konfiguration von SNI via *application.hosts*

```
<bindings>
    <binding protocol="http" bindingInformation=":80:fportal.sincdemo.de" />
    <binding protocol="https" bindingInformation="*:443:fportal.sincdemo.de" sslFlags="1" />
</bindings>
```

HINWEIS Die IIS-Manager-Warnung bezüglich einer etwaig erforderlichen Konfiguration der Standardwebsite für SNI kann in der Regel ignoriert werden, da der Zugriff der betroffenen älteren Browserclients unter Windows XP nur für Internetauftritte noch Bedeutung haben dürfte. In diesen Fällen aktivieren Sie SSL mit einem Platzhalterzertifikat auf der in der Regel nicht von SharePoint okkupierten Standardwebsite.

Zentraler Zertifikatspeicher (Central Certificate Store, CCS)

Der zentrale Zertifikatspeicher ermöglicht speziell in Umgebungen mit mehreren SSL-geschützten Websites eine deutliche Reduktion des Verwaltungsaufwandes für die Webserverzertifikate. Ein zentrales Problem der herkömmlichen Zertifikatverwaltung besteht darin, dass in einer Serverfarm ohne SSL-Offloading jedes Zertifikat für jede Website manuell in jeden lokalen Computer-Zertifikatspeicher bereitgestellt werden muss. Darüber hinaus besteht eines der häufigsten Fehlersymptome in diesem Kontext darin, dass die Administratoren die Übersicht über die auslaufenden Zertifikate innerhalb der Organisation verlieren. Dies ist jedoch schmerzhaft, da die Administration im Zweifel durch Fehlerberichte von Anwendern auf den Ablauf eines Zertifikats hingewiesen werden, wenn eine Webanwendung bereits ausgefallen ist. Im besten Fall erhalten die Anwender lediglich eine Sicherheitswarnung im Browser, was das Vertrauen in die Plattform schwächt.

Üblicherweise werden Serverzertifikate mit einer Gültigkeitsdauer von etwa ein bis zwei Jahren ausgestellt, von daher gibt es eine wiederkehrend hohe Fluktuation, zumal die absolute Mehrzahl der aktuellen Serveranwendungen Webservice-basiert ist und in der Regel TLS/SSL-geschützt wird. CCS erfordert neben der Zentralisierung der Ablage von Zertifikaten und einer einmaligen Konfiguration der zugreifenden Webserver keinerlei weitere Konfiguration der betroffenen Webserver. Selbst im Rahmen eines Zertifikatsaktualisierungsintervalls von periodisch ablaufenden Serverzertifikaten ist keine administrative Maßnahme erforderlich, da keine 1:1-Bindungskonfiguration verwendet wird, sondern die jeweils aktivierten Webanwendungen vollautomatisch Aktualisierungen und Veränderungen der Zertifikate zur Kenntnis nehmen. Dies gilt selbst dann, wenn ein Serverzertifikat nicht durch Erneuerung, sondern durch einen vollständigen Austausch aktualisiert wird.

Funktionsweise von CCS

Der seit Windows Server 2012 verfügbare CCS adressiert diese Probleme effektiv, indem ein zentral im Netzwerk via UNC bereitgestellter Speicher zur Verfügung gestellt wird, wobei der Zugriff auf diese sensible Freigabe mithilfe eines Dienstkontos gesichert werden kann. Auf diesem zentralen Freigabepfad werden alle Serverzertifikate der im Unternehmensnetzwerk verteilten Webserver kennwortgeschützt im PKCS#12-Format (Public Key Cryptographic Standard) sicher hinterlegt. Alle gewünschten Webanwendungen werden lediglich im Rahmen der Bindungskonfiguration dafür konfiguriert, für die SSL-Serverzertifikatzuordnung auf diesen zentralen Speicher zurückzugreifen (Abbildung 13.17).

Abbildg. 13.17 Übersicht der CCS-Basisinfrastruktur

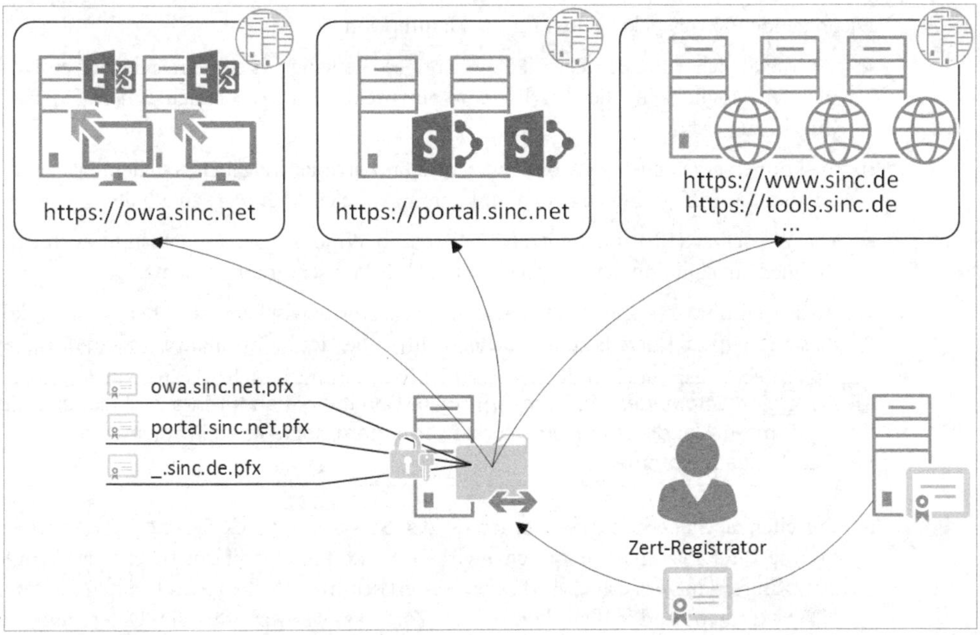

Vereinfacht sieht der Prozess wie folgt aus:

1. Ein Client initiiert eine SSLTLS-geschützte Verbindung mit dem Webserver. Im TCP/IP-Header wird dabei immer die Ziel-IP und der Zielport übertragen (*IP:Port*). Durch die SNI-Erweiterung des Clientbrowsers wird zudem der Hostname der Zielwebanwendung definiert.
2. Der Server prüft, ob in der Registrierung bereits ein geeignetes Zertifikat für die übermittelte IP:Port-Kombination verknüpft ist.
3. Sollte dies nicht der Fall sein, wird in der Registrierung überprüft, ob eine entsprechende CCS-Bindungskonfiguration unter dem Pfad *HKLM\SYSTEM\CurrentControlSet\Services\HTTP\Parameters\SslCcsBindingInfo* hinterlegt wurde.
4. Bei Erfolg wird aus der SNI-Erweiterung des Client-Hello ein Dateiname konstruiert, unter dem das mögliche Zertifikat im zentralen Speicher lokalisiert werden kann (z.B. *portal.sincdemo.de.pfx*). Daraufhin versucht die Crypto-API die Zertifikatdatei mit den gegebenen Zugriffskennungen zu lokalisieren und das entschlüsselte Zertifikat für die Server-Hello-Antwort zu verwenden.

Für darauffolgende Verbindungen wird nun das so lokalisierte Zertifikat zwischengespeichert, um keine zusätzlichen Latenzen zu verursachen. Bei Problemen in den letzten beiden Kommunikationsoperationen kommt es zu einem Fehler beim Handshake, und die Verbindung kann nicht aufgebaut werden.

Die Konfiguration bzw. Aktivierung von CCS wird über ein Flag zusammen mit der SNI-Steuerung in der Datei *application.hosts* realisiert, welche Sie jedoch nicht zwingend manuell anpassen müssen (siehe vorhergehender Abschnitt).

Planung von CCS

Die folgenden Kernaspekte gelten für die Planung von CCS:

- Für die Speicherung der Zertifikate benötigen Sie lediglich eine Freigabe auf einem UNC-Pfad mit der Möglichkeit, die Zugriffrechte einzuschränken, um lediglich dem Zugriffskonto den Zugriff zu gewähren
- Sie können eine beliebige Anzahl an zentralen Zertifikatfreigaben erstellen. Es bietet sich jedoch an, diese Anzahl gering zu halten, um den maximalen Mehrwert zu erhalten.
- Die Webserver (IIS) unterstützen CCS erst ab Windows Server 2012 und auch nur durch die manuelle Installation der entsprechenden CCS-Webserverkomponente.
- Auch wenn die SSL-Zertifikate auf den Webservern zwischengespeichert werden, kommt es zu diesem Zeitpunkt bereits zu möglichen Fehlern bei der Verbindung aus Sicht des Clients.

TIPP Verwenden Sie hochverfügbare Dateifreigaben für Ihre Zertifikate, um den Ausfall Ihrer gesamten Webdienstinfrastruktur zu verhindern, sollte es zu Problemen auf dem Server mit der CCS-Freigabe kommen.

- Ergreifen Sie Sicherheitsmaßnahmen für den Server mit der CCS-Freigabe, um der Kompromittierung Ihrer Zertifikate entgegenzuwirken. So können Sie beispielsweise seit Windows Server 2012 Clusterlaufwerke auch BitLocker-basiert schützen. Selbstredend sollten Sie unbedingt von NTFS-Rechten und einem komplexen Zertifikatpasswort für die Daten auf der Freigabe Gebrauch machen!

HINWEIS Beachten Sie, dass alle Zertifikate ein einheitliches Zertifikatpasswort benötigen.

- Die Zugriffslatenz durch den Einsatz von CCS verändert sich nur minimal und die zu erwartende Latenz sollte während einer anhaltenden Sitzung nicht relevant sein.

Einrichtung von CCS

In der Übersicht sind die folgenden Schritte für die Einrichtung von CCS erforderlich:

1. Definition/Erstellung eines Dienstkontos für den Zugriff auf die CCS-Freigabe.
2. Einrichtung einer Freigabe für CCS.
3. Einrichten/Exportieren der Webserverzertifikate auf der Freigabe (gemäß Namenskonvention).
4. Installation der CCS-Webserverkomponente auf jedem betroffenen Webserver.
5. Bindungsaktivierung jeder gewünschten Webanwendung für die Verwendung von CCS.

Zur Einrichtung von CCS auf einem Windows Server 2012 gehen Sie wie folgt vor:

1. Erstellen Sie ein Dienstkonto für den Zugriff auf die im nächsten Arbeitsschritt zu erstellende CCS-Freigabe. Das Konto muss über keinerlei Privilegien verfügen.

ACHTUNG Achten Sie darauf, dass Sie das Dienstkonto dafür konfigurieren, ein nicht ablaufendes Kennwort zu verwenden, um den spontanen Totalausfall aller angebundenen Webserver bei einem Kennwortablauf zu vermeiden.

2. Erstellen Sie eine mit NTFS- und Freigaberechten geschützte Freigabe exklusiv für CCS auf einem Server Ihrer Wahl. Gewähren Sie nur privilegierten Administratoren und dem zuvor erzeugten CCS-Dienstkonto Zugriff auf die Freigabe (zumindest Leserechte für das CCS-Dienstkonto).
3. Erstellen Sie für jedes Serverzertifikat gemäß den Vorgaben des nachfolgenden CSS-Dateinamensabschnitts entsprechende Private Key-Serverzertifikatdateien im Stammverzeichnis der zuvor erstellten Freigabe.

HINWEIS Beachten Sie, dass Sie für alle dort abgelegten Zertifikate das gleiche Zertifikatkennwort verwenden. Sollten Sie eine Windows Server-basierte PKI verwenden, um Ihre Serverzertifikate bereitzustellen und an dieser Stelle Probleme mit dem Export haben, finden Sie zu Beginn dieses Kapitels Abhilfe.

4. Installieren Sie die Serverrollenkomponente *Unterstützung zentraler SSL-Zertifikate* (Abbildung 13.18) auf jedem betroffenen Webserver (Serverrollen unter *Webserver (IIS)/Webserver/Sicherheit*).

Abbildg. 13.18 Hinzufügen der für CCS erforderlichen Komponente

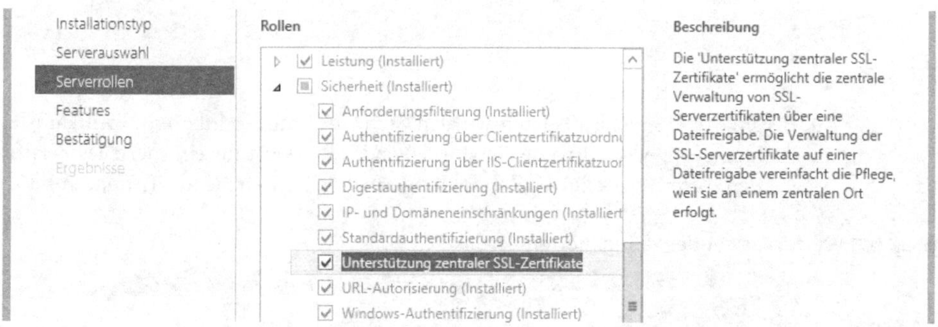

5. Öffnen Sie nun den Internetinformationsdienste (IIS)-Manager und navigieren Sie dort zum Servernamen.
6. Klicken Sie im Abschnitt *Verwaltung* auf die neue Schaltfläche *Zentralisierte Zertifikatverwaltung*.
7. Klicken Sie in der rechten *Aktionen*-Leiste auf *Featureeinstellungen bearbeiten* (Abbildung 13.20).
8. Geben Sie nun die Verbindungsdaten für die Freigabe sowie das einheitliche Zertifikatkennwort an und klicken Sie abschließend auf *OK* (Abbildung 13.19).

Abbildg. 13.19 Einstellungen für zentralisierte Zertifikate

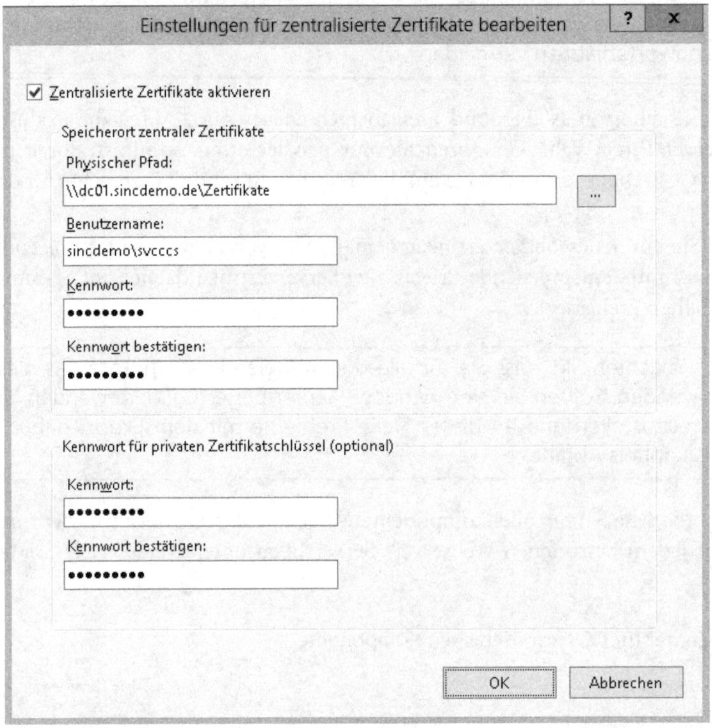

9. Bei inkorrekten Zugriffsdaten würden Sie in der nun sichtbaren Zertifikatliste über mögliche Probleme wie beispielsweise ein abweichendes Passwort für ein spezielles Zertifikat unterrichtet werden. Sofern Sie keine Fehlermeldung erhalten, fahren Sie fort (Abbildung 13.20).

Abbildg. 13.20 Übersicht der zentralisierten Zertifikate

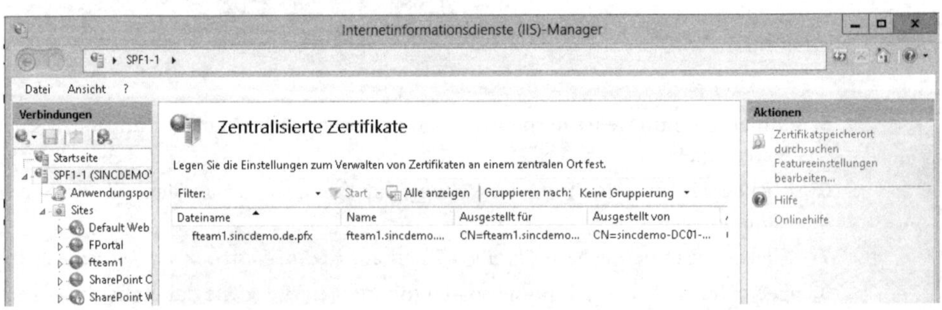

10. Klicken Sie nun in der gleichen Verwaltungskonsole in der linken Fensterhälfte eine Webanwendung, um deren Bindungskonfiguration zu bearbeiten (in der *Aktionen*-Leiste unter *Site bearbeiten* auf *Bindungen* klicken).
11. Öffnen Sie eine bestehende Bindung oder erstellen Sie eine neue Bindung für HTTPS.

12. Aktivieren Sie die beiden Kontrollkästchen für *SNI* und *Zentralen Zertifikatspeicher verwenden* und klicken Sie auf *OK* (Abbildung 13.21).

HINWEIS Sobald Sie das Kontrollkästchen für die Verwendung des zentralen Zertifikatspeichers aktivieren, wird Ihnen auffallen, dass Sie kein Serverzertifikat mehr auswählen müssen. Diese Zuordnung erfolgt nun automatisiert durch das zuvor in diesem Abschnitt beschriebene feste Regelwerk.

Abbildg. 13.21 Aktivierung von CCS auf Webanwendungsebene

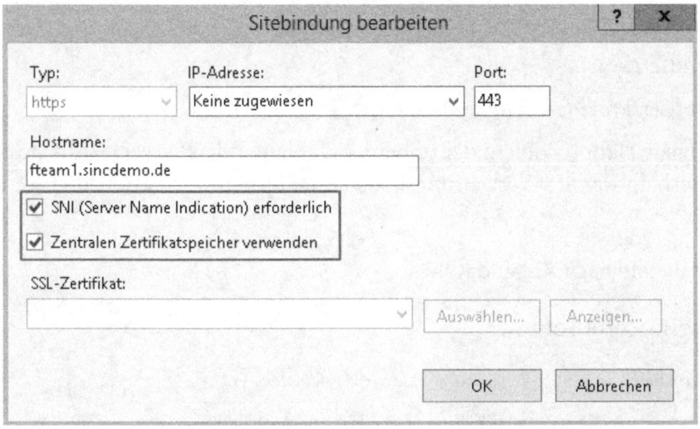

Wiederholen Sie ab Schritt 4 alle Handlungsanweisungen für jeden weiteren Webserver und alle jeweils betroffenen Webanwendungen, um die Konfiguration abzuschließen.

CCS-Dateinamen

In der Praxis ist der Umgang mit Serverzertifikaten etwas komplexer und erfordert weitere Überlegungen. So ist es beispielsweise bei der Nutzung von Apps für SharePoint erforderlich, Platzhalterzertifikate zu verwenden, da das Domain-Präfix hier für jede App individuell ist. Auf der anderen Seite macht der Einsatz von Mehrdomänennamen den Einsatz von SAN-Zertifikaten (Subject Alternate Name) erforderlich. Demnach gelten für die drei primären Einsatzszenarien die folgenden Regeln bei der Wahl des Dateinamens:

- **Einfache Serverzertifikate** Bei der Verwendung nur eines Namens muss der Dateiname dem SNI entsprechen, also dem Allgemeinen Namen bzw. DNS-Namensfeld im Zertifikat (z.B. *portal.sinc.de.pfx*)
- **SAN-Zertifikate** Für jeden im SAN-Zertifikat definierten DNS-Namen muss jeweils eine eigene PFX-Datei auf der Freigabe definiert werden
- **Platzhalterzertifikate** Platzhalterzertifikate müssen gesondert im Dateisystem behandelt werden, indem das *-Zeichen durch ein _-Zeichen ersetzt wird. Speichern Sie daher ein Platzhalterzertifikat für **.sinc.de* beispielsweise unter dem Namen *_.sinc.de*.

HINWEIS Einfache Serverzertifikate haben Vorrang vor Platzhalterzertifikaten. Demnach lassen sich parallel Platzhalterzertifikate mit einfachen Zertifikaten auf einer Dateifreigabe bereitstellen.

Verwaltungsoperationen von CCS

Neben den verwandten administrativen Optionen von SNI gibt es für die Verwaltung von CCS noch weitere hilfreiche administrative Schnittstellen und Funktionen.

Für die Einrichtung und Konfiguration von CCS können Sie auf folgende neue Cmdlets zurückgreifen:

- *Clear-WebCentralCertProvider*
- *Disable-WebCentralCertProvider*
- *Enable-WebCentralCertProvider*
- *Get-WebCentralCertProvider*
- *Set-WebCentralCertProvider*
- *Set-WebCentralCertProviderCredential*

Für das an sich triviale Hauptproblem der unbemerkt ablaufenden Serverzertifikate steht Ihnen eine neue Ansicht innerhalb der IIS-Verwaltungskonsole (Internetinformationsdienste (IIS)-Manager) zur Verfügung:

Abbildg. 13.22 Sortierung der Zertifikate nach Ablaufdatum

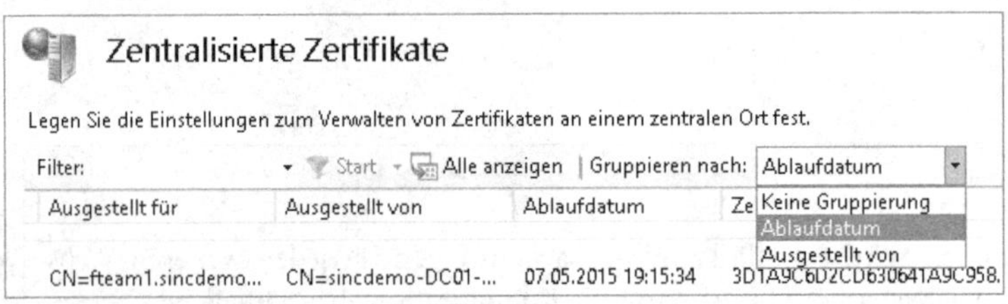

SharePoint-Härtung

Eine wichtige Maßnahme zur Sicherung Ihrer SharePoint-Umgebung besteht in der Härtung der SharePoint-Server. Von Haus aus bietet das Basisbetriebssystem von SharePoint, Windows Server 2008 R2 bzw. Windows Server 2012, durch eine Vielzahl an neuen Sicherheitsfunktionen einen deutlich verbesserten Schutz vor Angriffen, jedoch gibt es weiterhin die Notwendigkeit, das Betriebssystem durch zusätzliche Maßnahmen vor Angriffen zu schützen.

HINWEIS Im Wesentlichen haben sich zwischen SharePoint 2010 und SharePoint 2013 keine gravierenden Änderungen bei den Härtungsmaßnahmen ergeben. Lediglich bei der Betrachtung einiger der neu in SharePoint 2013 eingeführten Standards, wie der Server-to-Server-Authentifizierung, gibt es jeweils spezifische Sicherheitsaspekte, die im jeweiligen Abschnitt weitere Erwähnung finden.

In der Übersicht sind folgende Basisbausteine für eine Absicherung Ihrer SharePoint-Umgebung erforderlich:

- Restriktive Dienstauswahl
- Firewallschutz
- Sicherheit auf Anwendungsebene
- Verstärkte Systemrichtlinien

- SSL-Verschlüsselung der Kommunikation
- Auswahl einer sicheren Authentifizierungsmethode
- Sonstige Detailanpassungen
- SQL Server-Härtung

Restriktive Dienstauswahl

Um die Angriffsfläche zu reduzieren, sollten unnötige Dienste auf den Farmservern deaktiviert werden. Die folgenden Dienste sind für die einwandfreie Funktion von SharePoint erforderlich und sollten aktiviert sein (Tabelle 13.1).

HINWEIS In SharePoint 2010 standen Ihnen noch die im SharePoint Administration Toolkit enthaltenen Vorlagen für die Konfiguration im Sicherheitskonfigurations-Assistenten zur Verfügung. Diese Vorlagen existieren zu diesem Zeitpunkt nicht mehr.

Tabelle 13.1 Für SharePoint 2013 erforderliche Windows-Dienste, die aktiviert sein sollten

Dienstname	Erläuterung
ASP-NET-Zustandsdienst	Wird potenziell von InfoPath Forms Services und Project Server 2010 verwendet. Muss aktiviert sein.
WWW-Publishingdienst	Kerndienst – Muss aktiviert sein

Die folgenden Dienste dürfen nicht deaktiviert werden:

Tabelle 13.2 Für SharePoint 2013 erforderliche Windows-Dienste, die nicht deaktiviert sein sollten

Dienstname	Erläuterung
AppFabric-Cachedienst	Ist die Basis des verteilten Cache
Claims to Windows Token Service	Wird für einige forderungsbasierte Authentifizierungsszenarien benötigt. Sollte nicht deaktiviert werden.
SharePoint Administration	Sollte nicht deaktiviert werden
SharePoint Timer	Sollte nicht deaktiviert werden
SharePoint Tracing Service	Sollte nicht deaktiviert werden
SharePoint VSS Writer	Dient zum Erfassen von volumenschattenkopiebasierten Sicherungen. Sollte nicht deaktiviert werden

Die folgenden Dienste müssen rollenbasiert aktiviert werden:

Tabelle 13.3 Für SharePoint 2013 rollenabhängig erforderliche Windows-Dienste

Dienstname	Erläuterung
Claims to Windows Token Service	Wird für einige forderungsbasierte Authentifizierungsszenarien benötigt. Sollte nicht deaktiviert werden.
Datei- und Druckdienste	Wird für Suchabfragen, Durchforstung, Indizierung und Indexpropagierung benutzt. Muss aktiviert sein.

Tabelle 13.3 Für SharePoint 2013 rollenabhängig erforderliche Windows-Dienste *(Fortsetzung)*

Dienstname	Erläuterung
ForeFront Identity Manager Service	Dieser Dienst darf nicht auf den Servern deaktiviert werden, die für den Benutzerprofildienst konfiguriert wurden
ForeFront Identity Manager Synchronization Service	Dieser Dienst darf nicht auf den Servern deaktiviert werden, die für den Benutzerprofildienst konfiguriert wurden
SharePoint-Benutzercodehost	Dieser Dienst darf nicht auf den Servern deaktiviert werden, die diesen Dienst im Rahmen der SharePoint-Konfiguration erhalten haben
SharePoint Server Search 15	Dieser Dienst darf nicht auf den Servern deaktiviert werden, die diesen Dienst im Rahmen der SharePoint-Konfiguration erhalten haben
SharePoint Search Host Controller	Bietet die Basisverwaltungsoperationen für die Suchtopologie

Firewallschutz

Durch einen geeigneten Firewallschutz vermeiden Sie den Missbrauch von potenziell auf Ihren Servern verfügbaren Funktionen und Diensten.

Die Liste der für SharePoint erforderlichen Netzwerkports finden Sie in Kapitel 3. Zusätzlich zu diesen Ports können für bestimmte Funktionen weitere Ports erforderlich werden. So benötigen Sie für die Aktualisierung von Gruppenrichtlinien sowohl DCOM (TCP 135 und einen standardmäßig dynamischen High-Port über 1024) als auch SMB- (TCP 445) und ICMP-Ping (für die Erkennung geringer Bandbreiten). Weitere erforderliche Ports entnehmen Sie bitte dem Knowledge Base (KB)-Artikel 832017 (*http://support.microsoft.com/kb/832017/de* [Ms156-K13-05]).

HINWEIS Bitte beachten Sie, dass in Abhängigkeit von der genauen Nutzung spezifischer Dienstanwendungen jeweils weitere Ports benötigt werden können. So können beispielsweise durch die Verwendung von Inhaltsdurchforstungen externer Quellen, für BDC-Verbindungen und Excel Services in Verbindung mit externen Datenquellen weitere Portfreischaltungen notwendig sein.

Sollten Sie DPM 2012 R2 für die Sicherung Ihrer SharePoint-Farm verwenden, werden zusätzlich die folgenden Ports benötigt (Tabelle 13.4).

Tabelle 13.4 Zusätzliche für DPM 2012 R2 erforderliche Ports

Protokoll	Port	Beschreibung
DCOM	TCP 135/dynamisch	Werden beidseitig zwischen DPM und dem Agenten verwendet
TCP	TCP 5718 TCP 5719	DPM-Datenkanal. DPM kommuniziert mit dem Agenten via TCP Port 5718 und der Agent umgekehrt via TCP Port 5719.

HINWEIS Um die drastischen Freischaltungen an Firewalls beim Einsatz von DCOM zu reduzieren, können Sie den dynamischen Port festlegen. Mehr Informationen zu diesem Thema finden Sie unter *http://support.microsoft.com/kb/154596/de* [Ms156-K13-06].

Die in Windows Server 2008 R2 und Windows Server 2012 enthaltene Windows Firewall mit erweiterter Sicherheit bietet Ihnen einen hinreichenden Firewallgrundschutz, der die Funktionsweise von SharePoint nicht beeinträchtigt. Entgegen vorherigen Windows-Firewallversionen wird in den Versionen ab Windows Server 2008 auch der ausgehende Datenverkehr inspiziert.

Um zu vermeiden, dass NetBIOS anstelle von SMB blockiert wird, lautet die Empfehlung, NetBIOS über TCP/IP zu deaktivieren (Abbildung 13.23).

Abbildg. 13.23 Deaktivierung von NetBIOS über TCP/IP

Weiterführende Informationen zur Verwendung von SMB anstelle von NetBIOS finden Sie im KB-Artikel 204279 (*http://support.microsoft.com/kb/204279* [Ms156-K13-07]).

SSL-Härtung

Standardmäßig wird von Windows Server eine breite Palette an Cipher Suites für die Etablierung von HTTPS-Verbindungen unterstützt. Standardmäßig wird in Windows Server 2008 R2/2012 lediglich SSL 2.0 deaktiviert, wenngleich immerhin standardmäßig erstmalig TLS 1.1 und TLS 1.2 aktiviert sind. Die für SharePoint verwendeten SSL-Verbindungen von IIS können leider auch Gebrauch von mittlerweile nicht mehr empfohlenen, weniger starken Algorithmen für SSL-Sitzungen machen.

Um die Sicherheit Ihrer SSL-Verbindungen zu erhöhen, wird eine ganze Reihe an Maßnahmen empfohlen, wie beispielsweise:

- Verzicht auf 1.024-Bit-basierende asymmetrische Schlüsselzertifikaten (RSA). Unter Ausblendung von Kompatibilitätsaspekten wäre die Abkehr von RSA unter Verwendung der alternativen ECDSA-Schlüssel (Kryptografie der elliptischen Kurven)
- Deaktivierung von SSL 3.0
- Deaktivierung von RC4 (bevorzugt AES 256)

- Deaktivierung von 3DES
- Verwendung der neuen Hashalgorithmen (SHA2)
- Bevorzugte Verwendung von TLS 1.2 mit PFS

ACHTUNG Achten Sie bei dieser Art der Härtung unbedingt auf den kleinsten gemeinsamen Kryptografienenner in der Kommunikationstopologie, speziell auf der Clientseite, um zu verhindern, dass Sie Clients vom Zugriff auf Ihr System ungewollt aussperren. Zudem werden in Abhängigkeit vom Client ggf. zusätzliche Maßnahmen auf dem Client erforderlich, damit dieser den Vorgaben entspricht.

Sie können die zugrunde liegende *Schannel.dll*-Schnittstelle wie bereits in den früheren Windows Server-Versionen mithilfe der Registrierung manipulieren, um so den Einsatz von unerwünschten Algorithmen zu unterbinden (Abbildung 13.24).

Abbildg. 13.24 Verwendung des Registrierungs-Editors für *Schannell.dll*-Richtlinien

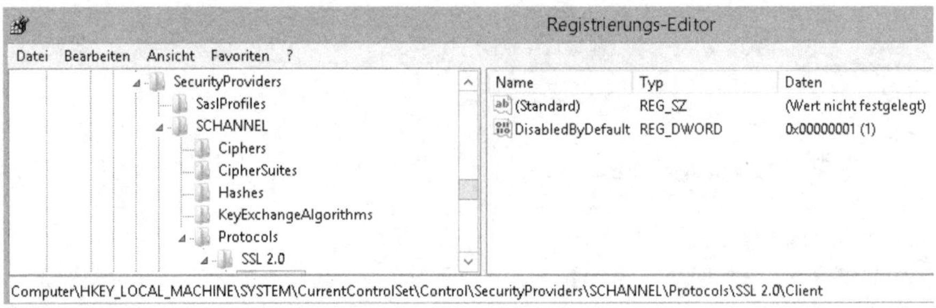

HINWEIS Die vollständige Liste der möglichen Parameter finden Sie im KB-Artikel 245030 unter *http://support.microsoft.com/kb/245030* [Ms156-K13-08].

Weiterhin können Sie mithilfe von Gruppenrichtlinien die Reihenfolge der verfügbaren Cipher Suites definieren. Sie finden die entsprechenden Einstellungen in den administrativen Vorlagen des Computerobjekts unter *Netzwerk/SSL-Konfigurationseinstellungen* (Abbildung 13.25).

Abbildg. 13.25 Cipher Suite-Steuerung in den Gruppenrichtlinien

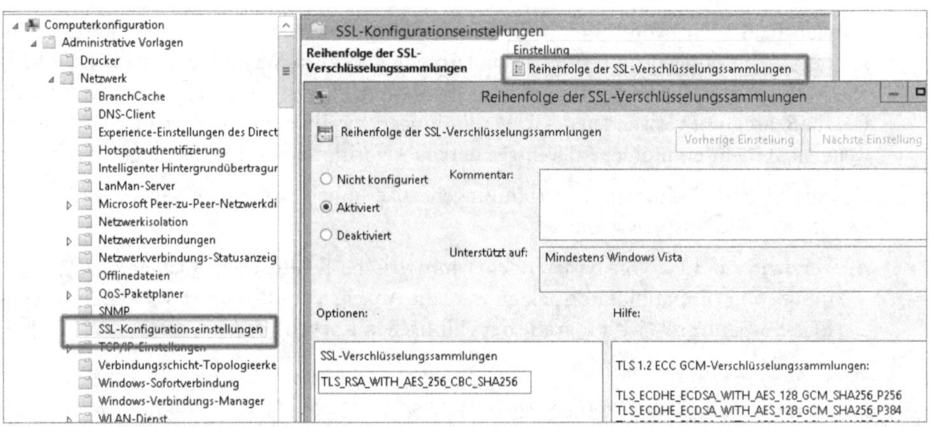

Von Qualys SSL Labs stammen regelmäßig aktualisierte Richtlinien für die Härtung von SSL für Webserver. Neben den Richtlinien werden auch kostenfreie Online-SSL-Überprüfungen Ihres Webservers angeboten. Weiterführende Informationen erhalten Sie unter *https://www.ssllabs.com/ssltest* [Ms156-K13-09].

Weitere Detailanpassungen

Neben den zuvor angeführten Sicherheitsanpassungen gibt es noch eine Reihe verbleibendender Sicherheitskonfigurationen, die in diesem Abschnitt behandelt werden.

Absicherung der eingehenden SharePoint-E-Mail-Dienstinstanz

Die in den Kapiteln 6 und 8 eingehend behandelte eingehende E-Mail-Komponente bietet auf breiter Front Anlass zu sicherheitsrelevanten Abwägungen. Zu den Kernaspekten bezüglich einer möglichen Härtung gehören:

- Reduktion der Angriffsfläche für DoS-Angriffe (Denial of Service) auf den Server mit der SMTP-Komponente
- Reduktion der Angriffsfläche für DoS-Angriffe auf Inhaltsdatenbanken
- Härtung des SMTP-Stacks durch Auslagerung der Komponente
- Anwendung des Least-Privilege-Prinzips für die Verwendung sensibler Active Directory-schreibberechtigter Konten

Nachfolgend wird auf diese angeführten Aspekte eingehender eingegangen.

Das DoS-Risiko der SMTP-Komponente besteht darin, dass eine auf dem SharePoint-Server lokal zu hostende Komponente standardmäßig alle E-Mail-Nachrichten der Zieldomäne entgegennimmt, ohne dabei zu differenzieren, ob die Ziel-E-Mail-Adresse in der Farm vorhanden ist oder nicht. Dieser Mechanismus ist zwar praktisch in einem Szenario mit mehreren Farmen, die auf einen zentralen *Drop*-Ordner zugreifen, nicht jedoch in einem Einzelfarmszenario, wo in der Regel alle nicht für die Farm relevanten Nachrichten verworfen werden können, was demzufolge standardmäßig nicht passiert. So ist es denn unabhängig von Relaybeschränkungen möglich, den Server in kurzer Zeit mit einer derart hohen Anzahl an Nachrichten maximaler Größe zu versehen und dabei bewusst einen unbekannten Empfänger im MX-Namensraum der Farm zu adressieren, sodass dieser aufgrund eines volllaufenden lokalen Speichers den Dienst einstellt bzw. nicht mehr responsiv auf sinnvoll eingehende Dienstanfragen innerhalb der Farm reagieren kann.

Um das Problem zu umgehen, stehen Ihnen beispielsweise folgende Lösungsansätze zur Verfügung:

- Entwickeln einer Batchkomponente, die in kurzen Zyklen prüft, ob Nachrichtenobjekte nach dem Abschluss des letzten entsprechenden Zeitgeberauftragdiensts weiterhin im *Drop*-Ordner verweilen, und diese entsprechend automatisiert löscht
- Setzen restriktiver SMTP-Verbindungswerte für die maximale Anzahl an Nachrichten oder Nachrichtengrößen für eine Nachricht oder die gesamte Sitzung
- Verschiebung des *Drop*-Ordners auf eine separate, dedizierte Partition bzw. einen separaten Server, um bei einem volllaufenden Speicher negative Auswirkungen zu vermeiden

Werden die Nachrichten ordnungsgemäß adressiert und somit vom SharePoint Zeitgeberauftragsdienst aus dem *Drop*-Ordner extrahiert, tritt ein weiteres Problem auf: ein möglicher DoS durch einen unkontrollierten SharePoint-Inhaltsdatenbankwachstum. Dabei können unter Umständen unkontrolliert Daten in Inhaltsdatenbanken einfließen, die zu Speicherressourcenengpässen für die Transaktions- und oder Datenbanklaufwerke auf der SQL Server-Instanz führen können.

Die Konfiguration einer Zieldokumentbibliothek für eingehende E-Mail-Nachrichten ermöglicht neben dem Verhalten hinsichtlich der Nachrichtenextraktion für Anhänge und die Nachrichtenhülle auch eine Berechtigungssteuerung. Entsprechend haben Sie folgende Möglichkeiten, um die diesbezügliche Angriffsfläche zu reduzieren:

- Stellen Sie sicher, dass Sie nicht ohne triftigen Grund die Annahme von E-Mails in SharePoint ohne Authentifizierung freischalten
- Setzen Sie SharePoint-Website-Kontingente auf E-Mail-aktivierte Websitesammlungen mithilfe der Zentraladministration
- Aktivieren Sie eingehende E-Mail-Funktionalität nicht standardmäßig als SharePoint-Listen
- Nehmen Sie die Listen-Nachrichtenadresse nicht ohne konkreten Mehrwert mithilfe des SharePoint-Verwaltungsverzeichnisdiensts als Kontakt in Active Directory auf, um die sensiblen, nicht kontingentierten Websitesammlungen zu verbergen.

Eine Härtung des SMTP-Stacks bietet sich an, um Angriffe, wie Pufferüberlaufangriffe, zu vermeiden, speziell in Situationen, in denen die SharePoint-Farm netzwerkseitig von einer relevanten Benutzerzahl auch via SMTP-Port direkt erreichbar ist. Die folgenden Maßnahmen sind zur Angriffsflächenreduktion denkbar:

- Verwenden Sie Firewallregeln (auch die der integrierten Windows Server 2012-Firewall), um die Anzahl der möglichen Angreifer zu reduzieren, die direkt auf den SMTP-Dienst zugreifen können
- Verlagern Sie den *Drop*-Ordner auf einen alternativen Server außerhalb der SharePoint-Farm und nutzen Sie einen gezielt gehärteten SMTP-Server wie den der Edge-Server-Rolle von Exchange Server
- Verwenden Sie restriktive SMTP-Server-Diensteinstellungen und nehmen Sie ggf. Anpassungen an den TCP-Stackparametern vor.

Die Anwendung des Least-Privilege-Prinzips für die schreibberechtigten Active Directory-Konten basiert auf dem Ansatz, die Anzahl der in Active Directoy schreibberechtigten Konten zu reduzieren, um nicht für jede SharePoint-Farm im Unternehmen ein eigenständiges Konto mit Schreibrechten zu etablieren. Um diesen Aspekt zu adressieren, stehen Ihnen die folgenden Optionen zur Wahl:

- Verwendung lediglich einer Farm mit aktiviertem SharePoint-Verzeichnisverwaltungsdienst und Verknüpfung der verbleibenden Farmen für die Verwendung des zentralen Verwaltungsdiensts.
- Zuordnung einer explizit nur für SharePoint zu nutzenden Organisationseinheit in Active Directory, in der die E-Mail-aktivierten Elemente erstellt werden.

HINWEIS Die Verwendung identischer Zentraladministrationsanwendungspoolkonten zur Reduktion der berechtigten Konten für unterschiedliche Farmen ist keine sicherheitstechnisch sinnvolle Maßnahme.

Sonstige Härtungsmaßnahmen

Folgende verbleibende Härtungsmaßnahmen sollten zur Absicherung der SharePoint-Umgebung in Erwägung gezogen werden:

- Überwachungs- und Protokollierungseinstellungen
- *web.config*-Datei-Maßnahmen
- Sonstiges

Sollten Sie die Protokolldateien verschieben, achten Sie darauf, dass die Zugriffssteuerungsliste (Access Control List, ACL) auf dem Zielverzeichnis denen des Quellverzeichnisses entsprechen. So benötigen beispielsweise die drei lokalen Gruppen *WSS_ADMIN_WPG*, *WSS_RESTICTED_WPG* und *WSS_PG* zumindest Schreibrechte auf das Protokollverzeichnis.

Beachten Sie für die Handhabung der *web.config*-Dateien folgende Sicherheitsrichtlinien:

- Erlauben Sie keine Kompilierung oder das Skripting von Datenbankseiten über das *PageParser*-Element
- Stellen Sie im Element *SafeMode* sicher, dass der Wert für *Callstack* und *AllowPageLevelTrace* auf *false* gesetzt ist
- Stellen Sie sicher, dass sich in den Listen *SafeControls* und den *Workflow SafeTpyes* nur ein erforderliches Minimum von Steuerelementen befindet
- Stellen Sie sicher, dass *CustomErrors* auf *Mode="On"* gesetzt ist

Die Zentraladministration ist der zentrale Verwaltungsknoten für alle sensiblen Konten der Serverfarm. Bei der Eingabe der Kontendaten besteht die Gefahr, dass diese Eingabe durch Protokollsniffer abgefangen und missbraucht wird. Schützen Sie daher die Kommunikation mit der Zentraladministration unbedingt durch die Verwendung von HTTPS.

SQL Server-Härtung

Blockieren Sie die Standardports des SQL-Servers, benutzen Sie nicht die Standardinstanz von SQL Server und verwenden Sie anstelle der Standardports nicht standardisierte Ports, um Angriffe zu erschweren. Üblicherweise versuchen Clients den Server über TCP-Port 1433 zu erreichen. Scheitert die Verbindung, wird alternativ über UDP-Port 1434 der SQL Server-Browserdienst angesprochen, um den korrekten Port zu lokalisieren.

Dieses Standardverhalten bietet eine unerwünschte Angriffsfläche, über die sich bereits Würmer wie der SQL Slammer verbreitet haben. Dabei handelt es sich zumeist um Denial of Service (DoS)- oder Pufferüberlaufangriffe.

Zusammengefasst lautet demnach die Empfehlung, benannte SQL Server-Instanzen zu verwenden und diese auf einen Nicht-Standardport zu verschieben. Zusätzlich sollten Sie den SQL Server-Browserdienst nicht starten bzw. den Port für diesen Dienst sperren.

Die hierfür erforderliche Konfiguration erfolgt üblicherweise über den SQL Server-Konfigurations-Manager (Abbildung 13.26).

HINWEIS In SQL Server 2012 ist der Konfigurations-Manager kein eigenständiges Tool mehr, sondern ein Snap-In der Microsoft Management Console (*SQLServerManager11.msc*).

Abbildg. 13.26 Änderung des Standardports der SQL Server-Datenbank

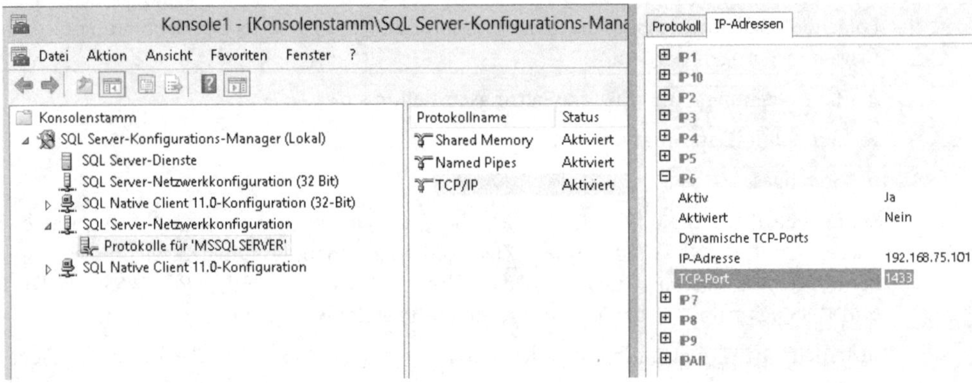

Apps absichern

Bezüglich der Wahl der App-Domäne sollte mit Umsicht vorgegangen werden. Intuitiv ist man geneigt, eine Subdomäne der zu etablierenden Portaldomänen als App-Domäne einzusetzen, da hierdurch bei diversen Verwaltungsoperationen und für infrastrukturelle Erwägungen einfachere Lösungen zur Verfügung stehen. Ein solcher birgt jedoch die Gefahr von websiteübergreifenden Skriptingangriffen auf die SharePoint-Umgebung.

Enthalten Apps schadhaften Code, kann die App einer solchen App-Subdomäne ggf. auf die Cookies der Stammdomäne und somit auf geschützte Bereiche zugreifen, die der App sonst vorenthalten wären (Abbildung 13.27).

Abbildg. 13.27 Websiteübergreifende Skriptingbedrohung bei Verwendung einer untergeordneten App-Domäne

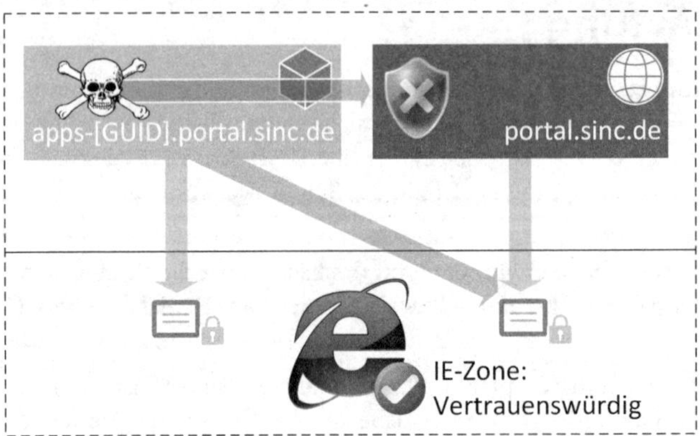

Es wird daher dringend empfohlen, eine isolierte DNS-Zone in einem getrennten Namensraum zu verwenden, um websiteübergreifenden Skriptingangriffen bestmöglich vorzubeugen. Zusätzlich zu dieser Maßnahme sollte die App-Domäne aus der sonst für SharePoint erforderlichen zugeordneten Zone *Intranet* oder der Zone *Vertrauenswürdigen Sites* entfernt und in die Zone *Internet* oder *Eingeschränkte Sites* verschoben werden, da die Privilegien der SharePoint-Zonen für Apps unangemessen hoch sind (Abbildung 13.28).

Abbildg. 13.28 Websiteübergreifender Skriptingschutz bei isolierter App-Domäne

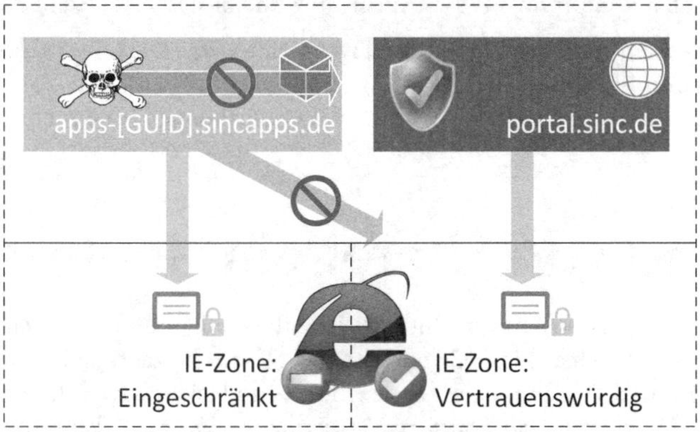

In Umgebungen mit Mandanten sollten Sie zudem dafür sorgen, dass jeder Mandant ein eigenes App-Domänenpräfix erhält. Dies bewahrt Sie zwar nicht vollständig vor möglichen mandantenübergreifenden App-Angriffsszenarien, zumindest wird so jedoch dafür gesorgt, dass Sie schadhafte Zugriffe einfacher identifizieren und zuordnen können. Beachten Sie dabei jedoch, einen möglichst begrenzt langes Präfix zu verwenden und dabei auch das mögliche Maximum an 48 Zeichen zu unterschreiten.

Eine weitere Maßnahme zur Erhöhung der Sicherheit besteht in der Überwachung der App-Zugriffe und Zugriffsfehler, welche unter SharePoint Server (nicht Foundation) zum Einsatz kommen kann.

Wiederholungserkennung in der Windows Identity Foundation (WIF)

Greift ein Client unter Verwendung der WIF erstmalig auf eine geschützte Ressource zu, ist zunächst eine Authentifizierung am Sicherheitstokendienst (STS) erforderlich. Wird das so erstellte STS-Token beispielsweise durch einen Man-in-the-Middle-Angriff (MITM) abgefangen, kann der Angreifer theoretisch mit diesem Token einen Identitätswechsel des Clients gegenüber der Website durchzuführen. Zudem befindet sich das Token im Browsercache. Wird dieser nicht nach Ablauf der Sitzung geschlossen, ist es auch dort noch weiterhin nutzbar. Weiterhin kann ein Angreifer die Anmeldeseite des Benutzers, die das STS-Token enthält, aus dem Verlauf des Browsers aufrufen, um das Token somit ebenfalls erneut ausstellen zu lassen.

Um dies zu verhindern, verfügt WIF über einen standardmäßig leider nicht aktivierten Wiederholungserkennungscache für STS-Token. Wird dieser Cache aktiviert, empfängt der Benutzer zusätzlich ein Sitzungssicherheitstoken, das für weitere Anforderungen verwendet wird. Dabei werden Sitzungssicherheitstoken exklusiv über SSL ausgestellt, um deren unautorisierte Entwendung zu erschweren.

Versucht ein Angreifer, sich bei der vertrauenden Seite mit einem STS-Token zu authentifizieren, welches bereits vom Client verwendet wurde, wird das STS-Token im Wiederholungscache lokalisiert und die Anforderung zurückgewiesen. Zwar stellt dieser Mechanismus keinen absoluten Schutz dar, jedoch wird in Kombination mit der Nachschlagefunktionalität und der konfigurierbaren Cachedauer eine sinnvolle weitere Hürde für Angreifer etabliert.

Es wird empfohlen, die Cachegröße und die STS-Tokenablaufzeit für die vertrauende Seite zu optimieren, um einen adäquaten Kompromiss zwischen Leistung und Sicherheit zu etablieren.

Zur Steuerung dieses Mechanismus steht Ihnen die Eigenschaft *DetectRreplayedTokens* zur Verfügung, die auf *$true* zu setzen ist. Mithilfe der Klasse *Microsoft.IdentityModel.Tokens.SessionSecurityTokenHandler* oder dem Cmdlet *Set-SPSecurityTokenServiceConfig* können Sie weiteren Einfluss auf den Cache nehmen.

Veröffentlichung von SharePoint im Internet

Die Veröffentlichung von SharePoint 2013 im Internet ist ein wichtiger und gleichzeitig kritischer Bestandteil Ihrer SharePoint-Bereitstellung. Oftmals ist SharePoint die zentrale Plattform für den Zugriff auf relevante Daten und Vorgänge eines Unternehmens und bedarf als solche eines besonderen Augenmerks bei der Absicherung der Plattform. Heutzutage gibt es eine kaum überschaubare Vielzahl an Sicherheitslösungen für eine sichere Anbindung Ihrer Infrastruktur an das Internet. Welche dieser Lösungen für Sie die geeignetste Wahl darstellt, hängt von vielen Faktoren ab. Während im Planungskapitel bereits mögliche Varianten einer sicheren Veröffentlichung von SharePoint aufgezeigt wurden, behandelt dieses Kapitel die präferierten Microsoft-Lösungen zur sicheren Veröffentlichung von SharePoint.

Dabei wird für die hier erwähnten Konstellationen davon ausgegangen, dass sich die SharePoint-Serverfarm innerhalb Ihres Netzwerks und nicht in einem Umkreisnetzwerk befindet.

Allgemeiner Überblick zur Lösungslandschaft

Microsoft bietet Ihnen drei Lösungswege an: Forefront TMG, Forefront UAG und Windows Server 2012 R2 Web Application Proxy.

Nachdem Microsoft bereits seit einiger Zeit das TMG abgekündigt hat, welches nicht mehr käuflich zu erwerben ist, ist nun nicht unerwartet, unmittelbar vor Fertigstellung dieses Buchs, am 17.12.2013 auch das UAG abgekündigt worden, wobei das UAG noch bis Juli 2014 erworben werden kann und der reguläre Support bis Mitte April 2015 aufrechterhalten wird. Der erweiterte kostenpflichtige Support ist indes bis April 2020 verfügbar.

Somit verbleibt damit einzig der kürzlich eingeführte, auf Windows Server 2012 R2 basierende Web Application Proxy. Dieser ist keinesfalls ein auch nur entfernt ebenbürtiger Ersatz für die beiden ausscheidenden Produkte. Neben dem ungläubigen Erstaunen, das Microsoft durch das Auslaufen der verbreiteten, fast gesamten Forefront-Produktfamilie ausgelöst hat, bleibt somit die Suche nach einem sinnvollen Ersatz für die weggefallene Funktionalität.

Die aktuelle Gesamtstrategie von Microsoft für den Zugriff auf die Unternehmensressourcen sieht demnach in der Übersicht wie folgt aus (Abbildung 13.29).

Das Windows Server Remote Desktop Services Gateway ist die Schnittstelle für den Zugriff auf die virtualisierten Ressourcen bzw. die virtuelle Desktopinfrastruktur (VDI). Die Remotezugriffskomponente von Windows Server übernimmt die Direct Access-Fertigkeiten, die ehemals beim UAG angesiedelt waren, und hat somit eine zentrale Rolle für den Zugriff auf LoB-Anwendungen und Dateifreigaben, speziell für interne Benutzer. Der Web Application Proxy indes übernimmt den veröffentlichten Zugriff auf die internen Webanwendungen.

Abbildg. 13.29 Übersicht der aktuellen Microsoft-Remotezugriffsinfrastruktur

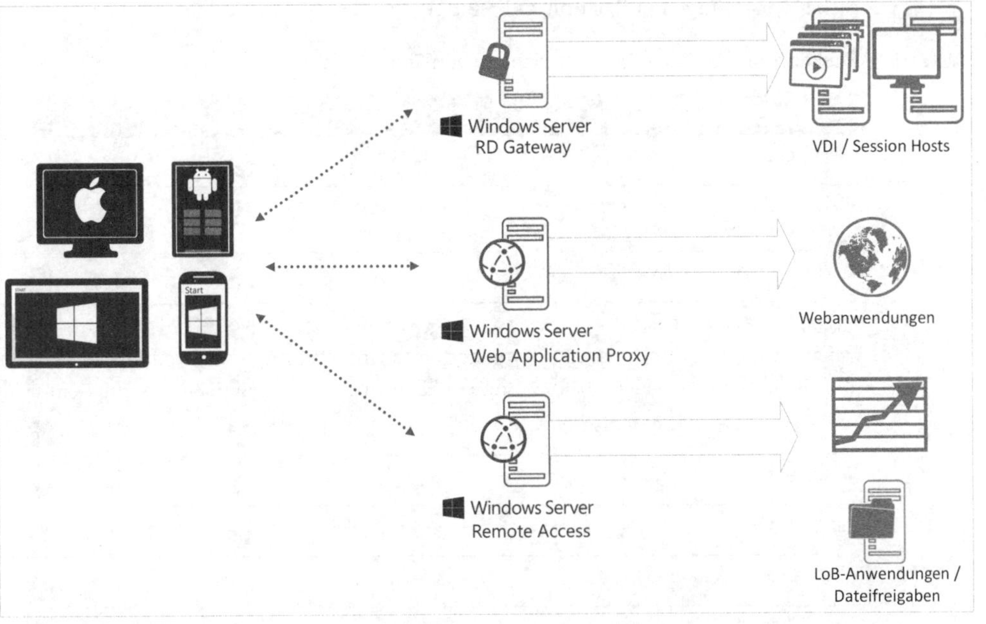

Der große Mehrwert beim Einsatz von TMG oder UAG bestand in der hohen Integration dieser Lösungen in die Microsoft-Serverproduktlandschaft, wodurch auch komplexe Veröffentlichungsszenarien vergleichsweise einfach abzubilden waren.

Die folgenden primären Drittanbieteralternativen stehen Ihnen in der Übersicht zur Veröffentlichung einer SharePoint-Farm zur Verfügung:

- **KEMP Loadmaster ESP (Edge Security Pack)** Diese Lösung bietet Präauthentifizierung mit Single Sign-On, Lastenausgleich, SSL-Offloading, Paketfilterfirewallfunktionen, Layer 7-Anwendungsfilterung, Snort-basierte Eindringungserkennung und mehr. Einer der größten Nachteile dieser Lösung besteht in der Einschränkung der unterstützten Authentifizierungsszenarien. Hier liegt der Fokus auf der NTLM und Basic-Authentifizierung. KEMP wurde aufgrund seiner Loadmaster-Produktreihe in 2013 erstmalig in Gartners magischen Quadranten für Application Delivery Controller (ADC) aufgenommen, wo ein sehr guter Platz im letzten Quadranten eingenommen wurde.
- **Citrix NetScaler** Citrix bietet mit dem NetScaler eine recht umfassende Lösungsplattform für die relevanten Aspekte bei der Veröffentlichung von SharePoint an und befindet sich daher kontinuierlich in Gartners Marktbetrachtung im führenden ADC-Quadranten.
- **F5 Big IP** Die Big IP-Familie von F5 bietet die aktuell wohl kompletteste Lösungsplattform für die Veröffentlichung von SharePoint-Farmen und nimmt aus diesem Grund in Gartners magischen Quadranten für ADCs die Spitzenposition ein. Nicht zuletzt aus diesem Grund wird auf diese Plattform im Rahmen dieses Kapitels näher eingegangen.

Für die Veröffentlichung von SharePoint sind in Abhängigkeit von der exakten Nutzung zahlreiche Aspekte von Relevanz. Vor diesem Hintergrund bietet Ihnen die nachfolgende Tabelle eine Übersicht einiger wichtiger Unterscheidungsmerkmale der Plattformen.

Die Tabelle 13.5 bietet Ihnen einen Vergleich der Mehrwerte und Funktionen der beiden Microsoft-Sicherheitslösungen in Relation zu F5 Big IP.

Tabelle 13.5 Funktionsübersicht zur Veröffentlichung von SharePoint

Funktion	WAP	UAG	Big IP
Reverseproxy	✓	✓	✓
Bereinigung der Benutzersitzung von zwischengespeicherten Daten		✓	✓
Endpunkte-Sicherheitsverifizierung		✓	✓
Webfarm-Lastenausgleich	✓	✓	✓
Präauthentifizierung	✓	✓	✓
Erweiterte Authentifizierungsschemata		✓	✓
Integrierte Hochverfügbarkeit	✓	✓	✓
Single Sign-On	✓	✓	✓
Eindringungserkennung			✓
SSL-Offloading	✓	✓	✓
Portalfunktionalität		✓	✓
Browserbasierte Verwaltung			✓
Erweiterbarkeit			✓
Relative Clientunabhängigkeit			✓

Würden die in der Tabelle vorliegenden Einzelaspekte einer zusätzlichen Gewichtung und Detailbetrachtung unterzogen, würde im Ergebnis klar hervorgehen, dass die Lösungen UAG und Windows Server 2012 WAP im Vergleich ohnehin eindeutig eingeschränkter im Umgang bei der Veröffentlichung von SharePoint sind. Weitere Hintergründe hierfür erfahren Sie in den nachfolgenden Abschnitten. Vor diesem Hintergrund ist das Ausscheiden der Microsoft-Lösungen für die Veröffentlichung von SharePoint von begrenztem Effekt.

Da es zu diesem Zeitpunkt in vielen Umgebungen an verfügbaren Alternativen mangelt und Microsoft selbst in einigen hybriden Szenarien weiterhin lediglich TMG als einzig unterstütztes System ansieht, finden Sie in diesem Buch letztmalig eine kurze Erläuterung der Einrichtung von UAG und TMG in Kombination mit SharePoint.

Windows Server 2012 R2-Web Application Proxy (WAP)

Der Windows Server 2012 R2-Web Application Proxy ist ein herkömmlicher Windows Server 2012 R2-Server, auf dem Sie mithilfe der optionalen Web Application Proxy-Serverrolle eine Anwendungsproxyfunktion für die Veröffentlichung von SharePoint bereitstellen.

Übersicht

WAP bietet Ihnen eine auf Reverseproxy basierende Veröffentlichung von SharePoint mit Präauthentifizierung bei, im Vergleich zu Lösungen wie TMG oder UAG, gleichzeitig begrenzter Schutzfunktionalität. Diese erste WAP-Lösung unter Windows Server 2012 R2 bietet lediglich für die Einrichtung Basis-Assistenten und eine grafische Oberfläche.

Planung

Die wichtigsten Rahmenbedingungen für den Einsatz von WAP sollten Sie bei Überlegungen einer Einführung berücksichtigen:

- **Active Directory-Anforderungen** Die in WAP genutzte Präauthentifizierung beruht zwingend auf AD FS 3.0 und benötigt zumindest einen auf Windows Server 2012 basierenden Domänencontroller inklusive der damit einhergehenden Schemaerweiterung, um eine Windows integrierte Authentifizierung zu ermöglichen. Dabei muss der WAP-Server sich nicht in der gleichen Domäne befinden wie der SharePoint-Server, sodass eine Isolation in einer DMZ vereinfacht wird.
- **Abhängigkeiten zu AD FS** Neben der zwingenden Abhängigkeit zu den Active Directory-Verbunddiensten (Active Directory Federation Services, AD FS) für die Präauthentifizierung installiert WAP automatisiert eine AD FS-Proxykomponente mit, um den Zugriff auf AD FS zu ermöglichen. Hierfür benötigen Sie ein entsprechendes Serverzertifikat.

ACHTUNG Unabhängig davon, ob Sie die Präauthentifizierung nutzen oder nicht, benötigen Sie trotzdem eine Verbindung zu einem AD FS-Server!

- **Hochverfügbarkeit der Komponente** Sie können die Rolle durch Hinzufügen weiterer Server hochverfügbar gestalten und eine gemeinsame Konfiguration teilen
- **Authentifizierung in Kombination mit SharePoint** Sie können entweder die anspruchsbasierte Authentifizierung oder die in Windows integrierte Authentifizierung wählen, wobei für letztere lediglich die eingeschränkte Kerberos-Delegierung zur Verfügung steht. Nutzbar ist in diesem Kontext indes theoretisch auch die zertifikatbasierte Authentifizierung.
- **Konfiguration von AAMs** Für die Publizierung von SharePoint über WAP gilt das gleiche Verfahren wie sonst auch: bei einer von der externen abweichenden internen URL ist zuvor auch eine entsprechende AAM-Konfiguration auf Seiten von SharePoint vorzunehmen. Dabei besitzt WAP keine spezifischen Linkübersetzungsfunktionen.

Für die Positionierung von WAP im Netzwerk ist der Einsatz in einer DMZ präferiert. WAP muss Zugriff auf den AD FS-Server, das Active Directory sowie den zu veröffentlichenden SharePoint-Server haben (Abbildung 13.30).

Abbildg. 13.30 Komponentenübersicht einer WAP-Infrastruktur

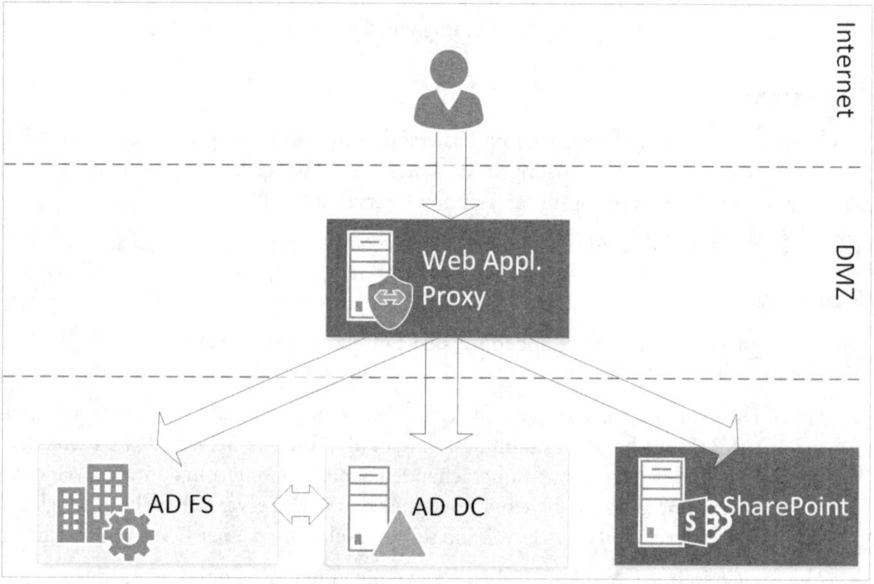

Fazit

Die vorläufigen Erfahrungen einer SharePoint-Veröffentlichung auf Basis von WAP haben bislang für begrenzte Euphorie gesorgt. Die Hürde zur Einrichtung der Komponente liegt aufgrund der verbleidenden Authentifizierungsschemata hoch und begrenzt flexibel. Es existieren zudem quasi keine relevanten Erkenntnisse in der Community für den produktiven Einsatz in dieser Kombination. Nicht alle funktionalen Szenarien, wie das der Apps, können von WAP abgebildet werden und im Vergleich zu bisherigen Veröffentlichungslösungen ist WAP aus Verwaltungssicht ein deutlicher Rückschritt. Erweiterte Mechanismen, die man von gängigen Lösungen aus dem Bereich gewohnt ist, bieten unvergleichbar mehr Anreize.

Perspektivisch wird der Web Application Proxy jedoch durchaus eine mögliche Alternative darstellen können, da dieser neben der sinnvollen eingeschränkten Kerberos-Delegierung eines von wenigen Produkten ist, das sich bereits in AD FS 3.0 integriert.

Vollständig funktionalen und produktiven SharePoint-Umgebungen kann WAP zu diesem Zeitpunkt nicht für die Veröffentlichung empfohlen werden.

HINWEIS Wir halten Sie in unserem Blog unter *http://sharepointblog.sinc.de* [Ms156-K13-10] über die Entwicklungen in diesem neuen Bereich auf dem Laufenden.

F5 Big IP

In diesem Abschnitt wird eine der interessantesten Alternativen für die Veröffentlichung von SharePoint betrachtet und beispielhaft eingerichtet: Big IP von F5.

Übersicht

Big IP ist eine Reverseproxy-Firewall auf Anwendungsebene und bietet umfassende Funktionalität von Lastenausgleich, WAN-Kompression, Caching, Präauthentifizierung, Reverseproxy und Anwendungsfirewall und vielen weiteren Funktionen an. Sie ist von der Positionierung her eine High-End-Lösung mit maximaler Funktionalität und einer entsprechend hohen, weltweiten Verbreitung. Das System ist als Appliance und virtualisiert verfügbar (unter anderem unter VMware ESX und Hyper-V).

HINWEIS F5 bietet eine Testlizenz inklusive einer kostenfreien virtualisierten Testinstanz von Big IP an, mit der Sie das nachfolgende Szenario nachstellen können. Sie finden die hierzu erforderlichen Ressourcen unter *https://downloads.f5.com* [Ms156-K13-11]. Für den Zugriff auf die Ressourcen müssen Sie sich zuvor kostenfrei registrieren.

Eine der besonderen Merkmale von Big IP für Umgebungen mit besonderen Anforderungen ist die WAN-Kompression. Hierfür wird in beiden Standorten jeweils eine Big IP-Appliance eingerichtet, um dann im Falle von SharePoint bei WAN-übergreifender Kommunikation dafür zu sorgen, dass diese stark komprimiert und zwischengespeichert den Weg über die Standortgrenze findet. Dadurch müssen beispielsweise spätestens beim erneuten Zugriff auf unveränderte Inhalte die Daten nicht unnötigerweise erneut über das WAN übertragen werden (Abbildung 13.31).

Abbildg. 13.31 WAN-Kompressionsszenario

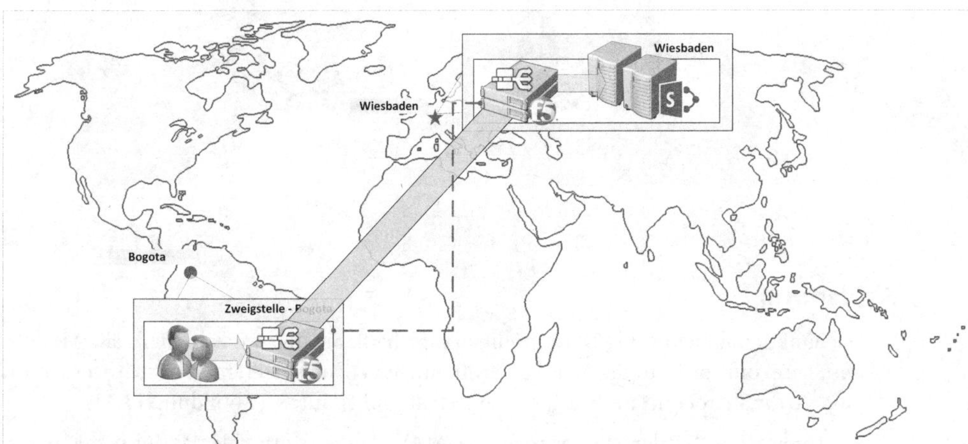

Microsoft führt bereits seit langer Zeit Lasttests auch in Kombination mit Big IP aus. In einer von Microsoft im Jahr 2013 veröffentlichten Analyse der erreichten Optimierung durch den Einsatz der F5-Lösung wurden bei automatisierten Uploads von jeweils nur einmalig verwendeten Dateien bereits eine gravierende Reduzierung der verzeichneten Latenzen gemessen. Die jeweils individuellen Daten wurden indes verwendet, um den Effekt der üblichen massiven Beschleunigungen durch die Zwischenspeicherung von mehrfach genutzten Daten auszugrenzen und so lediglich den Blick auf die Kompression richten zu können. Die Messungen fanden zwischen Beijing und Redmond statt.

HINWEIS Sie erhalten weiterführende Informationen zu dieser Analyse, indem Sie im Web nach »F5 SharePoint Scenario« suchen.

Die nachfolgende Grafik verdeutlicht das Verhältnis der Zugriffszeiten mit und ohne F5-WAN-Komponenten und gibt Ihnen mit dem Zahlenwert die absolute Wartezeit in Sekunden vor (Abbildung 13.32).

Abbildg. 13.32 Relation der Zugriffslatenz in Sekunden bei jeweils nicht zwischengespeicherten Upload-Daten

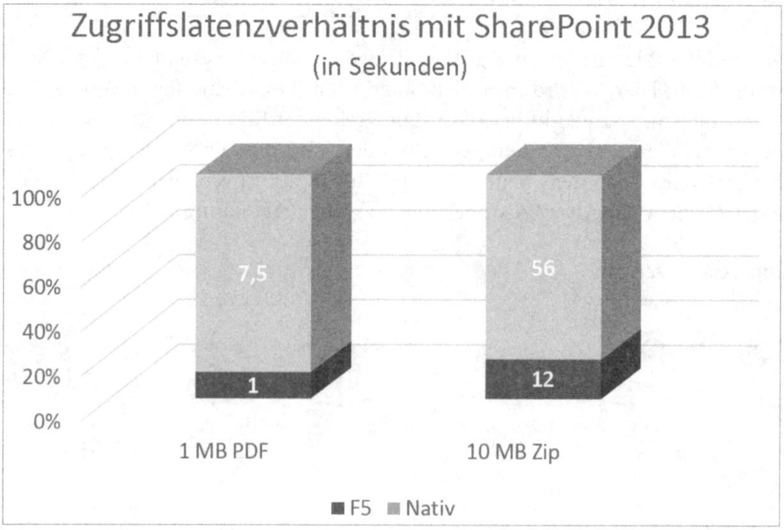

Planung

Die Funktionalität von Big IP ist modular aufgebaut. Sie müssen keinesfalls alle Module lizenzieren, um SharePoint ordnungsgemäß zu veröffentlichen. Zur besseren Übersicht werden die relevanten Module für SharePoint nachfolgend dargestellt und erläutert (Abbildung 13.33).

- **Application Acceleration Manager (AAM)** Dieses optionale Modul bietet Beschleunigungsfunktionalität für den HTTP-Verkehr an und minimiert somit die Zugriffszeiten. Dabei ist die Logik weitreichend, da beispielsweise Elemente basierend auf dem anfragenden Gerät ggf. herunterskaliert und komprimiert werden, sodass in Abhängigkeit vom Quellobjekt und dem Zielgerät lediglich ein Bruchteil der Daten übertragen werden muss. Zudem kann dieses Modul auch für die WAN-Beschleunigung zwischen zwei Standorten verwendet werden, die über die Standortgrenzen hinweg auf SharePoint-Inhalte zugreifen.

Abbildg. 13.33 Übersicht der Big IP-Module und deren SharePoint-Relevanz

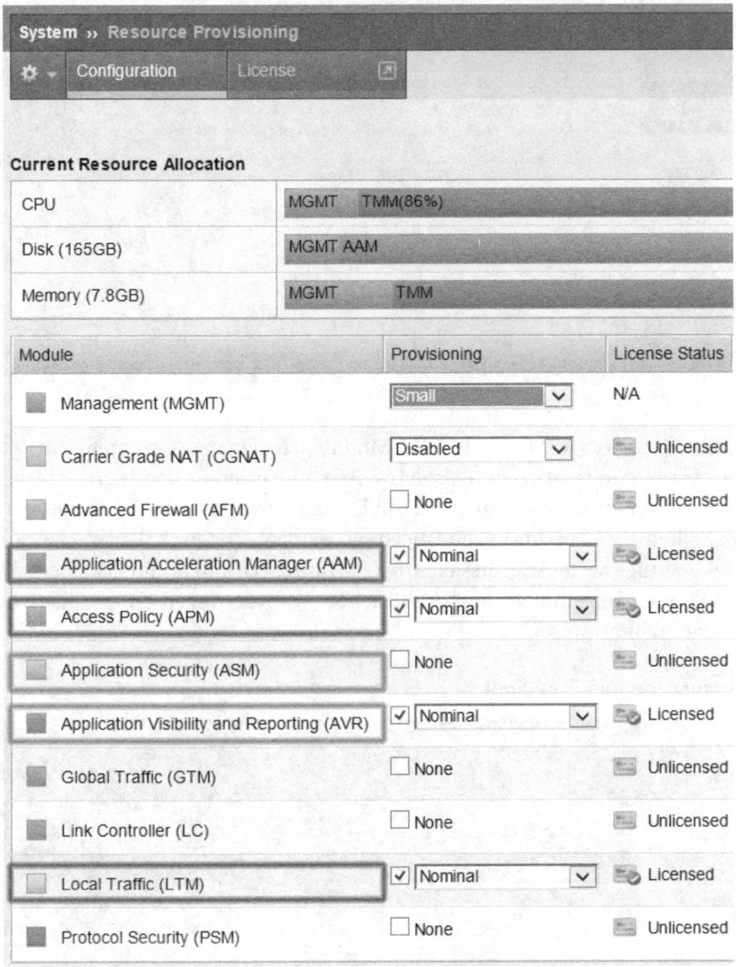

- **Access Policy (APM)** Das APM bietet eine richtlinienbasierte Zugriffssteuerung auf die SharePoint-Ressourcen und Single Sign-On-Funktionalität (SSO). Dieses Modul ist von großer Wichtigkeit für Szenarien mit hohen Sicherheitsanforderungen, wie dem authentifizierten Zugriff aus dem Internet (Präauthentifizierung). Zudem können clientseitige Parameter validiert werden, um den Zugriff zu beschränken.

  Mithilfe dieses Moduls ist es zudem möglich, eine zertifikatbasierte Authentifizierung von den Clients zu Big IP zu etablieren, welche wiederum zur Farm hin die eingeschränkte Kerberos-Delegierung verwendet, um flexibel die Benutzer für den Zugriff auf die Ressourcen zu impersonisieren (Abbildung 13.34).

Abbildg. 13.34 Zertifikatbasierte Präauthentifizierung

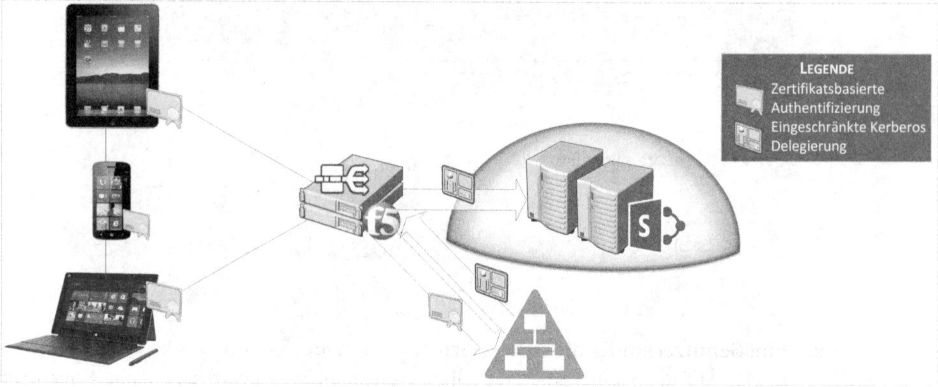

- **Application Security (ASM)** Das ASM-Modul bietet einen erweiterten Schutz durch Filterung auf Web-Anwendungsebene an. Beispielsweise können so automatisierte Abfragen von Angreifern isoliert werden oder definierte sensible Daten wie Personaldaten automatisiert maskiert werden, sollten diese unautorisiert abgefragt werden. Zudem existiert eine Komponente, die regelmäßig aktualisierte Angriffssignaturen identifiziert und somit blockiert. Dieses optionale Modul sollte in Umgebungen mit zusätzlichen Anforderungen an die Sicherheit auf Anwendungsebene etabliert werden.

Abbildg. 13.35 Visualisierungsbeispiel von Big IP

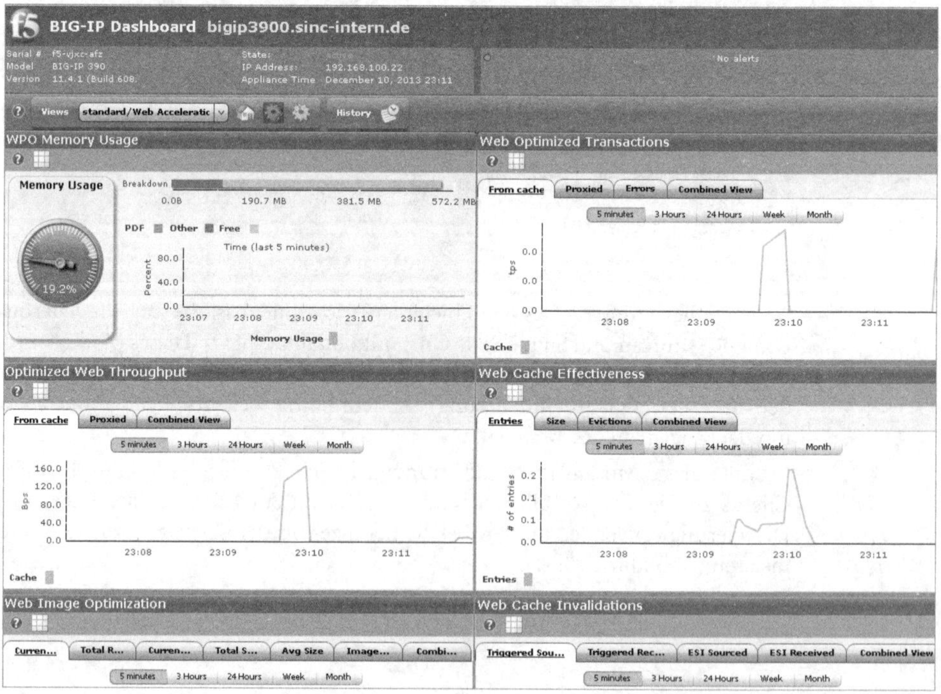

- **Application Visibility and Reporting (AVR)** Das AVR dient der Visualisierung von Protokoll- und Lastdaten. Dabei wird neben der fortgeschrittenen Visualisierung auch eine Diagnosefunktionalität geboten. Dieses Modul ist optional, jedoch hilfreich für die Verwaltung des Farmzugriffs (Abbildung 13.35).
- **Local Traffic (LTM)** Das LTM ist ein zentrales Modul, welches Basisfunktionalität wie URL Rewrite, SSL-Offloading, Caching/Kompression und Layer-3/4-Schutz bietet, wobei die Schutzmechanismen dieses Moduls die des ehemaligen Microsoft Forefront TMG übersteigen

Voraussetzung

Neben den fast selbstverständlichen Informationen zu Ihrer Umgebung sind die folgenden Voraussetzungen für die nachfolgende Konfiguration erforderlich:

- **Ein Benutzerkonto für den Zugriff auf Active Directory** Da in der Regel keine anonymen LDAP-Abfragen an das Active Directory zugelassen werden, ist ein Konto für das Herstellen einer authentifizierten Verbindung erforderlich
- **Ein weiteres, optionales, dediziertes Benutzerkonto für die Überwachung** Dieses Konto wird für die HTTP-Get-Abfragen der Monitor-Komponente von Big IP verwendet und benötigt keine spezifischen Rechte. Ein lesender Zugriff auf die jeweilige Start-Seite der Webanwendung wäre dabei sinnvoll.
- **AAM-Konfiguration** Weicht die URL zwischen Client und Big IP von der des Backends ab, stellen Sie sicher, zuvor eine entsprechende AAM-Konfiguration gemäß der Beschreibung in Kapitel 9 angewendet zu haben.

Vorbereitung von Big IP

Um Big IP für die Veröffentlichung einzurichten, sind die folgenden primären Arbeitsschritte erforderlich:

HINWEIS Es wird zudem empfohlen, die aktuelle, generelle Systemaktualisierung samt dem letzten Hotfix einzuspielen, um die größtmögliche Funktionalität, Leistung und Stabilität zu erhalten. Diese Ressourcen stehen Ihnen ebenfalls im Downloadbereich von *f5.com* zur Verfügung.

- **Basisnetzwerkkonfiguration** Die hier zu erfolgende Einrichtung (Abbildung 13.36) liegt außerhalb des Fokus dieses Handbuchs. Für diese Zwecke finden Sie verschiedene zentrale Anleitungen unter *http://support.f5.com* [Ms156-K13-12]. Eine entsprechende Videoanleitung finden Sie unter *http://youtu.be/AepH8MW8yfA* [Ms156-K13-13] vor.

Abbildg. 13.36 Konfiguration der DNS-Einstellungen

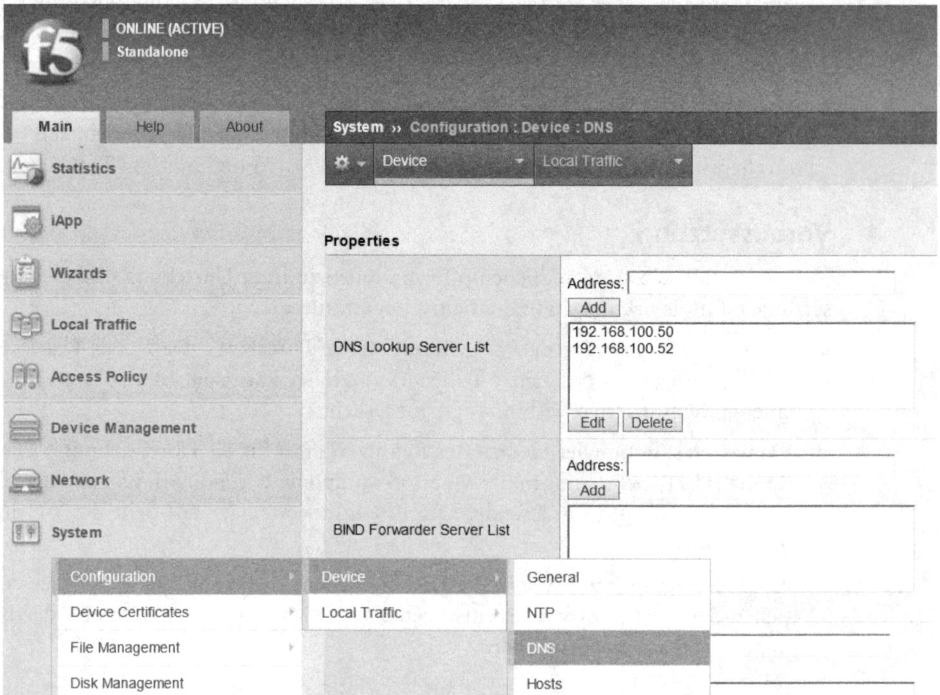

- **Installation/Aktualisierung der iApp-Vorlage für SharePoint** Aufgrund des komplexen Regelwerks sollten Sie unbedingt die jeweils aktuelle Vorlage für die Veröffentlichung von SharePoint 2013 installieren. Standardmäßig ist diese nicht installiert. Sie finden die Vorlagen kostenlos unter *https://devcentral.f5.com* [Ms156-K13-14] der zentralen F5-Community, wobei eine erneute Registrierung erforderlich wird. Nach dem Herunterladen können Sie die Vorlage unter *iApps/Templates/Import* importieren (Abbildung 13.37).

Abbildg. 13.37 iApp-Vorlage für SharePoint installieren

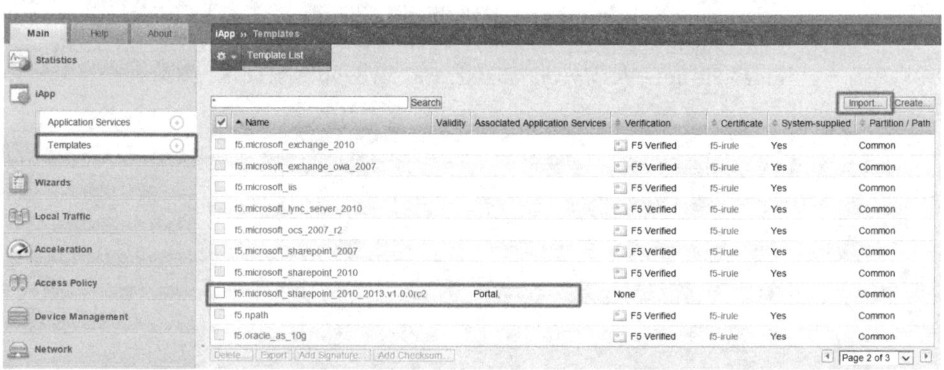

- **Bereitstellung eines SSL-Zertifikats** In der Regel werden die Veröffentlichungen SSL-basiert realisiert. Da Big IP standardmäßig nur ein selbstsigniertes Zertifikat vorhält, sollten Sie ein Platzhalterzertifikat für das Terminieren des SSL-Tunnel auf Big IP installieren. Dazu navigieren Sie zu *System/File Management/SSL Certificate List/Import* und geben die Daten beispielsweise entsprechend der Abbildung 13.38 an. In diesem Beispiel wurde das klassische in Windows für den Export von privatem Schlüsselmaterial verwendete PKCS#12-Format gewählt.

Abbildg. 13.38 Zertifikatimport

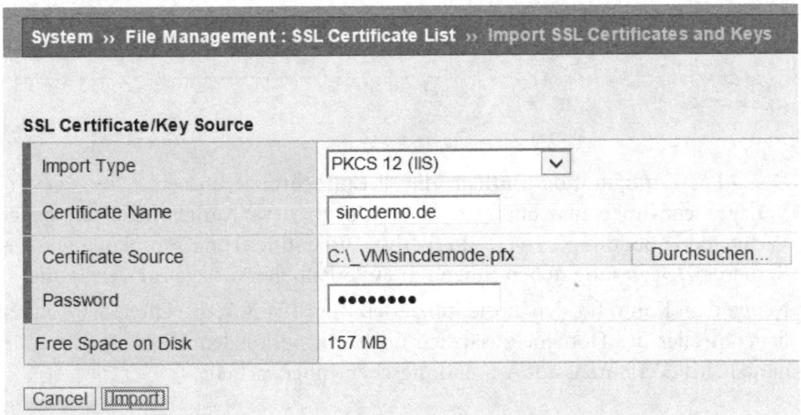

Mit diesen Basisschritten sind die wichtigsten Voraussetzungen für das Erstellen der Veröffentlichung erfüllt.

Erstellen einer Veröffentlichung

In diesem Abschnitt werden nicht alle, jedoch die wesentlichen Parameter der Einrichtung erläutert.

Zum Erstellen einer Veröffentlichung von SharePoint 2013 gehen Sie wie folgt vor:

1. Navigieren Sie in der Schnellstartleiste zu *iApp/Application Services* und klicken Sie dort auf die Schaltfläche *Create.*
2. Wählen Sie neben einem freien Namen die zuvor installierte SharePoint-Vorlage aus (Abbildung 13.39).

Abbildg. 13.39 Erstellen einer neuen Veröffentlichung mithilfe von iApps

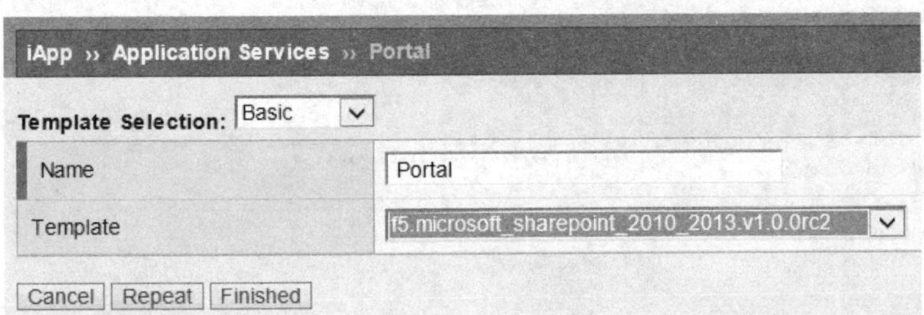

3. Im Abschnitt *Template Options* sollten Sie zunächst die *Basic*-Variante wählen, um den Fokus auf die elementaren Einstellungen zu behalten. Weitere Informationen zu erweiterten Einstellungen erhalten Sie später (Abbildung 13.40).

Abbildg. 13.40 Vorlagenoptionen

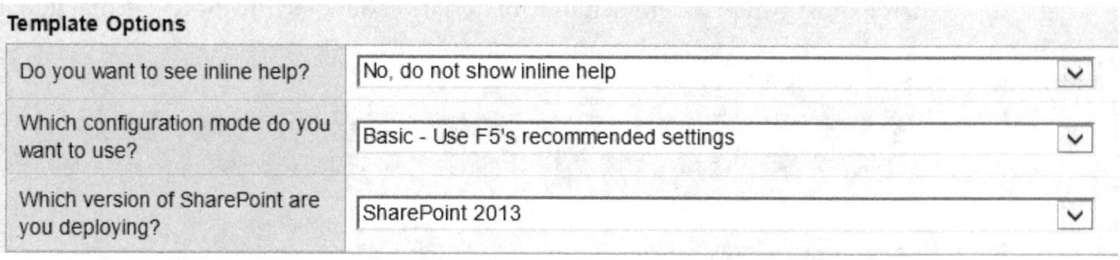

4. Die APM-Konfiguration enthält die Präauthentifizierungseinstellungen. Im Rahmen der Vorlage steht Ihnen ausschließlich die zertifikatbasierte Authentifizierung oder aber NTLM zur Verfügung (Abbildung 13.41). Alternative Authentifizierungsprotokolle wie die eingeschränkte Kerberos-Delegierung stehen Ihnen nur außerhalb der Vorlage zur Verfügung.

   Neben dem Konto für den authentifizierten Zugriff auf Active Directory können Sie die Domänencontroller der Domäne zusätzlich noch mit optionalen LDAP-Abfragen anstelle des Standard-ICMP-Verfahrens auf Anwendungsebene überwachen.

Abbildg. 13.41 APM-Einstellungen

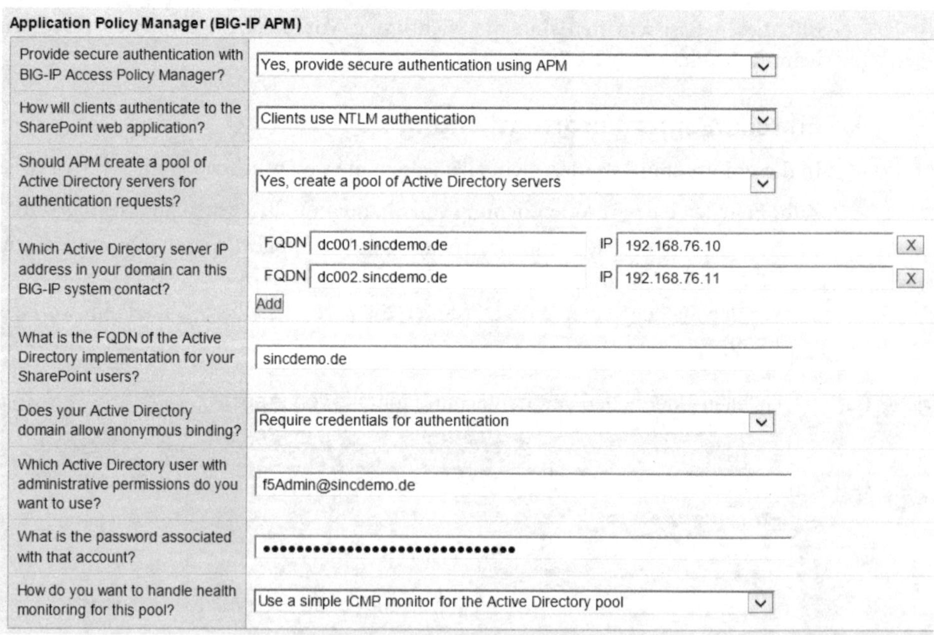

5. Im Abschnitt *SSL Encryption* geben Sie das zuvor installierte Zertifikat an und steuern das Offloading/Bridging-Verhalten (Abbildung 13.42). Beachten Sie dabei, dass Sie an dieser Stelle die AAM-Konfiguration analog konfigurieren müssen.

Abbildg. 13.42 SSL-Einstellungen

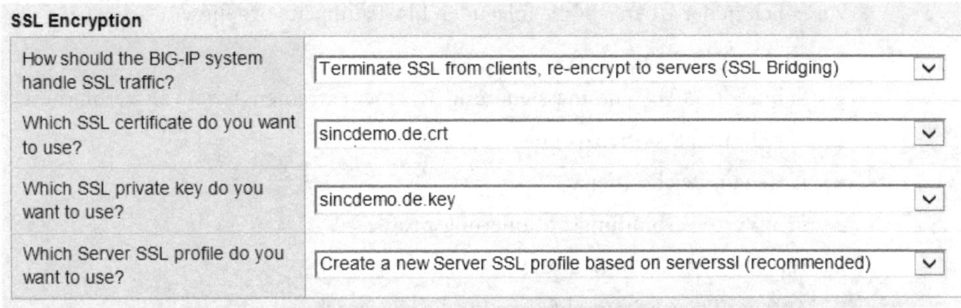

6. Im Abschnitt *Virtual Server and Ports* definieren Sie im Wesentlichen die zu publizierenden URLs der SharePoint-Umgebung. Die Pooldefinition dient der Web-Front-End-Server-Angabe, an welche die eingehenden Anfragen weitergeleitet werden (Abbildung 13.43).

HINWEIS Beachten Sie, dass zu diesem Zeitpunkt keine Platzhalter unterstützt werden. Dies ist ein Problem bei der Veröffentlichung von Apps, welche alternativ beispielsweise mithilfe von Einzelveröffentlichungen publiziert werden müssen.

Abbildg. 13.43 Virtual Server-Konfiguration

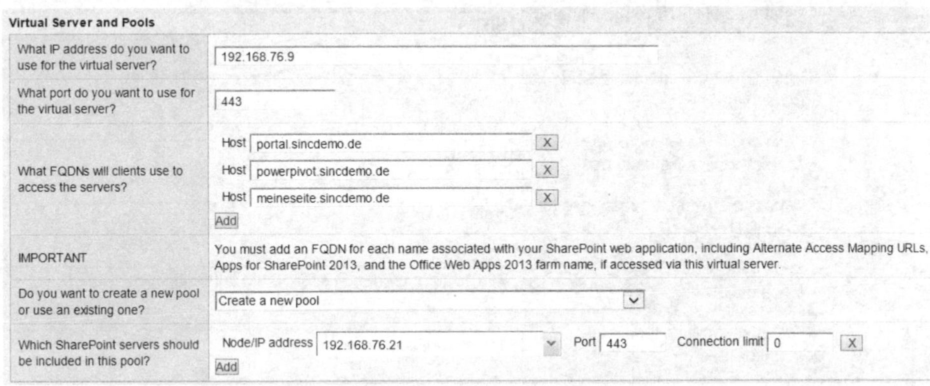

7. Im Abschnitt *Delivery Optimization* aktivieren Sie die Nutzung des AAM-Moduls und geben ein Kompressionsprofil vor (Abbildung 13.44).

Abbildg. 13.44 Delivery-Konfiguration

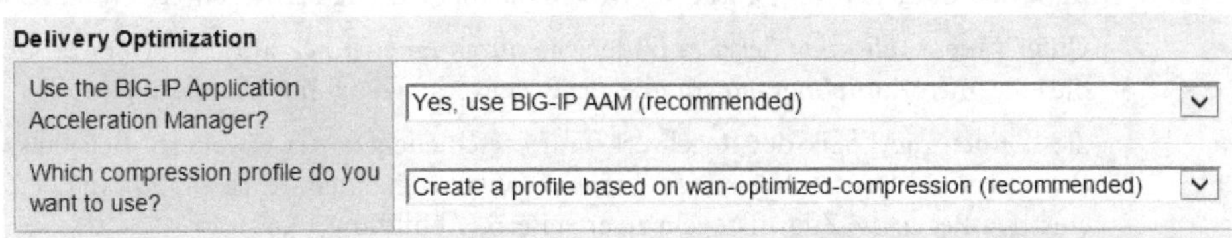

Mithilfe der erweiterten Einstellungen (*configuration mode=Advanced*) können Sie im Wesentlichen zusätzlich in der Übersicht die folgenden Einstellungen vornehmen:

- VLAN-Steuerung
- Subnet- und Verbindungssteuerung bei einer extremen Anzahl an Verbindungen
- HTTP- und Persistenzprofile
- Lastenausgleichsschema
- Erweiterte Verbindungsoptimierungsprofile
- Server-Offload-Konfiguration
- Authentifizierte Statusabfragen für die Überwachung

Nachfolgend wird die erweiterte Beispielkonfiguration für Statusabfragen mithilfe der Vorlage demonstriert (Abbildung 13.45).

Abbildg. 13.45 Statusüberwachung für Webanwendungen

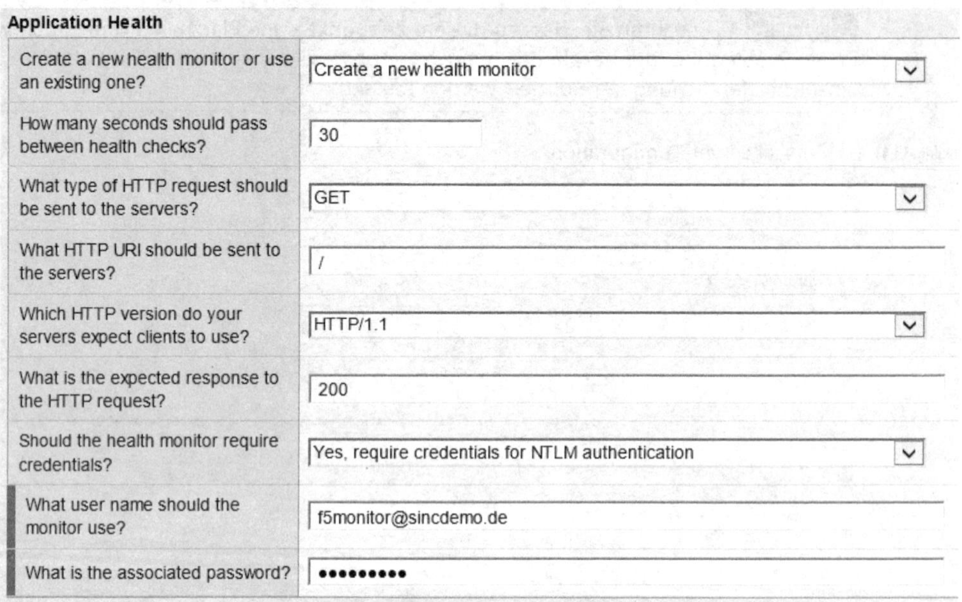

Übersicht der Konfiguration

Zum Abschluss der Konfiguration wird ein kleiner Auszug des Regelwerks veranschaulicht.

Unter *iApp/Application Services* finden Sie durch einen Klick auf die zuvor veröffentlichte Vorlage die einzelnen Komponenten vor, die das Regelwerk erzeugt hat (Abbildung 13.46).

Sie können die Logik des Regelwerks auf verschiedenste Art erweitern. Beispielsweise ermöglicht Ihnen das APM unter *Access Policy/Access Profiles* nach einem Klick auf *Edit* in der Zeile der entsprechenden Regel, die Zugriffsregeln zu erweitern (Abbildung 13.47).

Abbildg. 13.46 Komponenten des automatisch erzeugten Regelwerks

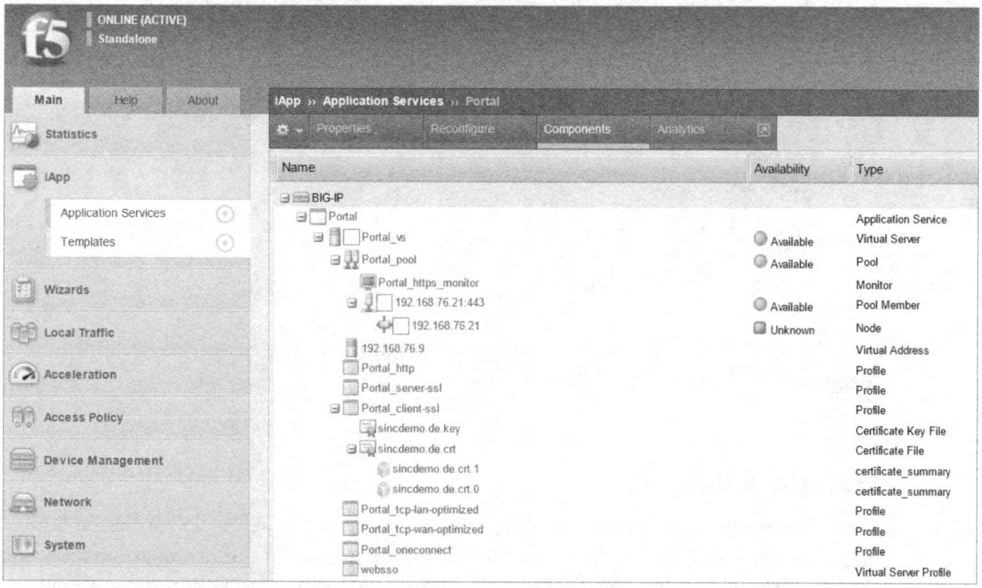

Abbildg. 13.47 APM-Regelwerk

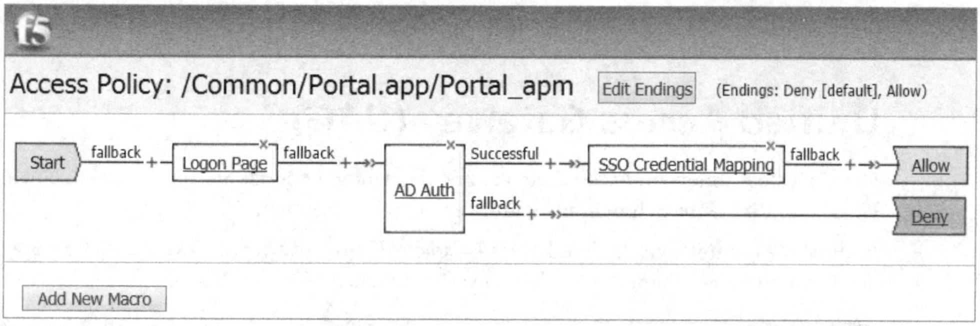

HINWEIS Bei der Verwendung des Internet Explorers zur Verwaltung der Richtlinien erhalten Sie zu diesem Zeitpunkt einen Fehler beim Versuch, ein neues Makro hinzuzufügen. Verwenden Sie in dem Fall einen alternativen Browser.

Testen der Veröffentlichung

Zum Testen der Veröffentlichung melden Sie sich am SharePoint-Portal an, indem Sie im Browser auf die zuvor veröffentlichte Site navigieren. Bei der Anmeldung lassen Sie die Anmeldedomäne der konfigurierten Active Directory-Domäne weg.

Abbildg. 13.48 Testen der Veröffentlichung

Fehlerbehebung

Big IP bietet umfangreiche Analysefunktionen an. Die Ursache für die häufigsten Supportanfragen liegt an einer möglichen Zeitdifferenz auf Big IP beim Zugriff auf das Backendnetzwerk bzw. dem Domänencontroller. Die für die Synchronisierung verwendete NTP-Komponente muss ordnungsgemäß konfiguriert werden, da es insbesondere bei der Authentifizierung mithilfe des Kerberos-Authentifizierungsprotokolls zu Anmeldefehlern kommt.

Für die Remotewartung von Big IP steht Ihnen die Secure Shell zur Verfügung (SSH).

Unified Access Gateway (UAG)

Das UAG stellt Ihnen ein Access Gateway zur Verfügung, über das Sie, basierend auf einem zentralen Portal, auf Ihre Unternehmensanwendungen zugreifen können.

In diesem Abschnitt wird anhand eines Beispiels demonstriert, wie das UAG dafür verwendet werden kann, um SharePoint 2013 sicher zu veröffentlichen.

HINWEIS Die Veröffentlichung von SharePoint 2013 über das UAG erfordert das Einspielen von Service Pack 3, wobei Service Pack 4 empfohlen wird, da somit gewisse Probleme bei der SkyDrive-Synchronisierung und dem Hochladen von Dateien adressiert werden. Im Vergleich zu SharePoint 2010 hat sich indes die Einrichtung nicht relevant verändert.

Für das UAG steht Ihnen lediglich eine englischsprachige Installation zur Verfügung. Die Benutzeroberfläche für das UAG-Portal wird jedoch unabhängig davon auch in Deutsch bereitgestellt. Als Basisplattform steht Ihnen nicht Windows Server 2012 zur Verfügung, sondern lediglich Windows Server 2008 R2.

HINWEIS Weitere unterstützte Sprachen der Benutzeroberfläche sind Chinesisch, Englisch, Französisch, Italienisch, Japanisch, Koreanisch, Portugiesisch (Brasilien), Russisch, Spanisch.

Legen Sie vor dem Einrichten von UAG eine entsprechende AAM-Konfiguration fest. Beispiele für diese Einrichtung finden Sie in den Kapiteln 6 und 9.

Trunk einrichten

Für die Einrichtung von UAG wird vorausgesetzt, dass Sie zuvor das UAG inklusive der erforderlichen Aktualisierungen installiert und ein Serverauthentifizierungszertifikat für die gewünschten Hostnamen in den Zertifikatspeicher des UAG installiert haben.

HINWEIS Alle im Trunk verwendeten öffentlichen Namen müssen im Trunkzertifikat enthalten sein, um unnötige Fehlermeldungen zu vermeiden. Sie können dazu entweder ein Platzhalterzertifikat erstellen (beispielsweise **.sincdemo.de*) oder ein Zertifikat bereitstellen, das Subject Alternative Names verwendet, um so alle öffentlichen Namen einzeln zu definieren. Von diesen beiden Varianten ist in Kombination mit einer eigenen, auf Windows basierten PKI die Verwendung eines Platzhalterzertifikats einfacher, da Sie für diesen Zertifikattyp keine Änderungen an der Zertifizierungsstelle vornehmen müssen. Empfohlen wird jedoch die in diesem Kapitel beschriebene Verwendung von Subject Alternate Names zur Einschränkung des Gültigkeitsbereiches des Zertifikats.

In diesem Beispiel wird ein HTTPS-Portaltrunk für SharePoint eingerichtet, sodass Anwender auf das SharePoint-Portal zugreifen können, indem Sie über eine Portalsite zugreifen, um hierüber sowohl auf SharePoint als auch potenziell auf weitere Anwendungen zugreifen zu können.

Gehen Sie wie folgt vor, um den Trunk einzurichten:

1. Öffnen Sie die Forefront UAG-Managementkonsole.
2. Klicken Sie auf *File/New* und dann auf *HTTPS-Trunk.*
3. Klicken Sie auf *Next.*
4. Wählen Sie die Option *Portal trunk* aus und klicken Sie auf *Next.*
5. Geben Sie den Namen und den öffentlichen Hostnamen an. Wählen Sie die IP und die Ports aus, an die der Trunk gebunden werden soll, und klicken Sie auf *Next* (Abbildung 13.49).

Abbildg. 13.49 Name und Bindung des Trunks

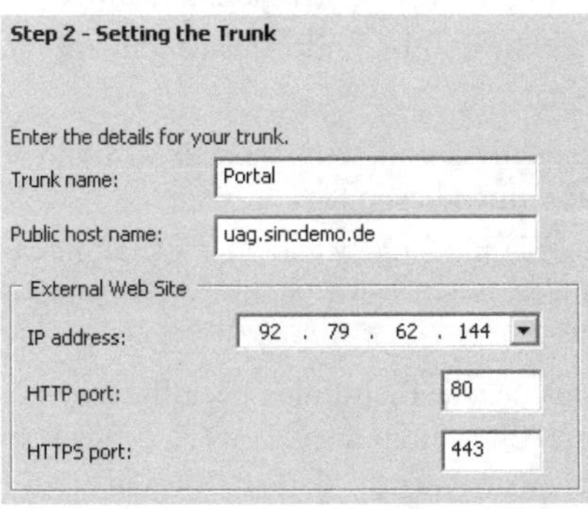

6. Klicken Sie auf *Add* und anschließend erneut auf *Add*, um ggf. einen neuen Authentifizierungsserver hinzuzufügen.

7. Wählen Sie die folgenden Daten für den Authentifizierungsserver aus und passen Sie dabei die Werte für den definierten Namen (Distinguished Name) und das Dienstkonto an. Klicken Sie anschließend auf *OK*:

Servertyp	Active Directory
Connection Settings	Use local Active Directory forest authentication
Base DN	DC=sincdemo,DC=de
User	sincdemo\[Dienstkonto für Abfragen und Passw.]

8. Klicken Sie im Dialogfeld *Authentication and Authorization Servers* auf *Select* und anschließend auf *Next*.
9. Wählen Sie ein Serverzertifikat aus und klicken Sie auf *Next*.
10. Im Dialogfeld *Endpoint Security* wählen Sie die Option *Forefront UAG Access Policies* und klicken auf *Next*.
11. Im Dialogfeld *Endpoint Policies* wählen Sie jeweils eine privilegierte sowie eine nichtprivilegierte Zugriffsrichtlinie aus und klicken auf *Next*.
12. Klicken Sie abschließend auf *Finish*, um den Trunk zu erstellen.

HINWEIS Tatsächlich aktiviert ist der Trunk erst nach der Übernahme der Konfiguration, die in diesem Beispiel erst zu einem späteren Beispiel erfolgt.

Fahren Sie nun mit dem Hinzufügen einer SharePoint-Anwendung zum Trunk fort.

SharePoint-Anwendung zum Trunk hinzufügen

Gehen Sie wie folgt vor, um eine SharePoint-Anwendung zum Trunk hinzuzufügen.

1. Klicken Sie in der Trunk-Verwaltungsoberfläche im Abschnitt *Applications* auf *Add*.
2. Klicken Sie auf *Next*.
3. Im Dialogfeld *Select Application* wählen Sie die Option *Web* sowie im Dropdownlistenfeld den Eintrag *Microsoft SharePoint Server 2013* aus, und klicken Sie auf *Next*.
4. Im Dialogfeld *Configure Application* geben Sie im Eingabefeld *Application name* einen Namen an, der im Portal unter der Verknüpfung für das SharePoint-Symbol erscheinen soll, und klicken auf *Next*.
5. Im Dialogfeld *Select Endpoint Policies* können Sie die Richtlinien beeinflussen, die für die zentralen Operationen für die Nutzung von SharePoint durch die Clients zu erfüllen sind. Vom Standard abweichende Einstellungen sind nicht zwingend erforderlich. Klicken Sie auf *Next*.
6. Wählen Sie im Dialogfeld *Deploying an Application* die Art aus, auf die SharePoint durch UGG publiziert werden soll. Für den Fall, dass UAG den Lastenausgleich für SharePoint bereitstellen soll, wählen Sie die Option *Configure a farm of application servers* und klicken auf *Next*.
7. Im Dialogfeld *Load-Balanced Web Servers* geben Sie die Servernamen der zu veröffentlichenden Web-Front-End-Server im Abschnitt *Addresses* ein (Abbildung 13.50).

In der Regel wird der UAG zum SSL-Offloading verwendet. Belassen Sie daher die Standardoption bei *HTTP port: 80*.

Im Eingabefeld *Public host name* geben Sie den relativen Hostnamen an, unter dem der Client auf SharePoint zugreifen soll.

HINWEIS Dieser Hostname muss auch durch das Zertifikat abgesichert sein, um Fehlermeldungen zu vermeiden.

Belassen Sie Standardoption für *Balance request using* auf der Einstellung *Cookie-based affinity*.

Abbildg. 13.50 Konfiguration des Lastenausgleichs (Load Balancing)

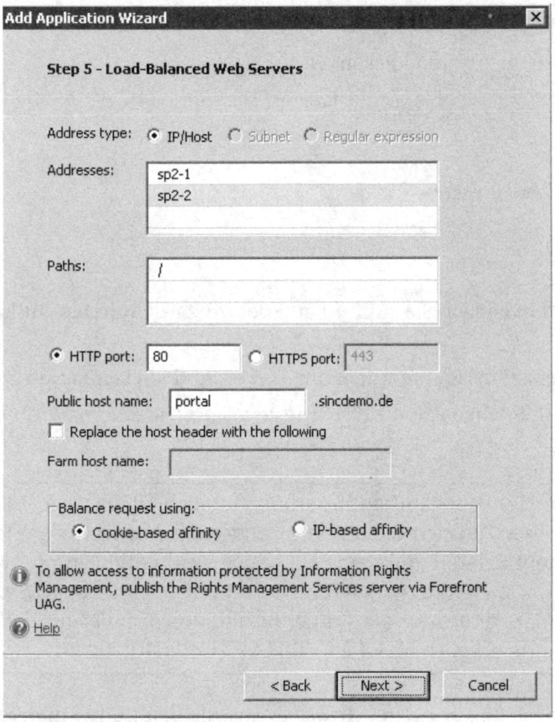

8. Im Dialogfeld *Configure Connectivity Verifier* wählen Sie eine Methode zur Konnektivitätsverifizierung aus (Abbildung 13.51).

   In diesem Beispiel übernehmen Sie die Standardauswahl und geben die relative URL für die Konnektivitätsverifizierung durch das UAG an. Belassen Sie die Parameter für Timeouts und Wiederholungsintervalle beim Standard und klicken Sie auf *Next*.

Abbildg. 13.51 Konnektivitätsverifizierung

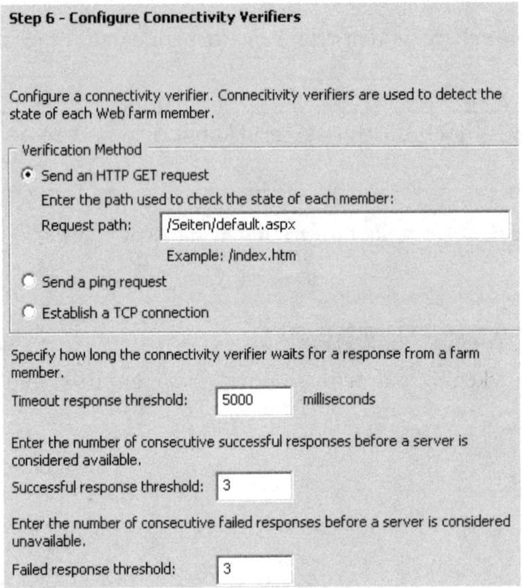

9. Im Dialogfeld *Authentication* klicken Sie auf *Add*, um den zuvor definierten Authentifizierungsserver auszuwählen.
10. Markieren Sie den zuvor erstellten Authentifizierungsserver und klicken Sie auf *Select*.
11. Aktivieren Sie das Kontrollkästchen *Allow rich clients to bypass trunk authentication* und klicken Sie auf *OK*.

HINWEIS Das Umgehen der Trunkauthentifizierung für Rich Clients wie Microsoft Office sollte unbedingt aktiviert werden, da sich diese Clients andernfalls zunächst am Portal und erst danach an SharePoint authentifizieren müssten. Für diese Authentifizierung wird die Basisauthentifizierung verwendet. Durch die Aktivierung des Kontrollkästchens *Use Office Forms Based Authentication* können Sie alternativ ein Authentifizierungsformular für die Authentifizierung verwenden, was wiederum lediglich ab Office 2007 SP2 unterstützt wird.

12. Sie werden durch die Aktivierung des Trunk-Bypasses anschließend unter anderem darauf hingewiesen, dass diese Umleitung für alle SharePoint-Anwendungen des Trunks angewandt wird. Bestätigen Sie die Warnung mit einem Klick auf *Yes*.
13. Geben Sie den Namen und die erweiterte Konfiguration des Portallinks an, der dem Anwender zur Verfügung gestellt wird, und aktivieren Sie das Kontrollkästchen *Open in a new window*. Klicken Sie nach der Fertigstellung der Anpassungen auf *Next*.

HINWEIS Lassen Sie das Kontrollkästchen *Open in a new window* deaktiviert, werden die Inhalte standardmäßig in einem Frame angezeigt. Dabei kommt es bei der Darstellung einiger Inhalte in SharePoint zu einer Fehlermeldung, die dem Benutzer lediglich die Möglichkeit belässt, den Inhalt in einem neuen Fenster außerhalb des Frames darzustellen. Die Empfehlung ist, dass Sie dieses Kontrollkästchen aktivieren.

14. Im Dialogfeld *Authorization* definieren Sie, welche Anwender diese Anwendung nutzen dürfen. Belassen Sie die Einstellung beim Standard, wird lediglich beim direkten Zugriff auf die SharePoint-Webanwendung anhand der dort vorhandenen Zugriffsberechtigungen entschieden, ob der Benutzer Zugriff erhält. Der Link auf die SharePoint-Site wird jedoch nicht ausgeblendet, wenn der Benutzer über keine entsprechenden SharePoint-Berechtigungen verfügt. Sofern Sie unabhängig von SharePoint steuern möchten, für welche Benutzergruppen die Anwendung zur Verfügung steht, deaktivieren Sie das Kontrollkästchen und definieren die entsprechenden Gruppen.

    Klicken Sie nach der Fertigstellung der Konfiguration auf *Next.*
15. Klicken Sie auf *Finish*, um die Konfiguration abzuschließen.
16. Um die Konfiguration anzuwenden, klicken Sie in der Konsole auf das mittlere Symbol *Activate Configuration.*
17. Belassen Sie das Kontrollkästchen *Back up configuration* aktiviert, um vor der Änderung eine Sicherung durchzuführen und klicken Sie auf *Activate*, um die Konfigurationsänderungen anzuwenden.
18. Die Konfigurationsübernahme kann mehrere Minuten beanspruchen. Klicken Sie nach Fertigstellung der Änderungen auf *Finish*, um den Prozess abzuschließen.

Abschließend können Sie in den Eigenschaften des Trunks noch weitere Parameter definieren, um beispielsweise die Sitzungsbereinigung anzupassen (Abbildung 13.52).

Abbildg. 13.52 Sitzungsparameter

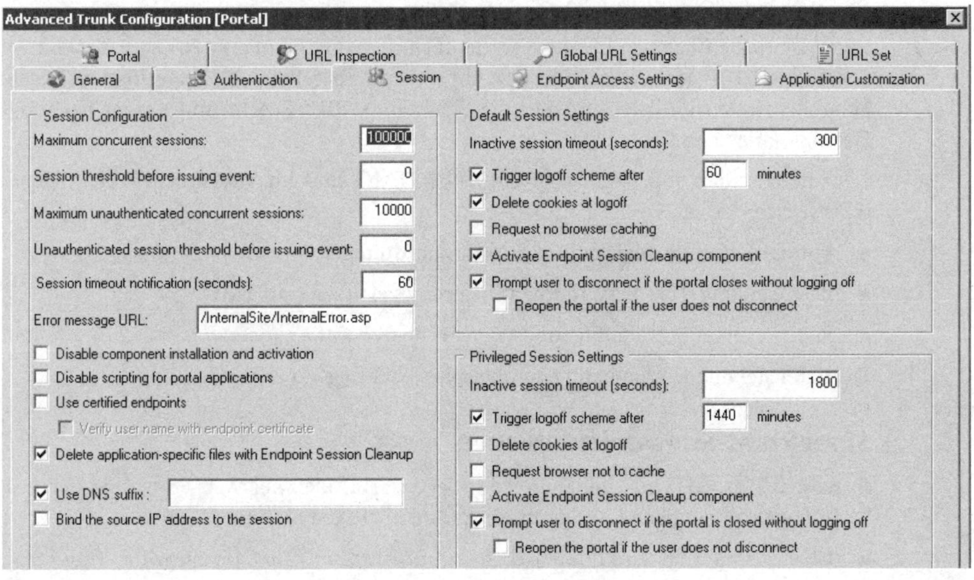

TIPP Um den Zugriff der mobilen Clients unter der Verwendung einer PIN anstelle eines Passworts zu konfigurieren, finden Sie unter dem Link *http://technet.microsoft.com/library/gg274306.aspx* [Ms156-K13-15] weiterführende Informationen.

Nach der Fertigstellung der Trunkkonfiguration sollten Sie die Einrichtung durch den Zugriff mit einem Clientbrowser verifizieren.

Clientzugriff auf SharePoint

Sie können für den Zugriff auf das UAG die folgenden Browser verwenden:

- Internet Explorer (ab Version 8.0, Version 11 wird ab UAG SP4 unterstützt)
- Safari ab Version 5.0
- Firefox ab der Version 10

Für den Zugriff auf das UAG werden Erweiterungen installiert (Endpunktkomponenten-Manager), für die im Rahmen des Erstaufrufs administrative lokale Berechtigungen erforderlich werden.

Microsoft Forefront Threat Management Gateway 2010 (TMG)

In diesem Abschnitt werden die Bereitstellung einer SharePoint-Webanwendung mithilfe von TMG und die für SharePoint-Umgebungen hilfreichen TMG-Sicherheitsfunktionen beschrieben.

Zwar ist TMG abgekündigt, jedoch gilt TMG erstaunlicherweise aus Sicht von Microsoft als einziges valides Reverseproxysystem für hybride Umgebungen, in denen Daten aus dem Internet von Ihrer SharePoint-Farm abgerufen werden.

HINWEIS Die nachfolgende Anleitung ist entsprechend auch für hybride Szenarien relevant.

Im Wesentlichen hat sich bei der Veröffentlichung von SharePoint 2013 via TMG im Vergleich zu SharePoint 2010 nicht viel geändert. Da Ihnen keine SharePoint 2013-spezifischen Regeln zur Verfügung stehen, verwenden Sie daher die SharePoint 2010-Regeln und passen nachträglich wenige Detailparameter an.

Zum Bereitstellen von SharePoint 2013 über TMG sind im Wesentlichen die folgenden Arbeitsschritte erforderlich.

- Konfiguration der alternativen Zugriffszuordnungen
- Bereitstellung eines Serverauthentifizierungszertifikats auf TMG
- Erstellen einer Veröffentlichungsregel für SharePoint

Die Bereitstellung wird anhand eines Beispiels nachfolgend erläutert.

SharePoint-Site veröffentlichen

In diesem Beispiel wird eine SharePoint-Serverfarm mit zwei Web-Front-End-Servern unter Verwendung einer gängigen Konfiguration veröffentlicht (Abbildung 13.53):

- Über das Internet wird mit der URL *https://portal.sincdemo.de* zugegriffen (mit SSL)
- TMG leitet die Internetanfrage weiter an die URL *http://portal.sincdemo.de* (ohne SSL)
- Vom Intranet aus wird über die URL *http://portal* zugegriffen
- HTTPS zwischen TMG und den Clients
- HTTP zwischen TMG und den Web-Front-Ends
- Formularbasierte Authentifizierung zwischen Clients und TMG
- Windows-integrierte Authentifizierung zwischen TMG und Web-Front-End-Servern

Abbildg. 13.53 Beispielszenario für die Veröffentlichung von SharePoint via TMG

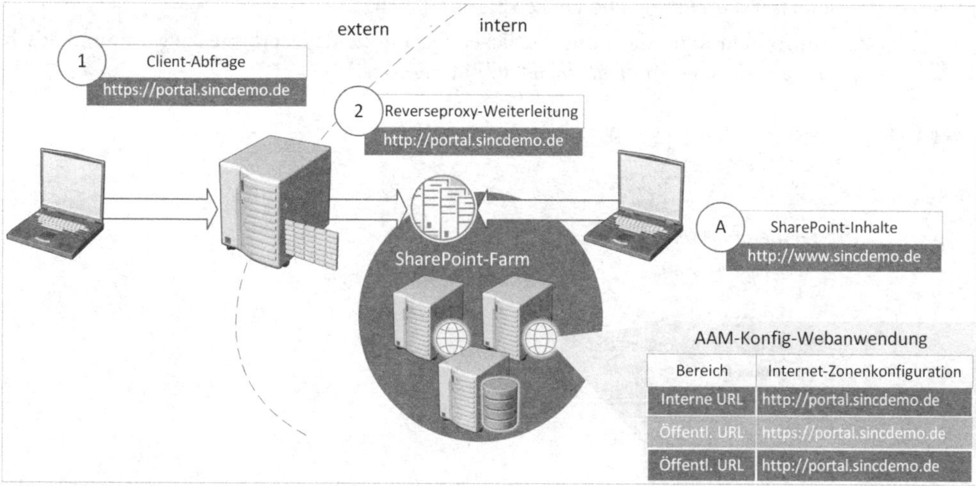

HINWEIS Die Veröffentlichung von SharePoint über TMG wird erst mit dem Service Pack 1 für TMG unterstützt.

Die nachfolgenden Handlungsanweisungen führen Sie schrittweise durch die Einrichtung.

Alternative Zugriffszuordnungen anpassen

Passen Sie die alternativen Zugriffszuordnungen so an, dass Sie Ihrer Zugriffsstruktur entsprechen. Verwenden Sie hierzu die Anweisungen in Kapitel 9.

Zertifikatinstallation

Für die sichere Veröffentlichung einer SharePoint-Site benötigen Sie ein Serverzertifikat im Computerzertifikatspeicher auf dem TMG-System.

Dieses Zertifikat muss im Feld *Antragsteller* für das Attribut *CN* (Allgemeiner Name) den FQDN enthalten, der von den Anwendern verwendet wird, um auf das Portal zuzugreifen. Ferner muss die erweiterte Schlüsselverwendung die Objektkennung (Object Identifier, OID) für Serverauthentifizierung enthalten.

Hinweise zur Erstellung eines solchen Zertifikats und dessen Import finden Sie zu Beginn dieses Kapitels und in Kapitel 6 vor.

Fahren Sie mit der Erstellung der SharePoint-Veröffentlichungsregel fort.

Veröffentlichungsregel für SharePoint erstellen

Zur Einrichtung einer SharePoint-Veröffentlichungsregel für das TMG steht Ihnen ein spezieller SharePoint-Veröffentlichungs-Assistent zur Verfügung, der Sie durch die wichtigsten Konfigurationsschritte führt.

1. Öffnen Sie die Forefront TMG-Verwaltungskonsole, navigieren Sie in der Konsole auf den Knoten *Firewallrichtlinie* und klicken Sie auf diesen.
2. Am rechten Rand der Konsole klicken Sie auf die Registerkarte *Aufgaben* und anschließend auf *SharePoint-Sites veröffentlichen* (Abbildung 13.54).

Abbildg. 13.54 TMG SharePoint-Konfigurations-Assistent

3. Geben Sie den Namen der SharePoint-Veröffentlichungsregel an und klicken Sie auf *Weiter*.
4. Wählen Sie einen Veröffentlichungstyp aus. In diesem Beispiel veröffentlichen Sie eine Serverfarm mit zwei Web-Front-End-Server und wählen daher die Option *Serverfarm mit Webserver-Lastenausgleich veröffentlichen* (Abbildung 13.55).

Abbildg. 13.55 Veröffentlichungstyp

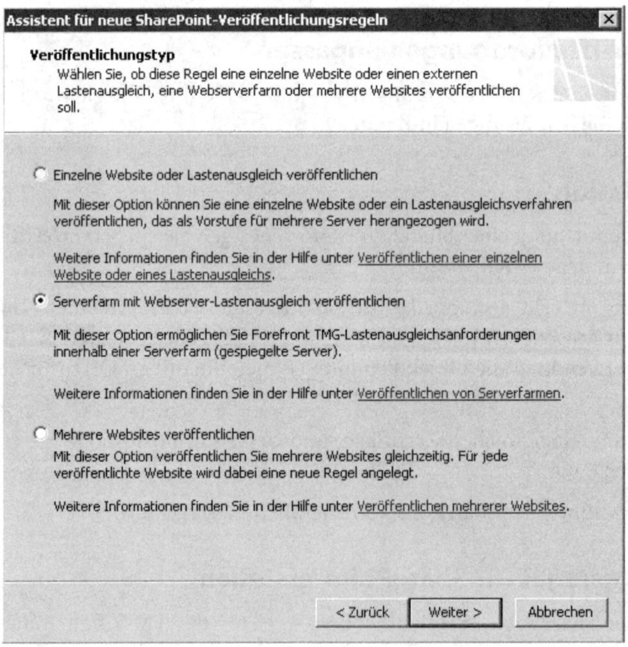

5. Geben Sie an, wie zwischen TMG und den zu veröffentlichten Servern zu kommunizieren ist. In diesem Szenario entlasten wir die Web-Front-End-Server und verwenden einen unverschlüsselten Kommunikationskanal. Wählen Sie daher die Option *Nicht sichere Verbindung verwenden* und klicken Sie auf *Weiter.*
6. Geben Sie den internen Sitenamen an. Dies ist üblicherweise der Name, den die Clients verwenden, um intern auf das Portal zuzugreifen. In diesem Beispiel ist dies der Name *portal.sincdemo.de.*
7. Im Dialogfeld *Serverfarm angeben* klicken Sie auf *Neu*, um eine neue Serverfarm in TMG anzulegen.
8. Geben Sie den Namen der Serverfarm an. In diesem Beispiel wird der Name *portal.sincdemo.de* verwendet. Klicken Sie auf *Weiter.*
9. Klicken Sie auf *Hinzufügen* und geben Sie nacheinander alle Servernamen an, die sich in der Web-Front-End-Server-Ebene befinden. In diesem Beispiel sind dies *SP2-1* und *SP2-2.* Klicken Sie anschließend auf *Weiter.*
10. Wählen Sie die Methode zur Konnektivitätsüberwachung aus. Hier wird die Option *HTTP/HTTPS-Get-Anforderung senden* ausgewählt. Klicken Sie auf *Weiter* und abschließend auf *Fertig stellen*, um die Serverfarm zu erzeugen.
11. Da standardmäßig Systemrichtlinien die Kommunikation des TMG-Systems mit externen Partner einschränken, werden Sie nun darauf hingewiesen, dass eine Systemrichtlinie angepasst werden muss, um die Konnektivitätsverifizierung zu ermöglichen. Klicken Sie auf *Ja*, um die automatische Änderung der Systemrichtlinie zu gestatten.
12. Klicken Sie in dem Dialogfeld *Serverfarm angeben* auf *Weiter.*
13. Im Dialogfeld *Details des öffentlichen Namens* geben Sie den Namen an, den die Clients verwenden, um auf das Portal über das Internet zuzugreifen. In diesem Beispiel lautet der Name *portal.sincdemo.de.* Klicken Sie auf *Weiter.*
14. Im Dialogfeld *Weblistener auswählen* klicken Sie auf *Neu*, um einen neuen Weblistener einzurichten. Ein Weblistener ist sozusagen das Ohr zur Außenwelt für TMG. Erst über einen Weblistener werden eingehende Anfragen aufgenommen und gemäß der Listenerkonfiguration verarbeitet.
15. Geben Sie einen Namen für den Listener an. In diesem Beispiel wird der Name *portal.scindemo.de* verwendet. Klicken Sie auf *Weiter.*
16. Im Dialogfeld *Sicherheit der Clientverbindung* übernehmen Sie die Voreinstellung (*Sichere SSL-Verbindung mit den Clients erforderlich*) und klicken auf *Weiter.* Durch diese Konfiguration werden die Clients dazu gezwungen, SSL zu verwenden.
17. Geben Sie nun die Weblistener-IP-Adressen an. Diese entsprechen einer externen IP-Adresse auf der Netzwerkkarte des TMG-Systems, auf der die eingehenden Anfragen entgegengenommen werden. Aktivieren Sie das Kontrollkästchen *Extern* und klicken Sie auf *IP-Adressen auswählen.*
18. Wählen Sie die passende IP-Adresse aus, unter der die eingehenden Anfragen angenommen werden. Sollten Sie keine Änderungen vornehmen, lauscht TMG auf allen IP-Adressen, die an die externe Netzwerkkarte gebunden sind.
19. Klicken Sie nach der Wahl der IP-Adressen auf *Weiter.*
20. Im Dialogfeld *Listener-SSL-Zertifikate* klicken Sie auf *Zertifikat auswählen.*
21. Wählen Sie das zuvor importierte Zertifikat aus und klicken Sie auf *Auswählen.* Zurück im Dialogfeld *Listener-SSL-Zertifikate* klicken Sie auf *Weiter.*

22. Im Dialogfeld *Authentifizierungseinstellungen* belassen Sie die Standardeinstellungen *HTML-Formularauthentifizierung* und *Windows (Active Directory)* und klicken auf *Weiter* (Abbildung 13.56).

Abbildg. 13.56 Authentifizierungseinstellungen

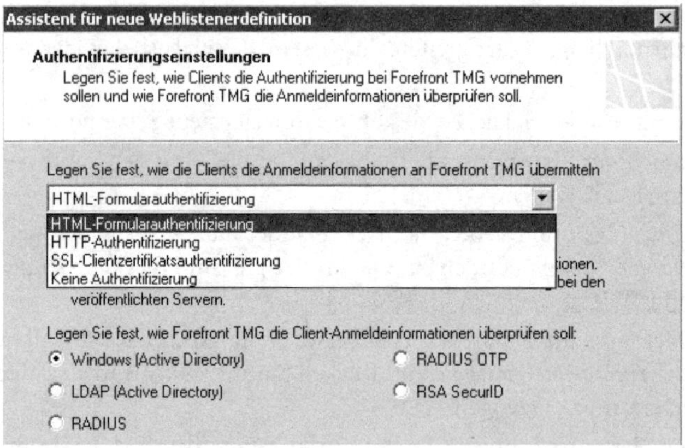

23. Im Dialogfeld *Einstellungen für einmaliges Anmelden (SSO)* haben Sie die Möglichkeit, eine simple Authentifizierungsdelegierung vorzubereiten. Belassen Sie das Kontrollkästchen *SSO* aktiviert, falls Sie vorhaben, beispielsweise in SharePoint über Webparts auf OWA (Outlook Web Access) zuzugreifen oder generell OWA über das TMG nutzen möchten, um den Clients eine erneute Authentifizierung zu ersparen. Zusätzlich geben Sie in diesem Fall den SSO-Domänennamen an. Im diesem Beispiel lautet dieser *.sincdemo.de*. Klicken Sie auf *Weiter* und anschließend auf *Fertig stellen*, um den Weblistener zu erzeugen.

HINWEIS Bei der SSO-Funktion handelt es sich nicht um eine hochwertige Kerberos-Delegierung, sondern lediglich um die webanwendungsübergreifende Nutzung der durch das Authentifizierungsformular übermittelten Anmeldeinformationen.

24. Zurück im Dialogfeld *Weblistener auswählen* klicken Sie auf *Weiter*.
25. Im Dialogfeld *Authentifizierungsdelegierung* belassen Sie die Standardauswahl (*NTLM-Authentifizierung*) und klicken auf *Weiter* (Abbildung 13.57).

Abbildg. 13.57 Authentifizierungsdelegierung

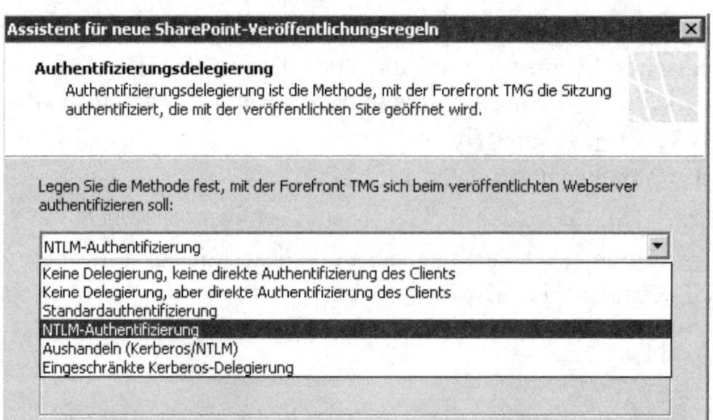

26. Wählen Sie nun die Option *AAM für SharePoint wurde bereits auf dem SharePoint-Server konfiguriert* und klicken Sie auf *Weiter.*
27. Im Dialogfeld *Benutzersätze* haben Sie die Möglichkeit, den Zugriff auf die SharePoint-Plattform weiter einzuschränken. Die Voreinstellung *Alle authentifizierten Benutzer* bedeutet dabei nicht, dass alle Benutzer Ihrer Domäne Zugriff auf die SharePoint-Site erhalten, sondern lediglich, dass Sie das Recht haben, TMG für diesen Zugriff zu passieren. Klicken Sie nach der Anpassung auf *Weiter* und abschließend auf *Fertig stellen.*
28. Passen Sie nun noch die Verarbeitung des Hostheaders an. Doppelklicken Sie dazu auf die soeben erzeugte Firewallregel und holen Sie die Registerkarte *Webfarm* in den Vordergrund (Abbildung 13.58).

Abbildg. 13.58 Hostheader-Konfiguration

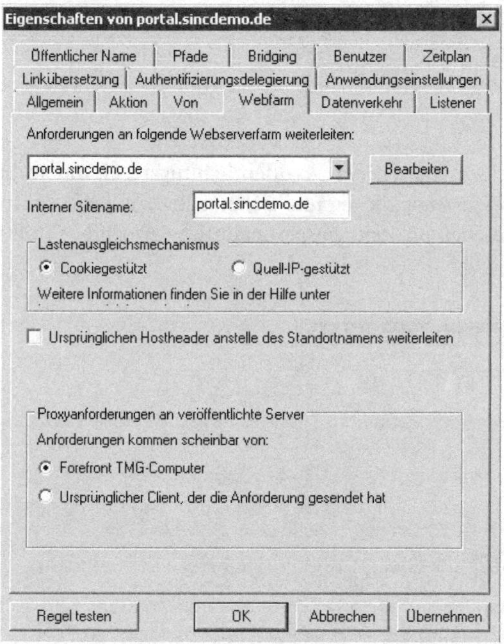

29. Deaktivieren Sie das Kontrollkästchen *Ursprünglichen Hostheader anstelle des Standortnamens weiterleiten.* Diese Einstellung hat zur Folge, dass das TMG-System die Anfrage an die URL *https://portal.sincdemo.de* zur URL *http://portal.sincdemo.de* weiterleitet.
30. Auf der Registerkarte *Linkübersetzung* deaktivieren Sie diese, wenn die externe URL der internen entspricht (Abbildung 13.59) und umgekehrt, und schließen die Regel durch einen Klick auf *OK.*

Abbildg. 13.59 Steuerung der Linkübersetzung

31. Kontrollieren Sie die HTTP-Eigenschaften der Veröffentlichungsregel, indem Sie im Kontextmenü der Regel auf *HTTP konfigurieren* klicken und sicherstellen, dass die Kontrollkästchen bei *Normalisierung überprüfen* und *High Bit-Zeichen sperren* deaktiviert sind (Abbildung 13.60).

Abbildg. 13.60 Steuerung der HTTP-Richtlinie

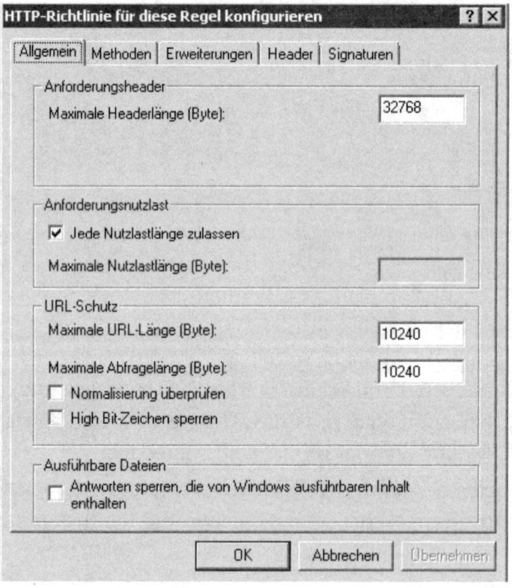

32. Um die soeben erzeugte Regel anzuwenden, klicken Sie auf *Übernehmen* und geben im Änderungsprotokoll noch eine passende Bemerkung zur Änderung an.

Das in diesem Beispiel angeführte Szenario führt dazu, dass Clients beim Zugriff auf das Portal zunächst folgende formularbasierte Authentifizierungsseite erhalten (Abbildung 13.61). Im vorliegenden Szenario wird auf eine bereits angepasste TMG-Anmeldeseite zugegriffen.

Abbildg. 13.61 Formularbasierte Authentifizierung bei TMG

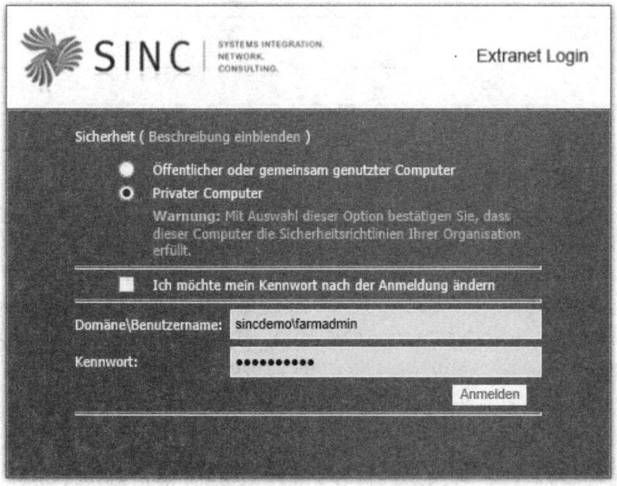

Nun steht Ihre SharePoint-Webanwendung über TMG veröffentlicht zur Verfügung. Stellen Sie bei Ihren Zugriffstests sicher, dass die Namensauflösung einwandfrei funktioniert.

Verwaltung von Informationsrechten

Die Windows-Rechteverwaltung (Rights Management Services, RMS) ermöglicht Ihnen den Schutz Ihrer Daten über das Potenzial der bisherigen Sicherheitstechnologien hinaus. Während Authentifizierungs-, Autorisations- und Verschlüsselungsverfahren Ihnen dabei behilflich sind, einen nichtautorisierten Zugriff auf sensible Daten zu verhindern, können diese Verfahren jedoch nicht über die anschließende Verwendung der Daten mitbestimmen (Tabelle 13.6). Kopiert ein Benutzer sensible Daten aus einem nur ihm zugänglichen Bereich und leitet diese an unerwünschte Dritte weiter, kann dies schwere wirtschaftliche Konsequenzen für ein Unternehmen nach sich ziehen.

Tabelle 13.6 Ein Vergleich mit anderen Technologien zum Informationsschutz

Funktion	ACLs	EFS	RMS	S/MIME
Benutzerbasierte Berechtigungen			✓	✓
Bestätigung der Authentizität				✓
Erweiterte Verwendungsberechtigungen	✓		✓	
Vermeidung von nicht autorisiertem Lesen	✓	✓	✓	✓
Gruppenintegration	✓		✓	

Tabelle 13.6 Ein Vergleich mit anderen Technologien zum Informationsschutz *(Fortsetzung)*

Funktion	ACLs	EFS	RMS	S/MIME
Verschlüsselung des Inhalts		✓	✓	✓
Standortunabhängiger Datenschutz		✓	✓	✓
Zeitliche Zugriffssteuerung			✓	

HINWEIS Sicherheitstechnologien haben häufig den Nachteil, dass sie hohe Folgekosten für den Support und den Betrieb verursachen. Die internationale Verwendung von RMS bei Microsoft hat mit in jeweils einer Woche ausgestellten 71.000 Nutzungslizenzen lediglich zehn RMS-bezogenen Helpdeskanrufe pro Woche nach sich gezogen (2005).

Die Verwaltung von Informationsrechten (Information Rights Management, IRM) dehnt den Schutz der Windows-Rechteverwaltung auf den Clientdesktop aus und bietet Ihnen die Möglichkeit zu bestimmen, ob Informationen geändert, weitergeleitet, gedruckt oder über einen bestimmten Zeitpunkt hinaus weiter genutzt werden dürfen. Der Schutz von IRM befindet sich auf der Dateiebene und hat somit noch über die Unternehmensnetzwerkgrenzen hinaus Bestand.

IRM-Neuerungen in SharePoint 2013

Mit SharePoint 2013 haben wichtige Änderungen in der Informationsrechteverwaltung Einzug gehalten, die einen guten Anteil der bisherigen Problematiken adressieren. Die wichtigsten Änderungen sind:

- **PDF-Protektor** Bislang wurden lediglich die zentralen Office-Formate unterstützt, und weitere Formate mussten durch den Erwerb von Drittanbieterlösungen integriert werden. Der neue PDF-Protektor ermöglicht nicht nur den Schutz von PDF-Dokumenten, sondern so geschützte Inhalten können auch in Kombination mit verfügbaren PDF-Readern visualisiert werden.
- **Gruppenverwendung** Bislang konnten lediglich Benutzerkonten explizit auf Inhalte berechtigt werden, was in Arbeitsgruppen äußerst hinderlich ist. Nun können auch Gruppen verwendet werden, wobei diese lediglich zumindest eine E-Mail-Adresse verfügen müssen.
- **Einfache Delegierung von Zugriffsrechten** Es existieren neue Berechtigungsstufen, die neben der Verwendung von Gruppen auch neue, praxisnahe Berechtigungen unterstützen, wie z.B. dem Fernhalten von nicht IRM-kompatiblen Inhalten aus der Dokumentbibliothek
- **Browserintegration** SharePoint-IRM-geschützt Inhalte können mithilfe von Office Web Apps erstmalig ebenfalls dargestellt werden
- **Mandantenintegration** Es stehen mandantenspezifische Konfigurationen über entsprechende Cmdlets zur Verfügung
- **Stärkere Kryptografiealgorithmen** Mithilfe des Kryptografiemodus 2 stehen Ihnen anstelle von RSA 1024 für die asymmetrischen Schlüssel und SHA-1 als Prüfsummenalgorithmus nun RSA 2048 und SHA-2 zur Verfügung
- **Azure-Integration** Sie können Ihre On-Premise-Farm auch dafür konfigurieren, auf die Microsoft-Onlinedienste für RMS zugreifen zu lassen. Hierfür steht Ihnen seit Ende 2013 ein Rights Management Connector zur Verfügung.

HINWEIS Die Anleitung und den Connector selbst finden Sie zum Download unter *http://www.microsoft.com/de-de/download/details.aspx?id=40839* [Ms156-K13-16].

Welche Daten können mit der Verwaltung von Informationsrechten (IRM) geschützt werden?

Jede Dokumentenart, die Sie mit der Verwaltung von Informationsrechten schützen möchten, benötigt einen zugehörigen sogenannten Protektor. Dies ist ein Programm, das die Ver- und Entschlüsselung der IRM-geschützten Daten kontrolliert. Der Protektor wiederum arbeitet mit einer Betriebssystemkomponente, den Rechteverwaltungsclient zusammen, welcher seit Windows Vista bereits mit dem Betriebssystem ausgeliefert wird und für ältere Windows-Versionen als Download zur Verfügung steht. Microsoft bietet Protektoren für eine Reihe an Dokumentenarten an:

- Word-Dokumente
- Excel-Tabellen
- PowerPoint-Präsentationen
- Outlook-E-Mail-Nachrichten
- InfoPath-Formulare

  Stehen erst ab Office 2007 und nicht auf Windows Mobile zur Verfügung
- XPS-Dokumente

  Für die Anzeige von XPS-Inhalten unter Windows XP oder Windows Vista sind zusätzliche Komponenten erforderlich (im Wesentlichen .NET Framework 3.0 inkl. SP1). Dieses Format wird nicht unter Office Mobile unterstützt.
- PDF-Dokumente

  Zu diesem Zeitpunkt stammt der primäre PDF-Viewer für die so geschützten Inhalte ausschließlich von Foxit. Der Foxit Reader ist lediglich für Windows Vista bis Windows 8 verfügbar. Für Windows Phone, MacOS oder iOS ist noch kein IRM-PDF-kompatibler Viewer verfügbar. Weitere Informationen zu der auf dem ISO 32000-Standard beruhenden PDF-Erweiterung von Microsoft können Sie der Spezifikation entnehmen (*http://www.microsoft.com/en-us/download/details.aspx?id=29844* [Ms156-K13-17]).

Bereits ab Microsoft Office Professional 2003 können Clients mit IRM geschützte Inhalte erstellen und bearbeiten. Clients mit älteren Microsoft Office-Editionen steht ein Rights Management-Add-On (RMA) für den Internet Explorer zum Anzeigen von IRM geschützten Inhalten zur Verfügung.

Seit der Einführung von Windows Mobile 6.0 werden IRM-geschützte Inhalte auch für Windows Mobile-basierte Geräte verfügbar. Office Mobile ist jedoch nur dazu in der Lage, die Hauptdokumentformate von Word, Excel, Outlook und PowerPoint anzuzeigen.

Mac-Benutzer können erstmalig mit Office für Mac 2011 auch IRM-geschützte Inhalte verwenden.

ACHTUNG Beachten Sie, dass in Abhängigkeit von der jeweiligen Funktion nicht alle Clients alle Funktionen unterstützen bzw. im Einzelfall eine Aktualisierung erfordern, sofern verfügbar. Eine Unterstützung ohne relevante Einschränkung finden Sie clientseitig ab Windows 7 in Kombination mit Office 2010 vor. Die vollständige Liste aller Funktionen für die jeweiligen Versionen finden Sie unter *http://go.microsoft.com/fwlink/p/?LinkId=153314* [Ms156-K13-18].

Neben den Protektoren für Microsoft-Produkte stehen Ihnen weitere Protektoren über Drittanbieter zur Verfügung, wobei diese sich in der Vergangenheit auf das weit verbreitete PDF-Dateiformat konzentriert haben, welches nun integriert wurde.

Standardmäßig werden Metadaten unverschlüsselt im Dokument gespeichert. Mithilfe der Eigenschaft *DRMEncryptProperty* können diese Metadaten auch verschlüsselt gespeichert werden. Hierfür können Sie entweder einen Registrierungsschlüssel oder aber Gruppenrichtlinien aktivieren, um die Verschlüsselung von Metadaten zu automatisieren.

IRM-SharePoint 2013-Integration

SharePoint Server 2013 unterstützt IRM für Dokumente, die in den SharePoint-Dokumentbibliotheken gespeichert werden. Dabei handelt es sich einfach nur um die Speicherung bereits vom Client IRM-geschützter Dokumente, die lediglich in einer SharePoint-Dokumentbibliothek abgelegt werden sollen: Während auf dem Windows-Client gespeicherte und mit IRM geschützte Dokumente direkt vom Client verwaltet werden, ermöglicht IRM auf dem SharePoint-Server eine zentrale Kontrolle darüber, was mit den Daten aus der Dokumentbibliothek zu geschehen hat. Die Inhalte der Dokumentbibliothek werden dynamisch beim Herunter- bzw. Hochladen ver- bzw. entschlüsselt, ohne dass der Endanwender aktiv werden muss.

So lässt sich über die Verwaltung von Informationsrechten auf Ebene der Dokumentbibliothek vorgeben, dass die Dokumente der Dokumentbibliothek nur von den Autoren eingesehen, jedoch weder ausgedruckt noch über einen bestimmten Zeitpunkt hinaus genutzt werden dürfen. Der IRM-Schutz ist dabei transparent: IRM-geschützte Dokumente sind üblicherweise verschlüsselt. Dies wäre jedoch problematisch in Hinsicht auf die Suchfunktionalität von SharePoint. Die Lösung besteht darin, dass die Dokumente der IRM-geschützten Dokumentbibliothek unverschlüsselt in der Dokumentbibliothek gespeichert werden. Erst beim Zugriff eines Benutzers auf ein Dokument aus dieser Bibliothek verschlüsselt SharePoint das Dokument und fügt automatisch eine Nutzungslizenz hinzu. Sobald das Dokument vom Benutzer wieder hochgeladen wird, sorgt SharePoint automatisch für die Entschlüsselung des Dokuments.

Eine weitere Frage im Umgang mit der Verwaltung von Informationsrechten stellt sich in Hinsicht auf den Zielbereich. Um Ihre Dokumente zu schützen, aktivieren Sie die Verwaltung von Informationsrechten auf eine Dokumentbibliothek. Somit werden automatisch alle hoch- bzw. heruntergeladenen Inhalte entsprechend geschützt.

Ein konsequenter Gedanke wäre es, den Zielbereich für diesen Schutz auch auf Basis eines Inhaltstyps zu bestimmen, um so alle Dokumente eines bestimmten Typs gezielt zu schützen. Leider ist diese Möglichkeit in der aktuellen Version von SharePoint weiterhin nicht gegeben.

Funktionsweise der Windows-Rechteverwaltung

Die Windows-Rechteverwaltung ist ein verwalteter Webdienst, der auf ASP.NET, HTTP SOAP-Anforderungs- und Antwortprotokollen sowie Extensible Rights Markup Language (XrML)-Zertifikaten basiert. Alle IRM-geschützten Informationen liegen verschlüsselt vor, wobei ein symmetrischer 128-Bit-AES-Schlüssel zum Einsatz kommt. Der Zugriff auf diesen symmetrischen Schlüssel wird wiederum vom RMS-Server kontrolliert. Der RMS-Server verschlüsselt den individuellen symmetrischen Schlüssel für das jeweilige Dokument mit dem öffentlichen Schlüssel des RMS-Servers und steuert den Zugriff auf das Dokument, indem er Nutzungslizenzen zur Entschlüsselung der Datei ausstellt. In den XrML-basierten Zertifikaten kommen standardmäßig 1.024-Bit-RSA-Schlüssel zum Einsatz (Kryptografiemodus 1).

Abbildg. 13.62 RMS-Integration in SharePoint

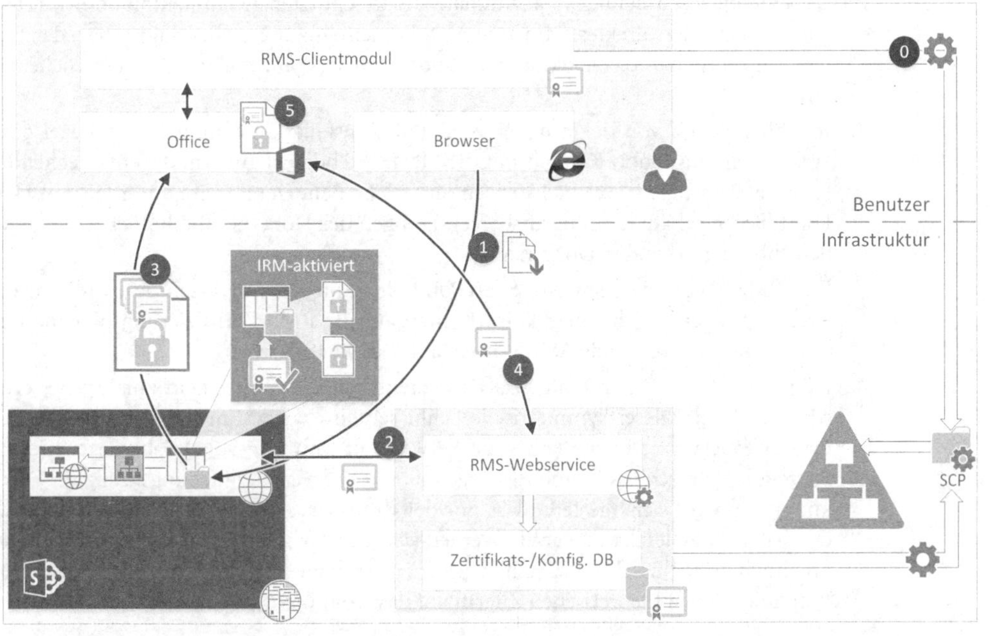

1. Bevor ein Client auf RMS- bzw. IRM-geschützte Inhalte zugreifen kann, muss dessen Computer einmalig freigeschaltet werden, indem er automatisch eine eindeutige sogenannte *RMS-Lockbox* erhält. In dieser Lockbox sind die Verschlüsselungsschlüssel für den Computer des Anwenders enthalten. Der Benutzer erhält zudem ein Client-Lizenzgeberzertifikat und ein Rechtekontozertifikat.

   Damit der Client diese Daten überhaupt lokalisieren kann, benötigt er die Information über den Standort des RMS-Webdiensts. Diese kann der Client entweder über eine manuelle Konfiguration in der Registrierung erhalten, oder aber idealerweise mithilfe des SCP (Service Connection Point, Dienstverbindungspunkt), der bei der Installation bzw. Konfiguration von der RMS-Serverkomponente definiert wird. Der SCP ist letztlich ein Container in der Active Directory-Konfigurationspartition, der von RMS-Clients automatisiert abgefragt wird.

HINWEIS Durch die Registrierung eines RMS-Dienstverbindungspunkts in der Konfigurationspartition von Active Directory werden alle RMS-fähigen Mitglieder der Domäne in die Lage versetzt, die RMS-Dienste automatisch zu lokalisieren und zu nutzen. Für alle Nicht-Domänenmitglieder gibt es die Möglichkeit, die Verbindungseinstellungen zur Lokalisierung des Diensts in der Registrierung zu hinterlegen.

In dieser Situation wird nun vorausgesetzt, dass ein Farmadministrator eine Dokumentbibliothek für die Verwendung von IRM aktiviert hat und der Client bereits zuvor die initiale Einrichtung bei einem anderen RMS-Zugriff abgeschlossen hat. Sollte dies nicht der Fall sein, findet dieser Prozess zwischen Schritt 3 und 4 statt.

Die Dokumente in SharePoint verbleiben bei der Aktivierung von IRM indes unverschlüsselt in der Dokumentbibliothek und werden lediglich bei Zugriffen gesichert.

2. Bei Zugriffen des Benutzers auf Inhalte der geschützten Dokumentbibliothek (Herunterladen von Kopien oder direktes Öffnen von Dokumenten zur Bearbeitung) erhält der Benutzer nun nicht unmittelbar das Dokument, sondern SharePoint führt nun zusätzliche Operationen durch.
3. In Abhängigkeit von der genauen SharePoint-Installation nimmt in der Regel das Konto des Webanwendungspools Kontakt mit dem RMS-Webdienst auf, um die entsprechenden Zugriffslizenzen abzufragen. Welche Lizenzen für welche Benutzer abgefragt werden, entscheidet SharePoint basierend auf den Zugriffsberechtigungen der Dokumentbibliothek bzw. des in der Regel berechtigungserbenden Dokuments.

   Der RMS-Webdienst gewährt SharePoint die Abfrage von Lizenzen durch zuvor definierte Berechtigungen für die SharePoint-Konten auf die RMS-Zertifizierungspipeline (repräsentiert durch eine entsprechende ASMX-Datei auf dem RMS-Server).
4. Nun verschlüsselt SharePoint das Dokument zunächst mit einem zufallsgenerierten 128-Bit-AES-Schlüssel. Dieser symmetrische Schlüssel wird wiederum mit dem öffentlichen Schlüssel des RMS-Serverzertifikats (nicht zu verwechseln mit den X509v3-basierten Zertifikaten von SharePoint) verschlüsselt und das Ergebnis mit der Veröffentlichungslizenz im Dokument verknüpft. So wird sichergestellt, dass nur der RMS-Server Nutzungslizenzen zur Entschlüsselung der Datei ausstellen kann. Parallel werden weitere Kopien des symmetrischen Schlüssels mit dem öffentlichen Schlüssel der Clientlizenzgeberzertifikate verschlüsselt, um so allen autorisierten Empfängern den theoretischen Zugriff auf das Dokument zu gewähren.

HINWEIS Dieser Prozess wird hier vereinfacht dargestellt. So gibt es beispielsweise eine definierte RMS-Administrator- bzw. Superuser-Rolle, deren Zertifikat ebenfalls verwendet wird, um eine weitere Kopie des asymmetrischen Schlüssels des Dokuments zu sichern. Dies stellt in etwa das Pendant zu einem Datenwiederherstellungsagenten für das verschlüsselnde Dateisystem (Encrypted File System, EFS) dar.

   Das fertig verschlüsselte Dokument wird nun dem Client zum Download bzw. zur weiteren Bearbeitung angeboten.
5. Beim Öffnen des Dokuments entnimmt er der beiliegenden Veröffentlichungslizenz, bei welchem Server um eine Nutzungslizenz für das vorliegende Dokument nachgefragt werden muss. Dort fragt der Client unmittelbar nach einer Nutzungslizenz. Der RMS-Webdienst prüft im Rahmen der Anfrage, ob der Empfänger autorisiert ist bzw. keine Sperren vorliegen und stellt

ggf. eine Nutzungslizenz für das Dokument aus. Durch den asymmetrischen Schlüssel seiner Nutzungslizenz kann der Benutzer den symmetrischen Schlüssel für das Dokument extrahieren und das Dokument somit lesen bzw. in Abhängigkeit von seinen Nutzungsrechten bearbeiten.

Das Schlüsselmaterial der Nutzungslizenzen wird vom RMS-Clientmodul verwaltet, mit welchem der jeweilige Protektor in Office kommuniziert. Die RMS/IRM-Clientinfrastruktur sorgt dafür, dass sensible Inhalte nicht unverschlüsselt gespeichert werden bzw. hält diese Daten nicht in etwaigen Caches vor.

Nach abschließender Bearbeitung und erneutem Upload auf den Server werden von diesem durch dessen parallel existierenden Nutzungslizenz alle verschlüsselten Daten entfernt, wodurch die Inhalte unkompliziert anderen Mechanismen, wie beispielsweise der Inhaltsdurchforstung, zur Verfügung stehen.

Planungsvorarbeiten zur Bereitstellung der Windows-Rechteverwaltungsdienste

Für die Bereitstellung der Windows-Rechteverwaltung benötigen Sie die folgenden Voraussetzungen:

- **Stammzertifizierungsserver** Der Stammzertifizierungsserver ist die erste Komponente einer RMS-Infrastruktur. Alle anderen Komponenten sind von ihm abhängig. Es kann nur einen Stammzertifizierungsserver geben, jedoch können Sie weitere Server zu einem Stammzertifizierungsservercluster hinzufügen, um so Lastenausgleich und Fehlertoleranz zu erhalten.
- **Datenbankserver** RMS speichert seine Daten in einer Datenbank ab. Sie haben die Wahl zwischen einer lokalen SQL Server-Instanz und einer Remotedatenbank.
- **Webserver** RMS basiert auf einem Webdienst, welcher lokal auf dem RMS-Server läuft. Optional haben Sie die Möglichkeit, die Kommunikation des Diensts mit HTTPS bzw. SSL zu schützen.
- **Intranet und Extranet URL** Für die Kommunikation mit RMS ist es erforderlich, dass Clients Nutzungslizenzen direkt vom RMS- bzw. Lizenzierungsserver anfordern können. Damit diese Anforderung sowohl aus dem internen als auch aus dem externen Netz erfüllbar ist, haben Sie die Möglichkeit, zwei URLs zu hinterlegen (intern und extern).
- **Kryptografiemodus 2** Für die Verwendung der höherwertigen Algorithmen des Kryptografiemodus 2 müssen client- und serverseitig zusätzliche Voraussetzung erfüllt werden:

  Server Mindestens Windows Server 2008 R2 SP1 und eine zusätzliche Aktualisierungen gemäß dem KB-Artikel 2627272 (*http://support.microsoft.com/kb/2627272* [Ms156-K13-19]

  Client

  - Windows Vista/2008 SP2
  - Windows 7 SP1/Windows 2008 R2 SP1 und eine zusätzliche Aktualisierungen gemäß dem KB-Artikel 2627273 (*http://support.microsoft.com/kb/2627273* [Ms156-K13-20])
  - Windows Phone 7

HINWEIS Ab Windows Server 2012 bzw. Windows 8 wird der Kryptografiemodus 2 nativ unterstützt.

- **Active Directory** Für die Verwendung aller Berechtigungsstufen ist eine Schemaerweiterung erforderlich, die in Windows Server 2012 enthalten, jedoch auch ohne Windows Server 2012-basierte Domänencontroller isoliert verfügbar ist

- **Dienstkonto** Der Windows-Rechteverwaltungsdienst sollte unter einem normalen, nicht privilegierten Benutzerkonto der Domäne ausgeführt werden. Dieses Konto wird vom Dienst benötigt, um mit anderen Diensten und Computern auf dem lokalen System und im Netzwerk zu kommunizieren.
- **Office Web Apps** Sollten Sie Office Web Apps einsetzen, beachten Sie, dass bei der Anzeige von IRM-geschützten Dokumenten die Verwendung von Screenshots für Office Web Apps nicht blockiert werden kann. Ziehen Sie daher in Erwägung, die IRM-aktivierten Dokumentbibliotheken dafür zu konfigurieren, nicht die Anzeige im Browser zu verwenden. Sollten Sie trotzdem Office Web Apps verwenden, um diese Inhalte anzuzeigen, werden diese nach der Anzeige aus dem Browsercache entfernt.
- **Benutzer/Gruppen** Alle für IRM/RMS zu verwendenden Benutzer und Gruppen müssen über einen gültigen Wert als E-Mailadresse verfügen. Dabei müssen die Benutzer keinesfalls zwangsläufig über ein Exchange Server-basiertes Postfach verfügen.

Die Handlungsanweisung zur Bereitstellung der Windows-Rechteverwaltung können Sie der Microsoft-Website unter *http://www.microsoft.com/rms* [Ms156-K13-21] entnehmen.

Nutzung in Extranet-Szenarien

Die einfachste Nutzung der Verwaltung von Informationsrechten erfolgt innerhalb einer Gesamtstruktur bzw. durch den Zugriff Ihrer Anwender auf Ihre Dokumentbibliotheken. Da die schützenswerten Inhalten in der Regel gerade dann einer strengeren Kontrolle unterliegen sollen, sobald von außen auf diese zugegriffen wird, bleibt die Frage offen, wie Sie Ihre Informationen schützen können, sobald Anwender außerhalb Ihrer Gesamtstruktur auf die so geschützten Informationen zugreifen sollen.

Abbildg. 13.63 Beispielszenario zu SharePoint-RMS-Federation

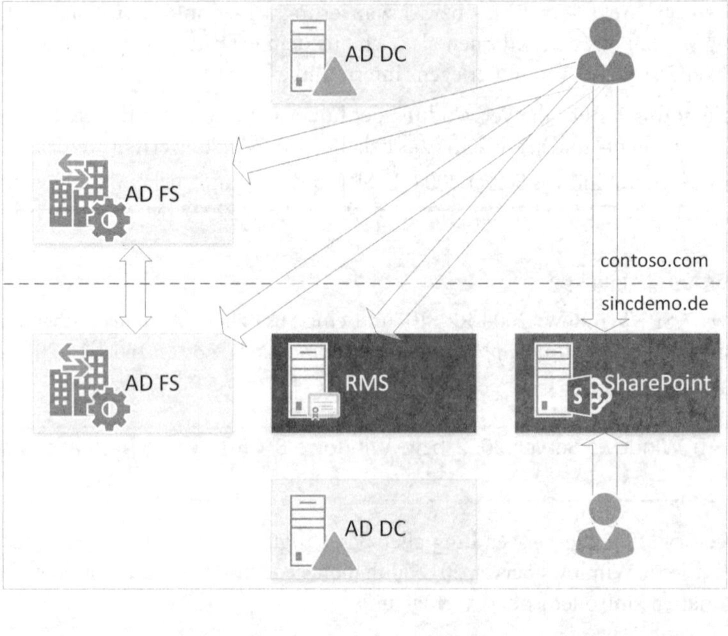

Die gesamte Lösung sprengt leider den Fokus dieses Buchs, daher soll an dieser Stelle lediglich ein Lösungsansatz skizziert werden.

Sie haben die Möglichkeit, dieses Szenario unter Verwendung der Active Directory-Verbunddienste (Active Directory Federation Services, AD FS) umzusetzen. Dabei muss das Partnerunternehmen nicht über die Windows-Rechteverwaltungsserverdienste verfügen, sondern es muss lediglich eine AD-Verbunddienstevertrauensstellung zwischen beiden Unternehmen eingerichtet werden. In der Übersicht sieht die Lösung wie folgt aus (Abbildung 13.63).

Da in der Regel Unternehmen eine strenge DMZ-Architektur vorweisen, haben Sie in diesem Modell die Möglichkeit, durch die Verwendung von AD FS-Proxys eine sichere weitere Zone einzuführen, wobei die beiden Komponenten SharePoint und RMS jeweils in der Regel mithilfe eines Reverseproxy-Verfahrens geschützt werden (Abbildung 13.64).

Abbildg. 13.64 DMZ-Proxyszenario für RMS mit AD FS-Integration

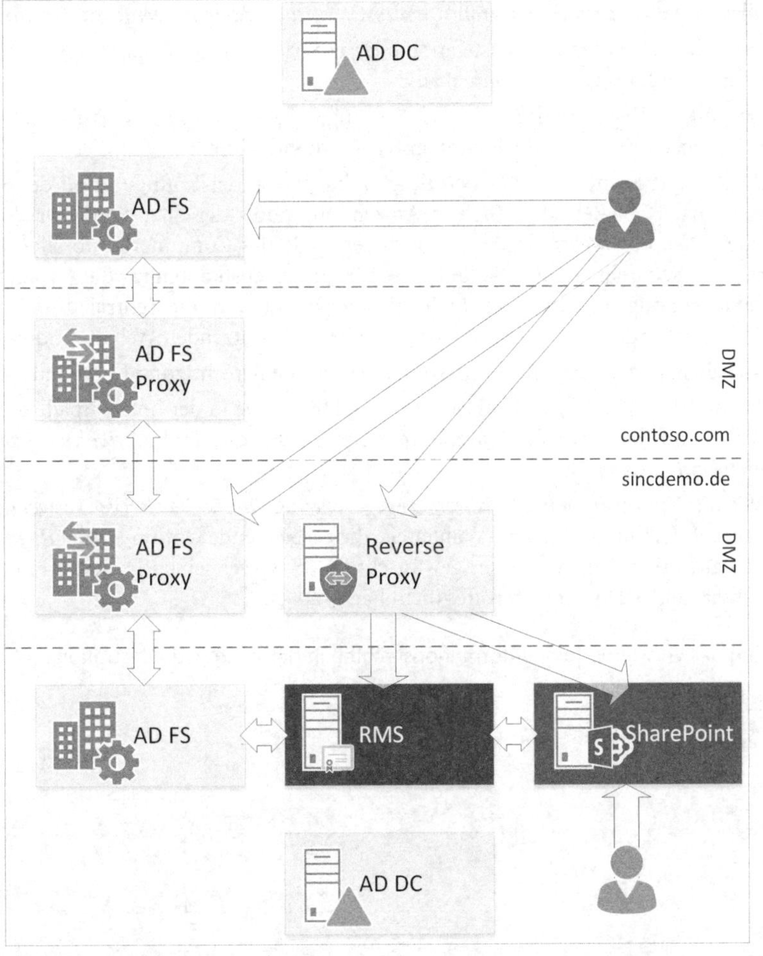

Weiterführende Informationen zu diesem Szenario finden Sie unter *http://go.microsoft.com/fwlink/?LinkId=72135* [Ms156-K13-22].

SharePoint-Informationsrechteverwaltung einrichten

Die Einrichtung der Verwaltung von Informationsrechten für SharePoint unterscheidet sich in der aktuellen Version nur unwesentlich von der Bereitstellung unter SharePoint 2010. Verändert hat sich die Einrichtung primär durch die Rahmenbedingungen des neuen zugrunde liegenden Serverbetriebssystems.

Seit Windows Server 2008 ist der erforderliche Rechteverwaltungsclient, zumindest für den Kryptografiemodus 1, bereits im Serverbetriebssystem enthalten, sodass Sie lediglich die Aufgabe wahrnehmen müssen, die RMS-Zertifizierungspipeline für SharePoint und die Verwaltung von Informationsrechten auf der SharePoint-Serverfarm zu aktivieren. Gehen Sie dazu wie folgt vor:

1. Melden Sie sich am RMS-Server an und navigieren Sie in dessen Dateisystem zum Verzeichnisbaum mit der Datei *ServerCertification.asmx*. Sofern die Standardwebsite verwendet wurde, finden Sie diese unter *c:\Inetpub\wwwroot_wmcs\Certification\ServerCertification.asmx*.
2. Klicken Sie mit der rechten Maustaste auf die Datei *ServerCertification.asmx* und wählen Sie im Kontextmenü den Eintrag *Eigenschaften* aus.
3. Klicken Sie auf die Registerkarte *Sicherheit* und fügen Sie das im Zuge der Installation angegebene RMS-Dienstkonto sowie die SharePoint-Dienstkonten hinzu.

   Welche SharePoint-Konten Sie hier berechtigen, hängt von der Konfiguration der SharePoint-Webanwendungen ab. Betreiben Sie die Anwendungspools der SharePoint-Serverfarm unter dem Kontext *Netzwerkdienst*, fügen Sie an dieser Stelle das Computerkonto aller Web-Front-End-Server der Serverfarm hinzu. Sollten Sie dedizierte Dienstkonten für die Anwendungspools verwendet haben, fügen Sie an dieser Stelle die Dienstkonten für die Zentraladministration und das Dienstkonto für den Webanwendungspool jeder IRM-nutzenden Webanwendung hinzu.
4. Erteilen Sie allen gerade hinzugefügten Konten jeweils die Berechtigung *Lesen* und *Ausführen*.
5. Öffnen Sie die SharePoint-Zentraladministration, klicken Sie in der linken Spalte auf *Sicherheit* und anschließend im Abschnitt *Informationsrichtlinie* auf den Link *Verwaltung von Informationsrechten konfigurieren*.
6. Wählen Sie die Option *In Active Directory angegebenen RMS-Standardserver verwenden* und klicken Sie auf *OK* (Abbildung 13.65). Wählen Sie die verbleibende Option *Diesen RMS-Server verwenden* lediglich dann aus, wenn der gewünschte RMS-Server seinen Dienstverbindungspunkt (SCP) nicht in Active Directory veröffentlicht hat.

Abbildg. 13.65 Aktivierung der Verwaltung von Informationsrechten in der Zentraladministration

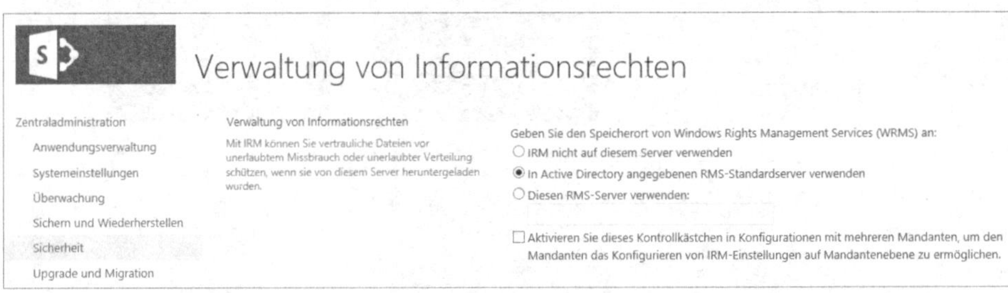

Mit diesem Arbeitsschritt ist die Bereitstellung der Verwaltung von Informationsrechten abgeschlossen.

TIPP Sofern die serverseitige Einrichtung des Diensts nicht erfolgreich abgeschlossen wurde, erhalten Sie im Ereignisprotokoll Fehlermeldungen mit der Ereignis-ID 5133 und 5056 in der Aufgabenkategorie *Information Rights Management*, die Sie auf Aktivierungsprobleme hinweisen. Dies deutet darauf hin, dass wahrscheinlich die Berechtigungen auf die RMS-Pipeline (*ServerCertification.asmx*) nicht ordnungsgemäß erfolgt sind.

Dokumentbibliothek für IRM konfigurieren

Zur Aktivierung von IRM auf der Dokumentbibliothekebene gehen Sie wie folgt vor:

1. Öffnen Sie die Einstellungsseite einer Dokumentbibliothek mit entsprechenden administrativen Rechten.
2. Klicken Sie im Abschnitt *Berechtigungen und Verwaltung* auf *Verwaltung von Informationsrechten*.
3. Aktivieren Sie das oberste Kontrollkästchen und geben Sie den Titel und die Beschreibung an, die später in der Anwendung beim Öffnen eingeblendet werden sollen. Klicken Sie dann auf *Optionen anzeigen*.
4. Wählen Sie die verfügbaren Optionen entsprechend Ihren Vorgaben (Abbildung 13.66)

Abbildg. 13.66 IRM-Konfigurationsoptionen für Dokumentbibliotheken

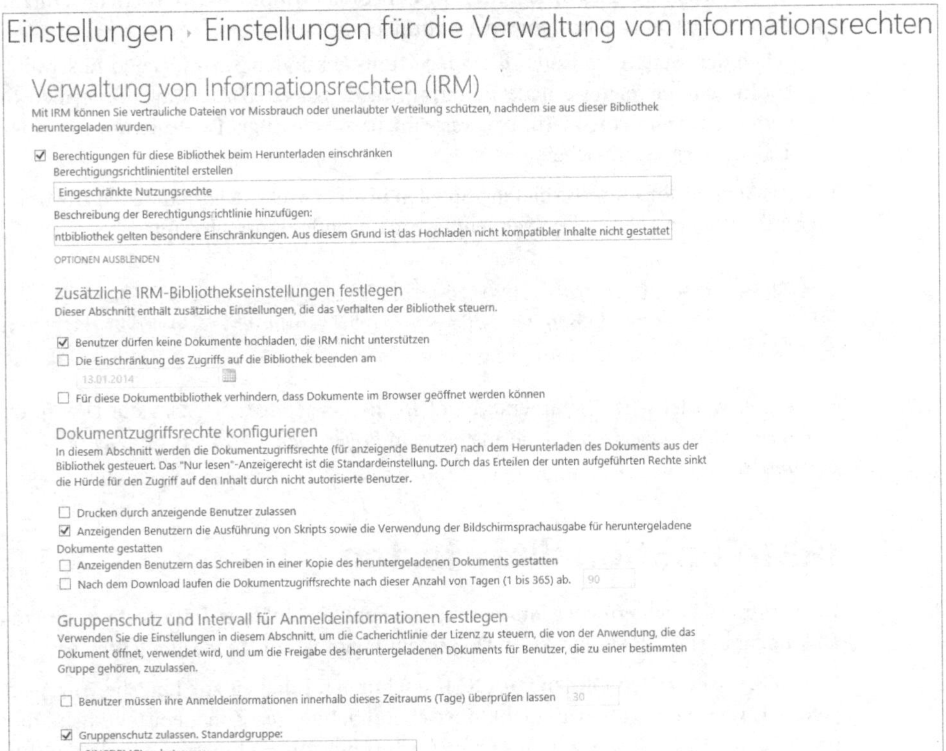

Im Abschnitt *Zusätzliche IRM-Bibliothekseinstellungen festlegen* finden Sie Teile der neu in SharePoint 2013 eingeführten Optionen:

Bei Aktivierung des ersten Kontrollkästchens erhalten Anwender beim Hochladen nicht RMS-kompatibler Inhalte eine entsprechende Fehlermeldung angezeigt (Abbildung 13.67).

Abbildg. 13.67 Fehler bei nicht RMS-kompatiblen Inhalten

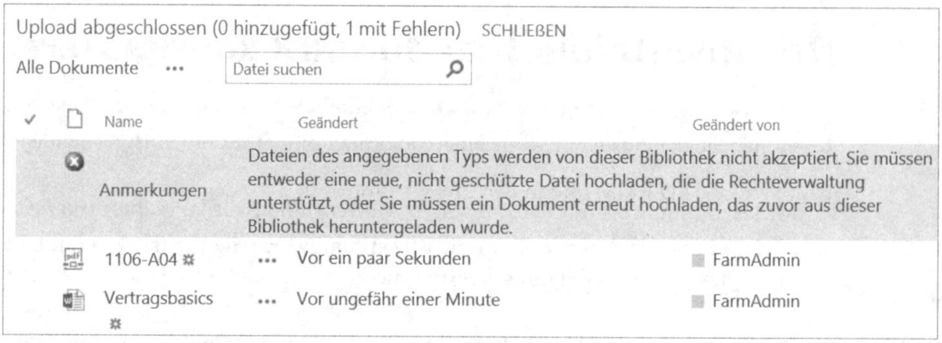

Die Option *Für diese Dokumentbibliothek verhindern, dass Dokumente im Browser geöffnet werden können* steuert die Integration in Office Web Apps, welche ebenfalls Nutzungslizenzen für die Anzeige von Inhalten anfordern können.

Neben den weiteren selbsterklärenden Optionen finden Sie im letzten Abschnitt *Gruppenschutz* eine weitere elementare neue Funktion. In dem letzten Auswahlfeld können Sie E-Mail-aktivierte Active Directory-Gruppen auswählen, die die Zugriffsdelegierung bei einer hohen Anzahl an Benutzern vereinfachen.

Um das Standardöffnungsverhalten von allen in einer Website vorhandenen IRM-aktivierten Dokumentbibliotheken anzupassen, verwenden Sie folgendes Beispielskript:

```
Get-SPWeb -site https://portal.sincdemo.de/team | % {$_.Lists} | where {$_.IrmEnabled -eq
$true} | % {$_.DefaultItemOpen =[Microsoft.Sharepoint.DefaultItemOpen]::PreferClient;
$_.Update()}
```

Hierdurch werden alle Dokumente nicht im Browser angezeigt. Um die Dokumente im Browser anzeigen zu lassen, verwenden Sie anstelle von *PreferClient* den Wert *Browser* oder den Standardwert *DefaultItemOpen*.

IRM-Funktionalität testen

Überprüfen Sie nach erfolgter Einrichtung die Funktionalität der Infrastruktur, indem Sie ein gültiges Dokument in einer IRM-aktivierten Dokumentbibliothek zur Bearbeitung öffnen.

Sollten Sie beim ersten Öffnen von IRM-geschützten Inhalten zur Eingabe von Anmeldedaten aufgefordert werden, liegt dies an nicht hinreichend definierten Zoneneinstellungen im Internet Explorer. Auch die RMS-Server sollten sich in der Intranetzone befinden. Nach dem Öffnen und dem im Hintergrund automatisch ausgeführten Abrufen der entsprechenden Nutzungslizenzen erhalten Sie die IRM-typischen Hinweise eingeblendet, die im Rahmen der Einrichtung der Dokumentbibliothek hinterlegt wurden (Abbildung 13.68).

Abbildg. 13.68 Ansicht eines geschützten Dokuments

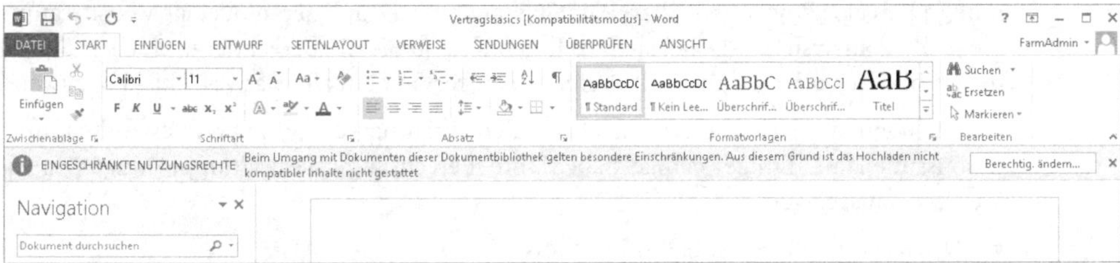

Weitere Hinweise für etwaige Fehler beim Abrufen von Nutzungslizenzen finden Sie in der Verwaltungskonsole für die Active Directory-Rechteverwaltungsdienste (Active Directory Rights Management Services, AD RMS) und in den Ereignisprotokollen auf den Web-Front-End-Servern.

Sicherheitskonfiguration

In diesem Abschnitt werden sicherheitsbezogene Konfigurationen erläutert und demonstriert.

Berechtigungen verwalten

Die Planung und Verwaltung von SharePoint-Berechtigungen ist ein wichtiger Bestandteil Ihrer Sicherheitsstrategie. In diesem Abschnitt werden Ihnen die besonderen Merkmale einer SharePoint-Berechtigungsstruktur vorgestellt.

Übersicht der Berechtigungsdelegierung

Bevor Sie in SharePoint Berechtigung erteilen, ist es sehr empfehlenswert, sich mit der Planung einer SharePoint-Berechtigungsstruktur und deren späteren Analyse auseinanderzusetzen. Dies liegt daran, dass Ihre Erfahrungen bei der Handhabung von SharePoint-Berechtigungen sich voraussichtlich auf Ihre Herangehensweise bei der Anwendung von Berechtigungen auswirken. Nehmen Sie rechtzeitig die Gelegenheit wahr, eine konsequente SharePoint-Berechtigungsarchitektur umzusetzen, die Ihnen die spätere Verwaltung vereinfacht.

Das Erteilen von Berechtigungen in SharePoint ist eine eigentlich einfache, zu Beginn jedoch für viele häufig irritierende Aufgabenstellung. Prinzipiell geschieht bei der Nutzung der grafischen Oberfläche zur Vergabe von Berechtigungen nichts anderes als bei der Dateisystem-ACL-Anpassung auf einem Dateiserver. Sie ordnen Anwendern oder Gruppen eine Berechtigungsstufe zu. In SharePoint erhalten Sie jedoch im Dialogfeld *Berechtigung erteilen* parallel die Möglichkeit, die Berechtigungsstufe entweder direkt oder dem Anwender die Berechtigung über die Mitgliedschaft in einer SharePoint-Gruppe zu erteilen.

Sind Berechtigungen einmal für eine Site oder Liste eingestellt, werden Sie voraussichtlich früher oder später mit dem Anliegen konfrontiert, die Berechtigungen einer Liste oder einer Site auf ein anderes Element anzuwenden, also zu kopieren. Dies ist mit Bordmitteln ebenfalls ein schwieriges Unterfangen. Es gibt keine relevanten, kostenfreien Werkzeuge für SharePoint 2013, mit denen eine adäquate Berechtigungsanalyse und -verwaltung möglich ist.

Kostenpflichtige Drittanbieterlösungen bieten Ihnen hingegen umfassende Möglichkeiten, nicht nur die Berechtigungen von SharePoint-Elementen zu duplizieren oder sie websitesammlungsübergreifend zu analysieren. Dabei steht es Ihnen frei, ob Sie die Berechtigungen einer Site, einer Dokumentbibliothek oder gar die Rechte eines Benutzers auf ein alternatives Objekt anzuwenden.

Die Mehrzahl der Drittanbieter bietet eine Berechtigungsverwaltung als Bestandteil Ihrer Administrationssuiten an. Einige wenige haben Ihre Berechtigungsverwaltungslösungen in ein isoliertes Werkzeug ausgelagert:

- DeliverPoint 2013 von Lightning Tools
- SharePoint Permission Manager von Boost Solutions

Einer der Nachteile dieser Lösungen besteht in der recht selten anzutreffenden deutschen Lokalisierung, da diese Werkzeuge fast alle englischsprachig sind. Ein Beispiel für eine deutsche Lokalisierung bietet ControlPoint von Metalogix (ehemals Axceler).

In SharePoint 2013 wurde die Berechtigungsverwaltung einer Websitesammlung vereinfacht, sodass die Kerninformationen nun auf alternative Art einfach einsehbar werden (Abbildung 13.69).

Abbildg. 13.69 Neue Schnittstelle zur vereinfachten Berechtigungsverwaltung

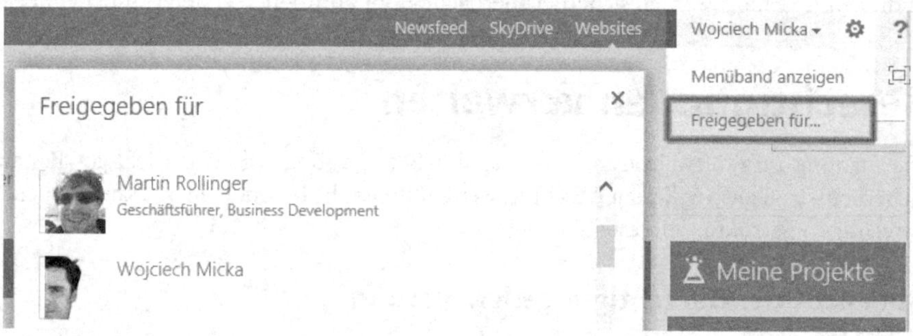

Diese Oberfläche löst jedoch weder das Kernproblem der SharePoint-Berechtigungsverwaltung noch dient sie als Schnittstelle für die Summe der integriert verfügbaren Berechtigungsfunktionen in SharePoint.

In die Oberfläche integriert finden Sie die bekannten Funktionen vor, die bereits unter SharePoint 2010 die Merkmale von angepassten Elementen in der Berechtigungsstruktur hervorgehoben haben (Abbildung 13.70).

Abbildg. 13.70 Information über nicht für die Vererbung aktivierte Listen

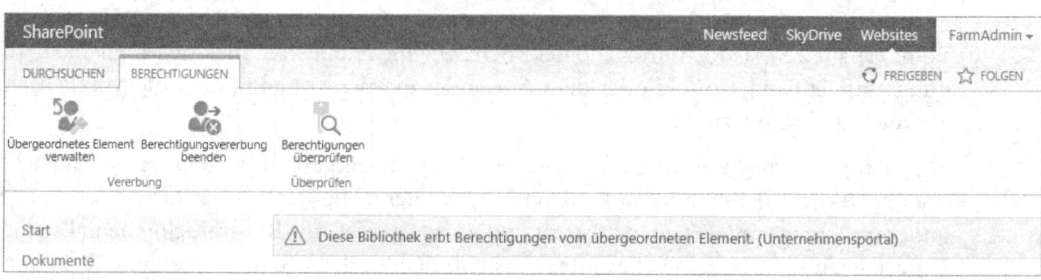

Das manuelle Erstellen von Berechtigungen erfordert immer zunächst das Aufbrechen der Vererbung. Erst nach diesem Prozess haben Sie die Möglichkeit, Berechtigungen anzupassen.

HINWEIS Mithilfe von Drittanbieterwerkzeugen haben Sie die Möglichkeit, ab einer gewünschten Ebene die Berechtigungsvererbung zu erzwingen oder die Vererbung zu beenden.

Berechtigungen analysieren

Für die Analyse von Berechtigungen in SharePoint stehen Ihnen in der Übersicht die folgenden Funktionen zur Verfügung:

- *Freigegeben für* für die Einsicht auf Websiteebene
- Einzelbenutzerberechtigungen auf der jeweiligen Ebene (bis zur Websitesammlungsgrenze)
- Gruppenberechtigungen (SharePoint-Gruppenberechtigungen innerhalb einer Websitesammlung)

Die Möglichkeiten, in SharePoint die Berechtigungen innerhalb einer Websitesammlung und websitesammlungsübergreifend zu analysieren sind leider von Haus aus weiterhin begrenzt. Dafür standen in der Vergangenheit überwiegend kostenfreie Zusatzwerkzeuge zur Verfügung, wie das SharePoint Administration Toolkit, diverse CodePlex-Lösungen wie das *Access Checker Webpart* oder das *SharePoint User Account Control*-Feature. Leider stehen Ihnen diese Werkzeuge zu diesem Zeitpunkt nicht zur Verfügung, sodass Sie hier keinerlei relevante Built-in-Funktionen vorfinden.

Neu in SharePoint 2013 ist die Funktion, aus der Website heraus die Berechtigungen direkt über die Standardansicht einzusehen. Diese Funktion wird nur Benutzern erweiterten Berechtigungen gewährt, die zumindest in der SharePoint-Gruppe der Mitglieder einer Website vorliegen (Abbildung 13.71).

Abbildg. 13.71 Anzeigen von Berechtigungen innerhalb einer Website

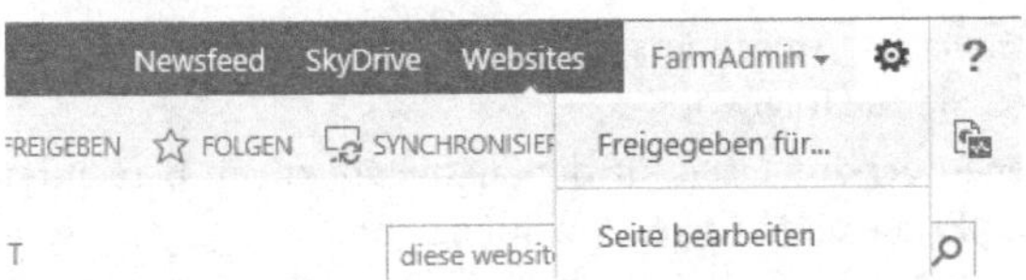

Benutzer, die lediglich in der SharePoint-Gruppe der Besucher aufgenommen wurden, sehen diese Schaltfläche nicht. Über die Schaltfläche *Freigegeben für* kann sich ein Mitglied einer Site einfach vergewissern, welche anderen Benutzer auf die Site zugreifen können (Abbildung 13.72).

HINWEIS Interessant an dieser Funktion ist bei aktivierter Zugriffsanforderung, dass bereits Mitglieder mit *Mitwirken*-Rechten einer Website weitere Benutzer zu der Site einladen können. Die Einladung wird in dem Fall indes nicht direkt an die eingeladenen Personen versandt, sondern landet in der Liste der Zugriffsanforderungen und Einladungen der jeweiligen Website, wo die Websitebesitzer darüber entscheiden können, die Einladung zu gewähren oder abzuweisen.

Abbildg. 13.72 Auf eine Website berechtigte Benutzer

Für die websitesammlungsübergreifende Berechtigungssteuerung bleibt Ihnen lediglich eine sehr strukturierte Herangehensweise bei der Vergabe von Berechtigungen, sodass Sie die Benutzerberechtigungen beispielsweise anhand seiner Gruppenmitgliedschaften ablesen können.

Um die effektiven Berechtigungen eines Anwenders innerhalb einer jeweils explizit definierten Ebene in Erfahrung bringen, gehen Sie wie folgt vor:

1. Navigieren Sie auf die Siteebene oder zur Liste, für die Sie die effektiven Berechtigungen eines Benutzers oder einer Gruppe in Erfahrung bringen möchten.
2. Öffnen Sie die Listen oder Websitesammlungseinstellungen und klicken Sie beispielsweise im Fall der Websiteberechtigungen auf *Websiteberechtigungen.*
3. Wählen Sie im Menüband die Schaltfläche *Berechtigungen überprüfen* (Abbildung 13.73).

Abbildg. 13.73 Effektive Berechtigungen verifizieren

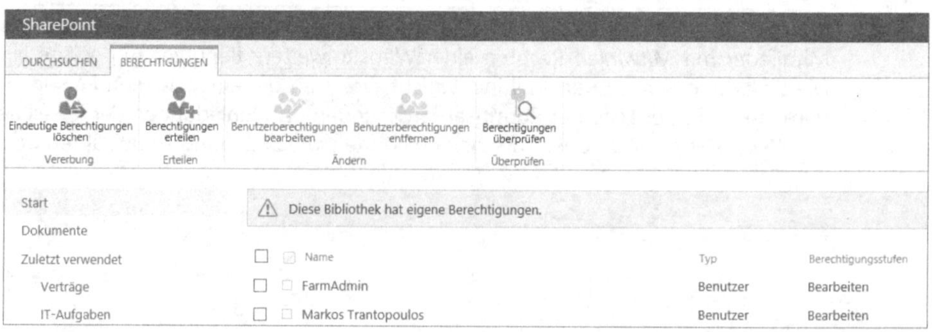

4. Geben Sie den Namen der SharePoint- oder Active Directory-Gruppe oder eines Anwenders ein und klicken Sie auf *Jetzt verifizieren.*
5. Sie erhalten nun die Berechtigungen angezeigt, die der angegebene Benutzer bzw. der Gruppe erhält und woraus diese Rechte bezogen werden (Abbildung 13.74).

Abbildg. 13.74 Effektive Berechtigungen eines Benutzers

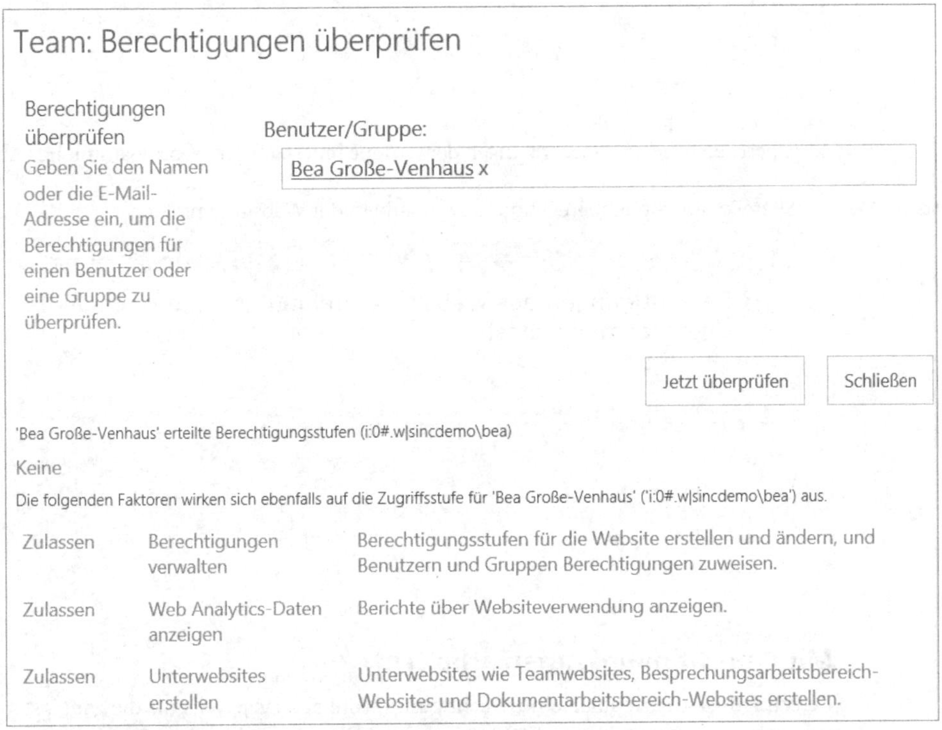

Neben dieser Möglichkeit, sowohl für Benutzer als auch für Gruppen Berechtigungen für die jeweilige Hierarchiestufe in SharePoint anzeigen zu lassen, gibt es speziell für SharePoint-Gruppen noch die Möglichkeit, deren Berechtigungen innerhalb der Websitesammlung anzeigen zu lassen. Dies ist eine wichtige, zusätzliche Funktion, mit deren Hilfe Sie auch ohne die Verwendung von Drittanbieterwerkzeugen die Übersicht behalten können.

Um sich diese SharePoint-Gruppenberechtigungen anzeigen zu lassen, gehen Sie wie folgt vor:

1. Klicken Sie auf der Seite, auf der die SharePoint-Gruppe über Berechtigungen verfügt, auf *Websiteaktionen* und *Websiteberechtigungen.*
2. Klicken Sie auf die entsprechende SharePoint-Gruppe.
3. Wählen Sie im Dropdownlistenfeld *Einstellungen* den Eintrag *Gruppenberechtigungen anzeigen* aus (Abbildung 13.75).

Abbildg. 13.75 Gruppenberechtigungsoptionen

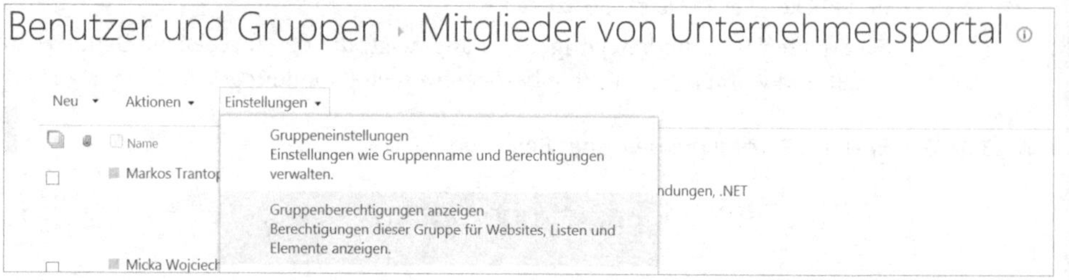

4. Überprüfen Sie die Berechtigungen der Gruppe innerhalb der Websitesammlung (Abbildung 13.76).

Abbildg. 13.76 SharePoint-Gruppenberechtigungen innerhalb der Websitesammlung

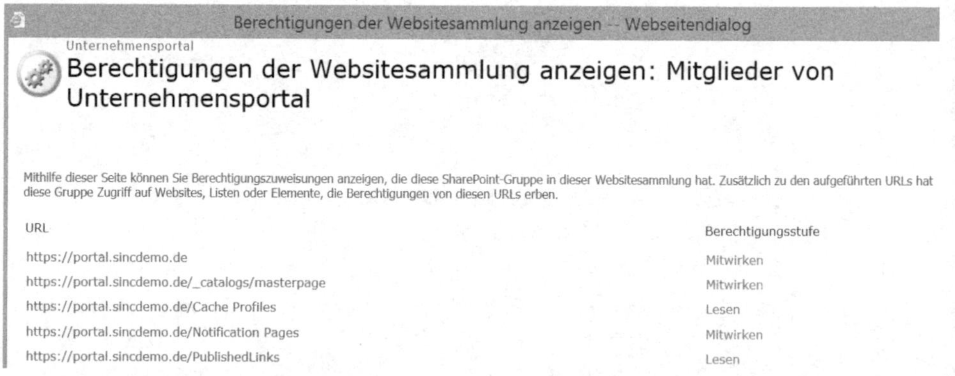

Mit Berechtigungsstufen arbeiten

Berechtigungsstufen bilden ein Berechtigungsprofil ab, das jeweils für die gängigsten und wichtigsten Aufgaben innerhalb einer Website tauglich ist. Generell stehen Berechtigungsstufen lediglich innerhalb einer Websitesammlung zur Verfügung.

In Abhängigkeit davon, welche Websitevorlage zum Erstellen Ihrer Website Sie verwendet haben, stehen Ihnen unterschiedliche SharePoint-Gruppen mit jeweils unterschiedlichen Berechtigungsstufen zur Verfügung. Sollten die vorhandenen Berechtigungsstufen nicht ausreichen, müssen Sie weitere Stufen definieren. Gehen Sie dazu wie folgt vor.

1. Öffnen Sie die entsprechende Hauptseite der Websitesammlung, klicken Sie auf *Websiteaktionen* und *Websiteberechtigungen*.
2. Klicken Sie im Menüband auf *Berechtigungsstufen*.
3. Klicken Sie auf *Berechtigungsstufe hinzufügen*.
4. Geben Sie einen Namen für die Berechtigungsstufe ein und aktivieren Sie die Kontrollkästchen aller für diese Stufe benötigten Berechtigungen.
5. Klicken Sie abschließend auf *Erstellen*, um die Berechtigungsstufe zu erstellen.

Zur Verwendung der soeben erstellten Berechtigungsstufe gehen Sie wie folgt vor:

1. Öffnen Sie das Berechtigungsdialogfeld der gewünschten Liste, Dokumentbibliothek oder Website und klicken Sie auf *Berechtigung erteilen*.

2. Geben Sie ein zu berechtigendes Objekt an, wählen Sie die Option *Benutzern eine Berechtigung direkt erteilen* sowie die zuvor erstellte Berechtigungsstufe aus und klicken Sie auf *OK*.

Die so erstellte Berechtigungsstufe steht Ihnen nun bei der Vergabe von direkten Berechtigungen zur Verfügung (Abbildung 13.77).

Abbildg. 13.77 Verwendung von Berechtigungsstufen bei der Rechtevergabe

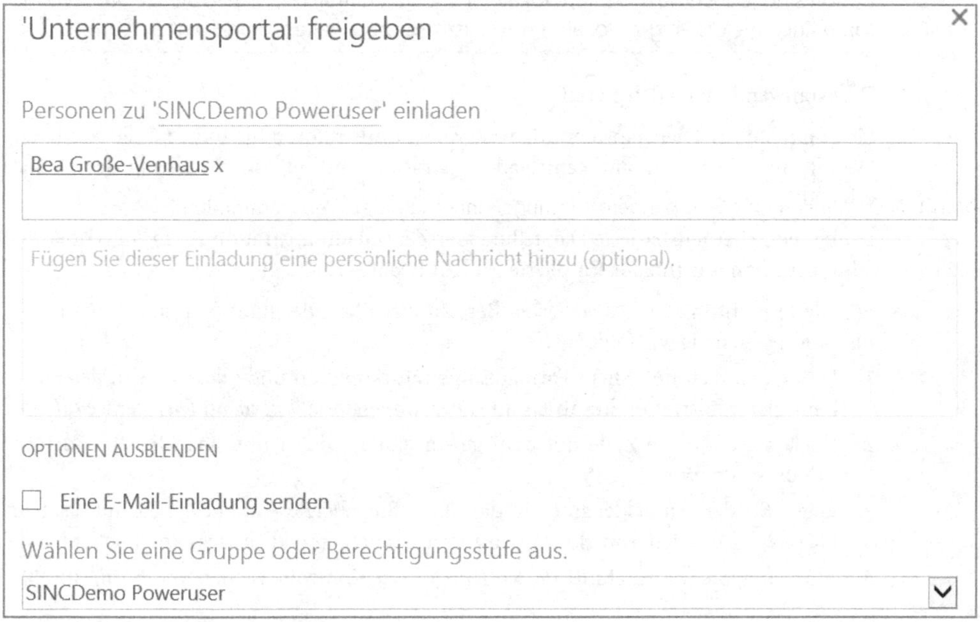

Berechtigungen delegieren

Dieser Abschnitt beschreibt die Delegierung von administrativen Tätigkeiten.

Farmadministratoren definieren

Für umfassende Administrationsberechtigungen innerhalb einer Serverfarm ist die Mitgliedschaft in der Gruppe der Farmadministratoren erforderlich. Diese Gruppenmitgliedschaft kann mithilfe der Zentraladministration verwaltet werden (Abschnitt *Sicherheit/Farmadministratorgruppe verwalten*). Neben dieser Mitgliedschaft werden jedoch noch weitere Berechtigungen benötigt, um umfassende Verwaltungsrechte nutzen zu können. Daher wird in diesem Beispiel die PowerShell für die Verwaltung von Farmadministratoren bevorzugt.

Verwenden Sie das PowerShell-Beispielskript aus Listing 13.1, um neue Farmadministratoren zu bestimmen.

Listing 13.1 Neue Farmadministratoren definieren

```
$FarmAdmin = "sincdemo\bea"
New-SPUser -UserAlias $FarmAdmin -Web http://sp2-2:12345 -Group "Farm Administrators"
Get-SPDatabase | Add-SPShellAdmin -UserName $FarmAdmin
```

Durch dieses Skript werden dem Farmadministrator beispielsweise ausreichende Berechtigungen auf die Datenbanken eingerichtet, sodass dieser die alltäglichen Arbeiten wie Sicherungen oder Verschiebeoperationen durchführen kann.

HINWEIS Der Benutzer erhält durch *Add-SPShellAdmin* die Mitgliedschaft in der lokalen Gruppe *WSS_Admin_WPG* und in der Rolle *SharePoint_Shell_Access*. Für eine umfassende Administration sind jedoch noch weitere lokale Privilegien hilfreich, weshalb Sie die SharePoint-Administratoren auch gleichzeitig zu lokalen Administratoren auf allen SharePoint-Servern machen sollten.

Dienstanwendungen delegieren

Sie können einer Dienstanwendung weitere Administratoren hinzufügen, die somit Zugriff auf die Website für die SharePoint-Zentraladministration und auf die Steuerung der Dienstanwendung erhalten.

Durch die sicherheitsbasierte Darstellung der Zentraladministration sehen Anwender in der Zentraladministration nur Inhalte, für die sie explizit Rechte erhalten haben.

Für die Einrichtung einer delegierten Berechtigung für Dienstanwendungen über die Zentraladministration gehen Sie wie folgt vor:

1. Melden Sie sich mit einem Farmadministratorkonto an und klicken Sie in der Einstiegsseite der Zentraladministration im Abschnitt *Anwendungseinstellungen* auf *Dienstanwendungen verwalten*.
2. Klicken Sie auf die Zeile mit dem gewünschten Dienst und anschließend im Menüband auf *Administratoren*.
3. Fügen Sie den Anmeldenamen in das obere Eingabefeld ein, klicken Sie auf das Symbol *Namen überprüfen*, um den Anmeldenamen zu verifizieren, und klicken Sie anschließend auf *Hinzufügen*.
4. Aktivieren Sie im Abschnitt *Berechtigungen* das Kontrollkästchen *Vollzugriff* und klicken Sie auf *OK*.

TIPP Durch das Hinzufügen der Anwender zu der Dienstanwendungsadministratorgruppe werden die Konten automatisch zu einer in der Zentraladministration vorgehaltenen SharePoint-Gruppe der *Delegated Administrators* hinzugefügt. Durch die Mitgliedschaft in dieser Gruppe erhalten die Konten das Recht, sich an der Zentraladministration überhaupt anzumelden. Sofern Sie das Konto aus dieser Gruppe löschen, entziehen Sie dem Konto die Möglichkeit sich anzumelden und seine Aufgaben wahrzunehmen. Sollten Sie das Anwenderkonto aus der Berechtigungsliste der Dienstanwendung entfernen, erlischt nicht automatisch seine Mitgliedschaft in der *Delegated Administrators*-Gruppe. Dies ist nicht weiter gravierend, da der Anwender somit auch keine zu verwaltenden Dienste angezeigt bekommt.

Um ein Benutzerkonto über die PowerShell zum Administrator einer Dienstanwendung zu machen, verwenden Sie das folgende PowerShell-Skript und ersetzen Sie dabei die Dienstanwendungs-ID durch die entsprechende ID Ihrer Dienstanwendung und den Namen des zu berechtigenden Kontos durch ein entsprechendes Konto.

ONLINE Sie finden die beiden nachfolgenden Skripts unter dem Namen *AddSvcAdmin.ps1* bzw. *RemoveSvcAdmin.ps1* innerhalb der Begleitdateien zum Buch.

Listing 13.2 Dienstanwendungsberechtigungen an ein Benutzerkonto delegieren

```
$websvc = Get-SPServiceApplication -Identity fb2979a9-13c2-483f-8218-d73e5a6372ec
$sec = Get-SPServiceApplicationSecurity -Identity $websvc -admin
$prin = New-SPClaimsPrincipal -Identity sincemo\frank -IdentityType WindowsSamAccountName
Grant-SPObjectSecurity $sec $prin "Vollzugriff"
Set-SPServiceApplicationSecurity $websvc -Admin $sec
```

HINWEIS Beachten Sie, dass die Berechtigungen bei englischen Installationen *Full Control* anstelle von *Vollzugriff* lauten.

Um einen Anwender aus der Dienstanwendungsadministratorliste über die PowerShell zu entfernen, verwenden Sie das Skript aus Listing 13.3 und passen Sie es wie zuvor entsprechend an.

Listing 13.3 Benutzerkonto aus der Dienstanwendungsberechtigungsliste entfernen

```
$websvc = Get-SPServiceApplication -Identity fb2979a9-13c2-483f-8218-d73e5a6372ec
$sec = Get-SPServiceApplicationSecurity -Identity $websvc -admin
$prin = New-SPClaimsPrincipal -Identity sincdemo\frank -IdentityType WindowsSamAccountName
Revoke-SPObjectSecurity $sec $prin
Set-SPServiceApplicationSecurity $websvc -Admin $sec
```

Websitesammlungsadministratoren konfigurieren

Die Farmadministratoren haben die Aufgabe und die Berechtigung, den primären und sekundären Websitesammlungsadministrator zu bestimmen. Websitesammlungsadministratoren haben unabhängig von den Berechtigungen in der Websitesammlung vollständigen Zugriff auf die Inhalte der Websitesammlung.

Es können mehr als zwei Websitesammlungsadministratoren bestimmt werden. Allerdings obliegt die Konfiguration weiterer Websitesammlungsadministratoren den durch die Farmadministratoren eingesetzten beiden ersten Websitesammlungsadministratoren in der Websiteverwaltung.

HINWEIS Sie können lediglich Benutzerkonten, keine Gruppen als primäre und sekundäre Websitesammlungsadministratoren bestimmen. Allerdings ist es sehr wohl möglich, aus der Websitesammlungssteuerung außerhalb dieser beiden Rollen (primär und sekundär) auch Gruppen in die Websitesammlungsadministratoren aufzunehmen.

Die Steuerung der Websitesammlungsadministratoren ist hinreichend bekannt. Zum Definieren der Websitesammlungsadministratoren mithilfe der PowerShell verwenden Sie das folgende Beispielskript:

```
Set-SPSiteAdministration https://portal.sincdemo.de/websites/it -OwnerAlias
"sincdemo\frank" -SecondaryOwnerAlias sincdedmo\farmadmin
```

Das Modell der primären und sekundären Benutzer ist recht begrenzt. Von daher können Sie automatisiert weitere Benutzer hinzufügen, indem Sie beispielsweise einen neuen Benutzer in der Websitesammlungsbenutzerliste erstellen und diesen gleichzeitig zum Websitesammlungsadministratoren deklarieren (Listing 13.4).

Listing 13.4 Hinzufügen weiterer Websitesammlungsadministratoren

```
$user= "sincdemo\frank"
New-SPUser -UserAlias $user -Web https://portal.sincdemo.de -SiteCollectionAdmin
```

Um einen bereits in der Websitesammlungsbenutzerliste vorhandenen Benutzer diese Rolle zuzuweisen, verwenden Sie alternativ das Cmdlet *Set-SPUser.*

Websiteberechtigungen erteilen

Mithilfe der neuen Funktion *Freigeben für* können alle Mitglieder einer Website oder Benutzer mit weiterführenden Berechtigungen weitere Benutzer auf eine Website berechtigen oder eine freizugebende Anfrage beim Websitebesitzer erstellen.

In Abhängigkeit von den vorliegenden Berechtigungen können Mitglieder somit eine Anfrage auf Berechtigungserteilung stellen oder Websitebesitzer direkt über das Dialogfeld die Berechtigungen erteilen (Abbildung 13.78)

Abbildg. 13.78 Berechtigungserteilung aus der Sicht eines Websitebesitzers

Mitglieder der Website sehen die Zuordnung zu einer SharePoint-Gruppe in diesem Dialogfeld nicht. Die grundsätzliche Steuerung der Websiteberechtigung wird durch diese Funktion nicht ersetzt, sondern lediglich ergänzt.

Zugriffsanforderungen

Zugriffsanforderungen dienen der automatisierten und optional autarken Berechtigungsverwaltung innerhalb einer Websitesammlung. Benutzer können somit Berechtigungen eigenständig anfragen und erhalten ggf. die Gruppenmitgliedschaft auch automatisiert bzw. hinterlassen eine entsprechende Anfrage bei den Websiteadministratoren oder im Falle von Verteilerlisten bei den Farmadministratoren. Dieses Modul ist nicht neu und bereits in SharePoint 2010 nur mäßig in die Oberfläche integriert. In SharePoint 2013 hat sich die Integration weiter verschlechtert, wobei zumindest die allgemeine Anfrage für Berechtigungen außerhalb spezifischer Gruppen etwas vereinfacht wurde. Somit kann zu diesem Zeitpunkt lediglich die Verwendung der einfachen Zugriffsanforderungen empfohlen werden. Für eine sinnvolle Verwendung von Gruppenmitgliedschaftsanforderungen sind Anpassungen an der Oberfläche erforderlich, da diese Funktionen für einen normalen Anwender nicht auffindbar sind.

Zugriffsanforderungen allgemein aktivieren

Um Zugriffsanforderungen auf Websiteebene zu gewähren, gehen Sie wie folgt vor:

1. Öffnen Sie die jeweiligen Websiteeinstellungen und klicken Sie im Abschnitt *Benutzer und Berechtigungen* auf *Websiteberechtigungen.*
2. Klicken Sie im Menüband auf *Einstellungen für Zugriffsanforderungen* (Abbildung 13.79).

Abbildg. 13.79 Zugriffsanforderungen steuern

3. Aktivieren Sie das Kontrollkästchen und hinterlegen Sie die E-Mail-Adresse, an die die Benachrichtigungen zu Zugriffsanforderungen versandt werden sollen (Abbildung 13.80).

Abbildg. 13.80 Konfiguration der Zugriffsanforderungen

Durch diese Konfiguration steht Ihnen nun eine neue entsprechende Konfigurationsoption in den Websiteeinstellungen zur Verfügung, um die Anforderungsliste zu verwalten.

Einfache Zugriffsanforderungen

Beim Zugriff von Benutzern innerhalb der zuvor für die Zugriffsanforderung konfigurierten Site erhalten diese nun eine erweiterte Fehlermeldung, die ihnen die einfache Möglichkeit offenbart, den Zugriff anzufordern (Abbildung 13.81).

Abbildg. 13.81 Fehlermeldung bei Zugriffen ohne Zugriffsrechte und aktivierter Zugriffsanforderung

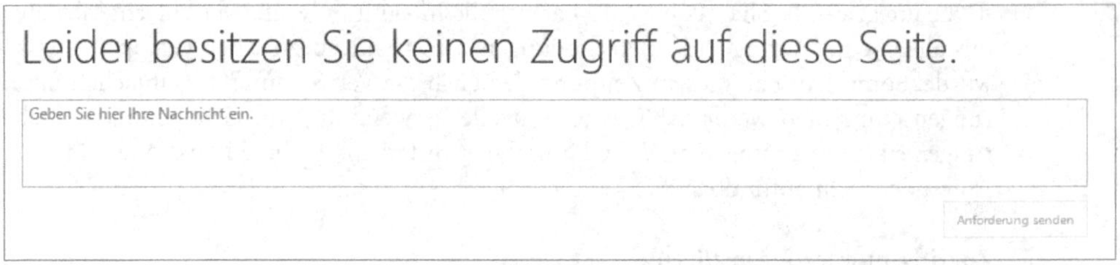

Sendet ein Benutzer die Zugriffsanforderung ab, erhält der konfigurierte Empfänger für die Zugriffsanforderung eine E-Mail-Benachrichtigung und kann mithilfe der Websiteeinstellungen unter *Zugriffsanforderungen und Einladungen* den Zugriff gewähren (Abbildung 13.82).

Abbildg. 13.82 Steuerung der Zugriffsanforderungen

Die Funktion *Freigeben für* ist indes in diese Steuerung integriert und ermöglicht es dem Websitebesitzer alternativ auch über den dort angezeigten Link für ausstehende Zugriffsanforderungen in die entsprechende Verwaltungsansicht zu wechseln (Abbildung 13.83).

Abbildg. 13.83 Integration der Zugriffsanforderungssteuerung in *Freigeben für*

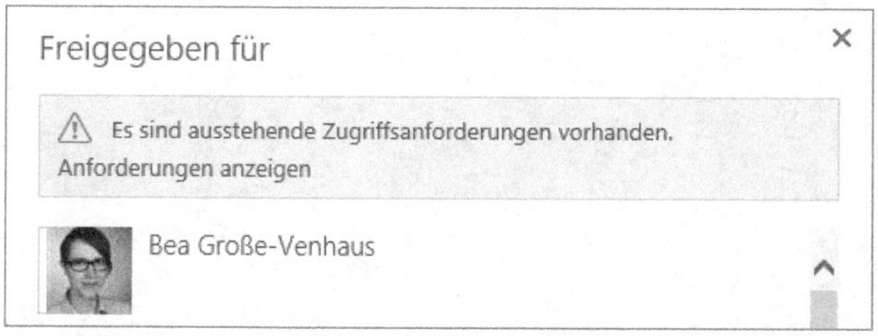

SharePoint-Gruppen verwalten

Die SharePoint-Gruppen werden jeweils innerhalb der Websitesammlung gepflegt und in der Regel beim Erstellen einer Website oder Websitesammlung mitangelegt.

HINWEIS Eine SharePoint-Gruppe sollte nicht mehr als 5.000 Mitglieder haben, um die Leistung adäquat zu gestalten. Gleichzeitig sollten Benutzer auch nicht mehr Mitgliedschaften als in 5.000 SharePoint-Gruppen aufweisen. Beachten Sie, dass Sie SharePoint-Gruppen nicht verschachteln und auch nur innerhalb einer Websitesammlung verwenden können.

Zum Verwalten von Gruppenparametern mithilfe der Websiteverwaltung gehen Sie wie folgt vor:

1. Öffnen Sie die entsprechende Website und klicken Sie auf *Websiteaktionen* und *Websiteeinstellungen*.
2. Klicken Sie im Abschnitt *Benutzer und Berechtigungen* auf *Benutzer und Gruppen*.
3. Klicken Sie in der Schnellstartleiste auf *Gruppen* und anschließend in der Spalte *Bearbeiten* auf das Symbol für die gewünschte Gruppe.
4. Im Abschnitt *Besitzer* definieren Sie den Besitzer der Gruppe. Dabei haben Sie die Wahl zwischen einer Gruppe oder einem Benutzer. Jedoch kann nur ein Element Besitzrechte erhalten (Abbildung 13.84).

Abbildg. 13.84 Gruppenverwaltung

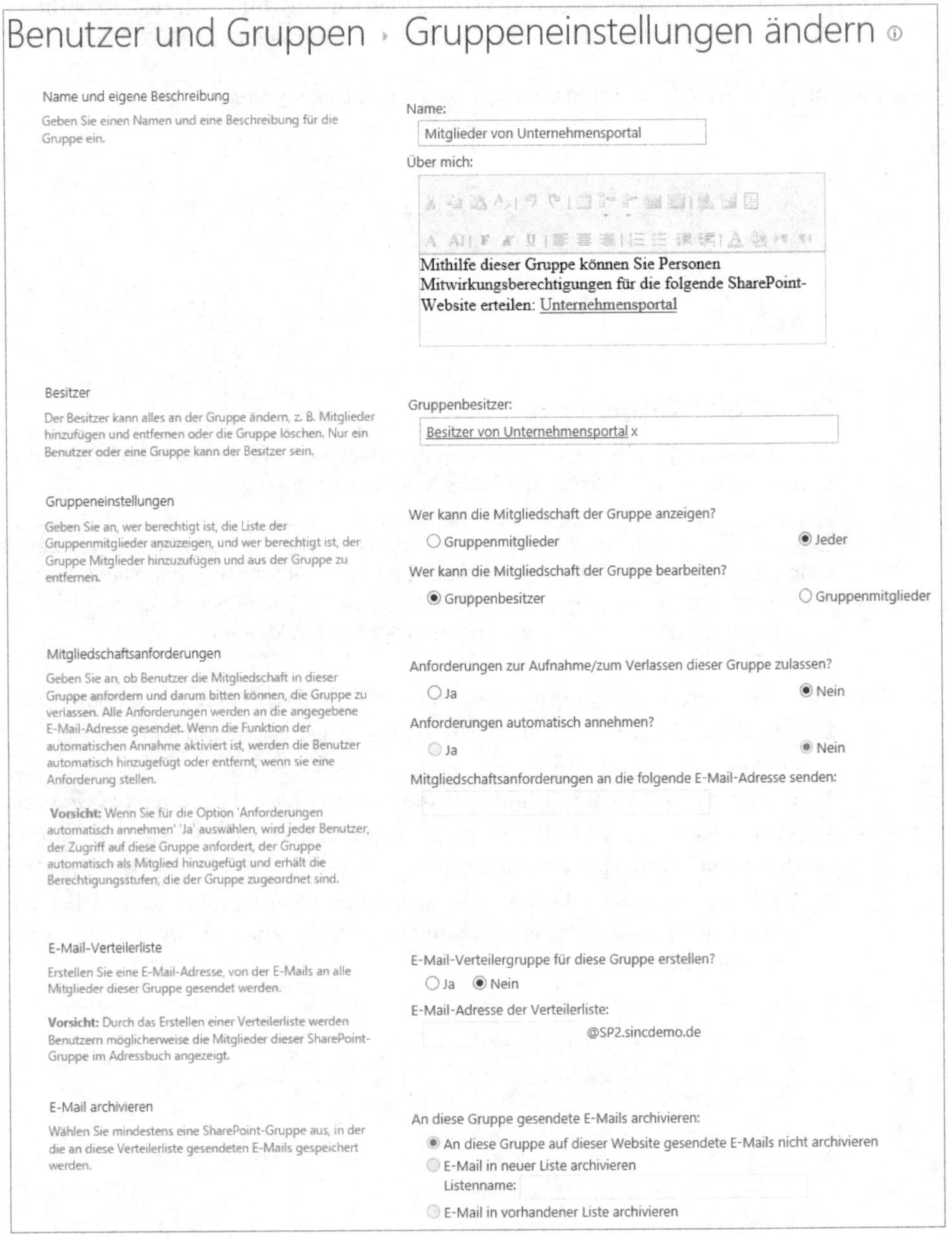

5. Im Abschnitt *Mitgliedschaftsanforderungen* haben Sie die Möglichkeit, Benutzer die Mitgliedschaft in dieser Gruppe anfragen zu lassen und diese ggf. automatisch zu gewähren.
6. Klicken Sie auf *OK*, um die Einstellungen zu übernehmen.

HINWEIS Einige der demonstrierten Einstellungen stehen nur bei einer für eingehende E-Mail konfigurierten SharePoint-Serverfarm zur Verfügung.

Zum Verwalten von SharePoint-Gruppenmitgliedschaften mithilfe der PowerShell verwenden Sie das folgende Beispielskript:

```
Set-SPUser -identity "sincdemo\frank" -Web http://portal.sincdemo.de -Group "Besitzer von
Unternehmensportal"
```

Durch dieses Skript wird ein Benutzer zu der SharePoint-Gruppe *Besitzer von Unternehmensportal* hinzugefügt. Zum Entfernen des Benutzers aus der Gruppe führen Sie den folgenden Befehl aus:

```
Remove-SPUser -Identity "sincdemo\frank" -Web https://portal.sincdemo.de -Group "Besitzer
von Unternehmensportal" -Confirm:$false
```

Zugriffsanforderungen für Gruppen

Das Modell der Gruppenzugriffsanforderungen ermöglicht es Besitzern von Gruppen, unabhängig von den Websitebesitzern oder Websitesammlungsadministratoren die Gruppenmitgliedschaft per Automatismus oder manuell zu steuern.

Dazu finden Sie bei aktivierter Zugriffsanforderungssteuerung die folgenden Optionen in den Optionen einer SharePoint-Gruppe (Abbildung 13.85).

Abbildg. 13.85 Gruppenmitgliedschaftsanforderungen

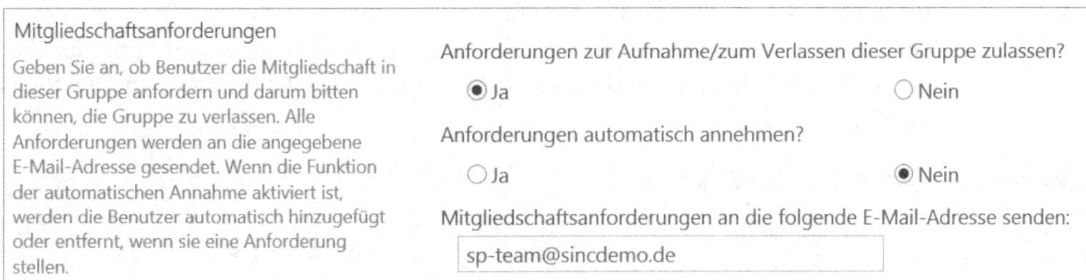

Aufgrund des Umstands der mangelhaften Integration der Gruppemitgliedschaftsanforderungen in die Benutzeroberfläche in SharePoint 2013 wird an dieser Stelle nicht weiter auf die Details dieser Schnittstelle eingegangen.

Verteilerlisten verwalten

SharePoint-Gruppen können als Verteilerlisten aktiviert werden, sofern Sie Ihre SharePoint-Serverfarm für den Empfang von E-Mail-Nachrichten konfiguriert haben. Mithilfe des SharePoint-Verzeichnisverwaltungsdiensts werden somit Verteilerlisten in Active Directory angelegt und gepflegt und stehen Ihnen in der globalen Adressliste (Global Address List, GAL) von Exchange Server bzw. in Ihrem Outlook-Adressbuch zur Verfügung. Um den unkontrollierten Gebrauch von Verteilerlisten einzudämmen, haben Sie die Möglichkeit, granular zu steuern, welche verteilerlistenspezifischen Operationen einer vorherige Genehmigung durch einen Farmadministrator bedürfen. Somit kann der Farmadministrator entscheiden, welche Verteilerlisten tatsächlich anzulegen sind.

Gehen Sie wie folgt vor, um den Gebrauch von Verteilerlisten in SharePoint zu steuern:

1. Öffnen Sie die Zentraladministration und klicken Sie in der Schnellstartleiste auf *Systemeinstellungen* und dann im Abschnitt *E-Mail und Textnachrichten (SMS)* auf *Einstellungen für eingehende E-Mail konfigurieren.*
2. Im Abschnitt *Verzeichnisverwaltungsdienst* befinden sich im unteren Segment die verteilerlistenspezifischen Steuerungselemente (Abbildung 13.86).

HINWEIS In Kapitel 5 wird die Konfiguration von eingehenden E-Mail-Einstellungen mit Ausnahme der Verteilergruppen eingehend behandelt.

Abbildg. 13.86 Verwaltung der Verteilergruppen in der Zentraladministration

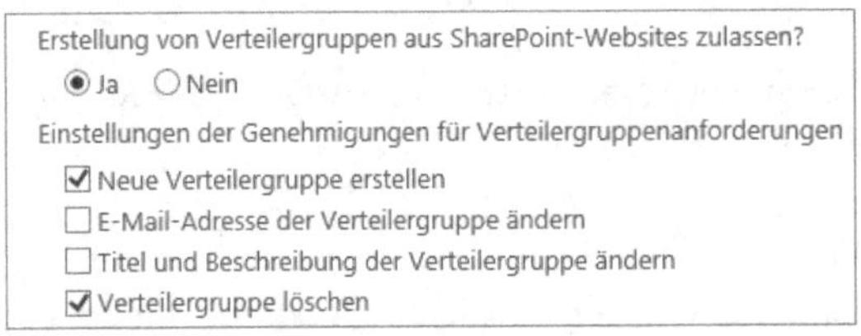

3. Setzen Sie die Option *Erstellung von Verteilergruppen aus SharePoint-Websites zulassen?* auf *Ja.*
4. Aktivieren Sie alle Kontrollkästchen in den Zeilen, für deren Operation Sie eine Genehmigung durch einen Farmadministrator erzwingen möchten, und klicken Sie auf *OK*, um die Einstellungen zu übernehmen.
5. Öffnen Sie nun in der Rolle eines Gruppenbesitzers oder Websiteadministrators die Eigenschaften einer gewünschten SharePoint-Gruppe.
6. Im Abschnitt *E-Mail-Verteilerliste* setzen Sie die Option *Ja*, geben ein Präfix für die zu verwendende E-Mail-Adresse an und klicken auf *OK*, um die Einstellungen zu übernehmen (Abbildung 13.87).

Abbildg. 13.87 E-Mail-Verteilerliste aktivieren

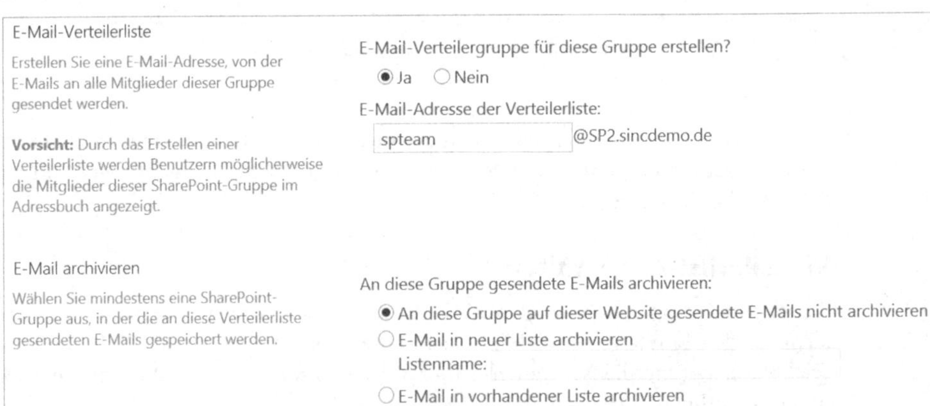

7. Sofern Sie die Erstellung von Verteilerlisten als Genehmigungspflichtig aktiviert haben, ist nun die Zustimmung eines Farmadministrators erforderlich. Öffnen Sie dazu in der Rolle des Farmadministrators die Zentraladministration und klicken Sie in der Schnellstartleiste auf *Sicherheit.*

8. Im Abschnitt *Benutzer* klicken Sie auf *Verteilergruppen genehmigen oder ablehnen.*
9. In dieser abgeänderten Verwaltungsoberfläche klicken Sie zunächst auf den Link *Anforderungen erstellen.* Im Kontextmenü der zu erstellenden Gruppe wählen Sie den Befehl *Genehmigen/Ablehnen* aus (Abbildung 13.88).

Abbildg. 13.88 Verteilergruppen genehmigen

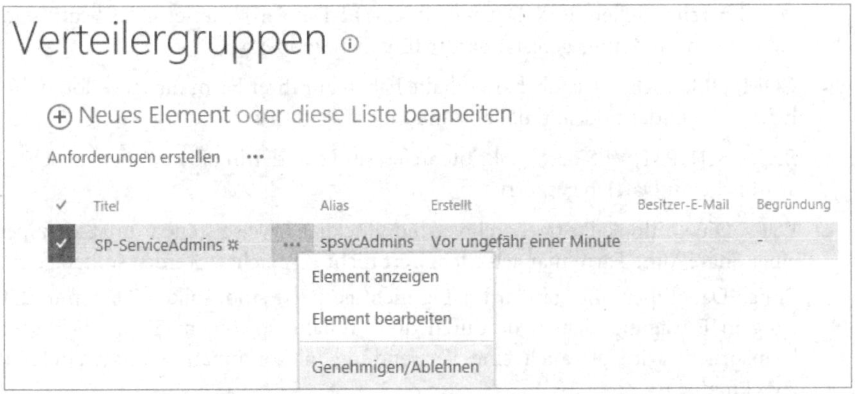

10. Klicken Sie auf die gewünschte Option, geben Sie ggf. einen Kommentar zu Ihrer Entscheidung an und klicken Sie anschließend auf *OK*, um den Genehmigungsprozess abzuschließen.

Unter der Ansicht *Genehmigte Verteilgruppen* finden Sie somit die zuvor genehmigten Anfragen wieder, während die Ansicht *Änderungsanforderungen* zu diesem Zeitpunkt noch nicht funktional ist: Änderungen an einer Verteilerliste erscheinen noch immer in der Ansicht *Anforderungen erstellen.*

Anwenderberechtigungen entziehen

Um die Berechtigungen eines Anwenders vollständig aus einer Websitesammlung zu entfernen, verwenden Sie in SharePoint 2013 die PowerShell.

HINWEIS Die bislang noch in SharePoint 2010 verfügbare Funktion zum Entfernen von Benutzern aus der Websitesammlung wurde aus der Websiteverwaltungsoberfläche entfernt.

Beachten Sie, dass Sie im nachfolgenden Beispiel Rücksicht auf das Claimspräfix *i:0#.w|* bei der Lokalisierung von Benutzern nehmen, da der Benutzer andernfalls nicht lokalisiert werden kann.

```
Get-SPSite https://portal.sincdemo.de | Get-SPWeb | Remove-SPUser "i:0#.w|sincdemo\kunta"
-Confirm:$false -ErrorAction:SilentlyContinue
```

Durch diesen Vorgang wurden dem definierten Anwender alle Berechtigungen inklusive der Gruppenmitgliedschaften innerhalb der Websitesammlung entzogen. Sollten Sie Probleme bei der Lokalisierung des Benutzers haben, verwenden Sie das Cmdlet *Get-SPUser.*

Gesperrte Dateitypen

Standardmäßig ist eine ganze Reihe von Dateitypen für die Verwendung in SharePoint gesperrt. Zu diesen Dateitypen zählen:

- CER Zertifikatdateien sind standardmäßig blockiert. Dies erscheint selbst aus Sicherheitsgründen eher fragwürdig, da es somit nicht möglich ist, Zertifizierungsstellenzertifikate über das Portal bereitzustellen. PFX-Dateien (PKCS#12-Dateien), die sensibles Schlüsselmaterial enthalten können, sind hingegen standardmäßig nicht gesperrt.
- COM, DLL, EXE Ausführbare Inhalte haben auf Ihrer Farm nichts verloren, stellen ein Sicherheitsproblem dar und sind daher standardmäßig gesperrt
- BAT, CMD, PS1, VBS usw. Skriptdateien sind standardmäßig aus dem gleichen Grund wie die ausführbaren Dateien gesperrt
- PST Die Outlook-Postfacharchive sind glücklicherweise standardmäßig gesperrt, da diese in einer SharePoint-Farm mangels Mehrwert nicht gespeichert werden sollten.

  Einige Dateitypen, die standardmäßig nicht gesperrt sind, sollten Sie zumindest für eine Sperrung in Erwägung ziehen, da durch diese Inhalte sowohl nicht unerheblicher Speicherplatz beansprucht wird als auch eine Verwendung in Kombination mit SharePoint nicht immer zweckmäßig ist.
- MP3, WMV, MPG Standardmäßig liegt für diese Medientypen keine Sperrung vor. Sperren Sie diese, sofern Sie diese nicht explizit einzusetzen gedenken.

Die gesperrten Dateitypen werden auf Webanwendungsebene verwaltet. Zur Verwaltung über die Zentraladministration gehen Sie wie folgt vor:

1. Klicken Sie in der Zentraladministration in der linken Schnellstartleiste auf *Sicherheit* und *Gesperrte Dateitypen definieren.*
2. Wählen Sie im Dropdownlistenfeld *Webanwendung* zunächst die entsprechende Webanwendung aus.
3. Modifizieren Sie die Liste und klicken Sie abschließend auf *OK.*

Um eine vollständige Liste der gesperrten Dateitypen mithilfe der PowerShell zu erhalten, verwenden Sie das PowerShell-Skript aus Listing 13.5.

Listing 13.5 Auflisten der gesperrten Dateitypen

```
$wa = Get-SPWebApplication [URL der Webanwendung]
$wa.BlockedFileExtensions
```

Dienstkonten konfigurieren

SharePoint-Dienstkonten sind immer mithilfe der SharePoint-Verwaltungsoberfläche abzuändern, um sicherzustellen, dass alle Mitglieder der Serverfarm die gleichen Dienstkonten verwenden. Durch dieses Verfahren können Sie sowohl die Windows-Dienstkonten als auch die Anwendungspooldienstkonten und das Farmkonto modifizieren.

Zum Abändern des Kennworts eines Dienstkontos mithilfe der Zentraladministration gehen Sie wie folgt vor:

1. Öffnen Sie die Zentraladministration und klicken Sie in der Schnellstartleiste auf *Sicherheit.*
2. Klicken Sie auf *Verwaltete Konten konfigurieren.*
3. Klicken Sie auf das *Bearbeiten*-Symbol rechts neben dem anzupassenden Konto.
4. Aktivieren Sie im Abschnitt *Verwaltung von Anmeldeinformationen* das Kontrollkästchen und wählen Sie die Option *Kontokennwort auf neuen Wert festlegen.*
5. Klicken Sie abschließend auf *OK.*

Gehen Sie wie folgt vor, um ein Dienstkonto mithilfe der Zentraladministration abzuändern:

1. Registrieren Sie zuvor ein neues verwaltetes Konto (siehe Kapitel 4).
2. Öffnen Sie die Einstiegsseite der Zentraladministration und klicken Sie im Abschnitt *Sicherheit* auf *Dienstkonten konfigurieren.*
3. Wählen Sie im oberen Dropdownlistenfeld den zu konfigurierenden Dienst bzw. den Anwendungspool aus und anschließend im Dropdownlistenfeld *Wählen Sie ein Konto für diese Komponente aus* das zugehörige, zuvor eingerichtete verwaltete Konto.

Webpart-Sicherheit verwalten

Standardmäßig werden beispielsweise Benutzer mit der SharePoint-Berechtigungsstufe *Mitwirkende* aus Sicherheitsgründen daran gehindert, skriptfähige Webparts hinzuzufügen oder zu bearbeiten. Ferner dürfen Benutzer standardmäßig auf einen Online-Webpartkatalog zugreifen. Um dieses Verhalten auf Webanwendungsebene abzuändern, gehen Sie wie folgt vor:

1. Öffnen Sie die Zentraladministration und klicken Sie in der Schnellstartleiste auf *Sicherheit.*
2. Klicken Sie im Abschnitt *Allgemeine Sicherheit* auf *Webpartsicherheit verwalten.*
3. Wählen Sie die entsprechende Webanwendung sowie anschließend die gewünschten Optionen aus und klicken Sie auf *OK* (Abbildung 13.89).

Abbildg. 13.89 Webpartsicherheit

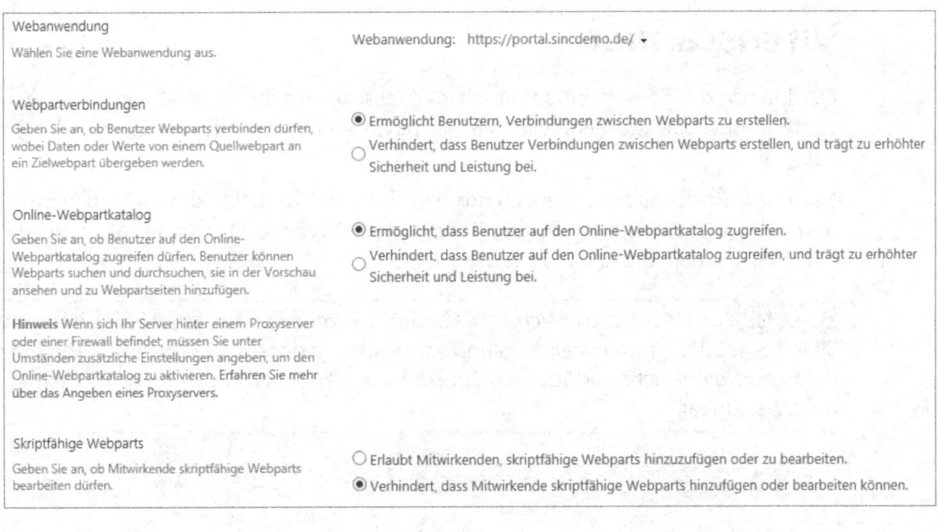

Vertrauensstellungen verwalten

Vertrauensstellungen sind ein wichtiger Bestandteil bei der Kommunikation diverser SharePoint-Komponenten. Speziell wenn es darum geht, auf SSL-geschützte Dienst-URLs zuzugreifen, spielen Vertrauensstellungen eine Rolle, da dem für die gesicherte Verbindung verwendeten Zertifikat bzw. dessen ausstellenden Zertifizierungsstelle vertraut werden muss, andernfalls schlägt die Verbindung fehl. Selbst für Administratoren, die mit der Handhabung von Zertifikaten vertraut sind, ist es wichtig zur Kenntnis zu nehmen, dass SharePoint für die Bewertung des Vertrauens gegenüber Zertifikaten nicht ausschließlich auf den Standardmechanismus in Windows zurückgreift.

Dieser Mechanismus sieht vor, dass allen Stammzertifizierungsstellen im Zertifikatcontainer *Vertrauenswürdige Stammzertifizierungsstellen* und den von diesen Zertifizierungsstellen ausgestellten Zertifikaten automatisch vertraut wird. Für viele SharePoint-Kommunikationsverbindungen ist vielmehr eine SharePoint-spezifische Konfiguration der Vertrauensstellungen ausschlaggebend. Aus diesem Grund können Funktionen fehlschlagen, obwohl das verwendete Zertifikat beim Öffnen (beispielsweise durch einen Doppelklick auf eine *.cer*-Datei) als vertrauenswürdig angezeigt wird.

Zum Einrichten einer Vertrauensstellung mithilfe der Zentraladministration gehen Sie wie folgt vor:

1. Öffnen Sie die Zentraladministration und klicken Sie in der Schnellstartleiste auf *Sicherheit*.
2. Klicken Sie im Abschnitt *Allgemeine Sicherheit* auf *Vertrauensstellung verwalten*.
3. Klicken Sie auf *Neu*.
4. Geben Sie einen Namen für die Vertrauensstellung an, klicken Sie im Abschnitt *Stammzertifikat* auf *Durchsuchen* und wählen Sie das entsprechende Zertifikat (eine *.cer*-Datei) aus.
5. Klicken Sie auf *OK*, um die Vertrauensstellung zu erzeugen.

Zum Einrichten einer Vertrauensstellung mithilfe der PowerShell verwenden Sie das folgende Beispielskript:

```
$rootca = New-Object
System.Security.Cryptography.x509Certificates.x509Certificate2("c:\rootca.cer")
New-SPTrustedRootAuthority –Name "WM Root CA" –Certificate $rootca
```

Virenscanner

Der Einsatz von SharePoint-spezifischen Virenscannern stellt gemäß der in Kapitel 3 angeführten Hintergründe eine aus der Sicherheitsperspektive sehr sinnvolle Erweiterung der SharePoint-Farm dar.

Nach dem Rückzug von Microsoft aus der Liste der Virenschutzlösungsanbieter für SharePoint ist durch den hiermit einhergehenden Wegfall von Forefront Protection for SharePoint eine gewisse Lücke entstanden, die es nun zu füllen gilt.

HINWEIS Sie können Microsoft Forefront Protection for SharePoint immer noch auf Ihrer SharePoint 2013-Farm installieren und verwenden, jedoch sind neben der Abkündigung des Produkts und dem nicht verfügbaren Support auch keine Lizenzen mehr für den Erwerb des Produkts verfügbar.

Microsoft selbst stellt jedoch weiterhin die Programmierschnittstelle für den Virenschutz in Form der SharePoint Portal Server Virus Scanning Application Programming Interface (SP VS API) bereit. Diese ist aus Herstellersicht die favorisierte Lösung. Auch wenn es Hersteller gibt, deren Lösung nicht auf dieser API ansetzt, positioniert Microsoft sich in Bezug auf die Verwendung der VS API so, dass im Supportfall verlangt werden kann, nicht konforme Virenschutzlösungen ggf. vorher zu entfernen. Dies ist natürlich ein recht dringender Grund für den Kunden, nach einer konformen Virenschutzlösung Ausschau zu halten. Das offizielle Statement hierzu finden Sie im KB-Artikel 322941 (*http://support.microsoft.com/kb/322941* [Ms156-K13-23]).

Der Einsatz von Virenscannern birgt in der Praxis eine Fülle von zusätzlichen Herausforderungen an die Infrastruktur. Der wichtigste Aspekt stellt dabei zunächst die zusätzliche Latenz durch deren Einsatz dar. Je nach Anbieterlösung gibt es hier ganz erhebliche Diskrepanzen. Da ein hochwertiger Virenschutz nicht nur bei Bedarf zu gewährleisten, sondern auch dazu in der Lage sein sollte, den Inhalt beim Zugriff zu überprüfen, stellt sich hier zumindest beim Hochladen von Inhalten eine spürbare Verzögerung ein, wobei es ebenfalls möglich ist, dass Sie zusätzliche Latenzen bei lesenden Zugriffen in Kauf nehmen müssen.

Nachfolgend finden Sie einen Vergleich, der noch unter Verwendung von Microsoft Forefront Protection im Vergleich zu Trendmicro PortalProtect 2.1 auf SharePoint 2010 durchgeführt wurde (Abbildung 13.90).

Abbildg. 13.90 Zugriffslatenzmessungen im Vergleich von Virenschutzlösungen im Vergleich zu nativen Lösungen

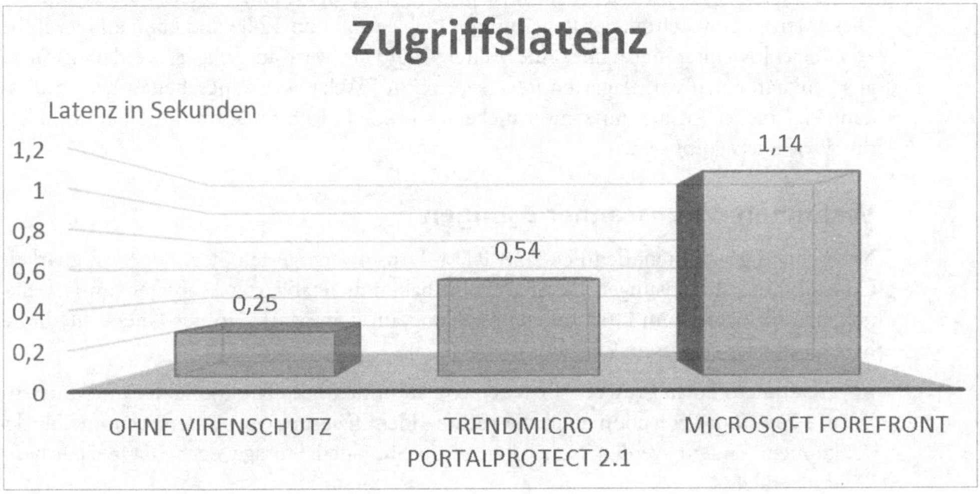

Auch wenn bei derlei Statistiken bei der Einzelbetrachtung eine gesunde Skepsis an den Tag gelegt werden sollte, ändert dies nichts an dem Umstand, dass tatsächlich sehr erhebliche Latenzen zu erwarten sind, die auch unter SharePoint 2013 eine vergleichbare Dimension annehmen.

Neben der Zugriffslatenz wird auch der Gesamtdurchsatz, also die von der Farm unterstützte Anzahl der Anfragen pro Sekunde, spürbar negativ durch den Einsatz von Virenschutzlösungen beeinflusst (Abbildung 13.91).

Abbildg. 13.91 Mögliche Durchsatzveränderung durch den Einsatz von Virenschutzlösungen

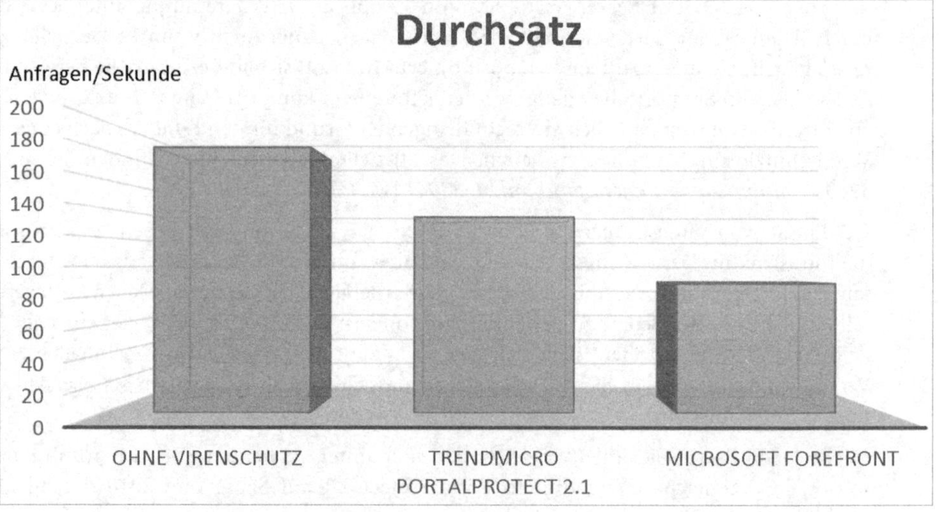

Zudem stellen Virenschutzlösungen zusätzliche Anforderungen an die Infrastruktur sowohl hinsichtlich der Speicherkapazität als auch primär an zusätzlichem Arbeitsspeicher und CPU-Zyklen. Diese Mehrlast entsteht in der Regel auf der Web-Front-End-Rolle und kann anders als beim Einsatz von Verschlüsselung hier nicht ohne Weiteres auf Hardware ausgelagert werden. Zwar ist es durchaus denkbar, einen vorgelagerten Reverseproxy auf Webanwendungsebene filtern zu lassen, jedoch kann ein solcher Ansatz nur schwer lückenlos valide in Kombination mit einer komplexen Anwendung wie SharePoint sein.

Verfügbare Virenscannerlösungen

Nach einem gewohnten, deutlich zum RTM-Termin verzögerten Start der Verfügbarkeit der Drittanbietervirenschutzlösungen für SharePoint haben die etablierten Anbieter mittlerweile mehrheitlich eine für SharePoint 2013 nutzbare Lösung auf dem Markt. In der Übersicht sind die wesentlichen Anbieter zu diesem Zeitpunkt:

- **Trendmicro PortalProtect** Bietet eine recht umfassende Funktionalität und unterstützt ähnlich wie Forefront Protection auch die »echte« Identifizierung von Dateitypen, die blockiert werden können. Zudem werden Neuerungen wie Shredded Storage oder BLOB-Speicher vollständig unterstützt.
- **McAfee Security for Microsoft SharePoint** Setzt auf der VS API auf und bietet neben der Erkennung von Dateitypen alle Standardfunktionen an
- **Symantec Protection for SharePoint** Integriert seine Verwaltungsoberfläche in die Zentraladministration und basiert im Hintergrund auf dem J2SE Runtime Environment (JRE) 5.0
- **Kaspersky Security 8.0 for SharePoint Server** Bietet die gängigen Funktionen an

HINWEIS DocAve hat seine Virenschutzlösung für SharePoint eingestellt, während Sophos offenbar die Lösung noch auf SharePoint aktualisiert. Weitere Lösungen von Bitdefender oder ESET sind ebenfalls verfügbar.

Zusammenfassend lautet eine entfernte Empfehlung weniger, einem speziellen Anbieter zu folgen, sondern vielmehr, dass Sie einen denkbaren Lösungsanbieter vor der produktiven Verwendung in einer produktionsnahen Umgebung auf die bekannten Schwachstellen hin testen:

- Ressourcenallokierung
- Zugriffslatenz bei Lese- und Schreiboperationen im Vergleich zur Basislinie
- Verhalten bei Aktualisierungen innerhalb von SharePoint
- Endbenutzerintegration und Lokalisierung der Virenschutzlösung

Im Zweifel ist natürlich weiterhin der intuitiv erste Schritt zum bisherigen allgemeinen Virenschutzanbieter in Ihrem Unternehmen der kürzeste.

Verzeichnisse ausschließen

Um Leistungsengpässe oder ein instabiles System zu vermeiden, stellen Sie sicher, dass Sie die für einen Virenscanner irrelevanten Verzeichnisse ausschließen.

HINWEIS Um eine möglichst umfangreiche Liste aller Microsoft-Produkte und deren auszuschließende Verzeichnisse zu erhalten, finden Sie eine gute Übersicht unter dem Link *http://social.technet.microsoft.com/wiki/contents/articles/953.microsoft-anti-virus-exclusion-list.aspx* [Ms156-K13-24]. Dies ist wichtig, da in einer komplexen Farm auch besondere Aspekte wie z.B. der Ausschluss von clusterspezifischen Inhalten relevant sind.

Eine gute Übersicht der wichtigsten SQL Server 2012-Inhalte, die von einem Scan auszuschließen sind, finden Sie im KB-Artikel 309422 (*http://support.microsoft.com/kb/309422* [Ms156-K13-25]).

Die folgenden Verzeichnisse sollten auf allen SharePoint Servern (sowohl SharePoint Foundation, als auch SharePoint Server) vom Scanprozess ausgeschlossen werden:

HINWEIS Diese Liste wird im KB-Artikel 952167 aktuell gehalten (*http://support.microsoft.com/kb/952167* [Ms156-K13-26]).

- *%CommonProgramFiles%\Microsoft Shared\Web Server Extensions*
- *%ProgramData%\Microsoft\SharePoint*
- *%SystemRoot%\Microsoft.NET\Framework64\v4.0.30319\Temporary ASP.NET Files*
- *%SystemRoot%\System32\LogFiles*
- *%SystemRoot%\Syswow64\LogFiles*
- *%SystemDrive%\Users\[Dienstkonten]\AppData\Local\Temp\WebTempDir*
- *%SystemDrive%\Users\[Suchdienstkonto]\AppData\Local\Temp*
- *%SystemDrive%\Users\[Anwendungspoolkonten]\AppData\Local\Temp*
- *%SystemDrive%\Users\Default\AppData\Local\Temp*
- Das Verzeichnis, das Sie für den BLOB-Cache verwenden

Zusätzlich zu diesen Konten sind auf allen SharePoint Server 2013-Systemen folgende Verzeichnisse auszuschließen:

- *%ProgramData%\Microsoft Office Servers\15.0\Data*
- *%ProgramData%\Microsoft Office Servers\15.0\Logs*
- *%ProgramData%\Microsoft Office Servers\15.0\Bin*
- *%ProgramData%\Microsoft Office Servers\15.0\Synchronization Service*

Datenschutz

Die absolute Mehrzahl der im Planungskapitel angeführten, aus Datenschutzsicht relevanten Bereiche bezieht sich auf Funktionen der Benutzerprofildienstanwendung und der Protokollierung. Die Steuerung der unterschiedlichen Protokollierungsfunktionen wurde bereits in vorausgehenden Verwaltungskapiteln behandelt, daher verbleiben an dieser Stelle Hinweise auf die Steuerung spezifischer Benutzerprofildienstanwendungsfunktionen. Neben der in Kapitel 9 bereits angeführten Steuerung des Zugriffs auf die einzelnen Attribute des Benutzerprofils bzw. deren Veröffentlichung finden Sie nachfolgend einige Konfigurationsoptionen, die die Verfügbarkeit von den sensiblen *Meine Website*-Daten einfach regulierbar machen.

Meine Website-Konfiguration

Um die für den Datenschutz relevanten *Meine Website*-Daten standardmäßig begrenzt sichtbar zu halten, stehen Ihnen diverse Einstellungen zur Verfügung, von denen einige zentrale Einstellungen an dieser Stelle Erwähnung finden.

In der Verwaltungswebsite der Benutzerprofildienstanwendung finden Sie im Abschnitt *Einstellungen für 'Meine Website'* den Link *Meine Website einrichten*. Hier steht Ihnen die Leseberechtigungsebene (Abbildung 13.92) und die Datenschutzeinstellung zur Verfügung (Abbildung 13.93).

Abbildg. 13.92 Leseberechtigungsebene für *Meine Website*

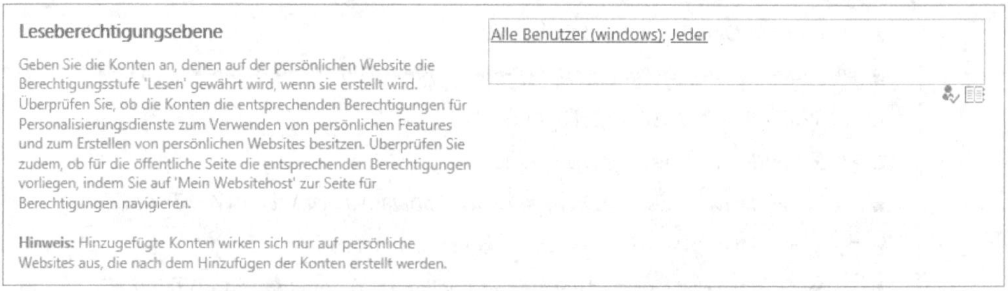

Die Leseberechtigungsebene ermöglicht Ihnen die zentrale Steuerung der jeweils auf die Zugriffsberechtigten von *Meine Website*. Standardmäßig sind dies alle authentifizierten Benutzer.

Die erweiterte Weitergabe der Social-Informationen wie Follower oder Tags an Dritte wird hingegen restriktiver gehandhabt und ist standardmäßig deaktiviert. Speziell im Vergleich zu SharePoint 2010 ist dies ein datenschutzrechtlich relevanter Fortschritt, da Benutzer dort standardmäßig erstaunlich transparent in ihren Handlungen waren.

Abbildg. 13.93 Datenschutzeinstellungen für *Meine Website*

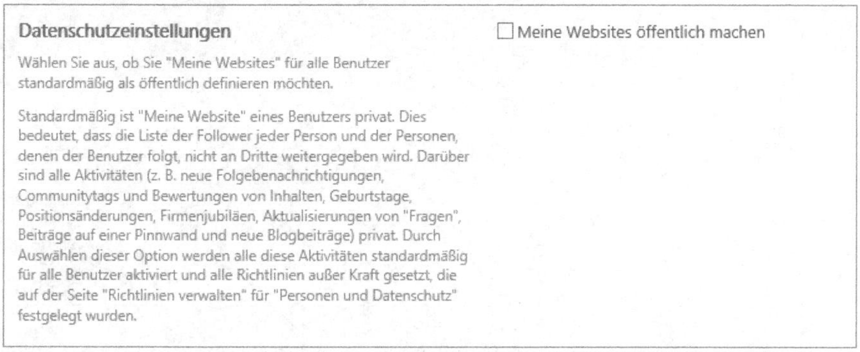

Die hier zu aktivierende zentrale Datenschutzeinstellung überschreibt etwaige in den Richtlinien des Benutzerprofildienstes zu tätigende Einstellungen zur Steuerung des Zugriffs auf die sensiblen Eigenschaften.

Sobald diese Daten als öffentlich zu machen markiert sind, haben Sie die Möglichkeit der granularen Steuerung auf Eigenschaftsebene mithilfe der Benutzerprofilrichtlinien (Abbildung 13.94).

Abbildg. 13.94 Benutzerprofildienstrichtlinien

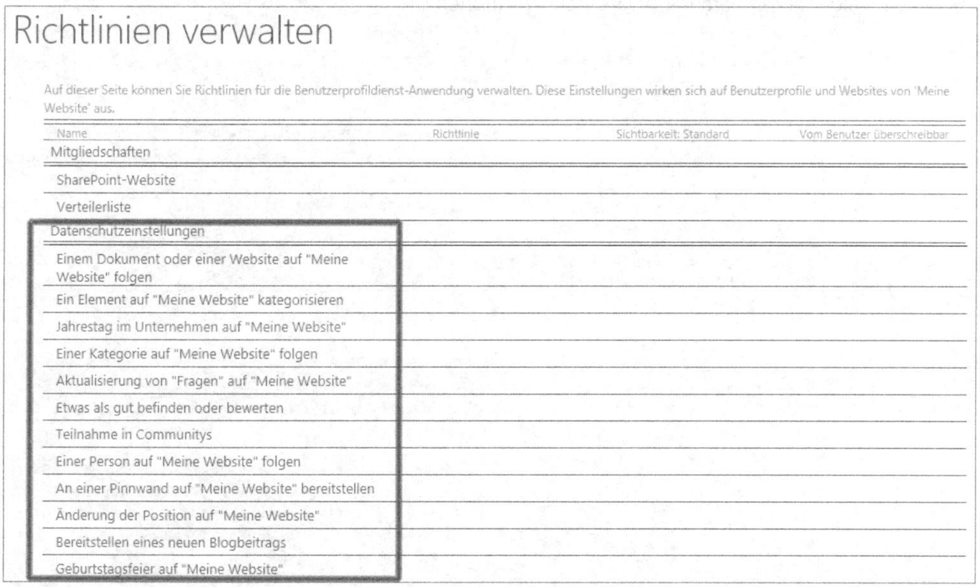

Öffnen Sie die Eigenschaften der hier angeführten Richtlinien, haben Sie die Möglichkeit, dort das Standardverhalten in Bezug auf den öffentlichen Zugriff zu definieren (Abbildung 13.95).

Abbildg. 13.95 Eigenschaften einer Benutzerprofildienstrichtlinie

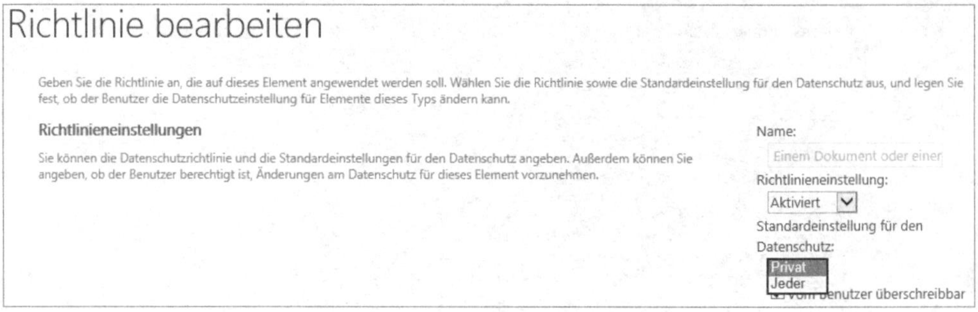

Allgemeiner Datenschutz

Neben den zahlreichen Einzelkonfigurationen im Kontext der jeweiligen Anwendung existieren noch weitere, ganz am Rande mit dem Datenschutz verwandte, grundsätzliche Einstellungen zum Datenschutz. Sie finden diese in der Zentraladministration in den *Systemeinstellungen* unter *Datenschutzoptionen konfigurieren*, wobei diese standardmäßig erfreulicherweise restriktiv sind (Abbildung 13.96).

Abbildg. 13.96 Allgemeine SharePoint-Datenschutzoptionen

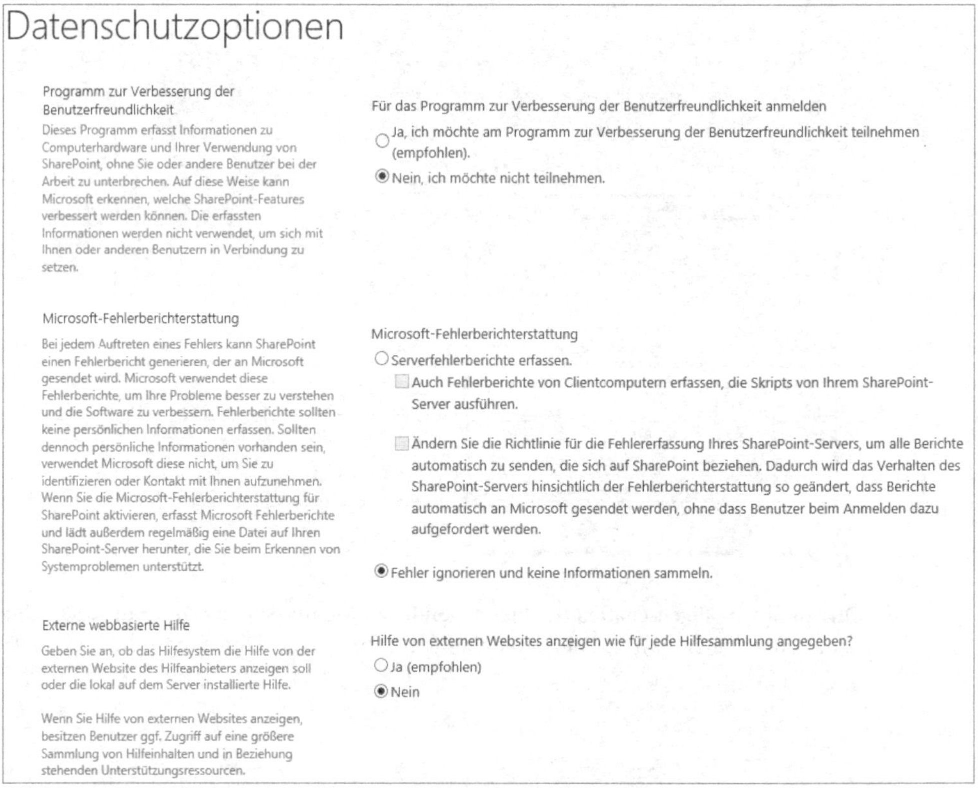

Best Practices

Befolgen Sie bei der Konfiguration der Sicherheit folgende allgemeine Empfehlungen:

Tabelle 13.7 Empfehlungen zum Einrichten von sicherheitsrelevanten Komponenten

OK	Empfohlene Maßnahme
✓	Schützen Sie die Zentraladministration durch ein SSL-Zertifikat und das Erzwingen von HTTPS, um das Sniffen von sensiblen Kontodaten, die Sie über die Zentraladministration pflegen, zu unterbinden
✓	Verwenden Sie eine von den SharePoint-Webanwendungen abweichende App-Stammdomäne als App-Domäne
✓	Setzen Sie die App-Domäne im Browser in die Internet- oder die Eingeschränkte Zone des Browsers
✓	Verwenden Sie eine alternative Stammdomäne für die SharePoint-Apps, um websiteübergreifende Skriptingangriffe zu erschweren
✓	In Umgebungen mit Mandanten setzen Sie mandantenspezifische App-Domänenpräfixe ein, um App-Zugriffe differenzieren zu können
✓	Verwenden Sie einen vom Standard abweichenden Datenbankverbindungsport
✓	Blockieren Sie multimediale Dateitypen, sofern Sie diese nicht explizit auf der Farm verwenden möchten
✓	Härten Sie Ihren SSL-Stack, um speziell im Kontext von S2S, aber auch anderen Verfahren einen zusätzlichen Schutz zu etablieren
✓	Verwenden Sie eine Virenschutzlösung, die auf der SP VS API aufsetzt
✓	Lassen Sie die Windows-integrierte erweiterte Firewall aktiviert
✓	Setzen Sie manuell Portfreischaltungen bei der integrierten Firewall, sobald Sie von den Standardports abweichende Ports verwenden
✓	Verwenden Sie Berechtigungen auf Elementebene lediglich dort, wo Sie explizit auf Berechtigungen auf Elementebene angewiesen sind, und vermeiden Sie den Einsatz von Berechtigungen auf Elementebenen in extrem umfangreichen Listen oder Bibliotheken
✓	Eine SharePoint-Gruppe sollte nicht mehr als 5.000 Mitglieder besitzen
✓	Ein Benutzer sollte nicht mehr als 5.000 Gruppenmitgliedschaften in SharePoint besitzen
✓	Setzen Sie einen SharePoint-spezifischen Virenscanner ein, um schadhafte Inhalte aus den SharePoint-Inhaltsdatenbanken fernzuhalten, und beachten Sie, dass eine möglicherweise relevante Latenz bei bestimmten Zugriffen in Kauf zu nehmen ist
✓	Schließen Sie die Datenbank-, Transaktionsprotokoll- und weitere SharePoint-spezifische Verzeichnisse wie das Indexverzeichnis von der Überwachung durch Ihren Virenscanner aus
✓	Stellen Sie eine Windows-basierte Unternehmenszertifizierungsstelle bereit, um anpassbare Codesignaturzertifikate bereitzustellen. Auf dieser Basis können Code enthaltene InfoPath-Formulare länger ohne Aktualisierung der Signatur verwendet werden.
✓	Löschen Sie keinesfalls die in einer Websitevorlage standardmäßig ausgerollten SharePoint-Standardgruppen

Tabelle 13.7 Empfehlungen zum Einrichten von sicherheitsrelevanten Komponenten *(Fortsetzung)*

OK	Empfohlene Maßnahme
✓	Erstellen Sie keine SharePoint-Zugriffssteuerungslisten mit mehr als 1.800 Einträgen
✓	Verwenden Sie eine auf Windows Identity Foundation basierende Authentifizierungsmethode, aktivieren Sie die Wiederholungserkennung für Sicherheitstoken

Für die Verwendung von Berechtigungen beachten Sie bitte zusätzlich diese Empfehlungen. Verwenden Sie, wo möglich, die Vererbung von Berechtigungen anstelle der dedizierten Berechtigungsvergabe auf Objektebene. Hintergrund ist, dass bei der Verwendung von Objektberechtigungen, beispielsweise indem Sie jedem Dokument in einer Bibliothek oder jeder Zeile in einer Liste separate Berechtigungen erteilen, dies zu Leistungsabfall- und schlimmstenfalls zu Fehlfunktionen führt. SharePoint-DACLs (Discretionary Access Control List, besitzerverwaltete Zugriffssteuerungsliste) können lediglich 64 KB groß werden und nehmen demnach lediglich ca. 1.820 Zugriffssteuerungseinträge (ACEs) auf.

Verwenden Sie Gruppen zur Berechtigung innerhalb von SharePoint mit großer Sorgfalt und achten Sie dabei darauf, dass Sie möglichst »reine« Sicherheitsgruppen verwenden. Sollten Sie beispielsweise Gruppen verwenden, die Verteilerlisten darstellen oder sowohl Kontakte als auch Benutzerkonten beinhalten, kann dies zu unerwarteten Effekten führen. Ferner können weiterhin Probleme durch zu tiefe Verschachtelungen auftreten.

Zusammenfassung

In diesem Kapitel wurden Ihnen die wichtigsten für SharePoint relevanten Sicherheitstechnologien und die zugehörigen zentralen Verwaltungsoperationen demonstriert. Die Sicherheitsaspekte in der Verwaltung und der Konzeption von SharePoint 2013 haben dabei nicht unbeträchtliche Auswirkungen auf etwaige spätere Problematiken bei der Administration, jedoch sind diese Maßnahmen unabdingbar für eine sichere Basisplattform.

Lesen Sie im nächsten Kapitel, wie Sie bestehende SharePoint-Umgebungen zu SharePoint 2013 aktualisieren können. Selbst wenn Sie lediglich erstmalig eine SharePoint-Umgebung auf Basis von SharePoint 2013 aufbauen, werden Sie hilfreiche Informationen in diesem Kapitel finden, da die dort beschriebenen Verfahren auch für Farmmigrationen zwischen SharePoint 2013-Serverfarmen Verwendung finden.

Teil G

Migration

Kapitel 14 SharePoint-Migration 1105

Kapitel 14

SharePoint-Migration

In diesem Kapitel:

Einleitung	1106
SharePoint 2001-2003-Migration	1106
SharePoint 2007 (MOSS)-Migration	1107
SharePoint 2010-Migration	1107
Migrationen innerhalb von SharePoint 2013	1155
Project Server 2010	1159
Migrationswerkzeuge	1160
Best Practices	1165
Zusammenfassung	1165

In diesem Kapitel erhalten Sie die wichtigsten Informationen rund um die Aktualisierung existierender SharePoint-Umgebungen und die angrenzenden Technologien nach SharePoint 2013. Weiterhin werden einige ausgewählte Konsolidierungsoperationen innerhalb von SharePoint 2013 aufgezeigt.

Einleitung

Der offizielle Mainstreamsupport endet für SharePoint 2010 am 13.10.2015, wobei der erweiterte Support am 13.10.2020 terminiert wird. Während der Mainstreamsupport von SharePoint 2007 bereits im September 2012 abgelaufen ist, endet dessen erweiterter Support im Oktober 2017. Für SharePoint 2013 endet der Mainstreamsupport am 10.4.2018 bzw. erweitert am 11.4.2023. Bis zu diesem Zeitpunkt können Sie theoretisch sinnvoll produktiv mit der aktuellen Produktgeneration agieren. Für die Vorgängerversionen gibt es jedoch zahlreiche Gründe, bereits vorab den Umstieg zu wagen, welcher im Rahmen dieses Kapitels näher betrachtet werden soll.

Die Komplexität der SharePoint-Migration hat mit SharePoint 2013 abgenommen. Es gibt nur noch eine Prozessorarchitektur und lediglich einen generellen Migrationsansatz. Vor diesem Hintergrund werden bizarre Migrationsproblematiken seltener und auch der Portierungsaufwand für angepasste Lösungen reduziert sich global betrachtet.

In diesem Kapitel erhalten Sie für viele Handlungsanweisungen aufgrund des Umfangs der Vielzahl an Handlungsschritten lediglich begrenzt vollständige Klickanweisungen, da andernfalls der Umfang dieses Buchs gesprengt würde.

SharePoint 2001-2003-Migration

Für die Migration von diesen Plattformen aus steht kein unmittelbarer Migrationsweg zur Verfügung. Selbst Drittanbieter bieten für diese Editionen kaum Migrationsfunktionalitäten an. Durch die ohnehin drastischen Änderungen von diesen alten Editionen zur neuen Plattform sollten Sie in Erwägung ziehen, Ihre Altdaten beispielsweise via WebDAV zu extrahieren und mithilfe von PowerShell in neu erstellte Websitesammlungen zu importieren.

In der Übersicht sehen Ihnen somit folgende Migrationswege für diese Quellplattformen zur Verfügung:

- (Manuelle) Datenextraktion und Reimport in neu erstellte Zielumgebung
- Mehrstufiges Migrationsverfahren

  Bei der mehrstufigen Migration migrieren Sie die Inhalte zunächst auf die nächsthöhere Plattform-Version, um Sie sukzessive nach SharePoint 2013 zu überführen. Dieses Anliegen ist jedoch vergleichsweise drastisch aufwendiger bei einem zweifelhaften Ergebnis. Wir empfehlen, dieses Verfahren nicht anzuwenden.
- Drittanbieterwerkzeuge

  Drittanbieterwerkzeuge unterstützen nur noch sehr begrenzt SharePoint 2001-2003 als Quellplattformen. Während DocAves Migrator erst SharePoint 2007 als Quellumgebung unterstützt, bietet Metalogix Content Matrix noch Unterstützung für SharePoint 2003. Sollten die wahrscheinlich nicht ganz unerheblichen Lizenzkosten keine Hürde darstellen, stellt der Metalogix-Ansatz Ihnen eine gute Migrationsmöglichkeit zur Verfügung, ohne sich exzessiv Gedanken über ein eigenes Verfahren machen zu müssen.

Für eine Migration von SharePoint 2007 gelten die nachfolgenden Rahmenbedingungen.

SharePoint 2007 (MOSS)-Migration

Die Migration von SharePoint 2007-basierten Farmen nach SharePoint 2013 ist mit besonderem Aufwand verbunden. Der Grund hierfür besteht in der fehlenden direkten Aktualisierungsmöglichkeit von Microsoft Office Server 2007 nach SharePoint 2013. Wie bereits in den Vorgängerversionen wird lediglich die jeweils vorausgehende SharePoint-Version für eine Aktualisierung unterstützt. Um das Problem zu umgehen, muss ein Zwischenschritt bei der Migration durchgeführt werden (Abbildung 14.1).

Abbildg. 14.1 Migrationsansätze von SharePoint 2007 in der Übersicht

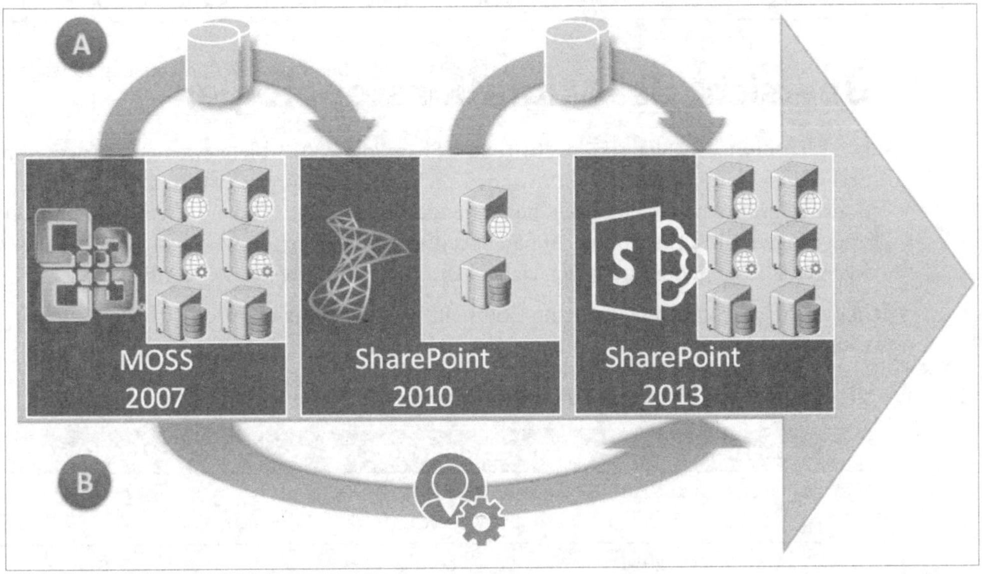

Das Built-in-Verfahren über den SharePoint 2010-Zwischenschritt ist einfacher zu realisieren, als es auf den ersten Blick erscheinen mag. Allgemein bleibt festzuhalten, dass Sie diesen Aufwand jedoch tendenziell nur dann auf sich nehmen sollten, wenn Sie über überschaubare Anpassungen in SharePoint 2007 verfügen. Im Falle von umfangreichen Änderungen bietet sich ohnehin eine Inhaltsdatenmigration mit Drittanbieterwerkzeugen an und sollte dem manuellen Verfahren entsprechend vorgezogen werden.

SharePoint 2010-Migration

Die Migration aus einer SharePoint 2010-Quellumgebung heraus ist der einzige direkt unterstützte Migrationspfad und stellt daher den Fokus dieses Migrationskapitels dar.

Programmatische Änderungen

In SharePoint 2013 wurde eine Reihe an programmatischen Änderungen vorgenommen, die vor einer Portierung von SharePoint 2010-Lösungen Anpassungen erforderlich machen. Die wesentlichen Änderungen lauten dabei wie folgt:

- Obsoleter Webdienst *Listdata.svc*
- Obsolete ASMX-Webdienste

HINWEIS Sämtlicher Code, der in den bestehenden Lösungen die obsoleten Webdienste verwendet, sollte unter Verwendung der REST-Endpunkte oder von CSOM angepasst werden.

Übersicht der Migrationstopologien

Die Migration von SharePoint 2010 nach SharePoint 2013 bietet weniger Varianten an als noch unter SharePoint 2010. Dies ist dennoch nicht von relevantem Nachteil. Vielmehr ist der Migrationsweg grundsätzlich einfacher, bedarf jedoch in Hinsicht auf die in SharePoint 2013 eingeführten Neuerungen, die eine größere Abhängigkeit von Webanwendungen bzw. Inhaltsdatenbanken und weiteren Komponenten nach sich ziehen, einiger Besonderheiten bei der Planung.

In der Tabelle 14.1 finden Sie eine Übersicht der unterstützten, produktübergreifenden Aktualisierungen.

Tabelle 14.1 Unterstützte produktübergreifende Aktualisierungen

Startprodukt	Unterstütztes Zielprodukt	Nicht unterstütztes Zielprodukt
SharePoint Foundation 2010	SharePoint Foundation 2013 SharePoint Server 2013	
SharePoint Foundation 2013	SharePoint Server 2013	
SharePoint Server 2010	SharePoint Server 2013	SharePoint Foundation 2013
SharePoint Server 2013	SharePoint Server 2013	SharePoint Foundation 2013
Search Server 2010	SharePoint Server 2013	SharePoint Foundation 2013
Project Server 2010	Project Server 2013	

Hinsichtlich der grundlegenden Migrationsszenarien gelten die folgenden Rahmenbedingungen:

- Die Migration von Search Server 2010 nach SharePoint Foundation 2013 wird nicht unterstützt, da Sie keine direkte Möglichkeit haben, die Suchdatenbank von Search Server einzubinden
- Die Migration von SharePoint 2010 Enterprise-Edition nach SharePoint 2013 in der Standard-Edition ist nicht möglich. Hierfür würden Sie unter Verlust einiger Funktionen lediglich eine Inhaltsmigration mit Drittanbieterwerkzeugen nutzen müssen.
- Für diverse Migrationsszenarien von SharePoint Server 2010 nach SharePoint Foundation 2013 sind ebenfalls lediglich Inhaltsmigrationen unter Verlust von Funktionen unter Verwendung von Drittanbieterwerkzeugen möglich

Nachfolgend werden die built-in Migrationsansätze erörtert.

Übersicht der Migrationsmodelle

In SharePoint 2013 gibt es elementare Änderungen gegenüber den Migrationsmethoden unter SharePoint 2010. Während SharePoint 2010 noch eine In-Place-Aktualisierung unterstützt hat und die daraus resultierenden hybriden Migrationsmodelle, unterstützt SharePoint 2013 diese nun nicht mehr. Vielmehr bleibt exklusiv der Ansatz der Inhaltsdatenbankaktualisierung. Ein weiteres Verfahren, die Alternative Zugriffszuordnungsumleitung, ist ebenfalls obsolet. Dies erleichtert die Migrationsplanung, da der Fokus auf die Optimierung des Hauptmigrationsmodells liegt.

Im Gegenzug wurden Bestandteile des bisherigen Site-Aktualisierungsmodells, des sogenannten visuellen Upgrades weiter optimiert. Dieses Modell wurde durch das zurückgestellte Websitesammlungsupgrade ersetzt. Hierdurch können SharePoint 2010-Inhalte vollwertig unter SharePoint 2013 bereitgestellt werden.

Alternativ zu der Inhaltsdatenbankmigration besteht immer die Möglichkeit eine Inhaltsdatenmigration durchzuführen. Hierbei werden lediglich die Inhalte einzelner Listen und Dokumentbibliotheken überführt, ohne etwaige Lösungen und Konfigurationen zu portieren. Dieser Ansatz ist jedoch mit eigenen Skripts bzw. Drittanbieterwerkzeugen zu bewerkstelligen und wird im Rahmen dieses Buchs daher nur begrenzt ausgeführt. Dieser Migrationsansatz ist vor allem für Migrationen von älteren SharePoint-Versionen von Relevanz.

Inhaltsdatenbankmigration

Bei der Inhaltsdatenbankmigration werden die Inhalte der Webanwendungen durch das Anfügen der Inhaltsdatenbanken in die Zielumgebung übernommen. Hierdurch fallen eine Reihe an Maßnahmen an, die erforderlich werden, um die Zielumgebung in einen ähnlichen Zustand wie die Quellumgebung zu versetzen:

- Etwaige zugehörige Diensteinstellungen sind manuell zu konfigurieren
- Das Authentifizierungsschema der übergeordneten Webanwendung ist in der Regel anzupassen bzw. die in der Inhaltsdatenbank enthaltenen Benutzer zu migrieren.

In der Übersicht sieht der Prozess der Inhaltsdatenbankmigration wie folgt aus (Abbildung 14.2).

Abbildg. 14.2 Übersicht einer Inhaltsdatenbankmigration

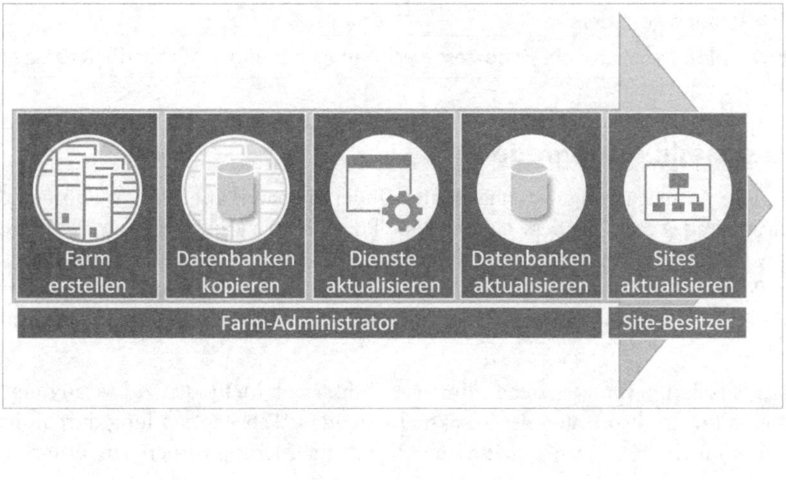

Die einzelnen Schritte umfassen dabei in der Übersicht diese Operationen:

1. Paralleles Erstellen einer neuen Farm.
2. Kopieren der Inhaltsdatenbanken auf die neue Farm bei parallelem Schreibschutz auf die Datenbanken in der Quellumgebung.
3. Aktualisierung der Dienstanwendungen in der neuen Farm.
4. Aktualisierung der Inhaltsdatenbanken in der neuen Farm.
5. Aktualisierung der Websitesammlungen optional durch die Websitesammlungsadministratoren.

Da die Inhaltsdatenbankmigration das zentrale Migrationsverfahren darstellt, erfahren Sie nachfolgend weitere Details und Aspekte einer Inhaltsdatenbankmigration.

Inhaltsdatenbankmigration mit Konvertierung zur forderungsbasierten Authentifizierung

Wenn Sie im Rahmen einer Migration gleichzeitig die Authentifizierung von der klassischen in die forderungsbasierte Authentifizierung abändern möchten, um keinerlei funktionalen Einschränkungen zu erliegen, stehen Ihnen hierfür zwei Ansätze zur Verfügung:

1. Konvertierung zur forderungsbasierten Authentifizierung vor der Migration.
2. Konvertierung zur forderungsbasierten Authentifizierung nach der Migration.

In der Übersicht beinhalten beide Varianten die folgenden Arbeitsschritte.

Konvertierung vor der Migration:

1. Authentifizierungsschema ändern.

   Ausführung von Konvertierungsbefehlen für die Abänderung des Authentifizierungsschemas während der Laufzeit.
2. Benutzer migrieren.
3. Änderungen publizieren.
4. Forderungsauthentifizierungs-Webanwendung erstellen.
5. Inhaltsdatenbank migrieren.

Konvertierung nach der Migration:

1. Klassische Authentifizierungs-Webanwendung erstellen.
2. Inhaltsdatenbank migrieren.
3. Webanwendung inklusive der Benutzerberechtigungen und des Authentifizierungsschemas migrieren.

Websitesammlungsupgrade

Die eigentliche Aktualisierung der Inhaltsdaten findet in SharePoint 2013 im Rahmen des Websitesammlungsupgrades statt. Anders als bei SharePoint 2010 können Sie die Websitesammlungen zunächst weitestgehend vollwertig im SharePoint 2010er Modus belassen, um Sie dann sukzessive in den SharePoint 2013er Modus zu überführen. Diese Aufgabe obliegt von der Ausrichtung her primär dem Websitesammlungsadministrator, kann jedoch auch durch den Farmadministrator umgesetzt werden.

Für den Aktualisierungsprozess stehen Ihnen wichtige neue Methoden zur Verfügung. Sie können zunächst eine Integritätsprüfung der zu aktualisierenden Websitesammlung durchführen und mit den dort gewonnenen Erkenntnissen die eigentlich Aktualisierung vorbereiten, um so etwaige Probleme zu adressieren. Im Anschluss führen Sie optional eine Simulation der Aktualisierung basierend auf einer exakten Kopie der Websitesammlung aus (Evaluierungswebsitesammlungen). Verläuft dieser Test erfolgreich, führen Sie die eigentliche Aktualisierung durch (Abbildung 14.3).

Abbildg. 14.3 Übersicht des Websitesammlungsupgradeprozesses

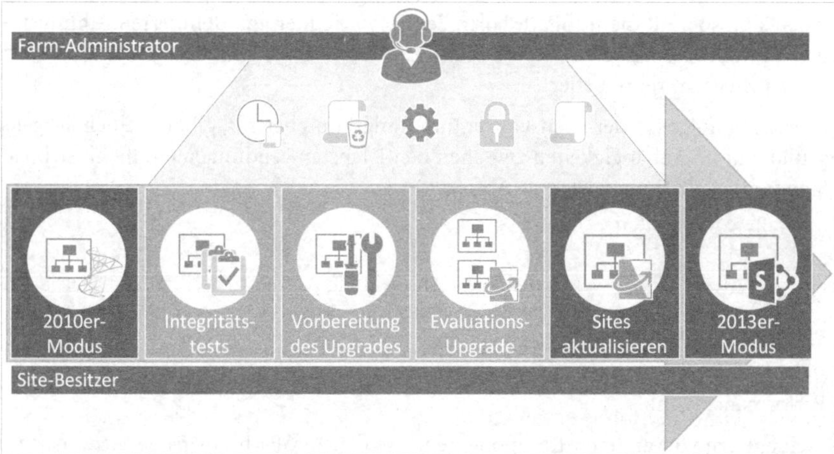

Sie können den Prozess mithilfe von Drosselungsparametern und Benachrichtigungen für die Websitesammlungsbesitzer steuern, um beispielsweise zu verhindern, dass die möglicherweise umfangreichen Aktualisierungsaktivitäten negative Auswirkungen auf die Gesamtleistung haben.

Dienstanwendungsmigration

Durch die in SharePoint 2010 eingeführten neuen Abhängigkeiten zu Dienstanwendungsdaten ist es in Umgebungen, die Teile dieser neuen Funktionen genutzt haben, fast zwingend erforderlich, Dienstanwendungen mit zu migrieren.

Die folgenden Dienstanwendungen können migriert werden:

- Benutzerprofildienst
- Business Data Connectivity (BDC)
- PerformancePoint
- Secure Store
- Suche
- Verwaltete Metadaten

Alle hier angeführten Dienstanwendungen können für SharePoint Server aktualisiert werden. Ausschließlich die BDC-Dienstanwendung kann auch im Rahmen einer Foundation-Aktualisierung übernommen werden.

HINWEIS Die SharePoint Foundation 2010-Suche verwendet eine abweichende Basistechnologie und kann daher nicht migriert werden. Die FAST-basierte Suche wird in einem späteren Abschnitt behandelt. Dort finden Sie zudem Planungsüberlegungen für die FAST-Suche, die auch für eine Planung der Koexistenz der SharePoint 2010-Suche von Relevanz sind.

Für die Aktualisierung dieser Dienstanwendungen wird das Anfügen von Inhaltsdatenbanken verwendet, indem die jeweiligen Dienstdatenbanken bereits im Rahmen der Dienstanwendungsprovisionierung angefügt werden.

Neben den bislang angeführten Dienstanwendungen existieren ggf. weitere Dienstanwendungen in Ihrer Umgebung, die eine Übernahme der Konfiguration oder gewisser Daten bedürfen. Davon betroffen sind speziell die InfoPath Form Services. Die hier ggf. definierten Administratorvorlagen werden mithilfe des Cmdlets *Export-SPInfoPathAdministrationFiles* auf der Quellfarm exportiert und in der Zielfarm reimportiert.

Was die Reihenfolge bei der Dienstanwendungsmigration betrifft, gibt es keinen festgelegten Ablauf. Aufgrund einiger Abhängigkeiten zwischen den Dienstanwendungen empfiehlt sich jedoch eine an die Standardinstallation angelehnte Abfolge:

1. Verwaltete Metadaten
2. Suche
3. Secure Store
4. Benutzerprofildienst
5. BDC
6. PerformancePoint

Die Reihenfolge von anderen Komponenten, wie den InfoPath Forms Services, ist in der Regel zu vernachlässigen.

Dienstanwendungsfarmmigrationen

In Umgebungen mit mehreren SharePoint 2010-Farmen, die in einer zentralen Farm auf publizierte Dienste zurückgreifen, gilt es, auf die folgenden Besonderheiten von SharePoint 2013 bei der Migrationsplanung Rücksicht zu nehmen.

- SharePoint 2013 kann nur Dienste einer anderen SharePoint 2013-Farm konsumieren. Gleichzeitig kann SharePoint 2010 auf in SharePoint 2013 veröffentlichte Dienstanwendungen zurückgreifen.

HINWEIS Auch wenn SharePoint 2013 die FAST Search-Engine-Technologie nutzt, kann eine dienstkonsumierende SharePoint 2010-Farm nicht mithilfe der FAST Unternehmenssuchseite auf die Dienstfarm zugreifen.

- Office Web Apps 2010-Dienstanwendungen müssen in eine eigenständige Office Web Apps 2013-Farm ausgelagert werden

Daraus ergibt sich in der Übersicht das folgende Vorgehen (Abbildung 14.4):

1. Migrieren Sie zuerst die Dienstfarm (Punkt 2) in eine neue Farm:
   - Aktualisieren Sie zunächst die Suchdienstanwendung und indizieren Sie die SharePoint-Inhalte der Inhaltsfarmen (zu diesem Zeitpunkt noch SharePoint 2010-Farmen)
   - Aktualisieren Sie die verbleibenden Dienstanwendungen auf der Dienstfarm
2. Sollten Sie Office Web Apps verwenden, erstellen Sie zunächst eine neue Office Web Apps-Farm und migrieren Sie die Inhaltsfarmen (Punkt 3).
3. Aktualisieren Sie die Inhaltsfarmen (Punkt 3).
4. Entfernen Sie die obsoleten SharePoint 2010-Farmen nach einer angemessenen Übergangsfrist.

Abbildg. 14.4 Migrationsübersicht in Dienstfarm-basierenden Umgebungen

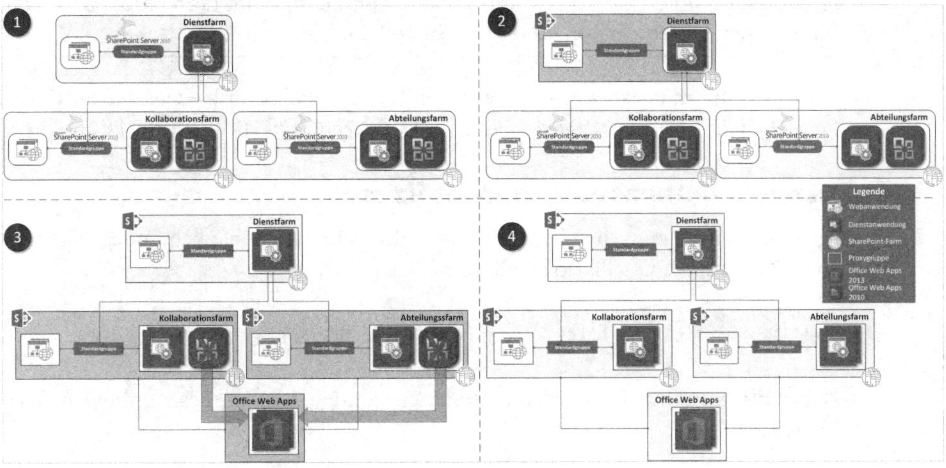

Einschränkungen einer Migration

Die folgenden primären Einschränkungen gelten im Rahmen einer SharePoint-Migration.

Newsfeeds

SharePoint 2010-Newsfeeds können im Rahmen einer Migration der betroffenen Inhaltsdatenbank nach SharePoint 2013 weiter genutzt werden, jedoch werden diese Newsfeeds nicht umgestellt auf SharePoint 2013. Der Grund hierfür sind starke Abweichungen in der Newsfeedimplementierung unter SharePoint 2013. Zudem muss ein Administrator zusätzliche Maßnahmen ergreifen, um migrierte SharePoint 2010-Newsfeeds für Benutzer weiterhin unter SharePoint 2013 zugänglich zu machen.

FAST-Suchcenter

FAST-Unternehmenssuchcenter werden im SharePoint 2013-Modus nicht mehr unterstützt und müssen daher verworfen und neu aufgeworfen werden.

Vorbereitende Maßnahmen

Unabhängig von der durch Sie gewählten Migrationsvariante finden Sie in diesem Abschnitt sinnvolle Vorarbeiten zu Ihrer bevorstehenden Migration.

Quellumgebung aktualisieren

Um einen möglichst reibungsfreien Ablauf der Migration zu gewährleisten, sollten Sie die Quellfarm vor dem Beginn der Migrationsarbeiten so aktuell wie möglich patchen. Voraussetzung für eine erfolgreiche Migration ist zwar lediglich das SharePoint 2010 Service Pack 1 (sofern Sie RBS verwenden), empfohlen wird aber, das aktuellste Service Pack einzuspielen.

HINWEIS Anders als noch unter SharePoint 2010 findet die Vorabanalyse der Datenbanken für eine Aktualisierung nun auf einem SharePoint 2013-Server statt.

Sie finden die aktuellsten Aktualisierungen für SharePoint im Update Ressource Center für SharePoint 2010 unter *http://technet.microsoft.com/sharepoint/ff800847.aspx* [Ms156-K14-01].

Daten und Anpassungen identifizieren

Identifizieren Sie zunächst die zu migrierenden Inhaltsdatenbanken, indem Sie den folgenden Beispielbefehl auf der Quellfarm ausführen:

```
Get-SPWebApplication https://portal.sincdemo.de | Get-SPContentDatabase
```

Neben dieser Auflistung ist sicherlich eine Zuordnung der Websitesammlungen zu einer Datenbank interessant:

```
Get-SPSite -Limit All | Select URL,Contentdatabase | ft -AutoSize
```

Alternativ verwenden Sie eine gruppierte Ansicht:

```
Get-SPSite -Limit All | Select URL,Contentdatabase | group ContentDatabase | ft -AutoSize
```

Es ist wichtig, dass Sie die für Ihre Migration erforderlichen Anpassungen frühzeitig identifizieren, um diese ggf. manuell direkt oder nach einer vorigen Anpassung erneut unter SharePoint Server 2013 bereitzustellen. Ohne die Berücksichtigung bzw. Übernahme von Anpassungen drohen Ihnen Darstellungsfehler bis hin zu einer vollständigen Nichtnutzbarkeit einer Site.

Um Anpassungen in SharePoint 2010 zu identifizieren, verwenden Sie den folgenden Beispielbefehl:

```
Stsadm -o enumallwebs -databasename [Name der zu untersuchenden Inhaltsdatenbank]
-includefeatures -includewebparts
```

Der optionale Parameter erlaubt es Ihnen, eine Inhaltsdatenbank gezielt zu analysieren. Die ebenfalls optionalen Parameter *includefeatures* und *includewebparts* helfen Ihnen dabei, die genauen Features bzw. Webparts zu identifizieren, die Sie in der Zielumgebung erneut bereitstellen müssen.

TIPP Durch die testweise Verwendung von *Test-SPContentDatabase* erfahren Sie beispielsweise, welche Features fehlen, jedoch wird Ihnen lediglich die Feature-ID angezeigt. Durch die Verwendung der STSADM-Funktion *Enumallwebs* inklusive der Zusatzparameter erhalten Sie eine Möglichkeit zur Zuordnung der fehlenden Komponenten.

Weitere optionale, selbstredende Parameter sind *includeeventreceivers* und *includecustomlistview.*

Die so identifizierten Anpassungen sollten in Ihre Migrationsplanung einfließen. Nicht alle dieser Anpassungen können und sollten übernommen werden. Die in Tabelle 14.2 aufgeführten wichtigsten Anpassungen und zugehörigen Empfehlungen sollten Sie berücksichtigen.

Tabelle 14.2 Anpassungen und Planungsempfehlungen

Anpassung	Empfehlung
Authentifizierungsanbieter	Führen Sie Tests durch, um etwaigen Handlungsbedarf zu bestimmen
CSS	Aktualisieren Sie benutzerdefiniertes CSS für SharePoint 2013
Designs	Erstellen Sie Designs neu oder wählen Sie eines der unter SharePoint 2013 verfügbaren aus
Eventhandler	Die Mehrzahl wird weiterhin funktionstüchtig bleiben. Bei veralteten API-Aufrufen sind diese im Einzelfall umzustellen.
Feature	Kein zwingender, pauschaler Handlungsbedarf
JavaScript	In einigen Fällen müssen Sie möglicherweise die Skripts an das neue Seitenmodell anpassen. Führen Sie daher Tests durch.
Suchanbieter	Führen Sie Tests durch, um Handlungsbedarf zu identifizieren
Suchlösungen mit SQL-Syntax	Stellen Sie die Suchlösung auf KQL oder FQL um
Verwaltete Pfade	Stellen Sie verwaltete Pfade wie in der Quelle erneut im Ziel nach
Websitedefinitionen	Aktualisieren Sie Websites nach einer unterstützten, vordefinierten Websitedefinition. Sie können auch weiterhin benutzerdefinierte Websitedefinitionen verwenden und müssen nicht zwangsläufig eine Websitedefinition basierend auf SharePoint 2013 erstellen.
Websitevorlagen	Für die Mehrzahl unter SharePoint 2010 verfügbaren, benutzerdefinierten Websitevorlagen existiert kein Pendant unter SharePoint 2013. Prüfen Sie diese Vorlagen individuell.
Workflows und Serversteuerelemente	Lösungsabhängig ggf. anzupassen oder beizubehalten

In Abhängigkeit von dem bislang genutzten Verfahren der Bereitstellung Ihrer Anpassungen sind unterschiedliche Methoden erforderlich, um Ihre Anpassungen beizubehalten (Tabelle 14.3).

Tabelle 14.3 Empfehlungen für Übernahmen basierend auf der Bereitstellungsmethode

Methode	Empfehlung
Formularvorlagen (Administrator)	Exportieren Sie diese in der Quellfarm, um Sie im Ziel zu reimportieren
Lösungen (*WSP*)	Grundsätzlich theoretisch erneut in SharePoint 2013 bereitstellbar. Achten Sie auf das versionsspezifische Verzeichnis (*/14* oder */15*). Zudem sind keine nur teilweise vertrauenswürdigen Lösungspakete mehr im Verzeichnis *\bin* möglich. Aktualisieren Sie entsprechend alle Bereitstellungsskripts.
Manuell bereitgestellte Features, Dateien oder Änderungen	Sie können diese Anpassungen wie gewohnt erneut anwenden. Ziehen Sie jedoch in Erwägung, diese in eine SharePoint-Lösung zu integrieren (*WSP*).
MSI-basierte Anpassung	Erkundigen Sie sich beim Hersteller nach einer aktuellen Version der Anpassung
Sandkastenlösung	Keine Änderung erforderlich

Löschen irrelevanter Websitesammlungen und Unterwebsites

Inhalte, die Sie nicht beibehalten müssen, sollten nicht in das Upgrade einbezogen werden. Löschen Sie unnötige Inhalte, um Speicherplatz und administrative Ressourcen freizugeben, die Aktualisierungsleistung zu verbessern und das Aktualisierungsrisiko zu reduzieren. Kommunizieren Sie zuvor unbedingt mit den Websitebesitzern oder den Kontaktpersonen der Organisation bezüglich des Websitestatus, um vor dem Löschen einer Website sicherzustellen, dass diese nicht mehr benötigt wird (z.B. sollten Sie keine Websites löschen, die etwa für die Einhaltung von Notfallmaßnahmen erforderlich sind, auch wenn diese nicht oft aktualisiert werden).

Um einer Liste der innerhalb einer Webanwendung enthaltenen Websitesammlungen inkl. der zugeordneten Datenbank und deren Größe zu erhalten, führen Sie den folgenden Befehl aus:

```
Get-SPWebApplication https://portal.sincdemo.de | Get-SPSiteAdministration | select
URL,Diskused | Sort-Object DiskUsed -Descending | ft -Autosize
```

Um eine Liste der Websites innerhalb einer Websitesammlung zu erhalten, steht Ihnen der folgende Befehl zur Verfügung.

```
Get-SPWebApplication https://portal.sincdemo.de | Get-SPSite -Limit All | Get-SPWeb -Limit
All
```

Eine der Websites, die nicht migriert werden können, ist die aus Office Web Apps 2010 stammende PowerPoint-Broadcast-Vorlage. Sie ist obsolet und muss gelöscht werden. Um diese Seiten zu identifizieren, führen Sie den folgenden Befehl aus:

```
Get-SPSite | Where {$_.RootWeb.Template -eq "PowerPointBroadcast#0"}
```

Zum Entfernen der so identifizierten Site ergänzen Sie den vorherigen Befehl mit | *Remove-SPSite*.

FAST-Unternehmenssuchcenter funktionieren unter SharePoint 2013 nur im 2010er-Modus. Um die volle neue Funktionalität zu erhalten, entfernen Sie daher alte FAST-Suchcenter und erstellen neue, auf SharePoint 2013 basierende Suchcenter.

Verwaiste Objekte durch Datenbankreparatur aufräumen

Durch die Datenbankreparatur haben Sie die Möglichkeit, diverse verwaiste Objekte aus den SharePoint-Inhaltsdatenbanken zu entfernen. Durch die Datenbankreparatur werden ausschließlich folgende Inkonsistenzen bereinigt:

- Eine Windows SharePoint Services-Website, die über keine übergeordnete Windows SharePoint Services-Website verfügt
- Eine Unterwebsite, die über keine übergeordnete Windows SharePoint Services-Website verfügt
- Eine Liste, die über keine übergeordnete Windows SharePoint Services-Website verfügt.
- Ein Dokument, das über keine übergeordnete Dokumentbibliothek verfügt.
- Ein Listenelement, das über keine übergeordnete Liste verfügt.
- Eine Website, die über keine übergeordnete Windows SharePoint Services-Website verfügt.

Bevor Sie die Datenbankreparatur verwenden, sollten Sie zuvor unbedingt eine Datenbanksicherung durchführen, um Datenverlust zu vermeiden, da in einigen Fällen die Inhaltsdatenbank durch die Reparatur beschädigt werden kann.

Um die Datenbankreparatur auszuführen und dabei lediglich verwaiste Objekte zu identifizieren, können Sie die folgende Befehlszeile verwenden:

```
Stsadm -o databaserepair –url [URL der Webanwendung] –databasename [Name der Datenbank]
```

Um die Datenbankreparatur auszuführen und dabei die verwaisten Objekte zu löschen, verwenden Sie die folgende Befehlszeile:

```
Stsadm -o databaserepair –url [URL der Webanwendung] –databasename [Name der Datenbank]
–deletecorruptions
```

Sollten Sie Listen in einem beschädigten Zustand vorfinden, können Sie als letzte Maßnahme diese Listen über das folgende Verfahren forciert löschen:

```
Stsadm -o forcedeletelist -url [URL der Liste]
```

Entfernen irrelevanter Dokumentversionen

Durch eine große Anzahl von Dokumentversionen kann ein Upgrade erheblich verlangsamt werden. Wenn es nicht erforderlich ist, mehrere Versionen beizubehalten, können die Benutzer die Versionen manuell löschen oder mithilfe des Objektmodells die Versionen suchen und entfernen. Weitere Informationen zum programmgesteuerten Entfernen irrelevanter Versionen finden Sie unter *http://go.microsoft.com/fwlink/?linkid=182330* [Ms156-K14-02].

Umfangreiche Zugriffssteuerungslisten (ACLs)

Die häufige Verwendung von Berechtigungen auf Elementebene kann zu umfangreichen Einträgen in ACLs führen, wodurch wiederum Leistungsprobleme auf den Servern verursacht werden können. Vermeiden Sie den Einsatz von Berechtigungen auf Objektebene und greifen Sie wenn möglich auf Vererbung zurück.

Konsolidierung von Websitesammlungen

In SharePoint 2010 existierten bislang höhere Schwellenwerte und Empfehlungen für eine Neuaufteilung von Websitesammlungen zu Inhaltsdatenbanken. Existieren in Ihrer zu migrierenden Inhaltsdatenbank mehr als 5.000 Websitesammlungen, ziehen Sie in Erwägung, die Websitesammlungen auf verschiedene Inhaltsdatenbanken aufzuteilen. Hierfür steht Ihnen folgender Beispielbefehl zur Verfügung:

```
Move-SPSite https://portal.sincdemo.de/websites/it -DestinationDatabase
SP_Portal_IT_Content
```

Abschluss von visuellen Upgrades

Existieren in Ihrer Umgebung noch Websites, bei denen das visuelle Upgrade einer Vormigration noch immer nicht abgeschlossen ist, schließen Sie diese vor der Migration ab. Sie können entsprechende Sites wie folgt identifizieren:

```
Get-SPSite | ForEach-Object{$_.GetVisualReport()}
```

Zum Aktualisieren der Sites verwenden Sie den folgenden Beispielbefehl:

```
Get-SPSite | ForEach-Object{$_.VisualUpgradeWebs()}
```

Umsetzung der Migration

Dieser Migrationsansatz besteht in der Übersicht aus den folgenden Schritten:

- Überprüfung der zu migrierenden Inhaltsdatenbank
- Offlineschaltung der zu migrierenden Inhaltsdatenbank
- Sicherung der Inhaltsdatenbank auf dem alten SQL-Server
- Wiederherstellung der Datenbank auf dem SQL-Server der neuen Serverfarm
- Hinzufügen der wiederhergestellten Datenbank zu einer Webanwendung

ACHTUNG Beachten Sie bei der Inhaltsdatenbankmigration, dass Sie in der zu migrierenden Datenbank eine Reihe an Websitesammlungen vorfinden, die nicht mit den in der Zielanwendung vorhandenen Websitesammlungen kollidieren dürfen.

Bevor Sie jedoch mit der eigentlichen Inhaltsdatenbankmigration beginnen, stellen Sie sicher, dass Sie, sofern der Bedarf existiert, zuvor etwaige Dienstdatenbanken migrieren.

- Gehen Sie wie nachfolgend beschrieben vor, um diesen Migrationspfad zu realisieren.

Überprüfung der Quellumgebung und -Inhaltsdaten

Für diesen Prozess ist zumindest eine SharePoint-Evaluationsinstallation erforderlich, um die Inhaltsdaten ordnungsgemäß analysieren zu können.

Überprüfen Sie die zu migrierende Quellumgebung. Verwenden Sie die in diesem Kapitel im Abschnitt »Daten und Anpassungen identifizieren« beschriebenen Verfahren, um Ihre Anpassungen zu lokalisieren.

Eine häufige Fehlerursache beim Upgrade sind fehlende angepasste Features, Lösungen oder andere Elemente aus Ihrer Umgebung. Stellen Sie sicher, dass alle benötigten benutzerdefinierten Elemente auf den Web-Front-End-Servern der Zielserverfarm installiert sind, bevor Sie mit dem Aktualisierungsprozess beginnen.

Kopieren Sie für eine tiefergreifende Analyse die als relevant identifizierten Inhaltsdatenbanken auf eine SharePoint 2013-Farm. Verwenden Sie hierzu beispielsweise SQL Server-Sicherungen und Wiederherstellungen. Führen Sie nun den folgenden Vorabtest durch (Abbildung 14.5):

```
Test-SPContentDatabaseContentDatabase -WebApplication [URL] -name [DB-Name]
```

HINWEIS Sie können den Befehl bereits in der SharePoint 2010-Quellfarm ausführen, werden dort jedoch im Vergleich nur begrenzte Hinweise auf etwaige Diskrepanzen identifizieren können. Zudem wird die Ausführung des Befehls auf eine Produktionsdatenbank aus Leistungsgründen nicht empfohlen.

Abbildg. 14.5 Beispielausgabe einer vorab getesteten Inhaltsdatenbank

Das Werkzeug prüft die folgenden Kernparameter Ihrer Farm und der verwendeten Datenbanken:

- Größe von Listen und Datenbanken
- Konfiguration der AAM
- Sitedefinitionen
- Features
- Webparts
- Ereignisempfänger (Event Receiver)
- Installierte Sprachpakete
- Collaborative Application Markup Language (CAML)-basierte Feldtypen
- Suchaspekte
- Viele weitere Detailprüfungen, wie der Einsatz von formularbasierter Authentifizierung, verwaisten Objekten, Konfigurationsfehlern usw.

Die Ergebnisse der Analyse finden Sie im Fenster der Eingabeaufforderung vor (Abbildung 14.5). Einer der elementarsten Fehler sind die Verweise auf fehlende Features. Die Ausgaben selbst enthalten nicht den Feature-Namen, sondern lediglich die Feature-GUID. Um einfacher herauszufinden, wo in der Quellwebanwendung das Feature verwendet wurde, können Sie den optionalen Parameter *ShowLocation* angeben. Dies führt jedoch speziell bei großen Inhaltsdatenbanken zu einer spürbar längeren Bearbeitungszeit.

Ein weiterer optionaler Parameter ist *ShowRowCounts*. Mit diesem Parameter können Sie Ihre Listen überprüfen, um besonders umfangreiche, möglicherweise problematische Listen zu identifizieren.

Bereiten Sie sukzessive die erforderlichen Ressourcen für den nachfolgenden Schritt zum Anfügen der Inhaltsdatenbanken und Testen der enthaltenen Websites vor.

Vorbereitung der Zielumgebung

Um die Inhaltsdatenbanken in der Zielumgebung ordnungsgemäß hinzufügen zu können, sind eine Reihe an manuellen Schritten erforderlich. Dazu gehört zumindest, dass Sie die in der Quellumgebung verwendeten Dienste ebenfalls in der Zielumgebung einrichten und die Konfigurationen manuell übertragen. Neue Webanwendungen und die zugehörigen, verwalteten Pfade sind einzurichten, um beim Prozess der Datenbankanfügung keine Websitesammlung zu verlieren. Zusätzlich ist es zwingend erforderlich, alle Anpassungen bzw. Zusatzkomponenten der alten Farm, die für die Darstellung und Nutzung der Inhalte unter SharePoint Server 2013 erforderlich sind, auf die neue Serverfarm zu übertragen. Diese Anpassungen, wie beispielsweise Webparts, Lösungen oder Features, können Sie mit den in diesem Kapitel im Abschnitt »Daten und Anpassungen identifizieren« beschriebenen Verfahren lokalisieren.

Berücksichtigen Sie die folgenden Punkte bei der Erstellung der Zielumgebung:

- Installation der Sprachpakete
- Anlegen der Dienstanwendungen
- Erzeugen der erforderlichen Webanwendungen, in welche die Inhaltsdatenbanken migriert werden
- Konfiguration der verwalteten Pfade
- Installation aller Anpassungen:
  - Benutzerdefinierte Websitedefinitionen
  - Benutzerdefinierte Stylesheets einschließlich Cascading Stylesheets (CSS)
  - Benutzerdefinierte Webparts
  - Benutzerdefinierte Webdienste
  - Benutzerdefinierte Features und Lösungen
  - Vom Administrator genehmigte Formularvorlagen (XSN-Dateien) und Datenverbindungsdateien (UDCX-Dateien) für InfoPath
  - Einstellungen aus der *web.config*-Datei
- Konfiguration der Suche:
  - Einrichten von iFiltern
  - Einrichtung der Inhaltsquellen und Durchforstungszeitpläne

Für die in den InfoPath Forms Services verwendeten Administratorvorlagen müssen Sie etwaige Formularvorlagen und Datenverbindungsdateien aus der alten Umgebung exportieren, sofern Sie Änderungen vorgenommen haben, um diese im Anschluss in die neue Umgebung zu importieren. Verwenden Sie zum Exportieren der entsprechenden Dateien den folgenden Befehl:

```
Export-SPInfoPathAdministrationFiles -path [Pfad zur CAB-Datei]
```

Nach der Fertigstellung der Zielumgebung sollten Sie die Bereitschaft Ihrer Umgebung durch das nachfolgend beschriebene Testupgrade verifizieren.

Dienstanwendungen migrieren

Für die Aktualisierung von Dienstanwendungen sind folgende Besonderheiten zu beachten.

Verwaltete Metadatendienstanwendung (nur Terminologiespeicher)

Für die Migration der verwalteten Metadatendienstanwendung gibt es triftige Gründe und zwei komplexe Ausgangssituationen. In der Regel werden Sie zumindest den Terminologiespeicher übernehmen wollen, da hier aus verschiedenen SharePoint-Basisfunktionen Daten anfallen, die wichtig für den Fortbestand der Funktionen sind. Die Quelldaten kommen dabei in der Regel aus der folgenden Nutzung:

- *Meine Website*-Metadaten
- Unternehmensstichwörter
- Metadatenbasierte Ordnerhierarchie/Navigation
- Verknüpfung von Listen mit Ausdruckssätzen

HINWEIS Eine manuelle »einfache« Übernahme der Ihnen wichtigen Ausdruckssätze ist nicht durch einfaches manuelles Nachbilden möglich und resultiert bei Nichtbeachtung in nicht editierbaren Spalten, welche mit den betroffenen Ausdruckssätzen verknüpft sind.

Für die exklusive Migration der Terminologiespeicherdaten lautet das Vorgehen wie folgt (Abbildung 14.6):

Abbildg. 14.6 Übersicht der Migration des verwalteten Metadatendiensts ohne Inhaltstyphub

ACHTUNG Im Rahmen der Provisionierung des verwalteten Metadatendiensts werden automatisch verschiedene Ausdruckssätze generiert. In der aktuell vorliegenden Version funktioniert dies jedoch nur ordnungsgemäß, wenn Sie zuvor den Statusdienst provisioniert haben und auf Ihrer Umgebung das englische Sprachpaket für SharePoint installiert haben. Weitere Informationen zu diesem Problem finden Sie in Kapitel 18.

1. Quellumgebung: Schreibschutz für terminologiespeicherrelevante Inhalte aktivieren.

   Sobald Sie den verwalteten Metadatendienst migrieren, sollten keine schreibenden Zugriffe mehr auf die Inhalte des Terminologiespeichers zulässig sein. Dies kann beispielsweise erreicht werden, indem Sie mithilfe der Zentraladministration den Schreibschutz auf alle Inhaltsdatenbanken der Farm etablieren.
2. Quellumgebung: Sichern der Terminologiespeicherdatenbank.
3. Zielumgebung: Wiederherstellung der Terminologiespeicherdatenbank.
4. Zielumgebung: Starten des verwalteten Metadatendiensts.

   Starten Sie die zur Dienstanwendung zugehörige Dienstinstanz des verwalteten Metadatendiensts auf allen relevanten Servern der Farm.

5. Zielumgebung: Erstellung der verwalteten Metadatendienstanwendung unter Bezugnahme auf die wiederhergestellte Dienstdatenbank

   Beim Erstellen der Dienstanwendung geben Sie entweder via GUI oder mithilfe der PowerShell die zuvor wiederhergestellte Inhaltsdatenbank an (Beispielskript).

```
$VMSA = New-SPMetaDataServiceApplication -Name "Verwaltete-Metadatendienstanwendung" -
ApplicationPool "SharePoint Web Services System" -Databasename "SP_2010ManagedMeta"

New-SPMetadataServiceApplicationProxy -Name "Verwalteter Metadatendienst-Proxy" -
DefaultProxyGroup -ServiceApplication $VMSA
```

6. Während der Aktualisierung der Dienstdatenbank können Sie den Status und die Details der Aktualisierung in der Zentraladministration im Abschnitt *Upgrade und Migration* unter *Upgradestatus überprüfen* einsehen (Abbildung 14.7).

Abbildg. 14.7 Aktualisierungsdetails des verwalteten Metadatendiensts

Ausgewählte Upgradesitzungsdetails

Status	Erfolgreich
Server	SRVSINCSP002
Start	11.09.2013 21:42:00
Letzte Aktualisierung	11.09.2013 21:42:12
Fehler	0
Warnungen	0
Startobjekt	MetadataWebServiceDatabase Name=SP_2010_ManagedMetadata
Aktuelles Objekt	

7. Überprüfen Sie die Verfügbarkeit des Terminologiespeichers in der Zielumgebung.

   Aufgrund einer ganzen Reihe möglicher Probleme im Rahmen der Migration dieser Komponente validieren Sie unbedingt die Verfügbarkeit des Terminologiespeichers, indem Sie innerhalb der Zentraladministration in der Dienstanwendungssteuerung die Verwaltungsansicht der verwalteten Metadatendienstanwendung öffnen.

Zu diesem Zeitpunkt (August CU 2013, Service Pack 0) gibt es bekannte Probleme bei der oben beschriebenen direkten Provisionierung der Dienstanwendung auf einer rein deutschen Plattform unter Verwendung der empfohlenen Prozessisolation. Im Wesentlichen müssen Sie im Fehlerfall zunächst eine neue, nicht migrierte verwaltete Metadatendienstanwendung unter Verwendung des Built-in-Dienstanwendungspools anlegen und den Anwendungspool, sowie die Datenbank im Nachgang abändern. Weitere Hinweise zu dem alternativen Ansatz finden Sie im Fehlerbehandlungskapitel 18.

Verwaltete Metadatendienstanwendung mit Übernahme des Inhaltstyphub

In Umgebungen, die Inhaltstypsyndikation der Inhatstyphubs verwenden und in denen eine Koexistenz der alten SharePoint 2010 und neuen SharePoint 2013-Farm erforderlich wird, sind besondere Maßnahmen erforderlich, die an dieser Stelle aufgrund Ihres Implementierungsumfangs nur konzeptionell erörtert werden.

Um in dieser Situation sowohl einen gemeinsamen Terminologiespeicher als auch einen zentral in der neuen SharePoint-Farm verfügbaren Inhaltstyphub zu unterstützen, der in beiden Farmen aktiv ist und in der SharePoint 2013-Farm parallel auch Websitesammlungen im SharePoint 2010er-Modus bedient, werden verwaltete Metadatendienstanwendungen erforderlich (Abbildung 14.8).

Abbildg. 14.8 Erweiterte Koexistenz für die gemischte Inhaltstypsyndikation

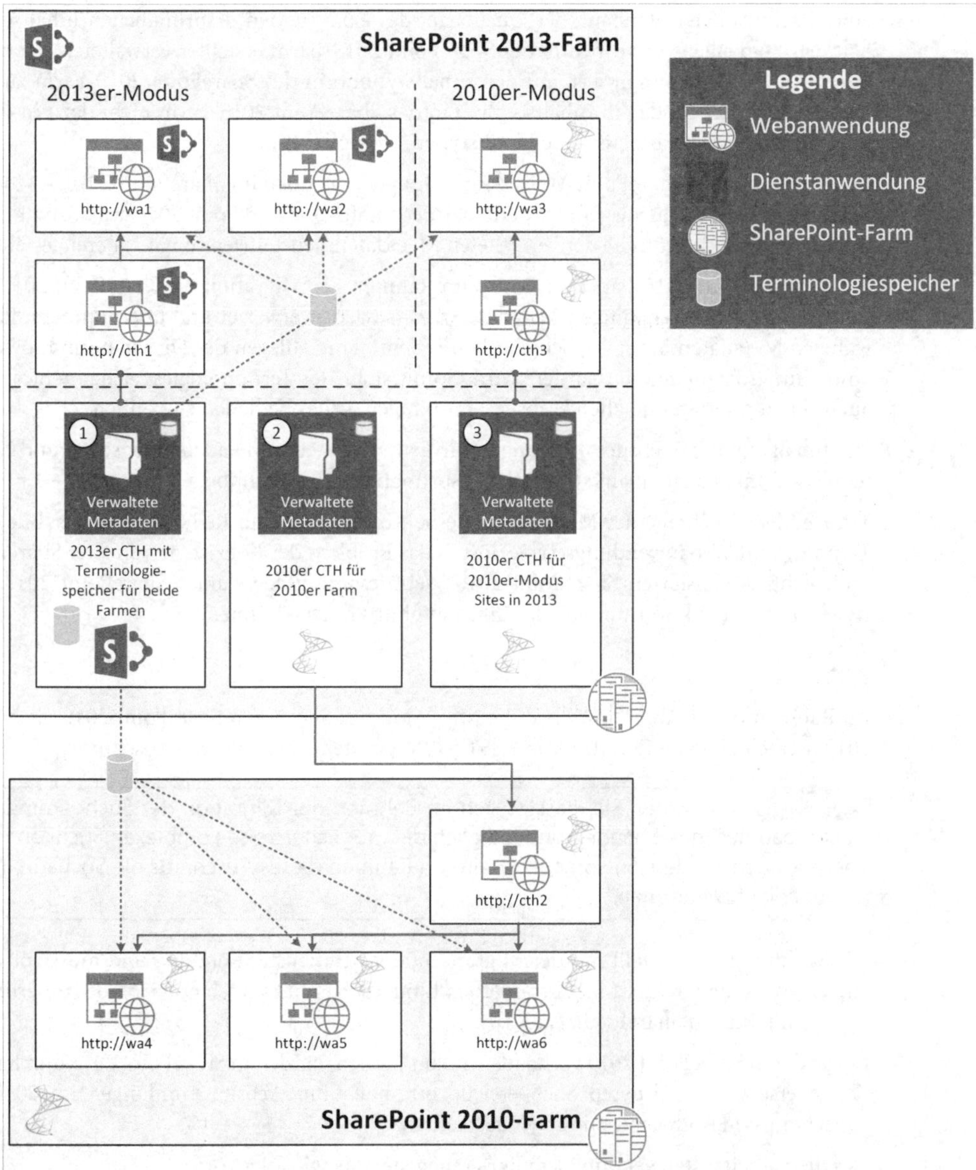

Das Szenario bedarf aufgrund seines Umfangs einer erweiterten Erläuterung. Zunächst ist die Darstellung als Endausbaustufe anzusehen, die eine Reihe an Zwischenschritten erfordert. Als Ergebnis wird eine neue verwaltete Metadatendienstanwendung (1) erstellt, die für alle SharePoint 2013-Webanwendungen und dort enthaltenen Websitesammlungen den Terminologiespeicher und den

Inhaltstyphub bereitstellt. Indem die SharePoint 2010-Farm den verwalteten Metadatendienst von der veröffentlichenden SharePoint 2013-Farm konsumiert, kann ein gemeinsamer Terminologiespeicher verwendet werden.

Für den Inhaltstyphub der SharePoint 2010-Quellfarm wird es hingegen komplizierter. Mithilfe eines Backups der Datenbank der Quellfarm, das exklusiv den ursprünglichen Inhaltstyphub enthält, wird ein eigens dafür neu in der SharePoint 2013-Farm erstellter verwalteter Metadatendienst erstellt und dafür konfiguriert, auf den Inhaltstyphub in der SharePoint 2010-Farm zu verweisen. Dies ist erforderlich, da ein Inhaltstyphub in der SharePoint 2013-Farm nicht dazu in der Lage ist, über die Farmgrenze hinaus seine Inhaltstypen zu publizieren.

Für die migrierten SharePoint-Websitesammlungen, die noch im SharePoint 2010er-Modus auf der SharePoint 2013-Farm ausgeführt werden, ist ebenfalls ein SharePoint 2010-Inhaltstyphub erforderlich, der wiederum mithilfe der verwalteten Metadatendienstanwendung (3) bereitgestellt wird.

In der SharePoint 2013-Farm werden so im Rahmen der Migration die SharePoint 2010-Daten des dort zuvor aktiven verwalteten Metadatendiensts wiederverwertet und übernommen. Für den verwalteten Metadatendienst 1 geschieht dies, indem beim Anlegen der Dienstanwendung die Dienstanwendungsdatenbank aktualisiert wird. Somit steht der Terminologiespeicher zentral bereit, um auch alle migrierten und alten Websitesammlungen weiter bedienen zu können.

Die Inhaltstyphub-Websitesammlungen für den verwalteten Metadatendienst (2) und (3) beruhen jeweils auf Inhaltsdatenbankkopien des ursprünglichen Inhaltshubs.

Trotz einiger Nachteile des Modells, wie seine Komplexität und Redundanz in der Pflege oder der Trennung auf Webanwendungsebene, löst es das Problem der Koexistenz von alter SharePoint-Farm und nicht aktualisierten SharePoint 2010-Websitesammlungen unter SharePoint 2013, die somit weiterhin den Funktionsumfang des Inhaltstyphubs nutzen können.

Suche

Im Rahmen dieses Abschnitts wird die Migration der Suche von SharePoint 2010 nach SharePoint 2013 betrachtet. Die Migration von FAST ist Bestandteil eines späteren Abschnitts.

HINWEIS Beachten Sie, dass es sich im Rahmen der Migration der Suche immer um einen Neuaufbau des Index handelt und lediglich die möglicherweise komplexen Suchkonfigurationen übernommen werden. Entsprechend wird im Rahmen dieses Abschnitts die Suchadministrationsdatenbank übernommen.

Die Suchtopologie entfällt mit der Migration der Suchdienstanwendung und muss vollständig neu aufgebaut werden. Dies ist nicht sonderlich hinderlich, gibt es doch gravierende Änderungen in der Sucharchitektur in SharePoint 2013.

Einige der in SharePoint 2010 vorhandenen Funktionen wurden in SharePoint 2013 durch neue Funktionen ersetzt. So existieren Suchbereiche nur noch für Websitesammlungen im 2010er-Modus, danach müssen Abfrageregeln verwendet werden.

Um die Suchdienstanwendung zu migrieren, gehen Sie wie folgt vor:

1. Sichern Sie die Suchadministrationsdatenbank, nachdem Sie zuvor den Suchdienst auf dem entsprechenden Server beendet haben.
2. Stellen Sie die Suchadministrationsdatenbank auf dem Zieldatenbankserver wieder her und stellen Sie sicher, dass Sie über *DB_Owner*-Berechtigungen verfügen.

3. Starten Sie die Suchdienstinstanz mithilfe der PowerShell (Listing 14.1).

Listing 14.1 Starten der lokalen Suchdienstinstanz

```
$SearchInst = Get-SPEnterpriseSearchServiceInstance
Start-SPServiceInstance $SearchInst
```

4. Stellen Sie die ursprüngliche Suchdienstanwendung mithilfe des Beispielskripts aus Listing 14.2 wieder her.

Listing 14.2 Wiederherstellung der ursprünglichen Suchadministrationsdatenbank

```
$applicationPool = Get-SPServiceApplicationPool -Identity "SharePoint Web Services
default"
$searchInst = Get-SPEnterpriseSearchServiceInstance -local
Restore-SPEnterpriseSearchServiceApplication -Name "[Name]" -applicationpool
$applicationPool -databasename "[Name der Suchverwaltungsdatenbank]" -databaseserver
[DB-Instanz] -AdminSearchServiceInstance $searchInst
```

5. Ist die Wiederherstellung abgeschlossen, prüfen Sie die Verfügbarkeit der Suchdienstanwendung, erstellen Sie abschließend noch den zugehörigen Dienstanwendungsproxy und fügen Sie diesen zu der Standardproxygruppe hinzu (Listing 14.3).

Listing 14.3 Suchdienstanwendungsproxykonfiguration

```
$ssa = Get-SPEnterpriseSearchServiceApplication
New-SPEnterpriseSearchServiceApplicationProxy -Name ProxyName -SearchApplication $ssa
$ssap = Get-SPEnterpriseSearchServiceApplicationProxy
Add-SPServiceApplicationProxyGroupMember -member $ssap -identity " "
```

Mit diesem Arbeitsschritt ist die Suchkonfiguration in weiten Teilen wiederhergestellt. Erstellen Sie nun gemäß den Anweisungen in Kapitel 11 die Suchtopologie und nehmen Sie die SharePoint 2013-spezifischen Sucheinrichtungsschritte vor. Sollten Sie Sucherweiterung jedweder Art unter SharePoint 2010 implementiert haben, stellen Sie mithilfe von Tests sicher, dass diese weiterhin funktional sind.

Secure Store

Für die Migration des Secure Stores geben Sie im Wesentlichen beim Provisionieren der Dienstanwendung die entsprechende Datenbank an. Gehen Sie dazu wie folgt vor.

1. Stellen Sie die Quelldatenbank in der Zielfarm wieder her und stellen Sie sicher, dass Sie über *DB_Owner*-Berechtigungen verfügen.
2. Erstellen Sie die Dienstanwendung mit folgendem Beispielskript und verweisen Sie dabei auf die wiederhergestellte Datenbank (Listing 14.4).

Listing 14.4 Provisionierung der Dienstanwendung

```
$applicationPool = Get-SPServiceApplicationPool -Identity "SharePoint Web Services"
$sss = New-SPSecureStoreServiceApplication -Name "Secure Store" -ApplicationPool
$applicationPool -DatabaseName "SecureStore_Upgrade_DB" -AuditingEnabled
$sssp = New-SPSecureStoreServiceApplicationProxy -Name ProxyName -ServiceApplication
$sss -DefaultProxyGroup
```

3. Aktualisieren Sie abschließend die Passphrase, indem Sie die Passphrase der alten Dienstanwendung erneut angeben:

```
Update-SPSecureStoreApplicationServerKey -Passphrase <Passphrase> -
ServiceApplicationProxy $sssp
```

Mit diesem Schritt ist die Migration der Dienstanwendung abgeschlossen.

Benutzerprofildienst

Für die Migration des Benutzerprofildiensts gibt es bei einer bisherigen Verwendung von *Meine Websites* zwingende Vorgaben. Indes sind zwei unterschiedlich komplexe Varianten bei der Migration des Benutzerprofildiensts möglich. Grund hierfür sind die verteilten Daten des Diensts. Diese sind im Wesentlichen wie folgt:

- *Meine Websites*
- Verknüpfte Metadaten des Terminologiespeichers
- Benutzerprofileigenschaften
- Social Tag-Daten
- Synchronisierungsdaten (sowohl konfigurations- als auch inhaltsspezifisch)

Während die Abhängigkeit zum verwalteten Metadatendienst lediglich dazu führt, dass dieser zuvor im Rahmen einer Migration bereitzustellen ist, ermöglicht eine Variation im Fokus auf die anderen Bestandteile zwei grundlegende Migrationsvarianten:

1. Selektive Migration der Inhaltsdatenbanken (*Meine Websites*)
2. Vollständige Migration des Benutzerprofildiensts

Die vergleichsweise simple selektive Migration mit Fokus auf die Inhaltsdaten ist nicht sonderlich komplex und weist geringe Migrationsgefahren auf (Abbildung 14.9).

Abbildg. 14.9 Übersicht einer vereinfachten Benutzerprofilmigration

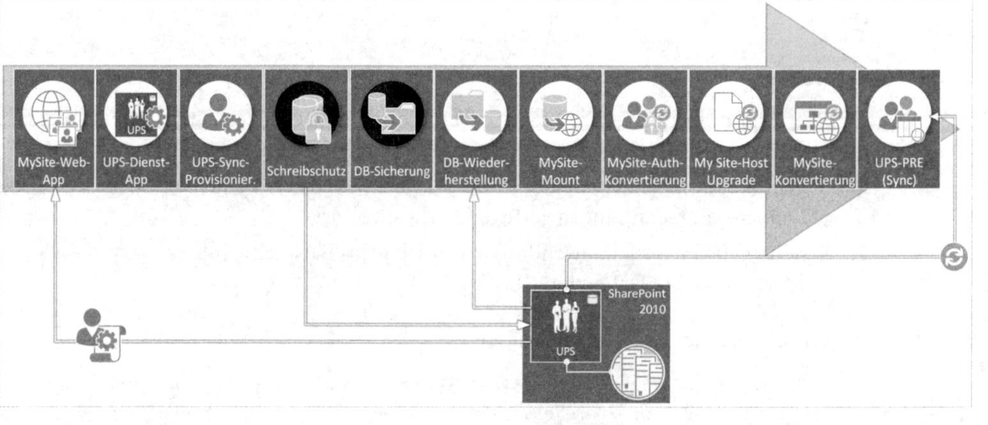

Der Vorteil hierbei besteht darin, dass die Benutzerprofildienstinfrastruktur zunächst angelegt und provisioniert werden kann und erst im Anschluss die mit vergleichsweise wenigen Risiken behaftete Inhaltsdatenbankmigration von *Meine Websites* durchgeführt wird. Hierdurch besteht kein Zeitdruck

bei der vorgezogenen Einrichtung des zentralen Benutzerprofildienstanwendung und -Synchronisierung, wobei es sehr häufig zu zeitaufwendigen Problembehebungsmaßnahmen kommt. Zusätzlich dazu bleiben Ihnen mögliche Probleme der vollständigen Migration des Benutzerprofildiensts erspart, die durch die gleichzeitige Änderung von Parametern wie der Dienstkontenzuordnung drohen.

Der Nachteil dieses Ansatzes besteht im Verlust oder der manuellen Nacharbeit von Anpassungen am Benutzerprofildienst bzw. den zugehörigen Daten. Teilweise wird dies durch den Arbeitsschritt der Benutzerprofil-Replikationsengine wieder abgefangen, jedoch können so nicht alle Daten und spezielle Konfigurationen adressiert werden.

Die hier beispielhaft angeführte Migrationsreihenfolge ist lediglich eine Variation. Sie können beispielsweise die Provisionierung der Benutzerprofildienstkomponenten auch nach der Migration der *Meine Website*-Inhaltsdatenbanken von SharePoint 2010 durchführen.

HINWEIS Beachten Sie, dass in diesem Abschnitt lediglich die Basisschritte für die Provisionierung der Benutzerprofildienstanwendung demonstriert werden. Die vollständige Liste der Aspekte und Probleme bei deren Einrichtung finden Sie in Kapitel 5 und 18. In diesem Abschnitt geht es vielmehr um die spezifische Relation der Arbeitsschritte der Migration im Kontext einer Standardprovisionierung.

Die Migrationsschritte lauten bei der vereinfachten Benutzerprofildienstmigration wie folgt:

1. Zielumgebung: Erstellen der *Meine Website*-Webanwendung

   In diesem Abschnitt erstellen Sie die Webanwendung für *Meine Websites* und legen die verwalteten Pfade an, wie in der zu migrierenden Quellsite. Beachten Sie dabei jedoch, dass Sie einerseits die Webanwendung zunächst im klassischen Authentifizierungsmodus anlegen und keinen Websitehost anlegen, da dieser sich ja noch in der zu migrierenden Inhaltsdatenbank der *Meine Website*-Webanwendung befindet.

   Ein Beispielskript für diesen Abschnitt könnte entsprechend dem Listing 14.5 aussehen.

Listing 14.5 Beispielskript zum Erstellen und konfigurieren der *Meine Website*-Webanwendung

```
$ManAcc = Get-SPManagedAccount "sincdemo\svcPApPortal"
New-SPWebapplication -Name "Web-MySites" -Port 443 -HostHeader "mysites.sincdemo.de" -
Url "https://mysites.sincdemo.de" -ApplicationPool "SP-Portal" -ApplicationPoolAccount
($ManAcc) -DatabaseName "SP_SINC-MySites_ContentDB" -SecureSocketsLayer
New-SPManagedPath "personal" -WebApplication "https://mysites.sincdemo.de"
```

2. Zielumgebung: Erstellen der Benutzerprofildienstanwendung

   Starten Sie zunächst die Dienstinstanz des Benutzerprofildiensts auf dem gewünschten Knoten. Erstellen Sie im Anschluss die Benutzerprofildienstanwendung, indem Sie einerseits die Basisdaten wie verwaltete Pfade und Generierungsparameter für die URL der Quellumgebung verwenden, andererseits jedoch nicht die bestehenden Dienstdatenbanken des Benutzerprofildiensts beim Erstellen angeben, sondern neue verwenden.

TIPP Es gibt weiterhin ein aus SharePoint 2010 bekanntes Phänomen, wonach beim automatisierten Anlegen der Benutzerprofildienstanwendung mithilfe der PowerShell eine schematechnisch korrupte Synchronisierungsdatenbank erstellt wird. Ziehen Sie daher in Erwägung, die Dienstanwendung von vornherein mithilfe der Zentraladministration oder aber im Kontext des Farmkontos anzulegen, um dieses Problem zu umgehen. Weitere Informationen hierzu finden Sie in Kapitel 18.

3. Zielumgebung: Provisionierung der Synchronisierungskomponente

   Provisionieren Sie nun die Synchronisierungskomponente durch das Starten der entsprechenden Dienstinstanz. Im Anschluss müssen Sie an dieser Stelle die Konfiguration des Benutzerprofildiensts vollständig manuell nachbilden. Dabei gilt es auch, die Active Directory-Verbindung zu etablieren und entsprechend zu konfigurieren, welche Sie für den Import der Benutzerprofildaten heranziehen wollen.

HINWEIS An dieser Stelle haben Sie alternativ auch die Möglichkeit, alternativ anstelle der Forefront Identity Manager-basierten Active Directory-Synchronisierung auf die neue Funktion Active Directory-Import abzuändern, welche zwar weniger mächtig, dafür jedoch auch drastisch weniger fehleranfällig ist. Weiterführende Informationen hierzu finden Sie in Kapitel 9.

4. Quellumgebung: Etablierung eines Schreibschutzes für *Meine Websites*

   Bevor die Übernahme der Daten beginnt, sollte verhindert werden, dass noch Änderungen stattfinden. Hierzu sollten Sie einen Schreibschutz auf die Inhaltsdatenbanken etablieren. Da die Benutzerprofildienstdatenbanken nicht migriert werden, ist dieser Schreibschutz hinreichend.

5. Quellumgebung: Sicherung der Inhaltsdatenbank von *Meine Websites*

   Sichern Sie nun die zu migrierenden *Meine Websites*-Inhaltsdatenbanken mit einer geeigneten Methode, wie z.B. mithilfe des SQL Server-Management-Studios.

6. Zielumgebung: Wiederherstellung der *Meine Websites*-Inhaltsdatenbank

   Stellen Sie die Sicherung der Inhaltsdatenbank auf der Zielumgebung wieder her. Sie müssen hierzu grundsätzlich selbst bei geänderten Dienstkonten keine manuellen Anpassungen der Sicherheitskonfiguration vornehmen.

7. Zielumgebung: Anhängen der Inhaltsdatenbank

   Fügen Sie die Inhaltsdatenbank zur *Meine Website*-Webanwendung hinzu. Beispielsweise mit folgendem Befehl:

```
Mount-SPContentDatabase -Name "SP_MySites_Content" -DatabaseServer "SPSQL" -
WebApplication "https://mysites.sincdemo.de"
```

8. Zielumgebung: Konvertierung des Authentifizierungsschemas

   Konvertieren Sie nun die sich noch im klassischen Authentifizierungsmodus befindlich Webanwendung samt Inhaltsdatenbank in die forderungsbasierte Authentifizierung um, indem Sie den folgenden Beispielbefehl ausführen.

```
Convert-SPWebApplication -Identity "https://mysites.sincdemo.de" -To Claims -
RetainPermissions -Force
```

HINWEIS Der Schalter *Retainpermissions* sorgt für den Erhalt der bestehenden Berechtigungen und sollte daher unbedingt mit angegeben werden.

9. Zielumgebung: Aktualisierung von *Mein Websitehost*

   Bevor der erste Benutzer auf seine *Meine Website* zugreift, sollte *Mein Websitehost* migriert werden. Führen Sie hierzu den folgenden Befehl aus:

```
Upgrade-SPSite https://mysites.sincdemo.de -VersionUpgrade
```

HINWEIS Der Schalter *VersionUpgrade* muss angegeben werden, da andernfalls lediglich eine Build-to-Build-Aktualisierung durchgeführt werden würde.

10. (Optional) Zielumgebung: Aktualisierung von *Meine Websites*

Zu diesem Zeitpunkt stehen *Meine Websites* zwar noch nicht aktualisiert zur Verfügung, jedoch werden sie automatisch konvertiert, sobald sich ein Benutzer auf die entsprechende Site begibt. Sobald der Benutzer seine *Meine Website* aufruft, beginnt der Konvertierungsprozess. Bis zu dessen Abschluss steht die Website unter der SharePoint 2010-basierten Version zur Verfügung. Um den Vorgang zu beschleunigen bzw. zu forcieren und dadurch die Benutzererfahrung zu optimieren bietet es sich an, den Vorgang skriptgesteuert vorzuziehen. Verwenden Sie dazu den folgenden Beispielbefehl:

```
Get-SPSite -ContentDatabase SP_MySites_Content | Upgrade-SPSite -VersionUpgrade -
Unthrottled
```

HINWEIS Bei diesem Ansatz werden alle in einer definierten Inhaltsdatenbank enthaltenen Websitesammlungen migriert. Bei einer hohen Anzahl an Websitesammlungen und/oder hoher Priorisierung dieses wichtigen Vorgangs sollten Sie den Einsatz der Schalter *Unthrottled* und *QueueOnly* in Erwägung ziehen. Während *Unthrottled* eine Ausbremsung der Konvertierung trotz Überschreitung der Throttling-Schwellenwerte verhindert, ermöglicht *QueueOnly* die Kontrolle und Steuerung des Vorgangs über die Zeitauftraggeberdienststeuerung.

11. (Optional) Quell-/Zielumgebung: Abgleich der Benutzerprofildaten mithilfe der Benutzerprofil-Replikationsengine

Da im Zuge dieser Migration nicht alle Daten von Benutzern aus der alten *Meine Website*-Dienstanwendung übernommen werden können, bietet es sich an, das Delta ggf. mithilfe der Benutzerprofil-Replikationsengine abzugleichen. Mehr Informationen hierzu finden Sie in Kapitel 9.

Alternativ zu dem einfachen Migrationsansatz oben können Sie die vollständige Benutzerprofildienstmigration durchführen, um die zugehörigen Daten und Konfigurationen möglichst umfassen zu übernehmen. In der Übersicht werden hierzu folgende Arbeitsschritte erforderlich (Abbildung 14.10).

Abbildg. 14.10 Vollständige Benutzerprofildienstmigration

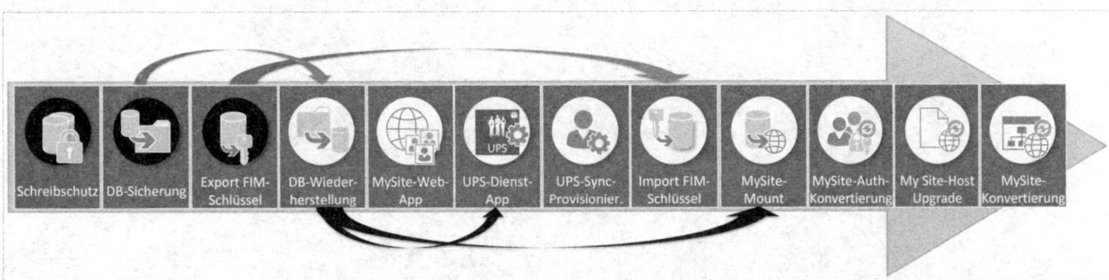

Die Pfeile im Verlauf verdeutlichen die Wiederverwendung von exportierten Daten im Rahmen der Migration. Im Unterschied zum einfachen Verfahren werden bei diesem Ansatz demnach zusätzlich Datenbanken bei der Erstellung der Benutzerprofildienstanwendung und Schlüssel für die FIM-Datenübernahme benötigt. Im Gegenzug fällt die optionale Synchronisierung mithilfe der Benutzerprofildienst-Replikationsengine weg, da die zugehörigen Daten mit diesem Verfahren übernommen werden. Es ist wichtig anzumerken, dass von den drei Datenbanken des Benutzerprofildiensts lediglich zwei Datenbanken (die Benutzerprofildatenbank und die Social-Tagging-Datenbank) übernommen werden. Die Synchronisierungsdatenbank wird nicht migriert.

Der Detailablauf für diesen Ansatz lautet wie folgt:

1. Quellumgebung: Etablierung eines Schreibschutzes für *Meine Websites*

   Bevor die Übernahme der Daten beginnt, sollte verhindert werden, dass weiterhin Änderungen stattfinden. Hierzu sollten Sie einen Schreibschutz auf die Inhaltsdatenbanken etablieren.

HINWEIS Um sämtliche Änderungen ab diesem Zeitpunkt zu verhindern, müssten auch Eingriffe an der Benutzerprofildienstanwendung vorgenommen werden, da im Hintergrund beispielsweise in Kombination mit der Synchronisierungsengine weiterhin Änderungen möglich sind. Diese Änderungen sind jedoch in der Regel nicht im Rahmen der Migration kritisch.

2. Quellumgebung: Sicherung der Inhaltsdatenbank von *Meine Websites*

   Sichern Sie nun die zu migrierenden *Meine Websites*-Inhaltsdatenbanken und die drei Benutzerprofildatenbanken mit einer geeigneten Methode, wie z.B. mithilfe des SQL Server-Management-Studios.

3. Quellumgebung: Export FIM-Schlüsselsatz

   Exportieren Sie den FIM-Schlüsselsatz der Quellumgebung, indem Sie auf der Quellumgebung auf der Instanz mit dem Benutzerprofilsynchronisierungsdienst in das Verzeichnis *%ProgramFiles%\Microsoft Office Servers\15.0\Synchronization Service\Bin* wechseln und dort *MISSKMU.exe* ausführen.

   Wählen Sie zunächst die Option *Export key set* aus und klicken Sie auf *Next* (Abbildung 14.11).

Abbildg. 14.11 Auswahl der Funktion für den Export

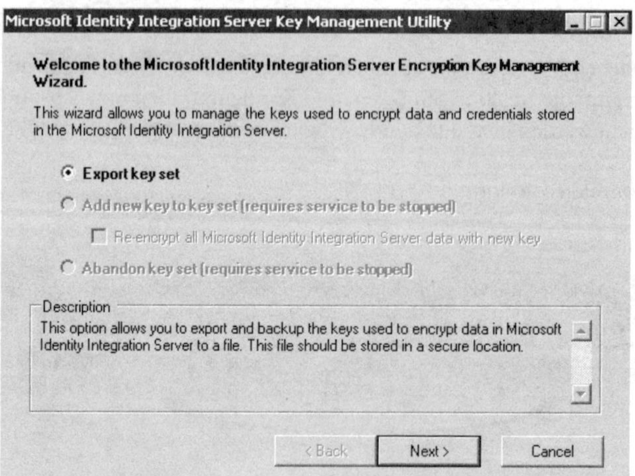

Geben Sie nun das Dienstkonto des Benutzerprofildiensts an. In der Regel ist dies das Farmkonto. Sie finden das Konto, indem Sie auf der entsprechenden Serverinstanz das Dienstkonto für die beiden Forefront Identity-Dienste lokalisieren (Abbildung 14.12).

Abbildg. 14.12 Angabe der Forefront Identity Integration Server-Dienstkontendaten

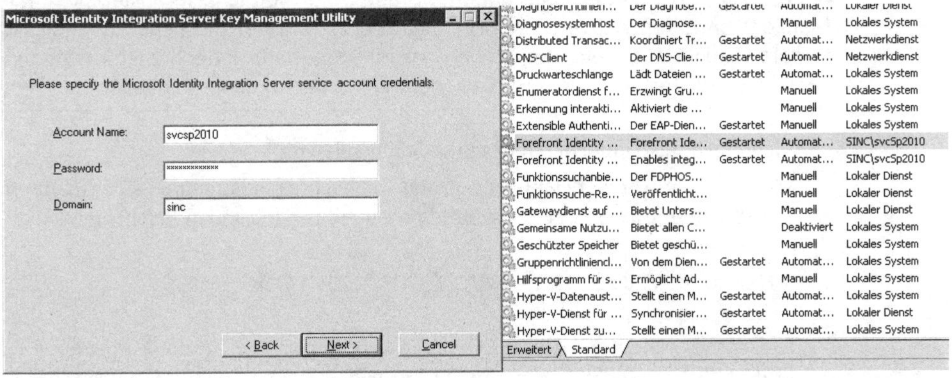

Geben Sie nun den Exportpfad und Dateinamen für den Schlüsselsatz an, klicken Sie auf *Next* und auf dann auf *Finish*, um den Export abzuschließen.

4. Zielumgebung: Wiederherstellung der Datenbanken

   Stellen Sie die Sicherung der Inhaltsdatenbank auf der Zielumgebung wieder her. Sie müssen hierzu grundsätzlich selbst bei geänderten Dienstkonten keine manuellen Anpassungen der Sicherheitskonfiguration vornehmen.

5. Zielumgebung: Erstellen der *Meine Website*-Webanwendung

   In diesem Abschnitt erstellen Sie die Webanwendung für *Meine Websites* und legen die verwalteten Pfade an wie in der zu migrierenden Quellsite. Beachten Sie dabei jedoch, dass Sie einerseits die Webanwendung zunächst im klassischen Authentifizierungsmodus anlegen und keinen Websitehost anlegen, da dieser sich ja noch in der zu migrierenden Inhaltsdatenbank der *Meine Website*-Webanwendung befindet.

   Ein Beispielskript für diesen Abschnitt könnte wie folgt lauten (Listing 14.5):

Listing 14.6 Beispielskript zum Erstellen und konfigurieren der *Meine Website*-Webanwendung

```
$ManAcc = Get-SPManagedAccount "sincdemo\svcPApPortal"
New-SPWebapplication -Name "Web-MySites" -Port 443 -HostHeader "mysites.sincdemo.de" -
Url "https://mysites.sincdemo.de" -ApplicationPool "SP-Portal" -ApplicationPoolAccount
($ManAcc) -DatabaseName "SP_SINC-MySites_ContentDB" -SecureSocketsLayer
New-SPManagedPath "personal" -WebApplication "https://mysites.sincdemo.de"
```

6. Zielumgebung: Erstellen der Benutzerprofildienstanwendung

   Starten Sie zunächst die Dienstinstanz des Benutzerprofildiensts auf dem gewünschten Knoten. Erstellen Sie im Anschluss die Benutzerprofildienstanwendung, indem Sie einerseits die Basisdaten wie verwaltete Pfade und Generierungsparameter für die URL der Quellumgebung verwenden, andererseits jedoch nicht die bestehenden Dienstdatenbanken des Benutzerprofildiensts beim Erstellen angeben, sondern neue verwenden.

7. Zielumgebung: Provisionierung der Synchronisierungskomponente

   Provisionieren Sie nun die Synchronisierungskomponente durch das Starten der entsprechenden Dienstinstanz. Im Anschluss müssen Sie an dieser Stelle die Konfiguration des Benutzerprofildiensts vollständig manuell nachbilden. Dabei gilt es auch, die Active Directory-Verbindung zu etablieren und entsprechend zu konfigurieren, welche Sie für den Import der Benutzerprofildaten heranziehen wollen.

HINWEIS An dieser Stelle haben Sie auch die Möglichkeit, anstelle der Forefront Identity Manager-basierten Active Directory-Synchronisierung auf die neue Funktion Active Directory-Import abzuändern, welche zwar weniger mächtig, dafür jedoch auch drastisch weniger fehleranfällig ist. Weiterführende Informationen hierzu finden Sie in Kapitel 9.

8. Zielumgebung: Importieren des FIM-Schlüsselsatzes

   Wechseln Sie in der Befehlszeile in das Verzeichnis *%ProgramFiles%\Microsoft Office Servers\15.0\Synchronization Service\Bin* und geben Sie den folgenden Befehl ein:

```
Miiskmu.exe /i Path {0E19E162-827E-4077-82D4-E6ABD531636E}
```

   Die hier verwendete GUID ist fixiert. Sie werden zur Eingabe von Anmeldeinformationen aufgefordert. Dabei handelt es sich um die Anmeldeinformationen des Farmadministrators.

HINWEIS Bei dieser Sequenz kann es zu Fehlern kommen, sofern sich die verwendeten Konten geändert haben.

9. Zielumgebung: Anhängen der Inhaltsdatenbank

   Fügen Sie die Inhaltsdatenbank zur *Meine Website*-Webanwendung hinzu, beispielsweise mit folgendem Befehl:

```
Mount-SPContentDatabase -Name "SP_MySites_Content" -DatabaseServer "SPSQL" -
WebApplication "https://mysites.sincdemo.de"
```

10. Zielumgebung: Konvertierung des Authentifizierungsschemas

    Konvertieren Sie nun die sich noch im klassischen Authentifizierungsmodus befindende Webanwendung samt Inhaltsdatenbank in die forderungsbasierte Authentifizierung, indem Sie den folgenden Beispielbefehl ausführen:

```
Convert-SPWebApplication -Identity "https://mysites.sincdemo.de" -To Claims -
RetainPermissions -Force
```

HINWEIS Der Schalter *RetainPermissions* sorgt für den Erhalt der bestehenden Berechtigungen und sollte daher unbedingt mit angegeben werden.

11. Zielumgebung: Aktualisierung von *Mein Websitehost*

    Bevor der erste Benutzer auf seine *Meine Website* zugreift, sollte der *Mein Websitehost* migriert werden. Führen Sie hierzu den folgenden Befehl aus:

```
Upgrade-SPSite https://mysites.sincdemo.de -VersionUpgrade
```

HINWEIS Der Schalter *VersionUpgrade* muss angegeben werden, da andernfalls lediglich eine Build-to-Build-Aktualisierung durchgeführt werden würde.

12. (Optional) Zielumgebung: Aktualisierung von *Meine Websites*

Zu diesem Zeitpunkt stehen *Meine Websites* zwar noch nicht aktualisiert zur Verfügung, jedoch werden sie automatisch konvertiert, sobald sich ein Benutzer auf die entsprechende Site begibt. Sobald der Benutzer seine *Meine Website* aufruft, beginnt der Konvertierungsprozess. Bis zu dessen Abschluss steht die Website unter der SharePoint 2010-basierten Version zur Verfügung. Um den Vorgang zu beschleunigen bzw. zu forcieren und dadurch die Benutzererfahrung zu optimieren, bietet es sich an, den Vorgang skriptgesteuert vorzuziehen. Verwenden Sie dazu den folgenden Beispielbefehl:

```
Get-SPSite -ContentDatabase SP_MySites_Content | Upgrade-SPSite -VersionUpgrade -
Unthrottled
```

HINWEIS Bei diesem Ansatz werden alle in einer definierten Inhaltsdatenbank enthaltenen Websitesammlungen migriert. Bei einer hohen Anzahl an Websitesammlungen und/oder hohen Priorisierung dieses wichtigen Vorgangs sollten Sie den Einsatz der Schalter *Unthrottled* und *QueueOnly* in Erwägung ziehen. Während *Unthrottled* eine Ausbremsung der Konvertierung trotz Überschreitung der Throttling-Schwellenwerte verhindert, ermöglicht *QueueOnly* die Kontrolle und Steuerung des Vorgangs über die Zeitauftraggeberdienststeuerung.

BDC (Business Data Connectivity-Dienst)

Zur Aktualisierung der BDC-Dienstanwendung geben Sie lediglich beim Provisionieren der Dienstanwendung die zu aktualisierende Dienstanwendungsdatenbanken an (Listing 14.7).

Listing 14.7 Provisionierung der BDC-Dienstanwendung

```
$applicationPool = Get-SPServiceApplicationPool -Identity "SharePoint Web Services"
New-SPBusinessDataCatalogServiceApplication -Name "BDC Service" -ApplicationPool
$applicationPool -DatabaseName "BDC_Service_DB"
```

PerformancePoint

Für die Aktualisierung von PerformancePoint gehen Sie wie für BDC vor. Verwenden Sie dazu die Provisionierungsanweisungen aus Kapitel 5 unter Verwendung der zu migrierenden Dienstdatenbank.

Sonderfall Konvertierung 1: Inhaltsdatenbank vor der Migration konvertieren

In der Regel konvertieren Sie die Inhaltsdatenbanken im Rahmen der Migration in die forderungsbasierte Authentifizierung. Sie können dies entweder bereits in der Quellumgebung umsetzen oder aber im Rahmen der Migration in der Zielumgebung. Aufgrund des Umstands, dass die Quellumgebung zumeist intakt bleibt, bis die neue Farm vollständig funktional ist, wird die Umstellung auf der Quellfarm seltener realisiert.

In diesem Abschnitt wird eine Umstellung des Authentifizierungsschemas in der Quellumgebung demonstriert. Beachten Sie dabei, dass es im Rahmen der Umstellung auf der Quellfarm zu unumkehrbaren Änderungen und einer Zugriffsunterbrechung kommt. Gehen Sie wie folgt vor:

1. Stellen Sie die Quellwebanwendung auf die forderungsbasierte Authentifizierung um (Listing 14.8).

Listing 14.8 Umstellung auf die forderungsbasierte Authentifizierung

```
$App = Get-SPWebApplication "[URL der zu konvertierenden Webanwendung]"
$App.UseClaimsAuthentication
$App.Update()
```

2. Geben Sie Ihrem Benutzerkonto mithilfe einer Webanwendungsrichtlinie volle Zugriffsrechte auf die zu migrierende Webanwendung. Das Verfahren hierzu wird unter anderem in Kapitel 9 beschrieben.
3. Migrieren Sie die Benutzeridentitäten entsprechend Listing 14.9.

Listing 14.9 Umwandlung und abschließende Provisionierung der Webanwendung

```
$App.MigrateUsers($true)
$App.ProvisionGlobally()
```

4. In Abhängigkeit von den in der Webanwendung verwendeten Websitesammlungsvorlagen kann es dazu kommen, dass Benutzer nach der Umstellung keinen Zugriff mehr erhalten. Stellen Sie daher sicher, dass Sie die beiden Veröffentlichungscachekonten *PortalSuperUser* und *PortalSuperReader* erneut unter Verwendung des neuen Anmeldeformats berechtigen (siehe Kapitel 6). Gleiches gilt für das Inhaltszugriffkonto der Suche.

Nun ist die Datenbank dafür vorbereitet in einem späteren Schritt an eine neue, forderungsbasierte Webanwendung unter SharePoint 2013 angefügt zu werden.

Datenbanken von der Quellfarm trennen

Stellen Sie die zu migrierende Inhaltsdatenbank offline. Durch diesen Schritt entfernen Sie die Datenbank aus Ihrer alten, produktiven SharePoint-Umgebung. Dies ist ein erforderlicher Schritt, um vor der Migration der Datenbank eine konsistente Sicherung der Datenbank durchführen zu können. Zudem stellen Sie so sicher, dass keine Änderungen mehr vorgenommen werden können. Alternativ dazu können Sie die Inhaltsdatenbank auch in den schreibgeschützten Modus versetzen, bevor Sie diese im nachfolgenden Schritt auf die Zielfarm übertragen.

Zum Trennen der Inhaltsdatenbank von der Quellfarm gehen Sie wie folgt vor:

1. Öffnen Sie dazu die Zentraladministration und in der *Anwendungsverwaltung* die *Inhaltsdatenbanken*.
2. Wählen Sie die entsprechende Inhaltsdatenbank aus und ändern Sie den Datenbankstatus von *Bereit* auf *Offline* ab und aktivieren Sie das Kontrollkästchen *Inhaltsdatenbank entfernen*.
3. Übernehmen Sie die Änderungen mit einem Klick auf *OK*.

Fahren Sie mit der Sicherung der Quelldatenbanken fort.

Quelldatenbanken sichern

Sichern Sie die zu migrierende Inhaltsdatenbank auf dem Quell-SQL-Server:

1. Öffnen Sie dazu das *SQL Server Management Studio* und verbinden Sie sich zu der entsprechenden SQL Server-Instanz.
2. Erweitern Sie den Ordner *Datenbanken* und wählen Sie dann die zu sichernde Inhaltsdatenbank aus.
3. Klicken Sie mit der rechten Maustaste auf die Datenbank, wählen Sie *Tasks* und klicken Sie dann auf *Sichern*. Das Dialogfeld *Datenbank sichern* wird angezeigt.

4. Wählen Sie im Listenfeld *Sicherungstyp* die Option *Vollständig* aus.
5. Geben Sie im Abschnitt *Ziel* einen Pfad inklusive des Dateinamens an, unter dem Sie die Sicherung speichern möchten.
6. Klicken Sie auf *OK*, um die Sicherung zu starten.

Fahren Sie mit der Wiederherstellung der Datenbanken auf dem Zielserver fort.

Datenbanken auf Zieldatenbankserver wiederherstellen

Stellen Sie die zuvor gesicherte Datenbank auf dem SQL Server der neuen Serverfarm wieder her:

1. Öffnen Sie dazu das *SQL Server Management Studio* und verbinden Sie sich zu der entsprechenden SQL Server-Instanz.
2. Erweitern Sie den Ordner *Datenbanken*, klicken Sie mit der rechten Maustaste auf den Ordner *Datenbanken* und wählen Sie im Kontextmenü den Eintrag *Datenbank wiederherstellen* aus.
3. Wählen Sie einen Datenbanknamen einer neuen Datenbank aus und tragen Sie diesen in das Feld *In Datenbank* ein.
4. Im Abschnitt *Quelle für die Wiederherstellung* wählen Sie die Option *Von Medium:* aus und klicken auf die in der gleichen Zeile positionierte Schaltfläche mit den drei Punkten.
5. Klicken Sie auf die Schaltfläche *Hinzufügen* und wählen Sie die zuvor gesicherte Datenbanksicherungsdatei aus. Bestätigen Sie beide Dialogfelder mit einem Klick auf *OK* und kehren Sie somit zum Dialogfeld *Datenbank wiederherstellen* zurück.
6. Aktivieren Sie das Kontrollkästchen *Wiederherstellen* für die wiederherzustellende Datenbank und klicken Sie in der oberen linken Feldhälfte auf *Optionen*.

   Stellen Sie sicher, dass in der Spalte *Wiederherstellen als* keine Datenbank- und Transaktionsprotokolldateinamen benutzt werden, die von den existierenden Datenbanken bereits verwendet werden, und starten Sie anschließend die Wiederherstellung mit einem Klick auf *OK*.

Konvertierungsvariante nach der Migration 1: Zielwebanwendung präparieren

Soll im Rahmen der Inhaltsdatenbankmigration eine Authentifizierungsschemaänderung von klassisch nach forderungsbasiert erfolgen, was in der Praxis der verbreitete Fall ist, müssen Sie die Zielwebanwendungen zunächst mit der klassischen Authentifizierung anlegen, um diese dann nach dem Anhängen der Quellinhaltsdatenbanken in die forderungsbasierte Authentifizierung zu überführen.

Verwenden Sie zum Anlegen der neuen Webanwendungen daher in der Zielumgebung abweichend von der Standardanleitung in Kapitel 4 die PowerShell-Befehle aus Listing 14.10.

Listing 14.10 Anlegen einer SharePoint-Webanwendung im klassischen Authentifizierungsmodus

```
$ManAcc = Get-SPManagedAccount sinc\svcsincsppapportal
$AP = New-SPAuthenticationProvider
New-SPWebapplication -Name "SINC Intranet" -Port 80 -HostHeader "intranet.sincdemo.de" -Url
"http://intranet.sinc.de" -ApplicationPool "Classic-Portal" -ApplicationPoolAccount
($ManAcc) -DatabaseName "SP_SINC-Intranet_ContentDB" –AuthenticationProvider $ap
```

HINWEIS Der Name »Classic-Portal« für den Pool wurde nur zur Verdeutlichung gewählt. Da Sie zu einem späteren Zeitpunkt die Konvertierung in die forderungsbasierte Authentifizierung umsetzen, bietet es sich an, auf diese Klassifizierung an dieser Stelle zu verzichten.

Anfügen der Datenbank zu einer bestehenden Webanwendung

Fügen Sie die wiederhergestellte Datenbank zu einer bestehenden Webanwendung hinzu. Sofern Sie keine leere Webanwendung zur Verfügung haben, legen Sie eine entsprechende Webanwendung mithilfe des in Kapitel 4 und 9 beschriebenen Verfahrens an.

Inhaltsdatenbanken können theoretisch sowohl über die Zentraladministration als auch über die Eingabeaufforderung zu einer Webanwendung hinzugefügt werden. In diesem Fall ist die Bearbeitung über die Befehlszeile nicht nur ein denkbar einfacher Weg, sondern auch der für Aktualisierungen einzige unterstützte.

TIPP Datenbanken können Sie aus unterschiedlichen Quellsystemen, wie unterschiedlichen Versionen von SQL Server, oder gar aus anderen Domänen importieren. In letzterem Fall haben Sie jedoch zumindest Nacharbeit in Form der Rechtevergabe zu leisten. Dazu sollten Sie zunächst nach dem Anfügen der Datenbank die Websitesammlungsadministratoren aktualisieren, um im Anschluss die Berechtigungen der Endanwender zu aktualisieren.

Verwenden Sie bitte folgendes Beispiel, um eine Inhaltsdatenbank mithilfe von PowerShell zu einer bestehenden Webanwendung hinzuzufügen:

```
Mount-SPContentDatabase -WebApplication [URL der Zielwebanwendung] -DatabaseServer
[Datenbankserver] -Name "[Name der Inhaltsdatenbank]"
```

Sie erhalten in der Eingabeaufforderung Aufschluss über den aktuellen Stand der Aktualisierung (Abbildung 14.13).

Abbildg. 14.13 Anfügen einer zu migrierenden Inhaltsdatenbank

Für die Ausführung der Anfügung können Sie sowohl eine Beschleunigung durch den Parameter *SkipIntegrityChecks* als auch eine Datenbereinigung durch *ClearChangeLogs* anwenden. Die Änderungsprotokolle werden innerhalb der Inhaltsdatenbank gespeichert und können einen erheblichen Umfang annehmen.

Eine Inhaltsdatenbank kann indes einer Farm nicht mehrfach hinzugefügt werden, auch nicht in unterschiedlichen Webanwendungen, ohne die Datenbank-ID abzuändern. Sie können jedoch mithilfe des Parameters *AssignNewDatabaseId* eine neue ID vergeben.

Durch dieses Beispiel wird die Inhaltsdatenbank hinzugefügt, ohne dass die dort enthaltenen Websites einer Aktualisierung auf den SharePoint 2013-Modus unterzogen werden.

HINWEIS Die Dauer einer Inhaltsdatenbankanfügung im Rahmen einer Migration hängt von vielen Rahmenbedingungen ab. Als ungefähreres Richtmaß gehen Sie davon aus, dass Sie pro GB zwischen 30 Sekunden bis zu zwei Minuten für die Verarbeitung einplanen können. In jedem Fall ist es besser, die Dauer der Migration in Ihrer Umgebung auf Basis von Tests mit einer Kopie Ihrer Produktionsdatenbanken zu bestimmen.

Verwenden Sie parallel mehrere Prozesse zum Anfügen der Datenbanken, um den Vorgang zu beschleunigen. Behalten Sie dabei die Leistungsdaten Ihres Servers im Auge, um nicht durch eine Überlastung beispielsweise des Arbeitsspeichers zu einem Umkehreffekt zu gelangen.

Eine fehlgeschlagene Inhaltsdatenbankanfügung bedeutet nicht, dass Sie die Website im Anschluss nicht doch direkt verwenden können. Es bedeutet jedoch für Sie, dass Sie davon ausgehen können, dass Anwender zumindest auf einigen Seiten eine Fehlermeldung anstelle der eigentlichen Inhalte erhalten. Mehr zu diesem Szenario erfahren Sie in einem späteren Abschnitt.

Kontrolle der Datenbankanfügung

Stellen Sie sicher, dass es bei dem Hinzufügen der Datenbank zu keinen Fehlern gekommen ist. Benutzen Sie zunächst die Zentraladministration, um sich einen Überblick über Ihre Migrationsdatenbanken und deren potenzielle Probleme zu verschaffen. Gehen Sie dazu wie folgt vor:

1. Öffnen Sie den *Upgrade und Migration*-Bereich der Zentraladministration und klicken Sie auf *Upgradestatus überprüfen.*
2. In diesem Dialogfeld erhalten Sie eine Übersicht der migrierten Datenbanken und deren potenziellen Probleme bei der Aktualisierung (Abbildung 14.14.

Abbildg. 14.14 Überprüfung der Inhaltsdatenbankanfügung

Status	Server	Start	Letzte Aktualisierung	Fehler	Warnungen
In Bearbeitung	**SRVSINCSP001**	**11.09.2013 22:01:55**	**11.09.2013 22:03:04**	**6**	**16**
Erfolgreich	SRVSINCSP002	11.09.2013 21:42:00	11.09.2013 21:42:12	0	0

Ausgewählte Upgradesitzungsdetails

Status	In Bearbeitung
Server	SRVSINCSP001
Start	11.09.2013 22:01:55
Letzte Aktualisierung	11.09.2013 22:03:04
Fehler	6
Warnungen	16
Startobjekt	SPContentDatabase Name=SP_Content_Intranet
Aktuelles Objekt	SPContentDatabase Name=SP_Content_Intranet
Aktuelle Aktion	SPContentDatabaseSequence
Schritt innerhalb der Aktion	121
Gesamtzahl der Schritte in dieser Aktion	130
Verstrichene Zeit	00:01:56.4247172
Prozentsatz abgeschlossen	27,92%
Prozessname	powershell
Thread-ID	9132
Prozess-ID	10824
Befehlszeile	C:\Windows\System32\WindowsPowerShell\v1.0\PowerShell.exe -NoExit & C:\Program Files\Common Files\Microsoft Shared\Web Server Extensions\15\CONFIG\POWERSHELL\Registration\\sharepoint.ps1
Protokolldatei	C:\Program Files\Common Files\Microsoft Shared\Web Server Extensions\15\LOGS\Upgrade-20130911-220155-98.log
Lösung	Suchen Sie nach möglichen Ursachen für Upgradeprobleme, indem Sie die Zeichenfolgen [ERROR] und [WARNING] in der Upgradeprotokolldatei durchsuchen. Weitere Informationen zur Wiederherstellung nach Upgradefehlern finden Sie unter "http://go.microsoft.com/fwlink/?LinkId=259653".

3. Klicken Sie in der oberen Tabelle auf die Zeile der jeweiligen migrierten Datenbank, um die Detailinformationen wie beispielsweise den Speicherort des zu der Aktualisierung zugehörigen Protokolls zu erhalten.

Sie finden das Aktualisierungsprotokoll unter dem Pfad *%CommonProgramFiles%\Microsoft Shared\Web Server Extensions\15\logs\upgrade*.log*. Suchen Sie hier im Fehlerfall nach Einträgen mit den Werten *[Error]* und *[Warning]*.

Neben den detaillierten Protokollen gibt es im gleichen Verzeichnis zusätzlich noch jeweils eine Datei gleichen Namens, die das Suffix *error* enthält.

Um mithilfe der PowerShell zu identifizieren, ob noch weitere Inhaltsdatenbanken eine Aktualisierung benötigen, verwenden Sie den folgenden Befehl:

```
Get-SPContentDatabase | ft Name, NeedsUpgradeIncludeChildren
```

Konvertierungsvariante nach der Migration 2: Inhaltsdatenbank konvertieren

Haben Sie zuvor darauf verzichtet, eine Konvertierung der Webanwendung in der Quellumgebung durchzuführen, und haben Sie vor, das neue forderungsbasierte Authentifizierungsformat zu verwenden, sollten Sie diese Konvertierung nun unter SharePoint 2013 umsetzen. Führen Sie dazu das folgende Beispielskript aus:

```
Convert-SPWebApplication -Identity [URL der Webanwendung] -To Claims -RetainPermissions
-Force
```

Sollten nach der Konvertierung noch weitere, nicht konvertierte SharePoint 2010-Inhaltsdatenbanken angefügt werden, so verwenden Sie den folgenden Befehl:

```
Convert-SPWebApplication -Identity [URL Der Webanwendung] -To Claims -RetainPermissions
-Force
```

Websitesammlungen aktualisieren

Die Aktualisierung von Websitesammlungen obliegt in SharePoint 2013 den Websitesammlungsbesitzern oder den Farmadministratoren.

Sie können vor der Aktualisierung einer Websitesammlung einen Integritätstest ausführen, um über etwaige Fehler informiert zu werden und optional eine Evaluierungswebsitesammlung für eine Testmigration nach SharePoint 2013 anfordern. Im nachfolgenden Abschnitt werden die diesbezüglichen Verfahren erläutert.

Zunächst können Sie sich mit dem folgenden Beispielbefehl eine Übersicht über die zu aktualisierenden Websitesammlungen verschaffen (Abbildung 14.15):

```
Get-SPSite -limit all | select URL,CompatibilityLevel | group CompatibilityLevel |  ft
-AutoSize
```

Abbildg. 14.15 Übersicht der zu aktualisierenden Websitesammlungen

Integritätstest von Websitesammlungen

Mithilfe der Integritätstest können Sie mögliche Fehler bereits vor der Aktualisierung einer Websitesammlung identifizieren und adressieren.

Sie können die Integritätstests sowohl als Websitesammlungsadministrator (Websitesammlungseinstellungen) als auch als Farmadministrator (PowerShell) durchführen.

Die folgenden Tests werden von der Integritätsprüfung durchgeführt:

- Konfliktverursachende Inhaltstypen
- Benutzerdefinierte Dateien
- Fehlende Kataloge
- Fehlende übergeordnete Inhaltstypen
- Fehlende Websitevorlagen
- Nicht unterstützte Sprachpaketverweise
- Nicht unterstützte MUI-Verweise (Multilanguage User Interface)

Als Websitesammlungsadministrator gehen Sie wie folgt vor:

1. Öffnen Sie die Websitesammlungseinstellungen der zu testenden Websitesammlung und klicken Sie im Abschnitt *Websitesammlungsverwaltung* auf *Websitesammlungsintegritätsprüfungen.*
2. Klicken Sie auf *Prüfungen starten.*
3. Der resultierende Bericht zeigt Ihnen mögliche Fehler der Aktualisierung auf (Abbildung 14.16). Dabei gibt es zwei Kategorien an identifizierten Problemen: Warnungen (rot) und Fehler (orange).

Abbildg. 14.16 Integritätsbericht

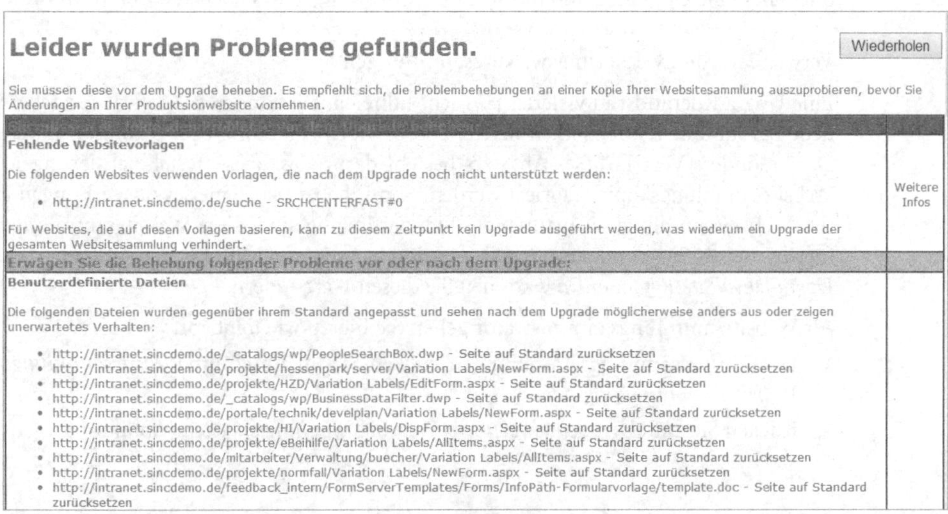

Einige der Fehler können Sie direkt mithilfe der Links beheben, die Sie auf die entsprechenden Funktionen der Websitesammlung führen.

4. Beheben Sie zumindest alle identifizierten Fehler, bevor Sie mit dem nächsten Arbeitsschritt fortfahren.

Als Farmadministrator gehen Sie wie folgt vor:

1. Stellen Sie sicher, dass Sie über Zugriffsberechtigungen auf alle Websitesammlungen verfügen. Verwenden Sie beispielsweise Benutzerrichtlinien für die Webanwendung, um sich volle Zugriffsrechte zu verschaffen.
2. Führen Sie das folgende Cmdlet aus, um eine spezielle Websitesammlung zu prüfen:

```
Test-SPSite [URL der Websitesammlung]
```

Sie können optional auch gezielt einzelne Regeln überprüfen, indem Sie den Parameter *RuleID* mit einem entsprechenden Wert angeben.

Alternativ lassen sich wie folgt alle Websitesammlungen automatisiert validieren (Abbildung 14.17).

Abbildg. 14.17 Automatisierte Integritätstests für Websitesammlungen

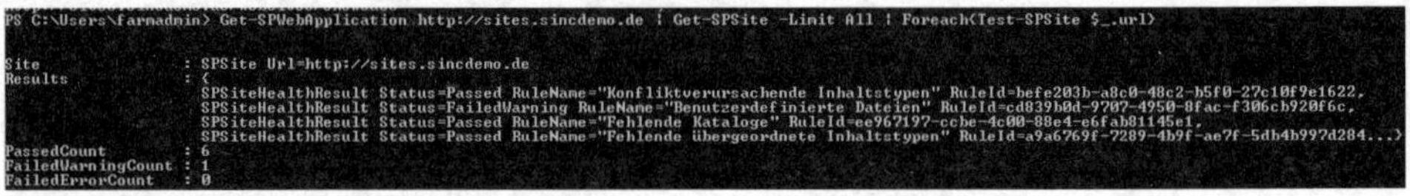

3. Zur Reparatur von etwaigen identifizierten Problemen können Sie die Fehler mithilfe des folgenden Befehls beheben:

```
Repair-SPSite [URL der Websitesammlung]
```

Bei verbleibenden Warnungen können Sie nun entweder direkt mit der Aktualisierung beginnen oder aber eine Upgradedemo mithilfe der Anweisungen des nächsten Abschnitts anfordern.

Verwenden von Evaluierungswebsitesammlungen

Eine Upgradedemo ist in vielerlei Hinsicht hilfreich. Sie können so einfach spezielle Aspekte wie das neue Layout testen, um zu identifizieren, ob Sie noch Handlungsbedarf vor der Aktualisierung haben. Der besondere Vorteil dieses Ansatzes besteht darin, dass diese Testaktualisierungen auf Basis einer Websitesammlungskopie realisiert werden. Somit haben Sie keinerlei Auswirkungen auf die produktive Websitesammlung zu befürchten. Standardmäßig sind diese Websitesammlungen 30 Tage verfügbar, bevor Sie dann automatisiert gelöscht werden. Mithilfe der Webanwendungseigenschaft *UpgradeEvalSitesRetentionDays* können Sie diesen Wert ändern.

Als Websitesammlungsadministrator gehen Sie hierzu wie folgt vor:

1. In Websitesammlungseinstellungen klicken Sie im Abschnitt *Websitesammlungsverwaltung* auf *Websitesammlungsupgrade*.
2. Klicken Sie auf *Upgradeauswertungs-Websitesammlung erstellen* (Abbildung 14.18).

Abbildg. 14.18 Erstellen einer Evaluierungswebsitesammlung

3. Sie werden nun im folgenden Dialogfeld darauf hingewiesen, dass der Prozess der Fertigstellung ein bis zwei Tage dauern kann. Quittieren Sie dies mit einem Klick auf *Schließen*.

Sobald die Evaluierungswebsitesammlung verfügbar ist, erhält der Websitesammlungsbesitzer eine E-Mail-Nachricht, die den Link der Websitesammlung enthält.

Als Farmadministrator verwenden Sie den folgenden Befehl zum Anfordern einer Evaluierungswebsitesammlung:

```
Request-SPUpgradeEvaluationSite [URL der Websitesammlung]
```


Die Erstellung der Evaluierungswebsitesammlungen ist von einem Zeitgeberauftrag abhängig, der jeweils pro Webanwendung existiert und standardmäßig jeweils täglich (nachts) aktiv wird. Um die Wartezeit direkt abzukürzen, verwenden Sie den folgenden Befehlsaufruf:

```
Get-SPTimerJob | Where {$_. -eq "job-create-upgrade-eval-sites"} | Start-SPTimerJob
```

Sobald die Evaluierungswebsitesammlung bereitsteht, können Sie diese mithilfe des in der E-Mail enthaltenen Links öffnen. Standardmäßig wird dabei das Suffix *-eval* an die URL der Websitesammlung angehangen. Sie finden den Link auch, indem Sie das gleiche Verfahren verwenden, um eine neue Evaluierungswebsitesammlung anzufordern (Abbildung 14.19).

Abbildg. 14.19 Aufrufen der Evaluierungswebsitesammlung

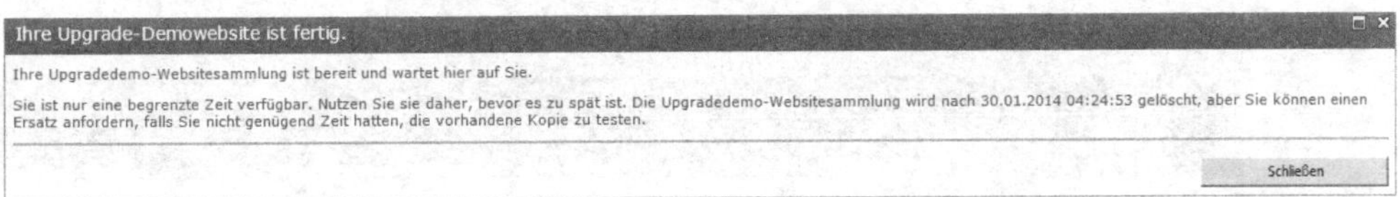

Sie können die so aktualisierten Websitesammlungen zentral einsehen, indem Sie folgenden Befehl verwenden (Abbildung 14.20):

```
Get-SPSiteUpgradeSessionInfo -ContentDatabase [Inhaltsdatenbank] -ShowCompleted
-ShowFailed | select SiteID,RequestDate,Status | ft -AutoSize
```

Abbildg. 14.20 Aktualisierte Websitesammlungen

Etwaige Fehler und Informationen zu der Aktualisierung können Sie den Protokollen entnehmen, die Sie in der neuen Websitesammlung unter *_catalogs/MaintenanceLogs* vorfinden (Abbildung 14.21).

Abbildg. 14.21 Wartungsprotokolle

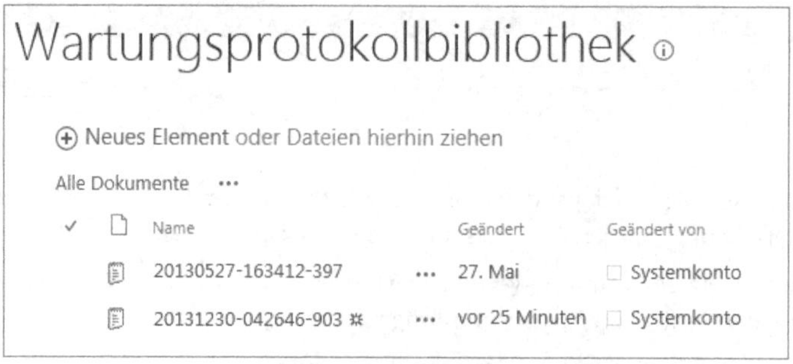

Aktualisierung von Websitesammlungen steuern

Die Aktualisierung von Websitesammlungen basiert auf erweiterten Einstellungen, die Sie definieren können, um den Rahmen von Aktualisierungen zu definieren. Beispielsweise haben Sie so die Möglichkeit, eine Frist für die autarken Websitesammlungsadministratoren für die Aktualisierung zu setzen oder Schwellenwerte für Massenmigrationen zu definieren.

Um den Rahmen von Aktualisierungen zu bestimmen, gehen Sie in der Rolle des Farmadministrators wie folgt vor.

Um einen abweichenden Zeitraum für die Aktualisierungsfrist zu definieren, steht Ihnen die Eigenschaft *UpgradeReminderDelay* zur Verfügung, welche standardmäßig bei 30 Tagen liegt. Websitesammlungsadministratoren erhalten beim Aufrufen Ihrer Websitesammlung in der Informationsleiste einen Hinweis, dass Sie die Migration starten können (Abbildung 14.22). Sobald der Zeitraum überschritten ist, wechselt die Information und zeigt an, dass eine Migration erforderlich ist.

Abbildg. 14.22 Information für Websitesammlungsadministratoren

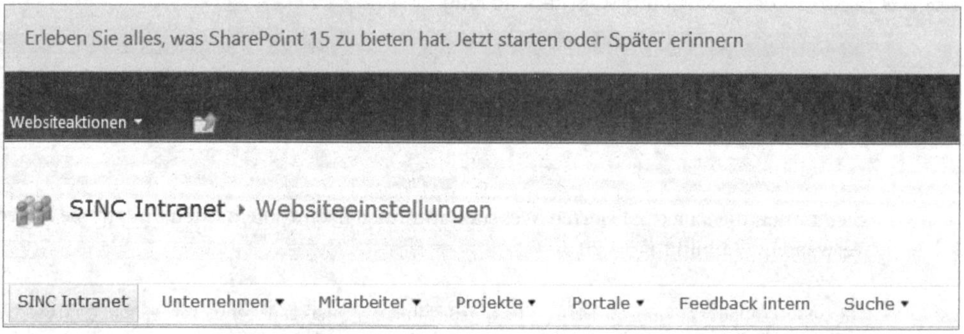

Um die Websitesammlungsadministratoren mit Informationen zu der Aktualisierung zu versorgen, können Sie mithilfe der Eigenschaft *UpgradeMaintenanceLink* einen Link hinterlegen, der in die Informationsleiste eingeblendet wird (Listing 14.11).

Listing 14.11 Definieren von Rahmenparametern für die Aktualisierung

```
$wa=Get-SPWebApplication [URL der Webanwendung]
$wa.UpgradeReminderDelay = [Anzahl an Tagen]
$wa.UpgradeMaintenanceLink = "<LinkURL>"
```

Um Websitesammlungsadministratoren das standardmäßige Recht der eigenständigen Aktualisierung zu entziehen, verwenden Sie das Beispielskript aus Listing 14.12.

Listing 14.12 Deaktivierung der autarken Aktualisierung

```
$site=Get-SPSite [WSC-URL]
$site.AllowSelfServiceUpgrade=$false
```

Ein weiterer Aspekt ist das Anlegen von neuen Websitesammlungen. Standardmäßig können sowohl SharePoint 2010- als auch SharePoint 2013-Websitesammlungen erzeugt werden (Abbildung 14.23).

Abbildg. 14.23 Websitesammlungskompatbilität

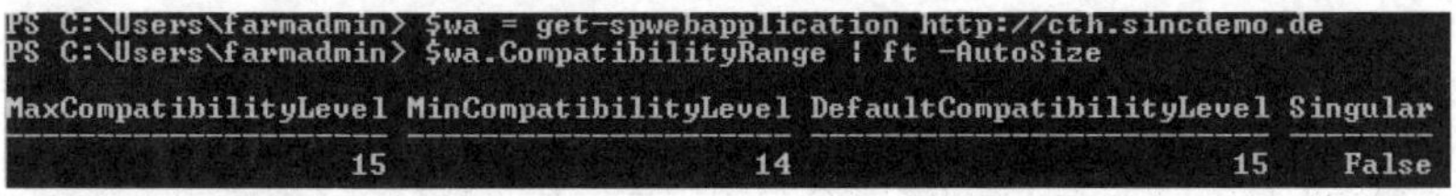

```
PS C:\Users\farmadmin> $wa = get-spwebapplication http://cth.sincdemo.de
PS C:\Users\farmadmin> $wa.CompatibilityRange | ft -AutoSize

MaxCompatibilityLevel MinCompatibilityLevel DefaultCompatibilityLevel Singular
--------------------- --------------------- ------------------------- --------
                   15                    14                        15    False
```

Um das Neuanlegen von SharePoint 2010-Websitesammlungen zu verhindern, verwenden Sie das Beispielskript aus Listing 14.13.

Listing 14.13 Kompatibilitätseinstellungen

```
$wa=Get-SPWebApplication [URL der Webanwendung]
$wa.CompatibilityRange = [Microsoft.SharePoint.SPCompatibilityRange]::NewVersion
$wa.Update()
```

Alternativ verwenden Sie anstelle von *NewVersion* die Werte *OldVersion* oder *AllVersion.*

Für die Aktualisierung von Websitesammlungen gelten Beschränkungen, die Sie sowohl auf Webanwendungsebene (Abbildung 14.24) als auch begrenzt auf der Datenbankebene definieren können.

Abbildg. 14.24 Aktualisierungsbeschränkungen auf Webanwendungsebene (Standard)

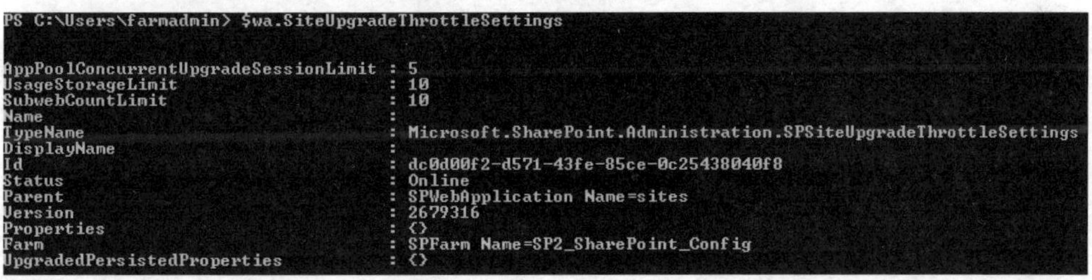

```
PS C:\Users\farmadmin> $wa.SiteUpgradeThrottleSettings

AppPoolConcurrentUpgradeSessionLimit : 5
UsageStorageLimit                    : 10
SubwebCountLimit                     : 10
Name                                 :
TypeName                             : Microsoft.SharePoint.Administration.SPSiteUpgradeThrottleSettings
DisplayName                          :
Id                                   : dc0d00f2-d571-43fe-85ce-0c25438040f8
Status                               : Online
Parent                               : SPWebApplication Name=sites
Version                              : 2679316
Properties                           : {}
Farm                                 : SPFarm Name=SP2_SharePoint_Config
UpgradedPersistedProperties          : {}
```

Für die Steuerung der Webanwendungsparameter verwenden Sie das Beispielskript aus Listing 14.14.

Listing 14.14 Webanwendungsparameter

```
$wa=Get-SPWebApplication [URL der Webanwendung]
$wa.SiteUpgradeThrottleSettings.AppPoolConcurrentUpgradeSessionLimit=[Anzahl]
$wa.SiteUpgradeThrottleSettings.UsageStorageLimit=[Anzahl]
$wa.SiteUpgradeThrottleSettings.SubwebCountLimit=[Anzahl]
```

HINWEIS Der Farmadministrator kann bei einer durch ihn ausgelösten Websitesammlungsaktualisierung mithilfe des Parameters *Unthrottled* die Begrenzungen umgehen.

Für die Aktualisierungsbeschränkungen auf Inhaltsdatenbankebene verwenden Sie das folgende Beispielskript:

Listing 14.15 Inhaltsdatenbankparameter

```
$db = Get-SPContentDatabase [DB]
$db.ConcurrentSiteUpgradeSessionLimit
```

Websitesammlungen aktualisieren

Haben Sie den Entschluss gefasst, eine Websitesammlung zu migrieren, können Sie die ebenfalls sowohl standardmäßig als Websitesammlungsadministrator, als auch als Farmadministrator eine Aktualisierung vornehmen.

In der Rolle des Websitesammlungsadministrators gehen Sie wie folgt vor:

1. In den Websitesammlungseinstellungen klicken Sie auf *Websitesammlungsupgrade*.
2. Klicken Sie auf *Websitesammlung aktualisieren* (Abbildung 14.25).

Abbildg. 14.25 Übersichtsseite der Websitesammlungsaktualisierung

3. Klicken Sie auf *Ich bin bereit* (Abbildung 14.26).

Abbildg. 14.26 Überprüfung

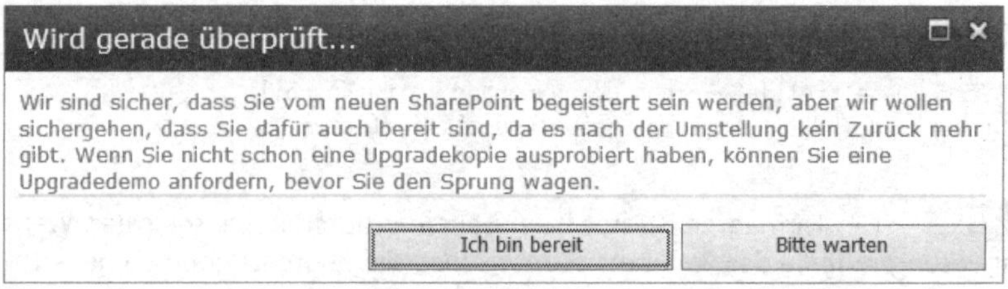

4. Sie werden nun darüber informiert, dass das Upgrade in Kürze beginnt, und können die Ansicht entsprechend aktualisieren (Abbildung 14.27).

Abbildg. 14.27 Laufende Aktualisierung

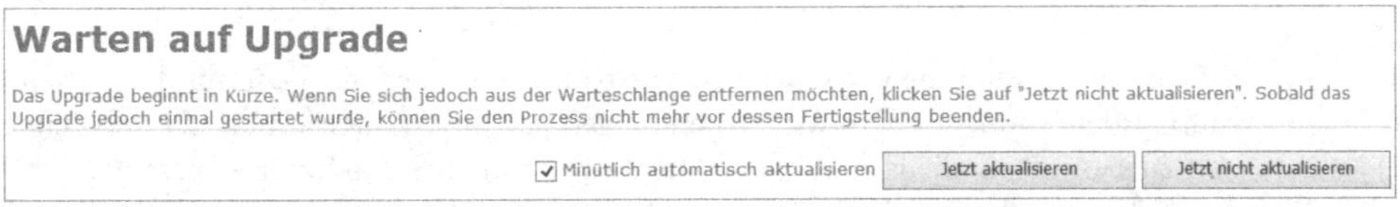

5. Bei umfangreichen Aktualisierungen erhalten Sie während der Ausführung zusätzliche Informationen angezeigt (Abbildung 14.28).

Abbildg. 14.28 Upgradeinformationen

6. Nach der Fertigstellung der Aktualisierung erhalten Sie eine abschließende Zusammenfassung (Abbildung 14.29) und können sich mithilfe der Schaltfläche *Neuigkeiten* über die Online-Hilfe über etwaige Neuerungen informieren, sofern diese Hilfefunktion aktiviert wurde. Zudem steht Ihnen eine Protokolldatei der Aktualisierung zur Verfügung, die Sie, wie schon bei den Evaluierungswebsitesammlungen, jederzeit über die Wartungsbibliothek unter *_catalogs/maintenance-logs* einsehen können.

Abbildg. 14.29 Abschluss der Aktualisierung

Für eine Aktualisierung aus Perspektive des Farmadministrators gehen Sie wie nachfolgend beschrieben vor.

Führen Sie den folgenden Befehl aus, um eine Websitesammlung umgehend zu aktualisieren:

```
Upgrade-SPSite [URL der Websitesammlung] -VersionUpgrade -Unthrottled
```

Migration

Um alle Websitesammlungen einer Inhaltsdatenbank zu aktualisieren verwenden Sie den folgenden Befehl:

```
Get-SPSite -ContentDatabase [DB] -Limit All | Upgrade-SPSite -VersionUpgrade -QueueOnly
```

Durch die Verwendung von *QueueOnly* instrumentalisieren Sie nicht nur die vorhandene Zeitgeberauftragsdefinition, sondern Sie beschleunigen gar die Aktualisierung, da der Zeitgeberauftrag die Aktualisierung parallelisieren kann. Alternativ könnten Sie so unter Anpassung der Definition (*job-upgrade-sites*), die standardmäßig im Minutentakt startet, eine Migration außerhalb der Produktionszeiten stapeln.

Um die so aktiven Aktualisierungen einzusehen, verwenden Sie den folgenden Beispielbefehl:

```
Get-SPSiteUpgradeSessionInfo -ShowInProgress -ContentDatabase [DB] -ShowCompleted
-ShowFailed | select SiteID,RequestDate,Status | ft -AutoSize
```

Sonderfälle

In diesem Abschnitt werden einige Besonderheiten der Migration behandelt, die als weitere Nacharbeiten für die hier beschriebenen Migrationsverfahren geprüft werden sollten.

InfoPath-Formularvorlagen

Sollten Sie InfoPath-Administratorvorlagen verwenden, exportieren und reimportieren Sie die zugehörigen Daten im Rahmen der Migration zwischen beiden Farmen. Dabei handelt es sich um folgende Inhalte:

- Formularvorlagen (*.xsn*-Dateien)
- Datenverbindungsdateien (*.udcx*-Dateien)
- Inhalte von ausgefüllten Formularen (*.xml*-Dateien)

Diese Inhalte werden automatisch aktualisiert, sobald Sie eine Inhaltsdatenbankmigration durchführen. Da sich die beiden ersten Dateitypen auch in der Konfigurationsdatenbank wiederfinden, sind diese im Rahmen der Inhaltsdatenbankmigration zunächst auf der Quellfarm zu sichern und in der Zentraladministration der Zielfarm wiederherzustellen, um diese während der Migration nicht zu verlieren.

Um die Forms Services-Inhalte aus der Zentraladministration der Quellfarm zu exportieren, verwenden Sie den folgenden Befehl:

```
Export-SPInfoPathAdministrationFiles -path "InfoAdminForms.cab"
```

Zum anschließenden Importieren der Daten in der Zielfarm verwenden Sie das folgende PowerShell-Beispiel:

```
Import-SPInfoPathAdministrationFile -path "InfoAdminForms.cab"
```

Im Rahmen einer Inhaltsdatenbankmigration ändert sich häufig die URL der Webanwendung. Sollte dies bei Ihnen der Fall sein, ist es zusätzlich erforderlich, die entsprechenden verweisenden URLs zu aktualisieren. Verwenden Sie dazu das folgende PowerShell-Beispiel, nachdem Sie die Inhaltsdatenbanken erfolgreich migriert haben:

```
Get-SPWebApplication [URL der neuen Site] | Update-SPInfoPathAdminFileURL –find "[URL der alten Site]" -replace "[URL der neuen Site]"
```

Mobile Ansichten

Beachten Sie, dass durch die Migration Ihrer SharePoint-Umgebung auf SharePoint 2013 nicht automatisch die mobilen Ansichten aktiviert wurden. Mobile Ansichten ermöglichen Windows Mobile-basierten Anwendern, auf Listen und Dokumentenbibliotheken zuzugreifen. Sollten Sie den Einsatz von mobilen Ansichten wünschen, aktivieren Sie das entsprechende Feature nach der Aktualisierung.

Excel Services

Achten Sie darauf, alle zuvor eingerichteten vertrauenswürdigen Datenverbindungen nach der Migration erneut einzurichten.

Benutzermigration fehlerhaft

Sollten Sie vor dem Abschluss der Migration manuell oder automatisch eine vollständige Benutzerprofildienstsynchronisierung ausführen, kann dies dazu führen, dass nicht alle Benutzer ordnungsgemäß migriert wurden. Führen Sie in dem Fall das folgende Beispielskript aus (Listing 14.16).

Listing 14.16 Benutzersynchronisierungsdaten bereinigen

```
$database = Get-SPContentDatabase [DB-Name der Inhaltsdatenbank]
Microsoft.Office.Server.UserProfiles.WSSProfileSynch]::ClearSyncDataForContentDatabase($da
tabase)
```

FAST Search 2010 for SharePoint

Dieser Abschnitt befasst sich mit den Besonderheiten der FAST Search 2010 for SharePoint-Migration.

Nicht migrierbare Bestandteile der Suche

Im Rahmen der sogenannten FAST Search-First-Migration werden folgende Komponenten migriert bzw. können nicht migriert werden.

Tabelle 14.4 Unterstützung der Search-First-Migration

Wird migriert	Nicht migrierbar
Durchforstete Eigenschaft	Herauf- und Herabstufungen
Benutzerdefinierte verwaltete Eigenschaft	Verwaltete Eigenschaften für die Personensuche
Inhaltsquellen	Inhaltsausführungserweiterungen
Durchforstungsregeln	BCS-Suchconnectors

Tabelle 14.4 Unterstützung der Search-First-Migration *(Fortsetzung)*

Wird migriert	Nicht migrierbar
Durchforstungszeitpläne	Benutzerdefinierte Suchconnectors
Suchbereichsdefinitionen	Rangprofile (müssen neu erstellt werden)
Partnerspeicherorte	Index
Beste Ergebnisse	
Visuelle beste Ergebnisse (werden zu besten Ergebnissen konvertiert)	

Der Index muss im Rahmen der Migration immer neu aufgebaut werden, was in Abhängigkeit vom Datenkorpus eine erhebliche Zeitspanne in Anspruch nehmen kann.

Beachten Sie die folgenden weiteren Besonderheiten im Rahmen einer FAST-Migration:

- Beste Ergebnisse werden in SharePoint 2013 durch Abfrageregeln ersetzt.
- Das FAST-Suchcenter kann nicht aktualisiert werden.
- Die Dokumentvorschau ist in SharePoint 2013 alternativ implementiert und beruht auf der dedizierten Office Web Apps 2013-Farm.
- Die Autoren-Verfeinerung ist in SharePoint 2013 anders implementiert und wird durch die verwaltete Eigenschaft *DisplayAuthor* ersetzt. Um diese Verfeinerung im SharePoint 2010-Modus verwenden zu können, müssen Sie das XSLT in den Verfeinerungs-Webparts anpassen und dabei das Attribut *Author* durch *DisplayAuthor* ersetzen.

FAST Search-Migrationsansätze

Es gibt mehrere Migrationsansätze für FAST Search 2010 for SharePoint. Die wichtigsten Migrationsansätze sind in der Übersicht:

- Migration unter Übernahme der Suchkonfiguration und der zeitgleichen Verlagerung der zu indizierenden Inhalte nach SharePoint 2013
- Vorgezogene Suchmigration mit Indizierung der SharePoint 2010-Daten in einer Übergangsphase
- Vorgezogene Suchmigration mit Verlagerung des Suchcenters nach SharePoint 2013
- Verwendung der Suchföderation in der Übergangsphase
- Migration durch vollständigen Neuaufbau

Der Grund für diese Szenarien, speziell das letzte Szenario, das keine Migration darstellt, besteht in der Komplexität der Suche. Die Unternehmenssuche, im Besonderen gilt dies für professionelle FAST-Umgebungen, geht tendenziell mit vielen Anpassungen einher. Sind die Anpassungen zu umfangreich, empfiehlt sich ein Neuaufbau der Suche. In diesem Kontext bedeutet umfangreich weniger die intensiver Verwendung von verwalteten Eigenschaften, sondern vielmehr sie Summe der eigenen Anpassungen der Suche und des Suchcenters.

Die Verwendung von Partnerspeicherortsuchen kann als Plan-B-Lösung in einer begrenzten Übergangszeit in Erwägung gezogen werden. Hierbei werden die Suchergebnisse in der jeweiligen Farm über Kreuz angezeigt, indem jede Suchabfrage parallel an den Partnersuchspeicherort gesandt wird. Allerdings werden die Ergebnisse so in einem separaten Webpart angezeigt und es stehen keinerlei zusätzliche Optionen wie Verfeinerungen oder erweiterte Sortierungen für die Suchergebnisse zur Verfügung.

Die beiden Lösungsansätze zur Koexistenz bedürfen einer besonderen Erklärung. Bei einer vorgezogenen Migration der Suche, die als Suchdienstanwendung für die Quellumgebung fungiert, wird die FAST-Konfiguration mithilfe des Search-First-Migrationsansatzes auf die neue Farm übertragen. Solange sich noch SharePoint 2010-Webanwendungen auf der Quellfarm befinden, verwendet die SharePoint 2010-Farm einen Suchdienstanwendungsproxy, der den unter SharePoint 2013 veröffentlichten neuen Suchdienst konsumiert (Abbildung 14.30).

Abbildg. 14.30 FAST First-Migrationsansatz mit verlagerter Suchdienstanwendung

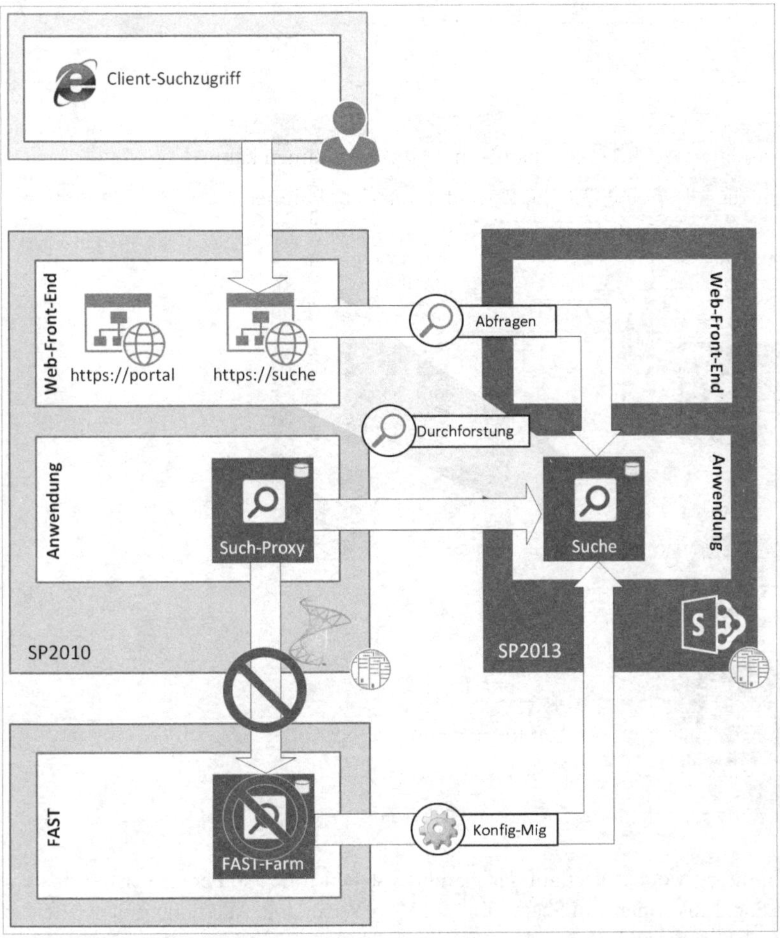

Der neue Suchdienst ist für die Durchforstung der SharePoint 2010-Inhalte verantwortlich. Durch die Konsumierung der SharePoint 2013-Suchdienstanwendung kann auch ein möglicherweise komplex angepasstes FAST Suchcenter weiterhin funktional bleiben und seine Abfragen an die neue Farm senden. Die Endbenutzer selbst bleiben weiterhin exklusiv mit der SharePoint 2010-Farm verbunden, können jedoch nicht von jedweder neuen SharePoint 2013-Suchfunktion profitieren.

Der nächste Schritt in einer möglichen Suchevolution besteht in der Verlagerung des Suchcenters in Richtung SharePoint 2013. Durch diese Änderung in der Logik wird keine Suchdienstveröffentlichung und demnach keine Suchdienstanwendung mehr unter SharePoint 2010 benötigt. In Folge müssen alle Websitesammlungen dafür konfiguriert werden, das neue SharePoint 2013-Suchcenter als Suchergebnisseite zu verwenden (Abbildung 14.31).

Abbildg. 14.31 Vorgezogene Suchmigration mit neuem SharePoint 2013-Suchcenter

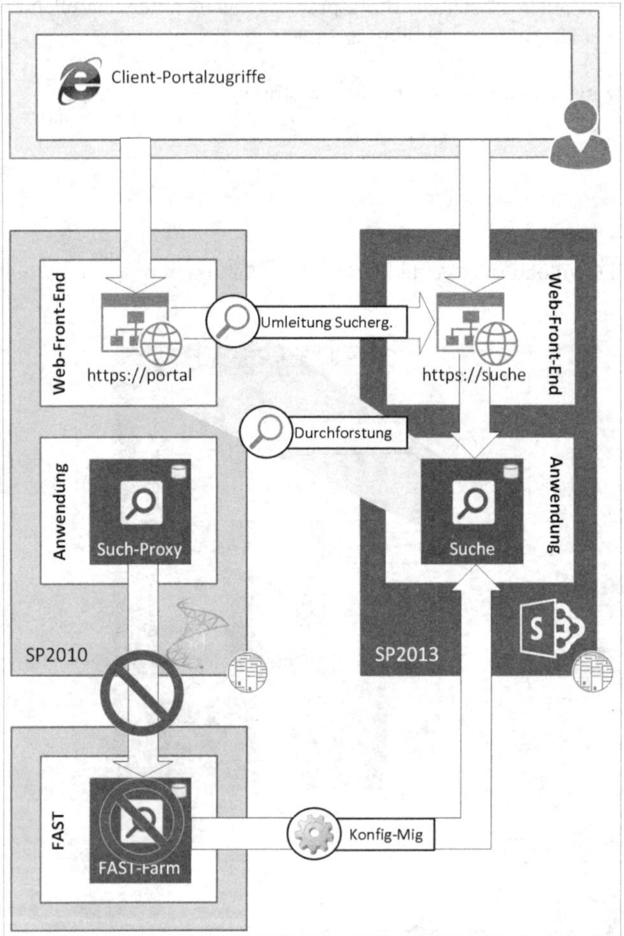

Der Vorteil dieses Modells liegt auf der Hand: Es stehen Ihnen so bereits vor der finalen Umstellung viele neue Suchfunktionen von SharePoint 2013 zur Verfügung. Allerdings gibt es offensichtlich einen Bruch im Gesamtportal-Layout, da das neue Suchcenter bereits im Gewand des neuen Layouts erscheint. Ferner benötigen Sie für die Vorschaufunktion nun eine dedizierte Office Web Apps-Farm. Ein weiteres Problem besteht in der globalen Navigation, die Sie möglicherweise noch anzupassen haben, wobei das Suchcenter ohnehin standardmäßig von einer globalen Navigation entkoppelt ist.

Der gravierendste Nachteil ist jedoch für komplexere Umgebungen, dass Sie bereits zu diesem Zeitpunkt vollständig auf Ihre Anpassungen des bisherigen FAST-Suchcenters verzichten müssen, da Sie diese Websitesammlung nicht aktualisieren können. Früher oder später droht Ihnen dieser Verlust ohnehin, an dieser Stelle ist er jedoch unabdingbar.

Die erste Variante der Migrationstopologien stellt die Endausbaustufe Ihrer Migration dar. Ist die bisherige SharePoint 2010-Farm obsolet und vollständig migriert, operieren Sie nur noch mit den Mitteln der neuen Suchdienstanwendung, was die Implementierung und auch die Migration vereinfacht. Wie beim vorausgehenden Beispiel ist es auch hier zwingend erforderlich, die FAST-Suchcenteranpassungen zunächst zu verwerfen und ggf. erneut nachzubilden. Sollte keine Koexistenzphase erforderlich sein, stellt dieser Ansatz den bevorzugten dar.

Umsetzen der FAST-Migration

Die Summe der zuvor erläuterten Ansätze liegt außerhalb des Rahmens dieses Handbuchs. Daher wird an dieser Stelle auf die Originalquelle der FAST-Search-First-Migrationsskripts von Microsoft verwiesen. Sie finden diese unter *http://gallery.technet.microsoft.com* [Ms156-K14-03]. Suchen Sie dort nach »Search-First«.

In dem dort enthaltenen Download ist ein detailliertes PDF-Dokument mit dem genauen Vorgehen enthalten.

Stark vereinfacht kopieren Sie drei FAST-Datenbanken (Search Admin, Content Search, Query Search) auf den neuen SQL-Server und führen dort die Migrationsskripts aus.

Microsoft CRM 2011-Integration

Im Rahmen einer Migration kommt es in Umgebungen, die Microsoft CRM 2011 mit SharePoint-Integration verwenden, zu Fehlern in der CRM-Weboberfläche, sofern nicht besondere Maßnahmen getroffen werden (Abbildung 14.32).

Abbildg. 14.32 Fehlerhafte CRM 2011-Integration in SharePoint 2013

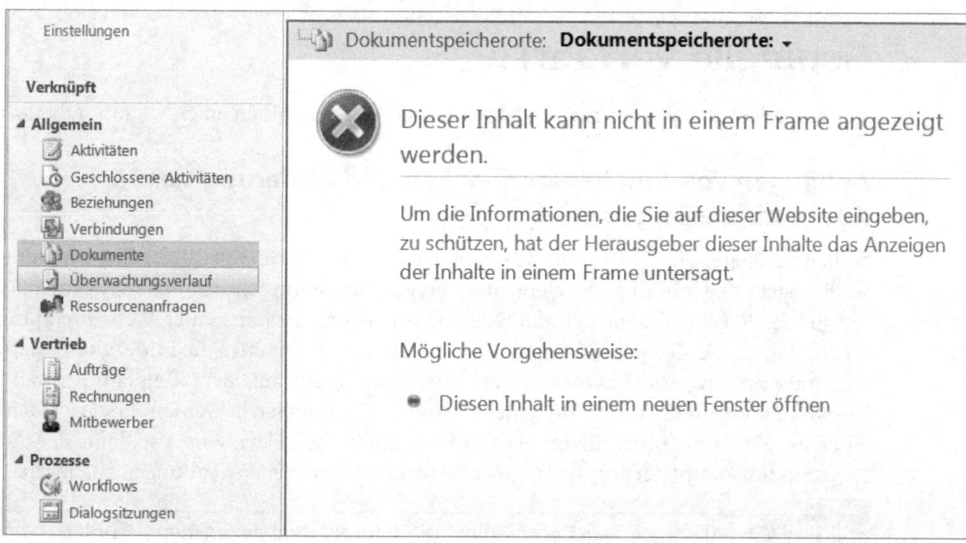

Hintergrund ist die in CRM 2011 verwendete SharePoint-Listenkomponente, die die Inhalte der SharePoint-Bibliothek in einem Frame der CRM-Oberfläche darstellt. Microsoft hat Ende 2012 eine aktualisierte CRM-Listenkomponente veröffentlicht, die im Rahmen der SharePoint-Migration aktualisiert werden muss.

HINWEIS Neben der Listenkomponente für die Darstellung von SharePoint-Inhalten im Frame ermöglicht diese Komponente auch die automatisierte Einrichtung von Ordnern für CRM-spezifische Inhalte in SharePoint.

Die bestehende Verbindung zu einem CRM 2011-System kann dabei weiter aufrechterhalten werden. Im Wesentlichen geht es demnach um die korrekte Vorbereitung der SharePoint 2013-Zielumgebung der Migration für CRM 2011.

Die Einrichtung von SharePoint 2013 für die Weiterverwendung von Microsoft CRM 2011 im Rahmen der Migration wird in Kapitel 16 beschrieben. Befolgen Sie die dortigen Standardverfahren zum Einrichten von CRM und deaktivieren bzw. entfernen Sie lediglich vorab die bereits existierende Anwenderlösung der Listenkomponente.

TIPP Die häufigste Ursache für einen Fehler mit der Darstellung des Frames für die Listenkomponente liegt in der fehlerhaften Bereitstellung der Anwenderlösung bzw. einem nicht funktionalen oder nicht bereitgestellten Microsoft SharePoint Foundation-Sandkasten-Codediensts. Kursierende Verfahren, wonach die Masterpage zum Einblenden des Frames in Kombination mit speziellen Internet Explorer-Sicherheitseinstellungen modifiziert wird, können getrost ignoriert werden.

Neben dem Testaufruf einer CRM-Seite mit SharePoint-Inhalten, wie einer Verkaufschance, können Sie den CRM-Konfigurationsassistenten für Dokumentenverwaltungseinstellungen wie in Kapitel 16 beschrieben öffnen und ausführen, da dieser die Verfügbarkeit und Funktionalität der Listenverwaltungskomponente hinreichend validiert.

Generelle Verfahren

Von den folgenden allgemeinen Verfahren sollten Sie im Rahmen einer Migration Notiz nehmen.

Anhängen von Inhaltsdatenbanken und Änderung des Authentifizierungsmodus

Sollten Sie SharePoint 2010-Inhaltsdatenbanken an eine SharePoint 2013 Webanwendung anhängen wollen, stellt sich zunächst die elementare Frage, wie Sie hinsichtlich der Authentifizierung verfahren. In der Regel befinden sich die Quellinhaltsdatenbanken aus einer Webanwendung im klassischen Modus. Die Zielanwendungen sollten unter SharePoint 2013 die forderungsbasierte Authentifizierung nutzen. Im Rahmen einer Migration kann auf der Zielplattform zunächst eine Webanwendung unter Verwendung des klassischen Modus erstellt werden. Erst nach dem Anhängen einer im gleichen Authentifizierungsmodus befindlichen Datenbank ist dann der Authentifizierungsmodus sowohl der Inhaltsdatenbanken als auch der Webanwendung abzuändern.

HINWEIS Allgemein wird empfohlen, die Inhaltsdatenbanken bereits unter SharePoint 2010 zu konvertieren. Allerdings birgt dies gewisse organisatorische Probleme, da die Datenbanken dort noch produktiv genutzt werden und der produktive Zugriff somit unterbrochen würde. Da aus der Praxis bislang keine hinreichenden Probleme beim Konvertieren unter SharePoint 2013 bekannt sind, sollten Sie daher auch das hier beschriebene Verfahren ungestraft umsetzen können.

Für alle hiermit verknüpften Aufgaben steht Ihnen ein entsprechendes Cmdlet zur Verfügung. Ein Beispiel hierzu finden Sie in Listing 14.17.

Listing 14.17 Anhängen und anschließendes Konvertieren einer Inhaltsdatenbank

```
Mount-SPContentDatabase -Name "SP_Content_MySites" -DatabaseServer "SPSQL" -WebApplication
https://mysites.sincdemo.de
Convert-SPWebApplication -Identity "https://mysites.sincdemo.de" -To Claims -
RetainPermissions -Force
```

HINWEIS Der Schalter *RetainPermissions* ist von elementarer Bedeutung, da er im Rahmen der Konvertierung für den Erhalt der Berechtigungen sorgt.

Fügen Sie nach einer so erfolgten Konvertierung eine weitere Webanwendung hinzu, können Sie durch ein erneutes Ausführen des Befehls auch diese Datenbanken konvertieren. Alternativ dazu können Sie eine Inhaltsdatenbank gezielt mithilfe der *MigrateUsersToClaims*-Methode konvertieren. Verwenden Sie hierzu das Beispielskript aus Listing 14.18.

Listing 14.18 Konvertierung einer expliziten Inhaltsdatenbank

```
$wa = Get-SPWebApplication [URL]
$acc = 'DOMÄNE\Anmeldename'
$arguments = New-Object
Microsoft.SharePoint.Administration.SPWebApplication+SPMigrateUserParameters
$arguments.AddDatabaseToMigrate($wa.ContentDatabases[1])
$wa.MigrateUsersToClaims($acc, $true, $arguments)
```

HINWEIS In diesem Beispiel wird die zweite Inhaltsdatenbank der Webanwendung konvertiert. Der Wert für das Zugriffskonto (*$acc*) sollte dabei auf das zur Anwendung des Skripts verwendete Konto gesetzt werden, welchem im Rahmen der Ausführung temporär gewisse Privilegien gewährt werden.

Extrahieren existierender Farmlösungen

Sollten Sie den Speicherort der Original-Farmlösungen (*WSP*) nicht mehr kennen, können Sie alle zurzeit in Ihrer Farm installierten Farmlösungen mithilfe des folgenden Befehls extrahieren:

```
(Get-SPFarm).Solutions | ForEach{$Sol = (Get-Location).Path + "\" + $_.Name;
$_.SolutionFile.SaveAs($Sol)}
```

Durch diesen Befehl werden alle in der Farm existierenden Lösungen in den aktuell in der Befehlszeile geöffneten Verzeichnispfad exportiert.

Häufig auftretende Migrationsprobleme

In diesem Abschnitt finden Sie weiterführende Informationen zu häufigen, migrationsbezogenen Fehlern. Weitere Hinweise zu Fehlermeldungen und Maßnahmen zur Protokollbereinigung finden Sie in Kapitel 18.

Offlinesynchronisierung von *Meine Website*-Inhalten

Durch die Migration nach SharePoint 2013 ergeben sich Änderungen in der *Meine Website*-Struktur. Diese wiederum können dazu führen, dass die Offlinesynchronisierung zwischen den gängigen Clients und SharePoint 2013 nach der Migration eingerichtet werden muss, um so auf den neuen Ordnerpfad im *Meine Website*-Profil verweisen zu können.

Daten

In Bezug auf Daten können die folgenden Probleme Fehler oder Warnmeldungen während des Upgrades verursachen:

- **Herstellen von Verbindungen zu Datenquellen** Wenn die Server keine Verbindung zu den Datenbanken herstellen können, können sie nicht aktualisiert werden
- **Verwaiste Websites oder Listen oder andere Datenbankbeschädigungen** Hinweise zur Bereinigung finden Sie in diesem Kapitel im Abschnitt »Verwaiste Objekte durch Datenbankreparatur aufräumen« und in Kapitel 7
- **Verborgene Spaltendaten** Wenn einer Liste beim Aktualisierungsprozess eine Spalte hinzugefügt wird und bereits eine benutzerdefinierte Spalte mit dem gleichen Namen in der Liste vorhanden ist, wird die benutzerdefinierte Spalte umbenannt. Nach der Aktualisierung müssen Sie ggf. die Ansichten anpassen, um die umbenannte Spalte anzuzeigen.

In den Aktualisierungsprotokolldateien können beispielsweise folgende Fehler aufgeführt sein:

- *WARNUNG Die verwaisten Websites verursachen ggf. Upgradefehler*
- *FEHLER Datenbank [Name der Inhaltsdatenbank] enthält eine Website (ID = [Websitesammlungsbezeichner], URL = [Websitesammlungs-URL]), die in der Siteübersicht nicht gefunden wurde*

Beheben Sie Probleme mit verwaisten Elementen oder reparieren Sie Datenbankbeschädigungen und wiederholen Sie die Aktualisierung.

Fehlende Daten

Ein häufiges Problem während der Aktualisierung stellen fehlende serverseitige Dateien dar. Dabei handelt es sich zumeist um Dateien, die nachträglich installiert oder angepasst wurden (z.B. Websitedefinitionen, Vorlagen, Features, Webparts und Assemblys). Bei der Vorbereitung der Aktualisierung sollten Sie diese Elemente mit den zuvor beschriebenen Methoden identifizieren.

In den Protokolldateien der Aktualisierung können beispielsweise folgende Fehler aufgeführt sein:

- *FEHLER Verweiszahl Web(s) gefunden, in denen die fehlende Webvorlage Websitevorlagenbezeichner (lcid: Sprachcode der Websitevorlage) in Inhaltsdatenbank Name der Inhaltsdatenbank verwendet wird*
- *FEHLER Fehlende Feature-ID gefunden = [Featurebezeichner]*
- *FEHLER Auf die Datei [Relativer Dateipfad] wird in der Datenbank [Verweiszahl] Mal verwiesen, sie ist jedoch für die aktuelle Farm nicht installiert*
- *WARNUNG Auf die WebPart-Klasse [Webpartbezeichner] wird in der Datenbank [Verweiszahl] Mal verwiesen, sie ist jedoch für die aktuelle Farm nicht installiert*
- *WARNUNG Auf die Assembly [Assemblypfad] wird in der Datenbank verwiesen, sie ist jedoch für die aktuelle Farm nicht installiert*
- *WARNUNG Das Feature wurde nicht geupgradet. Ausnahme: Die Featuredefinitions-ID 'Featurebezeichner' wurde nicht gefunden.*

Haben Sie die Möglichkeit, fehlende Komponenten respektive Dateien zu identifizieren und für eine Bereitstellung unter SharePoint Server 2013 zu isolieren, integrieren Sie die entsprechende Komponente in SharePoint Server 2013 und führen Sie erneut die potenziell zuvor fehlgeschlagene Aktualisierung aus. Ist die Komponente, z.B. ein Webpart, veraltet, müssen Sie herausfinden, ob Sie die Website, die Site oder das Webpart neu erstellen möchten, um eine andere Vorlage, ein anderes Feature oder ein anderes Webpart zu verwenden. Konnten Sie die Komponente auf diesem Wege ersetzen, führen Sie die Aktualisierung erneut aus. Lässt sich die Komponente nicht entfernen bzw. ersetzen, können Sie die Website nicht aktualisieren.

Workflows sind inkorrekt assoziiert

Haben Sie in der Quellfarm den Zeitgeberauftrag *Workflow Auto Cleanup* deaktiviert, achten Sie darauf, dass Sie den gleichen Zeitgeberauftrag auch unter SharePoint 2013 deaktiviert belassen, andernfalls können Workflowassoziationen im Rahmen des Upgrades verloren gehen.

Inkorrekte Konfigurationen

Falsch konfigurierte oder fehlende Einstellungen für die Serverfarm, die Webanwendung oder Dienste sind ebenfalls verbreitete Ursachen für auftretende Migrationsprobleme. Gleichen Sie die Einstellungen für die Farm und die Webanwendung ab und erstellen bzw. starten Sie potenziell fehlende Dienste. Eine der möglichen Ursachen für das Überspringen einer Websitesammlung beruht beispielsweise auf einer fehlerhaften bzw. übersprungenen Konfiguration der verwalteten Pfade. In den Aktualisierungsprotokolldateien kann vor diesem Hintergrund folgender Fehler aufgeführt sein:

FEHLER Vorlage Vorlagen-ID: SPSite-ID=Website-ID konnte aufgrund einer Ausnahme nicht zugegriffen werden. SPWeb-ID=Web-ID wird für das Upgrade der Vorlage übersprungen. Ausnahme: System.IO.FileNotFoundException: Die Website mit der ID Website-ID wurde nicht gefunden.

Dieser Fehler weist darauf hin, dass ein verwalteter Pfad fehlt. Fügen Sie der Webanwendung den verwalteten Pfad für die Websitesammlung hinzu und starten Sie das Upgrade für jene Inhaltsdatenbank neu, in der diese aktuell bei der Migration übersprungene Websitesammlung enthalten ist. Hintergrund ist, dass SharePoint das Anlegen von Websitesammlungen lediglich an den Pfaden duldet, wo verwaltete Pfade definiert wurden.

Speicherplatzmangel

Unzureichender Speicherplatz, speziell für die Transaktionsprotokolldateien auf den Datenbankservern, führt direkt zu einem Aktualisierungsfehler. Geben Sie unbedingt ausreichend Speicherplatz frei oder erhöhen Sie die Größe der Transaktionsprotokolldatei, bevor Sie die Aktualisierung fortsetzen.

Migrationen innerhalb von SharePoint 2013

Es gibt zahlreiche Gründe für die Migration von Daten zwischen zwei SharePoint 2013-Serverfarmen oder innerhalb einer Farm. Neben Szenarien zum Aufbau und Abgleich einer Stagingumgebung kann eine potenziell instabile Serverfarm ebenfalls Ursache für Migrationsarbeiten innerhalb der gleichen SharePoint-Version sein. Einen weiteren Anstoß kann die Restrukturierung Ihrer Serverfarminhalte geben. Die nachfolgenden Abschnitte erläutern Ihnen die Möglichkeiten und Arbeitsschritte für die zugehörigen Migrationsszenarien.

Übersicht

Ihnen stehen grundlegend drei Varianten bei der Migration bzw. Bereitstellung von Inhalten zwischen verschiedenen SharePoint-Serverfarmen zur Verfügung.

- Inhaltsbereitstellung
- Inhaltsdatenbankmigration
- Export/Import von SharePoint-Daten

Inhaltsbereitstellung

Die Inhaltsbereitstellung dient weniger einer temporären Übernahme von SharePoint-Daten von einer Quell- in eine Zielfarm, sondern vielmehr einem kontinuierlichen Abgleich zwischen zwei Serverfarmen, bei dem Sie Änderungen an einem Stagingsystem vornehmen bzw. neue Inhalte erzeugen und diese dann auf die Produktionsfarm veröffentlichen. Sie sollten die Inhaltsbereitstellung jedoch nur verwenden, wenn Sie keine anderen Möglichkeiten zum Datenabgleich haben. Die Details für die Verwendung und Einrichtung der Inhaltsbereitstellung finden Sie in Kapitel 9.

Inhaltsdatenbankmigration

Die Inhaltsdatenbankmigration ist eine verlässliche und rasche Methode, um SharePoint-Websitesammlungen von einer Quell- in eine Zielfarm zu migrieren oder zu duplizieren. Für die Inhaltsdatenbankmigration innerhalb einer SharePoint-Version gelten ähnliche Rahmenbedingungen wie bei der Inhaltsdatenbankmigration zwischen zwei unterschiedlichen SharePoint-Versionen, jedoch wird lediglich ein Bruchteil der Zeit benötigt, um eine solche Datenbank an eine alternative Serverfarm anzuhängen, da die Datenbankstruktur und -Inhalte nicht mehr angepasst werden müssen. Sie müssen jedoch sicherstellen, dass die Inhalte, die nicht in der Inhaltsdatenbank enthalten, jedoch für die Darstellung der Inhalte erforderlich sind, auf einem separaten Weg auf die Zielfarm gebracht werden. Durch die Inhaltsdatenbankbereitstellungsmethode werden automatisch alle Berechtigungen, Dokumentversionen usw. in die Zielumgebung übernommen.

WICHTIG Beachten Sie, dass Sie durch die einfache Migration der Inhaltsdatenbanken ohne zusätzliche Maßnahmen beispielweise die Verweise auf die verwalten Metadaten im Terminologiespeicher verlieren. Um diese Daten weiterhin verwenden zu können, ist die Migration der entsprechenden Dienstanwendungsdatenbank ebenfalls erforderlich. Alternativ dazu können Sie in Quell- und Zielfarm auf eine zentral veröffentlichte verwaltete Metadatendienstanwendung samt Terminologiespeicher zugreifen, um das Problem zu adressieren.

Trotz des allgemeinen Fokus auf die Inhaltsdatenbanken gibt es eine Reihe an Konstellationen, in denen Sie die zahlreichen Konfigurationen und Einstellungen in eine zweite SharePoint-Serverfarm übernehmen möchten. Die Dienstdatenbanken können in der Regel nicht durch eine Datenbankmigration in eine alternative Farm migriert werden. Hier wird es daher etwas komplexer. Die verbleibenden Konfigurationen lassen sich in folgende Teilbereiche untergliedern:

- Farmkonfiguration
- Dienstanwendungskonfiguration
- Sonstige Anpassungen

Seit der Einführung von SharePoint 2010 ist es möglich, auch die Farmkonfiguration zu sichern und auf einer alternativen Serverfarm wiederherzustellen. Dabei wird nicht die vollständige Konfigurationsdatenbank gesichert, sondern lediglich die Farmkonfiguration in eine XML-Datei exportiert.

HINWEIS Eine Beschreibung zur Sicherung und Wiederherstellung der Farmkonfiguration finden Sie im folgenden Kapitel 15.

Für die Sicherung der Dienstanwendungsdaten wird es komplizierter, da in Abhängigkeit von der jeweiligen Dienstanwendung unterschiedlichste Verfahren und Cmdlets für die Sicherung von Teilbereichen existieren.

Sonstige Anpassungen, wie *web.config*-Dateianpassungen, müssen mithilfe von alternativen Verfahren abgeglichen werden.

Export/Import von SharePoint-Daten

Der gezielte Ex- und Import ermöglicht Ihnen eine feine Steuerung bei der Übernahme Ihrer Daten in eine neue Zielfarm. Dabei können Sie dieses Verfahren nicht nur verwenden, um zwei Farmen abzugleichen, sondern ebenfalls, um Ihre Sitestruktur zu reorganisieren, Berechtigungen zu adressieren oder die vorhandenen Versionen zu beeinflussen. Für dieses Verfahren steht Ihnen eine Reihe von unterschiedlichen PowerShell-Cmdlets zur Verfügung, die jeweils auf verschiedenen Ebenen ansetzen.

Zusätzlich zu den PowerShell-basierten Verfahren haben Sie die Möglichkeit, die Websites, Listen oder Dokumentbibliotheken mit oder ohne Inhalte als Vorlage zu speichern und diese Vorlage in der Zielfarm zu importieren.

HINWEIS Vorlagen sind ursprünglich dafür vorgesehen, innerhalb der Websitesammlung wiederverwendet zu werden.

Dieses Verfahren unterliegt jedoch einer Reihe von Einschränkungen und ist primär für Websitesammlungsadministratoren und nicht für Farmadministratoren vorgesehen. Aus diesem Grund sollten Sie von der Verwendung dieses Verfahrens zum Abgleich von SharePoint-Umgebungen absehen.

Weiterführende Informationen zum Ex- und Import finden Sie im folgenden Kapitel 15.

Migration von SharePoint Foundation 2013 nach SharePoint Server 2013

Sollte der Funktionsumfang von SharePoint Foundation 2013 mit der Zeit nicht mehr ausreichend sein und Sie sich daher für SharePoint Server 2013 entschieden haben, stehen Ihnen hierfür einfache und bekannte Migrationsverfahren zur Verfügung. Grundsätzlich führen Sie hierzu einfach eine Inhaltsdatenbankmigration aus.

Verwenden Sie grundsätzlich einen Auszug der weiter oben beschriebenen Verfahren für eine Inhaltsdatenbankmigration von SharePoint 2010. Von Vorteil ist dabei, dass Sie mit weniger Kompatibilitätsproblemen konfrontiert werden und der zum Anfügen der Datenbanken erforderliche Zeitaufwand nur einen Bruchteil der vergleichbaren Zeit von SharePoint 2010 nach 2013 in Anspruch nimmt. Achten Sie bei der Migration von Foundation nach SharePoint Server darauf, dass die Zielfarm mindestens den gleichen Aktualisierungsstand vorweist wie die Quellfarm.

Anfügen der Datenbank in der Zielserverfarm

Zum Anfügen einer Datenbank unter Verwendung der gleichen SharePoint-Version in Quell- und Zielfarm stehen Ihnen bei Operation innerhalb von SharePoint zwei Verfahren zur Verfügung: das bereits vorgestellte Anfügen mithilfe der PowerShell und das Anfügen mithilfe der Zentraladministration. Mithilfe der PowerShell sieht ein Beispielbefehl wie folgt aus:

```
Mount-SPContentDatabase "[Name der Inhaltsdatenbank]" -DatabaseServer "[Name des
Datenbankserves]" -WebApplication "[URL der Webanwendung]"
```

Der Weg über die grafische Oberfläche der Zentraladministration lautet wie folgt:

1. Öffnen Sie die *Anwendungsverwaltung* der Zentraladministration und klicken Sie auf *Inhaltsdatenbanken verwalten.*
2. Stellen Sie sicher, dass im Auswahlfeld *Webanwendung* die gewünschte Webanwendung erscheint und klicken Sie auf *Inhaltsdatenbank hinzufügen.*
3. Geben Sie im Feld *Datenbanknamen* den Namen an, unter dem Sie zuvor die Datenbank wiederhergestellt haben und klicken Sie auf *OK.*

Stellen Sie abschließend sicher, dass Sie alle erforderlichen Anpassungen, Features und Lösungen auf der Zielfarm bereitgestellt haben, um die Funktionalität sicherzustellen. Gehen Sie dazu wie in den zuvor beschriebenen Abschnitten zur Inhaltsdatenbankmigration vor.

Um das zuvor erwähnte Problem der verwalteten Metadaten in Migrationsszenarien zu adressieren, sind weitere Schritte erforderlich. Beispielsweise verwenden Sie in Dokumentenbibliotheken eine zusätzliche Spalte, die auf Ausdruckssätze in dem Terminologiespeicher verweist. Ohne zusätzliche Maßnahmen sind diese Metadaten nach einer Inhaltsdatenbankmigration zwar noch vorhanden, jedoch nicht editierbar bzw. regulär verwendbar.

Das nachträgliche Anlegen der Ausdruckssätze in einer neuen verwalteten Metadatendienstanwendung kann in diesem Szenario das Problem nicht lösen. Um das Problem zu beheben, müssen Sie die Datenbank der verwalteten Metadatendienstanwendung der Quellumgebung in der Zielumgebung wiederherstellen und beim Anlegen der verwalteten Dienstanwendung in der Zielumgebung auf den Datenbanknamen in der Zielumgebung wiederhergestellten Datenbank verweisen. Direkt nach dem Anlegen der neuen verwalteten Metadatendienstanwendung in der Zielumgebung sind die betroffenen Listen und Dokumentbibliotheken in Hinsicht auf die Terminologiespeichernutzung wieder funktional.

HINWEIS Sofern Sie in der Quell- und Zielumgebung abweichende Dienstkonten für das Farmkonto verwenden, ist es zuvor erforderlich, dass Sie dem Farmkonto der Zielumgebung *DB_Owner*-Berechtigungen auf die wiederhergestellte Datenbank delegieren. Andernfalls erhalten Sie beim Versuch, die bestehende Datenbank wiederzuverwenden, Zugriffsberechtigungsfehler und das Anlegen der neuen verwalteten Metadatendienstanwendung schlägt fehl.

Verwenden Sie zusätzlich die Inhaltstypsyndikation zur Publizierung von Inhaltstypen und befolgen Sie zusätzlich die Hinweise im Abschnitt »Verwaltete Metadatendienstanwendung mit Übernahme des Inhaltstyphub« in diesem Kapitel.

Migration von pfadbasierten zu hostbenannten Websitesammlungen

Für die Umwandlung von pfadbasierten Websitesammlungen in hostbenannte Websitesammlungen wird ein Sicherungs- und Wiederherstellungsansatz nahe gelegt.

Identifizieren Sie zunächst den Typ der bisherigen Websitesammlungen entsprechend den Anweisungen in Listing 14.19.

Listing 14.19 Identifizierung der SharePoint-Inhalte

```
$webApp = Get-SPWebapplication https://portal.sincdemo.de
foreach($spSite in $webApp.Sites){
   if ($spSite.HostHeaderIsSiteName)
      {Write-Host $spSite.Url 'Hostnamen-basiert'}
   else {Write-Host $spSite.Url 'Pfad-basiert'}
}
```


Führen Sie für die relevanten Websitesammlungen eine Sicherung und Wiederherstellung mithilfe des Beispielskripts aus Listing 14.20 durch.

Listing 14.20 Migration im Rahmen einer Sicherung und Wiederherstellung von pfadbasierten Websitesammlungen

```
Backup-SPSite -Identity "https://portalALT.sincdemo.de" -Path
"c:\Backup\portalSincdemo.bak" -Force -UseSQLSnapShot
Restore-SPSite -Identity "https://portalNEU.sincdemo.de" -Path
"c:\Backup\portalSincdemo.bak" -DatabaseName "SP_Portal_Content" -Force -
HostHeaderWebApplication "http://SERVERNAME" -Confirm:$false
```

Project Server 2010

Für die Migration von Project Server gelten sehr ähnlichen Rahmenbedingungen wie bei der SharePoint-Migration. In diesem Abschnitt wird die Project Server-Migration lediglich in der Übersicht skizziert.

Änderung des Project Server-Migrationsverfahrens

Wie für SharePoint 2013 gilt auch für Project Server, dass nur noch ein Migrationsansatz unterstützt wird: die Inhaltsdatenbankmigration.

In Project Server 2010 wurde bislang von jeder PWA (Project Web App)-Instanz ein Großteil der Projektdaten in den vier Project Server-Datenbanken (Entwurfs-, Berichts-, Archiv- und veröffentlichte Datenbank) gehostet. Bei einem Upgrade auf Project Server 2013 werden nun Ihre vier Project Server 2010-Datenbanken zu einer einzelnen Project Web App-Datenbank (Standardname: *ProjectWebApp*) zusammengeführt.

In Project Server 2013 werden nur Verbindungen von Project Professional 2013-Clients akzeptiert.

Übersicht des Migrationsverfahrens

Das Upgrade von Project Server 2010 auf Project Server 2013 besteht im Wesentlichen aus folgenden Arbeitsschritten:

1. Erstellen der Project Server 2013-Farm.
2. Kopieren und Wiederherstellen der fünf Datenbanken von der Project Server 2010-Farm auf die neue Farm.
3. Aktualisierung der SharePoint-Inhaltsdatenbanken im Rahmen der Installation durch das Anfügen der Inhaltsdatenbanken mithilfe von *Mount-SPContentDatabase*.
4. Upgrade der Project Web App-Websitesammlung mithilfe von *Upgrade-SPSite*.
5. Konsolidierung der Project Server-Datenbanken in eine zentrale Datenbank mithilfe des Cmdlets *Convertto-SPProjectDatabase*.
6. Hinzufügen der Project Server-Datenbank mithilfe des Cmdlets *Mount-SPProjectDatabase*.
7. Aktualisierung der Project Server-Datenbank mithilfe von *Upgrade-SPProjectDatabase*.
8. Verbindung der Project Server-Datenbank mit einer Project Server-Webinstanz mithilfe von *Mount-SPProjectWebInstance*.
9. Aktualisierung der Webinstanz mithilfe von *Upgrade-SPProjectWebInstance*.
10. Aktivieren des PWA-Features auf der Zielwebsitesammlung mithilfe von *Enable-SPFeature*.
11. Abschließend ein bekanntes Problem mit Enterprise-Projekttypen in Project Server 2013 lösen (siehe *http://technet.microsoft.com/library/ff686780.aspx* [Ms156-K14-04]).

Weiterführende Informationen zum Migrationsverfahren finden Sie unter *http://technet.microsoft.com/library/gg502590.aspx* [Ms156-K14-05].

Migrationswerkzeuge

In diesem Abschnitt werden Ihnen einige interessante Migrationswerkzeuge vorgestellt, die sowohl für Migrationen zwischen verschiedenen SharePoint-Versionen als auch für Migrationen zwischen verschiedenen SharePoint 2010-Serverfarmen Verwendung finden können.

Migrationswerkzeuge von Drittanbietern

Unter SharePoint 2013 stehen Ihnen weiterhin zahlreiche Drittanbieterwerkzeuge zur Verfügung. Dabei unterscheiden sich die verfügbaren Werkzeuge nicht nur hinsichtlich Ihrer Funktionalität, sondern auch in Bezug auf Ihre Preisgestaltung. Während bereits einige wenige Werkzeuge Teilaspekte der Migration kostenfrei zur Verfügung stellen, existieren große Lösungssuiten, die Ihnen Ihre teilweise äußerst komfortablen Dienste zu einem entsprechend hohen Preis zur Verfügung stellen.

HINWEIS In der Regel sind fast alle Migrationswerkzeuge nicht übersetzt und Sie müssen sich somit mit einer englischsprachigen Oberfläche abfinden.

Neben dem Anliegen, auch von älteren SharePoint-Editionen direkt nach SharePoint 2013 migrieren zu können, gibt es noch weitere Gründe, die zu einer Entscheidung für ein Drittanbieterwerkzeug als Migrationswerkzeug führen können. Die primären Gründe für den Einsatz eines Drittanbietertools für die Migration sind:

- Direkte Migration von früheren SharePoint-Versionen
- Koexistenz von Quell- und Zielfarm unter Verwendung von Datensynchronisierung
- Restrukturierung im Rahmen der Migration
- Zeitgesteuerte Migrationen zu nicht produktiven Zeiten
- Durchführung der Migration durch Poweruser
- Migration von Daten verschiedener Quellen, auch außerhalb von SharePoint

Die Tabelle 14.5 gibt Ihnen eine erste Übersicht zu den gängigen Anbieterlösungen.

Tabelle 14.5 Übersicht der Drittanbieterlösungen im Migrationssektor

Tool	Quellplattform	Anmerkungen
DocAve Migrator	SharePoint 2007-2013	Inhaltszentrische Migration nach SharePoint 2013 mithilfe einer mittlerweile an Office orientierten Client-Oberfläche. Ermöglicht bei der Migration zudem die Transformation von Listentypen. Bietet zudem Cloudunterstützung als Zielplattform (SharePoint Online 2013). Erfordert die Installation von Agents.
Folders To SharePoint Metadata Migrator (F2SP)	SharePoint 2007 (2010) Netzwerk-freigabe	Migriert die Inhalte von SharePoint 2007-Dokumentbibliotheken oder Netzwerkfreigaben in eine SharePoint-Dokumentbibliothek unter Beibehaltung von Versionen und der Übernahme von Ordnernamen in den Terminologiespeicher bzw. als Metadaten. PowerShell-basiert und nicht voll ausgereift, dafür frei. *http://f2sp.codeplex.com/* [Ms156-K14-06]
GSoft Sharegate	SharePoint 2003-2013 und Office 365	Dieses umfangreiche Migrationswerkzeug bietet nicht nur eine moderne Oberfläche (Abbildung 14.33) und gute Ergonomie, sondern bietet einige besondere Zusatzfunktionen wie bidirektionale Cloudmigrationen oder Bulk-Excel-Metadatenbearbeitung. Dabei kann das Werkzeug weitestgehend auf eine Serverkomponente verzichten und bietet für ein Migrationswerkzeug dieser Liga preislich äußerst attraktive Modelle an. *http://share-gate.com* [Ms156-K14-07]
Metalogix Content Matrix	SharePoint 2003-2013	Bietet zusätzlich eine Inhaltsdatenmigration an, um lediglich die Daten zu extrahieren und dabei vollwertig auf eine neue Zielplattform portieren zu können. Dabei betont der Anbieter, im Zuge der Migrationsoperationen nicht an der SharePoint-API vorbeizuagieren. Eine der umfassendsten Migrationssuiten: - Migriert Listentypen - PowerShell-Integration - Batchintegration - Sehr intuitive grafische Oberfläche *http://metalogix.com* [Ms156-K14-08]
MetaVis Architect Suite	SharePoint 2003-2013	Bietet neben der Inhaltsmigration auch Unterstützung für die cloudbasierte Migration und kann ebenfalls als eine der umfangreichsten Lösungen angesehen werden - Agentlose Migration - Umfassende an Office angelehnte Client-Oberfläche *http://www.metavistech.com* [Ms156-K14-09]
Quest Migration Suite	SharePoint 2003-2013 Netzwerkfreigabe Exchange-Daten Diverse weitere	Vergleichbar mit der MetaVis-Lösung bei einem an das Migrationsdatenvolumen angelehntem Lizenzierungsmodell

Abbildg. 14.33 Beispielbericht der Sharegate-Lösung

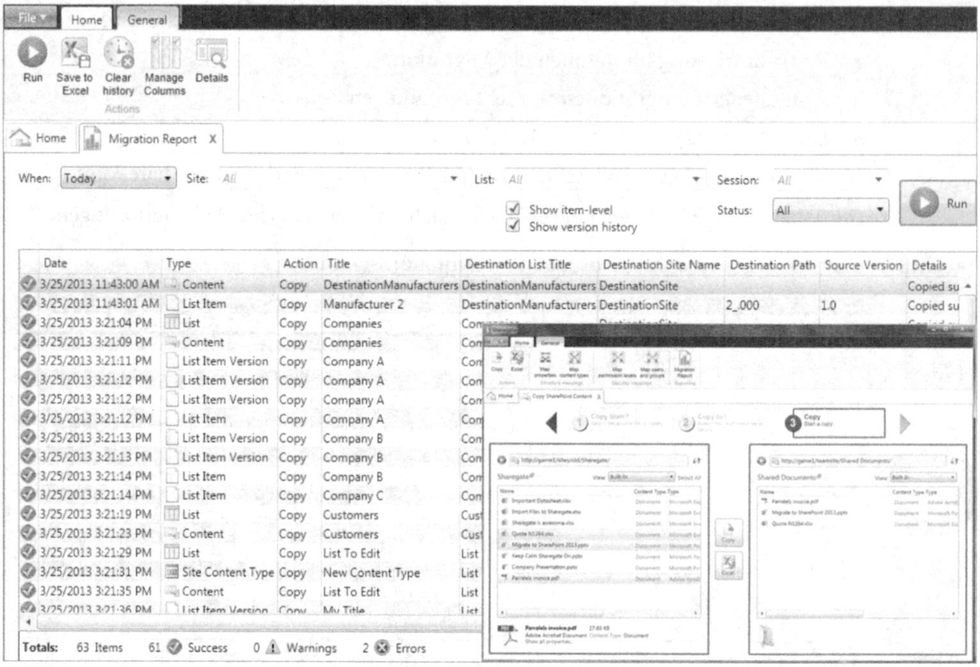

Gerade im SharePoint-Migrationsumfeld ist es von Nutzen, auf langjährige Erfahrungen zurückzugreifen. Die beiden größten und gleichzeitig erfahrensten Bewerber in diesem Feld sind DocAve und Metalogix. Metalogix hat zuletzt durch diverse Aufkäufe von weiteren vergleichsweise großen Mitbewerbern (wie Idera oder Axceler) auf sich aufmerksam gemacht und integriert deren Wissen und Produkte in seine Produktlinie.

Die Sharegate-Lösung besticht hingegen durch eine ungewöhnlich moderne Oberfläche, die auch für das Erstellen von Mappings im Rahmen der Migration herangezogen werden kann (Sicherheitsprinzipale, Inhaltstypen etc.) und sehr intuitiv ist. Das Werkzeug ist in vergleichsweise kurzer Zeit einsatzbereit und bietet einen enormen Funktionsumfang zu einem attraktiven Preis. Sollten nur relative Basisfunktionen erforderlich sein, steht zudem eine deutlich kostengünstigere Lightversion zur Verfügung. Für spezielle Funktionalität, wie die Übernahme des *Geändert von*-Felds, oder muss der Genehmigungsstatus zusammen mit dem Autor und dem Zeitstempel übernommen werden, wird die Serverkomponente erforderlich.

Ein weiteres im deutschen Sektor eher nicht stark verbreitetes, jedoch äußerst interessantes und umfassendes Werkzeug ist die MetaVis Architect Suite. Diese Suite umfasst neben den zahllosen Migrationsfunktionen noch ein Modul für das Migrieren und Klassifizieren von Dateiserverdaten sowie ein Modul zur Analyse der Verwaltung der Sicherheit und des Terminologiespeichers.

Abbildg. 14.34 MetaVis-Migrationswerkzeugoberfläche

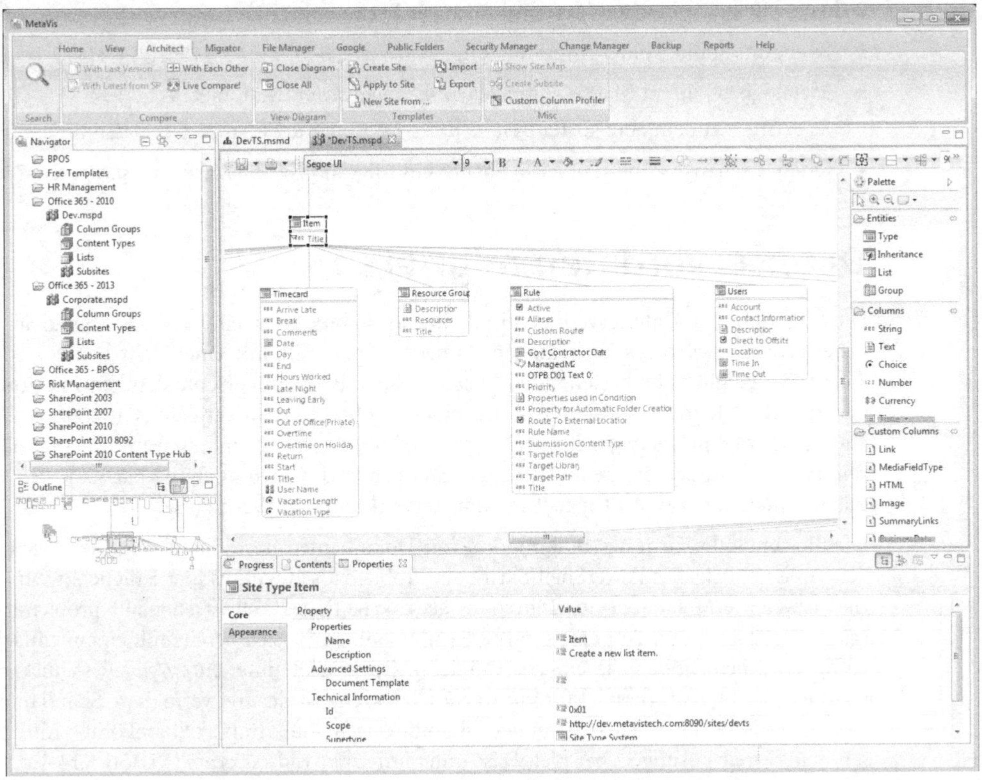

Die Ende 2012 von Dell aufgekaufte Werkzeugschmiede Quest bietet mit seiner an MetaVis angelehnten Lösung eine ebenfalls recht umfassende Migrationssuite an. Allerdings hat Quest bereits in den Vorgängerversionen seiner Migration Suite durchaus Wünsche zur Nachbesserung in puncto Stabilität, Dokumentation und Support unerfüllt gelassen.

HINWEIS Sie finden unter *http://list.ly/list/4Xn-sharepoint-migration-tools-by-sharepoint-communitynet* [Ms156-K14-10] eine umfangreiche Liste von Migrationswerkzeugen für SharePoint, die von der SharePoint-Community bewertet wurden. Auch wenn diese nicht repräsentativ ist, zeigt sie Ihnen weitere Alternativen auf.

Öffentliche Ordner von Exchange Server

Auch unter Exchange Server 2013 existieren die bereits unter Exchange Server 2010 zwischenzeitlich abgekündigten öffentlichen Ordner. Diese bieten im Vergleich zu SharePoint nur eine äußerst begrenzte Funktionalität. Einer der wenigen verbleibenden Vorteile von öffentlichen Ordnern im Vergleich zu SharePoint-Dokumentbibliotheken ist deren mögliche Verteilung über Standorte hinweg, auch wenn sich an dieser Architektur in Exchange Server 2013 etwas durch den Wegfall der Öffentlichen Ordner-Datenbanken geändert hat.

Sofern Sie sich für eine Migration entschlossen haben, stehen Ihnen wie bereits unter SharePoint 2010 eine Reihe von Drittanbieterlösungen zur Verfügung:

- AvePoint: Public Folder Migrator (*http://www.avepoint.com* [Ms156-K14-11])
- Metalogix: Content Matrix (*http://www.metalogix.com* [Ms156-K14-12])
  Es existiert zudem eine kostenfreie Express-Edition, die bis zu 25 GB Daten unterstützt
- Quest: Exchange Public Folder to SharePoint Migrations (*http://www.quest.com* [Ms156-K14-13])

Dateiserverdaten migrieren

Die Migration von Dateiserverdaten in Richtung SharePoint ist ein häufiges, wenngleich auch möglicherweise fragwürdiges Unterfangen. Zunächst haben Sie nur einen sehr begrenzten Mehrwert, sofern Sie lediglich die bestehenden Daten in SharePoint-Inhaltsdatenbanken importieren. Dafür haben Sie eine Reihe von Nachteilen, wie einer erhöhter und im Vergleich teurerer Speicherplatz bei einer potenziell problematischen Wiederherstellung, Leistungseinbußen und mehr. Sollte die Migration Ihrer Dateiserverdaten in Richtung SharePoint dennoch unabdingbar sein, stehen Ihnen für die Automation dieses Anliegens Drittanbieterwerkzeuge zur Verfügung.

Für die simpelste Form des Bulkimports von Dokumenten nach SharePoint bietet sich indes möglicherweise ein eigenes PowerShell-Skript an. Problematisch wird es hier lediglich, wenn Sie strukturiert erweiterte Metadaten überführen zu gedenken. Dieser Fall ist ebenfalls problemlos skriptbar, erfordert jedoch zumindest eine gewisse Passion. Sollten Sie sich bereits mit einem einfachen Import zufrieden geben, finden Sie ein kostenfreies Beispielskript unter *http://gallery.technet.microsoft.com* [Ms156-K14-14]. Ein Beispiel für ein solches Werkzeug ist der frei verfügbare SharePoint 2010 Bulk Document Importer. Suchen Sie in der Bibliothek nach »Bulk Import SharePoint«. Alternativ existieren weitere freie Lösungen, beispielsweise unter *http://f2sp.codeplex.com* [Ms156-K14-15].

Sollten Sie mehr Funktionen benötigen, stehen Ihnen beispielsweise folgende, kommerzielle Lösungen zur Verfügung:

- AvePoint: DocAve File System Migrator for Microsoft SharePoint (*http://www.avepoint.com* [Ms156-K14-11])
- Metalogix: Content Matrix for SharePoint (*http://www.metalogix.com* [Ms156-K14-12])
  Auch für Dateisystemfreigaben können Sie mit Größenbeschränkungen auf die kostenfreie Content Matrix Migration Express-Edition zurückgreifen
- Quest: File Migrator for SharePoint (*http://www.quest.com* [Ms156-K14-13])

Sonstiges

Neben den zuvor vorgestellten Migrationslösungen für SharePoint existieren noch eine ganze Anzahl an weiteren wichtigen Migrationsszenarien wie beispielsweise den Import von Tabellen- oder Metadaten oder die Migration von komplexen Anwendungen wie Lotus Notes. Einige von den Anbietern und deren Portfolio haben Sie bereits im Abschnitt »Migrationswerkzeuge von Drittanbietern« kennengelernt. Die dort angeführten Anbieter sind zu diesem Zeitpunkt auch die primären Lösungsanbieter für weitere Szenarien.

Best Practices

Im Rahmen der Migration von SharePoint 2010 nach SharePoint 2013 stellen Sie anhand der Prüfliste in Tabelle 14.6 sicher, dass Sie einige Besonderheiten nicht unbeachtet lassen.

Tabelle 14.6 Empfohlene Maßnahmen und im Rahmen einer Migration zu berücksichtigende Aspekte

OK	Empfohlene Maßnahme
✓	Aktualisieren Sie vor einer Migration die Quellfarm zunächst auf den neuesten verfügbaren Stand, jedoch zumindest auf SharePoint 2010 Service Pack 1, sofern Sie RBS verwenden
✓	Verwenden Sie für Ihre Testmigrationen möglichst Abbilder produktiver Datenbanken und testen Sie die Zielwebsites immer auch inhaltlich. Verlassen Sie sich nicht ausschließlich auf die von der Integritätsanalyse registrierten Warnungen und Fehler.
✓	Unbenötigte SPNs – Löschen Sie potenziell nach der Migration nicht mehr erforderliche SPNs für die nicht mehr genutzten Shared Service Provider
✓	Bereinigen Sie die Quellumgebungen vor der finalen Übernahme in die SharePoint 2013-Umgebung
✓	Verwenden Sie bei Inhaltsdatenbankanfügen parallel mehrere Prozesse, um die für die Migration erforderliche Zeitspanne zu reduzieren
✓	Migrieren Sie nicht ohne triftigen Grund Ihre Dateiserver nach SharePoint
✓	Belassen Sie die Quellfarminhaltsdatenbanken vor Beginn der Migration schreibgeschützt, um keine Deltas im Rahmen der Migration nachmigrieren zu müssen
✓	Verwenden Sie beim Erteilen des *Upgrade-SPSite*-Befehls für das Upgrade von Websitesammlungen den Parameter *QueueOnly* für einen höheren Durchsatz durch Parallelisierung
✓	Planen Sie für die Migration der Benutzer von der Windows integrierten- in die forderungsbasierte Authentifizierung ausreichend Zeit ein, da dieser Prozess in Abhängigkeit von der Anzahl der Berechtigungen und damit auch dem allgemeinen Datenumfang viele Stunden in Anspruch nehmen kann!

Zusammenfassung

In diesem Kapitel wurden Ihnen die wichtigsten Migrationsszenarien und -Aspekte vorgestellt. Die wesentlichsten Erkenntnisse bestehen dabei darin, ausreichende Zeit für Migrationstests einzuplanen, schrittweise alle Probleme in den Protokollen zu beseitigen und die Funktion der migrierten Inhalte unabhängig von den Protokollwarnungen in einer Testumgebung ausgiebig zu verifizieren. Auf diesem Wege tragen Sie dafür Sorge, dass die Einführung von SharePoint 2013 nicht aufgrund von Trivialitäten missrät. Speziell die ersten Tage einer Einführung haben einen unverhältnismäßig hohen Einfluss auf die Motivation und das Vertrauen der Benutzer Ihrer Organisation in Ihre SharePoint-Plattform.

Im nächsten Kapitel erfahren Sie, wie Sie die SharePoint-Sicherung und Wiederherstellung planen und umsetzen.

Teil H

Erweiterungen

Kapitel 15 Sicherung und Wiederherstellung 1169

Kapitel 15

Sicherung und Wiederherstellung

In diesem Kapitel:

Übersicht der Sicherungsmethoden 1170
Integrierte Sicherung 1171
SQL Server-basierte Sicherungen 1187
Data Protection Manager 2012 R2-basierte Sicherungen 1189
Übersicht der Wiederherstellungsmethoden 1199
SharePoint-basierte Wiederherstellungen 1199
SQL Server-basierte Wiederherstellungen 1207
Data Protection Manager 2012 R2-basierte Wiederherstellung 1210
Best Practices 1219
Zusammenfassung 1220

In diesem Kapitel erhalten Sie alle wichtigen Informationen zum Einrichten einer Sicherung und zahlreiche Anleitungen zum Wiederherstellen Ihrer Daten bzw. Serverfarm im Fehlerfall. Dazu ist dieses Kapitel so strukturiert, dass Sie die einzelnen Abschnitte nutzen können, ohne das gesamte Kapitel zuvor gelesen haben zu müssen.

HINWEIS Im Vergleich zu SharePoint 2010 haben sich nur vergleichsweise geringe Änderungen bei der Sicherung und Wiederherstellung in SharePoint 2013 ergeben.

Übersicht der Sicherungsmethoden

Zur Sicherung von SharePoint-Elementen stehen Ihnen grundsätzlich zwei SharePoint-basierte Verfahren und ein SQL Server-basierter Ansatz zur Verfügung. Neben der Sicherung der SharePoint-Daten gilt es, betriebssystemrelevante Daten zu sichern, die ebenfalls Einfluss auf eine potenzielle Wiederherstellung von SharePoint haben.

Bei den SharePoint-basierten Verfahren zur Sicherung von SharePoint-Elementen handelt es sich um:

- Zentraladministration
- PowerShell

ACHTUNG Beachten Sie bei den SharePoint-basierten Sicherungsmethoden, dass Sie, sobald Sie lediglich einen UNC-Pfad anstelle einer Sicherungsdatei als Speicherort angeben, ein für die Serverfarm exklusives Verzeichnis verwenden, um Probleme zu vermeiden. Demnach greifen Sie bei mehreren Serverfarmen für jede Serverfarm auf ein eigenes Sicherungsverzeichnis bzw. Sicherungsfreigabeverzeichnis zu.

Neben den oben erwähnten Methoden zur Sicherung und Wiederherstellung von SharePoint-Inhalten wird in diesem Kapitel die Verwendung von Data Protection Manager 2012 R2 behandelt, dem zentralen Microsoft-Produkt für die Sicherung von SharePoint. Funktionen wie der Papierkorb, die Versionsverwaltung oder die Sicherung vollständiger, virtueller Maschinen finden in diesem Kapitel keinerlei Betrachtung.

Die Tabelle 15.1 gibt Ihnen eine Übersicht zu den verfügbaren Sicherungsmethoden in SharePoint 2013.

Tabelle 15.1 In SharePoint 2013 enthaltene Sicherungsmethoden in der Übersicht

Sicherungselement	Zentral-Admin.	Power-Shell	SQL	SQL-Momentaufnahme	DPM 2012	Sonstige
Serverfarm	✓	✓			✓	
Serverfarmkonfiguration		✓				
Webanwendung	✓	✓				
Dienstanwendung	✓	✓				
Inhaltsdatenbank	✓	✓	✓	✓		
Anpassungen						✓

Tabelle 15.1 In SharePoint 2013 enthaltene Sicherungsmethoden in der Übersicht *(Fortsetzung)*

Sicherungselement	Zentral-Admin.	Power-Shell	SQL	SQL-Momentaufnahme	DPM 2012	Sonstige
Websitesammlung	✓	✓		✓		
Einzelne Websites und Listen	✓	✓				✓

Bei der Betrachtung der verfügbaren Sicherungsmethoden stellt sich neben der Verfügbarkeit von Sicherungsmethoden die generelle Frage, welche Strategie bei der Sicherung von SharePoint-Inhalten verwendet werden sollte. Dieser Aspekt wird in Kapitel 3 behandelt.

Integrierte Sicherung

In diesem Abschnitt wird die Sicherung auf Basis der in SharePoint integrierten Sicherungsverfahren behandelt.

Die Sicherung mithilfe der SharePoint-integrierten Verfahren hat in der Regel keine Auswirkungen auf die Verfügbarkeit der Serverfarm. Einzelne granulare Sicherungsverfahren können zu einem Schreibschutz während der Sicherung führen. Während der Sicherung kann es in Abhängigkeit vom Sicherungsverfahren zu einer reduzierten Gesamtleistung der Farm kommen. Sichern Sie SharePoint-Komponenten daher außerhalb der Produktionszeiten.

HINWEIS Verwenden Sie eine mit SharePoint kombinierte Remote-BLOB-Speicher-Lösung, wie die integrierte RBS-Lösung, können die Daten aus dem Remote-BLOB-Speicher mit den hier beschriebenen, SharePoint-integrierten Verfahren grundsätzlich ebenfalls gesichert werden. Voraussetzung ist jedoch, dass der Remote-BLOB-Speicher den FILESTREAM-Anbieter verwendet. Dies ist der Fall, sofern Sie die Microsoft Remote-BLOB-Speicher-Lösung verwenden. Sollte Ihre Lösung einen anderen Anbieter verwenden, sind die Daten aus dem Remote-BLOB-Speicher manuell separat zu sichern.

Sicherung mithilfe von Vorlagen

Alternativ zu den in diesem Abschnitt vorgestellten integrierten Sicherungsverfahren haben Sie weiterhin die Möglichkeit, Dokumentbibliotheken, Listen und Websites als Vorlage zu sichern und diese Vorlage in der gleichen oder einer anderen Serverfarm wiederherzustellen. Dabei haben Sie die Wahl, die Vorlage sowohl mit als auch ohne Inhalte zu sichern. Dieses Verfahren ist jedoch lediglich für Websitesammlungsadministratoren, nicht für Farmadministratoren geeignet und unterliegt zudem Einschränkungen. Verwenden Sie daher bevorzugt die in diesem Abschnitt demonstrierten Verfahren zur Sicherung von SharePoint-Inhalten.

Um eine Sicherung mithilfe von Vorlagen zu realisieren, finden Sie in den Eigenschaften der jeweiligen Dokumentbibliothek, Liste oder Website einen Link zum Sichern des Elements als Vorlage (beispielsweise *Dokumentbibliothek als Vorlage speichern*). Um auf die so gesicherten Elemente zugreifen zu können, finden Sie in den Websiteeinstellungen im Abschnitt *Galerien* den Link *Listenvorlagen*. Websitesammlungen hingegen werden als Vorlage im Lösungskatalog gespeichert.

Beachten Sie, dass neben Aspekten wie der Leistungsfähigkeit bei der Sicherung auch eine Inkompatibilität zu dem Feature der Veröffentlichungsinfrastruktur besteht. Obwohl diese als Vorlagespeicherfunktion bei aktivierter Veröffentlichungsinfrastruktur verfügbar ist, führt die Verwendung in dieser Konstellation generell zu einem Fehler.

Beachten Sie, dass Sie für die Durchführung einer Sicherung in Abhängigkeit von der zu sichernden Instanz abweichende Berechtigungen benötigen. Gleiches gilt für den optimalen Speicherort für die Sicherung, die ebenfalls in Abhängigkeit vom zu sichernden Element einen jeweils unterschiedlichen Rahmen aufweist. In den folgenden Abschnitten werden Sie auf die wichtigsten geltenden Umstände für die Sicherung und Wiederherstellung hingewiesen.

Wichtige Anmerkungen und Einschränkungen bei der Sicherung einer SharePoint-Farm

Im Rahmen der Sicherung einer Serverfarm werden elementare, jedoch nicht alle Elemente der Farm gesichert. In Abhängigkeit von Ihrer individuellen Nutzung von Farmfunktionen fehlen daher ggf. Sicherungselemente in der Standardfarmsicherung. Ferner ist die Farmsicherung ein Prozess von zentraler Wichtigkeit, der wohlgeplant sein muss.

Beachten Sie daher folgende wichtige Aspekte bei der Sicherung Ihrer Farm:

- Im Allgemeinen wirkt sich die Sicherung von Elementen nicht zwangsläufig auf die Verfügbarkeit Ihrer Farm aus. Einzelne Sicherungsmethoden, speziell auf einer unteren Ebene der Hierarchie, wie Websitesammlungen, können jedoch in Abhängigkeit von der Wahl der Parameter zu einem Schreibschutz während der Sicherung führen.
- Während der Sicherung ist in Abhängigkeit von dem verwendeten Verfahren die Leistungsfähigkeit der Farm mehr oder minder beeinträchtigt. Führen Sie die Sicherungen daher möglichst außerhalb der Spitzenlastzeiten durch.
- Die Dauer einer Sicherung kann basierend auf dem Umfang Ihrer Daten und dem Sicherungsverfahren erhebliche Zeit beanspruchen, da beispielsweise im Rahmen der Sicherung komplexe und umfangreiche Dienstanwendungen wie die Suche gesichert werden, für die es im Rahmen der Sicherung beispielsweise zu einer Hauptzusammenführung des Index kommt. Wählen Sie daher ein ausreichend großes Zeitfenster für die Durchführung der Sicherung.
- Das für die Sicherung zu wählende Zielverzeichnis kann für verschiedene Arten der Sicherung verwendet werden und muss vor Beginn der Sicherung existieren. Demnach benötigen Sie nicht für jede Sicherung ein dediziertes Verzeichnis, sondern sollten zur besseren Verwaltbarkeit ein gemeinsames Sicherungsverzeichnis pro Farm verwenden.
- In der Farmsicherung sind die SharePoint-Konfigurationsdatenbank und die Admin-Inhaltsdatenbank enthalten. Diese können jedoch nicht unter Verwendung der SharePoint-Werkzeuge direkt wiederhergestellt werden.
- Sollten Sie die transparente Datenverschlüsselung (Transparent Data Encryption, TDE) in SQL Server zur Verschlüsselung Ihrer Datenbanken verwenden, beachten Sie, dass der TDE-Schlüssel nicht Bestandteil der Sicherung ist und von Ihnen unabhängig von der Sicherung zu sichern ist. Vor einer möglichen Wiederherstellung einer so geschützten Datenbank ist der entsprechende Schlüssel zuvor manuell wiederherzustellen.

- In Kombination mit RBS werden die zugehörigen Blobs nur dann automatisch mitgesichert, wenn der FILESTREAM-Remote-BLOB-Speicher-Provider verwendet wurde. Dies ist beispielsweise bei der Verwendung des integrierten RBS-Verfahrens der Fall. Sollten Sie einen anderen Provider nutzen, sind die zugehörigen BLOB-Speicher separat zu sichern, um eine vollständige Sicherung zu erhalten.
- Etwaige Zertifikate der SharePoint-Farm sowie etablierte Farmvertrauensstellungen werden nicht im Rahmen der Farmsicherung gesichert. Sichern Sie daher alle zugehörigen Zertifikate, und richten Sie nach einer Wiederherstellung etwaige Vertrauensstellungen erneut wieder ein.
- Etwaige externe Inhaltstypendefinitionen der Business Connectivity Services (BCS) werden im Rahmen der Farmsicherung gesichert, jedoch nicht die dazugehörigen Datenquellen selbst. Bei einer Wiederherstellung dieser Definition an eine alternative Lokation muss zudem eine Anpassung der Definition vorgenommen werden, um die Datenquelle weiterhin ordnungsgemäß lokalisieren zu können.
- Wichtige Anpassungen der Farm und Webanwendungskonfigurationen werden in der Datei *web.config* festgehalten. Die Mehrzahl der dort enthaltenen Anpassungen wird automatisch vorgenommen. Für einige Anpassungen, wie z.B. Anpassungen für eine Forms-basierte Authentifizierung, werden diese Anpassungen jedoch manuell vorgenommen und müssen daher ebenfalls manuell gesichert werden, um nach einer Wiederherstellung weiterhin verfügbar zu sein.
- Die Sicherung der Workflow Manager-Workflows basiert im Wesentlichen auf der Sicherung der Workflow Manager-Datenbank, welche synchron mit der Sicherung von SharePoint sein sollte.

Erweiterungen

Sicherung einer Serverfarm

Zur Sicherung der Serverfarm mithilfe von SharePoint-Funktionen stehen Ihnen die PowerShell und die Zentraladministration zur Verfügung. Vergewissern Sie sich, dass das Benutzerkonto, unter dem dieses Verfahren ausgeführt wird, folgende Voraussetzungen erfüllt:

Lokaler Administrator	Farm-Administrator	Shell -Admin-Rechte	Vollzugriff auf Freigabe	SQL Server-Berechtigungen
✓		✓	✓	✓

ACHTUNG Beachten Sie, dass durch mögliche Drittanbietererweiterungen, wie Nintex Workflow, ggf. nicht alle Kerndaten der Farm in den hier angeführten Sicherungsroutinen enthalten sind. Überprüfen Sie daher die in der Farmsicherung enthaltenen Daten sorgfältig, um vor dem Ernstfall etwaige Lücken Ihrer Sicherung zu schließen.

Beachten Sie folgende Anmerkungen zu den oben genannten Grundberechtigungen:

- **Lokaler Administrator** Das für die Sicherung zu verwendende Konto muss über lokale administrative Rechte auf der Maschine verfügen, von der aus die Sicherung initiiert wird
- **Farm-Administrator** Trotz der Sicherung der Farm benötigen Sie keine expliziten Berechtigungen als Farmadministrator
- **Shell-Admin-Rechte** Das Konto muss über Shell-Admin-Rechte auf allen SharePoint-Datenbanken verfügen. Um die erforderlichen Shell-Admin-Rechte auf allen relevanten Datenbanken

zu erteilen, führen Sie den folgenden Befehl in der SharePoint-Verwaltungsshell aus (ersetzen Sie zuvor den Anmeldenamen des Dienstkontos entsprechend):

```
Get-SPDatabase | Add-SPShellAdmin -UserNameDOMÄNE\ANMELDENAME
```

- **Vollzugriff auf die Freigabe** Sowohl das Konto für die Auslösung der Sicherung als auch das Farmkonto (das Konto, unter dem der Zeitauftraggeberdienst, *SPTimerV4*, standardmäßig ausgeführt wird) sowie das SQL Server-Datenbankdienstkonto müssen über volle Zugriffsberechtigungen auf der Freigabe- und NTFS-ACL-Ebene verfügen

TIPP Ein zentraler Bestandteil der Farmsicherung sind die SQL Server-Datenbanken. Sie können die Sicherungsdauer daher verkürzen, indem Sie die Sicherung auf einem UNC-Pfad vornehmen, der sich auf dem SQL Server befindet.

- **SQL Server-Berechtigungen** Für die Sicherung der Datenbanken benötigen Sie für das zur Durchführung genutzte Dienstkonto auf der SQL Server-Ebene die Berechtigungen der Serverrolle *securityadmin*. Ferner muss das Konto über *DB_Owner*-Berechtigungen auf alle farmrelevanten Datenbanken verfügen!

HINWEIS Anstelle der *DB_Owner*-Berechtigung auf der Datenbankebene und der *Security-Admin*-Rolle auf Serverebene können Sie dem Dienstkonto auf der SQL-Serverebene auch die *Sysadmin*-Rolle zuweisen.

Es werden ggf. weitere Rechte erforderlich, um eine vollständige Farmsicherung zu betreiben. Sofern beispielsweise spezielle Erweiterungen in der Farm betrieben werden, die synchron mit der Farm zu sichern sind (wie Nintex Workflow) werden entsprechend weitere Datenbankberechtigungen erforderlich. Für die eigentliche Sicherung der exklusiven SharePoint-Farm ergeben sich keine pauschalen zusätzlichen Berechtigungen.

HINWEIS Es wird empfohlen, die Sicherung auf dieser Ebene regelmäßig zu betreiben, da dieser Sicherungsform eine besondere Rolle in Wiederherstellungsszenarien zukommt.

Bevor Sie die Sicherung mithilfe der Zentraladministration umsetzen, können Sie ggf. die Sicherungseinstellungen anpassen, um die Leistung zu optimieren. Sie finden die Sicherungseinstellungen in der Zentraladministration unter *Sichern und Wiederherstellen/ Sicherungseinstellungen konfigurieren* (Abbildung 15.1).

Abbildg. 15.1 Sicherungseinstellungen

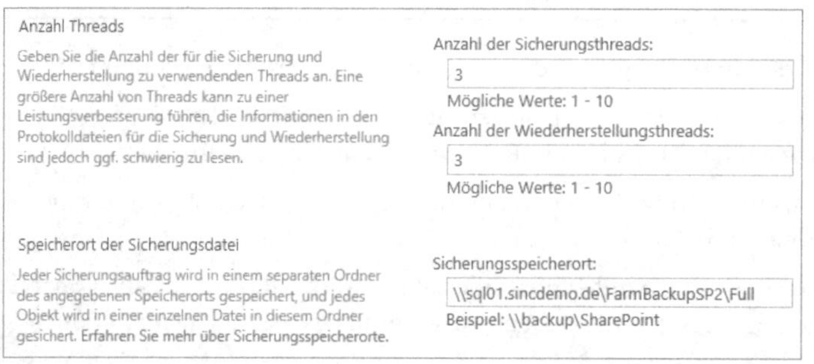

Zur Sicherung der Serverfarm mithilfe der Zentraladministration gehen Sie wie folgt vor:

1. Stellen Sie sicher, dass der *SharePoint-Verwaltungsdienst* ausgeführt wird. Überprüfen Sie dazu beispielsweise, ob in der Dienststeuerung der Dienst *SharePoint Administration* gestartet ist.
2. Öffnen Sie die Einstiegsseite der Zentraladministration und klicken Sie im Abschnitt *Sichern und Wiederherstellen* auf *Sicherung durchführen.*
3. Aktivieren Sie das oberste Kontrollkästchen in der Liste der angeführten Komponenten (Komponente *Farm*) und klicken Sie auf *Weiter.*
4. Im Abschnitt *Sicherungstyp* wählen Sie den entsprechenden Sicherungstyp aus. Während Ihnen die differenzielle Sicherung ermöglicht, lediglich die Änderungen seit der letzten Sicherung festzuhalten, ist die vollständige Sicherung für den ersten Sicherungslauf erforderlich (Abbildung 15.2).

Abbildg. 15.2 Sicherungseinstellungen zur Sicherung einer Serverfarm

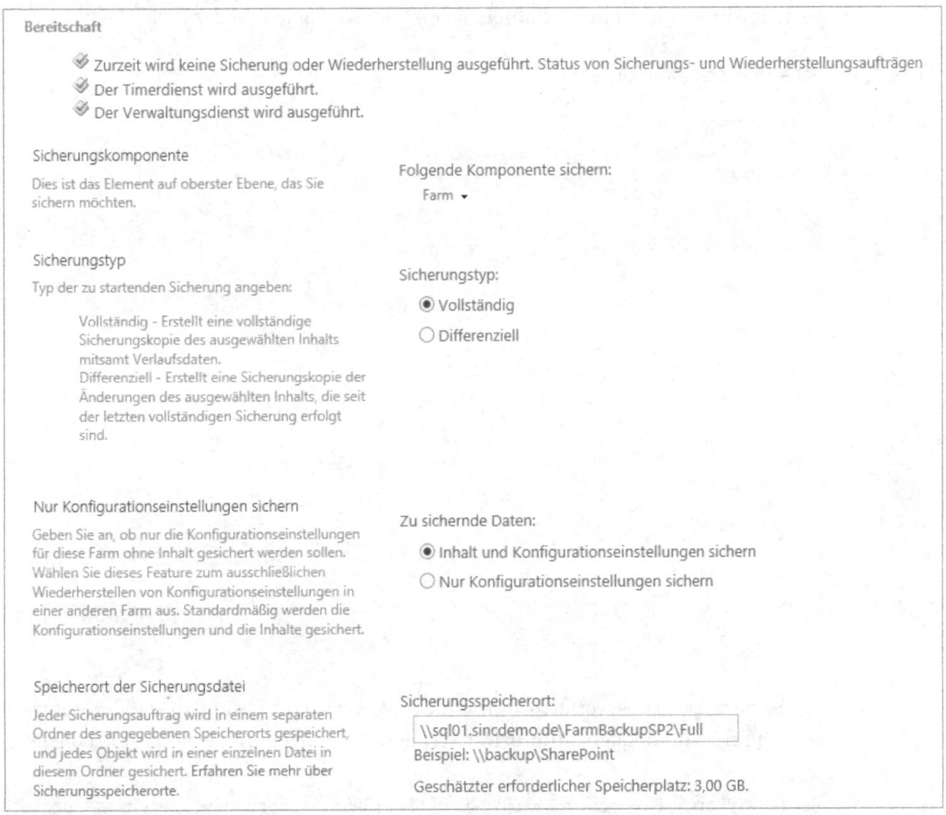

5. Belassen Sie im Abschnitt *Nur Konfigurationseinstellungen sichern* die Standardeinstellung (*Inhalte und Konfigurationseinstellungen sichern*).
6. Im Abschnitt *Speicherort der Sicherungsdatei* geben Sie einen Netzwerkpfad an, unter dem Sie die Sicherungsdaten der Farm speichern möchten. Klicken Sie auf *Sicherung starten*, um mit der Sicherung zu beginnen.

HINWEIS Achten Sie darauf, dass der Freigabepfad exklusiv dieser zu sichernden Farm zur Verfügung steht und der Zielordner bereits existiert. Beachten Sie, dass unterhalb des Sicherungsspeicherorts eine Schätzung der Sicherungsgröße angezeigt wird.

7. Im nachfolgenden Dialogfeld erhalten Sie die Statusinformationen zum Fortschritt und Fehlerstatus der soeben initiierten Sicherung.

HINWEIS Eine Serverfarmsicherung (sowohl differenziell als auch vollständig) kann erhebliche Zeit in Anspruch nehmen. Haben Sie daher Geduld, da selbst die Sicherung einer »leeren« Serverfarm durchaus einige Zeit beanspruchen kann.

Weitere Details zur Sicherung finden Sie in der Datei *SPBackup.log* in dem zuvor angegebenen Netzwerkpfad unterhalb des von SharePoint angelegten Unterverzeichnisses *SPBR0000*. Den jeweils genauen Verzeichnisnamen erfahren Sie im Statusdialogfeld in der Zeile *Verzeichnis* (Abbildung 15.3).

Abbildg. 15.3 Sicherungsstatusdialogfeld

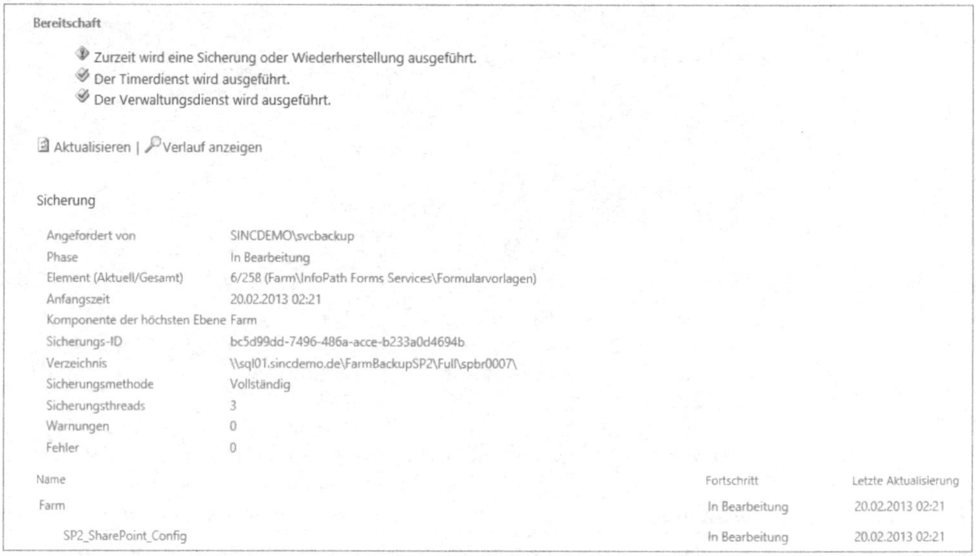

Zur Sicherung der Serverfarm mithilfe der PowerShell verwenden Sie den folgenden Befehl unter Verwendung von lokalen administrativen Berechtigungen und erhöhten Privilegien:

```
Backup-SPFarm -Directory \\SERVERNAME\FREIGABE\Sicherungsverzeichnis -BackupMethod Full
```

Zur Durchführung einer differenziellen Sicherung verwenden Sie für den Parameter *BackupMethod* den Wert *Differential*.

HINWEIS Bevor Sie eine differenzielle Sicherung erstellen können, müssen Sie zunächst eine vollständige Sicherung erstellen.

Weitere wichtige Parameter der Sicherung auf dieser Ebene lauten wie folgt:

- **BackupThreads** Definiert die Anzahl der Backupthreads. Standardmäßig werden drei Threads verwendet. Sie können den Wert auf maximal 10 hochsetzen. In leistungsfähigen Umgebungen können Sie so die Sicherungsgeschwindigkeit erhöhen. Der Nachteil besteht darin, dass so möglicherweise die chronologische Abfolge im Sicherungsprotokoll schwerer nachvollziehbar wird.
- **Verbose** Durch diesen Parameter erhalten Sie während der Sicherung deutlich erweiterte Ausgabeinformationen im Fenster der Eingabeaufforderung
- **Force** Durch die Angabe des *Force*-Parameters wird eine Sicherung auch dann begonnen, wenn der kalkulierte Speicherbereich oberhalb der im Ziellaufwerk verfügbaren Ressourcen liegt
- **Percentage** Der Zweck dieses Parameters besteht darin, sich in extrem umfangreichen Umgebungen erweiterte Informationen über den Fortschritt der Sicherung einzelner Komponenten ausgeben zu lassen. Der Parameter wird in Kombination mit *Verbose* genutzt, kann zwischen 1- und 100-Prozentschritten justiert werden und liegt standardmäßig bei 5.

Beispielsweise könnte eine gültige Befehlszeile unter Verwendung aller oben definierten Parameter wie folgt lauten:

```
Backup-SPFarm -Directory \\sql01.sincdemo.de\Backup$\SP -ConfigurationOnly -BackupMethod
Full -Verbose -Percentage 10 -BackupThreads 5 -Force
```

Überprüfen Sie abschließend die *SPBackup.log*-Datei im Zielsicherungsverzeichnis auf etwaige Warnungen oder Fehler. Sie finden die Datei jeweils im für die aktuelle Sicherung angelegten Unterverzeichnis unterhalb des Sicherungspfads. Im Falle von beispielsweise fehlenden Datenbankberechtigungen steigt der Befehl potenziell mit einer *SPException*-Fehlermeldung deutlich erkennbar aus, Detailprobleme können jedoch nur zuverlässig mithilfe der Protokolldatei identifiziert werden.

TIPP Auch in SharePoint 2013 kann mithilfe der STSADM-Option *-o registerwsswriter* für die Windows Server-Sicherung registriert werden, um den Volumenschattenkopie-Dienst (VSS Writer) für SharePoint zu konfigurieren. Die Windows Server-Sicherung enthält dann SharePoint 2013 in serverweiten Sicherungen. Beim Wiederherstellen von einer Windows Server-Sicherung können Sie SharePoint Foundation (unabhängig von der installierten Version von SharePoint 2013) auswählen und so alle vom VSS Writer für SharePoint 2013 auf diesem Server zum Zeitpunkt der Sicherung gemeldeten Komponenten wiederherstellen. Der Einsatz der Windows Server-Sicherung wird jedoch nur für Einzelserverbereitstellungen empfohlen.

Sicherung einer Serverfarmkonfiguration

Erstmalig mit SharePoint Server 2010 eingeführt, wird auch in SharePoint 2013 die gezielte Sicherung und Wiederherstellung der Farmkonfiguration unterstützt. Im Rahmen der Sicherung der Serverfarmkonfiguration wird nicht die gesamte Konfigurationsdatenbank gesichert. Vielmehr wird die Konfiguration in eine XML-Datei exportiert. Dienstanwendungseinstellungen bleiben davon jedoch unberührt.

HINWEIS Die Farmkonfiguration kann grundsätzlich auch zu einem späteren Zeitpunkt für die Wiederherstellung in einer anderen Farm verwendet werden. Beachten Sie dabei, dass im Rahmen dieses Verfahrens nicht die eigentliche SharePoint-Konfigurationsdatenbank gesichert wird.

Die folgenden grundlegenden Verwendungszwecke geben einen Anlass für die Verwendung von Serverfarmkonfigurationssicherungen:

- Replikation von standardisierten Farmkonfigurationen
- Abgleich von Entwicklungsumgebung mit der Produktion
- Abgleich einer alleinstehenden Farminstallation mit einer Serverfarm
- Präparation einer Standbyfarm

Die folgenden Berechtigungen sind für die Sicherung der Serverfarmkonfiguration erforderlich, die im Abschnitt der *Sicherung einer Serverfarm* näher beschrieben werden:

Lokaler Administrator	Farm-Administrator	Shell -Admin-Rechte	Vollzugriff auf Freigabe	SQL Server-Berechtigungen
✓		✓	✓	✓

Zur Durchführung einer Serverfarmkonfigurationssicherung mithilfe der Zentraladministration folgen Sie den Anweisungen des letzten Abschnittes zur Sicherung der Serverfarm. Führen Sie lediglich nach Arbeitsschritt 5 die folgende abweichende Änderung aus:

Aktivieren Sie im Abschnitt *Nur Konfigurationseinstellungen sichern* die Option *Nur Konfigurationseinstellungen sichern.*

Zur Sicherung der Serverfarmkonfiguration mithilfe der PowerShell führen Sie folgenden, zuvor entsprechend zu modifizierenden Befehl aus:

```
Backup-SPConfigurationDatabase -Directory \\SERVERNAME\FREIGABE\Sicherungsverzeichnis
```

Sie können optional mithilfe der beiden Parameter *DatabaseServer* und *DatabaseName* explizit eine entsprechende SharePoint-Konfigurationsdatenbank definieren.

HINWEIS Sie können für die Sicherung der Konfiguration alternativ das Cmdlet *Backup-SPFarm*-Cmdlet mit dem Parameter *ConfigurationOnly* verwenden. Hierbei werden die gleichen Daten gesichert wie durch den in diesem Abschnitt demonstrierten Befehl.

Überprüfen Sie abschließend die *SPBackup.log*-Datei im Zielsicherungsverzeichnis auf etwaige Warnungen oder Fehler.

Sicherung einer Webanwendung

Sichern Sie Webanwendungen mithilfe der PowerShell oder der Zentraladministration. Vergewissern Sie sich, dass die folgenden Berechtigungen vorliegen, die im Abschnitt der *Sicherung einer Serverfarm* näher beschrieben werden:

Lokaler Administrator	Farm-Administrator	Shell -Admin-Rechte	Vollzugriff auf Freigabe	SQL Server-Berechtigungen
✓		✓	✓	✓

Zur Sicherung einer Webanwendung mithilfe der Zentraladministration folgen Sie den Anweisungen des letzten Abschnittes zur *Sicherung der Serverfarm*. Ändern Sie lediglich die Einstellungen *im* Arbeitsschritt 3. Anstelle der Auswahl der gesamten Farm markieren Sie bei der Auswahl der zu sichernden Komponenten die Zeile mit der entsprechenden Webanwendung, klicken auf *Weiter* und folgen dann dem Ablauf zur *Sicherung einer Serverfarm*.

Zur Sicherung einer Webanwendung mithilfe der PowerShell müssen Sie zunächst die Hierarchie der zu sichernden Elemente identifizieren. Führen Sie hierzu zunächst den Befehl *Backup-SPFarm -Showtree* in der SharePoint-Verwaltungsshell aus und extrahieren Sie aus den Ausgabedaten den Pfad zur sichernden Webanwendung. Anschließend führen Sie unter Verwendung lokaler administrativer Privilegien den folgenden, zuvor anzupassenden Befehl aus:

```
Backup-SPFarm -Directory \\SERVERNAME\FREIGABE\Sicherungsverzeichnis -BackupMethod Full
-Item "Farm\Microsoft SharePoint Foundation-Webanwendung\portal.sincdemo.de"
```

TIPP Um ein Sicherungselement einfacher zu identifizieren, geben Sie einfach die ersten Buchstaben des vermuteten Namens ein, beispielsweise:

```
Backup-SPFarm -Directory \\sql01.sincdemo.de\Backup$\SP -BackupMethod Full -Item portal
```

Anschließend erhalten Sie eine Liste aller Objekte angezeigt, die diese Zeichenfolge enthalten (Abbildung 15.4).

Abbildg. 15.4 Schnelle Identifizierung der zu sichernden Elemente

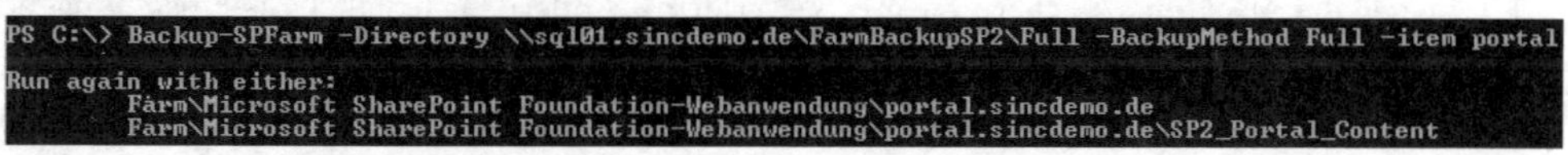
```
PS C:\> Backup-SPFarm -Directory \\sql01.sincdemo.de\FarmBackupSP2\Full -BackupMethod Full -item portal
Run again with either:
        Farm\Microsoft SharePoint Foundation-Webanwendung\portal.sincdemo.de
        Farm\Microsoft SharePoint Foundation-Webanwendung\portal.sincdemo.de\SP2_Portal_Content
```

Sicherung einer Dienstanwendung

Sichern Sie Dienstanwendungen mithilfe der PowerShell oder der Zentraladministration. Vergewissern Sie sich zuvor, dass Sie die folgenden Berechtigungsvoraussetzungen erfüllt haben, die im Abschnitt »Sicherung einer Serverfarm« in diesem Kapitel näher beschrieben werden:

Lokaler Administrator	Farm-Administrator	Shell -Admin-Rechte	Vollzugriff auf Freigabe	SQL Server-Berechtigungen
✓		✓	✓	✓

Zur Sicherung einer Dienstanwendung mithilfe der Zentraladministration folgen Sie den Anweisungen des Abschnitts »Sicherung einer Serverfarm«. Ändern Sie lediglich die Einstellungen bei Arbeitsschritt 3: Anstelle der Auswahl der gesamten Farm markieren Sie bei der Auswahl der zu sichernden Komponenten die Zeile mit der entsprechenden Dienstanwendung, klicken auf *Weiter* und folgen dann dem Ablauf zur Sicherung einer Serverfarm.

Zur Sicherung einer Dienstanwendung mithilfe der PowerShell führen Sie den folgenden Befehl aus:

```
Backup-SPFarm -Directory [UNC Pfad] -BackupMethod Full -Item "[Name der Dienstanwendung]"
```

Zum Sichern der verwalteten Metadaten-Dienstanwendung verwenden Sie beispielsweise das folgende Beispiel:

```
Backup-SPFarm -Directory [UNC Pfad] -BackupMethod Full -Item "Farm\Gemeinsame
Dienste\Gemeinsame Dienstanwendungen\Verwalteter Metadatendienst"
```

HINWEIS Bei Unklarheit über die genaue Bezeichnung des zu sichernden Elements verwenden Sie *Backup-SPFarm -ShowTree*, um eine Übersicht über die zu sichernden Elemente zu erhalten.

Sicherung der Inhaltsdatenbank

Stellen Sie sicher, dass Sie die folgenden Berechtigungen entsprechend den Anweisungen des Abschnitts »Sicherung einer Serverfarm« definiert haben:

Lokaler Administrator	Farm-Administrator	Shell -Admin-Rechte	Vollzugriff auf Freigabe	SQL Server-Berechtigungen
✓		✓	✓	✓

Zur Sicherung einer Inhaltsdatenbank mithilfe der Zentraladministration folgen Sie den Anweisungen des Abschnitts »Sicherung einer Serverfarm«. Ändern Sie lediglich die Einstellungen in Arbeitsschritt 3:

Anstelle der Auswahl der gesamten Farm markieren Sie bei der Auswahl der zu sichernden Komponenten die Zeile mit der entsprechenden Inhaltsdatenbank, klicken auf *Weiter* und folgen dann dem Ablauf im Abschnitt »Sicherung einer Serverfarm«.

HINWEIS Sie finden die zu sichernden Inhaltsdatenbanken unterhalb der zugehörigen Webanwendung. Inhaltsdatenbanken von SharePoint Server 2013 können sehr umfangreich werden, daher kann es unter Umständen sinnvoll sein, diese getrennt von den Farmsicherungen zu sichern. Es kann dabei jeweils nur eine Inhaltsdatenbank gleichzeitig gesichert werden.

Zur Sicherung einer Inhaltsdatenbank mithilfe der PowerShell führen Sie beispielsweise den folgenden, zuvor entsprechend zu modifizierenden Befehl aus:

```
Backup-SPFarm -Directory \\sql01.sincdemo.de\Backup$\SP -BackupMethod Full -Item
"Farm\Microsoft SharePoint Foundation-Webanwendung\portal.sincdemo.de\SP_Portal_Content"
```

HINWEIS Bei Unklarheit über die genaue Bezeichnung des zu sichernden Elements verwenden Sie *Backup-SPFarm -ShowTree*, um eine Übersicht über die zu sichernden Elemente zu erhalten.

Sicherung einer Websitesammlung

Sie haben die Möglichkeit, eine Websitesammlung über die PowerShell oder die Zentraladministration zu sichern.

Vergewissern Sie sich, dass das Benutzerkonto, unter dem dieses Verfahren ausgeführt wird, Mitglied der Gruppe *Farmadministratoren* ist.

Lokaler Administrator	Farm-Administrator	Shell -Admin-Rechte	Vollzugriff auf Freigabe	SQL Server-Berechtigungen
	✓	✓	✓	✓

WICHTIG Beachten Sie, dass bei diesem Sicherungsverfahren standardmäßig temporär ein Schreibschutz für die Websitesammlung aktiviert wird, um zu verhindern, dass Benutzer während der Sicherungen Änderungen vornehmen! Verwenden Sie zusätzlich den Parameter *-UseSQLSnapShot* oder *-NoSiteLock*, um diesen Schreibschutz zu umgehen. Dieses Verfahren steht Ihnen nicht in Kombination mit RBS zur Verfügung. Weitere Informationen zum *UseSqlSnapShot*-Parameter finden Sie in diesem Abschnitt.

Zur Sicherung einer Websitesammlung mithilfe der Zentraladministration gehen Sie wie folgt vor:

1. Öffnen Sie die Zentraladministration und klicken Sie im Abschnitt *Sichern und Wiederherstellen* auf *Sicherung der Websitesammlung*.
2. Stellen Sie sicher, dass im Abschnitt *Websitesammlung* die gewünschte Websitesammlung ausgewählt ist.
3. Geben Sie im Abschnitt *Pfad* den Sicherungspfad an, aktivieren Sie ggf. das Kontrollkästchen *Vorhandene Datei überschreiben* und klicken Sie auf *Sicherung starten*.
4. Verifizieren Sie das Ergebnis der Sicherung im angezeigten Berichtsfenster.

Zur Sicherung einer Websitesammlung mithilfe der PowerShell verwenden Sie den folgenden Befehl:

```
Backup-SPSite -Identity http://portal.sincdemo.de -Path \\sql01\Backup\portal.cmp -Force
-NoSiteLock
```

Für den Parameter *Path* können Sie sowohl einen Netzwerk- als auch einen lokalen Pfad verwenden. Durch den Parameter *Force* werden potenziell vorhandene Sicherungsdateien überschrieben. Der Parameter *NoSiteLock* verhindert, dass der standardmäßig während der Sicherung aktive Schreibschutz Anwendung findet. Der Sinn dieses Schreibschutzes besteht darin, Änderungen der Inhalte während der Sicherung für eine bessere Konsistenz der Sicherung zu vermeiden.

TIPP Es empfiehlt sich, zusätzlich den Parameter *-UseSQLSnapshot* zu verwenden, um eine konsistentere Datensicherungen zu erhalten. Dieser Parameter steht Ihnen jedoch lediglich unter der SQL Server-Enterprise Edition zur Verfügung. Durch den Einsatz dieses Parameters wird zunächst eine SQL Server-Momentaufnahme der Websitesammlung erzeugt, die Inhalte anschließend exportiert und die temporäre Momentaufnahme (Snapshot) zuletzt entfernt. Beachten Sie jedoch, dass die Verwendung dieses Sicherungsverfahrens die Leistung auf dem SQL Server während der Sicherung beeinträchtigt.

Sicherung einer einzelnen Website, Dokumentbibliothek oder Liste

Zur Sicherung einer Website, Dokumentbibliothek oder Liste stehen Ihnen die PowerShell und die Zentraladministration zur Verfügung.

Vergewissern Sie sich, dass Sie für die Anwendung des Verfahrens die folgenden Rechte delegiert haben:

Lokaler Administrator	Farm-Administrator	Shell -Admin-Rechte	Vollzugriff auf Freigabe	SQL Server-Berechtigungen
	✓	✓	✓	✓

HINWEIS Beachten Sie, dass bei diesem Verfahren etwaige Workflows nicht korrekt migriert werden.

Zur Sicherung einer Website mithilfe der Zentraladministration gehen Sie folgendermaßen vor:

1. Öffnen Sie die Zentraladministration und klicken Sie in der linken Spalte auf *Sichern und Wiederherstellen.*
2. Klicken Sie im Abschnitt *Differenzierte Sicherung* auf *Website oder Liste exportieren.*
3. Wählen Sie im Abschnitt *Websitesammlung* die zu sichernde Website aus.
4. Geben Sie im Abschnitt *Pfad* den Pfad zum Sicherungsort an und aktivieren Sie ggf. das Kontrollkästchen *Vorhandene Dateien überschreiben.*
5. Aktivieren Sie im Abschnitt *Vollständige Sicherheit exportieren* das gleichnamige Kontrollkästchen, um alle Zugriffsberechtigungen in die Sicherung einzuschließen.
6. Im Abschnitt *Versionen exportieren* wählen Sie im Dropdownlistenfeld die entsprechende Sicherungsfunktion aus, um den Umfang der Sicherung potenziell zu reduzieren, und klicken Sie auf *Export starten.*
7. Verifizieren Sie das Ergebnis der Sicherung im Folgefenster im Abschnitt *Inhaltsexport.*

Zusätzlich zu dem in der grafischen Oberfläche angezeigten Bericht wird im Sicherungsverzeichnis eine Datei mit dem Suffix *.export.log* angelegt. Hier finden Sie die Detailinformationen zum Exportvorgang wieder.

Zur Sicherung einer Website mithilfe der PowerShell verwenden Sie das folgende Befehlszeilenbeispiel:

```
Export-SPWeb -Identity http://portal.sincdemo.de/IT -Path \\sql01\Backup$\SP IT.cmp
```

Die wichtigsten zusätzlichen Parameter für den Export sind:

- **IncludeUserSecurity** Durch diesen Parameter exportieren Sie die Benutzerberechtigungen mit
- **IncludeVersions** Der Parameter steuert die Behandlung der Versionierung beim Export. Hierfür stehen Ihnen die Werte *LastMajor*, *CurrentVersion*, *LastMajorandMinor* und *All* zur Verfügung.
- **NoFileCompression** Gibt an, dass während des Exportvorgangs keine Dateikomprimierung durchgeführt wird. Bei Verwendung dieses Parameters kann die Ressourcenverwendung während des Exportvorgangs um bis zu 30 % gesenkt werden. Anstelle einer komprimierten Datei wird nur ein Sicherungsordner erstellt.

HINWEIS Wenn Sie den *NoFileCompression*-Parameter im *Export-SPWeb*-Befehl verwenden, müssen Sie ihn auch beim Importieren des Inhalts mithilfe des *Import-SPWeb*-Befehls verwenden.

- **GradualDelete** Beim Export von besonders großen Sites werden die Relikte nach der Sicherung nicht auf einen Schlag, sondern mithilfe einer Zeitauftraggeberdefinition bereinigt, um Zeit und Ressourcen während dieses Vorgangs zu sparen

In diesem Beispiel wird eine Website inklusive der Benutzerberechtigungen, der Mitnahme der jeweils letzten Haupt- und Nebenversion sowie der Deaktivierung der Kompression beim Export erzeugt. Die Sicherung wird dabei in den Ordner namens *SP* geschrieben:

```
Export-SPWeb -Identity http://portal.sincdemo.de/IT -Path \\sql01\Backup$\SP\IT.cmp
-IncludeUserSecurity -IncludeVersions LastMajorandMinor -NoFileCompression
```

Zur Sicherung einer einzelnen Liste mithilfe der PowerShell verwenden Sie die folgende Befehlszeile. In diesem Beispiel wird die Liste *Aufgaben* exportiert.

```
Export-SPWeb -Identity http://portal.sincdemo.de -Path \\sql01\Backup$\SP\Portal-
Aufgaben.cmp -ItemURL /Lists/Aufgaben
```

Als Wert für den Parameter *ItemURL* geben Sie dabei die relative URL zu der jeweiligen Liste oder Dokumentbibliothek an. Um beispielsweise die Dokumentbibliothek *Freigegebene Dokumente* einer untergeordneten Websitesammlung *Consulting* zu sichern und dabei potenziell vorhandene Sicherungen zu überschreiben, verwenden Sie den folgenden Befehl:

```
Export-SPWeb -Identity http://portal.sincdemo.de/websites/Consulting -Path
\\sql01\Backup$\SP\Consulting-FD.cmp -ItemURL Freigegebene%20Dokumente -Force
```

TIPP Achten Sie darauf, dass es sich bei dem Wert *ItemURL* um eine URL handelt, die möglicherweise von dem von Ihnen erwarteten Wert abweicht. Sie erhalten die URLs mithilfe der PowerShell, indem Sie sich an eine Liste binden und dort die Werte *Title* und *DefaultViewUrl* abrufen.

Sichern von Anpassungen

SharePoint lebt durch seine zahlreichen Anpassungen. Natürlich gilt es, diese bei der Sicherung zu berücksichtigen.

Folgenden Anpassungen von SharePoint-Websites sind möglich:

- Benutzerdefinierter Code in DLLs, z.B. verwaltete Assemblys, die im GAC bereitgestellt werden
- Für die Internetinformationsdienste (IIS) spezifische Anpassungen wie z.B. benutzerdefinierte Fehlerseiten, Bindungs- oder Wiederverwendungskonfiguration
- XML-Dateien zur Konfiguration und Erweiterung von Microsoft SharePoint Server 2013, z.B. XML-Dateien zur Definition von Features oder Websites
- Gestaltungsvorlagen, Seitenlayouts und Cascading Stylesheets. Diese Objekte werden in der Inhaltsdatenbank für eine Webanwendung gespeichert.
- Formulare werden ebenfalls in der Inhaltsdatenbank gespeichert
- Webparts, Website- oder Listendefinitionen, benutzerdefinierte Spalten, neue Inhaltstypen, benutzerdefinierte Felder, benutzerdefinierte Aktionen, programmierte Workflows sowie Workflowaktivitäten und -bedingungen
- Drittanbieterlösungen, die dazugehörigen Binärdateien sowie Registrierungsschlüssel, z.B. iFilter
- Anpassungen an der Datei *web.config* der jeweiligen Webanwendung

HINWEIS Idealerweise werden Anpassungen an der Datei *web.config* mithilfe der Zentraladministration oder dem SharePoint 2013-Objektmodell vorgenommen. Diese Änderungen sind Bestandteil der Farmsicherung. Häufig jedoch werden Anpassungen manuell vorgenommen. Diese Anpassungen sind nicht Bestandteil der Farmsicherung und müssen im Wiederherstellungsfall manuell nachgepflegt werden.

- Änderungen an XML-Standarddateien
- Benutzerdefinierte Websitedefinitionen (*Webtemp.xml*)
- Ressourcendateien (*.resx*-Dateien)
- Drittanbietererweiterungen verwenden häufig SharePoint-unabhängige Datenbanken oder weitere außerhalb der Farmsicherung lokalisierte Ressourcen, die teilweise synchron mit der SharePoint-Sicherung zu halten sind

Die verwendete Methode für die Sicherung der Anpassungen hängt zum Teil davon ab, ob die Websiteanpassungen für SharePoint zentral verwaltet werden.

Eine Umgebung gilt als zentral verwaltet, wenn alle Anpassungen und Änderungen von einer mit dieser Aufgabe beauftragen Person oder Gruppe bereitgestellt werden. In einer zentral verwalteten Umgebung sind die Speicherorte der Anpassungsdateien immer bekannt.

Eine Umgebung gilt als dezentral verwaltet, wenn verschiedene Teams oder Einzelpersonen Anpassungen ohne Änderungssteuerung oder andere Arten der Identifizierung oder Verwaltung von Anpassungen durchführen. In diesem Fall werden die Anpassungsdateien möglicherweise an nicht standardmäßigen, nicht dokumentierten Speicherorten gespeichert. Dadurch lassen sich die Anpassungsdateien nur schwer lokalisieren.

Sichern von Anpassungen für zentral verwaltete Systeme

Im Idealfall eines zentral verwalteten Systems ist das Sichern von Websiteanpassungen einfach, sofern die Websiteanpassungen maßgeblich in Form von SharePoint-Lösungsdateien bereitgestellt worden sind und eine hinreichende Dokumentation für die Bereitstellung von Anpassungen vorliegt. Die Websiteanpassungen können so bei Bedarf mithilfe einer Sicherungslösung auf Dateisystemebene oder als Teil der Lösung für die Quellcodeverwaltung problemlos gesichert werden.

Eine Lösungsdatei basiert auf dem CAB-Format und weist die Erweiterung *.wsp* auf. Eine andere Lösung ist ein bereitstellbares, wiederverwendbares Paket, das einen Satz von Featuredefinitionen und zugehörigen Elementdefinitionen, darunter Dateien, Websitedefinitionen und Assemblys enthalten kann. Sie können mithilfe der Lösungsdatei z.B. den Inhalt eines Webpartpakets mit Assemblies, Klassenressourcen, DWP-Dateien und anderen Paketkomponenten bereitstellen.

Sichern von Websiteanpassungen in dezentral verwalteten Umgebungen

Das Sichern von Anpassungen in einer dezentral verwalteten Umgebung kann ein komplexer Vorgang sein, da die Speicherorte für die Anpassungsdateien nicht standardisiert sind.

In Tabelle 15.2 werden die Speicherorte auf Webservern aufgeführt, an denen Anpassungen häufig gespeichert werden. Wenden Sie sich an das Entwicklungsteam oder an den Lieferanten der Anpassung, um festzustellen, ob die Anpassungen zusätzliche Add-Ins oder Dateien an anderen Speicherorten umfassen. Es wird empfohlen, Verzeichnisse mit einer Sicherungslösung auf Dateisystemebene zu sichern.

Tabelle 15.2 Relevante Speicherorte für die Sicherung

Speicherort	Beschreibung
%CommonProgramFiles%\Microsoft Shared \Web Server Extensions\15	Häufig aktualisierte Dateien, benutzerdefinierte Assemblies, benutzerdefinierte Vorlagen, benutzerdefinierte Websitedefinitionen
Inetpub	Speicherort für die virtuellen IIS-Verzeichnisse
%WinDir%\Assembly	Globaler Assemblycache (GAC): ein geschützter Speicherort des Betriebssystems, in dem Microsoft .NET Framework-Codeassemblies installiert werden, die vollständigen Systemzugriff erhalten sollen

Zum Sichern von dezentralen Anpassungen gehen Sie wie folgt vor:

- Notieren Sie die Namen und Speicherorte aller Anpassungsdateien
- Notieren Sie alle Änderungen, die an den *web.config*-Dateien vorgenommen wurden
- Erstellen Sie mit einem Sicherungsprogramm auf Dateisystemebene einen Auftrag, mit dem alle Anpassungsdateien an allen Speicherorten gesichert werden

Sicherung von Workflows

In Abhängigkeit vom exakten Typ des Workflows gilt es jeweils unterschiedliche Komponenten zu sichern:

- Deklarative Workflows, wie beispielsweise die mithilfe von SharePoint Designer entworfenen Workflows, werden in der jeweiligen Websitesammlung und damit der zugehörigen Inhaltsdatenbank gespeichert, in der Sie bereitgestellt wurden. Demnach sind hier keine zusätzlichen Maßnahmen erforderlich.

- Benutzerdefinierte deklarative Workflows bestehen aus drei verschiedenen Komponenten:
  - Visual Studio 2012-Assemblys für Workflowaktionen, die in den GAC bereitgestellt wurden
  - XML-Definitionsdateien (*.ACTIONS*-Dateien), die im Verzeichnis *15\Template\[LCID]\Workflow* gespeichert werden
  - *web.config*-basierte Konfigurationen für die Autorisation der Workflowaktionen

  Die hier angeführten Anpassungen sollten auf Dateisystembasis gesichert werden, um im Wiederherstellungsfall erneut auf die Farm angewandt werden zu können.
- Workflows mit benutzerspezifischem Code speichern die Visual Studio basierten Assemblies im GAC und die XML-Definitionen im Featureverzeichnis. Sofern der Workflow mithilfe einer SharePoint-Solution bereitgestellt wurde, ist dieser somit in der Farmsicherung enthalten. Bei Workflows, die über die Websitesammlungsgrenze miteinander interagieren, müssen zumindest alle betroffenen Websitesammlungen gesichert werden, um die Workflows vollständig in die Sicherung aufzunehmen.

Verwaltung von SharePoint-Sicherungen

Um die im Sicherungsverzeichnis gespeicherten SharePoint-Sicherungen enumerieren zu können, steht Ihnen ein dediziertes Cmdlet zur Verfügung. Dieses Cmdlet ist so strukturiert, dass jeweils eine Katalogdatei in dem parametrisierten Sicherungsverzeichnis ausgelesen und Ihnen auf dessen Inhalt aufgelistet wird, sodass Sie auf Basis der dort definierten Felder die gewünschte Sicherung lokalisieren können. Um alle zur Verfügung stehenden Felder aller im Verzeichnis enthaltenen Sicherungen zu enumerieren, nutzen Sie den folgenden Beispielbefehl:

```
Get-SPBackupHistory -Directory \\sql01\Backup$\SP | Select *
```

Die auf Basis der SharePoint-integrierten Sicherung realisierten Farmsicherungen können zentral gespeichert werden, jedoch gibt es keine integrierten Verfahren zum Verwalten dieser Sicherungen, die binnen kürzester Zeit extrem umfangreiche Dimensionen annehmen können. Vor diesem Hintergrund ist es ratsam, zusätzliche Vorkehrungen zu treffen, um die Sicherungen regelmäßig zu bereinigen.

Das Beispielskript aus Listing 15.1 veranschaulicht Ihnen eine Möglichkeit, die Sicherungen automatisiert zu bereinigen.

Listing 15.1 Beispielskript für die Sicherungsverzeichnisbereinigung

```
### vor dem Start anzupassende Variablen
# SPBPfad = Speicherpfad der Sicherungen
# SPBTage = Anzahl der Tage, innerhalb derer eine Sicherung nicht gelöscht wird
$SPBPfad = "E:\SPBackup\SP"
$SPBTage = 30

### statischer Teil
$spbrtoc = $SPBPfad + "spbrtoc.xml"
[xml]$sp = gc $spbrtoc
$old = $sp.SPBackupRestoreHistory.SPHistoryObject |
```

Listing 15.1 Beispielskript für die Sicherungsverzeichnisbereinigung *(Fortsetzung)*

```
? { $_.SPStartTime -lt ((get-date).adddays(-$SPBTage)) }
if ($old -eq $Null) { write-host "Keine Sicherungen gefunden, die älter als $SPBTage sind.`n
Die Sicherungsverzeichnisdatei spbrtoc.xml wurde nicht verändert`n" ; break}
$old | % { $sp.SPBackupRestoreHistory.RemoveChild($_) }
$old | % { Remove-Item $_.SPBackupDirectory -Recurse }
$sp.Save($spbrtoc)
```

ONLINE Sie finden das Skript zur Sicherungsverzeichnisbereinigung unter dem Namen *CleanupBackupHostory.ps1* innerhalb der Beispieldateien zum Buch.

SQL Server-basierte Sicherungen

In diesem Abschnitt werden Sicherungen auf Basis von SQL Server behandelt.

Sicherung der SharePoint-Datenbanken

Sofern Sie nicht auf die integrierte SharePoint-Sicherung zurückgreifen und über kein SharePoint-spezifisches Sicherungswerkzeug wie den Data Protection Manager 2012 R2 verfügen, stellt die SQL Server-basierte Sicherung eine gute Alternative dar. Speziell mithilfe der Inhaltsdatenbanken haben Sie eine flexible Möglichkeit, die Serverfarm im Fehlerfall auch unter Verwendung einer neuen Farm aufzubauen. Beachten Sie dabei jedoch, dass Sie hierdurch nicht alle Daten sinnvoll sichern und in einer neuen Serverfarm wiederherstellen können. So wird beispielsweise die Konfigurationsdatenbank nicht für eine direkte Wiederherstellung unterstützt.

Um in Erfahrung zu bringen, welche Inhaltsdatenbanken zu einer Serverfarm gehören, verwenden Sie das folgende PowerShell-Beispielskript:

```
Get-SPContentDatabase | Format-Table Name,Server -AutoSize
```

Um die verbleidenden SharePoint-Datenbanken zu identifizieren, führen Sie das folgende PowerShell-Beispielskript aus:

```
Get-SPDatabase | Format-Table Name,Server -AutoSize
```

Zur Sicherung der Datenbanken wird exemplarisch das TSQL-Skript von Listing 15.2 angeführt.

Listing 15.2 TSQL-Skript zur Sicherung einer SharePoint-Datenbank

```
BACKUP DATABASE [SP_Portal_Content] TO DISK = N'C:\DBs\Portal.bak' WITH NOFORMAT, NOINIT,
NAME = N'SP_Portal_Content-Vollständig Datenbank Sichern', SKIP, NOREWIND, NOUNLOAD, STATS
= 10
GO
```

Dabei wurden keinerlei besondere Parameter zur Sicherung verwendet.

Sicherung einer Inhaltsdatenbank in einer Momentaufnahme

Eine Datenbankmomentaufnahme stellt eine schreibgeschützte, statische Ansicht einer Quelldatenbank abzüglich aller Transaktionen, für die kein Commit ausgeführt wurde, bereit (zum Zeitpunkt der Momentaufnahme). Transaktionen ohne Commit werden in einer neu erstellten Datenbankmomentaufnahme rückgängig gemacht, da das Datenbankmodul die Wiederherstellung ausführt, nachdem die Momentaufnahme erstellt wurde (Transaktionen in der Datenbank sind nicht betroffen). Durch die Momentaufnahme erhalten Sie im Vergleich zu einer herkömmlichen SQL Server-Datenbanksicherung konsistentere Sicherungen. Die so erzeugten Momentaufnahmen können jedoch nicht direkt für alle Operationen (wie z.B. granulare Wiederherstellungen) mithilfe der Zentraladministration verwendet werden.

Ihnen stehen im Wesentlichen zwei Ansätze zur Verfügung, um Datenbankmomentaufnahmen zu erstellen: TSQL-Skripts und remote ausgeführte PowerShell-Befehle.

HINWEIS Beachten Sie, dass eine Datenbankmomentaufnahme die Leistung aufgrund einer Erhöhung der E/A-Vorgänge in der Quelldatenbank reduziert. Diese Erhöhung wird dadurch verursacht, dass bei jeder Aktualisierung einer Seite eine Kopie-bei-Schreibvorgang-Aktion ausgeführt wird. Der relevante Zeitraum ist jedoch in der Regel begrenzt.

Sie können Datenbankmomentaufnahmen zudem nicht in Kombination mit RBS oder der Inhaltsbereitstellung verwenden.

Voraussetzung für die Erstellung von SQL Server-Momentaufnahmen ist ein SQL Server in der Enterprise-Edition.

Zur Erstellung von Momentaufnahmen auf Basis eines TSQL-Skripts gehen Sie wie folgt vor:

1. Stellen Sie zuvor sicher, dass das ausführende Konto ein Mitglied der SQL-Server-Datenbankrolle *db_owner* ist.
2. Öffnen Sie das SQL Server Management Studio und stellen Sie eine Verbindung zum Datenbankserver her.
3. Erweitern Sie im Objekt-Explorer den Knoten *Datenbanken*.
4. Wählen Sie die Datenbank aus, die Sie sichern möchten, und klicken Sie dann auf *Neue Abfrage*.
5. Kopieren Sie den folgenden Text, fügen Sie ihn in den Abfragebereich ein, ersetzen Sie den Text in den eckigen Klammern durch Ihre Daten und führen Sie die Abfrage im Anschluss aus:

```
CREATE DATABASE [Name der Momentaufnahme]
ON
(NAME=[logischer Name der Datenbankdatei],
FILENAME = '[Vollständiger Pfad zur Sicherungsdatei]')
AS SNAPSHOT OF [Databenbankname];
```

Um die Momentaufnahme einer Inhaltsdatenbank remote von einem SharePoint-Server aus zu erstellen, verwenden Sie das PowerShell-Beispielskript aus Listing 15.3.

Listing 15.3 Erstellen einer Momentaufnahme für eine SQL Server-Datenbank über die PowerShell

```
$ContentDB = Get-SPContentDatabase WSS_Content
$ContentDB.Snapshots.CreateSnapshot()
```

Die so erzeugten Momentaufnahmen werden Ihnen im SQL Server Management Studio unter *Datenbanksnapshots* angezeigt oder können mithilfe der Methode *$ContentDB.Snapshots* enumeriert werden. Mithilfe dieser Methode werden natürlich auch die via TSQL erzeugten Momentaufnahmen enumeriert.

HINWEIS Standardmäßig werden diese Momentaufnahmen im gleichen Verzeichnis wie die Datenbanken selbst abgelegt.

Sicherung einer Suchdienstanwendung

Bei der exklusiven Sicherung der Suchdienstanwendung auf Basis einer SQL Server-zentrischen Sicherung sollten Sie den hier vorliegenden Besonderheiten Beachtung schenken.

WICHTIG Sie können mithilfe von SQL Server-Datenbanksicherungen nicht die vollständige Suchdienstanwendung inklusive des Index sichern. Sie können jedoch die mit der Suche assoziierten Dienstdatenbanken konsistent sichern, um so die grundsätzliche Suchumgebung wiederherzustellen, um den vollständigen Index im Fehlerfall im Zweifel durch eine vollständige Reindizierung wiederherzustellen.

Hintergrund ist, dass – anders als bei einer Farmsicherung – für die Sicherung einer konsistenten Suche dafür Sorge getragen werden sollte, dass während des Sicherungsvorgangs keine Änderungen durch aktuell indizierte Daten vorgenommen werden.

Hierfür sind neben der eigentlichen Sicherung der Dienstdatenbanken die folgenden zusätzlichen beiden Schritte erforderlich:

1. Pausieren der Suchdienstanwendung vor der Datenbanksicherung
2. Fortsetzen der Suchdienstanwendungsaktivität nach dem Abschluss der Datenbanksicherungen

Um die Suchdienstanwendung anzuhalten, verwenden Sie das Beispielskript aus Listing 15.4.

Listing 15.4 Pausieren der Suchdienstanwendung

```
$ssa = Get-SPEnterpriseSearchServiceApplication [Name der Suchdienstanwendung]
Suspend-SPEnterpriseSearchServiceApplication -Identity $ssa
```

Um die Suchdienstanwendung nach der Fertigstellung der Datenbanksicherung fortzusetzen, verwenden Sie das Beispielskript aus Listing 15.5.

Listing 15.5 Fortsetzen der Suchdienstanwendung

```
$ssa = Get-SPEnterpriseSearchServiceApplication <SearchServiceApplicationName>
Resume-SPEnterpriseSearchServiceApplication -Identity $ssa
```

Data Protection Manager 2012 R2-basierte Sicherungen

Der Data Protection Manager (DPM) 2012 R2 ist ein leistungsfähiges Werkzeug zur Sicherung von SharePoint 2013-Serverfarmen. Die Grundlagen zu DPM wurden bereits in Kapitel 3 erläutert. In diesem Abschnitt erfahren Sie, wie Sie DPM 2012 R2 für die Sicherung von SharePoint 2013 einrichten und verwalten können.

Die Einrichtung von DPM liegt indes außerhalb des Fokus dieses Handbuchs.

Neuheiten gegenüber DPM 2010

Der Data Protection Manager 2012 R2 verfügt gegenüber dem DPM 2010 über eine Reihe an Optimierungen, um speziell in Umgebungen mit einem großen Datenumfang eine schnellere Wiederherstellung zu ermöglichen. Zu den SharePoint 2013-spezifischen Verbesserungen zählen im Wesentlichen:

- **Wiederherstellung von einzelnen Elementen ohne vollständige Datenbankwiederherstellung** In den DPM-Vorgängerversionen war es noch zwingend erforderlich, im Hintergrund zunächst die vollständige Inhaltsdatenbank wiederherzustellen, bevor die relevanten Inhalte aus der Datenbank extrahiert werden konnten. Dieser Prozess ist bereits mit DPM 2012 deutlich optimiert worden, sodass die Daten bereits vor der vollständigen Datenbankwiederherstellung im Hintergrund gezielt geladen werden können. Für diese Funktion ist zudem keine besondere Administratorinteraktion erforderlich.
- **SQL 2012-AlwaysOn-Unterstützung** Erstmalig unter Verwendung von DPM 2012 SP1 wird die Sicherung und Wiederherstellung von AlwaysOn-basierten Datenbanken unterstützt

ACHTUNG Leider bleibt die Unterstützung von DPM für AlwaysOn in Kombination mit SharePoint nur äußerst begrenzt. Zwar können Sie bereits seit einer Aktualisierung für DPM 2012 SP1 AlwaysOn-geschützte Datenbanken mit DPM sichern, leider aber nicht in Kombination mit SharePoint 2013! Zu diesem Zeitpunkt kann nicht davon ausgegangen werden, dass sich daran für das vorliegende Produkt etwas ändert.

- **SharePoint 2013-Unterstützung** DPM 2012 ist die erste DPM-Generation, die SharePoint 2013 explizit unterstützt

Nachfolgend erhalten Sie Einsicht in die wichtigsten Besonderheiten bei der Einrichtung der Sicherung von DPM in Kombination mit SharePoint.

Einrichtung der SharePoint-Farm für die DPM-Sicherung

Um die SharePoint-Serverfarm für eine Sicherung über DPM vorzubereiten, sind in der Übersicht die folgenden Schritte erforderlich:

1. Installation der Agents.

   Installieren Sie die Agents auf allen Servern der Farm, die Inhaltsdatenbanken bereitstellen, und auf mindestens einem Web-Front-End-Server. Idealerweise stellen Sie den Agent auf allen Servern der Farm bereit. Die Bereitstellung der DPM-Agents ist nicht Bestandteil dieser Anleitung.
2. Konfiguration der SharePoint-Serverfarm für die DPM-Sicherung.
3. Einrichten einer Schutzgruppe für die SharePoint-Sicherung.

Steht der DPM-Agent auf allen relevanten Servern der Farm bereit, konfigurieren Sie die SharePoint-Farm für die DPM-Sicherung durch Verwendung von *ConfigureSharePoint.exe*.

ACHTUNG Sie benötigen auf dem Web-Front-End-Server, auf dem Sie den nachfolgenden Prozess ausführen, 2 GB Speicher für je 10 Mio. Elemente in SharePoint. Dieser Platz wird für das Generieren eines Katalogs benötigt.

4. Melden Sie sich beim Web-Front-End-Server an und navigieren Sie über die Eingabeaufforderung zum *bin*-Verzeichnis der DPM-Agent-Installation:

   %ProgramFiles%\Microsoft Data Protection Manager\DPM\bin

5. Führen Sie den folgenden Befehl aus (siehe auch Abbildung 15.5):

```
ConfigureSharePoint.exe -EnableSharePointProtection
```

Abbildg. 15.5 Konfiguration des lokalen DPM-Agent für die SharePoint-Sicherung

```
C:\Program Files\Microsoft Data Protection Manager\DPM\bin>ConfigureSharepoint.e
xe -enablesharepointprotection
Geben Sie den Benutzernamen für "WSSCmdletsWrapper" ein: sincdemo\svcspfarm4
Geben Sie das Kennwort für "WSSCmdletsWrapper" ein:

Der Vorgang wurde erfolgreich abgeschlossen.

Die Typen wurden registriert.
Operation completed successfully.
```

WICHTIG Führen Sie *ConfigureSharePoint.exe* nur auf einem Server der Farm aus! Wenn Sie diesen Dienst verlagern wollen, deaktivieren Sie zunächst den SharePoint VSS Writer auf dem aktuell dem DPM-Server zugeordneten Farmserver. Führen Sie dazu den Befehl *STSADM -o unregisterwsswriter* auf dem aus dieser Rolle zu entfernenden Server aus.

HINWEIS Mithilfe des optionalen Parameter *SetTempPath* können Sie einen abweichenden temporären Pfad angeben, der für Wiederherstellungen verwendet werden soll. Dies ist wichtig, wenn beispielsweise eine große Websitesammlung wiederhergestellt werden soll und nicht ausreichend Speicherplatz auf dem Systemlaufwerk zur Verfügung steht.

   Sie werden zur Angabe eines Benutzerkontos aufgefordert. Geben Sie hier ein Farmadministratorkonto an.

   Sollte das hier definierte Konto nicht Mitglied der lokalen Administratoren sein, berechtigen Sie die lokale Gruppe *WSS_Admin_WPG* mit vollen Zugriffsrechten auf das DPM-Agent-Installationsverzeichnis *(%ProgramFiles%\Microsoft Data Protection Manager\DPM)*. Zusätzlich sind in dem Fall auch Leserechte für die lokale Gruppe *WSS_Admin_WPG* auf den DPM-Registrierungsschlüssel *HKLM\SOFTWARE\Microsoft\Microsoft Data Protection Manager* erforderlich.

6. Im Rahmen einer erfolgreichen Ausführung des ersten Befehls wird automatisch der SharePoint 2013 VSS Writer-Dienst auf dem entsprechenden Server gestartet. Verifizieren Sie dies.
7. Stellen Sie ebenfalls sicher, dass der SQL Server VSS Writer-Dienst auf dem zur Serverfarm zugehörigen SQL Server gestartet ist.

Richten Sie nun eine Schutzgruppe ein, um einen regelmäßigen Sicherungszyklus Ihrer SharePoint-Farm zu definieren und die zugehörigen Komponenten auszuwählen:

1. Klicken Sie in der DPM 2012 R2-Verwaltungskonsole in der Schnellstartleiste auf *Schutz* und anschließend im Menüband auf *Neu* (Abbildung 15.6).

Abbildg. 15.6 Erstellen einer neuen Schutzgruppe

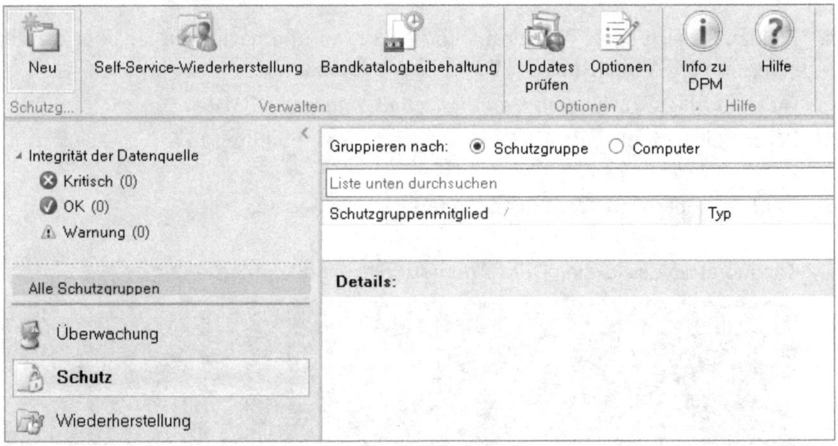

2. Klicken Sie im Willkommensdialogfeld auf *Weiter.*
3. Im Schutzgruppendialogfeld wählen Sie die Option *Server* und klicken auf *Weiter.*
4. Wählen Sie nun die zu sichernden Komponenten aus (Abbildung 15.7). Natürlich gilt es bei einer SharePoint-Sicherung mehr als nur die reinen Datenbanken zu sichern. In diesem Beispiel werden lediglich die SharePoint-Kerndaten gesichert. Aktivieren Sie daher das Kontrollkästchen unterhalb des Knotens *SharePoint* zur Sicherung der Farmkonfiguration und klicken Sie auf *Weiter.*

HINWEIS Das Kontrollkästchen für *Bare-Metal-Recovery* sollten Sie für physische Server aktivieren, um bei einem eventuellen Totalausfall eine Wiederherstellungsmöglichkeit gewährleisten zu können. Hierdurch wird automatisch der Systemstatus des Servers mit ausgewählt.

Die Tatsache, dass keinerlei Datenbanken ausgewählt wurden, soll Sie nicht irritieren, da es zu einer automatischen Auswahl der Inhalts- und Konfigurationsdatenbanken der Serverfarm für die Sicherung kommt und alternative Sicherungsversuche der betroffenen Datenbanken durch DPM gesperrt werden. Allerdings fehlen zu diesem Zeitpunkt noch einige wichtige SharePoint-Dienstdatenbanken, die später hinzugefügt werden müssen.

Abbildg. 15.7 Zu sichernde SharePoint-Komponenten

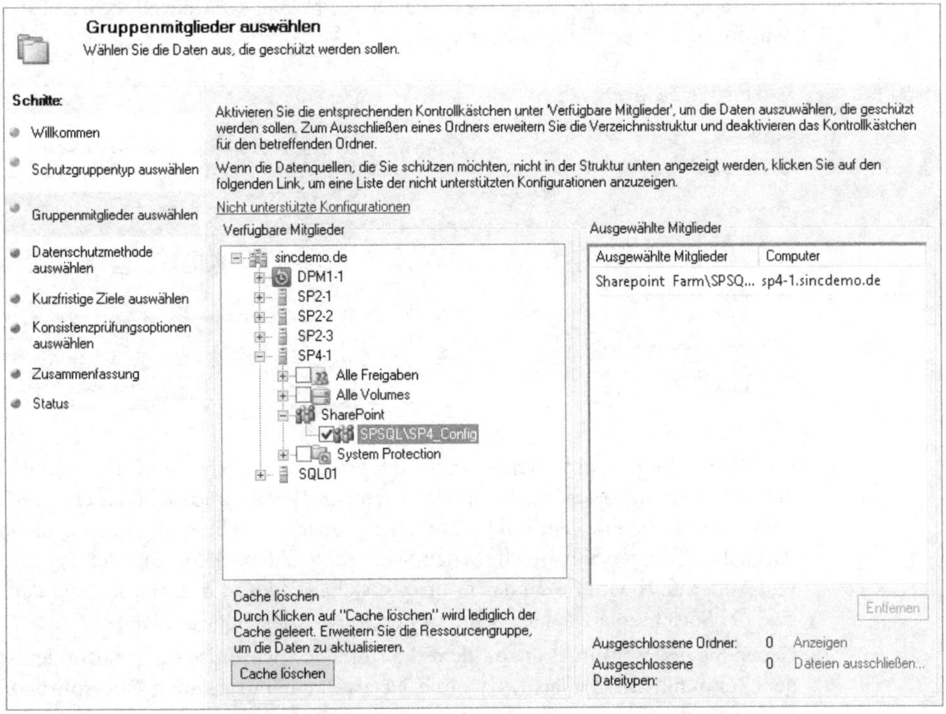

5. Geben Sie den Namen der Schutzgruppe an, wählen Sie die gewünschte kurzfristige Methode aus (Abbildung 15.8) und klicken Sie auf *Weiter*. Ihnen stehen Datenträger und Bänder zur Verfügung. Der eindeutig präferierte Speicher für kurzfristige Sicherungen ist die Verwendung von Datenträgern. Die Option für den langfristigen Schutz per Band erscheint lediglich, sofern Sie ein Bandlaufwerk an das System angeschlossen haben.

Abbildg. 15.8 Datenschutzmethode auswählen

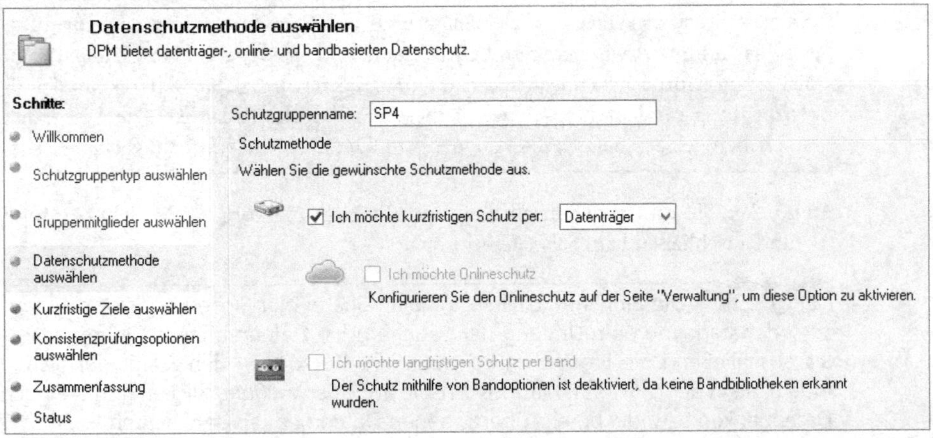

6. In *Kurzfristige Ziele auswählen* (Abbildung 15.9) definieren Sie die Intervalle für die schnelle vollständige Sicherung. Zu kurze Abstände sind dabei kontraproduktiv, selbst wenn Sie bis zu halbstündige Intervalle definieren können.

Abbildg. 15.9 Kurzfristige Ziele auswählen

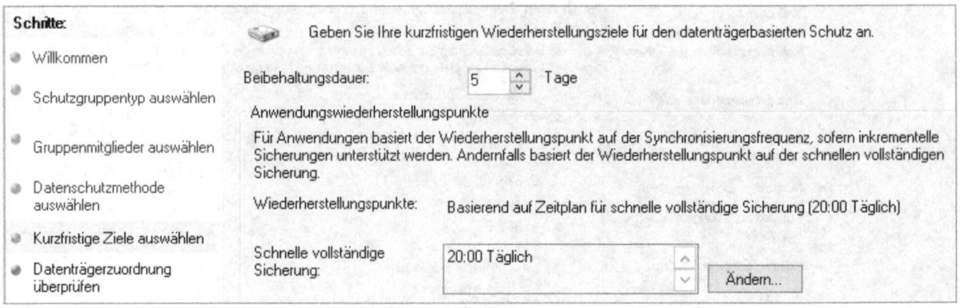

7. Im Dialogfeld *Datenträgerzuordnung überprüfen* kalkuliert DPM Ihnen anhand der aktuell durch SharePoint belegten Daten den hierfür in DPM voraussichtlich erforderlichen Speicher. Sofern Sie zu diesem Zeitpunkt schon eine genaue Vorstellung über den geplanten Speicherbedarf haben, können Sie über die Schaltfläche *Ändern* den entsprechenden Speicherplatz reservieren. Andernfalls wird durch das Kontrollkästchen *Volumes automatisch erweitern* dafür gesorgt, dass der Speicherplatz dynamisch erweitert wird. Klicken Sie auf *Weiter.*
8. Geben Sie den Zeitpunkt an, an dem die Initiale Synchronisierung stattfinden soll. Wählen Sie den Zeitpunkt mit Bedacht, da ohne Netzwerkdatendrosselung eine spürbare Belastung des Netzwerks die Folge sein kann. Klicken Sie auf *Weiter.*
9. Wählen Sie eine Konsistenzprüfungsoption aus (Abbildung 15.10). Aktivieren Sie zumindest das Kontrollkästchen bei *Konsistenzprüfung durchführen, wenn das Replikat inkonsistent wird* und klicken Sie auf *Weiter.*

Konsistenzprüfungen in DPM

Die Konsistenzprüfung für Replikas ist bei DPM-erfahrenen SharePoint-Administratoren berüchtigt. Führt sie doch bereits seit der ersten DPM-Version zur Sicherung von SharePoint zu wiederkehrenden Fehlern bei der Sicherung. Im Rahmen der Konsistenzprüfung wird anhand von Prüfsummen zwischen dem DPM-Agents und -Server validiert, ob alle für eine vollständige Sicherung erforderlichen Daten korrekt übertragen wurden. Sie sollten keinesfalls auf die Konsistenzprüfung verzichten, auch wenn diese ressourcenintensiv ist. Die Wahrscheinlichkeit von möglichen Fehlern bei der Übertragung ist leider nach wie vor nicht gering.

10. Klicken Sie auf *Gruppe erstellen*, um den Einrichtungsvorgang der Schutzgruppe abzuschließen, und anschließend auf *Schließen.*

HINWEIS Die Einrichtung einer initialen SharePoint-Sicherung ist ein zeitaufwendiger Prozess, der stark von dem Umfang der zusichernden Daten abhängt. Nehmen Sie sich Zeit, bevor Sie abschließend die Ergebnisse kontrollieren. Sie können den Status der Sicherung verfolgen, indem Sie in der DPM-Verwaltungskonsole auf *Überwachung* klicken und die noch ausstehenden Datenbanken bzw. die bereits übertragenen Datenmengen beobachten.

Abbildg. 15.10 Konsistenzprüfungsoptionen

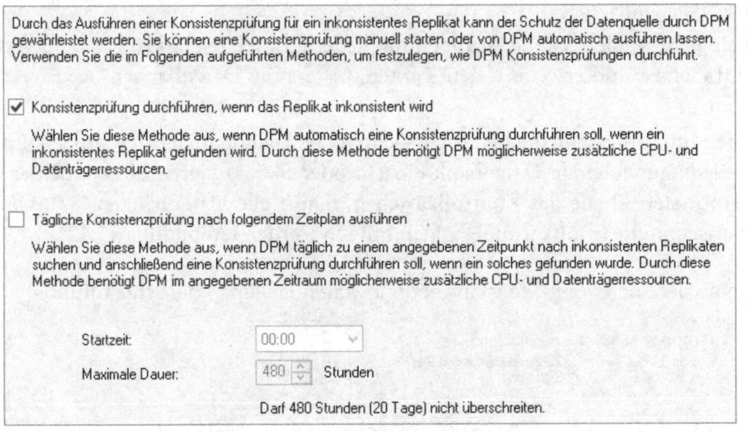

11. Stellen Sie sicher, dass der Schutzstatus nach Abschluss der Sicherung auf *OK* steht. Andernfalls müssen Sie frühzeitig reagieren, da Sie in einem abweichenden Fall bestenfalls einzelne Datenbanken an einen alternativen Speicherort wiederherstellen können (Abbildung 15.11).

Abbildg. 15.11 Schutzstatus verifizieren

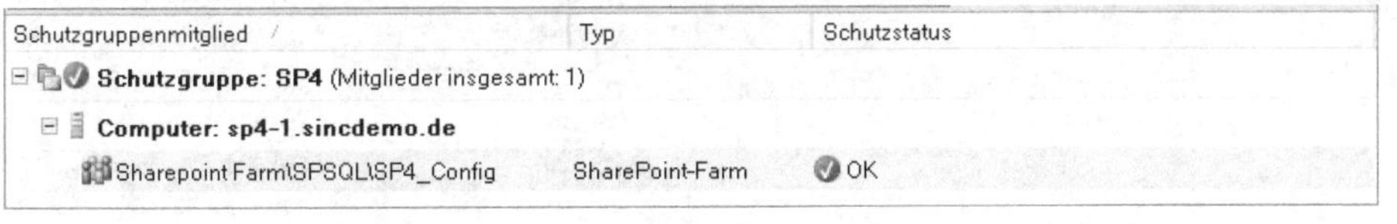

Bevor Sie eine so erstellte SharePoint-Sicherung für die Wiederherstellung bis hin zur Elementebene verwenden können, ist eine erfolgreiche Katalogisierung erforderlich. Die SharePoint-Katalogisierung ist ein Prozess zum Sammeln der Liste von URLs (wie Sites, Listen usw.), die in der Serverfarm enthalten sind. Sobald Sie eine Wiederherstellung unternehmen, wird dieser Katalog verwendet, um Ihnen die Hierarchie der Websites darstellen zu können. Die Katalogisierung findet dabei standardmäßig drei Stunden nach der initialen Sicherung der Serverfarm statt. Dieser Prozess findet anschließend unabhängig von der Anzahl der gesicherten Serverfarmen einmal täglich statt. Den Beispielbefehl zum manuellen Katalogisieren finden Sie in einem späteren Abschnitt.

WICHTIG Eine wichtige Besonderheit an dieser Stelle ist die Tatsache, dass durch die bisherigen Maßnahmen zwar die Konfigurations- und die Inhaltsdatenbanken der SharePoint-Serverfarm geschützt sind. Die zahlreichen Dienstanwendungsdatenbanken bleiben jedoch zunächst unbemerkt und damit auch ungeschützt. Sie müssen diese Datenbank separat sichern, um die vollständige Wiederherstellbarkeit Ihrer Serverfarm im Fehlerfall gewährleisten zu können.

Zur Einbindung der Dienstanwendungsdatenbanken in die Sicherung können Sie diese Datenbanken einfach zu der Schutzgruppe hinzufügen, die Sie soeben erstellt haben. Gehen Sie dazu wie folgt vor:

1. Klicken Sie in der DPM 2012 R2-Verwaltungskonsole in der Schnellstartleiste auf *Schutz*.

2. Wählen Sie die entsprechende Schutzgruppe aus und klicken Sie in der rechten Aktionsleiste auf *Schutzgruppe ändern*.
3. Im Dialogfeld wählen Sie die Gruppenmitglieder aus, navigieren zum zur Serverfarm zugehörigen SQL-Server und erweitern den Knoten, bis Sie die Datenbanken der Serverfarm angezeigt bekommen.
4. Sie haben nun unterschiedliche Möglichkeiten, die Datenbanken zu schützen. Entweder aktivieren Sie jede ausstehende Datenbank einzeln oder Sie aktivieren direkt auf der der Datenbank übergeordneten Ebene das Kontrollkästchen, damit alle Datenbanken der SQL Server-Instanz automatisch in die Schutzgruppe aufgenommen werden (Abbildung 15.12).

Abbildg. 15.12 Aufnahme der SharePoint-Dienstanwendungsdatenbanken in die Schutzgruppe

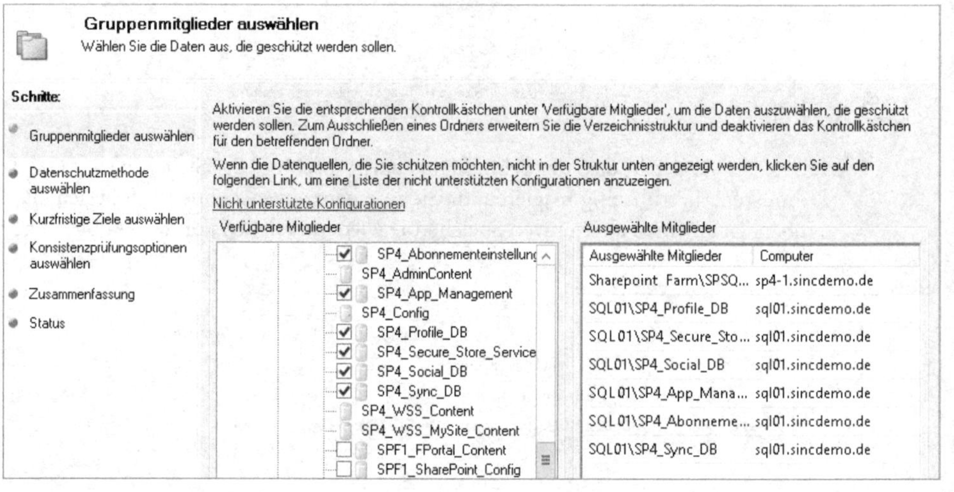

Eine Aktivierung der automatischen Datenbanksicherung auf der Ebene der Datenbankserverinstanz ergibt nur Sinn, wenn Sie einen dedizierten SQL Server für Ihre Serverfarm verwenden und somit keine anderen Datenbanken mit der Schutzgruppe kollidieren.

Schließen Sie die Konfiguration der Schutzgruppe wie gewünscht ab.

HINWEIS Mit der Fertigstellung dieser Maßnahme ist die Einrichtung der Sicherung noch nicht vollständig abgeschlossen. Um alle Mitglieder der Serverfarm im Fehlerfall wiederherstellen zu können, fügen Sie die verbleibenden Mitglieder der Serverfarm der Schutzgruppe hinzu. Zudem werden nicht alle Daten der SharePoint-Farm vollständig gesichert. Fügen Sie daher noch vereinzelte Verzeichnisse oder Dateien manuell zur Sicherung hinzu (beispielsweise um auf diesem Wege Änderungen der *web.config*-Datei festzuhalten).

Manuelle Sicherung einer Serverfarm mit DPM

Die Sicherung der Serverfarm erfolgt anhand des Zeitplans, der in der Schutzgruppe definiert wurde. Vor besonderen Änderungen an der Serverfarm, wie einer Aktualisierung, sollten Sie zuvor manuell einen aktuellen Wiederherstellungspunkt erstellen.

Zum manuellen Erstellen eines Wiederherstellungspunktes gehen Sie wie folgt vor:

1. Öffnen Sie in der DPM-Verwaltungskonsole den Bereich *Schutz*.
2. Markieren Sie die Serverfarm (nicht die Schutzgruppe) und klicken Sie im Menüband auf *Wiederherstellungspunkt*.

Abbildg. 15.13 Wiederherstellungspunkt erstellen

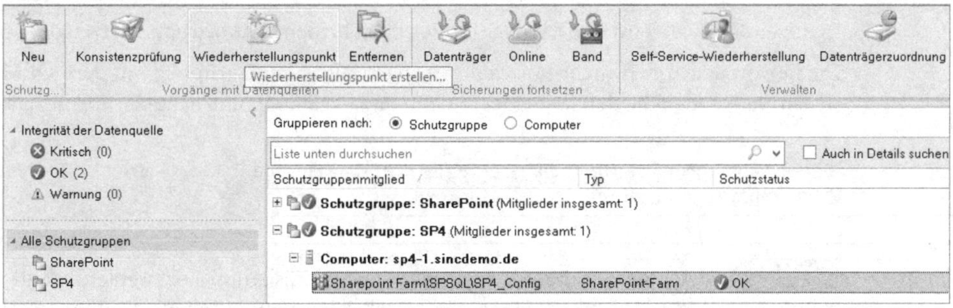

3. Im Dialogfeld *Wiederherstellungspunkt erstellen* klicken Sie auf *OK*, um mit der Sicherung zu beginnen (Abbildung 15.14).

Abbildg. 15.14 Wiederherstellungspunktoptionen

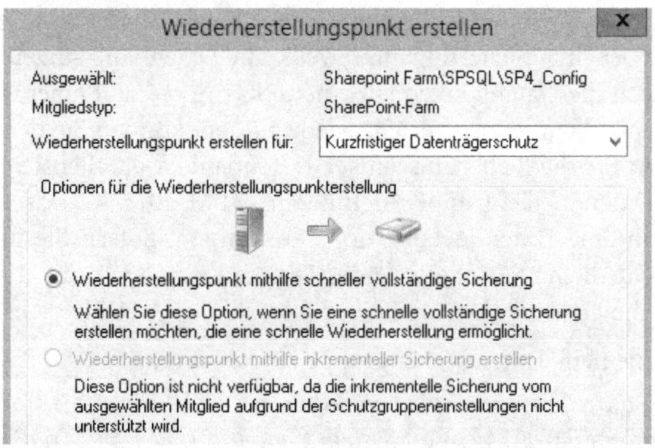

DPM-Verwaltungsoperationen

Auf einem DPM-Server ist die Anzahl der Momentaufnahmen auch unter DPM 2012 R2 auf insgesamt 9.000 beschränkt. Um die Anzahl der auf dem DPM-Server bereits verwendeten Momentaufnahmen zu identifizieren, verwenden Sie das PowerShell-Beispielskript aus Listing 15.6.

Listing 15.6 Anzahl der verwendeten Momentaufnahmen identifizieren

```
$server=Connect-DPMServer [Name des DPM Servers]
$server.CurrentShadowCopyProvision
```

Standardmäßig wird die Katalogisierung der gesicherten Serverfarmen einmal täglich ausgeführt. Der Katalog wird dafür herangezogen, um Ihnen bei einer Wiederherstellung eine Hierarchie der wiederherstellbaren Elemente der Serverfarm anzuzeigen. Durch das Beispielskript aus Listing 15.7 können Sie die Katalogisierung manuell ausführen.

Listing 15.7 Manuelle Katalogisierung ausführen

```
$ds1 = Get-DataSource -ProtectionGroup [Name der Schutzgruppe]
Start-CreateCatalog -Datasource [Objekt der Datenquelle]
```

In diesem Beispiel wird der Katalog für die ersten beiden Schutzgruppen erzeugt.

Da Sie voraussichtlich nicht nur exklusiv SharePoint-Schutzgruppen auf dem DPM-Server bereitstellen, verwenden Sie den folgenden Befehl, um alle SharePoint-Schutzgruppen zu aktualisieren:

```
Get-ProtectionGroup [Name DPM-Server] | Get-Datasource | where-object {$_.type -like
"*sharepoint*"} | Start-CreateCatalog
```

TIPP Achten Sie darauf, dass bei der Katalogisierung kein Fehler auftritt. In diesem Fall haben Sie keine Möglichkeit, Elemente gezielt wiederherzustellen, da unter diesen Umständen keine wiederherstellbaren Elemente aufgelistet werden können. Öffnen Sie dazu in der Ereignisanzeige die Anwendungs- und Dienstprotokolle. Dort finden Sie ein DPM-Benachrichtigungsprotokoll. Suchen Sie nach Fehlern mit der Ereignis ID-3133. Sollte der Fehler auftauchen, kann es sein, dass Sie *ConfigureSharePoint.exe* erneut ausführen müssen, um das Problem zu beseitigen.

Sie haben die Möglichkeit, die Geschwindigkeit bei der Sicherung von SharePoint-Serverfarmen zu erhöhen. Standardmäßig wird bei einer Sicherung nur jeweils eine Datenbank zurzeit gesichert. Dies ist potenziell sinnvoll, wenn sich die Datenbanken auf einem SQL Server auf einer Festplattenspindel befinden. Sollten die Datenbanken jedoch verteilt wiederfinden, können Sie den Durchsatz bei der Sicherung erhöhen, indem Sie die Sicherung einiger Datenbanken parallelisieren. Um dies zu erreichen, können Sie neue Datenquellengruppen definieren. DPM 2012 R2 fasst standardmäßig weiterhin alle Serverfarmen in eine Datenquellengruppe zusammen. Sofern Sie in einer Schutzgruppe beispielsweise unterschiedliche SQL Server oder Festplattenspindeln für die Inhaltsdatenbanken verwenden, teilen Sie die Datenbanken auf eine entsprechende Anzahl an Gruppen auf.

Gehen Sie wie folgt vor, um eine neue Datenquellengruppe zu definieren:

1. Öffnen Sie die Datei *DatasourceGroupsSample.xml* auf dem DPM-Server. Sie finden diese Datei in dem Verzeichnis *%ProgramFiles%\Microsoft System Center 2012 R2\DPM\DPM\Config.*

HINWEIS Erstellen Sie vor einer Änderung in *DatasourceGroupsSample.xml* unbedingt eine Sicherung der Datei!

2. Erstellen Sie im Element *DatasourceGroup* ein neues *Group*-Element. Vergeben Sie dabei lediglich einen eindeutigen Namen für die Gruppe (beispielsweise *Group2*).
3. Verschieben Sie die relevanten Zeilen von *Group1* in die neue Gruppe und speichern Sie die Datei.

DPM wird damit bei künftigen Sicherungen jeweils eine Datenbank jeder Gruppe zeitgleich bearbeiten.

HINWEIS Sie haben die Möglichkeit, beliebig viele Gruppen anzulegen, jedoch können durch DPM nur maximal acht Datenbanken parallel von einer SQL Server-Instanz gesichert werden. Im Falle von SQL Server 2005 kann lediglich eine Datenbanksicherung zurzeit genutzt werden.

Übersicht der Wiederherstellungsmethoden

Zur Wiederherstellung von SharePoint-Daten steht Ihnen, neben den bereits erwähnten neuen Funktionen der Datenbankmomentaufnahme, nun eine grundlegend neue Variante zur Verfügung: die Wiederherstellung mithilfe einer nicht angefügten Inhaltsdatenbank. Diese Art der Wiederherstellung ermöglicht Ihnen das Anfügen einer Datenbank, um aus dieser die wiederherzustellenden Elemente zu exportieren und anschließend in die Produktionsdatenbanken zu reimportieren. Durch dieses Verfahren sparen Sie sich den meisten Situationen den Einsatz einer Wiederherstellungsfarm. Berücksichtigen Sie dies bei der Auswahl der hier beschriebenen Wiederherstellungsverfahren.

WICHTIG Beachten Sie vor dem Wiederherstellen einer Serverfarm Folgendes:

- Das Wiederherstellen einer Version von SharePoint-Produkten und -Technologien in einer anderen Version wird nicht unterstützt
- Nach der Wiederherstellung kann es bis zu 15 Minuten dauern, ehe der Suchdienst wieder verfügbar ist. Es kann ein erheblich längerer Zeitraum erforderlich werden, wenn das Suchsystem den gesamten Inhalt erneut durchforsten muss. Wenn Sie den gesamten Dienst sichern und wiederherstellen, ist keine vollständige Durchforstung erforderlich.
- Es kann immer nur ein Wiederherstellungs- oder Sicherungsvorgang zur gleichen Zeit ausgeführt werden
- Daten eines Remote-BLOB-Speichers werden nur dann durch die Wiederherstellungsprozesse von SharePoint mit wiederhergestellt, wenn die Remote-BLOB-Lösung den FILESTREAM-Anbieter verwendet. Sollte dies nicht der Fall sein, müssen die Daten im Remote-BLOB-Speicher separat wiederhergestellt werden.

SharePoint-basierte Wiederherstellungen

In diesem Abschnitt werden die SharePoint-basierten Wiederherstellungsverfahren erläutert.

Wiederherstellung einer Serverfarm

Für die Wiederherstellung einer Serverfarm stehen Ihnen die PowerShell und die Zentraladministration zur Verfügung. Die Ausgangssituation ist demnach kein Bare-Metal-Szenario, in der Sie die Serverfarm auf einer rohen Hardwareplattform wiederherstellen, sondern eine vorhandene SharePoint-Installation.

HINWEIS Um Bare-Metal-Wiederherstellungsszenarien zu unterstützen, steht Ihnen beispielsweise der Data Protection Manager 2012 R2 zur Verfügung.

Zur Wiederherstellung einer Serverfarm mithilfe der Zentraladministration gehen Sie wie folgt vor:

1. Klicken Sie auf der Homepage der Zentraladministration im Abschnitt *Sichern und Wiederherstellen* auf *Farm aus Sicherung wiederherstellen*.

HINWEIS Die Wiederherstellung von Daten einer anderen Serverfarm in die aktuelle Serverfarm wird nicht unterstützt und standardmäßig zusätzlich durch entsprechende ACLs auf den Sicherungsverzeichnissen blockiert.

2. Wählen Sie in der Liste mit den Sicherungen den Sicherungsauftrag aus, der die Farmsicherung enthält, und klicken Sie auf *Weiter* (Abbildung 15.15).

Abbildg. 15.15 Auswahl der wiederherzustellenden Sicherung

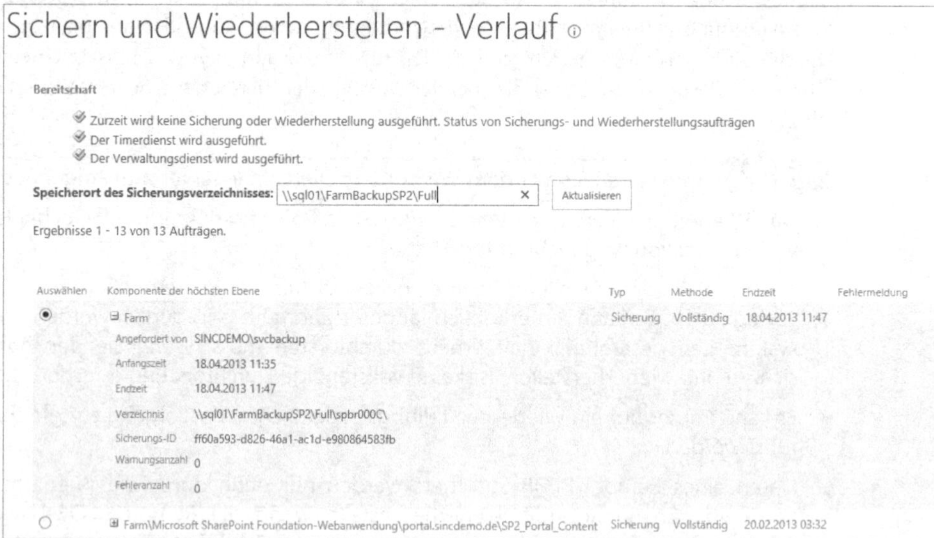

3. Aktivieren Sie das Kontrollkästchen neben der ersten Zeile *Farm* und klicken Sie auf *Weiter*.
4. Klicken Sie im Abschnitt *Wiederherstellungsoptionen* auf die Option *Gleiche Konfiguration* und bestätigen Sie die anschließende Warnmeldung über das bevorstehende *Überschreiben bestehender Daten*.

   Sollten Sie die Standardoption *Neue Konfiguration* belassen, haben Sie die Gelegenheit, auf der gleichen Seite die zentralen Werte der einzelnen Dienst- und Webanwendungen anzupassen (Abbildung 15.16).
5. Geben Sie die Anmeldekennungen der Dienstkonten an und klicken Sie auf *Wiederherstellung starten*.

Abbildg. 15.16 Anpassung der Konfiguration bei der Wiederherstellung

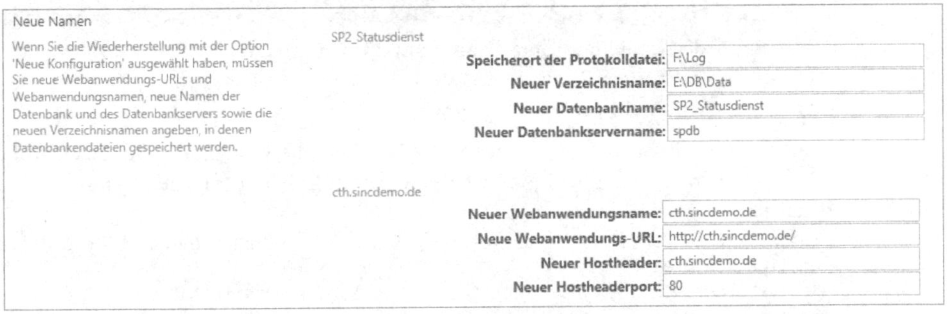

6. Sie können den allgemeinen Status aller Wiederherstellungsaufträge oben auf der Seite *Status von Sicherungs- und Wiederherstellungsaufträgen* im Abschnitt *Bereitschaft* anzeigen. Der Status des aktuellen Wiederherstellungsauftrags kann im unteren Bereich der Seite im Abschnitt *Wiederherstellen* angezeigt werden. Die Statusseite wird alle 30 Sekunden automatisch aktualisiert. Durch Klicken auf *Aktualisieren* können die Statusdetails manuell aktualisiert werden. bei der Sicherung und der Wiederherstellung handelt es sich um Zeitgeberaufträge. Daher kann es einige Sekunden dauern, bis die Wiederherstellung gestartet wird.

WICHTIG Der Wiederherstellungsprozess startet nicht automatisch alle zuvor bereitgestellten Dienste. Verifizieren Sie daher unbedingt den Dienststatus nach Abschluss der Wiederherstellung.

Für den Fall, dass Fehler gemeldet werden, können Sie diese in der Spalte *Fehlermeldung* auf der Seite *Status von Sicherungs- und Wiederherstellungsaufträgen* überprüfen. Weitere Informationen finden Sie außerdem in der Datei *SPRestore.log* im in Schritt 3 angegebenen UNC-Pfad.

Zur Verwendung der PowerShell zur *Wiederherstellung der Serverfarm* verwenden Sie den folgenden Befehl:

```
Restore-SPFarm -Directory [UNC-Pfad zu den Sicherungen] -RestoreMethod Overwrite -BackupID
[GUID]
```

Der Parameter *BackupID* ist optional. Sofern Sie ihn weglassen, wird das aktuellste Sicherungspaket für die Wiederherstellung verwendet. Um den Wert für die korrekte BackupID zu erhalten, führen Sie den folgenden PowerShell-Befehl aus:

```
Get-SPBackupHistory -Directory [UNC-Pfad zu den Sicherungen] -ShowBackup
```

Besonderheiten bei der Wiederherstellung auf einer alternativen Farm

Bei der Wiederherstellung einer SharePoint 2013-Farm auf einen alternativen SharePoint-Server gibt es ein bekanntes Problem mit der sensiblen Benutzerprofildienstanwendung, welche im Anschluss nicht mehr funktional sein wird.

Um diese wiederherzustellen, müssen Sie zunächst die vorhandene Benutzerprofildienstanwendung löschen. Dies können Sie beispielsweise mithilfe der folgenden PowerShell-Anweisungen realisieren:

```
$proxy = Get-SPServiceApplicationProxy | where {$_.typename -eq "User profile service
application Proxy"}
Remove-SPServiceApplicationProxy -Identity $proxy –confirmfalse
$upa = Get-SPServiceApplication | where {$_.name -eq "<name here>"}
New-SPProfileServiceApplicationProxy -Name<ProxyName> -Url
$upa.uri.absoluteURI
```

Nach der Löschung erstellen Sie die Benutzerprofildienstanwendung unter Verwendung der existierenden Dienstdatenbanken neu. Stellen Sie dabei sicher, dass Sie die URL von *Mein Websitehost* nicht modifizieren. Weitere Informationen finden Sie hierzu im KB-Artikel 2752610.

Wiederherstellung einer Serverfarmkonfiguration

Die Wiederherstellung der Serverfarmkonfiguration erfolgt nur nach einem Fehler, der die Konfigurationsdatenbank, aber keine anderen Farmdaten betrifft, wie z.B. eine Inhaltsdatenbank oder eine Webanwendung. Wenn das Wiederherstellen der Farmkonfiguration die Probleme nicht löst, müssen Sie die gesamte Farm wiederherstellen.

HINWEIS Sie können eine gesicherte Serverfarmkonfiguration auch in einer anderen Serverfarm wiederherstellen, um beispielsweise Testumgebungen abzugleichen.

Zur Wiederherstellung der Serverfarmkonfiguration mithilfe der Zentraladministration verwenden Sie das gleiche Verfahren wie zur Wiederherstellung einer Serverfarm. Wählen Sie lediglich abweichend von diesem Verfahren zusätzlich bei Schritt 4 im Abschnitt *Konfigurationseinstellungen für 'Nur wiederherstellen'* die Option *Nur Konfigurationseinstellungen wiederherstellen* (Abbildung 15.17).

Abbildg. 15.17 Wiederherstellung der Serverfarmkonfiguration

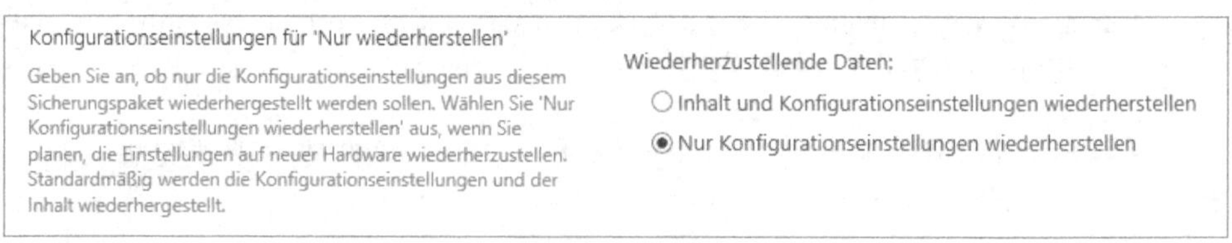

Zur Wiederherstellung der Serverfarmkonfiguration mithilfe der PowerShell verwenden Sie den folgenden Befehl:

```
Restore-SPFarm -Directory [UNC-Pfad zu den Sicherungen] -RestoreMethod Overwrite -BackupID
[GUID] -ConfigurationOnly
```

Der Parameter *BackupID* ist optional. Sofern Sie ihn weglassen, wird das aktuellste Sicherungspaket für die Wiederherstellung verwendet. Um den Wert für die korrekte BackupID zu erhalten, führen Sie den folgenden PowerShell-Befehl aus:

```
Get-SPBackupHistory -Directory [UNC-Pfad zu den Sicherungen] -ShowBackup
```

HINWEIS Durch die Sicherung der Serverfarmkonfiguration werden keine Dienstanwendungseinstellungen einbezogen. Diese Einstellungen müssen auf einem anderen Weg, beispielsweise mithilfe der PowerShell, dokumentiert und kopiert werden.

Wiederherstellung einer Webanwendung

Die Wiederherstellung einer Webanwendung kann durch Verwendung der PowerShell oder der Zentraladministration durchgeführt werden.

Zur Wiederherstellung einer Serverfarm mithilfe der Zentraladministration gehen Sie wie folgt vor:

1. Klicken Sie auf der Homepage der Zentraladministration im Abschnitt *Sichern und Wiederherstellen* auf *Farm aus Sicherung wiederherstellen*.
2. Passen Sie ggf. den Pfad zum Speicherort der Sicherungsdaten an und klicken Sie auf *Aktualisieren*. Wählen Sie die wiederherzustellende Sicherung aus und klicken Sie auf *Weiter*.
3. Wählen Sie die wiederherzustellende Webanwendung aus. Beachten Sie dabei, dass Sie nur eine Webanwendung pro Wiederherstellungsoperation wiederherstellen können, und klicken Sie auf *Weiter*.
4. Klicken Sie im Abschnitt *Wiederherstellungsoptionen* auf die Option *Gleiche Konfiguration* und bestätigen Sie die anschließende Warnungsmeldung über das bevorstehende Überschreiben bestehender Daten.
5. Geben Sie im Abschnitt *Anmeldenamen und Kennwörter* ggf. die geforderten Anmeldeinformationen für das entsprechende Dienstkonto an und klicken Sie auf *Wiederherstellung starten*.
6. Sie können den allgemeinen Status aller Wiederherstellungsaufträge oben auf der Seite *Status von Sicherungs- und Wiederherstellungsaufträgen* im Abschnitt *Bereitschaft* anzeigen. Der Status des aktuellen Wiederherstellungsauftrags kann im unteren Bereich der Seite im Abschnitt *Wiederherstellen* angezeigt werden. Die Statusseite wird alle 30 Sekunden automatisch aktualisiert. Durch Klicken auf *Aktualisieren* können die Statusdetails manuell aktualisiert werden. Bei der Sicherung und der Wiederherstellung handelt es sich um Zeitgeberaufträge. Daher kann es einige Sekunden dauern, bis die Wiederherstellung gestartet wird.

Für den Fall, dass Fehler gemeldet werden, können Sie diese in der Spalte *Fehlermeldung* auf der Seite *Status von Sicherungs- und Wiederherstellungsaufträgen* überprüfen. Weitere Informationen finden Sie außerdem in der Datei *Sprestore.log* im in Schritt 2 angegebenen UNC-Pfad.

Zur Verwendung der PowerShell zur Wiederherstellung einer Webanwendung verwenden Sie den folgenden Befehl:

```
Restore-SPFarm -Directory [UNC-Pfad zu den Sicherungen] -RestoreMethod Overwrite -Item
[Webanwendungsname] -BackupID [GUID]
```

Durch das Weglassen des optionalen Parameters *BackupID* wird die jeweils aktuellste in dem Sicherungspfad enthaltene Sicherung für die Wiederherstellung verwendet.

Für Webanwendungen, die bestimmte Komponenten einsetzen, sind ggf. zusätzliche Schritte erforderlich:

- **Formularbasierte Authentifizierung** Registrieren Sie die Mitgliedschafts- und Rollenanbieter erneut und stellen Sie die Anbieter erneut bereit
- **Forderungsbasierte Authentifizierung** Möglicherweise sind nach der Wiederherstellung die Anbieter mehrfach registriert. Öffnen Sie daher nach der Wiederherstellung die Verwaltungsseite der Webanwendung für die Authentifizierungsanbieter. Bearbeiten Sie diese, ohne tatsächlich Änderungen vorzunehmen, und wiederholen Sie den Prozess für jede Zone, sollten mehrere definiert worden sein.
- **Objekt-Cache** Definieren Sie die beiden Konten *Super Portal User* und *Super Portal Reader* erneut auf Webanwendungsebene. Deren Konfiguration ist nicht Bestandteil der Wiederherstellung auf Webanwendungsebene.

Wiederherstellung einer Dienstanwendung

Die Wiederherstellung einer Dienstanwendung entspricht vom Verfahren her der Wiederherstellung einer Webanwendung, mit dem Unterschied, dass Sie anstelle der Webanwendung die Dienstanwendung für die Wiederherstellung angeben. Beachten Sie zusätzlichen Operationen, die für spezielle Dienstanwendungen erforderlich werden.

Suche

Im Rahmen der Wiederherstellung einer Suchdienstanwendung wird diese automatisch pausiert. Sie müssen sie daher nach der Wiederherstellung wieder auf aktiv setzen, indem Sie das Skript aus Listing 15.8 ausführen.

Listing 15.8 Wiederaktivieren der Suche nach einer Wiederherstellung

```
$ssa = Get-SPEnterpriseSearchServiceApplication [Name der Suchdienstanwendung]
$ssa.ForceResume($ssa.IsPaused())
```

Secure Store

Nach der Wiederherstellung der Secure Store-Dienstanwendung müssen Sie den Schlüssel der Dienstanwendung aktualisieren, indem Sie das folgende Beispielskript anwenden:

```
Update-SPSecureStoreApplicationServerKey -Passphrase [Passphrase]
```

Wiederherstellung einer Inhaltsdatenbank

Die Wiederherstellung einer Inhaltsdatenbank entspricht dem Verfahren einer Wiederherstellung einer Webanwendung, mit der Abweichung, dass Sie anstelle der Webanwendung die Inhaltsdatenbank für die Wiederherstellung angeben.

Wiederherstellung von Anpassungen

Das Wiederherstellen von Anpassungen für eine Websitesammlung beinhaltet das Importieren des Lösungspakets auf dem Server und anschließend das Bereitstellen des Lösungspakets. Sonstige Anpassungen sind separat wiederherzustellen.

Wiederherstellung von Anpassungen für zentral verwaltete Systeme

Vergewissern Sie sich vor der Ausführung dieser Anweisung, dass das aktuelle Benutzerkonto Mitglied der SharePoint-Gruppe *Farmadministratoren* ist:

1. Klicken Sie in der Zentraladministration in der Schnellstartleiste auf *Systemeinstellungen.*
2. Klicken Sie auf der Seite *Systemeinstellungen* unter *Farmverwaltung* auf *Farmlösungen verwalten.*
3. Klicken Sie auf der Seite *Lösungsverwaltung* auf die Lösung, die Sie wiederherstellen möchten.
4. Klicken Sie auf der Seite *Eigenschaften der Lösung* auf *Lösung bereitstellen.*
5. Wählen Sie auf der Seite *Lösung bereitstellen* im Abschnitt *Zeitpunkt der Bereitstellung* eine der Optionen zur zeitlichen Planung der Bereitstellung aus.
6. Klicken Sie im Abschnitt *Bereitstellen für* in der Liste *Bestimmte Webanwendung* auf *Alle Webanwendungen* oder wählen Sie eine bestimmte Webanwendung aus und klicken Sie auf *OK.*

Wiederherstellen von Websiteanpassungen in dezentralen Umgebungen

Das Wiederherstellen von Anpassungen in einer dezentralen Umgebung kann ein komplexer Vorgang sein, da die Speicherorte der Anpassungsdateien nicht standardisiert sind.

In Tabelle 15.3 sind die Speicherorte aufgeführt, in denen Anpassungen in der Regel auf Webservern gespeichert werden. Entscheiden Sie zusammen mit dem Entwicklungsteam oder dem Hersteller Ihrer Anpassungen, ob Ihre Anpassungen zusätzliche Add-In-Software oder Dateien in anderen Speicherorten beinhalten. Es wird empfohlen, diese Verzeichnisse mit einem Programm zur Dateisystemwiederherstellung wiederherzustellen.

Tabelle 15.3 Für die Wiederherstellung relevante Speicherorte

Speicherort	Beschreibung
%CommonProgramFiles%\Microsoft Shared \Web Server Extensions\15	Häufig aktualisierte Dateien, benutzerdefinierte Assemblies, benutzerdefinierte Vorlagen, benutzerdefinierte Websitedefinitionen
Inetpub	Speicherort für die virtuellen IIS-Verzeichnisse
%WinDir%\Assembly	Globaler Assemblycache (GAC): ein geschützter Speicherort des Betriebssystems, in dem Microsoft .NET Framework-Codeassemblies installiert werden, die vollständigen Systemzugriff erhalten sollen

Wiederherstellung einer Websitesammlung

Für die Wiederherstellung einer Websitesammlung steht Ihnen lediglich die PowerShell zur Verfügung. Neben der direkten Wiederherstellung von Websitesammlungen aus einer Sicherungsdatei können Sie just gelöschte Websitesammlungen auch ggf. aus dem Papierkorb wiederherstellen. Hierfür stehen Ihnen die **-SPDeletedSite*-Cmdlets zur Verfügung. Sofern Websitesammlungen über die Browseroberfläche gelöscht wurden (nicht mithilfe der PowerShell), steht Ihnen somit standardmäßig innerhalb von 30 Tagen eine Wiederherstellung ohne Sicherungsmedium zur Verfügung. Der einfachste Befehl für eine solche Wiederherstellung ohne Sicherungsmedium lautet *Restore-SPDeletedSite [ID]*, wobei Sie die ID mithilfe von *Get-SPDeletedSite* erhalten.

Um die Kernwiederherstellungsszenarien von Websitesammlungen zu veranschaulichen, wird die Wiederherstellung an zwei unterschiedlichen Beispielen erläutert.

Zur einfachen Wiederherstellung einer Websitesammlung durch Überschreiben verwenden Sie den folgenden Befehl:

```
Restore-SPSite -Identity [URL der Websitesammlung] -Path [Pfad zur Sicherungsdatei] -Force
```

Zur Wiederherstellung einer besonders umfangreichen Websitesammlung in eine explizit definierte Inhaltsdatenbank verwenden Sie den folgenden Befehl:

```
Restore-SPSite -Identity [URL der Websitesammlung] -Path [Pfad zur Sicherungsdatei]
-Databaseserver [Name des SQL Server] -Databasename [Datenbankname] -Force -GradualDelete
```

HINWEIS Wenn die Websitesammlung, die Sie wiederherstellen, 1 GB oder größer ist, können Sie den *GradualDelete*-Parameter verwenden, um eine bessere Leistung während des Wiederherstellungsvorgangs zu erzielen. Bei Verwendung dieses Parameters wird die zu überschreibende Websitesammlung als »gelöscht« gekennzeichnet und damit jeder weitere Zugriff auf ihren Inhalt verhindert. Die Daten in der markierten Websitesammlung werden anschließend durch einen Zeitgeberauftrag nach und nach gelöscht, sodass die Auswirkungen auf die Serverleistung begrenzt werden.

Wiederherstellung einer einzelnen Website, Dokumentbibliothek oder Liste

Zwar können Sie zum Exportieren einer Website, Liste oder Dokumentbibliothek gleichermaßen die PowerShell oder die Zentraladministration verwenden, zum Importieren steht Ihnen jedoch lediglich die PowerShell zur Verfügung.

Sie können den Importvorgang zum Wiederherstellen von Elementen oder zum Verschieben oder Kopieren der Elemente von einer Farm in eine andere Farm verwenden. Sie können eine Website, Liste oder Dokumentbibliothek aus einer Sicherung der aktuellen Farm, aus einer Sicherung einer anderen Farm oder aus einer schreibgeschützten Inhaltsdatenbank importieren. Dabei können Sie immer nur den vollständigen Inhalt der Sicherungsdatei importieren und haben demnach keine Möglichkeiten, beim Import zu differenzieren.

WICHTIG Eine Website, Liste oder Dokumentbibliothek, die aus einer Version von Microsoft SharePoint Server exportiert wurde, kann nicht in eine andere Version von SharePoint Server importiert werden.

Verwenden Sie den folgenden PowerShell-Befehl, um den gewünschten Objekttyp wiederherzustellen:

```
Import-SPWeb -Identity [URL der Zielwebsite] -Path [Pfad zur Sicherungsdatei] –Force
–UpdateVersions [Append/Overwrite/Ignore]
```

Der Parameter *Force* ist optional und ermöglicht es Ihnen, potenziell vorhandene Inhalte zu überschreiben. Durch den optionalen Parameter *UpdateVersions* können Sie das Verhalten bezüglich der Versionierung beim Import steuern. Während Sie mit dem Wert *Append*, die in den Importdaten vorhandenen Versionen hinzufügen, überschreiben Sie mit *Overwrite* potenziell vorhandene Versionen durch die in der Sicherung enthaltenen Versionen. Standardmäßig werden die Versionen hinzugefügt.

HINWEIS Die von Ihnen importierte Website oder Unterwebsite muss eine Vorlage verwenden, die mit der Vorlage der Zielwebsite übereinstimmt. Dabei muss die Zielwebsite bereits vor Beginn der Wiederherstellung existieren. Sollten Sie jedoch beispielsweise eine Dokumentbibliothek wiederherstellen, können Sie diese auch in einer Zielwebsite wiederherstellen, die einen anderen Vorlagentyp verwendet und die bislang noch nicht in der Zielwebsitesammlung existiert.

In diesem Beispiel enthält die Sicherungsdatei lediglich eine Dokumentbibliothek, die in die gleiche Websitesammlung wiederherstellt wird und dabei vorhandene Inhalte überschreibt:

```
Import-SPWeb –Identity https://portal/websites/it -path c:\Backup\IT.cmp -Force
```

Kontrollieren Sie abschließend die im gleichen Verzeichnis wie die Importdatei abgelegte, gleichnamige Protokolldatei mit dem Suffix *import.log* auf potenzielle Fehler während des Imports.

SQL Server-basierte Wiederherstellungen

In diesem Abschnitt werden die SQL Server-spezifischen Wiederherstellungsverfahren in Kombination mit SharePoint demonstriert.

Wiederherstellung aus einer Momentaufnahme

In diesem Beispiel wird exemplarisch die Wiederherstellung einer Inhaltsdatenbankmomentaufnahme behandelt.

In der Übersicht lautet der Ablauf einer Wiederherstellung wie folgt:

- Lokalisierung der verfügbaren Momentaufnahmen (Snapshots)
- Momentaufnahme als nicht angefügte Inhaltsdatenbank anbinden
- Daten aus der nicht angefügten Inhaltsdatenbank extrahieren
- Extrahierte Daten reimportieren

Zum Wiederherstellen einer mithilfe der PowerShell erstellten Momentaufnahme verwenden Sie idealerweise die PowerShell, um die verfügbaren Momentaufnahmen zu lokalisieren. Greifen Sie optional auf die Zentraladministration zu, um die Wiederherstellung nach der Lokalisierung der verfügbaren Momentaufnahmen mithilfe der grafischen Oberfläche fortzusetzen.

Lokalisieren der verfügbaren Momentaufnahme

Ihnen stehen primär die PowerShell und das SQL Server Management Studio zur Lokalisierung der Momentaufnahme zur Verfügung. Empfohlen wird dabei die Verwendung der PowerShell, da Sie hierbei eine eindeutige Zuordnung der Momentaufnahme erhalten.

Um die Momentaufnahme mithilfe von SQL Server Management Studio zu lokalisieren, navigieren Sie in der Verwaltungskonsole auf den Pfad *Datenbanken\Datenbank-Momentaufnahmen*. In diesem Ordner werden die erfassten Momentaufnahmen aufgelistet.

Um die Momentaufnahme mithilfe der PowerShell aufzulisten, verwenden Sie das PowerShell-Beispielskript aus Listing 15.9. Ersetzen Sie zuvor den Namen der Inhaltsdatenbank entsprechend.

Listing 15.9 Auflisten der Momentaufnahmen zu einer Inhaltsdatenbank

```
$CDB = Get-SPContentDatabase "SP_Portal_Content"
$CDB.Snapshots.GetEnumerator() | Format-Table Name,Created -AutoSize
```

Sie benötigen den hier angeführten Namen der Momentaufnahme, um mit dem nächsten Arbeitsschritt fortfahren zu können.

Momentaufnahmen als nicht angefügte Inhaltsdatenbank anbinden

Verwenden Sie das folgende PowerShell-Beispielskript, um die zuvor lokalisierten Momentaufnahme als nicht angefügte Inhaltsdatenbank anzubinden. Ersetzen Sie zuvor den Datenbankservernamen und den Datenbanknamen:

```
Get-SPContentDatabase -ConnectAsUnattachedDatabase -DatabaseName
SP_Portal_Content_20131113_150025_2943891 -DatabaseServer SPDB
```

Fahren Sie mithilfe der PowerShell oder der Zentraladministration fort, um die Inhalte aus der nicht angefügten Inhaltsdatenbank wiederherzustellen. Die Verfahren hierzu finden Sie in dem vorliegenden Kapitel. Gedenken Sie mithilfe der PowerShell die Daten aus der nicht angefügten Inhaltsdatenbank zu exportieren, verwenden Sie zusätzlich den Parameter *-UseSqlSnapshot*. Der Befehl zum Exportieren einer Website aus der nicht angefügten Inhaltsdatenbank lautet beispielsweise:

```
export-spweb https://portal.sincdemo.de -UseSqlSnapshot -Path c:\temp\PWeb.bak
```

Wiederherstellung mithilfe einer nicht angefügten Datenbank

Mithilfe der Datenwiederherstellung einer nicht angefügten Inhaltsdatenbank haben Sie die Möglichkeit, Daten aus einer SQL Server-Sicherung zu extrahieren, um diese im Anschluss mit PowerShell-Befehlen zu reimportieren.

Das nachfolgend beschriebene Verfahren extrahiert gezielt die Daten aus der Datenbank und stellt somit eine sinnvolle Ergänzung zu den bestehenden Möglichkeiten der Wiederherstellung dar, sofern Sie in Ihrer Umgebung primär datenbankbasierte Sicherungen verwenden.

Zur Wiederherstellung von Objekten mithilfe des Verfahrens über eine nicht angefügte Datenbank gehen Sie folgendermaßen vor:

1. Stellen Sie zunächst die betroffene Datenbank unter Verwendung eines alternativen Namens wieder her. Ziel hierbei ist, die produktive Datenbank unberührt zu lassen und die wiederherzustellenden Daten aus der Datenbanksicherung in eine Datenbankkopie zu laden, um sie von dort aus mit SharePoint-Bordmitteln zu extrahieren.
2. Öffnen Sie die Zentraladministration und klicken Sie in der Schnellstartleiste auf *Sichern und Wiederherstellen*
3. Im Abschnitt *Differenzierte Sicherung* klicken Sie auf *Daten aus einer nicht angefügten Inhaltsdatenbank wiederherstellen.*
4. Legen Sie die Einstellungen für die Datenbankverbindung fest (Abbildung 15.18). Geben Sie dafür im Feld *Datenbankname* den Namen der in Schritt 1 wiederhergestellten Datenbankkopie an. Im Abschnitt *Auszuführender Vorgang* wählen Sie die gewünschte Option aus. In diesem Beispiel exportieren wir eine Dokumentbibliothek aus der Stammwebsitesammlung und wählen daher *Inhalt durchsuchen.* Klicken Sie auf *Weiter.*

Abbildg. 15.18 Parameter der Datenbankwiederherstellung für nicht angefügte Datenbanken

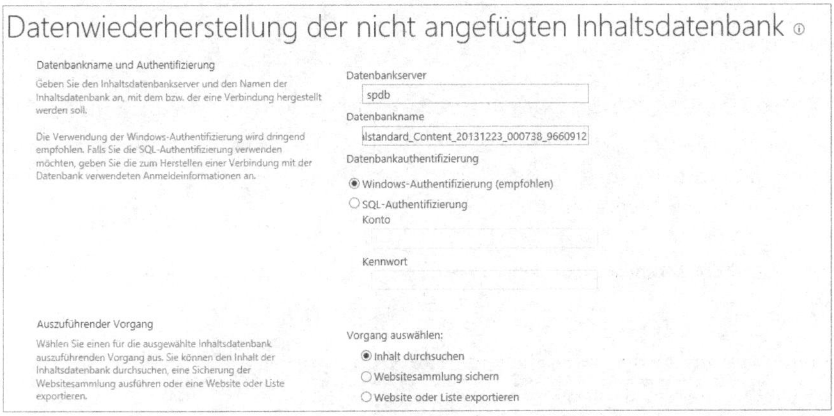

5. Wählen Sie im Abschnitt *Websitesammlung* die wiederherzustellende Liste aus (Abbildung 15.19). Aktivieren Sie im Abschnitt *Auszuführender Vorgang* die Option *Website oder Liste exportieren* und klicken Sie auf *Weiter.*

Abbildg. 15.19 Auswahl der zu exportierenden Liste

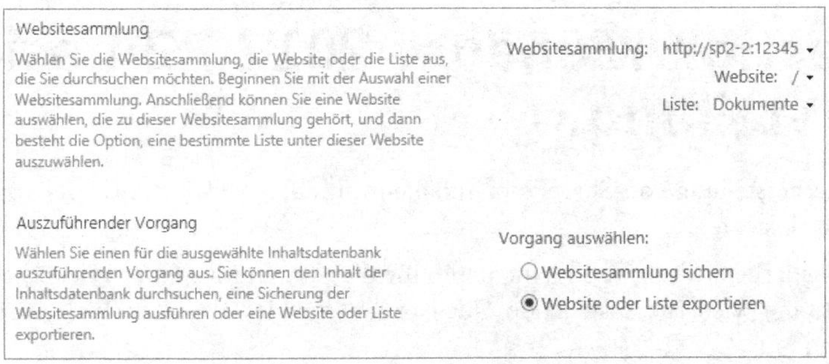

6. Geben Sie im Abschnitt *Pfad* den Netzwerkspeicherpfad für die zu exportierenden Daten an (Abbildung 15.20). Aktivieren Sie das Kontrollkästchen *Vollständige Sicherheit exportieren*, um die vollständigen Sicherheitseinstellungen zu exportieren. Im Abschnitt *Versionen exportieren* wählen Sie im Dropdownlistenfeld die Behandlung der Versionen für den Export aus. Durch die Reduktion der Versionen haben Sie die Möglichkeit, den Export zu beschleunigen und den Umfang der zu exportierenden Daten zu reduzieren, indem Sie beispielsweise *Letzte Hauptversion* auswählen. Klicken Sie abschließend auf *Export starten*.

Abbildg. 15.20 Exportparameter für die Wiederherstellung aus einer nicht angefügten Datenbank

Nach der Fertigstellung des Exports verwenden Sie das entsprechende SharePoint-basierte Verfahren zur Wiederherstellung, in diesem Fall das Cmdlet zur Wiederherstellung einer Dokumentbibliothek.

Data Protection Manager 2012 R2-basierte Wiederherstellung

Bei der Wiederherstellung von SharePoint-Inhalten mithilfe von DPM 2012 R2 sollten Sie einige Besonderheiten beachten.

Die direkte Wiederherstellung von Elementen ohne die Verwendung einer Wiederherstellungsfarm erfordert, dass die wiederherzustellende Quellversion mit der aktuellen Version der Serverfarm übereinstimmt.

Die Wiederherstellungsdauer hängt neben einigen Faktoren, wie der SAN-basierten Wiederherstellung, primär davon ab, wie groß die wiederherzustellende Inhaltsdatenbank ist, da unabhängig von der Größe des wiederherzustellenden Elements zunächst die gesamte Inhaltsdatenbank wiederhergestellt werden muss.

Sie können SharePoint-Elemente in Abhängigkeit von der jeweiligen Ebene potenziell auf unterschiedliche Ziele wiederherstellen. In Tabelle 15.4 finden Sie eine Übersicht der möglichen, zum Originalspeicherort zusätzlichen Wiederherstellungspfade.

Tabelle 15.4 Wiederherstellungspfade (alternativ zum Originalpfad)

Element	Alternatives Ziel
Einzelnes Dokument/Listenelement	Alternative Website
Dokumentbibliothek/Liste	Alternative Website
Website	Alternative Website
Websitesammlung	Alternative Website
Webanwendung	(Wird nicht direkt als Element unterstützt)
Inhaltsdatenbank	Beliebige SQL Server-Instanz Datenbankdateien in einen Netzwerkordner kopieren
Gesamte SharePoint-Farm	Netzwerkordner

Während der Durchführung einer Wiederherstellung können keine Synchronisierungsvorgänge fortgesetzt werden. Daher werden diese während einer Wiederherstellung abgebrochen.

Die Wiederherstellung von ganzen Dokumentbibliotheken oder Websites ähnelt vom Verfahren her der Wiederherstellung einzelner Elemente. Verwenden Sie daher in diesen Fällen die Anleitung zum Wiederherstellen einzelner Elemente.

WICHTIG Bei der Wiederherstellung einer Website werden die Daten der existierenden Website mit den Daten der Website aus der Sicherung zusammengeführt; folglich werden die Daten nicht vollständig ersetzt. So bleiben Ihnen in der Zwischenzeit neu hinzugekommene Inhalte weiterhin erhalten, während bereits bestehende Inhalte überschrieben werden.

Wiederherstellung einer Serverfarm

Es gibt verschiedene Ausgangssituationen, in denen Sie eine vollständige Serverfarm wiederherstellen müssen. Dabei wird für die Handlungsanweisung zwischen zwei Ausgangssituationen unterschieden.

- Die SharePoint-Farm ist noch funktional, muss jedoch zurückgesetzt werden, beispielsweise nach einer fehlerhaften Aktualisierung
- Die SharePoint-Farm ist nicht mehr betriebsbereit, beispielsweise aufgrund einer korrupten Konfigurationsdatenbank

Ist die Serverfarm noch funktional, können Sie wie folgt vorgehen:

1. Öffnen Sie die DPM-Verwaltungskonsole und darin den Bereich *Wiederherstellung*.

2. Navigieren Sie zum obersten Element in der wiederherstellbaren Farmhierarchie, das sich direkt unterhalb von *Alle geschützten SharePoint-Daten* befindet.
3. Wählen Sie im einen gewünschten Wiederherstellungspunkt aus und klicken Sie im Menüband auf *Wiederherstellen* (Abbildung 15.21).

Abbildg. 15.21 Beginn der Wiederherstellung einer gesamten Serverfarm

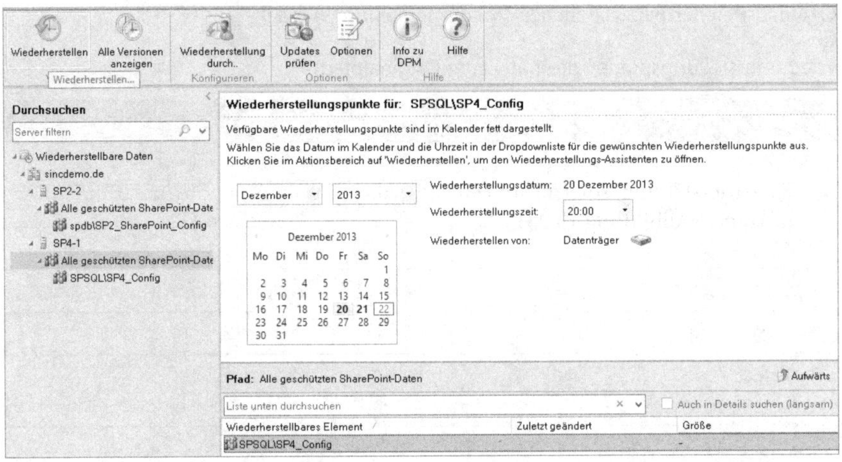

Fahren Sie mit dem Abschnitt zur Ausführung des Wiederherstellungs-Assistenten fort.

Sollte sich Ihre Farm nicht mehr in einem funktionalen Zustand befinden, sind zuvor folgende zusätzliche Maßnahmen erforderlich:

1. Erstellen Sie eine neue Farm unter Verwendung der gleichen SQL Server-Instanz und des gleichen Web-Front-End-Servers.
2. Auf dem für DPM konfigurierten Wiederherstellungsserver stellen Sie den DPM-Agent bereit und führen abschließend *ConfigureSharePoint.exe -EnableSharePointProtection* aus (siehe den Abschnitt »Einrichtung der SharePoint-Farm für die DPM-Sicherung« in diesem Kapitel).
3. Starten Sie nun, wie oben beschrieben, den Wiederherstellungs-Assistenten und schließen Sie diesen ab (siehe den folgenden Abschnitt).
4. Nach dem Abschluss des Assistenten sind noch weitere Schritte erforderlich. Führen Sie dazu den Konfigurations-Assistenten für SharePoint auf dem geschützten Web-Front-End-Server aus und entfernen Sie den Server aus der Farm.
5. Entfernen Sie alle mit der Farm im Zusammenhang stehenden Webanwendungen und Anwendungspools.
6. Führen Sie erneut den Konfigurations-Assistenten für SharePoint aus und verbinden Sie sich mit der bestehenden Serverfarm.
7. Wiederholen Sie den letzten Schritt auf den verbleibenden Servern der Farm.

Verwenden Sie für eine Farmwiederherstellung die folgenden Einstellungen innerhalb des Assistenten für die Wiederherstellung:

1. Klicken Sie im Dialogfeld *Wiederherstellungsauswahl prüfen* auf *Weiter.*
2. Im Dialogfeld *Wiederherstellungstyp auswählen* belassen Sie die Standardauswahl (*Gesamten SharePoint-Inhalt und Komponenten wiederherstellen*) und klicken auf *Weiter* (Abbildung 15.22).

Abbildg. 15.22 Wiederherstellungstypen für Farmwiederherstellung

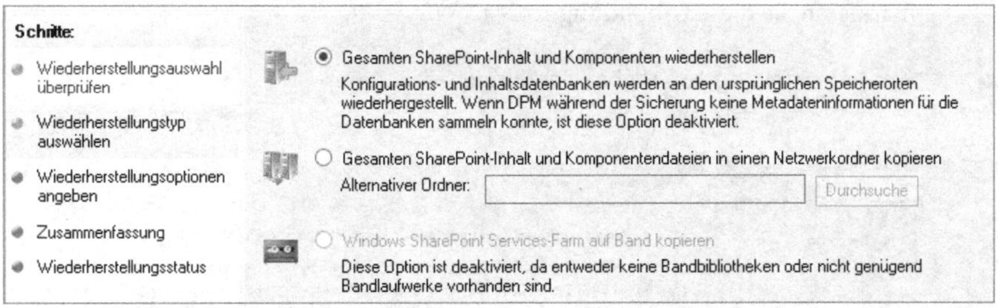

3. Im Dialogfeld *Wiederherstellungspunktoptionen angeben* aktivieren Sie ggf. die SAN-basierte Wiederherstellung, sofern Ihre Hardware diese Funktion unterstützt, und klicken anschließend auf *Weiter* (Abbildung 15.23).

Abbildg. 15.23 Wiederherstellungspunktoptionen einer Serverfarmwiederherstellung

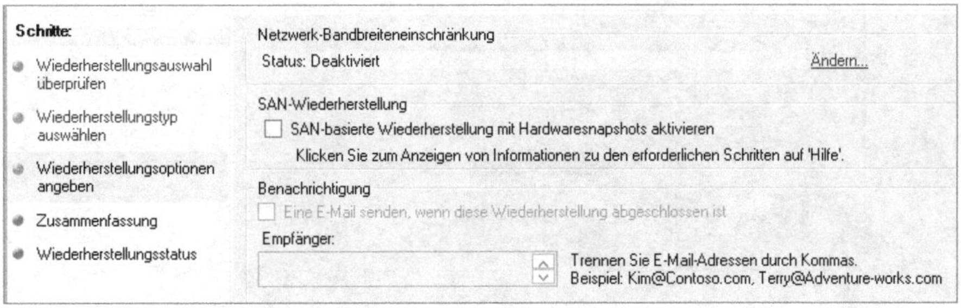

4. Überprüfen Sie die Konfiguration und klicken Sie auf *Wiederherstellen*, um den Prozess der Wiederherstellung zu beginnen.

Überprüfen Sie den Wiederherstellungsstatus. Sie können diesen in der DPM-Verwaltungskonsole im Bereich *Überwachung* einsehen.

Wiederherstellung einer Webanwendung

Dieses Element kann von DPM 2012 R2 mithilfe einer Kombination aus Bare-Metal-Sicherung und SharePoint Server-Sicherung wiederhergestellt werden. Die Sicherung und Wiederherstellung als Objekt ist hingegen nicht möglich.

Wiederherstellung einer Inhaltsdatenbank

Eine Inhaltsdatenbank umfasst eine oder mehrere Websitesammlungen. Um eine Inhaltsdatenbank wiederherzustellen, gehen Sie wie folgt vor:

1. Öffnen Sie in der DPM-Verwaltungskonsole den Bereich *Wiederherstellung* und wählen Sie den geschützten Server Ihrer Serverfarm aus.

2. Navigieren Sie auf diesem unter *Alle geschützten SharePoint-Daten* zur Inhaltsdatenbank und markieren Sie diese (Abbildung 15.24).

Abbildg. 15.24 Wiederherstellung von Webanwendungen

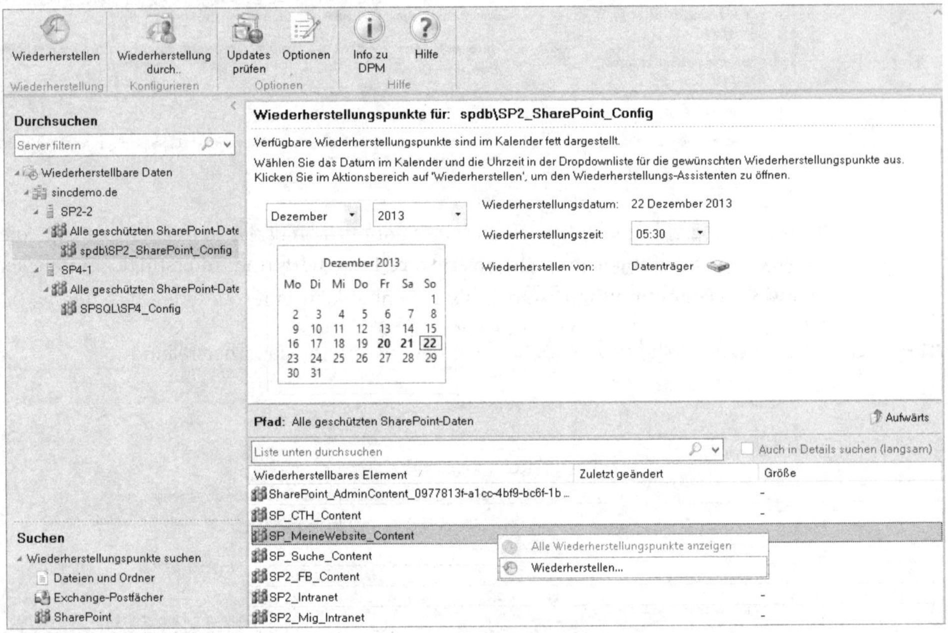

3. Wählen Sie einen gewünschten Wiederherstellungspunkt aus und klicken Sie im Menüband auf *Wiederherstellen.*
4. Wählen Sie einen gewünschten Wiederherstellungstyp aus (hier wird die Standardeinstellung belassen) und klicken Sie auf *Weiter* (Abbildung 15.25).

Abbildg. 15.25 Wiederherstellungstypen einer Inhaltsdatenbank

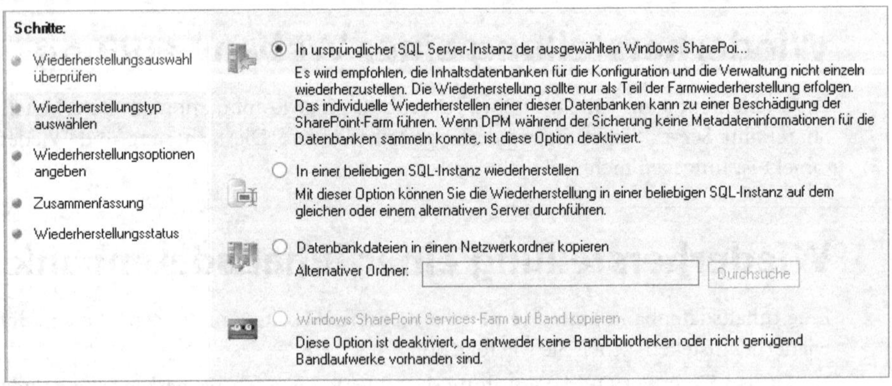

5. Im Dialogfeld *Wiederherstellungspunktoptionen angeben* aktivieren Sie ggf. die SAN-basierte Wiederherstellung, sofern Ihre Hardware diese Funktion unterstützt, und klicken anschließend auf *Weiter.*
6. Überprüfen Sie die Konfiguration und klicken Sie auf *Wiederherstellen*, um den Prozess der Wiederherstellung zu beginnen.

Überprüfen Sie den Wiederherstellungsstatus. Sie können diesen in der DPM-Verwaltungskonsole unter *Überwachung* einsehen.

Wiederherstellung einer Websitesammlung

Sie können Websitesammlungen direkt an dem Originalspeicherort wiederherstellen oder an einem alternativen Site-Speicherort. Sofern Sie jedoch separate Inhaltsdatenbanken verwendet haben, können Sie Websitesammlungen auch als Datenbank in einer anderen SQL Server-Instanz herstellen oder als Datenbank auf einen Netzwerkordner kopieren.

Sie können die Websitesammlung über zwei Ansätze lokalisieren:

- Suche anhand der URL
- Hierarchische Navigation im DPM-Katalog

Um Ihre wiederherzustellende Websitesammlung über die URL zu suchen, gehen Sie wie folgt vor:

1. Öffnen Sie den Wiederstellungsbereich der DPM-Verwaltungskonsole.
2. Klicken Sie in der Schnellstartleiste im Suchbereich auf *SharePoint.*
3. Wählen Sie im Dropdownlistenfeld *Name der SharePoint-Farm* die Serverfarm aus, für die Sie die Wiederherstellungsoperation durchführen möchten, und führen Sie eine entsprechende Suche durch (Abbildung 15.26).

Abbildg. 15.26 Lokalisierung von Websitesammlungen mithilfe der DPM-Katalogsuchfunktion

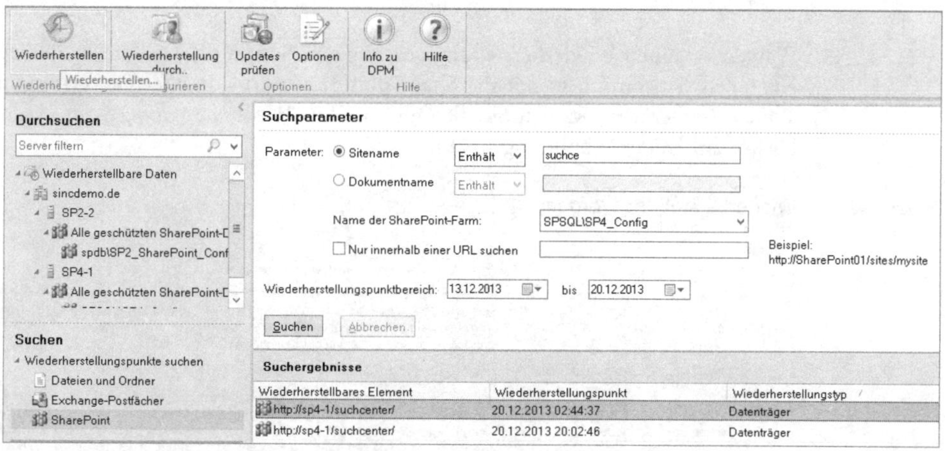

Da Ihnen in den Suchergebnisse auch mehrfach Ergebnisse für ein Element angezeigt werden, für das im Suchbereich mehrere Sicherungen existieren, legen Sie im Abschnitt *Wiederherstellungspunktbereich* möglichst präzise einen Zeitraum fest.

HINWEIS Bei umfangreichen Serverfarmen sollten Sie die Suchergebnisse besser eingrenzen, indem Sie die Option *Nur innerhalb einer URL suchen* aktivieren und so viel wie möglich von der Ziel-URL vorgeben.

4. Wählen Sie das Zielelement aus der Liste aus und klicken Sie im Menüband auf *Wiederherstellen.*

Ein Beispiel zur Verwendung der hierarchischen Navigation zur Lokalisation der Websitesammlung finden Sie im vorherigen Abschnitt.

In dem Wiederherstellungs-Assistenten sind die folgenden Eingaben erforderlich:

1. Klicken Sie im Dialogfeld *Wiederherstellungsauswahl prüfen* auf *Weiter.*
2. Wählen Sie im Dialogfeld *Wiederherstellungstyp* den Zielort aus, in dem das Objekt wiederherzustellen ist (standardmäßig ist *In ursprünglicher Site wiederherstellen* ausgewählt), und klicken Sie auf *Weiter* (Abbildung 15.27).

Abbildg. 15.27 Wiederherstellungstyp für Websitesammlungen

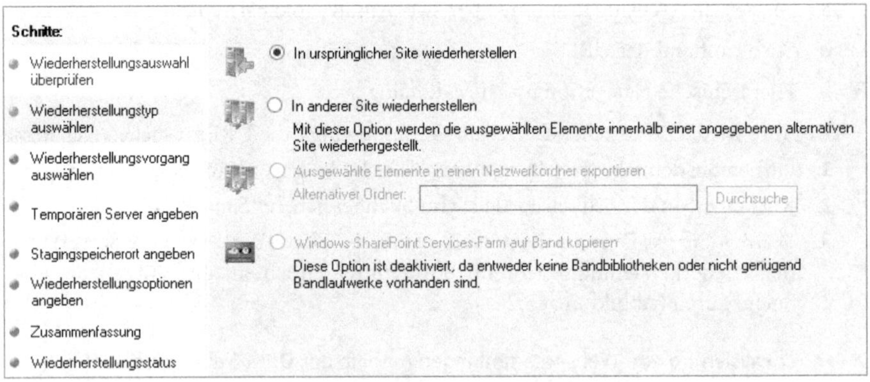

3. Wählen Sie einen Wiederherstellungsvorgang aus. Sofern das wiederherzustellende Objekt aus einer Zeit entstammt, in der die SharePoint-Serverfarm die gleiche Version aufweist wie die aktuelle Serverfarm, wählen Sie die Option *Ohne Wiederherstellungsfarm wiederherstellen* und klicken auf *Weiter* (Abbildung 15.28).

Abbildg. 15.28 Wiederherstellungsvorgang

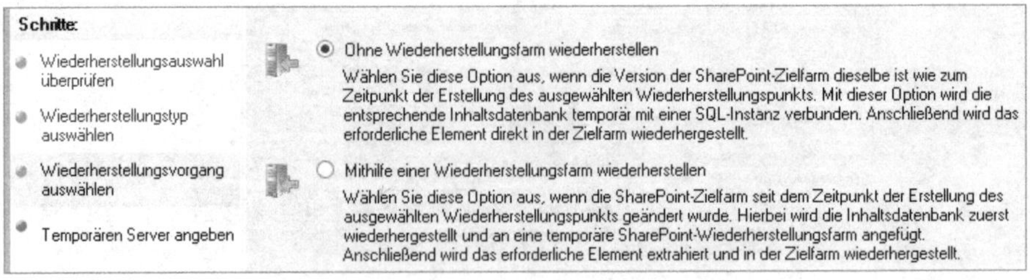

4. Im Dialogfeld *SQL-Instanz* wählen Sie im Eingabefeld *SQL Server-Instanz* eine Instanz aus, die temporär für die Bereitstellung der Inhaltsdatenbank verwendet wird. Es bietet sich an, die bereits aktiv von SharePoint verwendete SQL Server-Instanz auszuwählen.

5. Unter *Datenbank-Dateispeicherort* wählen Sie einen Dateipfad aus, der ausreichend groß ist für die wiederzustellende Datenbank und zusätzlich das wiederherzustellende Objekt, und klicken auf *Weiter*.
6. Im Dialogfeld *Stagingspeicherort angeben* wählen Sie einen temporären Speicherort auf dem Web-Front-End-Server aus, auf dem das wiederherzustellende Element zwischengespeichert werden soll, und klicken auf *Weiter*.
7. Im Dialogfeld *Wiederherstellungspunktoptionen angeben* wählen Sie im Abschnitt *Sicherheit einstellen* eine Option bezüglich der Wiederherstellung von Berechtigungen. Um die Berechtigungen des übergeordneten Zielobjekts zu übernehmen, belassen Sie die Standardeinstellungen und klicken auf *Weiter* (Abbildung 15.29).

Abbildg. 15.29 Optionen für den Wiederherstellungspunkt angeben

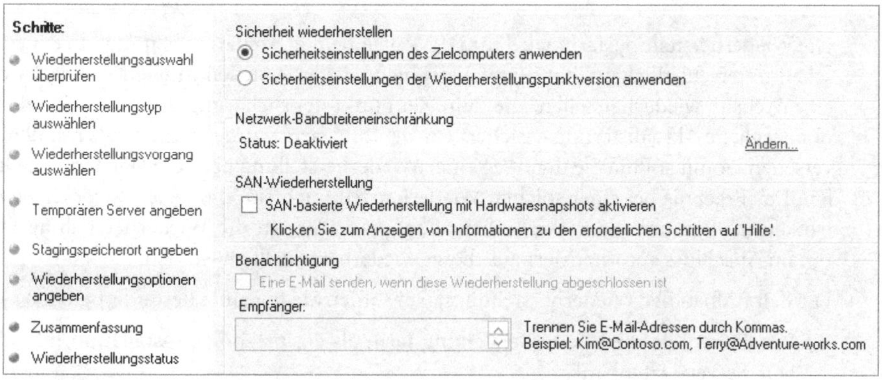

8. Überprüfen Sie die Konfiguration und klicken Sie auf *Wiederherstellen*, um den Prozess der Wiederherstellung zu beginnen.
9. Überprüfen Sie den Wiederherstellungsstatus. Sie können diesen in der DPM-Verwaltungskonsole im Bereich *Überwachung* einsehen.

Mit der Überprüfung des Wiederherstellungsstatus ist die Wiederherstellung abgeschlossen.

Wiederherstellung einzelner Elemente

Für die Wiederherstellung einzelner Elemente stehen Ihnen zwei mögliche Ansätze zur Verfügung.

- Navigation innerhalb der Hierarchie
- Suche innerhalb des Kataloges

Die Suche innerhalb des Kataloges ist eine schnelle Möglichkeit, die wiederherzustellenden Ziele zu lokalisieren. Gerade bei der Wiederherstellung eines Listenelementes bietet es sich an, durch eine Suche nach dem Elementtitel das Zielobjekt schnell einzugrenzen. Zunächst wird das Ziel lokalisiert.

HINWEIS Bei der Wiederherstellung einzelner Elemente werden nicht alle Elemente wiederhergestellt. Nicht eingecheckte Dokumente oder Inhalte aus dem Papierkorb bleiben von der Wiederherstellung unberührt. Beachten Sie auch, dass die Suche im DPM-Katalog keinesfalls einen vollwertigen Volltextindex umfasst. Es wird lediglich eine minimale Auswahl an Attributen neben dem Dateinamen in den Katalog aufgenommen und durchsuchbar.

Befolgen Sie die Anweisungen zur Wiederherstellung einer Websitesammlung zur Wiederherstellung einzelner SharePoint-Elemente, da diese nur unwesentlich von der Wiederherstellung einzelner Elemente abweicht.

Einrichten einer Wiederherstellungsfarm

Die Wiederherstellungsfarm wird für DPM allgemein in Szenarien benötigt, in denen Sie Daten zwischen unterschiedlichen SharePoint-Versionen wiederherstellen müssen. Beispielsweise müssen Sie eine Website wiederherstellen, die zum Zeitpunkt der Sicherung auf einer SharePoint-Serverfarm ohne jegliche Aktualisierung gesichert wurde. Ihre Farm wurde mittlerweile mit dem Service Pack 1 versehen. Somit sollten Sie den Weg einer Wiederherstellung über die Wiederherstellungsfarm wählen. Das Ergebnis bei einer solchen Wiederherstellung bleibt das gleiche, jedoch werden die Datenbanken im Rahmen einer Wiederherstellung zunächst an die Wiederherstellungsfarm angehängt, um im Anschluss automatisiert aus dieser wiederhergestellt zu werden.

Für den Aufbau der Wiederherstellungsfarm sollten Sie folgende Besonderheiten beachten:

- Installieren Sie die Wiederherstellungsfarm als eigenständige Installation inkl. der integrierten SQL Server-Datenbank
  - Beide Farmen müssen in der gleichen Sprache mit den gleichen Sprachpaketen und Erweiterungen installiert werden
  - Installieren Sie alle Aktualisierungen (speziell die SharePoint- und SQL Server-Aktualisierungen) auf der Wiederherstellungsfarm
  - Sorgen Sie dafür, dass Sie auf der Wiederherstellungsfarm die wichtigsten Anpassungen der Produktionsfarm bereitstellen und anwenden
  - Sie benötigen ebenfalls einen DPM-Agent auf der Wiederherstellungsfarm
- Erzeugen Sie in der Wiederherstellungsfarm eine Webanwendung, die den exakten Namen *DPMRecoveryApplication* halten muss
  - Stellen Sie sicher, dass diese Webanwendung über keine Inhaltsdatenbanken verfügt. Andernfalls kommt es bei der Wiederherstellung zu Fehlern durch Kollisionen.
  - Halten Sie ca. 120 % der maximalen Größe der wiederherzustellenden Inhaltsdatenbanken an Speicherplatz in der Wiederherstellungsfarm bereit

Im Zuge einer Wiederherstellung wird die Datenbank, in der sich die wiederherzustellenden Objekte befinden, zunächst auf dem SQL-Server der Sicherungsfarm wiederhergestellt (Abbildung 15.30).

Abbildg. 15.30 Integration einer Wiederherstellungsfarm

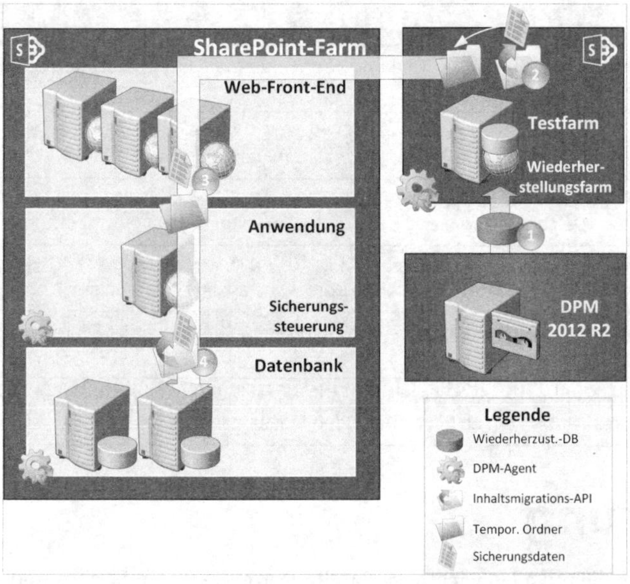

Anschließend werden die wiederherzustellenden Daten mithilfe der Inhaltsmigrations-API extrahiert und in einem temporären Ordner auf der Wiederherstellungsfarm gespeichert. Von dort aus werden die Daten in ein temporäres Verzeichnis auf dem mit *ConfigureSharePoint.exe* konfigurierten SharePoint-Server der Produktionsfarm verschoben. Zuletzt werden die Daten von diesem erneut unter Verwendung der Inhaltsmigrations-API in die Inhaltsdatenbank der Produktion verschoben.

Best Practices

Für die Sicherung und Wiederherstellung in SharePoint 2013 werden folgende Best Practices empfohlen (Tabelle 15.5):

Tabelle 15.5 Empfehlungen für den Umgang mit Sicherungen und Wiederherstellungen

OK	Empfohlene Maßnahme
✓	Sichern Sie Serverfarmen außerhalb der Produktionszeiten, um die Leistungsauswirkungen zu begrenzen
✓	Erstellen Sie regelmäßig Farmsicherungen und nur im Bedarfsfall Sicherungen auf einer niedrigeren Ebene
✓	Verwenden Sie für Ihre Farmsicherung den SQL Server als Freigabespeicherziel, um die höchstmögliche Leistung zu erhalten
✓	Verwenden Sie SQL Server-Momentaufnahmen, um konsistentere Sicherungen zu erhalten
✓	Sollten sie primär auf SQL Server-basierte Sicherungen setzen, dokumentieren Sie die Farmkonfiguration akribisch und sichern Sie die Farmkonfiguration mit SharePoint-Funktionen
✓	Berücksichtigen Sie bei der Sicherung die vorhandenen Anpassungen

Tabelle 15.5 Empfehlungen für den Umgang mit Sicherungen und Wiederherstellungen *(Fortsetzung)*

OK	Empfohlene Maßnahme
✓	Verwenden Sie DPM 2012 R2 für die Sicherung Ihrer Serverfarm, um eine bessere Leistung und Funktionalität zu erhalten
✓	Beschleunigen Sie die SharePoint-Sicherung in DPM 2012 R2, indem Sie die Sicherung mithilfe von Anpassungen an der Datei *DatasourceGRoupSample.xml* parallelisieren
✓	Verwenden Sie bei der Wiederherstellung von größeren Websitesammlungen den Parameter *GradualDelete*, um die Leistung während des Wiederherstellungsvorganges zu erhöhen
✓	Verwenden Sie bei der Wiederherstellung mit DPM 2012 R2 wenn möglich SAN-basierte Momentaufnahmen, um den Wiederherstellungsprozess stark zu beschleunigen
✓	Stellen Sie eine Wiederherstellungsfarm bereit, um Inhalte unterschiedlicher SharePoint-Versionen wiederherzustellen
✓	Erproben Sie Ihre Anforderungen an die Sicherung und Wiederherstellung und warten Sie mit deren Erprobung nicht bis zum ersten eintretenden Notfallszenario

Zusammenfassung

In diesem Kapitel wurden Sie mit allen wichtigen Handlungsroutinen zum Sichern und Wiederherstellen von SharePoint-Umgebungen vertraut gemacht. Neben all den technischen Details, zum Durchführen von Sicherungen und Wiederherstellungen sollten Sie unbedingt darauf achten, dass die von Ihnen für die Serverfarm vorgesehenen Pfade zur Sicherung und Wiederherstellung nicht nur in der Theorie, sondern auch in der Praxis bei der Wiederherstellung Gültigkeit haben. Speziell bei der Verwendung von Drittanbieterlösungen für die Sicherung von SharePoint-Farmen ist es nach wie vor sehr ratsam, diese Lösung zu erproben und dabei idealerweise auch die reale Größe der Inhaltsdatenbanken für die Wiederherstellungstests einzubeziehen. Somit identifizieren Sie frühzeitig potenzielle Probleme bei der Wiederherstellung, die im Einzelfall bedeuten können, dass die Wiederherstellungszeiten für einzelne Elemente in Ihrem Unternehmen nicht praxistauglich sind.

Im nächsten Kapitel werden Ihnen die vielfältigen Integrationsmöglichkeiten von SharePoint mit anderen Technologien bzw. Erweiterungen demonstriert.

Teil I

Wiederherstellung, Automation und Fehlerbehebung

Kapitel 16	SharePoint-Erweiterungen	1223
Kapitel 17	Einführung in PowerShell	1339
Kapitel 18	Fehlerbehebung	1357

Kapitel 16

SharePoint-Erweiterungen

In diesem Kapitel:

Office Web Apps 1224
Hochverfügbarkeit für SharePoint 1250
Remote-BLOB-Speicher (RBS) 1270
PowerPivot für SharePoint 1275
Power View 1283
Reporting Services für SharePoint (SSRS) 1285
Exchange Server 2013-Integration 1290
Project Server 2013 1307
Microsoft CRM 2011 1326
SharePoint und SAP 1329
Sonstige Erweiterungen 1335
Zusammenfassung 1338

SharePoint lebt von seinen zahllosen Erweiterungen. Als zentrale Schnittstelle für die Zusammenarbeit von Benutzern in Unternehmen müssen Daten verschiedenster Anwendungen in SharePoint aggregiert und bearbeitet werden können, um den höchstmöglichen Mehrwert der Plattform zu erreichen. In diesem Kapitel werden daher einige dieser zentralen Erweiterungen für SharePoint vorgestellt und in Abhängigkeit von Ihrer Bedeutung entsprechend detailliert ausgeführt.

Die Business Intelligence (BI)-Erweiterungen in SharePoint 2013 sind derart umfangreich, dass sie den Rahmen dieses Handbuchs übersteigen und daher nicht im vollen Umfang behandelt werden.

Office Web Apps

Office Web Apps 2013 (OWA) ermöglichen Ihnen den browserbasierten Zugriff auf Office-Dokumente, die Sie auf Ihrer SharePoint-Serverfarm bereitstellen. Dabei ist der Zugriff auf diese Inhalte nicht nur für Benutzer des Microsoft Internet Explorers bestimmt, sondern wird von einer breiten Basis an Browsern und Endgeräten unterstützt.

Übersicht

Office Web Apps 2013 ist eine Erweiterung für SharePoint 2013 und kann als solche sowohl von Farmen mit SharePoint Foundation als auch mit SharePoint Server 2013 genutzt werden.

HINWEIS Office Web Apps 2013 kann nicht zur Darstellung von SharePoint 2010-Inhalten genutzt werden. Ebenso wenig können SharePoint 2013-Inhalte von Office Web Apps 2010 visualisiert werden.

Anders als unter Office Web Apps 2010 ist Office Web Apps 2013 auf eine eigenständige Farm ausgelagert, die unabhängig vom SharePoint 2013-Binärcode ist. Sie installieren Office Web Apps 2013 somit als eigenständige Lösung. Parallel zur Nutzung unter SharePoint 2013 können Sie die Office Web Apps-Farm auch zur Vorschau von Inhalten von Exchange Server und Lync Server verwenden.

Mithilfe der Office Web Apps können Sie grundlegend folgende Dokumententypen im Browser anzeigen und bearbeiten:

- Word-Dokumente
- Excel-Tabellen
- OneNote-Notizbücher
- PowerPoint-Präsentationen

Unterstützung von Features in Office Web Apps

Office Web Apps bietet einen großen, jedoch nicht der jeweiligen Desktopanwendung vollständig entsprechenden Funktionsumfang. Nachfolgend finden Sie die Abgrenzung der in Office Web Apps fehlenden Funktionen.

HINWEIS Office 365 ProPlus entspricht den hier definierten Funktionsmerkmalen von Office 2013 Professional Plus.

Tabelle 16.1 Word-Anwendungsfeatures in Office Web Apps 2013

Word-Anwendungsfeatures	Office Web Apps	Office 2013 Pro Plus
Originalgetreue Leseansicht	✓	✓
Schriftartformatierung	✓	✓
Aufzählungszeichen und Nummerierung	✓	✓
Links	✓	✓
Bildtools	✓	✓
Einfügen von Onlinebildern	✓	✓
SmartArt	✓	✓
Anwenden von Formatvorlagen	✓	✓
Einfache Tabellenerstellung	✓	✓
Umfassende Tabellenformatierung		✓
Rückgängig und *Wiederholen*	✓	✓
Speichern	✓	✓
Zwischenablage	✓	✓
Suchen	✓	✓
Ersetzen		✓
Wörter zählen	✓	✓
Zoom	✓	✓
Gemeinsame Erstellung	✓	✓
Anzeigen und Hinzufügen von Kommentaren	✓	✓
Freigeben	✓	✓
Erweiterte Zusammenarbeit		✓
Seitenlayouttools	✓	✓
Erweiterte Seitenlayouttools		✓
Als PDF drucken	✓	✓
Erweiterte Druckfunktionen		✓
Korrekturhilfen	✓	✓
Erweitere Korrekturhilfen		✓

Tabelle 16.1 Word-Anwendungsfeatures in Office Web Apps 2013 *(Fortsetzung)*

Word-Anwendungsfeatures	Office Web Apps	Office 2013 Pro Plus
Speichern unter und *Kopie herunterladen*	✓	✓
Offlineansicht und -erstellung		✓
Hilfslinien und Echtzeitlayout		✓
Suchen nach und Verwenden von professionell gestalteten Vorlagen		✓
Erstellen erweiterter Dokumentelemente		✓
Dokumentbausteine und Designs		✓
IRM- und Kennwortschutz		✓
Seriendruck		✓
Onlinepräsentation		✓
Referenztools		✓
Inhalt		✓
Fußnoten		✓
Zitate und Literaturverzeichnis		✓
Rechtsgrundlagenverzeichnis		✓
Beschriftungen		✓
Rich-Media		✓
Apps für Office		✓
VBA- und Formularskripts		✓

Die Excel Web Apps ermöglichen bereits seit der Vorgängerversion 2010 für einige Funktionen Mehrwerte gegenüber der Desktopanwendung wie die gemeinsame Zusammenarbeit, die nicht in der Desktopanwendung möglich sind. Mit Excel Web Apps 2013 kommen weitere Funktionen hinzu (Tabelle 16.2).

Tabelle 16.2 Excel-Anwendungsfeatures in Office Web Apps 2013

Excel-Anwendungsfeatures	Office Web Apps	Office 2013 Pro Plus
Originalgetreue Leseansicht	✓	✓
Zahlenformatierung	✓	✓
Schriftart und Zellformatierung	✓	✓

Tabelle 16.2 Excel-Anwendungsfeatures in Office Web Apps 2013 *(Fortsetzung)*

Excel-Anwendungsfeatures	Office Web Apps	Office 2013 Pro Plus
Kopieren und Einfügen	✓	✓
Rückgängig und *Wiederholen*	✓	✓
Zusammenführen von Zellen	✓	✓
Ausrichtung	✓	✓
Erstellen von Tabellen	✓	✓
Einfügen von Diagrammen	✓	✓
Ausfüllkästchen	✓	✓
Bearbeitungsleiste	✓	✓
Funktionen	✓	✓
Automatische Summenfunktion	✓	✓
Erweiterte Formeltools		✓
Einfügen/Löschen von Zeilen und Spalten	✓	✓
Umbenennen und Hinzufügen von Blättern	✓	✓
Hinzufügen von Links	✓	✓
Sortieren und Filtern von Daten	✓	✓
Aktualisieren bestehender Datenverbindungen	✓	✓
Drucken	✓	✓
Suchen	✓	✓
Ersetzen		✓
Anzeigen von 3D-Diagrammen	✓	✓
Datenschnittansicht	✓	✓
Speichern oder *Kopie herunterladen*	✓	✓
Freigeben	✓	✓
Gemeinsame Erstellung	✓	
Einbetten der Arbeitsmappe in eine Web- oder Blogseite (SkyDrive)	✓	
Umfragen	✓	
Offlineansicht und -erstellung		✓

Tabelle 16.2 Excel-Anwendungsfeatures in Office Web Apps 2013 *(Fortsetzung)*

Excel-Anwendungsfeatures	Office Web Apps	Office 2013 Pro Plus
Fixieren von Fensterbereichen		✓
Anwenden bedingter Formatierung		✓
Erstellen von Kommentaren		✓
Erstellen empfohlener Diagramme und Bearbeiten mit Formatierungssteuerelementen		✓
Erweiterte Zeitangabe (Zeitachsendatenschnitt)		✓
Erstellen externer Datenverbindungen		✓
What if-Analysetools		✓
Erstellen erweiterter Analyseansichten (Power View, PowerPivot, Datenschnitte)		✓
Automatisches Anpassen von Diagrammanimationen an neue Daten		✓
Anwenden der Datenüberprüfung auf Zellen		✓
Rechteverwaltung: Anwenden und Verwenden von IRM- und Kennwortsicherheit		✓
Anwenden der intelligenten/empfohlenen Formatierung		✓
PowerPivot-Ansicht		✓
Power View-Ansicht		✓
Posten in sozialen Netzwerken und Präsentieren im Web		✓
Überprüfung und Kompatibilität von Arbeitsmappen		✓
Apps für Office	✓	✓
Skripting von Makros und VBA		✓

Die OneNote Web App-Funktionen unterscheiden sich im Wesentlichen gegenüber dem Desktoppendant darin, dass diverse anwendungsübergreifende und multimediale Funktionen wie die Audio- und Videofunktionen nicht zur Verfügung stehen (Tabelle 16.3).

Tabelle 16.3 OneNote-Anwendungsfeatures in Office Web Apps 2013

OneNote-Anwendungsfeatures	Office Web Apps	Office 2013 Pro Plus
Aufzählungszeichen und Nummerierung	✓	✓
Erstellen und Verwalten von Seiten und Abschnitten	✓	✓
Absatzformatierung	✓	✓

Tabelle 16.3 OneNote-Anwendungsfeatures in Office Web Apps 2013 *(Fortsetzung)*

OneNote-Anwendungsfeatures	Office Web Apps	Office 2013 Pro Plus
Bilder	✓	✓
Korrekturhilfen	✓	✓
Formatvorlagen	✓	✓
Tabellen	✓	✓
Anwenden von Tags	✓	✓
Rückgängig und *Wiederholen*	✓	✓
Zwischenablage	✓	✓
Links	✓	✓
Anzeigen von Freihandobjekten	✓	✓
Herunterladen einer Kopie eingebetteter Office-Dateien	✓	✓
Freigeben	✓	✓
Gemeinsame Erstellung	✓	✓
Ein- oder Ausblenden von Autoren	✓	✓
Navigation	✓	✓
Suchen (auf Seite, innerhalb von Abschnitten)	✓	✓
Anzeigen früherer Seitenversionen	✓	✓
Freihand: Freihand-in-Text und Mathe, anpassbare Stifte, Zeichentools		✓
Notizbuchverwaltung: Abschnitt-/Notizbuchübergreifende Seitenablage, Neuordnung von Abschnitten, Erstellen/Löschen von Abschnittsgruppen		✓
Rechteverwaltung: Anwenden und Verwenden von IRM- und Kennwortsicherheit		✓
Funktionen zum Erstellen von Ausschnitten		✓
Bearbeiten eingebetteter Dateien		✓
Outlook-Integration (Aufgaben)		✓
Formeln		✓
Vorlagenunterstützung		✓
Suche nach: Tag, Titel, Autor/Datum, Audionotizen		✓
Optische Zeichenerkennung		✓

Tabelle 16.3 OneNote-Anwendungsfeatures in Office Web Apps 2013 *(Fortsetzung)*

OneNote-Anwendungsfeatures	Office Web Apps	Office 2013 Pro Plus
Erweiterte Zusammenarbeit: Neuer Inhalt wird als ungelesen angezeigt, Anwesenheit		✓
Aufzeichnen von Audionotizen		✓
Videowiedergabe		✓
Apps für Office		✓

Die wesentlichen Einschränkungen der PowerPoint Web Apps beziehen sich ebenfalls primär auf multimediale Funktionen wie Übergangsanimationen und der Einbettung von Rich-Media-Inhalten sowie Einschränkungen bei den programmübergreifenden Funktionen (Tabelle 16.4).

Tabelle 16.4 PowerPoint-Anwendungsfeatures in Office Web Apps 2013

PowerPoint-Anwendungsfeatures	Office Web Apps	Office 2013 Pro Plus
Originalgetreue Leseansicht	✓	✓
Schriftartformatierung	✓	✓
Ausrichtung, Aufzählungszeichen, Nummerierung	✓	✓
Bilder	✓	✓
Einfügen von Rich-Media		✓
Formen	✓	✓
SmartArt	✓	✓
Links	✓	✓
Anzeigen und Bearbeiten von Foliennotizen	✓	✓
Ablegen von Elementen per Ziehen/Ablegen	✓	✓
Erstellen und Verwalten von Folien	✓	✓
Anwenden von Designs und Designvarianten	✓	✓
Anwenden einfacher Übergänge und Animationen	✓	✓
Umfassende Auswahl an Animationen und Übergängen		✓
Anordnen von Objekten	✓	✓
Rückgängig und *Wiederholen*	✓	✓
Zwischenablage	✓	✓
Freigeben	✓	✓

Tabelle 16.4 PowerPoint-Anwendungsfeatures in Office Web Apps 2013 *(Fortsetzung)*

PowerPoint-Anwendungsfeatures	Office Web Apps	Office 2013 Pro Plus
Anzeigen und Hinzufügen von Kommentaren	✓	✓
Gemeinsame Erstellung	✓	✓
Speichern unter oder *Kopie herunterladen*	✓	✓
Als PDF drucken	✓	✓
Navigation – Foliensortierung	✓	✓
Korrekturhilfen	✓	✓
Durchführen einer Bildschirmpräsentation	✓	✓
Bildschirmpräsentation	✓	✓
Einbetten einer Präsentation auf einer Web- oder Blogseite	✓	
Offlineansicht und -erstellung		✓
Erstellen/Bearbeiten und Formatieren einer Tabelle		✓
Erweiterte Designtools		✓
Erweiterte Bearbeitertools		✓
Erstellen einer benutzerdefinierten Animation		✓
Anwenden umfangreicher Formatierung auf Text, Formen und Bilder		✓
Übertragen einer Bildschirmpräsentation		✓
Rechteverwaltung: Anwenden und Verwenden von IRM- und Kennwortsicherheit		✓
Umfassende Freihandunterstützung		✓
Kopf- und Fußzeilen		✓
Integration mit Excel für Diagramme		✓
Onlinepräsentation über Lync oder den Office-Präsentationsdienst		✓
Referentenansicht		✓
Apps für Office		✓

Unterstützte Dateitypen für Office Web Apps

Die folgenden Dateitypen werden von Word Web Apps unterstützt (Tabelle 16.5).

Tabelle 16.5 Word-spezifische Dateiformate

In Word 97 oder höher erstellte Word-Dokumente	Ansichtsmodus	Bearbeitungsmodus
Open XML (DOCX)	✓	✓
Binär (DOC)	✓	✓
Makro (DOCM)	✓[1]	✓
Andere (DOTM, DOTX)	✓	✓

[1] Makros werden nicht ausgeführt

Die folgenden Dateitypen werden von Excel Web Apps unterstützt (Tabelle 16.6).

Tabelle 16.6 Excel-spezifische Dateiformate

In Excel 97 oder höher erstellte Excel-Arbeitsmappen	Ansichtsmodus	Bearbeitungsmodus
Vollständige Unterstützung (XLSX, XLSB)	✓	✓
Binär (XLS)		
Makro (XLSM)	✓[1]	✓[2]

[1] Makros werden nicht ausgeführt, [2] Sind Makros enthalten, werden Benutzer aufgefordert, eine Kopie der Datei zu verwenden, aus der die Makros entfernt wurden.

Die folgenden Dateitypen werden von PowerPoint Web Apps unterstützt (Tabelle 16.7).

Tabelle 16.7 PowerPoint-spezifische Dateiformate

In PowerPoint 97 oder höher erstellte PowerPoint-Präsentationen	Ansichtsmodus	Bearbeitungsmodus
Open XML (PPTX, PPSX)	✓	✓
Binär (PPT, PPS)	✓	Konvertiert in PPTX oder PPSX
Makro (PPTM, POTM, PPAM, POTX, PPSM)	✓[1]	

[1] Makros werden nicht ausgeführt

Die folgenden Dateitypen werden von OneNote Web Apps unterstützt:

Tabelle 16.8 OneNote-spezifische Dateiformate

In OneNote 2010 oder höher erstellte OneNote-Notizbücher	Ansichtsmodus	Bearbeitungsmodus
Open XML (ONE)	✓	✓

HINWEIS Die aktuellen Dateiformate aller Office-Anwendungen mit voller Funktionsunterstützung können ab Office 2007 nativ oder ab Office 2010 mit dem Compatibility Pack erstellt werden.

Voraussetzungen und Planung

Die folgenden Rahmenbedingungen gelten für den Einsatz von Office Web Apps.

Browserclient

Die Clientanforderungen an den Browser entsprechen für Office Web Apps denen von SharePoint Server, welche in Kapitel 3 ausführlich behandelt werden. Lediglich für Office Web Apps auf mobilen Endgeräten gibt es eine spezielle Voraussetzung für iOS-basierte Geräte. Erst ab dem iPad 2 und iOS 6.0 gibt es eine umfassende Unterstützung. Für ältere iOS-Geräte gibt es eine begrenzte Unterstützung für das Lesen und Bearbeiten auf Basis von iOS 5.1.

Nicht zuletzt durch den Wegfall des Silverlight-Plug-In für die optimale Benutzererfahrung für Office Web Apps ist die Unterstützung auf Microsoft-fremden Systemen und Browsern deutlich verbessert. Eine weitere browserübergreifende Verbesserung für die Verwendung von Office Web Apps ist die verbesserte Integration beim Öffnen von Dokumenten in der Desktopanwendung vom Browser heraus. In Summe ist mit SharePoint/Office Web Apps 2013 erstmals eine wirklich umfassende Unterstützung von mobilen Endgeräten gelungen.

Weiterhin gibt es für einige Operationen erforderliche ActiveX-Steuerelemente, die ausschließlich für den Internet Explorer ab der Version 8 zur Verfügung stehen.

HINWEIS Beachten Sie, dass der in Windows 8 eingeführte Internet Explorer 10 im immersiven Modus ebenfalls keine ActiveX-Steuerelemente unterstützt und daher, wie die anderen, Nicht-Microsoft-Browser, diversen Einschränkungen unterliegt.

In der Übersicht können Sie folgende Funktionen in den Gerätekategorien und Betriebssystemen bzw. Browser erwarten (Abbildung 16.1).

Abbildg. 16.1 Funktionsübersicht für Office Web Apps

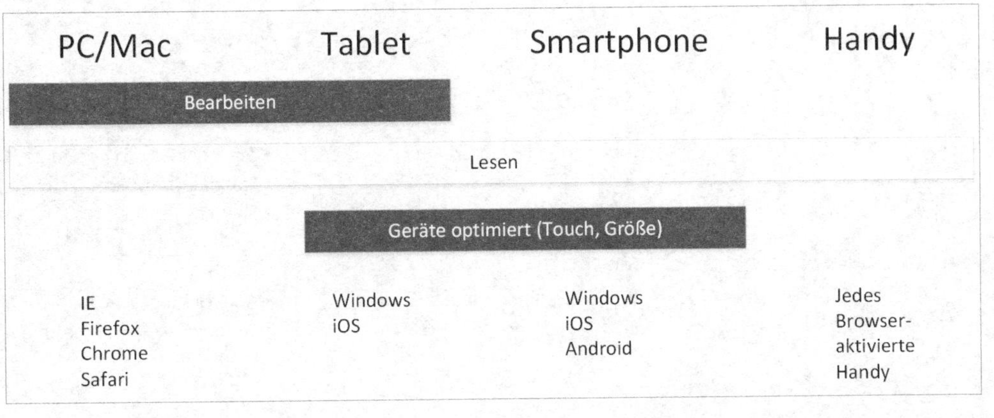

Wiederherstellung, Automation und Fehlerbehebung

Server

Für Office Web Apps 2013 gelten die gleichen Hard- und Betriebssystem- sowie Softwarevoraussetzungen wie für SharePoint Server 2013, welche Sie in Kapitel 3 vorfinden.

ACHTUNG Wie bereits für SharePoint 2013 gilt auch für Office Web Apps 2013, dass diese keinesfalls parallel auf einem Domänencontroller koallokiert werden dürfen. Das gleiche Prinzip gilt für alle anderen Serveranwendungen wie Exchange Server, SharePoint Server, Lync Server oder SQL Server! Sollten Sie derlei Anliegen aufgrund begrenzter Ressourcen verfolgen, verwenden Sie virtuelle Maschinen, um diese Serveranwendungen durch Virtualisierung zu koallokieren.

Folgende weitere Besonderheiten gelten für die Bereitstellung von Office Web Apps:

- Nutzen Sie keinerlei andere Rollen oder Dienste auf der Maschine, die von den lokalen Webserver-TCP-Ports 80, 443 oder 809 abhängen
- Installieren Sie keine Office-Version auf der lokalen Maschine. Etwaige vorhandene Versionen müssen zuvor entfernt werden.

HINWEIS Ein Office Web Apps-Server ist grundsätzlich für eine Virtualisierung geeignet. Trotz eines lokalen Caches für die Office-Inhalte gibt es keine überproportionalen Lasten, die zu einem Abraten von der Virtualisierung dieser Rolle führen könnten.

Die Softwarevoraussetzungen für Office Web Apps 2013 lauten wie folgt:

Tabelle 16.9 Softwarevoraussetzungen für Office Web Apps 2013

Komponente	Windows Server2008 R2	Windows Server 2012
.NET Framework 4.5	Erforderlich	Bereits installiert
KB2592525	Erforderlich	Bereits installiert
PowerShell 3.0	Erforderlich	Bereits installiert
Serverrolle: Webserver	Folgende Rollendienste sind für die Serverrolle Webserver (IIS) mindestens erforderlich: Allgemeine HTTP-Features • Statische Inhalte • Standarddokument Anwendungsentwicklung • ASP.NET • .NET-Erweiterbarkeit • ISAPI-Erweiterungen • ISAPI-Filter • Serverseitige Includes	Folgende Rollendienste sind für die Serverrolle Webserver (IIS) mindestens erforderlich: Verwaltungstools • IIS-Verwaltungskonsole Webserver • Allgemeine HTTP-Features • Standarddokument • Statische Inhalte Sicherheit • Anforderungsfilterung • Windows-Authentifizierung

Tabelle 16.9 Softwarevoraussetzungen für Office Web Apps 2013 *(Fortsetzung)*

Komponente	Windows Server2008 R2	Windows Server 2012
	Sicherheit • Windows-Authentifizierung • Anforderungsfilterung Verwaltungstools • IIS-Verwaltungskonsole Folgende optionale Komponenten sind empfohlen, jedoch nicht erforderlich: Leistung • Komprimierung statischer Inhalte • Komprimierung dynamischer Inhalte	Anwendungsentwicklung • .NET-Erweiterbarkeit 4.5 • ASP.NET 4.5 • ISAPI-Erweiterungen • ISAPI-Filter • Serverseitige Includes Folgende optionale Komponenten sind empfohlen, jedoch nicht erforderlich: Leistung • Komprimierung statischer Inhalte • Komprimierung dynamischer Inhalte
Feature: Freihand- und Handschriftdienste	Freihand- und Handschriftdienste • Freihandunterstützung	Freihand- und Handschriftdienste

Die Dimensionierung eines Servers hängt von vielen Parametern ab. Als Beispiel soll eine Farm mit moderater lesender Nutzung der Office Web Apps herangezogen werden. In diesem Beispiel ist ein via HTTP angesprochener Office Web Apps-Server (SSL-Offloading) mit 8 CPU-Kernen, 8 GB RAM und 60 GB Festplattenspeicher dazu in der Lage, eine Anzahl von 10.000 Benutzern mit hinreichender Leistung zu unterstützen (nicht konkurrierender Zugriff). Entsprechend ist ein Server mit verdoppelten Hardwareressourcen dazu in der Lage, die doppelte Benutzerlast zu tragen.

HINWEIS In Abhängigkeit von den genutzten Funktionen, dem Grad der parallelen Nutzung, der Verschlüsselung und der Hardware sind hier gravierende Abweichungen möglich. Diese Kennzahlen sind daher lediglich als grobe Richtwerte zu verstehen.

Ausfallsicherheit

Die Ausfallsicherheit in Office Web Apps-Farmen wird wie in SharePoint 2013 mithilfe von mehreren Farmmitgliedern angestrebt, wobei die eigentliche Ausfallsicherheitsfunktion mithilfe von alternativer Lastenausgleichssoft- oder hardware umzusetzen ist. Hierzu stehen Ihnen beispielsweise die folgenden Ansätze zur Verfügung:

- Windows-Netzwerklastenausgleich (WLB/NLB)
- Routing für Anwendungsanforderungen (Application Request Routing, ARR)
- Hardwarelastenausgleichsmodul

HINWEIS Idealerweise sollte Ihre Lastenausgleichslösung Layer-7-Routing, Client- oder Front-End-Affinitäten und SSL-Offloading unterstützen.

Planung der Topologie

Beachten Sie die folgenden Aspekte bei der Planung der Topologie der Office Web Apps-Farm:

- **Domänenmitgliedschaft** Alle Office Web Apps-Server müssen Mitglied der gleichen Active Directory-Domäne sein
- **Internetzugriff** Sollte es erforderlich werden, dass der Server für einzelne Funktionen auf das Internet zugreifen muss, der Zugriff für Server auf das Internet jedoch gesperrt ist, haben Sie die Möglichkeit, mithilfe des Parameters *Proxy* bei der Erstellung der Farm einen Proxyserver für den Anwendungszugriff auf das Internet zu definieren
- **Geografische Trennung** Die Office Web Apps-Server einer Farm dürfen nicht geografisch getrennt werden, um die Leistungsfähigkeit nicht zu beeinträchtigen. Grundsätzlich brauchen die Server nicht im gleichen Subnetz positioniert werden, wie die SharePoint-Farm, die auf deren Funktionen zurückgreift. Je höher der Durchsatz auf die Office Web Apps-Farm ist, wie z.B. bei massiven Editieroperationen, desto wichtiger ist jedoch auch eine netzwerkseitige Nähe zur primären Zugriffsfarm.
- **Koexistenz auf einem SharePoint Server** Die parallele Installation von Office Web Apps 2013 auf einem SharePoint Server ist auch mithilfe von Hacks nicht möglich und schon gar nicht sinnvoll. Dies gilt auch für Entwicklungsumgebungen.

Koexistenzproblematik mit SharePoint

Hintergrund der Inkompatibilität ist das Verhalten von Office Web Apps hinsichtlich der Okkupation der Internetinformationsdienste. Selbst wenn Sie händeringend dafür sorgen würden, dass die Installation parallel erfolgt, würden Ihre Pläne bei jedem Neustart des Servers wieder in Teilen zunichte gemacht werden, da Office Web Apps im Rahmen eines Neustarts Teile der Internetinformationsdienste zurücksetzt, um einen maximal stabilen Betrieb der eigenen Anwendung zu ermöglichen. Hierzu gehört, dass Office Web Apps gemäß seiner automatischen Bindungskonfiguration auf alle eingehenden Port 80- und/oder Port 443-Verbindungen reagiert und seine Webanwendungspools und Webanwendungen eben im Rahmen dieser Neustarts zurücksetzt. Spätestens zu diesem Zeitpunkt sollten Sie alle diesbezüglichen Bestrebungen in der ohnehin schon mehr als hinreichend komplexen SharePoint-Welt ad acta legen. Dies gilt insbesondere ebenso für alle anderen IIS-integrierten Lösungen. Der Office Web Apps-Server sollte unbedingt exklusiv sich selbst vorbehalten sein.

Neben dem generellen Ansatz, die Office Web Apps-Farm mithilfe eines Lastenausgleichsmoduls zu veröffentlichen, beachten Sie bei der Planung Ihrer Topologie, dass Ihnen (anders als für SharePoint-Farmen) lediglich zwei Veröffentlichungsnamen zur Verfügung stehen, um internen und externen Benutzern einen Zugriff auf die Plattform zu ermöglichen. Sie können die Office Web Apps-Farm in der DMZ positionieren. Um allen Serveranwendungen den Zugriff auf die Funktionen von Office Web Apps zu ermöglichen, bietet es sich jedoch an, die Farm intern zu positionieren, um nicht mehrere Farmen verwenden zu müssen, sofern Ihre Sicherheitsarchitektur dies zulässt (Abbildung 16.2).

Abbildg. 16.2 Beispieltopologie und Positionierung einer Office Web Apps-Farm

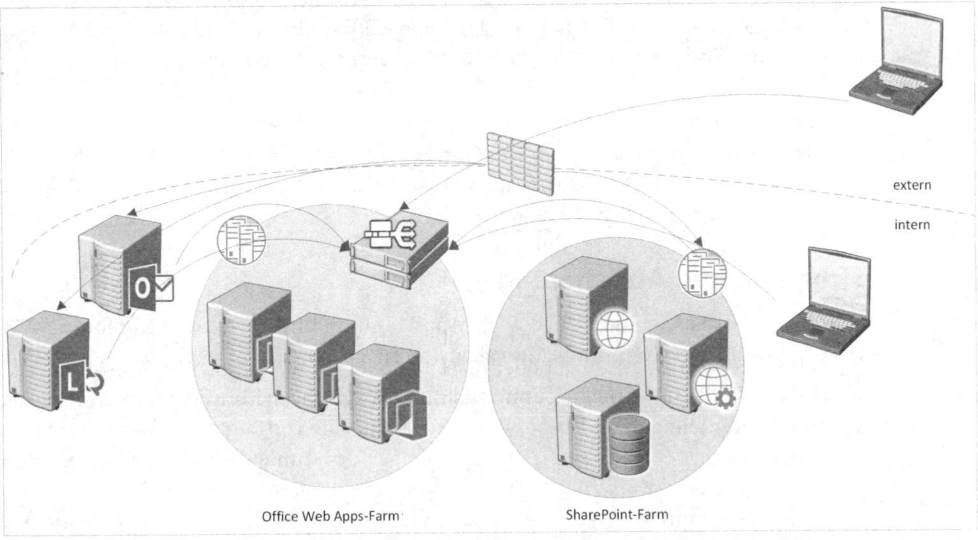

Netzwerkkommunikation und Sicherheit

Standardmäßig werden die Office Web Apps-Dienste vom Client via HTTP bzw. HTTPS konsumiert. Parallel dazu gibt es jedoch noch weitere Ports, die von den Webdiensten genutzt werden, sowie die Erfordernis einer ICMPv4-Portfreischaltung innerhalb der Farm. Die genaue Liste entnehmen Sie bitte dem Kapitel 3.

HINWEIS Manuelle ICMPv4-Portfreischaltungen werden ggf. in einem Azure-basierten Installationsszenario erforderlich.

Beachten Sie, dass einige der Office Web Apps-Funktionen auf Adressen aus dem Internet bzw. internen Netzwerk zugreifen, sofern Sie diese optionalen Funktionen aktivieren. Die diesbezüglichen Funktionen bzw. Cmdlet-Parameter (von *New-OfficeWebAppsFarm* bzw. *Set-OfficeWebAppsFarm*) sind:

- **ClipartEnabled** Ermöglicht die Anbindung von Cliparts aus dem Internet
- **TranslationEnabled** Ermöglicht die Nutzung von Übersetzungsdiensten aus dem Internet. Alternativ hierzu kann auch ein maschineller Übersetzungsdienst einer SharePoint-Farm definiert werden.
- **OpenFromUrlEnabled** Aktiviert oder deaktiviert die Onlineviewer. Dieser Parameter steuert Onlineviewer für Dateien, die URL- und UNC-Pfade aufweisen. Dieser Parameter ist standardmäßig auf *False* (also deaktiviert) gesetzt, wenn Sie eine neue Office Web Apps-Serverfarm erstellen.
- **OpenFromUncEnabled** Sofern Sie *OpenFromUrlEnabled* auf *True* setzen, können Sie Dateien in UNC-Pfaden mit Office Web Apps anzeigen. Dieser Parameter erfordert, dass zuvor *OpenFromUrlEnabled* ebenfalls auf *True* gesetzt wurde.

HINWEIS Es wird empfohlen, diesen Parameter auf *False* zu setzen, wenn Sie Office Web Apps-Server so konfiguriert haben, dass eine Verbindung mit dem Internet hergestellt werden kann, um das Risiko einer Datenkompromittierung zu minimieren.

- **OpenFromUrlThrottlingEnabled** Begrenzt die Anzahl offener URL-Anforderungen von einem angegebenen Server innerhalb eines festgelegten Zeitraums. Somit können Sie verhindern, dass einzelne Server der Farm überlastet werden, indem Anforderungen für das Anzeigen von Inhalten in den Onlineviewern gesendet werden.

Sicherheit und Absicherung

Sollten Sie vorhaben, die Office Web Apps-Kommunikation – wie empfohlen – mithilfe von HTTPS-geschützter Kommunikation abzusichern, achten Sie auf folgende Besonderheiten:

- Das von Ihnen für den SSL-Tunnelendpunkt vorgesehene Zertifikat muss von allen an der Kommunikation teilnehmenden Servern und Clients als vertrauenswürdig eingestuft werden (vertrauenswürdige Stammzertifizierungsstelle). Zudem muss der bei der Farmerstellung definierte Servername der Farm im Zertifikat zumindest im *Subject Alternate Name*-Feld enthalten sein. Andernfalls kann dies dazu führen, dass die Benutzer im Browser entweder eine Fehlermeldung sehen oder die Office Web Apps-Seite nicht vollständig geladen wird.
- SSL-Offloading wird für Office Web Apps unterstützt und empfohlen. Verwenden Sie in dem Fall den entsprechenden *SSLOffloaded*-Parameter bei der Erstellung der Farm.
- Das Feld *Anzeigename* des bei der Erstellung der Farm definierten Zertifikats darf nur einmal im Computerzertifikatspeicher enthalten sein. Andernfalls kommt es bei der Farmeinrichtung zu einer Fehlermeldung.

HINWEIS Weitere Hinweise zum Erstellen und korrekten Umgang mit Serverzertifikaten finden Sie in Kapitel 13.

Um zu verhindern, dass nicht-geplante Server in Ihre Office Web Apps-Farm aufgenommen werden, können Sie optional mithilfe des Cmdlet-Parameters *FarmOU* eine Active Directory-Organisationseinheit definieren, unterhalb derer sich weitere autorisierte Office Web Apps-Computerkonten befinden müssen.

Speziell für Office Web Apps-Farmen, die aus dem Internet erreichbar sind, wird empfohlen, die Liste der Hosts einzuschränken, die auf Dateioperationen wie Datei- oder Metadatenanfragen zugreifen können. Standardmäßig sind keine diesbezüglichen Einschränkungen vorhanden. Sie können die Liste der freigeschalteten Hosts mithilfe des im Abschnitt »Konfiguration von freigeschalteten Dateioperationshosts« weiter hinten in diesem Kapitel beschriebenen Cmdlets *New-OfficeWebAppsHost* nach der Farmerstellung konfigurieren.

Excel Services vs. Office Web Apps

Die in Office Web Apps verfügbare Excel-Integration weicht funktional nicht unerheblich von den in SharePoint-integrierten Excel Services ab, für deren Nutzung allerdings eine SharePoint Enterprise-CAL erforderlich ist. Die Tabelle 16.10 soll Ihnen eine Orientierung bei der Wahl zwischen beiden Lösungen bieten.

Tabelle 16.10 Unterscheidung zwischen Excel Services und Office Web Apps

Funktion	Excel Services	Office Web Apps
Erstellen einer Arbeitsmappe im Browser		✓
Interagieren mit einem Datenmodell	✓	
Power View-Integration	✓	
Interaktion mit PivotCharts-Berichten, Slicern etc.	✓	✓ Sofern keine Datenmodelle integriert sind
Arbeiten mit kalkulierten Elementen	✓	Berechnete Elemente werden nur zur Anzeige unterstützt
Aktualisieren externer Datenquellen	Abhängig von der Datenquelle und Konfiguration	Abhängig von der Datenquelle und Konfiguration

HINWEIS Um aus der Browseroberfläche zu identifizieren, mit welcher der beiden Lösungen Sie arbeiten, werfen Sie einen Blick auf die URL. Enthält diese den Ausdruck *xlviewer*, greifen Sie unter Verwendung von Excel Services zu. Enthält die URL *wopiframe*, sind Sie mit Office Web Apps verbunden.

Bereitstellung

In diesem Abschnitt wird die Bereitstellung von Office Web Apps in den gängigsten Szenarien demonstriert.

Bereitstellung der Voraussetzungen

Für die Bereitstellung der Voraussetzungen für die Installation von Office Web Apps steht Ihnen (anders als für SharePoint Server 2013) kein Vorbereitungstool für SharePoint-Produkte und -Technologien zur Verfügung. Um die Einrichtung zu vereinfachen, beschränken wir uns in diesem Rahmen darauf, die Installation der Voraussetzungen mithilfe von PowerShell unter Windows Server 2012 zu beschreiben. Führen Sie dazu den PowerShell-Befehl aus Listing 16.1 unter Verwendung lokaler administrativer Privilegien aus.

Listing 16.1 PowerShell-basierte Installation der Voraussetzungen für Office Web Apps

```
Add-WindowsFeature Web-Server,Web-Mgmt-Tools,Web-Mgmt-Console,Web-WebServer,Web-Common-Http,Web-Default-Doc,Web-Static-Content,Web-Performance,Web-Stat-Compression,Web-Dyn-Compression,Web-Security,Web-Filtering,Web-Windows-Auth,Web-App-Dev,Web-Net-Ext45,Web-Asp-Net45,Web-ISAPI-Ext,Web-ISAPI-Filter,Web-Includes,InkandHandwritingServices
```

ONLINE Sie finden den PowerShell-Befehl innerhalb der Begleitdateien zum Buch unter dem Namen *OWA_PreReq_W2012.ps1*. Für die Installation unter Windows Server 2008 R2 finden Sie dort entsprechend ein leicht abweichendes Skript unter dem Namen *OWA_PreReq_W2008R2.ps1*.

Führen Sie nach der Ausführung des Befehls einen Neustart des Servers durch, um die Installation der Windows-Komponenten erfolgreich abzuschließen. Fahren Sie im Anschluss mit der Installation des nächsten Servers fort.

Bereitstellung eines Office Web Apps-Servers

In diesem Abschnitt werden die zentralen Bereitstellungsszenarien von Office Web Apps-Farmen behandelt.

Bereitstellen einer Einzelserverfarm

Zur Bereitstellung einer Einzelserverfarm für Office Web Apps gehen Sie wie folgt vor.

HINWEIS Beachten Sie bitte, dass Sie für die Einrichtung der Office Web Apps-Farm potenziell einen DNS-Record registrieren müssen, unter dem die Office Web Apps-Farm künftig angesprochen werden soll.

1. Melden Sie sich unter Verwendung von lokalen Privilegien an und führen Sie das Office Web Apps-Setup aus.
2. Akzeptieren Sie die Lizenzbedingungen und klicken Sie auf *Weiter.*
3. Geben Sie bei Bedarf einen alternativen Dateispeicherort für die Office Web Apps-Programmressourcen an und klicken Sie auf *Jetzt installieren.*
4. Nach Abschluss der erfolgreichen Installation klicken Sie auf *Schließen*, um die Installation zu beenden.

HINWEIS Sollten Sie bei der Binärinstallation auf Probleme stoßen, finden Sie erweiterte Informationen zu den Ergebnissen der Binärinstallationsroutine in einer Protokolldatei unter dem Pfad *%UserProfile%\AppData\Local\Temp*. Suchen Sie in diesem Pfad nach Dateien mit dem Namen *Wac Server Setup([Datumsangabe]).log*.

Installieren Sie nun optional die verfügbaren Sprachpakete für Office Web Apps, um letztlich auch innerhalb Office Web Apps alle zuvor bereits in SharePoint bereitgestellten Sprachpakete anbieten zu können. Wechseln Sie dazu vorübergehend zum Abschnitt »Bereitstellen von Sprachpaketen für Office Web Apps« weiter hinten in diesem Kapitel.

In der Regel ist nach der Binärinstallation kein Neustart des Servers erforderlich. Fahren Sie daher mit der Erstellung der Office Web Apps fort, die ausschließlich mithilfe der PowerShell realisiert werden kann:

1. Öffnen Sie die PowerShell unter Verwendung von administrativen Privilegien.

HINWEIS Die Module von Office Web Apps werden automatisch beim Start der PowerShell geladen, daher müssen Sie nicht den Befehl *Import-Module OfficeWebApps* ausführen, um auf die Cmdlets von Office Web Apps zugreifen zu können.

2. Erstellen Sie eine neue Office Web Apps-Farm, indem Sie das folgende Beispielskript verwenden, um eine Office Web Apps Farm unverschlüsselt via HTTP zu veröffentlichen. Ersetzen Sie zuvor den Wert für *InternalURL* durch einen entsprechenden Wert. In diesem Beispiel wird der Zugriff auf die Funktionen mithilfe des Parameters *AllowHttp* freigegeben und neben dem standardmäßig schreibgeschützten Zugriff mithilfe des Parameters *EditingEnabled* aktiviert.

HINWEIS Beachten Sie, dass Sie den hier definierten FQDN in DNS registrieren müssen, damit die SharePoint-Server der Farm die Office Web Apps-Farm auflösen können. Sie können den DNS-Record auch nach dem Ausführen des folgenden Befehls registrieren:

```
New-OfficeWebAppsFarm –InternalURL http://owa.sincdemo.de –AllowHttp -EditingEnabled
```

Um Ihre Office Web Apps-Farm alternativ (wie empfohlen) via HTTPS zu veröffentlichen, verwenden Sie den folgende Beispielbefehl:

```
New-OfficeWebAppsFarm -InternalURL https://officeapps -ExternalURL https://
officeapps.sincdemo.de -CertificateName "OfficeWebApps" -EditingEnabled
```

In diesem Beispiel wird auf ein Serverauthentifizierungszertifikat mit dem Anzeigenamen *OfficeWebApps* verwiesen, das sich samt privatem Schlüssel im Computerzertifikatspeicher befindet. Das dort abgelegte Zertifikat kann beispielsweise mithilfe von Subject Alternate Names (SAN) die beiden unterschiedlichen, ansprechbaren Namen abbilden, damit es aufgrund nicht im Zertifikat signierter Namen zu keinen Verbindungsproblemen kommt. Das besagte Zertifikat ist zuvor mithilfe der IIS-Bindungen der Office Web Apps-Webanwendung zuzuordnen. Weitere Informationen zu SSL und der Ausstellung von Serverauthentifizierungszertifikaten finden Sie in Kapitel 13.

Weitere relevante Parameter bei der Erstellung einer Office Web Apps-Farm lauten wie folgt:

Tabelle 16.11 Primär relevante Office Web Apps-Parameter für die Erstellung der Farm

Parametername	Beschreibung
CacheLocation	Standardmäßig wird der Cache unter *%ProgramData%\Microsoft\OfficeWebApps\Working\d* abgelegt. Verschieben Sie diesen Bereich bei verfügbarem schnellen Alternativspeicher auf ein anderes Laufwerk.
CacheSizeInGB	Standardmäßig ist der Cache auf 15 GB begrenzt
ClipartEnabled	Dieser Schalter ermöglicht das Einfügen von Office-Cliparts aus dem Onlinekatalog
ExcelAllowExternalData	Ermöglicht die Berechnung von Daten aus externen Quellen
ExternalURL	Gibt die URL an, unter der Clients die Farm aus dem Internet heraus ansprechen
LogLocation	Gibt einen alternativen Pfad für die standardmäßig unter *%ProgramData%\Microsoft\OfficeWebApps\Data\Logs\ULS* abgelegten ULS-Protokolldateien an
LogRetentionInDays	Gibt eine Aufbewahrungsfrist für die Protokolldateien an, welche standardmäßig bei 7 Tagen liegt
LogVerbosity	Gibt die Protokollierungsstufe für die geringste zu protokollierende Einheit an. Standardmäßig liegt diese bei Medium
MaxMemoryCacheSizeInMB	Definiert das Limit für den Renderingcache, welche standardmäßig bei 1 GB liegt
OpenFromUncEnabled	Dieser Schalter ermöglicht das Anzeigen von Inhalten aus UNC-Pfaden durch Office Web Apps (erfordert zumindest *OpenFromUrlEnabled*)

Tabelle 16.11 Primär relevante Office Web Apps-Parameter für die Erstellung der Farm *(Fortsetzung)*

Parametername	Beschreibung
Proxy	Gibt die URL zu einem Proxyserver an, um Funktionen für *ClipartEnabled* oder *TranslationEnabled* zur Verfügung zu stellen
RenderingLocalCacheLocation	Definiert den temporären Speicherort für das Word- und PowerPoint-Anzeigemodul, welche die Daten standardmäßig unter dem Pfad *%ProgramData%\Microsoft\OfficeWebApps\Working\waccache* ablegen
SSLOffloaded	Ermöglicht das Auslagern der SSL-Verschlüsselung auf Lastenausgleichsmodule (Load Balancer). Hierdurch wird es auf den Server der Farm lediglich erforderlich, die IIS-Webanwendungen für HTTP zu binden, obwohl die Verbindungs-URL mit HTTPS definiert wurde.
TranslationEnabled	Ermöglicht die Übersetzung von durch Office Web Apps dargestellten Inhalten

3. Führen Sie abschließend einen IISReset aus:

```
IISReset /noforce
```

4. Für eine Prüfung der Bereitstellung der Installation führen Sie die Routinen des folgenden Abschnitts durch.

Bereitstellung einer Multi-Server-Office Web Apps-Farm

Um eine Office Web Apps-Farm mit mehreren Knoten bereitzustellen, folgen Sie bitte den Anweisungen für eine Einzelserverfarm, mit der Abweichung, dass Sie für alle nach dem ersten Knoten der Farm nachfolgenden Knoten anstelle des Cmdlets *New-OfficeWebAppsFarm* den folgenden, entsprechend angepassten Befehl ausführen. Ersetzen Sie dabei *FARMSERVER* durch den FQDN eines bereits in der Farm bestehenden Knotens.

```
New-OfficeWebAppsMachine –MachineToJoin "FARMSERVER"
```

Bereitstellen von Sprachpaketen für Office Web Apps

Die Bereitstellung von Sprachpaketen für Office Web Apps ist an sich trivial, erfordert jedoch in Abhängigkeit von der Ausgangssituation wichtige Anpassungen im Ablauf. Gehen Sie dazu wie folgt vor:

1. Melden Sie sich unter Verwendung von lokalen Privilegien an und starten Sie die PowerShell mit diesen erweiterten Rechten.
2. Sollte die Office Web Apps-Farm bereits zu diesem Zeitpunkt existieren, entfernen Sie den Server zunächst aus der Farm:

```
Remove-OfficeWebAppsMachine
```

3. Führen Sie das Setup für das jeweilige Sprachpaket für Office Web Apps aus.

HINWEIS Sie finden die Office Web Apps-Sprachpakete unter dem Link *http://go.microsoft.com/fwlink/p/?LinkId=263945* [Ms156-K16-01]. Für Office Web Apps gibt es die exakt gleiche Auswahl an Sprachpaketen wie für SharePoint Server. Zu diesem Zeitpunkt handelt es sich dabei um 43 zur Verfügung stehende Sprachpakete. Eine Auflistung der zu diesem Zeitpunkt verfügbaren Sprachpakete finden Sie in Kapitel 3.

4. Akzeptieren Sie die Lizenzbedingungen und klicken Sie auf die lokalisierte *Weiter*-Schaltfläche.
5. Nach Abschluss der erfolgreichen Installation klicken Sie auf *Schließen*, um die Installation zu beenden.
6. Installieren Sie nun bei Bedarf entsprechend alle noch verbleibenden Sprachpakete.
7. Sofern bereits vor Beginn der Routine eine Office Web Apps-Farm definiert wurde, starten Sie den Dienst beispielsweise mit folgenden Befehlen neu:

```
Net stop wacsm
Net start wacsm
```

HINWEIS Die Ausführung zusätzlicher Konfigurations-Assistenten nach der Installation von Sprachpaketen, wie für SharePoint, ist für Office Web Apps nicht erforderlich.

Konfiguration der SharePoint-Farm für die Verbindung nach Office Web Apps

Um eine SharePoint-Farm an die Office Web Apps-Farm anzubinden, öffnen Sie die SharePoint-Verwaltungsshell unter Verwendung von farmadministrativen Rechten und führen Sie den folgenden Befehl aus:

```
New-SPWOPIBinding –ServerName "officeapps.sincdemo.de" -AllowHTTP
```

HINWEIS Bei SSL-aktivierten OWA-Farmen entfernen Sie entsprechend den *AllowHTTP*-Switch.

Überprüfen Sie abschließend die Bereitstellung von Office Web Apps, indem Sie Beispieldateien in eine SharePoint-Site hochladen und diese in Office Web Apps öffnen.

Verwenden Sie das oben angeführt Verfahren, um weitere SharePoint-Farmen an Ihre Office Web Apps-Farm anzubinden.

Verifikation der Office Web Apps-Bereitstellung

Führen Sie die folgenden Prüfungen durch, um den Erfolg der Office Web Apps-Bereitstellung zu verifizieren:

1. Öffnen Sie die zuvor definierte Zugriffs-URL im Browser und fügen Sie dieser das Suffix */hosting/discovery* an (Abbildung 16.3). Sofern die Farm bereitgestellt wurde, finden Sie an dieser Stelle die Definition der für die definierten Erweiterungen verfügbaren Aktionen.

Abbildg. 16.3 Browserverifikation der Office Web Apps-Aktionen für die entsprechenden Erweiterungen

2. Öffnen Sie testweise ein Office-Dokument in einer SharePoint-Webanwendung mithilfe des Browsers und verifizieren Sie, ob die Darstellung erfolgreich gelingt (Abbildung 16.4).

Abbildg. 16.4 Überprüfung der Funktionalität von Office Web Apps in SharePoint

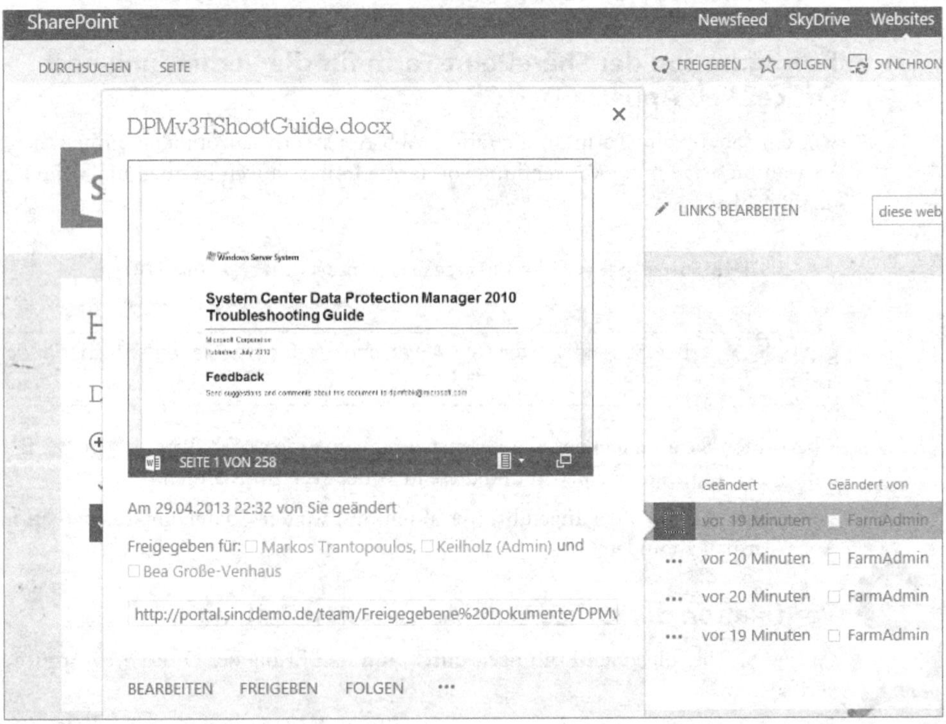

HINWEIS Beachten Sie, dass Sie für die Tests kein Systemkonto verwenden, da es bei der Verwendung von Systemkonten generell zu Fehlern beim Zugriff auf Office Web Apps kommt.

3. Nun finden Sie unter Ihrem Office Web Apps-Farmserver neben den traditionellen Webserverprozessen (*W3wp.exe*) zahlreiche neue Prozesse vor, die im Rahmen des zentralen Office Web Apps-Diensts (WACSM) laufen (Abbildung 16.5).

Abbildg. 16.5 Prozessübersicht der Office Web Apps innerhalb des Task-Managers

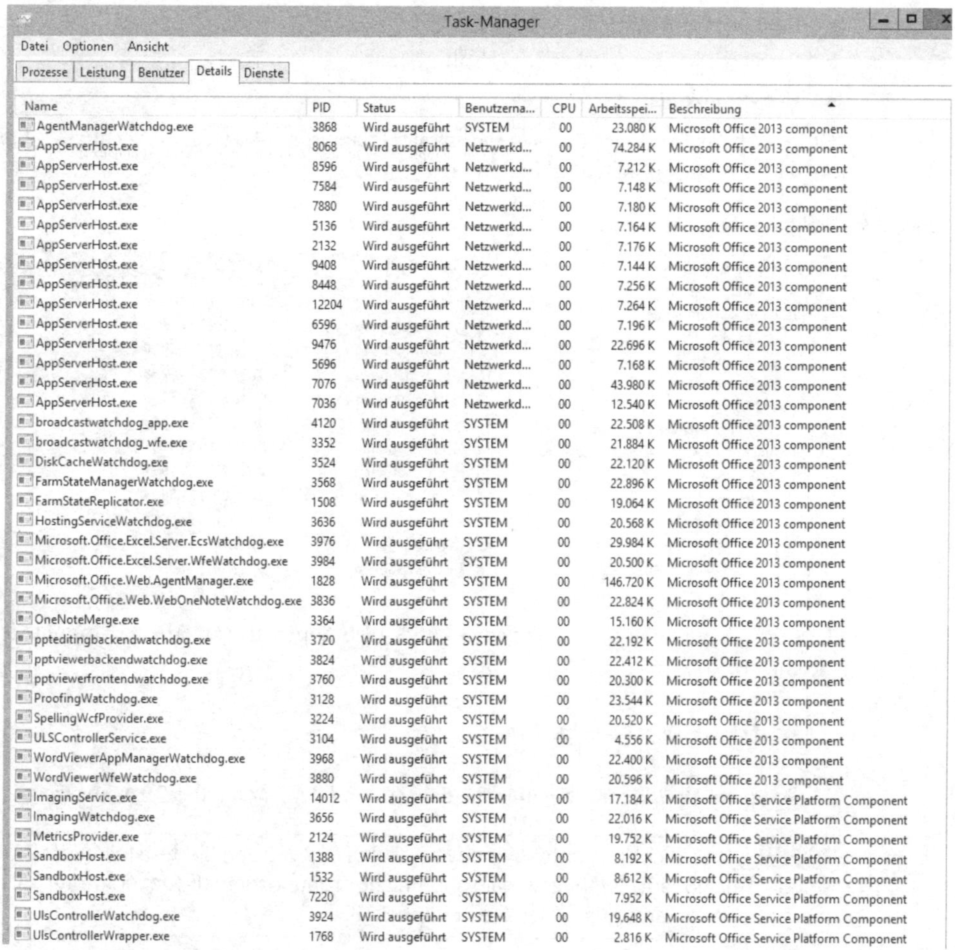

Name	PID	Status	Benutzerna...	CPU	Arbeitsspei...	Beschreibung
AgentManagerWatchdog.exe	3868	Wird ausgeführt	SYSTEM	00	23.080 K	Microsoft Office 2013 component
AppServerHost.exe	8068	Wird ausgeführt	Netzwerkd...	00	74.284 K	Microsoft Office 2013 component
AppServerHost.exe	8596	Wird ausgeführt	Netzwerkd...	00	7.212 K	Microsoft Office 2013 component
AppServerHost.exe	7584	Wird ausgeführt	Netzwerkd...	00	7.148 K	Microsoft Office 2013 component
AppServerHost.exe	7880	Wird ausgeführt	Netzwerkd...	00	7.180 K	Microsoft Office 2013 component
AppServerHost.exe	5136	Wird ausgeführt	Netzwerkd...	00	7.164 K	Microsoft Office 2013 component
AppServerHost.exe	2132	Wird ausgeführt	Netzwerkd...	00	7.176 K	Microsoft Office 2013 component
AppServerHost.exe	9408	Wird ausgeführt	Netzwerkd...	00	7.144 K	Microsoft Office 2013 component
AppServerHost.exe	8448	Wird ausgeführt	Netzwerkd...	00	7.256 K	Microsoft Office 2013 component
AppServerHost.exe	12204	Wird ausgeführt	Netzwerkd...	00	7.264 K	Microsoft Office 2013 component
AppServerHost.exe	6596	Wird ausgeführt	Netzwerkd...	00	7.196 K	Microsoft Office 2013 component
AppServerHost.exe	9476	Wird ausgeführt	Netzwerkd...	00	22.696 K	Microsoft Office 2013 component
AppServerHost.exe	5696	Wird ausgeführt	Netzwerkd...	00	7.168 K	Microsoft Office 2013 component
AppServerHost.exe	7076	Wird ausgeführt	Netzwerkd...	00	43.980 K	Microsoft Office 2013 component
AppServerHost.exe	7036	Wird ausgeführt	Netzwerkd...	00	12.540 K	Microsoft Office 2013 component
broadcastwatchdog_app.exe	4120	Wird ausgeführt	SYSTEM	00	22.508 K	Microsoft Office 2013 component
broadcastwatchdog_wfe.exe	3352	Wird ausgeführt	SYSTEM	00	21.884 K	Microsoft Office 2013 component
DiskCacheWatchdog.exe	3524	Wird ausgeführt	SYSTEM	00	22.120 K	Microsoft Office 2013 component
FarmStateManagerWatchdog.exe	3568	Wird ausgeführt	SYSTEM	00	22.896 K	Microsoft Office 2013 component
FarmStateReplicator.exe	1508	Wird ausgeführt	SYSTEM	00	19.064 K	Microsoft Office 2013 component
HostingServiceWatchdog.exe	3636	Wird ausgeführt	SYSTEM	00	20.568 K	Microsoft Office 2013 component
Microsoft.Office.Excel.Server.EcsWatchdog.exe	3976	Wird ausgeführt	SYSTEM	00	29.984 K	Microsoft Office 2013 component
Microsoft.Office.Excel.Server.WfeWatchdog.exe	3984	Wird ausgeführt	SYSTEM	00	20.500 K	Microsoft Office 2013 component
Microsoft.Office.Web.AgentManager.exe	1828	Wird ausgeführt	SYSTEM	00	146.720 K	Microsoft Office 2013 component
Microsoft.Office.Web.WebOneNoteWatchdog.exe	3836	Wird ausgeführt	SYSTEM	00	22.824 K	Microsoft Office 2013 component
OneNoteMerge.exe	3364	Wird ausgeführt	SYSTEM	00	15.160 K	Microsoft Office 2013 component
ppteditingbackendwatchdog.exe	3720	Wird ausgeführt	SYSTEM	00	22.192 K	Microsoft Office 2013 component
pptviewerbackendwatchdog.exe	3824	Wird ausgeführt	SYSTEM	00	22.412 K	Microsoft Office 2013 component
pptviewerfrontendwatchdog.exe	3760	Wird ausgeführt	SYSTEM	00	20.300 K	Microsoft Office 2013 component
ProofingWatchdog.exe	3128	Wird ausgeführt	SYSTEM	00	23.544 K	Microsoft Office 2013 component
SpellingWcfProvider.exe	3224	Wird ausgeführt	SYSTEM	00	20.520 K	Microsoft Office 2013 component
ULSControllerService.exe	3104	Wird ausgeführt	SYSTEM	00	4.556 K	Microsoft Office 2013 component
WordViewerAppManagerWatchdog.exe	3968	Wird ausgeführt	SYSTEM	00	22.400 K	Microsoft Office 2013 component
WordViewerWfeWatchdog.exe	3880	Wird ausgeführt	SYSTEM	00	20.596 K	Microsoft Office 2013 component
ImagingService.exe	14012	Wird ausgeführt	SYSTEM	00	17.184 K	Microsoft Office Service Platform Component
ImagingWatchdog.exe	3656	Wird ausgeführt	SYSTEM	00	22.016 K	Microsoft Office Service Platform Component
MetricsProvider.exe	2124	Wird ausgeführt	SYSTEM	00	19.752 K	Microsoft Office Service Platform Component
SandboxHost.exe	1388	Wird ausgeführt	SYSTEM	00	8.192 K	Microsoft Office Service Platform Component
SandboxHost.exe	1532	Wird ausgeführt	SYSTEM	00	8.612 K	Microsoft Office Service Platform Component
SandboxHost.exe	7220	Wird ausgeführt	SYSTEM	00	7.952 K	Microsoft Office Service Platform Component
UlsControllerWatchdog.exe	3924	Wird ausgeführt	SYSTEM	00	19.648 K	Microsoft Office Service Platform Component
UlsControllerWrapper.exe	1768	Wird ausgeführt	SYSTEM	00	2.816 K	Microsoft Office Service Platform Component

Weitere Details zur Fehleranalyse finden Sie im folgenden Abschnitt und in Kapitel 18.

Administration

Die folgenden zentralen Verwaltungsoperationen sind für die Administration von Office Web Apps hilfreich.

Überwachen von Office Web Apps

Für die Überwachung von Office Web Apps stehen Ihnen im Wesentlichen die folgenden primären Indizien zur Verfügung:

- Ereignisprotokolle
- PowerShell-Integritätsbericht (Health Report)
- ULS-Protokolle

Office Web Apps verfügen über ein spezifisches Ereignisprotokoll, das die wichtigsten Ereignisse anzeigt, auf die Sie reagieren sollten (Abbildung 16.6).

Abbildg. 16.6 Ereignisanzeigeintegration von Office Web Apps

Um einen Status aller Maschinen einer Office Web Apps-Farm zu erhalten, führen Sie den folgenden Befehl aus:

```
(Get-OfficeWebAppsFarm).machines
```

In der Spalte *HealthStatus* erhalten Sie den Zustand der Knoten der Farm angezeigt.

ACHTUNG Nicht nur unter Windows Server 2012 werden Sie feststellen, dass quasi alle Server standardmäßig laut Befehlszeilenausgabe nicht ordnungsgemäß funktionierten. Die Hintergründe hierzu und Workarounds finden Sie in Kapitel 18.

Nachträgliche Abänderung auf HTTPS für Office Web Apps

Um HTTPS nachträglich zu aktivieren, gehen Sie wie folgt vor:

1. Installieren Sie ein geeignetes Serverzertifikat auf allen Office Web Apps-Servern der Farm.
2. Führen Sie auf einem Office Web Apps-Server den folgenden Befehl in der PowerShell aus und bestätigen Sie im Anschluss den Hinweis auf die Auswirkungen der Betriebsunterbrechung.

```
Set-OfficeWebAppsFarm -CertificateName "NameDesZertifikates (CN)" -InternalURL "OWA-FQDN"
```

Im nachfolgenden Beispiel wurde eine zweite Zone für die externen Zugriffe via SSL konfiguriert, indem die *ExternalZone* Anwendung findet (Abbildung 16.7).

HINWEIS Anders als bei SharePoint stehen Ihnen lediglich zwei Zonen für die Veröffentlichung von Office Web Apps zur Verfügung.

Abbildg. 16.7 SSL-Konfiguration in einer zweiten Zone

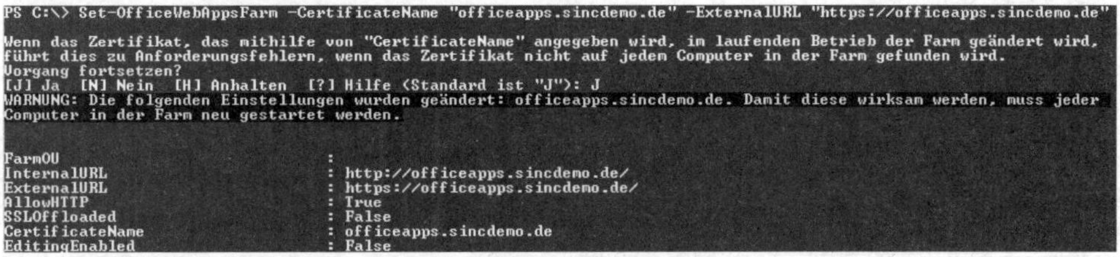

HINWEIS Die SSL-Bindungskonfiguration in IIS erfolgt automatisch im Rahmen der hier durchgeführten Operation.

3. Starten Sie die Office Web Apps-Server neu.
4. Öffnen Sie nun auf einem SharePoint-Server die SharePoint-Verwaltungsshell und entfernen Sie die WOPI-Bindungen der SharePoint-Farm durch den folgenden Befehl mit anschließender Bestätigung:

```
Remove-SPWOPIBinding -All:$true
```

5. Fügen Sie die SharePoint-Farm nun erneut mit den gewünschten Parametern zur Farm hinzu, beispielsweise mit dem Befehl:

```
New-SPWOPIBinding -ServerName "officeapps.sincdemo.de"
```

Führen Sie abschließend eine Überprüfung gemäß den im Abschnitt »Verifikation der Office Web Apps-Bereitstellung« weiter vorne in diesem Kapitel definierten Anweisungen durch.

Protokolldaten verschieben

Standardmäßig liegen die Office Web Apps-ULS-Protokolle unter *%ProgramData%\Microsoft\OfficeWebApps\Data\Logs\ULS*. Um diese zu verschieben, führen Sie den folgenden PowerShell-Befehl aus:

```
Set-OfficeWebAppsFarm -LogLocationn "C:\Beispielpfad"
```

Damit die Änderung angewendet wird, ist es erforderlich, den Dienst neu zu starten:

```
Net stop wacsm
Net start wacsm
```

HINWEIS Im Abschnitt »Bereitstellen einer Einzelserverfarm« weiter vorne in diesem Kapitel finden Sie in Tabelle 16.11 weitere Parameter für die nachträgliche Anpassung der Office Web Apps-Konfiguration.

Steuerung des Bearbeitungsmodus

Um die Bearbeitung von Office-Inhalten im Browser nachträglich zu ermöglichen, steht Ihnen das folgende Cmdlet zur Verfügung:

```
Set-OfficeWebApps -EditingEnabled:$true
```

Bestätigen Sie mit der Taste [A] und der [↵]-Taste, dass Sie über die entsprechenden Lizenzen verfügen.

HINWEIS Beachten Sie, dass Sie auch bei mehreren SharePoint Server-Farmen keine Differenzierung für den Bearbeitungsmodus umsetzen können.

Um die Bearbeitungsoption zu deaktivieren, geben Sie entsprechend den Parameterwert *$false* an. Es ist nicht erforderlich, den Webserver zurückzusetzen, um die hierdurch erfolgten Änderungen anzuwenden.

Konfiguration von freigeschalteten Dateioperationshosts

Um die standardmäßig nicht eingeschränkte Liste für die Nutzung von Dateioperationen einzuschränken, können Sie Domänen definieren. So können Sie beispielsweise durch das Hinzufügen von den Domänen *sincdemo.de* und *firma.de* zur Liste der erlaubten Domänen dafür sorgen, dass Hosts anderer Domänen nicht auf die Dateioperationen Ihrer Office Web Apps-Farm zugreifen können. Nutzen Sie hierzu nach der Erstellung der Farm das folgende Cmdlet:

```
New-OfficeWebAppsHost –domain "sincdemo.de"
```

HINWEIS Durch die Definition einer Domäne wird automatisch ein Platzhalter (Wildcard) angefügt, der auch alle Subdomänen umfasst. Beachten Sie, dass Sie für jede weitere Domäne einen separaten Befehl ausführen müssen, um diese valide in die Liste der erlaubten Domänen aufzunehmen.

Konfiguration des Standardöffnungsverhaltens

Sie können entweder mithilfe eines Websitesammlungsfeatures (namens *Dokumente standardmäßig in Clientanwendungen öffnen*) oder auf Dokumentbibliotheksebene konfigurieren, wie Dokumente standardmäßig zu öffnen sind. Entsprechend der Standardeinstellung werden die Inhalte im Browser geöffnet. Aktivieren Sie für eine Änderung des Verhaltens entweder das entsprechende Websitesammlungsfeature oder aktivieren Sie auf Dokumentbibliothekseinstellungsebene ein individuell abweichendes Verhalten, indem Sie in den erweiterten Dokumentbibliothekseinstellungen eine entsprechende Auswahl treffen (Abbildung 16.8).

Abbildg. 16.8 Standardöffnungsverhalten auf Dokumentbibliotheksebene

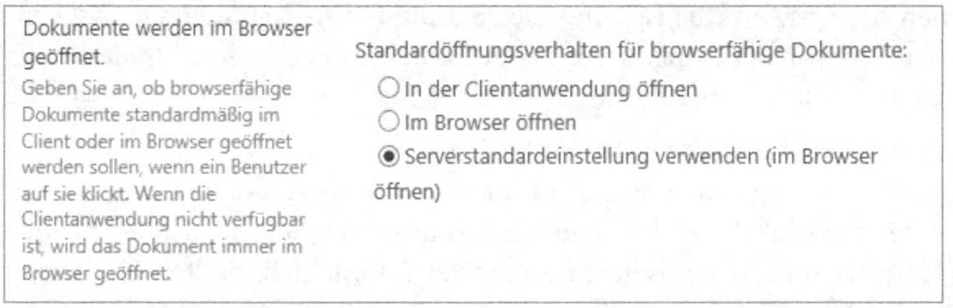

Verhindern der Verwendung von Office Web Apps für Excel-Dateien

Sollten Sie parallel Excel Services auf der Farm bereitgestellt haben und diese bevorzugt anstelle von Office Web Apps zur Anzeige von Excel-Dateien verwenden wollen, führen Sie das Skript aus Listing 16.2 auf einem SharePoint-Server aus.

Listing 16.2 Deaktivierung von Office Web Apps für Excel Services-Inhalte

```
New-SPWOPISupressionSetting -Extension "XLSX" -Action "view"
New-SPWOPISupressionSetting -Extension "XLS" -Action "view"
```

Aktualisierung von Office Web Apps

Das Einspielen von Aktualisierungen für eine Office Web Apps-Serverfarm weicht deutlich vom entsprechenden Verfahren für SharePoint-Farmen ab. Es ist daher wichtig, dass Sie die hier beschriebenen Anweisungen befolgen, um die Funktionstüchtigkeit der Farm gewährleisten zu können.

HINWEIS Aufgrund des OWA-spezifischen Aktualisierungsverfahrens ist es nicht möglich, die OWA-Aktualisierungen im Rahmen von Windows Update automatisiert bereitzustellen. Sollte die Farm durch eine unbedacht durchgeführte Aktualisierung nicht mehr funktional sein, finden Sie in Kapitel 18 eine Beschreibung der für die Instandsetzung erforderlichen Maßnahmen.

Sie finden die Office Web Apps-Aktualisierungen unter der URL *http://go.microsoft.com/fwlink/p/?LinkId=280271* [Ms156-K16-02]. Beachten Sie, dass es sich bei den OWA-Aktualisierungen, wie für SharePoint-Server, immer um globale Updates handelt und demnach keine sprachspezifischen Aktualisierungen verfügbar sind.

Im Rahmen der Office Web Apps-Aktualisierung sieht das Standardvorgehen entsprechend der Abbildung 16.9 aus.

Abbildg. 16.9 Standard-Aktualisierungsverfahren für Office Web Apps-Farmen

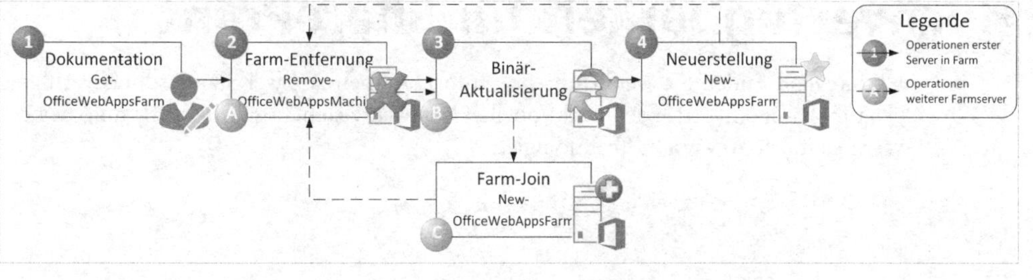

1. Dokumentation der Office Web Apps-Farmeinstellungen

   Da im Rahmen der OWA-Aktualisierung die gesamte OWA-Farm neu zu erstellen ist, müssen Sie die Änderungen vor dem Abbau der OWA-Farm beispielsweise mithilfe des Cmdlets *Get-OfficeWebAppFarm* dokumentieren.

2. Entfernung des Office Web Apps-Servers von der Farm

   Entfernen Sie nun den ersten oder einzigen Knoten aus der Farm, indem Sie das Cmdlet *Remove-OfficeWebAppsMachine* lokal auf dem entsprechenden OWA-Server ausführen. Für die Ausführung dieses Cmdlets sind keine weiteren Parameter erforderlich. Sollten Sie mehrere Server in einem Lastenausgleich verwenden, entfernen Sie an dieser Stelle zuvor den Server aus der Lastenausgleichsgruppe.

3. Einspielen der Office Web Apps-Aktualisierung und ggf. Neustart des Servers

   Installieren Sie das jeweilige OWA-Update lokal auf dem entsprechenden Server.

4. Neuerstellung der Farm

   Erstellen Sie die Farm mithilfe der in Schritt 1 festgehaltenen Farmkonfigurationsparameter neu, indem Sie das Cmdlet *New-OfficeWebAppsFarm* verwenden. Weitere Details hierzu entnehmen Sie dem entsprechenden Abschnitt.

5. Sofern Sie über mehrere Server in einer Farm verfügen, ersetzen Sie die alte Lastenausgleichsgruppe durch den soeben aktualisierten Server und wiederholen nun für jeden weiteren Server die Schritte 3 bis 4. Fügen Sie die neuen Server zu der Farm hinzu, indem Sie mithilfe des Befehls *New-OfficeWebAppsMachine –MachineToJoin "[ErsterServerInAktualisierterFarm]"* anstelle der klassischen Farmneuerstellung nun jeden weiteren Server lediglich zur Farm hinzufügen und den Server abschließend in die Lastenausgleichsgruppe wiederaufnehmen.

HINWEIS Anders als für SharePoint-Server gibt es für Office Web Apps-Server keinen Assistenten für die Farmkonfiguration, der nach der binären Installation von Aktualisierungen ausgeführt werden muss. Es ist zudem standardmäßig nicht erforderlich, im Rahmen der Farmneuerstellung auch die Befehle für die OWA-Verbindung auf der SharePoint-Farm auszuführen. Beachten Sie jedoch die Dokumentationen künftiger OWA-Service Packs, um sicherzustellen, dass nicht ggf. etwaige neue WOPI-Bindungen nachzupflegen sind.

Trennen einer Office Web Apps-Farm von einer SharePoint-Farm

Zum vollständigen Trennen einer Office Web Apps-Farm von einer SharePoint-Farm müssen Sie den folgenden Befehl auf einem der SharePoint-Server ausführen:

```
Remove-SPWOPIBindung -All:$true -Confirm:$false
```

Hochverfügbarkeit für SharePoint

Nachfolgend finden Sie weiterführende Informationen zu zwei Standardhochverfügbarkeitslösungen für SharePoint 2013: den traditionellen Netzwerklastenausgleich (NLB) und die neu in SQL Server eingeführte AlwaysOn-Technologie.

Netzwerklastenausgleich

Für die Einrichtung von NLB wird empfohlen, dass Sie sich zuvor eingehend in Kapitel 3 mit der Wahl des Betriebsmodus und dessen Auswirkungen beschäftigt haben.

HINWEIS Der auf Windows Server basierende Netzwerklastenausgleich hat sich im Vergleich zur Vorgängerversion von Windows Server nicht relevant geändert. Aus diesem Grund wurden die Abbildungen und Anweisungen von Windows Server 2008 R2 beibehalten.

NLB einrichten

In der Übersicht sind folgende Schritte erforderlich, um einen NLB-Cluster einzurichten.

- Installation des NLB-Features
- Konfiguration des NLB-Clusters

Die Zuordnung der NLB-Cluster-IP-Adresse zu einer SharePoint-Site ist nach der Einrichtung nicht explizit erforderlich, da standardmäßig die Webanwendungen so eingestellt sind, dass Sie auf alle IP-Adressen reagieren. Eine Ausnahme stellt dabei die parallele Verwendung mehrerer SSL-Sites auf dem Standardport (TCP 443) dar. In dieser Situation ist eine zusätzliche manuelle Zuordnung der NLB-IP zur SharePoint-Site erforderlich.

Für eine erfolgreiche Einrichtung sind die folgenden Voraussetzungen erforderlich:

- Mindestens eine Cluster-IP-Adresse, bzw. weitere IP-Adressen, sofern Sie mehrere IP-Adressen für SharePoint benötigen (beispielsweise bei der Publizierung mehrerer SSL-Sites)
- Administrative Berechtigungen auf allen Clusterknoten

Gehen Sie wie folgt vor, um einen NLB-Cluster einzurichten:

1. Fügen Sie das Feature *NLB* auf den Web-Front-End-Servern hinzu. Um diese über den Server-Manager hinzuzufügen, installieren Sie das Feature *Netzwerklastenausgleich.*

   Um den Server-Manager über die Befehlszeile hinzuzufügen, verwenden Sie den PowerShell-Befehl *Add-WindowsFeature NLB.*
2. Es hat sich bewährt, die Einrichtung von NLB nicht von einem der Clusterknoten, sondern von einem Remotesystem aus zu steuern. Installieren Sie dazu die Remoteverwaltungswerkzeuge auf einem dritten System. Wählen Sie die entsprechend abweichende Option in den Features aus oder verwenden Sie den angepassten PowerShell-Module-Befehl zur Installation (*Add-WindowsFeature RSAT-NLB*).
3. Zum Einrichten des NLB-Clusters starten Sie den Netzwerklastenausgleich-Manager auf dem Verwaltungssystem (idealerweise nicht auf einem Mitgliedsserver des Clusters).
4. Rufen Sie den Menübefehl *Cluster/Neu* auf.
5. Im Dialogfeld *Cluster: Verbinden* geben Sie im Eingabefeld *Host* den Namen des ersten Knotens ein und klicken auf *Verbinden.*
6. Wählen Sie die externe Schnittstelle aus und klicken Sie auf *Weiter.*

HINWEIS Sie können nicht mehrere Netzwerkkarten eines Hosts zu einem NLB-Cluster hinzufügen.

7. Wählen Sie die dedizierte IP des Knoten aus und klicken Sie auf *Weiter.*
8. Im Dialogfeld *Cluster-IP-Adressen* klicken Sie auf *Hinzufügen* und geben die gewünschte neue IP-Adresse an. Diese IP-Adresse wird die Adresse, unter der die eingehenden Verbindungen zwischen den NLB-Arraymitgliedern aufgeteilt werden. Fügen Sie ggf. weitere IP-Adressen hinzu und klicken Sie auf *Weiter.*
9. Im Dropdownlistenfeld *IP-Adresse* wählen Sie die primäre Cluster-IP-Adresse aus und geben im Eingabefeld *Vollständiger Internetname* einen Hostnamen an, der über DNS bzw. die *Hosts*-Datei auflösbar sein sollte. Sie können hier auch den Namen verwenden, den Sie für das Ansprechen der SharePoint-Webanwendung verwenden möchten (Abbildung 16.10).

Abbildg. 16.10 NLB-Clusterparameter

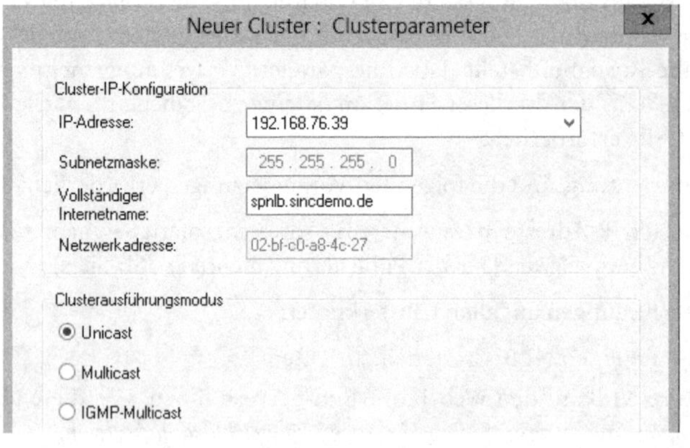

10. Entscheidend für die Einrichtung des Clusters ist jedoch die Auswahl des Clusterausführungsmodus. Die Grundlagen für diese Entscheidung finden Sie in Kapitel 3. Klicken Sie auf *Weiter.*

Unicast-NLB ab Hyper-V v2

Sollten Sie die Hosts des Clusters auf einem Hyper-V-basierten Host bereitstellen und sich zusätzlich für den Unicastmodus entschieden haben, müssen Sie eine Besonderheit beachten: Ab Hyper-V v2 gibt es eine Sicherheitsfunktion, die verhindert, dass Hyper-V-Gastmaschinen ihre MAC-Adresse fälschen können, um diverse Angriffsszenarien (speziell in Hostingumgebungen) zu unterbinden. Dies führt zu elementaren Problemen bzw. dazu, dass Sie diesen Modus gar nicht erst eingerichtet bekommen. Aktivieren Sie daher zuvor in den Eigenschaften der Hyper-V-Gastmaschine das Spoofing von MAC-Adressen. Diese Konfiguration ist in der neuen Generation nicht mehr in den Eigenschaften der VMM-Netzwerkkonfiguration zu finden, sondern in den Portprofilen. Unter SCVMM 2012 finden Sie die Konfiguration unter *Fabric/Netzwerk/Portprofile* in den Sicherheitseinstellungen des jeweiligen Profils vor (Abbildung 16.11).

Abbildg. 16.11 Aktivierung von MAC-Spoofing via SCVMM 2012

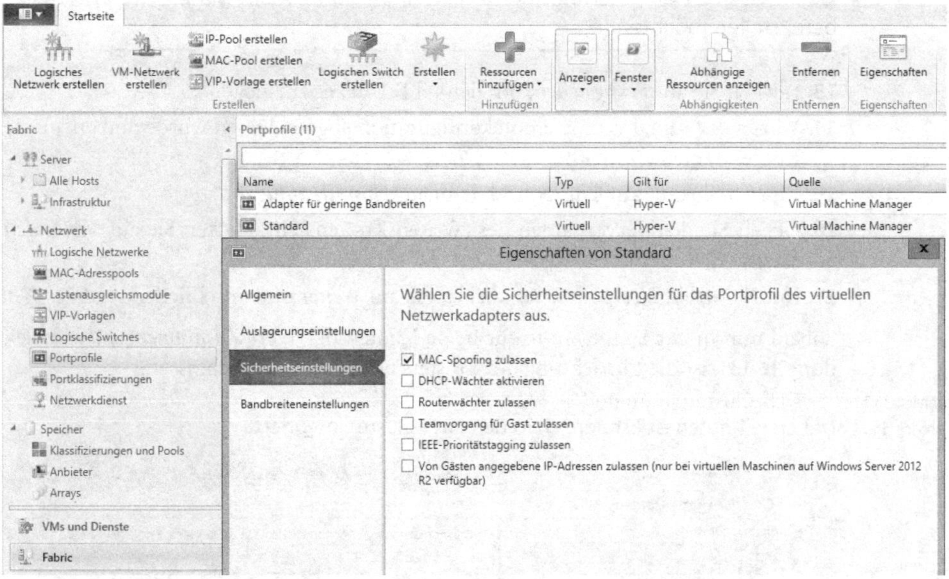

11. Im Dialogfeld *Portregeln* haben Sie die Möglichkeit, Einfluss darauf zu nehmen, wie beispielsweise die Lastverteilung für unterschiedliche Protokolle auszusehen hat. Klicken Sie auf *Bearbeiten*, um die Standardregel für alle Protokolle anzupassen.
12. Wählen Sie die Affinität gemäß Ihrer Planungsentscheidung (siehe Kapitel 3), und klicken Sie anschließend auf *OK* (Abbildung 16.12).

Abbildg. 16.12 Affinitätskonfiguration

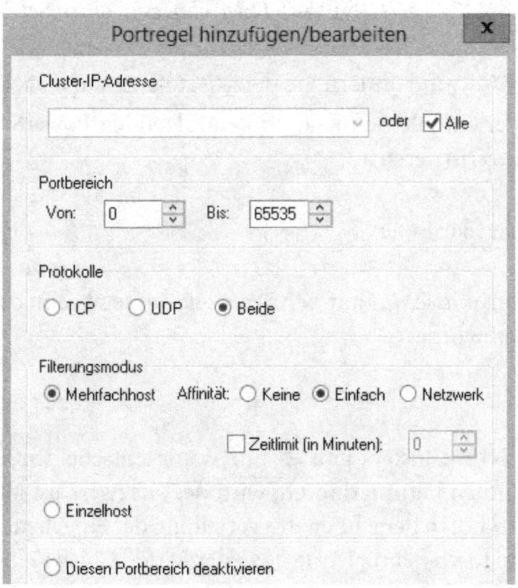

HINWEIS Den Filterungsmodus *Einzelhost* können Sie wählen, wenn Sie einen Standbyhost bereitstellen möchten.

13. Klicken Sie auf *Fertigstellen*, um den NLB-Cluster anzulegen.
14. Warten Sie nun, bis die Remotekonfiguration abgeschlossen wurde und ein grünes Symbol beim Knotennamen erscheint.
15. Klicken Sie nun auf *Cluster* und dann auf *Host hinzufügen*.
16. Geben Sie den Servernamen des zweiten Knotens ein, klicken Sie auf *Verbinden* und dann auf *Weiter*.
17. Im Dialogfeld *Hostparameter* klicken Sie auf *Weiter* und anschließend auf *Fertigstellen*.

Sobald nun in der Spalte *Status* für beide Knoten der Wert *Zusammengeführt* anzeigt wird (Abbildung 16.13), ist die Einrichtung des Clusters erfolgreich abgeschlossen.

Abbildg. 16.13 Der erste Knoten ist erfolgreich in den NLB-Cluster integriert

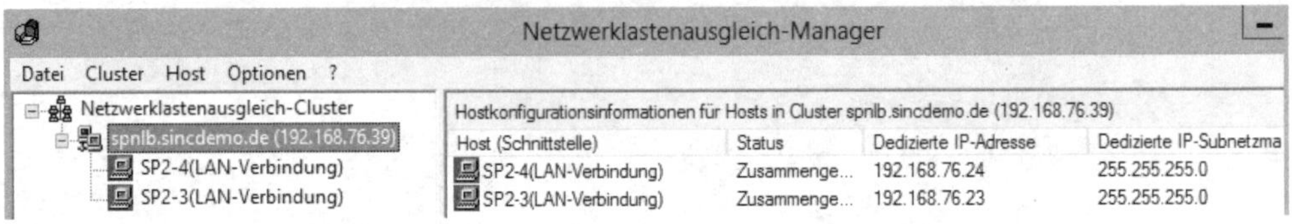

MaskSourceMac setzen

In Umgebungen, in denen Sie den Unicastmodus verwenden und mehrere Clusterknoten an einen dem Switch vorgeschalteten Hub anschließen, müssen Sie zusätzlich den Standardwert für *MaskSourceMac* anpassen. Gehen Sie dazu wie folgt vor:

1. Öffnen Sie jeweils auf dem entsprechenden Clusterknoten den Registrierungs-Editor und navigieren Sie zum Ordner *HKEY_LOCAL_MACHINE\SYSTEM\CurrentControlSet\Services\WLBS\Parameters\Interface\[GUID]*.
2. Doppelklicken Sie auf *MaskSourceMAC* und ändern Sie den Wert von *1* auf *0* ab.
3. Führen Sie auf einem der im Cluster enthaltenen Knoten den folgenden PowerShell-Befehl aus, um den Erfolg Ihrer Einstellung zu verifizieren:

```
Get-NlbClusterNode | fl Name,MaskSourceMac
```

Für alle Server muss der Parameter *MaskSourceMac* auf den Wert *False* gesetzt sein, damit die Konfiguration ordnungsgemäß abgeschlossen wurde.

NLB-Cluster verwalten

Für das Verwalten eines bestehenden NLB-Clusters gibt es nur wenig entscheidende Operationen. Sobald Sie beispielsweise einen NLB-Knoten herunterfahren, wird der Netzwerklastenausgleich automatisch beendet und die verbleibenden Knoten berechnen die Verteilung der eingehenden Verbindungen neu. Ebenso wird der Knoten automatisch beim Neustart wieder in den Cluster eingefügt.

Für manuelle Eingriffe in die Clusterverwaltung sollten Sie folgendes wissen: Sie haben die Möglichkeit, die Clusterhosts manuell zu steuern, um beispielsweise Wartungsarbeiten durchzuführen. In diesem Fall finden Sie im Netzwerklastenausgleich-Manager die folgenden Steuerungsoptionen (Abbildung 16.14).

Abbildg. 16.14 Steuerungsoptionen für den NLB-Cluster

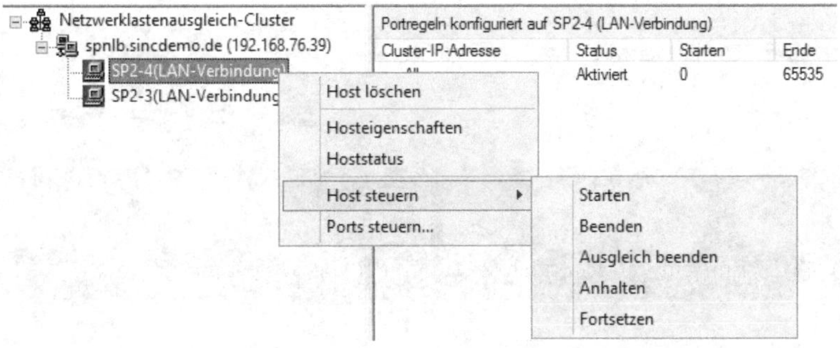

Die Steuerungsoptionen sind ein wenig irreführend, daher ist hier eine kurze Erläuterung hilfreich. Sie können den Host auf drei verschiedene Arten stoppen:

- Beenden
- Anhalten
- Ausgleich beenden

Der Befehl *Beenden* sorgt dafür, dass der Lastenausgleich unterbrochen wird und eingehende Verbindungen damit ebenfalls abrupt terminiert werden. Im Vergleich dazu führt der Befehl *Anhalten* zwar ebenfalls zu einer sofortigen Beendigung des Netzwerklastenausgleichs, jedoch werden außerdem alle Clustersteuerungsbefehle zum Netzwerklastenausgleich auf dem Host angehalten, mit Ausnahme der Befehle *Fortsetzen* und *Abfragen*. Der Befehl *Ausgleich beenden* hingegen führt nicht zu einem Abbruch bestehender Verbindungen. In diesem Fall kann der Host aktive Verbindungen weiter unterstützen, neuer Datenverkehr zu dem betreffenden Host wird jedoch nicht angenommen. Dies entspricht demnach einer sanften Deaktivierung mit auslaufenden Verbindungen.

Nach dem Beenden eines Hosts können Sie mit dem Befehl *Starten* erneut eine Zusammenführung der Clusterknoten, also eine Reaktivierung, forcieren.

AlwaysOn-Cluster

Die AlwaysOn-basierte Clustertechnologie bietet Ihnen seit SQL Server 2012 eine äußerst interessante Alternative zu den bisher verfügbaren SQL-Hochverfügbarkeitslösungen und wird daher in diesem Rahmen breiter ausgeführt.

Planung

Die sorgfältige Planung von AlwaysOn-basierten Clustern ist von großer Wichtigkeit, da diese Technologie trotz zahlreicher positiven Merkmale eine Reihe von Besonderheiten aufweist, die bei Nichtbeachtung zu erheblichen Störungen im Betrieb führen.

Die wichtigsten Planungsaspekte der AlwaysOn-Technologie finden Sie in Kapitel 3 vor.

Einrichtung

In der Übersicht kann die Einrichtung eines AlwaysOn-Clusters aus zwei unterschiedlichen Szenarien heraus erfolgen: Entweder wurde Ihre SharePoint 2013-Farm noch nicht bereitgestellt (Abbildung 16.15, Variante B) oder Ihre SharePoint-Farm existiert und Sie möchten AlwaysOn nachträglich bereitstellen (Abbildung 16.15, Variante A).

Abbildg. 16.15 Übersicht der AlwaysOn-Einrichtung

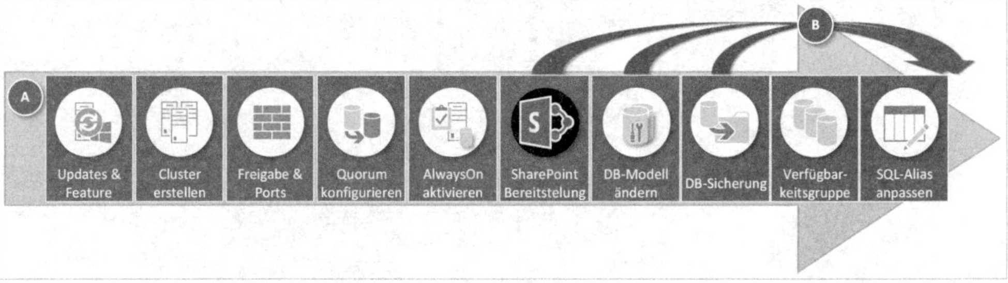

Demnach lautet die Abfolge im Idealfall wie folgt (Variante B):

- Einspielen der empfohlenen Windows Server- und SQL Server-Aktualisierungen für das Clustering
- Erstellen des Windows-Failoverclusters
- Quorum konfigurieren
- AlwaysOn aktivieren
- Freigabe und Firewallports einrichten
- Einrichtung des SQL-Alias auf den SharePoint-Servern
- Installation und vollständige Konfiguration der SharePoint-Farm
- Änderung des Datenbankwiederherstellungsmodells
- Ausführen einer vollständigen Datenbanksicherung
- Einrichtung der Verfügbarkeitsgruppe inkl. der Übernahme aller SharePoint-Datenbanken in die Verfügbarkeitsgruppe

Für die Durchführung der nachfolgenden Operationen sollten Sie vorab die folgenden Informationen zurechtlegen:

- **Clustername (Clusterverwaltungseinstiegspunkt)** Dies ist der Netzwerkname, unter dem Sie den Server erreichen können und für den auch ein Name in DNS registriert wird
- **Cluster-IP** Die zugehörige IP des Clusters kann neben einem statischen Eintrag auch via DHCP bezogen werden
- **AlwaysOn-Name** Unter diesem Namen der Verfügbarkeitsgruppe wird die SQL-Instanz künftig von SharePoint aus angesprochen
- **Freigabe für das Quorum** Dies ist der empfohlene Dateifreigabezeuge für den Cluster. Hier wird lediglich ein marginaler Speicherbereich allokiert. Die Freigabe muss sich auf einem Windows Server System in der gleichen Domäne wie der Cluster befinden. Unter Windows Server 2012 müssen auf dieser Freigabe keine speziellen Rechte manuell konfiguriert werden.

- **Freigabe für SQL-Sicherungen** Auf dieser Freigabe werden die Datenbanken für den initialen Abgleich von AlwaysOn zwischengespeichert. Die Datenbankdienstkonten der beiden SQL Server-Knoten benötigen hier Änderungsrechte (sowohl auf Freigabe- als auch auf NTFS-Ebene).

Nachfolgend finden Sie eine Beispielanleitung zur Einrichtung von AlwaysOn auf einer Windows Server 2012-basierenden Plattform.

Einspielen von Aktualisierungen

Sollten Sie einen Cluster bereitstellen wollen (Failovercluster oder AlwaysOn), werden weitere Aktualisierungen empfohlen. Sie finden eine Liste der aktuell empfohlenen Clusteraktualisierungen in Kombination mit Windows Server 2012 als Betriebssystem unter dem Knowledge-Base-Artikel 2784261 (*http://support.microsoft.com/kb/2784261* [Ms156-K16-03]).

HINWEIS Die Replikationskomponente von SQL Server-Setup wird nicht für AlwaysOn benötigt.

Zu diesem Zeitpunkt entsprechen die empfohlenen Aktualisierungen der Tabelle 16.12.

Tabelle 16.12 Empfohlene Clusteraktualisierungen für Windows Server 2012-basierende Cluster

KB-Artikel	Beschreibung	Installationsort
2838669	Verbesserte Stabilität der Cluster	Cluster
2803748	Stabilität der Clusterverwaltungskonsole	Cluster
2770917	Leistung in Hyper-V-Cluster	Cluster
976424	Beseitigt Fehler beim Erstellen des Clusters	Windows Server 2008/R2-Domänencontroller
2654347	Support für diverse AlwaysOn-Mechanismen	Reporting Services-Server

Erstellen eines Windows-Failoverclusters

Zum Erstellen eines Failoverclusters gehen Sie wie folgt vor:

1. *Installationstyp*: Verwenden Sie den Server-Manager auf dem primären SQL-Server, um eine neue Rolle/Feature hinzufügen. Im Assistenten zum Hinzufügen von Rollen und Features wählen Sie entsprechend die Option *Rollenbasierte oder featurebasierte Installation* und klicken Sie auf *Weiter.*
2. *Serverauswahl*: Standard
3. *Serverrollen*: Keine Auswahl
4. *Features*: Failovercluster
5. *Bestätigung*: Gegebenenfalls automatischen Neustart bestätigen und mit der Installation beginnen. Sie können das Fenster während der Installation schließen.
6. Sobald die Installation des Features abgeschlossen ist, erhalten Sie oben rechts im Server-Manager-Fenster eine entsprechende Bestätigung.
7. Wiederholen Sie alle bisherigen Schritte für den zweiten Clusterknoten.
8. Starten Sie auf einem der beiden Knoten die Clusterverwaltungskonsole (den Failovercluster-Manager) und rufen Sie hier den Clustererstellungs-Assistenten auf.
9. *Server auswählen*: Wählen Sie beide Clusterknoten aus.

TIPP Sofern Sie an dieser Stelle eine Fehlermeldung erhalten, wonach einer der Knoten bereits einem Cluster angehört, obwohl Sie diesen Knoten noch nicht einem Cluster hinzugefügt haben, vergegenwärtigen Sie sich, dass die an dieser Stelle genutzte Verifikationsfunktionalität den Dienststatus des Clusterdiensts überprüft. Wurde der Starttyp des Clusterdiensts zuvor modifiziert, müssen Sie diesen zunächst auf *Deaktiviert* zurücksetzen.

10. *Überprüfungswarnung*: *Ja* (um auf etwaige grundlegende Probleme aufmerksam gemacht werden zu können)
11. *Testoptionen*: *Alle Tests ausführen (empfohlen)*
12. *Bestätigung*: *Weiter*
13. *Überprüfung*: *Weiter*
14. *Zusammenfassung*: *Bericht anzeigen*
15. Überprüfen Sie den soeben generierten Bericht gründlich und korrigieren Sie ggf. etwaige Fehler (Abbildung 16.16). Nach Abschluss der Maßnahmen führen Sie den Bericht ggf. erneut aus und fahren dann fort.

Abbildg. 16.16 Prüfbericht zum Failovercluster nach der Erstellung

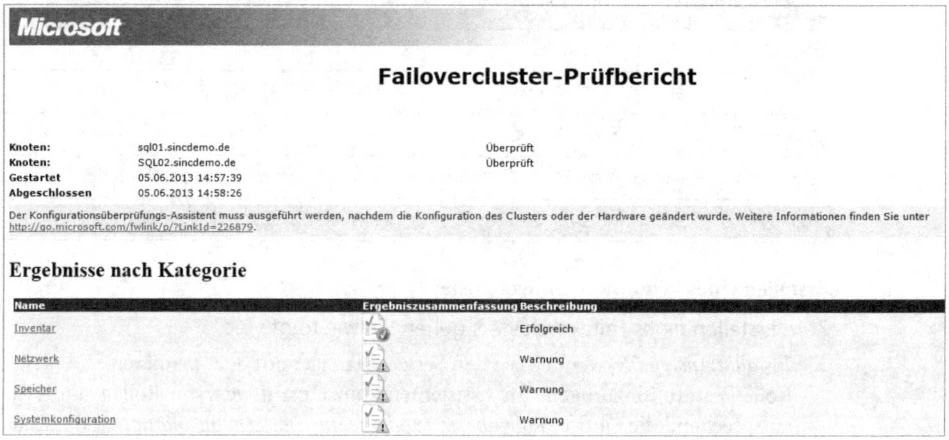

16. *Zugriffspunkt für die Clusterverwaltung*: Geben Sie hier den zuvor im Rahmen der Vorbereitung der Bereitstellung definierten Clusternamen an.
17. *Bestätigung*: Standardeinstellungen
18. *Zusammenfassung*: Studieren Sie den erstellten Bericht und schließen Sie die Installation ab. Gängige Warnungsmeldungen der Installation werden später aufgegriffen und behandelt.

Abbildg. 16.17 Auszug aus einem Beispielerstellungsbericht eines Clusters

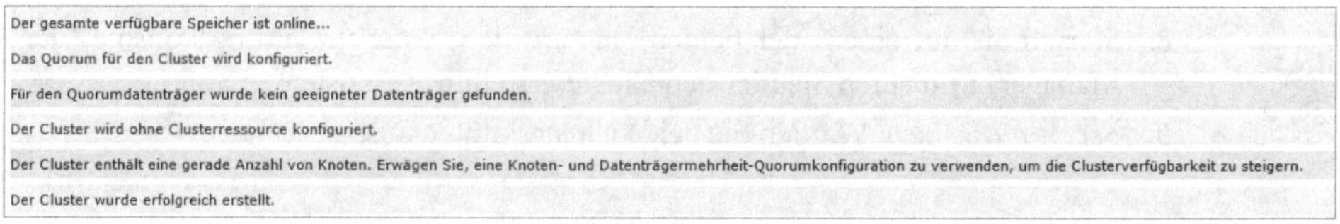

Freigabe und Ports konfigurieren

Bevor Sie das Quorum für dieses Szenario rekonfigurieren können, müssen Sie eine entsprechende Freigabe anlegen. Legen Sie die zu Beginn geplante Freigabe nun an und sorgen Sie lediglich dafür, dass das einrichtende Benutzerkonto über volle Zugriffsrechte auf der Freigabe und NTFS-Ebene verfügt.

HINWEIS Unter Windows Server 2008 R2 ist es an dieser Stelle noch erforderlich, die benötigten Rechte auf die Freigabe manuell zu delegieren. Hierzu muss dem Clusterdienstkonto das Lese- und Schreibrecht delegiert werden.

Die zweite für die Einrichtung hilfreiche Freigabe ist jene für den anfänglichen Abgleich der AlwaysOn-Datenbankreplikate. Auf dieser werden die Sicherungen vom SQL Server zwischengespeichert und von den Knoten abgerufen. Entsprechend benötigen die SQL Server-Datenbankdienstkonten jeweils Änderungsberechtigungen auf dieser Freigabe (sowohl auf Freigabe- als auch auf NTFS-Ebene). Sie können alternativ auch auf diese Freigabe verzichten und einen manuellen Abgleich durchführen. Dies ist jedoch bei der hohen Anzahl an SharePoint-Datenbanken nicht sinnvoll.

Schalten Sie nun die für die AlwaysOn-Kommunikation erforderlichen Ports in der Windows-Firewall auf dem jeweiligen SQL-Server frei. AlwaysOn verwendet jeweils den TCP-Port 5022 als Endpunkt. Erlauben Sie daher die ein- und ausgehende Kommunikation auf diesen Ports entweder mithilfe der Verwaltungskonsole *Windows Firewall mit erweiterter Sicherheit* oder aber mithilfe der folgenden Befehlszeile:

```
Netsh advfirewall firewall add rule name "SQL AlwaysOn" dir=in action=allow protocol=TCP
localport=5022
```

Fügen Sie diese Regel auf beiden Clusterknoten hinzu und fahren Sie mit der Konfiguration des Quorums fort.

Quorum konfigurieren

In diesem Abschnitt wird das Quorum für den Dateifreigabezeugen konfiguriert:

1. Öffnen Sie den Failovercluster-Manager auf einem der beiden Clusterknoten.
2. Klicken Sie in der linken Fensterhälfte den Clusternamen mit der rechten Maustaste an und wählen Sie im Kontextmenü den Befehl *Weitere Aktionen/Clusterquorumeinstellungen konfigurieren* aus (Abbildung 16.18).

Abbildg. 16.18 Quorumseinstellung modifizieren

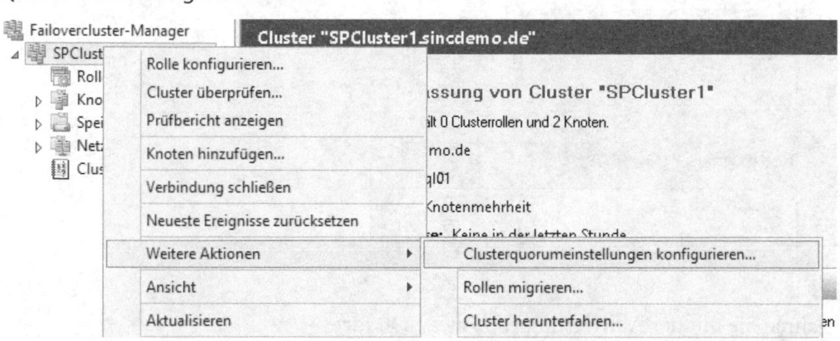

3. *Quorumkonfigurationsoption auswählen*: Den Quorumzeugen hinzufügen oder ändern
4. *Quorumzeuge auswählen*: Einen Dateifreigabezeugen konfigurieren (Abbildung 16.19)

Abbildg. 16.19 Auswahl der Quorumzeugen

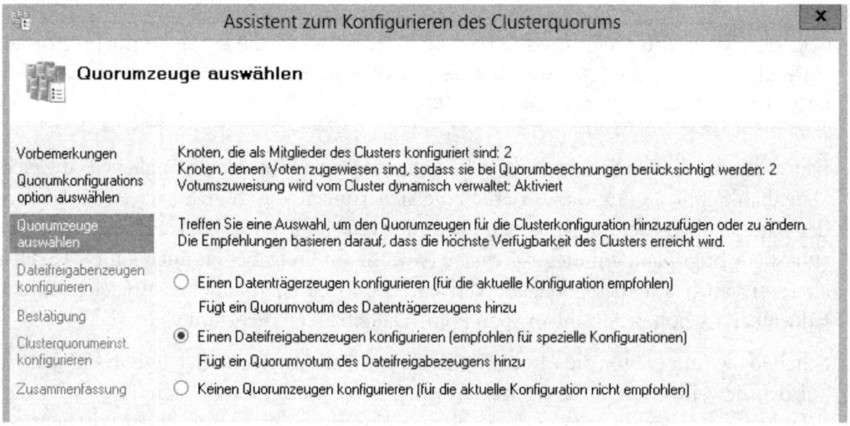

HINWEIS Die Auswahl eines Datenträgerzeugens ist hier nicht sinnvoll, da der vorliegende Cluster einen Shared-Nothing-Cluster ohne gemeinsame Ressourcen darstellt.

5. *Dateifreigabezeugen konfigurieren*: Geben Sie hier den Pfad zur Dateifreigabe an.
6. *Bestätigung*: *Weiter*
7. *Zusammenfassung*: *Fertig stellen*

Durch die hier vorgenommene Konfiguration werden unter Windows Server 2012 automatisch die erforderlichen Freigaberechte für den Cluster vorgenommen, sofern Sie auf der Freigabe über die erforderlichen Berechtigungen verfügen (Abbildung 16.20).

Abbildg. 16.20 Automatisch gesetzte Freigabeberechtigungen für den Dateifreigabezeugen

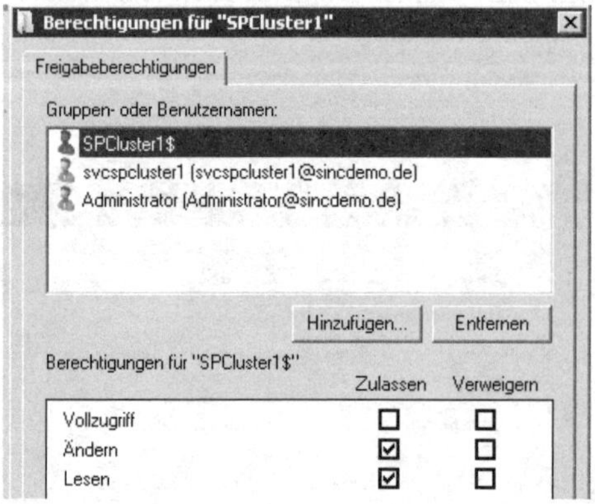

Fahren Sie mit der Aktivierung von AlwaysOn fort.

AlwaysOn aktivieren

Zur Aktivierung von AlwaysOn gehen Sie wie folgt vor:

1. Öffnen Sie den SQL Server-Konfigurations-Manager auf dem jeweiligen Clusterknoten und wechseln Sie im Navigationsbereich der Verwaltungskonsole zum Knoten *SQL Server-Dienste.*
2. Im rechten Fensterbereich doppelklicken Sie auf die entsprechende Datenbankinstanz (bei Standardinstallationen ist dies *SQL Server (MSSQLSERVER)*) und aktivieren auf der Registerkarte *Hohe Verfügbarkeit mit AlwaysOn* das Kontrollkästchen *AlwaysOn-Verfügbarkeitsgruppen aktivieren* (Abbildung 16.21).

HINWEIS Die Aktivierung von AlwaysOn wird erst möglich, sobald die Clusterkonfiguration abgeschlossen ist. Sollte dieses Kontrollkästchen abgeblendet dargestellt sein, schließen Sie zunächst die Clusterkonfiguration ab.

Abbildg. 16.21 Aktivierung von AlwaysOn

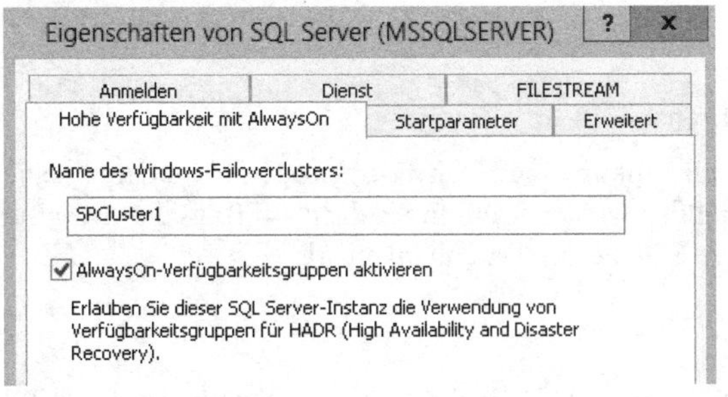

Ab diesem Zeitpunkt können Sie unmittelbar AlwaysOn verwenden. Bei bereits aktiven SQL Server Management Studio-Sitzungen benötigen Sie lediglich eine Aktualisierung der Ansicht.

In diesem Beispiel wird von einer neuen SharePoint-Installation ausgegangen. Konfigurieren Sie daher nun vor der Installation von SharePoint den SQL-Alias.

SQL-Alias einrichten

Die Einrichtung des SQL-Alias erfolgt beispielsweise mithilfe des Befehlszeilentools *CliConfg.exe*, wie bereits in Kapitel 4 erörtert. Verweisen Sie hier auf den in der vorausgehenden Planung festgehaltenen, zukünftigen Alias der Verfügbarkeitsgruppe. Weitere Details zur Konfiguration eines Alias finden Sie in Kapitel 4.

Bereitstellung von SharePoint

Bevor Sie nun gemäß der Anweisungen in Kapitel 4 und 5 die Installation von SharePoint durchführen können und bereits auf den neuen Alias verweisen, müssen Sie zuvor eine AlwaysOn-Verfügbarkeitsgruppe anlegen und zunächst noch keine Datenbanken übernehmen. Die Details zum Erstellen der Verfügbarkeitsgruppe finden Sie weiter hinten in diesem Kapitel im Abschnitt »Verfügbarkeitsgruppe erstellen«.

Achten Sie vor dem Fortfahren mit den folgenden Schritten darauf, dass Sie zuvor alle SharePoint-Dienst- und Webanwendungen wie gewünscht eingerichtet haben. Hintergrund ist, dass diverse Datenbanken erst nach deren Einrichtung erstellt werden und andernfalls nachträglich in die AlwaysOn-Verfügbarkeitsgruppe aufgenommen werden müssen.

Datenbankmodell anpassen

Lediglich Datenbanken, deren Wiederherstellungsmodell auf *Vollständig* gesetzt wurde, können in einen AlwaysOn-Cluster aufgenommen werden. SharePoint verwendet standardmäßig für die Mehrzahl seiner Datenbanken standardmäßig dieses erforderliche Wiederherstellungsmodell. Einige Dienstanwendungsdatenbanken sind jedoch davon ausgenommen und müssen zuvor entsprechend rekonfiguriert werden:

- Benutzerprofildienst (alle Datenbanken)
- Suchdienst (alle Datenbanken)

Führen Sie für alle betroffenen Datenbanken die folgenden Operationen aus:

1. Öffnen Sie die System-Manager-Verwaltungskonsole von SQL Server.
2. Öffnen Sie die Eigenschaften der jeweiligen betroffenen Datenbank und klicken Sie in der linken Fensterhälfte auf *Optionen*.
3. Wählen Sie in der rechten Fensterhälfte das Wiederherstellungsmodell *Vollständig* aus und übernehmen Sie die Einstellungen.

Führen Sie nun eine Sicherung der Datenbanken durch.

Datenbanksicherung durchführen

Vor dem Hinzufügen einer Datenbank in eine Hochverfügbarkeitsgruppe muss eine Sicherung der betroffenen Datenbanken ausgeführt werden. Führen Sie dazu auf Basis der Anweisungen in Kapitel 15 eine Sicherung der relevanten SQL Server-Datenbanken aus.

Verfügbarkeitsgruppe erstellen

Erstellen Sie mithilfe der folgenden Arbeitsschritte eine Verfügbarkeitsgruppe und nehmen Sie gleichzeitig alle SharePoint-Datenbanken in die Verfügbarkeitsgruppe auf:

TIPP Achten Sie darauf, dass etwaige Datenbankkopien der zu synchronisierenden Datenbanken nicht bereits auf dem sekundären Knoten existieren. Andernfalls kommt es bei dem nachfolgenden Prozess zu Fehlern bzw. zu einem Abbruch der Operation. Zudem kommt es zu zeitintensiven Abbrüchen, sofern Sie nicht zuvor ordnungsgemäß die Firewallfreischaltungen gemäß der vorhergehenden Anweisungen vorgenommen haben. Beachten Sie zusätzlich, dass, auch wenn der Speicherbereich zwischen den Clusterknoten nicht identisch sein muss, die Datenbank- und Transaktionsprotokollpfade auf beiden Knoten verfügbar sein müssen.

1. Verbinden Sie sich zur entsprechenden SQL Server-Instanz im SQL Server Management Studio und navigieren Sie zum Knoten *Hohe Verfügbarkeit mit AlwaysOn* (Abbildung 16.22).

Abbildg. 16.22 Erstellen einer AlwaysOn-Verfügbarkeitsgruppe

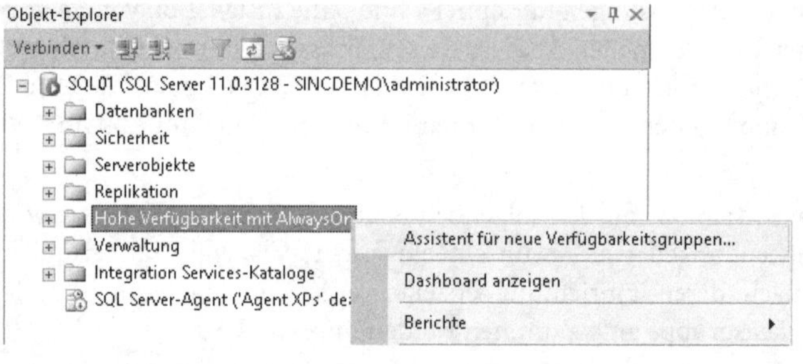

2. *Namen angeben*: Geben Sie hier den Namen an, unter dem Sie die Verfügbarkeitsgruppe im Management Studio angezeigt bekommen.

HINWEIS Es bietet sich an, hier den gleichen Namen zu verwenden wie den des später zu definierenden DNS-Namens des Listeners, unter dem sich die SharePoint-Farm zu der AlwaysOn-Gruppe verbinden wird.

3. *Datenbanken auswählen*: Wählen Sie alle SharePoint-Datenbanken einer Farm durch Aktivierung des entsprechenden Kontrollkästchens aus (Abbildung 16.23).

HINWEIS Sollten vereinzelte Inhaltsdatenbanken die Anforderungen nicht erfüllen, erhalten Sie an dieser Stelle Einsicht in die möglichen Ursachen bzw. noch ausstehenden Arbeiten. Es ist sinnvoll, alle SharePoint-Datenbanken zur Hochverfügbarkeitsgruppe hinzuzufügen, da andernfalls im Fall eines Failovers SharePoint partiell nicht mehr ordnungsgemäß zur Verfügung steht.

Abbildg. 16.23 Auswahl der Datenbanken zu der Verfügbarkeitsgruppe

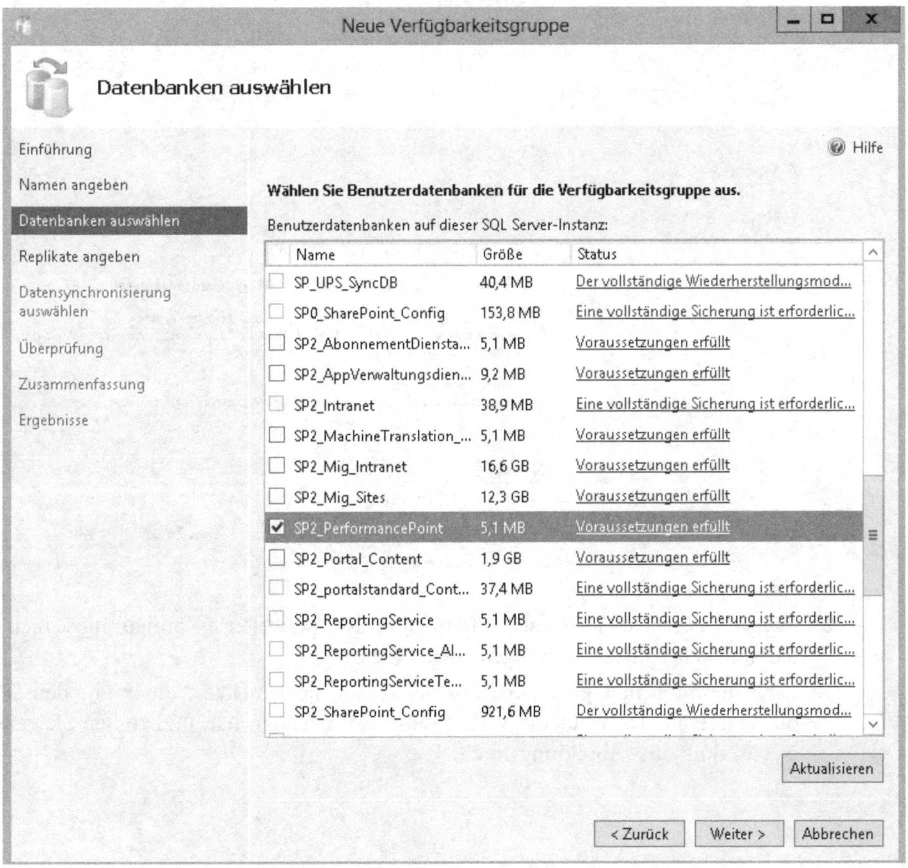

4. *Replikate angeben*, Registerkarte *Replikate*: Klicken Sie auf *Replikat hinzufügen*, um den zweiten Knoten hinzuzufügen.
5. Verbinden Sie sich nun zur zweiten Instanz und aktivieren Sie die Kontrollkästchen *Synchroner Commit* und *Automatisches Failover* (Abbildung 16.24).

Abbildg. 16.24 Integration des zweiten AlwaysOn-Knotens in die Verfügbarkeitsgruppe

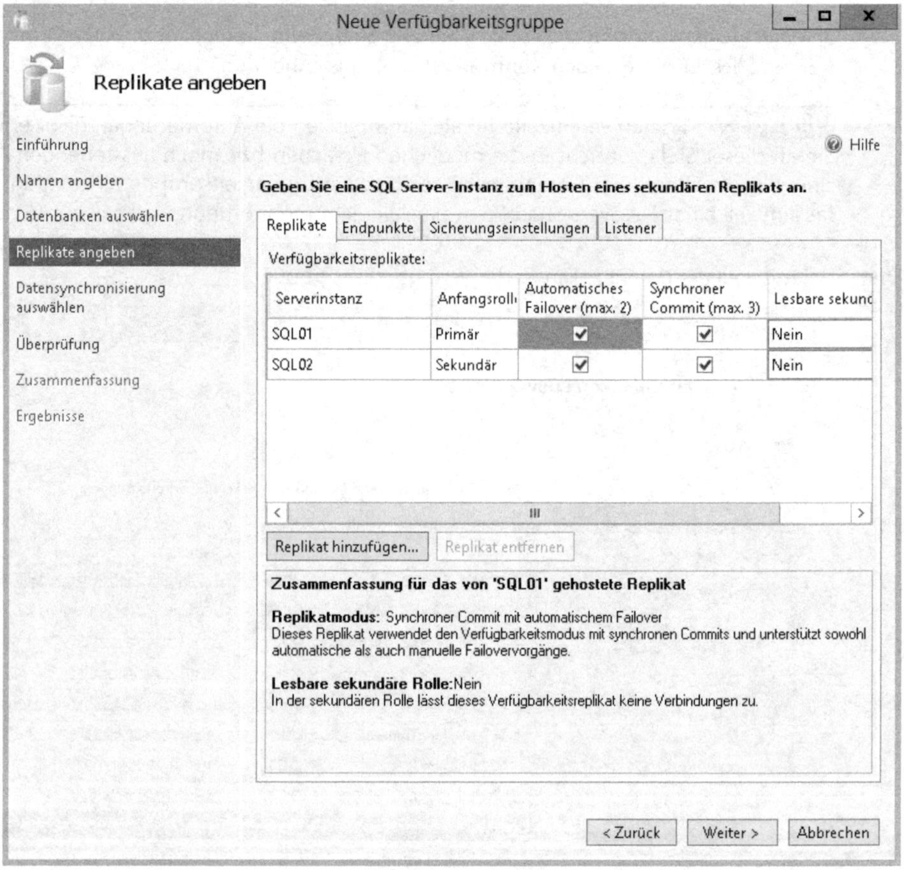

6. *Replikate angeben*: Sie können nun noch optional erweiterte Konfigurationen zu den Endpunkten und Sicherungseinstellungen vornehmen.
7. *Replikate angeben*, Registerkarte *Listener*: Geben Sie den DNS-Namen und den TPC Port an, den die SharePoint-Farm für die Verbindung zu verwenden hat, und treffen Sie eine Wahl für den Netzwerkmodus (Abbildung 16.25).

Abbildg. 16.25 Konfiguration des Listeners

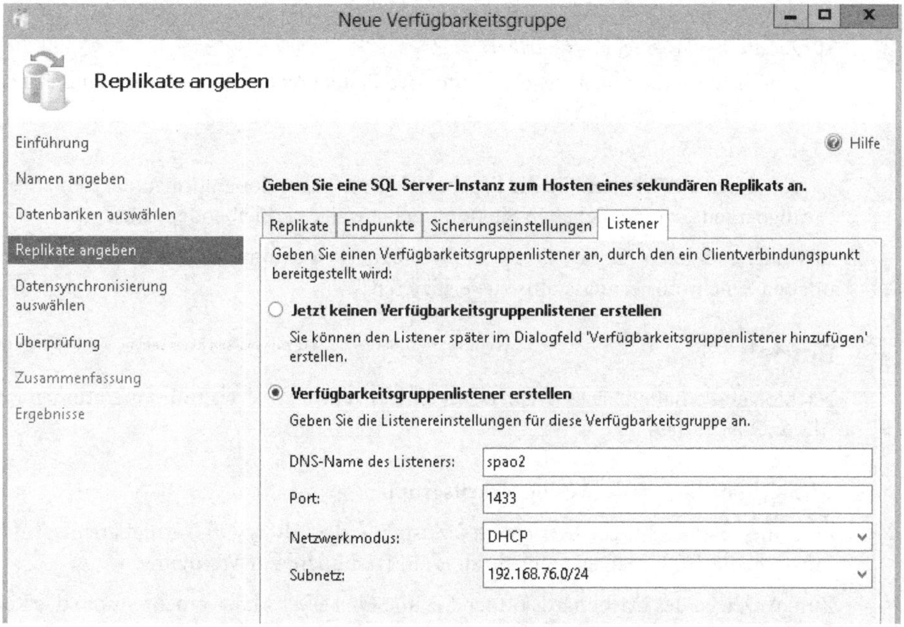

8. *Datensynchronisierung auswählen*: *Vollständig*

Geben Sie hier die zuvor angelegte Dateifreigabe für die Sicherungen der Datenbanken an (Abbildung 16.26).

Abbildg. 16.26 Einstellungen der anfänglichen Datensynchronisierung

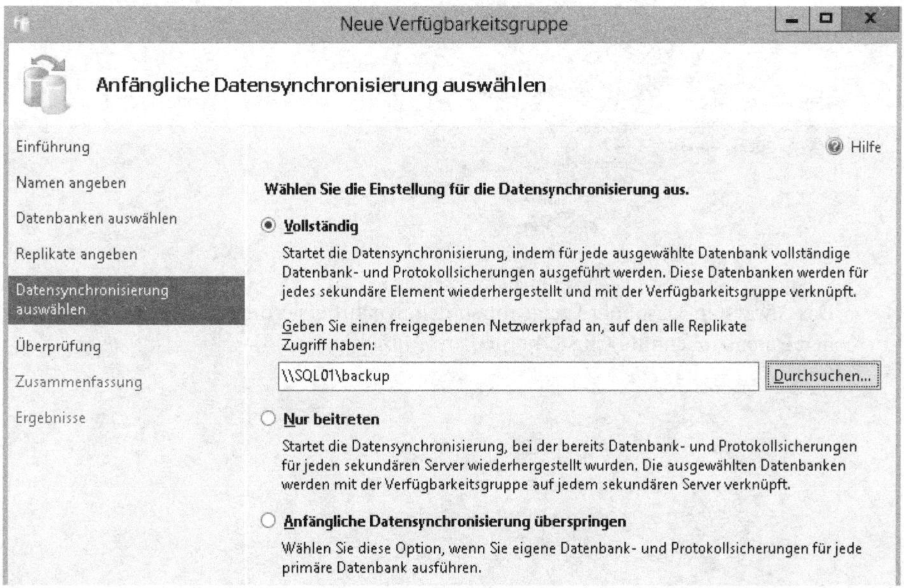

9. *Überprüfung*: Beheben Sie etwaige verbleibende Probleme und führen Sie ggf. eine erneute Überprüfung aus.
10. *Zusammenfassung*: *Fertig stellen*

    Nun beginnt die in der Regel zeitintensive Erstellung der Replikate und das eigentliche Erstellen der Verfügbarkeitsgruppe.
11. *Ergebnisse*: *Schließen*

    Abschließend erhalten Sie die Ergebnisse für die Einzeloperationen der neu zu erstellenden Verfügbarkeitsgruppe. Beheben Sie nun noch etwaige verbleibende Fehler.

Abschließend rufen Sie den Status der Verfügbarkeitsgruppe auf (siehe den folgenden Abschnitt), um den Synchronisierungsstatus zu verifizieren.

Betrieb

Nachfolgend erhalten Sie eine Übersicht einiger zentraler Verwaltungsoperationen im Kontext eines AlwaysOn-Clusters.

Übersicht des Status der Verfügbarkeitsgruppe

Für eine pragmatische Übersicht des Zustands der AlwaysOn-Verfügbarkeitsgruppe steht Ihnen innerhalb des SQL Management-Studios ein Dashboard zur Verfügung.

Zum Anzeigen des Dashboards öffnen Sie im SQL Server Management Studio das Kontextmenü des Knotens *Hohe Verfügbarkeit mit AlwaysOn/Verfügbarkeitsgruppen/[Name der Gruppe]* und wählen den Eintrag *Dashboard anzeigen* aus (Abbildung 16.27).

Abbildg. 16.27 Aufrufen des AlwaysOn-Dashboards

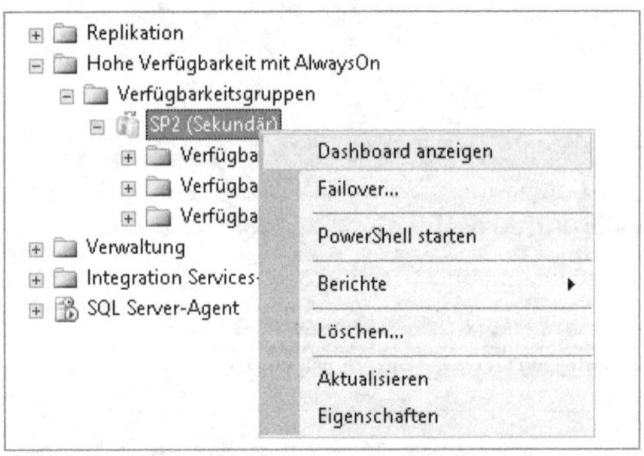

Das AlwaysOn-Dashboard zeigt Ihnen den Synchronisierungszustand aller in der Gruppe enthaltenen Datenbanken und Clusterknoten an (Abbildung 16.28).

Abbildg. 16.28 AlwaysOn-Dashboard

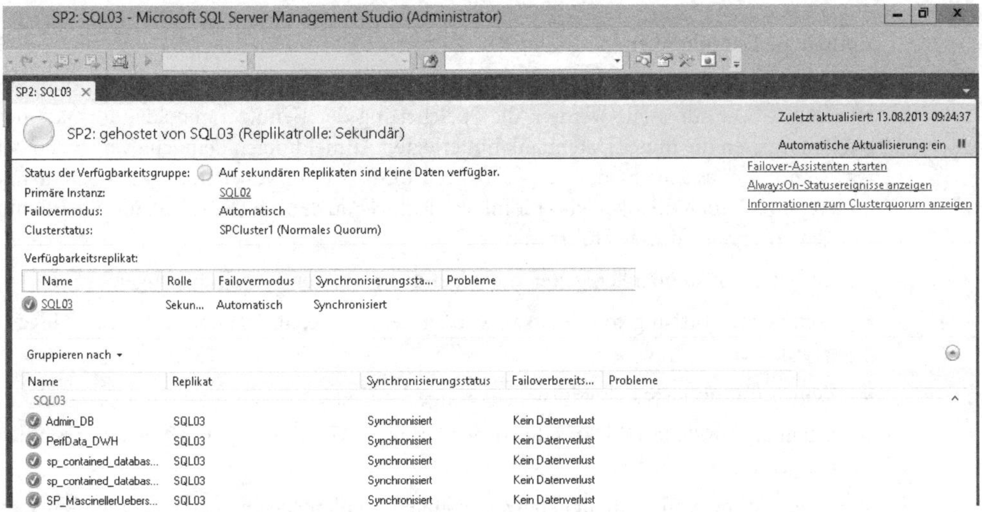

Geplanter Failover

Für ein geplantes Failover mithilfe der GUI steht Ihnen sowohl die Cluster-Manager-Konsole als auch das SQL Server Management Studio zur Verfügung, wobei in diesem Kontext die Verwendung der SQL Server-spezifischen Konsole empfohlen wird.

HINWEIS Beachten Sie, dass es im Rahmen eines AlwaysOn-Failovers zu einer geplanten, wenn auch kurzen, Unterbrechung im Zugriff auf die Datenbanken und somit auch zu möglichen kurzzeitigen Fehlern beim Zugriff aus Sicht des Benutzers kommt.

Gehen Sie wie folgt vor:

1. Navigieren Sie zur Verfügbarkeitsgruppe und wählen Sie im Kontextmenü der Gruppe den Befehl *Failover* aus.
2. Aktivieren Sie das Kontrollkästchen bei der gewünschten neuen Primärinstanz und stellen Sie sicher, dass die Failoverbereitschaft gegeben ist (Abbildung 16.29).

Abbildg. 16.29 Durchführung eines geplanten Failover

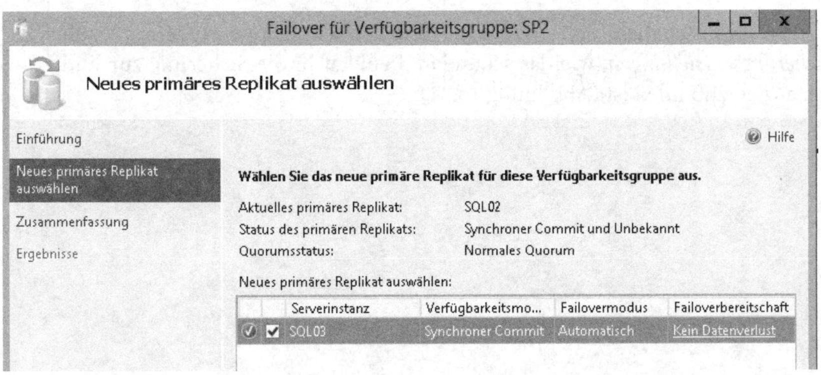

Bestätigen Sie die nachfolgenden Dialogfelder und verifizieren Sie das Ergebnis.

Enthaltene Datenbanken

Mithilfe von enthaltenen Datenbanken kann ein zentrales Problem im Kontext von Spiegelungen bzw. AlwaysOn adressiert werden: die Speicherung der Benutzeranmeldeinformationen. Im Failoverfall müssen die in der Datenbank hinterlegten Anmeldungen dem Failoverknoten bekannt sein, was standardmäßig nicht der Fall ist. Durch die Isolation von enthaltenen Datenbanken zu den anderen Systemdatenbanken kann somit ein Failover auch ohne die Replikation der Benutzeranmeldungen erfolgreich durchgeführt werden.

Für enthaltene Datenbanken gelten die folgenden primären Einschränkungen:

- Keine Unterstützung von Replikation oder dem Aufzeichnen oder das Nachverfolgen von Änderungsdaten
- Keine nummerierte Prozeduren
- Schemagebundene Objekte, die von integrierten Funktionen mit Sortierungsänderungen abhängen

Zur Einrichtung von enthaltenen Datenbanken wählen Sie in den Eigenschaften der jeweiligen Datenbank auf der Registerkarte *Optionen* den Einschlusstyp *Teilweise* (Abbildung 16.30).

Abbildg. 16.30 Aktivierung von enthaltenen Datenbanken

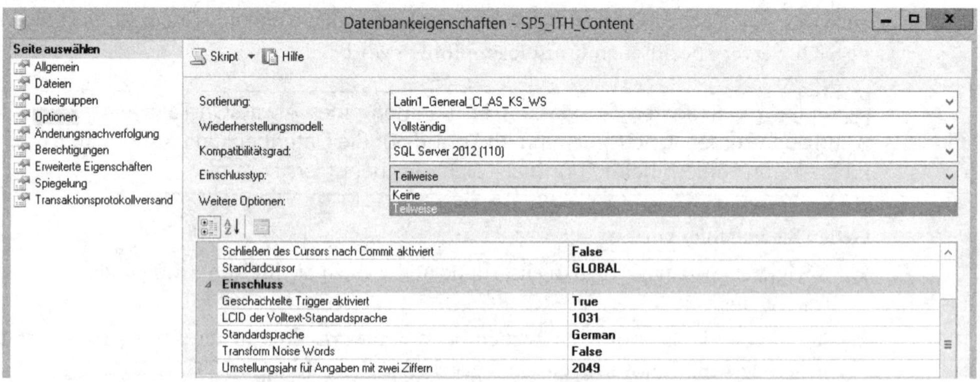

Sicherung

In den Eigenschaften der AlwaysOn-Verfügbarkeitsgruppe steuern Sie über die Registerkarte *Sicherungseinstellungen*, wie das sekundäre Replikat in die Sicherung zur Entlastung der primären Instanz einzubinden ist (Abbildung 16.31).

Abbildg. 16.31 Lastverteilung zu Sicherungszwecken

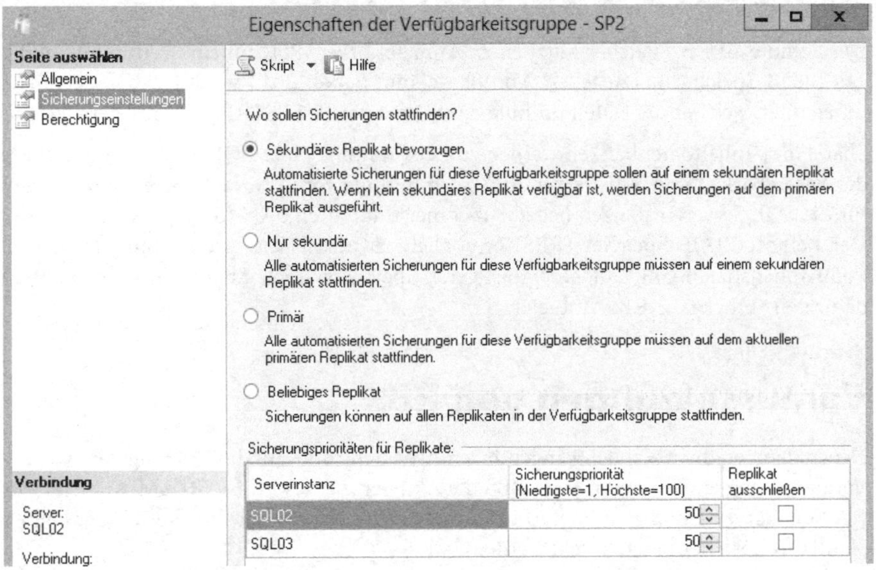

Kürzen von Transaktionsprotokollen von AlwaysOn aktivierten Datenbanken

Aufgrund des zwanghaft vollständigen Wiederherstellungsmodells und der damit einhergehenden Transaktionsprotokollhandhabung ist es speziell im Umfeld von AlwaysOn wichtig, dazu in der Lage zu sein, sich der Transaktionsprotokolle der besonders aktiven Anwendungen bei Bedarf zu entledigen. Hierfür sind leicht vom Standard abweichende Routinen erforderlich.

HINWEIS Bestimmte Prozeduren stehen für in der Verfügbarkeitsgruppe enthaltene Datenbanken nicht zur Verfügung. Vor diesem Hintergrund kann der Eindruck entstehen, man müsse die Datenbanken zunächst aus der Verfügbarkeitsgruppe entfernen, um die Protokolle kürzen zu können. Dies ist bei Einhaltung der nachfolgenden Schritte nicht erforderlich.

Um die Transaktionsprotokolle von AlwaysOn-aktivierten Datenbanken kürzen zu können, müssen in der Übersicht folgende Operationen durchgeführt werden:

- Eine vollständige Datenbanksicherung durchführen
- Zweifaches Sichern der Transaktionsprotokolle
- Kürzen der Transaktionsprotokolle

Die Detailoperationen für diese Datenbankwartungsaufgaben entnehmen Sie bitte den Kapiteln 7 und 15.

Remote-BLOB-Speicher (RBS)

Der Remote-BLOB-Speicher nutzt einen Anbieter bzw. APIs, um eine Verbindung mit dem jeweiligen BLOB-Speicher herzustellen. Von SharePoint Server 2013 wird der SQL Server-RBS-Anbieter unterstützt, welcher die Daten mithilfe des SQL Server-FILESTREAM-Anbieters speichert.

SharePoint-Inhaltdatenbanken werden zumeist mithilfe eines SQL Server-Failoverclusters oder seit der Verfügbarkeit von SQL Server 2012 auch mithilfe von AlwaysOn bereitgestellt. Die Datenträger für die SQL Server-Instanzen liegen dabei meist in teuren SAN (Storage Area Network)-Systemen. Der Remote-BLOB-Speicher (RBS) ermöglicht das Auslagern großer Binärdaten von der SharePoint-Inhaltsdatenbank auf ein günstigeres Speichersystem. SharePoint Server 2013 unterstützt dafür den SQL Server-RBS-Anbieter.

Voraussetzungen von RBS

Neben den bereits in Kapitel 3 angeführten Aspekten rund um die Nutzung von RBS ist die zentrale Voraussetzung einer Nutzung von RBS die Aktivierung des FILESTREAM-Anbieters auf allen aktiven SQL Server-Instanzen. Weiterhin muss für jede Datenbank, für die RBS aktiviert werden soll, ein BLOB-Speicher bereitgestellt werden.

Tabelle 16.13 RBS-Rahmenbedingungen

SharePoint Foundation	SharePoint Server	SharePoint Server Enterprise	Redundanzfähigkeit	Positionierung
✓	✓	✓	✓	WFE

Auf Seite von SharePoint wird die RBS-Clientbibliothek auf allen Web-Front-End Servern benötigt. Sollten Sie jedoch in Ihrer Topologie keine vollständig klare Trennung dieser beiden Schichten nutzen, benötigen Sie die Komponenten möglicherweise auch auf den SharePoint-Servern der Anwendungsschicht.

Sie können RBS sowohl im Rahmen der SharePoint-Bereitstellung als auch zu einem beliebigen späteren Zeitpunkt nachträglich vollumfänglich aktivieren. Es wird jedoch empfohlen, RBS möglichst vor der produktiven Nutzung zu implementieren, sofern Sie sich für RBS entschieden haben, um etwaige Probleme bei der nachträglichen Aktivierung zu vermeiden. Diese treten indes nicht zwangsläufig auf. Zumindest kommt es im Rahmen der Einführung von RBS zu Unterbrechungen im produktiven Betrieb der Farm.

Bereitstellung von RBS

Für die Bereitstellung von RBS gehen Sie wie nachfolgend beschrieben vor.

Aktivieren des FILESTREAM-Anbieters

Für die Aktivierung des SQL Server-FILESTREAM-Anbieters sind die folgenden Schritte erforderlich:

1. Öffnen Sie den SQL Server-Konfigurations-Manager

HINWEIS Möglicherweise ist die Verknüpfung nicht vorhanden, da der Konfigurations-Manager unter SQL Server 2012 als MMC-Snap-In implementiert ist. In dem Fall können Sie den Konfigurations-Manager starten, indem Sie den folgenden Befehl ausführen:

```
"C:\Windows\SysWOW64\mmc.exe /32 C:\Windows\SysWOW64\SQLServerManager11.msc"
```

2. Navigieren Sie zum Knoten *SQL Server-Dienste.*
3. Wählen Sie im Kontextmenü der SQL Server-Instanz den Befehl *Eigenschaften* aus (Abbildung 16.32).

Abbildg. 16.32 SQL Server-Konfigurations-Manager

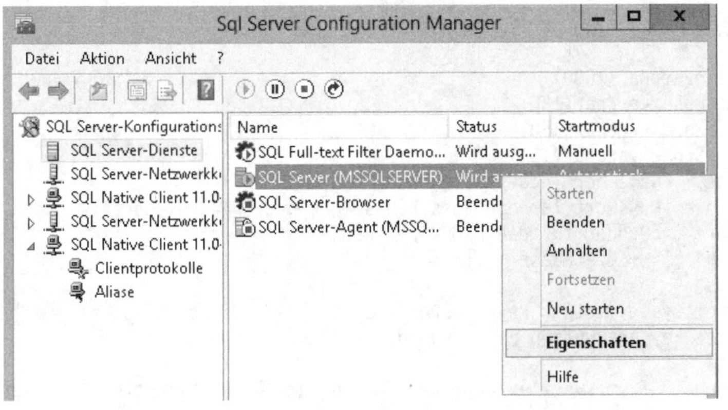

4. Öffnen Sie die Registerkarte *FILESTREAM.*
5. Aktivieren Sie alle Kontrollkästchen und klicken Sie auf *OK* (Abbildung 16.33).

Abbildg. 16.33 FILESTREAM-Anbieter aktivieren

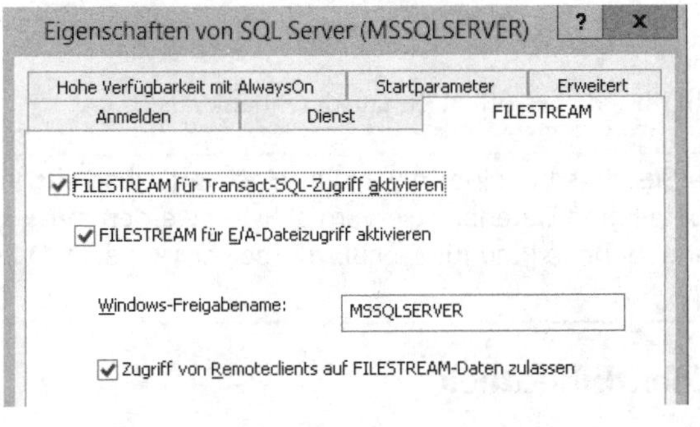

6. Starten Sie die SQL Server-Instanz neu.

Bereitstellen des BLOB-Speichers

Vergewissern Sie sich, dass das Konto für das Bereitstellen von RBS Mitglied der Datenbankrolle *db_owner* aller Datenbanken ist, für die RBS konfiguriert werden soll. Anschließend gehen Sie wie folgt vor:

1. Öffnen Sie das SQL Server Management Studio und verbinden Sie sich mit der SQL Server-Instanz.
2. Wählen Sie die Inhaltsdatenbank aus, für die RBS konfiguriert werden soll.
3. Klicken Sie im Menüband auf *Neue Abfrage.*
4. Kopieren Sie den SQL-Befehl aus Listing 16.3 in das Abfragefenster und passen Sie die Variablen *@DataBase*, *@Password* und *@Blobstore* entsprechend an.

ONLINE Sie finden das nachfolgende T-SQL-Skript unter dem Namen *EnableRBS.sql* innerhalb der Begleitdateien zum Buch.

Listing 16.3 SQL-Abfrage zur Aktivierung von Remote-BLOB-Speicher

```
declare @sql nvarchar(1000)
declare @DataBase varchar(150)
declare @Password varchar(150)
declare @BlobStore varchar(150)
set @Database = 'Name der Inhaltsdatenbank'
set @Password = 'Passwort für die Verschlüsselung des RBS-Speichers'
set @BlobStore = 'Ordner für den BLOB-Speicher'
set @sql = 'use [' + @DataBase + ']
if not exists
(select * from sys.symmetric_keys where name = N''##MS_DatabaseMasterKey##'')
 create master key encryption by password = N''' + @Password + '''
if not exists
(select groupname from sysfilegroups where groupname=N''RBSFilestreamProvider'')
begin
alter database [' + @DataBase + ']
add filegroup RBSFilestreamProvider contains filestream
end
alter database [' + @DataBase + ']
 add file (name = RBSFilestreamFile, filename = ''' + @BlobStor + '\' + @DataBase + ''')
to filegroup RBSFilestreamProvider'
exec sp_executeSQL @sql
```

5. Führen Sie den SQL-Befehl für jede betroffene Inhaltsdatenbank aus

ACHTUNG Bitte beachten Sie, dass bei einer AlwaysOn-Hochverfügbarkeitsgruppe der FILESTREAM-Anbieter auf allen beteiligten Datenbankservern aktiviert werden muss. Weiterhin muss sichergestellt sein, dass der angegebene Pfad für den BLOB-Speicher auf allen Datenbankservern verfügbar ist.

Installation des RBS-Clientbibliothek

Um RBS in der SharePoint Farm nutzen zu können, muss die RBS-Clientbibliothek auf allen Web-Front-End-Servern installiert werden. Kopieren Sie dazu die Datei *RBS.msi* vom SQL Server 2012-Installationsmedium auf den Server. Das Installationspaket finden Sie unter *[Laufwerk]\ 1031_DEU_LP\x64\redist\RemoteBlobStore.*

Die Setuproutine muss bei der Installation parametrisiert aufgerufen werden. Kopieren Sie sich dazu den Befehl aus Listing 16.4 in eine Eingabeaufforderung und passen Sie die Parameter für *DBINSTANCE* und *DBNAME* vor der Ausführung an, um die RBS-Clientbibliothek auf dem **ersten** Web-Front-End-Server zu installieren. Bei der Installation werden zusätzliche SQL-Anweisungen auf der angegebenen Inhaltsdatenbank ausgeführt, um RBS zu konfigurieren.

ONLINE Sie finden den Befehl unter dem Namen *EnableRBSServer1-bat* innerhalb der Beispieldateien zum Buch.

Listing 16.4 Installationsroutine für den ersten Server

```
msiexec /qn /lvx* rbs_install_log.txt /i RBS.msi TRUSTSERVERCERTIFICATE=true
DBINSTANCE="SPSQL" DBNAME="Content" FILEGROUP=PRIMARY
FILESTREAMSTORENAME=FilestreamProvider_1 FILESTREAMFILEGROUP=RBSFilestreamProvider
```

HINWEIS Nach erfolgreichem Abschluss der Installation finden Sie in der Installationsprotokolldatei den Eintrag »Microsoft SQL Server 2012 Remote BLOB Store – Die Installation wurde erfolgreich abgeschlossen« vor.

Für die Installation auf den weiteren Web-Front-End-Servern werden nicht mehr alle Parameter benötigt, da die Datenbank bereits konfiguriert wurde. Kopieren Sie dazu die SQL-Anweisung aus Listing 16.5 in eine administrative Eingabeaufforderung und passen Sie die Parameter für *DBINSTANCE* und *DBNAME* entsprechend an.

Listing 16.5 Installationsroutine für die verbleibenden Web-Front-End-Server

```
msiexec /qn /lvx* rbs_install_log.txt /i RBS_amd64.msi DBINSTANCE="SPSQL" DBNAME="Content"
ADDLOCAL=Client,Docs,Maintainer,ServerScript,FilestreamClient,FilestreamServer
```

Die initiale Bereitstellung von RBS ist nun abgeschlossen. Um RBS für weitere Inhaltsdatenbanken zu aktivieren, kopieren Sie das PowerShell-Skript aus Listing 16.6 in die SharePoint Server 2013-Verwaltungsshell und ersetzen Sie vor der Ausführung den Wert *$dbName* durch den Namen der Datenbank.

ONLINE Sie finden das nachfolgende Skript unter dem Namen *EnableRBSCDBs.ps1* innerhalb der Begleitdateien zum Buch.

Listing 16.6 Skript zum Aktivieren von RBS für Inhaltsdatenbanken

```
$dbName = [Name]
$rbs = (Get-SPContentDatabase $dbName).RemoteBlobStorageSettings
$rbs.Installed()
$rbs.Enable()
$rbs.SetActiveProviderName($rbs.GetProviderNames()[0])
```

Migrieren von Inhalten zu oder von RBS

Die Migration der BLOB-Daten wird mithilfe der PowerShell realisiert, indem Sie das Listing 16.7 in die SharePoint-Verwaltungsshell kopieren. Passen Sie dazu den Datenbank- und Anbieternamen an.

ONLINE Sie finden das nachfolgende Skript unter dem Namen *RBSMigrateDB.ps1* innerhalb der Begleitdateien zum Buch.

Listing 16.7 Skript zur RBS-Migration

```
$DB = Get-SpContentDatabase [Datenbankname]
$rbs = $DB.RemoteBlobStorageSettings
$rbs.SetActiveProviderName($rbs.GetProviderNames()[0])
$rbs.Migrate()
```

HINWEIS Sollten Sie den Inhalt zurück in die Inhaltsdatenbank migrieren wollen, verwenden Sie *$rbs.SetActiveProviderName("")*, um den aktiven Anbieter zurückzusetzen.

Wartungsaufgaben des Remote-BLOB-Speichers werden in den meisten Fällen mithilfe von RBS Maintainer ausgeführt, einem Werkzeug von SQL Server. Dieser führt Speicherkonsistenzprüfungen und Aufräumaufgaben durch.

Im Rahmen der Speicherkonsistenzprüfung werden folgende Prüfungen durchgeführt:

- Existenz der RBS-Tabellenspalten
- Liegt für jede RBS-Tabellenspalte ein gültiger Index vor?
- Ist RBS aktiviert?
- Korrekter Spaltentyp?
- Sind alle BLOBs, auf die in SharePoint verwiesen wird, in den RBS-Tabellen vorhanden?
- Sind alle BLOBs als *In Verwendung* und *Gelöscht* markiert?

Probleme bei der Prüfung werden protokolliert und es werden automatische Korrekturversuche unternommen.

Die Aufräumaufgaben umfassen:

- **Referenzscan** BLOBs, auf die nicht bzw. nicht mehr verwiesen wird, werden zum Löschen markiert
- **Löschweitergabe** BLOBs, die vor längerer Zeit im *garbage_collection_time_window* als gelöscht markiert wurden, werden gelöscht
- **Bereinigung verwaister Daten** Existierende BLOBs, die in keiner RBS-Tabelle aufgeführt sind, werden gelöscht

In einer mehrschichtigen SharePoint-Serverfarm sollten die PowerPivot-Komponenten, die SharePoint-seitig im Wesentlichen aus einem Windows-Installerpaket bestehen (enthalten in *spPowerpivot.msi*), aus Konsistenzgründen auf allen Servern der Farm verteilt werden.

Im folgenden Abschnitt sind die sich daraus ergebenden Abhängigkeiten für PowerPivot beschrieben.

PowerPivot für SharePoint

PowerPivot für Excel 2013 ermöglicht Ihnen mit einer leistungsstarken Analysefunktionalität einen besseren Einblick in Ihre Unternehmenszahlen, auf deren Basis wichtige Entscheidungen getroffen werden können. Neu in der Version 2013 ist eine tiefer greifende Integration, ohne dass ein zusätzliches Add-In benötigt wird. Ein Großteil der Funktionalität des PowerPivot für Excel 2010-Add-Ins wurde nun direkt in das Excel 2013-Datenmodell übernommen. Damit ist es grundsätzlich allen Benutzern möglich, PowerPivot-Ansichten in Excel 2013 zu erstellen. Das neue Datenmodell in Excel 2013 hat folgende Vorteile:

- Schnelle Datenverarbeitung
- Hohe Datenkomprimierung
- Daten sind durch die Speicherung in der Excel-Arbeitsmappe portierbar

Ein zusätzliches Add-In für Excel 2013 ist ebenfalls verfügbar und bietet eine erweiterte Datenmodellierung für erfahrene Benutzer. PowerPivot für SharePoint 2013 bietet Ihnen die Möglichkeit, Ihre PowerPivot-Tabellen in SharePoint zu hosten, um diese zentral weiteren Mitarbeitern zur Verfügung zu stellen, ohne dass diese ein lokales Excel 2013 installiert oder direkten Zugriff auf die Datenquellen haben. Dank der leistungsstarken Analysis Services-Integration in SharePoint Server 2013 können umfangreiche Unternehmensdaten schnell und sicher in SharePoint aufbereitet werden (Abbildung 16.34).

Abbildg. 16.34 Komponenten von PowerPivot in SharePoint 2013

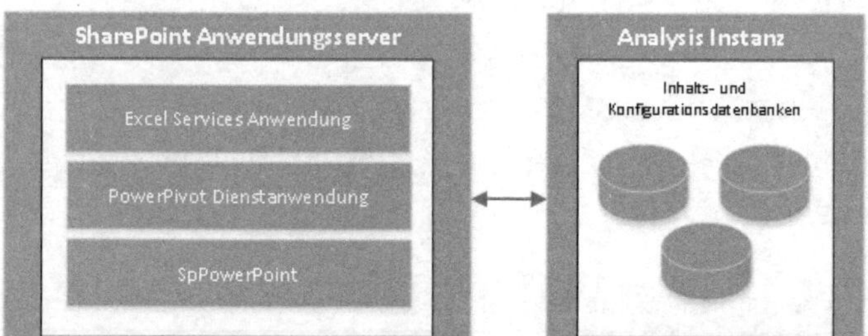

Das Rendern der Arbeitsmappen übernehmen dabei die Excel Services. Office Web Apps können explizit nicht für die Darstellung von PowerPivot-Daten herangezogen werden. Ein Beispiel für eine PowerPivot-Ansicht ist in Abbildung 16.35 dargestellt.

PowerPivot für SharePoint ist zudem in Szenarien erforderlich, in denen Sie PowerPivot-Arbeitsmappen benutzerübergreifend konkurrierend verwenden müssen.

Abbildg. 16.35 Beispielhafte PowerPivot-Darstellung der *AdventureWorksDW*-Datenbank

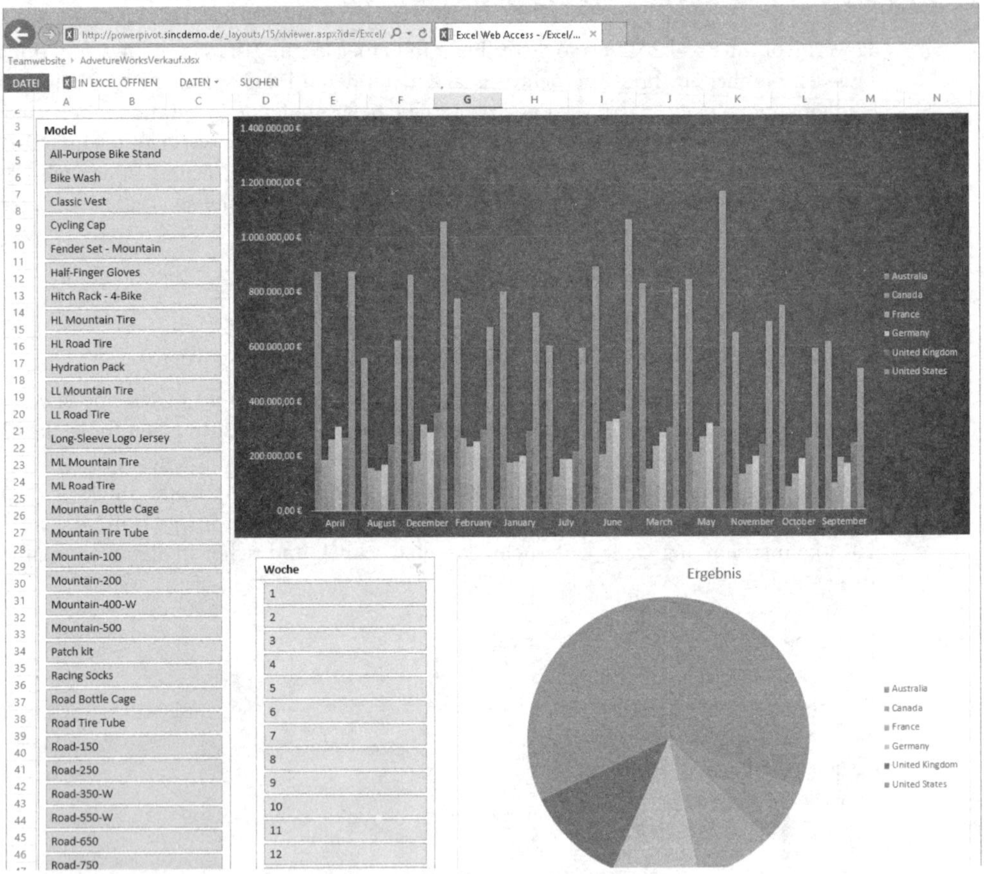

HINWEIS Beachten Sie, dass einige Funktionen wie beispielsweise das Anlegen von kalkulierten Feldern nicht in der browserbasierten PowerPivot-Oberfläche verfügbar sind. Diese Funktionen können in SharePoint angezeigt und partiell bearbeitet werden, sind jedoch aus dem Excel-Client heraus anzulegen.

Voraussetzungen

Stellen Sie die folgenden Rahmenbedingungen vor der Einführung von PowerPivot in Ihrer Umgebung sicher.

Tabelle 16.14 PowerPivot in Kombination mit SharePoint Server

Farm-übergreifend	Partitionierbar	SharePoint Foundation	SharePoint Server	SharePoint Server Enterprise	Redundanzfähigkeit	Positionierung
				✓	✓	WFE APP

Für PowerPivot für SharePoint existieren nachfolgende Abhängigkeiten.

Tabelle 16.15 Abhängigkeiten von PowerPivot

Abhängigkeit	Dienst ist abhängig von	Vom Dienst abhängige Komponenten	Abhängigkeit
✔	Analysis Services im PowerPivot-Modus	Power View	✔
✔	Excel Services	Reporting Services	✪
✔	Secure Store		
✔	Forderungen an den Windows Token-Dienst		

Legende: ✪ = Nicht erforderlich, jedoch empfohlen; ✔ = Erforderlich

Installation

Für die Verwendung der neuen Excel 2013-Funktionen in PowerPivot ist die Bereitstellung einer SQL Server 2012 SP1-Instanz der Analysis Services im SharePoint-Bereitstellungsmodus eine zentrale Anforderung. Die SharePoint-Server benötigen zudem das PowerPivot-Add-On für den Zugriff auf die Analysis Services-Funktionen.

Bereitstellung von SQL PowerPivot für SharePoint

Die erforderliche Funktionalität steht nur unter SQL Server 2012 SP1-Enterprise oder der BI-Edition zur Verfügung. Installieren Sie *SQL Server PowerPivot für SharePoint* dabei als neue eigenständige Instanz (Abbildung 16.36).

Abbildg. 16.36 SQL Server PowerPivot für SharePoint

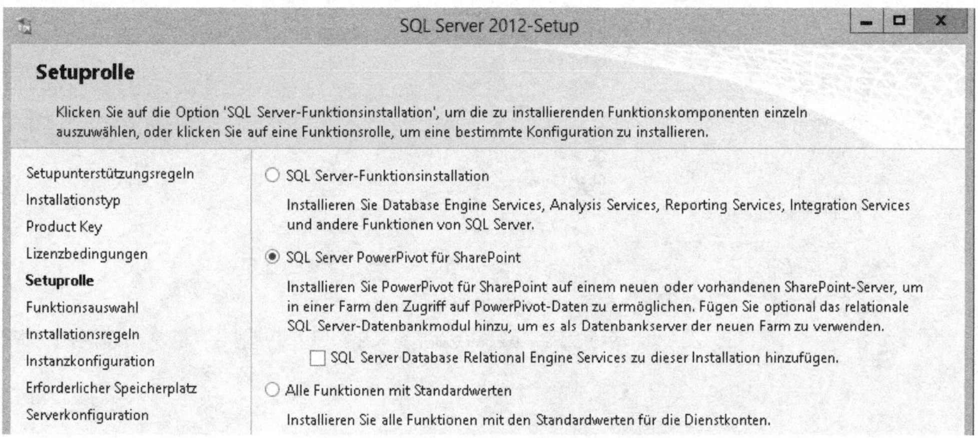

ACHTUNG Sollten Sie auf dem Server bereits eine Standardinstanz von SQL Server ausführen, müssen Sie das Kontrollkästchen *SQL Server Database* ... deaktivieren, um das Setup abschließen zu können.

Beachten Sie bitte, dass alle Dienstkonten für Excel Services, PowerPivot, Power View und PerformancePoint-Dienste administrative Berechtigungen für die Analysis Services-Instanz benötigen. Fügen Sie zudem das Farmkonto in der Zentraladministration (Identität von *Owstimer.exe*) den Instanzadministratoren hinzu.

Da der Installations-Assistent die lokale Firewall der SQL Server-Instanz nicht anpasst, ist eine manuelle Anpassung der Firewall notwendig. Bei der Installation der Analysis-Dienste wird dynamisch ein freier Port für den Analysis-Dienst ausgewählt. Um die Konfiguration zu erleichtern, öffnen Sie das SQL Server Management Studio und verbinden sich mit der Analysis-Instanz (*[Servername]\POWERPIVOT*). Öffnen Sie die Eigenschaften der Instanz, navigieren Sie zum Knoten *Port*, und ändern Sie den Wert *0* auf *54321* (Abbildung 16.37).

Abbildg. 16.37 Portanpassung der Analysis-Instanz

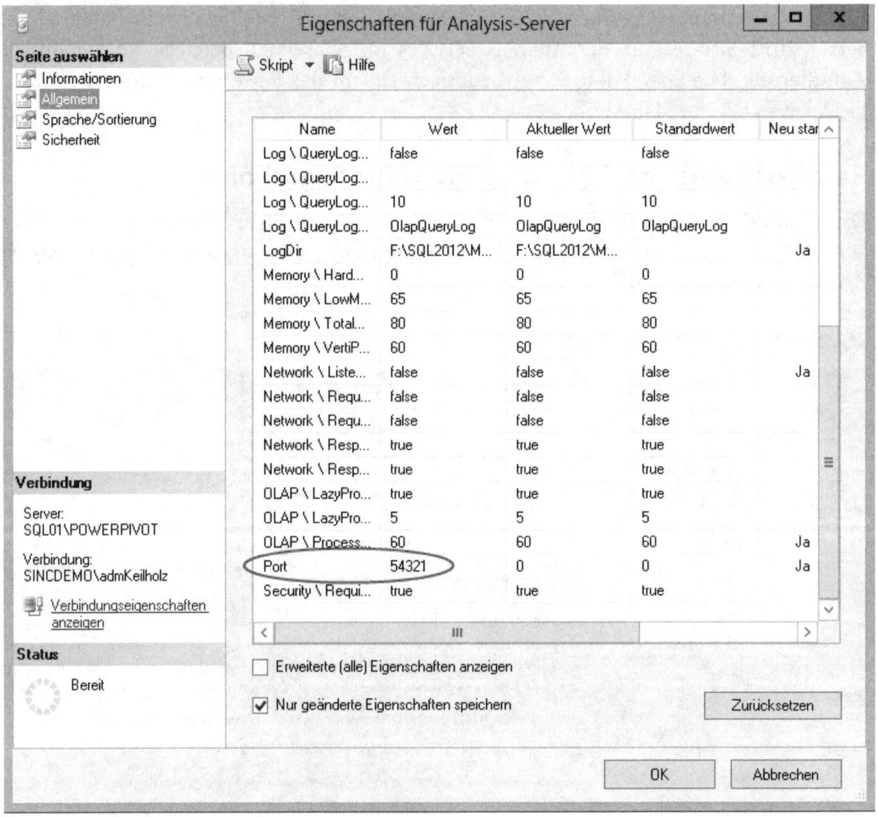

Nach dem Bestätigen der Anpassung starten Sie die Instanz neu, um die Änderungen anzuwenden. Erstellen Sie nun eine entsprechende Windows-Firewallausnahme, um die Kommunikation mit der

SharePoint-Farm zu ermöglichen. Führen Sie die Konfiguration über eine Eingabeaufforderung mit Administratorrechten durch und verwenden Sie dazu das Beispielskript aus Listing 16.8.

Listing 16.8 Hinzufügen der Firewallausnahme über die Eingabeaufforderung

```
Netsh advfirewall firewall add rule name="SQL Analysis Services" dir=in action=allow
protocol=TCP localport="2382,2383,54321" profile=domain
```

Installation des PowerPivot-Add-Ons

Das Add-On *Microsoft SQL Server 2012 PowerPivot für SharePoint 2013* stellt alle nötigen Ressourcen und Assemblies zur Verfügung, die für die PowerPivot-Funktionalität in der SharePoint-Farm erforderlich sind. Die Installation wird über ein MSI-Paket bereitgestellt, welches auf dem Installationsmedium von SQL Server 2012 SP1 unter *PCUSOURCE\1031_DEU_LP\x64\Setup\spPowerPivot.msi* zu finden ist oder unter folgender URL heruntergeladen werden kann: *http://www.microsoft.com/de-de/download/details.aspx?id=35577* [Ms156-K16-04].

HINWEIS Um Fehlermeldungen über nicht auffindbare Assemblies, wie in Abbildung 16.38 demonstriert, zu verhindern, sollten Sie die Installation auf allen Servern der SharePoint-Farm installieren, mindestens jedoch auf allen Web-Front-End-Servern, sowie den Anwendungsservern, auf welchen eine PowerPivot-Dienstinstanz gehostet werden soll.

Abbildg. 16.38 Fehlermeldung durch fehlendes Add-On beim Browserzugriff

Während der Installation des MSI-Pakets wird die PowerPivot System Service-Instanz auf dem ersten Server der Farm, auf dem die Installation ausgeführt wird, registriert und gestartet. Es kann unter Umständen vorkommen, dass diese Registrierung von der Installationsroutine übersprungen wird. Um die PowerPivot-Konfiguration erfolgreich durchführen zu können, ist mindestens eine Instanz des PowerPivot System Service notwendig. Für eine einfache Validierung führen Sie das folgende Cmdlet in der SharePoint-Verwaltungsshell aus:

```
Get-PowerPivotSystemService
```

Sollte dieser Befehl keine Instanz, sondern einen Fehler zurückgeben, führen Sie das Cmdlet *New-PowerPivotSystemServiceInstance* lokal auf den Anwendungsservern aus, welche die Dienste bereitstellen sollen.

Konfigurieren Sie nun von einem Server der Farm, auf dem das Add-On installiert wurde, die PowerPivot-Integration mithilfe des PowerPivot für SharePoint-Konfigurationstools mit einem Benutzer, der über Farmadministrator-Berechtigungen verfügt. Die Verknüpfung in den Programmen verweist auf *C:\%ProgramFiles%\Microsoft SQL Server\110\Tools\PowerPivotTools\SPAddinConfiguration\Bin\PowerPivotSPAddinConfiguration.exe*.

ACHTUNG Um eine Fehlermeldung des Tools beim Erstellen der Datenbank wegen fehlender SQL-Anweisungen zu unterbinden, kopieren Sie unbedingt vor der Anwendung die Dateien *PowerPivotDbLogic.sql* und *PowerPivotDbSchema.sql* von *C:\%ProgramFiles%\Common Files\microsoft shared\Web Server Extensions\15\TEMPLATE\SQL* nach *C:\%ProgramFiles%\Common Files\microsoft shared\Web Server Extensions\14\TEMPLATE\SQL*. Dies ist ein bekannter Fehler der aktuellen Installationsroutine.

Das Konfigurationstool überprüft alle Installationsvoraussetzungen und führt Sie durch die Konfiguration der ggf. noch fehlenden Komponenten (Abbildung 16.39). Auf der Registerkarte *Skript* können Sie einsehen, welche Befehle im Hintergrund ausgeführt werden bzw. wurden.

Abbildg. 16.39 PowerPivot-Konfigurationstool

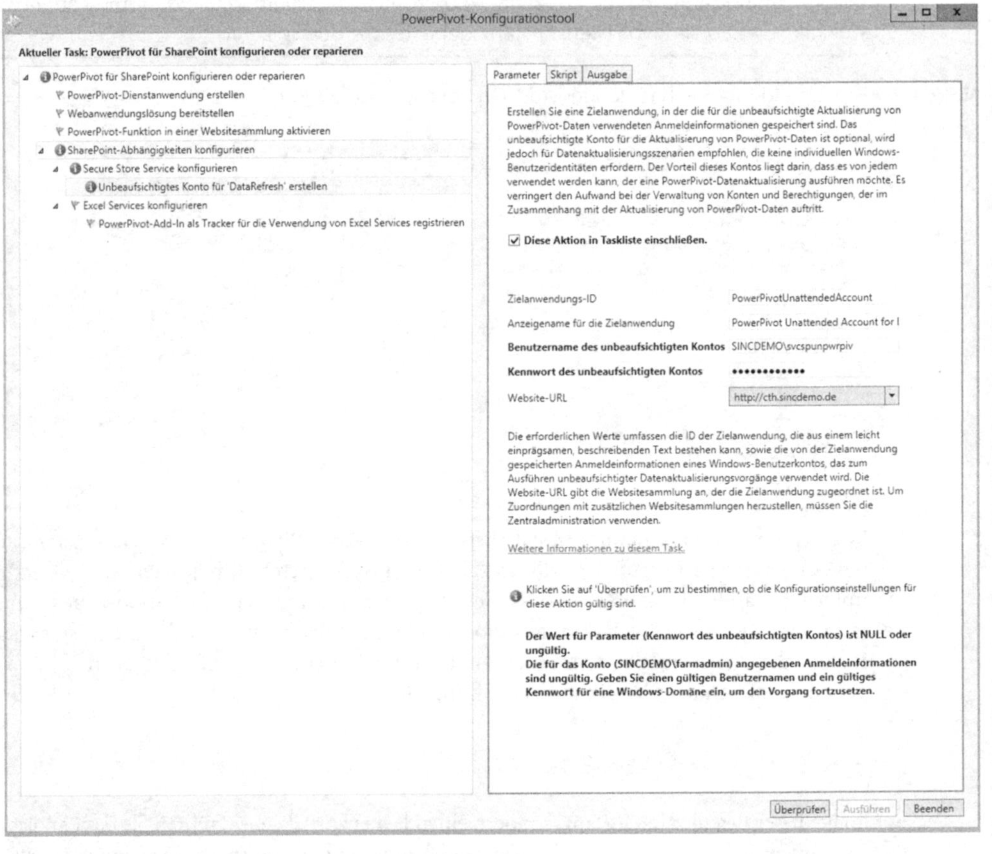

Sind alle Überprüfungen erfolgreich, fahren Sie mit der Konfiguration fort. Das Konfigurationstool erstellt dabei ebenfalls eine PowerPivot-Dienstanwendung inklusive des Anwendungsproxys und weist diesen der Standardproxygruppe zu. Ist die Konfiguration erfolgreich abgeschlossen, finden Sie somit den Eintrag *Default PowerPivot Service Application* in der Dienstanwendungsverwaltung der Zentraladministration vor.

Datenaktualisierung

Nachdem die Daten der SQL Server Analysis Services-Instanz zur Verfügung stehen, wird keine automatisierte Aktualisierung der Daten durchgeführt, um die Leistungsimplikationen der Instanz durch viele Aufrufe zu verhindern. Daher ist die Einrichtung der Datenaktualisierung erforderlich. Markieren Sie dazu das Excel-Dokument in SharePoint, wie in Abbildung 16.40 abgebildet und klicken Sie auf *PowerPivot-Datenaktualisierung verwalten.*

Abbildg. 16.40 Kontextmenü für die Datenaktualisierung

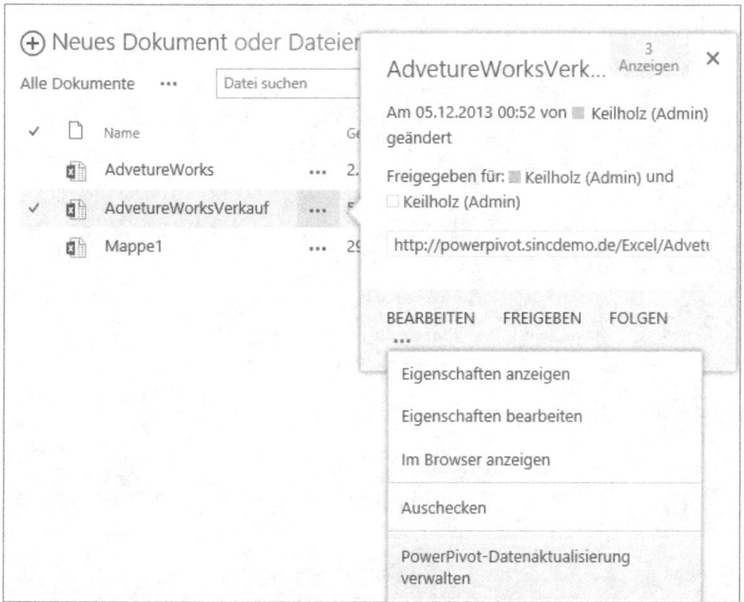

Nun können Sie eine automatisierte Aktualisierung der vorberechneten Daten konfigurieren (Abbildung 16.41).

Abbildg. 16.41 Datenaktualisierung konfigurieren

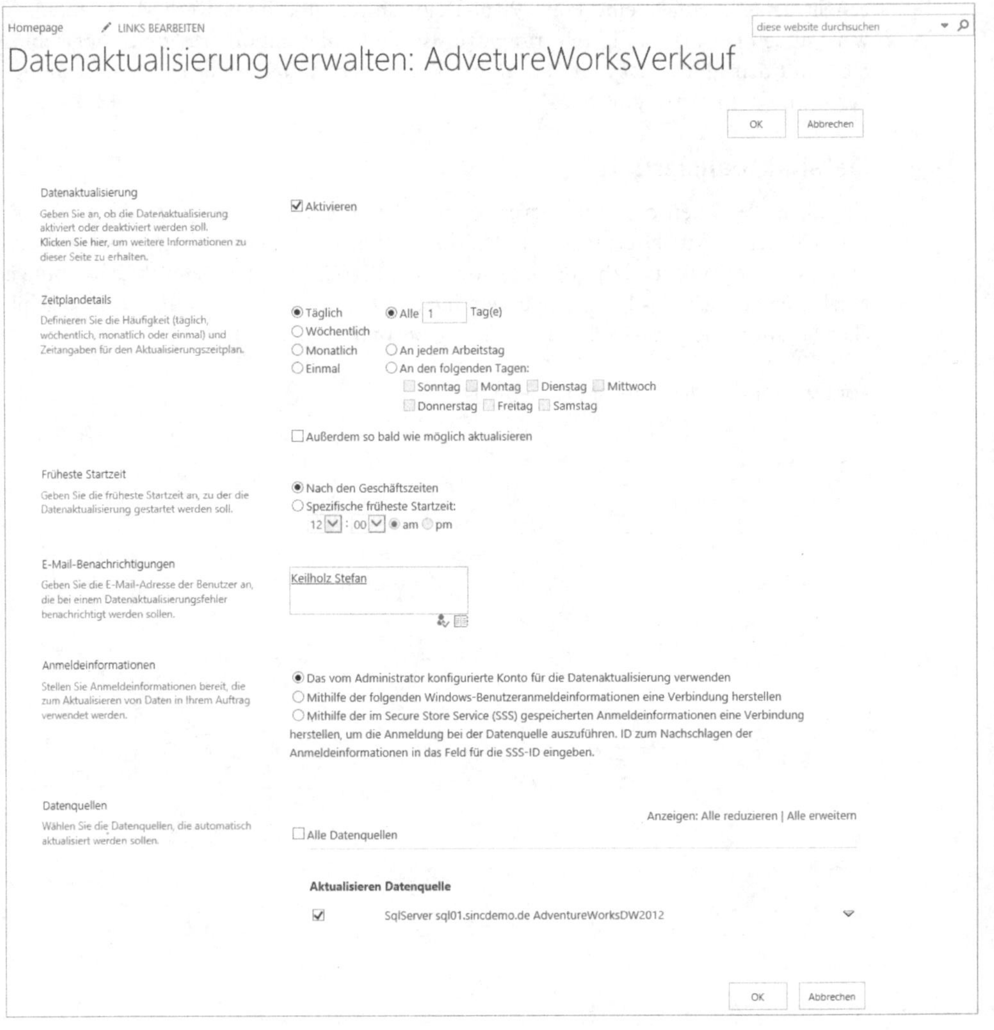

Beachten Sie bei der Validierung der Installation, dass der erste Zugriff auf das PowerPivot-Datenblatt unter Umständen eine verhältnismäßig lange Zeit in Anspruch nehmen kann, da SharePoint eine neue Datenbank inklusive des Datenmodells in der SQL Server Analysis-Instanz anlegt.

TIPP Achten Sie darauf, den Wert für die maximale Anzahl an Sitzungen pro Benutzer in den globalen Excel-Dienstanwendungseinstellungen zu erhöhen, um ein Einfrieren der Excel Services zu verhindern, welche durch den OLAP-Provider ausgelöst werden kann, wenn zwischen zwei Arbeitsblättern PowerPivot-basierte Daten aktualisiert werden. Weiterführende Informationen zu diesem Problem finden Sie im KB-Artikel 2752607.

Funktionen wie die Datenaktualisierung von PowerPivot werden in einer Websitesammlung mithilfe eines Websitesammlungsfeatures (*Funktion zur PowerPivot-Integration in Websitesammlungen,*

Displayname: *PowerPivotSite*) gesteuert, welches in Abhängigkeit von der verwendeten Websitesammlungsvorlage ggf. manuell aktiviert werden muss.

Weiterführende Informationen zu PowerPivot erhalten Sie unter *http://www.powerpivot.com* [Ms156-K16-05].

Power View

Power View ermöglicht es Ihnen, interaktive Ansichten auf Ihre Geschäftsdaten sowie Ad-hoc-Berichte zu erstellen. In SharePoint werden diese Power View-Arbeitsblätter in Excel Services dargestellt (Abbildung 16.42).

Abbildg. 16.42 Power View-Ansicht in Excel Services

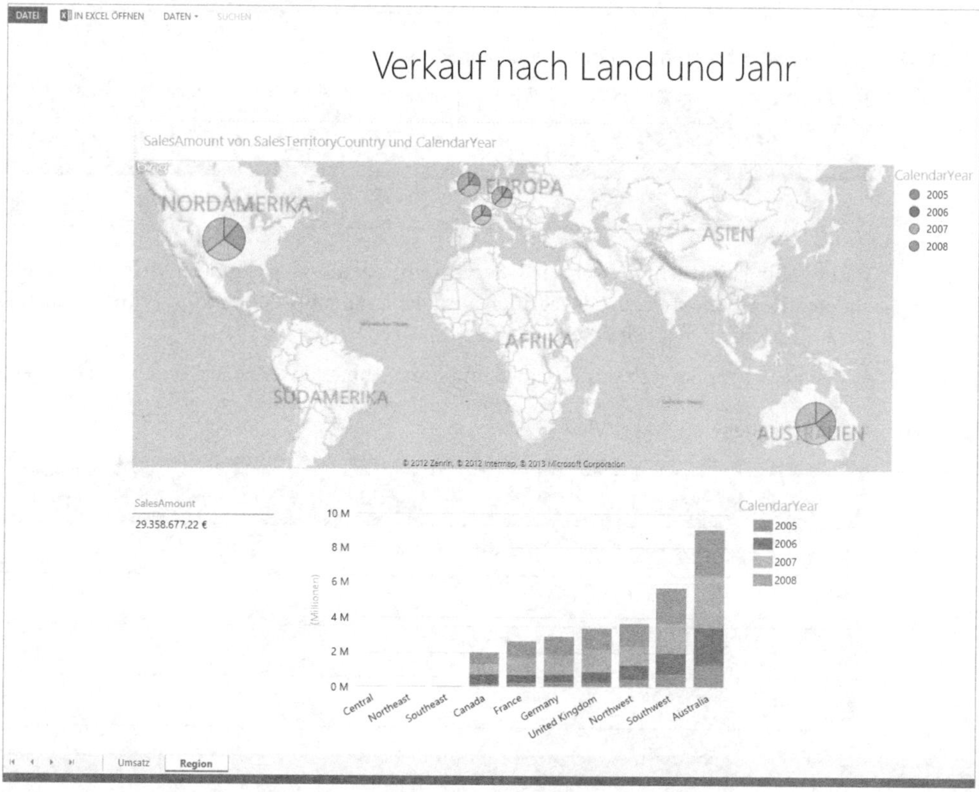

Power View für SharePoint erweitert die Funktionalität von PowerPivot um eine verbesserte grafische Aufbereitung, da Silverlight clientseitig auf Komponenten der Windows Presentation Foundation aufsetzt, welche Grafiken mithilfe der Grafikkarte und nicht der CPU rendert. Die Aktualisierung der Datendarstellungen im Arbeitsblatt wird in Power View nicht vom Server, sondern direkt von der Silverlight-Anwendung durchgeführt, was zu einer schnelleren Aktualisierung der Grafiken führt. Zusätzlich werden externe Inhalte wie beispielsweise Kartendarstellungen unterstützt und ebenfalls direkt von der Silverlight-Anwendung heruntergeladen.

Neben den Excel Services-integrierten Power View-Komponenten existiert noch eine Reporting Services-Integration für Power View. Auf Power View basierende Reports in SharePoint (RDLX-Dateien) können dabei nicht in Excel verwendet werden und dienen ausschließlich für Berichte, die auf Reporting Services basieren.

Power View planen

Power View ist nicht zuletzt aufgrund seiner Abhängigkeiten lediglich in der SharePoint Enterprise-Edition verfügbar (Tabelle 16.16).

HINWEIS Beachten Sie, dass ausschließlich die ab SQL Server 2012 SP1 verfügbaren Reporting Services in SharePoint 2013 unterstützt werden. Auf SQL Server 2008 R2 basierende Reporting Services können daher in dieser Kombination nicht verwendet werden.

Tabelle 16.16 Power View in Kombination mit SharePoint Server

Farm-übergreifend	Partitionierbar	SharePoint Foundation	SharePoint Server	SharePoint Server Enterprise	Redundanzfähigkeit	Positionierung
				✓	✓	WFE APP

Da es keine eigentliche Power View-Serverkomponente gibt, sondern vielmehr auf eine Reihe an anderen Komponenten zurückgegriffen wird, laufen die für Power View erforderlichen Komponenten auf verschiedenen Schichten einer Serverfarm.

Power View befindet sich durch seine komplexen Abhängigkeiten am Ende der Dienstkette.

Tabelle 16.17 Abhängigkeiten von Power View

Abhängigkeit	Dienst ist abhängig von	Vom Dienst abhängige Komponenten	Abhängigkeit
✓	Analysis Services (Tabellarisch)		
✓	Silverlight (Clientseitig)		
✓	Reporting Services (SQL 2012 SP1)		
✓	ADOMD.NET		
✓	Secure Store		
✓	Forderungen an den Windows-Tokendienst		
✓	PowerPivot		
✓	Excel Services		

Legende: ✓ = Erforderlich

In der Übersicht sieht die Power View-Architektur vereinfacht wie folgt aus (Abbildung 16.43).

Abbildg. 16.43 Power View-Architektur

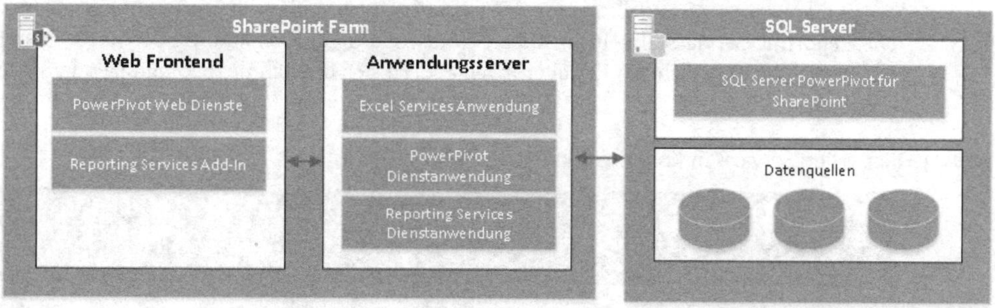

ACHTUNG Power View greift auf die in der von der SQL Server Analysis-Instanz vorgehaltenen Daten zu. Um die Daten zu aktualisieren, müssen Sie das über die PowerPivot-Datenaktualisierung konfigurieren.

Power View einrichten

Die Einrichtung von Power View beruht im Wesentlichen auf der Einrichtung der zuvor angeführten Voraussetzungen. Einer der zusätzlichen für Power View spezifischen Einrichtungsschritte besteht in der Aktivierung des Power View-Websitesammlungsfeatures mit dem Namen *Funktion zur Power View-Integration* (Displayname: *PowerView*).

Beispielszenarios für den Einsatz und die Verwendung der erweiterten BI-Funktionen finden Sie unter *http://technet.microsoft.com/library/ff877811.aspx* [Ms156-K16-06].

Reporting Services für SharePoint (SSRS)

Die Reporting Services erweitern Ihr Business Intelligence-Potenzial um flexible, auf Reporting Services basierende Berichte. Diese SQL Server-zentrische Funktion wurde in SharePoint 2013 nicht unerheblich verändert, um sich in die neue Funktionslandschaft einzupassen und eine bessere Integration zu ermöglichen.

Neuerungen in Reporting Services

Die folgenden wichtigsten Neuerungen ergeben sich für die SQL Server 2012 SP1 basierten Reporting Services:

- Erstmalige Unterstützung von SharePoint Server 2013
- Power View-Integration
- Berichtsserver im SharePoint-Modus

  Mittlerweile ist die Berichtsserverkomponente kein Windows-Dienst mehr, sondern eine SharePoint-Dienstinstanz, die als solche durch eine SharePoint-Dienstanwendung gesteuert wird. Dies vereinfacht die Verwaltung und Skalierung.
- Anzeige und Interaktion mit Berichten auf iOS-Geräten

Voraussetzungen für Reporting Services

Die Reporting Services ähneln in ihrer Grundstruktur und Verwaltung der unter SharePoint 2010. Durch die oben angeführten Erweiterungen ändern sich die Rahmenbedingungen in SharePoint 2013 etwas ab.

Tabelle 16.18 Reporting Services in Kombination mit SharePoint Server

Farm-übergreifend	Partitionierbar	SharePoint Foundation	SharePoint Server	SharePoint Server Enterprise	Redundanzfähigkeit	Positionierung
			(✓)	✓	✓	WFE APP

HINWEIS Beachten Sie, dass ausschließlich die ab SQL Server 2012 SP1 verfügbaren Reporting Services in SharePoint 2013 unterstützt werden. Auf SQL Server 2008 R2 basierende Reporting Services können daher in dieser Kombination nicht verwendet werden.

Für die Installation der Reporting Services sind primär folgende Rahmenbedingungen relevant:

- Als Berichtsserver wird aktuell nur SQL Server 2012 SP1 unterstützt
- Die Berichtsserverdatenbank muss im integrierten SharePoint-Modus erstellt werden

Die folgenden Abhängigkeiten ergeben sich für die Reporting Services:

Tabelle 16.19 Abhängigkeiten von Reporting Services

Abhängigkeit	Dienst ist abhängig von	Vom Dienst abhängige Komponenten	Abhängigkeit
✓	Reporting Services-Add-In	PowerView	✓
✓	Silverlight (clientseitig)	PowerPivot	✓
✓	ADOMD.NET	Report Viewer	✓
★	Secure Store		
★	Forderungen an den Windows-Tokendienst		
★	Kerberos Constrained Delegation		
★	SQL Server 2012 Analysis Services		
★	SQL Server-Agent		
★	PowerPivot		
★	Excel Services		

Legende: ★ = Nicht erforderlich, jedoch empfohlen; ✓ = Erforderlich

Die SQL Server Analysis Services-Instanz in Ihrer Farm ermöglicht dem interaktiven Reporting Services-Berichts-Designer auf PowerPivot- und Analysis Services-Tabellendatenmodelle zurückzugreifen. Daher gibt es sozusagen eine bidirektionale Abhängigkeit zu PowerPivot. Der SQL Server-Agent wird für die Verwendung von Warnungen benötigt.

In einer mehrschichtigen SharePoint-Serverfarm sollten die verschiedenen Komponenten der Reporting Services auf die jeweiligen Schichten verteilt werden. Dabei stellt das SQL Reporting Services-Add-In auf der Web-Front-End-Ebene Benutzeroberflächenfunktionen wie Power View bereit. Die eigentliche Dienstanwendung und SharePoint-Dienstinstanz der Reporting Services wird auf der Anwendungsebene provisioniert und kann somit mithilfe des integrierten SharePoint-Dienstlastenausgleichs über die Servergrenze hinaus skaliert werden. (Abbildung 16.44).

Abbildg. 16.44 Übersicht der SSRS-Architektur

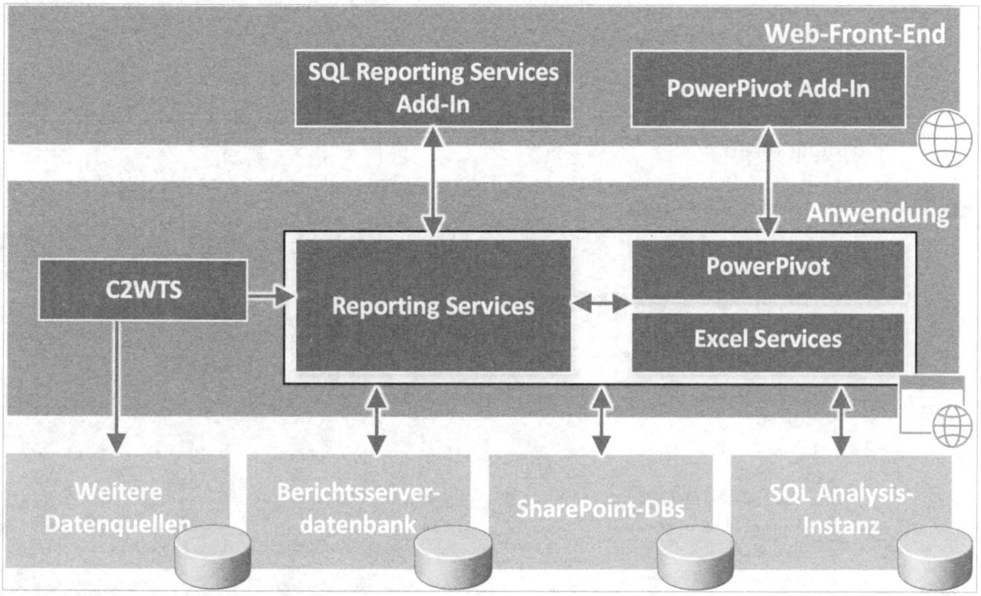

SSRS-Bereitstellung

In diesem Abschnitt wird die Bereitstellung von SSRS lediglich anhand der wichtigsten Bereitstellungsschritte skizziert.

In der Übersicht gehen Sie wie folgt vor, um die Reporting Services in SharePoint für SharePoint bereitzustellen:

1. Installieren Sie das SRSS-Add-In auf allen Servern der Farm bzw. zumindest auf den Web-Front-End-Servern.

   Sie finden das Add-In als SQL Server-Installationskomponente beispielsweise auf dem Installationsmedium von SQL Server 2012 SP1.

2. Installieren Sie die Reporting Services-Komponente auf dem Anwendungsserver, auf dem Sie die SharePoint-Dienstinstanz bereitstellen möchten (Abbildung 16.45).

Abbildg. 16.45 SSRS-SQL Server-Installationskomponenten

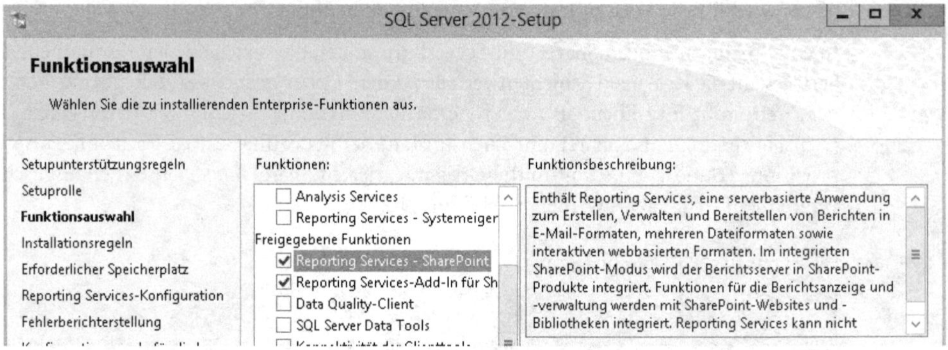

Wählen Sie im Abschnitt *Reporting Services-Konfiguration* die Option *Nur Installieren* (Abbildung 16.46).

Abbildg. 16.46 Wahl des SSRS-Modus

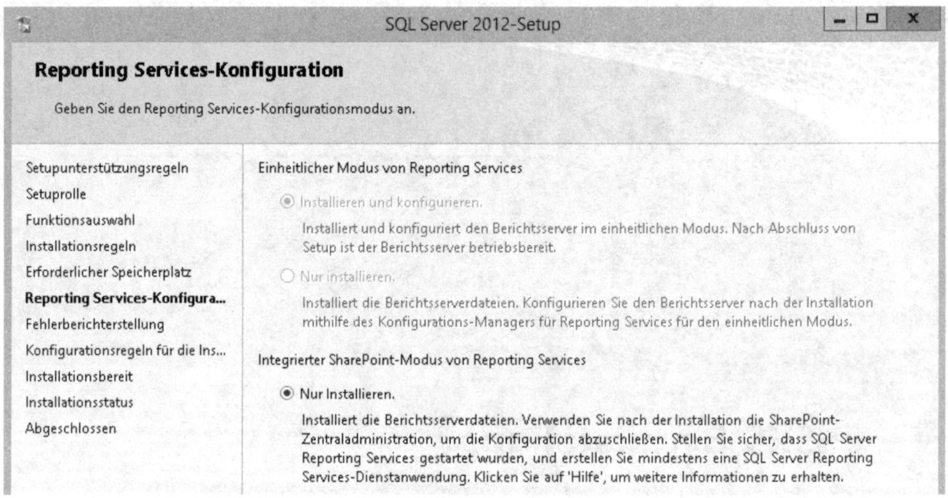

Schließen Sie das Setup ordnungsgemäß ab und fahren Sie mit der Installation der SSRS-Dienstanwendung fort.

3. Erstellen Sie die SSRS-Dienstanwendung beispielsweise mithilfe der Zentraladministration, indem Sie aus der Liste der neu zu erstellenden Dienstanwendungen den Eintrag *SQL Server Reporting Services-Dienstanwendung* wählen.

   Neben den Standardparametern wie dem Namen der Dienstanwendung und der Wahl des auszuführenden Webanwendungspools definieren Sie die Reporting Services-Berichtsdatenbank und geben an, welche Webanwendungen der SSRS-Instanz für die Berichtserstellung zugeordnet werden sollen (Abbildung 16.47).

Abbildg. 16.47 Kernangaben bei der Erstellung der SSRS-Dienstanwendung

HINWEIS Sollten Ihnen die SSRS-Dienstanwendung nicht zur Auswahl angezeigt werden, müssen Sie diese manuell registrieren, indem Sie die beiden folgenden Cmdlets ausführen und anschließend die SSRS-Dienstinstanz neu starten:

```
Install-SPRSService
Install-SPRSServiceProxy
```

4. Aktivieren Sie ggf. in der Zielwebsitesammlung manuell das vom Anzeigenamen her gleichnamige Power View-Websitesammlungsfeature.
5. (Optional) Aktivieren Sie das Websitefeature *Synchronisierung der Berichtsserverdateien* in Ihren Berichtsbibliotheken.

   Laden Benutzer häufig veröffentlichte Berichtselemente direkt in SharePoint-Dokumentbibliotheken hoch, ist die Funktion zur Synchronisierung der Berichtsserverdateien auf Websiteebene hilfreich. Die Dateisynchronisierungsfunktion synchronisiert den Berichtsserverkatalog regelmäßiger mit Elementen in den Dokumentbibliotheken.
6. (Optional) Fügen Sie die SSRS-Inhaltstypen einer Dokumentbibliothek hinzu.

   Für Reporting Services werden vordefinierte Inhaltstypen bereitgestellt, die zum Verwalten freigegebener Datenquellendateien (RSDS), Berichtsmodelldateien (SMDL) und Berichts-Generator-Berichtsdefinitionsdateien (RDL) verwendet werden können. Somit können Sie neue Dokumente des betreffenden Typs einfach aus der Dokumentbibliothek heraus erstellen.

7. (Optional) Konfigurieren Sie die Abonnements und Warnungen und E-Mail-Einstellungen in den Dienstanwendungseigenschaften der zuvor erstellten SSRS-Dienstanwendung.

Abschließend wird ggf. noch eine Excel Services- und PowerPivot-Konfiguration für die Analysis Services-Instanz erforderlich, um weitere Funktionen von SSRS nutzen zu können.

In Kapitel 12 finden Sie ein weiterführendes Beispiel für die Integration der Reporting Services mit C2WTS (Claims to Windows Token Service).

Exchange Server 2013-Integration

In diesem Abschnitt wird die Integration von Exchange Server 2013 mit SharePoint Server 2013 behandelt.

Übersicht

SharePoint bietet in Kombination mit Exchange Server eine umfassende Integration in die wichtigsten Szenarien der Kollaboration und des übergreifenden Zugriffs auf Inhalte an. Neben einigen weiteren verfügbaren Integrationsansätzen wie beispielsweise der Durchforstung von Exchange Server-Inhalten, werden in diesem Abschnitt lediglich die drei neuen zentralen Integrationsszenarien erläutert:

- Websitepostfächer
- Aufgabensynchronisierung
- eDiscovery

Während die Websitepostfächer Exchange Server-zentrisch sind, stellen die beiden anderen Integrationen Erweiterungen für in SharePoint bestehende neue Funktionen dar.

Exchange-Integration in hybriden Szenarien

Die Verwendung aller hier demonstrierten Exchange-Integrationen wird für hybride Szenarien nicht unterstützt. Zwar ist es möglich, innerhalb von SharePoint Online eDiscovery-Funktionen zu nutzen, jedoch können Sie nicht von einer lokalen SharePoint-Installation aus Exchange Server-Onlineinhalte identifizieren und umgekehrt.

Hintergrund ist die erforderliche tiefe technische Integration und die nicht delegierten, jedoch erforderlichen Privilegien für alle relevanten Funktionen.

Websitepostfach (Site Mailbox)

SharePoint bietet die Möglichkeit, einer Teamsite mithilfe von Exchange Server ein individuelles Postfach bereitzustellen, welches sowohl aus Outlook als auch aus SharePoint heraus für Mitglieder von Teamsites verfügbar ist.

Planung und Architektur

Die Websitepostfächer ermöglichen den Zugang auf E-Mail und SharePoint-Inhalte sowohl via SharePoint-Oberfläche als auch über den Outlook-Client. Dabei werden die eigentlichen Daten des Websitepostfachs in einem auf Exchange Server 2013 basierenden Postfach vorgehalten, welches via E-Mail aus der globalen Adressliste (Global Address List, GAL) auswählbar ist. Die E-Mail-Inhalte sind direkt aus Outlook und auch via Link in der SharePoint-Oberfläche verfügbar, wobei die SharePoint-Integration an dieser Stelle im Wesentlichen aus einer Umleitung auf das Outlook Web App-Postfach besteht. Bei den SharePoint-Inhalten des Websitepostfachs handelt es sich um für die Schnellstartleiste aktivierte Dokumentbibliotheken, welche über Referenzen auch über Outlook verfügbar sind (Abbildung 16.48).

Abbildg. 16.48 Vereinfachte Übersicht der Komponenten eines Websitepostfachs

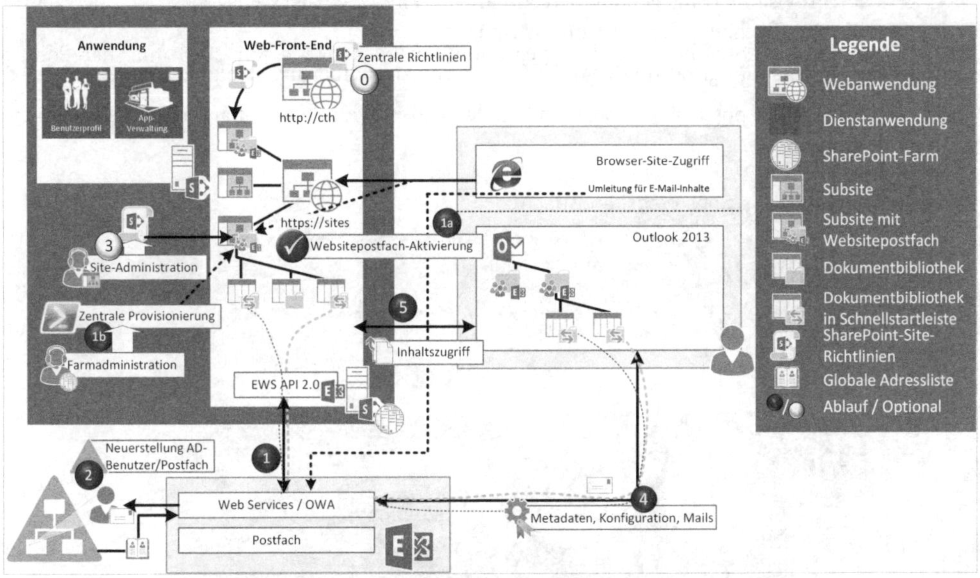

Das Zusammenspiel der Komponenten sieht in der Übersicht wie folgt aus:

1. Bevor Websitepostfächer aktiviert werden, können zentrale Websiterichtlinien definiert werden, die den Verbleib der Websites und Postfächer regeln. Diese Konfiguration erfolgt innerhalb des Inhaltstyphubs (Schritt 0).
2. Die eigentliche Aktivierung des Websitepostfachs erfolgt nun durch die Benutzer innerhalb der Website selbst (Schritt 1a) oder aber durch die Farmadministration (Schritt 1b). Hierdurch wird Kontakt zu den Exchange Server-Webservices via EWS Managed API hergestellt und die Erstellung des Websitepostfachs ausgelöst (Schritt 1).
3. Der Exchange-Server löst die Erstellung eines E-Mail-aktivierten Active Directory-Benutzerobjekts aus, welches basierend auf Exchange-seitigen Websitepostfachparametern vorkonfiguriert wird (Schritt 2). Die globale Adressliste von Exchange Server wird um das neue Empfängerelement erweitert und steht den Benutzern somit im Outlook-Adressbuch zur Verfügung.
4. Optional kann nun ein Websiteadministrator noch benutzerdefinierte Websiterichtlinien mit der Website und somit auch dem Websitepostfach verknüpfen (Schritt 3) oder aber zentral definierte Richtlinien heranziehen, die automatisch mithilfe des Inhaltstyphub bereitgestellt wurden.

5. Startet ein Benutzer Outlook, erhält er automatisch die verfügbaren Websitepostfächer und kann diese innerhalb von Outlook bzw. über den Verweis auf Outlook Web App bearbeiten (Schritt 4). Über die Kommunikation mit Exchange Server erhält der Client alle relevanten Metadaten und Dokumentbibliotheksreferenzen sowie den direkten Zugriff auf die E-Mail-Nachrichten.
6. Beim Zugriff auf SharePoint-Inhalte wird im Hintergrund eine transparente Verbindung zur Original-URL in SharePoint etabliert, wobei die entsprechende Clientanwendung automatisch geöffnet und die URL durchgereicht wird. Der Zugriff findet demnach nicht lokal über die PST-Daten statt.

Die folgenden weiteren Details sollten Sie in Ihre Planung von Websitepostfächern einbeziehen:

- Erstellung auf Websitefeature-, also Websiteebene
- Provisionierung gemäß Berechtigungen entweder als Websitebesitzer oder zentral als Farm- bzw. Exchange Server-Administrator
- Detailkonfiguration der Websitepostfachprovisionierung erfolgt Exchange Server-seitig

Das Websitepostfach ist vollständig in den Lebenszyklus einer SharePoint-Website integriert (Abbildung 16.49).

Abbildg. 16.49 Lebenszyklus eines Websitepostfachs

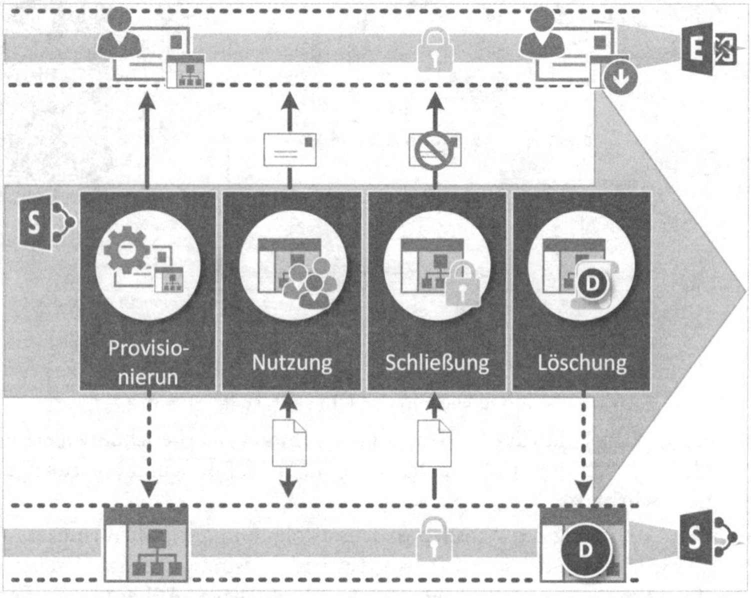

Im Detail handelt es sich bei den einzelnen Abschnitten des Lebenszyklus um folgende Primärphasen:

1. Provisionierung

   Die Provisionierung des Websitepostfachs auf Websiteebene erfolgt entweder mit entsprechenden Berechtigungen direkt aus der Oberfläche der Website heraus über die SharePoint-Apps oder Websitefeaturesteuerung oder aber alternativ mithilfe einer zentralen, skriptbasierten Provisionierung, welche in produktiven Umgebungen durchaus Vorteile zeigt, wie die umgehende Verfügbarkeit des Postfachs bei einer Minimierung von Fehlern im Rahmen der Postfachprovisionierung.

HINWEIS Die Lebenszykluskonfiguration kann sehr gut in Kombination mit der Self-Service-Websitesammlungserstellung angewandt werden. Durch diese Kombination kann einem Benutzer die Möglichkeit gewährt bzw. dieser dazu gezwungen werden, die neu zu erstellende Websitesammlung unmittelbar mit einer Richtlinie zu verknüpfen.

2. Nutzung

   Die Nutzung erfolgt in Form von E-Mail-Nachrichten, die an das Postfach übermittelt werden können, oder aber als Dateien/Dokumente, die bidirektional über das Websitepostfach aus und in die Dokumentbibliothek geladen werden.

   Beim Zugriff auf die Inhalte einer SharePoint-Dokumentbibliothek von Outlook aus werden einzelne Elemente in den Office-Cache geladen, der beim nächsten Zugriff eine beschleunigte Nutzung der Daten ermöglicht.

HINWEIS Für die SharePoint-Dokumentbibliotheken des Websitepostfachs werden keine Daten automatisch offline vorgehalten. Um dies zu ermöglichen, muss der Benutzer die entsprechende Dokumentbibliothek für die Offlinesynchronisierung konfigurieren. Dieser Prozess ist unabhängig von Websitepostfächern, integriert sich aus der Benutzerperspektive jedoch transparent.

3. Schließung

   Wird ein mit einem Websitepostfach verknüpftes Projekt abgeschlossen und gemäß der SharePoint-Richtlinien als zu schließen identifiziert, wird der Zugriff auf die assoziierten Inhalte gemäß Richtlinienvorgaben eingeschränkt und der Zugriff auf diese künftig lediglich aus SharePoint heraus bei optionalem Schreibschutz gewährt. In diesem Zustand kann eine ebenfalls optionale Archivierung vorgenommen werden.

4. Löschung

   Kommt es basierend auf den Richtlinien zu einer Löschung der Site, wird nicht zwangsläufig das assoziierte Websitepostfach ebenfalls gelöscht, sondern die zugehörigen Postfächer zur manuellen Löschung freigegeben während die SharePoint-Inhalte bereits entfernt wurden.

HINWEIS Weiterführende Informationen zu den zugrundeliegenden Mechanismen der SharePoint-Websitesammlungsrichtlinien finden Sie in Kapitel 9. Die vollständige Interaktion und alle Konfigurationsoptionen in Kombination mit Exchange Server zu beschreiben, würde den Rahmen dieses Buchs sprengen. Wir beschränken uns daher auf wesentliche Basisszenarien.

Synchronisierungsintervalle

Die mit dem Websitepostfach einhergehenden Synchronisierungsmechanismen sind in der Übersicht wie folgt:

- **Automatische unmittelbare Synchronisierung** Eine umgehende Synchronisierung der Inhalte und Mitgliedschaften findet für neu in Outlook zur Dokumentbibliothek hochgeladene Dokumente statt. Zudem wird ein Synchronisierungstrigger für die Mitgliedschaft ausgelöst, sobald es bei der Anmeldung am Postfach in OWA zu einem Zugriffsfehler kommt.
- **Manuelle Synchronisierung** Ein Benutzer oder Administrator kann eine Aktualisierung der Berechtigungen forcieren (Benutzer mithilfe der Exchange-Systemsteuerung, Exchange-Administratoren mithilfe des Cmdlets *Update-SiteMailbox*)

- **15 Minuten-Intervall** Eine Aktualisierung der Inhalte und Mitgliedschaften findet in diesem Intervall bei einem geöffneten Outlook statt
- **6 Stunden-Intervall** Ohne besondere Aktivitäten ist im Hintergrund eine Zeitgeberauftragsdefinition aktiv, die für alle aktiven Websitepostfächer des Postfachspeichers viermal täglich für einen aktuellen Stand bei den Berechtigungen und den vorliegenden Inhalten sorgt

Synchronisierte Dokumenteigenschaften

Sie können nicht beliebige in SharePoint definierte Metadaten in Outlook anzeigen. Es wird lediglich eine Auswahl an Dokumenteigenschaften mit dem Websitepostfach synchronisiert. Bei diesen Eigenschaften handelt es sich um:

- *Subject*: (SharePoint-Dateiname)
- *From*: (Geändert durch)
- *LastModifiedBy*: (Zuletzt geändert durch)
- *ReceiveTime*: (Zeitstempel der letzten Änderung)
- *Document size*: (Größe des Dokuments)
- *Checked out to (new)*: (Ausgecheckt von)

Einschränkungen von Websitepostfächern

Neben der Limitierung auf 10 Websitepostfächer innerhalb einer Outlook-Ansicht gibt es eine Reihe von Nachteilen bei der Nutzung von Websitepostfächern, die zur Kenntnis genommen werden sollten:

- Es gibt keine direkte Visualisierung der Postfachinhalte in die SharePoint-Browseroberfläche. Beim Zugriff auf das Websitepostfach auf einer SharePoint-Site wird immer eine permanente Umleitung auf Outlook Web App genutzt und nicht etwa frühere Exchange-Postfach-Webparts instrumentalisiert.
- Die Ziehen/Ablegen-Funktionalität ist innerhalb des Websitepostfachs für SharePoint-Dokumentbibliotheken sehr begrenzt. Dokumente können mithilfe von Ziehen/Ablegen hochgeladen, jedoch nicht heruntergeladen werden.
- Beim Hochladen von Inhalten in Dokumentbibliotheken stehen Ihnen keine Anpassungen wie Inhaltstypenauswahl oder Metadaten zur Verfügung

HINWEIS Alternative Anbieter wie beispielsweise Colligo bieten hier mehr Funktionalität, jedoch auf einem zumeist sehr hohen Preisniveau.

Voraussetzungen für Websitepostfächer

Für die Verwendung eines Websitepostfachs ist die Erfüllung folgender Voraussetzungen erforderlich:

- Exchange Server 2013-basierte Postfächer

HINWEIS Eine SharePoint-Farm kann immer nur auf eine Active Directory-Gesamtstruktur und dessen Exchange Server für Websitepostfächer zugreifen.

- Exchange Web Services-API auf allen Web-Front-End-Servern

- Benutzerprofildienstsynchronisierung
- App-Verwaltungsdienstanwendung
- Verwendung von HTTPS/SSL in der Standardzone der Zielwebanwendungen

HINWEIS Das im Hintergrund zwischen Exchange und SharePoint Server verwendete Server-to-Server-Authentifizierungsprotokoll erfordert eine mit SSL geschützte HTTP-Verbindung. Zwar ist es möglich, diesen Zwang zu deaktivieren, davon sollte in produktiven Umgebungen jedoch dringend abgesehen werden.

- Beidseitige vertrauenswürdige Zertifikathierarchie der SSL-Zertifikate

Im nächsten Abschnitt wird die Konfiguration der Infrastruktur für Websitepostfächer demonstriert.

Auf Clientseite ist Outlook 2013 Professional erforderlich, wobei eine Outlook-Anywhere-Verbindung und explizit keine IMAP4- oder POP3-Verbindung zum Exchange Server genutzt werden darf.

Einrichtung der Serverinfrastruktur

Die Einrichtung der erforderlichen Infrastruktur für Websitepostfächer sieht drei primäre Arbeitsschritte vor:

- Bereitstellung der EWS Managed API
- Einrichtung der OAuth-Vertrauensstellung
- Konfiguration der Exchange-seitigen Vertrauensstellung

Bereitstellung der EWS Managed API

Führen Sie die folgenden Operationen auf allen Web-Front-End-Servern der Farm aus:

1. Laden Sie die EWS Managed API 2.0 unter *http://www.microsoft.com/en-us/download/details.aspx?id=35371* [Ms156-K16-07] herunter.

HINWEIS Die EWS Managed API ist nur in englischer Sprache verfügbar. Die Verwendung jeglicher Vorgängerversion der EWS Managed API wird nicht unterstützt. Stellen Sie sicher, dass Sie zumindest die Version 15.0.516.25 der API verwenden.

2. Führen Sie unter Verwendung lokaler administrativer Privilegien den folgenden Befehl in der Eingabeaufforderung (*Cmd.exe*) zur Installation der EWS Managed API im Verzeichnis des Installationspakets aus:

```
Msiexec /i EwsManagedApi.msi
addlocal="ExchangeWebServicesApi_Feature,ExchangeWebServicesApi_Gac"
```

3. Folgen Sie dem Installations-Assistenten und wählen Sie beim Festlegen des Installationsordners die Option *Everyone* aus.
4. Führen Sie abschließend über die Eingabeaufforderung einen IISReset aus:

```
IISReset /noforce
```

Herstellen einer OAuth-Vertrauensstellung und delegieren der Dienstanwendungsrechte

Gehen Sie wie folgt vor, um einer OAuth-Vertrauensstellung herzustellen und die entsprechenden Berechtigungen zu delegieren:

1. Kopieren Sie die beiden Skripts von der Seite *http://technet.microsoft.com/library/jj552524 (v=office.15).aspx* [Ms156-K16-08] auf den Web-Front-End-Server.
2. Führen Sie mithilfe der SharePoint-Verwaltungsshell den folgenden Beispielbefehl aus:

```
Set-SiteMailboxConfig.ps1 -ExchangeSiteMailboxDomain sincdemo.de
-ExchangeAutodiscoverDomain mx1-1 -WebApplicationUrl https://portal.sincdemo.de
```

HINWEIS Während der Parameter *ExchangeSiteMailboxDomain* den FQDN der Active Directory-Gesamtstruktur vom Exchange-Zielserver darstellt, spiegelt der Parameter *ExchangeAutodiscoverDomain* den Namen des Zielservers wider, mit dem sich Ihre Web-Front-Ends verbinden sollen.

Abbildg. 16.50 Fehler durch mangelndes Zertifikatvertrauen

HINWEIS Sollten Sie an dieser Stelle einen Fehler bei der Ausführung des Befehls erhalten, der eine mangelnde Vertrauensstellung aufzeigt (Abbildung 16.50), haben Sie nicht dafür gesorgt, eine vertrauenswürdige Zertifikatkette zu dem Zertifikat auf dem Exchange Server aufzubauen. Hierzu ist es erforderlich, dass Sie auf jedem Web-Front-End-Server entweder das selbstsignierte Zertifikat von Ihrem Exchange-Server oder aber dessen ausstellende Zertifizierungsstelle in Ihren Zertifikatspeicher (des jeweiligen Computerkontos) für vertrauenswürdige Stammzertifizierungsstellen laden. Der einfachste Weg hierzu besteht darin, eine Browsersitzung mit OWA zu etablieren und das Serverzertifikat für den SSL-Tunnel in eine CER-Datei zu exportieren und im Anschluss entsprechend zu reimportieren. Weitere Informationen zu diesen PKI-Operationen finden Sie in Kapitel 13.

Im Rahmen der Ausführung werden Ihnen die problematischen Webanwendungen und ein entsprechender Abschlussstatus angezeigt (Abbildung 16.51).

Abbildg. 16.51 SharePoint-seitige Konfiguration für Websitepostfächer

HINWEIS Durch das Aufrufen des Cmdlets *Check-SiteMailboxConfig.ps1* können Sie die erfolgreiche Aktivierung vom Websitepostfach erneut validieren. Sollten Sie weitere Fehlercodes angezeigt bekommen, finden Sie eine Tabelle zur besseren Interpretation unter *http://technet.microsoft.com/library/jj552524(v=office.15).aspx* [Ms156-K16-08].

Etablieren der Vertrauensstellung auf Exchange-Seite

Melden Sie sich mit administrativen Rechten am Exchange-Server an und starten Sie die Exchange-Verwaltungshell. Führen Sie dort den nachfolgenden Befehl aus, wobei Sie zuvor den Wert für den Parameter *AuthMetadataUrl* entsprechend durch die URL für die zu aktivierende SharePoint-Webanwendung ersetzen:

```
.\Configure-EnterprisePartnerApplication.ps1 -ApplicationType Sharepoint -AuthMetadataUrl
https://portal.sincdemo.de/_layouts/15/metadata/json/1
```

Abbildg. 16.52 Erfolgreiche Konfiguration des Exchange-Servers für Websitepostfächer

Mit dieser Maßnahme ist die konfigurierte Webanwendung für Websitepostfächer konfiguriert.

Zentrale Aktivierung eines Websitepostfachs (optional)

Verwenden Sie das PowerShell-Beispielskript aus Listing 16.9, um Websitepostfächer zentral zu provisionieren.

Listing 16.9 PowerShell-basierte Provisionierung eines Websitepostfachs

```
$user = Get-Credential
$session = New-PSSession -ConfigurationName Microsoft.Exchange -ConnectionUri http://mx1-1/
powershell -Credential $user
Import-PSSession $session
Add-PSSnapin Microsoft.SharePoint.Powershell
$url = "https://portal.sincdemo.de/qual"
$mailAdr = "spqualmb"
$mailDispl = "SPSM Qualifikation"
Enable-SPFeature "CollaborationMailbox" -Url $url
$mailbox = New-SiteMailbox -SharePointUrl $url -Name $mailAdr -DisplayName $mailDispl
$mailbox | Set-Mailbox -Language "de-De"
$mailbox | Set-SiteMailbox -Owners "sincdemo.de/Dienstkonten/SharePoint/FarmADmin"
$mailbox | Set-MailboxRegionalConfiguration -TimeZone "W. Europe Standard Time"
Remove-PSSession $session
```

Bei diesem Beispielskript wird von einem SharePoint-Server der Farm aus eine Remoteverbindung zum Exchange Server initiiert, um ein Websitepostfach zu erstellen und dabei ein Konto verwendet, welches über hinreichende Berechtigungen verfügt. Zuletzt wird ein Konto für den Zugriff auf das Websitepostfach delegiert und die passende Zeitzone definiert.

ONLINE Sie finden das Beispielskript unter dem Namen *CreateSiteMailbox.ps1* innerhalb der Begleitdateien zum Buch.

In Kapitel 10 finden Sie eine Demonstration der Websitepostfachverwendung vor.

Aufgabensynchronisierung mit Exchange Server

Die Aufgabensynchronisierung bietet die optionale Möglichkeit, nicht nur Aufgaben von SharePoint und Project Server an einer zentralen Stelle von *Meine Website* zu aggregieren, sondern bietet zusätzlich die Möglichkeit, ausgewählte Aufgabenlisten mit Exchange Server zu synchronisieren.

HINWEIS Weiterführende Hinweise zu der Basisarchitektur der Aufgabenverwaltung finden Sie in Kapitel 8. Die Einrichtung des Diensts wird in Kapitel 5 eingehend behandelt.

Planung und Architektur

Die Aufgabensynchronisierung basiert im Wesentlichen auf der zentralen Komponente der Arbeitsverwaltungsdienstanwendung, greift jedoch auf Funktionen und Informationen einer Reihe weiterer Komponenten zu.

HINWEIS Die Exchange Server-Aufgabensynchronisierung ist in keiner Weise für die Basisfunktion der Arbeitsverwaltungsdienstanwendung erforderlich und stellt der Dienstanwendung lediglich die für ein Exchange-Postfach spezifischen Integrationsfunktionen zur Verfügung.

Die serverseitigen, außerhalb von SharePoint positionierten Komponenten basieren dabei auf Exchange Server 2013, da erst ab dieser Version die erforderliche Server-to-Server-Protokollimplementierung vorliegt (Abbildung 16.53).

Abbildg. 16.53 Übersicht der beteiligten Komponenten der Exchange-Aufgabensynchronisierung

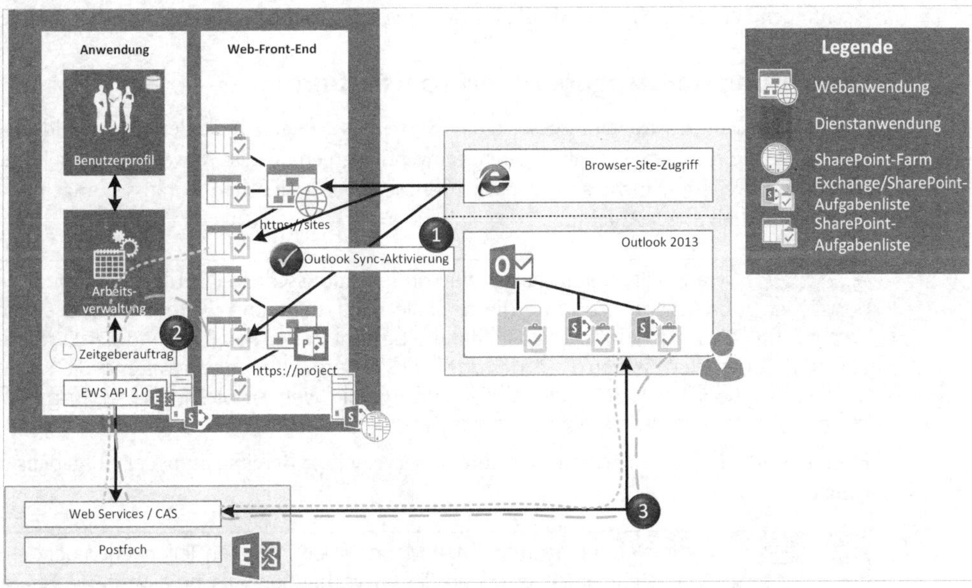

Serverseitig greift der Aufgabenverwaltungsdienst über eine Zeitgeberauftragsdefinition mithilfe der EWS Managed API auf Exchange Webservices zu (Schritt 2), um vom Benutzer explizit definierte SharePoint-Listen mit dem Exchange-Postfach zu synchronisieren (Schritt 3). Die Auswahl der zu

synchronisierenden SharePoint-Aufgabenlisten erfolgt indes vorab durch den Benutzer innerhalb einer Browsersitzung in den Eigenschaften der SharePoint-Liste (Schritt 1).

HINWEIS Weitere Hintergründe zur Aufgabensynchronisierung finden Sie in Kapitel 8.

Voraussetzungen für die Aufgabensynchronisierung mit Exchange Server

Für die Bereitstellung der Aufgabensynchronisierung sind die folgenden Schritte/Komponenten erforderlich:

- Exchange Web Services API auf den Servern mit der SharePoint-Dienstinstanz für die Aufgabensynchronisierung
- Benutzerprofildienstsynchronisierung
- App-Verwaltungsdienstanwendung
- Verwendung von HTTPS/SSL in der Standardzone der Zielwebanwendungen

HINWEIS Das im Hintergrund zwischen Exchange und SharePoint Server verwendete Server-to-Server-Authentifizierungsprotokoll erfordert eine SSL-geschützte HTTP-Verbindung. Zwar ist es möglich, diesen Zwang zu deaktivieren, wovon in produktiven Umgebungen jedoch dringend abgesehen werden sollte.

- Beidseitige vertrauenswürdige Zertifikathierarchie der SSL-Zertifikate
- Herstellen einer Vertrauensverbindung zwischen Exchange und SharePoint

Nachfolgend erfahren Sie, wie Sie die Einrichtung der Synchronisierung umsetzen können.

Einrichtung der Aufgabensynchronisierung

In diesem Abschnitt wird vorausgesetzt, dass Sie bereits erfolgreich die Benutzerprofildienstsynchronisierung, sowie die App-Verwaltungsdienstanwendung gemäß der Anweisungen in Kapitel 5 erfüllt haben. Die weiteren, nicht aufgabensynchronisierungsspezifischen Voraussetzungen sind ebenfalls nicht Bestandteil dieser Anleitung.

HINWEIS Haben Sie bereits zuvor die Konfigurationsschritte für die Einrichtung von Websitepostfächern durchgeführt, sind an dieser Stelle nicht zwingend weitere Schritte erforderlich. Die voraussichtlich einzige zusätzliche Maßnahme besteht in der Bereitstellung der EWS Managed API auf dem Server/den Servern, auf dem/denen Sie den Aufgabenverwaltungsdienst bereitgestellt haben, da diese Schnittstelle nicht zwingend durch die Web-Front-End-Server ausgeführt wird.

Führen Sie die folgenden Schritte aus, um die serverseitige Bereitstellung der Aufgabensynchronisierung durchzuführen.

HINWEIS Da die hier durchzuführenden Maßnahmen in weiten Teilen jenen bei der Einrichtung der Websitepostfächer entsprechen, finden Sie im vorherigen Abschnitt weiterführende Details zu den einzelnen Schritten.

1. Laden Sie die EWS Managed API 2.0 unter *http://www.microsoft.com/en-us/download/details.aspx?id=35371* [Ms156-K16-09] herunter.
2. Führen Sie unter Verwendung lokaler administrativer Rechte den folgenden Befehl in der Eingabeaufforderung (*Cmd.exe*) zur Installation der EWS Managed API im Verzeichnis des Installationspakets aus:

```
Msiexec /i EwsManagedApi.msi
addlocal="ExchangeWebServicesApi_Feature,ExchangeWebServicesApi_Gac"
```

3. Folgen Sie dem Installations-Assistenten und wählen Sie bei der Wahl des Installationsordners *Everyone* aus.
4. Führen Sie über die Eingabeaufforderung einen IISReset durch:

```
IISReset /noforce
```

5. Stellen Sie das Vertrauen von SharePoint-Seite in Richtung Exchange Server her, indem Sie den folgenden Befehl in der SharePoint-Verwaltungsshell unter Verwendung farmadministrativer Privilegien ausführen:

```
New-SPTrustedSecurityTokenIssuer –MetadataEndpoint "https://mx1-1.sincdemo.de/
autodiscover/metadata/json/1" –Name "MX1-1"
```

6. Melden Sie sich mit Exchange-administrativen Rechten am Exchange Server an und starten Sie die Exchange-Verwaltungshell. Führen Sie dort den folgenden Befehl aus, wobei Sie zuvor den Wert für den Parameter *AuthMetadataUrl* entsprechend durch die URL für die zu aktivierende SharePoint-Webanwendung ersetzen:

```
.\Configure-EnterprisePartnerApplication.ps1 -ApplicationType Sharepoint
-AuthMetadataUrl https://portal.sincdemo.de/_layouts/15/metadata/json/1
```

Mit dieser Maßnahme ist die konfigurierte Webanwendung für die Verwendung der Aufgabensynchronisierung für Exchange Server konfiguriert.

Verwaltung der Aufgabensynchronisierung

Die Aufgabensynchronisierung wird serverseitig im Wesentlichen durch die Steuerung eines zentralen, standardmäßig aktivierten Farmfeatures (Abbildung 16.54), sowie einer Zeitgeberauftragsdefinition (Abbildung 16.55) verwaltet.

Abbildg. 16.54 Farmfeature für die Aufgabensynchronisierung

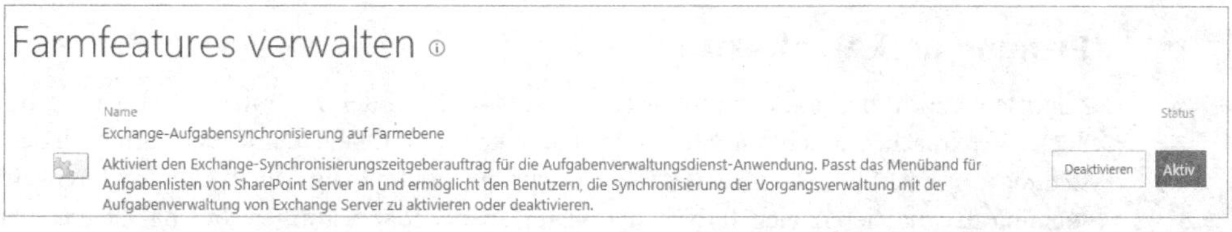

TIPP Es wird empfohlen, das standardmäßig aktiviert Farmfeature für die Aufgabensynchronisierung bei Nichtnutzung zu deaktivieren, da die Benutzer andernfalls unerwartete Fehler über die Browseroberfläche provozieren können (durch einen Klick auf *Mit Outlook synchronisieren*). Hierdurch erscheint auf der Oberfläche lediglich die Schaltfläche *Mit Outlook verbinden*, über die eine bereits unter SharePoint 2010 verfügbare Synchronisierung mit Outlook initiiert wird.

Abbildg. 16.55 Zeitgeberauftragsdefinition mit Standardeinstellungen für die Aufgabensynchronisierung

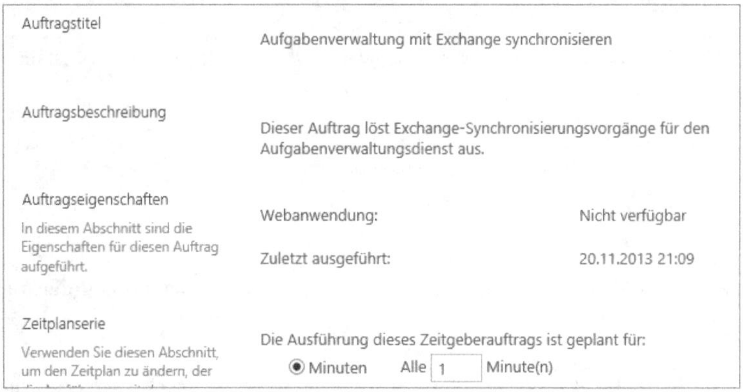

Sollte einem Benutzer die Aktivierung der Synchronisierung für eine Aufgabenliste gemäß der Anweisungen in Kapitel 10 nicht möglich sein, überprüfen Sie zunächst, ob dem Benutzer mithilfe der Benutzerprofilsynchronisierung erfolgreich ein Wert für seine E-Mail-Adresse definiert wurde, und setzen Sie die Adresse zu Testzwecken ggf. manuell (Abbildung 16.56).

Abbildg. 16.56 Erforderliches Feld für die Exchange-Aufgabensynchronisierung

eDiscovery über Exchange Server-Inhalte

eDiscovery für Exchange-Server ermöglicht es Ihnen, Exchange-Postfachinhalte in die Datenauswertungen Ihrer eDiscovery-Analyse einzubeziehen.

HINWEIS In diesem Abschnitt wird eDiscovery in Kombination mit Exchange Server beleuchtet, jedoch gilt ein großer Teil der hier angeführten Inhalte im Allgemeinen für die SharePoint-eDiscovery-Prozesse.

Planung und Architektur

Allgemein beruht das SharePoint-eDiscovery-Verfahren auf den zentralen Lokalisierungsfunktionen der Suche. Vereinfacht werden mithilfe von Suchabfragefiltern Inhalte identifiziert, um nach der Zusammenstellung aller Suchfilter den Datensatz für eine spätere, unabhängig von SharePoint durchgeführte, Untersuchung zu exportieren. Neben Exchange Server-Postfachdaten können sowohl Dateiserverfreigabedaten als auch auf Lync Server 2013 basierende Instant Messaging-Inhalte verarbeitet werden.

HINWEIS Für die Identifizierung von Lync Server-Daten ist es erforderlich, Lync Server für die Archivierung von Daten in Exchange Server zu konfigurieren. Diese Konfiguration liegt außerhalb des Fokus dieses Handbuchs. Sie finden ein entsprechendes Whitepaper unter *http://go.microsoft.com/fwlink/p/?LinkId=254446* [Ms156-K16-10].

Für die Verarbeitung von Exchange und Lync Server-Daten kommt jedoch nicht der SharePoint-Suchdienst mit dessen Durchforstungskomponente zum Einsatz, sondern der Exchange Server-Suchdienst. Der SharePoint-Suchdienst kommuniziert mithilfe einer Ergebnisquellendefinition über den Webservice mit dem entsprechenden Exchange Server-Suchdienst (Abbildung 16.57).

Abbildg. 16.57 Vereinfachte Übersicht der primär für eDiscovery beteiligten Komponenten

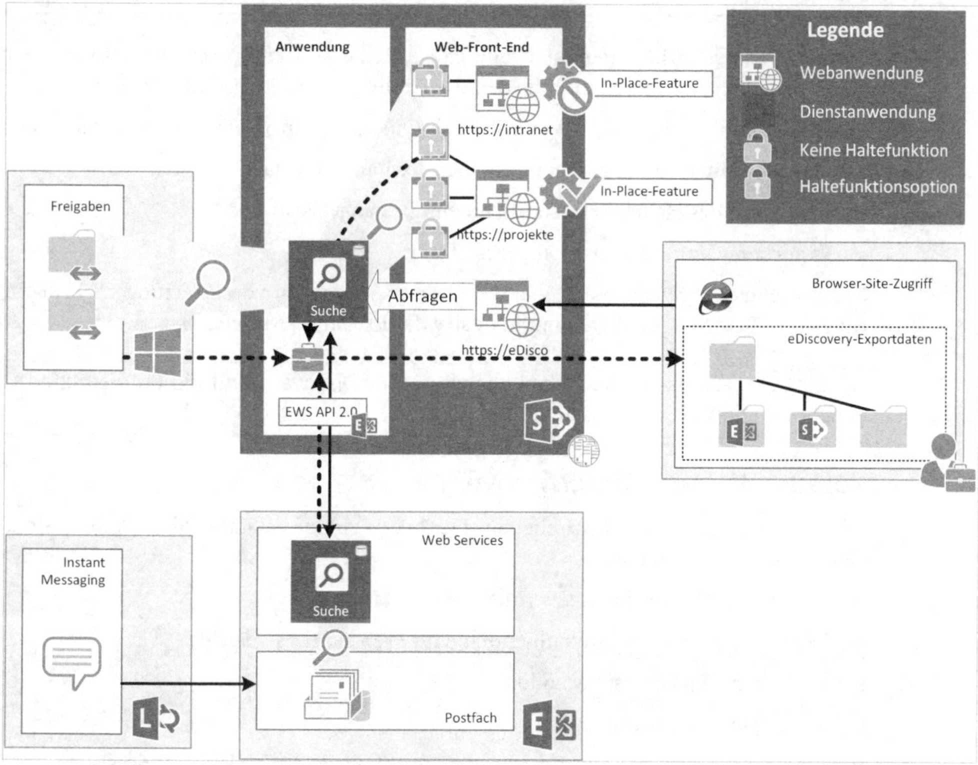

Der auf die eDiscovery-Funktionen zugreifenden Person steht ein neues eDiscovery-Center in Form einer entsprechenden Websitevorlage zur Verfügung. Über diese Vorlage können Datensätze und -Quellen definiert und die Daten mithilfe von Abfragen weiter eingegrenzt werden.

Um die Abfragen erfolgreich absetzen zu können, benötigt der jeweilige Benutzer quellenspezifische Zugriffsrechte. Innerhalb von SharePoint können diese einfach über Webanwendungsrichtlinien (*Voller Lesezugriff*) gewährt werden, während Exchange hierfür eine vordefinierte Gruppe besitzt (*Discovery Management*).

Im Rahmen einer rechtlichen Untersuchung ist es ggf. bereits bei der Identifizierung der gesetzlich relevanten Informationen sinnvoll, diese zu konservieren, um einer Datenmanipulation vorzubeugen. Hierfür stehen die sogenannten Compliance-Archive (In-Place Holds) zur Verfügung. Bei den Compliance-Archiven handelt es sich um ein Verfahren, wonach identifizierte, möglicherweise rechtlich relevante Daten auf dem Quellsystem beibehalten, jedoch gleichzeitig vor einer Manipulation geschützt werden. Exchange Server und SharePoint 2013 verwenden hierfür eine neue Funktion, die (innerhalb von SharePoint basierend auf einem Websitefeature) eine Schattenkopie eines Elementes anlegt. Für den Benutzer ist der Vorgang dabei transparent. Die Verwendung von Compliance-Archiven ist optional und kann im Rahmen der initialen Definition von eDiscovery-Sätzen definiert werden.

HINWEIS Die Featuresteuerung für die optionalen Compliance-Archive ist nicht automatisiert. Sie müssen sicherstellen, dass in den entsprechenden Bereichen die gewünschten Features aktiviert sind.

Exchange Server 2013 unterstützt eine ganze Reihe von eDiscovery-Funktionen, von denen im Wesentlichen die folgenden mithilfe der SharePoint-Integration genutzt werden:

- Hinzufügen von Exchange-Postfächern als Quellen zu einem eDiscovery-Satz oder einer Abfrage
- Anzeigen einer Vorschau von ermittelten Exchange-Postfach-Inhalten
- Anwenden des Haltebereichstatus auf ein Exchange-Postfach
- Exportieren von Inhalten in eine PST-Datei

Nachfolgend erfahren Sie mehr über die zusammengefassten Voraussetzungen für die Implementierung von eDiscovery in SharePoint inklusive der Exchange-Anbindung.

HINWEIS Einige weitere Planungshilfen für eDiscovery und die unterstützten Quellen und Funktionen finden Sie in Kapitel 8.

Voraussetzungen für eDiscovery

Die auf Exchange Server übergreifende eDiscovery-Funktionalität in SharePoint basiert auf den folgenden Basiskomponenten:

- Server-to-Server-Authentifizierungsprotokoll (OAuth 2.0)
- Vertrauenswürdige Zertifikathierarchie für Web Services-Zugriffe
- SharePoint-Suchdienstanwendung
- SharePoint eDiscovery-Center
- EWS Managed API 2.0 für Remotezugriffe auf die Exchange Web Services

Die für die Einrichtung der Voraussetzungen erfolgreich Maßnahmen werden nachfolgend geschildert.

Einrichtung von eDiscovery für Exchange

In der Übersicht sind die folgenden Arbeitsschritte erforderlich, um eDiscovery für Exchange zu implementieren:

1. Bereitstellung der EWS Managed API 2.0 (SharePoint).
2. Vertrauensstellung zwischen Exchange und SharePoint herstellen (beide Seiten).
3. Delegierung von Berechtigungen (beide Seiten).

4. Konfiguration der SharePoint-Suchergebnisquelle für Exchange (SharePoint).
5. Erstellen des eDiscovery-Centers (SharePoint).

HINWEIS Sollten Sie die vorausgehenden Exchange-Integrationsszenarien bereits erfolgreich angewandt haben, sind lediglich die letzten drei der fünf Konfigurationsschritte relevant. Weiterführende Details zu den redundanten ersten Arbeitsschritten finden Sie daher im Rahmen der Anweisungen zur Einrichtung des Websitepostfachs vor.

Bereitstellung der EWS Managed API und Einrichtung der Vertrauensstellung

Führen Sie bitte die Schritte 1 bis 6 des Abschnitts »Einrichtung der Aufgabensynchronisierung« weiter vorne in diesem Kapitel aus. Achten Sie dabei darauf, die EWS Managed API abweichend auf allen SharePoint-Servern der Farm zur Verfügung zu stellen.

HINWEIS In Farmen mit einer starken Rollentrennung achten Sie darauf, die Komponenten zumindest auf den Servern zu installieren, die Teile der Suchtopologie bereitstellen.

Delegierung von Berechtigungen

Benutzer, die Inhaltsabfragen an Exchange Server mithilfe der eDiscovery-Funktionen in SharePoint ausführen, benötigen hierfür spezifische Privilegien, da diese Abfragen den Zugriff auf sensible Daten ermöglichen. In Exchange Server 2013 wird im Rahmen der Installation automatisch eine Sicherheitsgruppe namens *Discovery Management* erstellt, welche der Rolle mit den entsprechenden Privilegien zugewiesen ist.

Fügen Sie den Benutzer, der die Abfragen im eDiscovery-Center durchführen soll, der Gruppe mithilfe des Snap-Ins *Active Directory-Benutzer und -Computer* hinzu. Alternativ stehen Ihnen die Exchange-Verwaltungskonsole oder das folgende Exchange-Cmdlet zur Verfügung:

```
Add-RoleGroupMember "Discovery Management" -Member "ANMELDENAME"
```

Delegieren Sie Leseberechtigungen für die Zielbenutzer auf das Durchforstungsprotokoll der SharePoint-Suche, indem Sie das Cmdlet *Set-SPEnterpriseSearchCrawlLogReadPermission* verwenden (Abbildung 16.58).

Abbildg. 16.58 Delegierung von Leseberechtigungen auf das Durchforstungsprotokoll der Suche

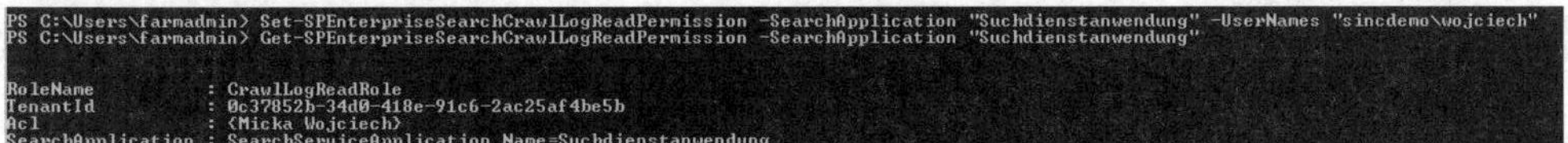

Konfiguration der Suche für eDiscovery

Neben den Berechtigungen für das Durchforstungsprotokoll ist es erforderlich, eine Ergebnisquelle für die Exchange Server-Daten zu definieren, über die die Abfragen an Exchange Server zum entsprechenden Webdienst gesendet werden können.

HINWEIS Beachten Sie, dass keine Inhaltsquellen für Exchange Server für eDiscovery definiert werden, da SharePoint in diesem Kontext nicht die Exchange Server-Inhalte durchforstet, sondern auf die Exchange Server-Suche zugreift.

Wiederherstellung, Automation und Fehlerbehebung

1. Öffnen Sie die Suchdienstanwendung und klicken Sie im Abschnitt *Abfragen und Ergebnisse* auf *Ergebnisquellen* (Abbildung 16.59).
2. Definieren Sie die Exchange Server-Ergebnisquelle, indem Sie neben einem freien Namen im Abschnitt *Protokoll* die Option *Exchange* wählen und als Exchange-Quell-URL die URL im folgenden Format angeben:

   https://[ServernameExchange]/ews/exchange.asmx

HINWEIS Die hier definierte URL muss nicht nur SSL-basiert sein, sondern auch der zuvor für die OAuth-Authentifizierung konfigurierten URL entsprechen.

Abbildg. 16.59 Definition der Exchange Server-Ergebnisquelle

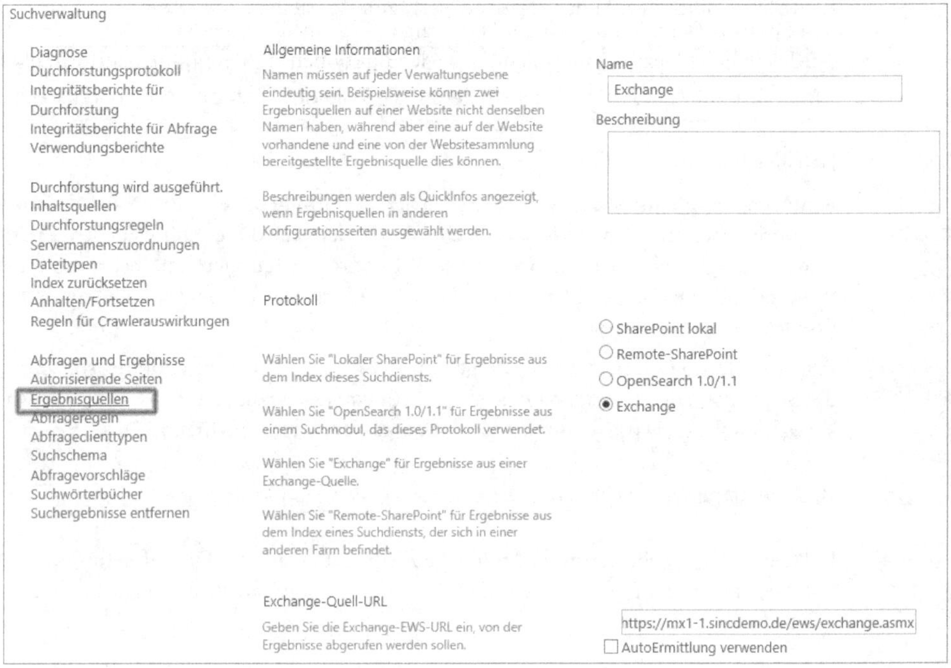

Übernehmen Sie die Einstellungen und führen Sie aufgrund der zuvor getätigten Berechtigungsanpassungen ggf. eine vollständige Durchforstung aus.

Einrichtung des eDiscovery-Centers

Erstellen Sie eine Websitesammlung unter Verwendung der eDiscovery-Websitevorlage.

Um die eDiscovery-Schnittstelle bestmöglich abzuschotten und auch für konfigurative Zwecke zu isolieren, sollten Sie in Erwägung ziehen, eine eigenständige Webanwendung für eDiscovery-Vorgänge anzulegen.

Project Server 2013

Im Laufe eines Projekts werden viele Informationen benötigt, die berechtigungsabhängig von Projektleitern, Ressourcen-Managern, Führungskräften und Projektmitarbeitern eingesehen und angepasst werden müssen. Microsoft Project Server 2013 stellt diese projektbegleitenden Informationen und Rückmeldungsmöglichkeiten für die Projektbeteiligten bereit. Eine tiefere Integration in SharePoint Server 2013 sorgt für eine noch bessere Konsolidierung der Informationen, die für die Benutzer wichtig sind.

Architekturänderungen

Ein Fokus bei architektonischen Änderungen liegt in der Integration der Onlinedienste. Dadurch wird eine hohe Flexibilität erreicht, da viele Funktionen auf der Onlineplattform ohne Anpassungen gegenüber einer lokalen Installation nutzbar sind.

Datenbanken

Project Server 2010 hat für den Betrieb vier Project Server-Datenbanken verwendet (*Draft*, *Publish*, *Reporting* und *Archive*). Zur Vereinfachung der Verwaltung wurden diese Datenbanken in Project Server 2013 in eine einzige Datenbank konsolidiert.

Workflow-Manager

Mit SharePoint 2013 werden deklarative Workflows auf der Windows Azure-Workflowplattform ausgeführt. Der Windows Azure-Workflow kann lokal auf einem separaten Server der SharePoint Farm mit dem Workflow-Manager 1.0 oder auf der Cloudplattform Windows Azure ausgeführt werden. Deklarative Workflows können für Project Server 2013 mithilfe von SharePoint Designer 2013 definiert werden.

OData

Das Open Data-Protokoll (OData) wird von Project Server verwendet, um interne SQL-Abfragen durch ein Standardwebprotokoll zu erreichen. Insbesondere bei den Onlinediensten kann der Benutzer nicht direkt auf die Reporting-Tabellen der Project Server-Datenbank zugreifen, sodass die OData-Dienste hier den primären Berichtsansatz ermöglichen.

Project Server-Warteschlangensystem

Die Architektur der Warteschlangen wurde grundlegend überarbeitet. Während unter Project Server 2010 das System regelmäßig das Vorliegen von Aufträgen überprüft hat, findet in Project Server 2013 eine Benachrichtigung des Systems statt, sobald ein Auftrag in die Warteschlange eingefügt wird. Alle Websites, die denselben Anwendungsdienst nutzen, stellen die Aufträge in denselben Warteschlangendienst ein.

Arbeitszeittabellenaufträge werden nicht mehr in die Warteschlange eingestellt, sondern direkt verarbeitet.

Allgemeine Änderungen

Die folgenden primären, allgemeinen Änderungen wurden in Project Server 2013 umgesetzt.

Verbesserte Integration in SharePoint Server 2013

Durch eine verbesserte Integration in SharePoint 2013 wird die Kommunikation und Zusammenarbeit zwischen Teammitgliedern in einem Projekt gefördert. Weiterhin wurden die Projektarbeitsbereiche mit mehr Funktionalitäten ausgestattet.

Für eine noch stärkere Integration von Project Server 2013 in SharePoint 2013 wurden einige PWA-Einstellungen in die SharePoint-Zentraladministration übernommen. So werden jetzt beispielsweise die PWA-Einstellungen *Warteschlangen- und Datenbankverwaltung*, *Betriebsrichtlinien* sowie *Workflow- und Projektdetailseiten* für jede PWA-Instanz in der SharePoint-Zentraladministration verwaltet.

Die bisher bekannten PWA-Einstellungen können Sie, wie die Websiteeinstellungen in SharePoint 2013, direkt über die *Einstellungen*-Schaltfläche (das Zahnradsymbol) einer Website erreichen.

In Project Server 2013 wird der Bereich *Sicherheit* unter den *Servereinstellungen* nicht mehr standardmäßig angezeigt. Um diesen Bereich sehen zu können, müssen Sie sich im Project Server-Berechtigungsmodus befinden.

Weitere Neuerungen ermöglichen beispielweise die Synchronisierung von Vorgängen in einem Projekt mit einer SharePoint-Liste oder die Verknüpfung von Inhalten verschiedener projektbezogener Teamsites. Weiterhin kann der Benutzer seine projektbezogenen Aufgaben mit der Aufgabenliste von *Meine Website* synchronisieren.

Neue Berechtigungsstruktur

Mit Project Server 2013 stehen Ihnen erstmals zwei Berechtigungsmodi zur Verfügung. Bei der Installation von Project Server 2013 ist zunächst der einfache SharePoint-Berechtigungsmodus aktiviert. Dieser Modus ist für einen Administrator ohne Project Server-Kenntnisse leichter zu verwalten, da er auf dem SharePoint-Gruppenberechtigungsprinzip aufbaut.

Weiterhin ist der SharePoint-Berechtigungsmodus besser skalierbar und benötigt weniger Systemressourcen, da keine Synchronisierung zwischen Project Server-Benutzern und SharePoint-Websites erfordert wird.

Tabelle 16.20 Project Server-Berechtigungsmodus vs. SharePoint-Berechtigungsmodus

Feature	Berechtigungsmodus	
	SharePoint	Project
Einheitliche Sicherheitsverwaltung über SharePoint Server	✓	
Berechtigungsvererbung für PWA und Arbeitsbereiche	✓	
Direkte Autorisierung anhand von Active Directory-Sicherheitsgruppen	✓	
Anspruchsbasierte Autorisierung	✓	
Autorisierungsverwaltung nach rollenbasierten Gruppen	✓	✓

Tabelle 16.20 Project Server-Berechtigungsmodus vs. SharePoint-Berechtigungsmodus *(Fortsetzung)*

Feature	Berechtigungsmodus	
	SharePoint	Project
Erweiterbar und anpassbar	✓	✓
Benutzerdelegierung		✓
Möglichkeit zum Sichern von Arbeitsressourcen		✓
Identitätswechsel		✓
Sicherheitsfilterung mit dem Ressourcenstrukturplan		✓
Benutzerdefinierte Sicherheitskategorien		✓

Sobald eine Website mit Project Server 2013 verknüpft wird oder Sie vom Project-Berechtigungsmodus in den SharePoint-Berechtigungsmodus wechseln, stellt Ihnen SharePoint einen Satz von SharePoint-Sicherheitsgruppen bereit, über die Sie Benutzern Zugriff auf Projekte und Funktionen gewähren können. Diese SharePoint-Gruppen entsprechen den Standardsicherheitsgruppen von Project Server und besitzen dieselben globalen bzw. Kategorieberechtigungen, die ihnen in Project Server 2010 zugewiesen worden sind.

Die Tabelle 16.21 erläutert die SharePoint-Gruppen von Project Server 2013 und deren Berechtigungen.

Tabelle 16.21 SharePoint-Gruppen von Project Server 2013

SharePoint-Gruppe	Berechtigungen
Administratoren	Die Benutzer verfügen durch die Kategorie *Meine Organisation* über alle globalen Berechtigungen sowie alle Kategorieberechtigungen. Dadurch haben sie uneingeschränkten Zugriff auf alle Elemente in Project Server 2013.
Portfolioanzeiger	Die Benutzer sind berechtigt, Projekt- und Project Server-Daten anzuzeigen. Diese Gruppe ist für hochrangige Benutzer gedacht, die Projekte einsehen müssen, denen selbst aber keine Projektaufgaben zugewiesen sind.
Projekt-Manager	Die Benutzer sind berechtigt, Projekte zu erstellen und zu verwalten. Diese Gruppe ist für Projektbesitzer vorgesehen, die den Ressourcen Aufgaben zuweisen.
Portfolio-Manager	Die Benutzer verfügen über verschiedene Berechtigungen zum Erstellen von Projekten und zum Zusammenstellen von Teams. Diese Gruppe ist für hochrangige Manager von Projektgruppen vorgesehen.
Ressourcen-Manager	Die Benutzer verfügen über die meisten globalen Berechtigungen und Ressourcenberechtigungen auf Kategorieebene. Diese Gruppe ist für Benutzer gedacht, die Ressourcen verwalten und zuweisen sowie Ressourcendaten bearbeiten.
Teamleiter	Die Benutzer verfügen über eingeschränkte Berechtigungen für das Erstellen von Aufgaben und für Statusberichte. Diese Gruppe ist für Personen in einer Führungsposition ohne regelmäßige Projektzuordnungen gedacht.
Teammitglieder	Die Benutzer verfügen über allgemeine Berechtigungen für die Verwendung von PWA, aber über eingeschränkte Berechtigungen auf Projektebene. Mit dieser Gruppe wird allen Benutzern der grundlegende Zugriff auf PWA erteilt. Alle neuen Benutzer werden automatisch der Gruppe *Teammitglieder* hinzugefügt.

Nachteil dieses Berechtigungsmodus ist die Einschränkung des Funktionsumfangs. Sie haben hier keine Möglichkeit, neue benutzerdefinierten SharePoint-Gruppen zu erstellen oder die Berechtigungen der vorgegebenen Gruppen zu modifizieren.

Sollten die vorhandenen SharePoint Berechtigungen nicht ausreichen, können Sie jederzeit mithilfe des Cmdlets *Set-SPProjectPermissionMode* in den Project Server-Berechtigungsmodus wechseln.

HINWEIS Bei einem Wechsel zwischen dem SharePoint-Berechtigungsmodus und dem Project Server-Berechtigungsmodus werden alle sicherheitsbezogenen Einstellungen gelöscht. Wenn Sie vom SharePoint-Berechtigungsmodus in den Project Server-Berechtigungsmodus wechseln, müssen Sie Ihre Sicherheitsberechtigungsstruktur in Project Server 2013 manuell konfigurieren. Beim Wechsel vom Project Server-Berechtigungsmodus zurück zum SharePoint-Berechtigungsmodus werden die Informationen zu Ihren Sicherheitsberechtigungen aus Project Server 2013 gelöscht.

Um von dem SharePoint-Berechtigungsmodus in den Project-Berechtigungsmodus zu wechseln, führen Sie den folgenden PowerShell-Befehl aus:

```
Set-SPProjectPermissionMode -URL [PWA-URL] -Mode ProjectServer
```

Um vom Project-Berechtigungsmodus in den SharePoint-Berechtigungsmodus zu wechseln, führen Sie den folgenden PowerShell-Befehl aus:

```
Set-SPProjectPermissionMode -URL [URL der PWA] -Mode SharePoint
```

Sobald Sie in den Project-Berechtigungsmodus gewechselt sind, können Sie Ihr gewohntes Berechtigungssystem nutzen.

Project Online

Project Online wird als Onlinedienst im Rahmen von Office 365 angeboten und stellt vollständige Portfolio- und Projektverwaltungstools sowie Project Web App (PWA) online bereit. Der Zugriff über Project Professional wird damit ebenso gewährleistet.

Durch den von Microsoft in Datacentern gehosteten Onlinedienst werden Ihnen viele administrative Aufgaben und die Wartung des Systems abgenommen. Damit entfallen Bereitstellungs- und laufende Wartungskosten für Ihr Unternehmen.

Durch die Notfallwiederherstellungsfunktionen, global redundante Sicherungen und umfassende Datenschutzfeatures bietet Ihnen Office 365 eine dauerhafte Ausfallsicherheit Ihrer Umgebung.

Workflows

Die Erstellung von Workflows für Microsoft Project Server 2013 kann jetzt mithilfe von Microsoft Visio 2013 und Microsoft SharePoint Designer 2013 erfolgen. Dies war bisher nur durch Programmierung oder durch Inanspruchnahme von Drittanbietern möglich.

Weitere Neuerungen

Im Vergleich zu den vorherigen Versionen, kann die Microsoft Project Web App nicht mehr nur mit dem Microsoft Internet Explorer aufgerufen werden, sondern auch mit den Browsern Firefox, Safari und Chrome, sodass ein deutlich breiterer Einsatz möglich wird.

Im App Store können Programmerweiterungen für Microsoft Project 2013 und Microsoft Project Server 2013 erworben werden.

Voraussetzungen für die Installation

Es müssen bestimmte Voraussetzungen erfüllt sein, bevor Sie mit der Installation von Project Server 2013 beginnen können. Da Project Server 2013 als eine SharePoint Server 2013-Dienstanwendung implementiert ist, wird eine Basisinstallation von SharePoint Server 2013 erforderlich. Die Anforderungen an das Betriebssystem entsprechen daher jenen in Kapitel 3 für einen SharePoint Server 2013. Die folgenden Besonderheiten gelten indes für Project Server:

Neben der Datenbankkomponente von SQL Server werden auch die Analysis Services benötigt. Der SQL Server-Agent ist nicht nur optional.

Die Anforderungen auf der Clientseite sind wie folgt:

- Excel 2010 oder Excel 2013
- Project Professional 2013

HINWEIS Project Server 2013 bietet keine Abwärtskompatibilität zu älteren Versionen von Project Professional, wie es bei Project Server 2010 noch der Fall war.

Für die Project Web App in Project Server 2013 werden dieselben Browser unterstützt, wie für SharePoint Server 2013. Diese sind wie folgt:

- Internet Explorer 10
- Internet Explorer 9
- Internet Explorer 8
- FireFox 10
- Safari 5
- Google Chrome 17

HINWEIS Project Server 2013 kann nicht wieder aus einer Farm deinstalliert werden. Wenn Sie die Funktionalitäten vom Project Server 2013 entfernen möchten, müssen Sie die Project Server 2013-Anwendungsdienste beenden und die Project Server 2013-Dienstanwendung löschen.

Benötigte Konten

Für eine saubere Installation und Konfiguration von Project Server 2013 sowie die Konfiguration der Berichterstattung in Project Server 2013 empfehlen wir den Einsatz der in Tabelle 16.22 genannten Konten. Die Konten, die bereits bei der Installation von SharePoint Server 2013 verwendet wurden, werden hier nicht erneut aufgeführt.

Tabelle 16.22 Zusätzliche Konten und Gruppen für Project Server 2013

Konto	Zweck	Berechtigungen
Workflowproxy (*svc_WorkflowProxy*)	Wird benötigt, um Workflowaktivitäten in Project Server auszuführen	Dieses Konto wird auch als ein Project Server-Benutzer eingerichtet, der folgende Rechte hat: Globale Berechtigungen: Einloggen Benutzer und Gruppen verwalten Workflow und Projektdetailseiten verwalten Kategorieberechtigungen: Projekt öffnen Projekt in Project Server speichern
Berichtsautoren (*Project_ReportAuthors*)	Die Gruppe enthält Benutzer, die Rechte zum Erstellen von Berichten haben oder die auf Berichte in Excel zugreifen müssen	Leseberechtigungen für die Project Web App-Datenbank Wichtig: Für mehrere Instanzen von Project Web App und den für jede Instanz isolierten Berichterstellungszugriff benötigen Sie für jede Instanz von Project Web App eine Gruppe *Berichtsautoren*.
Leser von Berichten (*Project_ReportViewers*)	Die Gruppe enthält Benutzer, welche die Berichte anzeigen	Keine speziellen Berechtigungen erforderlich. Diese Gruppe wird in der Konfiguration von Secure Store verwendet. Für mehrere Instanzen von Project Web App und den isolierten Berichterstellungszugriff für jede Instanz benötigen Sie für jede Instanz von Project Web App eine Gruppe *Leser von Berichten*.

Installation und Konfiguration von Project Server 2013

Die Installation von Project Server 2013 setzt die erfolgreiche Installation von SharePoint Server 2013 voraus.

Um Project Server 2013 zu installieren, sind folgende Schritte notwendig, die in diesem Abschnitt dargestellt werden:

- Konfiguration von SQL Server und SQL Server Analysis Services (SSAS)
- Installation von Project Server 2013
- Einrichtung einer Project Web App-Site (PWA)

Konfiguration von SQL Server und SQL Server Analysis Services (SSAS)

Bevor Sie mit der Installation von Project Server 2013 beginnen können, konfigurieren Sie zuerst den SQL-Server und die SQL Server Analysis Services.

Damit Project Server 2013 korrekt funktioniert, stellen Sie sicher, dass die assoziierte Instanz vom SQL Server Remoteverbindungen mit TCP/IP zulässt.

Berechtigungsdelegierung für den Farmadministrator

Damit die Project Server 2013-Installation und -Konfiguration funktioniert, erstellen Sie eine SQL Server-Anmeldung für das Farmadministratorkonto und weisen Sie diesem die nötigen Serverrollen zu.

Mit den folgenden Schritten erstellen Sie eine SQL Server-Anmeldung:

1. In SQL Server Management Studio erweitern Sie im Objekt-Explorer den Knoten *Sicherheit*.
2. Erstellen Sie unter *Anmeldungen* eine *Neue Anmeldung* und weisen Sie dem Farmadministratorkonto die Rollen *dbcreator*, *public*, *securityadmin* und *sysadmin* (Abbildung 16.60) zu.
3. Bestätigen Sie mit *OK*.

Abbildg. 16.60 Hinzufügen vom Konto des Farmadministrators

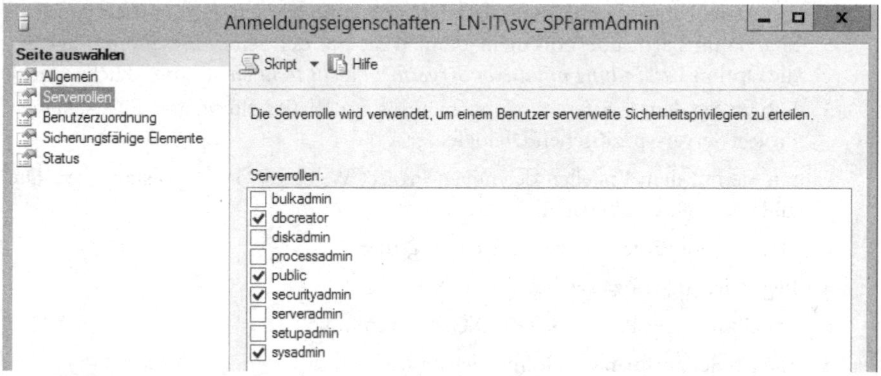

Konfiguration der SQL Server Analysis Services (SSAS)

Project Server 2013 kann OLAP-Cubes in Microsoft SQL Server Analysis Services (SSAS) für das Reporting erstellen. Wenn Sie diese Funktion nutzen möchten, weisen Sie zuerst dem Farmadministratorkonto administrative Rechte für die Analysis Services-Instanz zu.

Einrichten von Project Server 2013 in einer Serverfarmumgebung

Nachdem Sie zunächst SharePoint gemäß den Kapiteln 4 bis 6 bereitgestellt haben, installieren Sie als nächstes Project Server 2013 auf jedem SharePoint-Server Ihrer Farm und führen im Anschluss den Konfigurations-Assistent für SharePoint-Produkte aus, um Project Server 2013 in SharePoint Server 2013 zu integrieren.

Installation vom Project Server 2013

Stellen Sie sicher, dass Sie mit dem Benutzerkonto angemeldet sind, mit dem Sie auch SharePoint Server 2013 installiert haben, und gehen Sie wie folgt vor:

1. Starten Sie die Project Server-Installation vom Installationsmedium.
2. Geben Sie den Produktschlüssel an und bestätigen Sie Ihre Eingabe mit *Weiter.*
3. Akzeptieren Sie die Lizenzbedingungen und klicken Sie auf *Weiter.*
4. Auf der Seite *Dateispeicherort auswählen* wählen Sie *Jetzt installieren.*
5. Am Ende der Installation entfernen Sie das Kontrollkästchen *Führen Sie den Konfigurations-Assistent für SharePoint-Produkte jetzt aus* und bestätigen das Fenster mit *Schließen.*
6. Schließen Sie die Installation von Project Server 2013 auf allen Anwendungsservern und Webservern ab, bevor Sie den Konfigurations-Assistenten für SharePoint-Produkte ausführen.

Für die Konfigurations-Assistenten-Sequenz gehen Sie wie folgt vor:

1. Starten Sie den Konfigurations-Assistenten für SharePoint-Produkte.

HINWEIS Führen Sie den Konfigurations-Assistent jeweils nur auf einem Anwendungsserver und nicht auf mehreren gleichzeitig aus.

2. Auf der Startseite klicken Sie auf *Weiter.*
3. Sie werden darauf aufmerksam gemacht, dass einige Dienste während der Konfiguration neu gestartet werden. Bestätigen Sie die Meldung mit *Ja.*
4. Der Datenbankservername und Datenbankname werden automatisch von der Installation der SharePoint-Farm übernommen. Wählen Sie auf der Seite *Einstellungen der Serverfarm ändern* die Option *Verbindung mit dieser Serverfarm nicht trennen* aus, und klicken Sie dann auf *Weiter.*
5. Führen Sie den Assistenten sinngemäß bis zur Fertigstellung aus. Es erscheinen keine weiteren Project Server-spezifischen Dialogfelder.

Fahren Sie mit dem Erstellen der neuen Project Web App (PWA)-Instanz fort. Die Arbeitsschritte hierzu lauten in der Übersicht:

- Starten vom Project Server-Anwendungsdienst
- Registrierung von verwalteten Konten
- Erstellung einer Project Server-Dienstanwendung
- Starten der PerformancePoint-Dienste
- Erstellung einer PerformancePoint-Dienstanwendung
- Installieren der SQL Server Analysis Management-Objekte (AMO)

Nachfolgend wird lediglich auf die Project Server-spezifischen Konfigurationsschritte eingegangen.

Starten des Project Server-Anwendungsdiensts

Bevor Sie eine Project Server-Dienstanwendung erstellen können, starten Sie den Project Server-Anwendungsdienst. Führen Sie dazu folgende Schritte durch:

1. Öffnen Sie die SharePoint-Diensteuerung der Zentraladministration.
2. Wählen Sie im Dropdownlistenfeld den Server aus, auf welchem Sie den Project Server-Anwendungsdienst starten möchten.
3. Starten Sie den Project Server-Anwendungsdienst (Abbildung 16.61).

Abbildg. 16.61 Starten des Project Server-Anwendungsdiensts

PowerPoint-Konvertierungsdienst	Beendet	Starten
Project Server-Anwendungsdienst	Gestartet	Beenden
Secure Store Service	Beendet	Starten

Nachdem Sie den Project Server-Anwendungsdienst gestartet haben, erstellen Sie eine Project Server-Dienstanwendung.

Das Konto, welches Sie für den Anwendungspool der Project Server-Dienstanwendung vorgesehen haben, wird als verwaltetes Konto in SharePoint registriert. Falls Sie das betreffende Konto noch nicht zu den verwalteten Konten hinzugefügt haben, holen Sie dies nun nach (siehe Kapitel 4).

Erstellung einer Project Server-Dienstanwendung

Führen Sie folgende Schritte aus, um eine Project Server-Dienstanwendung zu erstellen:

1. Öffnen Sie die Dienstanwendungsverwaltung der Zentraladministration.
2. Öffnen Sie im Menüband das Dropdownmenü der Schaltfläche *Neu* und wählen Sie *Project Server Dienstanwendung* aus.
3. Geben Sie einen Namen für die Project Services-Anwendung ein.
4. Im Abschnitt *Anwendungspool* geben Sie einen Namen für den Anwendungspool an, welchen Sie erstellen möchten (Abbildung 16.62).
5. Wählen Sie *Konfigurierbar* und das verwaltete Konto aus, welches Sie zuvor registriert haben.

Abbildg. 16.62 Project Services-Anwendung erstellen

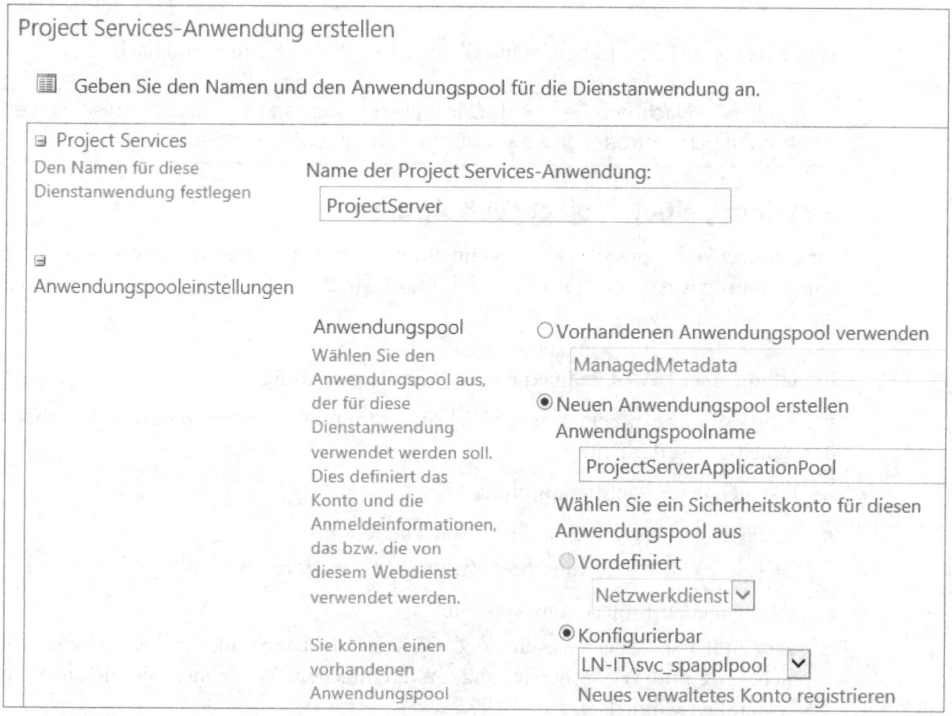

6. Nach dem Bestätigen Ihrer Eingaben mit *OK* wird die neue Project Server-Dienstanwendung gestartet.

HINWEIS Eine Project Server-Dienstanwendung unterstützt mehrere Instanzen von Project Web Apps.

Installieren der SQL Server Analysis Management-Objekte

Um die Berichte in Project Server 2013 nutzen zu können, installieren Sie die SQL Server Analysis Management-Objekte (AMO) auf jedem Anwendungsserver in Ihrer Farm. Die benötigte AMO-Version hängt von der SQL Server-Version an, die Sie im Einsatz haben.

Die Tabelle 16.23 zeigt Ihnen die SQL Server-Versionen und die dazu kompatiblen SQL Server-AMO-Versionen.

Tabelle 16.23 SQL Server und kompatible AMO-Versionen

SQL Server-Version	Kompatible AMO-Versionen
SQL Server 2008	SQL Server 2008
SQL Server 2008 R2	SQL Server 2008 AMO, SQL Server 2008 R2 AMO (empfohlen)
SQL Server 2012	SQL Server 2008 AMO, SQL Server 2008 R2 AMO, SQL Server 2012 AMO (empfohlen)

Wenn Sie die AMO nicht bereits installiert haben, holen Sie dies nun nach.

HINWEIS Nachdem Sie die AMO installiert haben, starten Sie den Project Server-Anwendungsdienst auf jedem betroffenen Anwendungsserver Ihrer Farm erneut.

Erstellung einer Project Web App-Site

Eine Project Web App-Site (PWA) kann entweder mit einer neuen Websitesammlung erstellt oder in eine bereits existierende Websitesammlung integriert werden. Im Folgenden werden beide Methoden dargestellt.

Erstellung einer PWA-Site in eine neue Websitesammlung

Um eine PWA-Site mit einer neuen Websitesammlung zu erstellen, sind in der Übersicht die folgenden Schritte erforderlich:

- Erstellen einer Websitesammlung
- Erteilen von Leserechten auf höchster Ebene

  Delegieren Sie der gewünschten Zielgruppe die erforderlichen Zugriffsrechte (Lesen)
- Erstellen einer Project Web App-Site

  Verwenden Sie iealerweise eine dedizierte Inhaltsdatenbank für die PWA-Site, um die Wartung, Sicherung und Wiederherstellung zu vereinfachen. Verwenden Sie hierzu die entsprechenden PowerShell-Cmdlets.

Erstellung der PWA-Site

Gehen Sie wie folgt vor, um die PWA-Site zu erstellen:

1. Öffnen Sie die Dienstanwendungssteuerung der Zentraladministration und klicken Sie auf die zuvor erstellte Project Server-Dienstanwendung.
2. Auf der Seite *Project Web Apps verwalten* klicken Sie auf *Eine Project Web App-Instanz erstellen* (Abbildung 16.63).

Abbildg. 16.63 Project Web Apps verwalten

3. Wählen Sie die Webanwendung aus, in der Sie die PWA-Site erstellen möchten, und legen Sie den Project Web App-Pfad fest (Abbildung 16.64).

Abbildg. 16.64 Erstellung einer Project Web App-Site (1)

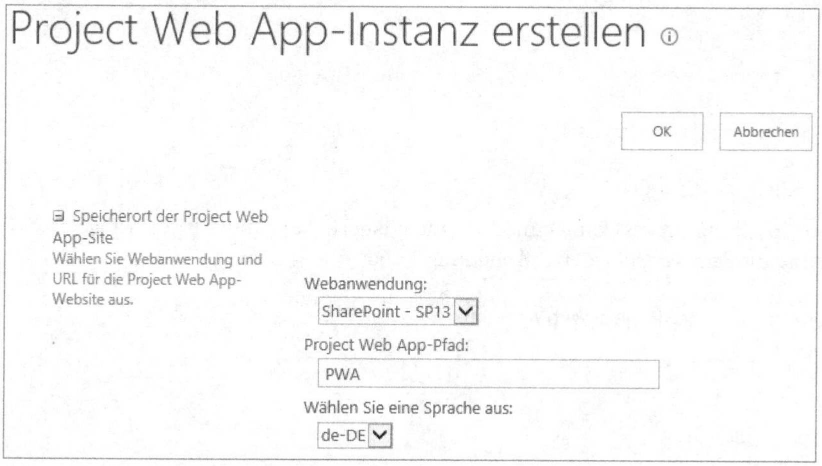

4. Geben Sie das Konto an, welches die administrativen Rechte auf diese PWA- Instanz hat (Abbildung 16.65), und füllen Sie die verbleibenden Eingabefelder sinngemäß aus.

Abbildg. 16.65 Erstellung einer Project Web App-Site (2)

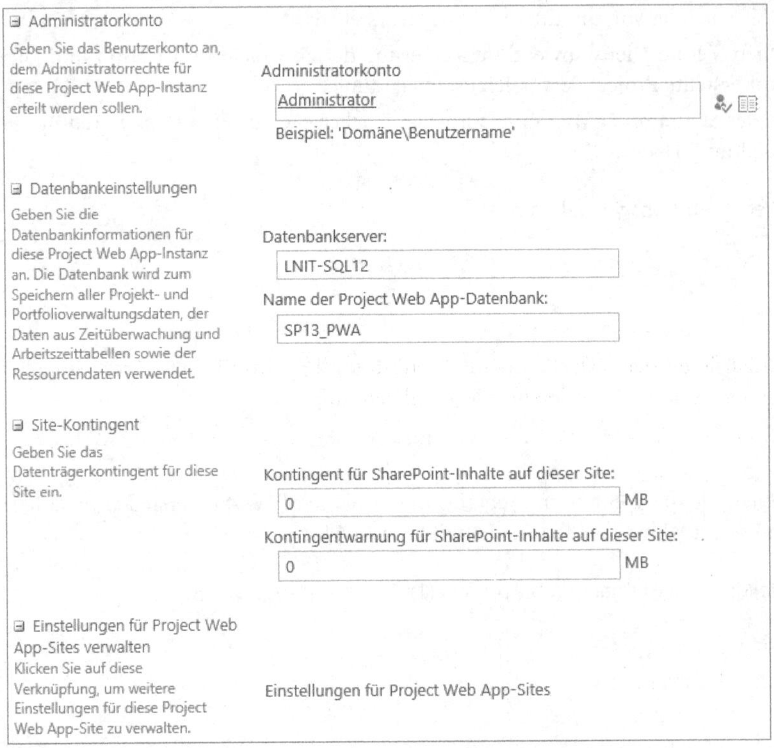

5. Klicken Sie auf *OK*.

Der Erstellungsprozess kann einige Minuten dauern. Sobald der Prozess abgeschlossen ist, wird der Status auf *Bereitgestellt* gesetzt (Abbildung 16.66).

Abbildg. 16.66 Bereitstellung der Project Web App-Site

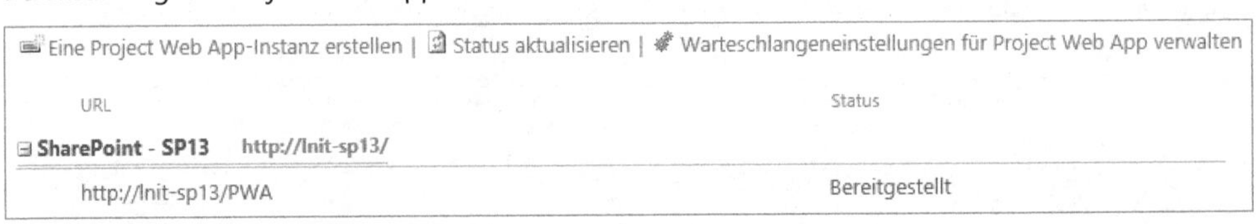

Nachdem die PWA-Site bereitgestellt wurde, überprüfen Sie, ob diese in der richtigen Inhaltsdatenbank erstellt worden ist.

Rufen Sie nun die Project Web App-Site auf.

Erstellung einer PWA-Site in eine existierende Websitesammlung

SharePoint Server 2013 bietet bereits viele Möglichkeiten, um Projekte zu erstellen und diese zu verwalten. Sie können mithilfe von Projektwebsites und SharePoint-Listen Ihre Projekte verwalten und diese sogar mit Project Professional 2013 bearbeiten. Wenn die Projektverwaltungsanforderungen jedoch wachsen und Sie eine professionelle Umgebung für die Verwaltung Ihrer Projekte verwenden möchten, können Sie diese Projekte in Project Web App für Project Server 2013 überführen.

Durch die in SharePoint Server 2013 bereitgestellten Project Web App-Websitesammlungsfeatures können einige Project-Funktionalitäten in SharePoint aktiviert und die SharePoint-Aufgabenlisten in die Project Web App importiert werden.

HINWEIS Sie können mehrere Websitesammlungen mit jeweils einer Project Web App-Website bereitstellen. Beachten Sie dabei, dass die Projekte dieser PWA-Website jeweils nur in dieser Websitesammlung zur Verfügung stehen und nicht zwischen verschiedenen Websitesammlungen ausgetauscht werden können.

In der Übersicht sind hierfür folgende Arbeitsschritte erforderlich:

- Aktualisieren der SharePoint-Aufgabenliste mithilfe von Project Professional 2013. Setzen Sie Anfangs- und Endtermine für die jeweiligen Aufgaben.
- Aktivierung der PWA-Websitesammlungsfeatures für die gewünschte Websitesammlung
- Hinzufügen eines Project Center-Webparts und Importieren des SharePoint-Aufgabenlistenprojekts in die Project Web App-Datenbank
- Aktivieren der Enterprise-Projektfunktionen für das SharePoint-Aufgabenlistenprojekt
- Hinzufügen einer Project Web App-Website zur Websitesammlung

HINWEIS Sie benötigen ein Konto mit den Rechten eines Farmadministrators oder eines Project Server-Dienstanwendungsadministrators.

Aktualisierung der SharePoint-Aufgabenliste mithilfe von Project Professional 2013

Zum Aktualisieren der SharePoint-Aufgabenliste mithilfe von Project gehen Sie wie folgt vor:

1. Öffnen Sie die SharePoint-Aufgabenliste.
2. Öffnen Sie im Menüband die Registerkarte *Liste* und klicken Sie in der Gruppe *Verbinden und Exportieren* auf die Schaltfläche *Mit Project öffnen* (Abbildung 16.67).

Abbildg. 16.67 Öffnen einer SharePoint-Aufgabenliste mithilfe von Project Professional 2013

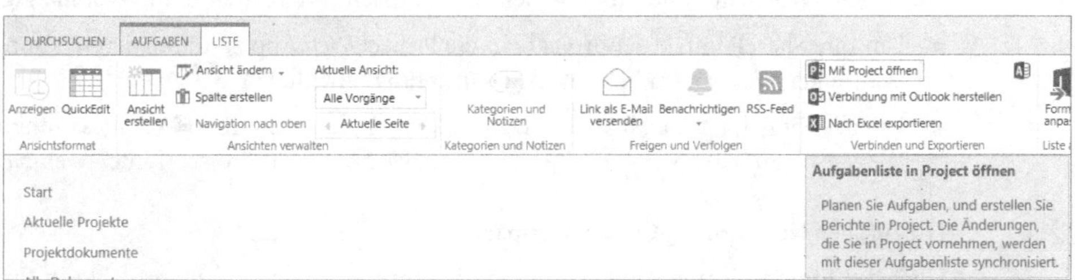

Die SharePoint-Aufgabenliste wird in Project Professional 2013 geöffnet und steht zur Bearbeitung bereit.

Aktivierung der PWA-Websitesammlungsfeatures

Es sind drei Schritte notwendig, um die PWA-Websitesammlungsfeatures in SharePoint Server 2013 aktivieren und nutzen zu können:

- Erstellung einer PWA-Datenbank
- Aktivierung der PWA-Websitesammlungsfeatures
- Erstellung der PWA in der gewünschten Websitesammlung

Erstellung einer Project Web App-Datenbank

Sie können mithilfe des PowerShell-Cmdlets *New-SPProjectDatabase* eine neue Project Web App-Datenbank erstellen.

Die erstellte Datenbank wird der Websitesammlung zugeordnet, in der Sie die PWA-Websitesammlungsfeatures aktiveren möchten. Um dieser Datenbank einen eindeutigen Bezeichner zuzuordnen, die später bei der Aktivierung der Websitesammlungsfeatures benötigt wird, verwenden Sie den *Tag*-Parameter:

```
New-SPProjectDatabase –Name SP13_PWA -ServiceApplication "Project Service Application"
-DatabaseServer SRV-DEMO-SQL -Tag "SP13_PWA_DB"
```

Aktivierung der PWA-Websitesammlungsfeatures

Um die oben erstellte Datenbank Ihrer Websitesammlung zuzuordnen, aktivieren Sie als nächstes die Project Web App-Websitesammlungsfeatures. Dies kann mithilfe des PowerShell-Cmdlets *Enable-SPFeature* erfolgen (Listing 16.10).

Listing 16.10 Aktivierung des PWA-Features

```
$web=Get-SPWeb http://srv-sp13/sites/Projects
$web.Properties["PWA_TAG"]="SP13_PWA_DB"
$web.Properties.Update()
Enable-SPFeature pwasite -URL http://srv-sp13/sites/Projects
```

Mit dem Parameter *PWA_TAG* legen Sie fest, welche Datenbank Sie ansprechen möchten.

Die folgenden Schritte sind nun von den Bedürfnissen Ihres Unternehmens abhängig:

- Um Ihre SharePoint-Listenprojekte in die Project Web App zu importieren, können Sie ein Project Center-Webpart zu Ihrer Websitesammlung hinzufügen
- Um alle PWA-Funktionalitäten nutzen zu können, fügen Sie Ihrer Websitesammlung einer PWA-Website hinzu. Die PWA-Website beinhaltet gleichzeitig das Project Center-Webpart.

Hinzufügen eines Project Center-Webparts

Über das Project Center-Webpart können Sie Ihre SharePoint-Listenprojekte in Project Web App einer Website Ihrer Websitesammlung importieren.

Um das Project Center-Webpart hinzuzufügen, führen Sie folgende Schritte aus:

1. Öffnen Sie die Seite der höchsten Ebene Ihrer Websitesammlung, in der Sie die PWA-Websitesammlungsfeatures aktiviert haben.
2. Öffnen Sie diese Seite zum Bearbeiten, indem Sie im Menüband auf der Registerkarte *Seite* auf *Bearbeiten* klicken.

3. Bestimmen Sie, an welcher Stelle auf der Seite Sie das Project Center-Webpart hinzufügen möchten.
4. Fügen Sie das Webpart durch Klicken auf *Webpart* auf der Registerkarte *Einfügen* ein.
5. Wählen Sie in der Liste *Kategorien* den Eintrag *Project Web App*.
6. Klicken Sie in der Liste *Webparts* auf *Project Center*.
7. Bestätigen Sie Ihre Auswahl mit der Schaltfläche *Hinzufügen*.
8. Öffnen Sie die Project Center-Webparteigenschaften und erweitern Sie den Bereich *Project Web App*. Hier können Sie die URL der Stammebene Ihrer Websitesammlung eingeben.
9. Bestätigen Sie die Anpassungen mit *OK*.
10. Speichern und schließen Sie die Bearbeitung der Seite.

HINWEIS Um Projekte im Project Center-Webpart anzeigen zu können, müssen Sie mindestens Mitglied der Project Web App-Sicherheitsgruppe *Teammitglieder* für Project Web App sein.

Importieren eines SharePoint-Listenprojekts

Sie können nun ein SharePoint-Listenprojekt importieren. Dafür benötigen Sie ein Benutzerkonto, das Mitglied der Sicherheitsgruppe *Projekt-Manager für Project Web App* oder *Administratoren für Project Web App* in der Websitesammlung ist. Führen Sie folgende Schritte aus:

1. Öffnen Sie die Seite der höchsten Ebene Ihrer Websitesammlung, in der Sie die PWA-Websitesammlungsfeatures aktiviert haben.
2. Klicken Sie auf der Registerkarte *Projekte* auf *SharePoint-Websites hinzufügen*.
3. Wählen Sie im Dialogfeld *SharePoint-Websites zu Project Web App hinzufügen* die gewünschten Projekte zum Importieren aus.
4. Klicken Sie auf *Hinzufügen*.

Die Verarbeitung des Importvorgangs geschieht durch die Project Server-Warteschlange. Um den Status des Importvorganges zu überprüfen, verwenden Sie das Konto des Farmadministrators oder eines Project Server-Dienstanwendungsadministrators.

Statusüberprüfung des Importvorgangs

Führen Sie folgende Schritte aus, um den Status des Importvorgangs zu überprüfen:

1. Öffnen Sie die Project Server-Dienstanwendungsverwaltung in der Zentraladministration.
2. Öffnen Sie das Dropdownmenü der Instanz von Project Web App, für die Sie die Warteschlange überprüfen möchten, und wählen Sie *Verwalten* aus.
3. Klicken Sie im Abschnitt *Warteschlangen- und Datenbankverwaltung* auf *Warteschlangenaufträge verwalten*.
4. Fügen Sie im Bereich *Auftragsabschlussstatus* dem Feld *Ausgewählte Auftragsstatusangaben* alle Auftragsstatusangaben hinzu.
5. Klicken Sie auf *Aktualisieren*.
6. Um den Auftragsstatus sehen zu können, aktivieren Sie die Spalte *Auftragstyp* für *Liste der Projektimportaufträge*. Anschließend aktivieren Sie die Spalte *Auftragsstatus* für den Status dieses Auftrags.

Die Mitgliedschaft in der Sicherheitsgruppe *Projekt-Manager für Project Web App* in der Websitesammlung ist die Voraussetzung, um das importierte Projekt in Project Professional 2013 öffnen zu können.

Führen Sie nach dem Import eine Abstimmung der Enterprise-Ressourcen durch, wenn Sie die SharePoint-Aufgabenliste vor dem Import in Project Professional bearbeitet haben.

Abstimmung der Projekt- und Enterprise-Ressourcen

Vergewissern Sie sich, dass Sie Mitglied der Sicherheitsgruppe *Administratoren für Project Web App* in der Websitesammlung sind, und führen Sie folgende Schritte aus:

1. Öffnen Sie die Unterwebsite und die Liste *Aufgaben*.
2. Öffnen Sie die Registerkarte *Liste* im Menüband und klicken Sie auf *Mit Project öffnen*.
3. Nachdem Ihre Liste in Project Professional geöffnet wurde, klicken Sie auf der Registerkarte *Ressourcen* auf *Ressourcen hinzufügen*.
4. Wählen Sie *Team aus Enterprise zusammenstellen*.
5. Wählen Sie im Dialogfeld *Team zusammenstellen* in der Liste *Enterprise-Ressource* die Ressource sowie in der Liste *Projektressourcen* die Ressource mit dem gleichen Namen aus, und klicken Sie dann auf *Ersetzen*.
6. Bestätigen Sie den Schritt mit *OK*.
7. Importieren Sie die Ressourcen, indem Sie auf der Registerkarte *Ressource* auf *Ressourcen hinzufügen* klicken und die Option *Ressource in Enterprise importieren* auswählen.
8. Klicken Sie auf *Weiter mit Schritt 2*.
9. Wählen Sie *Speichern und Beenden*.
10. Legen Sie den Speicherort fest, indem Sie auf Registerkarte *Datei* auf *Speichern unter* klicken.
11. Klicken Sie unter *Project Web App* auf *Speichern*.
12. Im Dialogfeld *In Project Web App speichern* klicken Sie auf *Speichern*.
13. Wählen Sie *Project Professional* aus und checken Sie bei Aufforderung das Projekt ein.

Aktivierung von Enterprise-Projektfunktionen für ein Projekt

Um ein importiertes SharePoint-Aufgabenlistenprojekt in ein Enterprise-Projekt zu konvertieren und damit weitere Funktionen vom Project Server nutzen zu können, ist es notwendig, die Enterprise-Projektfunktionen zu aktivieren.

Beachten Sie dabei, dass ein in ein Enterprise-Projekt konvertiertes SharePoint-Aufgabenlistenprojekt dann nur noch schreibgeschützt zur Verfügung steht. Die Bearbeitung des Projekts erfolgt jetzt ausschließlich mithilfe von Project Professional oder Project Web App.

Zur Aktivierung der Enterprise-Features für das importierte Projekt verwenden Sie ein Konto, das Mitglied der Sicherheitsgruppe *Administratoren für Project Web App* in der Websitesammlung ist, und führen folgende Schritte aus:

1. Navigieren Sie zur Websitesammlung, in der sich das Projekt befindet.
2. Rufen Sie die Project Web App-Einstellungen auf.
3. Klicken Sie im Abschnitt *Betriebsrichtlinien* auf *Verbundene SharePoint-Websites*.
4. Wählen Sie in der Spalte *Enterprise-Projektfunktionen* das Projekt aus, für das Sie die Enterprise-Features aktivieren möchten.
5. Klicken Sie auf *Aktivieren*.

Hinzufügen einer Project Web App-Website zu einer Websitesammlung

Durch Hinzufügen einer Project Web App-Website zu Ihrer Websitesammlung, in der sich Ihre Projekte befinden, können Sie die Project Server 2013- und Project Web App-Funktionen vollständig nutzen.

Sie können mithilfe des PowerShell-Cmdlets *New-SPWeb* eine neue Project Web App-Website in einer existierenden Websitesammlung erstellen. Mit dem Cmdlet *Upgrade-SPProjectWebInstance* führen Sie eine Aktualisierung für die PWA-Instanz und die dazugehörige PWA-Datenbank durch (Listing 16.11).

Listing 16.11 Hinzufügen einer Project Web App-Website zu einer Websitesammlung

```
New-SPWeb -URL http://srv-sp13/sites/Projects/PWA -Template pwa#0
Upgrade-SPProjectWebInstance -Identity http://srv-sp13/sites/Projects -Confirm:$False
```

Nachdem die Project Web App-Website erstellt und das Cmdlet *Upgrade-SPProjectWebInstance* ausgeführt wurde, ist es erforderlich, die Internetinformationsdienste (IIS) auf jedem Anwendungsserver Ihrer Farm neu zu starten.

Nach dem Neustart von IIS ist die Project Web App-Website unter der von Ihnen angegebenen URL verfügbar.

Sicherung und Wiederherstellung

In Project Server 2013 stehen Ihnen zwei Arten von Sicherung zur Verfügung:

1. **Farmsicherung:** Mit einer Farmsicherung können Sie Ihre gesamte SharePoint Server Farm inklusive Project Server 2013 sichern. Informationen hierzu finden Sie in Kapitel 15.
2. **Tägliche Sicherung:** Bei der täglichen Sicherung können Sie eine terminierte oder manuelle Sicherung anstoßen, um nach Änderungen von Systemeinstellungen wie beispielsweise Sicherheitseinstellungen oder Anpassung der Enterprise-Feldern usw. schnell und unkompliziert die ursprüngliche Konfiguration wiederherstellen zu können. Dabei werden folgende Objekte in die Archivtabellen gesichert:
   - Projekte
   - Enterprise-Ressourcenpool und -Kalender
   - Benutzerdefinierte Enterprise-Felder
   - Enterprise-Global
   - Ansichtsdefinitionen
   - Kategorie- und Gruppeneinstellungen

Die tägliche Sicherung führen Sie über die PWA-Einstellungen in der SharePoint-Zentraladministration durch.

Die Wiederherstellung der archivierten Objekte wird wie gewohnt durch einen Farmadministrator mithilfe der Zentraladministration durchgeführt. Dabei können entsprechend einzelne Objekte ausgewählt und wiederhergestellt werden.

Die administrative Sicherung führen Sie über die PWA-Einstellungen in der SharePoint-Zentraladministration durch (Abbildung 16.68).

Abbildg. 16.68 Administrative Sicherung

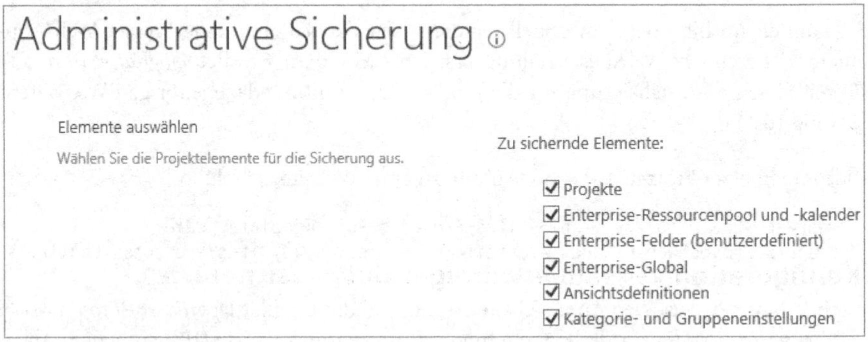

Konfiguration der Berichterstattung für Project Web App

Project Server 2013 bedient sich in jeder Instanz von Project Web App der Business Intelligence Center-Websitevorlagen von SharePoint Server 2013.

Um Benutzern Zugriff auf Berichtsdaten von Project Web App zu gewähren, werden alle automatisch oder manuell erstellten Berichte, Dashboards und Berichtsverbindungen im Business Intelligence Center bereitgestellt. Diese Berichte können mithilfe von Excel Services, Visio Services, PerformancePoint-Dienste, PowerPivot und SQL Server Reporting Services (SSRS) erstellt werden.

Um das Berichtswesen (Reporting) in Project Server 2013 zu konfigurieren, nehmen Sie folgende Konfigurationen vor:

- Hinzufügen einer Anmeldung für die Berichtsautorengruppe in SQL Server
- Konfiguration von vertrauenswürdigen Dateispeicherorten
- Konfiguration von vertrauenswürdigen Datenverbindungsbibliotheken
- Generieren eines Verschlüsselungsschlüssels

Hinzufügen einer Anmeldung für die Gruppe der Berichtsautoren

Für die Erstellung von Berichten in Excel benötigt der Berichtsautor SQL Server-Zugriffsrechte. Im Gegensatz zu den Excel Services in SharePoint Server 2013 verwendet Excel nicht den Secure Store Service, um auf die Datenbank zuzugreifen. Der Berichtsautor benötigt daher selbst die Rechte für den Zugriff auf die Datenbank der Project Web App.

Verwenden Sie hierfür die zuvor eingeführte Domänenbenutzergruppe *Berichtsautoren* und weisen Sie dieser die *PSDataAccess*-Rolle für die PWA-Inhaltsdatenbank in SQL Server zu.

Konfiguration der Excel Services

Die Excel Services spielen in Project Server 2013 dann eine Rolle, wenn Excel-Dateien angezeigt sowie vom Benutzer interaktiv in einem Browser bearbeitet und nach Bedarf angepasst werden sollen. Da im Projektmanagement häufig Berichte erstellt werden, sind die Excel Services ein wichtiger Bestandteil von Project Server 2013.

Folgende Schritte sind notwendig, um die Excel Services zu nutzen:

- Konfiguration vertrauenswürdiger Dateispeicherorte
- Konfiguration vertrauenswürdiger Datenverbindungsbibliotheken

An dieser Stelle werden dazu lediglich die wesentlichen Einstellungen angeführt.

Konfiguration vertrauenswürdiger Dateispeicherorte

Für die Ablage der PWA-Musterberichte und der Vorlagen definieren Sie diese Bibliotheken als vertrauenswürdige Dateispeicherorte.

1. Fügen Sie die folgenden Bibliotheken zu den vertrauenswürdiger Dateispeicherorten in den Excel Services-Dienstanwendungseinstellungen hinzu und aktivieren Sie das Kontrollkästchen *Untergeordneten Speicherorten wird vertraut*:
   http://[Projekt-URL]/ProjectBICenter/Templates/
   http://[Projekt-URL]/ProjectBICenter/Sample%Reports/
2. Überprüfen Sie, ob im Bereich *Externe Daten* der Punkt *Vertrauenswürdige Datenverbindungsbibliotheken und eingebettete Verbindungen* ausgewählt sind.
3. Deaktivieren Sie das Kontrollkästchen *Aktualisierungswarnung aktiviert.*

Konfiguration vertrauenswürdiger Datenverbindungsbibliotheken

Konfigurieren Sie die vertrauenswürdigen Datenverbindungsbibliotheken, um Benutzern Zugriff auf die Verbindung der Berichtsdatenbank und der Online Analytical Processing (OLAP)-Datenbank zu gewähren.

Führen Sie die folgende Schritte aus, um die vertrauenswürdigen Datenverbindungsbibliotheken zu konfigurieren:

1. Ermitteln Sie die URL der Datenverbindungsbibliothek. Sie finden diese in auf der PWA-Site unter *Berichte/BI-Center/Datenverbindungen.*
2. Öffnen Sie die Excel Services-Dienstanwendungseinstellungen und fügen Sie die *Vertrauenswürdige Datenverbindungsbibliothek* hinzu:
   http://[URL PWA]/ProjectBICenter/Data%20Connections/Deutsch%20(Deutschland)

Erstellung einer Zielanwendung für das einmalige Anmelden

Die Beispielberichte der Project Web App-Instanzen verwenden eine Secure Store Service-Zielanwendung, die mit dem fest definierten Namen *ProjectServerApplication* versehen ist. Zur Erstellung dieser Zielanwendung verwenden Sie die nachfolgenden Angaben in der Secure Store-Dienstanwendungssteuerung.

Abbildg. 16.69 Neue Zielanwendung für einmaliges Anmelden erstellen

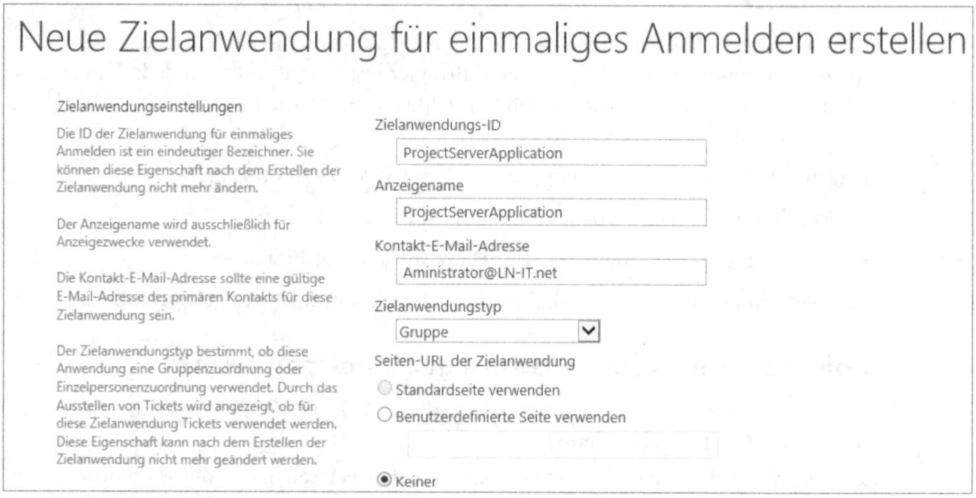

Geben Sie im Feld *Mitglieder* für die neue Zielanwendung die Gruppe *Project_ReportViewers* an.

Legen Sie die Anmeldeinformationen wie folgt fest:

- Besitzer der Anmeldeinformation: *Project_ReportViewers*
- Windows-Benutzername: *Domäne\Project_DataAccess*

Das Benutzerkonto *svc_ProjectDataAccess* erhält durch die Mitgliedschaft in der Windows-Gruppe *Berichtautoren* (*project_reportviewer*) die nötigen Rechte.

Die Project Server-Einrichtung ist damit abgeschlossen und Sie können mit der Arbeit in Project Web App beginnen.

Microsoft CRM 2011

Erst in den letzten Wochen der Fertigstellung dieses Handbuchs erschien die aktualisierte Customer Relationship Management (CRM)-Lösung Microsoft CRM 2013. Diese neue Plattform fügt sich noch weiter in die Produktstrategie von SharePoint 2013 ein, indem Elemente wie die Integration sozialer Netze oder das mobile Arbeiten forciert werden. Auch die Oberfläche wird versierten SharePoint 2013-Benutzern vertraut sein. Vor dem Hintergrund dieses jüngsten Generationswechsels beschränkt sich dieser Abschnitt auf die Basiseinrichtung von SharePoint 2013 für Microsoft CRM 2011.

Übersicht der CRM 2011-SharePoint-Integration

Die Integration von CRM und SharePoint besteht im Wesentlichen aus dem einfachen manuellen und automatisierten Ablegen von CRM-Daten in SharePoint. Hierbei handelt es sich in der Regel um Dokumente, die beispielsweise in Form eines Angebots einer Verkaufschance an eine CRM-Entität gekoppelt werden. Im Rahmen dieser Verknüpfung werden Inhalte aus SharePoint in der CRM-Weboberfläche in einem iFrame visualisiert, sodass für die üblichen CRM-Aktivitäten nicht die Anwendung gewechselt werden muss (Abbildung 16.70).

Abbildg. 16.70 Listenkomponentenintegration von CRM 2011 in SharePoint

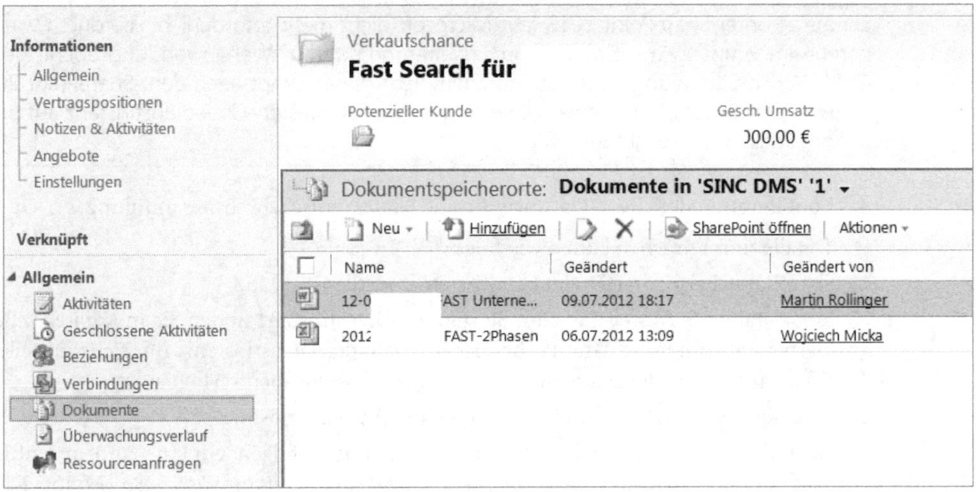

Ziel dieser Integration ist eine verbesserte Datenwiederverwertung zu erreichen, da Daten innerhalb von SharePoint beispielsweise automatisch im Suchkorpus enthalten sind und die Daten so der ECM/WCM-Plattform SharePoint einfach zugänglich gemacht werden können.

Planung

Die SharePoint-Integration von Microsoft CRM 2011 basiert im Wesentlichen auf einer Anwenderlösung, die in einer oder mehreren Zielwebsitesammlungen bereitgestellt werden muss. Aufgrund der Verwendung der abgekündigten Anwenderlösungen achten Sie darauf, dass der Sandkasten-Codedienst von Microsoft Foundation ordnungsgemäß eingerichtet wurde, bevor Sie Anwenderlösung bereitstellen. Andernfalls laufen Sie Gefahr, die grafischen Oberflächenausgaben fehlzuinterpretieren, die jedoch letztlich auf der fehlenden Abhängigkeit zum Sandkasten-Codedienst beruhen.

Neben der Anwenderlösung benötigen Sie für die Einrichtung ebenso eine Zielwebsitesammlung, die für das Speichern der CRM-Inhalte verwendet wird. Es empfiehlt sich, eine dedizierte Websitesammlung zu verwenden. Als Vorlage genügt ein simples Konstrukt wie beispielsweise eine Teamsite.

Konfiguration von SharePoint für die Verwendung mit Microsoft CRM 2011

Im Wesentlichen besteht der Einrichtungsprozess aus folgenden Schritten:

1. Starten der Sandkasten-Codedienstinstanz
2. Herunterladen und Extrahieren der Anwenderlösung
3. Installation und Aktivierung der CRM-Anwenderlösung

HINWEIS Die Ausführung des noch unter SharePoint 2010 erforderlichen *AllowHtcExtn.ps1*-Skripts ist unter SharePoint 2013 laut Microsoft nicht mehr erforderlich. Hierdurch wird eine Ausnahme im Umgang mit Dateien der Erweiterung *.htc* auf Webanwendungsebene der zentralen CRM-Websitesammlung definiert. Trotzdem liegt dieses Skript auch dem SharePoint 2013-Download bei. Das Skript startet ferner die erforderliche Sandkasten-Codedienstinstanz auf dem Knoten, auf dem das Skript ausgeführt wird.

4. Konfiguration der CRM-Plattform für die SharePoint-Zielwebsitesammlung

Die Details zum Vorgehen lauten wie folgt:

1. **SharePoint-Farm:** Starten der Sandkasten-Codedienstinstanz

   Eine detaillierte Anweisung zum Starten der Dienstinstanz finden Sie in Kapitel 5. Beachten Sie hierbei unbedingt die Affinität bei der Auswahl der Dienstinstanz, um sicherzustellen, dass die Dienstinstanz bei der späteren Aktivierung der Lösung auch verfügbar ist.

2. **Beliebig:** Herunterladen und Extrahieren der Anwenderlösung

   Sie finden die SharePoint-Lösung für CRM 2011 unter folgendem Link zum kostenfreien Download vor: *http://www.microsoft.com/de-de/download/details.aspx?id=5283* [Ms156-K16-11]. Extrahieren Sie die Lösung durch einen Doppelklick und dem Befolgen der Anweisungen von einem beliebigen System aus. Letztlich werden hierbei nur drei Dateien extrahiert. Neben den Lizenzbestimmungen finden Sie so die eigentliche SharePoint-Lösung (*.wsp*) und das PowerShell-Skript vor.

3. **SharePoint-Farm:** Installation und Aktivierung der CRM-Anwenderlösung

   Zur Installation der Anwenderlösung öffnen Sie die Websitesammlung, navigieren zu *Websiteeinstellungen* und klicken im Abschnitt *Web-Designer-Lösungen* auf *Lösungen*. Mithilfe des Befehls *Lösung hochladen* im Menüband laden Sie die Lösung entsprechend hoch und aktivieren diese abschließend.

HINWEIS Beachten Sie an dieser Stelle unbedingt, ob im Anschluss in der Spalte *Status* der Wert *Aktiviert* für die Lösung angezeigt wird, bevor Sie fortfahren.

4. **CRM:** Konfiguration der CRM-Plattform für die SharePoint-Zielwebsitesammlung

   Öffnen Sie den Einstellungsbereich in CRM. Hier finden Sie im Abschnitt *System* unter *Dokumentenverwaltung* (1) die SharePoint-Integrationsverwaltungsoberfläche (Abbildung 16.71).

Abbildg. 16.71 SharePoint-Integrationsverwaltungsoberfläche in CRM

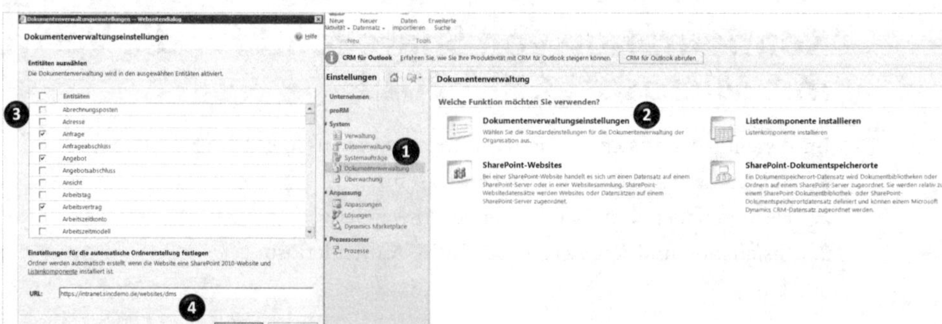

Klicken Sie auf *Dokumentenverwaltungseinstellungen* (2) und wählen Sie die für Sie relevanten Entitäten für die Speicherung in SharePoint aus (3).

Geben Sie nun die URL zu der Websitesammlung mit der zuvor eingerichteten CRM-Anwenderlösung ein (4) und klicken Sie auf *Weiter.*

Nach der abschließenden Konfiguration der Ordnerstruktur werden die Ordner gemäß der gewählten Entitäten in der definierten SharePoint-Websitesammlung erstellt.

Fahren Sie abschließend unbedingt mit der Überprüfung des Ergebnisses der Einrichtung fort.

Verifizieren der CRM-Funktionalität

Es gibt wenige, jedoch gängige Fehler bei der Einrichtung von SharePoint für CRM 2011. Sollten Sie die obigen Anweisungen befolgt haben, jedoch dennoch keinen Erfolg verzeichnen können, überprüfen Sie zunächst die Verfügbarkeit des Sandkasten-Codediensts. Beachten Sie hierbei auch etwaige Affinitätskonfigurationen, die dazu führen können, dass entsprechende Anfragen nicht bearbeitet werden können. Die Einstellungen hierzu finden Sie in der Zentraladministration unter *Systemeinstellungen* und *Anwenderlösungen verwalten.* Zum näheren Validierung des Sandkasten-Codediensts können Sie die URL der Websitesammlung mit der CRM-Anwenderlösung aufrufen und um den Pfad zu einer lösungsspezifischen Komponente ergänzen:

[URL der Websitesammlung]/crmgrid/crmgridpage.aspx

Sollten Sie bei diesem Aufruf einen generellen Fehler erhalten, muss zunächst der Sandkasten-Codedienst instandgesetzt werden:

Webpartfehler: Fehler bei der Sandkasten-Codeausführung. Korrelations-ID: 8844469c-ffec-806e-4dad-f5f34c3d07bb

SharePoint und SAP

Die Integration zwischen SharePoint und SAP ist seit Jahren ein wichtiges Thema. So wichtig, dass Microsoft sich diesem Thema gemeinsam mit SAP angenommen hat und als Ergebnis dieser Zusammenarbeit zunächst Duet und später den Nachfolger Duet Enterprise präsentierte.

Duet Enterprise 1.0

Während Duet noch vollständige Szenarien für eine Office-Integration mit SAP lieferte, hat Duet Enterprise nun vorrangig die Aufgabe, den SharePoint Server mit SAP-Daten zu versorgen. Das wird auch beim vollständigen Namen Duet Enterprise for Microsoft SharePoint and SAP Applications deutlich. Der SharePoint-Server seinerseits stellt im zweiten Schritt Microsoft Office die SAP-Daten zur Verfügung.

Duet Enterprise in der Version 1.0 wurde für SharePoint 2010 entwickelt. Es setzte auf Seiten des SharePoint-Servers auf der Schnittstellentechnologie der Business Connectivity Services (BCS) auf, während auf der SAP-Seite der neu entwickelte SAP NetWeaver Gateway Server eingesetzt wurde. Der SAP NetWeaver Gateway Server ist ein junges SAP-Produkt, der als neue Schnittstellenschicht die Veröffentlichung von SAP-Daten in neue Formate wie z.B. das Open Data-Protokoll (OData) erleichtern soll. Das Ziel ist es, über die Unterstützung solcher Standardformate eine einfachere Verbreitung von SAP-Daten zum Beispiel auch für mobile Endgeräte zu erleichtern.

Eine vereinfachte Darstellung der Duet Enterprise-Architektur zeigt die Abbildung 16.72.

Abbildg. 16.72 Duet Enterprise-Architektur

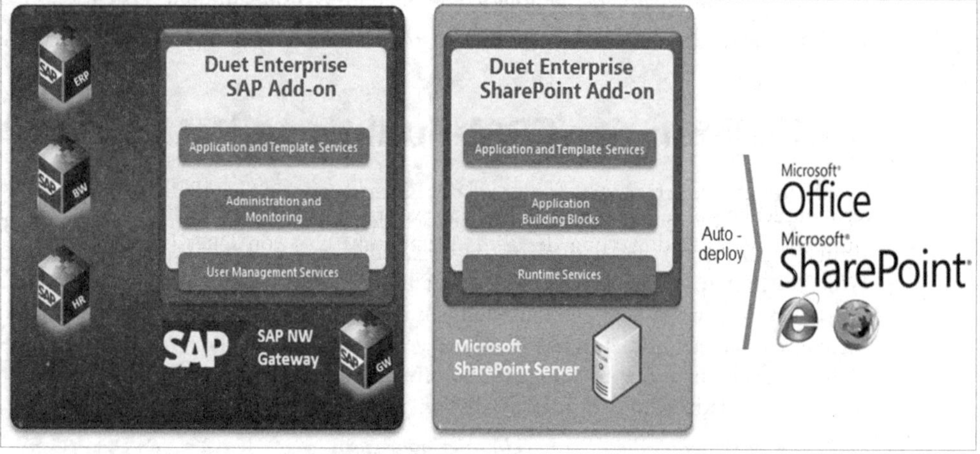

Duet Enterprise liefert SharePoint SAP-Daten in Form von externen Listen und ermöglicht die Entwicklung von SharePoint-Anwendungen, die diese SAP-Daten nutzen. Es wird kein spezielles SAP-Know-how auf der SharePoint-Seite mehr benötigt. Man bleibt im Microsoft-Technologiebereich.

Was Duet Enterprise auch von seinem Vorgänger unterscheidet, ist, dass Duet Enterprise ein Framework, also ein Baukasten ist, und keine fertigen Szenarien Out-of-the-Box liefert. Es werden zwar auch Beispielinhalte mitgeliefert, aber es ist als Entwicklungsplattform zu verstehen. Partnerunternehmen sollen diese Lücke füllen und entsprechende Lösungen entwickeln und bereitstellen.

Duet Enterprise stellt neben der BCS-Schnittstelle hinaus noch weitere Integrationsfunktionen zur Verfügung:

- **Workflowverknüpfung** SAP-Workflows können mit einer SharePoint-Benutzerschnittstelle bearbeitet werden. Es handelt sich hier nicht um eine Workflowintegration in der Form, dass SharePoint-Workflows direkt mit SAP-Workflows gekoppelt werden können, sondern nur um die Möglichkeit, dass Benutzerinteraktionen von SAP-Workflows auf einer SharePoint-Seite statt im SAP-GUI erfolgen können.
- **SAP-Reportintegration** In einer speziellen SharePoint-Bibliothek können originäre SAP-Reports automatisiert importiert werden. Es handelt sich hier um in SAP definierte und erstellte Berichte im Text-, CSV- oder PDF-Format. Bitte verwechseln Sie diese Bibliothek nicht mit SharePoint-Berichtsbibliotheken und den SQL Server Reporting Services.
- **SAP-Rechte** SAP-Benutzerrechte können an SharePoint-Anwender vergeben und synchronisiert werden

Insbesondere diese zusätzlichen Funktionen haben bei vielen Unternehmen ein verstärktes Interesse an Duet Enterprise geweckt.

Während Duet Enterprise 1.0 für SharePoint 2010 gedacht war, haben Microsoft und SAP zu Beginn des Jahres 2013 Duet Enterprise in der Version 2.0 für den neuen SharePoint 2013-Server veröffentlicht.

Duet Enterprise 2.0

Duet Enterprise 2.0 baut technologisch direkt auf der Vorgängerversion auf und nutzt erneut die BCS-Schnittstellentechnologie. Jedoch profitiert es von der nun in SharePoint 2013 zur Verfügung stehenden Open Data-Protokoll (OData)-Unterstützung des BCS. Dies stellt insofern eine Erleichterung dar, da der SAP NetWaever Gateway Server seinerseits auch seine Dienste im OData-Format veröffentlichen kann und diese somit ohne weitere Anpassung konsumiert werden können. Dies mündet in einer Reduzierung des Einrichtungsaufwands von Duet Enterprise insbesondere auf SAP-Seite.

Ein weiteres Merkmal von Duet Enterprise 2.0 ist die Unterstützung von SharePoint-Cloudlösungen in Form von SharePoint Online bzw. Office 365. Dabei kann ein SharePoint in der Cloud mit SAP-Daten versorgt werden. Dies erfolgt indirekt über eine Verknüpfung mit einem lokalen (on-premise) SharePoint-Server, wie in Abbildung 16.73 dargestellt.

Abbildg. 16.73 Cloudintegration

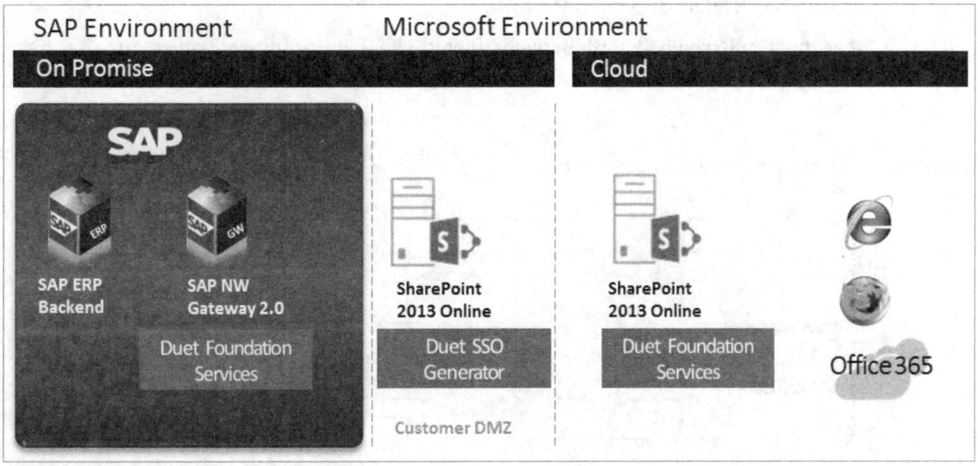

Darüber hinaus wurden weitere Templates bzw. Beispiele hinzugefügt. Ergänzende Informationen zu Duet Enterprise 2.0 finden Sie unter *http://technet.microsoft.com/de-de/library/fp161490.aspx* [Ms156-K16-12].

Alternativen zu Duet Enterprise

Schon bevor Duet Enterprise am Markt verfügbar war, gab es bereits Werkzeuge für eine Integration von SAP-Daten in SharePoint von Drittanbietern.

Exemplarisch sollen Lösungen von zwei deutschen Unternehmen, der Theobald Software GmbH aus Stuttgart und der Sitrion GmbH aus Oldenburg, vorgestellt werden.

ERPConnect und Xtract von Theobald Software

Das Unternehmen Theobald Software aus Stuttgart unterstützt schon seit längerem Entwickler bei der Erstellung von SAP-Schnittstellen. Theobald Software füllte rasch die Lücke, die SAP nach der Abkündigung des SAP.NET-Connectors (NCO) hinterlassen hatte, und stellte als alternatives Produkt ERPConnect der .NET-Entwicklergemeinde zur Verfügung. Es handelt sich dabei um eine .NET-basierte Entwicklerbibliothek, die es ermöglicht, aus dem Programmcode von Visual Studio heraus SAP-ERP und SAP BW-Objekte anzusprechen bzw. anzubinden. Die aktuelle Version ERP-Connect 4.5 ist zum wiederholten Male auch von SAP zertifiziert worden.

Neben dieser Entwicklerbibliothek stellt Theobald Software mit der Xtract-Produktreihe Produkte für den Microsoft Business Intelligence (BI)-Bereich zur Verfügung. Diese Produkte Xtract IS und Xtract RS setzen jeweils auf den SQL Server Integration- und Reporting Services auf und erleichtern in entsprechenden BI-Szenarien die Verwendung von SAP-Daten. Auch für die immer populärer werdenden PowerPivot-Erweiterungen von Excel und SharePoint besteht mit Xtract PPV die Möglichkeit, SAP-Daten zu verwenden.

Aber auch außerhalb des BI-Bereichs bietet Theobald Software explizit für den SharePoint eine Lösung mit dem Produktpaket ERPConnect Services an. Es besteht aus zwei Komponenten (Abbildung 16.74).

Abbildg. 16.74 ERPConnect Services-Integration

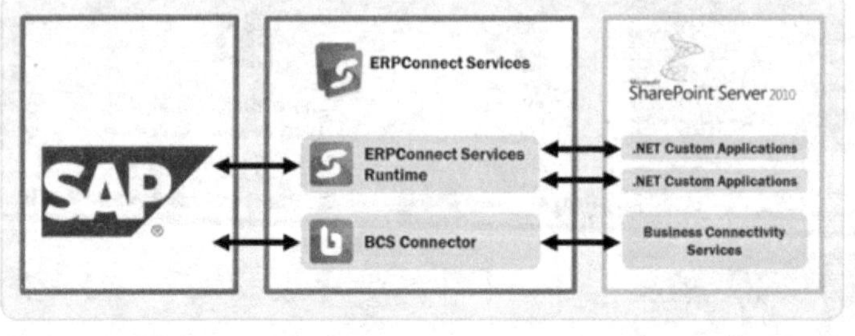

Zum einem gibt es die *ERPConnect Services Runtime*, die speziell für .NET-Entwickler gedacht ist und u.a. auch ein Plug-In für Visual Studio beinhaltet. Zum anderen beinhaltet das Paket den *BCS Connector*, der seinerseits wiederum keine Programmierkenntnisse voraussetzt und eine einfache BCS-Modellierung in Dialogform ermöglicht (Abbildung 16.75).

Abbildg. 16.75 Theobald BCS Connector

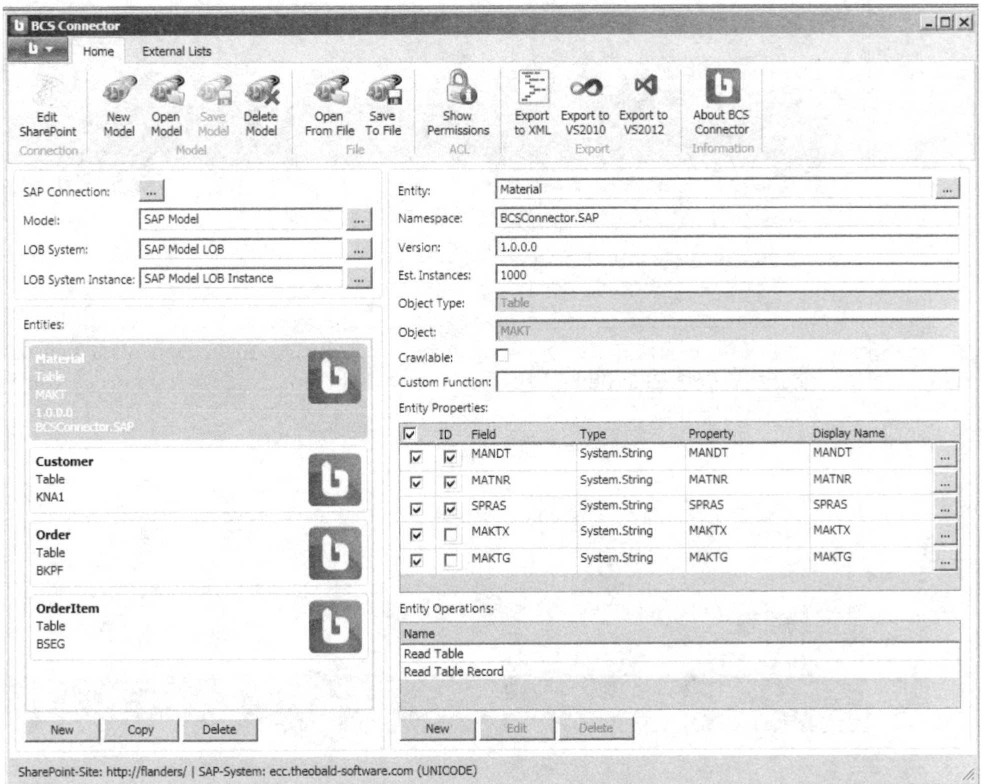

Die mit BCS Connector erstellten BCS-Modelle können nach Visual Studio exportiert und optional erweitert werden.

AppTemplates und Service Studio 2 von Sitrion

Auch das Unternehmen Sitrion arbeitet bereits seit längerem im Bereich der Microsoft-SAP-Integration und bietet mehrere Produkte und Lösungen hierfür an. Insbesondere die Umsetzung von SAP-Prozessen aus dem HR-Umfeld im SharePoint haben sich Sitrion einen Namen gemacht.

Derzeit bietet Sitrion mehr als 80 Prozesse, sogenannte *Sitrion AppTemplates*, an, die quasi schlüsselfertig als vollständige SharePoint-Lösungen mit Anbindung an den jeweiligen SAP-Prozessen genutzt werden können. Die Abbildung 16.76 zeigt das Beispiel der SAP-Abwesenheitsverwaltung in SharePoint.

Abbildg. 16.76 Sitrion-AppTemplate *Abwesenheitsverwaltung*

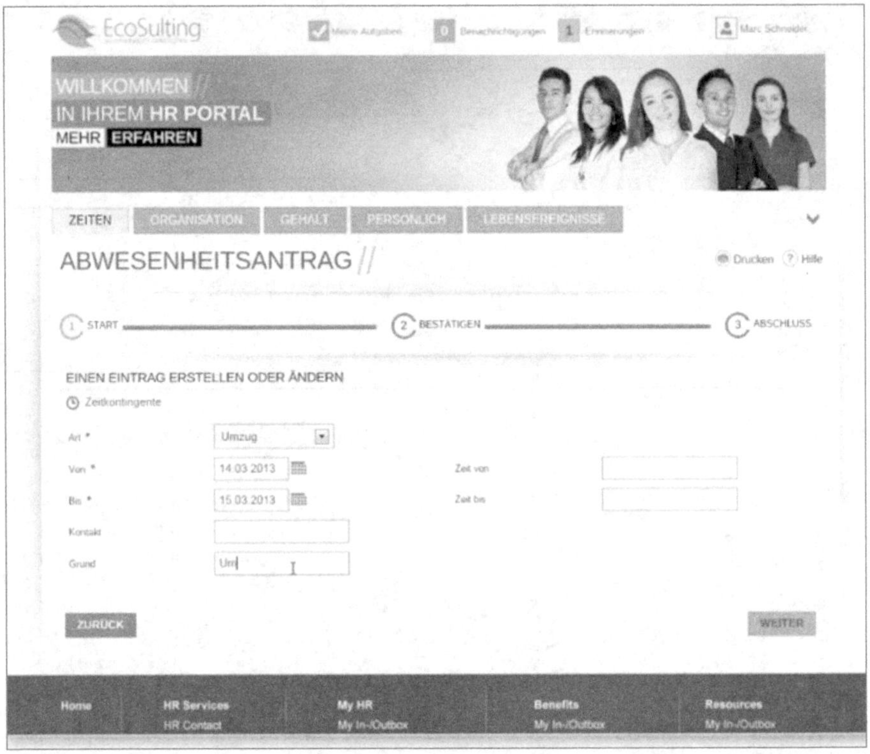

Diese Lösungen werden insbesondere im Bereich der Benutzeroberfläche für SharePoint 2013 und dessen neuen Designvorgaben aktuell überarbeitet.

Neben weiteren Produkten wie den *UniversalApprover*, der eine Integration von SAP-Workflows im Kontext mit Microsoft Exchange und Outlook und somit indirekt auch mit SharePoint ermöglicht, ist für SharePoint-Verantwortliche eher *Sitrion ServiceStudio 2* interessant.

Dabei handelt es sich um eine Visual Studio-Erweiterung, die .NET-Entwicklern mithilfe von Assistenten und Erweiterungen die SAP-Schnittstellenentwicklung erheblich erleichtert. Es ist ein Komplettpaket, welches einerseits vollständig auf aktueller Microsoft-Technologie aufbaut und andererseits aber auch auf SAP-Standards wie z.B. bezüglich der Sicherheit (Single Sign-On, Rollenkonzepte etc.) setzt und auch von SAP zertifiziert ist.

Generell werden vom ServiceStudio alle Visual Studio-Projekttypen unterstützt, somit auch SharePoint-Projekte. Dabei verfolgt das ServiceStudio das Prinzip *Expose*, *Compose* und *Consume*.

Im *Expose*-Schritt kann sich ein .NET-Entwickler mit dem SAP-System verbinden. Dabei stehen ihm sowohl die Informationen über die jeweiligen SAP-Objekte zur Verfügung als auch die Möglichkeit, die SAP-Funktionen ähnlich der SAP-Transaktion SE37 direkt anzusprechen und zu testen. Beim *Compose*-Schritt können nun in Visual Studio mehrere SAP-Funktionen aus einem oder mehreren SAP-Systemen zusammengeführt werden. Somit ist es möglich, komplexe Prozesse zu modulieren und zu kapseln.

Im abschließenden *Consume*-Schritt können die zuvor gekapselten SAP-Funktionen mit entsprechenden ServiceStudio-Werkzeugen in beliebige .NET-Projekte und deren Programmcode integriert werden.

Eines dieser Tools von Sitrion ServiceStudio ist der auf der SharePoint-BCS-Technologie aufsetzende BCS Designer. Er führt den .NET-Entwickler Schritt für Schritt durch die notwendigen Schritte der BCS-Modellerstellung, basierend auf den gewünschten SAP-Funktionen (Abbildung 16.77). Anschließend stehen dem SharePoint die gewünschten SAP-Daten in Form von externen Inhaltstypen und externen Listen zur Verfügung.

Abbildg. 16.77 Sitrion ServiceStudio BCS Designer

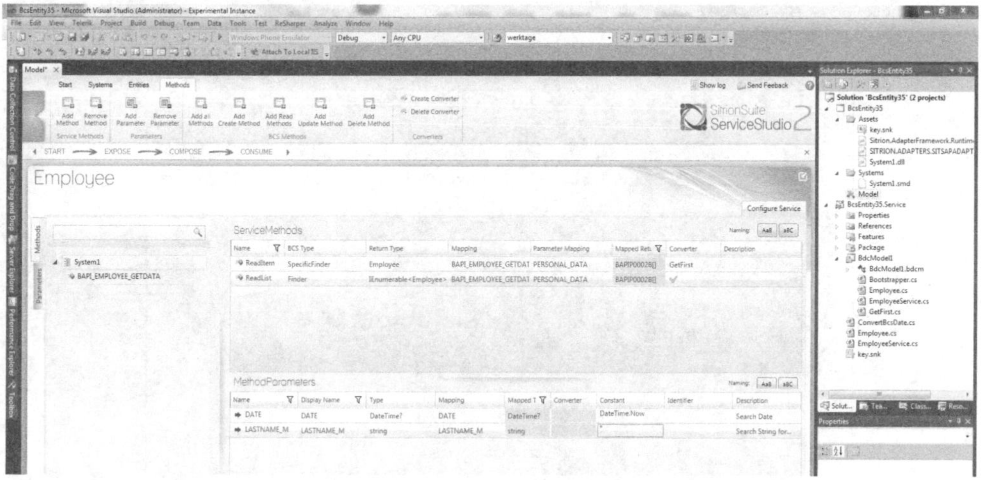

Diese Darstellung an SharePoint-SAP-Integrationsmöglichkeiten erhebt nicht den Anspruch auf Vollständigkeit. Neben den genannten Werkzeugen, die in erster Linie als Beispiele für eine SharePoint-SAP-Integration dienen sollen, existieren mittlerweile eine Vielzahl von vergleichbaren Produkten weiterer Anbieter.

Sonstige Erweiterungen

Von den zahlreichen verbleibenden SharePoint-Erweiterungen werden abschließend einige wenige in Kurzform vorgestellt.

Visio Services-Erweiterungen

Nachfolgend werden zwei ausgewählte Erweiterungen für die Visio Services erläutert.

SCOM Visio-Add-in für SharePoint

Für SCOM existiert ein kostenfreies, ursprünglich für SharePoint 2010 ausgelegtes Visio-Add-In, das es Ihnen ermöglicht, die Vorteile von SCOM, Visio Services und SharePoint miteinander zu kombinieren. Das 2010er Add-In ist auch für 2013-basierte Umgebungen funktional. Durch die Kombination dieser Produkte zusammen mit dem frei verfügbaren Add-In haben Sie die Möglichkeit, in SharePoint Netzwerkdiagramme anzuzeigen, die Ihnen Aufschluss über Ihre Serverinfrastruktur und deren Zustand geben. Somit haben Sie eine einfache Möglichkeit, Informationen über Ihre Netzwerkinfrastruktur über SharePoint zu publizieren, um sie den entsprechenden Rollen innerhalb Ihrer Organisation zur Verfügung zu stellen.

In der Übersicht besteht die Lösung aus folgenden Komponenten (Abbildung 16.78):

Abbildg. 16.78 SharePoint-Visio-Add-In für SCOM-Komponenten und Integration

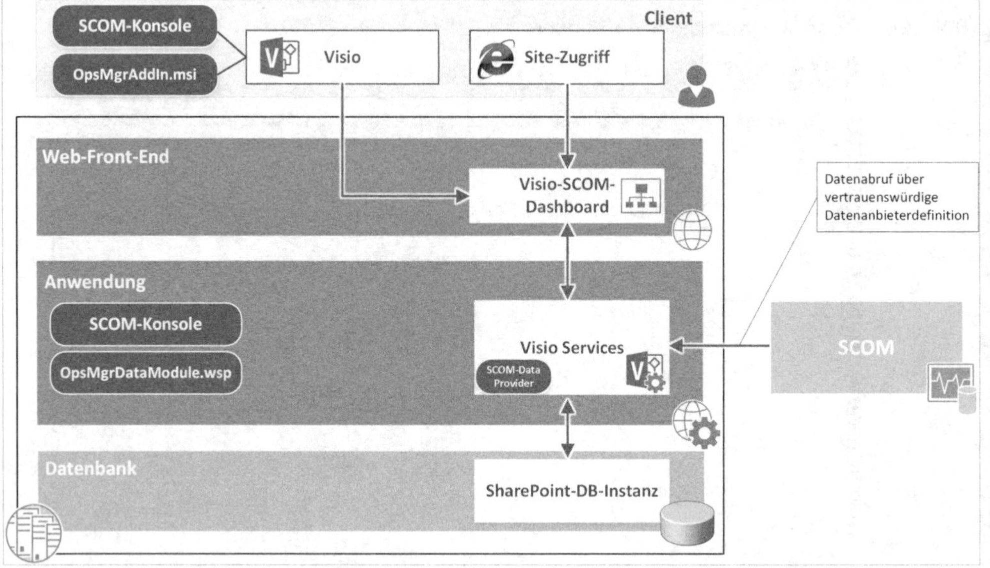

- **Visio-Client-Add-In** Mithilfe des Client-Add-Ins haben Sie die Möglichkeit, Visio-Elemente einfach mit SCOM-Informationen anzureichern und die Inhalte im Anschluss in SharePoint zu publizieren, um später browserbasiert auf die Visio-Inhalte zuzugreifen
- **SCOM-Konsole** Die SCOM-Konsole ist sowohl auf dem Client als auch auf dem Server mit der Visio Services-SharePoint-Instanz erforderlich. Sie liefert API-Funktionalität, auf die die im Lösungspaket enthaltene Dashboarderweiterung zugreift.
- **Visio-SCOM-Dashboard** Das Visio-SCOM-Dashboard ist Bestandteil des Lösungspakets, das dem Download beiliegt. Durch die Installation der Solution wird unter anderem ein neues Websitesammlungsfeature (*Operations Manager Dashboard Web Part*).
- **Visio Services** Die Visio Services bilden das Herz der Lösung und werden im Rahmen des Setups für einen neuen vertrauenswürdigen Datenanbieter für SCOM konfiguriert

Sie finden das Add-In zum Download unter der URL *http://www.microsoft.com/download/details.aspx?id=29268* [Ms156-K16-13]. Dort finden Sie ebenfalls einen Link zur Installationsanleitung hinterlegt, die letztlich primär dem Download selbst im PDF-Format beiliegt.

Sonstige Visio-Erweiterungen

Drittanbieter haben mittlerweile eine Reihe an interessanten SharePoint-Lösungen rund um die Visio Services auf den Markt gebracht. Für eines der Standardprobleme haben auch wir als SINC GmbH eine Lösung entworfen: ein Raumlokalisierungssystem mit Integration von Geodaten und einer Schnittstelle in die UPS-Daten. Hierdurch wird es, basierend auf den im UPS vorliegenden Personendaten, ermöglicht, den Standort des Büros des Benutzers zu lokalisieren und parallel mithilfe eines Visio-Raumplans hervorzuheben, in welchem Abschnitt des Gebäudes bis hin zum Raum der Benutzer seinen Standardstandort hat (Abbildung 16.79).

Abbildg. 16.79 SINC FloorPlan für SharePoint

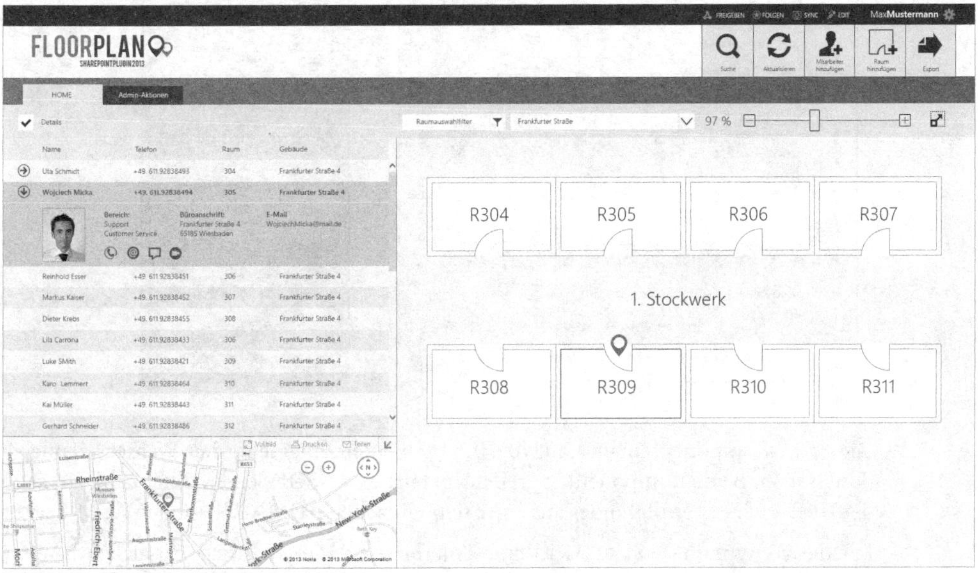

Weitere Informationen zu dem ab SharePoint Server 2010 verfügbaren FloorPlan erhalten Sie unter *http://sinc.de* [Ms156-K16-14].

Audit and Control Management Server (ACM)

Der seit Mitte 2013 verfügbare ACM-Server stellt die Lösungsplattform für die Problematik rund um die serverbasierte Überwachung von Änderungen in Excel-Arbeitsblättern und Access-Datenbanken dar. Mittlerweile sind clientseitig Funktionen in Office 2013 enthalten, die derlei Vergleiche grundsätzlich ermöglichen, was jedoch in Unternehmensnetzwerken mit Bestimmungen für den Umgang mit sensiblen Daten allein im Zweifel nicht praktikabel ist.

In der Übersicht sind die wichtigsten Funktionen dieser Komponente:

- Speicherung von entsprechenden Dateiversionen und Vergleich zwischen Vorgängerversionen
- Ermöglichen eines Rückschritts auf eine vorausgehende Version innerhalb der überwachten Versionshistorie
- Änderungsnachverfolgung, Zugriffsprotokollierung, Versionskontrolle, Analyse, Sicherung, Archivierung und Datenintegritätsprüfung von überwachten Elementen

Die hier angeführten Funktionen beziehen sich sowohl auf die Überwachung von Excel-Arbeitsblättern, die auf einer Freigabe verfügbar sind, als auch in einer SharePoint-Dokumentbibliothek enthalten sind. Dies gilt auch für Access-Datenbanken bzw. Access-Apps unter SharePoint 2013 (Abbildung 16.80).

Abbildg. 16.80 Vereinfachte ACM-Architektur und SharePoint-Integration in der Übersicht

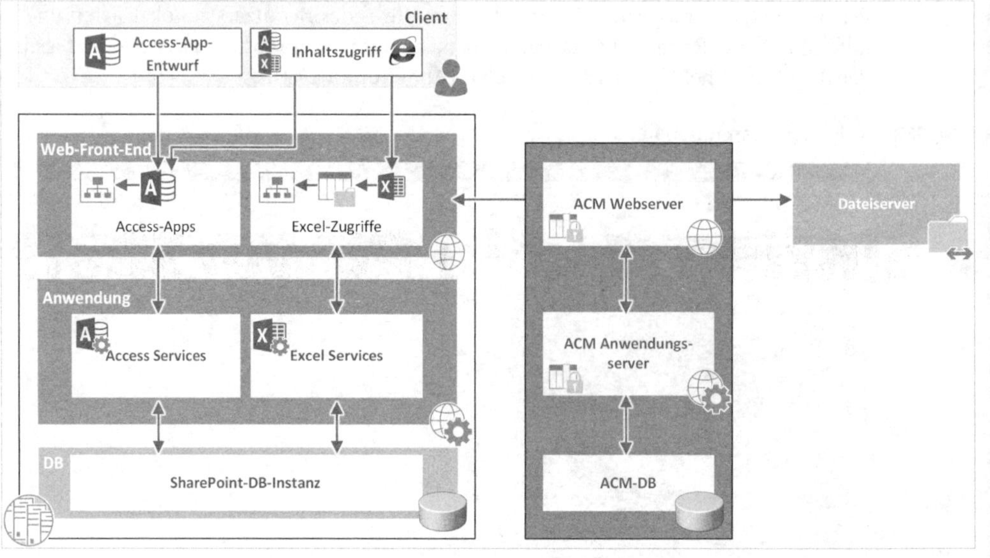

Die ACM-Komponenten sind auf drei Komponenten aufgeteilt, den Webserver und den Anwendungsserver. Beide Komponenten greifen auf eine ACM-SQL Server-Datenbank zu. Die Verwaltung der Überwachung erfolgt indes aus einer sehr einfachen ADM-GUI auf den ACM-Servern.

Für die Verwendung von ACM ist eine Enterprise-CAL erforderlich. Zusätzlich benötigen Sie eine Lizenz für die ACM-Komponenten. Leider steht das Produkt zu diesem Zeitpunkt entgegen ursprünglicher Ankündigungen nicht direkt zum Download zur Verfügung.

Weiterführende, jedoch aktuell sehr begrenzte Informationen zu ACM finden Sie unter *http://technet.microsoft.com/library/jj631654.aspx* [Ms156-K16-15].

Zusammenfassung

In diesem Kapitel haben Sie an zahlreichen Erweiterungsbeispielen eine entfernte Idee davon entwickeln können, wie vielfältig der SharePoint-Anwendungsbereich in der Praxis ist. Durch die Kopplung weiterer wichtiger Unternehmenssysteme mit SharePoint wird die Plattform erst tatsächlich ihrem Ruf gerecht, einen privilegierten und zentralen Platz von Unternehmensnetzwerken einzunehmen. Die sich hier abzeichnende Tendenz ist unverkennbar und intensiviert die Spannung vor dem Eintritt der nächsten SharePoint-Generation, die nicht nur in Hinsicht auf Cloudfunktionalität wird punkten können.

Im nächsten Kapitel erfahren Sie mehr zu den Grundlagen und Möglichkeiten der automatisierten SharePoint-Verwaltung mithilfe der PowerShell, der wichtigsten administrativen Schnittstelle in der Windows Server-Welt.

Kapitel 17

Einführung in PowerShell

In diesem Kapitel:

Windows PowerShell-Grundlagen	1340
SharePoint-Installation via PowerShell	1354
Gängige Aufgabenstellungen	1354
Zusammenfassung	1356

Mittlerweile ist vielen Administratoren aufgrund der längeren PowerShell-Historie und der teilweise expliziten Notwendigkeit der PowerShell der Umgang mit selbiger bekannt. Weiterhin sind altgediente SharePoint-Administratoren keine Seltenheit, die sich trotz Verwaltungserfahrungen unter SharePoint 2010 der PowerShell erfolgreich entzogen haben können.

In den vorherigen Kapiteln wurden Ihnen bereits zahlreiche Beispiele zur PowerShell-Verwaltungsautomation demonstriert. In diesem Abschnitt erfahren daher erfahrene SharePoint 2010-Administratoren sekundär etwas zu den Neuerungen in der aktuellen PowerShell-Version 3.0, und PowerShell-Novizen primär etwas über die allgemeinen Grundlagen der PowerShell.

Windows PowerShell-Grundlagen

Die Windows PowerShell ist eine aufgabenbasierte Befehlszeilenshell- und Skriptsprache, die speziell für die Systemverwaltung entwickelt wurde. Sie ist mit ihren Fertigkeiten der Windows-Eingabeaufforderung (*Cmd.exe*) deutlich überlegen und bietet unvergleichbar mehr Möglichkeiten.

Integrierte PowerShell-Befehle, auch Cmdlets genannt, bilden kleine Funktionseinheiten, die dem Benennungsschema *Verb-Substantiv* folgen. Aufgrund der Eigenschaft, dass diese Cmdlets als .NET-Klassen implementiert sind, welche als Eingaben Parameter und Objekte akzeptieren und als Ausgabe ebenfalls Objekte zurückliefern können, werden dem Administrator neue Möglichkeiten zur Verwendung der Befehlszeile eröffnet. Während herkömmliche Befehle in Befehlszeilenschnittstellen textbasiert arbeiten, sind PowerShell-Cmdlets durch die Arbeit mit Objekten, also mit strukturierten Informationen, zu komplexen Operationen befähigt. Ein Administrator kann somit ohne Programmierkenntnisse nun Operationen initiieren, die zuvor lediglich Entwicklern zur Verfügung standen. Die PowerShell erlaubt ihnen den Zugriff auf WMI-Klassen, COM-Objekte sowie auf das gesamte .NET Framework.

Die Funktionalität der PowerShell lässt sich durch sogenannte Snap-Ins erweitern, welche eine Reihe von Cmdlets importieren und dem Benutzer zur Verfügung gestellt werden können.

Wurde in SharePoint 2010 noch PowerShell 2.0 genutzt, benötigt SharePoint 2013 PowerShell in der Version 3.0, welche mit Windows Server 2012 standardmäßig bereitgestellt wird. Mittlerweile existiert mit dem Erscheinen von Windows Server 2012 R2 PowerShell 4.0, wobei die Neuerungen in PowerShell 3.0 für SharePoint 2013 von größerer Bedeutung sind.

In diesem Abschnitt werden Ihnen einige Grundkonzepte im Umgang mit der PowerShell erläutert.

SharePoint-Cmdlets verwenden

Die PowerShell arbeitet mit sogenannten Snap-Ins. Sie werden feststellen, dass durch den Aufruf der SharePoint-Verwaltungsbefehlszeile direkt alle SharePoint-Cmdlets nutzbar sind, während diese unter der Standard-PowerShell-Befehlszeile fehlen. Sie können die SharePoint-Cmdlets ebenfalls in andere PowerShell-Befehlszeilen nachladen, indem Sie den folgenden Befehl ausführen:

```
Add-PSSnapin Microsoft.SharePoint.Powershell
```

HINWEIS Dieser Befehl ist für spätere Remoteverwaltungsszenarien wichtig, um so einfach die Cmdlets in die Sitzung laden zu können.

Um eine Übersicht der verfügbaren SharePoint-Cmdlets zu bekommen, verwenden Sie den folgenden Befehl:

```
Get-Command -PSSnapin Microsoft.SharePoint.Powershell
```

Da die Anzahl der ausgegebenen Cmdlets mit über 500 jede Darstellung auf einem Bildschirm unmöglich macht, nutzen Sie Hilfsmittel für eine verbesserte Darstellung. Eine Möglichkeit besteht darin, die Ausgabe seitenweise zu gestalten:

```
Get-Command -PSSnapin Microsoft.SharePoint.Powershell | more
```

Alternativ leiten Sie die Ausgabe in eine Textdatei um:

```
Get-Command -PSSnapin Microsoft.SharePoint.Powershell > C:\SharePoint-Cmdlets.txt
```

Aufgrund der Besonderheit, dass die SharePoint-Cmdlets mit *SP* beginnen, können Sie sich die Liste alternativ durch den folgenden Befehlsaufruf anzeigen lassen:

```
Get-Command –Noun SP*
```

Da Ihnen diese Ausgabe voraussichtlich nicht alle gewünschten Informationen zur exakten Verwendung des Cmdlets liefert, weichen Sie im Zweifelsfall auf die Hilfeinformationen des jeweiligen Cmdlets aus. Im folgenden Beispielbefehl werden die Hilfeinformationen des Cmdlets *Get-SPServiceApplication* aufgerufen:

```
Get-Help Get-SPServiceApplication
```

Es gibt verschiedene Detaillierungsstufen an Hilfeinformationen, die Sie unter Angabe von Parametern abfragen können (beispielsweise durch den Einsatz des Parameters *Full*). Häufig liefert ein konkretes Beispiel ein schnelles und aussagekräftiges Ergebnis. Sie können diese Verwendungsbeispiele durch den Parameter *Examples* abrufen:

```
Get-Help Get-SPServiceApplication -Examples
```

Alias verwenden

Um den Aufwand bei der Eingabe häufig gebrauchter Cmdlets zu reduzieren, steht Ihnen zumindest für die Standard-Cmdlets ein Alias zur Verfügung. Beispielsweise lautet für *Get-Help* der Alias *man*. Um die Liste der vollständigen Aliase zu erhalten verwenden Sie das Cmdlet *Get-Alias*.

Show-Command

Neu in PowerShell 3.0 ist das Cmdlet *Show-Command*. Mithilfe dieses Werkzeugs können Sie einfach in der grafischen Oberfläche nach Cmdlets suchen und finden die Parameter des Cmdlets übersichtlich angeordnet vor, um die Befehle auch direkt aus dem Editor absetzen zu können. Dies ist speziell für Einsteiger sicherlich eine große Hilfe (Abbildung 17.1).

Abbildg. 17.1 Dialogfeld zum Cmdlet *Show-Command*

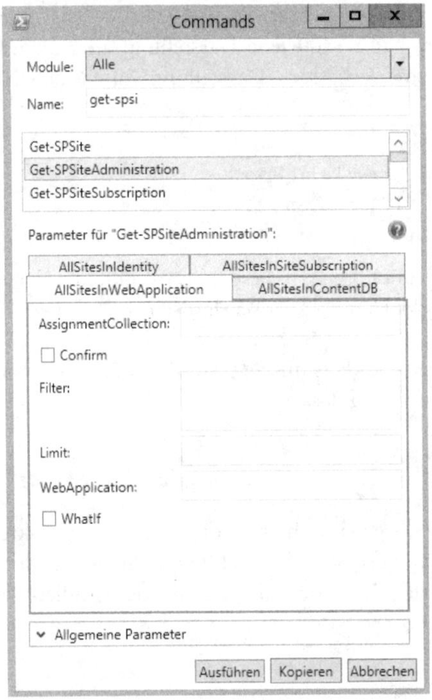

PowerShell-Module

PowerShell-Module sind DLLs oder Skripts, die Ihnen erweiterte Funktionen zur Verfügung stellen und die die in PowerShell v1 eingeführten Snap-Ins ergänzen. Durch PowerShell-Module haben Sie beispielsweise die Möglichkeit, ohne Unterstützung spezifischer Entwicklungssprachen selbst Cmdlets bereitzustellen, indem Sie eigene PowerShell-Skripts erstellen.

Um die Liste der installierten PowerShell-Module und den zugehörigen Cmdlets einzusehen, öffnen Sie die PowerShell-Module-Befehlszeile und verwenden das Cmdlet *Get-Module*. Sie finden die PowerShell-Module-Befehlskonsole im Startmenü im Ordner *Verwaltung* vor.

Sie können sich ebenfalls die Liste der insgesamt verfügbaren PowerShell-Module anzeigen lassen, indem Sie den Befehl *Get-Module -ListAvailable* verwenden.

Um ein dort angeführtes, jedoch noch nicht installiertes Modul zu installieren, verwenden Sie den Befehl *Import-Module -Name [Name des Moduls].*

Neu in PowerShell 3.0 eingeführte PowerShell-Module mit einem Nutzen für die SharePoint-Verwaltung sind:

- BranchCache
- PKI
- WebAdministration

PowerShell-Skripts ausführen

Die Ausführung von PowerShell-Skripts kann durch die Ausführungsrichtlinie verhindert werden. Sie müssen diese Ausführungsrichtlinie ggf. anpassen, um Ihre Skripts verwenden zu können. Dabei können Sie zwischen verschiedenen Richtlinien wählen. Die wichtigsten Richtlinien sind:

- *Unrestricted* (Rückfrage bei Ausführung)
- *Bypass* (Ausführung ohne Rückfrage)
- *Restricted* (Standardrichtlinie auf Nicht-SharePoint-Systemen)

  Diese Richtlinie erlaubt die Ausführung von Cmdlets in der Befehlszeile, verweigert jedoch die Ausführung sämtlicher Skripts
- *AllSigned*

  Ermöglicht die Ausführung von Skripts, jedoch müssen diese inklusive potenzieller Konfigurationsdateien durch einen vertrauenswürdigen Herausgeber signiert sein
- *RemoteSigned* (SharePoint-Standardrichtlinie)

  Skripts dürfen ausgeführt werden. Lediglich aus dem Internet heruntergeladene Skripts müssen von einem vertrauenswürdigen Herausgeber signiert sein, um ausgeführt werden zu können

HINWEIS Vor der Installation von SharePoint ist die Ausführung von PowerShell-Skripts blockiert. Durch die Installation von SharePoint wird die Ausführungsrichtlinie auf RemoteSigned abgeändert.

In diesem Beispiel wird die Ausführungsrichtlinie auf *AllSigned* gesetzt:

```
Set-ExecutionPolicy AllSigned
```

Eingabeaufforderungen unterdrücken

Einige Befehle machen Ihre erneute Bestätigung erforderlich. Um diese Bestätigungen zu unterdrücken, können Sie *Confirm:$false* setzen:

```
Remove-SPSite https://portal.sincdemo.de -Confirm:$False
```

Arbeiten mit umfangreichen Ausgaben

Die Ausgabe der Ergebniszeilen wird standardmäßig begrenzt und somit kann bei umfangreichen Abfragen der eigentliche Zweck Ihrer Operation mangels vollständiger Ergebnisse fehlschlagen. Um die Ausgabe und Verarbeitung aller Elemente zu ermöglichen, verwenden Sie den Parameter *-Limit* und setzen dessen Wert auf *All*:

```
Get-SPSite -Limit All
```

Piping

Pipelines agieren wie eine Folge von verbundenen Pipesegmenten oder – anders formuliert – Befehlen. Die über eine Pipeline übertragenen Elemente durchlaufen alle Segmente. In der klassischen Eingabeaufforderung (*Cmd.exe*) geben Sie Befehle zeilenweise ein und die einzelnen Befehle können nicht direkt miteinander interagieren bzw. Daten austauschen. Innerhalb der PowerShell können Cmdlets aneinandergereiht werden, indem Sie diese mit dem Pipelineoperator »|« verbinden. Die Ausgabe jedes Befehls wird im jeweils nächsten Befehl hinter dem Pipelineoperator als Eingabe verwendet. Allerdings unterstützen nicht alle Cmdlets das Piping.

Pipelines sind eines der wichtigsten Konzepte der PowerShell. Bei korrekter Anwendung verringern Sie somit nicht nur den Aufwand für das Eingeben komplexer Befehle, sondern vereinfachen auch das Kontrollieren des Arbeitsablaufs zwischen Befehlen. Jeder Befehl in der Pipeline übergibt seine Ausgabe in der Regel für jedes Element nacheinander an den nächsten Befehl in der Pipeline. Damit wird der Ressourcenaufwand bei komplexen Befehlen verringert, und Sie erhalten die Ausgabe sofort. Eine Ausnahme von dieser Regel stellt z.B. das Cmdlet *Sort-Object* dar, wo die Abkehr von diesem Verhalten sehr sinnvoll ist. Das Übertragen mithilfe einer Pipeline funktioniert im Prinzip an beliebigen Stellen der PowerShell. Wichtig ist festzuhalten, dass (obwohl Sie auf dem Bildschirm Text erhalten) die PowerShell über die Pipeline keinen Text, sondern Objekte zwischen den Befehlen überträgt.

Um beispielsweise alle Websites in allen Websitesammlungen zu erhalten, führen Sie den folgenden Befehl aus:

```
Get-SPSite -Limit All | Get-SPWeb -Limit All
```

Um die Verwendung des Pipings zu verdeutlichen, werden über den folgenden Befehl aus allen Websites nur jene angezeigt, die nicht durchforstet werden, wobei die Ergebnisse nach der URL sortiert ausgegeben werden:

```
Get-SPSite -Limit All | Get-SPWeb -Limit All | where-object {$_.NoCrawl -match $true} |
Sort-Object Url
```

Sortieren und Filtern von Ausgaben

Die potenziell zahlreichen Ausgabedaten müssen sinnvoll und strukturiert ausgegeben werden, um Ihnen eine sinnvolle Weiterverwendung oder Analyse der Daten zu ermöglichen.

Zur gezielten Ausgabe von Inhalten in einer Tabelle mit ausgewählten Spalten verwenden Sie den folgenden Beispielaufruf:

```
Get-SPSite -Limit All | Format-Table Url,ContentDatabase
```

Durch diesen Befehl erhalten Sie eine Liste aller Websitesammlungen angezeigt, wobei lediglich die Spalten *Url* und *ContentDatabase* dargestellt werden.

Bei der Betrachtung von Datenmengen ist eine Sortierung nach dem Volumen hilfreich. Hier kommt das Cmdlet *Sort-Object* ins Spiel. Zum Sortieren der Websitesammlungen nach deren genutztem Speicherplatz verwenden Sie das folgende Beispielskript:

```
Get-SPSiteAdministration | select URL,Diskused | Sort-Object DiskUsed -Descending
```

Da bei einer solchen Betrachtung in der Regel lediglich die größten Elemente von Bedeutung sind, verwenden Sie das *Select-Object*-Cmdlet, um die gewünschten Elemente herauszufiltern:

```
Get-SPSiteAdministration | select URL,Diskused | Sort-Object DiskUsed -Descending |
Select-Object -First 5
```

Zum Gruppieren von Objekten verwenden Sie das Cmdlet *Group-Object* und fügen den Namen der zu gruppierenden Spalte an. In diesem Beispiel werden alle SharePoint-Sites nach ihrer Datenbankzugehörigkeit gruppiert:

```
Get-SPSite -Limit All | Group-Object ContentDatabase | Select Count,Name
```

TIPP Ein besonders praktisches Cmdlet ist *Out-GridView*. Dies ermöglicht Ihnen bei umfangreichen und komplexen Ausgaben eine gesonderte grafische Oberfläche zur interaktiven Sortierung aufzurufen.

Remoting

Für die Ausführung der PowerShell-Befehle sind Sie bislang darauf angewiesen gewesen, die Befehlszeile direkt auf dem Server auszuführen, auf dem Sie die Befehle zur Anwendung bringen möchten. Dies ändert sich durch die neuen Fertigkeiten der PowerShell v2, die bereits in Windows Server 2008 R2 enthalten ist. PowerShell-Remoting ermöglicht es Ihnen, eine Remotesitzung zu etablieren, über die Sie die PowerShell-Befehle und Skripts absetzen können. Dabei werden die Ergebnisse Ihrer Eingaben an Ihre Remotesitzung umgeleitet, sodass Sie, anders als bei einigen anderen Remoteskriptingverfahren, keine Einbußen bei der Verwendung tolerieren müssen. PowerShell-Remoting basiert auf WindowsRM (Windows Remote Management) und ist standardmäßig deaktiviert. Die Remotesteuerung findet standardmäßig über TCP-Port 5985 statt. Um die Remotesteuerung zu aktivieren, ist die Konfiguration von WindowsRM und der Firewall erforderlich. Um Ihnen diesen Prozess erleichtern, können Sie ein Cmdlet verwenden, um die Standardeinstellungen von WindowsRM zu übernehmen. Führen Sie dazu auf dem Server, den Sie künftig mithilfe von PowerShell-Remoting verwalten möchten, den folgenden PowerShell-Befehl aus:

```
Enable-PSRemoting -Confirm:$false
```

Unmittelbar nach der Ausführung des Befehls ist PowerShell-Remoting einsatzbereit. Um Remoting zu verwenden, führen Sie auf einem Steuerungssystem mit installierter PowerShell v2 den folgenden Befehl aus:

```
Enter-PSSession -Computername [Name des Zielcomputers]
```

Ohne zusätzliche Konfiguration erhalten Sie einen Fehler angezeigt, sofern Sie beim Zugriff einen Computernamen angeben, der beispielsweise dem Namen der Farm anstelle des Namens für den Domänencomputer entspricht. Dies liegt daran, da für weitere Namen der entsprechende Dienstprinzipalname (Service Principal Name, SPN) registriert werden muss. Die Angabe einer IP führt ebenfalls standardmäßig zu einem Fehler.

TIPP Einige der Cmdlets können sehr viel Speicher in Anspruch nehmen und lange Zeit aktiv sein. Standardmäßig werden für die Remoteshell noch unter Windows Server 2008 R2 lediglich 150 MB allokiert. Dies kann dazu führen, dass einige Befehle fehlschlagen. Um dies zu verhindern, können Sie das Limit weiter nach oben verschieben. Um den Schwellenwert auf 1.000 MB zu erhöhen, führen Sie den folgenden PowerShell-Befehl auf der Remotemaschine aus:

```
Set-Item WSMan:\localhost\Shell\MaxMemoryPerShellMB -Value 1000
```

In Windows Server 2012 liegt dieser Wert bereits ausreichend vordimensioniert bei 1.024 MB.

Nach der Fertigstellung Ihrer Arbeiten innerhalb der Remotesitzung können Sie diese durch den Befehl *Exit-PSSession* wieder verlassen.

HINWEIS Neu in PowerShell 3.0 ist der Umgang mit getrennten Sitzungen, die fortgesetzt werden können.

PowerShell Web Access (PSWA)

Eine interessante Neuerung in PowerShell 3.0 ist PowerShell Web Access. Hierdurch wird es ermöglicht, basierend auf einem definierten Einstiegspunkt einen ebenfalls definierten Teil Ihrer Infrastruktur über eine SSL-geschützte Browserverbindung zu verwalten. Dies ist beispielsweise von besonderen Vorteil, sollten Sie aus dem internen Netzwerk auf eine SharePoint-Farm in der DMZ zugreifen müssen.

Dieses Szenario erfordert den Einsatz von mindestens Windows Server 2012. In der Übersicht sind die folgenden Arbeitsschritte erforderlich:

- Installation des PSWA-Features
- Installation der PSWA-Webanwendung
- Erstellen einer PSWA-Autorisationsregel

Um die Zugriffe via PSWA restriktiv zu gestalten, stehen Ihnen verschiedene Ansätze zur Verfügung. Mithilfe der *PSSession*-Konfiguration können Sie definieren, welche Art von Operationen ausgeführt werden können (lesen, schreiben, ausführen) oder aber Sie geben mit *PSSessionConfiguration* eine Konfiguration vor, die den Benutzer auf einen Satz an Befehlen oder die Nutzung spezifischer PowerShell-Module einschränkt. Zudem befindet sich der Benutzer nach der Verbindung mit PSWA in einer PowerShell-Sitzung und kann von dort keine neue Remotesitzung auf einem anderen Server aufbauen, wenngleich er die Fertigkeiten anderer Cmdlets nutzen kann, um Remotebefehle auszuführen.

Im nachfolgenden Beispiel wird ein Server der Farm dafür konfiguriert, als Verwaltungszugriffspunkt für die Farmmitglieder mittels PSWA zu fungieren:

1. Installieren Sie auf dem Gateway das PSWA-Feature, indem Sie den folgenden Befehl mit erweiterten Privilegien ausführen:

```
Add-WindowsFeature WindowsPowerShellWebAccess
```

2. Installieren Sie nun die Inhalte der Webanwendung in die Standardwebsite in IIS mit dem folgenden Befehl:

```
Install-PswaWebApplication
```

Optional können Sie mit dem Parameter *UseTestCertificate* ein selbstsigniertes Zertifikat mit ausrollen und binden, was in Produktionsumgebungen jedoch vermieden werden sollte. In diesem Beispiel wird davon ausgegangen, dass Sie die Standardwebsite bereits für IIS konfiguriert haben.

3. Setzen Sie nun die Berechtigungen für den Zugriff auf PSWA. In diesem Beispiel wird dem Benutzer *Farmadmin* das Recht delegiert, direkt auf den Server *SP4-1* zuzugreifen. Dabei wird dieser durch keinerlei Restriktionen innerhalb der PowerShell eingeschränkt:

```
Add-PswaAuthorizationRule -UserName sincdemo\farmadmin -ComputerName sp4-1.sincdemo.de
-ConfigurationName microsoft.powershell
```

Zum Anwenden einer Regel an Sicherheitsgruppen verwenden Sie dieses Beispiel:

```
Add-PswaAuthorizationRule -UserGroupName "sincdemo\Sharepoint-Admins"
-ComputerGroupName "sincdemo\SharePoint-Server" -ConfigurationName microsoft.powershell
```

Sollten Sie keinerlei Sicherheitsrestriktionen für die Benutzer und Ziele anwenden wollen, verwenden Sie einfach Platzhalter (Wildcards):

```
Add-PswaAuthorizationRule -UserName * -ComputerName * -ConfigurationName *
```

4. Greifen Sie nun auf die PSWA-Schnittstelle unter Verwendung des Browsers zu. In diesem Beispiel wird dazu die URL *https://sp4-1.sincdemo.de/pswa* aufgerufen. Authentifizieren Sie sich am Zielserver. In diesem Beispiel wird die Verbindung zum Server selbst hergestellt (Abbildung 17.2).

Abbildg. 17.2 Anmeldung im Webbrowser für PSWA

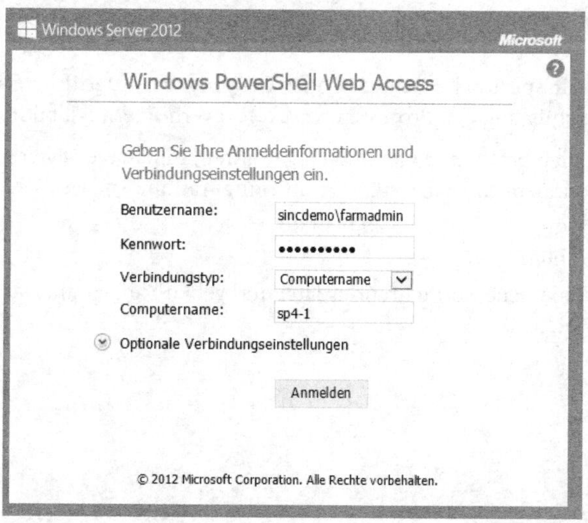

Mithilfe der optionalen Verbindungseinstellungen können Sie alternative Anmeldeinformationen an den Zielrechner senden.

5. In der sich öffnenden Konsole führen Sie die Aktionen wie gewohnt aus (Abbildung 17.3). Beachten Sie dabei, dass Sie keine GUI-Erweiterungen wie den *Grid-* oder *Show-*Befehl verwenden können.

Abbildg. 17.3 PSWA-Sitzungsoberfläche

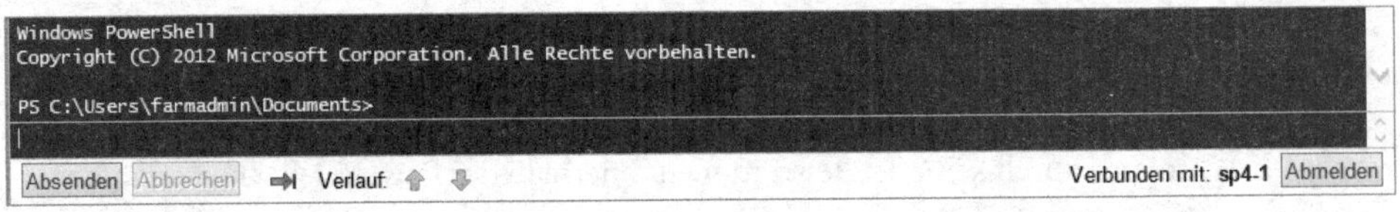

6. Als erste Maßnahme sollten Sie das SharePoint-Snap-In laden, um die SharePoint-Cmdlets verwenden zu können:

```
Add-PSSnapin Microsoft.PowerShell.SharePoint
```

Für die PSWA-Sitzungen gelten besondere Timeoutbedingungen, die einem Missbrauch vorbeugen sollen. Standardmäßig wird so die Sitzung nach 15 Minuten beendet. Sie können die Sitzungsbeschränkungen in den IIS-Einstellungen der Webanwendung abändern.

Für die weitere Einschränkung der Sitzungsparameter steht Ihnen im einfachsten Fall die Sitzungskonfiguration zur Verfügung. Die wichtigsten Parameter können Sie in der Übersicht wie folgt einsehen:

```
Get-PSSessionConfiguration microsoft.powershell | select *
```

Um beispielsweise den Zugriff auf spezifische Methoden zu beschränken, verwenden Sie den folgenden Befehlsaufruf:

```
Set-PSSessionConfiguration -ShowSecurityDescriptorUI -Name Microsoft.PowerShell -force
```

Wählen Sie im Anschluss für spezifische Benutzer oder Gruppen ein Zugriffsberechtigungsprofil, um so beispielsweise die Ausführung von Prozessen (*Invoke*) zu verhindern (Abbildung 17.4).

Verfolgen Sie das Ziel, lediglich bestimmte Cmdlets zu gewähren, finden Sie weitere Informationen im Microsoft-TechNet vor, indem Sie nach »PSSessionConfiguration« suchen. Von der Methodik her gehen Sie wie folgt vor:

1. *New-PSSessionConfigurationFile*

   Erzeugen Sie zunächst eine neue Konfigurationsdatei und geben Sie hier an, was genau in einer Sitzung zu verwenden ist.

Abbildg. 17.4 Sitzungskonfiguration

2. *Register-PSSessionConfiguration*

   Registrieren Sie die zuvor erzeugte Konfiguration beispielsweise mit dem Befehl:

```
Register-PSSessionConfiguration -Path C:\install\SPAdmin.pssc -Force -Name "SharePoint-
Admin-Funktionen"
```

3. *Add-PswaAuthorizationRule*

   Fügen Sie eine neue PSWA-Autorisationsrichtlinie mit Verweis auf die Konfiguration hinzu:

```
Add-PswaAuthorizationRule -UserName "sincdemo\Farmadmin" -ComputerName "sp4-
1.sincdemo.de" -ConfigurationName "ShaerPoint-Admin-Funktionen"
```

Für die nächste Sitzung werden hier somit Ihre neuen Restriktionen für den *Farmadmin* aktiv.

Simulation von bevorstehenden Aktionen

Die PowerShell bietet Ihnen für die Konfiguration von SharePoint die Möglichkeit an, vor der Ausführung zu analysieren, was Ihre Befehlskette für Folgeoperationen auslösen würde. Speziell durch die Kombination mit Piping wird diese Option Ihnen wertvolle Dienste leisten. So erfahren Sie über den folgenden Beispielaufruf, welche Löschoperationen durch die Verwendung von Piping tatsächlich ausgelöst werden:

```
Get-SPSite -Limit All | Remove-SPSite -WhatIf
```

Arbeiten mit Objekten

Die PowerShell bietet Ihnen flexible Möglichkeiten, um auf das Objektmodell zuzugreifen. In diesem Abschnitt wird lediglich der für die SharePoint-Administration hilfreiche Bereich bei der Verwendung von Objekten zum Bearbeiten und Einlesen von Eigenschaften betrachtet.

Um beispielsweise den Titel einer Website auszulesen, können Sie sich das Objektmodell wie folgt zu Nutze machen:

```
$Site = Get-SPWeb https://portal.sincdemo.de
$Site.Title
```

Verwenden Sie für die Durchforstung der Methoden und Eigenschaften bei der Eingabe auch an dieser Stelle die ⭾-Taste, um *Titel* automatisch in der Befehlszeile aufzufüllen.

Zum Bearbeiten des Titels ist indes lediglich eine kleine Ergänzung im Beispielskript erforderlich:

```
$Site = Get-SPWeb https://portal.sincdemo.de
$Site.Title = "SINCDemo Portal"
$Site.Update()
```

Erst durch die Zeile *$Site.Update()* werden die Änderungen übernommen. Um alle verfügbaren Eigenschaften und Methoden für das Objekt zu identifizieren, ist es indes nicht mehr erforderlich, technische Referenzen zu durchforsten. Verwenden Sie das Cmdlet *Get-Member*, um diese wertvollen Informationen zeitnah zu erhalten:

```
$Site = Get-SPWeb https://portal.sincdemo.de
$Site | Get-Member
```

Arbeiten mit Anmeldeinformationen

Die Arbeit mit PowerShell-Skripts erfordert an einigen Stellen die Eingabe von Anmeldeinformationen. An dieser Stelle werden Sie nur sehr ungern Passwörter direkt im Skript hinterlegen oder aber die Zugriffskennungen während der Skriptausführung, also im Rahmen einer Unterbrechung, einfügen wollen. Um dies zu vermeiden, können Sie Passwörter in geschützten Dateien auf dem Dateisystem erzeugen und bei der Skriptausführung auf diese zurückgreifen. Das nachfolgende Beispiel verdeutlicht den Einsatz dieses Verfahrens. Hierbei wird das Passwort nach der ersten Zeile abgefragt und in einer Datei *pw.txt* gespeichert. Anschließend wird die Datei eingelesen und in einer Variablen *$cred* dem entsprechenden Dienstkonto zugeordnet gespeichert.

Listing 17.1 Anmeldeinformationen einer Variablen zuordnen

```
Read-Host -AsSecureString | ConvertFrom-SecureString | Out-File [Pfad zur Textdatei]
$pwd = Get-Content [Pfad zur Textdatei] | ConvertTo-SecureString
$cred = New-Object -TypeName System.Management.Automation.PSCredential -Argumentlist
"[Anmeldename]",$pwd
```

ONLINE Sie finden dieses Beispielskript unter dem Namen *UseCredentials.ps1* innerhalb der Begleitdateien zum Buch.

Nun können Sie mithilfe der Variablen beispielsweise ein neues verwaltetes Konto erstellen.

Double Hop-Problematik

Für einige Remotesteuerungsmechanismen kann es erforderlich werden, dass innerhalb der Remotesitzung eine weitere Remotesitzung aufgebaut und Ihre Anmeldeinformationen an das nächste System weitergereicht werden müssen. Um dies zu ermöglichen, aktivieren Sie *CredSupport* auf dem Client und dem Server.

Führen Sie den folgenden PowerShell-Befehl auf dem Server aus, um *CredSupport* zu aktivieren:

```
Enable-WSManCredSSP -Role Server
```

Zur Aktivierung auf dem Client rufen Sie auf diesem den folgenden PowerShell-Befehl auf:

```
Enable-WSManCredSSP -Role Client -DelegateComputer *
```

ForEach-Object

Mithilfe der PowerShell können Sie komplexe Aufgabenstellungen mit wenig Aufwand meistern. Ein wichtiger Baustein, der bei diesem Anliegen sehr hilfreich ist, stellt das *ForEach-Object*-Cmdlet dar. Gerade wenn es darum geht, spezielle Funktionen oder Formulare zu aktivieren, müssen Sie diese Operationen für jedes Element, in diesem Beispiel für jede Websitesammlung, ausführen. Ein Ansatz zur Lösung solcher Fragestellungen kann die Verwendung von Piping sein. Eine gute Alternative bietet Ihnen das *ForEach-Object*-Cmdlet. Das folgende Beispiel verdeutlicht die Einsatzmöglichkeit dieses Cmdlets, das den Alias *ForEach* besitzt:

```
ForEach ($Site in Get-SPSite) {Enable-SPInfoPathFormTemplate -Identity F9 -site $site}
```

In diesem Beispiel wird zunächst mithilfe von *Get-SPSite* die Liste der verfügbaren Websitesammlungen abgerufen und der Variablen *$Site* zugeordnet. Anschließend wird für jedes enthaltene Element die nachfolgende Operation, hier die Aktivierung der Websitesammlungen, für die Formularvorlage *F9* durchgeführt.

HINWEIS Es gibt eine Reihe weiterer Cmdlets zum Abbilden von Schleifen. Weiterführende Informationen finden Sie im deutschsprachigen TechNet-Skriptcenter unter *http://technet.microsoft.com/de-de/scriptcenter/powershell.aspx* [Ms156-K17-01].

PowerShell-Skripts signieren

Ihre PowerShell-Skripts zu signieren, ist eine sehr sinnvolle Erweiterung des Sicherheitsmodells. Sollten Sie Skripts nicht signieren, müssen Sie zum Ausführen von Skripts die Sicherheitsstufe reduzieren. Natürlich ist die Verwendung von Signaturen bestens geeignet, die Standardsicherheitsstufe beizubehalten, ohne einen zu großen Aufwand zu erzeugen.

Zum Signieren von Skripts benötigen Sie lediglich ein Codesignaturzertifikat. Sie haben die Möglichkeit, ein selbstsigniertes Zertifikat zu verwenden, um Ihre Skripts zu signieren. Dies hat jedoch eine Reihe von unpraktischen Nachteilen, wie beispielsweise die Handhabung des Vertrauens auf mehreren Servern, sodass Sie idealerweise ein PKI-basiertes Codesignaturzertifikat verwenden sollten. Dieses Zertifikat können Sie durch die in Windows Server enthaltene Zertifizierungsstellenrolle beziehen.

Möglicherweise werden Sie sich fragen, was eigentlich ein Codesignaturzertifikat ausmacht. Die Antwort lautet, dass Codesignaturzertifikate im Zertifikatfeld *Erweiterter Verwendungszweck (EKU)* die OID (Object Identifier) für Codesignaturen enthalten. Diese wird beim Signieren und Verwenden von in diesem Fall Skriptsignaturen überprüft. Zudem muss das Zertifikat von einem vertrauenswürdigen Herausgeber stammen.

Durch das hier beschriebene Verfahren können Sie beispielsweise Ihre Ausführungsrichtlinie auf *AllSigned* abändern, um eine höhere Sicherheitsstufe zu gewährleisten (*Set-ExecutionPolicy AllSigned*).

Um in einer bestehenden Enterprise-Zertifizierungsstelle Codesignaturzertifikate bereitzustellen, fügen Sie einfach die Codesignaturzertifikatvorlage zu den auszustellenden Zertifikatvorlagen Ihrer Zertifizierungsstelle hinzu (Abbildung 17.5). Stellen Sie zuvor in den Eigenschaften der Zertifikatvorlagen sicher, dass nur die gewünschten Benutzer über das Recht zur Registrierung für diese Vorlage verfügen (standardmäßig sind dies primär die Domänenadministratoren).

Abbildg. 17.5 Bereitstellen der Codesignaturzertifikatvorlage

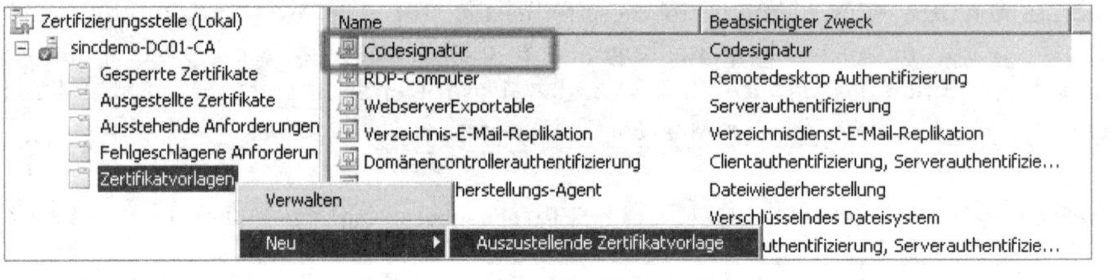

Zum Ausstellen eines Codesignaturzertifikats gehen Sie wie folgt vor:

1. Öffnen Sie die Verwaltungskonsole für Benutzerzertifikat, indem Sie *Certmgr.msc* ausführen.
2. Navigieren Sie zum Knoten *Eigene Zertifikate/Zertifikate* und klicken Sie im Menü auf *Aktion/ Alle Aufgaben/Neues Zertifikat anfordern.*
3. Klicken Sie auf *Weiter*, bis das Dialogfeld *Zertifikate anfordern* erscheint.
4. Aktivieren Sie das Kontrollkästchen *Codesignatur* und klicken Sie auf *Registrieren.*
5. Klicken Sie nach der erfolgreichen Zertifikatausstellung auf *Fertig stellen.*

Sie können sich über die PowerShell darüber in Kenntnis setzen, ob Sie potenziell über für Signaturen geeignete Zertifikate verfügen:

```
Dir cert: -Recurse -CodeSigningCert
```

Zum Signieren eines vorhandenen Skripts haben Sie nun zwei Möglichkeiten: Entweder Sie verweisen beim Signieren auf ein Zertifikat in Ihrem Zertifikatspeicher oder auf eine Zertifikatdatei. Letztere muss jedoch Ihren privaten Schlüssel zum Zertifikat vorhalten und demnach im PKCS#12-Format vorliegen (*.pfx*-Datei).

Zum Signieren eines Skripts verwenden Sie das Beispielskript aus Listing 17.2.

Listing 17.2 Signieren mithilfe eines im Zertifikatspeicher zur Verfügung stehenden Zertifikats

```
$cert=@(gci cert:\currentuser\my -codesigning)[0]
Set-AuthenticodeSignature [Name bzw. Vollständiger Pfad zum Skript] $cert
```

Der Parameter *[0]* gibt dabei die Position des Signaturzertifikats in der Reihenfolge der verfügbaren Zertifikate an. *0* steht für das erste Zertifikat in der Liste.

Zum Signieren eines Skripts auf Basis einer Zertifikatdatei verwenden Sie den folgenden PowerShell-Befehl:

```
Set-AuthenticodeSignature [Name bzw. vollständiger Pfad zum Skript] -Certificate(Get-
PFXCertificate [Pfad zur Zertifikatdatei])
```

Natürlich müssen Sie nach jeglicher Änderung an Ihren Skripts die Signatur aktualisieren, da diese und somit auch das Skript andernfalls ungültig bzw. nicht mehr funktionstüchtig werden.

Nun ist es noch erforderlich, dass Sie das Vertrauen gegenüber dem Herausgeber der Signatur herstellen. Sie haben dazu drei Möglichkeiten:

- Hinzufügen des Codesignaturzertifikats zur Liste der vertrauenswürdigen Herausgeber über die Zertifikatsmanagementkonsole
- Hinzufügen des Codesignaturzertifikats zur Liste der vertrauenswürdigen Herausgeber während der ersten Ausführung eines Skripts
- Definition des vertrauenswürdigen Herausgebers mithilfe einer Gruppenrichtlinie

Zunächst einmal benötigen Sie eine Zertifikatversion ohne den privaten Schlüssel. Exportieren Sie dazu Ihr Zertifikat in eine Datei, indem Sie in der Zertifikatkonsole das Zertifikat auswählen und danach im Menü unter *Aktion/Alle Aufgaben* den Befehl *Exportieren* aufrufen. Anschließend folgen Sie sinngemäß den Anweisungen des Assistenten.

Da das Ergebnis der ersten Varianten zum Herstellen des Vertrauens letztlich identisch ist, wählen Sie hier den einfachen Weg und führen eine signierte Skriptdatei aus. Beantworten Sie die Frage mit der Taste [A], um das Zertifikat des Herausgebers in Ihren Zertifikatspeicher für vertrauenswürdige Herausgeber zu installieren.

Da dies ein aufwendiges Verfahren und für jeden Benutzer ggf. sogar auf jeder Maschine zu wiederholen ist, bietet sich die Verwendung einer entsprechenden Gruppenrichtlinie an (Abbildung 17.6).

Abbildg. 17.6 Gruppenrichtlinie zum Herstellen des Vertrauens für Codesignaturen

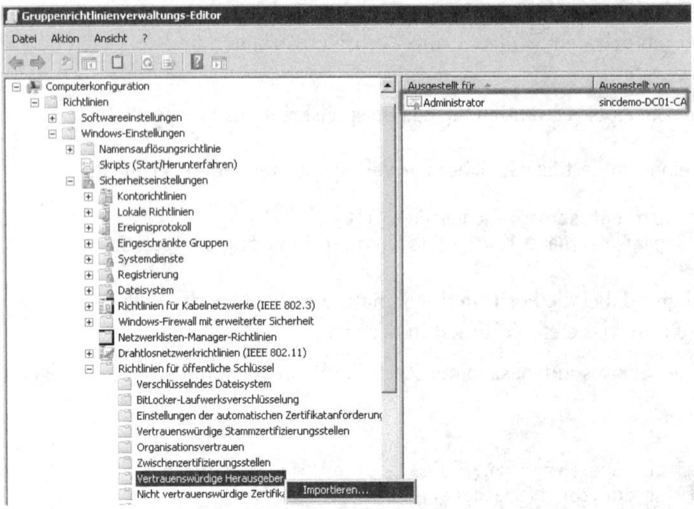

SharePoint-Installation via PowerShell

Für die vollautomatisierte Installation von SharePoint stehen Ihnen primär zwei Ansätze zur Verfügung:

1. Summe der einzelnen PowerShell-Skripts des Handbuchs.
2. Die Verwendung eines Auto-Installationswerkzeugs.

Während die Bemühungen mithilfe der einzelnen PowerShell-Sequenzen möglicherweise recht hoch erscheinen, existiert bereits unter SharePoint 2010 ein Projekt namens AutoSPInstaller for SharePoint, welches mittlerweile auch SharePoint 2013 unterstützt und große Anerkennung und maximale Verbreitung in der SharePoint-Community genießt. Während der AutoSPInstaller sicherlich zumindest sehr gut für Entwicklungsumgebungen zu nutzen ist, sind wir immer noch der Meinung, eigene Skripts für die Installation vorzuziehen und so maximalen Einfluss auf die Installation nehmen zu können. Zumal einige zusätzliche Komponenten, wie für BI, von der Konfiguration ausgenommen sind oder Einschränkungen aufweisen.

Sie finden das Tool unter *http://autospinstaller.codeplex.com* [Ms156-K17-02]. Da das Tool eine ganze Reihe von Skripts und Konfigurationsdateien bereitstellt, die zuvor anzupassen sind, existiert erfreulicherweise ein ebenfalls kostenfreies Projekt, mit dessen Hilfe die Konfiguration der Dateien über die grafische Oberfläche vorgenommen werden kann und das sich unter *http://autospinstaller-gui.codeplex.com* [Ms156-K17-03] herunterladen lässt.

Die Verwendung und Detailausführungen dieser Werkzeuge finden Sie gut dokumentiert unter *http://rajeshagadi.blogspot.de* [Ms156-K17-04] vor.

Gängige Aufgabenstellungen

In diesem Abschnitt werden Ihnen einige alltägliche Aufgabenstellungen demonstriert, für die Ihnen die PowerShell wertvolle Dienste erweisen kann.

Unter *http://gallery.technet.microsoft.com/sharepoint* [Ms156-K17-05] finden Sie zahlreiche Detaillösungen für Problemstellungen im SharePoint-Verwaltungsumfeld auf Basis von PowerShell-Skripts.

SharePoint-PowerShell delegieren

Um die PowerShell für SharePoint verwenden zu dürfen, sind gesonderte Berechtigungen erforderlich. Setzen Sie diese Berechtigungen, indem Sie das Cmdlet *Add-SPShellAdmin* verwenden:

```
Add-SPShellAdmin -UserName [Domäne]\[Anmeldename]
```

Zugriffe auf besondere Zielobjekte, wie beispielsweise Datenbanken, erfordern zusätzliche Berechtigungen auf der Datenbankebene, die ebenfalls mithilfe der PowerShell gesetzt werden können:

```
Get-SPDatabase | Add-SPShellAdmin -UserName [Domäne]\[Anmeldename]
```

Eigenschaften übergreifend auslesen

Ein gängiges Szenario in der SharePoint-Verwaltung ist das websitesammlungs- oder webanwendungsübergreifende Auslesen von wichtigen Attributen, um eine schnelle Übersicht des aktuellen Zustands Ihrer Umgebung zu erhalten. Mithilfe der PowerShell ist diese Aufgabe in kürzester Zeit gelöst.

Die Liste der jeweils auslesbaren Attribute können Sie identifizieren, indem Sie *| format-list ** an das Auslese-Cmdlet anfügen, beispielsweise mit:

```
Get-SPWebApplication | format-list *
```

Über den folgenden Beispielaufruf wird für alle Webanwendungen ausgelesen, wie hoch die maximal hochladbare Dateigröße ist:

```
Get-SPWebApplication | select Name,MaximumFileSize | Format-Table -AutoSize
```

Eigenschaften übergreifend modifizieren

Sobald Sie übergreifend, also über eine Instanz hinaus, Änderungen an einem bestimmten Attribut vornehmen möchten, ist die grafische Oberfläche der Zentraladministration nicht mehr das Mittel der Wahl. An folgendem Beispiel können Sie erkennen, wie Sie diese Aufgabenstellung mithilfe einer Schleifenfunktion am Beispiel einer einheitlichen, maximal hochladbaren Dateigröße lösen können (Listing 17.3). In diesem Beispiel wird die maximale Dateigröße auf 100 MB verdoppelt.

ONLINE Sie finden das nachfolgende Skript unter dem Namen *MultiEdit.ps1* innerhalb der Begleitdateien zum Buch.

Listing 17.3 Übergreifende Modifizierung ausgewählter Attribute

```
ForEach ($WA in Get-SPWebApplication) {
$WA.MaximumFileSize = 100
$WA.Update()}
Get-SPWebApplication | select Name,MaximumFileSize | Format-Table -AutoSize
```

Während Sie in der ersten Zeile alle Webanwendungen enumerieren, setzen Sie in der zweiten und dritten Zeile für jedes gefundene Element (hier jede Webanwendung) den Schwellenwert auf 100 MB. Angenehm hierbei ist, dass Sie bei der Eingabe des Attributnamens (hier *MaximumFileSize*) auch die ⇆-Taste verwenden können, um das Attribut bei der Eingabe zu vervollständigen. Durch die letzte Zeile überprüfen Sie das Ergebnis Ihrer Änderung in der Ausgabe.

Anlegen von Websitesammlungen via CSV-Import

Um eine ganze Reihe von Websitesammlungen anzulegen, bietet sich die Verwendung der PowerShell an. Für den Import wird eine Liste benötigt, die Sie im CSV-Format anlegen sollten, um die zu importierenden Websitesammlungen mit Excel erfassen zu können. Das zugehörige Importskript ist denkbar einfach:

```
$csvfile='c:\Skript\SiteListe.csv'
Import-Csv $csvfile | where {New-SPSite -Url $_.Url -OwnerAlias $_.Besitzer -Template
$_.Vorlage -Name $_.Name}
```

Die zu importierende CSV-Datei muss in diesem Beispiel das folgende Format vorweisen, um erfolgreich importiert werden zu können:

```
Url,Besitzer,Vorlage,Name
https://portal.sincdemo.de/websites/itteam,sincdemo\wm,STS#0,IT-Team
https://portal.sincdemo/dokumentationen,sincdemo\wm,BDR#0,Dokumentationen
```

In diesem Beispiel werden somit zwei Websitesammlungen angelegt: Die erste basiert auf der Teamsitevorlage und die zweite auf dem Dokumentcenter. Die Liste weiterer verfügbarer Vorlagen können Sie Kapitel 8 entnehmen.

Zusammenfassung

In diesem Kapitel haben Sie einen minimalen Einblick in die vielfältigen Möglichkeiten bei der Verwendung der PowerShell in Kombination mit SharePoint 2013 erhalten.

Für die Skriptentwicklung ist indes mittlerweile durchaus die in Windows Server 2012 integrierte Skriptingumgebung zu empfehlen: Windows PowerShell ISE. Während bislang die PowerGUI eine ausgewogene, wenngleich nicht unproblematische Umgebung bot, bietet mittlerweile die integrierte Umgebung eine zumeist hinreichende Funktionalität für die üblichen Aufgabenstellungen bei einer unproblematischen Nutzung. PowerShell ISE ist standardmäßig auf dem Server installiert und bietet Ihnen neben Debuggingfunktionen auch einen einfachen Zugriff auf die Methoden und Parameter von Objekten.

Lesen Sie im folgenden Kapitel, wie Sie bekannte Fehler in SharePoint elegant lösen können.

Kapitel 18

Fehlerbehebung

In diesem Kapitel:

Installation und Aktualisierung	1358
Administration	1364
SharePoint-Sitezugriff	1369
Authentifizierung	1377
Dienste und Zusatzkomponenten	1381
Migration	1406
Zusammenfassung	1408

In diesem Kapitel werden Ihnen Lösungen zu bekannten SharePoint-Problemen aufgezeigt. Aufgrund der Komplexität von SharePoint sind die möglichen Fehlersymptome entsprechend breit gestreut. Neben der generellen Fehleranalyse und -behandlung werden an dieser Stelle explizite Fehlersymptome adressiert.

Einige der hier angeführten Probleme werden mit der Zeit durch Aktualisierungen behoben, während andere Lösungen, unabhängig von Aktualisierungen, ihre Relevanz behalten werden.

Installation und Aktualisierung

In diesem Abschnitt werden Fehler, die bei der Installation von SharePoint auftreten, erläutert.

Fehler bei der SQL Server-Installation der NetFx3-Komponente

Bei der automatisierten Bereitstellung der für SQL Server 2012 erforderlichen Komponenten kommt es in der aktuellen Version zu einem Fehler (Fehlercode: 2146498298) bei der Bereitstellung der .NET Framework 3.5-Komponenten (Abbildung 18.1).

Abbildg. 18.1 Fehler bei der .NET Framework 3.5-Feature-Installation

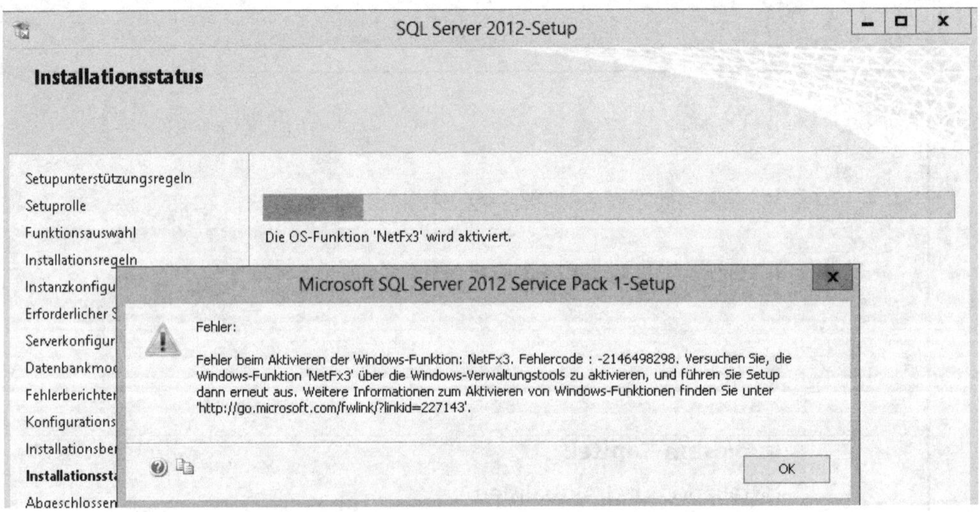

Um das Problem zu beheben, installieren Sie die betroffenen Komponenten manuell mithilfe der Feature-Verwaltung im Server-Manager oder mithilfe der Eingabeaufforderung.

Um die Installation mithilfe des Server Managers zu realisieren, verwenden Sie die Rollen- und Feature-Verwaltung und wählen im *Features*-Abschnitt der Konfiguration die folgenden Komponenten (Abbildung 18.2).

Abbildg. 18.2 Manuelle Installation der .NET Framework 3.5-Features

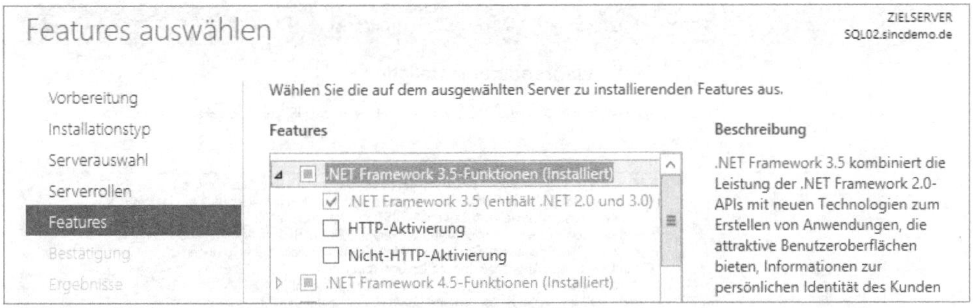

Für die automatisierte Bereitstellung der jeweiligen .NET Framework 3.5-Komponenten öffnen Sie das Windows Server 2012-Installationsmedium und führen die nachfolgenden Befehle aus Listing 18.1 in der Eingabeaufforderung aus. Ersetzen Sie zuvor den Laufwerkspfad zum Installationsmedium entsprechend.

Listing 18.1 Skript gesteuerte Installation der betroffenen Komponenten

```
DISM /online /enable-feature /featurename:NetFx3ServerFeatures
DISM /online /enable-feature /featurename:NetFx3 /source:d:\sources\sxs
```

Führen Sie nach dem erfolgreichen Abschluss der Installation das SQL Server-Setup erneut aus, um die ursprüngliche Installation zu komplettieren.

Fehler bei der Ausführung des Vorbereitungstools während der Konfiguration der Webserverrolle

Bei der Ausführung des Vorbereitungstool für Microsoft SharePoint-Produkte kann es zu einem Fehler mit anschließenden Abbruch des Werkzeugs kommen (Abbildung 18.3).

HINWEIS Alternativ zu dem hier beschriebenen Problem kann unter Windows Server 2012 auch ein abgewandelter Fehler bei der Ausführung des Assistenten auftreten, bei dem dieser wiederholt ohne Erfolg ausgeführt wird, ohne die Featureinstallation erfolgreich abzuschließen. In dieser Situation können Sie die Features entweder manuell installieren oder aber den Hotfix des Knowledge Base-Artikels 2771431 (*http://support.microsoft.com/kb/2771431* [Ms156-K18-01] ausführen. Weitere Informationen finden Sie im Knowledge Base-Artikel 2765260 (*http://support.microsoft.com/kb/2765260* [Ms156-K18-02]).

Abbildg. 18.3 Fehlermeldung bei der Ausführung des Vorbereitungstools für SharePoint

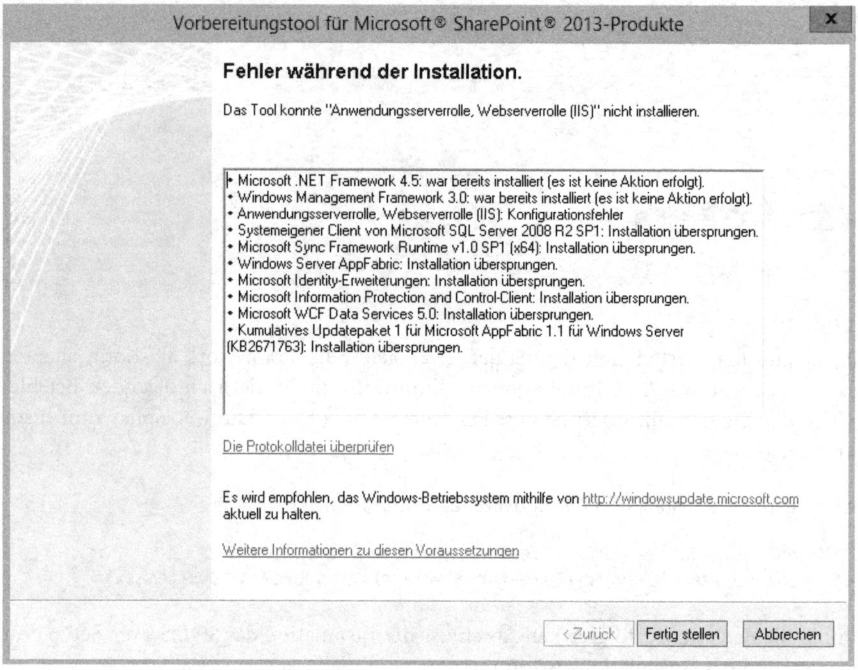

Die Fehlermeldung in der zugehörigen *prerequisitesinstaller…log*-Datei lautet:

[In HRESULT format] (-2147024895) Error when enabling ASP.NET v4.0.30319

Die Ursache ist ein fehlerhafter Aufruf in der Installationsroutine. Um den Fehler zu beheben, installieren Sie die ASP-NET-Komponente manuell. Da die Sourcen für die fehlende Komponente nicht auf dem Windows Server vorliegen, installieren Sie diese nach dem Einlegen des Windows Server-Installationsmediums entsprechend dem Listing 18.2 und ersetzen zuvor den Laufwerkbuchstaben entsprechend.

Listing 18.2 Manuelle Installation der erforderlichen Anwendungsserverkomponenten

```
DISM /online /enable-feature /featurename:NetFx3ServerFeatures
DISM /online /enable-feature /featurename:NetFx3 /source:d:\sources\sxs
```

Führen Sie nach dem Abschluss dieser Installation das Vorbereitungstool für Microsoft SharePoint-Produkte erneut aus.

Keine Zulassung von lokalen Konten als Dienstkonten

Bei der Installation einer SharePoint-Farm im erweiterten Modus können keine lokalen Konten verwendet werden (dies wird nur bei einer eigenständigen Serverinstallation unterstützt).

Um dieses Problem, speziell bei Entwicklungsmaschinen zu beheben, verwenden Sie vor dem Starten des SharePoint-Konfigurations-Assistenten ein PowerShell-Cmdlet, um den Namen der Datenbank, den Namen des Datenbankservers und die Daten des Datenbankzugriffskontos anzugeben. Das besagte PowerShell-Cmdlet ist *New-SPConfigurationDatabase.*

Nach dem Aufruf des Cmdlets in der SharePoint 2013-Verwaltungsshell werden Sie zur Eingabe dieser Daten aufgefordert. Danach können Sie den SharePoint-Konfigurations-Assistenten erneut starten und finden anschließend die zuvor eingegebenen Daten vorausgefüllt wieder.

Unerwünschter Name für die Datenbank der Zentraladministration

Der Name der Datenbank der Zentraladministration wird im Laufe der Installation automatisch erzeugt und entspricht zumeist nicht den Wünschen des SQL-Administrators, da diese Datenbank sich leider nicht ohne weiteres einwandfrei einer SharePoint-Installation zuordnen lässt.

Um den Namen dieser Datenbank zu beeinflussen, kann vor dem Ausführen des SharePoint-Konfigurations-Assistenten bei der Installation ein PowerShell-Cmdlet ausgeführt werden.

Rufen Sie hierzu das Cmdlet *New-SPConfigurationDatabase* auf und verwenden Sie den Parameter *AdministrationContentDatabasename*, um den Namen der Administrationsdatenbank festzulegen:

```
New-SPConfigurationDatabase –DatabaseName "[DB-Name]" –DatabaseServer "[DB-Server]"
–AdministrationContentDatabaseName "[Admin Content-DB Name]" –Passphrase (ConvertTo-
SecureString "[Passwort]" –AsPlaintext –Force) –FarmCredentials (Get-Credential)
```

Fehler bei der Übergabe der Datenbankinformationen

Während der Ausführung des SharePoint-Konfigurations-Assistenten kann es zu unerwarteten Fehlern kommen, sobald Sie die Datenbankserverdaten eingetragen und auf *Weiter* geklickt haben.

Die Ursache hierfür ist möglicherweise ein Problem bei der Namenauflösung oder eine fehlende Netzwerkkonnektivität durch nicht freigeschaltete Firewallports. Standardmäßig werden die Firewallregeln von Windows Server nicht durch die Installationsroutine von SQL Server angepasst.

Um den Fehler zu beheben, richten Sie auf dem Datenbankserver eine Firewallregel ein, die die eingehende Kommunikation zwischen Ihrem SharePoint-Server und dem Datenbankserver auf TCP-Port 1433 zulässt.

Extrem langwierige Aktualisierungssequenz

Speziell, jedoch nicht ausschließlich, auf Maschinen mit begrenzten Ressourcen, kann allein der Abschnitt der Aktualisierung, der lediglich die binäre Aktualisierung umfasst, bis zu mehreren Stunden Zeit in Anspruch nehmen. Während die Aktualisierung von Farmen mit einem umfangreichen Datenkorpus zwangsläufig zeitintensiv ist und lediglich mit speziellen Aktualisierungsansätzen adressiert werden kann, ist in diesem speziellen Fall eine vergleichsweise simple Beschleunigung möglich.

Durch die zahlreichen CPU-intensiven Prozesse in SharePoint 2013 kommt es speziell bei den verfügbaren CPU-Zyklen der zugehörigen Threads zu spürbar höheren Wartezeiten. Diese Wartezeiten können in der Regel einfach reduziert werden, indem die CPU-intensiven Dienste von SharePoint vor der Aktualisierung ordnungsgemäß pausiert bzw. heruntergefahren werden.

Basierend auf der Skriptvorlage von Russ Maxwell finden Sie in diesem Beispielskript einen Ansatz, eine Auswahl der relevanten Dienste ordnungsgemäß vor der Installation zu pausieren bzw. herunterzufahren, um diese nach Abschluss der Binärinstallation wieder entsprechend in den Ursprungszustand zu versetzen. Dieses Skript ist grundsätzlich sowohl unter SharePoint Server als auch unter SharePoint Foundation lauffähig.

Um das Skript auszuführen, kopieren Sie lediglich eine entsprechende EXE-Datei in den Skriptordner und führen das Skript im Anschluss innerhalb der SharePoint-Verwaltungsshell aus (Abbildung 18.4).

ONLINE Sie finden das Skript unter dem Dateinamen *AccelerateUpdates.ps1* innerhalb der Beispieldateien zum Buch.

Abbildg. 18.4 Assistenzskript zur Aktualisierung

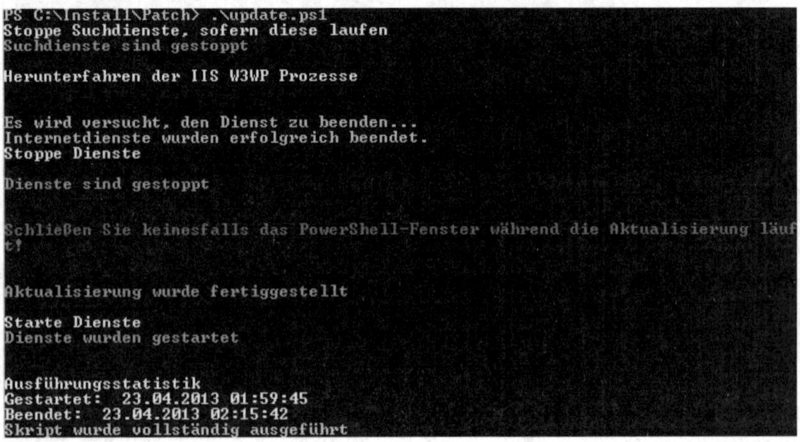

Beachten Sie, dass dieses Skript lediglich einen Ansatz aufzeigt, das Problem effektiv zu behandeln. Testen Sie dessen Auswirkungen auf Ihre Testumgebungen, bevor Sie es innerhalb Ihrer Produktivumgebungen zum Einsatz bringen.

ACHTUNG Dieses Skript bezieht sich lediglich auf die Sequenz der Binäraktualisierung. Lassen Sie daher nicht außer Acht, im Anschluss an das Skript den Konfigurations-Assistenten der Farm auszuführen.

Fehlerhafte Aktualisierungserkennung verhindert Abschluss der Aktualisierung

Die Ausführung des Konfigurations-Assistenten für SharePoint nach der Aktualisierung aller Serverfarmmitglieder erfordert, dass alle Server einen homogenen Aktualisierungsstand vorweisen. Sofern eine erforderliche Aktualisierung auf einem Server nicht vorhanden ist, wird der Abschluss der Aktualisierung bzw. die Fortsetzung des Assistenten blockiert.

Somit können die verbleibenden Datenbanken nicht für die Aktualisierung konfiguriert werden und Ihre Serverfarm verbleibt in einem langfristig nicht unterstützten Zustand. Sofern Sie die Aktualisierungen eingespielt haben und die Aktualisierung dennoch nicht erkannt wird, haben Sie noch die Möglichkeit, den Aktualisierungsprozess trotz der fehlerhaften Aktualisierungserkennung abzuschließen: die Verwendung der Befehlszeile zur Erzwingung der Aktualisierung und dem Ignorieren des Aktualisierungsstands.

ACHTUNG Führen Sie den nachfolgenden Prozess nur aus, wenn Sie zuvor sichergestellt haben, dass keine andere Ursache als eine fehlerhafte Aktualisierungserkennung für die Blockierung verantwortlich ist, um potenziell schwerwiegende nachfolgende Fehler beim Betrieb der Serverfarm nach der Aktualisierung zu vermeiden.

Führen Sie den folgenden Befehl aus, um eine Aktualisierung der Datenbanken zu erzwingen:

```
PSConfig –cmd Upgrade –inplace b2b –force –cmd installcheck noinstallcheck
```

Beachten Sie, dass die Aktualisierung auf dem ersten Server in Abhängigkeit von der Größe der Inhaltsdatenbanken und der eingespielten Aktualisierungen eine beträchtliche Zeit in Anspruch nehmen kann. Brechen Sie den Aktualisierungsprozess keinesfalls vorzeitig ab.

Konflikt verhindert die Fortsetzung des Konfigurations-Assistenten im Rahmen einer Aktualisierung

Erhalten Sie im Rahmen einer Aktualisierung einen Fehler bei der Ausführung des Konfigurations-Assistenten für SharePoint Produkte und Technologien angezeigt, wonach ein Konflikt erkannt wurde, der die erneute Ausführung des Assistenten erfordert, wird Ihnen eben diese im Zweifel nicht den gewünschten Effekt mit sich bringen. Bei dem Problem handelt es sich um einen Fehler, der bereits seit SharePoint 2007 bekannt ist.

In den ULS-Protokollen finden Sie bei einer Überprüfung die folgenden Informationen vor:

Exception: Microsoft.SharePoint.Administration.SPUpdatedConcurrencyException: Aktualisierungskonflikt. Sie müssen diese Aktion wiederholen. Das SPRSDiagnosticsService-Objekt wurde von SINC-DEMO\farmadmin im Prozess psconfigui (2708) auf dem Computer SP2-2 aktualisiert. Weitere Informationen zu dem Konflikt finden Sie im Ablaufverfolgungsprotokoll.

Um das Problem zu beheben und den Assistenten ordnungsgemäß ausführen zu können, müssen Sie den Zeitgeberauftragscache zurücksetzen. Hierfür sind die folgenden Schritte erforderlich:

1. Stoppen Sie den SharePoint Timer Service auf dem betroffenen Server.

2. Wechseln Sie in das Verzeichnis *%AllUsersProfile%\Microsoft\SharePoint\Config\[GUID]*.
3. Löschen Sie alle XML-Dateien (**nur** die XML-Dateien).
4. Ändern Sie den Wert in der *Config.ini*-Datei auf *1* ab, und speichern und schließen Sie diese Datei.
5. Starten Sie den SharePoint Timer Service erneut.
6. Warten Sie, bis die XML-Dateien erneut erstellt wurden bzw. bis die Zeitgeberauftragsdefinition zur globalen Konfiguration vollständig ausgeführt wurde. Starten Sie anschließend die Aktualisierung, bzw. den Konfigurations-Assistenten der Farm erneut.

HINWEIS Weitere Informationen zu dem Problem finden Sie im Knowledge Base-Artikel 939308 (*http://support.microsoft.com/kb/939308* [Ms156-18-03]).

Administration

In diesem Abschnitt werden potenzielle Fehler bei der Administration von SharePoint erläutert.

Zentrale Funktionen wie das Einspielen von Lösungen oder die Erstellung von Webanwendungen schlägt fehl

Sollten elementare Funktionen, die sich auf die gesamte Farm auswirken, generell fehlschlagen, liegt dies vermutlich an Statusproblemen innerhalb einer Mehrknoten-SharePoint-Farm. Hintergrund ist, dass für bestimmte Operationen alle Knoten in der Farm verfügbar sein müssen, um Zeitgeberauftragsanweisungen verarbeiten können. Ist nur ein Knoten der Farm offline oder weist dieser ein generelles Problem bei der Verarbeitung von neuen Stapelaufträgen auf, kann der Prozess nicht erfolgreich in der Farm abgeschlossen werden. Bei der Umsetzung einiger Konfigurationsänderungen müssen alle Knoten der Farm funktionstüchtig sein, da in der Regel unmittelbar versucht wird, die Änderungen wie die Installation von Assemblys oder das Erstellen einer neuen Webanwendung auszuführen. In einer solchen Situation ist nicht nur die Installation und Erstellung neuer Entitäten blockiert, sondern auch deren Entfernung. Sorgen Sie daher dafür, dass für diese Änderungen alle Knoten der Farm betriebstüchtig sind.

Ist es nicht möglich, alle Knoten der Farm zeitnah wieder in Betrieb zu nehmen, entfernen Sie einen Knoten vorübergehend aus der Farm und fügen Sie ihn nach der Restauration wieder zu der Farm hinzu. Reprovisionieren Sie die entsprechenden Dienstinstanzen abschließend auf dem betroffenen Knoten erneut.

Genereller Fehler beim Ausführen von PSConfig und/oder Zeitgeberauftragsdefinitionen

Sollten Sie beim Ausführen von PSConfig oder allgemein bei der Ausführung von Zeitgeberauftragsdefinitionen fortwährende Fehler erhalten, kann die Ursache hierfür in korrupten Serverkonfigurationsdateien aus dem Cache liegen.

Im Konfigurationscache werden Informationen aus der Konfigurationsdatenbank der Zentraladministration zwischengespeichert, um nicht fortwährend auf Konfigurationsinformationen aus der Datenbank zugreifen zu müssen. Unter Umständen können hier Inkonsistenzen auftreten. Somit müssen die zugehörigen Daten neu erstellt werden. Im Fall, dass nur ein Server Ihrer Farm den Fehler verursacht, führen Sie das nachfolgende Verfahren nur auf einem Server aus. Gehen Sie dazu wie folgt vor:

1. Stoppen Sie auf allen Servern der Farm den OWSTimer-Dienst (SharePoint Timer Service), indem Sie unter Verwendung von administrativen Privilegien auf dem betroffenen Server den PowerShell-Befehl *Get-Service SPTimerV4 | Stop-Service* ausführen.
2. Navigieren Sie zum versteckten Verzeichnis *ProgramData\Microsoft\SharePoint\Config* und dort in den zuletzt geänderten Unterordner mit der Farm-GUID.
3. Löschen Sie alle XML-Dateien im Verzeichnis.

ACHTUNG Löschen Sie nur die XML-Dateien und keinesfalls andere Dateien bzw. das gesamte Verzeichnis!

4. Starten Sie nun auf allen Servern der Farm den OWSTimer-Dienst, indem Sie auf dem betroffenen Server den PowerShell-Befehl *Get-Service SPTimerV4 | Start-Service* ausführen.

Nach dem erfolgreichen Start des Zeitgeberauftragdiensts werden die Dateien neu erstellt, indem die jeweiligen Konfigurationen erneut aus der Konfigurationsdatenbank abgefragt und zwischengespeichert werden.

Reduziertes Befehlsspektrum in der Zentraladministration

Vermissen Sie innerhalb der Zentraladministration wichtige Steuerparameter wie beispielsweise die Steuerung der Dienstinstanzen, liegt dies an folgenden primären Ursachen:

- Fehlende lokale administrative Rechte
- Keine administrative Privilegien innerhalb des Browserprozesses

Für einige zentrale Funktionen sind lokale administrative Privilegien erforderlich, die neben den Farmadministratorrechten auf allen SharePoint-Servern lokal in Form der Mitgliedschaft in der lokalen Gruppe der Administratoren delegiert worden sein müssen. Durch das seit Windows 2008 Einzug gehaltene Modell der privilegierten Rechte für Anwendungen wird ein Prozess eines administrativen Benutzers standardmäßig nicht mit privilegierten Rechten gestartet, außer die Anwendung ist entsprechend vorkonfiguriert, diese Rechte einzufordern. Im Falle der im Rahmen der Installation erzeugten Standardverknüpfungen, wie beispielsweise dem der Zentraladministration, wurde ein entsprechendes Profil hinterlegt, das für eine automatische Rechteerhöhung beim Start sorgt, die in Abhängigkeit von der generellen Benutzerkontensteuerungskonfiguration ggf. in einem Dialogfeld resultiert. Wird die Zentraladministration jedoch beispielsweise in einem Standardbrowserfenster geöffnet, ist dies nicht zwangsläufig gewährleistet, sodass die Funktionen, die lokale administrative Berechtigungen erfordern, bereits in der Browseroberfläche nicht angezeigt werden.

Zentraladministration öffnet sich nicht lokal, sondern remote

Beim Öffnen der Zentraladministration mithilfe der Verknüpfung im Startmenü öffnet sich immer nur die Website auf dem zuerst installierten Server. Selbst wenn Sie die Zentraladministration auf dem zweiten Server, der ebenfalls die Zentraladministration bereitgestellt hat, öffnen, werden Sie auf die Zentraladministrationswebsite auf dem ersten Server verwiesen.

Die Ursache hierfür ist ein gewolltes Verhalten, das beim Öffnen der Zentraladministration einen Registrierungsschlüssel abfragt.

Um das Verhalten zu ändern, gehen Sie wie folgt vor:

1. Starten Sie auf dem betroffenen Server den Registrierungs-Editor (*Regedit.exe*).
2. Navigieren Sie zum Schlüssel *HKEY_LOCAL_MACHINE\SOFTWARE\Microsoft\Shared Tools\Web Server Extensions\15.0\WSS*.
3. Ändern Sie den Wert für *CentralAdministrationURL* so ab, dass die dort angeführte URL auf die gewünschte Website verweist, und schließen Sie den Registrierungs-Editor wieder.

Die Änderung wird unmittelbar aktiv.

Verlust der Farmpassphrase

Sollten Sie die Farmpassphrase verloren haben oder wurde die Passphrase nicht korrekt propagiert, haben Sie beispielsweise nicht mehr die Möglichkeit, weitere Server zur Farm hinzuzufügen. In diesem Fall ist es nicht vorgesehen, die Passphrase sicher auszulesen, um sie wiederherstellen zu können, sondern diese serverfarmweit zurückzusetzen. Verwenden Sie dazu das Cmdlet *Set-SPPass-Phrase*. Gehen Sie beispielsweise wie folgt vor, um die Farmpassphrase zurückzusetzen:

1. Öffnen Sie die SharePoint 2013-Verwaltungsshell mit privilegierten Rechten und geben Sie den folgenden Befehl ein:

```
$passphrase = ConvertTo-SecureString –asPlainText -Force
```

2. Sie werden nun dazu aufgefordert, die Passphrase einzugeben.
3. Geben Sie abschließend den folgenden Befehl ein, um die Passphrase zu übernehmen:

```
Set-SPPassPhrase -PassPhrase $passphrase -Confirm
```

Ereignis 7043-Fehler beim Laden der Steuerelementdatei

Dieser Fehler führt beispielsweise dazu, dass der Zugriff auf gewisse Funktionen, wie beispielsweise der Integritätsanalysebericht der Farm, nicht aufgerufen werden kann, und mit einer Fehler-ULS endet (Abbildung 18.5).

In dem vorliegenden Beispiel erhalten Sie beim Zugriff auf den Integritätsanalysebericht der Farm in den ULS-Protokollen einen Hinweis auf ein Timeout beim Zugriff auf die entsprechende Steuervorlagedatei mit einer anschließenden Ausnahme beim Zugriff auf die jeweilige Funktion.

Abbildg. 18.5 Ereignis 7043 mit Verweis auf diverse Steuerelement-Vorlagendateien

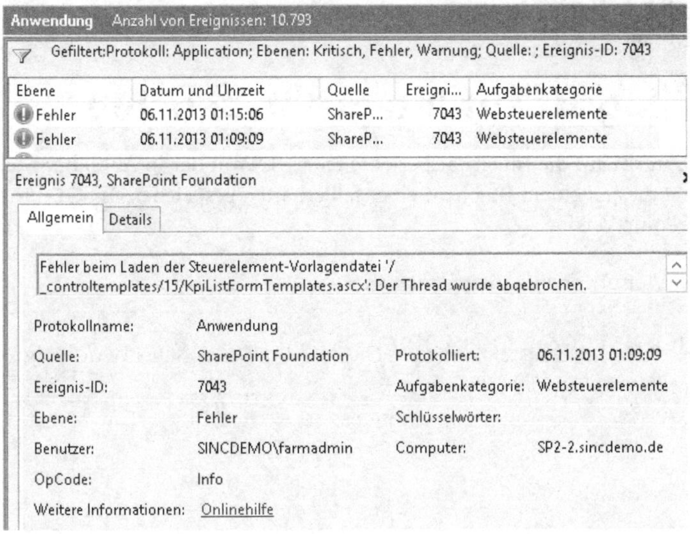

Zur Behebung des Problems führen Sie auf dem betroffenen Server den Farmkonfigurations-Assistenten für SharePoint-Farmen aus. Direkt nach Abschluss des Assistenten sollten die Primärsymptome obsolet sein.

Allgemeiner Fehler beim Zugriff auf Integritätsberichte

Sie erhalten beim Zugriff auf einen Integritätsbericht die folgende Meldung (siehe auch Abbildung 18.6):

Ein Integritätsbericht ist für diese Website nicht verfügbar. Die Verarbeitung der Verwendungsanalyse ist möglicherweise auf diesem Server deaktiviert, oder die Verwendungsdaten für diese Website wurden noch nicht verarbeitet.

Abbildg. 18.6 Fehler beim Zugriff auf Integritätsberichte

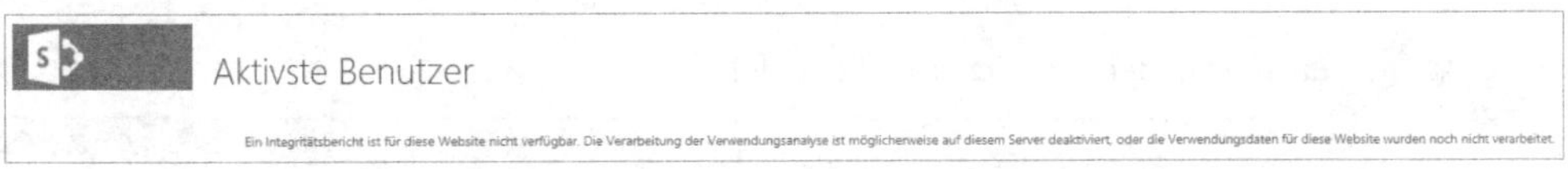

Obwohl die Konfiguration gültig ist, ist der Dienstproxy der *WSS_UsageApplication*-Dienstanwendung oder aber die zugehörige Zeitgeberauftragsdefinition nicht aktiviert.

Zur Lösung des Problems gehen Sie wie folgt vor:

1. Provisionieren Sie die Dienstanwendung neu. Die Anweisungen dazu finden Sie im Abschnitt zum *WSS_UsageApplication*-Proxy in diesem Kapitel.
2. Stellen Sie sicher, dass die Zeitgeberauftragsdefinition *Verarbeitung der Microsoft SharePoint Foundation-Verwendungsdaten* aktiviert und wie erwartet erfolgreich ausgeführt wurde.

Nach der Aktivierung und dem erfolgreichen Ausführen der Zeitgeberauftragsdefinition sollte der Zugriff auf die Integritätsberichte unmittelbar möglich sein.

ULS beim Zugriff auf Integritätsberichte

Erhalten Sie beim Zugriff auf die Integritätsberichte eine ULS mit der in Abbildung 18.7 gezeigten Fehlermeldung, liegt dies an einem Bug bzw. einer fehlerhaften gespeicherten SQL-Prozedur in der vorliegenden SharePoint-Version.

Abbildg. 18.7 Fehlermeldung beim Aufruf von Integritätsberichten

Gehen Sie wie folgt vor, um das Problem zu beheben:

ACHTUNG Beachten Sie unbedingt, dass es sich bei diesem Lösungsansatz lediglich um einen Workaround, nicht jedoch um ein zwangsweise unterstütztes Verfahren handelt.

1. Öffnen Sie das SQL Server-Management Studio und navigieren Sie zur *WSS_Usage*-Datenbank.
2. Navigieren Sie in der Datenbank zu der jeweiligen gespeicherten Prozedur (unter *Programmierbarkeit/Gespeicherte Prozeduren*) und bearbeiten Sie diese (Abbildung 18.8).

HINWEIS Je nach betroffenen Bericht müssen Sie unterschiedliche Prozeduren bearbeiten. Beispielsweise lautet die zum Integritätsbericht *Aktivste Benutzer* zugehörige gespeicherte Prozedur *dbo.proc_GetMostActiveUsers*.

3. Suchen Sie in der gespeicherten Prozedur nach der Zeile *WITH (READPAST)* und kommentieren Sie diese aus (Abbildung 18.8).

Abbildg. 18.8 Bearbeiten der gespeicherten Prozedur

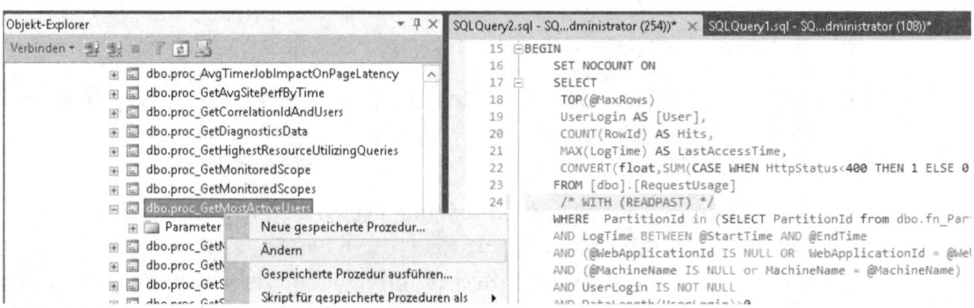

4. Führen Sie die so geänderte gespeicherte Prozedur nun aus.

Greifen Sie erneut auf den Integritätsbericht zu und überprüfen Sie das Ergebnis.

Fehler beim programmatischen Zugriff »Could not establish trust relationship for the SSL/TLS secure channel«

Beim skriptgesteuerten Zugriff auf die Farm in Umgebungen, die in der Standardzone SSL nutzen, um die Browserverbindung zu sichern, kommt es möglicherweise bei der Ausführung zum Fehler:

The underlying connection was closed. Could not establish trust relationship for the SSL/TLS secure channel.

Die Ursache für das Problem ist die fehlende Vertrauensstellung zum Zertifikat. Während der Webserver die Vertrauensstellung mithilfe der Zertifikatverwaltung und den dort zu definierenden vertrauenswürdigen Stammzertifizierungsstellen konfigurativ realisiert, verfügt SharePoint für programmatische Zugriffe über eine autarke Vertrauensstellungsverwaltung. In Kapitel 9 finden Sie eine ausführliche Demonstration dieser Vertrauensstellungsverwaltung vor dem Hintergrund der Veröffentlichung von Farmdiensten. Um zu der gewünschten Verwaltungsoberfläche zu gelangen, navigieren Sie in der Zentraladministration unter *Sicherheit* im Abschnitt *Allgemeine Sicherheit* auf *Vertrauensstellung verwalten*.

SharePoint-Sitezugriff

In diesem Abschnitt werden Fehler erläutert, die Ihnen bei der Verwendung des Portals aus der Perspektive der Benutzer oder Websitesammlungsadministratoren begegnen können.

WebDAV-Probleme (Explorer-Ansicht)

Es gibt vielfältige Ursache für Probleme bei der Verwendung der Explorer-Ansicht. Einige der häufigsten Ursachen werden in diesem Abschnitt erläutert:

- **Fehlende Top-Level-Websitesammlung** In Webanwendungen wird für WebDAV zwingend eine Stammwebsitesammlung benötigt. Die Benutzer einer untergeordneten Websitesammlung benötigen indes keinerlei Zugriffsrechte auf die Stammwebsitesammlung.
- **Fehlende Browserprivilegien** Stellen Sie sicher, dass die Websitesammlung zumindest in der Internet Explorer-Sicherheitszone der vertrauenswürdigen Websites befindet
- **Fehlende Windows-Komponenten** Auf dem Client wird für WebDAV-Zugriffe der WebClient-Dienst benötigt. Dieser ist auf Windows-Clients standardmäßig aktiviert. Auf einem Windows-Server müssen Sie diesen nachinstallieren, beispielsweise unter Verwendung des folgenden Befehls:

```
Install-WindowsFeature Desktop-Experience
```

Nach der Fertigstellung der Installation und einem Neustart stellen Sie mit dem folgenden Befehl sicher, dass der entsprechende Dienst gestartet wurde:

```
Start-Service WebClient
```

- **Bekanntes Problem in Kombination mit Internet Explorer 10 und Windows 7-8 bzw. Windows Server 2008 R2-2012** Sie finden die Ressourcen bzw. den Hotfix zur Behebung des Problems im Knowledge Base-Artikel 2846960 (*http://support.microsoft.com/kb/2846960* [Ms156-K18-04])
- **Unter Windows 8/Windows Server 2012 ist die Leistung beim Zugriff auf WebDAV möglicherweise gering** Durch zu häufige und ineffiziente Hintergrundabfragen kommt es speziell in Umgebungen mit vielen Elementen im WebDAV-Verzeichnis zu einer deutlich erhöhten Zugriffslatenz für WebDAV-Clients. Installieren Sie in dem Fall den Hotfix des Knowledge Base-Artikels 2782826 (*http://support.microsoft.com/kb/2782826* [Ms156-K18-05].

Haben Sie vor, WebDAV für Clients zu deaktivieren, gibt es hierfür serverseitig zwei Lösungsansätze:

- **Deaktivierung der Clientintegration in den Authentifizierungsanbietereinstellungen der Webanwendung (Clientintegration deaktivieren)** Hierdurch werden alle Clientzugriffe in der entsprechenden Zone mithilfe von WebDAV deaktiviert. Dies gilt jedoch auch für andere Office-Funktionen!
- **Erstellung einer Benutzerrichtlinie auf Webanwendungsebene zur Verweigerung der Nutzung der Remoteschnittstelle** Hierdurch können Sie einzelne Benutzer oder Benutzergruppen davon abhalten, die Schnittstelle zu verwenden. Auch hier wird die Clientintegration deaktiviert (Abbildung 18.9) .

Abbildg. 18.9 Deaktivierung von WebDAV und der Clientintegration mithilfe von Benutzerrichtlinien

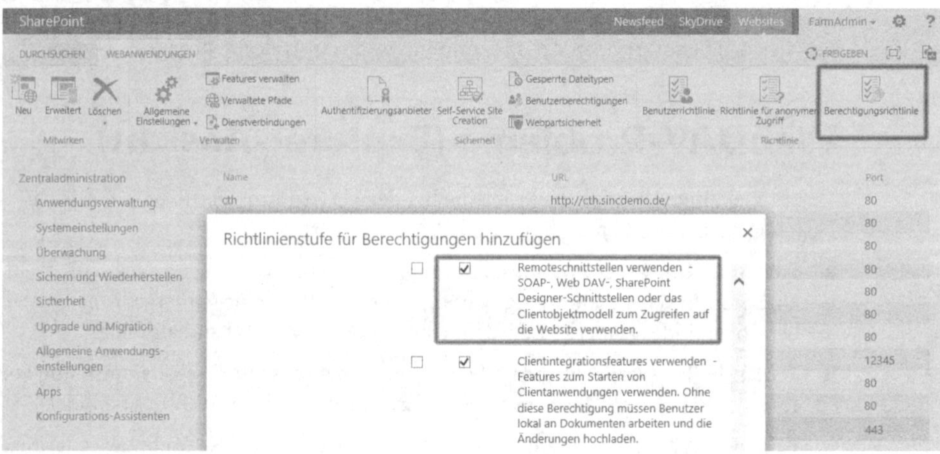

Dropdownmenü funktioniert nicht (Ladevorgang wird ausgeführt)

Sollte beim Zugriff auf das Dropdownmenü einer Site lediglich das Dialogfeld *Ladevorgang wird durchgeführt* angezeigt und sind auch weitere Teile der Menübands abgeblendet dargestellt, liegt die Ursache vermutlich daran, dass Sie SSL-Offloading ohne eine entsprechende AAM-Konfiguration verwenden. Richten Sie eine entsprechende AAM-Konfiguration ein, indem Sie den Anweisungen in Kapitel 4 folgen.

Website zeigt keine Inhalte an (leerer Bildschirm)

Bleiben Ihre SharePoint-Websites unabhängig vom Inhalt leer bzw. erhalten einen weißen Bildschirm im Browserfenster angezeigt, sind mehrere Ursachen hierfür denkbar. In Umgebungen, in denen Sie den Anforderungsverwaltung-Dienst verwenden, liegt die Ursache in der Regel auf einer Fehlkonfiguration der Anforderungsverwaltung.

Weitere mögliche Symptome sind ein inkonsistentes Seitenladeverhalten, wonach teilweise lediglich Fragmente angezeigt werden und sowohl das Layout als auch Funktionen nur teilweise und fehlerhaft verfügbar sind.

Bei der Detaildurchsicht der Umgebung werden die folgenden Symptome sichtbar:

Die Ereignisprotokolle sind in der Regel unauffällig und verweisen neben Integritätsfehlermeldungen möglicherweise auf andere Komponenten, wie den verteilten Cache und dessen Auftraggeberdefinitionen. Bei näherer Durchsicht erscheinen jedoch in den ULS-Protokollen Fehlermeldungen entsprechend der Tabelle 18.1.

Tabelle 18.1 Symptomatik

Category	Message
Request Management	Proxy response returned error: 'Die zugrunde liegende Verbindung wurde geschlossen: Unerwarteter Fehler beim Senden'
Request Management	Proxy request does not contain a response

Lediglich die letzte Fehlermeldung, wonach keine Antwort erhalten werden konnte, besitzt den Level *Unexpected* und fällt demnach zunächst auf.

Kurzfristig können Sie das Problem möglicherweise beheben, indem Sie die betroffene Webanwendung neu starten bzw. den Befehl *IISReset* ausführen oder gar die Inhaltsdatenbank trennen und neu anfügen. Langfristig liegt die Lösung hier jedoch in der Rekonfiguration der Anforderungsverwaltung. Detailliertere Anweisungen hierzu finden Sie in den Kapiteln 5 und 9.

HINWEIS Speziell in Umgebungen mit mehreren Ebenen und der Verwendung von SSL schleichen sich bei der Konfiguration der Anforderungsverwaltung Fehler ein, die auch von den ebenfalls in diesem Kapitel beschriebenen Fehler IDs 8316 und 8317 beeinflusst werden.

Bis zur ordnungsgemäßen Rekonfiguration der Anforderungsverwaltung können Sie die zugehörige SharePoint-Dienstinstanz in der SharePoint-Dienststeuerung deaktivieren, um das Problem zu beheben.

Dateien können nicht direkt geöffnet werden

Beim Öffnen von Dateien mit einer Vielzahl von MIME-Typen haben Sie seit SharePoint 2010 keine Möglichkeit mehr, diese direkt in dem entsprechenden Clientprogramm zu öffnen. Stattdessen müssen Sie die Datei jeweils zunächst herunterladen, um sie im Anschluss direkt auf dem lokalen Dateisystem zu öffnen. Dies ist ein Symptom einer neuen Sicherheitsfunktion, welche in Kombination mit den für diese Funktion kompatiblen Browsern über einen Header den Browser dazu bringt, dem Anwender eine Eingabeaufforderung zum Download anzuzeigen.

Dieses Verhalten wird auf Webanwendungsebene gesteuert. In Kapitel 9 finden Sie eine Anleitung, um einzelne Dateitypen zu der Liste der Ausnahmen für das direkte Öffnen hinzuzufügen. Um diesen Schutzmechanismus vollständig abzuschalten, gehen Sie wie folgt vor:

1. Öffnen Sie die Einstiegsseite der Zentraladministration und klicken Sie im Abschnitt *Anwendungsverwaltung* auf *Webanwendungen verwalten.*
2. Klicken Sie auf die zu konfigurierende Webanwendung und anschließend im Menüband auf *Allgemeine Einstellungen.*
3. Im Abschnitt *Dateiverarbeitung durch den Browser* wählen Sie die Option *Berechtigt* und klicken anschließend auf *OK*, um die Einstellungen zu übernehmen.

Zugriff verweigert-Fehler beim Zugriff auf Veröffentlichungssites

Sollten Sie Veröffentlichungssites in Kombination mit der forderungsbasierten Authentifizierung verwenden und beim Zugriff auf die entsprechenden Sites selbst als Administrator fortwährend eine *Zugriff verweigert*-Fehlermeldung erhalten, liegt dies voraussichtlich daran, dass Sie kein dediziertes Objektcachekonto eingerichtet haben. Dieser Fehler tritt nach einer nicht angepassten Standardinstallation oder aber nach einer Migration von SharePoint 2010 in dieser Kombination auf. Eine Anleitung zum Einrichten der beiden Konten *Super Portal User* und *Super Portal Reader* finden Sie in Kapitel 6.

Fehler beim Öffnen von Office-Dokumenten in der Clientanwendung

Beim Versuch, ein Office-Dokument aus dem Browser in Office (nicht Office Web Apps) zu öffnen, erhalten Sie möglicherweise eine Fehlermeldung, die besagt, dass die Datei nicht in der Clientanwendung geöffnet werden kann.

Dieser Fehler kann eine oder mehrere der folgenden Ursachen haben:

- Der Benutzer verwendet eine 64-Bit-Version von Internet Explorer
- Das ActiveX-Steuerelement, das zum Öffnen der Datei in der Office-Clientanwendung erforderlich ist, ist nicht im Browser installiert
- Microsoft Office ist nicht auf dem Clientcomputer installiert
- Es ist eine frühere Version von Office als Office 2003 installiert
- Die Sicherheitseinstellungen in Internet Explorer verhindern das Ausführen von ActiveX-Steuerelementen
- Sie greifen nicht mit dem Internet Explorer zu

Personenauswahl reagiert nicht zeitnah

Sollten Sie bei der Benutzung der Personenauswahl (PeoplePicker) bzw. beim Versuch, einen eingegebenen Objektnamen zu verifizieren, längere Zeit (ca. eine Minute und mehr) warten müssen, kann dies an Ihrer Domäneninfrastruktur liegen.

In Umgebungen mit mehreren Domänen versucht die Personenauswahl standardmäßig automatisch alle vertrauten Domänen abzufragen. Bei langsamen Verbindungen oder fehlender Konnektivität zu einer Domäne kommt es in dieser Situation zu einer unerwarteten Wartezeit. Um das Problem zu beheben, passen Sie das Abfrageverhalten der Personenauswahl an, sodass dieser nur die relevanten Domänen bei den Abfragen einbezieht.

Zum Begrenzen der Personenauswahlabfragen auf die Gesamtstruktur *sincdemo.de* rufen Sie beispielsweise die Befehlszeile aus Listing 18.3 auf.

Listing 18.3 Einschränken des Abfragebereichs für die Personenauswahl auf eine Gesamtstruktur

```
STSADM -o setproperty -url [URL der Websitesammlung] -pn peoplepicker-SearchADForests -pv
"sincdemo.de"
```

Weitere Details zu dieser Einschränkung und der Anpassung der Personenauswahl finden Sie in Kapitel 9.

Diverse Basisfunktionen terminieren mit Fehlermeldung

Sollten Sie bereits bei Standardoperationen, wie dem Anlegen von Websitesammlungen oder Webs eine Fehlermeldung angezeigt bekommen (»Das hat leider nicht geklappt …«), liegt der Grund hierfür vermutlich an einem bekannten .NET-Fehler in Kombination mit einem manuell erstellten Verzeichnis bzw. in nicht ausreichenden Dateisystemberechtigungen.

Haben Sie beispielsweise den Ordner *C:\Temp* angelegt, kommt es unter Umständen dazu, dass .NET Framework versucht, diesen Ordner als temporären Ordner zu instrumentalisieren, was ohne dedizierte Rechte für die entsprechenden Dienstkonten zu einem Fehler führt. Delegieren Sie in diesem Fall manuell volle Zugriffsrechte für das *Netzwerkdienst*-Konto auf diesen Ordner und führen Sie den Befehl *IISReset /noforce* aus.

HINWEIS An diese Konstellation angrenzend sind auch weitere Fehlerszenarien, wie beispielsweise eine nicht funktionale Indizierung denkbar, die ebenfalls durch alternative Dateisystemberechtigungen ausgeräumt werden können. Nutzen Sie in dem Fall frei verfügbare Sysinternals-Werkzeuge, wie beispielsweise den Process Monitor, um die betroffenen Regionen zu lokalisieren.

Weiterführende Informationen zu diesem Problem finden Sie im Knowledge Base-Artikel 825791 (*http://support.microsoft.com/kb/825791* [Ms156-18-06]).

Anmelden als anderer Benutzer ist nicht mehr verfügbar

Die Anmeldung als anderer Benutzer ist aus der Oberfläche entfernt worden. Dies ist grundsätzlich sinnvoll, da ein direktes Anmelden als alternativer Benutzer zu einem nicht konsistenten Zustand im Rahmen einer Sitzung führen kann. So können nicht alle Sitzungsstatusinformationen oder aber Daten für die Ausführung von Workflows bereinigt werden und führen so möglicherweise zu Fehlern in der Benutzersitzung.

Sind Sie im Rahmen von pragmatischen Tests darauf angewiesen, unkompliziert die Benutzeridentität zu ändern, können Sie dies mithilfe der folgenden URL realisieren:

_layouts/closeConnection.aspx?loginasanotheruser=true

Durch das Aufrufen dieser an die Stamm-URL angefügten URL erhalten Sie unmittelbar das Dialogfeld zur erneuten Authentifizierung angezeigt.

TIPP Um parallel einen Test mithilfe einer alternativen Benutzeridentität durchzuführen, können Sie zusätzlich den Internet Explorer im InPrivate-Browsen-Modus öffnen, für diese Sitzung jeweils eine alternative Identität verwenden und beide Sitzungen parallel zu Testzwecken nutzen.

Der verbreitete Lösungsansatz, durch die lokale Anpassung der *Welcome.ascx* eine dauerhafte Wiederaufnahme der Funktion in die Oberfläche zu realisieren, wird generell nicht empfohlen.

Soziale Netzwerkfunktionen

Die folgenden verbreiteten Probleme existieren im Kontext der sozialen Netzwerkfunktionen des Benutzerprofildiensts.

Newsfeedbereich erscheint nicht

Der Newsfeedbereich wird im Rahmen der *Meine Website*-Erstellung mit einer kleinen Verzögerung erstellt. Erscheint der Newsfeedbereich nicht zeitnah, kann dies unterschiedliche Ursachen haben, von denen folgende wahrscheinlich sind:

- Die für die Erstellung der Funktion zuständige Zeitgeberauftragsdefinition wurde noch nicht ausgeführt.
- Im Rahmen einer SharePoint-Migration ist es zu einem Fehler gekommen.

Sie folgen einer Person, erhalten jedoch keinerlei Daten

Markieren Sie eine Person, um dieser zu folgen, erhalten jedoch trotz nachweislicher Aktivitäten der Person keinerlei Aktivitäten der Person angezeigt, gibt es hierfür in der Regel zwei gängige Gründe:

- Die Zielperson besitzt restriktive Sicherheitseinstellungen in *Meine Website*
- Die Zielperson verfügt noch nicht über eine eigene *Meine Website* bzw. hat diese noch nicht besucht

In Ihrem Newsfeed sind keine Aktivitäten vorhanden

Trotz der Konfiguration der Newsfeeds in den Profileinstellungen von *Meine Website* erscheint fortwährend die Meldung, dass keine Aktivitäten vorhanden sind. Dies ist der Fall, obwohl sich längst Änderungen ergeben haben, die sich auf diesem Willkommensbildschirm von *Meine Website* hätten auswirken sollen.

Die Ursache ist, dass Sie den zu dieser Funktion zugehörigen Zeitgeberaufrag nicht aktiviert haben. Sie finden den relevanten Zeitgeberauftrag in den Auftragsdefinitionen der Zentraladministration (im Abschnitt *Überwachung*) unter dem Namen *[Name der Benutzerprofildienstanwendung] – Aktivitätsfeedauftrag*.

Newsfeeds unter »Jeder« bleibt leer

Beim Zugriff auf Ihre Newsfeeds werden Sie ggf. feststellen, dass Sie unabhängig davon, ob Sie die Newsfeed-App oder den Browser verwenden, keine Einträge unter *Jeder* erhalten (Abbildung 18.10).

Abbildg. 18.10 Fehler in den *Jeder*-Newsfeeds

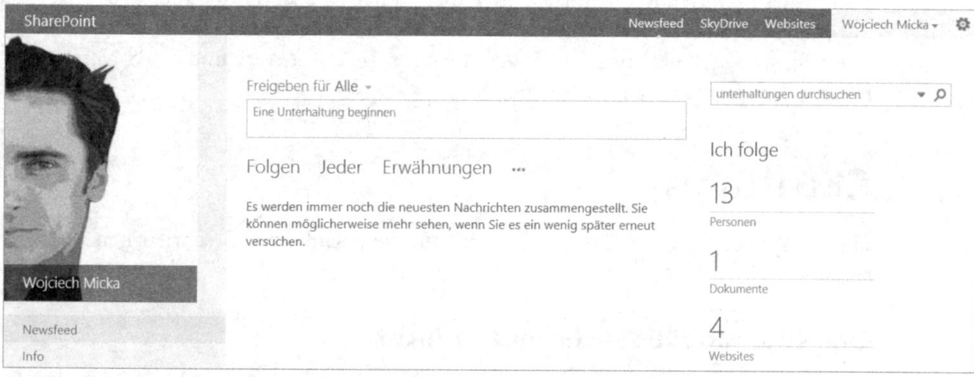

Zunächst muss dieser Fehler kein Fehler im eigentlichen Sinn sein. Diese Meldung erscheint auch, wenn keine neuen Aktivitäten vorhanden sind. Um dies sicherzustellen, erstellen Sie daher beispielsweise für ein zu folgendes Testkonto eine Nachricht in der Startseite von *Meine Website* und prüfen Sie, ob Sie die Nachricht nun in Ihrem eigentlichen Konto unter *Jeder* sehen können. Die Nachricht sollte umgehend erscheinen.

Die Ursache hierfür liegt voraussichtlich in zwei Bereichen:

- Sie haben dem Anwendungspoolkonto der Benutzerprofildienstanwendung keine hinreichenden Verbindungszugriffsrechte auf die Benutzerprofildienstanwendung delegiert
- Es existieren keine hinreichenden Berechtigungen für das Dienstanwendungspoolkonto auf die Datenbanken der *Meine Website*-Webanwendung

Zur Behebung des Problems gehen Sie wie folgt vor:

1. Öffnen Sie die Dienstanwendungsverwaltung der Zentraladministration (*ServiceApplications.aspx*).
2. Markieren Sie die Benutzerprofildienstanwendung und klicken Sie im Menüband auf *Berechtigungen.*

3. Überprüfen Sie, ob für das Konto des Benutzerprofildienstanwendungspools volle Zugriffsberechtigungen existieren, und berechtigen Sie es ggf. explizit.
4. Rufen Sie nun das Beispielskript aus Listing 18.4 auf.

Listing 18.4 Zugriffsrechte für das UPS-Anwendungspoolkonto delegieren

```
$wa = Get-SPWebApplication "https://meineseite.sincdemo.de"
$wa.GrantAccessToProcessIdentity("sincdemo\svcspapups")
```

Dabei sollte das hier definierte Dienstkonto dem Anwendungspool der Benutzerprofildienstanwendung entsprechen. Unmittelbar nach der Änderung sollten die *Jeder*-Feeds wieder funktionieren.

Bewertungen scheinen sich nicht auszuwirken bzw. werden nicht angezeigt

Werden Bewertungen auf SharePoint-Listen- oder Bibliothekselemente gesetzt, jedoch das Ergebnis für andere Benutzer nicht wie erwartet sichtbar, liegt dies voraussichtlich an einer fehlenden *Meine Website* des bewertenden Benutzers oder aber an der Latenz, mit der die zugehörigen, standardmäßig für ein Stundenintervall konfigurierten, Zeitgeberauftragsdefinitionen (*[UPS-Name] – Wartungsauftrag für Funktionen und Daten für das soziale Netzwerk* und *[UPS-Name] – Synchronisierungsauftrag für thematische Bewertung*).

Clienttools

Für die Verwendung der Clienttools existieren die nachfolgend beschriebenen verbreiteten Fehlerszenarien.

OneNote Mobile synchronisiert nicht

Haben Sie bei der Synchronisierung von OneNote Mobile Probleme bei der Synchronisierung von SharePoint 2013-Notizbüchern, liegt dies möglicherweise daran, dass Sie den anonymen Zugriff gewähren. Diese Konstellation ist ein bekanntes Problem, welches sich zu diesem Zeitpunkt lediglich durch eine dann zu aktivierende Authentifizierung mithilfe von NTLM oder Kerberos-Authentifizierung umgehen und für den Zielbereich in SharePoint aktivieren lässt (die anonyme Authentifizierung wird auf Webanwendungsebene aktiviert, um im Anschluss den Zugriff auf Listenebene freizugeben).

Outlook-Synchronisierungsprobleme

Sollten Sie bei der Synchronisierung einer SharePoint-Liste bzw. Bibliothek einen Fehler erhalten (z.B. *Fehler (0x80040102) beim Ausführen der Aufgabe "SharePoint": "Outlook kann keine Verbindung mit der SharePoint-Liste herstellen".*), sind die Ursachen für diese Fehler häufig wie folgt:

- Fehler bei der Überprüfung der Zertifikatkette

  Beim Einsatz von SSL (HTTPS) treten Probleme bei der Überprüfung der Zertifikatkette wie z.B. eine nicht verfügbare Zertifikatsperrliste (CRL) auf
- Unsachgemäße Konfiguration der AAMs (alternative Zugriffszuordnungen)
- Fehlkonfigurationen des Lastenausgleichs

Sorgen Sie beispielsweise auf einem Netscaler Hardware Load Balancer dafür, dass Sie die Persistenz für *Cookieinsert* über einen hinreichenden Zeitraum konfiguriert haben.

HINWEIS Beachten Sie, dass die SharePoint-Listen nicht in die Standard-Outlook-Datendatei, sondern in eine separate PST-Datei integriert werden. Dies passiert unabhängig von der Verwendung von Outlook im Offline-/Cachemodus. Die SharePoint-Datendatei befindet sich im gleichen Standardordner, wie die regulären PST-Dateien unter *%UserProfile%\AppData\Local\Microsoft\Outlook*.

Synchronisierungsfehler mit SkyDrive Pro

Möglicherweise werden Sie mit folgenden primären Problemen bei der Synchronisierung von SkyDrive mit SharePoint konfrontiert:

- Sonderzeichen im Dateinamen oder in der URL
- SkyDrive meldet anhaltend die Verarbeitung von Änderungen, ohne dass Änderungen ausstehen
- Netzwerkkonnektivitätsprobleme können SkyDrive in einen nicht unmittelbar reparablen Fehlerzustand versetzen

Installieren Sie in dem Fall den über den Knowledge Base-Artikel 2760358 (*http://support.microsoft.com/kb/2760358* [Ms156-K18-07]) verfügbaren Hotfix für Office, um die Probleme zu lösen.

Ein weiteres Problem ist die Verwendung von SkyDrive in Kombination mit Microsoft Forefront UAG 2010. Diese Kombination wird erst ab UAG SP4 unterstützt.

Authentifizierung

In diesem Abschnitt werden gängige Probleme in Bezug auf die Authentifizierung erläutert.

Anmeldungsdauerschleife

Sollten Sie bei der Anmeldung an einer SharePoint-Webanwendung das Symptom feststellen, dass Sie fortwährend erneut zur Eingabe Ihrer Authentifizierungsdaten aufgefordert werden, liegt dies möglicherweise daran, dass ein Problem bei der Uhrzeitsynchronisierung vorliegt. Dies ist dann relevant, wenn Sie Kerberos als Authentifizierungsprotokoll verwenden.

Die Kerberos-Authentifizierung toleriert unter Windows standardmäßig lediglich eine Abweichung von 5 Minuten zwischen den an dem Authentifizierungsprozess beteiligten Systemen. Innerhalb einer Gesamtstruktur gibt es einen automatisierten Prozess, der für die Synchronisierung der Uhrzeiten verantwortlich ist. Dieser sieht vereinfacht vor, dass alle Mitglieder einer Domäne sich jeweils mit ihrem autorisierenden Domänencontroller (DC) abgleichen und die DCs sich jeweils mit dem DC, der Besitzer der Primary Domain Controller (PDC)-Rolle ist, synchronisieren. Weitere Informationen zur Behandlung von Problemen bei der Zeitsynchronisierung finden Sie im Knowledge Base-Artikel 816042 unter *http://support.microsoft.com/kb/816042* [Ms156-18-08].

Weiterführende Fehlerbehandlungen bei der Verwendung von Kerberos finden Sie im folgenden Abschnitt.

Kerberos-Fehlerbehandlung

Die Fehlerursachen bei der Verwendung von Kerberos sind zahlreich. Einige der wichtigsten Fehlerursachen lauten wie folgt:

- **Asynchrone Uhrzeiten** Siehe dazu den Abschnitt »Anmeldungsdauerschleife« in diesem Kapitel
- **Verwendung von DNS-CNAME anstelle von HOST-Records** Die Verwendung von CNAME-Records führt in Kombination mit dem Internet Explorer dazu, dass der Client Kerberos-Tickets für den assoziierten Host anstelle des CNAME-Records beantragt. Dies führt unweigerlich zu Fehlern.
- **Authentifizierung über einen Proxyserver** Das Kerberos-Authentifizierungsprotokoll ist nicht dafür ausgelegt, über einen Proxyserver verwendet zu werden. Sofern sich demnach zwischen Client und Server ein Proxyserver befindet, kann dies potenziell zu einem Fehler bei der Authentifizierung führen. Verwenden Sie in diesem Fall ein alternatives Authentifizierungsprotokoll.
- **Sicherstellen, dass es keine doppelten SPNs (Service Principal Name) im globalen Katalog gibt** Es wird nicht unterstützt, dass ein SPN zu mehreren Dienstkonten zugeordnet wird. Wenn Sie beispielsweise *HTTP/portal.sincdemo.de* zeitgleich zwei Dienstkonten als SPN zugeordnet haben, verhindern diese duplizierten SPNs die Erstellung von Kerberos-Tickets für den Prinzipal.

HINWEIS Verwenden Sie bei der Verwendung von *SetSPN* den Parameter *-S* anstelle von *-A*, um bereits beim Anlegen eines SPN doppelte SPNs zu identifizieren.

- **Replikationslatenzen beachten** Abhängig von der Funktionsstufe Ihrer Active Directory-Umgebung kann es zu erhöhten Latenzen bei der Replikation kommen, die sich im Falle einer frischen Kerberos-Einrichtung vorübergehend negativ auswirken können, sofern die SPNs noch nicht repliziert wurden. Forcieren Sie in diesem Fall entweder die Replikation oder warten Sie ab, bis die Replikation automatisch erfolgt ist.
- **Metabasisschlüssel in IIS inkorrekt** Stellen Sie sicher, dass die Metabasiseinstellung für den Authentifizierungsanbieterschlüssel auf *Negotiate,NTLM* steht
- **Problem tritt lediglich lokal auf dem SharePoint-Server auf** Die Ursache hierfür ist vermutlich, dass durch eine Sicherheitsfunktion von Windows Server verhindert wird, vom lokalen System aus auf diese Ressourcen zugreifen zu können. Weiterführende Informationen zu diesem Problem finden Sie im nächsten Abschnitt (*DisableLoopBackCheck*-Problematik).
- **Zu großes Anmeldetoken** Stellen Sie sicher, dass die Größe Ihres Anmeldetokens nicht überschritten wurde. Dies kann der Fall sein, wenn Sie Mitglied in einer zu großen Anzahl von Gruppen sind. Setzen Sie in diesem Fall den Wert für *MaxTokenSize* höher. Weiterführende Informationen hierzu finden Sie im Knowledge Base-Artikel 277741 unter *http://support.microsoft.com/kb/277741* [Ms156-K18-09]. Dieses Problem wird erst in auf Windows Server 2012 basierenden Domänen besser adressiert.
- **Verlust von Authentifizierungspaketen für Kerberos** Standardmäßig wird aus Leistungsgründen UDP als das Protokoll für die Übertragung der Authentifizierungsmeldungen verwendet. Sollten Sie Probleme bei der Kommunikation haben, können Sie den Einsatz von TCP forcieren, um den Transport der Authentifizierungsmeldungen sicher zu stellen. Weiterführende Informa-

tionen finden Sie im Knowledge Basie-Artikel 244474 unter *http://support.microsoft.com/kb/244474* [Ms156-K18-10].

Weiterführende Informationen zu der Einrichtung und Betrachtung von Kerberos finden Sie in Kapitel 12.

Die folgenden Werkzeuge können Ihnen dabei behilflich sein, Ihre Kerberos-Kommunikation zu verifizieren und zu beeinflussen:

- **Klist.exe** Dieses Werkzeug ist ab Windows Server 2008 im Betriebssystem enthalten und bietet Ihnen die Möglichkeit, von der Eingabeaufforderung aus die verfügbaren Kerberos-Tickets zu analysieren und den Ticketspeicher zurückzusetzen. Zum Zurücksetzen Ihres Kerberos-Ticketcaches verwenden Sie den folgenden Befehl:

```
Klist.exe purge
```

- **Fiddler** Fiddler ist ein frei verfügbares HTTP-Analysewerkzeug (herunterladbar unter *http://www.fiddlertool.com* [Ms156-K18-11]), mit dessen Hilfe Sie anhand des Headers nachvollziehen können, ob der Client Kerberos-Tickets zum Server sendet.

  Um mithilfe von Fiddler eine Kerberos-Authentifizierung zu erkennen, öffnen Sie Fiddler, starten im Browser die Kommunikation mit SharePoint und überprüfen anschließend in Fiddler die einzelnen HTTP-Anfragen. In diesem Beispiel wurde eine erfolgreiche Abfrage (HTTP 200) markiert und auf der Registerkarte *Inspectors* die Schaltfläche *Auth* geklickt, um den Authentifizierungsheader zu isolieren. Anhand der Darstellung ist deutlich erkennbar, dass es sich wahrscheinlich um eine Kerberos-Authentifizierung handelt (*Negotiate*).

- **NetMon 3.4** NetMon ist ein von Microsoft entwickelter, frei verfügbarer Netzwerksniffer, mit dessen Hilfe Sie die genaue Kommunikation zwischen Client und Server analysieren können. Um lediglich die für Kerberos relevante Kommunikation bei der Analyse einzuschränken, verwenden Sie den Filter *KerberosV5 or HTTP*.

- **DelegConfig 2.0** Dieses zu Unrecht noch vergleichsweise unbekannte Werkzeug ist das beste Tool zur Überprüfung Ihrer Kerberos-Delegierungskonfiguration. Aufgrund der extremen Komplexität von Kerberos und der zahlreichen Fehlerursachen ist es sehr schwer, den tatsächlichen Grund einer Delegierungsfehlkonfiguration zu identifizieren. Dieses Werkzeug überprüft die wichtigsten Voraussetzungen für eine erfolgreiche Kerberos-Konfiguration für Webserver. Sie finden das Tool zum Download unter *http://www.iis.net* [Ms156-K18-12].

- **Kerberos-Ereignisprotokollierung** Sind die standardmäßig in Kapitel 12 angeführten Beispiele für die Kerberos-Anmeldeprotokollierung nicht ausreichend, können Sie mithilfe einer Registrierungsanpassung die erweiterte Kerberos-Protokollierung aktivieren (*HKLM\SYSTEM\CurrentControlSet\Control\Lsa\Kerberos\Parameters, LogLevel* [DWORD] = *1*). Weitere Informationen finden Sie hierzu unter *http://support.microsoft.com/kb/262177* [Ms156-K18-13].

Nach mehrfacher lokaler Anmeldung erscheint ein leerer Bildschirm

Beim Zugriff auf die SharePoint-Sites von dem SharePoint-Server selbst erhalten Sie nach mehrfacher Anmeldung anschließend einen leeren Bildschirm angezeigt. Ursache ist eine in Windows Server enthaltene Sicherheitsfunktion, die sogenannte *Reflection Attacks* verhindern soll. Dabei schlägt der lokale Aufruf der Site fehl, wenn der verwendete Hostname nicht mit dem Namen des Servers übereinstimmt. Dieses Symptom kann auch dazu führen, dass der Durchforstungsprozess der Suche fehlschlägt oder aber der Zugriff auf SharePoint-Apps misslingt.

Um das Problem zu vermeiden, stehen Ihnen zwei Lösungsansätze zur Verfügung:

- Deaktivierung der Loopbacküberprüfung
- Freischaltung der relevanten Hostnamen

Während Sie mit der ersten Methode die gesamte Sicherheitsfunktion abschalten können, bietet Ihnen die zweite Methode eine granulare Auswahl der zu verwendenden Hostnamen, die von der Sicherheitsüberprüfung zugelassen werden.

Zur globalen Deaktivierung gehen Sie wie folgt vor:

1. Öffnen Sie auf dem betroffenen Server den Registrierungs-Editor (*regedit.exe*).
2. Navigieren Sie zum Pfad *HKLM\SYSTEM\CurrentControlSet\Control\Lsa* und erstellen Sie den Eintrag *DisableLoopbackCheck* (DWORD) = *1*.
3. Starten Sie den Server neu.

HINWEIS Sie können diese Konfiguration auch automatisieren. Öffnen Sie dazu auf Ihrem Server den Link *http://support.microsoft.com/kb/262177* [Ms156-K18-14].

Um die freizuschaltenden Hostnamen einzeln anzugeben, gehen Sie wie folgt vor:

1. Öffnen Sie auf dem betroffenen Server den Registrierungs-Editor (*Regedit.exe*).
2. Navigieren Sie zum Pfad *HKLM\SYSTEM\CurrentControlSet\Control\Lsa\MSV1_0* und erstellen Sie eine mehrteilige Zeichenfolge mit dem Namen *BackConnectionHostNames*.
3. Öffnen Sie den soeben erzeugten Eintrag, tragen Sie die Liste der freizuschaltenden Hostnamen ein und schließen Sie anschließend den Registrierungs-Editor wieder.
4. Starten Sie den IISAdmin-Dienst neu.

Weiterführende Informationen finden Sie im Knowledge Base-Artikel 896861 unter *http://support.microsoft.com/kb/896861* [Ms156-K18-15].

Anmeldefenster erscheint auf einigen Rechnern nicht

Beim Zugriff auf eine SharePoint-Site, die für die Verwendung von Kerberos oder NTLM konfiguriert ist, erscheint bei einigen Systemen das Authentifizierungsfenster nicht und die Site kann somit nicht geöffnet werden. Der Zugriff auf Seiten, die keine Authentifizierung erfordern, ist hingegen weiterhin möglich.

Die mögliche Fehlerursache besteht darin, dass die Anwender über einen Proxyserver auf SharePoint zugreifen. Die NTLM- und Kerberos-Authentifizierungsprotokolle sind nicht für den Einsatz über einen Proxyserver konzipiert und können somit durch einen unerwarteten Fehlerzustand scheitern.

Um das Problem zu lösen, weichen Sie auf eine andere Authentifizierungsmethode aus. Beispielsweise können Sie die Basisauthentifizierung in Kombination mit SSL verwenden, um den Zugriff wieder zu ermöglichen, ohne dabei die Sicherheit zu beeinträchtigen.

Server-zu-Server-Konfiguration schlägt fehl

Bei der Einrichtung der Server-zu-Server-Authentifizierung schlägt möglicherweise die Definition des vertrauenswürdigen Tokenausstellers fehl (Abbildung 18.11).

Abbildg. 18.11 Fehler bei der Einrichtung der Vertrauensstellung für Server-zu-Server (S2S)

Stellen Sie sicher, dass im Zweifel alle Server der Farm der Zertifikatkette zur definierten JSON-Ziel-URL vertrauen. Dabei ist es wichtig, dass dieses Vertrauen über den Computerzertifikatspeicher hergestellt wird. Andernfalls kommt es später zu Fehlern beim Versuch der Impersonierung der Anwenderidentität im Rahmen des S2S-Authentifizierungsprotokolls. Beispiele für die entsprechende Konfiguration finden Sie in Kapitel 16 und Hintergründe in Kapitel 12.

Dienste und Zusatzkomponenten

In diesem Abschnitt werden potenzielle Probleme mit SharePoint-Dienstanwendungen betrachtet.

Benutzerprofildienst

Aufgrund der besonderen Abhängigkeiten des Benutzerprofildiensts sind Fehler im Zusammenhang mit dieser Dienstanwendung nicht unüblich.

Timeout bei der Einrichtung von Synchronisierungsverbindungen

Beim Versuch, eine Synchronisierungsverbindung zu speichern oder die Organisationseinheiten beim Einrichten einer Synchronisierungsverbindung zu enumerieren, kann es speziell in besonders großen Umgebungen mit einer extrem hohen Anzahl von Elementen zu einem clientseitigen Timeout kommen. Sie können den Standardtimeout von 30 Sekunden umgehen, indem Sie die entsprechenden Timeoutschwellenwerte hochsetzen.

Im Beispiel aus Listing 18.5 wird das Timeout von 30 Sekunden auf 60 Sekunden erhöht. Um die Benutzerprofildienstanwendungs- bzw. Proxy-ID zu erhalten, verwenden Sie die beiden Cmdlets *Get-SPServiceApplication* und *Get-SPServiceApplicationProxy*.

Listing 18.5 Verlängern des Timeoutintervalls für UPS-Verbindungen

```
$upaProxy = Get-SPServiceApplicationProxy -Id [GUID UPS-Proxy]
$upaProxy.ImportConnAsyncTimeout = 60
$upaProxy.LdapConnectionTimeout = 60
$upapProxy.Update()
$upsa = Get-SPServiceApplication –Id [GUID UPS]
$upsa.FIMWebClientTimeOut = 240000
$upsa.Update()
```

Führen Sie die fehlgeschlagene Operation direkt im Anschluss an die Skriptausführung erneut aus.

Wiederherstellung, Automation und Fehlerbehebung

Newsfeed ist nicht funktional und liefert Fehlercode 55

Bei der Einrichtung von *Meine Websites* und des Newsfeeds erhalten Sie bei der Kontrolle (in *Meine Website* unter *Newsfeed/Alle*) die Fehlermeldung aus Abbildung 18.12:

... der Server nicht auf den zentralen Cache zugreifen konnte. Interner Typname: Microsoft.OfficeServer.MicrofeedException. Interner Fehlercode: 55.

Abbildg. 18.12 Fehler beim Zugriff auf den Newsfeed

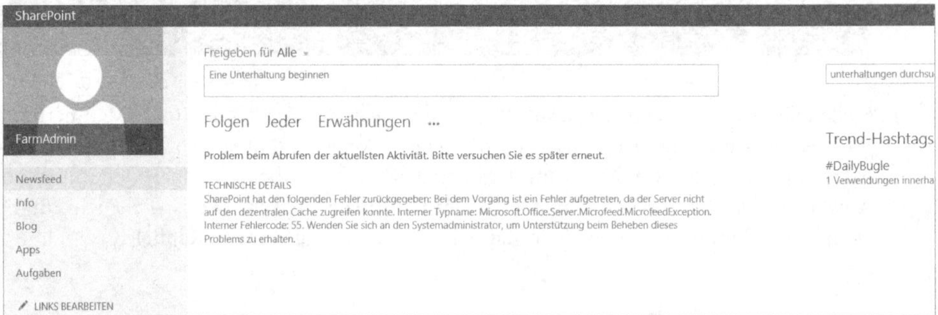

Diese Fehlermeldung ist irreführend, da sie auf einen vermeintlich nicht funktionalen verteilten Cache hinweist. Die tatsächliche Ursache liegt jedoch bei näherer Betrachtung des Problems in den fehlenden Verbindungsrechten der Dienstanwendungen auf den Benutzerprofildienst, der den Newsfeed und damit auch den verteilten Cache speist.

Hintergrund ist, dass Sie in einer idealerweise mit minimalen Rechten implementierten Farm unterschiedliche Dienstkonten für folgende beteiligten Komponenten verwenden:

- Anwendungspool von *Mein Websitehost*
- Dienstanwendungspool der Benutzerprofildienstanwendung
- Dienstkonto des verteilten Caches

Alle assoziierten Konten benötigen ein Verbindungsrecht auf den Benutzerprofildienst. Während dieses Recht partiell durchaus automatisch gewährt wird, trifft dies nicht auf das Konto des Dienstanwendungspools der Benutzerprofildienstanwendung zu. Sie können das zugehörige Dienstkonto einfach identifizieren, indem Sie in der Zentraladministration unter *Sicherheit/Dienstkonten konfigurieren* den entsprechenden Dienstanwendungspool auswählen.

Abbildg. 18.13 Dienstanwendungspool der Benutzerprofildienstanwendung

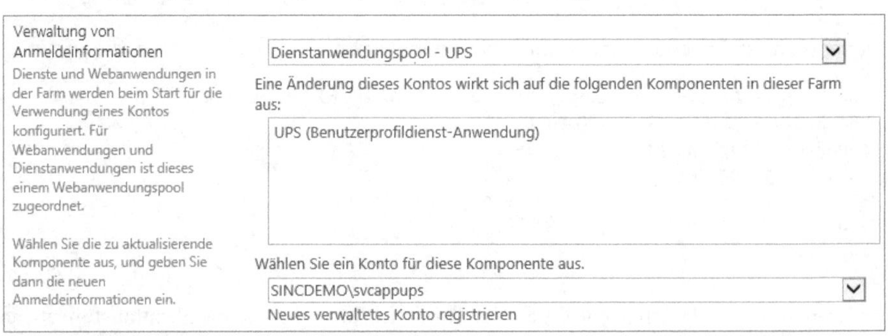

Gewähren Sie diesem Konto nun Verbindungsrechte auf die Benutzerprofildienstanwendung (Abbildung 18.14).

Abbildg. 18.14 Delegierung der Verbindungsrechte auf die Benutzerprofildienstanwendung

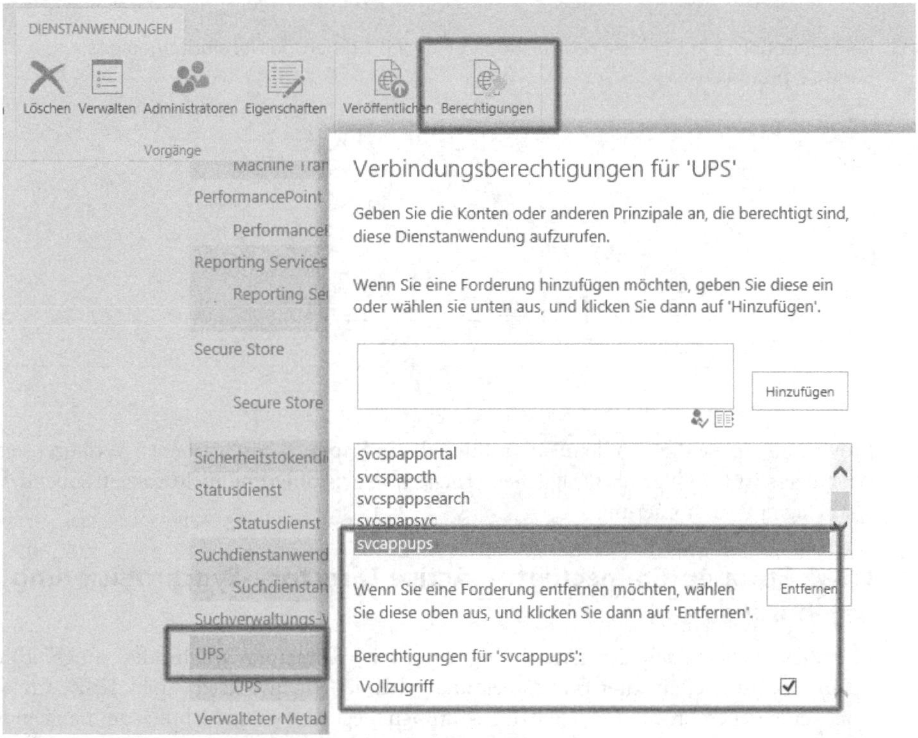

Nun sollten Sie umgehend Ergebnisse im Newsfeed angezeigt bekommen (Abbildung 18.15).

Abbildg. 18.15 Funktionaler Newsfeed

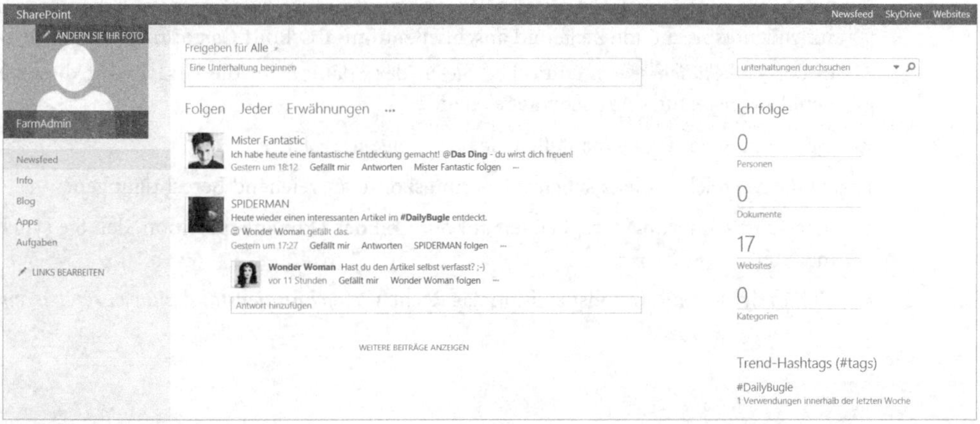

Synchronisierungsverbindungen sind nicht mehr verfügbar

Erscheinen in der Verwaltungsoberfläche die zuvor eingerichteten Synchronisierungsverbindungen nicht mehr (Abbildung 18.16), liegt der Grund hierfür vermutlich darin, dass die Benutzerprofil-Synchronisierungsdienstinstanz nicht mehr gestartet ist.

Abbildg. 18.16 Keine Ergebnisse in der Liste der verfügbaren Synchronisierungsverbindungen des Benutzerprofildiensts

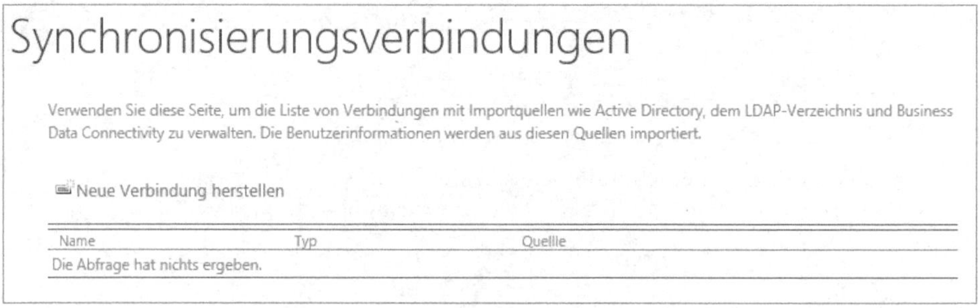

Provisionieren Sie diese in dem Fall mithilfe des in Kapitel 5 beschriebenen Verfahrens erneut. Dieser Prozess ist bei einer nachträglichen erneuten Provisionierung nicht so zeitraubend, wie bei der erstmaligen Provisionierung.

FISM: Stopped-Connectivity – Active Directory-Synchronisierung ergebnislos

Identifizieren Sie nach der Einrichtung der Active Directory-Synchronisierungsverbindung das Symptom, trotz scheinbarer Erfolgsmeldungen bei der Synchronisierung in der Zentraladministration, keine neuen Profile angezeigt zu bekommen, liegt dies voraussichtlich an mangelnden Berechtigungen in Active Directory. Gehen Sie in diesem Fall wie folgt vor:

1. Öffnen Sie dazu die Forefront Identity Manager-Verwaltungsoberfläche (*MIISClient.exe*) auf dem SharePoint-Server mit der Benutzerprofildienstanwendung (unter *%ProgramFiles%\Microsoft Office Servers\15.0\Bin\Synchronization\UIShell*).
2. Sofern Sie in der Spalte *Status* den Wert *stopped-connectivity* angezeigt bekommen, klicken Sie auf eine entsprechende Zeile und anschließend im Abschnitt *Connectivity* auf *failed-search*.
3. In der Zeile *failed-search* entdecken Sie in der Spalte *Error* die Ursache für diesen Fehler: Die Replikationsrechte sind nicht ausreichend.

Zur Beseitigung des Problems stellen Sie bitte Folgendes sicher:

Besitzt das Verzeichnisdienstsynchronisierungskonto ausreichend Berechtigungen?

- Verzeichnisänderungen replizieren auf den Teil der Domänenpartition, den Sie synchronisieren möchten
- Ggf. in der Konfigurationspartition das Recht *Verzeichnisdienständerungen replizieren* delegieren

ACHTUNG Verwechseln Sie beim Delegieren der Berechtigungen nicht das Recht *Verzeichnisänderungen replizieren* mit dem Recht *Alle Verzeichnisänderungen replizieren*! Letzteres Recht gewährt Ihnen nicht die erforderlichen Berechtigungen.

Beim Starten des Benutzerprofil-Synchronisierungsdiensts hängt der Dienst

Aufgrund der weitestgehend unveränderten Basisarchitektur des Benutzerprofildiensts in SharePoint 2013 bleiben auch die Standardfehler bei der Provisionierung vergleichbar. Somit werden Sie weiterhin häufig mit dem Problem konfrontiert, dass der Benutzerprofil-Snchronisierungsdienst nicht ordnungsgemäß startet und im Status *Wird gestartet* verweilt. Zum Beseitigen des Fehlers stehen Ihnen die folgenden Lösungsansätze zur Verfügung:

- Setzen Sie die Internetinformationsdienste mit *IISReset /noforce* zurück, sofern sich auf dem Server mit dem Benutzerprofildienst die Zentraladministration befindet
- Stellen Sie sicher, dass das Zentraladministrationskonto bzw. das Benutzerprofildienstanwendungskonto Mitglied in der Active Directory-Gruppe *Prä-Windows 2000 kompatibler Zugriff* ist. Sie können das Konto identifizieren, indem Sie in den Diensteigenschaften der beiden Forefront Identity Manager-Dienste den Wert *Anmelden als* verifizieren.
- Sofern der NetBIOS-Name der Domäne vom FQDN abweicht, stellen Sie sicher, dass der Wert *NetBiosDomainNamesEnabled* auf *true* gesetzt worden ist (siehe Kapitel 5)
- Stellen Sie sicher, dass Sie die Berechtigungen in der Domänenpartition für das Synchronisierungskonto korrekt delegiert haben (zumindest *Verzeichnisänderungen replizieren*, nicht *Alle Verzeichnisänderungen replizieren*)
- Auf SharePoint-Servern, die im eigenständigen Modus installiert wurden, kann der Benutzerprofildienst nicht ausgeführt werden
- Führen Sie die Provisionierung des Diensts unter der Verwendung des Farmkontos (*OWSTimer.exe*-Identität) durch
- Gewähren Sie dem Farmkonto das Privileg der lokalen Anmeldung
- Warten Sie mindestens 10 bis 15 Minuten, bevor Sie die Dienstprovisionierung als fehlerhaft betrachten, um weitere Maßnahmen durchzuführen
- Fügen Sie das Farmkonto zur lokalen Gruppe der Administratoren auf dem entsprechenden SharePoint-Server hinzu und starten Sie den Server neu. Nach dem erfolgreichen Start des Benutzerprofildiensts entfernen Sie das Farmkonto anschließend wieder aus der Gruppe. Beachten Sie, dass die Mitgliedschaft erst wieder nach einem Neustart der Dienste bzw. nach einem Serverneustart entfernt wird.
- Erstellen Sie die Benutzerprofildienstanwendung nicht mithilfe der PowerShell, sondern über die Zentraladministration. Weitere Information hierzu finden Sie im nachfolgenden Abschnitt.
- Führen Sie einen Neustart des Servers aus

Diese Maßnahmen sollten in der Mehrzahl der möglichen Problemkonstellationen für Abhilfe sorgen. Sollte der Dienst sich nicht aus dem *Wird gestartet*-Zustand bringen lassen, können Sie auch die folgende Methode via PowerShell verwenden, um den Dienst zurückzusetzen:

```
$UPA.ResetSynchronizationMachine()
```

Bei mehrmaligen Provisionierungsversuchen kann es erforderlich werden, vor einem erneuten Anlauf die im Rahmen der Provisionierung im Computerzertifikatspeicher erzeugten FIM-Zertifkate durch Löschen zu bereinigen.

Ereignis ID 234 bei der PowerShell-Provisionierung der Benutzerprofildienstanwendung und hängenden Benutzerprofil-Synchronisierungsdienst

Ein bereits unter SharePoint 2007 bekanntes Problem kann auch weiterhin in SharePoint 2013 auftreten. Erstellen Sie den Benutzerprofildienst mithilfe der PowerShell, scheitert die anschließende Provisionierung der Synchronisierungskomponente möglicherweise mit dem *ILM Web Service Configuration*, Ereignis ID 234 (Abbildung 18.17).

Abbildg. 18.17 ILM-Warnungen bei fehlgeschlagener UPS-Provisionierung

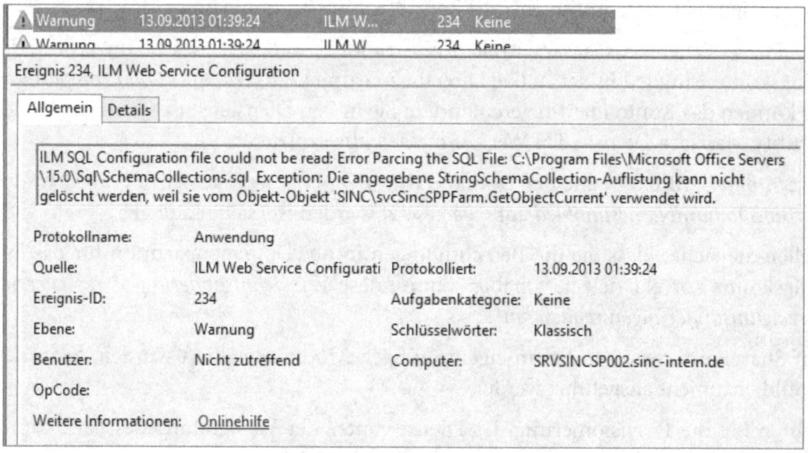

Zur Lösung des Problems löschen Sie die Benutzerprofildienstanwendung und erstellen diese mithilfe der Zentraladministration neu. Dabei wird das korrekte Basisschema verwendet, und Sie können somit die Provisionierung der Synchronisierungskomponente angehen.

Einrichtungs- und Wartungsfehler des Benutzerprofildiensts durch Proxykonfigurationen

Sollten Sie bei der Einrichtung des Benutzerprofildiensts eine der folgenden Fehlermeldungen bzw. Probleme identifizieren, folgen Sie den Anweisungen in diesem Abschnitt:

- Ereignisprotokoll (Anwendung) mit der Fehlermeldung *.NET SqlClient Data Provider: System.Data.SqlClient.SqlException: HostId is not registered* (Ereignisquelle *Forefront Identity Manager*, Ereignis-ID 3) und parallel die Fehlermeldung *The Forefront Identity Manager Service cannot connect to the SQL Database Server.* (zur Ereignis-ID 22)
- Die Einrichtung des Benutzerprofildienst scheitert nach automatisiert folgenden dreimaligen Initialisierungen
- Die definierten Synchronisierungsverbindungen im Benutzerprofildienst erscheinen nicht in der Zentraladministration

Sollten Ihnen diese Symptome unterkommen, ist es wahrscheinlich, dass diese Probleme beispielsweise durch eine zentrale Proxykonfigurationsrichtlinie verursacht werden, die dafür sorgt, dass für diverse Abfragen im Rahmen der Konfiguration Aufrufe über den Proxyserver fehlgeleitet werden.

HINWEIS Proxyeinstellungen können nicht nur manuell im Browser, sondern auch mithilfe von Gruppenrichtlinien als Systemproxy (via *Netsh winhttp show proxy* sichtbar) oder gar mittels DHCP WPAD unbemerkt in die Benutzerprofile verteilt werden.

Um dies zu verhindern, können Sie entweder in den Eigenschaften des konfigurierenden Einrichtungskontos (in der Regel das Farmkonto) sämtliche Proxykonfigurationen deaktivieren und die Provisionierung des Benutzerprofildiensts abschließen oder alternativ die in alle relevanten Konfigurationsschnittstellen Proxyausnahmen definieren. Die Proxyausnahmen müssten im letzteren Fall an folgenden Stellen definiert werden:

- OWSTimer (*%CommonProgramFiles%\Microsoft Shared\Web Server Extensions\15\BIN \OWSTIMER.EXE.CONFIG*)
- Zentraladministrationswebsite (zugehörige *web.config*-Datei)
- MIISServer (*%ProgramFiles%\Microsoft Office Servers\15.0\Synchronization Service\Bin\miiserver.exe.config*)
- Forefront Identity Manager Service (*%ProgramFiles%\Microsoft Office Servers\15.0\Service\Microsoft.ResourceManagement.Service.exe.config*)

Um die Proxyausnahmen in den Konfigurationsdateien zu hinterlegen, können Sie das *defaultProxy*-Element entsprechend Listing 18.6 definieren.

Listing 18.6 Definition von Proxyausnahmen

```
< configuration>
  < system.net>
    < defaultProxy>
      < bypasslist>
        < add address="[a-z]+\.sincdemo\.de" />
        < add address="192\.168\..*" />
      < /bypasslist>
    < /defaultProxy>
  < /system.net>
< /configuration>
```

Im vorherigen Beispiel wurden alle Server der Domäne *sincdemo.de* und alle Server aus dem 192.168-Subnetz von den Proxyzugriffen ausgenommen.

Organisations-Browser ist nicht in eigener *Meine Website* verfügbar

In SharePoint 2013 ist der Organisations-Browser nur verfügbar, wenn Sie *Meine Website* anderer Benutzer besuchen. Um den Organisations-Browser auch auf der eigenen *Meine Website* nutzen zu können, fügen Sie das entsprechende Webpart zu Ihrer Site hinzu. Weiterführende Informationen hierzu finden Sie im Knowledge Base-Artikel 2827884 (*http://support.microsoft.com/kb/2827884* [Ms156-K18-16]).

Organisations-Browser zeigt verwaiste Objekte an

Beim Verwenden des Organisations-Browsers werden Objekte angezeigt, die längst nicht mehr in Active Directory vorhanden sind. Dies ist der Fall, obwohl die Benutzerprofilsynchronisierung ohne Fehler im Protokoll arbeitet. Für dieses Problem gibt es zwei mögliche Ursachen:

- Der Bereinigungsauftrag für Änderungen an Benutzerprofilen ist nicht aktiv. Standardmäßig sollte dieser jedoch aktiviert sein.
- Der wahrscheinlichere Hintergrund für das Symptom ist eine SharePoint-Migration, aus der die betroffenen Objekte entstammen und Sie im Rahmen der Migration die Synchronisierung beispielsweise nicht für alle Domänen konfiguriert haben. Um die betroffenen Objekte zu identifizieren, verwenden Sie das PowerShell-Skript aus Listing 18.7.

Listing 18.7 Anzeigen der nicht importierten Benutzerprofile

```
$upa = Get-spserviceapplication –identity [ID der Benutzerprofildienst-Anwendung]
Set-SPProfileServiceApplication -Identity $upa – GetNonImportedObjects $true
```

Um die betroffenen bzw. im letzten Schritt identifizierten Benutzer und Gruppen zu löschen, rufen Sie das PowerShell-Skript aus Listing 18.8 auf.

Listing 18.8 Löschen der nicht importierten Benutzerprofile

```
$upa = Get-spserviceapplication -identity [ID der Benutzerprofildienst-Anwendung]
Set-SPProfileServiceApplication -Identity $upa -PurgeNonImportedObjects $true
```

Suche

In diesem Abschnitt werden suchspezifische Fehler erläutert.

Allgemeiner Fehler bei der Provisionierung der Suche

Sollte es im Rahmen der Provisionierung der Suche zu unerwarteten Fehlern kommen, können Sie grundsätzlich jederzeit einen neuen Anlauf bei der Provisionierung umsetzen. Während etwaig bereits gestartete Suchdienstinstanzen nicht zwangsläufig wieder heruntergefahren werden müssen, werden Sie doch zumindest die möglicherweise hinterlassene, nicht fertig provisionierte Dienstanwendung wieder entfernen wollen. Verwenden Sie dazu den folgenden PowerShell-Befehl:

```
Remove-SPEnterpriseSearchServiceApplication [Name der Suchdienstanwendung] -RemoveData
```

Fehler bei Suchabfragen

Bei Suchabfragen, die nur ein Anführungszeichen enthalten, kommt es zu diesem Zeitpunkt allgemein zu einem Fehler der Suchabfrage. Weiterführende Informationen hierzu finden Sie im Knowledge Base-Artikel 2752602 (*http://support.microsoft.com/kb/2752602* [Ms156-K18-17]).

Fehler bei der Durchforstung von Dateifreigaben

Sie indizieren eine Dateifreigabe, auf der Sie sowohl die Dateifreigaberechte als auch die NTFS-Rechte sowie das Durchforstungskonto ordnungsgemäß für die Inhaltsquelle konfiguriert haben.

Trotzdem erhalten Sie fortwährend eine Fehlermeldung angezeigt. Gewähren Sie in diesem Fall dem Durchforstungskonto auf dem Windows-Server mit der Dateifreigabe das Berechtigungsprivileg *Verwalten von Überwachungs- und Sicherheitsprotokollen* (Abbildung 18.18).

Abbildg. 18.18 Zusätzliche Privilegien für das Durchforstungskonto festlegen

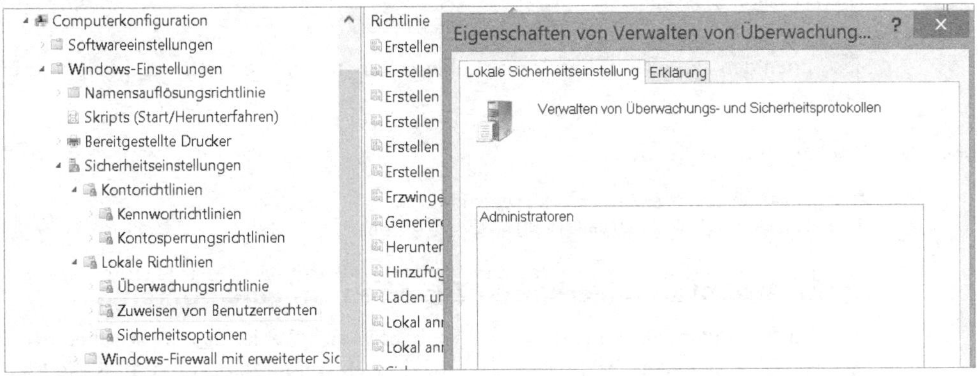

Führen Sie zur Kontrolle eine erneute vollständige Durchforstung der Inhaltsquelle aus.

Personensuche nicht funktional

Sie können nicht nach Personen suchen, die restlichen Suchfunktionen sind jedoch funktional. Im Ereignisprotokoll erscheinen regelmäßig Warnmeldungen mit der Ereignis-ID 14, die darauf hinweisen, dass eine *SPS3://...*-Quelle nicht durchforstet werden konnte (*Zugriff verweigert*).

Die Ursache besteht in der Regel in mangelnden Zugriffsberechtigungen des Inhaltszugriffskontos der Suche. Um das Problem zu lösen, gehen Sie wie folgt vor:

1. Öffnen Sie die Dienstanwendungsverwaltung der Zentraladministration.
2. Markieren Sie Ihre Benutzerprofildienstanwendung, und klicken Sie anschließend im Menüband auf *Administratoren*.
3. Fügen Sie das neue Inhaltszugriffskonto hinzu, und geben Sie diesem das Recht *Personendaten für Suchcrawler abrufen*.
4. Führen Sie eine vollständige Durchforstung der Inhaltsquelle aus, um die Inhalte umgehend in der Suche bereitzustellen.

Inhalte großer Dateien werden nicht durchforstet

Beim Durchforsten umfangreicher Dateien existiert auch unter SharePoint 2013 ein Schwellenwert, an der die Inhaltsverarbeitung abgebrochen wird. Somit werden besonders umfangreiche Dateien nicht vollständig in den Index aufgenommen. Der Standardwert liegt nun bei 64 MB, anstatt zuvor bei 16 MB. Inhalte jenseits dieser Schwelle erscheinen daher nicht mehr im Index und können demnach auch nicht zur Auffindung der Datei verwendet werden.

Benutzen Sie das Beispielskript aus Listing 18.9, um den Schwellenwert abzuändern. Passen Sie zuvor den Wert der Variable *$maxFS* wunschgemäß an, welche den Schwellenwert in MB repräsentiert.

Listing 18.9 Abändern des Schwellenwerts für die Indizierung

```
$maxFS = 100
$s = Get-SPEnterpriseSearchServiceApplication
$s.SetProperty("MaxDownloadSize",$maxFS)
$s.Update()
Restart-Service osearch14
```

Sie können den aktuellen Schwellenwert überprüfen, indem Sie das Beispielskript aus Listing 18.10 verwenden.

Listing 18.10 Abrufen des Schwellenwerts

```
$s = Get-SPEnterpriseSearchServiceApplication
$s.GetProperty("MaxDownloadSize")
```

Große Anzahl an fehlerhaften Zugriffen auf einen Dateityp

In Ihren SharePoint-Suchdienstprotokollen häufen sich Fehlermeldungen über den Zugriff auf Dateien eines speziellen Dateityps. Diese Meldungen weisen darauf hin, dass die Datei aufgrund mangelnder Rechte für das Zugriffskonto nicht durchforstet werden konnte. In diesem Fall liegt die Ursache voraussichtlich an einem fehlerhaft installierten iFilter für diesen Dateityp.

Fehler beim Anlegen eines Suchcenters

Beim Anlegen eines neuen Suchcenters als Subweb kommt es zur Meldung »Unbekannter Fehler«.

Um dieses Problem zu beheben, aktivieren Sie das Feature *SharePoint Server-Veröffentlichungsinfrastruktur* auf Websitesammlungsebene. Vorher kann das Suchcenter nicht erstellt werden.

HINWEIS Es wird generell empfohlen, ein Suchcenter in einer eigenen Websitesammlung oder dedizierten Webanwendung bereitzustellen.

Kontextbasierte Suchabfragen führen zu keinen Ergebnissen

Es treten Situationen auf, in denen Sie mehrere URLs für den Zugriff auf eine Webanwendung und damit auf einen identischen Satz an Inhaltsdatenbanken festgelegt haben. Jedoch erhalten Benutzer nicht aller definierten Zugriffs-URLs für einen identischen Suchbegriff abweichende Ergebnisse im vermeintlich gleichen Suchbereich. Der gleiche Benutzer erhält unter einer URL bei der Einschränkung des Suchbereichs beispielsweise auf die aktuelle Site Ergebnisse, unter der anderen URL nicht. In diesem Fall liegt womöglich ein AAM-spezifisches Konfigurationsproblem vor.

Die beiden primären Gründe für ein solches Problem sind fehlerhafte AAM-Zonen und Inhaltsquellendefinitionen in Kombination mit ggf. angepassten Suchserverregeln oder aber eine fehlerhafte AAM-Konfiguration in Umgebungen mit einer farmübergreifenden Durchforstung, bei der die Suchfarm nicht ordnungsgemäß über die AAM-Konfiguration der Zielfarm in Kenntnis gesetzt wurde. Beide Ursachen werden umfassend in Kapitel 11 behandelt. Weitere Grundlagen zu den in speziellen Umgebungen komplexen AAMs finden Sie in Kapitel 9.

Verteilter Cache (Distributed Cache)

Sollte die Dienstinstanz im Rahmen der Installation nicht erfolgreich provisioniert worden sein, gestaltet sich die Fehlersuche bei diesem Diensttyp, ähnlich wie beim Benutzerprofildienst, etwas komplexer. Im einfachsten Fall kann die Reprovisionierung des Diensts durch das erneute Ausführen des Konfigurations-Assistenten für SharePoint-Produkte und -Technologien bewerkstelligt werden.

Weiterführende Informationen zu den Problemen bei der Provisionierung des Diensts finden Sie an folgenden Stellen:

- Im *%Temp%*-Verzeichnis des für die Installation von SharePoint genutzten Benutzerprofils sind zwei verteilte Cacheprotokolldateien vorhanden (*DCacheConfiguration…* und *DCacheAdministration…*)
- Kontrollieren Sie, ob der zum Cache zugehörige Windows-Dienst gestartet wurde (*AppFabric-Cachedienst*)

ACHTUNG Selbst wenn der Windows-Dienst an dieser Stelle als gestoppt angezeigt wird, starten Sie den Dienst jedoch in keinem Fall mithilfe der Windows-Dienststeuerung neu, sondern benutzen Sie vielmehr die SharePoint-Dienststeuerung.

Sollte der Dienst nicht gestartet worden sein, führen Sie die in Kapitel 9 angeführten Maßnahmen zum Starten des verteilten Cachediensts durch.

Verwalteter Metadatendienst

Die folgenden besonderen Ereignisse rund um den wichtigen verwalteten Metadatendienst sind verbreitet.

Fehlermeldungen der Ereignis-ID 8313 und 8088 in den Ereignisprotokollen

Die Ereignisse 8313 (Abbildung 18.19) und 8088 im Ereignisprotokoll weisen darauf hin, dass der verwaltete Metadatendienst nicht verfügbar bzw. der Aufruf des Endpunkts der Dienstanwendung gescheitert ist. Parallel erscheint die Dienstanwendung jedoch grundsätzlich funktional.

Abbildg. 18.19 Ereignis-ID 8313

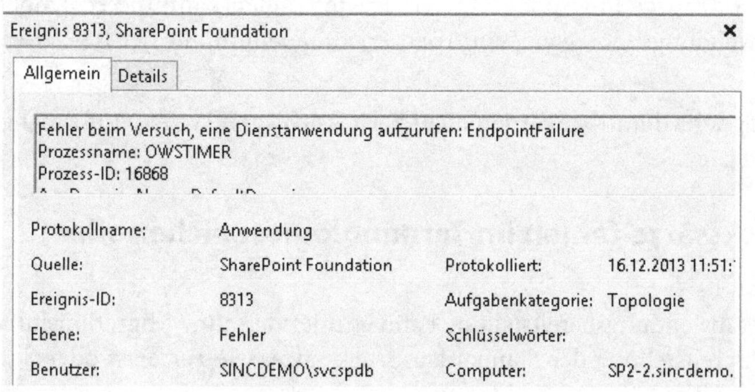

Bei dem Fehler handelt es sich um ein bereits aus SharePoint 2010 bekanntes Symptom. Sofern die Dienstanwendung grundsätzlich funktional ist (der Zugriff auf den Terminologiespeicher ist problemlos möglich), starten Sie einfach die betroffenen SharePoint-Dienstinstanzen neu. Dieses Problem tritt möglicherweise wiederholt auf.

Terminologiespeicherverwaltung des verwalteten Metadatendiensts ist nicht verfügbar

Sollten Sie beim Öffnen der Terminologiespeicherverwaltung die in Abbildung 18.20 gezeigte Fehlermeldung erhalten, kann dies im einfachsten Fall die folgenden Ursachen haben:

Abbildg. 18.20 Fehlermeldung bei Nichtverfügbarkeit des Terminologiespeichers der verwalteten Metadatendienstanwendung

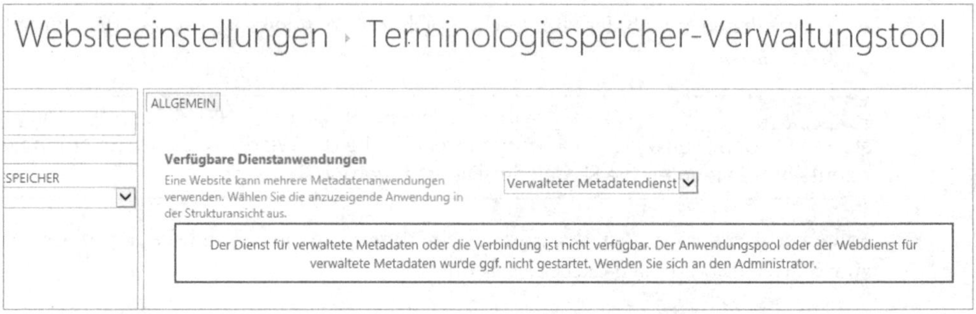

- **Die Provisionierung der Dienstanwendung ist noch nicht vollständig abgeschlossen** Diese Ursache kann treffend sein, sofern Sie den Terminologiespeicher unmittelbar nach dem Erstellen der Dienstanwendung öffnen. In diesem Fall wiederholen Sie den Zugriff auf den Terminologiespeicher nach einer erneuten, sehr begrenzten Wartezeit.
- **Keine Dienstinstanz des verwalteten Metadatendiensts wurde in der Farm gestartet** Sollte der verwaltete Metadatendienst auf keinem SharePoint-Server der Farm erfolgreich gestartet worden sein, kann der Terminologiespeicher nicht administriert werden. Stellen Sie sicher, dass mindestens ein Server der Farm eine Instanz des Diensts ausführt.
- **Es wurden keine hinreichenden Berechtigungen für den Terminologiespeicher delegiert** Stellen Sie sicher, dass der Farmadministrator in den Berechtigungen der verwalteten Metadatendienstanwendung volle Zugriffsberechtigungen auf den Terminologiespeicher erhalten hat
- **Nicht gestarteter IIS-Anwendungspool** In vereinzelten Fällen kann dieser behoben werden, indem der Webanwendungspool *SharePoint Web Services Root* mithilfe der IIS-Verwaltungskonsole gestartet wird
- **Besonderheiten bei der Migration wurden nicht berücksichtigt** Weitere Informationen hierzu finden Sie in Kapitel 14

Standardausdruckssätze fehlen im Terminologiespeicher oder sind fehlerhaft

Im Rahmen der Dienstanwendungsbereitstellung kann es mit oder ohne Migrationshintergrund zu einem Fehler bei der Bereitstellung der Standardausdruckssätze, wie *Personen* oder *Suchwörterbü-*

cher kommen. Hierdurch erhalten Sie ebenfalls einen Fehler beim Zugriff auf den Ausdruckssatz im Terminologiespeicher angezeigt (Abbildung 18.21).

Abbildg. 18.21 Terminologiespeicher-Ausdruckssatzfehler

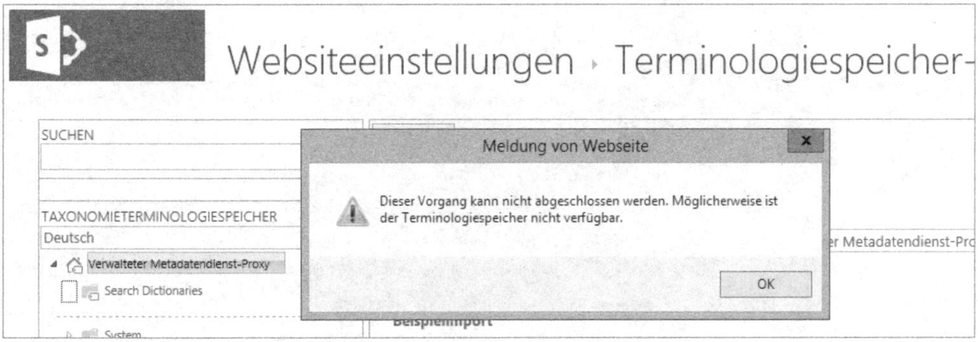

Ferner finden Sie im ULS-Protokoll die folgende Fehlermeldung vor:

Failed to get term store for proxy 'Verwalteter Metadatendienst-Proxy'. Exception: System.Collections.Generic.KeyNotFoundException: Der angegebene Schlüssel war nicht im Wörterbuch angegeben.

Hintergrund des Problems sind suboptimale Installationsroutinen für deutschsprachige Installationen. Es existieren verschiedene Lösungsansätze. Um das Problem im Rahmen einer noch neuen Farmbereitstellung zu beseitigen, installieren Sie das englischsprachige SharePoint-Sprachpaket und führen die Provisionierung der Dienstanwendung erneut durch. Für produktive Installationen verwenden Sie die existierende Terminologiespeicherdatenbank wieder.

Sonstige Dienstanwendungen und Komponenten

In diesem Abschnitt werden weitere Fehler im Zusammenhang mit SharePoint-Diensten und -Dienstanwendungen erläutert.

Arbeitsverwaltungsdienst synchronisiert keine Aufgaben

Wurde die Einrichtung des Arbeitsverwaltungsdiensts nicht erfolgreich abgeschlossen, werden die Aufgaben innerhalb einer SharePoint-Farm nicht ordnungsgemäß synchronisiert, und Sie erhalten anstelle der synchronisierten Aufgaben in der Aufgabenliste Ihrer *Meine Website* eine Warnmeldung, wonach die letzte Aktualisierung am 01.01.1901 um 00:00 Uhr erfolgt ist (Abbildung 18.22).

Hierfür sind mehrere Ursachen denkbar, wobei die wahrscheinlichste auf mangelnde Berechtigungen der Dienstanwendungskonten zurückführt.

Sie haben in dieser Situation primär zwei Lösungsansätze:

- Ausführen des Arbeitsverwaltungsdiensts im gleichen Kontext wie die *Meine Website*-Webanwendung (von *Mein Websitehost*, nicht der Benutzerprofildienstanwendung)
- Ändern der Berechtigungen der bestehenden Dienstanwendungskonten

Abbildg. 18.22 Fehler bei der Aufgabensynchronisierung

Für den ersten Ansatz haben Sie die Möglichkeit, die Arbeitsverwaltungsdienstanwendung zu löschen und unter Verwendung des gleichen Dienstkontos wie dem des Webanwendungspools von *Mein Websitehost* neu zu erstellen. In diesem Fall sollten Sie anschließend die SharePoint-Dienstinstanzen des Arbeitsverwaltungsdiensts neu starten.

HINWEIS Entgegen einigen kursierenden Mutmaßungen ist es nicht erforderlich, die Arbeitsverwaltungsdienstinstanzen auf jedem SharePoint-Server der Farm auszuführen.

Im Rahmen des zweiten Ansatzes gewähren Sie dem Dienstanwendungspoolkonto des Arbeitsverwaltungsdiensts volle Zugriffsrechte (Verbindungszugriffsrechte und Administratorrechte) auf die Benutzerprofildienstanwendung. Auch in diesem Fall sollten Sie abschließend alle SharePoint-Dienstinstanzen des Arbeitsverwaltungsdiensts neu starten, um die Änderungen abzuschließen.

Führen auch diese Änderungen zu Problemen mit der Synchronisierung der Aufgaben, beachten Sie die folgenden Hinweise:

- Stellen Sie sicher, dass die Suche speziell hinsichtlich der Durchforstung der *Meine Website* funktional ist. Sollten Sie keine kontinuierliche Durchforstung aktiviert haben, müssen Sie durch eine manuelle oder automatisierte inkrementelle Durchforstungen dafür sorgen, dass die Aufgabenelemente identifiziert werden können. Behalten Sie die daraus resultierende Latenz im Hinterkopf.
- Beachten Sie, dass die Synchronisierung lediglich für Aufgabenlisten basierend auf der neuen Vorlage funktionieren kann. Ältere Aufgabenlisten werden nicht für die Synchronisierung unterstützt.
- Um die Synchronisierung der Aufgaben in beide Richtungen zu ermöglichen, benötigt das Anwendungspooldienstkonto von *Meine Website* zusätzliche Berechtigungen auf alle anderen Inhaltsdatenbanken (mindestens *SPDataAccess*-SQL-Rechte). Dies gilt speziell für *least privilege*-Implementierungen. Um alle erforderlichen Rechte auf die Zielwebanwendung zu delegieren, können Sie die *GrantAccessToProcessIdentity*-Methode auf Webanwendungsebene wie folgt verwenden:

```
$w = Get-SPWebApplication -Identity "https://WebanwendungsURL
$W.GrantAccessToProcessIdentity("Domäne\Dienstkonto")
```

- Speziell hinsichtlich des Abgleichs mit Exchange Server (und damit Outlook) gelten weitere Rahmenbedingungen und abweichende Synchronisierungsintervalle, die in dieser Konstellation im Zusammenhang mit dedizierten Zeitauftraggeberdefinitionen stehen.

Weitere Hintergründe zum Arbeitsverwaltungsdienst erfahren Sie in Kapitel 8.

Dienstinstanz hängt beim Starten

Vereinzelt kommt es zu einem Fehler beim Starten einer SharePoint-Dienstinstanz, wodurch die betroffene Instanz im *Provisioning*-Status verweilt (Abbildung 18.23).

Abbildg. 18.23 Reprovisionierung einer fehlerhaften SharePoint-Dienstanwendungsinstanz

```
TypeName                              Status    Id
--------                              ------    --
Microsoft SharePoint Foundati...      Provi...  21ba780d-3847-4d1a-877e-d9f2853551d9
Microsoft SharePoint Foundati...      Online    d069c4d6-57ae-43a6-ad4a-dcb3cb9e64ff

PS C:\> $si = Get-SPServiceInstance "21ba780d-3847-4d1a-877e-d9f2853551d9"
PS C:\> $si.Unprovision()
PS C:\> $si.Provision()
PS C:\> $si.Status
Online
```

Um das Problem zu beheben, verwenden Sie das in Abbildung 18.23 dargestellte PowerShell-Beispielskript.

Fehler beim Erstellen des Secure Store-Masterschlüssels

Bei der Provisionierung des Secure Store kann es im Einzelfall zu einem Fehler beim Erstellen des Masterschlüssels kommen, wodurch die Dienstanwendung unbrauchbar ist. Dieses Problem ist unabhängig von der PowerShell- oder Zentraladministration-gestützten Konfiguration.

Zur Lösung des Problems führen Sie die Konfiguration des Masterschlüssels mithilfe des Farmkontos durch.

WSS_UsageApplication-Proxydienstanwendungskomponenente beendet

Sollte der Dienstanwendungsproxy der *WSS_UsageApplication* unerwartet beendet vorgefunden werden, müssen Sie diese umgehend wieder instand setzen, da hierdurch möglicherweise irritierende Fehlersymptome führen. Beispielsweise kann es beim Erstellen einer Websitesammlung zu einer Fehlerausnahme kommen, die darauf hinweist, dass ein Benutzer nicht gefunden werden konnte.

Bei der Analyse der ULS-Protokolle finden Sie zusätzlich Fehlermeldungen vor, beispielsweise die folgende:

Execute method of job definition Microsoft.Office.Server.Search.Monitoring.TraceDiagnosticsProvider (ID 6921153e-fec3-4b28-ae97-b41398e16bb2) threw an exception Cannot open database "WSS_Usage-Application" requested by the login. The login failed. Login failed for user DOMAIN\SAMACCOUNT-NAME

Der Dienstanwendungsproxy kann nicht mithilfe der Zentraladministration wieder gestartet werden. Um den Dienstanwendungsproxy zu reprovisionieren und somit erneut zu starten, verwenden Sie das folgende PowerShell-Beispielskript:

```
$sapp = Get-Spserviceapplicationproxy "[ID]"
$sapp.provision()
```

SharePoint-Erweiterungen

In diesem Abschnitt werden häufige Probleme im Zusammenhang mit SharePoint-Erweiterungen von Microsoft beschrieben.

Fehler bei der Bereitstellung von AlwaysOn

Bei der Bereitstellung eines AlwaysOn-Clusters können eine Reihe an Problemen auftreten, von denen an dieser Stelle einige in der Übersicht behandelt werden sollen:

- Wird der AlwaysOn-Cluster über mehrere Subnetze verteilt eingerichtet, kann es beim Versuch, eine Verbindung zu einem AlwaysOn-Listener der Hochverfügbarkeitsgruppe herzustellen, zu einem Fehler kommen. Beachten Sie in diesem Fall die Hinweise des Knowledge Base-Artikels 2792139 (*http://support.microsoft.com/kb/2792139* [Ms156-K18-18]), um den Parameter *RegisterAllProvidersIP* auf *0* zu setzen.
- Die Sicherung von AlwaysOn-basierten SharePoint-Farmen funktioniert nicht mit SCDPM 2012 oder 2012 R2. Dies ist eine aktuell grundsätzliche Einschränkung.
- Die Verwendung von AlwaysOn für die *WSS_Usage*-Datenbanken ist zwar möglich, wird jedoch nicht empfohlen. Für die Verwendung von AlwaysOn für PowerPivot gibt es keine offiziellen Teststatements von Microsoft.
- Vermeiden Sie die Verwendung des Cluster-Managers, um Konfigurationsänderung für den AlwaysOn-Cluster vorzunehmen, sondern verwenden Sie die in das SQL Management Studio integrierten Funktionen

Office Web Apps sind nach Aktualisierung instabil

Sollten Sie im Rahmen einer Aktualisierung von Office Web Apps versäumt haben, den jeweils zu aktualisierenden Knoten aus der Farm zu entfernen, kann es zu diversen Problemen sowie auch zu einer Instabilität bei der Verwendung von Office Web Apps kommen. Um dies zu beheben, können Sie im Zweifel eine vollständige Deinstallation mit einer anschließenden Neuinstallation gemäß der Anweisungen in Kapitel 16 durchführen (Installation von Office Web Apps, Sprachpaketen, Service Packs für OWA, Service Packs für Sprachpakete und kumulative Aktualisierungen).

Beachten Sie vor diesem Hintergrund bitte unbedingt die Office Web Apps-spezifischen Anweisungen für die Installation von Aktualisierungen.

Sonstige Office Web Apps-Fehler

Die folgenden gängigen Probleme von Office Web Apps sind bekannt:

- Office Web Apps sind *Unhealthy*
- Funktion zum Öffnen von Inhalten mit Office Web Apps ist nicht gegeben

- SSL-Zertifikatfehlermeldungen
- BroadcastServicesWatchdog-Ereignisanzeigefehler

Bei der Überprüfung von Office Web Apps stellen Sie fest, dass eine oder mehrere Maschinen als *Unhealthy* angezeigt wird (Abbildung 18.24).

Abbildg. 18.24 Statusüberwachungsfehler

Der HealthStatus *Unhealthy* hat leider vielfache Gründe und kann zunächst als Standardzustand angesehen werden, sofern nicht alle Ursachen beseitigt wurden:

In der OWA-Ereignisanzeige finden Sie parallel weitere Fehler wie beispielsweise die Fehler-ID 1160 mit Hinweisen auf fehlerhafte Überprüfungen der Watchdog-Komponente (Abbildung 18.25).

Abbildg. 18.25 Watchdog-Fehlermeldung

Der Fehler resultiert aus den bei einer Standardinstallation unter Windows Server 2012/IIS 8 nicht funktionalen *.svc*-Endpunkten von WCF. Für diese Funktionalität sind die Komponenten der HTTP-Aktivierung erforderlich, die nicht Bestandteil der Installation sind. Um das Problem zu validieren, können Sie einen Testaufruf absetzen. Führt dieser zu einem Fehler (Statuscode 40x), sind Sie von dem Problem betroffen:

```
Invoke-WebRequest https://officeapps.sincdemo.de/m/met/participant.svc/jsonAnonymous/
BroadcastPing
```

Bei einem Erfolg sieht das Ergebnis beispielsweise wie in Abbildung 18.26 dargestellt aus.

Abbildg. 18.26 Erfolgreiche Überprüfung des WCF-Dienstendpunkts

Falls ein Fehler auftritt, installieren Sie auf den Office Web Apps-Servern die .NET-HTTP-Aktivierungskomponente beispielsweise unter Verwendung des Beispielskripts aus Listing 18.11, inklusive eines Neustarts des WAC-Diensts.

Listing 18.11 Installation der HTTP-Aktivierungskomponente

```
Add-WindowsFeature NET-WCF-HTTP-Activation45
Restart-Service WACSM
```

Prüfen Sie, ob der Statusfehler durch diese Maßnahme behoben wurde und fahren Sie ggf. mit der Fehlerbehebung im nachfolgenden Abschnitt fort.

Bei einer näheren Durchsicht der OWA-Ereignisprotokolle werden Sie in Kombination mit SSL und der Watchdog-Komponente auf weitere Fehler stoßen, die auf ein Zertifikatproblem hindeuten, wie in diesem Beispiel der Fehler mit der ID 1208 (Abbildung 18.27).

Abbildg. 18.27 Zertifikatfehlermeldung in OWA

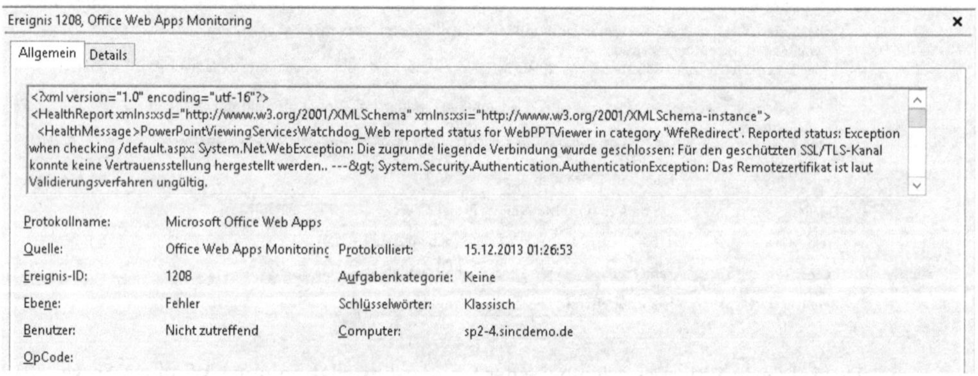

Diese Fehler tritt auch dann auf, wenn Sie ein ordnungsgemäßes Zertifikat ausgestellt haben. Ursache ist hier, dass die Watchdog-Komponente den jeweiligen Server auf Basis des Servernamens kontaktiert. Diese weichen natürlich vom Namen in der OWA-Farm-URL ab. Vor diesem Hintergrund ist es erforderlich, dass Sie entweder ein Platzhalterzertifikat oder aber ein adäquates SAN-Zertifikat installieren, in dem alle Namen der Server der Office Web Apps Farm als DSN-Namen definiert wurden (Abbildung 18.28).

Abbildg. 18.28 SAN-Zertifikat für OWA

HINWEIS SAN-Zertifikate werden in Kapitel 13 behandelt.

Zum Installieren eines neuen Zertifikats gehen Sie wie folgt vor:

1. Installieren Sie ein neues adäquates Serverzertifikat im Computerzertifikatspeicher (gemäß Kapitel 13).
2. Führen Sie den Befehl zum Aktualisieren des OWA-Zertifikats in der Konfiguration aus:

```
Set-OfficeWebAppsFarm -CertificateName "officeapps.sincdemo.de"
```

3. Starten Sie die Office Web Apps-Server neu.
4. Führen Sie den folgenden Befehl zum Aktualisieren des Schlüsselspeichers auf der SharePoint-Farm aus (einmalig):

```
Update-SPWOPIProofKey
```

TIPP Es existiert zusätzlich das Cmdlet *Repair-OfficeWebAppsFarm*, welches jedoch in der Regel nicht die erwarteten Operationen ausführt, sondern vielmehr die *Unhealthy*-Knoten aus der Farm entfernt, welches im Zweifel alle sind. Verzichten Sie daher auf die Verwendung dieses Cmdlets.

Am Ende dieser Konfiguration sollte der Status der Knoten wie gewünscht sein (Abbildung 18.29).

Abbildg. 18.29 Ordnungsgemäßer Zustand der OWA-Knoten

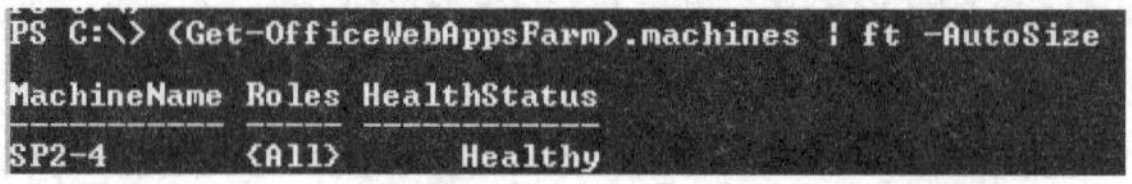

Fehler bei der Einrichtung des SharePoint Management Packs

Bei der Einrichtung des SharePoint Management Pack unter SCOM 2012/R2 sind diverse Fehler möglich und bekannt, von denen hier ein kleiner Auszug in der Übersicht vorgestellt werden soll.

Import der Management Packs

Beim Versuch des Imports der zuvor heruntergeladenen Management Packs können in der deutschen Version Abhängigkeitsfehler angezeigt werden. In diesem Fall ist es wichtig, dass Sie entweder manuell oder automatisch das Herunterladen der Abhängigkeiten zulassen (Abbildung 18.30).

Abbildg. 18.30 SCOM-Suche im Onlinekatalog

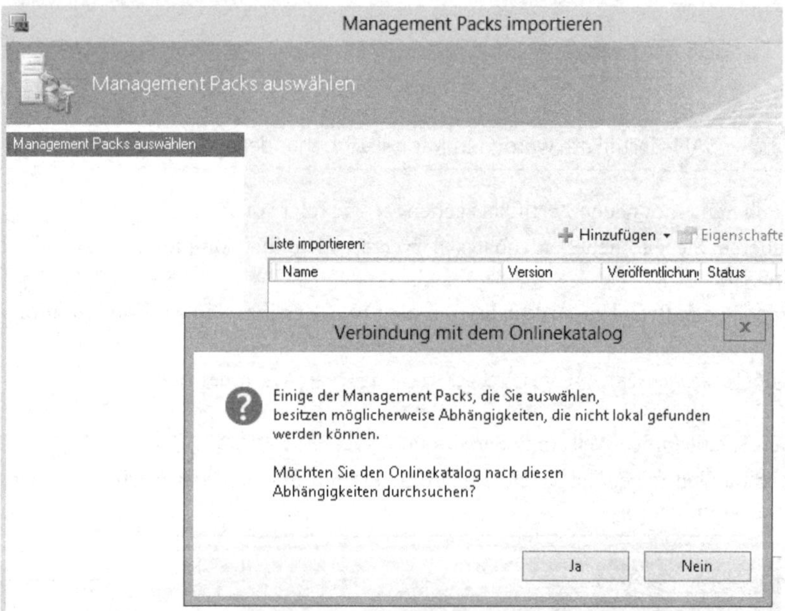

Hinderlich in diesem Kontext ist, dass das hier dargestellte Dialogfeld nicht in jeder Konstellation erscheint und Sie in diesem Fall manuell die Abhängigkeiten hinzufügen müssen. Im konkreten Beispiel wurde dies für das SQL Server 2012 Management Pack umgesetzt (Abbildung 18.31).

Abbildg. 18.31 SQL Server Management Pack-Abhängigkeiten sind nachgerüstet

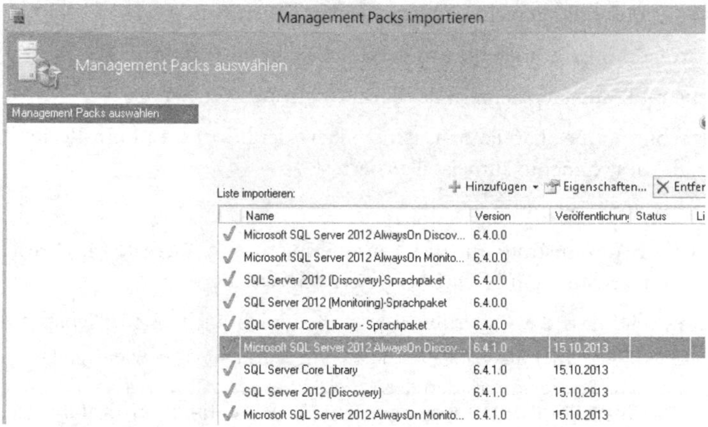

Fehler bei der Konfiguration des SharePoint Management Pack

Speziell beim Ausführen des Assistenten für die Konfiguration des SharePoint Management Packs sind zahlreiche unterschiedliche Fehler denkbar. In dem hier demonstrierten Beispiel liegt die Ursache in mangelnden Berechtigungen (Abbildung 18.32).

Abbildg. 18.32 Fehler bei der Einrichtung durch mangelnde Berechtigungen

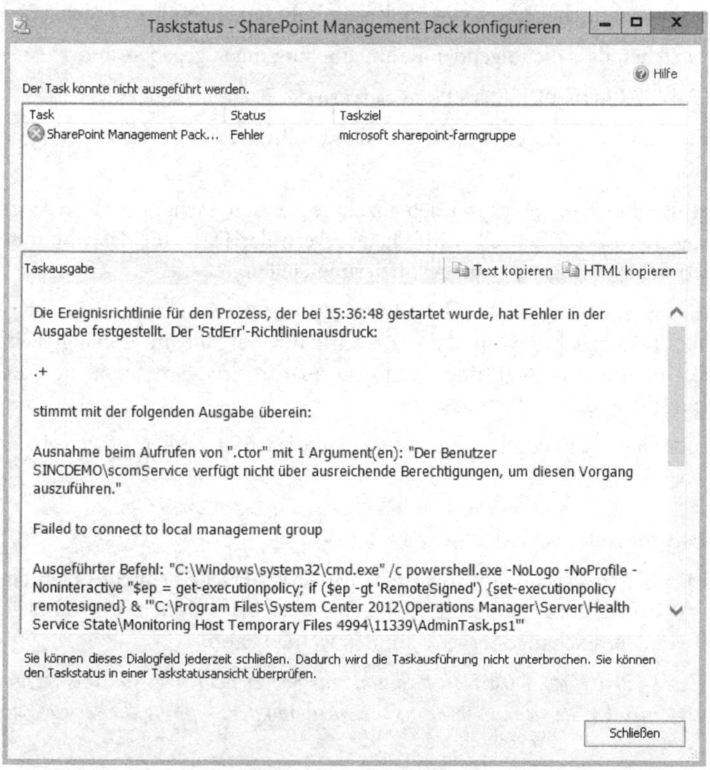

Berechtigungsfehler stellen an dieser Stelle eine häufige Ursache dar. Stellen Sie daher sicher, dass Sie dem RunAs-Konto ausreichende Berechtigungen delegiert haben:

- Mitglied der Farmadministratorgruppe (in der Zentraladministration)
- Lokaler Administrator auf allen Servern der Farm (inklusive SQL Server)
- Administratorrechte auf die SharePoint-Datenbanken oder besser Sysadmin-Rechte auf die SQL Server-Instanz, da diese ohnehin zumeist dediziert ist
- Shelladmin-Rechte in SharePoint
- Mitglied der SCOM-Administratoren (dies kann beispielsweise über die Mitgliedschaft in den lokalen Administratoren auf dem SCOM-Server erreicht werden)

Im Einzelfall kann es sein, dass die Änderungen erst erfolgreich nach einem Neustart der SCOM-Konsole oder gar des Servers angewandt werden.

HINWEIS Für das SharePoint 2010-Management Pack existiert ein umfangreicher Knowledge Base-Artikel (KB 2690744), der viele unterschiedliche Fehler aufzeigt. Die hier angeführten Beispiele lassen sich zum größten Teil auch auf das SharePoint 2013 Management Pack anwenden. Sie finden den Artikel unter *http://support.microsoft.com/kb/2690744* [Ms156-K18-19].

eDiscovery-Probleme mit Exchange Server-Daten

Sollten Sie bei der Einrichtung von eDiscovery Probleme bei der Anzeige von Exchange Server-Daten haben, sind aufgrund der Abhängigkeiten zahlreiche Ursachen denkbar. Einige dieser Ursachen sind jedoch wahrscheinlicher und sollen in diesem Rahmen angeführt werden.

Stellen Sie zunächst sicher, dass die folgenden Rahmenbedingungen gegeben sind:

- Haben Sie die EWS-API auf allen SharePoint-Servern der Farm installiert?
- Wurde die Vertrauensstellung gemäß den Detailanweisungen für die Einrichtung der Websitepostfächer konfiguriert?
- Wird dem Zertifikat für den Server mit den anzusprechenden Exchange Web Services vertraut? Wenn nicht, speichern Sie es auf allen Mitgliedsservern der Farm für das Computerkonto im Ordner der vertrauenswürdigen Stammzertifizierungsstellen.
- Ist die SharePoint-Suche funktional und der Index aktuell? Beachten Sie unbedingt, dass speziell im Rahmen der Ersteinrichtung und der Berechtigungsvergabe in Abhängigkeit von Ihrer Umgebung die Durchforstung ggf. mehr Zeit beansprucht bzw. eine manuelle Forcierung der Durchforstung nötig wird.

Sind diese Rahmenbedingungen gegeben, beachten Sie die nachfolgende gängige Fehlersymptomatik.

Could not find HostController Service in server

Beim Zugriff auf die eDiscovery-Inhalte von Exchange Server erscheint nicht selten ein Fehler im ULS-Protokoll in der Spalte *Area* für den Bereich *SharePoint Server Search*, wonach der HostController-Dienst nicht auf dem Exchange Server gefunden werden kann:

OWSTIMER.EXE (SP2-2:0x05D4) # 0x3BA0 # SharePoint Server Search # Administration # Medium Could not find HostController Service in server mx1-1.sincdemo.de. Skipping the server. Exception.

Dieser Fehler zeigt ein in verschiedensten Variationen auftretendes Problem bei der Suche in Exchange Server 2013 auf, wonach die Exchange-integrierte Suche nicht ordnungsgemäß auf dem Zielserver funktioniert.

Bei einer näheren Analyse können sich nun verschiedene Probleme herauskristallisieren:

- Der Suchdienst (genauer gesagt *HostControllerService*) ist auf dem Zielhost offline
- Der Suchindex der Datenbank ist nicht funktional (Abbildung 18.33)

Abbildg. 18.33 Fehlerhafter Index

Eine bekannte Ursache für einen nicht funktionalen Microsoft Exchange Server Search Host-Controllerdienst besteht in den Auswirkungen einer Aktualisierung (MS13-061), die zu einem Ausfall der Suche führt.

HINWEIS Sollte die Aktualisierung MS13-061 bei Ihnen eingespielt worden sein, finden Sie einen Workaround unter *http://support.microsoft.com/kb/2879739* [Ms156-K18-20].

Ist der Exchange-Suchdienst in Ihrer Umgebung funktional, jedoch der Index fehlerhaft, können Sie den folgenden Workaround anwenden:

1. Stellen Sie sicher, dass der Zustand des Index die Ursache für Ihr Problem ist, indem Sie in der Exchange-Verwaltungsshell den folgenden Beispielbefehl ausführen (Abbildung 18.34).

Abbildg. 18.34 Validierung des Indexstatus mithilfe von *Get-MailboxDatabaseCopyStatus*

   Ist der Wert für *ContentIndexStatus* nicht *Healthy*, sondern *FailedAndSuspended*, fahren Sie fort.

2. Beenden Sie beide Exchange Server-Suchdienste (*Microsoft Exchange Server Search Host Controller* und *Microsoft Exchange Server Search*) beispielsweise mithilfe der Dienststeuerung (*Services.msc*).

3. Lokalisieren Sie das Verzeichnis der Postfachdatenbank unterhalb des Pfads *%Program Files%\Microsoft\Exchange Server\V15\Mailbox\[Datenbankname]*.

   In diesem Ordner existiert ein Unterordner mit der Endung *.Single*. Benennen Sie den Ordner um (Abbildung 18.35).

Abbildg. 18.35 Ordner des Suchindex einer Postfachdatenbank

4. Starten Sie nun beide Suchdienste wieder. Der zuvor umbenannte Ordner sollte umgehend wieder erstellt werden. Warten Sie nun einige Zeit, bis der Index neu erstellt werden konnte.
5. Sie können den Erfolg der Indexneuerstellung validieren, indem Sie das Cmdlet *Get-MailboxDatabaseCopyStatus* erneut ausführen.

   Während der Neuerstellung des Index bleibt der Status auf *Unknown* und sollte abschließend wieder auf *Healthy* wechseln (Abbildung 18.36).

Abbildg. 18.36 Fehlerstatus bei der Indexbildung erneut validieren

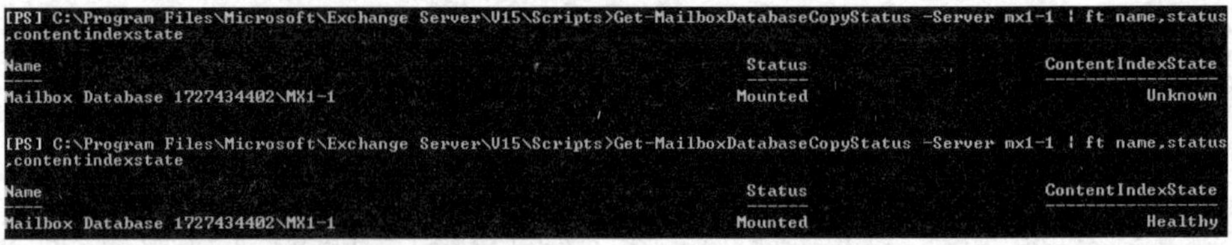

Sollte Ihr Problem hiermit nicht angesprochen sein, finden Sie nachfolgend weitere Lösungsansätze.

Weitere Fehlermeldungen und Lösungsmethoden von eDiscovery für Exchange Server

Sollten Sie im Zuge der Wartungsaktivitäten Änderungen vorgenommen haben und die Exchange Server-Suche wieder funktional sein, achten Sie darauf, die bereits angelegten Ergebnissätze und Abfragen ebenfalls zu bereinigen. Ohne Berücksichtigung dieses Aspekts kommt es zu folgendem Fehler im ULS-Protokoll:

w3wp.exe # 0x0F80 # Document Management Server # Discovery # ajbr9 # Exception Microsoft.Office.Server.Search.Query.InternalQueryErrorException: Problem bei der Suche, das die Rückgabe von Ergebnissen verhindert. Wenn das Problem weiterhin besteht, wenden Sie sich an den Administrator.

Um dieses Problem zu beseitigen, löschen Sie die bisherigen fehlerhaften oder unvollständigen Abfragen und Ergebnissätze bzw. eröffnen Sie einen neuen Fall.

Eine Methode, um sicherzustellen, dass die Exchange Server-Suche grundsätzlich funktional ist, besteht in der Ausführung des Cmdlets *Test-ExchangeSearch* (Abbildung 18.37) auf dem Exchange-Server. Hierdurch werden Testabfragen generiert und die Abfragelatenz visualisiert.

Abbildg. 18.37 Validierung der generellen Exchange Server-Suchindexfunktionalität

Sonstige SharePoint-Bereiche

In diesem Abschnitt werden mögliche Fehler verbleibender SharePoint-Bereiche näher beleuchtet.

Integritätsfehlermeldungen der ID 8316 und 8317 im Anforderungs-Manager

Die Integritätsfehlermeldungen weisen auf einen Fehler bei der Statusabfrage von Routingzielen hin. Demnach gelten die entsprechenden Knoten als nicht verfügbar. Bei einer näheren Betrachtung sind die Knoten bzw. Zielwebanwendungen via HTTP und HTTPS verfügbar, können jedoch nicht erfolgreich abgefragt werden (Abbildung 18.38).

Abbildg. 18.38 Integritätsfehlermeldung für die Anforderungsverwaltung

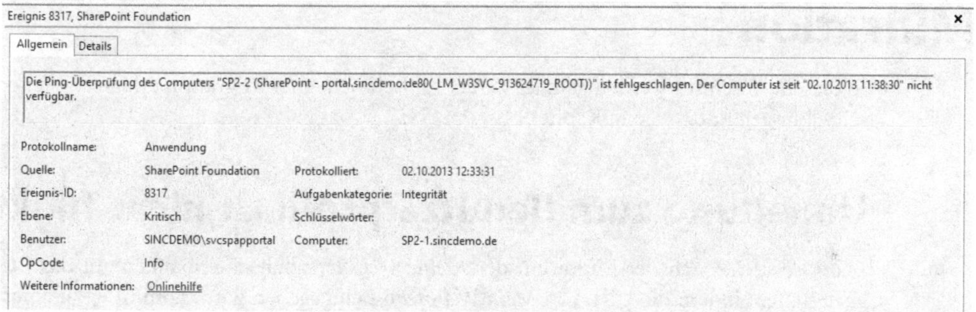

Ursache des Problems sind die standardmäßig nicht ordnungsgemäß registrierten IIS-Handler auf Webserverebene. Um das Problem zu behandeln, registrieren Sie den entsprechenden Handler manuell mithilfe des PowerShell-Skripts aus Listing 18.12 auf alle Routingzielen der Anforderungsverwaltung.

Listing 18.12 Registrieren des IIS-Handlers

```
Add-WebConfiguration /system.webserver/handlers "IIS:\" -value @{
name = "SPPINGVerbHandler"
verb = "SPPING"
path = "*"
modules = "ProtocolSupportModule"
requireAccess = "None"
}
```

ONLINE Sie finden das Skript unter dem Namen *RegIISHandler.ps1* innerhalb der Begleitdateien zum Buch.

Wiederherstellung, Automation und Fehlerbehebung

Probleme bei der Workflowbearbeitung mit SharePoint Designer

Beim Versuch, Workflows mithilfe von SharePoint Designer zu bearbeiten oder zu publizieren, erhalten Sie diverse Fehlermeldungen zu Assemblys oder Anzeigeproblemen.

HINWEIS Beachten Sie, dass Sie SharePoint 2013-Workflows nur mit dem SharePoint Designer 2013 bearbeiten können. Auch wenn Sie die beiden letzten Editionen des SharePoint Designers (2010 und 2013) nebeneinander bereitstellen können, wird davon abgeraten.

Installieren Sie in dem Fall zumindest das SharePoint Designer Hotfix-Paket vom 11. Juni 2013 (*http://support.microsoft.com/kb/2768343* [Ms156-K18-21]).

Sollte das Problem nach dem Einspielen der Aktualisierung weiterhin bestehen, löschen Sie alle Daten (nach vorherigem Einblenden aller versteckten Dateien) in den folgenden Verzeichnissen:

- *%UserName%\AppData\Local\Microsoft\WebsiteCache*
- *%UserName%\AppData\Roaming\Microsoft\SharePoint Designer\ProxyAssemblyCache*
- *%UserName%\AppData\Roaming\Microsoft\Web Server Extensions\Cache*

Starten Sie nun den SharePoint Designer erneut und überprüfen Sie das Ergebnis.

Migration

In diesem Abschnitt werden gängige Fehler im Rahmen einer Migration erläutert. Weitere Fehlerbeschreibungen finden Sie in Kapitel 14.

Umleitung zum Benutzerprofil ist nicht funktional

Beim Versuch, nach der Migration der *Meine Website*-Inhaltsdatenbanken auf das Benutzerprofil zuzugreifen, indem die URL von *Mein Websitehost* eingegeben wird, kommt es zu einer Fehlermeldung.

Dieser Fehler tritt speziell in einer Konstellation auf, in der zwar die Inhaltsdatenbanken, jedoch nicht die gesamte Benutzerprofildienstanwendung migriert wurde. Die Ursache hierfür liegt in der nicht erfolgten Umstellung von der klassischen zur forderungsbasierten Authentifizierung. Hierdurch werden beispielsweise die Websitesammlungsbesitzer der jeweiligen *Meine Website* nicht mehr ordnungsgemäß hinterlegt und erhalten entsprechend keinen Zugriff.

Eine manuelle Lösung würde in nachträglichen Neueintragung der primären Websitesammlungsadministratoren in der jeweiligen *Meine Website* liegen. Diese kann beispielsweise mithilfe der Zentraladministration über die Anwendungssteuerung erfolgen. Da der Aufwand hierfür jedoch in produktiven Umgebungen nicht vertretbar ist, können Sie alternativ einen PowerShell-basierten Ansatz wählen und hierzu das Skript aus Listing 18.13 unter Verwendung von farmadministrativen Berechtigungen auf einem SharePoint-Server der Farm ausführen.

Listing 18.13 Bereinigung der *Meine Website*-Berechtigungen nach einer Inhaltsdatenbankmigration

```
$wa = Get-SPWebApplication [URL der Meine Website-Webanwendung]
$wa.MigrateUsers($true)
```

Im Rahmen der Ausführung des Skripts sollten die Berechtigungen in die forderungsbasierte Authentifizierung transformiert worden sein.

HINWEIS Die hier verwendete API ist zwar obsolet, jedoch weiterhin zur Lösung dieses Problems funktional.

Ein vergleichsweise granularer Ansatz bestünde in der Durchiteration aller Websitesammlungen und dem parallelen Anwenden der *MigrateUsersToClaims*-Methode, welches jedoch einen höheren Detailaufwand nach sich ziehen würde, da hierbei eine größere Logik durch die Übergabe des jeweiligen Anmeldenamens abzubilden ist.

Nach der Migration scheitert der administrative Zugriff auf den Terminologiespeicher

Im Rahmen der Migration des verwalteten Metadatendiensts erhalten Sie einen Fehler beim Versuch, den Terminologiespeicher zu öffnen (siehe den Abschnitt »Verwalteter Metadatendienst« weiter vorne in diesem Kapitel). Im Ereignisprotokoll erscheint die Fehlermeldung der ID 8088:

Auf den verwalteten Metadatendienst 'Verwalteter Metadatendienst-Proxy' kann nicht zugegriffen werden.

Im ULS-Protokoll können Sie den folgenden Fehlerhinweis finden:

Failed to get term store for proxy 'Verwalteter Metadatendienst-Proxy'.

Ursache ist ein versteckter Fehler in SharePoint. Ändern Sie die Provisionierung des Diensts wie folgt ab, um den Fehler zu umgehen:

1. Erstellen Sie für die Migration der verwalteten Metadatenwebdienstanwendung zunächst eine neue Dienstanwendungsdatenbank und legen Sie diese im Standard-SharePoint-Dienstanwendungspool *SharePoint Web Services System* an.
2. Nach der erfolgreichen Provisionierung der Dienstanwendung ändern Sie in den Eigenschaften der verwalteten Metadatendienstanwendung den Datenbanknamen auf die zu migrierende Datenbank ab.
3. Sie können nun auch den Webanwendungspool wieder auf den gewünschten abändern.
4. Aufgrund der Prozessänderung führen Sie abschließend den Befehl *IISReset /noforce* aus und überprüfen Sie das Ergebnis.

Visio Prozess Repository-Dokumentvorlagen stehen nicht zur Verfügung

Nach der Migration von Visio Prozess Repository-Sites aus SharePoint 2010 steht die neue Visio 2013-Dokumentvorlage (VSTX) nicht zur Verfügung. Dies betrifft ausschließlich von SharePoint 2010 migrierte Sites. Fügen Sie in dem Fall einfach manuell die VSTX-Vorlage zur Dokumentbibliothek hinzu.

Forderungen an den Windows-Tokendienst hinterlässt Ereignisse mit der ID 7000 und 7009 im Ereignisprotokoll

Nach der In-Place-Aktualisierung wird die Forderung an den Windows-Tokendienst (erscheint in den Windows-Diensten unter *Claims to Windows Token Service*) nicht erfolgreich gestartet und hinterlässt Ereignisse mit der ID 7000 und 7001 im Ereignisprotokoll. Die Ursache ist ein bekanntes Problem mit dem Dienst, das bei einem zu frühen Start nach dem Systemstart zu einem erfolglosen Dienststart führt. Zur Behebung des Problems ändern Sie den Starttyp des Diensts in *Automatisch (verzögerter Start)* ab.

Zusammenfassung

In diesem Kapitel haben Sie einen kleinen Auszug der konkreten Fehlerbehandlung für SharePoint-spezifische Probleme erhalten. Viele weitere potenzielle Fehler wurden bereits in den vorangegangenen Kapiteln erläutert.

Das nächste (und letzte) Kapitel enthält Informationen zu den Neuerungen und dem Umgang mit Workflows in SharePoint 2013. Dieses Kapitel ist weniger Bestandteil der üblichen Administratordomäne im Umgang mit SharePoint und dient Administratoren lediglich als Anregung für den erweiterten Einsatzrahmen von SharePoint. Die professionelle Verwendung von Workflows erfordert zumeist erweiterte Entwicklerfertigkeiten, die durch die Einführung und Integration des Workflow-Managers in SharePoint 2013 verstärkt gefordert sind.

Teil J

Workflowintegration

Kapitel 19 Workflows 1411

Kapitel 19

Workflows

In diesem Kapitel:

Vorteile von Workflows	1412
Neuerungen von Workflows in SharePoint Server 2013	1412
Windows Workflow Foundation	1415
Workflow-Manager 1.0	1416
Standardworkflows	1425
Grundlagen zu Workflows	1426
Werkzeuge zum Erstellen von Workflows	1429
Workflows verwalten	1443
Globale Workfloweinstellungen konfigurieren	1449
Best Practices	1451
Zusammenfassung	1451

Ein Workflow ist das Modell eines von Menschen oder Maschinen durchzuführenden Geschäftsprozesses, der aus einer Abfolge von Aktivitäten besteht. Er hat einen definierten Anfang, einen organisierten Ablauf und ein definiertes Ende. Ein Workflow kann Personen innerhalb und außerhalb Ihrer Organisation einbinden.

Workflows in SharePoint sind vorprogrammierte kleine Anwendungen, mit denen eine Vielzahl von Geschäftsprozessen abgebildet werden können. Durch den Einsatz von Workflows sparen Sie Zeit und gewährleisten eine konsistente und effektive Ausführung Ihrer Geschäftsprozesse.

Vorteile von Workflows

In einer Organisation stehen viele Tätigkeiten typischerweise in Zusammenhang mit einem Geschäftsprozess, unabhängig davon, ob er formal dokumentiert wurde oder nicht. Das können z.B. Aufgaben, dokumentenbasiertes Arbeiten oder Tätigkeiten sein, die auf der Zusammenarbeit mehrerer Personen an gemeinsamen Inhalten beruhen.

Damit auch in Ihrem Unternehmen bei der Ausführung von Geschäftsprozessen unnötige Interaktionen zwischen Personen reduziert und eine konsistente Durchführung sichergestellt werden kann, können Workflows an Listen, Bibliotheken, Inhaltstypen und Websites gebunden werden.

Durch die Verwaltung der an den Geschäftsprozessen beteiligten Aufgaben und Schritte wird die Effizienz und Produktivität einer Organisation erhöht. So wird sichergestellt, dass die benötigten Informationen zum richtigen Zeitpunkt den beteiligten Personen automatisiert zur Verfügung stehen, und einzelne Workflowaufgaben von den richtigen Personen in der korrekten Reihenfolge ausgeführt werden.

Durch die Unterstützung des Workflows mit SharePoint-Technologien können Sie flexibel auf die konkreten Anforderungen eingehen und durch die Automatisierung von Prozessen mögliche Bearbeitungsfehler ausschließen.

Neuerungen von Workflows in SharePoint Server 2013

SharePoint Server 2013 erweitert den Workflow um einen bedeutenden funktionalen Bereich: unternehmenswichtige Features wie z.B. vollständig deklaratives Erstellen, REST- und Servicebus-Messaging, flexible Skalierbarkeit und Zuverlässigkeit dank verwalteter Dienste.

In SharePoint Server 2013 kann ein neuer Workflowdienst verwendet werden, der auf den Windows Workflow Foundation-Komponenten von .NET Framework 4.5 aufbaut. Dieser neue Dienst heißt Workflow-Manager 1.0 und kann von seiner Konzeption her eine zentrale Rolle im Unternehmen spielen. Prozesse stellen in jeder Organisation zentrale Abläufe dar, und der Workflow »orchestriert« diese Prozesse.

Änderungen der Architektur in SharePoint Workflow

Die in SharePoint Server 2010 verfügbaren Workflows wurden für SharePoint Server 2013 weiterentwickelt und stehen Ihnen nach wie vor zur Verfügung.

Mit der Installation von SharePoint Server 2010 wurde Windows Workflow Foundation automatisch installiert, welche verwendet wurde, um diverse Workflows bereitzustellen, mit denen allgemeine Geschäftsprozesse automatisiert werden konnten.

Die Installation von der Workflow-Plattform geschieht auch bei SharePoint Server 2013 automatisch. Dies ermöglicht Ihnen die Verwendung der bisherigen Workflows von SharePoint Server 2010.

Wenn Sie jedoch die erweiterten und neuen Workflows von SharePoint Server 2013 nutzen möchten, ist zuerst die Installation und Konfiguration des Workflow-Manager-Diensts notwendig (Abbildung 19.1).

Abbildg. 19.1 Änderungen der Architektur in SharePoint-Workflow

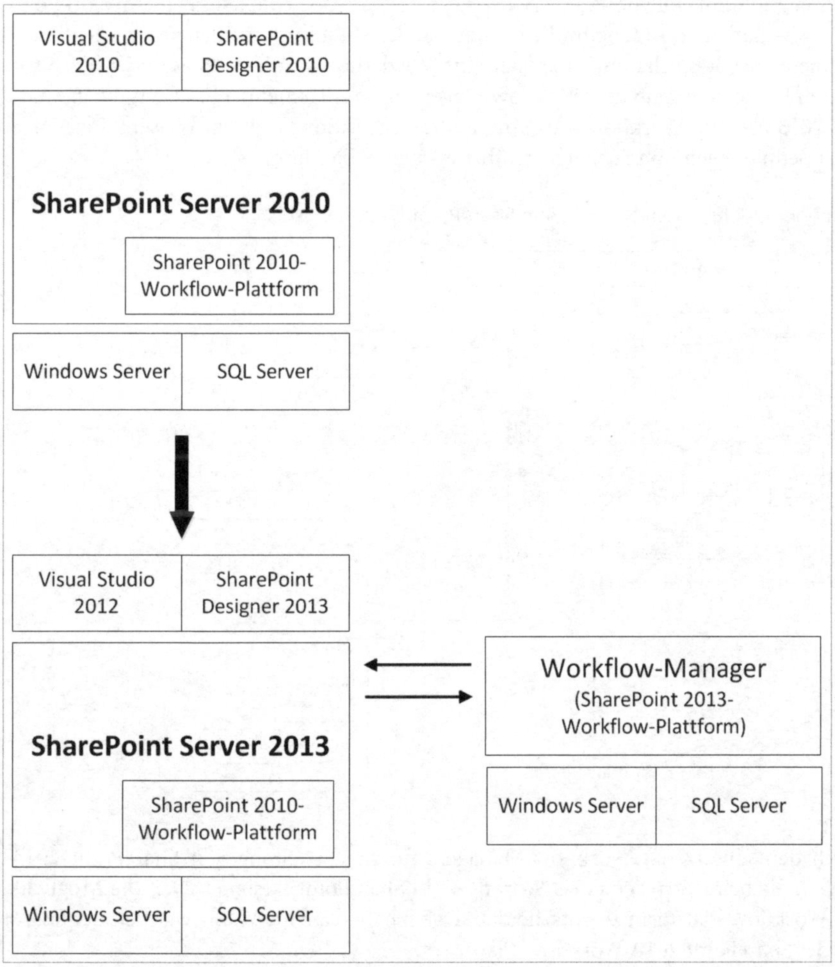

Änderungen im SharePoint Designer

Der SharePoint Designer 2013 wurde unter anderem um neue Funktionalitäten in Verbindung mit dem Workflow-Manager 1.0 erweitert. Im Folgenden erhalten Sie einen Auszug wichtiger Änderungen.

Neue Funktionalitäten

Mit der Erstellung von SharePoint 2010-Workflows war es dem Benutzer möglich, durch die Zusammenarbeit von Microsoft Visio 2010 und SharePoint Designer 2010 einen Workflow visuell zu erstellen. Dabei wurde die Workflowlogik in Visio 2010 entworfen, in SharePoint Designer 2010 importiert und konnte dort weiter angepasst und mit Eigenschaften und Werten erweitert werden.

Mit SharePoint Designer 2013 kann der Benutzer nun auch diese Schritte durch Hinzufügen von Formen und Logik mithilfe des integrierten Visual Designer direkt durchführen, ohne Visio 2013 öffnen zu müssen. Der Visual Designer setzt das Vorhandensein von Visio 2013 parallel zu SharePoint Designer 2013 auf der jeweiligen Maschine voraus.

Durch die Einführung von Phasen wird das Erstellen von Schleifen in einem Workflow ermöglicht. Jede Phase hat einen Anfang und ein Ende, an dem bestimmt werden kann, wie diese Phase weiter verlaufen soll. Beispielsweise lässt sich eine Wiederholung dieser Phase oder ein Sprung zu einer anderen Phase innerhalb des Workflows angeben. Im Allgemeinen bestehen die in SharePoint Designer 2013 erstellte Workflows aus eine Reihe von Aktionen, die in Phasen eingeteilt werden und durch Bedingungen und Schleifen geführt werden (Abbildung 19.2).

Abbildg. 19.2 Phasenbeispiel für einen Workflow in SharePoint Designer 2013

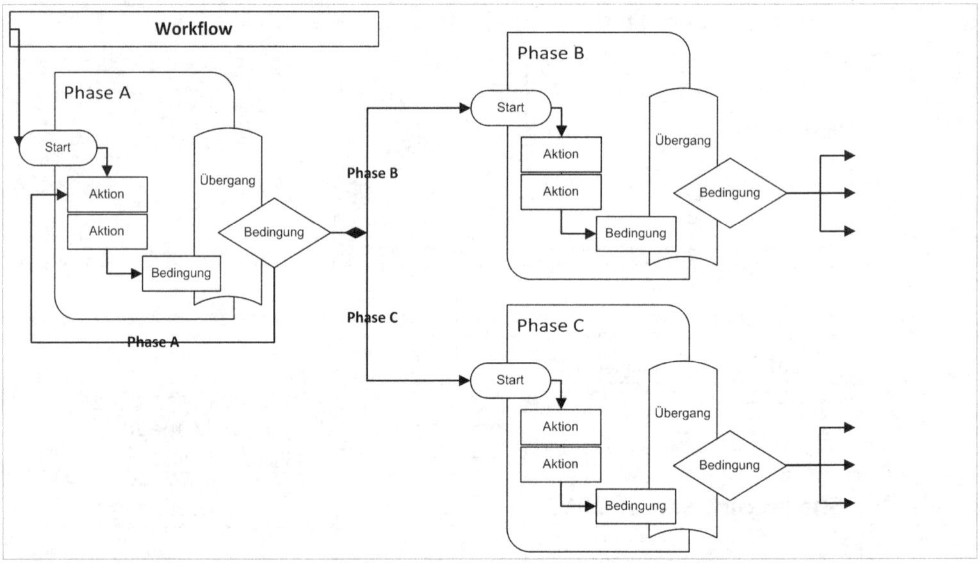

Durch den Einsatz des Workflow-Managers für die Erstellung von SharePoint 2013 Workflows erhalten Sie beim Erstellen eines Workflows in SharePoint Designer 2013 die Möglichkeit, sich für eine Workflow-Plattform zu entscheiden. Dabei haben Sie die Wahl zwischen der SharePoint 2013- und der SharePoint 2010-Workflow-Plattform.

Damit sich die für SharePoint 2010 erstellten Workflows noch weiterhin in SharePoint 2013 verwenden lassen, können Sie mithilfe einiger Aktionen diese von Workflows aufrufen, die in der SharePoint 2013-Workflow-Plattform erstellt worden sind.

Damit Sie die Aktionen, Bedingungen oder gar ganze Stufen nicht immer neu eingeben müssen, bietet SharePoint Designer 2013 jetzt die Möglichkeit, diese zu kopieren und nach dem Einfügen anzupassen (Abbildung 19.3).

Abbildg. 19.3 Kopieren und Ausschneiden im Workflow-Editor

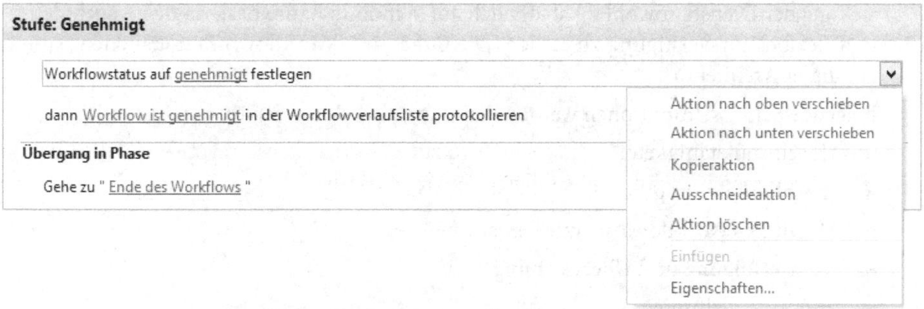

Nicht mehr verfügbare Funktionalitäten

Im Vergleich zu SharePoint Designer 2010 sind einige Features nicht mehr vorhanden. Grund dafür ist die neue SharePoint 2013-Workflow-Plattform, die auf Windows Workflow Foundation 4.5 aufbaut und in den Workflow-Manager 1.0 integriert ist.

Mit SharePoint Designer 2013 haben Sie zwar nach wie vor die Möglichkeit, SharePoint 2010-Workflows zu erstellen, in diesem Kapitel stehen aber die SharePoint 2013-Workflows im Fokus.

Weitere Informationen über nicht mehr verfügbare Features in SharePoint Designer 2013 finden Sie unter *http://msdn.microsoft.com/de-de/library/jj728659.aspx* [Ms156-K19-01].

Windows Workflow Foundation

Die Windows Workflow Foundation (WF) ist eine Technologie für Workflowanwendungen, die auch in SharePoint Server 2013 zur Verfügung gestellt wird. Sie können mit erweiterten Werkzeugen neue und benutzerdefinierte Workflows erstellen, die anschließend an SharePoint-Bibliotheken, Listen, Inhaltstypen und Websites gebunden werden. Außerdem können Sie eine Kopie eines vordefinierten Workflows erstellen, die beim Anfertigen eines benutzerdefinierten Workflows als Ausgangspunkt dienen kann.

Benutzer interagieren mit diesen Workflows über einen Webbrowser oder mit den Microsoft Office 2010- und Microsoft Office 2013-Produkten wie z.B. Microsoft Word oder Microsoft PowerPoint.

Um eine erweiterte Bearbeitung von Workflows auf Basis des Workflowmodells zu erhalten, können Sie die zusätzlichen Programme Microsoft SharePoint Designer 2013, Microsoft Visio Professional 2013 und Visual Studio 2012 verwenden.

Workflow-Manager 1.0

In SharePoint 2013 wurde die Architektur für die Ausführung von Workflows grundlegend überarbeitet. Für eine flexiblere Nutzung der Workflowengine wurde der Workflow-Manager in Verbindung mit dem Servicebus bereitgestellt.

Diese Komponenten werden unabhängig vom SharePoint aufgebaut, jedoch von dort genutzt, um SharePoint 2013-Workflows ausführen zu können. Durch die Einführung von Clouddiensten wurde hiermit eine Architektur geschaffen, die es ermöglichen soll, Workflows unabhängig von der Bereitstellung der Dienste sowohl lokal als auch auf Windows Azure basierenden Angeboten symmetrisch und flexibel zur Verfügung zu stellen. Die Office 365-Workflowfunktionalitäten basieren ebenfalls auf dieser Architektur.

Folgende Schlüsselfunktionen werden vom Workflow-Manager 1.0 bereitgestellt:

- Mehrinstanzfähigkeit
- Flexible Skalierung
- Aktivitäts-/Workflowartefakteverwaltung
- Nachverfolgung und Überwachung
- Instanzverwaltung
- Vollständiges deklaratives Erstellen
- REST- und Servicebus-Messaging

Installation von Workflow-Manager 1.0

Bei der Installation von SharePoint Server 2013 wird nur die frühere SharePoint 2010-Workflow-Plattform installiert, mit der ausschließlich SharePoint 2010-Workflows erstellt werden können. Die Nutzung der SharePoint 2013-Workflow-Plattform für die Erstellung von SharePoint 2013 und Project 2013 Workflows wird erst mit dem Einsatz von Workflow-Manager ermöglicht.

HINWEIS Der Workflow-Manager wird nur mit SharePoint Server 2013 unterstützt. SharePoint Foundation 2013 unterstützt nur SharePoint 2010-basierte Workflows.

Für die Installation der Workflow-Manager-Farm bestehen folgende Voraussetzungen:

- Sie benötigen eine Instanz von SQL Server 2008 R2 SP1, SQL Server Express 2008 R2 SP1 oder SQL Server 2012. Wir empfehlen die Erstellung einer eigenen Instanz für die Workflowfarm, da der Wert für den *Max. Grad an Parallelität* der SQL-Instanz auf *0* gesetzt werden soll.
- Aktivierung von TCP/IP-Verbindungen oder Named Pipes für SQL Server
- Freischaltung der Standardports 12290 und 12291

HINWEIS Bevor Sie mit der Einrichtung der Workflow-Manager-Farm beginnen, stellen Sie sicher, dass folgende Dienstanwendungen eingerichtet sind:

- Verwalteter Metadatendienst
- App-Verwaltungsdienstanwendung
- Benutzerprofildienst

Um den Workflow-Manager 1.0 einsetzen zu können, sind folgende Schritte notwendig:

1. Planung der Architektur
2. Planung der Dienstkonten
3. Bereitstellung der Zertifikate
4. Installation der Workflow-Manager-Farm
5. Installation des Workflowclients
6. Anbindung der SharePoint-Farm an die Workflowfarm

Planung der Architektur

Für die Verwendung des Workflow-Managers stehen Ihnen zwei Architekturoptionen zur Verfügung. Eine Workflow-Manager-Umgebung wird immer als Workflow-Manager-Farm aufgesetzt, die entweder auf SharePoint-Servern parallel gehostet oder auf dedizierten Servern bereitgestellt wird.

Eine Einzelserverfarm können Sie bedenkenlos in sehr kleinen Umgebungen und auf Test- und Entwicklungssystemen verwenden. Sie ist die einfachste Implementierung und benötigt insbesondere keine dedizierten Server.

Sobald Sie aber die Anforderung an Skalierung und Verfügbarkeit entwickeln oder gegebenenfalls von weiteren Systemen auf die Workflow-Manager-Farm zugreifen möchten, wird eine Installation auf dedizierten Server dringend empfohlen. Wir unterscheiden hierbei nur Implementierungen mit einem oder drei Workflow-Manager. Andere Konfigurationen werden nicht unterstützt.

Die Workflow-Manager-Farm mit drei Servern skaliert über den Servicebus, stellt aber keine Hochverfügbarkeitsoptionen bereit. Diese erreichen Sie mithilfe von Windows-Netzwerklastenausgleich, IIS-Routing von Anwendungsanforderungen oder Hardwarelastenausgleich.

HINWEIS Eine Installation des Workflow-Managers auf einem Domänencontroller wird nicht unterstützt.

Planung der Dienstkonten

Für die Implementierung der Workflow-Manager-Farm werden Rechte bzw. Konten entsprechend der Tabelle 19.1 benötigt.

Tabelle 19.1 Planung der Dienstkonten

Zweck	Dauer	Benötigte Rechte
Workflow-RunAs-Konto	Wird dauerhaft verwendet	Domänenbenutzer Erhält im Rahmen der Installation die nötigen Rechte
Benutzersetup	Nur für die Installation nötig, muss kein separates Dienstkonto sein	Lokale Adminrechte auf den Workflow-Manager-Servern *dbcreator* und *securityadmin* Rechte auf der SQL Server-Instanz
AdminGroup		Standardmäßig wird hier die lokale Gruppe *Administratoren* verwendet. Es ist sinnvoll, eine Domänengruppe anzulegen, um die Rechte besser zu steuern. SharePoint-Dienstkonten benötigen keine Mitgliedschaft in dieser Gruppe

Bereitstellen der Zertifikate

Sie finden immer wieder Hinweise darauf, wie Sie in Testumgebungen durch Setzen von Parametern auf die Verwendung von Zertifikaten verzichten können.

Die Verwendung von Zertifikaten wird empfohlen, da Server-zu-Server (S2S)-Vertrauensstellungen verwendet werden. Für die Konfiguration des Servicebus werden Zertifikate für folgende Zwecke verwendet:

Tabelle 19.2 Servicebuszertifikate

Name	Verwendungszweck
Farmzertifikat	Kommunikation zwischen Servicebus und Workflow-Manager
Encryptionzertifikat	Verschlüsselung der Verbindungseinstellung in der Servicebus-Managementdatenbank

Für die Konfiguration der Workflow-Manager-Farm werden Zertifikate für folgende Zwecke verwendet:

Tabelle 19.3 Workflow-Manager-Zertifikate

Name	Verwendungszweck
Services SSL	Kommunikation zwischen Workflow-Manager und Workflowclients – Verbindungsendpunkt aus der Sicht der SharePoint-Farm
Workflow Manager Outbound Signing	Kommunikation zwischen Workflows und deren Clients, sowie zwischen unterschiedlichen Workflows
Encryption	Verschlüsselung der Verbindungseinstellung in der Workflowmanagement-Datenbank

Obwohl Sie für jeden Zweck dedizierte Zertifikate verwenden können, ist dies nicht erforderlich.

HINWEIS Wenn Sie die Option wählen, selbstsignierte Zertifikate zu verwenden, können Sie das Outbound Signing-Zertifikat später nicht mehr durch Zertifikate einer Domänenzertifizierungsstelle austauschen. Die Workflow-Manager-Farm müsste dann aufgelöst und mit den neuen Zertifikaten neu eingerichtet werden.

Für die Kommunikation zwischen den Workflowclients und der Workflowfarm ist es in einer Umgebung mit mehreren Workflow-Manager-Servern erforderlich, ein SAN- oder Platzhalterzertifikat auszustellen.

HINWEIS Wenn Sie die Option wählen, selbstsignierte Zertifikate zu verwenden, wird ein Stammzertifikat erstellt (*AppServerGeneratedSBCA*), mit dem weiteren Zertifikate ausgestellt werden. Der Konfigurations-Assistent stellt zudem sicher, dass alle selbstsignierten Zertifikate auf den beteiligten Servern in der richtigen Form vorliegen.

Verwenden Sie dagegen eine eigene oder kommerzielle Zertifizierungsstelle, obliegt der Export und Import der jeweiligen Zertifikate Ihnen. Achten Sie daher unbedingt bei der Zertifikatanfrage darauf, den privaten Schlüssel als exportierbar zu markieren.

Abbildg. 19.4 Planungsdiagramm

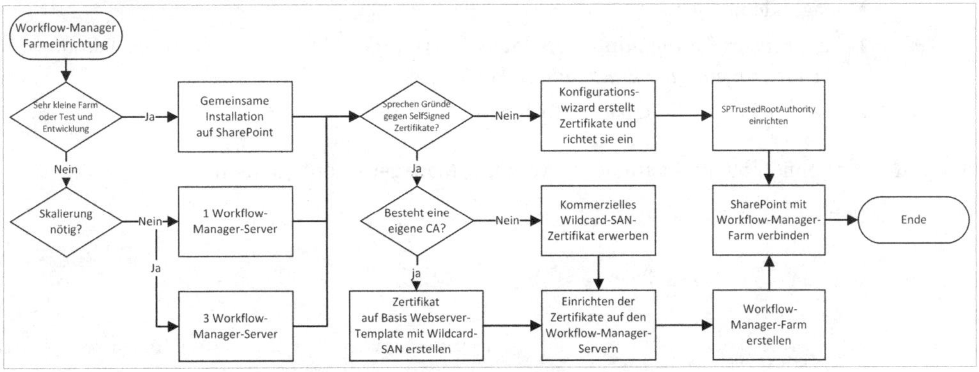

Installation der Workflow-Manager-Farm

Sofern der Server, auf dem Sie den Workflow-Manager installieren werden, über einen Internetzugang verfügt, können Sie die Installation über den Web Platform Installer (WebPI) vornehmen. Sie finden den Download unter *http://www.microsoft.com/web/downloads/platform.aspx* [Ms156-K19-02].

Für eine Offlineinstallation finden Sie die Ressourcen unter *http://msdn.microsoft.com/en-us/library/jj906604(v=azure.10).aspx* [Ms156-K19-03].

HINWEIS Aus Flexibilitätsgründen wird empfohlen, einen SQL-Alias für die zu definierende Datenbankinstanz zu verwenden.

Führen Sie folgende Schritte aus, um den Workflow-Manager auf Windows Server 2012 zu installieren:

1. Starten Sie die Installationsdatei *WorkflowManager.exe.*
2. Klicken Sie auf *Installieren* und stimmen Sie im nächsten Schritt der Installation der Anwendungssoftware zu.
3. Klicken Sie auf *Weiter*, um den Konfigurations-Assistenten zu starten.

Der Konfigurations-Assistent wird nach erfolgreicher Installation automatisch gestartet. Um den Workflow-Manager zu konfigurieren, stehen Ihnen drei Optionen zur Auswahl (Abbildung 19.5).

Abbildg. 19.5 Konfigurations-Assistent für Workflow-Manager

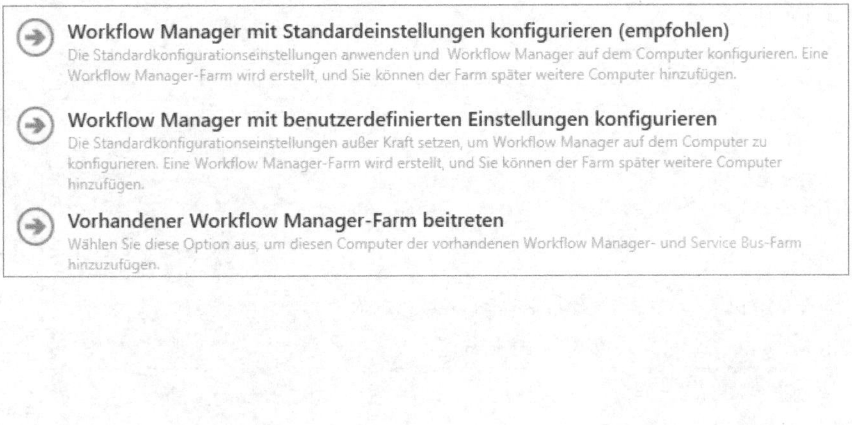

Workflowintegration

In diesem Abschnitt werden die Schritte für eine benutzerdefinierte Konfiguration von Workflow-Manager demonstriert:

1. Im Fenster *Konfigurations-Assistent für Workflow Manager* wählen Sie *Workflow Manager mit benutzerdefinierten Einstellungen konfigurieren.*
2. Geben Sie Ihre SQL Server-Instanz an (Abbildung 19.6).

Abbildg. 19.6 Konfigurations-Assistent für Workflow-Manager – Konfiguration 1

3. In den Abschnitten *Instanzverwaltungsdatenbank konfigurieren* und *Ressourcenverwaltungsdatenbank konfigurieren* können Sie die vordefinierten Werte übernehmen.
4. Tragen Sie im Abschnitt *Dienstkonto konfigurieren* den Anmeldenamen des Benutzerkontos ein, unter dem die Dienste ausgeführt werden.
5. Aktivieren Sie im Abschnitt *Zertifikate konfigurieren* das Kontrollkästchen *Automatisch generieren* und geben Sie einen Schlüssel ein, der bei jedem Beitritt eines Computers zur Workflow-Manager-Farm erforderlich wird, wenn sie automatisch generierte Zertifikate nutzen möchten.
6. Im Abschnitt *Ports konfigurieren* sind die Standardports 12290 und 12291 vorgegeben (Abbildung 19.7). Diese Ports sollten beibehalten werden.

Abbildg. 19.7 Konfigurations-Assistent für Workflow-Manager – Konfiguration 2

Aktivieren Sie das Kontrollkästchen *Workflow-Verwaltung über HTTP auf diesem Computer erlauben* nur in Testszenarien.

Wechseln Sie für die Servicebus-Konfiguration zur nächsten Seite.

7. Sie können bei Bedarf die Namen der Farmverwaltungsdatenbank, der Gatewaydatenbank und der Nachrichtencontainerdatenbank ändern.

   Aktivieren Sie im Abschnitt *Dienstkonto konfigurieren* das Kontrollkästchen *Gleiche Dienstkonto-anmeldeinformationen wie für Workflow Manager verwenden* oder geben Sie eine neue Benutzer-ID ein.

   Aktivieren Sie im Abschnitt *Zertifikat konfigurieren* das Kontrollkästchen *Gleichen Zertifikat-generierungsschlüssel wie für Workflow Manager verwenden* oder geben Sie einen neuen Zertifikatschlüssel ein.

   Belassen Sie die verbleibenden Einstellungen bei den Standardvorgaben und schließen Sie die Konfiguration des Service-Managers ab.

8. Darauf folgend wird Ihnen der Konfigurationsstatus angezeigt. Schließen Sie das Dialogfeld.
9. Bestätigen Sie die Installation der Produkte, indem Sie auf die Schaltfläche *Fertig stellen* klicken.
10. Sie haben noch die Möglichkeit, weitere Komponenten hinzuzufügen. Klicken Sie auf *Beenden*.

Der Workflow-Manager wurde somit installiert und konfiguriert.

Installation des Workflowclient

Für den Fall, dass Sie den Workflow-Manager 1.0 nicht parallel auf Ihrer SharePoint-Farm bereitstellen, ist es notwendig, zusätzlich den Workflowclient auf allen SharePoint-Servern zu installieren.

Wählen Sie dazu aus dem WebPI den Workflowclient 1.0 aus und installieren diesen mit den Standardwerten.

Anbindung der SharePoint-Farm an die Workflowfarm

Nachdem Sie die Workflowfarm erfolgreich installiert und konfiguriert haben, verbinden Sie nun Ihre SharePoint-Farm mit der Workflowfarm. Dieser Schritt ist notwendig, um die verfügbaren Workflows für Ihre SharePoint-Farm sichtbar zu machen.

Haben Sie bei der Konfiguration des Workflow-Managers automatisch generierte Zertifikate gewählt, sind diese nicht automatisch für Ihre SharePoint-Farm vertrauenswürdig. In dem Fall konfigurieren Sie das Stammzertifikat für die Workflow-Manager-Farm als vertrauenswürdige Stammzertifizierungsstelle für SharePoint.

Exportieren des Zertifikats

Sie erhalten das Zertifikat der Workflow-Manager-Farm, indem Sie beispielsweise die zentrale Dienst-URL im Browser aufrufen, hier *https://lnit-sp13.ln-it.local:12290*, und auf das Symbol für den Sicherheitsbericht klicken. In dem sich öffnenden Zertifikat finden Sie auf der Registerkarte *Details* die Schaltfläche *In Datei kopieren*.

Vertrauensstellung für die SharePoint-Farm herstellen

Zum Erstellen der SharePoint-Vertrauensstellung verwenden Sie in der SharePoint 2013-Verwaltungsshell das Beispielskript aus Listing 19.1.

Listing 19.1 Etablieren der Vertrauensstellung

```
$trustCert = Get-PfxCertificate <Pfad>
New-SPTrustedRootAuthority -Name "Workflow-Manager-Farm" -Certificate $trustCert
```

Verbindung zwischen SharePoint-Farm und Workflow-Manager-Farm herstellen

Nachdem die Vorbereitungen abgeschlossen sind, verbinden Sie mit dem folgenden PowerShell-Befehl die SharePoint-Farm mit der Workflow-Manager-Farm:

```
Register-SPWorkflowService -SPSite [SP-URL] -WorkflowHostUri [WFM-URL]
```

Dabei stellt *[SP-URL]* die URL Ihrer SharePoint-Farm dar und *[WFM-URL]* die URL Ihrer Workflow-Manager-Farm.

HINWEIS An dieser Stelle können Sie durch den Parameter *-AllowOAuthHttp* in Testumgebungen auf die Nutzung von Zertifikaten verzichten.

Um die Installation zu überprüfen, führen Sie die beiden folgenden Schritte aus:

1. Öffnen Sie die Dienstanwendungsverwaltungsseite der Zentraladministration und klicken Sie auf *Workflowdienste-Anwendungsproxy*.

   In Abbildung 19.8 sehen Sie das Ergebnis einer erfolgreichen Anbindung von SharePoint 2013 an die Workflow-Manager-Farm.

Abbildg. 19.8 Workflowdienststatus

2. Öffnen Sie nun SharePoint Designer 2013.
3. Erstellen Sie einen neuen Workflow. Erscheint *SharePoint 2013 Workflow* im Dropdownlistenfeld *Plattformtyp*, ist Ihre SharePoint-Farm mit der Workflow-Manager-Farm funktional verbunden.

Abbildg. 19.9 Plattformauswahl in SharePoint Designer 2013

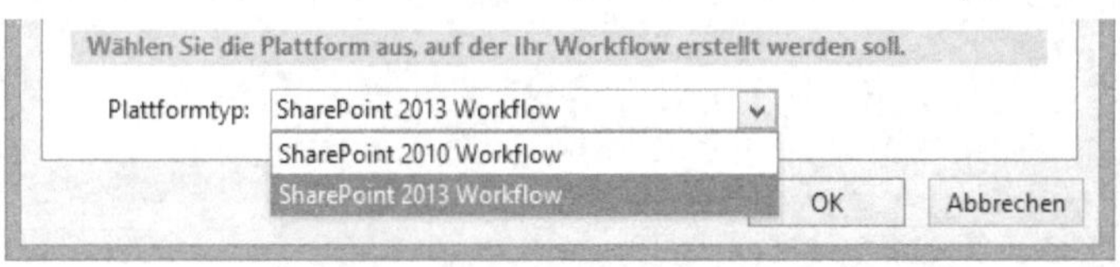

Workflow-Manager-Farm mit drei Servern

In diesem Abschnitt wird eine redundante Workflow-Manager-Farm mit drei Zertifikaten einer domänenbasierten Zertifizierungsstelle und Netzwerklastenausgleich bereitgestellt.

Erstellen der Zertifikate

Zunächst werden die benötigten Namen für die Zertifikate geplant. Da ein Lastenausgleich eingesetzt werden soll, wird zudem ein DNS-Host-Eintrag (A-Record) für die virtuelle IP des zukünftigen Netzwerklastenausgleichclusters zum Aufruf der Workflow-Manager-Farm erstellt.

```
workflow.ln-it.local A192.168.2.201
```

Für die Zertifikaterstellung verwenden Sie die Informationen aus Kapitel 13, um ein Webserverdomänenzertifikat für den jeweils lokalen Computer auszustellen (Abbildung 19.10). Achten Sie dabei darauf, die Zertifikatanfrage als exportierbar zu markieren (Registerkarte *Privater Schlüssel*).

Abbildg. 19.10 Zertifikatanfrageeigenschaften

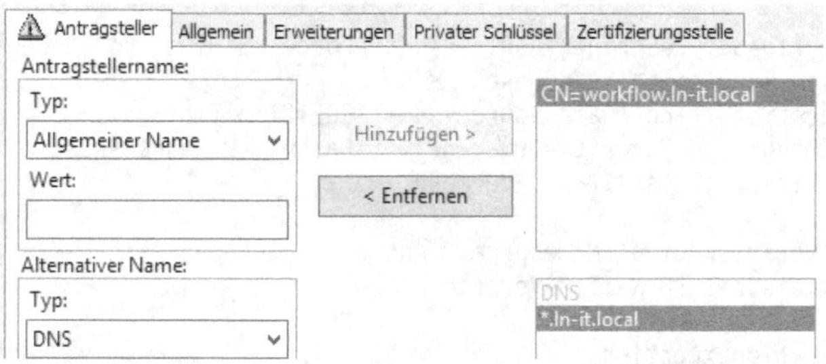

Konfigurieren Sie dabei als *Allgemeinen Namen* den FQDN der Workflow-Manager-Farm. Unter *Alternativer Name* ist der zugehörige DNS-Platzhalter angegeben.

HINWEIS Der DNS-Platzhaltereintrag ist zwingend erforderlich. Selbst wenn Sie alle beteiligten Workflow-Manager-Server namentlich aufführen, würden die Workflows ohne den Platzhaltereintrag scheitern.

Nach dem Erstellen des Zertifikats importieren Sie dieses auf den verbleibenden Workflow-Manager-Servern.

Einrichtung der Farm

Für die Einrichtung der Workflow-Manager-Farm öffnen Sie nach der Installation die Workflow-Manager-PowerShell als Administrator und führen das Beispielskript aus Listing 19.2 aus. Dieser erste Abschnitt wird nur auf dem ersten Workflow-Manager-Server verwendet.

Listing 19.2 Konfiguration des ersten Servers für die neue Farm

```
New-WFFarm -WFFarmDBConnectionString 'Data Source=LNIT-SQL12;Initial
Catalog=WFManagementDB;Integrated Security=True;Encrypt=False' -RunAsAccount 'LN-
IT\sp_workflow' -AdminGroup 'BUILTIN\Administrators' -HttpsPort 12290 -HttpPort 12291
-InstanceDBConnectionString 'Data Source= LNIT-SQL12;Initial
Catalog=WFInstanceManagementDB;Integrated Security=True;Encrypt=False'
-ResourceDBConnectionString 'Data Source= LNIT-SQL12;Initial
Catalog=WFResourceManagementDB;Integrated Security=True;Encrypt=False'
-OutboundCertificateThumbprint '?12c602b97fd493b331889b9342fbbc83871b29df'
-SslCertificateThumbprint '12c602b97fd493b331889b9342fbbc83871b29df'
-EncryptionCertificateThumbprint '12c602b97fd493b331889b9342fbbc83871b29df' -Verbose;
```

ONLINE Sie finden die beiden Beispielskripts, die von Spencer Harbar stammen (*http://www.harbar.net* [Ms156-K19-04]), unter dem Namen *NewWMFarm.ps1* und *JoinWMFarm.ps1* innerhalb der Begleitdateien zum Buch.

Die nachfolgenden Abschnitte werden auf allen Workflow-Manager-Servern verwendet (Listing 19.3).

Listing 19.3 Hinzufügen zur Farm

```
$SBRunAsPassword = ConvertTo-SecureString -AsPlainText -Force -String '***** Replace with
RunAs Password for Service Bus ******' -Verbose
Add-SBHost -SBFarmDBConnectionString 'Data Source= LNIT-SQL12;Initial
Catalog=SbManagementDB;Integrated Security=True;Encrypt=False' -RunAsPassword
$SBRunAsPassword -EnableFirewallRules $true -Verbose
Try
{New-SBNamespace -Name 'WorkflowDefaultNamespace' -AddressingScheme 'Path' -ManageUsers
'LN-IT\sp_workflow','Administrator@LN-IT' -Verbose
Start-Sleep -s 90}
Catch [system.InvalidOperationException]{}
$SBClientConfiguration = Get-SBClientConfiguration -Namespaces 'WorkflowDefaultNamespace'
-Verbose
$WFRunAsPassword = ConvertTo-SecureString -AsPlainText -Force -String PASSWORT -Verbose
Add-WFHost -WFFarmDBConnectionString 'Data Source= LNIT-SQL12;Initial
Catalog=WFManagementDB;Integrated Security=True;Encrypt=False' -RunAsPassword
$WFRunAsPassword -EnableFirewallRules $true -SBClientConfiguration $SBClientConfiguration
-Verbose
```

Führen Sie die Konfiguration der einzelnen Server nacheinander durch. Um den erfolgreichen Abschluss der Konfiguration zu überprüfen, rufen Sie die beiden folgenden Befehle auf:

```
Get-WFFarm
Get-WFFarmStatus
```

Ist die Konfiguration erfolgreich verlaufen, erhalten Sie für jede Workflow-Manager-Instanz für *ServiceStatus* den Wert *Running*.

Netzwerklastenausgleich

Erstellen Sie nun eine Netzwerklastenausgleichsfarm für die drei Workflow-Manager-Knoten gemäß der Anleitung in Kapitel 16.

Deinstallation von Workflow-Manager

Sollten Sie den Workflow-Manager von einem Knoten einer Farm entfernen müssen, verwenden Sie hierzu lokal auf einem Server das Cmdlet *Remove-WFHost*. Sollte der Knoten offline sein, geben Sie zusätzlich den Parameter *HostName* mit dem entsprechenden Servernamen an.

Standardworkflows

Microsoft SharePoint Server 2013 bietet in seiner Grundinstallation fünf vordefinierte Workflows an, die ohne weitere Anpassung verwendet werden können. Diese Workflows können Sie direkt aus Office-Anwendungen abrufen oder beispielsweise mit Inhaltstypen verknüpfen (Tabelle 19.4).

Tabelle 19.4 Standardworkflows

Workflow	Beschreibung
Feedback sammeln	Erfordert für ein Dokument ein Feedback, das von einer oder mehreren Personen eingeholt werden kann. Die Personen können jeweils ein Feedback abgeben, das dann zusammengestellt und an die Person gesendet wird, die den Workflow initiiert hat. Der Workflow ist beendet, wenn das letzte Feedback zu dem Dokument eingegangen ist. Beispiel: Die Kommentierung von nicht fertigen Dokumenten. Hinweis: Standardmäßig ist der Workflow *Feedback sammeln* dem Inhaltstyp *Dokument* zugeordnet und daher automatisch in Dokumentbibliotheken verfügbar.
Genehmigung	Leitet ein Dokument oder Element zur Genehmigung an eine Gruppe von Personen weiter. Dieser Workflow ist ein phasenweises Genehmigungsmodell, in dem die genehmigenden Gruppen den Überprüfungs- und Genehmigungsprozess nacheinander durchlaufen. Dabei können sie dem Dokument oder Element zustimmen, es ablehnen oder eine Änderung beantragen.
Veröffentlichungs-genehmigung	Leitet, wie der Genehmigungsworkflow, ein Dokument oder Element zur Genehmigung an eine Gruppe von Personen weiter. Im Gegensatz zum Genehmigungsworkflow ist dieser Workflow speziell für Veröffentlichungssites erstellt worden, um die Veröffentlichung und Einstellung neuen Inhalts strikt zu kontrollieren.
Signaturerfassung	Erfordert von einer Gruppe von Personen digitale Signaturen für ein Dokument, das in einer Microsoft-Anwendung (Microsoft Office 2007-2013) erstellt wurde. Beispiel: Genehmigung von Budget (Vier-Augen-Prinzip). Hinweis: Standardmäßig ist der Workflow *Signaturen sammeln* dem Inhaltstyp *Dokument* zugeordnet und daher automatisch in Dokumentbibliotheken verfügbar. Er wird jedoch nur dann für ein Dokument in der Dokumentbibliothek angezeigt, wenn das Dokument mindestens eine Microsoft Office-Signaturzeile enthält.
Drei Status	Verfolgt den Status eines Listenelements über drei Phasen hinweg. Beispiel: Das Verwalten von Geschäftsprozessen, bei denen Organisationen eine große Menge von Elementen nachverfolgen müssen (Kundensupportprobleme oder Projektaufgaben).

HINWEIS Standardmäßig sind die drei Workflows für Genehmigung, Feedback sammeln und Signaturerfassung nicht aktiviert und können daher nicht ausgewählt werden. Die Aktivierung dieser Workflows führt der Websitesammlungsadministrator durch.

Grundlagen zu Workflows

Workflows unter SharePoint 2013 bestehen grundsätzlich aus zwei Teilen: Formulare und Workflowlogik. Für den Benutzer und die Benutzereingaben werden Formulare angeboten und verwendet. In der Workflowlogik werden das Verhalten, der Ablauf und die Abschlussbedingungen eines Workflows definiert.

Im Diagramm in Abbildung 19.11 werden die grundlegenden Stufen der Workflowlogik eines Workflows dargestellt.

Abbildg. 19.11 Stufen eines Workflows

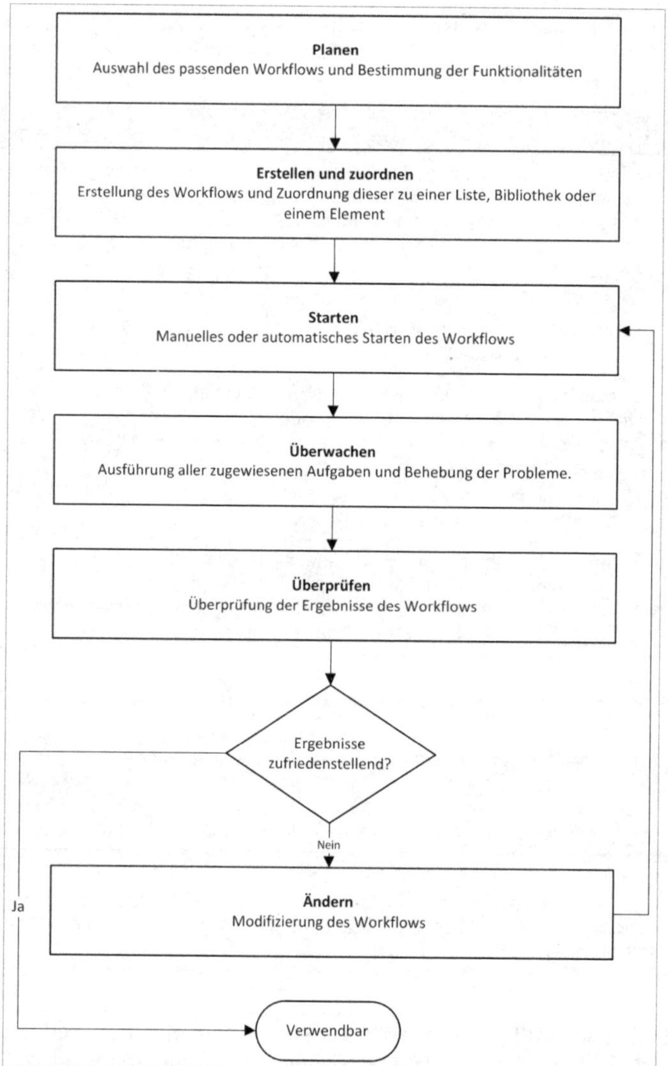

Die detaillierte Beschreibung der einzelnen Stufen folgt in den nächsten Abschnitten.

Workflows planen

Unabhängig von den Möglichkeiten und Werkzeugen, die Ihnen zur Verfügung stehen, ist für die richtige Einrichtung von Workflows ein planmäßiges Vorgehen sinnvoll.

Die Planung beinhaltet die Erhebung der Anforderungen in den jeweiligen Abteilungen. Die Erhebung erfolgt meist in Form von Interviews. Die Ergebnisse werden anschließend dokumentiert und aus den Ergebnisse heraus wird, häufig zunächst grafisch, ein Workflow modelliert. Danach erfolgt die Detaillierung des Prozesses mit Aktivitätsdetails, Aufgabenformularen und Rollendefinition. Abschließend können Sie einen Workflow auf die Plattform verteilen und aktivieren.

Es ist wichtig, dass Sie sich über den Start, die Struktur, die Eingaben und die Abschlussbedingungen im Klaren sind, bevor der Workflow eingerichtet wird. Es wird in der Regel schnell erkennbar, dass selbst vermeintlich kleine, einfache Workflows ihre Tücken haben, wenn keine abgeschlossene Planung vorliegt.

Workflow erstellen und zuordnen

Für SharePoint Server 2013 werden von Microsoft zwei Anwendungen zum Erstellen und Anpassen von Workflows angeboten.

Microsoft SharePoint Designer 2013 ermöglicht Ihnen, Workflows zu erstellen und anzupassen, ohne über besondere Programmierkenntnisse verfügen zu müssen. Der Ansatz basiert hier auf Regeln, wie man sie von Regeln in Outlook bereits kennt. Microsoft Visual Studio 2012 hingegen wird von Entwicklern verwendet und ist entsprechend quellcodebasiert.

Mithilfe beider Anwendungen können Workflowvorlagen für SharePoint erstellt werden.

Die Tabelle 19.5 stellt einen Vergleich der Features und Anforderungen von SharePoint Designer 2013 und Visual Studio 2012 dar.

Tabelle 19.5 SharePoint Designer 2013 vs. Visual Studio 2012

Feature/Anforderung	SharePoint Designer 2013	Visual Studio 2012
Ermöglicht eine schnelle Entwicklung von Workflows	Ja	Ja
Ermöglicht die Wiederverwendung von Workflows	Wiederverwendung innerhalb der Site, in der er erstellt wurde	Wiederverwendung als Vorlage für jede Liste oder Bibliothek
Ein Workflow kann als Teil einer SharePoint-Lösung oder App für SharePoint eingeschlossen werden	Nein	Ja
Erstellung benutzerdefinierte Aktionen	Nein	Ja
Verwendung von Visio Professional 2013 zur Erstellung von Workflowlogik	Ja	Nein
Bereitstellung	Automatische Bereitstellung für die Liste oder Bibliothek, für die der Workflow erstellt wurde	Erstellung einer SharePoint-Lösungspaketdatei (*.wsp*) und Verteilung der Lösung auf die Website
Veröffentlichung mit einem Mausklick	Ja	Ja

Tabelle 19.5 SharePoint Designer 2013 vs. Visual Studio 2012 *(Fortsetzung)*

Feature/Anforderung	SharePoint Designer 2013	Visual Studio 2012
Bereitstellung auf einem Remoteserver	Ja	Ja
Debuggen	Nein	Ja
Genehmigung durch Siteadministrator notwendig	Ja	Ja

Für die Erstellung des Workflowdiagramms kann Microsoft Visio Professional 2013 zur Unterstützung hinzu gezogen werden. Das damit erstellte Workflowdiagramm lässt sich dann in SharePoint Designer 2013 importieren und in einen SharePoint 2013-Workflow umwandeln.

Vor der ersten Verwendung einer erstellten Workflowvorlage stellen Sie diese auf SharePoint Server 2013 bereit. Danach definieren Sie die Zuordnung der Workflowvorlage zu einer bestimmten Dokumentbibliothek oder Liste, einem Inhaltstyp oder (bei einem Website-Workflow) einer Website.

Der Workflow kann dann, nach der Zuordnung, aus jedem beliebigen Dokument oder Element aus der Bibliothek oder Liste gestartet werden.

HINWEIS Eine Workflowvorlage ist ein wiederverwendbarer Workflow, der durch die Bindung an eine Bibliothek, eine Liste, einen Inhaltstyp oder eine Website zugeordnet wird.

Obwohl sich Workflows nicht explizit aus Inhaltstypen aufrufen lassen, können Sie einen Workflow, der einem Inhaltstyp zugeordnet ist, aus einem Dokument oder Listenelement starten, dem dieser Inhaltstyp angefügt wurde.

Wurde die Workflowvorlage in SharePoint Designer 2013 erstellt, erfolgt die Installation automatisch.

Workflow starten

Nachdem eine Workflowvorlage zugeordnet worden ist, können Sie die Initialisierung anstoßen. Ein Workflow wird dabei immer an ein Element oder Dokument gebunden (mit Ausnahme von Website-Workflows).

Um eine Workflowinstanz zu starten, stellt Ihnen SharePoint 2013 drei Optionen bereit:

- Manuelles Starten durch den Benutzer
- Automatisches Starten, wenn ein Benutzer ein Dokument oder Element erstellt
- Automatisches Starten, wenn ein Benutzer ein Dokument oder Element ändert

Wurde eine Workflowinstanz, die einem Listenelement oder Dokument zugeordnet ist, gestartet, kann keine weitere Instanz desselben Workflows für dieses Element ausgeführt werden.

Workflow überwachen, überprüfen und ändern

Auf der Workflowstatusseite können Sie den Verlauf eines laufenden Workflows überwachen. Hier können Sie sehen, welche Aufgaben bereits erledigt sind und wie der Workflowstatus ist. Sie können auch ggf. manuelle Schritte einleiten, um beispielsweise Probleme zu lösen, die das erfolgreiche Ausführen des Workflows verhindern, sowie einen Workflow vorzeitig beenden.

Nachdem ein Workflow beendet ist, finden Sie die gesamte Historie zu diesem Workflow auf der Workflowstatusseite vor.

Werkzeuge zum Erstellen von Workflows

In SharePoint 2013 können Sie die vorhandenen Workflows konfigurieren, haben jedoch nicht die Möglichkeit, neue Workflows anzupassen oder zu erstellen. Für diese Aufgaben brauchen Sie Werkzeuge, die Sie bei Ihrer Arbeit unterstützen.

Im Folgenden lernen Sie die drei Werkzeuge von Microsoft kennen, die zum Erstellen und Bearbeiten von Workflows eingesetzt werden können. Alternativ dazu erfahren Sie, wie Sie Ihre Workflowformulare mithilfe von InfoPath 2013 modifizieren können.

Webbrowser

SharePoint 2013 stellt Ihnen in einer Grundinstallation fünf vordefinierte Workflows zur Verfügung. Diese Workflows können Sie direkt in SharePoint erstellen und – falls erforderlich – anpassen. Exemplarisch wird ein einfacher Helpdesk-Workflow in SharePoint erstellt.

Workflow erstellen

Führen Sie die folgenden Schritte aus, um einen Drei-Status-Workflow zu erstellen:

1. Öffnen Sie die SharePoint-Liste, für die Sie einen Workflow erstellen möchten.
2. Im Menüband klicken Sie in den Workfloweinstellungen auf *Workflow hinzufügen*.
3. Sie finden nun eine Auswahl an Workflowvorlagen vor (Abbildung 19.12). Wählen Sie im Bereich *Workflow* die Workflowvorlage *Drei Status* aus und deaktivieren Sie das Kontrollkästchen *Manuelles Starten dieses Workflows…*.

HINWEIS Finden Sie keine Workflowvorlagen vor, sind die erforderlichen Websitesammlungsfeatures für Workflows nicht aktiviert.

Aktivieren Sie das Kontrollkästchen *Dieser Workflow wird gestartet, wenn ein neues Element erstellt wird.*

Abbildg. 19.12 Erstellung eines Drei-Status-Workflows im Webbrowser

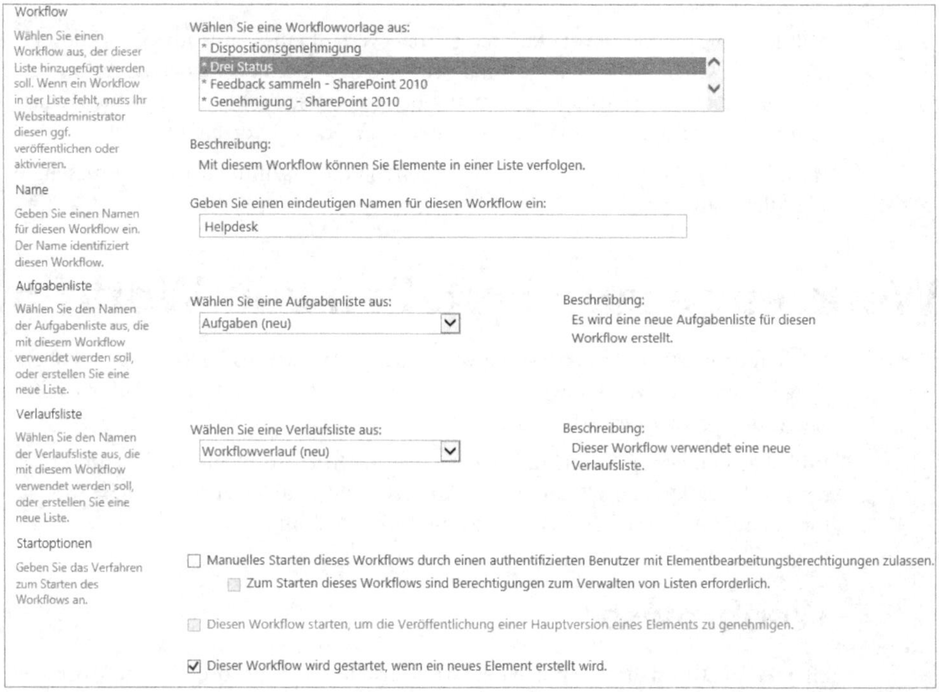

4. Klicken Sie auf *Weiter.*

   Auf der Seite *Workflow hinzufügen oder ändern ? Workflow mit drei Status anpassen* können Sie nun die Parameter für den Drei-Status-Workflow angeben.

5. Wählen Sie im Abschnitt *Workflowstatus* ein Auswahlfeld, den ursprünglichen Zustand, den zwischenzeitlichen Zustand sowie den Endzustand aus (Abbildung 19.13).

Abbildg. 19.13 Drei-Status-Workflow (1)

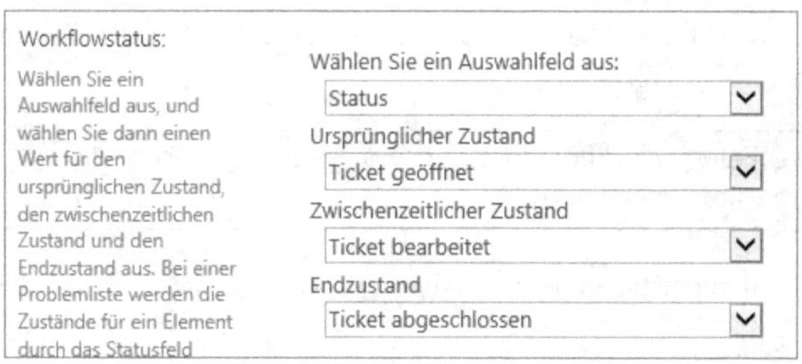

6. Im ersten Abschnitt *Aufgabendetails* geben Sie an, was passieren soll, wenn der Workflow initiiert wird (Abbildung 19.14).

Abbildg. 19.14 Drei-Status-Workflow (2)

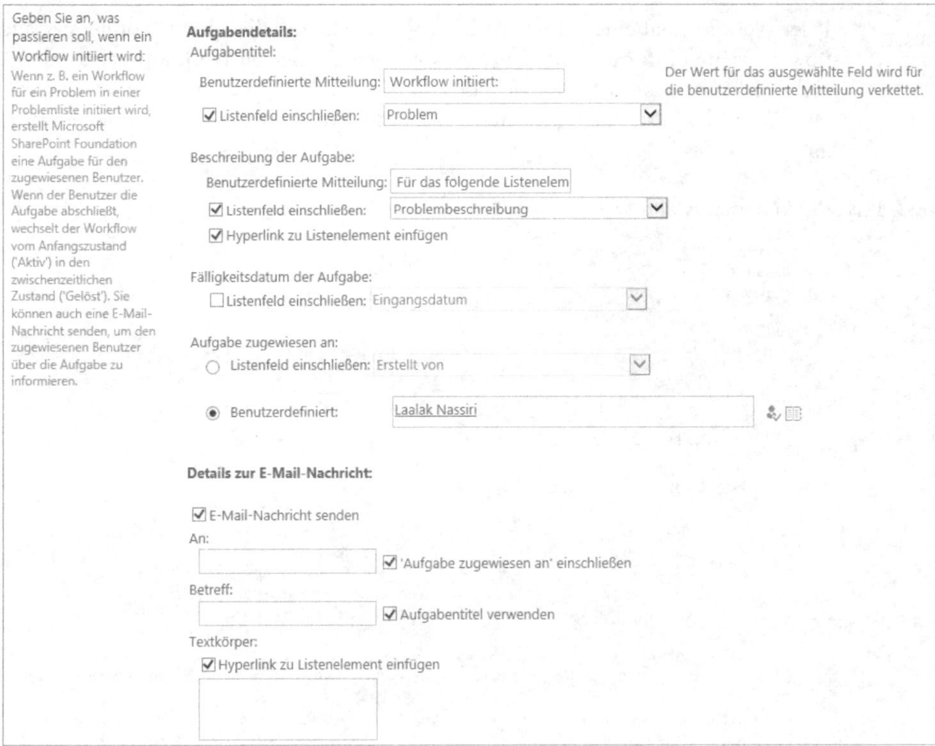

7. Im zweiten Abschnitt *Aufgabendetails* geben Sie an, was passieren soll, wenn das Workflow in den zwischenzeitlichen Zustand wechselt. An dieser Stelle stehen Ihnen die gleichen Funktionen zur Verfügung, wie im ersten Abschnitt.
8. Bestätigen Sie Ihre Angaben mit *OK*.

Beim Erstellen eines neuen Elements in dieser Liste wird ab sofort eine neue Instanz des Drei-Status-Workflows initiiert. Dabei wird eine neue Spalte in der Liste erstellt, die den aktuellen Status des Workflows angibt (Abbildung 19.15).

Abbildg. 19.15 Automatisch generierte Spalte für den Workflowstatus

✓	Problem		Problembeschreibung	Bevorugter Kontaktart	Telefonnummer	E-Mail	Status	Problemtyp	Eingangsdatum	Helpdesk
	Drucker funktioniert nicht ☼	···	Bei der Firma ABC funktioniert der Netzwerkdrucker nicht mehr.	Telefon	4.102.454.922		Ticket geöffnet	Hardware	26.11.2013	In Bearbeitung

Um mehr Informationen über den Verlauf eines Workflows zu erhalten, können Sie die Workflowstatusseite eines Workflows aufrufen, indem Sie in der von dem Workflow automatisch generierten Spalte (hier *Helpdesk*) auf den Status des Workflows klicken (z.B. *Abgeschlossen*).

Workflowstatusseite

Jeder Workflow hat eine eigene Workflowstatusseite. Auf dieser Seite können Sie alle für den Workflow relevanten Informationen ansehen und wenn nötig den Workflow beenden (Abbildung 19.16). Falls vorhanden, können Sie sich den Versionsverlauf einer Aufgabe anschauen. Der Abschnitt *Workflowverlauf* listet den gesamten Verlauf des Workflows sowie eventuell aufgetretene Probleme auf.

Abbildg. 19.16 Workflowstatusseite

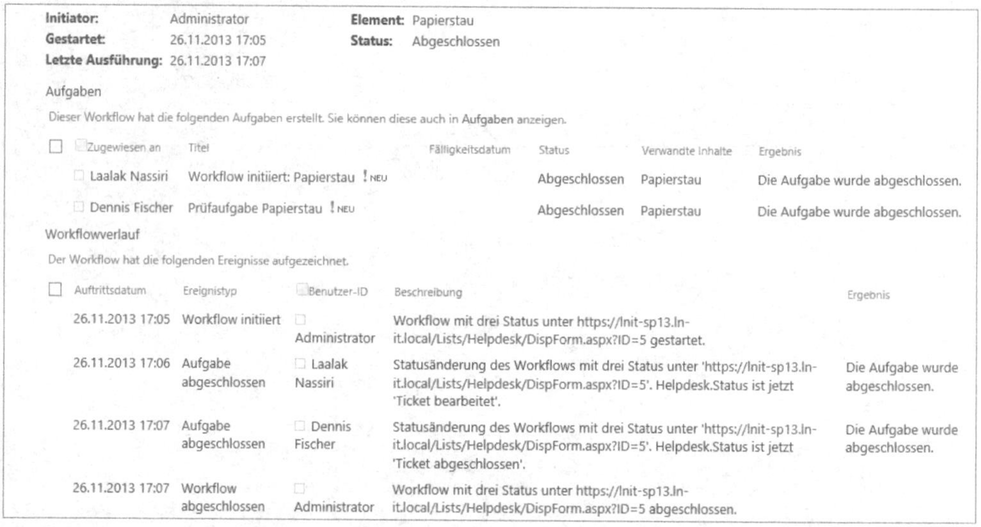

Falls Sie einen Workflow vorzeitig beenden möchten, wird Ihnen auf der Workflowstatusseite der Link *Diesen Workflow beenden* angezeigt.

Microsoft SharePoint Designer 2013

Microsoft SharePoint Designer 2013 ist eine separate Anwendung, die Ihnen als kostenloser Download zur Verfügung steht.

Unter anderem ermöglicht SharePoint Designer 2013 Personen mit vergleichsweise geringen technischen Kenntnissen das Erstellen und Bearbeiten von einfachen, an Dokumentbibliotheken und Listen gebundenen Workflows.

Voraussetzungen

Jeder SharePoint-Benutzer, bis auf jene mit *Eingeschränkter Lesezugriff*, hat die Möglichkeit, mit SharePoint Designer 2013 auf die Seiten zuzugreifen. Damit Sie jedoch Workflows mit SharePoint Designer 2013 erstellen können, benötigen Sie die in Tabelle 19.6 aufgeführten Berechtigungen.

Tabelle 19.6 Berechtigungen zur Erstellung von Workflows

Zuordnen eines Workflows zu	Minimal erforderliche Berechtigung
Liste oder Bibliothek	Berechtigungsstufe *Vollzugriff* für die Liste oder Bibliothek
Listen- oder Bibliotheksinhaltstyp	Mitglied der Gruppe *Websitebesitzer* auf der SharePoint-Website
Websites Inhaltstyp	Mitglied der Gruppe *Websitebesitzer* auf der SharePoint-Website
Websites	Mitglied der Gruppe *Websitebesitzer* auf der SharePoint-Website
Wiederverwendbarer Workflow ohne Zuordnung	Mitglied der Gruppe *Designer* auf der SharePoint-Website

Mithilfe der Zentraladministration wird darüber hinaus auf Webanwendungsebene definiert, welche Form der Anpassungen durch SharePoint Designer 2013 ermöglicht werden.

Dazu werden im Bereich *Allgemeine Anwendungseinstellungen* unter *SharePoint Designer-Einstellungen konfigurieren* die jeweiligen Optionen aktiviert bzw. deaktiviert (Tabelle 19.7).

Tabelle 19.7 SharePoint Designer-Einstellungen

Option	Beschreibung
Die Verwendung von SharePoint Designer in dieser Webanwendung erlauben	Geben Sie an, ob Benutzer Websites in dieser Webanwendung mithilfe von SharePoint Designer bearbeiten dürfen. Sie können damit für jede Webanwendung individuell steuern, inwieweit der Zugriff mit SharePoint Designer gestattet sein soll.
Websitesammlungsadministratoren das Trennen von Seiten von der Websitevorlage erlauben	Geben Sie an, ob Websiteadministratoren mithilfe von SharePoint Designer Seiten von der ursprünglichen Websitedefinition trennen dürfen. Die Deaktivierung dieser Option verhindert das sogenannte unghosting von Seiten, was insbesondere bei Migrationen hilfreich ist.
Websitesammlungsadministratoren das Anpassen von Gestaltungsvorlagen und Layoutseiten erlauben	Geben Sie an, ob Websiteadministratoren Gestaltungsvorlagen und Layoutseiten mithilfe von SharePoint Designer anpassen dürfen
Websitesammlungsadministratoren das Anzeigen der URL-Struktur ihrer Website erlauben	Geben Sie an, ob Websiteadministratoren die Internetadressenstruktur Ihrer Website mithilfe von SharePoint Designer verwalten dürfen

Für die Integration der Visualisierung des Workflowstatus mithilfe der Visio-Grafikdienste sind die SharePoint Server 2013 Enterprise-Features nötig. Diese werden in der Websitesammlungsverwaltung aktiviert.

Somit sind alle Voraussetzungen für die Arbeit mit SharePoint Designer 2013 überprüft.

Workflowtypen in SharePoint Designer 2013

SharePoint Designer 2013 ermöglicht Ihnen nicht nur das Bearbeiten vorhandener Standardworkflows, sondern auch das Erstellen benutzerdefinierter Workflows.

In SharePoint Designer 2013 stehen Ihnen drei Workflowtypen zur Verfügung:

- Listenworkflow
- Wiederverwendbarer Workflow (Nur SharePoint 2010-Workflows)
- Website-Workflow

Listenworkflow

Ein Listenworkflow ist genau einer Liste oder Bibliothek zugeordnet. In diesem Abschnitt zeigen wir Ihnen das Erstellen eines neuen Listenworkflows anhand des Beispiels *Materialbestellung*.

Dazu folgendes Szenario: Der Workflow beschreibt den Vorgang der Materialbestellung. Ein Benutzer erstellt ein neues Element in der Liste *Materialbestellungen*, und diese Anforderung soll von einer vorab definierten Person genehmigt oder abgelehnt werden. Die auftretenden Ereignisse des Workflows werden in der Workflowverlaufsliste protokolliert.

Führen Sie folgende Schritte aus, um mit SharePoint Designer 2013 einen neuen Listenworkflow zu erstellen:

1. Öffnen Sie Ihre Website im Microsoft SharePoint Designer 2013.
2. Klicken Sie im Bereich *Websiteobjekte* auf *Workflows*. Hier werden Ihnen alle Workflows angezeigt, die für Ihre Website verfügbar sind.
3. Im Menüband werden Ihnen auf der Registerkarte *Workflows* die Workflowtypen angezeigt, die in SharePoint Designer 2013 existieren.

   Sie bekommen eine Auswahl von Elementen angezeigt, für die Sie einen neuen Workflow erstellen und zuordnen können. Diese Liste beinhaltet auch die von Ihnen erstellten Bibliotheken und Listen (hier *Materialbestellungen*).

HINWEIS Die Zuordnung des Workflows geschieht in SharePoint Designer 2013 automatisch beim Erstellen eines neuen Workflows.

4. Wählen Sie die Liste aus, für das Sie einen Workflow erstellen möchten.
5. Legen Sie die SharePoint-Workflow-Plattform fest und bestätigen Sie mit *OK*.

Sie werden nun zum Workflow-Editor weitergeleitet, über den Sie die Schritte des Workflows definieren können.

Über *Schritte* wird der Workflow strukturiert und es werden entsprechende Bedingungen und Aktionen über klickbare Textabschnitte definiert. Sie können Bedingungen verwenden, um damit z.B. Elementfelder abzufragen und zur Deklaration zu nutzen, ob die folgende Aktion gestartet werden soll. Weiterhin stehen Ihnen in SharePoint Designer 2013 die sogenannten Phasen und Schleifen zur Verfügung, mit deren Hilfe Sie Ihre Workflows effektiver gestalten können (Abbildung 19.17).

Eine der hilfreichsten Neuerungen in SharePoint Designer 2013 ist die Möglichkeit, Aktionen und Bedingungen und sogar ganze Stufen zu kopieren und wieder einzufügen.

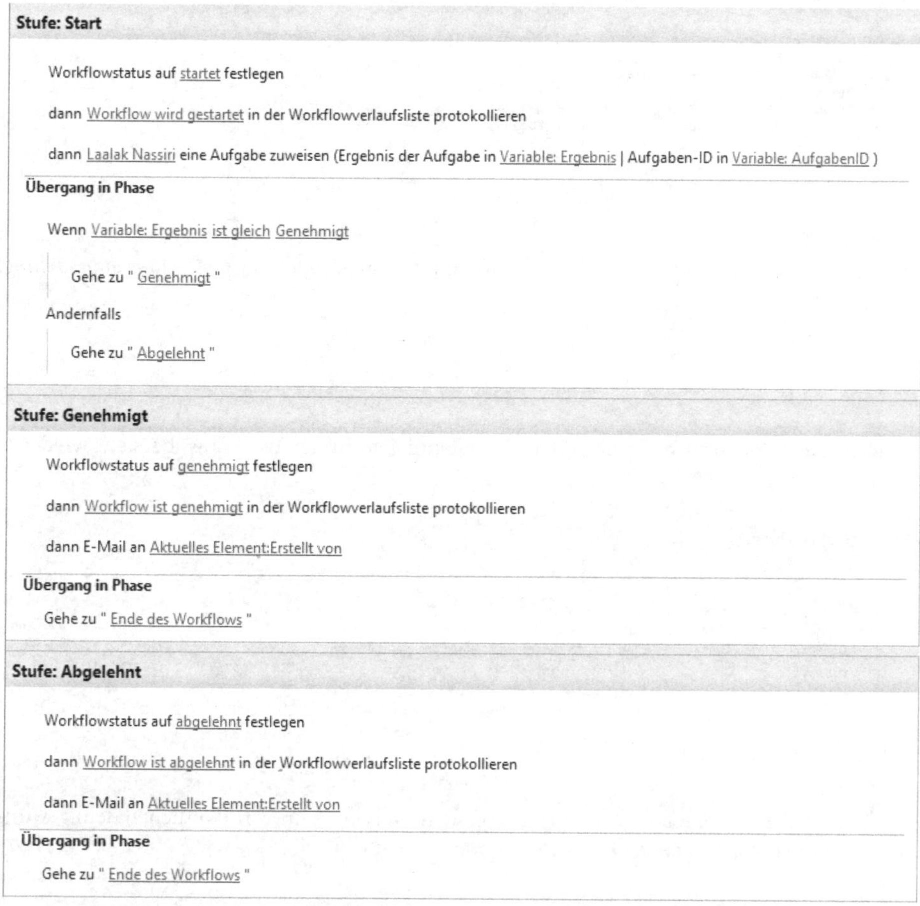

Abbildg. 19.17 Workflow für Materialbestellungen

Unser Workflow besteht aus den drei Stufen *Start*, *Genehmigt* und *Abgelehnt*. Nachdem die Stufe *Start* durchlaufen wurde, entscheidet der Workflow anhand der Ergebnisse, welche Stufe als nächstes ausgeführt wird. Die Inhalte der E-Mails und die Anleitungen können Sie mithilfe von Funktionen (*fx*) dynamisch definieren (Abbildung 19.18).

Haben Sie alle Schritte definiert, veröffentlichen Sie den Workflow im Menüband auf der Registerkarte *Workflow* im Abschnitt *Speichern*, damit Benutzer ihn starten können. Um sicherzugehen, dass der Workflow keine Fehler enthält, können Sie ihn auf Fehler prüfen, bevor sie ihn veröffentlichen.

Abbildg. 19.18 Erstellung von Anweisungen und Aufgabenzuordnungen

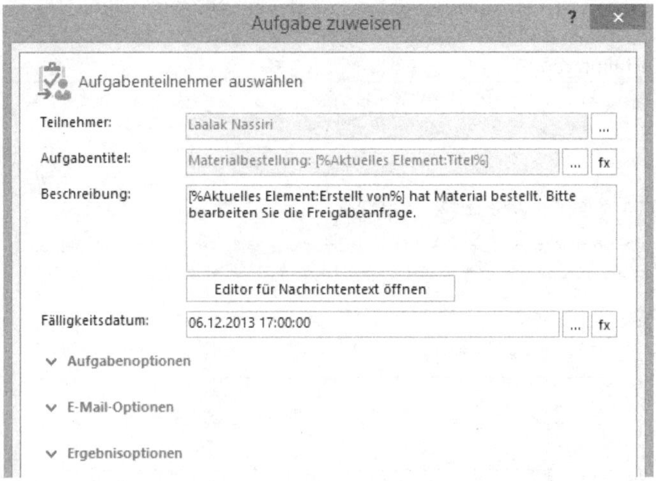

Den Workflow finden Sie nach dem Veröffentlichen in der Workflowübersicht wieder (Abbildung 19.19).

Abbildg. 19.19 Workflowübersicht

Name	Typ	Geändert von	Erstellt am	Geändert am	Plattformtyp
Global wieder verwendbarer Workflow					
Feedback sammeln - SharePoint...	Global wieder verwendbarer Workflow	Administrator	26.11.2013 15:03	26.11.2013 15:03	SharePoint 2010 Workflow
Genehmigung - SharePoint 2010	Global wieder verwendbarer Workflow	Administrator	26.11.2013 15:03	26.11.2013 15:03	SharePoint 2010 Workflow
Signaturerfassung - SharePoint ...	Global wieder verwendbarer Workflow	Administrator	26.11.2013 15:03	26.11.2013 15:03	SharePoint 2010 Workflow
Veröffentlichungsgenehmigung	Global wieder verwendbarer Workflow	Administrator	26.11.2013 15:03	26.11.2013 15:03	SharePoint 2010 Workflow
Listenworkflow					
Materialbestellung	Listenworkflow	In-it\l.nassiri	26.11.2013 17:59	27.11.2013 12:55	SharePoint 2013 Workflow

Somit haben Sie einen neuen Workflow erstellt und ihn beim Veröffentlichen dem gewünschten Element (Liste *Materialbestellungen*) zugeordnet.

Website-Workflows

Website-Workflows stehen nicht mit einer Liste oder Bibliothek in Verbindung, sondern lassen sich über die Website starten. In diesem wird ein neuer Website-Workflow anhand des Beispiels *Verbesserungsvorschläge* erstellt.

Dazu folgendes Szenario: Sie möchten, dass Benutzer Ihre Website bewerten und ihre Verbesserungsvorschläge mitteilen. Der dazugehörige Workflow sollte daher an die Website gebunden werden. Die Ergebnisse dieses Workflows werden in eine von Ihnen erstellte Liste geschrieben.

Führen Sie die folgenden Schritte aus, um mit SharePoint Designer 2013 einen neuen Website-Workflow zu erstellen:

1. Gehen Sie wie beim Listenworkflow vor und klicken Sie abweichend im Menüband auf der Registerkarte *Workflows* unter *Neu* auf *Website-Workflow.*
2. Nach den Basisangaben fügen Sie die Aktion *Listenelement erstellen* aus der Gruppe *Listenaktionen* hinzu.

3. Klicken Sie im Menüband auf der Registerkarte *Website* unter *Variablen* auf *Initialisierungsformularparameter.*
4. Initialisierungsparameter sind Variablen, die beim Starten des Workflows gesetzt werden. Diese könnten beispielsweise Abfragefelder sein. So bekommt der Benutzer beim Starten des Workflows ein Formular mit definierten, auszufüllenden Feldern.
5. Fügen Sie gewünschte Parameter hinzu (Abbildung 19.20).

Abbildg. 19.20 Zuordnungs- und Initiierungsformularparameter

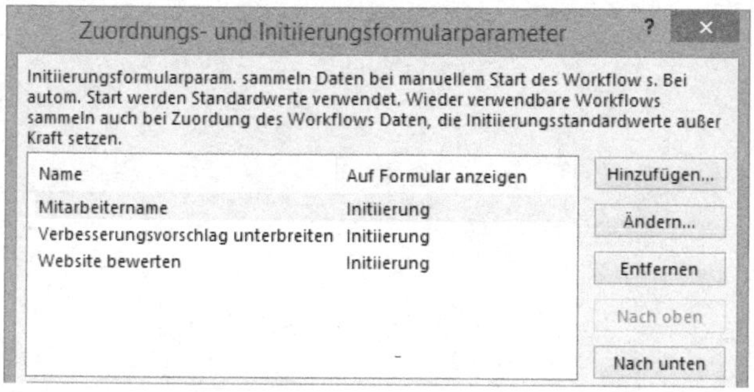

6. Definieren Sie die Workflowschritte (Abbildung 19.21). Klicken Sie in *Stufe: Stufe 1* auf den Link *diese Liste*, um zu bestimmen, welche Elemente in der von Ihnen zuvor erstellten Liste erzeugt werden sollen.

Abbildg. 19.21 Definition der Workflowschritte

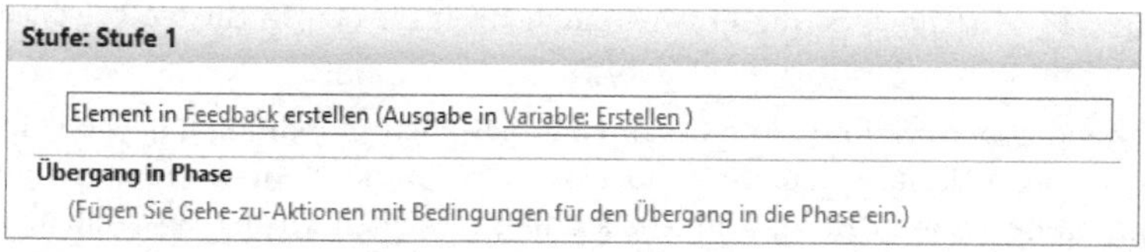

7. Wählen Sie die Liste aus und fügen Sie die relevanten Spalten ein.
8. Öffnen Sie mit *fx* das Dialogfeld *Nachschlagen für eine Textzeile*, um die Datenquelle, das Quellenfeld und den Datentyp anzugeben (Abbildung 19.22).

Abbildg. 19.22 Neuen Listeneintrag erstellen

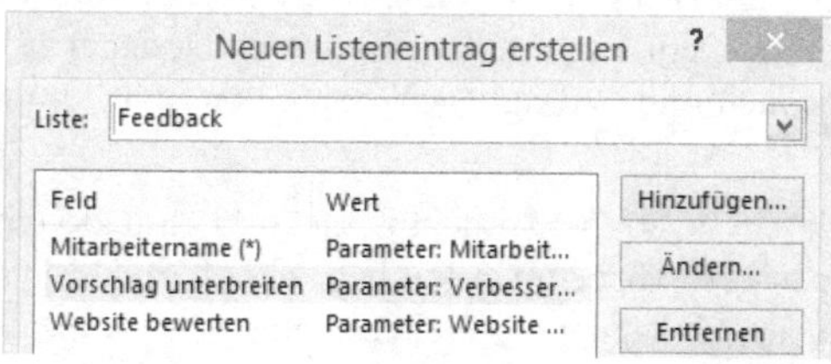

9. Um den Workflow auf der Website zu starten, lassen Sie sich die Websiteinhalte anzeigen, und klicken Sie oben rechts auf die Schaltfläche *Website-Workflows.*

Erstellen Sie einen Link in einem Hyperlink-Webpart auf der Startseite, um das Starten des Workflows für die Benutzer zu vereinfachen. Durch Verwendung dieses Links erreicht der Benutzer dann direkt den Workflowdialog (Abbildung 19.23).

Abbildg. 19.23 Workflowdialog

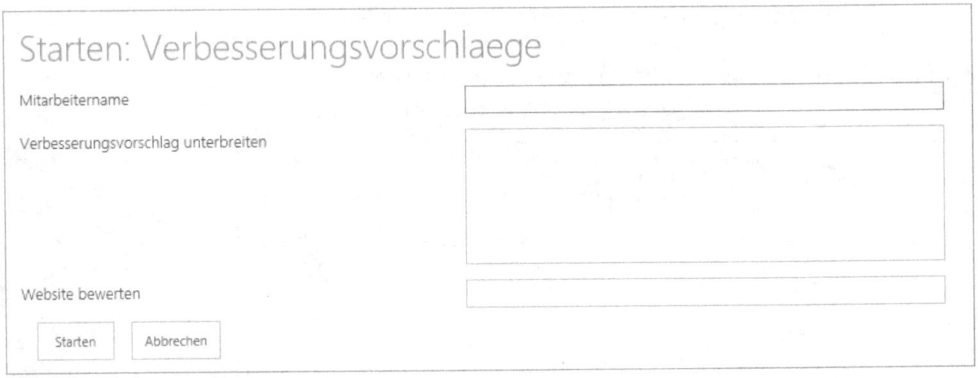

Wiederverwendbarer Workflow

Der Unterschied zwischen einem Listen- und einem wiederverwendbaren Workflow besteht darin, dass ein Listenworkflow an eine bestimmte Liste oder Bibliothek gebunden ist, während ein wiederverwendbarer Workflow mehreren Listen und Bibliotheken zugeordnet werden kann. Zudem ist dies auch die einzige Art von Workflow, der zusätzlich an Inhaltstypen gebunden werden kann. Diese Anbindung ist jedoch nur für SharePoint 2010-Workflows möglich. Beim Erstellen eines SharePoint 2013-Workflows ist die Auswahlmöglichkeit für den Inhaltstyp abgeblendet dargestellt und es kann kein Inhaltstyp ausgewählt werden.

Wiederverwendbare Workflows unterliegen einer gewissen Einschränkung: sie können nicht über die Grenzen einer Website hinaus verwendet werden. Um den Workflow jedoch auf der gesamten Websitesammlung verwenden zu können, können Sie einen wiederverwendbaren Workflow als global veröffentlichen.

Die Erstellung und der Einsatz von wiederverwendbaren Workflows in Verbindung mit Ihnhaltstypen ist nur für SharePoint 2010-Workflows verfügbar.

Visueller Designer (Visual Designer)

Der visuelle Aufbau eines Workflows war bislang nur mithilfe von Visio 2010 möglich. Dort konnten Sie den Workflow zusammenklicken, exportieren und in SharePoint Designer 2010 importieren. Die Eigenschaften der einzelnen Aktionen und Bedingungen wurden dann in SharePoint Designer 2010 vorgenommen.

In SharePoint Designer 2013 wurde ein Visio 2013-Add-In integriert, mit dessen Hilfe Sie alle Schritte direkt in SharePoint Designer 2013 vornehmen können, ohne dazu Visio 2013 öffnen zu müssen. In dem sogenannten Visuellen Designer können Sie einen Workflow aus Bausteinen zusammensetzen und gleichzeitig mit Attributen versehen.

Sie können jederzeit zwischen den zwei Ansichten *Textbasierter Designer* und *Visueller Designer* umschalten. Dazu klicken Sie, während Sie im Bearbeitungsmodus des Workflows sind, im Menüband in der Gruppe *Verwalten* auf die Schaltfläche *Ansichten*.

Abbildg. 19.24 Wechsel von Ansichten im Visuellen Designer

Im folgenden Beispiel sehen Sie den Visuellen Designer anhand des Beispiels *Materialbestellung* (Abbildung 19.25).

Abbildg. 19.25 Darstellung eines Workflows im Visuellen Designer

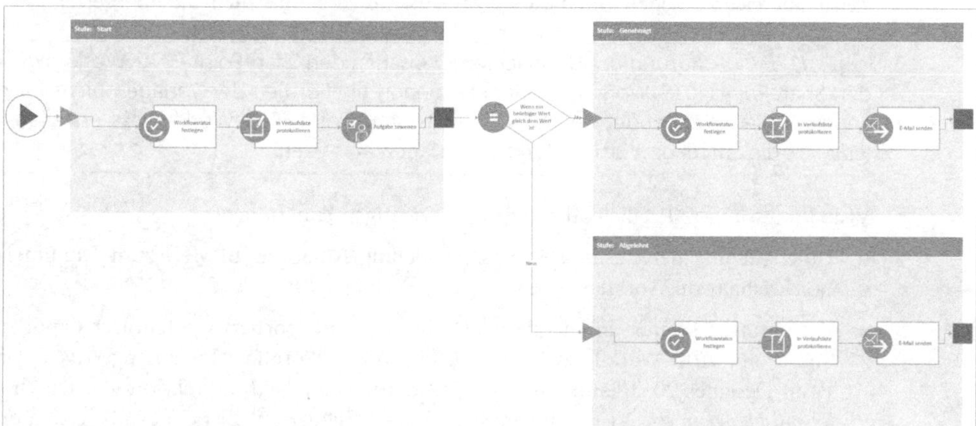

Im Visuellen Designer haben Sie die Möglichkeit, Ihren Workflow durch weitere Stufen, Bedingungen und Aktionen zu erweitern und anzupassen. Dazu stehen Ihnen die von Visio 2013 integrierten Schablonen zur Verfügung. Weiterhin können Sie bei jeder Aktion oder Bedingung die Eigenschaften aufrufen und ggf. anpassen (Abbildung 19.26).

Abbildg. 19.26 Aufrufen der Eigenschaften einer Aktion im Visuellen Designer

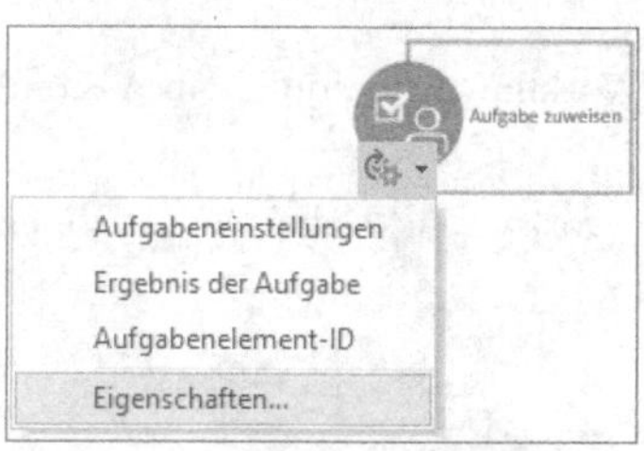

Wie Sie mit dem Add-In von Visio Professional 2013 in SharePoint Designer 2013 Workflows erstellen können, erfahren Sie im nachfolgenden Abschnitt.

Visio 2013

Microsoft Visio Professional 2013 ist ein zusätzliches, kostenpflichtiges Office-Produkt, das für die weitere Unterstützung in Verbindung mit Workflows verwendet werden kann. Mithilfe einer Vorlage für SharePoint 2013-Workflows können Sie nach wie vor ein Workflowdiagramm für SharePoint 2013 Workflows erstellen.

Ausgehend von den Möglichkeiten der Workflowerstellung bietet das Add-In im SharePoint Designer 2013 dieselbe Schablone an wie Visio Professional 2013.

Mithilfe der in Visio Professional 2013 enthaltenen Workflowvorlage für SharePoint 2013 können Sie Stufen, Schleifen, Aktionen und Bedingungen als logische Bausteine zum Erstellen eines Workflows verwenden. Um das Workflowdiagramm zu erstellen, brauchen Sie nur die Formen in den Zeichenbereich zu ziehen und diese ins gewünschte Verhältnis zueinander zu setzen.

HINWEIS Aufgrund der Unterschiede zwischen den SharePoint 2010-Workflowvorlagen und den SharePoint 2013-Workflowvorlagen können die Formen der Vorlagen nicht für die jeweilig andere Vorlage verwendet werden. Um einen SharePoint 2013-Workflow zu erstellen, können Sie lediglich die SharePoint 2013-Workflowvorlagen einsetzen.

Visio Professional 2013 bietet die folgenden wichtigen Funktionen:

- Unterstützung der Business Process Modelling Notation (BPMN) zum Dokumentieren und Beschreiben von Workflows
- Zeichnungen können in SharePoint Designer 2013 exportiert werden. Der Export/Import von SharePoint 2013-Workflows läuft über eine Visio Workflow Interchange (*.vwi*)-Datei. SharePoint Designer 2013 kann das Visio-Standardformat (*.vsdx*) direkt öffnen. Durch das Add-In *Visual Designer* von Visio 2013 in SharePoint Designer 2013 ist ein expliziter Export der Datei nicht mehr notwendig.
- Die Dokumentation und Erstellung der Visio-Zeichnung erfolgt üblicherweise nicht mehr durch IT-Fachkräfte, sondern durch Personen, die den Prozess modellieren und beschreiben

In Summe erreichen Sie so eine bessere Zusammenarbeit zwischen dem Prozessteam und der IT-Abteilung, die diesen Prozess einrichten soll.

WF-Prozessdiagramm in Visio erstellen

Geschäftsprozesse können mithilfe von SharePoint-Workflowdiagrammen in Visio Professional 2013 erstellt werden.

Sie wählen dazu in Visio die SharePoint 2013-Workflowvorlage aus. Dabei werden Ihnen drei Schablonen zur Verfügung gestellt:

- **Aktionen** SharePoint 2013-Workflow
- **Bedingungen** SharePoint 2013-Workflow
- **Komponenten** SharePoint 2013-Workflow

Diese Shapes entsprechen im Wesentlichen den Möglichkeiten, die Ihnen auch im SharePoint Designer 2013 zur Verfügung stehen.

Um einen SharePoint-Workflow zu erstellen, fügen Sie nun die geplanten Workflowaktionen auf das Zeichenblatt ein und stellen Sie die gewünschten Verhältnisse zwischen den jeweiligen Aktionen her.

HINWEIS Der Identitätswechselschritt wird nicht extra aufgelistet, ist aber in der Definition der Schritte auch nicht notwendig, da diese Rechteanhebung beim konkreten Umsetzen im SharePoint Designer 2013 stattfindet.

Jedes Workflowdiagramm besteht aus einer oder mehreren Stufen, die alle Aktionen, Bedingungen und Schleifen enthalten. Die Stufen können seriell oder parallel abgelaufen werden und jede abgeschlossene Stufe kann als Schleife erneut ausgeführt werden.

Die Schaltfläche zur Überprüfung des Diagramms auf strukturelle und logische Fehler finden Sie im Menüband unter der Registerkarte *Prozess* in der Gruppe *Diagrammüberprüfung* (Abbildung 19.27).

Abbildg. 19.27 Diagrammüberprüfung

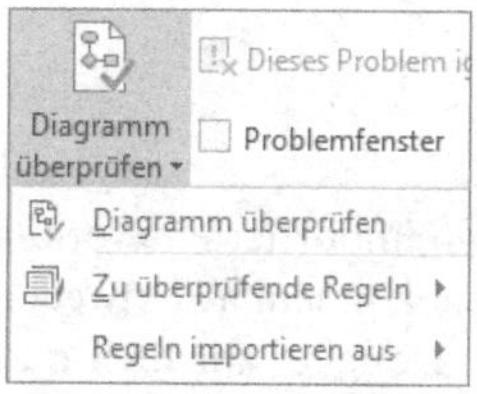

Damit haben Sie die visuelle Dokumentation des Prozesses abgeschlossen.

In Visio 2013 erstellten Workflow nach SharePoint Designer 2013 importieren

Ein in Visio 2013 erstellter SharePoint 2010-Workflow muss nach wie vor zuerst aus Visio exportiert werden, bevor er in SharePoint Designer 2013 importiert werden kann.

Um das gespeicherte Workflowdiagramm in SharePoint Designer 2013 zu importieren, gehen Sie wie folgt vor:

1. Öffnen Sie SharePoint Designer 2013 und rufen Sie Ihre Website auf.
2. Klicken Sie im Menüband auf der Registerkarte *Workflows* unter *Verwalten* auf *Aus Visio importieren*. Dabei können Sie entscheiden, ob Sie ein Visio 2010- oder Visio 2013-Diagramm importieren möchten.

Die Abbildung 19.28 zeigt Ihnen das Dialogfeld im SharePoint Designer 2013 beim Importieren eines in Visio 2013 erstellten SharePoint 2013-Workflows.

Abbildg. 19.28 Importvorgang eines in Visio 2013 erstellten Workflows in SharePoint Designer 2013

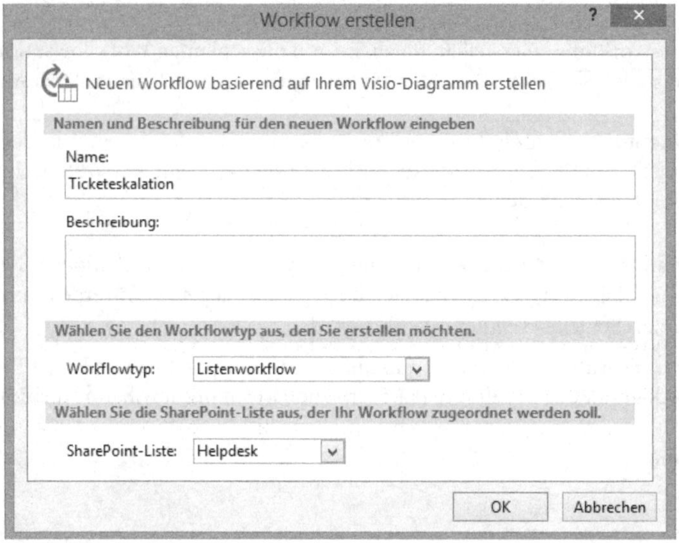

Nach dem Import öffnet sich direkt der Visuelle Designer mit dem importierten Workflow. Um die Deklaration der einzelnen Bedingungen und Schritte zu beginnen, können Sie entweder die Eigenschaften der einzelnen Aktionen und Bedingungen im Visuellen Designer aufrufen oder den textbasierten Designer öffnen.

Sie können diese Datei jederzeit wieder nach Visio 2013 exportieren und umgekehrt. Wenn Sie zusätzlich den Code modifizieren möchten, ist ein Export nach Visual Studio 2012 möglich.

Durch den Einsatz des Visual Designers in SharePoint Designer 2013 wird Ihnen das aufwendige Dokumentieren der Workflowschritte abgenommen, und Sie erhalten als Ergebnis eine repräsentative Darstellung dieses Workflows.

InfoPath 2013

Die Interaktion zwischen InfoPath 2013 und Workflows geschieht in der Regel mithilfe von Formularen im Webbrowser.

Diese Formulare werden automatisch beim Erstellen eines Workflows angelegt und sehen recht schlicht aus. Damit die Workfloweingabeformulare für Sie attraktiver werden, können Sie sie in Microsoft InfoPath 2013 bearbeiten und verändern.

InfoPath 2013 bietet Ihnen die Möglichkeit, symmetrische Formulare zu erstellen. Dabei handelt es sich um Formulare, die ihr Aussehen und ihre Funktionalität beibehalten, unabhängig davon, ob sie im Browser oder innerhalb einer Office 2013-Clientanwendung aufgerufen werden. So können Sie Formularvorlagen in Listen- oder Dokumentbibliotheken in einer Websitesammlung bereitstellen, um Informationen von den Benutzern zu vordefinierten Zeiten im Lebenszyklus des Workflows zu erfassen sowie Benutzern die Interaktion mit den Aufgaben für diesen Workflow zu ermöglichen.

Die Anpassung des Formulars können Sie sowohl über Ihren Browser als auch in SharePoint Designer 2013 starten.

HINWEIS Die Formulare für SharePoint 2013-Workflows können nicht über SharePoint Designer 2013 geöffnet und bearbeitet werden. SharePoint 2010-Workflows können Sie hingegen nach wie vor in InfoPath 2013 öffnen.

Workflows verwalten

In diesem Abschnitt erfahren Sie die wesentlichsten Operationen im administrativen Umgang mit Workflows.

Workflow als Workflowvorlage bereitstellen

Ein in SharePoint Designer 2013 erstellter wiederverwendbarer Workflow kann zu einer Workflowvorlage umgewandelt werden, indem er als *.wsp*-Datei exportiert wird. Somit kann kann der Workflow in mehreren Websites und Websitesammlungen bereitgestellt werden.

Um einen Workflow als eine Workflowvorlage zu exportieren, gehen Sie wie folgt vor:

1. Markieren Sie den Workflow in SharePoint Designer 2013.
2. Klicken Sie im Menüband unter *Verwalten* auf *Als Vorlage speichern*.

Ihre Vorlage wird hierdurch in der SharePoint-Dokumentbibliothek *Websiteobjekte* abgelegt.

Um die so erstellte *.wsp*-Datei wiederzuverwenden, stellen Sie diese entweder mithilfe der Browseroberfläche in der Zielwebsitesammlung als Sandkastenlösung bereit oder verwenden alternativ die PowerShell. Somit stellen Sie die Workflowvorlage als Feature bereit. Das Feature wird dadurch jedoch nicht in Websites der Websitesammlung automatisch aktiviert.

Zur Bereitstellung einer Sandkastenlösung in den Lösungskatalog der Websitesammlung öffnen Sie in den *Websiteeinstellungen* im Abschnitt *Web-Designer-Kataloge* den Link *Lösungen*. In der Rolle des Farmadministrators verwenden Sie den folgenden Beispielbefehl:

```
Add-SPUserSolution -LiteralPath [LiteralPath] -Site [SiteURL]
```

Dabei ist *LiteralPath* der vollständige Pfad, einschließlich des Namens der *.wsp*-Datei, wobei *SiteURL* die URL der Websitesammlung darstellt.

Aktivieren Sie abschließend das entsprechende Workflowfeature in der gewünschten Website. Details zum Aktivieren von Features entnehmen Sie Kapitel 9.

Workflowzuordnung

Wenn Sie Workflows mit dem Microsoft SharePoint Designer 2013 erstellen, wird beim Erstellen des Workflows automatisch die Zuordnung zur gewünschten Liste, Bibliothek, Inhaltstyp oder Website vorgenommen.

Stammt der Workflow jedoch nicht von SharePoint Designer 2013, muss er zuerst auf der Website installiert und dem gewünschten Websiteelement zugeordnet werden.

HINWEIS Um einen Workflow einer Liste oder Bibliothek hinzuzufügen, brauchen Sie Mitwirkungsrechte auf die jeweilige Liste oder Bibliothek. Um einen Workflow zu starten, welcher bereits einer Liste oder Bibliothek hinzugefügt worden ist, reichen Mitgliedsprivilegien aus.

Workflowvorlage einer Website zuordnen

Workflowvorlagen können nicht nur zu Bibliotheken, Listen und Inhaltstypen, sondern auch zu Websites zugeordnet werden. Website-Workflows werden für Prozesse verwendet, für die kein Listenelementkontext vorhanden ist. Dies bedeutet, Sie brauchen keine entsprechende SharePoint-Liste zu erstellen, aus welcher der Workflow gestartet wird.

Mit SharePoint Designer 2013 haben Sie die Möglichkeit, Website-Workflows direkt auf einer Website bereitzustellen. Das ist beispielsweise nützlich, um bei der Erstellung von Elementen auf definierte Schlüsselwörter im Titelfeld zu prüfen, unabhängig davon, in welcher Liste oder Bibliothek dieses Element oder Dokument erstellt wird.

Workflow zu einer Liste oder Dokumentbibliothek zuordnen

Beim Hinzufügen einer Workflowzuordnung werden dem Workflow eine Aufgabenliste und eine Verlaufsliste zugewiesen. Alternativ dazu können Sie Workflows auch einer Liste oder Inhaltstyp über die Websitesammlungseinstellungen zuordnen.

HINWEIS Sie benötigen die Berechtigungsstufe *Vollzugriff* für die zu konfigurierende Liste oder Bibliothek.

Für die Zuordnung zu einer Liste gehen Sie wie folgt vor:

1. Öffnen Sie die Bibliothek oder Liste, welcher der Workflow zugeordnet werden soll.
2. Klicken Sie im Menüband auf die Registerkarte *Bibliothek*. In der Gruppe *Einstellungen* auf den Befehl *Workfloweinstellungen* (Abbildung 19.29).

Abbildg. 19.29 Workfloweinstellungen aufrufen

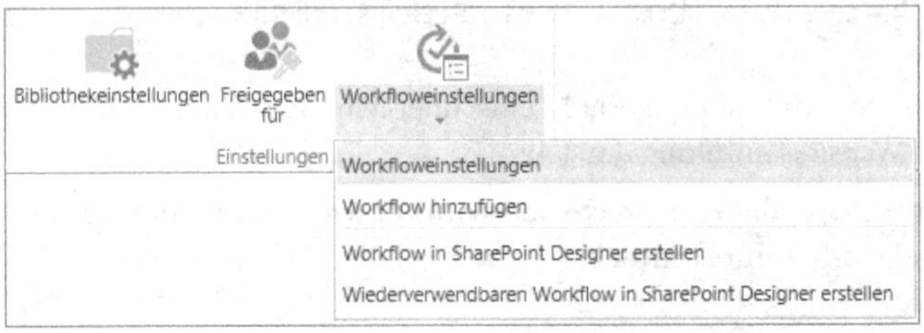

3. Auf dieser Seite können Sie die ggf. bereits zugeordnete Workflows sehen, bestimmen, an welchen Inhaltstypen diese gebunden sein sollen und haben die Möglichkeit, einen Workflow hinzuzufügen (Abbildung 19.30) sowie sich die Workflowberichte anzeigen zu lassen.

Abbildg. 19.30 Übersicht der Workflowseinstellungen

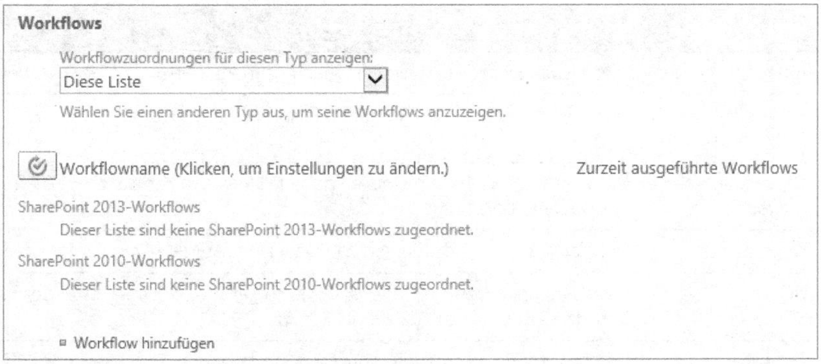

4. Klicken Sie auf den Link *Workflow hinzufügen* und wählen Sie für den verbleibenden Verlauf Ihre gewünschten Parameter aus (Tabelle 19.8).

Tabelle 19.8 Workflow hinzufügen

Bezeichnung	Beschreibung
Workflow	Wählen Sie den Workflow aus, der dieser Liste oder Dokumentbibliothek hinzugefügt werden soll. Falls die gewünschte Workflowvorlage nicht angezeigt wird, muss die gesuchte Workflowvorlage ggf. noch in der Websitesammlungsverwaltung unter *Websitesammlungs-features* aktiviert werden.
Name	Geben Sie einen Namen für diesen Workflow ein. Mit diesem Namen wird dieser Workflow für Benutzer dieser Dokumentbibliothek identifiziert.
Aufgabenliste	Wählen Sie eine Aufgabenliste aus, die mit diesem Workflow verwendet werden soll. Sie können eine vorhandene Aufgabenliste auswählen oder die Erstellung einer neuen Aufgabenliste anfordern.
Verlaufsliste	Wählen Sie eine Verlaufsliste aus, die mit diesem Workflow verwendet werden soll. Sie können eine vorhandene Verlaufsliste auswählen oder die Erstellung einer neuen Verlaufsliste anfordern.
Startoptionen	Geben Sie Verfahren zum Starten des Workflows an: - Manuell - Automatisch beim Einstellen eines neuen Elements - Automatisch bei Änderung eines vorhandenen Elements

5. Geben Sie die weiteren Eigenschaften des Workflows an (Tabelle 19.9) und bestätigen Sie Ihre Eingaben mit *Speichern.*

Tabelle 19.9 Workfloweigenschaften

Bezeichnung	Beschreibung
Genehmigende Personen	Geben Sie die Namen der Personen ein, denen der Workflow Aufgaben zuweist und wählen Sie die Reihenfolge aus, in der diese Aufgaben zugewiesen werden. Sie können die Aufgaben seriell, also hintereinander, oder parallel, also gleichzeitig, ausführen lassen.
Gruppen erweitern	Sie können Gruppen erweitern und damit jedem Gruppenmitglied eine eigene Aufgabe zuweisen

Tabelle 19.9 Workflowweigenschaften *(Fortsetzung)*

Bezeichnung	Beschreibung
Anforderungen	Diese Nachricht wird an die Personen gesendet, denen Aufgaben zugewiesen werden
Fälligkeitsdatum für alle Aufgaben	Das Datum, an dem alle Aufgaben fällig sind
Dauer pro Aufgabe	Der Zeitraum, nach dem eine Aufgabe fällig ist. Wählen Sie die Zeiteinheiten mithilfe der Dauereinheiten aus.
Dauereinheit	Definiert die Zeiteinheiten, die von Dauer pro Aufgabe verwendet werden
CC	Diese Personen benachrichtigen, wenn dieser Workflow gestartet oder beendet wird, ohne ihnen Aufgaben zuzuweisen
Bei erster Ablehnung beenden	Das Dokument automatisch ablehnen, wenn es von einem Teilnehmer abgelehnt wird
Bei Dokument-änderung beenden	Das Dokument automatisch ablehnen, wenn es geändert wird, bevor der Workflow abgeschlossen ist
Inhaltsgenehmi-gung aktivieren	Aktualisiert den Genehmigungsstatus, nachdem der Workflow abgeschlossen ist (verwenden Sie diesen Workflow zum Steuern der Inhaltsgenehmigung)

6. Nach dem Speichern des Workflows kehren Sie zur ersten Seite zurück, von der aus Sie einen Überblick über Ihre Workflows haben.

Interaktion über den Webbrowser

Greifen Sie mit einem Webbrowser auf Ihre SharePoint-Bibliothek zu, können Sie über das Kontextmenü eines Dokuments auf die aktivierten Workflows zugreifen.

Im Webdialog zum Workflow werden alle für diese Bibliothek aktivierten Workflows zur Auswahl angezeigt und je nach Konfiguration zum manuellen Start angeboten.

Starten Sie einen Workflow, wird in der Dokumentbibliothek in einer zusätzlichen Spalte der Status zum Workflow angezeigt (Abbildung 19.31).

Abbildg. 19.31 Zusatzspalte in Dokumentbibliothek

Parallel dazu erhält der Aufgabenempfänger eine E-Mail mit der Aufgabenbeschreibung (Abbildung 19.32) und einen Link auf das zu genehmigende Dokument.

Durch den Aufruf des Links *Den Status dieses Workflows anzeigen* gelangen Sie zu Workflowstatusseite. Hier wird Ihnen, zusätzlich zur Textdarstellung des Workflowstatus auch eine Grafik angezeigt. Voraussetzung dafür ist, dass Sie den Visio-Grafikdienst eingerichtet haben. So haben Sie die Möglichkeit, den Status Ihres Workflows in Visio zu öffnen und ggf. hier visuell zu dokumentieren (Abbildung 19.33).

Abbildg. 19.32 E-Mail zur Genehmigungsanfrage

Abbildg. 19.33 Visuelle Darstellung des Workflowstatus

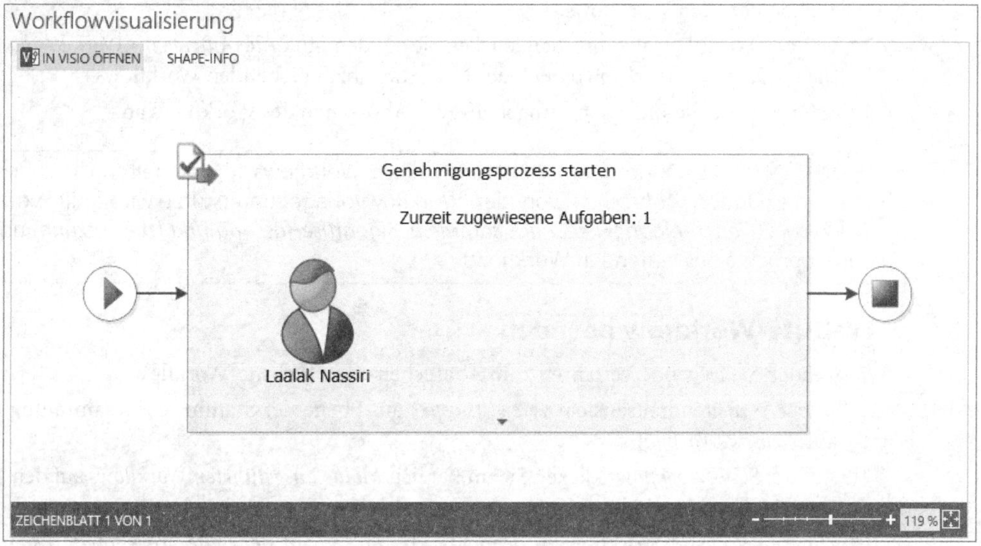

Anfang und Ende des Workflows werden durch das Start- und Stopp-Symbol dargestellt. Die Figur zeigt die Person an, der die Workflowaufgabe zugewiesen worden ist. Das Symbol im unteren Bildbereich zeigt, dass weitere Personen an der Ausführung der Workflowaufgaben beteiligt sind.

Nach Abschluss der Aufgabe wird das Benutzersysmbol um ein grünes *Erledigt*-Häkchen ergänzt, unabhängig davon, ob eine Genehmigung erteilt oder abgelehnt wurde.

Workflowinstanz abbrechen oder beenden

Eine beendeteWorkflowinstanz kann nicht wieder aufgenommen werden. Wurde beispielsweise ein Genehmigungsworkflow abgelehnt und beendet, starten Sie eine neue Instanz, um die Genehmigung noch einmal anzufragen. Die Workflowinstanz unterscheidet hierbei nicht, ob der Workflow durch Erledigung der Aufgabe abgeschlossen oder ob er abgebrochen wurde.

HINWEIS Sie benötigen das Recht *Websitebesitzer* für die SharePoint-Website, die Sie konfigurieren.

Workflow in einer Liste oder Bibliothek abbrechen oder beenden

Wenn Sie einen Workflow abbrechen, wird dessen Status auf *Abgebrochen* festgelegt und alle vom Workflow erstellten Aufgaben werden eingestellt. Die Teilnehmer erhalten eine E-Mail-Nachricht, die über den Workflowabbruch informiert.

So brechen Sie einen Workflow in einer Liste oder Bibliothek ab:

1. Öffnen Sie die Workfloweinstellungen für das Dokument, dessen Workflow Sie abbrechen möchten.
2. Klicken Sie auf der Seite *Workflows* im Abschnitt *Ausgeführte Workflows* auf den Namen des abzubrechenden Workflows.
3. Um den Workflow abzubrechen, klicken Sie auf den Link *Alle Aufgaben <Workflowname> abbrechen*. Dabei ist *<Workflowname>* der Name des abzubrechenden Workflows.
4. Schließen Sie die Eingaben sinngemäß zum Abbrechen des Workflows ab.

HINWEIS Die Option zum Abbrechen eines Workflows in Bearbeitung ist nur verfügbar, wenn die Option *Abbrechen* von der Workflowvorlage unterstützt wird. Alle vordefinierten Workflows (*Genehmigung, Feedback sammeln, Signaturerfassung und Übersetzung*) unterstützen den Abbruch eines laufenden Workflows.

Website-Workflow beenden

Verwenden Sie folgende Verfahren zum Abbrechen eines Website-Workflows:

1. In der Websiteinhaltsansicht (*viewlsts.aspx*) auf Ebene der Stammwebsitesammlung klicken Sie auf *Website-Workflows.*
2. Auf der Seite *Workflows* klicken Sie im Bereich *Meine ausgeführten Workflows* auf den Namen des abzubrechenden Workflows.
3. Um den Website-Workflow zu beenden, klicken Sie auf der Seite *Workflowstatus* auf den Link *Diesen Workflow beenden.*
4. Bestätigen Sie das Beenden des Website-Workflows mit *OK.*

SharePoint Designer-Workflow löschen

Workflows, die direkt aus SharePoint Designer 2013 erzeugt werden, werden nicht als Feature bereitgestellt. Diese Workflows werden direkt im SharePoint Designer 2013 gelöscht.

Beim Löschen eines SharePoint Designer-Workflows werden die Quelldateien des Workflows dauerhaft aus der Website gelöscht, und der Workflow ist für Sie auf der Website nicht mehr verfügbar. Der gelöschte Workflow wird automatisch aus der Liste oder Bibliothek entfernt, der der Workflow beim Erstellen zugeordnet wurde.

Beim Löschen eines SharePoint Designer-Workflows werden auch die Verlaufsdaten für diesen Workflow gelöscht.

HINWEIS Wenn bei der Anlage des Workflows durch den SharePoint Designer 2013 Inhaltstypen angelegt wurden, zum Beispiel für Aufgaben, werden diese nicht automatisch gelöscht.

Führen Sie folgende Schritte aus, um einen Workflow zu löschen, der in SharePoint Designer 2013 erstellt worden ist:

1. Öffnen Sie in SharePoint Designer 2013 die entsprechende Website und klicken Sie auf *Workflows.*
2. Markieren Sie den zu löschenden Workflow und klicken Sie im Menüband in der Gruppe *Bearbeiten* auf *Löschen.* Alternativ können Sie den Workflow über das Kontextmenü des Workflows löschen.
3. Bestätigen Sie das Löschen des Workflows.

Globale Workfloweinstellungen konfigurieren

In der Zentraladministration geben Sie globale Workfloweinstellungen vor, die für alle Websites einer Webanwendung gelten. Um globale Einstellungen vornehmen zu dürfen, benötigen Sie Farmadministratorenrechte.

Deklarativen Workflow aktivieren oder deaktivieren

SharePoint Designer-Workflows werden auch deklarative Workflows oder benutzerdefinierte Workflows genannt. Hierbei wird kein Code auf der SharePoint-Seite erzeugt, sondern lediglich ein bereitgestellter Code wiederverwendet.

In der Zentraladministration können Sie für jede Webanwendung definieren, ob benutzerdefinierte Workflows aktiviert werden sollen oder nicht. Der Standardwert ist *Ja.*

Sie finden die Workfloweinstellungen für Webanwendungen auf der Verwaltungsseite der Zentraladministration (*WebApplicationList.aspx*) unter *Verwalten/Allgemeine Einstellungen/Workflow* (Abbildung 19.34).

Abbildg. 19.34 Workfloweinstellungen in der Zentraladministration

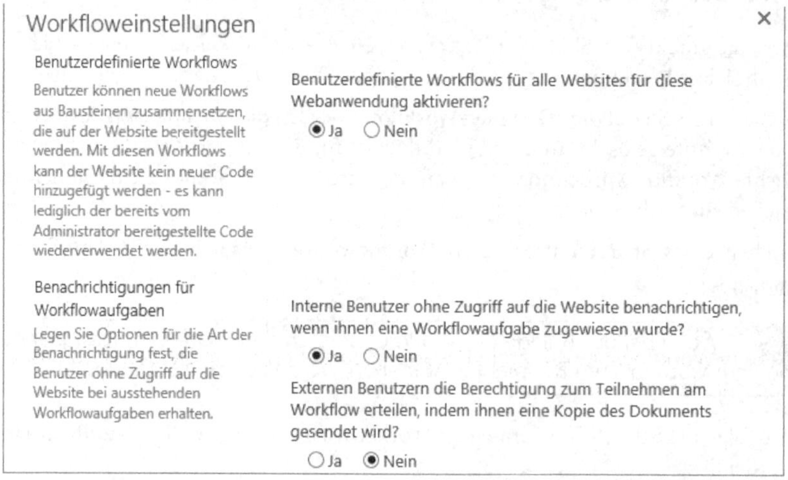

An dieser Stelle wird festgelegt, wie mit Benutzern umgegangen werden soll, die keinen Zugriff auf die Website des Workflows haben. Es wird dabei zwischen internen und externen Benutzern unterschieden.

Interne Benutzer ohne Zugang zur Website erhalten bei der aktivierten Option eine E-Mail-Nachricht mit einer Erläuterung für die Anforderung von Websiteberechtigungen, wenn sie eine Workflowaufgabe zugeordnet bekommen.

HINWEIS Auch wenn der Workflowteilnehmer keine Rechte an der Website haben soll, benötigt er zumindest das Recht *Teilnehmer* für die Workflowaufgabenliste.

Externe Benutzer, die keinen Zugriff auf die internen Ressourcen haben, erhalten mit der Workflowaufgabe bei aktivierter Option eine E-Mail-Nachricht mit einer Kopie des Listenelements oder des Dokuments, das geprüft oder signiert werden soll.

Workflowverlauf deaktivieren oder löschen

In einer Workflowzuordnung definieren Sie unter anderem die Workflowverlaufsliste. In dieser Liste werden die Ereignisse, die im Zusammenhang mit den Workflowinstanzen eintreten, protokolliert.

Standardseitig wird täglich ein automatischer Workflowcleanup gestartet, um Einträge zu löschen, deren Workflow vor 60 oder mehr Tagen abgeschlossen oder abgebrochen worden ist.

Um den automatischen Workflowcleanup zu deaktivieren, gehen Sie wie folgt vor:

1. Klicken Sie in der Zentraladministration auf *Überwachung* und klicken Sie dort unter *Zeitgeberaufträge* auf *Auftragsdefinitionen überprüfen.*
2. Wählen den Auftrag für die gewünschte Webanwendung aus (Abbildung 19.35).

Abbildg. 19.35 Auswahl der Webanwendung

3. Deaktivieren Sie den Auftrag für die gewünschte Webanwendung oder passen Sie das Intervall gemäß Ihren Anforderungen an.

Sie können den Auftrag bei Bedarf deaktivieren und jederzeit wieder aktivieren, wenn zum Beispiel die Anzahl der Elemente der Verlaufsliste zu groß wird, und Sie die Daten nicht länger benötigen.

HINWEIS Beachten Sie bitte, dass die Leistung Ihrer SharePoint-Umgebung durch die Anzahl der Elemente in einer Liste beeinflusst wird. Es ist daher ratsam, die Verwendung eigener Verlaufslisten je Workflowzuordnung in Erwägung zu ziehen, wenn Sie den automatischen Workflowcleanup deaktivieren wollen.

Best Practices

Die folgenden Best Practices werden im Umgang mit Workflows in SharePoint empfohlen.

Tabelle 19.10 Allgemeine Empfehlungen für Workflows

OK	Empfohlene Maßnahme
✓	Schließen Sie die Planung und Definition des Workflows und der Schritte ab, bevor Sie mit der Implementierung beginnen
✓	Erstellen Sie bevorzugt deklarative Workflows auf der Basis des Workflow-Managers
✓	Halten Sie die Anzahl von Benachrichtigungen, die Benutzer im Workflowkontext erhalten, in einem sinnvollen Rahmen

Für den Einsatz von Workflow-Manager 1.0 werden folgenden Maßnahmen empfohlen:

Tabelle 19.11 Workflow-Manager-Empfehlungen

OK	Empfohlene Maßnahme
✓	Nutzen Sie eine dedizierte SQL Server-Instanz für die Workflow-Manager-Datenbanken und verwenden Sie einen SQL-Alias für die Verbindung
✓	Verwenden Sie immer HTTPS-Verbindungen zum Workflow-Manager
✓	Verwenden Sie den *Workflow Manager Best Practices Analyzer*, um Abweichungen von der empfohlenen Installation zu identifizieren

Zusammenfassung

In diesem Kapitel haben Sie erfahren, welche Änderungen die Workflow-Plattform für den Betrieb mit SharePoint mit sich bringt und wie Sie sich diese Workflow 2013-Plattform zu Nutze machen können.

Stichwortverzeichnis

403-Fehler 423

A

AAAA-Eintrag 1012
AAM *siehe* Alternative Zugriffszuordnung
Abfrageregeln
  Administrationsebenen zur Verwaltung 173
  Aktionsübersicht 910
  Automatisierte Suchabfrageaktionen 912
  Bedingungen zur Abfrageregeldefinition 874
  Erstellen 911
  Suchergebnisse-Webpart separaten Ergebnisbereich für Videos hinzufügen 910
  Wörterbücher 913
Abfragerolle
  Indexpartition 911
Abfragetransformation
  Abfrage-Generator 144
  Abfragevariablen 907
  FAST Query Language (FQL) 907
  Operatoren 909
  Verwendung von KQL (Keyword Query Language, Schlüsselwort-Abfragesprache) 908
Abfragevorschläge 873, 908
  Farmweit aktivieren/deaktivieren 915
  Import benutzerdefinierter Listen von Abfragevorschlägen 916
  Vorschläge gewichten 916
  Zeitgeberauftrag zur Verarbeitung importierter Abfragevorschläge 917
Ablaufverfolgungsprotokoll
  Festplattenspeicher 452
  Justieren 917
Abonnementeinstellungendienst
  Abhängigkeiten 109
  Dienstanwendung erstellen 294
  einrichten 295
  Festplattenspeicher 294
  Kerneigenschaften 107
  Starten 294
Access Services 295, 580, 637
  Abhängigkeiten 373
  Aktivierung eigenständiger Datenbanken 373
  Benötigte SQL-Komponenten 382
  Berechtigungsdelegierung des Access-Dienstanwendungspoolkontos via PowerShell 375
  Bereitstellung 378
  Datenbankdienst starten 374
  Datenbankdienst via PowerShell starten 379
  Dienstanwendung erstellen 380
  Dienstanwendung via PowerShell erstellen 380
  Dienstanwendungs- und Inhaltsdatenbankberechtigungen einrichten 381
  Dienstkonto-Berechtigungsanforderungen auf Datenbankserver 377
  Dienstkonto-Zugriffsrechte 381
  Gemischten Authentifizierungsmodus aktivieren 376
  Kerneigenschaften 375
  Konfiguration des Anwendungspools 376
  Secure Store Service 373
  Sonderberechtigungen für verstecktes Cacheverzeichnis der SharePoint-Konfiguration 374
  SPDataAccess-Rollenrechte 379
  SQL Konfigurations-Manager 378
  SQL Server 2012 Reporting Services-Add-In 376
  SQL Server-Komponenten bereitstellen 374
  SQL Server-Konfiguration 379
  TCP/IP- und Named Pipes-Protokoll 375
  Voraussetzungen 376
Access Services 2010 375
  Abhängigkeiten 383
  Datenbankdienst starten 383
  Datenbankdienst via PowerShell starten 384
  Dienstanwendung erstellen 384
  Dienstanwendung via PowerShell erstellen 384
  Einschränkungen 385
  Kerneigenschaften 383
Access Services 2013 94
  SQL Server 2012 383
ACL *siehe* Zugriffssteuerungsliste
Active Directory
  Active Directory-Sicherheitsgruppen 1117
  Active Directory-Verbunddienste (AD FS) 164
  Anzeigename E-Mail-aktivierter Kontakt 807
  Benutzerzertifikate veröffentlichen 411
  Clientzertifikatzuordnung 987
  Dedizierte Organisationseinheit erzeugen 986
  Delegierung für Kerberos 407
  Dienstverbindungspunkt erstellen 973
  Dienstverbindungspunkt nachträglich aufnehmen 770
  distinguishedName 772
  E-Mail-aktivierte Kontakte 409
  Exchange Server fehlt 198

Active Directory *(Fortsetzung)*
Gruppe 409
Least-Privilege-Prinzip 164
Organisationseinheit 1030
RMS-Dienstverbindungspunkt 786
Active Directory-Benutzer und -Computer 973, 987, 1068
Active Directory-Clientzertifikatzuordnung
Validierung/Test der Konfiguration 331
Active Directory-Import 988, 1128
Active Directory-Importmodul 1132
Active Directory-Import aktivieren 668
Einschränkungen 668
in maximal skalierten Umgebungen 155
A-Datensatz 155
Address Resolution Protocol (ARP) 289
ARP-Reply 183
Administratorberechtigung
Dienstanwendungsverwaltung 183
Administratorformularvorlage 634
Aktivierung 693
Deaktivierung 695
Entfernen 697
Formularvorlagenkategorie 698
Hinzufügen 696
Mögliche Fehlerquelle 694
Stilllegung 697
Administratorvorlage
Export 697
ADMX-Datei 780, 1120
ADSIEdit-Snap-In 770
Aktive Schutzmaßnahmen 332
Einsatz von Firewalls 1002
Intrusion Detection-Systeme 1002
Patchmanagement 1002
PFX-Datei nach dem PKCS#12-Standard 1002
Schlüsselmanagement 1003
Aktivitätsfeed 1003
Aktivitätsfeedauftrag starten 180
Aktualisierung 342
Aktualisierungspakete für SharePoint 614
Aktualisierungsrelevanz von Komponenten 539
Aktualisierungsvarianten 541
Aktualisierungsverfahren 534, 549
Ausfallzeiten 550
Binäre Aktualisierung 537
Binärinstallation beschleunigen 537, 550
Duplizierte Serverfarm 536, 1361
Einzelner SharePoint-Farmen 549
Empfehlung 543
Fehlerhafte Kennungen 541
Hotfix (Critical On Demand, COD) 1363
Hotfix-Auswahl 539
Inhaltsdatenbank 539
Inhaltsdatenbanken via PowerShell aktualisieren 555
In-Place-Aktualisierung mit Rückschrittmöglichkeit 535, 555
In-Place-Aktualisierung ohne Rückschrittmöglichkeit 544, 548
Kumulative Updates (CU) 534
März 2013-PU 540
Mehrere SharePoint-Farmen bei Dienstanwendungsveröffentlichungen 540
Planung 543
Protokolldateien im Fehlerfall 533
Protokolle 548
Prüfliste 538, 553
Reihenfolge 534, 541
Reprovisionierung von Dienstinstanzen 539
Ressourcen optimieren 557
Rollenreihenfolge 1116
Security Updates (Public Updates, PU) 543
Serielle Aktualisierung 539
Serverfarm über die Eingabeaufforderung aktualisieren 542, 556
Service Packs (SP) 544
SharePoint Foundation-Aktualisierungen für SharePoint Server 540
SharePoint-Aktualisierungsprotokolle 542
SharePoint-Versionsnummer 553
Skript zur Beschleunigung der Binärinstallation 614
Status der Inhaltsdatenbankaktualisierung via Zentraladministration einsehen 550
Suchdatenbank 555
Testplan 556
Testroutinen 534
Überprüfen des Patchstands der Workflow-Manager-Komponenten via PowerShell 534
Unerwarteter Fehler 558
Vorbereitende Maßnahmen 557
Wartung der Verbindung zum Workflow-Manager via PowerShell 537
Webveröffentlichungsdienst 558
Windows-Aktualisierungen 545
Zyklen 544
Akzessorisches Sicherheitsmodell 615
Allgemeiner Name (CN) 1001
Alternate Access Mapping *siehe* Alternative Zugriffszuordnung (AAM)
Alternative Zugriffszuordnung (AAM) 753
Einrichtung 173, 417
Einrichtung via PowerShell 754
Einrichtung via Zentraladministration 757
Einrichtungsschritte 756
Externe Ressourcenzuordnung 755
Grundlagen 920
Hostheader definieren 753
Konfiguration der externen Ressourcenzuordnung für farmübergreifende Durchforstung auf Suchfarmen 419

Alternative Zugriffszuordnung (AAM) *(Fortsetzung)*
Konfigurationsfehler 919
Konfigurationsschritte 758
Linkübersetzung 199, 417
Öffentliche URLs bearbeiten via Zentraladministration 754
Planung 417–418
SSL konfigurieren 199
Verwaltung 432
WAP 753
Zonenwahl 1037
Zugriffszuordnungssammlung 754
Alternativer Antragstellername 418, 1009–1010
Definition der alternativen Namen 1011
Zertifikatanfrage erstellen 1010
AlwaysOn
Basisarchitekturanforderungen 429
Einschränkungen bei der Sicherung 188
Kerberos 189
Nachteile 190
Planungsaspekte 189
SQL Server 2014 189
Standardport 192
Standortübergreifende Ausfallsicherheit 190
Transaktionsprotokolle 193
Verfügbarkeitsgruppen 189
Verfügbarkeitsgruppen in Kombination mit SharePoint 187
Vorteile 188
Voting 188
Windows-Failovercluster 191
AlwaysOn-Cluster
AlwaysOn-Aktivierung 188
AlwaysOn-Verfügbarkeitsgruppe anlegen 1261
Anzeigen des AlwaysOn-Dashboards 1262
Bereitstellungsfehler 1266
Datenbankmodell anpassen 1396
Datensynchronisierung 1262
Einrichtung 1265
Einschränkungen für enthaltene Datenbanken 1256
Einspielen von Aktualisierungen 1268
Empfohlene Clusteraktualisierungen für Windows Server 2012-basierte Cluster 1257
Erstellen eines Windows-Failoverclusters 1257
Freigabe für Abgleich der AlwaysOn-Datenbankreplikate 1257
Geplanter AlwaysOn-Failover 1259
Lastverteilung zu Sicherungszwecken 1267
Listener-Konfiguration 1269
Planung 1264
Ports konfigurieren 1255
Quorum für Dateifreigabezeugen konfigurieren 1259
SQL-Alias einrichten 1259
Transaktionsprotokolle kürzen 1261
Analysealternativen für IIS-Dienstprotokolle 1269
SharePoint Flavored Weblog Reader (SFWR) 501
Analysemethoden 501
Entwicklerdashboard 490
Vorübergehende Maßnahmen zur Fehlerbehebung 491
Weitere Analysemethoden 490
Analyseverfahren etablieren 502
Heuristische Verfahren 1003
Protokollaufzeichnungen 1004
Analysis Services 1003
Administratorenberechtigung 249
Konfiguration für Project Server 2013-Installation 368
PowerPivot 1313
SSAS für Project Server 2013 konfigurieren 1275
Anforderungs-Manager 355, 1313
Abhängigkeiten 639
Anforderungsrouting konfigurieren 356
Anforderungsverwaltungs-Dienstinstanz starten 357
Anforderungsverwaltungs-Dienstinstanz via PowerShell starten 356
Basiseinrichtung 357
Beispiele 641
Beispieltopologie für dedizierten Modus 641
Beispieltopologie für integrierten Modus 153
Benutzeragents filtern 152
Besonderheiten 644
Dedizierter Modus 151
Drosselungsregel 152
Durchforstungskomponente anpassen 639
Integrierter Modus 157
Integritätsfehlermeldungen der IDs 8316 und 8317 151
Kerneigenschaften 1405
Komponenten 355
Lastenausgleichsschemata 151
Leistungsüberwachung 151
Positionierung im dedizierten Modus 641
Positionierung im integrierten Modus 152
PowerShell-Cmdlets 151
Registrieren des IIS-Handlers 639
Serverpriorisierung 1405
Statusübersicht 642
Vorteile des dedizierten Modus 640
Anonyme Benutzer 152
Anonymen Zugriff einrichten 989
Einschränkungen 989
ViewFormPagesLockDown-Anwendung 989
Zugriffsrichtlinie definieren 992
Anonymer Suchergebniscache 875, 991
Effektivität 921
Steuerung 921
Anonymer Zugriff
Besonderheiten 922
Einrichtung 992
Richtlinien für anonymen Zugriff 989

Anspruchsbasierte Authentifizierung 991
Anspruchskodierungswerte 938
Benutzeridentität delegieren 962
Formularbasierte Authentifizierungsansprüche 938
Migration einer Webanwendung zur forderungsbasierten Authentifizierung 940
SAML-basierte Authentifizierungsansprüche 962
Windows Identity Foundation (WIF) 954
Windows-Authentifizierungsansprüche 938
Anspruchsbasierte-Authentifizierung 939
Anspruchskodierungswerte 172
Anwenderlösung 963
Anwendungsebene 628
Dienstelastenausgleich 185
Anwendungspool 185
Access Services 603
Anzahl der Anwendungspools 119
Arbeitsspeicherplanung 119
Bereitstellung 106
Dienstanwendungspool 118
Identität 118–119
IIS-Anwendungspool 118
Isolation 118
Neuen Pool erstellen 118
Obergrenze für die Anzahl 118
Planung 279
Planungsempfehlungen 118
Speicheroverhead 119
Übersicht 118
Verwaltete Konten 603
Verwaltung 119
Webanwendungspool 119
Word Automation Services 118
Anwendungsregistrierungsdienst 172
Anzeigevorlagen 626, 872, 897, 899
Anpassungen 880
Einbinden separater Stylesheet- und JavaScript-Dateien 900
Elementvorlagen 901
Erstellen 899
Hover Panel-Vorlage 901
Inhaltsvorschau anpassen 899
JavaScript-Code einfügen 902
JQuery-Selektoren verwenden 901
Steuerelementvorlagen 901
Zusammensetzung 899
App-Bereitstellung 900
Mandantenweite App-Installation 584
App-Katalog 584
Application Delivery Controller (ADC) 646
App-Limitierungen 1035
Apps
Absicherung 586
App-Anforderung 1032
App-Angriffsszenarien 839
App-Domänenpräfix für Mandanten 1033
Berechtigungsanforderungen 1033
Business Connectivity Services-Zugriffsanforderungen 840
DNS-Zonenisolation 840
Ereignisse 1032
Erwerben 652
IIS-Bindungskonfiguration 837
Planungsbesonderheiten 218
Routing-Webanwendung 217
SharePoint Store 218
Statistiken 837
Websiteübergreifender Skriptingschutz bei isolierter App-Domäne 652
WSP-Lösungen 1032
App-Sicherheit 585
App-Bereitstellung 584
App-Manifest 584
Isolierung 584
SID (Security Identifier) 584
SIP-Adresse (Session Initiation-Protokoll) 584
UPN (User Principal Name) 584
Zugriffstoken 584
App-Verwaltungsdienst 580, 582, 584, 645
Abhängigkeit von der Abonnementeinstellungendienst-Anwendung 344
Abhängigkeiten 344
Aktivierung 344
Aktivierung via PowerShell 346
Apps aktualisieren 346
Apps auflisten 653
Apps hinzufügen via PowerShell 651
Apps oder WSP-Lösungen 218
Apps überwachen 651
Apps zur Website hinzufügen 652
App-Sicherheit 585
App-Store-Integration verwalten 650
App-Struktur 584
Auto-Hosted 581
Bereitstellung eines SSL-Platzhalterzertifikats 654
Best Practices 346
DNS-Zone für Apps 654
Erstellen der Dienstanwendung 345
Erstellen der Dienstanwendung via PowerShell 346
High- und Low-Trust-Apps 581
Hostingoptionen 583
Katalog verwalten 347
Kerneigenschaften 646
Konfiguration der App-URLs 344
Konfiguration der App-URLs via PowerShell 347
Konfigurieren des Features für Internet-Endpunkte 347
Limitierungen von Apps 581
Office-Apps 586
PowerShell-Cmdlets 348
Provider-Hosted Apps 582

App-Verwaltungsdienst *(Fortsetzung)*
SharePoint-Hosted Apps 581
Speicherort der App-Daten 581
URL-Isolation für Apps 582
Arbeitsspeichermonitor 645
Schema definieren 743
Arbeitsverwaltungsdienst 325, 586, 743, 1393
Abhängigkeiten 654
Anpassung 352
Arbeitsverwaltungsdienstanwendung erstellen 655
Arbeitsverwaltungsdienstanwendung erstellen via PowerShell 353
Aufgabenverwaltung mit Exchange synchronisieren 354
Delegierung der Dienstkonto-Zugriffsberechtigungen 586
Dienstanwendungsbereitstellung verfifizieren 354
Exchange Web Service-API 354
Exchange-Aufgabensynchronisierung 587
Kerneigenschaften 587
Least Privilege-Prinzip 352
PowerShell-Cmdlets 354
Starten 655
Starten via PowerShell 353
Synchronisiert keine Aufgaben 353
ASP.NET-Sitzungsstatusdienst 352
Assembly
Bereitstellung in Bin-Verzeichnis 297
Bereitstellung in GAC 425
Audit and Control Management Server (ACM)
Architektur- und SharePoint-Integrations-Übersicht 425
Wichtige Funktionen 1338
Aufgabensynchronisierung
Bereitstellung 1337
Farmfeature 1300
In Outlook einrichten 1301
Meine Website 816
Synchronisierungsfehler 815
Übersicht der beteiligten Komponenten 1393
Voraussetzungen 1299
Zeitgeberauftragsdefinition 1300
Ausgabecache *siehe* Seitenausgabecache
Ausgedehnte SharePoint-Farm 747
Mindeststandortredundanz 85
Voraussetzungen 85
Ausgehende E-Mail 85, 197
Absender-E-Mail-Adresse 283
Antwortadresse 284
Benachrichtigungsfunktionen von Anwendern 284
E-Mail-aktivierte Benutzerkonten 196
Exchange Server 2007-2010-Konfiguration 197
Exchange Server 2013-Konfiguration 287
Exchange Server-Problem 285
IPsec 285
Lokale Konfiguration 198
Relayen 283
Remotekonfiguration 197
Sicherheit 284
SMTP-Server 197
Test-E-Mails erzeugen 284
Test-E-Mails via PowerShell erzeugen 288
Transport Layer Security (TLS) 288
Windows-SMTP-Server-Konfiguration 198
Authentifizierung 284
AD FS 2.0 168
Anmeldefenster erscheint nicht 88
Anmeldungsdauerschleife 1380
Anonyme Benutzer 1377
Anonymer Zugriff 989
Anspruchsbasierte Authentifizierung 168
Anspruchsbasierte-Authentifizierung 938
Authentifizierungsmethode festlegen 172
Authentifizierungsprotokoll 168, 171
Basisauthentifizierung 172
Crawler-Authentifizierungsreihenfolge in Zonen 984
Digestauthentifizierung 173
Einrichten unterschiedlicher Authentifizierungsanbieter für unterschiedliche Zone 984
Identität und Zugriff auf LoB- und Server-Anwendungen 992
Kerberos 171
Leerer Bildschirm nach Authentifizierung 170
NTLM 1379
OAuth 2.0-Authentifizierung 982
OAuth 2.0-basierte Server-zu-Server-Authentifizierung 174
Server-zu-Server-Authentifizierung 172, 993
Single Sign-On (SSO) 993
Verschlüsselung 315
Windows-Authentifizierung 174, 964
Zertifikatbasierte Authentifizierung 169
Zone 986
Zugriff auf externe Datenquellen 173
Authentifizierungsanbieter
Auswählen 172
Forderungsbasierter Authentifizierungsmodus 426
Legacy-Anbieter (klassischer Modus) 426
AuthzInitializeContextFromSid 426
Automatische Kennwortänderung 330
Awareness-Training 275

B

BackConnectionHostNames 1004
Barrierefreiheit 467
Relevante Touchgesten 240
SharePoint-Tastaturkombinationen 241
Sprachausgabe 241
Web Content Accessibility Guidelines 2.0 (WCAG 2.0) 241

Basisauthentifizierung 240
  Einrichtung 984
Basissicherheitstechnologien
  Mindestsicherheit 984
Basissuchcenter 426
BCS
  Anforderungsüberwachung 922
  Anforderungsüberwachungsparameter 744
  Anforderungsüberwachungsparameter einsehen 745
  Anforderungsüberwachungsregel 744
  Anforderungsüberwachungswerte anpassen 745
BCS-Connector
  BCS-Modelle-Export nach Visual Studio 744
BDC *siehe* Business Data Connectivity (BDC)
Begrenzung 107
Benutzercodedienst *siehe* Sandkasten-Codedienst
Benutzerformularvorlage 397
Benutzerfreundliche URL 691
Benutzerprofil
  Vollständige Benutzerprofildienstmigration 846
Benutzerprofildienst 325, 655, 1129
  Abhängigkeiten der Benutzerprofildienstkomponente 588
  Active Directory-basierte synchronisierung 341
  Active Directory-Import 326
  Active Directory-Import-Einschränkungen 668
  Aktivitätsfeedauftrag einrichten 326
  Aktivitiätsfeedauftrag 342
  Alias 342
  Benutzergruppenregeln 658
  Benutzerprofile verwalten 662
  Benutzerprofileigenschaft anpassen 658
  Benutzerprofilsynchronisierung 656, 664
  Benutzerprofilsynchronisierungsdienst in maximal skalierten Umgebungen 340
  Berechtigungen 155
  Berechtigungen auf der Konfigurationspartition 329
  Datenschutzebene für Profileigenschaften 332
  Delegierung der Berechtigung 181
  Dienstanwendung granular delegieren 659
  Dienstanwendung via PowerShell delegieren 660
  Dienstkonto definieren 336
  Eigenschaften indizieren 658
  Einrichtungs- und Wartungsfehler durch Proxykonfigurationen 1386
  Farmkonto 329
  Fehler beim Dienststart 1385
  Festplattenspeicher 108
  in Webanwendung einrichten 327
  Isolation von Benutzerkonten 803
  Kernparameter für Benutzerprofil-synchronisierungsverbindungen 339
  Konfiguration der Benutzerprofildienstintegration mit anderen Farmkomponenten 340
  Konfiguration der Benutzerprofilsynchronisierung 338
  Limitierungen 588
  Lokale Gruppe 603
  Mein Websitehost 327
  Meine Website 669
  Migration 1126
  Newsfeed bereitstellen 341
  Organisations-Browser fehlerhaft 1387–1388
  PowerShell-Cmdlets 655
  ProfileSynchronizationSetupJob-Zeitgeberauftragsdefinition 338
  Profilsynchronisierung 588
  Provisionierung 336
  Provisionierung der synchronisierungskomponente 1128
  Proxyausnahmen definieren 1387
  Schreibrechte delegieren 331
  Synchronisierung einrichten 336
  Synchronisierung ergebnislos 1384
  Synchronisierungsverbindungen nicht verfügbar 1384
  Synchronisierungszeitgeberauftrag definieren 340
  Übersicht des Provisionierungsprozesses 326
  Unterstützte Verzeichnisdienste 588
  Validation der Benutzerprofildienstprovisionierung 342
  Verbindungsrechte auf die Benutzerprofildienstanwendung 341
  Verlängern des Timeoutintervalls für UPS-Verbindungen 1381
  Vertrauenswürdiger Hostspeicherort 674
  Voraussetzungen und Vorarbeiten 327
  WAN 80
  Zielgruppe 660
  Zugriffsrechte für das UPS-Anwendungspoolkonto delegieren 1376
Benutzerprofildienstanwendung
  Farmübergreifende Dienstanwendungen 76
  Fehlerbehebung bei Ereignis ID 234 1386
  Granulare Delegierung 659
  Heraufgestufte Sites konfigurieren 858
  Replizierung 80
Benutzerprofildienstmigration
  Abgleich der migrierten Benutzerprofildaten 1129
  FIM-Schlüsselsatz-Export 1130
  FIM-Schlüsselsatz-Import 1132
  Migrationsschritte der vereinfachten Benutzerprofildienstmigration 1127
  Migrationsschritte der vollständigen Benutzerprofildienstmigration 1130
  Vereinfachte Benutzeprofilmigration (Meine Websites) 1126
Benutzerprofilsynchronisierung
  Abläufe einsehen 664
  Benutzerinformationen verwalten 664
  Bidirektionale synchronisierung 332
  Datenbankspiegelung 187
  Dienst startet nicht ordnungsgemäß 1385

Benutzerprofilsynchronisierung *(Fortsetzung)*
Inkrementelle synchronisierung 664
Lokale Anmelderechte 332
Synchronisierung manuell starten 664
synchronisierungsfilter definieren 666
userAccountControl-Bitflags 667
Benutzersegmentierung 874
Berechtigung
Anwenderexplizite Analyse 1078
Benutzer entfernen 1091
Berechtigungsarchitektur 160
Berechtigungselemente 163
Berechtigungshierarchie 165
Berechtigungsstufen 161, 1080
Delegierung 1075
Dienstanwendung veröffentlichen 718
Dienstanwendungsadministratoren 165
Dienstanwendungsadministratoren hinzufügen 1082
Drittanbieterlösungen zur Berechtigungsdelegierung 1076
Effektive Berechtigungen 1079
Empfehlungen 1102
Farmadministratoren 162, 165
Farmadministratoren definieren 1081
Featureadministrator 166
Freigeben für-Funktion 1084
Funktionen zur Analyse 1077
Gruppenexplizite Analyse 1079
Lokale Gruppe 602
Richtlinienstufe 162
SharePoint Administration Toolkit 1077
SharePoint-Berechtigungsinfrastruktur 163
SharePoint-Gruppen verwalten 1087
Vererbung 163
Vererbung aufheben 1077
Vererbung von Berechtigungen 162
Verteilerlistenverwaltung 1089
Webanwendungsbenutzer 162
Webanwendungsrichtlinie 162
Websitebesitzer 166
Websitesammlungsadministratoren 162, 166
Websitesammlungsadministratoren konfigurieren 1083
Websitesammlungsübergreifende Analyse 1077
Zugriffsanforderungen 1085
Berechtigungsarchitektur
Active Directory-Sicherheitsgruppen 164
Berechtigungsdelegierung
Migration 1117
Berechtigungsstufe 162, 605
Definition 1080
Dienstanwendungsadministratoren 1082
Farmadministratoren definieren 1081
Vererbung 162
Websiteberechtigungen erteilen 1084
Websitesammlungsadministratoren konfigurieren 1083
Berichte und Protokolle 472
Integritätsberichte anzeigen 473
Suchdienstprotokoll 473
Berichtsserver *siehe* Reporting Services
Best Practices
Alternative Zugriffszuordnung (AAM) 758
Anforderungs-Manager 644
Authentifizierung 996
Benutzerprofildienst 675
Bereitstellen der erweiterten Dienste 412
Finalisierung der Farminstallation 460, 467
Hostbenannte Websitesammlungen 740
Maschineller Übersetzungsdienst 699
Planung einer SharePoint-Umgebung 242
SharePoint-Basisinfrastruktur bereitstellen 289
SharePoint-Betrieb 571
SharePoint-Migration 1165
SharePoint-Unternehmenssuche 935
Sicherheitstechnologien 1101
Sicherung und Wiederherstellung 1219
Verteilter Cache (Distributed Cache) 704
Verwalteter Metadatendienst 710
Visio-Grafikdienst 710
Word Automation Services 712
Workflows 1451
Zusammenarbeit 781
Bewertung 180
Bewertungsfeature deaktivieren 180
Binärinstallation 550
Protokolldateien 553
Skript zur Beschleunigung 550, 1362
Binary Large Object (BLOB) 106
Bing Maps-Schnittstelle 423
Aktivierung 423
Bitdatendrosselung
Unterstützte Dateitypen 617
WAN 82
Bitflagwerte 1017
Bitratendrosselung 437, 617
Aktivierung 437
Maximale Drosselungsrate 439
Standarddrosselungsrate 439
BLOB *siehe* Binary Large Object
BLOB-Cache 434, 437, 615
Aktivierung 435
Arbeitsspeicherplanung 106
Auswirkungen 616
Begrenzung der Größe 616
Bereinigung via PowerShell 751
Bytebereichsanforderung 616
Cachesteuerungsheader 129
Dateinamenerweiterungen 616
Festplattenspeicher 109
Funktionsweise 615
Größe 434

BLOB-Cache *(Fortsetzung)*
IIS-Webgarten 130
Indexaktualisierung 130
Maximale URL-Gesamtlänge 130
Nachteile 130
Planungsaspekte 130
Planungsaspekte bei hoher Elementanzahl im Cache 131
Platzierung 616
progressive Zwischenspeicherung 616
SQL Server-Roundtrip 130
Verwaltung 750
Verwendungsszenarien 130
Webgarten 434
WriteIndexInterval 131
Zwischenspeicherung 129
BranchCache 82
Featureinstallierung 805
Gehosteter Cache 82
Verteilter Cache 83
Verteilter Cache-Sicherheit 84
WAN 82
Branding 848
Bridging 1006
Browser
Active Scripting 138
ActiveX 137
Clientbrowser 137
HTML5 137
Internet Explorer-Rahmenbedingungen 137
JavaScript 138
Mehrsprachigkeit 225
Mobile Browser 139
Steuerelemente 138
Unterstützte Browser 137
Browser-Client
ActiveX-Steuerelemente 1233
Funktionsübersicht für Office Web Apps 1233
Office Web Apps-Voraussetzung für iOS-basierte Geräte 1233
Brute-Force-Angriff 983
Buildnummer 614–615
Bulk Document Importer 1164
Bulkimport von Dokumenten 1164
Business Data Connectivity-Dienst (BDC) 107, 357
Abhängigkeiten 358
BDC via PowerShell starten 358
Datenbankname inkl. GUID 359
Dienstanwendung erstellen 359
Dienstanwendung via PwerShell erstellen 359
Kerneigenschaften 357
Migration 1133
Profilseitenhost-Konfiguration 360
Profilseitenhost-Site erstellen 359
Starten 358

C

C2WTS *siehe* Forderungen an den Windows Token-Dienst (C2WTS)
CAB-Datei 628
Cache 746
Cacheprofil-Vererbungssteuerung 748
Seitenausgabecache 746
Seitenausgabecacheprofil definieren 746
Cachearrays 702
Cachespeicher 750
Freigabe 750
Cachesteuerungsheader 129
CachingOfUnusedFilesEnable 362
CAL (Client Access License) 216
Cascading Style Sheet (CSS) 129
CCS *siehe* Zentraler Zertifikatspeicher
Cipher Suite-B (CNG)-Kryptografiealgorithmen 604
Cipher Suites 1028
Citrix NetScaler 1035
Clientintegration 740
Clientzugriffslizenz 806
Cloud-Integration
Azure-basierte Infrastruktur 92
Hybridumgebungen 88
Planung (Hybrid) 88
Cmdlets
Access Services-Cmdlets 638
Add-PswaAuthorizationRule 1349
Add-SPDistributedCacheServiceInstance 702
Add-SpServiceApplicationProxyGroupMember 636
Add-SPShellAdmin 1082, 1355
Add-SPSiteSubscriptionFeaturePackMember 803
Add-SPSolution 424
CCS-Einrichtung und -Konfiguration 1024
Connect-SPConfigurationDatabase 270
Convert-SPWebApplication 962
ConvertTo-SPProjectDatabase 1160
Disable-HealthAnalysisRule 486
Disable-SPInfoPathFormTemplate 697
Disable-SPTimerJob 480
Disable-SPWebApplicationHttpThrottling 743
Enable-HealthAnalysisRule 486
Enable-PSRemoting 1345
Enable-SPInfoPathFormTemplate 696
Enable-SPSessionStateService 297
Enable-SPTimerJob 480
Enable-SPWebApplicationHttpThrottling 743
Enable-WSManCredSSP 1351
Enter-PSSession 1345
Exit-PSSession 1346
Export-SPInfoPathAdministrationFiles 1112
FarmOU 1238
ForEach 1351
Format-List 1355
Format-Table 1344

Cmdlets *(Fortsetzung)*
Get-Alias 1341
Get-Command 1341
Get-HealthAnalysisRule 486
Get-Help 1341
Get-Help -Examples 1341
Get-Member 1350
Get-Modules 1342
Get-Modules-ListAvailable 1342
Get-PSSessionConfiguration 1348
Get-SPAppInstances 651
Get-SPEnterpriseSearchServiceInstance 888
Get-SPLogEvent 489
Get-SPRoutingMachineInfo 640
Get-SPServiceApplication 333
Get-SPTimerJob 480
Get-SPUsageDefinition 452
Get-SPWebTemplate 283
Group-Object 1345
Import-Csv 1356
Import-Module-Name 1342
Install-SPSolution 425
Invoke-WebRequest 445
Limit 1343
Merge-SPLogFile 509
Mount-SPContentDatabase 1160
Mount-SPProjectDatabase 1160
Mount-SPProjectWebInstance 1160
New-OfficeWebAppsHost 1248
New-OfficeWebAppsMachine 1250
New-PSSessionConfigurationFile 1348
New-SPAccessServicesApplication 381
New-SPAlternateURL 419
New-SPBusinessDataCatalogServiceApplication 359
New-SPCentralAdministration 268
New-SPConfigurationDatabase 94, 260
New-SPExcelFileLocation 364
New-SPExcelServiceApplication 362
New-SPManagedPath ?Hostheader 123
New-SPPerformancePointServiceApplication 370
New-SPPerformancePointServiceApplicationProxy 370
New-SPSecureStoreServiceApplication 317
New-SPServiceApplicationPool 294
New-SpServiceApplicationProxyGroup 636
New-SPTranslationServiceApplication 350
New-SPVisioServiceApplication 389
New-SPWOPIBinding 1247
New-SPWordConversionServiceApplication 393
Out-GridView 1345
Pipelineoperator »|« 1344
Receive-SPServiceApplicationConnectionInfo 722
Register-PSSessionConfiguration 1349
Restore-SPDeletedSite 735
Select-Object 1345
Send-MailMessage 288
Set-PSSessionConfiguration 1348
Set-SPBingMapsKey 424
Set-SPBusinessDataCatalogThrottleConfig 745
Set-SPExcelServiceApplication 365
Set-SPMobileMessagingAccount 422
Set-SPSecurityTokenServiceConfig 1034
Set-SPTimerJob 480
Show-Command 1341
Skripts signieren 1353
Sort-Object 1344–1345
Start-SPTimerJob 480
Stop-SPDistributedCacheServiceInstance 702
Stop-SPInfoPathFormTemplate 697
Uninstall-SPInfoPathFormTemplate 698
Upgrade-SPContentDatabase 549
Upgrade-SPEnterpriseSearchServiceApplication 556
Upgrade-SPProjectDatabase 1160
Upgrade-SPProjectWebInstance 1160
WhatIf 1349
Codesignaturzertifikat
Anzeigen 1352
Ausführungsrichtlinien 1352
Bereitstellen 1352
Erweiterter Verwendungszweck (EKU) 1352
Grundlagen 1352
Gruppenrichtlinie 1353
OID (Object Identifier) 1352
Vertrauenswürdigen Herausgeber hinzufügen 1353
Codezugriffsicherheitsmodell (CAS) 425
Communityportal
Erstellung 857
Communitywebsite
Badgeverwaltung 855
Bewertungsfunktionen für Beiträge 856
Communityportal 857
Diskussionen 854
Kategorien 853
Konfiguration 854
Mitglied werden 853
Moderatoren 853
Rangschema (Leistungsstufendarstellung) 854
Vorteile 854
Compliance-Archiv 222
Compliance Officer 222
In-Place-Holds 222, 620
Container 770
Content Query Webpart *siehe* Inhaltsabfrage
Corporate Design
Design Manager 241
Durchkomponierte Looks 241
Masterseite anpassen 241
SharePoint Color Palette Tool 241
CPU Core Parking 112
CSOM (Client Side Object-Modell) 581, 592
CSS *siehe* Cascading Style Sheet
CSS3 241

D

Data Protection Manager 2012 R2 235, 1210
DPM-Agent 235
Drittanbieterlösungen 236
Farmweite Sicherung 236
Inkrementelle Sicherung 235
Leistungsvergleich 235
Rahmendaten für Planung 236
Sicherungintervalle 235
Dateien direkt öffnen 1372
Dateiserverdaten-Migration
Bulkimport von Dokumenten 1164
Drittanbieterwerkzeuge 1164
Nachteile 1164
Datenbank
Begrenzungen 86
Erwartete Datenmengenübersicht 107
Reparatur zum Entfernen verwaister Objekte 1116
SAS-/SATA-basierte Speichermedien 103
Websitesammlung verschieben 775
Datenbankebene
AlwaysOn-Verfügbarkeitsgruppen 187
Datenbankspiegelung 186
Failovercluster 185
Standortübergreifende Ausfallsicherheit 193
Vergleich der Datenbank-Hochverfügbarkeitsmodelle 191
Datenbankmomentaufnahme 234
Als nichtangefügte Inhaltsdatenbank anbinden 1208
Kopie-bei-Schreibvorgang 234
Lokalisieren der verfügbaren Momentaufnahme 1208
Sicherung einer Inhaltsdatenbank 1188
Wiederherstellung von SharePoint-Daten 1207
Datenbankreparatur 1116
Bereinigte Inkonsistenzen 1116
Datenbankreparatur und Identifizierung verwaiste Objekte 1117
Datenbankspiegel
Datenbankcommit 186
Hohe Sicherheit mit automatischem Failover (synchron)-Betriebsmodus 186
Prinzipalserver 186
Spiegelserver 186
Zeuge 186
Datenbankspiegelung 95
Datenbankstatus 553
Datenbankverwaltung
T-SQL-Skript zum Updaten einer Statistik 568
Datenbankwartung 559
Fragmentierungsgradübersicht 566
Indexfragmentierung 565
Konsistenzprüfung 564
Speicher freigeben 562, 564
Statistik zur Indexverwendung 565
T-SQL-Skript zur Neuerstellung der Indizes 568
Verwaltungs-Data Warehouse 568
Datenbankwartungs- und Optimierungsaufgaben 559
Datenbankserver- und Datenbankparameter-Optimierung 560
Datenbankspeicher freigeben 562
Datenbankspeicher von Protokolldatendanken wieder freigeben 564
Indexfragmentierung 565
Konsistenzprüfung 564
TempDB-Optimierung 560
Transaktionsprotokollspeicher freigeben 562
T-SQL-Skript zur Datenbankspeicherplatzfreigabe 562
T-SQL-Skript zur Repositionierung der TempDB 560
Verwaltungs-Data Warehouse 568
Datenbankzugriffskonto *siehe* Farmkonto
Datenschutz 179, 1098
Abfrageprotokollierung 179
Bewertungen 180
IIS-Protokollierung 180
Integritätsberichte 179
Meine Website 180, 1098
Newsfeed 180
Suchverwendungsberichte 179
Überwachungsprotokollberichte 179
Verwaltete Metadaten 181
Zugriffsverwendungsprotokolle 179
Datenverbindungsdateien (Universal Data Connection-Dateien, UDCX) 692
DC *siehe* Domänencontroller
DCOM-Fehler 10016 457
Delegated Administrators 1082
DelegConfig 2.0
Übersicht 1379
Demilitarized Zone (DMZ) 289
Denial-of-Service (DoS)-Angriff 1001, 1031
Design
Website-Design 848
Design Manager 241
Diagnoseprotokollierung
Ablaufverfolgung 488
Ablaufverfolgungsprotokoll 452
Anpassung via PowerShell 453
Diagnoseprotokolle durchforsten 489
Ereignisprotokoll 452
Ereignisprotokoll-Flutschutz 453
Filtermöglichkeit mit dem Cmdlet Out-GridView 489
Kategorien 452
Konfiguration 452
Laufwerksspeicher via PowerShell begrenzen 453
Maximale Protokollierungsstufe VerboseEx 454
Netzwerkfreigabe 453
Standardprotokollierungsverhalten 452
ULS-Protokolle 488
Dienst zur automatischen Empfängererzeugung 400

Dienstanwendung 578
- Beispielinstallationssequenz 293
- Berechtigungen setzen 718
- Berechtigungen setzen via PowerShell 719
- Berechtigungsanforderung 293
- Bereitstellungsabfolge 292
- Datenbanksicherung 1195
- Dienstanwendung veröffentlichen via PowerShell 718
- Dienstanwendungsberechtigung setzen via PowerShell 719
- Dienstanwendungsproxy erstellen via PowerShell 723
- Dienst-Webanwendungspools 294
- Entfernen 636
- Farmadministratorenrechte 162
- Farmübergreifend einsetzen 713
- Farmübergreifende Dienste 75
- Farmzugriffberechtigungen setzen via PowerShell 719
- Freigabe 117
- Kerneigenschaften 116
- Lastenausgleich 579
- Linkfavoritenliste 673
- Löschen via PowerShell 636
- Migration 1120
- Partionierung einrichten 802
- Partitionierter Modus 117
- Planung 116
- Planungsempfehlung 117
- Prozessisolation 117
- Sicherung einrichten 1179
- Statusdienst 143
- Übersicht 576
- Veröffentlichung 717
- Verwaltung 117
- Wiederherstellung 1204
- Wiederherstellung einer Secure Store-Dienstanwendung 1204
- Wiederherstellung einer Suchdienstanwendung 1204
- Zugriffs-URL 722

Dienstanwendungsadministrator 165
- Berechtigung delegieren 1082

Dienstanwendungsberechtigung
- Berechtigungsliste 634
- Entfernen via PowerShell 635
- Hinzufügen und verifizieren via PowerShell 635
- Verwaltung 634

Dienstanwendungsfarmmigration
- Arbeitsschritte 1112

Dienstanwendungskonto 161

Dienstanwendungsmigration
- Abfolge 1112
- BDC-Dienstanwendung provisionieren 1133
- Benutzerprofildienstmigration 1126
- Migrierbare Dienstanwendungen 1111
- PerformancePoint-Dienstanwendung provisionieren 1133
- Provisionierung der Secure Store-Dienstanwendung 1125
- Provisionierung des verwalteten Metadatendiensts 1121
- Suchdienstanwendung migrieren 1124
- Terminologiespeicherdaten migrieren 1121
- Verwaltete Metadatendienstanwendung migrieren 1120

Dienstanwendungsproxy 579
- WSS_UsageApplication unerwartet beendet 1395

Dienstanwendungsproxygruppe 579
- Dienstanwendungszuordnung 636
- Erstellen via PowerShell 636

Dienstarchitektur 578
- Dienstanwendung 578
- Dienstanwendungsproxy 579
- Dienstanwendungsproxygruppe 579
- Dienstverwendung 578
- Redundanz 579
- Verwendungsrichtlinien farmübergreifender Dienste 579

Dienste 576

Dienstinformationen 580
- Access Services 580
- Apps-Verwaltungsdienst 580

Dienstkonto 166, 251
- Abhängigkeiten 168
- Analysis Services-Dienstkonto 167
- Änderungen vornehmen 1093
- Anwendungspool Access Services Dienstanwendung 167
- Anwendungspoolkonto Dienstanwendungen 167
- Anwendungspoolkonto Meine Website-Host 167
- Anwendungspoolkonto Portalanwendungen 167
- Claims2WindowsToken-Dienstkonto 167
- Farmkonto 166
- Foundation-Inhaltszugriffskonto 167
- Foundation-Suchdienstkonto 167
- Inhaltszugriffskonto (Server) 167
- Kennwortänderung vornehmen 1093
- Konfiguration 1092
- Manuelle Delegierung der Zugriffsrechte im Dateisystem 1373
- PerformancePoint 167
- Portal Super Reader 167
- Portal Super User 167
- Reporting Services-Dienstkonto 167
- SQL-Datenbankdienst 166
- Suchdienstkonto (Server) 167
- Unbeaufsichtiges Dienstkonto Excel Services 167
- Unbeaufsichtiges Dienstkonto PerformancePoint 167
- Unbeaufsichtiges Dienstkonto Visio Services 167
- Verwaltete Konten 166
- Verzeichnisdienstsynchronisa-tionskonto 167
- WarmUp 167
- Workflow Manager-Dienstkonto 167

Dienstpositionierung 143
  Übersicht der Verteilung der SharePoint-Dienstinstanzen und Komponenten 144
Dienstprinzipalname (SPN) 965
Diensttickets (TGS) 966
Dienstverbindungspunkt (SCP) 770, 1067
  AdsiEdit.msc 770
  Anzeigen 772
  Auflisten aller Dienstverwaltungspunkte 773
  Erstellung 770
  Manuelles Erzeugen eines SCP via PowerShell 772
  Manuelles Löschen 772
  Zielcontainer erstellen 771
Dienstverwendung 578
Dienstzertifikate 428
Digest 169
Digestauthentifizierung 984
  Einrichtung 985
  Replayangriffe 984
DisableLoopbackCheck 466
DisableLoopbackCheck/BackConnectionHostNames
  BackConnectionHostNames 466
  DisableLoopbackCheck 466
  Setzen 466
Display Templates *siehe* Anzeigevorlagen
Distributed Denial of Service-Attacken (DDoS) 1001
DNS-MX-Eintrag 198
Dokumentbibliothek
  Anonymer Zugriff 991
  Inhaltstyp 207
  IRM-Schutz 1066
  Mehrsprachigkeit 225
  Richtlinie zuordnen 623
  Sicherung 1182
  Wiederherstellung 1206
Dokumentenbibliothek
  E-Mail-aktiviert 410
Dokumentkonvertierung 393
  Dienste starten 394
  Dienste via PowerShell starten 395
  Feature zur SharePoint Server-Veröffentlichung aktivieren 396
  Kerneigenschaften 393
  Konfiguration 395
  Lastenausgleichsmodul-Dienst 394
  Lastenausgleichsmodul-Dienst-TCP-Port 394
  Startprogrammdienst 394
  Startprogrammdienst-TCP-Port 394
Dokumentverwaltung 204
  Inhaltstyp 206
  Metadatennavigation 204
  Protektor 1065
Domänencontroller (DC) 96
Domänennamensystem (DNS)
  AAAA-Einträge 196
  A-Datensätze 289
  CNAME-Datensätze 289
  Eintragstypen 289
  Forward-Lookupzone 345
  Kanonische Namenseinträge 289
  Konfiguration 288
Domänenzertifikat 428
DPM
  Datenbank zur Schutzgruppe hinzufügen 1195
  Datenquellengruppen definieren 1198
  DPM-basierte Sicherungen 1189
  DPM-Benachrichtigungsprotokoll 1198
  Inhaltsdatenbank wiederherstellen 1213
  Initialen synchronisierungszeitpunkt wählen 1194
  Integration einer Wiederherstellungsfarm 1218
  Katalogisierung 1195
  Konsistenzprüfungsoption 1194
  Kurzfristige Schutzmethode 1193
  Manuelle Katalogisierung 1198
  Manuelle Serverfarmsicherung 1196
  Neuheiten 1190
  Schutzgruppe einrichten 1192
  Serverfarmwiederherstellung 1211
  Sicherung auf SharePoint-Farm vorbereiten 1190
  Sicherungsintervalle einrichten 1194
  Sicherungsstatus verfolgen 1194
  Sicherungszyklus definieren 1192
  Verwaltungsoperationen 1197
  Webanwendung wiederherstellen 1213
  Websitesammlung wiederherstellen 1215
  Wiederherstellung einzelner Elemente 1217
  Wiederherstellung von SharePoint-Inhalten 1210
  Wiederherstellungsfarm einrichten 1218
  Wiederherstellungspunkt 1217
  Wiederherstellungspunkt einrichten 1196
DPM *siehe* Data Protection Manager 2012 R2
Dreischichtige Serverfarm *siehe* Mittlere Serverfarm
Drei-Status-Workflow 1429
Drop-Ordner 410, 1029
Duet Enterprise 1.0 1329
  Architektur 1330
  BCS-Schnittelle 1330
  SAP-Daten in Form von Externen Listen 1330
  SAP-Rechte 1330
  SAP-Reportintegration 1330
  Workflowverknüpfung 1330
Duet Enterprise 2.0
  Cloud-Integration 1331
  Open Daten-Protokoll (OData)-Unterstützung des BCS 1331
Durchforstung 111, 310
  AAM-spezisches Szenario 918
  Anzahl der Durchforstungsserver planen 157
  Ausfall der Durchforstungskomponente 157
  Authentifizierung in Zone 173

Durchforstung *(Fortsetzung)*
Dedizierte Durchforstung 144, 921
Durchforstungsarchitektur 157
Durchforstungskomponente 877
Durchforstungslast 156–157
Empfehlungen und Probleme bei Umleitung von Abfragen der Durchforstungskomponenten 921
Farmübergreifende Durchforstung 918
Fehler durch lokale Sicherheitsfunktion 312
Inhaltsveröffentlichung 212
Inhaltsverteilung auf Durchforstungsdatenbanken 878
inkrementelle Durchforstung 157
Kontinuierliche Durchforstung 157, 312, 892
SPS3-Protokollhandler 892
Standard-Inhaltsquellen 877
Startadressen 310
Verbinder (Indexing Connector) 877
Vollständige Durchforstung 893
Websitesammlungsübergreifende Veröffentlichung (Cross-Site Publishing) 213
Zeitplan 311
Durchforstungsdatenbank
Verteilung der SharePoint-Inhalte 878
Durchkomponierte Looks 241
Durchsatz 127
dwp-Datei 789

E

eDiscovery 220, 620
Abfragefilter definieren 829
Ablauf einer eDiscovery-Fallbearbeitung 825
Anforderungen 224
Benutzerdefinierter Algorithmus zur Relevanzsteigerung der Suchergebnisse 223
Berechtigungsdelegierung 224, 1305
Compliance-Archiv 222, 620
Differenzierung von direkten Datensätzen zum Datenarchiv 621
Direkte Datensätze für Exchange Server (In-Place-Hold) 620
Drittanbieterlösungen 223
eDiscovery-Center 222
eDiscovery-Center einrichten 1306
eDiscovery-Sätze anlegen 827
eDiscovery-Zyklus-Beispiel 221
EDRM-Standard (Electronic Discovery Reference-Modell) 621
Einrichtung für Exchange 1304
Ergebnisquelle für Exchange Server-Daten definieren 1305
Erstellung eines Falls 825
Exchange Server 2013-Unterstützung 1304
Exchange Server-Suchdienst 1303
Export 620
Falldatenexport 829
Fehler bei Rückgabe von Suchergebnissen 1404
Fehler der Exchange-integrierten Suche 1403
Fehlermeldung Could not find HostController Service in server 1402
Isolation der eDiscovery-Inhalte 223
Limitierungen 222, 622
Lync Server-Daten 1303
Planung 223
Problematik der Datenrelevanz 223
Probleme mit Exchange Server-Daten 1402
Quellen definieren 827
Schließen eines Falls 832
SharePoint 2013-Neuerungen 221
Topologie in einer Farmübergreifenden Umgebung 224
Unterstützte Quellen und Funktionen 621
Voraussetzungen 1304
Workaround für fehlerhaften Index 1403
Zugriffsberechtigungsdelegierung 826
Zugriffsrechte für Abfragen 1303
eDiscovery-Center 222
EDRM (Electronic Discovery Reference-Modell) 621, 831
Effektive Berechtigung 1078
Eigenständige Serverinstallation
Aktualisierung 260
Anwendungspool 603
Evaluierungsschlüssel 259
Keine Zulassung von lokalen Konten-Fehlerbehebung 1360
SharePoint-Plattform 259
Sprachpaket 260
Suchfunktion 304
Suchindexdateien-Speicherort 259
Verbindungstool zur Installation ohne Internetverbindung 256
Vorbereitung 99
Vorbereitungstool 256
Einfache Serverzertifikate
CCS-Dateinamenregel 1023
Einfache Zugriffsanforderungen 1086
Eingehende E-Mail 196, 198, 399, 589
Abhängigkeiten 400
Absicherung der Dienstinstanz 1029
Anlegen eines Sendeconnectors in Exchange Server 2007 bis Exchange Server 2010 404
Anlegen eines Sendeconnectors in Exchange Server 2013 404
Anwendung des Least-Privilege-Prinzips 1030
Besonderheiten des SMTP-Dienstes 406
Delegierung in Active Directory 407
Denial of Service-Angriffe 589
Denial of Service-Risiko 1029
DNS-MX-Datensatz 402
Dokumentenbibliothek 410
DoS-Lösungsansätze 1029

Eingehende E-Mail *(Fortsetzung)*
Drop-Ordner 410, 589
Drop-Ordner-Berechtigungen 410
E-Mail-aktivierte Kalender 410
E-Mail-aktivierte Kontaktelemente 591
E-Mail-aktivierte Verteilerliste 591
E-Mail-Domäne 410
Empfangsdomäne 198
Empfangsdomäne einrichten 402
Firewallregeln 1030
Größe eingehender E-Mails 402
Härtung des SMTP-Stacks 1030
Härtungsmaßnahmen 1029
Kerneigenschaften 400
Mail Exchanger (MX)-Datensätzen einrichten 402
Mailserverpriorität 403
Nachrichtengröße 589
SharePoint-E-Mail-Dienst steuern 406
SharePoint-E-Mail-Dienst via PowerShell beenden 406
SMTP-Connector 403
SMTP-Server installieren 401
Testnachrichten via PowerShell generieren 412
Verzeichnisverwaltungsdienst 407
Verzeichnisverwaltungsdienst konfigurieren 408
Von Microsoft SharePoint Foundation 589
Wiederverwendung des Zeitgerberdiensts 406
Zeitgeberauftragsdefinition 589
Eingeschränkte Kerberos-Delegierung 974
Eigenschaftsübersicht 969
Unterstützte Dienstanwendungen 969
Vereinfachte Darstellung 968
Einschränkung-Webpart
Anzahlanzeige der Ergenbiselemente einblenden 933
Einschränkungen mithilfe von verwaltete Eigenschaften konfigurieren 932
Suchergebnisse-Webpart-Kopplung 931
Einzelserverfarm 70
Office Web Apps 2013 71
E-Mail 196
Ausgehende E-Mail 196–197
Eingehende E-Mail 196, 198
Namensraum 198
STS (Security Token Service) 196
Empfangsdomäne 198
Endbenutzerfehlermeldung 489, 505
Endpunktkomponente
Installation 1056
Entwicklerdashboard
aktivieren 491
Berechtigungen ändern 493
Minimale Downloadstrategie 491
ULS-Protokolleinträge 491
Entwicklungsumgebung
Änderungen 114
Dienstanwendungen 114
Ereignisprotokolle 487
Allgemein 487
Anwendung 487
Flutschutz 453
Justierung 452
Sicherheit 488
Suche 487
System 488
Überwachung 488
Ergebnisquelle 874
Abfragetransformation 906
Berechtigungsstufen zur Verwaltung 906
Definition der Quelle 905
Vererbung 905
Verwaltung auf auf Suchdienstebene 906
Ergebnistypen 873, 880, 897
Bedingungen 898
Erstellen 898
Für häufige Verwendung optimieren 899
PDF-Ergebnistyp definieren 903
ERPConnect Services 1332
Erstellungswebsitesammlung 214
Ausdruckssätze zum Kategorisieren von Inhalten 214
Inhaltstypen 214
Erweiterter Dienst
Kerberos einrichten 980
Excel Services 361
Abhängigkeiten 361
C2WTS einrichten 980
Dienst starten 361
Dienst via PowerShell starten 362
Dienstanwendung erstellen 362
Dienstanwendung via PowerShell erstellen 362
Differenzierung zwischen Excel Services und Office Web Apps 1239
Kerberos 980
Konfiguration von vertrauenswürdigen Dateispeicherorten 1325
Konfiguration von vertrauenswürdigen Datenverbindungsbibliotheken 1325
Migration 1147
SQL Server 2012 95
Unbeaufsichtigtes Dienstkonto konfigurieren 364
Unbeaufsichtigtes Dienstkonto via PowerShell konfigurieren 365
URL 1239
Vertrauenswürdigen Speicherort definieren 363
Vertrauenswürdigen Speicherort via PowerShell anlegen 364
Zugriffsberechtigungen auf Datenquellen 365
Zugriffsberechtigungen delegieren 363
Excel Web Apps
Excel-Anwendungsfeatures in Office Web Apps 2013 1226
Excel-spezifische Dateiformate 1232

Exchange Server
- Öffentliche Ordner 1163

Exchange Server 2007-2010 287
- Berechtigungseinstellungen des Empfangsconnectors 287
- Connector erstellen 287
- Smarthosts 404

Exchange Server 2013 285
- Abhängigkeiten von SharePoint-Funktionen 218
- Automatische synchronisierung des Benutzerprofilbilds 219
- Connector erstellen 285
- Connector-Einstellungen 286
- Integrationsbeispiele 219
- Relaying-Aktivierung und -Konfiguration via Exchange-Verwaltungsshell 286
- Smarthost 404
- Übergreifende Aufgabensynchronisierung 219
- Vertrauensstellung 219
- Visualisierung der Newsfeeds in Outlook 220

Exchange Server 2013-Integration
- Aufgabensynchronisierung 1299
- eDiscovery 1302
- Websitepostfach (Site Mailbox) 1290

Exchange-Aufgabensynchronisierung 587
Explizites Dienstkonto 279
Extensible Rights Markup Language (XrML) 1067
ExternalDataConnectionLifetime 362

F

F5 Big IP 1035
- Access Policy (APM) 1041
- APM-Einstellungen 1046
- APM-Regelwerk 1048
- Application Acceleration Manager (AAM) 1040
- Application Security (ASM) 1042
- Application Visibility and Reporting (AVR) 1043
- Authentifizierungsprotokolle 1046
- Bereitstellung eines SSL-Zertifikats 1045
- Big IP-Appliance 1039
- Erstellen einer Veröffentlichung 1045
- Fehlerbehebung 1050
- Hyper-V 1039
- Installation/Aktualisierung der iApp-Vorlage für SharePoint 1044
- Konfigurationsübersicht 1048
- Local Traffic (LTM) 1043
- Planung 1040
- Reverseproxy-Firewall 1039
- SSL-Einstellug 1046
- Testen der Veröffentlichung 1049
- Übersicht der Big IP-Module 1041
- Virtual Server-Konfoguration 1047
- VMware ESX 1039
- Voraussetzung für Konfiguration 1043
- Vorbereitung für Einrichtung 1043
- WAN-Kompression 1039
- Zeit Lasttests/Zugriffslatenz 1040

Facebook als Identitätsanbieter
- Facebook als Authentifizierungsprovider der SharePoint-Webanwendung hinzugefügen 960
- Facebook-App sowie -Sicherheitstoken erstellen 957
- Kommunikationsverlaufsbeispiel 955
- Konfigurieren der Windows Azure Access Control Service (ACS) 958
- Vorbereiten der Windows Azure Access Control Service (ACS) 956

Failovercluster 185
- Erstellen 1257
- Failovercluster-Manager 1257

Failoverserver 777
Fallbackabfrage 206
Farmadministrator 162, 165, 880
- Aktualisierung von Websitesammlungen steuern 1142
- Berechtigung aktivieren 1081
- Delegierung der Bestätigtes Schreiben an Dienstprinzipal-Berechtigung 972
- Verteilergruppen verwalten 1089
- Websitesammlungen aktualisieren 1145
- Websitesammlungs-Integritätstest 1140
- Websitesammlungskontingent definieren 735
- Websitesammlungsupgrade 1110

Farminstallation optimieren 434
Farmkonfigurations-Assistent 271
- Dienstkonfigurationsübersicht 272
- SharePoint Foundation 273
- SharePoint Server 274

Farmmodell 69
- Dedizierte Suchanwendungsserver 74
- Dreischichtige Serverfarm 72
- Dreischichtige Serverfarmarchitektur 147
- Einzelserverfarm 70
- Entwicklungsplattform 70
- Ereiterbarkeit von Einzelserverfarmen 70
- Farmübergreifende Dienste 75
- Farmübergreifende Farmen 75
- Große Serverfarm 74
- Office Web Apps 2013 71
- Skalierbarkeit 69
- Verteilter Cacheserver 74
- Zweischichtige Serverfarm 71
- Zweischichtige Serverfarmarchtiektur 146

Farmpassphrase
- Zurücksetzen 1366

Farmsicherung
- DPM 1026
- Thread Management Gateway 1034
- Unified Access Gateway 1034

Farmübergreifende Dienste einrichten 713

Farmübergreifende SharePoint-Farmen 75
Beispieltopologie einer zentralen Dienstanwendungsfarm 77
Benutzerprofildienstanwendung 76
Dienstanwendungsproxy 76
Dienstfarmtopologie mit dezentralem Benutzerprofildienst 77
Farmübergreifende Dienste 75
Gründe 75
Merkmale der farmübergreifenden Dienstanwendungsnutzung 78
Office Web Apps 2013 78
Planung von farmübergreifenden Dienstanwendungen 76
Server-to-Server-Authentifizierungsprotokoll 78
Suchdienst 76
Verteilter Cache-Dienst 76
Farmübergreifender Dienst
Berechtigung setzen 718
Einrichtung 713
Server-to-Server-Authentifizierung 723
Übersicht 713
Verbindung herstellen 720
Veröffentlichen 717
Vertrauenswürdige Zertifikate 713
FAST Search 2010 for SharePoint-Migration 1147
FAST First-Migrationsansatz mit verlagerter Suchdienstanwendung 1149
Migrationsansätze 1148
Nicht migrierbare Bestandteile der Suche 1147
Partnerspeicherortsuchen 1148
Umsetzen der FAST-Migration 1151
Unterstützung der Search-First-Migration 1147
Vorgezogene Suchmigration mit neuem SharePoint 2013-Suchcenter 1150
FBA *siehe* Formularbasierte Authentifizierung
Feature 627
Aktivierung 792
Anwendungsbereiche 628
Auflistung der verfügbaren Features 792
Beispielfunktionen 628
Bereitstellung 426
Bereitstellungspfad 628
Deaktivierung 793
Deinstallation 792
Feature.xml 628
Installation 792
Konfiguration auf Farmebene 791
Konfiguration auf Webanwendungsebene 791
Konfiguration auf Websiteebene 791
Onet.xml 628
Verwaltung 790
Websiterichtlinien verwalten 793
Feature Pack 803
Feature-Administrator 166
Feedcache 723
Fehler
Fehlende Aktualisierungen 546
Fehleranalyse 490, 505
Diagrammansicht 519
Endbenutzerfehlermeldung 489, 505
Fehlende Webparts wieder hinzufügen 510
Fehleranalyse anhand Korrelations-IDs 508
Fehlerhafte Webparts ausblenden 509
Korrelations-ID 489, 505
Monitor 520
Protokolle zusammenzuführen 508
SharePoint-spezifischen Fehler- und Warnungsmeldungen 521
Fehleranalyse-Tools
Notepad-Suche in den Protokolldateien 507
PowerShell 506
Tools/ULS Viewer 507
Fehlerbehebung
Protokollierungsverhalten ändern 490
Vorübergehende Maßnahmen zur Fehlerbehebung 490
Fehlermeldung
Diese Sitzung hat die Anzahl zulässiger Ressourcen überschritten 693
Fiddler 1379
File Synchronization Service 600
synchronisierungsbesonderheiten der Office-Produkte 600
FILESTREAM
Anbieter aktivieren 1271
Datenbankspiegelung 187
Lokale Anbieter 133
Remoteanbieter 133
FIM *siehe* Forefront Identity Manager
FIM-Schlüsselsatz
Export 1130
Import 1132
Firewallkonfiguration
Benutzerdefinierter Port 277
Firewallschutz 1026
Firewallregeln 1030
Für DPM 2012 R2 erforderliche Ports 1026
NetBIOS deaktivieren 1027
Netzwerkports 1026
Windows-Firewall 1027
ForceDeleteLock 555
Forderungen an Windows-Tokendienst (C2WTS) 319, 980
Abhängigkeiten 319
Delegierung lokaler Administratorrechte 320
Delegierung von lokalen Sicherheitsprivilegien 320
Dienstkonto 320
Fehler-IDs 7000 und 7009 1408
Gruppenzugehörigkeit 321
Kerberos-Delegierung (Kerberos Constraint Delegation) 320

Forderungen an Windows-Tokendienst (C2WTS) *(Fortsetzung)*
- Kerneigenschaften 319
- Konfiguration der eingeschränkten Kerberos-Delegierung 322
- Konfiguration des Diensts 321
- Starten des C2WTS via PowerShell 322
- Startet nicht 1408

Forderungsauthentifizierung
- Farminterne Authentifizierung 170
- Formularbasierte Authentifizierung 169
- Vergleich von Authentifizierungsanbietern 170
- WIF (Windows Identity Foundation) 170

Forefront Identity Manager (FIM) 588
- Benutzerprofilsynchronisierung 664

Forefront Identity Manager Service-Dienste
- IIS-Verwaltungsdienst 578

Forefront Identity Manager-Dienste 330

Formularbasierte Authentifizierung (FBA) 169
- API des Mitgliedschaftsanbieters 951
- ASP.NET-Benutzerkonto anlegen 950
- Authentifizierungsansprüche 940
- Authentifizierungsszenario 940
- Benutzerverwaltung und Anmeldung an SharePoint 952
- Einrichtung 941
- SQL Server-Authentifizierungsdatenbank einrichten 941
- SQL Server-Vorbereitungen 941
- Unterschied zur forderungsbasierten Windows-Authentifizierung 940
- Zentraladministration- und Sicherheitstokendienst-Webanwendung konfigurieren 947

Formularbibliotheken 691

FQL (FAST Query Language) 909
- Operatoren 910
- Vergleich von FQL- und KQL-Suchsyntax 909

Freigeben für 1084

Freundliche URLs *siehe* Benutzerfreundliche URLs

Full Control 1083

Full-Trust-Lösung 628

G

Geodaten für mobile Anwendungen 423, 862

Geodatenintegration 862
- AJAX V7-Steuerelement 862
- Aktivierung auf Websitesammlungsebene via PowerShell 863
- Geodatensatz-Schnittstellen 865
- Geolokationsfeld in Liste einbinden 863

Geodaten-Spalte 424, 863

Geolokationsfeld *siehe* Geodaten-Spalte

Gesperrter Dateityp 1092

Gestaltungsvorlage 200

Gestaltungsvorlagenkatalog 902

Global Assembly Cache (GAC) 425, 629
- Webpart bereitstellen 789

Globale Adressliste (GAL) 198, 590, 1089

Globale Planung 69
- Ausgedehnte SharePoint-Farm (Streched Farms) 85
- Begrenzung 85
- Farmmodell 69
- WAN-Planung 78

Globally Unique Identifier (GUID) 603

Große Liste 619
- Dedizierte Zeitfenster 619
- EnableThrottling 620
- Schwellenwert für Listenansicht 619
- Schwellenwerte und Grenzwerte für benutzerdefinierte Anwendungen vorübergehend erhöhen 619

Große Serverfarm 74
- Beispiel 74
- Rahmenbedingungen 74
- Virtualisierung 75

Gruppe
- Verwaltung 1087
- Zugriffsanforderungen 1089

H

H.264 (MP4) 624

Hardware Load-Balancer (HLB) 182
- BigIP-HLB-Lösung 182
- Nachteile 182
- Vorteile 182

Hardwarevoraussetzung 99
- Arbeitsspeicher 106
- Entwicklungsumgebung 104, 114
- Festplattenspeicher 107
- Hardwarekomponenten 105
- Netzwerk 107
- Prozessor 105
- SharePoint Foundation 2013 104
- SharePoint Server 2013 104
- SQL Server 99
- Virtualisierung 110

Hauptversionsnummer 614

Heartbeat *siehe* Takt

Heraufgestufte Sites
- Benutzerdefinierte Schaltflächen erstellen 858
- Konfiguration 858

Heuristische Verfahren 1004

High-Trust-App 583
- Anwenderzugriffstokenanforderung 583
- Lokale Installation 584

HLB *siehe* Hardware Load-Balancer

HNSC *siehe* Hostbenannte Websitesammlungen

Hochverfügbarkeit 181
- AlwaysOn 187
- Anwendungsebene 185

Hochverfügbarkeit *(Fortsetzung)*
Datenbankebene 185
Datenbankspiegel 186
Failovercluster 185
Gegenüberstellung der Datenbankhochverfügbarkeitsansätze 191
Standortübergreifende Ausfallsicherheit 193
Web-Front-End-Ebene 181
Hochverfügbarkeit für SharePoint
AlwaysOn-Cluster 1255
Netzwerklastenausgleich (NLB) einrichten 1251
Hostbenannte Websitesammlungen 122–123, 738
Alternative Zugriffszuordnungen 739
Erstellen 739
Gründe für Standardwebsitesammlungsarchitekturwechsel 124
Logische Architektur 125
Mindestvoraussetzungen bereitstellen 739
SSL-Integration 740
Verwaltete Pfade 739
Verwalteten Pfad für HNSC erstellen 739
Hostheader 119, 1005
Hosting 238
Feature Packs 239
Hostingfunktionen in SharePoint 2013 238
Kernkomponenten 239
Partitionierbare Dienstanwendungen in SharePoint 2013 239
Rahmenbedingungen für Planung von Hostingumgebungen 239
Hostingumgebung 238
HPC (High Performance Computing) 92
HTML5 241
HTTP-Anforderungsüberwachung 619, 741
Aktivierung via PowerShell 743
Aktivierung via Zentraladministration 741
Deaktivierung via PowerShell 743
Fehlermeldung 619
Priorisierung 619
Überwachungsmonitorkonfiguration auslesen 743
HTTP-Umleitung 1013
Hybrid-Umgebung 88
Authentifizierung 88
Einschränkungen 92
Infrastrukturvoraussetzungen 91
Planungsparameter 89
Hyperlinkübersicht 203
Hyper-V 110
Gegenüberstellung v2 und v3 111
Hosts 112
Version v3 110
VLAN 112

I

iCalendar-Format (.ics) 589
ICMP-Echoanforderungen
Verteilter Cache 323
iFilter 312, 871, 895
iFrame 625, 1326
IGMP-Multicastmodus 183
IGMP-Snooping 184
IIS
Bitdatendrosselung 617
Clientzertifikatzuordnung 986
Protokoll 490, 498
Protokollierung 180
Statuscode 499
IIS Media Services 437
IIS *siehe* Internetinformationsdienste
IIS-Anwendungsinitialisierung 442
Bereitstellung 443
Sicherungskopie 443
startMode (AlwaysRunning) 444
IIS-Anwendungspool *siehe* Anwendungspool
IIS-Anwendungspool-Einstellungen 464
applicationHost.config 464
Empfohlene IIS 8.0-Parameter 465
IISReset 1242, 1295
Imaging-Webdienst 627
Indizierung 71, 73, 76
WAN 81
InfoPath 2013
Symmetrische Formulare 1442
Workfloweingabeformulare 1442
InfoPath Forms Services
Administratorformularvorlage 693
Authentifizierung und Verbindung 692
Authentifizierungs- und Datenverbindungseinstellungen via Zentraladministration einrichten 692
Benutzerformularvorlagen-Konfigurationsoptionen 691
Benutzersitzungseinstellung steuern 693
Browserfähige Formularvorlagen 691
Datenverbindungsoptionen für Formulare 692
Dienst konfigurieren 690
Fehlermeldung bei Schwellenwertüberschreitung 693
Formularvorlage 690
Formularvorlage aktivieren 695
Formularvorlagen deaktivieren 697
Formularvorlagen entfernen 698
Formularvorlagen hinzufügen 694
Formularvorlagen stilllegen 697
Formularvorlagenkategorie 696
Migration 1146
Verwaltung 689
Verwaltungs-PowerShell-Cmdlets 689

Informationsrechteverwaltung (IRM) 804
  128-Bit-AES-Schlüssel 1067
  Dokumentbibliothek für IRM konfigurieren 1073
  Einrichtung 1072
  Fehler bei nicht RMS kompatiblen Inhalten 1074
  IRM-Dokumentschutz in Dokumentbibliotheken 1066
  IRM-Funktionalität testen 1074
  IRS in Dokumentenbibliotheken aktivieren 1066
  Mac (Apple)-Unterstützung 1065
  Neuerungen 1064
  Protektor für Microsoft-Produkte 1065
  SharePoint 2013-Integration 1066
  Standardöffnungsverhalten von IRM-aktivierten Dokumentbibliotheken anpassen 1074
  Vergleich von Technologien zum Informationsschutz 1063
  Verwaltung 1063
  Windows Mobile-Unterstützung 1065
Informationsschutz
  Technologien im Vergleich 1063
Informationsverwaltungsrichtlinie 486, 622
  Benutzerdefninierten Bericht erstellen 486
  Bericht erstellen 454
  Grafische Aufbereitung der Überwachungsdaten 454
  Granulare Überwachung aktivieren 455
  Pauschale websitesammlungsbasierte Überwachung einrichten 456
  Richtlinienanweisungen 455
  Richtlinienfeature 622
  Übersicht vordefinierter Berichte 486
Informationworker 620
Inhaltsabfrage 132
Inhaltsbereitstellung 761, 1156
  Änderungsprotokoll-Aufbewahrungszeitraum 763
  Bereitstellung validieren 768
  Bereitstellung von spezifischem Inhalt 769
  Einrichtung 761
  Inhaltsbereitstellungsumfang 767
  Inkompatible Features deaktivieren 764
  Neuen Inhaltsbereitstellungsauftrag erstellen 766
  Quellwebsitesammlung vorbereiten 764
  Richtlinien 763
  Schnelles Bereitstellen 769
  Veröffentlichungsportal-Vorlage 769
  Voraussetzungen für die Veröffentlichung 764
  Zeitplan konfigurieren 767
  Zielumgebungsparameter einrichten 765
Inhaltsdatenbank
  An Webanwendung zufügen 1136
  Analyse der Kernparameter 1119
  Anfügen via PowerShell 774
  Anzahl pro Webanwendung 121
  Aufgeteilte Speicherung 122
  Bereitstellung 121
  Datenbank-ID erstellen 774
  Entfernen via PowerShell 775
  Erwartete Datenmengenübersicht 107
  Festplattenspeicherplanung 107
  Größe 121
  Isolation 121
  Löschen via PowerShell 775
  Maximale Größe 121
  Neue Inhaltsdatenbank anlegen 774
  Planung 120
  Planungsempfehlungen 121
  Schreibschutz einrichten 775
  Sicherung 237
  Sicherung einrichten 1180
  Verwaltung 121, 773
  Websitesammlung verschieben 733, 775
  Websitesammlungsgröße anzeigen via PowerShell 775
  Wiederherstellung 1204
Inhaltsdatenbankmigration 1109
  Arbeitsschritte 1110
  Bereinigung der Meine Website-Berechtigungen 1406
  Datenbank sichern und wiederherstellen 1134
  Features identifizieren 1119
  Inhaltsdatenbank auf Quell-SQL-Server sichern 1134
  Inhaltsdatenbank auf Ziel-SQL-Server wiederherstellen 1135
  Inhaltsdatenbank konvertieren 1138
  Inhaltsdatenbank vorab testen 1118
  Interne Migration 1156
  Kontrolle der Datenbankanfügung 1137
  Konvertierung zur forderungsbasierten Authentifizierung 1110
  Migration von Dateiserverdaten 1164
  Quellumgebung analysieren 1118
  Testupgrade 1120
  Umfangreiche Listen identifizieren 1119
  Umstellung des Authentifizierungsschemas in der Quellumgebung 1133
  Wiederhergestellte Datenbank anfügen 1136
  Zielumgebung konfigurieren 1119
  Zielwebanwendung mit klassischem Authentifizierungsmodus anlegen 1135
Inhaltsquelle 890
  Erstellen 891
  Kernparameterdefinition 891
  Kontinuierliche Durchforstung 892
  SPS3-Protokollhandler 892
  Vollständige Durchforstung 893
Inhaltstyp
  Benutzerdefiniert 207
  Einstellungen anhand Inhaltstypen 206
  Inhaltstypdefinitionen 207
  Inhaltstyphub 207
  Inhaltstypkatalog 207
  Richtlinie zuordnen 623
  Richtlinienfeature deaktivieren 624

Inhaltstyp *(Fortsetzung)*
Verwendung 206
Verwendung in Bibliotheken 207
Verwendung in Listen 207
Webiste-übergreifende Nutzung 207
Inhaltstyphub
Erweiterte Koexistenz für die gemischte Inhaltstypsyndikation 1122
Informationsverwaltungsrichtlinien mithilfe zentraler Inhaltstypen 454
Websitesammlung erstellen 299
Inhaltsveröffentlichung 209
Architektur 209
Berechtigung 211
Grenzen der Skalierung 210
Hybrider Ansatz 210
Kopierte Inhalte 211
Planung 210
Produktionsserverfarm 210
Quellserverfarm 210
Schnelles Bereitstellen 212
Unidirektionaler Vorgang 211
Uploadbegrenzungen der Webanwendung 212
Veröffentlichungszeitplan 211
Inhaltsverzeichnis 203
Inhaltsvorschau 873
Inhaltszugriffskonto 309
Inkrementelle Synchronisierung 664
In-Place-Aktualisierung
Mit Rückschrittmöglichkeit installieren 548
Ohne Rückschrittsmöglichkeit installieren 544
Webveröffentlichungsdienst 548
In-Place-Aktualisierungsvariante
Mit Rückschrittmöglichkeit 535
In-Place-Haltebereich 620
Installation
Blockierung 770
Koexistenz 96
Nachverfolgung 770
Registrierungsschlüssel setzen 770
SharePoint-Server 98
Voraussetzungen 93
Web-Front-End 98
Integrierte Sicherung 1171
Einschränkungen bei der Sicherung einer SharePoint-Farm 1172
Remote-BLOB-Speicher 1171
Sicherung mithilfe von Vorlagen 1171
Integritätsanalyse 481
Anpassung eines Listenelements 484
Fehler automatisch reparieren 483
Fehlerbehebung 483
Integritätsanalyse anwenden 482
Integritätsanalysewarnung in der Zentraladministration 481
Konfigurationsregel 481
Leistungsregel 481
Regeldefinitionen anpassen 485
Sicherheitsregel 481
Standardregel anpassen 485
Systemregel 481
Überprüfungsregel 481
Verfügbarkeitsregel 481
Verlaufsverfolgung 484
Integritätsanalysebericht
Allgemeiner Fehler beim Zugriff 1367
Fehler beim Laden der Steuerelementdatei 1366
ULS-Fehlermeldung beim Zugriff 1368
Integritätsdaten
Datenbankspiegelung 187
Integritäts-Explorer 520
Internationaler Domänenname (IDN) 225
IDN-URL-Unterstützung 225
Interne Migration
Anfügen der Datenbank in der Zielserverfarm 1158
Export/Import von SharePoint-Daten 1157
Farmkonfiguration 1157
Inhaltsbereitstellung 1156
Inhaltsdatenbankmigration 1156
Von pfadbasierten zu hostbenannten Websitesammlungen 1159
Von SharePoint Foundation 2013 nach SharePoint Server 2013 1157
Internet Explorer
Immersiver Modus unter Windows 8 139
Rahmenbedingungen 137
Internet Information Services 1236
Internet Server Application Programming Interface (ISAPI) 232
Internet Small Computer Solution (iSCSI) 101
Intrafarmkommunikation 107
IOPS 560
IP-Umgebung 195
IPv4 195
IPv6 195
IPv6 196
Literaladresse 196
IRM *siehe* Informationsrechteverwaltung
iSCSI *siehe* Internet Small Computer Solution

J

JavaScript 241
Jumbo-Frames 112

K

Kalender
  E-Mail-aktiviert 410
kanonische Namenseinträge (CNAME-Record) 289
KDC (Key Distribution Center) 965
KEMP Loadmaster ESP (Edge Security Pack) 1035
Kennwortänderung 1093
Kerberos 169–170, 964
  AlwaysOn 190
  Anforderungen 964
  Authentifizierungsablauf 965
  Authentifizierungsdelegierung 964
  Authentifizierungsprotokoll einrichten 979
  CNAME-Datensatz 289
  Delegierung 966
  Delegierung in Active Directory 973
  Dienstprinzipalnamen (Service Principal Name, SPN) 965
  Diensttickets (TGS) 966
  Einrichtungsschritte von Kerberos für eine Webanwendung 971
  Excel Services-Beispielszenario 980
  Fehlerbehandlung 1378
  KDC (Key Distribution Center) 965
  Kerberos-Einrichtung für SQL Server 977
  Kernelmodus-Authentifizierung 971
  Konfiguration der eingeschränkten Kerberos-Delegierung 322
  Nicht-Standardport-Verwendung 173
  Protokollübergang 966
  Querauswirkungen auf SharePoint 970
  Reporting Services 981
  SPN einrichten 972
  Suche-TCP-Port-Einschränkung 970
  Ticket-Granting-Ticket (TGT) 965
  Verwendung von Kerberos für erweiterte Dienste 980
  Visio-Grafikdienst 597
  Werkzeuge zur Fehlerbehandlung 1379
Kerberos-Delegierung 966
  Eingeschränkte Kerberos-Delegierung 968
  Kerberos-Standarddelegierung 967
  Übersicht der Standarddelegierung 967
Kerberos-Einrichtung
  Authentifizierungsanbieter-Auswahl anpassen 975
  Delegierung in Active Directory 973
  Dienstkontenzuordnung des Webanwendungspools anpassen 971
  Dienstkontenzuordnung verifizieren 972
  Dienstprinzipalnamen (SPN) einrichten 972
  Konfiguration überprüfen 976
Kerberos-Protokollübergang 966, 969
  C2WTS-Zugriff 970
  Eingeschränkte Kerberos-Delegierung 970
  Service-for-User-to-Self (S4U2Self) 970
  Verwendungsbeispiel des Kerberos-Protokollübergangs mit C2WTS 969
Kerberos-Standarddelegierung
  Merkmale 967
  Übersicht 967
  Unterstützte Dienstanwendungen und Produkte 968
Kerneigenschaften
  Abhängigkeiten 387
Kernprozess 601
  Aktive Prozesse 601
Kleine Serverfarm 71
  Abfragelast 146
  Architektur 146
  Ausfallsicherheit 71
  Leistung 71
  Office Web Apps 2013 71
  Virtualisierung 146
Klist.exe 1379
Komprimate (Hashwerte) 1004
Konfigurations-Assistent
  Aktualisierungsprozess 546, 548
  Besonderheiten des Datenbanknamens 265
  Fehler durch nicht freigeschaltete Firewallports 1361
  Passphrase 266
  Serielle Installation 262
  SharePoint-Plattform 260
  SharePoint-Produkte 264
  Sicherheitseinstellungen 267
  Start für ersten Farmserver 264
  Start für weitere Farmserver 268
  Zeitgeberauftragscache zurücksetzen 1363
Kontinuierliche Durchforstung 871
  Durchforstungsintervall anpassen 892
  Einschränkungen 871
Kopie-bei-Schreibvorgang 234
Korrelations-ID 489, 505
  Fehleranalyse 505
  Korrelations-ID zentrisch protokollieren 509
KQL (Keyword Query Language) 908
  Einschränkungen anhand verwalteter Eigenschaften 908
  Einschränkungsoperatoren 908
  Komplexe Operatoren 909
  Logische Operatoren 908
  Maximale Abfragelängen 909
  Operator zur Relevanzberechnung 909
  Vergleich von FQL- und KQL-Suchsyntax 909
Kryptografie 604
  Algorithmus 605
  Dienst 320
  Dienstanbieter 429

L

Lastentest *siehe* Load Testkit (LTK)
Lastsimulation 521
  Lastsimulationswerkzeuge 521
  Load Test Kit 526
  PressurePoint 529
  Webtests 524
Lastsimulationswerkzeuge
  Professionelle Lastsimulationswerkzeuge 522
  Visual Studio 522
Latenz 127
  Zwischenspeicherung 129
Layoutseite 200
LDAP-Abfragefilter 668
Least-Privilege-Prinzip 1029
Lebendige Sicherheitsprozesse 1004
Leistungsindikatoren 493
  SCOM 494
  SharePoint-Suche-Indikatoren 496
  SQL Server-Indikatoren 496
  Standardmäßig deaktivierte Zeitgeberauftragsdefinitionen 497
  Systemindikatoren 494
  Überwachung 497
  Vordefiniertes Sammlungsschema erweitern via PowerShell 498
  Webserverindikatoren 495
  Zeitgeberaufträge aktivieren via PowerShell 498
Line of Business (LoB)
  Dienstkontext 171
Liste
  Anonymer Zugriff 991
  Inhaltstyp 207
  Richtlinie zuordnen 623
  Sicherung 1182
  Wiederherstellung 1206
Listenansicht 204
  Automatische Indizierung 205
  Indizierte Abfrage 206
  Schlüsselfilter 205
Literaladresse 196
Lizenzforcierung
  Aktivierungszustand 807
  Lizenzzuordnungen verwalten 808
  PowerShell-Cmdlets 806
  Verwaltung 806
Lizenzierung 215
  CAL-Mischbetrieb 217
  Office Web Apps 2013 217
  SharePoint Foundation 2013 216
  SharePoint Server 2013 216
  Standard- vs. Enterprise-CAL 216
Load Test Kit (LTK) 526
  Konfiguration 527
  Voraussetzungen für den Lasttest 526
LoadBalancingScheme 362
Log Parser *siehe* Protokollparser
Log Shipping *siehe* Protokollversand
Lokale Adresse *siehe* Port
Lokale Gruppe 602
  Provisionierungsprozesse 602
  WSS_ADMIN_WPG 603
  WSS_RESTRICTED_WPG_V4 603
  WSS_WPG 602
Lösung 628
  Aktualisierung 790
  Komponenten 628
  Löschen 790
  Zurückziehen 790
Lösungen bereitstellen 424
  Assembly bereitstellen 425
  Bereitstellung einer Lösung in den GAC 425
  CAS-Deployment 425
  Codezugriffsicherheits-Modell (Code Access Security, CAS) 425
  Entscheidungshilfe für Bereitstellungsvarianten 425
  Full Trust-Privilegien 425
  GAC-Deployment via PowerShell 425
  Hinzufügen einer Lösung via PowerShell 424
  Hinzufügen einer Lösung zu allen verfügbaren Webanwendungen 425
Low-Trust-App 584
  Windows Azure Access Control Services (ACS) 584
LUN 186
Lync Server 2013
  Automatische synchronisierung des Benutzerprofilbilds 219
  Integrationsszenarien 220

M

MAC-Adresse 183
Machine-Element 517
MAC-Spoofing 1252
Mandant
  Abonnement-ID 117
  Feature Pack verwalten 803
  Feature Pack verwenden 803
  Informationsrechteverwaltung (IRM) 804
  IRM-Mandantenschnittstelle aktivieren 805
  Isolation von Benutzerkonten 803
  Konfiguration eines Mandanten für IRM 805
  Mandantenadministrationssite anlegen 801
  Partitionierte Dienstanwendung einrichten 802
  Selbstverwaltung 800
  Websitesammlung anlegen 802
Mandantenverwaltung
  Administrationssite 801
Man-in-the-Middle (MITM) 1005
  Angriff 1033

Maschineller Übersetzungsdienst 348, 591, 698
  Abhängigkeiten 349
  Asynchrone Konvertierung 591, 851
  CSOM 592
  Dienstanwendungsberechtigungen 351
  Erstellung 350
  Erstellung der Dienstanwendung via PowerShell 350
  Festplattenspeicher 108
  Kerneigenschaften 348
  Konfiguration 351
  Limitierungen 592, 850
  Microsoft Translator 850
  Onlineübersetzung-Engine 591
  PowerPoint Automation Services-API 593
  PowerShell-Cmdlets 698
  Proxyeinstellungen 350
  Quellvariationsexport 591
  REST-API 592
  Starten 349
  Starten des Diensts via PowerShell 350
  Synchrone Konvertierung 591, 851
  Übersetzung von Ausdruckssätzen 592
  Variationen 226, 591
  Verwaltung 698
MaskSourceMac
  Standardwert setzen 1254
Massenprotokolliertes Wiederherstellungsmodell (BULK Logged Recovery Model) 564
MaxDOP 560
Maximale Uploaddateigröße 439
  Konfigurieren via PowerShell 441
  Konfigurieren via Zentraladministration 440
  Maximale Dateigröße (maxAllowedContentLength) 440
  Maximaler Wert 440
  Maximales Zeitfenster (httpRuntime) 440
  Verbindungstimeoutwert via Internetinformationsdienste (IIS)-Manager ändern 441
  Verbindungstimeoutwerte 440
MD5-basierter Hashwert 984
Mehrsprachigkeit
  Deinstallation von Sprachpaketen 227
  Einrichtung und Nutzung 849
  Microsoft Translator 849
  Planung 224
  Übersetzbare Inhalte mithilfe von Sprachpaketen 225
  Übersetzungseinschränkungen von Benutzeroberflächenelementen 227
  Variationen 851
  Webanwendung 849
Meine Website
  Aufgabensynchronisierung und -anzeige 815
  Benennungslogik 334
  Benutzerprofilrichtlinien 1099
  Berechtigungsstufen 670
  Bewertungen nicht sichtbar 1376
  Datenbankparameter 333
  Datenschutzebenen 180–181
  Datenschutzeinstellung 1099
  Einrichtung 333
  Einrichtung via PowerShell 335
  Erster Aufruf 343
  Funktionen und Features steuern 670
  Grenzwerte für Folgen-Funktion 671
  Heraufgestufte Websites 672
  Host-URL 334
  Integration der sozialen Netzwerke 860
  Migration 860, 1126
  Newsfeed 859
  Newsfeed bereitstellen 341
  Notiz und Tag löschen 671
  Organisations-Browser nicht verfügbar 1387
  Privatsphäre 860
  Standardspeicherort eigener Inhalten 859
  Vereinfachte Benutzerprofildienstmigration 1127
  Vergleich zu SharePoint 2010 343
  Verknüpfungen mit Office-Dienstanwendungen 673
  Verwalteten Pfad erstellen 329
  Verwalteter Pfad 334
  Vollständige Benutzerprofildienstmigration 1130
  Vorlagenauswahl 328
  Websitesammlung einrichten 328
  Zugriffsberechtigungen auf Leseberechtigungsebene steuern 1098
  Zugriffslink 674
  Zugriffsrechte-Steuerung 335
Meine Website/Benutzerprofildienst 324
  Abhängigkeiten 325
  Communities 325
  Kerneigenschaften 324
  Newsfeeds 325
Metadatennavigation 204, 847
  Automatische Indizierung 205
  Benutzersteuerelemente 204
  Einrichtung in Dokumentbibliotheken 847
  Fallbackabfrage 206
  Filterung 204
  Indizierte Abfragen 206
  Navigationshierarchien 204
  Schlüsselfilter 205
  Steuerelemente für Listenbesitzer 205
MHT-Format (MIME-HTML) 620
Microblog 703
Microsoft CRM 2011
  Anwenderlösung 1327
  Daten ECM/WCM-Plattform zugänglich machen 1327
  Dokumentenverwaltungseinstellungen 1329
  Einrichtungsprozess 1328
  Fehlerbehebung 1329
  Fehlerhafte Integration in SharePoint 2013 1151

Microsoft CRM 2011 *(Fortsetzung)*
iFrame 1326
Konfiguration der CRM-Plattform 1328
Korrekte Vorbereitung der SharePoint 2013-Zielumgebung für Migration 1152
Migration 1151
Planung 1327
SharePoint-Integration 1326
Verifizieren der CRM-Funktionalität 1329
Zielwebsitesammlung für CRM-Inhalte 1327
Microsoft Forefront Threat Management Gateway 2010 *siehe* TMG
Microsoft Management Console (MMC.exe) 1008
Microsoft SharePoint Foundation-Webanwendungsdienst
Abhängigkeiten 466
Deaktivierung 466
Deaktivierung via Zentraladministration 466
Microsoft System Center Data Protection Manager 2012 128
Microsoft Translator 849–850
Migration
Best Practices 1165
Dateiserverdaten migrieren 1164
Datenexport und -import 1157
Drittanbieterwerkzeuge 1160
Farmversion aktualisieren 1113
InfoPath Formularvorlage 1146
Inhaltsbereitstellung 1156
Inhaltsdatenbankanfügung 1136
Inkorrekte Konfiguration 1155
Interne Migration 1155
Migrationsansatz 1118
Migrationsprobleme 1153
Migrationswerkzeuge 1160
Project Server 2010 1159
Server-Inhaltsdatenbank 1156
SharePoint 2001-2003 1106
SharePoint 2007 (MOSS) 1107
SharePoint 2010 1107
Umsetzung 1118
Vorarbeit für SharePoint 2010-Migration 1113
Migration von pfadbasierten zu hostbenannten Websitesammlungen
Identifizieren der SharePoint-Inhalte 1159
Sicherung und Wiederherstellung von Websitesammlungen 1159
Migrationsfehler
Administrativer Zugriff auf Terminologiespeicher scheitert 1407
Aufgeführte Fehler in Aktualisierungsprotokolldateien 1154
Fehlende Daten 1154
Herstellen von Verbindungen zu Datenquellen 1154
Offlinesynchronisierung von Meine Website-Inhalten 1154
Speicherplatzmangel 1155
Umleitung zum Benutzerprofil ist nicht funktional 1406
Verborgene Spaltendaten 1154
Verwaiste Websites oder Listen oder andere Datenbankbeschädigungen 1154
Visio Prozess Repository-Dokumentvorlagen stehen nicht verfügbrar 1407
Workflows sind inkorrekt assoziiert 1155
Migrationswerkzeuge
Content Matrix for SharePoint 1164
DocAve File System Migrator for Microsoft SharePoint 1164
Drittanbieterwerkzeuge 1160
File Migrator for SharePoint 1164
MetaVis Architect Suite 1162
Öffentliche Ordner von Exchange Server 1163
Quest 1163
Sharegate 1162
SharePoint 2010 Bulk Document Importer 1164
Übersicht der Drittanbieterlösungen 1161
Mikroblogging 859
MIME-Typ 727
Mindestsicherheit
Abänderung der Windows-Dienstinstanzidentitäten 433
Etablieren 426
Optimierbare Standard-SharePoint-Dienstinstanzen 433
Prozessisolation für privilegierte Konten 433
SSL 427
Minimale Downloadstrategie (MDS) 618
asyncDeltaManager 618
Deaktivierung 783
Kompatibilitätsmodus 618
PageRenderMode 618
Mitgliedschaftsanbieter
Active Directory 170
AspNetSql 169
LDAP 169
Mittlere Serverfarm 72
Anpassung der Datenbankschicht 72
Anwendungsschicht 72
Architektur 147
Ausbaustufen 147
Datenbankauslastung durch die Suche 73
Dedizierte verteilter Cache-Server 148
Indizierung 73
Leistungsoptimierung 73
Serverfarmvariationen 72
Skalierung 148
Szenarien 72
Verteilter Cache 147
Web-Front-End- und Anwendungsschicht-Virtualisierung 73
Web-Front-End-Schicht 72

Mobile Anwendung
  Blackberry 139
  Newsfeed-App 139
  Office Mobile 139
  Office Web Apps 139
  Office-Hub 139
  OneNote 139
  SkyDrive Pro 140
Mobile Clients
  PIN-Athentifizierung 1055
Mobiler Zugriff 139, 420
  Anmeldedaten sind ungültig 424
  Bing Maps-Geodaten-Schnittstelle aktivieren 423
  Dienst-URL 421
  Firewallübergreifende Zugriffszone 422
  Firewallübergreifende Zugriffszone einrichten 422
  Geodaten für mobile Anwendungen 423
  Geodaten-Spalte zu einer SharePoint-Website hinzufügen 424
  Mobile Browser 139
  Mobile Client- und Server-Anwendungsübersicht 139
  Mobile URL 422
  Mobiles Konto 420
  Mobiles Konto auf Serverfarmebene einrichten 420
  Mobiles Konto auf Webanwendungsebene einrichten 421
  Mobiles Konto via PowerShell auf Webanwendungsebene einrichten 422
Mobiles Konto 420
  Migration 1147
  SharePoint-Vertrauensstellung 420
MS-FSSHTTP-Protokoll 600
Multi-Hop-Szenarien 315

N

Namenskonvention 279
NAS *siehe* Network Attached Storage
Navigation
  Metadatennavigation 201
  Navigation-Webparts 202
  Schnellstartleiste (Aktuelle Navigation) 200
  Strukturansicht 201
  Top Links (Globale Navigation) 200
  Vererbung 202
  Verwaltete Navigation 202
Navigationsausdruckssatz 203
NetBiosDomainNamesEnabled 330
NetMon 3.4 1379
Network Attached Storage (NAS) 101
Netzwerkkonnektivität 194
  Für SharePoint erforderlichen Ports und Protokolle 194
Netzwerklastenausgleich (NLB) 1251
  steuern 1255
Netzwerklastenausgleich *siehe* NLB
Newsfeed 180, 325, 341
  Fehler in den Newsfeeds 1374
  Fehlerbehebung bei "Jeder bleibt leer" 1375
  Fehlercode 55 1382
  Keine Aktivitäten 1375
  Keinerlei Daten von gefolgten Personen sichtbar 1374
  Migrationseinschränkungen 1113
  Mikroblogging-Funktionen 859
Newsfeeds 703
NIST (National Institute of Standards and Technology) 1003
NLB 181
  ARP 183
  Clusterausführungsmodus 1252
  Cluster-IP-Adresse 1251
  Clusterparameter 1252
  HLB 182
  Host definieren 1251
  Hyper-V V2-MAC-Spoofing-Aktivierung via SCVMM 2012 1253
  IGMP-Multicast 184
  IGMP-Multicastmodus 183
  Lastverteilung für Protokolle anpassen 1253
  MaskSourceMac-Wert anpassen 1254
  Multicast-MAC-Adresse 184
  Multicastmodus 184
  NLB-Alternativen 182
  NLB-Cluster einrichten 1251
  Pingbarkeit 182
  Planung des Multicast-Betriebsmodus 184
  Switch Flooding 184
  Teaming 184
  UAG 182
  Unicast-Einsatzplanung 183
  Unicast-IP-Adresse 184
  Unicastmodus 183
  Vorteile 182
  Windows Server 2012 R2 Web Application Proxy 182
NoB2BSiteUpgrade 555
Non-Uniform Memory Access-Designs (NUMA) 113
NT LAN Manager (NTLM) 964
NT LAN-Manager *siehe* NTLM
NTLM 169, 982
  Authentifizierung aktivieren 983
  Authentifizierungskommunikation 983
  Inkompatibilität 983
  Passwort 982
NTLM-Authentifizierung 982
NTLMv2 171

O

OAuth 352, 994
  Anerkennung des Protokolls 995
Oberste Websitesammlung erstellen 281

Objektcache 131
Konfiguration 749
Maximale Cachegröße 749
Veröffentlichungsfeature 132
Objektkennung (OID) 1057
OData 600
Connector 601
Project Server 2013 1307
Schnittstellen 600
Öffentliche URL 278, 418
Office Apps 582
Aufgabenbereich-App 582
Gruppenrichtlinienvorlagedateien 583
Inhalts-App 582
Integrationsansätze 582
Landkarten 582
Mailinhalte 583
Mindestanforderung 583
Office-Produktsuite-Integration 582
Outlook-App 583
Unterstützte Speicherorte 583
Videos 582
Office Client 140
64-Bit-Version 140
Office für Mac-SharePoint-Integration 140
Office-Versionen im Vergleich 141
Offlinedatenverwendung 142
Touchscreenoptimierung 140
Workspace 2010 142
Zugriffsvoraussetzungen 140
Office Web Apps 625
Aktualisierung 1249
Ausfallsicherheit 1235
Bereitstellungsbesonderheiten 1234
Browserbearbeitungsmodus-Aktivierung via PowerShell 1248
Browserclient 1233
Browserverifikation der Office Web Apps-Aktionen für die entsprechenden Erweiterungen 1243
Clientbrowser-Funktionsübersicht 1233
Darstellung 861
Deaktivierung von Office Web Apps für Excel Services-Inhalte 1249
Differenzierung zwischen Excel Services und Office Web Apps 1239
Domänen hinzufügen 1248
Ereignisprotokoll 1246
Excel Services vs Office Web Apps 1238
Excel-Anwendungsfeatures 1226
Fehler-ID 1160 1397
Fehler-ID 1208 1398
File Synchronization Service 600
Hosts freischalten 1238
HTTP/HTTPS 625
Instabilität nach Aktualisierung 1396
Kommunikationsbeziehung 626
Konfiguration des Standardöffnungsverhaltens in Dokumentenbibliothek 1248
Konfiguration des Standardöffnungsverhaltens via Websitesammlungsfeature 1248
Konfiguration für SSL in einer zweiten Zone 1247
Konfiguration von freigeschalteten Dateioperationshosts 1248
Lastenausgleichslösung 1235
Manuelle ICMPv4-Portfreischaltung 1237
Nachträgliche Abänderung auf HTTPS 1246
Office Mobile-Viewer 862
Office Web Apps-Server 625
OneNote-Anwendungsfeatures 1228
PowerPoint-Anwendungsfeatures 1230
PowerShell-basierte Installation der Bereitstellungsvoraussetzungen 1239
Prozessübersicht innerhalb des Task-Managers 1245
SAN-Zertifikat installieren 1399
Server 1234
Sicherheit 1238
Softwarevoraussetzungen 1234
Sprachpakete-Setup 1242
SSL Offloading 1238
Standardaktualisierungsverfahren für Office Web Apps-Farmen 1249
Topologieplanung 1236
Übersicht 1224
Überwachung 1246
ULS-Protokolle verschieben 1247
Unhealthy-Fehlermeldung 1397
Unterstützte Dateitypen 1232
Verifikation der Bereitstellung in SharePoint 1244
Verwaltung 1246
Verwendung auf mobilen Geräten 862
Voraussetzungen und Planung 1233
Watchdog-Fehlermeldung 1397
WOPI (Web Application Open Platform Interface) 625
Word-Anwendungsfeatures 1225
Zertifikatanforderungen 1238
Office Web Apps 2013 146, 217
Neuerungen 861
Office Web Apps-Farm
Absicherung 1238
Bereitstellung einer Multi-Server-Office Web Apps-Farm 1242
DMZ-Positionierung 1236
DNS-Record registrieren 1240
DNS-Record registrieren via PowerShell 1241
Erstellen via PowerShell 1240
Hosteinschränkung 1238
ICMPv4 Portfreischaltung 1237
Interne Positionierung 1236
Office Web Apps-Parameter für die Erstellung 1241
SharePoint-Farm anbinden 1243

Office Web Apps-Farm *(Fortsetzung)*
- Standardaktualisierungsverfahren 1249
- Trennen einer Office Web Apps-Farm von einer SharePoint-Farm 1250
- Über Lastenausgleichmodul veröffentlichen 1236
- Veröffentlichen via HTTPS 1241

Office Web Apps-Funktionen
- ClipartEnabled 1237
- OpenFromUncEnabled 1237
- OpenFromUrlEnabled 1237
- OpenFromUrlThrottlingEnabled 1238
- TranslationEnabled 1237

Office Web Apps-Server
- Aktualisierung 1249
- Bereitstellen einer Einzelserverfarm 1240
- Dimensionierung 1235
- Domänenmitgliedschaft 1236
- Geografische Trennung 1236
- Internetzugriff 1236
- Koexistenz auf einem SharePoint Server 1236
- Protokolldatei der Binärinstallation 1240
- Virtualisierungseignung 1234

Office-Dokumente
- Fehler beim Öffnen 1372

Office-Hub
- Zugriff auf Websitesammlungen 836

OLAP-Cubes 1313

OneNote Mobile
- synchronisierungsprobleme 1376

OneNote Web Apps
- OneNote-Anwendungsfeatures in Office Web Apps 2013 1228
- OneNote-spezifische Dateiformate 1232

Open Data-Protokoll *siehe* OData

Organisationsprofile des Benutzerprofildiensts 627

Outlook
- Listen- bzw. Bibliotheks-synchronisierungsprobleme 1376

Outlook Anywhere (RPC over HTTPS) 583

OWA *siehe* Office Web Apps

P

Papierkorb 233
- Aufbewahrungszeitraum der Elemente im Websitesammlungspapierkorb 233
- Aufbewahrungzeitraum gelöschter Dokumente 233
- Auswirkungen des Deaktivierens 233
- Benutzerpapierkorb 728
- Papierkorbgröße 233
- Webanwendung 728
- Websitesammlung 729
- Websitesammlungspapierkorb 233
- Wiederherstellungsoptionen 233

Partnerspeicherortsuchen 1148

Passphrase 175, 318
- Auf Farm zurücksetzen 1366

People Picker *siehe* Personenauswahl

PerformancePoint 366
- Abhänigkeiten 366
- Berechtigungsdelegierung 367
- Bereitstellung von ADOMD.NET V11 367
- Business Intelligence Center-Websitesammlung erstellen 372
- Business Intelligence Center-Websitesammlung via PowerShell erstellen 373
- Delegierung von Berechtigungen via PowerShell 368
- Dienst starten 368
- Dienst starten via PowerShell 368
- Dienstanwendung erstellen 368
- Dienstanwendung via PowerShell erstellen 370
- EffectiveUserName für Analysis Services-Konfiguration 371
- EffectiveUserName-Eigenschaft-Konfiguration 371
- Feature-Aktivierung in Websitesammlungen 372
- Identitätsdelegierung 371
- Migration 1133
- Per-Benutzer-Identiätsoption 372
- Unbeaufsichtigtes Dienstkonto zuordnen 370
- Zugriffsberechtigungen für unbeaufsichtigtes Dienstkonto 371

PerformancePoint-Dienst
- Festplattenspeicher 108

Personenauswahl 783
- Allgemeines 784
- Auslesen der Isolationseinstellungen via STSADM 786
- Auslesen der Personenauswahl zur Active Directory-Assoziation via PowerShell 786
- Begrenzen der Personenauswahlabfragen bei langer Wartezeit 1373
- Deaktivierung von Abfrageergebnissen aus Active Directory via STSADM 788
- Definition des Pfads für administrative Konten via STSADM 786
- Definition eines dedizierten Personenauswahlkontos für Active Directory-Zugriff via STSADM 785
- Einschränkung auf die Verwendung einer speziellen Domäne via STSADM 787
- Einschränkung auf eine Active Directory-Gruppe via STSADM 787
- Festlegen der Personenauswahl auf eine Active Directory-OU via STSADM 786
- Festlegen der Personenauswahl auf eine Gesamtstruktur via STSADM 787
- Filtern aller Manager in Active Directory via STSADM 788
- Filtern der Abfrageergebnisse via STSADM 788
- Isolation 785
- Isolation setzen via STSADM 785
- Konfiguration auslesen via PowerShell 784

Personenauswahl *(Fortsetzung)*
Passwort für dediziertes Personenauswahlkonto 785
Personenauswahl festlegen auf eine Active Directory-Organisationseinheit via PowerShell 786
Umgebungen mit mehreren Domänen 787
PFX-Datei 1003
PIN-Ausdruck 48
PKCS#12 (Public Key Cryptographic Standard) 1018
Planung
Anwendungspools 118
Apps 217
Ausgedehnte SharePoint-Farm 85
Barrierefreiheit 240
BLOB-Cache 129
Browserunterstützung 137
Cloudintegration 88
Corporate Design 241
Dienstanwendung 116
Dokumentverwaltung 204
eDiscovery 220
Farmmodellwahl 69
Hochverfügbarkeit 181
Hosting 238
Inhaltsdatenbank 120
Installationsvoraussetzungen 93
Kommunikation 194
Lizenzierung 215
Mehrsprachigkeit und Variationen 224
Mobiler Zugriff 139
Navigation 200
Objektcache 131
Office Client 140
Positionierung der Komponenten 144
Produktintegration 218
Remote-BLOB-Speicher (RBS) 132
Seitenausgabecache 131
Serverfarm 115
Serverfarmüberwachung 228
Serverlast 135
SharePoint-Begrenzungen 85
SharePoint-Client 136
Sicherheit 160
Sicherung und Wiederherstellung 231
SQL Server-Skalierung und -Optimierung 128
Suche 155
Veröffentlichung von Inhalten 207
WAN 78
Webanwendungen 119
Websites 127
Websitesammlung 122
Platzhalterzertifikat 429, 1051
CCS-Dateinamenregel 1023
Unified Access Gateway 1051
Port
Dynamischer Port 1026
Erforderliche Ports für SharePoint 194
Office Web Apps-Dienst 1237
Portnummer 266
PortalSuperReader 167, 749
Konto 463
PortalSuperUser 167, 749
Konto 462
Power View
Abhängigkeiten 1284
Ansicht in Excel Services 1283
Architektur 1284
Einrichtung 1285
PowerPivot-Datenaktualisierung 1285
SQL Server 2012 95
PowerPivot 101
Abhängigkeiten von PowerPivot 1277
Add-In für Excel 2013 1275
Beispiel 1276
Bereitstellung von SQL PowerPivot für SharePoint 1277
Datenaktualisierung verwalten 1281
Hinzufügen der Firewallausnahme 1279
Installation des PowerPivot-Add-Ons 1279
Komponenten von PowerPivot in SharePoint 2013 1275
Konfigurationstool 1280
PowerPivot System Service-Instanz 1279
SQL Server 2012 95
Voraussetzungen 1276
Vorteile 1275
PowerPoint Automation Services 593
Einschränkungen 593
Limitierungen 593
Unterstützte Formate 593
PowerPoint Web Apps
PowerPoint-Anwendungsfeatures in Office Web Apps 2013 1230
PowerPoint-spezifische Dateiformate 1232
PowerPoint-Konvertierungsdienstanwendung 385
Erstellung 386
Erstellung via PowerShell 386
Kerneigenschaften 385
Starten 385
Starten via PowerShell 386
PowerShell
AAM einrichten 757
Abänderung des Standardintervalls zum Erstellen neuer Versionen für die Zusammenarbeit 779
Abonnementeinstellungendienst einrichten 295
Access Services 2010-Dienstanwendung erstellen 385
Access Services-Cmdlets 638
Access Services-Dienstanwendung erstellen 381
Access-Datenbankdienst starten 380, 384
ACS als Identitätsanbieter in SharePoint-Anwendung hinzufügen 960

PowerShell *(Fortsetzung)*
Administratorformularvorlage entfernen 698
Administratorformularvorlage für Websitesammlung aktivieren 696
Administratorformularvorlage hinzufügen 695
Administratorformularvorlage stilllegen 697
Administratorformularvorlagen deaktivieren 697
Aktivieren spaltenspezifischer Ausdruckssätze 303
Aktivierung der IRM-Mandantenschnittstelle 805
Aktualisierung der Inhaltsdatenbanken 555
Aktualisierung einer App 654
Alias verwenden 1341
Alternative Zugriffsordnung für HNSC zuweisen 739
Alternative Zugriffszuordnung ergänzen 419
Änderung der Zuordnung einer Webanwendung zu einem alternativen Webanwendungspool 753
Anfordern einer Evaluierungswebsitesammlung 1141
Anforderungs-Manager-Cmdlets 639
Anhängen und anschließendes Konvertieren einer Inhaltsdatenbank 1153
Anlegen der Secure Store Service-Anwendung 317
Anlegen einer SharePoint-Webanwendung im klassischen Authentifizierungsmodus 1135
Anmeldeinformationen einer Variablen zuordnen 1350
Anmeldeinformationen verwenden 1350
Anmeldeinformationen weiterreichen 1351
Anpassung bei einem abweichenden NetBIOS-Domänennamen 333
Anpassungen in SharePoint 2010 identifizieren 1114
Anwenderberechtigungen entziehen 1091
Apps-Aktualisierungsintervalle abrufen und abändern 654
App-Verwaltung-Cmdlets 645
Arbeitsverwaltungsdienst starten 353
Arbeitsverwaltungsdienstanwendung erstellen 353
Arbeitsverwaltungsdienst-Cmdlets 655
ASP.NET-Sitzungsstatusdienst provisionieren 297
Aufbewahrungsfrist ändern 449
Aufbewahrungsfrist reduzieren 564
Auflistung aller Auflisten aller Dienstverwaltungspunkte einer Domäne 773
Auflistung gesperrter Dateitypen 1092
Auflistung von Websitesammlungen inkl. zugeordneten Datenbank 1116
Aufrufen der Evaluierungswebsitesammlung 1141
Ausführungsrichtlinie 1343
Ausgabe in Textdatei 1341
Ausgabe von Inhalten in einer Tabelle 1344
Auslesen der Personenauswahl zur Active Directory-Assoziation 786
BCS-Anforderungsüberwachungsparameter einsehen 744
Benutzerprofildienst-Anwendung delegieren 660
Benutzerprofildienst-Cmdlets 656
Benutzersynchronisierungsdaten bereinigen 1147
Bereinigung des BLOB-Caches 751
Beschleunigen der Binärinstallation von SharePoint-Aktualisierungen 550
Business Data Connectivity-Dienst (BDC) starten 358
Business Intelligence Center-Websitesammlung erstellen 373
Cachehost reparieren 703
Cmdlets verwenden 1340
Datenbank zu einer bestehenden Webanwendung anfügen 1136
Datenbank-ID neu erstellen 774
Deaktivierung der autarken Aktualisierung von Websitesammlungen 1143
Deaktivierung der Minimalen Downloadstrategie 783
Deaktivierung der Zusammenarbeit 781
Deaktivierung von Office Web Apps für Excel Services-Inhalte 1249
Definieren von Rahmenparametern für die Websitesammlungs-Aktualisierung 1142
Definition eines Computerpools 642
Delegieren von SharePoint-Berechtigungen 1355
Diagnoseprotokolle durchforsten 489
Diagnoseprotokollierung anpassen 453
Diagnoseprotokollierung heraufsetzen 490
Diagnoseprotokollierung visualisieren 488
Diagnoseprotokollierungspfad konfigurieren 449
Diagnosesitzung mit einheitlicher Korrelations-ID 509
Dienstanwendung löschen 636
Dienstanwendung sichern 1180
Dienstanwendung veröffentlichen 718
Dienstanwendungen zuordnen 636
Dienstanwendungsberechtigung entfernen 1083
Dienstanwendungsberechtigung setzen 719
Dienstanwendungsberechtigung vergeben 1082
Dienstanwendungsberechtigungen entfernen 635
Dienstanwendungsberechtigungen hinzufügen und verifizieren 635
Dienstanwendungspool anlegen 308
Dienstanwendungsproxy erstellen 723
Dienstanwendungsproxygruppe erstellen 636
Dienstprinzipalnamen für das Reporting Services-Dienstkonto und den C2WTS registrieren 982
Dienstverbindungspunkt anzeigen 772
Dienstverbindungspunkt manuell einrichten 772
Dienstverbindungspunkt manuell löschen 772
Dokumentbibliothek oder Liste in Website wiederherstellen 1207
Dokumentkonvertierungsdienste starten 394
Double Hop-Problematik 1351
Eigenschaften übergreifend auslesen 1355
Eigenschaften übergreifend modifizieren 1355
Eingabeaufforderungen unterdrücken 1343
Einrichtung der Suche 314
E-Mail-Dienst auf allen nicht gewünschten Servern beenden 406

PowerShell *(Fortsetzung)*
Entfernung eines Knotens aus einem verteilten Cache-Array 701
Entwicklerdashboard auf Serverfarmebene aktivieren 492
Erstellen der App-Verwaltungsdienst-Dienstanwendung 347
Erstellen der maschinellen Übersetzungsdienstanwendung 350
Erstellen der obersten Websitesammlung 283
Erstellen der verwalteten Metadatendienstanwendung 1122
Erstellen des Masterschlüssels des Secure Store-Services 318
Erstellen und konfigurieren der Meine Website-Webanwendung 1127, 1131
Erstellung einer Webanwendung 280
Excel Services-Dienst starten 362
Excel Services-Dienstanwendung erstellen 362
Excel Services-Zugriffsberechtigungen delegieren 363
Extrahieren existierender Farmlösungen 1153
Failoverserver hinzufügen 777
Farmadministratoren definieren 1081
Farm-ID lokalisieren 719
Farmübergreifende Verbindung einrichten 722
Farmzugriffsberechtigungen setzen 719
Feature Packs verwenden 803
Features aktivieren 792
Features auflisten 792
Features deaktivieren 793
Features deinstallieren 792
Features installieren 792
Features verwalten 791
Fehleranalyse 508
Festlegen der Personenauswahl auf eine Active Directory-Organisationseinheit 786
ForEach-Object 1351
Forms Services-Inhalte importieren/exportieren 1146
GAC-Bereitstellung einer Lösung 425
Gängige Aufgabenstellungen 1354
Geodaten-Spalte zu einem SharePoint-Web hinzufügen 424
Geodaten-Spalte zu einer SharePoint-Site hinzufügen 424
Geolokationsfeld aktivieren auf Websitesammlungsebene 863
Geolokationsfeld hinzufügen zu einer Liste 864
Gewichtungskonfigurationabfrage 643
Grafische Oberfläche 1345
GrantAccessToProcessIdentity 363
Grundlagen 1340
Gruppenverwaltung 1089
Gruppieren von Objekten 1345
Herstellen einer SharePoint-spezifischen Vertrauensstellung 809
Hilfeinformationen mit Verwendungsbeispielen aufrufen 1341
Hinzufügen einer App 651
Hinzufügen einer Lizenzzuordnung zu einer Active Directory-Gruppe 808
Hinzufügen einer Lösung 424
Hinzufügen eines Servers zu einer existierenden Farm 270
HTTP-Anforderungsüberwachung aktivieren 743
HTTP-Anforderungsüberwachung deaktivieren 743
IISReset 1242, 1295
IIS-Webanwendungsprotokolle verschieben 448
InfoPath Forms Services-Cmdlets 690
Inhaltsdatenbank anfügen/entfernen 774
Inhaltsdatenbank sichern 1180
Inhaltsdatenbank zur Meine Website-Webanwendung hinzufügen 1128
Inhaltsdatenbanken für Migration identifizieren 1114
Inhaltstyphub ändern 709
Inhaltstyphub-Websitesammlung einrichten 300
Inkrementelles Durchforstungsintervall der kontinuierlichen Durchforstung 892
Installation der Voraussetzungen für Office Web Apps 1239
Konfiguration der App-URLs 348
Konfiguration eines Mandanten für IRM 805
Konfiguration zur Personenauswahl auslesen 784
Konsolidierung von Websitesammlungen 1117
Konvertieren des Authentifizierungsmodus einer Webanwendung in anspruchsbasierte Authentifizierung 962
Konvertierung des Authentifizierungsschemas 1128
Konvertierung einer expliziten Inhaltsdatenbank 1153
Konvertierungsprozess der Meine Websites forcieren 1129
Laufwerksspeicher gegrenzen 453
Leistungsindikator-Sammlungsschema erweitern 498
Liste sichern 1183
Mandantenwebsitesammlung anlegen 802
Maschineller Übersetzungsdienst-Cmdlets 698
Maximale Uploaddateigröße setzen 440
Mein Websitehost migrieren 1132
Meine Website einrichten 335
Migration im Rahmen einer Sicherung und Wiederherstellung von pfadbasierten Websitesammlungen 1159
Mobiles Konto auf Webanwendungsebene konfigurieren 421
Nachträgliche Änderungen der Webanwendungspoolzuordnungen 281
Neuaufbau der Suchtopologie für zwei redundante Server 886
Neue Inhaltsdatenbank anlegen 774
New-SPManagedPath 752
Obergrenze der Co-Autoren pro Dokument begrenzen 779
Objekte verwenden 1350

PowerShell *(Fortsetzung)*
Office Web Apps-Bearbeitungsmodus im Browser aktivieren 1248
Office Web Apps-Farm via HTTPS veröffentlichen 1241
Office Web Apps-ULS-Protokolle verschieben 1247
Partitionierte Dienstanwendung einrichten 803
PerformancePoint-Berechtigungen delegieren 368
PerformancePoint-Dienst starten 368
PerformancePoint-Dienstanwendung erstellen 370
Piping 1344
PowerPoint-Broadcast-Vorlage identifizieren und löschen 1116
PowerPoint-Konvertierungsdienstanwendung erstellen 386
PowerPoint-Konvertierungsdienstanwendung starten 386
PowerShell Integrated Scripting Environment 489
PowerShell Modules 1342
PowerShell Web Access (PSWA) 1346
PowerShell-Skripts ausführen 1343
Priorisierung eines Servers für Anfragen 642
Provisionierung der Secure Store-Dienstanwendung 1125
Provisionierung der SharePoint Foundation 2013-Suche 305
Remoting 1345
Remoting-Fehlerquellen 1345
Routingregel für Umleitung der Durchforstungsanfragen 643
Sandkasten-Codedienst starten 398
Secure Store Service starten 316
Secure Store-Dienstanwendung-Cmdlets 685
Seitenweise Ausgabe 1341
Selektive Ausgabe 1345
Serverfarm sichern 1176
Serverfarm wiederherstellen 1201
Serverfarmkonfiguration wiederherstellen 1202
Server-to-Server-Authentifizierung einrichten 724
Serverzertifikat auf allen Office Web Apps-Servern installieren 1246
Serverzertifikat importieren inkl. Vertrauensstellung einrichten 715
Setzen der Veröffentlichungscache-Konten auf allen Webanwendungen 463
Setzen des SPN für die Einrichtung von Kerberos 972
SharePoint-Cmdlets nachladen 1340
SharePoint-Installation automatisieren 1354
Show-Command 1341
Sicherheitstokendienstzertifikat importieren 715
Sicherungen 234
Signieren von Skripts 1352
Simulation von bevorstehenden Aktionen 1349
Sortieren und Filtern von Ausgaben 1344
Speicher freigeben 564
Speicher-Limitierung 1346
SQL-Datenbankmomentaufnahmen 1189
Stammzertifizierungsstellen überprüfen 717
Standardöffnungsverhalten von IRM-aktivierten Dokumentbibliotheken anpassen 1074
Starten der Suchinstanz 888
Starten des Abonnementeinstellungendiensts 295
Starten des App-Verwaltungsdiensts 346
Starten des C2WTS (Forderungen an den Windows-Tokendienst) 321
Starten des Metadatenwebdiensts 299
Statusdienst einrichten 297
Statusdienst-Cmdlets 699
Suchadministrationsdatenbank wiederherstellen 1125
Suchdienstanwendungsproxykonfiguration 1125
Suchdienstinstanz starten 1125
Suchdiensttopologie aktiv setzen und Repartitionierung vorbereiten 890
Suchdiensttopologie klonen 889
Test-E-Mails erzeugen 288
Trennen einer Office Web Apps-Farm von einer SharePoint-Farm 1250
Überprüfen des Patchstands der Workflow-Manager-Komponenten 558
Übersicht der zu aktualisierenden Websitesammlungen 1139
Übersicht verfügbarer SharePoint-Cmdlets 1341
Umfangreiche Ausgaben limitieren 1343
Umstellung auf die forderungsbasierte Authentifizierung 1134
Unbeaufsichtigtes Dienstkonto für den Visio-Grafikdienst konfigurieren 390
Unbeaufsichtigtes Dienstkonto für Excel Services konfigurieren 365
Verifikation von MasSourceMac 1254
Versteckte Features deaktivieren 764
Verteilten Cache hinsichtlich Speichernutzung anpassen 702
Verteilten Cache starten 701
Verteilten Cache-Dienst konfigurieren 703
Vertrauensstellung einrichten 1094
Vertrauenswürdige Speicherorte anlegen 364
Vertrauenswürdige Zertifikate einrichten 714
Verwaltete Konten anlegen 276
Verwalteten Metadatendienst einrichten 301
Verwalteter Pfad mit Platzhalterinklusion 752
Verweigern von OneNote-Anfragen 644
Verwendungs- und Integritätsdatenbankserver modifizieren 451
Verwendungs- und Integritätsdatenerfassungsdienstanwendung erstellen 451
Verwendungs- und Integritätsdatenerfassungsdienstanwendung konfigurieren 451
Verwendungsdatenprotokollierungspfad konfigurieren 448
Visio-Dienstanwendung erstellen 389

PowerShell *(Fortsetzung)*
- Visio-Grafikdienst-Cmdlets 710
- Visuelle Upgrades abschließen und Sites aktualisieren 1118
- Wartung der Verbindung zum Workflow-Manager 558
- Webanwendung mit SSL-Schutz versehen 281
- Webanwendung sichern 1179
- Webanwendung wiederherstellen 1203
- Webanwendungsparameter steuern 1143
- Webpart deinstallieren 789
- Webpart für eine Webanwendung bereitstellen 789
- Webpart global bereitstellen 789
- Website anlegen 782
- Website löschen 783
- Website sichern 1182
- Websiteauflistung 782
- Websitesammlung anzeigen 729
- Websitesammlung erstellen 730
- Websitesammlung sichern 1181
- Websitesammlung verschieben 733, 775
- Websitesammlungen aktualisieren 1145
- Websitesammlungsadministrator definieren 1083
- Websitesammlungs-Integritätstest 1138
- Websitesammlungs-Kompatibilitätseinstellungen 1143
- Websites-Auflistung 1116
- Word Automation Services-Cmdlets 712
- Word Automation Services-Dienstanwendung erstellen 392
- Word Automation Services-Dienstinstanz starten 391
- Zeitgeberauftrag aktivieren 498
- Zeitgeberauftrag starten 481
- Zeitgeberauftragsdefinitionen verwalten 480
- Zugriffe via PSWA 1346

PowerShell Web Access (PSWA)
- Arbeitsschritte 1346
- Methodik 1348
- Sitzungskonfiguration 1348
- Timeout 1348
- Zugriffe via PSWA 1346

PressurePoint 529
- Abfrageprofil konfigurieren 530
- Eigenschaften 529
- SharePoint-TechNet-Skriptgallerie 529
- Voraussetzungen 530

Prinzipalserver 186

Proaktive Überwachung 472

Produktintegrationsplanung 218
- Exchange Server-Integration 218
- Lync Server-Integration 220

Profildienst 117

Project Online (Office 365) 1310

Project Professional 2013
- Aktualisierung der SharePoint-Aufgabenliste 1319

Project Server
- Migration 1159
- PWA (Project Web App) 1159

Project Server 2013 146
- Administrative Sicherung 1324
- Anforderungen auf Clientseite 1311
- Berichtsautor-Berechtigung erteilen 1324
- Berichtswesen (Reporting) konfigurieren 1324
- Datenbankanzahl für Betrieb 1307
- Deinstallation 1311
- Deklarative Workflows 1307
- Erstellung von Workflows 1310
- Farmsicherung 1323
- Konfiguration der Excel Services 1325
- Neue Zielanwendung für einmaliges Anmelden erstellen 1326
- OData für interne SQL-Abfragen 1307
- Project Server-Berechtigungsmodus vs. SharePoint-Berechtigungsmodus 1308
- PWA-Instanzverwaltung in Zentraladministration 1308
- Tägliche Sicherung 1323
- Unterstützte Browser für Project Web App 1311
- Warteschlangensystem 1307
- Wiederherstellung archivierten Objekte 1323
- Zusätzliche Konten und Gruppen 1312

Project Server 2013-Einrichtung
- Erstellung einer Project Web App-Site (PWA) 1316
- Farmadministratorkonto Rollen zuweisen 1313
- Installation auf SharePoint Server 2013 1313
- Project Server-Anwendungsdienst starten 1314
- Project Server-Dienstanwendung erstellen 1315
- SQL Server Analysis Management Object (AMO) installieren 1316
- SQL Server-Anmeldung für Farmadministratorkonto erstellen 1313

Project Server-Migration
- Aktivieren des PWA-Features 1160
- Aktualisierung der Project Server-Datenbank 1160
- Arbeitsschritte 1160
- Hinzufügen der Project Server-Datenbank 1160
- Konsolidierung der Project Server-Datenbanken 1160
- Migrationsansatz 1159
- Problem mit Enterprise-Projekttypen in Project Server 2013 lösen 1160
- Project Web App-Datenbank (Standardname ProjectWebApp) 1159
- Project Web App-Websitesammlungsupgrade 1160
- Verbindung mit Project Server-Webinstanz 1160

Protokolle
- Internetinformationsdienste-Protokolle 490
- PSCDiagnostics-Protokolle 490
- Upgrade-Protokolle 490

Protokolle und Prozesse 600
- File Synchronization Service 600
- MS-FSSHTTP-Protokoll 600

Protokollierungspfad-Konfiguration 447
- Diagnoseprotokollierung 449
- IIS-Webanwendungsprotokolle 447
- Verwendungsdatenerfassung 448

Protokollparser 490, 498
- IIS-Protokoll prüfen 498
- Protokollparseraufrufe 499
- Zugriffsprotokoll 500

Protokollsniffer 1031
Protokollversand 95
Prozessisolation 117
- Ändern der Windows-Dienstidentität für privilegierte Konten 433

PSCDiagnostics-Protokoll *siehe* Fehlerbehebung
PSConfig.exe 556
PSWA *siehe* PowerShell Web Access
Public Key-Infrastruktur (PKI) 427
Pufferüberlaufangriff 1031
Punycode 225
PWA 1159
- Abstimmung der Projekt- und Enterprise-Ressourcen 1322
- Aktivierung der Enterprise-Features 1322
- Hinzufügen einer PWA-Website zu einer Websitesammlung 1323
- Project Center-Webparts zur Site hinzufügen 1320
- PWA-Datenbank erstellen 1320
- PWA-Site bereitstellen 1318
- PWA-Site erstellen 1317
- PWA-Websitesammlungsfeatures aktivieren 1320
- SharePoint-Listenprojekt importieren 1321
- Status des Importvorgangs/Warteschlange überprüfen 1321

Q

Quality of Service (QoS) 82

R

RAID *siehe* Redundant Array of Independent Disks
Ranking 872
RBS *siehe* Remote-BLOB-Speicher (RBS)
Realm 723
Rechteverwaltungs-Add-On (RMA) 1065
Rechteverwaltungsdienst (RMS) 1067
- Active Directory-Verbunddienste (AD FS) 1071
- DMZ-Proxyszenario für RMS mit AD FS-Integration 1071
- Integration in SharePoint 1067
- Kryptografiemodus 2 1069
- Nutzung in Extranet-Szenarien 1070
- Planungsvorarbeiten für die Bereitstellung 1069

Reduktion der Angriffsfläche 1002
Redundant Array of Independent Disks
- Cache 104
- Hardware-RAID 104
- RAID-0 103
- RAID-1 103
- RAID-10 103
- RAID-5 103
- RAID-6 103
- RAID-7 103
- Software-RAID 104

Redundant Array of Independent Disks (RAID) 103
Redundanz 579
Registrierungsschlüssel
- Installation blockieren 770

Relaying 197, 283
- Aktivierung via Exchange-Verwaltungsshell 286
- Einschränkungen konfigurieren 284
- Exchange Server 2007-2010 287
- Exchange Server 2013-Connector 285

Remote Blob Storage *siehe* Remote-BLOB-Speicher (RBS)
Remote-BLOB-Speicher (RBS) 132
- Aktivieren des FILESTREAM-Anbieters 1270
- Aufräumaufgaben 1274
- AvePoint DocAve Storage Manager 134
- Bereitstellung 1272
- Datenbank-Speicherplatz 132
- FILESTREAM 133
- Gegenüberstellung von Planungseigenschaften 134
- Metalogix StoragePoint 134
- Migration von BLOB-Daten 1273
- Rahmenbedingungen 1270
- RBS Maintainer 1274
- RBS-Clientbibliothek 133
- RBS-Clientbibliothek auf Web-Front-End Servern installieren 1272
- Speicherkonsistensprüfung 1274
- SQL Server-Vorbereitung 252
- Übersicht der RBS-Drittanbietererweiterungen 134

Replayangriffe 984
Reporting Services (SSRS) 981, 1285
- Abhängigkeiten 1286
- Architektur 1287
- Bereitstellungsschritte 1287
- Installation 1286
- Kernangaben bei der Erstellung der SSRS-Dienstanwendung 1289
- Konfiguration für eingeschränkte Kerberos-Delegierung 982
- Neuerungen 1285
- SQL Server 2012 95

Request For Comment (RFC) 964
Ressourcensteuerung 618, 741
- Große Liste 619
- HTTP-Anforderungsüberwachung 619
- Zieldefinition 619

REST (Representational State Transfer-Architektur) 581
REST-API 592
Restriktive Dienstauswahl 1025
Reverproxyserver 987
Reverseproxyfirewall 1039
Reverseproxyserver 753, 755
Reverseproxysystem 417
Revisionsnummer 614
Richtlinienkatalog 623
Richtlinienstufe 162
Richtlinienvorlagedatei 780
RMS *siehe* Rechteverwaltungsdienst
RMS-Lockbox 1067
RSA-Schlüssel 1003
RSS-Suchfunktion 627

S

S2S *siehe* Server-zu-Server-Authentifizierung
SAML-basierte Authentifizierung
  Active Directory-Verbunddienste (Active Directory Federation Services, AD FS) 955
  AD FS 2.0 954
  Ansprüche 954
  App-Konfiguration 962
  Facebook als Identitätsanbieter für SharePoint 955
  IP-STS 954
  Zugriffssteuerungsdienst von Windows Azure (ACS) 955
SAML-Token 170
SAN *siehe* Storage Area Network
Sandkasten-Codedienst 397, 626
  Abhängigkeit von Microsoft Dynamics Customer Relationship Management 2011 (CRM 2011) 398
  Abhängigkeiten 398
  Kerneigenschaften 397
  Lastenausgleichsverhalten definieren 399
  Starten 398
  Starten via PowerShell 398
Sandkastenlösung 629, 694
  Einschränkungen und Besonderheiten 629
  Richtlinie 630
  Sandkastenlösungsbewertungsschema 630
  SPUCWorkerProcess.exe 629
SAN-Zertifikate 1006
  CCS-Dateinamen-Regel 1023
SAP-Integration
  BCS Designer 1335
  Duet Enterprise 1.0 1329
  Duet Enterprise 2.0 1331
  ERPConnect 1332
  ERPConnect Services 1332
  Sitrion AppTemplates 1333
  Sitrion ServiceStudio 1334
  UniversalApprover 1334
  Xtract-Produktreihe 1332
SAS *siehe* Serial Attached SCSI (SAS)
SATA *siehe* Serial Advanced Technology Attachment (SATA)
Schemaaktualisierung 555
Schlüsselmanagement 1003
Schlüsseltiefe
  EUNISA-Empfehlung 1003
  NIST-Empfehlung 1003
Schlüsselwörter
  Unternehmensschlüsselwörter 181
Schreibschutz
  Benutzeranwendung 613
  Einrichtung 775
SCOM 511
  Berechtigung einrichten 516
  Grundlagen 511
  Leistungsindikatoren 494
  Management Pack 511
  Netzwerkdiagramm anzeigen 1336
  SharePoint-Konfiguration 516
  Systemüberwachung bereitstellen 511
SCP *siehe* Dienstverbindungspunkt (SCP)
Search Analytics (Usage Analytics Timer Job for Search Application) 652
Second Level Adress Translation (SLAT) 112
Secure Sockets Layer (SSL)
  alternativer Antragstellername (Subject Alternative Name) 429
  Besonderheiten 427
  Domänenzertifikat erstellen 428
  einrichten 427
  Offlinezertifikatanforderung erstellen 429
  SharePoint für die Verwendung von SSL konfigurieren 432
  Sicherheit erhöhen 429
  SSL-Standardport 432
  Zertifikat anbinden 431
  Zertifikatsanforderungen 428
Secure Store
  Fehler beim Erstellen des Masterschlüssels 1395
  Migration 1125
  Passphrase aktualisieren 1126
Secure Store Service
  Anmeldeinformation 688
  Anwendungs-ID 692
  Excel Services 365
  Festplattenspeicher 108
  PerformancePoint-Dienst 366
  Schlüssel aktualisieren 689
  Verwaltung 685
  Verwaltungs-PowerShell-Cmdlets 685
  Zielanwendung erstellen 686
  Zielanwendungsfelder 687
  Zielanwendungstyp 687

Secure Store Service (SSS) 315
Abhängigkeiten 316
Dienstanwendung erstellen 316
Erstellen des Masterschlüssels via PowerShell 318
Kerneigenschaften 315
Protokollierung 317
Starten 316
Verschlüsselung 317
Secure Store Service-Zuordnung 365
Security Assertion Markup Language (SAML) 954
Security Trimmed User Interface (UI) 122
Seitenausgabecache 131
ASP.NET-basiert 131
Seiteninhalt 200
Sekundäre Zentraladministration 269
Self-Service Site Creation 730
Self-Service Site Provisioning
Konfigurierung 335
Self-Service-Siteverwaltung 123
SelfSSL-Werkzeug 1011
Sendeconnector 403
Serial Advanced Technology Attachment (SATA) 102
Serial Attached SCSI (SAS) 102–103
Server Name Indication (SNI)
Anzeige der SNI-Konfiguration 1017
Bitflagwerte 1017
Implementierung 1016
Konfigurationsbesonderheiten für SNI unter IIS 8.0 1016
Planung 1015
Unterstützte Clients und Browser 1016
Verwendung 1015
Server Virtualization Validation Program (SVVP) 110
Serverfarm
Aktualisierung per Eingabeaufforderung 544, 556
Anwendungsschicht 143, 146
Aufbewahrungszeitraum gelöschter Websitesammlungen 231
Berechtigungsarchitektur 160
Berechtigungselemente 163
Bereitstellung 116
Datenbankstatus einsehen 554
Delegierungsebene 165
Dienstkonten 166
Dimensionierung dedizierter Word Automation Service-Server 149
DPM-Sicherung vorbereiten 1190
Durchsatz 127
Feature verwalten 791
Implementierung 246
Inhaltsbereitstellung 1156
Inhaltsbereitstellung einrichten 761
Interne Migration 1155
Isolation 116
Isolation von Komponenten 146
Kernaufgaben bei der Überwachung 228
Knoten nicht verfügbar 1364
Kommunikation 194
Komponentenisolation 146
Konfiguration sichern 1177
Konfiguration wiederherstellen 1202
Lastsimulation 135
Latenz 127
Leistungsindikatoren 127
Logische Architektur 114
Lösung bereitstellen 424
Microsoft SharePoint Foundation-Webanwendungsdienst 146
Monitor 230
Navigation 200
Office Web Apps 2013 146
Optimierung 127
Planung 115
Planung des Benutzerprofilsynchronisierungsdienst in maximal skalierten Umgebungen 155
Planung von Umgebungen mit maximaler Skalierung 155
Planungsempfehlung 116
PowerPivot 146
Project Server 2013 146
Rollenarchitektur 144
Sichern und wiederherstellen 231
Sicherung einrichten 1173
Sicherungsstrategie 237
Skalierung 128
Speicherbedarf für Sicherungen 110
SQL-Server hinzufügen 777
Sucharchitektur 155, 159
Übersicht der Verteilung der SharePoint-Dienstinstanzen und Komponenten 144
Überwachung 228
Verteilter Cache 144
Vertrauensstellung einrichten 713
Verwaltung 116
Von der Sicherung ausgeschlossene Elemente 232
Wiederherstellbare Elemente 231
Wiederherstellung 1199
Wiederherstellungsfarm 236
Word Automation Services-zentrische Beispielfarm 149
Workflow Manager-Farm 153
Zertifikat exportieren 715
Serverfarminstallation
Aktualisierung 264
Hinzufügen eines Servers via PowerShell 270
Installation via PowerShell 268
Installationspfad 263
SharePoint-Plattform 262
Sprachpaket 264
Suchindexdateien-Speicherort 263

Serverfarmüberwachung 228
  Intelligente Verfügbarkeitsüberwachung 230
  Kernaufgaben 228
  Monitore 230
  Service Level Dashboard (SLA) 229
Serverimplementierung 246
Server-Manager
  NLB-Feature hinzufügen 1251
Serverrolle
  Anwendungsebene 143
  Datenbankebene 143
  Dedizierte Durchforstungsrolle 144
  Planung 74–75, 143
  Web-Front-End-Ebene 143
  Word Automation Services-Szenario 148
Server-to-Server-Authentifizierung 78, 723
  Einrichtung auf Quellfarm 724
  Einrichtung auf Zielfarm 724
  Einrichtung der Realm 724
  Einrichtung via PowerShell 724
  Konfiguration des STS 724
Serverzertifikat 428
  Offlinezertifikatanforderung 429
  Zertifikatinstallation auf TMG-System 1057
Serverzertifikate
  Alternativer Antragstellername-Zertifikate ausstellen 1009
  Erstellung 1006
  Exportierbare Serverzertifikate erstellen 1007
  Exportierbarkeit von privatem Schlüsselmaterial 1007
  Gültigkeitsdauer 1018
  Selbstsigniertes Zertifikat erstellen 1011
  SelfSSL-Werkzeug 1011
  SharePoint-Root-CA-Farmzertifikat exportieren 714
  SharePoint-Root-CA-Farmzertifikat importieren 715
  Sicherheitstokendienstzertifikat exportieren 714
  Sicherheitstokendienstzertifikat importieren 715
  Stammzertifizierungsstellen überprüfen 717
  STS-Zertifikat 714
  Subject Alternate Name-Flag 1010
  Veröffentlichte Zertifikatvorlagen 1008
  Vertrauensstellung einrichten 715
  Vertrauenstellung einrichten 713
  Zertifikat anhand einer Vorlage erstellen 1008
  Zertifikatanforderung erstellen 1008
  Zertifikatanfragedaten 1009
  Zertifikatvorlage Webserver 1007
  Zertifikatvorlagenverwaltungskonsole (Certtmpl.msc) 1007
Server-zu-Server-Authentifizierung 993
  Fehler bei der Einrichtung der Vertrauensstellung 1381
  JSON -Metadatenendpunkt für Vertrauensstellung 995
  OAuth 994
  Planung 995
  S2S-Beispielszenarien 995
  S2S-Kommunikationsablauf 994
  Übersicht 993
Service Level Dashboard 229
Service-for-User-to-Self (S4U2Self) 970
SharePoint 418
  Abhängigkeiten für den Internetzugriff 174
  Active Directory-Importmodul 155
  Aktualisierung 530, 614
  Aktualisierung erproben 532
  Aktualisierung von Basiskomponenten 532
  Aktualisierungspakete für SharePoint 539
  Aktualisierungsrelevanz von Komponenten 541
  Anwenderfunktionen 69
  Aufgeteilte Speicherung 122
  Authentifizierung 168
  Basisbetriebssystem 96
  Berechtigungsinfrastruktur 163
  Berechtigungsplanung 164
  Berechtigungsstufen 161
  Berechtigungsverwaltung von Active Directory-Sicherheitsgruppen 164
  Berechtigungsverwaltung von SharePoint-Gruppen 164
  Build-to-Build-Aktualisierungsprozess 531
  BuiltIn-Gruppen und -Berechtigungsstufen 161
  CAL-Mischbetrieb 217
  CAL-Mischbetrieb unter Verwendung der Lizenzforcierungs-Funktion 217
  Datenbankgrenzen 86
  Detailvergleich lokaler Editionen 67
  Dienstanwendungen 116
  Downtimeanforderungen 532
  Empfehlung der geeigneten SQL Server-Edition 97
  Entfernte Funktionen und Schnittstellen 626
  Entwicklerfunktionen 68
  Entwicklungsmaschine unter einem Windows-Client 99
  Erforderliche Ports und Protokolle 194
  Exchange Server-Integration 218
  Farmsicherung 532
  Farmwiederherstellung 532
  Hardwarekomponenten 105
  Hardwarevoraussetzungen 99
  Hyper-V 97
  Inhaltsbegrenzungen 87
  Installation blockieren 770
  Installation nachverfolgen 770
  Installationsvoraussetzungen 93
  Intrafarmkommunikation 107
  IPv6 196
  Koexistenz 96
  Logische Architektur 114
  Lync Server-Integration 220
  Optimierung 127
  Planung von Aktualisierungen 533
  Rahmenbedingungen für die Bereitstellung 93

SharePoint *(Fortsetzung)*
Rückschrittsoption 532
SharePoint Foundation 2013-Hardwareanforderungen 104
SharePoint Server 2013-Hardwarevoraussetzung 104
SharePoint-Produktübersicht 66
Sicherungsmethoden 1170
Sicherungsverwaltung 1186
Skalierung 127
Softwarevoraussetzungen 94
SQL Server 2008 R2 vs SQL Server 2012 94
Suchbegrenzungen 87
Übersicht lokaler Editionen 66
Übersicht über den Aktualisierungsprozess 531
Vergleich der Aktualisierung von SharePoint 2010 mit SharePoint 2013 531
Virenschutz 175
Virtualisierung 110
Virtualisierungsvorteile 111
Webanwendungsgrenzen 86
Websitegrenzen 86
Windows Server 2008 R2 99
Windows Server 2012 98
Windows Server 2012 R2 97
SharePoint 2001-2003
Migrationsansätze 1106
SharePoint 2007 (MOSS)
Migrationsansätze 1107
SharePoint 2010-Migration
Änderung des Authentifizierungsmodus 1152
Anhängen von Inhaltsdatenbanken 1152
Anpassungen und Planungsempfehlungen 1115
Dienstanwendungsfarmmigrationen 1112
Dienstanwendungsmigration 1111
Einschränkungen 1113
Empfehlungen für Übernahmen basierend auf der Bereitstellungsmethode 1115
Excel Services 1147
Extrahieren existierender Farmlösungen 1153
FAST Search 2010 for SharePoint 1147
FAST-Suchcenter 1113
FAST-Unternehmenssuchcenter 1116
Fehlerhafte Benutzermigration 1147
Häufige Fehler 1153
InfoPath-Formularvorlagen 1146
Inhaltsdatenbankmigration 1109
Inhaltsdatenbankmigration mit Konvertierung zur forderungsbasierten Authentifizierung 1110
Inhaltsdatenmigration 1109
Inkorrekte Konfiguration 1155
Microsoft CRM 2011-Integration 1151
Migrationsmodellübersicht 1109
Migrationstopologien 1108
Mobile Ansichten 1147
Newsfeed 1113
Programmatische Änderungen 1108
Rahmenbedingungen für Migrationsszenarien 1108
Sonderfälle 1146
Umsetzung 1118
Unterstützte produktübergreifende Aktualisierungen 1108
Vorbereitende Maßnahmen 1113
Websitesammlungsupgrade 1110
SharePoint 2010-Migrationsumsetzung
Anfügen der Datenbank zu einer bestehenden Webanwendung 1136
Datenbanken auf Zieldatenbankserver wiederherstellen 1135
Datenbanken von der Quellfarm trennen 1134
Dienstanwendungen migrieren 1120
Inhaltsdatenbank konvertieren 1138
Inhaltsdatenbank vor der Migration konvertieren 1133
Kontrolle der Datenbankanfügung 1137
Migrationsansätze 1118
Quelldatenbanken sichern 1134
Überprüfung der Quellumgebung und -Inhaltsdaten 1118
Umstellung des Authentifizierungsschemas in der Quellumgebung 1133
Websitesammlungen aktualisieren 1138
Zielwebanwendung mit klassischem Authentifizierungsmodus anlegen 1135
SharePoint 2010-Migrationsvorbereitung 1113
Abschluss von visuellen Upgrades 1118
Anpassungen identifizieren 1114
Anpassungen und Planungsempfehlungen 1115
Empfehlungen für Übernahmen basierend auf der Bereitstellungsmethode 1115
Entfernen irrelevanter Dokumentversionen 1117
Fehlende Komponenten identifizieren 1114
Inhaltsdatenbanken für Migration identifizieren 1114
Konsolidierung von Websitesammlungen 1117
Löschen irrelevanter Inhalte 1116
Quellumgebung aktualisieren 1113
Umfangreiche Zugriffssteuerungslisten 1117
Verwaiste Objekte durch Datenbankreparatur aufräumen 1116
SharePoint 2013 Enterprise
Datenbanken 611
SharePoint 2013 Standard
Datenbanken 609
SharePoint Color Palette Tool 241
SharePoint Designer 2013
Benötigte Berechtigungen zur Erstellung von Workflows 1433
Einstellungsoptionen in Zentraladministration 1433
Hotfix-Paket 1406
Import von Visio 2013-Workflows 1441
Listenworkflow erstellen 1434
Probleme bei der Workflow-Bearbeitung 1406

SharePoint Designer 2013 *(Fortsetzung)*
Visueller Designer (Visio 2013-Add-In) 1438
Website-Workflow 1436
Wiederverwendbarer Workflow 1438
SharePoint Foundation 2013
Bereitstellung 254
Hardwarevoraussetzung 104
Lizenzierung 216
Migration nach SharePoint Server 2013 1157
Suche 304
Suche einrichten 305
SharePoint Portal Server Virus Scanning Application Programming Interface (SP VS API) 1095
SharePoint Security Token Service (STS) 714
SharePoint Server 2013
Anforderungen an die Suche für Internetwebsites 105
Anforderungen an die Suche für Unternehmensfarmen 105
Definition der externen Benutzer bezgl. Lizenzierung 216
Hardwarevoraussetzung 104
Lizenzierung 216
SharePoint Server-Lizenz 216
Suchdienst-Abhängigkeiten 306
Suche 306
Zugriffslizenz für interne Benutzer 216
SharePoint-Client
Browser 137
Planung 136
SharePoint-Datenbanken 607
Allgemeine SharePoint-Datenbanken 608
Benutzererfahrung bei schreibgeschützten Datenbanken 612
Erweiterungen 612
Fehlermeldungen bei Schreibschutz 613
PowerPivot 612
Project Server 2013 612
Übersicht 607
SharePoint-Elemente 602
SharePoint-Fehlerbehebung
Alternative für Anmeldung als anderer Benutzer 1374
Basisfunktionen terminieren mit Fehlermeldung 1373
Dateien direkt öffnen 1372
Dienstinstanz hängt beim Starten 1395
Dropdownmenü nicht funktional (Ladevorgang wird ausgeführt) 1371
Fehler bei der Ausführung des Vorbereitungstools 1359
Fehlerbehebung bei Vertrauensstellungsfehler bei programmatischen Zugriffen 1369
Leerer Bildschirm 1371
Verweigerter Zugriff auf Veröffentlichungssites 1372
WebDAV-Probleme (Explorer-Ansicht) 1369
SharePoint-Härtung
Apps absichern 1032
Basisbausteine 1024
Firewallschutz 1026
Restriktive Dienstauswahl 1025
Sicherheitsrichtlinien für web.config-Datei-Handhabung 1031
SQL Server-Härtung 1031
SSL-Härtung 1027
Wiederholungserkennung in WIF 1033
SharePoint-Management Pack 511
Abhängigkeitsfehler beim Import 1400
Ansichten 511
Ausführende Profile 511
Berichte 511
Diagrammübersicht 519
Fehler bei der Einrichtung 1400
Herunterladen 513
Importieren 513
Installation 513
Integritäts-Explorer 519
Knowledge Base-Artikel 1402
Konfiguration 518
Konfigurationsfehler durch fehlende Berechtigungen 1401
Management Pack Guide für Office Web Apps 512
Monitore 511
Objektermittlungen 511
Regeln 511
RunAs-Konto-Berechtigung 1402
Tasks 511
Umgang 519
Wissensquellen 511
SharePoint-Plattform
Portalkonfiguration 273
SharePoint-Profilsynchronisierungsdienst 326
SharePoint-Sitezugriff
WebDAV für Clients deaktivieren 1370
SharePoint-Topologie
Globale SharePoint-Topologie 79
SharePoint-Windows-Dienste
AppFabric Caching Service 577
ASP.NET State Service 577
Forderungen an den Windows-Tokendienst 577
Forefront Identity Manager Service-Dienste 578
Lastenausgleichsmodul für Dokumentkonvertierungen in Microsoft SharePoint 2013 578
Office Web Apps 578
SharePoint Search Host Controller 578
SharePoint Server Search 15 578
SharePoint VSS Writer 578
SharePoint-Ablaufverfolgung 578
SharePoint-Benutzercodehost 578
SharePoint-Verwaltung 578
Startprogramm für Dokumentkonvertierungen 578
Übersicht 577
World Wide Web Publishing Service 578

SharePoint-Zeitgeber
  SharePoint-Windows-Dienste 578
Sicherheit 160, 604
  Absicherung der eingehenden SharePoint-E-Mail-Dienstinstanz 1029
  Authentifizierung 168
  Berechtigung 160
  Datenschutz 179
  Dienstkonten 166
  Drittanbieteralternativen zur Veröffentlichung von SharePoint 1035
  Drittanbieter-Funktionsübersicht zur Veröffentlichung von SharePoint 1036
  Globale SharePoint-Berechtigungen 161
  Härtung 1024
  Informationsschutz 1063
  Internetanbindung der Farm 174
  Netzwerkport 1026
  Optimierung 1024
  SSL 174
  Übersicht der aktuellen Microsoft-Remotezugriffsinfrastruktur 1035
  Verschlüsselung der Kommunikation 174
  Virenschutz 175
  web.config-Datei 1031
  Zonenzuordnungen 173
Sicherheitskonfiguration
  Berechtigungen verwalten 1075
  Dienstkonten konfigurieren 1092
  Gesperrte Dateitypen 1092
  Vertrauensstellungsverwaltung 1094
  Virenscanner 1094
  Webpart-Sicherheit verwalten 1093
Sicherheitstokendienst (Security Token Service, STS) 939
Sicherheitstokendienst für Identitätsanbieter (Identity Provider Security Token Service, IP-STS) 954
Sicherheitstokendienst-Webanwendung
  Konfiguration des Mitgliedschaftsanbieters 947
Sicherheitstokendienstzertifikat 714
Sicherungsstrategien 237
  DPM-basierte Sicherung 238
  Einzelsitesicherung 237
  Farmsicherung 238
  Gegenüberstellung der Sicherungsverfahren 237
  SQL-basierte Sicherung 238
Silverlight 129
Single-Root I/O Virtualization, SR-IOV 114
Siteabonnement 239
SkyDrive Pro 833
  Architektur 834
  Differenzialsynchronisierung 834
  Download 142
  Einschränkungen 142
  Gemeinsame Zusammenarbeit 142
  Integration in Windows-Taskleiste 836
  Meine Website-Integration 835
  SkyDrive Pro Windows Sync-Client 834
  synchronisierung von SharePoint-Dokumentbibliotheken 142
  synchronisierungsfehler 1377
  Windows Explorer-Integration 142, 834
SMB
  NetBIOS deaktivieren 1027
SMTP-Empfangsconnector 287
SMTP-Server
  Authentifizierungseinstellungen 402
  Installation via grafische Oberfläche 401
  Installation via PowerShell 401
  SMTP-Adressraum 404
SNA *siehe* Alternativer Antragstellername
SNI *siehe* Server Name Indication
Software Assurance-Kunden 216
Softwarevoraussetzung 94
  Basisbetriebssystem 96
Speichersystem 101
  DAS 101
  iSCSI 101
  NAS 101
  SAN 101
Spiegelserver 186
Sprachpaket 226
SQL Server 568, 607
  Aliasverbindung einrichten 257
  Arbeitsspeicherplanung 106
  Aufbewahrungsfrist reduzieren via PowerShell 564
  Authentifizierungsdatenbank erstellen 948
  Benutzerkonten und Rollen erstellen und verwenden 950
  DAS-Implementierung 101
  Datenbankmomentaufnahme als Inhaltsdatenbank anbinden 1208
  Datenbankmomentaufnahme lokalisieren 1208
  Datenbankmomentaufnahme zur Sicherung 1188
  Datenbankmomentaufnahme zur Wiederherstellung 1207
  Datenbankserver und Datenbankparameter optimieren 560
  Datenbankspeicher freigeben 562, 564
  Datenbankspeicher freigeben via PowerShell 564
  Datenbankspeicher von Protokolldatendanken freigeben 564
  Datenverzeichnisse 252
  E/A-Faktor 101
  E/A-Leistung 128
  Edition 95
  Editionen-Vergleich 95
  eigenständige Installation 247
  Empfohlene SQL Server-Hardwaredimensionierungen 100
  Enterprise-Edition 96

SQL Server *(Fortsetzung)*
Ereignisprotokoll 979
Erweiterte Berechtigungen delegieren 777
Failovercluster 185
Fehler bei der .NET Framework 3.5-Feature-Installation 1358
Festplattenspeicher 110
Firewalleinstellung 253
Firewallregel mit Verwaltungskonsole erstellen 254
Firewallregel via Eingabaufforderung erstellen 253
Firewallregelbereich einschränken 254
Fragmentierungsgradübersicht 566
Hardwarevoraussetzung 99, 106
Identitätsspeicher 170
Indexfragmentierung 565
Installationsschritte 248
Kerberos einrichten 977
Kerberos verifizieren 979
Konfiguration für Project Server 2013-Einrichtung 1313
Konsistenzprüfung 564
Latenz 128
Leistungsindikator 496
Leistungssteigerungsmethoden 128
MaxDOP 560
Minimales Interface 97
Native Client 255
Native Client-Bereitstellungsschritte 255
Optimierung 435
Protokolldateiwachstum 435
RBS 132
RemoteIP 253
SAN- und DAS-Gegenüberstellung 102
SAN-Implementierung 101
SAS 103
SATA 102
Schreibschutz einrichten 775
Setup 248
Sicherung 1187
Softwarevoraussetzung 94
Speicherplanungskategorien 101
SPN einrichten 978
SQL Server 2008 R2 vs SQL Server 2012 im SharePoint-Umfeld 94
SQL Server Active/Passive-Cluster 185
SQL Server Business Intelligence-Edition 95
SQL Server-Administratoren 251
SQL Server-Anmeldung erstellen 1313
SQL Server-Cluster-Hardwareanforderungen 186
SQL Slammer 1031
Standarport ändern 1031
Statistik zur Indexverwendung 565
Supportrichtlinie für Virtualisierungen 111
TempDB 559
Transaktionsprotokollspeicher freigeben 562
T-SQL-Skript zur Neuerstellung der Indizes 568
Vergleich von SAS und SATA 102
Verwaltungs-Data Warehouse 568
Virenscanner 128
Virtualisierung 111
Virtuelle Konten 251
Wiederherstellung 1207
Wiederherstellung mithilfe nicht angefügter Datenbanken 1208
Windows Server 2012 R2 97
Windows-Authentifizierungsmodus 251
Zentrales Speichersystem 101
Zu Farm hinzufügen 777
SQL Server 2012
AlwaysOn-Cluster-Planung und -Einrichtung 1255
SQL Server-Agentdienst 250
SQL Server-Authentifizierungsdatenbank
Datenbank mithilfe von ASP.NET SQL Server-Registrierungstool aspnet_regsql.exe einrichten 941
Verbindungszeichenfolge verschlüsseln 950
Zugriff auf Authentifizierungsdatenbank konfigurieren 948
SQL Server-basierte Sicherung
Suchdienstanwendung 1189
SQL Server-Browserdienst 250
SQL Server-Replikation 249
SQL Sever
Delegierung in Active Directory konfigurieren 978
SQLIO 135
Installation 136
Parameterketten 136
Rückgabewerte 136
SqlMembershipProvider 947
SQL-Server
Härtung 1031
SSL 174
Aktivierung 1012
Alternativer Antragstellername-Zertifikate ausstellen 1009
Cipher Suites 1028
erzwingen 1012
Exportierbare Serverzertifikate erstellen 1007
Exportierbarkeit von privatem Schlüsselmaterial 1007
Fehlermeldung für Websites, für die SSL erforderlich ist 1012
Handshake 1005
Härtungsmaßnahmen 1027
Man-in-the-Middle 1005
Multi-IP-Problematik 427
PKCS#12 (Public Key Cryptographic Standard) 1018
Planung bei SSL-Terminierung an der Farm 1005
Platzhalterzertifikate 1016
SAN-Zertifikate 1006
Schannel.dll-Richtlinien 1028
Selbstsigniertes Zertifikat erstellen 1011

SSL *(Fortsetzung)*
SelfSSL-Werkzeug 1011
Server Name Indication (SNI) 1015
Serverzertifikate erstellen 1006
SSL-Handshake 1005
SSL-Kommunikation verwalten 1005
SSL-Offloading 1006
SSL-Planung bei SSL-Terminierung an der Farm 1005
SSL-Platzhalterzertifikate 1016
SSL-Tunnel 1005
SSL-Tunnelendpunkt 1005
Standardfehlerseite anpassen 1012
Subject Alternate Name-Flag 1010
URL Rewrite-Modul 1013
Verwendung eines Platzhalterzertifikats 1006
Verwendung einzigartiger IP/Port-Kombinationen 1005
Verwendung von SAN-Zertifikaten (Subject Alternate Name) 1006
Verwendung von Server Name Indication (SNI) 1006
Webanwendung für HTTP-Umleitungen 1013
Zertifikatvorlagenverwaltungskonsole (Certtmpl.msc) 1007
SSL-Härtung 1027
Qualys SSL Labs 1029
Stammebene 122
Stammzertifizierungsserver 1069
Stammzertifizierungsstellen 1094
Standardanbieter für Benutzer und Rollenverwaltung 950
Standardfehler 457
DCOM-Aktivierungsberechtigungen anzupassen 458
DCOM-Fehler 457
Standardfehlerseite 1012
403.4-Statuscode 1012
Einbindung einer Umleitung als Fehlerseite 1013
Statuscode 403.4 1012
Standardport 1251
Standards Web Content Accessibility Guidelines 2.0 (WCAG 2.0) 240
Statusdienst
Abhängigkeiten 296
Einrichtung 296
Festplattenspeicher 108
Kerneigenschaften 296
PowerShell-Cmdlets 699
Steuerelemente 138
ActiveX 138
Bereitstellung 138
Einschränkungen 138
HTML5 138
Picture Manager 138
Silverlight 3 138
Storage Area Network (SAN) 101
STSADM
Auslesen der Isolationseinstellungen für die Personenauswahl 786
Beschädigte Listen löschen 1117
Datenbankreparatur und Identifizierung verwaister Objekte 1117
Datenbankreparatur und löschen verwaister Objekte 1117
Deaktivierung von Personenauswahlabfrageergebnissen aus Active Directory 788
Definition des Pfads für administrative Konten 786
Einschränken der Personenauswahl auf die Verwendung einer speziellen Domäne einer Gesamtstruktur 787
Einschränkung der Personenauswahl auf eine Active Directory-Gruppe 787
Festlegen der Personenauswahl auf eine Active Directory-OU 786
Festlegen der Personenauswahl auf eine Gesamtstruktur 787
Filterung aller Manager in Active Directory 788
Filterung der Personenauswahlabfrageergebnisse 788
Passwort für Personenauswahlkonto definieren 785
Personenauswahlkontodefinition für den Active Directory-Zugriff 785
Setzen der Personenauswahlisolation 785
STS-Token 1033
STS-Tokenablaufzeit 1034
Subject Alternate Name-Flag 1010
Subject Alternate Names (SAN) 1051, 1241
Sucharchitektur 876
Abfrageverarbeitungskomponente 880
Analysekomponente 879
Datenbanken der Analysekomponente 879
Durchforstungsdatenbank 878
Durchforstungskomponente 877
Indexkomponente 879
Indexpartitionen 879
Inhaltsverarbeitungskomponente 878–879
Verwaltungskomponente 880
Verwendungsanalyse 879
Suchbereich *siehe* Ergebnisquelle
Suchcenter
Basissuchcenter 922
Fehler beim Anlegen 1390
Unternehmenssuchcenter 922
Suchdienst
Protokollierung 179
Suchdienstanwendung
Migration 1124
Suchdienstprotokoll 473
Beliebtheitstrends 477
Durchforstungsintegritätsbericht 475
Durchforstungsprotokoll 473
Durchforstungsprotokoll anlegen 473
Erste Abfragen nach Monat 477
Integritätsberichte für Suchdienstabfragen 476
Verwendungsbericht der Suche 477
Verwendungsberichte für Websitesammlungsadministratoren 477

Suche 304
AAM-spezifische Durchforstungsszenarien 917
Abfragearchitektur 157
Abfragelast 156
Abfrageregel 874, 910
Abfragevorschläge 873, 915
Anonymer Suchergebniscache 875
Anzahl der Durchforstungsserver planen 157
Anzeigevorlagen 872
Architektur 876
Ausfall der Durchforstungskomponente 157
Basiseinstellungen der Suchdienstanwendung 882
Basissuchcenter 313
Beispieltopologien 159
Benutzersegmentierung 874
Crawler-Authentifizierung 173
Dateityp mit fehlerhaften Zugriffen 1390
Datenkorpus 156
Dienstanwendung einrichten 307
Dienstanwendungspool 308
Durchforstbaren Dateitypen 312
Durchforstung 310
Durchforstungsarchitektur 157
Durchforstungslast 156
Einrichten von Inhaltsquellen 310
Einrichtung eines Unternehmenssuchcenters 313
Empfehlungen für Suchintegration 935
Ereignis-ID 14 1389
Ergebnislose kontextbasierte Suchabfragen 1390
Ergebnisquellen 874, 905
Ergebnistypen 873, 880
Farm als Ergebnisquelle konfigurieren 158
Fehler bei der Durchforstung von Dateifreigaben 1388
Fehlerhaft provisionierte Dienstanwendung entfernen 1388
große Dateien nicht suchbar 1389
Indexpartitionen 156
Indexpartitionierung 157
Indexpartitionsreplikas 156
Indizierung über WAN 158
Inhaltsquellen 877, 890
Inhaltsvorschau 873
Inhaltszugriffskonto definieren 309
Inhaltszugriffskonto-Berechtigungen 309
Inkrementelles Durchforstungsintervall 157
Komponenten 876
Kontinuierliche Durchforstung 157, 871
Lasttest 157
Leistungsindikatoren 496
Migration der Suchdienstanwendung 1124
Nicht migrierbare Bestandteile der Suche 1147
Off-Hour-Indizierungsintervalle 158
OpenSearch 1.1-Protokoll 158
Partitionierung 157
PDF-Formathandler (iFilter) 871
Personensuche nicht funktional 1389
Planung bei verteilten Standorten 158
Planung der Suchkomponenten 156
PowerShell-basierte Einrichtung der Suche 314
Ranking 872
Schlüsselfaktoren für Planung identifizieren 156
Schwellenwert für Indizierung großer Dateien abändern 1389
Serverrolle 156
SharePoint Foundation 2013 304
SharePoint Server 2013 306
Skalierung 155
Speichernutzung 113
Status der Suchprovisionierung validieren 309
Suchabfragen-Fehler 1388
Sucharchitektur planen 155
Suchschema 894
Suchtopologie 159, 308, 875
Suchtopologieanpassungen 885
TCP-Port-Einschränkung unter Kerbeos-Verwendung 970
Tiefeneinschränkung/-verfeinerung 872
Unternehmenssuchcenter-Berechtigungen 314
URL für globales Suchcenter 882
Verbundsuche 158
Verwaltung 880
Videosuche 873
Zentraler Index 158
Zurückgezogene Suchfunktionen 875
Suchergebnisse-Webpart 928
Anzeigevorlagenauswahl 928
Konfiguration 928
Sortierung nach Erstellungsdatum einrichten (JSON) 929
Suchkriterien 928
Suchfeld-Webpart
Abfragevorschläge 927
Anzeige der Webparteinstellungen 927
Konfiguration 927
Suchnavigation-Webpart
Einstellungsmöglichkeiten 931
Suchergebnisse-Webpart-Kopplung 931
Suchschema 894
Automatische Erstellung von verwalteten Eigenschaften abschalten 896
Durchforstete Eigenschaften (Crawled Properties) 894
Kategorien der durchforsteten Eigenschaften 895
Verbindung zwischen durchforsteter und verwalteter Eigenschaft anlegen 897
Vererbung 895
Verwaltete Eigenschaft anlegen 896
Verwaltete Eigenschaften 894
Verwaltung 896
Zuordnung einer durchforsteten Eigenschaft zu einer verwalteten Eigenschaft 894

Suchtopologie
- Anpassungen 885
- Indexpartitionen hinzufügen 888
- Modifikation einer aktiven Suchtopologie 887
- Modifikation ungenutzter Suchtopologien via PowerShell 886

Suchvertikale 924
- Bearbeitung 925
- Hinzufügen 925
- Löschen 925
- Sortierung ändern 926
- Suchnavigation konfigurieren 924
- Webparteinstellungen für Suchvertikale definieren 923

Suchverwaltung
- Anonymer Suchergebniscache-Steuerung 922
- Ausfallsicherheit bei Suchtopologieanpassungen 885
- Differenzierung der Farm- und Websitesammlungsadministration 881
- Entfernen oder Verschieben einer Suchkomponente 890
- Ergebnistypen definieren 898
- Farmübergreifende Durchforstung 918
- Konfiguration 882
- Suchbenachrichtigung verwalten 884
- Suchcenter-URL 882
- Sucheinstellungen auf Farmebene 883
- Suchschemaverwaltung 896
- Suchtopologieanpassungen 885
- Unternehmenscenter-Suchwebsitesammlung 881
- Unternehmenssuchcenter 882
- Unternehmenssuchcenter verwalten 923

Suchvorschläge *siehe* Abfragevorschläge

Super Portal Reader 461

Supportrichtlinien 615

Switch Flooding 182–184

Switchport 183

synchronisierungsdienstinstanz 325

System Center Data Protection Manager 2012 R2
- Fesplattenspeicher 110

System Center Operations Manager (SCOM) 229
- Integritäts-Explorer 230
- Service Level Dashboard (SLA) 229
- System Center Operations Manager 2012 R2 (SCOM) 228
- Überwachung der Verfügbarkeit 230
- Visualisierungen und Berichte 230
- Wissensdatenbank 230

System Center Operations Manager 2012 R2 *siehe* SCOM

Systemüberwachung 446
- Diagnoseprotokollierung 452
- Informationsverwaltungsrichtlinienbericht 454
- Primäre Protokolle 447
- Process Explorer 504
- Ressourcenmonitor 502
- Systeminformation 502
- Verschieben von Protokolldaten 446
- Verwendungs- und Integritätsdatenerfassung 449

T

Tag Cloud 202

Tagging 842

Takt (Heartbeat) 182

TAR (Technology Assisted Review) 222

TCP-Chimney-Offload 112

Teamwebsite
- Berechtigungsstufe 605

TempDB 110
- Anfangsgröße 128
- Automatische Vergrößerung 128
- Automatisches Wachstum 560
- IOPS 560
- Optimierung 128

TempDB-Systemdatenbank 559

Terminologiespeicheradministrator 708

Terminologiespeicherverwaltung 708, 840
- Pfad 708

Theora (OGG) 625

Ticket-Granting Ticket (TGT) 965

Time To Live (TTL) 131

TLS *siehe* Transport Layer Security (TLS)

TLS-Handshake 1017

TMG 1056
- Alternative Zugriffszuordnungen anpassen 1057
- Authentifizierung einstellen 1060
- Bereitstellung von SharePoint 2013 über TMG 1056
- Hostheader-Konfiguration 1061
- Konnektivitätsverifizierung 1059
- SSO 1060
- Veröffentlichungsregel erstellen 1057
- Weblistener einrichten 1059
- Zertifikatinstallation 1057

Topologiedienst 717

Topologiedienstanwendung
- Verbindung herstellen 722

Topologiewebanwendung 722

Transaktionsprotokolle 562

Transport Layer Security (TLS) 198

Trunk
- Anwendung hinzufügen 1052
- Authentifizierung 1054
- Einrichtung 1051
- Trunk-Bypass 1054

T-SQL-Skript
- Datenbankspeicher freigeben 562
- Repositionierung der TempDB 560

TTL *siehe* Time To Live

U

UAG 182, 1034
UAG *siehe* Unified Access Gateway
Überwachungsagent 513
  Installation 515
Überwachungsprotokolle 486
UDCX-Datei 692–693
ULS Viewer
  Protokollüberprüfung 507
  SharePoint ULS Studio 507
  ULS Deobfuscator 507
ULS-Protokoll 641
ULSViewer 507
Unbeaufsichtigtes Dienstkonto (Unattended Service Account) 364
Unified Access Gateway
  AAM-Konfiguration 1050
  Clientzugriff 1056
  HTTPS-Portaltrunk für SharePoint einrichten 1051
  Konnektivitätsverifizierung 1053
  Lastenausgleich 1052
  Platzhalterzertifikat 1051
  SharePoint 2013-Patch 1050
  SharePoint-Anwendung zum Trunk hinzuzufügen 1052
  SSL-Offloading 1053
  Trunk einrichten 1051
  Veröffentlichung 1050
  Windows Server 2008 R2 1050
  Zertifikat mit Subject Alternative Names 1051
UniversalApprover 1334
Unternehmenssuchcenter 202, 313, 922
  Einschränkung-Webpart 931
  Erstellen via Zentraladministration 923
  Erweiterte Suche (Advanced.aspx) 923
  Personen (Peopleresults.aspx) 922
  Suchergebnisse-Webpart 928
  Suchfeld-Webpart (Startseite) 926
  Suchnavigation konfigurieren 924
  Suchnavigation-Webpart 931
  Suchseite (default.aspx) 922
  Übersicht der Suchvertikalen 922
  Unterhaltungen (Conversationresults.aspx) 922
  Verwaltung 923
  Videos (Videoresults.aspx) 922
  Webparteinstellungen für Suchvertikale definieren 923
  Zentrale Ergebnisseite (results.aspx) 922
Unternehmenszertifizierungsstelle 428
Unterversionsnummer 614
Unterwebsite 202
UPN (User Principal Name) 996
URL Rewrite 1012–1013
  Modul-Verwendung 1014
URL Rewrite-Modul 1013
  Regel erstellen 1014
  Verwendung 1014

V

Variationen
  Funktionsweise 852
  Grundlagen 851
  Manuelle Übersetzung 852
  Nutzung des maschinellen Übersetzungsdiensts 852
  Planung 224
  Übersetzungen hochladen 852
  Übersetzungspakete (XLIFF-Dateien) 852
  Zuordnung der Spracheinstellung im Browser 852
Verbindungsalias 257
Vereinbarungen zum Servicelevel (SLA) 120
Vereinheitlichter Protokollierungsdienst (ULS) 616
Vererbung 163
Verfügbarkeitsüberwachung 230
Veröffentlichung 1034
  F5 Big IP 1039
  Serverfarm 1056
  TMG 1056
  Unified Access Gateway (UAG) 1050
  Windows Server 2012 R2-Web Application Proxy (WAP) 1037
  Zertifikat anpassen 1057
Veröffentlichung von Inhalten 207
  Gegenüberstellung der Veröffentlichungsansätze in SharePoint 208
  Inhaltsbereitstellung 209
  Websitesammlungsübergreifende Veröffentlichung (Cross-Site Publishing) 212
Veröffentlichungscache
  Berechtigung delegieren 460
  Hintergrundinformationen 461
  Konfiguration aller Webanwendungen für die dedizierten Cachekonten 463
  Konfiguration der Berechtigungen für Cachekonten 462
  Setzen der Veröffentlichungscache-Konten auf allen Webanwendungen via PowerShell 463
Veröffentlichungsregel 1057
Veröffentlichungstyp 1058
Veröffentlichungswebsites
  Zugriff verweigert 1372
Veröffentlichungswebsitesammlung 214
  Anzeige der veröffentlichten Daten 214
  Kataloge 214
  Katalogobjektseiten 214
  Kategorieseiten 214
  Navigationsausdruckssatz 214
Verschachtelung 164
Versionsnummer 614
  Buildnummer 614–615
  Hauptversionsnummer 614
  Revisionsnummer 614
  Unterversionsnummer 614
Versionsverwaltung 233

Verteilerlisten 1089
- Verwaltung der Verteilergruppen in der Zentraladministration 1089

Verteilter Cache (Distributed Cache) 322, 593, 700
- Abhängigkeiten 323
- AppFabric Cache-Dienst 700
- Arbeitsspeicherauslastung 106
- Auf erstem Knoten starten 701
- Auf weiteren Knoten starten 701
- Auftragsverlauf löschen 700
- Besonderheiten 702
- Cachegröße 702
- Cachehost reparieren 703
- Cmdlets für Parameter des Sicherheitskürzung-Caches 704
- Collocated-Modus 144
- Dedizierter Modus 144
- Dienstkonto-Änderung 324
- Dienstkontokonfiguration 702
- Einrichtung 701
- Entwicklungsumgebung 114
- Herunterfahren eines Dienstknotens 701
- Kerneigenschaften 322
- Konfiguration via PowerShell 703
- PowerShell-Cmdlets 700
- Problemen bei Provisionierung 1391
- Provisionierung 700
- Sicherheitskürzung von Suchergebnissen 703
- Speichernutzung 113
- Speichernutzung anpassen 702
- Speicherzuweisung 111
- Validierung des Dienststatus 324

Vertrauensstellung
- Einrichten einer Vertrauensstellung via PowerShell 1094
- Einrichten einer Vertrauensstellung via Zentraladministration 1094
- Verwaltung 1094

Vertrauenswürdige Zertifikate 713
- Selbstsignierte Zertifikate 714
- SharePoint-Root-CA-Farmzertifikat 714
- Sicherheitstokendienstzertifikat 714
- Vertrauensstellung einrichten 808

Verwaiste Objekte entfernen 1116

Verwaltete Metadaten
- Ausdruckssätze 842
- Ausdruckstypen 840
- Festplattenspeicher 109
- Gruppen 842
- Hierarchie im Taxonomieterminologiespeicher 842
- Organisation/Hierarchie von Ausdrücken und Ausdruckssätzen 843
- Symbolerläuterungen für den Terminologiespeicher 841
- Synonyme 842
- Tagging 842
- Terminologiespeicherverwaltung 840
- Verwendung von Ausdruckssätzen und Ausdrücken 843

Verwaltete Metadatendienstanwendung
- Erweiterte Koexistenz für die gemischte Inhaltstypsyndikation 1123
- Migration des Terminologiespeichers 1120
- Migration mit Übernahme des Inhaltstyphub 1122

Verwaltete Navigation 203, 844
- Aktivierung der Verwendung eines Ausdruckssatzes für die Websitenavigation 845
- Benutzerfreundliche URL 203
- Limitierungen 204
- Navigationsausdruckssatz 203
- Organisation/Hierarchie von Ausdrücken und Ausdruckssätzen 843
- Planung 203
- Sicherheitstrimming 203
- Websitesammlungsfeature der SharePoint Server-Veröffentlichungsinfrastruktur 204

Verwaltete Pfade
- Anlegen 751
- Ausdrückliche Inklusion 126
- Platzhalterinklusion 126, 751
- Typen 751
- Verwaltung 751

Verwalteter Metadatendienst 594, 704
- Abhängigkeiten 298
- Aktivieren der spaltenspezifischen Ausdruckssätze 302
- Änderung des Inhaltstyphubs 709
- Arbeitssprachen verwalten 706
- Architektur 594
- Ausdruckssatz 181
- Ausdruckssatz maschinell übersetzen 706
- Datenschutz 181
- Delegieren der Zugriffsberechtigungen 301
- Dienstanwendung erstellen 300
- Einrichtung 297
- Ereignis-IDs 8313 und 8088 in Ereignisprotokollen 1391
- Fehlerquellen 303
- Hashtags 298
- Importdatei 594
- Isolation der verwalteten Metadaten 594
- Kerneigenschaften 298
- Limitierungen 595
- Metadatennavigation 201
- Navigationsausdruckssatz 203
- PowerShell-Cmdlets 705
- Rollen der Metadatenverwaltung 707
- Standardausdruckssätze fehlerhaft oder fehlen 1392
- Starten 299
- Tagging 298
- Terminologiespeicherverwaltung des verwalteten Metadatendiensts nicht verfügbar 1392

Verwalteter Metadatendienst *(Fortsetzung)*
Terminologiespeicherverwaltungspfad 708
Umfangreiche Ausdruckssätze verwalten 709
Validieren der Bereitschaft der verwalteten Metadatendienstanwendung 303
Verwaltete Navigation 202–203
Websiterichtlinien 298
Zentrale Eigenschaften 705
Zentraler Inhaltstyphub 298
Zugriff auf die Terminologiespeicherverwaltung 708
Zugriffsverweigerung auf Terminologiespeicher 1407
Verwaltetes Konto 119
Dienstkonto 166
Verwaltung
AAM 753
Access Services 637
Administratorformularvorlage 693
Anforderungs-Manager 639
App-Verwaltungsdienst 645
Arbeitssprachen 706
Arbeitsverwaltungsdienst 654
Benutzerprofildienst 655
Benutzerprofilsynchronisierung 664
BranchCache 805
Business Data Connectivity 675
Cache 746
Datenbank 773
Dienst und Dienstanwendung 634
Dienstanwendungsberechtigung 634
Dienstverbindungspunkt 772
Failoverserver 777
Farmübergreifende Dienste 713
Feature 790
InfoPath Forms Services 689
Infrastrukturkonfiguration 753
Inhaltsbereitstellung 761
Inhaltstyphub 709
Lizenzforcierung 806
Lösung 790
Mandant 637, 785, 800
Maschineller Übersetzungsdienst 698
Meine Website-Profil 669
Personen 656
Personenauswahl 783
PowerShell-basierte Verwaltung 638
Secure Store 685
SharePoint-Installationen 770
Statusdienst 699
Verteilter Cache 700
Verwaltete Pfade 751
Verwalteter Metadatendienst 704
Visio-Grafikdienst 710
Webanwendung 725, 759
Webanwendungspoolzuordnung 752
Webpart 788
Website 782
Websiterichtlinie 793
Websitesammlung 729
Word Automation Services 711
Zertifikatsvertrauensstellung einrichten 808
Zielgruppe 660
Zusammenarbeit 778
Verwaltungs-Data Warehouse 568
Einrichtung 570
Verwaltungskomponenten 880
Verwendungs- und Integritätsdaten 449
Dienstanwendung via Zentraladministration einrichten 449
Maximale Protokolldateigröße 450
Protokollierung 449
Protokollierungsdatenbankserver ändern 451
Standardaufbewahrungsfrist 449
Standardzeitplan 450
Zeitpläne 450
Verwendungs- und Integritätsdatenerfassung
Dienstanwendung via PowerShell einrichten 451
Dienstanwendung via PowerShell konfigurieren 451
Verzeichnisdienstsynchronisierungsdienstkonto 330
Videoformate 624
Hauptcodierungsformate 624
HTML5-basierter Videoplayer 624
Silverlight 624
Unterstützte Medienformate 624
Videosuche 873
Virenscanner 1094
Latenzen 1095
Liste aller ausschließbaren Microsoft-Produktverzeichnisse 1097
Liste der auszuschließenden SharePoint-Verzeichnisse 1097
Mögliche Durchsatzveränderung 1096
Programmierschnittstelle SP VS API 1095
SharePoint Portal Server Virus Scanning Application Programming Interface (SP VS API) 1095
Verfügbare Virenscannerlösungen 1096
Virenschutz 175
Appliance-Virenschutz für Reverse Proxy 177
Bedrohungsszenario mit dediziertem SharePoint-Virenschutz 176
Bedrohungsszenario ohne dediziertem SharePoint-Virenschutz 175
Drittanbieterlösungen 178
Entfernen schadhafter Inhalte 178
Forefront Protection für SharePoint 178
Hardware-Ressourcenanforderungen 177
Instabilität der Plattform 177
Lastenausgleich-zentrischer Schutzansatz 177
Leistungseinbußen 176
Mehraufwände im Betrieb 177
Nachteile SharePoint-spezifischer Virenscanner 176

Virenschutz *(Fortsetzung)*
Server Virus Scanning Application Programming Interface (VS API) 178
SharePoint-spezifische Virenscanner auf Anwendungsebene 176
Zugriffslatenz 176
Virtual Local Area Networks (VLAN) 112
Virtual Machine Queue (VMQ) 112
Virtualisierung 110
Drittanbieter 110
Dynamische Arbeitsspeicherzuweisung 113
Hyper-V-Hosts 112
MAC-Adressen 112
Non-Uniform Memory Access-Designs (NUMA) 113
Planung und Optimierung 112
SharePoint-Serverrollen 111
VM herunterfahren 113
VM-Leistungsfähigkeit optimieren 113
Vorteile 111
Virtuelle Desktopinfrastruktur (VDI) 1034
Visio Professional 2013
Geschäftsprozesse anhand Worklfow Diagramme erstellen 1440
Workflowdiagramm 1440
Workflow-relevante Funktionen 1440
Workflowvorlage 1440
Visio Services
SCOM Visio-Add-in für SharePoint 1335
SINC FloorPlan für SharePoint 1337
Visio-Grafikdienst 386, 596
Anwendungs-ID 390
Athentifizierungsvariationen für SQL Server 597
Datenquelle 596
Dedizierter Anwendungspool 389
Diagrammaktualität 596
Dienstanwendung via PowerShell erstellen 389
Erstellen 388
Externe Datenquellen 597
Formatempfehlung 596
Kerneigenschaften 386
Kompatibilität 596
Leistung 596
Limitierungen 598
PowerShell-Cmdlets 710
Sicherheit 597
Silverlight 387
SQL Server-Datenbank-Zugriff 597
Starten 387
Unbeaufsichtigtes Dienstkonto 389
Unbeaufsichtigtes Dienstkonto via PowerShell konfigurieren 390
Verwaltung 710
Visio Web Drawings-Formats (.vwd) 596
VSDX-Format 596
Vwa.VwaControl.refreshDiagram-Methode 596
Visual Studio 522
Abfragezeichenfolgenparameter 526
Dynamische Parameter 526
Feld für die Webtestaufzeichnung 525
Formularbereitstellungsparameter 526
Heraufstufen dynamischer Parameter 526
Integrationstests 522
Lösung entwickeln 628
Unittests 522
Verteilte Lastsimulation 522
Visual Studio 2013 523
Webtest erstellen 524
Visual Studio 2012
Lastentest 528
Visueller Designer 1438
Visuelles Upgrade 627
VMQ *siehe* Virtual Machine Queue
Vollständige Durchforstung 893
Gründe für vollständige Durchforstung 893
Vollzugriff 1083
Volumenschattenkopie 235
Volumenschattenkopie-Dienst (VSS Writer) 1177
Vom Administrator genehmigte Formularvorlagen *siehe* Administratorformularvorlage
Vorlage
Besprechungsarbeitsbereich 627
Dokumentarbeitsbereich 627
Gruppenarbeit 627
Personalisierungswebsite 627
Vorlagen
Websitedefinition 631
Vorproduktionsumgebung
Aktualisierung simulieren 537
Testlauf 538
VP8 (WEBM) 625

W

WAN-Planung 78
Benutzerprofildienst 80
BranchCache 82
Dezentrale Suchtopologie 81
Globale SharePoint-Topologien 79
Latenz 78
Optimierung 81
Optimierungsgrenzen 82
QoS 82
WAN-Acceleratoren 82
WAP *siehe* Windows Server 2012 R2-Web Application Proxy
Warm-up 441
Codeplex-PowerShell-Warm-up 445
IIS 8.0-Anwendungsinitialisierung 442
Nachteile des PowerShell-basierten Warm-ups 445
PowerShell-basiert 444
PowerShell-Skript-Anbieter 446

Warm-up *(Fortsetzung)*
Reinitialisierung von Anwendungspools-Problematik 442
SharePoint WarmUp 446
SPBestWarmUp 445
Wiederverwendung 442
Web Analytics 626
Datenbankspiegelung 187
Web Platform Installer (WebPI) 1419
Webanwendung 603
Allgemeine Einstellungen 725
Änderungsprotokoll-Zeitraum einrichten 763
Anspruchsbasierte Authentifizierung aktivieren 944, 947, 953
Anwendungspool definieren 279
Anwendungspool erstellen 279
Anwesenheitseinstellungen 725
Authentifizierungsanbieter-Auswahl 975
Authentifizierungsschema ändern 1138
Authentifzierung erweitern 992
Begrenzungen von SharePoint 2013 86
Benutzerbenachrichtigungen 725
Benutzerdefinierte Benutzereinstellungenanbieter 725
Bereitstellung 119
Bin-Verzeichnis 425
Clientintegration deaktivieren 740
Dateiverarbeitung durch den Browser 727
Datenbank anfügen 1136
Dedizierte Webanwendung 120
Dienstanwendung 578
Dienstanwendung zuordnen 637
Dienstanwendungsberechtigung 634
Dienstkontozuordnung anpassen 971
Einrichten 276
Einstellung konfigurieren 725
Erstellung via PowerShell 280
erweitern 759
Feature konfigurieren 791
Firewallübergreifende Zugriffszone 422
Hostheader 277
HTTP-Anforderungsüberwachung 741
HTTP-Umleitung 1013
IIS-Website 119
IIS-Website erstellen 276
Isolation 119
Kerberos einrichten 971
Kerberos verifizieren 976
Kontingentvorlage verwenden 737
Konvertieren des Authentifizierungsmodus in anspruchsbasierte Authentifizierung 962
Mehrere Forderungsauthentifizierungstypen zulassen 953
Mobiles Konto einrichten 421
Neue Zone einrichten 760
Obergrenze der Anzahl 120
Objektcache verwalten 749
Öffentliche URL 278
Papierkorb 728
Personennamensaktionen 725
Planung 119
Planungsempfehlungen 120
Port 277
Ressourcensteuerung 741
SharePoint 80 603
SharePoint Central Administration v4 603
SharePoint Web Services 603
Sicherheitskonfiguration 277
Sicherung einrichten 1178
SSL aktivieren 432
SSL-Schutz 281
Verbindungszeichenfolge hinzufügen für die Verbindung zur Authentifizierungsdatenbank 945
Verwaltete Pfade anlegen 751
Verwaltung 119, 725
Verwaltung gesperrter Dateitypen via Zentraladministration 1092
Warnung 725
Webanwendungspoolzuordnung konfigurieren 752
Webseiten-Sicherheitsüberprüfung 728
Websitesammlung 126
Websitesammlung löschen 734
Wiederherstellung 1203
Wiederverwendung 441
Zone löschen 761
Zonenauswahl 278
Webanwendungsbenutzer 162
Webanwendungsrichtlinie 162
Web-Front-End-Ebene 143, 181
BLOB-Cache 615
Nachteile des Windows Server-integrierten Netzwerklastenausgleichsverfahrens 182
Netzwerklastenausgleich 181
Netzwerklastenausgleich hinzufügen 1251
Netzwerklastenausgleichsverfahren 181
Vorteil des Windows Server-integrierten Netzwerklastenausgleichsverfahrens 182
Webgarten
BLOB-Cache 434
Webpart
Berechtigungen verwalten 1093
Bereitstellung 789
Bereitstellung für eine Webanwendung via PowerShell 789
Deinstallation 789
dwp-Datei 789
Entfernen 509
Erneut hinzufügen 510
Full Trust-Berechtigung 789
Globale Bereitstellung via PowerShell 789
Navigation 202

Webpart *(Fortsetzung)*
RSS-Viewer 171
Verwaltung 788
Webpartgalerie 510
Webpartsicherheit verwalten 1093
Webserverprotokoll
Festplattenspeicher 109
Website
Anlegen 782
Auflistung 782
Begrenzungen von SharePoint 2013 86
Berechtigungsanalyse über Standardansicht 1077
Community 853
Design anpassen 848
Eigenschaftsabfrage 782
Feature verwalten 791
Freigabe 127
Haltebereiche 620
Isolation 127
Löschen 783
MDS deaktivieren 783
Mehrsprachigkeit 225
Planung 127
Sicherung 1182
Sprachauswahl im Browser 225
Verwaltung 127, 782
Websiterichtlinien 793
Wiederherstellung 1206
Websiteanpassung
Dezentrale Sicherung 1185
Dezentrale Verwaltung 1184
Dezentrale Wiederherstellung 1205
Sicherung 1184
Wiederherstellung 1205
Zentrale Sicherung 1185
Zentrale Verwaltung 1184
Zentrale Wiederherstellung 1205
Websitedefinition 631
Websitehub 672, 857
Heraufgestufte Sites 858
Websitenavigation
Übergreifend 202
Websitepostfach (Site Mailbox)
Aus Outlook entfernen 820
Einrichtung 818
EWS API bereitstellen 1295
Inegration des Office-Upload Centers 823
Infrastruktureinrichtung 1295
Integration von Dokumentbibliotheken in Outlook 822
Lebenszyklus eines Websitepostfachs 1292
Löschung 1293
Nachteile 1294
Nutzung 1293
OAuth-Vertrauensstellung herstellen 1296
Office-Cache 1293
Provisionierung 1292
Rahmenbedingungen 818
Schließen 1293
Server-to-Server-Authentifizierungsprotokoll 1295
Synchronisierte Dokumenteigenschaften 1294
synchronisierungsintervalle/-mechanismen 1293
Vertrauensstellung auf Exchange-Seite etablieren 1297
Verwaltung in Outlook 819
Voraussetzungen 1294
Websitepostfachverwaltung 820
Zentrale Aktivierung 1298
Zugriffsberechtigungen in Outlook verwalten 820
Zusammenspiel der Websitepostfachkomponenten 1291
Websiterichtlinie 793
Anwendung 797
Automatisch löschen und schließen 795
Dezentrale Websiterichtlinien erstellen 794
Fehlerbehebung 799
Inhaltstypen 207
Kombination mit Self-Service-Websitesammlungsverwaltung 798
Self-Service-Websitesammlungsverwaltung 794
Veröffentlichung 796
Verwalteter Metadatendienst 794
Zentrale Websiterichtlinie erstellen 796
Websitesammlung 119
Aktualisierung von Websitesammlungen steuern 1142
Aktualisierungsbeschränkungen 1143
Aktualisierungsfrist 1142
Anzeigen 729
Auf Basis der Vorlage Business Intelligence Center erstellen 372
Ausgabecache einrichten 747
Automatisiertes Anlegen 1356
Benutzerzugriff definieren 737
Berechtigungssteuerung 283
Bereitstellung 123
Einschränkung des Speicherplatzes 735
Erstellung 729
Erstellung via PowerShell 730
Erstellung via Zentraladministration 730
Evaluierungswebsitesammlungen verwenden 1140
Feature verwalten 791
Front-End-Https
On-Header 126
Größe abfragen via PowerShell 729
Hostbenannte Websitesammlungen 122, 738
Inhaltsbereitstellung 763
Integritätstest 1139
Isolation 123
Kontingent verwalten 735
Kontingentgrenze 735
Kontingentvorlage 736
Kontingentvorlage anwenden 737

Websitesammlung *(Fortsetzung)*
Kontingentvorlage erstellen 736
Löschen bei Nichtverwendung 734
Maximale Anzahl pro Inhaltsdatenbank 122
Migration 1138
Migration von pfadbasierten zu hostbenannten Websitesammlungen 1159
Navigation 122
Objektcache konfiurieren 749
Pfadbasierte Websitesammlung 124
Planung 122
Planungsempfehlungen 126
Primärer Websitesammlungsadministrator 282
Sandkastenlösung 629
Self-Service Site Creation-Privileg 732
Self-Service Site Creation-Verwendung freigeben 733
Self-Service Site-Creation 730
Self-Service Site-Creation-Voraussetzungen 730
Sicherung 1181
Sperren 737
Stammebene 122
Suchcenter-URL 882
Suchschema verwalten 896
Suchschemaanpassung 894
Upgrade 1110
Vergleich von HNSC und pfadbasierter Websitesammlung 124
Veröffentlichungssite bereinigen 764
Verschieben 733, 775
Verwaltung 123
Wiederherstellung 735, 1206
Websitesammlungs
Richtlinie zuordnen 623
Websitesammlungsadministrator 162, 166, 880
Berechtigung einrichten 1083
Integritätstest für Websitesammlung 1139
Objektcachespeicher bereinigen 751
Websitesammlungen aktualisieren 1144
Websitesammlungsupgrade 1110
Websitesammlungsrichtlinie
Benutzerdefiniertes Überwachungsprotokoll 486
Verwendung 456
Websitesammlungsübergreifende Veröffentlichung 212
Architektur 212
Erstellungswebsitesammlung 214
Inhaltssuche-Webpart 214
Katalog 214
Komponenten 213
Limitierungen 215
Planung 213
Unterstützte Inhaltstypen für Erstellungswebsitesammlung 214
Veröffentlichungswebsitesammlung 214
Websitesammlungsupgrade
Aktualisierung 1144
Aktualisierung von Websitesammlungen steuern 1142
Evaluierungswebsitesammlung 1111
Integritätstest 1139
Übersicht des Upgradeprozesses 1111
Verwenden von Evaluierungswebsitesammlungen 1140
Websitevorlage
Berechtigungsstufe 606
Vordefiniertes Featuregerüst 426
Wiederherstellung 1199
Bare-Metal-Wiederherstellung 1199
Konfiguration 1200
Statusanzeige 1201
Wiederherstellungsfarm 236
Wiederholungserkennung in Windows Identity Foundation (WIF) 1033
Wiederholungserkennungscache für STS-Token 1033
Windows 7-Suche 627
Windows Azure 581
Architektur 92
Datenreplikation 92
Eigenschaften 92
Einsatzszenarien 93
HPC 92
Optimierung des Datenspeichers 92
Windows Azure Access Control Service (ACS) 584
ACS als Identitätsanbieter in SharePoint hinzufügen 960
Facebook als Identitätsanbieter einrichten 958
Facebook dem Access Control-Namespace hinzufügen 958
Namensraum für Zugriffssteuerungsdienst festlegen 956
Windows Identity Foundation (WIF) 938
Windows Live-ID 838
Windows Server
Failovercluster 185
Netzwerklastenausgleich-Einrichtung 1251
Netzwerklastenausgleichsverfahren 181
Pingbarkeit 182
Windows Server 2008 96
Windows Server 2008 R2 99
SPNEGO2-Implementation 971
Windows Firewall 1027
Windows Server 2012
CCS (Zentraler Zertifikatspeicher) 1018
CCS-Einrichtung 1020
Clusterlaufwerke per BitLocker schützen 1020
SNI 1016
Vorbereitungstool 98
Windows-Firewall 1027
Workflow Manager 1.0 installieren 1419
Zusätzliche Einzelserverfarminstallationskomponenten 98
Windows Server 2012 R2
Ansprüche für Kerberos 967

Windows Server 2012 R2-Web Application Proxy (WAP) 1037
Abhängigkeiten zu AD FS 1037
Active Directory-Anforderungen 1037
AD FS 3.0 1037
Authentifizierung in Kombination mit SharePoint 1037
Fazit 1038
Hochverfügbarkeit der Komponente 1037
Komponentenübersicht einer WAP-Infrastruktur 1038
Konfiguration von AAMs 1037
Planung 1037
Übersicht 1037
Windows Server Remote Desktop Services Gateway 1034
Windows Workflow Foundation (WF) 1415
Windows-Aktualisierungen 544
Windows-Authentifizierung 964
Anonyme Benutzer 989
Authentifizierungsszenario 939
Basisauthentifizierung 984
Digestauthentifizierung 984
Kerberos 964
NTLM 982
Zertifikatbasierte Authentifizierung 986
Windows-Dienstidentität 433
Windows-Rechteverwaltung (RMS) 1063
WindowsRM
Aktivierung 1345
Windows-SMTP-Server 284
Wireshark 1005
WOPI (Web Application Open Platform Interface) 625
Word Automation Services 390, 598
Architektur 599
Beanspruchung von CPU-Ressourcen 392
CPU-Auslastung des Anwednungspools 599
Dedizierte Word Automation Service-Server 149
Dienstanwendung erstellen 391
Dienstanwendung via PowerShell erstellen 393
Dienstinstanz starten 391
Dienstinstanz via PowerShell starten 391
Festplattenspeicher 109
Horizontale Skalierung 150
Kerneigenschaften 391
Massenkonvertierung 598
Maximale Dokumentgröße zu konvertierender Inhalte 598
Microsoft Open Office XML SDK 599
On-Demand-Konvertierung 599
PowerShell-Cmdlets 712
Unterstützte Formate 598
Unterstützte Zielformate 598
Vertikale Optimierung 150
Verwaltung 711
Word Automation Services-zentrische Beispielfarm 149
Word Web Apps
Word-Anwendungsfeatures in Office Web Apps 2013 1225
Word-spezifische Dateiformate 1232
Workflow 604
Abbruch 1448
Aktionen, Bedingungen und Stufen kopieren und einfügen 1415
Architekturänderungen 1413
Deklarativen Workflow de-/aktivieren 1449
Drei-Status-Workflow 1429
Eigenschaften 1445
Einschränkungen Wiederverwendbarer Workflows 1438
Entfernte Features 1415
InfoPath 2013-Workfloweingabeformulare 1442
Initialisierungsparameter 1437
Liste/Bibliothek zuordnen 1444
Listenworkflow erstellen 1434
Neuerungen 1412
Parameter 1445
Phasen 1414
Phasenbeispiel für einen Workflow in SharePoint Designer 2013 1414
Planungsschritte 1427
SharePoint Designer 2013 vs. Visual Studio 2012 1427
SharePoint Designer 2013-Workflow löschen 1449
Sicherung 1185
Standardworkflows 1425
Übersicht 604
Veröffentlichung 1435
Vorteile 1412
Website-Workflow erstellen 1436
Windows Workflow Foundation (WF) 1415
Workaraund für SharePoint 2010-Workflows 1415
Workflow im Webbrowser erstellen 1429
Workflow vorzeitig beenden 1432
Workflowcleanup aktivieren/deaktivieren 1450
Workflowdiagramm erstellen 1428
Workflowinstanz starten 1428
Workflowstatusseite 1432
Workflowstufen 1426
Workflowvorlage als Feature bereitstellen 1443
Workflowvorlage erstellen 1443
Workflowvorlage Inhaltstyp zuordnen 1428
Workflowvorlage Website zuordnen 1444
Workflow Manager 1.0
Benötigte Dienstanwendungen 1416
Deinstallation 1425
Dienstkontenplanung 1417
Farminstallation via Web Platform Installer (WebPI) 1419
Installation 1416
Installationsvoraussetzungen 1416
Konfiguration via Konfigurations-Assistent 1420

Workflow Manager 1.0 *(Fortsetzung)*
Konfigurationsoptionen 1419
Planung der Workflow Manager-Farm-Architektur 1417
Selbstsignierte Zertifikate 1418
Servicebus-Konfiguration 1421
Servicebus-Zertifikate 1418
Standardports 1420
Workflow Manager-Zertifikate 1418
Workflow Manager-Farm
DNS-Host-Eintrag (A-Record) 1423
DNS-Platzhaltereintrag 1423
Einrichtung einer redundanten Farm 1423
SharePoint-Farm anbinden 1422
Verifikation der Anbindung 1422
Vertrauensstellung etablieren 1422
Zertifikat exportieren 1421
Zertifikaterstellung für redundante Farm 1423
Workflow-Client 1.0
Installation 1421
Workflow-Manager 146
Aktualisieren von Workflows 558
Datenbankverbindung 154
Einfache Workflow Manager-Farm 153
Erforderlichen Ressourcen 153
Farmintegrationsszenarien 153
Positionierung 154
Redundante Workflow Manager-Farm 153
Verwendung auf dedizierten Servern 153
Workspace 2010 142
WSC *siehe* Websitesammlung
WSP-Datei 424, 628
WSS_Admin_WPG 1082
WWW-Authenticate-Header 984

X

XLIFF-Datei 852
XLIFF-Format (XML Localisation Interchange File Format) 591
Xtract
PowerPivot-Erweiterungen von Excel 1332
Xtract IS 1332
Xtract PPV 1332
Xtract RS 1332

Z

Zeitgeberauftragsstatusprotokoll 478
Deaktivierte Zeitgeberaufträge via PowerShell anzeigen 481
Erweiterte Fehlinformationen anzeigen 479
Zeitgeberauftrag via PowerShell starten 481
Zeitgeberauftragsstatus kontrollieren 478
Zeitgeberdienst
Auftragsstatusprotokoll 478
Zentraladministration
AAM einrichten 756
Abonnementeinstellungendienst starten 295
Access Services 2010-Dienstanwendung erstellen 384
Access Services-Dienstanwendnung erstellen 380
Access Services-Dienstanwendungs- und Inhaltsdatenbankberechtigungen einrichten 377
Access-Datenbankdienst 2010 starten 384
Access-Datenbankdienst starten 379
Administrative Sitzung schützen 427
Administratorformularvorlage entfernen 698
Administratorformularvorlage für Websitesammlung aktivieren 695
Administratorformularvorlage konfigurieren 694
Administratorformularvorlage stilllegen 697
Aktivieren der spaltenspezifischen Ausdruckssätze 302
Aktivierung des App-Verwaltungsdiensts 346
Aktivitätsfeedauftrag einrichten 342
Aktualisierungsstatus der Dienstdatenbank überprüfen 1122
Allgemeine Datenschutzoptionen verwalten 1100
Alternative Zugriffszuordnung 418
Anforderungsverwaltungs-Dienstinstanz starten 356
Anfügen einer Datenbank in der Zielserverfarm 1158
Anonymen Zugriff einrichten 990
Anzeigenamen für Sprachen 657
App-Katalog verwalten 647
Apps überwachen 652
Arbeitsverwaltungsdienst starten 353
Arbeitsverwaltungsdienstanwendung erstellen 353
Arbeitsverwaltungsdienstkonto Zugriffsrechte gewähren 354
Authentifizierungsanbieter-Auswahl für Webanwenung anpassen 975
Automatisierte Zielgruppenkompilierung 663
Basisauthentifizierung einrichten 984
BDC-Dienstanwendung erstellen 359
BDC-Profilseitenhost-Konfiguration 360
Benutzerprofil verwalten 659
Benutzerprofildienst provisionieren 336
Benutzerprofildienstanwendung delegieren 659
Benutzerprofileigenschaft erstellen 657
Benutzersitzung konfigurieren 693
browserfähige Formularvorlage einrichten 691
Business Data Connectivity-Dienst einrichten 358
Business Intelligence Center-Websitesammlung 372
Clientintegration deaktivieren 741
Datenbankmigration 1134
Datenbankname abändern 1361
Datenbankstatus einsehen 553
Datenbankversionsstand abrufen 554
Diagnoseprotokollierung 452
Dienstanwendung löschen 636

Zentraladministration *(Fortsetzung)*
Dienstanwendung zuordnen 637
Dienstanwendungsadministrator hinzufügen 1082
Dienstanwendungsberechtigung verwalten 634
Dienstanwendungsberechtigungen setzen 720
Dienstkontenzuordnung des Webanwendungspools anpassen 971
Dienstkonto abändern 1093
Dienstkontokennwort ändern 1093
Dokumentkonvertierung auf Webanwendungsebene aktivieren 395
Dokumentkonvertierungsdienste starten 394
Durchforstung 310
E-Mail-Dienst auf allen nicht gewünschten Servern beenden 406
Erstellen der App-Verwaltungsdienst-Dienstanwendung 346
Excel Services-Dienst starten 361
Excel Services-Dienstanwendung erstellen 362
Farmkonfigurations-Assistent 273
Farmübergreifende Verbindung herstellen 720
Farmübergreifenden Dienst veröffentlichen 717
Fehlende Steuerparameter aufgrund fehlender privilegierter Rechte 1365
Firewallübergreifende Zugriffszone einrichten 422
Globale Workfloweinstellungen 1449
HTTP-Anforderungsüberwachung aktivieren 741
InfoPath Forms Services-Authentifizierungseinstellungen 692
Inhaltsbereitstellung einrichten 761
Inhaltsbereitstellung validieren 769
Inhaltsbereitstellungsauftrag einrichten 765
Inhaltsdatenbank konfigurieren 773
Inhaltstyphub-Wesitesammlung einrichten 299
Integritätsanalyse anwenden 482
Integritätsanalyseregel definieren 485
Integritätsbericht erstellen 473
Internet Explorer-Konfiguration 271
IRM-Aktivierung 1072
Konfiguration der App-URLs 347
Konfiguration der Benutzerprofilsynchronisierung 338
Konfiguration des Windows-Tokendienstes (C2WTS) 321
Konfigurations-Cache neu erstellen 1365
Konfigurieren des Features für Internet-Endpunkte 348
Kontingentvorlage auf Webanwendungsebene anwenden 737
Kontingentvorlage auf Websitesammlungsebene anwenden 737
Kontingentvorlage einrichten 736
Lastenausgleichsverhalten für Sandkasten-Codedienst definieren 399
Maschinelle Übersetzungsdienstanwendung erstellen 350
Maschinelle Übersetzungsdienstanwendungsberechtigungen 351
Maschinellen Übersetzungsdienst starten 349
Meine Website einrichten 333
Meine Website-Websitesammlung einrichten 328
Mitgliedschaft aller Zielgruppen kompilieren 663
Mitgliedschaftsanbieter zur Zentraladministration hinzufügen 947
Mobiles Konto auf Serverfarmebene einrichten 420
Mobiles Konto auf Webanwendungsebene einrichten 421
Neue Inhaltsdatenbank anlegen 774
Neue Zone einrichten 760
Notiz und Kategorie löschen 671
PerformancePoint-Dienst starten 368
PerformancePoint-Dienstanwendung erstellen 368
PerformancePoint-Unbeaufsichtigtes Dienstkonto-Zuordnung 370
Portnummer 266
PowerPoint-Konvertierungsdienstanwendung starten 385
Rollenzuordnung zum Verwalteten Metadatendienst 708
Sandkasten-Codedienst starten 398
Schützen 1031
Secure Store Service verschlüsseln 318
Secure Store Service-Anwendung erstellen 316
Secure Store Service-Schlüssel aktualisieren 689
Secure Store Service-Zielanwendung erstellen 686
Secure Store-Dienst einrichten 316
Sekundäre Zentraladministration 269
Self-Service Site-Creation einrichten 731
Serverfarm sichern 1175
Serverfarm wiederherstellen 1200
Serverfarmkonfiguration wiederherstellen 1202
Sicherheit 267
Sichern und wiederherstellen 234
Silverlight 271
Stammzertifizierungsstellen überprüfen 717
Status der Inhaltsdatenbankaktualisierung 555
Suchdienstanwendung einrichten 307
Suchdienstprotokoll anlegen 474
Suchschema verwalten 896
Synchronisierung starten 664
synchronisierungsprotokollansicht 666
Umleitung 1366
Unbeaufsichtigtes Dienstkonto einrichten 365
Unternehmenssuchcenter als Websitesammlung erstellen 923
Unternehmenssuchcenter einrichten 313
Upgrade und Migration von Datenbanken 1137
Valiedierung des Verteilter Cache-Dienstinstanzstatus 324
Verteilergruppen genehmigen 1090
Verteilergruppen verwalten 1090

Zentraladministration *(Fortsetzung)*
Verteilter Cache hinsichtlich Speichernutzung anpassen 702
Vertrauenstellung einrichten 1094
Vertrauenswürdigen Hostspeicherort konfigurieren 674
Vertrauenswürdigen Speicherort konfigurieren 363
Verwaltete Konten anlegen 274
Verwaltete Pfade anlegen 751
Verwaltete Pfade erstellen 329
Verwalteten Metadatendienst einrichten 300
Verwalteten Metadatendienst starten 299
Verwaltung gesperrter Dateitypen 1092
Verwaltung via Browser 271
Verwendungs- und Integritätsdatenerfassung 449
Visio-Dienstanwendung erstellen 388
Webanwendung für die anspruchsbasierte Authentifizierung erstellen 944
Webanwendung sichern 1179
Webanwendung wiederherstellen 1203
Web-Front-End-Ebene 146
Webpartsicherheit verwalten 1093
Websitesammlung bei Nichtverwendung löschen 734
Websitesammlung erstellen 730
Websitesammlung sichern 1181
Websitesammlung sperren 738
Websitesicherung 1182
Windows-Authentifizierung deaktivieren 985
Word Automation Services konfigurieren 711
Word Automation Services-Dienstanwendung erstellen 391
Word Automation Services-Dienstinstanz starten 391
Zeitgeberauftragsstatus kontrollieren 478
Zertifikatsvertrauensstellung einrichten 715, 808
Zielgruppe konfigurieren 661
Zielgruppe manuell kompilieren 662
Zone löschen 761
Zentraler Zertifikatspeicher (CCS) 1018
Aktivierung von CCS auf Webanwendungsebene 1023
CCS-Dateinamen 1023
Einrichtung 1020
Funktionsweise 1018
PKCS#12 (Public Key Cryptographic Standard) 1018
Planung 1020
Prozessablauf 1019
Regeln für Dateinamenvergabe 1023
Übersicht der CCS-Basisinfrastruktur 1019
Verwaltungsoperationen 1024
Zertifikatkennwort 1021
Zertifikatauthentifizierung
Active Directory-Clientzertifikatzuordnung 986
IIS-Clientzertifikatzuordnung 986
Zertifikatbasierte Authentifizierung 986
Active Directory-Clientzertifikatzuordnung 986
Clientzertifikatverwendung erzwingen 989
IIS-Clientzertifikatzuordnung 986
Veröffentlichung der Benutzerzertifikate in Active Directory 987
Zertifikatvorlagenverwaltungskonsole (Certtmpl.msc) 1007
Zertifizierungsstelle (Certification Authority, CA) 1003
Zeuge 186
Zielgruppe 200
Erstellen 661
Kompilierung planen 663
Löschen 661
Manuell kompilieren 662
Zone 173
Authentifizierungsanbieter einrichten 992
Einrichtung 760
Löschen 761
Rahmenbedingungen für Planung 173
Webanwendung erweitern 759
Zugriffsanforderungen 1085
Aktivierung auf Websiteebene 1085
Einfache Zugriffsanforderungen 1086
Konfiguration 1085
Steuerung 1086
Zugriff gewähren 1086
Zugriffssteuerungsliste (ACL) 1031
Zusammenarbeit
Anzahl Co-Autoren beschränken 779
Bereitstellung der Office 2013-Richtlinienvorlagedateien 780
Blockierung durch Gruppenrichtlinie 780
Blockierung via PowerShell 781
Dokumentbibliothek konfigurieren 778
Dokumentversionierung 779
Gemeinsame Dokumenterstellung 778
Konfiguration der Office 2013-Richtlinienvorlagedateien 780
Standardintervall der automatischen Versionierung anpassen 779
Zweischichtige Serverfarm *siehe* Kleine Serverfarm

Die Autoren

In diesem Kapitel:

Firmendarstellung SINC GmbH 1508

Firmendarstellung SINC GmbH

Die SINC GmbH ist ein IT-Beratungs- und -Dienstleistungsunternehmen mit Hauptsitz in Wiesbaden. Unsere Mitarbeiter sind auf den Einsatz von Microsoft-Technologien spezialisiert. Dabei bilden die Integration und Anpassung von Microsoft-Technologien sowie die Entwicklung individueller Lösungen auf dieser Basis unsere Kernkompetenzen.

Seit der Gründung im Jahre 1999 haben wir uns auf die hochwertige Betreuung in den Bereichen Öffentlicher Dienst, Rechtsdienstleister und Finanzdienstleister konzentriert.

Der SharePoint-Lösungsbereich umfasst neben der Durchführung von umfangreichen Entwicklungsprojekten auch die Planung, Administration, Codereviews und den Support von komplexen Serverfarmen. Selbst etablierte SharePoint-Dienstleister greifen auf uns zurück, um besonders diffizile Problemstellungen im SharePoint-Kontext zu lösen.

Wojciech Micka

Wojciech Micka ist der Hauptautor dieses Handbuchs und für den Großteil des Inhalts verantwortlich. Seit seinen Anfängen im Jahr 1999, arbeitet er als IT-Consultant und Dozent mit einem Schwerpunkt auf Infrastrukturtechnologien und ist viele Jahre als Sprecher, Berater und PreSales-Consultant für Microsoft auf Kongressen, in technischen Universitäten und im Rahmen der Tech@Nights tätig geworden. Seine Erfahrungen beruhen auf seinen Planungs- und Implementierungskenntnissen aus Projekten mit bis zu 100.000 Endbenutzern. Seit einigen Jahren ist er Leiter des SharePoint-Lösungsbereichs der SINC GmbH und unter anderem für eine Reihe an auf SharePoint-basierenden E-Akte-Projekten, verantwortlich. Wojciech Mickas wichtigste, vorausgehenden Publikationen erschienen ebenfalls im Microsoft Press-Verlag (*SharePoint [2007] – Technologien und Tools im Teamwork* sowie *SharePoint 2010 – Das Handbuch für Administratoren*).

Markos Trantopoulos

Das Interesse von Markos Trantopoulos am IT-Bereich wurde bereits während seines Rechtswissenschaftsstudiums an der Johannes Gutenberg-Universität in Mainz sowie der rechtswissenschaftlichen Fakultät in Athen geweckt. Mittlerweile verfügt er über eine langjährige und tiefgreifende Erfahrung im Bereich von Webanwendungen mit einer Größenordnung von ca. 20.000 Benutzern. Außerhalb des SharePoint-Kontextes nimmt er regelmäßig eine leitendende Rolle in der Betreuung von Software-Entwicklungsprojekten ein. In SharePoint-Projekten liegt sein Schwerpunkt in der Planung und Umsetzung von Informationsarchitekturen und der der Leitung von SharePoint-Projekten. Weiterhin umfasst sein Wirken die Erstellung von Kommunikations-Matrizen und die Einführung sozialer Netzwerke im Unternehmensumfeld mit der Zielrichtung des "modernen Arbeitens". Herr Trantopoulos ist in diesem Handbuch maßgeblich für die Inhalte der Clientintegration verantwortlich.

Till Elborg

Till Elborg hat an den Universitäten Mainz und Brüssel Rechtswissenschaften und Philosophie studiert, sich jedoch bereits seit 1989 mit den Entwicklungen und Fortschritten im IT-Bereich auseinandergesetzt und bei Kunden angewandt. Sein Beitrag zu diesem Buch im Sicherheitskapitel gründet auf einem seiner technologischen Schwerpunkte, den Sicherheitstechnologien. Darüber hinaus verfügt er über ein ganzheitliches Verständnis der IT-Bereiche, die es ihm erlaubte, beispielsweise eine auf Perl-Modulen-basierende Verwaltungsplattform SharePoint und andere Microsoft-Technologien zu entwickeln. Seit 1994 ist er als IT-Berater mit dem Schwerpunkt öffentliche Auftraggeber tätig und hat zahlreiche Projekte in den Bereichen Infrastruktur, Softwareentwicklung und IT-Sicherheit durchgeführt. Zudem gehört er zu den wenigen Juristen mit einem umfassenden Verständnis der im Bereich der neueren Rechtsinformatik eingesetzten Algorithmen und hat sich in diesem Bereich durch Forschungspublikationen hervor getan.

Stefan Keilholz

Stefan Keilholz ist seit 2005 für die SINC GmbH als Referent und Consultant für ein breites Spektrum an Servertechnologien im Einsatz. Er zählt zu den weniger Experten, die sowohl über ein umfangreiches Wissen im Bereich der Softwareentwicklung, als auch im Infrastrukturbereich verfügen und damit prädestiniert für die SharePoint-Plattform. Zu seinen vielschichtigen Spezialisierungen zählen neben SharePoint auch PowerShell, Active Directory, PKI, Direct Access, Hochverfügbarkeitslösungen, Hyper-V, Deployment-Automatisierung und .Net-Entwicklung für SharePoint. Er verbindet sein breites Fachwissen mit einer außerordentlichen Tiefe. Für den infrastrukturellen Aufbau und der Entwicklung im Kontext von SharePoint dient er als letzte Instanz, um schwerwiegendere Problemstellungen zu lösen. Stefan Keilholz ist für die BI-Inhalte, sowie weitere infrastrukturelle Aspekte verantwortlich.

Marco De Maddalena

Marco de Maddalena ist ein erfahrener SharePoint- und .Net-Entwickler, der im Microsoft-Umfeld zu Hause ist. Durch seine langjährige Erfahrung in der SharePoint-Entwicklung und durch seine Hauptrolle in mehreren SharePoint-E-Akte-Projekten, hat er umfassende Kenntnisse in der Problematik und Modifikation von komplexen SharePoint-Lösungen erhalten. Neben SharePoint liegt sein Fokus auf der Planung und Umsetzung von Softwarelösungen mithilfe von .Net-Technologien und der fortgeschritten Nutzung von Team Foundation Server (TFS) innerhalb des Unternehmens. Innerhalb von SINC besteht eine seiner weiteren Aufgaben darin, Auszubildende in der SharePoint-Entwicklung zu unterrichten und in Projekten anzuleiten. Marco de Maddalena ist mitverantwortlich für die Inhalte zu den Themen Authentifizierung und Lastsimulation.

Daniel Goldbach

Nach seinem Abschluss als Diplominformatiker und einigen Jahren des VB.NET-Entwicklerdaseins widmete sich Daniel Goldbach ausschließlich den Microsofttechnologien zu. Seit einigen Jahren liegt der Fokus auf der SharePoint-Entwicklung. Sein Fachwissen konnte er in Projektarbeiten und als freiberuflicher Berater sowie Entwickler für Behörden und international renommierte Unternehmen vertiefen, u.a. bei DAX notierten Unternehmen mit weltweit über 25.000 Mitarbeitern. Derzeit stellt er sein fachliches Wissen als Berater für die Firma SINC GmbH zur Verfügung. Daniel Goldbach ist mitverantwortlich für die Suchkapitelinhalte.

Andreas Rohr

Andreas Rohr ist als Wirtschaftsinformatiker ein Wandler zwischen den Welten. Sein Beratungsschwerpunkt liegt dabei auf dem Gebiet der Interoperabilität und der Architektur von Schnittstellen. Dabei stehen Schnittstellen zwischen SAP NetWeaver und Microsoft-Produkten wie SharePoint im Mittelpunkt. Neben seiner Tätigkeit als freiberuflicher Senior Consultant ist Andreas Rohr seit 2004 als Dozent an der Hochschule für Wirtschaft und Recht in Berlin tätig. Andreas Rohr ist für die Inhalte zum Thema SAP-Integration verantwortlich.

Laalak Nassiri

Laalak Nassiri studierte Informatik an der Hochschule Hamburg mit dem Schwerpunkt Prozessoptimierung. Als Inhaberin der LN-IT GmbH betreut sie deren SharePoint-Kunden im Hinblick auf Implementierung von SharePoint und Project Server und leistet Unterstützung im Bereich Projektmanagement und Optimierung von Prozessen. Abgerundet wird ihr Tätigkeitsfeld mit der Beratung rund um die Einführung von SharePoint und Project Server, wobei ihre Zertifizierung als Prince 2 Practitioner eine strategische Ergänzung darstellt. Laalak Nassiri ist für das Workflow-Kapitel und den Projekt Server-Abschnitt in Kapitel 16 verantwortlich.